L

L. Abréviation pour *Links* (all.), « gauche » ; L.H., abréviation pour *linke Hand*, « main gauche ».

La, lah. Sixième degré de la gamme de do majeur.

Il sert couramment de référence pour accorder les instruments. Voir *Diapason*, 1.

Lac des cygnes, Le. Ballet en quatre actes de Tchaïkovski sur un livret de V. Begichev et V. Heltser. Créé à Moscou en 1877 dans une chorégraphie de Reisinger. Il a été produit à Saint-Pétersbourg en 1895 dans une chorégraphie de Petipa et Ivanov.

BIBLIOGRAPHIE : *Le Lac des cygnes*, L'Avant-Scène-Danse n° 12 (Paris, 1984).

Lächelnd (all.). « Souriant ».

Lachnith, Ludwig Wenzel (Prague, 7 juillet 1746 ; Paris, 3 octobre 1820). Corniste et compositeur bohémien. En 1773, il se produit au Concert spirituel, à Paris, où il s'installe de façon définitive en 1781 après avoir étudié la composition avec Philidor. Il a composé beaucoup de musique instrumentale mais était surtout connu pour ses opéras pastiches, notamment une adaptation de *La Flûte enchantée* de Mozart, *Les Mystères d'Isis* (créée en 1801), dans laquelle on retrouve sa propre musique aux côtés de celle de Mozart et de Haydn.

Wendy Thompson.

Lachrimae. Recueil de vingt et une pièces pour cinq violes et luth de Dowland, publié en 1604. Le titre complet, *Lachrimae, or Seaven Teares*, les « Sept larmes » se réfère à sept pavanes intitulées *Lachrimae*, chacune commençant par la mélodie de Dowland « Flow my Tears » suivie d'une série de variations. Les quatorze autres pièces sont des danses, notamment des gaillardes.

Lachrymae. Œuvre pour alto (instrument) et piano op.48 de Britten, « Reflections on a song of John Dowland » (« Réflexions sur un chant de John Dowland »). Composée en 1950, elle a été arrangée pour alto et orchestre en 1976.

Lacrimoso, lagrimoso (ital.). « Larmoyant », « affligeant ».

Lady Macbeth du district de Mtsensk. Opéra en quatre actes de Chostakovitch sur un livret du compositeur et d'Alexander Preys, d'après Nikolaï Leskov (1865). Représentations : Leningrad (Théâtre Mali, 22 janvier 1934) ; Moscou (Théâtre musical Nemirovitch-Danchenko, 24 janvier 1934) ; Cleveland (31 janvier 1935) ; Londres (Queen's Hall, 18 mars 1936, représentation de concert). Cet ouvrage, qui a vu le jour dans l'incertitude des premiers temps du *réalisme socialiste, a d'abord été accueilli très favorablement par la critique en Union soviétique. Mais, alors qu'il avait été initialement considéré comme un modèle des vertus réalistes, Staline, après l'avoir vu en janvier 1936, réagit violemment à l'intransigeance de la partition et à ses dissonances souvent dures, aux thèmes de la luxure et de la cruauté que développe le livret et aux scènes d'infidélité explicite. L'ouvrage fut donc condamné dans un célèbre éditorial de la *Pravda* intitulé « Chaos au lieu de musique » (28 janvier 1936). Retiré du répertoire, il a été proscrit pendant toute la vie de Staline. Après la mort de Staline (1953), le domaine culturel s'inscrivant dans un contexte officiel plus détendu, Chostakovitch a révisé une partie du texte et de la partition, et son opéra a connu une seconde création sous son sous-titre original, *Katerina Ismaïlova*, au Théâtre musical Stanislavski-Nemirovitch-Danchenko à Moscou, le 26 décembre 1962 (date officielle, 8 janvier 1963). Il a été repris à Covent Garden, à Londres, dans sa version révisée le 2 décembre 1963, à l'Opéra de Nice et à San Francisco en 1964.

Katerina Ismaïlova (sop.), épouse du riche marchand Zinovy (tén.), est lasse de vivre dans le district provincial de Mtsensk. Pendant un voyage de son mari, elle a une aventure avec Sergueï (tén.), un jeune employé du domaine. Son beau-père Boris (basse), lui-même désireux de la séduire, fait fouetter Sergueï lorsqu'il le découvre en train de descendre de la fenêtre de la chambre de Katerina ; pour se venger, Katerina tue Boris en répandant de la mort-aux-rats sur les champignons qu'il mange pour le souper. Zinovy rentre inopinément et trouve ensemble Katerina et Sergueï. Sergueï le tue et ils cachent le corps dans la cave ; il sera découvert au cours des festivités du mariage de Katerina et de Sergueï ; le couple est arrêté et exilé en Sibérie. Sergueï rejette alors Katerina et fait la cour à une autre forçat, Sonyetka (contr.). Katerina, enfin consciente du manque de sincérité de Sergueï, se jette dans la rivière entraînant avec elle Sonyetka. L'opéra s'achève sur les lamentations de Katerina déplorant sa vie banale et frustrée, suivies d'un chœur qui traduit l'ennui et l'agonie du camp de prisonniers.

Lady Nevell's Booke, My. Voir *My Ladye Nevells Booke.*

Lady of Shalott, The. Cantate pour ténor, alto, percussion, deux pianos et célesta de Phyllis Tate sur un poème de Tennyson. Composée en 1956 pour le 10e anniversaire du troisième programme de la BBC.

Lage (all.). « Position ». 1. Dans la technique des instruments à cordes, *erste Lage, zweite Lage,* etc. correspond à la première position, à la deuxième position, etc.

2. *Enge Lage, weite Lage,* « position serrée », « position large » (des accords).

3. *Hoje Lage, tiefe Lage,* « position élevée », « position basse » (des tessitures vocales).

Lai [lay]. Forme lyrique des XIIIe et XIVe siècles comportant plusieurs strophes de structure poétique variable, chacune sur une mélodie différente. Le répertoire des trouvères du XIIIe siècle contient plus de trente lais monophoniques, notamment des exemples de Gilles le Vinier, Thibault IV et Ernoul li Vielle, ainsi que d'auteurs anonymes ; ces œuvres présentent une très grande diversité par le nombre et la longueur des strophes. Les quatre lais du *Roman de Fauvel* (début du XIVe siècle) sont davantage standardisés à cet égard et constituent le fonds immédiat des lais de Guillaume de Machaut que Richard Hoppin a décrits comme « l'un des hauts points du chant médiéval ». La notation devenant de plus en plus précise à la période de l'*Ars nova, Machaut a pu entièrement maîtriser les aspects musicaux et poétiques de ses lais et a apporté à son écriture mélodique une variété subtile et un rythme changeant qui correspondent parfaitement à la virtuosité de style avec laquelle il traite la langue. Tous les lais de Machaut (dix-neuf), à l'exception de deux, utilisent la même approche : ils comportent douze strophes, la première et la dernière de forme poétique identique, illustrées par la même musique, qui est transposée pour l'énoncé final. Chacune des autres strophes emploie une forme poétique différente, avec des schémas de rimes, des longueurs et un nombre de vers varié, et chacune reçoit sa propre musique. Les strophes sont divisées en moitiés ou en quarts de structures identiques, ce qui implique un énoncé double ou quadruple de la mélodie (voir Ex. 1).

Ex. 1. Machaut : Le Lay immortel, *quadruple et double division des strophes.*

Quatre lais s'écartent de la tradition car ils sont polyphoniques et Machaut emploie plusieurs méthodes pour y parvenir. Dans *Le Lay de confort*, chaque strophe est écrite comme un canon à trois parties, alors que des strophes monophoniques et en canon alternent dans *Le Lay de la fontainne.* Dans *Le Lay de consolation*, les deux moitiés de chaque strophe sont écrites sur une musique différente, formant ensemble une structure à deux parties et l'écriture à trois parties de « En demantant » résulte de la combinaison de chaque groupe de trois strophes. S'il a cherché à adapter le lai au goût naissant pour la composition polyphonique, Machaut n'y est finalement pas parvenu car le lai est resté ignoré des compositeurs français des générations suivantes.

Peter Davies.

Laisser vibrer. Instruction indiquant au percussionniste de laisser sonner le son, de ne pas l'étouffer.

Lakmé. Opéra en trois actes de Delibes, sur un livret de Gille et Gondinet d'après *Le Mariage de Loti* de Pierre Loti. Créé à l'Opéra-Comique le 14 avril 1883.

Lalande [Delalande], **Michel-Richard de** (Paris, 15 décembre 1657 ; Versailles, 18 juin 1726). Compositeur français. Il est enfant de chœur à Saint-Germain-l'Auxerrois, à Paris. A l'âge de quinze ans, déçu de ne pas avoir été accepté dans l'orchestre de Lully, il aurait fait le serment de ne plus jamais jouer du violon. Au cours des années qui suivent, il pratique surtout l'orgue et, quoique jugé trop jeune pour pouvoir être nommé « organiste du roy », il est choisi pour assurer la formation des enfants du roi. En 1683, Louis XIV intervient pour s'assurer que de Lalande devienne l'un des quatre sous-maîtres de la chapelle royale et, dès 1714, il en assure la direction complète. En 1684, il épouse Anne Rebel, l'une des meilleures chanteuses de la cour et sœur de Jean-Féry Rebel. Ils auront deux filles, qui deviendront toutes deux chanteuses, et les trois femmes ont certainement participé à l'exécution de certains de ses grands motets qui comportent des parties de soprano élaborées. Ses filles meurent de la variole en 1711 et Anne de Lalande décède en 1722. En 1718, de Lalande prend le poste moins astreignant de surintendant et, en 1722, il reprend son ancien poste de sous-maître. La même année, Louis XV le fait chevalier de l'ordre de Saint-Michel. Il est enterré en l'église Notre-Dame de Versailles.

De Lalande ne possédait pas la souplesse de certains de ses contemporains, mais dans les limites de ses capacités, c'était un très bon compositeur. Sa musique vocale profane a peu d'importance, mais sa musique instrumentale, qui a survécu dans plusieurs versions sous le titre de *Symphonies pour les soupers du Roy*, est plus intéressante. Certaines de ses symphonies sont tirées de musiques de danse qu'il avait écrites pour des divertissements, mais son œuvre comprend aussi plusieurs « Caprices » ou « Fantaisies », des pièces en plusieurs mouvements écrites avec imagination. Toutefois, on trouve ses plus belles pages dans ses grands motets, principalement construits sur des psaumes latins de vastes proportions où alternent solos, récitatifs et chœurs. Dans ces motets, de Lalande associe son talent contrapuntique à une harmonie riche, obtenant une puissance émotionnelle qui dépasse celle de Lully ou de Charpentier. Ils étaient fort appréciés à Versailles et au Concert spirituel (plusieurs ont été donnés au concert d'ouverture en 1725) et des copies trouvées dans toute l'Europe indiquent qu'ils constituaient sans doute la musique vocale française la plus connue de l'ère baroque.

Denis Arnold.

BIBLIOGRAPHIE : James R. Anthony, *La Musique en France à l'époque baroque (de Beaujoyeulx à Rameau)*, Flammarion (Paris, 1982). Norbert Dufourcq, *Michel-Richard Delalande (1657-1726). Notes et références pour servir à son histoire suivies du Catalogue thématique de l'œuvre*, Picard (Paris, 1957).

Lallouette, Jean François (Paris, 1651 ; Paris, 31 août 1728). Compositeur français. Élève de Lully, il devient son assistant et écrit des *parties de remplissage pour certaines de ses œuvres. Il se fait renvoyer de ce poste pour avoir prétendu avoir écrit les meilleurs airs d'*Isis* de Lully. Il passe l'année 1678-79 à Turin, au service de la cour de Savoie. A son retour à Paris, il ne parvient pas à faire représenter l'un de ses opéras (le privilège de Lully l'en empêche), ni à obtenir un poste à la chapelle royale. Il semble avoir à nouveau quitté Paris et n'y être revenu qu'en 1700 comme chef de chœur à Notre-Dame. La musique qui a survécu est essentiellement de la musique sacrée (son opéra est perdu) et comprend des messes, des motets et un Miserere (Paris, 1730).

Denis Arnold.

Lalo, (Victor Antoine) **Édouard** (Lille, 27 janvier 1823 ; Paris, 22 avril 1892). Compositeur français. Il quitte le toit familial sans un sou (son père étant opposé à une carrière musicale) pour étudier le violon et la composition au Conservatoire de Paris. Pendant quelques années, il compose des ballades de salon, puis de la musique de chambre. Ensuite, pendant dix ans, dégoûté du manque d'intérêt du public français pour toute autre musique que l'opéra, il cesse de composer, mais joue de l'alto dans un quatuor à cordes. A quarante-quatre ans, il s'essaie à un opéra, mais sans succès. Il écrit alors plusieurs œuvres pour orchestre, notamment la *Symphonie en sol mineur* (1885-86) dans laquelle il utilise des motifs directeurs qui servent de liaison entre les mouvements, et la très populaire *Symphonie espagnole* (1875) pour violon et orchestre. Il compose finalement avec succès un opéra, *Le Roi d'Ys* (1888), d'après une légende bretonne, dans lequel il reprend du matériel traditionnel local. Son ballet *Namouna*, bien que critiqué à l'origine pour son côté trop symphonique, suscite notamment l'admiration de Debussy, d'Indy et Dukas et les influence. L'une des qualités de Lalo réside dans son talent d'orchestrateur. Il a laissé quelques excellentes mélodies, essentiellement écrites pour sa femme. Son fils Pierre (1866-1943) était un célèbre critique musical.

Percy Scholes, rév.

Lambe, Walter (1450-51 ; après 1499). Compositeur anglais qui est peut-être né à Salisbury et a peut-être fait ses études à Eton en 1467. Il a passé la majeure partie de sa carrière à St George Chapel, à Windsor, tout d'abord comme chanteur, puis comme chef des chœurs. Une faible part de sa musique a survécu, mais il a apporté une contribution importante à l'*Eton Choirbook* et certaines de ses antiennes sont d'une longueur et d'une complexité extraordinaires.

John Milsom.

Lambert, (Leonard) **Constant** (Londres, 27 août 1905 ; Londres, 21 août 1951). Compositeur anglais. Il fait ses études avec R.O. Morris et Vaughan Williams au Royal College of Music de Londres et obtient une commande de Diaghilev pour composer la musique du ballet *Roméo et Juliette* (1926), ensemble de danses rococo à la manière de Stravinski et de Poulenc avec quelques modernismes harmoniques et des touches de jazz. Il emploie un style analogue dans *The Rio Grande* pour chœur et orchestre (1927), mais d'autres œuvres, comme *Music for Orchestra* (1927) et la cantate *Summer's Last Will and Testament* (1935), sont plus sérieuses, tout en restant marquées par son imagination et son urbanité. Sa production est restée relativement limitée, car il a consacré une grande partie de son énergie à la direction et à l'arrangement de musique pour le ballet. En 1930, il a été nommé directeur musical du Sadler's Wells Ballet et a écrit les partitions de *Pomona* (1926), d'*Horoscope* (1937) et de *Tiresias* (1951) pour les chorégraphies d'Ashton.

Paul Griffiths.

Lamellophone. Terme utilisé dans l'organologie moderne pour désigner les instruments à languettes souples pincées (comme la boîte à musique et la *sansa africaine). Voir *Organologie*.

Lament (angl.). Spécifiquement, musique pour cornemuse aux funérailles de clans écossais.

Lamentation. Tout morceau de musique exprimant l'affliction, généralement due à la perte d'un ami ou d'un personnage célèbre. On en trouve un exemple célèbre à l'opéra avec la « Lamentation de Didon » dans *Didon et Enée* de Purcell. Voir également *Apothéose* ; *Déplorations* ; *Dirge* ; *Dump* ; *Elégie* ; *Epicedium* ; *Lamento* ; *Plainte* ; *Planh* ; *Thrénodie* ; *Tombeau.*

Lamentations du prophète Jérémie. Lamentations chantées sur des mélodies en plain-chant (ou sur d'autres musiques comme celles de Tallis) dans les églises catholiques pendant la Semaine sainte. On utilise parfois le mot grec *threni.*

« Lamentation », Symphonie. Surnom de la *Symphonie n° 26 en ré mineur* de Haydn, composée à la fin des années 1760. Elle doit son nom à certains thèmes qui ressemblent aux mélodies en plain-chant chantées dans les églises catholiques pendant la Semaine sainte. Cette symphonie est aussi parfois appelée *Weihnachtssymphonie* (« Symphonie de Noël »), mais ce titre n'est apparemment pas justifié.

Lamento (ital.). Dans l'opéra italien de l'ère baroque, air tragique, généralement placé avant le sommet de l'intrigue. Le *Lamento d'Ariana* de Monteverdi en constitue un exemple célèbre.

Lamento d'Ariana. Seule musique qui nous soit parvenue de l'opéra de Monteverdi *L'Ariana* (1608). Monteverdi en a fait un madrigal à cinq parties *Lasciatemi morire* (« Laisse-moi mourir »), publié à Venise en 1623.

Lampugnani, Giovanni Battista (Milan, 1706 ; ? Milan, vers 1786). Compositeur italien. Il entame une belle carrière de compositeur d'opéra en 1732 dans sa ville natale et obtient rapidement des commandes de théâtres d'autres villes italiennes. En 1743, il part pour Londres, suivant Galuppi comme compositeur du King's Theatre à Haymarket ; il y reste jusqu'en 1746, date à laquelle il retourne en Italie. Ses voyages reprennent vers 1750 avec des opéras composés pour Barcelone (1753) et Londres (1755) ; il en compose d'autres pour des théâtres italiens jusqu'en 1769. A partir de cette date, il semble se contenter de diriger les œuvres d'autres compositeurs à Milan (il tient la partie de second clavecin dans *Mitridate* de Mozart en 1770) et termine ses jours à la Scala comme *maestro al cembalo.*

Denis Arnold.

Lancers (angl.). « Lanciers ». Version simplifiée du *quadrille pour huit ou seize couples, populaire au milieu du XIXe siècle. Elle a été inventée en 1819 par Joseph Hart qui l'a publiée sous le titre *Les Lanciers* intitulant les cinq danses qui constituent l'ensemble « La Rose », « La Lodoïska », « La Dorset », « L'Étoile » et « Les Lanciers ». Cette danse doit beaucoup à un professeur de danse de Dublin, John Duval, qui l'a largement diffusée.

Peter Gammond.

Lancio (ital.). « Vigueur » ; *con lancio*, « avec vigueur ».

Land der Berge. Hymne national autrichien. Voir *Empereur, Hymne de l'*.

Landi, Stefano (Rome, 1586 ou 1587 ; Rome, 28 octobre 1639). Compositeur et pédagogue italien. Dans son enfance, il est soprano au Collège allemand de Rome, puis il devient organiste à Santa Maria in Trastevere et, en 1611, chanteur à l'oratoire des Ss. Crocofisso. Il quitte Rome pour devenir maître de chapelle de l'évêque de Padoue, mais y revient bientôt et s'impose comme l'un des musiciens favoris de la famille Barberini. Landi est l'un des personnages les plus notables de la jeune école de compositeurs d'opéras romains. *La Morte d'Orfeo* (représenté en 1619) se distingue par ses personnages comiques, alors que *Il Sant'Alessio* (représenté vers 1632) est un grand opéra spectaculaire qui fait appel à de grands chœurs ainsi qu'à une machinerie et à un décor élaborés.

Denis Arnold.

Landini, Francesco (Fiesole ou Florence, vers 1325 ; Florence, 2 septembre 1397). Compositeur italien. Une épidémie de variole le rend aveugle dès l'enfance, mais il se spécialise dans le jeu des instruments à clavier, notamment l'*organetto* ou orgue portatif, et conçoit et construit des instruments de musique ; en outre, il chante et écrit de la poésie, possède un esprit théorique pénétrant et une connaissance approfondie de la philosophie. On sait peu de choses de ses débuts, mais il a sans doute passé quelque temps à Venise et en Italie du Nord. En 1361, il a été nommé organiste au monastère de la Santa Trinitá à Florence, puis à l'église de San Lorenzo en 1365 ; il y est enterré et le monument funéraire le dépeint en train de jouer de l'orgue portatif.

Landini a été le principal compositeur italien de son époque et il nous est parvenu davantage de musique de lui que de tout autre compositeur italien du XIVe siècle, notamment cent quarante *ballate* à deux ou trois voix, douze madrigaux et quatre motets incomplets. Comme ces œuvres recouvrent une grande variété de styles, s'inspirant à la fois d'éléments italiens et français, on ne peut définir aucune chronologie précise de l'évolution artistique du compositeur, bien que les œuvres à trois voix soient probablement ultérieures à la majorité des pièces à deux voix. La musique de Landini s'impose souvent par son caractère mélodieux et sa grâce rythmique, contrastant avec le style plus angulaire et le plus grand talent de son contemporain français Guillaume de Machaut.

John Milsom.

Land of Hope and Glory (« Terre d'espoir et de gloire »). Titre du final de la **Coronation Ode* (1902) d'Elgar sur des paroles d'A. C. Benson. L'œuvre est écrite pour alto, chœur et orchestre et le thème est tiré du trio de la première marche **Pump and Circumstance* d'Elgar. Il a également été publié sous forme de mélodie séparée pour alto et orchestre, avec des paroles différentes de celles de la *Coronation Ode* ; c'est la version que l'on chante généralement.

Ländler (all.). Danse rustique allemande et autrichienne ressemblant à une valse lente, originaire d'une région de Haute Autriche (Landl). Elle jouissait d'une grande popularité au début du XIXe siècle : Mozart, Beethoven et Schubert ont tous écrit des recueils de ländler. Au début, il s'agissait d'une danse campagnarde vigoureuse avec des piétinements et des battements de mains ; les danseurs chantaient parfois, et l'accompagnement instrumental type se composait d'un violon et d'une contrebasse. Une version plus raffinée s'est imposée à Vienne et la danse s'est vite rapprochée de la *valse qui l'a finalement remplacée. Les symphonies de Mahler et de Bruckner utilisent les rythmes et l'esprit caractéristique de cette danse et Berg a cité un air de ländler dans son *Concerto pour violon* et dans son opéra *Wozzeck* (Acte II, scène 4).

Ländlich (all.). « Paysan », « campagnard ».

Land of my Fathers (*Hen wlad fy nhadau*). Hymne national du pays de Galles composé par James James (1832-1902) sur des paroles d'Evan James. Composé en 1856, il a paru pour la première fois dans *Gems of Welsh Melody* (1860) de John Owain.

Landowski, Marcel (Pont-l'Abbé, 18 février 1915). Compositeur français, fils du sculpteur Paul Landowski. Il travaille au Conservatoire de Paris avec Noël Gallon, Philippe Gaubert et Busser, avant de subir l'influence d'A. Honegger. Successivement directeur du Conservatoire de Boulogne-Billancourt (1960-64), directeur de la musique à la Comédie-Française (1962-65), directeur de la musique au ministère des Affaires culturelles (1966-75), directeur des Affaires culturelles de la Ville de Paris (1977-79), Marcel Landowski a joué un rôle prépondérant dans la réorganisation de la vie musicale française : il est à l'origine de la fondation des orchestres régionaux, du renouveau de l'art lyrique et de la restructuration de l'enseignement musical dans les conservatoires...

Sa carrière de compositeur a beaucoup souffert des fonctions officielles qu'il a occupées. Jusqu'en 1967, il livre une œuvre forte, tant par son lyrisme que par son intensité spirituelle : quatre opéras (*Le Rire de Nils Halerius*, 1944-48 ; *Le Fou* et *Le Ventriloque*, 1956 ; *l'Opéra de poussière*, 1962), trois symphonies, deux concertos pour piano, un concerto pour ondes Martenot et un concerto pour flûte. Après une interruption d'une dizaine d'années, il livre des œuvres plus directes où se livre sa véritable sensibilité : *Messe de l'Aurore* (1977), *Un enfant appelle* (1979) pour soprano, violoncelle et orchestre, un ballet, *Le Fantôme de l'Opéra* (1980) et l'opéra *Montségur* (1985).

Alain Pâris.

BIBLIOGRAPHIE : Pierre Ancelin, *Marcel Landowski, le musicien de l'espérance*, La Revue Musicale n^{os}372-373-374, Richard Masse (Paris, 1984). Claude Bagnères, *Marcel Landowski*, Ventadour (Paris, 1959). Antoine Goléa, *Marcel Landowski*, Seghers (Paris, 1969).

Lang, Johann Georg (Svojšín, 1722 ; Ehrenbreitstein, près de Coblence, 17 juillet 1798). Compositeur allemand originaire de Bohême. En 1746, il entre au service du prince-évêque d'Augsbourg et reste avec lui jusqu'à sa mort. Il est envoyé en Italie pendant trois ans pour y faire des études avant de devenir, en 1758, le *Konzertmeister* du prince. Dix ans plus tard, il est transféré à Ehrenbreitstein et conserve son poste de *Konzertmeister*. Lang a essentiellement composé de la musique instrumentale et certaines de ses œuvres ont été attribuées à tort à d'autres compositeurs, notamment Haydn et J. C. Bach.

Wendy Thompson.

Langaus (all.). Danse autrichienne de la fin du XVIIIe siècle, comparable à la valse ou au ländler ; elle a été interdite par la police pour son manque de retenue.

Langlais, Jean (François) (La Fontenelle, 15 février 1907). Compositeur français. Aveugle de naissance, il fait ses études à l'Institut national des jeunes aveugles (1917-30) et au Conservatoire de Paris (1927-34), où il a pour professeur Marcel Dupré (orgue) et Paul Dukas (composition). En 1945, il succède à Tournemire comme organiste à Sainte-Clotilde, poste qu'il conservera jusqu'en 1988. Il enseigne aussi à l'Institut national des jeunes aveugles (à partir de 1931) et à la Schola cantorum (à partir de 1961). Influencé par Messiaen, il a composé beaucoup de musique d'orgue ainsi que diverses œuvres chorales liturgiques : *Suite française* (1948), *Hommage à Frescobaldi* (1951), *Trois Méditations sur l'Apocalypse* (1974), deux symphonies pour orgue, deux concertos pour orgue et orchestre et plusieurs messes.

Paul Griffiths, rév. Alain Pâris.

Langsam (all.). « Lent » ; *langsamer*, « plus lent ».

Lanier, Emilia. Voir *Bassano*.

Lanier, Nicholas (Greenwich, septembre 1588 ; Londres, février 1666). Compositeur anglais issu d'une famille d'origine française qui s'était installée en Angleterre au cours de la seconde moitié du XVIe siècle. Il entre tout d'abord au service de la famille Cecil et, en 1616, est nommé luthiste à la King's Musick. En 1617, il compose de la musique dans le nouveau style récitatif pour le masque de Ben Jonson *Lovers Made Men* (dont il fait également les décors). A l'accession au trône de Charles Ier, il est fait Master of the King's Musick et est également envoyé en Italie pour acheter des tableaux au nom du roi (Hampton Court contient certains résultats de cette mission). Il est ensuite nommé Master of the King's Miniatures, mais la guerre civile le laisse sans travail. Il vit du commerce des tableaux et des instruments de musique à l'étranger (ses lettres à Constantijn Huygens témoignent de la mélancolie de ce moment d'« exile »). A la Restauration, il retrouve son poste de Master of the King's Musick.

Une grande partie de sa musique est aujourd'hui perdue, mais il a écrit certains des premiers « ayres » dans le style déclamatoire et son récitatif *Hero and Leander* montre une bonne connaissance de la complainte italienne ; il a aidé l'Angleterre à s'accoutumer à la musique lyrique. Artiste de talent, il a laissé un bel autoportrait ; Van Dyck l'a peint également.

Denis Arnold.

Lanzentanz (all.). Voir *Pordon dantza.*

Laos. Voir *Asie du Sud-Est.*

Lappi, Pietro (Florence, vers 1575 ; Brescia, 1630). Compositeur italien, maître de chapelle de Santa Maria delle Grazie à Brescia, de 1593 environ jusqu'à sa mort. Il a écrit exclusivement de la musique d'église, notamment des messes et des motets, surtout à la manière polychorale vénitienne, mais aussi dans le style *concertato* à échelle plus réduite, et certaines *canzone* animées et attrayantes pour ensemble instrumental.

Denis Arnold.

Largamente (ital.). « Largement », « lent et digne » ; *larghezza,* « largeur ». Voir également *Largo.*

Larghetto (ital.). Diminutif de **largo,* lent et digne, mais pas aussi lent que *largo.*

Largo (ital.). « Large », « digne » ; *largo di molto,* « très lent et digne ». Le terme peut aussi servir de titre à un mouvement ou à un morceau comme la célèbre aria de Haendel « Ombra mai fù » dans son opéra *Xerxes,* souvent jouée dans diverses versions instrumentales sous le titre de *Largo* de Haendel (bien que l'aria de Haendel soit marquée *larghetto*).

Le terme *largo* apparaît comme indication de tempo au début du XVIIe siècle. Rousseau l'a inscrit dans son Dictionnaire (1767) comme l'indication de tempo la plus lente, mais Purcell et ses contemporains le situaient à mi-chemin entre l'*adagio* et l'*allegro.*

Lark Ascending, The. Romance pour violon et orchestre de Vaughan Williams, inspirée du poème de George Meredith (1828-1909). Composée en 1914 et révisée en 1920.

La Rue, Pierre de (? Tournai, vers 1460 ; Courtrai, 20 novembre 1518). Compositeur flamand. En 1483, il est chanteur à la cathédrale de Sienne, mais il retourne aux Pays-Bas vers 1490 où il chante à la cathédrale de 's Hertogenbosch. Il entre au service de l'archiduc Maximilien à la chapelle de Bourgogne, en 1492, et lorsque Maximilien devient empereur, La Rue reste membre de la chapelle sous Philippe le Beau. En 1508, il est chanteur à la chapelle de Marguerite d'Autriche, à Mechelen, où il est un grand favori. En 1514, il fait partie de la chapelle privée de l'archiduc Karl et, en 1516, devient abbé à Courtrai où il meurt.

La Rue est l'un des plus célèbres compositeurs flamands de son époque. Ses œuvres ont été considérées comme des modèles du pur style flamand, dépourvues de l'influence italienne. La plupart de ses trente et un cycles complets de messes sont basés sur un *cantus firmus* de plain-chant, mais certains sont construits sur une mélodie profane (comme « L'Homme armé ») et la *Missa « Ave Sanctissima Maria »* est une messe-parodie basée sur un motet à six voix qu'il a peut-être écrit lui-même. Il est aussi l'auteur d'une trentaine de motets, de Magnificat et de lamentations. Parmi ses œuvres de musique profane, une trentaine de chansons ont survécu, essentiellement dans les chansonniers richement enluminés de Marguerite d'Autriche. Elles sont pour la plupart à quatre voix.

Wendy Thompson.

Lasciare (ital.). « Laisser », « permettre ».

Laserna, Blas de (baptisé à Corella, Navarre, le 4 février 1751 ; Madrid, 8 août 1816). Compositeur espagnol qui a exercé à Madrid à partir de l'âge de vingt-trois ans jusqu'à ce qu'il se retire en 1808. Défenseur de la musique dramatique traditionnelle espagnole, il a écrit environ sept cents *tonadillas*, quatre-vingts *sainetes* et de nombreuses autres œuvres dramatiques. Néanmoins, l'une de ses œuvres les plus populaires, *El Majo y la italiana fingida* (1778), est écrite dans le style italien.

Wendy Thompson.

Lass of Richmond Hill, The. Mélodie de James Hook sur des paroles de L. McNally. Le titre fait référence à Richmond dans le Yorkshire et non dans le Surrey.

Lassu (hong.). « Lent » ; voir *Csárdás*.

Lassus, Orlande [Roland] **de** [Orlando di Lasso] (Mons, vers 1532 ; Munich, 14 juin 1594). Compositeur franco-flamand. Il débute comme enfant de chœur à Saint-Nicolas de Mons et on raconte qu'il aurait été kidnappé trois fois en raison de la beauté de sa voix. A l'âge de douze ans, ses parents l'autorisent à entrer au service de Ferrante Gonzaga et il se rend avec lui à Paris, à Mantoue, à Palerme et à Milan. Lorsque sa voix mue, il entre au service d'un noble moins important à Naples où il devient membre de l'Accademia de' Sereni, cercle littéraire et artistique. Il visite alors Rome comme invité de l'archevêque de Florence, et obtient le poste important de maître de chapelle à Saint-Jean-de-Latran à l'âge de vingt et un ans. Il se mêle à nouveau à un groupe d'intellectuels qui s'intéressent aux idées modernes, notamment à l'utilisation du chromatisme en musique. Il reste assez peu de temps à ce poste étant rappelé dans son pays au chevet de ses parents malades qu'il trouve morts à son retour à Mons. En 1555, il est à Anvers. C'est à cette époque qu'il commence à publier ses œuvres, faisant preuve notamment d'une extraordinaire souplesse d'esprit dans l'élaboration d'un livre de madrigaux élégants pour Antonio Gardane à Venise et d'un ensemble de madrigaux, de villanelle ordurières sur des textes en dialecte napolitain, de chansons françaises et de motets italiens pour Tylman Susato à Anvers.

Lassus assure solidement sa réputation avec les publications des années 1550 et, en 1556, il est invité à chanter à la cour de Bavière du duc Albrecht V, à Munich. En l'espace de quelques années, il prend la tête de l'établissement musical à la place du protestant Ludwig Daser et conservera ce poste jusqu'à sa mort. En 1558, il épouse Regina Wäckinger, fille d'un fonctionnaire de la cour et reprend la publication de ses œuvres sur une grande échelle : des livres de musique sacrée et profane paraissent à Anvers, Venise, Paris, Munich et Francfort. Au début des années munichoises, il s'impose comme un maître de la chanson spirituelle et du madrigal plus sérieux, donnant au madrigal une expression musicale des textes que peu sont à même d'égaler, sans se complaire dans l'illustration de texte moins subtile qui allait bientôt devenir à la mode. Il semble alors mener une vie très gaie et animée : il prend une part active dans les célébrations du mariage royal de Guillaume V et de Renée de Lorraine en 1568, il joue la comédie dans une *commedia dell' arte* traditionnelle, etc. Il voyage aussi beaucoup à la recherche de chanteurs et d'instrumentistes pour la formation musicale qui prend rapidement une grande ampleur et se rend en Flandres, à Francfort et surtout en Italie du Nord. Il construit sa *cappella* jusqu'à ce qu'elle devienne le centre musical le plus célèbre de toute l'Europe et attire une foule de jeunes compositeurs (notamment les Gabrieli) qui viennent y travailler.

Certaines œuvres de musique religieuse de cette époque reflètent cette période heureuse. Par exemple, les messes parodies sur des chansons françaises suivent leurs modèles de si près que des paroles profanes ont souvent dû jaillir à l'esprit. Toutefois, c'est également vers cette époque que le caractère mélancolique et l'intensité des idées de la Contre-Réforme commencent à affecter sa musique, plus particulièrement ses *Sept Psaumes de Pénitence*.

En 1579, les circonstances économiques et l'avènement du nouveau duc, Guillaume V, entraînent une réduction de la chapelle. Peu après, Lassus se voit proposer le poste de *maestro* à la cour de Saxe, à Dresde ; mais il refuse, en partie parce qu'Albrecht lui a accordé une importante pension à vie, et surtout parce qu'il est installé à Munich avec deux maisons en ville et une à la campagne. L'effet de la nouvelle atmosphère est néanmoins perceptible dans sa musique. Les publications des années 1580 portent essentiellement sur des œuvres religieuses qui comprennent notamment des extraits du *Livre de Job*, les *Sept Psaumes de Pénitence* et les *Lamentations du Prophète Jérémie*. Son cinquième livre de madrigaux (Nuremberg, 1585) met en musique des vers de Pétrarque sur la jeunesse qui passe et des sonnets religieux de Gabriel Fiamma. En 1585, il retourne en Italie, fait un pèlerinage à Loreto (le Lourdes de l'époque) et, deux ans plus tard, il dédie un volume de madrigaux au physicien de la cour munichoise qui s'inquiète de plus en plus de l'état mental de Lassus. Dès 1590, Lassus sombre dans la mélancolie ; il reconnaît parfois à peine sa femme et est obsédé par la mort. En 1594, il publie un volume de motets à six parties qui, selon sa préface, constitue son chant du cygne. Il accompagne néanmoins son maître à Ratisbonne la même année et, au moment de sa mort, il était en train de préparer la publication de son cycle de madrigaux religieux, les *Lagrime di San Pietro*. Deux de ses quatre fils, Ferdinand et Rudolph sont devenus musiciens et étaient au service de la cour de Bavière.

Lassus était reconnu de son vivant comme l'un des grands maîtres de la musique. En 1604, une édition complète de ses motets a été publiée par ses fils et sa musique religieuse, connue d'Angleterre jusqu'en Pologne, a continué à être jouée, surtout en France où ses liens avec la maison d'édition Le Roy & Ballard sont restés très solides. Plusieurs autres éditions posthumes ont été publiées avant 1650, hommage peu courant à la popularité d'un compositeur à cette période. Néanmoins, sa musique n'a pas reçu au cours de ces dernières années l'attention qu'elle mérite. L'édition moderne de sa musique s'achève seulement et les disques de ses œuvres sont relativement rares. La raison de cette indifférence tient en partie à sa vie expatriée, aucune nation ne se sentant chargée de faire revivre sa musique ; un autre facteur joue également un rôle important : la grande disparité de ses dons ; la « canonisation » de Palestrina tient sans doute beaucoup au fait que sa musique sacrée a absorbé une partie très importante de son énergie. Mais il est certain que la compétence de Lassus dans la plupart des genres sera reconnue un jour ou l'autre. Il savait particulièrement exprimer les atmosphères avec subtilité, dans la musique religieuse comme dans la musique profane, et ses chansons ou *villanelle* peuvent être considérées comme l'équivalent des dessins ou des eaux-fortes d'un grand maître, réussissant à saisir le caractère grotesque ou inhabituel chez ses contemporains.

Denis Arnold.

BIBLIOGRAPHIE : Roland de Lassus, *Con bien fou tu serais Orlando (lettres)*, Bernard Coutaz (Arles, 1988). Charles Van den Borren, *Orlande de Lassus*, Alcan (Paris, 1930), rééd. Les Introuvables (Plan-de-la-Tour, 1975).

Last Post (angl.). « Sonnerie de la retraite ». Sonnerie de l'armée britannique. Le *First Post* à 21 h 30 rappelle tous les hommes à leurs quartiers ; le *Last Post* à 22 h (appelé autrefois « Watch-setting ») termine la journée. Par une association d'idées naturelle et poétique, on a pris l'habitude de sonner le *Last Post* (« Sonnerie aux morts ») à toutes les funérailles militaires.

Last Rose of Summer, 'Tis the. Air irlandais, à l'origine *Castle Hyde*, qui est devenu *The Groves of Blarney* (vers 1790), de R.A. Millikin. Thomas Moore l'a inclus, sur ses propres paroles, dans ses *Irish Melodies* (1813). Beethoven en a repris le thème, Mendelssohn a écrit une fantaisie pour piano sur cet air et il est chanté à l'acte II de *Martha* de Flotow.

Latilla, Gaetano (Bari, 12 janvier 1711 ; Naples, 15 janvier 1788). Compositeur italien. Il reçoit une formation musicale au Conservatorio Santa Maria di Loreto à Naples et, après les premiers succès remportés dans cette ville dans les années 1730, ses opéras sont représentés dans toute l'Europe. Il passe plus de quinze ans à Venise comme responsable de la musique à la Pietà (1753-66) et assistant de Galuppi à San Marco (1762-72 environ). Latilla est l'un des compositeurs d'opéras-comiques les plus populaires de son temps et certaines de ses œuvres, avec leurs mélodies attrayantes et leurs finals bien construits, mériteraient d'être reprises.

Denis Arnold.

Lauda Sion (lat.). L'une des quatre *séquences qui ont subsisté dans la liturgie de l'Église catholique après le *concile de Trente (1542-63). Le *Lauda Sion* a son propre plain-chant traditionnel, mais a également été mis en musique par des compositeurs comme Palestrina, Mendelssohn (qui a utilisé le plain-chant, mais sous une forme dégradée) et Edmund Rubbra. Les paroles ont été écrites par saint Thomas d'Aquin (vers 1264) pour la fête du Sacré-Cœur (à laquelle elles sont encore chantées), à la demande du pape Urbain IV.

Lauda spirituale (ital., plur. *laude* ; on trouve aussi la forme *laude*, plur. *laudi*). Type de chant sacré, généralement sur des paroles italiennes, mais parfois partiellement ou entièrement en latin, pratiqué en Italie du XIIIe au XVIe siècle. Comme la **cantiga* espagnol et le **carol* anglais, les *laude* appartiennent à la catégorie de musique religieuse populaire chantée par les laïcs et n'ont jamais fait partie du culte formel de l'Église. Certaines fraternités de chanteurs (appelés *laudesi*) qui existaient dans toute l'Italie encourageaient les fidèles à les chanter ; les *laude* étaient également appréciées dans les communautés monastiques et ont été parfois intégrées dans des pièces religieuses.

Les premières *laude* étaient pénitentielles ; elles étaient chantées en temps de guerre, de peste ou d'autres afflictions et s'adressaient généralement à la Vierge ou à l'un des saints, surtout à saint François d'Assise. Par la suite, elles se sont également enrichies de vers d'une nature plus pieuse (concernant Noël, la Passion, etc.). La poésie est simple et stéréotypée, rarement d'un grand raffinement littéraire.

Sur le plan musical, la première *lauda* s'inspirait de sources très variées : éléments traditionnels et populaires, mais influencés par le plain-chant et les chansons des troubadours. Ces *laude* étaient tout d'abord homophoniques, avec des mélodies syllabiques et des rythmes simples, et comportaient souvent de courts refrains. Au XVe siècle, on a vu se dessiner des lignes d'accompagnement, improvisées ou composées autour de la mélodie originale, le plus souvent note-contre-note, ce qui a donné naissance, au début du XVIe siècle, à des œuvres à quatre voix simplement harmonisées dans lesquelles l'accent était mis sur la mélodie et la basse, dans un style proche de la *frottola* contemporaine. Le marché des *laude* était apparemment important à cette époque, car l'éditeur vénitien Petrucci en a publié deux recueils. Bien que l'importance de la *lauda* ait ensuite décliné au cours du XVIe siècle, certains de ses éléments caractéristiques ont été repris dans la musique de la *rappresentazione sacra* et dans les premiers oratorios (voir *Oratorio*, 1).

John Milsom.

Laudes. Deuxième partie de l'office des Heures dans la liturgie catholique.

Laudesi (ital.). Voir *Lauda spirituale*.

Laudon [Loudon]. Surnom de la *Symphonie n° 69 en ut majeur* de Haydn, composée vers 1775 et dédiée au feld-maréchal Ernst Gideon Freiherr von Loudon (1716-90). Haydn avait approuvé ce titre.

Lauf (all., de *laufen*, « courir »). Passage rapide ; terme utilisé en particulier à propos des gammes.

Laut (all.). « Fort ».

Laute (all.). « Luth ».

Lavolta, lavolte. Voir *Volta*.

Lawes, Henry (Dinton, Wiltshire, 5 janvier 1596 ; Londres, 21 octobre 1662). Compositeur anglais, frère aîné de William Lawes. Gentleman de la chapelle royale de Charles Ier à partir de 1626, il est nommé cinq ans plus tard « musicien du roi pour les luths et les voix ». Il est l'auteur de la musique (dont seules cinq chansons ont survécu) du masque de *Comus* de Milton, représenté à Ludlow Castle la nuit de la Saint-Michel 1634 ; Milton lui a adressé son célèbre sonnet « To Mr. H. Lawes on his Aires » :

Harry, whose tuneful and well-measured song
First taught our English music how to span
Words with just note and accent...

Il s'impose comme un professeur en vogue et son premier livre d'*Ayres and*

Dialogues (1653) est dédié à ses premières élèves, les filles du comte de Bridgwater : dans sa préface, il déplore le goût de l'époque pour la musique italienne au dépens de celle des compositeurs anglais. A la Restauration, il recouvre ses postes à la cour et son *anthem*, *Zadok the Priest*, est jouée au couronnement de Charles II.

Lawes est l'un des auteurs de chansons les plus importants du XVIIe siècle. Plus de quatre cents de ses chansons ont survécu, sur des vers de nombreux poètes contemporains, notamment Carew, Suckling, Lovelace et Milton. La musique qu'il a composée pour le premier et le dernier acte de l'opéra de Davenant *The Siege of Rhodes* (représenté à Rutland House en 1656) est aujourd'hui perdue.

Wendy Thompson.

Lawes, William (baptisé à Salisbury le 1er mai 1602 ; Chester, 24 septembre 1645). Compositeur anglais, frère cadet de Henry Lawes. Il est l'élève de Coprario et, en 1635, rejoint son frère comme « musicien ordinaire pour le luth et les voix » à la cour de Charles Ier. Il est royaliste et suit son roi dans les campagnes de la guerre civile ; il meurt à la bataille de Chester, « trahi par son propre esprit d'aventure » (Fuller).

Contrairement à son frère, William Lawes n'a rien publié de son vivant, mais sa musique survit en manuscrit et révèle sa maîtrise des styles les plus divers. Sa musique pour viole comprend quelques fantaisies qui révèlent l'influence du madrigal italien (il avait lui-même copié des œuvres de Monteverdi et de Marenzio) par l'usage d'harmonies expressives et dissonantes et les sauts maladroits des lignes mélodiques ; sa musique pour violon se compose de sonates en solo et en trio dans le style italien le plus moderne pour l'époque ; elles comportent des parties virtuoses pour basse de viole, dont Lawes était un instrumentiste célèbre. Il a aussi écrit de beaux *anthems* et une somme considérable de musique pour masque, révélant un sens profond des effectifs importants dans le genre de ce que Purcell allait explorer avec sa musique théâtrale.

Denis Arnold.

Lay clerk, lay vicar (angl.). Dans l'Église anglicane, chantre d'une cathédrale. Voir *Vicar choral*.

Layolle, Francesco de (Florence, 4 mars 1492 ; Lyon, vers 1540). Compositeur et organiste italien, élève de Bartolomeo degli Organi à Florence. Il a lui-même été le professeur de Benvenuto Cellini. Il quitte Florence en 1518 et s'installe à Lyon en 1521, où il s'associe à l'éditeur Jacques Moderne, préparant et composant pour lui des volumes de musique sacrée entre 1530 et 1540. Il a écrit des messes, des motets, mais la majeure partie de sa musique qui nous soit parvenue est profane : chansons, *canzone* et madrigaux. Andrea del Sarto l'a peint dans une fresque pour l'église florentine de Ss. Annunziata, et Jacopo da Pontormo a peint son portrait qui est aujourd'hui exposé au musée des Offices de Florence.

Denis Arnold.

Lazzari, Sylvio (Bozen, 30 décembre 1857 ; Suresnes, 10 juin 1944). Compositeur français d'origine autrichienne, il se fixe à Paris en 1882 où il est l'élève au Conservatoire de Guiraud et de Gounod. Profondément marqué par Franck, sa musique révèle deux penchants essentiels pour le wagnérisme et l'impressionnisme. Il a écrit de nombreuses œuvres de musique de chambre, aujourd'hui négligées, une cinquantaine de mélodies, une symphonie, un poème symphonique, *Effet de nuit* (1904), et une dizaine d'opéras (*La Lépreuse*, 1910 ; *Le Sauteriot*, 1918 ; etc.).

Alain Pâris.

Leader (angl.). Violon solo d'un orchestre.

Leading motif (angl.). Voir *Leitmotiv*.

Leading note (angl.). Voir *Note sensible*.

Lead, Kindly Light. Hymne dont les paroles ont été écrites par John Henry Newman (1801-90) après sa maladie en Sicile. L'air, *Lux benigna*, a été composé par un organiste, le Révérend John Bacchus Dykes ; il a été tout d'abord publié sous le nom *St Oswald* dans *Psalms and Hymns for the Church, School and Home* (1867, réalisé par D.T. Barry) et dans un appendice (1868) à *Hymns Ancient and Modern*. Un autre air, *Alberta*, de W. H. Harris, est imprimé dans *Songs of Praise* (éd. augmentée, 1931).

League of Composers (« Ligue des compositeurs »). En 1923, les membres américains de l'*International Composers' Guild, déçus de l'orientation avant-gardiste que prenait la Guild, ont choisi de fonder la League of Composers pour promouvoir un plus large éventail de musique contemporaine. La League a commandé de nouvelles œuvres à des compositeurs américains et européens, parrainé des exécutions et des retransmissions radiodiffusées de musique contemporaine et fondé la revue trimestrielle *Modern Music* qui a paru de 1924 à 1947. Claire R. Reis a été à la tête de la League entre 1923 et 1948 ; Aaron Copland lui a succédé de 1948 à 1950. En 1954, la League of Composers a fusionné avec l'*International Society for Contemporary Music (ISCM).

Mark Tucker.

Lebègue, Nicolas-Antoine (Laon, vers 1631 ; Paris, 6 juillet 1702). Compositeur français. Fils d'un meunier-boulanger, il quitte Laon pour Paris vers l'âge de vingt ans et devient sans doute l'élève de Chambonnières. En 1664, il est organiste de Saint-Merry et, en 1678, est nommé organiste de la chapelle royale. Très recherché pour ses conseils en matière de facture d'orgue, il a aussi de nombreux élèves. Vers la fin de sa vie, il se fait escroquer toutes ses économies, puis souffre d'un calcul reinal dont il est opéré avec succès à soixante-neuf ans. Ses œuvres pour clavecin ont aidé à standardiser le nombre et l'ordre des danses au sein de la suite et ses œuvres pour orgue sont charmantes, surtout ses arrangements de noëls populaires.

Denis Arnold.

BIBLIOGRAPHIE : Norbert Dufourcq, *Nicolas Lebègue, organiste de la Chapelle royale et de Saint-Merri*, Picard (Paris, 1954).

Lebendig, lebhaft (all.). « Vivant », « animé » ; *lebendiger*, « plus vivant ».

Lebewohl, Das. Voir *Adieux, Les.*

Le Cène, Michel-Charles. Voir *Roger, Estienne.*

Lechner, Leonhard (Tyrol du Sud, vers 1553 ; Stuttgart, 9 septembre 1606). Compositeur allemand. Il est l'élève de Lassus à la cour de Bavière, à Munich, puis prépare ses œuvres pour la publication. Il serait sans doute resté à la cour de Bavière s'il ne s'était pas converti au protestantisme vers dix-huit ans ; il devient professeur assistant à l'école de Saint-Lorenz, à Nuremberg, vers 1575. En 1583, il est Kapellmeister du comte Eitelfriedrich IV de Hohenzollern-Hechingen, mais une nouvelle fois sa religion soulève des difficultés et il part finalement pour occuper un emploi de ténor à la cour de Wurtemberg. En 1595, il y est nommé Kapellmeister, responsable d'un groupe de quarante-huit musiciens.

Compositeur prolifique, il a publié la plupart de ses œuvres à Nuremberg, notamment des motets, d'autres œuvres de musique sacrée et plusieurs lieder. Son flot de publications s'est pratiquement tari en 1595, mais, juste avant de mourir, il a écrit *Deutsche Sprüche von Leben und Tod*, cycle dense de madrigaux qui en a fait un personnage majeur de la musique baroque. Il est également l'auteur d'une pavane « Lachrymae » en hommage à Dowland.

Denis Arnold.

Leclair, Jean-Marie (l'aîné) (Lyon, 10 mai 1697 ; Paris, 22 octobre 1764). Compositeur et violoniste français. Fils d'Antoine Leclair, dentellier et violoncelliste amateur lyonnais, Jean-Marie fait partie d'une famille de huit enfants, dont six deviendront violonistes. Il se destine à la carrière de son père, mais vers l'âge de vingt ans il est engagé comme danseur et maître de ballet à Turin. En 1723, il se rend à Paris où son premier livre de sonates pour violon est publié la même année. Il passe les années 1726 à 1728 de nouveau à Turin et étudie le violon avec J. B. Somis, tout en continuant à gagner sa vie comme danseur professionnel. Il retourne ensuite à Paris où son talent de violoniste lui permet de jouer souvent en soliste au Concert spirituel. En 1733, il entre au service de Louis XV, mais continue à faire de longues tournées à l'étranger ; il s'installe définitivement à Paris en 1743. Peu de temps avant sa mort, il se sépare de sa deuxième femme et va vivre dans un faubourg insalubre de Paris. Le matin du 23 octobre 1764, on le trouve assassiné sur le seuil de sa porte ; son assassin ne sera jamais retrouvé, mais l'on suppose qu'il s'agit de son propre neveu.

Au nombre de ses œuvres figurent quatre livres de sonates pour violon et continuo (Paris, 1723-43), deux livres de duos pour violons sans continuo (Paris, 1730, vers 1747) et plusieurs sonates en trio. Il a également publié des recueils de concertos grossos (1737, 1745) et de la musique de chambre ; sa tragédie lyrique *Scylla et Glaucus* a été représentée en 1746. Leclair est le fondateur de l'école française de violon. Il devait sa réputation à son sens musical profond et à sa brillante technique. Ses œuvres symphoniques et ses œuvres de musique de chambre constituent une synthèse des meilleurs éléments des styles français et italien, alors que son opéra, récemment repris, supporte favorablement la comparaison avec des œuvres analogues de Rameau.

Wendy Thompson.

BIBLIOGRAPHIE : Marc Pincherle, *Jean-Marie Leclair*, La Colombe (Paris, 1952), rééd. Les Introuvables (Plan-de-la-Tour, 1985).

Leçons de ténèbres. Offices de matines des Jeudi, Vendredi et Samedi saints qui comportent trois lectures (ou leçons) des *Lamentations de Jérémie*. Il existe une musique grégorienne, mais dès la polyphonie, des compositeurs comme Ockeghem, Lassus ou Palestrina ont composé de telles *Lamentations*. Les plus célèbres partitions destinées à ces offices sont les *Leçons de ténèbres* de M. A. Charpentier (vers 1680), F. Couperin (1713-15), de Lalande et Gesualdo.

Lecocq, Alexandre Charles (Paris, 3 juin 1832 ; Paris, 24 octobre 1918). Compositeur français. Infirme de naissance, il étudie l'orgue et la composition au Conservatoire de Paris avec Benoist et Halévy. En 1856, il participe au concours de composition parrainé par Offenbach, écrivant une opérette intitulée *Le Docteur Miracle* sur un livret de Battu et Halévy, et remporte le premier prix conjointement avec Bizet ; leurs œuvres respectives ne connaîtront ni l'une ni l'autre le succès auprès du public. Sans se laisser ébranler, Lecocq continue à écrire des opéras légers et triomphe finalement avec *Fleur-de-thé* (1868) et *Les Jumeaux de Bergame* (1869). Ses opéras-comiques les plus célèbres sont *La Fille de Madame Angot* (1872), *Giroflé-Girofla* (1874) et *Le Petit Duc* (1878).

Wendy Thompson.

Ledger Lines (ou *leger lines*) (angl.). Voir *Lignes supplémentaires*.

Le Duc, Simon (Paris, ? 1745 ; Paris, 22 janvier 1777). Violoniste et compositeur français, élève de Gaviniès. Dès 1759, il entre au Concert spirituel dont il devient violon solo quatre ans plus tard. Mais il ne fera jamais une véritable carrière de virtuose, préférant se consacrer à l'enseignement et à l'édition musicale, domaine dans lequel il joue un rôle essentiel. En 1773, il partage avec Gossec et Gaviniès la direction du Concert spirituel. Ses œuvres sont essentiellement consacrées au violon (plusieurs livres de sonates, duos, trios, trois concertos, trois symphonies et une *Symphonie concertante à deux violons*). Il utilise toutes les ressources du violon et parle déjà une langue résolument tournée vers le romantisme, qui évoque à plus d'un point vue le *Strum und Drang* illustré par Carl Philip Emanuel Bach.

Son frère, **Pierre** (Paris, 1755 ; ? Pays-Bas, 1816), a mené une carrière de violoniste au Concert spirituel (violon solo de 1778 à 1783).

Alain Pâris.

Leduc, Éditions Alphonse. Maison d'édition musicale française fondée à Paris en 1840 par Alphonse Leduc (1) (Nantes, 9 mars 1804 ; Paris, 17 juin 1868). Se succèdent à la direction son fils Alphonse (2) (Paris, 29 mai 1844 ; Paris, 4 juin 1892), Emma Leduc-Ravina, veuve du précédent, Émile Alphonse (3) (Paris, 14 novembre 1878 ; Paris, 24 mai 1951), ses fils Claude (Lieusaint, Seine-et-Marne, 22 juillet 1910) et Gilbert (Paris, 17 octobre 1911 ; Normandie, 11 avril 1985) puis François (Paris, 7 septembre 1939), le fils du premier, qui partage à présent la gérance avec son cousin Basile Crichton (Paris, 29 juillet 1950). Depuis 1929, la maison est installée au 175, rue Saint-Honoré. Dans un premier temps, l'activité éditoriale était essentiellement tournée vers les ouvrages pédagogiques et théoriques (Dubois, Chailley, Challan, Messiaen) qui restent l'élément dominant du fonds, mais, depuis Émile Alphonse (3). cette tendance s'est infléchie avec l'édition de nombreux jeunes compositeurs de l'entre-deux-guerres (Ibert, Martinů, Messiaen, Dutilleux, Jolivet, etc.). Outre la représentation de plusieurs fonds étrangers (Boosey & Hawkes, Faber...), les

Éditions Alphonse-Leduc ont repris les catalogues Hamelle et Heugel (1981).

Alain Pâris.

Leer (all.). « Vide ». Ce terme s'applique par exemple aux cordes à vide du violon.

LeFanu, Nicola (Frances) (Wickham Bishops, Essex, 28 avril 1947). Compositeur anglais. Fille du compositeur Elizabeth Maconchy, elle fait ses études à Oxford, en Italie avec Petrassi et aux États-Unis. Sa musique est basée sur des mélodies qui évoluent constamment et explore des régions de l'harmonie atonale ; elle s'est surtout imposée avec des œuvres vocales sans accompagnement (comme *But Stars Remaining* pour soprano, 1970), avec ensemble instrumental (comme *The Same Day Dawns,* 1974) ou dans des pièces de théâtre musical (*Antiworld,* 1972 ; *Dawnpath,* 1977).

Paul Griffiths.

Le Flem, Paul (Lézardrieux, Côtes-du-Nord, 18 mars 1881 ; Tréguier, 31 juillet 1984). Compositeur français. Il prépare une carrière de marin et travaille la philosophie avec Bergson avant de se consacrer définitivement à la musique : il s'inscrit alors à la Schola cantorum et suit les cours de Roussel et de Vincent d'Indy. Il y enseigne à son tour (1921-29) et formera notamment Jolivet et Roland-Manuel. Il mène une importante carrière de chef de chœur, à l'Opéra-Comique puis à la tête des Chanteurs de Saint-Gervais (1925-34) et contribue au renouveau du répertoire polyphonique. Sa musique, sobre et solide, est issue de l'esthétique « debussyste » et de la rigueur du langage de la Schola. Des réminiscences populaires bretonnes et l'écho de la mer y côtoient une écriture marquée par les polyphonistes et Monteverdi. Il a composé quatre symphonies, plusieurs œuvres de musique de chambre, des pièces pour piano marquées par la Bretagne (*Par Landes, Le Vieux Calvaire*) et de nombreux ouvrages lyriques (*Le Rossignol de Saint-Malo,* 1938, *La Magicienne de la mer,* 1947).

Alain Pâris.

Legato [*legando, legabile*] (ital., de *legare,* « lier »). Un passage *legato* est un passage dans lequel toutes les notes doivent être jouées sans inégalité ni cassure perceptible entre elles. Cet effet est noté soit par une liaison au-dessus du passage concerné soit en inscrivant le mot « legato » au début du passage. Le mot *legatissimo,* toujours écrit en toutes lettres, est utilisé lorsque l'effet *legato* doit être poussé à l'extrême. Le contraire de *legato* est *staccato.*

Legatura (ital.). « Ligature », « liaison ».

Légende (all. : *Legende* ; angl. : *legend*). Nom donné à de courtes compositions de caractère lyrique ou épique : *Légendes op.59* de Dvořák, deux *Légendes pour piano* de Liszt, quatre *Légendes pour orchestre op.22* de Sibelius (qui contiennent le célèbre *Cygne de Tuonela*).

Légende de sainte Élisabeth, La (*Die Legende von der Heiligen Elisabeth*). Oratorio pour soprano, alto, trois barytons, basse, chœur et orchestre de Liszt, sur un texte de O. Roquette, composé entre 1857 et 1862.

Légendes pour piano. Deux pièces pour piano de Liszt, composées en 1865 et orchestrées ultérieurement par le compositeur lui-même : *Saint François d'Assise prêchant aux oiseaux* et *Saint François de Paule marchant sur les flots.*

Leggero [*leggiero*], **Leggeramente** (ital.). « Léger », « légèrement ». Indication d'exécution du XIXe siècle, correspondant généralement à un style de jeu léger et détaché dans les passages rapides.

Leggiadro, leggiadretto (ital.). « Gracieux » ; *leggiadramente,* « gracieusement ».

Leggio (ital., de *leggere,* « lire »). « Pupitre ».

Legno (ital.). « Bois » ; *col legno,* « avec le bois », instruction destinée aux instrumentistes à cordes pour qu'ils tapotent les cordes avec le bois de l'archet, au lieu de jouer avec la mèche ; *bacchetta di legno,* « baguette de bois » ; *strumenti (stromenti) di legno,* les « bois » (instruments à vent).

Legrant, Guillaume (célèbre entre 1418 et 1456). Compositeur français. Il a travaillé à la chapelle du pape Martin V à partir de 1418 et au moins jusqu'en 1421, puis à Rouen. Les œuvres qui ont survécu sont des chansons et des mouvements de messe.

John Milsom.

Legrenzi, Giovanni (Clusone, près de Bergame, août 1626 ; Venise, 27 mai 1690). Compositeur italien. Fils de violoniste, il fait partie des organistes de la principale église de Bergame, Santa Maria Maggiore, en 1645. Il y reste jusqu'en 1656, date à laquelle il est nommé directeur de la musique à l'Accademia dello Spirito Santo, à Ferrare. Il commence alors à composer des opéras. Il reste environ onze ans à Ferrare, puis on perd sa trace pendant douze ans. Vers 1670, il s'installe à Venise où il est responsable de la musique au Conservatoire des Mendicanti et, à partir de 1685, maître de chapelle à San Marco. Ses dernières années seront assombries par la maladie.

Pendant toute sa carrière, Legrenzi a composé beaucoup de musique religieuse et ses motets pour voix seule ou pour petit ensemble sont particulièrement intéressants. Sa musique instrumentale prend la forme de sonates, souvent en trio (pour deux instruments mélodiques et un continuo) ; dans ces œuvres, les parties contrastantes commencent à revêtir le caractère de mouvements individuels. Mais sa production la plus intéressante se situe dans le domaine de l'opéra. Ses arias ont des phrases faciles à mémoriser, basées sur des rythmes de danse et des airs populaires, et il charge souvent les intrigues historiques habituelles avec un sens de l'humour qui lui est personnel. Son style a influencé toute une génération d'élèves et Bach comme Haendel connaissaient ses œuvres.

Denis Arnold.

Lehár, Franz [Ferencz] (Komárom, 30 avril 1870 ; Ischl, 24 octobre 1948). Compositeur autrichien. Il fait ses études au Conservatoire de Prague et commence une carrière de chef de musique militaire (1894-99). En 1902, il se tourne vers l'opérette avec *Wiener Frauen* et, en 1905, s'impose définitivement dans ce genre avec *La Veuve joyeuse*. Il est également l'auteur de *Zigeunerliebe* (1910), *Le Comte de Luxembourg* (1910), **Le Pays du sourire* (1923), *Paganini* (1925), *Le Tzarevitch* (1927) et *Friedericke* (1928).

Paul Griffiths.

Lehrstück (all.). « Pièce pédagogique ». Œuvre musicale du XXe siècle, de nature didactique et souvent politique, genre dans lequel ont excellé notamment Brecht et Hindemith.

Leibowitz, René (Varsovie, 17 février 1913 ; Paris, 29 août 1972). Compositeur français d'origine polonaise. Il étudie la composition avec Webern (1930-31) et Schoenberg (1932) et la direction d'orchestre avec Pierre Monteux (1934-36). Après s'être installé en France, il mène une carrière de chef d'orchestre et de professeur et joue un rôle essentiel dans la vie musicale française en faisant découvrir les techniques sérielles à Boulez et à toute une génération de jeunes musiciens au lendemain de la guerre. Il a composé plusieurs opéras, divers concertos et œuvres symphoniques, de la musique de chambre, des pièces pour piano, dans un style dodécaphonique. Il est également l'auteur de plusieurs livres : *Schoenberg et son école* (Paris, 1946), *Introduction à la musique des douze sons* (Paris, 1949), *Histoire de l'opéra* (Paris, 1957), *Thinking for Orchestra* (avec Jan Maguire, New York, 1961), *Schoenberg* (Paris, 1961), *Le Compositeur et son Double* (Paris, 1971), *Les Fantômes de l'Opéra* (Paris, 1972).

Paul Griffiths, rév.

BIBLIOGRAPHIE : René Leibowitz, *Le Compositeur et son double*, Gallimard (Paris, 1971, rééd. 1986) / *Les Fantômes de l'Opéra*, Gallimard (Paris, 1973).

Leicht (all.). 1. « Léger », « populaire » (de style). 2. « Facile », comme *Leichted Tänze* pour deux pianos de Matyás Seiber. *Leichtigkeit* : (1) « légèreté » ; (2) « facilité ».

Leidenschaft (all.). « Passion » ; *leidenschaftlich*, « passionnément ».

Leigh, Walter (Londres, 22 juin 1905 ; près de Tobrouk en Libye, 12 juin 1942). Compositeur anglais. Il fait ses études à Cambridge et à la Musikhochschule de Berlin avec Hindemith (1927-29) qui exercera une influence décisive sur son style. Il a composé un opéra-comique, *The Jolly Roger* (1933), un concertino pour clavecin et cordes et diverses pièces de musique de chambre. Il a été tué au front durant la Seconde Guerre mondiale.

Paul Griffiths.

Leighton, Kenneth (Wakefield, 2 octobre 1929). Compositeur anglais. Il fait des études classiques à l'Université d'Oxford (1947-51) et travaille la composition à Rome avec Petrassi (1951). De 1953 à 1956, il occupe un poste de professeur de composition à l'Université de Leeds ; depuis lors, il enseigne à l'Université d'Édimbourg, sauf pendant une période où il est retourné à Oxford (1968-70). Sa vaste production comprend deux symphonies, plusieurs concertos et beaucoup de musique religieuse. Son style s'inspire de Bartók et de Hindemith par une utilisation audacieuse d'harmonies diatoniques et polytonales étendues.

Paul Griffiths.

Leighton, (Sir) **William** (Plash, Shropshire, vers 1565 ; Londres, juillet 1622). Éditeur et compositeur anglais. Couvert de dettes et affligé d'une mauvaise réputation, il tente de montrer « sa repentance non feinte et véritable » en publiant un recueil de chants pénitentiels intitulé *The Teares or Lamentacions of a Sorrowful Soule* (Londres, 1614), qui regroupe certaines de ses œuvres et des pages de Bull, Byrd, Milton, Peerson et d'autres compositeurs.

John Milsom.

Leise (all.). 1. « doux » ; *leiser*, « plus doucement ».

2. En allemand, chants médiévaux religieux, peut-être appelés *Leise* en raison de l'emploi abondant du refrain « Kyrie *eleison* », abrégé « kirleis » ou « leis ». L'exemple le plus ancien date du IXe siècle.

Leisten (all.). « Exécuter » ; *Leistung*, « exécution », « représentation ».

Leitmotiv (all.). Terme forgé par F. W. Jähns dans un livre sur Weber (1871) pour décrire un motif ou un thème musical qui revient d'un bout à l'autre d'une œuvre (généralement un opéra) pour dépeindre une personne, un objet, une émotion, etc.

La technique de la réminiscence musicale a été utilisée dans toute l'histoire de la musique sous diverses formes, mais les premiers compositeurs à avoir tenté d'utiliser le leitmotiv de façon systématique sont les premiers romantiques allemands, particulièrement Weber. Dans son singspiel, *Der Freischütz* (1821), l'accord de septième diminuée représente la présence sinistre de Samiel ; de même, l'appel de cor de trois notes d'Obéron dans l'opéra éponyme (1826) revient à plusieurs reprises d'un bout à l'autre de l'ouvrage. Cette technique apparaît sous sa forme la plus développée et la plus complexe dans les opéras de Wagner, bien que Wagner n'ait pas utilisé ce terme, préférant parler de *Hauptmotiv*, *thematisches Motiv*, *Grundthema*, etc. Dans ses opéras, à partir de *Der fliegende Holländer* (« Le Vaisseau fantôme »), mais particulièrement dans les dernières œuvres – la *Tétralogie*, *Tristan* et *Parsifal* – chaque personnage ou idée est associé à un thème ou à un motif musical, comme, par exemple, Siegfried dans la *Tétralogie* avec sa célèbre sonnerie de cor, alors que d'autres motifs sont attachés à des objets (l'or du Rhin, le Valhalla), à des états émotionnels (l'éveil de l'amour) ou à des concepts (la rédemption). Ces motifs sont tissés dans la trame musicale de l'orchestre et, dans certains cas, ils rendent le texte pratiquement superflu.

La technique du leitmotiv a été utilisée par quelques compositeurs lyriques après Wagner, notamment Humperdinck, Richard Strauss, Janáček et Berg, dont *Lulu* utilise un système élaboré d'identification des personnages basé sur des transformations de rangées de notes.

On trouve des procédés analogues à celui du leitmotiv dans la musique symphonique, notamment l'*« idée fixe » de Berlioz (employée dans la *Symphonie fantastique* pour représenter l'être aimé) et la métamorphose des thèmes de Liszt.

Wendy Thompson.

Le Jeune, Claude (Valenciennes, vers 1530 ; Paris, septembre 1600). Prêtre et compositeur français. Vers 1580, il est maître des enfants à la cour du duc d'Anjou. Ses sympathies protestantes l'obligent à s'enfuir de Paris en 1589 et il se réfugie à La Rochelle pendant quelque temps ; il entre ensuite au service d'Henri IV. Il se fait connaître par ses expériences visant à recréer la musique de la Grèce antique en faisant appel au chromatisme et aux principes de la *musique mesurée ; il devient membre de l'Académie de Baïf. Il compose également des chansons, des madrigaux et de la musique religieuse – ses illustrations métriques des psaumes ont été beaucoup utilisées par les églises protestantes aux XVIIe et XVIIIe siècles.

Denis Arnold.

Lekeu, Guillaume (près de Verviers, 20 janvier 1870 ; Angers, 21 janvier 1894). Compositeur belge. Il commence par étudier la littérature et entre à l'Université de Paris en 1888, mais, l'année suivante, il se tourne vers la composition qu'il travaille en privé avec César Franck jusqu'à la mort de ce dernier, en novembre 1890. Il est ensuite l'élève de Vincent d'Indy, qui le pousse à se présenter au concours du prix de Rome belge en 1891 ; il reçoit le second prix et le refuse. Dès lors et jusqu'à sa mort prématurée, il compose avec facilité et laisse plusieurs œuvres de musique de chambre intéressantes, notamment une sonate pour piano dans un style fugué, un trio avec piano et une sonate pour violon et piano que l'on joue encore de temps à autre. Sa musique était très appréciée de la plupart de ses contemporains français, y compris Debussy, et de certains critiques américains. Il est mort de la typhoïde après avoir mangé un sorbet contaminé.

Denis Arnold.

BIBLIOGRAPHIE : Paul-Gilbert Langevin, *Musiciens de France, la génération des grands symphonistes*, La Revue Musicale n°s 324-325-326, Richard Masse (Paris, 1979).

Lélio, ou Le retour à la vie. Monodrame pour solistes, chœur et orchestre op.14 bis de Berlioz sur un texte dont il est l'auteur (à l'exception d'un numéro écrit par A. Duboys d'après Goethe). *Lélio* a été composé entre 1830 et 1832 comme une suite à la *Symphonie fantastique*.

Lemoine. Maison d'édition musicale parisienne fondée en 1772 par Antoine Marcel Lemoine (1753-1816). Son fils Henry (1786-1854) lui succède et se forge une solide réputation de professeur de piano. Il publie une série d'ouvrages de référence qui constituent encore le fonds du catalogue (*Solfège des solfèges*, *Tablettes des pianistes*, etc.). La maison sera dirigée de père en fils par Achille Philibert (1813-95), Henry Félicien (1848-1924), André (1907) et Max (1922). Le fonds comporte essentiellement des ouvrages pédagogiques et théoriques, notamment les fameux *Classiques favoris du piano*, le *Traité d'orchestration* de Berlioz et quelques œuvres lyriques.

Alain Pâris.

Leningrad. Sous-titre de la *Symphonie n° 7 en ut majeur op.60* de Chostakovitch, composée en 1941 durant le siège de Leningrad par les Allemands.

Lennon, John (Liverpool, 9 octobre 1940 ; New York, 8 décembre 1980). Auteur de chansons et chanteur « pop » anglais. Fils d'un steward, il fait ses études au College of Art de Liverpool, s'intéresse à la musique et forme un groupe appelé The Quarrymen qui comprend Paul McCartney, puis George Harrison et Ringo Starr. Le groupe change plusieurs fois de nom (The Moondogs, The Rainbows et The Silver Beatles) avant d'adopter celui de Beatles en 1960. Ils se forgent une réputation locale au Cavern Club de Liverpool et se font plus largement connaître grâce à quelques engagements à Hambourg. Leur travail attire l'attention de leur futur manager, Brian Epstein, et aboutit finalement en 1962 à un contrat d'enregistrement avec Parlophone qui marque le début de leur énorme succès mondial et de l'influence de la « beatlemanie » dans les années soixante. Dans l'embrouillamini des groupes et de la musique pop au nouvel âge du rock, l'œuvre des Beatles émerge, perfectionniste et imaginative, atteignant son sommet dans l'album *Sergeant Pepper's Lonely Hearts Club Band*. Ce succès est dû en partie aux chansons originales, sensibles et souvent surréalistes que John Lennon a écrit avec son collègue et compositeur Paul McCartney. Par la suite, il a progressivement écrit et composé lui-même ses propres chansons. L'ère des Beatles a pris fin avec l'éclatement du groupe en 1971. John Lennon a continué à écrire, notamment plusieurs livres de vers et, à la fin des années soixante-dix, il a continué à faire des enregistrements, mais en soliste. En 1966, il a reçu, avec les autres Beatles, le MBE (Member of the British Empire), qu'il a ensuite rendu pour protester contre l'engagement anglais dans la guerre du Vietnam ; il est devenu l'un des chefs de file du mouvement pacifiste. A la fin de sa carrière, il avait accumulé une fortune estimée à cent millions de livres. Sa carrière fulgurante a pris fin le jour où il a été assassiné par balles à New York. Pour ses chansons, voir *McCartney*.

Peter Gammond.

Lénore. Poème symphonique de Duparc d'après une ballade de Gottfried A. Bürger (1875).

Lenot, Jacques (Saint-Jean-d'Angély, 29 août 1945). Compositeur français autodidacte formé essentiellement à Darmstadt, disciple de Messiaen, Bussotti et Donatoni. Son œuvre touche à tous les genres et s'impose par sa rigueur d'écriture : *Cinq Sonnets de Louise Labbé* (1971) pour haute-contre, soprano et ensemble instrumental, *Symphonie* (1975-76), *Allégories d'exil*, cycle instrumental, vocal et orchestral en dix pièces séparées (1978), trois sonates pour piano et un opéra, *Le Mariage obscur* (1979).

Alain Pâris.

Lento (ital.). « Lent » ; *lentando, lentato*, « en ralentissant », « ralenti » (la même chose que *rallentando*) ; *lentamente*, « lentement » ; *lenteza*, « lenteur ». *Lento* est l'une des plus anciennes indications de tempo ; elle apparaît dès le début du XVIIe siècle. Dans la musique française, le terme « lentement » est devenu l'une des principales indications de tempo depuis le milieu du XVIIe siècle.

Lentando (ital.). Voir *Rallentare*.

Leo, Leonardo (Ortensio Salvatore de) (San Vito degli Schiavi, aujourd'hui San Vito dei Normanni, près de Brindisi, 5 août 1694 ; Naples, 31 octobre 1744). Compositeur et pédagogue italien, l'un des principaux compositeurs de l'école napolitaine. Ses parents étaient assez riches et il entre au Conservatorio Santa Maria della Pieta dei Turchini à Naples comme *convittore* (élève payant). Il travaille avec Nicola Fago et fait de tels progrès qu'il peut faire représenter un opéra à l'âge de dix-huit ans seulement. Peu après, il est organiste à la chapelle royale. Il mène une belle carrière au service de la cour et, à partir de 1741, devient directeur du conservatoire où il avait fait ses études ; son dernier poste sera celui de maître de chapelle à la chapelle royale. Il avait épousé la fille d'une chanteuse d'opéra célèbre dont il eut cinq enfants.

Leo a laissé plus de soixante-dix opéras, certains sur des livrets de Métastase, et des opéras-comiques à la manière de Pergolèse. Dans la version revisée de son *Olimpiade* (représenté en 1737, rév. 1742-43), il a ajouté un rôle pour le chœur – innovation dans l'histoire de l'opéra napolitain. Il a aussi écrit beaucoup de musique religieuse, parfois avec accompagnement orchestral, mais parfois dans l'ancien style contrapuntique *a cappella*. Jommelli et Piccinni ont figuré au nombre de ses élèves.

Denis Arnold.

Leoncavallo, Ruggero (Naples, 8 mars 1857 ; Montecatini, 9 août 1919). Compositeur italien, fils d'un fonctionnaire de police de Naples, il fait ses études au conservatoire de cette ville et obtient son diplôme en 1876. Il va ensuite étudier la littérature à l'Université de Bologne où il suit les cours du célèbre poète Carducci et se familiarise avec la musique de Wagner. Il commence à travailler au livret d'une trilogie lyrique sur la Renaissance italienne et compose un opéra, *Chatterton*, qu'il ne parviendra pas à faire représenter, l'impresario ayant pris la fuite avec l'argent investi par Leoncavallo. Il connaît ensuite des temps difficiles, travaille comme pianiste de bar à Paris, à Londres et en Égypte. Il compose des chansons légères pour l'Eldorado à Paris, où il rencontre le célèbre baryton Victor Maurel qui le présente au principal éditeur milanais, Ricordi. Ricordi lui demande d'écrire un livret pour *Manon Lescaut* qui sera mis en musique par Puccini – mais ce dernier ne l'apprécie pas. Ricordi n'accepte pas *I Medici* (le premier opéra de sa trilogie). Furieux de son manque de succès, Leoncavallo compose *I Pagliacci*, dont l'histoire est basée sur l'une des affaires juridiques traitées par son père. Cette œuvre est publiée par Sonzogno (le rival de Ricordi), représentée à Milan en 1892 sous la direction de Toscanini et remporte un succès immédiat. Conçue à l'origine en un seul acte, elle convient au talent de Leoncavallo car elle n'exige pas une inspiration longue et continue.

Après ce succès, *I Medici* est représenté à Milan en 1893, mais c'est un échec. Cette année-là, on apprend que Puccini (pour Ricordi) et Leoncavallo (pour Sonzogno) travaillent simultanément à des opéras sur *La Bohème* de Murger. Entre-temps, *I Medici* est représenté à Berlin au plus grand plaisir du Kaiser qui commande un opéra à la louange des Hohenzollern. *La Bohème* de Leoncavallo est représentée à Venise en 1897, quelques mois après celle de Puccini. Dans un premier temps, les deux ouvrages sont couronnés de succès, mais celui de Puccini balaye finalement de la scène celui de Leoncavallo, davantage tourné vers le mélodrame que vers l'évocation d'une atmosphère délicate, parfois humoristique, à laquelle était parvenu Puccini.

Leoncavallo écrit alors une comédie, *Zazà*, où l'on relève certains signes de l'influence de Massenet : elle remporte un succès immédiat. Sa carrière commence ensuite à décliner. L'opéra sur les Hohenzollern, *Der Roland von Berlin*, créé en 1904, n'est pas bon. Il se tourne vers l'opérette avec *La Jeunesse de Figaro*, représentée aux États-Unis en 1906, *Malbrouck* (Rome, 1910), *Are you there ?* (Londres, Prince of Wales Theatre, 1913). Ses dernières œuvres comprennent un opéra, *Edipo Re* (dans une version italienne de Sophocle), et une opérette, *A chi la giarrettiera ?* Ses œuvres les moins bonnes sont rarement représentées, même en Italie, mais les jugements des critiques italiens d'aujourd'hui sont durs ; ils ne voient en Leoncavallo qu'un opportuniste. Il n'en reste pas moins que *I Pagliacci* est un chef-d'œuvre mineur qui reflète parfaitement certaines attitudes de la vie du sud de l'Italie.

Denis Arnold.

Léonin [Leoninus]. Compositeur qui a exercé à Notre-Dame de Paris, probablement entre 1160 et 1180. Son nom n'est connu que par les écrits du théoricien anonyme anglais surnommé Anonymous IV (célèbre vers 1270). Il nous apprend que Léonin était « optimus organista » (le meilleur compositeur [ou chanteur] d'**organum*) et qu'il a réalisé un « gros livre » (*Magnus liber*) de chants de la messe et des offices utilisés à Notre-Dame.

Les seules copies de musique qui nous sont parvenues et qui pourraient être de Léonin datent du milieu du XIIIe siècle ; elles ne précisent aucun nom de compositeur et contiennent, en outre, de la musique qui, sur le plan stylistique, est bien postérieure à ce que Léonin serait susceptible d'avoir écrit. Léonin a sans doute composé certaines des plus anciennes œuvres de ce manuscrit, soixante à quatre-vingts ans avant la confection des copies qui ont survécu. Anonymous IV laisse également entendre que l'un des successeurs de Léonin, Pérotin, a révisé une partie de la musique antérieure ; mais les copies qui nous sont parvenues n'indiquent aucun processus de révision, il est donc impossible de savoir avec certitude ce qui peut être attribué à Léonin ; toutefois, on peut raisonnablement faire les déductions suivantes.

Le *Magnus liber* de Léonin contenait des illustrations polyphoniques des parties de plain-chant réservées aux solistes. Les chants concernés étaient des répons de Vêpres, des Graduels et des Alléluias et peut-être quelques antiennes de procession. Seuls les chants des grandes fêtes de l'année liturgique étaient mis en musique – pas plus de quarante ou cinquante compositions. Léonin a sans doute pris ce genre de musique comme point de départ dans le *Codex Calixtinus* de 1160 environ (voir *Organum*, Ex. 2), où le chant est placé sous une voix supérieure plus fleurie, ses notes étant donc souvent allongées et soutenues. Un tel chant à deux voix porte le nom d'*organum duplum*. Plusieurs pièces de Léonin semblent avoir été composées sur une plus grande échelle que les chants antérieurs, avec une proportion accrue de notes à la voix supérieure par rapport à la voix inférieure. Une telle musique n'était sans doute pas destinée à être exécutée d'une manière rythmique régulière.

On n'a pas pu établir clairement si les illustrations de chants de Léonin contenaient des sections dans le style du *déchant ou si ces sections, très nombreuses dans les copies qui ont survécu, sont l'œuvre de compositeurs ultérieurs. Parmi les plus simples, certaines peuvent dater de la première version du *Magnus liber*. Le chant y est disposé selon un rythme régulier, suivant la progression de la voix supérieure, ce que l'on rencontre généralement lorsque le chant original comporte une fioriture mélismatique, comme dans l'Ex. 1. Si une telle musique est véritablement de Léonin, il a alors sans doute joué un rôle dans l'évolution du rythme modal (voir *Notation*, 3).

Il est également probable que Léonin

*Ex. 1. Extrait de l'*Alleluia Ascendens Christus.

a composé de la musique dans d'autres formes populaires de l'époque, comme le **conductus*, mais on ne connaît aucun exemple qui lui soit attribué.

David Hiley.

Léonore. Titre que Beethoven destinait à son opéra *Fidelio*, du nom de son héroïne. Les trois ouvertures qu'il a composées successivement portent le titre de *Léonore I*, *Léonore II* et *Léonore III*.

Léopold Ier. Empereur d'Autriche couronné en 1658 (Vienne, 9 juin 1640 ; Vienne, 5 mai 1705). Malgré un règne turbulent durant lequel Vienne a été assiégée par les Turcs en 1683, il a poursuivi la tradition des Habsbourg, fervents protecteurs de la musique, et a élargi la *Hofkapelle* jusqu'à employer plus de cent musiciens, y compris des instrumentistes et compositeurs venus d'Italie. Il a surtout encouragé le développement de l'opéra italien : *Il Pomo d'oro* de Cesti a été commandé à l'occasion de son mariage avec Marguerite d'Espagne en 1666 (mais n'a sans doute pas été représenté avant 1668). C'était lui-même un compositeur très compétent et plusieurs de ses œuvres ont été jouées à la cour. Il a écrit de la musique de ballet, des oratorios et d'autres pièces de musique sacrée, notamment un impressionnant Miserere en sol mineur.

Denis Arnold.

Lerchenquartett. Voir *Alouette, L'*.

Le Roux, Gaspard (Paris, seconde moitié du XVIIe siècle). Claveciniste et compositeur français. Ses jolies *Pièces de clavessin* (Paris, 1705) sont importantes dans l'histoire de la suite, car elles regroupent des pièces de même tonalité. Il a aussi arrangé certaines pièces pour diverses combinaisons de trio, mêlant à volonté les instruments à vent ou à cordes et le clavecin.

Denis Arnold.

Le Roux, Maurice (Paris, 6 février 1923). Compositeur, chef d'orchestre et musicologue français, élève de Messiaen et de Leibowitz. Il travaille d'abord au Studio de musique concrète de la RTF tout en menant une importante carrière de chef d'orchestre, notamment au service de la musique contemporaine (directeur de l'Orchestre national de 1960 à 1968). Il est ensuite conseiller artistique à l'Opéra de Paris (1968-73), puis inspecteur général de la musique au ministère des Affaires culturelles (1973-88). Son œuvre, essentiellement sérielle, reste profondément marquée par des influences aussi différentes que celles de Debussy, Bartók ou Webern : *Au pays de la magie*, mélodies sur des poèmes d'Henri Michaux (1951), *Le Cercle des métamorphoses* pour orchestre (1953), *Un Koan* pour orchestre (1974). Auteur de nombreuses musiques pour des films de Truffaut, Godard, Deville, etc., il exerce diverses fonctions dans le domaine de l'audiovisuel et a produit des émissions musicales à la télévision, notamment la série *Arcana* à partir de 1968. Il est l'auteur de plusieurs ouvrages musicologiques de référence : *Introduction à la musique contemporaine* (Paris, 1947), *Monteverdi* (Paris, 1951) et *Boris Godounov* (Paris, 1980).

Alain Pâris.

Le Roy, Adrian (Montreuil-sur-Mer, vers 1520 ; Paris, 1598). Imprimeur et éditeur de musique, luthiste et compositeur français. Il était directeur artistique de la maison d'édition Le Roy & *Ballard. Outre ses activités dans le domaine de l'édition, il a composé des chansons et de la musique pour instruments à cordes pincées. Le Roy était un virtuose du luth et a écrit des manuels d'instructions pour cet instrument ; il a aussi rédigé un ouvrage théorique. Il cultivait les relations de qualité, sur le plan social et artistique, et son goût musical, qui se reflète dans les œuvres qu'il a publiées, a contribué à former le goût français de la fin du XVIe siècle.

Les Adieux. Voir *Adieux, Les.*

L'Escurel, Jehan de (mort à Paris, 13 mai 1304). Poète et compositeur français qui semble avoir été clerc à Notre-Dame de Paris puis pendu pour débauche. Un petit nombre de chansons monophoniques dans la tradition courtoise des trouvères a survécu ; elles montrent qu'il était, avec Adam de la Halle, l'un des plus importants précurseurs de Guillaume de Machaut.

John Milsom.

Lesto (ital.). « Agile », « rapide » ; *lestamente*, « avec agilité », « rapidement ».

Le Sueur, Jean-François (Drucat-Plessiel, près d'Abbeville, 15 février 1760 ; Paris, 6 octobre 1837). Compositeur et musicographe français. Il fait ses études à Amiens et à Abbeville comme jeune choriste jusqu'en 1776, puis devient chef de chœur dans diverses églises avant d'être nommé chef de chœur à Notre-Dame de Paris en 1786. Les méthodes nouvelles qu'il emploie pour attirer les fidèles (introduction dans la cathédrale d'un grand orchestre et de chanteurs de l'Opéra) irritent certains membres du clergé et il doit quitter son poste au bout d'un an. Il se retire pendant quelque temps, puis, dès le début de la Révolution, se tourne vers l'opéra, rivalisant avec Méhul et Cherubini. *Paul et Virginie* (1794) et *Télémaque* (1796) sont couronnés de succès ; en 1804, Napoléon le nomme à la direction de la chapelle des Tuileries, ce qui rehausse beaucoup sa réputation, et *Ossian ou les Bardes*, créé la même année, remporte un triomphe. Il enseigne au Conservatoire, récemment constitué, à partir de 1818 et, après la fermeture de la chapelle royale en 1830, il se met à écrire et se tourne vers la philosophie : ses idées sur la musique et l'esthétique sont consignées dans un ouvrage important en quatre volumes, *Exposé d'une musique* (1787).

Percy Scholes, rév. Judith Nagley.

BIBLIOGRAPHIE : Jean Mongrédien, *Jean-François Le Sueur*, Peter Lang (Berne, 1980).

Lesur, Daniel. Voir *Daniel-Lesur.*

Let's Make an Opera. « Divertissement pour jeunes gens » op.45 de Britten sur un livret d'Eric Crozier. Il est conçu en deux parties, la première réservée aux préparatifs d'un opéra que montent des enfants et des adultes, la seconde étant *The Little Sweep*, l'opéra lui-même. Les chanteurs sont accompagnés par un quatuor à cordes, une partie de piano à quatre mains et des percussions, et le public participe à quatre chansons. Créé à Aldeburgh en 1949.

Lettres intimes (*Listy duvěrné*). Sous-titre du *Quatuor à cordes n° 2* de Janáček, composé en vingt-deux jours en 1928. Il s'agit d'un quatuor autobiographique ; les lettres évoquées sont des lettres que lui adressa Kamilla Stoesslová entre 1917 et 1928 (il voulait appeler ce quatuor « Lettres d'amour »).

Letzt (all.). « Dernier », « final ».

Levare (ital.). « Lever », « soulever » ; *si levano i sordini*, « enlever les sourdines » ; *levate*, « enlevez ».

Levée ou anacrouse (all. : *Auftakt* ; angl. : *upbeat*). Temps faible d'une mesure qui anticipe le premier temps (ou « temps fort ») de la mesure suivante.

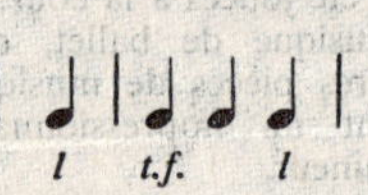

Voir *Direction d'orchestre.*

Levet (peut-être de l'italien *levata*, « action de se lever »). Sonnerie de trompette ou accords joués pour faire lever les soldats le matin. Le jour de l'An 1696, le juge Sewall de Boston, dans le New England, consignait dans son Journal : « Une personne munie d'une trompette sonne un levet sous nos fenêtres juste au lever du jour, me souhaite une bonne journée, une bonne santé et du bonheur ».

Levezza (ital.). « Légèreté ».

Levinas, Michaël (Paris, 18 avril 1949). Compositeur et pianiste français, élève de Messiaen et d'Yvonne Loriod. Il travaille au Groupe de recherche musicale de l'ORTF (GRM) et suit les cours de Stockhausen à Darmstadt. De 1975 à 1977, il est pensionnaire de la villa Médicis à Rome comme boursier de l'État français. Dès ses premières œuvres, il marque un intérêt profond pour l'électronique, l'amplification ou la synthèse des sons : *Musique et Musique* pour orchestre (1974-75), *Concerto pour un piano-espace n° 1* (1976-77) et *n° 2* (1980), *Dans un espace souterrain* pour ondes Martenot, piano et synthétiseur (1977), *Ouverture pour une fête étrange* (1979), *Les Rires du Gilles* pour ensemble instrumental et bande magnétique (1981). Membre fondateur du groupe de musique contemporaine l'Itinéraire (1973), il a reçu le prix Georges-Enesco de la SACEM en 1980.

Alain Pâris.

L.H. Abréviation pour main gauche, *linke Hand* (all.), *left hand* (angl.).

L'Homme armé. Voir *Homme armé, L'.*

Liadov, Anatoli (Konstantinovitch) (Saint-Pétersbourg, 11 mai 1855 ; Polynovka, district de Novgorod, 28 août 1914). Compositeur russe, surtout connu parce qu'il n'est pas parvenu à écrire une partition pour *L'Oiseau de feu* de Diaghilev, donnant ainsi à Stravinski sa première chance au théâtre. Dans ses méthodes de travail, Liadov n'était pas particulièrement discipliné : étudiant, il avait été expulsé de la classe de composition de Rimski-Korsakov au Conservatoire de Saint-Pétersbourg en raison de son absentéisme ; par la suite, il a produit relativement peu de musique (ce qui était également dû à son attitude autocritique). De son temps, Liadov était connu comme pédagogue (il a eu pour élèves Prokofiev et Miaskovski) et était considéré comme une personnalité importante. Il faisait partie des compositeurs qui entouraient le riche éditeur Mitrofan Belaïev et a servi de conseiller pour les activités éditoriales de Belaïev et pour les prix Glinka. Parmi ses rares œuvres symphoniques, *Baba-Yaga* (1904), les *Huit Chants populaires russes* (1905) et *Le Lac ensorcelé* (1909) occupent une place précaire au répertoire, révélant un lyrisme de bon goût et une orchestration claire dans la veine de Rimski-Korsakov.

Geoffrey Norris.

Liaison. Terme utilisé en trois sens : exécution régulière (voir *Legato*) ; la liaison, le coulé qui indique une telle exécution ; le lien, l'attache. Le signe de liaison revêt lui-même deux sens différents.

1. Signe de notation musicale en forme de ligne courbe destiné à regrouper des notes pour différentes raisons. La liaison indique généralement que les notes concernées doivent être jouées ou chantées *legato* (Ex. 1). Sur les instruments à cordes, une liaison correspond normalement à un coup d'archet ou, si c'est physiquement impossible, le changement de coup d'archet doit être imperceptible. Dans la musique pour instruments à vent ou dans la musique vocale, la liaison suppose généralement que les notes concernées soient produites d'un seul souffle. Si les notes placées sous une liaison comportent des points (au-dessus ou au-dessous de la note, Ex. 2), elles doivent être jouées *portato* (c'est-à-dire portées, légèrement détachées, mais moins détachées que *staccato*). En outre, dans la musique vocale la liaison sert à attirer l'attention sur le fait que plusieurs notes correspondent à une seule syllabe (Ex. 3). Une liaison placée sur un long groupe de notes indique généralement les limites d'une *phrase et peut recouvrir d'autres liaisons plus petites (Ex. 4).

Ex. 1

Ex. 2

Ex. 3

Ex. 4

Ex. 5

On peut employer une ligne incurvée semblable à la liaison pour indiquer un effet **portamento* ; le même signe entre deux notes adjacentes de la même hauteur de son sert de liaison.

Voir également *Interprétation musicale*, 8.

2. Signe de notation musicale en forme de ligne incurvée qui réunit deux notes successives de même hauteur pour indiquer qu'elles doivent former un son ininterrompu pendant la durée des deux valeurs successives reliées par cette liaison. Ce signe est souvent utilisé pour lier des notes de part et d'autre d'une barre de mesure (Ex. 5*a*) ou pour fabriquer une valeur totale qui n'existe pas avec des notes isolées (comme cinq noires, sept croches ; Ex. 5*b*). En outre, on emploie occasionnellement la liaison comme signe de répétition subtile de la seconde note.

Liapounov, Sergeï (Mikhaïlovitch) (Iaroslavl, 30 novembre 1859 ; Paris, 8 novembre 1924). Compositeur et pianiste russe. Il fait ses études au Conservatoire de Moscou où il travaille la composition avec Tchaïkovski et Tanéiev, puis s'installe à Saint-Pétersbourg où il devient l'assistant de Balakirev. Après la révolution d'Octobre, il émigre à Paris et enseigne le piano. Rimski-Korsakov le considérait comme un bon compositeur mais il était peut-être davantage connu comme pianiste. Il a composé beaucoup de musique pour piano dans laquelle l'influence de Liszt est prédominante (notamment dans les *12 Etudes d'exécution transcendante op.11*) et de nombreuses mélodies. Il était naturel qu'un pianiste de sa virtuosité écrive des concertos pour piano (nº 1, 1890 ; nº 2, 1909), mais ils révèlent rarement la tension et la couleur généreuse qui marquent ses meilleures œuvres vocales et ses miniatures pour piano.

Geoffrey Norris.

Liberamente (ital.). « Librement », en ce qui concerne le tempo, le rythme, etc.

Liber usualis (lat.). Abrégé de chants latins et d'instructions liturgiques utilisé dans l'ensemble de l'Église catholique jusqu'en 1974. Il réunissait de façon pratique les éléments les plus importants contenus dans quatre autres livres : le livre des chanteurs pour la messe et les offices du jour (comme le *graduel et les *antiennes) et le livre des prêtres pour les deux mêmes catégories (le missel et le bréviaire). Il excluait certains services historiquement importants, notamment ceux des jours de la semaine pendant le Carême, mais comprenait quelques sujets issus à l'origine de l'usage monastique qui ne figurent pas dans les autres livres, comme les services de matines pour les fêtes majeures (Nativité, Jeudi saint, Vendredi saint, Samedi saint, Pentecôte, Sacré-Cœur).

Les textes et les chants qui figurent dans le *Liber usualis* peuvent être divisés en cinq parties principales : ceux qui sont communs à la plupart des messes (Ordinaire de la messe, pp. 11-111), ceux qui sont communs à la plupart des offices du jour (essentiellement des chants de psaumes, pp. 112-316), ceux qui célèbrent des événements de la vie du Christ (Propre du temps, pp. 317-1110, ceux qui sont communs à plusieurs catégories de saints (Ordinaire des saints, pp. 1111-1272) et ceux qui concernent spécifiquement des fêtes de saints (Propre des saints, pp. 1303-1762). La plupart des chants sont précédés d'un numéro correspondant à l'un des huit modes liturgiques. En outre, les antiennes comportent une lettre qui indique au chanteur quelle sera la dernière note (terminaison) du chant pour qu'il puisse s'enchaîner sur un chant approprié pour le psaume suivant.

Le *Liber usualis* a été tout d'abord compilé par les moines bénédictins de *Solesmes en 1896 (révisé en 1903 et en 1934). Leurs éditions de livres liturgiques tentaient d'utiliser les sources de chants médiévaux les plus anciennes, mais le pape Léon XIII ne les a pas reconnus avant 1901 et, en fait, le *Liber usualis* n'a jamais acquis le statut de livre liturgique officiel du Vatican. Pour le musicien, il conserve généralement la tessiture et la forme (sinon le rythme) de nombreux chants médiévaux et donne une idée de leur contexte liturgique. Les chants sont étudiés soit pour eux-mêmes, soit parce qu'ils constituent la base de nombreuses compositions polyphoniques.

Anthony Pryer.

Libitum. Voir *Ad libitum.*

Library of Congress. Département Musique de la Bibliothèque du Congrès à Washington (DC) créé en 1897. Sa formation est due essentiellemnt à Oscar G. T. Sonneck, qui en a assuré la direction de 1902 à 1917 et dont le système de classement (musique, littérature musicale et théorie musicale ou enseignement) a été ensuite adopté par de nombreuses bibliothèques. Ses chefs successifs (Engel, Strunk, Spivacke, Waters, Leavitt) ont supervisé les acquisitions jusqu'à ce jour ; avec plus de 4 740 000 documents, cette collection est l'une des plus riches du monde ; elle est particulièrement bien fournie en matériels américains, en partitions et en livrets d'opéras, en livres sur la musique antérieurs à 1800 et en lettres et partitions autographes. Plusieurs fondations et dons dévolus à cette Division subviennent aux commandes, aux acquisitions, aux concerts, aux enregistrements et aux publications. D'autres départements de la Library of Congress sont aussi concernés par la musique comme l'Archive of Folk Song Section et la Recorded Sound Section.

Nym Cooke.

Libretto (ital., « livret », de l'italien *libro,* « livre »). Nom généralement donné au texte d'un opéra. Bien que les premiers livrets aient mesuré une vingtaine de centimètres de haut, le diminutif italien a toujours été employé et reste couramment utilisé depuis le milieu du XVIIIe siècle. Le premier livret écrit était destiné à *Dafne* de Peri, à Florence en 1600 ; depuis lors, il en a été écrit plus de 30 000. Les premiers livrets commençaient généralement par une page de titre suivie d'une préface dans laquelle l'auteur faisait des dédicaces flatteuses à son protecteur puis adressait quelques mots au lecteur. L'*argomento* (littéralement « argument ») qui précédait aussi le texte dans les premiers livrets était un résumé des événements aboutissant à l'action de l'opéra : ces derniers sont devenus de plus en plus complexes et en sont même arrivés à s'insérer dans l'opéra en guise de prologue (comme dans *Il Trovatore* de Verdi). Après la distribution des personnages de l'opéra venait une liste des changements de tableaux, des danses et parfois aussi des effets scéniques : cet élément figurait encore sur les affiches d'opéra à la fin du XIXe siècle. Jusqu'à la fin du XVIIIe siècle, il y avait aussi une *protesta* dans laquelle l'auteur affirmait sa foi catholique malgré les références païennes de l'opéra au *numi, fati,* etc. : cette affirmation était indispensable pour que le livret soit approuvé dans les villes sous domination papale.

Dans l'ensemble, un bon livret est toujours une histoire, d'origine dramatique ou non, moulée selon les besoins du drame musical. Les sources des livrets à succès vont des grands chefs-d'œuvre dramatiques (*Othello* pour Verdi) et des grands romans (*Guerre et Paix* pour Prokofiev) aux romans sentimentaux (*Scènes de la vie de bohème* pour Puccini) et aux poèmes narratifs (*Eugène Onéguine* pour Tchaïkovski), de la légende héroïque (la plupart des livrets de Métastase) aux incidents de la vie courante (*Pagliacci, Osud* de Janáček), de la métaphysique et des croyances (*Parsifal*) aux farces (Offenbach), des grandes peintures (*Mathis der Maler* de Hindemith, *Goyescas* de Granados) aux bandes dessinées comiques (*La Petite Renarde rusée* de Janáček), de l'histoire ou de la biographie (*Rienzi* et beaucoup de grands opéras français) aux contes de fées (l'opéra russe). Le choix des histoires ne répond à aucune règle, mais la concision et la capacité à dépeindre les émotions humaines dans un contexte dramatique sont souvent considérées comme des vertus primordiales mais non exclusives.

Aux XVIIe et XVIIIe siècles, le schéma établi du récitatif, de l'aria et du chœur avait imposé des règles particulières aux librettistes et déterminé le cours de l'action. Le débat sur la préséance de la musique ou du texte fait rage depuis lors et a trouvé son expression lyrique (sinon sa résolution) dans le *Capriccio* de Strauss. Si les conventions ont naturellement évolué – les vertus du formalisme et celles de la liberté changeant de préséance – l'élément vital reste la puissance dramatique. La collaboration entre le librettiste et le compositeur ne s'est pas toujours avérée indispensable : Métastase est le meilleur exemple de librettiste indépendant, avec vingt-sept œuvres qui ont donné lieu à un millier de partitions d'au moins cinquante compositeurs différents. A l'autre extrême, des résultats très fructueux sont sortis de la collaboration de Quinault et de Lully, de Calzabigi et de Gluck, de Da Ponte et de Mozart, de Boito et de Verdi, de Gilbert et de Sullivan ou d'Hofmannsthal et de Strauss. Berlioz, Wagner, Charpentier et Menotti comptent parmi les compositeurs qui ont réussi à façonner avec succès leurs propres livrets, ce qui laisse à penser que les règles doivent suivre l'exemple au lieu de le précéder.

Les livrets publiés connaissent toujours autant de succès et plusieurs fervents d'opéra, même s'ils sont moins nombreux hors d'Italie, se procurent encore les livrets pour les étudier chez eux et les emporter au théâtre. Comme le montrent les traces de bougie sur les exemplaires anciens, il existe même un précédent historique à l'habitude aujourd'hui intolérable qui consiste à essayer de lire le livret au cours des représentations à l'aide d'une petite lampe : autrefois, le comportement du public était moins formel et on vendait des *cereni* (de *cero*, bougie en cire) à la porte du théâtre pour pouvoir consulter occasionnellement le livret pendant la représentation et se remémorer l'action qui se déroulait sur scène. Mais les livrets étaient aussi publiés dans le cadre des œuvres complètes d'un poète, dans de belles éditions reliées. La traduction des livrets s'est répandue parallèlement au développement des théâtres lyriques au cours du XIXe siècle et certaines œuvres ont été représentées dans de nombreuses langues – au moins vingt-deux langues pour *Lohengrin*, au moins vingt et une pour *Rigoletto* – et la traduction des livrets a été publiée. De nos jours, les sociétés discographiques assortissent généralement leurs coffrets d'opéra d'un livret complet (avec parfois une traduction), ainsi que de tableaux synoptiques et de notes ; l'original et la traduction sont imprimés face à face, selon la pratique de Covent Garden à l'époque victorienne. Le livret faisait alors partie de la panoplie du *gentleman* qui se rendait à l'opéra.

John Warrack.

Licenza (ital.). « Licence », « liberté » ; *con alcuna licenza*, « avec quelque liberté » (quant au tempo et au rythme). Aux XVIIe et XVIIIe siècles, ce terme s'appliquait à un passage ou à une cadence improvisée par l'exécutant.

Lidholm, Ingvar (Natanel) (Jönköping, 24 février 1921). Compositeur suédois. Il a fait ses études au Collège royal de musique de Stockholm (1940-46) et a étudié en privé avec Hilding Rosenberg et Mátyás Seiber (1954). Il a occupé des postes de chef d'orchestre à Örebro (1947-56), a pris la direction de la musique de chambre à la Radio suédoise (1956-65) et a été nommé professeur de composition au Collège royal (1965). Après une période de jeunesse néo-classique, il est entré dans le courant avant-gardiste avec des œuvres comme *Ritornell* pour orchestre (1955) et *Nausikaa ensam* pour soprano, chœur et orchestre (1963), montrant une affinité typiquement scandinave pour la poésie musicale.

Paul Griffiths.

Lidón, José (Béjar, près de Salamanque, 1746 ; Madrid, 11 février 1827). Compositeur espagnol formé à la maîtrise de la chapelle royale à Madrid, où il est nommé, en 1768, quatrième organiste, avant de devenir, en 1805, *maestro de capilla*. En 1787, sa *zarzuela*, *El baron de Illescas* (aujourd'hui perdue) est représentée à Madrid, suivie, en 1791, de son drame castillan *Glaura y Coriolano*. Il a également écrit de la musique sacrée, des pièces pour orgue et quelques œuvres didactiques.

Wendy Thompson.

Liebermann, Rolf (Zurich, 14 septembre 1910). Compositeur et directeur de théâtre suisse, élève de Hermann Scherchen et de Vladimir Vogel. Dès ses premières œuvres, il s'oriente vers le dodécaphonisme et une écriture très spectaculaire (*Furioso* pour orchestre, 1947). Mais c'est surtout dans le domaine lyrique qu'il s'impose rapidement : son premier opéra, *Léonore 40/45* transpose en deux langues le sujet de *Fidelio* dans le contexte de la Seconde Guerre mondiale (1952). Puis il compose *Pénélope* (1954) et *L'École des femmes* (1955), avant de prendre la direction musicale de la Radio de Zurich (1950-57), de la Radio de Hambourg (NDR, 1957-59) et de l'Opéra de Hambourg. Il remodèle totalement les normes de fonctionnement de ce théâtre qui devient l'une des premières scènes lyriques du monde et où se tournent de nombreux films d'opéra. En 1973, il est nommé administrateur de l'Opéra de Paris (*RTLN) et y pratique une politique de renouveau analogue jusqu'en 1980. En 1985, il est rappelé à l'Opéra de Hambourg en pleine crise. Son dernier opéra, *La Forêt*, a été créé à Genève en 1987. Souvent décrié pour avoir pratiqué une politique de « star-system », Rolf Liebermann est néanmoins parvenu à donner au théâtre lyrique un nouvel influx dont la vogue actuelle de l'opéra dans le monde entier semble découler.

Alain Pâris.

Liebesliederwalzer. Dix-huit valses op. 52 pour deux pianos, soprano, alto, ténor et basse de Brahms, composées en 1868-69. Les textes sont extraits de *Polydora* de G. F. Daumer. Il existe également une version sans les parties vocales. En 1874, Brahms a composé quinze autres valses, *Neue Liebesliederwalzer* (op.65) pour le même effectif (op.65*a* sans voix).

Liebesmahl der Apostel, Das. « Scène biblique » de Wagner sur son propre texte pour chœur d'hommes et orchestre (qui intervient assez tard dans l'œuvre), composée en 1843.

Liebestod. Titre généralement attribué au dernier air d'Isolde, à la fin de l'acte III de l'opéra de Wagner *Tristan et Isolde* (ou à son arrangement pour orchestre, souvent joué en concert à la suite du prélude de l'acte I). Wagner appliquait ce terme au duo d'amour de l'acte II.

Liebesträume. Voir *Rêves d'amour*.

Liebesverbot, Das (« La Défense d'aimer »). Opéra en deux actes de Wagner sur son propre livret d'après *Measure for Measure* de Shakespeare. Créé à Magdebourg en 1836.

Lied (all.). Terme allemand admis pour « mélodie » au moins depuis le XVe siècle ; *Gesang*, « mélodie », « chant », est moins souvent employé dans le premier sens (le *Meistergesang* est le « chant » du *Meistersinger*). Le lied a connu sa grande période au XIXe siècle et, parmi les centaines de compositeurs qui ont écrit des lieder, le temps n'a retenu que quatre d'entre eux comme maîtres suprêmes du genre : Schubert, Schumann, Brahms et Wolf.

1. *Avant le XIXe siècle.* On possède trois grands recueils de mélodies compilés en Allemagne au XVe siècle : le *Lochamer Liederbuch* (vers 1452-60) avec quarante-quatre lieder (mélodies sur des textes allemands), essentiellement polyphoniques, mais comprenant également neuf pièces à deux ou trois parties ; le *Schedelsches Liederbuch* (vers 1460), avec cent vingt-huit pièces, dont soixante-huit sont des lieder polyphoniques, et le *Glogauer Liederbuch* (vers 1480) avec soixante-dix lieder polyphoniques, mais davantage de pièces sur des textes français ou italiens. L'influence des compositeurs flamands, français et italiens sur ces épanouissements tardifs de la polyphonie vocale est évidente, mais le *Lochamer Liederbuch* contient un exemple ancien, la mélodie anonyme à trois parties « Der Wald hat sich entlaubet », d'un genre indigène, le **Tenorlied*.

Les compositeurs de ces mélodies du XVe siècle, lorsqu'ils sont nommés, sont généralement des personnages assez obscurs et peu connus, et il faut attendre le XVIe siècle pour que des noms plus importants commencent à être liés régulièrement à la mélodie allemande, notamment Hofhaimer, Finck et Isaac (dont « Innsbruck, ich muss dich lassen » est sans doute le lied le plus connu de cette période). La popularité du lied au XVIe siècle doit beaucoup aux progrès réalisés au début du siècle par l'industrie de l'imprimerie, particulièrement à Augsbourg, Cologne et Mayence. Dans la seconde moitié du siècle, Lassus, Hans Leo Hassler et Leonard Lechner peuvent être considérés comme les derniers grands maîtres de cette tradition.

Le lied solo avec accompagnement de continuo, appelé lied *continuo ou *Generalbass Lied*, commence à supplanter la mélodie polyphonique en Allemagne vers 1620. En général, dans le lied des XVIIe et XVIIIe siècles, la musique était soumise au texte et les compositeurs ont été très influencés par les théories de poètes tels que Martin Opitz (1597-1639), Caspar Ziegler (1621-90), Johann Gleim (1719-1803) et Johann Peter Uz (1720-96). Les lieder de compositeurs antérieurs à Schubert – comme Heinrich Albert et Adam

Krieger au XVIIe siècle ou J. A. P. Schulz, Christian Neefe, Reichardt et Zelter (tous installés à Berlin) et J. R. Zumsteeg au XVIIIe siècle – mettaient l'accent sur une ligne vocale syllabique sans prétention, la partie de clavier étant notée sous forme de basse chiffrée à une seule ligne, ce qui laissait à l'exécutant la liberté d'interpréter l'accompagnement à sa façon.

A partir du milieu du XVIIIe siècle, l'adoption d'un style naïf ou analogue au style populaire constitue une étape importante. On peut citer, par exemple, J. A. Hiller avec ses lieder pour enfants et, particulièrement, Schulz avec ses *Lieder im Volkston* (trois recueils : 1782, 1785, 1790). (Voir *Volkstümliches Lied*).

2. *Le XIXe et le XXe siècle.* Un véritable « accompagnement » commence à se dessiner dans au moins une quarantaine de lieder de Mozart et, dès l'époque de Beethoven, un accompagnement complet s'était systématisé. Depuis lors, le rôle de l'accompagnateur risque de dominer celui du chanteur. Beethoven a composé plus de quatre-vingts lieder qui sont, pour la plupart, des œuvres de jeunesse ; seul le cycle de *Lieder An die ferne Geliebte* (« A la bien-aimée lointaine ») est plus tardif : 1816, date à laquelle Schubert avait à peine débuté.

Schubert a écrit plus de six cents lieder, dont les dimensions varient de quelques mesures à une vingtaine de pages, parfois davantage. La ligne vocale va d'un simple mouvement de rythme égal à la virtuosité de *Der Hirt auf dem Felsen* (« Le Pâtre sur le rocher », Müller, 1828). La partie de clavier varie de l'accompagnement statique, presque inexistant, de *Meeresstille* (1815) de Goethe à la difficulté d'*Erlkönig* (« Le Roi des aulnes », également de Goethe, 1815). L'atmosphère passe du folklore de *Heidenröslein* (Goethe, 1815), à la gaieté de « Das Wandern » (dans *Die schöne Müllerin*, « La Belle Meunière », Müller, 1823), au côté visinonaire du *Lied eines Schiffers an die Dioskuren* (Mayrhofer, 1816), au style évocateur de *Die Stadt* (Heine, 1828), et à l'ambiance extatique de *Ganymed* (Goethe, 1817).

D'autres compositeurs ont un domaine plus limité. Schumann a écrit environ trois cents lieder dont près de la moitié pendant l'année de son mariage (1840) ; ils comptent parmi ses plus belles œuvres. Le poète qui lui convenait le mieux était Heine et le cycle de lieder *Dichterliebe* (« Les Amours du poète » op.48, 1840) est sans doute le sommet de sa réussite en la matière. La poésie de Joseph von Eichendorff l'attirait également : la fantaisie chevaleresque de *Waldegespräch*, le côté surnaturel de *Zwielicht*, l'évocation mystérieuse du passé lointain dans *Auf einer Burg* (tous inclus dans *Liederkreis op.39*, 1840) faisaient vibrer la corde sensible du caractère complexe de Schumann. Il était moins à l'aise dans les illustrations directes où le talent de Schubert s'épanouissait naturellement (comme dans *Die Forelle*, « La Truite ») mais excellait dans la suggestion d'images et d'événements vagues, à peine entrevus.

Brahms est encore différent. Plus de la moitié de sa production est consacrée à la voix, avec plus de deux cents lieder qui puisent leurs textes dans une vaste gamme de poètes très différents les uns des autres. Sa musique est un mélange de sensualité et de scolastique ; se méfiant apparemment de ses idées premières, il travaillait lentement ses compositions ou les mettait de côté pendant de longues périodes pour les laisser mûrir et se bonifier. Des lieder aux élans émotionnels comme *Von ewiger Liebe* (Hoffmann von Fallersleben, op.43, 1864) ou *Liebestreu* (Robert Reinick, op.3, 1853) sont caratéristiques des œuvres de jeunesse ; ses lieder ultérieurs, comme *Immer leise wird mein Schlummer* (Hermann Lingg, op.105, 1886) ou *Sapphische Ode* (Hans Schmidt, op. 94, vers 1884), traduisent une sérénité et un équilibre que l'on peut qualifier d'« automnaux ». Mais tous ces lieder n'éclipsent pas pour autant ceux de la période intermédiaire – *An ein Veilchen* (Hölty, op.49, 1868) ; *An eine Äolsharfe* (Mörike, op.19, 1858) ; « Wie bist du, meine Königin » (Daumer, op.32, 1864) ; *Regenlied* (Klaus Groth, op.59, 1873) pour n'en citer que quelques-uns – qui révèlent une maîtrise de génie et réalisent un équilibre délicat entre les exigences de la musique et de la poésie.

Hugo Wolf est le seul de ces quatre maîtres dont la réputation soit entièrement basée sur ses lieder. Contrairement à Brahms, dont il méprisait la musique, il a composé ses trois cents lieder assez rapidement, en une série de débordements d'activité et en l'espace d'une dizaine d'années. Il éprouvait peu d'attirance pour les poètes contemporains, préférant s'inspirer de ceux du passé comme Goethe, Eduard Mörike, Eichendorff ainsi qu'Emanuel Geibel et Paul Heyse (dont les traductions de poèmes italiens et espagnols encore plus anciens ont fourni la matière de ses recueils de mélodies italiennes et espagnoles). Sa musique est généralement difficile sur le plan technique, pour le chanteur comme pour le pianiste ; certaines pièces plus simples, comme le populaire *Fussreise*, ne sont pas toujours représentatives du meilleur de lui-même et une ou deux, comme *Verborgenheit*, sont nettement médiocres. Toutefois, *Das verlassene Mägdlein* doit être rangé parmi ses chefs-d'œuvre. Ces trois mélodies appartiennent au groupe des cinquante-trois *Mörike Lieder* écrits en 1888 – recueil généralement considéré comme le sommet de son œuvre. Dans le *Spanisches Liederbuch*, composé au cours des deux années suivantes, les dix premiers lieder sont groupés en un cycle sur la Passion (intitulé *Geistliche Lieder*) : l'agonie du Christ se reflète dans la culpabilité qui torture le spectateur humain sur une musique au chromatisme frémissant et dissonant. Les cinquante et un lieder sur des textes de Goethe sont extrêmement variés, allant du charme d'*Anakreons Grab* et du côté amusant d'*Epiphanias* (tous deux de 1888) à une écriture pianistique qui déborde des limites de l'instrument, comme dans *Prometheus* (1889). Wolf, qui avait devant lui l'exemple de Wagner (les *Wesendonck Lieder*, 1857-58), se tournera en fin de compte vers l'orchestre. Cette pratique a été reprise par Gustav Mahler dans ses cycles de lieder – comme les *Kindertotenlieder* (Rückert, 1901-04) et les *Lieder eines fahrenden Gesellen* (sur les propres poèmes de Mahler basés sur *Des Knaben Wunderhorn*, 1884) – et par d'autres compositeurs, jusqu'à ce que le XXe siècle fasse perdre au lied ses dimensions restreintes d'origine.

Parmi les lieder d'autres compositeurs, *Auf Flügen des Gesangen* de Mendelssohn (Heine, vers 1834) s'impose par sa grâce et son charme ; sa popularité a éclipsé plusieurs lieder de plus grand mérite de Mendelssohn, notamment l'excellente illustration du sonnet de Goethe *Die Liebende schreibt* (1831). Très prolifique, Carl Loewe a surtout réussi ses ballades, notamment *Erlkönig* (écrit en même temps que le lied de Schubert) et *Edward* (1818). Malgré un grand succès de son vivant, seuls quelques-uns des trois cents lieder de Robert Franz ont survécu. Les lieder de Liszt font preuve d'un authentique talent lyrique et mériteraient d'être mieux connus. Adolf Jensen (1837-79) est un autre compositeur de talent quasiment oublié : son lied, *In dem Schatten meiner Locken*, supporte fort bien la comparaison avec celui de Wolf sur le même poème (dans le recueil de lieder espagnols).

Vient enfin Richard Strauss, figure un peu controversée. Ses cent cinquante lieder – extravertis, parfois impulsifs et même insensibles, mais d'une écriture très impressionnante – se situent à l'opposé de ceux de son contemporain Hugo Wolf, nerveux, intraverti et parfois hypersensible. Strauss a apporté au lied un panache dérivé de l'opéra qui, on le lui a parfois reproché, est étranger à l'esprit du lied. Toutefois, la portée du lied a toujours été plus large que le puriste veut bien l'admettre. Strauss a mis dans ses lieder le même piquant qu'il a apporté à toutes ses œuvres et il vaut mieux apprécier des chefs-d'œuvre tels que *Ständchen* (Adolf Friedrich von Schack, op.17, vers 1885), *Morgen* (John Henry Mackay, op.27, 1894) ou *Vier letze Lieder* (« Quatre derniers lieder », Eichendorff et Hermann Hesse, 1948) en toute liberté de conscience, et laisser les esprits pédants décider s'il s'agit ou non de lieder.

Leslie Orrey.

BIBLIOGRAPHIE : Marcel Beaufils, *Le Lied romantique allemand*, Gallimard (Paris, 1957, rééd. 1982). Rémy Stricker, *La Mélodie et le Lied*, PUF, coll. Que sais-je ? (Paris, 1975).

Lieder eines fahrenden Gesellen (« Chants d'un compagnon errant »). Cycle de quatre lieder pour baryton ou mezzo-soprano et orchestre (ou piano) de Mahler sur ses propres poèmes d'après *Des Knaben Wunderhorn*. Composé entre 1883 et 1885, ce cycle a été révisé au début des années 1870. Les quatre lieder sont liés thématiquement à la *Symphonie n° 1* de Mahler.

Liederkreis (all.). Terme générique allemand désignant un cycle de lieder, employé pour la première fois par Beethoven à propos de *An die ferne Geliebte* (« A la bien-aimée lointaine »). Schumann l'a utilisé pour deux cycles de lieder pour voix et piano (op.24, sur neuf poèmes de Heine, et op.39, sur douze poèmes d'Eichendorff) composés en 1840.

Liedertafel (all.). Nom donné en Allemagne à des sociétés chorales masculines qui se sont multipliées dans le climat nationaliste du début du XIXe siècle. Elles étaient, à l'origine, conçues comme des réunions informelles conviviales au cours desquelles les membres s'asseyaient autour d'une table avec des rafraîchissements ; mais, avec la création des Männergesangvereine (sociétés chorales masculines) plus sérieuses, les objectifs se sont plus nettement orientés vers le domaine artistique : au milieu du siècle, d'immenses festivals en forme de concours ont commencé à se dérouler, notamment les festivals du Bas-Rhin (à partir de 1817). *Orphéon est l'équivalent français du Liedertafel.

Lied ohne Worte (« Chant sans parole »). Expression inventée par Mendelssohn pour désigner des pièces pour piano seul dans lesquelles une mélodie en forme de chant évolue sur un accompagnement. Mendelssohn en a publié huit livres de six pièces chacun : Livre 1, op.19 (1830) ; Livre 2, op. 30 (1835) ; Livre 3, op.38 (1837) ; Livre 4, op.53 (1841) ; Livre 5, op.62 (1844) ; Livre 6, op.67 (1845) ; Livre 7, op. 85 (1850) ; Livre 8, op. 102 (vers 1845). La plupart des titres donnés à ces pièces ne sont pas de Mendelssohn lui-même, à l'exception des trois *Auf einer Gondel.* Il a également écrit un *Lied ohne Worte op.109* pour violoncelle et piano (vers 1845).

Lied von der Erde, Das (« Le Chant de la terre »). Cycle de lieder (symphonie) pour ténor et alto ou baryton et orchestre de Mahler, sur des poèmes extraits de *Die chinesische Flöte* de Hans Bethge (auxquels Mahler a lui-même fait des ajouts). Les six lieder ont été composés en 1908-09.

Lieto (ital.). « Joyeux » ; *lietissimo,* « très joyeux » ; *lietezza,* « joie ».

Lieutenant Kijé. Suite symphonique op.60 de Prokofiev, composée en 1934. Les cinq mouvements sont tirés de la musique qu'il avait composée pour le film du même titre et comportent une partie optionnelle de baryton.

Lieve (ital.). 1. « Léger ». 2. « Facile ». *Lievezza, lievemente,* 1. « légèreté », « légèrement » ; 2. « facilité », « facilement ».

Ligature (du lat. *ligare,* « lier »). Forme de note représentant deux ou plusieurs notes. Voir *Notation,* 2, 3, 4, 6 et 7.

Ligeti, György (Sándor) (Diciosanmârtin, aujourd'hui Tîrnăveni, Transylvanie, 28 mai 1923). Compositeur autrichien d'origine hongroise. Il fait ses études avec Ferenc Farkas et Sándor Veress à l'Académie de musique de Budapest où, dès 1950, il enseigne lui-même l'harmonie, le contrepoint et l'analyse. Dans ses premières œuvres, comme le *Quatuor nº 1* (1953-54), on le voit s'écarter de la tradition du folklore hongrois pour s'approcher d'une « micropolyphonie » des lignes en clusters, mais ce n'est qu'après son installation à l'Ouest en 1956 qu'il arrive à réaliser complètement ses ambitions. Il s'installe à Cologne où il travaille au studio de musique électronique (*Artikulation* pour bande magnétique, 1958) et commence sa première partition symphonique, *Apparitions* (1958-59). Cette dernière, ainsi qu'*Atmosphères* pour orchestre (1961) et le *Requiem* (1963-65), ouvrent un monde sonore entièrement nouveau de masses menaçantes qui évoluent lentement, alors que d'autres partitions, notamment *Aventures* pour trois chanteurs et sept instrumentistes (1962), font preuve d'un humour assez rare. Dans des œuvres ultérieures, comme le *Double concerto pour flûte, hautbois et orchestre* (1972), Ligeti introduit à nouveau de longues lignes mélodiques, qui restent néanmoins emmêlées dans une polyphonie ornée. On retrouve cette tendance dans *San Francisco Polyphony* pour orchestre (1973-74), l'opéra *Le Grand Macabre* (1974-77), le *Trio pour piano, violon et cor* (1982) ou le *Concerto pour piano* (1987-88).

Paul Griffiths, rév.

BIBLIOGRAPHIE : Pierre Michel, *György Ligeti, compositeur d'aujourd'hui,* Minerve (Paris, 1985).

Lighthouse, The. Opéra en un acte et un prologue de Peter Maxwell Davies sur son propre livret. Créé à Édimbourg en 1980.

Lignes supplémentaires (all. : *Hilfslinie* ; angl. : *ledger line* ou *leger line* ; ital. : *taglio* ou *linea supplementare*). Lignes courtes ajoutées au-dessus ou au-dessous de la portée pour placer les notes trop hautes ou trop basses pour être inscrites sur la portée elle-même.

Lilburn, Douglas (Gordon) (Wanganui, 2 novembre 1915). Compositeur néo-zélandais. Il étudie le journalisme et la musique à Canterbury University College (1934-36), mais après avoir remporté le prix Percy-Grainger avec *Forest* en 1936, il décide de faire carrière dans la musique plutôt que dans la presse. Il étudie avec Vaughan Williams et R. O. Morris au Royal College of Music de Londres (1937-40) et remporte le prix Cobbett pour son *Quatuor à cordes « Phantasy »* en 1939. Son ouverture *Aotearoa*, exécutée à His Majesty's Theatre, à Haymarket, en 1940, évoque le miroitement de la lumière et de la mer sur la côte néo-zélandaise. Il remporte trois des quatre prix au concours de musique organisé à l'occasion du centenaire de la Nouvelle-Zélande et est aussitôt considéré comme le compositeur le plus talentueux de ce pays.

A son retour en Nouvelle-Zélande en 1940, il passe une courte période dans une ferme, puis s'essaie à la composition en « free-lance » et à la critique musicale pour la *Press* de Christchurch, stimulé par les jeunes poètes et peintres qui gravitent dans l'entourage de Denis Glover et de sa Caxton Press. Il entame une collaboration avec Ngaio Marsh et son groupe théâtral universitaire, et ses interludes pour *Landfall in Unknown Seas* du poète Alan Curnow (1942, pour le tricentenaire de la découverte de la Nouvelle-Zélande par Tasman), pour récitant et cordes, prolongent le lyrisme d'*Aotearoa* d'une manière poignante. En 1947, il commence à enseigner à l'Université Victoria de Wellington, où une chaire spéciale est créée pour lui en 1970 ; il devient directeur-fondateur du studio de musique électronique, premier studio de ce genre dans le Pacifique Sud. Lilburn avait auparavant visité les divers studios européens et celui de Toronto en 1963. Depuis lors, son studio exerce une influence considérable et a déjà formé plusieurs générations de compositeurs néo-zélandais.

La musique de Lilburn suit trois phases distinctes. La première, dans laquelle il a assimilé les influences de Sibelius et de Vaughan Williams, culmine dans la *Symphonie n° 2* où les contrastes du paysage néo-zélandais provoquent une réaction profonde. Au cours de la deuxième période, il a exploré Stravinski, ses contemporains américains, notamment Copland, ainsi que la seconde école viennoise, pour aboutir à sa *Symphonie n° 3* en un seul mouvement acerbe et finement construit. Sa troisième période est presque entièrement dominée par la musique électronique à laquelle il a apporté ces qualités de contraste d'émotions et cette sensibilité des timbres si évidente dans ses œuvres antérieures. On voit également s'ajouter un sens profond de la forme et une perception renouvelée de son environnement du Pacifique. Son image sonore électronique pour le poème magistral d'Alistair Campbell *The Return* (1965) marque le début d'une série d'œuvres remarquables par leur souffle et leur variété, des facéties de *Carousel* (1976) à l'introspection de *Three Inscapes* (1972) et à l'évocation de l'été dans *Of Time and Nostalgia* (1979). Lilburn a fourni une pierre de touche à l'école aujourd'hui florissante de composition néo-zélandaise. A la fin des années quarante, il est resté pendant plusieurs années compositeur-résident à la Summer School of Music de Cambridge, et a influencé les jeunes générations. Luttant avec force et vigueur pour les droits des compositeurs, il s'est élevé contre les propositions archaïques de la législation sur le droit d'auteur en 1960 ; entre autres activités, il a participé à la fondation de la Waite-ata Press pour éditer les œuvres de compositeurs néo-zélandais et à la formation des archives de la musique néo-zélandaise à l'Alexander Urnbull Library de Wellington. Il a écrit beaucoup de musique de chambre, notamment des sonates pour violon et un quintette à vent. Pour lui, la musique doit refléter les idéaux et les aspirations de sa propre culture afin de communiquer pleinement dans un sens international.

J. M. Thomson.

Lilliburleo. Air d'origine inconnue imprimé pour la première fois en 1686 dans un livre de « leçons » de flûte à bec ou de flûte où il est qualifié de « Quickstep » (« allure rapide »). Dès l'année suivante, il connaît un grand succès et est chanté sur des vers satiriques dont le refrain, conçu autour du mot d'imitation irlandaise « Lilliburlero », évoque la nomination au titre de lord-lieutenant d'Irlande du général Talbot, nouvellement fait comte de Tyrconnel (nom qui est mentionné plusieurs fois). Ce chant est resté un chant du parti des Orange, avec des paroles différentes, comme « Protestant Boys ». Dans *The Second Part of Musick's Hand-maid* (1687) pour clavecin de Purcell, il apparaît sous le titre « A New Irish Tune » ; Purcell l'a également utilisé comme basse obstinée dans la musique de scène de la pièce *The Gordian Knot Unty'd* (1691).

Lindaraja. Pièce pour deux pianos de Debussy composée en 1901.

Linley. Famille de musiciens anglais. **Thomas Linley** (1) (Badminton, Gloucestershire, 17 janvier 1733 ; Londres, 19 novembre 1795) s'était installé à Bath au milieu du XVIIIe siècle, où il enseignait le chant et dirigeait des manifestations musicales locales. Il est ensuite parti pour Londres où il est devenu directeur musical du Drury Lane Theatre. En 1775, avec son fils Thomas (2), il a composé et compilé de la musique pour une représentation de *The Duenna* (« La Duègne ») de son gendre Richard Brinsley Sheridan, le célèbre auteur dramatique. Ce succès fut suivi de plus de vingt autres œuvres dramatiques composées entre 1776 et 1797.

Son fils aîné, **Thomas Linley** (2) (Bath, 5 mai 1756 ; Grimsthorpe, Lincolnshire, 5 août 1778) fut un violoniste et un compositeur de talent. Il était l'exact contemporain de Mozart dont il avait fait la connaissance en 1770 à Florence où Linley étudiait avec Nardini. Burney, qui l'avait aussi rencontré en Italie, rapporte que « l'on parlait du Tourmasino (comme il l'appelait) et du jeune Mozart dans toute l'Italie comme des génies les plus prometteurs de leur âge ». Linley a composé de la musique pour *The Tempest* (« La Tempête ») de Shakespeare (représentée en 1777), un *anthem* avec orchestre, « Let God Arise » (écrit pour le Festival de Worcester de 1773), un oratorio, *The Song of Moses* (exécuté en 1777), et un opéra-comique, *The Cady of Bagdad* (représenté en 1778). Il est mort noyé pendant des vacances dans le Lincolnshire.

Thomas Linley (1) a eu cinq autres enfants musiciens : ses trois filles, Mary (1758-87), Maria (1763-84) et Elizabeth Ann (1754-92), étaient toutes chanteuses (Elizabeth, la plus célèbre pour sa beauté comme pour ses dons, avait épousé Sheridan en 1773), alors que ses fils Ozias Thurston (1765-1831) et William (1771-1835) étaient respectivement organiste, et auteur et compositeur ; William est devenu codirecteur, avec Sheridan, du Drury Lane Theatre (1796-1800).

Wendy Thompson.

« Linz », Symphonie. Surnom de la *Symphonie no 36 en ut majeur K 425* de Mozart, composée en 1783. Elle a été écrite et créée à Linz.

Liquescent, neume. Les neumes liquescents sont une forme de neumes utilisée pour chanter certaines consonnes et diphtongues. Voir *Notation*, 2.

Lira da braccio, Lira da gamba. Deux instruments à archet italiens datant du XVIe siècle et d'une partie du XVIIe siècle.

1. *Lira da braccio* (ou « lyre à bras »). Instrument très intéressant en raison de la disposition de ses cordes et de sa technique de jeu. A partir de la fin du XVe siècle, on le voit sur des tableaux de Bellini, de Raphaël et de nombreux autres peintres, et quatre ou cinq instruments sont encore conservés dans des collections. En ce qui concerne la facture, la *lira* ressemble au violon ou à l'alto mais possède sept cordes, dont deux bourdons qui ne passent pas sur la touche et s'écartent des autres cordes du côté des basses pour donner leurs notes à vide (voir *Crwth* ; *Vièle*). Les chevilles sont placées sur la partie antérieure d'un chevillier en forme de cœur.

L'accord est indiqué sur l'Ex. 1 tel qu'il est donné (hauteur réelle) dans un supplément de la fin du XVIe siècle à un manuscrit de luth de Pesaro : la première, la deuxième, la troisième et la cinquième cordes sont accordées comme celles du violon, la quatrième est accordée une octave au-dessus de la cinquième. La sixième et la septième, hors de la touche, sonnent des ré à l'octave.

Ex. 1

Ex. 2

Le court exemple musical du manuscrit de Pesaro comprend le début d'une *romanesca* (Ex. 2), écrit dans une tablature à six lignes selon le système italien : ligne du haut = corde la plus grave, ici la septième ; lorsqu'il faut utiliser la première corde, on ajoute une ligne supplémentaire au-dessous des autres. Les exemples montrent comment on jouait de la *lira da braccio* en accords de trois à six notes soutenant la mélodie. La partie supérieure du chevalet doit donc être légèrement incurvée pour que l'archet puisse toucher les cordes du milieu sans frôler la première ni la deuxième ou les deux qui sont sur le côté. La quatrième et la cinquième cordes servent surtout à des doigtés d'octaves, la note la plus haute étoffant les accords. Les cordes à vide, la sixième et la septième, interviennent également ensemble, pour sonner leurs ré à l'octave. Comme les ancêtres du violon du XIIIe siècle, la *lira* était avant tout destinée à jouer en solo, dans un climat contemplatif, à accompagner la voix de l'instrumentiste, rappelant ainsi Orphée avec sa lyre à sept cordes, à laquelle le nom « lira » fait allusion. On dit que les gens se promenaient dans les rues et chantaient en s'accompagnant à la *lira da braccio*.

La taille des *liras* qui ont survécu varie énormément, la longueur du corps se situant entre 40 et 50 cm – les plus grands (d'une taille supérieure à celle des plus grands altos) sont les instruments les plus anciens, de Giovanni d'Andrea de Vérone, datés de 1511 et conservés à Vienne ; avec une longueur de cordes de 40 cm, cette *lira* était sans doute accordée une quarte plus bas que sur l'Ex. 1.

La *lira* est la preuve la plus éclatante de l'évolution qu'a connue la forme des violes de la Renaissance, ancêtres des instruments de la famille du violon. Le fond de l'instrument présente un aspect inhabituel, avec ses deux arcs de cercle qui s'entrecroisent en un pic pointé vers l'intérieur, au lieu d'adopter une forme régulièrement arrondie si souvent caractéristique de la forme géométrique des instruments à cordes comme sur le violon (voir *Violon*, 3). Cette forme lobée se retrouve sur certains autres instruments italiens du XVIe siècle, munis aujourd'hui de quatre cordes, mais qui étaient peut-être des *liras* à l'origine.

2. *Lira da gamba* (ou *arciviola de lira* ou *lirone perfetto*). Instrument encore plus grand, muni d'un très grand nombre de cordes, avec des frettes et qui se tient comme une viole. Il a fait son apparition vers 1570. Le plus beau spécimen se trouve à Vienne. L'instrument avait aussi deux cordes graves en dehors de la touche (ou deux paires de cordes), accordées par exemple sur le sol grave (comme la troisième corde du violoncelle) et sur le sol à l'octave supérieure. Les autres cordes, entre huit et treize, étaient accordées de façon étrange, partiellement cyclique ou zigzagante, et il paraît qu'elles permettaient de jouer des accords à trois ou quatre parties dans n'importe quelle

tonalité. Cet instrument pouvait être utile dans le continuo et il est resté utilisé en Italie pendant la première moitié du XVIIe siècle.

Anthony Baines.

Lirico (ital.). Lyrique.

Liscio, liscia (ital.). « Égal, égale ».

L'istesso (ital.). « Le même ». *L'istesso tempo* : au même mouvement que précédemment. Voir aussi *Stesso.*

Liszt, Franz [Ferenc] (Raiding, 22 octobre 1811 ; Bayreuth, 31 juillet 1886). Compositeur hongrois qui, au cours d'une très longue carrière, a abordé avec autant de dynamisme les domaines les plus divers de la musique. Doté d'une très riche nature, il était devenu une idole, au sens romantique du terme – on parlait alors de « lisztomanie » – et, à la fin de sa vie, il était entré dans la légende, avec sa soutane et ses cheveux blancs : un vieil homme pieux, mais mondain, encore capable de faire surgir Méphisto de son clavier. Ses œuvres et les témoignages de ses nombreux élèves prouvent que ses capacités pianistiques étaient phénoménales. Comme compositeur, il a abordé tous les genres sauf la musique de chambre (quelques partitions seulement) et le théâtre (un seul opéra de jeunesse, *Don Sanche*, 1825). Ses principales œuvres pour piano ont toujours fait autorité ; inventeur du poème symphonique, il s'est également imposé par sa maîtrise de la transformation ou de la « métamorphose » des thèmes et par le rôle prédominant qu'il tenait dans les courants musicaux novateurs de l'époque. Outre ses concertos et ses pièces pour piano, quelques pages symphoniques et ses principales œuvres pour orgue sont restées au répertoire.

1. *La jeunesse.* Son père, employé d'un domaine du prince Esterházy, était un musicien amateur. A l'âge de neuf ans, l'extraordinaire talent pianistique du jeune garçon lui vaut une bourse accordée par plusieurs aristocrates hongrois qui lui permet de travailler à Vienne avec Czerny et Salieri ; il y rencontre Beethoven et Schubert. En 1823, la famille s'installe à Paris où il poursuit ses études avec Paër et Reicha.

Grâce à des concerts de plus en plus nombreux, l'enfant prodige se forge une belle réputation et se rend notamment trois fois à Londres avant la mort soudaine de son père en 1827. C'est au cours des années qui suivent, où il reste à Paris avec sa mère, que se dégagent les quatre aspects essentiels de sa nature : une attirance mystique vers l'Église catholique ; un besoin très profond d'attachements féminins ; une volonté déterminée d'élargir la technique pianistique (stimulée autant par la virtuosité de Paganini au violon que par les améliorations et le regain d'intérêt dont le piano fait l'objet dans la société de l'époque) ; un désir romantique de réformer la société au travers de l'art. Dans ce dernier domaine, il sera poussé par des écrivains comme Lamennais, Lamartine, Hugo, Heine et George Sand. Le mouvement saint-simonien, la révolution de 1830, son association avec des compositeurs comme Berlioz et Chopin ou avec des peintres comme Delacroix contribuent à faire de Liszt un artiste d'un large idéalisme humanitaire et cosmopolite.

Le piano reste son moyen d'expression privilégié, mais il commence à se lasser de l'interminable tournée des salons et des soirées. Il se lie avec la comtesse Marie d'Agoult qu'il emmène en Suisse puis en Italie. Elle lui donnera trois enfants. Une série de pièces pour piano, qui deviendront les deux premiers cahiers des *Années de pèlerinage*, retracent cette période de sa vie (1835-39). A l'époque de cette liaison, Liszt est déjà considéré comme le plus grand pianiste de tous les temps. Il revient inévitablement à la scène, surprend et charme son public avec ses récitals (genre dont il est l'instigateur) : de 1840 à 1847, il parcourt l'Europe dans ses moindres recoins, allant de Dublin à Moscou, d'Espagne en Turquie. Partout où il passe, il est fêté dans des soirées royales éblouissantes comme dans les villages les plus reculés (où aucune ligne de chemin de fer ne sera installée avant longtemps). Mais il se lasse de ce mode de vie : ses tournées continuelles gâchent ses relations avec Marie et anéantissent ses ambitions de compositeur. Au cours des années 1830-40, ses meilleures œuvres sont des transcriptions, notamment de Berlioz, Beethoven et Schubert, ainsi que de compositeurs d'opéra italiens. En septembre 1847, Liszt renonce à sa carrière de virtuose. Il continuera à se produire en public, mais seulement dans des galas de charité ; et, à partir de cette époque, il dispensera gratuitement son enseignement à ses élèves.

2. *La maturité.* En 1848, Liszt s'installe à Weimar où il est nommé Kapellmeister « en service extraordinaire » à la cour ducale. Pendant douze ans, il y animera un centre de musique contemporaine, développant sa technique de la direction d'orchestre et composant la majeure partie de son œuvre : douze poèmes symphoniques (genre musical qu'il a inventé et dont il a lui-même choisi le titre ; parmi eux, *Les Préludes,* 1848 ; *Orphée,* 1853-54 ; *Hamlet,* 1858), deux symphonies d'après le *Faust* de Goethe (1854-57) et *La divine Comédie* de Dante (1855-56), deux concertos pour piano (nº 1 en mi bémol majeur, 1849, révisé en 1853 et 1856 ; nº 2 en la majeur, 1839, révisé de 1849 à 1861), la *Danse macabre* pour piano et orchestre (1849, révisée en 1853 et 1859), de nombreuses œuvres vocales et pièces pour piano seul dont la *Sonate en si mineur* (1852-53), les *Rhapsodies hongroises* (nº 1 à 15, 1846-51), les *Consolations, Ballades* et *Polonaises,* la version définitive de la sonate *« Après une lecture de Dante »* (1849), les *Études d'exécution transcendante* (1851), les *Grandes Études d'après Paganini* (1851), deux œuvres majeures pour orgue – la *Fantaisie et Fugue sur le choral « ad nos ad salutarem undam »* de Meyerbeer (1850), le *Prélude et Fugue sur le nom de Bach* (1855, révisé en 1870) – et plusieurs transcriptions.

Comme chef d'orchestre, Liszt se fait le champion d'artistes morts ou vivants : Beethoven, Schubert (encore peu connu), Berlioz, Schumann et peut-être avant tout Wagner qu'il aide de sa baguette et de sa plume, mais aussi sur le plan financier. A Weimar, il forme une nouvelle génération de pianistes, notamment Hans von Bülow, qui épousera sa propre fille, Cosima, en 1857. Liszt passe toutes ces années en compagnie de la princesse Caroline de Sayn-Wittgenstein. Il veut faire de Weimar un centre artistique pluridisciplinaire couvrant toutes les époques de la littérature, de la musique et de la peinture. Pour différentes raisons, cet idéal ne verra jamais le jour et les dernières années que Liszt passe à Weimar seront assombries par la mort de son fils et l'opposition croissante de certains milieux à ses objectifs musicaux.

Son installation à Rome, en 1861, lui apporte de grandes satisfactions spirituelles, mais peu de bonheur : le mariage tant espéré avec Caroline (divorcée d'un prince russe) ne se réalise pas ; il perd l'une de ses filles et la dernière, Cosima, quitte son mari pour partager ostensiblement la vie de Wagner. Finalement, tous ses espoirs de jouer un rôle important dans la vie musicale de l'Église romaine s'effondrent malgré l'amitié du pape Pie IX. A Rome, Liszt compose quelques partitions majeures : les deux oratorios *Sainte Élisabeth* (1857-62) et *Christus* (1862-67), ainsi que des œuvres liturgiques pour orgue et piano, notamment les *Variations sur « Weinen, Klagen, Sorgen, Zagen »* (1859) et les deux *Légendes pour piano (1863). Il reçoit les ordres mineurs et mène une vie retirée, quasi monastique.*

Le pays natal de Liszt demeurera pour lui, tout au long de sa vie, une source d'inspiration permanente. A partir de 1869, il y séjourne quelques mois par an, fondant notamment une académie de musique à Budapest. Il passe généralement l'été en Allemagne et l'hiver en Italie. Ainsi, jusqu'à la fin de ses jours, il mènera une « vie trifurquée » entre Rome, Weimar et Budapest. De nouvelles amies lui apportent quelque réconfort et la réconciliation avec Wagner et Cosima (qui se sont mariés en 1870) lui permet de laisser éclater au grand jour la profonde admiration qu'il porte à son nouveau gendre. La fin de la vie de Liszt est surtout marquée par ses dernières œuvres, principalement des pièces pour piano, des élégies, des mélodies, un poème symphonique et un certain nombre de partitions chorales (dont *Via Crucis*). Il avait conscience d'être très en avance sur son temps. Peu après ses derniers voyages à Paris et à Londres, il meurt à Bayreuth.

3. *La musique et l'influence de Liszt.* L'apport de Liszt dans le domaine de la musique pour orchestre, pour piano et pour orgue est reconnu depuis longtemps, mais c'est seulement depuis quelques dizaines d'années que d'autres aspects de sa production musicale attirent l'attention, notamment la centaine d'œuvres chorales (surtout ses oratorios, psaumes, messes et motets), autant de mélodies et de mélodrames avec accompagnement instrumental, et ses transcriptions (qui représentent la moitié de son œuvre). Sa musique sacrée

le situe au premier plan des compositeurs qui ont écrit pour l'Église catholique au XIXe siècle et ses mélodies et lieder (principalement sur des poèmes français et allemands) font de lui l'une des figures majeures dans ce domaine. L'avènement de l'enregistrement et de la radio a relégué dans l'oubli la transcription et tous ses arrangements sont passés de mode ; ils comptent pourtant parmi les meilleurs du genre, que ce soit la fidèle transcription pour piano (symphonies de Beethoven) ou les fantaisies plus libres (paraphrases sur des airs d'opéra). Dans ces œuvres, Liszt ne se contente pas de servir les compositeurs qu'il transcrit : il enrichit leur musique, léguant ainsi à ses successeurs un répertoire qui, de la musique baroque à celle de ses plus jeunes contemporains, exploite avec profit et de façon unique les ressources orchestrales et mélodiques du piano.

La musique que compose Liszt au cours de ses quinze dernières années annonce à bien des points de vue le XXe siècle. Liszt a toujours été un novateur harmonique, se livrant à des expériences formelles très libres. Ses œuvres ultimes annoncent déjà la gamme par tons entiers et l'impressionnisme de Debussy, l'atonalisme de Schoenberg, les textures linéaires éclatées de Webern et les œuvres hongroises de Bartók (la plupart des œuvres « hongroises » de Liszt se basent surtout sur des éléments tziganes). Parmi ses derniers admirateurs, on trouve des hommes aussi différents que Busoni (que l'on peut considérer comme son héritier spirituel) et Stravinski, qui voyait en lui un pionnier.

Liszt a sans doute été le musicien le plus généreux et le plus cosmopolite de son temps. Il a beaucoup encouragé les jeunes compositeurs, particulièrement les représentants des Écoles nationales : Albéniz, Grieg, Smetana, Borodine, MacDowell, Saint-Saëns, pour ne citer qu'eux. On lui doit de nombreux écrits sur la musique (auxquels ont contribué ses différentes compagnes) et une activité éditoriale variée qui a permis de promouvoir ultérieurement la musique d'autres compositeurs.

Derek Watson.

BIBLIOGRAPHIE : Jacques Drillon, *Liszt transcripteur (ou la charité bien ordonnée)*, Actes Sud (Arles, 1986). Emile Haraszti, *Franz Liszt*, Picard (Paris, 1957). Zsolt Harsányi, *La Vie de Liszt est un roman*, Actes Sud (Arles, 1986). Pierre-Antoine Huré et Claude Knepper, *Liszt en son temps*, Hachette, coll. Pluriel (Paris, 1987). Anton Knepp, *Les Amours de Liszt et de la Cosaque*, Parution (Paris, 1987). Franz Liszt, *Des Bohémiens et de leur musique en Hongrie*, Bourdillat (Paris, 1859), rééd. Les Introuvables (Plan-de-la-Tour, 1982) / *Pages romantiques*, Alcan (Paris, 1912), rééd. Les Introuvables (Plan-de-la-Tour, 1985) / *Correspondance*, Lattès (Paris, 1987). Gilbert Martineau, *Franz Liszt*, Tallandier (Paris, 1986). Suzanne Montu-Berthon, *Un Liszt méconnu, mélodies et lieder*, La Revue Musicale n°s 342-343-344 et n°s 345-346, Richard Masse (Paris, 1981). Guy de Pourtalès, *Vie de Franz Liszt*, Gallimard (Paris, 1925, rééd. 1980). Henriette Rain, *Les Enfants du génie (Blandine, Cosima, Daniel Liszt)*, Presses de la Renaissance (Paris, 1986). Claude Rostand, *Liszt*, Seuil, coll. Solfèges (Paris, 1960, rééd. 1984). Humprey Searle, *Liszt*, Éd. du Rocher (Monaco, 1986). Michel Sogny, *L'admiration créatrice chez Liszt*, Buchet-Chastel (Paris, 1975). *Aux Sources littéraires de Franz Liszt*, La Revue Musicale n°s 292-293, Richard Masse (Paris, 1976).

Litaize, Gaston (Menil-sur-Belvitte, Vosges, 11 août 1909). Compositeur et organiste français aveugle, élève de Dupré, Caussade et Busser au Conservatoire de Paris, second grand prix de Rome en 1938. Il est nommé organiste titulaire à Saint-François-Xavier en 1946 et enseigne à l'Institution nationale des jeunes aveugles (1938-69). Entre 1944 et 1975, il dirige le service de musique religieuse de la RTF puis de l'ORTF. Sa musique pour orgue est très structurée et fait souvent appel aux modes anciens. Il a également composé plusieurs messes.

Alain Pâris.

Litanie (lat. : *litania*, *letania*, du grec *litaneia*, « prière »). Forme de prière consistant en une série de suppliques et de requêtes adressées à Dieu, à la Vierge Marie ou aux saints ; la procession au cours de laquelle sont faites de telles supplications porte parfois aussi le nom de litanie. La litanie catholique se compose du Kyrie suivi de plusieurs répons des fidèles, comme « Mater Christi, ora pro nobis », et se termine par l'Agnus Dei.

La litanie anglicane est une traduction libre réalisée par Thomas Cranmer de parties des litanies latines alors en usage en Angleterre ; elle a d'abord paru en 1544 pour être utilisée dans les processions ordonnées par Henri VIII à l'époque à laquelle l'Angleterre était en guerre avec la France et l'Écosse. Le livre de prière de l'année suivante l'appelle la « Common Prayer of Processions ». La structure est donc restée la même avec des répons anglais comme « Deliver us, O Lord » (« Délivre-nous, Seigneur ») et « Hear us, we beseech Thee » (« Écoute-nous, nous T'implorons »).

La litanie la plus populaire, au moins en Italie, était la *Litaniae laurentanae* (« Litanie de Loreto ») en l'honneur de la Vierge Marie. Elle a été mise en musique à maintes reprises, notamment à l'époque polyphonique par des compositeurs comme Vittoria, Palestrina et Lassus. D'autres litanies, comme la *Litanie des saints*, la *Litanie de Jésus* et la *Litanie du Saint-Sacrement*, ont souvent été choisies pour des illustrations polyphoniques.

Litanies à la Vierge Noire. Pièces pour chœur de femmes ou d'enfants et orgue de Poulenc, composées en hommage à la Vierge Noire de Rocamadour (1936).

Literes (Carrión), **Antonio** (Artá, Majorque, juin 1673 ; Madrid, 18 janvier 1747). L'un des compositeurs espagnols les plus importants du début du XVIIIe siècle. Il est formé à la maîtrise de la chapelle royale de Madrid où il est nommé joueur de basse de viole en 1693. Avec José de Nebra, il élabore un nouveau répertoire de musique liturgique pour la chapelle royale afin de remplacer celui qui avait été détruit dans un incendie la veille de Noël 1734. Il a lui-même composé des psaumes, des Magnificat, des messes et trois *zarzuelas* importantes ; sa musique, manuscrite pour l'essentiel, est conservée dans diverses bibliothèques espagnoles.

Wendy Thompson.

Lithographie. Voir *Édition musicale*, 2.

Lithophone (du grec *lithos*, « pierre », et *phone*, « son »). Terme désignant les instruments à percussion en pierre, en marbre, etc. Il semblerait que certaines églises de Lithuanie aient eu une ou plusieurs dalles suspendues à l'extérieur du bâtiment pour servir de cloches d'église. La Chine a connu dans ses temples des instruments composés de seize plaques en forme de L, parfois en jade, et dont l'origine daterait du deuxième millénaire avant Jésus-Christ. Il existe en Grande-Bretagne un grand « harmonica de pierre » muni de barres en basalte, conservé au musée de Keswick (Cumbria).

Anthony Baines.

Litolff, Henry (Charles) (Londres, 7 août 1818 ; Bois-Colombes, 5 août 1891). Pianiste, éditeur de musique et compositeur français. Il étudie le piano avec Moscheles à Londres, puis part pour Paris (1835) et, poussé par Fétis, pour Bruxelles (1839-41), où il aborde la composition et poursuit une carrière de soliste. Entre 1840 et 1860, il donne des concerts en Allemagne et aux Pays-Bas et, en 1849, s'installe à Brunswick où, par son mariage, il acquiert la maison d'édition de Gottfried Meyer, la rebaptise du nom de Henry Litolff's Verlag (Éditions Henry-Litolff) et devient bientôt un personnage important de la vie musicale locale. Ses relations avec Moscheles, Fétis, Berlioz, Liszt et d'autres musiciens ajoutent à son succès, mais c'est surtout plus tard, sous la direction de Theodor Litolff (1839-1912), le fils de Meyer, que Litolff avait adopté, que cette maison d'édition acquiert une réputation florissante dans le domaine de la musique pour piano et du matériel d'enseignement, publiant notamment d'importants recueils classiques. Henry Litolff retourne à Paris en 1858 et reprend la direction d'orchestre et l'enseignement. Entre-temps, ses compositions se sont rapidement accumulées : il a écrit des opéras, des œuvres chorales et symphoniques, des mélodies et de la musique de chambre, mais de nos jours on ne se souvient que de sa brillante musique pour piano, notamment les *Concertos symphoniques* pour piano et orchestre (le n° 4 avec le célèbre « Scherzo »). Personnage pittoresque, il s'était marié quatre fois et jouissait d'une grande admiration de la part de ses contemporains, notamment de Franz Liszt.

Judith Nagley.

Little Sweep, The. Deuxième partie de **Let's Make an Opera* de Britten.

Liturgie

1. Les liturgies orientales
2. La liturgie occidentale
3. La liturgie et la musique

Le terme « liturgie » désigne généralement les offices usuels des églises chrétiennes. La liturgie catholique comporte la *messe, les *offices des Heures et les *sacrements (funérailles, mariage, etc.). Dans un sens restreint, la liturgie n'englobe pas les dévotions privées, comme la récitation du rosaire ou les prières dites lors de méditations privées ou de retraites ; elle n'englobe pas davantage les processions locales, les Mystères, les noëls et les célébrations populaires associées à certains jours de fêtes, particulièrement au Moyen Age. La plus récente analyse de la liturgie de l'Église catholique a été exposée dans la *Constitution sur la liturgie sacrée* du Concile Vatican II (1962-65) ; seul le Saint-Siège peut autoriser des changements dans la liturgie. Dans l'Église anglicane, moins centralisée, c'est le General Synod of the Anglican Communion qui autorise de tels changements.

L'histoire mouvementée de l'Église chrétienne a engendré plusieurs attitudes théologiques, pratiques liturgiques, formes et styles de chant divergents. Dans l'ensemble, on distingue six tendances liturgiques majeures, dont quatre appartiennent aux Églises d'Orient et deux à celles d'Occident. Les liturgies orientales sont syrienne, copte, byzantine et perse ; les liturgies occidentales sont hispano-gallicane et franco-romaine. Chacune de ces catégories comporte plusieurs subdivisions. Par exemple, au sein du groupe byzantin on compte les Églises orthodoxes grecque et russe, au sein du groupe copte les Églises d'Égypte et d'Éthiopie et dans le groupe hispano-gallican les rites ambrosien, mozarabe et celte. Le groupe franco-romain présente un intérêt particulier pour le monde anglophone ; il englobe la liturgie catholique romaine et son cousin, le protestantisme réformé (qui se subdivise lui-même en luthériens, anglicans, calvinistes, etc.).

1. *Les liturgies orientales.* Les origines des divisions liturgiques orientales proviennent de conflits théologiques et politiques, particulièrement des hérésies du IVe au VIe siècle. Au centre de la discussion se trouve la manifestation du Christ à la fois comme homme et comme Dieu. Une tendance, dirigée par Nestorius (mort en 451), soutenait que le Christ avait deux natures juxtaposées, divine et humaine (nestorianisme), alors qu'une autre, dirigée par Cyrille d'Alexandrie (mort en 444), affirmait l'union hypostatique des deux natures du Christ (monophysisme). Les choses ont mûri au concile de Chalcédoine (451), où le point de vue nestorien a été partiellement soutenu par Rome, par Constantinople et par l'empereur d'Orient Marcien, provoquant une scission avec les chrétiens d'Égypte, de Syrie et d'Arménie, qui étaient tous monophysites. A la fin du Ve siècle, l'agitation au sein de l'Église a commencé à inquiéter l'empereur d'Orient Zénon qui a annulé les édits de Chalcédoine et adopté un compromis de monophysisme. Les premiers dissidents ne se sont pas réconciliés, mais l'Église de Perse, qui tentait de se démarquer de l'Occident, en a profité pour se tourner vers un nestorianisme pur. Ainsi, au moins depuis le VIe siècle, l'Orient chrétien connaît plusieurs liturgies indépendantes.

Dans le cas des chrétiens monophysites d'origine (Syrie, Arménie et Égypte), les longues années d'évolution indépendante et leur proximité de la culture orientale ont engendré un style musical assez éloigné des normes occidentales. Par exemple, les chants des Églises coptes révèlent l'influence arabe (les Arabes avaient conquis l'Égypte en 641) dans leurs ornements et leurs types de mélodie, ainsi que dans leur système modal tout à fait différent du système de modes grégorien. (L'Église de Perse possède aussi un système modal non grégorien.) Les premiers livres liturgiques coptes sont de notation rudimentaire (quelques-uns sont conservés à la bibliothèque John Rylands à Manchester) et certains de leurs chants sont accompagnés par des instruments à percussion. A certains égards, la liturgie syrienne est plus proche des modèles occidentaux car elle utilise un système modal voisin, avec des psaumes antiphonaux. Il existe toutefois une différence d'importance musicale ; par exemple, la liturgie syrienne ne comporte aucune musique pour les Petites Heures de l'office (Prime, Tierce, Sixte et None).

En 330, lorsqu'elle a été baptisée Constantinople par l'empereur Constantin, la ville de Byzance est entrée dans une longue période de contacts étroits avec l'Occident. La liturgie byzantine a vite acquis des éléments spécifiques, écrits en particulier par saint Basile (mort en 379), évêque de Césarée. La liturgie de saint Basile est encore utilisée pour dix services spéciaux au cours de l'année liturgique orthodoxe. D'autres services sont dérivés d'une liturgie plus courte préparée par saint Jean Chrysostome (mort en 404). Saint Basile a également joué un rôle important pour encourager la vie monastisque orthodoxe ; à partir du Xe siècle, un groupe de monastères grecs situés sur le mont Athos, près de Salonique, a pris une part de plus en plus importante dans le développement et la transmission de la liturgie. La diffusion de la liturgie byzantine aux pays slaves a commencé vers 860 lorsque Ratislav, prince de Moravie, a demandé la venue de missionnaires. Deux frères grecs, saint Cyrille et saint Méthode, ont été envoyés. Ils ont préparé un alphabet pour la langue slave qui n'avait jusqu'alors jamais été écrite ; cette écriture a pris le nom de glagolitique (d'où le titre de la célèbre messe de Janáček). Au cours de la seconde moitié du IXe siècle, la Serbie a adopté le rite slavon et, en 927, les Bulgares ont fondé une Église indépendante utilisant la langue slave. L'influence bulgare a aussi ramené l'Église roumaine à la norme orthodoxe. La dernière étape majeure s'est produite en 988 quand Vladimir, prince païen de Kiev, a accepté l'orthodoxie pour la Russie. Les livres liturgiques de saint Cyrille et de saint Méthode ont été apportés à Kiev et, en 1019, un évêque a été nommé par Constantinople. Après la chute de Constantinople aux mains des Turcs en 1453, Moscou est devenu le siège de l'orthodoxie. Le grand prince de Moscou et de toute la Russie, Ivan III, a épousé Sophie Paléologue, nièce du dernier empereur byzantin.

De nombreux manuscrits de rite byzantin ont survécu intacts, avec leurs chants. La liturgie était assez semblable à celle des rites occidentaux, mais comportait beaucoup plus d'hymnes ; le Credo n'était pas chanté et il y avait quelques autres différences. Le système modal était presque identique au système grégorien, mais il était intégré dans l'organisation de l'année liturgique byzantine, avec un mode particulier pour chaque semaine. Le rôle des instruments dans la liturgie byzantine semble avoir été limité, mais on voit apparaître, à partir de 1400, un bourdon vocal pour accompagner le chant. L'Église russe est particulièrement attachée à des formes rituelles élaborées et certains aspects du service sont présentés comme une sorte de drame liturgique. On peut citer par exemple la « Procession sur l'âne » pour le dimanche des rameaux et le « Jeu de la fournaise », qui raconte l'histoire des enfants fidèles dans la fournaise ardente et qui est le seul drame liturgique de rite byzantin dont la musique ait survécu. Le XVIe siècle a vu l'apparition de chants plus élaborés dans le rite russe (avec de nombreux mélismes). Mais le chant reste monophonique, appelé en Russie la liturgie des « anciens croyants ». Le chant polyphonique n'apparaît qu'au XVIIe siècle et est devenu l'une des caractéristiques de la liturgie moderne.

2. *La liturgie occidentale.* Le christianisme a emprunté ses premiers éléments liturgiques (psaumes, écritures, prières) à la religion juive. Prenant sa source en Palestine, il a été diffusé par les apôtres. Ils parlaient grec et le grec est ainsi devenu la langue liturgique du christianisme pendant les trois premiers siècles, même à Rome. Lorsque le christianisme devient religion d'État, sous l'empereur Théodose Ier (379-395), le latin se substitue progressivement au grec et les éléments spécifiques de la messe se précisent davantage. La composition de l'office reste confuse jusqu'au VIe siècle, lorsque saint Benoît (vers 480-vers 547) organise la vie monastique occidentale. L'administrateur liturgique le plus célèbre de l'histoire de la chrétienté a sans doute été le pape Grégoire Ier (590-604) ; il semble avoir participé à l'organisation (davantage qu'à la composition) de certains plain-chants courants que nous appelons maintenant grégoriens (voir *Plain-chant*, 3). En outre, il est à l'origine du chœur papal professionnel : la *Schola cantorum.

Le remplacement du grec par le latin comme langue liturgique officielle ne s'est pas fait instantanément et n'a jamais été réellement total car il y avait un mouvement constant de cléricaux orientaux qui venaient occuper des postes importants en Occident. Les apports orientaux à la liturgie occidentale comprennent le Kyrie eleison (ce sont des mots grecs), l'Agnus Dei (introduit au VIIe siècle et traduit en latin) et de nombreux chants créés sur des modèles grecs.

(*a*) *Les liturgies hispano-gallicanes.* Le grec était la langue liturgique originale de l'Église d'Occident qui était cependant à peine connue dans le nord-ouest de l'Europe, ce qui a sans doute joué un rôle important dans le développement de liturgies divergentes dans ces régions (celte et gallicane). Dans le cas des liturgies hispanique et ambrosienne (milanaise), les divergences proviennent peut-être, du moins en partie, de relations privilégiées avec l'Orient. Par exemple, saint Augustin nous dit que saint Ambroise (340-397), évêque de Milan, avait introduit des pratiques orientales dans la liturgie occidentale – particulièrement le chant des hymnes et le chant antiphonal des psaumes. La liturgie de Milan porte le nom de saint Ambroise (liturgie ambrosienne) ; une grande partie des chants de son répertoire ont survécu, mais les sources les plus anciennes sont relativement récentes (XIIe siècle). Le rite hispanique de l'Espagne et du Portugal (parfois appelé rite mozarabe ou visigoth) s'est développé à Tolède, Séville, Saragosse et Cordoue. Il est resté en vigueur jusqu'à la fin du XIe siècle, époque à laquelle les nouvelles monarchies ont imposé le rite romain au fur et à mesure que les Maures étaient chassés du nord de l'Espagne. Rares sont les chants d'origine authentique qui ont survécu. A la fin du XVe siècle, le cardinal Ximenes a tenté de conserver l'ancienne liturgie dans une chapelle de la cathédrale de Tolède. Ximenes a fait imprimer une version du rite hispanique en 1500, mais elle était déjà imprégnée d'éléments romains.

La liturgie celte a vu le jour dans les institutions monastiques fondées en Irlande par saint Patrick (mort en 461), qui avait reçu ses premières années de formation en Gaule. Elle a été également utilisée en Écosse, dans certaines parties de l'Angleterre et en Bretagne. Aux VIe et VIIe siècles, elle a été diffusée par les missionnaires irlandais qui traversaient l'Europe d'ouest en est en créant des monastères ; le plus célèbre est celui de Saint-Gall, en Suisse. Le rite celte manquait d'une identité clairement définie car il s'inspirait librement d'autres liturgies. L'utilisation des psaumes dans les offices relevait d'un plan unique et le chant des hymnes jouait un rôle majeur. Seules une ou deux mélodies celtes ont survécu, essentiellement parce qu'elles ont été transposées dans d'autres liturgies (comme l'hymne *Mediae noctis tempus est*). Certains chants celtes étaient accompagnés à la harpe. La liturgie gallicane a été observée dans les pays francs (qui couvraient une grande partie de la France actuelle et certaines parties d'Allemagne, de Suisse et d'Italie) à partir de l'époque de Clovis (mort en 511) jusqu'à sa fusion avec des éléments du rite romain au VIIIe siècle par Pépin le Bref et Charlemagne. Aucun livre liturgique gallican avec musique n'a survécu, mais certains éléments de ce rite ont été conservés par ailleurs. Dans la liturgie catholique, par exemple, l'*Improperia (Impropères du Sauveur, le Vendredi saint) est dérivée du rite gallican.

(*b*) *Les liturgies franco-romaines*. La prééminence du rite romain en Europe occidentale a commencé à émerger aux VIIe et VIIIe siècles. En Angleterre, la liturgie celte a été progressivement remplacée après que le pape Grégoire Ier eut envoyé saint Augustin à Canterbury, en 596, et le changement a été officiellement reconnu par le synode de Whitby, en 664. Au VIIe siècle également, des moines anglo-saxons romanisés, comme saint Boniface, ont commencé à supplanter en Europe les missionnaires irlandais et leur liturgie. En Gaule, le rite gallican a subi de nombreuses variantes locales, mais n'a pas été réglementé faute de grands centres métropolitains. Ainsi, lorsque Pépin le Bref et Charlemagne ont voulu renforcer la nation franque, ils ont importé le rite romain pour créer une unité. Des livres liturgiques ont été envoyés de Rome, mais ils contenaient uniquement les grands offices de fête célébrés par le pape. Un théologien anglo-saxon, Alcuin, s'est vu confier la tâche de compléter certains livres liturgiques ; il s'est alors inspiré de pratiques locales et la liturgie romaine a assimilé quelques éléments gallicans. Aucun des livres ne comportait de notation et, en dépit de certains échanges de chanteurs entre la Gaule et Rome, il ne fait aucun doute que le chant a subi des variations. Pendant quatre siècles après la mort de Charlemagne, la liturgie s'est principalement développée sur le sol franco-allemand. Le chant simple de l'assemblée a été remplacé par des chants ornés confiés à des solistes et les chants usuels ont pris un aspect beaucoup plus élaboré, souvent augmentés de *tropes, de *séquences et d'éléments de drames liturgiques (voir *Drame liturgique*, 1). Le plain-chant romain d'origine s'est trouvé irréversiblement transformé au contact du monde franc (sauf dans quelques églises de Rome) et la réunion des deux cultures a donné naissance au plain-chant catholique actuel (ou chant grégorien).

Au Moyen Age, le catholicisme a encore connu de nombreuses subdivisions entre divers rites locaux, avec des variations liturgiques mineures. En Angleterre, il y avait les rites de Hereford, de York, de Lincoln et de Salisbury (Sarum Use = liturgie particulière à l'évêché de Salisbury), alors qu'en France il y avait les rites de Paris, de Lyon (qui a survécu jusqu'à aujourd'hui), etc. En outre, la plupart des corps monastiques avaient et ont encore des liturgies particulières, notamment les chartreux, les cisterciens, les carmélites, les dominicains, les *gilbertines* (ordre anglais) et les prémontrés. Curieusement, l'ordre le plus important – celui des bénédictins – n'avait pas de liturgie séparée, mais adoptait, avec de légères modifications, le rite de la localité où il était installé.

A partir du XIIIe siècle, la richesse et l'engagement politique croissant de l'Église ont entraîné un sursaut général. La fondation de l'ordre franciscain, voué à la pauvreté, l'introduction d'éléments en langue vernaculaire dans la liturgie (traductions de la Bible, chant de noëls, etc.) et les attaques ouvertes de Wyclif (mort en 1384) et de Hus (mort en 1415) contre l'Église catholique laissaient présager les changements à venir. Martin Luther (1483-1546) a commencé sa carrière comme moine augustin ; il n'a jamais publié de rite luthérien définitif et la préface de sa messe allemande (1526) demande spécifiquement qu'elle ne devienne pas une règle rigide. Néanmoins, les réformes qu'il avait préconisées ont été adoptées par la suite avec moins de souplesse. En Angleterre, les changements ont été assez progressifs. Le First English Prayer Book de 1549 n'a pas été retiré de la liturgie de Salisbury (Sarum), mais la version finale de 1662 était une liturgie véritablement réformée (Voir *Common Prayer, Book of*).

3. *La liturgie et la musique*. La connaissance des changements de pratiques liturgiques et des variantes de plain-chant peut aider à identifier la provenance et le contexte d'une musique polyphonique. Par exemple, une grande partie de la musique des messes médiévales anglaises a été publiée anonymement dans des manuscrits européens, mais elle est identifiable par son utilisation de tropes (comme le *Deus Creator* du Kyrie) ou de variantes de plain-chant spécifiquement anglaises. Dans le cas de la musique du XVIe siècle, la connaissance des différentes pratiques liturgiques de diverses églises vénitiennes aide à situer le contexte original d'une grande partie de la musique des Gabrieli. Au XVIIIe siècle, si l'Allemagne et l'Autriche avaient en commun de nombreux éléments culturels, linguistiques et politiques, la musique religieuse de Haydn et Mozart s'inscrit sans ambiguïté dans la tradition catholique autrichienne et non dans la tradition luthérienne allemande – lorsque l'empereur d'Autriche, Joseph II, a apposé un interdit papal sur la musique d'orchestre à l'église, en 1783, Haydn a cessé d'écrire de la musique religieuse pendant treize ans. Au siècle suivant, Brahms s'est inspiré de la tradition luthérienne pour son *Requiem allemand*, en utilisant un texte en langue vernaculaire extrait de la Bible allemande.

En ce qui concerne la liturgie orientale, plusieurs compositeurs ont utilisé ses offices et cérémonies. Par exemple, Berlioz, qui avait été profondément impressionné par la chapelle impériale russe, qu'il avait entendue en 1847, a écrit ses propres *Plain-chants de l'Église grecque* (aujourd'hui perdus). Glinka et Rachmaninov ont laissé plusieurs œuvres pour la liturgie russe et, au XXe siècle, Stravinski a composé quelques petites pièces religieuses sur des textes slaves (comme le Notre Père) et a également cité un chant de la liturgie russe dans son ballet *Les Noces*.

Pour d'autres informations sur les différents aspects de la liturgie et sur les développements ultérieurs, voir *Antiphonaire* ; *Musique religieuse* ; *Common Prayer, Book of* ; *Graduel*, 1 ; *Liber usualis* ; *Plain-chant* ; *Réforme*, ainsi que les articles consacrés aux différents pays.

Anthony Pryer.

Liturgique. Voir *Drame liturgique*.

Lituus. A l'origine, trompette droite étrusco-romaine de cérémonie en bronze, longue et étroite, dont l'extrémité opposée à celle de l'embouchure se recourbait en « J » ; un instrument presque complet (auquel il manque l'embouchure) se trouve au musée du Vatican et on en a fabriqué de nombreuses reproductions. Les Celtes possédaient un instrument analogue et certaines œuvres d'art présentent une forme curieuse avec une tête de sanglier en bronze à l'extrémité, tenue à la verticale ; les lexicographes grecs mentionnent le nom celte *carnyx* (mot apparenté au latin « cornu » et « cor »). Voir également *Grèce antique*, 4 et 7*b*.

Sur les partitions allemandes du XVIIIe siècle, on trouve parfois le mot « Litui », pour désigner probablement les cors, comme dans la *Cantate* BWV 118 de J. S. Bach, composée pour un service funèbre en plein air.

Anthony Baines.

Livre des jardins suspendus, Le. Voir *Buch der hängenden Garten, Das.*

Livre de la jungle, Le. Suite symphonique en cinq parties de Charles Koechlin d'après le roman de Kipling : *Trois Poèmes* pour mezzo, contralto, ténor, basse, chœur et orchestre op.18 (1899-1901), *La Course de printemps*, poème symphonique op.95 (1911-27), *La Méditation de Purun Baghat*, poème symphonique op.159 (1936), *La Loi de la jungle*, poème symphonique op.175 (1939), *Les Bandar-Log*, poème symphonique op.176 (1939-40).

Livre d'orgue. Titre de recueils de pièces pour orgue dans lesquels sont parfois insérés des messes ou autres œuvres religieuses avec chœur. Le *Livre d'orgue* de Nicolas de Grigny (1699) comporte une messe et cinq hymnes, celui de Messiaen (1951) sept pièces pour orgue.

Livre pour orchestre. Œuvre pour orchestre de Lutosławski composée en 1968 qui fait alterner des mouvements intitulés *Chapitres* et *Intermèdes.*

Livre pour quatuor. Œuvre pour quatuor à cordes de Boulez (1948-49) dont il a remanié deux mouvements sous le titre *Livre pour cordes* en 1968.

Livret. Voir *Libretto.*

Lo. Abréviation pour **loco.*

Lobgesang (« Hymne de louange »). Symphonie-cantate op.52 de Mendelssohn, sa deuxième symphonie, composée en 1840. Le dernier mouvement fait intervenir des solistes vocaux et un chœur.

Lobo, Duarte (Alcaçovas, ? 1565 ; Lisbonne, 24 septembre 1646). Compositeur portugais dont la carrière s'est entièrement déroulée dans son pays d'origine, tout d'abord à Evora, puis à Lisbonne. Pédagogue important, il a aussi été un compositeur célèbre de musique sacrée.

Locatelli, Pietro Antonio (Bergame, 3 septembre 1695 ; Amsterdam, 30 mars 1764). Compositeur et violoniste italien. En 1711, il se rend à Rome où il est sans doute l'élève de Corelli et de Valentini. Il se fait bientôt remarquer comme violoniste virtuose et voyage beaucoup en Italie et en Allemagne, donnant des concerts à Venise, Munich, Berlin et Kassel. En 1729, il s'installe à Amsterdam où il continue à donner des concerts, se tourne vers l'édition musicale (d'abord comme assistant de Michel-Charles Le Cène, puis à son propre compte), donne des leçons de violon et, à partir de 1741, se consacre à un commerce apparemment florissant d'importation de cordes d'Italie. Il a laissé une belle collection de tableaux et une bibliothèque importante.

Locatelli était l'un des meilleurs violonistes d'une époque déjà très riche en instrumentistes de grand talent. Sa technique était certainement prodigieuse, à en juger par les parties solistes de ses concertos et sonates qui font largement appel aux tessitures élevées, aux doubles cordes et à l'alternance rapide de cordes normales et de cordes à vide, procédé appelé « bariolage ». En tant que compositeur, il se situe entre le style baroque de Corelli et de Vivaldi (qui l'ont tous deux énormément influencé) et le style classique de Tartini. La forme binaire de certains de ses mouvements de sonates correspond à l'évolution de la forme sonate et ses concertos accordent une importance formelle substantielle aux sections *ritornello.* Les douze concertos de *L'Arte del violino* (Amsterdam, 1733) comportent des cadences entièrement écrites, ou *capricci ad libitum*, qui ont ensuite été imitées par Paganini. Critiqué pour le manque de profondeur de ses mouvements lents, Locatelli a laissé une musique dont les qualités vont pourtant au-delà de la simple virtuosité technique.

Denis Arnold.

Locke, Matthew (Devon, 1621-22 ; Londres, août 1677) Compositeur anglais. Dans son enfance, il reçoit une formation de choriste à la cathédrale d'Exeter où son nom est gravé dans la pierre qui entoure l'orgue. Il s'y lie d'une amitié solide avec le fils d'Orlando Gibbons, Christopher, et fait sans doute la connaissance de son futur employeur, le jeune prince Charles (futur Charles II), en 1644, lors de la visite de la famille royale. Locke a peut-être suivi Charles en exil aux Pays-Bas, puis dans la guerre civile, mais, en 1651, il est à nouveau en Angleterre ; durant cette période à l'étranger, il s'est converti au catholicisme.

Locke commence à composer pour la scène avec le masque de James Shirley, *Cupid and Death*, dont il écrit la musique en collaboration avec Christopher Gibbons et, en 1656, il participe à l'opéra de Davenant *The Siege of Rhodes*. Vers 1660, il travaille régulièrement avec des personnalités éminentes de la société musicale londonienne et, à la Restauration, Charles II le choisit comme compositeur du roi ; il est alors chargé de la musique de l'ensemble à vent royal et des violons du roi. En 1662, il est nommé organiste de la nouvelle reine, Catherine de Bragance. Toutefois, sa foi catholique lui ferme les portes de la chapelle royale et les faveurs que lui a accordées le roi s'ajoutant à une nature querelleuse lui créent des ennemis parmi les Gentlemen de la chapelle royale. Vers 1670, les faveurs royales commencent aussi à décroître, les goûts de Charles s'orientant de plus en plus vers la musique française légère et élégante de compositeurs comme Cambert et Grabu, qui résident tous deux à Londres. Locke continue néanmoins à composer pour la scène et, en 1674, il est l'un des cinq compositeurs invités à écrire la musique pour l'adaptation de Thomas Shadwell de *La Tempête*. Son successeur dans les fonctions de compositeur du roi sera le jeune Henry Purcell qui a écrit une ode sur la mort de Locke, « What hope for us remains now he is gone ? »

Outre sa musique dramatique, Locke a composé de belles œuvres de musique de chambre pour cordes. Sa vaste production comprend plusieurs recueils de danses, regroupées en suites, intitulées *Consort* et écrites pour diverses combinaisons de violes soprano et de basses de viole (ou violons). La musique sacrée qui a survécu comprend une soixantaine d'œuvres, notamment plus de trente *anthems* et diverses pièces sur des textes latins. Ses *anthems* se conforment au goût dominant avec des parties instrumentales substantielles – le roi aimait la musique instrumentale mais trouvait la musique vocale ennuyeuse. Locke est aussi l'auteur d'un traité, *Melothesia, or, Certain General Rules for Playing upon a Continued-Bass* (Londres, 1673), qui contient des préludes et des danses pour clavecin, sept morceaux d'orgue improvisés ainsi que les premières règles imprimées pour la réalisation d'une basse chiffrée.

Wendy Thompson.

Loco (ital.). « Lieu », « endroit ». Terme utilisé après un signe indiquant de jouer à l'octave supérieure ou inférieure des notes écrites, pour rappeler à l'instrumentiste que l'effet de ce signe est alors annulé. On le rencontre souvent sous la forme *al loco*, « à sa place ».

Lodoïska. Opéra en trois actes de Cherubini sur un livret de C. F. Fillette-Loraux. Créé à Paris en 1791. Kreutzer (1791), Storace (1794) et Mayr (1796) ont également composé des opéras sur le même sujet.

Lœillet. Famille de musiciens flamands. **Jean** [Baptiste] **Lœillet** (1) dit Lœillet de Londres (Gand, 18 novembre 1680 ; Londres, 19 juillet 1730) était le fils d'un chirurgien barbier qui mourut en 1685. Vers 1705, il s'était installé à Londres où il avait changé de prénom pour adopter celui de John. De 1707 à 1710, il a fait de nombreuses apparitions, comme hautboïste et comme flûtiste, dans des orchestres lyriques de Londres et, à partir de 1710, il a commencé à donner une série de concerts hebdomadaires très lucratifs dans sa maison de Hart Street (Covent Garden). Lœillet serait responsable de l'implantation de la flûte traversière en Angleterre. Il a composé neuf suites de *Lessons* pour clavecin, ainsi que des sonates en trio et en solo pour flûte à bec, flûte et hautbois. Le fils de son oncle, **Jean-Baptiste Lœillet** (2) dit Lœillet de Gand (Gand, juin ou juillet 1688 ; Lyon, vers 1720), est entré au service de l'archevêque de Lyon où il est resté jusqu'à son décès prématuré. Il a composé environ quarante-huit sonates pour flûte à bec et continuo (Amsterdam, 1710-17) dans le style de Corelli ; elles ont été rééditées à Londres par Walsh & Hare. Dans ses œuvres, il s'est lui-même surnommé « Lœillet de Gand ». Son jeune frère, **Jacques Lœillet** (Gand, juillet 1685 ; Gand, 28 novembre 1748) a été au service le l'Électeur de Bavière aux Pays-Bas et à Munich avant d'être musicien à la cour de France. Il a composé des concertos pour hautbois et pour flûte, des sonates pour flûte et continuo et des sonates pour deux flûtes.

Wendy Thompson.

Loesser, Frank (New York, 29 juin 1910 ; New York, 28 juillet 1969). Compositeur de chansons américain. Après sa scolarité, il exerce divers métiers et, quoique issu d'une famille très musicienne, il fait ses premiers pas dans la musique de variétés avec un « lyric » publié en 1931. Il travaille comme auteur pour RKO Pictures et, pendant son service militaire, compose des chansons pour divers spectacles de l'armée, notamment la chanson officielle de l'infanterie, « Rodger Young ». A cette époque, il écrit ses premiers spectacles, commençant dans le domaine des revues, avant de composer finalement sa première comédie musicale pour Broadway, *Where's Charley ?* (1948). Son grand succès, *Guys and Dolls*, date de 1950, suivi de *The Most Happy Fella* (1956), de *Greenwillow* (1960) et de *How To Succeed in Business Without Really Trying* (1961). A partir de 1937, il compose de nombreuses chansons pour des films, notamment la musique de *Hans-Christian Andersen* en 1952.

Peter Gammond.

Loewe, Karl (Lobejün, près de Halle, 30 novembre 1796 ; Kiel, 20 avril 1869). Compositeur allemand. Il commence par apprendre la musique avec son père, puis poursuit des études de musique, de théologie, de langues et de sciences à l'Université de Halle. En 1820, il est nommé professeur au lycée allemand de Stettin, ville dans laquelle il passe le restant de ses jours comme compositeur, organiste, chef d'orchestre et professeur. Il se rend à Londres en 1847 ainsi qu'en Scandinavie et en France. Son œuvre, substantielle, comprend six opéras, deux symphonies, de la musique chorale, de la musique de chambre et des pièces pour piano, mais il est surtout connu pour ses lieder (environ quatre cents), en particulier pour ses ballades sur des poèmes de Herder et de Goethe. Parmi les plus belles œuvres qu'il ait écrites dans ce domaine, on peut citer *Edward* (1818), *Erlkönig* (1818), *Elvershöh* (1825), *Der Zauberlehring* (1832), *Die Glocken zu Speyer* (1837), *Prinz Eugen* (1844), *Archibald Douglas* (1857) et *Tom der Reimer* (1867).

Wendy Thompson.

Logroscino, Nicola Bonifacio (Bitonto, près de Bari, octobre 1698 ; ? Palerme, vers 1765). Compositeur italien. A partir de 1714, il fait ses études au Conservatoire Santa Maria di Loreto de Naples dont il est renvoyé en 1727. En 1728, il est au service de l'évêque de Conza, mais retourne à Naples en 1731. A partir de 1758, il est professeur au Conservatorio dei Figliuoli dispersi à Palerme. Logroscino était un compositeur d'opéras bouffes très populaire, mais un seul d'entre eux, *Il Governatore* (créé à Naples en 1747), a survécu. Il est donc difficile de juger de leur qualité.

Denis Arnold.

Lohengrin. Opéra en trois actes de Richard Wagner, sur un livret du compositeur d'après une légende allemande anonyme. Représentations : Weimar (Théâtre de la Cour, 28 août 1850) ; Bruxelles (Monnaie, 22 mars 1870, version française) ; New York (Stadt Theater, 3 avril 1871) ; Londres (Covent Garden, 8 mai 1875) ; Paris (Eden-Théâtre, 30 avril 1887). La création devait avoir lieu à Dresde, mais l'opéra fut rejeté en raison des activités révolutionnaires de Wagner. Liszt le présenta à Weimar, avec un orchestre de trente-huit musiciens seulement, pendant l'exil de Wagner en Suisse ; Wagner assista pour la première fois à une représentation en 1861 à Vienne.

Le roi Henri l'Oiseleur (basse), qui s'est rendu à Anvers pour y lever une armée, y tient sa cour. Il demande à Frédéric de Telramund (bar.) pourquoi le royaume de Brabant est déchiré par des conflits. Telramund accuse sa pupille Elsa (soprano) d'avoir tué son jeune frère Gottfried pour accéder au trône. Elsa raconte un rêve dans lequel un chevalier à l'armure brillante est venu la défendre. Le héraut du roi (baryton) appelle par deux fois un champion. Survient un cygne traînant une nacelle dans laquelle se trouve un chevalier à l'armure brillante. Le chevalier (Lohengrin, ténor) fait ses adieux au cygne, accepte de se faire le champion d'Elsa et lui propose de l'épouser à la condition qu'elle ne lui demande jamais ni son nom ni son origine. Lohengrin terrasse Telramund mais lui épargne généreusement la vie.

Dans la cour du château d'Anvers, Telramund, qui a été banni comme traître par le roi, et sa femme Ortrud (mezzo) commentent avec amertume la situation. Elsa apparaît au balcon, confie son bonheur aux brises de la nuit, et descend dans la cour, où Ortrud, lui offrant son amitié, commence à semer le doute dans son esprit au sujet de Lohengrin. Le jour se lève et le cortège nuptial se forme pour la mariage d'Elsa et de Lohengrin. Sur les marches de la cathédrale, Ortrud accuse Lohengrin d'avoir vaincu Telramund par un sortilège, puis Telramund réitère les accusations de sa femme. Elsa assure le chevalier qu'elle a confiance en lui ; mais les germes de la suspicion ont pris racine.

Un prélude orchestral brillant et la célèbre marche nuptiale ouvrent la scène qui se déroule dans la chambre nuptiale d'Elsa. Le bonheur d'Elsa fait place à l'hystérie et elle demande à connaître le nom de son mari. Telramund et quatre membres de sa suite font irruption dans la pièce pour attaquer Lohengrin qui tue Telramund sur-le-champ. Il ordonne aux nobles d'apporter le corps au roi, et annonce à Elsa qu'il va leur révéler à tous son secret.

La scène se passe sur les bords de l'Escaut. Le roi et la cour se réunissent et Lohengrin leur révèle qu'il vient du temple du Saint-Graal, à Montsalvat, qu'il est le fils de Parsifal et s'appelle Lohengrin. Il fait alors ses adieux à Elsa et retourne vers le cygne qui a ramené la nacelle. Ortrud révèle à son tour que le cygne n'est autre que Gottfried, le frère d'Elsa. Lohengrin tombe à genoux et prie. Le cygne disparaît, rendant à Gottfried sa forme véritable, tandis qu'une colombe blanche du Graal descend pour emporter Lohengrin.

Lombard. Voir *Rythme lombard.*

Lombardi alla prima crociata, I (« Les Lombards à la première croisade »). Opéra en quatre actes de Verdi, sur un livret de Solera d'après le poème de T. Grossi (1826). Créé à Milan en 1843.

London College of Music. Collège de musique britannique, fondé sous forme d'institution privée en 1887 et principalement destiné, à l'origine, à la formation musicale des amateurs. En 1939, il est devenu un établissement d'enseignement public. De nos jours, les cours pourvoient presque exclusivement aux besoins d'élèves à plein temps qui se préparent à des carrières professionnelles d'interprète ou d'enseignant ; certains diplômes peuvent être passés au titre d'externe. Le compositeur John McCabe en est le directeur depuis 1983.

Londonderry Air. Mélodie anonyme irlandaise publiée pour la première fois dans le recueil Petrie de 1855. Il s'agit d'un authentique air traditionnel irlandais. Il a été donné à Petrie par une collectionneuse de chants populaires de Limavady, Jane Ross, qui, avec sa sœur, avait coutume de noter les airs traditionnels chantés par les paysans qui venaient à Limavady les jours de marché.

Les premières paroles qui, à notre connaissance, ont illustré cet air ont été « Would I were Erin's apple blossom o'er you » d'Alfred Perceval Graves ; puis « Emer's Farewell » du même poète et, aujourd'hui, on le chante sur un texte de F. E. Weatherly (« Danny Boy »).

La mélodie est célèbre dans le monde entier et a été publiée dans de nombreux arrangements pour toutes les combinaisons vocales et instrumentales imaginables. Elle apparaît même dans certains recueils d'airs d'hymnes et a été utilisée par Stanford dans sa *Rhapsodie irlandaise nº 1.* Parry l'a décrit comme « le plus bel air au monde ».

London Opera Centre. Voir *National Opera Studio.*

London Overture, A. Œuvre symphonique de John Ireland, composée en 1936. A l'origine, elle avait été écrite en 1934 pour ensemble de cuivres sous le titre *Comedy Overture.* Il semblerait que le thème principal ait été inspiré par le cri d'un chauffeur de bus de « Piccadilly » !

London Philharmonic Orchestra. Voir *Orchestre philharmonique de Londres.*

London Symphony, A. Sous-titre de la *Symphonie nº 2* de Vaughan Williams. C'est la seconde qu'il ait écrite, mais la première qui soit entièrement orchestrale. Il l'a composée en 1912-13, mais lui a fait subir une révision substantielle en 1920 et finalement en 1933. Bien qu'il ne s'agisse pas d'une œuvre à programme, elle contient des évocations de la vie londonienne comme le carillon de Westminster, un cri de vendeur de lavande, le cliquetis des fiacres et les bruits des musiciens de rues.

London Symphony Orchestra. Voir *Orchestre symphonique de Londres.*

Londres, Symphonies. Surnom donné aux douze dernières symphonies (n°s 93 à 104) de Haydn, composées entre 1791 et 1795 pour l'impresario Salomon et créées à Londres durant les séjours de Haydn en 1791-92 et en 1794-95. La dernière (nº 104) est appelée *Symphonie « Londres »* (ou *Symphonie « Salomon »*).

Longue (du lat. *longa*). Valeur de durée (▜) utilisée dans la musique du Moyen Age et de la Renaissance. Voir *Notation*, 4 à 6.

Longueval, Antoine de (célèbre entre 1503 et 1522). Compositeur français. Sa présence à Ferrare est consignée en 1503 et il a travaillé en France à la chapelle royale à partir de 1507 au moins jusqu'en 1522, tout d'abord comme chanteur puis comme chef de chœur. Son œuvre la plus connue, une Passion à quatre parties dans le style du motet, a été attribuée à Obrecht pendant de nombreuses années.

John Milsom.

Lontano. Œuvre pour grand orchestre de Ligeti, composée en 1967.

López de Velasco, Sebastián (Ségovie, fin du XVIe siècle ; ? Madrid, vers 1650). Compositeur espagnol. En 1621, il est *maestro de capilla* de l'infante Juana dans le couvent qu'elle avait fondé à Madrid. Les œuvres de López de Velasco qui ont survécu sont réunies dans un *Libro de missas, motetes, salmos, magnificas y otras cosas* (Madrid, 1628).

Wendy Thompson.

Loreley, Die. Opéra inachevé en trois actes de Mendelssohn sur un livret de E. Von Giebel. L'argument reprend la légende allemande de la femme magnifique qui chante sur une montagne près du Rhin, attirant les marins vers la mort sur les rochers qu'elle surplombe. Les fragments de l'ouvrage qui ont survécu datent de 1847 ; ils comportent un *Ave Maria* qui est parfois donné en concert. Il existe d'autres opéras de Lachner, Wallace, Bruch, Catalani et d'autres compositeurs sur le même sujet.

Lortzing, (Gustav) **Albert** (Berlin, 23 octobre 1801 ; Berlin, 21 janvier 1851). Compositeur allemand. Fils d'un marchand de cuir dont les affaires se détérioraient, il a passé une grande partie de sa jeunesse en tournée avec ses parents qui étaient entrés dans une troupe théâtrale d'amateurs. Il n'a pratiquement reçu aucune éducation musicale formelle, mais a acquis une profonde connaissance du travail scénique qui lui a beaucoup servi lorsqu'il s'est tourné vers la composition de singspiels, aux environs de 1820. Il a alors été engagé dans divers théâtres, mais est surtout resté à Leipzig où certains de ses opéras légers ont connu un vif succès. Ses airs de style pratiquement traditionnel lui ont assuré une popularité constante en Allemagne, notamment avec *Zar und Zimmermann* (« Tsar et charpentier », 1837), *Der Wildschütz* (« Le Braconnier », 1841) – connu pour une scène qui se déroule dans une salle de billard – et *Der Waffenschmied* (« L'Armurier », 1846). Le seul opéra sérieux de Lortzing qui ait rencontré le succès est *Undine* (1845), partition charmante qui s'impose par l'utilisation du leitmotiv et une certaine légèreté d'orchestration proche de Mendelssohn ; elle manque toutefois de crédibilité sur le plan dramatique. En 1846, il s'installe à Vienne comme directeur de la musique au Theater an der Wien, mais subit les foudres de la critique. Son contrat n'étant pas renouvelé, il a tenté de succéder à Wagner à Dresde, mais a fini ses jours à la tête d'un petit théâtre de Berlin, où il passait la majeure partie de son temps à écrire de la musique de scène plutôt que des opéras. Au moment de sa mort, il vivait dans la pauvreté, abandonné de tous.

Denis Arnold.

Los (all.). « Détaché », « libre », dans un style libre.

Lost Chord, The. Mélodie de Sullivan sur un poème d'Adélaïde Anne Procter, composée en 1877 après la mort de son frère. Elle est considérée comme l'archétype de la ballade victorienne de salon.

Lotti, Antonio (vers 1667 ; Venise, 5 janvier 1740). Compositeur italien. Son père était *Kapellmeister* à Hanovre entre 1670 et 1680 environ. En 1683, Antonio est l'élève de Legrenzi à Venise et, à partir de 1689, est engagé comme alto dans le chœur de San Marco. Peu de temps après, il y devient organiste et finalement maître de chapelle en 1736, poste qu'il conservera jusqu'à sa mort. A son époque, Lotti était connu comme compositeur d'opéras, mais les rares œuvres qui sont encore jouées aujourd'hui sont des partitions de musique religieuse, pour la plupart *a cappella*, où Lotti s'avère capable d'une puissance expressive étonnante.

Denis Arnold.

Loucheur, Raymond (Tourcoing, 1e janvier 1899 ; Nogent-sur-Marne, 14 septembre 1979). Compositeur français, élève de Nadia Boulanger, Gédalge, Vincent d'Indy et Paul Vidal au Conservatoire de Paris, premier grand prix de Rome en 1928, directeur du Conservatoire de Paris entre 1956 et 1962. Son œuvre, puissante et colorée, est surtout destinée à l'orchestre. Il s'impose par une concision, un sens du rythme et de la construction qui le situent en marge des courants dominants : *Rhapsodie malgache* (1945), *Hop-Frog*, (ballet, 1935-48), trois symphonies, concertos pour violon (1963), pour percussion (1963) et pour violoncelle (1968).

Alain Pâris.

Louise. Roman musical en quatre actes de Gustave Charpentier, sur un livret du compositeur. Représentations : Paris (Opéra-Comique, 2 février 1900) ; New York (Manhattan Opera, 3 janvier 1908) ; Londres (Covent Garden, 18 juin 1909). Louise (sop.) aime Julien (tén.), mais ses parents (mezzo et basse) refusent de donner leur consentement à ce mariage. Ils s'installent néanmoins dans une maisonnette, mais lorsque la mère de Louise vient lui annoncer que son père est gravement malade, elle rentre chez elle pour le soigner et le ramener à la vie. Les parents refusent de laisser Louise rejoindre Julien ; elle se dispute avec son père qui la met à la porte, accusant les charmes de Paris d'avoir détruit son foyer.

Louis Ferdinand, prince de Prusse (Friedrichsfelde, près de Berlin, 18 novembre 1772 ; Saalfeld, 13 octobre 1806). Neveu de Frédéric le Grand, Louis Ferdinand montre dès sa jeunesse un don certain pour la musique. Après avoir fait ses preuves sur les champs de bataille, à vingt ans, il opte pour des études musicales. Il fait la connaissance de Beethoven à Berlin, en 1796, et une admiration réciproque surgit de cette rencontre : Beethoven déclare que l'écriture pianistique de Hummel ne peut être comparée à celle de Louis Ferdinand et dédie au prince son *Concerto pour piano nº 3*. Louis Ferdinand a étudié la composition avec Dussek et, en 1804, le prend à son service comme Kapellmeister. Il est l'auteur de trios et de quatuors avec piano, d'un quintette avec piano et de diverses autres œuvres de musique de chambre qui font surtout appel au piano. Il a été tué à la bataille de Saalfeld à l'âge de trente-trois ans.

Wendy Thompson.

Loup, Le. Ballet en trois tableaux de Henri Dutilleux, sur un argument de Jean Anouilh et Georges Neveux. Créé le 17 mars 1953 par les Ballets de Paris, dans une chorégraphie de Roland Petit et des décors de Carzou.

Loure. 1. Aux XVIe et XVIIe siècles, genre de cornemuse que l'on trouvait en Normandie.

2. Danse populaire de la fin du XVIIe siècle et du début du XVIIIe siècle. Elle ressemble à la *gigue, mais dans un tempo plus lent, généralement à 6/4, avec des rythmes pointés et syncopés. Il y a une loure dans le prologue de l'opéra de Lully *Alceste*, mais l'exemple le plus connu est celui de la *Suite française nº 5* de Bach.

Louré. 1. Dans le jeu des instruments à cordes, technique d'archet généralement employée dans les passages *cantabile*. Plusieurs notes sont prises en un seul coup d'archet, mais légèrement détachées les unes des autres avec une pression d'archet distincte pour chacune d'entre elles. La notation est la suivante :

ou

2. Voir également *Notes inégales.*

Lourié, Arthur (Vincent) (Saint-Pétersbourg, aujourd'hui Leningrad, 14 mai 1892 ; Princeton, New Jersey, 12 octobre 1966). Compositeur russe naturalisé américain. Il fait ses études au Conservatoire de Saint-Pétersbourg mais n'apprécie pas l'enseignement formel et se tourne vers ses propres méthodes de composition. Il écrit plusieurs pièces atonales expérimentales pour voix et pour piano. En 1918, il est nommé commissaire à la musique, mais, en 1922, il quitte son pays pour Berlin où il se lie d'amitié avec Busoni ; en 1924, il arrive à Paris où il fait la connaissance de Stravinski qu'il rencontrera à nouveau plus tard. Il émigre aux États-Unis en 1941 et prend la nationalité américaine en 1947. Compositeur prolifique, Lourié a écrit deux opéras, deux symphonies, de la musique de chambre, des pièces pour piano, des mélodies et un grand nombre d'œuvres chorales sacrées qui révèlent l'influence de la musique de la liturgie russe orthodoxe. Dans ses dernières œuvres, il a abandonné l'atonalité de ses débuts, lui préférant un style d'écriture modale comme dans la *Sonata liturgica* (1928) pour voix d'alto et orchestre de chambre et le *Concerto spirituale* (1929) pour voix, piano, cuivres, contrebasse et percussion.

Judith Nagley.

Louvier, Alain (Paris, 13 septembre 1945). Compositeur français, élève de Messiaen, premier grand prix de Rome en 1968. Il se tourne rapidement vers la pédagogie, d'abord comme directeur du Conservatoire de Boulogne-Billancourt où il renouvelle l'enseignement de toutes les disciplines par une série de commandes d'œuvres destinées aux jeunes instrumentistes, puis comme directeur du Conservatoire national supérieur de musique de Paris (depuis 1987). Son œuvre est surtout axée sur le piano, au travers d'une recherche de nouveaux modes d'attaque (*Études pour agresseurs, Clavecin non tempéré*, 1979). Dans le domaine vocal, il a composé *Canto di Natale* (1976) et la *Messe des Apôtres* (1978).

Alain Pâris.

Love in a Village. *Ballad opera* (« pasticcio ») en trois actes de Arne, sur un livret de Bickerstaffe. Arne a lui-même composé dix-neuf chansons et recueilli ou arrangé le reste de la musique, en puisant dans les œuvres de seize autres compositeurs. Créé à Londres en 1762.

Lowe & Brydone. Voir *Édition musicale*, 6.

Lowland pipe (angl.). L'une des cornemuses écossaises. Voir *Cornemuse*, 2.

Lübeck, Vincent (Paddingbüttel, près de Brême, 1654 ; Hambourg, 9 février 1740). Compositeur allemand, issu d'une famille d'organistes qui ont exercé dans les églises du nord de l'Allemagne aux XVIIe et XVIIIe siècles. Il était lui-même un organiste célèbre et a passé la majeure partie de sa vie active à Saint-Nicolas de Hambourg. On ne connaît de lui que neuf œuvres pour orgue (préludes, toccatas, fugues et chorals), mais on peut lui accorder la même importance qu'à Buxtehude. Sa cantate de Noël, *Wilkommen süsser Bräutigam*, est encore populaire en Allemagne.

Denis Arnold.

Lucia di Lammermoor. Opéra en trois actes de Donizetti sur un livret de Cammarano d'après le roman de Walter Scott *The Bride of Lammermoor* (« La Fiancée de Lammermoor », 1819). Représentations : Naples (San Carlo, 26 septembre 1835) ; Paris (Théâtre-Italien, 12 décembre 1837) ; Londres (Her Majesty's Theatre, 5 avril 1838) ; La Nouvelle-Orléans (28 décembre 1841). Lucie Ashton (sop.) est amoureuse d'Edgar Ravenswood (tén.), ennemi de sa famille. Son frère Henry (bar.) la persuade d'épouser Lord Arthur Bucklaw (tén.) en lui montrant une fausse lettre faisant croire qu'Edgar est amoureux d'une autre. La cérémonie du mariage est interrompue par Edgar qui maudit Lucie pour sa trahison. Lucie perd la raison et assassine son mari, puis meurt. Edgar apprend ce qui s'est passé et se tue d'un coup de poignard.

BIBLIOGRAPHIE : *Lucia di Lammermoor*, L'Avant-Scène-Opéra n° 55 (Paris, 1983).

Lucio Silla. Opéra en trois actes de Mozart sur un livret de G. da Gamerra. Créé à Milan en 1772. Anfossi (1774) et J. C. Bach (1774) ont également écrit des opéras sur ce sujet.

Ludford, Nicholas (vers 1485 ; ? Londres, vers 1557). Compositeur anglais, chanteur à la chapelle collégiale de St Stephen à Westminster jusqu'à sa dissolution par Henri VIII en 1547. Ludford a composé au moins dix-sept messes – plus que tout autre compositeur anglais – dont trois sont aujourd'hui perdues et trois autres ont partiellement subsisté. Sept d'entre elles constituent un cycle unique de messes de la Vierge à trois voix ; elles figurent dans un manuscrit qui a appartenu à Henri VIII et à Catherine d'Aragon. Comme son illustre contemporain John Taverner, Ledford a essentiellement composé dans un langage qui souligne la grandeur abstraite et l'exubérance de détails fleuris, plutôt que la force d'expression humaniste ou la concision.

John Milsom.

Ludus tonalis. Études pour piano de Hindemith, composées en 1942. Elles comportent un prélude, douze fugues avec onze interludes et un postlude (version inversée du prélude), et constituent des études de contrepoint, d'organisation tonale et de technique pianistique.

Luftig (all.). « Aérien ».

Luftpause (all.). « Respiration ». Pause destinée à reprendre son souffle dans le jeu des instruments à vent ou le chant, généralement indiquée par un signe (V) au-dessus de la portée. *Luftpause* est devenu le terme habituel pour désigner l'hésitation traditionnelle précédant la barre de mesure dans les valses viennoises. Voir également *Atempause*.

Luisa Miller. Opéra en trois actes de Verdi, sur un livret de Cammarano d'après la tragédie de Schiller *Kabale und Liebe* (1784). Représentations : Naples (San Carlo, 8 décembre 1849) ; Philadelphie (27 octobre 1852) ; Paris (Théâtre-Italien, 7 décembre 1852) ; Londres (Her Majesty's Theatre, 3 juin 1858). L'opéra, qui se déroule au Tyrol au début du XVIIIe siècle, raconte l'amour de Luisa (sop.), fille d'un vieux soldat, Miller (bar.), pour Rodolfo (tén.), fils du comte Walter. Rodolfo doit épouser Frederica (mezzo), duchesse d'Ostheim. Comme il refuse ce mariage, son père le fait emprisonner. Il fait aussi arrêter le père de Luisa et, pour le sauver, celle-ci écrit une lettre à Rodolfo lui disant qu'elle est amoureuse de quelqu'un d'autre. Lorsque Rodolfo sort de prison, il fait avouer à Luisa qu'elle a écrit la lettre, puis l'empoisonne et se tue lui-même. Mais avant que le poison n'agisse, Luisa a le temps de révéler à Rodolfo que Wurm (basse) l'a forcée à écrire la lettre ; Rodolfo le tue également.

Lujon (amér., de « Lou » et « John »). Instrument à percussion moderne américain constitué d'au moins six minces plaques métalliques rectangulaires (généralement en aluminium), vissées à l'une de leurs extrémités en haut de boîtes servant de résonateur (ou d'une seule boîte). On les frappe avec des mailloches douces pour produire des sons riches et délicats, de hauteurs différentes. Les plaques ne sont pas nécessairement accordées sur des notes définies. Berio fait appel à cet instrument dans *Circles* (1960). On utilise souvent une amplification électrique.

Lully, Jean-Baptiste [Lulli, Giovanni Battista] (Florence, 28 novembre 1632 ; Paris, 22 mars 1687). Violoniste, danseur et compositeur français d'origine italienne.

Fils de meunier, il reçoit une instruction musicale sommaire d'un moine qui lui enseigne la guitare. Il est amené en France en 1646 pour servir de « garçon de chambre » et de professeur d'italien à Mademoiselle de Montpensier. A la cour des Tuileries, les talents musicaux du jeune Lully attirent rapidement l'attention et il devient vite célèbre pour son habileté au violon. Lorsque Mademoiselle de Montpensier est exilée de Paris, Lully quitte son service et, en 1653, il est nommé « compositeur de la musique instrumentale » de Louis XIV, poste qui l'oblige à écrire de la musique pour les ballets de cour. Il est admis aux Vingt-Quatre Violons du Roi, mais trouvant que cet ensemble manque de discipline, il demande l'autorisation de créer ses propres Petits Violons comprenant seize instrumentistes. Entre 1656 et 1664, il forme et dirige cet ensemble qui devient célèbre dans toute l'Europe ; le niveau des Vingt-Quatre Violons avait dû alors s'être amélioré puisque Lully autorise les deux groupes à jouer ensemble des ballets de cour.

En 1660, les entrées de ballet de Lully pour l'opéra de Cavalli *Xerxès* attirent davantage l'attention que l'opéra lui-même et, l'année suivante, Louis XIV le nomme surintendant de la musique de la chambre du roi. Il se fait naturaliser français et, autre marque de la faveur du roi, sa nomination au poste de maître de musique de la famille royale lui permet d'épouser la fille du compositeur Michel Lambert dont il aura trois fils, qui deviendront tous musiciens, et trois filles. Lully continue à composer beaucoup de ballets et, en 1664, il écrit des « entrées » pour la reprise d'*Œdipe* de Corneille ainsi que sa première comédie-ballet avec Molière, collaboration qui parviendra à son sommet en 1670 avec *Le Bourgeois gentilhomme*, petit chef-d'œuvre de musique spirituelle. En 1669, Pierre Perrin se voit accorder un privilège pour établir des académies lyriques en France et, malgré le mépris initial de Lully à l'idée d'une œuvre dramatique de grande envergure chantée en français, il tire rapidement profit de la disgrâce de Perrin à la cour et rachète son privilège en 1672. Peu après, et à la suite d'intrigues habiles, il se voit accorder le droit de composer et de faire représenter des opéras à l'Académie royale de musique, monopole qu'il conservera jalousement toute sa vie. Le résultat immédiat de cette faveur est la première tragédie lyrique française, *Cadmus et Hermione*, créée en 1673. Le livret est l'œuvre de Quinault qui écrira également les textes de dix autres tragédies lyriques de Lully, malgré les critiques et les coupures constantes du compositeur.

Lully est terriblement ambitieux et capable de complots impitoyables contre ses rivaux. Il se fait beaucoup d'ennemis et, seule, la faveur royale le sauve de poursuites pour pratiques homosexuelles, Louis XIV ayant lui-même l'occasion de le réprimander à ce sujet en 1685. Entre 1680 et 1690, les divertissements de la cour deviennent plus sobres et plus retenus et Lully se tourne vers la musique religieuse. C'est au cours d'une exécution de son monumental *Te Deum* devant le roi, en 1687, que Lully se frappe le pied avec son bâton de chef d'orchestre (il avait l'habitude de marquer la mesure en frappant sur le sol) et meurt, la même année, de la gangrène. Lully a laissé une fortune considérable, notamment cinq maisons à Paris et l'exclusivité des droits d'exécution de sa musique. Grâce à son monopole de la scène lyrique française, il a aussi laissé une tradition musicale ridiculement conservatrice qui a persisté pendant un demi-siècle.

Lully n'était pas un grand compositeur – il devait son influence considérable à sa position à la cour la plus puissante d'Europe. Néanmoins, il a peut-être été le meilleur formateur d'orchestre de son époque, insistant sur une tenue d'archet uniforme et des rythmes exacts ; il savait plaire à la cour de France avec des divertissements qui comprennent toujours un important élément dansé. Mais il ne savait pratiquement rien des opéras basés sur les arias du théâtre vénitien, et il s'en est tenu aux anciennes idées sur l'opéra. Sa musique suit parfaitement les inflexions et les rythmes de la langue française et, bien que ses œuvres soient découpées en courtes pièces, elles ne dispersent pas le drame pour des raisons purement musicales. Lully était un agréable compositeur de musique de danse et un orchestrateur impressionnant qui savait utiliser une épaisse structure à cinq parties. Ses œuvres dramatiques ont peu de chance d'être reprises avec succès de façon durable, à moins que l'art de la danse du XVIIe siècle soit effectivement recréé, mais sa musique religieuse mérite d'être jouée. La solennité cérémonieuse des grands motets, qui exploitent avec effet les sonorités contrastantes des groupes solo et tutti, semble trouver un équivalent musical exact à la grandeur du château de Versailles.

Denis Arnold.

BIBLIOGRAPHIE : James R. Anthony, *La Musique en France à l'époque baroque (de Beaujoyeulx à Rameau)*, Flammarion (Paris, 1982). Eugène Borrel, *Jean-Baptiste Lully*, La Colombe (Paris, 1949). Madeleine Doumerc, *Lully : des cuisines royales à l'Opéra*, Gédalge (Paris, 1952). Lionel de La Laurencie, *Lully*, Alcan (Paris, 1911), rééd. Les Introuvables (Plan-de-la-Tour, 1977). *Atys*, L'Avant-Scène-Opéra nº 94, (Paris, 1987). *Lully, 1632-1687, tricentenaire*, La Revue Musicale nºs 398-399, Richard Masse (Paris, 1987).

Lulu. Opéra en trois actes de Berg, sur un livret du compositeur d'après deux drames de Wadekind, *Erdgeist* (« L'Esprit de la terre ») et *Die Büchse der Pandora* (« La Boîte de Pandore »). Berg n'a terminé que les deux premiers actes, le troisième a été orchestré par Friedrich Cehra. Créé à Zurich dans la version en deux actes le 2 juin 1937. Première en France au Théâtre des Nations en 1960. Création de la version en trois actes à l'Opéra de Paris le 24 février 1979.

BIBLIOGRAPHIE : Alban Berg, *Lulu, livret bilingue*, Lattès (Paris, 1979).

Lumsdaine, David (Sydney, 31 octobre 1931). Compositeur britannique. Il fait ses études au New South Wales Conservatorium et à l'Université de Sydney, puis à la Royal Academy of Music de Londres avec Lennox Berkeley et en privé avec Mátyás Seiber. En 1970, il est nommé maître de conférences à l'Université de Durham. Ses œuvres, essentiellement pour petit ensemble, relèvent d'un style avant-gardiste aux gestes forts et à l'argument fermement dirigé ; elles comprennent deux pièces ambitieuses pour soprano et instruments, *Annotations of Auschwitz* (1964) et *Easter Fresco* (1966).

Paul Griffiths.

Lungo (ital.). « Long » ; *lunga pausa*, « longue pause ».

Luogo (ital.). Même sens que **loco*.

Luonnotar. Poème symphonique pour soprano et orchestre op.70, de Sibelius, composé vers 1910 sur des paroles du *Kalevala*, qui racontent la création du monde.

Lupi, Johannes (? Cambrai, vers 1506 ; Cambrai, 20 décembre 1539). Compositeur franco-flamand dont l'essentiel de la carrière s'est déroulé à la cathédrale de Cambrai, où il a été jeune choriste, chanteur et, à partir de 1527, chef de chœur – poste dont il a failli être renvoyé à plusieurs reprises pour manque d'autorité sur les jeunes choristes. Ses œuvres qui ont survécu comprennent des messes, des motets et des chansons d'une grande qualité.

John Milsom.

Lupo [de Almaliach]. Famille juive d'instrumentistes à cordes qui ont émigré d'Italie (Milan) en Angleterre en 1540. Sept ou peut-être neuf membres de cette famille ont travaillé dans le *consort* à cordes de la cour jusqu'au début de la guerre civile, en 1642 ; certains d'entre eux étaient compositeurs, mais le seul dont plusieurs œuvres aient subsisté est **Thomas Lupo** (? 7 août 1571 ; vers décembre 1627). Bien qu'il ait été nommé compositeur des violons royaux en 1619, il semble avoir surtout écrit des fantaisies pour violes à trois, quatre, cinq et six parties.

Peter Holman.

Lusingando (ital.). « Avec flatterie », « en caressant », à jouer d'une manière intime, cajoleuse. Par erreur, Debussy a écrit ce terme « lusigando ».

Lust (all.). « Plaisir » ; *lustig*, « joyeux » ; *Lustigkeit*, « gaieté », « entrain » ; *Lustspiel*, « comédie ».

Lustige Witwe, Die. Voir *Veuve joyeuse, La*.

Lute-song (angl. : « Air pour le luth »). Le *lute-song* ou *ayre* de la fin du XVIe siècle et du début du XVIIe siècle est une forme spécifiquement anglaise. Contrairement à son homologue le madrigal anglais, il n'a pas été soumis à l'influence des autres pays européens, même s'il présente de nombreux points communs avec l'*air de cour français. En effet, des sources manuscrites témoignent d'une évolution indépendante et ininterrompue en Angleterre à partir de 1560 environ. On trouve certains éléments français dans l'*ayre*, mais ils ne sont pas spécifiques – il n'y a pas d'emprunts directs. Le genre est plus étroitement lié au **consort song* presque contemporain avec sa ligne vocale soliste distincte, mais pas nécessairement dominante, qui reflète l'atmosphère et la forme du poème qu'elle illustre. Dans le *lute-song*, la ligne vocale est dominante ; la basse assume une fonction harmonique qui contraste avec le madrigal ou le *consort song* qui sont davantage des pièces polyphoniques.

Le *lute-song* anglais s'inscrit dans une période déterminée, entre 1597 et 1622, date à laquelle les livres imprimés ont fait leur apparition. Ils étaient presque tous de même taille et de même format, suivant l'exemple de John Dowland dans *The First Booke of Songes or Ayres* (1597). Ainsi, à l'exception de différences mineures dans les détails stylistiques, on constate la confirmation d'un mouvement homogène vers une présentation uniformisée.

Le luth est l'instrument d'accompagnement préféré quoique, comme l'indiquent les pages de titre des livres imprimés, tout instrument jouant des accords puisse convenir. En fait, Dowland n'a publié aucune chanson en spécifiant qu'elle était conçue pour voix et luth, et il donne des parties vocales alternatives dans un tiers des six cents chansons publiées.

Par opposition au madrigal, le *lute-song* est généralement strophique et relativement court. La forme musicale jaillit de la forme poétique, mais en général elle ne reproduit pas exactement les détails internes. Dans la plupart des chansons, la continuité dépend de la répétition des sections, la forme la plus courante étant ABB. Exceptionnellement, Campion préfère répéter également les premiers accents (AABB). La musique de Dowland, Morley et Danyel est plus élaborée que le style retenu de Jones, Campion et Rosseter. Toutefois, quelle que soit la personnalité musicale du compositeur, les rythmes vocaux et un style de chant prédominent.

Les compositeurs de *lute-songs* choisissaient de bons textes avec plus de discernement que les compositeurs de madrigaux. Campion a mis en musique sa propre poésie ; d'autres compositeurs l'ont également mis en musique. Sir Philip Sidney, John Donne et Fulke Greville comptent parmi les meilleurs poètes de *lute-songs*. Les sujets moraliseurs et sérieux contrastent avec les *concetti* (expressions) amoureux et légers.

Le *lute-song* a perdu son identité lorsque le luth a été remplacé par la *lyra-viol* et lorsque le style baroque a supplanté celui de la Renaissance. Forme miniature et éphémère, le *lute-song* occupe néanmoins une place permanente dans l'héritage musical de l'Angleterre.

Christopher Wilson.

Luth

1. Description
2. Histoire
3. Chitarrone, théorbe
4. Autres formes de luth.

1. *Description*. Le luth (all. : *Laute* ; angl. : *lute* ; ital. : *liuto* ; esp. : *laùd*) est un instrument à cordes pincées au dos large et arrondi. Il a été l'un des instruments européens les plus importants pendant près de quatre siècles, de la fin du Moyen Age à la fin du XVIIIe siècle. Son immense répertoire (en soliste ou avec voix) est à l'origine du renouveau qu'il connaît depuis quelques années au même titre que les autres types de luths qui ont été mis au point essentiellement pour jouer des parties de continuo (voir § 3).

On compare traditionnellement sa caisse de résonance à une demi-poire : elle est bombée et se compose de l'assemblage de fines lamelles de bois ou « côtes » (voir § 2*b*) ; la table est plate. Les cordes vont jusqu'à un chevalet qui est collé à la table (comme sur une guitare espagnole). La table est percée d'une ouverture en forme de rosette, souvent richement ornée. Le manche a une touche plate ou légèrement bombée portant généralement neuf frettes en boyau. Le chevillier, qui contient les chevilles, est attaché au manche et renversé en équerre presque à angle droit. Les cordes, à l'origine en boyau, sont généralement doubles (chœurs, voir *Instruments à cordes*, 3*c*), la plus aiguë étant en principe simple.

2. *Histoire*. Au cours de sa longue histoire, le luth a beaucoup changé et il est difficile de définir avec précision le processus de son évolution. Nos connaissances auraient encore besoin d'éclaircissements et d'importantes découvertes sont encore à faire.

(*a*) *Jusqu'au XVe siècle*. On ne sait pas vraiment quand ni par quelle route le luth est arrivé en Europe. Il y a eu des instruments ressemblant vaguement au luth dans des temps anciens (voir § 4), mais la forme et le nom du luth européen sont dérivés du luth arabe *ûd* ; la pénétration arabe en Espagne en a laissé une représentation du XIe siècle sur un coffre arabe en Navarre. Le mot luth a fait son apparition en français vers 1270, avec d'autres noms d'instruments arabes (voir *Citole et Guiterne* ; *Rebec*). Viennent ensuite des références anglaises à un « lutour » (l'instrumentiste) à la fin du règne d'Édouard Ier (mort en 1307).

Ces instruments anciens étaient sans doute munis de quatre chœurs et de plusieurs rosaces (comme le luth arabe actuel) et n'avaient pas de frettes. On en jouait avec un plectre (comme l'instrument arabe). Les frettes semblent avoir été ajoutées vers 1400 et leur usage s'est intensifié au cours du XVe siècle. Les quatre chœurs étaient probablement accordés en quartes autour d'une tierce majeure centrale (les mêmes intervalles que les quatre premières cordes de la guitare), mais, au XVe siècle, un cinquième chœur a été ajouté du côté des aigus donnant l'accord quarte, quarte, tierce, quarte (des aigus aux graves). La hauteur réelle de la corde la plus aiguë est déterminée par la longueur de l'instrument ; il est donc probable que la hauteur des autres chœurs a été abaissée avec l'adjonction du cinquième chœur. Il est presque certain qu'au moins un des systèmes de tablature de luth a été conçu pour ce genre d'instrument (voir *Tablature*, 1).

Vers la fin du XVe siècle, le plectre a été progressivement abandonné pour jouer avec le bout des doigts, ce qui facilitait le jeu d'une polyphonie plus complexe. A peu près à la même époque, un sixième chœur a été ajouté du côté des graves, donnant l'accord reproduit sur l'Ex. 1. Les trois chœurs les plus graves se composaient d'octaves, avec l'une des cordes à l'octave élevée pour renforcer la sonorité des harmoniques supérieurs.

(*b*) *Le XVIe siècle.* Ce luth à six chœurs est resté le plus courant pendant la majeure partie du XVIe siècle, l'une des périodes les plus importantes de son histoire en raison de la perfection de l'instrument lui-même et de la qualité du répertoire soliste. Les exemplaires les plus anciens qui sont restés datent de la première moitié du XVIe siècle, plusieurs d'entre eux étant l'œuvre de facteurs très estimés jusqu'au XVIIIe siècle, comme Laux Maler (mort en 1552) et Hans Frei, qui travaillaient tous deux à Bologne. Ces instruments ont tous une forme longue et élancée que l'on voit rarement sur les tableaux de l'époque qui représentent surtout des formes plus arrondies. Le premier type a sans doute survécu aux dépens de l'autre parce qu'il était plus facile à modifier pour prendre la forme des types de luth adoptés ultérieurement. Aucun de ces luths de la première moitié du siècle n'a subsisté sous sa forme d'origine, mais on peut avoir une idée de leur apparence externe grâce aux tableaux et à un luth à six chœurs construit un peu plus tard, vers 1580, par Georg Gerle d'Innsbruck.

L'instrument a ensuite évolué en fonction d'un élargissement de sa tessiture grave, conséquence probable de l'évolution de la fabrication des cordes, l'instrument étant entièrement muni de cordes en boyau. Un septième chœur, qui ne s'est pas généralisé avant le dernier quart du siècle, était accordé soit un ton au-dessous du sixième chœur, soit une quarte plus bas. D'autres chœurs sont ensuite rapidement venus s'ajouter jusqu'à ce que dix chœurs soient utilisés peu après 1600 ; néanmoins, l'arrivée de chaque nouveau type de luth ne faisait pas disparaître les anciens et les témoignages iconographiques montrent même un luth à six chœurs encore en usage après cette période.

Entre 1580 et 1590, un nouveau style de facture de luth a vu le jour ; certains des plus beaux luths qui ont survécu en sont issus. Auparavant, le dos des luths semblait surtout construit dans des bois durs, comme l'érable ou les arbres fruitiers, avec neuf ou onze côtes. On a alors commencé à les fabriquer avec treize, dix-sept ou dix-neuf côtes en bois d'if. Le cœur de l'if est rouge, alors que l'aubier est blanc, et ces instruments sont construits de telle sorte que chaque côte soit à moitié rouge et à moitié blanche. De tels luths ont été fabriqués par Wendelio Venere à partir de 1580 et, au cours des trente ans qui ont suivi, le nombre des côtes est passé à trente et un, trente-sept et même cinquante-trois, certaines étant fabriquées dans des bois exotiques comme l'ébène et le bois « de serpent ». Il arrivait même couramment que la première corde d'un luth à sept et huit chœurs soit double, sans doute parce qu'on pouvait alors se procurer des cordes fines en boyau de très bonne qualité.

Trois extraits de musique ancienne pour luth illustrent les différentes sortes de tablatures utilisées dans l'écriture pour luth : un extrait allemand (Ex. 2), tiré de *Utilis et compendiaria introductio* de Hans Judenkunig (vers 1519) ; un extrait italien (Ex. 3), d'*Intabolatura de leuto* de G. A. Casteliono (1536) et un extrait français (Ex. 4) de *A variety of Lute Lessons* de Robert Dowland (1610).

(*c*) *XVIIe siècle.* A partir de 1600, deux styles distincts émergent du processus d'évolution de l'instrument : l'un en Italie, l'autre en France et dans le nord de l'Europe. Les luths italiens traduisent un prolongement logique des modèles antérieurs avec un plus grand nombre de chœurs dans le grave. Comme il était difficile d'obtenir une bonne sonorité de ces instruments avec les cordes en boyau, on a cherché à accroître leur longueur. Finalement, le système qui a été le plus largement adopté ne comporte par un chevillier renversé en arrière mais un manche allongé pour supporter un second chevillier qui permet de fixer des cordes graves une fois et demie plus longues que les autres cordes. Ces luths, appelés *liuto attiorbato* en Italie (luth théorbé), avaient généralement, en plus des sept chœurs habituels, sept longs chœurs graves. La plupart de ceux qui nous restent sont l'œuvre du Vénitien Matteo Sellas.

En France et dans le nord de l'Europe, au lieu d'étendre la tessiture vers le grave tout en conservant l'ancien accord, on a essayé différents accords sur des luths à dix rangs de cordes afin de mieux exploiter les résonances naturelles de l'instrument. Un modèle à douze chœurs, mis au point dans le nord de l'Europe, tentait de surmonter les problèmes posés par les cordes en boyau en conservant le chevillier renversé en arrière pour les huit premiers chœurs, suivis de quatre chœurs sur une tête allongée, chacun un peu plus long que le précédent. On voit souvent ce luth « à deux têtes » sur les tableaux de style hollandais du milieu du siècle et Thomas Mace en parle longuement dans *Musick's Monument* (Londres, 1676). En France, il est vite passé de mode et a été remplacé par le retour d'un instrument à onze chœurs et à un seul chevillier ; l'un des accords expérimentaux a finalement prédominé : l'accord en « ré mineur » (Ex. 5, le deuxième chœur est souvent une corde simple comme la première) que le luth a conservé jusqu'à nos jours.

Ce luth s'est très largement répandu en France au cours du XVIIe siècle et c'est son répertoire qui a exercé une influence prépondérante sur les clavecinistes français. Il est regrettable qu'il ne subsiste aucun luth à onze chœurs d'origine française authentique, car cette musique, sans doute plus que toute autre, exploite les résonances et les sonorités du luth et une grande part de son effet semble reposer sur les qualités spécifiques de cet instrument.

Sur plusieurs représentations de l'époque, on remarque que le onzième chœur est tendu en dehors de la touche et passe sur un prolongement du sillet ; certains luths comportaient aussi une pièce surélevée collée sur le chevillier pour recevoir la cheville du onzième chœur, ce qui permet de supposer que les premiers luths à onze chœurs étaient des conversions des instruments à dix chœurs.

Vers la fin du XVIIe siècle, le luth a perdu de sa popularité en France et il faut aller en Allemagne pour suivre l'épisode final de son histoire. Dans les pays germanophones, les compositeurs avaient été largement influencés par les luthistes français pendant la seconde moitié du XVIIe siècle et le luth à onze chœurs avait été adopté : des instruments allemands du siècle suivant ont survécu et on a publié de la musique pour luth en Allemagne jusqu'en 1747. Vers 1700, ou un peu plus tard, deux autres chœurs sont venus s'adjoindre aux autres dans le grave de l'instrument. Ils aboutissaient à une structure ajoutée du côté des graves du chevillier, ce qui leur permettait de dépasser les autres cordes d'environ une frette. A l'origine, ce dispositif n'était sans doute qu'une façon assez simple de convertir les luths à onze chœurs existants : sur certains manuscrits, les notes graves qui devenaient réalisables avec l'instrument à treize chœurs ont été ajoutées par la suite, notamment dans le manuscrit de Londres qui regroupe des œuvres de Sylvius Leopold Weiss (mort en 1750), l'un des premiers à avoir écrit pour le luth à treize chœurs et l'un des plus grands luthistes-compositeurs.

Si ce type de luth à treize chœurs était une conversion du luth à onze chœurs, il y avait aussi une autre forme d'instrument véritablement conçue comme un luth à treize chœurs. Le principe était identique à celui du luth théorbé décrit plus haut, avec un certain nombre de chœurs (dans ce cas huit) disposés au-dessus de la touche qui pouvaient être enfoncés de la main gauche, et un certain nombre de bourdons (dans ce cas cinq) se terminant sur un second chevillier qui leur donnait environ une fois et demie la longueur des autres cordes. Il est assez difficile de définir avec précision l'origine et la date de fabrication des premiers exemplaires de ce genre de luth. Il provient peut-être d'un type de théorbe français (voir § 3) ou de

Ex. 1

Ex. 2

Ex. 3

Ex. 4

Ex. 5

Ex. 6

l'« angelica », genre de luth dont l'accord est comparable à celui de la harpe ; il semble improbable qu'il ait jamais été utilisé comme le théorbe. Cette forme de luth à treize chœurs représente la dernière étape importante de l'évolution de l'instrument qui avait presque disparu à la fin du XVIIIe siècle.

3. *Chitarrone, théorbe*. En Italie, au cours du dernier quart du XVIe siècle, le style musical a traversé une période de grand changement. Pour s'adapter à l'interprétation humaniste de la nature de la musique de la Grèce antique, les compositeurs ont commencé à accorder davantage d'importance à la voix soliste et à l'expression dramatique du texte. La basse continue réclamait des instruments capables de fournir à la voix un support harmonique solide mais relativement simple, en soulignant particulièrement la basse. Pour respecter ces objectifs, plusieurs types de luth ont alors vu le jour.

Le plus important est le chitarrone ou théorbe (ital. : *tiorba*) ; on ignore encore aujourd'hui si ces deux noms désignent des instruments distincts ou s'ils sont synonymes. L'instrument ressemblait au luth théorbé décrit plus haut, mais les cordes et les bourdons étaient beaucoup plus longs. Il possédait en général six ou sept jeux de cordes normales, simples ou doubles, et sept ou huit bourdons simples. Toutes les cordes étaient en boyau, quoique une source du XVIIe siècle mentionne qu'il était occasionnellement muni de cordes métalliques.

La caractéristique la plus importante qui distinguait le théorbe de tous les autres types de luth était sa taille, très grande en comparaison de son diapason. Les cordes étaient si longues qu'il était impossible d'accorder les plus aiguës à la hauteur voulue, de telle sorte qu'elles étaient accordées à l'octave inférieure. L'Ex. 6 donne le la normal du théorbe ; la corde marquée d'un astérisque peut également être accordée pour donner des notes chromatiques, fa dièse ou mi bémol. Malgré cet inconvénient apparent, les cordes longues et fines et la large caisse donnaient un son si puissant et brillant que le théorbe est devenu le support idéal de la voix et, même dans un petit ensemble, il était capable de fournir la basse harmonique et rythmique requise.

Le dos de ces théorbes semble avoir été le plus souvent constitué de petites lamelles de bois collées les unes aux autres, comme sur un grand nombre de luths contemporains, et on employait assez souvent des matières très dures, comme l'ébène et le bois « de serpent », ce qui influait sans doute sur la sonorité brillante si importante sur ces instruments.

Peu après que le théorbe se fût imposé dans la vie musicale en Italie, les instrumentistes spécialisés ont commencé à créer un répertoire soliste exploitant les particularités de l'accord et les possibilités sonores de cet instrument. Toutefois, sa taille imposante convenait mal à l'exécution des passages rapides et son accord rendait difficile, sinon impossible, les lignes de basse de tessiture trop élevée. L'instrument qui surmontait ces difficultés de façon satisfaisante était l'archiluth (ital. : *arciliuto*), luth ordinaire comportant généralement les six rangs de cordes habituelles du luth, mais aussi huit longues cordes simples tendues hors de la touche et dites « hors manche », partageant ainsi les caractéristiques du luth et du théorbe. Les proportions de la caisse jusqu'au manche inférieur étaient celles d'un luth ordinaire, mais les bourdons avaient la longueur de ceux du théorbe. Cet instrument a certainement des affinités avec le luth théorbé, mais comporte des différences intéressantes. Le luth théorbé était en général plus petit et comportait sept jeux de cordes doubles ainsi que sept bourdons doubles environ une fois et demie plus longs que les autres. Par ailleurs, l'archiluth n'avait que six jeux de cordes doubles, plus longues, mais huit diapasons simples deux fois plus longs que les autres cordes. Les opinions divergent sur la date d'apparition de cet instrument, car une grande partie de ceux qui ont survécu semblent être le résultat de conversions de luths plus anciens. En outre, l'emploi des termes *arciliuto* et *liuto attiorbato* n'est pas clair sur le plan historique. En tout cas, il ne fait aucun doute que le modèle à manche long était devenu un instrument de continuo très courant dans la seconde moitié du XVIIe siècle et est resté en usage pendant une grande partie du XVIIIe siècle.

Au XXe siècle, le luth et sa musique connaissent un nouvel essor dû, en premier lieu, à l'intérêt porté par les musicologues à l'étude du répertoire. Ensuite, quelques instrumentistes, notamment Arnold Dolmetsch, ont commencé à jouer du luth et à en construire des copies modernes. Pendant un certain temps, une confusion s'est établie entre la technique moderne de la guitare et celle du luth historique, mais au cours de ces dernières années les facteurs comme les instrumentistes ont fait de grands efforts pour comprendre et ranimer la pratique historique.

4. *Autres formes de luth.* Une multitude d'instruments différents, originaires d'Asie et d'Europe orientale, sont appelés « luths » dans la littérature occidentale, car c'est le meilleur mot qu'on ait trouvé pour les désigner. Dans la terminologie ethnologique courante (voir *Organologie*), l'acception du terme est encore plus élargie. On peut considérer qu'un luth possède une caisse à dos bombé, grande ou petite, allant de la carapace de tortue à une construction en bois composée de lamelles. On distingue essentiellement les luths à manche long (comme le *bouzouki) et les luths à manche court. Dans les deux cas, la longueur totale de l'instrument est très variable, les expressions « court » et « long » se référant uniquement à la longueur du manche par rapport à celle de la caisse.

(*a*) *Luth à manche long.* Au deuxième millénaire avant Jésus-Christ, les premiers luths à manche long venaient de Mésopotamie, puis d'Égypte où l'on en a trouvé plusieurs exemplaires dans des tombes : deux ou trois cordes en boyau sur un long manche comparable à une baguette et une table en peau. Leurs descendants sont presque tous munis de frettes et souvent de cordes métalliques : le bouzouki et la tanboura grecs, le tanburica des régions sud-balkaniques, la *balalaïka (avec sa caisse de forme triangulaire) et de nombreuses formes en Asie centrale, où certaines s'intègrent à des ensembles classiques alors que d'autres sont jouées par des chanteurs ou des bardes qui s'en accompagnent. Parmi les publications de chants traditionnels russes, un livre entier est consacré au répertoire d'un célèbre barde kirghiz et de son *komouz* de 90 cm de long, dont il jouait avec un plectre, en pinçant ou en frottant les cordes avec la main, pour marquer certains temps forts de l'épopée récitée. Encore plus à l'est, on trouve le *sanxian* chinois et son dérivé le *shamisen* japonais (instrument de théâtre et des geishas) : la table est traditionnellement en peau de chat et on peut frapper les cordes avec force à l'aide d'un grand plectre en bois. Les techniques varient sensiblement : depuis la mélodie avec bourdon toutes cordes frappées ensemble jusqu'à des notes isolées.

Le *sitâr* indien n'est pas à proprement parler un luth à manche long, bien qu'il ait subi l'influence d'instruments persans de ce genre. En Grèce, le *laouto* se ressent de l'influence de la guitare sur le *tanboura* plus ancien. En Espagne, l'instrument populaire actuel, appelé *laùd*, n'est pas un luth, mais quelque chose de très différent (voir *Bandora*, 5). Le *banjo, avec sa peau tendue, est aussi dérivé du luth à manche long dans des formes qui ont peut-être atteint l'ouest de l'Afrique en venant du Maghreb où, de nos jours, il se vend dans tous les magasins marocains pour touristes, comme le petit *gnibri* primitif.

En Europe, l'ancien *colascione* (fr. : colachon) était un luth à manche long emprunté aux Turcs dans l'Italie du XVe siècle (également en Allemagne) pour jouer une petite partie musicale. La forme et les cordes de l'instrument ont beaucoup évolué et, au XVIIIe siècle, il en est venu à ressembler à une grande mandoline. Sous sa forme ancienne, il semblerait qu'il soit encore utilisé comme instrument populaire aux environs de Naples.

(*b*) *Luth à manche court.* On trouve des traces d'un tel instrument à la fin de l'Antiquité mais on ignore à quel nom il correspond parmi les nombreux instruments à cordes grecs (peut-être *pandoura*). On pense que les formes qui ont suivi datent des premiers siècles de notre ère et sont originaires d'Asie centrale : il s'agit d'un petit instrument compact, sans doute conçu pour s'adapter à la vie des nomades montant à cheval. En Extrême-Orient, la taille de l'instrument s'est développée pour devenir le *piba* chinois et le *biwa* japonais. En Occident, il est peut-être l'ancêtre direct du luth arabe (célèbre dans la littérature comme l'instrument des *Mille et Une Nuits*). On joue du luth arabe avec un plectre court traditionnellement monté sur un tuyau de plume d'aigle. Le son est profond et l'accord, en quartes, convient bien à l'exécution de mélodies diatoniques, avec des passages de notes rapides et, souvent, un saut brutal à l'octave inférieure, mais peu d'accords sauf, à l'occasion, une quinte ou une quarte.

La *cobza*, qui domine la musique populaire roumaine, est également un luth à manche court, sans frette, muni de quatre rangs doubles ou triples de cordes en boyau, joué dans des rythmes vigoureux avec un plectre en plume d'oie pour accompagner le violon.

Michael Lowe, Anthony Baines.

BIBLIOGRAPHIE : Lionel de La Laurencie, *Les Luthistes*, Henri Laurens (Paris, 1928), rééd. Les Introuvables (Plan-de-la-Tour, 1984). Jean-Michel Vaccaro, *La Musique de luth en France au XVI*e *siècle*, Éd. du CNRS (Paris, 1981).

Luth (Air pour le luth). Voir *Lute-song*.

Luth (Musique anglaise pour luth). Le XVIe siècle et le début du XVIIe siècle constituent la période la plus importante de la musique anglaise pour luth. On sait peu de choses de son histoire aux XIVe et XVe siècles, et après le XVIIe elle est presque insignifiante. L'histoire de la musique anglaise pour luth commence donc sous le règne d'Henri VIII. Le roi avait reçu un luth de son père à l'âge de sept ans et l'on sait qu'il en jouait bien. On sait aussi que le prince Edward et la princesse Mary en jouaient : ils avaient été les élèves de Philip van Wilder. Aucun texte ne précise le talent d'Élisabeth sur cet instrument, mais une miniature de Nicholas Hilliard la peint tenant un luth entre les mains. Le répertoire anglais était alors très mince et les luthistes flamands et italiens dominaient à la cour. Entre 1560 et 1570, la musique française a exercé une forte influence qui s'est maintenue jusqu'en 1590 environ, lorsque les musiciens anglais ont commencé à créer leur propre style. Ce mouvement a coïncidé avec l'affirmation d'un style propre dans le domaine de la musique pour clavier, la musique pour luth et la musique pour clavier empiétant souvent l'une sur l'autre. La musique pour luth a été particulièrement florissante entre 1585 et 1630. Son déclin au XVIIe siècle est dû à la popularité croissante de la *lyra-viol* et des *consorts* à cordes ainsi qu'à l'émergence du style baroque, particulièrement du style français. Des luthistes français ont été nommés en Angleterre à des postes prestigieux, Jacques Gautier, par exemple, qui a obtenu un poste à la cour en 1619. Le *Mary Burwell Luth Tutor*, qui comprend notamment des œuvres de Gautier et Vincent, montre le penchant de la musique anglaise pour le baroque français. Virtuellement, la dernière musique anglaise pour luth a été publiée dans *Musick's Monument* (1676), de Thomas Mace, et l'influence française y est très forte. Au XVIIIe siècle, on trouve parfois quelques pièces pour luth, notamment chez Haendel. Le XIXe siècle a vu une renaissance timide de la musique pour luth, mais sans lendemain. Aujourd'hui, le genre suscite beaucoup d'intérêt, davantage toutefois dans le domaine de l'exécution que dans celui de la composition.

1. *Sources*. Les sources de la musique anglaise pour luth, comme celles de la musique pour clavier de la même époque, sont essentiellement des manuscrits. L'University Library (Bibliothèque de l'Université) de Cambridge possède quatre manuscrits de musique soliste pour luth que l'on jouait entre 1580 et 1615. Les œuvres contenues dans ces manuscrits vont des compositions les plus simples à des chefs-d'œuvre de virtuosité de compositeurs comme John Dowland, Daniel Bacheler et Francis Cutting. D'autres manuscrits de l'âge d'or du luth sont conservés dans diverses bibliothèques et collections privées. Le manuscrit Wickhambrook (conservé aujourd'hui à l'Université de Yale) est un livre magnifique, sans doute compilé vers 1590, représentatif de la première période. Le *Livre de Luth* de Lord Herbert de Cherbury (au musée Fitzwilliam de Cambridge) est un recueil beaucoup plus tardif, sans doute compilé vers 1640.

Il existe très peu de recueils de musique imprimés pour luth. Le *New Booke of Tabliture* (1596) de William Barley est la première publication de musique entièrement anglaise. En plus du luth, l'orphéoréon et la bandora y sont mentionnés mais le style musical reste le même et les morceaux peuvent être joués sur chacun de ces instruments. Le dernier livre utilisant l'ancien accord est *Variety of Lute-lessons* (1610) de Robert Dowland. Il s'agit d'une publication importante contenant des œuvres des compositeurs anglais et européens les plus connus de l'époque. On trouve également un ou deux morceaux imprimés dans les livres d'*ayres*, notamment la gaillarde en duo de John Dowland dans son *First Booke* (1597), ainsi que divers morceaux dans *Songs to the Lute* (1606) de Danyel et dans *Musicke of Sundrie Kindes* (1607) de Ford.

Barley et Dowland ajoutent tous deux des instructions sur le jeu du luth : Barley publie les règles d'Adrian Le Roy extraites de son *Instruction pour le luth* (1574) et Dowland la traduction réalisée par son père des *Nécessaires Observations à propos du lute et de la façon d'en jouer* de Bésard. Réaction caractéristique de la Renaissance, les compositeurs ont rapidement bâti des théories sur leur art. La traduction de la méthode de Robert Ballard sous le titre *An Exortation to All Kynde of Men How they shulde Lerne to Playe of the Lute* (1567) semble avoir lancé la vogue en Angleterre.

2. *La musique.* Les formes musicales employées dans la musique pour luth sont les mêmes que pour les instruments à clavier : fantaisies, pavanes, gaillardes, allemandes, pièces « légères » et arrangements de chansons. Dans les fantaisies, un point spécifique est travaillé et développé de manière contrapuntique. L'un des morceaux les plus célèbres de la Renaissance est une pavane de Dowland, *Lachrimae*, avec son inoubliable phrase d'ouverture.

De nombreux compositeurs ont imité cette pavane, notamment Anthony Holborne dans *Pauana Plorauit* (1599) et William Lawes ; Byrd, Morley, Farnaby, Sweelinck, etc. en ont fait des arrangements pour clavier. La gaillarde, danse animée à trois temps, était l'une des formes favorites des compositeurs de musique pour luth. Les allemandes étaient également assez prisées. Les pièces légères comprenaient les gigues, les courantes et d'autres œuvres analogues, généralement sur un rythme animé à 6/8. Plusieurs pièces pour luth ne sont que des chansons sans paroles, adaptées à partir de livres d'*ayres* ou de sources européennes, notamment des chansons de Lassus. D'autres sont des arrangements avec variations de chansons populaires ou d'airs de ballades. *Fortune, my Foe*, *Goe from my window* et *Walsingham* comptent parmi les plus connues.

La musique avec luth était très répandue à la Renaissance, qu'elle soit destinée à l'usage privé, à la cour ou au théâtre. La musique pour *consort* mixte – viole soprano, flûte, basse de viole, cistre, bandora – occupait une place importante. De telles instrumentations étaient réalisées par les compositeurs de musique pour luth, notamment Thomas Morley dans son *First Booke of Consort Lessons* (1599) et Philip Rosseter dans *Lessons for Consort* (1609).

Christopher Wilson.

Luther, Martin (Eisleben, 10 novembre 1483 ; Eisleben, 18 février 1546). Réformateur religieux allemand. Il commence l'étude du droit à l'Université d'Erfurt, mais, en 1505, entre au couvent des augustins. Après un voyage en Italie, il devient professeur de théologie à l'Université de Wittenberg, où il commence à attaquer l'Église catholique : il affiche ses « quatre-vingt-quinze thèses » où il dénonce la vente des indulgences sur la porte de l'église du château de Wittenberg en 1517, publie des documents contre les autorités papales et leurs abus de pouvoir et apparaît pour se justifier à la Diète de Worms (1521), après avoir été mis au ban de l'Église. Il refuse de réintégrer l'Église et, au cours des années suivantes, entreprend de la réformer. Pour son influence sur la musique, voir *Réforme.*

Luthier. A l'origine, facteur d'instruments à cordes en général (luths, harpes, violes, etc.). Par la suite, ce terme en est venu à désigner plus spécifiquement les facteurs d'instruments de la famille du violon.

Lutosławski, Witold (Varsovie, 25 janvier 1913). Compositeur polonais. Il travaille la composition avec Maliszewski, tout d'abord en privé puis au Conservatoire de Varsovie où il étudie également le piano avec Jerzy Lefeld (1932-36). Pendant la Seconde Guerre mondiale, il joue du piano dans les cafés et commence à composer sa *Symphonie n° 1* (1941-47), œuvre puissante et presque atonale. La symphonie est interdite par le nouveau gouvernement communiste polonais et Lutosławski est obligé de composer des œuvres d'abord plus faciles comme le *Concerto pour orchestre*, très bartókien (1950-54). L'allègement de la répression artistique lui permet de réutiliser un contrepoint atonal dense dans sa *Musique funèbre* pour cordes (1954-58), puis d'adopter des procédures aléatoires limitées dans *Jeux vénitiens* pour petit orchestre (1960-61). Les œuvres suivantes, notamment la *Symphonie n° 2* (1965-67) et d'autres œuvres pour grand orchestre, associent du matériel tour à tour noté strictement ou avec imprécision dans des développements harmoniques finement tissés. Avec le *Livre pour orchestre* (1968) et le *Concerto pour violoncelle* (1970), il s'oriente vers une écriture influencée par le théâtre. Ses œuvres vocales sont souvent conçues sur des poèmes français (*Trois Poèmes d'Henri Michaux*, 1962-63, *Paroles tissées*, 1965). Sa musique plus récente reflète le courant néo-romantique qui domine les jeunes écoles occidentales depuis le début des années 1980 : *Double Concerto pour hautbois, harpe et orchestre* (1980), *Symphonie n° 3* (1983). Depuis le milieu des années cinquante, Lutosławski se consacre également à l'enseignement ; il donne des conférences et dirige ses propres œuvres.

Paul Griffiths, rév.

BIBLIOGRAPHIE : Jean-Paul Couchoud, *La Musique polonaise et Witold Lutosławski*, Stock (Paris, 1981).

Lutyens, (Agnes) Elisabeth (Londres, 6 juillet 1906 ; Primrose Hill, Londres, 14 avril 1983). Compositeur anglais. Fille de l'architecte Sir Edwin Lutyens, elle étudie la composition avec Harold Darke au Royal College of Music de Londres (1926-30). En 1931, elle participe à la fondation des Concerts Macnaghten-Lemare, qui offrent un tremplin aux jeunes compositeurs. Ses premières œuvres notoires, comme le *Concerto de chambre n° 1* (1939), comptent parmi les premières œuvres sérielles composées en Angleterre, et elle a suivi les progrès de ses jeunes contemporains dans ses nombreuses partitions ultérieures.

La majeure partie de sa production, vocale ou instrumentale, est illuminée par la littérature et met en musique un large éventail de textes allant de Chaucer à Stevie Smith, de poèmes africains aux lettres de Flaubert et du haïkaï japonais à Wittgenstein, avec une préférence marquée pour le chœur ou les petits ensembles de voix et d'instruments. Néanmoins, ses nombreuses œuvres pour le théâtre sont généralement conçues sur ses propres textes, que le sujet soit un drame rituel (*Isis and Osiris*, 1969-70) ou une pièce intime sur les mœurs contemporaines (*Infidelio*, 1954).

Paul Griffiths.

Luython, Carl (Anvers, vers 1557 ; Prague, août 1620). Compositeur et organiste néerlandais. Dès 1566, il est enfant de chœur à la chapelle de la cour impériale de Vienne, dont il devient organiste puis compositeur, succédant à Ph. de Monte. Il compose quelques belles œuvres de musique religieuse et de musique pour clavier, certaines écrites pour un clavecin qui lui appartenait et qui comportait des notes chromatiques supplémentaires. A la mort de l'empereur Rodolphe II, il est renvoyé malgré les longues années passées au service de la cour et doit vendre son instrument pour vivre.

Luzzaschi, Luzzasco (mort à Ferrare, 10 septembre 1607). Compositeur italien. Organiste éminent au service de la cour d'Este à Ferrare du début des années 1560 jusqu'à sa mort. Il était également organiste à la cathédrale de Ferrare et responsable de la musique à la confraternité religieuse de l'Accademia della Morte. Il a écrit beaucoup de madrigaux à cinq voix et, si son style n'a rien d'exceptionnel, il était capable d'harmonies chromatiques saisissantes (il était l'un des rares instrumentistes à savoir jouer du célèbre **arcicembalo*). A la fin de sa vie, il déclarait que ses idées étaient proches de la *seconda prattica* de Monteverdi (voir *Prima prattica, seconda prattica*). L'œuvre la plus remarquable qui soit restée est l'ensemble de *Madrigali...a uno, e doi, e tre soprani*, richement ornementés (Rome, 1601), composés pour l'ensemble vocal féminin qui faisait la gloire de Ferrare. La majeure partie de sa musique instrumentale a disparu. Frescobaldi a été son élève.

Denis Arnold.

Lvov, Alexeï (Fiodorovitch) (Reval, aujourd'hui Tallinn, Estonie, 5 juin 1798 ; près de Kovno, Lithuanie, 28 décembre 1870). Compositeur et violoniste russe. Son père, Fiodor Petrovitch (1766-1836), était directeur de la chapelle impériale à Saint-Pétersbourg, poste auquel Alexeï lui succède en 1837. Il était entré dans l'armée en 1818 et le tsar lui avait confié, en 1833, la composition de l'hymne national russe, *Bozhe, tsarya khrani* (« Dieu protège le Tsar »). Bien qu'il soit surtout connu aujourd'hui pour cette œuvre, il a aussi composé de la musique pour violon (notamment vingt-quatre caprices et un concerto, 1840), trois opéras et quelques œuvres de musique chorale sacrée. Lvov était un remarquable violoniste : il s'est attiré les louanges de Schumann et a joué le *Concerto pour violon* de Mendelssohn au Gewandhaus de Leipzig en 1840, sous la direction de Mendelssohn lui-même.

Geoffrey Norris.

Lydien, Mode. Le mode lydien est le mode qui correspond aux touches blanches du piano, en commençant sur fa. Voir *Mode*, 2.

Lydien, Tétracorde. Tétracorde (succession de quatre notes) couvrant un intervalle de quarte augmentée, comme dans les quatre premières notes du mode lydien (voir *Mode*, 2). Fauré a écrit une mélodie intitulée *Lydia*, qui fait un usage poignant du tétracorde lydien.

Lyre. 1. Voir *Glockenspiel*.

2. La lyre, l'un des grands instruments à cordes de l'Antiquité, a revêtu de nombreuses formes, mais les cordes ont toujours abouti à une barre transversale, ou « joug », soutenue par deux montants émergeant de la caisse de résonance. Les lyres les plus anciennes sont sumériennes, puis égyptiennes. Au temps d'Homère, les Grecs avaient une lyre à quatre cordes, la *phorminx*, grâce à laquelle les guerriers comme Achille et les bardes professionnels, comme l'aveugle Demodocus (Homère : *L'Odyssée*, VIII), et probablement Homère lui même accompagnaient leurs chants et leurs poèmes épiques et dirigeaient le chœur dansé. A partir du VIIe siècle av. J.-C., les Grecs disposaient essentiellement de deux types de lyre. L'une, la *lyra*, dont la caisse était formée d'une carapace de tortue (voir *Chelys*) ou en bois de même forme et couverte de peau, était l'instrument de l'éducation musicale et des amateurs (le *barbitos* en était une version agrandie et figura principalement dans les fêtes bachiques de la fin du Ve siècle). L'autre, la *kithara*, était en bois et était l'instrument des professionnels et des concours.

Les cordes étaient en boyau et leur nombre variait de sept à onze. Aucune source classique ne décrit leur accord. Le nom des notes de la gamme musicale grecque était toutefois dérivé de la suite des cordes de la lyre, ce qui donne une idée de leur accord mais laisse beaucoup de place à la discussion. En outre, aucun auteur classique ne précise comment on jouait de la lyre. Aux temps modernes, on a toutefois observé que dans l'est de l'Afrique, du Soudan et de l'Éthiopie au Kenya – les seules régions au monde où l'on joue encore régulièrement de la lyre – les instruments (Fig. 1) sont, sous plusieurs aspects, identiques à la *lyra* grecque et sont essentiellement joués, pour accompagner la voix, d'une certaine manière qui semble correspondre aux illustrations reproduites sur les vases grecs. La main droite gratte les cordes à l'aide d'un plectre à proximité du chevalet où elles sont très rapprochées. De l'autre côté des cordes, la main gauche passe dans une courroie qui soutient l'instrument, étend les doigts en éventail le long des cordes pour qu'ils soient prêts à enfoncer (et donc à réduire au silence) les cordes qui ne doivent pas sonner pendant le mouvement du plectre (comparer au *kantélé). On peut exécuter des figures rapides ainsi que des accords (Ex. 1). Les cordes, qui de nos jours sont souvent métalliques, sont accordées selon le schéma pentatonique général indiqué (Ex. 1), la corde n° 1 étant la plus aiguë et la corde n° 2 étant la plus grave. Néanmoins, certaines de ces lyres sont jouées avec les deux mains, un peu comme la harpe.

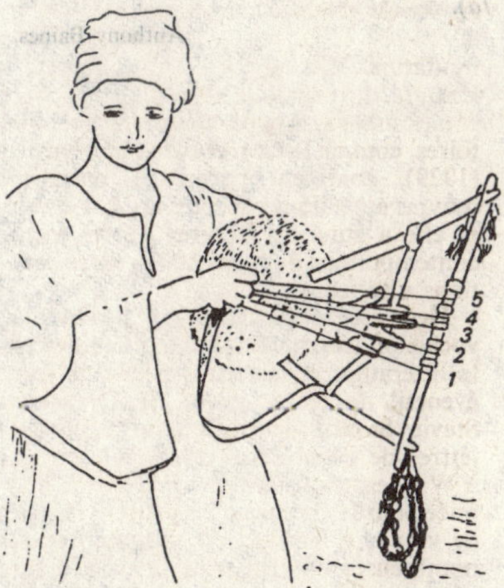

Fig. 1. Joueur de lyre « tanbur », Nord-Soudan (d'après Plumley). Les cordes sont numérotées par les instrumentistes comme indiqué sur le dessin.

Ex. 1

Pendant la période de migration du Ve au VIIe siècle, le principal instrument à cordes des peuples germaniques a été une forme simple de lyre en bois à six cordes, probablement la « harpe » connue sous le nom de *beowulf.* On en a trouvé des vestiges en Allemagne et en Angleterre, notamment la lyre *Sutton Hoo*, aujourd'hui conservée au British Museum à Londres, où l'on peut voir un petit fragment exposé à côté d'une reconstitution complète de l'instrument. Le **crwth,* instrument à archet, en est le descendant. Voir également *Instruments du Moyen Age.*

Parmi les autres instruments à cordes des Grecs, on peut citer le psaltérion (voir *Harpe,* 10), le *pandoura* (voir *Luth,* 4*b*) et des instruments non identifiés comme l'*epigoneion*, la *magadis*, le *pectis* et le *sambyke.* Voir également *Grèce antique*, 7*a*).

Anthony Baines.

Lyrique. 1. Au sens strict, adjectif qualifiant toute exécution vocale accompagnée à la lyre, mais qui s'applique en fait à toute sorte de musique vocale accompagnée (drame lyrique, symphonie lyrique, etc.).

2. Qualificatif appliqué à un petit poème, ni épique, ni dramatique. Certains compositeurs comme Grieg l'ont transposé en matière musicale (« Pièce lyrique » ; all. : *Lyrisches Stück* ; angl. : *lyric piece*).

3. Qualificatif utilisé pour décrire différentes tessitures vocales (ténor lyrique, soprano lyrique, etc.), intermédiaires entre des voix légères et des voix lourdes.

4. *Lyric* (angl.). Paroles d'une chanson (surtout dans le domaine des variétés et de la comédie musicale).

Lyrisches Stück (all.). Voir *Lyrique*, 2.

M

Macbeth. 1. Opéra en quatre actes de Verdi sur un livret de Piave d'après la tragédie de Shakespeare (vers 1605). Représentations : Florence (Teatro della Pergola, 14 mars 1847 ; New York (Niblo's Garden, 24 avril 1850) ; Glyndebourne (21 mai 1938). Pour la première parisienne (Théâtre-Lyrique, 19 avril 1865), Verdi et Piave avaient réalisé une nouvelle version dans laquelle ils avaient ajouté « La luce langue » de Lady Macbeth, un nouveau Chœur des exilés, d'autres chœurs à l'acte IV et la scène de la bataille qui suit le dernier air de Macbeth. L'ouvrage est une adaptation directe de la pièce de Shakespeare avec ses quatre principaux personnages : Macbeth (bar.), Lady Macbeth (sop.), Banquo (basse) et Macduff (tén.).

2. Poème symphonique op. 23 de Richard Strauss, composé en 1886-88 et révisé en 1889-90.

BIBLIOGRAPHIE : *Macbeth*, L'Avant-Scène-Opéra nº 40 (Paris, 1982).

McCabe, John (Huyton, Lancashire, 21 avril 1939). Compositeur anglais. Il fait ses études au Royal Manchester College of Music. Ses œuvres révèlent un désir de fusion et de prolongement des grandes esthétiques du milieu du siècle (Bartók, Hindemith et Hartmann). Compositeur prolifique, il a abordé tous les genres, de l'opéra (*The Play of Mother Courage*, 1974 et *The Lion, the Witch and the Wardrobe*, 1968) à la musique pour clavier. Les œuvres qui ont connu le plus grand succès sont *Notturni ed alba* pour soprano et orchestre (1970) et le poème symphonique *The Chagall Windows* (1974). John McCabe est aussi un pianiste et un musicographe actif (*Bartók Orchestral Music*, 1974 ; *Rachmaninov*, 1974) et il est le directeur du London College of Music.

Paul Griffiths.

McCartney, (James) **Paul** (Liverpool, 18 juin 1942). Auteur de chansons et musicien « pop » anglais. Il fait partie du trio original des Quarry Men et pratique le *skiffle style* au Cavern Club de Liverpool. En 1962, le trio McCartney, John Lennon et George Harrison auxquels s'est ajouté Ringo Starr, est devenu The Beatles. Ils font leur premier enregistrement : « Love me do » et « PS I love you ». Sous la conduite de Brian Epstein, le groupe devient l'un des plus populaires de tous les temps et vend son premier disque à un million d'exemplaires en 1963 ; dès 1970, trois de leurs albums longue durée s'étaient vendus à plus de trois millions d'exemplaires chacun. Les chansons que McCartney a écrites en collaboration avec John Lennon sont devenues des classiques du genre et leur popularité a duré beaucoup plus longtemps que la majeure partie de la musique « pop » ; elles sont considérées au même titre que les chansons de Kern et de Gershwin. Un désaccord sur la gestion de la compagnie Apple a conduit à la dispersion des Beatles en 1970, chaque membre du quatuor suivant sa propre voie. McCartney a formé le groupe des Wings en 1971.

Peter Gammond.

Macchina (ital.). « Machine », « mécanisme » ; *macchina a venti*, « machine à vent » ; *corno a macchina*, « cor à pistons » (voir *Cor*) ; *tromba a macchina*, « trompette à pistons » (voir *Trompette*).

MacDowell, Edward (Alexander) (New York, 18 décembre 1860 ; New York, 23 janvier 1908). Compositeur, pianiste et pédagogue américain. Il reçoit une formation musicale dans son enfance, puis accompagne sa mère en Europe en 1876 et il y séjourne jusqu'à son retour aux États-Unis, douze ans plus tard. Le succès remporté par son *Concerto pour piano nº 1* à Weimar en 1882 encourage le jeune pianiste à se considérer avant tout comme un compositeur. Il luttera toujours pour trouver le temps et la force de composer tout en gagnant sa vie en enseignant et en jouant du piano.

MacDowell s'installe à Boston en 1888 ; il y donne des cours particuliers et compose ses deux suites pour orchestre (nº 1, 1888-91 ; nº 2, 1891-95) ainsi que de nombreuses œuvres pour piano. Ses concerts et récitals de piano renforcent son impact sur la vie musicale américaine. En 1896, lorsque l'Université de Columbia le nomme premier professeur de musique, il ne semble pas exagéré de prétendre qu'il est « le plus grand génie musical que l'Amérique ait produit ». Toutefois, ses années à Columbia s'avèrent frustrantes. Il se lance avec énergie dans son nouveau métier qui lui prend presque tout son temps : il ne peut composer sérieusement que pendant l'été. A la suite d'un conflit avec la direction de l'Université, il donne sa démission en 1904. Peu après, il montre des signes d'effondrement mental et, au cours de ses dernières années, il retombe en enfance.

Pour le public de son époque qui attendait l'apparition d'un « grand » compositeur américain, la musique de MacDowell semblait beaucoup plus originale qu'elle ne le paraît aujourd'hui. Néanmoins, des œuvres comme *Woodland Sketches* pour piano (1896, comprenant le célèbre morceau *To a Wild Rose*) mêlent une mélodie diatonique à une harmonie teintée de chromatisme, exprimant une luxuriance retenue et révélant la voix sûre et distinctive de MacDowell – modèle parfait du romantisme américain de la fin du XIXᵉ siècle.

Richard Crawford.

Mace, Thomas (1612-13 ; ? Cambridge, ? 1706). Compositeur et musicographe anglais qui semble avoir passé une grande partie de sa vie à Cambridge. Son œuvre la plus connue, *Musick's Monument* (Londres, 1676), est une dissertation sur la « Practical Musick » dont la première partie traite de la psalmodie, la deuxième du luth et des instruments qui lui sont apparentés et la troisième de la « Generous Viol, in its Rightest Use » (« La Viole généreuse dans son usage le plus juste »).

Machaut [Machault], **Guillaume de** (? Reims, vers 1300 ; ? Reims, 13 avril 1377). Compositeur et poète français qui est aujourd'hui considéré comme le compositeur le plus important du XIVᵉ siècle. Il a certainement joué un rôle influent dans l'établissement du chant polyphonique en France et est le premier compositeur à avoir écrit seul une messe entière. Il a pris grand soin de préserver ses œuvres complètes et six copies ont survécu plus ou moins intactes, ce qui a sans aucun doute sauvegardé sa réputation, si on le compare à Philippe de Vitry, qui était presque son contemporain. Au total, il reste 141 œuvres de Machaut dont 23 motets, 19 lais, 33 virelais, 21 rondeaux, 42 ballades, une messe et un hoquet instrumental.

Machaut semble avoir reçu son éducation à Reims. La première composition que l'on puisse dater, le motet *Bone pastor Guillerme/Bone pastor qui pastores*, a sans doute été écrit pour l'élection de Guillaume de Trie comme archevêque de Reims, en 1324. La même année, Machaut recevait sa première nomination enregistrée, devenant secrétaire du roi Jean de Bohême. Il a suivi le roi lors de ses expéditions militaires en Silésie, en Bohême, en Pologne, en Prusse et en Lituanie. Jean de Bohême a été tué par les Anglais à la bataille de Crécy, en 1346. Après la mort de ce dernier, Machaut est resté au service de sa fille, Bonne de Luxembourg, mais a conservé ses relations avec Reims, où il a apparemment vécu jusqu'à la fin de sa vie. Parmi ses protecteurs, on peut citer le roi Charles le Mauvais, roi de Navarre (pour lequel il a écrit le poème *Le Confort d'ami*), le dauphin de France (futur Charles V en 1364), Pierre Iᵉʳ de Chypre (Machaut narre ses exploits dans *La Prise d'Alexandrie*) et Jean, duc de Berry (pour qui il a écrit le poème *La Fonteinne amoureuse* ;

sa bibliothèque comprenait une copie complète des œuvres de Machaut qui a été conservée). A la fin de sa vie, Machaut a obtenu divers postes ecclésiastiques : il est devenu chanoine de Saint-Quentin, dont le saint patron est célébré dans le motet *Martyrum gemma latria/Diligenter/A Christo honoratus*, et de Reims, où il a passé ses dernières années, écrivant et supervisant la copie de ses œuvres.

Malgré son appartenance au clergé, Machaut a relativement peu écrit pour l'église. Seules, trois de ses 141 œuvres existantes (la *Messe de Notre-Dame* et deux motets latins) ont une place spécifique dans le service religieux. La *Messe de Notre-Dame* est la plus ancienne messe à quatre voix. Elle comporte six mouvements (Kyrie, Gloria, Credo, Sanctus, Agnus Dei et Ite missa est) ; tous, sauf le Gloria et le Credo, sont basés sur le plain-chant et certains matériels mélodiques se retrouvent dans plusieurs parties de la messe. Les motets de Machaut adoptent complètement les nouveaux rythmes et la notation plus souple qui se développait au XIVᵉ siècle ; ce sont de parfaits exemples du style de l'*Ars nova, avec de nombreuses syncopes, des valeurs plus courtes (la blanche apparaît pour la première fois) et des répétitions complexes à la partie de ténor en valeurs de notes diminuées. On en trouve un exemple typique dans le motet *De bon espoir/Puisque la douce rousée/Speravi*, qui est divisé en deux sections. La mélodie de ténor est énoncée deux fois dans chaque section, mais les deux énoncés de la section finale sont deux fois plus rapides que ceux de la première. Autre caractéristique, la combinaison d'un ténor latin et de deux textes français. Cette caractéristique et la préférence de Machaut pour les subdivisions relativement peu nombreuses, au sein de la section principale, contrastent avec les motets antérieurs de Philippe de Vitry et des autres compositeurs du début du siècle.

Le domaine de prédilection de Machaut est celui de la chanson profane. Presque tous ses virelais et lais sont monophoniques et l'intérêt qu'il portait à ces genres démodés est assez insolite. Mais il a traité les ballades et les rondeaux polyphoniques dans un style résolument novateur : par rapport à Adam de la Halle et à L'Escurel, il a beaucoup allongé les chansons et introduit des structures sensiblement plus complexes. La plus célèbre est sans doute le rondeau *Ma fin est mon commencement*, dans lequel la deuxième voix chante à l'envers la musique de la première voix. On trouve un autre exemple typique dans la ballade *Nes que on porroit* avec une nouvelle approche mélismatique de l'écriture vocale polyphonique, la partie supérieure fluide contrastant avec le ténor syncopé. On apprend incidemment par le poème autobiographique de Machaut *Le Voir Dit* (vers 1365) qu'il a écrit cette chanson pour sa bien-aimée Péronne, qu'il faut l'exécuter sans ornementation et qu'on peut la jouer à l'orgue ou à la cornemuse.

Peu après la mort de Machaut, le poète Deschamps a écrit une complainte émouvante, *Armes, amours/O flour des flours*, qui le porte aux nues en tant que « maître de toute mélodie ». Franciscus Andrieu a mis cette complainte en musique en empruntant des accords du Gloria et du Credo de la *Messe* de Machaut pour illustrer les paroles « la mort Machaut ». Machaut a été la dernière personnalité majeure à imiter les poètes musiciens aristocrates des XIIᵉ et XIIIᵉ siècles en écrivant des poèmes et des chansons monophoniques ; néanmoins, il excellait également dans le nouveau style rythmique de la musique polyphonique qui avait vu le jour à Paris alors qu'il n'était encore qu'un tout jeune homme.

Anthony Pryer.

BIBLIOGRAPHIE : Armand Machabey, *Guillaume de Machaut*, Richard Masse (Paris, 1955).

Machicotage. Ornement de plain-chant improvisé par un soliste. Cette pratique est restée en usage en France jusqu'à l'adoption des versions de plain-chant de Solesmes au début du XXᵉ siècle.

Machine à vent. Voir *Éolienne.*

Mächtig (all.). « Puissant ».

McLeod, Jennifer (Helen) (Wellington, 12 novembre 1941). Compositeur néo-zélandais. Elle obtient le diplôme de Victoria University à Wellington en 1964, puis travaille avec Messiaen et Stockhausen (1964-66). Nommée maître de conférences à Victoria University en 1967, elle est ensuite professeur (1971-76). Ses premières œuvres – *Cambridge Suite* (1962) et *Little Symphonie* (1963) – révèlent un grand talent confirmé par le prix qu'elle remporte avec *Piano Piece* (1965) et par une œuvre de musique de chambre, *For Seven* (1965). Sa pièce de théâtre pour enfants, *Earth and Sky* (1967), basée sur le mythe de la création maori, a galvanisé toutes les ressources musicales de la ville de Masterton pour retracer l'histoire musicale de la Nouvelle-Zélande. *Under the Sun* (1969-70), pièce de théâtre musical pour amateurs et enfants de Palmerston North, s'est avérée moins intéressante sur le plan de la créativité. Jennifer McLeod a écrit de la musique de scène pour le théâtre, de la musique de films et beaucoup de chansons et pièces pour piano. En 1976, elle a démissionné de sa chaire pour participer aux activités de la Divine Light Mission. En 1980, elle a reçu une formation de peintre-verrier à la Studio West Glass Company de Santa Monica et est retournée en Nouvelle-Zélande en 1981 où elle s'est remise à composer. La musique des dix courts poèmes dont elle a écrit le texte, *Childhood* (1981), a confirmé la spontanéité et le piquant qui restent au cœur de sa musique.

J. M. Thomson.

MacMillan, Kenneth (Dunfermline, 11 décembre 1929). Chorégraphe anglais. Chorégraphe permanent du Royal Ballet à partir de 1965, il en a été directeur de 1970 à 1977 avant d'en devenir le principal chorégraphe. Le domaine de ses ballets s'étend des longues narrations comme *Roméo et Juliette*, *Manon* (Massenet/Lucas, 1974), *Mayerling* (Liszt/Lanchbery, 1978) et *Isadora* (Bennett, 1981) à des études de relations psychologiques, et de la perception musicale profonde du *Chant de la terre* (Mahler, 1965) au ragtime distrayant d'*Elite Syncopations* (Joplin et autres, 1974).

Noël Goodwin.

Maconchy, Elizabeth (Broxbourne, Hertfordshire, 19 mars 1907). Compositeur anglais. Elle fait ses études avec Charles Wood et Vaughan Williams au Royal College of Music de Londres (1923-29), puis à Prague. Ses œuvres englobent des opéras et diverses pièces concertantes, mais elle est plus à l'aise dans le domaine de la musique de chambre, et son cycle de dix quatuors à cordes, dans un style proche de Bartók, constitue sa contribution la plus remarquable. Le compositeur Nicola LeFanu est sa fille.

Paul Griffiths.

Maçonnique. voir *Musique maçonnique de Mozart.*

Macque, Giovanni de (Valenciennes, vers 1550 ; Naples, septembre 1614). Compositeur et organiste flamand. Après avoir été enfant de chœur à la chapelle impériale de Vienne, il est l'élève de Philippe de Monte. Il s'installe ensuite à Rome où, notamment avec Nanino et Marenzio, il fait partie de la Compagnia dei Musici. Vers 1585, il se rend à Naples et y reste jusqu'à la fin de sa vie. Dans cette ville, il participe aux activités musicales de l'académie de Don Fabrizio Gesualdo, père de Carlo Gesualdo, et est organiste à Santa Casa dell' Annunziata et à la chapelle du vice-roi d'Espagne. Il est également un pédagogue éminent et compte Luigi Rossi au nombre de ses élèves.

Le style de composition de Macque a beaucoup changé après son arrivée à Naples. Alors que sa musique était assez conservatrice, il s'est mis à composer des madrigaux, des motets, des laudes et des *canzonette* dans une langue avancée et ses œuvres pour orgue de cette période sont pleines d'harmonies chromatiques et de dissonances.

Denis Arnold.

Madame Butterfly. Opéra en deux actes de Puccini sur un livret de Giacosa et Illica d'après le drame de David Belasco (1900). Représentations : Milan (Scala, 17 février 1904) ; Brescia (28 mai 1904, nouvelle version) ; Londres (Covent Garden, 10 juillet 1905) ; Washington (15 octobre 1906) ; Paris (Opéra-Comique, 28 décembre 1906). Pinkerton (tén.), officier de marine américain, tombe amoureux d'une geisha japonaise Cio-Cio-San (sop.) nommée Butterfly et s'apprête à l'épouser malgré les avertissements du consul américain, Sharpless (bar.). Pinkerton retourne aux États-Unis, et Butterfly attend son retour avec leur enfant et sa servante Suzuki. Pinkerton, qui s'est marié aux États-Unis, revient avec sa nouvelle femme américaine et apprend qu'il a un fils. Frappée par le chagrin, Butterfly se poignarde.

BIBLIOGRAPHIE : *Madame Butterfly*, L'Avant-Scène-Opéra nº 56 (Paris, 1983).

Madame Favart. Opéra-comique en trois actes d'Offenbach sur un livret de Chivot et Duru, créé aux Folies-Dramatiques le 28 décembre 1878.

Maderna, Bruno (Venise, 21 avril 1920; Darmstadt, 13 novembre 1973). Compositeur italien naturalisé allemand. Il étudie la composition et la direction d'orchestre aux Conservatoires de Milan, Sienne et Rome, mais travaille surtout avec Hermann Scherchen, qui l'initie à la direction d'orchestre et dont l'influence sera déterminante. Ses contacts avec Stockhausen et Boulez, au début des années cinquante, sont encore plus importants. Il s'installe assez tôt à Darmstadt, la Mecque de l'avant-garde internationale, et y mène conjointement ses activités de compositeur, de chef d'orchestre et de pédagogue. En 1955, il aide Luciano Berio à fonder le Studio de musique électronique de Milan. Ses œuvres ont une envergure révélatrice de sa personnalité ; elles comprennent divers concertos, dont trois pour hautbois, ainsi que *Hyperion* (1963-65), pièce aléatoire pour le théâtre d'après Hölderlin. Parmi ses œuvres plus restreintes, *Musica su due dimensioni* pour flûte, percussion et bande magnétique (1952) a été la première partition à combiner des moyens naturels et des éléments électroniques.

Paul Griffiths.

Madrigal

1. Introduction
2. Le madrigal italien au XIVᵉ siècle
3. Le madrigal italien au XVIᵉ siècle et au début du XVIIᵉ siècle
4. Le madrigal à l'étranger
5. L'exécution des madrigaux

1. *Introduction.* Le terme « madrigal » a servi à désigner deux types de musique vocale profane, l'un dont les origines remontent au XIVᵉ siècle et qui n'a guère survécu au-delà des environs de 1415, et l'autre, plus connu, qui s'est épanoui non seulement en Italie, mais également dans la plupart des pays européens au XVIᵉ siècle et au début du XVIIᵉ siècle. Ces deux types d'œuvres n'ont aucun lien de parenté, sinon le nom. L'origine du mot « madrigal » est sujette à controverse. Diverses racines ont été proposées – y compris *mandra* (italien, « troupeau »), qui impliquerait un chant pastoral – mais la plus vraisemblable est *matricale* (italien, « des entrailles »), une référence au fait que les textes des madrigaux sont plus souvent écrits dans la langue maternelle qu'en latin.

2. *Le madrigal italien au XIVᵉ siècle.* Ce premier type de madrigal n'a adopté aucune forme fixe avant les années 1340, une vingtaine d'années après sa première apparition. A l'origine, la forme musicale suivait celle des vers et il avait une longueur standard de deux ou trois strophes, de trois lignes chacune, chaque strophe sur la même musique. La strophe finale se terminait par une ritournelle d'une ou deux lignes, généralement de métrique contrastante. En principe, la musique était à deux, parfois trois parties extrêmement mélismatiques, surtout à la voix supérieure. Les rythmes étaient souvent animés et faisaient un usage fréquent de techniques comme le canon et l'imitation. Les plus célèbres compositeurs de ces premiers madrigaux étaient des Italiens du Nord comme Giovanni da Cascia, Gherardello da Firenze et Jacopo da Bologna, mais Landini et Ciconia ont aussi écrits quelques belles pages dans ce style. A partir de la fin du XIVᵉ siècle, la popularité du madrigal a commencé à baisser au profit de la **ballata* – seuls douze madrigaux de Landini ont survécu, contre environ cent quarante *ballate*. Le premier madrigal est brillant et attrayant ; il se prête à la virtuosité vocale et instrumentale.

3. *Le madrigal italien au XVIᵉ siècle et au début du XVIIᵉ siècle.* Le madrigal du XVIᵉ siècle repose sur un principe entièrement différent : alors que le premier madrigal suivait un schéma de vers régulier, deux siècles plus tard il a tendance à suivre le sens du vers et l'on ne cherche guère à établir une structure formelle rigoureuse. Les premières pièces de ce genre qui portent le nom de « madrigaux » ont paru dans une publication intitulée *Madrigali de diversi musici* (Rome, 1530).

Dans les premières années, le madrigal était surtout une forme sérieuse, mettant en musique des vers de haute qualité, très souvent les poèmes d'amour de Pétrarque,

Ex. 1

Ex. 2

qui jouissait d'un regain de popularité. Les madrigaux étaient surtout l'œuvre des musiciens du nord de l'Italie qui dominaient la vie musicale italienne à cette époque (voir *Italie*, 3). Le style provient d'un mélange d'éléments : l'écriture contrapuntique et les lignes mélodiques fluides sont empruntées au motet ; les mélodies plus animées et plus rythmées ainsi qu'une tendance vers la pensée harmonique viennent de la **frottola* ; et les thèmes courts, faciles à mémoriser, de la chanson, permettant aux musiciens amateurs de jouer facilement la musique, le tout combiné au genre d'écriture à programme qui avait rendu célèbre *La Bataille de Marignan* de Janequin, avec ses imitations de sabots de chevaux, de cliquetis des épées, etc. Il en résulte une œuvre qui met l'accent sur son côté mélodieux et facile à chanter, tout en utilisant des effets harmoniques pour souligner un mot ou une phrase importante, comme dans l'extrait d'« Il bianco e dolce cigno » d'Arcadelt où le mot « pian*gen*do » (« en pleurant ») est soudainement souligné par un accord de mi bémol (Ex. 1).

Ces premiers madrigalistes, comme Verdelot, Festa (qui ont tous deux apporté leur contribution à la publication de 1530), Arcadelt et Willaert, ont surtout travaillé à Venise et à Rome. Leur œuvre est devenue de plus en plus populaire entre 1530 et 1550, période à laquelle le madrigal dominait véritablement la musique profane en Italie. Le langage musical devient alors de plus en plus sophistiqué, avec l'usage de *note nere* rapides (« notes noires » comme les noires et les croches) qui contrastent avec les « notes blanches » (blanches et rondes) réservées à la musique religieuse. Les compositeurs disposent ainsi d'un nouvel outil pour traduire des détails du texte.

A la même époque, un musicien au service de la cour d'Este à Ferrare, Nicola Vicentino, commence à réaliser des expériences sur le chromatisme et, vers 1561, construit un instrument à clavier muni de touches permettant de jouer des notes chromatiques supplémentaires (do dièse aussi bien que ré bémol, la dièse aussi bien que si bémol). L'« arcicembalo » n'était pas vraiment une réussite, car il lui était impossible de garder exactement l'accord et il n'a jamais connu une vaste diffusion ; mais le chromatisme avait éveillé l'intérêt d'un certain nombre de compositeurs, surtout ceux qui avaient travaillé à Ferrare ou s'y étaient rendus, et bientôt les madrigaux faisant appel aux gammes chromatiques et aux nouvelles harmonies qui en résultent deviennent très courants.

Le maître de ces ressources nouvelles, et le compositeur le plus renommé du milieu du siècle, était Cipriano de Rore, et ce n'est certainement pas une coïncidence s'il a travaillé à Ferrare précisément à cette période de recherche et d'expériences. Il a choisi une poésie un peu éloignée de la tradition élégante de Pétrarque, faisant appel à des mots plus émouvants, ce qui lui a permis d'élaborer un style musical plus concentré et intense. Chaque mot important, ou presque, semble évoquer une image sonore correspondante. Les tonalités et intervalles mineurs et majeurs expriment respectivement la tristesse et la joie ; les notes ascendantes symbolisent des mots comme « ciel », les tessitures graves des mots comme « terre ». Il utilise la dissonance pour exprimer la souffrance ou la lutte et il place des mélismes sur les mots qui, sans tendre vers une expression à programme, requièrent une accentuation. Les intervalles difficiles constituent un autre moyen de traduire les émotions ; la deuxième partie de son madrigal « Mia Benigna Fortuna » est devenue un exemple classique (très souvent imité) de ce genre de musique, car elle commence sur un intervalle prohibé, la sixte majeure ascendante (Ex. 2).

Au moment de la mort de Rore en 1565, la gamme d'expressions s'étendait rapidement et, au cours des quinze années suivantes, on constate le développement d'un mouvement d'« avant-garde » influencé, dans une certaine mesure, par les révolutionnaires de Ferrare. L'un de ses personnages clef est Luzzasco Luzzaschi, qui a travaillé à Ferrare et a perpétué la tradition établie par de Rore en mettant en musique des vers comme le célèbre passage « Quivi sospiri » de *L'Inferno* de Dante, avec tous les procédés dramatiques dont il disposait.

A la même époque, Andrea Gabrieli composait à Venise un type de madrigal plus agréable, sur des vers à demi sérieux et dans un langage musical progressivement plus diatonique et plus dépouillé sur le plan mélodique. Dans ce genre de madrigal, la poésie est souvent pastorale, remplie de belles images de bergers qui, gardant leurs troupeaux, sont transpercés par les flèches de Cupidon ou écoutent le chant du rossignol. La peinture musicale est devenue plus nette – au point d'utiliser une notation qui parle davantage à l'œil qu'à l'oreille, en plaçant par exemple deux rondes côte à côte (o o) lorsque le poème mentionne les yeux de la bien-aimée, en utilisant la notation noire pour exprimer la couleur de ses cheveux, etc. (voir *Musique oculaire*). Vers 1580, ce genre d'images faisait partie d'un langage extrêmement artificiel, agréable à chanter, et donnait apparemment satisfaction à ceux qui insistaient sur l'union des paroles et de la musique sans rechercher un résultat trop profond ou trop difficile. Le grand maître de ce style était Luca Marenzio (qui travaillait à Rome) ; ses premiers livres de madrigaux (publiés pour la première fois entre 1580 et 1587) ont connu d'innombrables éditions. Son œuvre atteint un tel degré de raffinement qu'il est capable de prendre un vers assez émouvant et de l'illustrer par une musique qui ne tombe jamais dans l'excès tout en restant néanmoins expressive et sérieuse. A ce stade, il est le maître classique du genre, équilibré et jamais exacerbé ni surmené.

Cet agréable madrigal « vénitien » est resté florissant jusqu'à la fin du siècle et a donné naissance à la *comédie madrigalesque qui est allée jusqu'à tourner en ridicule le style sérieux. Toutefois, l'évolution vraiment importante est venue d'un groupe de compositeurs contestataires qui considéraient que, malgré certaines exceptions, l'atmosphère et les sentiments de la musique ne correspondaient plus en profondeur à la poésie et que l'effet produit était moins beau qu'auparavant. Ils se sont donc à nouveau tournés vers le sérieux en puisant davantage dans les ressources du chromatisme, en accentuant le côté dissonant de l'harmonie et en basant de plus en plus la mélodie sur les rythmes de la parole pour permettre aux mots d'être toujours clairement perçus. Les poèmes choisis sont restés pastoraux mais, à la place des images conventionnelles d'objets naturels, on a eu recours à des paroles à double sens, souvent érotiques et intellectuellement passionnées, comparables à la poésie métaphysique anglaise. L'effet produit est souvent violent et étrange.

Marenzio a adopté ces techniques à la fin de sa vie, mais ce sont des hommes plus jeunes qui ont le mieux compris leur potentiel. Après avoir écrit deux livres de madrigaux traditionnels, Monteverdi s'est tourné vers le nouveau style à l'âge de vingt-cinq ans, sans doute influencé par Giaches de Wert, son aîné à la cour de Mantoue et lui-même pionnier dans ce nouveau mode d'expression. Monteverdi s'est particulièrement intéressé à la dissonance et à la mélodie angulaire et, dans ses quatrième et cinquième livres de madrigaux (1603 et 1605), certaines œuvres illustrent cette démarche à l'extrême, tout en restant dans les limites du genre. Quelques conservateurs l'ont violemment attaqué, mais son œuvre intensifie la puissance émotive de la langue grâce à un sens infaillible de la proportion musicale qui lui permet d'accorder exactement l'emphase nécessaire à chaque image poétique et de donner au matériel musical son ampleur naturelle. Il est rare que son œuvre, quoique révolutionnaire, soit purement expérimentale.

C'est moins vrai de son contemporain Carlo Gesualdo, le dernier compositeur de Ferrare (par son mariage) qui ait expérimenté le chromatisme. En effet, une grande partie de ses dernières œuvres se détache totalement des procédés conventionnels du madrigal : les progressions chromatiques détruisent complètement le sens du mode ou de la tonalité stable, de même que les transitions soudaines d'un mouvement relativement lent à un mouvement rapide détruisent la notion de pulsation régulière. Sans paroles, cette musique serait totalement incompréhensible ; toutefois, avec les paroles, elle semble être l'expression naturelle du double sens des mots.

A cette époque, une autre interprétation de la musique de la Grèce antique occupait les théoriciens. Ils ont démontré que les Anciens étaient étrangers au genre polyphonique : ils exprimaient les émotions du texte davantage par une forme de discours rehaussé que par l'organisation musicale. Cette théorie, qui devait conduire au développement de la *monodie, a contribué à la disparition du madrigal et, vers 1620, le genre était pratiquement éteint en Italie, même si son nom a été encore employé pour désigner quelques chansons solistes avec accompagnement de clavier. Monteverdi et quelques autres compositeurs ont persévéré avec un madrigal d'ensemble où les duos et les trios accompagnés alternent avec des parties *tutti*, mais même cette forme a disparu au milieu du XVIIe siècle. Plus tard, en Italie, l'écriture de madrigaux est devenue un exercice scolaire et, au XVIIIe siècle, des compositeurs comme Bononcini ou Lotti ont eu à faire preuve de leur talent contrapuntique en écrivant une œuvre dans l'ancien style du madrigal.

4. *Le madrigal à l'étranger : (a) l'Allemagne et les Pays-Bas.* Hors d'Italie, la mode du madrigal (par opposition aux formes locales comme le lied polyphonique) remonte assez loin parce que des musiciens italiens ou des musiciens formés en Italie étaient employés dans diverses cours au nord des Alpes. Le séjour de Lassus à Rome (1552-54) lui avait permis de connaître les madrigaux d'Arcadelt, de Willaert, de Rore, etc. et il a importé le genre à Munich, où il a travaillé de 1557 à sa mort. De même, Philippe de Monte s'était rendu à Rome à deux reprises entre 1550 et 1570 et avait rapporté le résultat de ses expériences à Vienne en 1568. Lassus s'était entouré d'un groupe de jeunes Italiens et, au début, ces musiciens sont restés en contact étroit avec les dernières idées à la mode, utilisant le chromatisme et les méthodes modernes d'adaptation du texte. Néanmoins, à partir de 1570, ils ont commencé à se laisser distancer et, dans l'ensemble, les cours du Nord ne se sont maintenues au niveau que lorsqu'elles ont envoyé leurs musiciens étudier à l'étranger.

Les Bavarois du Sud allaient en général à Venise. Un compositeur éminent, Hans Leo Hassler, qui avait étudié avec Andrea Gabrieli, a écrit des œuvres très proches du style italien. A la fin du siècle, le roi Christian IV de Danemark a envoyé de jeunes compositeurs travailler avec Giovanni Gabrieli et certains d'entre eux, comme Hans Nielsen (vers 1580-vers 1626) et Mogens Pederson (vers 1583-1623), ont produit de beaux madrigaux modernes dans le style de Monteverdi. Le plus important de tous les compositeurs du Nord, Heinrich Schütz, a été envoyé par son maître, l'Électeur de Saxe, pour effectuer la même mission et a produit un livre d'œuvres dans lesquelles il pousse la démarche à l'extrême (son op.1), ces compositions étant plus avancées à certains égards que celles de Monteverdi, pleines de mélodies ornementées à profusion et de dissonances violentes et soutenues.

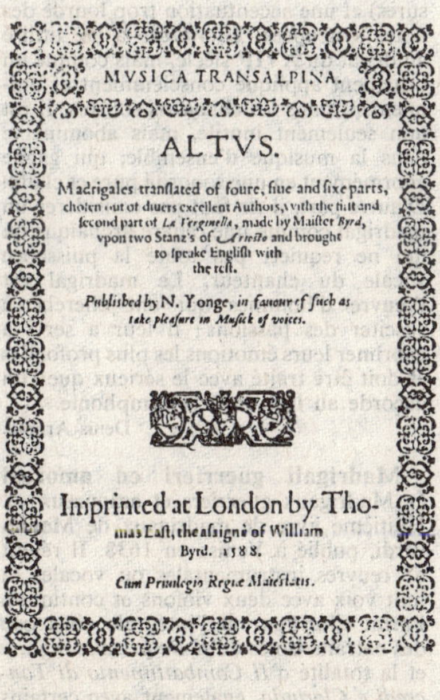
MVSICA TRANSALPINA.

ALTVS.

Madrigales tranſlated of foure, fiue and ſixe parts, choſen out of diuers excellent Authors, with the firſt and ſecond part of *La Verginella*, made by Maiſter *Byrd*, vpon two Stanz's of *Ariosto* and brought to ſpeake Engliſh with the reſt.

Publiſhed by N. Yonge, *in fauour of ſuch as take pleaſure in Muſick of voices.*

Imprinted at London by Thomas Eaſt, the aſsigne of William Byrd. 1588.

Cum Priuilegio Regiæ Maieſtatis.

Page de titre de la partie d'« altus » de Musica transalpina *(1588), publiée par Nicolas Yonge.*

(*b*) *L'Angleterre.* C'est en Angleterre que le madrigal a exercé l'influence la plus forte. En raison de sa rupture avec la papauté en 1534, l'Angleterre a assez peu connu la musique du reste de l'Europe pendant plusieurs dizaines d'années. La vogue de la musique italienne n'y est arrivée en fait que vers 1590 (bien que quelques manuscrits contenant des chansons et des madrigaux italiens aient circulé avant cette date). En 1588, Nicholas Yonge publiait la première anthologie de madrigaux : *Musica transalpina.* Il en avait réalisé la traduction anglaise, ce qui avait fortement aiguillonné des musiciens qui, autrement, auraient peut-être hésité à composer des madrigaux, faute de vers appropriés en langue anglaise ; en outre, si cette anthologie était en grande partie conservatrice, elle contenait néanmoins certaines pièces à la mode de Marenzio. Une deuxième anthologie, de Thomas Watson, intitulée *Italian Madrigalls Englished*, paraissait deux ans plus tard, avec principalement de la musique de Marenzio. Ainsi les compositeurs anglais qui ont adopté la nouvelle mode ont commencé à peu près dans le style de l'époque : ils mettaient en musique des poèmes pastoraux agréables à chanter, avec des phrases faciles à mémoriser, et cherchaient toujours à « peindre » des images verbales.

Thomas Morley était le maître de ce genre de musique, rarement profonde, mais toujours facile à chanter et qui exprimait des émotions joyeuses avec un rare piquant. Le style de Morley a donné le ton de l'écriture madrigalesque anglaise et la plupart des compositeurs qui l'ont suivi écrivaient volontiers dans une veine plus légère. Toutefois, certains d'entre eux se sont tournés vers des textes plus sérieux (pas toujours de très bonne qualité), composant dans le style italien de la fin des années 1580. Weekles a exploré le chromatisme, Wilbye et Ward la dissonance, mais il n'y a rien qui ressemble à la mélodie déclamatoire des Italiens et aucun signe de l'influence « avant-gardiste » que l'on trouvait en Allemagne et au Danemark. Ceci explique pourquoi le madrigal anglais est en fait le plus accessible et le plus facile à exécuter et pourquoi la tradition du chant de madrigaux a persisté en Angleterre, même à échelle réduite, pendant tout le XVIIIe et le XIXe siècle et constitue encore aujourd'hui un passe-temps populaire. Mais, par ailleurs, la composition de madrigaux en Angleterre a disparu presque aussi soudainement qu'elle était apparue et, dès 1620, la mode en était éteinte. Certains compositeurs ont tenté de suivre les Italiens, en utilisant des madrigaux avec accompagnement de clavier, mais la guerre civile a mis un terme à leurs efforts.

5. *L'exécution des madrigaux*. L'image classique du chant du madrigal est celle que donne Thomas Morley dans *Plaine and Easie Introduction to Practicall Musicke* (1597), où il décrit l'embarras d'un gentilhomme élisabéthain lors d'un dîner en ville : « Une fois le souper terminé et les livres de musique apportés à table (selon la coutume), la maîtresse de maison m'a présenté une partie en me priant instamment de chanter ; mais, lorsque après de nombreuses excuses j'ai sincèrement protesté en expliquant que je ne pouvais pas, tout le monde s'est étonné ; oui, ils ont chuchoté se demandant comment j'avais été élevé. » Néanmoins, Morley a sans doute exagéré la nécessité pour l'homme bien élevé de savoir chanter à vue (bien que d'autres livres de la même époque confirment son point de vue) et il est important de savoir que, si la pratique amateur de la musique de chambre était importante en Angleterre, elle l'était beaucoup moins dans le reste de l'Europe. En Italie, les madrigaux étaient souvent composés pour des virtuoses afin qu'ils les chantent à leurs nobles employeurs, et la cour de Ferrare avait créé un ensemble célèbre dans lequel prédominaient les voix de femmes. D'autres cours, notamment celle de Mantoue, avaient imité cet ensemble et il ne fait aucun doute que le madrigaliste italien de la fin du XVIe siècle s'adressait à un public sachant apprécier ses œuvres et ne cherchait pas uniquement à satisfaire l'interprète.

Les madrigaux n'étaient pas davantage destinés uniquement à des groupes de voix solistes. Dans les banquets et *intermedi* (donnés entre les pièces de théâtre ; voir *Opéra*, 2), des chœurs, avec ou sans instruments, chantaient des madrigaux écrits spécialement pour leur effectif. Certains madrigaux de compositeurs tels que Marenzio et Giovanni Gabrieli destinés aux mariages semblent mieux adaptés à l'exécution chorale que soliste. On utilisait toute sorte d'instruments pour accompagner les voix lors de ces fêtes : cornets à bouquin, trombones, chalemies et bassons intervenaient couramment lors des exécutions en plein air, alors que la rubrique « apt for the viols and voices » figurant sur la page de titre de nombreux livres de madrigaux anglais indique le soutien des voix (ou même occasionnellement leur remplacement) par des cordes dans un contexte plus intime. L'instrumentiste lisait sur la partie vocale correspondant à sa partie. Rien ne laisse supposer qu'il y ait eu la moindre tentative d' « orchestration » – les trombones n'intervenant que dans les passages *tutti* forts, les voix étant réservées aux sections plus calmes – comme certaines exécutions modernes ont tenté de le prouver.

Le chant du madrigal peut donc être analysé comme le simple plaisir de faire de la musique chez soi ou comme quelque chose de plus grandiose. L'élément essentiel d'une bonne exécution est la clarté de la diction, avec des accents naturels ; il faut éviter les accents métriques réguliers de la musique postérieure (les parties originales n'étaient pas divisées en mesures) et une accentuation trop lourde des notes syncopées. Le *vibrato* a été utilisé au début du XVIIe siècle, mais comme un ornement appliqué consciemment et uniquement dans les chansons solistes. Il est non seulement inutile, mais abominable dans la musique d'ensemble, qui gagne énormément en une sonorité pure et claire. D'autre part, il ne faut pas considérer un madrigal comme une œuvre archaïque ou qui ne requiert pas toute la puissance vocale du chanteur. Le madrigal est l'œuvre d'hommes qui ont cherché à susciter des passions ; il leur a servi à exprimer leurs émotions les plus profondes et doit être traité avec le sérieux que l'on accorde au lied ou à la symphonie.

Denis Arnold.

Madrigali guerrieri ed amorosi (« Madrigaux guerriers et amoureux »). Huitième livre de madrigaux de Monteverdi, publié à Venise en 1638. Il réunit 58 œuvres instrumentales ou vocales (à huit voix avec deux violons et continuo). Parmi elles figurent l'intégrale ainsi que des extraits isolés de *Il Ballo delle ingrate* et la totalité d'*Il Combattimento di Tancredi e Clorinda*, également avec certains extraits isolés.

Madrileña (esp.). « Madrilène ». Danse espagnole originaire de la province de Madrid.

Maestà, maestade (ital.). « Majesté », « dignité » ; *maestoso, maestevole*, « majestueux » ; *maestevolmente, maestosamente*, « majestueusement ».

Maestro (ital.). « Maître », « professeur ». Le *maestro di cappella* (voir *Chapelle*) était le directeur de la musique à la cour, à l'église ou dans d'autres établissements musicaux. Aujourd'hui, le terme s'applique aux chefs d'orchestre. Il implique un haut niveau de professionnalisme et, pour témoigner du respect que l'on porte à ces artistes, on appelle généralement « maestro » les grands chefs d'orchestre (non seulement italiens, mais de toute nationalité).

Magelone, Die schöne (« La Belle Maguelone »). Quinze lieder (romances) pour voix et piano op.33 de Brahms composés entre 1861 et 1868. Ils mettent en musique des extraits du roman de Ludwig Tieck (1773-1853), *Die schöne Magelone*.

Maggiore (ital.). « Majeur ».

Maggot (angl.). En vieil anglais, ce terme désigne une idée fantaisiste. Aux XVIe et XVIIe siècles, il servait de titre à des morceaux de musique agréables, souvent des danses, et le nom d'une personne lui était attaché, comme « My Lady Winwood's Maggot » ou « Dick's Maggot ». Au XXe siècle, Peter Maxwell Davies a repris ce mot dans sa pièce de théâtre *Miss Donnithorne's Maggot*.

Magnard, Albéric (Paris, 9 juin 1865 ; Baron, Oise, 3 septembre 1914). Compositeur français, fils de Francis Magnard, directeur du *Figaro*, qui l'oriente vers une carrière juridique. Il est l'élève de Dubois et de Massenet au Conservatoire de Paris (1886-88) avant de travailler avec Vincent d'Indy. Son œuvre est marquée par l'influence beethovenienne et reflète ses préoccupations humanitaires, à la recherche d'un idéal terrestre (*Hymne à la justice*, inspiré par l'affaire Dreyfus, 1902 ; *Hymne à Vénus*, 1903). Dans le domaine dramatique, il a laissé trois opéras (*Yolande*, 1892 ; *Guercœur*, 1900 ; *Bérénice*, 1909) desquels se dégagent une intensité et un lyrisme peu communs. La marque de Beethoven se mêle à la rigueur formelle de d'Indy dans ses quatre symphonies et dans sa musique de chambre, où il se montre surtout à l'aise dans le moule des formes classiques (*Sonate pour violon et piano*, 1903 ; *Sonate pour violoncelle et piano*, 1909 ; *Quatuor à cordes*, 1904). Malgré un regain d'intérêt qui se manifeste depuis quelques années, la musique de Magnard est encore loin d'être reconnue à sa juste valeur, témoignage de l'un des talents créateurs les plus originaux que la France ait connu dans le domaine symphonique. Magnard est mort en défendant son manoir des Fontaines contre l'invasion allemande en 1914.

Alain Pâris.

BIBLIOGRAPHIE : *Albéric Magnard*, Zodiaque n° 147 (La-Pierre-Qui-Vire, janvier 1986). Paul-Gilbert Langevin, *Musiciens de France, la génération des grands symphonistes*, La Revue Musicale n°s 324-325-326, Richard Masse (Paris, 1979).

Magnificat. *Cantique de la Vierge Marie dans l'évangile selon saint Luc, « Mon âme glorifie le Seigneur ». On le chante à vêpres dans la liturgie catholique et à l'*Evensong* (« prière du soir ») dans la liturgie anglicane (où il conserve son titre latin). Le Magnificat est le texte liturgique qui a suscité le plus grand nombre d'œuvres polyphoniques entre le XVe siècle et le XVIIe siècle, dues à des compositeurs comme Dunstable, Dufay, Binchois, Lassus, Palestrina, Monteverdi, Bach ou Schütz. Les compositeurs anglicans réunissent souvent le *Magnificat* et le **Nunc dimittis*.

Magnus Liber organi (« Grand Livre d'organum »). Recueil de musique grégorienne à deux voix à usage liturgique, datant du début de la période de l'École de Notre-Dame (vers 1170). Il a été attribué à Léonin et aurait été révisé par Pérotin. Il s'agit de la plus importante œuvre de cette période qui soit restée ; il est réparti tout au long de l'année liturgique en cycles comportant les chants polyphoniques de l'office et de la messe. Son titre est emprunté à un théoricien anonyme du XIIIe siècle (anonyme IV) : *Magnus Liber organi de graduali et antifonario* (« Grand Livre d'organum pour le graduel et l'antiphonaire »).

Mahagonny. Voir *Grandeur et décadence de la ville de Mahagonny*.

Mahler, Gustav (Kalište, Bohême, 7 juillet 1860 ; Vienne, 18 mai 1911). Compositeur et chef d'orchestre autrichien. Ses dix symphonies comptent parmi les chefs-d'œuvre du déclin de la domination austro-allemande sur la musique européenne et annoncent la révolution que connaîtra la tradition viennoise avec la musique de Schoenberg, de Berg et de Webern. Quatre de ces symphonies font appel à la voix humaine et parviennent à une synthèse du chant et de l'orchestre qui n'a jamais été surpassée, même si elle ne constitue pas un exemple unique en son genre. Grand chef d'orchestre, surtout dans le domaine lyrique, Mahler a profondément marqué l'Opéra de Vienne et on peut considérer les dix années qu'il y a passées comme l'apogée de ce théâtre.

1. *La jeunesse*. Né dans une famille juive de quatorze enfants, Gustav est le deuxième fils de Bernhard Mahler, propriétaire d'une distillerie, et de sa femme Marie. Ses parents s'entendaient mal malgré leur abondante progéniture et Gustav était un enfant renfermé. Peu après sa naissance, la famille s'installe à Iglau (Jihlava) où il est profondément marqué par le clairon des casernes et les airs traditionnels que lui chantent les domestiques. Son père encourage son talent musical manifeste et, en 1870, Mahler donne un récital de piano à Iglau. L'année suivante, il va à l'école à Prague, mais, maltraité, il rentre chez lui en 1872. En 1875, sur les conseils de l'administrateur d'un domaine voisin qui l'avait entendu, Mahler part pour Vienne, où il joue devant Julius Epstein, professeur de piano au Conservatoire. Il y est admis comme élève, mais, malgré ses succès au concours de piano, il abandonne cette discipline pour la composition. Pendant son séjour viennois, il suit les cours de philosophie à l'Université et travaille avec Bruckner. Au cours des deux années suivantes, il enseigne le piano et se consacre à sa première œuvre importante, la cantate dramatique *Das klagende Lied*, dont il écrit le texte et la musique. On y trouve déjà de nombreuses caractéristiques de son style futur.

La carrière de chef d'orchestre de Mahler commence en 1880 dans un petit théâtre d'été à Bad Hall, en Haute-Autriche, où il dirige des opérettes. En 1883, il est nommé à Olmütz (Olomouc). Son approche rigoriste lui vaut déjà une certaine réputation parmi les chanteurs, qui s'insurgent contre ses exigences. De 1883 à 1885, il dirige à Kassel. Amoureux d'une chanteuse, il idéalise la triste fin de son aventure dans les *Lieder eines fahrenden Gesellen* (« Chants d'un compagnon errant », 1883-85, pour voix et piano, orchestrés de 1891 à 1893), cycle dont il est également l'auteur des poèmes. Il reprendra certains thèmes de cette œuvre dans sa *Symphonie n° 1*. Mécontent de Kassel, il passe la saison 1885-86 à Prague, où il dirige pour la première fois des opéras de Mozart et de Wagner dans lesquels il excellera. Prague n'est pour lui qu'une étape avant de devenir deuxième chef à Leipzig, derrière Nikisch (1886). Il y dirige plusieurs opéras de Weber et le petit-fils du compositeur l'invite à compléter son opéra-comique *Die drei Pintos* d'après les esquisses subsistant. Cette œuvre obtient un grand succès en janvier 1888 et apporte à Mahler la notoriété. Les deux postes qu'il occupe ensuite sont beaucoup plus importants. De 1888 à 1891, il redonne vie à l'Opéra royal de Budapest. Il y crée sa *Première Symphonie* (sous le titre de *Poème symphonique*), mais elle n'est guère appréciée du public. En 1891, à Hambourg, il rencontre pour la première fois des chanteurs internationaux et dirige jusqu'à dix-neuf opéras par mois, dont *Tristan et Isolde* de Wagner. Au cours de l'été 1892, il effectue son seul et unique voyage à Londres, où il dirige à Drury Lane et à Covent Garden.

2. *Les années de maturité*. A partir de 1893, Mahler se retire pendant l'été dans le Salzkammergut autrichien, puis en Carinthie où il se consacre à la composition. Entre 1893 et 1896, il termine les deuxième et troisième symphonies. La *Symphonie n° 2* est jouée intégralement à Berlin en 1895 ; c'est son premier véritable succès de compositeur. Richard Strauss compte alors parmi ses principaux défenseurs. En 1897, Mahler entrevoit la possibilité d'une nomination à l'Opéra de Vienne ; il se convertit au catholicisme, condition nécessaire pour accéder à ce poste. A l'automne 1897, il est nommé directeur de l'Opéra et, en 1898, chef de l'Orchestre philharmonique de Vienne (cette dernière fonction prendra fin en 1901 après divers incidents). A Vienne, Mahler parvient à remonter le niveau des

productions lyriques à tous les points de vue : chant, action scénique, éclairages et décors. En 1902, il épouse Alma Schindler, elle-même compositeur et fille d'un peintre viennois. Elle l'entraîne dans le mouvement de renouveau artistique « Sezession » et, grâce aux encouragements qu'il leur prodigue, il devient l'idole de jeunes compositeurs comme Schoenberg, Berg, Webern et Zemlinsky.

De 1899 à 1907, Mahler compose les *Symphonies nos 4, 5, 6, 7* et *8*, ainsi que deux grands cycles de lieder. En 1907, la faction antisémite qui s'oppose à lui obtient son départ de l'Opéra. La même année, sa fille aînée meurt de la scarlatine à l'âge de quatre ans et il est lui-même victime d'une déficience cardiaque. Quittant l'Europe pour New York, il dirige au Metropolitan Opera de 1908 à 1910, jusqu'à l'arrivée de Toscanini. A partir de 1909, il est à la tête de l'Orchestre philharmonique de New York, où son sens aigu de la discipline, l'attention qu'il porte aux œuvres peu connues et ses retouches dans l'orchestration des symphonies de Beethoven ne rencontrent pas l'approbation générale. Il retourne en Europe chaque été et compose *Das Lied von der Erde* (« Le Chant de la terre ») et la *Symphonie no 9* (1908-09). Il dirige ses propres œuvres dans les plus grandes villes. En 1910, il supervise et dirige les deux premières exécutions à Munich de sa *Symphonie no 8* (la *Symphonie des Mille*), une immense œuvre chorale qui marque le couronnement public de sa carrière. De retour à New York pour la saison 1910-11, il tombe gravement malade au mois de février. Il exprime le désir de revenir à Vienne où, après cinquante ans de vie trépidante, il mourra dans une clinique.

3. *Le style de Mahler.* On ne saurait trop souligner l'importance du recueil de poésies traditionnelles *Das Knaben Wunderhorn* et l'influence qu'il a eue sur le style de la musique de Mahler. Il a tiré de ces contes et de ces poèmes les éléments satiriques, parodiques et grotesques qui le caractérisent. Les premières œuvres de Mahler ont dérouté le public par leur écriture très élaborée : pour des oreilles habituées à des procédés plus classiques, l'éclat et la clarté de l'orchestration semblaient s'opposer à la nature véritable du matériel musical. Remarquables à plus d'un point de vue, ces procédés d'écriture dominent les œuvres symphoniques de Mahler. Ainsi, dans la *Symphonie no 1*, la marche funèbre repose sur une parodie de *Frère Jacques* ; dans le scherzo de la *Symphonie no 2*, le lied de saint Antoine prêchant aux poissons est cité à l'orchestre alors qu'une voix de contralto chante le poème *Urlicht* en prélude à la « Résurrection » finale ; le motif principal de la *Symphonie no 3* est la vision céleste de l'enfant *Es sungen drei Engel* et, dans la *Symphonie no 4*, c'est le lied *Das himmlische Leben* qui est utilisé comme dernier mouvement. Les *Symphonies nos 2* et *3* sont des constructions gigantesques qui juxtaposent de façon étonnamment convaincante marches militaires, fanfares, landlers et chansons populaires.

Les *Symphonies nos 5, 6* et *7* sont purement instrumentales, bien que Mahler y utilise le matériau de certains lieder comme les *Kindertotenlieder* (1901-04), les cinq *Rückert Lieder* (1901-02) et les deux dernières parties du *Wunderhorn, Revelge* (1899) et *Der Tamboursg'sell* (1901). La cinquième peut être considérée comme l' « héroïque » de Mahler, mais la sixième est sa symphonie la plus tragique et la plus classique sur le plan formel. Elle est la seule à n'utiliser qu'une tonalité unique, la mineur, alors que, dans ses autres œuvres, Mahler fait appel à un système de « tonalité progressive ». La septième est un retour à la première manière, mais d'une façon plus élaborée. Dans ces trois symphonies du milieu de sa vie, Mahler utilise un grand orchestre « à l'économie » : la délicatesse et le raffinement de certains passages y évoquent la musique de chambre.

Avec la *Symphonie no 8*, Mahler revient à la voix humaine. Son surnom, *Symphonie des Mille*, provient du nombre d'exécutants engagés pour sa création à Munich. Elle ne comporte que deux mouvements, le premier étant une gigantesque construction polyphonique sur le *Veni, creator Spiritus*, inspirée de Bach ; le second repose sur la scène finale du *Faust* de Goethe : c'est une longue fresque où se mélangent des éléments de cantate, de symphonie, de lieder et même d'oratorio. Le résultat est très impressionnant, mais le cycle de lieder *Das Lied von der Erde* (« Le Chant de la terre »), dont les six mouvements sont bâtis sur la traduction allemande de poèmes chinois, est plus convaincant du point de vue artistique : on y trouve réunis les aspects les plus caractéristiques de l'art de Mahler. Les deux dernières symphonies, la neuvième et la dixième, marquent un retour à des moyens purement instrumentaux. Dans *Le Chant de la terre*, comme dans la *Symphonie nº 9*, la notion d'adieu est inscrite en filigrane, réaction de Mahler à l'annonce de la maladie qui allait l'emporter ; mais on insiste trop souvent sur cet aspect de sa musique au risque de tomber dans le sentimentalisme. La construction de la *Symphonie nº 9* montre combien Mahler était en avance sur son temps, à la fois sur le plan harmonique et sur le plan formel : le mouvement lent initial est une structure originale dans laquelle un crescendo périodique sert de base au développement, plus exactement à la fragmentation du matériel musical. La *Symphonie nº 10* (1910-11), que Deryck Cooke a reconstituée d'après les esquisses (1964, publiée en 1976), prouve que Mahler avait surmonté l'état de désolation spirituelle latent de la *Symphonie nº 9*. Il n'avait rien perdu de son pouvoir créateur : dans le premier mouvement de la *Symphonie nº 10*, Mahler va encore plus loin que dans la neuvième et, dans le vaste dernier mouvement, il redéveloppe les premiers thèmes en les transfigurant, dépassant largement le stade de la réexposition traditionnelle.

Michael Kennedy.

BIBLIOGRAPHIE : Kurt Blaukopf, *Gustav Mahler*, Robert Laffont (Paris, 1979). Henry-Louis de La Grange, *Gustav Mahler*, 3 vol. (1860-1900, 1900-07, 1907-11), Fayard (Paris, 1979-84). Alma Mahler, *Ma Vie*, Julliard (Paris, 1961), Hachette (Paris, 1985)/ *Mémoires et Correspondance*, Lattès (Paris, 1980). Gustav Mahler, *Lettres à Alma*, Van de Velde (Luynes, 1979). Jean Matter, *Connaissance de Mahler*, L'Age d'homme (Lausanne, 1974). Marc Vignal, *Mahler*, Seuil, coll. Solfèges (Paris, 1966, rééd. 1982). Bruno Walter, *Thème et variations*, Foetisch (Lausanne, 1952, rééd. 1981).

Maillart, Louis Aimé (Montpellier, 24 mars 1817 ; Moulins, 26 mai 1871). Compositeur français, élève de Halévy et Leborne au Conservatoire de Paris, prix de Rome en 1841. Il a surtout écrit des ouvrages lyriques dont seuls sont encore joués aujourd'hui *Les Dragons de Villars*, charmant opéra-comique créé en 1856.

Mailloche. Type de baguette destinée à la grosse caisse.

Mainacht, Die (« La Nuit de mai »). Lied de Brahms sur un poème de Ludwig Hölty ; le deuxième du groupe de quatre lieder qui constitue son opus 43 (1868).

Mainerio, Giorgio (Parme, vers 1535 ; Aquileia, près de Venise, mai 1582). Compositeur italien, *maestro di cappella* à la cathédrale d'Aquileia à partir de 1578. Parmi les œuvres qui ont survécu, la plus importante est un volume de musique de danse d'ensemble intitulé *Il Primo Libro de balli* (Venise, 1578), qui a été ensuite réédité par Phalèse à Anvers.

Denis Arnold.

Main guidonienne (lat. : *manus musicalis*). Illustration figurant dans de nombreux traités de théorie musicale du Moyen Age et de la Renaissance qui représente une main humaine (toujours la main gauche) sur laquelle sont inscrits, en une série continue, les degrés de la gamme et les syllabes de *solmisation selon le système inventé par Guido d'Arezzo (sur les jointures et sur les phalanges du pouce et des doigts). La Fig. 1 est une copie du type le plus répandu en Angleterre sur laquelle a été ajoutée une ligne en pointillé indiquant l'ordre suivant lequel il faut lire les notes.

Aucun écrit de Guido d'Arezzo ne mentionne cette main et on n'en trouve trace qu'aux environs de 1100, un demi-siècle après sa mort. La main humaine était néanmoins déjà utilisée avant l'époque de Guido d'Arezzo : elle servait à illustrer le calcul permettant de déterminer la date de Pâques ou d'autres fêtes et elle servait également à prouver l'existence des quatre tétracordes de la théorie médiévale (Voir *Mode*, 2*a*).

Aucun théoricien n'explique exactement comment était utilisée cette main dans l'enseignement de la musique. Elle a sans doute servi de support visuel à la solmisation, particulièrement pour le passage (ou la « mutation ») d'un hexacorde à un autre. Le chef de chœur pouvait montrer le bon endroit sur sa main pour indiquer la hauteur de son, en chantant la syllabe requise dans le nouvel hexacorde.

David Hiley.

Maison des morts, De la (*Z Mrtvé ho Domu*). Opéra en trois actes de Janáček sur un livret du compositeur d'après le

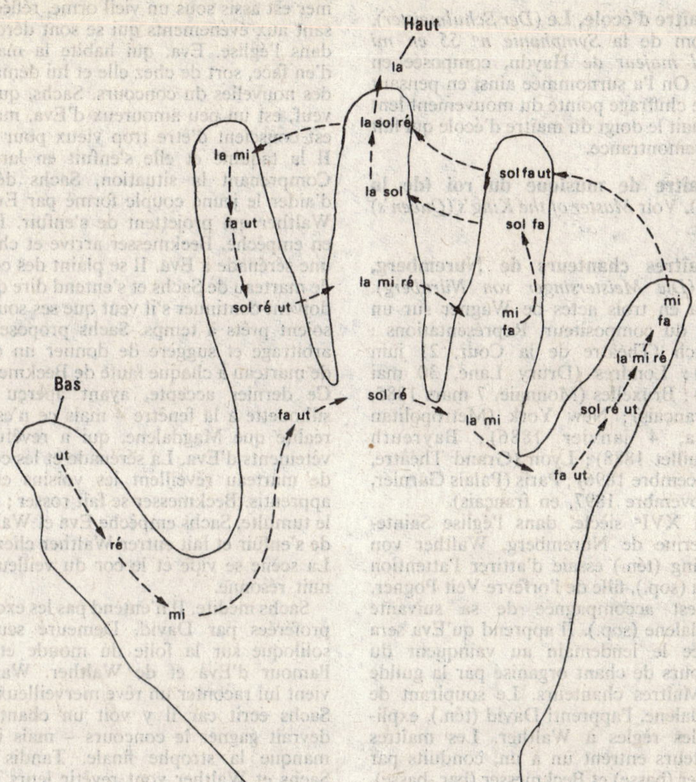

Fig. 1. Main guidonienne.

roman de Dostoïevski (1862). Représentations : Brno (12 avril 1930) ; Berlin (1931) ; Paris (version de concert, en français, Radio, 14 mai 1953) ; Édimbourg (King's Theatre, 28 août 1964) ; Nice (Opéra, 17 avril 1966) ; New York (Network Television, 3 décembre 1969). Pratiquement dénué d'intrigue, cet opéra se compose de scènes de la vie du bagne dominées par l'arrivée et le départ d'un prisonnier politique, Alexandre Goriančikov (basse) [qui, dans le livre, n'est autre que Dostoïevski]. Cet ouvrage est construit autour d'une série de longs récits de plusieurs bagnards. Dans la scène finale de la version originale de l'œuvre de Janáček, les derniers prisonniers étaient ramenés par un garde à la Maison des Morts, leur prison ; une version révisée de Bakala et Chlubna se termine sur un chœur final plus optimiste.

BIBLIOGRAPHIE : *De la maison des morts,* L'Avant-Scène-Opéra nº 107 (Paris, 1988).

Maître d'école, Le (*Der Schulmeister*). Surnom de la *Symphonie nº 55 en mi bémol majeur* de Haydn, composée en 1774. On l'a surnommée ainsi en pensant que le chiffrage pointé du mouvement lent évoquait le doigt du maître d'école qui fait une remontrance.

Maître de musique du roi (de la reine). Voir *Master of the King's* (*Queen's*) *Music*.

Maîtres chanteurs de Nuremberg, Les (*Die Meistersinger von Nürnberg*). Opéra en trois actes de Wagner sur un livret du compositeur. Représentations : Munich (Théâtre de la Cour, 21 juin 1868) ; Londres (Drury Lane, 30 mai 1882) ; Bruxelles (Monnaie, 7 mars 1885, en français) ; New York (Metropolitan Opera, 4 janvier 1886) ; Bayreuth (23 juillet 1888) ; Lyon (Grand Théâtre, 30 décembre 1896) ; Paris (Palais Garnier, 10 novembre 1897, en français).

Au XVIe siècle, dans l'église Sainte-Catherine de Nuremberg, Walther von Stolzing (tén.) essaie d'attirer l'attention d'Eva (sop.), fille de l'orfèvre Veit Pogner, qui est accompagnée de sa suivante Magdalene (sop.). Il apprend qu'Eva sera fiancée le lendemain au vainqueur du concours de chant organisé par la guilde des Maîtres chanteurs. Le soupirant de Magdalene, l'apprenti David (tén.), explique les règles à Walther. Les maîtres chanteurs entrent un à un, conduits par Pogner (basse) et Beckmesser (bar.-basse), petit fonctionnaire à l'esprit étroit qui espère obtenir la main d'Eva. Hans Sachs (bar.-basse), le cordonnier, arrive en dernier et le boulanger Fritz Kothner (basse) procède à l'appel. Pogner s'adresse aux maîtres chanteurs et leur parle du concours. Walther est présenté comme candidat ; il est prié de raconter son passé et sa formation avant d'être soumis à la première épreuve, l'interprétation d'un chant. Nommé arbitre, Beckmesser s'installe dans une loge spéciale ; Kothner lit les règles. Walther improvise un chant sur le printemps et l'amour, mais l'ardoise de Beckmesser se couvre vite des erreurs accumulées par le chevalier. La réunion s'achève dans le désordre ; seul Sachs a pris conscience de la nouveauté et du charme de ce chant.

A la veille de la Saint-Jean, les apprentis ferment la boutique de Sachs. Le cordonnier est assis sous un vieil orme, réfléchissant aux événements qui se sont déroulés dans l'église. Eva, qui habite la maison d'en face, sort de chez elle et lui demande des nouvelles du concours. Sachs, qui est veuf, est un peu amoureux d'Eva, mais il est conscient d'être trop vieux pour elle. Il la taquine et elle s'enfuit en larmes. Comprenant la situation, Sachs décide d'aider le jeune couple formé par Eva et Walther qui projettent de s'enfuir. Il les en empêche. Beckmesser arrive et chante une sérénade à Eva. Il se plaint des coups de marteau de Sachs et s'entend dire qu'ils doivent continuer s'il veut que ses souliers soient prêts à temps. Sachs propose son arbitrage et suggère de donner un coup de marteau à chaque faute de Beckmesser. Ce dernier accepte, ayant aperçu une silhouette à la fenêtre – mais ce n'est en réalité que Magdalene, qui a revêtu les vêtements d'Eva. La sérénade et les coups de marteau réveillent les voisins et les apprentis. Beckmesser se fait rosser ; dans le tumulte, Sachs empêche Eva et Walther de s'enfuir et fait entrer Walther chez lui. La scène se vide et le cor du veilleur de nuit résonne.

Sachs médite. Il n'entend pas les excuses proférées par David. Demeuré seul, il soliloque sur la folie du monde et sur l'amour d'Eva et de Walther. Walther vient lui raconter un rêve merveilleux que Sachs écrit car il y voit un chant qui devrait gagner le concours – mais il lui manque la strophe finale. Tandis que Sachs et Walther vont revêtir leurs vêtements de cérémonie, Beckmesser entre. Il découvre le chant et, croyant qu'il appartient à Sachs, l'empoche rapidement. Sachs revient et lui permet de conserver le manuscrit. Eva arrive dans l'espoir de rencontrer Walther en prétendant que ses chaussures lui font mal. Pendant que Sachs s'en occupe, Walther entre et la vue d'Eva lui inspire la dernière strophe. David et Magdalene sont convoqués au concours et le chant reçoit alors son titre. Tous partent alors vers les rives du Pegnitz où doivent se dérouler les festivités. Les apprentis et les membres des guildes se rassemblent ; les apprentis dansent avec les jeunes filles. Ils sont interrompus par l'entrée des maîtres chanteurs qui prennent place dans la tribune. Sachs est acclamé et remercie la foule. Beckmesser se lève et massacre le chant. Sous les rires de la foule, il accuse Sachs de l'avoir écrit. Sachs nie cette paternité, mais fait venir Walther et lui demande de montrer comment interpréter ce chant. Walther remporte le prix et gagne la main d'Eva, mais lorsque Pogner s'avance vers lui pour lui remettre la chaîne de la guilde, il la repousse, se souvenant de son premier échec. Sachs s'approche de lui et le persuade d'accepter cet honneur en lui expliquant que le but des maîtres chanteurs est de préserver l'art et la tradition du chant allemand. Eva prend la couronne qu'elle avait posée sur la tête de Walther et la met sur celle de Sachs, au milieu des acclamations de la foule.

Maîtrise. École de chant choral généralement attachée à une cathédrale. Par extension, ce mot s'applique également à l'ensemble des choristes d'un chœur d'église et à leur chef de chœur. Jusqu'à la Révolution, les maîtrises occupaient une place essentielle dans la vie musicale française car elles constituaient les seuls véritables établissements d'enseignement musical. Les élèves étaient recrutés sur concours et recevaient une éducation musicale et générale. Leur entretien était assuré sur les revenus ecclésiastiques et ils devaient chanter les offices. Selon l'importance de l'église, le nombre d'élèves pouvait varier de quatre à une douzaine, parfois davantage dans les cathédrales. Les maîtrises ont été supprimées en 1791 et remplacées par le conservatoire en 1794. Mais il existe encore en Allemagne et en Angleterre des maîtrises fonctionnant selon l'ancien système français.

Alain Pâris.

BIBLIOGRAPHIE : Alain Gout, *Histoire des maîtrises en Occident*, Éd. universitaires (Tournai, 1987). Francis Pinguet, *Les Écoles de la musique divine, les maîtrises des cathédrales, Cambridge, Solesmes*, La Revue Musicale nos 319-320-321, Richard Masse (Paris, 1979).

Majestätisch (all.). « Majestueux », « majestueuse ».

Major (angl.). « Majeur ».

Mal (all.). « Fois » ; *das erste Mal*, « la première fois » ; *einmal*, « une fois » ; *Zweimal*, « deux fois ».

Malagueña (esp.). 1. Danse de la province de Málaga, dans le sud de l'Espagne, proche du **fandango*.

2. Chant espagnol improvisé de style et de rythme libres, qui repose sur un accompagnement en accords répétitifs.

Malaisie. Voir *Asie du Sud-Est.*

Malats, Joaquin (Barcelone, 4 mars 1872 ; Barcelone, octobre 1912). Pianiste catalan. De 1886 à 1888, il est l'élève de J. B. Pujol à l'École de musique municipale de Barcelone avant d'entrer au Conservatoire de Paris. Il a joué un rôle important pour propager la musique de son compatriote Albéniz et a lui-même composé des pièces pour piano et une œuvre symphonique intitulée *Impresiones de España* (« Impressions d'Espagne »).

Wendy Thompson.

Malbrough s'en va-t-en guerre. Chanson enfantine française du XVIIIe siècle qui aurait été chantée aux enfants de Louis XVI et de Marie-Antoinette. Malgré une différence de rythme, l'air ressemble à celui de « For he's a jolly good fellow ». « Malbrough » ne se réfère sans doute pas, comme on le pense généralement, au grand duc de Malborough, car on trouve déjà le nom « Malbrough » dans des chansons de geste du Moyen Age et dans d'autres œuvres de littérature européenne. Beaumarchais fait allusion à cette chanson à la fin du *Mariage de Figaro*. Fernando Sor a composé une série de variations pour guitare sur le thème de « Malbrough s'en va-t-en guerre ». Beethoven le cite dans la *Bataille de Vittoria*, Rossini dans *L'Amour à Pékin* et Satie dans *Vieux Sequins et Vieilles Cuirasses*.

rév. Alain Pâris.

Maldere, Pierre van (Bruxelles, 16 octobre 1729 ; Bruxelles, 1er novembre 1768). Compositeur flamand. En 1746, il est violoniste à la chapelle royale, à Bruxelles, où il semble être resté toute sa vie, malgré des tournées qui l'ont mené à Dublin (où il a dirigé les Concerts philharmoniques, 1751-53), Paris, Vienne, et dans d'autres grandes villes européennes. Il a été directeur du Grand Théâtre de Bruxelles entre 1762 et 1767. Compositeur prolifique, ses symphonies ont suscité l'admiration de Mozart et de

Haydn et certains musicologues ont attribué à Haydn plusieurs d'entre elles.

Denis Arnold.

Malec, Ivo (Zagreb, 30 mars 1925). Compositeur yougoslave. Après des études au Conservatoire et à l'Université de sa ville natale, il vient travailler au Conservatoire de Paris en 1955. Il participe avec Pierre Schaeffer au Groupe de musique concrète (futur GRM) et se fixe à Paris en 1959. Il est nommé professeur de composition au Conservatoire de Paris en 1972. Il a écrit des œuvres de musique électroacoustique, des œuvres instrumentales (*Sigma*, 1963 ; *Actuor* pour six solistes, 1973 ; *Ottava alta* pour violon et orchestre, 1981) et des œuvres faisant appel aux deux composantes (*Cantate pour elle* pour soprano, harpe et bande magnétique, 1966 ; *Lumina* pour cordes et bande magnétique, 1968).

Alain Pâris.

Malinconia, malinconico (ital.). « Mélancolie » ; *malinconoso, malinconioso*, « de manière mélancolique ». Terme employé par Beethoven pour décrire l'introduction du quatrième mouvement de son *Quatuor à cordes en si bémol majeur op.18 n° 6* ; l'ensemble de l'œuvre s'est vu attribuer le surnom « La Malinconia ».

Malipiero, Gian Francesco (Venise, 18 mars 1882 ; Trévise, 1er août 1973). Compositeur italien, élève de Marco Enrico Bossi à Venise et à Bologne. Très tôt, il entreprend une étude approfondie de la musique italienne ancienne (il réalisera ultérieurement, entre autres, une édition complète des œuvres de Monteverdi). Il a également subi l'influence de Debussy, Stravinski et Casella. Sa musique est délicatement élaborée et, au sein d'une production considérable et très inégale, on trouve des chefs-d'œuvre comme les opéras miniatures *Sette Canzoni* (1918-19), le *Quatuor n° 4* (1934, il en a écrit huit) et le *Concerto pour violon n° 1* (1932).

Paul Griffiths.

Malvezzi, Cristofano (baptisé à Lucques le 28 juin 1547 ; Florence, 22 janvier 1599). Compositeur italien. Lorsque son père quitte son poste d'organiste à la cathédrale de Lucques en 1551, Cristofano l'accompagne à Florence, où il passera le reste de sa vie. Il entre au service des Médicis et, en 1573, est nommé au poste important de *maestro di cappella* de San Giovanni Battista et de la cathédrale de Florence. Il a composé des *ricercari* pour clavier et trois volumes de madrigaux, mais il est surtout connu pour avoir contribué aux *intermedi* exécutés à l'occasion du mariage de Ferdinand Ier et de Christine de Lorraine en 1589.

Denis Arnold.

Mambo. Danse cubaine qui a vu le jour dans les années trente et a été popularisée par Perez Prado. Elle est issue du chœur *nontuno* à quatre mesures répétitives de la *rumba, et s'est étendue à une forme mélodique typiquement latino-américaine greffée sur les *riffs* de l'orchestre de jazz des années trente. Adopté par divers musiciens et orchestres de jazz, le mambo était très populaire à la fin des années quarante et au début des années cinquante ; il a ouvert la voie à son parent moins frénétique, le cha-cha-cha.

Mamelles de Tirésias, Les. Opéra en deux actes de Poulenc sur un livret d'Apollinaire. Créé à Paris, à l'Opéra-Comique, le 3 juin 1947.

Ma Mère l'Oye. Suite pour piano à quatre mains de Ravel, d'après des contes de Perrault. Composée entre 1908 et 1910, elle comporte cinq mouvements : *Pavane de la Belle au bois dormant, Petit Poucet, Laideronette, impératrice des pagodes, Les entretiens de la belle et de la bête* et *Le jardin féérique*. Ravel a orchestré l'œuvre avant de la transformer en ballet, en y ajoutant un prélude, la *Danse de Rouet* et quatre longs interludes. Elle a été créée sous cette forme à Paris en 1912, sur un scénario de Ravel lui-même.

Mam'zelle Nitouche. Opérette en trois actes de Hervé sur un livret de H. Meilhac et A. Millaud, créée à Paris, au Théâtre des Variétés, en décembre 1883.

Man. 1. Abréviation de *mano* (ital.), « main ».

2. Dans la musique d'orgue allemande, Man. I = Grand orgue (clavier manuel) ; Man. II = Récit ; Man. III = Positif ; Man. IV = Solo. Cette numération repose sur l'ordre d'importance. Il existe un autre système, moins usité, basé sur la position

des claviers : I = Positif ; II = Grand orgue ; III = Récit ; IV = Solo.

Mana. Six pièces pour piano d'André Jolivet (1935), synthèse de données ésotériques, incantatoires et magiques dans une écriture pianistique fondée sur les résonances naturelles : *Beaujolais, L'Oiseau, La Princesse de Bali, La Chèvre, La Vache, Pégase.*

Mancando, mancante (ital.). « En diminuant le son », « en se perdant ».

Manche. Partie saillante d'un instrument à cordes ; il supporte la touche et se termine au chevillier.

Manchega (esp.). Type animé de **seguidilla* dansé dans l'ancienne province de la Manche, d'où était originaire Don Quichotte.

Manchester School (« École de Manchester »). Groupe de compositeurs – Peter Maxwell Davies, Harrison Birtwistle, Alexander Goehr et John Ogdon – formés au Royal Manchester College of Music et à l'Université de Manchester sous la direction de Richard Hall à la fin des années cinquante.

Manchicourt, Pierre de (Béthune, vers 1510 ; Madrid, 5 octobre 1564). Compositeur franco-flamand. En 1539, il était directeur du chœur de la cathédrale de Tours et, en 1545, maître de chapelle de la cathédrale de Tournai. Il a également été chanoine à Arras avant d'entrer à la chapelle flamande de Philippe II à Madrid, en 1559. Au nombre de ses œuvres figurent plusieurs messes et motets et plus de cinquante chansons de style à la fois élégiaque et satirique.

Denis Arnold.

Mancini, Francesco (Naples, 16 janvier 1672 ; Naples, 22 septembre 1737). Compositeur italien dont la vie se déroule à Naples et ses environs. A partir de 1708, il est l'assistant d'Alessandro Scarlatti, maître de chapelle de la cour napolitaine, jusqu'à la mort de celui-ci, en 1725 ; il prend alors sa succession. Il sera également, pendant quinze ans, directeur du Conservatorio di Santa Maria di Loreto (1720-35). Mancini jouissait d'une certaine popularité comme compositeur d'opéra et son *Idaspe fedele* a été le premier ouvrage lyrique représenté intégralement en italien sur une scène londonienne (Haymarket, 1710). Il a également composé d'agréables sonates et des concertos dans un style proche de celui de Corelli.

Denis Arnold.

Mandarin merveilleux, Le. Pantomime en un acte de Bartók sur un scénario de Menyhért Lengyel. Créée à Cologne en 1926, elle n'a pas été jouée à Budapest avant 1946, en raison de la censure, soit un an après la mort du compositeur. Bartók en a tiré une suite pour orchestre (1919, rév. 1927).

Mandoline

Instrument à cordes joué avec un plectre ; de nos jours, il peut revêtir différentes formes, au fond arrondi ou plat (voir § 1-3), mais comporte toujours quatre cordes métalliques accordées comme celles du violon (mi, la, ré, sol), de longueur comparable et offrant aux doigts les mêmes intervalles de jeu. Comme le violon, la mandoline est un instrument essentiellement mélodique ; elle peut soutenir de longues notes par un rapide *tremolando* du plectre (en forme de cœur, en écaille ou en plastique), les doubles cordes aidant à produire deux notes enchaînées rapidement à chaque coup de plectre (certains orgues électroniques parviennent à imiter le *tremolando* de la mandoline en répétant une dizaine de notes par seconde).

1. *La mandoline napolitaine* (à fond bombé). Elle constitue la forme la plus ancienne de mandoline, avec son fond profondément voûté (33 cm de long), formé, comme le luth, par l'assemblage de petites lamelles en bois, le plus souvent en bois de rose, mais qui pouvaient être autrefois en érable ou en bois de citronnier. La table, très légèrement convexe, est incurvée vers l'intérieur au niveau du chevalet, formant un angle d'une dizaine

de degrés. Le chevalet bas est normalement maintenu en place par la pression des cordes qui sont fixées à la lisière inférieure de la table. La touche comporte 17 frettes (la dixième à l'extrémité de la caisse) qui permettent d'atteindre le la[5].

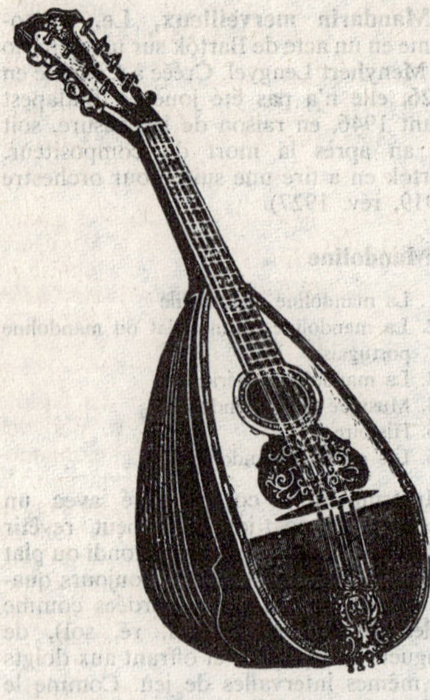

Pl. 1. Mandoline napolitaine, d'après un catalogue de Théodor Stark (Markneukirchen, vers 1900).

2. *La mandoline à fond plat ou mandoline portugaise.* Le haut, le fond et les côtés de l'instrument sont construits comme ceux d'une guitare. Le contour piriforme est plus large que sur le modèle précédent, mais le volume d'air interne reste sensiblement le même. Les plus beaux modèles sont enrichis d'incrustations d' « enseigne de barbier » noires et blanches sur le bord.

3. *La mandoline américaine.* Elle est également piriforme, mais suit généralement le modèle à haut bombé élaboré par Gibson au début de ce siècle, avec des plaques sculptées, des ouïes rondes ou en forme de *f* (comparer à la guitare « style violoncelle » ; voir *Guitare*, 4). Certains modèles ont des épaules de jaquette (leur donnant une apparence pointue comme sur de nombreuses guitares électriques) et possèdent alors 24 frettes permettant d'atteindre le mi[6]. Il existe aussi des mandolines électriques avec têtes de lecture et correcteurs de tonalité.

4. *Musique pour mandoline.* La mandoline est largement utilisée dans la musique populaire, pour laquelle on préfère généralement les modèles à fond plat (voir § 2 et 3) qui sont plus faciles à tenir (surtout si l'instrumentiste joue debout) et qui produisent un son plus brillant. La plupart des grands solistes de ces soixante dernières années ont adopté le modèle américain, notamment Dave Apollon dans les années trente et Bill Monroe, le père du « blue-grass ».

Le son abrupt de la mandoline, notamment celui de la mandoline napolitaine, peut être assez perçant pour s'imposer dans l'orchestre symphonique. Ce sont surtout les compositeurs viennois du premier quart du XXe siècle qui l'ont utilisée ainsi, non seulement pour créer une association d'idées (sérénades italiennes, etc.), mais aussi pour la couleur orchestrale. A la fin du *Chant de la terre*, Mahler utilise la mandoline pour quelques notes seulement qui lui permettent d'exprimer la résignation éternelle avec un effet inoubliable. Schoenberg (*Sérénade op.24*, *Moïse et Aaron*) et Webern (*Cinq Pièces pour orchestre op.10*) utilisent aussi la mandoline au sein de l'orchestre, alors que Stravinski s'en sert pour évoquer les ménestrels du Moyen Age (la gaillarde d'*Agon*).

5. *Histoire.* Au XVe siècle, les « mandores » (en italien, *mandola* ou *pandurina*) étaient de petits instruments de forme analogue à celle du luth. Ils étaient pourvus de quatre ou cinq cordes en boyau attachées à un chevalet fixe et généralement accordées à la quarte ou à la quinte. Les mandores ont connu une grande diffusion en France au XVIe siècle où certaines possédaient un fond plat. Mersenne (1636) mentionne la vivacité et l'« aigu » du son, à côté duquel le luth peut à peine se faire entendre. Des livres de tablature commencent à paraître en France à partir de 1578, mais ils n'ont pas survécu. Le plus ancien recueil qui subsiste semble être un manuscrit allemand des environs de 1626, qui contient des airs populaires et des airs de danse avec quelques accords simples, en l'occurrence

pour cordes pincées ; toutefois, une œuvre française de 1629 destinée à être jouée avec une plume d'oie est citée par Mersenne, qui en donne un extrait à la fin duquel figurent quelques accords.

Au XVIIIe siècle, la forme de la *mandola* (ou *mandolino*) fabriquée en Italie varie selon les régions ; elle est munie de cinq ou six paires de cordes en boyau jouées avec un plectre en plume d'oie. On appelle aujourd'hui ce modèle la « mandoline milanaise » et le *mandolino* qui ne cesse d'évoluer en tous sens sur l'ensemble de son étendue dans l'oratorio de Vivaldi *Juditha triumphans* (également un concerto) et dans *Alexander Balus* de Haendel (où la harpe évoque la lyre d'Apollon) correspondait sûrement à ce type d'instrument.

La mandoline napolitaine date environ de 1750. Parmi les premiers facteurs, la famille Vinaccia de Naples a fabriqué des instruments particulièrement beaux dont les cordes, en boyau ou en métal, étaient accordées par de simples chevilles. En dehors de l'accord, identique à celui du violon, la grande différence qu'offre cet instrument tient à la profondeur de sa caisse : sur les modèles antérieurs, elle suivait à peu près les proportions du luth, le point de profondeur maximale de la table correspondant à la moitié du point de largeur maximale ; mais, sur la mandoline napolitaine, la caisse est encore beaucoup plus profonde car elle comporte de chaque côté une ou deux très hautes éclisses (Fig. 1). Le volume d'air contenu dans la caisse s'en trouve accru, renforçant ainsi l'émission des basses fréquences et donnant à l'instrument sa sonorité robuste dans le registre grave. La forme qui en résulte n'est pas sans rappeler certains luths à « manche long » (voir *Luth*, 4*a*) de la Méditerranée orientale comme le *saz* turc (voir également *Bouzouki*) dont elle est peut-être partiellement inspirée.

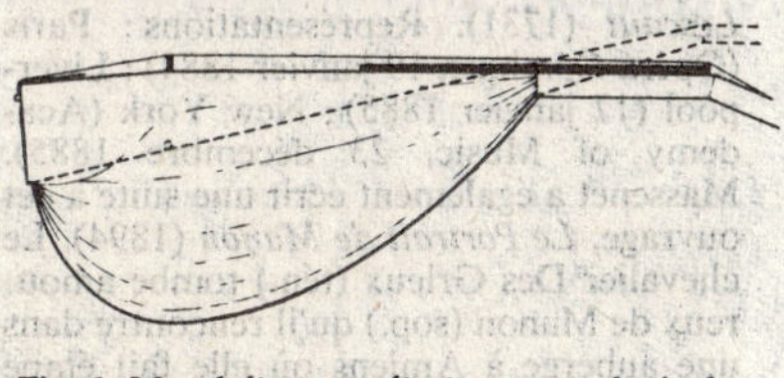

Fig. 1. Mandoline napolitaine, coupe latérale ; on peut faire la comparaison avec la mandoline milanaise reproduite en pointillés.

Les deux types de mandoline ont coexisté pendant quelque temps : il est donc difficile de savoir auquel des deux instruments était destiné un morceau. La *cavatina* à l'acte I du *Barbier de Séville* de Paisiello et la célèbre sérénade du *Don Giovanni* de Mozart (souvent jouée à la harpe) sont presque sans aucun doute destinées à la mandoline napolitaine, comme les premières sonatines pour mandoline et piano de Beethoven. Toutefois, certains concertos (comme celui de Hummel, 1799, écrit pour un soliste italien) contiennent des accords allant jusqu'à six notes : la mandoline milanaise s'impose alors.

La mandoline portugaise, le plus ancien modèle à fond plat, semble à cet égard provenir de la « guitare portugaise », c'est-à-dire la guitare anglaise (voir *Cistre*, 6) que l'on utilisait au Portugal depuis la fin du XVIIIe siècle.

6. *Les grandes mandolines*. La famille des mandolines est complétée par des instruments de plus grande taille, mandolines ténors et basses, qui servent pour la musique d'ensemble ; par analogie avec la famille du violon, elles portent le nom de *mandola*, *mandoloncello* (ou *mando-cello*) et *mandolone*. Les *mandole* (dont la caisse mesure 50 cm de long) étaient déjà fabriquées au XVIIIe siècle et servent assez souvent aujourd'hui à accompagner d'autres instruments dans le répertoire populaire ou folklorique, notamment en France. La gamme d'instruments complète, regroupant toutes les tailles de mandolines, a été fabriquée pour les « orchestres à plectre » de la fin du XIXe siècle. L'un des premiers orchestres de ce genre qui se soit imposé est celui de Gênes dont le programme, en 1892, comprenait notamment un arrangement de l'ouverture *Zampa* de Hérold.

Anthony Baines.

Manfred. 1. Musique de scène op.115 de Schumann pour la pièce de Byron (1817), traduite par K. A. Suckow. Elle comprend une ouverture et quinze numéros et a été composée en 1848-49.

2. Symphonie op.58 de Tchaïkovski, d'après Byron. Elle ne porte aucun numéro et a été composée en 1885.

Manfredini, Francesco (baptisé à Pistoia, 22 juin 1684 ; Pistoia, 6 octobre

1762). Violoniste et compositeur italien. Il a joué dans le célèbre orchestre de San Petronio à Bologne jusqu'à sa dislocation momentanée en 1696 ; il a alors passé quelques années à Ferrare avant de rejoindre cet orchestre en 1704. Entre 1711 et 1727, il a peut-être été *maestro di cappella* à la cour de Monaco, mais son dernier poste s'est tenu dans sa ville natale, comme *maestro* de la cathédrale. Il a composé quelques œuvres instrumentales intéressantes, notamment les *Concertos op.3* (1718) qui se terminent par une pastorale de Noël – à l'imagination moins vive que celle de Corelli, mais d'un charme certain. Son fils **Vincenzo** (Pistoia, 22 octobre 1737 ; Saint-Pétersbourg [aujourd'hui Leningrad], 16 août 1799) quitte l'Italie en 1758 pour la Russie avec son frère, le castrat **Giuseppe** Manfredini, et est nommé *maestro di cappella* à la cour de Saint-Pétersbourg ; en 1762, il devient *maestro* de la troupe lyrique italienne. Il rentre à Bologne en 1769, tandis que Galuppi prenait sa succession à Saint-Pétersbourg ; il repartira en Russie en 1798, où il mourra l'année suivante. Il a composé plusieurs opéras et une messe de Requiem pour la tsarine Élisabeth (1762), mais s'est ensuite consacré presque exclusivement à l'écriture et à l'enseignement.

Denis Arnold.

Manica (ital.). Changement de position dans la technique du violon.

Manico (ital.). Manche d'un instrument à cordes.

Manieren (all.). « Ornements ».

Maniérisme. Terme généralement employé dans le domaine des arts visuels pour désigner l'extravagance de certains peintres des XVIe et XVIIe siècles, tel Giulio Romano, dont les fresques à Mantoue sont couvertes de monstres et d'êtres humains exagérément expressifs, ou Le Caravage, qui aimait faire ressortir les aspects sinistres et effrayants d'une scène par de violents contrastes d'ombre et de lumière. Ce terme a récemment été appliqué à la musique, avec moins de précision, pour désigner la période qui va de la Renaissance au Baroque. Il est parfaitement approprié lorsqu'il s'agit de décrire les œuvres des compositeurs de madrigaux d'« avant-garde » du XVIe siècle, comme Gesualdo (voir *Madrigal*, 3), qui, pour dépeindre les mots de façon vivante, employaient des harmonies, des intervalles et un chromatisme peu courants, mais on aurait tort de qualifier de « maniériste » la période qui va de 1530 à 1630, car une grande partie de la musique de ce temps suivait alors des traditions bien établies et n'est en aucun sens exagérée.

Denis Arnold.

Mann, Thomas. Voir *Musique et littérature*.

Mannheim, Ecole de. Titre donné à un groupe de compositeurs qui travaillaient à Mannheim au XVIIIe siècle. Ils ont jeté les bases de la symphonie telle qu'elle allait être développée par Haydn et Mozart ; ils ont contribué à cette grande nouveauté avec d'autres compositeurs novateurs de Vienne, d'Italie et de Bohême. L'orchestre de Mannheim était célèbre pour son style de jeu et pour des « effets spéciaux » comme le *Rakete*, type de sujet et de figure qui s'élève au-dessus d'une vaste étendue de notes, généralement en accords arpégés, avec de brusques changements de dynamique et de longs passages *crescendo* ; il serait toutefois exagéré de dire que ces effets n'avaient jamais été entendus auparavant.

Les principaux compositeurs de l'école de Mannheim ont été les membres de la famille Stamitz, Holzbauer, Richter et Cannabich. Voir également *Allemagne*, 5 ; *Orchestre*, 2 et *Symphonie*, 2.

Mano, mani (ital.). « Main », « mains ».

Manon. Opéra en cinq actes de Massenet sur un livret de Meilhac et Gille d'après le roman de l'abbé Prévost *Manon Lescaut* (1731). Représentations : Paris (Opéra-Comique, 19 janvier 1884) ; Liverpool (17 janvier 1885) ; New York (Academy of Music, 23 décembre 1885). Massenet a également écrit une suite à cet ouvrage, *Le Portrait de Manon* (1894). Le chevalier Des Grieux (tén.) tombe amoureux de Manon (sop.) qu'il rencontre dans une auberge à Amiens où elle fait étape avec son cousin Lescaut (bar.) qui la conduit au couvent ; les jeunes amoureux s'enfuient à Paris. De Brétigny (bar.), ami de Lescaut, convainc Manon de s'en aller avec lui. Désespéré, Des Grieux décide de devenir prêtre, malgré les supplications de son père. Manon arrive et persuade Des Grieux de partir avec elle. Dans une maison de jeu, Des Grieux est accusé d'avoir triché et Manon est arrêtée pour prostitution ; elle est condamnée à la déportation. Des Grieux soudoie un officier pour pouvoir lui parler et tente de la convaincre de s'échapper avec lui, mais elle est trop faible et meurt dans ses bras.

Manon Lescaut. Opéra en quatre actes de Puccini sur un livret de Giacosa, Illica, G. Ricordi, Praga et Oliva d'après le roman de l'abbé Prévost (1731). Représentations : Turin (Teatro Regio, 1er février 1893 ; Londres (Covent Garden, 14 mai 1894) ; Philadelphie (Grand Opera House, 29 août 1894) ; Nice (Casino, 19 mars 1906, version française). Des Grieux (tén.) tombe amoureux de la jeune Manon (sop.) et ils s'enfuient ensemble déjouant les plans du roué Géronte (basse) qui voulait l'enlever. Manon quitte Des Grieux et va vivre dans le luxe avec Géronte, mais la réapparition de Des Grieux fait renaître son amour pour lui. Géronte la fait arrêter et condamner à la déportation en Louisiane. Des Grieux convainc le capitaine du bateau de le laisser l'accompagner et ils sont réunis dans le désert près de La Nouvelle-Orléans lorsqu'elle meurt dans ses bras.

Mantra. Œuvre de Stockhausen pour deux pianos au son modulé et amplifié, composée en 1969-70. Le titre est un mot indien désignant une répétition mystique (« un son qui donne la vue »). L'ensemble de la partition, d'écriture conventionnelle, repose sur une seule formule mélodique.

Manualiter (all.). « Sur les claviers », par exemple lorsque l'on joue uniquement avec les mains.

Ma Patrie. Voir *Má Vlast*.

Maracas. Hochets utilisés dans la musique de danse latino-américaine. La forme d'origine, celle des Indiens d'Amérique du Sud, était celle d'une calebasse évidée dont les pépins avaient été séchés puis remis à l'intérieur avant de fixer une poignée en bois. Les modèles que l'on trouve dans le commerce sont en bois ou en plastique et contiennent de petits plombs (Fig. 1*a*). Les maracas sont utilisées par paire, choisies pour produire des sons de hauteurs légèrement différentes. L'instrumentiste en tient une dans chaque main et les secoue sur le rythme à huit croches caractéristique de la rumba et d'autres danses latino-américaines, en faisant de rapides mouvements alternatifs des mains vers l'avant. De nombreux compositeurs ont fait appel aux maracas dans leur musique : Boulez en réclame jusqu'à trois paires de taille différente pour obtenir des sons plus aigus et plus graves.

Deux autres instruments de la même famille ont vu le jour dans la musique de danse avec la samba brésilienne. Le *chocolo* [*cholalho*] (Fig. 1*b*) est tubulaire, en bambou ou en métal, et mesure environ 40 cm x 5 cm de diamètre ; il est rempli de petits plombs et fermé aux deux extrémités, dans certains cas par du parchemin. Milhaud fait appel à cet instrument dans *Saudades do Brasil* (1920). On rencontre aussi des instruments analogues dans la musique traditionnelle européenne, notamment en Sicile où ils sont en carton et servent à calmer les bébés.

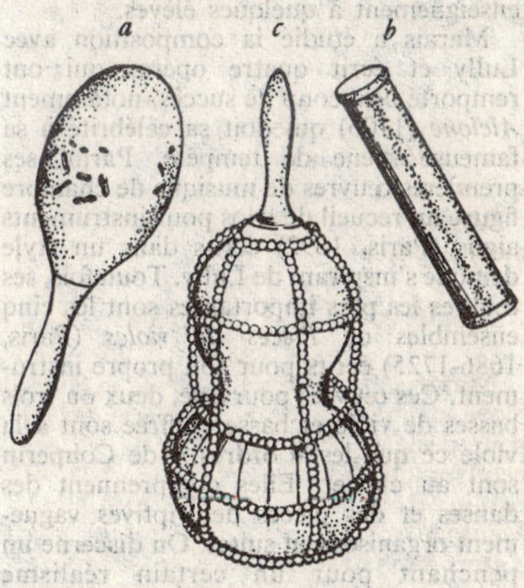

La *cabaza* (Fig. 1*c*) fonctionne selon un principe différent : une calebasse est entourée de perles enfilées sur un filet que l'on frappe et que l'on agite à la main. Sur certaines *cabazas* plus tardives, la calebasse est remplacée par une boîte métallique.

Les hochets en calebasse ou en panier

jouaient un rôle essentiel dans la musique et dans les rituels primitifs. En Europe, des hochets beaucoup plus lourds ont généralement prédominé, quoiqu'en Sicile on présume que le hochet en forme de récipient, comme le hochet d'enfant, tient les esprits malins à distance de l'enfant. En Amérique du Sud, dans le pays natal des maracas, les femmes indiennes endorment les petits enfants avec un hochet formé d'une calebasse, à la condition expresse que le sorcier n'y ait pas introduit d'objets magiques secrets pour renforcer ses pouvoirs et ceux de l'instrument.

Anthony Baines.

Marais, Marin (Paris, 31 mai 1656 ; Paris, 15 août 1728). Compositeur et joueur de basse de viole français. Enfant de chœur à Saint-Germain-l'Auxerrois, il apprend à jouer de la basse de viole avec le professeur le plus éminent de son époque, Sainte-Colombe. Il dépasse bientôt son maître et, en 1676, entre à l'orchestre royal ; il devient ensuite soliste et partage la direction de l'Orchestre de l'Opéra avec Colasse. En 1725, il se retire du service royal pour se consacrer au jardinage, mais continue à prodiguer son enseignement à quelques élèves.

Marais a étudié la composition avec Lully et écrit quatre opéras qui ont remporté beaucoup de succès, notamment *Alcione* (1706) qui doit sa célébrité à sa fameuse scène de tempête. Parmi ses premières œuvres de musique de chambre figure un recueil de trios pour instruments aigus (Paris, 1692) écrits dans un style démodé s'inspirant de Lully. Toutefois, ses œuvres les plus importantes sont les cinq ensembles de *Pièces de violes* (Paris, 1686-1725) écrits pour son propre instrument. Ces œuvres pour une, deux ou trois basses de viole et basse chiffrée sont à la viole ce que les « ordres » de Couperin sont au clavier. Elles comprennent des danses et des pièces descriptives vaguement organisées en suites. On discerne un penchant pour un certain réalisme effrayant dans *Le Tableau de l'opération de la taille*, pièce qui évoque une opération de calcul biliaire, témoignage musical de la description graphique réalisée par Pepys des horreurs de la chirurgie à cette époque.

Marcando, marcato (ital.). « Marquant », « marqué, », par exemple en détachant ou en accentuant chaque note.

Marcello, Alessandro (Venise, 1684 ; Venise, 1750). Compositeur italien qui pratiquait également la poésie et la peinture. Il donnait des concerts hebdomadaires en son domicile vénitien où Gasparini, Lotti et Tartini figuraient parmi les habitués. Il a peu composé ; ses concertos sont ses œuvres les plus connues, surtout celui en ré mineur pour hautbois que Bach a transcrit pour clavier. Son frère cadet **Benedetto** (Venise, juillet ou août 1686 ; Brescia, 24 ou 25 juillet 1739) a joué un rôle important dans la vie politique vénitienne comme gouverneur de Pola (Istrie), puis chambellan à Brescia où il est mort de la tuberculose. Il a été plus prolifique qu'Alessandro et a laissé plusieurs concertos et sonates. Ses œuvres les plus célèbres, publiées sous le titre *Estro poetico-armonico* (Venise, 1724-26), illustrent des paraphrases italiennes des psaumes dans un style *arioso*. De nos jours, il est surtout connu pour sa satire délicieuse et malicieuse des usages du théâtre lyrique : *Il Teatro alla moda* (Venise, vers 1720) – livre que l'on prend parfois trop sérieusement pour un document historique.

Denis Arnold.

Marchand, Louis (Lyon, 2 février 1669 ; Paris, 17 février 1732). Compositeur et organiste français. Enfant prodige, il occupe à l'âge de quatorze ans un poste d'organiste à la cathédrale de Nevers. A Paris, il mène une carrière importante et est nommé organiste du roi vers 1707 ; mais son caractère colèreux l'amène à démissionner. En 1713, il fait un long séjour en Allemagne. En 1717, un concours avec Bach est envisagé à Dresde mais Marchand quitte la ville avant l'arrivée de Bach. Il rentre finalement à Paris et est nommé organiste aux Cordeliers, poste qu'il conserve jusqu'à la fin de ses jours. Malgré sa renommée de pédagogue et le prix élevé de ses leçons, il est mort dans la pauvreté.

Les œuvres les plus importantes de Marchand sont regroupées dans cinq petits volumes de pièces pour orgue et deux suites pour clavecin ; sa musique se distingue non seulement par son habileté contrapuntique, mais également pour certaines harmonies expérimentales intéressantes.

Denis Arnold.

Marcha real (« Marche royale »). Hymne national espagnol, choisi par Carlos III en 1770 et adopté officiellement par l'Espagne en 1942. Sous la République espagnole (1931-36), un chant patriotique populaire du XIXe siècle, l'*Himno de riego*, était utilisé comme hymne national. Après le « God Save the Queen », la *Marcha real* est l'hymne national le plus ancien.

Marche d'harmonie (all. : *Sequenz* ; angl. : *sequence* ; esp. : *progresión* ; ital. : *progressione*). Répétition plus ou moins exacte, à intervalle supérieur ou inférieur, d'une succession d'accords. Si la répétition est faite sans quitter la tonalité originale, ce qui implique nécessairement que certains intervalles sont réduits ou augmentés d'un demi-ton, on parle de marche d'harmonie tonale. Elle est modulante lorsque la répétition s'opère en changeant de tonalité, ce qui permet de conserver la structure et le rôle des différents accords.

Marche nuptiale. Musique traditionnelle pour l'entrée de la fiancée et la sortie des jeunes mariés dans les mariages religieux. Depuis le milieu du XXe siècle, on joue généralement comme entrée un arrangement pour orgue du chœur nuptial de l'opéra de Wagner *Lohengrin* et comme sortie la « Marche nuptiale », sixième numéro de la musique de scène de Mendelssohn pour *Le Songe d'une nuit d'été.* La grande vogue de cette pièce remonte à 1847. En 1858, on la jouait déjà à Windsor au mariage de la princesse royale, la fille de la reine Victoria. En 1960, la duchesse de Kent a quitté York Minster sur les accents de la Toccata de la *Cinquième Symphonie pour orgue* de Widor, œuvre qui est devenue aussi celèbre dans les cérémonies nuptiales. De nombreux compositeurs de cour ont écrit des marches ou d'autres pièces pour les mariages de sang royal ou aristocratique.

Marche de Radetzky. Marche op.228 de Johann Strauss (père), composée en 1848. Radetzky était un feld-maréchal autrichien.

Marche de Rákóczi. Marche nationale hongroise qui porte le nom du prince Ferenc Rákóczi. Elle est à l'origine de la révolte hongroise contre l'Autriche, au début du XVIIIe siècle. Berlioz l'a utilisée (*Marche hongroise*) dans la scène 3 de *La Damnation de Faust* (1846). Mais il l'avait composée séparément, pour la faire jouer lors d'un voyage à Budapest en février 1846, où elle souleva l'enthousiasme du public. Liszt a également construit sa *Rhapsodie hongroise n° 15* (publiée en 1852) sur cette marche.

Marche au supplice. Quatrième mouvement de la *Symphonie fantastique* de Berlioz.

Märchen (all.). « Contes » ; morceaux de musique évoquant des formes traditionnelles ou légendaires.

Marching through Georgia. Chanson américaine qui commémore la célèbre marche du général Sherman, pendant la guerre civile, en 1864. Le texte émouvant et balancé et l'air rythmé ont tous deux été composés par Henry Clay Work (1832-84), compositeur typographe et compositeur de musique qui a immédiatement fait imprimer sa chanson. Le général Sherman n'aurait pas aimé cette chanson.

Marcia (ital.). « Marche » ; *alla marcia*, « dans le style d'une marche ».

Marenzio, Luca (Coccaglio, près de Brescia, vers 1553 ; Rome, 22 août 1599). Compositeur italien, issu d'une famille pauvre de sept enfants qui vivait dans une petite ville italienne. Il a peut-être été enfant de chœur à la cathédrale de Brescia avant d'être engagé par le cardinal Cristoforo Madruzzo, qui entretenait beaucoup de musiciens et d'acteurs à Rome vers 1570. A la mort de Madruzzo, en 1578, Marenzio est resté à Rome au service du puissant cardinal Luigi d'Este. Il l'a suivi à Ferrare en 1580 et, peu après, a commencé à publier des livres de madrigaux. Il s'est d'abord fait connaître comme chanteur, puis est bientôt devenu le plus célèbre compositeur de madrigaux de l'époque, réputation qui n'a fait que se confirmer jusqu'à ce qu'il commence à cultiver une manière plus sérieuse dans les années 1580. Après la mort du cardinal d'Este, en 1586, Marenzio est entré au service des Médicis à Florence (1588). Il a participé aux fêtes données à l'occasion du mariage de Ferdinand Ier et de Christine de Lorraine en 1589 et a composé la musique des deuxième et troisième *inter-*

medi de *La Pellegrina*. Il est néanmoins retourné à Rome la même année. Entre 1590 et 1600, il a passé plusieurs années à la cour de Pologne, à Varsovie. Il est mort peu de temps après son retour à Rome.

Les premiers madrigaux de Marenzio ainsi que les *villanelle* et les *canzonette* qui ont continué à être publiées tout au long de sa vie (pas toujours par lui) révèlent sa maîtrise d'un style de chant et le soin qu'il portait à chaque détail de la poésie pastorale. Le tournant sérieux qu'il a amorcé vers 1585 a atteint son point culminant entre 1590 et 1600, avec un style beaucoup plus avancé et difficile ; en outre, son choix des poèmes les plus angoissés et tourmentés de Pétrarque et de Guarini montre comme il était alors préoccupé par la mort et le déclin. La musique est souvent hachée sur le plan mélodique et dissonante sur le plan harmonique – contrairement au style régulier et harmonieux de ses œuvres antérieures. Ces derniers madrigaux n'ont pas été appréciés de son vivant, mais les œuvres plus anciennes ont conservé leur popularité dans toute l'Europe. Elles ont exercé une influence particulière en Angleterre, où un grand nombre d'entre elles ont été publiées dans *Musica transalpina* et dans d'autres recueils. Wilbye, Weelkes et d'autres compositeurs ont étroitement imité son style.

Denis Arnold.

Marescotti, André François (Carouge, 30 avril 1902). Compositeur suisse. Il fait ses études aux Conservatoires de Genève et de Paris (avec Roger-Ducasse) avant d'enseigner au Conservatoire de Genève à partir de 1931. Sa musique s'inscrit dans la lignée de Stravinski et il utilise, depuis les années cinquante, le dodécaphonisme.

Marguerite au rouet. Voir *Gretchen am Spinnrade*.

Mariage secret, Le (*Il Matrimonio segreto*). Opéra en deux actes de Cimarosa sur un livret de G. Bertati d'après la comédie de Colman et Garrick *The Clandestine Marriage* (1766). Créé à Vienne le 7 février 1792. Première française au Théâtre-Italien (Paris) le 10 mai 1801.

Marian antiphons (angl.). Nom donné en Angleterre aux antiennes de la Sainte Vierge. Voir *Antienne*.

Maria Stuarda (« Marie Stuart »). Opéra en trois actes de Donizetti sur un livret de G. Bardari d'après la pièce de Schiller. Il a été créé à Naples en 1834 sur un livret modifié par P. Salatino et a été donné pour la première fois sous la forme originale de Donizetti à la Scala de Milan le 30 décembre 1835. Première représentation en France le 1er décembre 1978 à Nice.

Marienleben, Das (« La Vie de Marie »). Quinze lieder pour soprano et piano de Hindemith sur des textes de Rilke, composés en 1922-23 et révisés entre 1936 et 1948. Hindemith en a orchestré quatre en 1938 et deux autres en 1948.

Mariés de la tour Eiffel, Les. Ballet en un acte d'Auric, Honegger, Milhaud, Poulenc et Tailleferre – cinq compositeurs appartenant au groupe des Six – sur un livret de Jean Cocteau. Créé à Paris en 1921 dans une chorégraphie de Börlin.

Marie-Thérèse. Surnom de la *Symphonie n° 48 en ut majeur* de Haydn. Elle fut exécutée en 1773 lors d'une visite de l'impératrice Marie-Thérèse au château des Esterházy. Mais Haydn l'avait composée probablement en 1769.

Marimba. Instrument analogue au xylophone mais dont les barres de bois sont plus larges et dont l'étendue de quatre octaves descend une octave plus bas (pour le schéma de l'étendue, voir *Xylophone*, Fig. 1). Alors que la barre du xylophone est généralement creusée au centre de sa face inférieure, la barre du marimba est amincie sur presque toute sa longueur entre les deux points d'appui, ce qui abaisse considérablement la hauteur du son par rapport à la longueur et ce qui aide à assurer une étendue plus grave sans que les barres atteignent une dimension démesurée. Les dièses et les bécarres sont situés au même niveau pour pouvoir jouer, si besoin est, avec quatre baguettes. L'instrumentiste tourne alors la main, poignet vers l'intérieur, deux baguettes croisées sous la paume ; l'angle des baguettes est contrôlé par les doigts et le pouce.

A l'origine, le mot « marimba » vient d'Afrique, où l'instrument – généralement classé dans les « xylophones » – fait partie d'un ensemble aux procédés polyphoniques complexes. Au son grave du marimba s'ajoute un bourdonnement provenant de la matière des cocons d'une grosse araignée que l'on colle sur des ouvertures pratiquées dans les courges qui servent de résonateurs. Ces instruments ont réapparu en Amérique centrale, suivant de toute évidence le commerce des esclaves, et c'est eux qui ont servi de base, vers 1910 aux États-Unis, à la version moderne qui est devenue un instrument populaire entre les mains de nombreux solistes. L'un des premiers modèles fabriqué par Deagan (Chicago) portait le nom de « marimbaphone » et l'on peut trouver ce nom dans certaines œuvres modernes. De nos jours, il constitue souvent l'une des principales couleurs sonores de la percussion, changement notable si l'on relit ce qu'écrivait Percy Grainger en 1929 à propos du marimba, du vibraphone et du « dulcitone » (voir *Célesta*), déplorant :

> « ...que l'on néglige les instruments à percussion "harmonieux" et exquis inventés et perfectionnés en Amérique et dans bien d'autres pays au cours des trente ou quarante dernières années... Toutefois, ces mêmes traditionalistes – qui considèrent sans doute que ces instruments au son moelleux et délicat n'ont pas assez de prétentions intellectuelles pour être admis dans l'enceinte sacrée de l'orchestre symphonique – endurent sans protester le martellement incessant des timbales (qui avec une monotonie brutale efface toute la clarté des accords) dans les orchestrations de Haydn, de Mozart et de Beethoven. »

Deagan, dont Grainger chante les louanges, a aussi inventé un marimba basse, dont l'étendue est grave mais courte, descendant de fa² au do¹ du violoncelle. Il en existe aujourd'hui plusieurs versions. Les résonateurs, comme les barres, sont larges et il faut les recourber à l'extrémité inférieure pour éviter d'élever les barres au niveau de la tête de l'instrumentiste. On utilise des baguettes douces mais lourdes.

Anthony Baines.

Marini, Biagio (Brescia, vers 1587 ; Venise, 1663). Violoniste et compositeur italien. En 1615, il entre comme violoniste dans l'ensemble de San Marco de Venise et, après être retourné dans sa ville natale comme directeur musical de l'Accademia degli Erranti, il se rend à la cour de Parme en 1621. Marini est l'un des premiers violonistes italiens à avoir séjourné longtemps en Allemagne : il est resté à la cour de Wittelsbach, à Neuburg an der Donau, de 1623 à 1649. De retour en Italie, il a été successivement *maestro di cappella* à Santa Maria della Scala à Milan, directeur de l'Accademia della Morte, à Ferrare et *maestro* à la cathédrale de Vicence.

Marini a écrit quelques-unes des plus belles pages de la première génération d'œuvres spécifiquement consacrées au violon et sa musique annonce la sonate en solo. Les *sinfonie* pour trois violons et continuo des *Affetti musicali op.1* (Venise, 1617) sont plus longues et plus substantielles que leurs homologues de l'époque et son op.22 (*per ogni sorte di strumento musicale diversi generi di sonate da chiesa, e da camera*) dispose les sonates dans des sections nettement séparées. Son écriture pour le violon est purement soliste, avec des effets de doubles et de triples cordes et de *tremolo*, le continuo servant simplement d'accompagnement. La façon dont il divise les œuvres en suites de danses et en musique plus sérieuse correspond à peu près à la distinction établie par Corelli entre les *sonate da camera* et les *sonate da chiesa*.

Denis Arnold.

Mariotte, Antoine (Avignon, 22 décembre 1875 ; Paris, 22 décembre 1944). Compositeur français qui s'était d'abord orienté vers une carrière d'officier de marine avant de se tourner vers la musique. Élève de Vincent d'Indy à la Schola cantorum, il occupe diverses fonctions à Lyon et à Orléans avant de devenir administrateur général de l'Opéra-Comique (1936-39). Il a surtout composé pour la scène : une *Salomé* écrite en même temps que celle de Strauss (1908), *Le Vieux Roi* (1911), *Gargantua* (1935).

Alain Pâris.

Markiert (all.). « Marqué ». 1. Clairement accentué.

2. « Mis en évidence », par exemple une mélodie qui se détache au-dessus d'un accompagnement.

Marlboro Music Festival. Festival de musique qui se déroule chaque été depuis

1950 aux États-Unis et regroupe environ 85 musiciens professionnels au campus de Marlboro College, dans le sud du Vermont. Au cours de ces sessions de huit semaines, des ensembles de musique de chambre de toute forme répètent des centaines de morceaux et les œuvres sélectionnées sont présentées chaque semaine en concert public. Les exécutions de Marlboro sont généralement enregistrées sur disque ou retransmises à la radio. Depuis 1965 viennent s'y adjoindre les tournées de concerts « Music from Marlboro ». Rudolf Serkin dirige le festival depuis ses débuts.

Nym Cooke.

Marouf, savetier du Caire. Opéra en cinq actes d'Henri Rabaud sur un livret de Népoty d'après les *Mille et Une Nuits*. Créé à l'Opéra-Comique le 15 mai 1914.

Marsch (all.). « Marche ».

Marschner, Heinrich (Zittau, près de Dresde, 16 août 1795 ; Hanovre, 14 décembre 1861). Compositeur allemand. Né dans une famille d'artisans, il devient musicien après avoir été l'élève de Tomášek à Prague. Dans sa jeunesse, il fait des tournées comme pianiste et compositeur de lieder, puis entre au service de plusieurs nobles ; en 1820, son opéra *Heinrich IV und d'Aubigné* est créé avec succès par Weber à Dresde. Il entre alors au Théâtre de Dresde et devient ensuite directeur musical de l'Opéra de Leipzig où il produit deux opéras qui assurent sa célébrité : *Der Vampyr* (1828), sur un sujet surnaturel proche de celui du *Freischütz*, et *Der Templer und die Jüdin* (1829), dont Wagner tirera quelques idées pour *Lohengrin*. En 1830, il s'installe à Hanovre où il exerce jusqu'à sa retraite, en 1859. L'œuvre qui y remporte le plus de succès est *Hans Heiling* (1833), ouvrage que l'on donne encore en Allemagne. Son style est un mélange de mélodies simples dans la tradition du singspiel et de finales *concertante* dans lesquels il déploie une sorte de technique de leitmotiv.

Denis Arnold.

Marseillaise, La. Hymne national français, écrit et probablement composé par Rouget de Lisle comme chant militaire en 1792. Elle a été adoptée officiellement en 1795 et est restée l'hymne national français malgré quelques tentatives de changement sans lendemain, notamment sous le Second Empire. Le thème de *La Marseillaise* a été souvent cité par d'autres compositeurs, notamment par Schumann dans son lied *Die beiden Grenadieren* (« Les Deux Grenadiers »), par Tchaïkovski dans l'*Ouverture solennelle 1812* et par Debussy dans *Feux d'artifice*.

BIBLIOGRAPHIE : Philippe Pares, *Qui est l'auteur de La Marseillaise ?*, Minerva (Paris, 1974).

Marson, George (Worcester, vers 1573 ; Canterbury, 3 février 1632). Organiste et compositeur anglais. Il obtient le grade de Bachelor of Music à Trinity College, à Cambridge, en 1598 et, l'année suivante, est nommé organiste et chef de chœur à la cathédrale de Canterbury. Il est ordonné en 1604. Marson a contribué à l'ouvrage *The Triumphes of Oriana* avec un beau madrigal à cinq parties, « The nymphs and sheperds danced lavoltas », et plusieurs de ses œuvres de musique sacrée ont survécu en manuscrit.

Wendy Thompson.

Marteau sans maître, Le. Œuvre de Boulez pour contralto, flûte alto, guitare, vibraphone, xylorimba, percussion et alto, sur un texte de René Char. Composée entre 1952 et 1954, elle a été révisée en 1957.

Martelé (ital. : *martellato*). Type de coup d'archet dans lequel l'instrumentiste doit détacher chaque son avec une attaque forte et un arrêt brusque de l'archet qui reste en contact avec la corde. On utilise généralement la pointe de l'archet, sauf indication contraire notée « martelé au talon ». Voir également *Détaché*.

Martellando, martellato (ital.). « Martelé ». 1. Voir *Martelé*.

2. Le terme peut aussi s'appliquer à un effet similaire au piano, dans l'écriture vocale ou même, chez Liszt, à l'orgue.

Martellement. Nom donné au « mordant » dans la musique de clavier du XVIIe siècle.

Martha (*Martha, oder Der Markt zu Richmond*). Opéra en quatre actes de Flotow sur un livret de Friedrich Wilhelm Riese d'après le ballet-pantomime de

Saint-Georges *Lady Harriette, ou la Servante de Greenwich* (1844) dont Flotow avait partiellement composé la musique. Créé à Vienne le 25 novembre 1847. Première française au Théâtre-Italien (Paris) le 11 février 1858 dans une version italienne. La chanson irlandaise *Letzte Rose* (« La Dernière Rose de l'été »), sur le poème de Thomas Moore *The last Rose of Summer*, est chantée à l'acte II.

Martin, Frank (Genève, 15 septembre 1890 ; Naarden, 21 novembre 1974). Compositeur suisse. Fils d'un pasteur calviniste, il entreprend l'étude de l'harmonie, de la composition et de l'orchestration avec Joseph Lauber et reçoit les encouragements d'Ernest Ansermet. Il fait son service militaire durant la Première Guerre mondiale et effectue de courts séjours à Zurich, à Rome et à Paris avant de retourner à Genève étudier l'eurythmie à l'Institut Jaques-Dalcroze (1925-27), où il enseignera l'improvisation et le rythme jusqu'en 1938. Il adopte le *sérialisme dodécaphonique dans son *Concerto pour piano nº 1* (1933-34) et est l'un des rares compositeurs en dehors du cercle de Schoenberg à adopter cette technique avant la Seconde Guerre mondiale. Après la guerre, il reste en Europe pour enseigner sa méthode à une nouvelle génération de musiciens : il se fixe alors aux Pays-Bas et enseigne régulièrement la composition à la Musikhochschule de Cologne (1950-57), où Stockhausen figure parmi ses élèves.

Comme un grand nombre de ses compatriotes, Frank Martin reflète dans son art le double héritage culturel de la Suisse. La très forte influence germanique qu'il a subie n'est pas celle de Schoenberg, mais celle de Bach. D'autre part, ses sonorités évoquent souvent Debussy, Ravel ou Roussel et il a surtout adopté des textes et des titres français. Le résultat de cette fusion est une synthèse très personnelle d'esthétique et de sensualité. Le style de la maturité s'est formé dans *Le Vin herbé* (1938-41), oratorio de chambre sur la légende de Tristan et Yseult. Il a peu changé dans les œuvres qui ont suivi : un oratorio plus important, *Golgotha* (1945-48), diverses œuvres dramatiques et plusieurs concertos, notamment la *Petite Symphonie concertante* pour harpe, clavecin, piano et deux orchestres à cordes (1945), qui a remporté beaucoup de succès.

Paul Griffiths.

BIBLIOGRAPHIE : Ernest Ansermet/Frank Martin, *Correspondance 1934-1968*, A la Baconnière (Neûchatel, 1976). Bernard Martin, *Frank Martin ou la réalité du rêve*, A la Baconnière (Neûchatel, 1973). Frank Martin, *1890-1974, Un compositeur médite sur son art*, A la Baconnière (Neûchatel, 1977).

Martini, Giovanni Battista (Padre) (Bologne, 24 avril 1706 ; Bologne, 4 octobre 1784). Musicographe italien, l'un des théoriciens et pédagogues les plus influents de son temps. Fils d'un instrumentiste à cordes, il étudie la musique à Bologne puis entre dans l'ordre des franciscains. A l'exception de son noviciat, il sera toute sa vie durant organiste et *maestro* du monastère franciscain de Bologne. Le Padre Martini peut être considéré comme l'un des premiers historiens de la musique ; il a recueilli un large éventail de musique du passé (dont la majeure partie constitue aujourd'hui la base de la magnifique collection du Civico Museo de Bologne) et, bien que l'histoire de la musique qu'il avait projeté d'écrire ne soit jamais allée au-delà du XIe siècle (Bologne, 1761-81), de jeunes musiciens du monde entier, notamment J. C. Bach et Mozart, venaient le consulter sur le contrepoint dans le « style ancien » de Palestrina. Il a refusé le poste de maître de chapelle à Saint-Pierre de Rome, préférant rester dans sa ville natale. Il a aussi composé beaucoup de musique sacrée et de nombreuses œuvres instrumentales et symphoniques.

Denis Arnold.

Martini, Johann Paul Aegidius (connu sous le nom de Martini « il Tedesco ») (Freystadt, près de Nuremberg, 31 août 1741 ; Paris, 10 février 1816). Compositeur allemand qui a passé la majeure partie de sa vie en France. Il arrive à Paris en 1764 et dirige la chapelle du prince de Condé et la musique du comte d'Artois. Il est néanmoins nommé inspecteur du Conservatoire de Paris sous la Révolution, retournant au service des Bourbons à la Restauration. Martini a écrit de la musique militaire, des opéras, quelques œuvres de musique sacrée, mais est surtout connu aujourd'hui pour sa romance *Plaisir d'amour* (orchestrée par Berlioz).

Denis Arnold.

Martinů, Bohuslav (Jan) (Polička, Bohême, 8 décembre 1890 ; Liestal, Suisse,

28 août 1959). Compositeur tchèque. Dès l'enfance, il apprend le violon et commence à composer. En 1906, le conseil municipal lui accorde une bourse pour poursuivre ses études au Conservatoire de Prague, mais, quatre ans plus tard, il est renvoyé pour « négligence incorrigible ». Il gagne sa vie en donnant des leçons et en jouant du violon à la Philharmonie tchèque et, en 1923, il quitte Prague pour Paris. Il y poursuit ses études avec Roussel et vit modestement pendant les dix-sept années suivantes. En 1941, il émigre aux États-Unis et passe les dernières années de sa vie en France et en Suisse, sans espoir de retrouver un poste en Tchécoslovaquie.

Martinů est un compositeur extrêmement prolifique : il a laissé près de 400 œuvres, couvrant tous les genres musicaux. Elles sont en grande partie antérieures à sa venue à Paris, mais toutes ses œuvres importantes ont été écrites après ses études avec Roussel dont la propulsion rythmique, la tonalité acerbe et les formes néoclassiques ont laissé leur marque sur sa musique. Ses six symphonies, ses nombreux concertos et ses œuvres de musique de chambre sont tous empreints de l'influence de Roussel, modulée par le côté pathétique slave de sa propre personnalité car, malgré son long exil, il est toujours resté un compositeur tchèque. Ses opéras, notamment *Juliette ou la Clé des songes* (1938), et ses grandes œuvres vocales, comme la *Messe de campagne* (1939) et *L'Epopée de Gilgamesh* (1954-55), ont tous été composés sur des textes tchèques. D'autres œuvres se rapprochent davantage du style parisien, notamment la suite tirée du ballet *La Revue de cuisine* (1927) avec ses mouvements de tango et de charleston, ainsi que les pièces pour orchestre *Le Jazz* et *Suite de jazz* (toutes deux de 1928).

Paul Griffiths.

Martín y Soler, Vicente (Valence, 2 mai 1754 ; Saint-Pétersbourg, 11 février 1806). Compositeur espagnol. Il étudie la musique dans sa ville natale puis se rend à Madrid, où il commence à écrire des opéras. En 1776, il est en Italie, mais, en 1785, il vit à Vienne, où il rivalise avec Mozart. Son opéra *Una cosa rara ossia bellezza ed onestá* (représenté en 1786), sur un livret de Da Ponte, remporte un énorme succès que Mozart salue avec ironie en citant un thème du premier finale dans le dernier acte de *Don Giovanni.* En 1788, Catherine II le nomme directeur de l'Opéra de Saint-Pétersbourg, où il vit jusqu'en 1790, puis à nouveau de 1796 jusqu'à sa mort. Entre 1790 et 1796, il séjourne à Londres, travaillant au King's Theatre et aux Salomon Opera Concerts. Sa musique est avant tout dramatique ; il a composé de nombreux opéras, dont certains sur des livrets de Métastase, et produit quelques ballets pour l'Italie et pour Saint-Pétersbourg.

Wendy Thompson.

Martucci, Giuseppe (Capoue, 6 janvier 1856 ; Naples, 1er juin 1909). Compositeur italien. Son père était tromboniste et chef de fanfare. Il révèle assez tôt ses dons pianistiques et entre au Conservatoire de Naples en 1867. Sa carrière débute par des récitals de piano, puis il se tourne vers la direction d'orchestre et devient l'un des premiers défenseurs de la musique de Wagner en Italie, dirigeant la première représentation italienne de *Tristan et Isolde* à Bologne en 1888. De 1886 à 1902, il dirige le Liceo musicale de Bologne, donne de nombreux concerts intéressants et compose des symphonies et des concertos dans le style germanique. Il passe les sept dernières années de sa vie à la tête du Conservatoire de Naples.

Denis Arnold.

Martyrdom of St Magnus. Opéra de chambre en un acte pour mezzo-soprano, ténor, deux barytons, basse et ensemble de chambre de Peter Maxwell Davies, sur un livret du compositeur d'après *Magnus* de George Mackay Brown. Créé à la cathérale St Magnus de Kirkwall (Orkney) en 1977.

Martyre de saint Sébastien, Le. Musique de scène pour soprano, deux contraltos, chœur et orchestre de Debussy pour un Mystère en cinq actes de Gabriele d'Annunzio. Composée en 1911 ; André Caplet, disciple et ami de Debussy, a largement contribué à l'orchestration. On joue parfois en concert une suite de cinq fragments symphoniques : *La Cour des Lys (prélude), danse extatique et final du premier acte, Passion, Le Bon Pasteur, Fanfares (Concile des faux dieux et prélude du troisième acte).*

Marx, Joseph (Rupert Rudolf) (Graz, 11 mai 1882 ; Graz, 3 septembre 1964). Compositeur autrichien, élève de E. W. Degner à l'Université de Graz. En 1914, il est nommé professeur de théorie et de composition à la Musikakademie de Vienne, où il enseignera pendant la majeure partie de sa vie. Ses œuvres comprennent un grand nombre de lieder dans un style influencé par celui de Wolf. Sa musique symphonique et sa musique de chambre (dont trois quatuors à cordes) ne sont pas moins traditionalistes, bien qu'on y trouve souvent des touches d'harmonie debussyste.

Paul Griffiths.

Mary, Queen of Scots (*Marie, reine des Ecossais*). 1. Opéra en trois actes de Thea Musgrave sur un livret du compositeur d'après la pièce d'Amalia Elguera *Moray*. Créé à Édimbourg en 1977.

2. Ballet de John McCabe, créé à Glasgow en 1975.

Mascagni, Pietro (Livourne, 7 décembre 1863 ; Rome, 2 août 1945). Compositeur italien. Fils d'un boulanger qui aurait souhaité le voir suivre une carrière de juriste, il arrive à étudier la musique grâce à l'aide de son oncle et entre, en 1882, au Conservatoire de Milan, où il est l'élève de Ponchielli. Deux ans plus tard, il quitte le Conservatoire et dirige pendant quelques années une troupe itinérante jouant l'opérette avant de se marier et de s'installer à Cerignole (Pouilles). Il compose *Guglielmo Ratcliff* pendant ses tournées, puis *Cavalleria rusticana* en un acte, que sa femme présente au concours d'opéra organisé par l'éditeur Sonzogno en 1888. Il remporte le premier prix, l'ouvrage est créé à Rome en 1890 et obtient un succès immédiat ; il est bientôt représenté dans le monde entier. Bien qu'on l'associe souvent de nos jours à *Paillasse*, l'ouvrage de Mascagni est meilleur que celui de Leoncavallo, avec un véritable sens de la mélodie populaire qui se rapproche du chant traditionnel italien, une riche sonorité orchestrale et une passion réelle (par opposition à l'observation plus intellectuelle).

Comme Leoncavallo, il ne retrouvera jamais un tel succès, mais ses autres opéras ne cherchent pas à exploiter cette veine « réaliste ». *L'Ami Fritz* (1891), dont l'action se déroule en Alsace, déçoit ceux qui s'attendaient à ce que Mascagni continue à composer dans le style de *Cavalleria rusticana* et il connaît plusieurs échecs avant de renouer avec le succès grâce à *Iris* (1899), qui se déroule au Japon et exploite l'exotisme plusieurs années avant Puccini et *Madame Butterfly*. Sonzogno organise une campagne publicitaire à l'occasion de la première de *Le Maschere*, œuvre donnée simultanément dans sept théâtres en 1901, mais elle a peu d'effet. Il est intéressant de noter que cette tentative d'utilisation de l'ancienne *commedia dell'arte* précède les opéras de Busoni (*Arlecchino*, 1914-16) et de Malipiero (*Tre Commedie goldoniane*, 1920-22) en exploitant la même idée. *Il Piccolo Marat* (1921) est la seule œuvre plus tardive de Mascagni dont on puisse dire qu'elle a remporté un certain succès. Mascagni était un bon chef d'orchestre, tant dans le domaine symphonique que dans le domaine lyrique. Lorsque Toscanini démissionna de la Scala, en 1929, pour protester contre le fascisme, Mascagni reprit certaines de ses fonctions et on l'a ensuite accusé d'avoir défendu la cause de Mussolini. Il est mort dans un misérable petit hôtel romain l'année qui a suivi le renversement du fascisme, méprisé de l'ensemble des musiciens italiens : sa musique reste marquée par ce mépris. Comme pour Leoncavallo, il est difficile de voir ses ouvrages mineurs (quoique *Iris* soit repris occasionnellement) et les analyses de ses partitions insistent surtout sur la « vulgarité mélodique » et un certain « penchant pour l'érotisme à l'exclusion de tout autre sentiment ». Toutefois, les ouvrages de Mascagni reposent souvent sur des idées originales et il possédait un sens dramatique plus profond que Leoncavallo.

Denis Arnold.

Mascherata [*mascarata, mascherada*] (ital.). « Mascarade ». 1. Divertissement très en vogue à Florence, à la Renaissance, dans lequel des personnages masqués défilaient sur des chars de carnaval en mimant des scènes sur un accompagnement musical.

2. Sorte de **villanella*, également apparentée aux représentations données dans les rues à l'époque du carnaval ; Lassus en a écrit un grand nombre.

Mascotte, La. Opérette en trois actes d'Audran sur un livret de Chivot et Duru, créée au Théâtre des Bouffes-Parisiens le 29 décembre 1880.

Maske (angl.). Ancienne orthographe de **masque*. Lorsque ce mot sert de titre à une pièce instrumentale, cette pièce pouvait sans doute être utilisée dans un masque.

Masnadieri, I (« Les Brigands »). Opéra en quatre actes de Verdi sur un livret de Maffei d'après la pièce de Schiller *Die Räuber* (1781). Première représentation à Londres le 22 juillet 1847 (avec Jenny Lind). Première française à Paris le 3 février 1870.

Mason, Daniel Gregory (Brookline, Massachusetts, 20 novembre 1873 ; Greenwich, Connecticut, 4 décembre 1953). Compositeur américain, petit-fils du compositeur américain Lowell Mason (1792-1872). Il est l'élève de Paine à Harvard, puis de Chadwick et Percy Goetschius ; en 1913, il va se perfectionner à Paris avec Vincent d'Indy. En 1909, il avait été nommé à l'Université de Columbia, où il devint professeur de musique (1929-42). Ses œuvres reflètent une adaptation des méthodes européennes (allant de Brahms à d'Indy) aux matériaux et sujets américains : sa *Symphonie nº 3*, la dernière, est sous-titrée « A Lincoln Symphony » et il a écrit un quatuor à cordes sur des thèmes nègres. Il est aussi l'auteur de nombreux livres sur la musique.

Paul Griffiths.

Mason, John (mort vers 1548). Ecclésiastique et compositeur anglais. Il a peut-être travaillé à Eton avant d'être *informator choristarum* à Magdalen College à Oxford, entre 1508 et 1510 ; durant cette période, il reçoit le titre de Bachelor of Music. Après une courte période à la chapelle royale, il occupe des postes à la cathédrale de Chichester puis à celle de Hereford, dont il est nommé trésorier en 1545. Quoique incomplètes, les quatre œuvres qui ont survécu – de longues antiennes latines pour le rite catholique – ont été saluées par la critique.

John Milsom.

Masque (angl.). Divertissement de cour anglais servant à célébrer des événements particuliers aux XVIe et XVIIe siècles. Il comprend des danses, de la poésie et des chants qui traduisent tous un propos allégorique en l'honneur du roi ou d'un courtisan éminent. La plupart des masques ont été composés pour célébrer une occasion particulière, comme un mariage dynastique, une visite officielle ou simplement Noël. Le masque diffère du drame parlé ou de l'opéra en ce que l'action est amenée davantage par la danse que par la parole ou le chant. Les principaux personnages, appelés « *masquers* » étaient des amateurs aristocrates qui dansaient leurs rôles, avec souvent un membre de la famille royale à leur tête.

Le masque trouve son origine dans les « déguisements » de la cour d'Henri VIII, qui n'étaient autres que des bals costumés sur des thèmes allégoriques. Bien qu'un grand nombre de divertissements ressemblant au masque se soient déroulés sous le règne d'Élisabeth, le véritable masque a eu son apogée sous celui de Jacques Ier. Les premiers masques de cette époque sont en grande partie le fruit de la collaboration d'écrivains tels que Ben Jonson et Thomas Campion, de l'architecte et décorateur Inigo Jones et de compositeurs tels qu'Alfonso Ferrabosco (2), John Coprario et Robert Johnson. Les plus réussis, comme *Lord Hayes Masque* (1607) de Campion et *Masque of Queens* (1609) et *Oberon* (1611) de Jonson, offrent un mélange harmonieux des divers éléments du masque qui n'a jamais été surpassé. Sous le règne de Charles Ier, le masque se développe considérablement (longueur, complexité, magnificence, coût) entre les mains d'une nouvelle génération d'artistes, comprenant notamment les écrivains James Shirley et William Davenant et les compositeurs William et Henry Lawes. Entre 1630 et 1640, des masques comme *The Triumph of Peace* (1634) de Shirley et *Britannia Triumphants* (1638) de Davenant traduisent à l'évidence l'absolutisme et l'extravagance de la cour et ont largement contribué à la révolution puritaine et à la chute de Charles Ier. C'est avec un sens profond de l'ironie que l'on a choisi la Banqueting House (construite par Inigo Jones spécialement pour y représenter des masques et qui existe toujours à Whitehall) pour l'exécution de Charles Ier en 1649. En tant que forme de divertissement de cour, le masque n'a pratiquement pas survécu à la guerre civile, bien que des masques intimes aient continué à être représentés dans les maisons de campagne et dans les écoles jusqu'à la Restauration. Les plus importantes œuvres de ce type sont certainement *Comus* de Milton sur une musique de Henry Lawes, représenté à Ludlow en 1634 en l'honneur du comte de Bridgewater, et *Cupid and Death* de Shirley sur une musique de Christopher Gibbons et Matthew Locke, représenté à Londres en 1653 et en 1659. *Cupid and Death* est le seul masque dont la musique ait survécu (plus ou moins complète).

On dit souvent que le masque n'était qu'une simple imitation du *ballo* italien ou du ballet de cour français. S'il est vrai que les aspects visuels de nombreux masques s'inspirent de la vision de l'Antiquité classique donnée par la Renaissance italienne, les autres éléments – danse, poésie et surtout musique – ne doivent pratiquement rien aux modèles étrangers. Les similitudes musicales entre les masques anglais et les ballets de cour français semblent résulter davantage de circonstances identiques que de contacts directs.

La musique des masques est presque toujours née d'une collaboration entre plusieurs compositeurs et adaptateurs car, d'une part, les masques étaient souvent montés très rapidement et, d'autre part, chaque élément de la musique – les chansons, les danses et la musique de scène instrumentale – était exécuté par un groupe distinct de musiciens du roi. Les ensembles étaient séparés dans l'espace et on ne les entendait jamais simultanément, bien que Thomas Campion, notamment dans *Lord Hayes Masque*, ait fait l'expérience d'effets polychoraux dans le style italien. Il est donc préférable de considérer les trois éléments séparément.

Les masques étaient construits autour d'une série de danses formelles ou « *entries* », exécutées à intervalles réguliers au cours du divertissement. En général, il y en avait cinq, correspondant, dans une certaine mesure, aux cinq actes d'une pièce de théâtre. La partie centrale du masque se composait de trois *entries* dansées par les *masquers* sur une musique composée spécialement pour être dansée. Une quatrième *entry*, appelée « *revels* » (les menus plaisirs), se composait de danses de salon exécutées par les *masquers* et l'auditoire. Des professionnels dansaient une cinquième *entry*, ou « *antimasque* », en singeant des personnages comiques ou grotesques comme ceux de la *commedia dell'arte*, ou des démons, des sorcières, parfois même des oiseaux et des animaux. L'orchestre de la cour (limité aux cordes) jouait généralement la musique de danse, mais celle des danses *antimasques* était parfois confiée à des instruments à vent. Les principales danses étaient souvent écrites sous forme d'allemandes, avec deux sections répétées auxquelles s'ajoutait parfois une troisième section rapide à trois temps. Leur style était vif et aérien avec des harmonies tonales claires. Les danses *antimasques* exprimaient le grotesque et le comique par le contraste subit des différents tempos. Elles forment en effet souvent des *patchworks* composés de fragments de différentes danses.

Sous les règnes de Jacques Ier et de Charles Ier, les chansons des masques avaient essentiellement pour but de présenter et de commenter les danses. Elles étaient exécutées par des chanteurs de la musique du roi qui apparaissaient sur scène en costume de suivants ou de prêtres. Ils s'accompagnaient généralement au luth – ce qui explique la profusion de luths parfois mentionnée dans les descriptions de masques. Les chansons des masques ressemblaient aux autres chansons de l'époque – on en trouve d'ailleurs beaucoup dans les recueils de chansons avec accompagnement de luth de l'époque – bien que les grands ensembles et les vastes salles aient joué en faveur d'un style déclamatoire simple dont certains érudits attribuent, peut-être hâtivement, l'inspiration à la monodie italienne. Les masques de la période 1630-1640 montrent que des compositeurs comme William Lawes expérimentaient de longues séquences de solos et de musique vocale d'ensemble d'une manière lyrique. *Cupid and Death* explore encore davantage ce procédé et a sans doute servi de prototype au masque entièrement chanté de Blow, *Venus and Adonis* (vers 1682) et à *Dido and Eneas* (1689) de Purcell.

On ignore pratiquement tout du troisième élément musical des masques anglais : la « musique forte », jouée par des instruments à vent pour couvrir le bruit des machinistes au moment des changements de décors. Il ne nous en est malheureusement rien parvenu.

Peter Holman.

Masques. 1. Pièce pour piano de Debussy composée en 1904, conçue à l'origine comme la première pièce d'une nouvelle série d'*Images*.

2. Trois pièces pour piano op.34 de Szymanowski, composées en 1916 : *Shéhérazade, Tantris le bouffon, Sérénade de Don Juan*.

Masques et Bergamasques. Divertissement en un acte op.112 pour ténor, chœur et orchestre de Fauré composé en 1919 : *Ouverture, Pastorale, Madrigal, Le plus doux chemin, Menuet, Clair de lune, Gavotte, Pavane*. Fauré en a tiré une suite d'orchestre (*Ouverture, Menuet, Gavotte, Pastorale*). La *Pavane* est exécutée isolément, souvent sans la partie de chœur.

Massaino, Tiburtio (Crémone, avant 1550 ; Lodi ou Plaisance, 1609 ou après). Organiste et compositeur italien, maître de chapelle dans diverses cours et églises de l'Italie du Nord, d'Autriche et d'Allemagne à la fin du XVIe siècle et au début du XVIIe siècle. Il a composé beaucoup de musique religieuse, mais est surtout connu aujourd'hui pour sa musique pour ensemble instrumental qui comprend une *canzona* pour seize trombones et une autre pour quatre violons et quatre luths.

Denis Arnold.

Massé, Victor (Félix Marie) (Lorient, 7 mars 1822 ; Paris, 5 juillet 1884). Compositeur français, élève de Halévy au Conservatoire de Paris, prix de Rome en 1844. Il a surtout écrit pour la scène, certains de ses ouvrages légers restant encore au répertoire de nos jours, notamment l'opérette *Les Noces de Jeannette* (1853). Ses ouvrages sérieux ont connu moins de succès : *Galatée* (1852), *La Reine Topaze* (1856), *Paul et Virginie* (1876). On rejoue parfois leurs ouvertures. Massé a été professeur de composition au Conservatoire de Paris de 1866 à 1880 et a succédé à Auber comme membre de l'Institut en 1872.

Alain Pâris.

Massenet, Jules (Émile Frédéric) (Saint-Étienne, 12 mai 1842 ; Paris, 13 août 1912). Compositeur français. Fils d'industriel, il commence par apprendre la musique avec sa mère avant d'entrer au Conservatoire de Paris en 1851, où il se spécialise dans l'étude du piano. En 1862, il remporte le prix de Rome (en grande partie sur la recommandation de Berlioz) et passe deux ans à la villa Médicis, à Rome, puis quelque temps en Allemagne et en Autriche-Hongrie. A son retour à Paris, il se marie et commence à se faire connaître grâce à de petites commandes tout en jouant des percussions à l'Opéra. Il écrit ses premières œuvres scéniques pour l'Opéra-Comique, mais son premier grand succès est un ouvrage spectaculaire pour l'Opéra, *Le Roi de Lahore* (1877), qui est bientôt connu dans toute l'Europe. Massenet compose ensuite une série d'opéras extrêmement populaires qui en font l'un des plus riches musiciens de son temps. *Hérodiade* (1881), *Manon* (1884), *Le Cid* (1885), *Werther* (1892) et *Thaïs* (1894) illustrent merveilleusement son talent : œuvres pleines de charme, très efficaces sur le plan théâtral, même si, dans certains cas, elles égalent à peine le sérieux des sujets dont elles traitent. Ses œuvres ultérieures ne remportent pas autant de succès, sans doute à cause des influences postwagnériennes sur la musique française. L'approche de Massenet semble moins à la mode, même s'il n'a pas suivi rigoureusement les mêmes voies qu'auparavant. *Le Jongleur de Notre-Dame* (1902), par exemple, a une distribution entièrement masculine, bien que Massenet ait la réputation de fournir une musique sensuelle à ses héroïnes. Massenet a été couvert d'honneurs de son vivant et a été élu à l'Institut en 1879 (dont il était le plus jeune membre). Il a enseigné au Conservatoire, comptant au nombre de ses élèves des musiciens comme Reynaldo Hahn, Charles Koechlin ou Florent Schmitt. Il est mort à Paris et a été enterré au village d'Égreville où il avait une maison de campagne.

Denis Arnold.

BIBLIOGRAPHIE : Alfred Bruneau, *Massenet* (Paris, 1935). José Bruyr, *Massenet* (Lyon, 1964). André Coquis, *Massenet*, Seghers (Paris, 1965). Jules Massenet, *Mes souvenirs* (Paris, 1912).

Mässig (all.). 1. « Modéré », « modérément » ; *mässiger*, « plus modéré ». Ce terme est parfois utilisé comme indication de *tempo*, signifiant alors *andante*.

2. « Dans le style de », par exemple *Marschmässig* (« dans le style d'une marche »).

Massine, Leónide [Massin, Leonid Fiodorovitch] (Moscou, 8 août 1895 ;

Weseke bei Borken, Westphalie, 15 mars 1979). Danseur et chorégraphe russe, naturalisé américain. Le plus important chorégraphe de Diaghilev après Fokine. Pour les Ballets russes, il a créé *Parade* (Satie, 1917), *La Boutique fantasque* (Rossini/Respighi, 1919) et *Le Tricorne* (Falla, 1919) qui sont encore exécutés dans leur chorégraphie originale, de même que certaines œuvres ultérieures comme *Mam'zelle Angot* (d'après *La Fille de Madame Angot* de Lecocq, 1943). Ses « symphonies chorégraphiques » *Choréartium* (1934) et *Les Présages* (1934) ne figurent plus au répertoire, mais l'utilisation controversée qu'il a faite des symphonies de Brahms et de Tchaïkovski a généralisé l'usage de la musique de concert dans le domaine du ballet.

Noël Goodwin.

Mass of Christ the King (« Messe du Christ roi »). Messe pour soprano, mezzo-soprano, ténor, basse, chœur et orchestre de Williamson. Créée partiellement au Festival de Gloucester en 1977 et, dans son intégralité, à la cathédrale de Westminster en 1978.

Mass of Life, A (*Eine Messe des Lebens*). Messe pour soprano, alto, ténor, basse, chœur et orchestre de Delius sur un texte allemand de F. Cassirer extrait de *Also sprach Zarathustra* de Nietzsche, composée en 1904-05. La deuxième partie a été créée en 1908 et la première exécution intégrale de l'œuvre (en anglais) a été donnée quelques mois plus tard, la même année. Delius a aussi composé une œuvre pour baryton, chœur d'hommes et orchestre sur le chant nocturne de Zarathoustra, *Mitternachtslied* (1898, inédit).

Master of the King's (Queen's) Music. « Maître de musique du roi (de la reine) ». Titre porté par le musicien chargé de la musique privée du souverain britannique depuis la première moitié du XVIIe siècle. De nos jours, ses fonctions se limitent seulement à la composition occasionnelle de musique pour des cérémonies royales ou officielles, mais autrefois les musiciens accompagnaient le roi ou la reine dans leurs voyages. Sous le règne de Charles II, l'ensemble instrumental du roi s'était développé pour devenir un orchestre à cordes de 24 instrumentistes capable de rivaliser avec les *Vingt-Quatre Violons de Louis XIV. Depuis 1625, on peut citer parmi les détenteurs du titre Nicholas Lanier (1625-49, 1660-66), Louis Grabu (1666), Nicholas Staggins (1674), John Eccles (1700), Maurice Green (1735), William Boyce (1755), John Stanley (1779), William Parsons (1786), William Shield (1817), Christian Kramer (1829), Franz Cramer (1834), George Frederick Anderson (1848), William George Cusins (1870), Walter Parratt (1893), Edward Elgar (1924), Walford Davies (1934-41), Arnold Bax (1942-52), Arthur Bliss (1953) et Malcolm Williamson (1975).

Matchiche. Voir *Maxixe*.

Matelote (de « matelot »). Danse des matelots hollandais, ressemblant au **hornpipe*, exécutée en sabots, les bras des danseurs s'entrelaçant dans le dos.

Matériel. Ensemble des parties instrumentales ou vocales imprimées d'une même œuvre utilisées par les orchestres et les chœurs. On parle notamment de matériel d'orchestre. Le matériel est préparé par le bibliothécaire de l'orchestre avant la première répétition pour s'assurer qu'il n'y a pas de variantes incompatibles entre les différentes parties, pour reporter les signes de repère indispensables en répétition (chiffres, lettres ou numéros des mesures), transcrire les coups d'archets définis par le chef d'orchestre et/ou les chefs de pupitres, ainsi que les coupures éventuelles, notamment dans le répertoire lyrique.

Mathias, William (James) (Whitland, Carmarthenshire, 1er novembre 1934). Compositeur gallois. Il fait ses études à University College à Aberystwyth (1952-56) et avec Lennox Berkeley à la Royal Academy of Music de Londres (1956-59). En 1959, il accepte un poste à University College à Bangor, où il est nommé professeur de musique en 1970. Sa vaste production s'applique aux formes courantes de musique symphonique et de musique de chambre ainsi qu'à la musique chorale. Son style est diatonique, éclectique et souvent vigoureux, influencé notamment par Bartók, Messiaen et Hindemith.

Paul Griffiths.

Mathis le peintre (*Mathis der Maler*). Opéra en sept scènes de Hindemith sur un livret du compositeur basé sur la vie de Matthias Grünewald (vers 1460-1530) et sur son retable d'Isenheim. Composé entre 1933 et 1935, les nazis en ont interdit la première en Allemagne en 1935 et il a été créé à Zurich en 1938. Hindemith a écrit une symphonie qui porte le même titre (1934) dont chacun des trois mouvements représente l'un des panneaux du retable d'Isenheim : 1. *Engelkonzert* (« Concert de l'ange »), 2. *Grablegung* (« La tombe »), 3. *Versuchung des Heiligen Antonius* (« La tentation de saint Antoine »).

Matin, Le ; Midi, Le ; Soir, Le. Surnoms des *Symphonies nº 6 en ré majeur, nº 7 en ut majeur* et *nº 8 en sol majeur* de Haydn, probablement composées en 1761. Le dernier mouvement de la *Symphonie « Le Soir »* est aussi surnommé « La Tempête » et cette symphonie est souvent mentionnée sous le titre *Le Soir et la Tempête*.

Matines. Première heure de l'office canonial de l'Église catholique ; dans l'Église anglicane, le terme *matins* est employé alternativement avec *morning prayer* (« prière du matin ») (voir *Common Prayer, Book of*).

Matrimonio segreto, Il. Voir *Mariage secret, Le*.

Matteis, Nicola (? Naples ; ? Londres, vers 1707). Violoniste et compositeur italien arrivé en Angleterre vers 1670. Dans son Journal du 19 novembre 1674, Evelyn note : « J'ai entendu ce prodigieux violon, Signor Nicholao..., qu'aucun mortel n'a dépassé sur cet instrument. Il avait un coup d'archet si doux et faisait parler son violon comme la voix humaine et comme il le voulait ; un véritable concert de plusieurs instruments. Il faisait des miracles sur une note et était un excellent compositeur. » Roger North a également chanté les louanges de Matteis ; selon lui, Matteis est devenu si riche et si demandé qu'il a acheté une grande maison et « a vécu dans la volupté, contractant des maladies dont il est mort ». Les œuvres les plus intéressantes de Matteis sont les *ayres* pour un ou deux violons et basse, notamment deux suites de danses et des pièces fuguées plus sérieuses. En 1682, il a publié un traité, *The False Consonances of Musick : Instructions for Playing a Thorough-Base upon the Guitarre* (« Les Fausses Consonances de la musique : instructions pour jouer une basse continue à la guitare ») et en 1696 et 1699 deux volumes intitulés *A Collection of New Songs* (« Un recueil de nouvelles chansons »). Son fils, **Nicholas** (mort à ? Shrewsbury, ? vers 1749) était aussi violoniste. Il a passé de nombreuses années en Europe, dont trente-sept ans environ à la cour des Habsbourg à Vienne, avant de retourner à Londres, où il a enseigné le violon et le français ; selon Burney, il s'est ensuite installé à Shrewsbury. Il a composé des sonates pour violon qui révèlent l'influence de Corelli.

Wendy Thompson.

Matteo da Perugia (mort vers 1418). Compositeur italien probablement né à Pérouse. On ne sait rien de sa vie avant 1402, date à laquelle il est chanteur à la cathédrale de Milan et entre au service du cardinal Petros Filargo di Candia (qui sera ensuite élu pape dans une tentative infructueuse destinée à mettre fin au schisme) ; après la mort de ce dernier en 1410, Matteo a peut-être servi son rival, l'antipape Jean XXIII, et est finalement retourné à Milan quelques années avant sa mort. La musique qui nous est parvenue comprend des parties de messe et des chansons polyphoniques en français et en italien. Comme celui de Ciconia, son contemporain le plus éminent, le style de Matteo est un mélange d'éléments italiens et français ; plusieurs œuvres sont particulièrement modernes pour l'époque : emploi structurel de l'imitation, langage harmonique audacieux, absence d'artifices rythmiques.

John Milsom.

Mattheson, Johann (Hambourg, 28 septembre 1681 ; Hambourg, 17 avril 1764). Critique, théoricien et compositeur allemand. Fils de percepteur, il manifeste des dons précoces dans plusieurs domaines, non seulement la musique, mais encore les langues, le droit et les sciences politiques. De 1696 à 1705, il chante et dirige la compagnie lyrique de Hambourg qui, en 1699, produit son premier opéra, *Die Plejades*. En 1703, Haendel arrive à Hambourg et les deux hommes se lient aussitôt d'amitié ; ils ne se brouilleront que pendant une courte période, lorsqu'il s'agira de choisir lequel des deux jouera la partie de clavecin dans une représentation de *Cleopatra* de Mattheson. La même année, ils sont tous deux invités à se présenter au poste d'organiste à Lübeck, pour prendre la succession de Buxtehude, mais refusent pour la même raison : ils ne sont prêts ni l'un ni l'autre à épouser la fille de Buxtehude, dont la main va de pair avec le poste.

De 1706 à 1741, Mattheson est secrétaire de l'ambassadeur d'Angleterre à Hambourg, Sir John Wick ; de 1715 à 1728, il est également Kapellmeister à la cathédrale de Hambourg, mais souffrant de plus en plus de surdité il doit renoncer à ce poste. Jusqu'à la fin de sa vie, il passe la majeure partie de son temps à écrire et, avant de mourir, à quatre-vingt-trois ans, il a publié plusieurs livres qui donnent de précieuses informations sur la musique allemande de l'époque, surtout à Hambourg. Parmi ses ouvrages les plus importants, on peut citer *Das neu-eröffnete Orchestre* (1713), *Critica musica* (1722-25), *Der musicalische Patriot* (1728) et un recueil de biographies musicales, le *Grundlage einer Ehren-Pforte* (1740), qui contient aussi sa propre biographie. Ses écrits théoriques comportent des traités sur la basse continue et un ouvrage important, *Der vollkommene Capellmeister* (1739). Malheureusement, peu d'œuvres musicales de Mattheson ont survécu au bombardement de Hambourg pendant la Seconde Guerre mondiale.

Wendy Thompson.

Mattinata (ital.). Chanson du matin, indentique à l'*aubade.

Mauduit, Jacques (Paris, 16 septembre 1557 ; Paris, 21 août 1627). Compositeur français. Il fait des études de lettres et de philosophie et s'adonne à la musique tout en occupant le poste de garde du dépôt des Requêtes du Palais. Il appartient à l'Académie de Baïf (voir *Musique mesurée*) et dirige et organise de nombreux concerts à Paris, participant notamment aux grandes fêtes musicales de Notre-Dame en l'honneur de sainte Cécile, aux ballets de cour et à d'autres divertissements royaux. Il est l'auteur d'un volume de *Chansonnettes mesurées de Jean Antoine Baïf* (Paris, 1586) et d'un recueil de *Psaumes mesurés à l'Antique* (publié par Mersenne dans ses *Quaestiones celeberrimae in Genesim* ; Paris, 1623).

Denis Arnold.

Maultrommel (all.). « Guimbarde ».

Maurerische Trauermusik (« Ode funèbre maçonnique »). Ode pour deux hautbois, clarinette, trois cors de basset, contrebasson, deux cors et cordes K477 de Mozart, composée en 1785 pour les funérailles de deux francs-maçons viennois.

Má Vlast (« Ma Patrie »). Cycle de six poèmes symphoniques de Smetana, composé entre 1870 et 1880 : (1) *Vyšehrad* ; (2) *Vltava* (« La Moldau ») ; (3) *Šárka* ; (4) *Z Českých luhů a hájů* (« Par les prés et les bois ») ; (5) *Tábor* ; (6) *Blaník*.

Mavra. Opéra en un acte de Stravinski sur un livret de Kochno d'après le poème de Pouchkine *La Petite Maison dans la forêt*. Créé à Paris en 1922.

Maw, (John) **Nicholas** (Grantham, Lincolnshire, 5 novembre 1935). Compositeur anglais. Il fait ses études avec Paul Steinitz et Lennox Berkeley à la Royal Academy of Music de Londres (1955-58) puis avec Nadia Boulanger et Max Deutsch à Paris (1958-59). Dans sa musique, il suit la même démarche que Richard Rodney Bennett et forme un trait d'union entre la tonalité et le sérialisme, quoique la richesse de son écriture harmonique, qui rappelle parfois Berg ou Strauss, soit très personnelle. Sa production est assez limitée : un opéra-comique, *The Rising of the Moon* (1969-70), et diverses œuvres vocales et symphoniques.

Paul Griffiths.

Max Eschig. Maison d'édition musicale fondée en 1907 à Paris par Max Eschig (1872-1927), originaire d'Opava en Bohême, qui acquiert rapidement les droits français de plusieurs opérettes viennoises. La firme est dirigée par Eugène Cools entre 1925 et 1936. Puis Jean Marietti en devient gérant (jusqu'à sa mort en 1977), son frère Philippe assurant la direction générale (1940-84). Les éditions Max Eschig rachètent les fonds Demets (1921) et de la Sirène musicale (1942) qui enrichissent son catalogue de nombreuses œuvres de Ravel, Satie, Turina, Séverac,

Milhaud, Poulenc, Schmitt, etc. Les activités éditoriales sont articulées autour de la musique française, de la musique d'Europe centrale (Szymanowski, Martinû, Tansman) et de la musique d'Espagne et d'Amérique latine (Falla, Albéniz, Rodrigo, Villa Lobos, ainsi qu'un important catalogue de musique pour guitare). Depuis 1987, le fonds a été repris par les éditions Durand.

Alain Pâris.

Maxima (lat.) Terme du XIVe siècle désignant la plus longue des valeurs de notes (▀|) que l'on trouve dans la musique du Moyen Age. Voir *Notation*, 4.

Maxixe ou matchiche (port.). Danse brésilienne animée à deux temps, qui se danse par couples. Populaire en Europe au début du XIXe siècle, elle a réapparu vers 1911-13 sous forme d'une sorte de *tango comportant des signes d'influence noire et latino-américaine.

Maxwell Davies, Sir Peter. Voir Davies, Sir Peter Maxwell.

Mayr, (Johannes) **Simon** (Mendorf, Bavière, 14 juin 1763 ; Bergame, 2 décembre 1845). Compositeur allemand. Fils d'un organiste qui lui enseigne les premiers rudiments de la musique, il fait ses études au collège jésuite puis à l'Université d'Ingoldstadt. En 1787, il part pour Bergame où un protecteur des arts, le comte Pesenti, l'envoie à Venise en 1789. Mayr y remporte un certain succès en composant des oratorios et de la musique religieuse, mais, à la mort de son protecteur, en 1793, il se tourne vers l'opéra et connaît un tel succès avec *Saffo* (représenté en 1794) qu'il devient l'un des compositeurs les plus recherchés jusqu'à l'avènement de Rossini, une vingtaine d'années plus tard. Ses opéras allient le style italien de l'époque à un usage plus audacieux de l'orchestre, inspiré de la musique de l'école austro-allemande. En 1802, il retourne à Bergame comme *maestro di cappella* de l'église la plus importante de la ville, où il reste jusqu'à sa mort, malgré plusieurs propositions alléchantes de Napoléon, qui souhaitait le faire venir en France. Atteint de cécité à la fin de sa vie, il écrira surtout de la musique religieuse. Il a été le professeur de Donizetti entre 1806 et 1815.

Denis Arnold.

Mazeppa. 1. Deux pièces pour piano de Liszt, l'une composée en 1840, l'autre en 1851 (*Étude d'exécution transcendante n° 4*). Liszt a aussi donné ce titre à un poème symphonique (1851) d'après Victor Hugo, dans lequel il reprend largement le matériel thématique de l'étude pour piano ; Raff a participé à l'orchestration de cette œuvre qui a été révisée en 1854.

2. Opéra en trois actes de Tchaïkovski sur un livret de V. Bourenine, révisé par le compositeur, d'après *Poltava* de Pouchkine ; créé à Moscou le 15 février 1884. Mazeppa (1644-1709) est un personnage important de l'histoire de la Russie.

Mazurka. Danse traditionnelle polonaise, qui tire son nom des Mazurs, peuple des plaines qui entourent Varsovie. Ce nom embrasse plusieurs types de danses, notamment la **kujawiak* et l'**oberek*. La mazurka s'est répandue en Allemagne au milieu du XVIIIe siècle, puis à Paris, en Grande-Bretagne (vers 1830) et, peu après, aux États-Unis. C'est une danse ternaire modérée, avec des rythmes pointés et une tendance à accentuer les temps faibles. Elle se danse généralement en couples, par multiples de quatre ; ils exécutent des variations sur quelques pas et positions de base, mais une grande part est laissée à l'improvisation. Au XIXe siècle, les hommes faisaient cliqueter leurs éperons en claquant les talons l'un contre l'autre et battaient des mains.

Chopin a écrit plus de cinquante mazurkas pour piano dans des styles très variés qui atteignent souvent un haut degré de chromatisme. Certaines sont conçues dans le style de la *kujawiak*, d'autres, comme l'opus 56 n° 2, dans celui de l'*oberek*. On trouve des mazurkas dans *Une vie pour le tsar* de Glinka et dans *Boris Godounov* de Moussorgski. Les compositeurs polonais Szymanowski et Tansman ont écrit des mazurkas pour piano.

La « polka-mazurka », combinaison des deux danses, diffère de la *polka par son rythme ternaire et de la mazurka par l'accentuation du troisième temps de chaque mesure.

Mc. Pour les noms commençant par « Mc », voir « Mac ».

M.d. Abréviation de « main droite », *mano destra*.

Meane (angl.). Dans la musique anglaise ancienne, terme désignant la partie médiane d'une œuvre polyphonique à trois voix.

Measure (amér., angl.). « Mesure ». 1. En américain, terme correspondant au mot français « mesure » lorsqu'il se réfère à une unité métrique dans le domaine de la notation. Son équivalent anglais est *bar*.

2. Dans la musique anglaise ancienne, terme générique de la danse ; plus spécifiquement, aux XVIe et XVIIe siècles en Angleterre, danse modérément lente et majestueuse à deux temps.

Mécanique, Instruments de musique

1. Introduction
2. Le cylindre
3. Les premiers orgues de Barbarie et les horloges musicales
4. Orgues de Barbarie à manivelle
5. Orchestrions
6. Pianos mécaniques
7. Boîtes à musique
8. Systèmes à bande de carton et à rouleau de papier perforé

1. *Introduction.* Avant l'invention du tourne-disque, les orgues mécaniques des musiciens ambulants représentaient 85 % de la musique entendue par le citadin moyen au XIXe siècle. Jusqu'en 1920, 70% des 364 000 pianos fabriqués aux États-Unis étaient des pianos mécaniques et la seule musique instrumentale que de nombreux Européens se souviennent avoir entendue dans leur enfance est celle des boîtes à musique.

On peut considérer que la diffusion mécanique de la musique remonte à des inventeurs comme Apollonios de Perga (IIIe siècle av. J.-C.), auquel on attribue la création d'automates tels les oiseaux chanteurs, actionnés par une roue hydraulique qui fournissait également de l'air à un sifflet. Toutefois, pour produire de la vraie musique à l'aide d'un procédé mécanique, il faut convertir avec précision un mouvement rotatif continu en mouvements instantanés correspondant à chaque note désirée. Le dispositif le plus classique est le cylindre, dont la surface est garnie de pointes ; les fonctions des doigts du musicien et du clavier sont assumées par un cylindre rotatif muni de pointes qui culbutent des leviers pour faire parler les différentes notes. Ce mécanisme est décrit pour la première fois dans un traité arabe du IXe siècle, traité relatif à un orgue actionné par la force hydraulique. A la fin du XIVe siècle, le cylindre fut utilisé pour les carillons automatiques (voir *Cloches*, 6) ; depuis le XVIe siècle, il sert dans les orgues mécaniques et les horloges à carillon et, depuis la fin du XVIIIe siècle, dans la boîte à musique suisse, où les pointes du cylindre agissent directement sur des lamelles souples en acier pour produire le son. Au XIXe siècle, le cylindre à pointes a été supplanté, pour les orgues de fête foraine, par la bande de carton perforée, puis par le rouleau de papier perforé au travers duquel l'air est aspiré pour actionner de façon pneumatique les touches de jeu (pianos mécaniques).

2. *Le cylindre.* Les orgues de Barbarie des XVIIIe et XIXe siècles (voir également § 4) montrent très simplement comment fonctionne ce mécanisme. Le tambour de bois cylindrique, qui peut atteindre 90 cm de long, est disposé à l'horizontale ; on le fait tourner à l'aide d'une manivelle qui actionne simultanément la soufflerie placée au-dessous. Des lignes sont tracées sur la circonférence du cylindre, une par note, et elles sont espacées à intervalles réguliers dans l'alignement d'une rangée de leviers métalliques. Ces leviers sont montés sur un cadre fixe pour actionner les clapets qui laissent entrer l'air dans les tuyaux. Dans ces lignes sont insérées des pointes ou des ponts constitués par un fil plat en laiton, chacun disposé de façon à déclencher le levier qui lui correspond au moment voulu de la rotation du cylindre. Les pointes produisent des notes courtes tandis que les ponts (des bandes incurvées) de diverses longueurs tiennent les sons.

Sur la plupart des orgues de Barbarie et sur les horloges musicales, une seule gamme majeure suffit, parfois avec un ou deux accidents. Le plus important est de prévoir un changement d'air. S'il n'est pas trop long, un air peut immédiatement s'enchaîner sur un autre. Mais, normalement, les lignes marquées pour le premier air sont suffisamment espacées pour laisser de la place à d'autres airs qui viennent s'insérer entre elles. Pour changer d'air, on déplace légèrement le cylindre le long de son axe afin d'amener un nouveau jeu de pointes dans l'alignement des leviers (système déjà décrit dans le traité arabe du IXe siècle mentionné ci-dessus). Les cylindres anglais pouvaient ainsi recevoir neuf airs différents ou davantage. Autre solution, les lignes marquées peuvent décrire des spirales autour du cylindre, dont l'axe est alors muni d'un pas de vis à une extrémité : ainsi, lorsque le cylindre tourne, il se déplace toujours dans le sens contraire des spirales et les airs s'enchaînent automatiquement. La plupart des orgues de Barbarie étaient fournis avec trois cylindres de rechange, stockés dans le bas de la caisse. Sur les orgues domestiques s'ajoutait souvent un ensemble de percussion composé d'un tambour, de cymbales et d'un triangle actionnés par des pointes supplémentaires sur le cylindre.

3. *Les premiers orgues de Barbarie et les horloges musicales.* Aux XVIe et XVIIe siècles, certains orgues mécaniques étaient actionnés par une roue hydraulique (système décrit par Robert Fludd en 1618) et étaient installés dans les jardins en Italie et en Autriche. Peter Philips est l'un des premiers grands musiciens à avoir fourni de la musique pour ce genre d'instrument en arrangeant un madrigal de Striggio pour l'inventeur Salomon de Caus – en tout cas, cette œuvre apparaît dans le livre de Caus, *Les Raisons des forces mouvantes* (1615), où il décrit son orgue à cylindre actionné par la force hydraulique. D'autres orgues étaient actionnés par un mécanisme d'horlogerie à poids, comme le célèbre orgue à clavier et à cylindre avec carillon de Thomas Dallam, en 1599, destiné à être incorporé à une grande horloge à automates qu'Élisabeth Ire avait envoyée au sultan de Turquie :

« Tout d'abord, l'horloge a sonné 22 heures ; alors le carillon de seize cloches s'est mis en route et a joué une chanson à quatre parties. Ensuite, deux personnages qui se tenaient sur deux coins du deuxième étage, tenant dans leurs mains deux trompettes en argent, les ont levées au niveau de leur tête et ont sonné un "taratata". La musique s'est alors arrêtée et l'orgue a joué deux fois de suite une chanson à cinq parties. Dans la partie supérieure de l'orgue, qui mesurait plus de 5 m de haut, il y avait un buisson de houx plein de merles et de grives qui, à la fin de la musique, chantaient et remuaient les ailes » (d'après les dires de Dallam).

A Augsbourg, ville célèbre pour ses carillons, la famille Bidermann fabriquait des virginals actionnés par un cylindre et Rungger un hybride d'orgue et d'épinette avec 16 tuyaux et 16 cordes, le tout installé dans une horloge (1687). A Londres, en 1736, Charles Clay a exposé une horloge qui jouait ses airs à la fois sur les cloches et sur les tuyaux d'orgue. Haendel a écrit et arrangé pour cet instrument un grand nombre de morceaux, pour la plupart à deux parties, mais avec quelques accords. Il existe trois horloges qui jouent encore des airs que Haydn a composés pour elles entre 1789 et 1793. Les pièces écrites par Mozart en 1790-91 (K 594, 608 et 616) s'adressaient à un *Orgelwerke* dans une *Uhr* (« horloge ») ou à une *Walze* (« cylindre ») dans un petit orgue.

4. *Orgues de Barbarie à manivelle.* Ils ont vu le jour à la fin du XVIIe siècle sous forme d'instruments destinés à apprendre à chanter aux serins ; ils possédaient environ 13 flûtes très aiguës et étaient assez petits pour pouvoir se poser sur les genoux lorsqu'on s'asseyait à côté de la cage. Le terme français de « serinette » n'a été appliqué qu'au XIXe siècle pour désigner des instruments du type de l'harmonium ou de la boîte à musique.

En Angleterre, l'orgue de Barbarie occupait une place particulière dans les foyers ainsi que dans les églises (phénomène typiquement anglais). L'instrument d'église le plus ancien daterait de 1700, à Peak Forest dans le Derbyshire ; le dernier (1879) se serait trouvé à Ash Priors, dans le Somerset. Il en existait encore à peu près 80 en tout en 1967, sur un total d'environ 500 instruments dont l'existence avait été recensée dans des églises. L'un des derniers qui ait continué à être utilisé régulièrement se trouvait dans la petite église de Shelland, dans le Suffolk. Les orgues de ce genre étaient fort appréciés et le poète Mason, excellent musicien au demeurant, qui avait été premier chantre de la cathédrale d'York entre 1763 et 1797, a écrit, dans ses *Essays, Historical and Critical, on English Church Music* (1795), qu'il préférait « l'aide mécanique d'un orgue à cylindre ou à rouleau que les doigts du meilleur organiste local ». Les airs qui apparaissaient le plus souvent sur les rouleaux sont « Old 100th » (le psaume *Jubilate Deo*), « Evening Hymn » (Canon de Tallis), « Hanover » (Croft, souvent intitulé « Old 104th » sur le rouleau) et « Portuguese Hymn » (*Adeste fideles*). Un grand nombre de rouleaux comportent une marche, « Rule ! Britannia », ou un morceau de Haendel à utiliser comme sortie.

5. *Orchestrions* (orchestres mécaniques). Ces grands orgues mécaniques, munis de tuyaux, d'anches et de percussions, avaient pour but d'imiter les instruments de l'orchestre. Ils ont vu le jour en Allemagne à la fin du XVIIIe siècle et fonctionnaient avec un système pneumatique. Certains comportaient des automates qui jouaient des instruments, notamment le *Panharmonikon* fabriqué à Vienne par Leonard Maelzel (frère de l'inventeur du métronome, J. N. Maelzel). Beethoven a écrit *La Bataille de Vittoria* (1813) pour cet instrument et c'est J. N. Maelzel qui avait suggéré au compositeur d'écrire aussi la partition d'orchestre, afin de réunir des fonds pour le voyage qu'ils envisageaient d'effectuer à Londres avec le *Panharmonikon*. Finalement, les Maelzel se sont installés à Boston, aux États-Unis.

« ...Un groupe d'automates musicaux, pas moins de 42, qui compose un orchestre complet et exécute à la perfection des morceaux de musique extrêmement difficiles : entre autres, les ouvertures de Don Juan, Giovanni [*sic*], Iphigénie et La Vestale. Ceux qui suscitent le plus d'admiration et d'émerveillement sont les violonistes qui exécutent leur partie avec précision comme s'ils étaient vivants. » (*The Times*, octobre 1829.)

Le *Componium*, construit par le Hollandais D. N. Winkel en 1821, est un orchestrion particulièrement remarquable à la lumière des développements modernes : il pouvait composer ses propres variations sur un thème donné. Cet instrument est aujourd'hui exposé au musée du Conservatoire de Bruxelles ; il comporte deux cylindres, le thème étant gravé à l'extrême gauche de chacun d'entre eux. A droite se trouvent les pointes pour sept variations, avec une alternance de deux mesures silencieuses et de deux mesures comportant des pointes. Les deux cylindres tournent en continu et les mesures manquantes de l'un des huit airs d'un cylindre peuvent être remplacées par des mesures de l'un des huit airs de l'autre cylindre, les cylindres se déplaçant latéralement en fonction d'un mécanisme d'horlogerie.

6. *Pianos mécaniques*. Ils fonctionnent au moyen d'une manivelle et ont commencé à être fabriqués en Italie à la fin du XVIIIe siècle ; au début, ils étaient relativement petits, mais, à partir de 1880, ils ressemblaient à un piano droit et étaient montés sur une charrette à deux roues. Ils sont restés en usage en Italie, où on a continué à les fabriquer jusqu'à ce que Mussolini, soucieux de la dignité de sa nation, rappelle à l'ordre tous les Italiens engagés dans la musique de rue, à partir de 1922. D'autre part, un éminent facteur anglais du début du XIXe siècle, John Hicks (Londres et Bristol), fabriquait de petits instruments portatifs. Dans ses *Concert Room Anecdotes* (1825), le Dr Busby décrit, parmi les nouveaux dispositifs, le « pianoforte automatique de Clementi, Collard & Co., sur lequel alors que... les passages *piano* et *forte* sont donnés avec justesse et effet, les *forzandi* et les *diminuendi* s'obtiennent par un très léger mouvement de la main sur une balle coulissante placée sur le côté de l'instrument ». On a ensuite construit des pianos équipés d'un puissant moteur mécanique pour les installer dans les salles de danse et les parcs d'attractions, ainsi que des violons automatiques munis de roues résinées. En fait, la plupart des instruments ont été automatisés à un moment ou à un autre – de la harpe et du banjo au saxophone et au concertina.

7. *Boîtes à musique*. Elles produisent leur son en grattant d'étroites lamelles d'acier spécialement trempé, fixées de façon rigide à une extrémité. Elles ont vu le jour au cours de la seconde moitié du XVIIIe siècle. Elles étaient conçues par des horlogers, sans doute au début dans le Jura suisse, berceau de l'industrie de la boîte à musique qui, dès 1850, s'était déplacée à Genève. Actionnés par un mécanisme d'horlogerie, les premiers mouvements comportaient un minuscule cylindre métallique garni de pointes ou « picots », assez petit pour tenir dans une montre ou dans une tabatière. Le *Musical World* de 1837 relate la mésaventure d'un « homme du monde dont la tabatière jouait *Drops of Brandy* et *The Glasses Sparkle on the Board* » et qui avait accidentellement touché le ressort dans sa poche... alors qu'il était à l'église. On a ensuite fabriqué des chaises qui entonnaient un air lorsque l'on s'asseyait dessus,

des carafes à vin qui surprenaient les invités en leur offrant un rafraichissement à la fois liquide et musical et quantité d'autres dispositifs fantaisistes du même genre conçus par les Suisses, que l'on peut voir dans les vitrines des boutiques pour touristes. A partir de 1810, on a aussi fabriqué des mouvements plus grands qui pouvaient s'installer dans le bas des horloges, le cylindre mesurant parfois jusqu'à 40 cm de long. Peu après, les lamelles, qui, à l'origine, étaient individuelles, ont été réunies comme les dents d'un peigne ; depuis lors, ce procédé est courant sur les boîtes à musique suisses, ce qui permet de regrouper six à huit airs sur le même cylindre. Dans les boîtes à musique de facture très raffinée, on trouve un petit étouffoir en métal ou en plume fixé sous chaque lamelle qui est poussé contre elle par la pointe du cylindre au moment du frottement.

En 1886, Paul Lochmann, à Leipzig, ainsi que Ellis Parr, à Londres, sont parvenus à remplacer le cylindre de la boîte à musique par une sorte ee disque en tôle emboutie muni de crochets sur la face inférieure. C'est ainsi qu'est né à Leipzig, quelques années plus tard, le « symphonium » avec des disques facilement interchangeables. De Leipzig, Gustave Brauchmann est allé aux États-Unis, où il a fondé la Regina Company dans le New Jersey. Certaines boîtes à musique à disques fonctionnaient avec un mouvement d'horlogerie, d'autres à l'aide d'une manivelle. A partir de 1912, les boîtes à musique ont commencé à subir les assauts combinés du tourne-disque et du piano mécanique ; néanmoins, Reuge et quelques autres entreprises suisses continuent à fabriquer des boîtes à musique.

8. *Systèmes à bande de carton et à rouleau de papier perforé : (a) les orgues de fête foraine.* En 1801, le système Jacquard de contrôle automatique par bandes de carton perforé pour les métiers à tisser faisait son apparition. La première application pratique aux instruments de musique fut réalisée par le facteur d'orgues de fête foraine et d'orgues de danse parisien Gavioli qui, en 1892, commença à remplacer les cylindres de ses orgues par un « livre » de bandes de carton perforé, pliées en zigzag ; lorsque le « livre » se dépliait, les bandes étaient tirées par des rouleaux recouverts de caoutchouc jusqu'au cadre du clavier de l'orgue. Des leviers métalliques à ressort se soulevaient lorsqu'un trou apparaissait et redescendaient lorsque le trou passait dessus. Ces orgues étaient richement décorés et peints de couleurs vives ; un grand nombre d'orgues qui fonctionnent selon ce principe, sont encore joués dans les manèges de chevaux de bois et les grands orgues de rue soigneusement conservés en Hollande sont aujourd'hui célèbres (deux d'entre eux utilisent encore des cylindres). Afin de mettre à jour le répertoire musical de ces instruments, des firmes comme Chiappa, à Londres, fabriquent encore de nouveaux livres pour les orgues de fête foraine.

(*b*) *Organettes.* Les premières organettes à anches libres (voir *Anche*, 1) ont fait leur apparition vers 1878, chez J. Carpentier en France et John McTammany et Merritt Gally aux États-Unis. Au début, elles fonctionnaient à la manivelle pour aboutir finalement à l' « orchestrelle » des années vingt, mise au point par l'Aeolian Company. En 1897, l'Américain Edwin S. Votey inventait le pianola, que commercialisait l'Aeolian Company ; dans un premier temps, il comportait un mécanisme pneumatique qui, placé face à un piano ordinaire, jouait sur ses touches avec des doigts en bois recouverts de feutre. A partir de 1901, il a été incorporé au piano lui-même et l'Aeolian Company a fabriqué ces pianolas jusqu'en 1951. L'utilisateur n'avait qu'à actionner la soufflerie à la pédale pour faire passer l'air dans les trous du rouleau perforé et à régler la vitesse et l'intensité sonore avec les commandes manuelles en suivant les lignes tremblées imprimées sur le rouleau.

L'étape suivante a eu pour but d'arriver à enregistrer suffisamment d'informations sur le rouleau pour pouvoir recréer automatiquement et fidèlement une exécution originale réalisée sur un autre piano. Les modèles les plus connus sont le « Mignon » de Welte & Sons (Allemagne), le « Duo-Art » de l'Aeolian Company et l'« Ampico » de l'American Piano Co. Leurs rouleaux spéciaux contiennent toutes les données indispensables pour que, par l'intermédiaire d'un calculateur pneumatique, le mécanisme du piano communique à chaque note son véritable volume sonore et son intensité exacte. A Londres, on a réalisé une expérience autour d'une

Ex. 1. Stravinski, extrait de L'Oiseau de feu *transcrit pour piano mécanique.*

exécution d'une rhapsodie de Liszt : certains passages étaient joués par Alfred Cortot, d'autres par un rouleau Duo-Art qu'avait enregistré Cortot lui-même ; l'ensemble était si bien raccordé qu'il n'y avait pas la moindre discontinuité. Le critique Ernest Newman affirmait qu'en fermant les yeux, il était impossible d'établir la moindre distinction entre les deux.

Des œuvres spécifiquement destinées au piano mécanique (mettant ainsi une fin à certaines limites, ne serait-ce que les dix doigts des mains) ont commencé à voir le jour, notamment sous la plume de Stravinski (y compris une première version des *Noces*), Malipiero, Hindemith, Casella, Goossens et Howells. On peut faire intervenir des accords de trente notes ou davantage et faire sonner simultanément le registre aigu, le registre médian et le registre grave (Ex. 1).

Récemment, le contrôle digital des pianos à partir de bandes magnétiques spécialement codées a permis de réaliser d'autres progrès. Jusqu'en 1978, les travaux se sont limités aux laboratoires d'informatique, mais il est aujourd'hui possible de jouer d'un piano ordinaire équipé d'un ordinateur et de l'interface nécessaires, puis de faire rejouer la même exécution au piano. Le premier instrument de ce genre commercialisé a été le « Pianocorder » de Superscope-Marantz, distribué sur le marché américain en 1978.

BIBLIOGRAPHIE : Helmuth Zeraschi, *L'Orgue de Barbarie*, Payot/Van de Velde (Lausanne/Paris, 1980).

Mechanical Copyright Protection Society Ltd, The. Voir *Droit d'auteur*, 6.

Médée. Opéra en trois actes de Cherubini sur un livret de François Benoît Hoffmann d'après Euripide et Corneille. Créé à Paris le 13 mars 1797. Plusieurs compositeurs ont écrit des opéras sur le même thème, notamment M. A. Charpentier (1693), Benda (1775), Mayr (1813) et Milhaud (1938). Il existe aussi un ballet de Barber (1946).

BIBLIOGRAPHIE : *Médée (M. A. Charpentier)*, L'Avant-Scène-Opéra n° 68 (Paris, 1985).

Medesimo (ital.). « Même », par exemple, *medesimo movimento*, « la même vitesse ».

Médiante. Troisième degré de la gamme majeure ou mineure ; cette note se situe à mi-chemin entre la tonique et la dominante.

Mediatio (lat., « médiation »). Cadence secondaire, survenant au milieu d'un vers dans un ton psalmodique (voir *Tonus*, 3).

Medley (angl. ; ital. : *mescolanza*). « Pot-pourri ». 1. Terme utilisé au XVIe siècle par les compositeurs anglais, surtout par les virginalistes élisabéthains, pour désigner un morceau réunissant plusieurs airs célèbres.

2. Dans la seconde moitié du XVIIIe siècle, le terme s'est appliqué aux ouvertures qui utilisaient des airs très connus ; la première a été publiée par Richard Charke en 1763. Par la suite, ce genre d'ouverture s'est en général limité aux thèmes de l'œuvre qu'il précédait.

Medtner [Metner], **Nikolaï** (Karlovitch) (Moscou, 5 janvier 1880 ; Londres, 13 novembre 1951). Compositeur et pianiste russe. Il termine ses études au Conservatoire de Moscou en 1900 après avoir étudié le piano avec Pavel Pabst (1854-97) et Vassili Safonov (1852-1918). Il donne des récitals à l'étranger puis s'installe à Moscou, où il enseigne le piano au Conservatoire (1909-10, 1914-21) et se consacre à la composition. Il écrit beaucoup de musique pour piano, des mélodies, trois concertos pour piano et un peu de musique de chambre, mais ne s'intéresse ni à l'orchestre ni à l'opéra. Brahms a exercé une influence considérable sur sa musique pour piano – en tout cas sur le plan du sentiment et de la « grandeur » du style – mais plusieurs de ses œuvres sont également marquées par une froideur classique et une certaine rigueur intellectuelle. En tant que pianiste, il jouissait d'une grande renommée en Russie et à l'étranger (il a émigré en 1921 à Berlin, puis à Paris et finalement à Londres à partir de 1935). A la fin de sa vie, il a bénéficié de l'aide du mahârâja de Mysore, grâce à qui il a pu réaliser plusieurs enregistrements.

Percy Scholes, rév.

Méfano, Paul (Bassora, Irak, 6 mars 1937). Compositeur français, élève de Milhaud et de Messiaen au Conservatoire de Paris (1959-64). Il travaille ensuite avec Boulez, Pousseur et Stockhausen, à Bâle et à Darmstadt, séjourne aux États-Unis (1966-68) et à Berlin avant de fonder, en 1971, le Collectif musical international 2e2m de Champigny, l'un des centres français de musique contemporaine les plus dynamiques. Ses premières œuvres sont marquées par l'influence de Boulez (*Madrigal* pour trois voix de femmes et petit ensemble, 1962 ; *Paraboles* pour soprano et ensemble de chambre, 1964) dont il se détache progressivement pour élaborer un langage personnel où la voix humaine conserve un rôle prépondérant (*La Cérémonie* pour haute-contre, baryton, soprano, orchestre et chœur parlé, 1967-69). Il se tourne vers l'électroacoustique, qu'il intègre à la plupart de ses œuvres : *N* pour flûte seule, appareillage électroacoustique et modulateurs à anneaux (1973), *Micromégas*, opéra de chambre (1979).

Alain Pâris.

Mégaphone. Précurseur du porte-voix moderne. Un large tube conique en métal ou en carton concentre l'énergie de la voix dans une direction. Cet objet était assez familier autrefois ; on s'en servait surtout pour s'appeler, en mer par exemple, mais aussi pour chanter ; dans les campagnes, les ecclésiastiques anglais se servaient de *vamp horns* (« cors d'accompagnement ») pour diriger les psaumes et faire des annonces. Certains modèles conservés dans les musées peuvent atteindre 1,80 m de long.

Mehr (all.). « Plus », « davantage » ; *mehrstimmig*, « plus (d'une) voix », c'est-à-dire polyphonique ; *Mehrstimmigkeit*, « polyphonie » ; *mehrere*, « plusieurs ».

Méhul, Etienne-Nicolas (Givet, Ardennes, 22 juin 1763 ; Paris, 18 octobre 1817). Compositeur français. Fils de l'intendant du comte de Montmorency, il est organiste suppléant des Franciscains à l'âge de dix ans. Il fait ses études aux environs de Monthermé et s'installe à Paris vers 1778. Il s'éprend de la musique de Gluck, mais, malgré le succès remporté par sa mise en musique d'une *Ode sacrée* (aujourd'hui perdue) de Rousseau, donnée au Concert spirituel en 1782, il devra attendre 1791 pour connaître la renommée, avec la création de *Cora*, le premier d'une longue série d'ouvrages lyriques. Méhul doit surtout sa célébrité à ses opéras-comiques, dont le plus connu aujourd'hui est sans doute *Joseph* (représenté en 1807) ; mais il a également composé beaucoup de musique patriotique pendant la Révolution et une messe, sans doute destinée au couronnement de Napoléon, qui n'a pas été jouée à cette occasion. Il faisait partie des personnalités officielles responsables du programme scolaire de l'Institut national de musique (le futur Conservatoire). Novateur dans l'art de l'orchestration, il a notamment influencé Beethoven, Weber, Boieldieu et Hérold.

Denis Arnold.

Meistersinger (all., plur. *Meistersinger*). Chanteurs amateurs allemands, essentiellement des artisans des classes moyennes et pauvres. Les *Meistersinger* se sont multipliés aux XVe, XVIe et XVIIe siècles, surtout dans les régions de Nuremberg et de Strasbourg. Le mouvement était organisé au sein d'un système de guildes, qui conservaient des codes rigoureux de règles artistiques et encourageaient l'esprit de compétition. Les *Meistersinger* différaient des **Minnesinger* antérieurs non seulement en raison de leur niveau social moins élevé, mais encore par leur préférence pour les chants religieux et narratifs, souvent coulés dans le moule de la **Barform* : deux phrases identiques sur le plan musical (appelées *Stollen*) suivies d'une partie finale (*Abgesang*). Dans l'opéra de Wagner *Les Maîtres chanteurs de Nuremberg*, plusieurs personnages, dont le rôle principal, Hans Sachs (1494-1576), sont modelés sur d'authentiques membres du mouvement. Voir également *Ménestrel*.

John Milsom.

Meistersinger von Nürnberg, Die. Voir *Maîtres chanteurs de Nuremberg, Les.*

Mélisme (du grec *melisma*). Groupe de notes chanté sur une même syllabe du texte. Mélisme désigne en particulier les sections de plain-chant (pour les exemples, voir *Clausula* ; *Jubilus*) dans lesquelles le contraste entre les passages syllabiques et mélismatiques constitue un élément stylistique important. Mais il s'applique également à des œuvres ultérieures. Bach, notamment, a souvent employé des passages mélismatiques dans ses Passions pour souligner des paroles émouvantes, comme « pleuré » et « flagellé ».

Le recueil de pièces vocales de Thomas Ravenscroft (1611) porte le nom de *Melismata.*

Mellers, Wilfrid (Howard) (Leamington, 26 avril 1914). Compositeur, pédagogue et écrivain anglais. Il a fait ses études à Cambridge à une époque dominée par la personnalité du critique F. R. Leavis ; il a été l'élève de Wellesz et d'Edmund Rubbra. Il s'est imposé comme écrivain, s'intéressant (comme d'autres disciples de Leavis) à l'arrière-plan social des arts et a été l'un des premiers critiques européens à prendre au sérieux la musique américaine. Son ouvrage le plus célèbre est une étude consacrée à Couperin (Londres, 1950), mais il est aussi l'auteur de *Music and Society* (Londres, 1946), *Romanticism and the 20th Century* (Londres, 1957), *Music in a New-Found Land* (Londres, 1964), *Harmonious Meeting* (Londres, 1965), *Caliban Reborn* (Londres, 1967) et *The Twilight of the Gods* (Londres, 1972). Après avoir longtemps enseigné hors faculté pour l'Université de Birmingham et à titre de professeur invité aux États-Unis, Mellers a été le premier titulaire de la chaire de professeur de musique à l'Université d'York. Il y a créé un département remarquable où les points forts sont la composition et l'étude intensive de projets choisis essentiellement par les étudiants eux-mêmes. Il a composé beaucoup de musique qui reflète ses goûts éclectiques.

Denis Arnold.

Mellophone. Voir *Cor*, 8.

Mélodica. Voir *Harmonica*, 5.

Mélodie. 1. La notion générale de mélodie repose sur deux éléments fondamentaux, le rythme et la hauteur du son, dont l'interaction constitue la donnée essentielle. L'articulation régulière du temps (par l'intermédiaire du battement du cœur et de la respiration) et l'aptitude à produire et à reconnaître des variations de fréquence sonore sont des caractéristiques physiologiques normales de l'être humain. Les fonctions qui définissent la mélodie empiètent sur celles qui servent à définir le langage parlé, de telle sorte qu'on peut toutes les considérer comme des aptitudes fondamentales de l'homme. Alors que la parole est une forme de communication, la mélodie a été utilisée dans toutes les cultures pour exprimer des émotions. On peut penser que d'autres espèces, comme les animaux, font le même usage de la mélodie – idée qui s'impose à nous lorsque l'on entend des animaux, qu'il s'agisse d'oiseaux ou de dauphins, produire des séquences organisées de sons de hauteur variée sans chercher apparemment à communiquer entre eux.

Dans le langage parlé, l'intonation est une source importante de signification. De nombreuses langues africaines et asiatiques reposent sur un système d'intonation beaucoup plus riche que les langues indo-européennes ; c'est la raison pour laquelle il est très difficile, pour un Européen, d'apprendre à parler un dialecte chinois moderne, par exemple. L'emploi de ce genre d'inflexion « mélodique » pour déterminer le sens des mots d'une langue est un phénomène remarquable. Dans la musique, comme dans le langage, différentes qualités s'intègrent à une telle forme d'expression de façon complexe. Cette complexité est telle et il existe un si grand nombre de mélodies de types différents émanant de cultures et d'époques les plus diverses que la mélodie reste l'aspect le moins bien expliqué de la théorie musicale.

La relation empirique étroite qui existe entre la parole et la mélodie laisse supposer que la mélodie a peut-être connu une longue préhistoire, d'autant plus que la mélodie fonctionnelle et rituelle existait dans toutes les sociétés « primitives » connues sur lesquelles se fonde notre conception de la préhistoire. Il semble aussi que l'état physiologique et acoustique de l'homme ait servi de base à une source commune de mélodie. La fonction la plus fondamentale d'une succession de sons de hauteurs différentes consiste à monter ou à descendre. Dans la musique la plus ancienne, la mélodie descendante est une qualité dominante, quelle que soit sa provenance et la civilisation en cause. L'intervalle caractéristique le plus stable des types mélodiques anciens est la quarte, subdivisée en une tierce et une seconde. Le vocabulaire légèrement plus élaboré des quartes superposées (qui forment l'octave) et de leurs subdivisions fournit une gamme pentatonique, matériel mélodique commun aux cultures chinoise, hébraïque, amérindienne et à de nombreuses autres cultures anciennes (voir Ex. 1).

Ex. 1. Gamme pentatonique. 2° : seconde ; 3° : tierce ; 4° : quarte.

Dans l'étude de la musique ancienne comme de la tradition occidentale, il est important de discerner que le concept de gamme est davantage basé sur la pratique qu'il ne sert de base à la pratique. Ainsi, la théorie complexe de la modalité à l'époque médiévale est une réponse donnée par des musiciens à un usage sophistiqué, variable et instinctif de différentes hauteurs (voir *Mode*). La gamme détermine le genre de musique pratiquée uniquement dans la mesure où elle se fixe pour la musique instrumentale. Ainsi, l'existence de lyres à cinq cordes, il y a quelque 3 000 ans, ainsi que d'instruments à vent offrant certaines possibilités de doigtés et de transpositions à d'autres instruments, a permis de reconstituer des hauteurs fixes pour les mélodies antiques sur la base de l'échelle pentatonique.

Ex. 2. Chant grégorien.

Dans la tradition occidentale, la mélodie en forme de plain-chant a été le premier aspect de la musique qui ait pris une forme artistique élaborée. Aux Ve et VIe siècles, un vaste répertoire de plain-chant s'était créé, déployant un style mélodique cohérent. L'Ex. 2 illustre certains de ces éléments : le mélange de l'écriture mélismatique et syllabique, les progressions essentiellement diatoniques

Ex. 3

Ex. 4

Ex. 5

Ex. 6

avec des tierces et des quartes expressives qui sont plutôt utilisées au début d'un passage, et, élément très important pour tout l'avenir de la mélodie occidentale, l'équilibre de la montée et de la descente autour d'une hauteur focale (dans ce cas le mi final).

Depuis les premières expériences sérieuses dans le domaine de la polyphonie (la combinaison de voix mélodiquement différenciées), il y a environ mille ans, la monophonie joue un rôle relativement restreint dans notre culture. Dans les domaines de la musique sacrée et de la musique profane, les compositeurs du Moyen Âge et de la Renaissance pensaient en termes d'équilibre contrapuntique (voir *Contrepoint*). Les caractéristiques mélodiques d'une voix étaient les mêmes que celles des autres voix, mais on accordait néanmoins beaucoup d'importance à la faculté de créer une mélodie fleurie contre un *cantus firmus* plus simple. Au début du XVIIe siècle, en Italie, la mélodie et sa fonction ont été l'objet d'un changement d'attitude majeur né de la volonté de retrouver, dans la musique profane, le véritable mariage du texte et de la mélodie, tel que le concevaient les Anciens. La découverte du récitatif s'est rapidement diffusée. Il exploitait un style mélodique plus proche des inflexions et du rythme de la parole, soutenu par une basse mélodiquement clairsemée qui portait la structure harmonique (voir Ex. 3). Le principe d'une structure à deux parties, mélodie contre basse, avec des parties internes fournissant la richesse homophonique ou imitative, s'est imposé comme le style prédominant de l'ère baroque avant de devenir la nature fondamentale de la musique classique et romantique. Une tradition contrapuntique s'est maintenue au sein du nouveau langage tonal, que tout le monde exploitait dans une certaine mesure, mais particulièrement chez les compositeurs viennois, qui n'ont cessé de revenir à l'étude du contrepoint de J. S. Bach. Ces tendances ont fini par se fondre dans la musique du début du XXe siècle. La structure et la couleur sont devenues si élaborées que Schoenberg a dû indiquer aux exécutants – et, par leur intermédiaire, aux auditeurs – quelle partie portait la mélodie en chaque endroit de la partition, avec l'indication H⌐ (*Hauptstimme* ou « partie principale »).

Les caractéristiques de la mélodie dans la musique tonale servent de référence à l'étude de la mélodie en général. L'Ex. 4 en est un exemple : il montre que la seconde moitié du thème de la clarinette, au début du troisième mouvement de la *Symphonie n° 1* de Brahms, répète la première moitié de façon symétrique. Il s'agit d'une inversion exacte, procédé qui a pris une importance capitale dans la structure mélodique de la musique sérielle. Toutefois, dans le plain-chant, la mélodie de l'Église chrétienne d'Occident, qui existe depuis près de 2 000 ans et a influencé le style de compositeurs aussi éloignés sur le plan culturel que Machaut et Richard Strauss, l'inversion ne semble pas être un élément important.

L'articulation rythmique est un autre facteur essentiel dans la nature de la mélodie et les difficultés de la théorie rythmique ainsi que les problèmes de notation suscitent d'autres questions complexes. Les musicologues ont encore à découvrir des preuves irréfutables au sujet des schémas rythmiques authentiques de la mélodie liturgique du début du Moyen Âge, qui ne faisait l'objet d'aucune notation. Les ethnomusicologues considèrent que la notation occidentale moderne, celle qui transmet de façon plus ou moins adéquate aux musiciens les intentions mélodiques d'un exemple comme celui de Brahms est tout juste suffisante pour appréhender le caractère mélodique véritable ou « pertinent » d'autres cultures.

Au cours de la majeure partie de l'histoire de l'humanité, et encore de nos jours dans de nombreuses cultures non occidentales, le mot « mélodie » est devenu synonyme de musique. La combinaison des mélodies au sein de la polyphonie, l'une des grandes réalisations de l'Europe médiévale, a rendu indispensable une explication plus approfondie de la mélodie dans la musique occidentale. La structure mélodique doit être décrite non seulement par ses propriétés linéaires manifestes, mais également par ses implications harmoniques. La ballade anglaise « Greensleeves » (Ex. 5*a*) montre comment une mélodie pure déploie néanmoins une progression harmonique (Ex. 5*b*).

Dans la musique classique, ce potentiel d'implication harmonique et contrapuntique dans la mélodie devient un élément essentiel d'unité musicale. Si l'on compare les mélodies du premier et du second menuet dans le mouvement central de la *Sonate en mi bémol majeur K 282* de Mozart (Ex. 6*a*), il est clair que les différentes implications polyphoniques des mélodies d'une seule ligne fournissent une forme commune qui contribue à donner une certaine cohérence à la musique (Ex. 6*b* : comparer *x* et *y* dans chaque cas).

De même, la forme d'une mélodie est fondamentalement liée à d'autres propriétés de la structure musicale. Des schémas mélodiques comme ABA et AAB sont perçus comme des schémas structurels. L'Ex. 7*a*, dans un simple schéma AA, peut apparaître dans un véritable morceau de musique sous la forme AA' lorsque l'harmonie et la longueur des phrases varient la répétition du motif (Ex. 7*b*) ou même sous la forme AB lorsque la texture se trouve obscurcie (Ex. 7*c*).

Les extrêmes de la relation structurelle révèlent les extrêmes de la gamme d'expression qui a été exploitée dans la tradition classique. D'une part, la mélodie peut être construite presque exclusivement à partir de « cellules » de motif, comme dans l'Ex. 8*a*. En l'occurrence, la figuration par trois parties instrumentales d'une ligne mélodique simple (Ex. 8*b*) produit l'une des inventions mélodiques les plus mémorables du répertoire : le début de la *Symphonie n° 5* de Beethoven.

D'autre part, en essayant de rétablir le lien entre la musique et le drame, domaine dans lequel les premières études remontent au XVIIe siècle, Schoenberg a ouvert la voie à une nouvelle approche moderne de la mélodie. Le **Sprechstimme*, à mi-chemin entre la récitation et le chant, repose sur les relations entre les hauteurs de son qui guident la déclamation de la voix, mais sans « chanter » véritablement les notes, comme la notation spéciale de Schoenberg l'indique ici (Ex. 9, extrait du n° 7 du *Pierrot lunaire*). Schoenberg et Webern ont aussi étudié l'idée d'une *Klangfarbenmelodie* (ou « mélodie de sons et de timbres »), dans laquelle la variation des timbres remplace la variation des hauteurs de son qui, comme nous l'avons vu, est le fondement de toute l'histoire de la mélodie.

D'autres compositeurs, suivant la voie ouverte notamment par Varèse dans *Ionisation* pour percussion (1931), ont cherché à éviter la continuité mélodique conventionnelle. L'avènement du son produit par des moyens électroniques n'a pratiquement pas modifié cette situation. Certains compositeurs saisissent l'opportunité de manipuler des lignes de son d'une façon qui s'éloigne beaucoup du concept de mélodie. Le synthétiseur s'est largement répandu dans la musique de variétés, mais il ne fait que reproduire avec de nouveaux timbres des formules mélodiques de musique tonale datant de plusieurs siècles.

Jonathan Dunsby.

2. Forme musicale spécifiquement française, la mélodie peut être considérée, à partir du XIXe siècle, comme l'équivalent du terme allemand **Lied*.

Hector Berlioz a sans doute été le premier à employer ce terme dans ses *Mélodies irlandaises* de 1829 dont il aurait trouvé l'idée dans les livres d'*Irish Melodies* de Thomas Moore. Par la suite, les compositeurs français l'ont adopté pour désigner une forme de chant plus complexe qu'un simple air.

Les auteurs de mélodies les plus célèbres sont Fauré, Duparc et Debussy. Ils ont choisi des textes de poètes contemporains, tels que Victor Hugo, Verlaine, Baudelaire et Leconte de Lisle, et se sont également inspirés d'auteurs français plus anciens comme Villon ou Charles d'Orléans. Mais ils n'ont pas été les seuls à savoir manier cette poésie avec sensibilité, car la plupart des compositeurs français ont fait preuve de la même sûreté instinctive à l'égard de leur propre langue et les centaines de mélodies de Louis Niedermeyer (1802-61), Berlioz, Gounod, Franck, Saint-Saëns, Bizet, Duparc, Fauré, Massenet, Debussy, Reynaldo Hahn (1875-1947), Ravel, Roussel, etc. constituent une importante école de composition dans le domaine de la musique vocale, comparable à plus d'un point de vue à celle du lied.

La mélodie provient de la *romance et bien qu'elle n'ait pas pu échapper totalement à l'influence du lied, elle ne s'est jamais laissé engloutir par lui. La ligne vocale conserve une souplesse qui émane de l'individualité de la langue française, et le genre de poésie choisi inspire des accompagnements au piano qui renforcent l'atmosphère générale du poème, au lieu de se contenter de l'illustrer avec réalisme. La franche onomatopée des *Histoires naturelles* (1906) de Ravel, qui ont scandalisé les premiers auditeurs, est exceptionnelle, bien que caractéristique de la période.

A A A A A B
(a) (b) (c)
Ex. 7
(a)
Vl. 1
Vl. 2
Vla.
(b)
etc.
Ex. 8
flûte
p
récitation
p
Du näch - tig to - des kranker Mond
Ex. 9

On ne peut dissocier la mélodie de son contexte. La civilisation française englobait tous les arts et les compositeurs étaient impliqués dans les mouvements à la mode : symbolisme, impressionnisme, fauvisme, cubisme... Et simultanément, on voyait se dessiner un brusque revirement contre la complexité de la musique allemande. La musique française, par réaction à l'opulence de Wagner et de Strauss, s'est mise à cultiver une texture assez mince, parfois même ascétique ; la technique typique et traditionnelle du « développement » a cédé la place à la musique concise et laconique d'Érik Satie et de ses adeptes. On peut le voir, par exemple, dans certaines mélodies tardives de Fauré, comme dans son cycle *Le Jardin clos* (Van Lerberghe ; 1914-15). D'autres compositeurs, comme Emmanuel Chabrier, recherchent délibérément des poèmes évitant l'expression romantique et les mettent en musique en défiant le « bon goût » classique. L'instinct de la satire (toujours présent dans la musique française) se développe avec les désillusions de la Première Guerre mondiale ; sous l'influence de Jean Cocteau, Poulenc, Honegger et d'autres compositeurs continuent à expérimenter une musique qui remplace les valeurs lyriques traditionnelles par les styles plus impersonnels de Stravinski et du jazz.

Voir également : *Chant*, *Cycle de mélodies*, *Lied*, *Voix*.

Leslie Orrey.

BIBLIOGRAPHIE : Fr. Noske, *La Mélodie française de Berlioz à Duparc*, PUF (Paris, 1954). E. Reuter, *La Mélodie et le Lied*, PUF, coll. Que-sais-je ? (Paris, 1950). Rémy Stricker, *La Mélodie et le Lied*, PUF, coll. Que-sais-je ? (Paris, 1975).

Mélodies hébraïques. Deux mélodies de Ravel (*Kaddisch* et *L'Énigme éternelle*) composées en 1914 et orchestrées en 1920.

Mélodrame. Œuvre ou partie d'une œuvre, généralement dramatique, dans laquelle un ou plusieurs acteurs déclament un texte accompagné d'un commentaire musical. On oppose parfois le monodrame (un seul acteur) au « duodrame » (deux acteurs, rarement usité : les duodrames de Georg Benda).

Cette forme a connu une grande vogue au cours de la seconde moitié du XVIIIe siècle. Le premier grand mélodrame est *Pygmalion* de Rousseau, dans lequel il tente « d'unir l'art déclamatoire à l'art de la musique », en faisant alterner de courts passages parlés et de la musique instrumentale, une sorte de développement de la pantomime dialoguée. Dans l'ensemble, les mélodrames français respectent une certaine alternance entre de brefs numéros musicaux indépendants et des parties récitées, alors que les Allemands préfèrent une certaine continuité musicale, interrompue par des propos récités ou les accompagnant.

Mozart, qui appréciait *Ariadne auf Naxos* de Benda, projetait d'écrire un mélodrame, *Semiramis* ; mais il ne semble pas avoir été très loin dans ce sens ; il a employé efficacement le mélodrame dans *Zaïde*. Le mélodrame intervient à des fins spécifiques dans l'opéra-comique français, sous la plume de Cherubini dans *Les Deux Journées*, ainsi que chez Méhul, Boieldieu et quelques autres compositeurs. Les meilleurs exemples de la force qu'il ajoute à la tension dramatique se trouvent dans la scène de la prison de *Fidelio* de Beethoven ainsi que dans la scène de la gorge-aux-loups du *Freischütz* de Weber. Beethoven a aussi fait appel au mélodrame dans ses musiques de scène, notamment dans celle d'*Egmont* ; Schubert, qui a inclus des mélodrames dans ses opéras, a écrit une récitation avec piano, « Abschied von der Erde ». Weber a composé un mélodrame de concert complet, *Der erste Ton*, et écrit, pour l'insérer dans une pièce, un numéro dans lequel le texte parlé évolue progressivement vers le chant en passant par le chant parlé (une sorte de *Sprechgesang* avant la lettre) ; cette technique se retrouve dans la « chanson du rouet » de Gretchen, dans *Hans Heiling* de Marschner.

Schumann et Liszt font partie des nombreux compositeurs du XIXe siècle qui ont écrit des mélodrames de concert. Berlioz en a fait un usage intermittent mais intensif dans *Lélio*. Verdi et Smetana ont inséré des passages de mélodrame dans certains de leurs opéras ; en Bohême, il a été particulièrement cultivé et Fibich a écrit une trilogie complète, *Hippodamia*. Au XXe siècle, le mélodrame a été utilisé entre autres par Schoenberg (*Un survivant de Varsovie*, ainsi que sous la forme du **Sprechgesang*), Stravinski (*L'Histoire du soldat*), Richard Strauss (une récitation avec piano, *Enoch Arden*), Honegger (*Le*

Roi David, *Jeanne d'Arc au bûcher*, *Danse des morts*) et Walton (*Façade*). En outre, de nombreux compositeurs lyriques ont eu recours au mélodrame pour créer des effets spécifiques à certains moments importants de leurs opéras.

John Warrack.

BIBLIOGRAPHIE : Jan Van de Veen, *Le Mélodrame musical de Rousseau au romantisme*, Martinus Nijhoff (1930).

Membranophone. Voir *Organologie.*

Mendelssohn(-Bartholdy), (Jakob Ludwig) **Félix** (Hambourg, 3 février 1809 ; Leipzig, 4 novembre 1847). Compositeur allemand. Son grand-père, Moses, éminent philosophe, s'était fait le champion de l'émancipation juive. Son père, Abraham, était devenu banquier et s'était converti au protestantisme (ajoutant à son nom celui de Bartholdy, provenant d'une propriété de famille sur la rivière Sprée, afin de mieux distinguer la branche chrétienne). La famille s'installe à Berlin en 1811 pendant l'occupation de Hambourg par la France. Félix reçoit une instruction extrêmement rigoureuse, débutant dès 5 heures du matin et embrassant les langues étrangères, la littérature, le dessin, la peinture et la musique. Il fait preuve de dons certains dans toutes ces disciplines et ne choisit pas immédiatement de se consacrer à la musique. Il travaille la composition avec Zelter, directeur de la Singakademie, qui a largement contribué au regain d'intérêt en faveur de Bach et de Haendel. Dès l'âge de dix ans, Mendelssohn compose très facilement et subit l'influence de Weber (qu'il a rencontré) ; à quinze ans, il a déjà écrit plusieurs symphonies pour orchestre à cordes, courtes et attrayantes. En 1825, lors d'un voyage à Paris avec son père, il joue devant Cherubini, qui le pousse à devenir musicien. De retour à Berlin, il compose son excellent *Octuor à cordes* (1825) et un opéra *Die Hochzeit des Camacho* (« Les Noces de Gamache ») qui n'est représenté qu'une seule fois, deux ans plus tard, à la Schauspielhaus de Berlin. Son ouverture pour *Le Songe d'une nuit d'été* (1826) est jouée le même jour (29 avril 1827) à Stettin, mais, à cette époque, il commence à s'intéresser à la musique de Bach et donne la première exécution « moderne » de la *Passion selon saint Matthieu* en 1829, véritable tour de force pour un homme de vingt ans.

Cet exploit suscite quelques jalousies à Berlin, mais son père organise soigneusement une grande tournée (ou plutôt plusieurs) pour parfaire son éducation. En avril 1829, il entreprend son premier voyage en Angleterre où, grâce à ses relations avec Moscheles, il a ses entrées dans la vie musicale londonienne – il dirige sa *Symphonie n° 1 en ut mineur* (1824) à la Philharmonic Society – et, après une longue tournée en Écosse qui lui inspire l'ouverture de *La Grotte de Fingal* (1830) et la *Symphonie « Écossaise »* (n° 3, 1842), il se blesse à la jambe dans un accident de la route, ce qui l'oblige à rester deux mois à Londres. L'année suivante, il effectue une tournée en Italie et la musique italienne ne lui inspire que mépris (il a alors un penchant pour le nationalisme pangermanique) ; mais il est fasciné par le pays et par ses antiquités. Une commande de la Société philharmonique de Londres stimule la composition de la *Symphonie « Italienne »* (n° 4, 1833) qu'il y dirige en 1833. Mendelssohn est désormais un chef d'orchestre recherché ; il dirige *Israël en Egypte* de Haendel au célèbre Festival de Rhénanie du Sud, à Düsseldorf, et se voit offrir la direction du festival pendant trois ans.

Sa vie est ensuite celle d'un chef d'orchestre tiraillé entre diverses institutions. Malgré son manque de tact ou de patience envers les orchestres et les administrateurs, il est toujours recherché pour son talent, d'autant plus qu'il s'intéresse beaucoup à la musique « ancienne » qu'il joue et dont il prépare les éditions. Il prend également la direction de l'Orchestre et de l'Opéra de Düsseldorf (mais, dans ce dernier, ses goûts s'avèrent trop sérieux pour le public comme pour l'administration). En 1835, il est nommé directeur musical des concerts du Gewandhaus de Leipzig, où il dirige beaucoup d'œuvres de Beethoven, la création de la *« Grande » Symphonie en ut majeur* de Schubert et d'autres classiques. En 1837, il est invité au Festival de Birmingham, où il dirige son oratorio *Paulus* (1836), renforçant ainsi sa réputation en Angleterre. Il est à nouveau attiré à Berlin, où on lui propose de diriger un nouveau conservatoire, mais, insatisfait des conditions, il conserve ses autres engagements. Ses liens avec Leipzig sont encore renforcés lorsque, en 1843, le Conservatoire ouvre ses portes. Il en prend la direction et dispose d'une équipe de professeurs remarquables, notamment Schumann.

Ces multiples activités lui laissent peu de temps pour la composition et, après *Paulus*, la liste des œuvres de Mendelssohn s'amenuise. Il continuera à écrire de petites pièces comme les *Lieder ohne Worte* (« Chants sans paroles ») jusqu'à la fin de sa vie, mais moins d'œuvres d'envergure. Entre 1830 et 1840, Mendelssohn compose beaucoup de musique de chambre. En 1840, il termine la *Symphonie-Cantate « Lobgesang »* (nº 2) pour commémorer l'invention de l'imprimerie, une œuvre conçue dans le style de la « Neuvième » de Beethoven, mais à laquelle il manque la substance ; en 1842, il achève enfin sa *Symphonie « Écossaise »* et, grâce à ses relations berlinoises, obtient une commande royale pour la musique de scène d'*Athalie* de Racine (1845), du *Songe d'une nuit d'été* de Shakespeare (1842) et d'*Œdipe à Colone* de Sophocle (1845). Son deuxième grand oratorio, *Elias*, projeté dès 1837, n'est terminé et exécuté au Festival de Birmingham qu'en 1846. La conception de son *Concerto pour violon en mi mineur*, achevé en 1844, lui a demandé près de six ans.

En 1845, sa santé commence à se ressentir du rythme de sa carrière et, bien qu'*Elias* soit merveilleusement bien accueilli en Angleterre (le prince consort, Albert, lui adresse une note très élogieuse), il trouve trop fatigant d'en diriger six exécutions en Angleterre l'année suivante. En rentrant chez lui, il apprend la mort de sa sœur Fanny, à laquelle il était tendrement attaché, enlevée d'une attaque à l'âge de quarante et un ans. Cette perte l'affecte terriblement. Des vacances en Écosse l'aident à surmonter le choc, mais il semble atteint du même mal et s'éteint après une courte maladie. Mendelssohn a eu des obsèques de héros : son corps fut exposé, un train spécial emporta son cercueil à Berlin et, à chacun des trois arrêts, des chœurs d'hommes vinrent saluer sa dépouille mortelle.

Mendelssohn a été révéré toute sa vie durant et même après sa mort ; sa réputation n'a commencé à décliner qu'à partir de 1860, lorsque l'ascendant de Wagner sur les intellectuels a commencé à susciter une attitude protectionniste, en partie encouragée par l'antipathie et l'antisémitisme de Wagner (la musique de Mendelssohn a été finalement proscrite par les nazis). On a souvent prétendu que son côté superficiel était dû au confort matériel dont il avait toujours profité et on a fait de lui l'exemple type du jeune génie gâté par le succès. Des théories aussi simplistes sur la relation de la vie et de l'œuvre sont difficiles à soutenir aujourd'hui. Mendelssohn n'a pas mené une vie facile : il a toujours été accablé de travail, depuis son enfance jusqu'à sa mort. Il ne composait pas facilement : il révisait constamment ses œuvres et mettait souvent longtemps à les terminer. Certes, il a eu une vie de famille heureuse, et ses relations avec ses parents, ses sœurs, sa femme et ses enfants étaient excellentes ; il jouissait également de l'admiration des membres de la famille royale, tant à Berlin qu'à Londres. Mais ses relations professionnelles étaient souvent moins satisfaisantes, surtout à Berlin où sa première déception – lorsqu'il n'a pas obtenu le poste de directeur de la Singakademie en 1832 – lui est toujours restée sur le cœur. Les succès et les échecs de sa musique sont surtout liés à la nature des commandes et des genres qu'il a choisis. Dans sa correspondance, comme dans ses esquisses et ses aquarelles, il fait preuve d'un don d'observation certain qui se retrouve dans sa musique. Ses plus belles pages sont l'ouverture des *Hébrides* (*La Grotte de Fingal*) et les symphonies de la maturité. Il s'intéressait moins aux personnages ou au drame : on retrouve cette attitude dans ses opéras, qui n'ont connu aucun succès, et ses oratorios sont plus théâtraux que dramatiques, quoiqu'il ait bien assimilé la nature de ceux de Haendel, qui lui ont servi de modèles. Pianiste agile dans la tradition des instrumentistes au toucher léger, il excellait dans la musique *scherzando*, comme dans l'*Octuor* et dans la musique du *Songe d'une nuit d'été*. Mendelssohn n'était sans doute pas un homme très dévot, mais sa carrière dans le domaine de la musique chorale lui a servi de stimulant pour écrire sa musique religieuse. Et il n'a pas connu de déclin : dans ses dernières œuvres, on trouve le *Concerto pour violon en mi mineur* et il aurait pu livrer d'autres pièces de valeur s'il en avait eu le temps. Il vaut mieux apprécier son œuvre à sa juste valeur – celle d'un grand compositeur parfois limité – au lieu de chercher à trouver ce qui n'y figure pas.

Denis Arnold.

BIBLIOGRAPHIE : Camille Bellaigue, *Mendelssohn*, Alcan (Paris, 1907). Ernest David, *Les Mendelssohn-Bartholdy et R. Schumann*, Calmann-Lévy (Paris, 1886). Rémi Jacobs, *Mendelssohn*, Seuil, coll. Solfèges (Paris, 1977). Yvonne Tiénot, *Mendelssohn*, Henry Lemoine (Paris, 1972).

Mendelssohn Scholarship. Bourse d'études musicales britannique fondée peu après la mort de Mendelssohn en 1847. Son premier détenteur fut Arthur Sullivan, qui remporta le prix en 1856. A l'origine, elle était accordée à un jeune instrumentiste ou compositeur, mais elle est désormais réservée aux compositeurs. Elle est accordée tous les deux ans et le bénéficiaire peut poursuivre ses études dans son pays ou à l'étranger.

Ménestrel. Au début du Moyen Age, amuseur professionnel en tous genres (conteur d'histoires, jongleur, bouffon, acrobate, instrumentiste) ; par la suite, musicien ou poète musicien professionnel itinérant ou attaché à une cour ou à une famille noble.

Le mot « ménestrel », qui n'avait pas de connotation musicale particulière avant le XIIIe siècle, servait déjà de terme générique pour désigner les musiciens profanes de l'Europe médiévale de tout type et de toute nationalité depuis le début du Xe siècle. Les premiers sur lesquels on possède des informations substantielles sont les bardes et les poètes épiques celtes, les *gleemen* saxons et les *joculatores* (lat.) qui étaient des amuseurs itinérants dont les talents allaient peut-être jusqu'à jouer d'un instrument ; leurs congénères français (jongleur), allemand (*Gaukler*) et anglais (*juggler*) semblent moins raffinés et laissent supposer que les *joculatores* étaient particulièrement impliqués dans des divertissements légers qui comprenaient peut-être des récits d'histoires, de la prestidigitation, de l'illusionnisme ainsi que de la musique. L'image du musicien a évolué au fur et à mesure qu'on avançait dans le Moyen Age, le changement de position sociale correspondant peut-être à l'apparition du terme « ménestrier », car les musiciens étaient de plus en plus considérés comme des amuseurs de classe supérieure.

L'art des jongleurs et des ménestrels a franchi les frontières des pays d'Europe occidentale (grâce aux relations étroites qui existaient alors entre l'Angleterre et la France) et a duré plusieurs siècles. Celui des *troubadours et des *trouvères a duré moins longtemps – environ deux siècles, de la fin du XIe siècle à la fin du XIIIe siècle – et est resté beaucoup plus localisé : les troubadours se cantonnaient dans les régions parlant le provençal (sud de la France, nord de l'Espagne et nord de l'Italie) et les trouvères dans les régions francophones. Comme les bardes et les poètes épiques (qui semblent avoir occupé une position sociale plus élevée en Grande-Bretagne que dans le reste de l'Europe), les troubadours et les trouvères cumulaient les rôles de poète, compositeur, chanteur et instrumentiste et ont ainsi acquis une situation importante dans la société. On comptait parmi eux de nombreux membres de la noblesse, même des rois (Thibaut IV de Navarre et Richard Ier d'Angleterre, dont l'ascendance était en partie provençale). Les mots « troubadour » et « trouvère » signifient « trouveur » (inventeur), notamment de poésie et de mélodies ; ils ont laissé un vaste héritage de poésie lyrique courtoise, mais beaucoup moins de musique, car la transmission de la monophonie profane était encore essentiellement une tradition orale.

Les homologues allemands des troubadours et des trouvères étaient les **Minnesinger*, qui étaient à peu près contemporains et également issus de la noblesse. Comme les troubadours, ils chantaient l'héroïsme, l'amour, la nature, mais leurs poèmes étaient peut-être plus idéalistes. Leur musique nous est parvenue dans une moindre mesure que celle des trouvères et essentiellement grâce à des sources plus tardives (donc moins sûres). La structure sociale et les activités des *Minnesinger* ont indirectement servi d'arrière-plan au *Tannhäuser* de Wagner et leur poésie est l'une des premières sources de la légende de Parsifal.

La montée des corps de métiers et guildes professionnelles en Allemagne au XIVe siècle est à l'origine de la formation des poètes musiciens, les **Meistersinger*, qui représentaient un prolongement, à l'échelon des classes moyennes, de l'aristocratie des *Minnesinger* sur le déclin. Contrairement à la plupart des ménestrels antérieurs, ils ne voyageaient pas mais étaient membres résidents de guildes d'artisans dans des villes comme Mayence, Augsbourg ou Nuremberg et, en tant que poètes musiciens amateurs, ils pratiquaient leur art lors de réunions hebdomadaires et selon des règles académiques strictes. Les sujets de leurs premières chansons (*Meisterlieder*) étaient essentiellement religieux, mais après la Réforme, au XVIe siècle, les chansons profanes ont été admises et le mouvement a alors connu sa période la plus florissante. C'est cette période qui a inspiré Wagner pour son opéra *Les Maîtres chanteurs de Nuremberg*, qui donne une idée assez bonne, quoique romancée, des activités de la guilde de Nuremberg.

Au XVIe siècle, avec l'institutionnalisation croissante de la musique dans toute l'Europe, le rôle du ménestrel indépendant commence à décliner. Depuis, le terme « ménestrel » est employé d'une façon assez imprécise pour désigner toute sorte de musiciens allant du **wait* (musicien de la ville), du musicien de la rue et du chanteur de **ballads* au bateleur et aux amuseurs de foules des temps modernes.

Judith Nagley.

Mennin [Mennini], Peter (Erié, Pennsylvanie, 17 mai 1923). Compositeur américain. Il étudie la composition avec Norman Lockwood au Conservatoire d'Oberlin (1940-42) et avec Bernard Rogers et Howard Hanson à l'Eastman School of Rochester (1943-47). En 1947, il commence à enseigner à la Juilliard School, dont il est nommé directeur en 1962. Mennin est l'auteur de huit symphonies et de diverses autres œuvres pour orchestre dans un style diatonique solidement construit.

Paul Griffiths.

Menotti, Gian Carlo (Cadegliano, 7 juillet 1911). Compositeur américain d'origine italienne. Il fait ses études au Conservatoire de Milan (1923-27), puis au Curtis Institute de Philadelphie avec Rosario Scalero (1928-33) ; il y enseigne lui-même de 1948 à 1955. En 1958, il fonde le Festival des Deux-Mondes à Spolète. Compositeur lyrique avant tout, il retient l'attention internationale dans les années qui suivent la Seconde Guerre mondiale avec *Le Médium* (1946), *Le Téléphone* (1947) et *Le Consul* (1950), œuvres qui révèlent toutes un sens théâtral profond et le don de savoir utiliser la musique pour rehausser des situations mélodramatiques. Son opéra pour la télévision, *Amahl and the Night Visitors* (« Amahl et les visiteurs du soir », 1951) offre un visage plus noble, mais des œuvres plus tardives comme *The Saint of Bleecker Street* (« La Sainte de Bleecker Street », 1954), *Maria Golovin* (1958) et *The Most Important Man in the World* (« L'Homme le plus important du monde », 1970) ne montrent pas le moindre affaiblissement de son langage dramatique incisif. Menotti a écrit les livrets de tous ses opéras ainsi que celui de *Vanessa* de Samuel Barber.

Paul Griffiths.

BIBLIOGRAPHIE : Robert Tricoire, *Menotti*, Seghers (Paris, 1966).

Mensuraliste (musique et notation). Du latin *mensurata*, « mesurée », par exemple avec une valeur rythmique spécifique. Voir *Notation*.

Mensurstrich (all.). Utilisation d'une ligne entre les portées, et non en travers des portées, pour distinguer les mesures. C'est la méthode qu'ont choisie certains éditeurs de musique ancienne pour éviter les divisions régulières et accentuées de la barre de mesure et faire en sorte que la musique conserve une certaine fluidité.

Binchois : « Dueil angoisseus ».

Menta, alla (ital.). Passage improvisé.

Mento. Voir *Antilles*.

Menuet (all. : *Menuett* ; angl. : *minuet* ; ital. : *minuetto*). Danse majestueuse de rythme ternaire (généralement 3/4) qui a fait son apparition vers 1660 comme danse de salon à la cour de France. Lully a été le premier compositeur à faire un usage intensif du menuet dans des œuvres scéniques, dans les ballets comme dans les opéras ; puis le menuet s'est intégré à la suite, où il était généralement placé après la sarabande et suivi d'un double (reprise modifiée et ornée), et l'on est finalement arrivé à la forme tripartite traditionnelle : menuet-second menuet de style contrasté (*trio)-reprise du premier menuet.

Le menuet a été rapidement adopté dans d'autres pays que la France et l'Italie, surtout en Angleterre (où il est devenu une danse de salon populaire et une composante de la suite) et en Allemagne (Pachelbel, Fischer et Muffat ont inséré des menuets de style français dans leurs suites pour clavier). Haendel préférait la manière italienne, qui était plus rapide, en mètre à 3/8 ou à 6/8, et quelques compositeurs français de l'époque ont suivi son exemple. Bach a utilisé les deux types dans ses partitas et suites pour clavier, dans toutes ses suites pour orchestre (sauf une) et dans sa musique pour violon et violoncelle.

A l'époque classique, le menuet a été choisi comme mouvement dans les nouvelles formes qui voyaient alors le jour : la symphonie, la sonate et le quatuor à cordes. Il a tout d'abord servi de finale (comme dans les symphonies d'Abel, de J. C. Bach, de Johann Stamitz et d'Arne, dans les sonates pour piano et les trios avec piano de Haydn ainsi que dans les premiers concertos de Mozart), mais on a fini par préférer le menuet tripartite avec trio comme troisième mouvement de la nouvelle structure en quatre mouvements des symphonies et des quatuors ; il était généralement destiné à apporter une légère détente entre le mouvement lent et le finale. Certaines œuvres ultérieures font appel à des techniques plus complexes comme le canon (*Symphonie nº 40 en sol mineur* de Mozart) et d'autres traitent la reprise du menuet après le trio avec des ornements élaborés.

A partir de Beethoven, la place traditionnelle du menuet dans la musique symphonique et dans la musique de chambre est occupée par le *scherzo. Beethoven n'a utilisé le menuet qu'assez rarement (*Symphonies nos 5* et *8*), mais, dans l'ensemble, cette danse occupe une place relativement peu importante à partir de 1800. Elle connaît un nouveau regain d'intérêt à la fin du XIXe siècle, lorsque les compositeurs français puisent leur inspiration dans le passé (*Suite bergamasque* pour piano et *Petite Suite* pour deux pianos de Debussy ; *Masques et Bergamasques* de Fauré ; *Sonatine* et *Menuet antique* de Ravel ; *Premier Menuet* de Satie ; *Sérénade op.24* et *Suite pour piano op.25* de Schoenberg). Vaugham Williams a inclus un menuet dans son « masque for dancing », *Job*.

Wendy Thompson.

Menuet antique. Pièce pour piano de Maurice Ravel composée en 1895 et orchestrée en 1929.

Méphisto-Valse. Quatre œuvres de Liszt dont le titre provient d'une abréviation de « Méphistophélès ». La première, conçue à l'origine pour orchestre comme second des *Deux Épisodes du Faust de Lenau* (*Der Tanz in der Dorfschenke*), a été transcrite pour piano seul et pour deux pianos ; la deuxième était aussi destinée à l'orchestre, à l'origine (1880-81) ; elle a été transcrite pour piano seul et pour deux pianos. La troisième a été écrite pour piano (1883) et orchestrée par Riesenauer ; la quatrième est également écrite pour piano (1885).

Mer, La. Trois esquisses symphoniques de Debussy, composées entre 1903 et 1905 : *De l'aube à midi sur la mer*, *Jeux de vagues* et *Dialogue du vent et de la mer*.

Merbecke, John (? Windsor, vers 1505-10 ; vers 1585). Compositeur anglais, organiste et clerc à la chapelle St George à Windsor en 1531, condamné au bûcher comme hérétique en 1543 car il s'intéressait au calvinisme. Il a obtenu la grâce d'Henri VIII (peut-être à cause de ses talents musicaux) et a rejoint son poste à Windsor, sans toutefois renoncer à ses idées. Il a continué à travailler sur sa concordance de la Bible anglaise et de certains autres volumes théologiques qui prêtent à controverse et a fait ouvertement connaître son point de vue lors de l'intronisation d'Édouard VI en 1547.

Merbecke a publié *The Booke of Common Praier Noted* (Londres, 1550), la première musique des services dans le livre de prières de 1549. Il a adapté le plain-chant de la liturgie romaine aux nouveaux textes anglais, en arrangeant de façon subtile l'accentuation, et a lui-même écrit de la musique dans un style analogue lorsque le besoin s'en faisait sentir. Son ouvrage a dû connaître une vie assez courte puisque, après le règne de Marie Tudor, un nouveau livre de prières l'a remplacé. La version de Merbecke a été reprise au milieu du XIXe siècle par l'*Oxford Movement, qui appréciait particulièrement la renaissance du plain-chant dans le rite anglican.

Percy Scholes, rév. Denis Arnold.

Mercadante, Giuseppe (Saverio Raffaele) (Altamura, près de Bari, septembre 1795 ; Naples, 17 décembre 1870). Compositeur italien. Enfant illégitime, il est envoyé à Naples pour y faire ses études ; il y apprend la composition avec Zingarelli et reçoit les encouragements de Rossini. Son premier opéra est représenté au San Carlo en 1819 ; il en composera ensuite une soixantaine pour tous les grands théâtres lyriques italiens. Lors d'un séjour à Paris, en 1836, il découvre les œuvres de Meyerbeer et, pendant quelque temps, compose dans un style nouveau, plus dramatique (comme l'illustre *Il Giuramento*), se posant ainsi en précurseur de Verdi. A partir de 1840 et jusqu'à sa mort, il sera directeur du Conservatoire de Naples.

Denis Arnold.

Mercure. Ballet (« poses plastiques en trois tableaux ») de Satie, Picasso et Massine. Créé à Paris en 1924.

Mère, La. Opéra en dix scènes d'Alois Hába sur un livret du compositeur. C'est le premier opéra qui utilise l'écriture en quarts de ton ; il a été créé à Munich en 1931.

Merrie England. Opéra-comique en deux actes de German sur un livret de Basil Hood, qui met en scène Élisabeth Ire, Raleigh et d'autres personnages élisabéthains. Créé à Londres en 1902.

Mersenne, Marin (La Soultière, Maine, 8 septembre 1588 ; Paris, 1er septembre 1648). Théoricien français, homme d'Église, il a passé l'essentiel de sa vie au couvent de la place Royale à Paris, à l'exception de quelques voyages en Europe où il est entré en contact avec les principaux philosophes et hommes de science de son temps. Il a laissé une somme considérable d'ouvrages sur la musique, notamment son *Harmonie universelle contenant la théorie et la pratique de la musique* (1636-37), qui constitue l'un des plus précieux témoignages sur l'état de la musique au XVIIe siècle.

Alain Pâris.

Merulo, Claudio (Correggio, près de Reggio Emilia, 8 avril 1533 ; Parme, 5 mai 1604). Compositeur et organiste italien. En 1556, il obtient le poste d'organiste à la cathédrale de Brescia et, l'année suivante, remporte un concours qui lui donne accès au même poste à San Marco de Venise, où il reste jusqu'en 1584. Il y travaille aux côtés d'Andrea Gabrieli et ils se partagent la tâche d'écrire des musiques de cérémonie ; Merulo a composé de superbes motets qui ont été publiés dans plusieurs recueils (Venise, 1578-1605) ainsi que des messes, un nombre important de madrigaux et de la musique pour des pièces pastorales. Il est surtout connu pour sa musique d'orgue, en particulier ses toccatas qu'appréciaient Frescobaldi et Sweelinck et qui constituent la première étape d'une évolution qui devait conduire aux toccatas de J. S. Bach. A la fin de sa vie, il retourne à Parme, où il est organiste des ducs, assumant aussi la charge d'organiste de la chapelle ducale de la Steccata. On le considérait généralement comme le meilleur organiste de son temps et il a été enterré à la cathédrale de Parme aux côtés de Cipriano de Rore.

Denis Arnold.

Mescolanza (ital.). « Pot-pourri ».

Mésopotamie et Égypte ancienne. A la fin du quatrième millénaire avant Jésus-Christ, la situation politique de l'Égypte et de la Mésopotamie s'était définie avec précision : l'Égypte était une puissance centralisée dotée d'une importante bureaucratie et gouvernée par un roi de caractère divin, alors que la Mésopotamie était formée d'un certain nombre d'États rivaux et connaissait une vie civique basée sur la religion. Dans chacun de ces deux pays, la musique jouait un rôle essentiel.

1. *Les vestiges archéologiques.* D'importantes différences distinguaient la musique égyptienne et la musique mésopotamienne, mais le peu de documents écrits qui nous soit parvenu ne permet pas de savoir avec précision comment sonnaient ces musiques. Les traditions mélodiques

et rythmiques étaient orales, relevant sans doute d'un contrôle des prêtres. Quatre textes de Mésopotamie ont fait l'objet de nombreuses controverses. Le plus ancien provient d'Ur et date de la première moitié du deuxième millénaire avant Jésus-Christ. Il comporte des instructions pour accorder la lyre et prend l'octave comme base du système tonal. On trouve également des précisions sur l'accord, un demi-siècle plus tard, dans un recueil de mélodies assyriennes d'Assur. Un texte de Nippur, de mille ans postérieur, comporte des noms de cordes et d'intervalles et confirme l'utilisation de l'octave. Le quatrième texte, qui date de la même époque, est originaire d'Ur et insiste également sur l'octave. Mais les reconstitutions musicales basées sur ces textes dépassent les limites du crédible.

L'archéologie a toujours joué un rôle déterminant dans l'appréciation de la valeur respective des civilisations anciennes. Ainsi, le climat sec de l'Égypte a permis une meilleure conservation des instruments de musique que celui de la Mésopotamie. Au British Museum, on trouve une collection de hochets babyloniens, représentant des animaux et des oiseaux, une harpe et une lyre d'Ur, toutes deux magnifiques, des crécelles, des cymbales assyriennes et des cloches. Par contre, l'Égypte élargit le pupitre des cordes avec divers instruments à vent (flûtes droites, tuyaux munis à l'origine d'une anche simple ou double) et sistres. Pour ces deux régions, l'essentiel de nos connaissances vient de statues, de bas-reliefs ou d'autres représentations, autant d'œuvres d'art sur lesquelles les détails musicaux précis ne sont qu'esquissés alors que les conventions artistiques risquent d'induire en erreur sur la façon dont jouaient les instrumentistes. Ainsi, lorsqu'un harpiste égyptien passe la tête entre les cordes et la console, il est évident que c'est dans le but de préserver son visage – et non sa technique – pour l'éternité.

2. *Musique rituelle et musique profane.* Les témoignages que nous possédons sur le troisième millénaire en Mésopotamie (dynasties sumériennes et akkadiennes) prouvent l'existence d'une musique liée aux rites. Des textes du temps de Gudea, de la cité de Lagasch, rappellent aux croyants combien les psaumes, les hymnes et les lamentations sont agréables aux dieux. Les rythmes étaient marqués par des tambours et des crécelles, alors que la harpe accompagnait les propos des oracles. Les fêtes du nouvel An étaient célébrées en musique, avec des chants antiphonaires. A Ur, vers 2600 avant Jésus-Christ, la « fosse mortuaire » (neuf lyres, trois harpes et une paire de tuyaux d'argent) atteste de l'existence d'une musique funèbre qui a sans doute été exécutée jusqu'à ce que les instrumentistes meurent empoisonnés. Le banquet des mosaïques d'Ur – un joueur de lyre et une chanteuse faisant de la musique ensemble – montre, de façon moins macabre, l'étroite relation entre la lyre et le taureau (il semble qu'à l'origine la caisse de résonance de la lyre ait eu la forme d'un taureau). La lyre, parfois très grande au point d'être jouée à même le sol, et la harpe, initialement en forme d'arc, puis angulaire, constituaient l'ossature des cordophones mésopotamiens. Le luth, souvent joué par des hommes nus dans un contexte rituel, n'apparaîtra que plus tard.

Les crécelles sont d'usage très ancien en Égypte, mais les principaux instruments de l'Ancien Empire (vers 2686-2181 av. J.-C.) étaient la harpe en forme d'arc, la flûte droite et une sorte d'*aulos* à deux tuyaux parallèles à une seule anche. Les scènes représentées sur les tombes dans la région des anciennes pyramides montrent deux formes d'utilisation de ces instruments : isolément (la princesse Seshseshat jouant de la harpe pour son mari Mereruka à Saqqarah) – l'instrumentiste fait face à un autre musicien qui semble indiquer le tempo et, peut-être, le mode – ou en groupe, avec des chanteurs et des danseurs. La lyre apparaît pour la première fois, entre les mains d'un Asiatique, sur une tombe du Moyen Empire, à Beni Hassan (vers 1890 av. J.-C.) ; quant au luth, il faut attendre le Nouvel Empire (vers 1500 av. J.-C.), où on le trouve en compagnie d'instruments d'origine mésopotamienne à deux tuyaux non parallèles (ancêtres du hautbois) et à deux types de tambours sur cadre qui viennent étoffer les groupes de musique de chambre à l'occasion des banquets. Contrairement à l'Ancien Empire, où les instrumentistes étaient pour la plupart des hommes, ce sont ici des femmes qui tiennent les instruments. Si l'influence de la Mésopotamie a accru l'éventail sonore dont disposaient les Égyptiens, leur instrument rituel, que l'on retrouve sur de nombreuses scènes, restait néanmoins le sistre.

La décoration de la caisse de résonance de l'une des lyres d'Ur représente un chacal jouant d'un sistre formé d'un manche droit que surmonte une fourche ouverte, mais il était assez peu employé en Mésopotamie. L'Égypte, comme la Mésopotamie, appréciaient particulièrement de tels orchestres d'animaux, souvent avec une arrière-pensée satirique. En Égypte, il y avait deux types de sistres, l'un en forme d'arc, l'autre évoquant un petit édifice ou « naos ». D'usage principalement religieux, il était indissociable de la déesse Hathor, dont les traits figurent généralement sur l'instrument, puis de la déesse Isis ; il a émigré en même temps que le culte d'Isis se répandait dans l'ensemble du monde romain. Un instrument royal appartenant à Teti (sixième dynastie, vers 2345-2333 av. J.-C.) se trouve aujourd'hui au Metropolitan Museum de New York et, selon Virgile, un tel instrument aurait servi à Cléopâtre pour rallier ses forces navales à Actium.

3. *Musique militaire.* En Mésopotamie, la première trompette, représentée sur une stèle de Khafaje, semble remonter aux alentours de 2600 av. J.-C. ; les deux instruments enterrés avec Toutankhamon (vers 1352 av. J.-C.) permettent d'attester de sa vocation militaire, comme le bas-relief du palais de Sennachérib (705-681 av. J.-C.) représentant une statue colossale de taureau tirée par un détachement de l'armée et surmontée de deux trompettistes jouant à tour de rôle. A l'époque assyrienne, la musique semble liée à de nombreuses scènes de la vie militaire et fait même appel à des instruments comme la harpe ou la lyre (jouée avec un plectre pour en augmenter la sonorité). En Égypte comme en Mésopotamie, on a la certitude que tout l'éventail de la musique ancienne est resté en usage jusqu'aux conquêtes d'Alexandre le Grand et des Romains. Platon vantait les mérites des normes musicales égyptiennes et Pythagore avait étudié la théorie musicale en Égypte avant de découvrir, grâce aux prêtres babyloniens, les secrets de « l'arithmétique, de la musique et d'autres disciplines ».

Robert Anderson.

BIBLIOGRAPHIE : Hans Hickmann, *Musicologie pharaonique* (Strasbourg, 1956). André Schaeffner, *Origine des instruments de musique*, Payot (Paris, 1936), rééd. Mouton (Paris, 1968 et 1980).

Messa di voce (ital.). « Pose de voix ». Technique vocale de l'ère baroque qui se limite de nos jours à l'enseignement du chant. Elle consiste à tenir longtemps une note, en enflant le son jusqu'au *fortissimo* avant de revenir *diminuendo* jusqu'au *pianissimo*. Voir également *Voix*, 9.

Messager, André (Montluçon, 30 décembre 1853 ; Paris, 24 février 1929). Compositeur français. Il fait ses études à Paris avec Saint-Saëns à l'École Niedermeyer et en 1876 remporte le prix de la Société des compositeurs avec sa *Symphonie* (1875-76). Il est organiste dans diverses églises parisiennes et dirige dans plusieurs théâtres, notamment aux Folies-Bergère. A partir de 1885, il s'impose avec ses opérettes, dont la plus connue reste *Véronique* (1898), et sa musique de ballet (*Les Deux Pigeons*, représentés à l'Opéra en 1886). A partir de 1900, il se consacre davantage à la direction d'orchestre : pendant quelque temps, il est directeur musical à l'Opéra-Comique, puis à l'Opéra et à Covent Garden (où il dirige la première représentation de *Pelléas et Mélisande* de Debussy). Parmi les autres opérettes et opéras-comiques de Messager, on retiendra *Isoline* (1888), *Les P'tites Michu* (1897), *Fortunio* (1907), *Monsieur Beaucaire* (1918) et *Passionnément* (1926).

Denis Arnold.

BIBLIOGRAPHIE : Michel Auge-Larribe, *Messager, la vie, l'œuvre*, Ed. du Vieux Colombier (Paris, 1951). Henri Février, *André Messager, mon maître, mon ami* (Paris, 1948).

Messa per i defunti (ital.). * « Messe des morts ».

Messe (all. : *Messe* ; angl. : *mass* ; ital. : *messa* ; esp. : *missa*). Principal service de l'Église catholique. La forme entièrement chantée de ce service eucharistique était appelée grand-messe ou *missa solemnis* depuis l'an 1000 jusqu'aux années 1960 environ, époque à laquelle sont intervenus les changements consécutifs au concile Vatican II. Une *missa cantata* ou messe chantée suit le même dispositif musical, avec un clergé et un cérémonial réduits. La messe basse (*missa lecta* ou *missa privata*) se dit sans musique, sauf lorsque les fidèles chantent des cantiques.

1. *Structures de la messe.* Les diverses parties mises en musique relèvent de l'ordinaire de la messe, dont les éléments constituent l'entité musicale à laquelle se réfère généralement le terme « messe » et dont les textes ne changent pas, ou au propre de la messe, dont les textes varient en fonction du calendrier liturgique. Le tableau suivant indique les phases successives de la grand-messe ; les lettres capitales désignent les différentes parties de l'ordinaire et les lettres minuscules celles du propre, alors que les parties psalmodiées par le clergé sont indiquées entre parenthèses (les diverses prières récitées à voix basse ne sont pas mentionnées).

Messe des catéchumènes
Introït
KYRIE
GLORIA (sauf pendant le temps de l'Avent et le Carême)
(Collecte)
(Épître)
Graduel
Alléluia (ou Trait pendant les temps de pénitence)
(Évangile)
CREDO

Messe des fidèles
Offertoire
(Préface)
SANCTUS/HOSANNA/BENEDICTUS/HOSANNA
(*Pater noster*)
AGNUS DEI
Communion
(Postcommunion)
ITE MISSA EST (qui fait partie de l'ordinaire mais que les compositeurs mettent rarement en musique).

On constate que les différentes parties de l'ordinaire de la messe sont largement séparées les unes des autres et l'exécution en concert d'une messe composée à des fins liturgiques risque de produire un effet très différent de celui qu'avait envisagé le compositeur.

2. *Les messes du Moyen Age et de la Renaissance.* Les premières musiques notées de l'ordinaire et du propre de la messe sont en plain-chant. On compte dix-huit messes complètes (Kyrie, Gloria, Sanctus, Agnus Dei et Ite missa est) correspondant à des temps liturgiques ou à des fêtes spécifiques, ainsi que six Credo. La plupart de ces chants, tels que nous les connaissons aujourd'hui, remontent aux Xe-XIIe siècles, mais certains d'entre eux, comme la célèbre *Missa de angelis* (« Messe des anges ») et le *Credo III*, sont largement postérieurs. La plus ancienne musique polyphonique destinée à la messe, comme l'*organa* de Léonin et Pérotin, concerne en fait le propre de la messe, l'ordinaire continuant à être chanté en plain-chant ; toutefois, cette situation s'est inversée au XIVe siècle et, sans doute pour des raisons pratiques, les compositeurs se sont surtout consacrés aux parties fixes de la liturgie. La majeure partie de la musique de messe qui nous est parvenue se compose de pièces isolées et non d'ordinaires complets ; en Angleterre, cette coutume consistant à n'écrire que des pièces isolées a survécu jusqu'au XVe siècle, avec Dunstable et ses contemporains. La plus ancienne messe polyphonique complète qui nous soit parvenue est la *Messe de Tournai* (vers 1300), probablement une œuvre collective. Machaut est le premier compositeur à avoir écrit une messe seul : sa *Messe de Notre-Dame* est une œuvre magistrale de la fin du XIVe siècle ; le Kyrie, le Sanctus et l'Agnus Dei reposent sur le plain-chant et font appel aux techniques de l'isorythmie. Les messes complètes ultérieures datent du XVe siècle.

Aux XVe et XVIe siècles, la messe polyphonique est la forme la plus vaste et la plus importante, et la plupart des compositeurs catholiques – mis à part ceux qui se sont consacrés exclusivement à la musique profane – s'y sont intéressés dans une certaine mesure. Les messes de Dufay, Ockeghem, Josquin des Prés et Palestrina constituent une part importante de leur production et l'on retrace facilement l'évolution générale du style polyphonique jusqu'à la fin du XVIe siècle au travers des messes des générations successives de compositeurs.

Au XVe siècle, les messes complètes et unitaires s'imposent encore davantage ; cette unité provient de l'utilisation d'un matériel thématique préexistant qui revient dans toutes les parties de l'office ; la majorité des messes du XVIe siècle sont basées sur une musique qui existait déjà ; dans le cas contraire, elles sont souvent reconnaissables à leur titre : *Missa quarti toni* ou *Missa sine nomine*, par exemple. Les trois messes de Byrd appartiennent à cette catégorie. On peut résumer ainsi les diverses sortes de matériels préexistants :

(*a*) *Plain-chant.* Il existe peu de messes polyphoniques dont chaque partie repose sur une mélodie grégorienne différente ; la *Missa de Beata Virgine* en constitue un exemple que l'on retrouve dans l'œuvre de Josquin des Prés et de Morales.

La plupart des messes en plain-chant sont basées sur la technique du **cantus firmus*, tout le cycle reposant sur la même mélodie grégorienne, qui apparaît soit à une seule voix, généralement au ténor, comme dans la *Missa « Ave maris stella »* de Josquin des Prés, soit à toutes les voix, comme dans sa *Missa « Pange lingua »*.

(*b*) *Mélodies profanes.* En général, les messes écrites sur des mélodies empruntées au répertoire profane font aussi appel au *cantus firmus* ; elles sont particulièrement caractéristiques du XVe siècle et du début du XVIe siècle. La *Missa « Se la face ay pale »* de Dufay est un exemple de messe composée sur une mélodie empruntée à l'une de ses chansons, mais on utilisait également des mélodies d'origine inconnue, probablement des airs populaires. La célèbre mélodie « L'Homme armé » était la plus souvent utilisée. Il nous est parvenu plus de trente messes sur « L'Homme armé » composées par Dufay, Ockeghem, Obrecht, Josquin des Prés, de La Rue, Morales et Palestrina. Plusieurs compositeurs anglais ont utilisé la mélodie « Western Wynde ». La messe éponyme de Taverner (qui, selon la coutume de l'époque en Angleterre, ne comporte pas de Kyrie) utilise toutes les ressources de la technique de la variation. Dans une messe « quodlibet », comme la *Missa carminum* d'Isaac, plusieurs mélodies sont utilisées.

(*c*) *Thèmes inventés.* Ils peuvent être tirés de l'hexacorde ou inventés en appliquant des syllabes de *solmisation aux voyelles d'une phrase appropriée, comme dans la *Missa « Hercules dux Ferrariae »* de Josquin des Prés (Ex. 1) ; ils servent alors de *cantus firmus*.

(*d*) *Œuvres complètes.* On appelle « messe parodie » une messe basée sur une composition polyphonique complète, dont le matériel peut être scindé et employé de façons très différentes, en effectuant tous les changements jugés

Ex. 1. Thème de la Missa Hercules dux Ferrariae *(tel qu'il apparaît dans le Kyrie).*

utiles. Ces messes parodies sont devenues très populaires à la fin du XVe siècle, lorsqu'elles prenaient comme modèles des chansons polyphoniques (une chanson d'Ockeghem pour la *Missa « D'ung aultre amer »*) ; mais, au XVIe siècle, on a davantage utilisé des motets comme dans la *Missa « Assumpta est Maria »* de Palestrina ou la *Missa « O quam gloriosum »*, basées sur des motets de leur composition (néanmoins, beaucoup de messes de Lassus sont encore fondées sur des chansons). A la fin du XVIe siècle, ce type de messe était probablement le plus courant ; environ les trois quarts des messes de Palestrina font appel à la technique de la parodie.

En exigeant que le texte soit clairement audible, le *concile de Trente a beaucoup influé sur le style de composition des messes. Des compositeurs comme Palestrina ont alors adopté un style plus syllabique et déclamatoire et ont cessé de prendre des œuvres profanes comme modèles de leurs messes.

3. *Le baroque.* La principale forme vocale était alors l'opéra et les formes instrumentales plus amples commençaient à se développer. La messe a ainsi perdu sa place prépondérante et peu de compositeurs ont continué à la cultiver avec la même assiduité que leurs prédécesseurs. Les changements stylistiques du début de l'ère baroque ont accru la disparité entre les messes entièrement écrites selon la manière polyphonique traditionnelle (*stile antico*), dont la première concession au modernisme avait été l'utilisation de la basse continue et l'adoption progressive d'un vocabulaire harmonique plus large, et la messe de style moderne, dans laquelle les voix solistes et les *obbligati* instrumentaux s'étaient développés à la fin de l'ère baroque et qui est finalement devenue la messe avec orchestre de la fin du baroque et de l'époque classique.

Pendant la seconde partie de l'ère baroque, une autre disparité s'est accentuée entre la *missa solemnis* (ce terme n'étant pas employé ici dans son sens liturgique strict, mais par rapport à l'importance de l'élaboration musicale de l'œuvre) et la *missa brevis* : la *missa solemnis* se situait à une échelle assez vaste et ses parties les plus longues étaient divisées en plusieurs mouvements, réclamant souvent un plus grand nombre d'exécutants ; alors que la *Missa brevis* restait une forme plus concise, dans laquelle le texte ne faisait l'objet d'aucun développement particulier, surtout dans le Gloria et le Credo, et elle réclamait des moyens vocaux et instrumentaux moins spectaculaires.

Les trois messes de Monteverdi utilisent le *stile antico* (celle de 1610 est en fait une messe parodie basée sur le motet *In illo tempore* de Gombert) ; ses contemporains romains, notamment Anerio et les frères Nanino, en ont fait également un usage intensif ; les chœurs largement divisés se sont multipliés chez des compositeurs comme Benevoli, qui a composé des messes à seize parties ou davantage. Cette tradition s'est ensuite perpétuée chez des compositeurs comme Carissimi (qui est sans doute le dernier à avoir écrit une messe sur « L'Homme armé »), Lotti, qui a composé des messes complètes et des parties isolées (comme le célèbre *Crucifixus*), et Alessandro Scarlatti, qui est l'auteur de dix messes, dont huit dans le *stile antico*. Les compositeurs du XVIIIe siècle, comme Fux, ont continué à cultiver la messe de *stile antico* pour les jours de la semaine et les périodes pénitentielles, pendant lesquels les messes à grand effectif orchestral ne convenaient pas ; au XIXe siècle, en Allemagne, le *Mouvement cécilien, qui a essayé de réformer la musique d'église pour la clarifier et la simplifier, a laissé cette tradition survivre. La *Missa choralis* pour chœur et orchestre de Liszt est l'un des exemples les plus connus de ce genre de messe.

On ne connaît qu'un extrait de messe de style moderne de Monteverdi, le superbe *Gloria* pour sept voix et instruments, écrit en guise d'action de grâces à la fin de la peste qui a ravagé Venise dans les années 1630. Toutefois, les messes avec orchestre de ses contemporains d'Italie du Nord ont survécu (souvent sans Sanctus ni Agnus Dei, ou les réduisant à leur plus simple expression selon la coutume italienne), notamment celle d'Alessandro Grandi (1630) avec solistes, chœur et instruments *obbligato*. Dans la même tradition vénitienne, la *Messa concertata* de Cavalli illustre la tendance du milieu du baroque à donner une plus grande importance au Gloria et au Credo et à écrire des *soli* lyriques. A la fin du XVIIe siècle, les compositeurs bolognais cultivaient un type de messe plus massif à plusieurs chœurs. Le style italien s'est aussi étendu aux pays catholiques de langue germanique au nord des Alpes, et les messes écrites pour certaines fêtes par des compositeurs comme Biber (qui est peut-être l'auteur de l'immense *Missa salisburgensis* à 53 parties autrefois attribuée à Benevoli) font largement appel à des couleurs instrumentales émouvantes (notamment la petite trompette) et au dialogue entre les voix solistes et le chœur qui sera l'une des caractéristiques du style viennois du XVIIIe siècle.

En France, où Louis XIV préférait la messe basse, le motet est devenu la principale forme de musique d'église ; seul M. A. Charpentier, dont la *Messe de minuit* est basée sur des chants de Noël, s'est beaucoup intéressé à la messe.

La messe dite « napolitaine » ou « messe cantate » a exercé une profonde influence sur la composition des messes du XVIIIe siècle : elle s'inspire beaucoup de l'opéra contemporain et le texte y est divisé en une multitude de petites sections, comme des airs solistes ou des chœurs indépendants (avec souvent des références au *stile antico*). La messe « napolitaine » est notamment à l'origine du long *Amen* fugué qui termine le Gloria et le Credo. C'est le cas du célèbre *Gloria* en ré majeur de Vivaldi (qui n'a écrit aucune messe complète, mais plusieurs mouvements de messe isolés). Le plus bel exemple de messe de ce type est la *Messe en si mineur* de Bach. A l'origine, elle ne comportait que le Kyrie et le Gloria, comme une messe luthérienne, le reste ayant été ajouté ultérieurement (l'Église luthérienne a conservé ces deux parties de la messe catholique dans leur langue d'origine et Bach a composé quatre autres messes luthériennes).

4. *Du XVIIIe siècle à nos jours*. La messe viennoise du XVIIIe siècle reprend les

éléments d'opéra de la messe cantate et y ajoute un dialogue au sein d'un même mouvement entre les solistes et le chœur ; ce style choral se caractérise par une partie de chœur homophonique, mais mélodieuse, accompagnée d'une figuration confiée aux violons ; en outre, au cours du XVIIIe siècle, les compositeurs ont commencé à organiser les mouvements confiés au chœur selon des principes identiques à ceux qui se développaient pour la symphonie et le concerto. Dans les grandes messes de la première moitié du XVIIIe siècle, composées par Fux, Caldara et Reutter (le professeur de Haydn), le Gloria et le Credo se divisent en de nombreux mouvements ; en outre, les longues arias et le grand orchestre s'imposent ; mais ces éléments n'apparaissent pas dans les messes de plus petites dimensions réservées aux églises ordinaires, dont une multitude sont apparues à cette époque. Ces dernières annoncent souvent Haydn : elles réalisent une intégration habile des voix solistes et des *tutti* et parviennent à une certaine unité des parties les plus longues grâce à l'ingéniosité avec laquelle se répète le matériel thématique.

Grâce à ses conditions de travail à Salzbourg, Mozart a composé un grand nombre de *missa brevis* très concises, comme le sont souvent les premières messes de Haydn – dans certaines d'entre elles, comme la *Missa brevis S. Joannis de Deo*, chaque voix chante simultanément des paroles différentes afin de réduire au maximum la longueur du Gloria et du Credo. La *Messe en ut mineur* (inachevée) de Mozart est un exemple tardif de messe cantate, écrite par un grand compositeur d'opéra, mais, dans le *Gloria* de la *Messe du couronnement K 317*, il organise le mouvement choral de manière symphonique. Dans ses six dernières messes, composées entre 1796 et 1802 pour la famille Esterházy, Haydn utilise beaucoup ce type de structure symphonique ; quoique certains éléments lyriques subsistent encore, les parties les plus longues se divisent en mouvements moins nombreux et sont organisées sur une base symphonique, les solistes étant plus souvent utilisés en groupe qu'individuellement. Haydn a particulièrement soigné les parties dramatiques ou émouvantes du texte, notamment le passage du *Credo* : « Et incarnatus... Crucifixus ».

La *Missa solemnis* de Beethoven était destinée à l'intronisation de l'archiduc Rodolphe dans ses fonctions d'archevêque d'Olmütz (aujourd'hui Olomouc) en 1820. Mais il ne l'a pas terminée à temps. Elle s'inscrit dans la lignée des dernières messes symphoniques de Haydn et, comme pour celles-ci, a été utilisée dans le contexte liturgique à l'occasion de certaines fêtes. Les grandes *Messes en mi bémol* et *en la bémol* de Schubert comportent également des éléments symphoniques et le traitement en groupe presque systématique des voix solistes ne doit rien à l'opéra. Toutefois, sa *Messe en sol majeur*, comme celles des compositeurs autrichiens de la même époque (Weber notamment), s'inscrit dans une veine beaucoup plus simple, voire pastorale.

Cherubini, dont les huit messes constituent le premier recueil important dans ce domaine en France, traite également les voix solistes en groupe, surtout dans sa belle *Messe en ré mineur* de 1811, d'envergure comparable à la *Missa solemnis* de Beethoven ; il confie au chœur des effets dramatiques dans une écriture encore inexplorée par les compositeurs viennois. Sa messe de 1825 contient toutefois des éléments théâtraux qui font apparaître la distinction entre les messes de concert et celles qui sont réellement destinées à un usage liturgique, distinction qui ira s'intensifiant au cours du XIXe siècle. La *Petite Messe solennelle* de Rossini (où l'orchestre est remplacé par deux pianos et un harmonium) est typique de la messe lyrique italienne, avec une alternance d'arias élaborées et de chœurs contrapuntiques, parfois dans le *stile antico*. La messe de Liszt pour le couronnement du roi de Hongrie en 1867, destinée à un usage liturgique, confie à l'orchestre une grande partie du matériel thématique, alors que Gounod, dont les messes étaient très appréciées dans les églises catholiques anglaises, a largement dépouillé l'écriture soliste et confié au chœur une grande partie du matériel thématique. Bruckner, dans ses messes avec orchestre (comme la *Messe en fa mineur*), a tenté de mêler certains éléments modernes à des caractéristiques polyphoniques de la Renaissance et même au plain-chant.

La polyphonie de la Renaissance a continué à exercer une grande influence sur les compositeurs de messes du XXe siècle, en grande partie sans doute à cause du *Motu proprio* (1903) du pape Pie X, qui rappelle que le plain-chant et la polyphonie sont la véritable musique de l'Église et dissuade d'avoir recours aux messes avec orchestre. La *Missa cum jubilo* de Duruflé constitue un bon exemple de messe moderne profondément influencée par le plain-chant et la *Messe en sol mineur* de Vaughan Williams a de grandes affinités avec la polyphonie de l'époque des Tudor. Ces messes, comme la *Missa brevis* pour voix d'enfants de Britten, ont une fonction liturgique. Mais la *Messe pour chœur et instruments à vent* de Stravinski, dont il a pourtant largement proclamé l'esprit liturgique, est plus fréquemment jouée en concert qu'à l'église.

L'ordinaire latin est resté inchangé dans la nouvelle messe promulguée en 1970 par le pape Paul VI ; ainsi, lorsqu'une messe est célébrée en latin, on peut encore reprendre une messe chantée du passé. De nombreuses tentatives, plus éphémères les unes que les autres, ont été réalisées pour mettre en musique les nouveaux textes de la messe en langue vernaculaire, souvent avec la participation des fidèles ; mais les nouveaux rites ne semblent pas, jusqu'à ce jour, avoir stimulé la création d'une musique particulièrement raffinée.

Elizabeth Roche.

Messe blanche. Surnom de la *Sonate pour piano nº 7 op.64* de Scriabine (1911-12).

Messe-choral. Messe basée sur les chorals allemands adaptés à la liturgie luthérienne.

Messe du couronnement. Voir *Couronnement, Messe du.*

Messe cyclique. Messe dans laquelle les mouvements sont liés par l'utilisation d'un matériel musical commun. Une méthode d'unification consiste à employer le même motif au début de chaque mouvement ; ce motif s'appelait souvent « motif de tête » – d'où le titre *Missa Caput* (lat., « tête ») donné à une messe du XVe siècle autrefois attribuée à Dufay. Cette messe utilise également d'autres procédés cycliques qui unifient les mouvements par l'utilisation du même matériel musical comme *cantus firmus* dans chacun d'entre eux (pour les matériels musicaux employés comme *cantus firmi,* voir *Messe,* 2*a*-*d*).

Messe glagolithique (*Glagolská mše* ; *Mša glagolskaja*). Cantate pour soprano, alto, ténor, basse, chœur, orchestre et orgue de Janáček sur un texte religieux en slavon ancien adapté par Miloš Weingart. Composée en 1926. Janáček pensait que le terme « glagolithique » se référait au slavon ancien de l'époque de saint Cyrille et de saint Méthode, mais il s'applique en fait uniquement à l'écriture et à l'alphabet.

Messe de Notre-Dame. Messe à quatre voix de Guillaume de Machaut. Elle met en musique six mouvements de l'ordinaire de la messe, y compris l'« Ite missa est » et constitue la plus ancienne composition à quatre voix sur les textes de l'ordinaire de la messe, datant du milieu du XIVe siècle.

Messe parodie. Messe polyphonique sur les textes de l'ordinaire de la messe catholique dont la musique est conçue d'après une œuvre polyphonique existante. Voir *Messe,* 2*d.*

Messe en plain-chant. Terme qui peut s'appliquer à une messe dont la musique reprend le plain-chant original ou à une messe polyphonique dont chaque mouvement est fondé sur la pièce de plain-chant correspondante. Ce terme s'élargit parfois à une messe basée sur n'importe quelle pièce de plain-chant.

Messe du solo d'orgue. *Missa brevis en ut majeur K 259* de Mozart, composée en 1776. Elle doit son titre à l'important solo d'orgue du *Benedictus.*

Messe sur ténor. Le type le plus courant de messe basée sur un **cantus firmus,* le *cantus firmus* étant placé à la partie de ténor.

Messiaen, Olivier (Eugène Prosper Charles) (Avignon, 10 décembre 1908). Compositeur français, figure dominante des générations qui ont succédé à Debussy et à Ravel, il s'est vite forgé un style musical très personnel autour de ses *modes de transposition limitée, d'un intérêt spéculatif pour le rythme et de la volonté de traduire en musique les vérités de la foi catholique. Même s'il n'est pas toujours parvenu à faire partager ses centres d'intérêt aux compositeurs des jeunes générations, Messiaen a exercé une influence déterminante sur l'avant-garde et a eu notamment pour élèves Boulez, Stockhausen et Xenakis.

Messiaen a fait ses études au Conservatoire de Paris (1919-30) avec Paul Dukas, Maurice Emmanuel et Marcel Dupré. En 1931, il était nommé titulaire du grand orgue de la Trinité à Paris et, en 1936, il commençait à enseigner à l'École normale de musique et à la schola cantorum. Pendant cette période, il compose ses premières œuvres de musique religieuse : *Le Banquet céleste* pour orgue (1928), *Les Offrandes oubliées* pour orchestre (1930), *L'Ascension* pour orchestre (1932) ou orgue (1933) et *La Nativité du Seigneur* pour orgue (1935). En 1940, il est fait prisonnier et, durant sa captivité au Stalag VIII A, à Görlitz, il compose le *Quatuor pour la fin du temps* pour clarinette, violon, violoncelle et piano (1941). Libéré en 1942, il est nommé professeur au Conservatoire de Paris et continue à composer des cycles d'inspiration religieuse avec *Visions de l'Amen* pour deux pianos (1943) et *Vingt Regards sur l'Enfant-Jésus* pour piano (1944).

Parmi les œuvres majeures de la fin des années quarante figurent une trilogie sur la légende de Tristan, *Harawi* (1945), cycle de mélodies sur ses propres textes invoquant la mythologie péruvienne, la *Turangalîla-Symphonie* (1946-48), œuvre en dix mouvements où sont réunies toutes les caractéristiques du style de sa jeunesse, et *Cinq Rechants* pour chœur (1949). Ce grand épanchement est suivi d'une période de recherche autour des procédés sériels et numériques, dans des œuvres comme les *Quatre Études de rythme* pour piano (1949-50) et le *Livre d'orgue* (1951).

Messiaen commence alors à tirer profit de l'intérêt qu'il a toujours porté aux chants d'oiseaux, qu'il avait transcrits plus ou moins fidèlement dans le *Réveil des oiseaux* pour piano et orchestre (1953), les *Oiseaux exotiques* pour piano, vents et percussion (1955-56) et le *Catalogue d'oiseaux* pour piano (1956-58). Les douces harmonies modales des œuvres antérieures ont alors pratiquement disparu et le style plus brillant et plus haché se prolonge dans *Chronochromie*, œuvre abstraite pour orchestre (1960), ainsi que dans trois autres partitions qui exploitent les sonorités des instruments à vent et à percussion : *Sept Haï-Kaï* pour piano, xylophone, marimba et petit orchestre (1962), *Couleurs de la Cité céleste* pour piano, trois clarinettes, cuivres et percussion (1963) et *Et expecto resurrectionem mortuorum* (1964). L'oratorio *La Transfiguration de Notre Seigneur Jésus-Christ* (1965-69) est un premier sommaire de toute l'évolution de Messiaen, suivi d'un résumé analogue dans le domaine symphonique avec *Des canyons aux étoiles* pour piano, cor, percussion et orchestre (1970-74). Messiaen parvient en fait à son véritable aboutissement dans son opéra *Saint François d'Assise* sur un poème qu'il a librement adapté des écrits de saint François (commande de Rolf Liebermann pour l'Opéra de Paris, où il a été créé en 1983) : synthèse de sa démarche religieuse et ornithologique, avec des références à des éléments aussi divers que le plain-chant ou la musique indienne et un sens de la couleur et du rythme poussé au paroxysme.

Paul Griffiths, rév. Alain Pâris.

BIBLIOGRAPHIE : Antoine Goléa, *Rencontres avec Olivier Messiaen*, Julliard (Paris, 1960), rééd. Slatkine (Genève, 1984) / *Vingt Ans de musique contemporaine*, Seghers (Paris, 1962), rééd. Slatkine (Genève, 1982). Serge Gut, *Le Groupe Jeune France*, Champion (Paris, 1977). Harry Halbreich, *Olivier Messiaen*, Fayard (Paris, 1980). Pierrette Mari, *Olivier Messiaen*, Seghers (Paris, 1965, rééd. 1970). Olivier Messiaen, *Technique de mon langage musical*, Alphonse Leduc (Paris). Alain Périer, *Messiaen*, Seuil, coll. Solfèges (Paris, 1979). Michèle Reverdy, *L'Œuvre pour piano d'Olivier Messiaen*, Alphonse Leduc (Paris, 1978). Claude Rostand, *Olivier Messiaen*, Ventadour (Paris, 1957). Claude Samuel, *Entretiens avec Olivier Messiaen*, Belfond (Paris, 1967) / *Musiques et Couleurs, nouveaux entretiens avec Claude Samuel*, Belfond (Paris, 1986).

Messie, Le (*Messiah*). Oratorio de Haendel sur un texte compilé par Charles Jennens d'après la Bible et le Prayer Book Psaulter. Créé à Dublin en 1742. Haendel en a révisé et développé la partition pour les exécutions ultérieures et, au XIXe siècle, on a pris l'habitude de l'exécuter avec d'énormes effectifs. Mozart a réorchestré la partition pour l'adapter aux usages de la fin du XVIIIe siècle.

Messing (all.). « Cuivre ». *Messinginstrumente*, « les cuivres ».

Mesto (ital.). « Triste », « mélancolique » ; *mestizia*, « tristesse ».

Mesure. Voir *Chiffrage des mesures.*

Mesure ternaire. Mesure dont les temps sont divisibles par trois comme 6/8, 6/4 (respectivement deux temps de trois croches chacun et deux temps de trois noires chacun, soit des mesures composées ou ternaires à deux temps), 9/8 (trois temps de trois croches chacun, soit une mesure ternaire à trois temps) et 12/8 (quatre temps de trois croches chacun, soit une mesure ternaire à quatre temps).

Metà (ital.). « Moitié ».

Métaboles. Cinq pièces pour orchestre de Dutilleux composées en 1964 à la suite d'une commande de George Szell pour le quarantième anniversaire de l'Orchestre de Cleveland : *Incantatoire, Linéaire, Obsessionnel, Torpide, Flamboyant.*

Métallophone. Voir *Organologie.*

Métamorphoses (*Metamorphosen*). Œuvre pour 23 instruments à cordes solistes de Richard Strauss, composée en 1945 comme lamentation sur la destruction du monde culturel allemand dans lequel il avait vécu. Elle comporte une citation de la marche funèbre de la *Symphonie « Héroïque »* de Beethoven.

Métamorphoses symphoniques sur des thèmes de Carl Maria von Weber. Œuvre pour orchestre de Hindemith, composée en 1943. Elle était destinée à l'origine à un ballet pour Massine sur des thèmes de Weber (1940), utilisant notamment l'ouverture de *Turandot* (le second mouvement est intitulé « Scherzo *Turandot* »).

Métastase [Metastasio, en réalité Pietro Antonio Domenico Bonaventura Trapassi] (Rome, 3 janvier 1698 ; Vienne, 12 avril 1782). Librettiste italien. Fils d'épicier, il est pris en charge par un homme riche et de grand savoir qui lui enseigne le latin et le grec. Il commence à écrire des drames à l'âge de quatorze ans, mais sa véritable carrière commence seulement à la mort de son protecteur, lorsqu'il part pour Naples où une chanteuse d'opéra, la Romanina, lui vient en aide en le présentant à Porpora et en le persuadant d'apprendre la musique. Il écrit pour elle son premier livret *Didone abbandonata* (pour lequel Sarrò compose la musique). Ses livrets seront ensuite mis en musique par la plupart des grands compositeurs de l'époque, notamment par Gluck, Haendel, Haydn et Mozart. Utilisées jusqu'à quatre-vingts fois, certaines phrases de ses livrets étaient connues mot à mot du public de l'époque. Il est nommé poète de la cour de Vienne en 1730 et, ayant hérité quelque argent de son premier protecteur, y vit confortablement jusqu'à la fin de sa vie.

Denis Arnold.

BIBLIOGRAPHIE : Stendhal, *Vies de Haydn, de Mozart et de Métastase* (Paris, P. Didot l'aîné, 1814), rééd. Les Introuvables (Plan-de-la-Tour, 1978).

Metastasis. Œuvre pour orchestre de Xenakis (1953-54), sa première partition symphonique, conçue pour 61 parties instrumentales différentes.

Metner, Nikolaï. Voir *Medtner, Nikolaï.*

Mètre. On désigne par mètre la pulsation rythmique et ses éléments constitutifs qui permettent de mesurer un vers ou un morceau de musique. Le *chiffrage des mesures qui figure au début de chaque œuvre ou de chaque mouvement (ou même en cours de mouvement en cas de changement) indique le nombre de temps de chaque mesure et la valeur de l'unité de temps ; cette unité de temps constitue le mètre dominant de l'œuvre.

Le mètre musical tire une partie de sa terminologie du mètre poétique, ses schémas réguliers de temps accentués (forts) et non accentués (faibles) au sein d'une mesure correspondant aux syllabes longues ou brèves dans un pied de vers quantitatif. La division d'un vers en pieds ressemble beaucoup à celle d'une phrase musicale en mesures, mais, en musique, le système conventionnel de la barre de mesure divise les temps en groupes qui commencent chacun sur un temps fort. En poésie, les systèmes de scansion divisent les syllabes en groupes qui commencent toujours en début du vers car il est impensable d'aborder un vers sur des pieds incomplets, contrairement aux mesures incomplètes que l'on trouve souvent au début des phrases musicales (voir le Tableau 1, exemples ïambique et anapestique).

Certains schémas métriques courants en poésie comme en musique sont reproduits dans le tableau ci-dessous : une syllabe brève correspond au signe ⏑, une syllabe longue au signe —; chaque exemple se compose de deux pieds et deux interprétations musicales possibles sont données dans chaque cas.

Les modes rythmiques du XIIIe siècle constituent une application directe et importante du mètre poétique à la musique, un système qui permettait de mettre des textes en musique en utilisant la répétition de schémas rythmiques simples et usuels (voir *Notation*, 2). Toutefois, à quelques exceptions près (comme les *psaumes métriques, la *musique mesurée), les compositeurs qui mettent de la poésie en musique ne se sentent pas obligés de suivre en détail le schéma métrique du poète : par exemple, ils n'emploient pas nécessairement des mètres triples pour les vers ïambiques ou des mètres doubles pour les vers dactyliques ; en outre, ils ne se limitent pas à une note par syllabe (comme le voudrait toute adhésion stricte au schéma). Néanmoins, les compositeurs tentent généralement de respecter l'accentuation du texte en faisant correspondre les syllabes accentuées aux temps forts de la musique ; ils insistent ainsi sur le rythme et sur le sens, le plus souvent au bénéfice mutuel des paroles et de la musique.

Pour les mètres courants dans les hymnes, voir *Hymne*, 11 ; *Rythme* ; *Chiffrage des mesures*.

Judith Nagley.

Métrique. Voir *Modulation métrique*. Pour psaumes métriques, voir *Hymne*, 4, 5, 10, 11.

Métronome (all. : *Taktmesser* ; angl. : *metronome* ; ital. : *metronomo*). Appareil qui permet de déterminer le tempo avec exactitude. Inventé par Loulié en 1696 (il mesurait 1,80 m de haut), il a revêtu depuis lors différentes formes, la plus courante étant aujourd'hui le modèle mécanique de Johann Nepomuk Maelzel (1772-1838), ami de Beethoven, lequel s'y était beaucoup intéressé. (Il semble néanmoins que Maelzel ait volé le principe à un certain Winkel.) Il s'agit du petit instrument pyramidal, muni d'un pendule pourvu de graduations et d'un curseur mobile ; il possède parfois une sonnerie qui peut retentir tous les deux, trois ou quatre temps. De l'usage de ce métronome est née la coutume d'employer les lettres « M.M. » comme dans « M.M. ♩ = 100 » : Métronome de Maelzel réglé à 100 oscillations à la minute, chacune représentant une noire.

Vers 1945, un métronome de poche, qui ressemble à un chronomètre, a vu le jour

TABLEAU 1

<table>
<tr><th>Mètre</th><th>Poésie</th><th>Musique</th></tr>
<tr><td>Iambique</td><td>⏑ — | ⏑ —</td><td></td></tr>
<tr><td>Trochaïque</td><td>— ⏑ | — ⏑</td><td></td></tr>
<tr><td>Dactylique</td><td>— ⏑ ⏑ | — ⏑ ⏑</td><td></td></tr>
<tr><td>Amphibraque</td><td>⏑ — ⏑ | ⏑ — ⏑</td><td></td></tr>
<tr><td>Anapestique</td><td>⏑ ⏑ — | ⏑ ⏑ —</td><td></td></tr>
<tr><td>Spondaïque</td><td>— — | — —</td><td></td></tr>
<tr><td>Tribraque</td><td>⏑ ⏑ ⏑ | ⏑ ⏑ ⏑</td><td></td></tr>
</table>

en Suisse. On a également fabriqué des métronomes destinés à synchroniser des rythmes différents (trois pour deux, trois pour cinq...), comme on en trouve dans beaucoup d'œuvres modernes et, récemment, les modèles à pile se sont généralisés. L'interprète n'est pas tenu de respecter les indications métronomiques, même lorsqu'elles sont fournies par le compositeur et non simplement par l'éditeur. Dans une lettre à Henschel, Brahms disait : « Si j'en juge par mon expérience personnelle, tout compositeur qui a donné des indications métronomiques les a tôt ou tard retirées. » Certaines indications de Schumann sont si rapides qu'elles sont presque impossibles à respecter, ce qui laisse supposer que son métronome fonctionnait mal.

En guise de métronome, on peut utiliser une montre dont on connaît la vitesse du tic-tac (généralement cinq par seconde). William Turner (*Sound Anatomized*, 1724) écrit que, dans ce que l'on appelle aujourd'hui le tempo *alla breve*, les noires sont « comptées à la même vitesse que les mouvements réguliers d'une montre » – ce qui implique que toutes les montres battaient de la même façon à son époque (comme aujourd'hui) et que toutes les noires avaient la même valeur (ce qui n'est plus le cas aujourd'hui).

Le métronome a fait son apparition dans l'instrumentation sous la plume de Ligeti, qui a écrit un poème symphonique pour cent métronomes (1962) et de Gordon Crosse (*Play Ground*, 1977), entre autres compositeurs.

Anthony Baines.

Metropolitan Opera Company. Le « Met » est la plus ancienne compagnie lyrique américaine qui ait connu une existence ininterrompue. Il a ouvert ses portes à New York en 1883 et est devenu une institution nationale qui emploie un millier de personnes, avec une saison de vingt-six semaines (à Lincoln Center, depuis 1966), une tournée annuelle, des émissions de radio hebdomadaires dans tout le pays (depuis 1931), une guilde de 70 000 membres qui publie la revue *Opera News*, un Conseil national qui administre des auditions d'un bout à l'autre des États-Unis et un Opera Studio qui offre notamment des concerts et des représentations de jeunes chanteurs aux enfants des écoles de l'est du pays.

Nym Cooke.

Mettere (ital.). « Mettre » ; *mettete il sordino*, « mettez les sourdines ».

Mettez (du verbe mettre). Dans la musique d'orgue, « mettez » veut souvent dire « mettez (un registre) en action ».

Meyerbeer, Giacomo (Berlin, 5 septembre 1791 ; Paris, 2 mai 1864). Compositeur allemand. Fils d'un riche banquier juif, Jacob Liebmann Meyer Beer change de nom pour adopter celui de Giacomo Meyerbeer lorsqu'il hérite d'un riche parent du nom de Meyer. Pianiste précoce, à sept ans il joue en public le *Concerto en ré mineur* de Mozart et commence à étudier la composition avec Zelter et l'abbé Vogler. Doté d'un don particulier pour la lecture des partitions, il compose bientôt des œuvres sérieuses, notamment un oratorio et un opéra biblique. Mais il se considère avant tout comme un pianiste jusqu'à ce que, après de brillants débuts et l'échec d'un opéra à Vienne, Salieri lui conseille d'aller en Italie pour se familiariser avec l'art lyrique. Il part pour Venise, est transporté par la musique de Rossini et devient un véritable expert en matière vocale. Il compose plusieurs opéras à la manière de Rossini, tous couronnés de succès en Italie. Mais à son retour à Berlin, en 1823, il découvre que les critiques allemands méprisent ce style, l'étoile de Weber étant en pleine ascension. Néanmoins, son ouvrage suivant, *Il Crociato*, reçoit un accueil très favorable à Venise, en 1824, et, deux ans plus tard, il obtient un succès analogue à Paris où il s'installe. Mécontent du style italien, il décide de changer de manière ; il rencontre Scribe, le célèbre librettiste, dont le contact sûr avec le public parisien aboutit à *Robert le Diable*, grand opéra à la manière de Spontini et du *Guillaume Tell* de Rossini (effets scéniques spectaculaires, orchestration brillante). Avec cet ouvrage, Meyerbeer devient rapidement le compositeur d'opéras le plus célèbre et le plus prospère de son temps, ce que confirme le succès encore plus retentissant des *Huguenots* (1836). Une fois encore, le succès de cet ouvrage repose davantage sur ses qualités musicales que sur son sens scénique et dramatique, qui n'est comparable qu'à celui des films des épopées hollywoodiennes des années trente. Néanmoins, la musique de Meyerbeer ne mérite pas les critiques qui l'ont accablée ultérieurement, car si elle ne comporte pas d'airs mémorables, elle parvient à traduire des situations.

Invité à prendre la direction de l'Opéra de Berlin en 1842, après le départ de Spontini, il connaît une période difficile ; Meyerbeer était un médiocre chef d'orchestre et il ne parvenait pas à s'adapter aux goûts allemands. Il retourne finalement à Paris, où *Le Prophète* est créé en 1849 et *L'Etoile du Nord* cinq ans plus tard. Son perfectionnisme limite sa production car il apporte constamment des révisions à ses œuvres (lors des répétitions d'orchestre, il essaie plusieurs versions avant de fixer son choix) et insiste pour obtenir exactement la distribution de son choix. Pour ces raisons, son dernier opéra, *L'Africaine*, ne sera jamais monté de son vivant, mais seulement un an après sa mort. Presque tous ses grands opéras ont remporté un succès immédiat et lui ont rapporté une fortune, mais les acclamations de ses débuts se sont transformées en commentaires critiques à la fin de sa vie et il a alors compris qu'une génération plus jeune avait pris la relève. Mais la violence des écrits de Wagner et de quelques autres musicologues, surtout dans le climat d'antisémitisme de la fin du XIXe siècle, ne parviendra pas à éclipser l'influence considérable de Meyerbeer sur l'opéra, sans laquelle *Rienzi* (Wagner), *Il Trovatore*, *Don Carlos* et *Aïda* (Verdi) ainsi qu'une multitude d'ouvrages français composés entre 1860 et 1880 n'auraient pas vu le jour.

Denis Arnold.

BIBLIOGRAPHIE : Henri de Curzon, *Meyerbeer* (Paris, 1910). Lionel Dauriac, *Meyerbeer*, Félix Alcan (Paris, 1913, rééd. 1930). Henry Eymieu, *L'Œuvre de Meyerbeer*, Fischbacher (Paris, 1910). Sergio Segalini, *Diable ou prophète ? Meyerbeer*, Beba (Paris, 1985).

Mezzo, mezza (ital.). « Demi », « moitié » ; *mezza voce*, « à mi-voix », c'est-à-dire à la moitié de la puissance vocale (ou instrumentale) disponible (à ne pas confondre avec **messa di voce*) ; *mezzoforte* (généralement abrégé *mf*), « modérément fort, c'est-à-dire pas trop fort ; *mezzo-soprano*, voir plus bas.

Mezzo-soprano (ital.). Voix de femme (ou voix d'homme artificielle) dont la tessiture se situe à mi-chemin entre la voix de contralto et celle de soprano, approximativement de la² à la⁴ (souvent si⁴). Une voix de mezzo-soprano aiguë est souvent identique à une voix de soprano dramatique ou de soprano-spinto et de nombreux rôles peuvent être chantés indifféremment par l'une ou l'autre. Plusieurs rôles d'opéra écrits pour des sopranos sont traditionnellement chantés par des mezzos, auxquelles ils conviennent mieux, notamment Dorabella dans *Cosi fan tutte*, Carmen ou Oktavian dans *Le Chevalier à la rose*. L'expression mezzo-contralto correspond à une tessiture un peu plus grave que celle de mezzo.

Mf. Abréviation pour *mezzoforte* ; voir *Mezzo, mezza*.

M.g. Abréviation pour « main gauche ».

Mi. La note mi est le troisième degré de la gamme d'ut majeur.

Mi, me. Troisième degré de la gamme dans le système de *solmisation. En anglais et en allemand, où a été conservé un système de désignation des notes par les lettres de l'alphabet, la note mi correspond à la lettre E.

Miaskovski, Nikolaï (Yakovlévitch) (Novoguéorguievsk, 20 avril 1881 ; Moscou, 8 août 1950). Compositeur soviétique. Né dans une forteresse, fils d'un général de l'armée russe, il reçoit lui-même une formation militaire et participe aux hostilités entre 1914 et 1916. Il reçoit une bonne éducation musicale au Conservatoire de Saint-Pétersbourg, notamment de Rimski-Korsakov et, à la fin de la guerre, il devient professeur de composition au Conservatoire de Moscou. Il a écrit 27 symphonies et quelques sonates. Son style musical reflète l'influence de Glazounov et de Tchaïkovski ; sur le plan des émotions, il se rapproche de ce dernier par son pessimisme proche de la neurasthénie, mais sa manière est toutefois plus novatrice.

Percy Scholes, rév.

Michel-Ange, Suite sur des poèmes de (Suite sur des poèmes de Michelangelo Buonarroti). Cycle de onze mélodies pour basse et piano op.145 de Chostakovitch, composé en 1974. La même année, Chostakovitch en a réalisé une version avec orchestre (op.145*a*).

Michelangelo Sonnets. Voir *Seven Sonnets of Michelangelo.*

Mico [Micho], **Richard** (Taunton, vers 1590 ; Londres, avril 1661). Joueur de viole et compositeur anglais issu d'une famille d'origine française. Mico a été au service de la maison Petre à Thorndon Hall, dans l'Essex, en tant que professeur et instrumentiste ; ses employeurs étaient catholiques et il s'est converti à leur religion. Il a surtout écrit de la musique pour *consort*, comprenant de nombreuses fantaisies, quelques pavanes et un *In nomine.* Christopher Simpson et Roger North ont fait l'éloge de sa musique.

Denis Arnold.

Mi contra fa (lat.). Début d'une expression latine, plus connue par son second vers : *Mi contra fa/diabolus est in musica* (« mi contre fa est le diable en musique »). Elle servait à mettre en garde les chanteurs contre des intervalles malaisés (notamment le triton) qui surviennent lorsque les deux notes mi et fa se présentent simultanément. Voir *Musica ficta.*

Micro-intervalle. Tout intervalle inférieur à un demi-ton. Ces intervalles existent depuis longtemps dans les cultures musicales asiatiques, mais leur emploi en Occident est un phénomène du XXe siècle. Alois Hába et Julian Carrillo comptent parmi les premiers compositeurs importants à avoir introduit des quarts de ton au cours des années vingt. A la même époque, Harry Partch arrivait à des intervalles plus petits dans le cadre de sa recherche de l'intonation juste. La musique microtonale pose des problèmes d'exécution, car elle nécessite parfois la construction d'instruments spéciaux. Toutefois, dans le domaine électronique, il n'y a pas de limites, mais jusqu'à présent peu de compositeurs ont travaillé systématiquement avec des micro-intervalles sur bande magnétique.

Paul Griffiths.

Midi, Le. Surnom de la *Symphonie n° 7 en ut majeur* de Haydn, probablement composée en 1761. Voir également *Matin, Le* et *Soir, Le.*

Midsummer Marriage, The (« Le Mariage du milieu de l'été »). Opéra en trois actes de Tippett sur un livret du compositeur. Représentations : Londres (Covent Garden, 27 janvier 1955) ; Karlsruhe (29 septembre 1973). L'intrigue traite de la quête spirituelle de deux jeunes gens, Mark (tén.) et Jenifer (sop.), dans le mariage ; mais, pour y parvenir, ils doivent se connaître parfaitement et faire tomber leurs illusions sur eux-mêmes ; ils sont mis en parallèle avec un couple d'amoureux sans histoires, Bella (sop.) et Jack (tén.), dans une analogie avec les couples de *La Flûte enchantée.* Le père de Jenifer est un homme d'affaires qui s'oppose à leurs fiançailles. L'action se situe entre le mythique et le magique, avec des détails terrestres (King Fisher et sa secrétaire) et, en toile de fond, un milieu d'été anglais éternel aux harmonies mystérieuses (la présence de la voyante Sosostris et d'un groupe d'anciens). Au milieu de l'acte II, les *Danses rituelles* traduisent le conflit entre les sexes en termes de ballet. Mark et Jenifer parviennent finalement à une compréhension parfaite, véritable condition du mariage réussi.

Midsummer Night's Dream, A. Voir *Songe d'une nuit d'été, Le.*

Mignon. Opéra-comique en trois actes d'Ambroise Thomas sur un livret de Jules Barbier et Michel Carré d'après le roman de Goethe *Wilhelm Meisters Lehrjahre* (« Les Années d'apprentissage de Wilhelm Meisters », 1795-96). Créé à Paris, à l'Opéra-Comique, le 17 novembre 1866.

Migot, Georges (Paris, 27 février 1891 ; Levallois, 5 janvier 1976). Compositeur français, élève de d'Indy, Widor, Guilmant et Vierne, auteur d'une œuvre considérable qui puise son inspiration aux sources de la polyphonie en se démarquant de tout système d'écriture rigoureux. Sa première partition importante, *Les Agrestides,* pour orchestre (1921) avait révélé la force et l'originalité de son langage qui s'orientera vers une primauté accordée à la mélodie au détriment de la structure classique. On lui doit une dizaine d'oratorios (*Saint Germain d'Auxerre,* 1947), cinq symphonies, des œuvres vocales en tous genres et un immense cycle de pièces pour piano, *Le Zodiaque* (1931-32).

Alain Pâris.

Mih. Voir *Cornemuse,* 5.

Mihalovici, Marcel (Bucarest, 22 octobre 1898 ; Paris, 12 août 1985). Compositeur français d'origine roumaine, élève de Vincent d'Indy à la Schola cantorum, héritier spirituel de Georges Enesco. Il fait partie de l'« École de Paris » qui regroupe un certain nombre de compositeurs étrangers fixés à Paris entre les deux guerres (Tansman, Martinů, Harsanyi...) et anime plusieurs groupes de musique contemporaine, notamment le Triton. Son œuvre, profondément marquée par le lyrisme de son pays natal, est fortement structurée et fait parfois appel au dodécaphonisme : cinq opéras (notamment *Phèdre*, 1949 ; *Le Retour*, 1954 et *Krapp*, 1960), cinq symphonies, quatre quatuors à cordes et de nombreuses œuvres pour piano écrites pour sa femme Monique Haas.

Alain Pâris.

Mikado, Le (*The Mikado*). Opéra-comique en deux actes de Gilbert et Sullivan. Représentations : Londres (Savoy Theatre, 14 mars 1885) ; Chicago (6 juillet 1885) ; Sydney (14 octobre 1885) ; Vienne (Theater an der Wien, 2 mars 1888). L'ouvrage se déroule au Japon ; Nanki-Poo (tén.), fils du Mikado (basse), s'est déguisé en ménestrel errant pour se soustraire aux attentions excessives de Katisha (mezzo), qu'il trouve trop âgée. Sur ordre du Mikado, Ko-Ko (bar.), l'exécuteur des hautes œuvres, doit décapiter quelqu'un dans le mois qui vient et Nanki-Poo se propose à condition de pouvoir épouser Yum-Yum (sop.), la pupille de Ko-Ko. L'intrigue se complique, mais tout s'arrange lorsque Nanki-Poo révèle à son père sa véritable identité et Ko-Ko s'offre à épouser la furieuse Katisha.

Mikrokosmos. « Pièces progressives » pour piano de Bartók, composées entre 1926 et 1939. Les 153 pièces ont été publiées en six volumes. Bartók en a arrangé sept (n°s 113, 69, 135, 123, 127, 145, 146) pour deux pianos. Sept autres (n°s 102, 117, 137, 139, 142, 151, 153) ont été orchestrées par Tibór Sérly, qui en a également transcrit cinq (n°s 102, 108, 116, 139, 142) pour quatuor à cordes.

Milán, Luis de (vers 1500 ; célèbre entre 1536 et 1561). Compositeur espagnol. On sait peu de chose de sa vie, en dehors de ses relations avec la cour ducale de Valence. Il jouait de la vihuela avec virtuosité et a composé des chansons et de la musique soliste pour cet instrument. La musique que l'on connaît figure, en majeure partie, dans l'ouvrage didactique *Libro de música de vihuela de mano intitulado El maestro* (Valence, 1536). Ses romances et ses *villancicos* ont été comparés aux *ayres* pour luth de Dowland et ses fantaisies sont intéressantes non seulement pour leur technique brillante, mais également parce qu'elles comportent déjà des indications de tempo et un *rubato* expressif. Milán est aussi l'auteur de *El Cortesano* (Valence, 1561), ouvrage conçu sur le modèle de *Il Cortegiano* (1528) de Castiglione et qu'il a dédié à Philippe II d'Espagne.

Denis Arnold.

Milano, Francesco (Canova) da (Monza, près de Milan, 18 août 1497 ; Milan, 15 avril 1543). Compositeur et luthiste italien. Milano était certainement le plus célèbre luthiste du XVIe siècle ; il a été au service de trois papes (Léon X, Clément VII et Paul III) à Rome avant de s'installer à Plaisance à la fin des années 1520. Vers 1530, il a sans doute été pendant quelque temps organiste de la cathédrale de Milan. Il est retourné à Rome en 1535, travaillant pour deux cardinaux, Hippolyte de Médicis et Alexandre Farnèse, et pour le pape Paul III, avec lequel il s'est rendu à Nice en 1538. Milano a composé beaucoup de musique intéressante pour luth, en grande partie sous forme de *ricercari* ou de fantaisies, et réalisé de nombreux arrangements de motets, de madrigaux et de chansons. Sa musique est très connue, non seulement en Italie, mais également en France et en Angleterre.

Denis Arnold.

Milhaud, Darius (Aix-en-Provence, 4 septembre 1892 ; Genève, 22 juin 1974). Compositeur français. Il entre au Conservatoire de Paris en 1909, où il sera l'élève de Gédalge, Dukas, Vincent d'Indy et Widor ; à la même époque, il rencontre l'écrivain Paul Claudel (1868-1955). En 1913, il commence à écrire de la musique pour la traduction de Claudel de *L'Orestie* ; la musique qu'il compose pour *Les Choéphores* (1915) est particulièrement intéressante car il utilise un chœur parlé avec percussion et introduit la polytonalité, qui restera une caractéristique distinctive du style de Milhaud. A la fin de l'année 1916, Claudel l'emmène comme secrétaire au Brésil, où il est nommé ambassadeur de France et ils collaborent à un ballet brésilien, *L'Homme et son désir* (1918).

De retour à Paris, Milhaud se lie a un groupe de jeunes compositeurs où figurent Poulenc et Honegger qui, en 1920, seront baptisés le *groupe des Six. L'esthétique cavalière et anticonformiste des Six se reflète dans plusieurs œuvres de Milhaud à partir de cette époque, notamment dans le cycle de mélodies *Machines agricoles* (1919), qui met en musique des extraits d'un catalogue de machines agricoles, et dans le ballet *Le Bœuf sur le toit* (1919), où il utilise des formes de danses latino-américaines. Il s'inspire aussi de la musique de jazz qu'il a entendue dans une boîte de nuit de Harlem et dont il trouve une application dans son ballet *La Création du monde* (1923). Ses origines provençales et juives ne sont pourtant pas oubliées ; son petit opéra *Les Malheurs d'Orphée* (1925) transpose le mythe en Camargue et la *Suite provençale* (1936) constitue l'une de ses partitions symphoniques les plus lumineuses et les plus attrayantes. Quant aux œuvres spécifiquement juives, elles vont du cycle de mélodies *Poèmes juifs* (1916) à l'opéra-oratorio *David* (1952), commande destinée à être jouée en Israël.

A partir des années vingt, Milhaud écrit avec une facilité surprenante, le catalogue de ses œuvres dépassant finalement 400 partitions. Elles comprennent 12 symphonies, de nombreux concertos et autres œuvres symphoniques, de la musique de chambre, notamment 18 quatuors (les quatuors n°s 14 et 15 peuvent être joués simultanément en octuor), des œuvres chorales et des mélodies de toutes sorte,s de la musique de films et de scènes ainsi que plusieurs grands opéras. *Christophe Colomb* (1930, texte de Claudel) est son œuvre lyrique la plus ambitieuse ; c'est une œuvre complexe tant par sa mise en scène que par ses structures chorales et orchestrales qui sont conçues à une échelle grandiose.

Milhaud passe les années 1940-47 aux États-Unis, où il est professeur à Mills College à Oakland, en Californie. A son retour en France, il est nommé professeur de composition au Conservatoire de Paris et, malgré une mauvaise santé persistante, il continue à se rendre régulièrement aux États-Unis pour enseigner dans différents établissements. La plupart de ses œuvres révèlent ce lyrisme français auquel sa polytonalité a donné un piquant très personnel.

Paul Griffiths.

BIBLIOGRAPHIE : Paul Collaer, *Darius Milhaud*, Slatkine (nouvelle édition, Genève, 1982). Darius Milhaud, *Ma Vie heureuse*, Belfond (Paris, 1973, rééd. 1987) / *Notes sur la musique – Essais et chroniques* (éd. par Jeremy Drake), Flammarion (Paris, 1982). *Correspondance Paul Claudel-Darius Milhaud*, Gallimard (Paris, 1961). Madeleine Milhaud, *Catalogue des œuvres de Darius Milhaud*, Slatkine (Genève, 1982). Claude Rostand, *Entretiens avec Darius Milhaud*, Julliard (Paris, 1952). Jean Roy, *Milhaud*, Seghers (Paris, 1968).

Militaire. Surnom de la *Symphonie n° 100 en sol majeur* de Haydn, composée en 1793-94. Elle doit son nom aux instruments « militaires » qu'elle fait intervenir et à sa fameuse sonnerie de trompette dans le deuxième mouvement.

Mille, Agnes De (New York, 1909). Chorégraphe américaine qui est parvenue à concilier les impératifs de l'art et le succès en insérant dans le ballet des thèmes spécifiquement américains avec *Rodeo* (Copland, 1942) et *Fall River Legend* (Gould, 1948). Elle s'est servie de la technique classique comme d'un tremplin pour intégrer la danse au théâtre musical notamment avec *Oklahoma !* (1943) et *Carousel* (1945). Elle a écrit plusieurs livres intéressants sur la danse.

Noël Goodwin.

Millöcker, Carl (Vienne, 29 avril 1842 ; Baden, près de Vienne, 31 décembre 1899). Compositeur autrichien, l'un des grands maîtres de l'opérette viennoise. Il fait ses débuts comme flûtiste dans un théâtre viennois, puis devient chef d'orchestre et compositeur à Graz et à Vienne. Après l'immense succès de *Der Bettelstudent* (1882), il abandonne la direction d'orchestre et compose toute une série d'opérettes dans la tradition d'Offenbach et de Suppé.

Denis Arnold.

Milner, Anthony (Francis Dominic) (Bristol, 13 mai 1925). Compositeur anglais. Il fait ses études musicales au Royal College of Music de Londres (1945-47) et travaille également la composition avec Mátyás Seiber (1944-48). Ses œuvres comprennent un large éventail de partitions chorales, allant de la petite cantate à la *Symphonie n° 2* (1977-78), conçue à une échelle grandiose ; son style tend vers un lyrisme extatique et les sujets sont souvent liés à la théologie catholique. Milner a aussi enseigné à Morley College (1946-62), au Royal College of Music (à partir de 1961) et à King's College, à Londres (à partir de 1965).

Paul Griffiths.

Milton, John (Stanton St John, près d'Oxford, vers 1563 ; Londres, mars 1647). Compositeur amateur anglais, père du poète John Milton. Il fait ses études à Oxford, puis devient membre de la corporation des écrivains publics (Scriveners' Company). Il écrit des *anthems* et de la musique pour *consort* et collabore à plusieurs anthologies, notamment *The Triumphes of Oriana* de Morley et *Teares or Lamentations of a Sorrowful Soule* de William Leighton.

John Milsom.

Mime. Terme qui désigne à la fois une pièce mimée en pantomime (où n'interviennent que les gestes, sans paroles) et l'acteur qui joue une telle pièce. Le mime est un élément important du ballet et constitue la base du ballet dramatique du XVIIIe siècle ou « ballet d'action », dans lequel les danseurs devaient exprimer des émotions par des gestes et des expressions du visage, par opposition au rituel stylisé des ballets de cour antérieurs, où les danseurs étaient souvent masqués. Le mime a également joué un rôle important dans les théâtres de foire parisiens du XVIIIe siècle, lorsque le monopole de l'Opéra de Paris interdisait le chant dans les divertissements forains. Il y a souvent une connotation de farce, surtout dans la pantomime. Le « mimodrame » est une pièce (musicale ou dramatique) interprétée par gestes, mimiques et danses : Roger-Ducasse a qualifié son *Orphée* (1913) de « mimodrame ».

Minaccevole, minaccevolmente (ital.) « Menaçant », « d'un air menaçant » (également *minacciando, minaccioso, minacciosamente*).

Minder (all.). « Moindre ».

Mineur, mineure. Pour gamme mineure, voir *Gamme*, 3.

Minime. Voir *Blanche.*

Minnesinger (all., pl. *Minnesinger*). Poètes musiciens allemands des XIIe, XIIIe et XIVe siècles, souvent d'origine aristocratique. Comme les *trouvères du nord de la France, les *Minnesinger* ont modelé leur culture sur celle des *troubadours. Leur poésie reflète un ordre social très raffiné ; elle est dominée par le respect accordé aux femmes et s'exprime généralement dans le langage de l'amour courtois. La plupart des poèmes étaient mis en musique et chantés par les *Minnesinger* eux-mêmes, souvent accompagnés par des ménestrels professionnels. Mais rares sont les mélodies des deux premiers siècles d'existence du mouvement qui ont survécu. Parmi les principaux compositeurs, on peut citer Walther von der Vogelweide, Neidhart von Reuental (mort vers 1250) et Der Tannhäuser, dont les œuvres datent du XIIIe siècle ; Oswald von Wolkenstein, l'un des derniers *Minnesinger*, a écrit de nombreuses chansons polyphoniques ainsi que des monodies conventionnelles. Voir également *Meistersinger, Ménestrel.*

John Milsom.

Minuit, chrétiens. Noël d'Adolphe Adam qui a beaucoup contribué à la renommée de ce compositeur.

Miracle. Surnom de la *Symphonie n° 96 en ré majeur* de Haydn, composée en 1791. Lors de sa première exécution, à Londres en 1791, les spectateurs se sont précipités vers le compositeur dès la fin de l'œuvre pour le féliciter, échappant ainsi miraculeusement à la chute d'un lustre sur leurs sièges. En fait, cet incident s'est produit lors du deuxième voyage de Haydn à Londres, en 1795, après l'exécution de sa *Symphonie n° 102,* qui mériterait donc ce surnom.

Miracles. Voir *Drame liturgique,* 2.

Mireille. Opéra en cinq actes de Gounod sur un livret de Michel Carré d'après Mistral. Créé à Paris, au Théâtre-Lyrique, le 19 mars 1864.

Mirliton. Voir *Kazoo.*

Miroir. Voir *Canon.*

Miroirs. Cinq pièces pour piano de Ravel, composées en 1904-05 : *Noctuelles, Oiseaux tristes, Une barque sur l'océan, Alborado del gracioso* et *La Vallée des cloches.* Ravel a orchestré *Une barque sur l'océan* (1906, rév. 1926) et *Alborado del gracioso* (1918).

Mirror on which to Dwell, A. Cycle de mélodies pour soprano, piccolo, deux flûtes, hautbois, cor anglais, clarinette, clarinette en mi bémol, percussion, piano, violon, alto, violoncelle et contrebasse de Carter sur des poèmes d'Elizabeth Bishop, composées en 1975 : *Anaphora, Argument, Sandpiper, Insomnia, View of the Capitol from the Library of Congress* et *O Breath.*

Mise de voix. Voir *Messa di voce.*

Missa (lat.). « Messe ». La *Missa brevis* est une « messe courte » relativement peu élaborée sur le plan musical et qui convient donc aux occasions ordinaires. On la distingue de la *Missa solemnis* exécutée dans les grandes cérémonies. La *Missa solemnis* est la « grand-messe » ou messe « solennelle », dite par un prêtre assisté d'un diacre, d'un sous-diacre et d'autres ministres ainsi que d'un chœur. La plupart des textes sont chantés ; le propre de la messe, qui varie selon le calendrier liturgique, est généralement chanté en grégorien, et l'ordinaire, qui reste le même, en polyphonie (pour la structure et l'histoire de la *Missa solemnis,* voir *Messe*). Le déroulement de la *Missa cantata* est pratiquement identique à celui de la *Missa solemnis* : elle est également chantée, mais le clergé est moins nombreux et le cérémonial est plus réduit. La *Missa lecta* (« messe lue ») ou *Missa privata* (« messe privée »), aussi appelée messe basse, est dite par un prêtre assisté d'un clerc. Elle est célébrée sans musique, à l'exception des cantiques chantés par les fidèles.

Missa di Gloria. Titre d'une messe pour soli, chœur et orchestre de Puccini (1878) dont le Gloria occupe une place centrale. Rossini a également composé une messe qui porte le même titre.

Missa in tempore belli. Voir *Paukenmesse.*

Missa Papae Marcelli (« Messe du pape Marcel »). Messe à six voix de Palestrina, publiée dans son second livre de messes (1567). Le pape Marcel II avait fondé une commission destinée à encourager la composition d'une musique polyphonique sacrée dans laquelle les paroles seraient intelligibles. Selon la légende, Palestrina aurait composé cette messe pour cette commission (le concile de Trente), « sauvant ainsi la musique d'Église ». Il n'existe aucune preuve formelle qu'elle ait été jouée devant les cardinaux et elle a peut-être été écrite quelques années plus tôt pour Marcel II, pour son élection au siège pontifical (1555).

Missa super « L'Homme armé ». Œuvre pour récitant et ensemble instrumental et vocal de Peter Maxwell Davies sur des extraits en latin de l'Évangile selon saint Luc (chapitre 22). Il s'agit de la révision d'une œuvre antérieure (composée en 1968) intitulée *L'Homme armé,* basée sur une messe anonyme du XVe siècle. Elle a été créée en 1971. Voir également *Homme armé, L'.*

Miss Donnithorne's Maggot. Pièce de théâtre musical de Peter Maxwell Davies sur un texte de Randolph Stow pour soprano et ensemble instrumental (comprenant quatre métronomes, un sifflet de maître d'équipage et une peau de chamois frottée sur du verre). Créée en 1974 à Adélaïde, en Australie.

Missel (lat. : *missale*). Livre qui regroupe les chants, les prières et les lectures pour la messe ; voir *Plain-chant,* 5.

Misura (ital.). « Mesure »; *alla misura,* « en mesure » ou « en respectant bien la mesure » ; *senza misura,* « librement », « non mesuré » ; *misurato,* « mesuré », strictement en mesure.

Mitridate, rè di Ponto (« Mithridate, roi du Pont »). Opéra en trois actes de Mozart sur un livret de V. A. Cigna-Santi d'après G. Parini et Racine. Créé à Milan le 26 décembre 1770. Première française à Aix-en-Provence le 21 juillet 1983.

BIBLIOGRAPHIE : *Mithridate,* L'Avant-Scène-Opéra n° 54 (Paris, 1983).

Mitte (all.). « Milieu », « centre » ; *auf der Mitte des Bogens,* « au centre de l'archet ».

Mixed cadence (angl.). « Cadence mixte ». Voir *Cadence,* 2.

Mixolydien. Mode représenté par les touches blanches du piano et commençant sur sol. Voir *Mode,* 2.

Mixte. Voir *Voix mixtes.*

M.M. Voir *Métronome.*

Mode

1. Introduction
2. Mode et gammes ou types de mélodie dans la musique européenne
3. Musique traditionnelle et cultures extra-européennes
4. Valeur expressive des modes

1. *Introduction.* Dans la théorie du début du Moyen Age, le mot *modus* était parfois utilisé dans le sens d'« intervalle » : par exemple par Hucbald (vers 840-930) et Guido d'Arezzo (vers 991-vers 1033). Cette interprétation a subsisté dans *Musicae activae micrologus* d'Ornithoparcus (Leipzig, 1517) et dans la traduction qu'en a réalisée John Dowland, sous le titre *Of Moodes, or Intervals* (Londres, 1609). Enfin, on la retrouve dans les écrits de Johann Heinrich Buttstedt (1666-1727).

Le mot « mode » est encore employé de nos jours dans deux autres sens plus connus : les modes rythmiques, dans la théorie du rythme de la musique mensuraliste médiévale (voir *Notation,* 3), et dans le sens de « gamme » ou de « type de mélodie » (voir § 2). Cette dernière acception couvre un large éventail de définitions, allant des simples gammes – successions de tons et de demi-tons, parfois sans la moindre implication de « tonique » ou de note principale – à un style mélodique ou un ensemble de motifs particuliers et caractéristiques, parfois avec une « tonique » définie et d'autres notes à l'importance hiérarchique déterminée ; ce dernier sens s'applique souvent aux musiques extra-européennes, où les types de mélodies sont largement employés dans des traditions musicales non écrites (voir § 3).

De nos jours, on emploie couramment l'adjectif « modal » pour désigner une musique dont la forme tonale n'est pas gouvernée par le système des tonalités majeures et mineures – qui couvre approximativement la musique écrite avant le XVIIIe siècle. Parfois, « modal » est même utilisé comme antithèse de « tonal ». Cet article s'achèvera par une partie réservée aux propriétés éthiques attribuées aux modes.

2. *Mode et gammes ou types de mélodies dans la musique européenne : (a) Jusqu'au IXe siècle.* L'une des tâches les plus importantes des musiciens francs de la fin du VIIIe siècle et du début du IXe siècle consistait à construire un cadre théorique susceptible de s'adapter au répertoire du chant grégorien nouvellement créé (voir *Plain-chant,* 3). Il ne s'agissait pas d'une entreprise purement intellectuelle mais d'une nécessité pratique pour parvenir à une exécution correcte du chant, car il était important de s'accorder sur le mode. Une grande partie des fonctions des chanteurs consistait à chanter des versets de psaumes selon des formules établies ou « tons » (voir *Tonus,* 3). Chaque intonation était introduite et suivie par une antienne et il était essentiel d'utiliser le ton qui s'accordait le mieux avec la tonalité de l'antienne. On a donc regroupé l'ensemble du répertoire de plain-chant autour de huit modes et de huit tons de psaumes principaux. Il n'y a donc rien de surprenant à trouver dans un tonaire, et non dans un ouvrage théorique, la première trace de l'utilisation du système modal dans le plain-chant. Dans ce tonaire, originaire de Saint-Riquier, dans le nord de la France, les chants destinés à la messe sont énumérés en fonction de leur mode (les tonaires postérieurs se limitaient souvent aux antiennes des offices).

Il faut souligner que les tons psalmodiques eux-mêmes ne comportent pas toujours une cadence sur les finales des modes correspondants. En fait, chaque ton psalmodique comporte un choix de plusieurs cadences (ou *differentiae,* « différences ») parce qu'il est toujours suivi de la reprise d'une antienne : ces différentes cadences permettent de ménager une transition en douceur à la fin du psaume pour revenir au début de l'antienne. Les tonaires peuvent regrouper des chants non seulement en fonction de leur mode mais également en fonction de la « différence » la mieux appropriée. Ainsi, l'antienne *Qui me sanum fecit* (voir *Antienne*) est classée sous mode 1, première « différence », parce que le psaume qu'elle accompagne est chanté sur le premier ton psalmodique et utilise la première cadence pour ce ton. Les noms des modes sont reproduits dans le Tableau 1.

Les noms grecs, comme certains autres aspects de la théorie et de la pratique du début de l'ère carolingienne, ont été empruntés au chant byzantin ; en effet, le système des huit modes lui-même est clairement basé sur l'*octoechos* byzantin : système de huit (*octo*) types de mélodies (*echoi*).

L'emploi de huit tons psalmodiques, un par mode, était inconnu dans l'ancien chant romain ; c'est une innovation franque. Plusieurs indications permettent de supposer que le système modal est venu s'adapter à un répertoire de chants préexistant : notamment le fait qu'un nombre significatif (quoique restreint) de chants sont difficiles à classer parmi les huit modes, généralement en raison d'une particularité chromatique ou parce qu'un chant possède les caractéristiques d'un certain mode et la cadence d'un autre. Les théoriciens – et les tonaires – divergent entre eux dans leur attribution de ces chants à des modes particuliers. *Musica disciplina* d'Aurélien de Réomé (vers 850) contient l'affirmation suivante, qui relie clairement le système des huit modes aux Byzantins (le statut des quatre modes ajoutés est douteux) : « Un certain nombre de maîtres de chant ont prétendu que certaines antiennes ne pouvaient être adaptées à aucune des formules. L'empereur Charlemagne a donc ordonné d'en ajouter quatre... et comme les Grecs se vantaient d'avoir été capables d'acquérir huit modes, il a décidé d'élever ce nombre à douze. »

Bien qu'il ait vu le jour sous forme d'abstraction théorique, le système modal, tel qu'il vient d'être décrit, répondait à un besoin pratique important. Toutefois, les auteurs du IXe siècle ont dépassé cette approche et ont cherché à opérer un rapprochement entre le système à huit modes du plain-chant et ce que l'on savait de la théorie grecque classique, en particulier son expression dans *De institutione musica* de Boèce (début du VIe siècle). Naturellement, le traité d'Aurélien est surtout une discussion spéculative, notamment sur les caractéristiques des intervalles ; il ne traite pas du plain-chant mais il fournit un certain nombre d'indications précieuses :

– la description des sept gammes d'une octave réalisables dans le cadre d'une double octave diatonique (l'équivalent des gammes d'une octave sur les touches blanches du piano, en commençant sur la, si, do, ré, mi, fa et sol) ;

TABLEAU 1

1.	*Protus*	*authenticus*	cadence sur ré	ré en bas de la tessiture, tessiture d'environ une octave au-dessus du ré
2.		*plagalis*		ré au milieu de la tessiture, tessiture d'environ une quinte de part et d'autre du ré
3.	*Deuterus*	*authenticus*	cadence sur mi	mi en bas de la tessiture, tessiture d'environ une octave au-dessus du mi
4.		*plagalis*		mi au milieu de la tessiture, tessiture d'environ une quinte de part et d'autre du mi
5.	*Tritus*	*authenticus*	cadence sur fa	fa en bas de la tessiture, tessiture d'environ une octave au-dessus du fa
6.		*plagalis*		fa au milieu de la tessiture, tessiture d'environ une quinte de part et d'autre du fa
7.	*Tetrardus*	*authenticus*	cadence sur sol	sol en bas de la tessiture, tessiture d'environ d'une octave au-dessus du sol
8.		*plagalis*		sol au milieu de la tessiture, tessiture d'environ une quinte de part et d'autre du sol

– le nom de ces sept gammes : hypodorien (la), hypophrygien (sol), hypolydien (fa), dorien (mi), phrygien (ré), lydien (do) et mixolydien (si) ;

– la division de la double octave diatonique en quatre *tétracordes (échelles couvrant une quarte juste) avec le schéma d'intervalles demi-ton – ton – ton (par exemple, deux tétracordes pour chaque octave, couvrant si-do-ré-mi et mi-fa-sol-la) ;

– l'emploi des termes « mode », « ton » et « trope », comme synonymes, pour désigner les sept gammes.

Deux traités du IXe siècle, *De harmonica* de Hucbald de Saint-Amand et le traité anonyme *Alia musica*, donnent une synthèse de ces divers éléments. Il est particulièrement intéressant de voir Hucbald utiliser des chants familiers pour illustrer certains points de la théorie grecque. Il décrit le tétracorde et la double octave à la manière grecque (de Boèce), mais restructure ensuite l'analyse en utili-

Ex. 1

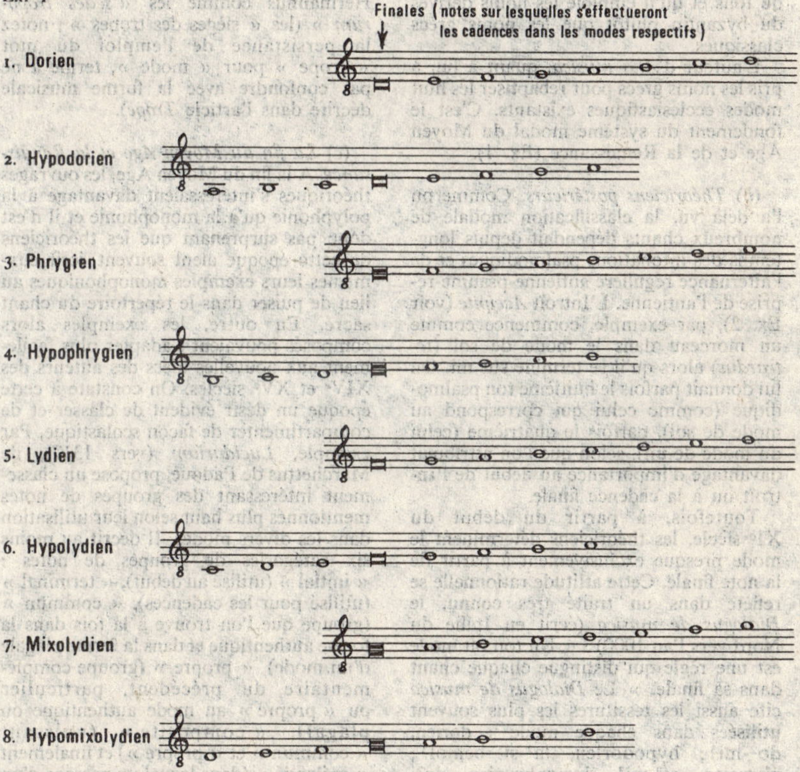

Ex. 2

sant un schéma d'intervalles différent pour ses quatre tétracordes : ton – demi-ton – ton (par exemple, deux tétracordes pour chaque octave, couvrant la-si-do-ré et ré-mi-fa-sol). Il isole le tétracorde commençant sur ré, qui se compose pour lui des notes « utilisées dans la construction des quatre modes ou tropes. On les appelle maintenant "tons" et ils sont désignés par les termes *protus*, *deuterus*, *tritus* et *tetrardus*... Ces notes s'appellent des "finales", car tout ce qui est chanté s'achève parmi elles. » Il faut noter que, pour Hucbald, il n'y a que quatre modes ou tons et qu'il emploie les noms dérivés du byzantin plutôt que les noms grecs classiques.

L'auteur d'*Alia musica*, quant à lui, a pris les noms grecs pour rebaptiser les huit modes ecclésiastiques existants. C'est le fondement du système modal du Moyen Age et de la Renaissance (Ex. 1).

(*b*) *Théoriciens postérieurs*. Comme on l'a déjà vu, la classification modale de nombreux chants dépendait depuis longtemps des intonations psalmodiques et de l'alternance régulière antienne-psaume-reprise de l'antienne. L'Introït *Accipite* (voir Ex. 2), par exemple, commence comme un morceau dans le mode de sol (*tetrardus*) alors qu'il se termine sur mi. On lui donnait parfois le huitième ton psalmodique (comme celui qui correspond au mode de sol), parfois le quatrième (celui du mode de mi), selon que l'on attribuait davantage d'importance au début de l'Introït ou à la cadence finale.

Toutefois, à partir du début du XIe siècle, les théoriciens déterminent le mode presque exclusivement à partir de la note finale. Cette attitude rationnelle se reflète dans un traité très connu, le *Dialogus de musica* (écrit en Italie du Nord vers l'an 1000) : « Un ton ou mode est une règle qui distingue chaque chant dans sa finale. » Le *Dialogus de musica* cite aussi les tessitures les plus souvent utilisées dans chaque mode : dorien, do^2-mi^3 ; hypodorien, la^2-si $bémol^3$; phrygien, $ré^2$-mi^3 ; hypophrygien, do^2-do^3 ; lydien, fa^2-fa^3 ; hypolydien, do^2-$ré^3$; mixolydien, fa^2-sol^3 ; hypomixolydien, do^2-mi^3.

Le *Dialogus de musica* et les écrits de Guido d'Arezzo ont aussi cherché à expliquer rationnellement la détermination des hauteurs de son pour les cadences médianes de divers chants. Le théoricien allemand John (qui écrivait vers 1100 ; autrefois connu sous le nom de John Cotton ou John d'Afflighem) insiste sur le fait que les notes de ténor (souvent répétées ou « tenues ») des divers tons psalmodiques jouaient aussi un rôle important dans d'autres chants du mode correspondant. Ses compatriotes Berno et Hermannus Contractus de Reichenau sont allés encore plus loin et ont élaboré des théories des groupes de notes importants (qu'ils ont appelés « espèces ») couvrant une quarte ou une quinte – décrits par Hermannus comme les « *sedes troporum* » (les « sièges des tropes » ; notez la persistance de l'emploi du mot « trope » pour « mode », terme à ne pas confondre avec la forme musicale décrite dans l'article *Trope*).

(*c*) *La fin du Moyen Age et la Renaissance*. A la fin du Moyen Age, les ouvrages théoriques s'intéressaient davantage à la polyphonie qu'à la monophonie et il n'est donc pas surprenant que les théoriciens de cette époque aient souvent écrit eux-mêmes leurs exemples monophoniques au lieu de puiser dans le répertoire du chant sacré. En outre, les exemples alors composés pouvaient s'adapter plus facilement aux nouvelles idées des auteurs des XIVe et XVe siècles. On constate à cette époque un désir évident de classer et de compartimenter de façon scolastique. Par exemple, *Lucidarium* (vers 1317), de Marchettus de Padoue, propose un classement intéressant des groupes de notes mentionnés plus haut selon leur utilisation dans les divers modes. Il décrit au moins six catégories de groupes de notes : « initial » (utilisé au début), « terminal » (utilisé pour les cadences), « commun » (groupe que l'on trouve à la fois dans la forme authentique et dans la forme plagale d'un mode), « propre » (groupe complémentaire du précédent, particulier ou « propre » au mode authentique ou plagal), « composite » (unissant « commun » et « propre ») et finalement « mélangé » (dans lequel un passage d'un mode donné se tourne vers les progressions caractéristiques d'un autre mode).

L'importance accordée à ces groupes est en partie une survivance de Boèce et des systèmes de tétracordes des auteurs postérieurs, mais elle montre également que les mélodies s'inscrivaient couramment dans un intervalle de quarte ou de quinte et non dans la totalité de l'octave. La valeur de ce genre d'écrits théoriques réside dans le fait qu'ils constituent une tentative d'analyse de ce que nous appellerions la « tonalité » de la musique : quels éléments, intervalles, progressions, etc. sont essentiels dans la détermination du mode.

Les théoriciens de la Renaissance ont développé un autre point : comme l'emploi par Guido d'Arezzo de l'hexacorde de fa avait rendu légitime celui de si bémol (voir *Solmisation*), tout le mode *protus* ou dorien (ré) pouvait être transposé d'une quinte vers le grave, à sol. C'est, en fait, ce qui s'est produit : de très nombreux morceaux polyphoniques, sacrés et profanes, de la Renaissance, sont notés avec, comme armature de la clé, un si bémol à toutes les voix, alors qu'ils auraient très bien pu être écrits une quinte plus haut sans armature. Ce choix est peut-être lié aux tessitures de l'époque ou au souci d'éviter d'écrire les dièses supplémentaires, nécessaires dans la tonalité supérieure. L'emploi d'une armature à un bémol (occasionnellement à deux bémols) a conduit à une reclassification des modes publiée dans le *Liber de natura et proprietate tonorum* (1476) de Tinctoris (Tableau 2).

Il a fallu du temps pour voir appliquer la théorie modale à la composition polyphonique : à la fin du XIIIe siècle, Johannes de Grocheo soutenait qu'elles étaient mutuellement contradictoires. C'est seulement à la fin du XVe siècle que les théoriciens se sont attaqués aux problèmes de la définition du mode des compositions polyphoniques. Selon Tinctoris, le mode de la voix de ténor déterminait celui de toute la composition ; mais il semble que la partie supérieure ait été considérée comme aussi importante, parfois même davantage, ce qui concordait avec la disposition courante des parties au XVIe siècle en SATB, où la tessiture du superius se situait à peu près une octave au-dessus de celle du ténor et l'altus une octave au-dessus du bassus.

Devant l'impossibilité d'inscrire les procédures polyphoniques dans les huit modes du système traditionnel, Heinrich Glarean a été amené, dans *Dodecachordon* (Bâle, 1547), à créer un système plus vaste. S'inspirant peut-être des traités allemands du XIe siècle qu'il avait lus, il choisit un système de douze modes. Aux huit modes précédents (voir Ex. 1), il ajoute l'éolien (la^2-la^3, avec la finale sur la^2), l'hypo-éolien (mi^2-mi^3, avec la finale sur la^2), l'ionien (do^2-do^3) et l'hypo-ionien (sol^2-sol^3), tous deux avec la finale sur do^2. L'ionien était, d'après lui, le mode le plus couramment utilisé à cette époque. Glarean s'était inspiré des recherches approfondies de Boèce et des auteurs grecs classiques (comme Aristoxène, redécouvert et traduit depuis peu ; voir *Grèce antique*, 6) pour trouver des noms pour

TABLEAU 2

			TESSITURE	FINALE
Armature à un bémol *(cantus mollis)*	Protus	mode 1 (dorien)	sol^2-sol^3	sol^2
		mode 2 (hypodorien)	$ré^2$-$ré^3$	sol^2
	Deuterus	mode 3 (phrygien)	la^2-la^3	la^2
		mode 4 (hypophrygien)	mi^2-mi^3	la^2
	Tritus	mode 5 (lydien)	fa^2-fa^3	fa^2
		mode 6 (hypolydien)	do^2-do^3	fa^2
	(Noter que les hauteurs de son du mode de fa ont été conservées et non transposées comme les autres modes – créant, en fait, la tonalité majeure moderne.)			
Armature à deux bémols *(cantus fictus)*	Protus	mode 1 (dorien)	do^2-do^3	do^2
		mode 2 (hypodorien)	sol^2-sol^3	do^3
	Protus	mode 1 (dorien)	la^2-la^3	la^2
		mode 2 (hypodorien)	mi^2-mi^3	la^2
Pas d'armature *(cantus durus)*	Tritus	mode 5 (lydien)	do^2-do^3	do^2
		mode 6 (hypolydien)	sol^2-sol^3	do^3
	(La transposition littérale du mode de fa aurait impliqué des fa dièses, mais Tinctoris ne les a pas stipulés, créant à nouveau, en fait, la tonalité majeure moderne.)			

ses nouveaux modes. Pour l'ionien, il a aussi utilisé le nom « iastien » ; pour l'hypomixolydien, hyperiastien. Parmi les modes que Glarean considère comme concevables, mais qui sont en fait impossibles à pratiquer, il y avait le mode hyperéolien (si^2-si^3, avec la finale sur si^2). Dans les écrits modernes, ce mode est parfois appelé mode locrien, mais ce nom n'a jamais été utilisé dans ce sens par les auteurs grecs, ni par les auteurs du Moyen Age ou de la Renaissance, malgré son origine grecque classique.

Le système de Glarean a fait des adeptes, surtout lorsque l'éminent théoricien Gioseffo Zarlino l'a adopté dans ses *Istitutione harmoniche* (Venise, 1558). Dans une édition ultérieure, Zarlino a réorganisé les noms et les numéros des douze modes qui suivaient alors l'ordre de l'hexacorde : do-ré-mi-fa-sol-la. Mais la découverte progressive de textes grecs de plus en plus nombreux a jeté la confusion sur ce point. Les théoriciens du Moyen Age, depuis *Alia musica*, appelaient dorien le mode de ré, mais Boèce aurait appelé dorien celui de mi et Zarlino a attribué ce nom au mode de do. On peut ainsi diviser les théoriciens de la fin de la Renaissance en trois groupes, selon qu'ils suivent le système de Glarean, le système ultérieur de Zarlino ou un modèle grec classique.

Rares sont les écrits sur la théorie modale postérieurs à 1650 qui ait survécu. L'Allemagne s'est avérée la plus conservatrice : les théories de Glarean sont résumées jusqu'en 1732 dans le *Musikalisches Lexicon* de J. G. Walther, peut-être parce que les mélodies modales du XVIe siècle, et même antérieures, avaient été préservées dans le répertoire choral luthérien.

(*d*) *Mode et tonalité.* Le terme « tonalité » est ici employé au sens large de système de relations entre les hauteurs de son, chaque tonalité comportant une « tonique » et peut-être d'autres degrés importants. Dans ce sens, il semble légitime de parler de la tonalité d'un chant aussi bien que de son mode. En fait, une grande partie des écrits médiévaux sur le mode ne sont qu'une recherche d'une définition de la tonalité. Par exemple, lorsque Guido d'Arezzo affirme que les notes au sein d'une phrase ne doivent pas se situer à plus d'une quinte de la finale de la phrase, et que le début et la fin des phrases ne doivent pas aller au-delà d'une quinte de la finale de l'ensemble du chant, il établit des frontières tonales et montre qu'il recherche l'intégrité tonale d'une œuvre. La même pensée revient inévitablement dans les écrits portant sur la polyphonie : au XVIe siècle, Gallus Dressler a dressé un tableau de hauteurs avec les notes adaptées aux cadences de chaque mode.

Toutefois, la principale différence entre le chant sacré et la musique « tonale » ultérieure réside dans le fait qu'il y a peu de chances de trouver plus d'un centre tonal dans un même chant. Des recherches récentes ont montré que le répertoire de chant sacré était dominé par des pièces de tonalité pentatonique dans l'ensemble, où les notes mi^2 et si^3 jouent un rôle subsidiaire (les cadences sur ces notes, les répétitions de ces notes et les sauts vers ou à partir de ces notes sont évités) et que les modes de ré, de mi, de fa et de sol étaient des subdivisions de ce système tonal d'ensemble. Sa prédominance tend à exclure la possibilité de contraste – dans certaines pièces, on trouve des phrases qui comportent des variantes chromatiques, si $bémol^3$ et si $bécarre^3$ étant tous deux utilisés, mais elles sont très rares. Les seules pièces à propos desquelles on pourrait parler de modulation figurent dans certaines séquences où le centre tonal peut changer au cours de la pièce, généralement en montant d'une quinte (voir *Séquence*, 2, Ex. 1). On a alors une forte impression de tonalité « progressive », une tonique étant remplacée par une autre.

Les limites de son étendue constitue l'une des raisons pour lesquelles le chant sacré est relativement incapable d'engendrer la modulation. Dans la polyphonie médiévale, les possibilités sont encore limitées, mais certaines indications laissent entrevoir que les compositeurs du XIIIe siècle connaissaient l'effet tonal : le grand *organa quadrupla* de Pérotin, qui oscille majestueusement d'une pédale à une autre, laisse supposer que les harmonies soutenues étaient soigneusement choisies pour produire des contrastes tonaux. D'une manière plus significative, certaines compositions anglaises de la fin du XIIIe siècle et du début du XIVe siècle, fondées sur des parties de ténor de chant sacré altèrent sensiblement leurs bases de plain-chant, y font des ajouts ou en soustraient certains éléments pour mettre en relief la tonique du mode et ses consonances concomitantes. En outre, une pièce polyphonique parisienne du XIIIe siècle, le *conductus* à deux voix *Hac in die rege nato*, débute et s'achève sans armature à la clé, mais passe par une longue section centrale qui reçoit une armature de deux bémols.

Si les théoriciens de la Renaissance avaient une connaissance évidente des modes, on aurait tort de chercher dans la musique de cette époque les prémisses des conflits tonaux de la musique symphonique ultérieure. La modulation était possible (plusieurs œuvres, comme « Fortuna d'un gran tempo » de Josquin des Prés, modulent par l'intermédiaire d'un cycle de quintes), mais elle n'a pas été utilisée d'une façon générale pour créer des centres de tonalité antagonistes comme élément moteur du développement de la composition.

3. *Musique traditionnelle et cultures extra-européennes.* Le mode dans le plain-chant latin concernait fondamentalement les pièces écrites dans le cadre de certaines gammes – des gammes sans demi-tons consécutifs et sans intervalles supérieurs à un ton – et avec des toniques plus ou moins définies. La coïncidence des formules mélodiques, ou types de mélodies, caractéristiques de chaque mode n'était pas un élément primordial dans la théorie tonale, bien que formule et mode aillent de pair dans une certaine mesure (voir *Plain-chant*, 6).

La musique traditionnelle européenne et les cultures musicales extra-européennes offrent un tableau assez différent. Dans ces autres traditions musicales, le type de mélodie et le motif caractéristique jouent un rôle généralement plus important dans la définition du mode.

Par exemple, dans le chant traditionnel anglais (et nord-américain), on trouve des mélodies qui étaient identiques à l'origine mais dont les finales varient et qui se déplacent dans diverses gammes ; par le processus de la transmission orale, elles ont acquis des caractéristiques tonales légèrement différentes. Le même air peut se terminer sur ré sans armature ou avec un bémol, ou avec un dièse, ou se terminer sur mi, etc. Le type de mélodie a une importance déterminante ; le mode, dans le sens de gamme et de finale, est secondaire. Une telle souplesse est extrêmement rare dans le plain-chant, et elle ne s'applique qu'à certains hymnes et à d'autres œuvres « non grégoriennes ». Elle est peut-être caractéristique d'une tradition orale indépendante des rites religieux et n'est donc pas soumise à la fidélité à la tradition et à l'autorité. Élément intéressant, cette souplesse est typique des copies de mélodies des trouvères et des troubadours qui nous sont parvenues.

Entre les deux extrêmes – d'une part la gamme et la finale dominantes, de l'autre le type de mélodie dominant – on trouve certains systèmes de musique asiatique et surtout le répertoire de musique sacrée des chrétiens du Moyen-Orient (chant byzantin, syrien, etc.). A divers degrés, leurs « modes » se réfèrent moins à des gammes qu'à des groupes de motifs, de phrases et de formules caractéristiques propres à un mode donné qui ne figurent pas dans les autres.

Plusieurs raisons permettent d'expliquer pourquoi les différentes cultures musicales ont élaboré leur propre système modal. Les systèmes de *maqâm* arabe et du *râga* indien contiennent des partitions de « modes » différents, chacun avec leurs propres motifs et intervalles ; ils sont le résultat d'une culture musicale élaborée par des chanteurs et des instrumentistes également improvisateurs. Le gamelan javanais et le gagaku japonais se composent de musique d'ensemble dans laquelle des instruments très différents jouent chacun une partie en énonçant et en embellissant un thème central (ou « nucléaire »). Les catégories modales (*patet* en javanais, *chôshi* en japonais) sont peu nombreuses mais donnent lieu à des réalisations d'une variété infinie. Les différences entre ces « modes » sont très minces, en dehors des gammes dans lesquelles ils s'insèrent, et on a pris l'habitude d'y penser en tant que « gammes », à l'inverse des mélodies arabes ou indiennes. Mais dans un sens différent, ils restent des mélodies ; leurs gammes constituent une abstraction pratique. Ils ont une tonique, mais aucune autre note prédominante (notamment pas de finale définie). Ces caractéristiques des cultures musicales extra-européennes sont non seulement intéressantes en elles-mêmes, mais elles aident à comprendre comment le plain-chant et d'autres musiques occidentales se sont développés.

4. *Valeur expressive des modes.* La valeur expressive des modes, éthique ou morale, est l'un des aspects de la théorie modale occidentale qui revient constamment sans avoir pour autant un rapport direct avec la musique qui a survécu. Par l'intermédiaire de Boèce, l'Europe médiévale a hérité de l'idée selon laquelle chaque mode est doté d'une valeur expressive particulière : on racontait notamment qu'un jeune homme s'était trouvé tellement excité par une mélodie dans le mode phrygien qu'il était sur le point de forcer la porte d'une jeune fille lorsque le passage au mode hypophrygien lui a fait reprendre ses esprits. Les théoriciens n'ont pas toujours été d'accord sur le caractère éthique d'un mode particulier : pour l'un, l'hypolydien était « larmoyant », pour un autre « voluptueux ». Tout élève étudiant le chant ou la polyphonie du Moyen Age ou de la Renaissance saura combien la description suivante de Hermann Finck (1556) est éloignée de la réalité musicale : « le mixolydien... ressemble davantage à Saturne... se manifestant dans une voix de stentor et par des cris forts, une terreur pour tous », alors que « l'hypomixolydien [est] un peu comme une honnête mère de famille qui tente d'adoucir et de calmer la colère et l'agitation du mari avec des paroles agréables ».

Les spéculations médiévales qui établissent un rapport entre les huit modes et les corps célestes et assimilent « authentique » et « plagal » à « masculin » et « féminin », comme dans le traité de Johannes de Grocheo, sont encore pertinentes : « De même que le masculin dépasse universellement le féminin en adresse et en mérite, de même il semble approprié que les principaux modes dépassent leurs plagaux ».

Lorsque au XVIe siècle les musiciens ont redécouvert les textes des auteurs grecs classiques, la discussion autour de la valeur expressive des modes s'est particulièrement animée. Cependant l'opinion qui a prévalu chez les compositeurs est sans doute reflétée avec exactitude dans la préface du *Dodecacorde* (1598) de Claude Le Jeune, un ensemble de douze psaumes, un dans chacun des modes (selon l'ordre de Zarlino) : « ...deux raisons m'ont empêché de mettre des noms à côté de chaque mode : tout d'abord, j'ai voulu éviter l'ostentation des mots appris ; ensuite, en raison de la dissension régnant entre les Anciens et de la diversité de leurs opinions sur de tels noms, il faut avoir l'esprit plus curieux que moi, qui préfère être leur disciple que leur juge ».

Il semble probable que, dans la Grèce antique, les valeurs expressives données aux modes sont liées au fait que les différents peuples (par exemple, les Phrygiens) employaient des types de mélodies différents : ce type de mélodie est resté associé au peuple et a pris son nom ; on lui a ajouté en outre les vertus particulières de la tribu (« excitable », « vigoureux », « harmonieux et bien ordonné », etc.). Ce genre d'idées ne pouvait s'accorder avec le système modal du plain-chant : il en est donc ressorti une dichotomie évidente dans les écrits théoriques européens. A cet égard, les notions grecques de mode étaient plus proches des *râga* indiens et de leurs propriétés éthiques – le mot sanskrit *râga* veut dire littéralement « émotion » ou « passion ».

David Hiley.

Mode phrygien. Mode correspondant aux touches blanches du piano commençant sur mi. Voir *Mode*, 2.

Mode de transposition limitée. *Mode qui ne peut être transposé qu'un nombre de fois limité sans se reproduire lui-même. On en trouve un cas simple dans le mode anhémitonique (par tons entiers) do-ré-mi-fa dièse-sol dièse-la dièse. Lorsqu'il est transposé d'un demi-ton vers le haut, il prend une forme différente, do dièse-ré dièse-fa-sol-la-si, mais la transposition par tout autre intervalle aboutit à la duplication de l'une ou l'autre de ces premières formes. Si l'on remonte, par exemple, le mode d'un autre demi-ton, on obtient ré-mi-fa dièse-sol dièse-la dièse-do, qui est l'équivalent de la forme originale. Par contre, le mode majeur, par exemple, n'est pas un mode de transposition limitée car chaque degré de la gamme chromatique a un contenu différent.

Un mode de transposition limitée contient une unité répétée. Dans le cas du mode anhémitonique, l'unité répétée est simplement l'intervalle d'un ton ; les autres modes de transposition limitée reposent sur les unités répétées suivantes :

demi-ton – ton ou demi-ton – demi-ton – ton, etc. Le terme a été inventé par Messiaen, qui utilise ce genre de modes dans sa musique depuis les années trente et en a fait une étude systématique. Toutefois, ils apparaissent également dans des œuvres antérieures, notamment chez Debussy (surtout le mode anhémitonique), Ravel, Liszt, Rimski-Korsakov, etc.

Paul Griffiths.

Moderato (ital.). « Modéré », par exemple dans un tempo modéré ; *moderamente*, « modérément ».

Moderne, Jacques (Pinguente, Istrie, vers 1495-1500 ; Lyon, vers 1562). Éditeur de musique français d'origine italienne établi au moins à partir de 1529 à Lyon, important centre cosmopolite, où il exerce comme libraire et imprimeur de livres médicaux, religieux, etc. Entre 1532 et 1552, il imprime une cinquantaine de livres de musique, adoptant le style de notes en losange et la technique d'impression en un seul passage de Pierre *Attaingnant, avec lequel il rivalise pendant quinze ans. Il a publié de la musique sacrée et profane, vocale et instrumentale de compositeurs locaux (comme Francesco de Layolle, qui a été son principal conseiller et a publié chez lui une part importante de son œuvre), de compositeurs de l'école parisienne (Sermisy, Janequin) et de personnalités internationales (Gombert, Willaert, Arcadelt). Contrairement à Attaingnant, il a publié la musique de compositeurs italiens, espagnols et allemands. Les arrangements de danses populaires qui font aujourd'hui sa notoriété ont été probablement commandés plutôt que compilés par lui.

J. M. Thomson.

Modes ecclésiastiques. Voir *Mode.*

Modinha (port.). Type de chanson issu de l'opéra italien et d'autres traditions artistiques (par opposition à la chanson populaire). Elle s'est largement répandue dans les salons brésiliens au XIXe siècle. La *modinha* était en général une chanson à une voix accompagnée à la guitare. Au fil des années, on a fini par la considérer comme une chanson traditionnelle, mais elle a conservé son caractère sentimental.

Modo (ital.). 1. « Manière » ; *in modo di*, « à la manière de (dans le style de) ». 2. « Mode ».

Modulation. Affirmation d'une nouvelle tonalité qui contredit la précédente. Dans le système tonal majeur-mineur, une tonalité peut être majeure ou mineure et avoir pour tonique l'un des douze sons chromatiques : il y a donc vingt-quatre tonalités. Selon la conception tonale traditionnelle, un morceau débute et s'achève dans une tonalité donnée, mais, entre-temps, il peut moduler vers une ou plusieurs autres tonalités. La modulation est diatonique lorsque les notes de la première tonalité restent compatibles dans la seconde et que seule la disposition harmonique de la musique suggère une nouvelle tonalité (Ex. 1*a*). Elle est chromatique lorsque apparaissent des notes « étrangères », qui doivent être contredites quand la musique revient à la tonalité d'origine (Ex. 1*b* : si bécarre à si bémol à si bécarre), ou enharmonique si le nom des notes et la notation réelle ne correspondent plus aux nouveaux intervalles formés dans la modulation (Ex. 1*c* : noter la quarte augmentée et la quinte diminuée marquées*). L'accord « pivot » est un aspect essentiel de la théorie harmonique qui explique la modulation (voir par exemple l'accord marqué ** dans l'Ex. 1*b*) : cet accord est commun à l'ancienne et à la nouvelle tonalité. Mais les accords pivots deviennent de plus en plus difficiles à trouver au fur et à mesure que les modulations s'éloignent. L'Ex. 1*d* montre que les tonalités d'origine et de modulation de l'Ex. 1*c* n'ont aucun accord parfait commun : aux extrêmes opposés du *cycle des quintes, elles sont aux antipodes l'une de l'autre.

A une époque où de nombreux compositeurs écrivaient de la musique qui ne se terminait pas dans la tonalité d'origine ou qui ne comportait pas un sens tonal initial affirmé, Schoenberg et Schenker ont réalisé que le concept de modulation n'était pas une explication idéale de la structure tonale (voir *Tonalité*). « Ainsi, il est certain que la tonalité peut être suspendue. Mais si elle est présente, les modulations sont alors des digressions du ton principal, à peine différentes par essence de tout autre accord que celui de tonique. Ce sont juste des épisodes d'une longue cadence » (Schoenberg : *Harmonielehre*, 1911). Au

Ex. 1

XXe siècle, la théorie des régions harmoniques de Schoenberg et la théorie de la diminution de la « structure fondamentale » de Schenker (voir *Analyse*, 3) ont largement supplanté le concept traditionnel de modulation.

Jonathan Dunsby.

Modulation métrique. Théorie élaborée par Elliott Carter selon laquelle en changeant le chiffrage des mesures on opère une transition d'un mètre à un autre, exactement comme une série d'accords peut opérer une modulation harmonique d'une tonalité à une autre.

Modus lascivus (lat.). Nom médiéval du mode ionien. Voir *Mode*.

Moeran, E(rnest) **J**(ohn) (Heston, Middlesex, 31 décembre 1894 ; près de Kennmare, County Kerry, 1er décembre 1950). Compositeur anglais d'origine irlandaise. Sa musique est largement inspirée des paysages d'Irlande et de l'Est-Anglie ainsi que des chansons traditionnelles du comté de Norfolk qu'il a recueillies. Il a fait ses études au Royal College of Music de Londres (1913-14), puis, après la guerre, a travaillé avec John Ireland (1920-23), qui a exercé une forte influence sur le style de ses premières œuvres. Également marqué par Delius à la même époque, Moeran a surtout écrit des mélodies au cours des années suivantes, dans lesquelles il cherchait à trouver sa propre voix. Les *Seven Poems of James Joyce* (1929) correspondent à la fin de cette période. En 1930, il s'est retiré à Cotswolds, où il a écrit sa *Symphonie en sol mineur* (1934-37), suivie des concertos pour violon (1942) et pour violoncelle (1945) qui font de lui un disciple poétique anglo-irlandais de Sibelius.

Paul Griffiths.

Möglich (all.). « Possible » ; *so rash wie möglich*, « aussi vite que possible ».

Moïse en Egypte (*Mosè in Egitto*). Opéra (*azione tragico-sacra*) en trois actes de Rossini sur un livret d'A. L. Tottola d'après *L'Osiride* (1760) de Francesco Ringhieri. Créé à Naples en 1818 (la célèbre prière « Dal tuo stellato soglio » a été ajoutée lors de la reprise en 1819). Rossini a révisé l'ouvrage sous le titre *Moïse et Pharaon, ou le Passage de la mer Rouge*, sur un nouveau livret de L. Balocchi et E. de Jouy ; la nouvelle version en quatre actes (en français) a été créée à l'Opéra de Paris le 26 mars 1827.

Moïse et Aaron. Opéra en deux actes (le troisième n'a jamais été achevé) de Schoenberg sur un livret du compositeur, d'après l'Exode de la bible. Représentations : Zurich (6 juin 1957) ; Paris (Théâtre des Champs-Élysées, mars 1961, par la troupe de l'Opéra de Berlin-Ouest) ; Londres (Covent Garden, 28 juin 1965) ; Boston (Back Bay Theatre, 30 novembre 1966) ; Paris (Opéra, 27 septembre 1973, en français). Moïse (rôle parlé) reçoit le message de Dieu, mais ne possède pas le don de la communication comme son frère Aaron (tén.). Pendant que Moïse reçoit les Dix Commandements sur le Mont Sinaï, Aaron encourage les Hébreux à ériger un veau d'or qui sera un objet de culte tangible. Une orgie se déchaîne autour du veau d'or, interrompue par le retour de Moïse du Sinaï : horrifié, il brise les Tables de la Loi et décide d'abandonner sa mission, « O parole que je ne possède pas ». Le troisième acte (inachevé) montre le triomphe de Moïse dans le désert.

Moldau. Voir *Má Vlast*.

Molinaro, Simone (? Gênes, vers 1565 ; Gênes, 1615). Compositeur italien, *maestro di cappella* de la cathédrale de Gênes au moins à partir de 1602. Outre des messes et des motets écrits pour la cathédrale, il est l'auteur de deux livres de musique pour luth comprenant des mouvements de danse et des fantaisies qui révèlent une connaissance peu commune de la technique du luth. Il a publié une édition des madrigaux de Gesualdo sous forme de partition, et non dans le format habituel en parties, ce qui permet d'étudier leur remarquable harmonie.

Denis Arnold.

Moll (all.). « Mineur » dans le sens de tonalité ; *A moll*, « la mineur » ; *Moll Ton* (*Tonart*), « tonalité mineure ».

Molle, mollemente (ital.). « Doux », « modéré ».

Molter, Johann Melchior (Tiefenort, près d'Eisenach, 10 février 1696 ; Karlsruhe, 12 janvier 1765). Compositeur allemand. Il a servi à la cour du margrave de Baden-Durlach à Karlsruhe, où il est devenu Kapellmeister en 1721. Il a conservé cette fonction jusqu'à la fin de sa vie, à l'exception de neuf années passées à Eisenach également comme Kapellmeister. Molter a beaucoup composé et les œuvres qui nous sont parvenues comprennent plus de 170 symphonies, 14 ouvertures, 44 concertos et des sonates, œuvres qui s'adressent aux instruments les plus variés.

Wendy Thompson.

Molto (ital.). « Beaucoup », « très » ; *molto allegro*, « très vite » ; *moltissimo*, « extrêmement ».

Momente (« Moments »). Œuvre pour soprano, quatre chœurs, quatre trompettes, quatre trombones, deux orgues électriques et trois percussionnistes, de Stockhausen, composée en 1961-64. Les textes, auxquels s'ajoutent des onomatopées, sont extraits du *Cantique des Cantiques*, de *La Vie sexuelle des sauvages* de Malinowski, de diverses lettres et autres sources. De forme « ouverte », l'œuvre est une série de moments dont certains n'ont pas besoin d'être exécutés. Stockhausen a réalisé deux versions plus développées de la même œuvre en 1964 et en 1972.

Moment musical. Six pièces pour piano op.94 de Schubert, composées vers 1828, qui entrent dans la catégorie des pièces de genre. Par la suite, le terme a été repris par d'autres compositeurs pour de courtes pièces pour piano de nature romantique.

Mompou, Federico (Barcelone, 16 avril 1893 ; Barcelone, 30 juin 1987). Compositeur catalan. Il fait ses études au Conservatorio del Liceo à Barcelone et les poursuit à Paris (1911-13) avec Isidore Philipp et Ferdinand Motte-Lacroix pour le piano et Marcel Samuel-Rousseau pour l'harmonie et la composition. Entre 1921 et 1941, il séjourne à nouveau à Paris, puis rentre à Barcelone. Mompou a surtout composé des mélodies et de courtes pièces pour piano dans un style espagnol délicat comparable à celui des œuvres de jeunesse de Manuel de Falla.

Paul Griffiths.

Monckton, (John) Lionel (Alexander) (Londres, 18 décembre 1861 ; Londres, 15 février 1924). Compositeur anglais. Fils de Sir John Monckton, membre du Conseil (« clerk ») de la City de Londres, il est élevé à Charterhouse et à Oxford, où il joue et écrit pour l'Oxford University Dramatic Society. Destiné à une carrière d'avocat, il est admis au barreau en 1885. En 1891, il reçoit sa première commande dans le domaine musical, une chanson pour le spectacle *Cinder Ellen*. Auteur à succès, il parvient néanmoins à éviter les feux de la rampe, malgré son mariage avec l'une des idoles de la scène, Gertie Millar. Il est critique musical du *Daily Telegraph* pendant de nombreuses années. Ses œuvres les plus connues, destinées pour la plupart à sa femme, sont *The Shop Girl* (1894), *The Circus Girl* (1896), *A Runaway Girl* (1898), *The Messenger Boy* (1900), *The Toreador* (1901), *Kitty Grey* (1901), *A Country Girl* (1902), *The Orchid* (1903), *The Cingalee* (1904), *The Spring Chicken* (1905), *The Girls of Gottenburg* (1907), *The Arcadians* (1909), *Our Miss Gibbs* (1909), *The Quaker Girl* (1910) et *Bric-à-brac* (1915). Il a beaucoup travaillé en collaboration avec Howard Talbot ou Ivan Caryll.

Peter Gammond.

Monde de la musique, Le. Magazine musical mensuel français fondé en 1978 par le journal *Le Monde* et le magazine *Télérama*. Ses rédacteurs en chef ont été Louis Dandrel (1978-82), Anne Rey (1982-85) et François Pigeaud (depuis 1985). Ce magazine s'attache à toutes les musiques (classique, jazz, chansons, rock, traditionnelle), à la création contemporaine et à la danse. Il se veut le témoin des manifestations de la musique sous toutes ses formes.

Mondo della luna, Il (« Le Monde de la lune »). Opéra en trois actes de Haydn sur un livret de Goldoni. Créé à Eszterháza en 1777. Le livret de Goldoni avait déjà été mis en musique par Galuppi, Paisiello, Piccinni et plusieurs autres compositeurs.

Mondonville, Jean-Joseph Cassanéa de (baptisé à Narbonne le 25 décembre 1711 ; Belleville, 8 octobre 1772). Violoniste et compositeur français. Issu d'une famille de musiciens, il s'installe à Paris vers 1733 où, après avoir passé quelque temps à Lille, il restera toute sa vie. Il acquiert rapidement une grande renommée de violoniste. Il compose de grands motets de style traditionnel pour le Concert spirituel, mais ses sonates pour violon sont novatrices, surtout dans le traitement des harmoniques. Il se range aux côtés des Français dans la Querelle des bouffons et l'un de ses opéras, *Titon et l'Aurore* (créé en 1753), est considéré comme un exemple du style français par opposition au style italien. Il est aussi l'auteur de *Pièces de clavecin avec voix et violon* (Paris, 1748) dans lesquelles, malgré le titre, les trois parties sont presque toujours d'égale importance.

Denis Arnold.

Monferrina (ital.). Danse d'origine piémontaise sur un rythme à 6/8. Elle s'est imposée en Angleterre vers 1800 et on en trouve de nombreux exemples dans les recueils de danse imprimés de l'époque.

Moniuszko, Stanislas (Ubiel, près de Mińsk, 5 mai 1819 ; Varsovie, 4 juin 1872). Compositeur polonais. Il fait ses études musicales dans sa ville natale, puis à Varsovie (avec August Freyer, 1827-30) et à Berlin (avec Rungenhagen, 1837-39). En 1840, il se fixe à Wilno, où il travaille comme organiste. Moniuszko est le compositeur lyrique polonais le plus important du XIXe siècle. Son opéra *Halka*, représenté à Varsovie en 1858, dix ans après sa création en concert, est considéré comme l'opéra national polonais par excellence. Après la création de *Halka*, Moniuszko est nommé directeur de l'Opéra de Varsovie, où il restera jusqu'à sa mort. Parmi ses autres ouvrages, *Le Manoir hanté* (1865) est le seul qui soit de la même veine que *Halka*. A partir de 1864, Moniuszko enseigne à l'Institut de musique de Varsovie, où il exerce une influence considérable sur les compositeurs de la génération suivante.

Alain Pâris.

BIBLIOGRAPHIE : *Le Manoir hanté*, L'Avant-Scène-Opéra n° 83 (Paris, 1986).

Monn, Matthias Georg (Vienne, 9 avril 1717 ; Vienne, 3 octobre 1750). Compositeur autrichien. Enfant, il chante au monastère de Klosterneuburg et, peu après 1738, il est nommé organiste à la Karlskirche de Vienne. Dans le domaine de la musique instrumentale, il est l'une des figures marquantes du milieu du XVIIIe siècle et a joué un rôle important dans l'évolution du style symphonique. Il est probablement le premier à avoir composé une symphonie en quatre mouvements, avec le menuet en troisième position (1740) ; mais ses autres symphonies (il en a composé vingt et une) relèvent toutes de la structure en trois mouvements ; il a aussi écrit sept concertos pour clavecin et un concerto pour violoncelle dont l'écriture idiomatique fait preuve d'une grande imagination.

Denis Arnold.

Monocorde. Instrument composé d'une corde tendue sur une caisse de résonance en bois, longue, étroite et graduée. Depuis l'époque de Pythagore, au VIe siècle avant Jésus-Christ, il sert à comparer les rapports de hauteur au sein des intervalles musicaux en déplaçant un chevalet sous la corde et en notant ses positions sur une règle graduée placée derrière elle. Cette méthode d'utilisation, telle que la décrit Boèce (mort vers 524), était toujours employée par les théoriciens du Moyen Age, qui citent constamment le monocorde et ses divisions dans leurs œuvres. Il servait également à accorder les tuyaux d'orgue et les cloches. Il est ainsi resté en usage pendant plusieurs siècles, notamment à des fins scientifiques ou dans le domaine de la facture instrumentale. On le fait sonner soit en pinçant la corde, soit avec un archet.

Anthony Baines.

Monocordo (ital.). Dans la technique des instruments à cordes, exécution d'un morceau ou d'un passage sur une seule corde. Paganini était l'un des adeptes les plus brillants de cette technique.

Monodie (du grec *monodia* = chant solo). 1. Même sens que *monophonie.

2. Terme moderne qui désigne plus spécifiquement le chant solo accompagné d'un *continuo élaboré par les membres de la **camerata* florentine à la fin du XVIe siècle par réaction contre la polyphonie complexe de cette époque et pour imiter la musique de la Grèce antique. Le premier représentant du chant monodique a été Giulio Caccini. Son recueil d'airs et de madrigaux pour voix soliste *Le Nuove Musiche* (1601-02) correspond aux premiers succès du chant monodique et à l'amorce d'un déclin du chant polyphonique (voir *Chant*, 4). La monodie, en tant que ligne mélodique en forme de récitatif accompagnée d'une partie de continuo, a aussi joué un grand rôle dans les premiers opéras, surtout sous la plume de Caccini et de Jacopo Peri, ce dernier tentant de parvenir à un « stade intermédiaire entre les mouvements lents et suspendus du chant et les mouvements rapides et vifs de la parole ». Voir également *Stile rappresentativo.*

Monodrama (ital.). *Mélodrame pour un seul récitant.

Monophonie. Musique qui ne comporte qu'une seule ligne mélodique, sans accompagnement ni autres parties vocales (comme le plain-chant, le chant solo non accompagné), par opposition à *polyphonie ou à *homophonie (qui comportent plusieurs parties vocales).

Monothématique. Terme qui s'applique à une œuvre ou à un mouvement d'œuvre construit sur un thème unique. Ce terme est parfois employé à propos des mouvements de *forme sonate, dont l'exposition comporte normalement deux thèmes, mais que certains compositeurs classiques, particulièrement Haydn, ont traité dans un même matériel thématique (le second thème découlant du premier).

Monsigny, Pierre-Alexandre (Fauquembergues, près de Saint-Omer, 17 octobre 1729 ; Paris, 14 janvier 1817). Compositeur français. De famille noble, il occupe plusieurs postes officiels avant d'entrer au service du duc d'Orléans, qui lui offre la possibilité de composer. Il travaille avec le librettiste Michel-Jean Sedaine et remporte de nombreux succès à Paris comme compositeur d'opéras-comiques, entre 1760 et 1777, à peu près à l'époque de la grande popularité de Philidor et de Grétry. Sans jamais atteindre leur aisance d'écriture ni leur originalité, il marie habilement sa musique au texte et fait preuve d'un talent mélodique certain. Les implications sociales et politiques d'un ouvrage comme *Le Roy et le Fermier* (1762), sur un sujet anglais, ont ajouté un nouvel élément extra-musical aux traditions de l'opéra-comique. Parvenu à l'âge de cinquante ans, Monsigny a subitement abandonné la composition pour des raisons inconnues. Il a vécu encore une vingtaine d'années dans l'ombre et la pauvreté jusqu'à ce que ses œuvres jouissent d'un regain d'intérêt au cours des premières années du XIXe siècle.

Percy Scholes, rév. Judith Nagley.

Monte, Philippe de (Malines, 1521 ; Prague, 4 juillet 1603). Compositeur flamand. Entre 1542 et 1551, il enseigne la musique aux enfants d'une famille de la noblesse italienne, à Naples. En 1554, il est à Rome et, la même année, séjourne à Anvers avant de s'embarquer pour l'Angleterre, où il est membre de la chapelle privée de Philippe II d'Espagne, époux de Marie Tudor ; il y rencontre Thomas Byrd et correspond ensuite avec

William Byrd, auquel il envoie une copie de son motet *Super flumina Babylonis* en 1583. Il quitte l'Angleterre en 1555 et, après quelques années passées en Italie, il est nommé Kapellmeister auprès de Maximilien II, en 1568. Il restera au service de l'empereur jusqu'à la fin de sa vie, se déplaçant entre Vienne et Prague, la cour favorite du successeur de Maximilien, Rodolphe II. Il avait été formé à l'école du madrigal de la génération suivant celle de Willaert et s'est senti de plus en plus isolé par l'évolution ultérieure des procédés d'écriture. A la fin de sa vie, il a cherché à se moderniser sans vraiment retrouver l'équilibre classique de sa jeunesse. Il a composé une abondante musique religieuse, notamment des messes parodies et des motets dans un style polyphonique beaucoup moins régulier sur le plan mélodique que celui de Palestrina. Homme de grande culture, il parlait et écrivait cinq langues. Il a été enterré à Saint-Jacob, à Prague.

Denis Arnold.

Montéclair, Michel Pignolet de (baptisé à Andelot, Haute-Marne, 4 décembre 1667 ; Aumont, 22 septembre 1737). Compositeur français. Né Michel Pignolet, il ajoute à son nom, en arrivant à Paris en 1687, celui d'une forteresse proche de sa maison natale ; auparavant, il avait appartenu à la maîtrise de la cathédrale de Langres. Vers l'âge de vingt ans, il entre au service du prince de Vaudémont, qu'il accompagne en Italie. En 1699, de retour à Paris, il entre comme contrebassiste à l'Académie royale de musique et est l'un des premiers musiciens à importer la contrebasse d'Italie en France. Il conservera ce poste jusqu'à sa mort tout en enseignant et en tenant un magasin de musique.

Parmi les œuvres dramatiques de Montéclair figurent une tragédie lyrique, *Jephté*, condamnée par l'archevêque de Paris pour son traitement trop libre du texte biblique (ce qui en a sans doute assuré le succès) et un certain nombre de cantates françaises et italiennes extrêmement dramatiques. L'un de ses ouvrages théoriques, les *Principes de musique* (Paris, 1736), comporte une section très utile sur les ornements dans la musique française de l'époque.

Denis Arnold.

Monteverdi, Claudio (Giovanni Antonio) (Crémone, 15 mai 1567 ; Venise, 29 novembre 1643). Compositeur italien. Au XIXe siècle et au début du XXe siècle, Monteverdi était généralement considéré comme un révolutionnaire responsable du déclin de l'ancien style polyphonique en vigueur depuis le Moyen Age et que Palestrina avait mené à son apogée. On sait maintenant qu'il n'a fait que participer à un mouvement général en ce sens. Toutefois, si plusieurs autres compositeurs ont apporté leur contribution aux deux grandes nouveautés de l'époque, l'opéra et la *monodie, Monteverdi en a incontestablement tiré le meilleur parti. Toute son œuvre repose sur la conviction selon laquelle la musique doit « émouvoir totalement l'homme », en exprimer les sentiments les plus profonds, et même ses madrigaux les plus légers ont une signification profonde ; cette conviction aboutit à un autre principe fondamental chez Monteverdi : la musique doit s'adapter au texte qu'elle illustre. Pour y parvenir, il estime que les « règles » musicales ou conventions peuvent s'élargir si les exigences de l'œuvre d'art dans son ensemble le nécessitent. Ses premières œuvres prennent la forme de madrigaux dans lesquels il explore essentiellement des états d'âme ; l'aisance avec laquelle il traduit plusieurs sentiments contrastés et les moule dans un ensemble parfaitement intégré fera de lui l'un des plus grands compositeurs d'opéras. Dans ses dernières œuvres, il explore l'expression de l'émotion humaine en donnant à ses personnages une vie et une profondeur comparables à celles de Shakespeare, de Mozart, de Verdi ou des plus grands dramaturges.

1. *Crémone et Mantoue.* Fils de médecin, Monteverdi étudie la musique avec Marco Antonio Ingegneri, maître de chapelle de la cathédrale de Crémone ; élève précoce, il publie plusieurs livres de musique sacrée et profane avant même d'atteindre l'âge de vingt ans. En 1587 et 1590, la publication de deux livres de madrigaux par l'un des plus célèbres imprimeurs vénitiens marque l'apogée de cette première période ; ils contiennent des œuvres extrêmement séduisantes et leur approche est plus moderne que celle d'Ingegneri, ce qui est peut être dû à l'étude des madrigaux de Marenzio et d'autres compositeurs à la mode dans les

années 1580. Toutefois, il semble que Monteverdi cherche alors plutôt à charmer qu'à exprimer la passion, ce qui ressort particulièrement de son adaptation du poème du Tasse « Ecco mormorar l'onde ».

On ignore avec précision à quelle date il a quitté sa ville natale, mais il entre au service du duc de Mantoue vers 1592 comme instrumentiste à cordes. Il prend immédiatement contact avec les meilleurs musiciens de l'époque et subit surtout l'influence du compositeur flamand Giaches de Wert, pour qui la musique doit s'adapter exactement à l'atmosphère des poèmes dont les mots doivent être déclamés avec naturel. Le livre de madrigaux publié par Monteverdi en 1592 (Venise) trahit l'influence de De Wert, dont il n'a pas encore parfaitement assimilé le style, mais il constitue certainement un changement total d'orientation. La mélodie est angulaire, l'harmonie de plus en plus dissonante, l'ambiance tendue jusqu'au paroxysme. Guarini est son poète préféré et la musique exprime toutes les nuances poétiques, parfois au détriment de l'équilibre général.

Cette nouvelle atmosphère semble perturber la fécondité de Monteverdi qui, tout en continuant à composer, publie relativement peu d'œuvres nouvelles pendant les onze années suivantes. En 1595, il accompagne le duc de Mantoue, Vincent de Gonzague, en Hongrie et, quatre ans plus tard, en Flandre. La même année, il épouse la chanteuse Claudia Cattaneo, qui lui donnera trois enfants, dont l'un mourra en bas âge. En 1596, il se voit refuser le poste de maître de chapelle laissé vacant par la mort de De Wert et en ressent une profonde amertume ; il n'obtiendra ce poste qu'en 1602, à l'âge de trente-cinq ans. En 1603 et en 1605, il publie deux autres livres de madrigaux qui recèlent des chefs-d'œuvre. Il cherche toujours à suivre avec précision le sens du texte, mais les problèmes musicaux de développement thématique et de proportions sont résolus. Les dissonances sont plus sévères, la mélodie est souvent davantage irrégulière mais produit des émotions plus variées, moins exacerbées ; et si l'érotisme de Guarini encourage un style musical sensuel, il y a également de la légèreté et de l'humour dans les madrigaux de la maturité de Monteverdi. L'assimilation de ces procédés d'écriture très avancés pour l'époque, surtout l'utilisation de dissonances intenses et prolongées, provoque des réactions chez les compositeurs et les théoriciens plus conservateurs, et Monteverdi devient une sorte de figure de proue de l'« avant-garde ». Les attaques du théoricien bolognais Giovanni Maria Artusi attirent l'attention sur lui et suscitent une réponse de Monteverdi, véritable déclaration esthétique sur la nature de son art ; il se défend d'être un révolutionnaire, affirmant qu'il se contente de suivre une tradition qui se développe depuis plus d'un demi-siècle, et établit une distinction entre les deux « pratiques », selon sa propre terminologie, la nouvelle et l'ancienne, dont les mérites intrinsèques se valent (voir *Prima prattica, seconda prattica*).

Si ses recueils de madrigaux étendent la réputation de Monteverdi bien au-delà de l'Italie du Nord, son premier opéra le révèle comme un compositeur d'œuvres d'envergure, et non plus comme un charmant miniaturiste. Monteverdi avait sans doute assisté à des représentations des premiers opéras des compositeurs florentins Peri et Caccini et il avait certainement déjà écrit de la musique de scène. Dans *Orfeo* (représenté à Mantoue en 1607), il montre une conception du nouveau genre beaucoup plus large que ses prédécesseurs, réalisant une synthèse entre l'opulence de l'*intermedio* de la fin de la Renaissance et la simplicité du conte pastoral sous forme de récitatif dans lequel excellaient les Florentins. Son récitatif est plus expressif : il y fait alterner des séquences très mélodieuses et une narration rapide dans laquelle les mots individuels et les phrases s'expriment par des harmonies austères. Ses actes constituent des entités cohérentes au lieu de se composer de courtes séquences enchaînées les unes aux autres. Il sait surtout adapter les moments d'intensité musicale les plus forts aux sommets dramatiques, grâce à la dissonance, à la virtuosité vocale ou aux sonorités instrumentales qui renforcent l'émotion.

Quelques mois après la création d'*Orfeo*, Monteverdi perd sa femme et se retire chez son père, à Crémone, dans un état dépressif profond. Mais il est presque immédiatement rappelé à Mantoue pour écrire un nouvel opéra à l'occasion des fêtes données pour le mariage de François de Gonzague et de Marguerite de Savoie. Monteverdi compose non seulement un opéra, *Arianna*, mais encore un ballet, *Il*

Ballo delle ingrate, et la musique d'une pièce de théâtre. Un autre drame survient pendant les répétitions de *Arianna* : la chanteuse qui tenait le premier rôle, une jeune fille qui avait vécu chez Monteverdi et était sans doute une élève de sa femme, meurt de la variole. Le rôle est redistribué et l'opéra, finalement créé en août 1608, remporte un énorme succès. La partition a été perdue, à l'exception du célèbre *Lamento d'Arianna,* dont plusieurs versions nous sont parvenues et que l'on peut considérer comme la première grande *scena* d'opéra.

Après la création, Monteverdi retourne à nouveau à Crémone dans un état de prostration qui, semble-t-il, dure quelque temps. Il reçoit l'ordre de rentrer à Mantoue en novembre et refuse d'obtempérer. Il finit par céder tout en vouant une haine à la cour des Gonzague qui, à son avis, l'a sous-estimé et sous-payé. Il ne cesse néanmoins de composer et la musique qu'il écrit alors reflète sa dépression. Il tire un madrigal à cinq voix du *Lamento d'Arianna* et écrit un thrène madrigalesque sur la mort de la jeune chanteuse Caterina Martinelli (la *Sestina,* publié dans le sixième livre de madrigaux), qui constitue un sommet dans le domaine de la musique dissonante et angoissée de ce style. Dans une veine plus vigoureuse, il compose de la musique d'église, dont une messe dans le *stile antico* et la célèbre musique des vêpres *Vespro della Beata Vergine...* Si la messe est une œuvre remarquable, une tentative délibérée destinée à prouver que le langage polyphonique est encore viable, la musique des *Vêpres* l'est encore davantage, véritable condensé des différentes sortes de musique religieuse moderne – grands psaumes mis en musique à la manière vénitienne, écriture vocale virtuose, musique instrumentale pour les interludes de l'office. Il tente même d'utiliser de la musique d'opéra à la mode pour illustrer les paroles émouvantes du *Magnificat.* Cette musique est aussi novatrice que possible, mais Monteverdi la considère comme un simple prolongement de l'ancienne tradition, faisant appel au chant comme matériel thématique des psaumes et du *Magnificat.* Elle doit avant tout impressionner l'auditeur par la puissance de l'Église et du Créateur.

Le volume dans lequel figure cette œuvre est publié en 1610 et dédié au pape Paul V ; Monteverdi s'est rendu à Rome, apparemment pour le présenter en personne. Il était peut-être également à la recherche d'un nouveau poste qui lui permette de quitter Mantoue, mais il revient sans projet abouti. Nous ne savons rien de sa vie au cours des deux années suivantes, jusqu'en juillet 1612, lorsque François de Gonzague succède à son père et se sépare de Monteverdi pour des raisons encore inconnues. Privé de son poste, Monteverdi passe un an chez son père avec ses deux fils. Mais le maître de chapelle de San Marco de Venise meurt et, après audition de certaines de ses œuvres, Monteverdi est invité à prendre sa place. Il prend ses fonctions à l'automne 1613.

2. *Venise.* Après quelques années de déclin, la chapelle de San Marco a besoin d'un directeur expérimenté et le dernier compositeur vénitien de renom, Giovanni Gabrieli, vient de mourir : c'est dans ce sens que doit être comprise la nomination de Monteverdi. Bien qu'il ne soit pas à l'origine un musicien d'église, Monteverdi prend sa fonction très au sérieux et, en l'espace de quelques années, il réorganise et renouvelle complètement la musique de San Marco : il engage de nouveaux assistants (notamment Cavalli et Grandi), écrit lui-même beaucoup de musique religieuse et impose au chœur des services quotidiens. Il fait aussi beaucoup de musique en d'autres lieux de la ville.

Les lettres qu'il écrit au cours des premières années de son séjour à Venise révèlent un changement d'état d'esprit complet. Il donne toute sa mesure, il se sent honoré, il est bien payé et semble alors assez prolifique. Il reste en relation avec Mantoue car il a peu d'espoir de parvenir à faire créer un opéra à Venise alors que les offres arrivent régulièrement de la cour des Gonzague. Dans sa correspondance avec Alessandro Striggio, conseiller à la cour de Mantoue, on voit se dessiner une philosophie de la musique dramatique qui va modeler ses dernières œuvres et influencer l'histoire de l'opéra en général. Alors que l'ancien type d'opéra s'était développé à partir de l'*intermedio* de la Renaissance (qui insiste sur les souhaits des dieux) et de la scène pastorale (avec ses bergers et ses bergères en « carton-pâte »), Monteverdi s'intéresse de plus en plus à l'expression des émotions humaines et la création de véritables personnages humains, reconnaissables à leurs changements d'humeur et d'état d'esprit. Dans son septième livre de madrigaux (Venise, 1619), il expérimente plusieurs procédés nouveaux, que pratiquaient déjà couramment la plupart de ses jeunes contemporains, mais en les dotant tous d'une plus grande puissance. Parmi ces procédés figurent de véritables « conversations musicales », délibérément écrites dans un style mélodique austère en forme de récitatif qui tente de subordonner la musique au texte ; d'autre part, dans le ballet *Tirsi e Clori*, écrit pour la cour de Mantoue en 1616, il adopte les qualités simples et harmonieuses de l'aria moderne.

Entre 1620 et 1630, Monteverdi cherche toujours à créer une philosophie pratique de la musique, ce qui favorise les innovations stylistiques. S'inspirant de Platon, il divise les émotions en trois groupes fondamentaux – amour, guerre, paix – qui peuvent tous se traduire sur le plan rythmique et harmonique ; on remarque en même temps sa franche adhésion au réalisme dans l'imitation des sons de la nature. Toutes ces nouvelles idées se retrouvent dans sa cantate dramatique *Il Combattimento di Tancredi e Clorinda* (« Le Combat de Tancrède et Clorinde », d'après *Gerusalemme liberata* [« La Jérusalem délivrée »] du Tasse). Elle est créée en 1624 au Palazzo Mocenigo, à Venise, et la réitération rapide de notes isolées dans des rythmes stricts ainsi que l'utilisation du *pizzicato* pour représenter le cliquetis des épées marque un sérieux pas en avant dans l'utilisation idiomatique des ressources des instruments à cordes. Ces tendances continuent à s'affirmer dans un opéra-comique, *La Finta Pazza Licori* (probablement destiné aux fêtes données à l'occasion de l'avènement du duc Vincenzo II de Mantoue, en 1627), dont la partition est aujourd'hui perdue ; mais il nous reste une importante correspondance sur ce sujet entre Monteverdi et Striggio.

En 1628, le fils de Monteverdi, Massiliano, est arrêté par l'Inquisition pour avoir lu des livres interdits ; il faudra attendre plusieurs mois pour qu'il soit finalement blanchi. La même année, Monteverdi compose la musique (de nos jours perdue) des *intermedi* d'*Aminta* du Tasse et d'un *torneo* représenté à Parme pour célébrer le mariage du duc Odoardo Farnèse et de Marguerite de Médicis. Ce sont les dernières commandes qu'il recevra des cours de l'Italie du Nord, car, lorsque éclate la guerre de succession du duché de Mantoue, il perd toute relation avec les Gonzague, qui seront ruinés dans cette guerre. Il est possible que Monteverdi ait écrit un opéra destiné à être représenté à Venise en 1630, mais l'épidémie de peste qui s'y déclare cette même année suspend pendant environ dix-huit mois toute activité musicale à Venise et dans les provinces avoisinantes.

Monteverdi et sa famille semblent avoir traversé indemnes cette épidémie et, pendant cette période, il reçoit des commandes de musique sacrée. Il compose une grand-messe pour le service d'action de grâces célébré à San Marco en novembre 1631, à la fin de l'épidémie. Seul le *Gloria* semble avoir subsisté, dans lequel il applique certaines de ses théories sur la diversité des états d'âme que suggère le texte, mais, comme dans d'autres œuvres religieuses probablement composées à la même époque, il se dégage de ce Gloria un calme et une majesté qui se substituent à la passion de sa jeunesse. Il en est de même d'un livre de chansons et de duos plus légers publié l'année suivante. Un certain détachement caractérise la musique de son dernier livre de madrigaux. L'anthologie des *Madrigali guerrieri et amorosi* (« Madrigaux guerriers et amoureux », Venise, 1638) comporte de très belles pages : le *Lamento della ninfa* évoque l'atmosphère des œuvres composées en 1608, notamment le *Lamento d'Arianna*, dans un style marqué par les techniques de composition élaborées vingt ou trente ans plus tard. On remarque dans cette musique que Monteverdi n'a jamais complètement oublié l'angoisse de la période qui a suivi la mort de sa femme.

Si ce recueil, réuni lorsque Monteverdi avait plus de soixante-dix ans, semble marquer la fin de sa vie de compositeur, il a eu pourtant la chance de connaître un « été indien » d'une étonnante fécondité. En 1637, les premiers théâtres ouvrent leurs portes à Venise et Monteverdi, qui est alors le compositeur d'opéra vénitien le plus expérimenté, est naturellement sollicité d'emblée. *Arianna* y est repris en 1640 et, au cours des trois années qui suivent, Monteverdi compose quatre nouveaux opéras. Seules nous sont parvenues les partitions de *Il Ritorno d'Ulisse in patria* (« Le Retour d'Ulysse dans sa patrie ») et de *L'Incoronazione di Poppea* (« Le Couronnement de Poppée »), deux chefs-d'œuvre qui conservent certains éléments de l'*intermedio* et des scènes pastorales de la Renaissance, et sont généralement considérés comme les premiers opéras modernes. Les personnages y sont campés dans des situations réalistes et les intrigues secondaires, surtout dans *L'Incoronazione di Poppea*, élargissent l'éventail des différents rôles : nobles et domestiques, le Mal, le dévoyé, l'innocent, le Bien, etc. Monteverdi utilise toutes les ressources de composition de l'époque (ariettes, duos, ensembles) et les mêle au récitatif expressif qui a vu le jour au début du XVIIe siècle, montrant ainsi comment mettre en œuvre la philosophie de la musique qu'il crée depuis ses premières années vénitiennes. Le drame s'impose toujours au premier plan et les différents morceaux sont rarement isolés, Monteverdi préférant tisser une trame continue pour que la musique reste un moyen et non une fin. On remarque aussi un sens certain de la progression dramatique, qui trouve son apogée dans une grande *scena* confiée à l'un des principaux chanteurs.

Ces œuvres ont fait de Monteverdi l'un des plus grands compositeurs dramatiques de tous les temps. L'aristocratie vénitienne lui témoigne une estime considérable : au cours des dernières années de sa vie, il bénéficie d'une confortable aisance matérielle et obtient l'autorisation de retourner dans sa ville natale. Il mourra après une courte maladie et le public vénitien se pressera à ses funérailles ; une copie de son monument funéraire a été placée dans la chapelle San Ambrogio de l'église des Frari.

Denis Arnold.

BIBLIOGRAPHIE : Hélène Leclerc, *Venise baroque et l'opéra*, Armand Colin (Paris, 1987). Maurice Le Roux, *Monteverdi*, Ed. du Coudrier (Paris, 1951). Henry Prunières, *Monteverdi*, Alcan (Paris, 1931), rééd. Les Introuvables (Plan-de-la-Tour, 1978). Maurice Roche, *Monteverdi*, Seuil (Paris, 1960, rééd. 1979). Leo Schade, *Monteverdi*, Lattès (Paris, 1981). Roger Tellart, *Monteverdi*, Seghers (Paris, 1964).

Moór, Emanuel (Kecskemét, 19 février 1863 ; Chardonne, Suisse, 20 octobre 1931). Compositeur et inventeur hongrois. Il a fait ses études à Vienne et à Budapest et a composé plusieurs concertos (notamment pour Pablo Casals). Mais il est surtout connu aujourd'hui pour avoir inventé, en 1921, un piano à deux claviers accordés à une octave d'intervalle, qui facilite l'exécution des accords très larges.

Paul Griffiths.

Morales, Cristóbal de (Séville, vers 1500 ; ? Málaga, septembre ou octobre 1553). Compositeur espagnol qui a sans doute débuté comme enfant de chœur à la cathédrale de Séville où il a peut-être rencontré deux compositeurs espagnols importants, Francisco de Peñalosa et Pedro de Escobar. En 1526, il est nommé maître de chapelle de la cathédrale d'Avila et, deux ans plus tard, occupe un poste analogue à Plasencia. Il démissionne en 1531 et passe quelque temps en Italie. A Rome, il est membre de la chapelle papale. A son retour en Espagne, en 1545, la cathédrale de Tolède lui confie la charge de maître de chapelle à laquelle il renonce deux ans plus tard en raison de pressions financières ; il part pour Marchena et entre au service du duc d'Arcos. En 1551, il est nommé maître de chapelle de la cathédrale de Málaga, où il n'est pas plus heureux et, peu avant sa mort, postule à nouveau pour redevenir maître de chapelle à Tolède.

Morales a composé très peu de musique profane. Il s'est fait connaître de ses contemporains et des générations suivantes par sa musique sacrée. Il est l'auteur de plusieurs messes (comprenant le *cantus firmus*, la parodie et la paraphrase) et de Magnificat ; ses nombreux motets traduisent merveilleusement l'émotion tout en conservant les principes rigoureux de la musique polyphonique. Si sa musique paraît démodée par son attachement à la mélodie modale, son sens de la sonorité ressemble beaucoup à celui de ses contemporains vénitiens et romains.

Denis Arnold.

Morave. Voir *Musique morave en Amérique*.

Morbido (ital.). « Doux », « mou », « souple » ; *morbidezza*, « douceur ». A l'origine, ce terme s'appliquait à la peinture, pour décrire la reproduction délicate de carnations.

Morceaux en forme de poire, Trois. Pièces pour piano à quatre mains de Satie, composées entre 1890 et 1903. Malgré leur

Ex. 1

titre, elles comportent six morceaux qui ont été orchestrés ensuite par Roger Désormière.

Mordant (all., angl. : *Mordent* ; ital. : *mordente*, de *mordere*, « mordre »). Ornement de l'époque baroque qui enchaîne rapidement la note principale, la note immédiatement inférieure et s'achève sur la note principale (Ex. 1).

Le mordant peut être simple ou double (le double mordant est noté par un allongement du signe : ⩫). Dans la terminologie moderne, les altérations chromatiques sont marquées comme dans l'Ex. 1*b*, mais les compositeurs de l'ère baroque ont souvent laissé le choix à l'interprète.

Contrairement à l'opinion généralement répandue, le mordant renversé (alternance avec la note immédiatement supérieure) n'était pas une caractéristique de la fin de l'ère baroque ; c'est le tremblement qui remplissait cette fonction (voir *Trille*). Toutefois, au XIXe siècle, le mordant renversé a été largement admis ; il était noté par le signe 𝆖 , auparavant utilisé pour le trille, et était souvent exécuté avant le temps (Ex. 2).

Ex. 2

La terminologie des mordants est assez confuse : certains auteurs modernes ont inversé les définitions ci-dessus du mordant et du mordant renversé, d'autres préfèrent parler de mordants supérieur et inférieur.

Simon McVeigh.

Morendo (ital.). « Mourant », « en mourant ».

Moresca (ital.). « Moresque ». Danse pantomime burlesque des XVe et XVIe siècles dans laquelle les exécutants portaient des costumes maures, se noircissaient le visage et s'attachaient des « grelottières » aux jambes. La *moresca* était la danse la plus populaire des ballets et pantomimes de la Renaissance, soit comme danse soliste, soit sous forme de danse du sabre exécutée par deux groupes antagonistes, représentant les chrétiens et les Maures (aussi appelée « danse des bouffons »). La *moresca* survit encore en Espagne, en Corse et au Guatemala ; en Angleterre, elle peut être apparentée à la **morris dance*.

Lassus a écrit quelques pièces vocales intitulées *moresche* qui ressemblent à la **villanella*, mais parodient davantage la façon de parler des Africains vivant en Italie que le dialecte napolitain.

Morgenblätter (all.). « Feuilles du matin » ou « Journaux du matin ». Valse de Johann Strauss II (le « roi de la valse ») dédiée à l'Association des journalistes de Vienne, ce qui justifie davantage le second sens, dans lequel peut être compris le titre original.

Morgenlied (all.). « Chant du matin ». Voir *Aubade*.

Morhange, Charles-Valentin. Voir *Alkan, Valentin*.

Mörike-Lieder. Cinquante-trois lieder pour voix et piano de Hugo Wolf, sur des poèmes d'Eduard Friedrich Mörike (1804-75), composés pour la plupart en 1888. On y trouve notamment *Elfenlied*, *Gesang Weylas*, *Der Feuerreiter* et *An die Geliebte*. Onze d'entre eux ont été orchestrés par la suite.

Morley, Thomas (Norwich, vers 1557 ; Londres, octobre 1602, peut-être plus tard). Compositeur, organiste, écrivain et éditeur anglais. Fils d'un brasseur de Norwich, il a sans doute été admis, dès son enfance, dans le chœur de la cathédrale de Norwich. En 1574, on lui promet le poste de chef de chœur (comprenant les fonctions d'organiste) à la mort d'Edmund Inglott et il prend ce poste en 1583. Quatre ans plus tard, il quitte Norwich. En 1588, il obtient le grade de « Bachelor of Music » à l'Université d'Oxford et, l'année suivante, il est organiste à la cathédrale St Paul de Londres. En 1592, il est nommé Gentleman de la chapelle royale. Il est probable que Morley a quitté Norwich en raison de ses sympathies pour la religion catholique, mais certains éléments montrent qu'à Londres il a dénoncé ceux qui suivaient cette foi. Au cours des années suivantes, Morley se fait connaître comme éditeur, publiant ses propres œuvres ainsi que de la musique italienne.

Morley est considéré comme le fondateur de l'école anglaise de madrigal, au travers de la musique italienne qu'il a publiée, surtout les œuvres de compositeurs comme le Romain Felice Anerio et le Vénitien Giovanni Croce, qui sont à l'origine de la vogue des madrigaux, des ballets et des *canzonette*. Ses propres œuvres sont souvent très italianisées, mais il ajoute presque toujours une touche personnelle et améliore parfois ses modèles – par exemple, lorsqu'il copiait les ballets de Gastoldi, son habileté contrapuntique donnait un nouvel intérêt à une musique de danse assez élémentaire. Il était certainement beaucoup moins doué dans le domaine de la musique sérieuse, mais il ne fait aucun doute qu'il a révélé les procédés d'écriture les plus nouveaux à ses jeunes contemporains, comme Weelkes et Wilbye, qui lui vouaient une profonde estime.

Morley a également composé de la musique religieuse sur des textes latins et anglais et, si on ne peut le considérer comme un grand maître, ses *anthems* funèbres sont de belles œuvres très expressives. Sa musique pour virginal comprend des danses et des variations intéressantes, mais son chef-d'œuvre dans le domaine instrumental est le *First Booke of Consort Lessons* (Londres, 1599), recueil d'arrangements pour un ensemble de violes, flûte, luth, cistre et pandora. Son traité *A Plaine and Easie Introduction to Practicall Musicke* (Londres, 1597, réédité en 1971) s'inspire librement de traités étrangers, mais, contrairement aux abstractions de la Renaissance, son attitude pleine de bon sens clarifie souvent les choses.

A partir de 1598 et jusqu'à sa mort, Morley a eu le monopole de l'édition musicale, qu'il a exercé par l'intermédiaire de divers imprimeurs, élargissant le domaine de l'édition anglaise à la musique pour luth (qui avait fait l'objet d'un traitement expéditif de la part de Byrd, précédent détenteur du monopole) et à la musique pour *consort*. En 1601, il a préparé et publié une anthologie à la louange d'Élisabeth Ire : *The Triumphes of Oriana*. A la fin de sa vie, sa santé semble s'être détériorée et il a démissionné de son poste à la chapelle royale en 1602.

Denis Arnold.

Mornington, Garret Wesley [connu sous le nom de Wellesley après sa mort] (Dublin, 19 juillet 1735 ; Kensington, 22 mai 1781). Premier comte de Mornington, compositeur de *glees* et de *catches* anglais. George III lui aurait donné son titre en 1760 pour ses réalisations musicales. Il a fait ses études à Trinity College, à Dublin, où il a été nommé professeur de musique en 1764. Il y est resté jusqu'à son départ pour Londres entre 1770 et 1780. Voir également *Glee*.

Morris dance (angl.). Danse populaire anglaise, sans doute issue de rites païens très anciens, dans laquelle sont utilisés divers accoutrements comme des clochettes, des mouchoirs, des sabres, etc. destinés à l'origine à effrayer les esprits malins. Elle est généralement dansée par des groupes de villageois costumés – en principe des groupes de six et, dans sa forme la plus pure, la musique est jouée au pipeau accompagné du tambour. « Morris » est sans doute une déformation du mot « moorish » (= mauresque) et s'expliquerait par le fait que les danseurs se noircissaient souvent le visage. Des danses analogues ont vu le jour dans toute l'Europe et, sous des formes apparentées, dans le monde entier. En Angleterre, les « morris dances » varient considérablement d'une région à l'autre : plusieurs villages possèdent leurs propres danses réservées à des circonstances particulières commes les foires annuelles ou les fêtes votives, le 1er mai ou la Pentecôte. La danse autour d'un « mai », qui est supposée porter bonheur, est une forme spécialisée de la « morris dance ». Les danseurs sont souvent accompagnés d'assistants : un joueur de pipeau ou un violoneux, un chiffonnier qui s'occupe de leurs vêtements, un fou ou pitre, parfois un trésorier, un porteur de sabre, une prostituée ou un roi et une reine. Le fou est généralement le plus important ; il sert de maître de cérémonie et mène la danse. On l'appelle parfois « Squire » ou « Rodney ». Au XXe siècle, ces activités ont donné naissance à la « jazz band » populaire des fêtes villageoises, avec des ensembles de mirlitons et de tambours de basque également dirigés par un « fou », genre de tambour-major burlesque. Le costume de la « morris dance » se compose généralement d'un chapeau melon ou d'un bonnet en soie ou en castor, d'une chemise blanche en toile, d'un pantalon ou d'une culotte blanche ou noire avec des rubans et des clochettes autour des mollets et de chaussures souples et légères. Les danseurs portent souvent des bâtons et des mouchoirs. Le costume, la musique et les pas de danse varient selon les régions. L'une des premières études sérieuses sur la « morris dance » a été *The Morris Book* (Londres, 1907) de Cecil J. Sharp, qui réunit quatre-vingt-quinze mélodies.

Peter Gammond.

Mort à Venise. Voir *Death in Venice*.

Morton, « Jelly Roll » (Ferdinand Joseph) (? Gulfport, Mississippi, 20 septembre 1885 ; Los Angeles, 10 juillet 1941). Musicien de jazz noir américain qui a débuté comme pianiste à La Nouvelle-Orléans. Il devient rapidement l'un des auteurs les plus doués des premiers temps du jazz et un instrumentiste d'une sensibilité et d'une personnalité peu courantes. Mais devant l'indifférence générale, il s'aigrit et affirme avec exagération son rôle dans la création du jazz. Il fait beaucoup d'enregistrements de jazz classique avec un groupe qu'il appelle ses Red Hot Peppers et atteint un niveau que seul Duke Ellington égale à l'époque. La plupart de ses œuvres possèdent un parfum de ragtime dont s'inspire également son style pianistique, très délicat. Au nombre de ses œuvres les plus connues figurent *The Pearls*, *Grand-pa's Spells*, *Kansas City Stomp*, *King Porter Stomp*, *Milneburg Joys*, *Shreveport Stomp* et *Black Bottom Stomp*.

Peter Gammond.

Morton, Robert (vers 1430 ; 1476 ou après). Compositeur anglais. De 1457 à 1476, il est au service du duc de Bourgogne, comme chantre puis comme chapelain. Les œuvres qui nous sont parvenues sont toutes profanes et semblent avoir été très connues dans le reste de l'Europe. « Le souvenir » et « N'aray je jamais » ont été utilisées dans des œuvres d'autres compositeurs, notamment Josquin des Prés et Tinctoris.

Denis Arnold.

Moscheles, Ignaz (Prague, 30 mai 1794 ; Leipzig, 10 mars 1870). Pianiste et compositeur allemand d'origine tchèque. Il fait ses études à Prague, puis à Vienne, où il réalise un arrangement pour piano de *Fidelio* pour l'éditeur Artaria. Après des tournées de concerts en Allemagne et à Paris, il s'installe à Londres en 1826, où il mène également une carrière de chef d'orchestre (il dirige la première exécution de la *Missa solemnis* de Beethoven). Il se lie d'amitié avec Mendelssohn, qui l'invite à devenir professeur de piano au Conservatoire de Leipzig en 1846. Sa technique est basée sur le jeu des classiques et il n'a jamais joué la musique de Chopin ou de Liszt. Sa propre musique s'inscrit dans la tradition de Mendelssohn et comprend quelques charmantes mélodies.

Denis Arnold

Mosè in Egitto. Voir *Moïse en Égypte*.

Moses und Aron. Voir *Moïse et Aaron*.

Mosso (ital.). « Animé », « agité », *più mosso*, « plus animé », plus rapide, *meno mosso*, « moins animé », plus lent.

Mossolov, Alexandre (Vassiliévitch) (Kiev, 29 juillet 1900 ; Moscou, 11 juillet 1973). Compositeur soviétique. Il a étudié la composition avec Glière, puis avec Miaskovski au Conservatoire de Moscou. Il a composé des opéras, de la musique symphonique, des œuvres de musique de chambre et de nombreuses mélodies et pièces pour piano, mais il n'est connu en Occident que pour son épisode symphonique *Zavod* (1926), généralement traduit par « Fonderie d'acier ». Cette page était conçue à l'origine comme un interlude symphonique pour son ballet *Stal'* (« Acier »), qui est resté inachevé, bien qu'une suite en ait été compilée en 1927

Dès ses premières exécutions en Occident – à Liège (1930) et au Hollywood Bowl (1932) –, on l'a considérée comme un exemple clé du réalisme brutal de la musique soviétique moderne : la partition fait intervenir une plaque d'acier et d'autres bruits évoquant les ateliers. Toutefois, cette œuvre a longtemps été négligée et, en Union soviétique, elle a rapidement été taxée de « formaliste ».

Geoffrey Norris.

Motet. Forme de musique polyphonique vocale la plus importante au Moyen Âge et à la Renaissance. Aucune définition ne peut s'appliquer aux différentes formes qu'a revêtues le motet au cours de ses cinq siècles d'existence, mais, à partir de la Renaissance, les motets étaient généralement écrits sur des textes sacrés latins et conçus pour être chantés pendant les offices catholiques.

Le motet médiéval s'est développé au cours du XIIIe siècle, lorsque des mots sont venus s'ajouter aux voix supérieures des **clausulae* – d'où l'appellation *motetus* pour désigner une telle voix supérieure, terme qui s'est ensuite appliqué à la totalité du morceau. Alors que la voix inférieure d'une telle pièce (un *cantus firmus* au ténor) comportait des valeurs plus longues et était dérivée d'un plain-chant avec un texte latin, la ou les voix supérieures pouvaient comporter des textes profanes latins, ou même français, et on a commencé à inventer librement de telles parties vers 1250. Au XIVe siècle, le principe structurel de l'*isorythmie s'applique à la partie de ténor des motets (dans les œuvres de Machaut, par exemple) et s'étend parfois à l'ensemble des voix jusqu'au début du XVe siècle : *Veni, sancte Spiritus* de Dunstable ou *Nuper rosarum flores* de Dufay. Ce dernier motet a été écrit pour la consécration de la cathédrale de Florence en 1436 ; en fait, de nombreux motets médiévaux sont des œuvres de circonstance dans lesquelles les multiples textes chantés simultanément épiloguent les uns sur les autres.

Toutefois, à l'époque de Dunstable et de Dufay, un type de motet composé en toute liberté, souvent dans un style simple et sur un seul texte, commence à voir le jour et, à la fin du XVe siècle, le motet devient une œuvre chorale à quatre parties (ou davantage) sur un texte sacré. Sa structure chorale est plus unifiée qu'auparavant, les voix individuelles évoluant à peu près au même rythme (mais on trouve encore le *cantus firmus* au ténor en valeurs longues dans certains motets de Josquin des Prés). La technique de l'imitation, qui fait entrer successivement les différentes voix avec la même idée musicale, devient l'une des caractéristiques du motet et des autres types de musique polyphonique ; en même temps, les compositeurs traduisent un nouvel esprit humaniste dans le soin avec lequel ils choisissent leurs textes et l'attention qu'ils apportent à l'énoncé des mots dans la musique. Contrairement à la messe, au psaume, à l'hymne ou au Magnificat, le motet est resté une forme optionnelle dans la liturgie : il s'insère dans le déroulement de l'office (ou se substitue à une partie) lorsque les circonstances le permettent – comme l'**anthem* anglais. De nombreux motets composés à l'occasion de cérémonies religieuses nous sont parvenus, résultats de commandes pour marquer toutes sortes d'événements ou honorer une personne, religieuse ou laïque.

Le motet de style imitatif a vu le jour une génération après Josquin des Prés et le procédé de l'imitation continue, qui met en musique des phrases successives du texte sur des points d'imitation qui se chevauchent, a été inventé par Gombert puis perfectionné par Palestrina et les autres grands polyphonistes de la fin de la Renaissance : Lassus, Byrd et Victoria. Palestrina a écrit environ 250 motets, Lassus deux fois plus (notamment un nombre considérable de pièces de circonstance) et Byrd a publié trois recueils de *Cantiones sacrae,* nom latin que portaient souvent les motets à cette époque. A Venise, un type de motet polychoral s'est développé avec les Gabrieli, et les derniers motets de Giovanni Gabrieli, composés dans les premières années du XVIIe siècle, sont des œuvres massives, destinées à plusieurs solistes, un grand chœur et un ensemble instrumental (composé essentiellement de cornets à bouquin et de saqueboutes).

Si les motets de l'ère baroque étaient encore parfois écrits dans le style ancien (*stile antico*) de Palestrina, notamment en Italie, c'est néanmoins le motet qui s'est le mieux adapté aux nouveaux styles et au large éventail de moyens qu'ils mettaient en œuvre : une ou plusieurs voix accompagnées à l'orgue, avec parfois des parties instrumentales indépendantes, souvent des cordes. Les compositeurs allemands comme Schütz ont adopté ce style « affectif » dans certaines de leurs œuvres, tout en conservant par ailleurs un style choral et contrapuntique, tradition qui s'est maintenue dans les motets pour chœur et orgue de Bach. En France, sous le règne de Louis XIV, le motet est devenu une forme importante de musique sacrée : Charpentier, Lalande et Couperin ont composé des motets impressionnants pour des effectifs de dimensions variables, mais souvent importants.

Depuis l'ère baroque, le motet a perdu de son importance, même si Mozart, Schumann et Brahms ont contribué au genre. Mais les motets des siècles antérieurs ont toujours trouvé leur place dans les offices des différentes religions, notamment comme musique d'interlude à la messe.

Jerome Roche.

Motet-choral (all. : *Choralmotette*). Œuvre polyphonique basée sur une mélodie de choral. Au début, la mélodie était traitée comme un **cantus firmus*, mais, à partir de la fin du XVIe siècle, on a commencé à utiliser couramment chaque voix comme le sujet d'une imitation fuguée. L'orgue peut parfois remplacer une ou plusieurs parties vocales. *Fantasia super « Ich ruf zu dir »* de Scheidt et *Nun komm der Heiden Heiland* de Bach sont deux beaux exemples de motet-choral.

Motetus. Voir *Motet.*

Motif. Unité musicale mélodique ou rythmique qui réapparaît d'un bout à l'autre d'une composition, soit sous sa forme originale, soit dans des tessitures différentes, parfois avec des intervalles modifiés. Le motif est habituellement plus court et plus fragmentaire que le *thème (dont il peut être dérivé). De nombreuses œuvres sont construites sur de telles figures, mais la technique du motif reste essentiellement attachée à Beethoven, qui préférait employer des motifs plutôt que des thèmes comme éléments unificateurs ; l'exemple le plus célèbre est le motif de quatre notes sur lequel débute la *Symphonie n° 5* (il joue un rôle essentiel d'un bout à l'autre de l'œuvre, à la fois sur le plan rythmique et sur le plan mélodique). D'autres grands compositeurs du XIXe siècle ont fait un usage intensif des motifs comme fondement de leurs œuvres : Brahms, Bruckner et Liszt. Cette technique est particulièrement importante dans la construction des sonates et des symphonies, dans lesquelles les sections de développement reposent souvent dans une large mesure sur des motifs dérivés de l'exposition.

Wagner a donné au motif une importance considérable en utilisant le *leitmotiv pour identifier les personnages et les situations dans ses drames musicaux.

Motif conducteur (angl. : *motto theme*). Motif qui revient au cours d'une œuvre, analogue au *leitmotiv de Wagner et à l'*idée fixe de Berlioz. Néanmoins, ce terme s'emploie souvent à propos de musique plus ancienne, comme les messes des XVe et XVIe siècles, dont chaque mouvement débute par un motif identique ou « motto » (all. : *Hauptmotiv* ; « motif principal »). Aux XVIIe et XVIIIe siècles, les *arie con prolepsi* (« airs à devise » ; all. : *Devisenarie*) de compositeurs comme Rossi, Legrenzi et Cesti fonctionnaient sur le même principe : un énoncé préliminaire du premier motif de la mélodie confié à la voix soliste précédait l'introduction instrumentale. On retrouve le même procédé dans certains airs de Bach.

Dans la musique plus récente, ce terme peut s'employer pour donner un sens symbolique à un thème musical, comme l'idée fixe de Berlioz symbolise l'« être aimé » dans sa *Symphonie fantastique.*

Motiv (all.). « Motif ».

Moto (ital.). « Mouvement » ; *con moto,* « avec mouvement », rapidement ; *moto precedente,* « au mouvement précédent », à la même vitesse qu'auparavant.

Moto perpetuo (ital.). Voir *Perpetuum mobile.*

Motto theme. Voir *Motif conducteur.*

Motu proprio (lat., littéralement « de son propre mouvement »). Décret promulgué par le pape relatif aux affaires administratives internes de l'Église. On rencontre généralement ce terme à propos de la musique d'Église et du *motu proprio* promulgué par le pape Pie X en 1903. Il s'agissait d'une sorte d'Instruction sur la musique sacrée formulant des principes généraux et insistant sur l'importance du plain-chant traditionnel et de la « polyphonie classique » de Palestrina. La musique d'Église de nature théâtrale était interdite et vigoureusement condamnée. Les compositions modernes n'étaient pas prohibées, mais elles devaient « par leur mérites et leur gravité se montrer dignes de la fonction liturgique ». Aucune partie de la liturgie ne devait être omise, « sauf là où les rubriques permettaient l'utilisation de l'orgue pour remplacer plusieurs versets de texte pendant que ces versets étaient simplement récités dans le chœur de l'église » (voir *Verset*). Dans les messes composées, le Kyrie, le Gloria et le Credo ne devaient pas être divisés en mouvements séparés. Le traitement en soliste de certaines parties de la liturgie n'était pas totalement interdit, mais il ne devait constituer qu'une partie réduite de la section dans laquelle il s'insérait. Il fallait employer de jeunes garçons et non des femmes pour les parties de soprano. Les instruments autres que l'orgue ne pouvaient être utilisés sans une autorisation spéciale de l'évêque et l'orgue devait jouer un rôle modeste d'accompagnement, sans couvrir le chant ; les longs préludes ou interludes d'orgue étaient proscrits. Il ne fallait pas abuser de la pratique du verset. Le piano et les instruments à percussion ne devaient pas être utilisés à l'église. Les ensembles à vent ne devaient pas participer aux services liturgiques, sauf dans des cas particuliers acceptés par l'évêque ; leur musique devait alors être grave. Enfin, la musique devait se mettre au service de la liturgie et non la liturgie au service de la musique.

Pour surveiller l'application de ces nouvelles directives, chaque évêque devait nommer une commission spéciale de personnalités compétentes dans le domaine de la musique sacrée. Les étudiants en théologie devaient recevoir un enseignement sur la musique d'église. Les anciennes *scholae cantorum* devaient être remises à l'honneur et attachées aux principales églises (voir *Schola cantorum*).

A l'époque où ce *motu proprio* a été promulgué, les moines de l'abbaye de Solesmes ont bénéficié d'un soutien particulier de la papauté pour les efforts ininterrompus dont ils avaient fait preuve pour rendre au plain-chant sa pureté (voir *Antiphonaire*, *Graduel*, 1).

Voir également *Mouvement cécilien*.

Percy Scholes.

Mouret, Jean Joseph (Avignon, 11 avril 1682 ; Charenton, 22 décembre 1738). Compositeur français qui a probablement reçu sa formation musicale à la maîtrise de la cathédrale d'Avignon. En 1707, il est à Paris, où il commence sa carrière comme maître de musique du maréchal de Noailles. En 1708, ou l'année suivante, il est nommé surintendant de la musique de la duchesse du Maine et compose beaucoup de musique pour ses célèbres « grandes nuits » de Sceaux. En 1714, il se tourne vers le théâtre et dirige à l'Opéra de Paris ; en 1717, il est nommé compositeur et chef d'orchestre au Théâtre-Italien qui vient d'ouvrir ses portes. En 1728, il devient directeur artistique du Concert spirituel pour lequel il écrira de nombreux motets et cantates qui y seront exécutés. Au sommet de sa carrière, Mouret connaît un brutal revers de fortune, perdant, entre 1734 et 1737, ses fonctions au Concert spirituel, à Sceaux et au Théâtre-Italien. Sans emploi et vivant grâce à l'aide de ses amis, il fera une dépression nerveuse et sera interné à l'asile de Charenton.

Mouret, le « musicien des grâces », ainsi qu'on l'avait surnommé, est le type même du compositeur « Régence » : ses œuvres sont élégantes, charmantes et surtout légères ; il n'en est pas moins l'un des compositeurs français les plus importants entre Lully et Rameau. Sa meilleure musique se trouve dans ses opéras-ballets et ses divertissements, alors que ses *Suites de symphonies* (1729) laissent pressentir la symphonie française telle qu'elle s'est développée au cours de la seconde moitié du XVIIIe siècle.

Wendy Thompson.

Mousquetaires au couvent, Les. Opérette en trois actes de Varney sur un livret de Ferrier et Prével, créée aux Bouffes-Parisiens le 16 mars 1880.

Moussorgski, Modest (Petrovitch) (Karévo, district de Pskov, 21 mars 1839 ; Saint-Pétersbourg, 28 mars 1881). Compositeur russe qui, à l'image des grands pionniers de la musique de son pays (Glinka, Balakirev), a tiré la majeure partie de son inspiration de la musique traditionnelle qu'il avait entendue dans son enfance et des contes populaires qui ont servi de base littéraire à un grand nombre de ses œuvres. Dès 1857, il fait la connaissance de Dargomyjski, dont il cherchera, sa vie durant, à appliquer les principes d'écriture. Dans la musique de Moussorgski, le réalisme musical atteint son point culminant. Ses mélodies sont très caractéristiques de son tempérament : tour à tour sardoniques, humoristiques ou tendres, elles vont toujours « droit au but ».

Il a réalisé ses plus grandes œuvres dans le domaine lyrique, *Boris Godounov* (1869) et *La Khovantchina* (1886), aujourd'hui connues dans le monde entier alors qu'elles n'ont eu aucun succès du vivant du compositeur. La version de *Boris* qui a été longtemps utilisée est une version retouchée par Rimski-Korsakov (comme bien d'autres œuvres russes de cette époque) ; la version originale a été publiée en 1928 et est maintenant assez souvent adoptée (pour l'intrigue, voir *Boris Godounov*).

Moussorgski avait d'abord été officier de la garde, puis était entré dans la fonction publique. Sa vie n'a rien d'exemplaire. Il se laissait aller et a lutté, en vain, contre l'alcoolisme. Ses défauts personnels n'ont été compensés que par son objectif artistique : produire un art qui illumine la vie du plus grand nombre. Dans son nationalisme déterminé, il était le membre le plus typique du groupe des Cinq, dont il n'était pas le moins talentueux.

Voir également *Opéra*, 14 ; *Russie et Union soviétique*, 4.

Percy Scholes, rév.

BIBLIOGRAPHIE : Pierre Alheim, *Moussorgski*, Mercure de France (Paris, 1896), rééd. Les Introuvables (Plan-de-la-Tour, 1983). M. D. Calvocoressi, *Moussorgski*, Alcan (Paris, 1908). Michel R. Hofmann, *Moussorgski*, JMF (Paris, 1952) / *La Vie de Moussorgski*, Albin Michel (Paris, 1964). Marcel Marnat, *Moussorgski*, Seuil (Paris, 1962, rééd. 1981). Oscar von Riesemann, *Moussorgski*, Gallimard (Paris, 1940). Victor Seroff, *Le Groupe des Cinq*, Plon (Paris, 1949).

Mouton, Charles (1626 ; après 1699). Luthiste et compositeur français. Élève de Denis Gaultier, il a écrit quelques charmantes pièces pour luth, essentiellement des danses regroupées en suites et qui portent des titres descriptifs à la manière de Couperin.

Denis Arnold.

Mouton, Jean (Holluigue [aujourd'hui, Haut-Wignes], près de Boulogne, vers 1458 ; Saint-Quentin, 30 octobre 1522). Compositeur français considéré de son vivant comme le plus grand compositeur après Josquin des Prés. Enfant de chœur puis maître de chapelle à Notre-Dame de Nesle (1483), il occupe la même fonction à la cathédrale d'Amiens en 1500 et, l'année suivante, à Saint-André de Grenoble. Il devient ensuite membre de la chapelle de Louis XII (1513) et de François Ier.

La musique de Jean Mouton était extrêmement populaire en Italie et en France et on a continué à l'imprimer pendant une cinquantaine d'années après sa mort. Plus de cent motets, quinze messes et quelques chansons ont survécu. Il a prodigué son enseignement à Adrien Willaert et forme ainsi un lien important entre la polyphonie franco-flamande et l'école de compositeurs vénitienne.

John Milsom.

Mouvement. 1. Schéma linéaire d'une mélodie. Une progression par degrés, ascendante ou descendante, constitue un mouvement *conjoint*, un progression par sauts un mouvement *disjoint*. Dans la conduite des voix, les parties vocales simultanées qui vont dans la même direction sont dites en mouvement *semblable* ; si, en outre, elles se déplacent avec les mêmes intervalles, elles sont en mouvement *parallèle*. Si elles vont dans des directions opposées, le mouvement est *contraire*. Si une partie est stationnaire (sur la même hauteur de son) tandis qu'une autre s'en écarte, le mouvement est *oblique*.

2. Partie d'une œuvre. Debussy et d'autres compositeurs français postérieurs ont parfois employé ce terme pour notifier un retour au tempo original après une légère modification, *rallentando* ou *accelerando*. Pour « mouvement perpétuel », voir *Perpetuum mobile*.

3. (all. : *Satz*, angl. : *movement* ; ital. : *movimento*). Terme employé pour désigner les différentes parties des formes musicales (comme la sonate, la symphonie, le concerto, etc.) qui se composent d'un certain nombre de sections substantielles ou mouvements. La symphonie classique et la sonate comportent généralement quatre mouvements, le concerto trois, mais certains compositeurs des XIXe et XXe siècles ont parfois utilisé des formes inhabi-

tuelles : œuvres en un seul long mouvement (*Symphonie n° 7* de Sibelius) ; œuvres dans lesquelles tous les mouvements doivent être joués sans interruption (*Symphonie n° 4* de Schumann), etc.

Mouvement cécilien. Mouvement en faveur d'une réforme de la musique de l'Église catholique inspiré en premier lieu par les travaux du Dr Carl Proske (1794-1861), chanoine et chef de chœur de la collégiale de Ratisbonne, et de ses collaborateurs, les frères Mettenleiter. Par leurs publications et une propagande active, ils réussirent à ranimer un intérêt en faveur de la musique d'église de l'époque de Palestrina qui, selon leurs désirs, devait remplacer le style moderne avec orchestre et voix solistes. Leur action encouragea un prêtre, le Dr Franz Xaver Witt (1834-88), élève de Proske et de l'un des frères Mettenleiter, à fonder, en 1869, l'Allgemeiner Deutscher Cäcilien-Verein (Société Sainte-Cécile allemande) à Bamberg ; en 1870, cette société reçut l'approbation formelle du Saint-Siège. Des milliers de musiciens y adhérèrent ; un immense catalogue d'œuvres anciennes et originales vit le jour et vingt-quatre périodiques consacrés à cette réforme de la musique religieuse furent publiés dans différents pays.

Les activités de la société reposent sur une série de principes fondamentaux : le chant grégorien est la véritable musique de l'Église ; la musique italienne de la fin du XVIe siècle est la musique religieuse la mieux harmonisée qui ait jamais été écrite ; la musique religieuse de l'école viennoise (les messes de Haydn, Mozart, etc.) est anti-ecclésiastique ; la musique moderne peut et doit être composée pour être utilisée à l'église, mais elle doit respecter les traditions et l'esprit des « âges de la foi ».

A la mort de Witt, le Dr Franz Xaver Haberl (1840-1910) prit la direction de la société, mais sans toujours parvenir au maintien des idéaux de son fondateur. Le mouvement a connu un renouveau certain après le concile Vatican II (1962-65).

Percy Scholes, rév. Denis Arnold.

Moyen Age

1. La musique de l'Église
2. Musique profane

Le concept de « musique médiévale » repose sur une analyse de l'évolution culturelle de l'Europe occidentale qui semble remonter à Pétrarque (1304-74), qui considérait le renouveau classique de son époque comme un nouvel éveil ; quant à la période qui a suivi le déclin de l'Antiquité classique, elle n'était à ses yeux qu'une époque obscure dont on était heureusement sorti. Le Moyen Age se caractérisait essentiellement par un renouveau littéraire qu'illustraient la remise à l'honneur et l'imitation des écrits classiques ; ce n'était pas la première tentative en la matière, mais elle connut une impulsion qui devait se transformer en une inspiration générale et constituer un véritable point de départ pour l'édification du monde moderne. Toutefois, avec le recul des siècles, il semble que l'éveil du Moyen Age ait été salué prématurément car, sur le plan culturel en général (architecture, sculpture, peinture) et par l'impact différé de l'humanisme littéraire, la principale poussée du renouveau classique se situe au XVIe siècle. En ce qui concerne la musique, domaine dans lequel un tel renouveau était impossible, la distinction entre Moyen Age et Renaissance, si elle doit exister, ne peut s'exprimer que par un profond changement de direction, étroitement lié à celui qui a affecté les autres disciplines artistiques. On identifie généralement ce changement à la croissance d'un sens tonal harmonique au XVe siècle, ainsi qu'à l'assouplissement de la rigidité des formes et à la nouvelle façon de considérer les relations entre texte et musique. Selon ces critères, la fin du Moyen Age musical se situerait entre 1420 et 1500. Beaucoup d'auteurs ont choisi un compromis en la situant vers 1450.

Il est moins difficile de situer les débuts de la musique médiévale, car ils sont contemporains du premier recueil important de musique écrite qui soit parvenu jusqu'à nous. La pratique de la musique manuscrite, qui n'a jamais connu une grande diffusion dans le monde gréco-romain, avait apparemment disparu à la fin de l'Antiquité. La notation antique était alphabétique. Lorsque la notation a réapparu au IXe siècle, elle a pris la forme de « neumes », système de signes qui reflétait le contour général de la mélodie, mais n'indiquait pas avec précision les intervalles et les rythmes. Lorsque, au XIe siècle, les théoriciens du Moyen Age ont conçu une notation alphabétique leur permettant de définir les intervalles avec exactitude et concision, ils ont également greffé les neumes sur ce système grâce à la portée et à sa clé, amorçant ainsi l'histoire de la notation musicale telle que nous la connaissons aujourd'hui (voir *Notation*, 2).

1. *La musique de l'Église*. Le plain-chant de l'Église catholique est l'élément musical qui a servi de fil conducteur à toute la période médiévale. Cela ne veut pas dire que toute la musique médiévale ressemble au plain-chant – tant s'en faut – mais que le plain-chant a été l'élément constant auquel tous les musiciens, même les moins cultivés, pouvaient se référer, car il faisait partie de leur vie quotidienne, comme de celle de la plupart des hommes de cette époque ; en effet, rares étaient ceux dont la vie n'était pas plus ou moins imprégnée du culte liturgique chanté. La musique religieuse a donc exercé une influence déterminante sur l'essentiel de la musique écrite de l'époque, soit comme base ou **cantus firmus* de la composition polyphonique, soit en imprégnant son style mélodique (comme dans une grande partie du chant monophonique et de la musique profane). Même lorsqu'elle n'apparaissait pas de cette façon, la musique religieuse exerçait une influence plus générale sur le langage tonal de la musique et les discussions théoriques sur ce sujet auraient été impossibles sans faire appel à une terminologie dérivée de la théorie des *modes du plain-chant. En effet, même les concepts de tonalité plus tardifs, comme ceux du baroque ou du classicisme, sont liés historiquement aux notions médiévales de *finalis* (la note finale qui définit la tonalité), de modes (réduits au mode majeur et au mode mineur) et de tonalité (élargie à tous les degrés de la gamme chromatique). En outre, bien que la tradition médiévale du plain-chant ait pris fin au XVIe siècle avec la Réforme et la Contre-Réforme, elle a ensuite survécu de façon déformée avant de connaître une véritable renaissance au XIXe siècle.

Les origines du plain-chant remontent aux premiers temps de l'histoire de l'Église d'Occident, car le terme fait référence aux parties chantées des offices religieux en latin antérieurs à l'introduction de la polyphonie (quelle que soit leur forme) et à presque tous les chants liturgiques monophoniques latins postérieurs. Il ne faut pas oublier que le chant latin, tel que nous le connaissons, est la codification d'une succession de formes et de styles différents qui ont, selon toute probabilité, une multitude d'origines, certaines issues directement de la liturgie juive, d'autres de sources chrétiennes orientales et d'autres d'origine purement occidentale. L'élément originaire du christianisme oriental, sensiblement modifié, a sans doute joué un rôle prédominant, comme en témoignent divers termes théoriques et textes liturgiques empruntés à l'Orient à différentes époques. Le principal répertoire oriental chanté était le répertoire byzantin, homologue musical du rite byzantin (ou de Constantinople) en langue grecque et qui peut être déchiffré à partir de ses propres sources médiévales.

Le rite romain et son chant ne se sont pas imposés immédiatement comme référence indiscutable de l'ensemble de la chrétienté occidentale. En Espagne, le rite et le chant mozarabes (sous deux formes) ont survécu jusqu'au XIe siècle ; en Italie du Nord, le rite et le chant milanais ou ambrosien ont tenté leur propre « réforme » au XVIe siècle avant de connaître la restauration de leur tradition médiévale au XXe siècle. Le répertoire français (ou « gallican ») a souffert des tentatives effectuées par les Carolingiens pour imposer le rite romain aux peuples francs et il ne nous en est pratiquement rien parvenu sous sa forme originelle. C'est sans doute la réforme carolingienne (entreprise par Charlemagne, qui a régné de 768 à 814 et a été empereur d'Occident à partir de 800) qui a abouti à une tentative de fixation du chant, qui était jusqu'alors une discipline artistique souple, évoluant constamment par le procédé de l'écriture. De nombreux indices permettent de penser que la romanisation de la France et de l'Allemagne n'a jamais été achevée. Le chant qui est resté sous forme manuscrite dans des sources franques à partir des environs de 900 ne serait pas purement romain mais un amalgame d'éléments romains et gallicans (ou francs). Dès lors, on s'explique mieux les nombreuses divergences par rapport à la tradition romaine « locale », qui a également survécu. Paradoxalement, c'est dans sa version franque que le chant romain a finalement triomphé, la légende de son origine grégorienne lui restant attachée (voir *Plain-chant*, 2-4).

Malgré toute la fixité projetée, le chant « grégorien » a été immédiatement soumis à d'autres évolutions par l'intermédiaire des *séquences, des *tropes et de l'élaboration de l'écriture polyphonique. Les séquences illustrent une forme de composition mélodique qui allait devenir l'une des caractéristiques du Moyen Age : il s'agit d'une série de phrases exposées chacune à deux reprises. En fait, le plan des séquences varie dans une large mesure, mais cet élément est rarement absent et le principe a été également appliqué au développement mélodique d'autres sortes de chant. La séquence, comme les autres types de chant, a bientôt été soumise au système de l'écriture syllabique, dans lequel une syllabe du texte correspond à une note de la mélodie. Ce procédé, qui a donné naissance au terme technique *prosa* et à son diminutif *prosula*, déployait beaucoup d'ingéniosité.

Le trope était une extension d'un chant existant, composée dans un style analogue, dans lequel les paroles et les musiques étaient déjà adaptées les unes aux autres – mais il pouvait faire l'objet d'une extension mélodique suivie par le syllabisme. Le trope, pris dans un sens spécifique, a certainement joué un rôle moins important que l'idée générale d'expansion liturgique, qui est à l'origine du *drame liturgique et du **conductus*.

Toutefois, l'évolution la plus importante correspond à la conception polyphonique du chant. Personne ne sait d'où est venue l'idée d'une musique à plusieurs parties fondée sur un chant existant. Il est fort probable que les moines du Xe siècle, qui ont été les premiers à évoquer cette possibilité, avaient tiré profit de leur expérience de la musique profane, qui semble s'être située toujours à l'origine des grandes nouveautés dans le domaine de la musique sacrée. La plus ancienne source pratique de polyphonie religieuse est un manuscrit de Winchester du début du XIe siècle ; il s'agit d'un petit ouvrage qui contient une quantité de musique impressionnante, dont environ 164 parties polyphoniques destinées à s'ajouter à des plains-chants existants. Malheureusement, la musique est écrite en neumes sans tessiture déterminée. Elle est donc difficile à déchiffrer avec précision, même si quelques reconstitutions très convaincantes en ont été réalisées.

L'âge d'or de la composition en plain-chant prend fin en 1200, mais la polyphonie saura assurer une saine croissance de cet art en le maintenant à l'écart de ses cousins d'Orient. Aux XIIe et XIIIe siècles, surtout en France, les formes strictement liturgiques et le *conductus*, alors réservés aux solistes confirmés, font l'objet de compositions polyphoniques de plus en plus élaborées. Le XIIIe siècle voit également l'apparition du *motet, qui est de loin la forme la plus originale et la plus féconde de la fin du Moyen Age. Sur un court fragment en plain-chant, exposé sur un rythme imposé et généralement répété, on ajoute une ou plusieurs parties supérieures, dont chacune possède son propre texte (à l'exception des tout premiers motets, dans lesquels un même texte était partagé entre deux ou trois parties supérieures). Cette forme pouvait recevoir une application liturgique et, dans ce cas, les parties ajoutées pouvaient être considérées comme une application simultanée du principe du trope ; mais les parties supérieures n'étaient pas obligatoirement religieuses ; elles étaient même parfois franchement profanes ou mêlaient un poème d'amour lyrique et un chant à la Vierge Marie. On n'a jamais pu expliquer de façon satisfaisante l'esthétique et la moralité de ce procédé : il semble évident que l'utilisation d'une partie de ténor en plain-chant est simplement devenue une convention, mais il est plus difficile de justifier le mélange de textes sacrés et profanes dans les parties supérieures, même sur la base allégorique qui constitue la racine de la majeure partie de la pensée médiévale.

Un grand nombre de motets des XIIIe et XIVe siècles sont des satires des vices du clergé ou des commentaires ironiques d'événements politiques ; mais il s'agit plus souvent de poèmes neutres chantant les louanges d'une ville, d'un souverain ou de musiciens que de simples chants d'amour profanes. Finalement, le motet retrouvera une orientation presque exclusivement religieuse qui donnera naissance, au XVe siècle, à des types de musique sacrée composés plus librement. La technicité de son écriture se retrouve dans la *messe cyclique. Les parties de l'ordinaire de la messe y sont liées par des éléments musicaux communs et, dans sa forme la plus intéressante, apparemment une invention anglaise, les parties reposent sur un même *cantus firmus*, un plain-chant choisi à des fins liturgiques ou symboliques qui ne correspond spécifiquement à aucun des textes de l'ordinaire de la messe, ce qui lui permet de servir de base musicale à l'ensemble de ces textes. A l'inverse, à partir de la seconde moitié du XVe siècle, les compositeurs des autres pays européens utiliseront aussi volontiers un *cantus firmus* profane que sacré, procédé aussi difficile à comprendre que celui du motet profane plus ancien.

2. *Musique profane*. Au début du Moyen Age, le clergé détenait en grande partie le monopole de l'érudition. La notation a été inventée dans les monastères et n'est pratiquement pas sortie de la sphère ecclésiastique avant la seconde moitié du XIIIe siècle (à de rares exceptions près), époque des premiers manuscrits de chant profane. Il ne faut pas oublier que, même plus tard, certains compositeurs de musique polyphonique, comme Machaut, Dufay, Binchois et Busnois, étaient des clercs et que beaucoup d'autres ont travaillé au service de l'Église en tant que chanteurs, organistes ou chefs de chœur. Le relâchement de la discipline ecclésiastique aux XIVe et XVe siècles leur a permis de cultiver un type de chant jusqu'alors réservé aux *troubadours, aux *trouvères et aux **Minnesinger* et dont l'art était né des tensions entre la cour et l'Église. Si l'on remonte encore plus loin, on ne trouve aucun élément musical dont l'origine ne soit pas cléricale. Les chants non liturgiques qui ont survécu sont essentiellement politiques ou semi-religieux : *planctus* ou complaintes sur la mort de monarques visigoths, une œuvre du même genre à la mémoire de Charlemagne, des pièces scatologiques, avec des fragments de poésie classique et de ses imitations carolingiennes, le tout en latin et souvent en neumes connus mais indéchiffrables. Les six *planctus* dramatiques de Pierre Abélard, ainsi que beaucoup d'autres drames liturgiques et de nombreuses compositions en forme de séquence, tombent dans la même catégorie. On trouve aussi des recueils de poèmes d'amour lyriques souvent mêlés à des chansons morales et politiques, tous de provenance ecclésiastique et essentiellement en latin. Un grand nombre d'entre eux sont aussi notés en neumes et certains ont pu être déchiffrés à l'aide de sources monophoniques ou polyphoniques postérieures. Ce panorama couvre une période allant du Xe siècle au début du XIIIe siècle, du moins si l'on se réfère aux dates des manuscrits : une partie de la poésie est sans doute encore plus ancienne. En outre, quelques rares poèmes anciens en langue vernaculaire nous sont parvenus avec leur musique dans des manuscrits datant de la même époque.

Le répertoire courant écrit de chant profane et de chant en langue vernaculaire donne l'impression d'un langage fermé, voire condamné à disparaître. Les troubadours, dans leur dialecte distinctif du sud de la France (langue d'oc), cultivaient un genre exclusif, tant sur le plan musical que sur celui du texte. Leur engagement dans l'hérésie manichéenne est à l'origine de leur disparition, à la suite de la croisade contre les Albigeois (1209). Mais ils avaient transmis leur esthétique non seulement au nord de la France, mais aussi à l'Allemagne, à l'Italie, à l'Espagne et à l'Angleterre. Les trouvères ont étendu la portée du genre, cultivé un style plus naturel et élargi son ambiance sociale. Ils ont finalement adopté les formes populaires du refrain – également utilisées dans la chanson sacrée en langue vernaculaire en Italie et en Espagne – qui étaient la clef de l'avenir. Adam de la Halle a été le premier à écrire des *rondeaux et des *virelais polyphoniques. Machaut et ses successeurs les ont élargis et, en y ajoutant la *ballade, ils ont établi le trio de « formes fixes » de la fin du Moyen Age. Au XIVe siècle et au début du XVe siècle, les Italiens ont commencé à pratiquer la *ballata* (une forme de virelai) et deux spécialités locales, le *madrigal et la **caccia*, type de madrigal en canon sur un texte descriptif vivant.

Les documents écrits à propos de la musique profane ne peuvent satisfaire notre curiosité sur le rôle de la musique dans la vie médiévale. Même à la fin du Moyen Age, malgré la somme de musique qui nous est parvenue, elle n'en représente qu'une infime partie, appartenant au domaine d'une aristocratie de cour au pinacle d'une société très ordonnée sur le plan hiérarchique. Plus on remonte dans le temps, moins le matériel qui reste est représentatif. Il faut compléter ce tableau par le témoignage de la littérature historique, des textes chantés, de la théorie musicale, de l'iconographie des instruments de musique et par divers éléments d'information qui conduisent parfois à des fragments de chant populaire, tout au moins en ce qui concerne le texte et, même occasionnellement, la musique.

De toute évidence, une grande partie de la musique profane a été perdue. Le poème anglo-saxon *Widsith* (qui date sans doute du VIIe siècle) retrace les voyages d'un *scop* (« barde ») et de son compagnon chantant les exploits des rois et des héros morts dans les cours de l'Europe germanique. Dans la poésie héroïque de cette époque, que l'on retrouve en vieil anglais dans le *Beowulf*, les allusions aux groupes de ménestrels, itinérants ou non, sont aussi nombreuses que chez Homère. D'autres écrits témoignent d'un art raffiné chez les Francs du Xe siècle, d'un enseignement de la pratique instrumentale prodigué à de jeunes nobles par Tuotilo de Saint-Gall, du chant à plusieurs voix au pays de Galles et dans le Northumberland et de la dextérité instrumentale des musiciens gallois et irlandais (écrits de l'archidiacre de Saint-David, Giraldus Cambrensis, XIIe siècle), et du fait que l'on cultivait la musique profane à tous les niveaux de la société (traité musical du français Johannes de Grocheo, XIIIe siècle).

Le processus d'adaptation d'un matériel thématique profane à des fins religieuses, très répandu au Moyen Age, a révélé l'existence de quelques airs qui autrement seraient restés dans l'ombre. On a ainsi retrouvé un groupe de séquences qui portent notamment des titres instrumentaux et qui appartiennent probablement à cette catégorie ; on en trouve un autre exemple dans certaines parties de ténor (ou dans d'autres parties profanes) immergées dans des motets – motets qui, par ailleurs, sont purement religieux. Un « lai d'Aeliz », qui aurait été composé par un Irlandais sur sa « rote » (sorte de lyre ou de luth), semble être resté sous la forme d'un double *contrafactum*, « Flur de virginité » et le « Flos virginitatis » latin. L'air est extrêmement animé et porte les marques d'une composition improvisée. Le *noël (ou **carol*) médiéval, chant de danse profane à l'origine, a fait l'objet d'une adaptation sacrée et a donné naissance, en Angleterre au XVe siècle, à une forme polyphonique dérivée qui conserve une grande partie de la fraîcheur de la musique populaire.

On a une idée assez précise du rôle de la musique dans les divertissements grâce aux longs poèmes narratifs que sont les chansons de geste, forme que l'on connaît par la description qu'en a faite Johannes de Grocheo, par la chantefable du même genre *Aucassin et Nicolette* (dont la musique a survécu), par la pastorale d'Adam de la Halle le *Jeu de Robin et Marion*, ainsi que par des *lais lyriques qui reflètent bien la liberté de la forme narrative originale. Chaucer atteste de l'origine bretonne de ces derniers et, au XIVe siècle, la romance anglaise *Sir Orfeo* est un exemple de réduction du type chanté à un schéma métrique parlé. Ce poème particulier donne une impression précise de l'art des ménestrels en Angleterre, image que complètent les nombreuses références faites à la pratique musicale dans des poèmes comme *Sir Gawayne and the grene knight*, *Piers Plowman* et ceux de Chaucer lui-même. L'image de Nicholas, le pauvre « clerc d'Oxenford », chantant le soir l'« Angelus ad virginem » sur son *gay sawtry* (« sautère », genre de lyre) symbolise l'universalisme des traditions musicales de l'Europe médiévale, la prépondérance de la lumière, de la couleur et de la joie, et une force de soutien que ni la guerre, ni la corruption, ni l'instabilité politique, ni même la peste noire n'ont pu renverser.

John Caldwell.

BIBLIOGRAPHIE : Edmund A. Bowles, *La Pratique musicale au Moyen Age*, Minkoff-Lattès (Genève-Paris, 1983). Jacques Chailley, *Histoire musicale du Moyen Age*, PUF (Paris, 1984). Bernard Gagnepain, *La Musique française du Moyen Age*, PUF, coll. Que-sais-je ? (Paris, 1961, 4e éd. 1983). Théodore Gérold, *La Musique au Moyen Age*, Champion (Paris, 1983).

Moyen-Orient. Il y a deux façons d'aborder la musique d'une zone géographique aussi vaste que celle qui s'étend sous forme de croissant, de l'Afrique du Nord (à l'ouest) à la République soviétique de l'Ouzbékistan (à l'est) : la tradition écrite et la tradition orale. La première, consignée sur près de quinze siècles au moyen de textes littéraires, poétiques, apologétiques, historiques ou théoriques, touche au problème diachronique. La seconde, d'écoute présente, se recense sur le terrain. Elle constitue une mainmise directe sur le matériau, le document sonore faisant foi. Cette approche ne peut remonter au-delà du XXe siècle, date à laquelle apparaissent les premiers enregistrements 78 tours ; elle relève de considérations synchroniques. La démarche consiste à concilier ces deux extrêmes, l'espace et le temps, ce qui est loin d'être aisé. Elle soulève en effet d'insurmontables difficultés qui viennent par moment discréditer ce que l'on nomme communément la musique traditionnelle, c'est-à-dire une musique qui refuse de mettre en question son propre héritage. Par exemple, tel intervalle, tel mode décrit dans un traité classique sous forme de code et non pas de notation ne correspond pas à ce que l'oreille perçoit sur le terrain. Tel autre intervalle supposé identique entre une ville et sa proche campagne diffère, bien qu'ayant le même nom. Sur moins d'une centaine de kilomètres, un intervalle supposé connu et fixé peut se contracter ou au contraire se dilater... Tout cela montre que, dans une société traditionnelle, les événements musicaux bougent, se transforment, évoluent, défient l'universalité.

Au préalable, on ne saurait imputer cette déficience à l'absence de notation : la tradition, c'est ce qui conserve et assure la pérennité. La musique orale naît avec les individus, les suit lors de leurs déplacements. Ceux-ci acquièrent de nouvelles habitudes qui influent sur la manière de vivre. Les langages reflètent ces changements et se modifient, les dialectes apparaissent et se multiplient. Il en est de même dans la transmission orale. L'approche synchronique dévoile une grande leçon : la découverte de dialectes musicaux. Ils se reconnaissent à l'incapacité où l'on est de les ramener à un tronc commun ou, à l'inverse, à cette fébrilité que l'on éprouve d'arriver à échapper à un modèle original qui, pour l'instant, demeure impossible à saisir. Le cas de l'*octoechos* (principe byzantin des huit modes) est à cet égard des plus instructifs. Le procédé a toujours été adopté par les Églises d'Orient et, plus particulièrement, les Églises de langue syriaque. Il s'agit de soutenir, durant l'office dominical, la psalmodie et le chant sur un mode déterminé, puis le dimanche suivant, de passer à un autre mode, le deuxième, fixé par la tradition, et ainsi de suite. A la fin du cycle dominical, lorsque le huitième mode a été entonné, on revient par roulement au point de départ, deux mois plus tard. La situation théorique telle que l'enregistre l'écrit est donc des plus claires. Aucune discussion possible. Cependant, elle est contredite par la pratique. Bien entendu, au premier dimanche correspondra le premier mode, mais l'interprétation qu'on en fait varie de ville en ville ; toute analogie est récusée. Il n'y a pas, par conséquent, un *octoechos* type, valable pour tous tel que le rapporte la diachronie ; la réalité croise des séries d'*octoechos* variant par d'infimes nuances ou s'opposant par des structures contradictoires. Quel est donc le modèle d'origine ? Faudra-t-il revenir vers un paradigme de départ ou constater la multiplicité des dialectes ? On ne saurait ici incriminer l'incompétence du clergé, des diacres ou l'état de décadence : il en a toujours été ainsi.

De surcroît, ce territoire héritier de civilisations illustres, qui s'étale sur des milliers de kilomètres, Mésopotamie ou ancienne Égypte, a assisté, avec l'expansion de l'islam à partir du VIIe siècle, à un brassage de différents peuples qui ont constitué trois grands axes historiques : le monde iranien, le monde arabe et le monde turc. Bien que différenciée à maints égards en vertu de la psychologie spécifique de chaque peuple – protocolaire et solennelle à la recherche de la gravité chez les Turcs ottomans, intériorisée, méditative, débouchant sur un ésotérisme chez les Iraniens, abstraite et néanmoins résolument portée aux solutions concrètes chez les Arabes –, la culture musicale qui en a résulté est homogène.

Celle-ci se fonde chez les Persans sur une prédominance de musique instrumentale, chez les Arabes sur une prédominance du chant, chez les Turcs sur une synthèse des deux courants. De plus, on s'accordera à y joindre une homophonie des voix, la recherche éminente du timbre par le soin d'accumuler dans une formation orchestrale des instruments très divers à l'unisson. On découvrira également sur le plan rythmique une pensée commune : celle du cycle rythmique pouvant atteindre de très longues périodes comme la division en 120/4 (cycle dénommé la chaîne) où chaque valeur revient inéluctablement par intervalles réguliers. C'est par la frappe des percussions, mate ou claire, lourde ou légère, que se conditionne ce mouvement. Il évoque un ordre cosmologique ou bien encore le déroulement des saisons et incite en retour l'auditeur à réfléchir sur l'écoulement du temps. Cette manière de répartir les valeurs rythmiques en cycles a été depuis abandonnée par la musique iranienne qui, au XXe siècle, est revenue à des formules simples, moins ésotériques, où prédomine le 6/8. On parviendra finalement à l'édification de grandes formes, juxtaposant, dans la plupart des cas, des séquences libres, improvisées, et des épisodes mélodiques fixes et mesurés. Elles ont pour nom *nawbat* ou *nouba* en Afrique du Nord, *waslé* dans l'aire syro-égyptienne, *fasil* en Turquie, *maqâm* en Irak, *mugam* en Azerbaïdjan, *dastgah* en Iran et *shash-maqom* au Tadjikistan et en Ouzbékistan, mais ces dernières sont entièrement mesurées et semblent avoir perdu les parties improvisées. Ces compositions sont vocales avec l'accompagnement d'instruments ou uniquement instrumentales (cas de l'Iran et de l'Azerbaïdjan). Elles mettent en présence soit un soliste et un ensemble, soit un chœur avec des voix solistes et un ensemble. Œuvres d'auteurs souvent anonymes, elles ont été constamment revues et corrigées dans le temps par des musiciens dont on a dans certains cas retenu le nom. Toutes ces compositions cultivent la grande poésie classique en arabe, en persan, en turc osmanli, en turc djagataï, en azeri. Il s'agit, au cours du concert, d'enchaîner une série de pièces musicales dont l'ordre a été entériné par consensus. Tout cela représente la mémoire d'un peuple et la quintessence d'une civilisation musicale. C'est l'art savant par excellence, tel que le passé l'a alimenté au sein des cours prestigieuses de Damas, Bagdad, Cordoue, Istanbul, Ispahan, Samarkand et Boukhara.

L'analyse de ces formes révèle qu'elles se sont très lentement échafaudées dans le temps en juxtaposant successivement des nouveaux éléments fixés harmonieusement sur une strate plus ancienne sans, à aucun moment, vouloir l'éliminer. Un exemple saisissant est donné par la *waslé* syrienne, et plus particulièrement celle que détient la ville d'Alep. Comme le veut le répertoire, le chanteur débute par une *qasida* en arabe classique (poème monorime), puis il passe à un *mawal* (forme improvisée sur quatre, cinq ou sept vers) qu'il doit articuler avec un accent guttural qui est celui des nomades du désert syro-irakien (où le mot *qalbi*, « mon cœur », en arabe classique, se prononce « galbi »). Il ira conclure sur un morceau léger, le *qadd*, qui doit s'énoncer en dialecte alépin (où *qalbi*, « mon cœur », se prononce « albi »). Cette triple éducation linguistique, à laquelle se soumet dorénavant tout chanteur respectueux des règles du passé, témoigne d'une lente juxtaposition de trois moments distincts, appartenant à trois types de musique qui, réunis, forment désormais ce que l'on appelle la *waslé* d'Alep.

Les trois aires culturelles, arabe, persane, turque, unies sous un même dénominateur, l'islam, ont légué une moisson de manuscrits dont beaucoup dorment encore sur les rayons des bibliothèques. Ces écrits ont été rédigés en grande partie en langue arabe, *lingua franca* par excellence de l'époque. Adopté, puis adapté, le caractère arabe a servi de tremplin à l'écriture des langues nationales iranienne et turque et par conséquent, plus tardivement, a fourni d'autres ouvrages précieux en considérations musicales. Au passage, ceux-ci ont soulevé d'épineuses revendications, comme la paternité du célèbre al-Farabi (Alpharabius du Moyen Age) considéré arabe par les Arabes, iranien par les Persans, turc par les Ottomans.

A ces trois aires culturelles faisant de l'écrit un acte de soumission et de foi qui constitue un fonds historique de la plus haute importance répond la découverte du monde de la transmission orale, grande révélation de ces récentes années. L'intérêt croissant s'est manifesté sur le terrain par l'étude de la musique vivante telle qu'on l'appréhende directement. Cette recherche a mis au jour des cultures musicales multiples qui, jusque-là, paraissaient insoupçonnées, parce qu'inféodées à ces courants illustres ou étouffées. Depuis quelques décennies, on commence à envisager avec la plus grande attention la musique berbère et kabyle (Maroc, Algérie) ; hassaniya (Mauritanie) ; kurde (Turquie, Syrie, Irak, Iran) ; baluchi (Iran) ; tcherkesse (Syrie, Jordanie) ; assyrienne (Irak, Syrie) ; laze (Turquie) ; nubienne (Égypte) ou d'autres... sans parler de la communauté arménienne dispersée un peu partout. Ces mosaïques de populations essentiellement musulmanes, mais aussi chrétiennes (cas des Assyriens, des Arméniens) suscitent une attention de plus en plus soutenue. Oubliées, mises à l'écart, elles reviennent en force et se révèlent être les maillons d'une grande chaîne qui pourra un jour éclairer l'évolution de la musique dans cette zone et, par l'activité synchronique, espérer recueillir des tessons musicaux de civilisations lointaines définitivement enfouies. A l'écart des transformations musicales lentement opérées par l'art savant des métropoles, ces milieux populaires repliés sur eux-mêmes gardent intact cet élan spontané qui s'alimente de lui-même et rejette tout contact avec le monde extérieur. Par exemple, ils pratiquent peu ou prou la science des modulations qui fonde la substance musicale arabe, perse ou turque. Ils accordent différemment les instruments. Souvent, lorsqu'il s'agit des luths à long manche, les ligatures, à l'inverse de ceux que l'on rencontre dans les villes, se réduisent à quelques frettes ; par conséquent le jeu musical se contente d'échelles tétracordales ou pentacordales et atteignent rarement un système de sept sons qui est l'apanage de la musique des villes. Bien que soumis aux règles de la citoyenneté nationale au sein d'un État contemporain, ils exécutent rarement la musique de leur voisin immédiat. Vivant en symbiose avec le monde arabe ou turc, un musicien kurde jouera de la musique kurde et non point celle des autres, même si sa musique kurde peut être appelée turque ou arabe ou iranienne... Enfin les mélodies sont amenées de façon déconcertante, brutale et dure, provoquant des émotions fortes, car ils aiment la dissonance (cas des harmonies de seconde majeure de la musique populaire turque) et ne s'embarrassent guère des manières délicates établies par les musiques savantes.

Cette prise de conscience synchronique qui fait également état du monde arabe, turc ou iranien, serait vaine si elle n'entraînait, en retour, un formidable reflux, en altérant considérablement les rapports entretenus par ces trois aires culturelles sur des siècles. Ainsi, par voie de réaction, la musicologie arabe tend, à l'heure actuelle, à s'intéresser davantage à des origines locales et à regarder vers la péninsule arabique qu'à entamer un dialogue avec ses deux voisins. Il est vrai qu'au cours de ces récentes années, l'ethnomusicologie a révélé, dans cette région, un monde musical original différent de celui que l'oreille ou l'écrit avaient l'habitude de véhiculer. Parallèlement, la musicologie turque se tourne vers ses cousins de la Haute-Asie afin d'envisager ses origines. A cet égard, l'art musical des nomades Qashqaï d'Iran, la musique azeri, celles des nomades Yürük ou des Avsar de Turquie, tous faisant partie du vaste rameau turc, sont plus significatifs qu'un échange entre les trois zones culturelles d'autrefois, comme un retour à l'ancienne musique du sérail. Sur les cimes du mont Taurus (Turquie), les nomades Yürük pratiquent une polyphonie très curieuse qu'ils exécutent sur un tout petit luth *cura*. Ils jouent à cheval et, par commodité, tiennent l'instrument verticalement. Ils picorent les notes quasiment sur le manche avec deux ou trois doigts des deux mains et se passent de plectre. Cette polyphonie vient remettre en question la conception classique d'une homogénéité des aires culturelles, bâtie sur l'homophonie et la conduite des voix à l'unisson. A l'extrême opposé, les chants des pêcheurs de perles de l'île de Bahrein (golfe Persique), par l'utilisation d'une polyrythmie accentuée, contredisent à leur tour l'idée de cycles rythmiques, fer de lance de la musique classique. Autre bouleversement : dans l'art savant, on avait pris l'habitude, comme dans la musique indienne, de débuter sur une improvisation puis d'enchaîner sur une pièce mesurée ; dans l'État du Koweit, on constate l'inverse : on part du fixé et on aboutit à l'improvisé.

Dans ce mouvement de retour aux sources, seul l'Iran n'a pas manifesté cette disponibilité, probablement en raison des problèmes sociaux que le pays n'a cessé d'affronter. Il est vrai qu'à l'inverse des Turcs ou du monde arabe, qui se diffusent à partir d'un foyer unique, les Iraniens ont toujours vécu sur le plateau à qui ils doivent leur nom. Néanmoins, une situation similaire les verrait spontanément s'intéresser à la musique des Tajik, considérés comme des Iraniens de vieille souche, ou à celle de l'Afghanistan.

Il faut rappeler que la dynastie Safavide (XVIe-XVIIIe siècle), qui régna sur l'Empire perse, fut une période trouble et combien déficiente sur le plan musical. Combattue, la musique fut vouée aux gémonies, elle amorça son déclin. Il aura fallu l'audace de quelques musiciens téméraires pour sauver cet art et renouer, au début de ce siècle, avec la pratique savante en lui insufflant cependant de nouvelles bases théoriques. Elles se rattachent à des spéculations qui ont essaimé et contaminé toute la scène du Moyen-Orient sur la fin du siècle dernier. Des théoriciens, le Libanais Mikha'il Mushaga (1800-

1888), le Turc Salahi Bey, l'Égyptien Mansur 'Awad (début du XXe siècle), ont repensé l'échelle musicale partant de la division de l'octave en vingt-quatre quantités égales dont l'unité de mesure est le quart de ton. Ce cheminement a été, à son tour, emprunté par le théoricien iranien Ali Naqi Vaziri (né en 1887). Il a essayé de sauver un art en désuétude, vague survivance d'un passé devenu insaisissable, et s'est appuyé sur la démarche de ses contemporains. C'était une prise de conscience diachronique, car on estimait, à la fin du XIXe siècle, que la pratique, donc la synchronie, sombrait en pleine anarchie, à l'instar de la décomposition de l'Empire de l'Homme malade, et que sous aucun prétexte elle ne pouvait servir de référence tangible. Ainsi a surgi le problème du quart de ton, si ancré dans l'esprit de beaucoup qu'on l'évoque d'emblée dès qu'il s'agit de disserter de la musique du Moyen-Orient. Intellectuelle, justifiée sur le plan rationnel – d'ailleurs il a même existé une méthode de luth (ûd) en quarts de ton – mais ne se basant sur aucune vérification synchronique, cette théorie a été depuis abandonnée. La transmission orale, donc la tradition vivante prône le trois-quarts de ton, ce qui n'est pas du tout pareil pour l'oreille. C'est, une fois de plus, mesurer la complexité des rapports diachronie-synchronie.

Si ces trois axes, construits historiquement sur des échanges et une vision commune d'envisager la matière sonore, prennent de plus en plus leur distance l'un par rapport à l'autre, il ne faut pas en déduire que chaque pôle se referme sur lui-même. Au contraire, on assiste à un éclatement au sein d'une même zone. Cette situation, au demeurant, est perçue avec plus d'acuité dans le monde arabe, en raison de l'étendue des territoires. En effet, deux préoccupations majeures ont dominé ces dernières années la scène musicale des nations arabes :

– le souci d'arriver à créer une musique nationale en intégrant des éléments folkloriques à la tradition urbaine, voire rurale, le tout avec quelques emprunts à l'Occident (harmonie) ; ainsi on a pu saluer l'apparition d'une musique irakienne, syrienne, jordanienne, libyenne, etc. ;

– le soin de rompre avec des influences dominantes tyranniques, exercées dans le passé par la musique ottomane, puis de nos jours par la musique égyptienne, à l'engouement pour le mélodramatique, et à la musique libanaise qui en a pris la rélève à partir du décès de la célèbre cantatrice Om Kalsoum, en 1975.

Deux musiciens libanais, les Rahbanis, et la voix combien célèbre de Feyruz ont insufflé un sang nouveau, certes aérien, aux antipodes d'une certaine lourdeur que l'on découvre si souvent au Moyen-Orient, mais plus proche de la technique enseignée dans les Conservatoires occidentaux. De ces mouvements contemporains il résulte une situation nouvelle. Chaque auditeur urbain de n'importe quel État arabe est ballotté à l'heure actuelle dans un trilinguisme musical : il connaît la musique de sa région, il pratique l'influence égyptienne, son oreille s'alimente de couleur libanaise. En revanche, il ignore définitivement tout ce qui s'exécute en Turquie ou en Iran.

Deux réactions violentes sont venues dénoncer ces faits. Elles témoignent d'un raidissement ou d'une critique acerbe de l'évolution musicale du monde arabe contemporain. Elles cherchent à redistribuer et à redéfinir le contexte social. L'une a surgi au Maroc et est le fruit d'une formation orchestrale de quatre musiciens : Nass al-Ghiwâne, c'est la solution synchronique. L'autre provient d'une tentative isolée du célèbre joueur de luth irakien Munir Baschir, proposition d'ordre diachronique.

En voulant briser le lien qui l'unissait à l'Égypte, en refusant de s'aligner sur l'Occident, le groupe marocain Nass al-Ghiwâne n'avait plus qu'à renouveler son langage musical en puisant dans ses propres origines. Issus du monde berbère, les protagonistes se sont inspirés aussi de la musique des Gnawas. Par Gnawa, on entend les descendants d'esclaves noirs d'origine Haoussa, Bambara ou Peul, venus de l'Afrique sud-saharienne et établis depuis des générations au Maroc, en Algérie ou en Tunisie. Ils se sont regroupés en confrérie et ont porté une attention toute particulière à la musique. Ils possèdent leurs propres instruments, le plus important étant le luth *gumbri*, qu'ils accompagnent de castagnettes de métal, les *qaraqeb*. En quelques années, l'ensemble est arrivé à créer dans le monde arabe d'aujourd'hui une composante synchronique inattendue. De surcroît, basant leur musique sur le système pentatonique, ils arrivent à contrecarrer et bouleverser la tradition classique essentiellement heptatonique. Cette manière de considérer la création musicale synchroniquement, et non plus comme un phénomène historique d'évolution ou de culture, rompt avec le passé et justifie le succès fulgurant que connaît ce groupe dans toute l'Afrique du Nord.

Toutefois, la polarisation spatiale ne peut que déclencher la prise de conscience diachronique, l'un ne pouvant se séparer de l'autre. Sur ce point, un exemple est donné depuis 1979 par l'évolution de la musique algérienne. Un mouvement musical dénommé *Rai* et glosé par chant de désespoir, venu d'Oran et de sa périphérie, a balayé en peu de temps tous les styles musicaux en vigueur dans ce pays. Mieux, cette impulsion a réussi à mettre en péril la tradition séculaire dite andalouse que conservent jalousement les cités de Tlemcen, de Constantine ou la capitale Alger. Il s'agit d'un style musical surgi des bas-fonds d'Oran, répertoire d'anciennes prostituées. Il s'est développé, à ses débuts, sur des échelles tétracordales, proche donc de la psalmodie, chanté par des voix gutturales qui, à l'origine, s'accompagnaient d'une flûte *guesba* et d'un tambour en forme de calice, *derbuka*. Curieusement ce genre, comme celui du Aïe-Aïe, son proche voisin, jusque-là ignoré, se rapproche dans sa texture d'autres formes que l'on rencontre sur le littoral syro-libanais et que l'on nomme *'ataba*. L'essor brutal en Algérie, comme par mutation soudaine, d'une tradition locale confinée à la ville et à la région d'Oran, qui s'est au fil des âges sensiblement perpétuée en vase clos et qui brusquement, pour des raisons sociales ou en réponse à un goût du jour, fait irruption sur la scène nationale, autorise et encourage ce travail comparatif. En rapprochant deux caractéristiques étroitement apparentées par leur forme – les échelles et les styles – on met en lumière l'hypothèse d'un fait historique, celui des échanges entre ces deux parties du globe riveraines de la Méditerranée qui doivent remonter à une époque préislamique et que confirme la migration des Phéniciens.

La révolution du luthiste irakien Munir Baschir s'inscrit dans cette optique. Rompre avec les courants nationaux à la mode qui, tous hybridés, ont dénaturé la grande tradition classique. La démarche sera diachronique. Elle consistera à revenir vers les splendeurs de la civilisation abbasside, en fait à amorcer ce retour vers une musique que l'on ne connaît pas, puisqu'elle n'a jamais été notée. L'exemple proposé par l'étiquette de la cour servira de modèle : instituer une musique d'élite, de cercles intimes afin d'éliminer la foule et, par conséquent, tout sentiment collectif de vulgarité et de tapage. Au lieu de s'aligner à l'échelon national, la musique doit au contraire s'épanouir dans de petits groupes de connaisseurs. L'art entretenu à la cour des califes n'était pas destiné au peuple. Il en sera de même pour le rénovateur irakien. Mais là s'arrête toute comparaison avec le passé. En effet, cette musique de cour de Bagdad était vouée au chant, les chroniqueurs le confirment à maintes reprises.

L'originalité d'un Munir Baschir sera de s'orienter vers un répertoire strictement instrumental, dévolu à la forme d'improvisation que l'on appelle *taqsim* et qui a probablement vu le jour dans la capitale ottomane. L'un des premiers théoriciens à la citer est le célèbre Kantemiroglu (1673-1727). Il s'agit d'une courte improvisation instrumentale où l'interprète créateur déploie sa science des modulations pour focaliser la perception sur un développement de structures modales entrecoupées d'une suite de silences impressionnants. Le *taqsim* classique part d'un mode fort pour l'abandonner au profit de modes annexes et y revenir en fin de parcours afin de le « cadenasser ». Le *taqsim* actuel, tel que le conçoit l'école du Caire, se contente d'égrener des modes successifs sans forcément revenir à un point de départ. Quoi qu'il en soit, le *taqsim* a toujours été envisagé comme un court prélude et prétexte à la création de l'ambiance afin de s'effacer par la suite devant le chanteur. En instituant un récital entièrement centré autour du *taqsim*, et en développant l'improvisation de manière insoupçonnée, Munir Baschir a inauguré une situation entièrement nouvelle dans la conception musicale arabe. Pour y parvenir, le musicien fait appel à une technique instrumentale sans faille qui active des ressources ignorées du ûd, comme les harmoniques de l'instrument jusque-là inutilisées, des séries de nuances inconnues par la pratique arabe : *diminuendo*, *sforzando*, *crescendo*, etc. L'esthétique traditionnelle du ûd se concentrait en grande partie sur des effets de résonance ; ils étaient un point de repère. Enfin, on lui doit (mais en cela il se rattache à l'école ottomane du luth) la maîtrise totale du plectre, c'est-à-dire l'absence de tout bruit parasite si présent dans le jeu du luth égyptien. Le déchet sonore imputable à la frappe venait s'intégrer à la substance musique pour occasionner un amalgame son-bruit qui, loin d'être une faille, représentait une norme. Enfin, ce long développement est le fruit d'une juxtaposition de différents *taqsim* qui, harmonieusement enchaînés les uns à la suite des autres, forment un continuum. Sur ce plan, la pensée musicale arabe, à l'opposé de l'indienne, n'a pas encore assimilé les grands développements du *râga*, mais l'exemple du musicien irakien ouvre la voie vers cette prise de conscience. En conclusion, à vouloir saisir un passé trop lointain, le musicien n'a fait que prolonger l'esthétique du XIXe siècle.

La relation espace-temps est assurément le problème par excellence posé non seulement par les musiques du Moyen-Orient, mais par toutes les musiques de transmission orale. Évidemment, le problème n'aurait pas revêtu cette acuité si ces peuples n'avaient légué leur réflexion par tant d'écrits. Même s'il s'avère d'une lecture complexe et déroutante, « disserter de la musique est une belle chose en soi, en faire est répréhensible », rappelle un dicton iranien, l'écrit à son tour dévoile une lente progression. La problématique fondamentale ne varie pas, seules les interprétations vont dans le sens de l'évolution. Au Xe siècle, il a souvent été question d'une querelle entre les anciens et les modernes. Les analyses qui en ont été faites sont loin d'être satisfaisantes, seule l'approche synchronique renouvelle la question. En effet, le travail sur le terrain pose la question du passage d'un système de quatre sons dit tétracordal à un système de sept sons dit heptatonique. Ceux qui chantent sur la première base ne savent pas utiliser l'autre et la refusent. Ceux qui, en revanche, chantent sur sept sons, se répartissent en deux groupes : les premiers passent sans difficulté de sept sons à quatre sons, les seconds hésitent à le faire. La fameuse querelle littéraire signifierait qu'avec l'expansion de l'islam, il a été question d'un système de quatre sons (qui constitue l'échelle actuelle des nomades arabes) à sept sons, conception plus riche qui automatiquement a déclenché l'apparition d'un corollaire : la naissance de la modulation (passage d'un système donné à un autre). Pour atteindre les sept sons, on a pensé la musique en deux fois quatre (l'octave) car ceci était plus compatible avec la tradition et non point une fois sept, incompatible dans la pensée des nomades arabes. Les Anciens refusaient donc cette façon de voir la matière musicale. Elle dénaturait la tradition ancestrale ; à l'inverse, les jeunes y voyaient un débouché naturel en pleine expansion !

Il faut donc considérer la synchronie comme un témoin de l'histoire. Dans un même village, on peut noter deux façons radicalement différentes de chanter ; bien entendu on ne tiendra pas compte des influences modernes venues de la ville par le moyen du poste transistor. Cette double manière de chanter peut être la survivance de deux strates successives venues se superposer dans le temps et trouver une patine commune. Cependant, cette approche synchronique n'aura de raison d'être que si elle s'accompagne d'un retour à l'écrit (texte d'un polygraphe, d'un moralisateur, peu importe). L'histoire, en retour, doit s'intégrer dans la perspective diachronique. Ainsi s'expliqueraient les révolutions musicales les plus brutales qui surgissent soudainement. En paraphrasant un mot celèbre de Stravinski : « Grattez le russe, vous trouverez le tartare », on pourrait dire : « Déblayez le synchronique, il vous donnera l'histoire, interrogez la diachronie, elle vous signalera la géographie. »

Christian Poché.

BIBLIOGRAPHIE : Nelly Caron et S. Dariouche, *Iran, les traditions musicales*, Buchet-Chastel (Paris, 1966). Salah El Mahdi, *La Musique arabe*, Leduc (Paris, 1972). Simon Jargy, *La Musique arabe*, PUF, coll. Que-sais-je ? (Paris, 1971, 3e éd. 1988). Sirvart Kazandjian, *Les Origines de la musique arménienne*, Astrid (Paris, 1984). K. et U. Reinhard, *Musique de Turquie*, Buchet-Chastel (Paris, 1977). Habib Hassan Tolima, *La Musique arabe*, Buchet-Chastel (Paris, 1977).

Mozarabe. Pour « rite mozarabe », voir *Liturgie*, *2a*.

Mozart. Famille de musiciens autrichiens, originaire d'Allemagne. (Johann

Georg) **Leopold Mozart** (Augsbourg, 14 novembre 1719 ; Salzbourg, 28 mai 1787), violoniste et compositeur. Il étudie la philosophie à l'Université bénédictine de Salzbourg dont il est renvoyé en 1739 pour assistance irrégulière aux cours. Il entre comme violoniste et valet de chambre au service du comte de Thurn-Valsassina et Taxis, avant de devenir violoniste dans l'orchestre de l'archevêque de Salzbourg en 1743. Il y demeurera jusqu'à sa mort et sera nommé maître de chapelle adjoint en 1763. En 1747, il épouse Anna Maria Pertl, qui lui donnera sept enfants dont seuls deux survivront : Maria Anna (« Nannerl ») (1751-1829) et Wolfgang Amadeus. On reproche parfois à Leopold d'avoir exploité les talents de son fils et d'avoir cherché à en tirer un bénéfice financier. Mais il semble plus probable qu'il ait fait preuve d'une certaine fierté, montrant un sens possessif assez naturel ; et si Wolfgang n'avait pas tant voyagé, son œuvre n'aurait peut-être pas connu la même envergure. Leopold admettait mal que son fils refuse de se conformer aux conventions sociales, mais il a eu la chance de voir Wolfgang s'épanouir à Vienne et d'entendre, deux ans avant de mourir, les fameuses paroles de Joseph Haydn : « Devant Dieu et en toute honnêteté, je vous assure que votre fils est le plus grand compositeur que je connaisse. »

La méthode de violon de Leopold, *Versuch einer gründlichen Violinschule* (Augsbourg, 1756), est devenue rapidement un ouvrage de référence. Il a énormément composé : de la musique sacrée, des symphonies et des sonates pour clavier, mais ses œuvres sont rarement jouées de nos jours et on ne se souvient du compositeur que pour l'emploi qu'il fit d'« instruments » comme les sifflets et les pistolets dans ses *Noces paysannes* et dans la *Sinfonia da caccia*.

A l'inverse, la musique de (Johann, Chrysostom) **Wolfgang Amadeus** (Salzbourg, 27 janvier 1756 ; Vienne, 5 décembre 1791) est peut-être plus appréciée et plus respectée que celle de tout autre compositeur. Toutes les réactions qu'elle suscite sont directement liées aux paradoxes qui caractérisent la nature de ce musicien : des capacités musicales innées, rarement égalées, lui permettant de résoudre les problèmes avec une facilité enviable, et une sensibilité à la musique des autres grâce à laquelle, lors de ses voyages en Europe, il sera profondément marqué. Ces deux éléments font de lui un être aussi individualiste qu'universel. Il a abordé la plupart des genres qu'il connaissait, s'affirmant comme un maître dans la composition de divertissements comme dans celle de partitions plus profondes, qui révèlent une nature sombre, presque fataliste. Dans ses œuvres plus légères transparaît souvent un élément de profondeur alors que ses œuvres sérieuses parviennent toujours à divertir et à émouvoir l'auditeur.

1. *Les dix premières années.* Dans un tel contexte familial, il est normal que Mozart ait abordé très tôt la musique, d'autant plus que sa sœur aînée, Nannerl, jouait déjà fort bien du piano. A trois ans, il est capable de reconnaître des accords et, à cinq ans, il improvise au clavier de courts menuets.

Lorsque Wolfgang atteint l'âge de six ans, Leopold organise pour ses deux enfants un voyage à Munich et à Vienne, où leur précocité soulève l'admiration générale, ce qui l'encourage à se lancer dans une entreprise plus ambitieuse, dès 1763 : tous trois partent en tournée à travers les principales villes allemandes, puis à Paris et à Londres. Les Mozart sont reçus à Versailles par le roi, la reine et madame de Pompadour, et on s'émerveille du talent de ces enfants. Sur le plan social, la visite à Londres remporte le même succès et des résultats financiers satisfaisants. Mais l'événement essentiel de ce voyage est la découverte que fait Mozart de la musique d'Abel et de J. C. Bach, qui vivent alors en Angleterre. Il reprend certaines parties de leurs œuvres, notamment dans les trois symphonies composées pour leur série de concerts, et plusieurs partitions ultérieures révéleront leur influence. Comme J. C. Bach, Mozart tente d'adapter le langage musical italien, alors à la mode, à des goûts plus nordiques. La famille retourne à Salzbourg en passant par les Pays-Bas – où les enfants remportent encore un grand succès, malgré le retard dû à une grave maladie – et par Paris. Ils rentrent finalement chez eux en novembre 1766, après trois ans et demi d'absence.

2. *Une période de consolidation : 1767-77.* Mozart, tout comme sa sœur, est maintenant trop âgé pour jouer les enfants prodiges et Leopold prend sérieusement

en main sa formation de compositeur. Wolfgang reçoit plusieurs commandes de Salzbourg et transforme en concertos quelques sonates d'autres compositeurs qu'il joue lui-même en concert. Marie-Thérèse et son fils, Joseph II, lui commandent un opéra ; il compose un opéra bouffe, *La Finta Semplice*, qui ne sera pas représenté à Vienne en raison d'intrigues de cour (il sera donné à Salzbourg en 1769). Il écrit aussi un singspiel, *Bastien et Bastienne*, qui révèle une profonde connaissance de l'opéra-comique français.

Leopold voulant absolument que Wolfgang effectue une tournée de concerts en Italie, ils partent tous deux en décembre 1769 et parcourent ce pays pendant deux ans, se rendant dans la plupart des grandes villes. Ce voyage est surtout marqué par un court séjour à Bologne, en 1770, où ils rencontrent le principal théoricien de l'époque, le padre Martini, pour lequel Mozart écrit quelques fugues, et par une visite à Milan, au mois d'octobre de la même année, où il se voit commander un opéra. Cette fois, Mozart compose un *opera seria*, *Mitridate, rè di Ponto*, qui remporte un grand succès.

Après un bref séjour à Salzbourg, il reçoit une deuxième commande qui le ramène à Milan en 1771 : une sérénade théâtrale (*Ascanio in Alba*) pour la célébration d'un mariage dans la famille impériale. Il retourne une troisième fois en Italie en 1772, voyage dominé par la composition d'un *opera seria*, *Lucio Silla*, et du célèbre motet *Exsultate, jubilate*. L'opéra ne remporte pas le succès escompté, sans doute en raison de sa complexité qui déroute le public (ce sera également le cas de ses opéras postérieurs). L'expérience italienne montre néanmoins qu'à dix-sept ans Mozart avait virtuellement maîtrisé tous les genres musicaux en usage et possédait les bases qui feront de lui un véritable musicien européen.

Mais aucune nouvelle commande d'opéra n'intervient et le retour à Salzbourg est assez décevant, d'autant plus que l'archevêque, le comte Schrattenbach, est mort et que son successeur, le comte Colloredo, entretient des rapports moins souples avec son personnel. Mozart devient à cette époque une figure marquante de la vie musicale salzbourgeoise. Il compose surtout de la musique de chambre et de la musique pour orchestre, notamment quatre symphonies (K 184, K 199, K 162 et K 181), qui révèlent un style et une orchestration originaux. En 1775, il écrit cinq concertos pour violon (K 207, K 211, K 216, K 218 et K 219), œuvres brillantes de construction plus solide que celle des virtuoses italiens alors à la mode. Il compose aussi de la musique d'église mais, Colloredo aimant la concision, Mozart ne peut pas s'y épanouir comme il le fera, plus tard, dans ses messes. Aucune de ces activités ne lui vaut une nomination à la cour de Vienne, malgré son expérience dans le domaine lyrique qui s'enrichit de nouvelles commandes de Munich (*La Finta Giardiniera*) et de Salzbourg (*Le Roi pasteur*).

3. *Deuxième voyage en Europe*. Le succès de Mozart hors des frontières de l'Autriche ne semblant pas assez affirmé (il n'a que vingt ans), Leopold pense à une nouvelle tournée, mais comme il n'a pas les moyens de perdre leurs deux salaires, il n'accompagne pas son fils et Wolfgang part avec sa mère. Ce sera son voyage le plus important car il possède la maturité nécessaire pour apprécier les différents styles musicaux qu'il découvre dans d'autres villes et parce qu'il commence enfin à se démarquer du provincialisme salzbourgeois. Munich est la première ville importante où il fait étape ; Mozart est en pays de connaissance. Vient ensuite Mannheim, qui possède alors l'orchestre le plus célèbre d'Europe. Mozart y apprend beaucoup sur l'orchestration, particulièrement sur l'utilisation des clarinettes. Il rencontre la famille Weber et tombe amoureux de l'une des filles, Aloysia, excellente soprano. Mozart pense au mariage, espérant vivre convenablement de leurs talents respectifs ; mais ces projets hasardeux alarment Leopold, dès qu'il apprend la nouvelle, et il écrit à Wolfgang et à sa mère en insistant pour qu'ils se rendent rapidement à Paris.

C'est l'époque où la querelle entre Gluck et Piccinni domine la vie musicale parisienne. Mozart ne se voit proposer qu'un poste d'organiste à Versailles, qu'il refuse. Il s'imprègne de l'esthétique française, notamment du style concertant, alors très en vogue : on en trouve des traces dans le *Concerto pour flûte et harpe*, dans la *Symphonie concertante* pour violon et alto (composée après son retour à Salzbourg, en 1779) et, ce qui est plus inattendu, dans la grande aria « Martern aller Arten » de *L'Enlèvement au sérail* ; il s'imprègne aussi de la sonorité orchestrale française, qu'il maîtrise à merveille dans la *Symphonie parisienne K 297*, couronnée de succès au Concert spirituel. Il se familiarise également avec la musique de Gluck.

La mère de Mozart meurt pendant leur séjour parisien et Leopold somme son fils de rentrer. Il s'exécute à contrecœur, ayant encore en tête des idées de mariage et d'indépendance. Pendant ce temps, Leopold a obtenu de l'archevêque que Wolfgang soit nommé organiste de la cour. Il rentre donc en passant par Mannheim, où il espère revoir Aloysia ; mais elle est partie pour Munich et, lorsqu'il la retrouve enfin, il découvre qu'elle ne l'aime plus. Ses espoirs de se voir attribuer un poste à l'Opéra de Munich sont déçus et il arrive enfin à Salzbourg en 1779.

4. *Les dernières années à Salzbourg*. A vingt-trois ans, Mozart a derrière lui, entre autres honneurs, le succès remporté lors de ses principaux voyages en Europe, non comme enfant prodige, mais comme compositeur mûr. Ces tournées ayant procuré d'excellents résultats financiers à de nombreux autres compositeurs et instrumentistes, il espère pouvoir enfin quitter Salzbourg. Sa déconvenue est donc d'autant plus compréhensible que l'archevêque se désintéresse toujours d'une musique d'église élaborée et lui offre peu d'occasions d'utiliser un grand orchestre. Les fonctions de Mozart manquent singulièrement d'intérêt. Toutefois, les contacts établis à Munich portent leurs fruits et il reçoit la commande d'un opéra, *Idoménée*. Dans cet ouvrage, Mozart met à profit sa récente découverte de l'art lyrique tel que Gluck vient de le réformer et il fait preuve d'une maîtrise totale de l'*opera seria* italien. *Idoménée* est représenté en janvier 1781 avec un réel succès.

Les relations de Mozart avec Colloredo deviennent très délicates. L'archevêque était déjà contrarié par les fréquentes absences de Mozart, qu'il lui était pourtant difficile de refuser. Il fait venir Mozart à Vienne où il séjourne avec sa suite et s'emploie à l'humilier de toutes sortes de façons : le faisant dîner avec les domestiques et lui refusant le droit de donner des concerts. En mai 1781, une querelle les oppose : Mozart est littéralement jeté dehors par le chambellan de la cour. Il quitte définitivement le service de l'archevêque. Cette rupture entre le maître et son serviteur est parfois considérée comme un signe précurseur de la nouvelle situation sociale de l'artiste au siècle suivant. Dans le cas présent, chacun des deux antagonistes avait une part de responsabilité et personne n'en est sorti la tête haute.

En fait, cet incident était moins un signe des temps qu'un simple conflit de personnalités. Dans une certaine mesure, Mozart était parvenu à ses fins car il était persuadé de pouvoir devenir l'un des principaux protagonistes du monde musical s'il quittait Salzbourg ; mais les liens qui l'attachaient à son père l'avaient empêché jusqu'alors de désobéir à cet homme prudent. En l'occurrence, l'avenir montrera que Leopold avait raison.

5. *L'indépendance à Vienne*. Le statut d'artiste indépendant n'était pas aussi rare au XVIIIe siècle qu'on le pense généralement, mais, comme à l'heure actuelle, il correspondait à une existence précaire reposant sur la continuité du succès, une bonne santé et la faculté de se déplacer au gré de la demande. C'est cette vie précaire que mène Mozart, car la majorité de ses revenus proviennent de leçons qu'il donne à contrecœur. Le seul véritable signe de succès est une commande du Burgtheater, le singspiel *L'Enlèvement au sérail* (1782). Mozart se réfère au style populaire de Georg Benda, mélangeant des éléments d'opéra bouffe, d'*opera seria* et d'opéra-comique. La partition de *L'Enlèvement au sérail* est d'une étonnante richesse, ce qui ne la rend accessible qu'à un petit nombre de théâtres ; l'empereur Joseph II lui-même, fervent admirateur de la musique de Mozart, trouvait qu'elle comportait « vraiment beaucoup de notes ».

Cette commande reste malheureusement isolée et, pour gagner sa vie, Mozart reporte ses efforts sur les concerts. Entre 1782 et 1784, il compose neuf concertos pour piano, à son propre usage, pour ses élèves ou pour des instrumentistes célèbres (K 413-15, K 449-51, K 453, K 456 et K 459). En août 1782, son mariage avec Constance Weber, la sœur d'Aloysia, rend sa situation encore plus incertaine car elle ne saura pas gérer le budget familial. Un premier enfant, né l'année suivante, meurt en bas âge ; un an plus tard, la naissance d'un fils, qui vivra, ajoute encore au fardeau financier de Mozart. Mais, pendant les premières années de leur mariage, les Mozart, sans vivre dans l'opulence, ne connaîtront pas de véritables problèmes matériels ; durant cette période, Mozart compose peu d'ouvrages substantiels, mais beaucoup de partitions de moindre envergure.

A l'exception des concertos pour piano, les principales œuvres de cette époque sont les six quatuors dédiés à Haydn, où l'on trouve la marque des quatuors op.33 du musicien des Esterházy. Mozart connaissait bien Haydn et tous deux s'estimaient mutuellement. Mais l'opéra, principale source de revenus des compositeurs au XVIIIe siècle, lui est inaccessible pendant plusieurs années car l'échec de l'opéra allemand a suscité un regain d'intérêt pour l'opéra italien. Il faudra attendre 1786 pour qu'un nouvel opéra lui soit commandé sur un livret tiré du *Mariage de Figaro* de Beaumarchais, la suite du *Barbier de Séville* grâce auquel Paisiello avait remporté un grand succès en 1782. Les deux pièces traduisent des aspirations politiques libérales qu'atténuent les librettistes ; pourtant, le livret que Da Ponte a réalisé pour Mozart conserve cette tendance. Malgré la puissance dramatique et la force des personnages, *Les Noces de Figaro* ne remportent qu'un succès médiocre à Vienne ; Mozart semble alors se tourner davantage vers la musique de chambre, ce qui correspond souvent chez lui à un état d'esprit profondément pessimiste.

Mais la chance lui sourit quelques mois après la représentation des *Noces de Figaro* à Prague, succès incontestable qui lui apporte la commande d'un nouvel opéra pour le Théâtre de Prague. Mozart persuade Da Ponte d'écrire le livret de *Don Giovanni*, sujet privilégié pour un auteur dramatique : la même année voit naître quatre opéras sur le même thème légendaire, notamment la sérénade *Don Giovanni Tenorio* d'un Italien peu connu, Giuseppe Gazzaniga ; en 1761, Gluck avait aussi composé la musique d'un ballet intitulé *Don Juan*. Mozart conçoit son chef-d'œuvre comme un opéra bouffe, avec de grands ensembles et finales, mais avec des personnages d'*opera seria*. Les situations jouent un rôle essentiel ; l'ouverture, la mort du Commandeur et le dénouement reflètent le style dramatique de Gluck et de ses successeurs, notamment Salieri. *Don Giovanni* reçoit un accueil très favorable à Prague (comme beaucoup d'autres œuvres de Mozart, particulièrement la *Symphonie « Prague » K 504*) ; il ne sera donné à Vienne qu'un an plus tard et n'y remportera qu'un succès limité, la musique étant apparemment trop évoluée et trop difficile pour l'auditoire.

A cette époque, Mozart s'endette auprès d'amis francs-maçons (ordre auquel il appartint pendant plusieurs années) qu'il a peu de chances de rembourser rapidement. Pendant l'été 1788, il compose ses trois dernières symphonies (K 543, K 550 en sol mineur et K 551 « Jupiter »), sans doute pour une série de concerts dont on n'a pas retrouvé la trace ; il semble que Mozart tire alors ses principales ressources d'arrangements d'oratorios de Haendel pour les concerts privés du baron van Swieten, mélomane enthousiaste. En 1789, Mozart se rend à Berlin en compagnie de Karl Lichnowsky, glanant quelques engagements mineurs et probablement la commande de quelques quatuors pour le roi Frédéric-Guillaume II. Malheureusement, ses finances n'en sont qu'à peine améliorées. A son retour, sa femme tombe malade et doit suivre une cure très onéreuse à Baden. Le voyage, enrichissant sur le plan artistique, lui permet de passer par Leipzig et par Berlin : il étudie la musique de J. S. Bach, qui l'impressionne énormément et dont l'influence se ressent dans l'écriture contrapuntique de ses dernières œuvres.

En 1789, une nouvelle commande d'opéra rend espoir à Mozart et il renouvelle sa collaboration avec Da Ponte. La première de *Così fan tutte*, en janvier 1790, remporte un grand succès ; elle est suivie de dix représentations interrompues par le deuil de la cour à la mort de Joseph II. Mozart pensait se faire engager par le nouvel empereur, mais ses espoirs ne se concrétisent pas dans un premier temps. L'année suivante, il reçoit néanmoins deux commandes lyriques : un *opera seria* pour le couronnement de l'empereur comme roi de Bohême (*La Clémence de Titus*), et un singspiel que lui demande l'imprésario Emanuel Schikaneder (*La Flûte enchantée*). Il reçoit également une mystérieuse commande : une messe de *Requiem* qu'il doit livrer en secret, cette commande provenant d'un comte qui voulait s'en attribuer la paternité. *La Clémence de*

Titus remporte un certain succès, bien que le genre de l'*opera seria* commence à tomber en désuétude. *La Flûte enchantée*, initialement conçue comme une pantomime, inspire à Mozart une musique qui transforme l'ouvrage en une allégorie quasi religieuse et qu'il faut interpréter à la lumière de ses croyances maçonniques les plus solennelles. Les premières représentations ne soulèvent pas l'enthousiasme ; comme à son habitude, Mozart a écrit une musique trop élaborée pour un public en quête de divertissements légers. Néanmoins, l'œuvre devient rapidement l'une des distractions favorites des Viennois. Mais Mozart est malade. Il n'achèvera jamais le *Requiem* que terminera son élève, Süssmayr. Après deux mois de souffrances, Mozart meurt d'une fièvre rhumatismale. Constance étant trop bouleversée pour organiser ses funérailles, il sera enterré dans la fosse commune, selon la coutume de l'époque à Vienne.

6. *Conclusion.* La pauvreté de Mozart et sa mort prématurée lui ont valu, au XIXe siècle, une réputation d'artiste romantique né trop tôt aspirant à l'indépendance et souffrant ainsi jusqu'à l'angoisse, comme il convenait aux véritables artistes. La réalité est différente. Tout en croyant aux idées égalitaires de l'époque, il n'en a pas souffert comme Cimarosa, emprisonné à Naples, ou Piccinni, renvoyé de son poste. Les difficultés financières étaient monnaie courante chez les compositeurs et la rupture de Mozart avec l'archevêque était autant une affaire d'ambition et de tempérament que de principe — Mozart n'a-t-il pas passé le reste de sa vie à Vienne à chercher une place à la cour ? Il aurait pu tirer des gains substantiels de son indépendance s'il avait consenti à quelques concessions pour plaire à son auditoire, comme le firent plusieurs compositeurs italiens. Il ne faut pas non plus incriminer son sérieux inné qui aurait été un obstacle au succès. Il y avait à l'époque des compositeurs beaucoup plus exaltés, notamment Gluck et ses adeptes en France. Mozart était encore moins le héros sensible et lettré qu'a dépeint le XIXe siècle : pour répondre au goût de cette époque, ses lettres ont été expurgées de toute vulgarité. Elles comportent peu de témoignages de son érudition ; pourtant il possédait un jugement très perspicace en matière dramatique.

La postérité a retenu les extraordinaires dons artistiques de Mozart et non sa position symbolique dans l'histoire. Il savait admirablement mêler les genres : au charme de la symphonie galante s'ajoute la puissance dramatique de l'ouverture gluckienne ; la grâce italienne tempère la rigueur des quatuors de Haydn ; il apporte à l'opéra bouffe et au singspiel un côté sérieux qui n'appartenait alors qu'à l'*opera seria* et qui aurait disparu dans son déclin. Cette vaste imagination artistique est renforcée par l'intérêt qu'il portait à ses personnages : on en trouve autant de traces dans ses lettres que dans ses opéras. Sa sensiblité aux nuances les plus subtiles des caractères et des humeurs en fait le compositeur le plus humain. C'est pourquoi les musiciens des générations suivantes ne pouvaient l'ignorer. Beethoven lui doit beaucoup, même s'il n'est pas toujours parvenu au même degré de subtilité ; Haydn, à la fin de sa vie, a été profondément marqué par l'écriture instrumentale de Mozart. Et, ce qui est curieux pour un Italien, Rossini doit à Mozart une meilleure compréhension de la nature de l'opéra bouffe. Pour les mêmes raisons, la musique de Mozart se prête à un éventail d'interprétations, des mouvements lents et solennels aux mouvements légers et gracieux. Mais l'essentiel est de restituer ce qui fut sa qualité première, l'humanisme.

Mozart a laissé deux fils : Carl Thomas Maria (1784-1858) et **Franz Xaver Wolfgang Mozart** (Vienne, 26 juillet 1791 ; Carlsbad, 29 juillet 1844) qui se fit appeler Wolfgang Amadeus. Il étudia le piano avec Hummel, le chant avec Salieri et la composition avec l'abbé Vogler et Albrechtsberger. Il commença une carrière de compositeur et de professeur à Vienne en 1805, puis s'installa à Lemberg (aujourd'hui Lvov). En 1819, il entreprit une longue tournée de concerts en Europe avec un répertoire centré sur les œuvres pour piano de son père. Il a écrit deux concertos pour piano, quelques pièces de musique de chambre avec piano, une symphonie, des cantates et des mélodies.

Denis Arnold.

BIBLIOGRAPHIE : Philippe Autexier, *Mozart*, Champion (Paris, 1986). Paul et Eva Badura-Skoda, *L'Art de jouer Mozart au piano*, Buchet-Chastel (Paris, 1974). Maurice Barthélemy, *Entre Léopold et Constance : Wolfgang Amadeus*, Actes Sud (Arles, 1987). Lorenzo Da

Ponte, *Mémoires*, Mercure de France (Paris, 1980). Edward J. Dent, *Les Opéras de Mozart*, Gallimard (Paris, 1958). Alfred Einstein, *Mozart*, Desclée de Brouwer (Paris, 1954). C. M. Girdlestone, *Mozart et ses concertos pour piano*, Fischbacher (Paris, 1939, rééd. 1953). Alain Gueullette, *Mozart retrouvé*, Temps actuel (Paris, 1982). Paul et Wolfgang Hildesheimer, *Mozart*, Lattès (Paris, 1979). Jean-Victor Hocquard, *La Pensée de Mozart*, Seuil (Paris, 1958) / *Mozart*, Seuil, coll. Solfèges (Paris, 1959, rééd. 1984) / *Cosi fan tutte*, Aubier (Paris, 1978) / *Le* Don Giovanni *de Mozart*, Aubier (Paris, 1978) / *La Flûte enchantée*, Aubier (Paris, 1979) / *Idoménée*, Aubier (Paris, 1982) / *Mozart, l'amour, la mort*, Librairie Séguier/Archimbaud (Paris, 1987). Jean-François Labie, *Mozart*, Hachette (Paris, 1964), Éd. du Chêne (Paris, rééd. 1985). Jean et Brigitte Massin, *Wolfgang Amadeus Mozart*, Fayard (Paris, 1970). Olivier Messiaen, *Les 22 concertos pour piano et Mozart*, Libr. Séguier (Paris, 1987). W. A. Mozart, *Correspondance* (éd. par Geneviève Geffray), Flammarion (Paris, 1986/87). Carl de Nys, *La Musique religieuse de Mozart*, PUF, coll. Que-sais-je ? (Paris, 1982). Bernhard Paumgartner, *Mozart*, Gallimard (Paris, 1964). H.C. Robins Landon, *1791, la dernière année de Mozart*, Lattès, (Paris, 1988). Stanley Sadie, *Mozart*, Éd. du Rocher (Monaco, 1985). Stendhal, *Vies de Haydn, de Mozart et de Métastase* (Paris, P. Didot l'aîné, 1814), rééd. Les Introuvables (Plan-de-la-Tour, 1978). Rémy Stricker, *Mozart et ses Opéras*, Gallimard (Paris, 1980, rééd. 1987). Théodore de Wyzewa et Georges de Saint-Foix, *Wolfgang Amadeus Mozart, sa vie musicale et son œuvre*, Perrin (Paris, 1912) et Desclée de Brouwer (Paris, 1936, 1939 et 1946), rééd. Robert Laffont, coll. Bouquins (Paris, 1986).

Mozart et Salieri. Opéra en un acte de Rimski-Korsakov, d'après un poème de Pouchkine (1830). Créé à Moscou en 1898.

Mp. Abréviation de *mezzo piano* (ital.), « moyennement doux ».

M.S. Abréviation de (1) *mano sinistra* (ital.), « main gauche » ; (2) manuscrit.

Muance. Voir *Hexacorde*.

Mudarra, Alonso (vers 1510 ; Séville, 1er avril 1580). Vihuéliste et compositeur espagnol. De 1546 à sa mort, il exerce à la cathédrale de Séville. Ses *Tres Libros de musica en cifras para vihuela* (Séville, 1546) constituent un important recueil de musique pour *vihuela* et guitare regroupant des fantaisies, *tientos*, danses et transcriptions de musique polyphonique franco-flamande ainsi que quelques chansons pour voix seule et *vihuela*.

Wendy Thompson.

Mudd, Thomas (mort ? à Durham, enterré le 2 août 1667). Organiste et compositeur anglais. Il succède à son père, John Mudd, comme organiste de la cathédrale de Peterborough en 1631, poste qu'il quitte l'année suivante. Alcoolique invétéré et hargneux, incapable de conserver longtemps les mêmes fonctions, il réussit néanmoins à exercer son métier d'organiste dans plusieurs cathédrales, notamment à Exeter, Lincoln et York. Il a surtout laissé des *anthems* et des services.

On le confond souvent avec son oncle, Thomas Mudd, qui mourut vers 1619 et dont on ne connaît que quelques œuvres, un *In nomine*, des *anthems* ainsi que des pièces pour clavier et pour viole.

Wendy Thompson.

Müde (all.). « Fatigué », « langoureux » (style).

Mudge, Richard (Bideford, 1718 ; ? Bedworth, Warwickshire, avril 1763). Compositeur anglais connu sous le nom de « Mr Mudge ». Il fit ses études à l'Université d'Oxford de 1735 à 1741, date à laquelle il fut ordonné prêtre. Curé à Great Packington, près de Birmingham, il devint recteur à Bedworth en 1756. Il est l'auteur d'une série assez insolite de six concertos pour deux violons et cordes (Londres, 1749) : dans le premier, une trompette s'ajoute aux cordes alors que le sixième comporte une partie soliste de clavecin et un court *adagio* qui cite le canon de Byrd « Non nobis Domine », confié à trois parties vocales.

Wendy Thompson.

Mue. Transformation physiologique de la voix masculine à l'âge de la puberté.

Muette de Portici, La. Opéra en cinq actes d'Auber sur un livret de Scribe et Delavigne. Créé à l'Opéra de Paris le 29 février 1828. L'intrigue est basée sur la révolte napolitaine contre l'oppresseur espagnol en 1647 et est à l'origine du soulèvement de Bruxelles, en 1830, peu après sa création dans cette ville.

Muffat, Georg (Megève, Haute-Savoie, mai 1653 ; Passau, 23 février 1704).

Compositeur allemand d'origine écossaise. Élève de Lully à Paris, il passe quelque temps au service de l'archevêque de Salzbourg qui l'envoie faire des études à Rome pendant deux ans, à partir de 1680. Il s'y familiarise avec le style de Corelli et, à la fin de sa vie, devenu maître de chapelle de l'évêque de Passau, il compose des œuvres où se mêlent les styles français et italien. Les concertos grosso de son *Armonico trobuto* (Salzbourg, 1682) introduisent le style de Corelli en Allemagne, mais il conserve une structure en cinq parties et, dans ses danses, imite le style naturel et coulant de Lully, « rejetant tout artifice inutile, tout passage rapide de notes superflu, les sauts fréquents et malaisés... » (préface de *Florilegium primum*, Augsbourg, 1695). Ses préfaces à diverses publications nous donnent des informations précieuses sur les pratiques de l'époque en ce qui concerne la tenue d'archet, le tempo et la dynamique.

Son fils **Gottlieb** (Passau, avril 1690 ; Vienne, 9 décembre 1770), compositeur allemand, fils de Georg Muffat. Il est l'élève de Fux à Vienne et, à partir de 1717, devient organiste à la cour de Vienne. Ses fonctions englobent l'instruction musicale de Marie-Thérèse, qui le nomme premier organiste en 1741, après être devenue impératrice. Contrairement à son père, il s'est concentré sur la musique pour clavier. Ses *ricercari* sont conçus dans l'ancien style de Frescobaldi, mais il a été aussi profondément influencé par la musique française, surtout par le style ornemental des suites de Couperin.

Denis Arnold.

Mulliner Book (Londres, British Library, Add. 30593). Recueil de musique pour clavier copié par l'organiste Thomas Mulliner au milieu du XVIe siècle. Il contient des musiques très diverses, en grande partie destinées à l'orgue, ainsi que des fantaisies agréables et des transcriptions d'*anthems* ou de chansons profanes. Ce livre constitue l'une des sources les plus précieuses concernant le répertoire de musique pour clavier de l'époque. Il a été publié dans *Musica Britannica* dans une édition de Denis Stevens (1951, rév. 1954).

Mundy, John (vers 1555 ; Windsor, 29 juin 1630). Compositeur anglais. Fils de William Mundy, il a exercé les fonctions d'organiste à la chapelle St George de Windsor entre 1585 environ et la fin de sa vie. Il a reçu le grade de « Bachelor of Music » de l'Université d'Oxford en 1586 et celui de « Doctor of Music » en 1624. Il a laissé des chansons et des *anthems*, et ses *Songs and Psalms* (Londres, 1594) rappellent davantage la langue conservatrice de Byrd que le nouvel esprit madrigalesque de Morley. Parmi les quelques pièces pour clavier qu'il a écrites, parues dans le *Fitzwilliam Virginal Book*, la fantaisie *Faire Wether* est la plus connue de nos jours, notamment en raison de sa description de la « Foudre » et du « Tonnerre ».

John Milsom.

Mundy, William (vers 1529 ; ? Londres, 1591). Compositeur anglais. Fils d'un sacristain et musicien de St Mary-at-Hill, à Londres, il est premier choriste à l'abbaye de Westminster en 1543. Il devient ensuite chantre à St Paul et, à partir de 1564, « Gentleman » de la chapelle royale. Il a composé beaucoup de musique sacrée, notamment des *anthems* pour l'Élise anglicane et des antiennes pour l'Église catholique. Il est surtout connu de nos jours pour le magnifique *anthem*, « O Lord, the maker of all things ».

Denis Arnold.

Muñeira (esp.). Danse populaire à 6/8 de la province de Galice, dans le nord-ouest de l'Espagne.

Muradeli, Vano (Illitch) (Gori, Géorgie, 6 avril 1908 ; Tomsk, 14 août 1970). Compositeur soviétique. Il étudie la musique en Géorgie, puis au Conservatoire de Moscou avec Boris Chekhter (1900-61) et Miaskovsky. Il a composé de nombreuses mélodies, des chœurs et quelques œuvres symphoniques (notamment deux symphonies), mais est surtout connu pour ses opéras épiques. Dans son premier opéra, *La Grande Amitié* (1947), dont le personnage central a réellement existé, le commissaire Sergo Ordjonikidze, il tente de saisir l'atmosphère dominante du réalisme socialiste dans le domaine artistique. Toutefois l'opéra est vite retiré, probablement en raison de l'antagonisme apparent de Staline envers Ordjonikidze, mort dans des circonstances suspectes en 1937 : les témoignages contradictoires sont exposés dans le livre de Roy Medvedev *Let History*

Judge (Londres et New York, 1971, pp. 193-196). La résolution du parti condamnant *La Grande Amitié* a servi de prétexte à Andreï Jdanov pour étendre ses « purges » contre le prétendu *formalisme de la musique de Chostakovitch, Prokofiev, Khatchaturian et d'autres compositeurs. En l'occurrence, le mécontentement officiel vis-à-vis de *La Grande Amitié* a été totalement éclipsé par les attaques dirigées contre des œuvres de plus grande valeur.

Muradeli a repris le fil de sa carrière après la mort de Staline, en 1953, et a composé au moins un opéra – *Octobre* (1961) – qui est resté au répertoire soviétique. Son style est mélodieux, souvent teinté de folklore, et la partition comme le sujet (la révolution d'Octobre, agrémentée d'une histoire d'amour) sont prétextes à de nombreux effets scéniques dramatiques, parfois criards : les mouvements de foule, l'arrivée du train de Lénine à la gare en Finlande, les pauses musicales pour la déclamation des discours de Lénine, etc. *Octobre* a également constitué une étape importante dans l'histoire de la musique soviétique car il s'agit du premier opéra dans lequel le personnage de Lénine se voit confier un petit rôle chanté.

Geoffrey Norris.

Murail, Tristan (Le Havre, 11 mars 1947). Compositeur français, élève d'Olivier Messiaen au Conservatoire de Paris, diplômé de l'Institut des Sciences politiques et de l'École nationale des langues orientales, il participe, en 1973, à la fondation de l'ensemble de l'Itinéraire. Ses premières œuvres recherchent une conception unitaire du phénomène sonore qui repose sur la modification de ses divers « événements » constitutifs (*La Dérive des continents*, 1974 ; *Mémoire/Érosion*, 1976). Son langage s'enrichit par la suite des résultats de la pratique électroacoustique : *Les Courants de l'espace* pour ondes Martenot, synthétiseur et orchestre, 1979 ; *Désintégrations* pour dix-sept instruments et bande synthétisée, 1982.

Alain Pâris.

Murciana (esp.). Type de **fandango*, dont le nom provient de la ville de Murcie, dans le sud de l'Espagne.

Murky. Voir *Basse Murky*.

Murmures de la forêt. Scène de l'éveil de la forêt au deuxième acte (deuxième tableau) de *Siegfried* de Wagner. La page originale, chantée par Siegfried qui évoque son enfance, est souvent exécutée par l'orchestre seul.

Murmures du printemps (*Frühlingsrauschen*). Œuvre pour piano de Sinding, troisième de ses six pièces op.32 (1896). Il en existe plusieurs arrangements.

Murrill, Herbert (Henry John) (Londres, 11 mai 1909 ; Londres, 25 juillet 1952). Compositeur anglais. Il fait ses études avec York Bowen, Stanley Marchant et Alan Bush à la Royal Academy of Music de Londres (1925-28) puis avec W. H. Harris, Ernest Walker et Sir Hugh Allen à Oxford (1928-31). En 1936, il entre à la BBC, où il devient directeur de la musique en 1950. Sa musique est marquée par l'influence de Stravinski et du néoclassicisme parisien, notamment son quatuor à cordes (1939) et ses deux concertos pour violoncelle (1935, 1950) ; le second est écrit sur une chanson traditionnelle catalane et dédié à Pablo Casals.

Paul Griffiths.

Muscadin (angl.). Danse que l'on rencontre parfois dans la musique anglaise pour virginal des XVIe et XVIIe siècles. Elle ressemble à l'*allemande.

Muse-au-sac. Voir *Cornemuse*, 3.

Muset, Colin (célèbre vers 1200-50). Trouvère, poète et compositeur français qui aurait travaillé en Lorraine. D'origine modeste, il devient jongleur professionnel ; plusieurs de ses chansons font allusion à sa vie de ménestrel errant et aux instruments dont il a joué. Une vingtaine de chansons lui sont attribuées, dont la moitié nous sont parvenues sans musique.

John Milsom.

Musette. 1. Équivalent français de la cornemuse aux XVIIe et XVIIIe siècles ; parfois appelée « musette de cour » (voir *Cornemuse*, 9).

2. En France, au XIXe siècle, la musette était un petit instrument simple à anche double ressemblant au hautbois, avec ou sans clés, accordé une quarte plus haut que le hautbois et dont la fabrication avait

commencé après que la musette du type cornemuse fut passée de mode. Cet instrument aurait été employé pour jouer la musique de bal musette dans les villes ou la musique de danse à la campagne, mais il est ensuite entré dans la famille des jouets musicaux (le bal musette ayant adopté l'*accordéon). Au XIXe siècle, la *Méthode de musette* de Cavaillé indique que le son de la musette doit être « nasal » et proche de celui du chalumeau breton (voir *Bombarde*, 3).

3. Danse très populaire à la cour de Louis XIV et de Louis XV. Il s'agit d'une forme rustique de la *gavotte dans un tempo modéré à 2/4, 3/4 ou 6/8 ; son nom est dérivé de l'instrument dont elle porte le nom (voir § 1). On trouve de nombreuses musettes dans la musique française pour instruments à clavier, notamment chez François Couperin.

BIBLIOGRAPHIE : Eugène de Bricqueville, *Les Musettes*, La Flûte de Pan (Paris). Borjon de Scellery, *Traité de la musette* (Lyon, 1672), rééd. Minkoff (Genève, 1987).

Musgrave, Thea (Barnton, Midlothian, 27 mai 1928). Compositeur écossais. Elle a fait ses études à l'Université d'Édimbourg (1947-50) et avec Nadia Boulanger à Paris (1950-54). Comme de nombreux compositeurs britanniques de sa génération, elle a recherché un compromis entre les méthodes traditionnelles et les méthodes d'avant-garde, utilisant notamment des procédés sériels et aléatoires dans des œuvres de forme essentiellement conventionnelles. Entre la fin des années soixante et le début des années soixante-dix, elle a écrit une série de concertos très dramatiques (pour orchestre, clarinette, cor, alto), puis un opéra, *Mary, Queen of Scots* (1977).

Paul Griffiths.

Musica alla turca (ital.). Voir *Turquie*.

Musica colorata (ital.). Voir *Coloratura* ; *Musica figurata*, 2.

Musica disciplina [à l'origine *Journal of Renaissance and Baroque Music*]. Journal musicologique américain annuel fondé en 1946 ; le nouveau titre date de 1948.

Musica enchiriadis. Important traité du IXe siècle qui constitue notre plus ancienne source de polyphonie ; voir *Organum*. Il a été longtemps attribué à Hucbald.

Musica falsa (lat.). Voir *Musica ficta*.

Musica ficta (lat., « musique feinte »). Avant 1600, les sources musicales indiquaient rarement les accidents (dièses et bémols) que les interprètes devaient jouer. De nos jours, les éditeurs et les interprètes de musique ancienne insèrent souvent les accidents qui, à leur avis, manquent et on appelle couramment ces ajouts *musica ficta*. En réalité, cette expression devrait être employée dans un sens plus limité : elle ne s'applique qu'aux accidents (ou altérations chromatiques effectuées par l'interprète) qui sortent du système de notes couramment utilisé au Moyen Age et à la Renaissance. Ce système reposait sur trois gammes uniformes qui s'imbriquaient les unes dans les autres, avec chacune six notes. Elles portaient le nom d'*hexacordes (Ex. 1).

La gamme qui en résulte, dans sa position originale non transposée, comprend déjà un si bémol. Ce si bémol est parfois analysé comme un *fa fictum*, parce qu'il n'y a pas d'armature, mais en fait, comme il fait partie de la gamme standard, il doit être considéré comme une note *recta* (« droite »).

On remarquera que ces hexacordes ont tous la même structure d'intervalles : une série de tons avec un demi-ton entre mi et fa. La mise en garde contre la juxtaposition d'un mi et d'un fa (voir Ex. 2*a*) était l'une des rares règles de la *musica ficta* universellement admise – au moins du XIVe au XVIe siècle, période où régnait une certaine unanimité à ce sujet. Cette règle permettait aux quintes et aux octaves d'être toujours justes. Une autre règle, assez souvent énoncée, consistait à rapprocher une quinte juste, un unisson ou une octave de l'intervalle imparfait le plus proche, en faisant descendre ou monter l'une des voix d'un demi-ton (Ex. 2*b*).

Dans cet exemple (qui ne comporte pas d'armature), la plupart des accidents sont des notes *ficta*, mais l'Ex. 2 *b* (V) emploie le si bémol, note *recta*, pour passer à l'octave, solution préférable d'après les théoriciens, qui recommandent toujours de choisir les notes *recta* plutôt que les notes *ficta* pour ce genre de mouvements. L'Ex. 2*b* (II) illustre une autre application très répandue de la *musica ficta* : l'utilisation de la note sensible diésée (dans ce cas, le do dièse) pour passer à l'octave. Toutefois, il ne s'agit que de l'une des

Ex. 1

Ex. 2 a

Ex. 2 b

Ex. 4 a

Ex. 4 b

Ex. 3 a

Dufay: 'Mille bonjours'

Ex. 3 b

Ex. 5 a

Ex. 6

'Mort, tu as navré de ton dart' de Ockeghem

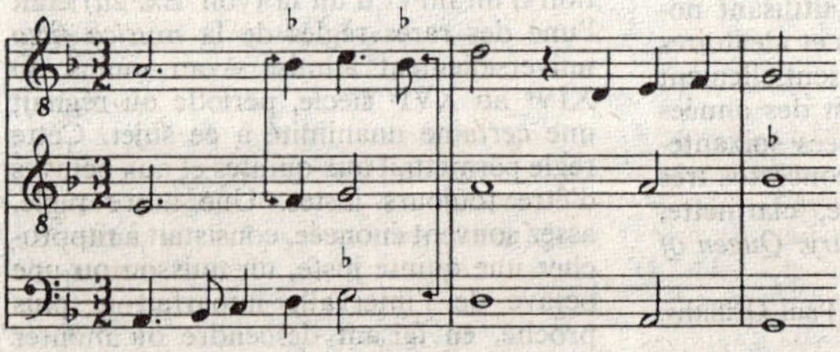

solutions possibles pour aboutir aux intervalles justes et le principe dit de la « note sensible » (qui consiste par exemple à diéser cette note sensible) est rarement considéré comme une règle dans les écrits théoriques.

Toutes ces règles touchent au mouvement de deux ou de plusieurs voix : ce sont des règles harmoniques. L'intervalle de quarte augmentée (le triton ou *diabolus in musica*) n'est prohibé que dans ce contexte harmonique et l'idée très répandue selon laquelle la *musica ficta* sert à éviter le *diabolus in musica* dans toutes les circonstances est erronée. L'emploi mélodique du triton n'est presque jamais spécifiquement prohibé par les théoriciens. Même au IXe siècle, un traité du moine Hucbald accordait une place au triton non altéré dans les chants *Iam corpus* et *Isti sunt dues quos.* En outre, une phrase mélodique contenant le triton est apparemment acceptable dans la musique polyphonique si la note sensible doit jouer son rôle (voir Ex. 3*a*). Dans certains écrits (comme le *Tractatus de contrapunctu* de l'Italien Prosdocimus, XIVe siècle), on peut même lire que la note sensible doit être diésée même si cela crée un triton mélodique avec l'intervalle précédent (Ex. 3 *b*), mais ce point de vue est exceptionnel. Certains auteurs ont tenté de créer des règles destinées au contexte purement mélodique. Au XIVe siècle, Jean de Muris déclarait que les notes *cambiata* inférieures devaient être élevées (Ex. 4 *a*). La « règle » la plus souvent citée dans les discussions modernes sur la *musica ficta* est sans doute : « Una nota super la, semper est canendum fa » (« une note au-dessus de la est toujours chantée fa ») ; cette technique sert à éviter le triton mélodique (Ex. 4 *b*).

En réalité, cette « règle » n'est pas véritablement explicitée avant le XVIIe siècle, où elle apparaît dans les écrits de Praetorius. Quelles que soient les règles données pour la *musica ficta*, la plupart des auteurs s'accordent à reconnaître que, dans le cas de la musique polyphonique, les considérations harmoniques (verticales) doivent passer avant les considérations mélodiques (horizontales).

Une autre complication survient dans l'application de la *musica ficta* lorsque, pour la musique antérieure à 1600, la ou les parties inférieures ont un bémol de plus à la clé que la ou les parties supérieures. Il semble que la fonction de ces « armatures partielles » ne consistait pas à préciser une tonalité mais à transposer le schéma d'hexacorde de base (Ex. 1) et à inclure ainsi plus de notes dans le système *recta*. Par exemple, si la totalité du schéma est transposée d'une quarte vers le haut ou d'une quinte vers le bas (ce qui nécessite une armature d'un bémol), on constate (Ex. 5 *a*) que mi bémol et si bémol deviennent des notes *recta*.

Une « armature » de deux bémols donnera la bémol, mi bémol et si bémol comme notes *recta*, etc. (Ex. 5 *b*). Dans les sources originales antérieures à 1600, on ne trouve généralement que des armatures bémolisées. Ainsi, dans l'Ex. 6, tous les accidents ajoutés sont des notes *recta* et non des notes *ficta*.

Pour se conformer aux règles, les relations verticales (voir flèches) prévalent sur les relations horizontales (la note sensible do à la voix supérieure n'est pas diésée) ; de même, la répartition des accidents respecte la préférence pour les notes *recta* par rapport aux notes *ficta* (les si à la voix supérieure auraient pu être des notes naturelles et les fa dans la voix du milieu des notes diésées). Au XVIe siècle, de nombreuses œuvres expérimentales qui explorent l'écriture chromatique en transposant les hexacordes traditionnels sur des positions inhabituelles ont été écrites par Josquin des Prés, Willaert, Costeley, etc. Il n'est pas impossible également que les nombreuses œuvres de l'ère baroque dont l'armature comporte un bémol de moins que ne l'exige leur tonalité suivent encore la tradition selon laquelle un accident *recta* doit être ajouté lors de l'exécution.

Anthony Pryer.

Musica figurata (ital.). « Musique figurée ». 1. A l'origine, expression employée pour établir une distinction entre la musique polyphonique et le plain-chant (ou d'autres musiques monophoniques). Aux XVe et XVIe siècles, elle servait à décrire une polyphonie dans laquelle les parties vocales étaient plus fleuries et plus indépendantes que dans le contrepoint note-contre-note.

2. Dans un sens plus spécialisé, *musica figurata* désigne le style fleuri et décoré de la polyphonie de certains compositeurs flamands anciens (Ockeghem, Obrecht), par opposition à la *musica reservata* de Josquin des Prés et de compositeurs postérieurs, généralement plus sobre. Dans ce sens, on utilise également, mais moins couramment, l'expression *musica colorata*, qui peut aussi évoquer toute sorte de décoration fleurie (voir *Coloratura*).

Voir également *Figuré*.

Musical, ou musical comedy (angl.). « Comédie musicale ». A la suite du succès remporté par les opérettes de Gilbert et Sullivan, une forme plus commerciale de théâtre musical a vu le jour à la fin du XIXe siècle en Angleterre, qui mettait davantage l'accent sur les chansons à succès individuelles et sur les corps féminins. De construction moins stricte et destiné à un public de masse, ce genre de spectacle a connu une grande vogue dans les théâtres londoniens comme le Daly's et le Gaiety. Surnommé « musical comedy », il a eu ses propres « stars », comme Gertie Millar et Lily Elsie, et a aussi adopté certains éléments de comédie du *burlesque. *In Town* (1892) est une « musical farce » alors que *Morocco Bound* (1893) est une « musical farcical comedy ». La première « musical comedy » qui porte ce nom est *A Gaiety Girl*, montée au Prince of Wales Theatre en 1893. La musique est l'œuvre de Sidney Jones, qui a aussi écrit l'une des meilleures comédies musicales britanniques, *The Geisha*, en 1896 ; parmi les autres compositeurs importants de comédies musicales, on peut également citer Lionel Monckton, Ivan Caryll et Leslie Stuart. Ce type de comédie musicale a été exporté aux États-Unis et les spectacles ont continué à garder ce nom jusqu'à l'époque de Jerome Kern et de George Gershwin. Le terme a ensuite été progressivement abandonné au fur et à mesure que les productions américaines, plus sérieuses, affirmaient leur spécificité, intégrant notamment davantage la partition à l'histoire. L'expression « musical play » ou simplement « musical » s'est alors généralisée.

Peter Gammond.

Musical Opinion [à l'origine, *Musical Opinion and Music Trade Review*]. Magazine musical mensuel anglais fondé en 1877 ; le nouveau titre date de 1964.

Musical Quarterly [*MQ*]. Journal musicologique américain fondé en 1915 et publié par G. Schirmer.

Musical Times, The [à l'origine, *The Musical Times and Singing Class Circular*]. Revue musicale mensuelle anglaise, la plus ancienne revue musicale publiée sans interruption. Elle a été fondée par J. A. Novello à Londres en 1844 et est toujours publiée par Novello & Co. Parmi les rédacteurs en chef, on relève les noms de William McNaught (père et fils), Martin Cooper, Harold Rutland, Andrew Porter et Stanley Sadie.

Music and Letters. Publication trimestrielle anglaise fondée en 1920 par A. H. Fox Strangways, qui en a été le rédacteur en chef jusqu'en 1937. Ses successeurs ont été Eric Blom (1937-50 et 1954-59), Richard Capell (1950-54), Jack Westrup (1959-76), Denis Arnold et Edward Olleson (1976-81), Edward Olleson et Nigel Fortune (depuis 1981).

Music and Musicians. Revue musicale mensuelle anglaise fondée en 1952. La publication a cessé en 1980 et repris en 1981.

Musica reservata (lat.). Expression employée par les théoriciens et les auteurs de la seconde moitié du XVIe siècle pour décrire une musique « se conformant à l'ensemble du texte et à chaque mot, exprimant toute émotion et présentant les choses à l'imagination comme si elles survenaient réellement » (d'après un écrit sur les psaumes de Lassus d'un auteur allemand du XVIe siècle, Samuel Quickelberg, vers 1560). La *musica reservata* impliquait donc l'expression musicale détaillée des mots, qui avaient eux-mêmes un propos sérieux. Les moyens d'expression se traduisaient souvent par des chromatismes récemment découverts pour imiter les théories grecques sur la hauteur des sons et les relations entre les intervalles. Le mot « *reservata* » vient peut-être du public auquel elle était destinée, un groupe d'auditeurs spécialement choisis. On trouve ce terme pour la première fois dans le traité d'Adrianus Petit Coclico, *Compendium musices* (1552), où il sert à décrire la musique de Josquin des Prés ; Coclico l'a aussi appliqué à sa propre musique.

Denis Arnold.

Musica transalpina. Titre de deux anthologies de madrigaux italiens (transalpins) sur des textes anglais, éditées à Londres par Nicholas Yonge. Le premier (1588) contient 57 madrigaux de Marenzio, Palestrina, Byrd, Lassus, etc. ; le second (1597) en contient 24, notamment de Ferrabosco, Marenzio et Venturi. Ces anthologies constituent les premiers recueils de madrigaux italiens imprimés en Angleterre et ont exercé une grande influence sur les compositeurs anglais de l'époque.

Music Educators National Conference (MENC). Organisation américaine de professeurs de musique fondée en 1907 sous le titre de Music Supervisors National Conference. Elle compte aujourd'hui plus de 60 000 membres (dont un tiers d'étudiants). La MENC est une fédération très structurée qui regroupe des Associations d'État et divers organismes associés ou auxiliaires. Elle joue un rôle essentiel dans la pédagogie musicale américaine par ses publications, journaux (le mensuel *Music Educators Journal* et la revue trimestrielle *Journal of Research in Music Education*), films, conférences, commandes, groupes de recherche, les projets qu'elle gère et ses activités législatives.

Nym Cooke.

Music for a While. Mélodie de Purcell, tirée de la musique de scène qu'il a écrite pour la pièce de Dryden et Lee, *Œdipus* (?1692).

Music-hall (angl. : « salle de musique »). Divertissement constitué d'une grande variété d'actes comiques, vocaux, acrobatiques... La grande époque du music-hall se situe entre 1850 et la Première Guerre mondiale ; il a alors acquis une autonomie dans le domaine du divertissement, avec ses propres théâtres, ses interprètes, son répertoire et ses activités annexes. Le nom « music-hall » n'est qu'un vocable pour désigner les endroits où ces spectacles avaient lieu à l'origine, dans des salles spéciales ajoutées à des auberges et débits de boisson pour attirer les clients avec un divertissement pendant qu'ils mangeaient et buvaient. A cette époque, on employait souvent en Angleterre le nom « variety » ou « vaudeville » (qui s'est répandu davantage aux États-Unis) ; le premier livre sur le music-hall, de C. D. Stuart et A. J. Park, s'intitulait *The Variety Stage* (Londres, 1895).

Le genre de divertissements variés que proposait le music-hall avait existé bien avant le XIXe siècle, notamment avec les ménestrels, les amuseurs de cour, les bouffons et les acrobates dans les auberges et foires (comme la célèbre Bartholomew Fair), plus tard dans des théâtres populaires réservés à la classe ouvrière et dans les « pleasure gardens » florissants aux XVIIIe et XIXe siècles. Le succès du music-hall correspond à l'affirmation sociale de la classe ouvrière et de la petite bourgeoisie, suffisamment foisonnantes pour le soutenir. Son déclin commencera lorsqu'il sera supplanté par de nouveaux divertissements populaires comme la radio, le tourne-disque et le cinéma.

C'est sans doute le succès des « pleasure gardens » et des autres lieux de divertissement qui se multipliaient autour des sources et des « puits » curatifs de Londres qui a donné aux cabaretiers l'idée d'organiser un divertissement familial organisé. Il y avait déjà des salles de banquet dont les divertissements étaient réservés aux noceurs et dont la création à Londres remontait aux alentours de 1800 (notamment Evan's, située 43 King Street, à Covent Garden, le Coal Hole dans le Strand et les Cyder Cellars à Maiden Lane). Ces salles vont fournir à la fois les amuseurs, qui ont été attirés par de gros cachets vers les nouveaux music-halls, et la base d'un divertissement musical arrangé pour ne pas choquer les oreilles familiales. Parmi les noms les plus connus figurent ceux de W. G. Ross, Sam Cowell (1820-64), Harry Clifton (1824-72) et Sam Collins (1827-65).

Dès leur apparition, les premiers music-halls ont proliféré à une vitesse étonnante : le Mogul Saloon a ouvert ses portes en 1847 ; le Grapes à Southwark a construit un Grand Harmonic Hall en 1848 (bientôt connu sous le nom de Surrey Music Hall) et le Canterbury Hall a été ouvert par Charles Morton en 1849. Le Mogul Saloon est devenu le Middlesex Music Hall en 1851. A partir de 1860, les salles de music-hall foisonnaient : le South London Palace en 1860, le Bedford à Camden Town (1861), le Metropolitan à Edgware Road (1862) et le Collin's à Islington (1862). En 1868, il y avait environ deux cents music-halls à Londres et à peu près trois cents dans le reste des îles Britanniques.

Comme la musique de variétés moderne, le music-hall repose sur l'union indissociable du chanteur et de ses chansons. Le chanteur de music-hall n'avait pas la moindre chance de succès ou d'engagement si son nom n'était pas associé à quelques chansons familières. Avant la reconnaissance du droit d'auteur vers 1900, les vedettes de music-hall achetaient directement leurs chansons à des compositeurs et à des écrivains professionnels pour des sommes extrêmement modestes. Elles étaient alors considérées comme la propriété exclusive du chanteur. A partir de cette époque, les auteurs de chansons ont cherché à lier leur nom à celui d'un interprète célèbre (leur rémunération s'élevant progressivement). Parmi les premiers grands interprètes de music-hall figuraient Alfred Vance (1838-88), « Jolly » John Nash (1830-1901), Arthur

Lloyd (1839-1904), Harry Rickards (1843-1911), W. B. Fair (1841-1909), George Leybourne (1842-84), Harry Liston (1843-1929), Herbert Campbell (1844-1904) et G. H. McDermott (1845-1933).

Au fur et à mesure que s'affirmait leur popularité, les music-halls ont changé de caractère et l'on a vu jaillir des salles gigantesques, les palaces et les empires – des endroits comme le célèbre Oxford Music Hall dans Oxford Street. Les music-halls des années 1880 se sont enrichis de vedettes telles Jenny Hills (1850-95), Arthur Roberts (1852-1933), James Fawn (1850-1923), Nelly Power (1853-87), G. H. Chirgwin (1854-1922), Charles Coborn (1852-1945), R. G. Knowles (1858-1919), Harry Randall (1860-1932) et Dan Leno (1860-1904). Le terme « théâtre de variétés » s'est progressivement imposé et le music-hall a cessé d'être un divertissement offert à des buveurs pour devenir un spectacle de théâtre. En 1914, l'interdiction de la consommation de nourriture et de boissons dans les grandes salles a marqué la fin de l'ancien music-hall sous sa forme originale. Ses vedettes étaient alors des professionnels reconnus et très bien rémunérés. Après la grande vedette Dan Leno on relève les noms de Eugen Stratton (1861-1918), Albert Chevalier (1861-1923), Tom Costello (1863-1943), Leo Dryden (1863-1939), Gus Elen (1863-1940), Vesta Tilley (1864-1952), Mark Sheridan (1867-1918), Little Tich (1868-1928), Harry Champion (1866-1942), George Robey (1869-1954), Bransby Williams (1870-1961), Nellie Wallace (1870-1948), Kate Carney (1870-1950) et deux très grandes vedettes, Marie Lloyd (1870-1922) et Harry Lauder (1870-1950). Un certain nombre d'entre eux ont continué à exercer lorsque la concurrence des spectacles de variétés, de la radio et du cinéma a commencé à se faire sentir. La dernière génération de véritables artistes de music-hall comprenait Marie Kendall (1873-1964), Ada Reeve (1874-1966), Harry Tate (1873-1940), Vesta Victoria (1874-1951), Florrie Forde (1874-1941), Wilkie Bard (1874-1944), Billy Merson (1881-1947), G. H. Elliott (1884-1962), Will Fyffe (1885-1947), Randolph Sutton (1888-1969) et Clarice Mayne (1891-1966). Ceux qui ont suivi n'ont pas connu l'atmosphère démodée du music-hall, mais le monde plus extravagant du théâtre de variétés (Max Miller, Billy Bennett, Gracie Fields, Billy Russell, Hetty King et bien d'autres encore). L'esprit du music-hall a survécu dans plusieurs numéros modernes (Beryl Reid, Morecambe et Wise, Tommy Trinder) et dans les clubs d'ouvriers de toute l'Angleterre, surtout dans le Nord avec des comédiens comme Les Dawson qui jouent encore dans l'ancienne tradition.

En France, le music-hall a connu une évolution parallèle, reprenant l'héritage du café-concert qui s'est progressivement transformé en revue à grand spectacle dans des salles comme les Folies-Bergère, le Casino de Paris, l'Alhambra, l'Eldorado ou l'Olympia (Maurice Chevalier, Yvonne Printemps, Mistinguett, Joséphine Baker...). Mais la montée du cinéma a été la cause de la fermeture de nombreuses salles et le music-hall reste essentiellement de nos jours consacré à la chanson.

Peter Gammond, rév.

Musicians' Union. Syndicat de musiciens britannique fondé en 1921 par la fusion de la National Orchestral Association of Professional Musicians et de l'Amalgamated Musicians'Union qui existaient depuis 1890 environ et avaient porté divers titres. Son principal objectif consiste à protéger les intérêts des musiciens professionnels (surtout des instrumentistes), notamment dans le domaine des rémunérations et des conditions de travail.

Musick's Monument. Livre écrit par Thomas Mace (et publié à Londres en 1676) qui comporte de précieuses informations sur la musique anglaise au milieu du XVIIe siècle. Il comprend plusieurs suites et pièces pour viole.

Music Library Association (MLA). Organisation américaine fondée en 1931 « pour promouvoir l'établissement, la croissance et l'utilisation de bibliothèques musicales ». La MLA fixe le niveau des postes de bibliothécaire, encourage le développement de nouveaux systèmes d'organisation de bibliothèques et cherche à améliorer les services et les collections des bibliothèques musicales. Ses efforts ont facilité les recherches et ont apporté un degré de spécialisation indispensable à la profession de bibliothécaire musical. Ses publications comprennent les *Notes* (depuis 1943, publication trimestrielle contenant des articles, des critiques et des catalogues de musiques et d'enregistrements nouveaux), *A Chekclist of Thematic Catalogues* et les « MLA Index Series ».

Mark Tucker.

Musicologie

1. Information acoustique
2. Authenticité
3. Le facteur humain
4. L'objectif et le domaine de la musicologie
5. La musicologie en tant que profession

Ce mot a sans doute été créé par P. Aubry à la fin du XIXe siècle. Il est souvent employé dans un sens trop large pour désigner la quasi-totalité des écrits sur la musique, des notes les plus simples aux discussions critiques ésotériques ; mais il vaut mieux le limiter au sens du mot allemand *Musikwissenschaft* – l'examen scientifique ou méthodique des phénomènes musicaux. Le mot *wissenschaft*, « savoir », implique l'acquisition de faits ; telle est la fonction première du musicologue à laquelle s'ajoute inévitablement une fonction interprétative. Les genres de faits requis sont très variés et peuvent être classés sous différents intitulés.

1. *Information acoustique.* Il s'agit de la branche la plus ancienne de la musicologie ; elle remonte à la Grèce antique. Elle concerne la production réelle de sons et plusieurs techniques expérimentales des sciences naturelles conviennent à son étude (voir *Acoustique*). Mais, chose surprenante, ces techniques n'ont pas encore été appliquées à une autre branche extrêmement importante de la musicologie, l'authenticité.

2. *Authenticité.* Avant l'invention des appareils d'enregistrement, il était impossible d'enregistrer le son. Il fallait s'en remettre à la tradition de l'oreille, susceptible de se modifier avec le temps, ou à la notation, méthode imparfaite de stockage des faits qui pose de nombreux problèmes d'interprétation. Néanmoins, cette interprétation a été tentée. Elle fait appel à des compétences très variées, mais il faut souligner que, même après avoir comparé et évalué toutes les informations qui existent sur ces aspects, un certain nombre d'impondérables demeurent.

(*a*) *Découverte des intentions du compositeur ou de l'interprète.* Elle repose essentiellement sur l'étude des sources originales – manuscrits et livres imprimés – et sur une interprétation de la notation. C'est le travail réalisé lorsque l'on prépare une édition (voir *Édition musicale*, 10) ; il peut être très difficile à mener à bien si les sources sont imparfaites ou la notation complexe.

(*b*) *Connaissance des pratiques d'exécution.* La notation n'a jamais été qu'une approximation ; le passage au son réel exige donc la connaissance de l'ornementation, de l'instrumentation, de l'application coutumière de l'expression et du *rubato*, de la réalisation d'une partie de continuo et de bien d'autres sujets. Il faut aussi tenter de savoir quelle était la destination de la musique – une salle de concert ou une église, de quelles dimensions, etc. (voir *Interprétation musicale*.)

(*c*) *Connaissance et compréhension des instruments.* Certains instruments anciens (comme le cromorne) sont tombés en désuétude ; leur sonorité originale est donc totalement perdue, sauf si quelqu'un les reconstruit et apprend à en jouer. Les modifications apportées à d'autres instruments encore couramment utilisés (comme la flûte et le cor) en ont modifié la sonorité : le son auquel nous sommes habitués n'est pas celui auquel pensait le compositeur. Le musicologue doit donc éclaircir ces faits, réaliser les expériences nécessaires sur les instruments qui ont survécu (avec l'aide d'instrumentistes compétents si besoin est), lire des traités sur le jeu de ces instruments afin de reconstituer les doigtés et l'embouchure originale (ce qui est à l'origine d'énormes différences techniques et sonores) et faire des recherches dans le domaine du *diapason.

3. *Le facteur humain.* Le son peut exister même si l'oreille humaine ne l'entend pas (il peut être perçu par des appareils d'enregistrement scientifiques) ; mais ce n'est pas le cas de la musique, pour laquelle la perception humaine est essentielle. La nature de cette perception nécessite des recherches systématiques à bien des points de vue.

(*a*) *La physiologie de la perception.* Elle est apparentée à l'acoustique et les recherches peuvent s'effectuer par des méthodes expérimentales.

(*b*) *La psychologie de la perception*. Les recherches dans ce domaine peuvent aussi être menées par des méthodes expérimentales, mais dans une moindre mesure. Il existe des tests destinés à découvrir comment les gens réagissent à différents aspects de la musique ; mais ils ont tendance à isoler chaque phénomène sans pouvoir le synthétiser. Les concepts plus vagues d'un système comme la psychanalyse sont souvent plus utiles que les techniques trop précises du psychologue expérimental. Voir également *Esthétique musicale*.

(*c*) *Le processus de la composition*. L'une des premières branches des écrits musicologiques a été l'étude biographique, qui constitue une approche inévitable car la musique est généralement l'acte créateur d'un individu. Il ne fait aucun doute que la psychologie du compositeur contribue à façonner sa musique. Toutefois, il ne faut jamais oublier que les faits biographiques sont relativement superficiels – le compositeur n'est généralement plus là pour se prêter à des investigations freudiennes et les documents que l'on possède sur sa vie affective ne concernent généralement pas sa musique (on trouve le cas classique d'une telle dissociation à la fin de la vie de Mozart, lorsque ses lettres révèlent une grande misère alors que sa musique semble traduire le contraire). Les éléments biographiques les plus importants concernent sans aucun doute la musique avec laquelle le compositeur était familiarisé. Ainsi, on peut prétendre que les relations de Mozart avec sa femme présentent moins d'intérêt que sa découverte des œuvres de Bach et de Haendel. Pour déterminer la part de l'héritage dans la production d'un compositeur, il faut faire une analyse stylistique détaillée de sa musique et de celle qu'il connaissait. On peut y parvenir dans une certaine mesure en isolant chaque élément – harmonie, structure, orchestration, etc. – et en faisant des comparaisons entre les éléments biographiques dont on dispose et sa production. Son évolution peut être reconstituée en comparant ses œuvres de jeunesse et la musique qu'il a écrite par la suite (toujours en tenant compte du fait qu'il est entré en contact avec les œuvres d'autres compositeurs). Dans ce cas, les techniques d'analyse modernes, qui font parfois appel à l'informatique, peuvent aboutir à une connaissance assez juste de l'évolution du compositeur et de sa personnalité musicale. Voir également *Analyse* ; *Composition*.

(*d*) *Environnement*. Si l'étude du processus de composition commence par l'individu, la communauté dans laquelle il vit est tout aussi importante ; il est indéniable que les circonstances économiques jouent un rôle essentiel. Un compositeur dépend généralement d'institutions pour la réalisation de son œuvre. Le goût de ses protecteurs, qu'il s'agisse de personnages royaux ou du grand public, a souvent une importance déterminante. La situation financière du protecteur joue également un rôle non négligeable – peut-il, par exemple, entretenir un orchestre ? Ainsi, la musicologie peut avoir à se référer à l'histoire économique et à l'histoire sociale, bien que pour l'instant elles n'interviennent que dans le domaine de l'*ethnomusicologie dont elles constituent une partie importante. Naturellement, il est facile de faire de fausses suppositions. Les compositeurs créent la demande aussi bien qu'ils y répondent. De même, on a facilement tendance à supposer qu'un compositeur a pu être marqué par son environnement littéraire ou artistique, alors qu'en fait la plupart des musiciens retiennent peu de choses de la culture de leur époque, hormis la musique. Et, même en se limitant à la musique, on peut supposer à tort qu'un compositeur a été affecté par l'« esprit de l'époque ». L'esprit de l'époque peut n'être qu'une simple fiction, élaborée en se basant sur des matériels existants – ou, pire, sur ce qui a survécu dans le répertoire courant. Le musicologue s'attachera davantage à ce que le compositeur de l'époque considérait comme important qu'à ce que l'historien considère comme important. Toutes les cultures sont fragmentées ; mais il appartient au musicologue de déterminer les fragments significatifs.

4. *L'objectif et le domaine de la musicologie*. L'essentiel de la musicologie réside dans la reconstitution et la rédaction de l'histoire de la musique, en détail ou sous forme d'études plus générales, car c'est en ordonnant le matériel qu'on peut acquérir une connaissance profonde. L'histoire de la musique a ceci en commun avec toute étude historique qu'elle ne requiert ni défense ni explication. Les objectifs vers

lesquels peut tendre la musicologie prêtent davantage à discussion. Il ne fait aucun doute qu'elle n'est pas destinée à étayer des théories sociales, religieuses ou politiques. A quoi bon propager des théories raciales par l'intermédiaire de la science musicologique ? Il est moins dangereux d'élaborer des théories purement musicales – comme par exemple la tentative de Hugo Riemann visant à trouver une « règle universelle de phrasé » – bien que la complexité du matériel rende la formulation de lois générales pratiquement impossible, voire utopique.

La musicologie a de toute évidence une application utile : aider l'interprète à formuler une approche d'une œuvre ou même d'une interprétation. Si l'idée selon laquelle une œuvre musicale finit par sortir de son époque et devenir « éternelle » peut se justifier dans une certaine mesure, son corollaire, qui veut qu'elle soit interprétée selon des conceptions modernes, prête à discussion car le compositeur n'a pas pensé en termes de notation, mais en termes de son. Il est indéniable que la plupart des problèmes auxquels se trouve confronté l'interprète moderne viennent uniquement du changement de contexte. Il est souvent plus facile de jouer une œuvre pour clavier des XVIe et XVIIe siècles en utilisant les doigtés originaux que d'essayer d'adapter des doigtés modernes. De même, l'étude du son original permet d'avoir un aperçu plus net et le résultat n'en est pas, pour autant, plus « académique » ou plus sec. En fait, la préparation musicologique n'est pas fondamentalement différente de la préparation technique – les doigtés ou les coups d'archet doivent être préparés avant l'exécution. Toutes deux contribuent à l'améliorer.

5. *La musicologie en tant que profession.* On aurait mauvaise grâce à refuser le titre de musicologues aux premiers historiens, théoriciens et amateurs d'antiquités qui ont cherché à découvrir le matériel d'étude au XVIIIe siècle et au début du XIXe siècle. Parmi les historiens, Burney, Hawkins, Martini et Forkel, parmi les théoriciens, Rameau, et parmi les amateurs d'antiquités, Caffi et Köchel, doivent figurer parmi les fondateurs de cette discipline. Néanmoins, l'attitude des hommes de science modernes est calquée sur celle des Allemands de la période 1820-60, comme Winterfeld et Ambros. Il s'agissait d'amateurs – fonctionnaires ou juristes – mais en aucun cas de dilettantes. Des professionnels leur ont succédé qui, après avoir travaillé pendant quelque temps dans une autre branche (parfois musicale), sont devenus conférenciers et professeurs de *Musikwissenschaft* dans les universités. Des hommes comme Riemann et Adler ont exercé une influence considérable sur la génération suivante et le nombre de professeurs a beaucoup augmenté, surtout au début du XXe siècle, si bien qu'aujourd'hui presque toutes les grandes universités allemandes ont une faculté de musicologie. Plusieurs érudits étrangers ont étudié en Allemagne lorsque leurs pays n'offraient pas les mêmes facilités, notamment l'Américain Otto Kinkeldey, qui a travaillé à Berlin entre 1902 et le début de la Première Guerre mondiale. Dans certains pays comme l'Angleterre, il y a eu une résistance plus sensible, en grande partie parce que les universités et les instituts avaient déjà été créés sur d'autres bases. Toutefois, Stainer et Parry, tous deux professeurs à Oxford (quoique musicologues amateurs), ont effectué un excellent travail musicologique et Dent, à Cambridge, était l'un des érudits les plus respectés dans le monde. La grande dispersion de la discipline musicologique résulte des persécutions nazies dans les années trente, de nombreux Juifs allemands cherchant asile aux États-Unis, où les universités ont finalement créé les postes nécessaires. Les plus éminents ont été Alfred Einstein et Manfred Bukofzer.

La première figure importante de la musicologie française est Fr. J. Fétis, mais il faudra attendre les premières années du XXe siècle pour voir se former une véritable école qui aboutira à la fondation de la Société française de musicologie en 1917 autour de Lionel de La Laurencie. La démarche française accordait une plus grande importance à l'aspect factuel qu'à l'esthétique et sera dominée par des personnalités comme Amédée Gastoué, Maurice Emmanuel (l'un des premiers à s'intéresser au langage musical) et André Pirro, et, plus près de nous, Norbert Dufourcq, Jacques Chailley, Marc Honegger et Danièle Pistone.

Il existe une *International Musicological Society, installée en Suisse, et la plupart des pays ont leurs propres Associations nationales : voir *American Musicological Society* ; *Royal Musical Associa-*

tion ; *Società italiana di musicologia* ; *Société française de musicologie.*

Denis Arnold, rév.

BIBLIOGRAPHIE : Jacques Chailley, *De la musique à la musicologie,* Van de Velde (Luynes, 1980) / *Précis de musicologie,* PUF (Paris, 1984). Alain Daniélou, *Traité de musicologie comparée,* Hermann (Paris, 1959). Michel Delahaye et Danièle Pistone, *Musique et musicologie dans les universités françaises,* Champion (Paris, 1982). Serge Gut et Danièle Pistone, *Le Commentaire musicologique, du grégorien à 1700,* Champion (Paris, 1980). André Schaeffner, *Essais de musicologie et autres fantaisies,* Le Sycomore (Paris, 1980). Simone Wallon, *La Documentation musicologique,* Beauchesne (Paris, 1984).

Music Teachers National Association (MTNA). Organisme américain consacré à l'amélioration de l'éducation musicale et à l'établissement de normes pour les métiers de l'enseignement musical. Theodore Presser a fondé la MTNA en 1876. Parmi ses réalisations, elle a contribué à la fixation du diapason international (1883), élaboré un système de diplômes pour les professeurs de musique (1967) et donné naissance à d'autres organismes qui s'intéressent à l'éducation musicale (notamment la Music Educators National Conference et la National Association of Schools of Music). La MTNA publie tous les deux mois l'*American Music Teacher.*

Mark Tucker.

Musikalische Opfer, Das. Voir *Offrande musicale, L'.*

Musikalischer Spass, Ein. Voir *Plaisanterie musicale, Une.*

Musique abstraite. Expression parfois employée pour désigner la *musique pure.

Musique aléatoire (du latin *aleae,* « dés »). Musique sur laquelle le compositeur a choisi de ne pas exercer un contrôle total en confiant certains aspects au hasard ou à la décision de l'interprète. Toute musique correspond à cette définition puisque la notation musicale, aussi détaillée soit-elle, ne peut jamais prescrire une exécution avec une précision totale, mais le terme « aléatoire » est généralement réservé aux cas dans lesquels le compositeur s'abstient volontairement d'effectuer certains choix.

Un compositeur peut, par exemple, faire entrer le hasard dans le processus de la composition. John Cage a largement fait appel à ce genre de technique ; son œuvre pour piano *Music of changes* (1951) a été écrite, en grande partie, en jouant les solutions à pile ou face avec des pièces de monnaie. Cage a composé d'autres œuvres en plaçant des notes sur les défauts du papier, en traçant des schémas musicaux à partir de cartes astronomiques, etc.

Le compositeur compose parfois son œuvre de façon que le résultat soit obligatoirement imprévisible. Il peut, par exemple, substituer des figures graphiques à la notation conventionnelle, laissant à l'exécutant le soin de décider comment interpréter la partition ; l'œuvre de Cage en offre aussi de nombreux exemples. On peut aussi utiliser un texte qui tienne lieu de partition, comme dans *Aus den sieben Tagen* (1968) de Stockhausen.

Il existe de nombreux exemples de musique aléatoire définie plus minutieusement. Les œuvres de Lutosławski et de Henze laissent souvent un choix à l'interprète dans certains passages : répétition indéfinie d'un même fragment ou choix d'un rythme pour des hauteurs données. Cette démarche permet au compositeur de créer une structure dont la ligne générale est fixe mais dont les détails peuvent varier.

L'approche contraire, avec un matériel fixe qui peut être joué en séquences alternatives, est caractéristique de Boulez. Sa *Sonate pour piano nº 3* (1956-57), par exemple, laisse à l'instrumentiste le choix de l'ordre des mouvements et de certains fragments au sein des mouvements ; il peut omettre certains passages s'il le désire, choisir entre des tempos et des dynamiques alternatives, etc.

Paul Griffiths.

Musique de chambre

1. Définition
2. Les premières formes de musique de chambre
3. L'ère baroque
4. Le classicisme
5. Le romantisme
6. Le XXe siècle

1. *Définition.* La musique de chambre regroupe l'ensemble des œuvres écrites pour petit ensemble et destinées à être jouées en privé ou en public, dans un

espace relativement restreint. Cette définition exclut la musique conçue pour un seul instrument : le fait de jouer ensemble constitue l'un des éléments essentiels de la musique de chambre. On écarte aussi de la musique de chambre les œuvres de virtuosité destinées à de grandes salles de concert, même si elles sont écrites pour un petit nombre d'instruments. La musique de chambre se définit aussi comme la musique dans laquelle chaque partie est tenue par un seul instrument, ce qui la différencie de la musique d'orchestre ; mais cette définition est inexacte car une partition comme celle des *Métamorphoses* pour vingt-trois instruments à cordes solistes de Richard Strauss ne saurait être considérée comme une œuvre de musique de chambre au sens conventionnel du terme. La musique de chambre implique un nombre d'instruments allant de deux à dix parmi lesquels peuvent figurer le piano, les différents instruments à cordes, les bois et parfois les cuivres. Une grande partie du répertoire a été écrite pour répondre aux besoins de musiciens amateurs, mais certaines œuvres sont l'expression plus intime d'émotions que le compositeur ne pouvait pas traduire en termes symphoniques. La plus grande partie de la musique de tous les temps a été composée autour de ces deux axes. Une part importante du répertoire vocal répond aussi à ces critères, mais les genres vocaux ont évolué différemment en raison de leur dépendance à l'égard des textes. Voir *Chant*.

2. *Les premières formes de musique de chambre*. Dans une certaine mesure, la musique de chambre tire ses origines de la musique vocale : à la fin de la Renaissance, Baldassare Castiglione écrivait, dans *Il Cortegiano* (« Le Courtisan », 1528), qu'un gentilhomme devait avoir « une parfaite connaissance de l'ouvrage et être également habile sur des instruments divers » (c'est-à-dire être capable de lire à vue et de jouer de plusieurs instruments). Peu de gentilshommes y parvenaient, mais la plupart d'entre eux étudiaient la musique et aimaient à jouer ou chanter en groupe.

La première musique qui pourvoit aux besoins de cette classe sociale est la *chanson polyphonique, dont le style ne réclame qu'une expérience musicale réduite (les rythmes et phrases difficiles exigeant une grande capacité de souffle sont évités). Ces chansons sont souvent exécutées par un ensemble de voix et d'instruments, pour permettre à tous ceux qui ne savent pas chanter d'y participer, ou par des instruments seuls, pratique qui aboutit à la **canzona*, l'une des formes de musique instrumentale les plus répandues jusqu'au XVIIe siècle. Le *madrigal italien joue un rôle identique (quoique tous les madrigaux ne soient pas de la musique de chambre) ; il se répand dans toute l'Europe mais, en raison de l'importance croissante accordée au texte, l'exécution purement instrumentale des madrigaux est beaucoup plus rare. En fait, la musique instrumentale la plus sophistiquée voit le jour en Angleterre, où le madrigal est arrivé assez tard.

En Angleterre, les *consorts* de violes existaient depuis le XVIe siècle et jouissaient d'un beau répertoire, constitué en partie de musique de danse et en partie de *fantaisies et d'œuvres **In nomine* (forme instrumentale dont le *cantus firmus* est un fragment de plain-chant). Tous les grands compositeurs ont écrit des *consorts*, particulièrement Byrd et Gibbons, tous deux maîtres de la fantaisie. Cette tradition survivra en Angleterre plus longtemps que nulle part ailleurs, la viole restant un instrument populaire dans tout le Commonwealth jusque dans les années 1680 ; en outre, Purcell et Lawes composeront quelques fantaisies dans un style qui se démarque totalement de celui des autres pays européens.

3. *L'ère baroque*. Au début du XVIIe siècle, la philosophie fondamentale et l'approche stylistique de la musique de chambre se modifient radicalement. Avec l'apparition de l'opéra – qui requiert un chanteur virtuose – où le violoniste remplace volontiers le joueur de viole, les gentilshommes abandonnent le rôle d'instrumentiste pour devenir auditeurs. Les deux principales formes de musique de chambre vocale, la cantate et le duo, sont destinées aux professionnels, même si certaines œuvres font la joie des amateurs d'aujourd'hui. De même, le violon « criard » (pour reprendre le terme excessif de Roger North, spécialiste anglais de la musique pour viole) a une sonorité plus large et exige une plus grande maîtrise que celle dont disposent la plupart des amateurs. Il devient ainsi le domaine de

virtuoses tels que Marini, Buonamente et Farina – ce dernier étant surnommé « suonatore di violino *da camera* » –, qui sont les favoris des princes dans toute l'Europe.

A cette époque, les sonates sont écrites pour un ou deux violons, de telles combinaisons (et leurs équivalents vocaux) devenant réalisables grâce au continuo qui fournit les harmonies (un violoncelle ou une basse de viole avec un clavecin, un orgue ou un luth). Ainsi une sonate solo peut être jouée par trois instrumentistes et une sonate en duo par quatre (mais cette dernière porte généralement le nom de « sonate en trio », avec deux violons et un continuo). La sonate en trio est l'un des genres les plus prisés jusqu'au milieu du XVIIIe siècle et tous les grands compositeurs européens ont écrit des œuvres intéressantes pour cette forme. Il existe d'excellentes sonates en trio de Purcell, de Legrenzi, de Vitali et surtout de Corelli, dont l'opus 1 (1681) lance la véritable mode de la sonate en trio et fait l'objet de nombreuses imitations, particulièrement en Angleterre. Corelli et d'autres compositeurs classent leurs sonates selon leur fonction : les sonates « da chiesa », destinées à l'église (morceaux d'orgue improvisés ou interludes) et les sonates « da camera » (qui comprennent généralement des mouvements de danse).

En Italie, les instruments à cordes sont les plus répandus. En général, les Allemands, notamment Telemann, utilisent aussi volontiers les instruments à vent que les instruments à cordes ; ainsi, une sonate en trio peut être conçue pour flûte (ou hautbois), violon et continuo, ou pour deux flûtes et continuo, ou même laisser aux instrumentistes le libre choix des instruments, limitant ainsi le style à une figuration réalisable sur la plupart des instruments mélodiques. Une grande partie de ces œuvres ne sont pas difficiles à jouer et constituent un excellent répertoire pour les amateurs.

Malgré son opposition à la musique italienne, la France connaît aussi la mode de la sonate en trio. Dans *Le Parnasse ou l'Apothéose de Corelli* (1724), Couperin tente une fusion des styles nationaux, et ses *Concerts royaux* (1722) comme les *Pièces de clavecin* (1741) de Rameau exploitent la virtuosité de la basse de viole, encore en usage en France, dans une instrumentation inhabituelle : clavecin, violon et basse de viole *obbligato*. Mais, en général, les compositeurs français, tels Hotteterre et J.-M. Leclair, et de nombreux compositeurs allemands qui les imitent, se tournent vers le style « galant » où une mélodie fleurie relègue les instruments qui assurent l'harmonie à un rôle secondaire ; les parties de violoncelle sont particulièrement mornes, quel que soit l'attrait du résultat d'ensemble pour l'auditeur.

Une élégance facile marque la période de 1725 à 1760. Mais à Berlin, un ultime conservateur, Frédéric le Grand, apprécie encore la musique de Bach (ainsi que l'œuvre sans fin du galant Quantz) et la polyphonie, qui est l'essence de l'authentique musique de chambre. La sonate en trio et les *ricercari* – démodés, mais magnifiques – de *L'Offrande musicale* de Bach, ainsi que ses sonates pour flûte et ses sonates pour violon, comptent parmi les plus belles pages de musique de chambre baroque.

4. *Le classicisme*. La musique de chambre de la fin du XVIIIe siècle est dominée par deux phénomènes connexes : la disparition de la basse continue et l'avènement du piano. Si la sonate en trio et le clavecin mettent quelque temps à disparaître (Haydn, Gluck et Mozart écrivent encore dans le style ancien), le succès croissant du piano montre que la nature de l'accompagnement doit changer : les schémas d'accords précis du clavecin s'adaptent mal au nouvel instrument et il serait dommage de ne pas tirer profit du caractère expressif et brillant pour lequel le piano a été conçu. Dès 1760 apparaît donc un nouveau type de musique de chambre. Il s'agit d'une musique pour le piano auquel s'ajoutent une ou plusieurs parties de cordes comme les *Sonates pour le clavecin avec accompagnement d'un violon et basse* de Johann Schobert.

Les relations entre l'instrument chargé de la basse continue et la main gauche du clavier ne diffèrent pas beaucoup de celles qui existaient à l'époque de l'ancienne basse continue ; et il arrive assez fréquemment que la partie de violon ne soit pas complètement indépendante de la main droite, quoique certains compositeurs aient recours au contrepoint pour s'écarter des formules types d'accompagnement. Les premiers trios de Haydn, de Mozart et (dans une certaine mesure) de Beethoven sont conçus dans cet esprit ; la plupart des sonates pour violon et piano de Mozart répondent également à ces critères, ce que semblent ignorer les violonistes actuels qui cherchent souvent à accaparer l'attention aux dépens du pianiste. Plus tard, l'indépendance des instruments à cordes s'affirme avec la *Sonate K 454* de Mozart, écrite pour la célèbre violoniste Regina Strinasacchi (1784), et les trios que Haydn compose dans les années 1790, sans doute pour des instrumentistes de Vienne et de Londres. Mais les sonates pour violon et piano et surtout celles pour violoncelle et piano de Beethoven (où le piano se voit parfois confier une cadence sur un accompagnement de violoncelle) portent des traces de l'ancienne « sonate-accompagnement ». Finalement, l'égalité absolue entre les instruments ne s'établit vraiment que vers le milieu de la vie de Beethoven (1802-1814) ; des œuvres comme la *Sonate à Kreutzer* ne sont plus destinées aux dilettantes : elles s'adressent à des professionnels et sont conçues pour être jouées en concert.

La musique de chambre sans clavier rencontre d'autres problèmes, car aucune partie n'assure le « remplissage » autrefois confié au continuo. Il devient difficile de rendre convaincante la texture de l'ancienne sonate en trio qui réunissait deux instruments mélodiques égaux et une basse, mais il y a eu quelques tentatives. Son successeur presque naturel (appelé de nos jours trio à cordes) réunit un violon, un alto et un violoncelle ; mais il n'est guère satisfaisant et reste assez peu pratiqué – malgré un chef-d'œuvre de Mozart, le *Divertimento en mi bémol K 563*, plusieurs pages de Boccherini et trois trios de Beethoven (op.9).

Le quatuor présente l'avantage de conserver les deux violons et le violoncelle de la sonate en trio auxquels vient s'ajouter l'alto. De tout temps, il constitue la solution la plus satisfaisante. Les premières œuvres utilisant cette combinaison sont en fait des *divertimentos* (et quelques symphonies). Mais il devient vite possible d'utiliser quatre solistes, ce qui donne naissance à une musique de chambre, au sens moderne du terme. Certains compositeurs comme Boccherini et le jeune Haydn mettent les parties individuelles à la portée des amateurs, mais, vers 1770, Haydn compose des œuvres complexes nécessitant au moins un premier violon assez virtuose ; plusieurs compositeurs trouvent leur inspiration en découvrant que quatre instrumentistes de même niveau peuvent jouer des fugues (notamment F. X. Richter, Mozart et Haydn lui-même dans son op.20). Par la suite, Haydn considérera moins le quatuor comme un genre pour amateurs que comme une forme dans laquelle il peut exprimer ses pensées les plus intimes, sûr de disposer d'un auditoire assez évolué pour le suivre. A partir des quatuors op.33 (1781), les instruments sont traités à part égale (sauf lorsqu'il écrit pour un instrumentiste particulièrement brillant) et l'écriture thématique devient très élaborée. Mozart faisait du quatuor avec Haydn, tenant la partie d'alto (les autres instrumentistes étaient Vanhal et Dittersdorf). Il portait une telle admiration à l'œuvre du vieil homme que, sans avoir eu jusqu'alors aucune attirance pour ce genre de musique, il a écrit entre 1782 et 1785 une série de six quatuors qu'il a dédiés à Haydn (les *Quatuors « à Haydn »*). Ils font appel à la plupart des procédés stylistiques de la maturité de Haydn (le final fugué du *Quatuor en sol mineur*, par exemple), mais avec une touche dramatique supplémentaire – comme l'introduction lente, étrange et passionnée du célèbre quatuor des «*Dissonances*». Ces quatuors, comme les œuvres composées par Haydn après la mort de Mozart, dans un style où le développement thématique parvient au sommet de la subtilité, comptent parmi les œuvres majeures de la musique de chambre.

Ce raffinement de l'écriture incite Beethoven à composer des quatuors à cordes où sa personnalité s'exprime plus tôt que dans les autres genres musicaux. Ses premiers quatuors op.18, publiés en une série de six, dans la tradition du XVIIIe siècle, n'apportent presque rien de nouveau par rapport à ceux de Haydn sur le plan technique ; mais les proportions et le contenu émotionnel s'élargissent sensiblement. Ainsi, là où Haydn accélère le menuet pour en faire ce qu'il appelle un scherzo, Beethoven opte pour une accentuation agressive, sans aucun lien avec la danse. Grâce à des séquences à l'unisson et à l'usage intensif des registres extrêmes, la sonorité gagne en ampleur. Après 1800, Beethoven se consacre surtout à la musique symphonique et à la musique instrumentale et ne revient que de façon intermittente à la musique de chambre. Chaque fois, il en élargit la portée. Les trois *Quatuors Rassoumovsky* (dédiés à l'ambassadeur de Russie à Vienne) ont la même envergure que les grandes symphonies (même si Beethoven les a conçus pour exploiter les possibilités du quatuor, comme l'apogée du finale fugué du troisième quatuor). Ils réclament des capacités instrumentales qui vont bien au-delà des ressources pianistiques ou orchestrales. Dans ses derniers quatuors, Beethoven tente de pousser le quatuor au-delà des limites de ses possibilités réelles. D'une difficulté technique considérable, ils exploitent toutes les ressources des quatre instrumentistes. Leur structure complexe fait éclater les moules classiques (la *Grande Fugue op.133* est l'aboutissement de la tradition des finales fugués dont la mode remontait à 1760). Ils expriment les sentiments les plus intimes, comme dans l'« Hymne de reconnaissance d'un convalescent à la divinité, dans le mode lydien » (troisième mouvement de l'opus 132).

Il s'agit d'une « musique du futur » – incompréhensible aux instrumentistes et au public de l'époque – et il est significatif que Beethoven ait choisi la musique de chambre pour traduire ses sentiments les plus profonds.

Aucune autre combinaison instrumentale n'a connu le même succès. Le quintette à cordes, avec un second violoncelle comme aimait en écrire Boccherini, ou un second alto comme le préférait Mozart, est beaucoup moins répandu. La première solution permet à un violoncelle de tenir une partie mélodique indépendante de la basse, ce dont Boccherini tire de charmants effets « galants ». Avec un second alto, Mozart parvient à une couleur plus sombre qui ressort particulièrement dans le *Quintette en sol mineur K 516*, passionné et tragique. Les formations réunissant plus de six instrumentistes connaissent encore moins de succès, à l'exception des œuvres pour instruments à vent qui sont assez nombreuses. Les sextuors ou les octuors à vent sont en réalité destinés à des représentations « al fresco » (voir *Cassation* ; *Divertimento* ; *Sérénade*) plutôt qu'à la musique de chambre, mais il existe aussi un certain nombre d'œuvres charmantes destinées à la fois aux instruments à vent et aux instruments à cordes ou au piano. Le quatuor pour hautbois et cordes de Mozart, ses quintettes avec cor et son quintette avec clarinette, tous écrits pour un soliste déterminé, soulignent le côté « concerto » de la relation, alors que les deux superbes quintettes pour piano et instruments à vent de Mozart et de Beethoven mettent l'accent sur la partie de piano, dans la tradition décrite précédemment.

5. *Le romantisme*. La musique de chambre des grands compositeurs classiques viennois constitue l'un des trésors de la musique. La période romantique qui lui succède est moins favorable à la musique de chambre, principalement parce que les formes qui la dominent dépendent d'une synthèse entre les mots et la musique. A un certain point de vue, le chant fait alors son entrée dans le domaine de la musique de chambre, car les compositeurs de lieder allemands créent un lien étroit entre le chanteur et le pianiste. A la même époque, la musique d'amateur se concentre désormais sur le chœur.

Tandis que l'orchestre s'élargit, certaines combinaisons de musique de chambre commencent à remplacer les anciens ensembles plus restreints qui servaient aux divertissements de la plupart des cours de moindre importance. Certaines œuvres conçues pour des combinaisons inhabituelles illustrent ce phénomène : le *Septuor* de Beethoven (pour violon, alto, clarinette, basson, cor, violoncelle et contrebasse) ; l'*Octuor* de Schubert (pour quatuor à cordes, contrebasse, clarinette, cor et basson) ; l'*Octuor* de Spohr (pour violon, deux altos, violoncelle, contrebasse, clarinette et deux cors), son *Nonette* (pour violon, alto, violoncelle, contrebasse, flûte, hautbois, clarinette, cor et basson) et ses « doubles quatuors » (deux quatuors à cordes jouant simultanément) ainsi que l'*Octuor* à cordes de Mendelssohn. Ces ensembles originaux permettent aux compositeurs de trouver des sonorités différentes pour des thèmes généralement lyriques qui revêtent parfois la forme sonate mais auxquels manque le développement rigoureux caractéristique de Haydn ou de Beethoven.

Toutefois, après avoir écrit douze quatuors destinés à des amateurs, dans la tradition du XVIIIe siècle, Schubert compose trois chefs-d'œuvre (les quatuors en la mineur, en ré mineur et en sol mineur) qui s'inspirent nettement de Beethoven. Les premiers mouvements ont une dimension symphonique et utilisent un éventail de tonalités plus large que celui des quatuors classiques. Les sonorités y sont parfois plus orchestrales qu'intimes. Les mouvements lents de deux de ces quatuors empruntent leur matériel thématique à d'autres œuvres (le quatuor en la mineur au troisième entracte de *Rosamunde* et celui en ré mineur au lied *La Jeune Fille et la mort*) et s'écartent à nouveau de l'écriture traditionnelle du quatuor. L'œuvre maîtresse de Schubert dans le domaine de la musique de chambre est son *Quintette à cordes en ut*, véritable reflet de l'intérêt qu'il porte au lyrisme et à la beauté du son ; le second violoncelle y tient la basse et permet ainsi au premier violoncelle de se voir confier des mélodies très aérées, alors que de l'ensemble se dégage une sonorité plus riche.

A partir des années 1820, la musique de chambre préoccupe surtout les compositeurs allemands plus conventionnels et leurs principaux disciples dans les autres pays, mais de façon intermittente. Malgré la liberté que prend Beethoven avec le clavier dans la musique de chambre de sa maturité, le piano continue à dominer les œuvres de Mendelssohn : dans son *Trio en ré mineur*, le plus connu de tous, les parties de cordes se voient confier un matériel musical essentiellement pianistique ; au contraire, dans l'admirable *Quintette avec piano* de Schumann, les parties de cordes pourraient être souvent oubliées sans porter préjudice à la musique. Même dans la musique de chambre de Brahms, on trouve peu d'effets directement issus des combinaisons instrumentales : à l'origine son *Quintette avec piano* avait été conçu comme un quatuor, puis il fut transformé en sonate pour deux pianos avant de revêtir la forme de quintette. Plus tard, Dvořák, qui n'était pas un virtuose du piano, se servira de la couleur caractéristique des octaves supérieures de l'instrument, qu'il préférera soutenir avec les cordes plutôt que d'utiliser le registre grave du piano, conférant ainsi une nouvelle sonorité à son *Quatuor* et à son *Quintette avec piano*.

Les romantiques trouvent un usage approprié du piano et des instruments à cordes dans la sonate pour violon et piano où le piano, avec ses nouvelles possibilités à soutenir les lignes mélodiques, peut rivaliser avec le chant du violon. Schumann compose deux sonates où l'on trouve d'excellents effets, alors que les trois sonates de Brahms réalisent une synthèse magistrale de la mélodie lyrique et du principe de la sonate. Les nationalistes, dont le langage est indissociable des mélodies traditionnelles, apprécient également le genre ; Grieg et Dvořák (auteur d'une délicieuse sonatine) contribuent à enrichir le répertoire. Le quatuor à cordes est en perte de vitesse, probablement parce que les dernières œuvres de Beethoven sont encore à peine connues et ne peuvent donc exercer qu'une mince influence. En outre, les ensembles professionnels sont rares, des violonistes comme Spohr ayant du mal à trouver trois collègues qui acceptent de rester dans leur ombre. Chez Mendelssohn, la maîtrise du contrepoint et les structures délicates de ses quatre derniers quatuors, op.44 et op.80, attirent autant les instrumentistes que les auditeurs. Brahms n'est pas naturellement attiré par le quatuor ; ses premières œuvres de musique de chambre sont deux sextuors : les instruments supplémentaires leur confèrent une sonorité plus pleine que l'on retrouve dans les quatuors du milieu de sa vie. Ses pièces maîtresses sont les deux quintettes qu'il compose à la fin de sa vie, l'un avec un second alto, l'autre avec une clarinette utilisée *concertante* à la manière du quintette avec clarinette de Mozart, mais il exploite davantage le moelleux de l'instrument que les sonorités brillantes. Parmi les romantiques modernes, Wagner n'a composé qu'une œuvre de musique de chambre, la superbe *Siegfried Idyll*, sorte de pièce de circonstance ; parmi ses successeurs, Wolf a écrit un quatuor à cordes de jeunesse et l'une des rares « pièces caractéristiques » pour quatuor, la *Sérénade italienne*, une œuvre très spirituelle.

La musique de chambre est pratiquement inexistante hors d'Allemagne. En Italie, des « sociétés de quatuor » se forment pour jouer le répertoire classique, mais cette forme d'art est étrangère aux Italiens, surtout à Verdi qui, malgré certaines inhibitions, compose un seul quatuor plein de charme. En Hongrie, en Bohême, en Pologne et en Russie, la musique de chambre ne commence à s'épanouir qu'au XXe siècle : au XIXe siècle, l'intérêt porté à la couleur orchestrale et à l'opéra exclut toute création de musique destinée à de plus petits ensembles. Les contributions de Dvořák au répertoire du quatuor et du quintette, déjà mentionnées, s'apparentent essentiellement à la tradition allemande, mais Smetana réussit à exprimer beaucoup plus d'éléments personnels dans son *Quatuor à cordes nº 1 « Ma Vie »*, où le mi aigu à la fin du premier mouvement est une évocation douloureuse de sa surdité naissante. Mais, en Europe de l'Est, en dehors de la Russie, ce sont surtout Janáček, Bartók et Szymanowski qui ont exploré en profondeur le domaine du quatuor (voir § 6).

En Russie, la musique de chambre ne fait pas l'objet d'une tradition très établie au XIXe siècle et ce n'est qu'en 1880 que le critique César Cui remarque que « les compositeurs russes s'intéressent à la musique de chambre depuis peu de temps ; Glinka, Dargomijski et Serov n'ont rien écrit dans ce genre, à l'exception de quelques essais de jeunesse, très imparfaits et qui ne sont en aucun cas dignes d'attention ». Dargomyjski se penche avant tout sur l'écriture vocale, Serov sur l'opéra, et même le *Gran Sestetto originale* et le *Trio pathétique* de Glinka semblent pâles à côté de sa musique symphonique et de ses œuvres destinées à la scène. Le XVIIIe siècle n'a pas su sortir de l'académisme, la musique d'ensemble de Bortnyanski, par exemple, étant davantage connue pour la rareté de son écriture instrumentale que pour ses mérites artistiques ou son originalité. Toutefois, dans les années 1870 et 1880, Tchaïkovski et Borodine composent les premiers quatuors inscrits au répertoire et Tanéiev commence à exploiter ses talents contrapuntiques dans ses propres quatuors.

Les autres formes de musique de chambre rencontrent encore moins de succès en Russie. Même Rimski-Korsakov reconnaît que, malgré l'attrait que l'on peut lui trouver, son *Quintette pour piano et instruments à vent* n'est pas caractéristique de sa personnalité ; toutefois, le piano domine davantage (et avec une écriture plus familière) dans un certain nombre d'œuvres russes importantes, notamment dans le *Trio avec piano* de Nicolas Rubinstein, dans le *Trio avec piano* de Tchaïkovski (écrit à la mémoire de Rubinstein) et dans le second *Trio élégiaque* de Rachmaninov (écrit à la mémoire de Tchaïkovski). Alexandre Goldenweiser allonge la chaîne en écrivant un trio à la mémoire de Rachmaninov et Chostakovitch choisit également le trio avec piano comme musique de deuil (dans les mêmes circonstances) : son *Trio avec piano op. 67* est dédié à la mémoire de son ami Ivan Sollertinski. Parmi tous les compositeurs russes, c'est en fait Chostakovitch qui donne une vie nouvelle au quatuor à cordes en Russie et s'en sert (surtout à la fin de sa vie) pour exprimer ses pensées les plus intimes. Auparavant, la musique de chambre russe ne semblait pas aller au-delà d'un certain phénomène de transfert provenant d'autres domaines de la musique.

En France, une floraison d'œuvres de musique de chambre voient le jour à partir de la guerre de 1870, époque à laquelle Saint-Saëns crée la Société nationale de musique, destinée à stimuler la création d'un répertoire français en cette matière. Franck et Fauré en seront également les animateurs. Le goût classique français se reflète dans le *Septuor* pour trompette, cordes et piano de Saint-Saëns et dans les premières œuvres de Fauré, auteur de deux sonates pour violon et piano et de deux quatuors avec piano dans lesquels la mélodie se montre sous un jour très lyrique et qui font appel à une écriture pianistique élégante. Franck semble davantage préoccupé par les méthodes lisztiennes de transformation thématique, comme le montre son *Quintette avec piano*, alors que sa *Sonate pour violon et piano* (dont il existe un arrangement pour violoncelle) est l'une des pages les plus intéressantes pour chacun des deux instrumentistes. Autour de ces deux personnalités se forme un groupe de compositeurs qui écrivent tous de la bonne musique de chambre : Chausson, Lekeu et Florent Schmitt, sans oublier Debussy, dont le *Quatuor à cordes* (1893) est fortement influencé par Franck.

Denis Arnold.

6. *Le XXe siècle*. Le rôle sans cesse croissant de l'orchestre et son développement au cours de la période romantique laissent peu de place à la musique de chambre : ainsi Mahler et Richard Strauss n'ont pratiquement rien écrit dans ce domaine. La musique de chambre commence toutefois à refaire surface pour différentes raisons au tournant du siècle. D'abord, elle semble être le dépositaire des

pensées musicales les plus profondes des compositeurs : cette idée est implicite dans les dernières œuvres de Beethoven et de Brahms, Reger la reprend et Schoenberg la défend vigoureusement dans sa propre musique et dans son enseignement. En outre, les compositeurs se tournent vers la musique de chambre en tant que genre discipliné et économique, alors qu'une réaction s'élève, après la Première Guerre mondiale, contre l'autosatisfaction des derniers romantiques. Enfin, l'apparition de quatuors à cordes professionnels permanents donne naissance à une nouvelle littérature, aux dépens du musicien amateur : si Hindemith et quelques autres compositeurs ont écrit des œuvres expressément destinées aux amateurs, la musique de chambre du XXe siècle est généralement l'apanage de formations virtuoses. Ainsi, dans les années vingt et trente, le Quatuor Kolisch crée des œuvres de Schoenberg (*Quatuors n°s 3 et 4*), Bartók (*Quatuors n°s 5 et 6*), Berg (*Suite lyrique*) et Webern (*Quatuor à cordes op.28*), partitions que très peu d'amateurs peuvent envisager de jouer.

Ces œuvres sont difficiles car elles font appel à de nouveaux moyens d'expression – *sul ponticello*, harmoniques, diverses sortes de *pizzicati* – que Schoenberg et ses élèves utilisent librement dans leurs quatuors aux environs de 1910 (particulièrement les minuscules *Bagatelles* de Webern, 1913) et que Bartók va développer. Mais ces compositeurs introduisent également d'autres caractéristiques qui font sortir leurs quatuors de l'univers de l'amateurisme : l'endurance et la concentration dont doivent faire preuve les quatre instrumentistes dans l'immense et unique mouvement du *Quatuor n° 1* (1905) de Schoenberg ; les problèmes d'intonation dans les œuvres atonales pour cordes ; l'écriture dense et ardue du *Quatuor à cordes op.3* (1910) de Berg ; les lignes exposées des quatuors de Webern ; l'intervention d'une partie de soprano dans les deux derniers mouvements du *Quatuor n° 2* (1907-08) de Schoenberg ; ou les problèmes d'ensemble que posent les rythmes irréguliers des quatuors de Bartók. Les quatuors à cordes de ces quatre compositeurs, particulièrement ceux de Bartók, sont donc devenus les pierres angulaires du répertoire professionnel et restent hors de portée des amateurs.

Les six quatuors de Bartók dominent la littérature du XXe siècle, mais les quinze quatuors de Chostakovitch suscitent également l'attention par la variété de leur conception et leur pouvoir expressif. D'autres compositeurs ont largement enrichi le répertoire : Britten (trois quatuors), Carter (trois), Tippett et Babbitt (quatre chacun), Ives, Janáček et Szymanowski (deux chacun), Sibelius, Ravel, Fauré, Elgar, Dutilleux et Boulez (un seul). Les autres formes de musique de chambre font moins d'adeptes ; Fauré a écrit deux quintettes avec piano, Elgar et Chostakovitch un, Ives et Ravel ont laissé chacun un trio avec piano, Schoenberg et Webern des trios à cordes.

Par contre, surtout depuis l'avènement du néoclassicisme dans les années vingt, les compositeurs ont montré un vif intérêt pour la sonate en duo et pour les ensembles de musique de chambre de composition hétérogène. Debussy qui, comme beaucoup d'autres compositeurs, s'était tourné vers la musique de chambre à la fin de sa carrière, a réalisé une synthèse des deux tendances en imitant consciemment le baroque dans ses trois sonates (1915-17) : violon et piano, violoncelle et piano et surtout une sonate en trio au dispositif inhabituel, pour flûte, alto et harpe. Par la suite, la plupart des compositeurs néoclassiques composeront des sonates en duo, mais rares sont ceux qui se montreront aussi prolixes que Hindemith : dans ses innombrables œuvres de musique de chambre, on trouve notamment des sonates avec piano destinées à la plupart des instruments de l'orchestre, sans oublier le cor anglais ou la contrebasse. Au répertoire figurent également les œuvres de Poulenc (sonates pour flûte et piano, hautbois et piano, clarinette et piano), Prokofiev (deux sonates pour violon et piano, la seconde transcrite pour flûte), Ravel (deux sonates pour violon et piano, et une sonate pour violoncelle et piano), Ives (quatre sonates pour violon et piano) et Kodály (sonate pour violoncelle seul).

La première œuvre importante destinée à un ensemble élargi est le *Pierrot lunaire* de Schoenberg qui fait appel à un récitant, une flûte (ou piccolo), une clarinette (ou clarinette basse), un violon (ou alto), un violoncelle et un piano (1912). Schoenberg crée un précédent et suivra lui-même la voie qu'il a ainsi tracée dans des œuvres comme la *Sérénade* (1920-23) ou la *Suite pour septuor* (1924-26), qui préparent plus ou moins directement le terrain au *Quintette pour hautbois, clarinette, violon, alto et contrebasse* (1924) de Prokofiev, au *Septuor* (1952-53) de Stravinski, au *Quatuor pour la fin du temps* (1941) de Messiaen ou à l'*Ave maris stella* pour septuor (1975) de Maxwell Davies. En fait, au début des années cinquante, les ensembles élargis sont devenus si courants qu'on pourrait en étendre indéfiniment la liste. Mais les œuvres de Messiaen et de Maxwell Davies sont de la vraie musique de chambre, destinée à être exécutée sans chef d'orchestre, alors que le *Pierrot lunaire* de Schoenberg repousse les limites de la musique de chambre et en change la nature profonde qui consiste à faire dialoguer les musiciens sur un pied d'égalité. Lorsqu'un chef d'orchestre entre en jeu, comme dans la *Première Symphonie de chambre op.9* de Schoenberg ou dans son *Pierrot lunaire*, il ne peut être question de musique de chambre à proprement parler et, bien que Webern ait arrangé la *Symphonie de chambre op.9* en quintette, l'innovation de Schoenberg a davantage servi les ensembles dirigés que les formations de musique de chambre.

A l'exception du quatuor à cordes, dont le répertoire continue à s'enrichir (notamment avec les œuvres de Henze et de Ligeti), la musique de chambre semble actuellement vivre une période de déclin. Les qualités spécifiques du genre, la conversation musicale intime se retrouvent peut-être davantage aujourd'hui dans la musique des ensembles électroniques – comme le groupe pour lequel Stockhausen a conçu de nombreuses œuvres afin d'encourager la pratique musicale « intuitive » – que dans des salles de concert plus conventionnelles.

Paul Griffiths.

BIBLIOGRAPHIE : Serge Gut et Danièle Pistone, *La Musique de chambre en France de 1870 à 1918*, Champion (Paris, 1985). Claude Rostand, *Les Chefs-d'œuvre de la musique de chambre*, Plon (Paris, 1952).

Musique concrète. Musique qui utilise comme matière première des sons naturels, des sons qui ne sont pas engendrés par des moyens électroniques. Les sons enregistrés – bruits de machines, d'eau qui coule, d'instruments de musique, etc. – sont transformés par des moyens électroniques et réunis pour former une composition. Pierre Schaeffer a inventé l'expression « musique concrète » en 1948 pour désigner ses premières études électroniques.

BIBLIOGRAPHIE : Pierre Schaeffer, *A la recherche d'une musique concrète*, Seuil (Paris, 1952) / *Traité des objets musicaux*, Seuil (Paris, 1966).

Musique pour cordes, percussion et célesta. Œuvre de Bartók composée en 1936 à l'intention du chef d'orchestre suisse Paul Sacher pour double orchestre à cordes, percussion (avec une partie prédominante de timbales) et célesta, l'une des premières pages du répertoire symphonique dans laquelle la percussion occupe un rôle aussi important.

Musique de danse latino-américaine. La musique d'Amérique latine découle de trois traditions : la musique des populations indiennes d'origine, dont le caractère varie selon les régions ; la musique des conquérants et des colons espagnols et portugais ; la musique des esclaves noirs amenés par les Européens. Ses caractéristiques les plus marquantes sont rythmiques et résultent en premier lieu des moyens les plus simples permettant de fabriquer des instruments à percussion : coquillages, animaux (le tatou), gourdes ou troncs d'arbres évidés. L'instrument soliste dominant était à l'origine le pipeau ou la flûte. Les colons ont apporté la guitare et, contrairement à certaines idées reçues, la harpe, que les musiciens indigènes de l'époque ont adoptée en la construisant eux-mêmes et dont ils jouaient dans des styles extrêmement personnels. Sont ensuite arrivés les autres instruments à cordes et à vent européens. La musique aborigène n'a survécu que dans le bassin de l'Amazonie et dans les hautes montagnes de l'Équateur, le reste de l'Amérique du Sud se cantonnant désormais dans des formes assez standardisées qui ne comportent que quelques caractéristiques régionales résiduelles.

La propagation de la musique populaire latino-américaine en Amérique du Sud puis à l'étranger s'est opérée lentement, d'abord par l'intermédiaire des premiers voyageurs, puis grâce aux visites de quelques musiciens intéressés. Mais c'est avec le disque et la radio que cette musique a eu un impact puissant et brutal au XXe siècle. La première forme musicale latino-américaine qui ait marqué l'Europe a été la *habanera cubaine, suivie, beaucoup plus tard, par le *tango argentin qui lui ressemblait plus ou moins et qui a fait sa première apparition hors d'Amérique du Sud en 1911, à New York. Peu après le tango, c'était le tour du *maxixe brésilien (matchiche), trop compliqué pour attirer les Européens et les Américains du Nord. Dans les années vingt, la *samba a souffert du succès ininterrompu du tango et n'est pas parvenue à s'imposer. Les années trente ont été marquées par la *rumba cubaine, qu'Ernesto Lecuona, compositeur et chef du premier orchestre de rumba qui se soit fait largement connaître hors de Cuba, a popularisée dans le monde entier.

Sur le plan instrumental et vocal, toutes ces musiques ont remporté un succès considérable, mais la complexité des pas les a surtout cantonnées dans les salles de danse, avec parfois un esprit de compétition qui venait s'y greffer. Il faudra attendre les années quarante pour voir des formes de danse plus simplifiées, arrangées notamment par Edmundo Ros, se répandre dans le grand public, avec un habile mélange des harmoniques du swing américain et des rythmes latino-américains. C'est à cette époque que la samba a enfin connu son heure de gloire, suivie du *mambo, du *calypso et du cha cha cha (dérivé du mambo). Dans les années cinquante, au moment de l'avènement du rock and roll, l'intérêt porté à la musique latino-américaine avait déjà décliné. Toutefois, comme dans bien des cas, l'imitation commerciale avait suscité un intérêt certain pour la musique originale et des artistes comme Dorita y Pepe ont commencé à révéler d'authentiques chansons traditionnelles latino-américaines. Un marché de cette musique traditionnelle s'est rapidement développé et d'authentiques groupes de danse latino-américains, qui jouaient avec une compréhension naturelle et profonde de la langue, ont pu se glisser dans ce nouveau créneau. Aujourd'hui, les pionniers de l'adaptation commerciale de la musique latino-américaine ont conservé un public nostalgique ; des noms comme Xavier Cugat, Tito Puente, Perez Prado et Noro Morales sont devenus des références historiques. De même, l'art de Carmen Miranda, qui a popularisé cette musique dans de nombreux films hollywoodiens, fait aujourd'hui l'objet d'une considération objective.

Peter Gammond.

Musique électronique. L'emploi de l'électronique dans la création musicale remonte à 1906, lorsque Thaddeus Cahill a fait la démonstration de son « telharmonium » aux États-Unis. Cet instrument de deux cents tonnes avait éveillé l'intérêt de Busoni, mais il a fallu attendre vingt ou trente ans pour disposer d'*instruments de musique électronique praticables. Parmi les nombreux instruments fabriqués alors, l'orgue électronique et les ondes Martenot sont restés en usage. Le premier est surtout réservé à la musique légère ou aux accompagnements de cantiques à l'église (bien qu'il apparaisse aussi dans des partitions d'orchestre de Stockhausen et de Berio), les secondes survivent car elles figurent dans la nomenclature d'œuvres importantes de Messiaen et d'Honegger.

Mais, dès la Première Guerre mondiale, d'autres compositeurs ont pris conscience des ressources de la technologie électronique qui pouvait modifier fondamentalement la musique. Varèse, Milhaud et Hindemith ont tous procédé à des expériences de manipulation sonore sur des disques, mais c'est Pierre Schaeffer (né en 1910) qui a créé, en 1948, les premières œuvres de *musique concrète dans lesquelles il transforme, par exemple, des bruits de moteurs de train au point de les rendre méconnaissables. Pendant ce temps, Cage confiait à deux instrumentistes des « parties » de tourne-disques à vitesse variable dans *Imaginary Landscape nº 1* (1939), puis il composait d'autres œuvres faisant appel à des dispositifs électroniques utilisables en salle de concert, devenant ainsi le pionnier de ce que l'on a appelé la « musique électronique vivante » dans les années 60.

Les années cinquante ont été le théâtre d'une autre étape majeure : la création de sons par des moyens exclusivement électroniques, en utilisant des oscillateurs pour obtenir des fréquences pures que l'on mélangeait ensuite pour former des sons plus complexes. Karlheinz Stockhausen et Herbert Eimert, dans les studios du W.D.R. à Cologne, ont sans doute été les premiers à y parvenir et, pendant plusieurs années, le Studio de musique électronique de Cologne a dominé cet art en Europe. Parmi les réalisations les plus remarquables, on peut citer *Gesang der Jünglinge* (1955-56) de Stockhausen, œuvre dans laquelle une voix de jeune garçon est mélangée à des sons électroniques dans une image entièrement nouvelle et vivante de la fournaise ardente de Nabuchodonosor ; du même compositeur, *Kontakte* (1958-60), dans laquelle toute la matière sonore est synthétisée (bien que le morceau établisse des contacts entre l'entièrement inconnu et le relativement familier), crée des sons totalement nouveaux et d'autres sons qui rappellent les instruments à percussion ou des machines.

Les œuvres de Stockhausen n'auraient pu voir le jour sans le magnétophone, qui s'est largement répandu vers 1950 et a immédiatement écarté le tourne-disque comme outil principal de la composition de musique électronique. Mais, à l'époque, les techniques de découpage et de montage étaient extrêmement laborieuses et la lenteur du processus de réalisation comme la difficulté de travailler dans un domaine où il n'existait ni critères ni tradition ont découragé de nombreux compositeurs. Varèse a choisi de confronter le nouveau mode d'expression à l'ancien dans *Déserts* pour bande magnétique et orchestre (1949-54), où les parties d'orchestre sont beaucoup plus subtiles que celles de la bande magnétique, mais il a également composé l'un des premiers chefs-d'œuvre de musique électronique, son *Poème électronique* (1957-58) qui couvre la totalité de l'éventail sonore, du chant soliste et choral aux bruits industriels et aux sons synthétisés.

L'apparition du *synthétiseur dans les années soixante a beaucoup facilité le travail dans le domaine de la musique électronique. Paradoxalement, ce progrès se ressent rarement dans les réalisations musicales. Les grandes œuvres électroniques des années soixante, *Telemusik* (1966) et *Hymnen* (1966-67) de Stockhausen, font appel aux procédures anciennes pour fabriquer de grands collages incorporant de la musique du monde entier, alors que les nouveaux synthétiseurs étaient surtout employés pour recréer la musique de Bach ou donner au rock un nouvel éclat. Il est néanmoins probable que les synthétiseurs commandés par ordinateur joueront un rôle important dans la création musicale et un travail intéressant a déjà été réalisé aux États-Unis, par Charles Dodge et Paul Lansky, et à l'IRCAM autour de Pierre Boulez. Des compositeurs comme Milton Babbitt, qui travaillent sur le synthétiseur RCA, ont trouvé dans la musique électronique un bon moyen d'expression d'une pensée sérielle extrêmement élaborée.

Par contre, la musique électronique vivante est restée le domaine des compositeurs qui recherchent des moyens anticonformistes d'utilisation du son, davantage dans le domaine des couleurs que dans celui des hauteurs. Stockhausen offre à nouveau des exemples classiques dans *Mixtur* (1964-67), qui couvre l'ensemble des sons d'un orchestre, et dans un certain nombre de pièces largement improvisées conçues pour son propre ensemble, où voisinent instruments électroniques et instruments normaux. Stockhausen, comme pour un grand nombre de compositeurs de la même génération et des générations suivantes, considère comme parfaitement naturel d'utiliser l'électronique dans l'exécution musicale, qu'il s'agisse simplement de chanter dans un micro ou, comme dans *Répons* de Boulez (1981), de faire agir un vaste appareil informatisé sur des instruments traditionnels.

Voir également *Instruments de musique électronique*.

Paul Griffiths.

BIBLIOGRAPHIE : Michel Chion, *La Musique électroacoustique*, PUF, coll. Que-sais-je ? (Paris, 1982).

Musique légère et de variétés

1. Introduction
2. La musique légère et le théâtre
3. Musique pour orchestre
4. Chanson populaire

1. *Introduction*. La musique de variétés englobe toutes les musiques qui ne sont pas considérées comme musique « sérieuse » ou « classique ». La division entre ces deux mondes a toujours été assez clairement définie, ceux qui travaillent dans l'une des deux sphères empiétant rarement sur l'autre, surtout de nos jours où la distinction ne repose plus sur les fluctuations du goût artistique mais sur des considérations économiques. La musique de variétés – celle qui est destinée à un vaste public qui peut en profiter sans posséder pour autant une culture musicale – est écrite, à l'exception de la musique traditionnelle pure et de certaines formes de jazz, pour réaliser des bénéfices commerciaux et financiers. De nos jours, une grande partie de la musique dite « sérieuse » est écrite dans un esprit

expérimental et ne peut être appréciée que par un public très averti ; elle a donc souvent besoin d'être subventionnée par l'État ou d'autres bienfaiteurs et ne recherche pas le profit.

Paradoxalement, alors que la ligne qui sépare les deux genres de musiques est de plus en plus nette, chacun d'entre eux semble de plus en plus apprécié. On porte aujourd'hui un intérêt considérable à l'étude des musiques de variétés (il n'y a eu pratiquement aucun livre sur le sujet avant les dernières décennies du XIXe siècle et très peu avant les années vingt) et la musique classique, tout au moins la musique classique traditionnelle, attire maintenant un public émanant de toutes les classes de la société. Il y a toujours eu des compositeurs de musique légère qui ont accaparé l'attention par leur habileté d'écriture et le contenu de leurs œuvres (Johann Strauss ou George Gershwin), mais aujourd'hui la plupart des ouvrages de référence se sentent obligés d'accorder une attention particulière à tous les domaines de la musique légère ou de variétés. L'ancien snobisme qui consistait à dire que la musique sérieuse était de la « bonne » musique et la musique de variété de la « mauvaise » musique a presque entièrement disparu.

Le développement de la musique légère coïncide avec l'enrichissement et la croissance du pouvoir d'achat au milieu du XIXe siècle, de la bourgeoisie et des classes moins favorisées de la société, qui réclamaient un divertissement musical facilement accessible. D'autres considérations pratiques sont à la fois liées à cette demande et ont contribué à la créer : la mise au point de méthodes moins onéreuses d'impression de la musique ; la mobilité accrue du public et des interprètes due à l'expansion des transports routiers et ferroviaires ; la prolifération rapide des théâtres et des salles de concert pourvoyant aux besoins du goût populaire ; la possibilité d'acheter facilement des instruments moins onéreux pour la pratique individuelle, notamment le petit piano droit, et, au XXe siècle, la diffusion phénoménale du disque, du cinéma, de la radio et de la télévison. En termes commerciaux, en prenant comme référence le disque microsillon, les ventes mondiales moyennes de musique classique atteignent environ 10% de la production, la majeure partie des 90% restants représentant toutes les formes de musique légère et de variétés (cette proportion varie d'un pays à l'autre).

2. *La musique légère et le théâtre* : (*a*) *L'opéra*. L'élaboration progressive d'une tradition écrite de musique légère remonte à la fin du XVIIIe siècle avec des œuvres comme *The Beggar's Opera* (1728) de John Gay et ses équivalents en Allemagne et dans d'autres pays. Ces opéras ajoutaient des paroles à des mélodies traditionnelles déjà connues. Les compositeurs d'opéras, comme les compositeurs d'autres genres de musique, étaient déjà conscients de la satisfaction qu'ils tiraient de mélodies qui captivaient l'imagination populaire : Mozart soulignait dans ses lettres le plaisir qu'il ressentait à entendre des airs des *Noces de Figaro* sifflés par les garçons de courses ou joués au coin des rues, et la renommée de Verdi doit beaucoup au chœur des esclaves hébreux de *Nabucco*, qui est presque devenu un hymne national. Il a d'ailleurs toujours montré un goût profond pour ce qu'on appelait parfois dédaigneusement des airs « d'orgue de barbarie », notamment dans *Rigoletto*.

La création d'opéras légers et mélodieux, au matériel facilement exploitable sur le plan commercial, se résume dans un genre d'œuvres entièrement frivoles comme *La Fille du régiment* de Donizetti, qui a donné naissance au théâtre musical populaire. Le grand public n'a ni le goût ni la résistance nécessaire pour écouter des œuvres longues et compliquées, ce qui explique pourquoi les partitions de musique légère sont presque toujours plus courtes et moins élaborées sur le plan structurel. Le procédé évident pour éviter l'ennui potentiel du grand opéra consistait à découper la partition en airs ou ensembles isolés et mélodieux, et à renoncer à la technique artificielle du récitatif en la parsemant de dialogues. Les Français, qui ont toujours apprécié la musique élégante et légère, ont joué un rôle moteur dans cette voie avec des opéras légers (opéras-comiques) qui font appel au dialogue parlé ; Boieldieu, Auber, Hérold et Adam se sont particulièrement illustrés dans ce genre. Le premier pas important vers l'établissement d'une convention lyrique résolument populaire est l'œuvre de Jacques Offenbach. Après s'être vu refuser l'accès à l'Opéra-Comique, il a finalement acquis son propre théâtre, les Bouffes-

Parisiens, et, durant les années trépidantes des débuts du Second Empire et de la grande Exposition de 1852, il a lancé la mode d'une forme d'opéra léger, effronté, mélodieux, souvent satirique et merveilleusement comique, qui revêt des appellations aussi diverses qu'« opéra-comique », « opéra bouffe » ou « opérette ». Il a écrit une centaine d'ouvrages de ce genre et remporté ses plus grands succès, les plus durables, avec des ouvrages comme *Orphée aux enfers*, *La Belle Hélène*, *La Grande-Duchesse de Gerolstein*, *La Vie parisienne* et *Les Brigands* ; il s'est finalement essayé au grand opéra avec *Les Contes d'Hoffmann*, qui ont été représentés à titre posthume.

Avec un public de plus en plus fourni et la prolifération rapide des théâtres dans les principales villes du monde, l'opérette effervescente d'Offenbach et la crudité du *can-can ont inspiré un grand nombre d'imitateurs. Parmi ses contemporains et rivaux, Hervé (de son vrai nom Florimond Ronger, 1825-92) a également remporté de grands succès, mais de façon moins durable, notamment avec *Chilpéric* ; une école florissante de compositeurs lui a succédé qui comprend Charles Lecocq (1832-1918), Robert Planquette (1848-1903) et André Messager (1853-1929).

Les opérettes d'Offenbach ont eu un impact puissant dans d'autres pays, surtout à Vienne, où Franz von Suppé a cherché à reconstituer des effets analogues, ce qui a finalement mené Johann Strauss (fils) au théâtre avec des classiques du genre comme *Die Fledermaus* (« La Chauve-Souris ») et *Der Zigeunerbaron* (« Le Baron tzigane »). Vienne, avec son amour inhérent de la mélodie et de la gaieté romantique, a rapidement défini son propre type d'opérette, naturellement dominé par la valse, avec des compositeurs viennois comme Karl Millöcker (1842-99), Richard Heuberger (1850-1914), Franz Lehár, Oscar Straus et Leo Fall (1873-1925).

A Londres, une multitude de théâtres importaient et présentaient les dernières productions françaises dès qu'elles quittaient Paris. Offenbach a remporté un succès particulier à Londres avec *Geneviève de Brabant*, et le duo des Gendarmes, facile à mémoriser, a laissé son empreinte sur un grand nombre d'œuvres postérieures. La plupart des ouvrages d'Offenbach ont été représentés à Londres dans de petits théâtres comme l'Opera-Comique et la Gaiety, ou, avec davantage de moyens, à l'Empire et dans d'autres cadres de plus en plus commerciaux. Le jeune W. S. Gilbert avait participé à la traduction anglaise des livrets et on retrouve un fort parfum d'Offenbach et de « gendarmerie » dans les œuvres qu'il a écrites avec Arthur Sullivan, *Trial by Jury*, *HMS Pinafore* ou les autres ouvrages immortels du Savoy. En raison de la solide formation classique et de l'exigence de Sullivan, leurs œuvres ont toujours conservé un côté lyrique très accentué.

Gilbert a également joué un rôle essentiel dans le développement d'un type de divertissement musical populaire appelé *burlesque, très à la mode pendant la seconde moitié du XIXe siècle. Ce genre extrêmement satirique se prêtait à la parodie du grand opéra et d'autres divertissements intellectuels (ainsi que le révèlent des titres comme *Faust-up-to-Date* et *Little Christopher Columbus*), la musique occupant généralement la seconde place. Les véritables héritiers de la tradition de Gilbert et Sullivan ont été des compositeurs d'un nouveau type qui ne possédaient pas, comme Sullivan, le don de la création musicale soutenue : la plupart d'entre eux étaient des chefs d'orchestre formés au théâtre plutôt qu'au Conservatoire. Sous leur plume, l'opérette britannique est devenue un divertissement populaire axé sur le dialogue avec quelques chansons faciles à mémoriser – type de divertissement qui a pris par la suite le nom de *comédie musicale. Le culte de la femme et des charmes féminins y occupait une place essentielle, illustrée par les célèbres Gaiety Girls. Parmi les principaux compositeurs qui se sont illustrés dans ce genre figurent Leslie Stuart (1856-1928), Ivan Caryll (1861-1921), Lionel Monckton (1862-1924), Howard Talbot (1865-1928), Sidney Jones (1869-1914) et Paul Rubens (1875-1917).

(*b*) *La comédie musicale américaine*. Le théâtre musical américain a commencé par importer ses modèles : Gilbert et Sullivan ont eu en Amérique autant de succès qu'à Londres et leurs œuvres ont été piratées sous toutes les formes possibles avant qu'ils ne trouvent un moyen de s'y opposer ; les spectacles de la Gaiety et du Daly ont traversé l'Atlantique aussi rapidement que les spectacles français étaient arrivés à Londres quelques années plus tôt. L'opérette française a également connu une certaine vogue aux États-Unis, où Offenbach a effectué une tournée dans les années 1870. La bataille commerciale s'est poursuivie jusqu'à ce que les spectacles britanniques perdent progressivement de leur popularité et que des spectacles américains commencent à traverser l'océan dans le sens inverse ; l'un des premiers a été *The Bells of New York*, qui n'avait remporté qu'un succès moyen à New York mais qui a été très bien accueilli à Londres. En fait, l'emprise londonienne sur la scène américaine a été rapidement écartée par deux courants plus forts. Les États-Unis étaient depuis longtemps une terre d'asile pour les réfugiés qui fuyaient un climat politique incertain en Europe et les nombreux auteurs et compositeurs suivaient la tendance viennoise qui a exercé une forte influence, surtout perceptible dans des comédies musicales du XXe siècle comme celles de Rodgers et Hammerstein. Le théâtre américain avait désormais sa propre école de compositeurs, constituée d'immigrants comme Victor Herbert (1859-1924), Karl Hoschna (1877-1911) et Louis Hirsch (1887-1924) et la tradition viennoise s'est poursuivie plus tard dans les œuvres de Rudolf Friml (1870-1972) et de Sigmund Romberg (1887-1951).

Néanmoins, l'ingrédient le plus fort de la musique américaine – celui qui allait pratiquement inverser la balance commerciale au cours des années suivantes – est l'élément indigène du *ragtime et du *jazz, style qui a rapidement révolutionné le langage de la musique légère en l'espace d'une vingtaine d'années, à peu près autour de 1900 (voir § 4). Au début du siècle, un jeune compositeur du nom de Jerome Kern était envoyé à Londres pour ajouter aux spectacles importés de Grande-Bretagne des chansons susceptibles de s'adapter aux nouveaux goûts américains. Une chanson comme « They didn't believe me » brille comme un phare au milieu des accents démodés d'une partition de Sidney Jones et Paul Rubens intitulée *The Girl from Utah*. La musique de Kern jette un pont entre l'ancien style et le nouveau, ses œuvres, légèrement colorées par le ragtime, conservant la grâce de la langue ancienne de l'opérette. Sa musique a survécu, dissociée d'un certain nombre de livrets frivoles – à l'exception du remarquable *Show Boat* (1928), œuvre révélatrice d'une tendance qui cherchait à accorder davantage la musique et l'intrigue.

Les comédies musicales qui correspondent le mieux au nouveau genre sont celles de George Gershwin (qui intègre merveilleusement bien l'élément de jazz dans son opéra populaire *Porgy and Bess*), Cole Porter et Richard Rodgers (tout au moins dans ses premières œuvres, écrites en collaboration avec Lorenz Hart ; les suivantes, écrites avec Oscar Hammerstein II, se rapprochent d'un style plus traditionnel avec des emprunts à tous les genres et constituent de véritables « opéras pour le peuple » comme *Oklahoma*, *South Pacific*, *The King and I* et *The Sound of Music*).

Avec l'avènement du jazz, la comédie musicale américaine allait devenir l'élément dominant du théâtre outre-Atlantique. La Grande-Bretagne a produit quelques génies isolés, comme Ivor Novello ou Noël Coward, écrivant dans une langue viennoise entièrement personnelle, et des personnalités de moindre importance comme Noel Gay, Jack Strachey et Vivian Ellis, qui ont continué à composer de la musique britannique pour un public essentiellement britannique. Une ou deux reprises remarquables dans le style des années vingt, comme *The Boy Friend* de Sandy Wilson et *Salad Days* de Julian Slade, ont révélé un élément nouveau et exportable. La comédie musicale britannique la plus réussie des années cinquante a été *Oliver* de Lionel Bart, dont le nombre de représentations a dépassé celui de pièces telle *Chu-Chin-Chow* à une époque antérieure.

L'ancienne suprématie de l'opéra italien ne s'est jamais étendue au domaine de l'opérette. Quant aux opérettes françaises et viennoises, elles ont vite épuisé leur style et ont dû accepter que les États-Unis prennent la relève. La seule personnalité européenne influente des années trente est venue d'Allemagne : Kurt Weill, dont *Die Dreigroschenoper* (« L'Opéra de quat'sous ») puise son inspiration dans *The Beggar's Opera*. Exilé de son propre pays parce qu'il avait du sang juif, il a émigré aux États-Unis, où il a composé d'autres œuvres excellentes et très personnelles bien qu'édulcorées par le style américain.

3. *Musique pour orchestre*. Le monde de la musique légère pour orchestre a suivi

un chemin sensiblement parallèle à celui de la musique de théâtre. Naturellement, beaucoup de grands compositeurs classiques ont apporté leur contribution au répertoire musical populaire en écrivant dans une veine mélodique légère. Ce sont souvent des œuvres assez longues et notamment des partitions de ballet (Tchaïkovski, Delibes) qui réclament un langage essentiellement rythmique. Elgar est l'un des grands compositeurs « sérieux » qui ont écrit de la musique légère (*Salut d'amour* et *Chanson de matin*) et il a exercé une influence déterminante sur des compositeurs de musique légère comme Eric Coates, qui a entretenu cette tradition anglaise. Peu avant l'apparition du cinéma, il y avait une demande considérable de ce genre de musique légère, particulièrement pour les orchestres que la plupart des stations thermales et balnéaires entretenaient au début du siècle. On y mélangeait les classiques légers et la musique vraiment légère ; c'est le genre de programme que proposaient les premiers concerts promenades. Lorsque la musique vivante a disparu de la plupart des lieux publics et des grands restaurants, ce genre de répertoire est tombé en désuétude, sauf à la radio, où il prenait un aspect légèrement archaïque. Le domaine dans lequel la tradition de la musique légère s'est solidement maintenue est celui de la *fanfare et de la *musique militaire pour lesquelles des compositeurs, qui sont en même temps exécutants, continuent à recevoir des commandes.

La musique de danse est une autre tradition florissante du XIXe siècle qui a disparu au début du XXe siècle avec l'apparition du cinéma. Le flot incessant de valses et de polkas, avec des quadrilles, des lanciers, etc., dont le style reposait sur la musique légère de l'époque, a donné lieu à un commerce très fructueux, surtout entre 1840 et 1890. Le cœur de ce marché se situait naturellement à Vienne avec la célèbre famille Strauss, Joseph Lanner, les frères Schrammel et une foule de compositeurs de moindre importance. Ils avaient des rivaux en la personne de compositeurs comme Joseph Gung'l (1810-89), un Hongrois, et Emil Waldteufel (1837-1915), un Alsacien installé à Paris, comme Offenbach ; de nombreux « mercenaires » comme Sidney Jones Senior et Charles d'Albert ont largement alimenté le marché britannique.

4. *Chanson populaire : (a) Music-hall et revue.* Le véritable mélange des traditions se trouve dans le domaine de la chanson populaire. Mais il faut déterminer auparavant où commence et où s'achève la *musique traditionnelle. Une véritable histoire de la musique traditionnelle est pratiquement impossible à réaliser : on doit se limiter aux suppositions sur un sujet qui est presque entièrement dépourvu de documentation. Si leurs œuvres avaient été publiées, de nombreux compositeurs de chansons traditionnelles auraient été tout simplement des auteurs de chansons populaires et non ces fantômes anonymes dont la musique s'est imprégnée du parfum étonnant de la mélodie traditionnelle, résultat d'une transmission orale imprévisible qui a généralement tendance à ramener toute sa musique à des intervalles étroits et à des tonalités mineures. De même, si un grand nombre de chansons commerciales actuelles étaient soumises au même traitement oral, elles deviendraient des chansons traditionnelles. De nos jours, l'« écriture » de telles chansons est devenue un métier florissant. On ressent surtout l'influence traditionnelle dans le music-hall, dans le jazz et naturellement dans le *blues*, qui est devenu aujourd'hui un élément de la chanson pop contemporaine.

Au début du XIXe siècle, lorsque les coûts de l'impression musicale ont commencé à baisser sensiblement, on a vu paraître d'innombrables recueils de chansons populaires, portant des titres comme *The Minstrel's Companion* ; les airs sont travaillés, avec des structures symétriques aux contours bien définis qui supportent la comparaison avec leurs homologues classiques. Les compositeurs classiques de cette époque ont fait de la chanson traditionnelle un art courtois, de même qu'un peu plus tard un grand nombre de collectionneurs britanniques ont minimisé, par déférence envers de solides traditions victoriennes, la rudesse des airs traditionnels et le côté trivial d'un grand nombre de couplets de revue. La chanson populaire n'était apparentée à la musique traditionnelle que par sa tendance rustique. Sur le plan musical, il s'agissait d'une pâle copie de l'air lyrique, particulièrement de l'aria italienne, avec des lignes mélodiques naïves, pas trop virtuoses, convenant à la douce mélancolie des auteurs des paroles ; l'accompagnement se limitait à une simple basse d'Alberti simple ou à quelques arpèges. Cette *ballade de salon a connu un grand succès, de « Ever of thee » (1852) de Foley Hall et George Linley et « Come into the garden, Maud » (1858) de Michael Balfe et Alfred Tennyson aux dernières mélodies rebattues d'Arthur Sullivan.

La chanson populaire semblait vouée éternellement à cette veine insipide. Les chansons françaises, italiennes, allemandes et même américaines ne diffèrent pas beaucoup du modèle anglais. A partir de 1900, l'opinion a évolué progressivement. Le sujet de l'amoureux « pâle, flâneur et solitaire » a perdu de son charme au profit de chansons joviales et patriotiques comme « Drake is going West » et « Glorious Devon » de Wilfrid Sanderson. Évidemment ce genre de chansons jaillit toujours pendant et autour des périodes de conflits : l'Angleterre, en pleine guerre des Boers et sentant l'approche de la Première Guerre mondiale, suivait un style qui avait produit des chansons comme « The Grenadiers » et « Heart of Oak ». Le résultat final de toutes ces guerres, d'un point de vue strictement artistique, est de rendre médiocre le goût du public. La Première Guerre mondiale a simplement fait baisser le niveau culturel de la société au rang du niveau du music-hall. Au théâtre, des normes plus élevées prédominent car il faut davantage de métier pour écrire une longue partition. A n'importe quelle époque, le théâtre reste un reflet des tendances à la mode dans le domaine plus vaste de la musique légère.

Le *music-hall a tout d'abord été un phénomène spécifiquement britannique, mais il s'est rapidement développé en France et sur la scène du vaudeville américain ; il reflétait l'amélioration du niveau de vie des classes modestes de la société. Le spectacle de music-hall n'était qu'une succession de numéros, joués ou chantés, de caractère essentiellement populaire ; dans les premiers temps, un animateur jovial exhortant les clients à chanter et à boire préservait une certaine cohérence à l'ensemble du spectacle. Les « song-and-supper rooms » se sont multipliées à Londres dans le Strand et dans les environs, avec des endroits comme Evan's, les Cyder Cellars et le Coal Hole, qui n'étaient pas vraiment destinés aux classes les plus pauvres mais à des gens aisés qui venaient y boire du bon vin et du brandy. C'est seulement plus tard que les dames furent autorisées à assister d'un balcon discret, à ces réunions. Le type de musique que l'on y entendait était encore d'un genre traditionnel, des chansons comme « Vilikens and his Dinah », chantées par des personnages frustes tels Sam Cowell, Harry Clifton, W.G. Ross, Charles Sloman et Jack Sharp.

Le music-hall populaire est né de tels divertissements lorsque les propriétaires de certaines tavernes renommées ont découvert qu'ils pourraient développer leur clientèle en offrant un « music-hall » où le public pourrait s'asseoir en dégustant de la bière, des vins bon marché et des plats simples tout en profitant du spectacle donné sur scène. L'une de ces premières salles de musique les plus connues dépendait de l'Eagle Tavern de City Road ; elle est citée dans la chanson « Pop goes the weasel ». Toutes les grandes tavernes ont suivi l'exemple, notamment le Canterbury, dirigé par Charles Morton, personnage influent dans l'histoire du music-hall. De nouvelles « stars » comme George Leybourne, Vance et Arthur Roberts y ont forgé leur réputation. C'est seulement en 1914 qu'une loi a limité les rafraîchissements à des bars séparés et amorcé ainsi le déclin de la tradition du music-hall, déclin entériné par le développement du disque et de la radio. Mais il existait encore des théâtres de variété dans les années cinquante.

Le music-hall n'a pas fait évoluer considérablement la musique légère. Il s'est adapté aux modes de la chanson traditionnelle (du « folk-song »), de la *ballad* et finalement du ragtime et du jazz. Il a ajouté à notre stock de musique légère un répertoire de chansons immortelles faciles à retenir par la simplicité de leur musique et leur entrain.

La musique française a suivi une voie identique, partant du spectacle des cafés-concerts avec notamment le chansonnier Aristide Bruant qui se fit connaître au fameux *Chat-Noir,* et des cabarets pour parvenir à la dimension des grands music-halls parisiens comme l'Olympia. Le vaudeville américain a copié la tradition britannique dans son propre style et dans ses langages musicaux.

Dans les théâtres classiques, il existait un autre genre de musique de variétés assez intime, sous une forme beaucoup plus sophistiquée : la *revue. Ce divertissement, d'origine française, avait un précurseur dans les « one-man shows » britanniques organisés par des auteurs comme Charles Dibdin. Le premier spectacle britannique calqué consciemment sur le style français a été *Success* à l'Adelphi en 1825. *Pot-Pourri* semble être l'un des premiers à avoir porté le nom de revue, en 1899. Des revues à grand spectacle ont fait leur apparition sur la scène des grands théâtres comme l'Empire à partir de 1905. Toutefois, c'est la revue intime qui a survécu, type de divertissement peu coûteux illustré par les revues Cochran des années vingt et trente, dans lesquelles le talent de Noël Coward, entre autres, a pu s'épanouir. Elles ont ouvert la voie aux revues satiriques des années soixante comme *Beyond the Fringe*. Aux États-Unis, c'est la revue à grand spectacle qui a rencontré le plus grand succès, comme les célèbres Ziegfeld Follies et d'autres spectacles du même genre. La revue offrait un débouché aux auteurs de chansons en vogue et s'adressait essentiellement aux classes moyennes cultivées.

(*b*) *Musique noire américaine*. Tous les divertissements musicaux populaires ont ressenti profondément la grande révolution culturelle des années 1890, époque à laquelle le *ragtime, suivi de près par le *jazz, a commencé à modifier radicalement la nature de la chanson populaire. Les talents et les styles distinctifs des Noirs américains n'avaient pu s'exprimer pendant quelque trois siècles aux États-Unis, tant que l'esclavage n'était pas aboli. Au milieu du XIXe siècle, avant que les Noirs ne soien. autorisés à monter sur scène, la spécificité de leurs chants et de leurs danses transparaissait déjà dans les concerts de chants nègres (« minstrel shows »). Il s'agissait essentiellement de spectacles de variétés exécutés par des Blancs maquillés en Noirs. L'un des auteurs à succès de ce genre de divertissement était Stephen Foster (1826-64), dont le grand succès de 1851, *Swanee River*, a été repris par Edwin Christy et même publié sous son nom ; longtemps après, on se référait presque toujours à ce genre de divertissement comme aux « Christy minstrel shows ».

Le music-hall et les concerts de chants nègres ont contribué au développement de l'édition musica'e populaire qui allait être connue sous le nom de « Tin Pan Alley ». Au début, les classes moyennes se divertissaient autour du piano familial et les ventes de feuillets de musique ont rapidement atteint des chiffres comparables à ceux que les ventes de disques atteignent aujourd'hui.

Dans les concerts de chants nègres, la musique nègre était seulement parodiée. Le public n'allait la découvrir qu'avec les tournées des célèbres Jubilee Singers, groupe de chanteurs noirs de l'Université de Fisk qui a fait connaître dans le monde entier les *negro spirituals* (« chants religieux des Noirs »). Mais la musique nègre allait aussi être révélée de façon très efficace au travers du *cakewalk* et du ragtime, dont les rythmes syncopés au banjo apportaient une fraîcheur étonnante à un public encore nourri des quatre temps rigoureux de la ballade victorienne. Le premier *rag* noir authentique a été publié en 1897 : *Harlem Rag* de Tom Turpin ; Scott Joplin a publié ses *Original Rags* en 1899 ainsi que *Maple Leaf Rag*, qui a remporté un succès fabuleux. Les compositeurs blancs de Tin Pan Alley, qui avaient peut-être inconsciemment freiné la montée de la musique noire, cédaient désormais à ses accords contagieux et on assistait à la première vogue du ragtime. En 1911, la chanson d'Irving Berlin « Alexander's Ragtime Band » a donné un nouvel élan et le ragtime s'est rapidement diffusé dans le monde entier.

Il était facile à n'importe quel compositeur de tenter d'égaler le ragtime – une simple question d'accents mal placés. Sa forme était calquée sur celle de la marche populaire que jouaient Sousa et son ensemble ; ses mélodies avaient leurs propres caractéristiques, mais les harmonies étaient les harmonies fondamentales de la musique occidentale. Le **blues*, plus profond, apportait une souplesse et une dissonance nouvelles. Les syncopes étaient plus subtiles, davantage une question de sensibilité que de réflexion ; les harmonies étaient plus chromatiques et fluides, et la propulsion rythmique était une donnée entièrement nouvelle. Pendant de nombreuses années, on se demandait, dans les milieux du jazz, si les musiciens blancs parviendraient jamais à jouer du jazz avec la même authenticité que les musiciens noirs. Ce qui était sans doute impossible au début, tout au moins jusqu'à ce que ce moyen d'expression soit absorbée dans le langage naturel de la musique populaire, s'est réalisé avec un orchestre blanc, l'Original Dixieland Jazz Band, qui a enregistré le premier disque de jazz. Cet ensemble jouait un genre de jazz appelé le *Dixieland, qui comportait encore beaucoup d'accents du ragtime. La vraie musique de blues était encore confinée au monde des musiciens noirs. Toutefois, dès le début des années vingt, de nouveaux talents sont apparus, tout autant amuseurs que musiciens, qui ont porté le message du jazz dans le monde entier – en grande partie par l'intermédiaire du disque, qui occupait une place prépondérante dans les divertissements familiaux. Le talent de musiciens tel Louis Armstrong (qui était capable de sortir d'un cornet à pistons ou d'une trompette un son dont personne n'avait encore rêvé) et d'ensembles comme celui que dirigeait le grand compositeur et pianiste Duke Ellington a fait entrer les accents du jazz dans le monde de la musique.

En l'espace d'une vingtaine d'années, le langage de la musique légère et de la musique de variétés a subi un changement complet. Seuls quelques groupes de musiciens isolés – les orchestres de *palm court*, les fanfares et les musiques militaires (qui eux-mêmes ont succombé dans une certaine mesure) – ont continué à jouer la véritable musique légère. Le théâtre musical, la référence en matière de goût populaire, a aussi adopté le langage du jazz. Un compositeur comme Jerome Kern pouvait encore se situer entre les deux mondes de la musique, mais il a joué un rôle de pionnier en ajoutant des airs tournés vers le jazz à des spectacles populaires londoniens du début du siècle afin de pouvoir les exporter plus facilement aux États-Unis. La nouvelle vague de compositeurs de théâtre, comme George Gershwin, s'est trouvée totalement immergée dans le nouveau langage. Néanmoins, ce qui était encore de la « musique blanche » écrite pour un « public blanc » a conservé une grande retenue pendant toute la période de l'entre-deux-guerres et jusque dans les années cinquante.

Peter Gammond.

BIBLIOGRAPHIE : Gérard Authelain, *La Chanson dans tous ses états*, Van de Velde (Paris, 1988). Robert Giroux, *La Chanson dans tous ses états*, Triptyque (Montréal, 1987). Tony Palmer, *Histoire de la musique populaire*, Albin Michel (Paris, 1978). Jacques Vassal, *Folksong*, Albin Michel (Paris, 1971, rééd. 1984) / *La Chanson bretonne*, Albin Michel (Paris, 1980).

Musique et littérature. Les écrivains – poètes, philosophes, romanciers – se sont souvent méfiés de la musique. Son abstraction, son absence de moralité, ses liens avec les forces primitives et charismatiques, sa beauté sont autant de défis au rationalisme du langage et aux idées de responsabilité éthique de l'art. Platon, Rousseau et Tolstoï ont tous adopté cette position antagoniste et vainement tenté de censurer les pouvoirs expressifs de la musique, lui laissant seulement son côté agréable et émouvant. Une autre tradition de penseurs déplorait l'impossibilité d'adapter à la musique la théorie du *mimesis* – l'art en tant qu'imitation de la nature, le reflet de la vie dans un miroir – et l'un des premiers signes prémonitoires du *romantisme a été de reconnaître, au milieu du XVIIIe siècle, que la musique évoquait davantage des sentiments qu'elle ne reflétait des réalités. Particulièrement en Allemagne, la musique s'est trouvée immergée dans le domaine de l'inspiration poétique et de la folie divine, incarnant la passion, le désir, la mélancolie, l'agitation et l'énergie démoniaque. A la fin du XVIIIe et au début du XIXe siècle, les étonnantes innovations harmoniques et rythmiques du *Don Giovanni* de Mozart ou la *Symphonie n° 5* de Beethoven ont encore alimenté cette nouvelle attitude, qui a atteint son point culminant dans la croyance de Schopenhauer en la suprématie de la musique sur toutes les autres formes artistiques.

Néanmoins, le premier romancier sérieusement concerné par la musique n'avait pas une conception très exaltée de cet art. Henri Beyle, alias Stendhal (1783-1842), avait des connaissances techniques et une sûreté de goût limitées. Il mentionne à peine Beethoven et, dans l'ensemble, il n'aimait pas la musique instrumentale. Ses *Vies de Haydn, Mozart et Metastase* sont un monument de plagiat ; sa *Vie de Rossini* et ses carnets de voyages où la musique occupe une place importante sont décousus, douteux sur le plan factuel et concernent surtout des œuvres perdues ou oubliées. Stendhal est toutefois l'un des auteurs dont les écrits sur la musique sont les plus divertissants et enthousiastes. Sa critique de la musique s'adresse au grand public et l'essentiel de son charme réside dans le fait qu'elle correspond pour lui à un plaisir sensuel, à la brillance et à l'esprit. Il aimait avant tout la musique italienne (depuis Pergolèse) pour sa fluidité mélodique naturelle et sa vivacité, et considérait Rossini comme « le plus grand artiste vivant de notre époque ». Cette opinion était évidemment destinée à mettre en fureur la bourgeoisie parisienne suffisante que Stendhal méprisait tant ; mais il est parvenu à défendre sérieusement les premiers opéras de Rossini, notamment *Tancredi* et *La Pietra del paragone*, que l'on apprécie peu de nos jours. Il reconnaissait qu'il était « désespérément facile d'entendre trop de musique de Rossini » et déplorait son manque de « vraie passion », tout en restant captivé non seulement par son exubérance physique et extravertie, mais aussi par l'ambiance générale de l'opéra italien : la personnalité des chanteurs, le tempérament du public et la haute société de la Scala, avec ses « deux cents salons miniatures qui portent le nom de loges » et le foyer qui servait de « rendez-vous à tous les débauchés et dandies de Milan ». Tout cela n'était guère respectable et c'est probablement la seule raison pour laquelle Stendhal s'en était entiché.

Dans le roman du XIXe siècle, l'opéra italien a toujours conservé sa position en tant que lieu d'intrigues, généralement amoureuses. Le grand successeur de Stendhal, Flaubert, situe l'une des scènes les plus pathétiques de *Madame Bovary* pendant une représentation de *Lucia di Lammermoor* (scène que rappelle E. M. Forster dans *Where Angels Fear to Tread*, où des Anglaises assistant à une représentation de *Lucia* en province sont horrifiées par la turpitude morale qui les entoure). Emma Bovary fournit un exemple de la soumission romantique totale à la musique : elle « envoyait une vibration... à travers tout son être, comme si les archets des violons étaient tirés sur ses propres nerfs » et *Lucia* devient un aliment supplémentaire pour les pauvres rêveries d'Emma. Tolstoï pousse encore plus loin les dangers moraux de la musique dans *La Sonate à Kreutzer* où la sensualité et la tension contenus dans le premier mouvement de la sonate pour violon et piano de Beethoven précipitent l'adultère entre ses interprètes.

Dans l'ensemble, la musique occupe une place importante dans le roman anglais. Jane Austen, entichée du philistin anglais honnête, ne s'intéresse pas beaucoup au grand art. Dans ses livres, la musique est considérée comme un art social d'agrément et un ornement de la féminité (aucun de ses héros n'est sensible à la musique) ; elle n'hésite pas à faire dire à Emma Woodhouse : « Si j'abandonne la musique, je me mettrai à la tapisserie » – les deux activités ont la même valeur. Un attachement excessif à la musique fait généralement l'objet de moqueries : Marianne, dans *Sense and Sensibility*, « passait des heures entières au piano, chantant et pleurant alternativement », tandis que, dans *Emma*, Mrs. Elton roucoule : « Je raffole de la musique, je l'aime passionnément... je ne peux m'en passer : elle m'est indispensable. » Toutefois, les romans ultérieurs présentent la musique sous un jour différent, un réconfort pour le solitaire : la rivale d'Emma, Jane Fairfax, une vraie musicienne, n'a pour seule consolation que le piano qui lui a été donné mystérieusement ; Anne Elliot, héroïne de *Persuasion*, remarque que « en musique, [elle s'est] toujours sentie seule au monde ».

A la génération suivante, dans les romans de George Eliot, on respire un air plus raffiné et la musique devient quelque chose de beaucoup plus intime, émouvant et sérieux. Dans *The Mill on the Floss*, Philip Wakem est le premier intellectuel musicien du roman : il trouve dans *La Création* de Haydn « une sorte de vanité doucereuse et un faux-semblant flatteur... comme si elle avait été écrite pour fêter l'anniversaire d'un grand-duc allemand ». La soirée musicale de Vincy, dans *Middlemarch*, contient une musique plus élaborée que les sottes danses paysannes qui constituent les récitals d'après-dîner de Lady Catherine de Burgh dans *Pride and Prejudice* : Rosamund Vincy a eu pour professeur « un de ces excellents musiciens que l'on trouve ici et là dans nos provinces et qui peuvent soutenir la comparaison avec bon nombre de Kapellmeister renommés » et Lydgate perçoit « une âme cachée... qui se coule vers elle » lorsqu'elle joue du piano. George Eliot était elle-même un amateur de premier ordre et allait régulièrement au concert. Elle avait des relations personnelles avec la haute société musicale de son époque, connaissait Liszt et Anton Rubinstein et a reçu les Wagner lors de leur visite à Londres en 1877 (elle a toutefois admis qu'elle était déroutée par la musique de Wagner). Tout cela a porté ses fruits dans le superbe portrait de Klesmer, dans *Daniel Deronda*, féroce compositeur d'Europe centrale, passionné par « la musique du futur », mais planté de façon incongrue au milieu de la haute bourgeoisie des Midlands et de chanteurs de salon comme Gwendolen Harleth, qui ne veut utiliser la musique que pour acquérir la renommée et la richesse. Klesmer aurait certainement été plus heureux dans la maison Schlegel de *Howards End* de Forster, même s'il avait détesté les humeurs fastidieuses de la célèbre analyse de la *Cinquième Symphonie* de Beethoven par Helen Schlegel, qui est certainement le stade le plus bas du traitement de la musique par la littérature.

Aucun compositeur n'a eu un effet aussi profond sur la littérature que Wagner. Ce n'est pas uniquement l'idée de « drame musical » (la forme musicale la plus nettement littéraire) et les parallèles littéraires avec le leitmotiv qui ont séduit les écrivains ; c'est également l'égocentrisme écrasant et imperturbable de l'homme et de sa musique, sa dimension absolue et sa sensualité. Wagner incarne l'apothéose de l'idéal romantique de l'artiste, et une courte liste de ses disciples montre l'étendue de son influence : Baudelaire, Verlaine, Mallarmé, Shaw, Oscar Wilde, Lawrence. Deux romanciers se distinguent par la façon dont ils ont exploité l'apport wagnérien, Proust et Thomas Mann. Le merveilleux roman de Proust *A la recherche du temps perdu* est chargé de clins d'œil musicaux et fait preuve d'un goût musical rare (il se fait le champion de *Pelléas et Mélisande* de Debussy et du *Quatuor op.131* de Beethoven, par exemple). *A la recherche du temps perdu* contient aussi une époustouflante galerie de snobs de la musique, pour lesquels, encore plus que pour leurs homologues chez Jane Austen, la musique est prétexte à un bavardage élégant et mal informé : on pense à Mme Verdurin, dont l'esprit a été tant marqué par Wagner que cela lui donnait des maux de tête, ou au moment où le violoniste Charlie Morel, que l'on avait prié dans un salon de jouer *Fêtes* de Debussy, module malicieusement vers une marche de Meyerbeer sans que quiconque s'en rende compte. Wagner est présent d'un bout à l'autre, non seulement par les maux de tête ou dans la comparaison entre la sonnerie du téléphone et le pipeau du berger dans *Tristan*, mais dans la mesure où il façonne toute la conception de l'ouvrage. On pourrait dire qu'*A la recherche du temps perdu* est la *Tétralogie* des salons parisiens – des œuvres d'art longues, compliquées, subtiles, construites, selon les paroles de Proust, sur « la perception indistincte de motifs qui émergent de temps à autre, à peine perceptibles, puis plongent à nouveau, disparaissent et coulent », une accumulation de petites unités ou thèmes, répétés, développés et transformés, en appelant constamment aux facultés de la mémoire et à l'inconscient. Cela ressort particulièrement dans la façon dont Proust utilise l'invention de la « petite phrase » de la sonate pour violon de Vinteuil, introduite comme « hymne national » de l'amour de Swann pour Odette, mais qui réapparaît dans tous les contextes de l'amour tragique : la passion du narrateur pour Albertine ou du baron de Charlus pour Morel (lui-même interprète de la sonate de Vinteuil).

Après la délicatesse du monde feutré de Proust, la fiction de Thomas Mann semble un peu brutale. Ses tentatives d'application à la littérature des idées wagnériennes sur la structure musicale sont trop contraintes. Le wagnérisme de Proust est impressionniste, ses effets subconscients : Mann a quelque chose à prouver et prêche pour son saint. Il sent que l'« âme la plus intime de l'Allemagne s'exprime dans la musique » et que la musique de Wagner, avec son intensité tragique et son mépris de la vie courante civilisée, annonçait le destin tragique de l'Allemagne du XXe siècle. Inlassablement, dans de courtes histoires comme *Tristan*, *Tonio Kröger* ou de grands romans comme *La Montagne magique* et la tétralogie inspirée du *Ring*, *Joseph et ses frères*, Mann façonne ses sujets, ses thèmes, ses intrigues et ses formes. On a dit que Mann « avait appris de Wagner la véritable nature de l'effet artistique et la formulation artistique » et il n'a jamais perdu la crainte que lui inspiraient les opéras. Deux autres compositeurs ont joué un rôle dans la vision de Mann : Beethoven et Mahler. La musique de Beethoven représente un dangereux primitivisme, le retour à la musique des transports dionysiaques, après les contraintes civilisées de la polyphonie (voir les conférences de Kretzschmar dans la première partie de *Doctor Faustus*), alors que les symphonies de Mahler contiennent pour Mann toute la splendeur et la décadence de la période qui a précédé la Première Guerre mondiale. Dans *Buddenbrooks*, l'histoire d'une famille provinciale allemande, le personnage de Hanno, dernier de la lignée Buddenbrook, touché par le génie et destiné à mourir jeune, joue des improvisations au piano. Il est difficile de ne pas y voir l'évocation de Mahler : « ...les cors sont alors revenus, sonnant la marche ; le rythme s'est ajusté, concentré, affermi, consolidé ; et une nouvelle figure a commencé, une improvisation audacieuse, une sorte de chant de chasse animé et orageux. Il n'y avait aucune joie dans ce chant : il était marqué par un désespoir de défi. »

Cette relation avec Mahler se retrouve dans le personnage du romancier Aschenbach, dans *Mort à Venise*, et Visconti a largement insisté sur cet aspect dans le film qu'il a tiré du roman.

Le sommet de la dévotion de Thomas Mann à la musique se trouve dans *Doctor Faustus*, publié en 1947. Il s'agit, en un sens, de son histoire de la musique allemande ainsi que de sa plus forte mise en accusation de l'Allemagne. Adrian Leverkühn, le compositeur moderne qui vend son âme au diable en échange de la puissance artistique, écrit une musique qui devient progressivement plus barbare, démoniaque et horriblement captivante – musique au travers de laquelle Mann tente d'expliquer pourquoi l'Allemagne a été la source du nazisme et la fin logique qui a abouti à sa dissolution annoncée par Wagner. La façon dont Mann maîtrise l'histoire de la musique et sa technique est très impressionnante – il va jusqu'à incorporer la théorie du dodécaphonisme dans la langue musicale de Leverkühn – et le livre est méticuleusement construit : chaque phrase a un rapport thématique, chaque personnage sa cohérence. Mais le roman est alourdi par les problèmes de la « composition » et par la description de la musique de Leverkühn en termes purement littéraires ; on aimerait disposer d'une cassette d'accompagnement correspondant aux pages appropriées !

Dans *Doctor Faustus*, la musique triomphe de la littérature et réaffirme les convictions de Schopenhauer : toutes les autres formes artistiques aspirent à la condition de la musique. C'est aussi le zénith de ce que l'on pourrait appeler la phase wagnérienne de la culture européenne. Dans le modernisme littéraire, la musique que l'on rencontre est plus légère et plus claire sur le plan structurel : Ezra Pound a utilisé de la musique médiévale et la musique de Dowland et de Bartók dans ses poèmes, alors que James Joyce a pris le contrepied de Wagner. Joyce n'a jamais été un grand musicien, bien qu'il ait envisagé de travailler sa voix de ténor pour faire une carrière de professionnel. Dans le roman *Ulysse*, la musique est donc essentiellement vocale – mélodies et ballades (*Là ci darem la mano*, *M'appari*, *The Last Rose of Summer*) ou même ce qu'il appelle pudiquement des chansons à boire (*The Night before Larry was Stretched* et pire encore). Molly Bloom était une chanteuse de concert et d'oratorio, Stephen Daedalus avoue son amour des virginalistes anglais, mais la musique qui domine vraiment *Ulysse* et fait partie intégrante de son grand flux est l'écho de la vie quotidienne : airs sifflés, airs chantés dans le bain, cantiques favoris. Les qualités rythmiques, allusives et incantatoires des dernières œuvres en prose de Joyce, ainsi que la façon dont il emploie le collage et les procédés aléatoires, ont eu un effet déterminant sur les compositeurs depuis la guerre : Berio et Cage, en particulier, ont appliqué les méthodes et les pratiques de Joyce à des fins musicales.

Rupert Christiansen.

BIBLIOGRAPHIE : Jean-Michel Bardez, *Les Écrivains et la musique au XVIIIe siècle*, Champion (Paris, 1975-80). André Coeuroy, *Musique et littérature*, Bloud et Gay (Paris, 1923). Enrico Fubini, *Les Philosophes et la musique*, Champion (Paris, 1983). Léon Guichard, *Musique et lettres au temps du romantisme*, PUF (Paris, 1955), rééd. Les Introuvables (Plan-de-la-Tour, 1984). Denise Mayer, *Marcel Proust et la musique*, La Revue Musicale n° 318, Richard Masse (Paris, 1979). Meylan, *Les Écrivains et la musique*, Ed. du Cervin (Lausanne, 1952). Jean-Jacques Nattiez, *Proust musicien*, Christian Bourgois (Paris, 1984). Georges Piroué, *Proust et la musique du devenir*, Denoël (Paris, 1960). Danièle Pistone, *Le Piano dans la littérature*, Champion (Paris, 1977). Stendhal, *Vies de Haydn, de Mozart et de Métastase* (Paris, P. Didot l'aîné, 1814), rééd. Les Introuvables (Plan-de-la-Tour, 1978). *Victor Hugo et la musique*, La Revue Musicale n° 378, Richard Masse (Paris, 1985).

Musique maçonnique de Mozart. Mozart appartenait à une loge de la franc-maçonnerie viennoise pour laquelle il a composé plusieurs œuvres : *Maurerische Trauermusik* K 477 (« Ode funèbre maçonnique », 1785) ; la cantate *Die ihr des unermesslichen Weltalls Schöpfer ehrt* K 619 (1791) ; le *Lied zur Gesellenreise* K 468 (1785) ; la cantate *Dir Seele des Weltalls* K 429 (1785) ; les chœurs *Ihr unsre neuen Leiter* K 484 (1785), *Lasst uns mit geschlungnen Händen* K 623*a* (1791) et *Laut verkünde unsre Freude* K 623 (1791) ; le lied *Lobegesang auf die feierliche Johannisloge* K 148 (?1775-76) ; la cantate *Die Maurerfreude* K 471 (1785) et le chœur *Zerfliesset heut', geliebte Brüder* K 483 (1785).

Musique mesurée. Expérience littéraire et musicale qui a vu le jour en France à la fin du XVIe siècle et qui consistait, dans un premier temps, à appliquer à la poésie française de l'époque les principes d'accentuation métrique trouvés de la poésie classique. Cette expérience poétique, conçue par Jean-Antoine de Baïf et les poètes de la Pléiade, s'est étendue à la musique vocale – musique mesurée à l'antique. Le processus était simple : les compositeurs suivaient le mètre du vers, mettant des blanches sur les syllabes longues, accentuées, et des noires sur les syllabes courtes, non accentuées. Il en a résulté des phrases et des mesures de longueur variable, sans pulsation rythmique régulière; pour cette raison, une grande partie de cette musique n'a ni chiffrage, ni barres de mesure. Baïf a tenté de poursuivre son projet en créant l'Académie de poésie et de musique (1570), mais, malgré la protection de Charles IX, elle n'a duré que trois ans. L'importance de la musique mesurée ne tient pas aux œuvres auxquelles elle a donné naissance, mais au transfert de la plupart de ses éléments caractéristiques dans l'*air de cour, qui à son tour a influencé le style du récitatif de Lully.

Musique militaire

1. Musiques d'harmonie
2. Batteries-fanfares
3. Histoire

On désigne par « musique militaire » les ensembles d'instruments à vent et à percussion qui assurent les prestations musicales liées aux différentes circonstances de la vie militaire (défilés, parades...). La musique militaire comporte deux genres de formations distinctes : les musiques d'harmonie (bois et cuivres), parfois remplacées par une *fanfare, et les batteries-fanfares (instruments d'ordonnance et percussion). En France, les trois armées : Air, Terre et Mer, comportent plusieurs formations réparties en diverses catégories (musiques principales, régionales ou divisionnaires). Les formations les plus célèbres sont la Musique de la Garde républicaine (fondée en 1852), la Musique de l'Air (fondée en 1936), la Musique de la Flotte (Brest, fondée en 1826 ; et Toulon), la Musique de la Police nationale (fondée en 1920), la Musique des gardiens de la paix (fondée en 1920) et la Musique de la Légion étrangère. Le Centre de formation et de perfectionnement des sous-officiers musiciens de l'armée de Terre, fondé en 1965, a été remplacé en 1978 par le Conservatoire militaire de musique de l'armée de Terre (Rueil-Malmaison) qui prépare aux carrières de musiciens militaires (chefs et instrumentistes).

1. *Musiques d'harmonie.* En général, une musique d'harmonie ne compte pas moins de vingt-cinq instrumentistes. Sur le plan de l'instrumentation, elle est comparable à l'orchestre symphonique, sans les cordes, avec un pupitre de vents enrichi de clarinettes et de tubas supplémentaires ainsi que de deux saxophones, au moins. Ainsi, la musique d'harmonie peut jouer des transcriptions de musique symphonique qui constituent la base de son répertoire, en dehors des marches.

Les partitions destinées aux musiques d'harmonie respectent généralement la nomenclature suivante (entre parenthèses, le nombre d'instrumentistes assurant chaque partie dans les principales musiques militaires françaises) :

Flûte et piccolo (5), hautbois (4), clarinette en mi bémol (3)

Clarinette en si bémol : trois ou quatre parties (2 à 6)

Clarinette alto et clarinette basse (3)

Bassons : une ou deux parties

Saxophones : alto (3), ténor (3), basse (2)

Cors : deux à quatre parties (6)

Cornets à pistons (ou trompettes) : deux ou trois parties (6 à 9)

Trombones : trois parties, la troisième pour trombone basse (6)

Euphonium (aux États-Unis, « baryton »)

Saxhorns : basses (6), contrebasses (3) ; pour les saxhorns contrebasses en mi bémol et en si bémol, le premier joue les notes supérieures lorsque la partie est écrite en octaves. Il y a souvent une partie spéciale de contrebasse à cordes, addition presque traditionnelle lorsque la musique d'harmonie est jouée à l'intérieur

Percussions : caisse claire ; grosse caisse et cymbales ; parfois une partie de timbales (6)

Chef d'orchestre : conducteur qui comporte jusqu'à quatre portées.

Les marches sont imprimées sur des cartes, pincées dans un porte-cartes ou « lyre » attaché à l'instrument. Les tempos courants oscillent entre 116 pas à la minute pour une marche rapide et 65 pour une marche lente.

Les transcriptions de musique symphonique pour musique d'harmonie reposent essentiellement sur l'adaptation des parties de violon aux clarinettes, des parties d'alto aux clarinettes ou aux saxophones et de violoncelle à l'euphonium, au saxophone ténor ou aux bassons ; les parties d'instruments à vent originales restent confiées, dans la mesure du possible, aux mêmes instruments (mais en transférant souvent certains passages de clarinette importants au cornet à pistons, lorsque c'est possible). Les parties de harpe peuvent poser un problème et Sousa avait fini par embaucher un harpiste.

Les musiques militaires sont moins nombreuses qu'elles ne l'étaient dans le passé, non seulement en raison de la réduction des dépenses de l'armée, mais aussi parce que, du côté des civils, on a constaté un manque d'intérêt parmi les jeunes (qui n'a toutefois pas affecté la fanfare). Ces dernières années les musiques militaires ont connu un regain d'intérêt, mais c'est aux États-Unis que la musique militaire amateur reste toujours une institution majeure, en concert ou à l'occasion de matches de football. On ajoute parfois des parties supplémentaires pour certains instruments (clarinette contrebasse) ou des musiciens supplémentaires (deuxième et troisième flûte), ce qui permet d'augmenter l'effectif global et d'offrir ainsi un débouché aux nombreux instrumentistes à vent de talent qui ne parviennent pas à trouver une place dans les orchestres.

En Europe, la taille des musiques militaires varie beaucoup. Les petites musiques d'harmonie comportent généralement des clarinettes, un ou deux saxophones (moins fréquemment en Allemagne) et des cuivres ; la musique est essentiellement organisée à la manière des fanfares. Mais certaines musiques d'harmonie sont très fournies, comme l'orchestre d'harmonie en France, ou même énormes comme les musiques d'harmonies municipales italiennes, qui comprennent presque toutes les variétés d'instruments à vent existants : du saxophone soprano au saxophone basse, bugles, trompettes basses, trombones contrebasses à pistons et même sarrussophones (ce que Beecham avait tenté de réaliser à Londres avec son orchestre à vent en 1912). Le répertoire tourne autour de morceaux choisis d'opéras, merveilleusement bien exécutés, les principales parties vocales étant généralement confiées à un cornet à pistons ou à un trombone.

2. *Batteries-fanfares*. Pour les instruments employés, voir *Bugle* ; *Clairon* ; *Cornemuse*, 2 ; *Flûte*, 9 ; *Tambours* (y compris 3). En France, la batterie-fanfare est une fanfare normale à laquelle on ajoute des clairons ou des trompes de chasse, le répertoire incluant alors des marches et d'autres pièces dans lesquelles les airs peuvent être joués entièrement ou au moins partiellement par ces instruments « naturels » de la famille des cuivres. De nos jours, en Angleterre, certaines batteries-fanfares civiles utilisent les trompettes de cavalerie en mi bémol (voir *Trompette*, 4), souvent avec les trompettes basses, une octave plus grave ; ou, surtout en Europe, les grands *cors de chasse circulaires français. Ces instruments peuvent s'assortir de lyres (voir *Glockenspiel*, 4) et de divers autres instruments à percussion. Il y a aussi eu une tendance, surtout aux États-Unis, à ajouter de plus en plus d'instruments, dont des cuivres à pistons (formant ainsi un genre de fanfare) ainsi que des percussions de tous les types disponibles.

La fanfare de cavalerie de la Garde républicaine comme les Trumpets and Kettledrums of the Household Cavalry sont très différents et d'une lignée beaucoup plus ancienne ; on peut les entendre, montés ou non, dans les dîners officiels et dans d'autres circonstances analogues, avec leurs superbes costumes historiques, dirigés par le puissant et imperturbable tambour à cheval.

3. *Histoire*. Au Moyen Age, en Europe, les armées royales en campagne étaient accompagnées de petits ensembles de chalemies et de trompettes avec un batteur, suivant la pratique plus ancienne des Sarrasins. Par la suite, les tambours et les fifres furent confiés aux fantassins, les trompettes et les timbales à la cavalerie, jusqu'au milieu de XVIIe siècle : c'est à l'époque de la fin de la guerre de Trente Ans (1618-48) que l'Électeur de Brandebourg décida de former des musiques d'infanterie avec trois chalemies et un dulcian basse (voir *Basson*, *4a*). Quelques années plus tard (1663 semble-t-il), les régiments royaux français se sont vu attribuer des musiques militaires de même effectif, avec trois hautbois et un basson ; cette formation est devenue la musique militaire normale en Angleterre et en Allemagne ; elle jouait surtout des marches, mais également, du moins en Allemagne, de petites suites ou *parthies* (partitas) exécutées au mess des officiers. On a commencé à ajouter des cors à partir de 1720 et des clarinettes à partir de 1760, enrichissant ainsi la *parthie* (ou divertimento, etc.). Mais les plus belles œuvres en la matière ont été écrites par Mozart et quelques autres compositeurs qui travaillaient pour les ensembles à vent civils de l'aristocratie autrichienne et allemande ; la transcription de musique lyrique remonte à la même époque (voir *Harmonie*). Les musiques militaires se sont ensuite élargies avec la Révolution. Pour la première fois, elles ont été considérées comme une institution nationale et le Conservatoire de Paris a été créé en grande partie pour les développer. A l'occasion d'une grande fête nationale, une centaine d'instrumentistes (dont un tiers de clarinettistes) pouvaient être rassemblés pour jouer des marches et des hymnes nationaux.

A partir de 1810, il a fallu intégrer les nouveaux instruments de la famille des cuivres au fur et à mesure qu'ils faisaient leur apparition, tout d'abord les instruments à clefs, puis les instruments à pistons spéciaux. Lorsque la Royal School of Military Music a ouvert ses portes en 1857, l'instrumentation enseignée était à peine différente de ce qu'elle est actuellement. La grande tradition de la « band » américaine a battu son plein après la guerre de Sécession, son premier chef de renom étant Patrick Sarsfield Gilmore (1829-92), qui avait été chef de musique dans l'armée américaine durant cette guerre et qui effectua une tournée en Europe en 1878 avec un ensemble de soixante-six instrumentistes. Puis John Philip Sousa (1854-1932), qui avait dirigé une musique de la Marine des États-Unis à partir de 1880, a démissionné en 1892 pour former sa propre musique d'harmonie, qui a donné son premier concert à Pittfield, dans le New Jersey, avant de faire cette même année une tournée mondiale en 1910-11.

En Grande-Bretagne, la Wireless Military Band de la BBC a atteint un niveau musical remarquable ; elle a fonctionné de 1927 à 1943. Dirigée par le lieutenant B. Walton O'Donnell, elle a compté parmi ses membres les meilleurs instrumentistes d'orchestre londoniens de l'époque et ses propres arrangements d'œuvres pour orchestre sont d'une qualité exemplaire, utilisant pleinement toute la gamme de couleurs sonores avec un rare professionnalisme.

L'International Military Music Society publie un périodique, *Band International*, qui comporte davantage d'informations sur l'histoire de la musique et des formations de musique militaire.

Anthony Baines, rév. Alain Pâris.

Musique morave en Amérique. Les Moraves (peuple de Bohême qui a pris ce nom au XVe siècle) sont arrivés en Amérique du Nord comme missionnaires en 1735. Au siècle suivant, ils ont mené des activités musicales d'un grande richesse au sein de leurs communautés installées en Pennsylvanie (Bethlehem, Nazareth, Lititz) et en Caroline du Nord (Salem, aujourd'hui Winston-Salem), composant et exécutant de la musique vocale et instrumentale pour leurs agapes, leurs chants des heures et autres offices. Des *collegia musica*, des organistes d'église, des chœurs extrêmement organisés et des fidèles jouaient et chantaient cette musique importée comme de la musique indigène. Parmi les compositeurs moraves fixés en Amérique au XVIIIe siècle, on peut citer Johann Friedrich Peter (1746-1813), Jeremias Dencke (1725-95), Johannes Herbst (1735-1812) (tous nés en Europe) et John Antes (1740-1811). Les Moraves américains sont restés en contact avec l'évolution musicale européenne, mais se sont tenus à l'écart des grands courants musicaux américains. Cet isolement explique peut-être le déclin de leur vie musicale après 1840. La Moravian Music Foundation (Winston-Salem), fondée en 1956 par Donald McCorkle, subventionne des exécutions et des recherches dans le domaine de la musique morave au moyen d'enregistrements et de publications (édition musicale, catalogues réalisés à partir des archives de la musique morave, études historiques, *Bulletin* semestriel) ainsi que des Festivals de musique morave des premiers temps de l'Amérique.

Nym Cooke.

Musique nouvelle. Terme qui revient de temps à autre dans l'histoire de la musique occidentale pour désigner une période de changement radical. Il est apparu pour la première fois en France au début du XIVe siècle – à l'époque de l'*Ars nova, avec Philippe de Vitry et ses contemporains. Il a ressurgi trois siècles plus tard lorsque Caccini l'a employé pour désigner le passage de la musique polyphonique à la musique monodique dans *Le *Nuove Musiche*. Après 1850, on a souvent qualifié la musique de Wagner et de Liszt de « musique nouvelle » ou de « musique du futur ». Au XXe siècle, le terme allemand *Neue Musik* a servi à désigner la musique qui a succédé à l'effondrement de la tonalité, vers 1925, c'est-à-dire la musique atonale et la musique dodécaphonique.

Musique oculaire (all. : *Augenmusik*). Expression qui désigne une notation musicale représentant visuellement une idée, mais sans effet auditif. Elle a été beaucoup utilisée aux XVe et XVIe siècles dans les madrigaux (voir *Madrigal*, 3) et dans la musique sacrée, où les compositeurs mettaient en musique des mots comme « noir », « obscurité » ou « nuit » sur des noires, et « jour », « lumière », « blanc », etc. sur des blanches. Les chants de deuil étaient souvent écrits en notation noire.

La musique oculaire s'est surtout épanouie à la fin du Moyen Age et à la Renaissance, mais elle a parfois ressurgi ultérieurement ; au XXe siècle, le compositeur italien Dallapiccola a forgé le mot « idéogramme » pour désigner des pièces comme son *Concerto fatto per la notte di Natale 1956* où les portées prennent la forme des branches d'un arbre de Noël, et le troisième de ses *Cinque Canti* où elles sont en forme de croix.

Musique « pop ». Ironie du sort, c'est un petit chanteur montagnard, Bill Haley, qui en 1954 a jeté les bases de ce qui allait devenir la révolution de la musique « pop ». Haley n'avait rien d'un révolutionnaire ni d'une idole « pop ». Néanmoins, la sortie de son disque « Shake, rattle, and roll » a constitué la première étape d'une série d'événements qui ont transformé le monde du « pop ».

La nouvelle musique a vite pris le nom de **rock and roll* et, dans les enregistrements suivants de Haley et de son orchestre (The Comets), on trouve « Rock around the clock » et « See you later, alligator ». Toutefois, le succès de Haley a vite été éclipsé par celui d'Elvis Presley qui chantait sans le moindre complexe des chansons comme « Jailhouse rock » en s'inspirant du rythme des Noirs et des chanteurs de *blues*. Le *rock and roll* est essentiellement une fusion réalisée entre des éléments de rythme nègre et de *blues* et des éléments de *country music* et de *western music* des Blancs. La forme *blues*, les instruments électriques, les airs courts et répétés du *rock and roll* tirent leur origine de la *country and western music*, avec son style vocal nasal, sa basse jouée par les cordes et ses mélodies directes.

Il était déjà révolutionnaire de penser que le *rock and roll* était parvenu à réunir des éléments de deux musiques dissociées. Mais, autre preuve d'un changement profond au sein de l'industrie de la musique « pop », les disques de *rock and roll* venaient à l'origine de petites maisons de disques indépendantes qui ont rencontré une opposition considérable de la part des géants du disque, qui cherchaient avant tout à préserver leur monopole. Le fait que, par l'intermédiaire du *rock and roll*, les interprètes noirs pouvaient remporter un succès commercial comparable à celui des Blancs était également une nouveauté révolutionnaire. Aussi, lorsque des interprètes de *rhythm and blues* comme Chuck Berry et Little Richard se sont tournés vers le *rock and roll*, ils ont fait de nombreux adeptes chez les jeunes musiciens blancs par leur technique et leur ferveur.

En Grande-Bretagne, ces jeunes musiciens ont été nombreux a faire leurs premières armes dans les « *skiffle* » *bands* de la fin des années cinquante. Le *skiffle* était également lié à la musique noire américaine plus ancienne, provenant de la musique des Noirs ruraux du delta du Mississippi. Toutefois c'est le *rhythm and blues* des villes qui a eu l'emprise dominante sur les groupes des années soixante, comme les Rolling Stones et Cream. Les Rolling Stones doivent leur nom à une chanson d'un chanteur de *rhythm and blues*, Muddy Waters.

Dans un tel contexte, Liverpool était un lieu logique pour la naissance des Beatles. Les disques de *rhythm and blues*, de *country and western music* et de *rock and roll* importés étaient déjà diffusés dans ce port maritime cosmopolite et, en alliant ces influences transatlantiques à la modalité de la musique « folk » anglaise, Lennon et McCartney ont exercé une influence prédominante sur l'évolution de la musique « pop » dans les années soixante.

L'émergence des Beatles en Angleterre a coïncidé avec le début de la carrière de Bob Dylan outre-Atlantique. Dylan chantait des sujets contemporains, s'accompagnant à la guitare acoustique et renonçant à la complexité mélodique et harmonique afin d'exprimer le plus clairement possible ses thèmes de protestation. Les publics de Dylan se composaient surtout de jeunes intellectuels new-yorkais, contrastant de façon frappante avec les adolescents qui dansaient sur la musique des Beatles à la Liverpool Cavern en Grande-Bretagne. Cependant, en mûrissant, Dylan et les Beatles se sont rapprochés, s'influençant mutuellement et, comme l'a dit un critique, « aidant le "pop" à pousser ». Impressionné par l'usage créatif que les Beatles faisaient des harmonies vocales et des instruments électriques, Dylan s'est entouré d'un groupe et de guitares électriques pour son album *Bringing it all Back Home* en 1965. A leur tour, les Beatles se sont laissés influencer par l'imagerie poétique imaginative et l'engagement des textes de Dylan. Le sommet de l'œuvre des Beatles se trouve dans leur album *Sergeant Pepper's Londely Hearts Club Band* (1967).

A la fin des années soixante, la musique « pop » avait suffisamment mûri pour que ses divers styles coexistent. Les nombreux styles du programme du Festival de Monterey de 1967 le montrent, allant des sonorités harmonieuses influencées par la chanson traditionnelle de Simon et Garfunkel au jeu agressif des Who, marqué par le *rhythm and blues*.

Dans les années soixante-dix et quatre-vingt, le « pop » a continué à se caractériser par ces contrastes stylistiques, allant des mélodies harmonieuses de chanteurs-compositeurs comme Carole King aux compositions longues et complexes de groupes comme les Pink Floyd, du *reggae de Bob Marley dérivé de la musique populaire jamaïcaine à la sophistication peu exigeante d'Abba. En 1976, le développement du rock punk marque le rejet d'une telle recherche et, en fait, de ce que de nombreux jeunes gens considéraient comme la vaine complaisance du « pop music establishment ». Ironiquement qualifié de « nouvelle vague », malgré son allégeance musicale au *rock and roll* d'une vingtaine d'années antérieur, le rock punk a peu vécu mais sa simplicité mélodique et harmonique inhérente a exercé une influence durable sur la musique de Blondie, Depêche Mode, The Human League et Dollar. Ce n'est pas une coïncidence si le reggae et son antécédent, le ska, ont marqué profondément la musique « pop » britannique à la fin des années soixante-dix. Car, bien que très différents du *punk*, leur style direct et leur clarté de conception convenaient parfaitement à l'abandon de la sophistication. L'album du groupe Police, *Reggatta da blanc* (1979), prouve l'efficacité de l'influence du reggae sur la musique « pop » britannique.

Michael Burnett.

BIBLIOGRAPHIE : Henry Skoff-Torgue, *La Pop Music*, PUF, coll. Que-sais-je ? (Paris, 1975, 3e éd. 1984).

Musique à programme. Le « programme » est pour Liszt « toute préface dans un langage intelligible ajoutée à une pièce de musique instrumentale, au moyen de laquelle le compositeur désire prévenir l'auditeur contre une interprétation poétique erronée et attirer son attention sur l'idée poétique de l'ensemble ou sur une partie spécifique ».

La *Symphonie fantastique* de Berlioz est un exemple de cette forme de musique à programme. Le programme de cette symphonie en cinq mouvements dépeint un « épisode de la vie d'un artiste ». Le programme est trop long pour être reproduit ici dans son intégralité, mais il raconte l'histoire d'un artiste qui voit, pour la première fois, une femme incarnant l'idéal de beauté et la fascination que son cœur espérait et recherchait ; il tombe désespérément amoureux d'elle. Chaque fois que l'image de l'être aimé apparaît dans l'imagination de l'artiste, elle s'accompagne d'une pensée musicale, la célèbre « idée fixe » de la symphonie. Les deux derniers mouvements de l'œuvre présentent l'image de l'aimée vue par l'artiste qui, dans un accès de désespoir, a pris de l'opium. Dans le quatrième mouvement, « la Marche au supplice », il imagine qu'il a tué sa bien-aimée, a été condamné à mort et assiste à sa propre exécution. Dans le cinquième mouvement, « Songe d'une nuit de sabbat », l'artiste se voit entouré d'une assemblée de sorcières et de démons réunis pour célébrer le sabbat. Sa bien-aimée vient se joindre à l'orgie diabolique, qui se compose d'une ronde de sabbat et d'une parodie burlesque du « Dies irae ». Berlioz considérait que la « distribution du programme au public dans les concerts où la symphonie était jouée était indispensable pour une compréhension complète du profil dramatique de l'œuvre ».

Toutefois, la musique à programme, dans un sens plus général, désigne toute composition musicale qui dépeint une idée extra-musicale. Le programme lui-même se limite souvent à un simple titre descriptif, sans texte élaboré comme dans le cas de Berlioz. La musique à programme est parfois construite sur un modèle formel conventionnel (comme l'ouverture de *La Grotte de Fingal* de Mendelssohn, une structure de forme sonate), mais elle dépasse généralement la musique absolue en tentant de dépeindre sous forme sonore une image ou une idée extra-musicale.

G. M. Tucker.

Musique pure. Musique instrumentale sans support ni argument, par opposition à la *musique à programme.

Musique religieuse

1. Introduction
2. Développement du chant chrétien
3. Croissance de la polyphonie
4. Renaissance et baroque
5. Schütz et Bach
6. Des classiques viennois à nos jours

1. *Introduction.* La musique, qui participait depuis longtemps aux rites juifs sacrés et qui occupe une place importante dans l'Ancien Testament, a été facilement acceptée par les premiers chrétiens comme un complément nécessaire au culte. On trouve des références à son utilisation dès le IIe siècle dans une lettre adressée par Pline le Jeune à l'empereur Trajan : il y fait allusion à la pratique chrétienne consistant à chanter des « hymnes au Christ en s'adressant à lui comme à Dieu ». A partir du IVe siècle, on trouve de plus en plus souvent des références au chant, particulièrement au chant de psaumes dans les écrits des Pères de l'Église. Toutefois, toute la musique de l'époque des premiers chrétiens n'avait pas un caractère sobrement religieux, certaines formes, surtout celles qui faisaient intervenir des instruments, étant associées au paganisme et à la magie ou à d'autres activités susceptibles de soulever de viles passions. Dès les temps les plus anciens, il s'est donc forgé une tradition dans laquelle l'Église avait tendance à considérer la musique sous un angle quelque peu équivoque, à la fois comme un concours indispensable à la religion et comme une distraction potentiellement dangereuse pour l'adorateur. Il fallait donc qu'elle soit l'objet d'un contrôle très attentif. En maintenant un bon équilibre entre ces deux points de vue extrêmes, l'Église est devenue, pendant quelque seize siècles, la principale source d'inspiration et le principal guide de la musique européenne occidentale, exerçant continuellement un frein sur les nouveaux modes d'expression tout en offrant, dans le domaine de la composition religieuse, un champ ouvert à la plupart des grands progrès artistiques et techniques. Toutefois, au cours des quatre derniers siècles, la laïcisation de presque tous les aspects de la vie a inévitablement créé un fossé qui ne cesse de croître entre la musique sacrée et la musique profane, souvent au détriment de la première. Incapables de supporter les inévitables restrictions imposées à la

composition de musique religieuse par son statut traditionnel de « servante », les compositeurs se sont tournés davantage vers la salle de concert et l'opéra, cantonnant la musique religieuse dans une partie relativement restreinte et spécialisée du monde musical qui n'attire souvent que des musiciens de second rang. En outre, les rôles historiques se sont inversés et, aujourd'hui, les attitudes conservatrices viennent moins souvent du clergé que des musiciens, qui luttent pour défendre les idéaux traditionnels de la musique religieuse contre les tentatives (souvent dictées par un souci pastoral) visant à gagner de nouveaux fidèles avec des formes artistiques moins nobles.

2. *Le développement du chant chrétien.* Les premiers chrétiens étaient juifs, il n'est donc pas étonnant que la musique qu'ils ont adoptée pour se réunir à l'église ait été empruntée directement aux rites des synagogues, en particulier le chant sans accompagnement des psaumes et des cantiques. Le chant chrétien a conservé certains éléments de la cantilation biblique juive tels que l'inflexion par degrés conjoints d'un ton monotone de base, l'emploi de cadences claires et nettes à la fin des phrases, l'addition de jubilations gaies aux points culminants du texte, faisant souvent intervenir le mot hébreu *Alleluia* (« Louez Yahvé »), et quelques schémas mélodiques. La psalmodie responsoriale et antiphonale, qui fait respectivement suivre la psalmodie d'un premier chantre par des répons de l'assemblée des fidèles et alterner des groupes choraux contrastés, est également empruntée aux rites des synagogues. L'impact de la culture gréco-romaine sur la musique des premiers chrétiens a été presque aussi fort que l'influence juive. La diffusion rapide de la nouvelle foi, d'abord par l'intermédiaire des missions apostoliques, a formé d'importantes zones de christianisation dans toute la région de la Méditerranée orientale. Des villes comme Antioche et Alexandrie ont joué un rôle éminent avant que le christianisme ne s'étende finalement à des pays entiers comme l'Arménie (en 303 ap. J.-C.), où il est devenu la religion officielle. De la culture hellénique largement prééminente dans ces régions, la musique chrétienne a non seulement retenu des schémas mélodiques types mais aussi le concept fondamental de la gamme diatonique et un type simple de notation alphabétique. Le rituel religieux a été lui aussi profondément affecté, le grec devenant la langue liturgique de l'ensemble du monde chrétien jusqu'au milieu du IVe siècle, époque à laquelle le latin lui a succédé. La survivance de l'invocation grecque « Kyrie eleison » dans la liturgie romaine est un souvenir de l'ancienne tradition.

L'hymne grec, largement pratiqué dans les premières liturgies syriennes et arméniennes, est finalement devenu une caractéristique essentielle des rites byzantins établis à Constantinople au VIe siècle. En général, seul le texte des premiers hymnes a été préservé, mais il existe une exception intéressante dans laquelle la musique a aussi partiellement survécu : un fragment d'un hymne grec à la sainte Trinité datant du IIIe siècle, découvert en 1918 à Oxyrhynchos, en Égypte. Dès la fin du IVe siècle, des hymnes calqués sur le modèle grec, mais très simplifiés, et sur des textes strophiques en latin ont commencé à jouer un rôle important dans l'Église occidentale ; ils ont été introduits dans la liturgie à Milan par saint Ambroise (mort en 397).

Par l'édit de Milan, en 313, l'empereur Constantin proclamait la liberté de culte pour les chrétiens et, pour la première fois après des siècles de persécution, ils pouvaient pratiquer leur religion ouvertement, sans aucune crainte. La christianisation progressive de l'Empire romain a commencé à partir de ce moment : construction d'églises, fondation de communautés monastiques, adoption du latin comme langue liturgique officielle de l'Église d'Occident. Le latin concerné était le nouveau latin « vulgaire » de l'époque. Cette langue possède un haut degré de musicalité interne et elle a beaucoup contribué au caractère distinctif du chant occidental. Du Ve au VIIe siècle, une somme considérable de chant liturgique latin a vu le jour, principalement à Rome sous les auspices de la papauté, mais également dans d'autres régions, en France (chant gallican), en Espagne (chant mozarabique) et à Milan (chant ambrosien), la musique de chaque localité tendant à retenir ses caractéristiques individuelles. C'est seulement sous la pression exercée au VIIIe siècle par Pépin le Bref et son fils Charlemagne que, dans une tentative destinée à assurer l'uniformité liturgique dans tout l'empire, la suprématie du chant dit romain fut finalement établie (voir *Plain-chant*, 3), la plupart des « dialectes » régionaux étant supprimés ou relégués à un statut inférieur, exception faite du chant milanais qui fit preuve d'une indépendance farouche et continue.

Si de nombreux papes semblent avoir établi des cycles complets de chants pour l'année liturgique, l'histoire a retenu le nom de Grégoire le Grand (590-604), figure indissociable du principal corpus de chant romain. Selon la légende, il aurait lui-même composé un grand nombre de mélodies de ce recueil. L'histoire est complexe, mais il est probable que le chant grégorien s'est développé très progressivement et, en l'absence d'un système de notation précis, il se serait transmis oralement de chanteur à chanteur (conformément à certaines formules et règles généralisées) pendant plusieurs siècles jusqu'à ce qu'il revête une forme plus ou moins définitive en Gaule (particulièrement à Saint-Gall et à Metz) aux VIIIe et IXe siècles. Il a certainement fallu attendre le Xe siècle pour pouvoir conserver les chants sous une forme plus stable, c'est-à-dire par écrit, grâce aux neumes, puis à la notation sur une simple portée. Près de trois mille mélodies grégoriennes ont survécu, qui répondent aux besoins musicaux liturgiques de la messe et de l'office pendant toute l'année liturgique ; le style des chants va du ton le plus simple de la récitation, pour la déclamation des psaumes et des leçons, au chant mélismatique complexe approprié aux graduels, aux alléluias, aux traits et autres textes du même genre.

En 1054, la rupture est consommée entre les Églises d'Orient et d'Occident. La liturgie imagée de Byzance, qui allait se transplanter progressivement en Europe orientale, pour prendre particulièrement racine en Bulgarie et en Russie, n'a guère évolué sur le plan musical au-delà du chant monophonique sans accompagnement. A l'Ouest, d'autre part, la création de nouveaux systèmes de notation ouvrait la voie à la montée de la polyphonie, offrant des possibilités d'expansion presque illimitées.

Voir également *Liturgie* ; *Plain-chant*.

3. *Croissance de la polyphonie*. Il a fallu environ six siècles pour que le chant chrétien se développe et six autres siècles pour que la polyphonie arrive à maturité. Les débuts, notés par le moine Hucbald (vers 840-930) dans son traité *De harmonica institutione*, ne faisaient intervenir qu'un mouvement rigoureusement parallèle de deux lignes mélodiques qui constituait le type le plus fondamental d'**organum*. Normalement, la partie supérieure, la *vox principalis*, se voyait confier un thème de plain-chant et était soutenue une quarte ou une quinte plus bas par une *vox organalis* ; l'une des deux parties, parfois les deux, était également doublée à l'octave. On obtint progressivement de meilleurs résultats artistiques en autorisant une plus grande liberté d'intervalle entre les lignes polyphoniques et, surtout, en ajoutant des parties fleuries aux longues notes tenues du plain-chant. L'un des tropaires de Winchester contient plus de cent cinquante œuvres polyphoniques du XIe siècle sur des textes liturgiques dans le style de l'*organum*. Elles se sont toutefois révélées difficiles à transcrire en raison de la nature indéfinie de la notation des sons réels utilisée : elles font surtout intervenir des neumes « diastématiques » (voir *Notation*, 2). Selon une pratique courante au Moyen Age, la *vox organalis* dans le tropaire était parfois placée à une tessiture plus élevée que la voix qui portait le plain-chant, position dans laquelle il était possible de réaliser une élaboration plus étendue.

A partir du milieu du XIIe siècle, Notre-Dame de Paris devient le principal centre du développement de la polyphonie sacrée, les pièces à deux voix de Léonin fournissant un point de départ à son successeur encore plus célèbre que lui, Pérotin, qui compose des *organa* à deux, trois et même quatre voix dans le *Magnus Liber* (contenant des chants responsoriaux pour toutes les grandes fêtes de l'année liturgique). Le style, appelé **Ars antiqua*, se caractérise par une notation rythmique claire basée sur un nombre limité de schémas à trois temps, une solide structure formelle étroitement liée au chant grégorien et une harmonie pleine, principalement en quartes et en quintes. L'*organum* a donné naissance à diverses formes musico-liturgiques : la *clausula* (clausule, basée sur un fragment de plain-chant) et le **conductus* (conduit), pièce de procession composée librement dans un style rythmique simple note-contre-note. Plus important encore, bien que dérivé directement de la clausule, le *motet se développe au début du XIIIe siècle et poursuit sa course durant les cinq siècles suivants, avec de nombreux changements de style, s'affirmant comme l'un des types les plus importants de la musique d'église. Sous sa forme médiévale, le motet se caractérisait essentiellement par la présence d'un *cantus firmus* de plain-chant au ténor et par une tendance à la pluralité des textes, impliquant l'adjonction de textes différents aux voix supérieures, parfois des paraphrases des paroles liturgiques latines de base, parfois des paroles françaises entièrement nouvelles.

Au début du XIVe siècle apparaissent en France de nouveaux concepts de variété rythmique et métrique (avec, notamment, l'autorisation de procéder à des subdivisions binaires des notes) et des techniques plus avancées d'adaptation du texte et de combinaison vocale. Ces développements, codifiés par Philippe de Vitry et que les historiens rangent sous l'appellation d'*Ars nova*, donnent un degré de complexité au motet et aux formes liturgiques apparentées qui commencent à menacer la pureté du chant traditionnel ainsi que la clarté et le sens des textes sacrés. Par réaction contre de telles innovations et de crainte que le monopole de l'Église sur la musique ne soit menacé, le pape Jean XXII promulgue son fameux décret *Docta sanctorum* de 1324-25, dénonçant l'école moderne de musiciens d'église qui « préfèrent leurs nouvelles inventions aux anciens chants de l'Église » et produisent « une multitude de notes si embrouillante que la montée gracieuse et la chute bienséante de la mélodie de plain-chant, qui doivent être un trait distinctif de la musique, s'en trouvent entièrement obscurcies ». A l'origine de cette réaction, il y avait aussi un type de composition connu sous le nom de *hoquet, dans lequel les paroles ou même les syllabes individuelles étaient éclatées entre différentes voix chantant en alternance de façon heurtée et souvent curieuse.

Peut-être en réponse à ces critiques papales, la production de musique religieuse semble diminuer au XIVe siècle, les compositeurs s'attachant particulièrement (sauf en Angleterre) à écrire des chansons et des motets profanes, de caractère souvent rituel ou politique. Néanmoins, on a des témoignages d'une activité ininterrompue dans le domaine de la musique d'église, et les manuscrits italiens du début du XVe siècle contiennent des motets et des parties de messe de compositeurs tels Ciconia, Matteo da Perugia et du Florentin Ser Gherardello. En outre, le plus grand compositeur de l'époque, Guillaume de Machaut, pose un jalon décisif dans l'histoire de la musique sacrée médiévale. Sa *Messe de Notre-Dame* constitue la première œuvre polyphonique « unitaire » : c'est le premier ordinaire de la messe complet écrit par un seul compositeur, les autres cycles comparables de l'époque, comme la *Messe de Tournai*, étant de simples compilations de divers mouvements dus à plusieurs compositeurs. Avec sa structure à quatre voix, sa remarquable assurance technique et son traitement expressif du texte, la messe de Machaut annonce une évolution importante dans le domaine des messes cycliques que l'on associe plus généralement aux compositeurs du début de la Renaissance, plus d'un demi-siècle plus tard.

Un mouvement vers un style de polyphonie plus simple, plus euphonique se dessine clairement à la fin du XIVe siècle dans l'œuvre d'un groupe de compositeurs anglais conservée dans le célèbre *Old Hall Manuscript*. Ce recueil contient un grand nombre de motets et de pièces de l'ordinaire de la messe traités de façon polyphonique par des compositeurs qui travaillaient au service de la famille royale. Il contient en outre une transcription anonyme (ajoutée ultérieurement au contenu original) d'un motet sur le *Veni, sancte Spiritus/Veni Creator*, œuvre d'une adresse et d'une beauté étonnantes qui, selon d'autres sources, aurait été composée par Dunstable, le premier grand compositeur anglais de l'histoire de la musique. Sa production considérable de musique sacrée, dont la majeure partie a été conservée en Europe, se signale par une grâce mélodique et une suavité harmonique caractéristiques, des progressions harmoniques douces qui comportent des accords parfaits complets particulièrement mis en valeur. Faisant partie de la suite du duc de Bedford, Dunstable est peut-être venu à Paris au début du XVe siècle lorsque son employeur a été nommé régent de France. L'influence de son style (la « contenance angloise », comme l'appelaient ses contemporains français) a certainement été ressentie par les principaux compositeurs bourguignons de l'époque, Dufay et Binchois, et a joué par leur intermédiaire un rôle décisif dans la formation de toute la musique européenne à venir.

Aux mains de Dufay et de ses successeurs franco-flamands le cycle constitutif de la messe se pare d'une nouvelle cohésion et d'une nouvelle expressivité. Afin d'obtenir une plus grande unité structurelle, ils adoptent la technique anglaise consistant à utiliser un *cantus firmus* commun à chacun des cinq mouvements principaux – Kyrie, Gloria, Credo, Sanctus et Agnus Dei – et parfois également un refrain mélodique récurrent appelé « tête de motif », placé à la partie supérieure au début des sections principales afin d'établir un lien entre elles. Une pratique étrange se répand rapidement parmi les compositeurs de l'époque : l'emploi, comme *cantus firmus*, de mélodies profanes au lieu des mélodies habituelles de plain-chant ; il en découle des titres de messes aussi bizarres que *Missa « Se la face ay pale »*, *Missa « L'Homme armé »* et *Missa « Ma bouche rit »*. Sans aucun doute, la brièveté relative et la simplicité de la division formelle des mélodies profanes offraient aux compositeurs des éléments structurels de base particulièrement bien adaptés, sur lesquels ils pouvaient créer leurs modèles contrapuntiques ; par contre, pour les autorités ecclésiastiques, l'abandon du chant traditionnel en faveur d'airs profanes constituait sûrement un affront sérieux à l'autorité religieuse. D'une manière générale, il nous est parvenu assez peu d'exemples de ces airs profanes dans les œuvres liturgiques attribuées à des compositeurs anglais ; seule exception importante, la mélodie « Western Wynde », qui a servi de base aux messes de trois grands compositeurs de l'époque Tudor : Taverner, Tye et Sheppard.

Dufay et ses successeurs – Busnois, Ockeghem, Obrecht, etc. – ont contribué à la croissance du langage musical de deux manières : par la création d'une texture vocale équilibrée à quatre ou cinq voix avec des parties soigneusement espacées qui contribuent également à l'intérêt contrapuntique ; et par le développement de la technique d'imitation contrapuntique (à la fois en canon et en imitation libre), qui allait devenir l'un des éléments stylistiques fondamentaux de la musique religieuse de la plupart des compositeurs à venir. Cette phase d'évolution culmine dans l'œuvre de Josquin des Prés, véritable artiste international dont la production embrasse la plupart des genres musicaux de l'époque, sacrés et profanes, et se signale par une plus grande clarté de style et une approche plus profonde des problèmes d'accentuation des mots et d'interprétation des textes. Dans sa vingtaine de messes et surtout dans ses nombreux motets, Josquin des Prés atteint de nouveaux sommets expressifs ; il réalise la synthèse de l'apport de ses prédécesseurs et ouvre la voie aux compositeurs de la génération suivante.

Voir également *Polyphonie* ; *Messe* ; *Motet*.

4. *Renaissance et baroque.* Au début du XVIe siècle, le style franco-flamand commence à s'étendre à toute l'Europe, en partie grâce à la musique imprimée qui venait d'être inventée et que Petrucci avait solidement implantée à Venise à partir de 1501, et en partie grâce à l'influence personnelle des élèves de Josquin des Prés et de ses contemporains. En prenant racine dans différents pays, ce style du Nord s'est naturellement imprégné de caractéristiques locales et a encouragé l'emploi des langues nationales dans le langage musical courant. L'intégration des sévères techniques polyphoniques des Pays-Bas aux mélodies et aux harmonies gracieuses des Italiens a joué un rôle particulièrement important et a abouti à un type de musique structuré de façon grandiose, aussi remarquable pour son équilibre et sa symétrie que pour son expression chaleureuse et retenue. Dans le domaine musical, l'Italie prend donc rapidement l'ascendant sur les autres pays européens et Rome, siège de la papauté, exerce une attraction magnétique sur les meilleurs compositeurs de l'époque. Dans le domaine de la musique religieuse, les raffinements des techniques d'écriture entraînent, au cours de la seconde moitié du siècle, le rétablissement d'un équilibre harmonieux entre les idéaux religieux et musicaux, comparable à celui qui caractérisait le chant grégorien dans ses dernières phases d'évolution. Avec une adresse remarquable, les principaux compositeurs de musique sacrée de l'époque – Palestrina et Victoria à Rome, Lassus à Munich, Tallis et Byrd à Londres – écrivent des œuvres poly-

phoniques élaborées, très modernes sur le plan technique et admirablement adaptées au culte liturgique, répondant ainsi au souhait qu'avait manifesté l'Église au concile de Trente (1545-63) à propos de la clarté des paroles et l'absence de toute extravagance ou émotion excessive. A cette époque, une tradition musicale distinctive d'une grande splendeur se développe également à Venise. Favorisée en partie par la structure intérieure de San Marco, avec ses deux orgues et ses tribunes de chœurs à l'opposé l'une de l'autre, on avait pris l'habitude, à partir de Willaert, de répartir la psalmodie antiphonale entre des chœurs séparés dans l'espace (voir *Cori spezzati*). A la fin du XVIe siècle, cette coutume avait pris une telle importance que le nombre de chœurs atteignait parfois quatre ou cinq, certains d'entre eux étant des chœurs instrumentaux plutôt que vocaux ; ce qui a donné naissance au style **concertato* à plusieurs chœurs. L'un des principaux compositeurs à cultiver ce mode d'expression était Giovanni Gabrieli, musicien très influent qui comptait parmi ses élèves deux compositeurs allemands : Michael Praetorius et Heinrich Schütz.

Dans plusieurs pays au nord des Alpes, la musique religieuse a été profondément affectée par la Réforme. Tous les réformateurs cherchaient à susciter, par une modification de la musique liturgique, une participation et une compréhension accrues de la part des fidèles en leur proposant des textes écrits dans leur langue maternelle et en les encourageant à chanter à des moments essentiels de la liturgie. Dans l'Allemagne luthérienne, dès les débuts de la Réforme, la participation de l'assemblée au culte prenait la forme d'hymnes allemands résolus et pleins de caractère, les « chorals ». Dans un premier temps, cette innovation remporta un succès mitigé puisque, vers 1560-70, il y eut un retour à une musique polyphonique plus complexe et à l'utilisation de textes latins dans une proportion égale à celle des textes allemands. Dans l'Angleterre protestante, lorsqu'une certaine stabilité s'est affirmée sous le règne d'Élisabeth Ire, les fidèles ont commencé à chanter des psaumes métriques anglais basés sur les versions connues de Sternhold et de Hopkins. Toutefois, ni en Allemagne ni en Angleterre les compositeurs ne se sont limités à écrire de la musique pour les assemblées de fidèles. Grâce à un certain libéralisme religieux, un compromis a pu se dessiner entre les principes doctrinaux et artistiques, si bien que des œuvres religieuses élaborées – motets, *anthems*, adaptations de cantiques et d'autres textes bibliques – ont pu coexister avec la musique communautaire dans le culte public, tout au moins dans les diverses cathédrales, chapelles de collèges et autres grandes fondations disposant des effectifs choraux nécessaires.

Toutefois, la situation était différente dans les pays relevant de l'enseignement de Zwingli et de Calvin. Malgré leurs penchants musicaux, ces deux réformateurs influents n'admettaient aucune musique à l'église, à l'exception des psaumes communautaires les plus simples. Ils condamnaient toute activité musicale à l'église, y compris la musique polyphonique vocale, qui était trop marquée par la liturgie catholique ou par son rituel. La musique religieuse a donc cessé d'évoluer dans des pays tels que la Suisse, l'Écosse et, dans une certaine mesure, la Hollande, qui ont pris un retard difficile à rattraper.

A la fin du XVIe siècle, la recherche de nouvelles formes expressives et les nouveaux moyens musicaux destinés à rehausser les textes littéraires entraînent une révolution importante dans les techniques de composition. En essayant de reprendre ce qu'ils croyaient être la pratique musico-poétique de la Grèce antique, un groupe de poètes, de philosophes et de musiciens italiens (la **camerata* florentine) créent un nouveau type de chant soliste accompagné d'un *continuo* (monodie) qui contient les germes du récitatif et de l'aria et annonce la création de l'opéra et de son homologue religieux, l'oratorio. Pendant plus de deux siècles, l'oratorio constituera l'un des principaux véhicules de l'expression musicale religieuse dans toute l'Europe, même s'il est difficile de le considérer uniquement comme de la musique d'église puisqu'il est en principe destiné à être exécuté au théâtre ou dans des salles de concert. En outre, de nombreux éléments fondamentaux du style lyrique seront incorporés dans la musique religieuse, offrant aux compositeurs de nouvelles possibilités qu'ils allaient exploiter avec enthousiasme. Mais ce nouvel élément présentait néanmoins un danger car il avait tendance à accentuer l'émotion personnelle et à promouvoir le vedettariat, dans un esprit difficilement compatible avec les pratiques liturgiques reconnues. Pour contrebalancer la manière théâtrale du nouveau style (le *stile moderno*), de nombreux compositeurs de l'époque ont continué à utiliser l'ancien style contrapuntique imitatif (le *stile antico*), mais ce langage musical, qui avait connu son heure de gloire, est vite tombé en désuétude, sauf sous la plume de quelques compositeurs particulièrement inventifs.

En Italie, Monteverdi, directeur musical à San Marco de Venise, a écrit des œuvres religieuses de *stile moderno* très riches et de grande envergure. Mais, ensuite, la musique sacrée est devenue progressivement une activité secondaire pour des compositeurs dont la préoccupation première était l'opéra ; les styles *concertato* et dramatique resteront surtout l'apanage de Carissimi, de Grandi, de Cavalli et, à la fin du siècle, d'Alessandro Scarlatti.

Au fur et à mesure que le style lyrique quittait l'Italie pour gagner d'autres pays européens, son caractère se modifiait au contact des traditions nationales locales. En Angleterre, où l'évolution de la musique religieuse a été retardée par le puritanisme, l'infiltration des nouvelles techniques s'est faite très lentement et celles-ci ont été modifiées par le contact intermédiaire avec l'influence française. Néanmoins, au cours du dernier quart du XVIIe siècle, après le rétablissement de l'Église et de la monarchie, le répertoire s'est enrichi de contributions notables, notamment d'œuvres de Blow et de son célèbre disciple Henry Purcell. Parmi leurs innombrables *anthems* – homologues des cantates et des motets européens –, certains adoptent le style contrapuntique traditionnel (modernisé et d'une expression vraiment nouvelle) rappelant l'œuvre de Byrd et de ses contemporains ; mais, dans leur grande majorité, il s'agit d'*anthems*, avec ou sans accompagnement instrumental, où alternent les *soli* et les chœurs. On y relève l'influence de la manière française dans les ouvertures pour cordes aux rythmes pointés et du style italien dans les passages solistes déclamatoires à la façon du *bel canto*, tout en conservant un caractère typiquement anglais parfaitement adapté au cérémonial pompeux de la chapelle royale de Charles II. Plus tard, au XVIIIe siècle, la musique religieuse anglaise sera dominée par l'influence omniprésente de Haendel. Green et Boyce sont les compositeurs les plus originaux de cette époque ; outre leurs propres œuvres, ils ont réalisé ensemble une précieuse anthologie de musique de cathédrale, ce qui a notamment permis de conserver les œuvres de Blow et de Purcell. Green avait commencé le recueil que Boyce compléta après sa mort et fit publier en trois volumes entre 1760 et 1778.

Voir également *Anthem* ; *Choral* ; *Oratorio* ; *Psaume*.

5. *Schütz et Bach*. C'est néanmoins dans le climat religieux austère de l'Allemagne protestante que, contre toute attente, le style lyrique italien a réalisé la fusion la plus réussie avec une culture étrangère. La parfaite organisation du culte luthérien, avec sa solide tradition de chorals chantés par l'assemblée, et le sérieux inné du caractère allemand, tempéré par les dures épreuves de la guerre de Trente Ans, dépouillent le style lyrique d'une part importante de sa tendance naturelle à l'emphase théâtrale et l'insèrent dans diverses formes très pieuses de culte musical : la Passion, le dialogue, l'*historia* et la cantate sacrée. Schütz, directeur musical à la cour du prince Électeur de Saxe à Dresde, qui avait étudié à Venise avec Giovanni Gabrieli et peut-être avec Monteverdi, explore toutes les facettes des nouvelles techniques italianisées dans ses œuvres sacrées : le style du motet à plusieurs chœurs dans ses *Psaumes de David*, le style *concertato* dramatique dans plusieurs *Symphoniae sacrae* et le style de l'oratorio dans *Les Sept Paroles du Christ en croix* et dans la *Weihnachthistorie* (« Oratorio de Noël »). Néanmoins, durant la dernière partie de sa vie, il persuade ses élèves et ses contemporains de revenir à l'écriture contrapuntique classique, qu'il considérait comme le fondement le plus sûr de l'évolution future de la musique religieuse. Il démontre d'ailleurs la continuité de son potentiel artistique dans plusieurs de ses œuvres, notamment dans la *Geistliche Chormusik* et dans les trois *Passion* pour voix sans accompagnement composées à la fin de sa longue vie.

Le fait que Schütz, qui avait commencé sa carrière comme novateur audacieux, l'ait terminée en insistant sur les valeurs traditionnelles, est révélateur du conservatisme naturel d'un homme âgé mais également du caractère introverti qui marque de plus en plus le luthéranisme allemand au cours de la dernière partie du XVIIe siècle. Sous la pression d'influences extérieures – les guerres de religion, l'accroissement du piétisme, les incursions de la bureaucratie civile –, l'Église luthérienne orthodoxe cherche refuge dans le traditionalisme et dans une obsession pour les détails doctrinaux infimes. La foule de compositeurs mineurs qui la servent avec assiduité pratiquent les genres établis – le lied continuo, le prélude-choral, le motet, la Passion et surtout la cantate d'église – et donnent naissance à une masse considérable de musique modérément ouverte aux styles et aux techniques nouvelles. Cette évolution parvient à son apogée dans l'œuvre de Bach, sans doute le plus grand musicien d'église, dont la musique révèle un respect caractéristique pour la tradition et l'art naturel du style religieux savant, qu'il conduit à l'apogée de la perfection technique et expressive.

Bach, le dernier grand compositeur à avoir consacré la majeure partie de son œuvre à la musique sacrée, représente l'aboutissement de presque tous les efforts antérieurs. Déjà considéré comme démodé de son vivant, il marque davantage la fin d'une grande époque que le début d'un renouveau, mais sa musique reste toujours moderne et continue à s'adapter aux différentes formes de culte chrétien, sans problème apparent de distinction confessionnelle. Ses cantates d'église sont particulièrement caractéristiques ; elles constituent une série de « sermons musicaux » pour toutes les fêtes importantes de l'année liturgique. Des cinq cycles annuels complets composés à l'origine (représentant au total environ trois cents œuvres), près de deux cents cantates ont survécu et elles révèlent toute la gamme de styles et de formes que Bach y a déployée – le chœur polyphonique, le récitatif et l'air lyrique, l'ensemble vocal et la *sinfonia* instrumentale se faufilant, dans bien des cas, entre les chorals luthériens traditionnels, utilisés à la fois comme *cantus firmi* et comme moyen de faire participer les fidèles. Conçues pour s'inscrire dans un cadre liturgique très précis et en fonction d'attitudes qui ont depuis longtemps disparu, les cantates d'église de Bach ont perdu aujourd'hui leur véritable contexte d'exécution et il leur manque une dimension importante lorsqu'elles sont jouées dans une salle de concert ou à la radio. Par contre, les grandes Passion (selon saint Matthieu et selon saint Jean), destinées à une exécution paraliturgique pour le service de l'après-midi du Vendredi saint, semblent avoir conservé l'essentiel de leur impact religieux et de leur attrait musical, même dans les conditions d'exécution moderne les plus profanes. La *Messe en si mineur* pose un problème particulier car elle ne convient pas (et n'a jamais convenu) au culte luthérien ; elle ne peut pas non plus servir à la liturgie catholique en raison de sa longueur. Il est possible, mais improbable, que Bach, qui voyait en cette messe une preuve insignifiante de son talent, ait considéré l'œuvre comme une abstraction qu'il ne destinait pas réellement à être exécutée. Toutefois, le verdict de l'histoire l'a placée aux côtés des plus grandes pages de musique sacrée de Beethoven, Berlioz, Bruckner, Liszt, Verdi ou Dvořák, qui semblent toutes avoir été conçues comme des interprétations personnelles des textes liturgiques destinées à être exécutées dans une salle de concert ou tout au moins en dehors du contexte religieux ; il ne s'agit plus de partitions strictement objectives confinées dans les limites d'une religion institutionalisée.

Voir également *Cantate*, 2 ; *Passion*.

6. *Des classiques viennois à nos jours*. Du vivant de Bach, le niveau du culte protestant en Allemagne avait déjà montré des signes de déclin. Sous l'impact du rationalisme, la liturgie luthérienne, traditionnellement souple, avait commencé à se désintégrer et même l'importance de la communauté au sein de l'Église avait sensiblement diminué. On a donc assisté à une détérioration rapide de la qualité artistique et du propos liturgique de la nouvelle musique écrite pour l'église. A la recherche d'un nouveau style populaire affichant une « noble simplicité », les successeurs de Telemann, Graupner, Fasch, etc. ont complètement abandonné le style architectural grandiose de la fin de l'ère baroque en faveur d'œuvres courtes, souvent sentimentales : des « chansons spirituelles » caractérisées en grande partie par un matériel mélodique banal avec un support harmonique usé. Les anciens idéaux musicaux et doctrinaux ne sont restés pratiquement intacts

qu'en Saxe et en Thuringe, cœur du luthéranisme traditionnel.

Toutefois, par un changement de direction inattendu que réserve souvent le cours de l'histoire, les États du nord de l'Allemagne ont perdu leur suprématie musicale sur le reste de l'Europe au profit des États du sud et de l'Autriche, la continuité de la musique religieuse passant en même temps sous contrôle catholique. Pour diverses raisons, le siècle des Lumières semble avoir eu un effet moins destructeur sur les traditions religieuses du Sud catholique que sur celles du Nord protestant. Le catholicisme, avec sa liturgie rituelle et traditionnelle séculaire, a plus facilement assimilé les nouvelles tendances intellectuelles, se pliant aux pressions en évitant soigneusement, avec une sagesse politique accumulée au fil des siècles, tout changement fondamental ou toute reddition. Dans ces circonstances, la musique religieuse s'est donc trouvée dans une position plus forte dans les régions catholiques que dans les zones protestantes du Nord, d'autant plus que la forme essentielle du rituel catholique, la messe, garantissait un avenir plus important à la musique que son homologue protestant, le sermon.

Les plus beaux fruits de ce retournement de situation sont les œuvres religieuses, en particulier les messes symphoniques, des compositeurs de l'école classique autrichienne, notamment les frères Haydn et Mozart. Dans les messes de la maturité, ces compositeurs parviennent à une synthèse remarquable des styles religieux lyrique, symphonique et historique : ils adaptent les formes de la sonate et de l'aria à des textes liturgiques, donnent à l'orchestre un rôle d'accompagnement vraiment symphonique sans perdre la tradition de la musique d'église, en incluant notamment des parties contrapuntiques, généralement des fugues ou des chœurs, aux points essentiels (dernières phrases du Gloria et du Credo). A la génération suivante, Schubert, Weber, Cherubini, Hummel et Beethoven ont composé quelques magnifiques messes. En raison de ses très vastes proportions, la *Missa solemnis* de Beethoven (1823) reste hors de la sphère des œuvres liturgiques pratiquables et appartient davantage au domaine de la messe de concert du XIXᵉ siècle.

Au XIXᵉ siècle, la musique religieuse décline sensiblement dans toute l'Europe. Plusieurs grands compositeurs, notamment Berlioz, Liszt, Verdi et Dvořák, ont cherché à exprimer l'esprit romantique de l'époque dans des œuvres religieuses grandioses – oratorios, cantates et grandes adaptations liturgiques convenant uniquement à la salle de concert – sans continuer à cultiver les formes religieuses plus simples, adaptées au culte quotidien. Ce genre de contribution est essentiellement l'œuvre de compositeurs allemands comme Mendelssohn, Brahms, Bruckner et Reger, qui ont composé des motets (*a cappella* et avec accompagnement), apparemment dans un esprit d'amateurs d'antiquités éclairés. Mais, en règle générale, la musique religieuse devient l'apanage des compositeurs de deuxième ordre qui fournissent aux institutions qui les emploient des œuvres médiocres, pour la plupart de pauvres imitations de la musique de salon ou de la musique lyrique de l'époque. En outre, dans la majorité des cas, leur musique est dépourvue de tout trait national distinctif, les caractéristiques locales disparaissant sous le poids de l'hégémonie allemande. En Angleterre, par exemple, où les meilleurs compositeurs de musique religieuse de l'époque sont Goss, Walmisley, S. S. Wesley et Stainer, l'influence de Spohr et de Mendelssohn, souvent teintée de réminiscences de la tradition de l'oratorio de Haendel, est déterminante.

Ces circonstances, qui s'ajoutent à un rituel et à une pratique religieuse de faible niveau, sont à l'origine de la réforme émanant du *mouvement cécilien et des diverses sociétés de plain-chant ainsi que des groupes de réforme liturgique comme l'*Oxford Movement. Les céciliens, société catholique formée en Bavière au milieu du XIXᵉ siècle, étendent leur influence à toute l'Europe, encouragent une renaissance du style du XVIᵉ siècle et incitent les compositeurs de musique d'église à écrire de nouvelles œuvres à la manière de Palestrina. Il sont aidés par le developpement des recherches musicologiques de l'époque et la publication de monumentales collections de musique sacrée ancienne dans des éditions modernes réalisées par des personnalités aussi éminentes que Commer, Haberl et Proske. Le mouvement cécilien sera positif pour les idéaux qu'il défend, mais il ne donnera pas l'impulsion souhaitée aux musiciens créateurs. On ne se souvient aujourd'hui que d'un très petit nombre d'œuvres qu'il a inspirées, à l'exception de la *Messe en mi mineur* de Bruckner (1866) qui semble vouloir réaliser une étrange fusion entre le style vocal palestrinien et un accompagnement harmonique lourd, confié à quinze instruments à vent.

De nombreux efforts ont été réalisés, particulièrement en France, pour ranimer un intérêt historique en faveur du plain-chant, mais ils se sont heurtés d'emblée à l'insuffisance des sources de chant existantes. Les principales éditions utilisées à cette époque provenaient des versions corrompues des Médicis, publiées au début du XVIIe siècle pour répondre aux injonctions du concile de Trente ; elles avaient été largement utilisées et diffusées avec la protection et le soutien total de l'Église, malgré de nombreuses déformations et inexactitudes. En outre, on avait pris l'habitude, en se référant aux sources des Médicis, de chanter le plain-chant d'une manière rigide et métrique, souvent avec un lourd accompagnement d'accords à l'orgue. Mais cette situation allait être radicalement modifiée par les efforts de la communauté des moines bénédictins de *Solesmes, qui se sont consacrés aux études liturgiques et à la recherche dans différents domaines de la musique chrétienne ancienne, particulièrement le caractère original du plain-chant. Le travail réalisé à Solesmes a donné lieu à de nombreuses discussions et son impact s'est fait attendre ; mais il a transformé les mentalités et une nouvelle édition de plain-chant faisant autorité, l'*Editio vaticana*, a été publiée progressivement à partir de 1905, concrétisant l'essentiel des recherches de Solesmes.

En 1903, le *Motu proprio* du pape Pie X a synthétisé dans une large mesure les activités des diverses tendances réformatrices : c'est un document détaillé qui indique avec précision et un souffle spirituel certain les lignes directrices de la conduite future de la musique dans l'Église catholique. Tout en confirmant la restauration des formes authentiques du plain-chant sur la base des recherches effectuées à Solesmes, ce document apporte un soutien différent aux objectifs des céciliens en mettant à l'écart plusieurs formes historiques de musique religieuse en raison de leur effet théâtral excessif. Cette directive pontificale a eu plus de résultats positifs que négatifs ; d'une manière générale, la musique religieuse s'est élevée à un meilleur niveau technique et stylistique, mais souvent au détriment du modernisme et d'une certaine audace d'initiative. En outre, les réformes catholiques ont fortement influencé la pensée des Églises protestantes, les commissions des archevêques anglicans, par exemple, présentant (à une date beaucoup plus tardive) des recommandations analogues dans leurs publications *Music in Worship* (Londres, 1923) et *Music in Church* (Westminster, 1951).

Le XXe siècle a été une période de régénération durant laquelle la musique religieuse a très largement retrouvé sa dignité et son intégrité d'antan. Les principaux compositeurs qui se sont affirmés dans le domaine de la musique profane sont nombreux à avoir écrit des œuvres sur des textes religieux, dans certains cas de grandes œuvres de musique sacrée destinées aux salles de concert, et dans d'autres des œuvres parfaitement adaptées à l'usage liturgique dans le cadre des différentes confessions. On peut citer en particulier la *Messe en sol mineur* de Vaughan Williams, la *Missa brevis* de Kodály, la *Messe pour chœur mixte et instruments à vent* de Stravinski, le *Magnificat and Nunc Dimittis* de Tippett, la *Missa cantuariensis* de Rubbra et la *Missa brevis* de Britten. Toutefois, l'essentiel de la production de musique d'église est, depuis une époque plus récente, le domaine privilégié de compositeurs spécialisés, généralement des organistes ou des chefs de chœur qui jouissent d'une grande expérience pratique et qui ont presque tous reçu une formation musicale académique poussée. L'académisme a conduit à un certain degré de compromis stylistique et, dans certains cas, à une modernisme contenu assez peu audacieux ; mais il en résulte aussi parfois une musique pleine d'originalité et de ressources dans laquelle la maîtrise technique et une certaine sensibilité du texte donnent naissance à des œuvres adaptées à la pratique liturgique. Dans une large mesure, les excès et les échecs de la musique religieuse du XIXe siècle ont été sciemment évités par des méthodes techniques appropriées : la mélodie et l'harmonie excessivement douces grâce à l'écriture modale et à la dissonance diatonique, les faiblesses structurelles et techniques par l'utilisation des formes néoclassiques et des styles contrapuntiques, et le goût douteux par la traduction délibérée en langage moderne de divers aspects plus esthétiques des styles religieux anciens.

En Angleterre, la renaissance musicale, amorcée à la fin du XIXe siècle par Parry et Stanford, a eu un impact extraordinairement puissant sur la musique religieuse. Stanford, en insistant sur un bon travail de professionnel et sur la précision de la pensée musicale, a exercé une forte influence sur les compositeurs suivants de musique religieuse, dont un grand nombre furent ses élèves. Les personnalités les plus éminentes qui ont participé à ce renouveau sont Charles Wood, Edward Bairstow, Harold Darke, Ernest Bullock, William Harris et Herbert Howells ; ce dernier, dont la carrière a duré plus de soixante ans, s'est créé une place particulière dans le répertoire moderne des cathédrales, notamment grâce à ses beaux cantiques dédiés à des édifices ou à des chœurs spécifiques, comme King's College et St John College à Cambridge, la cathédrale de Winchester et celle de St Paul à Londres. A la jeune génération, John Joubert, Kenneth Leighton, Anthony Milner et William Mathias ont tous composé des œuvres religieuses d'une qualité remarquable. On pourrait dresser des listes comparables de compositeurs pour de nombreux autres pays européens ainsi que pour les États-Unis, le Canada et l'Australie.

A une époque plus récente, la musique de l'Église catholique a connu de nouveaux changements à la suite de la réforme liturgique du concile Vatican II (1962-65). La transformation de la liturgie, le remplacement du latin par des textes en langue vernaculaire et la place accrue accordée à la participation des fidèles ont déjà évincé une grande partie de la musique d'église historique, créant un vide qu'il sera difficile de combler rapidement. Dans l'Église anglicane, la publication, en 1980, de l'Alternative Service Book pour le culte constitue une étape importante vers la généralisation de services entièrement nouveaux en langage moderne ; et si on laissait ce développement mettre en danger l'importance du Prayer Book de 1662, il pourrait sérieusement menacer la musique d'église traditionnelle. Il ressortira sûrement de tous ces changements un certain nombre de situations auxquelles de nouvelles générations de musiciens auront à répondre.

Basil Smallman.

BIBLIOGRAPHIE : Solange Courbin, *L'Église à la conquête de sa musique*, Gallimard (Paris, 1960). Jacques Porte, *Encyclopédie des musiques sacrées*, Ed. Labergerie (Paris, 1968).

Musique de la rue

1. Introduction
2. Les cris de la rue
3. Les « Waits » (chanteurs de noëls)
4. La musique de la rue en Italie
5. La musique de la rue en Allemagne
6. Le déclin de la musique de la rue

1. *Introduction.* Une grande partie de la vie musicale des populations européennes s'est déroulée non pas dans des salles de concert, au théâtre ou à l'église, mais dans les rues, où tout le monde pouvait y participer, abstraction faite de la position sociale et sans distinction de ressources.

La musique des rues couvre un domaine très étendu, depuis les « cris » des camelots (qui font partie de la musique traditionnelle) jusqu'à la musique chorale à quatre voix et aux symphonies en quatre mouvements.

2. *Les cris de la rue.* Ils constituent une branche intéressante (et trop rarement étudiée) de la musique traditionnelle et plusieurs musiciens de renom s'en sont servi comme base de leurs propres œuvres.

Le commerce des vendeurs ou des artisans itinérants criant les qualités de leurs marchandises ou de leurs services s'est tenu pendant des siècles dans les rues de toutes les grandes villes et a abouti à un véritable code des « cris ». La plupart d'entre eux, moulés par les rythmes naturels des mots et la cadence du langage, se sont transformés en différents petits airs qui sont devenus tellement connus que les vendeurs étaient identifiés de loin à leur seule musique, sans même que les paroles soient intelligibles.

Les « cris » ont été souvent recensés dans des poèmes, à moins qu'ils ne constituent eux-mêmes un poème. De même, ils ont fait l'objet de plusieurs compositions musicales ingénieuses qui reposent non seulement sur les paroles traditionnelles de chaque cri mais aussi sur sa musique.

A partir du XIVe siècle, il y avait en Italie des chansons uniquement constituées de ces cris. Un motet français du XIIIe siècle, *On parole / A Paris / Frese* *nouvele*, reprend le cri de la rue « Frese nouvele, Muere france » (« Fraises nouvelles, Mûres sauvages »), probablement chanté à Paris, et le compositeur du XVIe siècle Clément Janequin a laissé un célèbre *quodlibet qui fait référence aux cris de Paris (*Les Cris de Paris*, 1550). Au XIXe siècle, Louis Clapisson dans son opéra *La Fanchonnette* (1856), Charpentier dans *Louise* et Puccini dans *La Bohème* ont également repris les cris de Paris.

En Angleterre, *Pammelia* et *Melismata* de Ravenscroft (début du XVIIe siècle) comportent un certain nombre de cris habilement arrangés en rondes chorales. A la même époque, Weekles, Orlando Gibbons et Deering introduisaient des cris dans des pièces pour violes avec parties vocales ajoutées (voir *Fantaisie*). Dans ces compositions, cent cinquante cris différents sont représentés. Les paroles reproduites dans les différentes pièces sont toujours associées à la même musique : il semble donc évident que la musique traditionnelle a ainsi été préservée. Ces cris offrent des fruits, des légumes, du poisson, etc. et des services ; le tambour de ville et le veilleur de nuit ont leur place dans le chœur, de même que les mendiants, le dentiste et le pédicure. Deering a aussi écrit une œuvre du même genre sur les « cris de la campagne ». Celle de Weekles se termine par « Now let us sing and so we will make an end with Alleluia » ; celle de Gibbons prend la forme d'un **In nomine* et est écrite pour violes et voix.

Haendel a introduit les cris de la rue de son temps dans un numéro de son opéra *Serse* (« Xerxès », 1738). En outre, Lady Luxborough écrivait au poète Shenstone en 1748 (du vivant de Haendel) : « Le grand Haendel m'a dit que les cris de la rue lui avaient inspiré des idées pour plusieurs de ses meilleures mélodies. »

Dans la littérature anglaise, on trouve de nombreuses allusions aux cris des rues londoniennes qui montrent l'intérêt qu'y portaient toute sorte de gens cultivés. Dans sa biographie, à propos de l'installation de sa famille à Chelsea vers 1833, Leigh Hunt parle de l'abondance, de « l'originalité et de la musicalité » des cris comme d'une grande attraction et précise qu'ils avaient « la réputation d'être composés notamment par Purcell ». Il ajoute « Cela n'est pas impossible si l'on considère combien ces maîtres aimaient à se divertir de leur art et mettre en musique les paroles les plus insignifiantes dans leurs *glees* et leurs *catches*. » Le sculpteur Nollekens (1737-1823) « aimait à imiter les cris des vendeurs itinérants » qui passaient par là lorsqu'il « mesurait la pierre pour un buste ou un corps ou améliorait les attitudes de ses Vénus ». Son biographe, John Thomas Smith, a consacré plusieurs pages à ces cris et transcrit les paroles et la musique de certains d'entre eux.

Une série célèbre de chromos, *The London Cries* de Francis Wheatley, RA (1747-1801), nous a permis de conserver l'image des artistes qui chantaient ces petites mélodies, tels qu'on les voyait au XVIIIe siècle. En outre, les gravures, beaucoup plus nombreuses, réalisées d'après des dessins de Laroon et mises sur le marché en 1711 par le marchand de gravures Pierce Tempest, reproduisent une soixantaine de vendeurs chantants.

En France, les rempailleurs, les rémouleurs, les chiffonniers, etc. étaient connus par les airs qu'ils jouaient au mirliton (voir *Kazoo*), chaque métier ayant son air distinctif.

3. *Les « waits » (chanteurs de noëls).* En Angleterre, les **waits* chantaient et jouaient dans les rues. Lorsque Londres est passée sous le contrôle des Puritains, au début de la guerre civile, les autorités ont décidé (1642) d'abolir le jeu dans les rues le dimanche. Après la Restauration, les célèbres *waits* de Norwich ont été soumis aux mêmes restrictions.

En 1648, à Newcastle, on note que les *waits* ont joué devant la porte du maire pour divertir Cromwell qui visitait la ville en revenant d'Écosse.

Au XVIIIe siècle, les *waits* de Bath, dès qu'ils avaient vent de l'arrivée d'un visiteur, jouaient devant la maison où il résidait.

Les mêmes coutumes existaient naturellement dans d'autres régions d'Angleterre et dans de nombreux pays européens.

4. *La musique de la rue en Italie.* En 1770, Burney avait trouvé de la musique dans la rue partout en Italie. Ainsi, à Turin, un groupe formé de deux chanteuses, deux violonistes, d'un guitariste et d'un « base » (sans doute un violoncelliste) jouait sur une scène sur la place

publique et vendait des ballades, pendant que, de l'autre côté de la place, un homme et une femme chantaient des ballades vénitiennes (selon Burney, les musiciens de rue italiens étaient essentiellement des Vénitiens).

A Brescia, il a entendu devant son auberge un ensemble formé de deux violons, d'une mandoline, d'un cor, d'une trompette et d'un violoncelle.

« Bien qu'étant dans l'obscurité, ils ont joué de longs concertos, avec des parties solistes pour la mandoline. J'ai été surpris de la mémoire de ces instrumentistes ; bref, c'était de l'excellente musique de rue, une musique à laquelle nous ne sommes pas habitués ; mais il est vrai que notre climat ne se prête pas aux sérénades. »

A Vicence, il a entendu...

« ...un psaume en trois parties, chanté par de jeunes garçons d'âges différents qui allaient de leur école à la cathédrale, en procession avec leur maître, un prêtre qui, à leur tête, chantait la basse. Il y avait davantage de mélodie que d'habitude dans ce genre de musique ; bien qu'ils marchassent très vite dans les rues, ils chantaient bien en mesure et juste. Ces garçons sont un genre de *gang* religieux et s'emparent de tous les garçons qu'ils peuvent trouver sur le chemin de l'église pour qu'ils soient cathéchisés. »

A Venise, il a entendu un groupe formé de deux violons, d'un violoncelle et d'une voix « qui passaient ici aussi inaperçus que les petits charbonniers ou les marchandes d'huîtres en Angleterre, mais qui jouaient si bien que, dans tout autre pays d'Europe, ils auraient non seulement attiré l'attention mais suscité des applaudissements, justement mérités ». D'une péniche sur le Grand Canal, il a entendu « un excellent ensemble de musiciens, composé de violons, de flûtes, de cors, de basses et de cymbales ». Il s'agissait d'« un morceau galant, aux frais d'un *inamorato*, afin de donner la sérénade à sa maîtresse ». Burney était charmé par le chant des gondoliers et il expliquait la qualité de leur interprétation par le fait qu'ils étaient admis librement dans les théâtres lyriques.

A Bologne, il a trouvé moins de musique dans la rue et de moins bonne qualité qu'à Venise, mais, à son arrivée à l'auberge, il a néanmoins été salué, comme tout étranger, par un duo, très bien joué par un violon et une mandoline et, plus tard, « un groupe itinérant a extrêmement bien joué sous [ses] fenêtres plusieurs symphonies et des mouvements isolés ».

A Florence, Burney a entendu les célèbres *laudisti* (voir *Lauda spirituale*) « en grande procession, habillés en uniforme blanchâtre et portant des cierges allumés à la main ». A l'extérieur de la cathédrale, ils ont chanté « un hymne joyeux à trois parties, qu'ils ont extrêmement bien exécuté ».

« De cette manière, le dimanche et les jours de fête, les commerçants et les artisans forment des groupes distincts et chantent dans les rues en se rendant à l'église. Nous savons par Crescimbeni que ceux de la paroisse de San Benedetto étaient célèbres dans toute l'Italie. Et, au grand Jubilé, au début de ce siècle, ils ont parcouru les rues de Rome en chantant d'une telle façon qu'ils ont réjoui et étonné tout le monde. »

D'après l'expérience de Burney, cette Italie de la fin du XVIIIe siècle était par excellence le pays de la musique de rue en tous genres. « Il ne faut pas s'étonner de ce que, dans ce pays, la musique de la rue soit généralement négligée, car les gens en sont presque assommés à tous les coins. »

Les Espagnols ont toujours aimé faire de la musique et danser dans la rue ; l'importance de la sérénade en est un exemple typique qui survit encore de nos jours.

5. *La musique de la rue en Allemagne*. La rue a longtemps tenu lieu de salle de concert en Allemagne. On se souvient comment Luther et ses enfants de chœur allaient à Eisenach de porte en porte pour recueillir un peu d'argent en chantant des hymnes et « des quatuors au moment de Noël dans les villages, des noëls sur la naissance de l'Enfant Jésus à Bethléem ». Il semble qu'il s'agisse d'une très ancienne coutume des étudiants et des enfants de chœur dans le nord de l'Allemagne, avant comme après la Réforme ; elle s'est poursuivie jusqu'à la fin du XVIIIe siècle et même au XIXe siècle. En 1782, Moritz (*Travels in England*), observant les garçons de Christ's Hospital avec leurs manteaux bleus dans les rues de Londres, s'étonnait qu'on ne les entende pas chanter dans les rues comme les garçons d'une institution analogue en Allemagne.

A Munich, en 1772, Burney a trouvé « un très bon concert dans la rue » à la porte de son auberge et on lui a dit qu'il s'agissait d'élèves pauvres. Le lendemain, il a découvert qu'il s'agissait d'élèves de l'école de musique et qu'ils avaient joué pour lui faire un compliment parce qu'il était allé à l'école pour « obtenir des informations sur l'institution ». Le soir suivant, il les a entendus jouer ailleurs dans les rues de la ville. Ils avaient des violons, un violoncelle, des hautbois, des cors et un basson : « J'ai appris qu'ils étaient obligés de jouer ainsi souvent dans les rues pour convaincre le public, qui les entretenait, de leur compétence. »

A Francfort, il a aussi entendu de la bonne musique dans la rue, de jeunes étudiants en théologie chantant « des hymnes à trois ou quatre parties escortés par un chapelain... qui, de cette manière, suscitent la bienveillance des voyageurs qui participent à leurs frais ». Il a également entendu un groupe de musiciens de rue jouer « assez bien » plusieurs symphonies à quatre parties. En passant en Autriche, il a entendu des étudiants en musique du collège jésuite de Vienne chanter devant l'auberge des duos vocaux et « un genre de *glees* à trois et quatre parties ».

En Allemagne, la musique instrumentale dans la rue était assurée régulièrement pendant des siècles par les musiciens municipaux ou *Stadtpfeiferei* (présidés par le *Stadtmusiker*), homologues des *waits* anglais. De nombreux ancêtres et parents de Bach ont occupé cette fonction.

6. *Le déclin de la musique de la rue*. A partir de 1914, on a vu disparaître les « orchestres allemands » itinérants. Ils comptaient entre six et quinze exécutants – tous des Bavarois qui travaillaient chez eux en hiver et émigraient dans divers pays pendant l'été. L'« homme-orchestre », jouant simultanément d'un instrument à vent et de divers instruments à percussion (avec les coudes, les pieds et la tête), faisait aussi partie de la vie de la rue.

Dans les années trente, les chômeurs, avec leurs chœurs gallois et leurs cornemuses, ont fait revivre momentanément la musique dans la rue en Angleterre et l'on peut encore entendre à l'occasion un accordéoniste ou un violoniste.

Au début des années trente, les rues et les cours des immeubles parisiens ont aussi vu disparaître leurs chanteurs. Ils ne subsistent guère que dans le métro et, parfois, sur les marchés de province.

« Si la chanson française ne doit pas mourir, ce sont les chanteurs des rues qui doivent la perpétuer en apportant de la musique à ceux qui sont trop occupés ou trop indifférents pour aller à sa recherche. Maintes chansons qu'on entendait récemment par tout Paris auraient subi une mort prématurée, ne fût-ce que pour les musiciens de la rue. »

A Londres, dans les années cinquante, on entendait encore des pianos et des orgues de rue, mais ils se sont vite raréfiés. Il restait au moins une manifestation de musique dans la rue : les Happy Wanderers, formation de personnes handicapées, qui circulaient dans le quartier d'Oxford Street et jouaient une sorte de jazz. Ils ont acquis une telle renommée qu'on leur a demandé d'enregistrer leur musique. Les musiciens de la rue sont aujourd'hui en majorité des étudiants en musique sans travail et des chanteurs « folk » ; ils s'installent aussi dans les couloirs du métro. Sinon il semble que la musique de la rue ait pratiquement disparu.

Percy Scholes, Peter Gammond.

Musique des sphères (harmonie des sphères). Théorie de la Grèce antique relative aux relations harmonieuses entre les corps célestes de l'Univers. Pythagore et ses disciples croyaient en une relation entre les proportions numériques directes de la consonance musicale et celles qui gouvernent l'ordre de l'Univers. Ils pensaient que chaque planète produisait un son (fixé mathématiquement en fonction de sa vitesse et de sa distance par rapport à la Terre) qui s'harmonisait avec ceux des autres planètes et était audible, mais non identifié, sur la Terre. Reprises par Platon et par d'autres philosophes, ces idées ont exercé une influence considérable sur les théoriciens de la Renaissance, notamment Vincenzo Galilei (le père de l'astronome) et Gioseffo Zarlino ; elles ont d'ailleurs continué à intéresser les érudits même aux temps modernes.

Musique traditionnelle (angl. : *folk music*). Terme largement utilisé en Europe, en Amérique, en Inde et dans divers pays d'Asie pour désigner la musique des régions rurales, la musique paysanne ou la musique de tradition orale. Dans d'autres régions du monde – par exemple en Afrique ou dans les îles du Pacifique –, ce terme est rarement employé. L'une des caractéristiques de la musique traditionnelle est son lien direct avec les activités de la vie quotidienne : travail, jeu, cérémonie ou divertissement. Dans des temps reculés, les bardes utilisaient la chanson traditionnelle pour transmettre les nouvelles ou pour relater l'histoire d'une famille ou d'un peuple. De nos jours, la radio et la télévision ont, dans une large mesure, usurpé ces rôles traditionnels, diffusant toutes sortes de musiques dans les villes comme dans les campagnes. Cette situation a rendu moins évidentes les distinctions, autrefois indiscutées, établies par les musicologues entre la grande musique (les genres urbains), la musique traditionnelle et la musique « pop ». Néanmoins, au XXe siècle, la musique traditionnelle a assumé des rôles nouveaux – en symbolisant, par exemple, l'identité ethnique d'un groupe d'immigrants. Cette fonction est particulièrement frappante aux États-Unis où de nombreuses minorités (Américains polonais, Américains irlandais, Américains asiatiques, etc.) ont transplanté le chant traditionnel de leur pays natal et l'ont adapté au nouveau style américain.

Les érudits se sont longtemps interrogés sur la définition précise du terme musique « traditionnelle ». On l'a parfois appliqué à tort à la musique de l'Orient (voir *Inde, *Indonésie, *Chine, *Japon, *Corée, etc.) et à la musique indigène d'autres peuples extra-européens (*Afrique, *Amérindiens, *Pacifique, *Asie centrale et Sibérie, *Australie). En 1955, l'International Folk Music Council, la société internationale la plus importante dans le domaine des études d'*ethnomusicologie, a approuvé la définition suivante :

> « La musique traditionnelle est le produit d'une tradition musicale qui s'est développée par l'intermédiaire de la tradition orale. Les facteurs qui contribuent à l'élaboration de la tradition sont : (1) la continuité qui lie le présent au passé ; (2) la variation qui naît de l'impulsion créatrice de l'individu ou du groupe et (3) la sélection par la communauté qui détermine la forme ou les formes sous lesquelles survit la musique.
>
> Le terme peut s'appliquer à la musique développée autour d'éléments initiaux rudimentaires par une communauté non influencée par la grande musique ; il peut également s'appliquer à une musique créée par un compositeur individuel et absorbée ensuite sous une forme non écrite dans la tradition de vie d'une communauté.
>
> Le terme ne couvre pas la musique populaire composée, qui est adoptée telle quelle par une communauté et qui reste inchangée, car c'est le remodelage et la nouvelle création par la communauté qui lui donnent son caractère traditionnel » (*Journal of the International Folk Music Council*, VII [1955], p.23).

Quelles que soient la clarté et la précision de cette définition, le problème n'est pas réglé et, en 1981, l'International Folk Music Council est devenu l'International Council for Traditional Music. L'éternelle recherche par les musicologues d'une définition idéale de la chanson traditionnelle a été discréditée par A. L. Lloyd, l'un des principaux spécialistes des traditions anglaises et de l'Europe orientale.

Pour le public, les définitions n'ont jamais constitué un véritable problème et l'expression « musique traditionnelle » fait penser soit à des formes traditionnelles (par exemple la danse champêtre), soit à des personnalités comme Woody Guthrie, Pete et Peggy Seeger, Joan Baez et Judy Collins (aux États-Unis), Ewan MacColl, Alex Campbell, Peter Bellamy, la famille Cooper et les Watersons (en Grande-Bretagne).

La musique traditionnelle est un peu l'expression du caractère national d'un peuple et c'est la raison pour laquelle des compositeurs comme Schubert, Liszt, Bartók, Vaughan Williams, Copland, Grieg, Delius, Enesco et Grainger s'en sont inspirés. A l'inverse, certaines chansons traditionnelles tirent leur origine de compositions classiques. Aucun des deux domaines n'est isolé de l'autre et le mélange entre cultures rurale et urbaine a servi à rehausser les deux. La connotation nationaliste de la musique traditionnelle provient peut-être en partie de l'étroite relation qui existe entre la musique et la langue régionales. Par exemple, dans les chants traditionnels hongrois, la figure rythmique noire pointée-croche (ou, alternativement, croche-noire pointée) avec un fort accent sur la première note reflète peut-être la langue hongroise, qui ne comporte pas d'articles et a toujours tendance à accentuer la première syllabe. Les isorythmes (courts schémas répétés) sont également courants en Europe de l'Est, reflétant les formes poétiques locales qui sont construites en fonction du nombre réel de syllabes par vers (et non du nombre d'accents, comme dans la poésie d'Europe occidentale).

La musique traditionnelle européenne est généralement strophique, c'est-à-dire composée de strophes entrecoupées d'un refrain, souvent de quatre lignes. Les exceptions sont les chansons enfantines, qui revêtent des formes extrêmement simples dans toute l'Europe, et les poèmes épiques des Balkans et de Russie qui répètent souvent une seule ligne mélodique, parfois avec des variations. La musique traditionnelle peut être monophonique (à une seule voix) ou polyphonique (à plusieurs voix). La polyphonie vocale du sud et de l'est de l'Europe est particulièrement remarquable, des techniques de bourdon des Balkans et des secondes parallèles (majeures et mineures) stridentes de Yougoslavie au superbe style choral du Caucase. Les instruments traditionnels vont des modèles les plus simples (crécelles, planchettes ronflantes et sifflets) aux plus sophistiqués comme le violon et la clarinette. Certains instruments importés en Europe proviennent du monde islamique et d'autres cultures extra-européennes, notamment les cornemuses et les chalemies.

On pensait au XIXe siècle que les chants traditionnels étaient le fruit d'une création commune de l'ensemble du peuple, dans des temps très reculés. On sait aujourd'hui que les chants populaires, comme les mélodies classiques, sont l'œuvre de compositeurs individuels, mais souvent anonymes. Une fois composés, les chants survivent s'ils sont adoptés par le groupe ; sinon, ils sont rejetés et oubliés. On remarque aussi que tous ces chants ne sont pas archaïques et que les répertoires de musique traditionnelle se modifient constamment. Le changement peut être spontané (innovation) ou stimulé par le contact avec un autre groupe humain (acculturation). Les airs et les textes des chansons traditionnelles peuvent varier d'un chanteur à l'autre, d'une région à l'autre et d'une génération à l'autre ; de nouvelles chansons sont composées, d'anciennes sont abandonnées et certaines chansons anciennes peuvent être modernisées. Les modes, les gammes et les rythmes peuvent aussi varier. De nos jours, au lieu de se plonger dans des archives sûres pour trouver des exemples de culture archaïque ou d'exiger des chanteurs informateurs qu'ils ne donnent que du matériel « authentique » et démodé, les chercheurs se tournent vers le chanteur de musique traditionnelle tel qu'il est pour étudier son répertoire et la façon dont il se modifie. Ces aspects dynamiques, notamment la variation et la recréation en commun, sont l'essence même de la musique traditionnelle.

Helen Myers.

BIBLIOGRAPHIE : Alain Gobin, *Le Folklore musical*, Séguier (Paris, 1988). Jacques Vassal, *Folksong*, Albin Michel (Paris, 1971).

Muta (ital.). « Changement ». Ce terme s'applique aux instruments à vent, dans le sens « changement de corps de rechange », et aux timbales, dans le sens « changement d'accord » ; ainsi *muta D in C* veut dire « changer l'accord de ré à do ».

Mutation. 1. Terme qui désignait au XVe siècle une registration d'orgue différente de celle du *plenum*.

2. Modification que subit parfois le thème d'une fugue lorsque les intervalles de la réponse ne correspondent pas exactement à ceux du sujet.

3. Terme anglais parfois utilisé pour désigner le *démanché.

Müthel, Johann Gottfried (Mölln, Lauenburg, 17 janvier 1728 ; Bienenhof, près de Riga, 14 janvier 1788). Organiste et compositeur allemand. Il fait ses études à Lübeck et, en 1747, devient musicien de chambre et organiste de la cour à Mecklembourg-Schwerin. En 1750, il va étudier avec Bach et passe avec lui la dernière année de sa vie ; il se lie aussi d'amitié avec C. P. E. Bach. En 1753, il est nommé organiste à l'église luthérienne de Riga, où il restera jusqu'à sa mort.

Müthel était un bon instrumentiste et un compositeur accompli. Burney a chanté les louanges de ses sonates pour clavier. Deux de ses concertos pour clavecin ont été publiés à Riga en 1767.

Wendy Thompson.

My Ladye Nevells Booke. Recueil manuscrit de musique pour virginal datant de 1591. Il se compose de quarante-deux pièces pour clavier de Byrd, qui a sans doute été le professeur de Lady Nevell. Toutefois, elle a dû rapidement renoncer au manuscrit, car « Lord Abergavenny ... l'a présenté à la reine » (Élisabeth Ire) ; il en existe une édition moderne préparée par Hilda Andrews (1926, rééditée en 1969).

Mysliveček [Mysliweczek, Mislivecek], **Josef** (Horní Šárka, près de Prague,

9 mars 1737 ; Rome, 4 février 1781). Compositeur tchèque. Après avoir étudié l'orgue et le contrepoint à Prague, il adopte le métier familial et devient maître meunier en 1761. A la mort de son père, il choisit de se consacrer à la musique, jouant du violon dans un orchestre d'église ; en 1763, il se rend à Venise pour étudier la composition avec Giovanni Battista. Un an plus tard, son opéra *Medea* reçoit un accueil favorable à Parme et, jusqu'à l'échec d'*Armida* à Milan en 1779, Mysliveček connaît une certaine popularité dans toute l'Italie. L'enthousiasme des Napolitains pour ce compositeur et les difficultés qu'ils ont à prononcer son nom lui valent le surnom de « Il divino boemo ». Il se fait également connaître à Vienne et à Munich, où son opéra *Ezio* (1775) et l'oratorio *Abramo ed Isaaco* (1776) remportent un succès considérable en 1779. Pendant les trois dernières années de sa vie, il mène une existence dissolue et ne connaît qu'échecs professionnels, pauvreté et maladie ; il meurt à Rome seul et dénué de ressources. Les nombreux opéras de Mysliveček, presque tous écrits pour l'Italie, sont dominés par un lyrisme agréable et même ingénu ; ils respectent, sans les modifier, les conventions de l'*opera seria*. Les oratorios révèlent davantage un penchant pour l'innovation et font généralement preuve d'une plus grande imagination. Les chanteurs l'appréciaient particulièrement pour l'attention qu'il portait à l'illustration du texte et aux lignes vocales soignées. D'après Burney, ses œuvres instrumentales – symphonies, concertos, octuors, quatuors et trios – étaient aussi populaires que sa musique vocale et Mozart s'est intéressé à ses sonates pour clavier. Certains éléments de son style mélodique rappellent ses origines bohémiennes et, malgré l'échec de ses derniers opéras, il a exercé une grande influence sur ses contemporains, Mozart n'étant pas le moindre.

Jan Smaczny.

N

Nabucco (en réalité, « Nabuchodonosor »). Opéra en quatre actes de Verdi sur un livret de Solera, d'après le drame d'Anicet-Bourgeois et Cornue, *Nabuchodonosor* (1836). Représentations : Milan (Scala, 9 mars 1842) ; Paris (Théâtre-Italien, 16 octobre 1845) ; Londres (Her Majesty's Theatre, 3 mars 1846, sous le titre *Nino*) ; New York (Astor Opera House, 4 avril 1848). L'ouvrage raconte la captivité des Hébreux à Babylone et la folie, la guérison et la conversion de Nabucco (bar.) à la foi de Yahvé, malgré l'opposition de sa fille Abigaïl (sop.). Le chœur de l'acte III « Va pensiero... » était devenu le symbole de l'unité italienne au XIXe siècle.

BIBLIOGRAPHIE : *Nabucco*, L'Avant-Scène-Opéra nº 86 (Paris, 1986).

Nacaire. Voir *Timbales, 5a.*

Nach (all.). « D'après », « à la manière de », « vers », « selon » ; *nach und nach*, « petit à petit » ; *Nachahmung*, « imitation » ; *nach Es*, « vers mi bémol » (instruction s'adressant aux timbaliers) ; *Nachdruck*, « emphase », *nachdrücklich*, « emphatique » ; *nachgehend*, « suivant » ; *nachlassend*, « en ralentissant », « en relâchant » (la vitesse) ; *Nachspiel*, « *postlude », « épilogue ».

Nachschlag (all.). 1. Dans la terminologie allemande moderne, les deux notes finales du double (*gruppetto*) qui conclut normalement un *trille.

2. Dans la musique des XVIIe et XVIIIe siècles, équivalent de l'accent (voir *Accent*, 2), identique au **springer* anglais.

Nachtmusik (all.). « Musique de nuit ». Terme appliqué à la fin du XVIIIe siècle à une composition dans le caractère d'une *sérénade. *Eine kleine Nachtmusik* (« Une petite musique de nuit ») de Mozart en est le meilleur exemple.

Nachtstück (all.). Au XIXe siècle, ce terme s'appliquait aux morceaux conçus dans un style analogue à celui du *nocturne. Au XXe siècle, il a été appliqué à des pièces instrumentales qui évoquent les sons et l'atmosphère de la nuit, comme le troisième mouvement de la *Musique pour cordes, percussion et célesta* de Bártok ou le troisième mouvement (« Élégie ») de son *Concerto pour orchestre*.

Nacht und Traüme (« Nuit et Rêves »). Lied pour voix et piano de Schubert (D 827) sur un poème de Matthäus von Collin (1779-1824), composé en 1823.

Naderman, François-Joseph (Paris, 1781 ; Paris, 3 avril 1835). Harpiste, facteur d'instruments à cordes et compositeur français. Il étudie la harpe avec Krumpholtz et, en 1815, devient harpiste de la chapelle royale à Paris. Dix ans plus tard, il est nommé professeur de harpe, titulaire de la nouvelle classe qui venait d'être créée au Conservatoire de Paris, où il enseigne la harpe à simple mouvement, qui commence alors à se démoder. Naderman a écrit une méthode d'enseignement et ses sonates pour harpe sont encore au répertoire.

Wendy Thompson.

Naenia (lat.). « Thrène ».

Nâgasvaram. Instrument à vent de l'Inde du Sud, comparable à la chalemie. Voir *Inde*, 3*b*.

Nail harmonica, nail violin (angl.). « *Violon de fer ».

Namensfeier (« Pour une fête », « Ouverture anniversaire »). Ouverture op.115 de Beethoven, composée en 1814-15 pour la fête de l'empereur François II d'Autriche.

Namouna. Ballet d'Édouard Lalo d'après un poème de Musset créé à l'Opéra de Paris le 6 mars 1882 dans une chorégraphie de Petipa. Lalo en a tiré deux suites d'orchestre intitulées « rhapsodies ». Serge Lifar a réalisé une chorégraphie sur des extraits de cette partition, *Suite en blanc* (1943).

Nänie (all., du lat. *naenia*, « thrène »). Œuvre pour chœur et orchestre op.82 de Brahms, composée en 1880-81, sur un texte de Schiller.

Nanino, Giovanni Bernardino (Vallerino, près de Viterbe, vers 1560 ; Rome, 1623). Compositeur italien qui a vécu et travaillé avec son frère aîné, Giovanni Maria, à Rome. Sa musique reflète la transition de la langue polyphonique (représentée par ses recueils de madrigaux) vers le style monodique du début de l'ère baroque ; une grande partie de sa musique religieuse repose sur l'utilisation de la basse chiffrée.

John Milsom.

Nanino, Giovanni Maria (Tivoli, vers 1545 ; Rome, 11 mars 1607). Compositeur italien, frère aîné de Giovanni Bernardino Nanino. Il a travaillé à Rome à partir de 1560 environ et a peut-être fait ses études avec Palestrina. Pendant les trente dernières années de sa vie, il a été chanteur à la chapelle Sixtine où il a été maître de chapelle. Professeur éminent (il a eu pour élèves Allegri et Felice Anerio), ses œuvres ont été largement publiées de son vivant. Elles comprennent des madrigaux et des *canzonette*, ainsi que de la musique sacrée qui semble modelée sur la technique et le style de Palestrina, montrant sa préférence pour la langue polyphonique conservatrice des compositeurs romains de l'époque.

John Milsom.

Napoléon, Ode à. Voir *Ode à Napoléon*.

Nápravnik, Edouard (Býšť, près de Hradec Králové, 24 août 1839 ; Petrograd, 23 novembre 1916). Chef d'orchestre et compositeur tchèque. Il fait ses études musicales à Prague, puis s'installe à Saint-Pétersbourg, où il commence par diriger l'orchestre privé de la famille Youssoupov, puis devient chef d'orchestre assistant (1867) et premier chef (1869) au Théâtre Mariinsky. Il s'identifie si totalement à la Russie et à la vie de ses habitants que ses œuvres s'imprègnent d'un caractère national et qu'il a fini par être considéré par les compositeurs russes comme l'un des leurs. Ses opéras – particulièrement *Dubrovsky* (1895) – remportent un grand succès de son vivant. Il a aussi composé de la musique symphonique et beaucoup de musique de chambre, des mélodies et de la musique pour piano, mais sa notoriété repose surtout sur ses activités de chef d'orchestre, particulièrement dans le domaine lyrique russe.

Percy Scholes, rév.

Nardini, Pietro (Livourne, 12 avril 1722 ; Florence, 7 mai 1793). Compositeur italien, l'un des meilleurs violonistes de son temps. Il étudie avec Tartini à Padoue et, en 1762, est nommé musicien de chambre à la cour de Stuttgart ; il y est premier violon de l'orchestre qui, sous la direction de Jommelli, compte parmi les meilleurs d'Europe. En 1769, il se rend à Padoue pour s'occuper de Tartini, qui est mourant, puis à Florence, où il prend la tête de la chapelle grand-ducale de Florence. Instrumentiste admiré de Leopold Mozart et de Burney, Nardini est plus connu pour la douceur de sa sonorité que pour sa virtuosité. Il est l'un des derniers compositeurs à avoir écrit des sonates dans le style baroque, avec l'alternance des mouvements lent-rapide-rapide et un accompagnement de continuo.

Denis Arnold.

Nares, James (Stanwell, Middlesex, avril 1715 ; Londres, 10 février 1783). Organiste et compositeur anglais, choriste à la chapelle royale, il étudie avec Croft et Pepusch. En 1735, il est nommé organiste de la cathédrale d'York et, à partir de 1756, occupe les postes d'organiste, de compositeur et de Master of the Children à la chapelle royale.

Nares a publié à Londres plusieurs recueils de leçons de clavecin, deux méthodes de chant et *Il Principio, or A Regular Introduction to Playing on the Harpsichord or Organ*. Il a aussi composé des *anthems*, des offices, et d'autres pièces de musique vocale sacrée. Ses *catches*, ses canons et ses *glees* étaient très populaires.

Wendy Thompson.

Narváez, Luis de (célèbre au début du XVIe siècle). Compositeur et vihuéliste espagnol sans doute natif de Grenade. Il a peut-être été au service de Don Francisco de los Cobos (auquel il a dédié *Los Seys Libros*) à Valladolid, avant de devenir professeur de musique à la chapelle royale du futur Philippe II.

Narváez était un vihuéliste très célèbre de son vivant. L'essentiel de sa musique figure dans *Los Seys Libros del delphin* (Valladolid, 1538), l'un des plus importants recueils de musique pour vihuela du XVIe siècle. Cet ouvrage comprend des fantaisies, des transcriptions de musique vocale et des variations pour vihuela seule, ainsi que des *romances* et des *villancicos* pour voix et vihuela.

Wendy Thompson.

Nasco, Giovanni (vers 1510 ; Trévise, 1561). Compositeur flamand. Il travaille à Vicence avant de devenir maître de chapelle de la célèbre Accademia filarmonica de Vérone en 1547. En 1551, il quitte Vérone pour prendre la direction de la musique à la cathédrale de Trévise. Il est l'auteur de madrigaux qui, sans être remarquables, n'en sont pas moins agréables, et de musique religieuse.

Denis Arnold.

National Centre for Orchestral Studies (Centre national d'études orchestrales). Cours d'un an dispensé au Goldsmith's College, à l'Université de Londres, destiné à servir d'intermédiaire entre les études menées au Conservatoire ou à l'Université et une carrière d'instrumentiste d'orchestre professionnel. Un Advanced Orchestral Training Working Party a été créé en 1977 avec des représentants de l'Arts Council, de l'Association of British Orchestras, de la BBC, du Goldsmith's College et du syndicat des Musiciens ; le premier cours a eu lieu pendant l'année 1979-80. Le directeur est Basil Tschaikov.

National Federation of Music Societies (« Fédération nationale des sociétés musicales »). Organisme britannique fondé par l'*Incorporated Society of Musicians en 1935 avec l'aide financière du Carnegie Trust. Société aujourd'hui indépendante, elle a pour but d'encourager et de soutenir les sociétés chorales, les sociétés lyriques ou symphoniques amateurs, etc. et est chargée par l'Arts Council de l'administration des subventions.

Nationalisme en musique. On admet en général que la musique traditionnelle des diverses races et nations (même lorsqu'elles sont aussi proches qu'en Europe) diffère de façon plus ou moins subtile, exprimant des distinctions dans les sentiments nationaux ou raciaux. Cette distinction se retrouve inévitablement dans les œuvres des compositeurs de ces races et de ces nations lorsqu'ils n'ont pas désavoué leurs caractéristiques raciales ou nationales en adoptant une simple convention cosmopolite. Paradoxalement, on peut dire, en un sens, que les compositeurs les plus originaux sont normalement les plus nationalistes car, en s'écartant instinctivement des conventions, ils laissent libre cours à leurs sentiments qui traduisent nécessairement leurs racines nationales.

L'expression la plus consciente du sentiment national et l'adoption délibérée du langage mélodique et rythmique des chants et danses traditionnels datent du milieu du XIXe siècle. Les compositeurs des nations du Nord (en grande partie formés à Leipzig), profondément marqués par l'influence allemande, commencent alors à revendiquer un droit d'expression de leur propre tempérament national et des émotions de leur propre vie. Le mouvement nationaliste qui voit le jour répond à une double motivation : il correspond au sentiment politique national qui traverse l'Europe à cette époque et au désir de se rapprocher des sources primitives de la vie ; les thèmes dominants, qui apparaissent pour la première fois, sont alors ceux du pays natal et du retour au pays.

Ce mouvement s'insère dans un cadre plus vaste que l'on appelle le mouvement romantique (voir *Romantisme*), ses fondateurs recherchant davantage l'expression d'émotions vives qu'une beauté classique ; ils sont au moins parvenus à introduire dans la musique une plus grande variété de phraséologie rythmique, mélodique et harmonique, préparant ainsi la voie à l'affranchissement des règles et des conventions qui s'imposera au cours de la période suivante.

Schumann, Chopin et Liszt comptent parmi les premiers compositeurs nationalistes. Schumann, nourri de littérature et de musique allemandes, exprimait avec autant d'intensité que de naturel l'esprit allemand ; Chopin, animé d'un patriotisme conscient, puisait dans ses origines polonaises et françaises des formes de danse et des rythmes polonais rarement dépourvus de la grâce française ; quant à Liszt, il a également tenté, dans certaines œuvres, de traduire l'esprit hongrois.

Un peu plus tard, un groupe de compositeurs qui comprend Smetana et Dvořák en Bohême, Grieg en Norvège, Glinka, Balakirev, Borodine, Moussorgski et Rimski-Korsakov en Russie, Albéniz, Granados, Falla et Turina en Espagne, s'est montré plus nettement et (s'il l'on peut employer ce terme) plus « étroitement » nationaliste. Ils ont tous adopté des langages dérivés de la musique traditionnelle de leur pays natal.

En Grande-Bretagne, un courant nationaliste s'est dessiné lorsque Parry, l'Anglais, Mackenzie, l'Écossais, et Stanford, l'Irlandais, ont traduit dans leurs œuvres les caractéristiques de leurs pays : Parry exprimant la loyauté bourrue de ses concitoyens, Mackenzie et Stanford fondant parfois leur musique sur des thèmes empruntés à la musique traditionnelle de leur pays d'origine. Dans les premières années du XXe siècle, certains jeunes contemporains de ces trois compositeurs se sont montrés profondément nationalistes. Sous l'influence de la mode de l'époque pour les recueils de danses et de chants traditionnels, ils ont souvent utilisé des mélodies traditionnelles comme base de leurs compositions. Pendant quelque temps, ce procédé a été poussé à l'extrême, décourageant toute individualité, mais il a néanmoins servi un objectif précis. L'œuvre du compositeur finlandais Sibelius est aussi fortement nationaliste – surtout dans ses premières partitions.

En France, un mouvement analogue s'est dessiné dans les dernières années du XIXe siècle inspiré, dans une certaine mesure, par les idéaux de la Société nationale de musique qui cherchait à recréer une musique authentiquement française. Ce nationalisme trouve ses sources dans les caractéristiques régionales de nos musiques mises en valeur par Vincent d'Indy (*Symphonie cévenole*), Charles Bordes (*Rhapsodie basque*), Déodat de Séverac (*Cerdaña*, *En Languedoc*), Canteloube (*Chants d'Auvergne*), Guy Ropartz et Paul Le Flem (musique d'inspiration bretonne).

La musique américaine a connu des tentatives d'expression nationaliste autour des thèmes noirs-américains ou amérindiens qui, lorsqu'ils sont utilisés par des compositeurs blancs, perdent toute connotation raciale. Une autre démarche consiste à chercher à créer en musique une réaction à la « scène américaine ». Il y a quelque chose d'artificiel dans tous ces expédients, mais le problème américain est particulier et a fait l'objet de beaucoup de discussions (voir *États-Unis d'Amérique*, 5).

Des compositeurs plus jeunes (nés au XXe siècle) ont manifesté des points de vue divergents sur le bien-fondé du nationalisme en tant que moyen d'expression artistique. Ainsi, en 1931, Constant Lambert écrivait : « Le slogan du nationalisme mourra dès qu'on prendra conscience du fait que chaque nation tend vers le même idéal de civilisation mécanisée. » Si, au XXe siècle ou au XXIe siècle, les aspirations et les idéaux nationaux disparaissent et si les différences de tempérament s'estompent finalement, si le monde devient une grande famille, latine, teutonne et celte, noire et jaune, il y a tout lieu de penser que les distinctions nationales disparaîtront aussi dans le domaine artistique. Mais une époque qui a vu éclater de grands empires historiques sur la base de leurs composantes raciales, essayant jalousement de conserver leur indépendance politique et linguistique, ne semble pas constituer un terrain propice à la réalisation de telles hypothèses.

Percy Scholes, rév.

BIBLIOGRAPHIE : *Jean-Claude Berton, La Musique tchèque*, PUF, coll. Que sais-je ? (Paris, 1982).

National Music Camp. Académie musicale d'été américaine, située sur un campus d'environ 560 ha au bord d'un lac à Interlochen, dans le Michigan. Elle a été fondée en 1928 par Joseph Maddy, professeur de musique à l'Université du Michigan. Malgré ses dimensions considérables (plus de 1 700 étudiants par an, avec 175 professeurs et 625 autres enseignants), le camp cherche à maintenir un niveau musical élevé dans la formation de jeunes instrumentistes et chanteurs. En plus de l'enseignement instrumental et de la musique d'ensemble (plusieurs centaines de concerts, certains diffusés sur le plan national, sont présentés dans le cadre de chacune des sessions de huit semaines), il existe des cours de théorie musicale, danse, drame et quelques disciplines universitaires.

Nym Cooke.

National Opera Studio. Établissement qui a succédé en 1978 au *London Opera Centre* ; fondé en 1963 pour assurer une formation complémentaire aux jeunes chanteurs, répétiteurs et régisseurs. Le London Opera Centre avait lui-même remplacé la National School of Opera, inaugurée en 1948 sous la direction de Joan Cross et Anne Wood. Le National Opera Studio a pour tâche spécifique de fournir une formation spécialisée et de haut niveau à douze jeunes chanteurs professionnels et trois répétiteurs recommandés par différents opéras et par les principaux organismes d'enseignement.

National School of Opera. Voir *National Opera Studio.*

National Training School of Music. Collège de musique britannique, fondé en 1873, qui dispense un enseignement musical libre aux bénéficiaires de bourses attribuées à l'échelon national. L'idée, d'abord émise par le prince Albert en 1854, a été reprise après sa mort par la National Society of Arts. L'école a ouvert ses portes en 1876 sous la direction d'Arthur Sullivan ; elle se tenait dans des locaux construits à cet effet à Kensington, qui sont désormais occupés par le *Royal College of Organists. En 1882, la National Training School of Music a été remplacée par le *Royal College of Music.

National Youth Orchestra of Great Britain. Orchestre symphonique de jeunes, âgés de treize à dix-neuf ans, fondé en 1947 par Ruth Railton (maintenant Dame Ruth King) et réuni à Bath sous la direction de Reginald Jacques. Les instrumentistes sont sélectionnés sur audition, l'orchestre se réunissant pendant les vacances scolaires pour répéter et travailler sous la direction d'un chef invité. Le niveau est très élevé et un grand nombre d'instrumentistes ont été acceptés dans des orchestres symphoniques de premier ordre.

Nativité du Seigneur, La. Neuf pièces pour orgue ou méditations de Messiaen, composées en 1935 : *La Vierge et l'enfant* ; *Les Bergers* ; *Desseins éternels* ; *Le Verbe* ; *Les Enfants de Dieu* ; *Les Anges* ; *Jésus accepte la souffrance* ; *Les Mages* et *Dieu parmi nous*.

Nature, vie et amour. Cycle de trois ouvertures de Dvořák : *Dans la nature* (1891), *Carnaval* (1891) et *Othello* (1892).

Naudot, Jacques-Christophe (vers 1690 ; Paris, 26 novembre 1762). Compositeur français, l'un des plus grands violonistes de son temps. Ses œuvres comprennent des livres de sonates et d'autres pièces pour divers instruments (notamment la vielle à roue). Ses six concertos pour flûte op.11 (1735-37) constituent le second recueil de concertos imprimé en Europe après l'opus 10 de Vivaldi.

Wendy Thompson.

Naumann, Johann Gottlieb (Blasewitz, près de Dresde, 17 avril 1741 ; Dresde, 23 octobre 1801). Compositeur allemand. Il fait ses études à Dresde et se rend en 1757 en Italie, où il travaille avec Tartini, le Père Martini et Hasse. Hasse le tient en grande estime et, en 1764, le fait nommer à la chapelle de la cour de Dresde ; il y devient Kapellmeister en 1776. Pendant son séjour à Dresde, plusieurs opéras de Naumann, certains sur des livrets de Métastase, sont représentés en Italie. En 1777, Gustave III de Suède lui confie la chapelle royale à Stockholm et l'invite à créer un Opéra national. Sous la direction de Naumann, le nouvel Opéra royal ouvre ses portes en 1782 avec son propre ouvrage, *Cora och Alonso* ; en 1786, il y fait représenter *Gustaf Wasa*. Le style des opéras suédois de Naumann est très différent des ouvrages italiens qu'il a écrits en Allemagne. En 1783, l'Opéra suédois avait donné *Orphée et Eurydice* de Gluck et Naumann avait découvert l'écriture de Gluck, plus « naturelle » pour la voix, résultant notamment de l'abandon d'une ornementation prétentieuse et élaborée.

Après un court passage à Copenhague, où il écrit un opéra danois sur la légende d'Orphée, Naumann retourne à Dresde comme Kapellmeister en 1786. A la fin de sa vie, il se consacrera surtout à la musique sacrée, mais composera un opéra bouffe, *Aci e Galatea*, en 1801.

Wendy Thompson.

Navarraise. Danse de l'ancien royaume de Navarre.

Navarraise, La. Opéra en deux actes de Massenet sur un livret de J. Claretie et H. Cain, créé à Londres (Covent Garden, 20 juin 1894). Première française à Bordeaux le 27 mars 1895.

Navarro, Juan (? Séville, vers 1530 ; Palencia, 25 septembre 1580). Compositeur espagnol. Entre 1553 et 1555, il chante dans le chœur de la cathédrale de Málaga et, en 1563, devient maître de chapelle à Avila ; trois ans plus tard, il occupe les même fonctions à Salamanque. A partir de 1573, il est chef des chœurs à Ciudad Rodrigo, puis *maestro* à Palencia, où il meurt. Juan Navarro a surtout écrit de la musique sacrée et presque toute la musique qui a survécu figure dans une publication posthume, *Psalmi, Hymni ac Magnificat totius anni* (Rome, 1590).

Wendy Thompson.

Naylor, Bernard (Cambridge, 22 novembre 1907). Compositeur anglais. Fils de l'organiste et compositeur Edward Naylor (1867-1934), il fait ses études avec Holst et Vaughan Williams au Royal College of Music de Londres. Depuis son premier voyage au Canada, en 1932, il a passé une part importante de sa vie dans ce pays, où il a enseigné et dirigé. Il a surtout composé des œuvres chorales et vocales dans un style traditionnel.

Paul Griffiths.

NBC Symphony Orchestra. Voir *Orchestre Symphonique de la NBC.*

Neander, Joachim (Brême, 1650 ; Brême, 31 mars 1680). Poète et compositeur allemand. Il commence ses études à Brême et, à l'âge de vingt ans, se convertit au piétisme. Il poursuit alors ses études à l'Université de Heidelberg et, en 1674, est nommé directeur de l'école calviniste de Düsseldorf. En 1677, il est privé de son poste en raison du soutien qu'il apporte aux doctrines piétistes et reste sans emploi pendant deux ans ; il meurt peu après avoir trouvé un nouveau poste. Neander a publié un recueil de psaumes et d'hymnes à Brême, dont la plupart ont été ensuite utilisés pour le chant de la communauté des fidèles. Ses deux hymnes les plus populaires, « Lobe den Herren » et « Wunderbarer König », sont encore chantés de nos jours.

Wendy Thompson.

Nebenstimme (all.). « Voix secondaire ». Terme introduit par Schoenberg pour désigner la seconde partie dans une structure polyphonique ; elle est indiquée sur la partition par le symbole (N⌐). Voir *Hauptstimme.*

Paul Griffiths.

Neck (angl.). « Manche » (d'un violon, etc.).

Nedbal, Oskar (Tábor, sud de la Bohême, 26 mars 1874 ; Zagreb, 24 décembre 1930). Compositeur, altiste et chef d'orchestre tchèque. Il étudie le violon dans sa ville natale, puis au Conservatoire de Prague, où il est l'élève de Bennewitz et de Dvořák. Altiste dans le Quatuor tchèque (1891-1906), il contribue à améliorer le niveau d'exécution de la musique de chambre tchèque et participe à plusieurs créations importantes, notamment celle du *Quatuor op.106* de Dvořák. De 1896 à 1906, il dirige la Philharmonie tchèque, puis le Tonkünstlerorchester à Vienne (1906-08). Après la Première Guerre mondiale, il retourne à Prague et, en 1921, se fixe à Bratislava où il prend la tête de l'opéra au Théâtre national slovaque, récemment fondé. Jusqu'à sa mort, il jouera un rôle essentiel dans la vie musicale de cette ville et cherchera à encourager la nouvelle génération de compositeurs slovaques. En tant que compositeur, Nedbal était considéré comme le plus prometteur des élèves de Dvořák, bien qu'il n'ait jamais fait preuve d'un esprit d'aventure analogue à celui de Suk ou de Novák. Ses opérettes et certains de ses ballets ont connu un grand succès en Autriche et en Allemagne, mais son unique opéra, *Sedlák Jakub* (« Jacques, le Paysan », 1920), a été mal accueilli. La musique de Nedbal est spirituelle et pleine d'imagination ; en dehors des danses tchèques, elle fait appel aux danses traditionnelles polonaises et yougoslaves, mais son style marque assez peu d'évolution par rapport à celui de son maître, Dvořák.

Jan Smaczny.

Neefe, Christian Gottlob (Chemnitz, aujourd'hui Karl-Marx-Stadt, près de Dresde, 5 février 1748 ; Dessau, 26 janvier 1798). Compositeur allemand. Il commence à composer à l'âge de douze ans et entre à l'Université de Leipzig pour y faire son droit en 1769. Mais il abandonne ses études deux ans plus tard en faveur de la musique et travaille avec J.A. Hiller. En 1778, il épouse une chanteuse et, l'année suivante, se rend à Bonn avec une troupe de théâtre itinérante ; il y séjourne jusqu'à l'invasion française de 1794. Il passe les deux dernières années de sa vie comme chef d'orchestre au théâtre de Dessau.

On se souvient surtout de Neefe comme de l'un des professeurs de Beethoven, mais il a aussi été un compositeur prolifique. *Adelheit von Veltheim* (1780) a été l'un de ses ouvrages dramatiques les plus populaires ; il a également écrit de nombreuses œuvres chorales, de la musique de chambre et de la musique pour piano, des lieder et des ballades, dans un style simple dérivé du singspiel. Il a aussi réalisé des réductions pour piano d'opéras de Mozart et écrit de nombreux articles dans des journaux.

Wendy Thompson.

Négresse, La. *Étude pour piano en sol bémol majeur op.10 n° 5* de Chopin (1830). Elle doit son nom à l'écriture de la main droite, exclusivement limitée aux touches noires du clavier.

Negri, Marc'Antonio (Vérone ; ? Venise, 1621 ou après). Compositeur italien, assistant de Monteverdi à San Marco de Venise entre 1612 et 1619. Il a écrit de belles sonates instrumentales et des *sinfonie*, deux livres d'*Affetti amorosi* (Venise, 1608, 1611) pour voix et continuo et un livre de psaumes pour *cori spezzati* (Venise, 1613).

Denis Arnold.

Nell. Poème de Leconte de Lisle mis en musique par Fauré sous l'opus 18 n° 1 (1878).

Nelsonmesse (« Messe "Lord Nelson" »). *Messe n° 11 en ré mineur* de Haydn, composée en 1798. Dans son propre catalogue, Haydn l'a intitulée « Missa in angustiis ». L'œuvre aurait été écrite pour célébrer la victoire de Nelson à Aboukir ; selon une autre version, Nelson aurait entendu cette messe à Eisenstadt en 1800. Elle porte parfois le titre de *Messe « Impériale »* ou de *Messe « du couronnement »*.

Nenia (ital.). « Thrène ».

Nenna, Pomponio (Bari, milieu du XVIe siècle ; ? Rome, vers 1613). Compositeur italien qui a peut-être été au service de Gesualdo à Naples à la fin du XVIe siècle. Ses madrigaux montrent l'intérêt qu'il portait lui aussi au chromatisme. En 1608, il s'était installé à Rome, où ses huit livres de madrigaux ont été publiés à titre posthume. Outre sa musique profane (madrigaux et *villanelle*), il a écrit un peu de musique religieuse.

Denis Arnold.

Néoclassicisme. Dans le domaine musical, style qui, d'une façon consciente et généralement ironique, adopte des techniques, des caractéristiques ou des formes d'une époque antérieure. Le néoclassicisme est particulièrement lié aux œuvres composées par Stravinski entre le début des années vingt et des années cinquante : cette partie de sa production comprend des arrangements très personnels de musique ancienne (*Pulcinella*, d'après des pièces attribuées à Pergolèse, 1919-20), des œuvres qui reviennent à la forme du concerto dans le style de Bach (*Concerto « Dumbarton Oaks »*, 1938), d'autres qui évoquent le baroque français (*Apollon musagète*, 1927-28) ou le début du romantisme (*Capriccio pour piano et orchestre*, 1928-29), et même un opéra qui se fait souvent l'écho de Mozart (*The Rake's Progress*, 1948-51).

L'influence des partitions néoclassiques de Stravinski a marqué de nombreux compositeurs parisiens entre les deux guerres, notamment Poulenc, Martinů, Honegger, Szymanowski et Copland. Leurs œuvres, comme celles de Stravinski, utilisent des procédés d'écriture plus anciens, dans un style souvent ironique et parfois humoristique ; elles consacrent une rupture décisive avec la grande tradition musicale : au lieu de fonder son œuvre organiquement sur celle de Bach, de Beethoven ou de Brahms, le compositeur peut désormais considérer leur musique en toute objectivité et sélectionner ce qui lui plaît.

En Autriche et en Allemagne, le néoclassicisme a joué un rôle moins important, tout en se montrant moins insouciant, sans doute parce que les compositeurs qui l'ont adopté sont restés dans la grande tradition. Certaines œuvres des années 1900, comme les variations de Reger et la *Symphonie de chambre nº 1* de Schoenberg (1906), laissent pressentir des attitudes néoclassiques avec des méthodes formelles établies pour créer un ordre dans une musique aux harmonies avancées, mais c'est au début des années vingt que l'emprise du néoclassicisme s'est vraiment affirmée. Busoni, qui proposait la notion de « jeune classicisme », plaidait en faveur d'un retour à la musicalité pure de Mozart et a exercé une certaine influence sur de jeunes compositeurs comme son élève Kurt Weill. Toutefois, le principal compositeur néoclassique allemand, Paul Hindemith, a été davantage impressionné par Stravinski, bien que ses partitions les plus néoclassiques, qui comprennent un grand nombre de concertos et de pièces de musique de chambre des années vingt, révèlent une vigueur exubérante et une netteté aux antipodes de la musique parisienne de l'époque.

Schoenberg se considérait comme l'ennemi du néoclassicisme, qu'il s'agisse de celui de Stravinski ou de celui de Hindemith, car il reconnaissait la rupture qu'il impliquait d'avec la tradition. Toutefois, ses propres œuvres des années vingt et trente marquent un retour au développement thématique, à la stabilité métrique et à d'anciens principes formels qu'il avait auparavant abandonnés. Comme la musique composée à la même époque par ses élèves Berg et Webern, ses œuvres comportent une touche très nette de néoclassicisme. Cependant, les œuvres instrumentales et chorales de la maturité de Webern, comme les dernières œuvres (très différentes par ailleurs) de Bartók, se dissocient du reste de la musique néoclassique car elles rétablissent un lien de parenté intégral en l'absence de toute ironie liée au déplacement stylistique.

Paul Griffiths.

Nera (ital.). « Noire » (♩).

Neu eröffnete musikalische Bibliothek. Revue musicale allemande fondée à Leipzig en 1736 par Lorenz Mizler ; la publication a cessé en 1754.

Neukomm, Sigismund (Salzbourg, 10 juillet 1778 ; Paris, 3 avril 1858). Compositeur et chef d'orchestre autrichien qui semble avoir voyagé pendant presque toute sa vie. Élève des frères Haydn (Michael à Salzbourg et Joseph à Vienne), il se rend à Stockholm en 1806, puis à Saint-Pétersbourg, où il devient directeur musical de la cour. Il retourne quelque temps à Vienne, mais s'installe à Paris en 1809. Il est nommé pianiste du prince de Talleyrand, qu'il accompagne au congrès de Vienne. En 1816, il se rend avec le duc de Luxembourg à Rio de Janeiro et revient en Europe lorsque les combats éclatent, en 1821. Huit ans plus tard, il va à Londres, où il rencontre Mendelssohn. Il est reçu avec enthousiasme : ses oratorios *Mount Sinaï* et *David* (1834) sont donnés à de nombreuses reprises et ses mélodies « Napoleon's Midnight Review » et « The Sea » deviennent extrêmement populaires. Neukomm a écrit environ un millier d'œuvres en tous genres, notamment dix opéras, quarante-huit messes, de la musique de chambre et une *Symphonie en mi bémol* qui a été jouée en 1831 par la London Philharmonic Society.

Wendy Thompson.

Neumark, Georg (Langensalza, 7 mars 1621 ; Weimar, 8 juillet 1681). Poète et musicien allemand qui eut la malchance de se faire voler la totalité de ses biens en se rendant à l'Université de Königsberg, en 1640, pour y faire des études de droit, ce qui l'a contraint à enseigner pour gagner sa vie. Entre 1640 et 1650, il voyage pendant quelque temps en Allemagne et en Pologne et obtient finalement, à l'âge de trente ans, un poste de secrétaire et de bibliothécaire auprès du duc de Weimar.

L'œuvre la plus connue de Neumark est l'hymne « Wer nur den lieben Gott lässt walten », qui est devenu l'un des chorals les plus connus en Allemagne et a servi de modèle à la cantate de Bach qui porte le même titre. En 1657, il a publié à Iéna *Fortgepflantzer musikalisch-poetischer Lustwald*, recueil de chants sacrés et profanes accompagnés d'un continuo avec des *ritornelli* instrumentales.

Wendy Thompson.

Neume (du grec *pneuma*, « souffle »). Forme de note ancienne ; voir *Notation*, 2.

Neumes diastématiques. Neumes placés de façon à donner une idée de leur hauteur de son relative. Voir *Notation*, 2.

Neusidler. Famille de luthistes allemands. **Hans Neusidler** (Presbourg [aujourd'hui Bratislava], avant 1510 ; Nuremberg, 2 février 1563) a vécu à Nuremberg à partir de 1530 environ. Il s'est marié deux fois et a eu dix-sept enfants. Tout en enseignant et en publiant sa musique pour luth, il était facteur de cet instrument. Ses huit livres de musique pour luth contiennent des arrangements de chansons et de motets et d'immenses préludes improvisés. Son premier livre (1536) comporte une introduction sur le jeu du luth, avec des exercices.

Son fils, **Melchior** (Nuremberg, 1531 ; Augsbourg, 1590) s'est fixé à Augsbourg peu après 1551 et a été embauché par la ville comme premier violon d'un groupe de musiciens qui jouait pour diverses cérémonies. En 1565, il s'est rendu en Italie où il a publié de la musique pour luth ; en 1580-81, il a été au service de l'archiduc Ferdinand II à Innsbruck, mais a passé la plus grande partie de sa vie à Augsbourg, où il a bénéficié de la protection du banquier Octavien II Fugger. Trois livres de musique pour luth ont été publiés, deux en Italie et un à Strasbourg (1574) ; ils comprennent des arrangements de chansons et de danses et quelques *ricercari*.

Neuvième. 1. L'accord de quatre tierces au-dessus de la fondamentale. Voir *Septième diminuée* ; *Septième de dominante*.

2. *Neuvième Symphonie*. Bien que plusieurs compositeurs aient écrit neuf symphonies, notamment Mahler, Bruckner, Dvořák et Vaughan Williams, le mélomane attribue généralement ce terme à une seule œuvre : la *Symphonie nº 9 en ré mineur* avec chœur op.125 de Beethoven, composée en 1822-24.

New England Conservatory of Music (Conservatoire de musique de la Nouvelle-Angleterre). L'une des premières écoles de musique indépendantes de ce genre aux États-Unis, le Conservatoire de la Nouvelle-Angleterre (fondé en 1867) a été présidé par une succession de personnages éminents, notamment les compositeurs George Whitefield Chadwick, Quincy Porter et Gunther Schuller. Il entretient depuis longtemps des relations étroites avec l'Orchestre symphonique de Boston : de nombreux instrumentistes de l'orchestre enseignent au Conservatoire et le chœur du Conservatoire chante souvent avec l'orchestre.

Nym Cooke.

Newman, Ernest (Everton, Liverpool, 30 novembre 1868 ; Tadworth, Surrey, 7 juillet 1959). Critique musical et musicologue anglais. De son vrai nom Roberts, il a fait ses études à l'Université de Liverpool avant de devenir employé de banque. Autodidacte dans le domaine musical, mais doué d'une immense connaissance des langues étrangères, il a publié des livres sur Gluck (Londres, 1895, réimprimé en 1977) et sur Wagner (Londres, 1899, réimprimé en 1974) avant d'être nommé critique musical du *Manchester Guardian* en 1905. Il a passé le reste de sa longue vie à écrire dans des journaux de Birmingham et de Londres, illustrant le pseudonyme qu'il avait adopté : Earnest New Man (un « homme nouveau très sérieux »), par des articles d'une grande pénétration intellectuelle. Son œuvre majeure, *Life of Richard Wagner* (quatre volumes, Londres, 1933-47, réimprimé en 1977), est toujours considérée comme l'ouvrage de référence en la matière ; ses autres livres sur l'opéra fournissent de précieuses informations sur les œuvres des grands compositeurs du XIXe siècle.

Denis Arnold.

Newport Jazz and Folk Festivals. George Wein a organisé le premier festival de jazz de Newport (Rhode Island) en 1954. Cette manifestation annuelle, qui est rapidement devenue l'un des plus grand festivals de jazz du monde entier, réunit les meilleures formations de style moderne et traditionnel. En 1972, il a été transféré à New York et a changé de nom pour devenir le Newport Festival-New York. Les programmes et le public se sont élargis. Le Festival de Folk de Newport est plus modeste. Wein l'a lancé en 1959 et, en 1963, il a créé la Newport Folk Foundation, à but non lucratif, qui organise le festival d'été annuel.

Mark Tucker.

New York City Opera. Compagnie lyrique américaine, la plus importante après le *Metropolitan. Fondée en 1944, la compagnie présente deux saisons annuelles de onze semaines au New York State Theater, installé au Lincoln Center. Parmi les directeurs les plus éminents, on peut citer Erich Leinsdorf, Julius Rudel et Berverly Sills. Contrairement au Metropolitan, le City Opera présente des chanteurs plus jeunes, moins connus, souvent américains, et non des vedettes internationales. Il explore un répertoire lyrique moins familier comprenant des œuvres américaines ou des œuvres étrangères en traduction anglaise, des ouvrages contemporains ou simplement oubliés.

Mark Tucker.

New York Pro Musica. Ensemble américain de musique ancienne qui a joué un rôle moteur dans ce domaine entre 1952 et 1974. Fondé par Noah Greeberg, Pro Musica était à la fois un ensemble de musiciens et un foyer de recherche new-yorkais dans le domaine de la musique ancienne. Pro Musica a connu ses premiers succès avec les enregistrements du *Jeu de Daniel* (1959) et du *Jeu d'Hérode* (1963). Associant érudition, virtuosité, musicalité et programmation attrayante, Pro Musica a su attirer un public nombreux et a servi de modèle à d'autres ensembles de musique ancienne.

Mark Tucker.

New York Public Library (Bibliothèque municipale de New York). Depuis sa fondation en 1924, la division de la musique de la New York Public Library est devenue l'une des plus belles collections du monde, avec plus de 500 000 titres. Depuis 1963, elle fait partie du Performing Arts Research Center au Lincoln Center, avec les Rodgers et Hammerstein Archives of Recorded Sound (plus de 350 000 enregistrements), une *dance collection*, la Billy Rose Theatre Collection et une bibliothèque de prêt. La Manuscript and Archives Division et le Schomburg Center for Research in Black Culture sont situés en un autre endroit de New York.

Nym Cooke.

Nez, Le. Opéra en trois actes de Chostakovitch sur un livret du compositeur, d'Alexander Preys, de Gueorgi Ionine et d'Evgeni Zamiatine, d'après la nouvelle de Gogol (1835) ; ce livret reprend également des extraits d'autres œuvres de Gogol et le chant de Smerdiakov dans *Les Frères Karamazov* de Dostoïevski. Représentations : Leningrad (Théâtre Maly, 12 janvier 1930) ; Londres (Sadler's Wells par la New Opera Company, 4 avril 1973) ; Tourcoing (Atelier lyrique du Rhin, 23 novembre 1979). *Le Nez* (composé en 1927-28) est le produit des années expérimentales qui ont suivi la révolution de 1917. En utilisant comme catalyseur la satire littéraire que Gogol avait faite du règne de Nicolas Ier, l'opéra s'attaque à son tour aux institutions et à la texture même de la société soviétique des années vingt ; la musique, à l'humour grimaçant, est d'une complexité harmonique et rythmique extrême (et comprend l'un des rôles de ténor les plus aigus du répertoire : l'Inspecteur de police doit chanter jusqu'au mi^4). Mais dès qu'un contrôle idéologique sérieux s'est appliqué aux disciplines artistiques (voir *Réalisme socialiste*), l'ouvrage est tombé en disgrâce et a finalement été taxé de *formalisme. Il n'a connu que seize représentations avant d'être retiré du répertoire. Il a été repris au Théâtre de musique de chambre de Moscou en 1974.

Le major Platon Kovalev (bar.), petit fonctionnaire, perd son nez, qui réapparaît dans un morceau de pain que mangeait le barbier Ivan Iakovlevitch (basse) à son petit déjeuner. Ce nez se met à vivre sa vie, se transformant en conseiller d'État et traitant avec dédain son ancien propriétaire. Il est finalement arrêté et revient à Kovalev, qui n'est plus défiguré et peut reprendre sa place dans la société de Saint-Pétersbourg.

Nicée. Pour symbole de Nicée, voir *Credo*.

Nicholson, Richard (mort à Oxford en 1639). Organiste et compositeur anglais, chef de chœur à Magdalen College à Oxford en 1595, où il obtient le grade de Bachelor of Music l'année suivante ; en 1626, il devient le premier professeur de musique à Magdalen College. Il a composé des chansons intéressantes, notamment un cycle de madrigaux « Joan, quoth John, when will it be » et quelques chants et *anthems* pour *consort* : l'un d'entre eux mêle l'air du psaume « Come Holy Ghost » au thème de l'*In nomine*. Il a écrit un madrigal pour *The Triumphes of Oriana*.

Denis Arnold.

Nicolai, (Carl) Otto (Ehrenfried) (Königsberg, 9 juin 1810 ; Berlin, 11 mai 1849). Compositeur allemand. Fils d'un compositeur qui avait décidé d'en faire un enfant prodige, il a une enfance misérable et s'enfuit finalement de chez lui à l'âge de seize ans. Il se rend à Berlin, où il étudie avec Zelter et à l'Institut royal de musique religieuse, chantant le rôle de Jésus lors d'une exécution de la *Passion selon saint Matthieu* ; en 1831, il part pour Rome comme organiste de l'ambassadeur de Prusse. Il y étudie la musique de Palestrina et d'autres compositeurs, mais attire l'attention sur lui en écrivant de la musique sur la mort de Bellini – ce qui lui vaut finalement d'être nommé professeur de chant et chef d'orchestre de la cour de Vienne. Son contrat d'un an n'est pas renouvelé et, au cours des années suivantes, il fait représenter avec succès plusieurs opéras dans des théâtres italiens, avant de revenir à Vienne, en 1841, comme directeur musical de l'Opéra. Il y remporte beaucoup de succès en tant que chef d'orchestre, fonde les concerts philharmoniques avec l'Orchestre de l'Opéra, mais a peu d'opportunités pour y faire représenter ses propres opéras. En 1848, il quitte son poste pour prendre la direction du chœur de la cathédrale de Berlin et diriger des ouvrages lyriques. Son charmant opéra *Die lustigen Weiber von Windsor* (« Les Joyeuses Commères de Windsor ») a été créé en 1849 ; son orchestration délicate dans le style de Mendelssohn, le style mélodieux et italianisé des ensembles lui ont assuré une place stable au répertoire en Allemagne.

Denis Arnold.

Niedermeyer, Louis (Nyon, 27 avril 1802 ; Paris, 13 mars 1861). Compositeur français d'origine suisse, élève de Moschelès et de Förster à Vienne, de Fioravanti à Rome et de Zingarelli à Naples. Il s'installe à Paris en 1823 et commence une carrière de compositeur d'opéra (*Stradella*, 1837 ; *Marie Stuart*, 1844) avant de se tourner vers la musique religieuse. Il crée l'école qui porte son nom où Fauré et Messager, notamment, feront leurs études musicales. En 1857, il fonde un journal de musique religieuse, *La Maîtrise*. On lui doit plusieurs ouvrages théoriques.

Alain Pâris.

Niederschlag (all.). 1. Dans le domaine de la direction d'orchestre, « geste conclusif » (le geste préparatoire est *Aufschlag*).

2. Dans le jeu des instruments à cordes, le « tiré » de l'archet, également appelé *Niederstrich*.

Niederstrich (all.). Dans le jeu des instruments à cordes, le « tiré » de l'archet, également appelé *Niederschlag*.

Nielsen, Carl (August) (Sortelung, près de Nrre Lyndelse, Fyn, 9 juin 1865 ; Copenhague, 3 octobre 1931). Compositeur danois. Né dans une famille pauvre, Nielsen joue du violon, dès son enfance, dans des groupes musicaux dirigés par son père. En 1880, il entre dans une musique militaire comme clairon et, en 1884, il est admis au Conservatoire de Copenhague, où il suit notamment les cours de Niels Gade. Il restera dans la capitale danoise jusqu'à la fin de sa vie, tout d'abord comme second violon à l'Orchestre royal (1889-1905), puis comme chef d'orchestre au Théâtre royal (1908-14) et à la Société de musique de Copenhague (1915-27). A la fin de sa vie, il était considéré sur le plan national et international comme le plus grand compositeur auquel son pays ait donné naissance.

La réputation de Nielsen repose surtout sur ses six symphonies : nº 1 en sol mineur (1890-92), nº 2 *« Les Quatre Tempéraments »* (1901-02), nº 3 *« Sinfonia espansiva »* (1910-11), nº 4 *« L'Inextinguible »* (1914-16), nº 5 (1921-22) et nº 6 *« Sinfonia semplice »* (1924-25). D'écriture claire et de construction solide, elles ont d'emblée attiré l'attention sur elles par leur organisation tonale et, en particulier, par leur « tonalité progressive » qui permet à la musique de passer sans ambiguïté d'une tonalité à une autre. Ce procédé est également caractéristique de ses autres œuvres instrumentales, notamment *Commotio* (1931), une pièce pour orgue qui dure environ trente minutes, et le *Quintette à vent* (1922). Une exécution de ce quintette lui a donné l'envie d'écrire un concerto destiné à traduire le caractère de chaque instrumentiste ; mais il a seulement composé le concerto pour flûte (1926) et celui pour clarinette (1928).

Contrairement à un grand nombre de ses contemporains, Nielsen a trouvé une façon d'écrire de la musique symphonique tonale sans faire appel aux artifices néoclassiques, même si son opéra *Maskarade* (1906) montre qu'il était capable de réaliser un pastiche du XVIIIe siècle. Ses autres œuvres vocales comprennent la cantate *Hymnus amoris* (1896-97) et un grand opéra à l'écriture très chargée, *Saül et David* (1902).

Paul Griffiths.

BIBLIOGRAPHIE : *Carl Nielsen, La Musique et la vie*, Actes-Sud (Arles, 1988).

Niente (ital.). « Rien » ; *quasi niente*, « presque rien », par exemple le son doit s'évanouir progressivement ou être joué le plus doucement possible.

Nigg, Serge (Paris, 6 juin 1924). Compositeur français, élève de Messiaen et de Leibowitz, fondateur avec Désormière, Durey et Koechlin de l'Association française des musiciens progressistes dont l'objectif essentiel consistait à mettre la musique à la portée du plus grand nombre en évitant de tomber dans le piège d'une démarche trop intellectuelle. Il parvient à concilier cet impératif avec une écriture dodécaphonique dans un langage personnel, souvent néoromantique. En 1967, il a été nommé inspecteur principal à la direction de la musique du ministère des Affaires culturelles. On lui doit de nombreuses partitions symphoniques (*Jérôme Bosch-Symphonie*, 1960 ; *Visages d'Axel*, 1967 ; *Fulgur*, 1969), des concertos pour violon, pour flûte et pour piano, et de la musique vocale (*Le Chant du dépossédé* sur un poème de Mallarmé, 1964).

Alain Pâris.

Nilsson, Bo (Skelleftehamn, 1er mai 1937). Compositeur suédois essentiellement autodidacte, il prend de l'importance lorsque *Frequenzen* pour huit instrumentistes est exécuté à Darmstadt en 1956. Cette œuvre, comme celles qui ont suivi, révèle la forte influence que Stockhausen a exercée sur lui.

Paul Griffiths.

Nimrod. Neuvième des *« Enigma » Variations* d'Elgar, ainsi appelée parce qu'elle fait le portrait d'un ami d'Elgar, A. J. Jeager (Jaeger veut dire « chasseur » en allemand ; Nimrod était le « puissant chasseur » de l'Ancien Testament). Cette œuvre évoque une discussion qu'eurent les deux amis à propos des mouvements lents de Beethoven. Elle est souvent jouée séparément à titre commémoratif.

Ninna-nanna, ninnarella (ital.). « Berceuse ».

Nivers, Guillaume Gabriel (? Paris, vers 1632 ; Paris, 30 novembre 1714). Organiste et compositeur français. Organiste de Saint-Sulpice, à Paris, entre 1650 environ et sa mort, il a été également l'un des organistes de la chapelle royale à partir de 1678 et responsable de la musique à l'école conventuelle de Saint-Louis, à Saint-Cyr, à partir de 1686. Outre quelques beaux motets à une voix, il a surtout composé de la musique pour orgue. Ses trois *Livres d'orgue* (Paris, 1665-75) contiennent des versets destinés à être exécutés à l'église et ses préfaces recèlent des informations importantes sur la pratique de jeu de l'époque.

Denis Arnold.

Nô, Théâtre. Divertissement dramatique japonais faisant intervenir musique, danse, théâtre et poésie. Voir *Japon*, 6.

Nobile (ital.). « Noble » ; *nobilmente*, « avec noblesse » (l'un des termes favoris d'Elgar) ; *nobilità, noblezza*, « noblesse ».

Noblemen and Gentlemen's Catch Club. Club londonien fondé en 1761 pour encourager la composition de *catches* et de *glees*. Le comte de Sandwich était l'un des fondateurs et, parmi les membres de ce club, on comptait beaucoup de musiciens professionnels (Abel, Arne, J. C. Bach, Callcott). Les registres remontent à 1767 : à cette époque, chaque membre devait chanter une chanson à chaque réunion. On prétend que quiconque chantait faux devait boire un verre de vin ; on buvait du sherry et du madère, mais le café, le thé et les autres boissons étaient interdits ; la politique et la religion étaient exclues de la conversation. A partir de 1763, le club a commencé à attribuer des prix de composition : pour son centenaire en 1861, il a offert un gobelet en argent au compositeur du meilleur *glee* commémoratif à quatre parties ; son bicentenaire a été célébré avec un chant à plusieurs voix spécialement commandé à Malcolm Arnold. Le club existe toujours.

Noce à Troldhausen, La (*Hochzeitstag auf Troldhausen*). Pièce pour piano de Grieg, nº 6 du huitième cahier de ses *Pièces lyriques op. 65* (1897). L'œuvre a été orchestrée par la suite. Troldhausen était le nom de la villa de Grieg, construite en 1885 en dehors de Bergen.

Noces, Les. Scènes chorégraphiques pour soprano, mezzo-soprano, ténor, basse, chœur, quatre pianos et ensemble de percussion de Stravinski ; pour le texte, Stravinski s'est inspiré de sources traditionnelles russes. L'œuvre a été composée entre 1914 et 1917, orchestrée en 1921-23 et créée à Paris en 1923.

Noces d'Aurore, Les. Divertissement situé au dernier acte du ballet de Tchaïkovski, *La Belle au bois dormant*, parfois représenté séparément avec l'adjonction de quelques numéros qui figuraient dans la production de Diaghilev à Londres en 1921. Créé à Paris en 1922.

Noces de Figaro, Les (*Le Nozze di Figaro*). Opéra (« dramma giocoso ») en quatre actes de Mozart sur un livret de Lorenzo da Ponte d'après la comédie de Beaumarchais *Le Mariage de Figaro ou la Folle Journée* (1778, créée en 1784). Représentations : Vienne (Burgtheater, 1er mai 1786) ; Paris (Opéra, 29 mars 1793, en français) ; Londres (Haymarket, 18 juin 1812) ; New York (Park Theater, 10 mai 1824, dans la version de Bishop de 1819). Figaro (bar.) doit épouser Suzanne (sop.) et prépare la chambre qui leur est destinée par le Comte (bar.). Celui-ci a des visées sur Suzanne. Figaro a d'autres problèmes car il a signé un contrat l'engageant à épouser Marcelline (cont.) s'il ne peut lui rembourser une somme d'argent qu'il lui a empruntée. Marcelline et Bartolo (basse) cherchent le moyen de lui tendre un piège ; il y a naturellement une certaine tension entre Marcelline et Suzanne. Le page Chérubin (sop.) est sur le point d'être banni pour flirt ; il chante les malheurs de sa sensibilité mais doit se cacher à l'arrivée du Comte, qui cherche Suzanne. L'entrée de Don Basile (tén.) oblige le Comte à se cacher également, mais ils sont tous deux découverts. Chérubin est envoyé aux armées.

La Comtesse (sop.) se plaint de l'abandon de son mari. Figaro et Suzanne décident de le lui rendre grâce à la jalousie et au ridicule. Chérubin entre avec une chanson d'amour destinée à la Comtesse, mais il doit se cacher dans une pièce voisine à l'arrivée du Comte. Pendant que le Comte va chercher des outils pour forcer la porte, Chérubin s'enfuit par la fenêtre et Suzanne prend sa place, plongeant ainsi le Comte dans l'embarras lorsqu'il la découvre. Mais le jardinier a vu Chérubin s'enfuir : le désastre n'est évité que grâce à Figaro, qui déclare avoir sauté lui-même par la fenêtre.

Le Comte essaie de séduire Suzanne en la menaçant d'obliger Figaro à épouser Marcelline ; elle fait semblant de succomber. On découvre alors que Marcelline et Bartolo sont les parents de Figaro. La Comtesse organise un rendez-vous entre le Comte et Suzanne dans lequel elle prendra la place de Suzanne. On prépare les formalités du mariage de Figaro et de Suzanne.

Dans le jardin paraissent Suzanne et la Comtesse, qui ont échangé leurs robes. Figaro, croyant que Suzanne va céder au Comte, entend, fou de jalousie, un aveu d'amour qui lui est en réalité destiné. Chérubin a rendez-vous avec Barberine (sop.) mais il tente d'embrasser la pseudo-Suzanne. Le Comte le met en fuite et fait la cour à sa femme ; il finit par la reconnaître, horrifié et plein de remords. Elle lui pardonne et tout finit bien.

BIBLIOGRAPHIE : *Les Noces de Figaro*, L'Avant-Scène-Opéra nº 21 (Paris, 1979).

Noces de Jeannette, Les. Opéra-comique en un acte de Victor Massé sur un livret de Michel Carré et Jules Barbier. Création à l'Opéra-Comique le 4 février 1853.

Noche (esp.). « Nuit ».

Noches en los jardines de España. Voir *Nuits dans les jardins d'Espagne.*

Nocturne. 1. Dans la liturgie catholique, partie de l'office de la nuit. Il y a trois nocturnes dans les matines, qui comprennent chacun trois psaumes avec antiennes et trois leçons. Chaque nocturne est suivi d'un *répons (le dernier répons peut être remplacé par le *Te Deum*).

2. (all. : *Nachtstück* ; angl. : *nocturne* ; ital. : *notturno*). Nom donné à une composition liée à une idée romantique de la nuit. Au XVIIIe siècle, le titre *notturno* avait déjà été employé pour des compositions analogues à la *sérénade, qui étaient jouées comme divertissements nocturnes. Les *notturni* de Haydn, pour deux *lire organizzate* (lyres organisées), deux clarinettes, deux cors, deux altos et contrebasse (1790), comportent un nombre de mouvements variable. Mozart a écrit un *notturno* pour cordes et deux cors (K 269a). Le compositeur bohémien Gyrowetz est l'auteur de seize *notturni* pour diverses combinaisons instrumentales.

3. Au XIXe siècle, le mot « nocturne » est utilisé spécifiquement comme titre de certaines pièces pour piano romantiques, de nature lente et rêveuse, dans lesquelles une mélodie gracieuse et extrêmement ornée à la main droite est accompagnée d'accords arpégés à la main gauche. Le premier compositeur à avoir écrit ce type de morceau est l'Irlandais John Field ; il a ensuite été repris avec beaucoup de réussite par Chopin, dont les dix-neuf nocturnes n'ont jamais été égalés.

Voir également *Nachtstück*.

4. Cycle de mélodies op.60 pour ténor, sept instruments *obbligato* et cordes de Britten qui met en musique huit poèmes sur la nuit de Shelley, Tennyson, Coleridge, Middleton, Wordsworth, Owen, Keats et Shakespeare. Le premier poème est accompagné uniquement des cordes ; chacun des suivants est dominé par un instrument *obbligato* (basson, harpe, cor, timbales, cor anglais, flûte et clarinette) et le dernier est destiné à l'effectif complet. L'œuvre est dédiée à la veuve de Mahler et a été créée à Leeds en 1958.

Nocturnes. Triptyque pour orchestre de Debussy, composé entre 1897 et 1899. Les trois mouvements s'intitulent : *Nuages*, *Fêtes* et *Sirènes*. Le dernier comprend un chœur de femmes. Ravel en a réalisé un arrangement pour deux pianos (1909).

Nœud. Point de repos entre les deux mouvements ondulatoires d'une corde en vibration. Il y a plusieurs nœuds sur toute la longueur d'une corde et, sur un instrument à cordes, l'instrumentiste obtient les harmoniques en touchant légèrement la corde en chacun de ces points. Dans une colonne d'air en vibration, les nœuds sont les points de densité extrême où les particules d'air ne bougent pas.

Voir *Acoustique*, 5.

Noël. En France, à partir du Moyen Age, les paraphrases en langue vernaculaire des hymnes de Noël latins consistaient souvent en des arrangements de mélodies grégoriennes ou de véritables chansons populaires. Au XVIe siècle, ces noëls – dont la forme et le genre ne différaient pas beaucoup des chansons et qui n'étaient parfois que des arrangements de chansons existantes – furent publiés en recueils intitulés, par exemple, *La Fleur des noëls* (Lyon, 1535). Au siècle suivant et même plus tard encore, ils se sont pliés à divers aspects de la musique de l'époque, comme la *musique mesurée ou le *continuo. Ces noëls étaient extrêmement populaires au point d'entrer dans les œuvres de compositeurs aussi sérieux que Charpentier (la charmante *Messe de minuit*) et Lalande (*Symphonies des noëls*). Certains organistes ont arrangé ou écrit des variations sur des noëls (par exemple, le *Nouveau Livre de noëls pour l'orgue et le clavecin* de Daquin) et Charpentier a arrangé plusieurs noëls pour ensemble à cordes. En 1786, Lesueur en a utilisé dans sa *Messe-Oratorio de Noël* alors que Gossec, en 1766, avait écrit une *Première Suite de noëls.* Le noël a disparu avec la Révolution française mais a retrouvé une certaine vogue avec Franck et ses contemporains, à la fin du XIXe siècle.

Voir également *Carol*.

Noire (all. : *Viertelnote* ; amér. : *Quarter note* ; angl. : *crotchet* ; ital. : *semiminima* ; esp. : *negra*). Valeur égale au quart d'une ronde et à la moitié d'une blanche (♩).

Nola, Giovanni Domenico del Giovane da (Nola, près de Naples, vers 1510 ;

Naples, mai 1592). Compositeur et organiste italien, *maestro di cappella* à S Annunziata de Naples, à partir de 1563, où il a aussi enseigné le chant. Il a composé des chansons profanes, surtout des *villanesche* et des *napolitane*.

Denis Arnold.

Nomine, In. Voir *In nomine.*

None. La sixième des *heures de l'office de l'Église catholique (15 heures).

Nonette (all. : *Nonett* ; angl. : *nonet* ; ital. : *nonetto*). Terme qui s'applique indifféremment à toute combinaison de neuf instruments ou de neuf voix, ou au morceau de musique destiné à cette combinaison. Parmi les nonettes célèbres, on peut citer le *Nonette op.31* pour quatuor à cordes, flûte, hautbois, clarinette, basson et cordes de Spohr, l'op.139 pour violon, alto, violoncelle, contrebasse, flûte, hautbois, clarinette, basson et cor de Rheinberger et le *Concerto op.24* pour flûte, hautbois, clarinette, cor, trompette, trombone, violon, alto et piano de Webern.

Non nobis Domine. Canon vocal célèbre attribué (sans preuve absolue) à Byrd. Il est généralement chanté à trois parties, la voix supérieure entrant la première, la voix médiane une quarte plus bas et la voix grave une octave au-dessous de la voix supérieure. Toutefois, il existe un grand nombre de possibilités, en variant le nombre des parties, en modifiant la tessiture ou les intervalles de durée, et même en inversant la mélodie. La première phrase était très répandue dans la musique du XVIe au XVIIIe siècle ; Haendel l'a utilisée dans son « Alleluia ». Le *Non nobis Domine* était traditionnellement chanté aux banquets, en guise d'action de grâces.

Nono, Luigi (Venise, 29 janvier 1924). Compositeur italien. Il fait ses études de droit à l'Université de Padoue et commence à composer sous l'influence de Malipiero. Entre 1946 et 1950, il prend des cours avec Bruno Maderna et Hermann Scherchen, qui l'initie aux méthodes sérielles. Avec des œuvres comme *Polifonica-Monodia-Ritmica* pour sept instrumentistes (1951), il prend la tête de l'avant-garde, avec Boulez et Stockhausen, élaborant des procédures sérielles complexes dans un style d'une rhétorique passionnée. La cantate *Il Canto sospeso* (1955-56) met cette rhétorique au service de l'antifascisme et, dans un grand nombre d'œuvres ultérieures, Nono exprime un engagement violent en faveur du socialisme révolutionnaire. Son opéra *Intolleranza* (1960-61, rév. 1970) traite de la condition d'un immigrant dans un État hostile ; d'autres œuvres, comme *Non consumiamo Marx* (1969), sont des manifestes musicaux d'une nature véhémente et lyrique, écrits pour voix et bande magnétique. Nono a également donné des conférences, notamment aux cours d'été de Darmstadt et de Dartington, et a organisé des concerts dans des usines.

Paul Griffiths.

Nordqvist, Gustav (Lazarus) (Stockholm, 12 février 1886 ; Stockholm, 28 janvier 1949). Compositeur suédois. Il étudie la composition avec Ellberg et le piano avec Lundberg au Conservatoire de Stockholm (1901-10). Il est également l'élève de Hillner à Berlin (1913). En travaillant à Stockholm comme professeur et comme organiste, il a composé environ deux cents mélodies et diverses autres œuvres dans un langage qui évoque la fin du romantisme.

Paul Griffiths.

Norfolk Rhapsody. Œuvre symphonique de Vaughan Williams, composée en 1905-06 et basée sur trois chansons populaires recueillies à Norfolk en 1905 par le compositeur. Vaughan Williams a écrit deux autres *Norfolk Rhapsodies* en 1906, car il projetait une « Norfolk Symphony », mais elles ont ensuite été détruites.

Nørgård, Per (Gentofte, 13 juillet 1932). Compositeur danois. Il est l'élève de Vagn Holmboe et de Finn Høffding au Conservatoire royal danois de Copenhague (1952-55) et enseigne aux Conservatoires de Fyn, de Copenhague et d'Århus. Ses œuvres, influencées par Sibelius, Ligeti et les minimalistes américains, utilisent du matériel répétitif dans un contexte harmonique tonal chaleureux.

Paul Griffiths.

Norma. Opéra en deux actes de Bellini sur un livret de Felice Romani, d'après la tragédie de Louis Soumet (1831).

Représentations : Milan (Scala, 26 décembre 1831) ; Vienne (11 mai 1833, version allemande) ; Londres (King's Theatre, 20 juin 1833) ; Paris (Théâtre-Italien, 8 décembre 1835) ; La Nouvelle Orléans (1er avril 1836). Norma (sop.), grande prêtresse du temple druidique qui a eu (rompant ses vœux de chasteté) deux enfants de Pollione (tén.), proconsul romain, découvre qu'il est amoureux d'une jeune prêtresse, son amie Adalgisa (sop. ou mezzo). Norma tente de le convaincre de renoncer à Adalgisa et de lui revenir, mais il refuse. Norma avoue alors publiquement sa faute et est condamnée à mort. Bouleversé, Pollione demande à mourir avec elle.

BIBLIOGRAPHIE : *Norma*, L'Avant-Scène-Opéra nº 29 (Paris, 1980).

North Country Sketches. Œuvre symphonique de Delius, composée en 1913-14. Ses quatre mouvements s'intitulent « Autumn » (« The wind soughs in the trees »), « Winter Landscape », « Dance » et « The March of Spring » (« Woodlands, Meadows, and Silent Moors »).

Northern School of Music. Voir *Royal Northern College of Music*.

Norvège. Voir *Scandinavie*, 1, 2, 5.

Nota cambiata (ital.). « Note cambiata ». Formule mélodique idiomatique dont l'élément prédominant est le saut d'une tierce à partir d'une note secondaire.

Il ne faut pas confondre la *nota cambiata* avec la *cambiata* (voir *Échappée*).

Notation de la danse [Choréologie]. La notation des mouvements sur le papier au moyen de symboles a revêtu diverses formes au cours des siècles. A la fin du XVe siècle, on employait des lettres représentant le nom des pas connus (*R* pour révérence, *s* pour simple, *d* pour double, etc.) ; les différentes méthodes ont ensuite comporté des tracés, des silhouettes, des notes de musique, des symboles abstraits et des chiffres.

1. *Histoire*. L'étude des méthodes utilisées suit l'évolution de la danse en tant que forme artistique. La « basse danse » regroupait des figures de danse simples qui, en évoluant, ont donné naissance à la « haute danse », avec ses sauts compliqués qui entraînaient des mouvements plus complexes des jambes et du corps. Les descriptions de ces premières danses et la façon dont il faut exécuter les pas ont été publiées par les professeurs de danse français et italiens, l'ouvrage le plus connu étant l'*Orchésographie* de Thoinot Arbeau (Langres, 1588). Arbeau a ajouté des figures à ses explications sur l'exécution de chaque pas. Toutes les générations qui ont essayé de déchiffrer les mouvements à partir de textes écrits se sont toujours heurtées à l'incapacité des mots à décrire le mouvement. L'auteur croit naturellement que ses explications sont claires comme de l'eau de roche, et il pense trop souvent que ses informations seront comprises automatiquement alors que, au cours des siècles, le nom des pas change.

Au XVIIe siècle, la base des pas du ballet classique actuel était déterminée. On accordait encore une grande importance aux schémas tracés sur le sol par les danseurs et il n'est donc pas surprenant que le système qui s'est alors créé repose sur une vue aérienne du chemin parcouru par les danseurs à laquelle on ajoutait des indications sur les genres de pas utilisés. Ce système, *Chorégraphie ou l'art d'écrire la danse* (Paris, 1700), a été publié pour la première fois par Raoul Feuillet, mais il est évident que le célèbre professeur de danse Pierre Beauchamp en est le créateur. Le système Feuillet correspondait si bien aux besoins de l'époque qu'il a été largement utilisé dans toute l'Europe pendant près d'un siècle. Des livres de danses groupées étaient publiés presque tous les ans, le texte de base étant traduit dans plusieurs langues. L'abondance de cette matière due à des professeurs célèbres a incité nos contemporains à étudier ce système pour faire revivre les chorégraphies de cette époque. Au XVIIIe siècle, en France, la danse était passée de la cour au théâtre et commençait à inclure certains mouvements acrobatiques utilisés par les danseurs de rue. On faisait davantage appel aux gestes du torse et des bras, chose que ne prévoyait pas le système Feuillet. Il était donc inévitable qu'il tombât dans l'oubli.

La représentation visuelle directe des positions de la danse a toujours constitué un aide-mémoire populaire, comme on peut le voir sur les peintures murales égyptiennes, sur les vases grecs, etc. Le premier à avoir créé un véritable système autour de cette idée a été le grand danseur, professeur et chorégraphe Arthur Saint-Léon, dont le livre *Sténochorégraphie* a été publié à Paris en 1852. Saint-Léon a fixé très peu de matériel dans son système – pour un homme aussi prolifique, c'est une grande perte. Toutefois, son idée a été reprise avec de profondes modifications dans le livre de Friedrich Albert Zorn, *Grammatik der Tanzkunst* (Leipzig, 1887). Cet ouvrage décrit comment les divers pas et positions de ballet doivent être exécutés, la notation servant à illustrer les descriptions et à fixer quelques danses.

Comme la danse et la musique ont en commun des aspects temporels, il était inévitable que les notes de musique servent à représenter certaines directions et certaines parties du corps. Le premier système de ce type a été conçu par Vladimir Stepanov, danseur au Théâtre impérial Mariinski à Saint-Pétersbourg. Dans son livre *L'Alphabet des mouvements du corps humain* (Paris, 1892), Stepanov utilise une portée musicale modifiée, sur laquelle les lignes et les espaces représentent les principales directions et et les niveaux des principales parties du corps (bras, jambes et torse). La rotation d'un membre ou la flexion du coude, du genou ou de la taille est transcrite en ajoutant les marques appropriées sur la queue de la note. Les mouvements des extrémités (mains, pieds et tête) sont transcrits avec des indications placées à côté de la note. Il n'y a pas de signes spécifiques pour les diverses parties du corps.

Bien que l'usage de ce système ne se soit jamais répandu, il représente un intérêt particulier car une trentaine de partitions du répertoire de Petipa ont été transcrites selon ce principe à partir de la fin du siècle. La plupart d'entre elles sont des notes écrites à la hâte qui ne vont guère au-delà des pas de base. Toutefois, Nicolaï Serguiev les a utilisées pour monter de grands ballets comme *La Belle au bois dormant* et *Le Lac des cygnes* avec des troupes comme le Sadler's Wells Ballet. La notation de Stepanov est importante car elle constitue le premier système qui associe l'analyse d'un mouvement spécifique à l'étude des possibilités anatomiques de mouvement. Cette approche, avec la croyance en un certain rôle que jouent les notes de musique pour transcrire le mouvement, a conduit le chorégraphe Léonide Massine à adopter ce système en recherchant des mouvements de base et leurs combinaisons pour le développement chorégraphique. En se fondant sur ce système, Nijinski a conçu son propre système qu'il a utilisé dans son ballet *L'Après-Midi d'un faune*.

Un tout autre système, *La Danse écrite* (Paris, 1932), qui repose également sur les notes de musique, a été mis au point par Pierre Conté pour transcrire la chorégraphie qu'il avait conçue pour des groupes amateurs. Le chorégraphe américain Alwin Nikolais a eu également recours aux notes de musique pour enregistrer les mouvements, mais sa carrière professionnelle ne lui a pas laissé le temps de développer le système ou l'écriture des partitions. Mais l'aspect que les notes de musique devraient résoudre facilement, le tempo des différents mouvements, s'est avéré trop subtil pour des signes aussi rigoureux. Avec l'apparition de systèmes qui s'attachent davantage aux détails et à la précision, cette méthode est tombée en désuétude.

Même le système de silhouettes le mieux pensé doit finalement avoir recours à des symboles abstraits pour compenser l'absence de la troisième dimension, pour clarifier la figure dessinée et indiquer tout ce qui ne peut être dessiné. Il a fallu incorporer des symboles représentant certains éléments du mouvement et la démarche évidente à l'approche du XXe siècle consistait à commencer par des symboles abstraits et à développer une progression logique.

2. *Les principaux systèmes du XXe siècle.* Près d'une cinquantaine de systèmes ont été conçus, à différentes époques, pour résoudre le problème de la transcription sur le papier du mouvement en signes (à l'exclusion des danses de bal et des danses populaires). Certains ont été créés pour un seul style de danse alors que d'autres sont de simples aide-mémoire. Les systèmes capables de servir toutes les formes de danse et, en fait, toute forme d'exploration du mouvement, y compris le comportement des animaux, les mouvements des objets, etc. sont beaucoup plus intéressants. Aujourd'hui, trois systèmes s'imposent – Laban, Benesh et Eshkol/Wachmann.

Rudolf von Laban a publié son système

à Vienne, en 1928, sous le nom de *Schrifttanz* (« Labanotation »). Son intérêt pour le mouvement dépasse le domaine de la danse, si bien que, d'emblée, il a écarté les limites inhérentes à un système conçu pour une forme de danse particulière, et ses théories de l'« harmonie spatiale », fondement des gammes spatiales (équivalentes des gammes musicales), ont abouti à l'adjonction d'une description spatiale et anatomique dans sa notation. Le résultat se présente essentiellement comme un système d'alphabet, des signes représentant les divers facteurs de mouvement : les actions souhaitées sont ainsi épelées de la même façon qu'on épelle un mot avec les lettres de l'alphabet.

Les symboles de direction, de rotation, de flexion, d'extension, etc. sont placés sur une portée verticale qui représente le corps, avec une ligne centrale qui correspond à l'axe vertical du corps et le divise en deux parties, droite et gauche. De chaque côté figurent des colonnes représentant les principales parties du corps. Pour les parties de moindre importance (mains, doigts, etc.), on utilise des signes spéciaux. Le tempo est indiqué par la longueur relative des signes de mouvement ; pour le temps métrique, la ligne centrale est jalonnée à intervalles réguliers pour indiquer le temps fondamental récurrent, et les indications de mouvement sont transcrites sur une longueur appropriée – courte pour les actions rapides, longue pour le mouvement soutenu. Comme le tempo est incorporé aux signes de mouvement, il est inutile d'ajouter des notes de musique ou des chiffres. La direction est indiquée par la forme du symbole. On peut apprécier l'économie du système par le simple fait qu'un symbole indique la direction par sa forme, le niveau par ses ombres, la partie du corps concernée par sa position sur la portée et le tempo par sa longueur. Les actions majeures sont modifiées par des indications supplémentaires comme des pointes, des crochets, etc. qui indiquent des détails d'exécution. Sous sa forme simple, ce système est utilisé pour les jeunes enfants alors que ses possibilités de détails attirent tous ceux qui font des recherches dans le domaine du mouvement.

En 1958, Noa Eshkol et Abraham Wachmann ont publié à Londres un système fondé sur les mathématiques, *Mouvement Notation*. Eshkol s'intéressait au langage chorégraphique d'avant-garde qui comportait des compositions de mouvements basées sur des intervalles spatiaux (comparables aux intervalles utilisés dans la composition de la musique). Elle a donc prévu des degrés de mouvement d'un genre particulier ainsi que des points d'arrivée spécifiques (« position destinationnelle »). Le système Eshkol/Wachmann repose sur l'idée que tout mouvement humain est circulaire par nature en raison de la construction des articulations du corps. Les mouvements circulaires sont classés en mouvements rotatifs, plans ou en forme de cône, dans une direction positive ou négative. La quantité de mouvement est décrite en degrés avec détermination d'une gamme (comme I = 45° ou I = 15° selon les besoins). La portée horizontale contient dix-sept colonnes, une pour chaque partie du corps, et est marquée de jalons à intervalles réguliers pour représenter les temps ; la durée est indiquée par la longueur de l'écart qui suit le signe. L'indication de mouvement se poursuit jusqu'à ce qu'un autre mouvement soit indiqué ou que le tempo soit interrompu par une ligne verticale épaisse.

Le croquis en silhouettes constitue un aide-mémoire si évident pour la danse qu'il n'est pas surprenant qu'il réapparaisse au XXᵉ siècle. Le système visuel qui connaît le plus grand succès aujourd'hui est celui de Joan Benesh, qui faisait partie auparavant de l'English Royal Ballet, et de son mari Rudolf. A l'origine, ce système, publié à Londres en 1956, a été mis au point comme une sténographie du ballet et a remporté un grand succès sous cette forme : il a été notamment adopté par le Royal Ballet et par de nombreuses autres troupes dans le monde entier. Bien que le système Benesh relève du système des silhouettes, Benesh est parvenu à faire abstraction de la silhouette pour que seuls les changements de mouvement soient indiqués. Il a aussi choisi de représenter la silhouette de dos, pour que ne soient pas inversés sur le papier les côtés droit et gauche du corps. La « vue du public », qui exige l'inversion, a été adoptée par Saint-Léon, Zorn et Valérie Sutton dans sa méthode *Mouvement Shorthand* récemment mise au point et publiée en 1973. Afin de traiter d'autres formes de mouvement, le système Benesh s'est développé et des « langages » particuliers ont été conçus pour les différents styles de danse. En sachant quel style est représenté, le lecteur sait comment interpréter des symboles particuliers. On peut ainsi laisser de côté un grand nombre d'informations et simplifier la notation.

La portée musicale de cinq lignes utilisée dans le système Benesh fournit une matrice représentant le danseur – la ligne du haut étant le haut de la tête, la ligne centrale la taille et la ligne du bas les pieds. Le papier représente le plan vertical/latéral et la position de l'extrémité d'un membre dans ce plan est indiquée par un petit trait horizontal. Pour compenser l'absence de la troisième dimension, on utilise un petit trait vertical pour les mouvements réalisés devant le corps et un point noir pour ceux réalisés derrière le corps. Les lignes de mouvement relient le commencement et la fin d'un mouvement. Les mouvements et les parties du corps qui ne peuvent être représentés visuellement sur la portée sont inscrits au-dessus avec des lettres et des chiffres. Le tempo est indiqué en inscrivant le nombre de temps dans chaque mesure.

Depuis 1930, la diffusion de la notation de la danse a réalisé de grands progrès en dépit de l'apathie générale qui règne dans ce milieu. Établi à New York en 1940, le Dance Notation Bureau a adopté le système Laban. Son objectif consistait à développer l'art de la danse par l'utilisation de la notation. Il s'est ensuite élargi à d'autres disciplines du mouvement, comme la physiothérapie, l'anthropologie, etc. La contribution intitiale de Laban au système a été enrichie et diversifiée par des personnes d'origines différentes qui s'intéressent au mouvement sous divers aspects : le système n'est donc plus limité aux connaissances d'une seule personne ou d'une école de pensée. En Hongrie, il constitue le système officiel pour consigner par écrit les danses nationales du pays. De nombreux ballets classiques et modernes ont été notés ainsi que des spectacles de Broadway.

Le Benesh Institute of Choreology, créé à Londres en 1963, procure une formation intensive aux professionnels de la notation, les diplômés étant placés dans les principales compagnies de ballet de nombreux pays. La présence de ces professionnels dans les troupes de ballet a permis d'apprécier l'utilisation pratique de la notation pour monter les ballets et conserver la chorégraphie. Ce système est également employé en physiothérapie pour enregistrer les limites de mouvement et les améliorations.

En Israël, le Movement Notation Center, dirigé par Noa Eshkol, a publié une série d'ouvrages sur différentes formes de mouvements. Chacun d'entre eux comporte une explication fondamentale du système ainsi que les signes et conventions requis pour un style de mouvement particulier. Alors que la plupart des spécialistes de la notation recherchent un système de notation rapide, Eshkol et ses disciples s'intéressent davantage à la précision. Son système est trop abstrait et mathématique pour s'adresser au public moyen, mais il a particulièrement intéressé les personnes versées en informatique en raison de la façon dont il utilise les nombres.

Ann Hutchinson Guest.

Notation musicale

1. Introduction
2. La notation neumatique, 800-1200
3. Les modes rythmiques, vers 1200
4. Les notations mensuralistes de Francon de Cologne et Petrus de Cruce, vers 1260-vers 1320
5. La notation de l'Ars nova français et italien
6. La notation aux XVe et XVIe siècles
7. Les XVIIe et XVIIIe siècles
8. Du XIXe siècle à nos jours.

1. *Introduction.* Le terme « notation musicale » peut s'appliquer à toute indication formelle relative à la façon dont doivent être reproduits les sons et les silences considérés comme de la musique. Il existe plusieurs notations et formats de notation. On remarque des différences importantes en fonction de l'époque ou de la provenance, mais il existe aussi des variations majeures liées aux moyens d'exécution (symphonique, électronique, clavier, voix, etc.), au style ou au genre (cadence, symphonie, blues, etc.), à l'interprète (notation Braille, notations didactiques élémentaires, etc.) ou aux expériences vocales et instrumentales (comme la musique pour piano préparé de Cage ou l'écriture pour cordes de Bartók). On se limitera ici aux origines et à l'évolution de la notation occidentale en portée et à la musique écrite pour des ensembles traditionnels.

La notation n'est pas la musique elle-même et aucun système de notation ne constitue un guide dépourvu de la moindre ambiguïté lors de la réalisation musicale. Certaines notations électroniques, spécifiquement destinées à « résister à l'interprétation », contrôlent la plupart des facteurs d'exécution, mais rarement l'environnement dans lequel se déroule cette exécution et ne peuvent pas davantage définir sa réception en tant que musique. A divers stades de l'histoire de la musique, presque tous les paramètres de la musique – hauteur de son exacte, instrumentation, détail rythmique, allure, expression et forme – ont été laissés au hasard ou ont fait l'objet de conventions. La majorité des interprètes ont conscience de l'existence de ces variables dans la pratique musicale. Le rôle des éditeurs modernes est plus difficile à apprécier. Dans le but de clarifier les conventions historiques et les notations archaïques, ils filtrent la musique ancienne au moyen d'une notation moderne supposée plus efficace et intelligible. En fait, l'individualité stylistique de toute période est étroitement liée à ses procédés de notation. La musique de la Renaissance, par exemple, requiert souvent des chiffrages de mesures contradictoires pour des voix simultanées ou des passages soudains du mètre double au mètre triple dans une seule ligne musicale. La notation de la Renaissance disposait de moyens spécifiques (signes mathématiques, notes colorées, division binaire ou ternaire) de chaque symbole de notation, etc. ; de nos jours, on écrit cette musique avec des moyens de fortune et l'on applique souvent un système de divisions erroné fondé sur le rapport du simple au double (deux noires valent une blanche, deux blanches une ronde, etc.). Mais, depuis quelques années, on s'oriente vers l'exécution de la musique ancienne à partir de la notation dans laquelle elle a été écrite.

2. *La notation neumatique, 800-1200 : les origines de la portée, des clefs et des accidents.* Les origines de notre système de notation actuel se trouvent dans les diverses sources de plain-chant et dans les traités théoriques des IXe et Xe siècles. Auparavant, il existait d'autres systèmes de notation (dans la Grèce antique, par exemple), mais ils étaient tombés en désuétude et, au début du VIIe siècle, l'archevêque Isidore de Séville écrivait : « A moins que l'homme ne s'en souvienne, les sons périssent car ils ne peuvent être couchés sur le papier » (*Etymologiarum*, chapitre III,15).

Le plain-chant a tout d'abord été noté avec des « neumes » écrits au-dessus du texte. Les neumes sont des signes sans doute dérivés en partie de l'accentuation autrefois utilisée dans la langue latine. Leurs diverses formes (voir Fig. 1) représentent soit des notes simples (neumes simples), soit des groupes de notes (neumes composés). Les neumes composés sont formés de deux ou plusieurs neumes simples reliés entre eux par des « ligatures » (du lat. *ligare*, « lier ») ; ce terme de ligature est resté employé pour toutes les formes de notes composées que l'on trouve dans divers systèmes de notation jusqu'au XVIIe siècle. Les neumes de base du plain-chant servaient d'aide-mémoire mais n'indiquaient pas avec précision les changements de hauteur de son au sein de la mélodie ; ils n'en donnaient que la ligne générale. Il y avait aussi des neumes ornementaux que nécessitaient des types spéciaux d'élocution vocale.

On connaît plusieurs notations neumatiques locales, notamment celles de Saint-Gall (en Suisse), d'Aquitaine, de Bénévent (employée dans une grande partie du nord et du centre de l'Italie) et de Lorraine (parfois appelée « neumes de Metz »). Le système de notation neumatique généralement utilisé est issu de celui du monastère de Saint-Gall, à la fois perfectionné et ancien. Les livres de chants grégoriens catholiques actuels utilisent une forme de notation carrée qui a été élaborée dans le nord de la France.

Les chanteurs de chant grégorien des IXe et Xe siècles ont été formés dans le cadre de la tradition orale ; les neumes constituaient sans doute une tentative de transcription graphique des gestes qu'un chef de chœur pouvait faire pour indiquer un contour vocal particulier. La seule chose qu'indiquent clairement les premiers neumes est la correspondance entre les groupes de neumes et les syllabes de texte. Toutefois, dès la fin du Xe siècle, certaines familles de chant grégorien (comme le chant aquitain et le chant bénéventin) ont commencé à disposer les neumes à la verticale de la page pour représenter leur hauteur de son relative. Ces neumes « diastématiques » étaient encore explicités par l'addition d'une ligne fine qui

NEUMES DE BASE	Saint-Gall	Plain-chant moderne	Équivalent approx.	LETTRES SIGNIFICATIVES (quelques exemples de Saint-Gall)
virga *tractulus/punctum* *pes/podatus* *clivis/flexa* *scandicus* *climacus* *torculus* *porrectus*	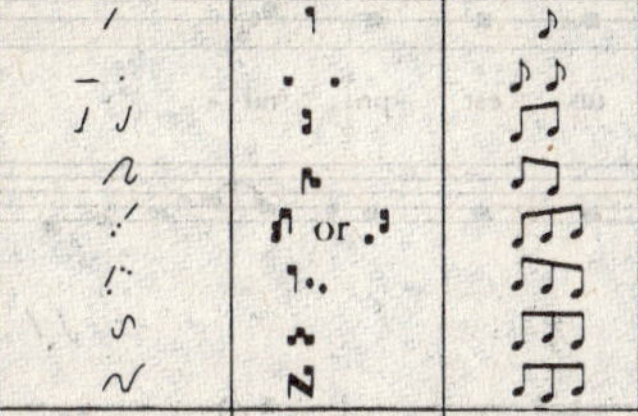			a = *altius* ; plus haut b = *bene* ; « très », employé avec une autre lettre c = *cito* ou *celeriter* ; « vite » e = *equaliter* ; « unisson » k = *klenche* ; « son sonore » t = *trahere* ou *tenere* ; « traîner » ou « tenir » x = *expectare* ; « attendre »
NEUMES ORNEMENTAUX *oriscus* *quilisma*			*Oriscus* (Gr.) = « limite » ou « petite colline ; la hauteur doit peut-être monter pour anticiper la note suivante. *Quilisma* : le théoricien Aurélien de Réômé la décrit comme un son tremblant et montant.	
NEUMES LIQUESCENTS *epiphonus* (*pes* liq.) *cephalicus* (*clivis* liq.) *ancus* (*climacus* liq.) *Fig. 1*	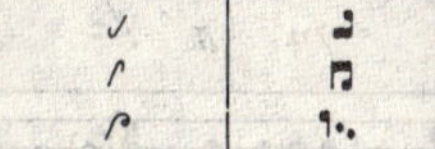		La liquescence était employée pour chanter certaines consonnes et diphtongues du texte ; il résultait une semi-vocalisation quand le chanteur passait à la note suivante. Cette semi-vocalisation se produisait sur la dernière note de chaque groupe ; elle servait particulièrement lorsque les paroles chantées contenaient les consonnes l, m, n, r, d, t et s suivies d'une autre consonne.	

représentait généralement la note finale (ou sa tierce supérieure) de la gamme modale dans laquelle le chant était écrit.

La relation moderne entre la notation verticale des hauteurs et leur organisation par degrés conjoints a été évoquée pour la première fois dans des traités du IXe siècle comme le *De harmonica institutione* de Hucbald (vers 840-930), mais c'est Guido d'Arezzo (vers 995-1050) qui a concrétisé les premières expériences. Dans *Aliae Regulae* (vers 1030), il recommande l'emploi d'une portée avec des espaces et des lignes indiquant la hauteur des notes et conseille qu'au moins une ligne soit identifiée par une lettre correspondant à une hauteur précise (c'est-à-dire une clé). Dans la pratique, il utilisait une ligne rouge pour F (fa) et une ligne jaune pour C (ut) ; il n'a pas fallu attendre longtemps pour qu'apparaisse la portée de quatre lignes pour écrire le grégorien. Guido d'Arezzo suggérait aussi l'emploi de deux formes différentes de la lettre B pour désigner le si bémol et le si bécarre : il stipulait ♭ *rotundum* (lat., « rond ») pour le premier et ♭ *quadratum* (lat., « carré ») pour le second. En fait, trois formes différentes existaient déjà peu avant Guido d'Arezzo. Ce sont les premiers accidents connus dans la musique occidentale, ancêtres du bémol (♭ → ♭) et du bécarre (♭ → ♮ → ♮) modernes, qui évoluera vers le dièse (♮ → ♯). Il est peut-être significatif que cette recherche de précision dans la notation des hauteurs et de l'inflexion chromatique ait coïncidé avec la première musique polyphonique écrite et son souci inévitable des relations (harmoniques) verticales. Toutefois, la nouvelle disposition de la portée et des clés présentait aussi des avantages pratiques pour les chanteurs ; Guido d'Arezzo précise que le répertoire du chant grégorien pouvait désormais s'apprendre en deux ans au lieu de dix.

L'interprétation rythmique de la notation neumatique prête encore à controverse. Certaines notations (comme celle de Saint-Gall) utilisent des lettres minuscules appelées « lettres significatives » pour préciser l'allure mélodique, ainsi que d'autres éléments comme la sonorité vocale (voir les quelques exemples donnés

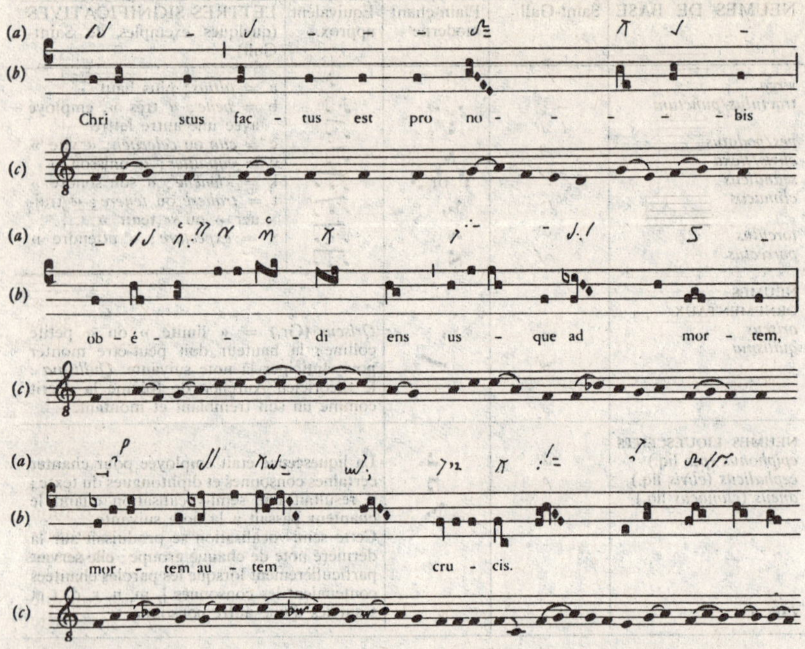

Ex. 1

sur la Fig. 1). En outre, entre le IXe et le XIe siècle, plusieurs théoriciens ont évoqué le rythme du plain-chant en faisant allusion au mètre poétique classique. Malheureusement, ils n'illustrent leurs idées qu'avec des chants syllabiques et il est donc difficile d'appliquer leurs théories avec certitude à autre chose qu'aux types de chants les plus simples (hymnes, intonations psalmodiques) ou à ceux qui emploient une poésie régulière (quelques tropes et séquences). En travaillant à partir de ce genre de cas, certains chercheurs (comme Riemann et Jammers) ont réalisé des transcriptions rythmiques basées sur l'accentuation du texte. Mais elles n'ont pas suscité l'enthousiasme des moines de l'abbaye bénédictine de Solesmes, le principal centre d'études catholique de chant grégorien. Les moines de Solesmes préfèrent que les chants soient chantés en notes de longueurs à peu près égales et cette approche libre est celle que l'on suit généralement de nos jours. On trouvera une comparaison entre diverses notations de chant dans l'Ex. 1 ; le même extrait du chant *Christus factus est pro nobis*, chanté aujourd'hui le Jeudi saint, est reproduit (*a*) en neumes de Saint-Gall sans portée, (*b*) en notation moderne de chant grégorien sur une portée de quatre lignes avec une clef d'ut et des neumes carrés et (*c*) dans une transcription libre moderne, les notes de chaque ligature étant incluses sous un signe de liaison.

Le travail détaillé réalisé par Eugène Cardine (1968) sur des documents provenant de Saint-Gall a révélé que la présentation de la notation pourrait comporter certaines indications rythmiques ; les césures entre les groupes correspondent peut-être à une phraséologie rythmique et les ligatures semblent parfois, mais pas invariablement, évoquer des schémas débutant par une valeur brève et se terminant par une longue : c'est-à-dire que les

(*b*) Transcription

Ex. 2. (b)

(*a*)

Ex 2. (a) Facsimilé de l'original.

phrases mènent au point de tension maximal au lieu de commencer emphatiquement, comme la majorité des œuvres ultérieures. Dans la notation de Saint-Gall, certaines notes comportent des accents spécifiques ou des marques d'allongement (de petits traits horizontaux) appelées *episemas* placées au-dessus d'elles. Si l'inscription de signes rythmiques faisait partie de la pratique courante de Saint-Gall, elle préfigurait alors nettement la notation rythmique plus organisée du début du XIIIe siècle (voir § 3).

3. *Les modes rythmiques, vers 1200.* Au début du XIIIe siècle, certains morceaux de musique étaient devenus si complexes qu'ils ont certainement dû être conçus par écrit, au moins partiellement. *Viderunt omnes* (?1199) de Pérotin, par exemple, contient des sections en forme de canon, des permutations de voix, utilise la technique du hoquet et l'écriture à quatre voix, le tout dans un contexte harmonique vertical. L'Ex. 2*a* montre un document du XIIIe siècle de l'œuvre de Pérotin (Florence, *Bib. Laur.* Pluteo 29, 1) ; il est clair que la notation des hauteurs ainsi que l'utilisation de la portée, des clés et de quelques accidents (il y a un si bémol comme armature de la clé) étaient plus ou moins déterminées. On employait généralement des portées de cinq lignes, mais la partie de ténor, basée sur le plain-chant, est écrite sur quatre lignes, comme le plain-chant lui-même. Les lignes médianes des trois voix supérieures comportent des clés d'ut, mais, à la voix la plus grave, la clé d'ut est placée sur la ligne supérieure.

Vers 1200, les ligatures revêtent des formes fixes qui permettent d'indiquer clairement les figures rythmiques de la musique ; cette évolution constitue un progrès très important. Ces formes fixes portaient le nom de « modes rythmiques » et, dans le système de base, il y en avait six. Ainsi, pour écrire le rythme ♩♪♩♪ (premier mode), le compositeur utilisait une ligature de trois notes suivie d'un groupe de deux notes ⸜ ⸝. On peut voir un tel groupe à la voix supérieure de l'Ex. 2*a* après la première note, qui est longue, et le silence. Il faut noter que, comme c'était sans doute le cas du plain-chant, la deuxième ligature et les suivantes débutent par une valeur brève et sont construites sur la note accentuée. L'ensemble du système est exposé dans la Fig. 2. L'*ordo* (pluriel : *ordines*) était la plus petite unité de chaque mode rythmique (comme ♩ ♪ dans le premier mode) et le type de ligature correspondant au mode convenait au moins à deux *ordines*.

La Fig. 2 montre que ces schémas n'étaient pas employés aussi rigoureusement dans n'importe quelle partie. Les rythmes stéréotypés pouvaient être altérés par l'insertion de silences (*divisio modi*), la division d'une note longue en des notes plus brèves (*fractio modi*), l'omission occasionnelle d'une note plus petite (*extensio modi*), l'insertion de passages rapides de notes plus petites (*conjuncturae* ou *currentes*) et d'autres procédés. Ces facteurs rendent parfois plus difficile l'interprétation de la notation et, en tout cas, les travaux récents (de Roesner) ont montré que le rythme modal a coexisté en même temps que des types plus libres de notation, souvent au sein d'un même morceau. Au XIIIe siècle, le rythme modal était très courant dans les parties de ténor des motets et dans les sections en déchant de l'*organum*. En outre, il semble qu'il ait existé des dialectes locaux de notation modale, par exemple certaines sources écossaises qui avaient une idée plus stricte du système modal que les sources parisiennes et dont les Anglais emploient la version du mode 3 (♩. ♩♪ au lieu de ♩. ♪♩).

Les origines des modes rythmiques sont plutôt obscures. De nombreux hymnes médiévaux, par exemple, sont écrits dans les mètres du premier ou du deuxième mode (le *Veni, Creator Spiritus* est un exemple du deuxième). En outre, à la fin du XIIe siècle, sous la plume d'Alexandre de Villa Dei, à Paris, une certaine relation commence à s'établir entre les mètres poétiques et le mot « mode ». On a déjà vu que la notation neumatique de Saint-Gall semblait évoquer des schémas rythmiques qui préfigurent le système modal.

La description la plus complète des modes rythmiques est donnée dans *De mensurabili musicae* de Johannes de Garlandia (vers 1240). Il définit non seulement la valeur rythmique des ligatures et des notes simples, mais aussi celle des silences. Jusqu'à cette date, les silences avaient une forme, sinon une fonction, plutôt imprécise dans la notation musicale.

4. *Les notations mensuralistes de Francon de Cologne et de Petrus de Cruce, vers 1260-vers 1320.* La tendance à une

MODES RYTHMIQUES — *Fig. 2*

Mode	Modèles de base (⌐¬ indique les ligatures)	Exemples de notation originale	Groupement de notes	Termes poétiques grecs
	Ordo 1, Ordo 2, etc.	La phrase se termine ainsi		
I	♩♪ ♩ ♪♩...♩,	⸜ ⸝	3 + 2	trochaïque
II	♪♩ ♪♩ ♩... ♩♪	⸝ ⸍	2 + 3	ïambique
III	♩ ♪♪♩ ♪♪... ♩	· ⸜ ⸍	1 + 3 + 3	dactylique
IV	♪♪♩ ♪♪♩ ♩... ♪♪♩	⸜ ⸍ ⸝	3 + 3 + 2	anapestique
V	♩. ♩. ♩. ♩. ♩. ♩.	· · · · ·	1 + 1 + 1 + 1 + 1	spondaïque
VI	♫♪ ♫♪... ♪♪	⸜ ⸝	4 + 3	tribraque

N.B. Dans toute ligature avec une section inclinée (oblique), comme ⸜ ou ⸝, seules les deux extrémités de la section inclinée représentent des notes. Ainsi, dans la ligature ⸜ il y a seulement trois notes • • •

plus grande définition des composantes individuelles du rythme modal a inévitablement modifié la nature même du système. Cette évolution progressive s'est trouvée encore davantage accentuée par les expériences réalisées dans le domaine du motet ; la mise en musique des textes de façon syllabique impliquait un plus grand nombre de notes de courte durée (valeurs brèves) et l'attention s'est donc tournée vers la valeur des notes individuelles et les silences. Le nouveau système qui a finalement vu le jour a été décrit pour la première fois, vers 1260, dans *Ars cantus mensurabilis* par Francon de Cologne. Les notes et les silences individuels ont maintenant une forme codifiée, la valeur des ligatures dépend de leur forme réelle et non du contexte, et il existe un système hiérarchique définissant les relations entre la longue ꞁ et la brève ▪ d'une part, la brève ▪ et la semi-brève ♦ d'autre part (voir Fig. 3).

(*a*) *Perfection, imperfection et altération.* Fondamentalement, la musique a continué à être conçue dans les termes des anciens modes rythmiques, mais le système de Francon tente de traduire les rythmes en forme de notes individuelles. Mais les problèmes venaient du trop petit nombre de types de valeurs distincts ; un élément du contexte restait donc lié à leur interprétation. Par exemple, le premier mode rythmique était exprimé sous la forme ꞁ ▪ ꞁ ▪ (♩ ♪ ♩ ♪) la brève mesurant la moitié de la longue, alors que le troisième mode était exprimé sous la forme ꞁ ▪ ▪ (♩. ♪ ♩) la première brève mesurant un tiers de la longueur de la longue et la deuxième brève deux tiers. Les brèves correspondaient donc à diverses fractions de la longue (un tiers, une demie, deux tiers), ce qui a fait naître l'idée de les considérer comme les différentes subdivisions d'une longue « parfaite » valant trois brèves. Si, comme dans le premier mode, la longue ne valait que deux brèves, elle était considérée comme une version « imparfaite » de la note – une « longue imparfaite » (voir Fig. 4 *a*). La longue parfaite était alors l'idéal ; mais deux

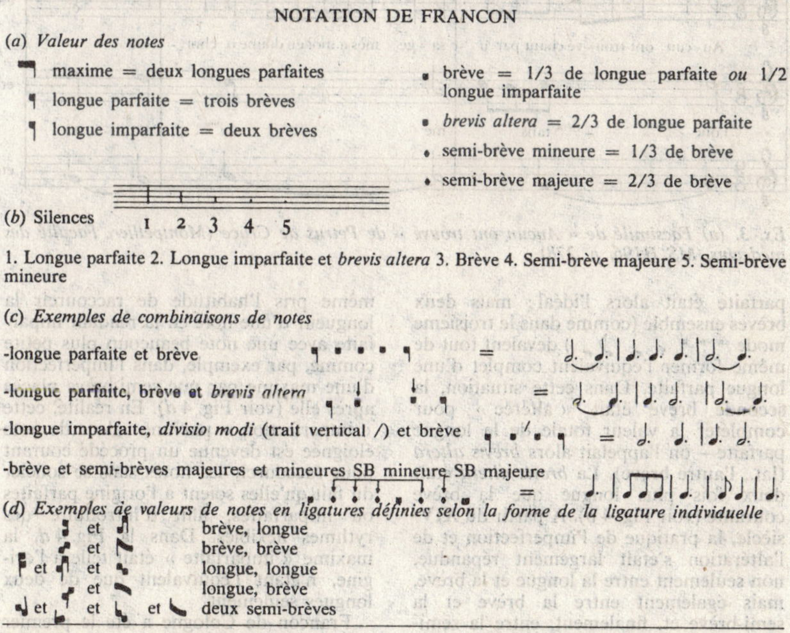

Fig. 3

(*a*)

(*b*) Transcription

Ex. 3. (a) Facsimilé de « Aucun ont trouvé » de Petrus de Cruce (Montpellier, Faculté des médecins, MS H196, p. 278).

parfaite était alors l'idéal ; mais deux brèves ensemble (comme dans le troisième mode ▪ ▪ ▪ , ♩. ♪ ♩) devaient tout de même former l'équivalent complet d'une longue parfaite. Dans cette situation, la seconde brève était « altérée » pour compléter la valeur totale de la longue parfaite – on l'appelait alors *brevis altera* (lat., l'autre brève). La *brevis altera* était deux fois plus longue que la brève courante (voir Fig. 4 *b*). A partir du XIVe siècle, la pratique de l'imperfection et de l'altération s'était largement répandue, non seulement entre la longue et la brève, mais également entre la brève et la semi-brève et, finalement, entre la semi-brève et la minime (voir Fig. 4 *c*). On a même pris l'habitude de raccourcir la longueur d'une note en la rendant imparfaite avec une note beaucoup plus petite comme, par exemple, dans l'imperfection d'une maxime par une semi-brève placée après elle (voir Fig. 4 *d*). En réalité, cette « imperfection » par une valeur de note éloignée est devenue un procédé courant pour raccourcir les notes sans se soucier du fait qu'elles soient à l'origine parfaites ou imparfaites, afin d'introduire des rythmes flexibles. Dans la Fig. 4 *d*, la maxime « imparfaite » était telle à l'origine, n'étant l'équivalent que de deux longues seulement.

Francon de Cologne a été le premier théoricien à reconnaître la semi-brève

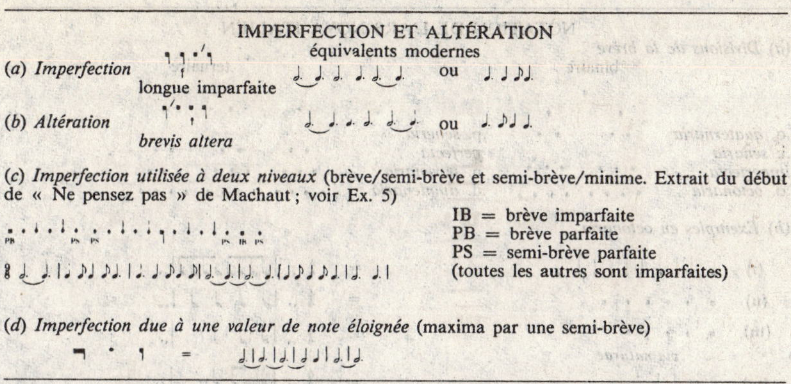

Fig. 4

exemples, elle apparaît toujours en groupes de deux ou de plusieurs valeurs (comme dans la Fig. 3 *c*, 4ᵉ alinéa). Des unités équivalentes à trois notes étaient parfois jalonnées par des traits (/, une sorte de barre de mesure) pour indiquer exactement où commençaient les « perfections » dans les passages ambigus. Dans la Fig. 3 *c*, 3ᵉ alinéa, par exemple, la première longue est rendue imparfaite par la brève suivante, mais la longue finale est rendue imparfaite par la brève précédente. Si le trait placé différemment, par exemple  , une autre lecture prévalait : 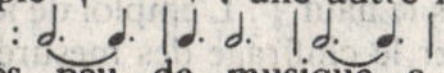

Très peu de musique a été écrite purement dans la notation de Francon, mais la description qu'il a faite des notes et des silences individuels, les idées de perfection, d'imperfection et d'altération et sa définition des formes de ligature ont ouvert la voie aux théoriciens suivants. Son œuvre est sans doute à l'origine des systèmes de notation français et italien du XIVᵉ siècle, très divergents l'un de l'autre.

(*b*) *La notation de Petrus de Cruce.* Vers 1280, Petrus de Cruce a conçu une forme de notation plus nettement rattachée au système italien du XIVᵉ siècle. Il a introduit une méthode de subdivision de la brève en semi-brèves, pouvant aller jusqu'à sept semi-brèves ; pour ce faire, il a simplement placé les semi-brèves entre deux points (*puncti divisioni*) qui représentaient la longueur d'une brève (voir Ex. 3). Sa méthode a permis une illustration syllabique plus complexe des textes ; elle a permis de s'écarter encore davantage des modèles rythmiques modaux désormais archaïques et, entre les mains de Petrus, elle a donné naissance à une ligne vocale onctueuse et saillante à la voix supérieure, soutenue par des parties d'accompagnement plus lentes. En outre, la partie mélodique supérieure, malgré sa plus grande activité, conservait une pulsation claire et facile à appréhender car toutes les valeurs courtes dépendaient de la longueur totale de la brève et il ne pouvait y avoir aucune syncope de part et d'autre des accents réguliers des brèves. Cette absence de syncope de part et d'autre de la « barre de mesure » (en termes modernes) est restée l'une des caractéristiques de la notation italienne du XIVᵉ siècle et est peut-être à l'origine de l'intérêt que portent traditionnellement les Italiens aux mélodies directes au phrasé symétrique. On ne sait rien de la personnalité de Petrus et même ses écrits ne nous sont parvenus qu'en seconde main, par l'intermédiaire des théoriciens anglais Robert de Handlo et Hanboys.

5. *Notation de l'Ars nova français et italien :* (*a*) *Italien.* Les deux principaux théoriciens de la notation italienne – Marchettus de Padoue (mort vers 1330) et Prosdocimus de Beldamandis (mort en 1428) – précèdent et suivent respectivement la musique écrite dans la notation italienne qui a survécu. On ne peut avoir une idée de l'utilisation exacte de la notation qu'en étudiant la musique préservée dans des sources comme les manuscrits anciens de Reina et Squarcialupi.

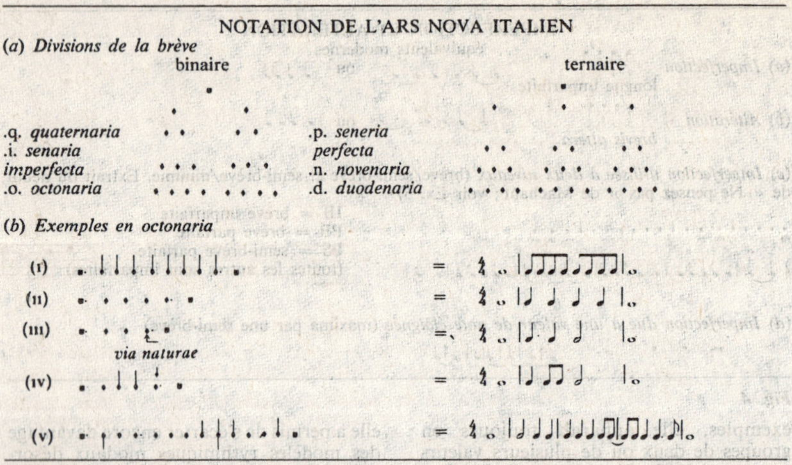

Fig. 5

L'unité de base de la notation italienne était la brève, qui pouvait se subdiviser en deux ou trois valeurs ou groupes de valeurs (voir Fig. 5 *a*). La subdivision particulière de la brève choisie par le compositeur revenait, en termes modernes, à choisir un chiffrage des mesures. Si, par exemple, il utilisait des *octonaria*, une brève ne pouvait se diviser en plus de huit semi-brèves ; mais il n'était pas obligatoire d'aller jusqu'à huit semi-brèves : il suffisait d'allonger la valeur de la semi-brève finale pour compléter la valeur globale de la brève (voir Fig. 5 *b*). Ce procédé consistant à placer les valeurs les plus longues à la fin s'appelait la *via naturae* (= la manière naturelle) en contradiction avec la préférence française pour les rythmes longs-courts ♩♪♩♪ qui illustrait la *via artis* (= la manière artificielle). En notation italienne, il n'était pas exclu de faire figurer une semi-brève longue au début d'un groupe de notes, mais, dans ce cas, soit on utilisait une forme de note spéciale avec une tige vers le bas ↓, soit on faisait expressément mention sur la partition de la pratique française (*gallice*) de la *via artis*. Par exemple, les lettres *s.g.* (*seneria gallica*) désignaient le rythme long-court ♩♪♩♪.

La musique italienne qui utilisait ce système a apporté une contribution majeure par son acceptation totale du mètre double. En outre, les mètres doubles et triples étaient souvent utilisés simultanément dans la même œuvre. De telles pratiques semblent remonter à l'époque du traité de Marchettus de Padoue, *Pomerium*, écrit vers 1318-26. Par la suite, on a pris l'habitude de signaler la valeur minimale de la semi-brève (par exemple un huitième de brève en *octonaria*) avec une tige vers le haut ↑. L'emploi de lettres pour clarifier le chiffrage des mesures (*.o.* pour *octonaria*, *.q.* pour *quaternaria*, etc.) n'a été ratifié dans un ouvrage théorique qu'en 1412, dans le *Tractatus* de Prosdocimus. On trouve un exemple de la notation italienne fondamentale dans l'extrait suivant de « Io son un pellegrin », en *octonaria* (Ex. 4). On constate que les copistes italiens utilisaient une portée de six lignes.

Avec un système reposant sur la brève comme unité de base, il était impossible d'introduire le moindre type de syncope dépassant la longueur d'une brève. En fait, la valeur des notes ne correspondait pas uniquement à leur forme mais dépendait encore de leur contexte au sein de la longueur générale d'une seule brève. A la fin du XIVe siècle, les compositeurs ont commencé à ressentir le besoin d'une plus grande souplesse et ont conçu des valeurs de notes fixées par la seule forme de la note. Parmi ces valeurs fixes, on peut citer la « dragma » ↕ qui équivalait toujours

(*a*)

(*b*) Transcription

Ex. 4. (a) D'après un facsimilé de « Io son un pelligrin » de Anon (Paris, Bibliothèque nationale, MS ital. 568, folio 42 verso).

à deux valeurs minimales de semi-brève, et une série de valeurs avec des tiges partant sur la gauche (,) qui correspondaient à des versions pointées (valeur de base plus la moitié de la valeur) des formes de base , , (voir Fig. 5 *b*. v). A partir de 1360 environ, les compositeurs italiens (comme Landini) ont commencé à employer des éléments de la notation française mélangés avec le système italien afin d'obtenir une plus grande variété rythmique.

(*b*) *Français.* Le terme « Ars nova » (« art nouveau ») est emprunté à un ouvrage que l'on présente généralement comme un traité de Philippe de Vitry écrit vers 1322. En fait, les écrits qu'il présente pourraient être des copies de notes prises pendant des conférences données par Philippe de Vitry. Avec d'autres écrits datant des environs de 1320 (notamment l'*Ars nova musicae* de Jehan des Murs), ils donnent une idée assez claire du nouveau système de notation utilisé par les Français au XIVe siècle.

Pour la première fois, la minime est complètement acceptée comme une valeur à part entière (un théoricien avance qu'elle aurait été inventée au Collège de Navarre, à Paris) et non comme un type spécial (« minimum ») de semi-brève. En outre, la relation entre la semi-brève et la minime reçoit exactement le même statut que celui accordé auparavant à la longue ainsi qu'à la brève et à la semi-brève (voir Fig. 6 *a*). Un chiffrage des mesures fait finalement son apparition, qui définit avec précision les relations entre les diverses valeurs (voir Fig. 6 *b*). S'il y avait trois semi-brèves dans une brève (*tempus* parfait), on le notait d'un cercle parfait ○ ; le *tempus* imparfait (deux semi-brèves dans une brève) était indiqué par un demi-cercle C . En outre, une relation parfaite ou imparfaite entre la semi-brève et la minime (prolation) était signalée respectivement par la présence ou l'absence d'un point. Ainsi, lorsque le temps et la prolation étaient imparfaits, par exemple, le symbole approprié était un demi-cercle seul (c'est l'origine du chiffrage moderne des mesures à 4/4 avec le signe C.

On trouve une brève illustration de la façon dont fonctionnait ce système dans la ballade de Machaut « Ne pensez pas » : le temps et la prolation sont parfaits ; cela signifie que le morceau est en temps ⊙, mais le chiffrage des mesures n'est pas fourni dans la source présentée (voir Ex. 5). Les pratiques de l'altération et de l'imperfection, qui s'appliquaient à la brève et à la longue au XIIIe siècle, s'étendent aussi à la semi-brève et à la minime (voir Fig. 4 *c*) au XIVe siècle. Pendant quelque temps, il y a eu une certaine confusion entre la forme des silences correspondant à la semi-brève et

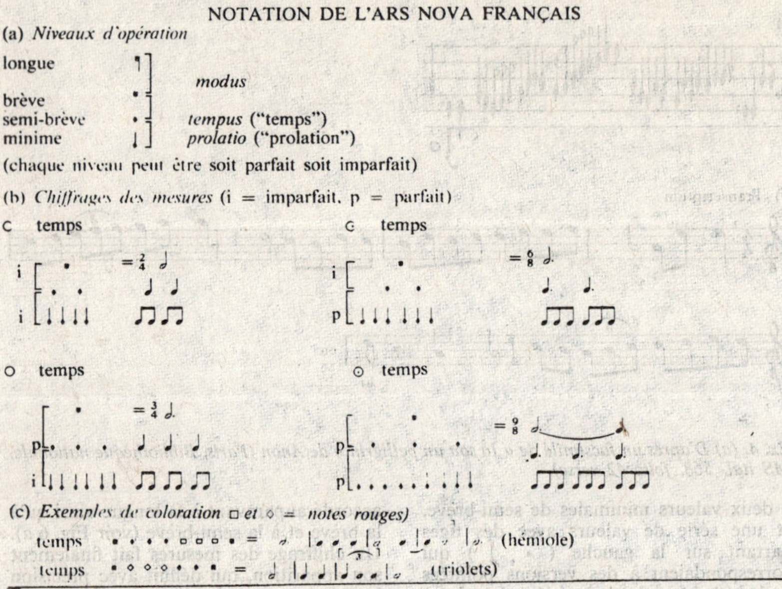

Fig. 6

à la minime, qui prenaient chacun un demi-espace sur la portée. A la fin du XIVe siècle, une distinction simple s'est établie : le silence correspondant à la semi-brève était suspendu à la ligne supérieure et le silence correspondant à la minime reposait sur la ligne inférieure ; ces deux signes sont à l'origine

(*a*)

(*b*) Transcription

Ex. 5. (a) Facsimilé de « Ne pensez pas » de Machaut (Paris, Bibliothèque nationale, MS frç. 1584).

(*a*)

(*b*) Transcription

Ex. 6. (a) D'après un facsimilé du Gloria Quem malignus spiritus *[anon.] (Cambridge, University Library, MSI I.V. 18, folio 222). (b) Transcription.*

de la pause et de la demi-pause modernes.

Une autre innovation de cette époque a été l'utilisation de notes rouges (ou notation colorée) pour indiquer une réduction d'un tiers de la valeur d'une note. Ainsi, un passage musical qui durerait normalement trois mesures en notation moderne n'occuperait que deux mesures s'il était écrit en notation colorée (voir Fig. 6 *c*). Si les notes rouges remplacent les notes qui sont normalement parfaites, il en résulte une syncope « de part et d'autre de la barre de mesure » (hémiole). Mais si elles remplacent des notes imparfaites, on obtient alors des triolets. Les éditeurs modernes soulignent généralement les passages écrits à l'origine en notes rouges en incluant la partie dans de petits crochets : ⌈ ⌉. Vers la fin du XIVe siècle, une forme extrêmement complexe de notation et de composition a vu le jour, l'*Ars subtilior* (« l'art plus subtil »). Il comportait l'usage de plusieurs sortes de notes colorées, des chiffrages de mesures opposés simultanément dans différentes voix, beaucoup de syncopes et une écriture en canon virtuose. La musique elle-même était parfois présentée dans un format symbolique comme un cœur (pour les chansons d'amour) ou un cercle (pour les canons). Ce style subtil ou « maniéré » a été mentionné par les théoriciens et compositeurs Philipoctus de Caserta et Egidius de Murino. Mais ce phénomène reste assez localisé et on le trouve surtout dans la musique des compositeurs qui ont entretenu des relations avec la cour papale d'Avignon, la cour d'Aragon en Espagne ou la colonie française de Chypre. L'*Ars subtilior* est apparu en même temps qu'une évolution plus graduelle du système de notation ; il a eu un effet peu durable sur l'évolution de la musique écrite.

6. *La notation aux XVe et XVIe siècles.* Un changement important dans l'apparence de la notation est survenu vers 1420 lorsque les notes noires des périodes antérieures ont été remplacées par des notes vides ou blanches (comparer Ex. 5 et Ex. 7). Ce changement correspond à l'apparition du papier qui a remplacé le parchemin : comme la quantité d'encre utilisée pour la notation noire avait tendance à traverser le papier, on s'est vite limité au seul contour des notes. En outre, il devenait alors possible de représenter les

notes colorées par des notes noires au lieu du rouge qui nécessitait un changement d'encre. On peut voir la coloration noire dans l'Ex. 6*a*, qui présente une partie de ténor d'une messe anglaise du XVe siècle ; il contient aussi un exemple de note rendue imparfaite par une valeur éloignée (voir Fig. 4*d*), la première maxime étant rendue imparfaite par une semi-brève.

L'Ex. 6 peut donner une idée de l'emploi des ligatures ; la Fig. 7 propose une explication sommaire de leur signification. Les ligatures sont issues de la notation du plain-chant (voir § 2), où une seule ligature contenait un groupe de notes chantées sur une même syllabe du texte. Au XVe siècle, les parties contenant des ligatures ne portaient pas toujours sur du texte, mais, lorsque c'était le cas, il était rare de voir une ligature s'étendre au-delà d'une syllabe du texte. Au XVIe siècle, il est devenu courant que plusieurs notes correspondant à la même syllabe ne soient pas écrites en ligature mais en notes individuelles placées sous un signe de liaison, comme on le fait de nos jours :

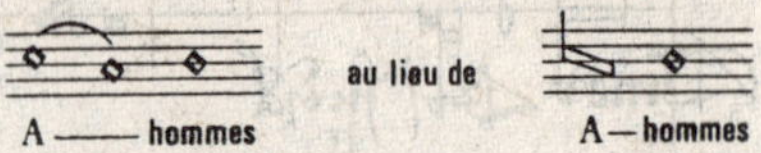

Cette pratique, ainsi que la prolifération des courtes valeurs (qui n'avaient pas d'équivalents dans la ligature), la difficulté d'utiliser les ligatures dans la musique imprimée (qui s'est généralisée après 1501), l'inadaptation des ligatures à la musique écrite en partition (qui est devenue la norme à partir de 1590 environ) et la complexité relative des ligatures ont abouti à leur disparition dans les dernières années du XVIe siècle. Toutefois, la ligature correspondant à deux semi-brèves

LIGATURES AUX XIVe, XVe ET XVIe SIÈCLES

(*a*) *Ligatures de deux notes, formes de base*

longue, longue brève, brève ou longue, brève

tous équivalents de deux semi-brèves (noter la tige vers le haut à gauche).

(*b*) *L'addition de tiges vers le bas à la brève et à la longue*

la tige vers le bas sur la droite allonge une note : brève, longue longue, brève

longue, longue

la tige vers le bas sur la gauche la raccourcit : brève, longue brève, brève

brève, brève longue, brève

(*c*) *Ligatures de plus de deux notes*

- Traitez les deux premières et les deux dernières notes comme si elles étaient des ligatures de deux notes ; cela donne la valeur de la première et de la dernière note

Exemple : —

brève longue

- Toutes les notes du milieu sont des brèves, sauf si elles ont une tige vers le bas à droite, *ou* des semi-brèves *ou* des maximes (la forme de la note est deux fois plus longue que la longue :).

Exemples : brève, brève, brève, brève, longue

brève, longue, semi-brève, semi-brève, longue

brève, maxime, longue

brève, longue, brève, brève, longue

Fig. 7

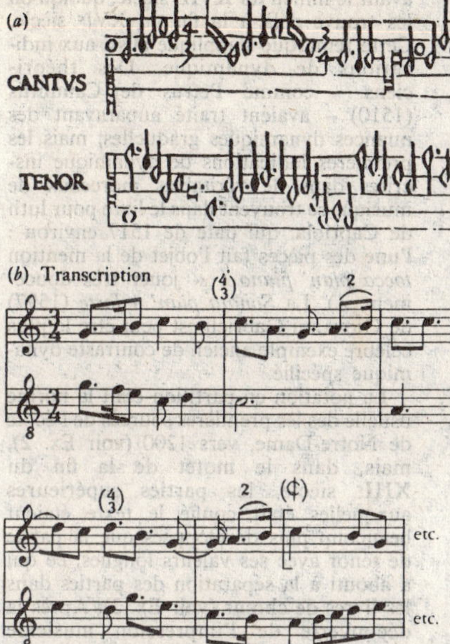

Ex. 7. (a) Facsimilé de Practica musicae *de Graffrius (1496).*

a persisté pendant quelque temps et on la trouve encore dans les œuvres de Fux au début du XVIIIe siècle. Les éditions modernes mentionnent les groupes de notes écrits à l'origine sous la forme d'une seule ligature en les insérant dans un crochet carré ┌──┐ (voir Ex. 6*b*).

Dès le début du XVIe siècle, un système complexe de chiffrage des mesures était élaboré sous l'appellation de « notation proportionnelle », indiquant que les notes pouvaient être chantées à une autre vitesse que leur vitesse normale. On a alors écrit des canons ingénieux et des syncopes complexes en utilisant des valeurs augmentées ou diminuées, mais les compositeurs ont également exploité le système pour écrire de la musique relativement rapide sans utiliser beaucoup de valeurs courtes – ils employaient simplement des semi-brèves et des minimes chantées deux fois plus vite que leur vitesse normale. Pour indiquer l'exécution deux fois plus rapide, ils ont modifié le chiffrage original des mesures en y ajoutant un trait vertical ; par exemple, quatre semi-brèves à C, ◇ ◇ ◇ ◇ , seraient chantées sous la forme ♩ ♩ ♩ ♩ en notation moderne , mais à ¢ sous la forme ♫♫ . Lorsque des chiffres étaient employés pour le chiffrage des mesures, ils indiquaient la relation entre la nouvelle et l'ancienne (habituelle) valeur de la note. Ainsi, 4/3 signifiait que quatre notes (par exemple des semi-brèves) à la nouvelle vitesse seraient exécutées pendant le temps de trois notes à la vitesse habituelle (voir Ex. 7). A certains égards, ce système semble constituer l'un des derniers vestiges de la complexité médiévale, mais son souci des relations numériques abstraites provenait plutôt du mouvement néoplatonicien de la Renaissance. Les proportions ont joué un rôle important dans la musique « savante » jusqu'à l'époque de Bach – elles ont encore une existence ténébreuse dans notre emploi du signe ¢ pour la musique *alla breve* et de certains autres symboles.

De nombreux détails de la notation actuelle sont liés à la musique instrumentale, particulièrement aux œuvres pour clavier et pour luth. On trouve, par exemple, pour la première fois, un usage systématique des signes de tenue, des liaisons et des lignes supplémentaires dans le volume de *Recerchari, motetto, canzoni* pour clavier (Venise, 1523) de Marco Antonio Cavazzoni. Les barres de mesure, employées de façon un peu inconséquente, apparaissent dès le XIVe siècle dans le recueil de musique pour clavier de Faenza. Au XVIe siècle, dès 1538, des compositeurs espagnols de musique pour luth (comme Narváez) les utilisent régulièrement dans leurs œuvres ; toutefois, chaque barre de mesure ne correspondait à l'époque qu'à une semi-brève (une noire dans la notation moderne) et il faudra attendre le milieu du XVIIe siècle pour trouver une disposition des barres de mesure coïncidant avec les accents qui reviennent régulièrement dans la musique. C'est également au milieu du XVIIe siècle que les accidents limitent leur effet à la mesure dans laquelle ils se trouvent, mais les madrigaux chromatiques de la fin du XVIe siècle avaient déjà fait l'objet de certaines tentatives pour placer les accidents à côté de la note altérée – pratique alors nouvelle. Au XVe siècle, le signe bécarre ♮ était employé presque aussi souvent que les signes dièse # et bémol ♭ et les compositeurs ont également commencé à utiliser régulièrement des armatures de la clé diésées ainsi que les armatures bémolisées courantes au Moyen Age. L'adjonction d'accidents par l'interprète (**musica ficta*) était une pratique importante à l'époque médiévale, mais elle semble avoir pratiquement disparu vers 1600. Toutefois, il n'était pas rare que des accidents s'appliquent à des notes placées avant le signe (rétrospectivement) ainsi qu'à celles qui le suivaient immédiatement.

On trouve des indications de mouvement dès la notation du plain-chant (voir Fig. 1), mais la notation logique du tempo n'a débuté qu'au XVIe siècle. Dans le livre pour vihuela de Luis de Milán *El Maestro* (Valence, 1536), chaque morceau est préfacé par des instructions qui comprennent des descriptions de tempo comme *apriessa* (« rapide »), *espacio* (« lent »), etc. Les indications de tempo italiennes (*allegro*, *largo*, etc.), aujourd'hui courantes, n'ont pas connu une large diffusion avant le milieu du XVIIe siècle, quoiqu'on les trouve déjà à la fin du XVIe siècle. Cette remarque s'applique aussi aux indications de dynamique. Des théoriciens – comme Petrus de Canuntiis (1510) – avaient traité auparavant des nuances dynamiques graduelles, mais les premières indications de dynamique inscrites dans de véritables morceaux de musique se trouvent dans le livre pour luth de Capriola, qui date de 1517 environ : l'une des pièces fait l'objet de la mention *tocca pian' piano* (« jouer très doucement »). La *Sonata pian' e forte* (1597) de Giovanni Gabrieli est peut-être le plus célèbre exemple ancien de contraste dynamique spécifié.

La notation en partition était la norme usuelle dès les premières sources de l'école de Notre-Dame, vers 1200 (voir Ex. 2), mais, dans le motet de la fin du XIIIe siècle, les parties supérieures auxquelles était confié le texte étaient beaucoup plus développées que la partie de ténor avec ses valeurs longues, ce qui a abouti à la séparation des parties dans les livres de chœur (voir Ex. 3). Après la découverte de l'impression musicale (1501), on a pris l'habitude de publier les voix individuelles en parties séparées. D'après les remarques de Pietro Aaron (1523), il semble que Josquin des Prés et Isaac aient adopté une façon d'écrire leur musique dans un format de partition appelé *tabula compositoria*. Les œuvres pour clavier ainsi que de courts extraits vocaux inclus dans des ouvrages théoriques étaient publiés sous forme de partition depuis au moins deux siècles, mais c'est uniquement en Angleterre que la notation en partition est restée en usage pour certains types de musique vocale pendant tout le Moyen Age. Cependant, la première partition moderne de musique vocale, avec les barres de mesure, est le recueil de madrigaux à quatre voix de Cipriano de Rore publié à Venise en 1577.

Dans la musique vocale des XVe et XVIe siècles, on voit apparaître les combinaisons de clés les plus usuelles, qui correspondent probablement aux tessitures vocales habituellement employées. Dans les sources imprimées anciennes, par exemple, les parties de soprano, d'alto, de ténor et de basse étaient souvent signalées respectivement par trois clés d'ut (sur la ligne la plus basse et sur la troisième et

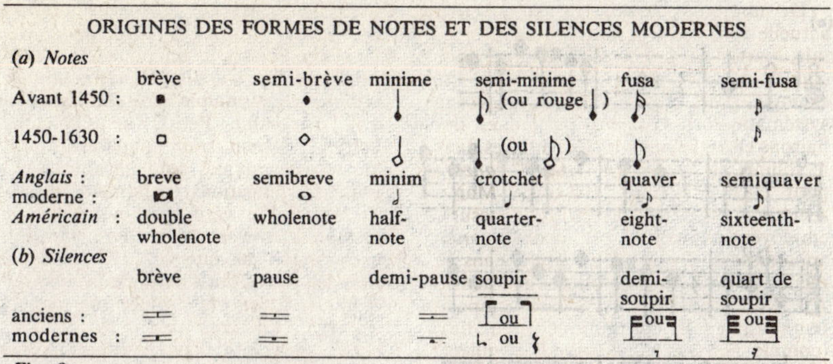

Fig. 8

la quatrième ligne vers le haut) et une clé de fa (sur la quatrième ligne vers le haut). Certaines combinaisons de clés sont parfois transposées d'une tierce vers le haut ou vers le bas (comme dans la *Missa papae Marcelli* de Palestrina) avec la clé de fa sur la troisième ligne, par exemple. Ce système, qui porte le nom de « chiavette », servait probablement à éviter les lignes supplémentaires ou à signaler la transposition d'une quarte ou d'une quinte vers le bas. Notre clé de sol moderne a eu une place assez stable à partir de 1580 ; elle se compose de deux éléments superposés : ʃ pour *signum* (signe) et la lettre *g* au-dessous : 𝄞. La portée à cinq lignes s'était alors généralisée, sauf dans la musique anglaise pour clavier, qui a continué à utiliser des portées à six lignes ou parfois davantage jusqu'aux environs de 1700.

A partir du XVe siècle, il y a eu un ralentissement progressif du mouvement et des valeurs plus courtes ont fait leur apparition, comme la double croche 𝅘𝅥𝅯, la triple croche 𝅘𝅥𝅰 et la quadruple croche 𝅘𝅥𝅱. Le terme anglais *crotchet* (« noire ») veut aussi dire « crochu » et se réfère néanmoins à une note dépourvue de crochet, 𝅘𝅥 plutôt que 𝅘𝅥𝅮. La raison en est que, lors du passage à la notation blanche, les notes plus brèves que la minime ont continué à être indiquées en noir avec un crochet de moins qu'auparavant. Ainsi le « crotchet » (lat. : *crochata*) est l'ancienne semi-minime qui, à une certaine époque, possédait un crochet. Le français, bien sûr, emploie le terme « croche » pour désigner la note moderne qui est pourvue d'un crochet. Les Italiens appellent parfois la noire *semiminima* ; ils appellent la croche *croma* (*cromatico* veut dire « coloré ») parce que la croche est une version colorée de l'ancienne semi-minime à crochet (voir Fig. 8). Vers la fin du XVIe siècle, la forme des notes s'est arrondie de telle sorte que la semi-minime 𝅘𝅥, par exemple, s'est mise à ressembler davantage à notre noire 𝅘𝅥 moderne.

7. *Les XVIIe et XVIIIe siècles.* L'ère baroque a été, dans une certaine mesure, une période de transition. On trouve encore des procédés archaïques comme la coloration, les proportions et les ligatures, mais leur emploi se limite progressivement à certains genres ou à des effets maniérés. La coloration, par exemple, est souvent utilisée dans les sections de rythme ternaire des capriccios et des courantes pour clavier de Frescobaldi, Froberger, etc. (voir Ex. 8).

Les notes noires avec des tiges à la troisième mesure et aux mesures suivantes de l'Ex. 8*a* ressemblent à des noires, mais ce sont en réalité des blanches colorées dont la valeur est égale au tiers de la blanche ordinaire (comparer à la mesure 1). Cette réduction de deux tiers de la valeur de la blanche en notation colorée était assez rare aux siècles précédents. On a déjà vu (§ 5 et Fig. 6*c*) que la coloration avait habituellement pour effet de réduire une note d'un tiers de sa valeur ; cette pratique est peut-être à l'origine du procédé baroque de l'hémiole que l'on trouve souvent chez Purcell et Haendel (voir Ex. 9).

Les accents dans la mesure de l'hémiole (3/2) reviennent tous les deux temps alors qu'auparavant ils revenaient tous les trois temps, effet qui, aux siècles précédents, aurait été produit par l'emploi de la notation colorée.

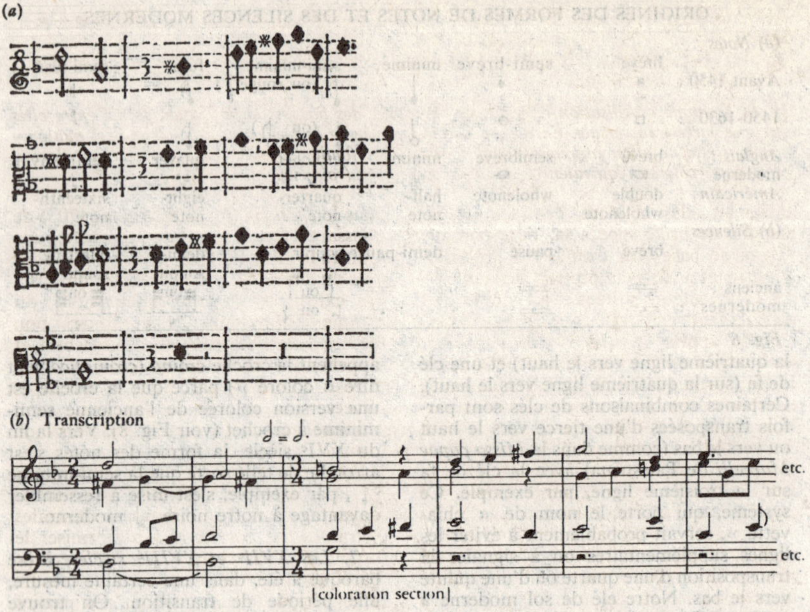

Ex. 8. (a) Facsimilé de Il primo libro di caprici *de Frescobaldi (Venise, 1626).*

Les signes proportionnels sont restés en usage, particulièrement sous la plume des compositeurs « érudits » qui écrivaient dans le **stile antico*. L'emploi de proportions numériques (8/12 à la fin d'un passage à 12/8 pour montrer un retour au temps normal, par exemple) était assez clair. Mais l'utilisation des symboles proportionnels était souvent confuse ou inconséquente. Ainsi, le signe ₵ indique traditionnellement une allure plus rapide (diminution de la valeur des notes) et équivalait normalement à 2/2 ; mais, dans le Credo de la *Messe en si mineur* de Bach, il signifie 4/2 et, à l'époque de Schubert, il était utilisé dans les adagios comme l'équivalent d'un 4/4. De telles confusions sont parfois accentuées par certains interprètes ou éditeurs peu scrupuleux : par exemple, Mozart nous dit (dans une lettre de Vienne du 7 juin 1783) que Clementi peut parfaitement marquer une sonate *prestissimo* et *alla breve*, mais ne la jouer qu'*allegro* et à 4/4. En général, la musique baroque et la musique classique utilisaient des mètres réguliers ; on a accepté progressivement des chiffrages de mesures dérivés des accents du vers mesuré (voir *Musique mesurée*), mais on trouve rarement ces procédés dans la musique instrumentale – un exemple célèbre étant la « folle musique » à 5/8 d'*Orlando* de Haendel.

Avec l'intérêt accru pour l'ornementation et l'emploi élargi des valeurs courtes, on a constaté un ralentissement progressif de la pulsation musicale de base. La blanche a été remplacée par la noire comme unité de référence, mais les chiffrages des mesures indiquant 4 au lieu de 2 au dénominateur (3/4, 2/4) ne se sont vraiment répandus qu'à l'époque de Corelli et de Vivaldi. Pour les mesures binaires, les anciens signes ₵ gardaient la préférence des compositeurs et les chiffrages numériques directs (3, 3/2) se sont en général limités aux rythmes ternaires pendant la majeure partie du XVIIe siècle. La notation et le format de la musique religieuse baroque étaient souvent délibérément archaïques, avec les

Ex. 9. Exemple d'utilisation baroque de l'hémiole, des liaisons et des notes reliées entre elles avec une barre transversale. Extrait de Didon et Énée *de Purcell, acte III, « Our next motion » (1689). Cette notation impliquait une accentuation fondée sur des notes évidées ou colorées. Trois notes colorées équivalent à deux notes évidées (voir Fig. 6).*

anciennes clés d'ut et l'emploi de la blanche de préférence à la noire comme valeur de base. On trouve ces procédés « antiques » dans la plupart des œuvres des compositeurs italiens et allemands qui travaillaient en Italie ou de ceux qui avaient appris le *stile antico* dans les anthologies de musique religieuse comme celle publiée, en 1621, par Bodenschatz (Bach a utilisé l'œuvre de Bodenschatz à Leipzig). Encore de nos jours, l'influence du *stile antico* reste présente dans certains hymnaires, psautiers, recueils de chants anglicans, etc. écrits en minimes et en semi-brèves d'allure archaïque.

La musique instrumentale et la musique vocale profane ont fait l'objet d'expériences importantes dans le domaine de la notation. La clé de sol a été largement admise dans la musique française et anglaise pour clavecin. L'Italie et l'Allemagne ont préféré la clé d'ut pour la musique vocale et instrumentale ; Mozart l'a employée dans un grand nombre de ses œuvres pour clavier et il faudra attendre les *Mémoires, ou Essai sur la musique* de Grétry (publiés en 1789) pour assister à la première véritable tentative de standardisation des clés de sol et de fa pour l'ensemble de la musique ; naturellement, il n'a pas entièrement réussi. Malgré quelques expériences réalisées avec des métronomes (Thomas Mace en 1676, Étienne Loulié en 1696, etc.) et en dépit du fait que de nombreuses formes de danse possédaient leurs propres conventions rythmiques, le tempo était généralement indiqué par quelques mots descriptifs. Les termes *adagio*, *allegro* et *presto* ont tous fait leur apparition dans *Organo suonarino* (1612) de Banchieri et, en 1683, Purcell disait (dans l'introduction de *Sonnata's of III Parts*) que les désignations italiennes étaient utilisées internationalement. Corelli est l'un des premiers compositeurs à avoir fourni des indications de tempo descriptives pour tout ce qu'il a publié et une liste substantielle de ces termes figure dans le *Dictionnaire de musique* (1703) de Brossard. Dans la musique soliste, une multitude de nouvelles conventions sont nées du désir de traduire en notation écrite les exigences de l'ornementation, du rythme libre (dans les préludes non mesurés pour clavecin de d'Anglebert et de Louis Couperin, les cadences dans les œuvres instrumentales, etc.) et des expériences dans le domaine de l'exécution (comme dans les pièces **scordatura* de Heinrich Biber).

Dans la musique baroque, l'utilisation de la basse continue et l'importance croissante des combinaisons orchestrales courantes ont contribué à uniformiser le format des partitions – particulièrement dans certains des nouveaux genres comme la sonate en trio et l'opéra. Les parties vocales, lorsque l'œuvre en comportait, étaient placées au-dessus de la partie de continuo et, au sein des cordes, les violons figuraient au-dessus des altos. Les parties des cuivres étaient placées en haut de la page. Mais la fonction de la partition restait assez ambiguë et la notion de version originale en partition d'étude (**Urtext*) n'apparaît qu'avec la publication de *Diocletian* (1691) de Purcell et l'édition des sonates de Corelli réalisée par Pepusch. Au XVIIIe siècle, l'amélioration des méthodes de gravure a permis de développer considérablement la production de partitions, mais la pratique consistant à diriger à partir des partitions n'était pas encore absolument généralisée. Le chef d'orchestre français François Habeneck, par exemple, dirigeait encore, vers 1820, avec la seule partie de premier violon.

Les barres de mesure étaient utilisées dans certaines musiques pour clavier depuis le XIVe siècle, mais il a fallu attendre les premières années du XVIIe siècle pour que leur disposition coïncide avec les accents de la musique. En outre, une comparaison entre l'Ex. 8*a* et l'Ex. 10 révèle que, seulement dans ce dernier cas, les notes situées à la verticale les unes des autres doivent sonner ensemble ; la répartition géographique des valeurs au sein de la mesure, pour que le même espace corresponde à la même durée musicale, n'apparaît en fait qu'au milieu du XVIIe siècle. Et ce n'est qu'à la fin du XVIIe siècle qu'on a finalement admis que les barres de mesure mettaient fin à l'effet des accidents ; simultanément a cessé la pratique consistant à appliquer les accidents de façon rétrospective. Quant aux accidents eux-mêmes, l'emploi des symboles ♯, ♭ et ♮ pour dièse, bémol et bécarre s'est généralisé et la forme moderne du double bémol (♭♭) et du double dièse × a été admise – ce dernier a fait son apparition dès 1615 dans *Il Secondo Libro de ricercare* de Trabaci.

Des changements subtils se sont également produits dans de petits détails de la notation. L'Ex. 9 montre comment les liaisons étaient alors utilisées pour réunir des notes chantées sur une même syllabe de texte (fonction tenue auparavant par les ligatures) et comment, au sein d'une même mesure, les notes chantées sur la même syllabe étaient liées par un trait ♫ au lieu d'être notées séparément ♪ ♪. Cette façon de lier par un trait les valeurs de courte durée était déjà apparue à une date antérieure dans la musique instrumentale, mais il faut attendre le Rondo de la *Sonate pour piano op.10 n° 3* (1793) de Beethoven pour voir des notes liées de cette façon de part et d'autre de la barre de mesure ♫|♫. Ce procédé a eu des conséquences importantes sur l'accentuation et le phrasé, comme le signe de liaison. L'effet de la liaison est décrit dès 1553 dans le *Trattado* d'Ortiz, mais les signes qui le traduisent ne se sont généralisés qu'à l'ère baroque ; plus tard (chez Bach, Mozart, etc.) le signe de liaison était occasionnellement employé pour indiquer un *glissando*. On trouve l'un des premiers exemples de marquage soigneux des phrases dans *La Rappresentazione di anima e di corpo* (1600) de Cavalieri où un signe spécial 𝄋 est placé au-dessus de la dernière note de chaque phrase. L'importance expressive du phrasé s'affirmait de plus en plus et, au XVIIIe siècle, elle a été longuement étudiée par des auteurs comme Johann Mattheson.

Le souci de l'expression et de l'articulation n'a pas seulement donné naissance à des styles plus dramatiques de musique et d'exécution (**Empfindsamer Stil*, **Sturm und Drang*, le *Rakete* de *Mannheim, etc.), mais également à une multitude de symboles et d'instructions complémentaires au sein de la notation. On trouve des marques de coup d'archet (comme dans *La Follia op.5 n° 12* de Corelli, 1700), des indications de doigté (dès certaines sources de musique anglaise pour virginal) et, à la fin du XVIIIe siècle, des signes de pédale pour le pianoforte (dans la *Sonate en ut Hob. XVI : 50* de Haydn écrite vers 1794-95, mais il s'agissait peut-être de signes *una corda*). Les changements progressifs de dynamique étaient un effet musical recherché au moins depuis le XVIe siècle (ils sont décrits dans des traités de Zarlino, de Ganassi, etc.) ; les termes *crescendo*, *diminuendo* et d'autres indications analogues ont été utilisées à profusion par Vivaldi et les compositeurs de l'ère baroque. On aurait certainement tort de croire que le baroque ne connaissait que les dynamiques aux contrastes marqués ; le rôle du clavecin, instrument relativement inflexible à la fois comme soliste et comme partie de basse continue, a sans doute influencé notre résistance à la nuance dynamique dans cette musique.

Aucun aspect de la notation baroque n'est plus litigieux que l'interprétation des rythmes pointés. Un point placé après une note signifiait normalement qu'elle valait une fois et demi sa valeur normale ; mais le point pouvait aussi simplement signifier que les notes situées de part et d'autre étaient irrégulières. Une note pointée pouvait servir à assimiler des rythmes binaires à des rythmes ternaires (Fig. 9*a*). En l'occurrence, le point était indispensable parce que les conventions ♩♪ et ♪♩ n'existaient pas dans le domaine de la notation avant le XIXe siècle. La seule alternative consistait à introduire par exemple des passages à 9/8 dans une musique écrite à 3/4. Il n'est pas du tout certain que l'assimilation des duolets pointés et des triolets dans deux parties différentes ait été toujours voulue ; Quantz (dans *Versuch einer Anweisung die Flöte traversiere zu spielen*, chapitre 5, partie 22) y fait des objections et, à une date plus récente, Czerny, lorsqu'il raconte comment Beethoven jouait la *Sonate « Clair de lune »*, souligne que les rythmes pointés et en triolet n'étaient pas synchronisés. Dans certains cas, la signification des points est assez claire car ils sont

UTILISATIONS IRRÉGULIÈRES ET NOUVELLES DU POINT AUX XVIIe ET XVIIIe SIÈCLES

(*a*) *Assimilation d'un rythme en duolet à un rythme en triolet*

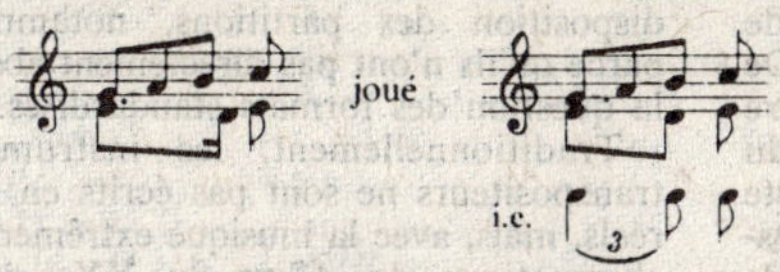

(extrait de *Versuch über die wahre Art das Clavier zu spielen* (1753) de C. P. E. Bach, 1[re]partie, ch.III, 27)

(*b*) *Point utilisé comme liaison de longueur irrégulière*

(extrait de *Versuch* de C. P. E. Bach, 1[re]partie, ch.III, 23)

(N.B. Le point augmente d'un quart la longueur de la croche, et non de moitié)

(extrait des *Nouveaux Concerts* (1724), n° XIV, Prélude, mesure 1 de F. Couperin)

(N.B. Le point augmente de neuf seizièmes la longueur de la croche)

(*c*) *Point utilisé comme liaison de part et d'autre de la barre de mesure*

(extrait de *The Fairy Queen* (1692), « Thrice Happy Lovers » de Purcell ; Londres, Royal Academy of Music, MS 1)

(*d*) *Double point*

(extrait des *Pièces de clavecin*, livre premier (1670), Courante, p.51, de Chambonnières)

Fig. 9

expliqués sans ambiguïté par les théoriciens ou apparaissent dans des exemples musicaux qui s'expliquent d'eux-mêmes. Un point peut être utilisé pour augmenter la valeur d'une note de plus ou moins de la moitié de sa valeur (voir Fig. 9*b*) ou pour montrer qu'une note est liée de part et d'autre d'une barre de mesure (Fig. 9*c*).

L'application éventuelle par l'interprète de rythmes pointés ou inégaux à des notes non pointées (*notes inégales) pose des problèmes que l'on comprend mieux au travers de l'histoire de l'*interprétation, car c'est précisément le manque de précision de la notation qui rend difficile la restitution de l'interprétation. Pour la question du « surpointage » dans l'ouverture à la française, la notation est un peu plus suggestive. Dans les éditions des œuvres de Haendel de la fin du XIXe siècle, Prout a été le premier à émettre l'idée selon laquelle les rythmes écrits ♩. ♪ et ♫ dans les mouvements d'ouverture à la française devaient être joués ♩.. ♬ et ♬. Toutefois, le copiste de Haendel, John Smith le jeune, en transcrivant l'ouverture d'*Amadigi*, par exemple, a soigneusement établi une distinction entre les deux rythmes ♩. ♪ et ♩ 𝄾♪, à la fois dans la notation et dans l'espacement (voir Ex. 10, dernière partie de la mesure 10). Le surpointage des notes pointées simples est clairement mentionné par des auteurs comme Quantz (*Versuch*, chapitre 5, partie 21) mais il ne se réfère pas au style français et Quantz parle plutôt de musique soliste que de musique symphonique ou d'ensemble. De telles références doivent sans doute être considérées comme une description du nouveau style galant allemand en soliste plutôt que comme des références rétrospectives à une convention du style de l'ouverture à la française. Incidemment, bien que les doubles points apparaissent en notation à partir du XVIIe siècle (voir Fig. 9*d*), leur utilisation ne s'est répandue qu'à la fin du XVIIIe siècle – ainsi, sur plus d'une soixantaine de sonates pour clavier, Haydn n'emploie le double point que dans une seule (Hob. XVI : 52, composée en 1794).

*Ex. 10. Fac-similé de l'ouverture d'*Amadigi *de Haendel, mes. 10-11, · transcrite pour clavecin par J. C. Smith (New York Public Library, Music Division : Astor, Lenox, and Tilden Foundation, MS Drexel 5856).*

8. *Du XIXe siècle à nos jours.* Au cours des deux derniers siècles, la séparation progressive du rôle du compositeur et de l'interprète a permis de développer le niveau des instructions explicites contenues dans la musique et la partition imprimée est devenue l'intermédiaire suprême entre le compositeur et le public. Des lois régissant les droits de reproduction de la musique imprimée ont été promulguées à diverses époques et dans divers pays au siècle dernier (voir *Droit d'auteur*), mais, comme le montrent les querelles entre Verdi et son éditeur Ricordi, ces lois ne garantissent pas que la partition imprimée représente nécessairement la version préférée du compositeur. La présentation de la partition s'est standardisée, bien que certains instruments comme la harpe et la clarinette basse n'aient jamais trouvé une place stable et que le cor fasse parfois figure d'anomalie (Wagner l'a placé entre les clarinettes et les bassons). Les traités d'orchestration de Berlioz, Rimski-Korsakov et d'autres compositeurs n'ont pas vraiment résolu tous les problèmes de disposition des partitions, notamment parce qu'ils n'ont pas directement abordé la question des formats standardisés.

Traditionnellement, les instruments transpositeurs ne sont pas écrits en sons réels, mais, avec la musique extrêmement chromatique du début du XXe siècle, certains compositeurs ont pris l'habitude de noter toutes les parties en ut (comme dans les *Variations pour orchestre op.31* de Schoenberg, 1927-28). Ce même chromatisme a conduit certains compositeurs à l'abandon de l'armature de la clé : Schoenberg (*Quatuor à cordes n° 2*) et Busoni (*Sonata seconda*), par exemple, se sont contentés de faire précéder chaque note de l'accident requis. Quelques compositeurs ont réalisé des expériences dans le domaine des quarts de ton (*Quatuor à cordes n° 2* d'Alois Hába, 1920), notés en utilisant des signes comme 𝄲 et 𝄰 : plus tard, Hába et d'autres compositeurs ont employé des sixièmes de ton et d'autres micro-intervalles, faisant appel à des symboles de notation très divers. Dans le jazz et la musique de variétés, on a simplifié la calligraphie de la notation, les signes dièse et bémol étant, par exemple, notés + et – respectivement.

C'est seulement depuis une date récente que les compositeurs montrent une préférence marquée pour les clés de sol et de fa. On trouve des clés d'ut dans de nombreuses œuvres de Wagner, Brahms et Schoenberg et dans la musique vocale italienne ; certains instruments (comme les altos et les bassons) sont toujours notés en clé d'ut pour la totalité ou pour une partie de leur tessiture. L'emploi de la pause pour indiquer un silence d'une mesure entière quelle qu'en soit la durée s'est généralisé à la fin du XIXe siècle. Les compositions commençant par un silence d'une mesure (ou son équivalent) existent depuis le début du XVe siècle (dans des œuvres de Frye, Busnois, etc.) et, à partir du XVIIIe siècle, on trouve aussi des pièces qui se terminent sur un silence d'une mesure (comme la *Sonate pour piano K 283* de Mozart) – peut-être conçu comme une fin de phrasé silencieuse ou comme un moment de repos imposé. Au début du XXe siècle, la barre de mesure ne se limite plus à faire ressortir une grille de battues régulières et l'interprète est plutôt guidé vers des points de tension irréguliers ; la *Symphonie de psaumes* de Stravinski, par exemple, comporte des mesures à 1/4 dans ce but précis. Par la suite, on en est venu à utiliser les barres de mesure comme de simples points de référence dans une notation temps/espace mesurée en secondes (voir Ex. 13). Elles correspondent aussi à des points de synchronisation entre des passages improvisés. Les liaisons de part et d'autre de la barre de mesure sont généralement indiquées à la manière moderne, bien que Brahms (ou son éditeur) utilise occasionnellement un point de l'autre côté de la barre de mesure, comme sur la Fig. 9*c*.

La démarche romantique vers l'individualisme a donné au traitement du tempo et de la pulsation un caractère plus accentué. Dans la musique de Beethoven, chaque note, de la double croche à la blanche, peut devenir un temps fort. Il est même possible que la ronde ait été conçue comme le temps fort dans la version originale du trio de sa *Symphonie nº 9*. Les mouvements de danse ne conservent plus les vitesses traditionnelles (les menuets sont devenus des scherzos et beaucoup de valses de Chopin sont trop rapides pour être dansées) ; toutefois, des indications de tempo de genre subsistent encore dans certains domaines et on en trouve un exemple moderne dans « Tempo di Blues ». Les virtuoses du XIXᵉ siècle comme Liszt et Paganini jouaient certaines de leurs propres œuvres aussi vite que possible. Le compositeur du XXᵉ siècle Stockhausen donne expressément l'indication de tempo « le plus rapidement possible » dans certaines parties de sa *Zeitmasse* (1956) ; Schumann en fait de même dans sa *Sonate nº 2 en sol mineur op.22* et note ensuite « plus vite et encore plus vite ! » Au XIXᵉ siècle, on trouve plusieurs exemples dans lesquels les indications métronomiques du compositeur semblent trop rapides ou injouables (comme chez Beethoven, Schumann ou Reger).

La notation rythmique reste une source d'ambiguïté. Par exemple, l'Arietta de la *Sonate op.111* (mesure 50) de Beethoven comporte des triples croches non pointées, dont certaines sont « parfaites » (valant trois quadruples croches) et certaines « imparfaites » (en valant seulement deux). Certaines indications prouvent que les rythmes pointés de l'accompagnement de *Wasserflut*, dans *Le Voyage d'hiver* de Schubert, doivent être synchronisés avec les triolets de la partie vocale (à la manière de la Fig. 9*a*) ; on rencontre le même problème dans certaines parties de chœur des opéras de Verdi. De nos jours, il y a encore quelques genres dans lesquels on doit donner une certaine souplesse au rythme qui ne figure pas dans la notation (comme dans les valses viennoises, le swing ou le jazz).

Au début du XIXᵉ siècle, les conventions jouaient encore un rôle important dans l'exécution de l'ornementation écrite ou même dans l'addition d'ornements non écrits (comme dans les opéras de Bellini et d'autres compositeurs de *bel canto*, où la « partition » était devenue un conglomérat de morceaux figés et d'arias de substitution auxquels il manquait une certaine stabilité sur le plan de la qualité que l'on trouve, par exemple, dans la forme de la symphonie allemande) ; on possède encore des traités du XIXᵉ siècle de Clementi, Cramer, Hummel, Spohr et de nombreux autres compositeurs sur la notation et l'interprétation de l'ornementation. Plus tard, l'ornementation a été absorbée dans le style : ainsi, dans l'*Étude nº 13* (op.25 nº 1) de Chopin, la partie mélodique est indiquée en notes plus grosses alors que la décoration ornementale est entièrement écrite en notes plus petites. Dans les premières partitions de Wagner, on trouve des *gruppetti* et autres signes analogues, mais ils disparaissent rapidement au profit d'une ornementation entièrement écrite (comme dans le thème principal de Brünnhilde dans la *Tétralogie*). Avec Mahler, l'ornementation est totalement absorbée dans le style : la longue appoggiature, par exemple, est reconnue comme un trait essentiel de son identité thématique. Au XXᵉ siècle, on a assisté à un certain retour des anciens signes d'ornementation sous l'influence du néoclassicisme, comme les signes de *mordants supérieur et inférieur que l'on trouve dans plusieurs œuvres de Tippett.

Au XIXᵉ siècle, le goût de la virtuosité et de l'expression a naturellement créé un besoin accru en ce qui concerne la notation de l'articulation, du phrasé et des nuances expressives. Les marques *staccato* (·), les accents (>) et les lignes *tenuto* (–) existaient bien sûr depuis quelque temps, mais les compositeurs les ont alors utilisés beaucoup plus fréquemment et dans des combinaisons qui ne sont pas toujours réalisables ni dépourvues d'ambiguïté. *Mikrokosmos n° 146* de Bartók, par exemple, est écrit en croches *vivacissimo*, dont chacune est marquée d'un accent, d'un *tenuto* et d'un signe *staccato*. Stravinski a utilisé un *tenuto* plus un signe *staccato* pour signifier une « attaque incisive sans accent »(∸). Des compositeurs comme Stockhausen ont inventé d'autres signes d'articulation comme ⫯ pour indiquer une « attaque la plus dure possible ».

Le signe de liaison est particulièrement ambigu car il peut correspondre à une exécution *legato*, à la reprise du souffle ou au changement de coup d'archet, au phrasé correct, etc. Les éditions du XIXe siècle réalisées notamment par Czerny (musique pour piano), Ferdinand David (musique pour cordes), Riemann (musique ancienne, etc.) ont tenté de clarifier les problèmes de phrasé et d'expression avec une masse confuse de notes éditoriales. Les compositeurs ont également pris conscience des différentes possibilités d'articulation au sein de la musique et on rencontre, notamment chez Reger et Mahler, une prolifération de signes suggestifs (voir Ex. 11) qui, en dernière analyse, sont parfois relativement ambigus. Dès l'époque de Beethoven, le signe de liaison est utilisé pour indiquer à la fois une tenue et une liaison (dans l'Adagio de la *Sonate pour piano op.110* ou l'Allegro de la *Grande Fugue op.133*) ; l'indication ♩♩ correspond peut-être à une division au sein d'une seule note ou à un léger *decrescendo*. La longueur excessive de certaines phrases musicales a conduit Debussy à en indiquer séparément le début et la fin avec un signe de liaison brisé, comme dans *La Fille aux cheveux de lin* (incidemment, la partition de cette œuvre, comme tous les *Préludes* de Debussy, comporte une innovation : le titre est placé à la fin). Schoenberg a beaucoup travaillé sur l'articulation de la principale fibre d'une texture polyphonique complexe avant de concevoir les deux signes H (*Hauptstimme* [all.], « voix principale ») et N (*Nebenstimme* [all.], « voix secondaire ») ; le premier est le plus fréquemment utilisé, comme on peut le constater dans le *Quatuor à cordes n° 3* de Schoenberg.

Les niveaux de dynamique se sont accentués dans la musique depuis le XVIIIe siècle. Les compositeurs romantiques ont naturellement utilisé les indications *fff* ou *ppp* comme des effets dramatiques (bien que le *pppppp* de Tchaïkovski dans sa *Symphonie n° 6* soit un peu absurde). Les changements de dynamique se présentent de plus en plus souvent même dans des passages relativement courts : dans certaines œuvres du XXe siècle, comme *Kreuzspiel* de Stockhausen ou *Herma* de Xenakis, la plupart des notes portent leurs propres marques de dynamique (dans la partition de Xenakis, la vitesse est si rapide qu'une exécution rigoureuse semble impossible à réaliser). Pour noter la dynamique, certains compositeurs ont tenté d'abandonner les méthodes traditionnelles (*ff*, *pp*, etc.) au profit de systèmes de notation fondés notamment sur la taille de la tête des notes (comme dans *Zyklus* de Stockhausen) ou sur des gammes numériques (comme dans *Changes* de John Cage). Depuis l'avènement du sérialisme total, les niveaux de dynamique sont utilisés d'une façon plus schématique, comme une partie d'un contrôle intégré des paramètres de la musique au sein d'une œuvre.

Ex. 11. Mahler, Symphonie n° 2, *4e mouvement, mes. 45-47. Les signes de liaison indiquent trois différentes articulations.*

Au début du XXe siècle, les compositeurs néoclassiques (Stravinski, Hindemith, etc.) cherchaient à minimiser l'élément de l'expression personnelle dans la musique. Leur démarche a abouti à une notation sobre et méticuleuse des changements de dynamique et de tempo (comme dans les œuvres de Stravinski) et à des approches objectives comme l'utilisation de bandes magnétiques enregistrées (Stockhausen) ou le recours au hasard pour décider de la direction et de l'emphase d'une œuvre (certaines pièces de Cage). Les partitions électroniques sont souvent, en partie, des manuels d'instructions qui expliquent avec précision comment produire les sons. Dans l'Ex. 12, chaque bloc de la moitié supérieure

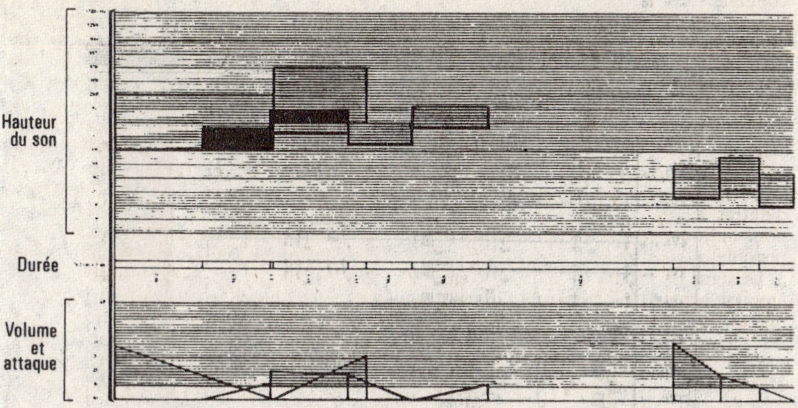

Ex. 12. Stockhausen, Electronische Studien II, *première page.*

représente un son composé de cinq fréquences dont la plus haute et la plus basse sont définies. Les mélanges de sons qui se chevauchent sont indiqués par des nuances plus foncées. La gamme de fréquence dans le coin à gauche va de 100 à 17 200 cycles par seconde. La durée de chaque son est indiquée par la ligne centrale, qui est calibrée en centimètres (vitesse de déroulement de la bande, 76,2 cm par seconde). La partie inférieure du graphique correspond à l'intensité du son (« force et attaque/diminution ») mesurée en décibels entre 0 et – 30. Cette notation comporte encore quelques ressemblances avec les partitions conventionnelles (la durée va de gauche à droite, la hauteur de son est indiquée par la hauteur ou la profondeur, etc.), mais certaines notations plus récentes par ordinateur (comme MUSICOMP, élaborée à l'Université d'Illinois, MUSYS, utilisée par l'Electronic Music Studio de Putney, à Londres) sont des « langages machine » extrêmement élaborés pour contrôler et manipuler l'équipement acoustique ; leur apparence visuelle n'a plus guère de points communs avec le profil de la musique qui en résulte. L'importance accrue accordée aux préfaces dans les partitions du XXe siècle n'a rien d'étonnant ; elles expliquent les problèmes et les procédés de notation.

Certains genres de musique aléatoire permettent à des événements fortuits, hors du contrôle de l'interprète, de faire partie de la musique (comme dans la pièce pour piano silencieuse de Cage, *4'33 »*), alors que d'autres tentent de provoquer chez le musicien une réponse subjective. Cette dernière approche (souvent dérivée des influences mystiques orientales) fait fréquemment appel à des textes ou à des images extra-musicaux qui évoquent des formes ou des graphiques comme procédés de notation. La « partition » de *December 1952* d'Earle Brown, par exemple, se compose de treize rectangles noirs et celle de la *Piano Piece for David Tudor, n° 3* de La Monte Young est incluse dans la phrase : « Most of them were very old grasshoppers » (« La plupart d'entre eux étaient de très vieilles sauterelles »). Dans le cas de *Treatise* (1963-67) de Cardew, on se trouve devant une œuvre qui semble avoir été davantage construite en fonction de son impact visuel que de son caractère musical communicatif. Stockhausen et Boulez utilisent les procédures aléatoires de façon moins radicale : certaines de leurs œuvres laissent à l'interprète le choix de l'ordre des sections (comme dans *Klavier stücke XI* de Stockhausen).

En dehors de ces notations d'avant-garde, les moyens plus traditionnels ont connu une évolution progressive, émanant en partie de nouveaux modes d'utilisation des instruments conventionnels et de la voix. Le procédé du **Sprechgesang* a fait

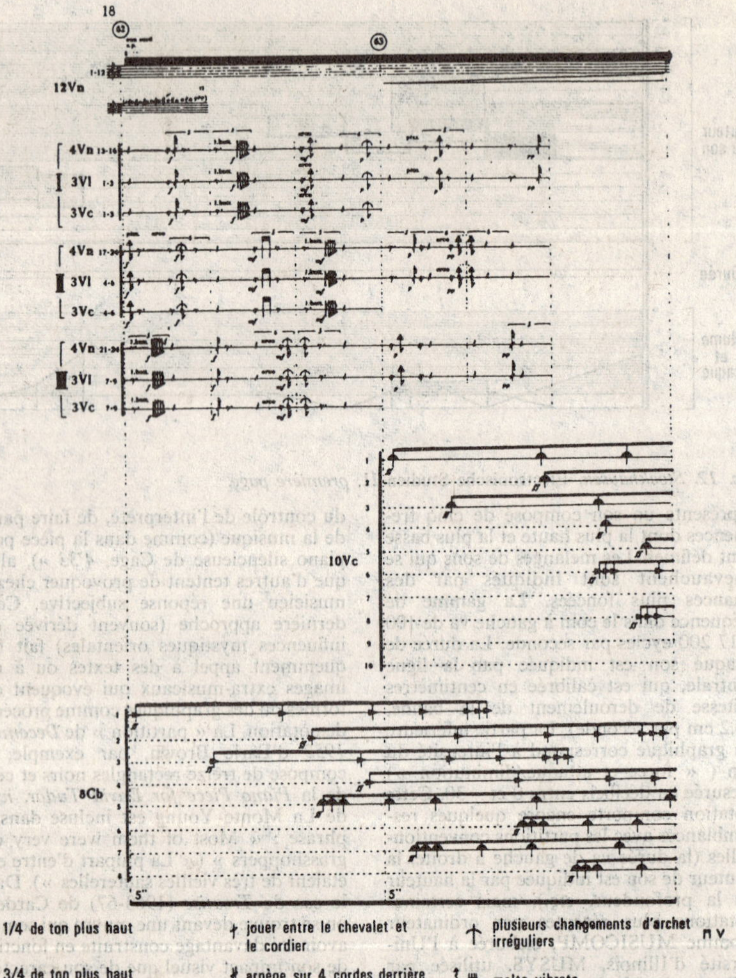

Ex. 13. Penderecki, Thrène, *sections 62 et 63.*

son apparition dans la première version de *Königskinder* (1897) de Humperdinck, mais il a surtout été utilisé dans les œuvres de Schoenberg, où il est noté de diverses façons (en croches par exemple) : , ou . L'évolution de la technique des instruments à cordes a particulièrement intéressé les compositeurs d'Europe de l'Est. Bartók a utilisé fréquemment des procédés comme le *col legno* (frapper la corde avec le bois de l'archet) que l'on trouve déjà dans la *Symphonie fantastique* de Berlioz et un type de *pizzicato* « sec » qui porte son nom (« *pizzicato* Bartók ») noté par le symbole . Le compositeur polonais Penderecki a repris et largement développé l'ensemble de ces procédés. L'Ex. 13 est extrait de *Thrène* pour 52 instruments à cordes ; il comporte un tableau d'explications (fourni par le compositeur) qui montre les différentes techniques employées. Sur la portée du haut, on trouve le procédé, désormais courant, du « cluster » (largement pratiqué aux États-Unis par des compositeurs comme Ives et Cowell), dans lequel, en l'occurrence, tous les quarts de tons entre deux extrêmes définis sont joués ensemble. La durée est mesurée en secondes en bas de la partition, les barres de mesure servant simplement de points de référence.

Le XXe siècle a également engendré un certain nombre de notations didactiques et théoriques. Parmi les premières, on peut mentionner la notation pour piano *Klavarscribo*, dans laquelle les touches blanches et noires sont indiquées par des têtes de notes noires et vides ; la notation *Equitone*, dans laquelle les notes successives apparaissent en noir ou en vide entre deux lignes à une octave d'écart ; et les « shape notes » utilisées notamment par les chanteurs « folk ». Les disciplines de l'*ethnomusicologie et de l'*analyse musicale ont toutes deux mis au point leurs propres notations, la première pour enregistrer les musiques extra-européennes, la seconde pour établir une distinction entre le matériel de premier plan et le matériel d'arrière-plan et les événements harmoniques plus ou moins importants.

Anthony Pryer.

BIBLIOGRAPHIE : Jacques Chailley, *La Musique et le signe*. Rencontres (Paris, 1967), rééd. Les Introuvables (Plan-de-la-Tour, 1985). Willy Tappolet, *La Notation musicale et son influence sur la pratique de la musique du Moyen Age à nos jours*, A la Baconnière (Neuchâtel, 1946).

Note. Signe écrit représentant la hauteur et/ou la durée d'un son musical. Dans la terminologie anglaise, ce mot a deux autres sens : (1) la touche d'un instrument à clavier et (2) le son réel produit.

Note de passage. Note reliant deux accords sans appartenir à aucun d'eux, comme :

Au premier temps de l'exemple ci-dessus (le début d'un choral de la *Passion selon saint Matthieu* de Bach), la deuxième croche à la basse est une note de passage ; le ré et le si (alto et ténor, deuxième mesure, premier temps), le si (alto, deuxième mesure, troisième temps) ne constituent pas des notes de passage car elles ont pour effet de créer un nouvel accord sans implication harmonique (accord de passage) et ne se contentent pas de relier deux accords.

Note étrangère. Terme qui s'applique aux notes étrangères au contexte harmonique, comme les notes de passage, accentuées ou non accentuées. Voir *Harmonie.*

Note principale. Note appartenant à un accord, par opposition à une note de passage, un retard, une appoggiature, etc. qui ne sont pas des notes essentielles.

Note secondaire. Variété de *note de passage qui, au lieu d'aller vers une autre note, revient à la note précédente. Elle peut être diatonique ou chromatique. Les trilles, mordants et gruppettos sont des exemples de notes secondaires appliquées à l'ornementation.

Note sensible. Septième degré de la gamme, un demi-ton au-dessous de la tonique. Dans les tonalités mineures, elle est parfois diésée. On parle également de « la sensible ».

Notes inégales. Altération rythmique d'un groupe de notes écrites de façon égale, qui implique en général l'allongement de la première note de chaque groupe de deux notes consécutives et le raccourcissement correspondant de la seconde ; l'inverse se présente plus rarement, donnant un rythme comparable au **Scotch snap*.

L'inégalité était rarement notée dans la musique française, mais parfois indiquée par le mot « pointé » et annulée par le mot « égales ». Les notes disjointes étaient rarement jouées comme des notes inégales et, lorsqu'elles devaient l'être, elles étaient généralement écrites.

Au XVIIe siècle, on avait pour règle générale d'appliquer l'inégalité aux notes essentielles les plus rapides d'un chiffrage de mesure donné – habituellement les doubles croches à 4/4 et à 2/4, les croches à 2/2 et à ₵, les croches à 3/4, 6/4, 9/4 et 12/4 et les doubles croches dans toutes les mesures se référant à la double croche. Certains compositeurs ont noté l'inégalité avec des points, mais en général ils s'en méfiaient car cette notation impliquait un rythme pointé strict. La véritable inégalité allait de la « louré » – une cadence à peine perceptible dans laquelle on restait un peu plus longtemps sur la première note que sur la seconde – au « pointé », qui se rapprochait davantage du rythme pointé. Entre les deux, il y avait un genre de rythme en triolets. Ces nuances étaient laissées à la discrétion de l'interprète et, dans la musique vocale, il devait tenir compte de la signification des mots pour décider de l'application des notes inégales.

Dans la plupart des sources non françaises, l'inégalité a été notée par le compositeur ; on la trouve, par exemple, dans la musique de Locke, Purcell, Clarke et Haendel. Son application à la musique italienne suscite beaucoup de controverses : certaines sources de l'époque (comme le manuel de flûte de Michel Corrette, 1748) affirment qu'elle était utilisée dans la musique italienne, d'autres (comme Rousseau, 1768) prétendent le contraire. François Couperin semblait indécis. Il n'est donc pas surprenant que les musicologues du XXe siècle discutent sans fin de ce sujet et qu'aucun compromis satisfaisant n'ait été trouvé.

En Allemagne, certaines pièces dans le style français ont été traitées comme de la musique française, avec l'inégalité. Les notes inégales ont été clairement expliquées par un élève de Lully, Georg Muffat, dans *Florilegium primum* (1695) et on les trouve chez les compositeurs qui ont adopté le style français, parmi lesquels figurent Froberger, Buxtehude, Telemann et Bach. Toutefois, seul Quantz, dans son célèbre traité sur le jeu de la flûte (1752), affirme que l'emploi des notes inégales était courant en Allemagne. Mais il ne précise pas si elles étaient utilisées en dehors de la musique allemande de style français. Comme pour les autres conventions musicales non écrites, l'emploi des notes inégales reste du ressort de l'interprète.

Voir également *Point*, 3.

Wendy Thompson.

Notker (près de Saint-Gall, Suisse, vers 840 ; Saint-Gall, 912). Moine bénédictin, épistolier, historien, musicologue et poète. Auteur d'un livre de textes latins pour la séquence liturgique, le *Liber hymnorum*, paru en 884, il est l'un des rares auteurs de textes liturgiques du Moyen Age auquel des textes spécifiques soient attribués. On le nomme parfois « Balbulus ». Sa préface du *Liber hymnorum* explique la nature et la fonction de la séquence et décrit comment il en est venu à écrire les vers. Dans l'ensemble, il a écrit les textes d'environ trente-cinq séquences qui se distinguent par leurs images originales et frappantes. Le *Liber hymnorum* établit parfois une liaison précise entre certains textes de Notker et des mélodies spécifiques, ce qui a permis aux musicologues de dater avec certitude un grand nombre de chants liturgiques médiévaux.

Voir également *Séquence*, 2.

Judith Nagley.

Notre Père. Voir *Pater noster*.

Notte, La. Surnom du *Concerto pour flûte et cordes en sol mineur* de Vivaldi. Il porte le numéro F. VI n. 13 dans le catalogue de l'Istituto Italiano Antonio Vivaldi et le numéro RV 439 dans le catalogue de Peter Ryom. Publié à Amsterdam chez Le Cène en 1728 sous l'opus 10 n° 2.

Notturnino (ital.). *Nocturne miniature.

Notturno (ital.). Voir *Nocturne*.

Nouveau Monde. Sous-titre de la *Symphonie n° 9 en mi mineur op.95* de Dvořák (n° 5 dans l'ancienne numérotation), composée en 1893. On admet généralement que certains de ses thèmes reflètent l'esprit des airs traditionnels noirs américains, mais aucun n'est cité directement ; la ressemblance d'un thème avec « Swing low, Sweet Chariot » est souvent mentionnée dans les analyses. Le thème principal du largo a été transformé en negro spiritual sur les paroles de « Goin' Home ». Toutefois, l'élément bohémien est également présent dans cette œuvre. Dvořák considérait cette symphonie comme une esquisse pour un projet d'opéra basé sur *The Song of Hiawatha* de Longfellow.

Nouvelle-Zélande

1. Introduction
2. Musique maorie
3. La tradition européenne
4. La musique après la Seconde Guerre mondiale

1. *Introduction.* L'éloignement géographique de la Nouvelle-Zélande par rapport aux grands centres musicaux européens et américains a donné à sa vie musicale une indépendance et une vitalité qui, dans l'ensemble, ont compensé les inconvénients dus à la distance. Avant l'arrivée des premiers Européens dans les années 1840, la Nouvelle-Zélande était habitée par les Maoris qui seraient eux-mêmes venus de l'est de la Polynésie il y a environ mille ans.

2. *La musique maorie.* A l'origine, la musique maorie était essentiellement vocale. Les chants monophoniques intervenaient rituellement dans tous les événements majeurs de la vie, pour les jeux d'enfants et les berceuses ou pour écarter les démons des récoltes. La musique maorie originale a presque disparu, quoique certains signes laissent présager sa renaissance. Le processus d'acculturation a débuté avec l'arrivée des commerçants et des missionnaires. Les Maoris ont alors commencé à chanter des variantes de ballades et de chants traditionnels de mélodies populaires et d'hymnes missionnaires du XIXe siècle. Mais l'ancienne musique maorie a été préservée dans l'Archive of Pacific Music à Auckland, dirigée par le Dr Mervyn McLean.

La mélodie du chant maori est construite sur de très petits intervalles qui ne dépassent jamais trois demi-tons. L'étendue excède rarement une quarte. Les chants sont construits autour d'une note, l'*oro* (note d'intonation ou tonique), qui se situe au milieu de l'étendue. Les chansons sont souvent strophiques, la fin de chaque ligne étant marquée par un solo du premier chanteur appelé *hiianga.* Comme les Maoris pensent qu'il est maléfique de casser le flux sonore, les chanteurs reprennent leur souffle les uns après les autres.

Les chants maoris récités comprennent la *karakia* (incantation dans laquelle la justesse de l'intonation joue un rôle essentiel, tant pour la musique que pour les mots), le *paatere* (composé par des femmes qui ont été calomniées, souvent comme exercice généalogique tendant à prouver leur propre mérite) et la *kaioraora,* dans laquelle une femme peut menacer de tuer, de faire cuire et de manger ses ennemis avant de boire leur cervelle. La forme récitée la plus spectaculaire est l'*haka,* danse dans laquelle on pousse des cris et que l'on utilise à la guerre, mais également dans les divertissements et à l'occasion des mariages ; ses mouvements rythmiques puissants se mêlent à des sauts démoniaques et à des cris destinés à terrifier l'ennemi.

Chaque chant a un objectif différent. Parmi les formes chantées, les *waiata tangi* pleurent le défunt et sont exécutés aux *tangi* (cérémonies funèbres). Les *waiata aroha* et les *waiata whaiaaipo* sont des chants d'amour nuancés des thèmes de l'amour malheureux ou perdu. Les *pao* sont des chansons courtes sur la vie quotidienne, les *oriori* sont chantés aux enfants, non seulement comme berceuses, mais aussi pour transmettre l'histoire de la tribu. La forme la plus spectaculaire est le *poi,* danse dans laquelle les femmes font tournoyer des *poi* (balles de lin décorées) sur des cordes. *Waiata Poi* (1907) d'Alfred Hill a été l'un des succès de l'époque d'Édouard VII et a encouragé les plus sérieuses *prime donne* anglaises à danser le *poi* sur la scène de l'Albert Hall à Londres.

Les principaux instruments maoris sont des aérophones. Ils comprennent des trompettes en lin, en coquillage et en bois, par exemple, la *puukaaea,* longue trompette de guerre en bois, et la *puutaatara* ou la *puu moana*, trompettes faites d'une coquille. Parmi les flûtes, on compte la *koaauau*, petite flûte droite, ouverte aux deux extrémités et taillée dans du bois ou de l'os, et la flûte *nguru*, autre flûte droite en bois, en pierre ou parfois en ivoire de baleine. La plupart des flûtes ont trois trous. Les idiophones comprennent une sorte de gong à fente (appelé *pahuu*), des claquettes et des baguettes de percussion.

Bien que les Maoris s'intègrent de plus en plus à la société néo-zélandaise, la culture maorie conserve son identité grâce à un certain nombre de bons écrivains, poètes et peintres. La langue maorie est enseignée dans les écoles maories et il y a des émissions maories sur Radio New Zealand. Les touristes qui se rendent en Nouvelle-Zélande peuvent trouver beaucoup d'attrait à la grâce et à la vitalité rythmique de la musique maorie occidentalisée.

3. *La tradition européenne.* Entre 1840 et 1850, la New Zealand Company, fondée par Edward Gibbon Wakefield, a transplanté aux antipodes une grande part de la culture du début de l'ère victorienne grâce à la colonisation organisée à Wellington, Nelson, New Plymouth et Wanganui. De nombreux colons (soigneusement choisis pour préserver l'équilibre de la structure sociale anglaise) y ont apporté des instruments, de la musique et leurs connaissances de la vie musicale anglaise. Des clavecins et des pianos, souvent de très belle qualité, débarquaient sur les plages au milieu des matériaux de construction, des couvertures, de la farine et des ustensiles ménagers. « Le piano a été hissé et est entré à grand-peine par la fenêtre du salon », écrivait la jeune Mme Petre à Wellington en 1843. Beaucoup de pianos ont fait des voyages hasardeux dans l'arrière-pays sur des chars à bœufs, comme celui de l'écrivain Samuel Butler, qui a immortalisé son séjour dans les terres à moutons de Canterbury dans son roman *Erewhon* (1872). « J'ai un piano sur lequel je travaille très régulièrement en m'imaginant que je fais des progrès. » Les guimbardes et les pianos mécaniques se sont révélées utiles dans le troc avec les Maoris pour les premières tractations terriennes, au même titre que les couvertures, les colliers et les mousquets. Bientôt les violons, les violoncelles, les flûtes, les fifres, les guitares, les harpes et les accordéons ont afflué pour pourvoir aux besoins des sociétés philharmoniques, des clubs de *glees* et des sociétés d'harmonie sacrée recréées à 19 000 kilomètres du pays natal.

Les fanfares militaires britanniques jouaient dans les bals et en concert. « C'est une formation très acceptable », écrivait Charlotte Godley, épouse de l'un des dirigeants de la colonie de l'Église d'Angleterre à Christchurch, en parlant du 65e régiment qui jouait à Thorndon Flat, à Wellington. « Ils jouent beaucoup de très jolies choses et, dans l'ensemble, m'ont *trop* rappelé le pays. Nous y avons rencontré tout le monde, assis ou se promenant en robes d'été, chapeaux à plumes ou fleuris, etc. et deux ou trois groupes importants d'indigènes drapés dans leurs couvertures et accroupis juste derrière la grosse caisse. »

Une vie musicale s'est progressivement développée, nourrie dans de petites communautés qui ont créé une variante coloniale de l'Angleterre victorienne. En 1864, une troupe lyrique voyait le jour. Mais *L'Africaine* de Meyerbeer se révélant trop ambitieuse pour que l'Australien William Lyster puisse la monter à Wellington, la troupe a exécuté des extraits des *Puritains* de Bellini ; un accueil enthousiaste les a incités à recommencer. Annonciateur de cet important phénomène du XIXe siècle que sera la troupe lyrique itinérante, Lyster correspond au profil type de l'imprésario lyrique d'origine australienne, généralement originaire de Melbourne et auréolé d'une vogue sans précédent à la suite de la ruée vers l'or des années 1850. Les noms de ces imprésarios, notamment ceux de Simonsen, George Musgrove et J. C. Williamson, évoquent des distributions superbes (plusieurs chanteurs sont par la suite devenus de grands artistes), un vaste répertoire très diversifié et une passion pour l'opéra qui ne s'est jamais vraiment renouvelée. Cette époque a atteint son apogée en 1906-07 avec la saison d'opéra allemand de George Musgrove. Les costumes et les parures opulentes avaient été réalisés à Berlin et les chanteurs choisis par Musgrove lui-même, l'ensemble représentant ce qu'il y avait de mieux dans les théâtres lyriques allemands.

Le premier compositeur néo-zélandais, Alfred Hill (né à Melbourne, 1870-1960), a grandi durant cette intense période d'activité lyrique. Bon violoniste, il a fait des tournées avec les orchestres lyriques, jouant tout le répertoire, du *Freischütz* de Weber à *Maritana* de Wallace. Formé ensuite à Leipzig, il a joué dans l'Orchestre du Gewandhaus et s'est finalement consacré à la composition. Sa première œuvre importante, la cantate *Hinemoa* (1896), repose sur une légende maorie et fait appel à un matériel thématique maori, davantage pour son atmosphère que pour sa structure. Son succès coïncide avec un regain d'intérêt artistique pour cette population, très démoralisée à cette époque par ses défaites dans les guerres maories des années 1860. Les autres œuvres de Hill sur des thèmes locaux, notamment *Maori Rhapsody*, ont contribué à éveiller et à intensifier l'intérêt en faveur des traditions de ce peuple. Baigné dans la mythologie maorie, profondément respecté par les indigènes et collectionneur avide de *waiata*, Alfred Hill était un romantique de la fin du XIXe siècle qui possédait un véritable don lyrique et était surtout particulièrement doué pour les formes réduites.

En tant que chef d'orchestre de l'Orchestral Society de Wellington, Hill a réalisé des programmes classiques bien conçus, puis il a formé et dirigé le premier orchestre entièrement professionnel de Nouvelle-Zélande pour l'exposition de Christchurch, en 1906-07. Il a écrit plusieurs opéras romantiques à succès, notamment *Tapu* et *A Moorish Maid*. En 1915, il est devenu le premier professeur d'harmonie et de composition du New South Wales State Conservatorium of Music, récemment fondé. La contribution la plus durable d'Alfred Hill aux traditions néo-zélandaises et australiennes réside dans ses quatuors à cordes et dans son *Concerto pour alto*, ainsi que dans une adoption fervente des œuvres des compositeurs de ces deux nationalités.

Les années qui ont suivi la Première Guerre mondiale ont été généralement assez sombres pour les musiciens. Les pertes de la Nouvelle-Zélande ont été proportionnellement plus importantes que celles de la Belgique et il a fallu un temps considérable pour que la vie culturelle ne reprenne une certaine vigueur. Avec la dépression des années trente, l'économie agricole très vulnérable de la Nouvelle-Zélande, qui dépendait entièrement des marchés d'outre-mer, s'est considérablement affaiblie. Les musiciens gagnaient leur vie de façon précaire dans des ensembles de salon de thé, sur les navires trans-tasmaniens ou dans les orchestres de cinéma (à l'époque du cinéma muet) qui, dans les grandes villes, atteignaient la dimension d'orchestres symphoniques complets et employaient la plupart des meilleurs musiciens du pays. À partir des années trente, la radio leur a offert de nouvelles possibilités et le Broadcasting Service (en partie modelé sur la BBC) est devenu le principal protecteur de la musique. Dès 1940, le Broadcasting Service avait créé un ensemble à cordes sous la direction du violoniste anglais Maurice Clare et, en 1940, pour les célébrations du centenaire, il formait un orchestre symphonique qui a assuré les services d'une saison lyrique nationale. Mais la guerre a finalement entraîné sa dissolution et il a fallu attendre 1947 pour que l'Orchestre national du New Zealand Broadcasting Service (aujourd'hui le New Zealand Symphony Orchestra, Orchestre symphonique de Nouvelle-Zélande) donne son premier concert à Wellington sous la direction d'Andersen Tyrer.

4. *La musique après la Seconde Guerre mondiale.* Au cours de ses dix premières années d'existence, l'Orchestre national a tenté d'amener la musique vivante dans toutes les villes, grandes et petites. Basé à Wellington, il parcourait souvent plus de 15 000 km par an avant que la formation d'orchestres régionaux permette de le soulager de ce fardeau. L'Orchestre national a bénéficié du concours d'excellents chefs d'orchestre : après Andersen Tyrer, il a été dirigé par James Robertson et John Hopkins, avec de nombreux chefs invités de grand renom, notamment Juan José Castro, Sir Eugene Goossens, Nikolaï Malko, Karel Ančerl, Josef Krips, Alceo Galliera, Sir William Walton et Igor Stravinski.

Après les troupes lyriques itinérantes des règnes de Victoria et d'Édouard VII, l'opéra n'a survécu que de façon sporadique, généralement présenté par des troupes formées spécialement et établies en Australie. En 1954, le chanteur néo-zélandais Donald Munro formait la New Zealand Opera Company destinée à jouer des opéras de chambre pour un vaste auditoire. Il a présenté des opéras de chambre de Mozart, de Menotti, de Britten, etc. La Nouvelle-Zélande a donné naissance à un certain nombre de chanteurs remarquables, notamment Rosina Buckman, Inia te Wiata, Kiri te Kanawa, Heather Begge et Donald McIntyre.

L'opéra s'est révélé être le genre musical le plus difficile à implanter dans un pays dont la population d'environ trois millions d'habitants est très largement disséminée. La musique de chambre est plus transportable et la Wellington Chamber Music Society, formée par des exilés européens, est devenue un organisme national dont le réseau s'est étendu aux petites villes. En 1972, elle s'est transformée en Music Federation of New Zealand.

Les départements musicaux des universités ont joué également un rôle important dans le développement de la musique. A Auckland, Wellington, Christchurch et Dunedin, ces départements disposent de professeurs, compositeurs et exécutants, et proposent des cours d'interprétation. La Mozart Fellowship (1969) de l'Université d'Otago, à Dunedin, offre une bourse de résident à un compositeur. Chaque département a son propre caractère, de l'atmosphère anglaise qui règne à Christchurch (la ville a été fondée par une société de l'Église d'Angleterre) à l'ambiance d'avant-garde de Wellington et à la réputation d'Otago en musicologie. Les compositeurs apprécient particulièrement les sessions annuelles de la Cambridge Summer School of Music (fondée en 1946 par Owen Jensen) ainsi que l'aide gouvernementale accordée par le Queen Elizabeth II Arts Council (1963) et l'Australasian Performing Right Association, qui donne des subventions pour l'exécution, l'enregistrement et l'édition musicale.

Les historiens de la musique s'étonnent du vide qui a régné entre Alfred Hill et Douglas Lilburn (1915), mais les sociologues peuvent en expliquer les conditions économiques et sociales. Les premières études universitaires de Lilburn ont été consacrées au journalisme, puis il s'est tourné vers la musique et a remporté le prix accordé par Percy Grainger, pour son œuvre symphonique *Forest* (1936). Ce prix a joué un rôle décisif dans son orientation. En 1940, tout en suivant les cours de Vaughan Williams et d'autres professeurs au Royal College of Music de Londres, il composait *Aotearoa* : son évocation des côtes baignées par la mer, la clarté et l'intensité de la lumière et la nature du paysage ont assuré à cette œuvre un succès ininterrompu. De retour en Nouvelle-Zélande en 1941, Lilburn a écrit des œuvres de musique de chambre et de la musique de théâtre pour les productions de l'auteur de romans policiers Ngaio Marsh. En 1942, dans *Landfall in Unknown Seas* pour récitant et orchestre à cordes, sur un poème d'Alan Curnow, Lilburn célébrait la découverte de la Nouvelle-Zélande par l'explorateur hollandais Abel Tasman trois siècles plus tôt (1642). Sensible aux textes et aux arts visuels, Lilburn a écrit plusieurs partitions magnifiques, notamment la musique des poèmes d'Alistair Campbell, *Elegy* (1951), en souvenir d'un étudiant de l'université tué à la suite d'une chute en montagne dans la région de Clutha Valley, dans le sud de l'île. *Sings Harry* (1953) met en musique des poèmes de Denis Glover ; Harry est un personnage solitaire et grimaçant qui chante en s'accompagnant sur une vieille guitare.

Après avoir assimilé les influences de Sibelius et de Vaughan Williams, Lilburn s'est progressivement forgé un style personnel qui a atteint sa maturité dans la *Symphonie n° 2* (1951). Sa *Symphonie n° 3* (1961) est une œuvre en un seul mouvement, qui fait appel à la technique sérielle et constitue virtuellement sa dernière œuvre, qui s'adresse à des instruments traditionnels. En 1963, il a créé le studio de musique électronique de Victoria University, à Wellington, où il s'est vu attribuer une chaire spéciale en 1970. Au nombre de ses œuvres de musique électronique figurent le poème sonore *The Return* (1965), sur un poème d'Alistair Campbell, *Carousel* (1976) et les *Three Inscapes* (1972), où Lilburn exprime pleinement son intérêt pour le paysage et pour ses formes.

Dans les années cinquante, les compositeurs ont été davantage attirés vers les classes de Benjamin Frankel à la London Guildhall School of Music (Edwin Carr, Ronald Tremain, David Farquhar et Larry Pruden, par exemple). Edwin Carr (1926) est un musicien éclectique aux talents variés qui a un sens naturel de la couleur orchestrale. Ronald Tremain (1923) a écrit de la musique vocale et des œuvres sensibles pour cordes. David Farquhar (1928) est aujourd'hui professeur de musique à la Victoria University de

Wellington ; il a à son crédit un classique néo-zélandais (un pastiche de la période adroite dans sa musique de scène pour la pièce de Christopher Fry *Ring Round the Moon*). Larry Pruden (1925) est attiré par l'atmosphère et l'histoire de sites particuliers (comme dans *Harbour Nocturne* de 1956 et *Taranaki : a Provincial Overture* de 1976). Ahsley Heenan, John Ritchie et David Sell ont écrit de belles œuvres dans un style plus traditionnel.

Dans les années soixante, Darmstadt et les studios européens de musique électronique ont attiré de jeunes compositeurs néo-zélandais. Anna Lockwood, doyenne de l'extrême avant-garde, a donné à Londres des concerts spectaculaires de musique pour verres dans lesquels elle brûlait des pianos. Jenny McLeod (1941) a engagé deux communautés néo-zélandaises complètes dans *Earth and Sky*, qui dépeint le mythe de la création maorie, et *Under the Sun*, l'évolution et le renversement de l'univers. Robin Maconie a écrit la partition du film néo-zélandais *Runaway* (1964) et un livre consacré à *Stockhausen* (Oxford, 1976).

Parmi les compositeurs néo-zélandais contemporains qui travaillent en Europe, on peut citer Gillian Whitehead, Denis Smalley, Lyell Cresswell et Robin Maconie. Whitehead (1941) a fait ses études avec Peter Maxwell Davies à Sydney ; elle a travaillé avec lui et a composé plusieurs partitions pour son ensemble The Fires of London qui a joué *Pakuru* et *Whakatauki*. Son opéra en un acte, *Tristan and Iseult*, utilise l'estampie italienne du XIVe siècle (« Lamento di Tristano ») comme thème de liaison et a constitué l'événement essentiel du Festival d'Auckland de 1978 ; il a été ensuite diffusé à la radio sur le troisième programme de la BBC. Jack Body, premier prix à Bourges en 1976 avec *Musik dari Jalan*, établi sur des bruits de rue en Indonésie, est un compositeur inventif et vigoureux, doué d'une certaine fantaisie. John Rimmer (1939) a écrit des impressions sur une traversée aérienne trans-tasmanienne, *Where Sea Meets Sky*, qui a remporté une mention honorable à Bourges et dont il existe une version pour orchestre et une version électronique. Ross Harris (1945) a écrit des œuvres pleines de charme et d'humour, notamment la partition électronique *Shadow Music*. Denis Smalley est chargé de cours de composition à l'Université de l'Est-Anglie depuis 1975. *Gradual* pour clarinette solo a remporté le premier prix au Concours Fylkingen en 1975 et *Darkness After Time's Colours* le second prix à Bourges en 1977. Lyell Cresswell (1944) compose des œuvres d'atmosphère, peu denses et parfois laconiques, comme *A Feather of the Bird*, *Macpherson's Rant* et l'impressionnante partition pour orchestre *Salm* (1977). Barry Anderson (1935) dirige le West Square Electronic Music Workshop et a également écrit pour des instruments traditionnels. Au nombre de ses œuvres figurent *Sound Frales*, *Piano Pieces 1, 2 and 3* et *Mask* pour flûtes, voix, deux groupes de percussion et bande magnétique à cinq canaux. Les compositeurs les plus actifs de la jeune génération sont John Cousins, Ian McDonald, Noel Sanders, Gillian Bibby, Kit Powell, Christopher Norton, Jonathan Ladd, David Griffiths et William Southgate.

Au cours de ces dernières années, la Nouvelle-Zélande n'est pas parvenue à retenir ses nombreux compositeurs et interprètes de talent : ils ont tous besoin d'un public plus fourni que ce que peuvent leur offrir les trois millions d'habitants disséminés sur l'ensemble du territoire. Toutefois, de plus grandes opportunités se développent au sein même du pays et le principe d'une coopération culturelle entre l'Australie et la Nouvelle-Zélande semble admis et indispensable pour que la vie musicale du Pacifique Sud continue de s'enrichir.

J. M. Thomson.

Novák, Vitězslav (Kamenice nad Lipou, Bohême, 5 décembre 1870 ; Skuteč, 18 juillet 1949). Compositeur et pédagogue tchèque. De santé fragile, il passe une enfance difficile et, après la mort de son père, vit dans la pauvreté. Il reçoit les premiers éléments de formation musicale à Jindřichův Hradec, puis étudie la piano et la composition au Conservatoire de Prague tout en poursuivant, en théorie, des études de droit. Son premier contact avec le professeur d'harmonie Knittl suscite une crise de doute qui ne s'améliore que partiellement lorsqu'il passe dans la classe de composition de Dvořák. Bien qu'il soit souvent en désaccord avec ce dernier, il trouve son enseignement stimulant et commence à composer sérieusement. Pour se forger une personnalité artistique, il étudie les mélodies traditionnelles moraves et slovaques et aura plus souvent recours à ces thèmes qu'aux modèles bohémiens plus connus. En 1909, Novák est nommé professeur de composition au Conservatoire de Prague, mais, à partir de 1910, sa popularité et son influence sur les jeunes compositeurs déclinent progressivement ; à la fin de sa vie, il sera souvent considéré comme un réactionnaire. Son amour de la nature et sa tendance à l'introspection l'ont amené à écrire des œuvres à programme très profondes : les poèmes symphoniques *Dans les Tatras* (1902) et *O Désir éternel* (1905). L'intérêt qu'il portait au monothématisme lui a fait expérimenter la métamorphose d'un seul thème comme dans la suite pour piano *Pan* (1910) ou la structure cyclique comme dans le *Trio quasi una ballata* (1902) et le *Quatuor à cordes nº 2 op.35* (1905). Dans les années vingt, Novák a composé davantage pour la scène, notamment deux ballets-pantomimes satiriques et l'opéra *Lucerna* (1922), qui jouit encore d'un certain succès. Le langage musical de Novák est fortement inspiré de son professeur Dvořák, mais Strauss et Debussy ont aussi joué un rôle important dans la formation de son style. Toutefois, malgré ces diverses influences, sa musique est à la fois personnelle et originale, particulièrement dans son emploi des textures contrapuntiques, et il se détache comme une figure majeure de la musique tchèque du XXᵉ siècle.

Jan Smaczny.

Novellette. Titre donné par Schumann à ses huit pièces pour piano op.21. Elles ne portent pas de sous-titres individuels, mais, selon le compositeur, elles ont chacune un caractère propre et l'ensemble est l'équivalent musical d'une « histoire romantique ». Schumann a donné tous ces détails dans deux lettres adressées à sa future femme, Clara Wieck, où il précise que, dans les pièces auxquelles il donnait ce nom, elle « apparaissait dans toutes les attitudes et les situations possibles ». Il a expliqué qu'il aurait aimé inclure son nom dans le titre, mais que, pour des considérations euphoniques, il s'en était approché le plus possible en substituant le nom d'une autre Clara du monde musical, Clara Novello, la célèbre chanteuse qui remportait de grands succès dans ses nombreuses tournées en Allemagne : « J'ai appelé l'ensemble *Novelletten* parce que votre nom est Clara et que *Wieckettes* ne sonnerait pas bien. »

Plusieurs autres compositeurs, comme Gade, ont ensuite adopté ce terme, qui ne comporte aucune connotation particulière de forme.

Novello. Famille de musiciens et d'éditeurs de musique anglais. **Vincent Novello** (1781-1861), fils d'un patissier italien, était un musicien de talent dont les activités dans le domaine de l'édition ont abouti à la fondation de la firme Novello & Co. Membre actif de la Société philharmonique de Londres, il était chef d'orchestre et accompagnateur d'une troupe lyrique londonienne et s'est fait connaître en tant qu'organiste et chef de chœur de la chapelle de l'ambassade du Portugal à Londres. Ses premières publications, deux volumes in-folio de musique sacrée, *Sacred Music* (1811) et *Twelve Easy Masses* de Haydn et de Mozart, ont été éditées sous forme de réduction piano-chant (plutôt qu'en grande partition), avec l'accompagnement de piano ou d'orgue entièrement écrit, sans se limiter à la basse chiffrée, afin de rendre la musique plus accessible aux organistes chefs de chœurs peu habiles. Ses entreprises éditoriales monumentales des années 1820 – cinq volumes de musique sacrée de Purcell, de musique anglaise de Boyce, Greene et Croft, des oratorios de Haendel et de Haydn et la musique de Bach – ont enrichi de façon ininterrompue la pratique musicale. La disponibilité et le prix modique de ses partitions ont eu une influence profonde sur le développement des sociétés chorales anglaises (alors débutantes) et les œuvres qu'il publiait ont constitué leur répertoire de base pendant de nombreuses années.

La quatrième fille de Vincent Novello, **Clara** (1818-1908), a réalisé une belle carrière de chanteuse. Son fils aîné, **Alfred** (1810-1896), s'était installé comme éditeur chez lui, à Frith Street, et son flair pour l'édition a marqué les premières années de Novello & Co. En achetant à Mendelssohn son oratorio *Paulus* en 1837, il marquait les débuts d'une fructueuse association avec ce compositeur qui a duré toute sa vie (en Angleterre, *Elias* a fini par rivaliser en popularité avec *Le Messie* de Haendel). Alfred Novello a fondé deux journaux – le

Musical World (1836) et le *Musical Times* (1844). En 1847, il a créé son propre atelier d'imprimerie, publiant dans un caractère musical bien conçu un grand nombre d'œuvres chorales dans la fameuse série des « Octavo Editions » (qui avaient vu le jour sous forme d'encarts dans le *Musical Times*). Elles ont donné une impulsion vigoureuse aux sociétés chorales. La musique à bon marché, principal objectif de Vincent et d'Alfred Novello, est devenue une réalité dans les années 1860 lorsque, après une campagne menée par Alfred, les taxes sur le papier et sur la publicité ont été supprimées.

Sous la direction de **Henry Littleton** (1823-88), la maison Novello a continué à produire de la musique sacrée (des *anthems* et la première édition des *Hymns Ancient and Modern*), mais a également élargi son répertoire à la musique profane (partitions piano-chant d'opéra, éditions de la « Tonic sol-fa », musique symphonique) et a commencé à promouvoir des concerts. Les oratorios sont toutefois restés sa spécialité. Le fils de Henry Littleton a repris les rênes à la mort de son père et Elgar est devenu le compositeur anglais le plus important de son catalogue. Le chef de publication chargé de ses œuvres chez Novello, A. J. Jaeger, était un de ses amis intimes et il est dépeint sous le nom de « Nimrod » dans les *Enigma Variations*. Par la suite, la maison Novello a publié les œuvres de Holst, Bliss et d'autres compositeurs de cette génération, et a commencé à éditer de la musique scolaire (lançant le journal *Music in Education* en 1944). Elle publie aujourd'hui la musique de plusieurs compositeurs contemporains (Richard Rodney, Bennett, Thea Musgrave, Jonathan Harvey) et a entrepris une nouvelle édition de la musique d'Elgar. Les éditions courantes d'œuvres chorales continuent à figurer largement dans son catalogue. En 1970, elle a été absorbée par le groupe Granada.

J. M. Thomson.

Novello, Ivor [Davies, David Ifor] (Cardiff, 15 janvier 1893 ; Londres, 6 mars 1951). Compositeur britannique, fils de Mme Novello Davies, professeur de chant très connue au pays de Galles et à Londres. Dans ce contexte, il est attiré dès son plus jeune âge par le chant et par le piano ; les spectacles des théâtres londoniens auxquels il assiste dès son enfance fixent vite son ambition dans cette direction. A quinze ans, il commence à composer des chansons et remporte un énorme succès avec « Keep the Home Fires Burning » (plus exactement « Till the Boys Come Home »), qu'il écrit en 1914. Sa première partition complète est *Theodore and Co.* (1916), la première d'une série de revues et de comédies musicales dans la veine de cette époque mais qui n'est pas encore marquée du style distinctif de Novello. Jusqu'en 1919, il se forge une réputation d'acteur et d'auteur dramatique romantique. Comme compositeur, il trouvera son style et réalisera une synthèse de ses dons avec une série d'opérettes écrites dans un style viennois anglicisé : *Glamorous Night* (1935), *Careless Rapture* (1936), *Crest of the Wave* (1937), *The Dancing Years* (1939), *Arc de Triomphe* (1943), *Perhance to Dream* (1945), *King's Rhapsody* (1949) et *Gay's the Word* (1950). Il était encore au sommet de son talent et de sa popularité lorsqu'il est mort peu après la représentation de *King's Rhapsody*.

Peter Gammond.

Noverre, Jean-Georges (Paris, 29 avril 1727 ; Saint-Germain-en-Laye, 19 octobre 1810). Chorégraphe français, inventeur du ballet d'action. Il a cherché à remplacer les conventions et l'étalage par une façon de danser expressive sur le plan dramatique, choisissant des sujets essentiellement tirés de la mythologie et de l'histoire. Il a travaillé successivement à Paris, à Londres, à Stuttgart et à Vienne et a défini ses théories et ses principes dans les célèbres *Lettres sur la danse et sur le ballet* (Lyon, Stuttgart, 1760), traité qui occupe une place essentielle dans l'histoire du ballet.

Noël Goodwin.

Noye's Fludde (« Le Déluge »). Opéra pour enfants (« Miracle ») en un acte op.59 de Britten qui met en musique le texte du *Miracle de Chester* (pour voix d'adultes et d'enfants, ensemble de chambre, chœur d'enfants et orchestre). Il a été créé dans le cadre du Festival d'Aldeburgh, à l'église d'Orford, le 18 juin 1958.

Nozze di Figaro, Le. Voir *Noces de Figaro, Les.*

Nuages. Premier des trois *Nocturnes* pour orchestre de Debussy (1897-99).

Nuance. Différence de signification, de sensation, d'opinion ou de couleur. Dans le domaine de la musique, ce mot désigne les différences d'intensité et de vitesse, parfois délicates, qui jouent un rôle important en donnant « vie » à la musique.

Nuit sur le mont Chauve, Une. Œuvre symphonique de Moussorgski, composée en 1867. Elle lui a été inspirée par le sabbat de Gogol dans *La Nuit de la Saint-Jean.* Moussorgski l'a révisée une première fois pour en faire une pièce chorale dans l'opéra *Mlada* (1872) et une seconde fois pour la transformer en introduction chorale à l'acte III de *La Foire de Sorotchintsy* (1874-80). Cette dernière version a été librement révisée et orchestrée par Rimski-Korsakov (1886) et c'est aujourd'hui la plus connue, bien qu'elle ne soit pas vraiment de la main de Moussorgski. La version originale a été éditée et enregistrée au début des années quatre-vingt.

Nuit de Noël, concerto pour la. Concerto grosso pour cordes et continuo en sol mineur op.6 nº 8 de Corelli, publié à Amsterdam en 1714. Conçu comme un *Concerto da chiesa* (destiné à être joué à l'église), il porte l'inscription « fatto per la notte di Natale » (« fait pour la nuit de Noël »). Les douze *Concerti grossi* pour cordes et continuo op.8 de Torelli (1709) sont précédés de la mention « con un pastorale per il santissimo Natale » (« avec une pastorale pour la très sainte nuit de Noël ») : le concerto correspondant à cette mention est le sixième, également en sol mineur. Le *Concerto grosso op.3 nº 12* de Manfredini et le *Concerto grosso op.1 nº 8* portent aussi le même nom.

Nuit transfigurée, La. Voir *Verklärte Nacht.*

Nuits. Œuvre pour douze voix mixtes de Xenakis composée en 1967.

Nuits d'été, Les. Cycle de mélodies op.7 de Berlioz sur des poèmes de Théophile Gautier. Composé en 1840 et révisé en 1843 et en 1856 (*Villanelle, Le Spectre de la rose, Sur les lagunes, Absence, Au cimetière* et *L'Inconnue*). Dans la version symphonique, Berlioz a confié chaque mélodie à une voix différente ; il est rare qu'un chanteur soit capable d'en interpréter la totalité et elles sont généralement transposées. Dans la version originale avec orchestre, pour mezzo-soprano ou ténor, Berlioz a transposé les trois premières mélodies.

Nuits dans les jardins d'Espagne (*Noches en los jardines de España*). Impressions symphoniques pour piano et orchestre de Manuel de Falla, composées entre 1911 et 1915. Les mouvements sont intitulés *En el Generalife* (« Au Généralife »), *Danza lejana* (« Danse lointaine ») et *En los jardines de la sierra de Córdoba* (« Dans les jardins de la sierra de Cordoue »).

Nunc dimittis. *Cantique de Siméon dans l'Évangile selon saint Luc. On le chante à complies dans l'Église catholique et à l'office du soir dans l'Église anglicane. Les versions polyphoniques du *Nunc dimittis* sont moins nombreuses que celles du *Magnificat,* mais les compositeurs anglicans ont souvent relié les deux, soit isolément, soit au sein d'un office complet.

Nuove musiche, Le (ital., « nouvelle musique »). Terme faisant référence au style vocal monodique qui a vu le jour dans les premières années du XVIIe siècle. Caccini a publié un volume intitulé *Le Nuove Musiche* et qui contient des airs et des madrigaux dans le style de la monodie. Voir également *Musique nouvelle.*

Nursery Suite. Suite symphonique en sept mouvements d'Elgar, composée et créée en 1931. Elgar l'a dédiée à la duchesse d'York et à ses filles, la princesse Élisabeth (la future reine Élisabeth II) et la princesse Margaret. Ninette de Valois en a réalisé une chorégraphie qui a été représentée à Londres en 1932.

Nussbaum, Der (« Le noisetier »). Lied pour voix et piano de Schumann sur un poème de Julius Mosen (1803-67), troisième lied de son cycle *Myrthen* op.25 (1840).

Nut (angl.). 1. « Sillet » d'un violon. 2. « Talon » d'un archet.

Nyckelharpa. Ancien instrument à cordes traditionnel suédois, encore utilisé de nos jours. Il a la forme d'une longue caisse de violon dans laquelle le manche est intégré et comporte un système mécanique de clés latérales ; l'instrument est soutenu par une courroie. Les notes sont formées sur la corde mélodique par des lames en bois poussées par la main gauche, paume vers le haut (et non le contraire comme sur la *vielle à roue). Les cordes sont mises en vibration par un archet court dont la mèche est tendue par le pouce. L'instrument comporte également six à onze cordes sympathiques en acier accordées sur un accord donné ou sur une partie de la gamme. Des centaines de polskas (version scandinave de la mazurka) et de valses sont conservées dans des livres pour *nyckelharpa*, chaque mélodie datant de 1830. Mais l'instrument est beaucoup plus ancien puisque sa présence était déjà attestée au XVe siècle. On trouve aussi la *nyckelharpa* au Danemark et, à une certaine époque, dans le nord de l'Allemagne (*Schüsselfiedel*).

Anthony Baines.

Nymphs and Shepherds. Mélodie de Purcell tirée de la musique de scène qu'il a écrite pour la pièce de Shadwell *The Libertine* (1692). Elle est souvent chantée par une voix de soprano mais doit sa célébrité à une version chorale enregistrée par les chœurs des écoliers de Manchester, sous la direction de Hamilton Harty, en 1929.

NZ Neue Zeitschrift für Musik [à l'origine, *Neue Leipziger Zeitschrift für Musik*]. Revue musicale bimensuelle allemande fondée à Leipzig en 1834 par Schumann (avec Friedrich Wieck, Julius Knorr et Ludwig Schunke). Schumann en a été rédacteur en chef jusqu'en 1844 et Franz Brendel lui a succédé. Le titre actuel date de 1979.

O

O. 1. Dans la musique pour instruments à cordes, signe indiquant qu'il faut jouer une corde à vide ou un harmonique.

2. Dans les doigtés (musique pour clavier) de type « anglais » (par opposition au système « allemand » aujourd'hui généralisé pour le piano), signe indiquant qu'il faut utiliser le pouce. Voir *Doigté (Instruments à clavier)*.

Obbligato (ital. ; all. : *obligat*). « Obligé », partie obligatoire. Dans un morceau avec un « violino obbligato », le partie de violon est essentielle à la structure ou tout au moins à l'effet d'ensemble (une partie de violon optionnelle serait marquée « violino ad libitum »). Mais, dans la pratique, le terme *obbligato* a pris le sens opposé, c'est-à-dire une partie d'accompagnement qui peut être omise si on le désire. Dans chaque cas, il faut donc décider dans quel sens le terme doit être compris ; en général, jusqu'au XVIIIe siècle inclus, une partie *obbligato* est essentielle alors qu'à partir du XIXe siècle *obbligato* veut généralement dire *ad libitum*.

Oberammergau. Voir *Passion*.

Oberek [*obertas*]. Ronde polonaise dansée par couples dont le rythme est identique à celui de la *mazurka.

Oberon, or the Elf King's Oath. Opéra en trois actes de Weber sur un livret anglais de J. R. Planché d'après la traduction de W. Sotheby du poème de C. M. Wieland, *Oberon* (1780), tiré d'une chanson de geste du XIIIe siècle, *Huon de Bordeaux*. Créé à Londres le 12 avril 1826. Version allemande : Leipzig, 23 décembre 1826 ; Paris, Théâtre-Italien, 25 mai 1830.

BIBLIOGRAPHIE : *Obéron*, L'Avant-Scène-Opéra n° 74 (Paris, 1985).

Obligato, obligat, obligé. Voir *Obbligato*.

Oboe (angl.). Voir *Hautbois*.

Obra (esp.). 1. Terme générique désignant une œuvre musicale. 2. Au début du XVIIIe siècle, *obra* désignait parfois plus spécifiquement un *tiento.

Obrecht, Jacob (? Bergen op Zoom, Brabant [aujourd'hui en Belgique], 22 novembre, vers 1450 ; Ferrare, 1505). Compositeur franco-flamand. Obrecht était considéré par la plupart de ses contemporains comme le compositeur le plus important après Josquin des Prés. Mais, contrairement à ce dernier, il a travaillé presque exclusivement aux Pays-Bas, à Utrecht (où Erasme chantait parmi ses enfants de chœur), puis à Bergen op Zoom (1479-84), Cambrai (1484-85), Bruges (1486-87) et Anvers (1494-96 et 1498-1500). Sa carrière semble avoir été mouvementée : il changeait de ville tous les ans ou tous les deux ans ; il a en fait été congédié de Cambrai pour irrégularités financières et pour le manque d'intérêt qu'il portait à la direction des chœurs d'enfants. En 1487, on lui a accordé un congé à Bruges pour se rendre à la cour d'Ercole d'Este, à Ferrare, seul voyage qu'il ait effectué en Italie au cours de sa vie active. Vers 1500, il prend sa retraite pour raison de santé ; quatre ans plus tard, il retourne à Ferrare, où il succombe à la peste.

Obrecht s'est montré beaucoup moins novateur et influent que Josquin des Prés ; sa musique n'a jamais beaucoup circulé et elle était pratiquement tombée dans l'oubli au début du XVIe siècle. Elle révèle pourtant un talent créateur extraordinaire, même s'il s'attache davantage aux idées musicales et cérébrales qu'au sens et à la rhétorique des textes. Cette remarque s'applique en particulier à ses vingt-neuf messes, très riches sur le plan du symbolisme des nombres, des présentations ingénieuses de *cantus firmus* et d'autres procédés intellectuels qui peuvent parfois paraître inaccessibles aux auditeurs modernes. Certaines de ses réalisations techniques sont plus immédiatement perceptibles : chaque mouvement de la *Missa « Sub tuum praesidium »*, par exemple, s'enrichit d'une voix supplémentaire ; elle débute avec un Kyrie à trois parties pour finir sur un Agnus Dei à sept voix, avec, dans chaque cas, l'adjonction d'une nouvelle mélodie de plain-chant – ainsi l'Agnus Dei superpose quatre *cantus firmus* simultanés. Une grande partie du charme des messes d'Obrecht provient de l'écriture très libre des voix ; elles s'imposent moins par leur grâce mélodique que par l'énergie rythmique et elles abondent souvent de motifs syncopés vivants, répétés de façon séquentielle ou glissés entre les voix en imitation.

La trentaine de motets qui ont survécu sont plus diversifiés ; la technique varie de structures canoniques complexes (comme *Haec Deum coeli*) à des œuvres d'une transparence exquise dans lesquelles les mots sont déclamés avec une clarté inhabituelle chez Obrecht (comme dans *Factor orbis*, basé sur un mélange de plain-chant de la période de Noël). Sa musique profane est moins importante ; certaines de ses chansons hollandaises et de ses pièces instrumentales étaient connues dans toute l'Europe, mais il ne saurait figurer parmi les compositeurs de chansons les plus importants de l'époque comme Josquin des Prés, Compère et Hayne van Ghizeghem. De nos jours, la personnalité musicale d'Obrecht peut sembler complexe et un peu impénétrable, mais pour les peuples du nord de l'Europe des dernières années du XVe siècle, qui avaient une image du monde dominée par des principes d'ordre divin, le contenu intellectuel et symbolique de sa musique était certainement familier et compréhensible.

John Milsom.

O Canada ! Chant national canadien de Calixa Lavallée (1839-1920) sur des paroles françaises d'A. B. Routhier. R. S. Weir a écrit un texte anglais en 1908. Il est utilisé comme chant patriotique, particulièrement par les Canadiens français, mais n'a jamais été adopté officiellement comme hymne national.

Ocarina (de l'ital., « petite oie »). Flûte en terre cuite en forme de torpille, munie d'une embouchure à conduit et de dix trous pour les doigts et les pouces. C'est une flûte « globulaire » qui donne des sons pratiquement purs sans harmoniques ; la hauteur de son n'est pas déterminée par la hauteur de la colonne d'air, comme sur la plupart des flûtes, mais par la surface totale des trous découverts divisée par le volume interne, tous deux exprimés en racine carrée.

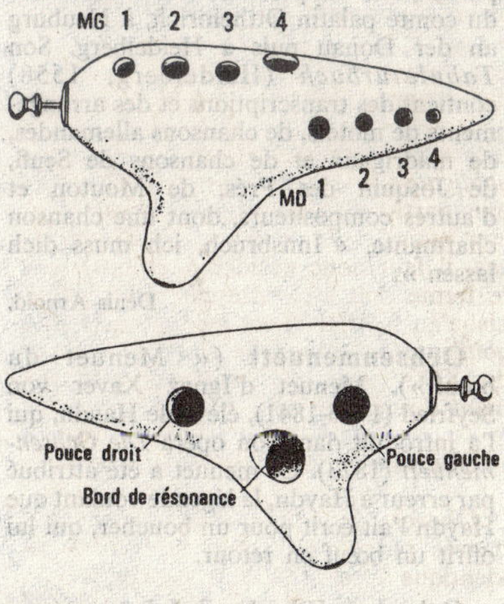

Fig. 1

Dans la pratique, la taille des trous est déterminée pour qu'ils puissent être découverts dans un ordre régulier, comme sur le flageolet, en commençant par ouvrir progressivement les sept petits trous à partir de celui qui est situé à l'extrémité pointue. On obtient ainsi les différentes notes de l'octave (les accidents sont réalisés à l'aide d'un doigté fourchu). Au-dessus, la gamme comporte trois notes supplémentaires en ouvrant les trois gros trous – pour le petit doigt de la main gauche et les deux pouces – mais l'ordre d'ouverture de ces trous varie selon les modèles. Certains ocarinas comportent un piston pour donner le ton.

On a toujours dit que l'instrument avait été inventé vers 1863 par deux jeunes Italiens de Budrio, près de Bologne, à partir du sifflet en faïence pour oiseaux. Il est surtout vendu comme jouet mais, en Allemagne, on fabrique des jeux d'ocarinas pour jouer en groupe, le plus grand mesurant 30 cm de long. Les beaux ocarinas en porcelaine de Meissen sont des objets de grande valeur. Le nom de l'instrument vient peut-être d'une de ses formes anciennes.

Voir également *Cor de chamois*, 2.

Anthony Baynes.

Ochsenkuhn, Sebastian (Nuremberg, 6 février 1521 ; Heidelberg, 20 août 1574). Luthiste allemand qui a passé la majeure partie de sa vie professionnelle au service du comte palatin Ottheinrich, à Neuburg an der Donau puis à Heidelberg. Son *Tabulaturbuch* (Heidelberg, 1558) contient des transcriptions et des arrangements de motets, de chansons allemandes, de madrigaux et de chansons de Senfl, de Josquin des Prés, de Mouton et d'autres compositeurs, dont une chanson charmante, « Innsbruch, ich muss dich lassen ».

Denis Arnold.

Ochsenmenuett (« Menuet du bœuf »). Menuet d'Ignaz Xaver von Seyfried (1776-1841), élève de Haydn, qui l'a introduit dans son opéra *Die Ochsenmenuett* (1823). Ce menuet a été attribué par erreur à Haydn, la légende voulant que Haydn l'ait écrit pour un boucher, qui lui offrit un bœuf en retour.

Ockeghem [Okeghem], **Johannes** (vers 1410 ; ? Tours, 6 février 1497). Compositeur franco-flamand. On ne sait rien du début de sa carrière, sinon qu'il a été chanteur à Notre-Dame d'Anvers vers 1445. Il a peut-être été également lié aux cercles musicaux des cathédrales de Cambrai et de Bruges. En 1446, il était membre de la chapelle de Charles Ier, duc de Bourbon, installée dans la ville de Moulins en Bourgogne. Ses talents ont été reconnus par Charles VII, roi de France, et, vers 1452, Ockeghem a été attiré à la cour de France, où il est resté jusqu'à la fin de sa vie au service de trois monarques successifs (Charles VII, Louis XI et Charles VIII). Il a été généreusement récompensé et s'est vu, entre autres, confier le poste important de trésorier de l'abbaye de Saint-Martin de Tours en 1459. Durant sa carrière à la cour, Ockeghem a certainement voyagé régulièrement hors de France dans la suite des missions diplomatiques, peut-être en Italie et certainement en Espagne (1470). Après sa mort, certains des meilleurs auteurs de l'époque ont célébré sa mémoire : Érasme, Guillaume Crétin et Jean Molinet, dont la complainte « Nymphes des bois » (mise en musique par Josquin des Prés) décrit Ockeghem comme un homme beau et instruit et invite quelques-uns des plus grands compositeurs de l'époque – Josquin des Prés, Pierre de La Rue, Brumel et Compère – à pleurer la mort de leur « bon père ».

Ockeghem a été le principal compositeur de la génération antérieure à celle de Dufay et de Josquin des Prés. Malheureusement, il ne nous est parvenu que quelques œuvres de lui – quatorze messes, moins de dix motets et une vingtaine de chansons, qui ne représentent sans doute qu'une infime partie de sa production mais suffisent à confirmer son importance. Son style se caractérise par une riche structure contrapuntique dans laquelle les différentes voix ont à peu près la même importance. Il n'utilise pas beaucoup l'imitation, mais des lignes mélismatiques indépendantes s'unissent pour produire un effet fluctuant dont le théoricien Tinctoris faisait l'éloge en disant qu'elles avaient la qualité de « varietas ».

De nos jours, Ockeghem est surtout connu pour ses messes ; elles varient de la messe conventionnelle (basée sur un *cantus firmus*, souvent la voix ténor d'une chanson) à des œuvres étranges : la *Missa « Prolationum »* est entièrement construite sur des canons, dont certains sont d'une complexité impressionnante ; la *Missa « Cuiusvis »* est sans clés et peut être chantée dans n'importe quel mode liturgique. La *Missa « Fors seulement »* est moins spectaculaire, mais tout aussi expérimentale ; c'est l'une des premières messes parodies et elle s'inspire librement de la totalité du matériel polyphonique de son modèle, une chanson d'Ockeghem lui-même. Sa *Missa « Pro defunctis »* est le requiem le plus ancien qui nous soit parvenu ; on sait que Dufay en avait composé un, mais il est perdu.

Le nombre de motets d'Ockeghem qui ont survécu est trop limité pour que l'on puisse apprécier son œuvre dans ce domaine, bien qu'il semble avoir été l'un des premiers compositeurs à écrire des œuvres libres de structure élaborée sans *cantus firmus* (comme dans *Intemerata Dei mater*) ; il aurait aussi écrit un motet en canon à trente-six voix, mais il ne nous est pas parvenu. Par contre, ses chansons sont plus intéressantes pour leur qualité que pour leur caractère expérimental : des œuvres comme « Fors seulement l'attente » et « Ma bouche rit » ont compté à juste titre parmi les chansons les plus populaires de l'époque.

John Milsom.

O Come, all ye Faithfull. Voir *Adeste fideles.*

Octandre. Œuvre pour huit instruments (flûte, hautbois, clarinette, basson, cor, trompette, trombone et contrebasse) de Varèse, composée en 1923.

Octave (all. : *Oktave* ; angl. : *octave* ; ital. : *ottava*). Du latin *octavus*, « huitième ». 1. Huitième note de la gamme diatonique.

2. L'intervalle d'une octave est l'intervalle le plus consonant ; il donne l'impression de doubler la note originale à une hauteur plus aiguë ou plus grave. Acoustiquement, l'octave supérieure d'une note vibre à une fréquence double de la fréquence de la note originale (par exemple, la^2 = 220, la^3 = 440, la^1 = 880). Voir *Acoustique* ; *Série harmonique.*

3. Dans la terminologie ecclésiastique, l'octave est le septième jour après certaines fêtes (le huitième en comptant le jour de la fête elle-même) ou la période de huit jours incluant le jour de fête et son octave.

4. Huit premières lignes d'un sonnet.

Octave brisée. 1. Voir *Courte octave.* 2. Octaves jouées comme des notes individuelles en alternant les deux notes au lieu de les jouer simultanément :

Octette, octuor (all. : *Oktett*, angl. : *octet* ; ital. : *ottetto*). Combinaison de huit instruments ou voix, ou morceau de musique composé pour une telle combinaison. L'octuor à cordes normal se compose de quatre violons, deux altos et deux violoncelles (c'est-à-dire un double quatuor à cordes) : Mendelssohn (op.20), Spohr (quatre octuors) et Chostakovitch (op.11) ont écrit pour cette forme. Certains compositeurs, comme Beethoven (op.103) et Stravinski, ont composé des octuors qui font appel à diverses combinaisons d'instruments à vent ; d'autres, comme Haydn et Schubert (D 803), ont associé instruments à vent et à cordes. L'*Octuor* de Schubert est écrit pour clarinette, cor, basson et quintette à cordes (une contrebasse vient s'ajouter au quatuor habituel), nomenclature reprise par John Joubert au XXe siècle.

Ode (du grec *aoidê*, chant). A l'origine, poème lyrique. Dans son sens musical, ce terme désigne souvent une œuvre de cérémonie comme les odes de « bienvenue » de Purcell, les odes pour la Sainte-Cécile de Purcell et de Haendel ou la *Coronation Ode* d'Elgar. Mais le terme s'applique parfois à des œuvres qui revêtent une signification particulière pour le compositeur, comme *The Music Makers* d'Elgar ou le *Chant élégiaque* de Stravinski.

Ode funèbre maçonnique. Voir *Maurerische Trauermusik.*

Ode à Napoléon. Œuvre op.41 pour récitant, piano et quatuor à cordes de Schoenberg (arrangée par la suite pour orchestre à cordes) sur un poème de Byron (1814), composée en 1942.

Ode for Saint Cecilia's Day (« Ode pour la Sainte-Cécile »). 1. Titre de quatre œuvres chorales de Purcell, dont deux ont été composées en 1683, une vers 1685 et une en 1692. Trois d'entre elles sont écrites sur des textes anglais, la dernière est en latin.

2. Œuvre chorale de Haendel sur un poème de Dryden (1698) composée en 1739.

Odeur et musique. L'idée d'une gamme de parfums, comparable à la gamme musicale, a été élaborée en 1865 par le parfumeur parisien S. Piesse. Dans son livre *Des odeurs*, il affirme qu'« il y a une octave d'odeurs, comme il y a une octave de notes » et il élabore, en notation musicale, une étendue de six octaves et demie, dont chaque note possède son propre parfum, du patchouli pour le do le plus grave du piano à la civette pour le fa le plus aigu. Il soutient que les bouquets devraient être groupés comme les notes d'un accord et décrit ainsi l'accord parfait d'ut majeur : géranium, acacia, fleur d'oranger et camphre. Il y a autant de science et de bon sens dans cette théorie que dans les théories élaborées autour des gammes de couleurs et mentionnées dans l'article *Couleur et musique.*

En 1891 s'est déroulé à Paris une manifestation qui faisait intervenir la musique, les couleurs et les odeurs. L'œuvre exécutée s'intitulait *Le Chant de Salomon, symphonie d'amour spirituel en huit procédés mystiques et trois paraphrases* ; le texte était de Paul Roinard et les adaptations musicales de Flamen de Labrely. Le programme expliquait ainsi la nature de chacun des huit « procédés » – « Premier procédé : orchestration du mot en I illuminé par O ; musique en ré majeur, couleur orange vif, parfum violette blanche », etc. En clair, il semble que dans la récitation les voyelles I et O prédominaient, que la musique était en ré majeur, que les décors étaient orange vif et que du parfum de violette blanche était répandu pendant l'exécution.

L'année suivante, une nouvelle combinaison d'effets se déroulait à New York qui faisait appel aux divers sens des auditeurs dans *A Trip to Japan in Sixteen Minutes conveyed to the Audience by a Succession of Odours.* Ce spectacle avait été annoncé comme le « premier concert expérimental de parfum en Amérique » et également comme « une mélodie en odeurs (avec la participation de deux geishas et d'un danseur soliste) ».

Comme l'explique l'article *Couleur et musique*, les combinaisons qui tendent à attirer l'œil et l'oreille par un jeu de couleurs correspondant à des sons simultanés sont en général basées sur des analogies liées au fait que les sons, comme la lumière, sont des stimulants vibratoires transmis par des « ondes » : mais on ne peut se référer à un tel principe pour insérer le sens de l'odorat dans la démarche, car les odeurs sont transmises par la dispersion de particules (infiniment petites) de la matière de la substance odoriférante.

Percy Scholes.

Œdipe. Tragédie lyrique en quatre actes de Georges Enesco sur un livret français d'Edmond Fleg, créée à l'Opéra de Paris le 10 mars 1936.

Oedipus Rex. Voir *Oedipe roi.*

Œdipe roi. Opéra-oratorio en deux actes de Stravinski sur un livret de Cocteau d'après la tragédie de Sophocle (vers 430 av. J.-C.), traduit en latin par Jean Daniélou. Représentations : Paris (Théâtre Sarah-Bernhardt, 30 mai 1927, en oratorio) ; Vienne (23 février 1928, première représentation scénique) ; Boston (24 février 1928, concert) ; New York (21 avril 1931, en scène) ; Londres (Queen's Hall, 12 février 1936, concert) ; Édimbourg (21 août 1956, en scène). Le Narrateur décrit comment Œdipe a été voué, dès sa naissance, à un sort tragique : il doit tuer son père et épouser sa mère. Dans cet ouvrage, Œdipe (tén.), Jocaste (sop.), Créon (bar. basse) et Tirésias (basse) ont de véritables rôles à jouer, mais le chœur reste statique et la métaphore dramatique se situe entre l'opéra et l'oratorio.

Œuvre. Composition. Voir *Opus.*

Offenbach, Jacques [Jacob] (Cologne, 20 juin 1819 ; Paris, 5 octobre 1880). Compositeur français. La carrière du « Petit Mozart des Champs-Élysées » a mis un certain temps avant de prendre son envol et, à l'exception de quelques cours de composition avec Halévy (1836-37), Offenbach a appris son métier par la filière difficile de la pratique instrumentale, en jouant dans l'orchestre de l'Opéra-Comique et comme violoncelliste de salon dans les années 1840. La commande du vaudeville *Pascal et Chambord* (1839) n'est suivie d'aucune autre représentation dans un théâtre parisien avant 1853 (*Le Trésor* *à Mathurin* et *Pépito*). En 1850, Offenbach est nommé chef d'orchestre au Théâtre-Français. Encouragé par le succès d'*Oyayaie, ou La Reine des îles*, en 1855, aux Folies-Nouvelles que dirigeait Hervé, il loue le petit Théâtre Marigny aux Champs-Élysées pour la saison de l'Exposition universelle (qu'il rouvre sous le nom de Théâtre des Bouffes-Parisiens) ; dès lors, jusqu'à l'Exposition universelle de 1867, il domine la scène musicale du second Empire dont il caricature la politique et les faiblesses et résume son cosmopolitisme et sa licence morale dans des opérettes légères et divertissantes (terme qu'il avait inventé pour *La Rose de Saint-Flour* en 1856). Au début, la censure le limite à deux ou trois personnages, mais le relâchement de cette règle en 1858 lui permet de présenter son premier grand opéra bouffe en deux actes, *Orphée aux enfers* (avec son célèbre cancan). Sur un total d'une centaine d'ouvrages, il a écrit plus de cinquante opérettes en un acte. Entre 1860 et 1870, son horizon s'élargit et il compose des œuvres pour Bad-Ems ainsi que l'opéra en trois actes *Die Rheinnixen* pour l'Opéra de Vienne, en 1864 (où figure le thème qui allait devenir celui de la Barcarolle des *Contes d'Hoffmann*). Il remporte néanmoins ses plus grands succès à Paris (toujours sur des livrets de Meilhac et Ludovic Halévy) : *La Belle Hélène* (1864), *La Vie parisienne* (1866), *La Grande-Duchesse de Gerolstein* (1967) et *La Périchole* (1868).

La popularité d'Offenbach décline après la guerre de 1870-71 et, pour la IIIe République, il est devenu le « grand corrupteur » ; il doit faire une tournée en Amérique pour assainir sa situation financière. Mais il se consacre surtout à la révision de ses anciens succès et à de nouvelles œuvres plus importantes ; à partir de 1877, il se jette corps et âme dans la composition de l'opéra en cinq actes *Les Contes d'Hoffmann*, où il opère un retour à son pays natal, l'Allemagne du début du XIXe siècle, et cherche à combler le fossé qui sépare la musique légère de la musique sérieuse.

Comme Diaghilev, Offenbach était un organisateur infatigable. Il n'avait aucun sens des réalités financières, mais il était très doué pour découvrir et exploiter les talents (comme Halévy ou Hortense Schneider). Sa parodie musicale repose surtout sur la citation de thèmes familiers qu'il insère dans un environnement incongru. Quant à l'élément bouffon, il réside essentiellement dans les situations et dans les textes, bien qu'il ait le don d'exploiter le rythme et les accents de la langue française et de créer un mouvement irrésistible dans ses finales brillants. Grâce au succès de sa musique à l'étranger, l'opérette est devenue un genre international. Offenbach a été suivi par Johann Strauss, Sullivan et Lehár, et ce mouvement a mené à la comédie musicale du XXe siècle.

Robert Orledge.

BIBLIOGRAPHIE : Jacques Brindejont-Offenbach, *Offenbach, mon grand-père*, Plon (Paris, 1940). Alain Decaux, *Offenbach, roi du second empire*, Amiot (Paris, 1958), Perrin (Paris, 1966, rééd. 1975). S. Kracauer, *Jacques Offenbach ou le secret du Second Empire*, Grasset (Paris, 1937). André Martinet, *Offenbach, sa vie et son œuvre*, Dentu (Paris, 1887). Jacques Offenbach, *Notes d'un musicien en voyage*, La Flûte de Pan (Paris, 1979). David Rissin, *Offenbach ou le rire en musique*, Fayard (Paris, 1980). Louis Schneider, *Offenbach*, Perrin (Paris, 1923).

Offertoire (lat. : *offertorium*). Partie du propre de la *messe catholique chantée juste après le Credo pendant que le prêtre prépare le pain et le vin et les présente au-dessus de l'autel. (Voir également *Plain-chant*, 2.) Le plain-chant ne suffit généralement pas à occuper ce temps et l'on peut y glisser un motet (parfois en répétant les paroles de l'antienne que l'on vient d'entendre) ou une pièce d'orgue. Palestrina a écrit la musique des antiennes d'Offertoire pour l'ensemble de l'année liturgique. De nos jours, dans le service anglican, la place de l'Offertoire est généralement occupée par un hymne.

Office. Heures canoniales de la liturgie catholique, services distincts de la messe (qui porte souvent le nom d'« office divin »). Jusqu'aux récents changements intervenus dans la liturgie, les heures se composaient de huit services en latin, qui correspondent à un moment précis de la journée : matines (après minuit), laudes (à l'aube), prime, tierce, sixte, none (appelées les « petites heures » et chantées respectivement à 6 h, 9 h, midi et 15 h), vêpres (au coucher du soleil) et complies (avant de se coucher). Dans la pratique, matines et laudes étaient souvent enchaînées et, dans les paroisses, elles pouvaient être chantées dans la soirée qui précédait ; les trois derniers jours de la semaine sainte, cet office était appelé les Ténèbres.

Les heures se composaient toutes d'une succession de psaumes et de cantiques avec antiennes, leçons (lectures) et répons, hymnes et prières ; chacune se terminait par une des quatre antiennes de la Sainte Vierge (ce qui a été récemment limité à la fin de complies). La forme de l'office variait légèrement selon les rites monastiques ou romains, ces derniers ne s'appliquant qu'aux cathédrales séculières et aux paroisses. Dans le culte public, l'office était généralement chanté en grégorien, mais, à partir de la fin du Moyen Age, la musique polyphonique a commencé à se glisser dans certaines heures spécifiques. Par exemple, en l'Angleterre, avant la Réforme, les églises qui suivaient la liturgie particulière à l'évêché de Salisbury ont été le théâtre d'un important développement d'hymnes et de magnificat polyphoniques ornementés pour les vêpres, ainsi que de répons polyphoniques pour matines, vêpres et complies. Ces musiques comportaient une alternance de sections en plain-chant et de polyphonie conçue sur le plain-chant, selon un schéma liturgique strict ; on y trouve certaines des plus belles œuvres chorales de Taverner, Tallis, Sheppard et de leurs contemporains.

A partir du XVIe siècle, les compositeurs ont tendance à traiter les vêpres en écriture polyphonique, avec des formes qui vont du plus simple chant en **falso-bordone* (identique au chant anglican) à des magnificat à plusieurs chœurs, accompagnés plus tard par des instruments. Les *Vêpres* (1610) de Monteverdi représentent un cas inhabituel d'office spécifique complet : celui de la Sainte Vierge ; elles sont écrites somptueusement et constituent une entité musicale ; à l'époque, en Italie, on avait généralement coutume de choisir la musique des offices selon les besoins dans des compilations fonctionnelles de musiques destinées aux vêpres en général. Si Monteverdi a conservé cette pratique en utilisant, pour ses psaumes, d'anciennes mélodies grégoriennes, les compositeurs de l'ère baroque ont cessé de se référer au plain-chant pour écrire leur musique religieuse. A la fin du XVIIIe siècle, on composait de moins en moins de musique pour l'office ; néanmoins, les *Vesperae solennes de confessore* (« Vêpres solennelles d'un confesseur ») de Mozart sont un exemple célèbre de vêpres isolées de cette époque.

Jérome Roche.

Offrande musicale, L' (*Das musikalische Opfer*). Recueil de treize pièces de J. S. Bach qui comprend des *ricercare* et des canons sur un thème donné à Bach par Frédéric le Grand de Prusse, à Potsdam, en 1747. Certains morceaux sont conçus pour clavier, d'autres pour deux ou trois instruments (flûte et deux violons). De nombreuses éditions modernes en ont été réalisées et plusieurs compositeurs ont orchestré des extraits de l'*Offrande musicale*.

Offrandes. Œuvre pour soprano et orchestre de chambre de Varèse, sur deux poèmes de V. Huidobro (*Chanson de là-haut*) et J. J. Tablada (*La Croix du Sud*), composée en 1921-22.

Offrandes oubliées, Les. « Méditation symphonique » de Messiaen, composée en 1930.

Ogdon, John (Andrew Howard) (Mansfield, 27 juin 1937). Pianiste et compositeur anglais. Il fait ses études au Royal Manchester College of Music et remporte, avec Vladimir Ashkenazy, le Concours Tchaïkovski à Moscou en 1962. Depuis lors, il mène une carrière internationale de pianiste. Il est aussi l'auteur d'un *Concerto pour piano* (1968) et de diverses pièces pour piano.

Paul Griffiths.

O God, our Help in Ages Past. Hymne sur des paroles d'Isaac Watts (1674-1748) d'après le Psaume 90, publié pour la première fois dans *Psalms of David* (1719) de Watt, les premières paroles « Our God, our help » devenant « O God » sous la plume de John Wesley dans son recueil *Collection of Psalms and Hymnes* (1737). Le thème est attribué à William Croft, mais il a tout d'abord paru anonymement sur le texte du Psaume 42 dans le supplément de 1708 de l'édition de Tate et Brady. Il porte souvent le titre de « St Anne », Croft étant organiste de St Anne (Soho) en 1708. La première ligne est une phrase typique du XVIIIe siècle que l'on trouve également dans la *Fugue en mi bémol* de J. S. Bach (surnommée en Angleterre « St Anne Fugue » pour cette raison). Il s'agit sans doute du plus populaire de tous les hymnes britanniques et il est régulièrement chanté aux services de l'anniversaire de l'Armistice.

Ohana, Maurice (Casablanca, 12 juin 1924). Compositeur français d'origine espagnole, élève de Casella et de Daniel-Lesur. En 1947, il est l'un des fondateurs du groupe « Zodiaque » qui cherche à réagir contre la tutelle esthétique des différents systèmes en vogue et pour une libre expression. Sa musique, dans un premier temps profondément enracinée dans la tradition espagnole et nord-africaine (*Llanto por Ignacio Sanchez Mejias*), s'élargit aux moyens d'expression les plus actuels (micro-intervalles, électroacoustique) et se situe en marge de tout courant dans un langage essentiellement poétique : *Syllabaire pour Phèdre*, opéra de chambre (1967), *Autodafé*, cantate scénique (1971-72), *Vingt-quatre Préludes* (1973), l'un des chefs-d'œuvre de la littérature pianistique contemporaine, *L'Anneau de Tamarit*, pour violoncelle et orchestre (1976), d'après Garcia Lorca, *Messe* (1977), *Trois Contes de l'honorable fleur* (1978), *Concerto pour piano* (1981).
Alain Pâris.

BIBLIOGRAPHIE : *Maurice Ohana, essais, études et documents*, La Revue Musicale nos 351-352, Richard Masse (Paris, 1982). *Maurice Ohana, miroirs de l'œuvre*, La Revue Musicale nos 391-392-393, Richard Masse (Paris, 1986).

Oioueae. Mot formé des voyelles de « world without end, Amen » qui sert d'abréviation dans les livres liturgiques anglicans au même titre que **aevia* et **evovae*.

Oiseau de feu, L'. Ballet en deux scènes de Stravinski d'après des contes russes, créé à Paris en 1910 par les Ballets russes de Diaghilev dans une chorégraphie de Fokine. La partition originale comportait dix-neuf numéros, dont Stravinski a tiré une suite en cinq mouvements (1911, révisée en 1919) ; il a ensuite réalisé une autre suite en dix mouvements en 1945.

Oiseaux, Les (*Gli Uccelli*). Suite pour petit orchestre de Respighi, composée en 1927. Les cinq mouvements sont conçus d'après des pièces pour luth et clavecin de compositeurs des XVIIe et XVIIIe siècles (notamment Rameau et Pasquini) : « Prélude », « La Colombe », « La Poule », « Le Rossignol » et « Le Coucou ».

Oiseaux exotiques, Les. Œuvre pour piano, onze instruments à vent, xylophone, glockenspiel et deux percussionnistes de Messiaen, composée en 1955-56.

Okeghem, Johannes. Voir *Ockeghem, Johannes*.

Oktave (all.). « Octave » ; *Oktavflöte*, « piccolo » ; *Oktavfagott*, « contrebasson » ; *Oktavkoppel*, « octaves aiguës ».

Oktett (all.). « Octette », « octuor ».

Old Hall Manuscript (Londres, British Library, Add. 57950 ; auparavant, Old Hall, St Edmund College, Ware, Herts.). Recueil de musique sacrée anglaise : il s'agit du volume le plus important que l'on possède antérieur à l'Eton Choirbook. Il a été copié au début du XVe siècle et contient cent quarante-sept œuvres composées entre 1350 et 1420, écrites dans les styles les plus divers. Certaines font appel au « déchant » en accords, typique de la musique anglaise, alors que d'autres sont de conception plus linéaire ou construites en canon, parfois conçues sur des principes isorythmiques, ce qui montre l'influence de la musique européenne du XIVe siècle. Parmi les compositeurs représentés, dont la plupart appartiennent à la génération antérieure à celle de Dunstable, le plus important est Leonel Power. Une édition moderne, réalisée par Andrew Hughes et Margaret Bent, a été publiée dans la série *Corpus mensurabilis musicae* en 1969-73.

Old Hundredth (amér. : *Old Hundred*). Psaume « *Jubilate Deo* ». Psaume métrique d'origine incertaine. D'après son nom, la musique a été écrite sur le centième psaume dans l'« ancienne » version des psaumes métriques (celle de Sternhold et Hopkins, par opposition à celle de Tate et Brady). Il a été publié pour la première fois dans l'édition de Daye (1560-61) de Sternhold et Hopkins sur les paroles « All people that on earth do dwell » de W. Kethe. Cependant, la mélodie figurait déjà dans le *Psautier genevois* (1551) de Marot et Béza, sur le texte du Psaume 134, et une version encore plus ancienne avait été publiée dans le recueil d'Anvers *Souter Liederkens* (1540). Vaughan Williams en a réalisé un arrangement pour chœur, assemblée des fidèles, orchestre, orgue et « toutes les trompettes disponibles » pour le couronnement d'Elisabeth II en 1953.

O magnum mysterium. Cycle de quatre *carols* pour chœur mixte, quintette à vent, sept percussionnistes, alto, violoncelle et orgue de Peter Maxwell Davies sur des textes en latin et en anglais médiéval, composé en 1960.

Ondes Martenot. Voir *Instruments de musique électroniques, 2f.*

Ondes sonores. Voir *Acoustique.*

Ondine. 1. Ballet en trois actes et cinq scènes de Henze, créé à Covent Garden en 1958 dans une chorégraphie de Frederick Ashton.

2. Première pièce de *Gaspard de la nuit* de Ravel.

Ongarese (ital.). « Hongrois » ; *all'ongarese*, « à la hongroise ». La musique dans le style hongrois, basée sur des danses gitanes, est devenue très populaire au début du XIXe siècle, où des compositeurs comme Beethoven et Schubert ont écrit des pièces pour piano *all'ongarese*. Un peu plus tard, les danses hongroises de Liszt, de Joachim et de Brahms ont suscité un regain de popularité du style hongrois.

On Hearing the First Cuckoo in Spring (« En écoutant le premier coucou au printemps »). Œuvre pour orchestre de Delius, première de ses *Deux Pièces pour petit orchestre*, composée en 1912. Son thème principal provient de *Dans la vallée de l'Ola, au bord du lac Ola*, le quatorzième des *Chants populaires norvégiens* op.66 de Grieg. La seconde des *Deux Pièces* s'intitule *Summer Night on the River*.

Onslow, André **Georges** Louis (Clermont-Ferrand, 27 juillet 1784 ; Clermont-Ferrand, 3 octobre 1852). Compositeur français d'ascendance anglaise, il passe la majeure partie de son enfance à Londres où il travaille avec Hüllmander, Cramer et Dussek. Il se fixe ensuite en France où il mène une carrière de violoncelliste. En Allemagne puis en Autriche, il découvre la musique de chambre et travaille avec Reicha à Paris en 1808. Son œuvre, presque exclusivement consacrée à la musique de chambre (36 quatuors à cordes, 34 quintettes, 10 trios...) connaît un regain d'intérêt depuis la fin des années soixante-dix.

Alain Pâris.

On this Island (« Sur cette île »). Cycle de mélodies op.11 pour soprano ou ténor et piano de Britten sur des poèmes de W. H. Auden. Les cinq mélodies ont été créées en 1937.

On Wenlock Edge. Cycle de mélodies pour ténor, quatuor à cordes et piano de Vaughan Williams sur six poèmes tirés de *A Shropshire Lad* (1896) de A. E. Housman ; la première mélodie s'intitule *On Wenlock Edge*. Le cycle a été composé en 1908-09 et Vaughan Williams a réalisé une version pour ténor et orchestre vers 1923.

Op. Abréviation d'*opus.

Oper (all.). « Opéra ».

Opera. Revue musicale mensuelle anglaise fondée en 1950 par le comte de Harewood, auquel a succédé Harold Rosenthal comme rédacteur en chef en 1953. Cette revue présente des nouvelles et des exposés sur toutes les questions afférentes à l'opéra.

Opéra

1. Introduction
2. Les origines de l'opéra
3. Des Florentins aux années 1640
4. De l'ouverture des théâtres lyriques publics (1637) aux années 1730
5. L'opéra sérieux en France jusqu'à la Révolution
6. Le rococo et la réforme de l'*opera seria*, 1725-90
7. L'opéra-comique avant l'époque de Mozart
8. Mozart
9. Interlude
10. L'opéra français au XIXe siècle
11. L'Italie au XIXe siècle et au début du XXe siècle
12. L'opéra allemand de Mozart à Richard Strauss

13. L'opéra dans les autres pays occidentaux
14. L'opéra slave
15. Le XXe siècle : le symbolisme
16. L'expressionnisme
17. La fantaisie russe
18. Le naturalisme renouvelé
19. Le mythe et l'allégorie
20. Le théâtre musical
21. Vers un retour à l'opéra ?

1. *Introduction.* L'opéra a sans doute suscité plus de passions et de critiques que tout autre genre musical. On lui a reproché d'être irrationnel et absurde, tout en le considérant par ailleurs comme l'expression suprême de l'âme humaine. Il a servi à ruiner des rois, il a provoqué des démonstrations révolutionnaires, il a chanté les louanges des monarques, encouragé les mouvements populaires, exposé des principes philosophiques, exploré le domaine de la psychologie et, le plus souvent, il s'est contenté d'être un simple divertissement. Une telle diversité provient du mélange des éléments constitutifs de l'opéra : musique, drame, poésie, arts visuels et (parfois) danse. Bien que l'on s'accorde généralement à reconnaître que la musique est l'élément primordial, il arrive que le metteur en scène, le maître de ballet et les interprètes passent avant le compositeur. Aucune formule n'a jamais garanti le succès, quoi qu'en disent les critiques et ceux qui pratiquent l'art lyrique, mais la diversité de l'opéra a assuré sa survie depuis près de quatre siècles.

2. *Les origines de l'opéra.* On considère généralement que les drames musicaux liturgiques, les mystères et les pastorales comme *Le Jeu de Robin et Marion* d'Adam de la Halle contiennent les germes qui ont donné naissance à l'opéra. Malgré la part de vérité de cette hypothèse, il faut souligner que la forme sous laquelle l'opéra est apparu est un phénomène propre à la Renaissance qui doit beaucoup au contexte culturel de la fin du XVIe siècle. Cette forme découle directement de l'idéologie d'un groupe d'intellectuels florentins qui voulaient faire revivre les gloires artistiques de la Grèce antique par réaction contre la trivialité de la musique à leur époque (voir *Camerata*). Ils ne connaissaient pas la musique des Grecs et durent se fier aux récits écrits dont ils tirèrent un certain nombre de conclusions. La plus importante était que le drame grec était chanté, ou parlé, de façon à rehausser les paroles sur le plan émotionnel tout en conservant toujours une parfaite compréhension du texte. Ils expérimentèrent ce principe dans le domaine de la musique de chambre vocale (voir *Monodie*) et élaborèrent un type de chant dans lequel les mots étaient chantés de façon syllabique en respectant leur déclamation naturelle. Mais deux éléments venaient modifier cette déclamation naturelle : d'une part, les paroles émouvantes pouvaient être embellies afin d'en souligner le sens ; d'autre part, un luth ou un clavecin servait d'accompagnement, ce qui élargissait les possibilités d'harmonie expressive (dissonance pour exprimer l'angoisse, etc.) et fournissait un rythme harmonique de base pour contrôler les embellissements du chanteur. Le résultat, bien éloigné de l'art grec, s'avéra essentiel dans l'évolution de l'opéra.

Dans le contexte de la musique dramatique du XVIe siècle, la pastorale appliquait déjà ce principe vocal. L'action dramatique était faible, l'accent se portant surtout sur le vers lyrique. La musique intervenait lorsque l'action le suggérait, par exemple, une pastorale qui se déroulait dans un temple où un prêtre et des fidèles chantaient des incantations. A la fin du XVIe siècle, ces œuvres faisaient l'objet de productions élaborées, tout comme les *intermedi* (interludes) qui s'inséraient entre les actes de la pièce. Ils constituaient généralement des tableaux allégoriques légers comme *Le Triomphe du temps* ou *L'Harmonie des sphères* et utilisaient des décors (avec parfois une machinerie pour représenter notamment des nuages descendant les dieux des cieux). La musique était un interlude en forme de divertissement qui se glissait dans le drame principal. Elle se composait de chansons et de madrigaux, de musique instrumentale, parfois avec des danses ; l'ensemble était souvent conçu pour de gros effectifs avec une mise en scène élaborée, comme dans les *intermedi* qui séparaient les actes de la comédie *La Pellegrina* (1589) de Girolamo Bargagli, représentée à l'occasion du mariage du grand-duc Ferdinand de Médicis et de Christine de Lorraine. Les ensembles instrumentaux s'imposaient par leur ampleur et leur variété ; les solistes vocaux étaient des virtuoses de haut niveau. Ces interludes ne manquaient donc pas d'intérêt et ils ont pris progressivement plus d'importance que la pièce elle-même. Cette évolution de la musique dramatique à la fin du XVIe siècle avait créé un terrain propice au développement de l'opéra lui-même.

3. *Des Florentins aux années 1640.* A la fin du XVIe siècle, trois compositeurs qui faisaient partie de l'*intelligencia* florentine avaient fait des tentatives de *dramma per musica* (littéralement, « drame pour, ou en musique » : le mot italien *opera* signifie simplement « œuvre »). L'un de ces compositeurs, Emilio de' Cavalieri, était lui-même un intellectuel ; les deux autres, Jacopo Peri et Giulio Caccini, étaient des chanteurs. Paradoxalement, c'est l'intellectuel qui a produit l'œuvre la plus conventionnelle : *Rappresentazione di anima e di corpo* (1600) est, par essence, un mélange des anciens mystères religieux et des techniques de l'*intermedio* et appartient davantage aux premiers temps de l'histoire de l'*oratorio. Mais Peri et Caccini ont produit quelque chose de nouveau. Ces deux chanteurs entretenaient une terrible rivalité, accentuée par une approche artistique différente : Peri était un chanteur dramatique, Caccini s'intéressait davantage à l'art lyrique du *bel canto*. Peri est l'auteur de la première pastorale entièrement chantée, *Dafne* (1598), mais la musique en est perdue. Par la suite, Peri et Caccini ont tous deux mis en musique la version de la légende d'Orphée du poète de cour Ottavio Rinuccini, *Euridice*. L'œuvre de Peri, représentée lors du mariage de Marie de Médicis et d'Henri IV (1600), a malheureusement souffert des jalousies qui allaient devenir si courantes dans l'histoire de l'opéra, Caccini insistant pour écrire lui-même les parties que devaient chanter ses propres élèves.

L'*Euridice* de Caccini fut représentée intégralement en 1602. Les deux opéras contiennent des éléments traditionnels : la nature pastorale des vers, la fin heureuse coutumière dans les pastorales, l'alternance de parties chantées confiées à des solistes ou au chœur et, tout au moins dans la version de Caccini, le retour présumé à une mise en scène raffinée. Mais les éléments nouveaux étaient d'importance : une intrigue simple, bien construite, l'utilisation d'un petit groupe d'instrumentistes au lieu de la vaste assemblée des *intermedi* et le chant continu accompagné par des instruments harmoniques comme le clavecin ou le luth – ce qu'on devait ensuite appeler le *continuo. Les deux œuvres comportaient aussi une différence essentielle : Peri avait un sens harmonique imaginatif et avait tendance à rompre la ligne mélodique pour suivre l'action dramatique ; par contre, Caccini se contentait d'énoncer le texte avec précision et d'écrire quelques passages mélodiques attrayants. On a dit que ces premiers opéras étaient ternes, secs et qu'ils n'étaient que des expériences ; mais exécutés par de bons chanteurs dotés de talents de comédiens devant un public qui pouvait suivre le texte en détail, il n'y a aucune raison de douter du résultat. Leur structure musicale ne laissait pas non plus à désirer puisque l'ensemble de l'œuvre reposait sur le concept de *variation strophique (une mélodie variée sur une basse récurrente). L'absence d'action dramatique importait peu au public, habitué aux pastorales. Peut-être regrettait-il la somptuosité et l'envergure des anciennes pastorales avec *intermedi* et l'on remarque que si l'*intermedio* a conservé toute sa popularité, peu d'opéras ont suivi de près ces premiers modèles florentins.

L'*Orfeo* de Monteverdi (représenté à Mantoue en 1607) exploite magistralement les caractéristiques des premiers opéras florentins ainsi que les éléments plus spectaculaires de l'*intermedio*. Le livret d'Alessandro Striggio reprend à peu près la même histoire que celle d'*Euridice*, en conservant un dénouement heureux (bien que Striggio ou Monteverdi aient tenté, en vain, de rompre avec la tradition du XVIe siècle pour renouer avec la fin tragique de la légende classique). Néanmoins, l'ouvrage s'enrichit d'un meilleur sens des proportions, de l'atmosphère et des personnages. Monteverdi reprend le grand orchestre typique de l'*intermedio* et l'utilise (comme l'ont fait avant lui d'autres compositeurs) pour évoquer les états d'âme. Sa partition prévoit aussi des danses et l'utilisation de machines de théâtre, recréant ainsi la magnificence tant appréciée des nobles et des grands protecteurs. Il emprunte aux Florentins le concept du récitatif (davantage celui de Peri que de Caccini), mais son expérience dans le domaine du madrigal expressif donne à son style un langage harmonique plus profond, dont la dissonance et le chromatisme font partie intégrante. Il s'impose surtout par son sens du rythme et de l'organisation dramatique. Les scènes individuelles sont soigneusement moulées dans des schémas musicaux et l'ensemble de l'ouvrage tourne autour d'un point culminant, la *preghiera*, la requête d'Orphée qui espère gagner l'entrée aux Enfers (voir *Ornements et ornementation*, 3, Ex. 2). Si les personnages, à l'exception d'Orphée, sont mal définis, l'action est très claire et la musique presque toujours intéressante en elle-même. *Orfeo* peut donc prétendre être le premier opéra de l'histoire qui figure encore au répertoire, davantage grâce à ses mérites artistiques qu'historiques.

La première représentation a sans doute eu lieu devant un auditoire d'élite composé de nobles et d'intellectuels. Par contre, son opéra suivant, *Arianna*, a été représenté devant un public plus large attiré à Mantoue de toute l'Italie du Nord pour le mariage du duc Francesco Gonzague et de Marguerite de Savoie (1608). La partition est aujourd'hui perdue, à l'exception du célèbre *Lamento d'Arianna*, mais selon les sources de l'époque l'ouvrage semble avoir suivi la même orientation qu'*Orfeo*. Il représente bien sûr un pas vers le drame humain plutôt que mythologique : le *Lamento d'Arianna* exprime sans ambiguïté les sentiments de Monteverdi à la mort de sa femme (1607) et les spectatrices de l'époque semblent s'être identifiées au personnage en pleurant sans honte sur son état.

Bien qu'*Arianna* ait révélé sans aucun doute le potentiel de l'opéra, le genre ne s'est pas imposé d'emblée, sinon Monteverdi, le maître d'œuvre en la matière, aurait certainement reçu de multiples commandes ; or on lui demandait plus souvent des *intermedi* et de la musique de ballet et il n'a eu qu'une seule occasion de composer un opéra au cours des vingt années suivantes, *Licori finta pazza*, commande de la cour de Mantoue en 1627. La partition en est aujourd'hui perdue mais il ressort de sa correspondance que Monteverdi considérait alors l'opéra comme un véritable drame humain : la musique dépeignait les brusques changements d'humeur des personnages, que chantaient des artistes dotés de remarquables dons d'acteur. Cependant, en raison de la maladie et de la mort du roi, l'opéra n'a apparemment jamais été représenté et Monteverdi n'a plus eu l'occasion de composer ce genre d'ouvrage pendant plus de dix ans.

Rome était la seule ville où l'opéra connaissait une évolution régulière à cette époque. La vie sociale de la cour papale se concentrait autour de riches princes de l'Église comme le cardinal Barberini, qui possédait un vaste théâtre dans son palais et satisfaisait son goût immodéré des divertissements sans regarder à la dépense. Le choix des sujets d'opéra s'élargit ; la pastorale subsiste de façon irrégulière, les aspects mythologiques deviennent plus fréquents et plus terre à terre dans des œuvres comme *La Catena d'Adone* (« La Chaîne d'Adonis », 1626) de Domenico Mazzocchi. Les sujets religieux conçus autour de la vie des saints sont aussi très appréciés. Sur le plan musical, les éléments conservateurs et novateurs se mêlent les uns aux autres. L'usage fréquent du chœur renforce la somptuosité des mises en scène ; l'orchestre, dont les sonorités sont moins variées que dans l'*intermedio* (il se stabilise alors autour d'un groupe de cordes), joue des pièces séparées qui comprennent parfois une ouverture assez développée. On distingue alors clairement le récitatif de l'aria, celle-ci ayant une basse mobile qui donne forme à la mélodie grâce à des changements d'accord réguliers. A partir de 1640, on s'efforce d'alléger l'« ennui du récitatif » (selon les termes de Luigi Rossi), ce qui entraîne la cassure finale avec les idéaux de la « pièce en musique ». Mais, déjà avant 1640, la synthèse entre la démarche de Monteverdi et les traditions lyriques romaines avait ouvert la voie à une nouvelle étape.

4. *De l'ouverture des théâtres lyriques publics (1637) aux années 1730.* En 1636, deux musiciens, Benedetto Ferrari et Francesco Manelli, quittent Rome craignant des ennuis à la mort, apparemment imminente, du pape Urbain VIII. Ils s'installent à Venise, qui offre une vie sociale plus stable et, en moins d'un an, décident d'y produire un opéra. Mais Venise manque de protecteurs pour soutenir une telle entreprise et ils doivent rechercher une nouvelle source de financement – le grand public. Le Teatro San Cassiano, premier théâtre lyrique public, ouvre ses portes en 1637 ; le public louait ses places par souscription (en réservant une loge pour la saison) ou en achetant

des droits d'entrée valables pour une seule représentation. Ce public représente donc un éventail social plus large qu'auparavant ; en outre, le théâtre doit distraire et satisfaire ses protecteurs publics. L'attraction principale prend bientôt la forme d'une juxtaposition de virtuosité vocale et de spectacle. Ce chant virtuose donne naissance à un nouveau type d'artiste – la « star », particulièrement les castrats et les chanteuses (on a écrit des sonnets sur les prouesses de la première prima donna, Anna Renzi). Le spectacle offre des débouchés aux décorateurs de théâtre et aux machinistes spécialisés, dont les merveilles surpassent alors celles des premiers divertissements.

Tous ces éléments aboutissent à un genre très éloigné de celui qu'envisageaient les intellectuels florentins, bien que Monteverdi, le seul compositeur qui avait vraiment l'expérience de l'opéra à Venise, soit impliqué dès le début dans cette nouvelle évolution et établisse un lien avec la première période. Son *Arianna* est reprise, mais il écrit plusieurs œuvres nouvelles, dont deux nous sont parvenues – *L'Incoronaziona di Poppea* (« Le Couronnement de Poppée », 1642) et *Il Ritorno d'Ulisse in patria* (« Le Retour d'Ulysse dans sa patrie », 1640). Il ressort clairement de ces deux ouvrages que l'unité et la simplicité de l'opéra florentin a cédé la place à la diversité et à la discontinuité. Ils s'imposent par un instinct dramatique puissant et l'aptitude à organiser une histoire ; mais certaines scènes n'ont aucun rapport avec l'intrigue : elles ne font qu'ajouter des personnages comiques et des figures allégoriques aux principaux protagonistes. Sur le plan musical, ces deux opéras sont également très variés, avec des mélodies, des duos, et quelques pièces instrumentales dispersées au milieu des récitatifs. Cependant, le récitatif reste utilisé pour les scènes les plus dramatiques et pour traduire l'émotion. Le chœur intervient peu et l'orchestre est réduit (quoique sa taille réelle soit sujette à controverse). Mais Monteverdi a pour principal objectif de montrer des situations humaines. Ses scènes comiques – qui ne sont jamais insignifiantes – sont essentielles à la compositon d'un tableau émotionnel complet.

Au cours des années 1640, l'opéra remporte un tel succès que plusieurs théâtres lyriques ouvrent leurs portes. Certains, relativement petits, n'ont pas les moyens d'accueillir de grands spectacles, d'autres sont plus grands et mieux équipés. Le besoin de trouver de nouveaux compositeurs se traduit de diverses manières. La tradition monteverdienne est perpétuée par son élève Cavalli, qui compose environ trente-deux opéras entre 1639 et 1673. Conçus pour différents théâtres, ils révèlent certaines différences de détail, mais, en général, Cavalli reste fidèle au drame humain dans lequel les sentiments des personnages sont clairement exprimés, surtout lorsqu'ils sont mis dans des situations extrêmes comme dans *Ormindo* (1644), où la scène de la prison deviendra un « cliché » pour les livrets ultérieurs. Dans les opéras de Cavalli, le récitatif continue à raconter l'histoire et à exprimer les sentiments ; mais ce rôle commence à se transmettre progressivement à l'*arioso* et aux *arias courtes ; ces dernières étaient conçues sur les schémas de basse donnés (comme dans l'ancienne forme strophique, mais généralement plus compactes) ou par répétition de certaines sections, ce qui aboutissait parfois à une courte aria **da capo* (ABA). Ces arias sont nombreuses dans les opéras sans toutefois tenir une place prédominante.

A l'inverse, Cesti s'intéresse surtout aux pièces populaires et mélodieuses, encouragé par le succès d'*Orontea* (1649) qui lui vaut d'être représenté en Autriche. Il y reçoit la commande d'opéras à grand spectacle, notamment *Il Pomo d'oro* (1668), composé pour le mariage de l'empereur Léopold Ier et de Marguerite d'Espagne. Cet ouvrage comporte vingt-quatre changements de tableau et dure huit heures (en outre, il y avait deux heures de divertissements extra-musicaux) ; sur le plan musical, il requiert quarante-huit solistes – pas uniquement des chanteurs – plus une troupe de ballet et un grand orchestre. *Il Pomo d'oro* lance la mode des opéras de fête ou de festival, particulièrement à Vienne où elle durera jusqu'au XVIIIe siècle. Destiné à un public étranger (qui ne comprend pas facilement l'italien), l'ouvrage s'impose par une musique mélodieuse et, à l'exemple de Cesti, plusieurs compositeurs qui avaient connu leurs premiers succès à Venise se tournent vers l'aria mélodieuse : Marc' Antonio et Pietro Ziani (qui travaillent en Autriche et dans le sud de l'Allemagne), Carlo Pallavicino (Dresde), Antonio Sartorio

(Venise) et Agostino Steffani (Munich, Hanovre et Düsseldorf). Tous ces compositeurs confient à l'aria l'essentiel de l'expression des sentiments ; les *ritornelli* instrumentaux y jouent un rôle plus important et contribuent encore à allonger la durée globale des pièces. A partir de 1680, les meilleurs compositeurs sont capables de traduire un large éventail d'états d'âme et, si les livrets sont parfois trop complexes, la musique est devenue véritablement dramatique. Leurs ouvrages contiennent souvent des éléments comiques (Legrenzi et Stradella y excellent) et ne sont certainement pas le produit de simples formules comme on l'a prétendu à propos de l'opéra baroque.

A la fin du XVIIe siècle, l'opéra jouit d'une grande popularité dans toute l'Italie : Rome et Naples n'ont rien à envier aux théâtres de Venise, mais Venise continue à produire chaque saison un nombre d'opéras insurpassable. Le vedettariat est entré dans les mœurs, le public ayant tendance à favoriser les voix aiguës, particulièrement celles des castrats. Pour répondre au goût du public, l'aria s'allonge et la reprise de l'aria *da capo* permet aux chanteurs d'apporter des embellissements à la mélodie. Dès 1690, il est courant que le chanteur ou la chanteuse sorte de scène dès la fin de son air (bien que l'aspect systématique de cette convention soit postérieur) ; les ensembles sont donc rares et il reste peu de place pour l'écriture chorale. Toutefois, les arias elles-mêmes couvrent un large éventail d'atmosphères et de styles musicaux, qu'il s'agisse de pièces relativement développées, avec des *ritornelli* instrumentaux et de vastes parties concertantes, ou de simples airs basés sur des rythmes de danse. L'orchestre revêt une importance considérable, à la fois dans l'ouverture (qui est parfois une pièce substantielle) et dans l'accompagnement des chanteurs : en effet, dans les derniers opéras d'Alessandro Scarlatti (le compositeur d'opéras le plus influent au tout début du XVIIIe siècle), les arias ne sont jamais accompagnées exclusivement par le continuo.

De nombreux compositeurs italiens adoptent la même démarche, dans laquelle on peut voir le signe avant-coureur de l'*opera seria* aux conventions plus rigides du début du XVIIIe siècle (voir § 6) ; parmi eux, les plus importants sont Antonio et Giovanni Bononcini, Francesco Gasparini, Antonio Lotti, Antonio Vivaldi et surtout Haendel. Bien que sa grande période d'activité créatrice dans le domaine de l'opéra corresponde aux années 1720 et 1730, le goût de Haendel se forme en Italie vingt ans plus tôt. On le constate à un certain point de vue dans le choix éclectique de ses livrets : alors que la plupart de ses opéras traitent de sujets historiques (par exemple, *Jules César*, 1724), il choisit également des thèmes magiques (*Alcina*, 1735), des intrigues inspirées de la tragédie classique française (*Rodelinda*, 1725, d'après *Pertharite* de Corneille) et se tourne même vers la comédie avec *Serse* (*Xerxès*, 1738). Sur le plan musical, les récitatifs – relativement courts pour convenir au goût anglais – traduisent chaque changement dans l'état des sentiments au moyen de modulations ou d'effets orchestraux (ses récitatifs accompagnés sont souvent magnifiques). Les arias prennent généralement la forme *da capo* et suivent la convention de la « sortie de scène », mais leur style est riche et varié. Loin de constituer des « concerts costumés », comme on les a parfois appelés, les opéras de Haendel révèlent un sens théâtral profond.

5. *L'opéra sérieux en France jusqu'à la Révolution*. Des idées analogues à celles qui avaient donné naissance à l'opéra florentin circulaient également à la même époque dans les milieux intellectuels français ; mais en raison de la solide tradition dramatique et surtout de la popularité des ballets de cour élaborés, le concept de drame entièrement chanté n'a vu le jour que beaucoup plus tard. Diverses tentatives visant à introduire l'opéra ont eu lieu au milieu du XVIIe siècle, en particulier à l'initiative du cardinal Mazarin, lui-même italien, dont l'enthousiasme s'était enflammé en voyant *Sant' Alessio* de Landi à Rome en 1632. *Egisto* de Cavalli est donné en 1646 et, l'année suivante, *Orfeo* de Luigi Rossi. Lorsque la mise en scène était somptueuse, de préférence lorsqu'elle faisait intervenir des machines, des ballets et même des animaux, le divertissement était une réussite ; mais sans de tels concours, la musique avait tendance à tomber à plat. Le meilleur exemple en est la production de l'*Ercole amante* que Cavalli avait composé tout spécialement pour la circonstance, pour laquelle il était venu à Paris : elle fut repoussée jusqu'en

1662 parce que les machines n'étaient pas prêtes : la musique de Cavalli fut à peine remarquée alors qu'on chanta les louanges des ballets et du décor. L'activité est assez réduite pendant la période qui suit malgré le succès des comédies-ballets (pièces parlées avec d'assez longs interludes musicaux) de Molière et de Lully entre 1664 et 1670. En 1669, le poète et auteur dramatique Pierre Perrin (vers 1620-75) commence à créer en France des « académies d'opéra » et inaugure, en compagnie du compositeur Robert Cambert, l'académie de Paris avec une pastorale en musique, *Pomone* (1671) qui est considérée comme le premier opéra en langue française. La musique qui nous est parvenue est incomplète, mais il semble évident qu'elle correspondait davantage au goût français, l'usage de la langue vernaculaire lui conférant un net avantage sur l'opéra italien. Toutefois, à la suite d'intrigues, Perrin fera faillite, sera emprisonné et son académie dissoute (1672).

Lully saisit sa chance et fonde l'Académie royale de musique, qui reçoit le monopole de production des drames entièrement chantés. Il produit tout d'abord une pastorale en 1672, puis, au printemps suivant, une tragédie héroïque, *Cadmus et Hermione*, qui est la première d'une longue série d'œuvres de ce type : Lully et son librettiste Quinault en écriront une par an jusqu'à la mort de Lully en 1687 – notamment *Alceste* en 1674 et *Armide* en 1686 ; le style de ces œuvres devait dominer l'opéra français jusqu'au milieu du siècle suivant. Lully était florentin mais avait quitté trop tôt sa ville natale pour y acquérir une connaissance de l'opéra vénitien contemporain. Ses idéaux étaient démodés et, en suivant scrupuleusement le goût français pour le drame classique, il est parvenu à une approche entièrement indépendante de la démarche italienne. Les livrets étaient conçus comme des drames unifiés et, même s'ils avaient pour thèmes les aventures amoureuses de personnages mythologiques ou légendaires et s'ils méritaient à peine le terme d'opéras « héroïques », ils ne tombaient pas dans l'incroyable complexité des intrigues italiennes. En outre, ils comportaient des divertissements simples pour tenir compte de ces merveilleuses machines et décors qui emportaient un tel succès. La musique reposait davantage sur le récitatif que sur l'aria, mais ce récitatif différait de son homologue italien car il était davantage conçu sur la prosodie française que sur les rythmes de la parole : il suivait l'accentuation régulière des vers, ce qui donnait une sensation plus mesurée à la mélodie. Les airs étaient courts, généralement en forme binaire ou en forme de rondo, et d'un caractère mélodique à peine plus prononcé que le récitatif. Plusieurs observateurs, habitués à l'opéra italien, furent gênés par le manque de contraste entre le récitatif et l'air, mais, comme le style du récitatif était basé sur la déclamation des acteurs de la Comédie-Française, il aurait produit sur les habitués du théâtre un effet assez proche des idéaux des fondateurs florentins de l'opéra. Le rôle du chœur s'inspirait également de celui qu'il occupait dans les premiers opéras, notamment ceux de l'école romaine : Lully le faisait participer au drame et utilisait sa puissance sonore dans les divertissements. L'orchestre de Lully, d'excellente qualité, jouait des ballets d'une certaine ampleur, les fameuses ouvertures françaises, et des « symphonies » pour accompagner l'action scénique.

L'opéra français et l'opéra italien étaient donc très différents l'un de l'autre. En outre, l'absence de castrat et l'utilisation plus systématique des voix graves dans l'opéra français produisaient un effet moins brillant, quoique l'écriture pour ténor et contre-ténor mette parfois les chanteurs à rude épreuve. On a souvent reproché aux opéras de Lully de manquer de sens dramatique, thèse difficile à réfuter en l'absence d'un assez grand nombre de reprises acceptables ; mais il semble plus probable que le manque de quelques points forts dans la partition soit davantage un obstacle pour le spectateur d'aujourd'hui, même si la musique est belle dans son ensemble.

Le monopole de Lully n'a pas seulement écrasé la concurrence de son vivant ; il a également ôté aux autres compositeurs toute chance de pouvoir acquérir la moindre expérience dans ce domaine. A quelques rares exceptions près, les tragédies héroïques de la génération suivante ont eu relativement peu de succès et, bien que les œuvres de Lully aient été reprises pendant de nombreuses années après sa mort, elles sont progressivement passées de mode, malgré les différentes modifications effectuées pour les adapter au goût du jour. Alors que la tragédie héroïque conservait son prestige, les autres compositeurs préféraient l'opéra-ballet, dans lequel les conventions étaient moins rigides. L'opéra-ballet n'a fait l'objet d'aucune tentative de drame continu ; chaque acte pouvait être plus ou moins indépendant, malgré la présence occasionnelle d'un thème sous-jacent. Cette diminution du rôle du drame permet d'introduire des éléments italiens, notamment l'aria *da capo* étendue (appelée « ariette » pour la distinguer de l'« air », plus court), plus virtuose sur le plan vocal et plus moderne au point de vue harmonique. Une scène de l'opéra-ballet de Campra, *Les Fêtes vénitiennes*, dépeint l'atmosphère et la vie du Théâtre Grimani à Venise et *Le Carnaval de Venise* (1699) intègre réellement un petit opéra italien, *L'Orfeo nell'inferni*. L'orchestration inventive, que l'on trouve aussi dans les *tragédies lyriques où figurent souvent des scènes de tempête et d'autres musiques à programme, correspondait également mieux à l'époque.

Malgré l'attrait de certaines de ces œuvres, le sérieux de l'opéra français ne reviendra pas avant les années 1730 lorsque la première tragédie lyrique de Rameau, *Hippolyte et Aricie* (1733), remporte un succès suffisant pour le pousser à composer des œuvres théâtrales de genres différents pendant une vingtaine d'années (à l'exception des années 1740 à 1745, où il a cessé d'écrire pour la scène en raison de son désaccord avec la direction de l'Opéra). Son style pourrait se résumer en « une mise à jour de celui de Lully », avec les mêmes formes fondamentales de récitatif mesuré (plus souple et embelli) et de courtes arias (de forme binaire ou ternaire), auxquelles s'ajoutent les grandes ariettes (pièces de virtuosité vocale inspirées de l'aria italienne), des chœurs et des pages pour orchestre, ces dernières décrivant souvent des situations psychologiques ou des phénomènes extérieurs comme les orages. Mais une telle analyse n'offre qu'un visage partiel de l'apport de Rameau : véritable compositeur d'opéras, sa musique est assez riche pour se suffire à elle-même ; il pratique des harmonies et une orchestration hardies ; il possède un sens mélodique expressif et sait traduire des considérations dramatiques qui sont rarement entravées par les conventions rigoureuses de l'*opera seria*. Même les ballets sont bien intégrés et les ouvertures sont souvent liées à la première scène, remplaçant le prologue de Lully. On a comparé Rameau à Wagner en raison de son sens aigu de la création du drame musical : on ne peut l'apprécier qu'après avoir vu de bonnes représentations de ses œuvres, mais il n'y a rien de choquant à placer ses opéras sur le même plan que ceux de Haendel.

La carrière lyrique de Rameau s'achève dans les années 1750 (son dernier opéra, *Les Boréades*, écrit en 1764, n'a pas été représenté de son vivant). Mais à cette époque, la tragédie lyrique subissait les attaques de la faction italienne dirigée par Rousseau, dont l'opéra-comique faisait la conquête du grand public et des intellectuels du siècle des lumières naissant (voir § 7). L'ancienne manière avait été abordée sans grand succès par Boismortier et Mondonville dans les années 1760 et il faudra attendre l'arrivée de Gluck pour que le genre soit vraiment repris (voir § 6). Ensuite, l'opéra restera jusqu'à la Révolution de 1789 le domaine des gluckistes italiens, Salieri, Sacchini et Piccinni, ce dernier ayant été amené à Paris en 1776 par un autre groupe pro-italien pour lancer un défi à Gluck. Ils composent tous des opéras sur des thèmes classiques, en s'écartant parfois des attitudes traditionnelles : *Les Danaïdes* de Salieri (1784) comportent une scène en enfer où l'on voit Danaus enchaîné à un rocher, un vautour lui dévorant les entrailles. La musique de Salieri est moins ornementée que celle de ses homologues italiens, mais il partage leur langage harmonique et leur style général de bien des façons. Cependant, les chœurs demeurent, l'orchestration est plus pleine et le ballet occupe une place importante – éléments qui persisteront jusqu'au XIXe siècle.

6. *Le rococo et la réforme de l'*opera seria*. 1725-90.* Alors que les Français avaient fini, peut-être inconsciemment, par s'attacher aux caractéristiques essentielles définies par les créateurs de l'opéra, les Italiens cherchent, vers 1725, à retrouver certaines d'entre elles. Deux librettistes sont tout d'abord à la tête des réformateurs : Zeno et Métastase. Ils sont tous deux poètes à la cour de Vienne et souhaitent réaffirmer les valeurs du drame contre les excès de l'opéra fondé sur le vedettariat. Pour Zeno, « opéra et raison ne sont pas nécessairement incompati-

bles ». Les livrets doivent être débarrassés des éléments comiques et des intrigues secondaires et montrer le dilemme entre l'amour et le devoir chez les souverains. Le dénouement doit être amené de façon naturelle et les sommets prévus et construits. Métastase développe cette philosophie, à laquelle il ajoute élégance et poésie – ses vers ne manquent pas de traits d'esprit et de comparaisons – sans ménager l'unité de temps et de lieu, comme Zeno avait tendance à le faire. Il travaille sur des actes plus longs (trois au lieu de cinq) et place une aria de sortie à la fin de chaque scène pour permettre au chanteur ou à la chanteuse de quitter la scène. Les récitatifs sont succincts et les arias, qui expriment l'état d'esprit du personnage ou proposent une réflexion sur la situation, sont soigneusement aménagées : chacun des principaux rôles doit en avoir le même nombre (afin d'éviter les querelles entre chanteurs) et deux arias du même genre ne doivent jamais se suivre (afin d'éviter la monotonie). Le nombre des personnages est donc limité à six ou sept, avec trois ou quatre rôles principaux et autant de rôles secondaires.

Pendant plus d'un demi-siècle, des dizaines de compositeurs vont verser leur musique dramatique dans ce moule logique et élégant, modifiant les détails des livrets de Métastase pour s'adapter aux circonstances, mais rarement la substance. Trois principaux types d'arias, presque tous de forme *da capo*, s'imposent : l'*aria di bravura* (pour faire montre de ses compétences) où s'expriment la tension – émotionnelle ou réelle – et les scènes de combat ; l'*aria cantabile* pour les doux zéphyrs et les aspects plus intimes de l'amour ; et l'*aria parlante* pour les moments moins exaltés. Les ensembles sont rares, mais il y a quelques magnifiques duos (également *da capo*) exprimant la peine des amants. Le finale est généralement chanté par l'ensemble de la distribution. Il est parfois indiqué « chœur », mais il n'était pas chanté comme tel, même si les opéras comportaient par ailleurs des scènes de foule. Le *recitativo secco* est parfois superficiel, bien qu'il souligne l'action dramatique, avec des changements de tonalité pour rehausser les changements d'états d'âme. Au cours des dernières années d'existence de l'*opera seria*, le récitatif a été relégué à un rôle insignifiant : dans *La Clémence de Titus*, par exemple, Mozart s'est si peu intéressé aux récitatifs qu'il en a confié la composition à son élève Süssmayr. Les récitatifs accompagnés étaient rares et surtout réservés aux moments d'émotion intense.

Hasse est le compositeur le plus célèbre qui ait mis en musique les livrets de Métastase ; il avait épousé la chanteuse Faustina Bordoni et savait écrire pour les voix dans un style expressif et efficace ; d'ailleurs, malgré toutes les idées philosophiques alors en vogue, ses opéras, comme ceux de ses nombreux imitateurs, favorisent encore largement la démonstration vocale. Les lignes mélodiques sont décorées d'appoggiatures qui adoucissent le rythme ; l'harmonie est simple et relativement stable. On pourrait sans doute reprendre certains de ces opéras de style rococo, surtout les ouvrages à grand spectacle : dans l'une de ses œuvres, *Solimano* (1753), Hasse fait appel à un véritable zoo avec des chevaux, des éléphants et des chameaux. Ce procédé deviendra plus tard une habitude pour les représentations d'*Aïda* aux thermes de Caracalla et aux arènes de Vérone ; mais, de toute évidence, ces œuvres ne possèdent pas la force de celles des compositeurs baroques pré-galants.

De telles réformes étaient beaucoup trop sages pour satisfaire les librettistes et les compositeurs vraiment sérieux. En fait, des expériences dont la portée sera beaucoup plus importante sont réalisées à la même époque par deux compositeurs de cour : Jommelli à Stuttgart et Traetta à Parme. Ces deux cours étaient dominées par le goût français. Il faut y ajouter Gluck à Vienne, qui, après une longue période d'*opera seria* métastasien dans les années 1740, sert, à partir de 1756, un monarque aux goûts français, puis composera pour l'Opéra de Paris pendant cinq ans, dans les années 1770. Ces trois compositeurs se tournent vers les sujets classiques propres à la tragédie lyrique et utilisent les grands chœurs caractéristiques de l'opéra français, accordant un rôle très important à l'orchestre (surtout Traetta, qui aimait les effets picturaux à la manière de Rameau). Les Italiens remplacent une grande partie du *recitativo secco* par le *recitativo accompagnato* qui comporte souvent un développement thématique. L'aria *da capo* complète est plus rare, la reprise ne concernant qu'une partie de la première section. L'influence de l'opéra-comique apparaît dans les ensembles plus nombreux, et, vers 1770, l'aria à deux parties s'impose. Le récitatif interrompt souvent les arias, rehaussant ainsi le sens de la continuité dramatique. En outre, les ouvertures créent l'atmosphère du drame et s'enchaînent parfois directement avec la première scène.

Gluck va plus loin car son librettiste, Calzabigi, devenu anti-métastasien, prend conscience de ce que l'opéra ne dépend pas uniquement de valeurs littéraires et musicales, mais qu'il constitue un véritable spectacle, du vrai théâtre. A partir d'*Orphée et Eurydice* (1762), Gluck abandonne donc l'aria *da capo* et le *recitativo secco* et écrit dans un style mélodique simple qui semble avoir un parfum « antique » ou classique, car il suit les inflexions de la parole : on notera d'ailleurs que les premières fouilles réalisées par Winckelmann dans les sites grecs datent de cette époque. Mais contrairement à la démarche de Lully, ses personnages sont humains (par opposition au symbolisme) et la nature même de ces livrets « classiques » consiste à leur donner un ton moral.

Les réformes réalisées par Gluck (voir également la biographie consacrée à Gluck) correspondent exactement à ce dont l'opéra sérieux français avait besoin pour subsister. Comme toujours, l'Italie se montre moins réceptive et, malgré ses trois opéras « de style français », mais italiens, des années 1760, les livrets de Métastase continuent à subir le même sort qu'auparavant. L'*opera seria* passe de mode, même si son langage musical reste présent à un certain point de vue dans le style de l'opéra-bouffe, mieux adapté aux besoins de l'époque.

7. *L'opéra-comique avant l'époque de Mozart*. Dès les débuts de l'opéra public, les scènes comiques avaient connu un grand succès. Mais la nouvelle approche, plus intellectuelle, des compositeurs et des librettistes les avait évincées. La logique voulait qu'elles subsistent sous une autre forme. Au moment où la tragédie héroïque sérieuse faisait son apparition en France, une troupe italienne présentait un genre d'opéra comique, sous forme de *commedia dell' arte* improvisée avec des parties chantées. Dans un premier temps, ces drames étaient représentés en italien, puis des scènes en français s'intercalèrent progressivement jusqu'à ce qu'ils soient joués entièrement en français. Les parties chantées, ou vaudevilles, étaient des airs populaires qui s'inspiraient du folklore ou d'airs relativement simples de Lully et d'autres compositeurs de l'époque. Un élément satirique intervenait généralement dans l'intrigue et, à la suite d'une attaque contre Mme de Maintenon, la maîtresse du roi, ces divertissements furent interdits. La tradition se perpétua néanmoins aux foires annuelles de Paris, où des acrobates et des jongleurs se produisaient depuis de nombreuses années. Les troupes étaient sévèrement surveillées et les dialogues parlés étaient interdits, contrainte aisément contournée à l'aide de placards portant des inscriptions ou de vaudevilles chantés. En 1774, les pièces entièrement écrites en vaudeville prirent le nom d'opéras-comiques : elles avaient un tel succès que, cinq ans plus tard, la Comédie-Française, par crainte de la concurrence, parvint à les faire interdire. Mais une troupe italienne revint avec ses propres divertissements et l'opéra-comique survécut tant bien que mal jusqu'au milieu du XVIIIe siècle, conservant sa tendance à la satire et l'habitude de tourner en ridicule l'opéra sérieux et d'utiliser des airs populaires dont la musique était plus souvent écrite à cet effet qu'empruntée à d'autres sources.

En 1718, des artistes français présentèrent à Londres des comédies en vaudeville qui sont sans doute à l'origine d'un genre de divertissement analogue en anglais. *The Beggar's Opera* (« L'Opéra du gueux », 1728) de John Gay, prototype du **ballad opera* anglais, s'inspire nettement du modèle français : satire des politiciens (le héros, Macheath, représente le Premier ministre Walpole sous certains aspects) et de l'*opera seria* (une scène burlesque de prison parodie une convention lyrique bien établie, dont on trouvait un exemple récent dans *Rodelinda* de Haendel, 1725) ; utilisation d'airs populaires et de matériel folklorique et d'autres mélodies de Haendel ou d'autres compositeurs sérieux, simplement harmonisés et développés par Pepusch. Comme en France, l'élément satirique provoqua la censure et Lord Chamberlain interdit l'ouvrage que Gay avait écrit pour donner une suite à *The Beggar's Opera*, *Polly*. *The Beggar's Opera* traitant avec jovialité de la vie des canailles connut une énorme succès dans le public, et éclipsa presque totalement l'*opera seria* ;

la critique lui réserva également un accueil favorable, Swift remarquant qu'il exposait « ce goût peu naturel pour la musique italienne qui ne convient absolument pas à nos climats nordiques et au génie du peuple » anglais. Cette œuvre constitue le pas le plus prometteur vers un opéra populaire en langue vernaculaire (par opposition à l'opéra de cour) et c'est un *ballad opera* anglais, *The Devil to Pay* de Charles Coffey (1731), qui lancera la mode du singspiel en Allemagne, où il sera très souvent représenté – sous le titre *Der Teufel ist los* – à partir de 1743. En Angleterre, la grande vogue du *ballad opera* durera environ sept ans avant de décliner jusqu'à sa disparition totale une trentaine d'années plus tard. Il subsistera toutefois sous forme de drame parlé avec musique. Ce genre prendra sa véritable cohérence sous la plume de compositeurs comme Dibdin et Shield, qui ont entièrement orchestré les parties chantées et ajouté des ensembles et d'autres éléments d'origine italienne.

Mais une forme plus élaborée d'opéra-comique avait déjà vu le jour en Italie. Vers 1720, on insérait couramment des *intermezzi* entre les actes des *opera seria* ; à la même époque, certains théâtres napolitains présentaient un nouveau genre d'opéra – l'*opera buffa* – dont le style d'identifiait à celui des *intermezzi.* Ces *intermezzi* et *opera buffa* n'avaient aucun rapport avec les grands *intermedi* du XVIe siècle. Au début, il s'agissait de pièces écrites dans une langue assez pauvre, mais elles se transformèrent rapidement en de courtes comédies sociales, des scènes de la vie quotidienne dans lesquelles l'esprit des serviteurs honnêtes triomphait de la richesse et de la position sociale. Ces œuvres se limitent généralement à trois ou quatre personnages, tenus davantage par des acteurs-chanteurs que par des virtuoses de l'*opera seria.* Il n'y a pas de castrat et les voix graves font leur réapparition. Contrairement aux comédies françaises et anglaises, l'opéra bouffe italien est chanté intégralement, avec une alternance d'arias et de récitatifs ; toutefois, le style et la forme des arias sont beaucoup plus variés que dans l'*opera seria* : chansons strophiques, ariettes en deux parties, rondos et parfois l'aria *da capo,* surtout utilisée pour la parodie. Le style vocal de tous ces airs est beaucoup plus simple que dans l'*opera seria* : de courtes phrases aux rythmes forts remplacent les longues phrases ininterrompues qui exigent un contrôle parfait de la respiration. Les paroles sont mises en musique de façon essentiellement syllabique et le gouffre séparant le récitatif de l'aria s'estompe, la seconde ressemblant à un prolongement du premier. Ainsi, au lieu d'être réduit à une série d'actions dramatiques suivie de sections contemplatives statiques, le drame semble être continuellement en mouvement ; cette caractéristique s'applique particulièrement aux ensembles : le finale des actes est très développé, ce qui donne une impression de conversation et d'action. L'orchestre joue un rôle important dans les ensembles où il conduit la mélodie alors que les voix babillent sur de courtes phrases qui portent le motif ; cette technique permet également une relation souple entre l'action et la musique.

Pergolèse est le plus célèbre compositeur de cette phase de l'opéra-bouffe ; son *intermezzo* en deux actes, *La Serva padrona* (« La Servante maîtresse », 1733), joué entre les actes de son opéra-seria, *Il Prigionier superbo,* acquiert rapidement une renommée internationale pour ses qualités mélodiques et sa vivacité. Toutefois, vers 1750, un style plus élaboré voit le jour, qui est en grande partie le fruit des travaux conjoints des Vénitiens Goldoni et Galuppi. Goldoni, l'un des plus grand auteurs de comédies dialectales, crée des rôles plus sérieux, que la musique de Galuppi transforme en personnages quasi sentimentaux. L'élément purement bouffon disparaît et on voit se dessiner une véritable comédie sociale qui couvre un large éventail d'émotions humaines. Les compositeurs qui avaient su s'adapter à la langue héroïque de l'*opera seria* se tournent vers ce style plus gratifiant d'opéra-comique qui devient le genre le plus populaire de la scène musicale. Ainsi, sur une intrigue tirée du roman sentimental de Richardson, *Pamela*, un compositeur tel que Piccinni réalise, avec *La Buona Figliuola* (1760), une œuvre riche en personnages qui transcendent ceux de l'ère précédente. Le style ne connaîtra plus d'évolution par la suite, mais la forme est assez souple pour permettre à Paisiello, à Cimarosa et à d'autres compositeurs d'explorer toutes les ressources du genre et de l'enrichir d'un répertoire varié et abondant jusqu'à la fin du XVIIIe siècle.

Le succès de l'opéra bouffe aura des

répercussions internationales. *La Serva padrona* de Pergolèse est représentée à Paris en 1746 et ne fait apparemment pas grande impression ; mais, lors de sa reprise, six ans plus tard, cet ouvrage provoque la Querelle des *bouffons : deux factions s'opposent, l'une en faveur de l'opéra italien, l'autre prenant la défense des traditions françaises. Au sein de la faction pro-italienne, Jean-Jacques Rousseau élabore un nouveau genre d'opéra-comique avec *Le Devin de village* (1752), présenté comme un *intermezzo* dans le style italien : mais il ne lui emprunte en fait que le concept du récitatif. Les airs dépouillés, l'adaptation rustique et les danses sont entièrement français ; mais les partisans de Rousseau, notamment Gluck, emploient des moyens plus italiens. Cependant, les tendances à la satire et à l'usage d'un langage parfois terre à terre persistent dans les œuvres de Favart, Monsigny et Philidor.

L'influence de l'opéra bouffe se ressent également en Allemagne. Après l'introduction du *ballad opera* dans les années 1740, le développement de l'opéra-comique connaît une accalmie en raison de la guerre de Sept Ans. Il resurgit en 1766 lorsque J. A. Hiller commence à composer des singspiels, écrivant des airs faciles à retenir comme auparavant (les emprunts d'airs ou de mélodies à d'autres compositeurs sont abandonnés), mais introduisant des numéros dont le style s'inspire nettement de l'opéra-comique italien. La génération suivante (Benda, Neefe et André) élargit ce procédé au point d'utiliser des arias dans le style de l'*opera seria*, des ensembles de veine sentimentale et même le *mélodrame – dans lequel la parole se superpose à une musique instrumentale « dramatique ». C'est sous cette forme extrêmement variée que le singspiel s'impose à Vienne, où l'ouverture du Burgtheater, en 1778, lui donne une énorme impulsion. Il permet de disposer de chanteurs réellement accomplis et d'un bon orchestre. En outre, cet épanouissement de l'opéra allemand correspond à l'époque où un compositeur lyrique de génie, Mozart, réside à Vienne.

8. *Mozart*. La complexité de la situation de l'opéra au cours de la dernière partie du XVIIIe siècle se reflète dans les opéras de Mozart, qui a touché à tous les genres théâtraux de son époque. Il a réussi à mêler les éléments de chaque genre avec un tel génie que, bien qu'il soit impossible de faire entrer ses œuvres dans une catégorie précise, l'opéra est devenu un genre d'expérience totale que recherchaient et envisageaient ses créateurs.

Mozart a écrit cinq *opera seria*, le premier (*Mitridate, rè di Ponto* – « Mithridate, roi du Pont ») en 1770, le dernier (*La Clemenza di Tito* – « La Clémence de Titus ») en 1791. Tous sont l'objet de commandes, deux pour Milan, une pour Salzbourg, Munich et Prague. Tous les livrets sauf un sont de Métastase, conçus dans le même style, et la musique repose fermement sur l'aria : les récitatifs de Métastase pour *La Clémence de Titus* ont été raccourcis par Caterino Mazzolà, qui a refondu le livret pour Mozart, en réduisant à deux actes les trois actes originaux et en ajoutant huit ensembles. Les *opera seria* de Mozart se concentrent autour des voix aiguës et comportent des parties de castrats : les arias offrent aux chanteurs toutes les possibilités de manifester leur virtuosité ; toutefois, l'aria *da capo* est pratiquement abandonnée et les grandes ritournelles sont plus courtes, surtout dans les derniers ouvrages. Seule exception au plan purement métastasien, *Idoménée*, chef-d'œuvre indiscuté de Mozart dans le domaine de l'*opera seria*, a un parfum distinctif de Gluck : il comporte de beaux chœurs et des pièces orchestrales (chaconne, marches) ainsi qu'une musique de ballet. Mozart enchaîne l'ouverture à la première scène, utilise des trombones dans la scène de l'oracle et compose de longs solos instrumentaux à la manière de la symphonie concertante parisienne. Néanmoins, le style est avant tout italien, en particulier les ensembles et une ou deux arias avec *coloratura* (surtout pour le castrat).

Entre 1768 et 1790, Mozart compose sept opéras-bouffes (dont deux inachevés). Pour deux d'entre eux, il reprend un livret déjà écrit auparavant et qui venait de servir à d'autres compositeurs ; les autres sont des œuvres de circonstance et Mozart intervient largement dans leur rédaction. Deux de ces ouvrages résultent de commandes, les autres étaient destinés au grand public ou constituaient simplement des aventures spéculatives (ce qui explique que certains d'entre eux soient restés inachevés). Dès *La Finta giardiniera* (1774), les personnages sont divisés en deux groupes : les *parti serie* (personnages sérieux) et les *parti buffe* (personnages comiques) et les contraintes imposées aux voix aiguës (parfois même aux voix graves) sont aussi fortes que dans l'*opera seria*. Les intrigues appartiennent à la comédie sociale avec une nette distinction entre les classes supérieures et inférieures (comme, par exemple, dans *Così fan tutte*, 1790) ; elles ne sont jamais ouvertement politiques ou moralisantes, mais elles commentent sérieusement les manières et les modes de vie. L'organisation musicale met davantage l'accent sur les ensembles que sur les arias. Dans *Les Noces de Figaro* (1786), les arias et les scènes à plusieurs personnages sont en nombre égal. Ces dernières, surtout les finales, sont plus longues ; il y a peu de chœurs et aucun ballet ; mais *Les Noces de Figaro* et *Don Giovanni* (1787) comportent quelques danses peu formelles. Les finales sont longs ; ils sont constitués de mouvements ininterrompus en plusieurs parties et avec une conclusion rapide dans une tonalité majeure. L'orchestre y joue un rôle important en assurant la continuité dans un style symphonique. Par ailleurs, il se voit confier de temps à autre des pièces caractéristiques ; dans *Don Giovanni*, l'ouverture s'enchaîne sur la première scène et la scène de la statue fait appel aux trombones, deux éléments qui rappellent Gluck. Ainsi, même s'ils ont une approche *buffa* et s'ils se rapprochent davantage de la vie que les *opera seria*, ces ouvrages comportent aussi des éléments sérieux.

Mozart a composé cinq ouvrages de grande dimension en allemand, à la manière du singspiel : une comédie sacrée avec musique, une comédie en un acte avec des numéros musicaux, deux pièces d'enfance sur une musique assez simple dans la tradition de l'opéra-comique et un ouvrage inachevé. Les œuvres de la maturité sont des comédies placées sous le signe de l'exotisme (*Zaïde*, 1779-80 ; et *L'Enlèvement au sérail*, 1782) ou de la magie (*La Flûte enchantée*, 1791). Elles ne sont jamais purement humoristiques. *La Flûte enchantée* est une allégorie maçonnique dans laquelle les critiques de la société se mêlent aux croyances religieuses. La distinction sociale entre la noblesse et les classes plus humbles fait partie intégrante de l'intrigue et se traduit par une musique où alternent de simples chansons réservées aux serviteurs et les arias élégantes des princes et des dames de la noblesse. La musique est encore plus variée que celle de l'opéra-bouffe. Elle comporte des arias héroïques (celles de la Reine de la Nuit dans *La Flûte enchantée*), parfois accompagnées de partie instrumentales *concertante* (l'air « Martern aller Arten » de Constanze dans *L'Enlèvement au sérail*), des cavatines et des finales bouffes. Dans *La Flûte enchantée*, on trouve même quelques curiosités étonnantes : un prélude de choral dans le style de Bach, une marche profane aux consonances religieuses ou l'aria de Sarastro « O Isis und Osiris », qui ressemble à un hymne. L'ouverture ne s'enchaîne pas à la première scène, mais les fanfares initiales reviennent au cours de l'opéra.

Dans les opéras de Mozart, on distingue trois genres différents : l'*opera seria*, l'opéra bouffe et le singspiel. Ils sont tous trois capables de traduire une expression sérieuse et utilisent des éléments interchangeables. Les genres italiens ont une base plus solide et continueront à prévaloir pendant la majeure partie du XIXe siècle ; toutefois, les ouvrages en langue vernaculaire ont largement dépassé le stade de simples singspiels et sont pafois très sérieux (on peut considérer *La Flûte enchantée* comme le point de départ de la tradition de l'opéra sérieux allemand). Ces opéras embrassent des sujets religieux, moraux, sociaux et héroïques ou des thèmes de la vie quotidienne. La musique varie de la plus grande simplicité à un style très complexe et les conventions établies sont parfois assouplies selon les besoins. Mozart atteint ainsi le but des fondateurs florentins de l'opéra, « émouvoir l'homme tout entier » – mais ceux-ci auraient sans doute été surpris de découvrir par quels moyens il y était parvenu. C'est la raison pour laquelle les opéras de Mozart ne se se limitent pas à une synthèse de toutes les découvertes réalisées jusqu'alors ; ils exerceront une influence considérable sur les générations à venir. L'opéra italien va développer le genre bouffe selon ses idées, grâce à Paer et à Rossini. En Allemagne, la lumière morale qui préside à *La Flûte enchantée* donne davantage d'ambition au singspiel. Seule la France semble étrangère à son exemple, ce que l'on doit principalement à un certain chauvinisme que la Révolution développe immédiatement.

9. *Interlude*. L'année 1791 voit la mort de Mozart et le véritable début de la période révolutionnaire en France ; elle constitue une ligne de partage pratique dans l'histoire de l'opéra. Le genre est alors universellement connu dans toute l'Europe jusqu'en Russie. La Révolution française précipite la fin de la protection accordée par la noblesse, mais l'opéra est loin de dépérir et l'État (sous diverse formes) reprend à sa charge l'ancien rôle des princes. Sa popularité est si répandue qu'il lui manque alors une histoire centrale unifiée (qu'il ne connaîtra que pendant une courte période, dans les années 1880 et 1890, lorsque Wagner dominera la scène lyrique internationale). La distinction entre ouvrages comiques et sérieux est devenue inapplicable, car la ligne de partage entre les deux genres est souvent très floue et ils agissent toujours l'un sur l'autre comme on l'a vu chez Mozart. Il est plus facile d'établir une division par nations, même s'il y a également des interférences : la France devient la terre d'élection des compositeurs d'opéras ; l'Italie inonde presque tous les pays de ses compositeurs et de ses chanteurs ; l'Allemagne exerce l'influence la plus profonde avec les ouvrages de Wagner ; il faut enfin accorder une place particulière aux pays d'Europe occidentale et à l'opéra slave.

10. *L'opéra français au XIXe siècle*. La Révolution française (1789) a eu pour effet d'accroître la popularité de l'opéra-comique. L'histoire devient alors plus sérieuse et le genre « opéra délivrance » utilise quelques thèmes « politiques » très répandus, ainsi dans *Léonore* de Gaveaux (1798) – l'ouvrage qui a servi de modèle au *Fidelio* de Beethoven – et *La Prise du pont de Lodi* de Méhul (1797). La musique reste divisée en numéros et conserve un langage mélodique et harmonique excessivement simple ; mais l'influence italienne se glisse dans les airs qui s'enrichissent de roulades, alors que les finales se terminent sur les accélérations caractéristiques, ou *stretti*, de l'*opera buffa*. Sous le Consulat et l'Empire, la tragédie lyrique revient au premier plan : le répertoire gluckien des années 1780 survit et s'enrichit grâce à *La Vestale* de Spontini, qui conserve les tendances classiques et utilise les courtes phrases mélodiques héritées du XVIIIe siècle ; mais il donne du poids à un spectacle qui devient monumental et fait appel avec une certaine imagination au grand orchestre.

A la chute de Napoléon, l'opéra sérieux comme l'opéra-comique jouissait donc de bases solides. Les années 1820 sont sutout fertiles dans le domaine de l'opéra-comique, principalement avec Auber et Boieldieu. Auber (qui a véritablement vécu de l'opéra-comique et a composé jusqu'en 1871) établit les grandes lignes stylistiques du XIXe siècle ; l'attirance pour les intrigues romantiques est renforcé par la vogue de Walter Scott et des thèmes historiques dans les années 1820. La musique est moins romantique, mais brillamment orchestrée. L'air et la romance ont un parfum de salon, avec leur phrases régulières et des rythmes de danse inhérents. Les ensembles, parfois assez longs, manquent d'intérêt sur le plan contrapuntique, ce qui écarte toute possibilité de mise en valeur individuelle. Toutefois, si le résultat manque souvent de puissance, il est toujours agréable à écouter et le répertoire comprend des œuvres aussi populaires que *Le Comte Ory* de Rossini (1823), *Le Maître de chapelle* de Paer (1821), un charmant opéra-bouffe francisé, ou *La Fille du régiment* de Donizetti (1840).

Rossini, alors très apprécié à Paris, est l'un des principaux acteurs de la transformation de l'opéra sérieux, tout d'abord avec une refonte en quatre actes de son opéra « cum oratorio » en trois actes *Mosè in Egitto* (« Moïse en Égypte », 1818), dont les grandes scènes chorales et les ressources spectaculaires séduisent d'emblée, puis avec *Guillaume Tell* (1829), dont le sujet s'accorde aux traditions révolutionnaires. Il reprend des éléments de la tragédie lyrique, notamment les ballets, les chœurs et de riches effets orchestraux (dont une ouverture vraiment originale) sans négliger pour autant les arias italianisées très appréciées d'un public qui va écouter les dernières œuvres étrangères au Théâtre-Italien. En l'espace d'un an, Meyerbeer s'impose comme l'un des chefs de file du *grand opéra (qui désormais ne s'appelle plus « tragédie lyrique »). Dans *Robert le Diable* (1831) puis dans *Les Huguenots* (1836), Meyebeer et son librettiste Scribe créent l'archétype d'un genre qui va fasciner toute l'Europe et atteindra son apogée avec *L'Africaine* (1865). Dans *Les Huguenots*, l'histoire, pourtant bien construite, reste secondaire par rapport à l'effet scénique, toujours extravagant et saisissant : scènes médiévales, scènes d'église, torrents, chœurs de démons, cryptes et cimetières abondent (avec quelques emprunts à Weber). Ces effets s'intègrent à la musique grâce à de puissants effets orchestraux (souvent très intéressants) et à des ensembles dans lesquels les solistes s'opposent au chœur ; ces deux caractéristiques exigent des voix différentes et plus puissantes que celles qu'avait formées la tradition italienne. Le tout manque de thèmes faciles à mémoriser – et peut-être, en un sens, de proportions, car il faut tout de même respecter une certaine vraisemblance, tout au moins dans les sujets historiques.

L'œuvre de Meyerbeer crée une demande que sa lenteur à composer ne peut satisfaire. Halévy, avec *La Juive* (1835), et Berlioz, avec *Benvenuto Cellini* (1838), suivent ses traces, mais Berlioz est chassé de l'Opéra sous les sifflets malgré une musique virile et une scène merveilleusement dramatique lorsque Cellini moule la statue. Ce fiasco tient Berlioz à l'écart du théâtre lyrique pendant plus de vingt ans. Son plus bel opéra, *Les Troyens*, œuvre immense sur un livret tiré de Virgile, ne sera jamais représenté de son vivant, car il s'agit d'une véritable tragédie lyrique composée alors que ce style était passé de mode depuis bien longtemps. Tout en fait une œuvre française par excellence : le thème classique, la musique dépouillée avec un mélange de récitatifs, d'*ariosos* et d'arias qui n'aurait pas étonné Gluck, l'utilisation de thèmes récurrents au lieu du leitmotiv symphonique de Wagner, l'atmosphère des interludes comme la « Chasse royale et orage » (qui rappellent les scènes symphoniques pittoresques de Rameau). Mais un manque d'action manifeste est la cause de son échec ; cet ouvrage ne trouvera sa juste place qu'au XXe siècle. L'autre opéra de Berlioz, une charmante comédie, *Béatrice et Bénédict* (1862), est créé en Allemagne ; il ne se conforme à aucun genre français existant et le découpage de la partition en numéros (dont certains sont très attrayants) est une pratique qui tendait à disparaître depuis les années 1830.

Néanmoins, les barrières se renversent peu à peu. Dans les années 1850, Meyerbeer compose lui-même des opéras-comiques, *L'Étoile du Nord* (1854) et *Dinorah* (1859), destinés à de grands chanteurs (comme Jenny Lind) et qui comportent des « numéros » conçus à grande échelle. Ce sont en fait davantage de « grands opéras avec des dialogues parlés » et ils permettent de comprendre l'étrange destin de plusieurs opéras célèbres des années 1860 et 1870. Ainsi, Gounod, qui appartient à une génération qui s'éloigne de l'opéra héroïque et du grand opéra, compose *Faust* (1859) pour le Théâtre-Lyrique avec des dialogues parlés ; il ajoute des récitatifs pour les représentations données à Strasbourg l'année suivante ; et lorsqu'il est finalement donné à l'Opéra, l'ouvrage comporte des récitatifs et un ballet. Ainsi, une œuvre écrite dans la tradition de l'opéra-comique, avec des numéros séparés (dont certains s'apparentent nettement à la musique de salon), se transforme en grand opéra (ce que suggère d'ailleurs son titre). *Roméo et Juliette* (1867) subit le même traitement. Bizet, qui comme tous les jeunes compositeurs français devait avoir l'ambition d'écrire pour l'Opéra, compose *Les Pêcheurs de perles* (1863), également pour le Théâtre-Lyrique, mais il entoure cet ouvrage du parfum oriental mis à la mode par les opéras de Félicien David. Son dernier opéra, *Carmen*, est créé à l'Opéra-Comique en 1875 avec des dialogues parlés, puis représenté à l'Opéra avec des récitatifs d'Ernest Guiraud (1837-92). L'influence de *Carmen* se fera davantage sentir à l'étranger qu'en France. L'intrigue qui se déroule dans les bas milieux et la fin mélodramatique influenceront sans aucun doute les véristes italiens (voir § 11). Ses caractéristiques vraiment françaises – ironie, manque de sentimentalité dans la description de l'héroïne, clarté de la musique pseudo-espagnole – ne feront pas d'émules, à l'exception peut-être de Chabrier.

En 1880, Wagner fait fureur, tout au moins chez les intellectuels (voir *France*, 8) ; et alors que l'Opéra refuse de représenter ses dernières œuvres, les jeunes compositeurs les connaissent soit pour les avoir entendues en Allemagne, soit pour en avoir étudié les partitions. Mais ils n'en saisissent pas pour la plupart le sens profond. Quelques opéras sur des sujets nordiques ou celtes (après *Tristan*) voient le jour, comme *Sigurd* de Reyer (1885, que l'auteur composa après avoir étudié les écrits de Wagner sur le drame musical et non ses œuvres elles-mêmes) ou *Le Roi d'Ys* de Lalo (1888) ; toutefois, malgré la récurrence des thèmes et un sens certain de la structure d'ensemble, l'usage symphonique du leitmotiv ne pénétrera en fait jamais le style français. Le public apprécie surtout le lyrisme de Gounod, dont Ambroise Thomas et Massenet sont les adeptes ; ils empruntent souvent leurs sujets à des romans (de *Werther* à *Manon*) ou, plus ambitieusement, à Shakespeare ou à la Bible. Avec un sens mélodique très attirant et une belle orchestration, ils se présentent sous leur meilleur jour lorsqu'ils savent limiter leurs ambitions. Cela s'applique également aux œuvres isolées d'autres compositeurs, notamment *Les Contes d'Hoffmann* d'Offenbach (1881), opéra-comique enrichi par la suite de récitatifs de Guiraud, comme cela arrive souvent, et dont l'apparente qualité lyrique se teinte d'une nuance d'ironie. A la fin du XIXe siècle, une œuvre d'un style entièrement différent voit le jour : *Louise* de Gustave Charpentier (1900) ; bien qu'elle soit souvent considérée comme un ouvrage wagnérien, cette œuvre se rapproche en fait davantage de Puccini avec ses ouvrières couturières et sa description de la vie de bohème, mais sa structure ininterrompue et la répétition des thèmes restent typiquement français. Le chef-d'œuvre suivant de l'opéra français, *Pelléas et Mélisande* de Debussy (1902), est plutôt wagnérien par sa technique d'écriture, mais il révèle une orientation entièrement nouvelle et il doit être traité comme une œuvre du XXe siècle (voir § 15).

11. *L'Italie au XIXe siècle et au début du XXe siècle.* Malgré l'influence de l'occupation napoléonienne sur les établissements d'enseignement musical italiens, les théâtres lyriques ont subi assez peu de changements depuis la période prérévolutionnaire. Les grandes villes possèdent plusieurs théâtres, qui relèvent généralement de directions privées et qui sont parfois subventionnés par l'État. Et la plupart des petites villes ont leur propre opéra. Il y a trois saisons par an et les théâtres importants présentent au moins un ou deux ouvrages nouveaux chaque saison. Les compositeurs sont rémunérés pour chaque ouvrage et, en l'absence d'un système de droits d'auteur efficace, pour vivre correctement un compositeur doit écrire au moins deux opéras par an, les mieux nantis parfois jusqu'à quatre. Cet impératif contribue à maintenir une structure assez rigide de l'opéra sérieux comme de l'opéra comique. La tendance au conservatisme est renforcée par l'absence d'une tradition de drame parlé sur laquelle on puisse greffer le singspiel ou l'opéra-comique. La littérature romantique qui s'épanouit dans le nord de l'Europe n'a pas d'effet immédiat en Italie, où il n'existe pas l'équivalent des romans de Walter Scott, de la poésie lyrique de Goethe et de Shelley ou des drames de Schiller. Les compositeurs italiens les plus avancés, comme Spontini ou Cherubini, s'installent souvent à l'étranger, à Paris ou à Berlin. Ainsi, les progrès considérables réalisés en France et en Allemagne n'atteindront l'Italie que beaucoup plus tard. Les quarante premières années du XIXe siècle sont dominées par trois principaux types d'opéras. L'*opera seria* change de nature musicale en s'organisant en scènes plutôt qu'en arias. Il diffère également de son ancêtre du XVIIIe siècle en autorisant une fin tragique au lieu du conventionnel *lieto fine* (fin heureuse). L'opéra bouffe subit peu de changements, avec des airs *parlando*, des ensembles et des finales assez développés et des arias ornementées pour les rôles sentimentaux. Ces parties sentimentales sont plus importantes dans le nouvel *opera semiseria*, forme hybride que l'on peut décrire comme un *opera seria* avec une fin heureuse (*La Sonnambula* [« La Somnambule »] de Bellini, 1831, en est le plus bel exemple : le dénouement tragique exprimé par une musique très sérieuse a totalement disparu). Un dernier type d'ouvrages regroupe les levers de rideau et de courtes pièces appelées *farse*, pratiquement calquées sur l'*intermezzo* napolitain.

Les compositeurs voyagent alors si facilement que les divisions géographiques restent imprécises, mais on peut établir un partage approximatif entre l'école napolitaine (dirigée par Zingarelli et qui atteint son apogée dans l'œuvre de Bellini) et les Italiens du Nord (Mayr, Rossini, Donizetti et plus tard Verdi). Dans le sud de l'Italie, la succession des arias et des récitatifs donne naissance à ce que l'on appelle parfois l'« opéra à numéros ». La mélodie est fleurie, l'accompagnement et l'orchestration simples. Les arias abandonnent la forme *da capo* et adoptent souvent une division en deux parties, une cavatine lente et lyrique précédant une cabalette rapide et rythmée, ce qui permet de traduire dans un même air deux sentiments différents. La prédominance des voix aiguës subsiste. Dans le nord de l'Italie, l'influence de Mozart est évidente et les opéras respectent une continuité qui repose surtout sur les ensembles. L'orchestre joue un rôle plus important et la rythmique de l'opéra bouffe transparaît jusque dans les arias sérieuses, dont l'ornementation mélodique prend un visage plus assuré. Dans l'opéra bouffe, les voix graves tiennent des rôles plus importants, surtout la basse comique (Don Basilio dans *Le Barbier de Séville* de Rossini, 1816) ; mais Rossini affectionne également la voix de contralto *coloratura* (comme dans *La Cenerentola* [« Cendrillon »], 1817). Les compositeurs de l'Italie du nord se tournent progressivement vers des sujets romantiques. Rossini emprunte à Walter Scott le sujet de *La Dona del lago* (« La Dame du lac », 1819) et à Shakespeare celui d'*Otello* (1816) ; Walter Scott fournit aussi à Donizetti l'argument de *Il Castello di Kenilworth* (« Le Château de Kenilworth », 1829) et de *Lucia di Lammermoor* (1835), alors que dans *Anna Bolena* (1830) il aborde la tragédie historique. Tous ces sujets réclament une écriture plus dramatique et la division traditionnelle en numéros, sans être remise en cause, s'en trouve nettement atténuée, le récitatif se transformant en une grande section accompagnée qui peut interrompre ou précéder les arias. En outre, l'introduction de parties chorales soutenant la voix soliste fait disparaître la distinction entre airs et chœurs et les points culminants deviennent de magnifiques ensembles, comme le sextuor de *Lucia di Lammermoor*. A la fin des années 1830, des compositeurs comme Mercadante et Donizetti, qui ont travaillé à Paris, cherchent à rendre les formes plus malléables, abandonnant la relation cavatine-cabalette et supprimant toute musique superflue dans le contexte dramatique.

Mais Verdi va bouleverser la situation (pour plus de détails sur son action, voir la biographie consacrée à ce compositeur). D'emblée, il s'impose comme un géant dans le domaine lyrique et la transformation de l'opéra italien lui est presque entièrement due. Son premier succès, *Nabucco* (1842), s'inscrit encore dans la tradition de Bellini, mais la célébrité de ses chœurs donne une nouvelle importance au peuple, comme dans le singspiel allemand. L'intérêt que porte Verdi aux aspects surnaturels de la psychologie se manifeste dès *Jeanne d'Arc* (1845) ; la réputation internationale que lui vaut cette œuvre l'amène à Paris, où il découvre le grand opéra. Les livrets de la maturité sont soit empruntés à Shakespeare, Schiller, Hugo ou au drame romantique espagnol, soit spécialement conçus pour servir de support à de grands opéras historiques français. Son sens dramatique l'éloigne des formes traditionnelles : l'aria disparaît presque totalement de certains grands opéras, l'orchestre assurant la continuité d'une telle façon qu'il se voit taxer de wagnérisme. Néanmoins, l'exemple de Wagner joue un rôle infime dans l'évolution de Verdi, qui s'intéresse davantage aux personnages qu'aux symboles, à ce qui se passe sur scène qu'au développement symphonique des thèmes à l'orchestre. Sa langue reste assez diatonique et clairement mélodique ; elle utilise le chromatisme et le contrepoint davantage comme éléments décoratifs que structurels. Il est paradoxal que son traditionnalisme ait fait de Verdi un meilleur auteur dramatique que Wagner, car l'intérêt plus grand qu'il porte aux parties vocales qu'à l'orchestre attire davantage l'attention sur les personnages en scène que sur toute signification symbolique supposée.

L'influence de Wagner reste faible. Les premières œuvres présentées en Italie (à Bologne) sont *Lohengrin* (1871) et *Tannhäuser* (1872) ; la *Tétralogie* n'est donnée qu'en 1882-83 par la troupe allemande d'Angelo Neumann ; ces œuvres et les autres drames musicaux de Wagner ne seront représentés en italien que vers 1890, car leur complexité décourage la direction des théâtres. Ne partageant pas la dévotion des compositeurs français qui ont découvert les opéras de Wagner à Munich (1870) et à Bayreuth (1876), les compositeurs italiens les connaissent seulement par les récits écrits et les partitions piano-chant. Boito est le seul compositeur qui semble les comprendre, ayant eu l'occasion de se familiariser avec les nouvelles tendances au cours de ses voyages à l'étranger. Son *Mefistofele* (1868), d'après le *Faust* de Goethe, révèle une démarche et des techniques identiques à celles de *Lohengrin*. Il traduit par la suite les livrets de Wagner et insère quelques traits wagnériens dans les livrets qu'il écrit pour d'autres compositeurs ; mais son talent de compositeur ne parviendra jamais à un réel épanouissement (son *Nerone* est resté inachevé) et la musique italienne restera en marge de l'évolution germanique.

La génération suivante reprend plusieurs idées de Verdi. Elle adopte un style généralement appelé « vérisme » ou « réalisme » (à ne pas confondre avec le réalisme russe, avec lequel il a peu de rapport ; voir §14), ce qui prête parfois à confusion. Cette tendance au réalisme montre délibérément le côté le moins agréable de la vie (ce qui se rapproche des œuvres de la période médiane de la vie de Verdi) et met en scène la bourgeoisie ou les pauvres – comme dans le cas de *La Traviata* (1853). D'autres influences prédominent : *Carmen* de Bizet ou Massenet, auquel Ricordi commande même *Hérodiade* et dont le style mélodique souple influencera beaucoup Puccini. Les livrets sont plus souvent tirés de romans que de pièces de théâtre et sont donc construits en épisodes. La technique musicale reprend également les structures malléables des opéras de la maturité de Verdi, les arias (dépourvues désormais de figuration décorative) faisant appel aux registres les plus élevés de la voix avec une ligne mélodique solide, rythmée et syllabique. Le résultat obtenu est souvent mélodramatique, comme dans les œuvres de Ponchielli, Catalani, Giordano, Cilea, Mascagni ou Leoncavallo, et l'on en trouve les exemples les plus concis dans *Cavalleria rusticana* de Mascagni (1890) ou *Paillasse* de Leoncavallo (1892). *La Tosca* de Puccini (1900) appartient à la même catégorie ; mais les opéras « bourgeois » de ce compositeur, notamment *La Bohème* (1896) et *Madame Butterfly* (1904), jouissent d'une touche plus délicate et son style musical, qui assimile les innovations de Debussy et la nouvelle vague d'orientalisme, est plus élaboré que celui de ses contemporains.

De multiples imitateurs tentent de s'engager dans la même voie, attirés par les revenus considérables dus aux conventions modernes sur le droit d'auteur et à une large distribution internationale, dont Puccini (ainsi que son éditeur Ricordi) avait bénéficié dès sa jeunesse. Néanmoins, après la mort de Puccini en 1924, aucun opéra italien ne parviendra à tenir la scène et la plupart des compositeurs italiens de talent tenteront de se démarquer d'une tradition qu'ils trouvent stérile.

12. *L'opéra allemand de Mozart à Richard Strauss. La Flûte enchantée* de Mozart, qui n'a rien d'un singspiel léger, est pourtant créée dans un théâtre où la pantomime et les œuvres légères constituent la base du répertoire ; son dernier *opera seria, La Clémence de Titus,* d'une bien moindre qualité, est représenté dans un théâtre subventionné par l'État. Cette supériorité sociale de l'opéra italien sur l'opéra allemand se prolonge jusque dans les années 1850, époque où la polémique de Wagner (et non ses opéras) inverse cette mode. Ainsi, le singspiel continue à jouer un rôle de divertissement et à rivaliser avec des œuvres sans envergure pendant plus de vingt ans après la mort de Mozart. Toutefois, vers la fin du XVIIIe siècle, les intrigues du singspiel commencent à montrer l'influence du mouvement romantique allemand qui s'intéresse au surnaturel, alors que *Fidelio* de Beethoven (1805, 1806, 1814) reflète l'internationalisme de la musique révolutionnaire française. Ce nouvel esprit apparaît dans *Undine* (1816) d'E.T.A. Hoffmann, le compositeur, poète et metteur en scène qui relève le défi de *La Flûte enchantée* dans un drame musical ambitieux et magique, où la musique n'est malheureusement pas à la hauteur des autres éléments. Néanmoins, cette œuvre ouvre la voie à un compositeur plus important, Weber, dont l'expérience dans le domaine du singspiel traditionnel (notamment *Abu Hassan,* 1811) égale la connaissance du répertoire étranger. Avec *Le Freischütz* (1821), il compose une histoire d'horreur typiquement romantique. Le retour à la nature, l'opposition entre le bien et le mal et les effets scéniques magiques rivalisent avec une musique coulée dans l'ancien moule du singspiel mais traitée dans un esprit nouveau, avec une écriture orchestrale originale (notamment une ouverture qui est un véritable poème symphonique miniature), une écriture chorale qui s'apparente au chant populaire et des arias d'une réelle valeur. Le succès de cette œuvre permet à Weber d'écrire *Euryanthe* (1823), qui est presque un *opera seria* allemand : suppression des dialogues, grandes arias *coloratura* italianisées et ensembles développés ; mais, sans doute parce que l'intrigue chevaleresque médiévale est mal construite, cet ouvrage ne parvient pas à triompher de l'idée selon laquelle l'opéra vraiment sérieux reste une prérogative italienne.

Les autres opéras de la période Biedermeier n'y parviennent pas davantage, car le public bourgeois reste insensible à la grandiloquence du grand opéra ou à l'ironie de la comédie sociale. Avec *Faust* (1816) et *Jessonda* (1823), Spohr fait de son mieux pour introduire le grand opéra, développant une mélodie continue, une harmonie chromatique avancée, une orchestration délicate et remporte un succès immédiat. D'autres compositeurs, comme Mendelssohn et Schumann, n'acquerront jamais une expérience suffisante du théâtre. Parmi les compositeurs de singspiels les plus connus des années 1830 et 1840, Lortzing fait pencher le genre vers l'*opera semiseria*, avec de vastes ensembles, des ouvertures mieux reliées à l'opéra, tout en conservant des chœurs droits et des arias simples. Marschner préfère les intrigues d'épouvante du genre de celle du *Freischütz* (comme dans *Der Vampyr*, 1828). Nicolai, plus italianisé, écrit une œuvre qui s'inscrit dans la tradition de l'opéra-bouffe, *Les Joyeuses Commères de Windsor* (1849).

C'est à ce stade que Wagner trouve l'opéra allemand dans les années 1830 et toutes les transformations dont il fera l'objet au cours des dix années suivantes lui sont en grande partie imputables. Ce changement s'opère d'une façon très personnelle (voir l'article consacré à Wagner qui décrit en détail le processus d'évolution). Dans les années 1830, les opéras de Wagner ne semblent pas vouloir modifier l'opéra allemand. *Les Fées* (composées en 1833-34) est un opéra féerique qui diffère assez peu de ceux de Weber et de Marschner. *La Défense d'aimer* (1836) montre l'influence de l'opéra italien et de l'opéra français, comme si Donizetti et Auber étaient les modèles de Wagner. *Rienzi* (1842) est une tentative de grand opéra parisien (Wagner connaissait bien *Fernand Cortez* de Spontini et *La Juive* de Halévy).

Pendant les années 1840, Wagner assimile ces influences et les transforme. Il ressort clairement de ses écrits qu'il considérait le théâtre musical comme l'une des manifestations culturelles les plus importantes et qu'il ne fallait pas le traiter comme un simple divertissement. Dans *Le Vaisseau fantôme* (1843), l'idée de la rédemption de l'homme par l'amour de la femme apparaît pour la première fois dans son œuvre et ses personnages semblent plus symboliques qu'humains. La musique est construite autour de quelques formes reconnaissables, dont la plus importante est une « ballade » pour l'héroïne, Senta, qui devient un symbole de pureté et d'amour et l'objet de la rédemption. Elle revêt un sens symbolique et revient plusieurs fois, tout comme la musique orageuse qui représente le destin du Hollandais (l'humanité non rachetée). Dans les deux opéras suivants, *Tannhäuser* (1845) et *Lohengrin* (1850), Wagner développe ce style. Le premier contient davantage d'éléments caractéristiques du grand opéra (ce n'est pas une coïncidence si l'Opéra de Paris le retient en 1860 de préférence à *Lohengrin*, ouvrage plus récent), des grands chœurs et des numéros plus directs. L'originalité de *Lohengrin*, qui est aussi un grand spectacle, tient à la façon dont les symboles, exprimés par le matériel thématique énoncé dans l'ouverture, sont utilisés d'un bout à l'autre du drame avant de se réunir à la fin en une sorte d'analogie avec la réexposition symphonique.

Cette analogie avec le style symphonique offre à Wagner l'occasion de créer un nouveau genre d'opéra qu'il qualifie de « drame en musique ». Son exil d'Allemagne à partir de 1848 restreint ses possibilités de faire représenter ses œuvres et il réfléchit assez longtemps à la nature de l'opéra avant de se remettre à composer. Toute la conception de *L'Anneau du Nibelung* repose sur les théories qu'il publie et, malgré les modifications qu'elles subissent au fil des années, elles l'amènent à un style entièrement nouveau, dont on peut résumer ainsi les principales caractéristiques. Le sujet de l'opéra doit être tiré de la légende et traiter de concepts archétypes applicables à l'ensemble de l'humanité et non à des hommes spécifiques (comme ont tendance à le faire les sujets historiques). La construction de la musique doit suivre le sens du drame et ne pas lui imposer ses schémas. Il faut donc remplacer le récitatif et l'aria (un modelage essentiellement musical) par un flot continu, interrompu seulement par quelques cadences. On peut y parvenir en développant un certain nombre de thèmes généralement associés au concept archétype (les leitmotivs), confiés à l'orchestre, pendant que les voix chantent dans un style *arioso* infléchi en conséquence. Le soliste doit chanter en veillant à ce que les paroles restent claires pour l'auditeur.

L'importance respective des composantes individuelles de ces arguments varie d'une œuvre à l'autre et il est vrai que Wagner a élaboré ces idées d'après celles de compositeurs antérieurs. La nature symbolique du drame rappelle Weber et même *La Flûte enchantée* de Mozart. La continuité qu'apporte le nouvel usage de l'orchestre s'inspire des finales de l'opéra-bouffe du XVIIIe siècle et était courante dans le grand opéra parisien, au même titre que l'utilisation de thèmes récurrents dans les opéras de Verdi. Néanmoins, l'application consciente et logique de ces idées aboutit à un genre d'opéra nouveau et puissant. La nécessité de créer une œuvre ininterrompue pousse Wagner à élaborer un style harmonique dans lequel il puisse moduler librement. La mélodie collée aux mots tombe désormais rarement dans des schémas rigides. L'importance accordée à l'orchestre donne naissance à des effets plus subtils. La continuité dramatique est ainsi préservée et le symbolisme du drame révèle de nombreux traits de la psychologie humaine, particulièrement là où la logique découle de la nature profondément émotive de l'homme. *Tristan et Isolde* (1865) représente la réalisation la plus complète de l'idéal wagnérien ; l'« histoire » est essentiellement psychologique, les moyens musicaux sont très éloignés de ceux des opéras antérieurs (à l'exception du chant du marin à l'acte III, qui rappelle *Le Vaisseau fantôme* par sa nature et par la façon dont il s'intègre à la structure musicale). La *Tétralogie* et *Tristan* sont deux œuvres virtuellement inimitables. Opéra sans doute plus influent, *Les Maîtres chanteurs de Nuremberg* (1868) voient l'application des ressources musicales du « drame musical » à une comédie et comportent des éléments du grand opéra. Cet opéra révèle la justesse des idées de Wagner sur les relations entre la musique et le texte, l'intrigue faisant intervenir de « vrais » personnages dans des situations dramatiques presque conventionnelles.

La puissance musicale de ces chefs-d'œuvre, alliée à leur conception intellectuelle, détruit presque l'hégémonie de la musique italienne en Allemagne et suscite de multiples imitations, de peu d'envergure pour la plupart. Les compositeurs qui ont signé de solides drames musicaux, sur des textes médiévaux ou philosophiques de type wagnérien, ont généralement traversé l'histoire sans laisser de trace, à l'exception de Pfitzner : son *Palestrina* (1917) est un drame philosophique schopenhauerien qui utilise le procédé complet du leitmotiv. Les compositeurs qui ont eu recours aux moyens musicaux wagnériens à des fins non wagnériennes ont mieux réussi. *Le Barbier de Bagdad* (1858) de Cornelius reprend la tradition des opéras-comiques sérieux des années 1840 ; Humperdinck revient aux thèmes légendaires allemands dans *Hänsel et Gretel* (1893) et *Königskinder* (1897), mais, tout en faisant appel aux pratiques harmoniques wagnériennes, il modifie considérablement le schéma du drame musical. Au contraire, Hugo Wolf suit Wagner de trop près dans *Le Corrégidor* (1896) – néanmoins avec quelque succès puisqu'il prend pour modèle *Les Maîtres chanteurs.*

En fait « l'œuvre d'art du futur » de Wagner ne s'est jamais vraiment matérialisée, comme le montre le plus grand compositeur d'opéra allemand du XXe siècle, Richard Strauss. Ses deux premiers opéras sont marqués par l'influence de Wagner : il utilise le leitmotiv et une orchestration très recherchée à des fins expressionnistes non philosophiques dans *Salomé* (1905) et *Elektra* (1909). Il se tourne ensuite vers la comédie de mœurs avec *Le Chevalier à la rose* (1911), où s'entremêlent volontairement au sein de la continuité orchestrale du drame musical des « numéros » conçus dans le style du XVIIIe siècle, procédé qu'il reprend dans ses plus beaux opéras, notamment *Arabella* (1933). Malgré les penchants philosophiques de son principal librettiste, Hugo von Hofmannsthal, le charme de leurs ouvrages tient à leur sens des personnages, interprétés avec humour et avec une intelligence compatissante par Strauss. Leur faiblesse vient de leur caractère artificiel ; ils s'écartent délibérément de la réalité avec une conscience littéraire exquise, ce qu'accentue encore la recherche extra-musicale de Strauss.

13. *L'opéra dans les autres pays occidentaux.* L'Italie, la France et l'Allemagne ont connu une tradition d'opéra permanente ; dans les autres pays, l'évolution a été plus sporadique, souvent interrompue par des circonstances extérieures et dominée par les compositeurs de ces trois pays. Le principal obstacle était en partie politique (l'Europe protestante étant cou-

pée des idées humanistes de Florence et de Rome), en partie lié à l'existence d'une solide tradition de drame parlé (surtout en Angleterre et en Espagne) qui rendait l'opéra franchement ridicule aux yeux de certains critiques. La plupart des pays européens avaient connu le même genre de divertissements que ceux qui s'étaient épanouis en Italie au XVIe siècle. En Espagne, on donnait des pièces agrémentées de chansons dues à des compositeurs aussi réputés que Juan del Encina. L'Angleterre appréciait le *masque, qui s'approchait de l'*intermedio* italien. La « musique récitative » (comme l'appelaient les Anglais) s'était glissée dans le masque dès 1617, tandis qu'après un voyage en Italie Nicholas Lanier présentait son *Hero and Leander* (1628), dans lequel il tentait d'adapter les méthodes italiennes à la scansion anglaise.

Mais c'est seulement lorsqu'un certain nombre de voyageurs eurent constaté la popularité de l'opéra à Venise dans les années 1640 et 1650 que se manifestèrent de véritables tentatives de transplantation. En Angleterre, le Commonwealth de Cromwell encouragea la naissance de l'opéra, car le drame parlé avait été interdit, contrairement à la musique. Ainsi le dramaturge William Davenant (1606-68) écrivit le texte de *The Siege of Rhodes* en 1656 ; il s'agit en vérité du premier opéra anglais (mais la musique de Locke et celle d'autres compositeurs de l'époque est aujourd'hui perdue). Après la Restauration, le drame est à nouveau autorisé et il se transforme en une pièce parlée dans laquelle la musique occupe une place importante – ce que Roger North devait bientôt appeler un « semi-opéra ». Ce genre de divertissement connaît un grand succès jusque vers 1690, notamment avec Purcell qui compose, entre autres, *The Fairy Queen* (« La Reine des fées », 1692) et *The Indian Queen* (1695).

Mais l'Angleterre connaît également de « vrais » opéras : *Albion and Albanius* de Dryden est monté sur une musique sans intérêt du Français Louis Grabu (célèbre de 1665 à 1694, postérieur à Lully, mais très en retard sur lui), suivi de *Venus and Adonis* (vers 1684, qui porte encore le titre de « masque ») de Blow, œuvre divertissante, toujours d'inspiration française, et de *Didon et Enée* (1689) de Purcell, mélange d'éléments français (danses et chœurs), italiens (récitatifs et complainte de Didon) et anglais (les mélodies). En Hollande, Carolus Hacquart (vers 1640-?1701) compose *De triomfeerende min* (1678), qui est considéré comme le premier opéra hollandais mais n'est en fait qu'un divertissement dramatique francisé, ou une pièce avec musique.

L'aspect le plus important de l'opéra en dehors de l'Italie, de l'Allemagne et de la France est l'omniprésence des musiciens italiens. *Le Fatiche d'Ercole per Deianira* (1662) de Pietro Ziani est représenté à Amsterdam à l'initiative de l'ancien consul de Hollande à Venise. Le futur roi Sigismond III de Pologne assiste à une représentation de la *La Liberazione di Ruggiero* de Francesca Caccini lors d'une visite à Florence en 1625 : peu après, des opéras italiens sont joués à Varsovie. Ce processus constitue un obstacle aux tentatives de création de troupes lyriques nationales pendant tout le XVIIIe siècle. A partir de 1709, les compagnies rivales de Londres qui emploient Haendel, Bononcini, Ariosti et d'autres compositeurs empêchent la naissance d'un opéra anglais sérieux. A Copenhague, les opéras de Sarti connaissent beaucoup de succès ; en Suède, l'opéra est dominé par une nullité italienne, Francesco Uttini (1723-95) ; le Portugal est sous l'empire du Napolitain Davide Perez (1711-78) et l'Espagne est servie par des Italiens qui mettent en musique les livrets de Métastase. En Russie, l'arrivée d'une troupe italienne dirigée par Francesco Araia (né en 1709) dans les années 1730 entraîne la venue d'une vague de compositeurs italiens – notamment Galuppi, Traetta et Paisiello – qui sont fort bien payés pour avoir le courage d'affronter les rigueurs du climat nordique. En Bohême, de jeunes compositeurs comme Mysliveček et František Miča vont travailler dans le Sud pour se familiariser avec les styles les plus modernes.

Le succès croissant de genres tels que le *ballad opera* et l'opéra-comique contribue à renverser cette situation car l'emploi de la langue vernaculaire joue inévitablement en faveur des styles nationaux. Un style très distinctif fait son apparition en Espagne, où la **zarzuela* s'épanouit sous la plume de deux excellents compositeurs, Sebastián Durón (1660-1716) et Antonio Literes (1673-1747) : Literes compose *Accis y Galatea* (1708), et, un peu plus tard, Rodrígues de Hita (vers 1724-87) fait appel aux guitares, aux mandolines, aux tambours de basque et aux castagnettes pour des danses spectaculaires dans *Las Labradoras de Murcia* (1769). La *zarzuela* (telle qu'elle était à cette époque) est remplacée par un divertissement encore plus simple, la *tonadilla escénica* (généralement une histoire terre à terre de la vie quotidienne du peuple), qui devient à son tour de plus en plus élaborée. Toutefois, au XIXᵉ siècle, la *zarzuela* connaît un regain d'intérêt en Espagne, au moment où, dans les autres pays, une conscience nationale de plus en plus grande donne naissance à des styles distinctifs pour lutter contre l'influence envahissante de l'opéra italien, allemand et français. L'Angleterre, par exemple, produit une espèce de *ballad opera* avec les opérettes spirituelles, souvent satiriques, de Gilbert et Sullivan, et fait une tentative d'opéra à grande échelle avec les œuvres de Wallace et Balfe, dont *Maritana* (1845) remporte un énorme succès tant en Angleterre qu'à l'étranger. L'influence allemande persiste dans les œuvres de Delius et dans celles d'Ethel Smyth, dont plusieurs opéras sont créés en Allemagne : *Fantasio* (Weimar, 1898), *Der Wald* (Berlin, 1902) et *The Wreckers* (« Les Naufrageurs », Leipzig, 1906). De même, la passion de Rutland Boughton pour Wagner l'amène à projeter un Bayreuth celte à Glastonbury ; mais, en pleine renaissance du chant populaire anglais, Holst (*At the Boar's Head*, 1925) et Vaughan Williams (*Hugh the Drover*, 1924 ; *Sir John in Love*, 1929) imprègnent leurs opéras de couleur nationale. Toutefois, le sentiment nationaliste est encore plus prononcé dans les opéras écrits dans les pays de l'Est.

Denis Arnold.

14. *L'opéra slave.* Au XIXᵉ siècle, l'émergence de talents créateurs locaux contribue à la naissance de styles lyriques nationaux en Russie, en Bohême et Tchécoslovaquie, en Pologne et en Hongrie, réfrénant la domination de l'Italie, de la France et de l'Allemagne qui avait persisté pendant la majeure partie du XVIIIᵉ siècle. La Russie était largement irriguée de musique italienne et française depuis le milieu du XVIIIᵉ siècle, influence qui se traduit dans des œuvres comme *Le Faucon* (1786) et *Le Fils rival* (1787) de Bortnianski, où le style italianisé de ce compositeur se mêle aux conventions de l'opéra-comique : ces deux œuvres comportent des dialogues parlés et sont écrites sur des livrets français de Lafermière, alors bibliothécaire du tsarevitch Paul. Mais à la même époque un intérêt croissant pour l'héritage historique et artistique de la Russie se manifeste par la publication des premiers recueils de chansons folkloriques et dans l'opéra de Mikhail Sokolovski, *Le Meunier magicien* (1779). Tout en restant dans la tradition du *Devin du village* de Rousseau, cet ouvrage s'enrichit d'une certaine couleur locale avec son intrigue folklorique et l'utilisation d'airs populaires. On trouve des tendances analogues dans les opéras de Fomine, Mikhail Matinski (1750-vers 1825) et Vassili Pachkevitch (vers 1742-vers 1797), qui utilisent également des airs populaires (sans toutefois prêter attention au caractère modal des « mélodies ») et tirent leurs sujets de scènes de la vie paysanne ou de l'histoire russe.

Mais il faut attendre Glinka pour voir l'opéra russe sortir de ce stade embryonnaire. Doué de la compétence naturelle, de l'inspiration créatrice et du style personnel qui manquaient nettement à ses prédécesseurs, il compose les premiers véritables opéras russes, *Ivan Soussanine* (« Une vie pour le tsar », 1836) et *Russlan et Ludmilla* (1842). Dans ces œuvres, la totalité du langage – même s'il doit encore beaucoup au *bel canto* italien et à l'opéra français dans les grandes scènes et séquences dansées – dégage un parfum absolument russe qui aura un impact considérable sur la majorité des opéras russes ultérieurs : le drame héroïco-historique d'*Ivan Soussanine* trouve un successeur dans l'œuvre de Borodine, *Le Prince Igor* (1890), tout comme les traits scintillants de magie et d'orientalisme de *Russlan et Ludmilla* sont développés dans plusieurs opéras de Rimski-Korsakov – *Tsar Saltan* (1900), *La Légende de la ville invisible de Kitège* (1907) et *Le Coq d'or* (1909). A leur tour, ces opéras « fantastiques » exerceront une influence sur certains opéras russes postérieurs (voir § 17).

A l'époque où Glinka travaille en Russie, d'autres pays de l'Europe orientale commencent à se libérer de la tutelle de l'opéra étranger pour explorer leur propre potentiel culturel. En Pologne, comme en Russie, des compositeurs comme Maciej Kamieński (1734-1821), Jósef Elsner

(1769-1854) et Karol Kurpiński (1785-1857) avaient tenté de créer un opéra national au XVIIIe siècle et au début du XIXe siècle, mais l'histoire troublée de la Pologne (voir *Pologne*, 3-4) allait à l'encontre de l'établissement d'une solide tradition lyrique. Il faudra attendre 1848 pour que Moniusko écrive *Halka*, considéré aujourd'hui comme le premier opéra polonais important. En Hongrie, *La Fuite du roi Béla* (1822) de József Rizitska (vers 1775-après 1823) est imprégné d'éléments de musique populaire hongroise et constitue le premier opéra hongrois ; il sera suivi des œuvres de Ferenc Erkel (1810-93) : *Bánk bàn* (1861), parsemé d'un bout à l'autre d'éléments du *verbunkos* hongrois traditionnel, connaîtra le succès pendant longtemps. De même, en Bohême, František Škroup (1801-62) compose *Drátenik* (« Le Chaudronnier », 1826), singspiel qui est considéré comme le premier opéra tchèque. L'écriture lyrique nationaliste s'amplifie après 1859, lorsque la victoire de l'Italie sur l'Autriche libère la Bohême de la domination politique de l'Autriche (et, par extension, de sa tutelle artistique). La Bohême et la Tchécoslovaquie jouissent d'une histoire particulièrement vivante dans le domaine lyrique depuis la seconde moitié du XIXe siècle avec comme chefs de file Smetana, Dvořák, Foerster, Fibich et Janáček (voir § 18 ; pour le détail de leur contribution au répertoire de l'opéra, se reporter aux articles consacrés à leur biographie).

En Russie, l'opéra répond avec ardeur à l'aiguillon que représente la musique de Glinka, mais il suit diverses évolutions. Pour Tchaïkovski, par exemple, Glinka est le « gland » dont est sorti le chêne de la musique russe, mais son propre enthousiasme pour l'opéra – suscité à l'origine par *Don Giovanni* de Mozart, puis renforcé par *Carmen* de Bizet – est indissociable de son tempérament. Ses opéras traitent de sujets très variés, mais ses œuvres les plus réussies sont celles dans lesquelles les personnages touchent une corde sensible de sa propre personnalité. Des ouvrages comme *La Pucelle d'Orléans* (1881) et *Mazeppa* (1884), très impressionnants sur le plan de l'organisation dramatique, ne parviennent pas à communiquer la conviction, l'implication personnelle et l'émotion d'*Eugène Onéguine* (1879) ou de *La Dame de pique* (1890) : *Eugène Onéguine* développe le thème de la passion impétueuse non partagée qui le touche particulièrement après l'échec de son mariage désastreux (1877), tout comme le message fatal de *La Dame de pique*, composée entre ses deux dernières symphonies (n° 5 et n° 6), est particulièrement significatif chez un compositeur tellement torturé par l'inexorable puissance du destin. Les opéras de Tchaïkovski traduisent une intensité de sentiment et une expérience qui les séparent de l'opéra russe composé dans la tradition délibérément nationaliste de Glinka ; l'universalité de leur expression est sans doute à l'origine de l'attrait qu'ils suscitent dans le monde entier. Après l'échec de ses premiers opéras teintés de folklore, *Dmitri Donskoï* (1852) et *Tom le fou* (1853), Anton Rubinstein renonce également à une approche nationaliste étroite dans ses ouvrages de la maturité, soutenant que l'opéra nationaliste est sans valeur. Il se contredit dans une certaine mesure avec *Le Marchand Kalachnikov* (1880), mais préfère dans l'ensemble se concentrer sur les opéras bibliques sérieux et sur une œuvre mélodramatique, *Le Démon* (1875), nettement inspirée du grand opéra français, notamment du *Faust* de Gounod.

Toutefois, on note une rupture décisive avec les influences étrangères dans les opéras de Dargomijski et de Moussorgski. Comme les philosophes réalistes de l'époque (Belinski et Chernichevski), Dargomijski recherche la « vérité » dans l'art. Ses mélodies révèlent une tendance à épurer les lignes vocales pour qu'aucune décoration mélodique ne vienne obscurcir le sens des mots. Son opéra *Le Convive de pierre* (1872) est un prolongement de ce principe. A l'image de César Cui, qui soutenait dans les années 1860 que l'opéra devait se débarrasser de toute démonstration vocale gratuite et que « chaque note [devait] renforcer le sens du texte », Dargomijski veut, dans *Le Convive de pierre*, se libérer des entraves des conventions de l'opéra ; il rejette les arias et les ensembles et formule un style de récitatif continu. « Je veux que la note exprime le mot », écrit-il en 1857, et il conçoit *Le Convive de pierre* comme un modèle de « réalisme musical » dans lequel les lignes vocales, suivant la mélodie pure ou s'en écartant selon les circonstances, sont guidées par les inflexions, l'accentuation et les implications émotives du texte. Tchaïkovski, dont les opéras sont composés dans un style fermement lyrique, considère que cette tentative visant à introduire de force la « vérité » dans l'opéra est totalement « fausse », mais d'autres compositeurs adoptent avec plus d'enthousiasme les idées de Dargomijski : le principe de réalisme musical donne en fait cette sonorité profondément originale à la majeure partie des plus beaux opéras russes du XIXe siècle. *Mozart et Salieri* (1898) de Rimski-Korsakov qui, comme *Le Convive de pierre*, met en musique mot pour mot l'une des « petites tragédies » de Pouchkine, partage le même style déclamatoire, bien que Rimski-Korsakov ait essayé, comme il le dit lui-même, de limiter le hasard dans l'élaboration de la structure et du schéma harmonique. L'opéra de César Cui, *William Ratcliff* (1869), mêle les éléments déclamatoires à une écriture mélodique plus large pour laquelle Cui montre un talent prononcé, et *La Pskovitaine* de Rimski-Korsakov (1873, dont le prologue, *Vera Cheloga*, deviendra un opéra en un acte en 1895) comporte un mélange analogue de lyrisme et de réalisme.

Mais le principe du réalisme musical trouve son effet le plus subtil sous la plume de Moussorgski, qui l'adapte à son propre langage harmonique, à son orchestration ascétique et frugale ainsi qu'à sa perception aiguë des personnages pour créer des opéras d'un impact dramatique puissant. A la fin des années 1860, il est au sommet de sa phase « réaliste » et compose des mélodies purement déclamatoires comme la *Berceuse à Eriomouchka* ou le *Chant d'enfant* (1868). A la même époque, il adapte mot à mot la comédie en prose de Gogol *Le Mariage*, dans laquelle il veut que sa « musique soit une reproduction artistique de la parole humaine dans ses nuances les plus fines ». Le seul et unique acte de cet ouvrage se compose d'un récitatif continu, dans lequel il a recours au principe du leitmotiv pour obtenir des lignes vocales viriles au caractère bien défini ; mais il faudra attendre quelques années, au cours desquelles il tempérera son réalisme musical strict d'une musique lyrique plus chaleureuse, pour qu'il compose ses deux chefs-d'œuvre : *Boris Godounov* (1874) et *La Khovanstchina* (1886). L'œuvre de Moussorgski exercera une influence durable sur la musique russe postérieure. On trouve l'écho de sa technique du récitatif mélodique continu dans des œuvres aussi différentes que *Le Chevalier ladre* (1906) de Rachmaninov, *Le Nez* (1930) et *Lady Macbeth du district de Mzensk* (1934, remaniée en 1963 sous le titre de *Katerina Ismaïlova*) de Chostakovitch ; en outre, la construction en tableaux, assez familière depuis *Le Prince Igor*, devient une formule pour la majeure partie de l'opéra soviétique, notamment *Guerre et Paix* de Prokofiev (1946).

Boris Godounov et *La Khovanstchina* se situent à deux points culminants du drame musical nationaliste de la Russie du XIXe siècle : la description vivante du dilemme moral de Boris et son déclin physique et mental constituent l'une des plus fines analyses psychologiques de l'opéra russe (et de l'opéra du XIXe siècle en général) ; dans *La Khovanstchina*, les personnages sont moins nettement définis, mais Moussorgski nous laisse un drame sensible et richement coloré qui couvre les thèmes de l'instabilité politique et du schisme religieux de règne de Pierre le Grand, tout aussi impressionnant par son flux mélodique aisé et sa grandeur théâtrale que par son esprit authentiquement russe. Ces ouvrages sont en un sens l'équivalent des opéras naturalistes qui font partie du tableau lyrique de l'Europe occidentale au début du XXe siècle.

Geoffrey Norris.

15. *Le XXe siècle : le symbolisme.* Comme à de nombreuses autres époques de son histoire, l'opéra se polarise, au début du XXe siècle, entre deux extrêmes que l'on appelle « naturalisme » et « symbolisme », par analogie avec les mouvements littéraires contemporains. Les compositeurs naturalistes, comme Puccini, Charpentier et Bruneau, cherchent à exprimer de façon directe les sentiments de personnes réelles dans un monde immédiatement reconnaissable. Par contre, l'opéra symboliste ne tente pas de reproduire la réalité observée. L'influence considérable de Wagner, qui se ressent encore vingt à trente ans après sa mort, encourage l'audace harmonique et orchestrale des compositeurs et les pousse également à aborder les sujets mythiques dans lesquels les personnages sont considérés comme des archétypes, comme le véhicule de discussions philosophiques ou de l'étude de sentiments non exprimés. Mais d'autres tendances convergent dans la même direction : l'œuvre des auteurs

dramatiques de l'époque, notamment Maeterlinck et Strindberg, et la découverte par Freud des processus mentaux profonds.

Le premier et le plus grand opéra symboliste est tiré d'une pièce de Maeterlinck où abondent les situations freudiennes classiques de la jalousie, de la culpabilité et du complexe d'Œdipe dans une atmosphère de rêve et de douceur. Dans *Pelléas et Mélisande* (1902), la musique de Debussy se charge, contrairement au drame original, d'exprimer les fluctuations des émotions incertaines et vacillantes, de sorte que les sentiments intimes sont exposés sans paroles. Lorsque le texte devient explicite, dans la déclaration d'amour de l'acte 4, la musique ne le renforce pas instantanément mais elle arrive progressivement pour suggérer la confiance de plus en plus grande et l'assentiment des partenaires. En fait, la musique double assez rarement le texte ; elle s'applique surtout à exprimer les réactions des personnages au contenu du texte. En conséquence, *Pelléas* est donc une œuvre dans laquelle les fonctions naturalistes de la musique – dépeindre les événements, souligner le caractère des personnages et renforcer le message contenu dans les paroles – sont abandonnées dans une large mesure.

Avec *Pelléas et Mélisande* – qui fait suite à de nombreuses partitions d'opéras sous-wagnériennes dues, notamment, à des compositeurs français –, Debussy réussit à prouver que l'on peut utiliser les découvertes de Wagner pour créer quelque chose d'entièrement différent. En ce qui concerne la sonorité de l'orchestre, l'écriture symphonique ininterrompue et même le traitement des voix, il est clair que Debussy a beaucoup appris de *Parsifal*, même si son opéra est entièrement nouveau et original. Par contre, il ferme davantage de portes qu'il n'en ouvre. Avant la création de *Pelléas*, Delius pouvait encore écrire sa propre paraphrase de *Tristan* dans *A Village Romeo and Juliet* (1907), mais il est ensuite devenu nécessaire, comme le reconnaissait Satie, de « chercher ailleurs ». Debussy lui-même ne mènera à bien aucun des nombreux projets d'opéra entrepris après *Pelléas* ; d'autres compositeurs, comme Webern et Ravel, seront attirés par Maeterlinck mais abandonneront toute tentative. Dans *Ariane et Barbe-Bleue* (1907), qui repose sur une pièce plus colorée et plus affirmée de Maeterlinck, Dukas parvient à un résultat différent en réintroduisant la définition des personnages, des situations et des objectifs, tout en conservant un cadre symboliste. *Pénélope* (1913) de Fauré constitue un cas différent. Opéra unique et tardif d'un maître reconnu, il comporte une certaine atténuation des faits, comparable à celle de *Pelléas*, mais le mythe est présenté avec une fraîcheur classique et non sous la forme d'allusions symboliques. Quant aux compositeurs français de la jeune génération, ils s'écartent de la voie tracée par *Pelléas* pour s'adonner à la farce brillante (*L'Heure espagnole* de Ravel, 1911) ou au faste exotique (*Padmâvatí* de Roussel, 1923).

Le seul opéra de Bartók, *Le Château de Barbe-Bleue* (1918), est l'œuvre dans laquelle l'exemple de *Pelléas* a été le mieux suivi. Cet opéra en un acte reprend la pièce de Maeterlinck qui a servi de base à l'opéra de Dukas, mais sous une forme délibérément altérée qui réduit à deux le nombre des personnages, Barbe-Bleue et sa nouvelle femme (ici dénommée Judith), et élimine virtuellement l'action. Comme *Pelléas*, l'ouvrage s'attache à mettre en valeur les émotions intimes de ses personnages, mais en des termes plus hardis : le texte est plus fortement modelé et plus lourd de symbolisme, et la musique s'inspire autant du style pictural de Strauss que du style suggestif de Debussy. En puisant son inspiration dans la ballade populaire magyare, le poète et compositeur a inventé ce qui aurait pu devenir un style lyrique national, avec une sorte de récitatif dicté par la nature de la langue hongroise (ici encore, Bartók a suivi Debussy en cherchant des idées chez Moussorgski). Cependant, Bartók n'a écrit aucun autre opéra et son ami Kodály a remporté un seul et unique triomphe au théâtre avec une fantaisie comique, *Háry János* (1926).

16. *L'expressionnisme.* En Allemagne et en Autriche, la transmission symboliste des émotions profondes par la suggestion et l'image est mise à nu : elle devient l'expressionnisme. Les opéras expressionnistes prennent le plus souvent pour sujet la sexualité et la violence, comme chez Puccini, mais ils sont dépourvus de toute sentimentalité. *Salomé* (1905) et *Elektra* (1909) de Strauss illustrent le détachement

des émotions triomphantes, turbulentes ou obsessionnelles qui caractérisent l'expressionnisme ; il s'agit en l'occurrence d'un produit de la décadence post-wagnérienne, toutes les ressources de Wagner – grand orchestre, harmonie chromatique et phrases vocales longues et riches – étant exploitées à l'extrême. Si Strauss est naturaliste par le choix des situations décrites avec précision, il est expressionniste, tout au moins dans ces deux opéras, par la façon dont il sonde des émotions extravagantes. Comme Mélisande (très différente par ailleurs), ses personnages féminins sont des êtres physiques, marginalisés par rapport à la société dans laquelle ils évoluent et représentent en fait quelque chose d'asocial. En outre, ce genre de sujet n'est pas le fait exclusif de Strauss puisque, dans son étalage complaisant de la sexualité féminine, *Der ferne Klang* (« Le Son lointain », 1912) de Schrecker appartient au même mouvement.

Toutefois l'expressionnisme le plus pur et le plus intense n'est pas celui de Strauss ou de Schrecker, mais celui de Schoenberg. Plus encore que *Pelléas* ou *Le Château de Barbe-Bleue*, *Erwartung* (« L'Attente », composée en 1909, créée en 1924) abandonne l'action pour se concentrer sur des états d'esprit volages. Ce court « monodrame » ne comporte qu'un seul personnage, ce qui permet à Schoenberg d'ignorer la personnification et de se consacrer à la description détaillée des anxiétés délirantes, des espoirs, des joies et des regrets de cette femme à la recherche d'une forêt pour son amant. Dans une deuxième œuvre de dimensions identiques, *Die glückliche Hand* (« La Main heureuse », composée en 1910-13, créée en 1924), il aborde un sujet plus philosophique que psychologique et le style est plus profond et précis. On prétend également que *Die glückliche Hand* est l'œuvre la plus proche de l'idéal de *Gesamtkunstwerk*, car non seulement Schoenberg est l'auteur de ce texte très strindbergien, mais il fournit également de nombreuses notes relatives à la production, aux décors et même aux éclairages qui s'inspirent beaucoup des théories et des pratiques de Kandinsky.

Au moment où éclate la Première Guerre mondiale, l'opéra symboliste et expressionniste est à son déclin, mais les expédients du symbolisme et de l'expressionnisme ne tombent pas immédiatement en désuétude. En effet, depuis 1950, le choc expressionniste semble survivre dans les opéras de Ginastera (notamment *Bomarzo*, 1966) et de Penderecki (*Les Diables de Loudun*, 1969), dont la forme dramatique est totalement conventionnelle. Mais longtemps avant, Berg avait puisé dans l'héritage de l'expressionnisme avec ce qui allait être la première œuvre de la renaissance du naturalisme, *Wozzeck* (1925).

17. *La fantaisie russe*. Les personnages des opéras symbolistes et expressionnistes, bien qu'on ne puisse les situer dans aucune réalité précise (Pelléas, Barbe-Bleue, la femme dans *Erwartung*) ou uniquement dans une réalité temporelle éloignée (Salomé, Elektra), ont au moins des traits humains reconnaissables. Par contre, d'autres opéras non naturalistes de cette période, notamment de nombreux ouvrages russes, s'attachent à ce qui est bizarre, à des personnages aussi grotesques et stylisés que ceux d'un spectacle de marionnettes. Le dernier opéra de Rimski-Korsakov, *Le Coq d'or* (1909), par exemple, est une fantaisie satirique qui montre une cour scintillante et magique gouvernée par un monarque aussi obstiné et entêté que Nicolas II ; la musique déploie tous les dons du compositeur pour les couleurs opulentes et les contrastes harmoniques audacieux. Cette œuvre trouve un successeur direct dans le premier opéra de Stravinski (qui n'est pas le plus typique), *Le Rossignol* (1914), truffé d'incidents exotiques et de feux d'artifice orchestraux.

Ce style russe s'adapte à des fins assez différentes dans *L'Amour des trois oranges* (1921) de Prokofiev, où l'élément de parodie se situe au premier rang et où l'intrigue se limite à un cadre servant à la satire des conventions lyriques et narratives. Prokofiev fait suivre cet opéra d'une œuvre beaucoup plus sérieuse influencée par une ramification russe mystique du symbolisme, *L'Ange de feu* (composé en 1919-27, créé en 1954), qui traite de la possession du démon et de l'hystérie érotico-religieuse. Pendant ce temps, dans la même ligne que *L'Amour des trois oranges*, Chostakovitch compose *Le Nez* (1930), œuvre également iconoclaste au grotesque encore plus comique, mais ce genre d'opéra ne sera pas toléré longtemps en Union soviétique : Prokofiev s'oriente vers des sujets solidement naturalistes dans les opéras qui suivent son retour en Union soviétique en 1932 et le second opéra de Chostakovitch, *Lady Macbeth du district de Mzensk* (1934), est également naturaliste, bien qu'il ne satisfasse en aucun cas les autorités. Toutefois, hors de ce pays, la fantaisie comique, d'un genre assez éloigné de Rimski-Korsakov, s'épanouit dans des œuvres aussi sinueuses que *L'Enfant et les sortilèges* (1925) de Ravel, œuvre très personnelle par son approche du monde enfantin et sa description fragile d'une malice inanimée.

Dans *L'Amour des trois oranges*, l'élément fantastique est largement déterminé par la pièce de Gozzi et d'autres compositeurs ont trouvé la matière d'opéras ironiques et fantastiques dans le drame italien du XVIIIe siècle ou dans la *commedia dell' arte*. *Turandot* de Gozzi donne naissance à deux œuvres extrêmement différentes, l'une de Puccini (1926), l'autre de Busoni (1917) : là où le compositeur humaniste s'efforce d'humaniser l'histoire, Busoni flatte l'élément caricatural qui a déjà joué un rôle important dans *Arlecchino* (1917) et dans *Die Brautwahl* (« Le Choix de la fiancée », 1912). Un autre italien, partiellement d'origine allemande, Wolf-Ferrari, choisit Goldoni pour ses fantaisies comiques *Le Donne curiose* (1903) et *I Quattro Rusteghi* (1906).

En choisissant leurs sujets dans le répertoire du XVIIIe siècle, Busoni et Wolf-Ferrari sont amenés à composer dans un esprit néoclassique qui passe rapidement du pastiche à la déclamation sérieuse en revenant au style et aux moyens d'autrefois. On retrouve la même tendance dans la comédie de Nielsen *Mascarade* (1906). Mais, dans ces œuvres, le retour au néoclassicisme ne parvient jamais à la même réussite ni à la même ironie que dans *Mavra* de Stravinski (1922), opéra qui constitue un hommage à double tranchant à ses pères artistiques et dédicataires Pouchkine, Glinka et Tchaïkovski (Rimski-Korsakov est désormais oublié). Dans *Mavra*, l'élément satirique est tel que l'opéra est utilisé contre lui-même de façon criarde et malicieuse, encore plus que dans *L'Amour des trois oranges*. Stravinski proclame ainsi que le genre est devenu impraticable.

18. *Le naturalisme renouvelé.* A l'issue de la Première Guerre mondiale, les changements intervenus modifient inévitablement le contexte de la composition lyrique. La chute des monarchies allemande, autrichienne et russe met fin à la protection des cours princières et royales, et les théâtres lyriques doivent se tourner vers une gestion plus commerciale, ce qui revient souvent à limiter le répertoire de base à une vingtaine ou une trentaine d'opéras reconnus – ensemble qui ne comporte aucune œuvre postérieure à *Wozzeck* (1925) et *Turandot* (1926). En outre, dans les années vingt, la tendance musicale générale à la clarté formelle et à la franchise de l'expression détourne de nombreux compositeurs de l'opéra. Ceux qui continuent à écrire pour la scène trouvent dans le naturalisme un cadre plus approprié que dans le symbolisme ou l'expressionnisme d'avant-guerre.

Il est significatif, par exemple, que Janáček ne devienne une figure internationale qu'après la Première Guerre mondiale, alors qu'il avait commencé son premier grand opéra, *Jenůfa* (1903), dès les années 1890. *Jenůfa* propose une description de l'amour et de la jalousie dans un cadre villageois qui supporte la comparaison avec les opéras véristes contemporains, mais son réalisme brutal et son style musical original, indissociable du langage et de la musique populaire moraviennes, l'entraînent dans un monde différent. Les opéras suivants, notamment *La Petite Renarde rusée* (1924) et *Katia Kabanova* (1921), révèlent la puissance à laquelle Janáček peut parvenir avec son approche objective mais compliquée, sa description rigide des personnages comme des situations et les traits émotionnels rapides de son écriture vocale et orchestrale. Toutefois, en raison de l'individualité du style de Janáček, rares sont les compositeurs qui ont pu suivre ses traces – à l'exception des Tchèques.

Moins éloigné du grand courant lyrique, *Wozzeck* révèle aussi une approche très fraîche. Il constitue le premier grand opéra atonal et Berg résout très habilement les problèmes de la continuité musicale en adaptant des formes abstraites à ses besoins : le premier acte est un ensemble de « pièces de genre », le deuxième une symphonie en cinq mouvements et le troisième une suite d'inventions. Toutefois, les amateurs d'opéra semblent moins impressionnés par cette construction que par la façon dont Berg lie l'expressionnisme au naturalisme. *Wozzeck* est une tragédie de personnages crédibles (Wozzeck et Marie) dans un environnement crédible, mais les procédés expressionnistes sont accentués – exagération du côté inhumain des autres personnages, symboles choisis de façon délibérée (comme l'inquiétante lune rousse) et, d'une façon générale, le style musical. Tout en utilisant les innovations réalisées par Schoenberg dans des œuvres comme *Erwartung* et *Pierrot lunaire*, Berg suit également les traces de Mahler dans ses violents contrastes d'écriture, passant d'un déchaînement chromatique torturé à la simplicité (horrifiante dans un tel contexte) de la musique de bar. Sous tous ces aspects, *Wozzeck* sera un modèle parfait pour les opéras militaires ultérieurs comme *Die Soldaten* (« Les Soldats », 1965) de Zimmermann et *We Come to the River* (1976) de Henze.

Wozzeck est suivi plus immédiatement par des opéras qui s'attachent à des éléments caractéristiques de la vie contemporaine : *Jonny spielt auf* (« Jonny mène le jeu », 1927) de Krenek, qui traite de la différence entre les chances d'un musicien intellectuel européen et celles d'un musicien de jazz américain, est l'un des premiers ouvrages en la matière et remporte alors un grand succès. Comme Krenek, plusieurs autres compositeurs utilisent ensuite l'appareil scénique moderne (téléphones, automobiles, scènes dans les usines ou les stations de métro) et le jazz. Certains, comme Weill dans *Die Dreigroschenoper* (« L'Opéra de quat'sous », 1928) ou Blitzstein dans *The Craddle will Rock* (1936), s'en servent comme support d'un discours politique évident, mais *Jonny* appartient à une tradition philosophique différente, celle de l'opéra traitant du rôle de l'artiste, de ses devoirs envers lui-même et envers la société. Certains des opéras les plus originaux du XXe siècle se situent également dans cette tradition : *Palestrina* de Pfitzner (1917), *Mathis le peintre* de Hindemith (1938), *Moïse et Aaron* de Schoenberg (composé en 1930-32, créé en 1954) et *Taverner* de Maxwell Davies (1972). Hindemith et Schoenberg ont aussi composé des opéras qui tentent d'égaler le modernisme de *Jonny* : *Neues vom Tage* de Hindemith (« Nouvelles du jour », 1930) raconte l'histoire d'une rivalité dans la presse, et *Von heute auf morgen* (« D'aujourd'hui à demain », 1930) de Schoenberg tourne le genre en dérision dans une comédie de mœurs moderne. Comme Schoenberg l'expose de façon si caustique, le « Zeitoper », ou « opéra des temps modernes », est une solution artificielle et surperficielle au problème évident que pose la composition d'un opéra contemporain. Le retour aux conventions de l'opéra à numéros, qui s'opère chez Krenek et Hindemith (ce dernier très rigoureusement dans *Cardillac*, 1926), ne peut produire qu'une musique très mal assortie à son sujet moderne.

Ce problème ne se pose pas en des termes aussi aigus pour des compositeurs franchement conservateurs comme Menotti et Britten, certainement les musiciens qui ont connu les plus grands succès lyriques depuis la Seconde Guerre mondiale. Menotti s'impose surtout avec des mélodrames passionnés dans la tradition du vérisme, comme le prouvent ses premiers grands succès, *Le Médium* (1946) et *Le Consul* (1950). Britten, musicien beaucoup plus doué et au talent diversifié, crée son propre style lyrique typiquement anglais dans *Peter Grimes* (1945), qui emprunte certaines idées à *Wozzeck* sans toutefois se départir des ressources de la tonalité comme instrument dramatique. Curieusement, cet usage de la tonalité s'impose avec plus de puissance dans une œuvre qui tente une approche de la musique sérielle dodécaphonique : l'opéra de chambre *Le Tour d'écrou* (1954). Le schéma clé des scènes est organisé de façon à créer un palindrome parallèle aux événements de l'histoire de Henry James et les principaux personnages antagonistes, la Gouvernante et Peter Quint, se voient attribuer chacun une tonalité opposée. Britten démontre de façon probante que l'opéra naturaliste et narratif dépend de la continuité et du contraste engendrés par la tonalité et il est intéressant de noter que ses dernières œuvres dramatiques tonales, la trilogie des paraboles religieuses *Curlew River* (« La Rivière aux courlis », 1964), *The Burning Fiery Furnace* (« La Fournaise ardente », 1966) et *The Prodigal Son* (« Le Fils prodigue », 1968), ne donnent pas lieu à une forme de narration directe mais à des représentations rituelles. Influencée par le théâtre nô japonais, l'action est encore plus stylisée dans ces œuvres que dans ses autres ouvrages lyriques, notamment *Billy Budd* (1951) et l'opéra de chambre *Le Viol de Lucrèce* (1946), où Britten façonne le drame à l'aide de narrations ou de commentaires.

A la même époque, en Union soviétique, les contemporains de Britten restent liés à un naturalisme encore plus direct par la doctrine du *réalisme socialiste, qui impose à l'opéra d'exalter la vie de l'ouvrier ou du paysan, ou de célébrer la lutte contre le fascisme. Prokofiev aborde les deux genres dans *Siméon Kotko* (1940) et dans *Un homme authentique* (1948), œuvres qui sont largement surpassées par *Guerre et Paix* (1946), adaptation à la scène de textes de Tolstoï. Prokofiev s'inspire de l'opéra russe du XIXe siècle – la finesse des personnages et des grandes scènes chorales de Moussorgski, le lyrisme romantique de Tchaïkovski – et crée une œuvre très rétrograde qui constitue néanmoins une impressionnante épopée. Ses opéras se heurteront à la critique, mais jamais au désaveu dont est l'objet *Lady Macbeth* de Chostakovitch. Satire mordante et tragédie mélodramatique émouvante, cette œuvre est tout d'abord qualifiée de « moderniste » dans la presse soviétique et le compositeur ne pourra la ressusciter qu'après la mort de Staline, en 1962, sous le titre de *Katerina Ismaïlova*.

19. *Le mythe et l'allégorie*. Le naturalisme connaît un contrepoids depuis les années vingt dans les opéras mythiques et allégoriques, formes dramatiques particulièrement bien adaptées à la musique néoclassique. On en trouve l'un des premiers exemples dans le « psaume dramatique » d'Honegger, *Le Roi David* (1921) : personnages stylisés, rôle important du chœur, structure nette et austère. Stravinski reprend ce style dans son opéra-oratorio *Oedipus rex* (1927), œuvre d'une splendeur ritualiste analogue dans laquelle l'utilisation du latin maintient l'argument à une certaine distance du spectateur. L'introduction présentée par un narrateur parlant la langue du pays ne fait que renforcer cette rupture. En effet, la forme de l'œuvre est tellement immuable et monumentale que Stravinski pouvait se permettre une effusion verdienne dans l'écriture vocale sans avoir à céder à la moindre complaisance. Avec des techniques analogues, Milhaud parvient à donner une aura mythique à un sujet contemporain (*Le Pauvre Matelot*, 1926) ou historique (*Christophe Colomb*, 1928), qui font date dans l'histoire de l'opéra car il fait appel au film et à l'action simultanée sur des plans différents. Krenek, qui avait déjà répondu à *Oedipus rex* avec son œuvre surréaliste et imprégnée de jazz *Leben des Orest* (« La Vie d'Oreste », 1930), fait suivre *Christophe Colomb* d'une œuvre aussi grandiose mais cette fois dodécaphonique, *Karl V* (1933).

D'autres compositeurs allemands, notamment Hindemith, subissent l'influence du néoclassicisme de Busoni et de Stravinski ou de ses adeptes français. *Doktor Faust* (1925) de Busoni est une étape étonnante dans l'histoire de l'opéra car son style s'inspire autant des derniers romantiques que de Bach ; tout en restant parfaitement humains, les personnages sont manipulés comme des marionnettes et l'œuvre arrive à mêler un engagement sombre et profond à une ironie distante. Tous ces éléments font de cette œuvre un reflet parfait de la personnalité complexe de son créateur.

A ce point de vue, et peut-être seulement à ce point de vue, on peut comparer *Doktor Faust* à *Moïse et Aaron* de Schoenberg, qui aborde les problèmes très personnels de la communication et de la sincérité. Le prophète (Moïse) est incapable d'exprimer sa vision ; son porte-parole (Aaron) possède ce don de communication mais ne peut transmettre le message de Moïse sans le déformer ni faire appel au subterfuge ou au compromis. Ce problème est introduit dans l'opéra de façon très directe ; Schoenberg n'a pas pu composer la musique de l'acte III, sans doute parce qu'il n'arrivait pas à donner une expression adéquate de l'unité finale réalisée entre Dieu et Moïse. Il est néanmoins logique que cet opéra soit resté inachevé et également logique qu'il se termine par le cri de désespoir de Moïse qui ne parvient pas à maîtriser le monde.

La profonde subjectivité de *Moïse et Aaron* offre un contraste très net avec les ironies complexes d'un autre opéra allégorique, faustien, *The Rake's Progress* (« Le Libertin », 1951) de Stravinski. Dans cet ouvrage, son unique grande œuvre scénique, Stravinski récupère les conventions de l'opéra mozartien – arias, ensembles, *recitativo secco* – et parvient à une restitution totale à une échelle qu'aucun autre compositeur néoclassique n'a tenté d'égaler. Dans *The Midsummer Marriage*

(« Le Mariage de la Saint-Jean », 1955), Tippett s'inspire également d'une œuvre de Mozart, *La Flûte enchantée*, mais la musique n'est absolument pas mozartienne ; elle semble plutôt coulée dans un style rhapsodique où l'on trouve des échos allant du madrigal anglais à Wagner. Bien que leur style diffère énormément de celui de *The Midsummer Marriage*, les opéras ultérieurs de Tippett – *King Priam* (« Le Roi Priam », 1962), *The Knot Garden* (« Le Jardin de nœuds », 1970) et *The Ice Break* (« Rompre la glace », 1977) – sont également des allégories tirées des sources littéraires et musicales les plus diverses pour leur donner les résonances appropriées.

Autre compositeur éclectique de l'après-guerre, Henze a écrit ses deux plus beaux opéras, *Élégie pour de jeunes amants* (1961) et *Les Bassarides* (1966), sur des livrets d'Auden et Kallman, qui avaient fourni à Stravinski le texte de *The Rake's Progress*. Le plan dramatique est aussi formel dans les deux ouvrages, mais Henze oscille entre l'emphase romantique et la charade parodique (interlude presque baroque des *Bassarides*), et dans la seconde œuvre il fait des emprunts conscients à des compositeurs aussi différents que Bach et Mahler : l'œuvre se présente à la fois comme une immense symphonie chorale et comme une passion. C'est également une refonte audacieuse des *Bacchantes* d'Euripide que Szymanowski avait transposées dans la Sicile du XIIe siècle avec *Le Roi Roger* (1924). Depuis *Les Bassarides*, les allégories de Henze sont de nature ouvertement politique et s'inscrivent dans la lignée des opéras engagés de Dallapiccola (*Le Prisonnier*, 1949) et de Nono (*Intolleranza*, 1961) ; cette dernière œuvre, qui expose en termes forts mais précis l'oppression d'un immigrant, est le premier opéra composé par l'un des représentants de l'avant-garde de l'après-guerre.

20. *Le théâtre musical.* En règle générale, les compositeurs d'avant-garde semblent préférer le théâtre musical, qui permet une fusion de la musique et du drame à une moindre échelle sans avoir à respecter les conventions de l'opéra. Les ancêtres que l'on invoque le plus couramment sont *L'Histoire du soldat* (1918) de Stravinski (pièce qui doit « être lue, jouée et dansée » par un petit ensemble de comédiens et d'instrumentistes auxquels vient s'ajouter un danseur) et *Pierrot lunaire* (1912) de Schoenberg qui a été porté à la scène. Parmi les compositeurs anglais, Birtwistle montre tout ce qu'il doit à Stravinski dans les lignes rituelles et le côté « théâtre de marionnettes » de *Down by the Greenwood Side* pour soprano, acteurs et orchestre d'harmonie (1969) et de son opéra *Punch and Judy* (1967), alors que Maxwell Davies s'inspire de *Pierrot lunaire* dans plusieurs œuvres écrites pour des effectifs analogues, plus particulièrment *Eight Songs for a Mad King* pour voix masculine et sextuor (1969).

D'autres compositeurs, notamment des artistes aussi différents que Berio et Kagel, ont été tellement marqués par les ressources théâtrales de la musique qu'il est difficile de classer leurs œuvres dans la catégorie des pièces destinées au concert ou dans celle des œuvres dramatiques. Berio s'intéresse tant à l'action physique de l'exécution musicale que la plupart de ses *Sequenza* pour instruments solistes (1958-79) sont aussi théâtrales que les œuvres qui se rattachent de façon plus évidente au genre du théâtre musical, notamment l'étude de la désintégration de l'esprit d'un chanteur qu'il propose dans *Recital I : for Cathy* pour soliste et petit orchestre (1972). Chez Kagel, la distinction est encore moins évidente car presque toutes ses œuvres font appel à l'humour verbal ou visuel avec un regard ironique sur les conventions et les mécanismes de l'exécution musicale.

L'influence de Kagel en Allemagne et de Cage aux États-Unis incite les compositeurs à utiliser toute sorte de moyens – voix, instruments, électronique, représentations visuelles les plus variées, objets divers, bâtiments et éléments naturels – et à mélanger les différents moyens de communication dans des spectacles aux formes les plus diverses, « happenings », etc. qui peuvent se dérouler dans un théâtre ou dans n'importe quel lieu. En l'occurrence, tout lien précis avec l'opéra a totalement disparu ; il en est de même des œuvres de musique théâtrale plus structurées écrites par Stockhausen depuis le début des années 1970. *Trans* pour orchestre (1971) est représentative de son imagination débordante ; seules les cordes sont visibles derrière un tulle éclairé en fuchsia : elles jouent des accords intenses et tranquilles au travers desquels on distingue plus ou moins clairement la musique plus caractérisée des autres groupes ; la vision de rêve est plusieurs fois interrompue par des absurdités inquiétantes. Si de telles œuvres semblent se situer aux antipodes de la tradition, on voit néanmoins Stockhausen rivaliser avec l'un des grands maîtres du passé lorsqu'il projette un cycle d'œuvres destinées au théâtre musical, *Licht* (commencé en 1977), qui occupent les sept soirées d'une semaine.

21. *Vers un retour à l'opéra ?* Suivant l'exemple de Nono, plusieurs compositeurs d'avant-garde opèrent un retour à l'opéra, mais, dans bien des cas, leurs incertitudes transparaissent dans leur approche introspective de ce moyen d'expression. Ils ne sont sans doute pas tous aussi narcissistes que Bussoti qui, dans *Lorenzaccio* (1972), tient les rôles de compositeur, librettiste, producteur, décorateur et de « vedette », mais leurs œuvres ont autant de points communs avec l'opéra qu'avec n'importe quel autre sujet. *Opera* de Berio (1971) illustre ce propos dans son titre et remonte aux origines du genre, citant l'*Orfeo* de Monteverdi dans une étude du triple déclin de l'opéra, de la société occidentale et du *Titanic*. Dans *Staatstheater* de Kagel (1971), l'étude du genre est encore plus critique et totalement irrévérencieuse. Tous les procédés du théâtre lyrique moderne sont retournés contre eux-mêmes dans une folle suite de courtes pièces satiriques : les premiers rôles costumés s'engagent dans un ensemble à seize voix ; la troupe de ballet exécute un ensemble d'exercices de gymnastique ; les accessoires des opéras de répertoire sont employés à contresens ; et le drame musical est réalisé avec les moyens les plus pauvres et les plus inattendus.

Dans *Votre Faust* (1969), Pousseur s'attache moins à l'opéra en lui-même qu'à la situation du compositeur d'opéra contemporain, contraint pour des raisons financières d'accepter des commandes dans un genre qu'il apprécie peu ou même sans rapport avec son propos. Comme Berio, Pousseur puise dans le passé, en l'occurrence dans la tradition dramatique et musicale de Faust (Goethe, Marlow, Liszt, etc.) et dans les styles harmoniques d'autrefois, dans un labyrinthe complexe de citations, d'allusions et d'inventions nouvelles. En s'identifiant à son héros compositeur, il suit l'exemple de Berg dans *Lulu* (1937, version complète 1979). Lulu est elle-même apparentée à Salomé et à Elektra : elle est aussi un être sans âme qui ne peut s'empêcher d'entraîner dans la destruction ceux qu'elle attire. Mais on peut aussi la voir comme la personnification de l'opéra, ce moyen d'expression qui attire irrésistiblement les compositeurs depuis près de quatre siècles, mais qui s'est si souvent montré récalcitrant, fonctionnant uniquement par l'intermédiaire du compromis. A ce point de vue, Boulez avait peut-être raison en supposant que Berg savait qu'il mènerait une tradition à sa fin.

Paul Griffiths.

BIBLIOGRAPHIE : Patrick Barbier, *La Vie quotidienne à l'opéra au temps de Rossini et de Balzac*, Hachette (Paris, 1987). Henri Barraud, *Cinq Grands Opéras, Don Juan, Tristan et Isolde, Boris Godounov, Pelléas et Mélisande, Wozzeck*, Seuil (Paris, 1972). Philippe Beaussant, *Versailles, opéra*, Gallimard (Paris, 1981). Roger Blanchard et Roland de Candé, *Dieux et divas de l'opéra*, Plon (Paris, 1986/87). Jacques Bourgeois, *L'Opéra des origines à demain*, Julliard (Paris, 1983). Rodolfo Celletti, *Histoire du bel canto*, Fayard (Paris, 1987). Catherine Clément, *L'Opéra ou la Défaite des femmes*, Grasset (Paris, 1979). Michel Hofmann, *Un Siècle d'opéra russe*, Corrêa (Paris, 1945). Manfred Kelkel, *Naturalisme, Vérisme et Réalisme dans l'opéra*, Librairie J. Vrin (Paris, 1984). Lionel de La Laurencie, *Les Créateurs de l'opéra français*, Alcan (Paris, 1930), rééd. Les Introuvables (Plan-de-la-Tour, 1975). René Leibowitz, *Les Fantômes de l'opéra*, Gallimard (Paris, 1973). François Lesure, *Querelle des gluckistes et des piccinnistes*, Minkoff (Genève, 1984). Jacques Longchampt, *L'Opéra aujourd'hui*, Seuil (Paris, 1970). Gino Negri, *L'Opéra italien*, Flammarion (Paris, 1987). Ch. Nuitter et Er. Thoinan, *Les Origines de l'opéra français* (Paris, 1886), rééd. Minkoff (Genève, 1972). Danièle Pistone, *L'Opéra italien au XIXe siècle, de Rossini à Puccini*, Champion (Paris, 1986). Henry Prunières, *L'Opéra italien avant Lully* (1913), rééd. Champion (Paris, 1975). Frédéric Robert, *L'Opéra et l'Opéra-comique*, PUF, coll. Que-sais-je ? (Paris, 1981). Sergio Segalini, *Divas, parcours d'un mythe*, Actes Sud (Arles, 1986). Stendhal, *L'Opéra italien, notes d'un dilettante*, Michel de Maule (Paris, 1988). François-René Tranchefort, *L'Opéra*, Seuil (Paris, 1983). Stéphane Wolff, *L'Opéra au Palais Garnier (1875-1962)* (Paris, 1962), rééd. Slatkine (Genève, 1983).

Opéra-ballet. Forme d'ouvrage lyrique qui s'est développée à la cour de France à la fin du XVIIe siècle et au début du XVIIIe. Chaque acte ou « entrée » avait sa propre autonomie (action, personnages) et l'unité d'ensemble de l'ouvrage ne tenait qu'à un thème général. Lully (*Le Triomphe de l'amour,* 1681), Campra (*L'Europe galante,* 1697) et Rameau (*Les Indes galantes,* 1735) ont particulièrement illustré le genre. Voir *Opéra,* 5.

Opéra bouffe (ital. : *opera buffa*). Opéra « comique » par opposition à **opera seria.* Les premiers ouvrages de ce genre traitent de sujets comiques faisant intervenir des personnages tirés de la vie quotidienne. Parmi les plus connus, on peut citer : *Les Noces de Figaro* de Mozart, *Le Barbier de Séville* de Rossini et *Don Pasquale* de Donizetti. Voir *Opéra,* 7 et 8.

Opéra de chambre. Opéra composé pour des effectifs restreints, surtout dans la fosse d'orchestre. Très économique, il présente aussi l'avantage de pouvoir être représenté dans de petits théâtres ; ainsi R. Strauss a composé *Ariadne auf Naxos* (1912) pour le théâtre de la cour de Stuttgart et Britten de nombreux opéras pour l'English Opera Group créés au Jubilee Hall d'Aldeburg.

Denis Arnold.

Opéra-comique. Malgré son sens littéral, le terme « opéra-comique » donne une impression inexacte de ce terme imprécis, qui est toutefois généralement accepté. Il revêt différentes acceptions selon les époques. Au début du XVIIIe siècle, l'opéra-comique se compose de farces et de satires où se mêlent dialogue parlé et airs célèbres (vaudevilles) ; le genre évolue ensuite vers la « comédie mêlée d'airettes » (dont *Le Devin du village* de Rousseau est l'un des premiers exemples). Puis, au début du XIXe siècle, il se rapproche de l'*opera seria* avec des thèmes sérieux ou romantiques comme dans *La Dame blanche* de Boieldieu, *Fra Diavolo* d'Auber, etc., et ultérieurement *Carmen* de Bizet. A ce stade, la différence la plus marquée entre l'opéra-comique et l'*opera seria* réside dans la présence de dialogues parlés, qui ne subsistent que dans l'opéra-comique. Voir également *Opéra,* 7.

John Warrack.

BIBLIOGRAPHIE : Frédéric Robert, *L'Opéra et l'Opéra-comique,* PUF, coll. Que-sais-je ? (Paris, 1981).

Opéra-Comique de Paris. La fondation de la deuxième scène lyrique parisienne remonte à 1715. Après une trentaine d'années d'activité pendant lesquelles il rencontre un succès considérable, le théâtre ferme ses portes (1745-52) puis reparaît à Saint-Germain avant de fusionner avec la Comédie-Italienne en 1762. Il s'installe rue Favart en 1783, d'où son nom. Après la destruction de la salle Favart dans un incendie le 25 mai 1887, les représentations ont lieu au Théâtre Sarah-Bernhardt (1887-98), puis au Théâtre du Château-d'Eau (1898). L'actuelle salle Favart est inaugurée le 7 décembre 1898. Albert Carré en assure la direction de 1898 à 1913, suivi de P.B. Gheusi, Émile et Vincent Isola (1914-18). Carré revient avec les frères Isola après la guerre (1919-25). Puis leur succèdent Louis Masson et Georges Ricou (1925-31), Louis Masson, seul (1931-32), P. B. Gheusi (1932-36), un comité de quatorze membres présidé par Antoine Mariotte (1936-39) et Henri Büsser (1939-40). L'Opéra-Comique fait alors partie de la RTLN (Réunion des theâtres lyriques nationaux) et dépend du même administrateur que l'*Opéra de Paris, avec toutefois une direction propre. Parmi les nombreux directeurs qui se sont succédé depuis 1940, citons Max d'Ollone (1941-44), Emmanuel Bondeville (1948-51), Louis Beydts (1952-53), Hervé Dugardin (1962-65), Jean Giraudeau (1968-71), Bernard Lefort (1971-72). La salle est fermée en 1972 et, pendant quelques années, elle abrite l'Opéra-Studio que dirige Louis Erlo. Elle reprend une activité régulière en 1982, comme seconde salle de l'Opéra de Paris et ferme à nouveau en 1988.

Alain Pâris.

Opéra délivrance (angl. : *rescue opera*). Nom donné à un opéra dans lequel une partie essentielle de l'intrigue tourne autour de la délivrance du héros ou de l'héroïne, emprisonné ou dans toute autre situation menaçante. On en trouve plusieurs exemples au XVIIIe siècle, mais il ne se généralise qu'à la Révolution française (1789) et, lorsque l'opéra s'engage de façon plus nette dans des situations de la vie réelle, les ouvrages sont souvent extrêmement dramatiques. Le premier « opéra délivrance » révolutionnaire a été *Les Rigueurs du cloître* (1790) de Berton, ouvrage consacré à la dureté de la vie monastique. *Camille* (1791) de Dalayrac concerne la délivrance d'une jeune fille enfermée dans un vieux château hanté ; Dalayrac a également écrit *Leheman, ou La Tour de Neustadt* (1801). Dans *La Caverne* (1793) de Le Sueur, l'héroïne est gardée prisonnière par des brigands. *Les Deux Journées* de Cherubini (1800, sur un livret de Bouilly très apprécié de Beethoven) se déroulent à l'époque de la guerre de Trente Ans mais comportent des allusions contemporaines avec le thème de la délivrance d'aristocrates innocents arrêtés à tort. Le livret de Bouilly, *Léonore* (1798), insiste davantage sur la délivrance du héros dans l'ouvrage de Gaveaux que dans *Fidelio* de Beethoven (1805), où le genre est élevé au niveau de l'idéal de liberté.

John Warrack.

Opéra de Paris. La fondation d'un opéra permanent à Paris remonte à 1669 lorsque Louis XIV autorise la création de l'Académie royale de musique. Lully en prend la direction trois ans plus tard et assure la fusion avec l'Académie royale de danse (fondée en 1661) sous nom d'Académie royale de musique et de danse. En 1673, les représentations ont lieu dans la salle du Palais-Royal, mais il faudra attendre 1791 pour que l'établissement prenne le nom de Théâtre de l'Opéra. En 1794, il devient Théâtre des Arts ; en 1804, Académie impériale de musique et, en 1814, retrouve son nom d'Académie royale de musique. Sous l'Empire, dès 1807, on avait vu s'établir une séparation très nette entre l'Opéra et l'*Opéra-Comique, ce dernier présentant un répertoire plus léger, interrompu de dialogues.

L'Opéra de Paris – aussi baptisé Grand Opéra dans plusieurs pays étrangers – était installé depuis 1781 au Théâtre de la Porte-Saint-Martin. En 1794, il avait émigré au Théâtre Montansier (rue de Richelieu) ; en 1820-21, dans la première salle Favart et au Théâtre Louvois ; en 1821, dans la salle de la rue Le Peletier, qui brûlera le 29 octobre 1873. Le Palais Garnier sera inauguré le 5 janvier 1875.

Depuis 1875, l'Opéra de Paris a été dirigé par Halanzier (1875-79), Vaucorbeil (1879-84), Ritt et Pedro Gailhard (1885-91), Bertrand (1892-93), Bertrand et Pedro Gailhard (1893-98), Pedro Gailhard (1898-1906), P. B. Gheusi et Pedro Gailhard (1907), Broussan et André Messager (1908-14) et Jacques Rouché (1915-39). En 1939 est créée la Réunion des théâtres lyriques nationaux (RTLN), qui regroupe sous une même direction l'Opéra et l'Opéra-Comique : Jacques Rouché (1940-44), Maurice Lehmann (1945-46), Georges Hirsch (1946-51), Maurice Lehmann (1951-55), Jacques Ibert (1955-56), Georges Hirsch (1956-59), A. M. Julien (1959-62), Georges Auric (1962-68), André Chabaud (1968-69), René Nicoly (1969-71), Daniel-Lesur (1971-72), Rolf Liebermann (1973-80), Bernard Lefort (1980-82), Paul Puaux, Alain Lombard et Georges-François Hirsch (1982-83), Massimo Bogianckino (1983-86), Jean-Louis Martinoty (à partir de 1986). L'ouverture du nouvel Opéra de la Bastille, prévu pour 1989, s'effectuera sous la direction musicale de Daniel Barenboïm, Jean-Albert Cartier étant désigné pour succéder à Jean-Louis Martinoty à la tête du Palais Garnier.

Alain Pâris.

Opéra de quat' sous, L' (*Die Dreigroschenoper*). Opéra en huit scènes et un prologue de Kurt Weill sur un livret de Bertolt Brecht d'après *The Beggar's Opera* de John Gay, avec adjonction de textes de François Villon et de Rudyard Kipling traduits par Hauptmann. Représentations : Berlin (Theater am Schiffbauerdamm, 28 août 1928) ; Paris (Théâtre Montparnasse, 17 octobre 1930) ; New York (Empire Theater, 13 avril 1933) ; Londres (Royal Court, 9 février 1956). L'intrigue est très proche de celle de l'original ; elle se déroule à Soho au début du XXe siècle et Macheath devient Mack the Knife.

Opera seria. « Opéra sérieux », forme dominante de l'opéra aux XVIIe et XVIIIe siècles, très formel et très complexe avec des arias élaborées destinées à mettre en valeur les chanteurs. Les sujets abordés sont souvent mythologiques et Métastase a écrit de nombreux livrets de ce genre. Les derniers et les plus beaux exemples de cette forme sont *Idoménée* (1781) et *La Clémence de Titus* (1791) de Mozart. Voir *Opéra*, 6 et 8.

Opéra de Vienne. Les premières représentations lyriques à la cour d'Autriche remontent à 1641. En 1668 est inauguré le Theater an der Cortina avec *Il Pomo* *d'Oro* de Cesti. Près d'un siècle plus tard, une nouvelle salle est construite à Vienne, le Théâtre du Hofburg (1748), inauguré avec *Semiramide Riconosciuta* de Gluck, qui est nommé maître de chapelle de la cour (1754-70). Mozart y fait représenter *L'Enlèvement au sérail*, *Les Noces de Figaro* et *Cosi fan tutte*. A partir de la fin du XVIIIe siècle, les représentations sont données au Theater am Kärtnerthor (construit en 1708). Le nouvel opéra (Opera am Ring) ouvre ses portes en 1869. Il sera bombardé en 1944 et reconstruit à l'identique en 1955. Entre temps, les représentations auront lieu à la Volksoper et au Theater an der Wien.

Depuis l'inauguration de l'Opera am Ring, la direction a été assurée par J.-F. von Herbeck (1869-75), Franz Jauner (1875-80), Wilhelm Jahn (1880-96), Gustav Mahler (1897-1907), Felix Weingartner (1907-11), Hans Gregor (1911-18), Franz Schalk (1918-29) qui partage le poste avec Richard Strauss entre 1920 et 1924, Clemens Krauss (1929-34), Felix Weingartner (1934-36), Erwin Kerber (1936-42) avec, comme directeurs de la musique, Bruno Walter (1936-38) et Hans Knappertsbusch (1937-45), Karl Böhm (1943-44, puis 1954-56), Franz Salmhofer (1945-54), Herbert von Karajan (1956-64), Egon Hilbert (1964-67), Heinrich Reif-Gintl (1967-72), Rudolf Gamsjäger (1972-77), Egon Seefehlner (1977-82 et 1984-86), Lorin Maazel (1982-84), Claus-Helmut Drese et Claudio Abbado (1986-91), Eberhard Waechter (à partir de 1991).

La troupe est l'une des plus prestigieuses du monde et les plus grands noms de l'art lyrique y ont chanté jusqu'à la fin de leur carrière.

Alain Pâris.

Opérette. Littéralement, « petit opéra ». L'opérette est une forme d'opéra léger où les dialogues parlés remplacent les récitatifs, comme dans l'opéra comique, avec une tendance à isoler des numéros musicaux de nature généralement mélodieuse. Le genre aurait vu le jour en France et l'on considère souvent *Le Chalet* d'Adolphe Adam (1834) comme la première véritable opérette. Toutefois, son principal propagateur reste Jacques Offenbach, qui a composé une centaine d'œuvres dont les grands classiques sont *Orphée aux enfers*, *La Belle Hélène*, *La Grande-Duchesse de Gerolstein* et *La Périchole*. Il a donné naissance à une école d'opérette française très florissante qu'il a beaucoup influencée : Florimond Hervé, Charles Lecocq, Robert Planquette, André Messager, etc. Les Viennois Franz von Suppé et Johann Strauss se sont également inspirés d'Offenbach, le dernier avec l'une des plus belles opérettes, *Die Fledermaus* (« La Chauve-Souris », 1874), qui est à l'origine de l'épanouissement de l'opérette viennoise. Des compositeurs tels Heuberger, Kálmán, Fall et Lehár (pour la plupart d'origine hongroise) se sont aussi illustrés dans ce genre. Au XXe siècle, une importante école américaine s'est inspirée de l'opérette européenne, principalement par l'intermédiaire de compositeurs immigrés comme Romberg et Friml. L'influence d'Offenbach s'est fait ressentir directement à Londres, où ses œuvres avaient été régulièrement représentées dès leur création, inspirant notamment celles de Gilbert et Sullivan. Au fil des années, la nature lyrique de ces ouvrages a progressivement diminué et, au fur et à mesure que se développait une formule composée de mélodies à succès parsemées de dialogues conçus spécifiquement pour des acteurs, la véritable opérette a disparu, cédant la place aux formes moins homogènes de la *comédie musicale.

Peter Gammond.

BIBLIOGRAPHIE : Florian Bruyas, *Histoire de l'opérette en France, 1855 à 1965*, Emmanuel Vitte (Lyon, 1974). José Bruyr, *L'Opérette*, PUF, coll. Que sais-je ? (Paris, 1965, 2e éd. 1974). Claude Dufresne, *Histoire de l'opérette*, Nathan (Paris, 1982). Louis Oster, *Les Opérettes du répertoire courant*, Éd. du Conquistador (Paris, 1953).

Ophicléide. Instrument à vent de la famille des cuivres muni de clefs et non de pistons. Il comporte un « bocal » et son embouchure ressemble à celle du trombone. Long d'environ un mètre, il se tient comme le basson, le pavillon orienté vers la gauche ; les onze clefs sont actionnées par les deux mains, y compris les pouces. Inventé à Paris par Jean-Hilaire Asté (dit Halary) en 1817, l'ophicléide a servi de basse aux fanfares, aux musiques militaires et au pupitre des cuivres de l'orchestre pendant presque tout le XIXe siècle, mais, à partir du milieu du XIXe siècle, il a été progressivement remplacé par le tuba.

Le tube est largement conique et se replie sur lui-même, formant un long « U » étroit. Les clefs, recouvertes de cuir et bourrées de duvet de cygne ou de laine, sont fermées par un mécanisme à ressort, à l'exception de celle qui se trouve à proximité du pavillon, qui est une clef ouverte (on l'appelle la première clef). Lorsque l'on n'utilise aucune clef, l'instrument a la même tessiture que le trombone ou l'euphonium, en si bémol (certains sont toutefois construits en ut, un ton plus haut). En fermant la première clef, on abaisse d'un demi-ton la série harmonique, ce qui donne les notes de la série harmonique de la. En ouvrant progressivement les autres clefs, on réduit la longueur de la colonne d'air pour produire les autres notes. Dans l'intervalle entre le si bémol^3 (sous la portée de la clef de fa, première clef ouverte) et le la^2 (au-dessus de la même portée, première clé fermée), on trouve les dix demi-tons qui séparent si bécarre et la ; il faut donc dix autres clefs pour compléter chromatiquement cette octave grave avec des fondamentales, ce qui donne un total de onze clefs. Au-dessus de cette note, les intervalles de la série harmonique sont plus petits et la gamme chromatique ne requiert que cinq des onze clefs (dont la première) toutes situées sur la branche ascendante du tube ; la perce s'élargit en cet endroit, tout comme le diamètre des trous de ces clefs, ce qui donne des notes plus belles que celles qui sortent par le pavillon. La technique peut être aussi agile que sur l'euphonium et le son est vif, ouvert, presque vocal ; mais, dans le *fortissimo*, il peut devenir assez dur ou, comme l'indiquaient les livres d'orchestration, « sauvage ».

Son inventeur, Halary, connaissait le bugle à clefs anglais (voir *Bugle*, 4), qu'il avait découvert à Paris dans les revues militaires qui ont suivi Waterloo. Il a conçu son ophicléide comme une version basse de cet instrument. Le nom provient des mots grecs signifiant « serpent » et « clef ». L'ophicléide constitue un progrès important par rapport à l'ancien *serpent. En France et en Angleterre, il était beaucoup utilisé, moins fréquemment en Allemagne et en Italie – l'Allemagne était la patrie des premiers cuivres basses à pistons (voir *Tuba*, 3).

A l'orchestre, on se souvient surtout de l'ophicléide pour les parties que lui a confiées Berlioz (jouées aujourd'hui au tuba), notamment dans la *Symphonie fantastique* (le *Dies irae*, dans le dernier mouvement, était joué sur deux ophicléides) et dans *Benvenuto Cellini* (un solo grivois). On connaît bien également les trois notes graves qui soutiennent les violons dans l'ouverture du *Songe d'une nuit d'été* de Mendelssohn évoquant Bottom endormi portant une tête d'âne ; mais cette partie d'ophicléide a peut-être été écrite à l'origine pour bass-horn, instrument en bois plus primitif. On remarquera que tous les exemples cités évoquent quelque chose d'effrayant et de grotesque – mais il s'agit d'une tendance générale lorsque les compositeurs de musique symphonique confient des solos aux instruments à vent graves, comme le tuba dans *Siegfried* (le dragon) ou dans le *Concerto pour orchestre* de Bartók (malmenant les troupes allemandes).

Le principal inconvénient de l'ophicléide tient à la fragilité du mécanisme des clefs, dont les tampons s'usent rapidement. En outre, l'instrumentiste doit maîtriser des doigtés spéciaux (alors que les instruments à pistons ont des doigtés plus simples, identiques pour tous, plus faciles à enseigner aux instrumentistes de fanfare et qui leur permettent de passer d'un instrument à l'autre). Toutefois, les ophicléides ont continué à figurer sur les catalogues des fabricants parisiens jusqu'à la Première Guerre mondiale. On trouve encore des instruments anciens en bon état et certains instrumentistes reprennent maintenant l'ophicléide pour jouer les parties qui ont écrites spécifiquement pour lui.

Anthony Baines.

Opp. Pluriel abrégé d'*opus.

Op. posth. Opus posthume. Voir *Opus*.

Opus (lat., généralement abrégé Op. ou op. ; pluriel : *opera*, généralement abrégé Opp, ou opp. ; all. : *Opus* ; ital. : *opera*). « Œuvre ». L'habitude consistant à numéroter les œuvres d'un musicien au fur et à mesure de leur composition (ou de leur publication) sous « opus 1 », « opus 2 », etc. est un procédé d'identification utile qui permet également de situer la place d'une œuvre donnée dans la carrière de ce compositeur. Malheureusement, ce procédé a été souvent appliqué sans grande rigueur, ce qui le rend moins utile dans la pratique que dans la théorie.

Le terme est apparu pour la première fois à la fin du XVe siècle ou au début du XVIe siècle, mais il n'a été employé systématiquement qu'à partir du début du XVIIe siècle, lorsque les maisons d'édition vénitiennes ont commencé à l'appliquer aux œuvres de certains compositeurs particulièrement prolifiques. Par « opus », on désignait habituellement un volume contenant plusieurs morceaux ; ainsi, la troisième sonate du cinquième volume publié d'un compositeur donné pouvait être identifiée sous l'op.5 no 3. Ce système s'était généralisé à l'époque de Corelli, vers la fin du XVIIe siècle, et presque toutes ses œuvres sont numérotées de cette façon. Toutefois, la confusion peut naître très facilement, car une partie substantielle de la production des compositeurs est souvent restée manuscrite ; leurs œuvres peuvent aussi avoir été publiées dans un ordre différent de celui dans lequel elles ont été composées ; par ailleurs, ils ont parfois fait appel à plusieurs éditeurs qui ont appliqué chacun une série différente de numéros d'opus. Ainsi, l'op.6 de Haendel est un ensemble de douze concertos grossos publiés en 1739, mais à cette époque il avait composé bien d'autres œuvres, notamment environ trente-neuf opéras (il est rare, en fait, que de grandes œuvres dramatiques se voient attribuer des numéros d'opus car elles ne sont généralement pas publiées du vivant du compositeur et elles sont plus faciles à identifier par leur titre). Ce genre de confusion a amené certains musicologues à élaborer de nouveaux systèmes de numérotation (voir par exemple *BWV* ; *Deutsch* ; *Hoboken* ; *Kirkpatrick* ; *Köchel* ; *Ryom*).

Au XIXe siècle, les compositeurs ont pris l'habitude de numéroter séparément chaque œuvre importante (mais les mélodies, les petites pièces pour piano et, dans certains cas, les quatuors ont continué à être numérotés en groupes) en respectant les dates de composition plutôt que de publication. Cette chronologie s'est trouvée parfois interrompue par l'insertion d'œuvres de jeunesse publiées à une date ultérieure (comme les sonates op.79 de Beethoven) ou en cas d'oubli (recensées dans le catalogue de Beethoven sous *WoO*). Les œuvres publiées à titre posthume portent des numéros « op. posth. ». On trouve de temps à autre quelques excentricités – le traité d'orchestration de Berlioz porte l'opus 10 et Massenet, par superstition, a toujours refusé d'avoir un opus 13 (il l'avait remplacé par l'opus 12*b*) – mais, dans l'ensemble, c'est au XIXe siècle que le système a été le plus efficace.

A partir de la fin du XIXe siècle, l'importance croissante des titres descriptifs et l'abandon relatif des formes abstraites comme la sonate et le quatuor à cordes ont sensiblement réduit l'utilité des numéros d'opus. Debussy a donné, non sans humour, l'opus 10 à son *Quatuor à cordes* pour montrer qu'il était aussi respectable que n'importe quel compositeur allemand, mais si certains compositeurs continuent à attribuer des numéros d'opus pour garder une trace d'ensemble de leur œuvre, cette coutume est en voie de disparition et on la considère maintenant comme une pratique historique.

Denis Arnold.

Oratorio

1. Origines
2. Les premiers oratorios
3. La diffusion de l'oratorio en Italie
4. L'oratorio hors d'Italie : la tradition catholique
5. L'oratorio hors d'Italie : la tradition protestante
6. Haendel
7. La fin du XVIIIe siècle
8. Le XIXe et le XXe siècles

1. *Origines*. L'histoire de l'oratorio est trop variée pour permettre d'en donner une définition exacte. On peut tout au plus parler d'une œuvre vocale faisant appel à un minimum de deux chanteurs solistes sur un thème généralement religieux (mais pas nécessairement), traité selon une méthode narrative (l'oratorio raconte en principe une histoire, parfois assez vaguement). Son approche est souvent dramatique, même lyrique, mais il n'est pas destiné à être représenté (quoiqu'il y ait aussi à cet égard quelques exceptions). Il est parfois écrit avec chœur et orchestre et ne fait habituellement pas partie du rituel de l'Église. Mais tous ces éléments souffrent d'une certaine confusion que l'on trouve dans son histoire.

Parmi tous les ordres religieux qui voient le jour au XVIe siècle, lorsque l'Église catholique commence à réagir à la menace du protestantisme, figure celui de saint Philippe Néri. Pour améliorer la santé spirituelle des laïcs, il cherche à compléter la liturgie latine avec des réunions au cours desquelles on analyse les questions religieuses dans la langue nationale et auxquelles participent les fidèles. Il crée à cet effet un « oratoire » (du latin *oratio*, « prière ») où il est coutume de donner un *oratorio vespertino* après les vêpres ; les participants y entendent un sermon et chantent des motets et des cantiques. Les cantiques ou **laude*, dans une tradition qui remonte aux cantiques des flagellants du Moyen Age, racontent généralement une histoire. Parfois, ils sont entourés de dialogues, comme ceux de Marie et de Joseph, ou du pèlerin et de son guide. A la même époque, la Compagnie de Jésus, responsable du collège allemand à Rome, donne parfois des pièces de théâtre en langage courant sur des thèmes religieux – histoires fondées sur la Bible ou sur la vie des saints. Ces pièces, destinées à combattre les divertissements licencieux, ne sont pas chantées, mais la musique intervient dans le spectacle.

Les premiers oratorios musicaux ont jailli de ces deux sources. Le plus remarquable est la *Rappresentazione di anima et di corpo* (représentée en 1600) sur une musique de Cavalieri, qui avait travaillé à l'Oratoire de saint Philippe Néri à la Chiesa Nuova, dans les années 1580. La *Rappresentazione* est un divertissement somptueux destiné à la scène, avec danses ; son histoire allégorique s'inscrit dans la tradition des mystères médiévaux (voir *Drame liturgique*, 2) et ses éléments spectaculaires suivent la manière de l'*intermedio* (voir *Opéra*, 2). Comme il était représenté sur scène, on lui a parfois refusé le titre d'oratorio pour le définir sous le vocable d'« opéra sacré » ; néanmoins, les entractes se composent de courts sermons à la manière de l'*oratorio vespertino* et certains chœurs sont véritablement des *laude*. Quel que soit son nom, l'ouvrage marque un glissement de l'oratorio vers le drame chanté, c'est-à-dire vers l'opéra. Mais, à ce stade de son évolution, une telle distinction est inutile – le mot « oratorio » désignera la construction, plutôt que la composition, jusqu'en 1640.

La *Rappresentazione* n'a pas de successeur immédiat, mais, en 1619, G. F. Anerio publie quelques « madrigaux spirituels » sous le titre de *Teatro armonico spirituale*. Ils comportent des dialogues qui racontent des « Histoires de l'Écriture sainte et des louanges de tous les saints », comme le précise la dédicace. Anerio attribue à différentes voix le rôle des différents protagonistes ; quant au chœur (ou ensemble vocal), il chante les paroles d'un groupe de personnages ou sert de narrateur. Un partie continuo (sans doute un orgue) accompagne les voix, et des conventions commencent à s'établir, notamment le rôle de Jésus confié à une basse. Les madrigaux se chantent par deux, un avant et un après le sermon, mais ne sont pas obligatoirement rattachés l'un à l'autre.

Dans les années 1620 et 1630, une musique élaborée se développe dans quatre oratoires de Rome – S. Girolamo della Carità, la Chiesa Nuova, S. Maria dell' Orazione e Morte, et S. Maria della Rotonda – dont les auditoires varient légèrement. Leur répertoire a presque entièrement disparu, mais nous savons qu'ils utilisaient des ensembles instrumentaux, des chœurs et quelques chanteurs solistes de premier plan. Au nombre des compositeurs qui ont travaillé pour ces oratoires figure Mazzocchi, habile musicien d'opéra. Il est intéressant de remarquer que, parmi les œuvres qui sont alors créées, plusieurs constituent ce que l'on pourrait appeler des « opéras sacrés » : les sujets sont tirés de la vie des saints avec un traitement musical et dramatique en tous points similaire à celui de l'opéra.

2. *Les premiers oratorios*. Vers la fin des années 1640, les oratorios attirent les foules à Rome. Le répertoire qui voit le jour est surtout l'œuvre de deux compositeurs : Carissimi, responsable de la musique au collège allemand, et Luigi Rossi. Les deux oratorios complets de Rossi, *Giuseppe* et l'*Oratorio per la settimana santa* (tous deux de 1641-45), sont des œuvres au caractère lyrique très prononcé : elles font largement appel au dialogue, avec un minimum de narration. Comme dans les opéras de la même époque, on trouve de courtes arias qui prennent forme grâce aux *ritornelli* instrumentaux ; mais, contrairement à l'opéra, le rôle du chœur est important, à la fois comme protagoniste et comme commentateur (cette dernière fonction a suscité l'écriture de longs et magnifiques madrigaux).

Carissimi est moins proche de l'opéra ; il confie à un récitant la narration de l'histoire et se concentre davantage sur la réflexion que sur l'action. Son génie ne se révèle pas tant dans ses oratorios en italien (*oratorio volgare*) que dans ceux qu'il écrit en latin (*oratorio latino*). Ces œuvres destinées au public très raffiné de l'Oratorio del Ss. Crocifisso, sont, pour la plupart, exécutées les vendredis de carême où deux oratorios ou « dialogues », respectivement sur des sujets de l'Ancien et du Nouveau Testament, encadrent le sermon. Certains de ces oratorios sont des œuvres de grande envergure qui font appel à un certain nombre de chanteurs et à un ensemble instrumental. Les textes sont tirés de la Vulgate, alors que les histoires sont essentiellement dramatiques – Jonas et la baleine, Balthazar, Jephté, etc. La narration occupe encore une place importante (elle n'est pas attribuée à un seul chanteur, mais partagée par l'ensemble) et le style musical s'apparente à celui de Monteverdi, avec *recitativo* expressif et *arioso* débouchant sur des airs ou sur des ensembles. Les chœurs revêtent différents visages, des grandes pièces à double chœur aux madrigaux élégiaques. Ces œuvres donnent une certaine vie à la Bible pour un public habitué à une liturgie complexe et formelle.

3. *La diffusion de l'oratorio en Italie.* L'influence de Carissimi est considérable, car il a des élèves dans toute l'Europe. A la même époque, l'ordre de saint Philippe Néri prend de l'essor et des oratoires se fondent dans de nombreuses villes de pays catholiques. En Italie, Bologne, Florence et Venise adoptent les oratorios dans les années 1660 et, à Rome, ils commencent à être exécutés dans d'autres endroits que les églises oratoires, parfois dans les palais des cardinaux, surtout pendant le carême, ou lorsque les théâtres sont fermés, pour une raison ou pour une autre (un scandale ou un acte de pénitence). Dans ce cas, il peut y avoir des décors, mais ils se limitent généralement à une toile de fond et à des rideaux, et il n'y a aucune action scénique. La même époque voit les théâtres lyriques prendre une importance considérable ; il est naturel que les compositeurs écrivent à la fois des opéras et des oratorios et que les différences entre les deux genres aient tendance à s'estomper. Le rôle du récitant, très répandu vers 1660, disparaît à la fin du siècle et les sujets à la mode deviennent hagiographiques ; les similitudes entre la vie des saints et celle des héros et héroïnes d'opéra sont l'occasion de scènes d'amour dans un genre surnommé *oratorio erotico*. Il y a habituellement cinq personnages principaux, les textes sont écrits en vers et le conflit entre le bien et le mal permet de construire des situations dramatiques intenses.

L'histoire de la musique d'oratorio pourrait être celle de l'opéra. Au cours de la période 1660-1680, l'alternance du récitatif (non pas le *recitativo secco* superficiel de la fin du XVIIIe siècle, mais un récitatif mesuré et expressif), de l'*arioso* et des arias (encore assez courtes pour la plupart) héritée de Monteverdi et de Cavalli prévaut toujours. En 1700, l'alternance régulière du récitatif et de l'aria est courante ; les arias se développent et adoptent la forme avec *da capo*. Le chœur est virtuellement aboli, quoique tous les personnages s'unissent souvent dans un finale ou *arietta allegra* pour « renvoyer l'auditoire avec l'approbation universelle », selon les propos d'un commentateur de l'époque. Le rôle de l'orchestre – parfois un groupe important de trente à quarante instrumentistes – s'intensifie : il se voit confier de grandes ouvertures et l'accompagnement des airs. C'est sous cette forme, dont Alessandro Scarlatti était le maître, que Haendel découvre l'oratorio lors de son voyage à Rome.

4. *L'oratorio hors d'Italie : la tradition catholique.* L'oratorio, qui se prête aisément au prosélytisme, devient une forme très appréciée hors d'Italie ; mais des tendances nationales commencent à se dessiner. Pendant que l'oratorio s'affirme en Italie, dans les années 1660, la France connaît les débuts du monopole chauvin de Lully et seul M. A. Charpentier, élève de Carissimi, exploite le genre. Il préfère l'oratorio latin et son style ressemble étonnamment à celui de son maître, quoiqu'il accorde ensuite un rôle plus important à l'ensemble instrumental et écrive des « symphonies » aux titres descriptifs. On ressent parfois l'influence de Lully dans la forme plus stricte des airs et les liens qui les unissent aux chœurs. M. A. Charpentier n'aura pas de successeur avant le début du XVIIIe siècle, lorsque Clérambault écrira *L'Histoire de la femme adultère*.

La cour viennoise, profondément italianisée, est un terrain plus fructueux. En fait, la passion des Autrichiens pour les effets théâtraux selon un rituel presque liturgique s'avère particulièrement précieuse. Le *sepolcro* est une représentation dramatique de la Passion, avec des décors, des costumes et un jeu de scène, issue des drames liturgiques médiévaux. Ces derniers étaient encore très répandus à Vienne à la fin du XVIIe siècle, ce qui incite des compositeurs italiens comme Draghi et Caldara à écrire des oratorios. Les principales différences entre les traditions viennoise et italienne tiennent à l'orchestration, plus colorée au nord des Alpes (particulièrement dans les *sepolcri*, mais également dans les oratorios de Fux au début du XVIIIe siècle). Les librettistes de la cour, Zeno et son successeur Métastase, écrivent aussi des textes d'oratorios. Ils se tournent à nouveau vers la Bible, le premier imitant vraiment le style biblique, mais ils se limitent aux cinq à sept personnages de l'*opera seria*. Ils tentent aussi de sauvegarder les unités de temps et d'espace en confiant à de longs récitatifs les scènes d'action, alors que les airs traduisent l'état d'esprit des protagonistes. Le style des livrets de Métastase est plus libre, mais les personnages et l'action dramatique sont si parfaits qu'ils resteront longtemps en usage (Mozart a mis en musique *La Betulia liberata* en 1771 et Francesco Morlacchi *Isacco* en 1817).

5. *L'oratorio hors d'Italie : la tradition protestante*. L'oratorio pénètre plus lentement les pays de tradition protestante, où il n'a pas l'appui de l'ordre oratorien. Les luthériens allemands ont, en fait, dans la passion une forme presque identique, plus ou moins dramatique. Mais, à la différence de l'oratorio, elle résiste à l'opéra, qui est pratiquemment inconnu en Allemagne au début du XVIIe siècle. Certains compositeurs, qui ont fait leurs études en Italie, feignent un compromis avec l'*Historia* – l'*Historia* de Noël de Schütz, souvent appelée *Oratorio de Noël*, par exemple, révèle un sens dramatique réel, mais le récitatif rappelle davantage le plain-chant, dans le style des musiques de la passion du XVIe siècle. Dans les années 1660, le concept de l'*actus musicus* se développe. C'est une forme assez proche de l'oratorio italien, qui raconte des histoires bibliques avec des connotations poétiques. L'*actus musicus* ne comporte aucun récitatif, seulement des ariosos, des symphonies instrumentales et des chœurs où se trouvent inclus les chorals. Certaines partitions exécutées aux *Abendmusiken* de Buxtehude semblent se rapprocher de l'oratorio, notamment son œuvre *Die Hochzeit des Lammes* (créée en 1678), qui comporte un texte biblique où figurent des éléments allégoriques (seul le livret nous est parvenu).

Comme on pouvait s'y attendre, le véritable oratorio commence à se développer en Allemagne lorsque le premier théâtre lyrique ouvre ses portes à Hambourg, vers 1670. Un grand nombre d'opéras sur des thèmes religieux sont représentés au théâtre entre 1678 et 1695. Comme c'était également prévisible, le premier oratorio allemand, au sens italien du terme, est le fait d'un compositeur d'opéra, Keiser : *Das blutige und sterbende Jesus* (1704) n'est en fait qu'une passion sans récitant ni texte biblique, ce qui lui attire de nombreuses critiques lors de sa création à la cathédrale de Hambourg. Néanmoins, son exemple est suivi : Mattheson fait appel à des chanteuses de l'opéra pour les concerts d'église et Telemann, qui maîtrise aussi bien le style musical local qu'étranger, compose d'excellentes œuvres qui mériteraient d'être reprises, notamment *Der Tag des Gerichts* (1762). L'oratorio sur des sujets tirés de la Passion reste le type le plus populaire, et l'équivalent de l'oratorio hagiographique italien est difficile à trouver. La musique dramatique appartient au genre des cantates d'église et l'*Oratorio de Noël* de Bach n'est pas un véritable oratorio, mais une suite de six cantates.

6. *Haendel*. Un compositeur d'opéras qui avait travaillé à Hambourg et fait ses études à Rome avait toutes les chances de devenir un grand compositeur d'oratorios. On trouvera dans la biographie de ce compositeur tout ce qui concerne son approche de l'oratorio. Cet article s'attache surtout à la forme et au style très personnel de la plupart de ses oratorios. Haendel a écrit son premier oratorio pour qu'il soit joué dans le splendide palais romain d'un cardinal en 1707. *Il Trionfo del tempo e del disiganno* met en musique un sujet allégorique à la manière italienne et offre aux voix solistes une succession

de récitatifs et d'airs de grande virtuosité. L'année suivante, il compose *La Resurrezione*, donnée dans un théâtre construit au Palazzo Ruspoli avec des décors, un grand orchestre et des chanteurs célèbres, notamment Durastanti, qui chante Maddalena. Son œuvre suivante, que l'on peut qualifier d'oratorio, est en fait une passion, même si le texte de Brockes, un bien mauvais poète, est un remaniement complet de l'histoire biblique, ce qui la rapproche de l'oratorio. La musique que Haendel compose vers 1715 pour Hambourg donne toujours la première place aux solistes, bien que le chœur représente la foule, ou *turba*, dans le style conventionnel et qu'il se voie confier plusieurs chorals. Les récitatifs, très fins et descriptifs, deviendront la caractéristique de ses oratorios ultérieurs. Lorsque Haendel arrive en Angleterre, l'oratorio n'existe pas : le genre qui s'en rapproche le plus est celui des grands concerts de charité donnés le jour de la Sainte-Cécile à Westminster Abbey. Le répertoire se compose principalement d'**anthems* (compositions chorales sur des textes anglais de l'Église anglicane), de services (surtout des *Te Deum*) et d'odes. Haendel se familiarise avec ce genre de musique en 1720 grâce aux diverses œuvres qu'il compose pour la paix d'Utrecht et le couronnement du roi.

Les oratorios de la maturité sont donc issus, dans l'ensemble, de tous ces éléments : le style lyrique italien, avec ses airs et ses récitatifs, la passion allemande, dans laquelle le chœur joue un rôle important, et l'*anthem* anglais. Il faut y ajouter l'influence du drame classique français, avec les commentaires des chœurs et les fins tragiques (au lieu des fins éternellement heureuses de l'*opera seria* du XVIIIe siècle). Tous ces éléments sont généralement réunis au sein d'une même œuvre. Dans certaines partitions comme *Le Messie*, le style *anthem* prédomine et le drame occupe une place de moindre importance. D'autres œuvres, notamment *Susanna* et *Theodora*, peuvent être considérées comme des drames dans la tradition de l'*oratorio erotico*. *Saul*, avec son chœur qui est un véritable protagoniste et sa fin tragique, rappelle la passion et le drame français. Dans d'autres oratorios, les divers éléments sont encore mieux équilibrés ; c'est le cas de *Belshazzar*, où le chœur est adroitement introduit dans le drame et où interviennent des chœurs dans le style des *anthems* qui ressemblent à ceux du service de la Sainte-Cécile.

L'effet que produisent ces différents éléments dramatiques a laissé supposer que Haendel aurait aimé voir ses oratorios mis en scène, d'autant plus que certains livrets comportent des instructions scéniques ; le sens du drame y est d'ailleurs parfois plus prononcé que dans ses *opera seria*, puisque Haendel ne se sent pas obligé de conserver la convention de l'*aria da capo*, qui entrave si souvent l'action des opéras, et l'enchaînement de récitatifs, d'airs et de chœurs y est beaucoup moins régulier qu'à l'opéra. En outre, la plupart de ses oratorios ont été créés dans des théâtres et non à l'église. Pourtant, les tentatives effectuées au XXe siècle pour représenter ses oratorios les plus théâtraux n'ont pas été très convaincantes. Peut-être est-il préférable de les considérer comme un genre hybride et de les jouer en forme d'oratorio – sans action scénique, mais pas nécessairement sans décors. Ce qui ne signifie pas qu'il faille faire abstraction de leur côté dramatique ou les traiter avec beaucoup de solennité. Il ne faut pas oublier que les chœurs de Haendel étaient souvent plus réduits que l'orchestre, que ses chanteurs (même dans ses dernières œuvres, qu'il a écrites pour des solistes anglais, et non plus italiens) avaient l'expérience des théâtres lyriques et qu'il ajoutait souvent lui-même une étincelle de virtuosité en jouant de brillants concertos pour orgue pendant les entractes. Les Anglais, qui considèrent que l'édification n'exclut pas forcément le divertissement, ont aussi participé à la naissance de ces grands chefs-d'œuvre. Sans s'attaquer à la ferveur des oratorios de la Contre-Réforme, ils préfèrent guider l'auditeur vers la qualité, et cela depuis plus de deux siècles.

7. *La fin du XVIIIe siècle*. Le déclin de l'oratorio italien est lié à celui de l'*opera seria*, qui lui avait fourni son langage. L'oratorio évolue peu au XVIIIe siècle ; il met l'accent sur l'ornementation des airs, souvent en forme de *da capo*. Quelques oratorios sont présentés sur scène, ce qui accroît leur ressemblance avec l'*opera seria*. Ainsi se crée une division entre la musique de l'opéra bouffe moderne et le genre de l'oratorio. Finalement, l'oratorio italien meurt virtuellement, malgré les représentations bisan-

nuelles de la Tonkünstler-Sozietät de Vienne, où sont donnés *Il Ritorno di Tobia* (1775) de Haydn et une version arrangée du *Davidde penitente* de Mozart (1785). Les protestants de l'Allemagne du Nord s'enrichissent de quelques oratorios dramatiques de J. H. Rolle, un compositeur de Magdebourg, qui ajoute des indications scéniques à ses livrets et dont *Der Tod Abels* (1769) et *Lazarus* (1778) mériteraient d'être exhumés ; C. P. E. Bach poursuit la tradition de l'oratorio de Hambourg avec *Die Israeliten in der Wüste* (1769). Mais l'œuvre la plus populaire de l'époque est certainement *Der Tod Jesu* (1755) de Graun, un compositeur berlinois ; il s'agit d'une œuvre plus pieuse que dramatique. Dans les années 1770 et 1780, le Concert spirituel présente à Paris plusieurs oratorios, dont des œuvres originales et intéressantes de Gossec, Sacchini et Le Sueur, où s'impose l'influence de Gluck, qui a délivré la France de l'opéra bouffe. En Angleterre, le culte de Haendel a déjà commencé ; ses œuvres, qui sont jouées constamment, écrasent des compositeurs de talent comme Arne qui révèle, dans *Judith* (1761), un style charmant, plus léger et moins dépendant des conventions baroques.

Paradoxalement, le genre de l'oratorio doit sa survie à Haendel, mais sous une autre forme. Londres a beaucoup commémoré la mémoire de Haendel, en commençant (prématurément) en 1784 par le centenaire de sa naissance. Ses oratorios ont été repris avec un nombre considérable d'exécutants qui en ont donné une vision plus monumentale que dramatique. L'oratorio commence alors à être considéré comme une œuvre à dominante chorale et Haydn, auquel le festival de 1791 inspire la composition de *Die Schöpfung* (« La Création », 1798), est visiblement influencé par cette idée. Le livret aurait été écrit pour Haendel. L'impulsion dramatique est faible mais, surtout lorsque l'ouvrage est chanté en allemand, les airs rappellent ceux de *La Flûte enchantée* (1791) de Mozart, ses mélodies simples et directes ainsi que son harmonie diatonique. Ce sont néanmoins les chœurs qui ont assuré la gloire de *La Création* ; ils sont calqués à l'évidence sur ceux de Haendel, mais leur sonorité est très caractéristique de l'écriture de Haydn. *Die Jahreszeiten* (« Les Saisons », 1801) est un ouvrage plus diffus ; le livret propose des scènes descriptives au lieu d'une narration continue, mais recèle une musique très belle, aujourd'hui négligée.

8. *Le XIXe et le XXe siècle.* L'esprit religieux et missionnaire qui a animé l'oratorio pendant deux siècles disparaît après l'époque napoléonienne. Les compositeurs du XIXe siècle se tournent de plus en plus vers des idées qui n'ont rien à voir avec le christianisme. L'oratorio survit alors grâce à la fondation de nombreuses sociétés chorales allemandes, comme la Singakademie de Berlin, et, un peu plus tard, les chœurs ouvriers anglais. Leur répertoire est largement rétrospectif : Bach en Allemagne, Haendel et Haydn en Angleterre, et les œuvres nouvelles s'inspirent naturellement de ces modèles. Mais, faute d'impulsion initiale et d'une véritable perception de la nature dramatique des originaux, les tentatives sont nombreuses mais les succès plus rares. En Allemagne, Spohr aborde des sujets transcendentaux, comme *Die letzten Dinge* (« Le Jugement dernier », 1826) et *Le Calvaire* (1835) dans un style traditionnel et cependant intéressant par son harmonie chromatique ; il ne parvient pas aux sommets auxquels il aspire, mais il réussit à composer une musique qui ne manque pas de charme. Mendelssohn, qui connaissait les deux traditions, allemande et anglaise, tente de mettre en musique *Elias* (1846) et *Paulus* (1836) à la manière des passions de Bach, avec des chorals et des chœurs dramatiques. Leur faiblesse réside dans les parties solistes qui, malgré leurs qualités mélodiques, manquent de force et de puissance dramatique – ce qui n'est pas étonnant si l'on se souvient que Mendelssohn n'a pratiquement rien écrit pour la scène.

Les deux grands compositeurs qui ont enrichi le répertoire d'œuvres d'une certaine envergure s'intéressaient tous deux à l'opéra ; la *Legende von der Heiligen Elisabeth* (« La Légende de sainte Elisabeth », 1867) de Liszt pourrait presque être représentée sur scène ; *Christus* (1862-67), œuvre imposante, marque une réforme de la musique liturgique de l'Église catholique. Berlioz se voit refuser l'accès à l'Opéra de Paris pendant des années et conçoit *La Damnation de Faust* comme un « opéra de concert » ; selon les normes du XIXe siècle, le sujet passe pour religieux et, malgré un traitement diffus, il s'agit d'une œuvre bouleversante. *L'Enfance du Christ* (1854), partition remplie d'archaïsmes volontaires, est peut-être une œuvre plus respectable, mais moins intense. Elle comporte des chœurs magnifiques. Une série d'oratorios de Gounod, Massenet et Saint-Saëns, régulièrement exécutés aux festivals de Birmingham, révèlent le penchant des Français pour le charme, qu'ils préfèrent à la puissance – *Les Béatitudes* (1879) de César Franck et *Le Martyre de saint Sébastien* (1911) de Debussy sont des exemples plus caractéristiques et plus intéressants du mysticisme français. En Italie, l'oratorio reste dans l'ombre jusqu'à ce que les œuvres de Lorenzo Perosi raniment momentanément le genre entre 1897 et 1904.

Les plus beaux oratorios du XXe siècle viennent pour la plupart d'Angleterre. Elgar, catholique vivant en marge de l'establishment anglican et fervent wagnérien dans un pays sans tradition lyrique propre, a composé *The Dream of Gerontius* (« Le Rêve de Gerontius », 1900) sur un poème du cardinal Newman, qui était à la tête du catholicisme en Angleterre. Il y cultive les leitmotivs dans une remarquable structure symphonique ; il met l'accent sur le drame et incorpore avec imagination des chœurs très développés à la narration. *Gerontius* et les deux autres oratorios d'Elgar, *The Apostles* (« Les Apôtres », 1903) et *The Kingdom* (« Le Royaume », 1906), sur des sujets du Nouveau Testament, rejoignent les objectifs des fondateurs du genre, trois siècles auparavant. Dans un premier temps, il a semblé difficile de bien jouer *Gerontius*, ce qui souligne l'incapacité croissante des compositeurs à écrire pour des chorales d'amateurs à une époque où le langage musical est moins vocal et plus complexe. Dans *Belshazzar's Feast* (« Le Festin de Balthazar », 1931), Walton met aussi le chœur à rude épreuve, mais son œuvre jouit d'un grand succès car elle recrée en termes modernes l'atmosphère dramatique de Haendel. *A Child of Our Time* (« Un enfant de notre temps », 1939-41) cherche à fournir l'équivalent des chorals de Bach en incorporant des negro spirituals. Et le *War Requiem* (1961) de Britten, qui peut passer pour un oratorio avec ses interpolations de poèmes inspirés par des événements de la vie contemporaine, se réfère à plus d'un point de vue à la musique chorale de Verdi. L'oratorio le plus intéressant des années vingt est l'*Oedipus rex* (1927) de Stravinski, une œuvre extrêmement dramatique ; le texte est chanté en latin, les personnages sont masqués (mais le récitant reste en tenue de soirée pour se démarquer de l'action) et le chœur joue un rôle important. Cette œuvre semble pénétrer l'essence même de l'oratorio comme un mélange de drame et de commentaires. Il est difficile de classer les dernières œuvres chorales de Stravinski, qui ont peu de points communs avec l'oratorio tel qu'il vient d'être défini. Les tentatives isolées mais audacieuses de Honegger (*Le Roi David*, 1921 ; *Jeanne au bûcher*, 1935, sur un texte de Claudel ; *La Danse des morts*, 1938, Claudel), Frank Martin (*Le Vin herbé*, 1938-41 ; *Golgotha*, 1948 ; *Pilate*, 1964), Dallapiccola (*Job*, 1950, joué comme une *sacra rappresentazione*), Messiaen (*La Transfiguration*, 1969) et Penderecki (*Dies irae*, 1967) forment à peine une tradition. La vie de l'oratorio touche peut-être à sa fin. Mais l'histoire de la musique est imprévisible et la floraison de petits ensembles choraux de très haut niveau qui font revivre la musique ancienne dans un style « authentique » pourrait susciter un nouveau répertoire.

Denis Arnold.

BIBLIOGRAPHIE : Nicole Labelle, *L'Oratorio*, PUF, coll. Que-sais-je ? (Paris, 1983). Félix Raugel, *L'Oratorio*, Larousse (Paris, 1948).

Oratorio de Noël (*Oratorium tempore Nativitatis Christi ; Weinachts Oratorium*). Œuvre chorale de J. S. Bach, sur des textes attribués à Picander, qui relate et commente l'histoire biblique de la Nativité. Elle comporte six cantates destinées à être jouées à Leipzig lors des trois jours des fêtes de Noël, le jour de l'an, le dimanche suivant le jour de l'an et à l'Épiphanie (1734-35). Cet oratorio est écrit pour solistes, chœur et orchestre. Certaines pages sont des adaptations de cantates profanes de Bach. Schütz a également composé un oratorio de Noël (1664).

Orb and Sceptre. Marche de Walton composée pour le couronnement d'Elisabeth II en 1953.

Orchésographie. Manuel chorégraphique de Thoinot Arbeau, édité à Langres en 1588 (2e édition en 1589), qui constitue une précieuse source d'informations sur les différentes danses de l'époque. On y trouve de nombreux indices sur l'exécution de la musique de danse. Le texte se présente sous la forme d'un dialogue entre Arbeau et son élève « Capriol », ce qui explique le titre de l'œuvre de Warlock, *Capriol Suit*, qui reprend des airs de danse de ce manuel.

Orchestral Set. Deux œuvres pour orchestre de Charles Ives : la première porte le titre de *Three Places in New England* ; la seconde comporte trois mouvements : *An Elegy to our Forefathers* (1909), *The Rockstrewn Hills Join in the People's Outdoor Meeting* (1909) et *From Hanover Square North, at the End of a Tragic Day, the Voice of the People Again Arose* (1915).

Orchestration

1. Les débuts de l'orchestration
2. L'orchestration à l'époque classique
3. Le XIXe siècle
4. Le XXe siècle

L'orchestration est l'art de mêler les sons produits par un ensemble d'instruments d'une certaine importance. Les fluctuations du goût et de la mode ainsi que le nombre illimité des combinaisons instrumentales influent sur les conventions de l'orchestration, qui varient selon les époques. Le terme « instrumentation » est parfois employé dans le même sens, mais il désigne plutôt l'étude des instruments eux-mêmes et leurs caractéristiques individuelles. L'étude de l'instrumentation précède donc obligatoirement la pratique de l'orchestration.

1. *Les débuts de l'orchestration.* Les combinaisons instrumentales existent depuis les origines de la musique, mais l'orchestration n'a commencé à revêtir une certaine importance qu'à la fin du XVIIe siècle avec la naissance de l'orchestre lui-même. Et ce n'est qu'à la fin du XVIIIe siècle qu'elle a vraiment permis de dégager les éléments fondamentaux d'un art propre. Avant le XVIIe siècle, les compositeurs destinaient rarement leur musique à des combinaisons spécifiques de chanteurs ou d'instrumentistes. Les instruments ou les voix étaient choisis en fonction de la tessiture des lignes mélodiques. En outre, l'interprétation était très libre, les œuvres étant exécutées avec les moyens dont on pouvait disposer. Ainsi, un motet pour chœur *a cappella* pouvait se trouver renforcé d'un support instrumental ou même devenir une pièce entièrement instrumentale pour flûtes à bec, violes, cornets à bouquin et saqueboutes. Le choix de l'interprétation revenait donc davantage à l'exécutant qu'au compositeur. Mais la pratique musicale s'organisant, les combinaisons instrumentales commencèrent à se standardiser. L'orchestre était né et, avec lui, un embryon de conventions permettant d'en exploiter les ressources.

La première utilisation d'instruments regroupés en un ensemble que l'on puisse raisonnablement qualifier d'orchestre remonte à l'époque des premiers opéras. On sait que l'*Orfeo* (1607) de Monteverdi était accompagné d'un large effectif instrumental – bois, cordes, cuivres et divers instruments permettant de jouer des accords comme le clavecin, l'orgue ou le luth. Mais il n'était pas encore usuel d'éditer des partitions complètes précisant l'utilisation exacte de ces instruments et nous en sommes réduits à deviner l'« orchestration » en fonction de la nature même de la musique – trompettes et tambours pour les fanfares... Il est également certain que Monteverdi a conçu son orchestre en fonction des instruments dont disposait la cour de Mantoue et non à partir d'une conception déterminée de ce que devait être un orchestre.

La forme et les dimensions de l'orchestre se précisant, les conventions régissant l'usage des différents instruments s'établirent peu à peu. Toutefois, un certain flou continua à régner jusqu'à la seconde moitié du XVIIIe siècle. L'orchestre de Bach et de Haendel se composait d'un ensemble de cordes (soutenu par un continuo au clavecin), auquel s'ajoutaient généralement des hautbois (ou des flûtes) et des bassons, parfois des cors et des trompettes. Les cordes (les instruments les plus agiles de l'époque) se voyaient naturellement confier la majeure partie de l'ouvrage, les bois doublant généralement certaines d'entre elles (mélodie et basse continue). Parfois, le compositeur confiait aux bois et aux cuivres de courtes phrases. On disposait ainsi de cinq combinaisons de couleurs : cordes seules, cordes doublées par les bois, bois seuls, cordes et cuivres, cuivres seuls (avec tambours), les deux premières étant les plus fréquemment utilisées.

Toutefois, on ne remarque aucune volonté délibérée de se limiter à l'usage de certains instruments. Un mouvement écrit pour hautbois et cordes pouvait aussi bien être confié aux flûtes et aux cordes en l'absence de hautbois, ce qui devait se produire fréquemment si l'on en juge par la composition extrêmement variée des orchestres de l'époque. Jusqu'en 1800, les partitions s'adaptaient à l'orchestre disponible. Par la suite, les rôles se sont inversés et l'orchestre a dû s'adapter aux partitions.

Ce manque de rigueur souffre une exception qui constitue la base de l'orchestration actuelle : plusieurs partitions du début du XVIIIe siècle réclament clairement certains instruments en raison de leurs caractéristiques spécifiques et de l'effet produit par l'association de leurs sonorités. Ainsi, les trompettes et les tambours suggèrent le champ de bataille, les flûtes et les hautbois ont des résonances pastorales, alors que les cors évoquent la chasse. Utilisés ainsi pour des phrases correspondant à leur style naturel, ces instruments imitaient, dans un contexte abstrait, un univers avec lequel l'auditeur était familiarisé. Les bases du vocabulaire orchestral spécifique étaient jetées.

Par ailleurs, les compositeurs commençaient à découvrir ce qu'ils pouvaient tirer des caractéristiques de chaque instrument. Le son incisif du hautbois le prédisposait à la mélancolie, mal adaptée à la sonorité trop douce de la flûte. La petite trompette pouvait ajouter un éclat et un brillant sans comparaison avec ce que pouvait produire la trompette militaire. C'est la musique lyrique qui a donné lieu aux expériences les plus avancées en la matière, l'opéra réclamant un brossage musical de décors bien naturel.

2. *L'orchestration à l'époque classique.* L'orchestre n'adopte sa forme définitive – en tant qu'entité réunissant des bois, des cuivres et des cordes – qu'à la fin du XVIIIe siècle (dans les dernières œuvres de Mozart et de Haydn). On peut alors commencer à parler de l'utilisation logique des instruments et d'un système d'orchestration. Le pupitre des bois est devenu un groupe équilibré de flûtes, de hautbois, de clarinettes et de bassons, évoluant par deux et capables de réaliser des accords complets. Les cors et les trompettes sont aussi regroupés par deux, mais, s'ils peuvent atteindre un certain niveau d'autonomie, ils ne sont pas conçus pour former un groupe entièrement indépendant. Les cordes constituent naturellement la base de l'ensemble et n'ont plus besoin du soutien d'un continuo. A la fin du XVIIIe siècle, les compositeurs peuvent concevoir leur musique en termes de couleurs instrumentales spécifiques. Modifier l'une de ces couleurs en employant d'autres instruments d'une tessiture identique devient alors une altération profonde de la nature de l'œuvre, car la couleur fait désormais partie intégrante de la composition musicale. Le véritable art de l'orchestration voit donc le jour à ce stade de l'histoire de la musique.

Les méthodes fondamentales d'orchestration de l'époque peuvent se résumer ainsi : les cordes, souvent limitées auparavant à deux parties différentes (premiers et seconds violons à l'unisson avec altos et violoncelles à l'octave), font maintenant l'objet d'une écriture à quatre parties (premiers violons, seconds violons, altos et violoncelles) qui correspond à peu près à la disposition vocale soprano, alto, ténor, basse, les contrebasses étant ancrées aux parties de violoncelle pour renforcer les séquences les plus graves. Les contrebasses n'atteindront une certaine autonomie que dans la musique de Beethoven. Les bois servent à renforcer les cordes mais sont aussi traités individuellement – parfois comme un quatuor autonome du point de vue harmonique ou même comme des solistes évoluant sur un fond de cordes. Les dialogues entre les différents membres de la famille des bois ou entre les pupitres des bois et des cordes sont fréquents. Les cors et les trompettes conservent, dans la majeure partie des cas, un rôle subsidiaire – les cors assurant certaines tenues harmoniques et les trompettes intervenant aux points forts. Les cors et les trompettes se limitent alors aux notes des *séries harmoniques qui correspondent à la longueur de leur colonne d'air et leur participation est nécessairement réduite. En outre, le « clarino », pratique qui consistait à jouer dans l'aigu de l'instrument et qui avait connu une grande vogue au cours de la première moitié du XVIIIe siècle, est tombé en désuétude ; en fait, ni le cor ni la trompette ne participent vraiment à la ligne mélodique. Mais il est intéressant de remarquer avec quelle ingéniosité les compositeurs dépassent les limites des cuivres, incorporant souvent à leur structure symphonique des passages mélodiques construits sur les notes dont disposent ces instruments. Les percussions jouent aussi un rôle assez modeste à cette époque – les timbales soulignent les points forts et se présentent comme le partenaire naturel des trompettes ; la caisse claire, la grosse caisse, le triangle et les cymbales apportent à l'occasion une couleur exotique, empruntée aux ensembles de janissaires turcs, très prisés à cette époque (voir *Musique turque*).

3. *Le XIXe siècle.* Les améliorations apportées à la facture des bois et des cuivres à la fin du XVIIIe siècle et pendant la première moitié du XIXe siècle vont les délivrer de leurs limites techniques et leur permettre de jouer un rôle aussi varié et aussi souple que celui des cordes. Ce changement correspond à une nouvelle orientation artistique, la fin du classicisme entravé du XVIIIe siècle et l'avènement du romantisme, où dominent poésie et émotions. Sans vouloir suggérer que Schubert et Weber étaient de « meilleurs » orchestrateurs que Mozart et Beethoven, il est indéniable que leurs partitions semblent plus riches, tant par la couleur intrinsèque de chaque voix instrumentale que par les timbres obtenus en mêlant les différents éléments de la palette sonore. Cette sensation de couleur a permis de prendre nettement conscience de la personnalité individuelle de chaque instrument et a décidé les compositeurs à en exploiter les caractéristiques.

Ils commencent également à traiter l'orchestre comme un seul instrument, se concentrant notamment sur les problèmes de balance – nombre minimal de violons pour équilibrer les bois et les cuivres, dosage entre les différents pupitres. Des compositeurs comme Berlioz ont donné des indications précises sur le nombre d'instruments indispensables à la recréation de leurs partitions telles qu'ils les ont imaginées. On est loin de l'époque de Bach et de Haendel où le compositeur se contentait de « manger à la fortune du pot ». L'esprit romantique exige que la musique raconte une histoire, provoque une émotion, crée une atmosphère : une nouvelle attitude voit le jour qui transforme le compositeur en peintre du son dont l'orchestre est la palette.

Inévitablement, les dimensions de l'orchestre vont se développer ; chaque section (bois, cuivres, puis percussion) s'enrichit d'instruments complémentaires qui permettent de couvrir une tessiture aussi vaste que possible (du piccolo au contrebasson, de la trompette au tuba). Au cours du XIXe siècle, chaque instrument acquiert progressivement une virtuosité et une assurance technique comparables. Toutes les subtilités des timbres sont exploitées. Ainsi, les cordes sont souvent subdivisées (*divisi*) ou emploient différentes techniques d'archet (*col legno*, *sul ponticello*, etc.) qui s'ajoutent aux effets plus courants de cordes pincées et de cordes multiples du siècle précédent.

De façon empirique, grâce à la finesse de leur oreille et à la fertilité de leur imagination, les compositeurs participent progressivement à l'élaboration d'un vocabulaire orchestral. Certains transmettront leur savoir dans des livres, fournissant à l'élève de précieux manuels. Le *Grand Traité d'instrumentation* de Berlioz, qui a été le premier à voir le jour dans ce domaine, reste un ouvrage fondamental en la matière. D'autres compositeurs ont transmis leurs découvertes par l'intermédiaire de leurs œuvres (comme l'a d'ailleurs fait Berlioz), non seulement par le biais des concerts, qui, en se développant, augmentaient les possibilités d'exécution, mais aussi grâce à la publication des œuvres en partition qui permettait une diffusion rapide des dernières créations. A la fin du XIXe siècle, le champ d'application de l'orchestre et sa virtuosité s'étaient développés dans des proportions étonnantes et le vocabulaire des combinaisons orchestrales de base couvrait la plupart des situations envisageables.

4. *Le XXe siècle.* A la fin du XIXe siècle, les compositeurs *impressionnistes (essentiellement Debussy) commencent à accentuer le rôle de la couleur orchestrale au sens purement pictural du terme. La couleur harmonique et orchestrale fait à présent partie intégrante de la composition au même titre que la construction. Les impressionnistes s'écartent de l'écriture antérieure, brossée avec des traits vigoureux et des contours fermes, pour s'intéresser aux touches sonores subtiles, utilisant une technique qui s'apparente à celle de l'aquarelle.

En comparant une partition de la fin

du XIXe siècle à une partition de l'époque beethovenienne, on remarque que le compositeur donne des indications beaucoup plus nombreuses et plus détaillées sur la façon de jouer chaque phrase ou chaque note, et sur les relations entre un instrument donné et le reste de l'orchestre. A la fin du XIXe siècle, la partition est une forêt de dynamiques soigneusement notées, d'instructions pour parvenir au timbre exact et d'exigences d'une précision pointilleuse concernant le phrasé et l'interprétation. Les instruments sont presque traités comme des solistes, individuellement ou par groupes, sans perdre de vue que le chef d'orchestre (le véritable virtuose de l'époque) est le guide qui mènera au résultat final, comme un grand chef dosant avec soin les ingrédients d'un chef-d'œuvre culinaire.

Au XXe siècle, la tendance générale consiste à s'écarter des grandes fresques orchestrales de Mahler, Elgar ou Strauss. Même si les goûts n'avaient pas évolué, les circonstances économiques auraient engendré un tel mouvement. Mais si les sonorités à la mode sont plus franches et moins enflées et si le parc orchestral accueille un éventail d'instruments plus ouvert (dont certains sont empruntés à l'univers du jazz, aux musiques extra-européennes ou même à l'électronique), le traitement du son orchestral repose toujours sur les mêmes principes fondamentaux : subtilité des combinaisons instrumentales, recherche de l'équilibre et du contraste.

Michael Hurd.

BIBLIOGRAPHIE : Hector Berlioz, *Traité d'instrumentation et d'orchestration modernes*, Éd. Schonenberger. Charles Koechlin, *Traité de l'orchestration*, Max Eschig (Paris, 1956). Richard Strauss, *Le Traité d'orchestration d'Hector Berlioz*, Fischbacher (Paris, 1909).

Orchestre

Le mot orchestre provient du grec ancien ορξυχστρα – zone semi-circulaire située devant la scène où évoluait le chœur pendant les représentations théâtrales. Les premiers opéras tirant en partie leurs origines de spéculations sur la nature du drame grec, il était naturel d'adopter ce terme pour désigner les instruments qui les accompagnaient, puisque les musiciens étaient, eux aussi, placés devant les comédiens. Au début, il s'appliquait à l'emplacement qu'occupaient les musiciens (au XVIIIe siècle, même les kiosques à musique des jardins londoniens portaient le nom d'« orchestres »), mais il se limita progressivement aux exécutants eux-mêmes. Par orchestre, on désigne donc un certain nombre d'instrumentistes qui jouent ensemble et forment un groupe organisé comportant souvent plusieurs exécutants par partie. Toutefois, la question de l'« organisation » est essentielle, la simple réunion de quelques musiciens assemblés au hasard ne suffisant pas à constituer un orchestre. L'orchestre a vraiment commencé à exister lorsque les instruments ont été traités en groupes ou en combinaisons spécifiques, chacun apportant sa propre contribution à un ensemble préétabli. Ce point de départ remonte au début du XVIIIe siècle.

1. *Avant le XVIIIe siècle*. A l'époque de la polyphonie vocale, un tel concept était à peine envisageable. La polyphonie implique une structure forgée à partir de lignes mélodiques indépendantes d'importance égale. Même lorsque les parties vocales étaient soutenues par des instruments (ce qui devait être assez fréquent), la nature même de la musique ne permettait pas les effets de couleur et de contraste que l'on associe maintenant au véritable orchestre. Mais, à la fin du XVIIe siècle, le style polyphonique avait presque totalement disparu au profit de l'homophonie – musique avant tout dominée par une ligne mélodique que soutenaient des piliers harmoniques solidement enracinés dans une basse continue. Progressivement, on a alors considéré que ces blocs harmoniques possédaient une couleur spécifique et, les lignes mélodiques pouvant alors être projetées sur un arrière-plan harmonique, la notion de style orchestral typique devenait envisageable.

La musique religieuse de Giovanni Gabrieli laisse entrevoir des signes d'évolution. Il tente tout d'abord d'associer et d'opposer des groupes vocaux constitués – par exemple, un chœur de voix élevées répondant à un chœur de voix graves. Par la suite, lorsqu'il compose des œuvres purement instrumentales, il adopte la même technique, explorant les différents effets d'ombre et de lumière, de force et de douceur, de masses et de lignes individuelles que doivent produire les différents groupes d'instruments.

Même si la musique instrumentale de Gabrieli traite les instruments comme des voix (leurs parties peuvent aisément être chantées), la musique conçue dans ce style avait inévitablement plus d'impact que la musique purement contrapuntique. L'œuvre produit un effet extérieur et dramatique qui se substitue à la tendance intravertie et contemplative qu'engendre l'écriture contrapuntique. Cette musique est conçue comme une série d'événements qui peuvent s'écouter comme une histoire. Elle s'adresse donc à un nouveau protagoniste de l'histoire de la musique, le public.

Alors qu'auparavant la musique était presque toujours fonctionnelle, servant des buts religieux ou accompagnant des divertissements comme la danse, la nouvelle démarche propose un genre de musique qui s'écoute pour elle-même. Elle réclame un auditoire passif qui cherche seulement à y trouver du plaisir et à l'admirer comme une œuvre d'art. L'opéra est la première manifestation de cette nouvelle approche : il voit le jour à la fin du XVIe siècle et est réservé, à l'origine, aux salons de la noblesse. Mais, rapidement, il se popularise. Le premier opéra public ouvre ses portes à Venise en 1637 et, en quelques années, ce genre d'établissement se répand dans toute l'Italie. D'emblée, l'opéra fait appel à des instruments pour accompagner les voix sans nécessairement les utiliser de façon organisée.

Ainsi, dans l'*Orfeo* de Monteverdi, le premier grand opéra de l'histoire, l'orchestre se composait des instruments disponibles à la cour de Mantoue en 1607. Bien qu'ils soient divisibles en plusieurs groupes que l'on peut assimiler à ceux des orchestres postérieurs – cordes, bois et cuivres (auxquels s'ajoutent différents instruments à clavier et à cordes pincées qui n'apparaissent pas dans l'orchestre classique) –, Monteverdi ne semble pas les avoir traités comme tels. L'orchestre subdivisé en groupes nettement définis n'était pas encore né.

L'étape décisive a sans doute été franchie lorsque les instruments de la famille du violon ont commencé à jouer un rôle prédominant. Ces instruments, qui s'adaptent parfaitement à la nouvelle approche de la musique ouverte et tournée vers le public, remplacent les violes. Extravertis et imposants, dotés d'une sonorité brillante et puissante, ils conviennent mieux à un jeu virtuose : leur rôle ne se limite plus à l'accompagnement de la danse et, rapidement, ils vont constituer l'assise fondamentale de l'orchestre.

La création et le développement de l'orchestre ne sont pas le fait d'une personne ou d'un centre artistique précis. Par contre, la technique de certains compositeurs est révélatrice des orientations générales de l'époque. Aux deux tendances déjà citées, il faut ajouter l'exemple de Lully, qui travaille en France à la cour de Louis XIV.

Parmi les ressources musicales dont il dispose, deux ensembles jouent un rôle essentiel dans l'évolution de l'orchestre : la Grande Bande et les Douze Grands Hautbois. La Grande Bande (ou *Vingt-Quatre Violons du roi) joue normalement des œuvres à cinq parties : six violons assurent la mélodie, soutenus par six basses (probablement des basses de violon et non le violoncelle moderne), alors que quatre instruments accordés comme l'alto (chacun dans une clé correspondant à sa tessiture) jouent les trois parties internes. Lorsque les circonstances l'exigent, on peut ajouter à cet ensemble des instruments empruntés au groupe des Douze Grands Hautbois qui se compose de dix membres de la famille du hautbois et de deux bassons. Ils jouent essentiellement de la musique en plein air et font partie de la Musique de la Grande Écurie qui comporte, en outre, des trompettes et des tambours. On peut ajouter des hautbois et des bassons pour renforcer les parties supérieures et la basse des cordes, ce qui permet d'obtenir de nouvelles couleurs et un volume sonore plus intense. L'utilisation systématique de ces combinaisons instrumentales dans les opéras et ballets de Lully se diffuse rapidement dans les cours qui suivent l'exemple du Roi-Soleil.

Les musiciens de cour ont conservé la tendance, héritée de temps plus anciens, à se diviser selon leurs fonctions : cordes pour les salons, vents pour les cérémonies de plein air, trompettes et tambours pour les parades et défilés militaires, cors pour la chasse. Cette répartition met en valeur l'origine des différentes parties constitutives de l'orchestre. Mais les compositeurs soucieux de diversifier davantage leurs ensembles de musiciens vont très rapidement emprunter des instruments aux autres groupes. A la fin du XVIIe siècle, tous les instruments qui forment la base du premier orchestre classique existent déjà, mais ils ne s'imposeront pas tous avec la même facilité. Le centre d'attraction de l'orchestre est alors constitué par les violons et les instruments de la famille des cordes.

Pourtant, les cordes ne peuvent pas toujours fournir la totalité des notes de l'accord. Priorité est généralement donnée à la mélodie et à la basse continue ; les parties internes restent relativement indéterminées et sont assurées par le *continuo.

Le continuo a vu le jour à la fin du XVIe siècle dans le bouleversement que connurent alors les conceptions musicales : les parties indépendantes se sont vu remplacer par une mélodie unique, dominante, soutenue par une progression régulière d'harmonies verticales. Le continuo comprend deux instruments : l'un capable de donner l'harmonie des accords (clavecin, orgue, luth, etc.), l'autre jouant la basse continue sur laquelle sont construites ces harmonies (violoncelle, basson, etc.). Les harmonies elles-mêmes sont indiquées au moyen de chiffres placés au-dessous (ou au-dessus) des notes de la basse continue, comme une sténographie que l'instrumentiste doit interpréter au fur et à mesure de sa progression.

L'usage du continuo à l'orchestre restera très largement répandu jusqu'à la fin du XVIIIe siècle. Mais, la musique de Lully en fournit la preuve, toutes les notes essentielles de l'harmonie pourraient être confiées à d'autres instruments si les orchestres possédaient un nombre d'instruments suffisant ; en outre, il est utile qu'un instrumentiste à clavier (souvent le compositeur lui-même) serve d'agent unificateur, en l'absence du chef d'orchestre qui n'existe pas encore.

2. *L'orchestre classique*. Au début du XVIIIe siècle, la composition généralement admise de l'orchestre se limite aux cordes (violons, altos, violoncelles et contrebasses) et à un instrument pour le continuo (en principe, un clavecin) ; s'y ajoutent parfois des flûtes, des hautbois et des bassons, des trompettes et des cors. Toutefois, d'une région à l'autre, il y a des différences. Les grandes lignes sont les mêmes, mais les détails varient. Le modèle, en cours d'élaboration, ne va pas tarder à s'uniformiser.

Dans un premier temps, cette absence de standardisation est relativement peu gênante. Les communications sont encore réduites et peu de compositeurs espèrent voir jouer leur musique en dehors de l'endroit précis pour lequel elle a été conçue. Et lorsqu'ils choisissent de voyager, comme Haendel, ils réorchestrent généralement leurs œuvres en fonction des effectifs qu'ils rencontrent, à moins qu'ils ne préfèrent composer de nouvelles partitions sur place. Des témoignages sur plusieurs orchestres datant de la même époque mettent en valeur les divergences qui pouvaient exister.

En 1728, l'orchestre du King's Theatre de Londres se compose de 22 violons, 2 altos, 3 violoncelles, 2 contrebasses, 2 flûtes, 2 hautbois, 3 bassons, 2 instruments à clavier et 1 harpe. C'est pour une telle nomenclature que Haendel a composé un grand nombre de ses opéras. A Leipzig, en 1730, Bach doit se contenter de 6 violons, 4 altos, 2 violoncelles, 1 contrebasse, 3 hautbois, 2 bassons, 1 paire de timbales et 2 instruments à clavier. A Dresde, en 1734, l'orchestre de la cour peut s'enorgueillir de 12 violons, 4 altos, 5 violoncelles, 2 contrebasses, 3 flûtes, 3 hautbois, 2 bassons, 2 cors, 2 trompettes et 2 instruments à clavier.

Peu à peu, l'orchestre du XVIIIe siècle commence à prendre forme ; vers la fin du siècle, la nomenclature courante se compose d'un groupe de cordes équilibré, des bois par deux (flûtes, hautbois, bassons *et* clarinettes), de deux cors et de deux trompettes, ainsi que d'une paire de timbales. Le continuo n'est plus considéré comme un agent de liaison essentiel.

La transition vers cette nouvelle structure est indissociable de l'exemple que constituent certains orchestres parmi les plus célèbres de l'époque, comme celui de la cour de Mannheim, fondé en 1742 par Carl Theodore, duc de Saxe et électeur palatin. Après avoir engagé le compositeur et violoniste Johann Stamitz comme maître de chapelle, il lui donne les moyens financiers de recruter les meilleurs musiciens du moment. La réputation de l'orchestre s'affirme très vite dans toute l'Europe, non seulement pour la qualité de ses exécutions, mais surtout pour sa recherche d'un véritable style orchestral. Sa dynamique soigneusement contrôlée

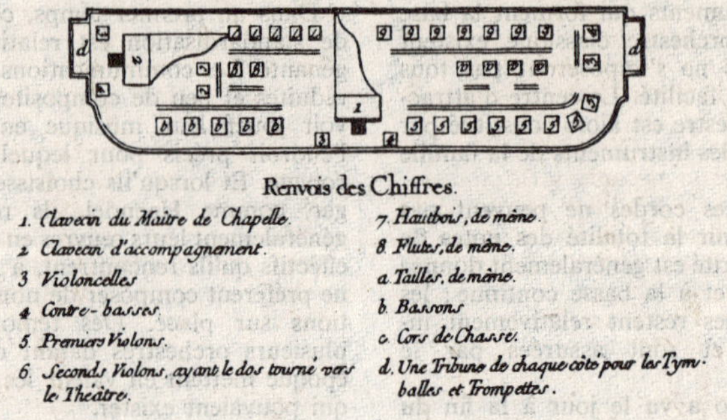

Plan de l'orchestre de l'Opéra de Dresde sous la direction de Hasse (Rousseau, Dictionnaire de Musique, *1767).*

comme la délicatesse de son phrasé sont autant de révélations. Un grand nombre d'instrumentistes de cet orchestre sont d'excellents compositeurs qui contribueront à donner à la symphonie naissante une forme viable.

L'exemple de certains grands compositeurs, comme Gluck, Haydn et surtout Mozart, joue également un rôle déterminant. Leur musique se propageant au-delà de leur sphère d'activité immédiate, les autres orchestres sont obligés de réunir les instruments nécessaires à l'exécution de ces œuvres, ce qui contribue à uniformiser la composition des orchestres. Plus tard, des compositeurs comme Beethoven trouveront naturel que tous les orchestres disposent des ressources instrumentales pour lesquelles ils écrivent, ressources qui, par la nature même de la musique qui voit alors le jour, sont devenues indispensables à son exécution. En effet, depuis le début du XIXe siècle, les caractéristiques spécifiques des divers instruments et l'équilibre sonore entre les différents groupes de l'orchestre sont des éléments fondamentaux de la composition musicale. Sans les instruments requis par le compositeur, la musique ne peut plus produire son véritable effet.

3. *L'évolution de l'orchestre au XIXe siècle.* Au XIXe siècle, l'orchestre prend une expansion certaine et se consolide. Les progrès de la facture des instruments à vent jouent un rôle essentiel (la mécanique des instruments à cordes était parfaite depuis l'origine, seule la technique instrumentale pouvait s'améliorer). Pour les bois, le problème vient de la taille et de la position des trous qui modifient la colonne d'air et qui servent donc à former les notes ; les doigts de l'instrumentiste doivent pouvoir les contrôler tout en assurant un résultat acoustique satisfaisant. Des solutions apparaissent vers 1830 lorsque des instrumentistes comme Theobald Boehm reprennent, en la perfectionnant, l'idée des clés qui remontait au XVIIIe siècle : actionnées par des leviers, elles sont munies de tiges qui servent de prolongement aux doigts de l'instrumentiste. En 1847, Boehm présente une flûte métallique améliorée avec 15 trous commandés par 23 clés. Ce système est rapidement adapté au hautbois, à la clarinette et au basson.

Les premiers cuivres avaient aussi leurs points faibles car ils ne pouvaient produire que la série harmonique correspondant à la longueur de leur colonne d'air. La première étape consiste à équiper chaque instrument de « corps de rechange » – morceaux de tube supplémentaires qu'insère l'instrumentiste en cas de besoin. Cette méthode fonctionne assez bien, sous réserve de disposer du temps nécessaire à la manipulation et que la musique ne module pas trop. Mais les harmonies plus audacieuses du XIXe siècle exigent une méthode mieux adaptée. Pour les trompettes et pour les cors, la solution se présente vers 1815 avec l'invention des pistons qui permettent à l'instrumentiste de faire intervenir des sections supplémentaires de tube enroulé en permanence autour du corps principal de l'instrument. Toutefois, le trombone (qui ne trouve sa place régulière au sein de l'orchestre qu'à partir du début du XIXe siècle) possédait depuis l'origine un mécanisme (la coulisse) lui permettant de modifier à volonté la longueur du tube. Mais cette méthode s'adaptait mal aux trompettes et aux cors.

L'effectif de l'orchestre se développe également. Les clarinettes (inventées par Johann Christoph Denner vers 1690) font régulièrement partie de l'orchestre depuis 1780 : elles apportent aux bois un surplus de force et élargissent la palette sonore. Les trombones, traditionnellement associés à la musique solennelle, souvent religieuse, ont attendu plus longtemps pour venir compléter le pupitre des cuivres. Leur présence développant un volume sonore accru, il a fallu augmenter le nombre de cors et ajouter parfois une trompette supplémentaire pour réaliser un équilibre. Au milieu du XIXe siècle, l'orchestre symphonique se compose généralement des bois par deux, avec la possibilité d'ajouter un troisième instrument (piccolo, cor anglais, clarinette-basse ou contrebasson) élargissant la tessiture du pupitre, quatre cors, trois trompettes, trois trombones et des cordes en quantité suffisante pour réaliser un équilibre sonore satisfaisant. A cette époque, le pupitre des percussions commençe aussi à se développer : il regroupe trois timbales (accordées sur des notes différentes que l'instrumentiste peut modifier à la main en cours d'exécution), une caisse claire, une grosse caisse ainsi que différents accessoires comme le tambour de basque, le triangle ou les cymbales. La harpe apparaît occasionnellement dans des œuvres plus colorées de nature délibérément descriptive.

L'importance accordée aux facultés descriptives de la musique, caractéristique du romantisme, explique, dans ses grandes lignes, l'évolution de l'écriture orchestrale au XIXe siècle et, par voie de conséquence, l'évolution des orchestres eux-mêmes. Plus la musique s'infléchit dans le sens de l'expression, plus la palette orchestrale du compositeur s'élargit, réclamant un nombre et une variété d'instruments sans cesse croissants. A la fin du siècle dernier, les compositeurs écrivaient pour des orchestres gigantesques. Les poèmes symphoniques de Richard Strauss composés entre 1890 et 1900 font couramment appel à un orchestre qui comporte les bois par quatre (trois flûtes et un piccolo, trois hautbois et un cor anglais, deux clarinettes, une petite clarinette et une clarinette basse, trois bassons et un contrebasson), les cuivres avec huit cors, cinq trompettes, trois trombones, des tubas ténor et basse, une abondante percussion (timbales, caisse claire, grosse caisse, tambour militaire, cymbales, triangle, glockenspiel, cloches-tubes et tam-tam), deux harpes et, naturellement, un énorme pupitre de cordes (au moins soixante). L'effectif global dépasse la centaine d'instrumentistes. En 1824, pour son œuvre la plus vaste (la *Neuvième Symphonie*), Beethoven ne réclamait que soixante musiciens et la moyenne de l'époque tournait autour d'une quarantaine.

Bien avant que les orchestres n'atteignent ces dimensions, il était devenu nécessaire de confier le contrôle des exécutions à un seul homme : le chef d'orchestre. Auparavant, les orchestres étaient dirigés par le premier violon ou par l'instrumentiste qui tenait le clavier du continuo. Il y avait souvent une double direction (à l'opéra, par exemple, celui qui jouait le continuo avait la responsabilité des chanteurs pendant que le premier violon dirigeait l'orchestre), mais, en général, le premier violon prenait la direction, donnant d'un geste rapide et par le mouvement général de son archet (ou même par un changement d'expression du visage) les indications d'exécution essentielles. Le système fonctionnait bien car l'orchestre de l'époque était petit et intime et les instrumentistes très rapprochés les uns des autres. Mais, avec le développement des orchestres, il fallait de plus en plus souvent se servir de l'archet comme d'une baguette afin de mieux communiquer avec les musiciens : la nécessité d'un chef d'orchestre à part entière s'imposait.

Le compositeur Louis Spohr, invité à Londres en 1820 pour « conduire » un concert de la Philharmonic Society, raconte dans son autobiographie la sensation qu'il provoqua en annonçant aux musiciens qu'il avait décidé de les « diriger » :

« ... Je me suis installé avec la partition à un pupitre séparé, devant l'orchestre et, après avoir sorti ma baguette de ma poche, j'ai donné le signal du départ. Très inquiets d'une procédure aussi nouvelle, certains directeurs protestèrent ; mais lorsque je leur demandai de m'accorder au moins un essai, ils se calmèrent. Je connaissais très bien les symphonies et les ouvertures à répéter, car je les avais déjà dirigées en Allemagne. Je pouvais donc leur donner les *tempi* de façon très assurée en indiquant également toutes les entrées des instruments à vent et des cors, ce qui leur donnait une confiance qu'ils n'avaient encore jamais ressentie. Je pris aussi la liberté de m'arrêter lorsque je n'étais pas satisfait de l'exécution pour leur faire des remarques polies mais sérieuses sur leur façon de jouer, remarques dont Mr Ries (le premier violon) se faisait l'interprète auprès de l'orchestre. Ainsi portés à une attention plus soutenue qu'à l'ordinaire et dirigés avec certitude par l'évidence de la battue, ils jouèrent avec une ardeur et une justesse que personne ne leur avait encore connues. Surpris et inspiré par ce résultat, l'orchestre exprima à haute voix son assentiment collectif à ce nouveau mode de direction, juste après la première partie de la symphonie, et eut ainsi raison de toute autre forme d'opposition de la part des directeurs. »

Ce témoignage laisse entrevoir à quel résultat pouvaient mener les méthodes antérieures !

Au milieu du XIXe siècle, le chef d'orchestre fait partie intégrante de la vie de l'orchestre. Évidemment, avec la complexité croissante des partitions, son rôle évolue d'une simple direction à une interprétation détaillée. Il doit décider de la nuance de chaque passage, fort ou doux pour produire son effet, de la façon dont l'équilibre doit se réaliser entre les pupitres, etc. Il devient donc un exécutant : l'orchestre est devenu l'instrument dont il joue pour interpréter correctement les intentions du compositeur.

Il va sans dire qu'il est possible d'abuser de ce privilège et de faire passer sa vision personnelle avant la conception du compositeur – un danger peut-être plus évident au XXe siècle, où le chef d'orchestre est devenu une « star » qui éclipse orchestre, compositeur et musique !

4. *L'orchestre au XXe siècle*. L'orchestre moderne doit être un instrument très souple en raison de la grande variété des œuvres qu'aime à écouter le public du XXe siècle et de la diversité des ressources auxquelles font appel les compositeurs contemporains. Les grandes œuvres classiques du XVIIIe et du XIXe siècle constituent toujours son répertoire de base, ce qui influe inévitablement sur sa forme générale et sur ses dimensions. L'orchestre courant du XXe siècle comprend les bois par trois, quatre cors, trois trompettes, trois trombones et un pupitre de percussion assez développé, les cordes réunissant seize premiers violons, quatorze seconds violons, douze altos, dix violoncelles et huit contrebasses – au total une centaine de musiciens, auxquels viennent s'ajouter quelques instrumentistes supplémentaires en fonction des besoins.

Tous ces instrumentistes ne sont pas nécessairement appelés à jouer pendant l'ensemble du concert. Contrairement aux interprètes du XIXe siècle qui tendaient à imposer leurs propres normes à la musique, sans se soucier de l'époque ni de la tradition, les musiciens actuels cherchent à rendre leurs exécutions aussi authentiques que possible. La musique de Mozart ne sera donc pas exécutée avec un orchestre convenant à Richard Strauss. En outre, les compositeurs actuels considèrent rarement l'effectif standard du XIXe siècle comme la seule combinaison orchestrale utilisable. La variété des effectifs de leurs partitions nous rapproche de la situation mouvante des orchestres de la fin du XVIIe siècle et c'est seulement l'exécution permanente des grandes œuvres classiques du répertoire qui permet à l'orchestre de survivre comme une entité.

La disposition de l'orchestre a rarement fait l'unanimité. En général, les cordes sont situées à proximité du chef d'orchestre. Viennent ensuite les bois et les cuivres, puis la percussion. Les cordes sont presque toujours disposées en éventail autour du pupitre du chef : premiers et seconds violons à sa gauche, altos au centre de la scène, violoncelles et contrebasses à sa droite. Dans certains orchestres, on trouve encore les premiers et les seconds violons placés chacun d'un côté de la scène – pratique très répandue à la fin du XVIIIe siècle. On a essayé bien d'autres dispositions – Leopold Stokowski a notamment fait d'innombrables expériences avec l'Orchestre de Philadelphie – mais le plan reproduit ci-dessus est le plus courant. Il est logique d'installer au fond de la scène les instruments qui dégagent le plus fort volume sonore et de placer les cordes (que la plupart des partitions chargent des plus lourds fardeaux) en contact étroit avec le chef d'orchestre. Mais d'excellentes raisons acoustiques peuvent parfois justifier des dispositions peu orthodoxes.

Depuis quelques années, les composi-

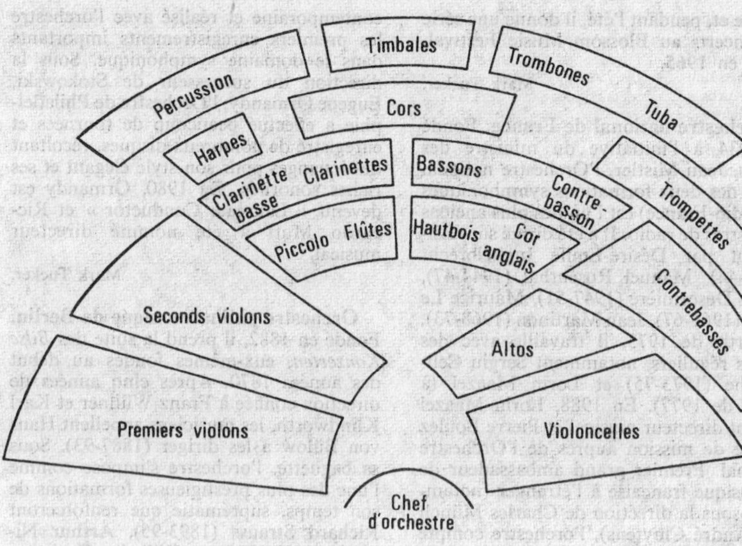

Dispositif classique d'un orchestre moderne.

teurs ont pris l'habitude de donner des indications, quand elles sortent de l'ordinaire, pour souligner certaines caractéristiques propres à leur musique : ce sont souvent des œuvres conçues à l'origine autour d'effets spatiaux. Certaines partitions font même appel à un élément théâtral, les instrumentistes ayant à se déplacer ou même à se livrer à des activités extra-musicales. Mais ces expériences n'affectent pas la disposition générale de l'orchestre. Par contre, au théâtre, la fosse d'orchestre, dont l'espace est relativement restreint, exige d'autres aménagements : les cordes sont souvent regroupées à gauche du chef d'orchestre, les bois et les cuivres à droite.

Le XXe siècle a vu se développer les orchestres de chambre. Ils s'alignent habituellement sur l'orchestre de la fin du XVIIIe siècle et présentent donc la formation idéale pour jouer la musique de cette époque. Mais ils ont aussi été sollicités par des compositeurs du XXe siècle (comme Stravinski) qui, pour tourner le dos au romantisme démodé de Mahler et de Strauss, cherchaient à explorer un néoclassicisme austère et très personnel. Il existe également des orchestres à cordes spécialisés.

Compléments d'information sur les différents groupes d'instruments utilisés à l'orchestre dans les articles *Cuivres, Percussion, Instruments à cordes, Bois.*

Michael Hurd.

BIBLIOGRAPHIE : Louis Aubert et Marcel Landowski, *L'Orchestre*, PUF, coll. Que sais-je ? (Paris, 1951). Marcel Corneloup, *L'Orchestre et ses Instruments*, Presses de l'Ile de France/Van de Velde (Paris, 1955). Dan Franck, *Le Petit Livre de l'orchestre et de ses instruments*, Mazarine (Paris, 1981). Alain Louvier, *L'Orchestre*, PUF, coll. Que sais-je ? (Paris, 1978). Brigitte Ouvry-Vial et Georges Zeisel, *L'Orchestre*, Revue Autrement n° 99 (Paris, 1988). *Les Instruments de l'orchestre*, Belin (Paris, 1985).

Orchestre de chambre. Voir *Orchestre*.

Orchestre de Cleveland (Cleveland Orchestra). Fondé en 1918, ce grand orchestre américain a acquis une importance internationale sous la direction de George Szell (directeur musical à partir de 1946 jusqu'à sa mort en 1970). Avant lui, l'orchestre avait été dirigé par Nikolai Sokoloff, Artur Rodzinski et Erich Leinsdorf. Lorin Maazel lui a succédé entre 1972 et 1982 et, depuis 1984, la direction musicale est assurée par Christoph von Donhányi. L'orchestre se produit toute l'année et, pendant l'été, il donne une série de concerts au Blossom Music Festival, fondé en 1965.

Mark Tucker.

Orchestre national de France. Fondé en 1934 à l'initiative du ministre des Postes, Jean Mistler, l'Orchestre national (l'une des deux formations symphoniques de Radio-France) est l'un des plus anciens orchestres de radio. Il a été dirigé successivement par Désiré-Émile Inghelbrecht (1933-44), Manuel Rosenthal (1944-47), Roger Désormière (1947-51), Maurice Le Roux (1961-67), Jean Martinon (1968-73). A partir de 1973, il travaille avec des invités réguliers, notamment Sergiu Celibidache (1973-75) et Lorin Maazel (à partir de 1977). En 1988, Lorin Maazel devient directeur musical et Pierre Boulez chargé de mission auprès de l'Orchestre national. Premier grand ambassadeur de la musique française à l'étranger (notamment sous la direction de Charles Münch et d'André Cluytens), l'orchestre compte à son actif un nombre impressionnant de créations mondiales (Milhaud, Jolivet, Xenakis, Dutilleux, etc.).

Alain Pâris.

Orchestre de Paris. Fondé en 1967 à l'initiative de Marcel Landowski, il remplace l'Orchestre de la Société des concerts du Conservatoire. Charles Münch a été son premier directeur musical (1967-68), Serge Baudo assurant les fonctions de premier chef (1967-71). Herbert von Karajan lui a succédé comme conseiller musical (1969-71). Depuis, la direction musicale de l'orchestre a été assurée par Sir Georg Solti (1972-75), Daniel Barenboïm (1975-89) et Semyon Bychkov (à partir de 1989). Après plusieurs saisons pendant lesquelles il a joué au Théâtre des Champs-Élysées et au palais des Congrès, l'Orchestre de Paris a élu domicile salle Pleyel.

Alain Pâris.

Orchestre de Philadelphie (Philadelphia Orchestra). Fondé en 1900 par Fritz Scheel, l'Orchestre de Philadelphie est devenu l'un des premiers orchestres américains sous la direction de Léopold Stokowski (directeur musical de 1912 à 1938). Stokowski a fait de nombreuses expériences sur le son orchestral, dirigé de nombreuses partitions de musique contemporaine et réalisé avec l'orchestre les premiers enregistrements importants dans le domaine symphonique. Sous la direction du successeur de Stokowski, Eugene Ormandy, l'Orchestre de Philadelphie a effectué beaucoup de tournées et enregistré de nombreux disques, récoltant des louanges pour son style élégant et ses riches sonorités. En 1980, Ormandy est devenu « Laureate Conductor » et Riccardo Muti a été nommé directeur musical.

Mark Tucker.

Orchestre philharmonique de Berlin. Fondé en 1882, il prend la suite des *Bilse Konzerten*, eux-mêmes fondés au début des années 1870. Après cinq années de direction confiée à Franz Wüllner et Karl Klindworth, les musiciens appellent Hans von Bülow à les diriger (1887-93). Sous sa baguette, l'orchestre s'impose comme l'une des plus prestigieuses formations de son temps, suprématie que renforceront Richard Strauss (1893-95), Arthur Nikisch (1895-1922) et Wilhelm Furtwängler (1922-54). A la fin de la Seconde Guerre mondiale, Furtwängler, accusé de sympathies nazies, est déchu de son poste. Il ne sera définitivement mis hors de cause qu'en 1948. L'intérim est assuré par Leo Borchard et Sergiu Celibidache. A la mort de Furtwängler, Herbert von Karajan est appelé à lui succéder. Il projette véritablement l'orchestre dans le monde des technologies les plus modernes (disque sous toutes ses formes, vidéo, etc.). L'ancien bâtiment de la Philharmonie, détruit dans les bombardements de 1945, a été remplacé par la salle actuelle, inaugurée en 1963.

Alain Pâris.

Orchestre philharmonique de Léningrad. Fondé en 1921, il succède à l'orchestre de la cour impériale de Saint-Pétersbourg, formé en 1883, que dirigeait Gugo Varlikh, et à un orchestre symphonique d'État qui l'avait remplacé entre 1917 et 1920 et que dirigeait Serge Koussevitzky. Ses chefs permanents ont été Emil Cooper, Nikolaï Malko, Alexandre Gaouk, Fritz Stiedry et, entre 1968 et 1988, Evgeni Mravinski. Depuis 1953, la Philharmonie est divisée en deux orchestres, l'orchestre philharmonique et l'orchestre symphonique, ce dernier dirigé par Arvid Jansons, Youri Temirkanov et Alexandre Dmitriev.

Cet orchestre a créé la plupart des grandes œuvres de Chostakovitch.

Alain Pâris.

Orchestre philharmonique de Londres (London Philharmonic Orchestra). Orchestre symphonique britannique fondé en 1932 par Sir Thomas Beecham pour servir de contrepoids à l'Orchestre symphonique de la BBC. Il a donné son premier concert au Queen's Hall de Londres le 7 octobre 1932 et est devenu un organisme autonome en 1939. Sir Adrian Boult en a été le principal chef d'orchestre entre 1950 et 1957, suivi de William Steinberg, John Pritchard, Bernard Haitink, Sir Georg Solti et (de 1983 à 1987) Klaus Tennstedt.

Orchestre philharmonique de New York (New York Philharmonic Orchestra). Doyen des orchestres symphoniques américains, il a été fondé en 1842, réorganisé en orchestre professionnel à plein temps en 1909 et amalgamé à divers autres orchestres locaux, notamment l'orchestre de la Symphony Society (en 1928). Une liste partielle des chefs qui l'ont dirigé donne une idée de la stature de cet orchestre : Mahler, Furtwängler, Toscanini, Walter, Barbirolli, Mitropoulos, Bernstein, Boulez et Mehta. Depuis 1898, l'orchestre consacre une partie de ses activités à donner des Young People's Concerts (concerts pour les jeunes).

Nym Cooke.

Orchestre philharmonique de Vienne. Fondé en 1848 par quelques musiciens qui s'étaient regroupés autour du chef d'orchestre Otto Nicolaï. Il ne commence à fonctionner régulièrement qu'à partir de 1860, lorsqu'Otto Dessoff en prend la direction (1860-75). Hans Richter lui succède (1875-98) et tous deux créent les principales œuvres de Brahms et de Bruckner. Gustav Mahler ne restera que trois ans à la tête de l'orchestre (1898-1901), remplacé par Joseph Hellmesberger Jr. (1901-03) et par Felix Weingartner (1908-27). A partir de cette date, l'orchestre travaille sans chef permanent mais avec des invités réguliers : Wilhelm Furtwängler, Clemens Krauss (1929-33), Bruno Walter (1933-38), Karl Böhm (1954-56 et 1971-81), Herbert von Karajan (1956-64). Lorsque Lorin Maazel prend la direction de l'Opéra de Vienne, il assure également la direction de l'orchestre (1982-84). Depuis 1986, Claudio Abbado occupe ces deux fonctions. L'orchestre (cent quarante musiciens) fonctionne en autogestion et assure aussi les services de l'Opéra de Vienne. Il participe au Festival de Salzbourg depuis 1925.

Alain Pâris.

Orchestre symphonique de Boston (Boston Symphony Orchestra). Fondé (en 1881), doté et guidé pendant ses quarante premières années par le banquier bostonien Henry Lee Higginson, cet orchestre américain, l'un des plus importants du Nouveau Monde, a été dirigé par plusieurs chefs d'orchestre allemands et austro-hongrois avant la Première Guerre mondiale. Depuis lors, il a vu se succéder au pupitre des personnalités telles que Pierre Monteux, Serge Koussevitzky, Charles Münch, Erich Leinsdorf, William Steinberg et (à partir de 1974) Seiji Ozawa. Sous la direction de Koussevitzky, de nombreuses œuvres américaines et anglaises importantes ont été commandées. L'orchestre donne une saison de trente et une semaines au Symphony Hall de Boston (construit en 1900), salle à l'acoustique superbe, onze semaines de concerts en tant que *Boston Pops Orchestra et, depuis 1936, huit semaines au *Berkshire Music Festival ; il fait également des tournées aux États-Unis et dans le monde entier.

Nym Cooke.

Orchestre symphonique de Chicago (Chicago Symphony Orchestra). Orchestre américain fondé en 1891 ; son premier chef d'orchestre a été Theodore Thomas. Se sont succédé au même poste Frederick Stock, Rafael Kubelík, Fritz Reiner et (à partir de 1969) Sir Georg Solti. L'autorité et les qualités musicales de Reiner ont fait de l'Orchestre symphonique de Chicago l'un des principaux orchestres d'envergure mondiale ; sous la direction de Solti, l'orchestre continue à être porté aux nues pour ses exécutions et ses enregistrements. Le Chicago Symphony Chorus, que dirige Margaret Hillis, jouit d'une réputation analogue.

Mark Tucker.

Orchestre symphonique de Londres (London Symphony Orchestra). Orchestre symphonique britannique fondé en 1904 par d'anciens membres du Queen's Hall Orchestra de Henry Wood (ils avaient démissionné pour protester contre l'interdiction par Henry Wood du système des suppléants qui permettait à un musicien de se faire remplacer au concert s'il trouvait un engagement plus lucratif ailleurs). Cet orchestre a donné son premier concert au Queen's Hall de Londres le 9 juin 1904, sous la direction de Hans Richter, qui en est resté le principal chef d'orchestre jusqu'en 1911. Depuis la Seconde Guerre mondiale, les chefs d'orchestre qui se sont succédé au pupitre du LSO sont Josef Krips, Pierre Monteux, Istvan Kertsesz, André Previn et (à partir de 1979) Claudio Abbado. En 1987, Michael Tilson Thomas a été nommé chef permanent, alors que Claudio Abbado conservait la direction musicale de l'orchestre.

Orchestre symphonique de la NBC. L'existence de cet ensemble américain, créé spécialement pour Toscanini par la National Broadcasting Company de New York en 1937, reflète non seulement l'importance de Toscanini parmi les chefs d'orchestre, mais encore le soutien apporté par les réseaux de radiodiffusion américains à la musique classique entre les années vingt et cinquante. Le talent de ses instrumentistes, le génie et les accès de colère de son chef, ses mémorables concerts hebdomadaires (diffusés dans le monde entier) et ses remarquables enregistrements ont auréolé cet orchestre d'une certaine légende depuis sa dissolution en 1954, lorsque Toscanini, alors âgé de quatre-vingt-sept ans, a choisi de se retirer.

Nym Cooke.

Ordinaire, ordinario (it.). Terme indiquant le retour au jeu normal après un effet spécial, comme le *col legno* pour les instruments à cordes. Voir aussi *Tempo ordinario.*

Ordinaire de la messe. Textes communs à toutes les messes. Voir *Messe*, 1 ; *Plain-chant*, 2.

Ordinateur. Les ordinateurs ont fait leur apparition sur le marché en 1951. Leurs applications musicales se sont révélées nombreuses et continuent à se multiplier. Dans le domaine de la musique imprimée, des améliorations régulières permettent maintenant de produire des partitions qui ont la clarté et la précision de leur homologues gravées de façon traditionnelle. La principale source de difficultés provient du besoin de traduire tous les éléments de notation en créant un code convenant à l'entrée dans l'ordinateur. On a élaboré un certain nombre de systèmes de codages spéciaux pour y parvenir, notamment le DARMS (Digital Alternate Representation of Musical Scores = Représentation digitale alternative de partitions de musique), résultat de recherches menées à Queens College, à New York. Il faudra cependant attendre plusieurs années encore pour que la musique imprimée par ordinateur se diffuse largement, car les éditeurs semblent réticents à s'aventurer dans une technologie aussi nouvelle et complexe.

La recherche musicale est une autre sphère qui a su tirer profit de l'ordinateur, à la fois comme moyen de cataloguer le matériel de référence et comme aide à l'analyse musicale. Les ordinateurs sont bien adaptés aux tâches répétitives et constituent ainsi l'outil idéal pour l'étude de certaines caractéristiques telles que la fréquence et la répartition des éléments musicaux au sein d'une ou de plusieurs partitions. On a pu notamment réaliser des recherches statistiques consacrées au contour des hauteurs et aux schémas des durées sur un éventail de matériels musicaux datant de diverses époques de l'histoire. L'information obtenue est susceptible d'être étudiée avec le plus grand soin car l'ordinateur ne peut porter de jugements de valeur sur le choix des détails qui ont une importance musicale ou non. La possibilité de tester ainsi de nombreuses données a néanmoins conduit à plusieurs découvertes intéressantes en ce qui concerne le style musical qui, jusqu'alors, avaient échappé à l'attention. L'analyse assistée par ordinateur a donné des résultats particulièrement convaincants dans le domaine de la musique du Moyen Age et de la Renaissance, en identifiant les caractéristiques fondamentales de variation et d'invention qui infusent dans l'écriture mélismatique des parties. On rencontre moins de problèmes en transcrivant pour ordinateur des sources de musique anciennes. Un simple système de codage des hauteurs et des durées suffit généralement à ce genre d'examen. La musique des siècles suivants est fondamentalement plus complexe et requiert un code aussi sophistiqué que celui qui est nécessaire à l'impression de partitions, par exemple le DARMS.

On a parfois tenté de renverser le processus de l'analyse par ordinateur pour synthétiser de nouvelles œuvres dans le style du compositeur concerné. Ces projets n'ont pas été très concluants car, quelle que soit la façon dont les données analytiques sont détaillées, l'ordinateur ne peut reproduire l'inspiration créatrice du compositeur à partir d'un groupe de données statistiques. A une échelle moindre, on a néanmoins obtenu quelques succès dans la reconstitution de parties manquantes dans certaines sources manuscrites, reconstitutions qui sont non seulement correctes sur le plan grammatical, mais encore plausibles sur le plan musical.

En termes d'informatique, cette analyse « renversée » constitue une transition relativement modeste vers la sphère de la composition assistée par ordinateur, où les compositeurs eux-mêmes utilisent les ressources de la machine pour engendrer du matériel et l'incorporer à leurs œuvres. Cette méthode de travail implique la conception de programmes pour calculer les résultats détaillés d'une série de propositions musicales, par exemple la fréquence et la répartition des événements selon un ensemble de probabilités. L'un des premiers exemples de composition assistée par ordinateur est la *Suite Illiac* pour quatuor à cordes, réalisée par Lejaren Hiller et Leonard Isaacson à l'Université d'Illinois en 1957. En l'occurrence, l'ordinateur a servi à produire les parties sous la forme d'un code imprimé, transcrit ensuite à la main en partition conventionnelle. D'autres compositeurs ont ensuite élaboré leurs propres techniques, notamment Iannis Xenakis qui a produit plusieurs œuvres pour orchestre avec l'aide de l'ordinateur IBM 7090.

L'utilisation de l'ordinateur comme agent actif de la production sonore constitue le domaine le plus vaste et le plus important de ses applications musicales. En 1957, Max Mathews a entrepris des recherches dans le domaine de la synthèse sonore par ordinateur, aux Bell Telephone Laboratories, dans le New Jersey. La technique qu'il a employée, connue sous le nom de synthèse directe, implique le calcul des caractéristiques des ondes requises sous la forme d'une série régulière d'approximations ou d'exemples numériques. Elles sortent de l'ordinateur par un convertisseur de calcul digital en calcul analogique qui reconvertit le nombre en tension électrique, créant une représentation échelonnée du matériel sonore. L'onde sonore qui en résulte est ensuite rendue audible par l'intermédiaire d'un amplificateur et d'un haut-parleur. Il est important que les phases soient très petites car l'oreille est sensible à ce genre d'irrégularités dans une onde synthétisée. En pratique, on parvient à des enregistrements qui sont à la fois exacts numériquement et conçus pour des fréquences au moins deux fois supérieures à la plus haute fréquence qui peut se présenter comme composante des sons eux-mêmes. Un équipement audio de bonne qualité reproduit des fréquences pouvant atteindre 15 000 Hz. Tout système digital de synthèse d'une fidélité équivalente doit donc fournir 30 000 échantillons par seconde de matériel sonore, ce qui est lourd pour l'ordinateur car la valeur de chaque échantillon peut être elle-même le résultat de nombreux calculs. Comme l'intervalle de temps entre les échantillons est très court, la machine ne peut effectuer qu'un nombre limité d'opérations avant d'avoir à communiquer la valeur suivante, ce qui restreint considérablement la complexité du matériel que l'on peut synthétiser de cette manière.

Mathews a surmonté ce problème en divisant le processus de synthèse en deux phases, la première se limitant au calcul de toutes les valeurs d'échantillons requises pour un passage musical complet quelle que soit la période de temps, et la seconde se limitant à leur transmission à l'auditeur. En raison du grand nombre de données produites au cours de la première phase, les valeurs des échantillons sont accumulées sur un dispositif de stockage auxiliaire comme une bande magnétique ou un disque. Pendant la seconde phase, ces valeurs sont récupérées par l'ordinateur et transmises au convertisseur au rythme voulu. Le temps qui s'écoule entre le début du processus de calcul et l'audition des résultats est souvent considérable, parfois vingt ou trente minutes pour chaque minute de son réel. Ce retard forcé est un inconvénient car les compositeurs de musique électronique sont généralement habitués à des dispositifs de production sonore qui répondent instantanément. Toutefois, les multiples facilités qu'offre un système digital fournissent de nombreuses compensations.

MUSIC4, la première version définitive du programme de synthèse directe de Mathews, a été achevée en 1962. Cette version a servi de modèle à une famille de dérivés, mis au point au fil des années par Mathews et d'autres informaticiens. La plupart de ces programmes nécessitent de gros ordinateurs, qu'on ne peut trouver que dans des institutions importantes. Toutefois, une ou deux versions, comme MUSIC11 mis au point par Barry Vercoe au Massachusetts Institute of Technology au milieu des années soixante-dix, ont très bien fonctionné sur des ordinateurs beaucoup plus petits, coûtant à peine plus cher qu'un gros synthétiseur. Les concepts d'« orchestre » et de « partition » se retrouvent dans tous ces programmes. En utilisant un système de codage particulier, le compositeur prépare un plan structurel pour un synthétiseur imaginaire utilisant des blocs de construction appelés générateurs d'unités. Ce sont des simulations par ordinateur du matériel que l'on trouve communément dans les systèmes classiques comme les générateurs sonores pour fournir des sources originales et des dispositifs de traitement afin de former et d'intensifier ces sons. Le choix et l'organisation de ces générateurs d'unités s'effectuent avec une liberté considérable, car ils se composent de programmes de calcul faciles à modifier en fonction des besoins. Cette donnée, que l'on peut comparer au choix des instruments pour une œuvre traditionnelle, est placée dans « l'orchestre » comme un dossier d'instructions types. La « partition », comme son nom l'indique, sert à fournir des données d'exécution comme la synchronisation et les montages associés pour les générateurs d'unités. Une fois ces détails fournis à l'ordinateur, le principal programme MUSIC les traduit en langage machine et supervise la production des valeurs d'échantillons qui en résultent.

Les programmes MUSIC sont spécialement adaptés aux besoins de compositeurs avides de détails précis, comme s'ils écrivaient une partition traditionnelle. On a parfois relié directement des programmes de composition à ces installations de synthèse, mais l'expérience ne s'est pas généralisée. Un certain nombre d'autres programmes de synthèse directe ont été élaborés en incorporant des dispositifs de composition, par exemple le système POD (POisson Distribution) mis au point par le Canadien Barry Truax. Mais la gamme des dispositifs de synthèse est, en général, volontairement réduite pour limiter la complexité des calculs de probabilité.

Une autre méthode de synthèse, la synthèse hybride, s'est imposée avec succès dans les années soixante-dix. L'ordinateur est alors utilisé pour faire fonctionner un système séparé de dispositifs électroniques et n'est ainsi qu'indirectement impliqué dans la production sonore. Ce détachement réduit considérablement le fardeau de l'ordinateur lui-même. Des informations de contrôle digital, sous forme de schémas numériques, sont décodées en tension électrique et transmises au dispositif individuel par un réseau de convertisseurs digital/analogique. Le taux de production d'échantillons est assez modeste par rapport aux méthodes de synthèse directe, ce qui réduit de façon significative les délais entre l'entrée des instructions et l'audition des résultats. On peut aussi utiliser des ordinateurs relativement petits pour faire fonctionner les systèmes les plus importants.

Mathews lui-même a réalisé l'un des premiers systèmes hybrides, le GROOVE, aux Bell Telephone Laboratories, en 1970. L'équipement de synthèse se composait de générateurs sonores classiques et de dispositifs de traitement montés sur des cartes interchangeables. Cette caractéristique modulaire a permis de modifier la configuration du système avec un minimum de difficulté. On entrait les instructions de fonctionnement de l'ordinateur de contrôle par l'intermédiaire d'un terminal de machine à écrire. Pour faciliter la préparation, les schémas résultants des dispositifs pouvaient être étudiés sous forme graphique sur un écran de visualisation. Durant l'exécution, les effets de ces schémas sur l'équipement de synthèse pouvaient être modifiés par certaines aides manuelles. Le compositeur pouvait ainsi jouer le rôle de chef d'orchestre, en influençant l'interprétation de son œuvre sans jouer toutes les parties lui-même.

Un autre système hybride, MUSYS, a été mis au point la même année par Peter Zinovieff dans son studio privé de Londres. Comme pour le GROOVE, on pouvait entrer les instructions de fonctionnement par un terminal. En outre, on pouvait entrer progressivement des données de contrôle par l'intermédiaire d'une console spéciale à boutons poussoirs reliée à l'ordinateur et aux dispositifs eux-mêmes. On pouvait ainsi développer des idées en faisant des expériences directement avec l'équipement de synthèse, l'ordinateur enregistrant les schémas de contrôle associés pour les incorporer ensuite dans une œuvre complète. Mais GROOVE et MUSYS ont été démantelés vers la fin des années soixante-dix. Un troisième système, mis au point au studio de la Radio suédoise à Stockholm en 1972, est encore utilisé. Il offre une gamme très vaste de possibilités de programmation et donne au compositeur le choix de travailler soit avec des instructions de contrôle de dispositifs simples, identiques à celles employées par GROOVE et MUSYS, soit avec des programmes de composition plus élaborés prenant en considération les notions de timbre et de complexité rythmique.

Au cours des années soixante-dix, les progrès rapides de la technologie digitale ont abouti à l'invention de la puce de silicium, qui permet de fabriquer des circuits complexes occupant un espace réduit à un coût très inférieur à celui des composants classiques. Le micro-ordinateur est né ensuite ; il offre de nombreuses possibilités réservées jusqu'alors aux gros ordinateurs et il a permis d'explorer de nouvelles voies d'accès dans la forme des systèmes de synthèse. Les fabricants de synthétiseurs se sont tout particulièrement intéressés à l'emploi des systèmes de contrôle des micro-ordinateurs pour intensifier les capacités des modèles existants. Néanmoins, le rythme même de l'évolution technologique a rapidement éclipsé l'exploration plus ample de la synthèse hybride, car le potentiel de la puce de silicium a permis de construire des circuits digitaux destinés à remplacer directement les circuits de synthèse eux-mêmes. Cette approche, appelée synthèse digitale mixte, a pris de plus en plus d'importance car les améliorations apportées régulièrement aux modèles de microcircuits, en particulier leur vitesse de fonctionnement, ont élargi progressivement leur domaine d'utilisation. Comme dans le cas des systèmes de synthèse directe, des convertisseurs digital/analogique de haute qualité sont nécessaires pour convertir les signaux numériques engendrés par ces dispositifs en tensions équivalentes, avant leur sortie vers l'auditeur. Le système de contrôle d'un tel équipement, généralement un petit ordinateur, communique directement avec les dispositifs, car contrairement aux systèmes hybrides, aucune conversion immédiate de valeurs de données n'est nécessaire.

L'un des premiers modèles, VOCOM, a été mis au point par Zinovieff en 1972. Il se compose d'un groupe de générateurs sonores digitaux liés au système d'ordinateur habituellement utilisé pour contrôler MUSYS. Un modèle plus important conçu par Giuseppe di Giugno à l'IRCAM (Paris) permet le traitement de signal grâce a un processus numérique en temps réel (le 4 X). Un troisième système non commercial, le synthétiseur SSSP, mis au point à l'Université de Toronto par Bill Buxton à la fin des années soixante-dix, offre en outre la possibilité d'*entrées graphiques, où les données peuvent être projetées sur écran en utilisant un crayon lumineux. Les modèles commerciaux ont fait leur apparition en 1975 avec le Synclavier, placé sur le marché par la New England Digital Corporation. Les autres fabricants lui ont vite opposé des produits rivaux, notamment le Fairlight d'Australie qui a fait son apparition en 1978, et le Crumar et le Con Brio qui ont été lancés aux États-Unis peu de temps après. Tous ces systèmes ont été conçus en pensant à l'exécutant, avec des claviers musicaux comme principal moyen de contact. Toutefois, les possibilités de synthèse sont quelque peu restreintes car il faut utiliser des circuits qui peuvent être appelés à répondre instantanément. Néanmoins, chaque nouvelle version récolte les bénéfices des dernières améliorations technologiques. Il est normalement possible de composer sérieusement à partir d'un terminal à clavier de machine à écrire, ce qui permet d'entrer des instructions en utilisant le code de contrôle du dispositif interne. Le contrôle visuel d'enregistrement est devenu une caractéristique courante. Le Fairlight se distingue surtout par son système de crayon lumineux d'une grande souplesse d'utilisation, permettant d'entrer les données d'une manière comparable à celle offerte par le synthétiseur SSSP. La synthèse digitale mixte, même sous une forme élémentaire, peut maintenant être obtenue en option sur les ordinateurs domestiques. Un certain nombre de fabricants ont produit des logiciels musicaux pour le micro-ordinateur Apple II. Ils produisent des timbres simples par l'intermédiaire d'un convertisseur digital/analogique en réponse à un programme de hauteurs de son et de durées. En outre, certains programmes visualisent la « partition » dans la notation conventionnelle sur un écran de télévision, fournissant ainsi un excellent moyen pour apprendre les rudiments de la musique.

Les systèmes de synthèse directe, comme la famille des programmes MUSIC, restent encore le moyen le plus souple de composition sonore, même si l'on déplore un délai important pour obtenir les résultats. Toutefois, il est probable que la technologie prendra le dessus en l'espace de quelques années.

Peter Manning.

BIBLIOGRAPHIE : Frank Brown, *La Musique par ordinateur*, PUF, coll. Que-sais-je ? (Paris, 1982). Tod Machover, *Quoi, quand, comment ? la recherche musicale*, IRCAM-Christian Bourgois (Paris, 1985).

Ordo (lat., pl. : *ordines*). Répétition de formules rythmiques, sous forme de séquences (théorie musicale du XIIIe siècle). Voir *Notation*, 3.

Ordre. Voir *Suite*.

Oreille et audition

1. Description physique
2. Perception de la hauteur du son
3. Oreille absolue
4. Interactions sonores
5. Perception de l'intensité sonore
6. Audition directionnelle
7. Défauts d'audition et surdité.
8. Formation de l'oreille musicale

Au cours de ces dernières années, les études scientifiques de l'oreille humaine et des différentes façons dont le cerveau analyse et interprète les sons (psychoacoustique) ont sensiblement avancé. Toutefois, le sujet est si complexe que chaque nouvelle découverte étonne encore davantage les chercheurs, en raison du pouvoir de discrimination de l'audition humaine et de tout ce qu'il leur reste encore à découvrir. Les remarques qui suivent ne font que résumer l'état actuel des connaissances en ce qui concerne les aspects relatifs à la musique (exécution et reproduction).

1. *Description physique*. Les différentes pressions qui, dans l'air, constituent les ondes sonores (voir *Acoustique*) entrent dans l'oreille par les ouvertures situées de chaque côté du crâne (Fig. 1). On considérait autrefois que la protubérance de chair apparente ou « pavillon » (A) ne jouait pas un rôle important dans le processus auditif : nous ne pouvons pas bouger nos oreilles pour les diriger vers les sources sonores comme le font la plupart des animaux. On sait toutefois aujourd'hui que l'effet collecteur ou canalisateur du pavillon est positif : son aspect avancé, et même ses plis et ses arêtes, aident à localiser la direction des sons. Le canal auditif ou « méat » (B) mesure environ 2,5 cm et se comporte un peu comme un tuyau d'orgue, résonant pour augmenter l'acuité auditive dans le registre des hautes et des moyennes fréquences, approximativement 2 000-5 500 Hz.

Le canal auditif est fermé à son extrémité interne par un mince diaphragme de peau tendue appelé tympan ou « membrane tympanique » (C) qui vibre sous l'influence des changements de pression de l'air. Chose curieuse, lorsque l'on parle, le déplacement du tympan ne dépasse pas le diamètre d'une molécule d'hydrogène. Le tympan forme une cloison entre l'oreille externe et l'oreille moyenne, cavité qui est en communication avec l'atmosphère par l'intermédiaire de la trompe d'Eustache (H). Cette dernière aboutit à la cavité buccale et bien qu'elle soit normalement fermée, elle s'ouvre sous pression ou lorsque l'on avale pour égaliser les pressions moyennes des deux côtés du tympan. Il risque aussi de se crever si la pression de l'air ambiant change trop violemment, notamment lorsque l'on fait de l'escalade en montagne. Dans l'oreille moyenne est suspendu un système de leviers comprenant trois os minuscules ou « ossicules » (D), les plus petits du corps humain. Ces ossicules servent de dispositif de protection : un mécanisme musculaire les écarte dès d'un bruit fort et soudain se fait sentir, au moment même où d'autres muscles resserrent la tension sur le tympan. Toutefois, leur principale fonction consiste à transmettre les vibrations du tympan à l'oreille interne et à utiliser le principe du levier (amplificateur de la force) pour augmenter l'efficacité. En même temps, les leviers osseux agissent comme un dispositif d'égalisation, un peu

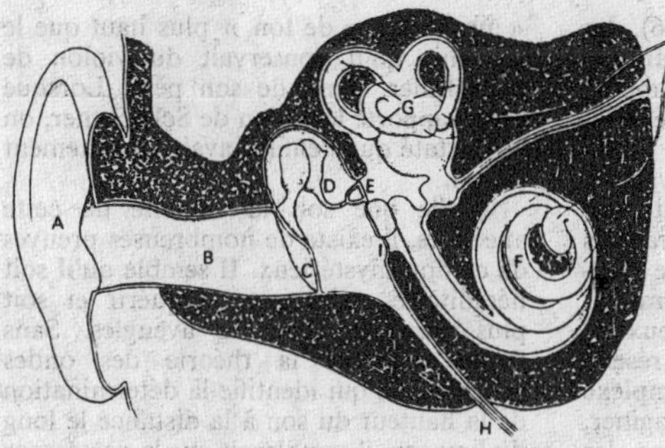

Fig. 1. Schéma en coupe de l'oreille droite : A, pinna ; B, méat ; C, tympan ; D, ossicules ; E, fenêtre ovale ; F, limaçon ; G, canaux semi-circulaires ; H, trompe d'Eustache ; I, fenêtre ronde.

à la façon d'un transformateur pour les signaux électriques.

Les trois ossicules portent des noms qui décrivent leur forme générale. Le « marteau » est attaché à la surface interne du tympan et bascule pour transmettre les vibrations sonores tout d'abord à l'« enclume », puis à l'« étrier ». Ce dernier os est à son tour attaché à une autre membrane, appelée la « fenêtre ovale » (E), qui conduit à un labyrinthe complexe encastré dans le crâne. Une partie de ce labyrinthe se compose de canaux semicirculaires (G) qui fournissent le sens de l'équilibre, mais la portion liée à l'audition ressemble à une coquille d'escargot et s'appelle le « limaçon » (F). Ce tube enroulé est rempli d'un fluide et comporte une cloison centrale qui le partage effectivement en deux galeries en spirale reliées entre elles par une toute petite ouverture à l'extrémité effilée. La fenêtre ovale se trouve dans la galerie supérieure et ses vibrations mettent le fluide en mouvement ; il y a une membrane analogue – « fenêtre ronde » (I) – dans la galerie inférieure pour permettre le déplacement du fluide incompressible.

La cloison du limaçon est de construction compliquée et contient environ 2 400 fibres échelonnées en longueur comme les cordes d'une harpe. Ces fibres sont reliées à des terminaisons nerveuses et au nerf auditif, formant le lien final avec le cerveau. Les savants sont absolument certains que la sensation que l'on appelle audition provient du mouvement des fibres. Ils admettent aussi que la détection de sons de différentes hauteurs (fréquence de vibration) est liée à la distance le long de la cloison, mais le mécanisme précis a été la cause de très nombreuses controverses.

2. *Perception de la hauteur du son.* Helmholtz avance une théorie très raisonnable selon laquelle les fibres elles-mêmes seraient accordées sur différentes fréquences et répondraient ainsi de façon sélective aux fréquences présentes dans le mouvement du fluide. On peut établir un parallèle avec l'expérience qui consiste à chanter près d'un piano en mettant la pédale forte pour dégager les étouffoirs des cordes. On découvre que seules les cordes accordées sur la note chantée ou ses harmoniques sont mises en vibrations sympathiques et continuent à sonner après l'arrêt de la voix. La confirmation de cette théorie semble venir d'une preuve médicale : la perte d'audition dans différentes tessitures s'accompagne d'une dégradation de la structure des fibres en des points prévus le long de la cloison.

Toutefois, des découvertes ultérieures ont révélé qu'en fait les fibres ne sont pas libres de vibrer et une explication plus probable est donnée par la théorie des ondes progressives de Georg von Bekesy, qui lui a valu le prix Nobel en 1961. Cette théorie pose en postulat qu'une impulsion sonore envoie une onde le long du limaçon dont l'amplitude s'élève à un maximum en un certain point, puis se dissipe rapidement. Bekesy a découvert que ce point d'amplitude maximum variait avec la fréquence, proche de la base du limaçon pour les hautes fréquences et à proximité du sommet pour les basses fréquences – comme l'avait également découvert Helmholtz (voir *Acoustique*, 6). La gamme de fréquences audibles pour une oreille jeune et fine couvre un rapport d'environ 1 000 pour 1, c'est-à-dire 20 à 20 000 Hz.

On aborde alors le vrai mystère ; comment les signaux sonores qui sont restés jusqu'alors sous forme de vibrations mécaniques prennent-ils une forme électrochimique pour stimuler les terminaisons nerveuses ? Le système nerveux de l'homme se comporte comme un réseau téléphonique, mais il est plus complexe que ce que l'homme a jamais pu imaginer. De même, le code employé dans les pulsations électrochimiques qui vont jusqu'au cerveau doit être d'une incroyable complexité, puisque l'on peut reconnaître instantanément non seulement des notes individuelles de la gamme musicale, mais encore différents instruments de musique et même différents exécutants, tandis que le cerveau décode joyeusement des millions et des millions d'autres impulsions qui lui sont envoyées par nos cinq sens.

La faculté d'établir une discrimination entre des notes de hauteur pratiquement identique varie selon les individus et peut, dans une certaine mesure, s'améliorer par la pratique. L'intervalle musical de base d'un demi-ton a évolué dans la musique occidentale et correspond à un changement de fréquence d'environ 25% (voir *Acoustique*). Comme l'étendue de l'audition humaine couvre une dizaine d'octaves et qu'il y a douze demi-tons dans chaque octave, nous avons à déchiffrer 120 notes de musique. En fait, une oreille fine peut différencier environ 1 400 différentes hauteurs de son. La discrimination est plus fine dans la gamme moyenne de fréquences utilisée en musique, environ 500-4 000 Hz, où moins d'un trentième de demi-ton peut être détecté. Néanmoins, sur les notes très graves, la discrimination tombe à environ un sixième de ton.

3. *Oreille absolue.* Certaines personnes, qui ne sont pas forcément musiciennes, sont capables d'identifier ou de nommer toute note entendue ou de chanter n'importe quelle note à volonté, sans avoir besoin qu'on leur donne le la. Cette faculté s'appelle l'oreille absolue ou parfaite et était l'apanage du jeune Mozart : à l'âge de sept ans, il était capable de dire que le violon sur lequel il jouait était accordé « un huitième de ton » plus haut que le souvenir qu'il conservait du violon de Schachtner, l'ami de son père. Lorsque l'on a apporté le violon de Schachtner, on a constaté que l'enfant avait parfaitement raison.

Quelle que soit la véracité de cette anecdote, il existe de nombreuses preuves de ce don mystérieux. Il semble qu'il soit héréditaire, ne puisse s'acquérir et soit plus fréquent chez les aveugles. Sans perdre de vue la théorie des ondes progressives qui identifie la détermination de la hauteur du son à la distance le long du limaçon, il semblerait que le possesseur de l'oreille absolue puisse facilement « placer » une sensation musicale en position le long du canal, comme d'autres personnes peuvent dire quel doigt est touché ou situer un point de contact physique à n'importe quel endroit du corps.

4. *Interaction des sons.* Les sons qui se composent d'une seule fréquence sont l'exception et non la règle (voir *Acoustique*, 5 et 6). Il est donc intéressant de connaître la façon dont l'oreille répond à plusieurs sons simultanés. Les musiciens peuvent certainement développer des pouvoirs de sélection étonnant, être capables d'isoler chaque note d'un accord et l'attribuer à un instrument spécifique ou à un endroit de la gamme – et, dans les écoles de musique, une grande part de la formation auditive est consacrée au développement de ce talent.

Dans le cas particulier où deux sons ne sont séparés que de quelques Hertz, l'effet produit est souvent celui d'une seule note à une hauteur intermédiaire dont l'intensité varie. La fréquence de cette fluctuation, ou « battements », est la différence entre les deux fréquences musicales. L'écoute et même le décompte des battements entrent dans le domaine de l'accordeur de piano et font naturellement partie du processus d'accord de tous les instruments.

Lorsque les deux sons sont séparés de plus de 20 Hz, la sensation de battements tend à disparaître. Toutefois, lorsque les sons sont forts, un nouveau processus entre en jeu, par lequel la fréquence différentielle elle-même devient un troisième son distinct. Il faut également tenir compte de ce phénomène dans l'accord. Par exemple, lorsqu'un violoniste met en vibration deux cordes adjacentes simultanément, il crée un maximum de sons de fréquence différentielle lorsque les fondamentales (et les harmoniques) des deux cordes forment une quinte. La génération de ces sons différentiels est aussi étroitement liée avec la consonance ou la dissonance subjective d'intervalles de hauteur donnée. Pour ne prendre que le simple cas d'une octave juste, lorsque la³ (440 Hz) et la⁴ (880 Hz) sonnent simultanément, la fréquence différentielle est 440 Hz, donc agréablement consonante. En désaccordant l'une des deux notes de quelques Hertz, on obtient une fréquence différentielle discordante. (Voir également la « fondamentale subjective » dans *Acoustique*, 8.)

Un autre aspect de l'interaction des sons est l'assourdissement d'un son par un autre. Un son qui en masque un autre réduit notre faculté d'entendre l'autre, de telle sorte que ce dernier sonne plus faiblement qu'en situation normale ou peut même tomber au-dessous du seuil d'audibilité. En règle générale, un son donné masque plus facilement les sons aux fréquences hautes que ceux aux fréquences basses, mais cette remarque ne s'applique qu'à de hautes intensités. On se contentera ici de dire que ce phénomène d'assourdissement est complexe et explique en grande partie pourquoi la musique enregistrée semble peu naturelle, sauf lorsqu'elle est reproduite à peu près à la même dynamique que l'original.

Le fait d'être exposé à un son fort, comme une explosion, crée un assourdissement temporaire et un décalage qui ressemble à une perte temporaire d'audition ou à une fatigue auditive. Il faut parfois beaucoup de temps avant que l'audition ne redevienne normale, et chaque exposition à des bruits plus forts où plus longs augmente la fatigue.

5. *Perception de l'intensité sonore.* On peut attribuer à G. T. Fechner l'idée d'élaborer une gamme d'intensité sonore, tout à fait comparable à la gamme des hauteurs de son ; elle repose sur un dégré unitaire de « différences justes perceptibles ». E. Weber a approfondi cette idée et découvert que pour tous nos sens, y compris l'audition et le toucher, on ne peut établir de différences entre des stimuli d'intensité différente, à moins que l'un d'entre eux soit au moins 25% plus intense que l'autre. On obtient ainsi un degré donné d'intensité sonore perçue qui correspond à 125/100 (pour une différence juste perceptible) et pas simplement en ajoutant un montant donné. C'est ce que les mathématiciens appellent une relation logarythmique, plutôt que linéaire. Il ressort, par exemple, qu'en multipliant l'intensité sonore par dix, la sensation de force est à peu près multipliée par deux. Pour doubler encore cette force, il faut à nouveau multiplier par dix, etc. Des recherches plus récentes laissent supposer que la gamme Weber-Fechner est une simplification abusive de la véritable réponse de l'oreille à des intensités sonores de plus en plus importantes. Toutefois, elle a suffisamment résisté à l'épreuve du temps pour constituer la base de la gamme des décibels (voir *Acoustique*, 11). L'audition humaine couvre une gamme d'intensités phénoménale, la pression sonore la plus bruyante étant plusieurs millions de millions de fois plus élevée que celle du son le plus calme que l'on peut entendre (un rapport de 10^{12} à 1).

La magnitude des signaux sonores qui vont de l'oreille interne au cerveau ne varie pas énormément. Ces signaux n'imitent pas la forme de l'onde sonore d'origine. Un transducteur complexe appelé organe de Corti se trouve sur un côté de la membrane basilaire et convertit les vibrations mécaniques reçues en impulsions électriques. Ces impulsions sont codées d'une certaine manière avant de passer le long du nerf auditif pour que le cerveau puisse déchiffrer les fréquences et les intensités présentes. Ce codage des impulsions peut paraître inutile, mais, comme l'ont découvert les savants de l'espace et les ingénieurs en communications, la transmission de pulsations est beaucoup moins sensible aux interférences et aux distorsions que la transmission « analogique » ordinaire.

Les pulsations sont créées par l'échauffement ou l'excitation des cellules nerveuses et le nombre total de nerfs « s'échauffant » constitue apparemment une mesure de l'intensité sonore. Le fait que chaque cellule nerveuse mette environ un millième de seconde à se recharger définit certaines limites de l'oreille humaine en ce qui concerne la hauteur de son et la force du son. Il apparaît, par exemple, que les sons doivent durer environ un cinquième de seconde pour que l'oreille en enregistre toute la force et que des sons de plus courte durée semblent plus doux que ne le suggère leur intensité maximale enregistrée.

6. *Audition directionnelle.* A une époque où la radiogoniométrie et l'enregistrement stéréophonique se sont largement répandus, il semble évident que l'oreille humaine est capable de localiser ou de pressentir la direction d'une source sonore en comparant le son qui arrive aux deux oreilles. Si quelqu'un se tient juste en face de soi et bat des mains, le son atteint les deux oreilles au même moment et à la même intensité. Le cerveau n'a aucun problème à déterminer que le son est émis juste en face de soi. (En pratique, si le sujet de l'expérience avait les yeux bandés, il pourrait y avoir une confusion pour déterminer si la source sonore est juste devant ou juste derrière lui.)

En déplaçant la source sur la gauche, le son atteindra l'oreille gauche plus tôt que la droite, ce qui aidera à déterminer sa direction. Il sonnera également plus fort dans l'oreille gauche que dans la droite, pas tant en raison d'une perte d'intensité due à la petite distance supplémentaire à parcourir mais parce que la tête constituera un obstacle sur le chemin de l'onde sonore et formera une masque sonore dans la région de l'oreille droite. Cette simple remarque fait ressortir deux facteurs qui pourraient expliquer l'audition directionnelle, le retard et la différence d'intensité. Les recherches scientifiques ont établi que les deux facteurs jouaient un rôle en liaison avec un troisième élément qui consiste en un genre de différence de timbre. Cette dernière différence provient du filtrage des hautes fréquences dû à l'effet d'obstacle de la tête, qui augmente progressivement lorsque l'on monte dans la gamme de fréquences (longueurs d'ondes plus courtes).

En fait, comme l'effet de masque se produit pour les fréquences les plus basses, il a été prouvé que le retard était la principale méthode de localisation au-dessous de 1 000 Hz environ. De même, la différence d'intensité est très sensible à partir de 4 000 Hz et plus. Toutefois, il y a une région de fréquences moyennes dans laquelle des erreurs se produisent souvent. Dans la nature, tous les animaux, y compris les humains, font un léger mouvement de la tête pour aider le cerveau à confirmer la véritable localisation d'une source sonore.

La faculté du cerveau à déduire la localisation d'une source sonore en comparant les sons perçus par les deux oreilles est plus précise dans le plan vertical que dans le plan horizontal. Cela s'accorde bien avec l'instinct de conservation si fort au début de l'évolution du genre humain. Toutefois, la faculté d'écoute sélective, en ignorant ou en supprimant partiellement une source sonore et en concentrant l'« oreille interne » sur une source préférée, a également ses avantages à notre époque, comme l'indique sur surnom – l'effet « cocktail party ». Cette subjectivité est l'un des nombreux effets subtils que la science reste jusqu'à présent incapable d'expliquer de façon satisfaisante.

7. *Défauts d'audition et surdité.* Dans le monde de la musique, on pense d'abord à l'effet dévastateur de la surdité sur des personnalités aussi importantes que Beethoven et Fauré. En fait, un certain degré d'altération auditive affecte de nombreuses personnes de tous âges et l'on ne peut que compatir à leur sentiment d'isolement – que traduit de façon si poignante Helen Keller, la plus célèbre victime de la surdité et de la cécité qu'elle avait contractés avant l'âge de deux ans : « Je suis aussi sourde qu'aveugle. Les problèmes de la surdité sont plus profonds et plus complexes... car elle implique la perte du stimulus le plus vital – le son de la voix qui porte le langage, anime les pensées et nous garde dans la compagnie intellectuelle de l'homme. »

L'attaque soudaine de la surdité est assez rare alors que la détérioration auditive est généralement un processus progressif. La définition médico-légale de la surdité totale fait mention d'une incapacité à entendre les fréquences de conversation inférieures à un niveau moyen de 82 dB (voir *Acoustique*, 11). Une audition dite normale permet de détecter des sons jusqu'à 15 dB. L'incapacité d'entendre des sons d'une force normale s'accompagne souvent également d'effets secondaires angoissants. La qualité des sons est déformée, la conversation indistincte et des bourdonnements ou des tintements intermittents viennent interférer. Schumann et Smetana souffraient d'un son ininterrompu imaginé.

Deux types de perte d'audition peuvent survenir : des pertes de conduction aérienne (surdité de transmission), survenant dans les mécanismes de l'oreille externe et de l'oreille moyenne, et des pertes neurosensorielles (surdité de perception) dans l'oreille interne et le nerf auditif. Les pertes de conduction aérienne affectent toutes les fréquences. La cause la plus courante est la cire accumulée et durcie dans le canal auditif ; le traitement approprié consiste évidemment en un nettoyage approfondi. Les infections ou accumulations de fluide dans l'oreille moyenne sont plus sérieuses et requièrent un traitement par antibiotiques ou chirurgical.

Les pertes neurosensorielles peuvent affecter tous les sons ou seulement une étroite bande de fréquences et sont extrêmement difficiles, voire même impossibles à traiter médicalement. Ce type de défection auditive est un risque du grand âge et, en fait, tout le monde peut s'attendre en vieillissant à une perte d'audition progressive, particulièrement aux hautes fréquences. Le fait que, dans la forêt vierge, les membres des tribus connaissent en vieillissant une perte d'audition moins importante que les citadins peut se rapprocher du bombardement sonore permanent de nombreuses situations de la vie moderne. La surdité neurosensorielle peut également provenir d'une exposition à de violentes explosions ou même à un environnement continu de bruit industriel, parfois – il faut oser le dire – de bruit musical trop intense.

Ces cas de surdité partielle ou totale sont moins dociles à l'assistance d'un dispositif d'aide auditive. Une main placée en forme de coupe derrière l'oreille donne une amplification sonore d'environ 6 dB en recueillant simplement davantage d'énergie sonore rayonnée et en la dirigeant dans l'oreille. Le cornet acoustique, tel que l'utilisait Beethoven, produit un renforcement de 10 à 15 dB et il existait autrefois plusieurs autres dispositifs pour dériver la voie de conduction aérienne détériorée par une conduction osseuse directe (par l'intermédiaire des dents ou du crâne). Les dispositifs d'aide auditive modernes font appel à une chaîne miniaturisée microphone-amplificateur-haut-parleur et peuvent donner un renforcement allant jusqu'à 60 dB. Ils peuvent s'avérer très efficaces dans le cas de perte de conduction aérienne, mais comme ils se concentrent sur les fréquences importantes de la conversation, entre 400 et 3 000 Hz, ils produisent rarement un équilibre satisfaisant pour la musique, qui sonne grêle ou déformée.

Le bruit excessif peut être à la fois dangereux et irritant. De nombreux pays ont maintenant des lois qui visent à réduire les deux domaines de trouble les plus importants, le bruit ambiant ou « communautaire » qui afflige tant les régions urbaines, et la trajectoire de vol des avions ainsi que le bruit industriel qui met en danger les ouvriers. Les réactions extrêmement divergentes des individus ne facilitent ni la rédaction des lois ni la mise en œuvre de mesures de sauvegarde. Les niveaux et les spectres d'intensité physique peuvent être mesurés et spécifiés avec une précision suffisante. Toutefois, le désagrément provient non seulement de niveaux d'intensité mesurés mais également de nombreux stimuli non acoustiques. Le désagrément augmente proportionnellement à l'intensité du bruit – les fréquences supérieures à 1 000 Hz sont plus gênantes que les fréquences inférieures – les bruits intermittents, irréguliers ou rythmiques étant pires que les bruits réguliers, les bruits contenant des sons ou impulsions pures étant particulièrement gênants, etc. Le contexte social joue également un rôle important ; il est gouverné par les différentes heures de la journée et le type de voisinage.

Comme les niveaux sonores sont normalement fluctuants, on a recours à un concept appelé Niveau sonore continu équivalent (Equivalent Continuous Sound Level, LEQ). On peut le considérer comme le bruit continu ayant la même énergie acoustique totale que le bruit réel mesuré pendant la même période. Il joue un rôle important dans l'évaluation du risque de perte auditive. Ainsi au Royaume-Uni, un niveau LEQ de 90 dB pour une journée de travail de huit heures est la dose de bruit maximum autorisée, avec une limite de dépassement de 135 dB qui ne doit jamais être outrepassée. Alors que les chaudronniers semblent conscients de ces règlements, il est triste de constater que les musiciens et les ingénieurs du son ne le sont pas – et les cas de perte d'audition temporaire, voire même permanente, sont de plus en plus courants, les instruments de musique électronique, les amplificateurs et les haut-parleurs étant conçus et utilisés de façon à produire des niveaux de pression littéralement assourdissants.

L'oreille humaine a évolué pendant des millions d'années avec des mécanismes de protection incorporés pour les sons que l'on trouve dans la nature. Aujourd'hui, les inventeurs d'explosifs, d'avions et d'instruments électroniques confrontent l'homme à de nouvelles sortes d'ondes de choc sonores contre lesquels le processus évolutif n'a pas eu le temps de créer une protection.

John Borwick.

8. *Formation de l'oreille musicale.* Dans son sens le plus simple, la formation de l'oreille, ou « perception auditive », cherche à améliorer la communication entre l'oreille et le cerveau, améliorant ainsi la saisie consciente et intellectuelle de ce que l'oreille perçoit.

Tous les élèves de musique connaissent les cours de formation de l'oreille. Ils font partie intégrante de tout programme sérieux dans les écoles de musique. L'élève est systématiquement formé à identifier les hauteurs et les rythmes qui lui sont joués et apprend à les écrire sous forme de notation musicale. (Cet entraînement est en fait le contraire du *déchiffrage à vue.) L'élève doit apprendre à écouter « horizontalement », pour suivre une mélodie ou un rythme, et « verticalement », pour séparer intellectuellement les différents sons qui s'associent pour former un accord ou un cluster. Il doit aussi comprendre la grammaire de la musique écrite afin d'exprimer ces sons sous forme de symboles sur le papier.

Il existe de nombreux manuels consacrés à la formation de l'oreille qui contiennent des exercices de difficulté progressive pour la mélodie, les intervalles, les rythmes, les accords, les cadences et la modulation. La plupart des examens de musique exigent du candidat une grande compétence dans ce domaine.

Les implications les plus larges de la formation de l'oreille et de la perception auditive vont jusqu'aux racines mêmes des différentes phases du phénomène musical : elles commencent avec le processus de gestation de la part du compositeur ; puis suivent la conversion en symboles de la musique sur le papier (on fait ici abstraction de la musique qui saute cette phase, c'est-à-dire l'improvisation), le transfert de ces symboles écrits en sons réels par l'intermédiaire de l'exécution, et finalement la réception des sons par l'oreille de l'auditeur.

Aucun interprète, professeur ou chef d'orchestre ne peut travailler convenablement s'il ne possède pas un degré élevé de perception auditive. En effet, les professeurs et les chefs d'orchestre seraient bien peu utiles à leurs élèves et à leurs orchestres si leur perception auditive ne leur permettait pas de détecter et de corriger les fausses notes ou les erreurs de rythme et de dynamique. De même, les cordes, les bois et les cuivres doivent, dans une mesure plus ou moins grande, selon leur instrument, créer leurs propres hauteurs de son à partir d'une certaine longueur de corde ou de tube, et il faut avoir une oreille bien entraînée pour garantir que les hauteurs qu'ils créent sont justes – pas seulement les unes par rapport aux autres, mais également par rapport aux autres instruments et/ou voix qui produisent, jouent ou chantent simultanément.

La note sol dièse, en tant que note sensible de la tonalité de la, doit, par exemple, sonner à une hauteur légèrement différente de la bémol qui est la sous-dominante dans la tonalité de mi bémol, et seule une oreille formée peut guider les doigts ou les lèvres de l'instrumentiste pour assurer des intonations aussi subtiles. Seuls les instruments à clavier n'ont pas cet embarras du choix entre les hauteurs ; mais ils ont tout de même besoin d'un accordeur à l'oreille exceptionnellement fine (voir également *Tempérament*).

Pour ceux qui ont l'oreille « parfaite » ou « absolue », la reconnaissance d'une hauteur de son isolée, et non d'un son relatif par rapport à d'autres sons, est simple (par rapport à la faculté d'analyser un schéma rythmique ou d'entendre toutes les notes dans un accord compliqué). Ce don implique que l'auditeur peut se souvenir de toutes les notes entendues auparavant – qu'il s'agisse d'une corne de voiture, d'une sonnette de porte ou d'une note jouée au piano – comme d'une hauteur formée d'un certain nombre de vibrations qu'il analyse intellectuellement, par exemple, sous la forme d'un si bémol ou d'un sol dièse (voir également *Déchiffrage à vue*).

Le domaine de la perception auditive recèle un éventail de dons et de carences considérable. Certains prétendent n'avoir aucune oreille (phénomène difficile à définir puisqu'il laisse supposer que, pour celui qui en souffre, tous les sons sont incohérents ou chaotiques) ; à l'inverse, certains musiciens, comme le chef d'orchestre italien Arturo Toscanini, ont cette faculté apparemment surnaturelle d'entendre une seule fausse note jouée par un musicien infortuné dans le désordre sonore d'un tutti d'orchestre. Une chose est certaine : qu'il s'agisse de faire de la musique ou de l'écouter, l'oreille bien formée est non seulement une partie essentielle de l'arsenal technique de tout musicien, mais c'est aussi un avantage certain, même pour l'auditeur le plus occasionnel.

Christopher Fry.

BIBLIOGRAPHIE : Alfred Tomatis, *L'Oreille et la voix*, Robert Laffont (Paris, 1987). Gérard Zwang, *L'Oreille absolue et le diapason baroque*, La Revue Musicale n°s 368-369, Richard Masse (Paris, 1984).

Orfeo (ou *La Favola d'Orfeo*). Opéra en cinq actes et un prologue de Monteverdi, sur un livret d'Alessandro Striggio. Représentations : Mantoue (Accademia degl'Invaghiti, février 1607 et Théâtre de la cour de Mantoue, 24 février 1607) ; Paris (Schola cantorum, 25 février 1904, version de concert adaptée par Vincent d'Indy, et Théâtre Réjane, 2 mai 1911) ; New York (Metropolitan Opera, 14 avril 1912, version de concert) ; Northampton, Massachusetts (Smith College, 14 mai 1929) ; Londres (Institut français, 1924, version de concert adaptée par Vincent d'Indy) ; Oxford University Opera Club (7 décembre 1925, version adaptée par J. A. Westrup). Il existe diverses adaptations de cette œuvre dues à Vincent d'Indy (1903), Malipiero (1923), Orff (1923), Westrup (1925), Respighi (1935), Hindemith (1954), Maderna (1967), Leppard (1967). Après le prologue, les nymphes et les bergers se réjouissent du prochain mariage d'Orfeo (tén. ou bar.) et d'Euridice (sop.). Dans un bois, Orfeo entonne un chant à la nature, mais est interrompu par le Messager (sop.) qui lui annonce la mort d'Euridice. Orfeo descend chercher Euridice aux Enfers et est encouragé par l'Espoir (sop.) ; il chante pour endormir Charon (basse), traverse le Styx, et Pluton (basse) et Proserpine (sop.) l'autorisent à ramener Euridice sur terre à condition de ne pas se retourner vers elle en sortant des Enfers. Incapable de résister à la tentation de vérifier si elle est bien là, il se retourne juste au moment où ils atteignent la lumière et la perd ainsi à jamais. Orfeo se lamente et est consolé par Apollon (basse), qui lui promet l'immortalité avec Euridice.

BIBLIOGRAPHIE : *L'Orfeo*, L'Avant-Scène-Opéra n° 5 (Paris, 1976).

Orfeo ed Euridice. Voir *Orphée et Euridice*.

Orff, Carl (Munich, 10 juillet 1895 ; Munich, 29 mars 1982). Compositeur et pédagogue allemand. Il fait ses études à l'Académie de musique de Munich et devient Kapellmeister et chef de chœur. En 1924, il fonde, avec Dorothee Günther, l'École Günther de gymnastique, de danse et de musique, et met au point pour cette école une gamme de publications musicales et d'instruments à percussion qui ont été largement utilisés dans le monde entier pour l'éducation musicale (voir *Éducation musicale*, 2). Son œuvre majeure est *Carmina Burana* pour solistes, chœur et orchestre (1935-36), une cantate d'ostinatos triomphants et barbares basée sur des poèmes médiévaux. Après l'énorme succès de sa création, il retirera presque toutes ses œuvres antérieures et se consacrera à la composition de musique pour la scène, reprenant le style de *Carmina Burana* et les principes du théâtre grec.

Paul Griffiths.

Organéon. Voir *Accordéon*.

Organologie. Dans l'Antiquité, les Grecs ont commencé par classer leurs instruments dans ce qui semblait être un ordre logique : les instruments dans lesquels on soufflait et les instruments sur lesquels on frappait (d'une façon ou d'une autre, ce qui incluait les instruments à cordes, « frappés » avec un plectre ou avec les doigts). Par la suite, le rôle dominant des instruments à cordes a donné naissance à une catégorie particulière qui les distingue des instruments « frappés » (tambours, cymbales, etc.) ; ces trois catégories ont été reprises au Moyen Age et nous ont été transmises, généralement énoncées dans l'ordre suivant : cordes, vents et percussion. Un système plus logique, sans référence au matériau vibrant (« les cordes ») ou aux mécanismes à l'origine des vibrations (soufflet, frappe), a été adopté assez tôt en Inde (voir *Inde*, 3) et un système qui lui ressemble est entré dans les mœurs en Europe au XIXe siècle, tout d'abord pour la classification des instruments dans les musées, puis dans le monde entier. A partir de ce système, E. von Hornbostel et Curt Sachs (Berlin, 1914) ont établi un classement qui, depuis lors, a été adopté de façon pratiquement universelle pour les instruments primitifs, traditionnels et orientaux. Les instruments de la musique occidentale n'ont pas vraiment besoin d'un classement rigoureux : chacun sait ce qu'ils sont et le système Hornbostel-Sachs ne les concerne pas vraiment, bien qu'il puisse s'y appliquer ; mais les autres instruments bénéficient à présent de normes standardisées de description, de dispositif et de référence. Les deux auteurs avaient conscience des imperfections de leur système, mais tout système en comporte et il est préférable de se conformer au leur – d'autant plus que sa terminologie touche maintenant le grand public grâce aux listes publiées avec les enregistrements de musiques traditionnelles.

Résumé de la classification des instruments de musique établie par Hornbostel et Sachs

1. IDIOPHONES (son produit par le matériau de l'instrument).

(*a*) *Frappés*

– Directement : *par un choc* (deux pièces sonores complémentaires ou davantage entrechoquées : batons de rythme, castagnettes, cymbales...) ; *par percussion* (l'instrument est frappé par un objet non sonore : triangle, xylophone, cloche).

– Indirectement (sans exécuter un mouvement pour frapper) ; *en secouant* (crécelles) ; *en raclant* une surface encochée ou dentée (guiro, crécelle à cliquet).

(*b*) *Pincés* (guimbarde, *sanza* africaine, boîte à musique).

(*c*) *Frottés* (écaille de tortue frottée, harmonica de verre).

(*d*) *Soufflés* (*Aeolsklavier*, clavier allemand inventé en 1822).

2. MEMBRANOPHONES (les sons sont émis par une membrane tendue).

(*a*) *Tambours frappés.*

– Frappés directement : *timbales* ; *tambours tubulaires* (chaque sous-groupe se subdivise en tambours à peau simple ou double) : à corps cylindrique (caisse claire et grosse caisse), en tonneau, cônique double (*pakhâvaj* indien), en sablier, côniques et en gobelet (*darabukka*) ; *tambours sur cadre* (également subdivisés : tambour de basque, « tambour esquimau »).

– Frappés indirectement : *crécelles et hochets* (« monkey drum » asiatique).

(*b*) *Tambours pincés* (*gopîyantra* indien).

(*c*) *Tambours à friction.*

– Frottés avec une baguette.

– Frottés avec une corde (tambour immobile ou tambour que l'on fait tournoyer).

– Frottés directement.

(*d*) *Membranes chantantes* (kazoo).

3. CORDOPHONES (une ou plusieurs cordes tendues entre des points fixes).

(*a*) *Cordophones simples ou « cithares »* (terme utilisé ici dans le sens général). L'instrument se compose uniquement d'un support de corde ou d'un support de corde et d'un résonateur (comme une gourde) qui ne fait pas partie intégrante de l'instrument et peut en être détaché sans le détruire. Chaque groupe se divise en *idiocorde* (corde faite dans la matière du support de corde) et *hétérocorde* (corde d'une matière différente de celle du support).

– Les cithares sur bâton (arc musical, *vinâ* indienne).

– Les cithares tubulaires (la surface du porte-corde est voûtée) : elles sont entièrement tubulaires (*valiha* malgache) ou demi-tubulaires (*koto* japonais).

– Les cithares radeaux (les morceaux de bambou sont liés ensemble et forment un radeau).

– Les cithares sur table (le support des cordes est une planche : cithare, *dulcimer*, piano).

– Les cithares en cuvette (cordes tendues au-dessus d'une cuvette).

(*b*) *Cordophones composites.* Le support des cordes et le résonateur sont organiquement unis.

– Les luths (cordes parallèles à la caisse de résonance ; dans certains cas, elles sont mises en vibration avec un archet) : les pluriarcs africains (chaque corde possède son propre support en forme d'arc) ; les luths à joug (avec des bras et des traverses qui reposent dans le plan de la table d'harmonie : lyre, *crwth*) ; les luths à poignée, les luths à pique asiatiques, les luths à manche (luth, *sitâr*, guitare et violon).

– Les harpes (cordes tendues dans un plan perpendiculaire à celui de la caisse de résonance) : *harpes ouvertes* (sans colonne de soutien frontale) ; *harpes arquées* (Antiquité, Burma, Afrique) ; *harpes angulaires* (Antiquité, Caucase) ; *harpes à cadre* (munies d'une colonne de soutien parallèle aux cordes, Europe).

– Les harpes-luths (désignant ici un instrument ouest-africain muni d'un chevalet droit à encoches, comme le *kasso*).

4. AÉROPHONES (l'air lui-même est l'élément vibratoire primaire).

(*a*) *Instruments fonctionnant à l'air libre.* L'air en vibration n'est pas confiné dans l'instrument.

– Déplacement d'air (claquement du fouet).

– Anche entrechoquée (avec deux lames, comme un brin d'herbe dédoublé), anche battante (avec une anche battant sur un cadre, que l'on trouve en Colombie anglaise), anche libre (une anche dans une fente ajustée, comme l'accordéon), anche-ruban (qui s'étend latéralement dans le courant d'air) ; non-idiophones (l'agent n'est pas une anche : sirène, plaque tournante [planchette ronflante]).

– Aérophones plosifs (pistolet d'enfant).

(*b*) *Instruments à vent proprement dits.* Une colonne d'air en vibration est enfermée dans l'instrument.

– Flûtes (chaque groupe se subdivise en flûtes ouvertes ou fermées à l'extrémité inférieure et se subdivise à nouveau en flûtes à trous ou flûtes sans trous) : *flûtes sans conduit ou flûtes droites* (flûte *kaval*, flûte de Pan, flûtes à encoche) ; *flûtes traversières* ; *flûtes à conduit* : conduit externe (flûte *suling* javanaise), conduit interne (flûte à bec, ocarina).

– Instruments à anche : *anche double* (hautbois, cromorne) ; *anche simple* (*zummâra*, clarinette, saxophone) ; *anche libre* (seulement celles ayant des trous, comme en Asie du Sud-Est ; les autres font l'objet du 4*a* II).

– Trompettes (les lèvres de l'instrumentiste vibrent) : *naturelles* (chaque groupe se divise en instruments à embouchure terminale ou latérale, comme les conques, les trompettes, les cors) ; *chromatiques* (avec des trous, des clés, une coulisse ou des pistons).

Les instruments à vent complexes, comme les cornemuses et les orgues, sont classés selon les composantes qui jouent le rôle principal.

De nos jours, en dehors de l'ethnologie, il existe une autre catégorie :

5. ÉLECTROPHONES (le son est produit par une vibration engendrée électriquement). Voir *Instruments de musique électronique.* Si les guitares électriques sont à proprement parler des chordophones puisque leurs vibrations sont engendrées par les cordes, elles entrent souvent dans la catégorie des instruments « électroniques ».

Depuis l'époque de Chladni (Allemagne, mort en 1827) et Savart (France, mort en 1841), les savants qui ont effectué des recherches dans le domaine de l'acoustique et du son ont généralement commencé par les vibrateurs solides :

1. Cordes	2. Membranes
3. Barres	4. Plaques

établissant une distinction entre ceux pour lesquels la vibration est unidimensionnelle (1, 2) et ceux pour lesquels elle est bidimensionnelle et plus complexe (3, 4 ; les plaques comprenant des « plaques courbes », comme les cloches). Selon cette division, on a à gauche (1 et 3) des substances tendues qui répondent à la « déformation » lorsqu'elles sont frappées (ou pincées) et reprennent leur état antérieur par l'intermédiaire de vibrations transversales sous l'équilibrage de la tension qui leur est imposée ; et, à droite (2 et 4), des substances dures – « idiophones » dans les système Hornbostel-Sachs – où cette vibration se produit dans un sens « ployant », la force d'équilibrage étant la raideur de la matière.

Viennent ensuite les vibrations dans l'air, la force d'équilibrage étant alors essentiellement la pression : les ondes sonores dans l'air libre ; les colonnes d'air (l'air dans les tuyaux comme sur la plupart des instruments à vent ; vibration unidimensionnelle) ; et l'air dans les cavités (« résonateurs Helmholtz », comme les ocarinas et, dans un sens secondaire, les caisses de résonance des instruments à cordes). Enfin, les vibrations électriques.

On établit une subdivision parmi les barres et les colonnes d'airs entre les cas où les deux extrémités du système sont libres (barre de xylophone ou flûte : les deux extrémités sont ouvertes à l'air ambiant) et ceux où une extrémité est privée de mouvement vibratoire, par exemple lorsqu'une barre est fixée à un support relativement massif (barres souples qui forment les lamelles d'acier des boîtes à musique, etc.) ou lorsqu'une colonne d'air est fermée à une extrémité (flûtes de Pan, voir *Acoustique*, 5).

Hornbostel et Sachs avaient étudié ces aspects avant de publier leur classification. Toutefois, le cas des barres flexibles (*Idiophones*, 1*b*) a soulevé de nombreux problèmes et, selon les idées d'André Schaeffner (Paris, 1936), une nouvelle catégorie a vu le jour : les « lamellophones » (mot hybride de latin et de grec que Sachs aurait sans doute désapprouvé). Schaeffner les a inserés entre les idiophones et les membranophones, ce qui nécessiterait une nouvelle numérotation des catégories qui suivent. Toutefois, la numérotation originale est destinée à fournir des repères définitifs ; elle a été abondamment employée et utilisée de cette façon dans de nombreux ouvrages. En conséquence, il vaut mieux, encore une fois, laisser les choses telles qu'elles étaient. On peut toutefois noter que Sachs lui-même, dans un article écrit en 1959, peu de temps avant sa mort, a apporté de nombreuses modifications à chacune des quatre catégories principales et que la majeure partie de ces changements pourraient être considérés comme des améliorations ; mais tous ceux qui travaillent dans le vaste domaine des instruments de musique se réfèrent généralement à la version originale de 1914 à laquelle ils se sont habitués.

Anthony Baines.

BIBLIOGRAPHIE : Malou Haine et Nicolas Meeùs, *Dictionnaire des facteurs d'instruments de musique en Wallonie et à Bruxelles, du IX*e *siècle à nos jours,* Éd. Pierre Mardaga (Liège, 1986). Catherine Michaud-Pradeilles, *L'Organologie,* PUF, coll. Que sais-je ? (Paris, 1983). Constant Pierre, *Les Facteurs d'instruments de musique, les Luthiers et la Facture instrumentale,* Sagot (Paris, 1893), Minkoff (Genève, rééd. fac simile, 1971). François-René Tranchefort, *Les Instruments de musique du monde entier,* Seuil (Paris, 1980).

Organum (lat., du grec *organon,* « outil », « instrument », également « système de logique »). L'emploi du mot grec original pour désigner un instrument de musique remonte au Ve siècle de notre ère. Comme la religion catholique prohibait l'utilisation d'instruments dans les offices, tous les instruments nommés dans la Bible étaient interprétés d'une manière allégorique, et *organum* désignait simplement la « musique vocale ». Ce mot a toutefois acquis assez tôt le sens de musique vocale polyphonique ; la plus ancienne source de polyphonie que nous possédons, *Musica enchiriadis* (nord-est de la France, vers 860) désigne par *organum* la polyphonie et cette terminologie est restée valable jusqu'au XIIIe siècle. D'où l'expression *vox organalis,* signifiant la partie ajoutée à une partie antérieure (*vox principalis*) pour créer la polyphonie. Il ne faut pas croire que le choix du mot *organum* pour polyphonie signifie que la polyphonie vocale était une imitation de l'orgue (ou de tout autre instrument) ou lui était nécessairement liée. Il indique plutôt que la musique était gouvernée par des hauteurs de son mesurables et des consonances, un système symphonique.

On connaît quatre types d'*organum* datant du IXe au XIIIe siècle, après quoi le terme est tombé en désuétude. Ils impliquent tous l'addition d'une partie à une ligne de plain-chant.

1. Dans l'*organum* parallèle, la ou les voix ajoutées débutent, évoluent et s'achèvent à l'intervalle constant d'une quarte, d'une quinte ou d'une octave (ou d'une combinaison appropriée de ces intervalles) de la voix principale. L'*organum* parallèle est décrit dans *Musica enchiriadis* ; il a sans doute été largement pratiqué pendant tout le Moyen Age, bien qu'aucune autre description n'en soit connue.

2. La voix ajoutée débute à l'unisson de la voix principale. Elle répète la première note jusqu'à ce que la voix principale se soit écartée à une distance d'une quarte au-dessus. Elle évolue alors en quartes parallèles avec la voix principale. Aux cadences, elle répète la sous-finale pendant que la voix principale s'approche de la finale, les deux voix se rejoignant alors dans l'unisson final. Des notes répétées sont souvent introduites en milieu de séquence si la voix principale a une phrase descendante ; la voix ajoutée choisit généralement de répéter la note à laquelle descend la voix principale. Ce genre d'*organum* est brièvement décrit dans *Musica enchiriadis* et, avec une profusion de détails (avec de nombreux autres procédés), par Gui d'Arezzo dans *Micrologus* (vers 1030). Il y a 174 compositions de ce type dans le Tropaire de Winchester (990 environ, Ex. 1).

3. La voix ajoutée complète la voix donnée par mouvement contraire, une partie montant pendant que l'autre descend, l'une évoluant dans la partie supérieure de la tessiture disponible, l'autre dans la partie inférieure. Le terme *discantus* (*déchant) a été préféré pour désigner ce style, connu à partir de 1100 environ, et *organum,* tout en conservant le sens général de « polyphonie », a été également utilisé dans un sens plus spécialisé pour distinguer le type 4 ci-après du déchant.

4. Le chant s'étire en longues notes tenues pendant que la voix ajoutée flotte en mouvements plus rapides de part et d'autre. Dans ce but, le chant est habituellement divisé en segments de deux ou de trois notes, les deux voix débutant ensemble et finissant par un mouvement simultané sur leurs notes finales respectives (généralement un unisson). Les exemples connus les plus anciens datent du début du XIIe siècle en France (Ex. 2).

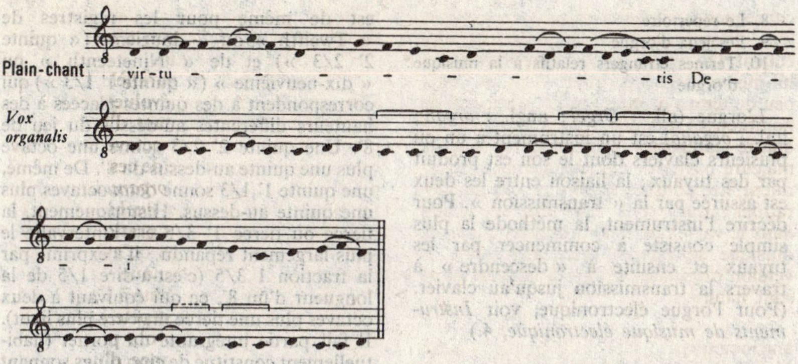

Ex. 1

Ex. 2

Ex. 1. Alleluia. Vidéo caelos, *Tropaire de Winchester (les crochets [soulignent les notes répétées pendant l'approche de la voix principale).*
*Ex. 2. Début de l'*Alleluia Vocavit Jesus, *Codex Calixtinus.*

Le dernier grand répertoire de musique polyphonique appelé *organum* est celui de Notre-Dame de Paris (fin du XIIe siècle-début du XIIIe siècle). Un théoricien anonyme de la fin du XIIIe siècle a attribué à Léonin (« optimus organista ») la création d'un *Magnus liber organi* (« grand livre d'*organum* ») qui contient des chants pour le cycle de services des fêtes de l'année liturgique. Il a été révisé par Pérotin (« optimus discantor »). Ces chants sont un mélange d'*organum* à notes tenues (l'*organum* dans un sens spécialisé, type 4 ci-dessus) et de déchant note-contre-note (type 3) d'une complexité et d'une élaboration remarquables. Une partie de la polyphonie est à trois ou quatre voix, mais la majeure partie, comme celle des siècles précédents, est à deux voix. Le type de polyphonie à notes tenues semble être tombé en désuétude au XIIIe siècle, de même que l'emploi systématique du terme *organum* appliqué à toute sorte de polyphonie.

David Hiley.

Orgel (all.). « Orgue » ; *Orgeltabulatur*, « tablature d'orgue » ; *Orgelwalze*, « cylindre d'orgue », c'est-à-dire orgue mécanique fonctionnant au moyen d'un cylindre (voir *Mécanique, Instruments de musique*, 3).

Orgelbüchlein (« Petit livre d'orgue »). Recueil de courts préludes-chorals pour orgue de J. S. Bach. Il avait prévu d'en composer cent soixante-quatre pour l'instruction et la pratique de la pédale, mais en a terminé moins de cinquante.

Orgue

1. Les tuyaux
2. Le mécanisme
3. La soufflerie
4. Le jeu de l'orgue
5. Les origines
6. Les traditions européennes classiques
7. L'orgue romantique

8. Le répertoire
9. Les jeux d'orgue
10. Termes étrangers relatifs à la musique d'orgue

L'orgue (all. : *Orgel* ; angl. : *organ* ; ital. : *organo*) est un instrument à un ou plusieurs claviers dont le son est produit par des tuyaux ; la liaison entre les deux est assurée par la « transmission ». Pour décrire l'instrument, la méthode la plus simple consiste à commencer par les tuyaux et ensuite à « descendre » à travers la transmission jusqu'au clavier. (Pour l'orgue électronique, voir *Instruments de musique électronique*, 4.)

1. *Les tuyaux*. Ils présentent une variété presque infinie de formes et de dimensions, mais sont principalement de deux types : tuyaux à bouche et tuyaux à anches.

(*a*) *Les tuyaux à bouche*. Le son des tuyaux à bouche est produit de la même façon que sur un instrument à vent tel que la flûte à bec. L'air pénètre à travers le pied du tuyau et frotte contre une plaque appelée « biseau » au niveau de la lèvre inférieure de la bouche (ouverture oblongue vers l'extérieur). Il est ensuite dévié par la lèvre supérieure, ce qui crée des vibrations qui se forment dans la colonne d'air du tuyau (Fig. 1). Dans un « tuyau bouché » (voir *Acoustique*, 5), la calotte située à l'extrémité supérieure fait office de réflecteur de l'onde sonore, de telle sorte que le tuyau fonctionne comme si sa longueur était doublée. Ainsi, un tuyau de 4' (4 pieds de longueur au premier ut) produira un son de 8', moins riche en harmoniques et moins brillant que le son d'un tuyau ouvert, mais plus approprié au jeu de flûtes. Le jeu de 8' avec tuyaux ouverts est ainsi désigné car la note la plus grave, do^1, est produite par un tuyau de 8' de long (entre la bouche et l'extrémité supérieure). Sur un jeu de 8', les notes sonnent telles qu'elles sont écrites, comme au piano. Sur un jeu de 4', les notes sonnent une octave plus haut ; sur un jeu de 2', deux octaves au-dessus. Le même principe s'applique vers le grave aux jeux de 16' et de 32'.

Le jeu de 2' (en taille de principal) porte aussi le nom de « doublette ». Le terme anglais correspondant « Fifteenth » (« quinzième ») s'explique par le fait que les sons réels se situent quinze touches blanches au-dessus des notes écrites. Il en est de même pour les registres de « Twelfth » ou « douzième (« quinte 2' 2/3 ») et de « Nineteenth » ou « dix-neuvième » (« quinte 1' 1/3 ») qui correspondent à des quintes placées à des hauteurs différentes au-dessus du jeu de 8'. Une quinte 2' 2/3 sonne une octave plus une quinte au-dessus du 8'. De même, une quinte 1' 1/3 sonne deux octaves plus une quinte au-dessus. Historiquement, la tierce ou tierce 1' 3/5 est l'intervalle le plus largement répandu : il s'exprime par la fraction 1 3/5 (c'est-à-dire 1/5 de la longueur d'un 8', ce qui équivaut à deux octaves plus une tierce majeure plus haut). Il fait partie intégrante du cornet (habituellement constitué de cinq rangs sonnant à la fois comme 8', 4', 2' 2/3, 2' et 1' 3/5), de la *sesquialtera* (2' 2/3, 1' 3/5) et des différentes mixtures qui incluent la tierce 1' 3/5. La plupart des mixtures sont de toute manière limitées à la quinte ou à l'octave, intervalles déjà élevés par rapport à la fondamentale, et elles font appel à la technique des reprises d'octave de façon à éviter les sons vraiment trop hauts dans la partie la plus aiguë du clavier.

(I) Le diamètre et la « taille » des tuyaux : le diamètre affecte en premier lieu la qualité du son : un tuyau étroit produira un son « brillant » et même « strident », riche en harmoniques, avec une fondamentale peu puissante, alors qu'un tuyau large mettra en avant la fondamentale au détriment des harmoniques plus faibles. Le premier type est représenté par les violes et autres registres imitant le timbre des cordes, le deuxième, avec ses tuyaux plus larges, par les flûtes. Les principaux, qui donnent à l'orgue sa sonorité de base, constituent un moyen terme entre les deux.

Sur les orgues anciens, datant du IXe au XIIe siècle, tous les tuyaux avaient le même diamètre et le fait de modifier la largeur du tuyau en fonction de sa longueur ne constituait pas un problème important, car le clavier était d'une étendue limitée (pas plus de deux octaves environ), ce qui excluait les hauteurs extrêmes. (Une source anonyme médiévale de Berne précise que la largeur du tuyau équivalait à celle d'un œuf de colombe, 25 à 30 mm.) Quoi qu'il en soit, un rang de tuyaux de largeur constante serait, sur une étendue considérable, trop étroit dans le grave et trop large dans l'aigu. A partir du XIVe siècle, plusieurs systèmes ont été utilisés pour régler la « taille » d'un registre sur toute son étendue.

(II) Forme des tuyaux (tuyaux à bouche) : la forme la plus répandue est cylindrique (tuyau ouvert ou fermé, large ou étroit). Les tuyaux cylindriques ouverts les plus courants sont les suivants, en partant du plus large : flûte (all. : *Hohlflöte*), cor de nuit (all. : *Nachthorn*), principal, salicional, viole de gambe. Les tuyaux cylindriques bouchés sont le bourdon (all. : *Pommer*), la soubasse (all. : *Gedeckt*) et le quintaton (ital. : *quintadena*), alors que la flûte à cheminée (all. : *Rohrflöte*), dont la calotte est traversée par une cheminée, reste fondamentalement un tuyau bouché qui produit néanmoins davantage d'harmoniques. Parmi les registres d'orgue à tuyaux ouverts coniques, on trouve la flûte douce (« Blockflöte »), la « Waldflöte », le cor de chamois (« Gemshorn ») et la flûte à fuseau (« Spitzflöte »). La flûte douce est le tuyau le plus large, le cor de chamois est un peu plus étroit ; le diamètre supérieur de ces deux tuyaux est égal au tiers ou à la moitié de leur diamètre inférieur. Le diamètre inférieur de la « Waldflöte » est identique à celui du cor de chamois, mais moins effilé, alors que la flûte à fuseau l'est davantage, le diamètre supérieur du tuyau étant seulement d'un cinquième ou d'un tiers de la base. Il existe aussi des tuyaux coniques bouchés peu répandus qu'on appelle généralement « Spitzgedeckt ». On utilise parfois une forme composite, par exemple la « Koppel-flöte » à la base cylindrique et à l'extrémité supérieure conique.

(III) Harmonisation. L'opération la plus importante pour produire un son à partir d'un tuyau d'orgue repose sur la technique délicate de l'harmonisation, étroitement liée au traitement de la bouche du tuyau. G. A. Audsley reconnaît (dans *The Art of Organ Building*, 1905) qu'elle présente « des difficultés pratiquement insurmontables », en faisant remarquer que la plupart des ouvrages dont il a eu connaissance ne contiennent « que très peu de chose, sinon rien de valable ou d'apparemment valable » sur ce sujet. D'une manière générale, plus la bouche est large, plus le son est brillant, alors que plus elle est haute, plus le son est sourd. Par largeur de la bouche, il faut entendre une fraction de la circonférence, et tous les tuyaux d'un même rang peuvent avoir la même largeur (Fig. 1). Les bouches de principal ont une largeur équivalant à un quart de la circonférence du tuyau. Leur entaille représente le quart de la largeur. En ce qui concerne les autres tuyaux ouverts, la flûte a une bouche un peu plus large avec une entaille normale. Le cor de nuit a une largeur normale mais une entaille très basse ; le salicional a une bouche étroite de hauteur normale ; la viole de gambe a une bouche de largeur étroite et de faible hauteur. Pour les tuyaux bouchés, les bourdons (« Gedeckt ») peuvent avoir des bouches de largeur étroite (encore plus étroites, elles deviennent *lieblicher*) et de hauteur réduite (pour éviter les partiels) ; la bouche du bourdon n'est pas large et celle du quintaton encore moins. La flûte à cheminée a une bouche légèrement étroite et plutôt basse. La bouche de la flûte à cheminée est encore moins large mais assez haute. Dans les registres coniques, la « Waldflöte » a une largeur et une hauteur normales, la hauteur s'élargit légèrement dans l'aigu. La largeur et la hauteur de la flûte douce sont généralement normales ou un peu en dessous de la norme ; le cor de chamois et la flûte à fuseau ont une bouche de largeur normale, mais de hauteur réduite pour le cor de chamois et normale pour la flûte à fuseau.

(*b*) *Les tuyaux à anches.* En dépit de leur immense variété d'apparence et de sonorité, les jeux d'anches se partagent en deux groupes principaux : ceux qui ont des résonateurs ou tuyaux d'une longueur comparable à celle des tuyaux à bouche, et ceux qui ont de petits résonateurs, constituant un groupe que l'on appelle parfois « régales » (anches dites « courtes »). Parmi les jeux du premier groupe, on trouve les registres de trompette, trombone, posaune, basson, chalumeau, hautbois, dulciane, cromorne, etc., la différence de sonorité et de puissance provenant de la longueur, de la largeur et de l'épaisseur de l'anche métallique, de la forme et de la taille de la « rigole », de la forme du corps du tuyau et de la pression de l'air.

Le résonateur des régales peut revêtir diverses formes très surprenantes ; les plus répandues sont la régale en forme d'enton-

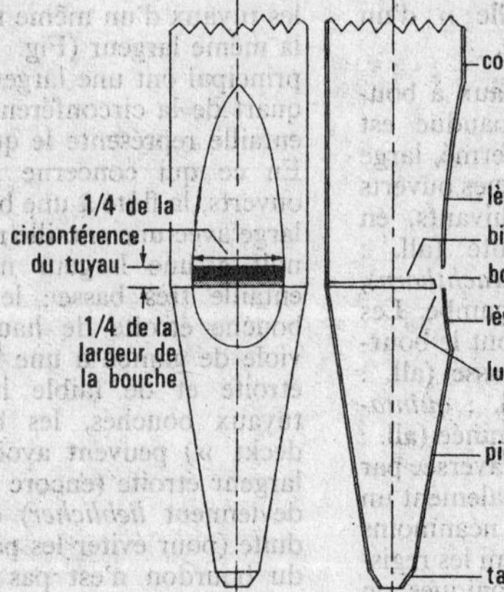

Fig. 1. Tuyau ouvert, vu de face et en coupe.

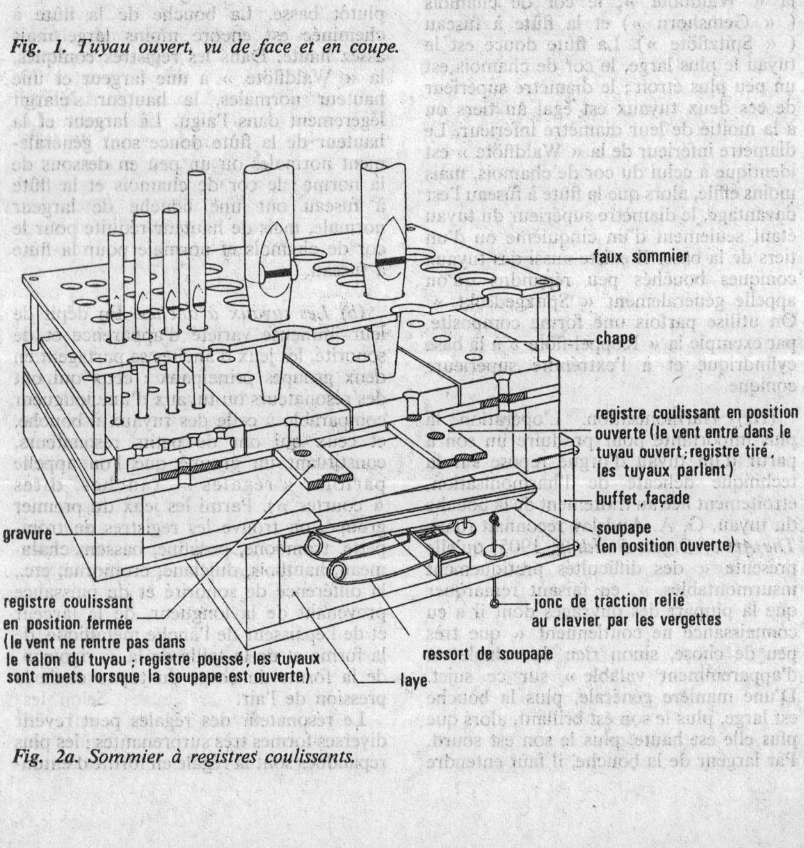

Fig. 2a. Sommier à registres coulissants.

	LARGEUR (mm)	ÉPAISSEUR (mm)	PRESSION DE L'AIR (mm)
Schnitger Basun (basson)	16	0.41	environ 60
Cahmann (trompette)	10	0.25	environ 60
Cavaillé-Coll (trompette harmonique)	6.25	0.34	150 (peut-être davantage)

noir, le cromorne, la voix humaine, le « Rankett », le « Barpfeife » et le sordun. La production du son dans les anches vient de l'ouverture et de la fermeture alternées de la rigole par l'anche qui exerce une pression sur elle avant de se relâcher ; ce processus se poursuit aussi longtemps que le vent entre dans le pied (voir *Anche*, Fig. 2a).

Les fréquences engendrées par l'anche sont amplifiées par le résonateur qui, dans le cas des résonateurs longs, développeront considérablement la fréquence fondamentale relativement faible des jeux d'anche. Pour accorder une anche, il faut jouer sur la rasette, tige qui permet de raccourcir la longueur vibrante de l'anche (le son s'élève) ou de la rallonger (il descend). En ce qui concerne la qualité sonore des anches, P. G. Andersen remarque que « les anches à languettes fines, larges et rigides, produisent généralement davantage d'harmoniques que les languettes épaisses, étroites et souples... » et que « des rigoles cylindriques plates avec une large ouverture de gorge par rapport à la languette mettent en valeur les harmoniques, alors que des rigoles coniques profondes, effilées vers le haut, avec une petite ouverture de gorge, entravent la formation des harmoniques ». Andersen indique également la largeur et l'épaisseur de l'anche pour les registres de plusieurs facteurs d'orgue et parmi ces éléments figurent les mesures suivantes pour do² :

(*c*) *Pression de l'air.* La sonorité d'un tuyau dépend étroitement de la pression de l'air qui le fait vibrer. La pression de l'air se mesure à l'aide d'un indicateur qui enregistre le déplacement du niveau de l'eau contenue dans un tube de verre en U et qui s'interprète de la façon suivante, par rapport à une pression de référence de 60 mm. Les orgues anciens avaient une pression très basse (environ 50 mm), et des pressions de 125 mm, 200 mm, 500 mm et même 1 250 mm sont caractéristiques de l'époque 1850-1950 durant laquelle la puissance (fournie par un mécanisme moderne) était la condition *sine qua non* de l'orgue. Historiquement, les orgues d'Espagne et d'Italie sont réputés pour la pression basse du vent et par conséquent pour la qualité de leur « cantabile » ; une pression de 40-50 mm est normale pour ce type d'orgue des XVIe et XVIIe siècles, alors qu'en France et en Allemagne la pression normale se situe entre 55 et 75 mm. Le célèbre orgue de Saint-Bavon à Haarlem, aux Pays-Bas, construit en 1735-38 par Christian Müller, a une pression d'environ 75 mm ; celui de la Waalse Kerk d'Amsterdam, construit également par Christian Müller en 1733-34, atteint 84 mm ; celui de Klosterneuburg en Autriche (J. G. Freundt, 1636-42), 55-65 mm ; celui de Weingarten (Gabler, 1737-50) est actuellement à 70 mm, celui de Saint-Maximin dans le Var (J. E. Isnard, 1772-73) également. La pression d'air dans les orgues de Arp Schnitger, plus basse, est comprise entre 65 et 70 mm, comme celle des orgues de Gottfried Silbermann et de Zacharias Hildebrandt ; mais la pression d'air dans l'orgue de la cathédrale de Freiberg, construit également par Silbermann en 1710-14, est beaucoup plus élevée et peut atteindre 94 mm.

Il faut savoir qu'une soufflerie unique suffit souvent à alimenter un instrument entier, quand bien même il y aurait plusieurs corps de buffet et des registres de hauteur et de puissance variables ; de grands tuyaux de pédalier ne nécessitent pas forcément une pression d'air plus forte que de grosses anches. La sonorité et la puissance des tuyaux dépendent dans une large mesure de leur harmonisation. La pression d'air sur les orgues modernes peut varier de façon importante d'un jeu à l'autre.

(*d*) *Matériaux.* On a beaucoup écrit sur les matériaux utilisés dans les tuyaux d'orgue et plusieurs hypothèses plus ou moins fiables ont été émises. Selon les époques, les tuyaux d'orgue ont été construits avec les matériaux rigides les plus variés : toutes sortes de métaux et de

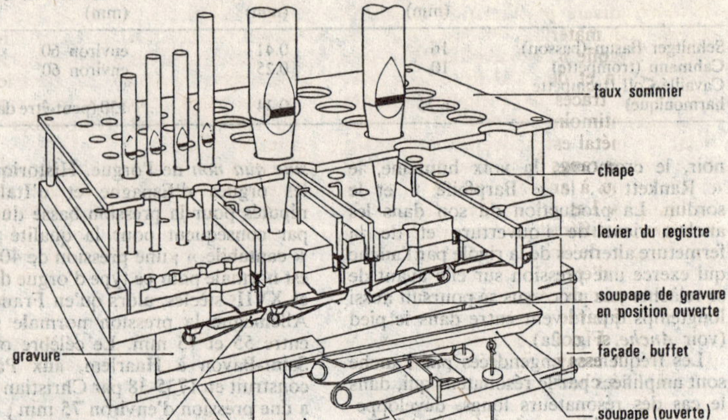

Fig. 2b. Sommier à ressort.

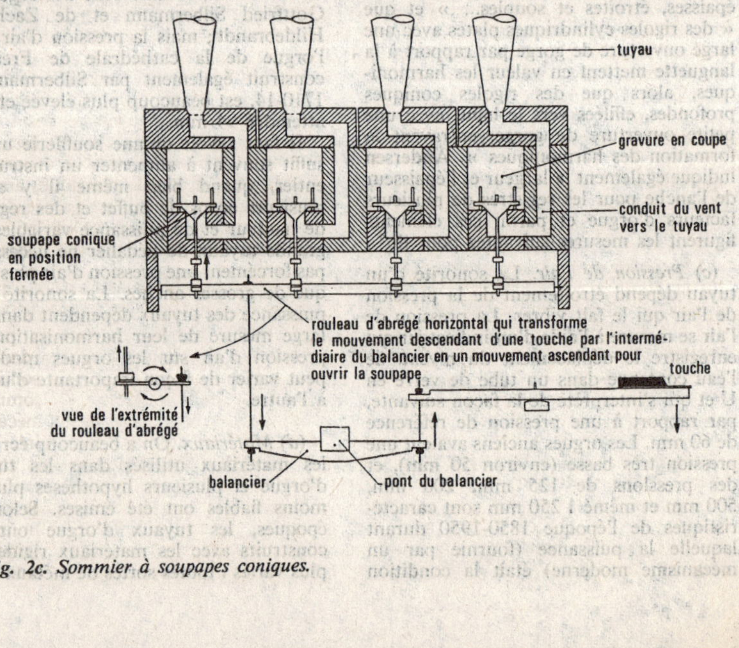

Fig. 2c. Sommier à soupapes coniques.

bois, du papier, de l'albâtre, de l'argile, du verre, divers plastiques et même du ciment. Le matériau de base, que l'on nomme « étoffe », est un alliage d'environ 30% d'étain et de 70% de plomb (avec parfois des traces de quelques éléments, comme l'antimoine, en très petites quantités). Ce métal est indifféremment utilisé pour tous les rangs de tuyaux, qu'ils soient à bouche ou à anche, ouverts, coniques ou bouchés. Les proportions des métaux sont parfois différentes, comme c'est le cas des tuyaux de façade (montres) où la proportion d'étain peut atteindre 70%, mais le choix des matériaux est souvent conditionné par le prix de revient : en effet, l'étain est si coûteux que les facteurs d'orgue ont essayé de trouver des matériaux moins chers mais capables de produire des résultats sonores comparables. Le métal doit être à la fois assez malléable pour être travaillé, mais assez dur pour ne pas s'effondrer dès que le tuyau est mis à la verticale. On utilise parfois le zinc, moins onéreux, mais difficile à travailler. En fait l'alliage d'étain et de plomb peut être remplacé par du cuivre, que l'on utilise surtout pour les tuyaux graves du pédalier ou pour les jeux de sonorité assez neutre. On peut utiliser toutes sortes de bois, principalement pour les jeux de flûte ; les principaux en bois sont assez répandus, comme le sont les résonateurs en bois pour les anches, qu'il s'agisse d'anches courtes ou de longs posaunes. Le bois pose des problèmes s'il n'est pas parfaitement sec, car il peut « jouer » : plusieurs orgues ont souffert de problèmes d'accord dus à cette fragilité. Le chêne est le bois le plus apprécié, mais on a aussi employé le buis, l'ébène, l'acajou, le pin, l'épicéa, le cyprès, le poirier et le cerisier.

2. *Le mécanisme*. Les parties de l'orgue qui se trouvent entre les touches et les tuyaux se composent d'un sommier relié par des soupapes à la vergette, système pneumatique ou électrique qui est finalement actionné par les touches. Les sommiers (Fig. 2) sont de plusieurs types : sommier à ressorts, sommier à registres traînants, sommier à pistons (soufflerie mécanique ou tubulaire), sommier à membrane. Sous le sommier, on trouve, dans les orgues à transmission (ou traction) mécanique, les vergettes, les planches d'abrégé, etc. qui aboutissent aux touches (Fig. 3) ; dans les orgues à transmission pneumatique (Fig. 4), les pistons des soupapes sont reliés à de fins tubes en plomb remplis d'air qui sont directement commandés par les touches. Sur les orgues électropneumatiques et électriques, les poches pneumatiques situées à proximité du sommier sont remplacées par des aimants (Fig. 5).

Dans la disposition classique d'un sommier, les tuyaux de chaque rang sont disposés en ligne, les rangs étant situés l'un derrière l'autre. Le sommier comporte des séparations étanches qui, selon leur disposition, servent à isoler les rangs de tuyaux ou les différentes touches du clavier ; il s'agit d'une partie essentielle du sommier à registres coulissants et du sommier à ressorts qui, après plus de cinq cents ans d'utilisation, demeurent les deux meilleurs systèmes. Son effet est immédiat : lorsque l'on appuie sur une touche, la soupape correspondante située au-dessous du sommier est tirée vers le bas et provoque l'entrée du vent sous pression dans la laye ; l'air se propage jusqu'au sommier pour alimenter tous les tuyaux dont les registres sont tirés. Dans le mécanisme de l'orgue pneumatique, la soupape est reliée à un petit soufflet qui, lorsqu'une touche est enfoncée, ne reçoit plus d'air et retombe, permettant l'ouverture de la soupape (un aimant assure cette fonction sur l'orgue à transmission électrique ; les touches ferment le circuit lorsque l'on joue).

Les problèmes techniques des sommiers concernent davantage le contrôle des registres que le mécanisme des touches. Le sommier à registres coulissants se nomme ainsi parce qu'il comporte une bande de bois (ou de plastique) amovible fixée sous la table qui est percée de trous correspondant exactement aux ouvertures du rang de tuyaux concerné. Lorsque le registre est en position « fermée », l'ensemble est parfaitement étanche et l'air ne peut arriver dans les tuyaux, mais lorsqu'il est tiré, le registre se met en position « ouverte », avec les ouvertures dans l'axe des tuyaux. Le mécanisme du sommier à ressorts ressemble à celui du sommier à registres coulissants, mais le mécanisme des registres emploie une barre (pour chaque registre) à laquelle sont attachés des fils rigides (pour chaque note). Sous chaque tuyau se trouve une petite soupape maintenue fermée à l'aide d'un ressort. Lorsqu'un registre est engagé (maintenu par un cran pouvant supporter la tension), ces petites soupapes s'ouvrent et produisent un effet analogue à celui d'un sommier ouvert. Chaque type de sommier a ses avantages : le sommier à ressorts ne peut éviter l'effet de retrait ou de gauchissement du bois, qui est également une source de problèmes pour le sommier à registres coulissants, mais le sommier à ressorts est plus volumineux et plus compliqué et il est relativement onéreux. Les sommiers à ressorts sont caractéristiques de la facture italienne qui les a utilisés au moins depuis le XVe siècle et jusqu'au XIXe siècle.

La principale différence structurelle entre le sommier à registres coulissants et le sommier à ressorts traditionnels, d'une part, et les systèmes plus modernes (datant de la fin du XVIIIe siècle), d'autre part, réside dans la disposition intérieure de l'alimentation en air par note séparée ou par jeu entier. Si le vent alimente chaque rang et si chaque tuyau est muni de sa propre soupape, il va de soi que le registre coulissant devient inutile. Ce système est le principe de base du sommier à pistons coniques, qui comporte des avantages indiscutables quand l'alimentation pneumatique ou électrique peut contribuer à répartir la charge du mécanisme. On assiste actuellement à un retour quasi universel à la facture du sommier à registres coulissants, mais il ne faut pas mépriser pour autant l'efficacité de la transmission mécanique des orgues du XIXe siècle : à cette époque, les dimensions et la puissance de l'instrument ne cessaient de croître et les moyens traditionnels de contrôle étaient à peine suffisants. Il ne fait aucun doute que l'invention la plus importante et la plus durable qu'ait connue la facture d'orgues de cette époque a été celle de Barker (1832) avec ses soufflets pneumatiques insérés sur le parcours de la vergette. La vergette d'une touche ouvre une valve qui permet au réservoir de se remplir d'air. Les vergettes sont alors actionnées par ces réservoirs. Cavaillé-Coll (voir § 7) a fait usage de ces inventions sur tous ses instruments, quelle que soit leur taille, parfois seulement pour le clavier du grand-orgue, ce qui permet d'accoupler tous les claviers à la fois tout en conservant le fonctionnement mécanique des vergettes et des registres traînants.

3. *La soufflerie.* Sur les orgues de petites dimensions comme les orgues portatifs, la même personne peut actionner les soufflets et jouer en même temps sur l'instrument. Cependant, depuis les temps les plus anciens, la quantité et la puissance du vent nécessaires à tous les orgues, à l'exception des plus petits, ont nécessité l'usage d'une machinerie plus encombrante actionnée par une ou plusieurs personnes qui étaient chargées de remplir les « poumons » de l'orgue. Jusqu'au XIXe siècle, l'ancien mécanisme de la soufflerie se composait de grands réservoirs cunéiformes, dont l'un des côtés était fixé au plancher pendant que l'autre se déplaçait de bas en haut entre un gond à une extrémité et une pièce de cuir repliée sur elle-même à l'autre extrémité. Après avoir mis les réservoirs dans la position « haute », la pression était déterminée par le poids de la partie supérieure du réservoir auquel on ajoutait n'importe quel autre poids. Les grandes orgues nécessitaient plusieurs réservoirs actionnés l'un après l'autre par le souffleur.

Ce type de soufflerie a été remplacé au XIXe siècle par un réservoir d'alimentation qui pouvait être actionné à la main sur les petits instruments et par une machine envoyant l'air dans un réservoir sur les plus grands. Le réservoir d'alimentation était cunéiforme, comme sur les orgues anciens, mais beaucoup plus petit. Ce nouveau système offrait l'avantage d'obtenir un débit d'air plus régulier, surtout lorsque l'on utilisait un grand nombre de jeux simultanément ou lorsque la musique exigeait des contrastes dynamiques soudains (et donc de consommation d'air).

Aujourd'hui, les souffleries sont électriques, ce qui rend le débit d'air plus régulier et occupe moins de place. Le système dépend de la fiabilité de la soufflerie électrique et aussi de l'usage de régulateurs, petites chambres à air munies de ressorts à une extrémité ; toute irrégularité de la pression du vent est immédiatement compensée par l'étirement ou la contraction du ressort. Ainsi, à partir d'un même soufflet, il est possible de moduler la pression d'air selon le jeu engagé. On a prétendu que le jeu était parfait ; il est peut-être même trop parfait car les plus petites irrégularités, sensibles sur les orgues anciens, ne sont plus audibles, ce qui a pour effet de déshumaniser en quelque sorte cet instrument.

4. *Le jeu de l'orgue.* L'orgue est parfois considéré comme un instrument dépourvu

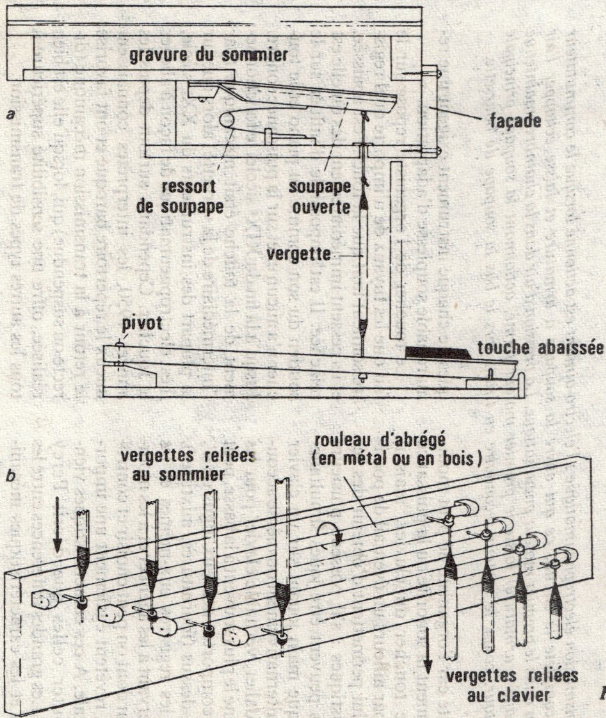

Fig 3

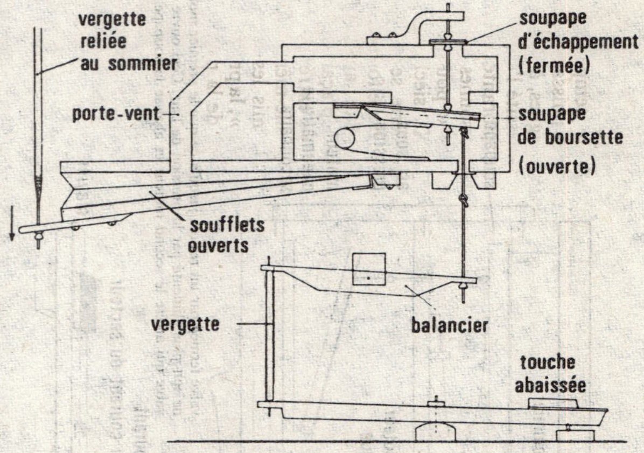

Fig. 4

Fig. 3. Liaisons entre les touches et le sommet. (a) A l'arrêt, les touches basculent en arrière, et actionnent les vergettes suspendues aux soupapes. (b) Détail de la table d'abrégé.

Fig. 4. Transmission pneumatique : en abaissant la touche, on ouvre la soupape de boursette et on ferme la soupape d'échappement, ce qui laisse entrer l'air sous pression dans les soufflets par le porte-vent. Le soufflet se gonfle et abaisse la vergette reliée au sommier. En relachant la touche, la soupape de boursette se ferme et la soupape d'échappement s'ouvre ; la pression d'air est équilibrée et les soufflets se referment.

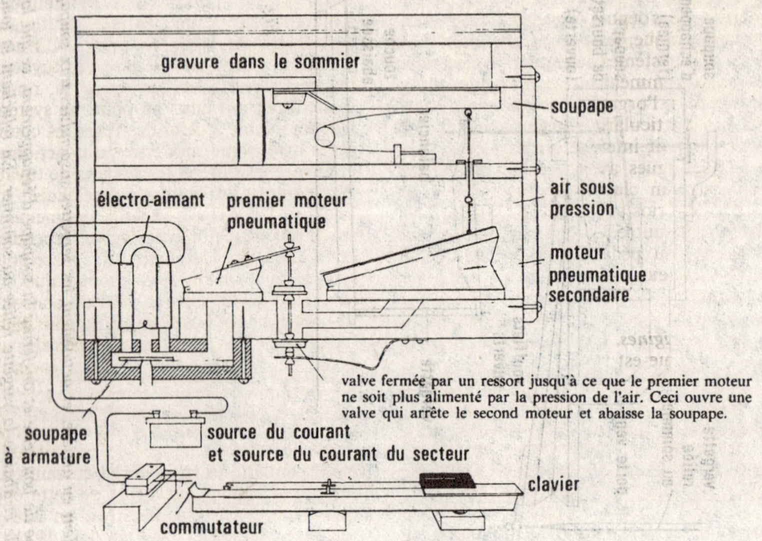

Fig. 5. Transmission électropneumatique : l'électro-aimant est actionné lorsque le commutateur du clavier complète le circuit, ce qui ouvre la soupape à armature et laisse échapper l'air sous pression dans le premier moteur pneumatique. La pression d'air dans la chambre (maintenue par la soupape à armature) laisse le premier moteur fermé, actionnant la soupape principale qui, à son tour, coupe le moteur secondaire en tirant vers le bas la soupape de boursette.

de sensibilité car l'organiste ne peut modifier directement la sonorité ou la puissance par simple toucher du clavier, mais il comporte par ailleurs un éventail de possibilités qui lui permettent d'obtenir des résultats artistiques : s'il possède plusieurs claviers, ils peuvent être joués simultanément (chaque main jouant sur un clavier différent), alternativement ou même accouplés ; le pédalier, véritable clavier pour les pieds, destiné le plus souvent à la basse, peut également comporter des jeux aigus de 4', de 2' et au-dessus (fournitures, mixtures). En outre, les registres eux-mêmes et les systèmes servant à les agencer et à les modifier, la façon dont on peut choisir et contrôler les jeux revêtent également une importance capitale. A ces caractéristiques viennent s'ajouter celles que décrit Percy Scholes : « Les grandes différences entre les possibilités et les caractéristiques mécaniques de chaque instrument exigent une remarquable souplesse d'adaptation. »

Le toucher de l'organiste repose sur le fait que les tuyaux de n'importe quel registre sonnent tant que la touche est abaissée, et ils cessent immédiatement dès qu'elle est relâchée. Il est impossible d'influer sur le soutien du son comme au piano et le toucher n'a aucun effet sur la puissance sonore. Jusqu'à la fin du XIXe siècle, le fonctionnement de la touche était mécanique (par l'intermédiaire de la vergette) alors que sur la plupart des instruments du XXe siècle, il est électropneumatique de façon à alléger le toucher. Cependant, surtout depuis les années 1950, les interprètes connaissent mieux le répertoire baroque et ont favorisé le retour à la transmission mécanique (directe ou suspendue) qui, lorsqu'elle est bien réalisée, offre une sensibilité supérieure à tous les autres types de transmission.

De nouveaux systèmes de registration ont été mis au point durant les cent dernières années depuis les pédales à combinaison mécanique, les pistons pneumatiques, jusqu'aux systèmes de régulation électrique et plus récemment aux commandes informatisées. Si l'organiste doit connaître toutes ces particularités techniques, il doit aussi pouvoir interpréter des pièces telles que des fugues avec pédale obligée, des solos sur un clavier accompagnés à un autre, des trios avec une partie à la main droite, une autre à la main gauche et une troisième au pédalier, ou même parfois jouer sur deux claviers à la fois avec une seule main.

5. *Les origines.* Durant près d'un millénaire, l'orgue est resté essentiellement un instrument européen et un instrument d'église, bien que ses origines ne soient ni européennes ni ecclésiastiques. On en attribue l'invention à Ktesibios, ingénieur à Alexandrie, vers 246 avant J.-C. Il baptisa son instrument *hydraulis* parce qu'il utilisait de l'eau (en grec *hydor*) pour actionner les soufflets et une rangée de tuyaux à anches (**aulos*) pour produire le son (Fig. 6).

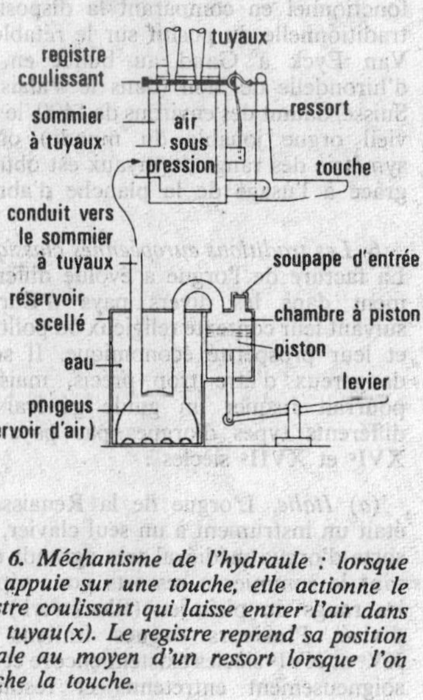

Fig. 6. Méchanisme de l'hydraule : lorsque l'on appuie sur une touche, elle actionne le registre coulissant qui laisse entrer l'air dans le(s) tuyau(x). Le registre reprend sa position initiale au moyen d'un ressort lorsque l'on relâche la touche.

Alors que Ktesibios et, trois siècles plus tard, Héron d'Alexandrie se limitaient apparemment à une rangée de tuyaux, Vitruve (mort vers 26 après J.-C.) améliora l'invention en ajoutant des tuyaux à bouche ouverts et fermés à la rangée d'anches et mit aussi au point un système très semblable à celui des registres coulissants de l'orgue moderne pour actionner et fermer les différentes rangées de tuyaux de façon que l'exécutant puisse choisir son registre. On a très peu de renseignements sur l'impact réel de cet orgue. Cependant en Grèce, à Delphes, une inscription datant de 90 avant J.-C. montre que l'on pouvait jouer de l'orgue pour un concours de musique et que le vainqueur final, Antipatios de Crète, se vit accorder un droit de priorité sur d'autres lorsqu'il souhaitait consulter l'oracle. A Rome, Néron fut enthousiasmé par cet instrument, qui devint rapidement un symbole de richesse et se répandit vraisemblablement pendant les trois siècles suivants. Le plus remarquable survivant de cette époque est l'instrument construit en 228 et retrouvé lors de fouilles en 1931 à Aquincum en Hongrie. Même s'il porte le nom d'*hydra* sur l'inscription, cet instrument était de toute évidence alimenté en air par une soufflerie et considéré comme un *organum pneumaticum* plutôt que comme un *organum hydraulicum*. La transition entre l'utilisation de l'énergie hydraulique et celle de la soufflerie ne peut être datée précisément mais dès le IIe siècle on utilisait la soufflerie à main pour les petites orgues alors que le mécanisme hydraulique était toujours considéré comme mieux adapté aux grands instruments et à leurs impératifs de puissance (on jouait souvent de l'orgue en plein air).

A partir de 300 après J.-C., l'orgue perdit de son influence à Rome, puis se répandit dans l'Empire d'Orient où, bien qu'il n'ait pas connu de développement spectaculaire, il fit l'objet d'une ornementation très soignée et richement décorée (or et pierres précieuses). Son usage était encore uniquement profane et nous n'avons aucune idée du genre de musique que l'on y jouait.

L'orgue réapparut en Europe occidentale grâce à un présent très particulier et unique de l'empereur Constantin V au roi Pépin le Bref en 757 et le premier orgue d'Occident fut construit pour le palais d'Aix-la-Chapelle en 826 par un prêtre de Venise, ville-État directement reliée à Constantinople. A partir de cette date, l'orgue fut considéré presque exclusivement comme un instrument d'église. On ne sait presque rien de la transition très rapide qui en a fait un instrument ecclésiastique. L'Église, jusqu'alors strictement opposée à l'intervention de toute sorte de musique instrumentale pendant le culte, changea de point de vue et, à partir du milieu du IXe siècle, les orgues d'église et les organistes furent de plus en plus nombreux. L'orgue monstrueux de la cathédrale de Winchester, qui date de 950, est l'exemple le plus connu de cette période ; avec son étendue de quarante notes et ses dix rangs de tuyaux (ce qui produisait un jeu de mixture ou grand plein-jeu, puisque aucun d'entre eux ne pouvait être fermé), il fallait deux hommes pour en jouer et pas moins de soixante-dix hommes solides pour actionner les vingt-six soufflets. La majorité des orgues médiévaux étaient cependant petits et appartenaient pour la plupart à l'une ou l'autre catégorie des positifs, portatifs ou régales. Les positifs sont, comme leur nom l'indique, trop grands et trop lourds pour être transportés, mais n'ont pas de tuyaux plus grands que le bourdon 8' et le principal 4'.

L'augmentation rapide du nombre d'orgues et leur apparition dans les églises et monastères d'Europe est à l'origine d'une évolution fondamentale du point de vue technique – la plupart des caractéristiques de l'orgue moderne qui ne dépendent pas de l'électricité avaient déjà été inventées vers 1500, notamment les deux principaux types de sommiers (à registres coulissants et à ressorts), l'alimentation en air et le système de la soufflerie, le mécanisme des touches, les planches d'abrégé, les pédales, la combinaison et l'utilisation de plusieurs claviers dans un seul instrument et divers systèmes de taille (diapasons) des tuyaux, pour remplacer le système médiéval dans lequel tous les tuyaux avaient le même diamètre quelle que soit leur longueur. Le sommier à ressorts fut inventé aux Pays-Bas, au XIVe siècle, (d'après Michel Praetorius) ; il permettait de choisir et d'isoler certains jeux plutôt que de les jouer toujours tous ensemble ; curieusement, les facteurs néerlandais ne virent pas l'intérêt d'appliquer cette invention au Blockwerk ou « grand plein-jeu » qui resta un jeu de mixture d'un seul tenant jusqu'à l'époque de Sweelinck ; c'est la raison pour laquelle l'orgue se répandit avec une famille de jeu supplémentaire, le Bovenwerk (clavier de récit au-dessus du grand clavier de plein-jeu), où l'on pouvait trouver des jeux utilisés séparément (flûtes et anches, notamment).

La grande innovation du milieu du XVe siècle est l'insertion de deux claviers séparés dans un même orgue. Les organistes souhaitaient jouer des deux orgues de l'église sur un même instrument (le grand orgue mural suspendu et le positif sur le sol), d'où la création du Rugwerk ou Rückpositif, partie située dans le dos de l'organiste dont le clavier était situé au-dessous de celui du grand orgue. On en trouve un exemple daté de 1447 dans l'église Notre-Dame de Zwolle aux Pays-Bas et on peut en voir un plus célèbre, dont le buffet existe toujours, à la cathédrale de Strasbourg (commencé en 1498).

L'incorporation de la planche d'abrégé dans le mécanisme de l'orgue permit de ne plus placer nécessairement les tuyaux en respectant l'ordre des notes sur le clavier ; ils pouvaient alors être disposés dans n'importe quel ordre dans un espace suffisamment grand pour les loger. On peut en apprécier le résultat visuel et fonctionnel en comparant la disposition traditionnelle du positif sur le rétable de Van Eyck à Gand au buffet en nid d'hirondelle de Sion (dans le Valais, en Suisse, datant des environs de 1400, le plus vieil orgue jouable du monde) où la symétrie des rangs de tuyaux est obtenue grâce à l'usage de la planche d'abrégé.

6. *Les traditions européennes classiques.* La facture de l'orgue a évolué différemment dans les divers pays d'Europe, suivant leur contexte religieux ou politique et leur prospérité économique. Il serait dangereux d'être trop précis, mais on pourrait risquer un guide général des différents types d'orgues par pays aux XVIe et XVIIe siècles :

(*a*) *Italie.* L'orgue de la Renaissance était un instrument à un seul clavier, une sorte d'orgue médiéval très agrandi utilisant le sommier à ressorts pour séparer les rangs du plein-jeu (Blockwerk) non divisé. Plusieurs orgues italiens des XVe et XVIe siècles existent encore et sont soigneusement entretenus et restaurés, notamment les orgues de San Petronio à Bologne (da Prato, 1470-74), de San Martino à Bologne (G. Cipri, 1556) et de San Giuseppe à Brescia (G. Antegnati, 1581) dont les caractéristiques sont les suivantes :

Principal	16	Piccolo	1
Octave	8	Tierce	2/3
Quinte	4	Petite flûte	8
Nasard	2 2/3	Gros nasard	5 1/3
Quarte de nasard	2	Dulciana	4
Larigot	1 1/3	Fiffaro	16

Bien que cet orgue semble basé sur un jeu de 16', on en joue pour ainsi dire à l'octave supérieure de telle sorte que le principal sonne comme un 8' qui descendrait jusqu'au do de 16' en transposant les autres jeux proportionnellement. Dans la facture italienne, les notes les plus hautes sont sujettes à la règle générale suivante : la hauteur d'une note ne dépasse jamais do^7 (la note la plus aiguë du piano) ; lorsqu'il devient imminent d'aller au-delà (do/do dièse pour l'unisson, fa/fa dièse pour les quintes), le rang redescend d'une octave et continue vers le haut à une octave inférieure. C'est le système des « reprises ». Cela empêche l'aigu de devenir trop strident tout en conservant aux parties inférieures une sonorité brillante. La pédale est un clavier qui ne sert pratiquement qu'à soutenir les notes graves.

(*b*) *Pays-Bas.* La facture d'orgue italienne est davantage un art de la Renaissance que du baroque et, de la même façon, sa musique pour orgue, après Frescobaldi, a laissé la place à l'opéra, au concerto et à la sonate en trio. On peut faire à peu près la même remarque à propos des Pays-Bas, dont la principale caractéristique est d'avoir conservé pendant très longtemps le grand plein-jeu (Blockwerk) et un récit (ou Bovenwerk) pour les jeux qui doivent être utilisés séparément comme on l'a déjà vu. Tous les facteurs néerlandais et en particulier ceux du Brabant, qui ont influencé la France de façon décisive, utilisent un grand nombre et une variété considérable d'anches dans leurs orgues, tandis que leurs pédales sont surtout utilisées pour les parties de *cantus firmus* comme dans la musique d'orgue française. Au XVIIe siècle, le Nord a subi très fortement l'influence allemande, ce qui explique certainement le caractère plus international des grandes orgues de Groningen, Zwolle, Alkmaar et Haarlem.

(*c*) *Espagne.* En Espagne, l'orgue n'est apparu dans toute sa gloire qu'à la fin du XVIe siècle, essentiellement grâce aux Néerlandais que l'on retrouve partout (Hans Brebos a construit les orgues de l'Escurial vers 1580) et la période d'activité la plus intense a été le XVIIe siècle, au moins avant que la décadence ne s'installe. Durant les siècles suivants, le manque de prospérité de l'Espagne a eu l'heureux effet d'éviter la modernisation de nombreux orgues historiques, même s'ils étaient laissés à l'abandon. Comme en Italie, les orgues espagnols étaient surtout des instruments à un seul clavier, sur lesquels le pédalier comportait parfois des tuyaux de basse indépendants pour les notes tenues. Ils avaient des registres plus variés et plus originaux que les orgues italiens, y compris un certain nombre de jeux de trompette, cromorne et différents registres de régale portant des noms espagnols comme *chirimia* et *orlo*. Les plus petits étaient souvent montés horizontalement sur le devant du buffet (à ne pas confondre avec les grosses trompettes et autres jeux de la *lengueteria* d'apparence semblable, modification ou adjonction spectaculaire de la fin du XVIIe siècle et du XVIIIe siècle).

L'orgue espagnol comporte une particularité que l'on trouve aussi parfois ailleurs : les jeux sont divisés en deux, une moitié correspondant aux aigus, l'autre aux graves, de sorte que les différentes registrations peuvent être utilisées séparément sur la partie supérieure ou inférieure du clavier (comme sur l'*harmonium).

Un bon exemple (qui a survécu) du XVIIIe siècle est l'orgue d'épître de la cathédrale de Grenade, construit en 1746 par L. F. Dàvila ; Grenade constitue aussi un exemple de disposition très répandue dans les églises des monastères italiens et espagnols qui consiste à placer deux orgues de chaque côté du chœur (épître et évangile, selon la place du missel dans l'ancien *ordo* de la messe). Ils étaient employés en alternance pour l'accompagnement et plus spécifiquement dans des œuvres composées pour deux orgues (chaque orgue possède deux buffets décorés, l'un face au chœur et l'autre dans le bas-côté, ce qui donne un aspect très luxuriant).

TABLEAU 1

GRAND-ORGUE do¹-do⁵	POSITIF do¹-do⁵	RÉCIT do³-do⁵	PÉDALE la¹-fa²	ÉCHO do²-do⁵
Montre 16	Montre 8	Cornet V	Flûte 8	Bourdon 8
Bourdon 16	Bourdon 8	Trompette 8	Trompette 8	Flûte 4
Montre 8	Prestant 4			Nasard 2 2/3
Bourdon 8	Flûte 4			Quarte 2
Prestant 4	Nasard 2 2/3			Tierce 1 3/5
Flûte 4	Doublette 2			Cymbale II
Grosse tierce 3 1/5	Tierce 1 3/5			Cromorne 8
Nasard 2 2/3	Larigot 1 1/3			
Doublette 2	Fourniture III			
Quarte de nasard 2	Cymbale II			
Tierce 1 3/5	Cromorne 8			
Fourniture V	Voix humaine 8			
Cymbale IV				
Cornet V				
Trompette 8				
Clairon 4				
Voix humaine 8				

(*d*) *France*. Le nombre des instruments qui ont été détruits lors des guerres et des révolutions est si élevé qu'il est extrêmement difficile de dresser un tableau à peu près cohérent. Les orgues de Bordeaux (1510) et de Toulouse (1531), dont on a conservé des documents contractuels, sont généralement considérés comme des instruments à un seul clavier à caractéristiques italiennes, tandis que les orgues de Gisors, entre Paris et Rouen, sont de toute évidence flamands par leurs jeux : fourniture, cymbale, cornet, trompette, clairon et voix humaine au grand-orgue et un positif allant jusqu'à cymbale et cromorne, montre et saqueboute (tous deux de 8' avec « ravalement » jusqu'au fa de 12' pour l'anche) au pédalier. Le grand orgue classique français est déjà presque formé et il ne lui manque que la tierce du positif, le cornet séparé et le cornet de l'écho. Les plus grands orgues classiques français datent des dernières années du XVIIIᵉ siècle et ce sont les instruments qui conviennent le mieux aux œuvres de Boyvin, Couperin et Grigny ; on peut citer notamment les orgues de Saint-Louis-des-Invalides, construites par Robert Clicquot (Tableau 1).

La pédale au XVIIᵉ siècle est relativement peu développée, ne possédant qu'une flûte 8' et une trompette (pour faire sonner le « plain-chant » en cantus firmus) ; au XVIIIᵉ siècle, par exemple à Saint-Maximin-de-Provence, il y a des flûtes 16', 8' et 4', bombarde 16', trompette 8' et clairon 4' ; c'est seulement au XIXᵉ siècle, avec la renaissance de Bach et les chevaux de bataille des derniers compositeurs romantiques, que la pédale est devenue un clavier plus fourni.

(*e*) *Angleterre*. Comparé à l'orgue français, au style défini et à la taille imposante, l'instrument anglais de la période antérieure à la Réforme, de l'époque élisabéthaine et de la Restauration, se situe à plus petite échelle. Parmi les instruments plus anciens, à Old Radnor il ne reste que le buffet (mais pas de tuyaux ou de mécanisme) mais l'orgue construit au début du XVIIᵉ siècle par Robert Dallam pour New College à Oxford constitue l'un des rares exemples d'« orgue double » ancien (c'est-à-dire à deux claviers) de cette époque. Après la Restauration, la construction d'orgues connut un nouvel essor entre les mains de facteurs étrangers, ou de facteurs qui avaient vécu à l'étranger pendant le Commonwealth, qui firent tous des orgues où sont incorporés des éléments flamands et français ; les plus célèbres furent « Father Smith » et Renatus Harris. Smith fabriqua notamment les instruments de la Banqueting House de Whitehall, de Westminster Abbey, de la cathédrale Saint-Paul, de l'église du Temple et de la cathédrale de Durham. L'orgue de Durham présente deux particularités : il avait vraisemblablement deux façades, ce qui nécessitait donc un principal de 8' dans chacune d'elles (comme dans celui de Dallam construit en 1605 pour King's College à Cambridge) ; en outre, il ne possédait pas de pédale, caractéristique typique des orgues anglaises. On raconte de nombreuses anecdotes sur la réticence légendaire des organistes anglais à utiliser les pédales ; Percy Scholes citait Sir George Smart, âgé de soixante-quinze ans, qui avait été invité à essayer l'un des orgues à la Grande Exposition de 1851, et qui disait : « Mon cher monsieur, je n'ai jamais joué de ma vie sur un terrain de football. » Harris était moins conventionnel que Smith pour certaines choses, notamment la promotion du registre de cor ou un emploi plus fréquent des anches ; il essaya aussi les systèmes de transmission de combinaisons permettant d'utiliser séparément les différents jeux sur plus d'un clavier. Le premier à utiliser le récit expressif en Angleterre fut Abraham Jordan sur l'orgue de St Magnus the Martyr au London Bridge. John Byfield, senior et junior, G. P. England, John Snetzler et Samuel Green ont poursuivi cette tradition du XVIIIe siècle jusqu'au XIXe siècle, à l'époque de Samuel Wesley et de Mendelssohn.

(*f*) *Allemagne*. Une bonne partie de l'élan initial qui se manifeste dans le nord de l'Europe provient des Pays-Bas.

Au XVe siècle, dans le nord de l'Allemagne, l'orgue gothique comporte généralement un seul clavier et des tirasses à la pédale. Il était probablement surélevé, situé sur l'un des murs de l'église et pouvait être un instrument d'une certaine importance avec principal de 16' comme à la Jakobikirche de Lübeck. Avec l'apparition tardive du Rückpositiv (positif de dos), du Brustwerk (positif de poitrine) et de la pédale, l'orgue baroque du nord de l'Allemagne s'est répandu du nord de la Hollande à la Scandinavie, créant un style qui a prédominé jusqu'au milieu du XVIIIe siècle. Beaucoup d'orgues baroques célèbres ont connu plusieurs étapes avant de parvenir à leur forme définitive ; on en trouve un bon exemple (où ces différents stades s'imposent de façon évidente) à la Johanneskirche de Lüneburg : les parties centrales, construites en 1551-53 par le Brabançon Henrik Niehoff, sont d'un style très différent de celui des tuyaux de pédale de 32' sur les côtés qui furent ajoutés au début du XVIIIe siècle par Matthias Dropa, un élève d'Arp Schnitger (la pédale d'origine comprenait : trompette de 8', cor de nuit de 2' et flûte champêtre de 1'). L'orgue de la Jakobikirche de Hambourg a subi de profonds changements dans des styles très différents avant de devenir l'orgue d'Arp Schnitger qu'il est supposé être resté. Cet orgue, qui date de 1512-16, a été reconstruit à deux reprises par Dirk Hoyer, puis deux fois encore par Hans Scherer l'Ancien (la dernière fois en 1605-07 ; Michael Praetorius en donne des caractéristiques) ; il a finalement été transformé en orgue baroque par Schnitger en 1688 (Tableau 2).

Cet ensemble à quatre claviers et pédalier semble être l'aboutissement d'une recherche de perfection dans le domaine de la conception moderne de l'orgue baroque :

– chaque plan sonore de clavier comporte son propre buffet et est situé de façon à pouvoir être entendu directement depuis le devant de l'orgue sans aucun obstacle ;

– l'aspect extérieur de l'ensemble du buffet de l'orgue dépend directement des différents plans sonores qui le composent ;

– chaque plan se suffit à lui-même pour ce qui est de la sonorité car il possède les jeux nécessaires pour former un plenum qui sera à peu près aussi puissant qu'un autre plan et donc équilibré par rapport à lui. Les tirasses ne sont pas censées être utilisées et peuvent même ne pas exister sur un tel instrument ;

– sur un tel orgue, les proportions du buffet peuvent dépendre de la longueur des tuyaux du principal, 32' pour la pédale, 16' pour le grand-orgue (Hauptwerk), 8' pour le positif de dos (Rückpositiv), 8' pour le récit (Oberwerk) et 4' pour le positif de poitrine (Brustwerk). On parle parfois de « Werkprinzip » à propos de ce type d'orgue ;

– entre autres usages, l'orgue pouvait être utilisé de la façon suivante : le grand-orgue (Hauptwerk) pour le grand plein-jeu et pour des œuvres d'une certaine densité ; le positif de dos (Rückpositiv) pour le second plenum (plus léger que celui du grand-orgue) et le premier clavier de solos ; le récit (Oberwerk) pour l'accompagnement et les échos ; le positif de poitrine (Brustwerk) constitue pratiquement un second positif de dos (Rückpositiv), mais il possède les jeux d'anches les plus frais et les plus légers de l'instrument ; en outre, il se prête à merveille à l'accompagnement de chanteurs ou d'instruments ; la pédale, très puissante et qui

TABLEAU 2

HAUPTWERK	RÜCKPOSITIV	BRUSTWERK	PEDAL	OBERWERK
Principal 16	Principal 8	Principal 8	Gross Principal 32	Principal 8
Quintadena 16	Quintadena 8	Octave 4	Principal 16	Holzflöte 8
Octave 8	Gedackt 8	Hohlflöte 4	Subbass 16	Rohrflöte 8
Spitzflöte 8	Octave 4	Waldflöte 2	Octave 8	Octave 4
Gedackt 8	Flöte 4	Sesquialtera II	Octave 4	Rohrflöte 4
Octave 4	Querflöte 4	Scharff V	Nachthorn 2	Spitzflöte 4
Rohrflöte 4	Blockflöte 2	Dulcian 8	Rauschpfeife II	Nasat 2 2/3
Superoctav 2	Sifflet 1 1/3	Trichter Regal 8	Mixtur VI	Octave 2
Blockflöte 2	Sesquialtera II		Posaune 32	Gemshorn 2
Rauschpfeife II	Scharff VI-VIII		Posaune 16	Mixtur IV-VI
Mixtur VI	Dulcian 16		Dulcian 16	Zimbel
Trompete 16	Bärpfeife 8		Trompete 8	Trompete 8
	Schalmey 4		Trompete 4	Krummhorn 8
			Cornett 2	Trompete 4

doit se jouer sans accouplement, fournit non seulement la registration grave pour les claviers, mais possède aussi ses propres jeux de solo, comme le cromorne de 8', la trompette de 4', le cornett de 2' (un jeu d'anche, à ne pas confondre avec le jeu de cornet de cinq rangs) ou le cor de nuit de 2' que l'on peut utiliser pour jouer un choral au ténor, à l'alto ou au soprano, accompagné au clavier.

En se dirigeant vers le sud par la Silésie, la Saxe, la Bavière, la Tchécoslovaquie et l'Autriche, on trouve un style plus chantant, plus italianisé, alors que la stricte disposition de l'instrument et ses proportions semblent faire l'objet de moins d'attention. Eugen Casparini, d'origine allemande, occupe une place à part avec sa recherche d'une synthèse des styles, concrétisée à Saint-Pierre-et-Saint-Paul de Görlitz (1697-1703). Il s'agit d'un grand orgue à trois claviers qui comporte de nombreux registres originaux comme le Tubalflöt et des mutations de cornets composés ; mais sa grande originalité vient des effets visuels qu'il avait réalisés avec des jeux « automates ». Plusieurs orgues en étaient déjà munis (le système de Cymbelstern était le plus répandu et généralement « admis »), mais Casparini est allé plus loin en mettant au point des soleils rotatifs, des anges jouant de la trompette, des cloches, des oiseaux et des tambours (dont le son provenait de certains tuyaux de pédale légèrement désaccordés les uns par rapport aux autres, que l'on peut encore voir sur l'orgue Casparini de Vilnius).

L'un des facteurs de la génération suivante qui a probablement beaucoup appris de Casparini est Andreas Silbermann, dont le jeune frère Gottfried a construit entre 1709 et sa mort, en 1753, quelques-uns des orgues les plus magnifiques jamais construits (il en existe encore plus d'une vingtaine, intacts pour la plupart et presque tous en Saxe). Quelle que soit la réputation qu'il s'est acquise avec ses grandes orgues de Freiberg et de Dresde, le style d'ensemble de sa facture s'impose mieux sur ses petits instruments, où il respecte un modèle étonnamment uniforme que l'on retrouve dans la composition de Reinhardtsgrimma (Tableau 3).

TABLEAU 3

HAUPTWERK	OBERWERK	PEDAL	
Principal 8	Gedackt 8	Subbass 16	(Tirasses ajoutées par la suite)
Rohrflöte 8	Rohrflöte 4	Posaune 16	Trémolo
Quintaden 8	Nasat 3	Principal bass 8	
Octava 4	Octava 2		
Spitzflöte 4	Tertia (1 3/5)		
Quinta 3	Quinta 1 1/2		
Octava 2	Sifflot 1		
Mixtur 4 rangs	Cimbeln 2 rangs		
Cornett 3 rangs			

Silbermann tendait déjà vers le préromantisme, ce dont avaient conscience ses contemporains et amis, notamment J. S. Bach. Il élimina pratiquement les anches de ses orgues, sauf au pédalier ; grâce à sa conception de la taille, il renforça l'effet d'ensemble des jeux du principal qu'il rendit moins tranchant et, avec le système consistant à placer souvent le second clavier derrière le premier, et non au-dessus ou au-dessous, il affaiblit le concept du « Werkprinzip ». Ses instruments sont d'une qualité exceptionnelle même s'ils ne possèdent pas tout à fait les caractéristiques exigées par J. S. Bach.

7. *L'orgue romantique.* Le romantisme ne convenait pas plus à l'orgue que l'orgue ne convenait aux musiciens classiques et romantiques, qui l'évitaient ou composaient assez maladroitement pour lui. Cependant, en profitant des progrès de la révolution industrielle, les dimensions de l'orgue se sont développées, il est devenu plus puissant, plus compliqué et moins difficile à jouer. Musicalement, l'orgue est devenu une imitation de l'orchestre avec des jeux beaucoup plus contrastés, des mécanismes nouveaux comme les boîtes expressives, des quantités de pédales d'accouplement réunissant différentes parties de l'instrument, etc. Le facteur qui a donné le plus grand élan à la facture d'orgues au XIXe siècle est sans aucun doute Aristide Cavaillé-Coll (1811-98), qui a bouleversé la conception tonale de l'orgue classique français en un concept orchestral et a été le premier à appliquer le levier de Barker (voir § 2 ci-dessus) au mécanisme de transmission. Ces améliorations ont vu le jour très rapidement et ont été appliquées pour la première fois à l'orgue de l'abbaye de Saint-Denis, terminé en 1840. Par chance, quelques années plus tard, ce concept s'avérait parfait pour les œuvres de César Franck, titulaire de l'orgue de Sainte-Clotilde à Paris, construit par Cavaillé-Coll en 1859-62.

Sainte-Clotilde, Paris (Cavaillé-Coll, 1859)

Pédale

Gauche : contrebasse 16', octave 4', **bombarde 16', trompette 8'.**

Droite : **clairon 4', basson 16'**, basse 8', soubasse 32'.

Grand-orgue

Gauche : Montre 16', viole de gambe 8', bourdon 16', prestant 4', **quinte 3', plein jeu harmonique, trompette 8'.**

Droite : **clairon 4', bombarde 16', doublette 2', octave 4'**, flûte harmonique 8', bourdon 8', montre 8'.

Positif

Gauche : montre 8', flûte harmonique 8', gambe 8', bourdon 8', **quinte 3', plein jeu, cromorne 8'.**

Droite : **clairon 4', trompette 8', doublette 2', flûte octaviante 4'**, prestant 4', bourdon 16', unda maris 8'.

Récit

Gauche : voix humaine 8', voix céleste 8', viole de gambe 8', **flûte octaviante 4', trompette 8'.**

Droite : (Sonette), **clairon 4', octavin 2'**, flûte harmonique 8', bourdon 8', basson-hautbois 8'.

Tirasses et pistons de gauche à droite : tirasses GO, pos., réc./anches pédales/octaves graves GO, pos., réc./anches GO, pos., réc./accouplements pos. à GO, réc. à pos./expression pédale récit.

Étendue des claviers, do^1-fa^5 ; étendue de la pédale : do^1-ré^3. Les registres imprimés en caractères gras sont marqués en rouge sur la console et font partie de ceux que fait parler l'appel des anches, pour chaque clavier et pédale séparément.

Les orgues de Cavaillé-Coll ont su dépasser toutes les réserves dont a fait l'objet la facture d'orgues du XIXe siècle grâce à leur conception et surtout grâce à la qualité du travail. Cavaillé n'a jamais voulu abandonner les sommiers à registres coulissants, malgré l'attrait apparent des autres systèmes, et il s'en est toujours tenu à la traction mécanique en ajoutant simplement le levier de Barker. Dans la structure de son système, il est donc resté très proche de ses précurseurs classiques.

Les orgues allemandes des facteurs Ladegast, Walcker et Sauer suivent une voie analogue avec des claviers dont la puissance diminue en force à partir du grand orgue, mais elles sont quelque peu wagnériennes. Les petits instruments ne sont plus que des répliques en miniature des plus grands. Ce sont de grands orgues sans la partie supérieure. On trouve un

TABLEAU 4
Composition des jeux de J. G. Töpfer pour un orgue à deux claviers

HAUPTWERK	SECOND CLAVIER	PÉDALE
Prinzipal 8	Quintaden 16	Subbass 16
Bordun 16	Geigenprinzipal 8	Violon 16
Viola di Gamba 8	Stillgedackt 8	Posaune 16
Rohrflöte 8	Dolce 8	Prinzipalbass 16
Trompete 8	Fagott und Clarinetto 8	Violonbass 8
Quintflöte 5	Flauto Amabile 4	Gedacktbass 8
Oktave 4	Oktave 4	
Rohrflöte 4		
Cornet III		
Oktave 2		
Mixtur IV		

Le second clavier manuel ne comporte que des jeux *sanfte und zarte* (« doux et expressifs »).

exemple intéressant dans le livre de Töpfer et Allhin (*Die Theorie und Praxis des Orgelbauers*, 1888) où chaque détail de la facture d'orgue est défini scientifiquement ; cet ouvrage, qui décrit surtout plusieurs grands instruments d'une centaine de jeux avec anches et mixtures en sus, donne également les caractéristiques des petits orgues. Il ne reste pratiquement que les jeux de base (Tableau 4).

En Angleterre, le premier grand facteur du XIXe siècle est Hill, qui a fabriqué, en 1840, l'équivalent anglais d'un orgue allemand du XVIIIe siècle, comportant un pédalier indépendant. Il exporte ses instruments en Australie et dans d'autres colonies, qui sont maintenant les meilleurs endroits pour étudier les orgues anglais de l'époque victorienne. Par la suite, Hill a peut-être été éclipsé par la personnalité étouffante de Henry Willis qui, après avoir exposé au Crystal Palace en 1851, a pratiquement obtenu le monopole de la facture d'orgue dans les cathédrales anglaises. Willis a travaillé dans la même orientation que Cavaillé-Coll et il a mis au point le « levier de Willis » d'après le modèle de Barker, ainsi que divers systèmes de combinaisons de jeux qui ont finalement abouti aux pistons réglables de la cathédrale de Hereford entre 1890 et 1900. Willis était certainement un excellent facteur d'orgues, mais il avait tendance à mépriser le travail réalisé avant lui sur les orgues qu'il restaurait, à tel point que les caractéristiques antérieures à son passage sont pratiquement impossibles à déceler.

Les facteurs anglais semblent s'être particulièrement intéressés au développement de la console et à son contrôle ; le style de console américaine leur est imputable en grande partie. Certains instruments ont été importés et construits au XVIIIe siècle aux États-Unis où le facteur le plus connu était le Morave David Tannenberg, qui vivait en Pennsylvanie. Au XIXe siècle, les orgues de Roosevelt sont, comme leurs homologues européens, dominés par les progrès techniques de l'époque et avec l'avènement de l'électricité, grâce au prix modique des matériaux et aux facilités de communication, l'histoire de l'orgue au XXe siècle se résume en une interminable série de produits manufacturés, d'où émergent difficilement les tentatives courageuses de facteurs comme Walter Holtkamp l'aîné qui cherchent encore à fabriquer des instruments de musique. Les États-Unis et le Canada ont maintenant quelques excellents facteurs d'orgues, des immigrants comme des indigènes, ainsi que de nombreux orgues neufs importés d'Europe, l'une des conséquences du mouvement de réforme de l'orgue (*Orgelbewegung*) qu'il faut maintenant mentionner.

Au début du XXe siècle, l'électricité s'était substituée à l'énergie humaine et l'ensemble des inventions et découvertes représentait un progrès considérable sur l'époque précédente. Les musiciens ont alors commencé à se rendre compte que les œuvres des compositeurs des siècles précédents (comme J. S. Bach) ne tiraient pas forcément profit de cette multitude d'inventions modernes. En ce qui concerne l'orgue, ce n'était pas seulement un « retour à Bach » ; c'était aussi un mouvement visant à aller plus loin et à retrouver ses prédécesseurs comme ses successeurs ; comme il s'agissait d'un mouvement d'inspiration allemande, il mettait naturellement l'accent sur la musique allemande. L'orgue Schnitger de la Jakobikirche de Hambourg, jusqu'alors considéré comme une relique démodée, est devenu l'instrument idéal pour la musique d'orgue du XVIIe siècle du nord de l'Europe ; un nouvel orgue « Praetorius » a été construit en 1911 d'après le *Syntagma musicum* par la maison Walcker pour l'école de musique de Fribourg ; plusieurs congrès ont eu lieu, etc. L'évolution s'est poursuivie assez lentement, jusqu'à la Seconde Guerre mondiale, puis la tendance générale a été marquée par un retour aux principes de la facture d'orgue antérieure au XIXe siècle. L'Europe étant en grande partie dévastée, on avait besoin de nouveaux instruments et, autant que les conditions économiques le permettaient, on a construit de nouvelles orgues, souvent selon des principes stylistiques très stricts, notamment en Allemagne, aux Pays-Bas et en Scandinavie. Différents concepts ont été appliqués : la France, l'Angleterre et les États-Unis ont essayé de fabriquer un orgue éclectique (une sorte de compromis), tandis que les pays germaniques s'en tenaient à un style baroque fondamentalement national, avec quelques ajouts occasionnels. La tendance actuelle consiste à se concentrer sur un type d'orgue particulier, par exemple l'orgue français du milieu du XVIIIe siècle, l'orgue Koenig de Sarre-Union ou l'orgue d'Allemagne du Nord du milieu du XVIIe siècle, que l'on peut voir à l'Université d'Édimbourg (Ahrend, 1977). Il n'en demeure pas moins inconcevable qu'après une aussi longue histoire et avec une telle diffusion géographique, le problème de l'orgue ne connaisse pas d'autres solutions.

8. *Le répertoire : (a) Allemagne, Europe centrale et Europe du Nord.* Tablature d'Ileborgh (1448) ; *Fundamentum organisandi* (1452) de Conrad Paumann ; le *Buxheimer Orgelbuch* (vers 1460), qui regroupe plus de deux cent cinquante pièces pour la plupart « colorées » ou ornementées, ou qui constituent des arrangements pour clavier de pièces vocales ; en Allemagne du Sud, œuvres de Schlick (1512), Hofhaimer (vers 1500), Buchner (vers 1520), Erbach (vers 1600), Kindermann (1645), Froberger et Kerll (tous deux du milieu du XVIIe siècle), Georg Muffat (1690), Johann Pachelbel (fin XVIIe siècle) ; en Allemagne du Nord et du Centre, Samuel Scheidt (1624), Tunder, Weckmann (tous deux du milieu du XVIIe siècle), Buxtehude et Böhm (tous deux de la fin du XVIIe siècle) ; J. G. Walther (mort en 1748), J. S. Bach. Parmi les compositeurs classiques, romantiques et modernes qui ont écrit pour l'orgue, on peut retenir Mozart, C. P. E. Bach, Mendelssohn, Schumann, Liszt, Brahms, Reubke, Reger, Rheinberger, Carl Nielsen, Distler, Hindemith et Ligeti.

(*b*) *Belgique et Pays-Bas.* Sweelinck (XVIe-XVIIe siècles) ; Cornet (début du XVIIe siècle) ; Kerckhoven (fin du XVIIe siècle) ; parmi les compositeurs du XXe siècle, on trouve Joseph Jongen et Flor Peeters.

(*c*) *France.* Attaingnant (1531), musique liturgique pour orgue et motets ornementés ; Titelouze (1623 et 1626), hymnes et magnificats ; Lebègue (1676, etc.) ; François Couperin (1690) ; de Grigny (1699) ; Louis Marchand ; Clérambault (vers 1710) ; J.-F. et Pierre Dandrieu, Corette, Daquin, Balbastre (XVIIIe siècle). Compositeurs plus récents : Boëly, César Franck, Saint-Saëns, Gigout, Guilmant, Widor, Tournemire, Vierne, Dupré, Duruflé, Alain, Langlais, Litaize, Messiaen.

(*d*) *Italie.* Marc'Antonio et Girolamo Cavazzoni (début du XVIe siècle), musique liturgique pour orgue et motets ornementés, *ricercari, canzone* ; Andrea et Giovanni Gabrieli (fin du XVIe siècle) ; Claudio Merulo (vers 1600) ; Frescobaldi (début du XVIIe siècle) ; M. A. Rossi (milieu du XVIIe siècle) ; Zipoli (vers 1700) ; Martini (XVIIIe siècle). En Italie il y a très peu de musique pour orgue romantique ou moderne de bonne qualité ; Enrico Bossi (vers 1900) fait figure d'exception.

(*e*) *Espagne et Portugal.* Parmi les compositeurs espagnols, on trouve : Antonio de Cabezón (*Obras de musica*, publiées en 1578), musique liturgique pour orgue, *tientos, diferencias* (variations) ; Juan Bermudo (1555) ; Tomás de Santa Maria (1565) ; Aguilera de Heredia (début du XVIIe siècle), Correa de Arauxo (1626) ; Cabanilles (fin du XVIIe siècle) ; Antonio Soler, milieu du XVIIIe siècle. Parmi les compositeurs portugais : Manuel Coelho

(1620) ; les manuscrits des œuvres de divers compositeurs, pour la plupart anonymes, se trouvent à Porto, Braga et Coimbra ; Seixas (début du XVIIIe siècle). Il y a très peu de musique pour orgue ibérique de qualité postérieure à 1750.

(*f*) *Angleterre et États-Unis.* On trouve des compositions de Redford, Tallis, Preston et Blitheman dans les recueils du XVIe siècle ; Byrd, Bull, Gibbons, Tomkins (tous de la fin du XVIe siècle ou du début du XVIIe siècle) ; Blow, Purcell (fin du XVIIe siècle) ; John Stanley, Boyce et Greene (XVIIIe siècle) ; plus tard, on trouve des compositeurs tels que Samuel Wesley (début du XIXe siècle) ; S. S. Wesley (milieu du XIXe siècle) ; Elgar, Stanford, Parry (tous de la fin du XIXe siècle et du début du XXe siècle) ; Vaughan Williams, Howells, Malcolm Williamson, Iain Hamilton, Sebastian Forbes, William Mathias (tous du XXe siècle). Parmi les compositeurs américains, on peut citer : J. K. Paine et Dudley Buck (fin du XIXe siècle) ; Charles Ives (XIXe-XXe siècle) ; Virgil Thomson, Piston, Copland, Sessions, Barber, Sowerby, Křenek, Schoenberg, Bloch, Creston, Persichetti, Albright (tous du XXe siècle).

James Dalton.

9. *Les jeux d'orgue.* Il est impossible de dresser une liste exhaustive et parfaite des jeux d'orgue car les facteurs d'orgues introduisent parfois de nouveaux termes et le sens des dénominations anciennes varie selon les époques, les pays et les facteurs. La classification ci-dessous tente de réaliser une synthèse des caractéristiques dominantes des instruments européens et anglo-saxons.

La longueur (des tuyaux) et la hauteur de son mentionnés sont (sauf exception) ceux des jeux normaux tels qu'on les trouve sur les claviers manuels.

(A) Jeux à bouches

(a) Jeux de fonds.

• ***Jeux à diapason moyen.***

Principal de 8'. C'est le registre le plus caractéristique de l'orgue ; s'il était possible d'envisager un orgue avec un seul jeu, ce serait celui-là ; l'orgue sonnerait comme un orgue et comme aucun autre instrument. Au clavier manuel, il est généralement métallique, alors qu'à la pédale il est quelquefois en bois. Il existe des principaux de 32', 16', 4', 2' et 1' et il n'est pas rare aux États-Unis de trouver plusieurs principaux de 8' sur un même clavier, parfois jusqu'à quatre jeux, dont les qualités sonores se complètent ou contrastent (pratiquement inexistant en Europe). Dans la terminologie anglaise ou américaine, le principal est un registre de 4' au clavier et de 8' au pédalier. Le terme « diapason » est généralement compris dans le sens français de principal.

Montre. Principal dont la plupart des tuyaux sont disposés en façade sur le devant du buffet de l'orgue (« montre » vient du vieux français *mostre,* « devanture », à comparer au sens de prestant de 32' à 2').

Contrebasse. Principal de 16' placé au pédalier (ou grosse flûte de 32' ou 16' en France).

Prestant. Principal de 4' qui ajoute de l'éclat au principal de 8'. Ce mot vient du latin *praestare,* « être devant », et fait allusion à la position du jeu dans la façade de l'orgue (à comparer à la montre).

Octave. = prestant ; *octave 2* = principal (cf. doublette).

Kéraulophone (provenant de trois mots grecs, signifiant « voix de matelote »). Sur le plan de la construction, sorte de salicional ; sur le plan de la sonorité, entre la montre et le salicional. Jeu relativement démodé.

Doublette. Jeu qui sonne à la double octave supérieure du 8'.

Piccolo. Principal de 1', le jeu d'orgue usuel le plus aigu (il existe également un jeu de 1/2', le sifflet). En France, le piccolo peut avoir la taille flûtée ; c'est plutôt le sifflet qui est un principal.

• ***Jeux à diapason large*** (flûtes et bourdons).

I. ***Flûtes.*** Registre très complet qui va du 32' au 1'.

Flûte creuse. Tuyau en métal ou en bois de 8' qui se trouve au positif ou au récit, rarement au pédalier.

Clarabella (du lat. *clarus,* « brillant » et *bellus,* « magnifique »). Presque identique à la flûte creuse (pratiquement inconnu en France)

Suabe ou flûte suave (du lat. *suavis,* « doux »). Flûte creuse de 4'.

Flûte harmonique. Jeu manuel de 8' dont les tuyaux sont deux fois plus longs à partir du troisième fa, ce qui crée une octave harmonique et lui donne la sonorité argentine caractéristique des sons harmoniques (on le trouve parfois en jeu de 16').

Flûte à cheminée (ou *Rohrflöte*). « Flûte en roseau » ou flûte clarinette. Il s'agit de tuyaux métalliques bouchés dont la calotte supérieure est traversée par un petit tube dont la section varie en fonction de la couleur sonore (8' ou 4').

Flûte conique. Jeu métallique, de forme légèrement conique, dans lequel les tuyaux se rétrécissent vers le haut (8', 4' ou 2'). En Allemagne, c'est le *Gemshorn*, en France, le cor de chamois ou la flûte à fuseau (généralement en 8'). Sonorité légère.

Zauberflöte (littéralement « flûte enchantée » comme le titre de l'opéra de Mozart). Jeu métallique de 8' à la sonorité agréable. Il s'agit en réalité d'une sorte de flûte harmonique (voir plus haut), mais avec des tuyaux fermés ; le trou est placé de telle sorte que le troisième harmonique (qui donne la douzième) soit la note réelle et non le second harmonique (l'octave). La longueur du tuyau est calculée en conséquence.

Grossflöte (littéralement « grande flûte »). Ce nom est sans doute destiné à établir une distinction avec *Kleinflöte* (voir plus bas). Jeu métallique de 8'.

Fernflöte (littéralement « flûte lointaine »). Jeu doux de 8'.

Flûte traversière. Ce jeu de 8' est censé ressembler à la flûte d'orchestre (la flûte traversière, par opposition à l'ancien flageolet ou flûte à bec).

Flûte octaviante. Flûte traversière de 4'.

Octavin. Flûte traversière de 2'.

Waldflöte (littéralement « flûte des bois »). Identique à la clarabella (voir plus haut), mais souvent de 4', avec une bouche inversée.

Flûte claire. Presque identique à la précédente.

Flûte d'amour. En Grande-Bretagne, jeu doux de 8' ou de 4' ; aux États-Unis, petit jeu de 4'.

Flauto amabile. Jeu identique au précédent.

Gedact ou Gedeckt. Jeu qui ressemble parfois à un jeu de flûte (voir dans les bourdons).

Lieblich Gedact (littéralement « joli et couvert » ou « joli et bouché »). Gedact de 8' ou de 4'. Il possède souvent une belle sonorité de flûte.

Lieblich Flöte (littéralement « jolie flûte »). Même remarque que ci-dessus, mais en 4'.

Piccolo. Jeu de flûte en métal ou en bois de 2'.

Piccolo harmonique. Il est au piccolo ce que la flûte harmonique est à la flûte ordinaire. Jeu de 4'.

Kleinflöte (« petite flûte »). Identique au piccolo.

Flageolet. Piccolo doux.

Flautina. Cor de chamois de 2'.

Doppelflöte (littéralement « double flûte »). Jeux bouchés en bois dont les tuyaux possèdent deux bouches (d'où son nom). En général, de 8'.

Tibia. Grand jeu puissant, mais non brillant, à la sonorité pleine. D'après la légende, c'est le tibia des oiseaux qui aurait servi à faire les premières flûtes. Le mot « tibia » a été employé pour désigner des jeux d'orgue européens pendant plusieurs siècles ; en Grande-Bretagne et aux États-Unis, il a été introduit principalement par Hope-Jones.

Tibia major. Flûte puissante de 16' ou de 8'.

Tibia minor. Nom générique donné à un groupe de jeux de flûte très divers, généralement ouverts (mais pas toujours), de 8' ou de 4'.

Blockflöte (« flûte à bec »). Jeu métallique de 2' d'un ambitus inhabituellement large. Sorte de piccolo très puissant.

Flûte à pavillon. Jeu de 8' et de 4' dont l'extrémité des tuyaux se termine par une sorte d'entonnoir. Très grande portée sonore.

Melodia. Jeu de 8' répandu aux États-Unis, du même type que la flûte creuse.

Flûte majeure. Flûte puissante de 16' ou de 8'.

Flûte basse. Flûte de 8' à la pédale ; on devrait plutôt l'appeler « flûte de 8' ».

Flûte de concert. On donne parfois ce nom à une flûte harmonique habituellement située au récit.

Corno dolce. Jeu assez rare, d'une couleur de flûte assez douce et indescriptible (en règle générale, « corno » est employé dans un sens erroné).

Flauto dolce. A peu près identique à la flûte douce, mais un peu plus flûté (voir ci-dessous).

Quarte de nasard. Flûte de 2' qui entre dans les rangs du jeu de tierce ou du cornet décomposé. Ordinairement au positif.

II. *Bourdons.* Ces jeux se caractérisent par une sonorité sourde et mystérieuse, particulièrement au pédalier. Lorsqu'un petit orgue n'a qu'un jeu au pédalier, c'est toujours un bourdon. Le bourdon est généralement en bois et possède des tuyaux bouchés de 8' de long qui sonnent comme un 16'. Le bourdon des orgues françaises évoque moins la cornemuse que celui des orgues anglaises, car il a une sonorité claire de 8'.

Soubasse. Bourdon de 32' au pédalier (16' avec tuyaux bouchés).

Chorbass. Ce terme désigne parfois le bourdon du clavier de 16' (voir ci-dessus).

Quintaton. Bourdon (généralement métallique) qui produit la quinte de l'octave supérieure (la douzième). C'est le phénomène du quintoiement.

Quintadena (ital.). Quintaton dont la sonorité est plus affirmée.

Cor de nuit. Jeu métallique bouché de 8' qui ne comporte pas de cheminée. Sonorité plus douce et mystérieuse que celle du bourdon.

Flûte douce. Petit jeu métallique de 8' à la sonorité douce dont les tuyaux ont la forme de cônes inversés, ce qui rend difficile la production d'un son égal.

Bourdon de 8'. Jeu de 4' de long qui sonne à 8'. Dans bien des cas on pourrait lui donner le nom de « flûte bouchée ».

Gedact ou *Gedeckt* (littéralement « couvert » ou « abrité »). Jeu métallique bouché de petite taille et à la sonorité douce. Il a parfois la sonorité de la flûte (et est également classé dans la liste précédente des jeux apparentés à la flûte).

Lieblich Gedact (*Lieblich* signifie « joli »). Même jeu que le précédent avec un qualificatif en forme de compliment.

• ***Jeux à diapason étroit.***

Gambe (ou viole de gambe). Jeu agréable, souvent utilisé, qui imite très convenablement le son des cordes. Les tuyaux sont métalliques, souvent effilés à leur extrémité supérieure, puis s'évasent parfois comme une cloche renversée (on parle alors parfois de gambe conique). Jeu de 8' en général, mais parfois de 4' ou de 16'. Certaines gambes possèdent un petit rouleau devant la bouche de chaque tuyau : les gambes à barbes.

La gambe des orgues français a une sonorité beaucoup plus douce que celle des orgues anglais. Pour jouer de la musique française sur des orgues anglais, il est préférable de choisir un jeu de violon.

Viola da gamba. Voir ci-dessus.

Gambe conique. Voir ci-dessus.

Echo gamba. Gambe douce.

Violone. Petit jeu de 8', parfois de 16', ce qui semble plus logique puisque le « violone » est la contrebasse.

Violoncello. Comme le précédent, mais de 8'.

Contrebasse. Pratiquement identique au « violone » (16').

Alto. Jeu de 8'.

Violon. Sorte de principal ayant une légère sonorité de cordes, de 8' ou 4', parfois de 16'.

Cor. Jeu de 8' dont la sonorité rappelle celle des cordes ; le mot « cor » est peu approprié.

Viole d'amour. Presque identique au violon. Aux États-Unis, les tuyaux sont légèrement fuselés.

Viole d'orchestre. Gambe courte au son légèrement mordant.

Éoline. Jeu de 8' ; jeu doux censé imiter le son de la harpe éolienne. Il est parfois accordé de façon à « frotter » avec un autre jeu doux comme la voix céleste : on lui donne parfois d'autres noms commençant toujours par « éol » ou « aéol ». Sa sonorité rappelle parfois celle de la gambe ou de la dulciane.

Erzähler. Jeu doux de 8' ; les tuyaux sont identiques à ceux du Gemshorn, effilés de façon que le diamètre de leur extrémité ne représente qu'un quart ou un cinquième du diamètre du tuyau près de la bouche. Lorsque ce jeu est correctement harmonisé, le premier harmonique (l'octave) est au moins aussi puissant que la fondamentale. Lorsque deux de ces jeux sont réunis, ils constituent une bonne voix céleste. Ce jeu a été fabriqué par la firme Skinner et est caractéristique de nombreux orgues américains. (Le mot allemand *Erzähler* signifie « narrateur ».)

Dulciane. En Grande-Bretagne, ce terme désigne un jeu métallique ouvert, de petite taille au timbre doux ; on le considère comme le jeu doux le plus utile de l'orgue. Généralement de 8', mais parfois de 16' ou de 4'.

Doucette. Dulciane de 4'.

Salicional. Jeu métallique de 8' au son calme et légèrement nasillard (du latin *salieis fistula*, « flûte de saule »).

Salicet. Jeu identique au salicional, mais de 4'.

Voix céleste ou *vox coelestis.* Jeu dont les tuyaux sont accordés un peu trop haut (parfois un peu bas) afin de produire un « battement » avec l'un des jeux doux du même clavier (dulciane ou salicional) ; ce second jeu entre automatiquement en action lorsque l'on tire le registre de voix céleste. La légère « ondulation » ainsi créée produit un effet agréable et mystérieux.

Vox angelica (littéralement « voix angélique »). Jeu qui ressemble généralement beaucoup à la voix céleste. Mais on donne parfois ce nom à un jeu d'un seul rang assez doux rappelant la dulciane.

Unda maris (littéralement « onde marine »). Jeu aux ondulations moins accentuées que celles de la voix céleste et qui produit son battement avec le salicional.

Diaphone. Sorte de principal puissant. Chaque tuyau est muni d'un appareil vibratoire (dont la forme varie) qui donne au registre sa sonorité spécifique – c'est-à-dire une absence de définition du timbre. Jeu de 32', 16' ou 8'.

(b) Jeux de mixture.

• *Mixtures simples* (à un seul rang). Jeux ouverts et métalliques.

Quinte 2' 2/3. De taille principale, sonne une octave et une quinte au-dessus de la note fondamentale de 8', c'est-à-dire à l'intervalle d'une douzième.

Nasard 2' 2/3. De taille flûtée, entre dans la formation du cornet décomposé et du jeu de tierce.

Tierce 1' 3/5. Jeu de taille flûtée. Il y a aussi des tierces de taille principale faisant partie du plein-jeu. Sonne deux octaves et une tierce au-dessus de la fondamentale, c'est-à-dire à l'intervalle d'une dix-septième.

Quinte 1' 1/3. En taille de principal. Sonne deux octaves et une quinte au-dessus de la fondamentale, c'est-à-dire à une dix-neuvième.

Larigot 1' 1/3. En taille de flûte.

Septième. Sonne deux octaves et une septième mineure au-dessus de la normale, c'est-à-dire un intervalle d'une vingt et unième mineure. Jeu de style symphonique.

A la pédale, ces jeux peuvent être deux fois (ou même quatre fois) plus longs.

Grand nasard (ou gros nasard) 5 1/3. De taille flûtée. Entre au manuel (grand-orgue) dans le grand jeu de tierce français.

Grande tierce (ou grosse tierce) 3 1/5. Comme le grand nasard.

• *Mixtures composées* (à plusieurs rangs).

La liste suivante donne les noms anciens ou modernes de jeux de ce type, de deux à cinq rangs (et parfois plus). Ces jeux ne comportent pas toujours le même nombre de rangs sur l'ensemble de leur étendue. Certains sont construits avec des reprises, c'est-à-dire qu'au lieu de continuer à monter indéfiniment la gamme du grave vers l'aigu et d'arriver ainsi à des notes extrêmement élevées, ils reprennent en général l'octave inférieure. Le cornet est toujours construit sans reprise. Il offre une ascension continuelle.

Cornet. Jeu composé ordinairement de 5 rangs de taille flûtée : bourdon 8', nasard 2' 2/3, quarte de nasard 2', tierce 1' 3/5. Aux claviers de récit ou d'écho anciens, il était parfois le seul registre (à partir de fa² ou do³). En Angleterre, au XVIIIe siècle, on jouait beaucoup de pièces pour orgue très décorées, appelées « Cornet Voluntaries » en ne se servant que de ce jeu (voir *Voluntary*).

Cornet séparé. Jeu dont le sommier propre est placé en hauteur pour qu'on l'entende mieux.

Cornet d'écho. Sa sonorité douce vient, par exemple, d'une taille plus flûtée et d'une pression plus faible.

Fournitures et cymbales. Jeux de taille principale comprenant octaves et quintes superposées, de deux à plusieurs rangs, et formant le grand plein-jeu (plenum) avec les fondamentales de 16', 8', 4' et 2' (uniquement de principaux). Parfois, une tierce (cymbale tierce) est adjointe à cet ensemble. Ces jeux connaissent le principe de reprises d'octaves ou de quintes.

Sesquialtera. Mixture à deux rangs (quinte 2' 2/3 et tierce 1' 3/5) habituellement en France en taille de flûte (mais on a donné ce nom à n'importe quelle mixture, notamment aux États-Unis).

Mixture de dulciane. Mixture douce d'esprit romantico-symphonique généralement sur la boîte d'expression ou sur le clavier d'écho.

Progression harmonique. Plein-jeu progressif.

Quartane. Mixture de deux rangs (quinte 2' 2/3 et doublette) inusitée en France.

Plein-jeu. Voir fournitures et cymbales.

Ripieno maggiore et *Ripieno minore.*

Mixtures respectivement puissantes et douces.

Carillon. Mixture romantique de trois rangs (quinte 2' 2/3, tierce 1' 3/5 et piccolo 1') ou plus que l'on trouve surtout aux États-Unis et dont l'effet est très piquant.

En général, on ne peut utiliser les registres de la famille des mixtures que contre un bon support de registres à hauteur de son normale (comme c'était le cas autrefois).

(B) Jeux d'anches

La hauteur de son d'un jeu d'anches dépend de la longueur de l'anche et non pas de la longueur du tuyau, qui ne sert que de résonateur. Les tuyaux sont presque tous coniques et non cylindriques.

Hautbois, hautboy. Jeu de 8', répandu et utile qui imite assez bien l'instrument du même nom, lorsqu'il est correctement réglé.

Cor anglais. Jeu de 8', parfois de 16', de même type que le hautbois.

Basson. Jeu de hautbois de 16'.

Clarinette. Plus doux que le hautbois. Jeu de 8', parfois de 16', à tuyaux cylindriques et non coniques, deux fois moins longs que les tuyaux normaux.

Cor de basset. Jeu de 8', à peu près identique à la clarinette, mais de sonorité plus large. Les tuyaux sont parfois munis de pavillons coniques fixés en haut des résonateurs.

Cromorne. Jeu de 8', dont est issue la clarinette.

Trompette. Jeu puissant de 8', base de la famille des jeux d'anches françaises.

Clairon. Jeu de 4', de la famille de la trompette.

Cornopean. Jeu de 8', généralement plus doux et plus régulier que la trompette (inconnu en France).

Cor. Jeu de 8', d'un son plus plein et plus égal que la trompette.

Tuba. Jeu romantique de 4', 8' ou 16', de pression plus forte que la trompette.

Tuba magna. Variante du précédent.

Tuba minor. Petit tuba au son égal.

Tuba mirabilis. Variante du tuba.

Ophicléide. Variante du tuba.

Bombarde, bombardon. Jeu puissant de 16', parfois de 32', souvent à la pédale. Il s'agissait probablement, à l'origine, d'une imitation des instruments du même nom.

Trombone. Homologue de 16' de la trompette de 8' ou du tuba – généralement à la pédale.

Posaune. Jeu baroque de 8' ou 16', qui ne requiert souvent qu'une faible pression de vent. Ce mot signifie « trombone » en allemand.

Trompette harmonique. Jeu de trompette de 8' qui adopte (au moins dans les tuyaux du haut) le principe de la flûte harmonique.

Voix humaine. Jeu de 8' aux tuyaux très courts (généralement un huitième de la longueur normale) et de gros diamètre. A ne pas confondre avec la *voce umana* italienne qui est un jeu bouché.

10. *Termes étrangers et abréviations employés dans la musique d'orgue* (dans l'ordre alphabétique). Cette liste est une simple sélection de quelques-uns des termes les plus couramment utilisés.

Choir organ (angl.). Positif.

Echo Klavier (all.). Positif.

Full organ (angl.). Grand chœur.

G. ou *G.O.* Grand-orgue.

G.P. Grand-orgue et positif accouplés.

G.R. Grand-orgue et clavier de récit accouplés.

Great Organ (angl.). Grand orgue.

Hauptwerk ou *Hauptmanual* (all.). Grand orgue.

H.P.W. ou *H.W.* Hauptwerk.

Mixture ou *Full to mixtures* (sans anches) (angl.). Plein jeu.

Oberwerk (all.). Récit. Parfois abrégé « Obw. » ou « O.W. ».

Organ case (angl.). Buffet d'orgue.

P. Positif

Pedalklavier (all.). Pédalier.

Principale (ital.). Grand orgue.

Schwellwerk (all.). Clavier de récit.

Soloklavier (all.). Clavier de récit.

Swell organ keyboard (angl.). Clavier de récit. « Récit » désignait à l'origine toute sorte de composition à une voix et ce mot fut systématiquement employé avant d'être remplacé par le terme italien « solo » (ce mot n'est pas une abréviation de « récitatif », comme on l'imagine parfois). A l'origine, sur les orgues français, le clavier que l'on appelle « récit » comportait des jeux dont l'usage était principalement mélodique, accompagnés par des accords sur un autre clavier.

Unterwerk (all.). Positif.

U. W. « Unterwerk ».

Percy Scholes, rév. Alain Pâris.

BIBLIOGRAPHIE : Dom François Bedos de Celles, *L'Art du facteur d'orgues* (1766-78), rééd. Slatkine (Genève). Norbert Dufourcq, *L'Orgue*, PUF, coll. Que sais-je ? (Paris, 1948, 6e éd. 1982) / *Le Livre de l'orgue français*, Picard, 5 vol. (Paris, 1969-82). Claude Noisette de Crauzat, *L'Orgue dans la société française*, Champion (Paris, 1979) / *L'Orgue français*, Atlas (Paris, 1986). Félix Raugel, *Les Organistes*, Henri Laurens (Paris, 2e éd. 1962), rééd. Les Introuvables (Plan-de-la-Tour, 1984). Bernard Sonnaillon, *L'Orgue*, Office du livre-Vilo (Fribourg-Paris, 1984). Bernard Teulon, *De l'orgue*, Édisud (Aix-en-Provence, 1981). *L'Orgue français*, La Revue Musicale n°s 295-296, Richard Masse (Paris, 1976).

Orgue à bouche. Famille d'instruments orientaux très anciens auxquels est apparenté l'*harmonica occidental.

Comme l'harmonica, ces instruments font appel à l'anche libre (voir *Anche*, 1), mais d'une manière tout à fait différente ; la plupart des théoriciens soutiennent néanmoins que la variante chinoise, le *sheng*, a inspiré les instruments à anche libre occidentaux à la fin du XVIIIe siècle (voir *Harmonium*, 4). L'équivalent japonais est le *shô*. On trouve également des instruments analogues mais moins sophistiqués au sud de la Chine, dans les régions nâga de l'Assam, sur les plateaux de l'est de la Birmanie, dans l'ancienne Indochine (notamment au Laos) et jusqu'aux régions situées dans le nord de l'île de Bornéo.

Les anches sont en cuivres, en bambou ou en palmier ; chaque anche est taillée d'une seule pièce dans une petite plaque rectangulaire très fine ; contrairement à l'anche occidentale incurvée d'un côté, elle est parfaitement plate. Chaque plaque est collée ou maintenue avec de la cire sur une ouverture pratiquée près de l'extrémité fermée d'un tuyau, généralement en bambou. Les tuyaux sont fixés dans une calebasse ou dans un réceptacle de même apparence où sont enfermées les extrémités du côté des anches. Une embouchure vient en saillie sur le côté de ce réservoir d'air. En position de jeu, les tuyaux se trouvent à la verticale ou inclinés vers l'avant.

Les anches parlent en fonction de l'inspiration ou de l'expiration de l'instrumentiste et par l'intermédiaire de la colonne d'air de leur tuyau ; la longueur des tuyaux est calibrée en conséquence. Pour que toutes les anches ne parlent pas simultanément, chaque tuyau est percé d'un petit trou juste au-dessus de l'endroit où il émerge de son réceptacle, à portée des doigts de l'instrumentiste. Si le trou est ouvert, le tuyau ne fonctionne pas (à l'exception d'une très courte section à l'extrémité inférieure). Si le trou est bouché par le doigt, l'anche parle. En fermant successivement les différents trous, on peut ainsi jouer des mélodies, et même des accords en fermant plusieurs trous à la fois. (Ce processus est difficile à expliquer en termes scientifiques ; il repose probablement sur la présence de pressions d'air différentielles au niveau des anches.)

Les types d'orgue à bouche les plus primitifs, originaires de l'Assam, comportent entre six et neuf trous et offrent une forme de gamme pentatonique de sons vibrants et bourdonnants dans la tessiture vocale alto-ténor (au Laos, les tuyaux les plus longs peuvent atteindre 1,80 m, tessiture de baryton). Certains instruments ont un tuyau sans trou qui sonne en permanence comme un bourdon. Le *sheng* et le *shô* sont plus petits, plus aigus, et comportent dix-sept tuyaux (dont quatre, ou au Japon deux, sont factices). On ne sait pas précisément de quelle époque date le *sheng* – longtemps avant l'ère chrétienne. La tradition du *shô*, son descendant, est ininterrompue depuis le Moyen Age, notamment dans la musique de cour *gagaku* et *bugaku*, où il est l'un des trois instruments à vent (avec la flûte traversière et le hautbois court et cylindrique *hichiriki* qui comporte une anche double en bambou). L'instrumentiste se place à côté d'un petit brasero au-dessus duquel il chauffe l'instrument de temps à autre pour dissiper l'humidité condensée. La gamme du *shô* monte de la^3 à fa dièse^5 en la majeur, plus le sol bécarre et le do bécarre aigus. Les notes sonnent en longs clusters de six notes, une dizaine en tout ; quatre d'entre eux sont représentés dans l'Ex. 1 (ils sonnent une octave plus haut).

Ex. 1

On constate que les notes la^4 et si^4 figurent dans les dix accords et constituent une sorte de « bourdon » de deux notes. On imagine aisément l'effet que cet orgue à bouche oriental a pu avoir sur les oreilles des compositeurs modernes occidentaux depuis Messiaen.

Anthony Baines.

Orgue de Barbarie. Voir *Mécanique, Musique et instruments*, 1-4.

Orgue mystique, L'. Cycles de pièces pour orgue de Tournemire destinées aux cinquante et un offices de l'année liturgique, « inspirées du chant grégorien et librement paraphrasées » (1927-32). Chaque office comporte un *Prélude à l'Introït*, un *Offertoire*, une *Élévation*, une *Communion* et une *Pièce terminale*. Les offices sont regroupés en trois cycles : *Cycle de Noël op.55*, *Cycle de Pâques op.56*, *Cycle après la Pentecôte op.57*.

Orgue portatif. Type d'orgue du Moyen Age et du début de la Renaissance, assez petit pour être suspendu par une courroie pour jouer debout ou en marchant. Seule la main droite peut jouer sur les touches car l'autre main doit actionner la soufflerie sur le côté opposé, la rangée de tuyaux de l'orgue étant disposée à angle droit du corps de l'instrumentiste. Il apparaît pour la première fois sur des tableaux du XIIIe siècle avec deux rangées parallèles de tuyaux : des tuyaux à bouche ouverts, généralement blancs ou argentés (sans doute en fer-blanc), mais parfois jaunes ou or. Chaque rangée comporte environ huit tuyaux et, à en juger par leur taille, on peut penser qu'ils donnaient une étendue d'environ deux octaves au-dessus du do médian (cette étendue a augmenté un peu plus tard au XIVe siècle). Aucun instrument n'a survécu et on en est donc réduit à des suppositions sur les détails de sa facture interne. Il est évident que les notes de la gamme étaient données alternativement par les tuyaux de la rangée avant et ceux de la rangée arrière, ce qui permettait de conserver une longueur minimale à l'instrument. Les touches, parfois en forme de boutons, semblaient disposées en deux rangées correspondant aux deux rangées de tuyaux et jouées par deux ou trois doigts, ce qui laisse supposer qu'on ne pouvait obtenir qu'une ligne mélodique.

Les tuyaux étaient disposés entre deux panneaux d'une boiserie gothique munis de pieds pour pouvoir éventuellement poser l'orgue sur une table. On voit aussi souvent à l'une des extrémités (parfois du côté des aiguës) deux tuyaux plus longs que les autres et partiellement enfermés dans une sorte de château en miniature. On pense que ces tuyaux pouvaient être alimentés directement par le sommier pour sonner un genre de bourdon ; on découvrira peut-être comment ces tuyaux pouvaient sonner de façon continue en reconstruisant un instrument à partir des tableaux qui le représentent.

L'orgue portatif, malgré la complexité évidente de sa facture, était couramment utilisé avec d'autres instruments ou seul pour la musique privée et la musique de danse des classes aisées, peut-être également dans les processions religieuses. Il est tombé en désuétude au XVe siècle.

Anthony Baines.

Ours, L'. Surnom de la *Symphonie no 82 en ut majeur* de Haydn, composée en 1786 (la première des symphonies parisiennes). Elle doit son surnom à un thème du finale qui imite la cornemuse et évoque la démonstration d'un montreur d'ours. Une autre explication repose sur la présence d'un thème « grognant » dans le même mouvement.

Oriscus. Type de neume ornemental ; voir *Notation*, 2.

Orlando. Opéra en trois actes de Haendel, sur un livret adapté par Capece du poème de l'Arioste (XVIe siècle) *Orlando furioso*. Créé à Londres en 1733.

BIBLIOGRAPHIE : *Orlando Paladino*, L'Avant-Scène-Opéra no 42 (Paris, 1982).

Ornements et ornementation

1. Introduction
2. Jusqu'en 1600
3. L'ère baroque
4. Depuis 1760

1. *Introduction*. L'ornementation est la décoration d'une ligne mélodique préexistante. Ce désir d'embellir la ligne mélodique existe dans tous les genres de musique, du chant populaire et du jazz – qui par tradition ne font pas l'objet de notation et supposent une certaine créativité de la part de l'instrumentiste – à la musique occidentale notée, où l'esprit inventif de

l'interprète a parfois joué un rôle essentiel, même si cette tradition est aujourd'hui perdue.

L'art de l'embellissement est parvenu à son apogée entre le XVIe et le XVIIIe siècle où il était considéré comme une partie essentielle de la technique du virtuose. C. P. E. Bach le souligne dans *Versuch über die wahre Art das Clavier zu spielen*, 1re partie (Berlin, 1753) :

« Personne ne conteste la nécessité des embellissements. Ils sont en fait indispensables. Ils lient et animent les notes et impartissent des accents ; ils rendent la musique agréable et éveillent une attention soutenue. Ils rehaussent l'expression ; qu'un morceau soit triste, gai ou autre, ils lui prêtent une assistance secourable. Les embellissements offrent des possibilités de belles exécutions... Ils améliorent les compositions médiocres. Sans eux la meilleure mélodie est vide et inefficace, son contenu le plus clair est obscurci. [Cependant] il faut éviter un emploi prodigue des embellissements. Considérez-les comme des épices qui peuvent gâcher le meilleur plat... »

L'ornementation pouvait s'appliquer dès la première exposition, mais elle servait davantage à varier de manière caractéristique les reprises musicales, qu'il s'agisse de sections entières ou de courtes séquences. On distingue deux grandes catégories : l'addition à échelle limitée d'ornements à des notes isolées et la décoration plus fleurie et plus étendue de passages entiers dans lesquels la mélodie originale peut être submergée sous des torrents de notes rapides. Naturellement, cette seconde catégorie a été l'apanage des grands virtuoses, chanteurs ou instrumentistes. Les cadences, en particulier, ont incité à élaborer cette ornementation, pratique qui a finalement abouti à la *cadenza*. Les chœurs et les ensembles instrumentaux, surtout lorsqu'il y avait plus d'un instrumentiste par partie, étaient nécessairement moins concernés et se contentaient d'ajouter quelques ornements occasionnels lorsqu'il était possible de les coordonner.

Au XVIe siècle, l'ornementation était surtout confiée à l'improvisation de l'interprète. Aux XVIIe et XVIIIe siècles, les compositeurs ont plus ou moins cherché à restreindre cette liberté en indiquant les embellissements avec plus de précisions dans la notation ou avec certains signes. Les compositeurs de l'ère romantique ont fait connaître encore plus clairement leurs intentions ; ils n'attendaient ni ne toléraient aucun écart ornemental par rapport au texte imprimé.

Cette dernière tendance a conduit à l'adoption de signes représentant les ornements utilisés le plus fréquemment, comme l'appogiature, le mordant, le coulé, le trille et le gruppetto. On trouve ce genre de signes assez tôt, notamment dans la musique pour orgue allemande du XVe siècle, mais ils deviennent particulièrement importants à la fin du XVIIe siècle. Les compositeurs français, en particulier, ont codifié de nombreux ornements (appelés « agréments ») grâce à des signes correspondants. Un grand nombre de ces signes ont survécu à l'ère baroque et quelques-uns sont encore utilisés de nos jours.

On trouve des représentations musicales de ces signes dans les écrits de toutes les époques. Deux points méritent d'être soulignés en ce qui concerne leur interprétation. Tout d'abord, aucune pratique unique n'a été suivie pendant plusieurs siècles ou d'un bout à l'autre de l'Europe : le trille, par exemple, était indiqué par de nombreux signes différents et, à l'inverse, un seul signe pouvait revêtir plusieurs sens différents. Il est donc important de tenir compte de la date et du lieu d'origine dans l'exécution d'un ornement donné. En second lieu, même lorsqu'il existe une forme d'exécution apparemment définitive à un ornement particulier, l'instrumentiste doit rester libre d'exercer son propre goût dans l'adaptation du modèle au contexte. Comme Michel de Montéclair l'a écrit dans ses *Principes de musique* (Paris, 1736) : « Il est presque impossible d'enseigner par écrit comment exécuter correctement ces ornements, étant donné que la démonstration d'un maître expérimenté suffit à peine à le faire. »

Il est donc difficile et même déconseillé d'être dogmatique au sujet de l'exécution des ornements. Les contradictions entre les sources contemporaines et les désaccords à propos de leur domaine d'application ont donné lieu à des controverses sur de nombreux aspects de l'ornementation. Les éditeurs modernes peuvent donner des conseils éclairés, mais, en fin de compte, la responsabilité de l'étendue et de la nature de l'ornementation incombe à l'interprète.

2. *Jusqu'en 1600*. On sait peu de choses de l'ornementation improvisée avant le

XVIe siècle. Le plain-chant s'est peut-être développé dans une certaine mesure à partir d'embellissements apportés à des originaux plus simples, ces ornements étant par la suite ajoutés aux manuscrits les plus anciens qui ont survécu ; les mélismes **jubilus* extatiques de certains Alléluias en sont des exemples probables. Certains éléments laissent à penser que l'ornementation a joué un rôle dans les exécutions des troubadours au XIIe siècle comme le doublement ornementé de la ligne vocale par un instrument en *hétérophonie.

Dans la musique polyphonique, l'ornementation était un procédé plus risqué puisque des éléments harmoniques entraient en jeu. Cependant, à la fin du XIIIe siècle, Jérôme de Moravie écrivait que les ornements étaient applicables à tous les types de musique. Des soupçons d'embellissements viennent enrichir, dans certaines circonstances, la musique de Machaut, Dufay, Josquin des Prés ou d'autres compositeurs. Il semble donc que les techniques d'ornementation se soient développées progressivement et, à la fin du XVIe siècle, cette pratique avait certainement atteint des sommets de complexité frisant l'extravagance.

Au cours de cette dernière période, on a vu se multiplier les publications donnant des conseils sur l'ornementation, qui concernent à la fois les petits ornements et l'ornementation libre (parfois appelés diminutions ou *passaggi*). Deux de ces agréments revêtaient une importance particulière : le *tremolo* (type de demi-trille commençant sur la note principale) et le *groppo* (trille cadentiel se terminant par un *gruppetto*). Apparemment, les solistes appliquaient les *passaggi* de façon extensive et ils n'ont cessé de se compliquer entre les mains des virtuoses de la fin du XVIe siècle. Les traités de cette époque proposent d'innombrables modèles de figuration destinés à la pratique et, occasionnellement, des exemples complets.

L'ornementation semble avoir joué un rôle essentiel dans la technique des instrumentistes. Les transcriptions pour clavier de pièces vocales comportent des embellissements considérables, qui reflètent probablement le style d'improvisation d'instrumentistes de talent. Des lignes isolées de compositions polyphoniques pouvaient

Ex. 1

aussi être décorées par un virtuose de la viole sur un accompagnement de clavier. Dans l'ensemble, les traités s'adressent moins au chant, mais il ne fait aucun doute que les chanteurs professionnels ornementaient aussi leurs parties – dans les solos avec luth par exemple et également dans la polyphonie vocale. Pour celle-ci, certaines autorités conseillaient aux interprètes d'éviter les *passaggi* simultanés dans différentes voix.

3. *L'ère baroque : (a) Italie.* Les premiers compositeurs d'opéras ont rejeté, du moins sur le plan du principe, les ornementations élaborées qui soulignaient, à leurs yeux, des valeurs purement musicales aux dépens du sens du texte. La justification d'Orphée avant d'entrer aux Enfers, dans l'*Orfeo* de Monteverdi (1607), constitue néanmoins une exception majeure et compréhensible sur le plan dramatique : pour cette scène, le compositeur a écrit une ornementation virtuose dans le style du début de l'ère baroque (Ex. 1). Mais, en général, le début du XVIIe siècle a vu une réaction contre les excès de la période précédente et Caccini, dans sa célèbre étude du chant italien *Le Nuove Musiche* (Florence, 1602), dénigrait l'« ancienne façon de composer » qui détruisait la forme et le sens de la poésie dont « on ne comprenait aucun mot en raison de la multitude de divisions faites sur des syllabes longues et brèves ».

Néanmoins, à la fin du XVIIe siècle, les valeurs purement musicales reprennent une importance primordiale, ce qui permet à la virtuosité vocale et à l'ornementation d'opérer un retour spectaculaire. Les vedettes de l'*opera seria* du XVIIIe siècle espéraient éblouir leur public avec un déploiement étonnant d'embellissements improvisés et de longues cadences, surtout à la reprise de la première section d'un air *da capo*. Il est difficile de restituer ce style de chant, mais à en juger par les transcriptions qui nous sont parvenues et par les récits de l'époque, la technique et l'imagination que révèlent ces ornementations étaient vraiment brillantes. Cependant, sur le plan dramatique, les résultats étaient critiquables. Benedetto Marcello a fait la satire de cette pratique dans *Il Teatro alla moda* (Venise, vers 1720) : « Si le compositeur moderne doit donner des leçons à quelque chanteuse d'opéra, qu'il insiste sur la médiocrité de l'énoncé du texte et, dans ce but, qu'il lui enseigne un grand nombre de divisions et d'agréments, pour qu'aucun mot ne puisse être compris et que, de cette façon, la musique ressorte encore mieux et soit appréciée. » D'autres critiques chantent toutefois les louanges de l'ornementation des chanteurs italiens, soulignant qu'elle exige de la modération et une certaine sensibilité à l'atmosphère de l'œuvre. Le récitatif n'était pas embelli, mais la convention exigeait l'addition d'appogiatures.

La musique instrumentale italienne a suivi des tendances un peu analogues. A la fin de l'ère baroque, on attendait des solistes qu'ils décorent les mouvements lents squelettiques d'embellissements fleuris. En 1710, les sonates pour violon op.50 de Corelli étaient publiées par Estienne Roger dans une nouvelle édition avec des versions ornementées de la partie de violon des mouvements lents de six sonates d'église. Elles étaient présentées comme les propres versions de Corelli et, même si on ne l'a jamais prouvé, elles doivent refléter la tendance générale du début du XVIIIe siècle (Ex. 2).

On trouve rarement des signes d'ornementation dans la musique instrumentale italienne du XVIIe siècle. Peu après le début du XVIIIe siècle, les compositeurs prennent l'habitude d'indiquer les trilles (bien qu'ils restent souvent admis aux cadences) ; de petits agréments sont également adoptés pour représenter d'autres ornements, d'abord en France, puis dans d'autres pays. Ainsi, les sources musicales commencent à traduire avec plus d'exactitude les intentions du compositeur, même si l'on doit encore s'attendre à d'autres ornementations dans les mouvements lents, comme le révèlent certains manuscrits autographes de Tartini.

(*b*) *France.* Dans son *Versuch einer Anweisung die Flöte traversiere zu spielen* (Berlin, 1752), le flûtiste allemand Quantz établit la distinction suivante entre les styles français et italien : « Les morceaux de style français sont pour la plupart des "pièces caractérisées" et sont composés avec des appogiatures et des mordants d'une façon telle qu'il n'y a presque rien à ajouter à ce que le compositeur a déjà écrit. Toutefois, dans la musique de style italien, une très grande marge est laissée au caprice et à l'habileté de l'interprète. » Quoique ces remarques soient avant tout

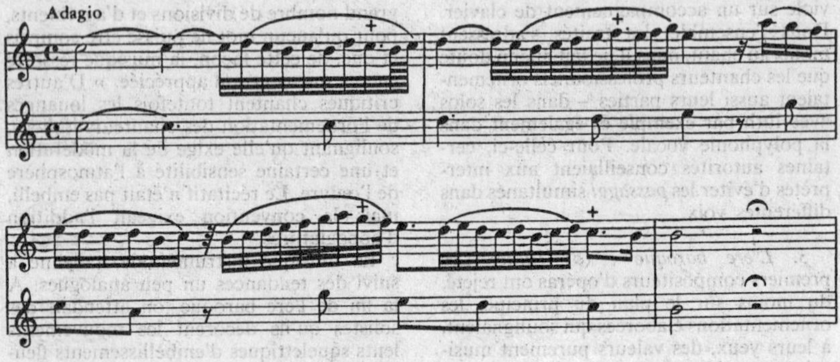

Ex. 2. Le signe + correspond à un trille.

destinées au flûtiste, elles peuvent s'appliquer à l'ensemble de la musique de la fin de l'ère baroque. Alors que l'improvisation des ornements était un élément important de l'art italien, la musique française restait relativement fermée à l'élaboration et on trouvait même souvent de petits ornements notés par des signes dont la signification était expliquée dans de longues chartes (une liste établie par d'Anglebert en 1689 n'en comportait pas moins de vingt-neuf).

Mais cette situation n'a pas duré pendant toute l'ère baroque. Dans le domaine vocal, l'air de cour du début du XVIIe siècle faisait l'objet d'ornementations importantes à la reprise, pratique qui s'était démodée à la fin du siècle sous l'influence de Lully qui, par déférence envers le sens poétique, avait condamné ce genre de broderies qu'il trouvait ridicules. Seuls les agréments étaient restés d'un usage général.

Sur le plan instrumental, on se limitait également aux agréments qui étaient indiqués par de petites notes et par des signes. Ils sont particulièrement caractéristiques de la musique française pour clavecin. François Couperin exigeait que les instrumentistes se conforment strictement aux ornements marqués ; il l'explique dans son premier livres d' « ordres » pour clavecin (1713). D'autres auteurs se sont montrés moins stricts et certains compositeurs ont laissé le choix des agréments à l'instrumentiste. L'agrément français typique était le « double », seconde version plus ornementée d'une danse.

(c) *Angleterre et Allemagne*. Ces deux pays ont connu des afflux de musique française et italienne à différentes époques, ce qui explique la présence des deux tendances d'ornementation. Dans la musique anglaise pour clavecin de la fin du XVIIe siècle, par exemple, les ornements étaient indiqués par des signes distincts des symboles français, mais apparentés dans la pratique. On en trouve la liste dans *A Choice Collection of Lessons* de Purcell (3e édition, publiée à titre posthume en 1699). Les premiers signes de l'école des virginalistes n'ont pas été entièrement élucidés. Au XVIIIe siècle, les Italiens et leurs méthodes dominaient l'opéra anglais, comme on peut le constater notamment dans les œuvres de Haendel. Une ornementation modeste était même autorisée dans ses oratorios, bien que certaines adjonctions au *Messie* (comme une cadence pour « Ev'ry valley »), que l'on pensait contemporaines de Haendel, soient aujourd'hui considérées comme des additions ultérieures.

Au XVIIe siècle, l'Allemagne était imprégnée des pratiques italiennes, mais avec la popularité croissante de la musique française après 1700, elle a commencé à adopter un grand nombre de signes français pour des ornements spécifiques. La synthèse unique réalisée par Bach entre les styles français et italiens et sa propre tradition nationale fait l'objet d'une ornementation particulièrement complexe dans sa musique. En général, il laisse peu de place dans ses œuvres – vocales ou

Ex. 3. Extrait d'une transcription pour clavecin d'un concerto pour hautbois de A. Marcello réalisée par Bach.

instrumentales – à l'adjonction d'autres ornements que les plus petits agréments, préférant écrire entièrement lui-même une ornementation complexe de style italien. Ses transcriptions d'œuvres italiennes illustrent sa méthode (voir Ex. 3) et il en fait la démonstration sous une forme originale dans le mouvement lent de son *Concerto italien*. Les deux versions des sarabandes des *Suites anglaises nº 1* et *nº 2* montrent la technique d'ornementation de Bach dans un genre différent. Bach a également beaucoup utilisé les signes d'ornementation français, qu'il a brièvement expliqués dans un manuscrit de 1720 ; toutefois, ils restent ouverts à des applications très diverses et on peut les trouver dans des œuvres qui ne sont pas de style français. Peu de temps après la mort de Bach, en 1750, trois grands traités allemands ont été publiés (celui de Quantz de 1752, celui de C. P. E. Bach de 1753, tous deux cités plus haut, et *Versuch einer gründlichen Violinschule* de Leopold Mozart, Augsbourg, 1756). Ils comprennent des informations complètes sur les ornements au milieu du siècle, mais on ne sait toujours pas dans quelle mesure elles sont applicables au style ancien de Bach.

On trouve aussi dans ces écrits de précieux conseils sur l'ornementation en général. C. P. E. Bach a poussé son étude encore plus loin et, dans un ensemble de sonates publié en 1760, il écrit lui-même les variantes pour les reprises.

4. *Depuis 1760.* Le style classique a modifié l'attitude générale à l'égard de l'ornementation. Ces changements traduisent en partie la volonté des compositeurs de noter leur musique avec plus de précision et de lui préserver davantage le visage qu'ils souhaitaient lui voir revêtir. Ils reflètent aussi en partie le besoin croissant de donner des directives plus précises aux artistes amateurs. Ils correspondent à des changements intervenus dans le style musical, à la recherche d'une « simplicité noble » et d'une conception plus dramatique.

Les vieilles habitudes sont restées ancrées plus longtemps dans l'opéra italien, où les chanteurs ont continué à pratiquer l'ornementation jusqu'à une date avancée du XIXe siècle. Néanmoins, cette pratique allait de plus en plus s'opposer à la volonté du compositeur. Dans sa préface à l'édition d'*Alceste* (1769), Gluck a écrit une tirade célèbre contre la vanité des chanteurs (même si elle n'a eu aucun effet dans le domaine de l'opéra italien). Pour la représentation d'un opéra de jeunesse, *Lucio Silla*, Mozart avait esquissé quelques figures du style le plus courant, mais dans ses opéras ultérieurs, toute l'ornementation requise est entièrement écrite sur la partition et le chanteur ne doit rien ajouter. Rossini a également protesté contre les embellissements excessifs encore pratiqués entre 1810 et 1820 en notant l'ornementation qu'il désirait. Le processus a été progressif et un style de drame plus naturaliste a fini par prévaloir, l'addition d'ornements étant alors considérée comme une affectation dans le style d'une ère révolue.

PRINCIPAUX ARTICLES	DESCRIPTION	SIGNES
Appoggiatura	Appogiature	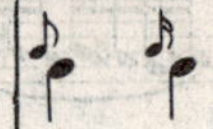 etc. 
	Appogiature brève (souvent appelée acciaccatura)	
Mordant	Mordant (inférieur)	
	Double mordant	
	Mordant (supérieur) inversé	
Coulé	Coulé	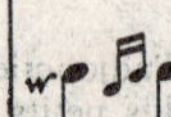 également 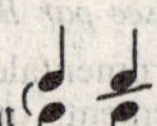
Trémolo	Trémolo (XVIIe-XVIIIe s.)	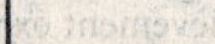
Trille	Trille	tr (Période baroque également) 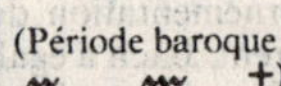
	Trille avec divers préfixes ou avec suffixe (période baroque)	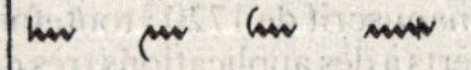
Grupetto (ou doublé)	Grupetto	
	Grupetto à l'envers	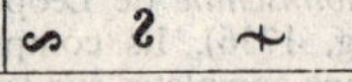

Le tableau reproduit les signes d'ornements les plus courants et renvoie le lecteur aux articles consacrés à ces ornements. Il n'est pas exhaustif et le lecteur qui souhaite approfondir ce sujet complexe se reportera à des livres spécialisés.

Dans le domaine instrumental, les compositeurs ont été plus rapides à exercer leur contrôle sur l'ornementation, comme ils l'avaient fait sur le tempo, la dynamique et le phrasé. A l'époque classique, du moins pour les œuvres des plus grands compositeurs, l'ornementation improvisée était devenue à la fois inutile et indésirable et le nombre des signes d'ornements en usage avait aussi décliné. On sait que, dans leurs exécutions, Mozart et Beethoven ajoutaient des ornements, surtout dans les mouvements lents ; mais pour la publication, ils écrivaient soigneusement tous les embellissements qu'ils souhaitaient voir exécuter. Seuls quelques passages squelettiques des concertos pour piano de Mozart qui n'ont pas été publiés de son vivant peuvent justifier un certain « remplissage » ; on dit, d'autre part, que Beethoven se serait mis dans une colère noire en entendant Czerny ajouter des notes à la partie de piano dans une exécution de son *Quintette op.16*.

Les romantiques ont perpétué les idées des classiques et de l'œuvre d'art définitive, reflet de la conception idéale du compositeur, l'interprète étant relégué au rôle de serviteur de la musique. Ils ont naturellement écrit la plupart des ornements en notation complète, évitant ainsi l'ambiguïté des signes traditionnels. Malgré les changements de style musical, les mêmes attitudes ont dominé au XXe siècle. En un sens, des effets spéciaux comme le *Flatterzunge* à la flûte ou le *glissando* au trombone représentent un type d'ornement et certains compositeurs d'avant-garde ont redonné à l'interprète un rôle dans la création musicale. Toutefois, l'ornementation improvisée, dans le sens de décoration mélodique, ne fait plus partie de la musique occidentale. Les compositeurs du XXe siècle ont généralement noté leur musique avec une précision jusqu'alors inconnue. Ajouter des ornements à une œuvre de Berg, par exemple, serait aussi impensable que de jouer une sonate de Corelli sans embellissement.

Simon McVeigh.

Orpharion. Instrument à cordes anglais inventé (dit-on) par John Rose, à Londres, peu de temps après qu'il ait produit la *bandora. Comme cette dernière, l'orpharion possède une caisse aux côtés onduleux, mais plus petite, et est pourvu de cordes métalliques. Il est accordé comme le *luth à six chœurs. L'instrumentiste pouvait donc jouer à partir des tablatures de luth. Il existe toutefois certains morceaux écrits expressément pour l'orpharion, avec quelques notes situées plus haut sur la corde que ce que l'on trouve normalement dans la musique pour luth, car l'orpharion possède un manche plus long par rapport à sa taille. Au moins deux orpharions originaux ont été préservés : l'un de Rose lui-même, daté de 1580, l'autre d'un autre facteur londonien, Francis Palmer, 1617, qui se trouve aujourd'hui dans un musée de Copenhague. Le nom de cet instrument est la fusion d'« Orpheus » et d'« Arion ».

Anthony Baines.

Orphée. 1. Poème symphonique de Liszt, composé comme introduction à sa production d'*Orphée et Euridice* de Gluck à Weimar en 1854.

2. Ballet en trois scènes de Stravinski. Créé à New York en 1948 dans une chorégraphie de Balanchine.

BIBLIOGRAPHIE : *Orphée*, L'Avant-Scène-Opéra n° 23 (Paris, 1979).

Orphée aux enfers. Opéra bouffe d'Offenbach, sur un livret de Crémieux et Halévy, composé à l'origine en deux actes et créé à Paris en 1858 ; Offenbach en a réalisé une version révisée en quatre actes qui a été créée à Paris en 1874.

Orphée et Euridice (*Orfeo ed Euridice*). *Azione teatrale per musica* en trois actes de Gluck sur un livret de Calzabigi d'après la légende classique. Représentations : Vienne (Burgtheater, 5 octobre 1762) ; Londres (King's theatre, 7 avril 1770) ; Paris (Opéra, version française avec le rôle principal transposé pour ténor, 2 août 1774) ; New York (Winter Garden, 25 mai 1863). Le musicien Orphée (à l'origine castrat, aujourd'hui mezzo ou ténor) pleure la mort de sa femme Eurydice. Amor, dieu de l'Amour (sop.), apparaît et, avec l'accord de Jupiter, persuade Orphée d'aller chercher Eurydice aux Enfers et de la ramener sur terre en apaisant le dieu par le seul pouvoir de sa musique. Mais Orphée ne devra pas se retourner vers Eurydice avant d'être rentré sur terre. Orphée accepte joyeusement. Il brise la résistance des Furies par la douceur de son chant et trouve Eurydice (sop.). Mais il ne peut résister à l'envie de la regarder et elle meurt au même instant. Orphée chante le *lamento* « Che farò senza Euridice » (« J'ai perdu mon Eurydice ») et le dieu de l'Amour survient pour rendre Eurydice à la vie et à son mari. L'ouvrage se termine dans la joie.

Orphéon. Nom donné en France aux sociétés chorales masculines formées vers 1835 sur le modèle du *Liedertafeln allemand. Entre 1852 et 1860, Gounod a été directeur des sociétés parisiennes et, dès 1880, le nombre de ces sociétés s'élevait à 1 500, pour un total de 60 000 membres.

Orpheus britannicus. Titre donné à deux volumes de mélodies de Purcell (l'« Orphée britannique »), publiés à titre posthume (1698-1702) par Henry Playford, et à un volume de ses mélodies publié par John Walsh (1735). Britten et Pears ont réalisé l'édition moderne de dix-huit mélodies pour voix seule avec accompagnement de piano et de six duos pour voix aiguë et grave avec piano. Ils en ont aussi tiré une suite de mélodies pour soprano ou ténor et orchestre, et arrangé trois mélodies pour soprano ou ténor et orchestre.

Orr, Robin (Robert Kemsley) (Brechin, 2 juin 1909). Compositeur écossais. Il a fait ses études à Cambridge, à Sienne avec Casella et à Paris avec Nadia Boulanger. En 1936, il a entamé une carrière de maître de conférences à l'université, couronnée par sa nomination à la chaire de musique de Cambridge (1965-75). Parmi ses œuvres, dont l'harmonie rocailleuse et le dynamisme rythmique évoquent des influences aussi variées que celles de Hindemith et de Chostakovitch, figurent *Hermiston* (1975) et d'autres opéras, deux symphonies et de la musique religieuse.

Paul Griffiths.

Or du Rhin, L' (*Das Rheingold*). Voir *Ring des Nibelungen, Der*.

Ortiz, Diego (Tolède, vers 1510 ; ? Naples, vers 1570). Joueur de viole et compositeur espagnol, *maestro de capilla* de la chapelle vice-royale de Naples au milieu du XVIe siècle. Son *Trattado de glosas* (Rome, 1553) est l'un des traités les plus anciens et les plus précieux sur le jeu de la viole, et les instrumentistes qui jouent le répertoire du XVIe siècle ont intérêt à étudier ses conseils sur l'ornementation et l'arrangement d'un madrigal pour viole solo. Ses ornements dans la musique d'ensemble sont généralement plus modestes que ceux de certains extrémistes postérieurs.

Denis Arnold.

Orton, Richard (Henry) (Derby, 1er janvier 1940). Compositeur anglais, élève de Wilfrid Mellers à la Birmingham School of Music et d'Alan Ridout à Cambridge. En 1967, il est nommé maître de conférence à l'Université d'York, où il prend la direction du studio de musique électronique. Ses œuvres comportent des pièces électroniques « live » et sur bande magnétique (*Sampling Afield*, 1968 ; *For the Time Being*, 1972 ; *Clock Farm*, 1973), ainsi que des essais qui font appel à diverses autres techniques expérimentales.

Paul Griffiths.

Osanna (ital.). Voir « Hosanna ».

Ossia (ital.). « Ou ». Terme utilisé pour désigner des passages ajoutés (généralement dans la musique de piano ou de violon) par le compositeur ou par un éditeur, comme alternatives à l'original. Ces passages sont généralement plus faciles à exécuter que les originaux, bien que Beethoven et Liszt, par exemple, aient souvent proposé des passages alternatifs aussi difficiles ou même plus difficiles que ceux qu'ils étaient censés remplacer.

Ostinato (ital.). Littéralement « obstiné ». Une basse obstinée (*basso ostinato*) est une basse qui se répète invariablement un grand nombre de fois et sur laquelle se déroulent des variations mélodiques.

Ostrcil, Otakar (Prague, 25 février 1879 ; Prague, 20 août 1935). Compositeur et chef d'orchestre tchèque. Après avoir étudié la philologie et enseigné les langues au début de sa carrière, Ostrčil a travaillé la composition avec Fibich et a été influencé par l'esthétique musicale d'Otakar Hostinský. Il a acquis une certaine expérience en dirigeant des chœurs et l'orchestre du Théâtre Vinohrady à Prague, ce qui lui a permis de succéder, en 1920, à Kovařovic comme directeur musical du Théâtre national, poste qu'il a conservé jusqu'à sa mort. Il y a sensiblement amélioré le niveau d'exécution et, dans les années trente, il a réalisé des enregistrements d'opéras de Smetana. Membre de la Société de musique moderne, il a encouragé les jeunes compositeurs tchèques et a introduit de nombreuses œuvres majeures étrangères au répertoire, notamment *Pelléas et Mélisande* de Debussy (1921) et *Wozzeck* de Berg (1926). L'intérêt qu'il portait à la musique moderne, sa lutte en faveur des opéras de Smetana et son action en tant qu'administrateur musical ont contribué à former le goût musical à Prague. Ses premières œuvres, surtout les mélodrames et les opéras *Vlasty skon* (« La Mort de Vlasta », 1903) et *Kunálovy oci* (« Les Yeux de Kunal », 1908) révèlent l'influence de Fibich. Dans ses œuvres ultérieures destinées à la scène, notamment *Poupe* (1910) et *Honzovo království* (« Le Royaume de Petit-Jean », 1933), il s'écarte délibérément d'un romantisme excessif. A partir des années vingt, les œuvres symphoniques d'Ostrčil (*Eté*, 1926 ; *Le Chemin de la croix*, 1928) marquent l'intérêt qu'il portait alors au contrepoint et témoignent d'une approche souple de la tonalité qui ne bascule jamais dans l'atonalité.

Jan Smaczny.

Otello. Opéra en quatre actes de Verdi, sur un livret de Boito d'après la tragédie de Shakespeare (vers 1605). Représentations : Milan (Scala, 5 février 1887) ; New York (Academy of Music, 16 avril 1888) ; Paris (Opéra, version française de Boïto et du Locle, 12 octobre 1894) ; Londres (Lyceum, 5 juillet 1899). L'intrigue de l'opéra suit étroitement celle de Shakespeare, malgré la supression du premier acte vénitien, avec Otello (tén.), Desdemona (sop.) et Iago (bar.). Rossini a également composé un opéra qui porte le même titre (1816).

BIBLIOGRAPHIE : *Otello*, L'Avant-Scène-Opéra nº 3 (Paris, 1976).

Oter. Supprimer un jeu qui était utilisé jusqu'alors (musique d'orgue).

Othello. Ouverture op.93 de Dvořák, composée en 1892. Avec *Dans la nature* et *Carnaval*, elle forme le cycle complet d'ouvertures *Nature, Vie et Amour*.

Othmayr, Caspar (Amberg, près de Nuremberg, 12 mars 1515 ; Nuremberg, 4 février 1553). Compositeur allemand. Il a fait ses études à l'Université de Heidelberg et a peut-être travaillé à la cour palatine. En 1545, il devient recteur de l'école monastique de Heilsbronn et, en 1547, chanoine au monastère de Saint-Gumbertus, à Ansbach. Othmayr est l'un des premiers compositeurs luthériens ; il a écrit des hymnes et des adaptations d'hymnes ainsi que quelques motets latins. Néanmoins, ses œuvres les plus importantes sont ses chansons profanes allemandes, notamment les *Tenorlieder* à quatre ou cinq parties.

Denis Arnold.

Ottava (ital.). « Octave », quelquefois abrégé *8va*. Le terme est parfois employé dans les partitions d'orchestre pour indiquer qu'un instrument doit jouer à l'octave d'un autre ; *coll'ottava*, « doubler à l'octave » ; *ottava alta, ottava sopra*, « octave supérieure » ; *ottava bassa, ottava sotto*, « octave inférieure ». Voir également *All'ottava*.

Ottone (ital.). « Cuivre » ; *stromenti d'ottone*, « les cuivres ».

Ouïes. Trous en forme de *f* pratiqués dans la table (la surface supérieure) des instruments à cordes de la famille du violon.

Our Hunting Fathers. Cycle de mélodies pour soprano ou ténor et orchestre op.8 de Britten, sur un texte de W. H. Auden. Créé au Festival de Norwich en 1936.

Our Man in Havana. Opéra en trois actes de Williamson, sur un livret de Sidney Gilliat d'après le roman de Graham Greene. Créé à Londres en 1963.

Ouseley, (Sir) Frederick Arthur Gore (Londres, 12 août 1825 ; Hereford, 6 avril 1889). Musicien d'église et musicologue anglais. Fils d'un riche baronnet qui avait beaucoup voyagé, il est l'un des premiers artisans de la renaissance de la musique religieuse anglaise au milieu du XIXᵉ siècle. Professeur de musique à

Oxford à partir de 1855 (poste qu'il occupe en même temps que celui de premier chantre de la cathédrale de Hereford), il est chargé de réorganiser les examens sur une base moderne. Néanmoins, il doit surtout sa renommée à la fondation (à ses propres frais) de St Michael College, à Tenbury, qui est devenu le modèle des écoles de chœur de cathédrale et qu'il a enrichi d'une superbe collection de manuscrits anciens, aujourd'hui déposés sous forme de prêt permanent à la Bodleian Library d'Oxford.

Denis Arnold.

Ouvert. Dans les parties de cuivres, indication spécifiant à l'instrumentiste de revenir aux sons naturels ou « sons ouverts » après un passage « bouché » ou en sourdine.

Ouvert et clos (ital. : *aperto, chiuso*). Fins alternatives de sections répétées dans certaines formes vocales des XIVe et XVe siècles, comme la *ballade et le *virelai. Elles sont notées « ouvert » et « clos » ou *aperto* et *chiuso*, et fonctionnent sur le même principe que *prima volta* et *seconda volta*.

Ouverture. Œuvre de musique instrumentale qui sert d'introduction à un opéra, à un oratorio ou à une autre œuvre dramatique. Certaines ouvertures sont conçues pour être jouées seules en concert. A l'ère baroque, le titre « Ouverture » s'appliquait parfois à une suite pour clavier ou pour orchestre (Bach) ou à son mouvement initial ; en Angleterre, au XVIIIe siècle, le terme « Overture » pouvait servir de titre alternatif à une symphonie (comme dans les symphonies « londoniennes » de Haydn).

1. *Ouverture dramatique*. Les divertissements dramatiques du XVIe siècle et les premiers opéras et oratorios du début du XVIIe siècle étaient dépourvus d'introduction ou débutaient par une fanfare de trompettes ou un court appel analogue (comme la Toccata qui débute l'*Orfeo* de Monteverdi, 1607). Au fur et à mesure que l'opéra et l'oratorio se sont développés et structurés, l'introduction a suivi une évolution parallèle. Les opéras du milieu du XVIIe siècle commençaient souvent sur un mouvement lent d'orchestre à deux temps suivi d'un mouvement plus rapide à trois temps ; ce modèle allait servir de base à un type d'ouverture qui a pris le nom d'« ouverture à la française », car la plupart des opéras de Lully et des compositeurs français de cette époque débutaient sur de telles ouvertures. La forme conventionnelle (qu'utilise Haendel dans le *Messie*) comporte un début grave, parfois pompeux, avec des rythmes pointés et des retards abondants, suivi, sans transition, d'une partie rapide et animée dans un style imitatif et même fugué ; elle se termine souvent en se faisant l'écho de l'atmosphère de la première partie. Par la suite, ces derniers accords, qui n'allaient guère au-delà d'une phrase cadentielle décorée, ont été parfois développés pour former un mouvement de danse modérément lent (comme dans le menuet de l'ouverture de *Samson* de Haendel) ; dans d'autres cas, la totalité de la première partie pouvait être répétée. La présence de cette conclusion développée a donné lieu à une idée reçue selon laquelle l'ouverture à la française était une structure tripartite (lent-rapide-lent), mais ce point de vue ne tient pas compte de la forme binaire essentielle du genre.

A une date plus avancée du XVIIe siècle, une véritable ouverture tripartite a vu le jour à Naples, l'ouverture à l'italienne, moulée dans de courtes sections rapide-lente-rapide. Ce type d'ouverture, parfois intitulée « Sinfonia », est un précurseur important de la symphonie classique. Au XVIIIe siècle, on a pris l'habitude de considérer que la première partie de l'ouverture était la plus importante, la deuxième et la troisième étant plus ou moins négligées. L'ouverture s'est ainsi écartée de la symphonie qui, dès le milieu du siècle, était devenue une forme majeure.

Jusqu'au milieu du XVIIIe siècle, il n'y avait pratiquement aucun rapport entre l'ouverture et le reste de l'ouvrage. Cependant, dans sa célèbre préface à *Alceste*, Gluck recherche une correspondance plus intime entre les deux : son ouverture d'*Iphigénie en Tauride* suit à la trace l'évolution d'un orage, car il s'efforce de créer l'atmosphère de la première scène à laquelle l'ouverture s'enchaîne sans interruption. Haydn va encore plus loin dans *La Création* dont l'ouverture, qui dépeint le chaos de façon réaliste, met vraiment en mouvement la totalité du drame qui se poursuit dans le premier numéro vocal.

C'est peut-être à cause de son expérience symphonique que Mozart a choisi de fondre ses ouvertures d'opéras dans des moules étroitement liés à la forme sonate, avec une introduction lente, mais sans reprise de l'exposition. Continuant à développer et à perfectionner les idées de Gluck, il a inauguré la pratique qui consiste à anticiper dans l'ouverture certains temps forts de l'ouvrage : ainsi, l'ouverture de *Don Giovanni* nous prépare (par une courte citation) à la musique de la dernière scène ; il procède de même dans les ouvertures de *La Flûte enchantée* et de *Così fan tutte*.

Le principe général et le style que Mozart a créé pour l'ouverture dramatique se sont maintenus dans les opéras romantiques du début du XIXe siècle, tant chez les compositeurs italiens que français ou allemands. Les ouvertures des premiers opéras de Wagner respectent ce schéma, mais, dans *Lohengrin*, dans la *Tétralogie* et dans *Tristan et Isolde*, il préfère un prélude indépendant, assez court (« Vorspiel »), comme le pratique parfois Verdi, et certains des préludes qu'il a écrits pour d'autres actes sont aussi longs et importants que ses ouvertures.

Un autre type d'ouverture a beaucoup servi pour les opéras-comiques ou légers du XIXe siècle : le pot-pourri d'airs empruntés directement à l'ouvrage et juxtaposés sans liaisons, ou presque. Auber, Offenbach et Sullivan s'en sont faits les champions et on en ressent nettement l'influence dans un certain nombre d'ouvertures de comédies musicales modernes.

2. *Ouverture de concert*. Mendelssohn est souvent considéré comme l'« inventeur » de l'ouverture de concert, mais on trouve les origines de cette forme dans l'exécution, comme morceaux de concert séparés, des ouvertures des derniers opéras de Mozart et de celles que Beethoven a écrites pour les pièces de Goethe (*Egmont*) et de Collin (*Coriolan*), ou des ouvertures rejetées de *Leonore*.

D'autres ouvertures de concert du début du XIXe siècle sont des œuvres de circonstance (*Die Weihe des Hauses* [« La Création de la maison »] de Beethoven) ou abstraites (les ouvertures « à l'italienne » de Schubert). On trouve aussi des pièces poétiques descriptives, comme *Les Hébrides* et *Le Songe d'une nuit d'été* de Mendelssohn ou le *Carnaval romain* de Berlioz, qui caractérisent l'ouverture de concert romantique. Certaines d'entre elles ont été composées pour commémorer des événements (*1812* de Tchaïkovski, *Ouverture pour un festival académique* de Brahms) ; d'autres ont été inspirées par la littérature ou la peinture (*Le Roi Lear* de Berlioz, *Hunnenschlacht* de Liszt) ; d'autres encore, comme l'*Ouverture tragique* de Brahms, n'ont pas de lien extra-musical connu. Quelques ouvertures sont narratives ou comportent un programme, mais ce sont généralement de pures pièces d'atmosphère, moulées dans des formes classiques assez traditionnelles. Toutefois, au fur et à mesure que se libéralisait l'attitude romantique envers la forme et l'expression, l'ouverture de concert s'est trouvée pratiquement usurpée par le *poème symphonique, plus libre, plus souple et plus à la mode, dont des compositeurs de la nouvelle génération, comme Richard Strauss, se sont faits les champions. Il restait alors peu de place pour l'ouverture de concert.

Percy Scholes, rév. Judith Nagley.

Ouverture burlesque. Œuvre pour orchestre en forme de canular de Méhul, qui fait appel à des instruments-jouets (mirlitons, sifflets, crécelles, etc.). La dernière partie est un *Allegro e *charivari*.

Ouverture cubaine (*Cuban Overture*). Œuvre symphonique de Gershwin, composée à La Havane en 1932. Dans un premier temps, elle devait porter le titre de *Rumba* et était conçue pour piano et orchestre.

Ouverture pour un festival académique (*Akademische Festouvertüre*). Ouverture op.80 de Brahms, composée en 1880 et créée l'année suivante à l'Université de Breslau qui la reçut en dédicace, remerciement un peu ironique de Brahms à qui avait été conféré le titre de docteur honoris causa en 1879. Cette œuvre reprend quatre chants d'étudiants allemands.

Ouverture de fête. 1. Ouverture de Jacques Ibert, commande du gouvernement français pour le 2 600e anniversaire de l'empire japonais. Créée à Tokyo en juillet 1940.

2. Ouverture op.96 de Chostakovitch,

composée en 1947 pour le trentième anniversaire de la révolution d'Octobre 1917 et créée en 1954.

Ouverture, Scherzo et Finale. Triptyque pour orchestre op.52 de Schumann, composé en 1841 ; le finale a été révisé en 1845.

Ouverture sur des thèmes juifs. Ouverture op.34 *bis* de Prokofiev (1934), orchestration d'une pièce pour clarinette, piano et quatuor à cordes composée en 1919 aux États-Unis pour un groupe de musiciens juifs, membres de l'ensemble Zimro. La partition reprend deux thèmes populaires juifs.

Ouverture tragique (*Tragische-ouvertüre*). Ouverture op.81 de Brahms, composée en 1880 et révisée en 1881.

Ouvrir. L'impératif « ouvrez » est souvent employé dans la musique d'orgue, à propos de la boîte expressive du récit ou pour indiquer qu'il faut mettre en action un jeu donné.

Owen Wingrave. Opéra en deux actes op.85 de Britten, sur un livret de Myfanwy Piper d'après l'histoire de Henry James. Écrit pour la télévision anglaise (BBC), il a été diffusé pour la première fois en 1971 et a été créé sur scène à Covent Garden en 1973.

Owl and the Pussy-Cat, The. 1. Œuvre pour récitant, flûte, violoncelle et guitare de Searle sur un poème d'Edward Lear (1870), composée en 1951.

2. Œuvre pour voix et piano de Stravinski sur le même poème, composée en 1966.

Oxford Elegy, An. Œuvre pour récitant, petit chœur mixte et petit orchestre de Vaughan Williams, sur une adaptation des poèmes de Matthew Arnold *The Scholar Gipsy* (1853) et *Thyrsis* (1867). Une partie du texte est récitée, l'autre chantée par le chœur ; il y a également un chœur sans paroles.

Oxford Mouvement. Mouvement religieux (1833-45), fondé à Oxford, qui avait pour but de rétablir les idéaux de la Haute Église du XVIIe siècle. Il était dirigé par John Keble, John Henry Newman et Edward Bouverie Pusey. Dans le domaine musical, il a encouragé le développement de services entièrement chantés et s'est efforcé de faire renaître l'intérêt pour le plain-chant et la polyphonie ancienne.

Voir également *Angleterre*, 7.

Oxford Psalter (« Psautier d'Oxford »). Voir *Chant anglican*, 5.

« Oxford ». Surnom de la Symphonie n° 92 en sol majeur de Haydn, composée en 1789. Elle doit son titre aux circonstances de sa création, lorsque Haydn a été reçu doctor honoris causa de l'Université d'Oxford en 1791 ; mais en la composant, Haydn ne pensait pas du tout à Oxford.

Oxford University Press (OUP). Maison d'édition anglaise qui constitue l'une des divisions de l'Université d'Oxford. En tant que société à but non lucratif, sans actionnaires, elle jouit du statut de société de bienfaisance. Au XIXe siècle, quelques publications musicales sporadiques, mais importantes, étaient publiées par Clarendon Presss, pour l'OUP d'Oxford, et par la maison de Londres. Parmi ces publications figurent le *Yattendon Hymnal* (1899) de Robert Bridges, ouvrage destiné à restituer son intégrité au chant des hymnes, qui a été gravé avec des caractères musicaux taillés à Oxford par Peter de Walpergen en 1694-95. Il a été suivi de l'*Oxford Song Book* de Percy Buck, en 1916, et, au début des années vingt, de diverses séries de feuillets de musique, comme les Oxford Choral Songs et l'Oxford Church Music. Les livres de musique ont commencé à paraître en 1901 avec le premier volume de l'*Oxford History of Music*.

En 1925, Hubert Foss (1899-1953) a créé un département musical indépendant. Pendant les dix premières années, OUP publiait environ deux cents ouvrages par an et le fonds a vite réuni plusieurs compositeurs anglais importants, notamment Vaughan Williams, William Walton, Alan Rawsthorne, Constant Lambert, Peter Warlock et Benjamin Britten. En 1931, Foss avait édité plus de 1 750 titres. Des anthologies célèbres, comme l'*Oxford Book of Carols* et l'*Oxford Song Book*, formaient le noyau commercial du département musique et l'édition monumentale de la *Tudor Church Music* (10 vol.,

1922-29) a consolidé sa réputation. Foss s'intéressait à tous les aspects de la musique, y compris la conception de caractères. Si le rythme des publications a donné des craintes de faillite aux délégués, son énergie et son talent ont placé l'Oxford University Press au centre de la vie musicale londonienne. Les concerts de l'après-midi à Amen House attiraient un public de choix. Lorsqu'il a démissionné en 1941, il avait construit de solides bases pour l'avenir.

Au poste de « music editor », la succession de Foss a été assurée par Norman Peterkin (1941-47), Alan Frank (1948-54, qui a été chef du département de 1954 à 1975) et Christopher Morris (à partir de 1954, codirecteur de la musique avec Anthony Mulgan, 1975-82, puis directeur). L'OUP s'est toujours consacrée aux compositeurs anglais et publie la musique de William Walton, Lennox et Michael Berkeley, Gordon Crosse, Alun Hoddinott, William Mathias, etc. On constate l'intérêt que l'OUP a toujours porté à la musique ancienne dans la série Musica da Camera, fondée par Robin Langley en 1973. Elle publie également de la musique pédagogique.

Oxford University Press a édité plusieurs livres importants sur la musique, notamment *Cobbett's Cyclopedic Survey of Chamber Music*, *Essays in Musical Analysis* de Tovey, et des ouvrages de référence comme *The Oxford History of Music*, *The New Oxford History of Music* et *Concise Oxford History of Music* de Gerald Abraham. *The Oxford Companion to Music* a été publié pour la première fois par Percy Scholes en 1938 et a atteint sa dixième édition en 1970, avant d'être modernisé sous le titre *The New Oxford Companion to Music* (1983). L'OUP a également publié une série de dictionnaires « concis » sur la musique, l'opéra et le ballet, et réalisé des disques. Elle a racheté la revue *Music & Letters* en 1955 et édite *Early Music* depuis 1973.

J. M. Thomson.

Oxyrhynchos, Hymne. L'hymne chrétien le plus ancien (vers 300 après J.-C.) dont on ait conservé la musique (en notation grecque). Il doit son nom à l'endroit où a été découvert le papyrus en Égypte.

Ozi, Étienne (Nîmes, 9 décembre 1754 ; Paris, 5 août 1813). Bassoniste et compositeur français, il se fixe à Paris en 1777, où il débute, deux ans plus tard, au Concert spirituel, comme instrumentiste et comme compositeur. Il est ensuite membre de l'orchestre de la Garde nationale (1793), professeur de basson au Conservatoire et fonde un magasin de musique qu'il dirigera jusqu'à sa mort. Ozi est considéré comme le fondateur de l'école française de basson, instrument pour lequel il a composé huit concertos, trois symphonies concertantes avec clarinette et de nombreuses sonates et pièces de musique de chambre.

Alain Pâris.

P

P, p. 1. Abréviation de *piano* (ital.), « doux », toujours notée en italique *p*.
2. Abréviation de « pédale » dans la musique pour clavier.
3. Dans la musique d'orgue française, abréviation de « pédalier » ou de « positif ».

Pablo, Luis de (Bilbao, 28 janvier 1930). Compositeur espagnol, élève de Maurice Ohana, mais essentiellement autodidacte. Il fonde, en 1959, les concerts Tiempo y Música à Madrid et crée, en 1964, la biennale de musique contemporaine dans cette même ville avant de disposer de son propre studio de musique électronique. Il a séjourné et enseigné dans la plupart des capitales mondiales (Berlin, Ottawa, Montréal, Tokyo...). Il s'inscrit dans le mouvement sériel et postsériel avec une préoccupation marquée pour une certaine mobilité d'exécution, sans jamais parvenir à l'aléatoire. Il a écrit des œuvres pour orchestre (*Tombeau*, 1963, *Tiniebla del agua*, 1977-78), la série des *Modulos*, quatre pièces pour différentes combinaisons instrumentales (1964-67), deux concertos pour piano, un *Trio à cordes* (1978), de la musique vocale et deux opéras, *Kiu* (1983) et *El Viajero indiscreto* (1984-88).

Alain Pâris.

Pachelbel, Johann (baptisé à Nuremberg, 1er septembre 1653 ; Nuremberg, mars 1706). Organiste et compositeur allemand. Né dans une famille de musiciens, il reçoit ses premières leçons de musique dans sa ville natale. En 1669, il entre à l'Université d'Altdorf, où il est également organiste de la paroisse, mais il n'a pas les moyens d'y rester plus d'un an. Il étudie alors la musique et la littérature avec l'aide financière de l'école de Ratisbonne et, en 1673, devient organiste de la cathédrale Saint-Étienne à Vienne. En 1677, il est organiste à la cour d'Eisenach et se lie d'amitié avec le père de Bach. Il part un an plus tard et travaille à Erfurt (1678), où il perd sa première femme et son enfant dans une épidémie de peste, puis à la cour de Stuttgart (1690) et à Gotha (1692). Finalement, il retourne en 1695 à Nuremberg, où il est organiste à Saint-Sebald.

L'importance de Pachelbel en tant que compositeur tient à sa musique d'orgue, qui mêle les styles du sud et du centre de l'Allemagne ; elle a exercé une influence considérable sur Bach. Pachelbel a également joué un rôle important dans le développement de la musique vocale protestante. Il a écrit de nombreuses fugues, toccatas, chaconnes et chorals pour orgue, mais une grande partie de son œuvre est restée sous forme manuscrite ; seuls deux recueils de musique d'orgue (*Acht Choräle*, Nuremberg, 1693 ; *Musicalische Sterbens-Gedancken*, Erfurt, 1683), un ensemble de six airs et variations pour clavecin (*Hexachordum Apollinis*, Nuremberg, 1699) et six sonates en trio (Nuremberg, 1695) ont été publiés de son vivant. Sa musique vocale comprend neuf motets en allemand et deux en latin avec continuo et instruments optionnels, treize *Magnificat*, deux messes et plusieurs concertos sacrés allemands.

Wendy Thompson.

Pacific 231. Mouvement symphonique n° 1 de Honegger, composé en 1923. *Pacific 231* est une locomotive.

Pacifique, îles du

1. Introduction
2. Mélanésie
3. Micronésie
4. Polynésie

1. *Introduction.* A la suite de la convention établie par les explorateurs et les cartographes européens des XVIIIe et XIXe siècles, les îles du Pacifique centre et sud sont habituellement divisées en trois régions, la Mélanésie, la Micronésie et la Polynésie (du grec *melas,* « noir », *mikros,* « petit », *polus,* « nombreux » et *nêsos,* « île »). L'ensemble de ces régions couvre une vaste étendue d'océan (155 millions de km², vingt fois la taille des États-Unis), mais les îles elles-mêmes n'occupent qu'une surface de 458 000 km² (en excluant la Papouasie-Nouvelle-Guinée), inférieure à celle de l'Espagne. La Mélanésie est située au nord-est de l'Australie et comprend la Nouvelle-Guinée (la plus grande île du monde), l'archipel Bismarck, les îles Salomon, Vanuatu (anciennes Nouvelles-Hébrides), les îles Loyauté, la Nouvelle-Calédonie et les îles Fidji. La Micronésie, au nord de la Mélanésie, comprend les archipels des îles Mariannes, Carolines et Marshall ainsi que Kiribati (anciennes îles Gilbert). La Polynésie, à l'est, correspond à un grand triangle délimité par Hawaï au nord, la Nouvelle-Zélande au sud-ouest et un groupe d'îles à l'est.

La préhistoire du Pacifique a été en partie reconstituée à partir de témoignages archéologiques. Les premiers colons sont sans doute venus de l'Asie du Sud-Est en Nouvelle-Guinée il y a quelque 20 000 ans. Pour le reste de l'Océanie, on ne trouve aucun signe de colonisation antérieure au second millénaire avant Jésus-Christ. En suivant à la trace le chemin de la poterie Lapita, on a découvert que ses auteurs avaient atteint les Fidji dès l'an 1000 avant Jésus-Christ et Tonga vers 500 avant Jésus-Christ.

La mer a façonné tous les aspects de la culture océanique ancienne. Mais, pour les peuples du Pacifique qui étaient d'excellents navigateurs, l'océan constituait davantage une route qu'une barrière et l'on ne trouve pas, même sur les îles éloignées, l'isolement culturel auquel on pourrait s'attendre. Avant l'arrivée des Européens, le surpeuplement a toujours stimulé la migration et provoqué des guerres féroces entre les îles, dont on retrouve encore de nos jours les échos dans des danses dynamiques comme le *haka* maori (voir *Nouvelle-Zélande,* 2).

Les navigateurs européens qui ont atteint le Pacifique aux XVIe et XVIIe siècles ont trouvé des cultures néolithiques simples avec des technologies basées sur l'utilisation de la pierre, de l'os et des coquillages. Des récits anciens parlent de façon précise et détaillée de la musique et de la danse locales. Dans les journaux du grand navigateur anglais James Cook, on peut lire, par exemple, cette description soigneuse de la danse de Tonga *me'elaufola* à laquelle il a assisté en mai 1777 :

« Le concert ayant continué pendant environ un quart d'heure, vingt femmes sont entrées dans le cercle... et ont commencé par chanter un air doux auquel le chœur apportait des réponses dans le même ton ; elles étaient répétées alternativement. Pendant tout ce temps, les femmes accompagnaient leur chant de plusieurs mouvements très gracieux des mains vers leur visage et dans d'autres directions, en faisant constamment un pas en avant, puis en arrière avec le même pied, pendant que l'autre restait immobile. Elles ont ensuite tourné leur visage vers l'assemblée, ont chanté pendant quelque temps et se sont doucement retirées en un ensemble vers la partie du cercle située à l'opposé de la hutte où étaient assis les principaux spectateurs. Après cela, l'une d'entre elles s'est avancée de chaque côté, se rencontrant et se croisant sur le devant et continuant à tourner jusqu'à ce qu'elles s'arrêtent...

« Leur façon de danser est alors devenue plus rapide ; elles se sont mises à faire un genre de demi-tour en sautant et ont battu des mains et claqué des doigts en répétant certaines paroles avec le chœur. Vers la fin, comme la musique était de plus en plus rapide, elles ont changé de gestes et d'attitudes avec une vigueur et une dextérité merveilleuses ; certains de leurs mouvements seraient peut-être pour nous indécents. »

D'autres voyageurs, moins admiratifs, ont trouvé les chants du Pacifique monotones, discordants, lugubres, car ils n'étaient pas habitués à leur style *Engmelodik,* limité à quelques notes et à une étendue mélodique étroite.

Au début du XIXe siècle, des groupes de missionnaires congrégationalistes, méthodistes, anglicans et catholiques ont commencé à fréquenter le Pacifique. Au cours de leur ministère, ils ont attaqué et

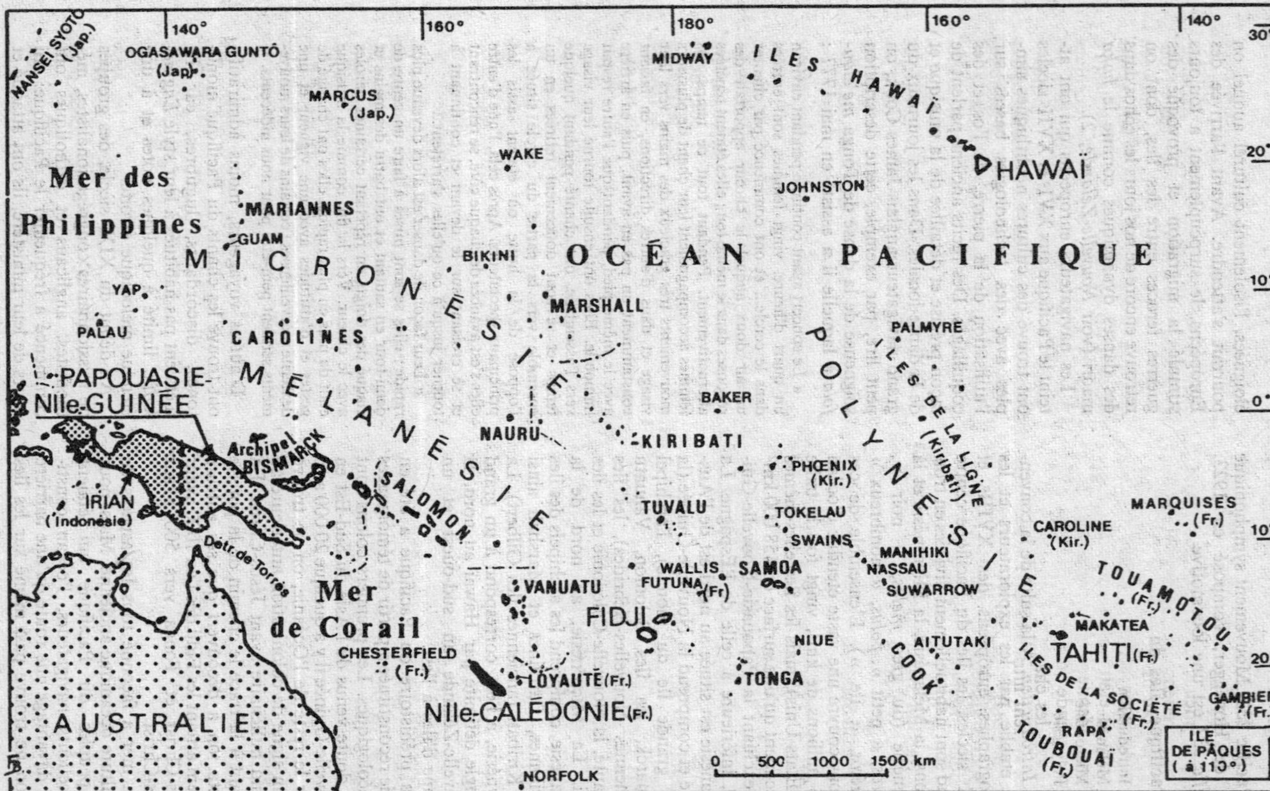

ILES DU PACIFIQUE

détruit les coutumes locales, l'organisation sociale et les valeurs qui leur semblaient iniques et menaçantes pour leur conception de chrétiens occidentaux. Dès 1890, le *me'elaufola* de Tonga, que Cook avait décrit de façon si enthousiaste un siècle auparavant, était condamné comme une « danse païenne » et interdite sous peine d'une amende de cinq dollars. Pour remplacer les chants locaux, les missionnaires avaient introduit des hymnes chrétiens (*hîmene*).

D'autres visiteurs, de tempérament romantique – Melville, Somerset Maugham, Gauguin –, ont perpétué un mythe des mers du Sud symbolisant l'innocence et le bonheur du noble sauvage polynésien. Rupert Brooke écrivait en 1914 : « Dans les Mers du Sud, le Créateur semble s'être mis en quatre pour montrer ce qu'Il pouvait faire. Imaginez une île dont le climat est le plus merveilleux du monde, tropical mais toujours rafraîchi par une brise de mer. Ni malaria, ni autres fièvres. Ni bêtes dangereuses, ni serpents, ni insectes. Du poisson à attraper et des fruits à cueillir. Et un sol, un ciel et une mer d'une beauté immortelle... Et les choses que la civilisation a oubliées ou qu'elle ignore sont là aussi, au milieu des Polynésiens : beauté, courtoisie et joie. » C'est ce mythe des mers du Sud perpétué par les hommes d'Église et les romantiques, ce mythe de l'insulaire licencieux, insouciant, que les écrivains, les artistes et les compositeurs du Pacifique ont toujours tenté de détruire.

Pendant la seconde moitié du XIXe siècle, presque toutes les îles du Pacifique sont tombées sous la domination politique de pays européens et des États-Unis. Depuis la Seconde Guerre mondiale, la plupart d'entre elles ont acquis une autonomie locale et certaines ont obtenu leur indépendance. Dans toute l'histoire du Pacifique, les arts visuels et les arts d'expression ont été moulés par l'interaction de ces nombreuses forces contradictoires : isolement et insularité, échanges culturels, migration et, au cours des derniers siècles, occidentalisation et modernisation. La musique a toujours joué un rôle essentiel dans les cérémonies, les rituels et la vie quotidienne.

2. *Mélanésie*. La Mélanésie est la région la plus diversifiée du Pacifique. Plus de sept cents langues y sont parlées et ses habitants ont des contacts variés avec le monde extérieur et les autres groupes mélanésiens. A un extrême, certaines tribus des montagnes de Papouasie-Nouvelle-Guinée, à l'intérieur de l'île, ont vécu presque isolées de la culture européenne et même des habitants des côtes jusqu'à une période qui remonte à quelques dizaines d'années. A l'autre extrême, les habitants des îles Trobriand ont, pendant des générations, engagé un commerce très ouvert avec d'autres îles de la communauté économique de la Mélanésie du Sud-Est (*kula ring*). Cette diversité culturelle se reflète dans le style musical. Les mélodies, par exemple, peuvent revêtir de nombreuses formes. Les structures d'accords parfaits et pentatoniques sont les plus courantes, mais d'autres ont des étendues étroites (moins d'une tierce) ou se composent de courtes phrases descendantes. En général, les textes de chansons ont moins d'importance intrinsèque en Mélanésie qu'en Micronésie ou en Polynésie et la structure mélodique est souvent davantage influencée par des considérations purement musicales que textuelles. Les mots proviennent souvent de langues étrangères ou si anciennes qu'ils ne sont compris ni par les interprètes ni par l'auditoire.

En Mélanésie et d'un bout à l'autre du Pacifique, la musique accompagne un grand nombre d'activités quotidiennes et sert également à mettre en vedette des occasions spéciales. A Vanuatu, par exemple, les genres comprennent les berceuses, les jeux des enfants qui chantent, les danses, l'accompagnement de la narration d'histoires, les chants magiques secrets destinés à assurer une bonne récolte et les chants qui accompagnent toutes les cérémonies et les rituels importants – dont certains sont traditionnels comme le mariage, et d'autres occidentalisés comme les fêtes religieuses et les fêtes de la vie civique.

En Papouasie-Nouvelle-Guinée, les grandes fêtes avec musique et danse sont appelées *sing-sings* en petit nègre. Elles ont généralement lieu la nuit et font souvent intervenir plusieurs groupes qui jouent simultanément. Dans le passé, les *sing-sings* avaient lieu avant et après la bataille ; de nos jours, ils sont mis en scène pour les fêtes du cochon, les initiations, les rites de fertilité des jardins et d'autres rituels.

La musique vocale de Nouvelle-Guinée

et de Mélanésie occidentale (particulièrement de l'archipel Bismarck) est avant tout monophonique, à l'unisson ou en octaves. Le chant responsorial de groupe est le style le plus caractéristique de la Papouasie. Cette forme « appel et réponse » avec alternance entre le chanteur principal (un bon chanteur qui connaît bien le chant) et le chœur (des chanteurs sans doute plus médiocres qui sont moins familiarisés avec le matériel musical) se retrouve dans le monde entier car elle correspond à une situation universelle, toute communauté disposant de bons et de mauvais chanteurs. En théorie, la seule chose essentielle dans ce genre de chant est de disposer d'un bon chanteur à chaque génération. A Vanuatu, la majeure partie de la musique vocale traditionnelle répond également à ce style monophonique soliste-chœur, sauf dans le nord de Malekula où la polyphonie, souvent assortie d'un bourdon, est plus typique. Il n'y a pas d'explication apparente à cette anomalie.

On trouve une polyphonie vocale dans les îles Loyauté, Salomon et Fidji. Dans les îles Fidji, par exemple, les voix aiguës s'appellent *tagica* (« crier » ou « faire chorus ») et *laga* (« chanter »), les voix basses *druku* et *vaqiqivatu* et le déchant *vakasalavoavoa*. Il n'est pas rare de trouver des théories musicales rudimentaires de cette nature dans le Pacifique.

En Mélanésie, il arrive couramment que les compositeurs des chansons soient connus – ce qui vient à l'encontre de l'idée reçue qu'ont eue les Occidentaux pendant longtemps, selon laquelle la musique traditionnelle était composée collectivement. De nouvelles chansons voient constamment le jour à la fois dans le style traditionnel et dans le style occidentalisé. On considère souvent que les chansons appartiennent au compositeur et les autres musiciens doivent obtenir leur autorisation ou acheter les droits d'exécution – forme primitive du droit d'auteur. La musique nouvelle peut être composée de façons très diverses. Dans les îles Salomon, un dirigeant politique peut commander des chansons pour un événement important, comme c'est le cas en Occident. Parfois, surtout chez les Siuai des îles Salomon, on fabrique de nouvelles flûtes de Pan dont l'accord s'adapte à la musique composée pour la circonstance. Aux Fidji, l'inspiration créatrice est considérée comme un fait surnaturel. Seul le *dau ni vucu* privilégié a le droit de composer ou de « se souvenir » de la musique et de la poésie. On croit parfois qu'il est inspiré par un dieu ou *veli* (elfe). On pense que d'autres *meke* (compositions) émanent des âmes des enfants mort-nés et incarnent les cris qu'ils n'ont jamais poussés. Les insulaires croient que des *meke* spéciaux sont « trouvés » dans la tombe de l'enfant et que certaines lignes ont pu être « oubliées », ce qui donne parfois des formes asymétriques.

Les instruments jouent un rôle prédominant dans la musique mélanésienne. Les plus courants sont les tambours de bois, les tambours en forme de sablier, les flûtes de Pan, les conques-trompettes, les flûtes droites, les crécelles, les claves en bambou et les idiophones battus. Les tambours de bois, parfois appelés gongs à fente (parce qu'ils sont classés dans les idiophones et non dans les membranophones), peuvent être en bambou ou sont plus souvent taillés dans une bûche évidée. Ils sont généralement posés à même le sol et on en joue avec une ou deux baguettes, pendant les cérémonies ou pour envoyer des messages. On trouve aussi des tambours de bois verticaux, par exemple dans certaines régions de Vanuatu. La base du tambour est enterrée dans le sol et un visage humain est souvent sculpté dans la partie apparente. Le tambour de bois *garamut* de Papouasie existe sous des formes et des tailles très diverses, les plus grands mesurant plus de quatre mètres de long. Des visages humains, des crocodiles ou des oiseaux y sont généralement sculptés.

La flûte de Pan, jouée seule ou en ensemble, est l'élément le plus caractéristique de la vie musicale des îles Salomon. Les populations 'Are'are de Malaita, que l'ethnomusicologue français Hugo Zemp a longuement étudiées, ont un vocabulaire technique assez développé pour la musique pour flûte de Pan. *'Au* (« bambou ») est soit *'au kia ka uuhi* (« bambou dans lequel on souffle ») – flûtes et flûtes de Pan – soit *'au kia ka'ui* (« bambou que l'on frappe ») – archets musicaux et idiophones battus. Les flûtes de Pan sont divisées en instruments solistes (*'au ta'a mane*, « bambous d'un seul homme ») et en ensembles (*'au rokoroko*, « bambous groupés »). Les flûtes de Pan en radeau (*aapa ni 'au*) se distinguent des flûtes de Pan en fagot (*hoko ni 'au*, « fagots de bambou »). Les instruments solistes ont un « assemblage irrégulier » de tubes longs et courts (*aara haisuri*) en contraste avec les instruments d'ensemble, qui ont un « assemblage décroissant » (*aara tahetahe*), le tube le plus court étant toujours situé à la droite de l'instrumentiste. La technique de jeu de la flûte de Pan s'appelle *uuhi rawariri* (« souffler de façon tremblotante ») et se caractérise par de rapides pulsations du souffle – environ six ou sept par seconde.

L'Ex. 1 est une transcription d'une composition 'are'are jouée sur des flûtes de Pan à sept tubes. On obtient des harmonies simples en soufflant sur deux trous adjacents. Cette technique est représentée dans la tablature qui figure audessus de la notation conventionnelle. Le morceau a une forme simple (aabb/aabb/az).

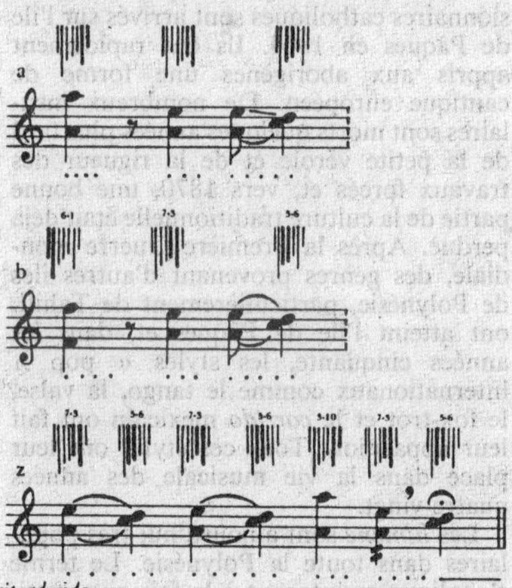

Ex. 1. Composition Are'are pour flûte de Pan à sept tubes (recueillie et transcrite par Hugo Zemp. D'après Ethnomusicologie, *XXV 1981, p. 400).*

3. *Micronésie.* La Micronésie comprend environ deux mille petites îles répandues sur une surface océanique de près de huit millions de km². Son peuple parle une quinzaine de langues inintelligibles entre elles, bien que tout d'abord le japonais puis l'anglais soient devenus *linguae francae.* Les îles volcaniques de la région, comme Palau, Yap, Truk, Ponapean, Nauru et Kusaie, sont très différentes sur le plan culturel des îles de corail, comme les Marshall et Tuvalu, ce qui tient essentiellement à la différence des ressources dont elles disposent. Les îles volcaniques ont un sol plus riche et une vie végétale plus variée ; elles peuvent donc faire vivre des populations plus abondantes. En conséquence, les îles de corail, qui sont nettement séparées des hautes îles, ont tendance à partager davantage d'éléments culturels avec d'autres traditions qu'avec celles des îles volcaniques avoisinantes.

La musique traditionnelle micronésienne est avant tout vocale. Les chants sont généralement monophoniques ; ils comportent peu de notes (souvent deux ou trois) et évoluent sur une étendue étroite (une seconde ou un tierce – le style *Engmelodik*). La polyphonie se limite habituellement aux bourdons ou au mouvement parallèle (généralement des quartes parallèles). Dans certaines régions, les chants se terminent par un *glissando,* couvrant parfois jusqu'à une octave. L'élément le plus frappant de la musique micronésienne est son affinité avec la poésie et la danse. Les danses en lignes et les danses assises sont les plus typiques. Le mouvement et la musique sont merveilleusement accordés, de même que la musique et le texte. La plupart des mouvements de danse sont des mouvements des bras et des mains et sont destinés à rehausser la poésie qu'ils accompagnent. Comme le résume l'ethnologue de la danse Adrienne Kaeppler, la danse micronésienne est une décoration de la poésie, comparée à la danse polynésienne qui est une illustration de la poésie.

La Micronésie est la région du Pacifique la moins riche en instruments. Les flûtes nasales (des flûtes droites dont le son provient du souffle nasal) sont assez répandues, mais on n'en trouve pas dans les îles Marshall et Kiribati. Les tambours en forme de sablier sont utilisés dans l'est de la Micronésie. Les claves, les conques-trompettes et la percussion corporelle (battements de mains, des pieds, etc.) sont répandus dans toute la région. Parmi les instruments que l'on trouve dans d'autres régions mais qui restent inconnus en Micronésie figurent les tambours cylindriques, les trompettes en bois, les nattes roulées servant d'idiophones et les idiophones battus.

4. *Polynésie.* La Polynésie est la région la plus vaste du Pacifique, couvrant une surface océanique d'environ 30 000 000 de km². Les îles sont davantage unifiées par des ressemblances culturelles que géologiques. On distingue quatre formations d'îles différentes : les atolls bas (comme l'archipel de Tuamotou), les hautes îles volcaniques (les îles Hawaï, les îles Salomon et Tahiti), les îles de corail élevées (Makatea et Aitutaki) et une île d'origine continentale (la Nouvelle-Zélande).

Les îles polynésiennes sont l'une des dernières régions du globe à avoir été colonisées par l'homme. On pense que leurs habitants étaient originaires de l'Asie du Sud-Est, avaient émigré en Mélanésie, puis avaient navigué des îles Fidji à Tonga, Samoa et à l'est de la Polynésie, puis vers d'autres points du triangle – Hawaï, Nouvelle-Zélande et l'île de Pâques (Rapa Nui). Ces premiers voyages sont encore rappelés dans des danses et des chants traditionnels qui sont devenus un élément fétiche de l'identité culturelle polynésienne.

Les premiers comptes-rendus des navigateurs européens, comme ceux du capitaine Cook, décrivent les Polynésiens comme un peuple extrêmement musicien, réputation qu'ils ont conservée jusqu'à ce jour. La musique traditionnelle comme la musique moderne sont avant tout vocales. Les chants datant de l'époque antérieure à l'arrivée des Européens comprennent des récitations chantées, des prières, des complaintes, des chansons d'amour, de travail, de jeux, des berceuses et de nombreux autres genres. L'histoire locale s'est transmise de génération en génération en généalogies chantées. On a mentionné un peu de chant soliste, mais la majeure partie de ces formes étaient chantées en groupe. Les textes des chants avaient une importance considérable dans la musique polynésienne traditionnelle ; le rythme et même la mélodie d'un morceau étaient souvent déterminés par la poésie. Cette pratique a parfois donné lieu à des rythmes asymétriques et à des structures musicales simples.

La musique traditionnelle polynésienne a une étendue mélodique étroite et une tonalité relativement simple. Les relations entre les hauteurs variaient souvent et les inflexions d'un son ou les glissades entre les sons étaient en général considérées comme plus importantes que les hauteurs absolues. Les techniques d'inflexion et de glissade étaient soigneusement transmises de maître à élève. C'est la raison pour laquelle les analyses conventionnelles de la musique polynésienne qui insistent sur la détermination des intervalles sont souvent trompeuses car elles isolent un aspect du style qui n'est pas le plus important dans la tradition. Sur de nombreuses îles, un style de chant avec glissades s'est reporté sur des formes acculturées comme l'*hîmene*.

Les missionnaires chrétiens qui sont arrivés nombreux en Polynésie au XIXᵉ siècle ont cherché à décourager le chant « païen » local en introduisant les *hîmene* (hymnes) européens. La musique polynésienne actuelle comprend des formes essentiellement occidentales, des formes traditionnelles et des formes intermédiaires entre ces deux composantes extrêmes. Par exemple, les premiers missionnaires catholiques sont arrivés sur l'île de Pâques en 1864. Ils ont rapidement appris aux aborigènes une forme de cantique européen. De nombreux insulaires sont morts quelques années plus tard de la petite vérole et de la rigueur des travaux forcés et, vers 1870, une bonne partie de la culture traditionnelle était déjà perdue. Après la Première Guerre mondiale, des genres provenant d'autres îles de Polynésie, particulièrement de Tahiti, ont atteint l'île de Pâques et, dans les années cinquante, les styles « pop » internationaux comme le tango, la valse, le fox-trot et le *corrido* mexicain ont fait leur apparition. Tous ces styles ont leur place dans la vie musicale des années quatre-vingt.

Les *hîmene* sont aujourd'hui très populaires dans toute la Polynésie. Le terme s'applique maintenant à la fois aux cantiques chrétiens et aux chants traditionnels de l'île qui ressemblent à des hymnes et sont exécutés en chœur. A Samoa, avant l'arrivée des Européens, le chant polyphonique se limitait à deux ou trois parties. Les missionnaires ont introduit la polyphonie à quatre voix avec des progressions harmoniques occidentales stéréotypées. On continue à écrire de nouveaux *hîmene*, surtout pour Noël et les fêtes du nouvel an. Les anciens chants sont rapidement remplacés par de nouveaux et il est rare qu'un morceau reste au répertoire plus d'une trentaine d'années.

En Polynésie, la danse traditionnelle est

intimement liée à la poésie qu'elle accompagne. Les mouvements gracieux des mains et des bras sont particulièrement importants dans l'expression du sens du texte. La hula hawaïenne, par exemple, exige une grande souplesse des poignets et des doigts. Les danses exécutées assis sont très courantes à Hawaï comme dans d'autres îles et, dans l'ensemble, les danses polynésiennes sont moins agitées que celles de Mélanésie et de Micronésie. Avec l'accroissement du tourisme, de nouveaux styles de danses se sont développés afin de répondre à l'attente des visiteurs. Ces danses comportent souvent des ondulations frénétiques des hanches et constituent parfois de véritables distorsions des formes esthétiques traditionnelles. Certains érudits qui ont étudié la culture polynésienne les ont qualifiées d'« art d'aéroport », car elles ont les mêmes objectifs et le même attrait que les souvenirs bon marché de grande série que l'on trouve aujourd'hui dans la plupart des aéroports internationaux.

La musique polynésienne est essentiellement vocale, mais on trouve de nombreux types d'instruments, notamment les grands *pahu* (tambours cylindriques) souvent utilisés par groupes de deux ou trois pour les cérémonies, le *tini* (tambour en fer-blanc paraffiné), des baguettes et des tubes de percussion, des idiophones battus, des tambours de bois, des conques-trompettes et des flûtes nasales. Des nattes d'herbes servent aussi parfois d'instruments de musique. On peut les faire claquer pour accompagner les chants de danse ou les rouler pour s'en servir comme des mailloches. Le *keho* est un instrument assez rare de l'île de Pâques. Il se compose d'un trou dans le sol couvert par une pierre plate à laquelle est attachée une courge qui sert de résonateur. L'instrumentiste frappe régulièrement la pierre pour accompagner le chant et la danse.

Un grand nombre d'instruments hawaïens sont spécifiquement destinés à accompagner la hula. Le *pahu hula* (tambour de danse) est un tambour cylindrique en bois à une seule peau. Le tambour *pûniu* se compose d'une demi-noix de coco couverte de peau. Ces deux tambours peuvent être frappés en même temps par le même musicien. L'*ipu hula* (courge de danse) est un autre instrument accompagnateur ; il se compose de deux courges réunies. L'instrumentiste martèle le *ipu hula* sur une natte, le relève et le tapote vivement des doigts, puis recommence à le frapper sur la natte, etc. Au nombre des crécelles hawaïennes figurent le *'uli'uli* (en courge), le *pû'ili* (en bambou) et le *'ûlili* (toupie) composé de trois courges que l'on fait tourner en tordant une corde qui y est attachée. Les *'ili'ili* sont des racleurs composés de pierres lisses ou de morceaux de lave. Les aérophones hawaïens comprennent l'*'ohe hano ihu* (flûte nasale en bambou) et l'*ipu hôkiokio* (flûte globulaire). Parmi les instruments simples, dont jouent souvent les enfants, on trouve l'*oeoe* (planchette ronflante, dont le nom évoque le son qu'elle produit), la *pû lâ'î* (trompette-feuille) et la *pû kani* (trompette-coquillage).

Le hukulele (du mot hawaïen signifiant « puce sauteuse ») est une petite mandoline à quatre cordes. Il est apparu à Hawaï vers la fin des années 1870, importé par des immigrants de Madère. Bien qu'il porte un nom hawaïen, l'instrument sert généralement à jouer des accords occidentaux pour accompagner des mélodies qui comportent des éléments polynésiens et occidentaux. Ce mélange des formes occidentales et traditionnelles est caractéristique de l'ensemble de la vie musicale polynésienne des années quatre-vingt.

Helen Myers.

Pacini, Giovanni (Catane, Sicile, 17 février 1796 ; Pescia, près de Lucques, 6 décembre 1867). Compositeur italien. Fils d'un célèbre ténor lyrique, il étudie le chant et la composition au Conservatoire de Bologne, puis à celui de Venise avec Furlanetto. Il compose son premier opéra en 1813 et remporte une série de succès entre 1825 et 1835 avec des œuvres écrites dans le style de Rossini. A la suite d'un échec essuyé en 1835, il se retire de la scène pour fonder et diriger une école de musique à Viareggio ; toutefois, cinq ans plus tard, il revient à l'opéra et remporte un nouveau succès avec *Saffo* (Naples, 1842). On le surnomme le « maître de la cabaletta » et sa musique est extrêmement populaire. Liszt a écrit une fantaisie sur l'un de ses airs. Pacini exerce un indéniable pouvoir de séduction sur les femmes : une princesse russe s'amourache de lui et la deuxième sœur de Napoléon, la princesse Pauline Borghèse, le poursuivra de ses assiduités.

Denis Arnold.

Paderewski, Ignacy [Jan] (Kurylówka, 6 novembre 1860 ; New York, 27 juin 1941). Pianiste et compositeur polonais. Il fait ses études au Conservatoire de Varsovie (1872-78), à Berlin (1881) et à Vienne (1884) avec Leschetizky qui lui apporte l'essentiel de sa formation. En 1887, il commence à effectuer des tournées de concerts couronnées de succès en Europe et aux États-Unis et reçoit un accueil très chaleureux. Ses œuvres sont également très appréciées ; elles comprennent notamment un *Concerto pour piano* (1888), une *Symphonie* (1903-07) et un opéra, *Manru* (1901), qui, après sa création à Dresde, est présenté à Lwów et dans plusieurs villes américaines. Sa renommée et le nationalisme fervent qu'il exprime dans un grand nombre d'œuvres lui valent d'être nommé Premier ministre de la Pologne reconstituée (1919), mais il donne sa démission dix mois plus tard et reprend sa carrière de musicien.

Paul Griffiths.

BIBLIOGRAPHIE : Werner Fuchss, *Paderewski*, Tribune Éd. (Genève, 1981). Éric Lipmann, *Paderewski, l'idole des années folles*, Balland (Paris, 1984).

Padovana (ital.). Voir *Pavane*.

Paduana (all.). Voir *Pavane*.

Paër, Ferdinando (Parme, 1er juin 1771 ; Paris, 3 mai 1839). Compositeur italien. En 1792, il devient *maestro di cappella* à Parme, où son opéra *Orphée et Eurydice* avait été représenté l'année précédente. Son premier opéra italien, *Circe*, est donné à Venise en 1792, suivi de plusieurs autres, notamment *L'Idomeneo* et *Griselda*. Il passe quelques années à Vienne, où il entend la musique de Mozart, puis devient Kapellmeister de la chapelle de la cour de Dresde. C'est à Dresde que son opéra *Leonora ossia l'Amore conjugale* est représenté en 1804 (Beethoven en adaptera le livret pour son *Fidelio* l'année suivante). Napoléon, qui admirait beaucoup sa musique, l'emmène à Varsovie en 1806 ; à leur retour à Paris, Paër prend la tête de la chapelle impériale.

Le succès de Paër se poursuit avec sa nomination au poste de directeur du Théâtre-Italien (où il succède à Spontini) en 1812, mais, entre 1824 et 1827, il doit partager ce poste avec Rossini, puis il démissionne. Il continue néanmoins à être tenu en grande estime et, en 1832, devient directeur de la chapelle privée de Louis-Philippe. Paër a composé plus de cinquante opéras, dont les plus connus sont *Agnese* (1809) et *Le Maître de chapelle ou le Souper imprévu* (1821). Il a aussi écrit de la musique instrumentale, des cantates, trois oratorios et de la musique sacrée. Son style est marqué par l'influence des compositeurs italiens, celle de Mozart et de Beethoven.

Wendy Thompson.

Paganini, Niccoló (Gênes, 27 octobre 1782 ; Nice, 27 mai 1840). Violoniste et compositeur italien. Né dans une famille modeste, il reçoit de son père les premiers rudiments de violon et devient rapidement un virtuose de cet instrument. Il travaille ensuite avec un professeur remarquable, Alessandro Rolla, à Parme et, à l'âge de quinze ans, entreprend sa première tournée de concert dans le nord de l'Italie. Il passe quelque temps à la cour de la sœur de Napoléon, Elisa, en Toscane, mais, après le récital qu'il donne à Milan en 1813, il se consacre à une carrière de virtuose itinérant. Il séjourne longtemps dans le nord de l'Europe et se rend dans les îles Britanniques en 1831, où il donne cinquante-neuf concerts en six mois. Son aspect physique un peu fantastique et sa technique prodigieuse en font un personnage comparable aux vedettes « pop » modernes : des chapeaux, des châles, etc. portent son nom. Coureur de jupons et joueur notoire, il fait plusieurs fois fortune – et la perd souvent, comme à la fin de sa vie, au casino Paganini à Paris, qui fait faillite. Atteint d'une maladie vénérienne et souffrant de plusieurs affections pulmonaires, il fera preuve jusqu'à la fin d'une énergie surprenante.

Paganini a rarement joué d'autres musiques que la sienne, qu'il a écrite pour mettre en valeur ses capacités extraordinaires. Si ses six concertos sont avant tout des pièces de virtuosité, les célèbres vingt-quatre *Capricci* (publiés par Ricordi en 1820) ont un pouvoir obsédant qui a amené Liszt, Schumann, Brahms et Rachmaninov à les transcrire ou en tirer des variations pour piano. Toutefois, l'apport essentiel de Paganini est d'avoir développé dans une très large mesure la technique du violon, utilisant librement les registres supérieurs de l'instrument, des mélanges incroyables d'*arco* et de *pizzicato* et de cordes multiples ; il possédait aussi un art consommé de la publicité dont on se souvient encore aujourd'hui.

Voir également *Concerto*, 6.

Denis Arnold.

BIBLIOGRAPHIE : F. J. Fétis, *Paganini*, La Flûte de Pan (Paris). J. G. Prod'homme, *Paganini*, H. Laurens (Paris, 1927).

Page, Frederick (Joseph) (Lyttleton, Nouvelle-Zélande, 4 décembre 1905). Pianiste et musicologue néo-zélandais. Il étudie le piano avec Ernest Empson, professeur éminent de Christchurch, et la composition avec Vaughan Williams, R. O. Morris et Gordon Jacob au Royal College of Music de Londres (1935-37). Il fonde le Music Department de Victoria University College à Wellington en 1946 et, de maître de conférences, il devient professeur (1967-71). Il a créé un département connu pour son ralliement à la musique contemporaine où il a attiré plusieurs compositeurs, notamment Douglas Lilburn et David Farquhar. Il a fondé puis présidé la section néo-zélandaise de la SIMC. Il a souvent joué en soliste et dans des ensembles de musique de chambre, et a créé en Nouvelle-Zélande toute la musique pour piano à quatre mains de Schubert ainsi que l'intégrale des œuvres pour piano de Schoenberg. Polémiste dans ses écrits d'une fraîcheur et d'une vivacité indéniables, il a surtout traité de l'avant-garde européenne et de la musique en Chine.

J. M. Thomson.

Pagliacci (*Paillasse*). Opéra en deux actes (originellement en un acte) de Leoncavallo, sur un livret du compositeur. Représentations : Milan (Teatro dal Verme, 21 mai 1892) ; Londres (Covent Garden, 19 mai 1893) ; New York (Grand Opera House, 15 juin 1893) ; Bordeaux (26 novembre 1894) ; Paris (Opéra, 14 décembre 1902). Au prologue, Tonio (bar.) avertit le public que l'histoire qui va lui être présentée est une histoire vraie, vécue par des personnages réels. Canio (tén.), directeur d'une troupe de comédiens ambulants, prévient sa femme Nedda (sop.) que s'il découvrait qu'elle lui était infidèle, elle le paierait cher. Tonio fait des avances à Nedda, mais elle le repousse. Toutefois, il surprend une conversation entre Nedda et son amant, Silvio (bar.), dans laquelle ils projettent de s'enfuir ensemble et il s'empresse d'aller chercher Canio à l'auberge du village. Canio laisse éclater son chagrin ; dans la pièce présentée aux villageois (où il tient le rôle de Paillasse, Nedda celui de Colombine et Beppe [tén.] celui d'Arlequin), il trouve la situation si proche de la réalité qu'il poignarde tout d'abord Nedda, puis Silvio qu'elle appelle à l'aide.

BIBLIOGRAPHIE : *Cavalleria Rusticana – Paillasse*, L'Avant-Scène-Opéra nº 50 (Paris, 1983).

Paisible, James (mort à Londres, août 1721). Compositeur et instrumentiste français. On sait peu de chose de sa jeunesse, mais il a sans doute été élevé parmi les musiciens de la cour de Louis XIV à Versailles, où il a appris à jouer des instruments à vent. A partir de 1674, il s'installe en Angleterre et, trois ans plus tard, écrit la musique d'une comédie-ballet française, *Rare en tout*, représentée à Whitehall pour l'anniversaire de Charles II, le 29 mars. Apparemment, la production était si lamentable que le roi s'est ennuyé. On a dit que Charles II avait apprécié certaines œuvres ultérieures de Paisible, mais il ne l'a gratifié d'aucune nomination à la cour, peut-être parce que Paisible était catholique. En 1682, certaines de ses œuvres ont commencé à être imprimées et, lorsque Jacques II monte sur le trône en 1685, il reçoit finalement une nomination à la cour dans l'ensemble des Vingt-Quatre Violons, poste qu'il perd trois ans plus tard au moment de l'exil de Jacques II. Paisible avait alors épousé la célèbre Mary (Moll) Davis, la rivale de Nell Gwynn auprès de Charles II. Malgré certaines rumeurs scandaleuses, il ne semble pas que Paisible ait été contraint de servir d'« entremetteur et de cornard ».

Paisible a peut-être été le compositeur officiel de la reine Anne ; il en a reçu un salaire et a écrit la musique d'une danse exécutée chaque année pour son anniversaire. Il a beaucoup composé pour le théâtre de Drury Lane et la musique qui nous est parvenue comporte essentiellement des œuvres instrumentales destinées à des pièces de Shadwell, Cibber, Betterton, etc. En 1702-03, il était « violoniste basse » (violoncelliste) et hautboïste à l'orchestre de Drury Lane et le voyageur allemand Conrad von Uffenbach a écrit à propos d'un concert auquel il avait assisté : « Le plus remarquable de tout était un charmant concerto joué avec Pepusch par une flûte à bec et une viole de gambe. La personne qui joue de la flûte à bec est un Français du nom de Paisible dont on ne saurait trouver l'égal. » Paisible est enterré dans le cimetière de St Martin in the Fields.

Wendy Thompson.

Paisiello, Giovanni (Roccaforzata, près de Tarente, 9 mai 1740 ; Naples, 5 juin 1816). Compositeur d'opéras italien. Fils d'un chirurgien vétérinaire, il fait ses études dans une école jésuite de Tarente, puis, à partir de 1754, au Conservatorio di S. Onofrio à Naples, où il est l'élève de Durante. Peu de temps après avoir quitté le conservatoire, il commence à composer des opéras, tout d'abord pour des théâtres d'Italie du Nord, mais également pour Naples. Son opéra-comique *L'Idolo cinese* (1767) remporte un grand succès et Burney, lors d'un séjour à Naples en 1770, est enthousiasmé par *Le Trame per amore*, dont il attribue le succès aux mélodies faciles à mémoriser et à la musique d'orchestre animée. En 1776, Paisiello accepte une offre de la cour de Russie particulièrement attrayante sur le plan financier et devient maître de chapelle de la Grande Catherine ; il reste à Saint-Pétersbourg jusqu'en 1784, où il compose de nombreux opéras, plutôt plus concis que les précédents – Catherine insistant pour que les opéras soient courts – avec des personnages clairs et truculents pour maintenir en éveil l'intérêt d'un public qui ne parlait pas l'italien. De retour de Russie, Paisiello fait représenter à Vienne *Il Re Teodoro in Venezia* (« Le Roi Théodore à Venise », 1784) ; cet ouvrage, comme *Il Barbiere di Siviglia* (« Le Barbier de Séville », 1782) qui était déjà connu à Vienne, influencera le style de Mozart dans *Les Noces de Figaro* et *Don Giovanni*.

De retour à Naples, Paisiello est nommé compositeur d'opéra auprès de Ferdinand IV, avec l'obligation de composer au moins un *opera seria* par an pour le Teatro San Carlo. Il aurait sans doute mené une vie paisible et bien occupée sans les guerres napoléoniennes, mais lorsque les Français prennent Naples en 1799, il leur apporte son soutien – geste malheureux puisque les Bourbons reviennent au pouvoir la même année. En 1801, il est finalement pardonné et réintégré dans ses fonctions antérieures, mais préfère partir pour Paris, sur l'invitation de Napoléon, où il reste jusqu'en 1804. En 1806, les Français chassent à nouveau les Bourbons de Naples et Paisiello devient compositeur de la cour de Joseph Bonaparte, puis de Joachim Murat ; il est également l'un des directeurs du nouveau Conservatoire d'État. En 1815, la défaite française le fait à nouveau tomber en disgrâce et il ne parvient à conserver qu'un seul de ses postes.

Paisiello est maintenant éclipsé par Mozart et, malgré les similitudes de style qui rendent la comparaison inévitable, ses opéras ne manquent pas d'intérêt. Il fait partie de la génération de compositeurs d'opéra qui ont fait de l'opéra bouffe un divertissement plus sérieux en ajoutant des rôles sentimentaux aux rôles « bouffes » (on en trouve un excellent exemple dans *Le Barbier de Séville*). Les mélodies de ses arias sont souvent simples et son traitement orchestral, grâce auquel il maintient la continuité dans les ensembles, donne un effet dramatique plus important à ses opéras-comiques. Sa musique religieuse comprend une messe de Noël, la *Messa in pastorale* (1807), et quelques grandes œuvres de cérémonie écrites pour ses différents protecteurs français.

Denis Arnold.

Palcoscenico (ital.). « Scène » ; *banda palcoscenico*, « orchestre de scène », procédé employé dans de nombreux opéras de Verdi (comme *Giovanna d'Arco, La Traviata*) et de ses contemporains.

Palestrina. Opéra (« légende musicale ») en trois actes de Pfitzner sur son propre livret, d'après la légende selon laquelle Palestrina aurait composé sa *Missa papae Marcelli* pour convaincre le concile de Trente de ne pas interdire la musique religieuse polyphonique, qui rendait les paroles inintelligibles. Créé à Munich le 12 juin 1917. Première française à l'Opéra de Paris le 30 mars 1942.

BIBLIOGRAPHIE : Michel Brenet, *Palestrina*, Félix Alcan (Paris, 1914). Félix Raugel, *Palestrina*, H. Laurens (Paris, 1930).

Palestrina, alla (ital.). Dans le style de Palestrina. Au XVIIe siècle, ce style a été nommé *stile antico* ou *stile osservato*. Repris par le *mouvement cécilien au XIXe siècle.

Palestrina, Giovanni Pierluigi da (probablement Palestrina, vers 1525 ; Rome, 2 février 1594). Compositeur italien qui doit sa renommé à sa musique religieuse.

1. *Vie et œuvres.* De famille aisée, il est l'aîné de quatre enfants et entre assez jeune à la maîtrise de Sainte-Marie-Majeure où il reste après la mue (il serait alors devenu ténor). En 1544, il est organiste et professeur de chant à la cathédrale de Palestrina, petite ville située à une quarantaine de kilomètres de Rome. En 1547, il épouse Lucrezia Gori, qui lui donnera deux fils. Quatre ans plus tard, l'évêque de Palestrina, le cardinal Giovanni Maria del Monte, est élu pape (Jules III) et place Palestrina à la tête de la Cappella Giulia.

Palestrina compose en l'honneur de son protecteur la messe *Ecce sacerdos magnus*, qui est publiée en 1554 avec une dédicace à Jules III ; l'année suivante, il est recompensé en se voyant attribuer une place à la chapelle Sixtine, malgré l'opposition de ses membres qui exigent la prérogative de nommer leurs propres collègues. Cette messe (et d'autres œuvres publiées dans le même volume de messes) révèle sa maîtrise du style polyphonique néerlandais. Il publie bientôt d'autres recueils de musique, dont un volume de madrigaux sur des vers de Pétrarque, très bien écrits, mais peu intéressants. Malgré leur manque de sensualité, il regrettera à la fin de sa vie d'avoir écrit de la musique sur des textes profanes.

Palestrina se forge ainsi une solide réputation, mais les quelques mois qui suivent sont néanmoins difficiles. Le pape Jules III meurt en 1555 ; son successeur, le pape Marcel II, meurt trois semaines plus tard et le pape Paul IV, scandalisé de trouver des hommes mariés dans son chœur, renvoie Palestrina en lui accordant une pension. Le mois suivant, Palestrina est nommé maître de chapelle à Saint-Jean-de-Latran où il trouve la musique dans un bien piètre état, bien que Lassus en ait eu la charge jusqu'à l'année précédente. Il fonde un chœur, mais démissionne en 1560 après une querelle avec les autorités ecclésiastiques à propos de l'allocation qui lui était attribuée pour les enfants de chœur. Il reste sans emploi pendant quelques mois mais, en mars 1561, retourne comme maître de chapelle à Sainte-Marie-Majeure, où il avait été enfant de chœur.

Au cours de cette période, la renommée de Palestrina ne cesse de se développer et son style évolue (selon les exigences du concile de Trente) vers une écriture plus simple qui permette de distinguer clairement les paroles. L'histoire selon laquelle la *Missa papae Marcelli* aurait empêché l'abolition de la musique religieuse composée et un retour au plain-chant n'est qu'une légende ; cette messe a sans doute été écrite à la demande du pape Mar cel II qui voulait pour la semaine sainte une musique pleine de réserve dans laquelle le texte soit bien compris. De même, la *Missa brevis* illustre cet aspect du style de Palestrina, avec une structure homophonique, une grande clarté des paroles et une variété continue de la sonorité du chœur.

Palestrina reste environ six ans à Sainte-Marie-Majeure, puis accepte de diriger la musique du cardinal Hippolyte d'Este à la Villa d'Este, à Tivoli. Ce poste est bien payé et exige sans doute un travail moins routinier ; il offre aussi l'avantage de passer les étés à Tivoli, où la fraîcheur est agréable. C'est peut-être là que Palestrina se trouve confronté à des idées plus modernes émanant des dirigeants de la famille d'Este à Ferrare, dans le nord de l'Italie ; au cours des vingt années suivantes, ses motets révèlent une meilleure connaissance de la vigueur rythmique et de l'illustration de texte des compositeurs de madrigaux ainsi que du style grandiose de la musique polychorale vénitienne. Il refuse un poste à la cour impériale de Vienne et un autre à la nouvelle chapelle Santa Barbara des Gonzague, à Mantoue (mais il compose néanmoins une série de messes pour cette chapelle). En 1571, à la mort d'Animuccia, Palestrina retourne à la Cappella Giulia pour lui succéder comme chef de chœur ; il y restera jusqu'à la fin de sa vie.

En 1567 et 1570, il publie à Rome son deuxième et son troisième livre de messes ; mais, au cours des dix années suivantes, il perd deux fils, deux frères et, en 1580, sa femme ; il publie moins et les deux livres de motets de 1572 et 1575 ont peut-être été composés plus tôt. Juste après la mort de sa femme, il reçoit les ordres mineurs pour devenir prêtre et se voit accorder un bénéfice. Néanmoins, il se remarie soudainement en février 1581. Sa seconde femme est une riche veuve qui a hérité les commerces de peaux et de fourrure de son mari et Palestrina se consacre à l'entreprise familiale, qu'il dirige avec une aptitude remarquable. Son changement de vie se reflète à la fois dans le nombre et dans la nature de ses œuvres. La plus remarquable est le *Cantique des Cantiques* (1584), où il pratique une écriture imagée et moins stricte qui ressemble à celle de la poésie amoureuse de l'époque. Certaines messes de cette époque sont écrites à la manière splendide de la Contre-Réforme, notamment *Assumpta est Maria*, d'après son propre motet, où il obtient un riche effet d'un chœur à six parties dont les voix évoluent en permanence dans les registres supérieurs. Il publie également quelques *madrigale spirituale* en 1581 et quelques madrigaux profanes en 1586.

Vers la fin de sa vie, un assistant exécute la majeure partie du travail de routine à la Cappella Giulia, mais Palestrina continue à écrire pour les grandes fêtes de Saint-Pierre et à y participer. En 1592, le nouveau pape, Clément VIII, augmente la pension allouée à Palestrina lors de son renvoi des chœurs pontificaux et il reçoit également un genre de *Festschrift* de musiciens sous la forme d'un livre de psaumes des vêpres qui lui est dédié et auquel ont contribué plusieurs grands compositeurs italiens (notamment Asola, Croce et Gastoldi). Il meurt riche et comblé d'honneurs et est enterré à Saint-Pierre (mais, depuis lors, la chapelle a été démolie et on ignore exactement où reposent ses cendres).

2. *Influence et réputation*. Palestrina a été l'un des compositeurs les plus influents de son époque. Il a enseigné pendant quelque temps dans l'un des principaux séminaires, le Seminario Romano, et au nombre de ses élèves figuraient les frères Anerio, Soriano et peut-être même Victoria. En 1577, Palestrina et l'un de ses collègues ont reçu du pape Grégoire XIII l'ordre de réviser le plain-chant du graduel et de l'antiphonaire romain (voir *Plain-chant*, 4). Sa musique est donc imprégnée du style mélodique traditionnel de l'Église catholique, ce qui l'a sans aucun doute fait apprécier du clergé. Les autres compositeurs ont été amenés à suivre sa voie et l'école romaine a continué à pratiquer son style pendant très longtemps, bien après l'apparition de nouveaux procédés d'écriture qui auraient dû le faire passer de mode.

Au cours des siècles, la musique de Palestrina a toujours été considérée comme plus « religieuse » que toute autre musique écrite dans un langage plus moderne, sans doute parce que les langages profanes – surtout lyriques – dominaient la musique (y compris la musique d'église) depuis 1600. Ainsi un compositeur napolitain comme Francesco Durante pouvait écrire une messe « alla Palestrina » au XVIIIe siècle sans ressentir le besoin d'employer un langage contemporain ; à la même époque, un grand théoricien autrichien, Fux, tentait de codifier le style de Palestrina dans son *Gradus ad Parnassum* ; en outre, au XIXe siècle, le mouvement cécilien allemand donnait à ses œuvres un visage romantique et les présentait comme le *nec plus ultra* de la musique religieuse.

Au XXe siècle, le style de Palestrina a fait l'objet d'un examen plus attentif que celui de tout autre compositeur (à l'exception peut-être de Bach) et l'on attend toujours de ceux qui font des études musicales qu'ils soient capables de faire des imitations de ce « style » sans d'ailleurs comprendre la véritable signification de ce mot ; car il n'existe pas de règle établie pour définir le style de Palestrina, mais plutôt une série de styles, comme pour tous les grands compositeurs. En fait, Palestrina devient impossible à codifier lorsqu'il est au sommet de ses possibilités, c'est-à-dire dans les grandes œuvres de la fin de sa vie où son habileté contrapuntique joue un rôle moins important que son sens des sonorités fastueuses.

Denis Arnold.

Palmgren, Selim (Pori, 16 février 1878 ; Helsinki, 13 décembre 1951). Compositeur finlandais. Il fait ses études à Helsinki (1895-99) avec Martin Wegelius, puis en Allemagne et en Italie, notamment avec Busoni. Pendant l'entre-deux-guerres, il s'impose comme une personnalité importante de la vie musicale finlandaise et comme un pianiste accompli. Au début des années vingt, il fait des tournées aux États-Unis et est, pendant quelque temps, professeur de composition à l'Eastman School of Music de

Rochester, récemment fondée. Il a beaucoup écrit pour le piano et sa production comprend cinq concertos ainsi que de nombreuses petites pièces, notamment *Night in May*, qui ont remporté beaucoup de succès dans les années quarante. Toutefois, parmi ses meilleures œuvres il faut retenir ses chansons à plusieurs voix qui sont très éloquentes. Il écrivait dans un style néoromantique.

Robert Layton.

Palotás. Danse de société hongroise (à deux ou à quatre temps) dérivée du **verbunkos*.

Pammelia (du grec, « tout miel »). Premier recueil de rondes vocales, de *catches* et de canons publié en Angleterre. Il contient une centaine de pièces anonymes, de trois à dix voix, et a été publié en 1609 par Thomas Ravenscroft. Une deuxième partie, *Deuteromelia*, a également été publiée en 1609.

Pan. Voir *Flûte de Pan*.

Pandiatonisme. Terme forgé par Nicolas Slonimsky dans son livre *Music since 1900* (1938) qu'il définit ainsi : « Le pandiatonisme est la technique de l'utilisation libre des sept degrés de la gamme diatonique, mélodiquement, harmoniquement ou contrapuntiquement. On peut y effectuer de grands sauts d'intervalles, les voix constituantes jouissent d'une totale indépendance et le sens de la tonalité est très fort en raison de l'absence de chromatisme. Visuellement, une page de musique pandiatonique semble remarquablement propre. La tonalité d'ut majeur est souvent choisie par les compositeurs qui écrivent dans ce style. Les premières pages du *Concerto pour piano nº 3* de Prokofiev, la *Valse diatonique* de Casella, *Pulcinella* de Stravinski et certaines pages de Malipiero sont des exemples caractéristiques de l'écriture pandiatonique. Les sixièmes et neuvièmes ajoutées, largement employées dans la musique populaire américaine, sont des procédés pandiatoniques. »

Pange lingua. Titre de deux hymnes latins. 1. L'hymne de la passion, *Pange lingua gloriosi proelium certaminis*, de Venantius Fortunatus (mort en 610). 2. L'hymne de la Fête-Dieu, *Pange lingua gloriosi corporis mysterium*, de saint Thomas d'Aquin (mort en 1274).

Panis angelicus. Pièce sacrée pour ténor, violoncelle, harpe et orgue de César Franck (1871).

Pantonalité. Synonyme d'*atonalité. Schoenberg a préféré ce terme car il indique davantage la combinaison de toutes les tonalités que l'absence de tonalité, mais il est rarement employé.

Pantoum [*pantum*]. Forme poétique d'origine malaise adoptée en France au XIXᵉ siècle par Victor Hugo et quelques autres écrivains. Ravel a donné ce nom au deuxième mouvement de son trio avec piano, imitant peut-être Debussy dont la mélodie « Harmonie du soir », sur un texte de Baudelaire, est un pantoum.

Panufnik, Andrzej (Varsovie, 24 septembre 1914). Compositeur polonais, naturalisé britannique. Il étudie la composition avec Kazimierz Sikorski au Conservatoire de Varsovie (1932-36) et travaille pendant la guerre comme pianiste de café avec Witold Lutosławski. En 1954, il s'installe en Angleterre, où il mène une carrière de chef d'orchestre (notamment à la tête de l'Orchestre symphonique de Birmingham, 1957-59) et de compositeur. Ses œuvres sont remplies de schémas tonaux basés sur des cellules de deux, trois ou quatre notes ; elle comportent huit symphonies et quelques autres pièces.

Paul Griffiths.

Paon, Le. Variations symphoniques de Kodály, composées en 1938-39, sur le chant populaire hongrois *Felszállott a páva* (« Le Paon »).

Papillon. 1. Pièce pour violoncelle et piano op.77 de Fauré (1884). 2. Pièce lyrique pour piano op.43 nº 1 de Grieg (1886).

Papillons. Œuvre pour piano op.2 de Schumann, composée entre 1829 et 1831 et qui réunit douze courtes danses inspirées par la scène du bal masqué à la fin de *Flegeljahre* de Jean-Paul Richter.

Parade. Ballet réaliste en un acte de Satie sur un livret de Cocteau. Créé à Paris en 1917 par les Ballets russes de Diaghilev dans une chorégraphie de Massine et un décor de Picasso.

Paradis et la Péri, Le (*Das Paradies und die Peri*). Cantate pour solistes, chœur et orchestre op.50 de Schumann sur un texte adapté du poème de Thomas Moore *Lalla Rookh* (1817). Composée en 1843. Dans la mythologie perse, la Péri est un esprit bienfaisant qui cherche à se faire admettre à nouveau au paradis.

Paradis perdu, Le (*Paradise Lost*). Opéra en deux actes de Penderecki sur un livret de Christopher Fry d'après le poème de Milton (publié en 1667). Créé à Chicago en 1978.

Paramètre. Toute variable dans la composition, comme la hauteur du son, la durée d'une note, l'instrumentation, l'intensité sonore... Ce terme, emprunté à la physique, s'est généralisé au début des années cinquante lorsque Boulez, Stockhausen et d'autres compositeurs ont soumis chaque paramètre au contrôle sériel.

Paraphrase. 1. Aux XVe et XVIe siècles, technique contrapuntique impliquant la citation d'une ou de plusieurs voix d'une mélodie de plain-chant. Voir *Cantus firmus*.

2. Au XIXe siècle, ce terme a été appliqué à des œuvres dont le matériel thématique repose sur des mélodies ou des pièces existantes ; les paraphrases étaient souvent les chevaux de bataille des grands virtuoses. Liszt s'est imposé comme le maître suprême dans ce type de recomposition ; il a écrit beaucoup de paraphrases pour piano d'après des opéras italiens, comme *Rigoletto*, et même d'après des opéras de Wagner.

Paride ed Elena (« Pâris et Hélène »). Opéra en cinq actes de Gluck sur un livret de Calzabigi. Créé à Vienne en 1770.

Paris. Surnom de la *Symphonie n° 31 en ré majeur K 297* de Mozart, composée en 1778. Elle a été écrite à Paris et créée au Concert spirituel.

Parker, Charlie [« Yardbird » ; « Bird »] (Kansas City, 29 août 1920 ; New York, 12 mars 1955). Saxophoniste alto noir, l'un des protagonistes du mouvement « moderne » ou « bebop » qui a changé la face du jazz dans les années quarante. A ses débuts, son jeu a été influencé par le saxophoniste alto Buster Smith, dans l'orchestre duquel il jouait en 1938. Il entre en 1940 dans l'orchestre de Jay McShann, où il est profondément marqué par le jeu calme du saxophoniste ténor Lester Young ; les enregistrements réalisés à cette époque ont eu une forte influence sur les orientations futures du jazz. En arrivant à New York, il joue avec des musiciens qui suivaient la même évolution dans des clubs comme Minton's Playhouse et Monroes, notamment avec le trompettiste Dizzy Gillespie, le pianiste Thelonious Monk, le guitariste Charlie Christian et le batteur Kenny Clarke. Tous s'écartent des harmonies standards du jazz traditionnel : ils font appel à des intervalles très larges, introduisent des changements harmoniques compliqués, apportent une vie nouvelle aux mélodies anciennes et cultivent des sons qui auraient paru outrageux aux musiciens des générations précédentes mais qui enthousiasment les jeunes qui cherchent à sortir des modèles du Dixieland. Ils se détachent aussi de la battue régulière. Parker a composé beaucoup de nouveaux thèmes de jazz qui s'adaptent à ce nouveau style, notamment *Confirmation*, *Yardbird Suite* et *Anthropology*. Il possédait un son distinctif, dépourvu de *vibrato*, et a fait preuve d'un sens créatif sans limite dans des solos, qui ont fait beaucoup d'adeptes. Il a travaillé avec Noble Sissle, Earl Hines, Cootie Williams, Andy Kirk et Carroll Dickerson entre 1942 et 1944 et, en 1944, a fait des tournées et des enregistrements avec son propre groupe. Les enregistrements Savoye qu'il a réalisés avec Gillespie et Miles Davis en 1945 constituent les premières gravures du véritables son « bebop ». En 1945, il s'est installé en Californie avec Gillespie où il a contribué à faire de Los Angeles un centre de jazz moderne : il y a enregistré un grand nombre de ses classiques pour la marque Dial. A partir de 1946, il a commencé à s'adonner à la drogue et a dû être hospitalisé pendant plusieurs mois. Il est retourné à New York pour travailler avec l'Orchestre philharmonique puis a effectué des tournées à Paris en 1949 et en Scandinavie en 1950. Par la suite, les problèmes de santé et de drogue n'ont cessé de s'accentuer et son travail est passé brutalement de la réussite au chaos.

Malgré son modernisme apparent, il a conservé un goût profond pour le *blues* qui a donné à son jeu une force durable et une grande profondeur. Il est mort à trente-quatre ans, alors qu'il était déjà devenu une figure légendaire du jazz.

Peter Gammond.

Parlando, parlante (ital.). « Parlant ». 1. Style de chant dans lequel la voix doit s'approcher autant que possible de la couleur vocale de la parole, notamment dans les passages rapides où chaque syllabe correspond à une note différente.
2. Dans la musique instrumentale, jeu expressif, « éloquent ».

Parma, Nicola (Mantoue ; célèbre à la fin du XVe siècle et au début du XVIe siècle). Compositeur d'Italie du Nord. Il a travaillé dans des églises à Pavie, Lodi et Novare et a peut-être passé quelques années à Santa Barbara, à Mantoue, après 1613. Il a écrit de la musique religieuse et quelques madrigaux.

Denis Arnold.

Parodie. Voir *Messe parodie.*

Paroles tissées. Œuvre pour ténor et orchestre de chambre de Lutosławski sur un texte de Jean-François Chabrun. Composée en 1965.

Par les prés et les bois de Bohême. Quatrième poème symphonique du cycle *Ma Patrie* (*Má vlást*) de Smetana. Il a été composé en 1875 et est souvent joué seul. Voir également *Ma Patrie.*

Parry, (Sir) (Charles) **Hubert** (Hastings) (Bournemouth, 27 février 1848 ; Rustington, Sussex, 7 octobre 1918). Compositeur, pédagogue et écrivain anglais. L'une des principales personnalités qui ont contribué à la renaissance de la vie musicale anglaise au cours du dernier quart du XIXe siècle. De famille aisée, il obtient le grade de « Bachelor of Music » pendant qu'il est encore à Eton. A Oxford, il étudie la composition avec H. H. Pierson et travaille à la Lloyd avant de pouvoir prendre d'autres leçons avec Edward Dannreuther. Il publie des mélodies, de la musique pour piano et de la musique de chambre entre 1870 et 1880 et, en 1880, son *Concerto pour piano* est joué à Crystal Palace et ses *Scenes from Prometheus Unbound* au Festival de Gloucester. Le succès qu'il remporte lui vaut plusieurs autres commandes d'œuvres chorales importantes, les oratorios *Judith* (1888), *Job* (1892), *King Saul* (1894) et d'autres œuvres chorales comme l'*Ode on St Cecilia's Day* (1889), *L'Allegro ed il penseroso* (1890), *The Pied Piper of Hamelin* (1905), *The Soul's Ransom* (1906), *A Vision of Life* (1907) et *Ode on the Nativity* (1912). Il est également l'auteur de cinq symphonies, des *Symphonic Variations* (1897) et d'œuvres pour cordes.

Parry a apporté sa contribution à la première édition du *Dictionary of Music and Musicians* de Groves et a aidé Groves à le préparer. Il était entré dans le corps enseignant du Royal College of Music de Londres en 1883 avant d'en prendre la direction en 1894. De 1900 à 1908, il est professeur de musique à l'Université d'Oxford. Il est l'auteur de *Studies of the Great Composers* (1886), *The Art of Music* (1893, révisé et complété en 1896), *Johann Sebastian Bach* (1909) et *Style in Musical Art* (1911). Il a eu pour élève Vaughan Williams. Il a été anobli en 1898 et fait baronet en 1903.

Le temps n'a pas joué en faveur des œuvres chorales de Parry, à l'exception de la petite ode de Milton, *Blest Pair of Sirens* (1887) et de son superbe *anthem* du couronnement *I was Glad* (1902) ; Boult a enregistré deux fois les *Variations* pour orchestre. L'*Ode on the Nativity*, sur un texte qui n'est pas de Milton mais de William Dunbar, mériterait d'être reprise. Sa production la plus durable semble être ses *English Lyrics*, soixante-quatorze mélodies composées entre 1885 et 1918. Ses motets sont aussi de toute beauté et, avec son arrangement à l'unisson (1916) de *Jerusalem* de Blake, il a ajouté à la vie britannique un chant national aussi indispensable que *Land of Hope and Glory* d'Elgar.

Michael Kennedy.

Parry, John (Denbigh, pays de Galles, 18 février 1776 ; Londres, 8 avril 1851). Chanteur, instrumentiste, compositeur et chef d'orchestre gallois. En 1807, il s'installe à Londres comme professeur de flageolet. Entre 1809 et 1829, il écrit et arrange de la musique pour les divertissements de Vauxhall Gardens, notamment *High Nation, or A Trip to Exmouth* (1819) et *My Uncle Gabriel* (1824). Il compose aussi beaucoup de mélodies, recueille et arrange des airs traditionnels gallois et assure la critique musicale du *Morning Post* (1834-48).

Son fils, **John Orlando Parry** (Londres, 3 janvier 1810; East Molesey, 20 février 1879), harpiste et pianiste éminent, s'est fait également apprécier par ses dons de comédien. Il donne des divertissements comme son « Buffo Trio Italiano », dans lequel il imite les chanteurs célèbres en s'accompagnant au piano. Il est l'auteur de nombreuses mélodies sur des paroles d'Albert Smith, qu'il chante lui-même. Plus tard, son état de santé l'oblige à quitter la scène et il devient professeur de musique et organiste de l'église St Jude, à Southsea.

Wendy Thompson.

Parsifal. *Bühnenweihfestspiel* (représentation dramatique et sacrée) en trois actes de Wagner sur un livret du compositeur, inspirée dans une très large mesure du poème de Wolfram von Eschenbach *Parzival* (début du XIIIe siècle). Représentations : Bayreuth (26 juillet 1882) ; Paris (version de concert, Nouveau-Théâtre, 7 avril 1903, direction Alfred Cortot) ; New York (Metropolitan, 24 décembre 1903, en violation des droits d'auteur détenus par la famille Wagner pour Bayreuth jusqu'au 31 décembre 1913) ; Londres (Covent Garden, 2 février 1914) ; Paris (Opéra, en français, 4 janvier 1914). L'exclusivité des droits d'auteur de Bayreuth a également été violée à l'occasion de représentations en anglais données à Zurich en 1903, à Boston et dans d'autres villes américaines en 1904-05, à Amsterdam en 1905, et à Buenos Aires et Rio de Janeiro en 1913.

Dans une forêt proche d'un lac, au Montsalvat, dans le royaume du Graal, Gurnemanz (basse) et ses deux écuyers se réveillent et font leur prière du matin. Ils sont interrompus par l'arrivée de Kundry (sop.), qui apporte un baume pour Amfortas (bar.) que l'on amène sur une civière pour laver ses blessures. Gurnemanz raconte à ses écuyers comment Amfortas, fils de Titurel, qui est entré dans le jardin enchanté du magicien Klingsor armé de la lance sacrée, a été séduit par Kundry et blessé par Klingsor qui s'était emparé de la lance. La blessure ne guérira qu'au contact de cette lance que détient désormais Klingsor et la seule personne qui pourra la récupérer sera un « innocent rendu sage par la pitié ». On entend alors des cris : un jeune inconnu (Parsifal, tén.) est accusé d'avoit tué un cygne. Ses réponses aux questions de Gurnemanz indiquent à l'évidence qu'il s'agit de l'innocent recherché ; on le ramène au château pour assister à la cérémonie du Graal célébrée par Amfortas. Mais Parsifal ne comprend rien à cette cérémonie et Gurnemanz, furieux, le chasse de la salle.

Klingsor (bar.) convoque Kundry et lui ordonne de séduire Parsifal, en qui ils ont tous deux reconnu le seul rédempteur possible d'Amfortas. Dans le jardin enchanté de Klingsor, les Filles-Fleurs soumettent Parsifal à l'épreuve de la tentation, mais il reste indifférent. Kundry l'appelle par son nom et lui rappelle des souvenirs de son enfance et de sa mère. Lorsqu'elle l'embrasse sur les lèvres, il comprend subitement tout : « Amfortas ! la blessure ! » s'écrie-t-il. Prenant conscience de la nature de la tentation d'Amfortas, il devient « sage à travers la pitié » et Kundry, de tentatrice devient suppliante, car elle a reconnu en Parsifal sa seule chance de salut. Klingsor le vise avec la lance sacrée, mais elle reste suspendue en l'air au-dessus de la tête de Parsifal. Il s'en empare et, lorsqu'il fait le signe de la croix, le domaine de Klingsor tombe en ruine.

Plusieurs années ont passé : Gurnemanz est un vieillard devenu ermite et Kundry, repentie, vient puiser de l'eau pour lui. Un chevalier en armure noire s'approche ; c'est Parsifal. Kundry le reconnaît, mais pas Gurnemanz, qui lui reproche d'entrer armé en terre sacrée le Vendredi saint. Le chevalier s'agenouille et prie. Gurnemanz reconnaît d'abord la lance sacrée puis Parsifal. Kundry baigne les pieds du chevalier et les sèche avec ses cheveux, puis Gurnemanz le sacre roi du Saint-Graal. La première tâche de Parsifal consiste à baptiser Kundry, puis ils s'acheminent tous trois vers la salle du Graal où se préparent les funérailles de Titurel. Les chevaliers prient Amfortas de dévoiler le Graal, mais il n'y parvient pas. Il arrache sa tunique, montre sa blessure et demande aux chevaliers de le tuer. Parsifal entre dans la salle, touche la blessure avec la lance et la guérit. Alors que les chevaliers rendent hommage à leur nouveau roi, Parsifal dévoile le Graal ; une colombe blanche s'arrête au-dessus de sa tête et Kundry s'effondre sans vie.

BIBLIOGRAPHIE : Jacques Chailley, *Parsifal de Richard Wagner, opéra initiatique*, Buchet-Chastel (Paris, 1979). *Parsifal*, L'Avant-Scène-Opéra n°s 38-39 (Paris, 1982).

Parsley, Osbert (1511 ; Norwich, 1585). Compositeur anglais de motets, de services et de musique pour *consort*. Pendant cinquante ans, il a été chantre à la cathédrale de Norwich, où une plaque commémorative a été apposée dans la nef latérale nord. Il a composé une belle musique sur des vers tirés des *Lamentations* de Jérémie ainsi qu'une pièce à cinq parties pour *consort* de violes, *Perslis clocke*, qui repose sur les notes de l'hexacorde.

John Milsom.

Parsons, Robert (Exeter, vers 1530 ; Newark upon Trent, 25 janvier 1570). Compositeur anglais nommé Gentleman de la chapelle royale le 17 octobre 1563 et mort noyé dans la Trent. Ses œuvres comprennent un service, des *anthems* et des motets ainsi que quelques pièces pour *consort* de violes.

Wendy Thompson.

Partch, Harry (Oakland, Californie, 24 juin 1901 ; San Diego, Californie, 3 septembre 1974). Compositeur, théoricien, facteur d'instruments et instrumentiste américain. Autodidacte de la musique et influencé par des cultures très variées, Partch se forge, dès 1930, une philosophie personnelle de la musique « corporelle » (personnelle, verbale, non abstraite, impliquant toutes les disciplines artistiques) et un système théorique, la « monophonie », basé sur une gamme de quarante-trois notes avec des intervalles dérivés du tempérament juste plutôt qu'égal. Toutes ses compositions et les nombreux instruments qu'il a adaptés ou inventés se conforment à ce système, décrit dans *Genesis of a Music* (Madison, 1949, réimpression 1974). En dehors de six ans de vagabondage, Partch a surtout travaillé dans sa Californie natale et dans le Midwest. Il n'a jamais enseigné, vivant de dons et de contributions, du revenu des concerts et des enregistrements de son Gate 5 Ensemble et de divers travaux. Travaillant seul, Partch s'est forgé un monde de création unique. Son indépendance à l'égard des systèmes musicaux et institutionnels le place à l'écart de la plupart des compositeurs du XXe siècle.

Nym Cooke.

Parte, parti (ital.). « Partie », « parties » ; *colla parte*, « avec la partie », expression indiquant aux parties d'accompagnement de suivre rigoureusement les fluctuations de mouvement de la ligne solo ; *a tre parti*, « à trois parties » : à trois lignes vocales ou instrumentales.

Parthenia (grec, « danses des vierges »). Danses chorales de jeunes filles dans la Grèce antique. Ce nom a été donné à un recueil imprimé de vingt et une pièces pour clavier de Byrd, Bull et Gibbons qui a été présenté à la princesse Élisabeth et au prince Frederick à l'occasion de leur mariage (1613) sous l'appellation « Parthenia, or the Maydenhead of the First Musicke that ever was printed for the Virginalls » (les recueils antérieurs étaient toujours manuscrits). Ce recueil a été suivi d'un autre, vers 1614, « Parthenia In-Violata », qui comporte une partie de basse de viole. « Parthenia » est la première musique anglaise gravée sur plaques de cuivre.

Partie [dans la musique vocale, voix] (all. : *Part, Stimme* ; angl. : *part, voice-part, voice* ; ital. : *parte, voce*). 1. Dans la musique vocale polyphonique, le mot « partie » est le terme utilisé pour désigner chaque ligne individuelle. Dans la polyphonie ancienne, le nom des parties vocales ne correspondait pas nécessairement à une tessiture précise comme de nos jours : leur nom dépendait de leur fonction et de leur place dans la composition. Le tableau ci-dessous reproduit les termes les plus courants pour les parties vocales dans la musique vocale ancienne (à partir de la voix la plus grave).

De nos jours, la répartition courante des parties dans la musique chorale va du plus aigu au plus grave : soprano, alto, ténor, basse (généralement abrégé SATB).

2. Dans le domaine de la musique instrumentale, le terme « partie » (en tant que partie du *matériel d'orchestre) désigne la musique imprimée destinée à un instrument particulier (comme le hautbois, le violon, etc.) par opposition à la partition du chef d'orchestre, qui contient toutes les parties.

IXe AU XIIe SIÈCLE (*organum*)	Vox principalis/Cantus Vox organalis/Organum
XIIe SIÈCLE (*organum, conductus, clausula, etc.*)	Vox principalis/Cantus Duplum/Discantus Triplum Quadruplum
XIIIe SIÈCLE (musique sacrée, y compris le motet)	Ténor Motetus/Duplum Triplum Quadruplum
XIVe SIÈCLE (musique profane)	Ténor Contratenor Cantus/Discantus
XIVe AU MILIEU DU XVe SIÈCLE (toutes formes polyphoniques)	Ténor Contratenor Superius/Cantus
XVe SIÈCLE (en Angleterre)	Ténor Meane Treble Quatreble
MILIEU DU XVe SIÈCLE A 1600 ENVIRON	Contratenor bassus/Bassus Ténor Contratenor altus/Altus Superius/Cantus

3. Le terme partie peut aussi s'appliquer à une portion d'une œuvre (on peut dire, par exemple, que la forme binaire est en deux parties, la forme ternaire en trois) ; on emploie aussi le mot section.

Partiels. Composantes des notes de la série harmonique, la note principale (fondamentale) étant le premier partiel et les autres notes les partiels supérieurs.

Parties de remplissage. En France, à la fin de l'ère baroque, les compositeurs avaient coutume de n'écrire que les parties supérieures et inférieures des morceaux conçus pour une structure à cinq parties, laissant à des assistants ou au chef d'orchestre qui dirigeait l'exécution le soin de compléter les parties médianes. De nos jours, les interprètes négligent parfois de le faire malgré le caractère indispensable de ces compléments, dans les œuvres de Lully et Delalande, par exemple. Certains éditeurs ont ajouté de telles parties à des partitions d'opéras italiens du XVIIe siècle.

Denis Arnold.

Parties séparées (all. : *Stimmbücher* ; angl. : *part-books*). Recueils manuscrits ou imprimés contenant la musique d'une partie individuelle d'une œuvre, vocale ou instrumentale (voir *Partie*, 1 et 2). L'un des plus anciens exemples de parties séparées que l'on connaisse est l'ensemble de trois parties qui constitue le *Glogauer Liederbuch* (vers 1480).

Partimento (ital.). Terme des XVIIe et XVIIIe siècles qui s'applique à l'improvisation de mélodies sur une basse écrite.

Partita [*parte, Partia, Parthia*, etc.] (ital.). 1. A la fin du XVIe siècle et au XVIIe siècle, le terme s'applique à chacune des pièces d'un ensemble de *variations (particulièrement pour clavier). Les compositeurs italiens, et plus tard d'autres compositeurs, basaient leurs variations (« parti » ou « partite ») sur les basses d'airs connus comme la *Folia* ou la *Romanesca* (on trouve ce terme employé pour la première fois dans la *Romanesca ... con cento parti* de Vincenzo Galilei dans un manuscrit pour luth daté de 1584). C'est peut-être à partir de là que le mot « partita » a été employé occasionnellement pour désigner toute sorte de pièce, de variation ou autre faisant partie d'un grand recueil (comme *Diverse curiose e rare partite musicali* de Froberger, 1696).

2. A la fin du XVIIe siècle en Allemagne, titre donné à une *suite, qui se présente généralement sous la forme « Partia » ou « Parthia ». Au XVIIIe siècle, le terme pouvait s'appliquer à toute sorte d'œuvre instrumentale en plusieurs mouvements du type de la suite ou de la sonate (comme les partitas de Bach pour violon seul ou pour clavier seul) qui pouvait comprendre aussi bien des mouvements intitulés « Largo », « Allegro », etc. que les traditionnels mouvements de danse (allemande, courante, etc.) constitutifs de la suite.

Partition. Exemplaire imprimé ou manuscrit d'une œuvre musicale réunissant la totalité des parties des exécutants sur des portées séparées ; à distinguer d'une « *partie » qui reproduit la musique d'un seul exécutant (ou d'un groupe d'exécutants).

La « grande partition » ou « partition d'orchestre » regroupe toutes les parties instrumentales ou vocales d'une même œuvre, avec les indications nécessaires à l'exécution d'ensemble. C'est ce genre de partition qu'utilisent généralement les chefs d'orchestre.

La partition piano-chant regroupe toutes les parties vocales d'une œuvre sur des portées différentes ; mais l'accompagnement orchestral est réduit pour piano à deux mains.

La « réduction » est l'arrangement pour piano d'une partition d'orchestre.

La partition de poche est une partition imprimée dans un format réduit.

L'orchestration consiste à transposer pour orchestre ou pour ensemble instrumental une œuvre déjà conçue sous une autre forme (par exemple pour piano) ou à assembler sous forme de partition les parties individuelles instrumentales ou vocales d'une œuvre (comme pour les œuvres du XVIe siècle, époque à laquelle la partition n'existait pas).

La disposition verticale usuelle des parties instrumentales d'un orchestre courant sur une grande partition se présente de la façon suivante, de haut en bas : bois (piccolo, flûtes, hautbois, clarinettes, bassons) ; cuivres (cors, trompettes, trombones, tuba) ; percussion (timbales, caisse claire, grosse caisse, triangle, etc.) ; cordes (premiers violons, seconds violons, altos, violoncelles, contrebasses). La partie de cor anglais se place normalement sous les parties de hautbois, celle de clarinette basse sous celles des clarinettes et celle de contrebasson sous celles des bassons. Les parties de harpe, de célesta ou des instruments à clavier (piano, orgue, glockenspiel, ondes Martenot...) se situent entre les parties de percussion et de cordes et, dans un concerto, la ou les parties solistes sont placées juste au-dessus des premiers violons. Les parties vocales, s'il y en a, se situent au-dessus des cordes avec, de haut en bas, les solistes et le chœur, dont les voix sont toujours disposées de l'aigu vers le grave.

Il est parfois utile de s'écarter de ces conventions, notamment pour introduire des instruments inhabituels ou pour regrouper certains instruments. Les partitions de musique contemporaine s'écartent souvent beaucoup des schémas traditionnels, surtout lorsqu'elles comportent un certain degré d'improvisation ou d'aléatoire. Dans les partitions de musique aléatoire, des instructions verbales peuvent souvent prévaloir ou se substituer à la notation musicale conventionnelle. Certaines partitions modernes rejettent la notation traditionnelle mensuraliste/proportionnelle pour adopter une sorte de système espace-temps mesuré ou n'indiquent que les positions relatives des premiers temps du chef d'orchestre. Quelques compositeurs ont abandonné la notation traditionnelle en portée au profit de la notation graphique, où des mots, des images, des schémas abstraits et des symboles suggèrent à l'exécutant ce qu'il doit jouer et la façon dont il doit le jouer. Les chefs de file de la notation graphique et d'autres systèmes de notation modernes sont Feldman, Stockhausen, Cage, Ligeti, Cardew, Kagel et Boulez ; certains d'entre eux ont parfois associé dans une même œuvre la notation graphique à la notation traditionnelle en portée. Les partitions de musique électronique peuvent contenir des symboles et des calculs mathématiques précis, des images, des couleurs ou des graphiques et elles associent aussi parfois l'un de ces éléments à la notation en portée.

Voir également *Notation*, 8.

Percy Scholes, rév. Judith Nagley.

BIBLIOGRAPHIE : Danièle Pistone et Serge Gut, *Les Partitions d'orchestre de Haydn à Stravinski*, Champion (Paris, 1977, rééd. 1984).

Partito (ital.). « Divisé ».

Partitur (all), **partitura, partizione** (ital.). « Partition d'orchestre ».

Part-song (angl.). Terme désignant d'une façon générale un chant à plusieurs voix ; dans un sens plus répandu, le *part-song* est une composition vocale davantage destinée à un ensemble choral qu'à des solistes, qui tend davantage vers la monophonie que vers la polyphonie et qui ne comporte généralement pas d'accompagnement. Ce terme a été parfois employé à propos de la musique profane soliste du XVIe siècle, comme le *madrigal, et à propos du **glee* pour chœur d'hommes du XVIIIe siècle, mais il s'adapte mieux aux œuvres pour chœurs masculins, féminins ou mixtes sans accompagnement du XIXe siècle, surtout au répertoire qui s'est créé en réponse à l'intérêt croissant du chant choral amateur en Grande-Bretagne, en Allemagne et aux États-Unis au XIXe siècle.

Parmi les premiers compositeurs anglais de *part-songs,* on peut citer Robert Pearsall (1795-1856), John Hatton (1808-86), Henry Smart (1813-79) et George Macfarren (1813-87). Un peu plus tard, la création et la multiplication des festivals de chœurs ont incité de nombreux autres compositeurs à écrire des *part-songs,* notamment Stanford, Parry et Elgar, auquel on doit une nette amélioration des aspirations musicales et littéraires du *part-song.* Toutefois, il faut souligner qu'une grande partie du répertoire est due à des compositeurs qui n'ont pas révélé dans ces œuvres un esprit inventif supérieur ou une imagination débordante. Leurs morceaux étaient imprimés et distribués en grand nombre et ils occupent donc une place importante dans les bibliothèques et les répertoires des chœurs amateurs fondés depuis un temps suffisamment respectable. Les morceaux joués le plus souvent sont *The Blue Bird* de Stanford, *Songs of Farewell* de Parry, *My Love Dwelt in a Northern Land* d'Elgar, *To be Sung of a Summer Night on the Water* de Delius et *Three Shakespeare Songs* de Vaughan Williams.

Parmi les compositeurs allemands qui ont été stimulés par l'apparition d'institutions comme la *Liedertafel* de Berlin, on trouve les noms de Schubert, Schumann, Weber et Mendelssohn, qui a surtout écrit pour chœur d'hommes, et Brahms, dont les chants à plusieurs voix pour chœur mixte ont conservé une place prépondérante au répertoire des chorales anglaises et allemandes. Certains compositeurs d'Europe de l'Est, notamment Tchaïkovski, Kodály et Bartók, ont également contribué au genre, mais dans les pays latins les compositeurs se sont plutôt laissé séduire par des arrangements de chants traditionnels que par la composition originale de *part-songs.* A la même époque, aux États-Unis, le chant choral connaissait un essor indéniable, encouragé par les *glee clubs* des collèges, et de nombreux *part-songs* ont été alors composés, notamment par Horatio Parker (1863-1919) et Edward MacDowell (1860-1908).

Plus récemment, la tradition du *part-song* a beaucoup perdu de son importance, noyé dans d'autres styles d'écriture vocale complexe dont il se distingue à peine. Certains *part-songs* pour chœur sans accompagnement de Tippett et de Britten illustrent bien cette fusion des styles traditionnels et modernes.

Judith Nagley.

Part-writing (angl. ; amér. : *voice-leading*). *Conduite de la voix, des parties, des voix.

Pas. Mouvement de base du ballet. Le « pas de basque » est un pas à trois temps identique au mouvement de la valse ; le « pas de chat » ressemble au mouvement d'un chat qui saute ; le « pas coupé » est celui qui sert de préparation à un autre, un pied chassant l'autre et prenant sa place. « Pas » a également un sens plus large dans le domaine du ballet, avec une idée de forme ou de mouvement, comme « pas d'action » dans une scène dramatique, « pas seul », « pas de deux », « pas de trois », etc., qui sont autant de danses pour ce nombre de danseurs.

Pas d'acier, Le. Ballet en deux scènes op.41 de Prokofiev, sur un livret du compositeur et de G. Yakulov. Créé à Paris en 1927 dans une chorégraphie de Massine. Prokofiev en a tiré une suite pour orchestre (1926).

Paso doble (esp.). Danse qui a connu un grand succès dans les années vingt, surtout en Amérique latine. C'est une danse rapide à un pas et non à deux comme semble l'indiquer son nom ; elle est généralement écrite à 6/8. Walton a inclus un « tango-pasodoble » dans *Façade*, y ajoutant l'air de music-hall « I do like to be beside the seaside ».

Pasquini, Bernardo (Massa da Valdinievole, près de Lucques, 7 décembre 1637 ; Rome, 21 novembre 1710). Compositeur, claveciniste et organiste italien. Il a peut-être été l'élève de Cesti avant d'arriver à Rome vers 1650. En 1663, il est nommé organiste à Sainte-Marie-Majeure et, l'année suivante, à Santa Maria in Aracoeli, où il restera jusqu'à la fin de sa vie. Pasquini était un claveciniste et un organiste célèbre et il a compté, parmi ses protecteurs, des princes et des cardinaux ainsi que la reine Christine de Suède. Il a composé des opéras et des oratorios dans un style analogue à celui d'Alessandro Scarlatti, mais il est surtout connu pour sa musique pour clavier qui comprend des suites, des variations, des toccatas, des sonates et d'autres pièces pour l'un ou l'autre des instruments qu'il pratiquait. Parmi ses élèves les plus éminents, on peut citer Kerll, J. P. Krieger, Muffat et peut-être Domenico Scarlatti.

Passacaglia (ital. ; esp. : *pasacalle*, *passacalle* ; de l'esp. *pasar*, « marcher », *calle*, « rue »). « Passacaille », « passecaille ». Le *pasacalle* espagnol était à l'origine une sérénade exécutée dans la rue par des couples de danseurs, mais au XVIIe siècle le terme ne s'appliquait plus qu'aux ritournelles instrumentales qui se jouaient entre les vers du chant. Comme les refrains de la *chacona* (voir *Chaconne*), ces ritournelles étaient construites sur des progressions harmoniques types (bien que la *passacaglia* ait presque toujours utilisé une version de la progression de base I-IV-V) destinées à fournir des formules mélodiques pour des variations instrumentales. La construction de la passacaille et celle de la chaconne étaient donc très proches l'une de l'autre, ce qui a donné lieu à une certaine confusion après l'ère baroque lorsque ces formes sont tombées en désuétude ; mais les théoriciens et les historiens ont tenté de définir avec précision ces termes dans leurs dictionnaires et leurs histoires de la musique. Parmi les similitudes, il faut relever l'usage des formules mélodiques (voir *Chaconne*) et l'emploi du mètre triple. La principale différence, qui ne constituait d'ailleurs pas une règle absolue, tenait au mode : les variations de la passacaille étaient généralement écrites en mineur et celles de la chaconne en majeur.

La *passacaglia* a été populaire en Italie pendant toute l'ère baroque et a fait son apparition en France au milieu du XVIIe siècle, un peu plus tard que la chaconne. Comme la chaconne, elle s'est vu attribuer une place dans les œuvres scéniques de Lully et de ses contemporains ; elle a également été utilisée pour des pages solistes, des ensembles et des œuvres pour orchestre. En Allemagne, la *passacaglia* apparaît le plus souvent dans des pièces pour clavier, notamment sous la plume de grands compositeurs de musique pour orgue comme Buxtehude et Bach.

Au XXe siècle, la passacaille a été reprise par quelques compositeurs, notamment Webern (*Passacaglia*), Schoenberg (dans *Pierrot lunaire*), Berg (*Wozzeck*), Britten (*Peter Grimes*, acte II) et Dutilleux (*Symphonie n° 1*).

Passage. En terme de composition musicale, un passage est une section, mais le terme « passage » s'applique généralement à des sections sans valeur musicale intrinsèque, qui servent plutôt de « remplissage » et offrent souvent à l'interprète la possibilité de se mettre en valeur.

Passagio (ital.). « Passage ». 1. Employé au pluriel (*passaggi*), genre d'ornementation ; voir *Ornements et ornementation*, 2.

2. Transition ou modulation.

3. Passage de musique destiné à mettre en valeur la virtuosité de l'interprète.

Passamezzo [*passemezzo*, *pass'e mezzo*, etc.] (ital.). Danse italienne des XVIe et XVIIe siècles, identique à la *pavane, mais plus rapide (et toujours de rythme binaire). Bien que le *passamezzo* soit une danse italienne, on le trouve pour la première fois dans des livres de luth publiés par Hans Neuslider en Allemagne en 1536 et 1540. Il apparaît en Italie un peu avant le milieu du siècle, en Angleterre et en France quelques années après. Dans *Twelfth Night* (acte V, scène 1) de Shakespeare, Sir Toby Belch parle d'une « passy-measures pavin ».

La plupart des *passamezzi* ont été

composés sur l'une ou l'autre des basses standards appelées respectivement « passamezzo antico » (la « passy-measures pavin » de Sir Toby) et « passamezzo moderno » ; ces basses étaient aussi utilisées pour d'autres types de danses.

Passemezzo (ital.). Voir *Passamezzo*.

Passepied. Danse française des XVIIe et XVIIIe siècles proche du *menuet rapide, généralement de forme binaire, à 3/8 ou à 6/8, avec un mouvement qui ne cesse d'avancer dans les valeurs courtes. Le passepied a fait son apparition à la cour de Bretagne au début du XVIe siècle et est mentionné par Rabelais et Arbeau (qui le désigne comme un genre de *branle). Cette danse est devenue populaire à la cour de Louis XIV, où elle était dansée sur les pas du menuet, généralement par un seul couple.

Comme d'autres danses d'origine populaire adoptées par la cour, le passepied a été repris par les compositeurs de musique lyrique et chorégraphique, notamment Lully, Campra et Rameau. Les passepieds étaient souvent exécutés par paire pour former une structure ternaire, la première danse étant répétée après la seconde. Au XVIIIe siècle, le passepied est entré dans la *suite instrumentale. On trouve une paire de passepieds dans la *Suite pour orchestre nº 1 en ut majeur BWV 1066* de Bach et Debussy a donné ce nom à la dernière pièce de sa *Suite bergamasque* pour piano.

Passereau, Pierre (célèbre dans la première moitié du XVIe siècle). Compositeur français. On ne possède aucune information précise sur sa vie mais un grand nombre de ses chansons ont été publiées par Pierre Attaingnant entre 1529 et 1555. Elles sont écrites dans le style parisien de Janequin (un volume de chansons, publié en 1536, est consacré aux deux compositeurs) et la plus célèbre, « Il est bel et bon », était devenue une véritable chanson populaire dans les ruelles de Venise.

Denis Arnold.

Passing note. *Note de passage.

Passion

1. Origines et développement dans l'Église catholique
2. Les XVIe et XVIIe siècles
3. 1700-1750
4. Du milieu du XVIIIe siècle à nos jours

L'idée d'adapter à la scène la passion du Christ est très ancienne et les mystères de la Passion représentés pendant la semaine sainte existent au moins depuis le Moyen Age. Ainsi, à Rome en 1264, une Compagnia del Gonfalone avait reçu une autorisation pour représenter les souffrances du Christ pendant la semaine de la Passion ; cette compagnie existait toujours en 1554 lorsque ses statuts furent imprimés. Au moins une des anciennes passions allemandes a survécu, celle d'Oberammergau en Bavière ; elle donne encore lieu à une représentation tous les dix ans. Certaines de ces passions pouvaient comporter de la musique mais celle-ci n'en constituait généralement pas un élément essentiel.

1. *Origines et développement dans l'Eglise catholique*. Pendant les célébrations liturgiques de la semaine sainte, l'histoire de la crucifixion était lue par le prêtre, qui prenait tour à tour chaque Évangile : saint Matthieu le dimanche des Rameaux, saint Marc le mardi, saint Luc le mercredi et saint Jean le vendredi saint. A partir du XIIe siècle, il est probable qu'il déclamait les paroles du narrateur ou de l'évangéliste dans le registre médian, celles du Christ sur des notes graves et celles des autres protagonistes (y compris la foule, portant le nom latin de *turba*) dans un registre supérieur, ces différents registres correspondant à peu près aux tessitures de ténor, de basse et d'alto respectivement. La lecture de ces textes était peut-être également différenciée par plusieurs tempos, les paroles du Christ étant prononcées plus lentement que celles de l'évangéliste, par exemple.

A partir du XIIIe siècle, on voit intervenir plusieurs clercs qui chantaient, ce qui permet d'étendre ce principe. Dans certains cas, l'ensemble complet chantait la totalité des paroles, la fin de chaque section (paroles de l'évangéliste, paroles du Christ et celles des autres protagonistes) étant marquée par une cadence ; cette technique n'était pas très dramatique, mais elle soulignait la « syntaxe » de la narration. Une autre méthode, plus dramatique, faisait appel à la technique responsoriale courante dans le plain-chant – un clerc chantait la narration, pendant que les autres protagonistes étaient représentés par le chœur ; dans certains cas, les paroles du Christ en croix étaient chantées par un chanteur spécial. A partir du XIVe siècle, les parties étaient généralement confiées à des chanteurs individuels.

Au XVe siècle, l'introduction de la polyphonie dans la passion a permis aux compositeurs de créer des temps forts beaucoup plus dramatiques. Dans la passion responsoriale, la polyphonie s'appliquait à tout ou partie des sections de la *turba* et aux propos des personnages mineurs ; en Italie, à partir de 1540 environ, les paroles du Christ étaient également traitées en polyphonie ; mais la narration restait monophonique. Un autre type de passion, parfois appelée passion « motet » ou passion entièrement composée, était entièrement polyphonique. On trouve un bel exemple de passion responsoriale dans la *Passion selon saint Matthieu* (vers 1490) du compositeur anglais John Davy dans l'*Eton Choirbook*. Deux clercs se chargent des paroles du Christ et de l'évangéliste et le reste de la musique est écrit à quatre parties avec un sens profond de la personnalité et du drame.

2. *Les XVIe et XVIIe siècles.* La musique de la passion antérieure à 1500 est très abondante, mais c'est au cours des deux cent cinquante années suivantes que les grands compositeurs s'y sont particulièrement attachés. Cette tendance est liée en partie à un renouveau général de la dévotion et en partie à la nécessité de mettre en musique les histoires bibliques pour le culte célébré dans les églises protestantes, particulièrement les églises luthériennes. Toutefois, si les versions protestantes en langue vernaculaire jouissaient d'une très grande popularité, la passion en latin était aussi très répandue dans les églises catholiques, en Italie comme ailleurs.

Dans les deux Églises, les passions ressemblaient à celles du XVe siècle. Dans les passions entièrement composées, le plain-chant était parfois utilisé comme *cantus firmus* ou comme base d'une partie du matériel thématique, mais parfois la mise en musique était complètement libre. Dans certaines œuvres, les diverses combinaisons vocales correspondent aux différents protagonistes. Dans l'une des plus belles œuvres de ce type, la *Passion selon saint Jean* (vers 1630) du *Kantor* allemand Demantius, les paroles du Christ sont généralement liées à divers mélanges de voix graves.

La pratique consistant à écrire une musique polyphonique pour les paroles du Christ dans la passion responsoriale a sans doute été introduite en Allemagne par l'Italien Antonio Scandello. Sa *Passion selon saint Jean* (composée avant 1561) distribue les paroles du Christ à un chœur à quatre voix, avec une musique de style madrigalesque très expressive. Il suffisait d'adapter le plain chant pour les parties monophoniques au chant en allemand ; c'est ce qu'a réalisé Johann Walter, le principal conseiller musical de Luther, vers 1550. Il y avait également des ajouts à la narration, notamment une introduction et une conclusion chantées par le chœur, qui avait alors un double rôle : commentaire et participation.

Les plus beaux exemples de passion responsoriale (les derniers qui aient été écrits) sont les trois passions de Schütz (*saint Matthieu*, *saint Jean* et *saint Luc*) sans doute composées entre 1660 et 1670, donc à la fin de sa vie. Neanmoins, le « chant » est l'œuvre de Schütz lui-même et est très expressif. Schütz a utilisé le mélisme pour peindre des paroles individuelles et produire des effets réalistes comme le chant du coq dans la scène du reniement de Pierre. Les chœurs de la *turba* sont parfois intensément dramatiques et utilisent toutes les ressources du contrepoint madrigalesque.

On dit généralement que ces passions sont austères, mais cette opinion ne se défend que si on les compare aux passions ultérieures, écrites en oratorio. Elles représentent une phase avancée et extrêmement expressive de la tradition ancienne. Néanmoins, l'influence de l'opéra et de l'oratorio allait se faire sentir dans la recherche d'un nouveau style dramatique pour la musique de la passion. Dès 1627, un compositeur italien mineur, Michelangelo Capellini, écrivait une « Lamentation de la Vierge Marie et de Marie-Madeleine et de saint Jean sur la mort de Jésus-Christ... » dans le *stile recitativo*, et Luigi Rossi composait un « oratorio pour la semaine sainte » entre 1640 et 1650. Ce ne sont pas des passions à proprement parler, mais l'idée d'utiliser le récitatif lyrique et l'*arioso* dans les dialogues-cumoratorios religieux comme ceux de Carissimi s'est avérée déterminante. Plusieurs compositeurs allemands ont commencé à placer les paroles bibliques dans un vrai récitatif, avec un accompagnement de *continuo*, tout en employant le chœur pour la *turba*. Certains ont inclus un ensemble instrumental, déployé soit pour les interludes, soit pour accompagner les voix, avec différents timbres pour représenter les différents personnages. On trouve l'un des premiers exemples de ce style dans *Les Sept Dernières Paroles du Christ en croix* (1645) de Schütz, dont le texte est tiré de l'ensemble des Évangiles ; les paroles du Christ sont chantées par un ténor accompagné par un groupe de violes. Les textes des chœurs d'introduction et de conclusion ne sont pas empruntés à la Bible, pratique désormais traditionnelle, et l'œuvre comprend aussi d'autres textes – parfois des versets d'hymnes, sinon des commentaires libres sur l'action ou les sentiments –, pratique qui allait se répandre de plus en plus à la fin du XVIIe siècle.

3. *1700-1750*. Au début du XVIIIe siècle, le compositeur qui voulait mettre en musique la passion du Christ pouvait choisir entre deux possibilités principales. Il pouvait composer un oratorio sur le thème de la Passion ou une « passion-oratorio ». Dans le premier cas, il mettait un livret en musique, les plus populaires étant ceux de Brockes, puis ceux de Métastase. Les événements étaient retracés en récitatif avec de nombreuses arias dans une veine lyrique ; naturellement, les compositeurs qui appréciaient particulièrement ce genre étaient en principe des compositeurs d'opéras – comme Keiser à Hambourg, son élève Haendel, les Italiens qui travaillaient à la cour de Vienne, notamment Caldara, et, parmi les Italiens qui étaient restés dans leur pays natal (où le genre était moins populaire), Alessandro Scarlatti. Le rôle du chœur était limité. La « passion-oratorio » était différente dans la mesure où elle utilisait le texte biblique de l'un des quatre Évangiles (avec l'adjonction d'airs et de chœurs) et donnait un rôle important au chœur et aux solistes. Telemann a composé au moins quarante-quatre passions de ce genre, qui révèlent un sens profond du drame, surtout dans les chœurs de foule.

Les deux passions de Bach qui ont survécu sont du second type. La *Passion selon saint Jean* a peut-être été écrite avant son départ de Cöthen, mais elle a été créée à Leipzig en 1724 ; la *Passion selon saint Matthieu* a été créée en 1727 et révisée en 1736. Elles ont une structure complexe, utilisant la narration biblique, des insertions d'œuvres de poètes locaux et des mélodies chorales ainsi que des versets choraux. La narration est traitée comme un récitatif (*secco* pour les paroles de l'évangéliste et les personnages mineurs, mais extrêmement expressif et plein de touches réalistes) et accompagnée d'un quatuor à cordes pour les paroles du Christ. Les insertions poétiques sont surtout des airs, écrits selon la convention *da capo* de l'époque, mais dans un genre étonnamment éloigné de l'opéra, d'une part parce que Bach a écrit une ornementation complexe qui se prête mal à l'improvisation pour les chanteurs, et d'autre part en raison de l'emploi fréquent d'instruments *obbligato* qui empêchent l'attention de se focaliser sur le chanteur. Le récitatif n'est pas réservé aux paroles bibliques mais précède également les airs et les chœurs ; en outre, des chœurs en forme de commentaire s'ajoutent à l'introduction et à la conclusion traditionnelles. On ne saurait oublier les chorals richement harmonisés par Bach, qui ressemblent moins à des hymnes qu'à des commentaires du récit. La complexité du mélange est telle que le genre, qui n'était à l'origine qu'une simple narration d'une histoire destinée à être clairement perçue par des fidèles peu instruits, devient alors une méditation offerte à des hommes pour qui toute parole du Christ, toute réponse à Sa vie et à Son enseignement a pris un sens profond.

4. *Du milieu du XVIIIe siècle à nos jours*. La mode de la passion en musique, généralement sous forme d'oratorio, a duré quelque temps. *Der Tod Jesu* (1755) de C. H. Graun a été extrêmement populaire, fournissant ce que Gerald Abraham appelait, sans tendresse mais avec une certaine lucidité, « une tragédie sentimentale du siècle des lumières ». C. P. E. Bach a écrit vingt et une passions, mélangeant parfois sa propre musique à des pages empruntées à son père, à Telemann et à d'autres compositeurs. Toutefois, à la fin du XVIIIe siècle, l'ambiance générale du

rationalisme ne favorisait plus ni le drame ni la méditation sur les mystères. Quant au XIXᵉ siècle, l'exécution sous la baguette de Mendelssohn de la *Passion selon saint Matthieu* de J. S. Bach en 1829 a suscité un grand intérêt mais peu d'émulation – dans l'ensemble, les plus grands compositeurs du XIXᵉ siècle ont écrit assez peu de musique religieuse. Des compositeurs de musique sacrée comme Perosi (qui a composé une *Passion selon saint Marc* en 1897) et Stainer (dont la *Crucifixion* de 1887 était visiblement calquée sur la musique des passions du XVIIIᵉ siècle) supportent à peine la comparaison avec les grands hommes des siècles précédents. Cependant, au XXᵉ siècle, la cruauté permanente de l'homme envers ses congénères semble avoir redonné une certaine importance à l'histoire de la passion ; la *Passio et mors Domini Nostri Jesu Christi secundum Lucam* (1963-65) de Penderecki l'exprime dans des termes contemporains non liturgiques.

Denis Arnold.

BIBLIOGRAPHIE : Alexandre Cellier, *Les Passions et l'Oratorio de Noël de J. S. Bach*, Ed. Musicales de la Libr. de France (Paris, 1929). Jacques Chailley, *Les Passions de J. S. Bach*, PUF (Paris, 1963, rééd. 1984).

Passion, choral de la. Choral protestant du temps de la Passion. L'exemple le plus célèbre est « O Haupt voll Blut und Wunden », adaptation d'un chant de Hans Leo Hassler.

Passion selon saint Jean (*Passio secundum Johannem* ; *Johannespassion*). Œuvre de Bach qui met en musique la passion du Christ telle qu'elle est retracée dans l'Évangile selon saint Jean, avec quelques adjonctions fondées en partie sur le poème de B. H. Brockes. Elle est écrite pour quatuor ou quintette de solistes (le rôle de Jésus et la partie de basse sont souvent confiés à deux chanteurs différents), chœur et orchestre et a été créée à Leipzig le Vendredi saint de l'année 1724. Il existe également des *Passion selon saint Jean* de Selle (1623), Schütz (1666), Alessandro Scarlatti (1680-85), Haendel et Telemann (plusieurs).

Passion selon saint Luc (*Passio et mors Domini Nostri Jesu Christi secundum Lucam*). Oratorio pour soprano, baryton, basse, récitant, chœur d'enfants, trois chœurs mixtes et orchestre de Penderecki. Créé à la cathédrale de Münster en 1966.

Passion selon saint Matthieu (*Passio secundum Mattaeum* ; *Matthäuspassion*). Œuvre de Bach qui met en musique la passion du Christ telle qu'elle est retracée dans l'Évangile selon saint Matthieu, avec des adjonctions empruntées à Picander. Elle est écrite pour quatuor ou quintette de solistes (le rôle de Jésus et la partie de basse sont souvent confiés à deux chanteurs différents), chœur d'enfants, chœur mixte et double orchestre, et a été créée à Leipzig le Vendredi saint de l'année 1727 ou 1729. Il existe également une *Passion selon saint Matthieu* de Richard Davy (fin du XVᵉ siècle), de Schütz (1666) et de Telemann (1730).

Passione, La. Surnom de la *Symphonie nº 49 en fa mineur* de Haydn, composée en 1768. Elle doit son nom à l'Adagio initial qui évoque une musique de la Passion.

Pasticcio (ital.). En musique, ce terme désigne généralement un pot-pourri, surtout un pot-pourri lyrique dans lequel les airs favoris de nombreux opéras (qui ne sont pas nécessairement de compositeurs différents) sont repris et organisés selon un nouveau plan, avec un nouveau livret. On peut considérer le **ballad opera* comme une variété de ce type de *pasticcio.*

Le terme peut aussi s'appliquer à un opéra dont chaque acte a été écrit par un compositeur différent, comme *Muzio Scevola* (1721) d'Amadei, Bononcini et Haendel ou à une œuvre instrumentale dont les différentes parties ont été écrites par plusieurs compositeurs, comme *Vaterländischer Künstlerverein* (1823-24) de Diabelli, contenant des variations de Beethoven et de cinquante autres compositeurs.

Pastiche. Imitation, parodie. Différent de **pasticcio*. Œuvre écrite en partie dans le style d'une autre époque comme la *Symphonie classique* de Prokofiev (dans le style de Haydn) ou *Pulcinella* de Stravinski (d'après Pergolèse). Beaucoup d'opérettes d'Offenbach ou de Gilbert et Sullivan contiennent de bons pastiches avec des multiples menuets et gavottes ou des parodies du grand opéra français (*Les Huguenots* dans *La Grande-Duchesse de Gerosltein*) ; il y a un splendide duo à la façon de Haendel dans *Princess Ida*.

Pastorale. 1. Du XVe au XVIIIe siècle, œuvre scénique sur des thèmes champêtres. Ce sujet est aussi un élément caractéristique de nombreux madrigaux de la fin du XVIe siècle et du début du XVIIe siècle, époque à laquelle l'imitation de la poésie grecque et romaine a donné naissance à des œuvres comme *Aminta* du Tasse, *Il Pastor fido* de Guarini et *Arcadia* de Philip Sidney. *Acis and Galatea* (1718) de Haendel est une pastorale.

2. Type d'œuvre instrumentale ou vocale proche de la sicilienne, généralement à 6/8 ou à 12/8, qui évoque souvent un sujet bucolique ou champêtre par l'imitation du bourdon de la cornemuse ou de la musette d'un berger. De nombreux pays associent la pastorale au temps de Noël, comme la « Symphonie pastorale » de l'*Oratorio de Noël* de Bach, celle du *Messie* de Haendel, la pastorale du *Concerto « pour la nuit de Noël » op.6 n° 8* de Corelli et le *Concerto grosso op.8 n° 6* de Tartini « con un pastorale per il Santissimo Natale ».

3. Voir *Sonate pastorale, Symphonie pastorale.*

Pastorale d'été. Poème symphonique de Honegger créé à Paris en 1921 qui porte en épigraphe un vers de Rimbaud : « J'ai embrassé l'aube d'été... »

Pastor fido, Il. 1. Opéra en trois actes de Haendel, sur un livret de Rossi d'après la pastorale de Guarini (1585). Créé à Londres en 1712. Salieri a écrit un opéra qui porte le même titre (1789).

2. Titre donné aux six *Sonates pour musette, vielle, flûte, hautbois ou violon et continuo op.13* de Vivaldi (1737).

Pater noster (lat., « Notre Père »). Le Notre Père fait partie de la *Messe catholique et se situe entre le Sanctus et l'Agnus Dei. Il a été conservé comme « Our Father » dans la liturgie anglicane (voir *Common Prayer, Book of*).

Patet. Terme générique désignant les types de mélodies dans la musique pour gamelan. Voir *Indonésie*, 2*a*, 3*a*, 4.

Pathétique. Voir *Sonate pathétique, Symphonie pathétique.*

Patience. Opéra-comique en deux actes de Gilbert et Sullivan. Représentations : Londres (Opera-Comique, 23 avril 1881) ; Saint-Louis (28 juillet 1881) ; Berlin (Kroll Theater, 30 avril 1887). Satire du culte contemporain de l' « esthétisme » dans laquelle un chœur de dames prodiguent leur affection tout d'abord au poète « sensuel » Bunthorne (bar.), puis au poète « idyllique » Grosvenor (bar.). Patience (sop.) est une simple laitière, imperméable à la poésie ; l'intrigue fait aussi intervenir un régiment de dragons.

Pâtre sur le rocher, Le (*Der Hirt auf dem Felsen*). Lied pour soprano et piano, avec *obbligato* de clarinette de Schubert (D 965) sur un poème de Müller et peut-être de H. von Chézy. Composé en 1828.

Patrick, Nathaniel (mort à Worcester, mars 1595). Compositeur anglais, organiste à la cathédrale de Worcester de 1590 jusqu'à sa mort. Des quelques œuvres qui ont survécu, un court service est encore joué régulièrement ; il a été publié au XVIIIe siècle par Boyce dans son recueil de *Cathedral Music.*

John Milsom.

Patrie. 1. Ouverture dramatique op.19 de Bizet créée aux Concerts populaires de Jules Pasdeloup en 1874. Malgré son sous-titre, « Épisode de la guerre de Pologne », cette partition au caractère patriotique évoque plutôt la guerre de 1870-71.

2. Voir *Ma Patrie.*

Patterson, Paul (Chesterfield, 15 juin 1947). Compositeur anglais. Il a fait des études en privé avec Richard Rodney Bennett et à la Royal Academy of Music où il a été nommé « Manson Fellow » en 1970. Particulièrement influencé par Penderecki, il compose aussi bien des œuvres chorales à l'écriture aisée et puissante que des slogans publicitaires chantés à la télévision, des petites pièces vocales ou des grandes compositions symphoniques. On peut citer notamment ses concertos pour trompette (1968), cor (1971) et clarinette (1976), un *Kyrie* (1972) et un *Gloria* (1973), un *Requiem* (1975) et une œuvre en cinq mouvements pour soprano, chœur et ensemble de chambre, *Voices of Sleep* (1979).

Paul Griffiths.

Pauer, Jirí (Kladno-Libušín, Bohême, 22 février 1919). Compositeur tchèque. Représentant majeur de la musique tchèque, il a fait ses études avec Šin, Hába et Bořkovec. Depuis les années cinquante, il a occupé plusieurs postes officiels importants, notamment celui de secrétaire général de l'Union des compositeurs tchèques, directeur artistique de la Philharmonie tchèque et il est à présent directeur artistique du Théâtre national tchèque. Sa musique comprend plusieurs œuvres scéniques qui ont remporté un certain succès ; elle réussit à combiner des styles allant du romantisme (*Zusana Vojírová,* 1957) à l'austérité (*Concerto pour basson,* 1949) avec les exigences du *réalisme socialiste.

Jan Smaczny.

Paukenmesse. *Messe nº 9 en ut majeur* de Haydn, composée en 1796. Haydn l'a intitulée *Missa in tempore belli.* On la nomme parfois *Kriegsmesse.*

Paukenwirbel Symphonie. Voir *Roulement de timbales, Le.*

Paul Bunyan. Opéra en un prologue et deux actes op.17 de Britten, sur un livret de W. H. Auden. Créé à l'Université de Columbia, à New York, en 1941. Britten l'a ensuite retiré pour le réviser et l'ouvrage a été diffusé par la BBC en 1976. Sa première représentation a eu lieu la même année à Aldeburgh.

Paulus. Oratorio pour soli, chœur et orchestre op.36 de Mendelssohn sur un livret de Julius Schubring d'après les Actes des Apôtres, les psaumes et différentes épîtres de saint Paul. Créé aux fêtes musicales du Bas-Rhin à Düsseldorf le 22 mai 1836.

Paumann, Conrad (Nuremberg, vers 1415 ; Munich, 24 janvier 1473). Compositeur, luthiste et organiste allemand. Aveugle de naissance, il devient néanmoins organiste à Saint-Sebald, à Nuremberg, en 1446, et est nommé organiste de la ville en août 1447. Trois ans plus tard, il accepte le poste d'organiste de la cour des ducs de Bavière à Munich. Il voyage beaucoup, en Allemagne, en France et en Italie, où il est fait chevalier. On recherche ses conseils sur la facture d'orgues et il s'affirme comme un pédagogue important, fondant une école de compositeurs pour orgue dont on peut voir les fruits dans un grand nombre des pièces qui figurent dans le *Buxheimer Orgelbuch.* Deux œuvres de cet ouvrage lui sont attribuées et son ouvrage le plus connu, un manuel de composition pour l'orgue intitulé *Fundamentum organisandi* (1452), comprend quelques œuvres de lui basées sur des lieder allemands. Il est enterré à la Fraeunkirche à Munich et l'épitaphe le montre entouré de ses instruments.

Denis Arnold.

Pausa (ital.), **Pause** (all.). « Pause ».

Pauvre Matelot, Le. Opéra en trois actes de Darius Milhaud sur un livret de Jean Cocteau, créé à Paris, à l'Opéra-Comique, le 16 décembre 1927.

Pavane [*pavin*] (all. : *Paduana* ; angl. : *pavan* ; ital. : *pavana, padovana*). Danse des XVIe et XVIIe siècles, sans doute originaire d'Italie et dont le nom s'inspire de la ville de Padoue. Les plus anciens exemples de pavane que l'on connaisse figurent dans le livre de luth de Dalza (1508). Dans son *Orchésographie* (1588), Arbeau décrit la pavane comme une danse processionnelle de rythme binaire, avec deux pas simples et un pas double en avant, suivis de la même séquence inversée.

Les sources des années 1520 et 1530 contiennent des pavanes allemandes, françaises et espagnoles, mais elles sont parvenues au sommet de la perfection sous la plume des virginalistes anglais – Byrd, Bull, Gibbons, Morley, Farnaby, Philips, Dowland et Tomkins. On en trouve de nombreux exemples dans le *Fitzwilliam Virginal Book* et dans d'autres recueils de l'époque comme la « Pavan » de Byrd dans *Parthenia,* écrite en souvenir du comte de Salisbury (mort en 1612). Dowland a composé une célèbre pavane pour *consort* de cordes à cinq parties, « Lachrymae ; Seaven Teares Figured in Seaven Passionate Pavans », qui a été transcrite pour clavier par plusieurs autres compositeurs de l'époque, notamment par Byrd.

La pavane était généralement enchaînée sur une autre danse plus rapide, habituellement de rythme ternaire, qui avait parfois des liens thématiques avec la pavane ; en Italie, cette danse était un **saltarello,* en France et en Angleterre une *gaillarde.

Après un bref épanouissement à la fin du XVIe siècle, la pavane s'est vite éteinte, mais elle a survécu pendant quelque temps comme premier mouvement (« Paduana ») de la suite allemande du début du XVIIe siècle et dans des pièces de Locke et de Purcell. Plusieurs compositeurs du XXe siècle ont écrit des morceaux intitulés « pavane », comme la *Pavane pour une infante défunte* de Ravel ou la *Pavane* de Fauré.

Wendy Thompson.

Pavane pour une infante défunte. Œuvre pour piano de Ravel, composée en 1899 et orchestrée par le compositeur en 1910. Elle rappelle la coutume de la cour d'Espagne qui consistait à exécuter une danse solennelle à l'occasion d'un deuil royal.

Pavillon. Extrémité évasée du tube de nombreux instruments à vent (all. : *Schalltrichter* ; angl. : *bell* ; ital. : *campana*). Il joue un rôle acoustique important sur les cuivres, moins sur les bois comme la clarinette et le hautbois. Dans certaines partitions, par exemple celles de Mahler, les parties d'instruments à vent comportent l'indication *Schalltrichter auf !* ou « pavillon dans l'air » ; l'instrumentiste doit élever le pavillon pour projeter le son directement en avant et augmenter l'effet dramatique dans le *fortissimo*.

Anthony Baines.

Pavillon chinois. Voir *Chapeau chinois* ; *Turqueries*.

Payne, Anthony (Edward) (Londres, 2 août 1936). Compositeur anglais. Il a fait ses études à l'Université de Durham, mais ne s'est tourné vers la composition qu'à la fin des années soixante, époque à laquelle il s'était déjà fait un nom en tant que critique (son étude *Schoenberg* avait été publiée en 1968). Il pratique un langage personnel, dont le lyrisme typiquement anglais n'est pas étouffé par les procédés numériques, notamment dans la *Phoenix Mass* pour chœur et cuivres (1965-72). Il a aussi composé de la musique de chambre (un *Quatuor à cordes*, 1978), des pièces vocales et d'autres œuvres pour orchestre.

Paul Griffiths.

Paysans, Cantate des (*Bauerncantate*). Surnom de la *Cantate BWV 212 « Mer hehn en neue Oberkeet »* de J. S. Bach sur un livret de Picander, composée en 1742.

Pays-Bas

1. Introduction
2. Jusqu'en 1500
3. Le XVIe siècle
4. Diversité religieuse
5. Les XVIIe et XVIIIe siècles
6. Les XIXe et XXe siècles

1. *Introduction*. Malgré l'inexactitude de la désignation géographique et politique du terme, l'expression « Pays-Bas » est particulièrement utile dans l'histoire de la musique car elle permet de désigner avec précision une région à l'identité culturelle relativement unifiée en évitant le problème complexe de la modification des frontières. Il a fallu attendre le XIXe siècle pour que les territoires de la Belgique, du Luxembourg et de la Hollande prennent enfin leur forme actuelle et il serait erroné d'appliquer ces noms de pays de façon anachronique aux Pays-Bas, tels qu'ils existaient par exemple aux XVe et XVIe siècles, époque à laquelle une grande partie de la région, y compris l'extrême nord de la France, était gouvernée par les ducs de Bourgogne avant d'être absorbée dans le Saint Empire romain germanique. En raison de cette instabilité gouvernementale au travers des siècles, il n'existe aucun terme qui corresponde avec précision à l'identité nationale des compositeurs et des musiciens des Pays-Bas depuis le Moyen Age jusqu'à nos jours ; des mots comme « bourguignons », « franco-flamands », « néerlandais », « hollandais » et « wallons » sont chargés d'implications géographiques et temporelles spécifiques et il faut les utiliser avec précaution si l'on veut respecter leur sens précis.

2. *Jusqu'en 1500*. Malgré le peu d'informations dont on dispose sur l'évolution de la musique aux Pays-Bas avant le XIVe siècle, il semble probable que des influences étrangères aient joué un rôle important sur son développement initial. Les livres de plain-chant local reproduisent le répertoire plus ou moins international du chant grégorien, bien que, comme dans la plupart des autres pays d'Europe,

ce répertoire ait acquis progressivement un « dialecte » distinctif au fur et à mesure qu'émergaient des variantes locales et que de nouveaux chants venaient s'y ajouter, en particulier des hymnes, des séquences et des drames liturgiques. Les chansons courtoises en langue vernaculaire étaient aussi largement répandues au XIVe siècle, leur développement étant certainement stimulé par la tradition des trouvères du nord de la France. Des chansons néerlandaises nous sont parvenues intactes avec leur musique. Il y a peu de traces d'une polyphonie ancienne aux Pays-Bas, les quelques motets qui ont survécu attestant une fois encore de l'influence française. Toutefois, si les sources musicales sont rares, des preuves documentaires permettent de supposer que la musique et les arts en général ont progressivement acquis une place importante dans la vie civique à la fin du Moyen Age, lorsque le commerce du textile a apporté une prospérité croissante ; à la fin du XIVe siècle, on pratiquait une musique sophistiquée non seulement à l'église et dans les communautés monastiques, mais également dans les rangs de la noblesse et des classes aisées et instruites des grandes villes textiles.

Si la musique a continué à occuper une place importante dans la vie culturelle des Pays-Bas jusqu'à ce jour, il ne fait aucun doute que le XIVe et le XVe siècles ont été leur véritable âge d'or. Pendant près de deux siècles, la région a nourri une extraordinaire dynastie de compositeurs et de musiciens de talent qui sont nés et ont été formés en majorité au Sud, dans les comtés du Hainaut, de l'Artois, des Flandres et du Brabant ; c'est la raison pour laquelle on dit communément qu'ils sont d'origine franco-flamande. Il n'y a aucune explication simple à l'origine de ce mouvement, mais il est évident que les maîtrises et écoles de chœur, où l'accent était mis sur la théorie et sur une instruction rigoureuse, ont largement contribué au maintien d'une solide tradition musicale. En outre, l'acquisition par les ducs de Bourgogne d'une grande partie des Pays-Bas aux XIVe et XVe siècles a aussi constitué un facteur d'enrichissement important. Avec leur style de vie courtoise somptueusement élaborée et leurs goûts du perfectionnisme, les ducs de Bourgogne se sont comportés en protecteurs des arts libéraux et ont largement exploité l'abondance des talents locaux dans leurs territoires du Nord. Parmi les compositeurs qui ont spécifiquement travaillé à la cour des ducs de Bourgogne au XVe siècle figurent Tapissier, Binchois, Busnois et Hayne van Ghizeghem.

Lorsque la réputation des compositeurs franco-flamands a commencé à s'affirmer et à se répandre, la demande de compositeurs formés aux Pays-Bas s'est également accrue et un grand nombre d'entre eux ont été attirés à l'étranger. Cette tendance à la migration est perceptible dès 1350, date à laquelle le compositeur liégeois Johannes Chiwagne – mieux connu sous le nom de Ciconia – entre dans le cercle du pape Clément VI à Avignon, première étape d'une carrière qui devait le conduire dans les principales villes d'Italie du Nord. Plusieurs autres compositeurs l'ont suivi : Dufay, par exemple, a passé presque tout le début de sa carrière en Italie ou à la cour de Savoie ; Ockeghem a travaillé presque exclusivement en France pour la chapelle royale ; Josquin des Prés a joui de la protection de la noblesse italienne pendant près de quarante ans. Toutefois, bien que ces compositeurs aient exercé une influence considérable à l'étranger, l'expérience des styles étrangers a également contribué à façonner leur langage musical et, en fin de compte, celui de la musique franco-flamande en général. A la fin de sa carrière, Ciconia avait assimilé de nombreux éléments italiens au sein d'un style essentiellement français, alors qu'au tout début du XVe siècle Dufay rencontrait – et assimilait en profondeur – la riche musique consonante en accords parfaits de compositeurs anglais tels que Power et Dunstable, importée en Europe par les chapelles de la noblesse anglaise au cours de ses campagnes de France et d'Italie du Nord. Par ce processus de « croisement », la musique des compositeurs franco-flamands a progressivement acquis une saveur largement cosmopolite qui est venue s'ajouter à une compétence particulièrement développée et a certainement contribué à l'élargissement de son attrait international.

Pendant tout le XVe siècle et au début du XVIe siècle, les compositeurs des Pays-Bas, quel que soit le lieu où ils étaient employés, étaient particulièrement appréciés pour leur écriture au contrepoint élégant et habile. L'accent s'était tout d'abord porté sur la fluidité et une certaine tendance à l'expansion, notamment dans les œuvres de Dufay, Binchois et Ockeghem ; mais, au fur et à mesure qu'on avançait dans le XVe siècle, les compositeurs franco-flamands ont progressivement créé une nouvelle langue musicale qui recherchait davantage l'unité sonore que la variété, grâce à l'utilisation de l'imitation et du canon. Dans de nombreux cas, les compositions étaient soigneusement préparées afin de refléter des proportions géométriques ou arithmétiques ou des nombres essentiels de la théologie chrétienne, ce qui ajoutait une dimension mystique ou symbolique : une musique destinée à stimuler non seulement l'oreille mais aussi l'esprit. Tout en contribuant de manière significative au développement d'un style musical dans toute l'Europe, les compositeurs franco-flamands ont joué un rôle majeur dans l'évolution des trois principales formes du début de la Renaissance : la messe, le motet et la chanson. Grâce à leurs efforts, l'isorythmie a été progressivement abandonnée au profit de méthodes moins rigides destinées à incorporer le plain-chant dans la polyphonie – le *cantus firmus* libre, par exemple, ou la paraphrase. Ils ont été les premiers à composer des messes basées sur des modèles profanes (de simples lignes tirées de chansons polyphoniques ou des airs de chansons populaires) et les premiers à écrire des messes parodies. Tout en évoluant moins rapidement, la chanson s'était dépouillée, dès la fin du XVe siècle, de son extérieur médiéval, les « formes fixes » étant remplacées par des vers plus souples, moins artificiels, permettant une plus grande variété d'illustrations musicales. Néanmoins, c'est surtout le motet qui a éveillé l'esprit d'exploration, particulièrement évident dans les œuvres de musiciens comme Josquin des Prés et Isaac que leur carrière avait fait entrer en contact avec l'humanisme italien. En rejetant le pivot traditionnel d'un *cantus firmus* de plain-chant et en se concentrant entièrement sur la structure syntaxique et sur le rythme des mots du texte mis en musique, leurs motets ont acquis un nouveau style déclamatoire, rhétorique – d'un naturalisme rehaussé –, très apprécié depuis lors dans la musique occidentale.

3. *Le XVIe siècle.* Vers 1500, les œuvres des compositeurs des Pays-Bas dominaient virtuellement la musique dans toute l'Europe. Bien que le siècle suivant ait vu l'émergence (ou, dans le cas de la France et de l'Italie, la résurgence) d'écoles de composition plus spécifiquement nationales, elles devaient toutes quelque chose à l'école franco-flamande, acceptant dans une large mesure la norme structurelle d'une texture contrapuntique unifiée par l'imitation et parfois le canon. Toutefois, malgré cette poussée de talents nationaux, la demande de musiciens formés dans le Nord s'est maintenue encore longtemps avant de décliner et de nombreux compositeurs importants du XVIe siècle étaient des « émigrés » des Pays-Bas : Willaert à Venise, Cipriano de Rore à Parme et à Venise, Vaet à la cour des Habsbourg, Philippe de Monte à Naples, Londres, Vienne et Prague, et avant tout Roland de Lassus qui, bien que sa carrière se soit presque entièrement déroulée à Munich, était universellement admiré et exerçait une influence considérable.

Néanmoins, le XVIe siècle a été essentiellement une période de déclin aux Pays-Bas après l'ascendant qu'ils avaient exercé au début de la Renaissance. Plusieurs facteurs politiques et religieux ont contribué à cette chute : la fusion du duché de Bourgogne avec le royaume d'Espagne et le Saint Empire romain germanique pour former une seule unité politique sous l'autorité de Charles Quint ; le déclin de la prospérité économique dans toute la région qui a entraîné une baisse de la qualité de l'enseignement et, surtout, les divisions engendrées par les dissensions religieuses entre les sympathisants protestants du Nord et les catholiques du Sud. Bien que le niveau se soit maintenu pendant quelque temps – avec Clemens non Papa et les deux principaux compositeurs impériaux, Gombert et Crecquillon, par exemple –, la vie musicale aux Pays-Bas a perdu une grande part de sa superbe et, à la fin du XVIe siècle, elle semblait marginalisée à côté du dynamisme de la culture italienne.

On peut considérer l'évolution de la chanson en langue vernaculaire aux Pays-Bas au XVIe siècle comme le signe d'un nouvel esprit d'identité régionale, contrastant avec les perspectives internationales de la cour francophone des ducs de Bourgogne. On perçoit déjà cette tendance dans l'œuvre de Jacob Obrecht, l'un des rares compositeurs de la fin du XVe siècle qui soit associé à la région située au nord de l'influence bourguignonne et le premier à avoir écrit une somme substantielle de chansons hollandaises. En 1540, Symon Cock d'Anvers imprime un recueil de *Souterliedekens* (traductions de psaumes en hollandais, mis en musique sur des mélodies populaires et folkloriques) ; onze ans plus tard, l'éditeur d'Anvers Tylman Susato publie le premier de ses *Musyck boaxken* (« opuscules de musique »), série consacrée à des chansons et à des danses flamandes et à des arrangements polyphoniques des *Souterliedekens* de Clemens non Papa et Gherardus Mes. Toutefois, le plus patriotique de tous est sans doute le *Neder-Landtsche Gedenckclanck* d'Adriaen Valerius, publié à titre posthume en 1626, un récit historique du conflit qui opposa la Hollande à l'Espagne au milieu du XVIe siècle, illustré de chansons populaires hollandaises avec accompagnement de luth et de cistre, où l'on trouve l'hymne national hollandais actuel.

4. *Diversité religieuse*. Après des dizaines d'années de conflit, les comtés du Nord des Pays-Bas, à dominante protestante, ont finalement acquis un certain degré d'autonomie politique par rapport aux régions du Sud, catholiques, grâce à l'établissement des « Provinces-Unies » (fédération de sept républiques) en 1588. La lutte pour l'indépendance n'aboutira totalement qu'en 1648 avec la signature du traité de Westphalie à la fin de la guerre de Trente Ans. La nouvelle religion du nord suivait les principes calvinistes : des traductions en hollandais du Psautier de Genève avaient été adoptées par l'Église en 1568, bien que les textes originaux français aient été utilisés sur le plan local et mis en musique (polyphonique) par Sweelinck dans un vaste cycle publié entre 1604 et 1621. L'emploi de l'orgue pour accompagner le chant des psaumes était interdit par l'Église réformée hollandaise et cette interdiction est restée en vigueur jusqu'en 1680, malgré les arguments éloquents invoqués par Constantijn Huygens, l'un des musiciens et intellectuels les plus importants du début du XVIIe siècle. En revanche, on utilisait l'orgue comme instrument soliste, avant et après les offices religieux, lors des fêtes ou en récital pendant la semaine. Les nombreuses œuvres pour clavier de Sweelinck, écrites pour l'Oude Kerk à Amsterdam, ont été, en fait, composées pour répondre aux besoins des autorités civiles et non pour l'Église. On peut également attribuer l'évolution ultérieure de la musique d'orgue et de la facture d'orgues à l'orgueil municipal et à une certaine rivalité entre les conseils municipaux.

Dans le Sud des Pays-Bas, le sens de la tradition a tout d'abord été plus fort. Sous la domination de la ligue espagnole des Habsbourg, le catholicisme est resté la religion officielle, tout rapprochement avec le calvinisme étant découragé par la menace de l'Inquisition ; cet état de répression ne s'est relâché que pendant l'année 1566, mais il a été vite rétabli lorsqu'on a découvert la véritable ampleur de l'adhésion populaire à la foi protestante. Peu après, le chant des psaumes métriques est redevenu un acte d'hérésie passible de mort. A cette époque, la chapelle royale de Bruxelles était un centre important de musique religieuse latine, surtout au XVIIe siècle sous la direction de Géry de Ghersem (vers 1573-1630), auprès duquel ont travaillé deux réfugiés catholiques anglais, Peter Philips et John Bull, ainsi que l'organiste Peeter Cornet. Comme dans les Provinces-Unies, la musique pour clavier a connu un essor particulièrement florissant et la région est devenue un centre important de facture des virginaux et des clavecins, notamment avec la famille Ruckers d'Anvers, dont les activités remontent à 1579.

5. *Les XVIIe et XVIIIe siècles*. Les XVIIe et XVIIIe siècles ont été le théâtre d'un déclin encore plus accentué des traditions musicales des Pays-Bas, la musique étrangère – notamment la musique française et la musique italienne – saturant progressivement le marché. Les protections de la cour étaient dans l'ensemble inexistantes, l'impulsion de l'activité musicale venant de l'Église et surtout de la bourgeoisie. Des *collegia musica* (sociétés musicales d'amateurs consacrées à l'exécution d'œuvres vocales et instrumentales, souvent aidées par des musiciens professionnels) ont vu le jour dans l'ensemble des Pays-Bas au début du XVIIe siècle. Les récitals d'orgue se sont maintenus et un autre instrument profane, le carillon, a rapidement connu une grande popularité à cette époque. Les composi-

teurs locaux comme Jacob van Eyck à Utrecht – dont on se souvient surtout aujourd'hui pour ses œuvres pour flûte à bec d'après des airs populaires néerlandais de l'époque – ont rapidement constitué la base d'un répertoire pour carillon qui a culminé dans les joyaux de virtuosité contrapuntique du compositeur de Louvain Matthias Van den Gheyn. Mais si le répertoire pour carillon des Pays-Bas fait preuve d'une forte identité nationale, la tendance générale était à un style plus cosmopolite, perceptible dans les œuvres de Constantijn Huygens qui, après être entré en contact avec Monteverdi à Venise, a introduit le style monodique en Hollande. La présence de la famille Fiocco (Pietro Antonio, vers 1650-1714 ; Jean-Joseph, 1686-1746 et Joseph-Hector, 1703-41) à la cour et à la chapelle royale de Bruxelles, entre 1680 environ et 1744, est symptomatique du goût de plus en plus marqué des Néerlandais pour la musique italienne, alors que la maison d'édition d'Estienne Roger et Le Cène (sise à Amsterdam), qui a été l'une des premières à utiliser le procédé de la gravure, a prospéré grâce aux éditions d'œuvres de Corelli, Vivaldi, Albinoni et Locatelli (ce dernier a vécu à Amsterdam de 1729 à sa mort, trente-cinq ans plus tard). Ironie du sort, deux des plus talentueux compositeurs nés aux Pays-Bas durant cette période, Henry du Mont (1610-84) et Jean Baptiste Loeillet, ont travaillé exclusivement à l'étranger, respectivement à Paris et à Londres.

L'opéra a fait une arrivée tardive aux Pays-Bas, mais sa popularité s'est ensuite largement et rapidement répandue. Bruxelles et Amsterdam ont compté parmi les premiers centres d'activité, avec des productions lyriques dès le début des années 1680 ; mais, d'emblée, leurs répertoires étaient presque exclusivement importés, avant tout de France et d'Italie, et les traductions en hollandais ou en flamand étaient rares. Peu de compositeurs locaux se sont tournés vers l'opéra, à l'exception majeure de Grétry, qui a beaucoup écrit pour le public parisien, ce dernier le considérant comme le chef de file de l'opéra-comique français. Le début du XVIIIe siècle a également vu le développement des concerts publics, surtout à Amsterdam et à La Haye ; dans ce domaine, comme au théâtre, la musique étrangère a joué un rôle prédominant et le compositeur majeur de cette période, Gossec, a lui aussi quitté son pays natal pour travailler presque exclusivement à Paris, où il est devenu l'un des compositeurs les plus populaires de la Révolution.

6. *Les XIXe et XXe siècles.* En 1815, à la suite des guerres napoléoniennes, les provinces du Nord et du Sud ont été rassemblées pour former le « Royaume-Uni des Pays-Bas » ; toutefois, cette union a été dissoute en 1830 pour former les royaumes de Belgique et des Pays-Bas tels que nous les connaissons aujourd'hui. Au XIXe siècle, la musique étrangère a continué à exercer une forte influence sur l'ensemble des Pays-Bas, quoiqu'on puisse détecter un certain degré de ferveur nationaliste dans les œuvres de Peter Benoit, qui a élevé la musique flamande à un niveau relativement international. Au Conservatoire de Bruxelles, fondé en 1832, Fétis a aussi accompli un travail remarquable comme professeur, critique, théoricien et musicologue. Parmi les compositeurs belges les plus importants de l'époque, on peut citer César Franck, Guillaume Lekeu et les violonistes et compositeurs Henri Vieuxtemps et Eugène Ysaÿe. Aux Pays-Bas, l'impact de la musique allemande a été particulièrement profond ; il est sensible dans les œuvres de Johannes Verhulst (1816-91), le principal compositeur hollandais du milieu du XIXe siècle, mais plusieurs de ses jeunes contemporains ont recherché un langage plus typiquement hollandais, en utilisant notamment le matériel folklorique. La vie musicale à Amsterdam a acquis un nouveau pôle d'attraction avec l'inauguration du Concertgebouw – l'une des plus belles salles de concert du nord de l'Europe – en 1888 et la fondation d'un orchestre permanent la même année.

Au XXe siècle, les Pays-Bas sont redevenus un centre important de la musique européenne. Parmi les compositeurs récents les plus célèbres, on peut citer, pour la Belgique Paul Gilson (1865-1942), Joseph Jongen (1873-1953), Jean Absil (1893-1974), Marcel Poot (1901-88), Flor Peeters, Karel Goeyvaerts (1923) et Henri Pousseur et, pour la Hollande, Willem Pijper, Henk Badings et Ton de Leeuw (1926). L'orgue et le carillon ont tous deux fait l'objet d'un regain d'intérêt ; en outre, la Belgique et la Hollande sont devenues un centre d'éducation musicale important et se sont montrées particulièrement dynamiques dans la redécouverte de la musique ancienne. En Hollande, l'ethnomusicologie a attiré de nombreux érudits et la création de la Fondation Donemus, en 1947, a beaucoup contribué à la promotion de la musique hollandaise. Le Festival de Hollande (concentré à Amsterdam) et le Festival des Flandres, en Belgique, représentent aujourd'hui deux événements marquants de l'année culturelle européenne et témoignent de la prospérité de la musique dans cette partie de l'Europe.

John Milsom.

BIBLIOGRAPHIE : Malou Haine et Nicolas Meeùs, *Dictionnaire des facteurs d'instruments de musique en Wallonie et à Bruxelles, du IXe siècle à nos jours*, Éd. Pierre Mardaga (Liège, 1986).

Pays de Galles

1. *La tradition galloise*. L'influence de la musique dans la culture galloise antique est attestée par son importance dans le mythe préchrétien par le rôle qu'elle a joué dans les services de la jeune Église celte, ainsi que par l'estime dont jouissaient les bardes auprès des princes gallois avant que le pays ne passe sous domination anglaise en 1282. Les bardes étaient des poètes et des musiciens qui mettaient en vers et chantaient les exploits des héros gallois ou composaient en leur honneur des élégies. Naturellement, ils divertissaient aussi leurs princes avec des chansons plus légères, comme le faisaient les troubadours et les trouvères en France, mais leur musique n'a malheureusement pas survécu. Les lois régissant la conduite et la rémunération des bardes avaient été fixées au milieu du Xe siècle par les « Laws of Hywell Dda » (« Lois de Howell le Bon »), et leur statut professionnel et leurs fonctions ont été révisés dans plusieurs assemblées délibérantes qui ressemblent, à bien des égards, à l'*eisteddfod* de temps plus récents (voir § 3).

Les « Laws of Hywel Dda » désignent la harpe et le *crwth* comme les principaux instruments des bardes ; elles mentionnent également les *pybeu* (« *pipes* », sans doute des cornemuses ou des matelotes) qui, selon toute évidence, étaient beaucoup moins estimés. Le *crwth* était une lyre à archet, ancêtre du violon, à trois ou quatre cordes ; il y avait des joueurs de *crwth* aux fêtes historiques organisées par Lord Rhys à Cardigan en 1176 (voir § 3). Mais, dans le monde des bardes, la harpe occupait une place encore plus importante ; elle est depuis longtemps reconnue comme l'instrument national du pays de Galles. Si le répertoire médiéval du *crwth* a disparu en même temps que les instruments originaux, quelques vestiges de la première musique pour harpe des bardes sont peut-être conservés dans le célèbre manuscrit de Robert ap Huw, la plus ancienne source de musique galloise, qui se trouve aujourd'hui à la British Library (Add. 14905). Ce manuscrit date de 1613 environ, mais il a été copié, tout au moins en partie, d'après un autre manuscrit appartenant au harpiste du XVIe siècle William Penllyn et on a des raisons de croire qu'il pourrait s'agir de la transcription d'une pratique instrumentale qui lui serait antérieure de trois siècles. Il contient des pièces pour harpe, dont certaines étaient visiblement destinées à accompagner le chant ou des récitations poétiques, écrites dans une tablature par lettres ressemblant un peu à celle des organistes allemands de l'époque (voir *Tablature*, 2). Les tentatives visant à transcrire le manuscrit en notation moderne se sont jusqu'alors heurtées au problème de l'accord des instruments ; la nature du répertoire reste donc mal connue. L'ecclésiastique gallois Giraldus Cambrensis, archidiacre de Brecon de 1175 à 1204, a aussi fait référence dans ses écrits à la popularité de la harpe, du *crwth* et des pipeaux chez les Gallois au Moyen Age ; il a également mentionné le jeu de « trompettes droites très longues ». Mais le passage le plus connu du *Descriptio Cambriae* (1194) de Giraldus est celui qui décrit le chant à plusieurs parties au pays de Galles : « Lorsqu'ils font de la musique ensemble, ils chantent leurs chants non pas à l'unisson, comme on le fait ailleurs, mais en parties, avec plusieurs modes et phrases, de telle sorte que dans une foule de chanteurs... on peut entendre autant de chants et de voix différentes qu'on peut voir de têtes. » Le latin de Giraldus donne lieu à diverses interprétations et les opinions diffèrent quant à la nature précise du chant qu'il décrit ici, mais l'amour des Gallois pour le chant à plusieurs parties est profondément enraciné et l'on peut encore apprécier leur goût de l'harmonie sonore dans les communautés éloignées les plus retirées et dans les débits de boissons pendant les réunions nationales d'Eisteddfod ou au Cardiff Arms Park avant un match international de rugby.

Le chant et le jeu de la harpe se réunissent dans une forme musicale spécifiquement galloise qui s'appelle *penillion* (littéralement « stances »), autre branche de la tradition de la poésie celtique qui s'est particulièrement épanouie dans le Nord du pays. L'art complexe de l'improvisation de strophes vocales sur un air traditionnel joué à la harpe a été ravivé dans l'*eisteddfodau* moderne, mais les airs employés sont de plus en plus standardisés et la part d'improvisation s'est réduite en conséquence. Le *penillion* choral, qui doit nécessairement faire l'objet de répétitions, est apparemment un développement récent et, de l'avis général, il s'agit d'une forme dégénérée.

En Angleterre, malgré leur descendance galloise, les Tudors se sont montrés hostiles à l'existence d'une culture galloise indépendante et ont fait tout leur possible pour angliciser la langue et les coutumes du pays de Galles. En conséquence, le rôle du barde a décliné et les traditions de la poésie celtique n'ont été préservées au cours des siècles suivants que dans des conditions difficiles et parfois misérables. Le rétablissement a été long. Au XVIIe siècle, les ballades populaires étaient chantées sur des airs traditionnels qui ont été publiés en grand nombre au XVIIIe siècle. Des volumes d'airs pour harpe ont également commencé à paraître, compilés en majeure partie par des expatriés comme John Parry de Ruabon (vers 1710-82) et Edward Jones (Bardd y Brenin, 1752-1824) et publiés à Londres. Les *Musical and Poetical Relicks of the Welsh Bards* (1784) de Jones contiennent une soixantaine d'airs de ce genre (ce nombre est passé à plus de cent dans la seconde édition de 1794), ainsi que des exemples de *penillion* et un exposé précieux, sinon digne de foi, sur l'art des bardes gallois depuis les temps les plus reculés. Il a fallu attendre le XIXe siècle pour que des recueils d'airs traditionnels, comprenant des chansons, des *carols* et des danses, commencent à paraître sous forme imprimée. Les *Ancient National Airs of Gwent and Morganwg* (1844) de Maria Jane Williams ont été les premiers, suivis de près par d'autres recueils comme *Y Caniedydd Cymreig* (« Le Ménestrel gallois », 1845) de John Thomas et *Gems of Welsh Melody* (1860-64) de John Owain où l'hymne national gallois *Hen wlad fy nhadau* (« La Terre de mes pères ») apparaît pour la première fois. Cependant, le recueil et l'impression systématiques du chant traditionnel gallois n'ont débuté qu'avec la fondation, en 1906, de la Welsh Folk Song Society et de son journal, dirigé par J. Lloyd Williams, puis, à partir de 1951, par W. S. Gwynn Williams. Le livre de ce dernier, *Welsh National Music and Dance* (1932), demeure l'ouvrage général de base sur la musique galloise traditionnelle. Un centre d'étude de la musique traditionnelle galloise a été créé au Welsh Folk Museum, à St Fagan's (Cardiff), en 1976, et, en 1979, un poste de recherche en la matière a été créé à University College, à Bangor.

2. *La musique savante*. Si, malgré ses longues traditions et le sens musical inné de son peuple, le pays de Galles n'a pas encore produit de compositeur de premier rang, il faut en chercher la cause en partie dans les conséquences sociales et économiques du règne de la dynastie Tudor en Angleterre. Avec l'accession au trône de Henri VII, en 1485, et le déclin du rôle du barde gallois, a commencé ce long exode de compositeurs et d'exécutants du pays de Galles vers l'Angleterre, migration qui, en ce qui concerne les chanteurs et les instrumentistes, continue encore de nos jours. L'épanouissement de la musique anglaise au XVIe siècle et au début du XVIIe siècle n'a pas eu d'équivalent au pays de Galles et le compositeur le plus remarquable de l'époque, Thomas Tomkins (1572-1656), a trouvé du travail de l'autre côté de la frontière, comme un grand nombre de ses compatriotes. A la fin du XVIIe siècle et au XVIIIe siècle, en raison de la montée du non-conformisme et de l'absence de tradition théâtrale solide, la principauté n'a pratiquement pas été touchée par les nouveaux styles musicaux du baroque. A cette époque, les principales contributions musicales ont été apportées par des harpistes compositeurs comme John Parry (Barrd Alaw, 1776-1851) qui, tout en écrivant

pour son propre instrument, a composé de la musique pour les Vauxhall Gardens et pour des farces lyriques et autres divertissements scéniques à Londres.

Au XIXe siècle, le mouvement non conformiste, qui avait d'abord étouffé toute pratique musicale ambitieuse, a commencé à porter des fruits sur le plan musical. William Williams (Pantecelyn) s'était déjà affirmé comme le premier auteur d'hymnes du pays de Galles avec des recueils imprimés publiés en 1744 et 1787, mais il a fallu attendre le XIXe siècle pour que l'hymne commence à remplacer le chant traditionnel en tant qu'expression d'une conscience musicale, sociale et religieuse collective ; c'est alors que le *cymanfa ganu* (« festival de chant d'hymnes ») a commencé à jouir de la popularité qu'il a conservée jusqu'à ce jour. De l'hymne à l'oratorio, il n'y avait qu'un pas à franchir pour ceux qui étaient formés au système de la « Tonic sol-fa » et les chœurs qui commençaient à se former dans tout le pays ont bientôt travaillé des numéros des oratorios les plus connus de Haendel, de Haydn et de Mendelssohn. (Les deux premiers noms sont vite devenus aussi familiers dans les registres de baptême qu'ils l'étaient dans les programmes de concert.) En même temps, l'industrialisation a encouragé la formation d'ensembles de cuivres et de chœurs d'hommes et, dans ces deux activités, on reconnaît encore la prééminence des Gallois.

La solide tradition chorale a incité les compositeurs de la fin du XIXe siècle à se tourner vers la composition d'œuvres plus ambitieuses faisant appel à des orchestres et à des solistes professionnels. Ils ont tout d'abord pris pour modèles les romantiques allemands et les personnalités marquantes de la Renaissance anglaise, et bien peu de chose distingue les cantates et les oratorios de compositeurs comme Joseph Parry (1841-1903), David Evans (1843-1913) et David Jenkins (1849-1915) de ceux de Cowen et Mackenzie, auxquels des œuvres avaient été commandées pour le Festival de Cardiff. Une voix plus distinctement nationale s'élève dans la musique des compositeurs de la génération suivante, notamment David Vaughan Thomas (1873-1934) et David de Lloyd (1883-1948). Leurs œuvres sont avant tout vocales mais, avec David Wynne (1900), Grace Williams (1906-77) et Arwel Hughes (1909), on trouve des compositeurs qui étendent leur intérêt pour la musique chorale et la mélodie à l'écriture instrumentale et symphonique, stimulés par l'évolution de la vie musicale de la région (voir § 3 et 5). Daniel Jones (1912) est à ce jour le symphoniste de plus prolifique du pays de Galles, avec une dizaine de symphonies à son crédit.

La musique de la plupart de ces compositeurs, sinon de la totalité d'entre eux, s'inspire de leurs racines galloises et des chants traditionnels de leur pays. Il en va de même, mais dans une moindre mesure, d'Alun Hoddinott (1929) et de William Matthias (1934), dont la musique, influencée par Bartók, Hindemith, Stravinski et des compositeurs plus récents, appartient à une tradition plus novatrice d'Europe occidentale. Hoddinott et Matthias sont les compositeurs qui ont le mieux réussi à faire jouer et à faire publier leurs œuvres, qui sont très largement connues à l'étranger. Ils ont tous deux enseigné et contribué à former et à encourager une nouvelle génération de compositeurs encore plus cosmopolites. Parmi les membres de la jeune génération qui continuent à travailler au pays de Galles figurent Jeffrey Lewis (1942) et John Metcalf (1946).

3. *Festivals et concerts.* L'*eisteddfod* (littéralement « session »), l'un des plus anciens festivals en forme de compétition, est essentiellement consacré à la musique et à la poésie. Le National Eisteddfod, qui a lieu en août et dure une semaine, se déroule régulièrement chaque année depuis 1880, alternativement dans le Nord et dans le Sud du pays de Galles, mais ses origines remontent aux réunions tenues de façon irrégulière par les bardes du Moyen Age. La première, sur laquelle on possède des preuves écrites, fut celle qu'organisa Lord Rhys à Cardigan, en 1176 ; d'autres réunions de ce genre sont enregistrées entre le XIVe siècle et le XVIe siècle. Une réunion importante s'est déroulée à Caerwys, dans le Flintshire, en 1567 (ou 1568), ordonnée par Élisabeth Ire pour débarrasser le pays de Galles de nombreux « vagraunt and idle persons naming theim selfes mynstrelles Rithmers and Barthes » (« vagabonds et oisifs se dénommant eux-mêmes ménestrels et bardes »). Avec le déclin des bardes, l'*eisteddfod* a aussi perdu de son impor-

tance, mais ses traditions ont survécu dans les « tavern » *eisteddfodau* du XVIIIe siècle (ainsi nommés en raison de l'endroit où ils se déroulaient) et dans une célèbre réunion tenue à Corwen en 1789 : cette réunion est à l'origine du mouvement qui s'est concrétisé dans un festival permanent. Le Gorsedd of Bards, qui s'est joint au National Eisteddfod en 1880, avait été fondé par Iolo Morganwg en 1819, mais ses activités sont désormais indissociables de l'Eisteddfod et l'admission au Gorsedd est considérée comme un grand honneur. Les principaux changements survenus au XXe siècle sont l'institution du gallois comme seule langue des réunions d'Eisteddfod et l'importance croissante accordée aux concerts professionnels donnés en soirée. Le National Eisteddfod reste un point focal essentiel pour l'expression du nationalisme gallois et pour le renouveau des traditions culturelles, alors qu'à l'International Eisteddfod, ramification importante qui a lieu tous les ans depuis 1947 à Llangollen, des concurrents venant de nombreux pays présentent les chants et les danses de leur pays.

Des festivals sans esprit de compétition, dans la ligne du mouvement choral du XIXe siècle et modelés sur les Festivals triennaux de Birmingham et de Leeds, ont eu lieu à Harlech (1867-1934), à Cardiff (1892-1910) et dans d'autres centres. Le Festival de Swansea a été inauguré en 1948 et demeure le festival gallois le plus important, tant par sa taille et que par sa capacité à attirer les meilleurs orchestres et solistes de Grande-Bretagne et de l'étranger. De nombreux autres festivals, notamment ceux de Llandaff, Cardiff, le Vale of Glamorgan, Fishguard et St Asaph, se sont bientôt joints à lui. A Cardiff, la BBC organise un Festival de St David, chaque année au mois de mars, avec des concerts et des récitals dans diverses villes galloises et le département hors faculté de University College, à Swansea, présente chaque année une Semaine Bach durant laquelle des concerts consacrés à la musique de Bach et de ses contemporains viennent compléter des conférences et des séminaires.

Depuis la Seconde Guerre mondiale, de tels festivals ont aidé à ranimer la vie musicale au pays de Galles, qui avait auparavant souffert davantage que les provinces anglaises du manque de professionnalisme et de la pauvreté des salles de concert. En même temps, le Welsh Arts Council, qui siège à Cardiff, a organisé des tournées d'artistes et d'orchestres invités qui ont fixé de nouvelles normes pour les musiciens gallois. (Le Council est aussi le principal protecteur de tous les festivals gallois et a financé les commandes d'œuvres à des compositeurs gallois ainsi que leurs enregistrements.) On a assisté à plusieurs tentatives infructueuses pour former un orchestre symphonique national, mais le seul orchestre professionnel du pays de Galles, à part celui du *Welsh National Opera, reste le BBC Welsh Symphony Orchestra. Fondé en 1936 et reconstitué en 1946, il a été agrandi à la dimension symphonique en 1977. De nos jours, les villes galloises sont assez bien équipées en petites salles de concert, ce qui a facilité la promotion de la musique de chambre, dans laquelle des ensembles résidant aux collèges universitaires d'Aberystwyth, Bangor et Cardiff ont joué un rôle important. Toutefois, à l'exception du Brangwyn Hall à Swansea (1 500 places), le pays de Galles ne possédait pas de grande salle spécifiquement conçue pour les concerts symphoniques jusqu'à ce que soit achevé le St David's Hall de Cardiff, en 1982 (2 000 places).

4. *Opéra.* Pendant longtemps, au pays de Galles, l'opéra a été encore moins pratiqué que le concert. Le premier opéra gallois est probablement *Blodwen*, composé par Joseph Parry sur un livret de Richard Davies et produit à Aberdare en 1878. D'autres ouvrages ont été écrits par le fils de Parry, Joseph Haydn Parry (1864-94), David de Lloyd, Haydn Morris (1891-1965), etc., mais ils ont seulement fait l'objet de représentations isolées essentiellement exécutées par des amateurs, et ce n'est qu'à la création du Welsh National Opera en 1946 que l'opéra a commencé à fonctionner sur une base régulière entièrement professionnelle au pays de Galles. La troupe s'est fait très largement connaître dans les années cinquante avec ses productions des premiers opéras (oubliés) de Verdi et d'autres ouvrages qui ont mis en valeur son chœur (excellent), qui fait encore sa force. Depuis lors, le répertoire s'est étendu dans toutes les directions, mais particulièrement au XXe siècle, avec des cycles d'opéras de Britten et de Janáček et des productions remarquables d'*Elektra* et de *Die Frau*

ohne Schatten (« La Femme sans ombre ») de Strauss et du *Midsummer Marriage* de Tippett. En 1971, la troupe a monté la première production britannique de *Lulu* de Berg et, en 1981, de *La Passion grecque* de Martinů. De nouveaux opéras ont été commandés à Arwel Hughes, Grace Williams, Alun Hoddinott, William Matthias et John Metcalf. Plusieurs chanteurs et chanteuses de renom international, notamment Gwyneth Jones, Margaret Price et Stuart Burrows, ont forgé ou consolidé leur réputation au Welsh National Opera ; cet opéra constitue toujours un terrain d'essai pour les jeunes chanteurs gallois et attire des chanteurs, des metteurs en scène et des chefs d'orchestre invités des plus grands théâtres lyriques européens.

Les sociétés « amateurs » continuent à exister parallèlement à la troupe professionnelle du pays de Galles. Parmi les productions les plus valables, on peut citer celles de la Neath Operatic Society, dont certaines ont été données dans le petit théâtre construit à Craig y Nos pour la célèbre soprano italienne Adelina Patti après qu'elle se fut retirée de la scène publique.

5. *Enseignement, bibliothèques et éditeurs.* Des quatre principaux collèges qui constituent l'Université du pays de Galles, tous, à l'exception de celui de Swansea, possèdent des départements musicaux qui délivrent des diplômes de troisième cycle. La première chaire de musique a été créée à Aberystwyth en 1874, pour Joseph Parry ; elle a été suivie de celles de Cardiff (1910) et de Bangor (1920). Waldorf Davies (1869-1941) a joué un rôle important dans la promotion de l'éducation musicale à tous les niveaux, non seulement comme professeur à Aberystwyth de 1919 à 1926, mais aussi comme maître de conférences et membre de jurys dans tout le pays de Galles et par son travail avec le National Council of Music, organe universitaire créé en 1919 pour améliorer et étendre l'éducation musicale dans les écoles, les collèges et les centres pour adultes. Parmi les activités du Council figuraient l'organisation de cours d'été à Coleg Harlech et Howell's School (Denbigh). Il a été dissous en 1961. En 1949, le National College of Music (futur Welsh College of Music and Drama) a été fondé à Cardiff afin de fournir une formation professionnelle à des exécutants et à des professeurs. Tout d'abord installé à Cardiff Castle, il a déménagé dans des locaux voisins construits à son intention en 1973.

Outre le Welsh Arts Council et la BBC, trois organismes importants se consacrent à l'éducation dans un sens plus large et à la promotion de la musique galloise, particulièrement la musique récente. La Guild for the Promotion of Welsh Music, fondée en 1954, organise des discussions et des exécutions et commande des œuvres nouvelles aux compositeurs gallois. Son précieux journal, *Welsh Music*, paraît environ trois fois par an. La Welsh Amateur Music Federation existe depuis 1968 ; elle procure des facilités aux chœurs et aux orchestres non professionnels et les aide à engager des solistes professionnels pour leurs concerts. Enfin, la Welsh Music Archive, créée à University College, à Cardiff, en 1976, a pour but de donner aux compositeurs gallois le même genre de soutien que celui qui est accordé à leurs homologues anglais et écossais par des institutions analogues mais plus anciennes, situées à Londres et à Glasgow.

La Welsh Music Archive abrite une bibliothèque utile et de plus en plus riche en partitions, disques et bandes magnétiques concernant essentiellement la musique galloise du XXe siècle ; ils sont à la disposition du public. On trouve aussi des trésors dans les bibliothèques universitaires et à la National Library of Wales, à Aberystwyth. Le pays de Galles est pauvre en recueils de musique ancienne, mais les recueils Mackworth et Aylward, pour l'essentiel du matériel datant du XVIIIe siècle, qui sont conservés à la Cardiff Central Library, contiennent des documents intéressants et uniques.

La plupart des compositeurs et des musicographes gallois modernes font publier leurs œuvres en Angleterre, mais beaucoup de musique (particulièrement des pièces vocales courtes) a été publiée par D. J. Snell de Swansea et par la Gwynn Publishing Co., de Llangollen. Aujourd'hui, la principale maison d'édition musicale et d'écrits sur la musique du pays de Galles est l'University of Wales Press, à Cardiff.

Malcolm Boyd.

Pays du sourire, Le (*Das Land des Lädchelns*). Opérette en trois actes de Franz Lehar sur un livret de Ludwig

Herzer et Fritz Löhner. Création à Berlin, au Metropol, le 10 octobre 1929 ; création de la version française de Mauprey et Marietti à Gand le 1er avril 1932. Première en France à Paris, à la Gaîté-Lyrique le 15 novembre 1932.

Péchés de ma vieillesse. Recueil de pièces vocales, instrumentales et pour piano de Rossini composées entre 1857 et 1868 qui révèlent le sens de l'humour dont le musicien a toujours fait preuve tout au long de sa vie. On y trouve des pièces aux titres aussi divers que *Petit Caprice style « Offenbach », Une caresse à ma femme, Ouf ! le petit pois, Mon Prélude hygiénique du matin, Prélude prétentieux,* etc.

Pêcheurs de perles, Les. Opéra en trois actes de Bizet sur un livret de Michel Carré et Eugène Cormon (pseudonyme de Pierre Étienne Piestre). Créé à Paris au Théâtre-Lyrique le 30 septembre 1863.

Pédale. Procédé d'écriture consistant à tenir une note grave (habituellement la tonique ou la dominante) pendant un passage qui comporte des accords dont elle ne fait pas partie (voir Ex. 1, les dernières mesures du prélude en ut majeur du premier livre du *Clavier bien tempéré* de Bach). Une pédale inversée suit le même principe, mais la note tenue se situe dans l'aigu. Lorsque deux notes différentes sont tenues ensemble (généralement la tonique et la dominante), on parle de pédale double.

Pédale forte ou pédale de résonance. Pédale de droite du piano. Elle soutient la résonance des notes en maintenant les étouffoirs écartés des cordes. Voir *Piano,* 12*a*.

Pédale de prolongation. Pédale médiane dont sont généralement munis les pianos à queue qui permet de soutenir isolément certaines notes d'un accord, sans prolonger les autres. Voir *Piano,* 12*b*.

Pedalgebrauch (all.). « Utilisation de la pédale » (au piano).

Peebles, David (célèbre au milieu du XVIe siècle ; mort avant 1592). Compositeur écossais chanoine régulier de Saint-Augustin au prieuré de St Andrews ; sa musique comprend des motets latins et des psaumes métriques anglais. L'un de ses contemporains l'avait désigné comme l'un des principaux musiciens de son pays.

John Milsom.

Ex. 1

Peer Gynt. Musique de scène de Grieg pour la pièce d'Ibsen, créée à Oslo en 1876. Deux suites d'orchestre ont été tirées de la partition originale : no 1 (op.46 ; 1874-75, rév. 1888) – *Au matin, Mort d'Aase, Danse d'Anitra, Hall du roi de la montagne* ; no 2 (op.55 ; 1874-75, rév. 1891 et 1892) – *Plainte d'Ingrid, Danse arabe, Retour de Peer Gynt* et *Chanson de Solveig.* D'autres pièces viennent parfois s'y ajouter : *Marche nuptiale, Berceuse de Solveig, Prélude* et *Danse de la fille du roi de la montagne.* Les suites ont également été transcrites pour piano seul (1888) et pour piano à quatre mains (1893). Saeverud a aussi composé une musique de scène pour cette pièce (1947) et Egk a écrit un opéra sur le même sujet (1938).

Peerson, Martin (? March, Cambridgeshire, 1571-73 ; enterré à Londres le 15 janvier 1651). Compositeur anglais. Après avoir obtenu le grade de « Bachelor of Music » à Oxford en 1613, il a été chef de chœur à la cathédrale St Paul à partir de 1624 environ jusqu'à la guerre civile (il recevait encore un salaire après 1642). Il a écrit de beaux *anthems* en vers qui expriment les paroles avec sensibilité. Il est surtout connu aujourd'hui comme l'un des premiers compositeurs anglais à avoir utilisé une basse chiffrée dans ses *Mottects or Grave Chamber Musique* (Londres, 1630), volume de chants sacrés dans un style madrigalesque qui n'est pas toujours « grave ».

Denis Arnold.

Peeters, Flor (Tielen, Belgique, 4 juillet 1903 ; Malines, 3 juillet 1986). Compositeur et organiste belge. Il fait ses études à l'Institut Lemmens à Malines, où il est organiste de la cathédrale à partir de 1923 ; il donne également des récitals dans le monde entier. Ses activités pédagogiques l'amènent à prendre la direction du Conservatoire royal flamand d'Anvers (1952-68). Son énorme production comprend de la musique d'orgue de toute sorte, reflétant l'intérêt qu'il porte aux maîtres flamands de la Renaissance et de l'ère baroque. Il est également l'auteur de messes, d'autres pièces de musique religieuse, d'œuvres pour piano et de mélodies.

Pelléas et Mélisande. 1. « Drame lyrique » en cinq actes et douze tableaux de Debussy sur le texte du drame de Maeterlinck (1892). Représentations : Paris (Opéra-Comique, 30 avril 1902) ; New York (Manhattan Opera, 19 février 1908) ; Londres (Covent Garden, 21 mai 1909). Golaud (bar.), petit-fils du roi Arkel d'Allemonde (basse), ramène une mystérieuse jeune fille, Mélisande (sop.), qu'il a trouvée en larmes dans la forêt. Geneviève (mezzo), mère des deux demi-frères Pelléas (tén.) et Golaud, lit à Arkel une lettre adressée par Golaud à Pelléas décrivant sa rencontre et son mariage avec Mélisande. Arkel accepte ce mariage. Pelléas vient dire qu'un ami malade l'appelle auprès de lui, mais Arkel lui rappelle qu'il doit rester auprès de son propre père malade. Pelléas rejoint Mélisande et Geneviève dans le parc du château et ils regardent partir un vaisseau.

En jouant avec son anneau de mariage, Mélisande le laisse tomber dans un puits ; Pelléas lui conseille de dire la vérité à Golaud. Golaud, qui est tombé de cheval au moment même où l'anneau est tombé, est soigné par Mélisande. Il remarque l'absence de l'anneau et lui dit d'aller le chercher dans la grotte au bord de la mer où elle dit l'avoir perdu. Pelléas et Mélisande explorent la grotte mais, effrayés par trois mendiants endormis, ils abandonnent leur prétendue recherche.

Mélisande laisse pendre ses longs cheveux à la fenêtre et Pelléas les caresse tendrement. Ils sont surpris par Golaud. Golaud montre à Pelléas les caves lugubres du château. Il prévient Pelléas qu'il doit laisser Mélisande seule. Golaud interroge le petit Yniold (sop.), fils de son premier mariage, au sujet de Pelléas et de Mélisande et le porte sur ses épaules pour qu'il lui raconte ce qu'il voit par la fenêtre : il lui répond qu'ils sont assis ensemble.

Sur le conseil de son père, Pelléas décide de partir. Golaud entre soudainement ; fou de jalousie, il s'empare des cheveux de Mélisande et la brutalise. Dans le parc, Yniold tente de soulever une grosse pierre. Pelléas arrive pour faire ses adieux à Mélisande, mais ils se déclarent leur amour au moment où se ferme la porte du château ; Mélisande s'enfuit, poursuivie par Golaud.

Arkel, Golaud et le Médecin sont au chevet de Mélisande mourante qui vient de donner naissance à un enfant. Golaud, repentant, mais toujours jaloux, la questionne sur son amour pour Pelléas – leur amour fut-il « coupable » ? Les serviteurs du château entrent et tombent à genoux lorsque Mélisande meurt sans avoir répondu à Golaud.

2. Musique de scène composée par Fauré pour les premières représentations à Londres du drame de Maeterlinck en 1898. Pressé par le temps, il reprit des pièces antérieures qu'il intégra à sa partition, notamment la *Sicilienne op.78* composée en 1893. L'orchestration a été réalisée par Charles Koechlin. Fauré en a tiré une suite d'orchestre souvent jouée au concert : *Prélude, Fileuse, Sicilienne, Molto adagio* (la mort de Mélisande), à laquelle on ajoute parfois la *Chanson de Mélisande* (en anglais).

3. Musique de scène de Sibelius pour le drame de Maeterlinck op.46 (1905).

4. Poème symphonique op.5 de Schoenberg d'après la même pièce (1902-03).

BIBLIOGRAPHIE : Maurice Emmanuel, *Pelléas et Mélisande* de Debussy, Mellottée (Paris, 1950). *Pelléas et Mélisande*, L'Avant-Scène-Opéra n° 9 (Paris, 1977).

Pelog. Système d'accord utilisé dans la musique gamelan, Voir *Indonésie, 2a, 3a,* 4.

Peñalosa, Francisco de (vers 1470 ; Séville, 1er avril 1528). L'un des premiers compositeurs espagnols dont l'histoire de la musique ait retenu le nom, il a surtout travaillé à la cathédrale de Séville mais a également servi, comme camérier et chanteur, dans la chapelle du pape Léon X à Rome, pour laquelle il a écrit des messes et des motets. L'influence de Josquin des Prés transparaît nettement dans sa musique.

John Milsom.

Penderecki, Krzysztof (Debica, Pologne, 23 novembre 1933). Compositeur polonais. Il étudie la composition avec Artur Malawski et Stanisław Wiechowicz à l'École supérieure de musique de Cracovie où il commence à enseigner en 1959. Son *Thrène aux victimes d'Hiroshima* pour orchestre à cordes (1960) remporte un succès international grâce à l'usage profondément expressif de sonorités nouvelles, avec beaucoup de *glissandi* et de clusters ; dans les œuvres suivantes, il continue à exploiter le drame de l'inattendu avec généralement de gros effectifs. Dans *Polymorphia* pour orchestre à cordes (1961), il précise les découvertes de *Thrène,* puis compose d'autres œuvres dynamiques avec un protagoniste solo : la *Sonate pour violoncelle et orchestre* (1964) et le *Capriccio pour hautbois et onze instruments à cordes* (1965).

Dans d'autres partitions de cette période, Penderecki donne un but expressif précis à l'effervescence et à la splendeur acoustique de sa musique, choisissant en général un thème religieux. L'exemple le plus célèbre est sa *Passion selon saint Luc* (1963-65), pièce extrêmement théâtrale à laquelle il donne une suite beaucoup plus sombre qui traite de la mise au tombeau et de la résurrection du Christ, *Utrenia* (1970-71) : les deux œuvres sont écrites pour solistes, chœur et orchestre et se réfèrent à des modèles vénérables, respectivement les passions de Bach et le chant orthodoxe, ainsi qu'au monde sonore de l'avant-garde. Elles ont été suivies d'autres œuvres chorales sacrées : le *Canticum Canticorum Salomonis* (1972), un *Magnificat* (1974) et un *Te Deum* (1979).

Les vérités religieuses fondamentales sont aussi au centre des deux opéras de Penderecki : *Les Diables de Loudun* (1968) et *Le Paradis perdu* (1975-78), que l'on peut considérer comme des œuvres de synthèse, la première complétant l'élan expressionniste de ses premières pièces symphoniques et de la *Passion selon saint Luc*, la seconde s'inspirant de la tendance de plus en plus thématique des compositions symphoniques de Penderecki dans les années soixante-dix. Car si sa *Symphonie n° 1* (1973) reste profondément imprégnée de l'énergie farouche qu'il a développée au cours des dix années précédentes, sa *Symphonie n° 2 « Christmas symphony »* (1980) est une nouvelle façon remarquable d'aborder le XIXe siècle dans les termes les plus simples possibles. Ses œuvres plus récentes confirment ce retour au romantisme, tant dans le domaine lyrique, avec un troisième opéra, *Die schwarze Maske* (1984-86), que dans le domaine symphonique, avec le *Concerto pour violoncelle n° 2* (1982) et le *Concerto pour alto* (1983), ou religieux, avec le *Te Deum* (1979-80) et le *Requiem polonais* (1980-84), tous deux pour quatre solistes, chœur et orchestre.

Paul Griffiths, rév. Alain Pâris.

Pénélope. 1. Opéra en trois actes de Fauré sur un livret de René Fauchois. Créé à Monte-Carlo le 4 mars 1913.

2. Opéra en deux parties de Liebermann sur un livret de Heinrich Strobel, créé au Festival de Salzbourg le 17 août 1954.

3. L'opéra de Monteverdi *Il Ritorno d'Ulisse in patria* traite également de la légende de Pénélope. Draghi, Keiser, Galuppi, Piccinni et Cimarosa ont composé des ouvrages lyriques sur le même sujet.

Pentacorde. Section de la gamme qui regroupe cinq notes, de do à sol, par exemple.

Pentatonique, gamme. Voir *Gamme*, 6.

Pepping, Ernst (Duisbourg, 12 décembre 1901). Compositeur allemand. Il étudie la composition avec Walter Gmeindl à la Musikhochschule de Berlin (1922-26) et enseigne à la Kirchenmusikschule de

Berlin (à partir de 1934) ainsi qu'à la Musikhochschule (à partir de 1953). Pepping a été l'un des principaux protagonistes du mouvement qui a fait revivre la musique religieuse allemande entre les deux guerres : il a écrit beaucoup de musique pour la liturgie luthérienne dans un style qui allie la polyphonie de Bach à une harmonie diatonique élargie proche de Hindemith.

Paul Griffiths.

Pepusch, Johann Christoph (Berlin, 1667 ; Londres, 20 juillet 1752). Compositeur et théoricien allemand. Fils d'un pasteur protestant, il devient organiste à la cour de Prusse à l'âge de quatorze ans. Il quitte l'Allemagne après avoir assisté à l'exécution publique sans procès d'un officier et, après un court séjour en Hollande, se rend à Londres au début du XVIIIe siècle. Il passe une grande partie de sa vie au service du théâtre, surtout à Drury Lane, où il compose des masques (notamment *Venus and Adonis* de Cibber, créé en 1715) et s'engage dans le *ballad opera*. Il écrit l'ouverture et quelques basses pour *The Beggar's Opera* (1728) et arrange la musique de sa suite, *Polly* (1729). Il contribue également à faire renaître la musique ancienne : il fonde et dirige l'Academy of Ancient Music et joue un rôle influent dans la formation de la Madrigal Society. Il reçoit le grade de « Doctor of Music » à l'Université d'Oxford en 1713 et devient en 1746 Fellow de la Royal Society, où il fait une communication sur la musique grecque. Il épouse une riche chanteuse d'opéra, la signora Francesca Margherita de L'Epine, avec laquelle il mène une existence mondaine.

En dehors de la musique qu'il écrit pour des œuvres dramatiques, Pepusch compose des sonates pour violon et pour instruments à vent et prépare l'édition des sonates et des concertos de Corelli pour leur publication à Londres. Pédagogue influent, il compte notamment Boyce parmi ses élèves ; dans sa collection de musiques et de livres figurait le *Fitzwilliam Virginal Book*.

Denis Arnold.

Perception de la musique

1. Le plaisir de la musique
2. La compréhension de la musique
3. Les connaissances indispensables à la compréhension de la musique
4. Conclusion

La perception de la musique est un notion que les pays anglo-saxons ont érigée au rang de discipline (*Appreciation of Music*). Au début du siècle, elle était souvent synonyme d'apprentissage de l'écoute musicale. La « perception de la musique » implique non seulement le plaisir d'écouter de la musique, mais aussi le processus permettant, au-delà du plaisir, de parvenir à un certain degré de « compréhension » – terme prohibé de nos jours, car il laisse supposer que la musique est une langue dotée de significations précises.

1. *Le plaisir de la musique.* En dehors de toute compétence musicale, les sons organisés suscitent généralement une réaction instinctive de plaisir chez la plupart des individus. Cette réaction n'a aucun rapport avec la faculté de chanter juste ou de jouer d'un instrument. Seuls les sourds sont privés de ce plaisir. Néanmoins, le son n'engendre apparemment aucune réaction émotive chez certaines personnes, tout comme d'autres n'apprécient pas la peinture ou l'architecture car ils ne « voient » pas. La connaissance de la musique n'apportera pas grand-chose à celui qui n'« entend » pas et qui tire souvent une certaine fierté de son absence d'oreille musicale car il considère que la musique représente un danger sur le plan émotionnel. Néanmoins, cette « absence » d'oreille est due en grande partie à des préjugés, surtout chez les adolescents, dont les réponses émotives sont déphasées par rapport à leur expérience de la vie. Pourtant, un entourage ou un enseignement enthousiastes et convaincants peuvent faire disparaître ces préjugés, ou du moins les atténuer. La majeure partie de l'humanité n'est pas insensible à la musique, d'une manière ou d'une autre, et ce plaisir vaut la peine d'être vécu.

2. *La compréhension de la musique.* Si l'on considère que la musique apporte un certain ordre au tumulte de la vie quotidienne, elle repose nécessairement sur des moyens d'expression complexes et très élaborés. Un minimum de connaissances de ces moyens d'expression semble indis-

pensable à l'auditeur pour éviter l'écueil des œuvres relativement longues ; quelques lumières sur l'attitude générale du compositeur face à la vie et à la musique ne seront pas inutiles non plus, sans être vraiment indispensables. Il n'est pas nécessaire d'acquérir ces éléments de connaissance en marge de la musique elle-même car le fil conducteur qui mène à la « signification » de la musique s'impose parfois d'emblée. Le public d'opéra italien est, dans la majeure partie des cas, assez mal éduqué au point de vue musical, mais il comprend aisément les chefs-d'œuvre de Verdi et de Puccini, car les paroles et l'action comportent tous les éléments permettant d'appréhender les intentions de la musique ; les opéras de Mozart posent davantage de problèmes car le texte ne traduit pas toujours facilement la musique. Pour des raisons évidentes, le public d'opéra n'aime généralement pas la musique purement instrumentale. Toutefois, il n'est pas nécessaire de posséder des connaissances techniques étendues pour aimer la musique instrumentale ou « abstraite » – sinon le public des « Promenade Concerts » de Londres ne serait pas si nombreux et si enthousiaste. En matière musicale, une bonne culture générale est souvent suffisante.

3. *Les connaissances indispensables à la compréhension de la musique.* Il faut d'emblée dissocier les compétences indispensables dont doit faire preuve le musicien professionnel – interprète ou compositeur – et celles qui concernent l'auditeur. L'auditeur n'a pas besoin de cette formation auditive très poussée, essentielle à l'interprète et qui revient souvent à ne relever que les défauts d'exécution. Il n'a pas davantage besoin de savoir composer une partition ; certains adultes ont peut-être reçu quelques leçons d'harmonie, mais l'harmonisation d'un choral à quatre voix aide-t-elle vraiment à appréhender la musique tonale ? On peut en douter. De même, il n'est pas nécessaire de savoir jouer d'un instrument car, dans un premier temps, l'élève instrumentiste doit se concentrer sur la technique au détriment de la compréhension musicale ; il en résulte une frustration née des limites de sa capacité d'expression et, pour cette raison, beaucoup d'élèves abandonnent la pratique d'instruments difficiles entre dix et vingt ans. Il ne faut pas en déduire qu'il est inutile d'enseigner les rudiments de la musique, mais, quel que soit leur intérêt, ils ne constituent pas une base indispensable pour le mélomane.

Que doit donc savoir ce mélomane ? Tout d'abord, il doit acquérir une connaissance des formes, des grandes lignes de la sonate, du concerto ou du rondo et, pour la musique médiévale, du *cantus firmus* et de l'isorythmie : il suivra ainsi plus facilement la forme de la musique. Ensuite, il doit connaître les attitudes fondamentales, comme les relations entre le texte et la musique dans la musique vocale. Il doit enfin pouvoir se placer dans une perspective historique : comprendre ce que fait le compositeur et pourquoi il le fait aidera l'auditeur à écarter ses préjugés et lui ouvrira de nouveaux horizons musicaux.

L'auditeur doit avant tout se familiariser avec la musique qu'il pense pouvoir apprécier. Écouter une œuvre à plusieurs reprises, sur un disque ou à la radio, permet souvent de mieux la comprendre : l'auditeur reconnaît le matériel thématique et les points forts les plus marquants d'un mouvement ; cette écoute lui donne également une conception de la langue. La musique moderne peut alors lui paraître moins discordante et moins rébarbative. Une fois qu'il s'est familiarisé avec la sonorité de la musique, l'auditeur devrait tenter de l'analyser, pour découvrir comment sont développés les thèmes, les méthodes de modulation et d'orchestration, le flux et le reflux qui mènent aux sommets, la façon dont le compositeur utilise les schémas formels pour créer des surprises, une tension accrue, etc. C'est l'essentiel de la méthode suivie par Walford Davies et Anthony Hopkins dans leurs émissions de radio à la BBC et qu'adoptent la plupart des animateurs de concerts éducatifs en France : l'accent mis sur les différents aspects de la musique dépend naturellement des centres d'intérêt du commentateur. Ce genre d'analyse diffère énormément de celle que pratiquent les musicologues qui « examinent » la musique pour découvrir les principes de style fondamentaux et pouvoir ainsi retracer son histoire ou déterminer sa nature abstraite ; les détails qu'impliquent une telle approche empêcheraient réellement l'auditeur d'écouter la musique. Il faut aussi souligner que l'analyse destinée à l'auditeur a un effet différé. Après une telle analyse, il comprend souvent moins bien l'œuvre qu'à la première écoute. Plus tard, lorsqu'il aura assimilé la structure ou le style et lorsque ces éléments seront devenus, grâce à l'analyse, une seconde nature pour lui, il s'apercevra qu'il est plus proche du cœur de l'œuvre. Dans ce genre d'analyse, il est préférable de savoir lire la musique, mais ce n'est pas absolument nécessaire ; l'auditeur qui suit la partition risque d'ailleurs d'écouter la musique moins attentivement.

4. *Conclusion*. La « perception de la musique », en tant que discipline, paraîtra sans doute superficielle et dépourvue d'un minimum de rigueur scientifique. Elle joue pourtant un rôle essentiel à une époque où l'oreille est assaillie par toutes sortes de musiques qui ont vu le jour au fil des siècles. Un guide indique au voyageur les endroits où se rendre et ce qu'il doit voir : il ne peut fournir la réaction émotionnelle qui en résulte. Il faut se souvenir que les auditoires qui ont fait de Haendel et de Haydn des hommes riches et de Verdi et de Puccini les idoles de toute une nation n'avaient pas reçu une telle formation. Ils se contentaient d'une compréhension instinctive. Et si des œuvres majeures n'ont pas été comprises d'emblée, c'est généralement parce que leur complexité n'avait pas été dissipée par des écoutes répétées, comme les passions de Bach que les assemblées de Leipzig trouvaient trop élaborées (mais, dans ce cas, il y avait aussi des scrupules religieux qui peuvent être considérés comme des préjugés). De nos jours, avec la volonté d'écouter pour apprécier et l'aide d'un bon matériel de haute-fidélité, un tel public aurait pu « faire ses classes » à la maison et trouver le rafraîchissement spirituel dont nous bénéficions.

Denis Arnold.

Percussion

1. Hauteur de son déterminée et indéterminée
2. Les instruments
3. Baguettes et mailloches
4. Notation
5. Effets

Au sens conventionnel, on désigne par percussion l'ensemble des instruments employés dans le pupitre d'orchestre du même nom (all. : *Schlagwerk* ; angl. : *percussion instruments* ; ital. : *batteria*), dans un ensemble de percussion ou par le batteur d'un ensemble de jazz ou d'un groupe « rock » (voir également *Batterie*, 1). Leur diversité, leur éventail sonore et de couleur sont considérables : quel autre pupitre de l'orchestre peut réunir des instruments aux sonorités aussi différentes que le vibraphone, la grosse caisse ou les castagnettes, par exemple ?

Au point de vue sonore, on classe les instruments en fonction de la matière de la partie vibrante : métal, bois ou membrane (les tambours). Une liste sommaire figure au § 2 ci-après. Mais un autre élément joue un rôle important dans l'approche des compositeurs et des orchestrateurs, le caractère déterminé ou indéterminé du son.

1. *Hauteur de son déterminée et indéterminée*. Un instrument à hauteur de son déterminée peut jouer des notes spécifiques de la gamme, notées comme telles dans la partition. On peut citer par exemple les percussions à clavier (glockenspiel, vibraphone, xylophone, etc. ; voir également *Xylophone* pour leur étendue), les cloches-tubes et, parmi les tambours, les timbales. Pour les instruments à hauteur de son indéterminée, les sons ne peuvent s'exprimer par des notes de la gamme. Ce groupe couvre à peu près l'ensemble des autres instruments à percussion qui, jusqu'à une époque récente, se limitaient à un nombre réduit d'instruments – essentiellement la caisse claire et la grosse caisse, les cymbales, le triangle. Ils produisent tous des sons indéfinis par essence et n'ont pas à s'harmoniser avec les autres instruments.

Toutefois, cette division classique a souvent été modifiée en fonction d'un paramètre qui a pris une grande importance au XXe siècle : l'impression relative d'une hauteur de son déterminée sur certains instruments à sonorité indéterminée. Par exemple, une paire de cloches de vache ou de temple-blocks donnera deux sons contrastés parfaitement distincts qui ne correspondent à une aucune note précise de la gamme (donc, par définition, de hauteur indéterminée) mais qui peuvent produire entre eux des motifs de deux notes mémorisables comme de thèmes mélodiques et que l'on peut imiter vocalement. On peut obtenir le même résultat avec des tom-toms de tailles différentes ou avec des cymbales suspendues frappées doucement (ou même avec des cuillers en bois frappées sur deux casseroles). Un tel contraste de sonorités à hauteur indéterminée parmi les instruments à percussion offre un excellent matériel pour la musique atonale. Depuis les œuvres d'Edgard Varèse (notamment *Ionisation* [1931] pour percussion seule), les compositeurs écrivent pour des ensembles de deux ou trois instruments de ce genre, parfois davantage, dont ils précisent seulement la tessiture approximative : grave, medium, aigu, etc. Ils les associent à d'autres instruments à percussion de telle sorte que, tandis qu'un thème d'écriture traditionnelle suit les notes de la gamme, une plage atonale peut surgir des percussions à sonorités indéterminées en passant de la grosse caisse aux différents tom-toms, puis aux temple-blocks et au fouet avec éventuellement l'insertion d'une note de marimba (une véritable note de la gamme), que le contexte atonal de l'ensemble dissocie de toute connotation de définition précise du son.

A ce stade, les choses se compliquent. Les cloches de vache peuvent produire des sonorités parfaitement distinctes ; elles pourraient donc être réglées par le fabricant pour que ces sonorités soient déterminées, c'est-à-dire pour donner les notes de la gamme. On a fabriqué des jeux accordés de cloches de vache, ainsi que des jeux de clochettes et de petites cymbales antiques (Berlioz voulait qu'elles soient accordées sur une ou plusieurs notes de la gamme), sans parler des gongs de Puccini dans *Turandot* ; ainsi, tous ces instruments ont acquis une hauteur de son déterminée. Néanmoins, tous les orchestres ne disposent pas de ces jeux accordés, et de nombreux compositeurs ne souhaitent pas voir ces instruments atteindre une telle précision de définition sonore : ils demandent le plus souvent une « absence de définition » atonale (« grave », « aigu », etc., comme on l'a déjà mentionné). Ainsi doit-on tenir compte d'une catégorie d'instruments à percussion difficiles à définir qui, dans la plupart des cas, font tout de même partie des instruments à hauteur de son indéterminée.

2. *Les instruments.* Cette liste n'est absolument pas exhaustive et il y a lieu, pour la plupart des instruments, de se reporter aux entrées individuelles. Un nombre sans cesse croissant d'instruments continuent à enrichir la panoplie des musiciens avec l'importation de per-cussions traditionnelles et exotiques (« tambours africains », etc.) qui s'ajoutent à celles qui ont fait l'objet d'emprunts antérieurs à la musique traditionnelle et populaire, puis au jazz et à d'autres musiques de danse. On trouve un grand nombre de ces nouveautés dans les œuvres de Carl Orff.

Métal : *Enclume* ; cloches-plaques (voir *Cloches,* 8) ; *Chaînes* ; *Cloches de vache* ; crotales (voir *Cymbales,* 4) ; *Cymbales* ; *Flexatone* ; *Glockenspiel* ; *Gong et tam-tam* ; *Lujon* ; *Sistre* ; *Grelots* ; *Triangle* ; *Cloches-tubes* ; *Vibraphone.*

Bois : *Castagnettes* ; *Claves* ; *Guiro* ; *Maracas* (et *chocolo, cabaza*) ; *Marimba* ; *Crécelle* ; *Tambour à fente* (et tambour de bois) ; *Temple-blocks* ; *Fouet* ; *Wood-block* ; *Xylophone.*

Tambours : *Bongos* (et tambours, conga et timbalès créoles) ; *Tambour à friction* ; *Rototom* ; *Tambour de basque* ; *Timbales* ; *Tom-tom.*

On utilise parfois des bouteilles ou des timbales frappées (Britten) et des effets imitatifs comme le tonnerre, le vent, etc. (voir § 5).

3. *Baguettes et mailloches.* La véritable hauteur de son d'un instrument à percussion est déterminée par sa matière, sa forme, ses dimensions et (pour les membranes) la tension. Mais il existe un autre paramètre, relatif au son aigu ou grave, qui peut être comparé, d'une certaine façon, aux « registres » d'un instrument à vent : les sons les plus aigus d'un instrument à percussion proviennent des partiels supérieurs d'un son complexe et inversement. Ce contraste dépend des différents points de frappe de l'instrument ; il dépend aussi de la direction de l'impact des coups, mais surtout des accessoires utilisés.

Il est très instructif de tapoter le dessus d'une table tout d'abord avec les doigts (pour identifier la hauteur de son, on peut fredonner à l'unisson de ce que l'on entend), puis avec un crayon : une hauteur de son plus aiguë, à peine audible de prime abord, finit par prédominer. De même, sur les instruments à percussion, une mailloche à l'extrémité large et douce créera un contact avec la surface vibrante (une membrane ou une surface solide) sur une surface appréciable et étouffera ainsi les composantes de vibration plus courtes pour produire un son ronflant ou moelleux ; à l'inverse, une baguette étroite et dure produit l'effet contraire : elle libère les partiels supérieurs, alors que la fondamentale ou les modes inférieurs sont à peine éveillés, et produit un son plutôt sifflant, cassant ou tintant, selon le cas.

Dans la musique classique, les instruments à percussion sont rarement utilisés d'une façon différente de la manière traditionnelle. Toutefois, à partir de Berlioz, les compositeurs – et les batteurs de théâtre et de ballet – ont généralisé l'emploi de baguettes qui auraient paru inappropriées auparavant ; on a également vu apparaître un nouvel usage des cymbales, frappées avec une baguette (« cymbale suspendue ») et non l'une contre l'autre. La plupart des partitions, surtout à partir de Bartók – mais on trouve déjà des exemples célèbres auparavant, notamment chez Stravinski, Ravel ou Elgar –, révèlent une profusion de méthodes nouvelles, trop nombreuses pour que l'on puisse en dresser ici la liste.

4. *Notation*. Dans la musique légère et dans les parties de percussion des fanfares, les principaux instruments à percussion sont généralement inscrits sur une seule ligne de la portée (voir *Fanfare*). Les autres instruments sont ajoutés plus haut sur la portée, leur nom étant indiqué en abrégé ou, pour les cymbales suspendues, par une croix à la place d'une note. Dans la musique symphonique, une ligne séparée est prévue pour chaque instrument à

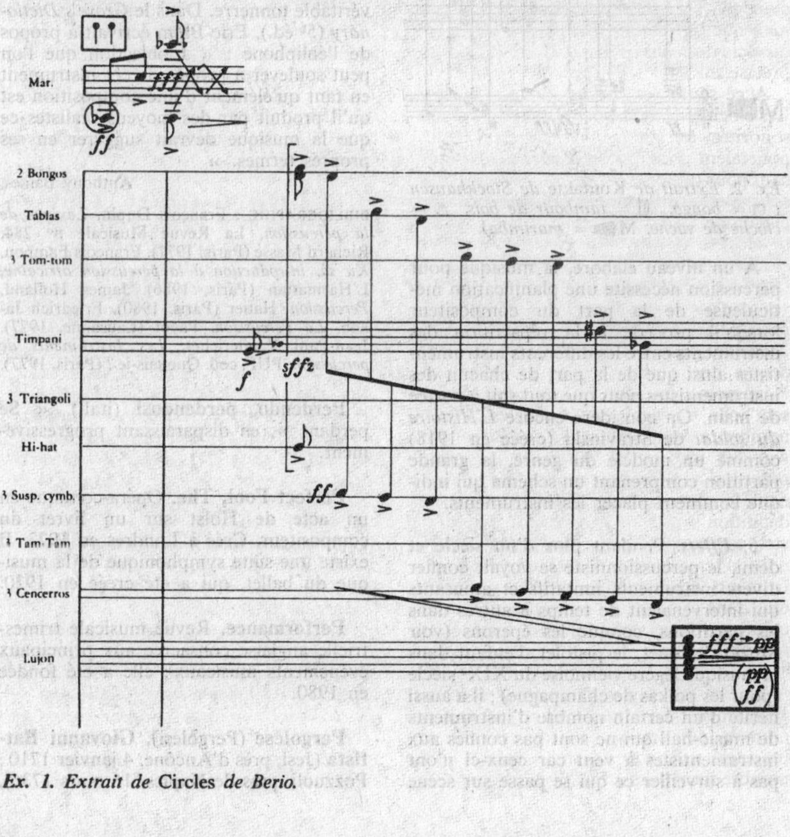

Ex. 1. Extrait de Circles *de Berio.*

hauteur indéterminée (voir Ex. 1). Ces lignes ne sont imprimées que lorsque les instruments concernés ont à intervenir ; l'instrumentiste, qui est généralement chargé de plusieurs d'entre eux, doit donc savoir desquels il s'agit. Pour ce faire, on peut employer deux méthodes : soit les nommer expressément comme dans l'Ex. 1 (une œuvre faisant intervenir six percussionnistes), soit utiliser des symboles graphiques, comme dans l'Ex. 2. Ces symboles ont tendance à se généraliser de nos jours.

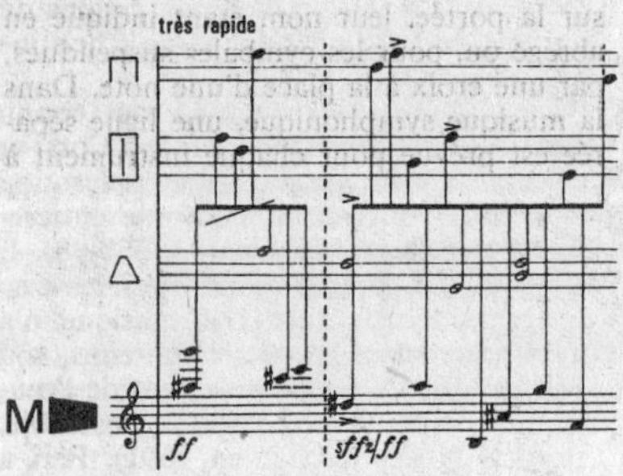

Ex. 2. Extrait de Kontakte *de Stockhausen (⊓ = bongo, ▯ = tambour de bois, △ = cloche de vache,* M▶ *= marimba).*

A un niveau élaboré, la musique pour percussion nécessite une planification méticuleuse de la part du compositeur lorsqu'il procède à la répartition des instruments entre les différents instrumentistes ainsi que de la part de chacun des instrumentistes pour que tout soit à portée de main. On considère encore *L'Histoire du soldat* de Stravinski (créée en 1918) comme un modèle du genre, la grande partition comprenant un schéma qui indique comment placer les instruments.

5. *Effets.* Pendant plus d'un siècle et demi, le percussionniste se voyait confier divers instruments imitatifs et amusants qui intervenaient de temps à autres dans les partitions, comme les éperons (voir *Sistre*), le fouet, le pistolet d'enfant dans la musique légère viennoise du XIXe siècle (pour les polkas de champagne) ; il a aussi hérité d'un certain nombre d'instruments de music-hall qui ne sont pas confiés aux instrumentistes à vent car ceux-ci n'ont pas à surveiller ce qui se passe sur scène pendant qu'ils jouent. Depuis lors, certains instruments ont été intégrés au pupitre des percussions de l'orchestre symphonique comme l'enclume et le fouet. D'autres sont encore classés parmi les « effets, », notamment ceux qui restituent les manifestations climatiques : la machine à faire de la pluie (un tambour rotatif composé d'un écran métallique et rempli de petits plombs) ; la machine à vent (éoliphone), tambour composé de lamelles de bois d'environ 75 cm de diamètre, qui tourne sous un drap de toile fine (utilisé par exemple dans *Don Quixote* de Richard Strauss) ; le tonnerre (feuille métallique qui peut atteindre 3,60 m de long, suspendue et secouée ou frappée avec une mailloche de gong) ; pour le tonnerre, on utilise aussi un cylindre rotatif en acier rempli de pierres et de balles métalliques ou, de plus en plus de nos jours, des enregistrements amplifiés de véritable tonnerre. Dans le *Grove's Dictionary* (5e éd.), Eric Blom écrivait à propos de l'éoliphone : « L'objection que l'on peut soulever à propos de cet instrument en tant qu'élément d'une composition est qu'il produit par des moyens réalistes ce que la musique devrait suggérer en ses propres termes. »

Anthony Baines.

BIBLIOGRAPHIE : François Dupin, *Lexique de la percussion*, La Revue Musicale n° 284, Richard Masse (Paris, 1971). François Fampou, *Ku sà, introduction à la percussion africaine*, L'Harmattan (Paris, 1986). James Holland, *Percussion*, Hatier (Paris, 1980). Friedrich Jakob, *La Percussion*, Payot (Lausanne, 1977). Jean-Paul Vanderichet, *Les Instruments de percussion*, PUF, coll. Que sais-je ? (Paris, 1977).

Perdendo, perdendosi (ital.). « Se perdant », en disparaissant progressivement.

Perfect Fool, The. Opéra-comique en un acte de Holst sur un livret du compositeur. Créé à Londres en 1923. Il existe une suite symphonique de la musique du ballet, qui a été créée en 1920.

Performance. Revue musicale trimestrielle anglaise consacrée aux principaux événements musicaux ; elle a été fondée en 1980.

Pergolèse (Pergolesi), **Giovanni Battista** (Jesi, près d'Ancône, 4 janvier 1710 ; Pozzuoli, près de Naples, 16 mars 1736).

Compositeur italien. De constitution très faible, il semble avoir souffert toute sa vie de tuberculose. Élevé au Conservatorio dei Poveri di Gesù Cristo à Naples à partir de 1722 environ, il reçoit à vingt et un ans la commande d'un *opera seria* pour un théâtre napolitain. En 1732, il devient *maestro di cappella* de l'écuyer du vice-roi de Naples et, dès lors, il mènera une vie très active, écrivant des opéras sérieux et des opéras-comiques (*Lo Frate 'nnamorato*, créé en 1732, remporte un énorme succès) ainsi que beaucoup de musique religieuse. Dès 1735, sa réputation s'étend au-delà de Naples et il reçoit la commande d'un opéra pour Rome, *L'Olimpiade*, qui ne remporte pas un succès immédiat. Sa santé se détériorant, Pergolèse va vivre au monastère franciscain de Pozzuoli. Il continue à composer son *Stabat Mater* et le *Salve regina* en ut mineur appartenant à cette période.

Lorsque Pergolèse est mort à l'âge de vingt-six ans, il n'était pas très célèbre, mais sa musique a été souvent reprise au cours des deux décennies après sa mort, notamment son intermezzo *La Serva padrona* (« La Servante maîtresse »), créé à Naples en 1733, joué par des troupes lyriques itinérantes. *La Serva padrona* fut donnée à Paris en 1746, puis en 1752 ; cet ouvrage a déclenché la Querelle des *bouffons et est devenu le symbole des partisans de Rousseau. Depuis, de nombreuses œuvres lui ont été attribuées par erreur, notamment une partie de la musique recomposée par Stravinski pour son ballet *Pulcinella*. De nos jours, Pergolèse fait figure de personnage mineur, mais *La Serva padrona* est un petit chef-d'œuvre : les personnages sont bien brossés, l'intrigue bien construite et la musique est l'essence même de cet *opera buffa*, avec des rythmes vifs et des thèmes concis et essentiels. On aurait tort de mépriser sa musique religieuse – le *Stabat Mater* exprime délicatement les émotions du texte, tandis que la musique pour voix soliste et orchestre présente presque toujours un attrait particulier dû à son caractère mélodieux.

Denis Arnold.

Peri, Jacopo (di Antonio di Francesco) (Rome, 20 août 1561 ; Florence, 12 août 1633). Compositeur et chanteur italien issu d'une famille de la bourgeoisie florentine (il se surnomme lui-même « nobil Fiorentino »), il est à douze ans chanteur au monastère de Santa Annunziata à Florence ; au cours des années suivantes, il est chanteur et organiste dans plusieurs églises et monastères de Florence. Il est l'élève de Malvezzi, qui lui enseigne le contrepoint, et participe aux discussions de la **camerata* florentine dans les années 1580. Son talent se révèle surtout dans la composition de musique dramatique ; en 1583, il participe à la composition d'un ensemble d'*intermedi* donnés à la cour des Médicis et, en 1589, il compose et chante une *aria* pour les célèbres *intermedi* de *La Pelligrina* donnés lors des célébrations du mariage de Ferdinand Ier et de Christine de Lorraine.

De nos jours, Peri est surtout connu pour avoir collaboré avec Jacopo Corsi et le poète Ottavio Rinuccini à la réalisation du premier ouvrage dramatique entièrement en musique, *La Dafne* (1597-98). Il en a composé les récitatifs et Corsi les airs, mais, malheureusement, la musique n'a pratiquement pas survécu. Toutefois, son style se rapproche probablement de l'œuvre qu'ils ont ensuite composée ensemble, *Euridice* (1600, publiée en 1601). Peri a de nouveau écrit les récitatifs et Caccini a insisté pour recomposer les airs et les chœurs qui devaient être confiés à ses chanteurs ; les récitatifs ont eu moins de succès auprès du public de l'époque, mais on en peut apprécier aujourd'hui l'effet dramatique (voir également *Opéra*, 2).

Une infime partie de la musique de Peri a survécu et elle n'est jouée que très rarement. Il a néanmoins continué de composer régulièrement, entretenant des relations avec la cour de Mantoue et écrivant plusieurs ouvrages dramatiques ; il a publié un recueil de chansons, *Le Varie Musiche*, en 1609, dirigé la musique de Pâques à Saint-Nicolas de Pise et écrit des *sacre rappresentazioni* pour Santa Maria Novella, à Florence, dans les années 1620. Il était alors en mauvaise santé et, bien qu'il ait survécu à l'épidémie de peste qui a frappé Florence en 1630-33, il est mort peu après que la ville en eut été délivrée, à plus de soixante et onze ans.

Denis Arnold.

Péri, La. Poème dansé pour orchestre de Paul Dukas, initialement écrit pour Diaghilev mais créé par N. Trouhanova au Châtelet le 22 avril 1912. L'argument suit une vieille légende persane. L'œuvre est précédée d'une fanfare que l'on joue souvent séparément.

Périchole, La. Opéra bouffe en trois actes d'Offenbach sur un livret de Meilhac et Halévy, d'après *Le Carrosse du Saint-Sacrement* (1829) de Mérimée. Création le 6 octobre 1868 à Paris, au Théâtre des Variétés, avec Hortense Schneider dans le rôle-titre.

BIBLIOGRAPHIE : *La Périchole*, L'Avant-Scène-Opéra nº 66 (Paris, 1985).

Périgourdine. Ancienne danse française originaire du Périgord (de nos jours surtout dansée en Dordogne). Elle était généralement notée à 3/8 ou à 6/8 et les danseurs chantaient l'air.

Perle, George (Bayonne, New Jersey, 6 mai 1915). Compositeur et auteur américain. Il étudie la composition avec Wesley La Violette à De Paul University (1934-38) et est l'élève d'Ernst Krenek durant les années quarante. Depuis, il enseigne dans diverses institutions ; il est l'auteur d'une étude sur la musique sérielle, *Serial Composition and Atonality : an Introduction to the Music of Schoenberg, Berg and Webern* (Los Angeles et Londres, 1962, 4e éd. 1977), ainsi que d'une étude sur *Wozzeck* de Berg qui fait autorité (*The Operas of Alban Berg*, I : *Wozzeck*, Los Angeles et Londres, 1981). Dans sa propre musique, il a mis au point un système de « modalité dodécaphonique » qui combine des éléments de la tonalité et du sérialisme pour créer une musique claire et cohérente. Ses œuvres s'adressent pour la plupart à des instruments solistes ou à des ensembles de musique de chambre standards ; il a aussi écrit quelques pièces symphoniques et des mélodies.

Paul Griffiths.

Perosi, Lorenzo (Tortona, près de Piacenza, 20 décembre 1872 ; Rome, 12 octobre 1956). Compositeur italien. Fils de l'organiste de la cathédrale de Tortona, il fait ses études à Rome et à Milan avant de se rendre, en 1893, à Ratisbonne, où il travaille avec F. X. Haberl. En 1894, il est nommé *maestro di cappella* à Saint-Marc de Venise et est ordonné prêtre peu de temps après par le futur pape Pie X. En 1898, il prend la direction de la chapelle Sixtine, où il exerce une influence importante en rédigeant le célèbre « Motu proprio » de 1903, préconisant le retour à un style « pur » dans la musique religieuse. A cette époque, les œuvres de Perosi, qui comprennent une *Passion selon saint Marc* (1897), souvent jouée en Italie, révèlent l'influence de la polyphonie du XVIe siècle ainsi que celle de Wagner. En 1917, Perosi souffre de troubles mentaux, mais il guérit et connaît une seconde période créatrice assez fructueuse dans les années trente : il compose alors quelques œuvres de musique sacrée ainsi que cinq quintettes avec piano (1930-31). Il est resté directeur musical en titre à la chapelle Sixtine jusqu'à sa mort.

Denis Arnold.

Pérotin [Perotinus Magnus]. Compositeur attaché à Notre-Dame de Paris à la fin du XIIe siècle et au début du XIIIe siècle. Comme son aîné Léonin, il est connu par les remarques d'un théoricien anglais anonyme appelé Anonyme IV (célèbre vers 1270), mais son nom apparaît également dans un passage ajouté à peu près à la même époque à un traité de Johannes de Garlandia. Anonyme IV sous-entend que Pérotin a pris pour point de départ des chants liturgiques de Léonin (*organa dupla*), les révisant et les complétant de morceaux écrits dans un langage plus moderne. Il dit que le « magnus liber » de Léonin « a été utilisé jusqu'à l'époque de Perotinus magnus, qui l'a raccourci et a fait de meilleures *clausulae* ou *puncta* [c'est-à-dire des parties de *déchant par opposition à l'**organum*], car il était le meilleur compositeur [ou chanteur] de déchant ». Anonyme IV cite ensuite les diverses compositions de Pérotin (ce qu'il n'a pas fait pour Léonin) ; elles comprennent deux chants à quatre voix (*organa quadrupla*) – les Graduels *Viderunt* et *Sederunt* – et deux à trois voix (*organa tripla*), ainsi que trois *conductus* respectivement à trois, deux et une voix. Les décrets de l'évêque de Paris autorisant spécifiquement le *Viderunt* et le *Sederunt* à quatre parties datant de 1198 et 1199, il est probable que les compositions de Pérotin ont été écrites à peu près à cette époque. On ne sait pas s'il s'agit d'œuvres de jeunesse ou d'œuvres plus tardives – certains situent sa carrière de compositeur entre 1170 et 1200, d'autres

Ex. 1

entre 1190 et 1220. Si ces dernières dates sont correctes, il se pourrait que Pérotin ait composé des motets, mais Anonyme IV ne le mentionne pas.

Le *Viderunt* et le *Sederunt* comptent parmi les plus belles réalisations de la musique médiévale et ses autres compositions, quelle que soit leur beauté, n'ajoutent rien à l'importance de Pérotin. Toutes deux de con-ception tonale à grande échelle – avec des pédales massives soutenant des balancements majestueux d'une harmonie à une autre – et avec les effets combinés entre les trois voix supérieures, elles font preuve d'une maîtrise qui justifie amplement l'adjectif « magnus ». Le style contrapuntique de Pérotin est illustré dans un extrait du *conductus* à trois parties, *Salvatoris hodie* (Ex. 1) – particulièrement frappant si l'on se souvient que l'œuvre de Léonin se compose simplement de l'addition d'une partie aux ténors de plain-chant.

David Hiley.

Perpétuel. Pour canon perpétuel (voir *Canon*).

Perpetuum mobile (lat., « perpétuellement en mouvement », ital. : *moto perpetuo,* « mouvement perpétuel »). Titre de certaines compositions instrumentales rapides dont toutes les notes ont la même valeur. Paganini (*Moto perpetuo op.11)*, Weber (*Sonate pour piano op.24*, dernier mouvement) et Johann Strauss (*Perpetuum mobile op.257*) figurent au nombre des compositeurs qui ont employé ce terme.

Perrot, Jules Joseph (Lyon, 18 août 1810 ; Paramé, 24 août 1892). Chorégraphe français. Il a travaillé en collaboration avec Coralli sur *Giselle* (Adam, 1841), puis a fait de Londres un grand centre chorégraphique avec des œuvres comme *Ondine* (1843), *La Esmeralda* (1844), *Pas de quatre* (1845) et *Lalla Rookh* (1846), toutes sur des musiques de Pugni. Il a été maître de ballet à Saint-Pétersbourg entre 1851 et 1858.

Noël Goodwin.

Perse. Voir *Moyen-Orient.*

Perséphone. Mélodrame en trois scènes pour récitant, ténor, chœur, chœur d'enfants et orchestre de Stravinski, sur un livret d'André Gide. Créé à Paris en 1934 dans une chorégraphie de Jooss. Stravinski l'a révisé en 1949. Dans la version ballet, le personnage de Perséphone doit parler et danser.

Persichetti, Vincent (Philadelphie, 6 juin 1915 ; Philadephie, 14 août 1987). Compositeur américain. Il fait ses études au Conservatoire et au Curtis Institute de Philadelphie et prend des cours de composition avec Russell King Miller (1924-36) et Roy Harris (1943). Il enseigne la composition au Conservatoire de Philadelphie (1942-62) et à la Juilliard School de New York (à partir de 1947). Il a beaucoup écrit dans le domaine de la musique symphonique, chorale, de chambre et instrumentale, se référant à divers styles qui conservent généralement des relations avec les concepts de tonalité. Il a également publié le livre *Twentieth Century Harmony* (New York, 1961).

Paul Griffiths.

Perti, Giacomo Antonio (Crevalcore, Bologne, 6 juin 1661 ; Bologne, 10 avril 1756). Compositeur italien. Il étudie la musique avec son oncle, prêtre à San Petronio, la principale église de Bologne, puis au collège jésuite et peut-être à l'Université. Il aborde assez tôt la composition et fait représenter son premier opéra à l'âge de dix-huit ans ; l'année suivante, il dirige une messe à San Sigismondo. Peu après, il s'installe à Parme, où il continue à composer des opéras et de la musique sacrée ; ses opéras sont également représentés à Rome et à Venise. En 1690, il retourne à Bologne, où il est nommé maître de chapelle à San Pietro puis, six ans plus tard, à San Petronio, où il restera jusqu'à la fin de sa vie.

Les opéras et les oratorios de Perti sont rarement joués de nos jours, mais sa musique religieuse mérite d'être reprise ; ses messes, psaumes et motets sont écrits pour grand chœur et solistes avec accompagnement d'orchestre (comprenant parfois des parties de trompette ou d'autres parties d'instruments *obbligato*) ou *a cappella*, dans l'ancien style de Palestrina. Pédagogue influent, il a eu notamment pour élèves Francesco et Vincenzo Manfredini, Torelli et le padre Martini.

Denis Arnold.

Perugia, Matteo da. Voir *Matteo da Perugia*.

Pes (lat.). « Pied ». 1. Terme désignant la partie de ténor dans certains manuscrits anglais du XIIIe siècle ; dans la plupart des cas, le *pes* porte une figure mélodique *ostinato*. Les deux voix les plus graves de la rote « Summer is icumen in » sont appelées *pes* dans le manuscrit original.

2. Synonyme de *podatus*, c'est-à-dire un neume de deux notes. Voir *Notation*, 2.

Pescetti, Giovanni Battista (Venise, vers 1704 ; Venise, 20 mars 1766). Compositeur italien. Élève d'Antonio Lotti, il consacre la plus grande partie de sa carrière au théâtre, composant son premier opéra en 1725. En 1736, il se rend à Londres, où il prend la suite de Porpora à la tête de l'Opera of the Nobility, avant de retourner à Venise une dizaine d'années plus tard. En 1762, un an après la création de son dernier opéra à Padoue, il est nommé deuxième organiste à Saint-Marc de Venise. En dehors de ses œuvres dramatiques (dont presque toute la musique est aujourd'hui perdue), Pescetti a écrit un oratorio, des pièces pour orgue et un livre de sonates pour clavecin (Londres, 1739).

Wendy Thompson.

Pesenti, Michele (vers 1470 ; après 1524). Compositeur italien, né dans la région de Vérone. Il semble avoir travaillé à la cour de Ferrare et à celle de Mantoue et avoir été maître de la musique de chambre du pape Léon X. Il a composé beaucoup de *frottole* et ses œuvres figurent dans des anthologies publiées par Petrucci à Venise entre 1513 et 1521.

Denis Arnold.

Petenera (esp.). Chant traditionnel espagnol, dont le nom s'inspire de celui d'un chanteur du XIXe siècle. De rythme ternaire vif, la *petenera* comporte des sections vocales alternant souvent avec des passages pour guitare seule à six temps.

Peter Grimes. Opéra en trois actes de Britten sur un livret de Montagu Slater, d'après le poème de Crabbe *The Borough* (1810). Représentations : Londres (Sadler's Wells, 7 juin 1945) ; Stockholm (21 mars 1946) ; Tanglewood (6 août 1946) ; Paris (Opéra, par la troupe de Covent Garden, 11 juin 1948).

Dans un petit village de pêcheurs du Suffolk, Peter Grimes (tén.) a perdu un apprenti en mer dans des circonstances mystérieuses ; mais on lui conseille de ne pas prendre d'autre apprenti. Ellen Orford (sop.), la maîtresse d'école, est la seule à avoir confiance en lui et l'aide à trouver un autre garçon. Elle découvre ensuite que le garçon a été maltraité et se fâche avec Peter. Il emmène l'enfant sur la falaise, mais la colère populaire monte et le village entier se lance à leur poursuite. Peter et son apprenti entendent venir la foule et descendent la falaise, mais le garçon fait une chute mortelle. Trois jours plus tard, Peter retourne au village au lever du jour, épuisé. Balstrode (bar.), un vieux capitaine en retraite, lui conseille de reprendre la mer et de couler son bateau, ce que fait Peter au moment où le village s'éveille à un autre jour ordinaire.

BIBLIOGRAPHIE : *Peter Grimes*, L'Avant-Scène-Opéra nº 31 (Paris, 1981).

Peters. Maison d'édition musicale allemande. En 1800, le compositeur F. A. Hoffmeister (1754-1812) avait ouvert à Leipzig une maison d'édition, avec une imprimerie et un magasin de musique, que le libraire C. F. Peters (1779-1827) a rachetée en 1814, en lui a donnant son nom actuel. Le catalogue comprenait de la musique de chambre et de la musique instrumentale de Bach, Haydn, Mozart et Beethoven ainsi que le célèbre dictionnaire biographique des musiciens de E. L. Gerber ; il s'est ensuite étendu à Spohr, Weber, Hummel et à d'autres compositeurs. Max Abraham (1831-1900) est devenu l'associé de Peters et, en 1880, le seul et unique propriétaire ; en collaboration avec le graveur de Leipzig C. G. Röder, il a bâti la réputation de la firme avec l'« Édition Peters », à l'impression claire et aux couvertures distinctives (vert clair pour les œuvres tombées dans le domaine public, rose pour les œuvres protégées).

Le neveu d'Abraham, Henri Hinrichsen (1868-1942), excellent homme d'affaires doué d'un sens artistique certain, est entré dans la firme en 1894. Il a enrichi le catalogue avec des œuvres de Grieg, Brahms, Bruch, Wagner, Wolf, Mahler, Schoenberg et Richard Strauss. Ses fils Max (1901-65) et Walter (1907-69) ont commencé à travailler avec lui en 1931. Après la Seconde Guerre mondiale, les éditions Peters se sont divisées ; chaque branche publie une partie du catalogue d'origine tout en assurant la promotion de musiques nouvelles. La branche de Leipzig a été nationalisée en 1949-50 et assure la promotion des compositeurs d'Europe de l'Est (comme Hanns Eisler). Celle de Londres, créée par Max Hinrichsen en 1938 sous le nom de Hinrichsen Edition (rebaptisée Peters en 1975), publie de la musique anglaise ancienne ainsi que la musique de compositeurs contemporains (comme Brian Ferneyhough). La branche de New York, créée par Walter Hinrichsen en 1948, publie les œuvres de compositeurs comme Cage, Ives, Ligeti et Schoenberg (sous la marque Henmar). La branche établie à Francfort-sur-le-Main en 1950 se concentre aussi sur la musique contemporaine.

J. M. Thomson.

Petipa, Marius (Marseille, 11 mars 1818 ; Gurfuz, Crimée, 14 juillet 1910). Chorégraphe français, frère du danseur Lucien Petipa (1815-98). Après avoir été l'assistant de Perrot à Saint-Pétersbourg, Marius y devient maître de ballet en 1862. Ses quarante-six ballets et divertissements originaux sont à la base du succès du Ballet impérial russe, dont il a abandonné la direction en 1903. Ils comprennent *Don Quixote* (Minkus, 1869), *Bayaderka* (Minkus, 1877), *La Belle au bois dormant* et *Le Lac des cygnes* révisé, *Raymonda* (Glazounov, 1898), *Les Saisons* (Glazounov, 1900) et d'importantes sections du *Corsaire* (Adam et d'autres, 1880) et de *Paquita* (Deldevez et Minkus, 1881).

Noël Goodwin.

Petit détaché. Voir *Détaché*.

Petite messe avec orgue (*Kleine Orgelmesse*). Messe Nº 7 en si bémol majeur de Haydn, composée vers 1775. Le titre complet est *Missa brevis sancti Joannis de Deo*. Voir également *Grande Messe avec orgue*.

Petite messe solennelle. Messe pour soprano, mezzo-soprano, ténor, baryton, chœur, deux pianos et harmonium de Rossini composée en 1863. Rossini en a réalisé un arrangement pour grand orchestre en 1867. Le mot « petit » ne se réfère pas à la taille de l'œuvre, mais à une évaluation trop modeste, par Rossini lui-même, de son importance réelle.

Petite musique de nuit, Une (*Eine kleine Nachtmusik*). Nocturne (ou sérénade) K 525 de Mozart pour quatuor à cordes et contrebasse. Composé en 1787, il comporte quatre mouvements, mais en avait cinq à l'origine (le premier menuet a été retiré du manuscrit).

Petite renarde rusée, La (*Prihody Lisky Bystrousky*). Opéra en trois actes de Janáček sur un livret du compositeur, d'après les nouvelles qu'avait écrites Rudolf Těsnohlídek pour des dessins de Stanislav Lolek publiés en 1920 dans le journal de Brno *Lidové noviny*. Représentations : Brno (6 novembre 1924) ; Paris (Théâtre des Nations, par la troupe de l'Opéra-Comique de Berlin, 27 mai 1957, version allemande de Max Brod) ; Londres (Saddler's Wells, 12 mars 1961) ; New York (Hunter College, 7 mai 1964). La version allemande de Max Brod souligne l'identité entre les hommes et les animaux (comme le Prêtre et le Blaireau) que Janáček a délibérément laissée dans le vague. Bystrouska, la renarde (sop.), est capturée par le Forestier (bar.) qui veut en faire un animal domestique. Elle raconte ses malheurs au basset Lapak (mezzo ou tén.) et incite les poules à la rébellion contre le coq (sop.), ce qui lui permet de s'échapper. Elle dépossède le Blaireau (basse) de son terrier en le salissant et s'y installe. Dans le monde des hommes, le Prêtre (basse), qui doit être muté, est mélancolique, le Forestier soupire pour la mystérieuse gitane Terinka qui a également fasciné l'Instituteur (tén.) et, bien qu'ils jouent aux cartes ensemble à l'auberge, le désordre menace. Ils quittent l'auberge assez éméchés et ne sachant que penser de l'attitude de Terinka ; la petite renarde les surveille. Elle rencontre le Renard (sop. ou tén.) et le Pivert les marie. Harasta, le colporteur (basse), rencontre la famille renard et tire sur Bystrouska. De retour à l'auberge, le Forestier est triste car il ne pourra pas retrouver la renarde dont l'image le hante ; en outre, le mariage de Terinka et de Harasta ne remonte pas le moral des hommes. Ils se sentent vieillir à l'arrivée du printemps. Seul dans les bois, le Forestier s'assoupit ; en s'éveillant, il observe les animaux, notamment un petit renard qui ressemble à sa mère ; réconforté par cette vision de la nature qui toujours se renouvelle, il se rendort en paix.

BIBLIOGRAPHIE : *La Petite Renarde rusée*, L'Avant-Scène-Opéra n° 84 (Paris, 1986).

Petite Russienne. Surnom de la *Symphonie n° 2 en ut majeur op.17* (1872) de Tchaïkovski, ainsi nommée parce qu'elle utilise des chansons populaires d'Ukraine (« Petite Russie »).

Petites notes (angl. : *grace-notes*). Terme désignant généralement des notes ornementales imprimées en petits caractères, qui ne sont pas comprises dans la somme rythmique des notes de la mesure. L'exemple le plus simple est l'*appoggiature, surtout sous sa forme courte (souvent appelée **acciaccatura*). Certains compositeurs comme Chopin ont écrit de longues chaînes de petites notes, qu'il faut jouer légèrement et librement tout en conservant un tempo général régulier.

Petite Suite. Œuvre pour piano à quatre mains de Debussy, composée en 1886-89. Elle comporte quatre mouvements : *En bateau*, *Cortège*, *Menuet* et *Ballet*. Elle a été arrangée pour piano à deux mains par Durand (1906), pour orchestre par Büsser (1907) et pour petit orchestre par Mouton (1909).

Petit Livre d'Anna Magdalena Bach. Recueil de pièces pour clavier de J. S. Bach, qui regroupe deux livres du *Klavierbüchlein*, et qu'il a conçu pour la formation musicale de sa seconde femme, Anna Magdalena. Publié entre 1722 et 1725.

Petrassi, Goffredo (Zagarola, près de Palestrina, 16 juillet 1904). Compositeur italien. Il fait ses études à l'Accademia di Santa Cecilia à Rome (1928-32), où il enseigne depuis 1934. Tout d'abord influencé par le néoclassicisme de Stravinski, de Hindemith et de Casella, il évolue, dans les années quarante, vers un style d'harmonie dense et de pensée profonde ; les principales œuvres de cette seconde période comprennent son opéra métaphysique *Morte dell'aria* (1949-50). Au début des années cinquante, il commence à employer les méthodes sérielles, et les œuvres qui suivent évitent l'élaboration thématique en faveur d'une utilisation vigoureuse, kaléidoscopique, des motifs. On peut suivre son évolution dans le cycle de huit concertos pour orchestre.

Paul Griffiths.

Pétrouchka. Ballet (burlesque) en quatre scènes de Stravinski sur un livret de Benois. Créé à Paris en 1911 par les Ballets russes de Diaghilev dans une chorégraphie de Fokine. Une suite pour orchestre a été exécutée pour la première fois à Paris en 1914 ; Stravinski l'a réorchestrée en 1947 en lui donnant la forme d'une suite en quatre parties et quinze mouvements. Il a transcrit trois mouvements pour piano (1921) et a réalisé une réduction pour piano à quatre mains de la partition. Babin a fait une version pour deux pianos et Szántó a arrangé cinq pièces en une suite pour piano (1922).

Petrucci, Ottaviano (dei) (Fossombrone, près d'Urbino, 18 juin 1466 ; Venise, 7 mai 1539). Imprimeur et éditeur de musique italien qui a été le premier à utiliser les caractères d'imprimerie mobiles pour imprimer de la musique polyphonique. Après avoir fait ses humanités, probablement à la cour de Guidobaldo Ier, duc d'Urbino, il se rend vers 1490 à Venise, centre d'imprimerie alors très important. En 1498, il obtient du doge un privilège exclusif pour imprimer la musique mensuraliste (c'est-à-dire toute la musique, à l'exception du plain-chant) et, en 1501, publie *Harmonice musicae odhecaton A*, recueil de quatre-vingt-seize pièces, essentiellement des chansons françaises à trois et quatre voix de compositeurs franco-flamands. Pour cet ouvrage et pour les volumes suivants, il invente et fond des caractères musicaux dont l'élégance singulière s'ajoute à un excellent travail d'impression ; sa méthode nécessitait parfois trois passages, mais il en utilisait habituellement deux.

Au cours des huit années suivantes, Petrucci diffuse pour la première fois beaucoup de musique polyphonique – des *frottole*, des messes, des motets, des tablatures pour luth – émanant des plus grands compositeurs franco-flamands et italiens de l'époque (Josquin des Prés, Obrecht, Isaac, Brumel, Cara, Tromboncino). En 1511, de retour à Fossombrone, il continue d'imprimer sous un privilège papal jusqu'en 1520 environ. Lorsqu'il retourne à Venise, en 1536, il se consacre à l'impression de textes classiques, laissant la musique à d'autres qui continuent à développer sa méthode. Le succès de sa nouvelle technique d'impression ainsi que l'élégance et la fiabilité de ses premières publications lui ont valu une réputation sans égale et en ont fait l'imprimeur de musique le plus important du début du XVIe siècle.

Voir également *Édition musicale*, 4.

J. M. Thomson.

Petto (ital.). « Poitrine » ; *voce di petto*, « voix de poitrine » (voir *Voix*, 4).

Peuerl, Paul (baptisé à Stuttgart, 13 juin 1570 ; après 1625). Compositeur allemand. Il a été organiste et facteur d'orgues à Steyr, en Haute-Autriche, pendant la majeure partie de sa vie, et a publié quatre volumes de musique instrumentale (Nuremberg, 1611-25). Les suites se composent de quatre danses sur le même modèle, un thème suivi de trois variations.

Denis Arnold.

Pezel, Johann Christoph (Glatz, Silésie, 1639 ; Bautzen, près de Glatz, 13 octobre 1694). Compositeur allemand. Entre 1664 et 1681, il fait partie des *Ratsmusiker* ou musiciens de la ville, à Leipzig. Il a composé plusieurs œuvres pour instruments à vent, essentiellement sous la forme de suites ou de sonates dont les plus connues étaient conçues pour l'ensemble municipal de cornets à bouquins et de trombones.

Denis Arnold.

Pezzo, pezzi (ital.). « Pièce », « pièces », dans le sens de composition.

Pf., Pfte. Abréviation de « pianoforte ».

Pfeife (all.). « Tuyau ».

Pfitzner, Hans (Erich) (Moscou, 5 mai 1869 ; Salzbourg, 22 mai 1949). Compositeur allemand. Né en Russie de parents allemands, il fait ses études en Allemagne. L'opéra *Der arme Heinrich* (1895), l'une de ses premières œuvres, contient des nuances wagnériennes, mais rappelle surtout Weber et montre sa nostalgie de la période médiane du romantisme allemand. Avec les années, il est de plus en plus convaincu que la musique est minée par les travaux de Busoni, de Schoenberg et d'autres compositeurs novateurs ; il s'engage alors dans une polémique amère contre le modernisme. Son chef-d'œuvre est l'opéra *Palestrina* (1917), composé alors qu'il était directeur musical à Strasbourg (1908-17). Au travers de cet ouvrage, très élaboré, il défend ses idées sur le devoir du compositeur envers la tradition, idées contenues implicitement dans sa cantate sur un texte d'Eichendorff, *Von deutscher Seele* (1921). Durant les années vingt et trente, il enseigne la composition à l'Akademie der Tonkünste de Munich et reçoit de nombreux honneurs du gouvernement de Weimar et des nazis. Néanmoins, il est vite tombé en disgrâce et a passé les dernières années de sa vie dans la plus grande pauvreté.

Paul Griffiths.

Phalèse. Famille flamande d'imprimeurs et d'éditeurs de musique. L'aîné, **Pierre Phalèse** (vers 1510-vers 1576), est devenu libraire de l'Université de Louvain en 1542 ; il a publié des ouvrages scientifiques et érudits entre 1542 et 1550 ainsi que cinq livres d'arrangements de chansons pour luth. En 1551, il a reçu un privilège pour imprimer de la musique religieuse et profane à partir de caractères d'imprimerie mobiles et, entre 1550 et 1570, il a fait paraître de nombreux volumes de chansons, de danses, de motets, de tablatures pour luth et d'autres pièces (notamment de Clemens non Papa, Guerrero, Lassus et Rore). Imprimeur accompli, il a été le premier imprimeur aux Pays-Bas à faire appel à la disposition typographique des parties séparées, facilitant la lecture en commun autour d'une table. En 1570, il s'est associé à l'imprimeur d'Anvers Jean Bellère (1526-95). Son fils, **Pierre Phalèse** (vers 1550-1629), a continué dans la même voie et s'est installé à Anvers en 1581. Il a utilisé le matériel d'imprimerie de son père et sa vaste production comprend de nombreux volumes de madrigaux italiens, des anthologies ainsi que des livres consacrés à un seul compositeur (comme Lassus et Marenzio). Ses filles **Madeleine** (1586-1652) et **Marie** (1589-vers 1674) ont repris la maison familiale à Anvers jusqu'à sa disparition en 1674.

J. M. Thomson.

Phantasie, phantasy. Voir *Fantaisie.*

Phantasiestücke (all.). Voir *Fantasiestücke.*

Phébus et Pan (*Der Streit zwischen Phoebus und Pan : Geschwinde, ihr Wirbeln den Winde*). Cantate BWV 201 de J. S. Bach sur un livret de Picander d'après Ovide, qui fait la satire d'une critique musicale hostile. Sans doute composée en 1729, elle est parfois représentée en scène comme un opéra.

Philadelphia Orchestra. Voir *Orchestre de Philadelphie.*

Philharmonia Orchestra. Orchestre symphonique britannique fondé en 1945 par Walter Legge, avant tout pour enregistrer des disques. Parmi les chefs qui ont dirigé cet orchestre au disque ou en concert figurent notamment Karajan, Klemperer, Toscanini, Furtwängler, Strauss et Giulini ; Klemperer a été particulièrement lié à l'orchestre, dont il est devenu « chef d'orchestre à vie ». En 1964, l'orchestre a acquis son autonomie sous l'appellation de New Philharmonia ; le « New » est tombé en 1977. Riccardo Muti en est le chef d'orchestre permanent entre 1973 et 1984 (directeur musical à partir de 1979). Il a été remplacé par Giuseppe Sinopoli en 1984.

Philharmonic Society. Voir *Concert,* 2.

Philharmonie tchèque. Orchestre fondé en 1894 dans le cadre de l'Orchestre du Théâtre national de Prague et qui a donné son premier concert officiel le 4 janvier 1896 sous la direction de Dvořák. Parmi ses principaux chefs permanents et directeurs musicaux, citons Oskar Nedbal (1918-19), Václav Talich (1919-41), qui en a fait l'un des principaux orchestres du monde, Rafael Kubelík (1942-48), Karel Ančerl (1950-68) et Václav Neumann (depuis 1968). La Philharmonie tchèque a notamment créé la *Symphonie n° 7* de Mahler en 1908 et la *Sinfonietta* de Jánaček en 1926.

Alain Pâris.

Philidor. Nom adopté par les Danican, famille de musiciens français. Le premier qui ait utilisé le nom « Philidor » est **Jean Danican** (vers 1620 ; Versailles, 8 septembre 1679), qui jouait d'instruments à vent dans la grande écurie et était un hautboïste virtuose. Il a eu trois fils musiciens. **André Danican Philidor** (« l'aîné ») (Versailles, vers 1647 ; Dreux, 11 août 1730) s'est élevé dans la hiérarchie en devenant musicien et compositeur à la chapelle royale (il a aussi participé à l'établissement de la Collection Philidor dans la bibliothèque de Louis XIV à Versailles) ; **Jacques Danican Philidor** (« le cadet ») (Paris, 5 mai 1657, Versailles, 27 mai 1708) a commencé, comme son père, comme instrumentiste à vent dans la grande écurie et, en 1690, était violoniste de la chambre du roi ; **Alexandre Danican Philidor** (mort à Paris vers 1700) était instrumentiste à vent à la grande écurie.

La troisième génération de musiciens de la famille Danican comprenait les quatre fils d'André et quatre fils de Jacques. Les plus importants ont été deux des fils d'André. **Anne Danican Philidor** (Paris, 11 avril 1681 ; Paris, 8 octobre 1728) a été flûtiste de la grande écurie, de la chapelle royale et finalement de la chambre du roi. Il a également occupé le poste de surintendant de la musique du prince de Conti et celui de directeur des concerts de la duchesse du Maine. On se souvient de lui comme du fondateur de la première série de concerts publics permanents, le Concert spirituel.

Son demi-frère, **François-André** (Dreux, 7 septembre 1726 ; Londres, 31 août 1795), est le membre le plus illustre de la famille. Page à la chapelle royale, il a été l'élève de Campra. Il s'est en même temps adonné aux échecs, discipline dans laquelle il a remporté un succès considérable ; il est finalement devenu un joueur professionnel et a écrit un livre, *L'Analyze des échecs* (Londres, 1749). En 1744, il a travaillé avec Jean-Jacques Rousseau à un ouvrage dramatique et a ensuite composé de la musique de scène. Au nombre de ses opéras figurent *Blaise le savetier* (créé en 1759), *Tom Jones* (basé sur le roman de Fielding, créé en 1765) et *L'Amitié au village* (créé en 1785). Ils vont des simples vaudevilles aux tragédies lyriques et l'on peut clairement suivre l'évolution de l'opéra-comique au XVIIIe siècle au travers de ses différents ouvrages (dont *Tom Jones* est le plus connu). La musique sacrée de F.-A. Philidor est aujourd'hui perdue, mais, en 1755, il a publié un ensemble de six quatuors pour violons, hautbois et continuo. Dans les années troublées qui ont précédé la Révolution, sa carrière musicale s'est avérée de plus en plus difficile en France, en raison de ses solides relations royalistes, et il est revenu aux échecs. Il est mort à Londres peu après la Révolution.

Wendy Thompson.

Philippe de Vitry. Voir *Vitry, Philippe de.*

Philippines. Voir *Asie du Sud-Est.*

Philippot, Michel (Verzy, Marne, 2 février 1925). Compositeur français, élève de Leibowitz, il travaille au Groupe de recherches de l'ORTF puis occupe diverses fonctions à la radio (directeur de la musique, 1964-72). Il enseigne au Brésil (1976-81) avant d'être nommé professeur de composition au Conservatoire de Paris. Son écriture, d'essence sérielle, tient compte de données mathématiques et cybernétiques et réalise une sorte de synthèse entre la musique et la science (cycle des *Compositions* pour divers effectifs instrumentaux).

Alain Pâris.

Philips, Peter (? Londres, 1560-61 ; Bruxelles, 1628). Compositeur anglais. Enfant de chœur à la cathédrale St Paul en 1574, il quitte l'Angleterre en 1582 en raison de sa foi catholique. Il se rend au Collège anglais de Rome et entre au service de l'un de ses protecteurs, le cardinal Alexandre Farnèse, tout en continuant à occuper les fonctions d'organiste au Collège. A partir de 1585, et pendant cinq ans, il voyage avec un catholique anglais, Lord Thomas Paget ; à la mort de Paget, en 1590, il s'installe à Anvers comme professeur de virginal. En 1593, il est accusé de complot contre la vie d'Élisabeth et emprisonné à La Haye (en prison, il écrit sa *Pavan and Galliard Dolorosa*) ; il est rapidement relâché et autorisé à retourner à Anvers. En dernier lieu, il entre au service de l'archiduc Albert à Bruxelles.

Philips s'est révélé anglais dans sa musique pour clavier, mais européen dans ses œuvres vocales. Un grand nombre de ses pièces pour virginal ont été copiées dans le *Fitzwilliam Virginal Book* et, bien que ses arrangements de madrigaux italiens semblent secs et trop ornés, ses danses sont superbes, une force émotionnelle peu courante provenant de l'imagination dont il fait preuve dans le domaine du chromatisme et de l'ornementation. Ses madrigaux sont écrits sur des textes italiens ; ils sont faciles à chanter et délicatement illustrés. Il a écrit quelques motets pour double chœur aux sonorités brillantes et quelques-uns (moins réussis) pour solo, duo et trio à la manière *concertato*. On le néglige sans doute parce qu'il « affectait la veine italienne » et il a subi le sort fréquemment réservé aux expatriés.

Denis Arnold.

Philosophe, Le (*Der Philosoph*). Surnom de la *Symphonie n° 22 en mi bémol majeur* de Haydn, composée en 1764. Elle était déjà connue sous ce nom du vivant de Haydn, probablement à cause de son adagio initial.

Phone. Voir *Acoustique*, 11.

Phrase. Courte section d'une œuvre dans laquelle la musique semble tomber naturellement. Le format de phrase le plus fréquent comporte quatre mesures (on rencontre régulièrement de telles phrases dans la musique traditionnelle et la musique de danse) ; mais on trouve aussi des phrases plus courtes et des phrases plus longues. « Phrase » est un terme inexact : une phrase peut correspondre à un seul souffle, mais des subdivisions sont parfois marquées. En notation, les signes de phrasé sont les liaisons placées au-dessus ou au-dessous des notes pour indiquer leur ponctuation lors de l'exécution (Ex. 1 ; voir *Liaison* pour l'emploi de lignes incurvées du même genre).

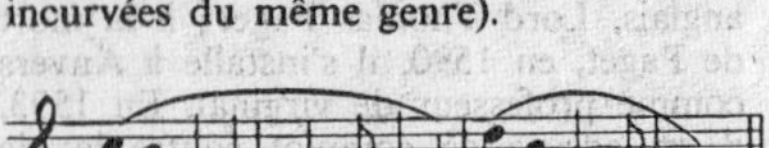

Ex. 1

Dans un sens plus large, le phrasé d'un interprète est souvent instinctif et constitue l'un des éléments qui permettent de distinguer un artiste de génie d'un autre moins inspiré.

Phrygien. Voir *Cadence* ; *Mode phrygien* ; *Tétracorde phrygien*.

Piacere (ital.). « Plaisir » ; *a piacere*, « *ad libitum* » ; *piacevole*, « agréable », « plaisant ».

Piangendo, piangente (ital.). « Pleurant », « plaintif » ; *piangevole, piangevolmente*, « plaintivement ».

Pianissimo (ital., souvent abrégé *pp*). Très doux, superlatif de *piano*.

Piano

1. Introduction
2. L'invention du piano en Italie
3. Querelles de paternité
4. Évolution de l'instrument en Allemagne
5. Évolution en Angleterre
6. Les trois formes de piano
7. Le mécanisme viennois
8. Évolution en France
9. Une contribution américaine : le cadre métallique
10. Les cordes et les marteaux
11. La table d'harmonie
12. Les pédales
13. L'étendue du piano
14. Le toucher
15. Instruments spéciaux et expérimentaux
16. Terminologie de la facture du piano
17. Premières apparitions en public
18. Premières œuvres pour piano
19. Répertoire
20. Musique pour piano à quatre mains, pour deux pianos, à une seule main, croisement de mains
21. L'évolution du goût du public dans le domaine de la musique pour piano

1. *Introduction*. Si le piano doit être considéré comme une forme perfectionnée d'instrument à percussion (son ancêtre mécanique étant le dulcimer), il a vu le jour en tant qu'instrument à clavier sous l'aspect d'un clavecin amélioré. Au début du XVIIIe siècle, les instruments à clavier domestiques étaient le *clavicorde, qui possédait de grandes qualités expressives mais une sonorité très faible, et le *clavecin, qui avait un son plus fort et plus brillant mais dont la palette sonore était assez inflexible. On ne pouvait tenir un son de façon durable sur aucun de ces deux instruments.

On a donc vraisemblablement cherché à combiner la puissance d'accentuation, le *crescendo*, le *diminuendo* et le *cantabile* du clavicorde à la sonorité forte et brillante du clavecin. En 1713, François Couperin exprimait ainsi ce désir :

> « Le clavecin est parfait si l'on considère son étendue et le brillant de sa sonorité, mais comme il est impossible d'enfler ou de réduire le volume sonore, je serai toujours redevable à quiconque contribuera, par l'exercice d'un art infini soutenu par le bon goût, à rendre cet instrument capable d'expression. »

2. *L'invention du piano en Italie*. En fait, à l'insu de Couperin, le moyen physique

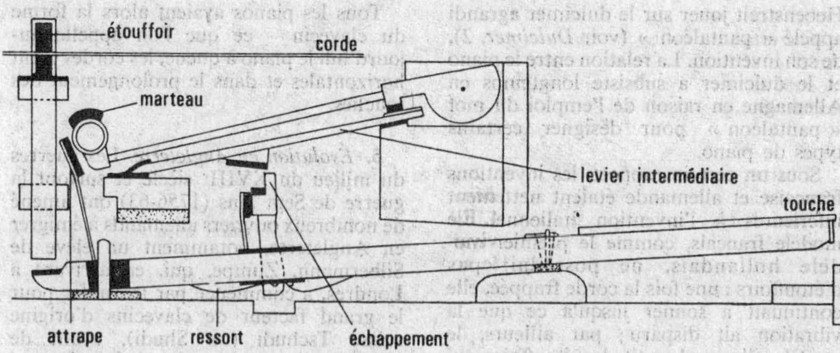

Fig. 1. Mécanisme du piano de Cristofori, Leipzig 1726.

permettant « d'enfler ou de réduire le volume sonore » existait déjà lorsqu'il écrivait les lignes qui précèdent. A Florence, Bartolomeo Cristofori (1665-1731) avait déjà fabriqué (vers 1709) ce qu'il avait appelé un « gravicembalo col piano e forte », c'est-à-dire un « clavecin avec les nuances douces et fortes ». Il avait remplacé le pincement des becs de plume du clavecin par des marteaux et, selon la force appliquée aux touches, on pouvait obtenir à volonté des sons plus puissants ou plus doux.

Le mécanisme de Cristofori était ingénieux. Il comportait un « échappement » qui permettait au marteau de revenir en arrière immédiatement après avoir frappé la corde, la laissant ainsi libre de vibrer ; il y avait aussi des « étouffoirs » qui, lorsque les touches étaient relâchées, tombaient immédiatement sur la corde et supprimaient sa vibration, coupant immédiatement le son (voir Fig. 1).

Il ne reste que deux instruments de Cristofori : l'un (daté 1726) se trouve à Leipzig et l'autre (daté 1720) au Metropolitan Museum de New York. Il existe des ancêtres survivants d'une progéniture qui s'est répandue dans le monde entier.

Bien que Cristofori soit considéré comme l'inventeur du piano, il y a eu apparemment quelques instruments expérimentaux du même type que le piano avant son époque et alors oubliés. Un exemple connu est daté 1610, un siècle avant Cristofori. Il est d'origine hol landaise. Il possède de petits marteaux attachés aux touches, mais pas d'étouffoirs. Il semble que ce soit un exemple isolé, résultat des recherches de quelque facteur ingénieux et destiné à un aristocrate français. Un manuscrit de 1440 environ, du Bourguignon Arnault de Zwolle, mentionne un instrument analogue à cordes et à marteaux, mais dépourvu d'étouffoirs. Toutefois, c'est seulement avec Cristofori que le principe s'est établi.

3. *Querelles de paternité.* Lorsqu'un besoin se fait impérieusement ressentir, de nombreux esprits se mettent à l'œuvre pour trouver le moyen d'y répondre et on assiste souvent à des disputes relatives à l'antériorité de l'invention. On sait maintenant qu'en ce qui concerne l'invention du piano la priorité revient indiscutablement à l'Italie, mais, à une certaine époque, elle a été revendiquée par la France et par l'Allemagne.

En France, un certain Jean Marius avait soumis à l'Académie, à Paris, en 1716 des modèles d'instruments du même genre que celui du piano et, en Allemagne, un certain Christoph Gottlieb Schroeter avait présenté des modèles analogues à la cour de Saxe en 1721. On constate que Cristofori a une antériorité de date sur ces deux événements et, en outre, il avait déjà construit quatre instruments à cette époque, alors qu'il n'est pas certain que Marius ait jamais fabriqué un seul instrument ; quant à Schroeter, qui était surtout un organiste, il n'en a construit aucun.

Marius a donné à son invention le nom de « clavecin à maillets » ; Schroeter considérait la sienne comme un dulcimer perfectionné, l'idée lui en étant venue après avoir entendu le célèbre Pantaleon

Hebenstreit jouer sur le dulcimer agrandi appelé « pantaléon » (voir *Dulcimer*, 2), de son invention. La relation entre le piano et le dulcimer a subsisté longtemps en Allemagne en raison de l'emploi du mot « pantaléon » pour désigner certains types de piano.

Sous un certain rapport, les inventions française et allemande étaient nettement inférieures à l'invention italienne. Le modèle français, comme le premier modèle hollandais, ne possédait pas d'étouffoirs : une fois la corde frappée, elle continuait à sonner jusqu'à ce que la vibration ait disparu ; par ailleurs, le modèle allemand avait des étouffoirs qui tombaient au moment où le marteau frappait la corde et s'« échappait » de telle sorte qu'il était impossible de faire durer le son et qu'il fallait avoir recours en permanence au *staccato*. Les marteaux de Cristofori « s'échappaient » instantanément, mais ses étouffoirs restaient éloignés des cordes jusqu'à ce que le doigt de l'instrumentiste laisse la touche remonter, principe qui est resté le même de nos jours. Cristofori est donc le véritable père du piano que nous connaissons.

4. *Évolution de l'instrument en Allemagne.* Les modèles de Schroeter semblent n'avoir mené à rien. Mais l'invention de Cristofori a été adoptée en Allemagne et exploitée intelligemment par le célèbre facteur d'orgues et de clavecin Gottfried Silbermann (1683-1753) qui en aurait entendu parler pour la première fois en 1725, grâce à la traduction allemande d'une description de l'instrument en italien. On pense maintenant que Silbermann a sans doute eu accès par la suite à un instrument de Cristofori, car ses premiers pianos lui ressemblent beaucoup (notamment celui qui se trouve aujourd'hui au Germanisches Nationalmuseum de Nuremberg).

En 1726, Silbermann a construit deux pianos et, quelques années plus tard, il les a présentés à Johann Sebastian Bach, qui l'a offensé en lui faisant remarquer de sérieux défauts sur ses instruments – toucher lourd et faiblesse des notes aiguës. Par la suite, Bach a eu l'occasion de chanter les louanges d'autres instruments de Silbermann et, lorsqu'il a rendu visite à Frédéric le Grand à Potsdam en 1747, Bach a joué sur des pianos des Silbermann dont le roi possédait plusieurs exemplaires.

Tous les pianos avaient alors la forme du clavecin – ce que l'on appelle aujourd'hui le piano à queue, les cordes étant horizontales et dans le prolongement des touches.

5. *Évolution en Angleterre.* Les guerres du milieu du XVIIIe siècle et surtout la guerre de Sept Ans (1756-63) ont amené de nombreux ouvriers allemands à émigrer en Angleterre, notamment un élève de Silbermann, Zumpe, qui, en arrivant à Londres, a commencé par travailler pour le grand facteur de clavecins d'origine suisse Tschudi (ou Shudi), avant de s'installer à son compte ; il s'est imposé en France et en Angleterre avec l'invention du piano « carré » (en réalité oblong) qu'il a présenté vers 1760. Le récit qu'en fait Burney associe le développement du piano en Angleterre à l'installation à Londres en 1762 de J. C. Bach, qui était un pianiste célèbre.

« Après l'arrivée de Jean Chrétien Bach dans ce pays et la fondation de la série de concerts qu'il dirige avec Abel, tous les facteurs de clavecins ont cherché à appliquer leur science au pianoforte ; toutefois, les premières tentatives ont toujours concerné les pianofortes de grandes dimensions jusqu'à ce que Zumpe, un Allemand, qui a longtemps travaillé avec Shudi, construise de petits pianofortes de la forme et de la taille des virginaux, dont la sonorité était très douce et dont le toucher, avec un peu de pratique, permettait tout degré de rapidité. En raison de leur prix bas et de leur forme pratique ainsi que de leur pouvoir expressif, ces instruments ont soudain connu un tel engouement que pratiquement toutes les maisons du royaume où il n'y avait pas encore d'instrument à clavier se sont enrichies de l'un des pianofortes de Zumpe dont la demande était aussi grande en France qu'en Angleterre. Il n'était pas en mesure de les produire assez vite pour satisfaire la soif du public. Pohlman, dont les instruments étaient inférieurs quant à la sonorité, en a fabriqué une quantité presque incalculable pour compenser ceux que Zumpe n'était pas en mesure de fournir. Les grands pianofortes ont reçu par la suite des améliorations mécaniques importantes de la part de Merlin et réalisé des progrès sonores grâce à Broadwood et Stoddard, à tel point que le frottement déplaisant des becs de plume du clavecin est devenu insupportable. »

Le piano carré de Zumpe a ensuite connu des améliorations importantes grâce au gendre et ex-ouvrier de Shudi, John Broadwood (1732-1812), qui est devenu son associé avant de prendre sa succession. A cette époque, les facteurs

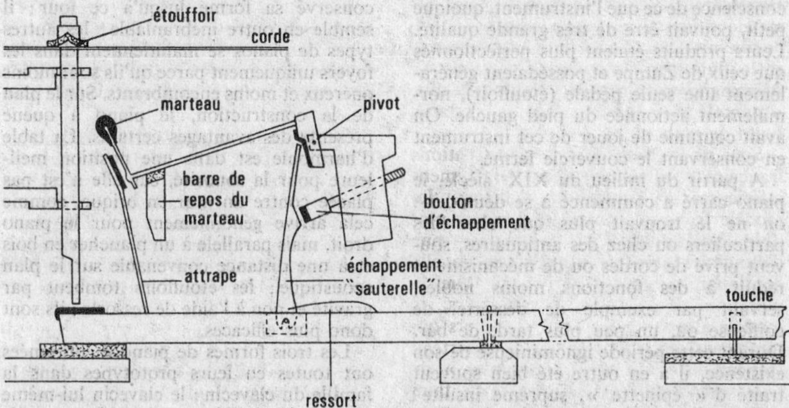

Fig. 2. Mécanisme du piano à queue anglais, vers 1790.

londoniens comptaient parmi les meilleurs d'Europe.

Un grand nombre de pianos anglais ont été importés aux États-Unis pendant la période qui a suivi la révolution. La maison Shudi-Broadwood en a expédié des quantités à John Bradford de Charleston, en Caroline du Sud. Les premiers facteurs américains ont été John Brent (célèbre vers 1774), Johann Behrent (1775 ; peut-être la même personne que le précédent), John Belmont (1775), Charles Jarvis (1785) et James Juhan (1786) ; ils étaient tous fixés à Philadelphie, qui semble avoir été le premier grand centre de facture de pianos aux États-Unis.

La Fig. 2 montre le mécanisme d'un piano à queue anglais vers 1790.

6. *Les trois formes de piano : (a) Le piano carré.* Cet instrument de forme pratique (en fait rectangulaire et non carré) est resté le principal instrument à clavier dans les familles entre l'époque de son invention (vers 1740) et 1830 environ, date à laquelle il a été progressivement remplacé par le piano droit (voir *b*). On prétend qu'il aurait été inventé par un élève italien de Silbermann, Christian Ernst Friederici, mais l'instrument le plus ancien qui existe de nos jours est un instrument d'une étendue de quatre octaves et demie d'un facteur du sud de l'Allemagne, Johann Söcher, et il est daté 1742. En apparence, le piano carré ressemble superficiellement au clavecin : le clavier en retrait est installé dans l'un des côtés du rectangle (dans le sens de la longueur) et les cordes reposent à l'horizontale sur toute la longueur de la caisse, à peu près à angle droit avec les touches. Sur le plan mécanique, le premier piano droit était extrêmement simple et même les modèles élégants de Zumpe ne possédaient ni attrape pour saisir les marteaux rebondissants, ni mécanisme d'échappement ; mais certains d'entre eux possédaient le premier mécanisme connu pour soulever les marteaux d'un seul bloc (l'ancêtre de la pédale forte actuelle). Ce dispositif était actionné par deux tirettes manuelles analogues à des registres d'orgue, l'une actionnant les étouffoirs des graves jusqu'au milieu du clavier, l'autre n'actionnant que les étouffoirs des aigus. L'effet curieux produit en supprimant l'action de ces étouffoirs pendant un certain moment (ou tout au moins jusqu'à ce que l'une des mains de l'instrumentiste soit libre pour les actionner à nouveau) était certainement beaucoup moins prononcé avec les résonances délicates du premier piano carré qu'avec n'importe quel instrument actuel.

Durant le premier quart du XIXe siècle, le piano carré a occupé une place imposante dans le monde de la musique. De beaux modèles de Broadwood, Tomkission et Clementi seront vendus dans le monde entier. Les facteurs anglais ont pris conscience de ce que l'instrument, quoique petit, pouvait être de très grande qualité. Leurs produits étaient plus perfectionnés que ceux de Zumpe et possédaient généralement une seule pédale (étouffoir), normalement actionnée du pied gauche. On avait coutume de jouer de cet instrument en conservant le couvercle fermé.

A partir du milieu du XIXe siècle, le piano carré a commencé à se démoder : on ne le trouvait plus que chez des particuliers ou chez des antiquaires, souvent privé de cordes ou de mécanisme et réduit à des fonctions moins nobles, servant par exemple de desserte, de coiffeuse ou, un peu plus tard, de bar. Durant cette période ignominieuse de son existence, il a en outre été bien souvent traité d'« épinette », suprême insulte !

Dans les années cinquante, le piano carré a commencé à être considéré de nouveau à sa juste valeur (et même parfois plus) ; il est maintenant recherché par les musiciens et par les antiquaires ou amateurs d'objets anciens

(*b*) *Le piano droit.* Une autre forme de piano a vu le jour en Autriche, en Allemagne et en Angleterre : le piano droit, dans lequel les cordes sont disposées perpendiculairement à la verticale. La mise au point de cet instrument a été réalisée en 1800 par Isaac Hawkins de Philadelphie et, la même année, par le facteur viennois Matthias Müller. L'idée d'un instrument droit à clavier remonte au « clavicytherium » (voir *Clavecin*, 2) du XVe siècle et des tentatives de piano droit avaient été réalisées par plusieurs facteurs, notamment Friederici, dont on peut voir l'instrument de 1745 au musée du Conservatoire royal de musique à Bruxelles.

L'instrument de type Hawkins a été suivi de divers modèles concurrents, le facteur anglais Robert Wornum étant le premier à faire breveter un petit piano droit avec des cordes qui descendaient jusqu'au sol ; ce modèle est apparu en 1811 et a été perfectionné en 1829 ; il a servi de base à toute l'évolution future de l'instrument.

C'est le perfectionnement de ce piano qui, après le milieu du XIXe siècle, a fait disparaître le piano carré, autrefois très populaire.

(*c*) *Le piano à queue.* Cet instrument, le plus ancien de tous, est le seul qui ait conservé sa forme jusqu'à ce jour ; il semble en outre inébranlable ; les autres types de pianos se maintiennent dans les foyers uniquement parce qu'ils sont moins onéreux et moins encombrants. Sur le plan de la construction, le piano à queue présente des avantages certains. La table d'harmonie est dans une position meilleure pour la sonorité, car elle n'est pas placée contre un mur en brique, comme cela arrive généralement pour le piano droit, mais parallèle à un plancher en bois et à une distance convenable sur le plan acoustique ; les étouffoirs tombent par gravité et non à l'aide de ressorts ; ils sont donc plus efficaces.

Les trois formes de piano mentionnées ont toutes eu leurs prototypes dans la famille du clavecin ; le clavecin lui-même a servi de modèle au piano à queue, le virginal au piano carré (quoique que ce dernier ait plus de traits en commun avec le clavecin) et le clavicytherium au piano droit.

7. *Le mécanisme viennois.* La facture viennoise a donné naissance à un type distinctif d'instrument (originaire en fait du sud de l'Allemagne), dans l'élaboration duquel les facteurs Stein et Streicher ont joué un rôle prédominant. Le mécanisme était différent des mécanismes français et anglais, le toucher plus léger et le son moins puissant.

Sur le piano viennois, le marteau pivotait dans une fourche ou capsule (all. : *Kapsel*) fixée à la touche, la tête du marteau étant recouverte de cuir et dirigée vers l'avant de l'instrument. La noix du marteau, qui avait la forme d'un bec (all. : *Hammerschnabel*), s'insérait dans un rail robuste (all. : *Prelleiste*) à l'arrière de la caisse ; le marteau était libéré et lancé vers le haut lorsque le « bec » s'échappait du rail. Les cordes et la table d'harmonie étaient plus fines que leurs homologues sur le modèle anglais contemporain et la sonorité était délicate, mais claire et distinctive. Il y avait peu de résonance après que le doigt avait quitté la touche – contrairement au piano anglais, qui produisait un long « halo » de résonance même lorsqu'on n'utilisait pas la pédale forte. Sur le piano viennois de l'époque de Mozart, l'effet que l'on désigne aujourd'hui comme la pédale forte provenait d'un levier actionné du genou (ou genouillère), étape intermédiaire entre le levier

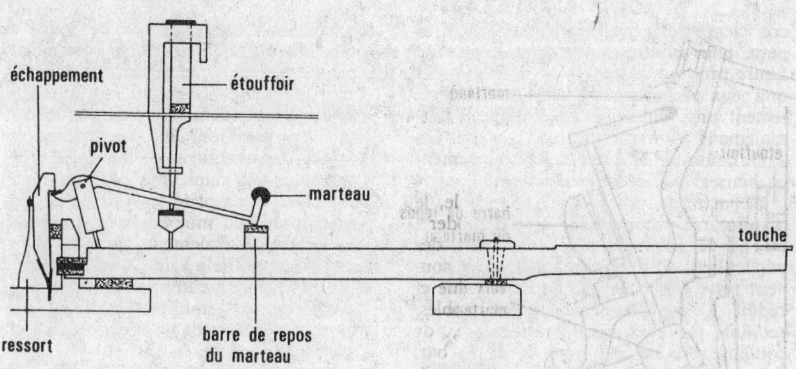

Fig. 3. Mécanisme du piano viennois et du sud de l'Allemagne, 1780.

manuel de Zumpe et la pédale forte actuelle.

La Fig. 3 montre les mécanismes viennois et allemand d'un piano à queue.

8. *Évolution en France.* Il n'est pas prouvé que Marius, l'un des inventeurs prétendus du piano, ait jamais fabriqué autre chose que les modèles du mécanisme qu'il proposait. On considère généralement qu'aucun piano n'a ensuite été fabriqué en France pendant soixante ans, c'est-à-dire jusqu'en 1777, date à laquelle Sébastien Érard (1752-1831) construisit un piano carré imitant les instruments anglais. Érard a travaillé pendant quelque temps à Londres, où il a créé une succursale en 1786 ; il a adopté le « mécanisme anglais » pour ses pianos à queue, mais il a vite apporté son propre mécanisme, qui permettait des répétitions faciles et rapides : le double échappement, étape importante vers le mécanisme moderne. (Ce perfectionnement important avait d'abord été testé en 1808 mais ne fut entièrement breveté qu'en 1821.) Le piano à queue actuel doit peut-être davantage à Érard qu'à aucun autre artisan.

Autre facteur parisien important de cette époque, Pleyel (le compositeur, interprète et élève de Haydn) fonda une firme qui, longtemps après, fut réunie à celle d'Érard. (Les pianos Érard et Pleyel sont aujourd'hui fabriqués à Braunschweig, RFA, par Wilhelm Schimmel.)

De nos jours, les pianos français se distinguent des instruments allemands et anglais par leur sonorité nettement plus « mince ». Les facteurs allemands et anglais se sont toujours efforcés d'obtenir davantage de résonance, considérant la plénitude et la rondeur du son comme les principaux critères de perfection, au détriment parfois de la clarté et de la couleur.

9. *Une contribution américaine : le cadre métallique.* Les perfectionnements qui ont suivi ceux que l'on vient de décrire dépendaient surtout du renforcement du cadre de l'instrument. Les cordes des plus grands pianos à queue peuvent exercer une traction de vingt tonnes ; le poids du cadre est donc conçu en conséquence pour la supporter – les temps ont bien changé depuis que le porteur de Zumpe transportait sur son dos les instruments des acheteurs londoniens.

L'un des premiers facteurs à avoir introduit le fer dans la construction du piano est Isaac Hawkins, Anglais résidant à Philadelphie, dont le piano droit (voir § 6) avait un cadre entièrement métallique. Alpheus Babcock, également de Philadelphie, y a apporté des perfectionnements en 1825, de même que Conrad Meyer, lui aussi de Philadelphie, en 1832, et Jonas Chickering de Boston en 1837 ; en 1855, les améliorations apportées par Steinway & Sons de New York ont constitué une étape importante dans l'histoire de la facture du piano. L'application du fer au cadre du piano est due essentiellement (mais par entièrement) aux États-Unis. Le principe de Steinway s'est tout d'abord

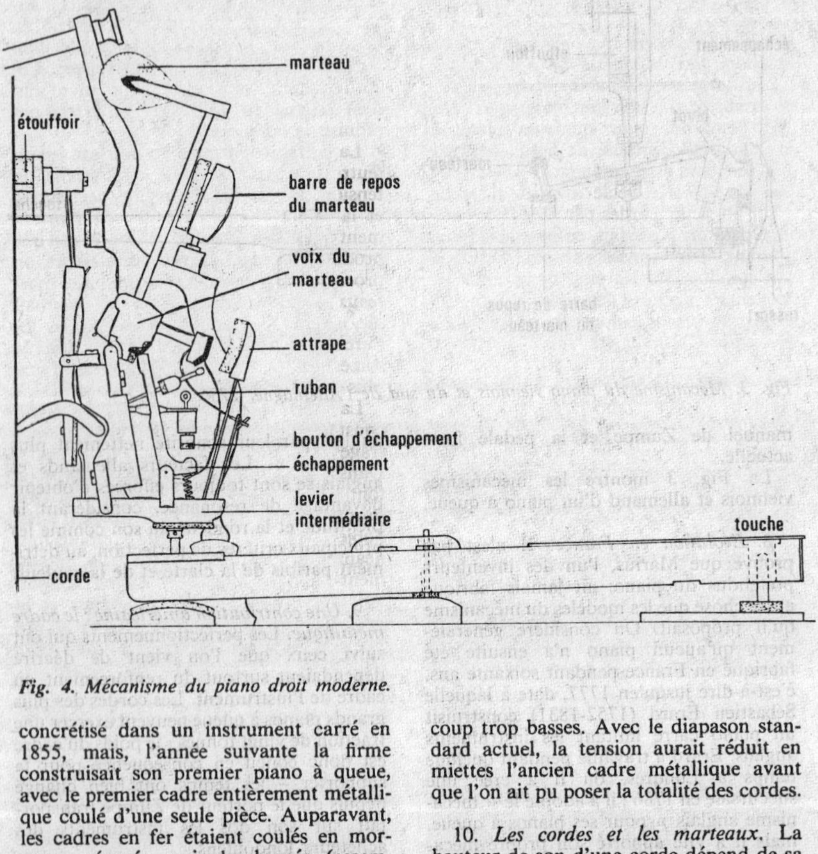

Fig. 4. Mécanisme du piano droit moderne.

concrétisé dans un instrument carré en 1855, mais, l'année suivante la firme construisait son premier piano à queue, avec le premier cadre entièrement métallique coulé d'une seule pièce. Auparavant, les cadres en fer étaient coulés en morceaux séparés, puis boulonnés (assemblés) – certains n'étaient parfois que de simples cadres en bois auxquels on ajoutait des barres de fer. Le fer est le meilleur métal qui existe pour construire l'ossature du piano car il se rétracte très peu en refroidissant après la fonte (environ un pour cent) ; sur un piano, le moindre réglage revêt une importance considérable et même cette petite contraction doit être prévue dans la conception de l'instrument. La fonte du cadre d'un piano est en fait l'une des plus délicates opérations de fonderie. La sonorité plus pleine du piano moderne est essentiellement due à l'emploi de cordes métalliques plus épaisses, qui selon l'ancienne méthode de tension auraient donné des hauteurs de son beaucoup trop basses. Avec le diapason standard actuel, la tension aurait réduit en miettes l'ancien cadre métallique avant que l'on ait pu poser la totalité des cordes.

10. *Les cordes et les marteaux*. La hauteur de son d'une corde dépend de sa longueur, de son diamètre, de la densité du métal qui la compose et de la tension à laquelle elle est soumise. De nos jours, la tension d'une seule corde est de l'ordre de soixante-quinze kilos ; le montant total de la tension a déjà été mentionné. Le diamètre varie entre 0,8 mm et 6 mm (y compris les cordes graves filées de cuivre). L'effort supporté par le cadre peut être réparti par le croisement des cordes plus ou moins en diagonale – méthode qui permet de respecter les impératifs de longueur de corde en conservant des dimensions raisonnables en hauteur (dans le cas des pianos droits) ou en longueur (dans le cas des pianos à queue). Plus important encore, le montage en cordes

croisées permet de placer le chevalet des basses plus près de la partie centrale de la table d'harmonie, plus résonante, ce qui améliore ainsi la qualité des notes graves. Ce principe semble avoir été adopté pour la première fois sur un piano datant de 1835 environ, mais quelques clavecins avaient déjà bénéficié de cette méthode.

Avec leurs différents registres, les clavecins du XVIIIe siècle avaient naturellement plusieurs cordes par note et le piano de Cristofori possédait, comme le clavecin courant, deux cordes par note sur toute son étendue. Sur les pianos modernes, en moyenne les cordes des vingt-six notes les plus graves sont entourées de cuivre, les treize notes les plus graves n'ayant qu'une corde par note, les autres deux cordes par note. Les notes restantes possèdent chacune trois cordes en acier non enveloppées. (Le nombre de cordes filées varie selon le facteur et les différentes tailles d'instruments. Sur les grands pianos à queue de concert, par exemple, un certain nombre de notes comportent même trois cordes filées.)

Le principe général est évident : plus on va vers l'aigu, moins la corde possède de résonance et plus il faut augmenter le nombre de cordes. Même avec leurs trois cordes, les notes les plus aiguës (qui ne dépassent pas 5 cm de longueur sonnante) ont si peu de résonance qu'elles ne possèdent pas d'étouffoirs.

A différentes époques, on a vu apparaître des modèles munis de quatre et même cinq cordes par note. Le dernier instrument de Beethoven, prêté par la firme viennoise de Graf, était de ce type. Beaucoup plus tard, Broadwood & Sons a fabriqué un certain nombre de pianos à queue avec quatre cordes par note dans l'extrême aigu, mais la fabrique en a été interrompue, sans doute à cause de l'espace horizontal occupé par ces quatre cordes : on est alors obligé d'employer uniquement des cordes très fines et la qualité et le volume sonore s'en ressentent. La maison Blüthner en utilise encore quatre (voir § 16, encordage sympathique).

La longueur des cordes n'est pas rigoureusement proportionnelle à leur hauteur de son ; sinon la corde la plus grave donnerait à l'instrument une longueur beaucoup trop importante pour une pièce de taille normale. Comme on l'a déjà vu, la longueur n'est qu'un facteur parmi les quatre éléments qui déterminent la hauteur de son et c'est essentiellement en agissant sur les trois autres que l'on obtient les hauteurs les plus graves. Les cordes sont enroulées dans du cuivre afin d'en augmenter la masse sans trop en réduire la souplesse.

La surface de frappe du marteau est en feutre. Ce sont la table d'harmonie, la tension des cordes, la qualité des feutres et la conception d'ensemble de l'instrument qui déterminent la qualité du son que produira un piano. En dernier ressort, on procède au réglage des feutres des marteaux pour parvenir à la sonorité souhaitée, soit en les adoucissant, soit en les durcissant. Plus le feutre est dur, plus le son est dur ou fort ; plus le feutre est doux, plus le son est moelleux.

La fabrication des marteaux du piano constitue un métier indépendant, le feutrage étant une procédure très délicate. Dans l'ensemble, les facteurs de pianos ne font pas leurs propres marteaux, ni leur propre mécanisme, ce dernier faisant aussi l'objet d'un métier spécialisé. Certains font néanmoins exception à cette règle, notamment la firme anglaise d'Alfred Knight, qui fabrique ses propres marteaux et la firme japonaise Yamaha, qui fabrique à la fois ses marteaux et ses mécanismes. De nos jours, on recherche beaucoup les pianos de concert brillants dont la sonorité est capable de remplir les plus vastes salles ; malheureusement, ce marché a inévitablement généralisé l'emploi d'un type de feutre beaucoup plus dur qu'auparavant.

11. *La table d'harmonie.* La table d'harmonie est la grande surface de bois qui se trouve placée sous les cordes sur le piano à queue ou derrière elles sur le piano droit. Sans la table d'harmonie, les cordes produiraient une sonorité très faible. Elle remplit la même fonction que la caisse du violon et est reliée aux cordes de façon identique : ces dernières s'appuient sur un chevalet en bois fixé à la table d'harmonie qui, à son tour, « répond » aux cordes. La table d'harmonie est renforcée par des barres de bois dont la position est soigneusement calculée.

Il semble curieux que l'idée d'une double table d'harmonie, en forme de boîte comme celle des instruments à archet, n'ait jamais connu de succès. Broadwood a fait une tentative en 1783.

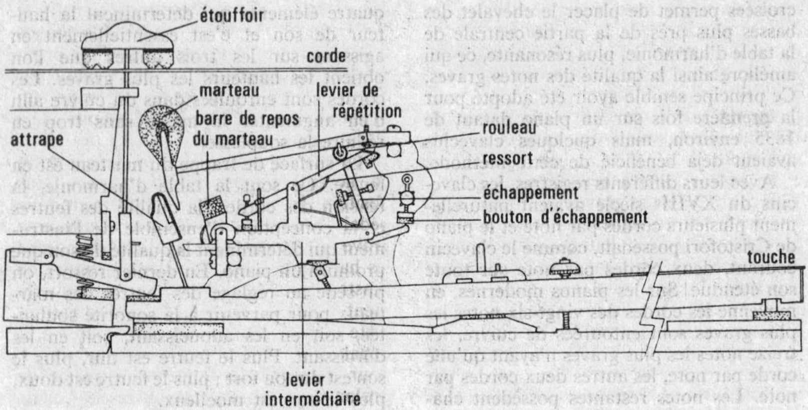

Fig. 5. Mécanisme du piano de concert moderne.

Comme chacun sait, le son du violon embellit avec les années de telle sorte que les violons les plus anciens sont les plus recherchés. Les pianos, eux, se détériorent avec l'âge. La différence vient, dit-on, presque exclusivement de la table d'harmonie. La forme de la caisse de résonance du violon est permanente, le temps n'entraîne aucune perte de sonorité dans ce domaine. La forme de la table d'harmonie du piano qui, au début, est un peu voûtée, a tendance à s'aplatir sous la pression des cordes, que le très long chevalet répartit sur toute sa largeur. La planche ne s'applique plus alors contre l'ensemble des cordes comme elle le devrait ; le réglage des deux pressions l'une par rapport à l'autre, que le fabricant a réalisé très soigneusement, se détériore progressivement. Ce défaut ne pourra disparaître que si l'on découvre de meilleures techniques pour renforcer la table d'harmonie sans la rendre plus rigide. Les cordes, le mécanisme, les feutres, les cuirs et les parties en bois du mécanisme s'abîment également avec le temps.

12. *Les pédales*. Le clavecin du XVIIIe siècle comportait déjà des pédales et il était naturel d'appliquer ce dispositif au piano. Certaines d'entre elles n'étaient que de simples astuces comme celle qui déclenchait des effets de tambour et de cymbales pour jouer des marches turques, pratique assez courante au début du XIXe siècle.

(*a*) *Pédale forte*. Les pianos actuels comportent deux ou trois pédales. Des deux pédales les plus courantes, la plus importante est celle de droite, la pédale forte, appelée à l'origine « registre forte » sur les pianos viennois (de nos jours, le terme « pédale forte » est résolument discrédité parmi les professeurs de piano). Commandée à l'origine par un levier manuel (voir § 6) puis par un levier actionné avec le genou (mentionné dans une lettre de Mozart datée d'octobre 1777), Broadwood l'a confiée au pied en 1783. Cette pédale écarte des cordes l'ensemble des étouffoirs, alors qu'en enfonçant une touche on écarte uniquement l'étouffoir d'une seule note. Ce retrait complet des étouffoirs a deux conséquences : tout d'abord, toute note jouée dure beaucoup plus longtemps, que le doigt reste ou non sur la touche (ce qui permet des effets magnifiques, irréalisables lorsque les deux mains doivent tenir les notes) ; ensuite, toutes les cordes de l'instrument peuvent résonner en sympathie (voir *Instruments à cordes*, 6). Les harmoniques d'une corde sont alors enrichis par la résonance des autres cordes qui font partie de la même série harmonique et la sonorité devient plus peine. Cette pédale donne également une puissance accrue à volonté ; ses effets sont utilisés tout autant dans les passages doux que dans les passages forts et un bon pianiste laisse généralement son pied au-dessus de la pédale de droite car elle constitue l'un de ses moyens d'expression les plus importants. Il est naturellement nécessaire, dans la majeure partie des cas, de relâcher cette pédale et de l'enfoncer à nouveau au moment d'un changement d'harmonie afin d'éviter la confusion des accords qui se chevauchent.

La pédale forte a beaucoup plus d'influence sur les notes graves de l'instrument que sur les notes aiguës, car les cordes les plus longues, avec leur amplitude plus importante, produisent des sons plus durables et parce que, au-dessus d'elles dans l'étendue, plusieurs autres cordes sont susceptibles de vibrer en sympathie.

La mention « Ped. » signifie qu'il faut enfoncer la pédale forte ; le signe indiquant qu'il faut la relâcher est habituellement un astérisque. Ce qui ne veut pas toujours dire que la pédale ne doit pas être levée entre les deux signes ; il revient à l'instrumentiste d'en user à discrétion en se basant sur une bonne connaissance de l'harmonie et sur une écoute attentive et constante.

D'après les premières éditions imprimées de Mendelssohn et d'autres compositeurs de la même époque, il semble possible que les pianistes du début du XIXe siècle aient encore considéré la pédale comme un effet spécial (comparable à un registre exotique sur le clavecin) et n'en aient fait usage que pour certains passages « romantiques ». Elle était davantage utilisée par les instrumentistes jouant sur des pianos anglais (dont la pédale avait une résonance plus riche) que par les adeptes des instruments viennois. Ainsi, en 1830, le compositeur et pianiste Kalkbrenner écrivait : « L'emploi des pédales est à peine connu en Allemagne. » Toutefois, il est rapidement devenu un élément essentiel dans la musique de Schumann, de Chopin et de Brahms et a pris des dimensions entièrement nouvelles chez les compositeurs impressionnistes français.

(*b*) *Pédale* sostenuto *ou pédale de prolongation.* Il est évident que les cordes graves d'un piano ont davantage besoin d'être étouffées que les aiguës et si, après avoir levé la pédale, on l'enfonce à nouveau rapidement, on découvre que les cordes graves résonnent encore. La pédale *sostenuto* ou pédale de prolongation, que l'on trouve sur la plupart des pianos fabriqués aux États-Unis et au Canada et sur la majeure partie des grands pianos à queue en général, permet de tirer profit de cet effet. (Elle a été mise au point par Steinway en 1874.) Elle actionne un appareil qui attrape les étouffoirs déjà levés (c'est-à-dire les étouffoirs des notes enfoncées au moment où la pédale entre en action) et les maintient dans leur position élevée jusqu'au relâchement de la pédale. On peut ainsi prolonger une note grave (ou un accord) tout en changeant les harmonies dans une autre tessiture de l'instrument. Ce dispositif est particulièrement utile dans la musique impressionniste et peut naturellement s'ajouter à la pédale forte normale. Dans *Sequenza IV* pour piano, Berio a utilisé la pédale de prolongation pour produire des effets contrapuntiques.

(*c*) *Sourdine.* Elle intervient de différentes façons : (1) sur les pianos à queue, en déplaçant latéralement le clavier et les marteaux pour ne frapper qu'une ou deux cordes au lieu de trois ; (2) sur les pianos droits, en rapprochant des cordes l'ensemble des marteaux, dans leur position de repos, pour réduire leur course et, par voie de conséquence, la puissance du coup ; ou (3) en interposant un morceau de feutre entre le marteau et les cordes.

Le dernier dispositif, appelé de diverses façons « buff », « harpe », « jeu céleste » ou « sordino », était très répandu sur les pianos viennois du début du XIXe siècle et revit de nos jours sur les copies de ces instruments. Néanmoins, la première méthode, la véritable *una corda*, était la préférée de Beethoven et elle s'est généralisée, comme l'indiquent les mentions imprimées spécifiant qu'il faut l'utiliser ou cesser de l'utiliser (*una corda*, « une corde », signifiant de mettre la sourdine et *tre corda*, « trois cordes », de l'ôter).

13. *L'étendue du piano.* L'un des deux instruments de Cristofori qui sont parvenus jusqu'à nous a une étendue de quatre octaves, l'autre de quatre octaves et demie. Cette étendue a été progressivement augmentée. Le piano de concert de Mozart, qui se trouve aujourd'hui au Mozarteum de Salzbourg, atteint cinq octaves. En 1790, Broadwood a construit le premier piano de cinq octaves et demie et, en 1794, le premier piano de six octaves. En 1824, Liszt jouait encore à

Paris sur un Érard de six octaves et les œuvres de Schumann et de Chopin s'adressent à des pianos ne dépassant pas six octaves et demie. Actuellement, l'étendue courante est de sept octaves et quart. Certains petits pianos droits se limitent encore à six ou sept octaves. Des notes supplémentaires sont ajoutées dans le grave de certains grands pianos à queue (le Bösendorfer impérial) pour atteindre une étendue de sept octaves trois quarts ou même de huit octaves.

L'étendue trop courte des pianos de l'époque de Beethoven se reflète dans certaines de ses sonates où un long passage ascendant revêt parfois deux formes différentes selon sa tonalité (comme, par exemple, à l'exposition d'un mouvement et à la réexposition) : dans les tonalités élevées, il doit en quelque sorte se replier sur lui-même avant d'arriver en haut, alors que, dans les tonalités plus basses, il monte sans cassure. Dans des cas analogues, sur des pianos modernes, on joue généralement ce que souhaitait Beethoven plutôt que ce qu'il a écrit et les éditions modernes observent souvent ce principe que Liszt, avec l'étendue accrue des instruments de la fin du XIXe siècle, a été le premier à mettre en pratique ; toutefois, on ne peut appliquer ce principe aveuglément car Beethoven a parfois profité de cette contrainte pour introduire un nouvel effet qui ne peut être sacrifié.

14. *Le toucher*. Ce mot a deux significations distinctes. Appliqué à l'instrument, il signifie le poids de la résistance des touches par rapport aux doigts et, appliqué à l'instrumentiste, il désigne la manière dont il actionne les touches – « lourd » ou « léger », varié ou non. En ce qui concerne le premier sens, on peut dire que le toucher du piano n'a cessé de s'alourdir au fur et à mesure que l'on recherchait plus de puissance. De nos jours, les meilleures marques d'instruments ont même gradué des résistances allant de 53 g pour les notes graves à 45 g pour les plus aiguës (calculées sans le poids des étouffoirs). En fait, la résistance des étouffoirs doit être légère car la touche est déjà en mouvement lorsqu'elle rencontre l'étouffoir. Néanmoins, sur certains pianos, l'instrumentiste perçoit un « allégement » du toucher sur les notes dépourvues d'étouffoirs en haut de l'étendue.

Les facteurs de pianos travaillent sur tellement de mécanismes différents que, pour un expert, chaque instrument offre un toucher personnel. Actuellement, de nombreux pianistes préfèrent travailler sur un piano dont les touches offrent une forte résistance et la font renforcer sur leur instrument de travail habituel.

15. *Instruments spéciaux et expérimentaux*. Le nombre de modifications éphémères apportées au piano est considérable. Suivant l'exemple du clavecin, on a fabriqué très tôt des pianos à plusieurs claviers ; Mozart a joué sur un piano de Tschudi (Londres) en 1765. On a réalisé de nombreuses tentatives pour allonger la durée du son du piano jusqu'à la rendre illimitée. Elles faisaient intervenir pour la plupart une roue pivotante ou une quelconque imitation de l'archet du violon à la place des marteaux (voir *Vielle à roue*, 6), abandonnant ainsi le véritable principe du piano.

En 1836, Sir Charles Wheatstone, inventeur de la télégraphie électrique, a essayé de maîtriser la durée du son par l'emploi d'un dispositif formé d'une petite ouverture pratiquée à l'extrémité de chaque corde par laquelle passait un courant d'air maintenant la corde en vibration après que le marteau l'eut quittée.

Une invention absurde de Daniel Hewitt, brevetée en 1854, faisait l'économie du cadre du piano en attachant les cordes à un mur.

Un brevet de la maison Pleyel prévoyait pour la musique à deux pianos la construction de deux pianos à queue en un seul, les deux triangles formant un seul rectangle et les instrumentistes se faisant face sur des claviers opposés l'un à l'autre.

On a construit de nombreux pianos sur lesquels des diapasons à branches ou des barres métalliques remplaçaient les cordes tendues : on les appelle parfois « minipianos » ou « adiaphones ». Il s'agit en fait d'un genre de *célesta, dont le son manque singulièrement de couleur (très pauvre en harmoniques supérieurs). Toutefois, il présente l'avantage de ne nécessiter aucun accord !

On a aussi fréquemment cherché à combiner d'autres instruments avec le piano, notamment des instruments à percussion (voir § 12). En 1755, le poète Mason écrivait avoir acheté à Hambourg une combinaison astucieuse de clavecin et de piano. Peu après, l'organiste parisien Claude Balbastre inventait un piano avec « jeu de flûtes exécuté par M. Cliquot », décrit dans le *Mercure* de mai 1772. En 1774, le facteur londonien Merlin réalisait un hybride de clavecin et de piano à deux claviers, et on a tenté la même expérience pour le clavicorde et le piano. Il existe des pianos en quarts de ton pour la musique contemporaine et l'un de ces instruments, à trois claviers, a été construit dans les années vingt par August Förster, à Georgswald ; on peut le voir aujourd'hui au Musée national de Prague.

En 1940, un type d'instrument extrêmement robuste a été fabriqué par la maison londonienne d'Alfred Knight et utilisé dans les cantines de l'armée durant la Seconde Guerre mondiale. Il comportait un certain nombre d'innovations ainsi décrites :

« Le couvercle présente une double inclinaison comme le toit d'une maison de telle sorte qu'on ne peut pas poser un verre dessus... La boiserie qui se trouve au-dessus des pédales est renforcée par des plaques de cuivre destinées à recevoir des coups de pied. Le bois lui-même est du chêne massif avec des coins arrondis pour la protection des têtes, des mentons et du cadre du piano. L'extrémité des touches est en cuivre pour neutraliser les coups. Les surfaces en ivoire sont biseautées pour qu'il soit impossible de les arracher. Les instruments sont aussi construits pour pouvoir supporter le climat tropical et les risques du transport. »

Au cours de ces dernières années, diverses expériences ont été réalisées pour reproduire le son du piano sur des instruments dépourvus de cordes, au moyen de dispositifs électroniques actionnés à partir d'un clavier de piano. On fabrique maintenant divers types d'instruments de ce genre, notamment des pianos électroniques qui reproduisent le son du piano par des circuits électroniques. L'instrument a la forme d'une petite boîte oblongue, une étendue d'environ cinq octaves et est facile à transporter. Le clavier est la seule partie du mécanisme qui rappelle le piano.

Un autre type d'instrument a conservé la forme du piano droit. Il possède un clavier et un mécanisme modifié, les marteaux frappant des barres métalliques ; les vibrations sont amplifiées et le son sort par des haut-parleurs. Il n'y a pas de table d'harmonie. L'instrument est destiné exclusivement à un usage personnel et l'instrumentiste se sert d'écouteurs fournis avec l'instrument.

Le piano à pédalier est un piano muni de pédales comme celles de l'orgue. Il sert essentiellement à travailler la musique d'orgue, mais Schumann, Alkan, Boëley et quelques autres compositeurs ont écrit des œuvres pour cet instrument. (Pour le piano mécanique et toutes les formes de piano analogues, voir *Mécanique, Instruments de musique*, 8.)

16. *Terminologie de la facture du piano.*

Cabinet piano (angl.). Piano droit très haut inventé par William Southwell en 1807. Les cordes étaient placées à la verticale et descendaient jusqu'au sol. Le devant était souvent rempli de soie plissée (on ne le trouve plus que chez les antiquaires).

Console piano (amér.). Terme utilisé par certains facteurs américains pour désigner un type d'instrument miniature.

Cordes croisées. Montage en cordes croisées afin d'assurer la plus grande longueur de corde possible et donc la plus grande plénitude de son.

Cordes parallèles ou cordes droites. Ancien procédé de montage des cordes. Le montage en cordes croisées a été adopté universellement sur les pianos à queue vers 1870, mais de nombreux pianos droits, généralement les moins onéreux, ont continué à être fabriqués avec des cordes droites jusqu'en 1915.

Crapaud ou quart de queue réduit. Petit piano à queue mesurant généralement moins de 1,50 m de long. Plus l'instrument est petit, plus les problèmes de conception et de longévité sont importants. Sur ce type de piano, la table d'harmonie est évidemment plus petite et les cordes plus courtes et plus lourdes. Certains pianos à queue très petits ne sont pas équipés du mécanisme à rouleaux des marteaux mais d'un type de mécanisme simplifié qui nécessite beaucoup d'entretien. Du point de vue de l'instrumentiste, les touches courtes ont un effet défavorable sur le toucher.

Demi-queue. Piano à queue de 2,10 m de long environ.

Double cadre métallique. Piano droit muni d'un second cadre métallique à l'arrière de l'instrument remplaçant les barres en bois. Ce modèle permet une ligne plus fine (Monington et Weston, Érard).

Encordage double. Système qui permet

aux deux parties de la corde normalement muettes (de chaque côté de la portion principale ou vibrante) de vibrer également et de renforcer (par résonance sympathique) certains harmoniques de la portion principale (voir *Encordage sympathique*, ci-dessous).

Encordage sympathique (système de l'aliquot). Adjonction aux notes aiguës les plus faibles de l'instrument d'une corde libre supplémentaire accordée à l'octave supérieure qui agit comme les cordes « sympathiques » de certains instruments à archet et à cordes pincées anciens, par le jeu de la simple résonance. On obtient un son plus plein. (Comparer à l'encordage double.) Ce dispositif est la spécialité de la maison Blüthner.

Épinette. Terme désignant parfois à tort un petit piano droit ou un piano carré.

Étouffoirs inférieurs. Sur les pianos droits, étouffoirs placés au-dessous des marteaux (par opposition au mécanisme à baïonnette), système désormais adopté par tous les facteurs. Certains pianos à queue français (Érard) ont été fabriqués avec les étouffoirs sous les cordes, maintenus contre elles par des ressorts. L'étouffoir agissait alors en un point où l'amplitude de la vibration était important et avait donc un effet immédiat.

Grand droit. Terme qui correspond à différents instruments selon les époques. Le premier brevet concernant un piano de ce type a été délivré à Landreth en 1787 (aucun exemplaire n'a survécu). En 1785, William Stodart fabriquait son piano de concert « en forme de bibliothèque », modèle que Haydn appréciait particulièrement. En apparence, il ressemblait à un placard rectangulaire installé sur un support à quatre pieds. Il possédait deux pédales, *una corda* et pédale forte. Les cordes étaient tendues à la verticale à partir du niveau du clavier et, dans l'espace libre sur la droite, au-dessus des petites cordes aiguës, il y avait des étagères pour ranger la musique. Ce modèle a été copié, entre autres, par Clementi, mais s'est démodé à partir de 1825.

Grand queue. Piano de concert.

Mécanique à baïonnette. Terme s'appliquant aux pianos droits dont les étouffoirs sont placés au-dessus des marteaux. Le son est assez mal étouffé. Ce modèle ne se fabrique plus.

Mécanisme à rouleaux. Considéré de nos jours comme le meilleur type de mécanisme pour les pianos à queue ; il offre un bon contrôle et un toucher sensible et est désormais utilisé par les plus grands facteurs.

Oblique. Terme appliqué aux pianos droits dont les cordes forment un angle oblique au lieu d'être perpendiculaires afin d'assurer une longueur plus importante. Sur le plan sonore, la différence est très légère.

Petit droit (angl. *cottage piano*). Terme utilisé de façon assez vague pour désigner un petit piano droit. A l'origine, plusieurs tentatives ont été réalisées pour créer un piano d'appartement moins encombrant que le piano-girafe. La plus réussie a été le « piano harmonique » créé par Robert Wornum en 1813. Les cordes étaient tendues verticalement, il mesurait entre 1,20 m et 1,50 m de haut et a été très populaire en Angleterre pendant de nombreuses années. Les modèles ultérieurs étaient encore moins volumineux grâce au montage en cordes croisées.

Piano de concert. Le plus grand piano à queue (au moins 2,70 m de long).

Piano-girafe. Grand piano droit d'origine viennoise, populaire au début du XIXe siècle, construit en style Empire, dont le côté droit suit la ligne ascendante des cordes et se termine par une crosse au coin supérieur gauche. Ce piano atteignait une hauteur de 2,20 m à 2,40 m. Il était muni d'un mécanisme frappant les cordes de haut en bas et d'au moins quatre pédales, parfois six. On en trouve rarement en Angleterre, mais il est courant dans les musées allemands et autrichiens. On peut voir un modèle de Van der Hoef au Victoria and Albert Museum de Londres.

Quart de queue. Piano à queue mesurant environ 1,80 m de long.

Sans barres. Piano à queue doté d'un cadre métallique suffisamment solide et rigide pour se passer du renforcement habituel des barres qui, paraît-il, est préjudiciable à la qualité du son (Broadwood).

Table d'harmonie diaphragmatique. Table d'harmonie légèrement effilée au centre, plus épaisse sur les bords, ce qui produit une vibration plus libre et plus unifiée (Steinway).

Triples cordes. Trois cordes par note (sauf pour les notes les plus graves).

17. *Premières apparitions en public*. Selon Burney, le premier piano qui ait été

entendu en Grande-Bretagne aurait été fabriqué par un moine anglais à Rome, le père Wood, pour un ami de Burney, Samuel Crisp, qui le rapporta avec lui. La date de son retour semble inconnue (probablement vers 1760, ou même avant) ; mais il n'est pas impossible que l'antériorité revienne à un autre ami de Burney, le poète Mason (voir § 5).

Autant que l'on sache, le premier concert public donné sur un piano a eu lieu au Théâtre de Covent Garden quelques années plus tard, en 1767 ; on annonçait alors que Dibdin utiliserait, pour accompagner une mélodie, « un nouvel instrument appelé piano-forte »...

L'année suivante, en 1768, l'instrument commence à se produire en soliste, sous les doigts de Henry Walsh à Dublin le 19 mai 1768 et, deux semaines plus tard, à Londres, sous ceux de Jean Chrétien Bach. Ce dernier, qui a vécu à Londres jusqu'à la fin de sa vie (1782), a beaucoup contribué à la popularisation de l'instrument (dans son compte bancaire, le Dr Sanford Terry a trouvé trace de l'achat d'un piano de Zumpe au cours du mois précédant ce concert, pour un montant de cinquante livres ; on peut donc supposer qu'il s'agissait d'un piano carré).

En 1781, Clementi quittait Londres pour entreprendre une grande tournée de concerts (Paris, Strasbourg, Munich, Vienne) et les livres des Broadwood montrent qu'ils ont expédié à Paris à son intention un clavecin et un piano. Clementi a rencontré Mozart à Vienne et, à l'instigation de l'empereur Joseph II, les deux musiciens se sont affrontés dans une sorte de compétition ; tous deux ont joué du piano et ont improvisé à quatre mains une partie de divertissement pour cet instrument.

Le piano est arrivé en France via l'Angleterre. On trouve mention de la vente d'un piano à Paris en 1759 (sans doute l'importation d'un spécimen unique), mais la première apparition enregistrée semble dater seulement de 1768, date à laquelle une certaine Mlle Lechantre a joué au Concert spirituel sur un « clavecin forte-piano », un an donc après la première apparition publique de l'instrument en Angleterre. L'année suivante (1769), un enfant de neuf ans, le fils de l'organiste de Saint-Germain-l'Auxerrois, jouait sous les mêmes auspices d'un « nouvel instrument pourvu de marteaux, une sorte de clavecin ayant la forme de ceux d'Angleterre ». Son père avait fabriqué cet instrument et il avait été décrit dans la presse trois ans plus tôt (1766).

On ne sait pas exactement à quelle date le piano a commencé à être importé aux États-Unis, mais en 1771 le colonel Robert Carter, propriétaire terrien de Virginie, achetait un piano pour enrichir sa collection d'instruments et, la même année, Thomas Jefferson annulait la commande d'un clavecin anglais et la remplaçait par celle d'un piano.

En 1775, à Philadelphie, Behrent (voir § 5) déclarait qu'il « venait de terminer un instrument extraordinaire portant le nom de piano-forte, en acajou, de la même nature que le clavecin, avec des marteaux et plusieurs modifications ». C'est également à Philadelphie que le piano a fait l'une des premières apparitions en concert aux États-Unis. En 1786, le pianiste Reinagle a apparemment joué une « Sonata Piano Forte » de son cru ainsi qu'une œuvre curieusement décrite comme étant « de Haydn et Reinagle ».

18. *Premières œuvres pour piano*. Il a fallu au piano environ un siècle (de sa naissance à 1800 environ) pour évincer le clavecin et le clavicorde, car il s'est amélioré très lentement et les autres instruments étaient parvenus au sommet de la perfection. Au XIXe siècle, l'enthousiasme suscité par le piano a finalement réussi à faire disparaître complètement le clavecin pendant près de quatre-vingts ans. (On pense que le dernier clavecin Kirckman a été fabriqué en 1809 et le premier clavecin de la seconde période par Pleyel en 1888.)

Le piano a finalement été considéré comme l'aboutissement de l'histoire des instruments à clavier et comme le moyen le mieux adapté à l'ensemble du répertoire ; ce point de vue a prévalu dans la plupart des milieux jusque dans les années soixante, où les instruments plus anciens (clavecin et clavicorde) ont commencé à faire l'objet d'un certain engouement, ce qui a influencé la programmation des récitals ; de nombreux pianistes ont alors préféré abandonner le répertoire baroque aux instruments pour lesquels il avait été écrit à l'origine.

Les premières compositions pour piano que l'on connaisse sont l'œuvre d'un

Italien, Luigi Giustini di Pistoia, qui a publié à Florence en 1732 *12 Sonate da Cembalo di piano e forte detto volgaramente dei martellati* (« 12 sonates pour le clavecin doux et fort couramment appelé à marteaux »).

La popularité croissante du piano correspond exactement à la croissance de la nouvelle école « homophonique » de musique pour clavier. Bach et Haendel, contrapuntistes et maîtres dans le domaine de la fugue et de la suite, ont utilisé le clavecin ou le clavicorde et, quoique Bach et (peut-être) Haendel aient joué occasionnellement du piano, ils n'ont pas écrit une seule note pour cet instrument ; les fils de Bach, ainsi que Haydn et Mozart, à l'époque de la sonate classique, se sont de plus en plus tournés vers le piano. Le neuvième fils de Bach, Johann Christoph Friedrich, a écrit une sonate (vers 1757) dont la page de titre porte la mention « pour pianoforte ou clavecin » ; cette « étiquette » ambiguë a persisté dans la musique pour clavier jusqu'à une date avancée du XIXe siècle (les sonates de Beethoven, jusques et y compris l'opus 14, sont écrites « pour clavecin ou pianoforte » et, entre l'opus 22 et l'opus 27 n° 2 [la *Sonate « Clair de lune »*], elles sont annoncées comme étant écrites « pour pianoforte ou clavecin »).

On peut donc dire que, pendant une quarantaine d'années, les compositeurs ont peu tenu compte des qualités et des possibilités différentes des deux instruments, mais à partir du milieu du XVIIIe siècle, les qualités spécifiques du piano ont commencé à être progressivement reconnues, tout d'abord par les fils de Bach (notamment dans les œuvres de C. P. E. Bach, dont le style s'est forgé à partir du clavicorde expressif), puis par Clementi, dont les sonates ont été publiées à Londres à partir de 1773.

Mozart a connu le piano dès son enfance ; ses sonates de la maturité (comme celles de Haydn) et surtout ses concertos tiennent nettement compte de ses possibilités particulières. Toutefois, c'est Beethoven qui a vraiment ouvert une nouvelle voie au piano. Dès le début, et quel que soit l'instrument auquel elle est destinée, sa musique s'affirme nettement comme de la musique pour piano (à l'exception peut-être des trois sonates en mi bémol, fa mineur et ré, composées à Bonn en 1783 à l'âge de quatorze ans). Schumann et Chopin sont deux compositeurs qui s'expriment, l'un essentiellement et l'autre presque entièrement au moyen du piano ; et quiconque regarde une page de leur musique pour clavier ne peut imaginer qu'elle ait été écrite pour un autre instrument.

En fait, l'histoire du piano montre bien que l'instrument a vu le jour avant que le monde ne soit vraiment prêt à le recevoir et il a fallu attendre la fin du XVIIIe siècle pour qu'il s'identifie vraiment avec les nouveaux styles en usage – tout d'abord avec la forme sonate classique, puis avec la musique romantique expressive.

Il faut aussi souligner qu'un grand nombre de pianistes et de compositeurs éminents qui ont écrit pour le piano étaient également facteurs (comme Clementi, Kalkbrenner, Pleyel, Herz), ce qui n'est pas resté sans effet sur le développement simultané des techniques de jeu, de composition et de facture pianistiques et sur leur influence réciproque.

19. *Répertoire.* Le répertoire du piano est plus fourni que celui de tout autre instrument ; il est en outre d'une variété sans fin. Jusqu'à une époque récente, on incluait dans le répertoire du piano toute la musique écrite pour les instruments de la famille du clavicorde et du clavecin. Ces instruments ont maintenant leur place sur la scène des concerts et de nombreux pianistes excluent de leurs récitals la partie la plus ancienne du répertoire pour ne commencer leurs programmes qu'avec les classiques viennois ; mais, dans le cadre de la formation générale, cela n'empêche pas les jeunes pianistes d'apprendre le répertoire du clavicorde et du clavecin (comme les quarante-huit préludes et fugues du *Clavier bien tempéré* de Bach).

La liste suivante (qui comprend le répertoire des instruments anciens) donne simplement le nom des principaux compositeurs du répertoire avec l'inévitable discrimination à propos des compositeurs vivants.

Virginalistes anglais du XVIe siècle et du début du XVIIe siècle : Byrd, Bull, Gibbons, Farnaby, Tomkins, etc. ont élaboré la technique de composition et de jeu des instruments à clavier en écrivant des variations sur des chants et des danses populaires. Les groupes de deux danses liées (comme la pavane et la gaillarde, l'allemande et la courante) ont donné naissance à de très brillantes pages pour clavier, alors que les fantaisies contrapuntiques souvent basées sur un thème central à évolution lente (*cantus firmus*) se sont inspirées du plain-chant et sont devenues un style savant qui convient aux instrumentistes aux goûts sérieux et aux capacités intellectuelles développées.

Compositeurs de musique pour clavicorde et clavecin de la fin du XVIIe siècle et du début du XVIIIe siècle :

Allemagne : Froberger, Buxtehude, J. S. Bach.

Angleterre : Blow, Purcell, Croft, puis Haendel et Arne.

France : Chambonnières, Louis Couperin, François Couperin, Rameau, Duphly.

Italie : Frescobaldi, Cimarosa, Domenico Scarlatti.

Ils ont pour la plupart écrit des suites de longueur et de style différents. Frescobaldi a composé des variations (appelées « partite ») et des toccatas. La musique pour clavecin de Bach comprend des suites (parfois appelées « partitas »), des toccatas, des préludes et fugues, et des variations. Scarlatti a écrit de courtes œuvres en un mouvement appelées sonates, mais qui ne ressemblent absolument pas aux sonates de l'ère classique.

Compositeurs du milieu du XVIIIe siècle. C. P. E. Bach, Mozart, Haydn. Il ont défini la forme classique de la sonate en plusieurs mouvements, avec au moins un mouvement de *forme sonate (généralement le premier mouvement). Leurs œuvres couvrent la période de transition entre le clavecin et le clavicorde d'une part et le piano de l'autre.

Compositeurs de la fin du XVIIIe siècle et du début du XIXe siècle. Hummel, Clementi, Cramer, Czerny, Dussek, Beethoven, Schubert, Weber, Field.

Clementi, Beethoven et Schubert ont composé beaucoup de sonates, les deux derniers amenant la forme et l'esprit de ce type de musique à leur point culminant. Clementi et Cramer ont surtout écrit des études et des exercices ; Schubert de nombreuses pièces dans des formes plus petites en un mouvement (impromptus, *Moments musicaux*, valses, etc.) ; Field a inventé le nocturne.

Compositeurs du milieu du XIXe siècle : Chopin, Schumann, Mendelssohn, Liszt, Franck, Alkan. Ces compositeurs ont développé les qualités romantiques du piano et son côté virtuose, les *Études* de Chopin et les *Études d'exécution transcendante* de Liszt représentant sans doute le plus haut niveau de virtuosité brillante jamais atteint sur cet instrument. Chopin et Schumann ont écrit chacun trois sonates, Liszt une et Mendelssohn quatre, mais ils se sont surtout imposés dans des œuvres en un mouvement, allant des quatre grandes *Ballades* de Chopin aux pièces plus concises comme les *Préludes*, les *Nocturnes*, les *Polonaises* et les *Mazurkas* de Chopin, les *Novelettes* de Schumann et les *Romances sans paroles* de Mendelssohn. Schumann a écrit une multitude de pièces de ce genre regroupées sous forme d'entités (*Carnaval*, *Papillons*, etc.) ; Liszt a écrit dix-neuf *Rhapsodies hongroises* et beaucoup de fantaisies sur des airs d'opéras ainsi que d'autres pièces de musique populaire. Le style pianistique plutôt solennel de Franck est nettement dérivé de l'orgue (*Prélude, choral et fugue* ou *Prélude, aria et finale*), alors qu'Alkan a écrit une musique de nature exotique d'une difficulté technique inégalée.

Compositeurs de la fin du XIXe siècle : Brahms, Grieg, Fauré, Saint-Saëns, Balakirev, Albéniz, Granados, Scriabine, Medtner, Reger. Essentiellement de la musique romantique, suite logique de la musique des groupes précédents. Ils ont introduit un élément nouveau : l'élément national, par exemple dans la musique de Grieg (Norvège), de Balakirev (Russie) ou d'Albéniz et de Granados (Espagne). Le style original et très français de Fauré a mené directement aux impressionnistes français.

Compositeurs de la première moitié du XXe siècle : Debussy, Ravel, Satie, Milhaud, Poulenc, Ireland, Bax, Berkeley, Tippett, Falla, Turina, Villa-Lobos, Dohnányi, Bartók, Webern, Berg, Hindemith, Szymanowski, Lutosławski, Rachmaninov, Prokofiev, Chostakovitch, Kabalevski, Khatchaturian, Cowell, Ives, Barber. Dans cette période, le caractère de la musique pour piano se divise en de nombreuses écoles très différentes. Debussy et Ravel exploitent les qualités délicates de l'instrument dans le style impressionniste. Satie, Milhaud et Poulenc utilisent, dans des voies différentes, ses caractéristiques spirituelles et originales. Ils ont tous été influencés, dans une certaine mesure, par le jazz américain. Les compositeurs anglais de cette période s'inscrivent surtout dans le prolongement du romantisme, mêlé à d'autres influences – le chant traditionnel anglais, par exemple, ou l'impressionnisme français (dans la musique de John Ireland). Le nationalisme s'affirme dans la musique des compositeurs espagnols (Falla et Turina) et du Brésilien Villa-Lobos. Avec Bartók, la musique nationale prend un nouveau tournant. Il utilise les qualités percutantes et expressives de la musique hongroise pour créer un style original dans lequel des schémas rythmiques irréguliers basés sur la langue hongroise et les fondements de la gamme modale jouent tous un rôle important. Le « son Bartók » est, lui aussi, très personnel, que ce soit dans les nombreuses petites pièces de sa méthode d'enseignement du piano, *Mikrokosmos*, ou dans les œuvres plus importantes comme la *Sonate pour piano*, les trois concertos pour piano ou la *Sonate pour deux pianos et percussion*.

La seconde école viennoise a adopté une approche très différente de la musique pour piano, essentiellement représentée par Schoenberg et Webern (les deux sonates d'Alban Berg étant des œuvres de jeunesse de caractère postromantique). Le style incisif et sec de Schoenberg est construit sur les techniques sérielles, bien qu'il rende occasionnellement hommage au langage classique du XVIIIe siècle. Les courtes pièces sérielles de Webern reposent sur une écriture savante – thèmes joués à l'envers et à l'endroit simultanément, inversés en miroir, etc. Parmi les œuvres académiques de cette période, *Ludus tonalis* de Hindemith a également joué un rôle important. Le répertoire s'est enrichi substantiellement d'œuvres en provenance d'Europe de l'Est, des compositeurs polonais Szymanowski et Lutosławski et de l'école russe, dont les personnalités les plus marquantes sont Prokofiev, auteur de neuf sonates, et Chostakovitch (deux sonates et un cycle de vingt-quatre préludes et fugues dans chaque tonalité).

Aux États-Unis, comme on pouvait s'y attendre, la main est souvent tendue vers le monde du jazz (comme dans *Excursions* de Barber), mais on trouve aussi des innovations plus radicales, comme dans les œuvres de Charles Ives et de Henry Cowell, qui ont expérimenté très tôt les techniques aléatoires (laissant à l'interprète une certaine liberté de choix en lui proposant généralement plusieurs solutions). Ives a été l'un des premiers utilisateurs d'effets sonores au piano : clusters frappés avec la paume, le poignet ou l'avant-bras, cordes pincées, bloquées ou grattées avec les doigts.

Le milieu du XXe siècle : Messiaen, Boulez, Stockhausen et, sur la scène américaine, Aaron Copland, John Cage, Elliott Carter et Roger Sessions. La musique pour piano d'Olivier Messiaen se tient à l'écart des principales tendances du siècle. Infiniment colorées et souvent très virtuoses, ses œuvres sont notées et annotées de façon extrêmement précise – il est demandé à l'instrumentiste d'employer jusqu'à douze « touchers » différents et sept niveaux de dynamique différents dans une même œuvre. La notation des morceaux exprimant le chant des oiseaux est très précise sur le plan ornithologique et se rapproche autant que possible de la réalité. Bien qu'on décèle dans le style certaines affinités avec les impressionnistes français, il est beaucoup moins évocateur et plus imitatif que Debussy et très éloigné des éléments aléatoires qui dominent la musique de Stockhausen, de Cage et d'autres compositeurs.

En 1938, Cage a été le premier à utiliser le « piano préparé », instrument dans lequel des écrous, des vis, des boulons, des tampons de feutre et de caoutchouc, des pièces de monnaie et des éclats de bois sont insérés entre certaines cordes. Il en résulte un nouveau jeu de tonalités, dont certaines sont purement percutantes, d'autres microtonales. L'influence du bouddhisme Zen l'a ensuite (1951) conduit à expérimenter les éléments aléatoires et à utiliser le silence qui, disait-il, n'est jamais absolu, un son d'une espèce ou d'une autre étant toujours présent.

Boulez et Stockhausen ont tous deux élargi le répertoire du piano dans des directions nouvelles, élaborant leurs propres langage et notation. La réaction contre le sérialisme strict de leurs premières œuvres les a tous deux amenés à utiliser des « formes ouvertes » (mouvements ou sections joués dans un ordre variable) et la pratique de l'aléatoire « contrôlé » en cours d'exécution (Boulez pense qu'une œuvre n'est jamais achevée, mais reste ouverte à la création et à une modification permanente à chaque exécution). Sur un plan purement pianistique, les *Klavierstücke* de Stockhausen introduisent plusieurs effets nouveaux, avec des techniques percutantes et des sonorités de pédales. En conclusion, on peut dire qu'après une courte éclipse temporaire dans les années vingt et trente, le piano a repris son rôle en tant qu'instrument privilégié pour le compositeur et joue un rôle essentiel dans une grande partie de la musique nouvelle d'aujourd'hui.

20. *Musique pour piano à quatre mains, pour deux pianos, à une seule main, croisement de mains :* (*a*) *Musique pour piano à quatre mains.* La plus ancienne œuvre pour clavier que l'on connaisse réunissant deux instrumentistes sur un seul instrument est « A Verse for Two to Play on one Virginal or Organ » de Nicholas Carlton (dans le manuscrit Tomkins qui se trouve à la British Library et date sans doute de la fin du XVIe siècle). Dans le même volume, on trouve « A Fancy », également pour deux instrumentistes, composé par Thomas Tomkins.

Dans le même genre, la plus ancienne musique imprimée semble se trouver dans le *Quinzième Ordre* de Couperin (1722), des pièces apparemment destinées à être jouées à trois mains sur un instrument à un clavier (mais on les jouait certainement sur un clavecin à deux claviers à cause des chevauchements des deux parties supérieures). La troisième main était peut-être une partie confiée à un débutant, car il s'agit généralement d'un simple bourdon. (« A Battle and No Battle – Phrygian Music » de Bull, écrit environ un siècle plus tôt, présente la même disposition.)

En Angleterre, le premier exemple imprimé de musique pour clavier à quatre mains semble être les *Four Sonatas or Duets for two Performers on One Pianoforte* (1777) de Burney ; les neuf sonates de Theodore Smith ont été publiées trois ans plus tard à Berlin. Toutefois, il existait certainement déjà beaucoup de musique à quatre mains sous forme manuscrite.

Mozart et sa sœur, lorsqu'ils étaient en Angleterre en 1764-65, ont souvent joué à quatre mains en public (la *Sonate en ut K 19d* a été écrite à cette occasion) et l'on peut dire que la plus grande période de la musique pour piano à quatre mains a commencé avec Mozart et s'est achevée avec Schubert, dont certaines œuvres de ce type atteignent des proportions symphoniques. Le piano à quatre mains est resté un passe-temps familial populaire pendant tout le XIXe siècle et pendant les deux premiers tiers du XXe siècle, surtout en France, et de nombreux compositeurs comme Chopin, Brahms, Schumann, Liszt, Weber, Grieg, Dvořák, Tchaïkovski, Rachmaninov, Bizet, Chabrier, Fauré, Debussy, Ravel, Satie, Poulenc, Reger, Bax, Walton et Rawsthorne ont agréablement enrichi le répertoire. L'idée selon laquelle cette forme de pratique musicale était réservée aux amateurs ou même à la jeunesse s'est dissipée dans les années soixante et soixante-dix et cette branche de la musique de chambre a commencé à être appréciée à sa juste valeur grâce à quelques remarquables pianistes.

Il faut également mentionner les nombreux arrangements d'œuvres pour orchestre, depuis les symphonies de Haydn, soit pour deux pianos, soit pour piano à quatre mains – le plus souvent pour cette dernière combinaison. En effet, au XIXe siècle, le piano à quatre mains était le principal moyen permettant à la plupart des amateurs de se familiariser avec la musique symphonique.

(*b*) *Musique pour deux pianos.* La plus ancienne composition connue pour deux instruments à clavier est la pièce « For two Virginals » de Giles Farnaby, qui figure dans le Fitzwilliam Virginal Book. Pasquini, Leroux, François Couperin, Dandrieu, J. S. Bach, Haendel, W. F. Bach et le padre Soler ont tous laissé des œuvres pour deux clavecins, et Bach a composé et arrangé des œuvres pour deux, trois ou quatre clavecins et orchestre.

Mozart a écrit deux sonates et une fugue pour deux pianos et un concerto pour deux pianos et orchestre.

La littérature pour deux pianos s'est beaucoup enrichie pendant tout le XIXe siècle et au cours des premières années du XXe siècle : Schumann, Brahms, Arenski, Reger, Rachmaninov, Ives, Bartók, Milhaud, Hindemith et Chostakovitch y ont largement contribué. Les œuvres les plus connues sont peut-être les *Variations sur un thème de Haydn* de Brahms, l'*Andante et Variations* de Schumann, la *Suite n° 2 en ut* de Rachmaninov, la *Sonate pour deux pianos et percussion* de Bartók et la suite *Scaramouche* de Milhaud.

L'Américain George Crumb a composé *Makrokosmos II* pour deux pianos et percussion et Charles Ives a écrit trois pièces pour deux pianos accordés à un quart de ton d'écart.

Les concertos pour deux pianos sont rares : Mozart, Dussek, Liszt, Milhaud, Poulenc, Stravinski et Vaughan Williams en ont écrit un chacun.

(*c*) *Musique à une seule main*. Il existe une somme considérable de musique pour une seule main : matériel d'étude pour les pianistes, tour de force de composition ou œuvres destinées à des instrumentistes manchots qui se sont parfois montrés capables d'exécutions surprenantes. En voici quelques exemples :

Kalkbrenner : une sonate pour la main gauche. Scriabine : un prélude et un nocturne pour la main gauche. Brahms : arrangement de la Chaconne (de la *Partita pour violon en ré mineur*) de Bach pour la main gauche. Janáček : *Capriccio* pour la main gauche et quintette à vent. Ravel, Prokofiev, Franz Schmidt et Erich Korngold : concertos pour la main gauche. Richard Strauss : *Paregon*, traitement en concerto des thèmes de sa *Sinfonia domestica*. Britten : *Diversions on a Theme* pour la main gauche et orchestre. Bax : *Concertante* pour la main gauche et orchestre. Demuth : un concerto et *Legend* pour la main gauche et or chestre. Alkan a écrit de la musique pour la main droite seule.

Certaines de ces œuvres ont été commandées par l'Autrichien Paul Wittgenstein (1887-1961), qui avait perdu son bras droit au cours de la Première Guerre mondiale.

Le plus célèbre pianiste manchot est sans doute le comte hongrois Zichy (1849-1924), élève de Liszt, qui a donné de nombreux récitals et composé, notamment, un livre d'études pour la main gauche seule que Liszt a préfacé.

(*d*) *Croisement de mains*. Le premier compositeur qui ait utilisé le procédé consistant à croiser les mains est sans doute John Bull, dans ses *Variations « Welsingham »*. Rameau y a eu recours dans de nombreux mouvements de son livre de pièces pour clavecin de 1724 et en tire un effet très dramatique dans *Les Cyclopes*. Domenico Scarlatti a souvent fait appel à ce procédé, de même que Soler. Chez Bach, il survient rarement, quoiqu'il apparaisse dans la Gigue de la *Partita nº 1 en si bémol* et dans certaines des *Variations Goldberg*. Dans la musique pour piano ultérieure, il est monnaie courante. Il ne faut pas le confondre avec la technique des « pièces croisées » écrites par Couperin et d'autres compositeurs français de XVIIIe siècle, qui consiste à laisser les mains croisées sur les deux claviers d'un double clavecin d'un bout à l'autre d'un mouvement. Il est certain que l'effet spectaculaire des mains qui se croisent rapidement sur le clavier est en partie visuel.

21. *L'évolution du goût du public dans le domaine de la musique pour piano*. Le milieu courtois du clavecin a maintenu son répertoire à un certain niveau de goût. Le piano étant le premier instrument à clavier produit en série, il s'est intégré à une culture beaucoup plus vaste et superficielle et, parallèlement à son répertoire classique, il a suscité un large éventail de musique sans grande valeur dont une partie ne posait pas de problèmes techniques et était destinée à l'usage domestique (pots-pourris d'airs lyriques à la mode, etc.) ; une autre partie se composait de pièces de virtuosité d'une valeur douteuse destinées à éblouir un public enthousiaste mais dépourvu de discernement. Au XIXe siècle, les concerts étaient plus longs que ce que la plupart des publics supporteraient aujourd'hui ; on pensait alors qu'il était sage de fragmenter les œuvres substantielles en insérant des pièces plus légères entre les mouvements – Clara Schumann, par exemple, glissait parfois de courts morceaux de bravoure entre les mouvements d'une sonate de Beethoven et le lion du monde pianistique, Franz Liszt, avait l'habitude de construire ses programmes de récital sur un enchevêtrement d'éléments les plus divers (arrangements de mélodies, ouvertures d'opéra, extemporisations sur des airs populaires, etc., tous composés ou arrangés par lui-même).

Dès les premières années du XXe siècle, on assiste à un changement de goût progressif ; les programmes sont devenus plus substantiels, se composant souvent d'une œuvre de Bach, d'une sonate viennoise et de plusieurs pages de Chopin ou de Schumann et de Liszt dans la seconde partie, avec quelques préludes de Debussy pour faire bonne mesure. Ce changement est lié à de nombreux facteurs, notamment la diversité croissante des divertissements populaires (musique, cinéma, etc.) qui a dispersé une grande partie du public, ne laissant qu'un noyau de mélomanes plus sérieux. (A l'époque de Liszt, un récital de piano suscitait un vaste public de « fans », dont on ne trouve l'équivalent aujourd'hui que dans le monde de la musique « pop » ou du football.) L'orientation vers une musique plus sérieuse avait été amorcée par de nombreux musiciens prévoyants – on pourrait citer Sir Charles Hallé, qui avait présenté la première intégrale des trente-deux sonates de Beethoven en 1830 et Harold Samuel, qui a été le premier à donner une semaine entière de récitals de Bach à Wigmore Hall au début des années vingt. En France, Édouard Risler donnera l'intégrale des sonates de Beethoven à Paris en 1906. Les célébrations de centenaires ont aussi aidé – on a entendu peu de sonates de Haydn en récital avant 1932 (l'année du bicentenaire de sa naissance). Toutefois, le facteur le plus important reste sans doute l'influence permanente de la radio et de l'enregistrement – deux des forces éducatives les plus puissantes de notre monde musical moderne.

Ruth Dyson/George Menhennick.

BIBLIOGRAPHIE : Louis Aguettant, *La Musique de piano des origines à Ravel*, Albin Michel (Paris, 1954), rééd. Les Introuvables (Plan-de-la-Tour, 1981). Michel Archimbaud et Marcel Weiss, *Le Guide du piano*, Mazarine (Paris, 1979). Carl Philipp Emanuel Bach, *Essai sur la vraie manière de jouer des instruments à clavier*, Lattès (Paris, 1979). Paul et Eva Badura-Skoda, *L'Art de jouer Mozart au piano*, Buchet-Chastel (Paris, 1974). Olivier Barli, *La Facture française du piano*, La Flûte de Pan (Paris, 1983). Serge Cordier, *Piano bien tempéré et justesse orchestrale*, Buchet-Chastel (Paris, 1982). Alfred Cortot, *La Musique française de piano*, PUF (Paris, 1930, rééd. 1981). Dominic Gil, *Le Grand Livre du piano*, Van de Velde (Luynes, 1981). Claude Helffer et Catherine Michaud-Pradeilles, *Le Piano*, PUF, coll. Que sais-je ?, Paris, 1985). Louis Kentner, *Piano*, Hatier (Paris, 1978). K. Leimer, *La Technique moderne du piano*, Max Eschig (Paris, 1932). Denis Levaillant, *Le Piano*, J. C. Lattès/Salabert (Paris, 1986). Paul Locard et Rémy Stricker, *Le Piano*, PUF, coll. Que sais-je ? (Paris, 1948, 5e éd. 1974). Daniel Magne, *Guide pratique du piano*, Van de Velde (Luynes, 1978, 4e éd. 1985). A. -F. Marmontel, *Histoire du piano et de ses origines*, Heugel (Paris, 1885). Heinrich Neuhaus, *L'Art du piano*, Van de Velde (Luynes, 1971). Charles Rosen, *Le Style classique*, Gallimard (Paris, 1978). François-René Tranchefort, *Guide de la musique de clavecin et piano du XVIIe siècle jusqu'à nos jours*, Fayard (Paris, 1987). Helmut Tünker, *Pianos électroniques et Synthétiseurs*, Ed. Techniques et Scientifiques françaises (Paris). Klaus Wolters, *Le Piano*, Payot (Lausanne, 1971).

Piano (ital., souvent abrégé *p*). « Doux », « doucement ».

Pianto (ital.). « Complainte », « lamentation ». Le célèbre *Lamento d'Arianna* de Monteverdi a par la suite reçu des paroles sacrées sous le titre *Pianto della Madonna.*

Piba. Luth chinois à quatre cordes. Voir *Chine*, 4*e*.

Picchi, Giovanni (célèbre au début du XVIIe siècle ; mort à Venise en 1643). Compositeur et organiste italien. On sait peu de chose de sa vie sinon qu'il était déjà organiste à Santa Maria Gloriosa dei Frari à Venise en 1607 et qu'il y est resté jusqu'à sa mort. Il a composé des danses pour clavier animées, qui utilisent très librement les quintes parallèles, et dans lesquelles il prévient les instrumentistes du côté intentionnel des dissonances, qui résultent essentiellement des embellissements. L'une de ses toccatas a été copiée par Francis Tregian dans le *Fitzwilliam Virginal Book.*

Denis Arnold.

Picchiettato, picchietando (ital.). Terme qui s'applique à la tenue d'archet des instruments à cordes et qui indique qu'il faut détacher les notes. Voir *Spiccato.*

Piccinni, Niccolò [Nicola] (Bari, 16 janvier 1728 ; Passy, près de Paris, 7 mai 1800). Compositeur d'opéras italien. Son père est musicien et sa mère est la sœur de Gaetano Latilla. On suppose que Piccinni est l'élève de Leo et de Durante au Conservatorio di San Onofrio à Naples, mais ce n'est pas tout à fait sûr. Quoi qu'il en soit, il compose un opéra bouffe pour un théâtre napolitain en 1754 et appartient au groupe de compositeurs qui forment l'école napolitaine. En 1760, il compose son opéra le plus connu, *La Cecchina, ossi la Buona Figliuola*, pour Rome ; le livret de Goldoni est fondé sur le roman de

Richardson *Pamela, or Virtue Rewarded*, et l'œuvre remporte un grand succès. Ensuite, Piccinni mène une carrière prolifique, composant jusqu'à six opéras par an ; il combine cette activité avec des nominations à la cathédrale de Naples et à la chapelle royale.

Ce succès se maintient jusqu'à ce que Piccinni soit invité à Paris en 1776. Là, la faction anti-Gluck organise une querelle stupide amenant les deux compositeurs à écrire des opéras sur le même sujet : Piccinni commence à écrire sa tragédie lyrique *Roland* avant celle de Gluck (qui abandonne son ouvrage) et il remporte un certain succès lors de sa création en 1778 ; mais Gluck sort son *Iphigénie en Tauride* deux ans avant l'opéra de Piccinni sur le même sujet ; ce dernier est éclipsé (Piccinni n'a pas de chance car la cantatrice boit et l'œuvre est surnommée *Iphigénie en Champagne*). Néanmoins, dans l'ensemble, Piccinni est relativement apprécié à Paris.

La Révolution le contraint de retourner à Naples, où il est mal traité, car son gendre est soupçonné d'être jacobin, et il revient finalement à Paris en 1798. Il se voit accorder une pension par Napoléon, mais meurt néanmoins dans la gêne. La « guerre » entre les partisans de Piccinni et ceux de Gluck a fait oublier que Piccinni était un bon compositeur d'opéras-comiques comme d'opéras sérieux. *La Buona Figliuola* s'approche des opéras bouffes de Mozart par ses ensembles animés et ses personnages bien dépeints, tandis que *Didon* (1783) n'a aucune raison d'être méprisée en tant qu'opéra sérieux à la manière de Traetta plutôt qu'à celle de Gluck.

Denis Arnold.

BIBLIOGRAPHIE : François Lesure, *Querelle des gluckistes et des piccinnistes*, Minkoff (Genève, 1984).

Piccolo. Petite flûte qui sonne à l'octave supérieure de la grande flûte normale. Voir *Flûte*, 6.

Pièce caractéristique (ou pièce de genre) (all. : *Charakterstück* ; angl. : *character piece*). Locution qui désigne des pièces destinées à un instrument à clavier seul ou accompagné d'un autre instrument et dont le caractère se trouve défini par un titre anecdotique. Ce terme s'applique normalement aux pièces pour piano du répertoire romantique mais, dans le domaine de la musique pour clavier, la France possède une longue tradition de pièces aux titres fantaisistes et descriptifs qui remonte aux luthistes du début du XVIIe siècle. Ainsi, François Couperin et Rameau ont donné des titres descriptifs à un grand nombre de leurs *Pièces de clavecin* (par exemple, *Le Carillon de Cithère* ; *Les Tourbillons*) et cette tradition s'est perpétuée dans les *Images* et les *Préludes* de Debussy qui portent des titres tels que *La Cathédrale engloutie* ou *Des pas sur la neige*.

En outre, on peut considérer de nombreuses pièces romantiques pour piano comme des pièces caractéristiques, même si elles ne comportent aucun programme ou titre spécifique ; *Bagatelles* de Beethoven, *Impromptus* de Schubert, *Romances sans paroles* de Mendelssohn, *Scènes d'enfants*, *Novelettes* et *Album blätten* de Schumann. Ce sont, pour la plupart, de petites pièces, mais les œuvres pour piano de plus vaste dimension de Schumann relèvent d'une nouvelle conception issue d'une série de pièces caractéristiques construites autour d'un même thème et destinées à être jouées sans interruption . *Papillons*, *Carnaval*, *Kreisleriana* ; pourtant, les *Davidsbündlertänze* portent en sous-titre « Dix-Huit Pièces caractéristiques ».

Ce terme ne se limite pas nécessairement à la musique pour piano et peut également s'appliquer à des œuvres comme l'ouverture *Léonore I* de Beethoven, désignée comme une « ouverture caractéristique », probablement en raison de son expression dramatique, ou la *Deuxième Suite pour orchestre* de Tchaïkovski sous-titrée *Suite caractéristique*.

Wendy Thompson.

Pièces pour orchestre, Cinq (*Fünf Orchesterstücke*). Œuvres symphoniques op.16 de Schoenberg, composées en 1909. Après les avoir conçues, à l'origine, pour un très grand orchestre, Schoenberg les a réorchestrées en 1949 pour un effectif plus réduit. Elles ont été arrangées pour orchestre de chambre par Felix Greissle et pour deux pianos par Webern.

Pied (angl. : *foot*). 1. Unité ou groupe dans la facture rythmique d'un poème. Voir *Mètre*.

2. Terme utilisé dans la description des

jeux d'orgue (quatre pieds, huit pieds, etc.) ; voir *Orgue*, 1*a*.

Pieno, piena (ital.). « Plein », « pleine » ; *organo pieno*, « plein-jeu » ; *coro pieno*, « plein chœur » (par opposition aux passages pour solistes) ; *a voce piena*, « à pleine voix ». Voir également *Ripieno*.

Pierné, (Henri Constant) **Gabriel** (Metz, 16 août 1863 ; Ploujean, Finistère, 17 juillet 1937). Compositeur français. Il étudie la composition avec Massenet et l'orgue avec Franck au Conservatoire de Paris (1874-82) et remporte le prix de Rome. Il revient d'Italie pour prendre la succession de Franck comme organiste titulaire de Sainte-Clotilde à Paris (1890-98) ; mais il s'oriente alors vers la direction d'orchestre et la composition. Comme chef d'orchestre des Concerts Colonne (1910-32), il assure notamment la création de *L'Oiseau de feu* de Stravinski et des *Images* de Debussy. Ses propres compositions vont de pièces légères à des œuvres substantielles, oratorios (*L'An mil*, 1898 ; *La Croisade des enfants*, 1903 ; *Les Enfants à Bethléem*, 1907 ; *Saint François d'Assise*, 1912), opéras, concertos (*Concertstück pour harpe*, 1903), musiques de scène (*Ramuntcho*, 1907) et œuvres de musique de chambre, et montrent une imagination fertile ; son style s'inspire essentiellement de Franck. Néanmoins, à l'exception de la « Marche des petits faunes » de son ballet *Cydalise et le chèvre-pied* (1923), sa musique est assez rarement jouée.

Paul Griffiths.

BIBLIOGRAPHIE : Georges Masson, *Gabriel Pierné, musicien lorrain*, Presses universitaires de Nancy, Éditions serpenoises (Metz, 1987).

Piero [Magister Piero] (célèbre au milieu du XIVe siècle). Compositeur italien qui a exercé à Milan et à Vérone, où il a sans doute connu Giovanni da Cascia et Jacopo da Bologna. Les œuvres qui ont survécu sont écrites dans les formes typiques de l'époque, le madrigal à deux et trois parties et la *caccia* en canon.

John Milsom.

Pierre et le loup. Conte symphonique pour enfants op.67 de Prokofiev sur un livret du compositeur, composé en 1936. La partition est écrite pour récitant et orchestre. L'histoire de l'enfant, Pierre, qui joue des tours au loup, est racontée et brillamment illustrée par les instruments de l'orchestre traités en solistes, chaque personnage correspondant à un instrument différent. L'œuvre a été conçue pour apprendre aux enfants à reconnaître les instruments d'orchestre.

Pierrot lunaire. Œuvre op.21 pour voix de femme, flûte, piccolo, clarinette, clarinette basse, violon, alto, violoncelle et piano de Schoenberg, composée en 1912. Elle prend la forme d'un cycle en trois parties de sept mélodies chacune sur des poèmes d'Albert Giraud traduits du français en allemand par O. E. Hartleben. La chanteuse doit utiliser la technique du **Sprechgesang*.

Pie voleuse, La (*La Gazza ladra*). Opéra en deux actes de Rossini sur un livret de Gherardini d'après la comédie de d'Aubigny et Caigniez, *La Pie voleuse* (1815). Créé à la Scala de Milan le 31 mai 1817. L'ouvrage a connu une brève éclipse au début du XXe siècle mais l'ouverture, dans le style très brillant de Rossini, est toujours restée très populaire.

Piffaro (ital. : fifre). Terme qui désigne une petite flûte de six ou huit trous sans clés généralement accompagnée d'une cornemuse. Les instrumentistes sont parfois désignés comme *piffari* ou *pifferari* (notamment dans les Abruzzes où les bergers jouent à l'époque de Noël en souvenir des bergers de Bethléem).

Pijper, Willem (Zeist, 8 septembre 1894 ; Leidschendam, 19 mars 1947). Compositeur hollandais. Il étudie la composition avec Johan Wagenaar à l'École de musique d'Utrecht et devient critique musical. Par la suite, il est rédacteur en chef de la revue *De Muziek* (1926-33), professeur au Conservatoire d'Amsterdam (1925-30) et directeur de l'École de musique de Rotterdam. Il a exercé une influence notable sur la musique hollandaise par son enseignement, mais également par ses œuvres, dans lesquelles il manifeste un goût certain pour les harmonies polytonales épaisses, les rythmes agressifs dans des mètres aux changements rapides et l'emploi de la technique de la « cellule germe » par laquelle chaque pièce se développe à partir d'une petite unité mélodique ou harmonique. Il est notamment l'auteur de deux opéras, de trois symphonies, de nombreuses autres œuvres pour orchestre, de mélodies et de beaucoup de musique de chambre.

Paul Griffiths.

Pikieren (all.). Jouer **spiccato*.

Pilgrim's Progress, The. Opéra en quatre actes de Vaughan Williams sur un livret du compositeur d'après l'allégorie de Bunyan (1674-79, 1684). L'ouvrage a été achevé en 1949, révisé en 1951-52 et créé à Covent Garden en 1951. La scène 2 de l'acte IV intègre *The Shepherds of the Delectable Mountains*, épisode pastoral de Vaughan Williams créé en 1922. Vaughan Williams a également composé une musique de scène (dont une partie a ensuite été insérée dans l'opéra) pour une production à la BBC de *The Pilgrim's Progress* en 1942. Sa *Symphonie n° 5* (1938-43) utilise certains thèmes de l'opéra, car à l'époque où il composait cette symphonie il ne pensait pas achever son opéra.

Pilkington, Francis (vers 1565 ; Chester, 1638). Compositeur anglais. Il reçoit le grade de « Bachelor of Music » à Oxford et devient ensuite chanteur et chanoine (sans être membre du chapitre) de la cathédrale de Chester, dont il est premier chantre en 1623. Il publie deux livres de *Madrigals and Pastorals* où se manifeste plus de talent que de véritable inspiration (Londres, 1613), mais il est mieux connu pour un recueil de délicieux chants pour luth (Londres, 1605) sur de magnifiques vers ; « Rest sweet nimphes » en particulier est un chef-d'œuvre miniature.

Denis Arnold.

Pincé. 1. Synonyme de **pizzicato*, mais rarement employé.

2. Ancien terme pour le *mordant ; « pincé renversé », un *trille ; « pincé étouffé », une **acciaccatura*.

3. Terme parfois employé pour **vibrato*.

Pineapple Poll. Ballet en un acte et trois scènes, musique de Sullivan arrangée par Mackerras sur un livret de John Cranko d'après la *Bab Ballad* de W. S. Gilbert, *The Bumboat Woman's Story*. Créé à Londres en 1951 dans une chorégraphie de Cranko. Une suite de concert a été tirée de cette partition.

Pini di Roma (*Pins de Rome*). Poème symphonique de Respighi (1923-24) en quatre parties : « Villa Borghèse », « Catacombes », « Janicule » et « Voie Appienne ». La partition comprend l'intervention d'un rossignol dont le chant est généralement enregistré.

Pinto, George Frederick (Londres, 25 septembre 1785 ; Londres, 23 mars 1806). Compositeur et violoniste anglais qui adopte le nom de sa mère et non celui de son père, Saunders. Pinto est le petit-fils de Thomas et Charlotte Pinto ; cette dernière avait été, sous le nom de Charlotte Brendt, une soprano *coloratura* de premier plan et la maîtresse de Thomas Arne. Héritant les dons de son grand-père (Thomas était premier violon de l'orchestre de Drury Lane sous la direction de Arne), Pinto devient bientôt l'élève de Salamon et joue en public un concerto pour violon dès 1796. Son amitié pour John Field l'amène au piano et c'est pour ces deux instruments, seuls ou associés, qu'il écrit toute la musique instrumentale qui a survécu. Cette musique est étonnamment mûre sur le plan émotionnel et harmonique, le parallèle le plus proche que l'on puisse établir la rapprochant de celle de Schubert ; néanmoins, elle semble l'œuvre d'un génie isolé et, malgré ses mérites incontestables, elle n'a pas exercé d'influence directe, car Pinto est mort – « martyr de la dissipation » – dès l'âge de vingt et un ans. La musique publiée (gravée avec négligence, ce qui reflète sans doute l'état des manuscrits originaux) a vite disparu du répertoire. Les pianistes s'intéresseront vivement aux sonates en mi bémol mineur et en la majeur en trois mouvements de l'op.3 et à celle en ut mineur dédié à Field (toutes de 1803) et les violonistes aux duos en fa et la majeur sans accompagnement (op.5, 1805) ; ses sonates pour violon et piano sont moins intéressantes, le premier se voyant confier un rôle archaïquement subordonné. Les chansons, toutes pour une voix soliste et piano, sont inégales, mais les meilleures (comme *The Distressed Mother* et *A Shepherd Loved a Nymph*, de *Six Canzonets*, 1803) révèlent une musique à la fois dramatique et lyrique d'une profondeur et d'une fraîcheur mélodique considérables.

Robin Langley.

Piqué. Terme employé dans la tenue d'archet des instruments à cordes, synonyme de *spiccato*.

Pirates of Penzance, The. Opéra-comique en deux actes de Gilbert et Sullivan. Représentations : Paignton (Bijou Theatre, 30 décembre 1879) ; New York (New Fifth Avenue Theatre, 31 décembre 1879) ; Londres (Opera-Comique, 3 avril 1880) ; Vienne (Theater an der Wien, 1er mars 1889). Frederick (tén.) a été mis en apprentissage chez des pirates, mais, à vingt et un ans, il est désormais libéré de son contrat d'apprentissage. Le devoir l'oblige à traîner en justice ses anciens camarades – mais sa nourrice Ruth (mezzo) révèle que Frederick est né une année bissextile, un 29 février : il n'a donc, en réalité, que cinq ans et demi. Pendant ce temps, Frederick est tombé amoureux de Mabel (sop.), fille du Major-General Stanley (bar.). Une bande de policiers lâches tente de s'emparer des pirates, mais se fait capturer. Cependant, le sergent de police (basse) invoque la loyauté envers la reine et tous les pirates cèdent. En apprenant finalement que les pirates sont en réalité « des fils de la noblesse qui ont mal tourné », le Major-General Stanley est heureux qu'ils épousent ses nombreuses filles et Frederick obtient la main de Mabel.

Piroye, Charles (? Paris, 1668-72 ; ? Paris, 1717-30). Compositeur français. Élève de Lully, il est organiste dans plusieurs églises de Paris entre 1690 et 1717. Au nombre de ses œuvres figurent des airs, des pièces pour orgue et un oratorio, *Jephté* (1703), qui occupe une place importante dans l'histoire de l'oratorio français.

Denis Arnold.

Pisador, Diego (Salamanque, 1509-10 ; Salamanque, après 1557). Vihuéliste et compositeur espagnol. En 1552, il publie une anthologie de musique pour vihuela qui comprend des tablatures de musique sacrée et profane de Gombert, Josquin des Prés, Mouton, Willaert et d'autres compositeurs, ainsi que sa propre musique, qui est essentiellement de style improvisatoire, mais comporte aussi des chansons attrayantes.

Denis Arnold.

Piston, Walter (Hamor) (Rockland, Maine, 20 janvier 1894 ; Belmont, Massachusetts, 12 novembre 1976). Compositeur américain. Après des études d'art, il se tourne vers la musique et s'inscrit à l'Université Harvard, dont il sort diplômé en 1924. Il passe ensuite deux ans à Paris, travaillant avec Nadia Boulanger avant de retourner à Harvard comme maître de conférences, puis professeur (1944-59). Artisan discipliné, il écrit des manuels importants d'harmonie, de contrepoint et d'orchestration ; sa musique suit l'enseignement néoclassique de l'école de Nadia Boulanger, préférant l'argument musical sobre et clair à toute sorte de déploiement. Il est l'auteur de huit symphonies, de pièces de musique de chambre et d'un ballet, *The Incredible Flutist* (1938).

Paul Griffiths.

Pistons (all. : *Ventile* ; angl. : *valves* ; ital. : *chiavi*). Dispositif qui permet à la majorité des cuivres actuels de jouer la totalité des notes de la gamme chromatique.

1. *Fonctionnement des pistons.* Ils sont généralement trois. En enfonçant le piston, le doigt exerce une pression sur son ressort et ouvre une longueur de tube supplémentaire (Fig. 1). Lorsque le piston est en position haute (de repos), le circuit du tube, démarrant en 1, traverse le piston en 2 et ressort en 3. Lorsqu'il est enfoncé (à droite), 2 est éliminé du circuit qui est alors dévié vers 4, par l'intermédiaire du cylindre du piston (indiqué en pointillé), et vers 5 pour émerger à nouveau en 3. On peut calculer la longueur des cylindres selon la méthode traditionnelle, par de simples fractions, ou par des proportions en tempérament égal (voir *Tempérament*, 4). Les fractions constituent le système le plus simple. Le premier piston (index) augmente la longueur de tube de l'instrument d'un huitième et abaisse la série harmonique d'un ton entier – voir Ex. 1, les notes marquées 1. Le deuxième piston allonge le tube d'un quinzième et abaisse la série harmonique d'un demi-ton, et les deux ensemble (marqués signe page 1896) l'abaissent d'une tierce mineure. Pour compléter la gamme chromatique, plu-

Ex. 1.

sieurs notes requièrent un troisième piston. Celui-ci abaisse à nouveau la série chromatique d'une tierce mineure (allongeant le tube d'un cinquième), mais il ne produit ces autres notes qu'en combinaison avec l'un des deux autres pistons, comme l'indique l'Ex. 1. On remarquera que le septième harmonique est omis : l'instrumentiste le saute, car sa hauteur de son se situe un tiers de demi-ton au-dessous du si bémol, ce qui ne correspond à aucune note de la gamme normale. L'étendue écrite, qui monte jusqu'au do aigu, est généralement considérée comme l'étendue « de sécurité », mais certains instrumentistes montent beaucoup plus haut.

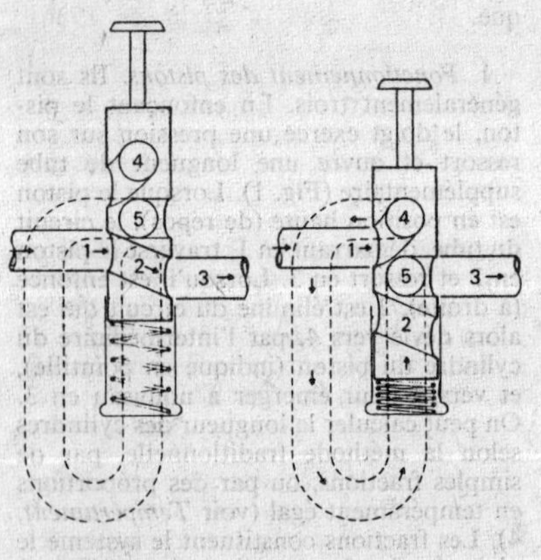

Fig. 1. Coupe d'un piston ; à gauche, piston au repos ; à droite, piston abaissé.

Sur l'Ex. 1, le doigté s'applique en partie au cornet à pistons, aux instruments de fanfare et à la trompette (sur laquelle, toutefois, la transposition est souvent nécessaire). Dans les parties de cor, la série est placée une octave plus bas (le do aigu devenant alors le seizième harmonique) ; cela modifie le doigté indiqué en un ou deux endroits et davantage encore si l'on joue sur un cor en si bémol.

2. *Types de pistons.* Les pistons ont été brevetés pour la première fois à Berlin en 1818 par deux instrumentistes à vent silésiens, Stoelzel (corniste) et Bluhmel. La forme originale de leur piston reste incertaine. Les pistons les plus répandus de nos jours (Fig. 1) sont fabriqués d'après un modèle parisien de 1839 (Périnet). Toutefois, le cor utilise maintenant des pistons rotatifs, brevetés à Vienne environ huit ans plus tôt, et qui sont également utilisés en Allemagne sur les trompettes, les tubas, etc. Chacun de ces pistons contient un cylindre rotatif qui tourne à 90° pour dévier le circuit du tube par le cylindre du piston (Fig. 2).

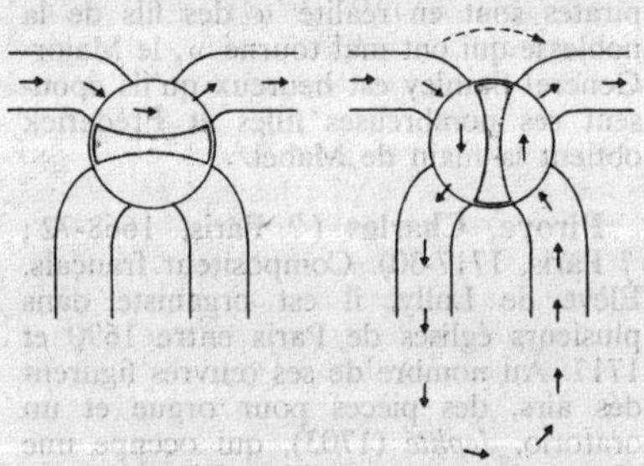

Fig. 2. Coupe d'un piston rotatif : à gauche, au repos ; à droite, piston abaissé (rotation à 90°).

A Vienne, de nombreux facteurs de cors restent fidèles à un autre type de piston, plus ancien : le « double piston », ou piston « viennois », qui comporte deux pistons parallèles, actionnés ensemble, pour chacun des trois pistons.

Parmi les types de pistons qui ne sont plus utilisés, mais que l'on trouve encore souvent sur les cornets à pistons et sur d'autres instruments du XIXe siècle, on peut citer le piston Stoelzel (dont la forme a peut-être été inspirée par Stoelzel) ; on le distingue au premier coup d'œil du piston ordinaire, car l'un des tubes d'entrée part du fond de l'enveloppe, alors que les deux partent généralement de chaque côté.

3. *Problèmes.* Quel que soit le modèle de piston, un problème se présente lorsque plusieurs pistons sont abaissés simultanément. Ainsi le ré grave (Ex. 1) requiert théoriquement quatre tiers de la longueur de tube du sol, une quarte au-dessus, ou un allongement du tube de 33,3%. Mais le premier piston ajoute 12,5% (un huitième) et le troisième 20% (un cinquième) ; ce qui fait un total de 32,5% s'ils sont abaissés ensemble. La différence qui manque équivaut, sur la trompette en si bémol, à environ 1 cm ou, sur le gros tuba, à 4 cm : la note sort trop aiguë et l'instrumentiste doit l'abaisser avec les lèvres ; heureusement, il s'habitue très vite à cette pratique et le fait presque inconsciemment. Toutefois, le problème peut s'atténuer en tirant un peu le corps de rechange du troisième piston, pour compenser la différence (chaque cylindre de piston comprend son propre corps de rechange).

Pour faire descendre l'étendue au-dessous de la note la plus grave dans l'Ex. 1, comme il faut souvent le faire sur les instruments graves (notamment le *tuba), il faut combler le vide jusqu'à la fondamentale do, une quinte diminuée au-dessous. Une méthode simple consiste à équiper l'instrument d'un quatrième piston qui abaisse l'instrument d'une quarte juste (voir *Tuba*, 2*a*).

Anthony Baines.

Pitoni, Giuseppe Ottavio (Rieti, 18 mars 1657 ; Rome, 1er février 1743). Compositeur italien. Enfant de chœur à San Giovanni dei Fiorentini et à SS. Apostoli à Rome, il devient, en 1676, *maestro di cappella* à Rieti, puis au Collegio di San Marco, poste qu'il occupera jusqu'à sa mort. Il gardera simultanément d'autres fonctions dans des églises romaines importantes.

Pitoni est l'un des compositeurs de musique sacrée les plus importants et les plus prolifiques de son temps. Sa production de musique sacrée, dont une seule pièce a été publiée, comprend plus de deux cents messes et parties de messe de quatre à huit voix, plus de sept cents psaumes (dont un à douze voix et un à seize voix), des *Magnificat*, des motets, litanies et passions. Il est également l'auteur de plusieurs traités de composition et l'un d'entre eux, le premier livre du *Guida armonica*, a été publié à Rome (vers 1690).

Wendy Thompson.

Più (ital.). « Plus » ; *più forte*, « plus fort » ; etc.

Piva (ital.). « Cornemuse ». Voir *Cornemuse*, 4 et 5.

Pizz. Abréviation de **pizzicato*.

Pizzetti, Ildebrando (Borgo Strinato, près de Parme, 20 septembre 1880 ; Rome, 13 février 1968). Compositeur italien. Il fait ses études à l'Académie de musique de Parme (1895-1901) et enseigne la composition pendant la majeure partie de sa vie aux Conservatoires de Parme (1907-08), Florence (1908-24), Milan (1924-36) et Rome (à partir de 1936). Dans sa musique, marquée par Debussy et la Renaissance italienne, il réagit contre les excès émotionnels de Puccini. A son avis, l'opéra doit accorder la première place à la description psychologique des personnages, principe qu'il applique avec succès dans *Debora e Jaele* (1922), *Lo Straniero* (1930), *Fra Gherardo* (1928) et *Assassinio nella cattedrale* (« Meurtre dans la cathédrale », d'après Eliot, 1958). Il est également l'auteur d'une *Messa di Requiem* modale intime, pour petit chœur sans accompagnement (1922).

Paul Griffiths.

Pizzicato (ital., généralement abrégé *pizz.*). Effet spécial obtenu sur les instruments à cordes et à archet en pinçant les cordes avec les doigts au lieu d'utiliser l'archet. Cet effet semble avoir été employé pour la première fois dans la musique pour violon par Monteverdi, dans *Il Combattimento di Tancredi e Clorinda* (« Le Combat de Tancrère et Clorinde », 1624), où il précise « Qui si lascia l'arco e si strappano le corde con duoi ditti » (« ici l'archet est laissé de côté et les cordes sont pincées avec deux doigts »). Toutefois, on trouve un emploi antérieur du *pizzicato* dans la musique de certains compositeurs de l'école de viole anglaise, notamment dans *The First Part of Ayres* de Tobias Hume (1605).

Dans la musique postérieure, le *pizzicato* prend différentes formes, comme le *pizzicato* de la main gauche employé largement par Paganini qui permet à l'instrumentiste d'utiliser l'archet sur une corde tout en en pinçant une autre ; le *pizzicato* « Bartók », indiqué par le signe (⌽) utilisé par Bartók dans ses quatuors à cordes, le *Divertimento* et la *Musique pour cordes, percussion et célesta* (la corde, tirée vers le haut, heurte la touche avec un bruit sec lorsqu'on la lâche) ; et le *pizzicato glissando*, également utilisé par Bartók, qui repose sur un mouvement (ascendant ou descendant) de la main gauche le long de la corde pincée pour produire une étendue de notes sonnant avec le même effet *pizzicato*.

Pk. 1. Abréviation de *Pauken* (all.), « timbales ».

2. Dans la musique d'orgue, abréviation de *Pedalkoppel* (all.), « tirasse » (suivie d'une indication quant au clavier qui doit être couplé avec la pédale).

Placito (ital.). « Jugement », « avis » ; *a bene placito*, « selon son propre jugement », *ad libitum*.

Plagale. Pour cadence plagale (voir *Cadence*, 2).

Plain-chant

1. Fonctions
2. Histoire jusqu'au VIIIe siècle
3. Les VIIIe et IXe siècles
4. Évolution ultérieure
5. Livres de chants sacrés et notation
6. Style

1. *Fonctions.* Le plain-chant est la musique monophonique du culte chrétien, particulièrement de l'Église catholique. Il représente un élément essentiel de certains services divins ; pour d'autres, il sert à rehausser la solennité de l'occasion. Dans les offices des Heures, qui consistent essentiellement à chanter des psaumes et à entonner des leçons, le chant sacré fait partie de la nature même des services. A la messe, l'eucharistie est précédée d'une préparation (*synaxis*) où alternent également les leçons et le chant des psaumes ; toutefois, le chant qui accompagne l'entrée du clergé et, dans l'eucharistie, les chants entonnés pendant l'offrande du pain et du vin et pendant la communion ne sont que de simples compléments de la cérémonie.

Dans les églises importantes, les leçons étaient psalmodiées, et non lues, pour des raison acoustiques, afin de réduire les effets de la réverbération sur la parole dans un édifice résonant. Les chants réservés à la congrégation – par exemple, les tons psalmodiques et les hymnes – ont conservé un caractère simple et direct. Mais la plupart des autres chants sacrés nous sont parvenus sous une forme élaborée, destinée à des chœurs d'un certain niveau ou à des solistes, leur style étant relativement orné et leur caractère assez distant ou « détaché du siècle ».

On a coutume de faire une distinction entre les chants sacrés du « propre » et ceux de l'« ordinaire » (voir *Messe*, 1) – distinction plus liturgique que musicale. Les deux autres termes employés ci-dessous sont musicaux : « antiphonal » et « responsorial ». Certains chants étaient exécutés alternativement par des solistes et un chœur (ou les fidèles), le chœur répondant par un refrain à chacun des versets des différents solistes ; c'est ce qu'on appelle le chant responsorial. Lorsque le chant est divisé entre deux groupes d'interprètes plus ou moins égaux (par exemple, les deux moitiés d'un chœur), il est dit antiphonal (voir également *Alternatim*). Les chants intervenant dans les services liturgiques sont traités dans les articles *Messe*, 2 et *Office*.

2. *Histoire jusqu'au VIIIe siècle.* On sait peu de chose de la musique du culte chrétien au cours des trois premiers siècles. Les services étaient clandestins et privés et il y avait peu d'occasions de développer un cérémonial ou une musique élaborée. Le chant des hymnes était emprunté à la tradition populaire. Les textes sont tirés du Nouveau Testament ou de recueils comme les Odes de Salomon (quarante-deux hymnes provenant d'Alexandrie au IIe siècle). Toutefois, la plupart de ces hymnes sont aujourd'hui perdus car, pendant la seconde moitié du IIIe siècle, on a supprimé presque tous les hymnes non bibliques, les compositions hérétiques devenant dangereusement po-

pulaires. Le chant des psaumes a pris le pas sur celui des hymnes. Au début, il semble que l'on pratiquait surtout le chant soliste et responsorial. Puis, au milieu du IVe siècle, à Antioche, la psalmodie antiphonale est devenue populaire et s'est répandue progressivement dans l'ensemble du monde chrétien. Les refrains étaient souvent utilisés conjointement avec la psalmodie antiphonale, comme dans le chant responsorial. (Ces versets sont appelés *antiennes, mais l'adjectif « antiphonal » désigne la méthode d'exécution *alternatim* expliquée ci-dessus). Naturellement, le chant des hymnes n'a pas entièrement disparu, mais les hymnes sont toujours restés en marge de l'usage liturgique romain et, en l'absence d'autorité centrale, des traditions locales spécifiques se sont développées.

Sous Constantin le Grand, les persécutions ont pris fin et le christianisme a été déclaré religion officielle de l'Empire romain (édit de Milan, 313). L'Église a alors bénéficié du soutien de l'État, son culte est devenu public et les assemblées des fidèles se sont multipliées ; le cérémonial des services s'est donc inévitablement développé. Une procession formée par le célébrant et ses assistants de la sacristie à l'autel était dès lors accompagnée d'un chant solennel, l'Introït ; on chantait un autre chant sacré, l'offertoire, pendant que le pain et le vin étaient apportés en procession et posés sur l'autel ; puis un troisième chant, la communion, accompagnait la distribution du pain et du vin aux fidèles. Ils se composaient tous de psaumes chantés de manière antiphonale, avec des antiennes, et sont tous devenus partie intégrante du culte romain entre la fin du IVe siècle et le VIe siècle. On chantait l'antienne et autant de versets qu'il le fallait ; puis, sur un signal du célébrant, la doxologie et une reprise finale de l'antienne mettaient un terme au chant.

D'autres éléments musicaux se sont également intégrés à la messe romaine ; certains ont été adoptés après avoir été utilisés dans d'autres parties de la chrétienté. A partir du Ve siècle, après le chant d'entrée, on chantait une litanie dont le répons était la phrase grecque « Kyrie eleison ». Même après la disparition du grec dans le culte romain (il a coexisté avec le latin jusqu'au Ve siècle, car les premières communautés chrétiennes à Rome étaient formées de Levantins, qui parlaient grec), le refrain grec a subsisté aux côtés d'invocations latines. Ce chant était ensuite suivi de l'hymne *Gloria in excelsis Deo*, qui avait peut-être vu le jour dans une version grecque au Ier siècle ; il a été utilisé à Rome à partir des environs de 500. On peut faire remonter au IIIe siècle à Alexandrie l'emploi du Sanctus dans les prières préliminaires de l'eucharistie ; il faisait partie de la messe romaine à l'époque de Grégoire le Grand (590-604). L'Agnus Dei n'a pas été introduit avant 700 ; il accompagnait ce qui est devenu la fraction de l'hostie.

Cette expansion du contenu de la messe (nous n'avons mentionné que l'accroissement des parties « musicales »), qui s'est essentiellement produite au IVe siècle, ne constitue que l'un des aspects d'un développement qui a touché tous les éléments du culte chrétien. A partir du IVe siècle, la communion avait lieu régulièrement, non seulement le dimanche, mais également le mercredi, le vendredi et le samedi, ainsi que les jours commémorant les saints. Au IVe siècle, des communautés de personnes consacrées à la vie religieuse se sont attachées aux principales églises et c'est pour elles qu'on a organisé d'autres services tout au long de la journée, en commençant même avant l'aube. Ils se composaient essentiellement de psaumes chantés et de la lecture de leçons ; leur forme classique a été établie par saint Benoît (vers 480-vers 547) et reprise par de nombreuses communautés monastiques en Occident.

De même que la journée se remplissait de culte et la semaine de jours saints, on a établi le schéma d'un cycle annuel de commémorations – ou plutôt deux cycles imbriqués l'un dans l'autre. D'une part, il y avait des jours commémorant certains événements de la vie du Christ : Noël, Pâques, la Pentecôte, etc. Il devint progressivement habituel d'honorer les premiers héros de l'Église – martyrs et autres personnages d'une sainteté particulière –, chacun ayant des services le jour qui lui était consacré. Toutes ces commémorations avaient leurs propres textes, des leçons à lire et des chants, qui constituaient finalement les cycles de matériel liturgique du « propre ».

Mais toutes les Églises, même en Occident, ne suivaient pas la coutume romaine. Des Églises dont la musique différait de celle de Rome, pratiquement rien ne nous est parvenu de France, d'Allemagne ou de Grande-Bretagne. On a des manuscrits complets provenant d'Espagne, avec la notation musicale ; mais on ne peut lire cette notation. Toutefois, nous possédons la musique de la liturgie ambrosienne de Milan. L'histoire de la musique de ces Églises non romaines ressemble sans doute à celle de leurs leçons et prières, sur lesquelles nous sommes mieux renseignés. Les textes romains ont circulé de manière périodique, mais non systématique, et des emprunts occasionnels se sont produits, bien qu'une indépendance distincte se soit maintenue dans la plupart des détails du culte.

3. *Les VIIIe et IXe siècles.* Au VIIIe siècle, la situation a néanmoins changé sous le règne de Pépin le Bref, roi des Francs à partir de 751, et encore plus sous celui de Charlemagne (771-814), couronné empereur à Rome le jour de Noël, en l'an 800. On a alors cherché délibérément à aligner le culte des Églises des pays francs sur celui de Rome. Charlemagne voyait peut-être dans les formes communes de culte une façon d'unir son vaste empire ; en outre, il se considérait comme le maître nommé par Dieu d'un peuple choisi, le nouveau David d'un nouvel Israël, dont les coutumes liturgiques devaient se rapprocher de l'idéal, représenté par l'usage papal.

Les conséquences musicales de l'importation du rite romain ont été considérables. L'uniformité n'a pas été facile à réaliser. On raconte que les chanteurs francs ne pouvaient pas maîtriser les subtilités du chant sacré romain et que les professeurs de chant romains, jaloux de leur talent et de leur répertoire, embarrassaient délibérément leurs élèves. Mais la musicologie s'interroge sur la nature exacte du chant sacré amené de Rome à cette époque. Les manuscrits de musique sacrée provenant de Rome avant le XIIIe siècle montrent tous un type de chant très différent de ce que l'on appelle maintenant le chant grégorien. Les spécialistes reconnaissent généralement qu'il représente un répertoire plus archaïque, duquel est né le chant grégorien – d'où son nom usuel de « chant romain ancien ». On suppose que la révision du « chant romain ancien » pour le transformer en chant grégorien a été effectuée par des chanteurs de la chapelle papale (par opposition aux basiliques de la ville), peut-être sous le pape Vitalien (657-72), qui s'intéressait à la liturgie impériale byzantine. D'autres prétendent que la révision est l'œuvre des Francs, le résultat inévitable de leurs efforts pour importer, apprendre et, finalement, codifier ce qui restait un répertoire oral et non écrit.

La situation est encore plus compliquée, puisque le répertoire romain ancien semble ne pas avoir été écrit avant le XIe siècle et un grand nombre de détails apparents des chants tels que nous les connaissons aujourd'hui sont certainement très différents de ce qu'ils étaient à la fin du VIIIe siècle, au temps de Vitalien. Nous possédons, entre autres, des preuves très nettes montrant que le répertoire grégorien a influencé certains éléments du chant romain ancien. Le répertoire ambrosien de Milan, dont les sources qui ont survécu sont également très tardives (à partir du XIIe siècle), a connu une situation analogue.

Metz est la ville franque qui est devenue le modèle musical des Églises à venir à la fin du VIIIe siècle et au début du IXe siècle. Malheureusement, tous ses livres de chants sacrés sont perdus. Les manuscrits que nous possédons, postérieurs à la fin du IXe siècle, proviennent de diverses régions d'Europe : Aquitaine et Bretagne, Champagne et Picardie, Saint-Gall et Winchester. Les styles de notation sont différents et de petits détails mélodiques varient occasionnellement, de telle sorte qu'il est difficile de savoir avec précision s'ils descendent tous d'un exemplaire commun ou si les premiers chantres des différentes Églises ont chacun noté les chants indépendamment en se fondant sur une tradition orale commune.

Il est néanmoins certain que l'on ne peut retrouver la forme de chant sacré que connaissait saint Grégoire. Son nom ne commence à être associé au chant sacré qu'à partir du VIIIe siècle et, bien qu'il ait réorganisé le rôle des chanteurs sur de nouvelles bases, qu'il ait remodelé certains éléments de la liturgie et redistribué le rôle du chant au sein de celle-ci, rien ne permet d'affirmer qu'il ait lui-même composé une partie du répertoire qui porte son nom.

4. *Évolution ultérieure.* Les efforts des premiers chantres de l'empire franc ont largement dépassé l'apprentissage et la codification du répertoire grégorien du

plain-chant. Dans trois genres, ils ont apporté une contribution personnelle à la musique de leur époque : *séquences, *tropes et *drame liturgique. En outre, en l'absence de l'autorité et de la tradition romaines, des répertoires locaux colorés ont vu le jour dans chacun de ces trois genres. De nombreux musiciens locaux ont notamment composé des services pour le saint patron de leur église, certains en vers (hexamètres).

Le premier témoignage de polyphonie liturgique que nous possédions date du IXe siècle et provient du traité *Musica enchiriadis* (voir *Organum*). Le IXe siècle a été également le théâtre des premiers écrits théoriques sur le chant sacré, sous la plume de personnalités telles qu'Aurélien de Réomé (milieu du IXe siècle) et Hucbald de Saint-Amand (vers 840-930), qui montrent une tentative fascinante de réconciliation entre le répertoire des chants non traditionnels et ce qui avait survécu de la théorie musicale grecque (transmise par l'intermédiaire de Boèce, vers 480-vers 524).

Au XIe siècle, de nouvelles idées semblent avoir pris une importance particulière. Grâce à la notation, on pouvait transcrire avec précision les hauteurs des différents sons des mélodies. Les drames liturgiques dépassent, pour la première fois, les simples dialogues de Marie sur la tombe du Christ et des bergers à la crèche. Un nouveau type de chant en vers s'impose, le **conductus*. Peu après, un répertoire entièrement nouveau de séquences rythmiques en vers commence à se développer, évinçant la prose irrégulière du type de séquence précédent. A partir du XIIe siècle, les offices des saints sont couramment versifiés.

Le répertoire grégorien, établi avec tant de soin et d'habileté aux VIIIe et IXe siècles, n'était pas à l'abri des tentatives de réforme de ceux qui sentaient que des idéaux importants étaient trahis. Les moines cisterciens, réagissant à l'élaboration excessive des rites, ont procédé à des réformes comprenant la réécriture des mélodies pour exclure les notes hors de l'étendue d'une dixième et pour éliminer les longs mélismes. La plus grande révolution dans ce domaine s'est produite après le concile de Trente (1542-63), qui a pris position contre les tropes et les séquences et a commandé de nouveaux livres de chants sacrés. Ce travail a tout d'abord été exécuté par Palestrina et Zoilo, puis par Guidetti et, finalement, Felice Anerio et Soriano ont réalisé un graduel en 1614-15 (l'*Editio medicaea*). Les idéaux humanistes qui avaient inspiré ces « compositions » évitaient même, dans une certaine mesure, les longs groupes de notes sur les syllabes non accentuées ; la tonalité de nombreux chants s'est ainsi rapprochée de la sensibilité du XVIe siècle.

Une autre vague de réformes liturgiques a balayé la France aux XVIIe et XVIIIe siècles, essentiellement dues au contexte politique antipapal. Néanmoins, lorsque cette tendance s'est inversée et qu'est venu le moment de se conformer à nouveau aux usages romains, beaucoup d'érudits français ont découvert que la tradition à laquelle on leur demandait de se référer était elle-même corrompue, tout au moins pour le plain-chant. En 1851, un manuscrit de Dijon datant du XIe siècle allait servir de base au nouveau graduel de Reims/Cambrai et, la même année, Lambillotte publiait le pseudo-fac-similé d'un manuscrit de Saint-Gall du Xe siècle. Ce furent les premières étapes majeures d'un cheminement historique très connu aujourd'hui. En grande partie grâce aux travaux de Dom Pothier et des moines de Solesmes, des livres de chants sacrés dont les mélodies reprenaient leur forme médiévale ont reçu l'approbation de Pie X (*Motu proprio* du 22 novembre 1903) avant d'être publiés en 1905 (kyriale), 1908 (graduel) et 1912 (antiphonaire).

5. *Livres de chants sacrés et notation.* Les plus anciens manuscrits de chants sacrés que nous possédions (fin du VIIIe et IXe siècles) sont de simples copies de textes destinés à être chantés ; ils ne contiennent aucune notation. Lorsque la notation a fait son apparition, à une date avancée du IXe siècle, elle indiquait uniquement la ligne générale des mélodies (montée et descente), avec quelques indications rythmiques, mais sans préciser avec exactitude les hauteurs. Il a fallu attendre le XIe siècle pour voir apparaître des livres de chants complets avec la notation exacte des hauteurs ; un cas particulier, le tonaire de Dijon, comporte une notation en neumes, ainsi que sa « traduction » alphabétique. C'est également à cette époque qu'a paru le premier livre utilisant la notation en portées recommandée par Guido d'Arezzo, vers

*Ex. 1. Sur [obe]–*di*–[ens], dans le manuscrit de Saint-Gall, on relève un neume de quatre notes. Sur* us *–[que], le manuscrit de Saint-Gall et le manuscrit anglais ont ABCA, les autres ACCA. Le manuscrit de Saint-Gall établit une distinction entre les points (courts ?) et les tirets (longs ?). Il faut également remarquer les différentes façons dont sont notées les groupes de deux notes descendantes en 1 et 2. En 1, le manuscrit de Saint-Gall comporte la lettre « c » (=* celeriter, *« vite »), alors qu'il n'y a qu'un seul coup de crayon sur le manuscrit de Laon. En 2, le manuscrit de Saint-Gall ajoute une barre transversale en haut (pour indiquer un allongement de la valeur ?), tandis que celui de Laon divise le neume en deux « faucilles ».*

1030 (voir *Notation*, 2-3), rapidement suivi de centaines d'autres exemplaires.

Tous ces faits et les variantes qui subsistent entre les manuscrits laissent supposer qu'on n'accordait pas la même importance à tous les aspects du plain-chant. Le texte occupait la place primordiale, suivi immédiatement du mode, du plan d'ensemble et des formules qui devaient être utilisées au sein de ce plan. En dernier lieu venaient les hauteurs de son individuelles (par opposition à la tonalité d'ensemble), les progressions d'un point important sur le plan structurel à un autre et quelques ornements extérieurs. L'Ex. 1 reproduit quatre notations médiévales du graduel du dimanche des Rameaux *Christus factus est* (première section), avec une « transcription » moderne. Les endroits où les manuscrits diffèrent sont indiqués d'une croix. (Pour la notation de cet exemple et une description des conventions utilisées dans la transcription du plain-chant, voir *Notation*, 2.)

Certaines notations anciennes en neumes (notamment la notation élaborée de Saint-Gall) contiennent des indications pour allonger et accentuer certaines notes. Toutefois, on ne sait pas si ces indications impliquaient des longueurs de notes strictement proportionnelles (équivalant par exemple à la noire et à la croche modernes), car leur emploi est assez peu systématique et les écrits théoriques de l'époque assez ambigus ; il n'est peut-être pas surprenant qu'elles aient fait l'objet d'interprétations divergentes.

Les différents livres comportent différents types de chants sacrés, généralement en fonction des services auxquels ils étaient destinés. Les chants du propre de la messe figurent dans le *graduel, ceux de l'office dans l'antiphonaire. Certains livres comprennent uniquement des chants destinés à des voix solistes : le *cantatorium*, avec les sections des chants de la messe chantées par des solistes (versets des graduels, alleluias, offertoires et traits) et le tropaire, qui contient des *tropes, souvent des *séquences, parfois des drames liturgiques et du matériel du *cantatorium* ou processionnal. Le processionnal regroupe des chants de procession. La plupart des chants de l'ordinaire de la messe ont d'abord paru avec des tropes dans les tropaires. Par la suite, ils ont souvent été transférés dans les graduels. Différentes régions d'Europe aimaient arranger le matériel de différentes façons. En Italie, par exemple, les tropes et les séquences étaient insérés dans les graduels et les *cantatoria* et très peu de tropaires séparés ont été compilés.

A partir du XIIe siècle, on a souvent réuni dans un même livre les chants, les prières et les leçons. Ces livres composites sont le missel (pour la messe) et le bréviaire (pour l'office). Certains omettent la notation musicale.

Le tonaire avait une fonction didactique. Comme le choix du ton psalmodique pour chanter les psaumes à l'office des heures dépendait du mode de l'antienne, on a vu paraître des listes d'antiennes classées selon leur mode dans des opuscules appelés tonaires, tout d'abord sans notation. Habituellement, seuls les premiers mots des antiennes étaient cités. Le tonaire de Dijon mentionné ci-dessus est presque unique, car les chants sont entièrement notés et il contient les chants de la messe et non de l'office.

Il est peu probable que les livres de chants aient été utilisés par le chœur pendant l'exécution. La notation des plus anciens est faite en caractères trop petits pour qu'on puisse la lire au cours d'un service. Ce sont des livres de référence. C'est seulement après le XIIIe siècle que les manuscrits sont écrits assez gros pour pouvoir être lus par plusieurs chanteurs ; en outre, les choristes ne savaient pas lire la musique avant le XVe siècle.

6. *Style.* Comme le répertoire du plain-chant s'est développé oralement, il n'est pas surprenant qu'il repose avant tout sur des formules mélodiques aux structures simples faciles à mémoriser. Chaque genre de chant avait ses propres structures et formules et à chaque genre s'ajoute une autre subdivision de formules selon le mode. Ces principes peuvent s'appliquer à la majeure partie du répertoire grégorien de base, mais pas aux compositions postérieures au IXe siècle ; ils ne sont pas valables pour de nombreux Alleluias, chants de l'ordinaire de la messe, tropes, séquences, etc.

Plus encore que le grégorien, le répertoire romain ancien repose sur une construction en formules et son système modal est plus primitif. On sait que les Francs avaient élaboré un système de huit modes pour le répertoire de chant sacré

Mode	ré (%)	mi (%)	fa (%)	sol (%)
Antiennes grégoriennes de l'office (1235)	32	19	5	44
Introïts grégoriens (147)	32	31	15	22
Introïts romains anciens (148)	22	48	17	13
Graduels grégoriens (110)	32	12	43	13
Psalmelli ambrosiens (Graduels ;104)	41	7	18	34

pour tenter d'égaler la pratique byzantine (voir *Mode, 2a*) ; il est probable que les éléments de ce système que l'on trouve dans le chant romain ancien ont été empruntés au rite grégorien.

Autre facteur important concernant le style du chant sacré : le nombre d'exécutants. Les psaumes de l'office chantés par une communauté monastique tout entière utilisent des formules mélodiques très simples et le style des antiennes qui les accompagnent est également retenu. Les chants exécutés par des solistes ou par un chœur bien préparé (pratiquement tous les chants de la messe) sont beaucoup plus ornés, avec des formules compliquées et subtiles.

Certains modes semblaient convenir mieux à certains genres qu'à d'autres. Les chiffres suivants proviennent de la somme des chants contenus dans des manuscrits anciens représentatifs :

L'utilisation de formules est très clairement démontrée dans les pièces psalmodiques. Les psaumes choraux de l'office sont entonnés sur une note (le *tenor*), généralement approchée d'en dessous et maintenue jusqu'à la fin d'une phrase de texte (comme la cadence musicale). L'Ex. 2*a* montre le schéma mélodique (ou « ton ») pour des versets de psaume chantés avec des antiennes de mode 1 (appelé « ton 1 »). Il propose une cadence parmi plusieurs (*differentiae*) qui a peut-être été choisie pour amener doucement à l'antienne. Dans la psalmodie responsoriale, les versets étaient chantés par un soliste et les répons de l'office ont des tons beaucoup plus élaborés ; l'Ex. 2*b* (extrait du répons *Expurgate vetus fermentum*) donne le ton pour le premier mode. La psalmodie responsoriale de la messe est la plus élaborée : par exemple, dans les graduels où les fins de phrase sont prolongées de façon mélismatique et où le *tenor* est noyé dans des roulements flottants. Dans le verset du graduel en mode 1 *Miserere mei* (Ex. 2*c*), la note de *tenor* est la, mais on peut l'envisager pratiquement comme une oscillation la-do. La musique de *Misit de caelo, in opprobium, (conculcan)tes* et *me* se trouve dans d'autres graduels en mode 1, mais pas dans n'importe quel autre graduel. Toutefois, les formules se trouvent toutes au même point du verset ; début, fin des première, deuxième et troisième sections, etc. En ce qui concerne la structure et l'emploi des formules, la version romaine ancienne du graduel est conçue de la même façon, mais les formules et les détails apparents sont très différents, comme l'indique l'Ex. 2*d*. Les do répétés de la version grégorienne ont disparu et le *tenor* la est plus clair, quoique souvent accompagné de si auxiliaires.

Pour un autre exemple de psalmodie grégorienne soliste, voir *Trait*, Ex. 1.

Les antiennes de l'office comme celles de la messe (Introït et communion) ne sont pas inspirées d'intonations psalmodiques, mais sont des compositions libres. Cependant, elles ne sont pas dépourvues de procédures standards. Il y a des introductions et des cadences communes pour les antiennes de chaque mode (voir *Antienne*, Ex. 1, dont les phrases se trouvent toutes dans d'autres antiennes de mode 1). Les communions et surtout les introïts sont plus élaborés (voir *Antienne*, Ex. 1) et, à part quelques introductions communes, on ne détecte pas facilement des phrases standards. (Dans les introïts romains anciens, elles sont beaucoup plus évidentes.) Avec l'élaboration du style, les versets psalmodiques ont progressivement disparu. Au XIe siècle, l'introït ne conservait plus qu'un seul verset et la communion les avait complètement perdus.

Dans la psalmodie responsoriale ancienne, les refrains en chœur étaient probablement simples ; dans le répertoire grégorien tel qu'il nous est parvenu, ils ne le sont plus. Les premières sections des répons et des graduels, chantées par le chœur, sont aussi élaborées que leurs versets – et, dans le cas des répons, encore davantage ; une fois encore, la composi-

'ténor'
'flexa'
(a)
Be - a - tus vir qui non a - bi - it in con - si - li - o im - pi - or - um,
(b)
Mor - tu - us est prop - ter de - lic - ta nos - tra,
(c)
Mi - sit de coe - - - - - - - - - - lo,
(d)
Mi - sit de coe - - - - - - - - - lo,
(ténor)
'médiatio'
et in vi - a pec - ca - to - rum non ste - tit
et li - be - ra - - - vit me: de - dit in op - pro - -
et re - sur - re - xit
et li - be - ra - - - - vit me: de - dit in op - pro -
(ténor)
et in ca - the - dra pes - ti - len - ti -
prop - ter - jus - ti - fi - ca - ti - o
- - - bri - um con
- bri - um con -
'différentia'
- ae non se - dit.
- nem no - stram.
- cul - can - - - tes me.
- cul - can - - - - tes me.
Ex. 2

Ex. 3

tion par formules prévaut. Cette évolution du style est sans doute le fait de la schola cantorum romaine. Elle a aussi abouti à la disparition de tous les versets psalmodiques, à l'exception d'un seul. La transformation de l'offertoire a été encore plus énergique ; l'offertoire était à l'origine un exemple de psalmodie antiphonale chorale. La partie de l'antienne est devenue une pièce chorale élaborée et, au VIIIe ou au IXe siècle, les intonations psalmodiques simples des versets ont été remplacées par une musique mélismatique brillante confiée à des solistes. L'Ex. 3 reproduit un verset de l'offertoire de mode 1 *Jubilate Deo*. Dans cet exemple, le mélisme de cent douze notes est une fantaisie plus ou moins dépourvue de forme. Les mélismes dans de nombreux alléluias sont ordonnés dans une forme AAB ou une forme analogue, révélant ainsi la date plus tardive de leur composition (un grand nombre ne sont connus que par des manuscrits du Xe ou du XIe siècle). Les additions tardives au répertoire du grégorien, comme les derniers alléluias, des tropes, des séquences et le *conductus* montrent également l'éloignement du monde sonore essentiellement pentatonique du chant sacré ancien. Le répertoire ancien avait tendance à traiter le mi et le si comme des notes d'importance secondaire ; elles n'étaient généralement pas répétées et rarement approchées ou quittées par un saut. Toutefois, les chants plus tardifs contiennent souvent des passages qui utilisent toutes les notes de la gamme avec la même liberté ; ils mettent également en relief des chaînes de tierces qui s'imbriquent. Le mélisme suivant (Ex. 4), extrait de l'*Alleluia Justus ut palma*, revêt la forme AABB et évolue d'un ensemble de tierces (do-mi-sol-[si bémol]) vers un autre (ré-fa-la). Les sauts d'une tierce sont soulignés d'un crochet par souci de clarté.

Ex. 4

Rime du texte	Rime de la musique
a	a
b	b
c	b
c	b
d (?b)	a'
d (?b)	b suivi de a (à "cunctipoten...") puis nouvelle fin

Ex. 5

L'abandon des anciennes formules et procédures mélodiques standards n'apparaît nulle part aussi clairement que dans les nouveaux offices rimés du XIIe siècle et des années qui suivent. L'Ex. 5 est extrait de l'office de la Saint-Jacques contenu dans le Codex calixtinus de 1160 environ. Il comporte un élément particulièrement « moderne » : la présence d'un schéma en rimes pour le texte et la musique. On ne trouve aucune trace des anciennes formules de répons de mode 8.

Cette richesse de variation stylistique rend l'étude du plain-chant particulièrement intéressante. Pour ceux qui ne sont pas familiarisés avec le chant sacré, il semble fastidieux et monotone. Toutefois, l'uniformité qui peut en ressortir lorsqu'on le confronte à la polyphonie du XIIIe au XXe siècle se transforme, si on l'examine de plus près, en un mélange fascinant de genres et de styles, clairement perceptibles pour l'auditeur averti. En dehors de ses qualités intrinsèques, le plain-chant est de loin le répertoire de musique le plus ancien et le plus vaste qui ait été codifié à partir de traditions orales et, en tant que tel, il constitue un élément inestimable de notre culture.

David Hiley.

BIBLIOGRAPHIE : Albert-Jacques Bescond, *Le Chant grégorien*, Buchet-Chastel (Paris, 1972). André Madrignac et Danièle Pistone, *Le Chant grégorien. Histoire et pratique*, Champion (Paris, 1981). Pothier, *Les Mélodies grégoriennes*, Stock (Paris, 1980). Jacques Viret, *Le Chant grégorien*, L'Age d'homme (Lausanne, 1986).

Plainte. Dans le domaine musical, morceau funèbre déplorant une mort ou quelque autre événement malheureux. Le terme a été employé aux XVIIe et XVIIIe siècles, surtout comme titre de pièces pour clavier de compositeurs tels que Rameau, Couperin et Froberger (notamment la *Plainte faite à Londres, pour passer le mélancholie* de la *Suite n° 30* de Froberger).

Plaisanterie. Mouvement léger que l'on trouve souvent dans les suites du XVIIIe siècle. Il ne s'agit pas d'une danse.

Plaisanterie musicale, Une (*Ein musikalischer Spass*). Divertimento en fa majeur K 522 pour deux cors et cordes de Mozart, composé en 1787. Il s'agit d'une satire des compositeurs et des interprètes de musique populaire.

Planchette ronflante (ou rhombe) (all. : *Schwirrholz* ; angl. : *bull-roarer* ou *thunderstick*). Morceau de bois mince et plat dont l'une des extrémités est reliée à une corde (voir Fig. 1). Lorsqu'on la fait tournoyer rapidement au-dessus de la tête, la planchette ronflante produit le son qui lui a donné son nom par des perturbations de pression dans l'air. Elle mesure généralement 15 à 30 cm de long et 2,5 à 7,5 cm de large ; elle est souvent pointue aux deux extrémités et entaillée sur les côtés. En matière d'*organologie, la planchette ronflante entre dans la catégorie des « aérophones fonctionnant à l'air libre ».

Au XXe siècle, dans les sociétés occidentales, cet instrument apparaît surtout comme un jouet d'enfant : à Londres, les enfants s'en fabriquaient très couramment jusqu'à la Première Guerre mondiale. Toutefois, dans les peuples primitifs, la planchette ronflante constitue un élément rituel important qui représente la voix des divinités, des esprits et des ancêtres. Chez les Indiens Navajos d'Amérique du Nord, elle est douée d'un grand pouvoir lorsqu'elle est taillée dans un pin abattu par la foudre. C'est sans doute l'un des plus anciens instruments producteurs de bruit : il remonterait au paléolithique supérieur et est sûrement dérivé d'un équipement de chasse ressemblant à la fronde. Les Grecs anciens le faisaient tournoyer dans les rites corybantiques (*rhombos*) et, il y a encore un siècle, il servait à se protéger contre les orages dans certaines régions rurales d'Europe.

Dans le domaine de la musique de chambre, la planchette ronflante apparaît dans *Ensemble* pour cinq instruments à cordes et deux planchettes ronflantes de Henry Cowell.

Anthony Baines.

Planètes, Les. Suite pour orchestre op.32 de Holst, composée entre 1914 et 1916. Ses sept mouvements ont une connotation astrologique : (1) Mars, celui qui apporte la guerre ; (2) Vénus, celle qui apporte la paix ; (3) Mercure, le messager ailé ; (4) Jupiter, celui qui apporte la gaieté ; (5) Saturne, celui qui apporte la vieillesse ; (6) Uranus, le magicien ; (7) Neptune, le mystique (avec un chœur de femmes sans paroles). Créée en privé en 1918, sa première exécution publique a eu lieu en 1919, sans les numéros 2 et 7 ; elle a été jouée intégralement en 1920.

Planh (provençal), **planctus** (lat.). Complainte médiévale. Les plus anciens *planctus* avec musique qui nous soient parvenus proviennent d'un manuscrit du Xe siècle qui comprend une complainte sur la mort de Charlemagne (814) et une autre sur celle de son fils Hugo (844). Richard Cœur de Lion est pleuré dans un *planh* (avec des paroles provençales) de Gaucelm Faidit, « Fortz chausa es ». On trouve un autre type de *planctus* sur des sujets bibliques, comme David pleurant la mort de Jonathan ; six *planctus* de ce genre de Peter Abelard (1079-1142) ont survécu avec leur musique.

Planquette, (Jean) **Robert** (Paris, 31 juillet 1848 ; Paris, 28 janvier 1903). Compositeur français. Il fait ses études au Conservatoire de Paris puis commence à écrire des chansons de café-concert avant d'aborder la composition d'opérettes qui remportent un succès mondial. La plus connue est *Les Cloches de Corneville* (1877), parfois connue aux États-Unis sous le titre *The Chimes of Normandy* ou *The Bells of Normandy*.

Denis Arnold.

Plantin, Christopher (? Tours, vers 1520 ; Anvers, 1er juillet 1589). Imprimeur flamand d'origine française. Homme pieux, modeste et profondément mystique, il devient l'imprimeur et l'éditeur le plus important d'Anvers au XVIe siècle. Son imprimerie, établie à Anvers en 1555, fait paraître des livres savants de toute sorte et devient un centre renommé de culture humaniste. A son apogée, elle employait cent soixante personnes et faisait fonctionner vingt-deux presses.

Le succès économique de Plantin repose sur le monopole pour l'impression des livres d'office (missels, bréviaires, etc.) que lui avait accordé Philippe d'Espagne pour l'Espagne et ses territoires. C'est incidemment la raison pour laquelle Plantin s'est tourné vers l'impression musicale : lorsque Philippe a refusé de lui donner une subvention promise pour un luxueux antiphonaire, Plantin a dû trouver un usage pour les mille huit cents rames de papier de format royal qu'il avait déjà commandées et il publia un volume de messes de George de la Hèle en 1578, utilisant les grandes initiales gravées sur bois destinées à l'antiphonaire. Au cours des dix années suivantes, il a publié plusieurs autres ouvrages musicaux, comprenant des œuvres de Philippe de Monte, Andreas Pevernage, Jacob de Kerle et Claude Le Jeune. La musique ne constituait qu'une infime partie de sa production, mais ses éditions étaient d'une excellente qualité et se vendaient bien, malgré leur prix élevé. Son imprimerie est devenue le musée Plantin-Moretus, qui présente la majeure partie de l'histoire de la presse au travers d'une remarquable collection d'œuvres d'art, de meubles et de matériel d'imprimerie (on y trouve notamment les nombreux caractères d'imprimerie que Plantin collectionnait).

Voir également *Edition musicale*, 4.

J. M. Thomson.

Plaqué. Terme qui s'applique au jeu des accords : toutes les notes d'un accord plaqué doivent être jouées simultanément et non arpégées.

Platée. Opéra-ballet en trois actes et un prologue de Rameau sur un livret d'Autreau et Le Valois d'Orville, créé à Versailles le 31 mars 1745.

Platti, Giovanni Benedetto (? Venise, vers 1700 ; Wurzbourg, 11 janvier 1763). Compositeur italien. A partir de 1722 et au moins jusqu'en 1761, il sert à la cour de Wurtzbourg comme instrumentiste (virtuose du hautbois, il joue également de plusieurs autres instruments), professeur de chant et compositeur. En 1742, il publie un ensemble de six sonates pour clavecin « sur le goût italien », qui révèlent nettement l'influence par C. P. E. Bach ; il compose une seconde série de sonates quatre ans plus tard et est également l'auteur de sonates pour flûte, pour violon et pour hautbois et de plusieurs concertos pour clavecin.

Wendy Thompson.

Playera (esp.). **Seguidilla* gitane chantée et dansée ; on l'appelle aussi *seguidillas gitanas.*

Playford. Famille de libraires et d'éditeurs de musique anglais. Les Playford ont fait preuve d'un instinct remarquable dans le domaine de l'édition : ils ont été les premiers à répondre aux goûts du public sur une large échelle et ont virtuellement dominé l'édition musicale londonienne pendant la seconde moitié du XVIIe siècle. John Playford (1623-86), musicien, auteur, clerc à Temple Church et sujet de l'*Elegy on my Friend, Mr John Playford* de Purcell, a été le principal éditeur de musique de Londres entre 1651 et 1684. Ses imprimeurs étaient Thomas Harper (successeur de Thomas East) et William Harper (successeur de Thomas Harper). Il a publié des ouvrages théoriques et éducatifs attractifs ainsi que de nombreux recueils de pièces instrumentales, de mélodies et d'arrangements de psaumes. On peut citer notamment *A Musicall Banquet* (1651), *A Breefe Introduction to the Skill of Musick* (1654) et *The (English) Dancing Master* (1651), qui ont connu de nombreuses éditions jusqu'en 1728. Ses *catches, glees* et leçons pour cistre, viole, flageolet, virginal, etc. ont également joui d'une grande popularité et ont été publiés sous diverses formes, abondamment pourvus de dédicaces et de préfaces qui reflètent les préoccupations de Playford pour les problèmes commerciaux et son souci de promouvoir une musique anglaise dans laquelle l'office divin, sous une monarchie restaurée, aurait sa place propre.

Son jeune fils Henry (vers 1657-vers 1707) a mis à jour les éditions de son père, mais s'est montré moins prolifique, se concentrant sur la musique de divertissement. Ses publications les plus connues sont *Wit and Mirth* (chansons de Thomas d'Urfey sur des airs populaires) et un recueil de chansons de Purcell, *Orpheus Britannicus.* A partir de 1700, son affaire a commencé à décliner, en partie parce qu'il s'intéressait davantage à la promotion de concerts et aux négociations artistiques.

Voir également *Édition musicale,* 5.

J. M. Thomson.

Plectre. 1. Le plectre est employé sur différentes sortes d'instruments à cordes pincées, régulièrement ou non, pour faire sonner les cordes. Il se substitue alors aux doigts de l'instrumentiste.

Le plectre (Fig. 1*a*) se tient entre l'index et le pouce ; dans certaines musiques (« folk », jazz, rock, etc.), les guitaristes l'utilisent beaucoup sous le nom de « médiator », de même les joueurs de mandoline et de banjo. Pour tous ces instrumentistes, il est généralement en forme de cœur, en écaille, en plastique ou en toute autre matière à la fois rigide et souple. Autrefois, du Moyen Age au XVIIIe siècle, il se composait traditionnellement d'une plume d'oie. Beaucoup d'instruments populaires et orientaux utilisent des plectres en cuir ou en bois ; on peut citer les grands plectres en bois en forme de hache du *shamisen* japonais (voir *Luth,* 4*a*) qui rappellent par la taille, sinon par la forme, le grand plectre associé à la lyre représenté sur les vases grecs.

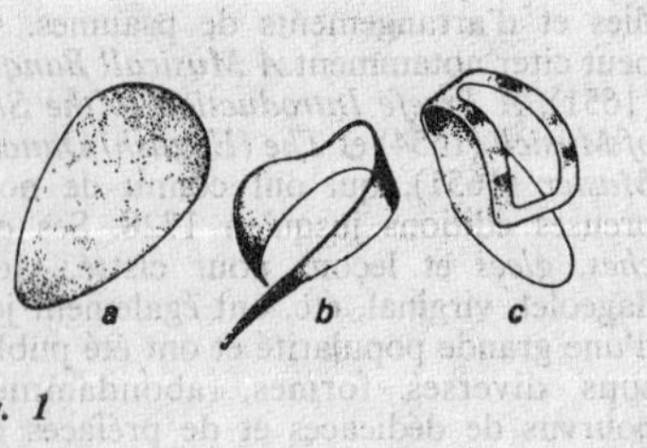

Fig. 1

Grâce à sa matière dure et à son extrémité pointue, le plectre tire des cordes un son brillant et pénétrant (des harmoniques supérieurs plus forts ; comparer à l'emploi des baguettes dures sur les instruments à percussion), mais il comporte aussi des limites car on ne peut pas faire sonner deux cordes simultanément sans frapper également celle qui se trouve entre elles.

L'onglet (Fig. 1*b* et *c*) est une bande de matériau dur attachée ou insérée dans un anneau que l'on porte sur le ou les doigts (ou une pointe métallique faisant partie intégrante de l'anneau). Les autres doigts peuvent alors faire sonner d'autres cordes indépendamment (voir *Cithare,* 1). Les guitaristes spécialisés dans les répertoires de musique traditionnelle utilisent souvent cet onglet, par exemple pour ne pas user le pouce en jouant les notes graves. Dans la musique extra-européenne, l'onglet est employé sur des instruments comme le *qanun* du Moyen-Orient (voir *Psaltérion*) ; le jeu du *koto* japonais implique un ou plusieurs onglets sur une main ou même sur les deux.

2. Sur le clavecin, les petites pointes en plumes ou en cuir que portent les sautereaux pour pincer les cordes portent aussi le nom de plectre.

Anthony Baines.

Pleno (ital.). « Plein ». Voir *Pieno, piena.*

Pleyel, Ignace Joseph [Ignaz Josef] (Ruppersthal, Autriche, 18 juin 1757 ; Paris, 14 novembre 1831). Compositeur, éditeur et facteur de pianos autrichien. A partir de 1722 environ, il étudie avec Haydn à Eisenstadt, où il reste environ cinq ans. Il devient ensuite Kapellmeister à la cathédrale de Strasbourg (succédant à F. X. Richter en 1789) et dirige des concerts lors d'un séjour à Londres en 1791-92. En 1795, il s'installe à Paris comme marchand de musique et fonde sa propre fabrique de pianos en 1807. Son fils Camille (1788-1855) y entre en 1815 et le pianiste Friedrich Kalkbrenner se joint à eux en 1829. A la mort de Camille, la direction de la firme de pianos passe à Auguste Wolff (1821-87) et est rebaptisée Pleyel, Wolff et Cie. Ignace Pleyel a été également un compositeur prolifique, auteur d'un grand nombre de symphonies, de quatuors à cordes et d'autres œuvres instrumentales et orchestrales.

Plica (lat.). « Plique ». Terme employé au Moyen Age pour désigner les neumes liquescents. Voir *Notation,* 2.

Pli selon pli. Œuvre pour soprano et orchestre en cinq mouvements de Boulez, sous-titrée « Portrait de Mallarmé ». Composée entre 1957 et 1962, elle fait l'objet de révisions constantes.

Plummer, John (vers 1410 ; vers 1484). Compositeur anglais, clerc à la chapelle royale de Henri VI à partir de 1441 et « Master of the Children » en 1444. Il s'installe ensuite à Windsor, où il est suisse à la chapelle St George jusqu'à sa mort ; son nom y est encore commémoré quatre fois par an. Parmi ses œuvres, quelques beaux motets et antiennes ont survécu.
John Milsom.

Pluralité des textes. Emploi simultané de textes différents dans les diverses parties d'une composition vocale. Elle est particulièrement courante dans les premiers *motets.

Plus que lente, La. Valse pour piano de Debussy composée en 1910. La version pour orchestre, réalisée par le compositeur lui-même en 1912, comporte une partie de cymbalum. Transcrite pour violon et piano par L. Roques.

Pneuma [neuma] (grec, « souffle »). Terme médiéval désignant des passages chantés sur une seule voyelle à la fin de certains passages de plain-chant. La dernière voyelle d'« Alleluia », dans la version en plain-chant traditionnelle de ce mot, en est un exemple (voir *Jubilus*).

Pochette. Violon du maître de danse à partir du milieu du XVIe siècle jusqu'à la fin du XVIIIe siècle ; instrument assez petit et mince pour tenir dans un écrin que l'on transportait dans la poche arrière d'une redingote ; c'est aujourd'hui un objet de musée. Les pochettes pouvaient revêtir des formes variées, le plus souvent celle d'une matraque d'environ 40 cm de long. Certains des plus beaux modèles sont en ivoire. D'autres ressemblent au violon, mais s'en distinguent par la taille de leur manche qui, proportionnellement, est beaucoup plus long et large. Néanmoins, les quatre cordes de la pochette mesurent environ deux tiers de la longueur de celles du violon et étaient certainement accordées plus haut. L'archet est également plus court.

Il s'agit avant tout d'un instrument français et certains musicologues pensent que les « violini piccoli alla francese », qui font une courte apparition à l'acte II de l'*Orfeo* de Monteverdi, étaient peut-être des pochettes, jouant alors leur partie à l'octave supérieure des notes écrites.

Poco (ital.). « Un peu », « plutôt » ; *poco lento,* « plutôt lent » ; *poco a poco,* « peu à peu » ; *poco a poco animando,* « en s'animant progressivement » ; *pochetto,* « très peu » ; *pochissimo,* « le moins possible ».

Poème. Œuvre pour violon et orchestre op.25 de Chausson créée par son dédicataire, le violoniste belge Eugène Ysaÿe en 1896.

Poème de l'amour et de la mer, Le. Mélodies op.19 pour voix grave et orchestre de Chausson sur des poèmes de Maurice Bouchor (1882-87) : *La Fleur des eaux, Interlude, La Mort de l'amour (Le Temps des lilas).* L'interlude central est confié à l'orchestre seul.

Poème de l'extase, Le. Œuvre pour orchestre op.54 de Scriabine, composée en 1905-08 et inspirée par les idées théosophiques du compositeur sur l'amour et l'art.

Poème du feu, Le. Voir *Prométhée, le poème du feu.*

Poèmes pour Mi. Cycle de mélodies pour soprano et piano de Messiaen, composé en 1936. Messiaen en a écrit une version pour orchestre en 1937. « Mi » était le nom que le compositeur donnait à sa première femme, la violoniste Claire Deslos.

Poème symphonique. Pièce pour orchestre, généralement en un mouvement, basée sur une idée littéraire, poétique ou extra-musicale. Cette forme a été inventée par Liszt, au milieu du XIXe siècle. Elle découle directement du mouvement romantique qui tend à rapprocher la littérature, la peinture et le théâtre de la musique et devient une forme importante de *musique à programme au cours de la seconde moitié du XIXe siècle. Le terme *tone poem* a souvent été employé de façon interchangeable avec « poème symphonique », mais quelques compositeurs, notamment Richard Strauss et Sibelius, ont préféré employer *tone poem* pour des pièces peut-être moins symphoniques où ils mettent moins spécifiquement l'accent sur le contraste thématique ou tonal.

Le poème symphonique trouve ses racines au début du XIXe siècle dans l'*ouverture telle que la pratiquaient Beethoven (*Coriolan*) ou Mendelssohn (*Le Songe d'une nuit d'été*), de telles ouvertures servant également d'illustration musicale à des sujets littéraires, ainsi que dans la symphonie elle-même sous la forme très élargie et expressive qu'elle atteint au milieu du siècle. Liszt tente d'associer certaines caractéristiques de l'ouverture et de la symphonie à des éléments descriptifs et compose plusieurs œuvres orchestrales narratives en un mouvement qui se rapprochent, par leur forme et leur dimension, du premier mouvement d'une symphonie (*Ce qu'on entend sur la montagne*, d'après Victor Hugo, 1848 ; *Mazeppa*, d'après Victor Hugo, 1851 ; *Hunnenschlacht* [« La Bataille des Huns »] d'après un tableau de Kaulbach, 1857 ; et *Hamlet*, 1858). Certaines de ces pages suivent un programme narratif détaillé ; d'autres transcrivent une vue de l'esprit plus générale en soulignant les traits d'un personnage littéraire ou en créant une scène ou une atmosphère.

Certains compositeurs s'emparent du poème symphonique comme véhicule de l'expression musicale du nationalisme. C'est le cas de Smetana, dont le cycle de six poèmes symphoniques **Má Vlast* (« Ma Patrie », vers 1872-79) décrit des scènes de l'histoire et de la vie quotidienne de sa Bohême natale ; une mode est lancée et d'innombrables compositeurs illustrent à leur tour les caractéristiques de leur patrie par l'intermédiaire du poème symphonique. Cette forme attire particulièrement les compositeurs russes : Moussorgski, *Une nuit sur le mont Chauve* (1867) ; Borodine, *Dans les steppes de l'Asie centrale* (1880) et même Tchaïkovski, dont l'ouverture-fantaisie *Roméo et Juliette* (1869) est un poème symphonique, même si elle n'en porte pas le nom. Par la suite, les contributions russes seront nombreuses (Scriabine, *Poème de l'extase*, 1905-08 ; Rachmaninov, *L'Ile de la mort*, 1909). Mais ces dernières œuvres sont rarement jouées de nos jours en Occident.

Si la France semble naturellement moins concernée par le nationalisme que d'autres pays, sa solide tradition de musique narrative et explicative, qui remonte à Berlioz, justifie l'attirance des compositeurs vers les éléments poétiques de cette nouvelle forme musicale. *Le Rouet d'Omphale* (1872), *Phaëton* (1873), la *Danse macabre* (1874), et *La Jeunesse d'Hercule* (1877) de Saint-Saëns marquent le début d'une longue lignée de poèmes symphoniques, souvent signés par des compositeurs de moindre importance, mais dans laquelle on relève également quelques noms essentiels (Franck, *Le Chasseur maudit*, 1882 et *Psyché*, 1886-88 ; Debussy, *Prélude à l'après-midi d'un faune*, 1892-94 et *La Mer*, 1903-05 ; Dukas, *L'Apprenti sorcier*, 1897 ; Ravel, *La Valse*, 1920).

Le poème symphonique atteint son apogée dans l'œuvre de Richard Strauss. Élève d'Alexandre Ritter, qui le poussait vers cette forme, il en a élargi les dimensions et la profondeur expressive grâce au choix audacieux des sujets, à une orchestration brillante, à un réalisme éclatant et à des astuces de composition extrêmement habiles (notamment la transformation thématique). Les poèmes symphoniques de Strauss : *Don Juan* (1888-89), *Tod und Verklärung* (« Mort et Transfiguration », 1888-89), *Till Eulenspiegel* (1894-95), *Also sprach Zarathustra* (« Ainsi parla Zarathoustra », 1895-96), *Don Quichotte* (1896-97), *Ein Heldenleben* (« Une vie de héros », 1897-98) et *Sinfonia domestica* (1902-03) ont conservé leur place au répertoire des concerts peut-être davantage que tous les autres poèmes symphoniques.

A la fin du XIXe siècle et au début du XXe, d'innombrables compositeurs se sont servis de cette forme dans une certaine mesure, mais rares sont les œuvres qui restent encore au répertoire courant : les poèmes symphoniques de Sibelius (*Le Cygne de Tuonela*, 1893 ; *Finlandia*, 1899 ; *Tapiola*, 1926) sont les plus importants, et *Les Fontaines de Rome* (1914-16) et *Les Pins de Rome* (1923-24) de Respighi ont toujours connu un grand succès. L'« étude symphonique » *Falstaff* (1913) d'Elgar constitue peut-être la seule contribution britannique digne d'intérêt, quoique plusieurs compositeurs, dont Vaughan Williams et Delius, aient écrit de nombreuses œuvres pour orchestre en un mouvement qui décrivent des scènes ou des paysages et s'apparentent ainsi au genre du poème symphonique.

Le déclin du poème symphonique dans les années 1910 est la suite logique de celui

Ex. 1

Ex. 2

Ex. 3

des idéaux romantiques, conséquence inéluctable de la perte d'intérêt pour une musique avant tout descriptive au profit de formes plus abstraites. Au faîte de sa gloire, le poème symphonique n'en a pas moins constitué un genre symphonique important et indépendant, un véhicule parfaitement adapté à l'expression passionnée du romantisme et au nationalisme qui caractérisait son époque.

Percy Scholes, rév. Judith Nagley.

BIBLIOGRAPHIE : Jean Chantavoine, *Le Poème symphonique*, Larousse (Paris, 1950). François-René Tranchefort, *Guide de la musique symphonique*, Fayard (Paris, 1986).

Poglietti, Alessandro (mort à Vienne en juillet 1683). Compositeur et organiste autrichien d'origine italienne. Il a été au service de la cour de l'empereur Léopold Ier à partir de 1661. Ses œuvres les plus importantes sont destinées aux instruments à clavier : sonates, suites, *ricercari*, etc. Elles sont surtout importantes pour leur contenu extra-musical, comme les imitations d'instruments nationaux (par exemple, la cornemuse de Bohême et le flageolet français). Poglietti est mort pendant le siège de Vienne et ses six enfants ont été faits prisonniers par les Turcs.

Denis Arnold.

Poi (ital.). « Puis », « ensuite » ; *poi la coda*, « puis la coda » (après une indication demandant la reprise d'un passage).

Point (all. : *Punkt* ; angl. : *dot* ; ital. : *punto*). 1. Un point placé au-dessus ou au-dessous d'une note indique normalement que la note doit être jouée **staccato* ou (dans la musique pour cordes, s'il y a également des liaisons) **portato* ; toutefois, dans certains morceaux de musique ancienne pour clavier, le point peut indiquer une altération chromatique.

2. Dans la notation mensuraliste ancienne, un point ou « punctum » placé entre des notes peut séparer des groupes de notes en divisions rythmiques. Voir également *Notation*, 5.

3. Un point placé immédiatement derrière une note indique normalement que la note est prolongée de la moitié de sa valeur (Ex. 1*a*) ; un second point placé derrière le premier (« double point ») ajoute la moitié de la valeur du premier point (Ex. 1*b*). Dans le système de notation moderne, les notes pointées sont utilisées uniquement lorsque leur valeur ne va pas au-delà de la barre de mesure, sinon on a recours à la *liaison.

A l'ère baroque, la notation de la valeur rythmique des notes pointées était plus approximative qu'aujourd'hui et variait en fonction d'un certain nombre de conventions d'exécution ou de considérations expressives. Par exemple, si des notes pointées sont écrites contre des triolets, le rythme pointé peut être modifié pour coïncider avec celui des triolets afin d'obtenir un débit plus uniforme (Ex. 2).

D'autre part, dans certaines œuvres lentes et majestueuses dans le style de l'ouverture à la française (comme l'ouverture du *Messie* de Haendel), les rythmes pointés peuvent être exagérés en jouant les notes pointées comme si elles étaient doublement pointées (Ex. 3). On parle parfois de « surpointage ».

Dans la musique baroque, l'interprétation correcte des rythmes pointés reste sujette à controverse. Des théoriciens de l'époque, comme J. J. Quantz, C. P. E. Bach et Leopold Mozart, donnent quelques éclaircissements à ce propos, mais les musicologues actuels les interprètent différemment et ont tendance à défendre passionnément telle ou telle méthode d'exécution. Quel que soit le choix de l'interprète à la lumière de tous les témoignages dont il dispose, il tempérera leurs décisions avec sagesse et discrétion.

Voir également *Notation*, 7 ; *Interprétation musicale*, 7.

Pointe. Extrémité de l'archet d'un instrument à cordes.

Pointé. Détaché (articulation).

Pointillisme. Technique de composition dont le nom s'inspire de la méthode de Seurat consistant à peindre par petites touches de couleur, dans laquelle chaque note a un timbre distinct, une force distincte, etc. Le pointillisme est parfois un dérivé de la pensée sérielle avancée, notamment dans certaines œuvres de Webern, de Boulez ou de Stockhausen. Il apparaît aussi dans les œuvres d'autres compositeurs, comme Xenakis, qui cherchent à produire des « nuages » de points musicaux et se rapprochent davantage des peintures de Seurat.

Point d'orgue. 1. (all. : *Fermate* ; angl. : *pause* ; ital. : *fermata*). Signe (𝄐) indiquant que la note, l'accord ou le silence sur lequel il apparaît doit être prolongé à volonté. Placé sur une barre de mesure, il correspond à un court silence. Il peut aussi être utilisé pour indiquer la fin d'une phrase, d'une section ou d'une composition. Voir également *GP*.

2. Pédale harmonique ; voir *Pédale*.

3. Cadence dans un concerto, sans doute appelée ainsi parce que les cadences étaient généralement indiquées par des points d'orgue.

Poisoned Kiss, The, or The Empress and the Necromancer (« Le Baiser empoisoné ou l'Impératrice et le Nécromancien »). Opéra (fantaisie romantique) en trois actes de Vaughan Williams sur un livret d'Evelyn Sharp d'après *The Poison Maid* de Richard Garnett et *Rapaccini's Daughter* de Nathaniel Hawthorne. Composé en 1927-29 et créé à Cambridge en 1936. Vaughan Williams a révisé l'ouvrage à plusieurs reprises, la dernière révision datant de 1956-57. Ursula Vaughan Williams a révisé le dialogue parlé.

Polacca (ital.). Voir *Polonaise*.

Polka. Ronde bohémienne qui est devenue l'une des danses de salon les plus populaires du XIXe siècle. A l'origine, la polka était une danse paysanne. Prague l'adopte à la fin des années 1830 et elle se diffuse rapidement dans toute l'Europe : on la danse à Paris en 1840 et à Londres quatre ans plus tard. La polka est une danse rapide à 2/4, généralement construite dans un moule tripartite avec des phrases régulières. Les principaux compositeurs de danses du milieu du XIXe siècle ont écrit des polkas, notamment les Strauss et Adolphe Jullien. Les polkas des deux Johann Strauss, comme *Tonnerre et Éclairs* et *Tritsch-Tratsch Polka*, figurent régulièrement de nos jours aux programmes des concerts de musique viennoise.

Polly. *Ballad opera* en trois actes de John Gay ; musique arrangée par Pepusch et Arnold. Il s'agit d'une suite de *The Beggar's Opera*. Créé à Londres en 1779. Une version révisée, avec un texte de Clifford Bax et une musique arrangée par Frederic Austin, a été créée à Londres en 1922 ; une autre version moderne, de John Addison, a été donnée à Aldeburgh en 1952.

Polo (esp.). Danse populaire andalouse, de rythme ternaire modéré, fortement syncopée et ponctuée par des coloratures vocales chantées sur des paroles comme « Olé ».

Pologne

1. Introduction
2. Du Moyen Age au XVIe siècle
3. De la période baroque au XVIIIe siècle

4. Le début du XIXe siècle : l'émergence d'un style national
5. Le XXe siècle
6. Évolution depuis 1956

1. *Introduction.* L'histoire politique troublée de la Pologne a fortement empiété sur sa vie musicale. Les invasions et les conflits de la fin du XVIIe siècle, par exemple, ont asséné à la musique polonaise un coup dont elle mettra plus d'un siècle à se remettre.

Au début du XIXe siècle, le réveil progressif de la vie musicale a été presque totalement étouffé par la répression et la censure féroces qui ont suivi le soulèvement de 1830.

Au XXe siècle, l'évolution musicale est indissociable des principaux événements politiques. La déclaration d'indépendance de 1918, l'établissement de l'État socialiste et la « révolution d'octobre » de 1956 ont suscité une réponse des compositeurs polonais.

Si les soulèvements politiques affectent l'évolution de la musique polonaise, ils nous empêchent également d'en suivre le cheminement, car des documents essentiels ont disparu. La Seconde Guerre mondiale est l'épisode le plus récent d'une longue histoire de destruction au cours de laquelle des sources inestimables ont disparu des bibliothèques et des collections privées, ce qui paralyse même l'étude de la musique au XXe siècle ; pour les périodes antérieures, les documents de base sont parfois si minces que la reconstitution historique est empirique.

2. *Du Moyen Age au XVIe siècle.* Les sources du Moyen Age sont particulièrement réduites et, comme partout en Europe, elles sont essentiellement liturgiques. Le chant grégorien arrive en Pologne avec l'implantation du christianisme, au milieu du Xe siècle, et assimile sans doute des éléments authentiquement polonais au cours des deux ou trois siècles suivants. Cependant, ce n'est qu'aux XIIe et XIIIe siècles que l'on trouve les premières traces d'une musique liturgique polonaise – quelques antiennes, des offices en vers et des hymnes liés au culte des saints du pays tels que saint Wojciech, saint Adalbert et saint Stanislas. *Bogurodzica* (« Mère de Dieu ») est le chant strophique sur un texte polonais le plus ancien et il revêt une importance symbolique essentielle (on pourrait le comparer aux *laude* italiennes). Sa mélodie remonte au XIIe siècle mais sa popularité a duré jusqu'au XVe siècle, époque à laquelle, selon la chronique de Jan Długosz, les chevaliers polonais le chantaient régulièrement durant la bataille. Le répertoire de chants vernaculaires s'est alors étendu à des traductions de séquences latines, d'hymnes à la Vierge et de noëls, ainsi qu'à des chants tirés des *Mystères* qui, au XVe siècle, n'étaient plus représentés à l'église mais dans les cours et sur les places des villages.

Nous possédons de nombreuses traces d'une vie musicale prospère et florissante au début du XVe siècle, qui ne se limite pas aux monastères et aux évêchés. Les *igrcy* professionnels (ou ménestrels) et les instrumentistes municipaux ont leurs propres guildes et fraternités, et les principales cours s'enorgueillissent de leurs ensembles résidents. Le centre le plus florissant est la capitale, Cracovie, dont les cours de Jadwiga et de Władislaw Jagiełło sont par leur magnificence le reflet de l'une des plus glorieuses périodes de l'histoire polonaise. L'Université de Cracovie, l'une des plus anciennes d'Europe, propose des cours sur la théorie de la musique qui jettent les bases du développement de l'enseignement polonais dans ce domaine. Le début du XVe siècle voit également apparaître le premier grand compositeur polonais, Nicolas de Radom. Avant lui, nous n'avons que quelques sources polyphoniques isolées. Mais la musique de Nicolas, surtout les mouvements de messe et un *Magnificat* dans le style de l'école bourguignonne assez proche de Dufay, permet de supposer qu'il y avait une tradition florissante de composition polyphonique étroitement liée aux techniques novatrices de l'Europe occidentale. Elle s'est peut-être maintenue jusqu'à la fin du XVe siècle, mais les sources existantes se limitent, une fois encore, à quelques œuvres, dont la plus ancienne œuvre polyphonique sur un texte polonais, un chant à trois parties en l'honneur de saint Stanislas, *Chwala Tobie Gospodzinie* (« Gloire à Dieu »).

Cracovie reste le centre culturel et intellectuel de la Pologne tout au long du XVIe siècle, les activités musicales se concentrant sur la chapelle royale. En 1543, le roi Sigismond Ier fonde la chapelle rorantiste consacrée à l'étude et à la pratique de la musique religieuse ; son répertoire s'étend progressivement aux œuvres des principaux compositeurs européens de la fin de la Renaissance, notamment Gombert, Lassus, Victoria et Palestrina. On pratique également la musique polyphonique hors de Cracovie, dans les monastères et dans les chapelles de l'aristocratie ; nous n'avons que des informations fragmentaires sur ces répertoires, mais il semble improbable qu'ils puissent égaler la richesse musicale de Cracovie.

Nous connaissons leurs œuvres par la tablature de Jean de Lublin (1537-48) et celle du couvent du Saint-Esprit (1548), dont il ne reste qu'un seul exemplaire. Ces tablatures contiennent une profusion de musique polonaise et étrangère d'une grande variété de styles et de formes, de la musique sacrée et de la musique profane d'origine vocale et instrumentale. Elles comportent plus de vingt morceaux du compositeur le plus éminent du début du XVIe siècle, Nicolas de Cracovie. Les tablatures témoignent également du très haut niveau des organistes polonais au XVIe siècle. L'orgue est l'instrument le plus populaire de l'époque mais, dans la seconde moitié du siècle, le luth rivalise de plus en plus avec lui pour l'accompagnement et comme instrument soliste. Le luthiste hongrois Bálint Bakfark (engagé à la cour royale de 1549 à 1565) exerce une forte influence sur les compositeurs luthistes polonais postérieurs, tels que Wojciech Długoraj (vers 1550-vers 1619) et Jakub Reys (vers 1545-vers 1605) ainsi que sur l'Italien (naturalisé polonais) Diomedes Cato (1570-vers 1615) ; ils réalisent des arrangements vocaux et composent de nombreux préludes, fantaisies et danses (gaillardes et passamezzos).

Au XVIe siècle, la musique polonaise se renforce et trouve son unité, la liste des compositeurs célèbres s'allonge. Deux en particulier, Wacław de Szamotuły (vers 1526-vers 1560) et Marcin Leopolita (vers 1540-1589), sont reconnus de leur vivant comme les plus grands maîtres polonais de la polyphonie de la Renaissance ; la *Missa paschalis* à cinq parties de Leopolita n'a pas d'égal dans la musique polonaise du XVIe siècle en raison de la facilité de son contrepoint, du génie inventif avec lequel est traité son *cantus firmus* et de la fraîcheur de son style mélodique. Autre événement important, Mikołaj Gomółka publie en 1580 *Melodie ma psalterz polski* (« Mélodies pour le psautier polonais »), recueil de cent cinquante psaumes polonais dont l'écriture généralement note-contre-note dissimule remarquablement des procédés harmoniques et contrapuntiques élaborés. Ils comptent parmi les premières œuvres polonaises qui comportent des caractéristiques nationales prononcées. Comme l'écrit le compositeur dans son introduction : « Ils ne s'adressent pas aux Italiens mais aux Polonais, à des âmes simples sédentaires. »

3. *De la période baroque au XVIIIe siècle.* Avec l'œuvre de Mikołaj Zieleński, l'un des plus grands compositeurs polonais avant Chopin, nous sommes au seuil de la période baroque. Il a laissé cent treize œuvres (Venise, 1611) en deux recueils, qui comprennent son *Offertoria* et *Communiones totius anni*. Le style des pièces polychorales de l'*Offertoire* est assez uniforme mais les *Communiones* présentent une grande variété de formes. Des motets à quatre, cinq et six voix constituent le groupe le plus important, suivis d'œuvres à une ou deux voix solistes, d'écriture virtuose avec accompagnement d'orgue, et enfin de trois œuvres à trois voix avec orgue et de trois fantaisies instrumentales. Les deux recueils nous offrent un aperçu des styles et techniques de la musique européenne à la fin du XVIe siècle, avec un penchant assez prononcé pour l'école vénitienne moderne (voir *Italie*, 3). La façon dont Zieleński compose les différentes parties repose encore fermement sur les principes polyphoniques de la Renaissance, mais vers les années 1620 la monodie et la basse chiffrée ont déjà atteint la Pologne et, en 1628, l'opéra arrive à la cour royale récemment transférée à Varsovie. En 1632, le roi Ladislas IV installe un opéra à la cour (au premier étage du château royal) et, pendant les vingt années qui suivent, des représentations y sont données régulièrement par les musiciens du roi ainsi qu'à Cracovie et Gdańsk. Le répertoire comporte surtout des opéras italiens, dont plusieurs œuvres du maître de chapelle du roi, Marce Scacchi (vers 1600-vers 1685). La musique du premier opéra polonais, *La Fama reale* de Piotr Elert (vers 1600-53), a disparu.

La musique instrumentale dans le nouveau style italien s'épanouit au début du XVIIe siècle, à l'incitation des maîtres italiens installés en Pologne comme Tarquinio Merula. Les principaux compositeurs polonais sont alors Adam Jarzebski (mort en 1649), dont les *Canzoni e Concerti* avec basse continue datent des années1620, et Marcin Mielczewski (mort en 1651), qui compose sept *canzonas* pour deux violons, également avec basse continue vers les années 1640. Le nouveau style vocal-instrumental s'infiltre également dans la musique religieuse, coexistant pendant quelque temps avec le langage plus ancien de la Renaissance. Mielczewski confirme sa prédominance : il compose des messes dans l'ancien style et des concertos d'église pour voix et instruments dans le style baroque *concertato*. Le plus grand compositeur de musique religieuse est Bartlomiej Pekiel (mort en 1670), qui remplace Marco Scacchi comme maître de la chapelle royale en 1649, après avoir passé plusieurs années au service du roi. Sa *Missa concertata la Lombardesca* à treize voix fait appel à des chœurs antiphonaux, à des solos accompagnés et à des parties purement instrumentales d'une conception brillante et puissante. Il compose aussi un « dialogo », *Audite mortales*, que l'on peut considérer comme le premier oratorio polonais.

Les dernières années de la vie de Pekiel correspondent aux orages politiques qui détruisent finalement la stabilité de la vie culturelle polonaise et isoleront le pays des grands courants artistiques et intellectuels occidentaux. Au milieu du XVIIe siècle, les invasions suédoises puis les conflits avec la Russie et la Turquie s'ajoutant aux intrigues et aux conflits politiques qui se multiplient au sein même de la Pologne réduisent la vitalité de la musique polonaise. Nous n'avons qu'une image vague et incomplète de la musique polonaise de la fin du XVIIe siècle et du début du XVIIIe siècle. Parmi les nombreux compositeurs de l'époque les plus talentueux sont probablement Stanisław Sylwester Szarziński et Grzegorz Gerwazy Gorczycki (vers 1667-1734), mais on ne peut se référer qu'au petit nombre de leurs œuvres qui ont survécu. Il ne reste que dix partitions de Szarziński, dont deux concertos d'église, un motet *concertato* et une impressionnante sonate pour deux violons et orgue. Gorczycki, le dernier des grands compositeurs de la période baroque, a eu plus de chance et nous connaissons aujourd'hui plusieurs de ses messes (de style contrapuntique) ainsi que des motets de style *concertato*.

Le déclin de la puissance politique de la Pologne se poursuit tout au long du XVIIIe siècle et se ressent particulièrement en 1772, lors du premier des trois partages que va connaître le pays. Des recherches récentes ont permis de découvrir l'existence d'une littérature symphonique considérable à partir de la seconde moitié du XVIIIe siècle, notamment chez Antoni Milwild, Wojciech Dankowski et Franciszek Ścigalski, mais ils ont écrit peu d'œuvres durables ; c'est seulement vers la fin du siècle qu'apparaissent les signes d'un renouveau dans la musique polonaise, le début d'une renaissance qu'étoufferont les suites fâcheuses de 1830. Un cadre institutionnel solide pour l'enseignement et l'exécution musicale voit le jour peu avant 1830, avec l'opéra au Théâtre national, une Société de musique religieuse et nationale, une société de musique organisée par E. T. A. Hoffmann et, surtout, la fondation du Conservatoire de Varsovie en 1821.

4. *Le début du XIXe siècle : l'émergence d'un style national.* Varsovie domine la vie musicale : la musique que l'on y joue et que l'on y compose juste avant la venue de Chopin et au cours des années où il y séjourne (1810-30) révèle une gamme assez riche de styles et d'influences. Les cantates d'église du haut baroque de Jakub Gołabek sont caractéristiques de la manière « savante » qu'adoptent souvent les compositeurs polonais dans leur musique religieuse, même au début du XIXe siècle. Józef Elsner (1769-1854) et Feliks Janiewicz (1762-1848) composent des symphonies classiques et de la musique de chambre ; le public polonais apprécie particulièrement les concertos pour piano assez légers et les morceaux de bravoure de Franciszek Lessel (vers 1780-1838) ou de Józef Deszczyński (1781-1844) ainsi que les miniatures pianistiques de Maria Szymanowska (1789-1831), car les concerts de bienfaisance et les salons élégants commencent à former le goût musical à Varsovie.

Ils ne peuvent toutefois rivaliser avec l'opéra. Au début du XIXe siècle, les Italiens, et surtout Rossini, dominent l'opéra à Varsovie. De nombreux compositeurs italiens s'installent dans la capitale polonaise, au moins jusqu'au soulèvement de 1830, et l'un d'eux, Carlo Soliva, joue un rôle primordial dans la vie musicale comme directeur de l'École de chant et de déclamation. Depuis la création de *Nedza uszczesliwiona* (« La Joie dans le malheur », 1778), les compositeurs polonais enrichissent de plus en plus le répertoire de leur opéra national ; ils excellent dans les opéras-comiques sur des thèmes rustiques, particulièrement sous la forme de singspiels ou de « vaudevilles ». *Cud mniemany* (« La Prétendue Merveille ou Cracoviaques et Montagnards », 1794) de Jan Stefani est généralement considéré comme une étape importante de la période qui précède immédiatement celle des opéras substantiels d'Elsner et surtout de Karol Kurpiński (1785-1857), le plus important compositeur lyrique polonais de la première moitié du XIXe siècle.

Malgré ces divers styles, le concept d'un langage national polonais commence à se dessiner au début du XIXe siècle. Wacław Sierakowski et Elsner en parlent longuement dans leurs traités, mais en pratique l'affirmation d'un style musical polonais se limite au choix des sujets et à l'introduction de caractéristiques modales et rythmiques dérivées du cracoviak, de la mazurka et de la polonaise. Ces caractéristiques se greffent simplement, pour la plupart, sur des styles familiers, de telle sorte que, chez Lessel et Elsner, les éléments polonais ne diffèrent pas tellement de ceux que l'on rencontre chez Weber et Hummel. Néanmoins, les bases d'un style plus spécifiquement national sont jetées. Le langage prend de l'importance et certains des *Chants patriotiques* de 1816 (Kurpiński, Lessel et Szymanowska) mettent en musique des textes polonais qui mèneront aux mélodies et opéras de Stanisław Moniuszko (1819-72). Les nombreuses polonaises pour clavier composées au début du XIXe siècle ont aussi une certaine importance. Michał Kleofas Ogiński (1765-1833) s'applique à faire de la polonaise une miniature indépendante pour clavecin ou piano, destinée à être jouée dans les salons. Issu d'une famille de musiciens éminents, Ogiński appartient à une lignée florissante de musiciens amateurs tirés de l'aristocratie polonaise ; ses quelque vingt polonaises auront une influence prépondérante. Elles sont conçues dans un style simple et typiquement polonais qui se démarque des influences occidentales et définissent le cadre fondamental de la forme, avec un *da capo* et généralement une courte introduction. Les nombreuses polonaises du début du XIXe siècle, notamment les premières tentatives de Chopin, s'inspirent de l'exemple d'Ogiński au point de vue de la forme et de l'atmosphère.

Toutefois, Chopin va chercher rapidement son inspiration hors des frontières de la Pologne et composera à Paris, où il s'installe en 1831, la majeure partie de sa musique de la maturité. En intégrant des caractéristiques nationales aux chefs-d'œuvre les plus avancés de la musique européenne, il jette les bases sur lesquelles une tradition « nationaliste » aurait pu se construire en Pologne. Mais il n'y aura aucune suite à cause de l'impitoyable politique antinationaliste liée aux partages qui ont suivi le soulèvement de 1830. La vie musicale est de plus en plus isolée et conservatrice, et la musique qui répond le mieux à ses besoins n'est pas celle de Chopin mais celle de Moniuszko. Dans ses mélodies aux harmonies simples, Moniuszko exprime la quintessence de l'âme polonaise et éloigne les mélomanes polonais du répertoire allemand et russe. Toutefois, Moniuszko excelle surtout dans le domaine lyrique. Son premier opéra, *Halka*, représenté à Varsovie en 1858, donne naissance à un style d'opéra national de tendance conservatrice, qui ajoute aux styles italiens des générations antérieures les rythmes des danses nationales polonaises. Ce mélange définit le caractère de la musique polonaise pour les compositeurs à venir. Les mélodies et opéras de Władyslaw Zeleński (1837-1921) et la musique symphonique de Zygmunt Noskowski (1846-1909) renforcent l'œuvre de Moniuszko, mais, par rapport aux normes européennes de l'époque, leur langage musical est anachronique. Seules quelques œuvres de Juliusz Zarebski (1854-85) révèlent une perception des tendances plus modernes de la musique de Chopin et des innovations de Liszt et de Wagner.

5. *Le XXe siècle*. Malgré le déclin de la musique polonaise à la fin du XIXe siècle, l'avenir se présente sous un jour plus optimiste. Les concerts et l'enseignement reprennent vie. Le Conservatoire de Varsovie est reconstitué, la Société de musique de Varsovie voit le jour et, en 1901, l'Orchestre philharmonique de Varsovie

est fondé ; au programme du concert d'inauguration figure une œuvre d'Ignace Paderewski (1860-1941), le plus célèbre compositeur polonais d'alors. Peu après la fondation de l'orchestre, quatre jeunes étudiants en composition, Apollinaire Szeluto (1884-1966), Grzegorz Fitelberg (1879-1953), Ludomir Rózycki (1884-1953) et Karol Szymanowski (1882-1937), désapprouvent ses programmes conservateurs et forment le groupe « Jeune Pologne », auquel se joint bientôt un compositeur un peu plus âgé, Mieczyslaw Karłowicz (1876-1909). Ce dernier compose une musique symphonique très impressionnante, dans le style de Strauss, mais meurt avant de pouvoir réaliser les objectifs initiaux du groupe, à savoir moderniser la musique polonaise. Cette tâche incombera à Szymanowski. Après avoir longuement étudié l'esthétique allemande de la fin du romantisme, la maturité de son style s'affirme durant les années de guerre avec une réponse très personnelle à l'impulsion de Debussy, de Ravel et de Scriabine.

Les dernières œuvres nationalistes de Szymanowski intègrent le matériel folklo-.ique dans le contexte de la tonalité et annoncent, dans une certaine mesure, la musique polonaise des années 1930 et 1940. Mais la jeune génération de compositeurs polonais se tourne davantage vers Paris – vers les formes nettes et le charme maniéré du style néoclassique, dans la lignée de Stravinski, Prokofiev, Milhaud et Poulenc et de l'enseignement de Nadia Boulanger. L'Association des jeunes musiciens polonais à Paris voit le jour en 1926 sous la présidence de Piotr Perkowski, un élève de Szymanowski. Ses membres composent une musique néoclassique modérément tonale, agrémentée de certaines caractéristiques de la musique traditionnelle polonaise. Cette analyse s'applique aussi bien à la *Sinfonietta* de Perkowski qu'aux premières œuvres de Stanisław Wiechowicz (*Chmiel*, « Le Houblon »), de Michał Kondracki (*Partita* et *Concerto pour orchestre*), d'Antoni Szałowski (*Ouverture*) et de Michał Spisak (*Sérénade pour orchestre*). Les sympathies néoclassiques apparaissent également dans les *Variations symphoniques* de Witold Lutosławski (1913) et dans les *Variations sur une série de douze sons* de Jósef Koffler (1896-1943/44), le seul compositeur polonais à suivre les traces de Schoenberg.

Dans les années qui suivent la Seconde Guerre mondiale et la création du nouvel État socialiste, la musique polonaise est pratiquement coupée de l'évolution de la musique occidentale. Les compositeurs sont exhortés à cultiver des genres « concrets » – opéra, oratorio, cantate, etc. – et à puiser leur inspiration dans la musique folklorique et traditionnelle. La première œuvre importante taxée de *formalisme est la *Symphonie nº 1* de Lutosławski, partition dans laquelle la personnalité du compositeur commence à se dégager des influences antérieures. Bartók inspire particulièrement les compositeurs polonais à la recherche d'une musique novatrice basée sur le folklore, et son influence apparaît clairement dans les œuvres majeures de l'après-guerre, le *Quatuor à cordes nº 4* et le *Concerto pour violon nº 4* de Grazyna Bacewicz (1913-69), et le *Concerto pour orchestre* de Lutosławski.

6. *Évolution depuis 1956.* La politique culturelle plus libérale qui suit la révolte d'octobre 1956 débouche sur un changement de style spectaculaire de la musique polonaise, qui reprend contact avec l'Occident. Les tendances novatrices sont encouragées par la création, en 1956, de l'« Automne de Varsovie » (important festival de musique contemporaine), par les subventions qu'accorde l'État à l'édition musicale et à l'enregistrement et par la fondation du Studio de musique expérimentale de la Radio polonaise. Il en résulte une remarquable floraison d'œuvres d'avant-garde qui permettent de découvrir une musique polonaise parfaitement intégrée à la musique du reste du monde et qui peut y tenir sa place. Les compositeurs les plus âgés parviennent mal à rénover leur langage musical, mais les meilleurs d'entre eux, comme Bacewicz et Lutosławski, avancent lentement et prudemment vers le « meilleur des mondes ». Lutosławski trouve la solution en faisant fusionner de façon très personnelle le contrepoint aléatoire et des schémas harmoniques très directionnels qui caractérisent toutes ses œuvres postérieures aux *Jeux vénitiens* (1961).

Dans la génération intermédiaire, les compositeurs les plus doués sont Kazimierz Serocki et Tadeusz Baird, tous deux disparus en 1981 à une cinquantaine d'années. Le langage musical intensément lyrique et expressif de Baird reste unique en son genre, mais la démarche de Serocki reflète, dans une certaine mesure, les grandes lignes de l'évolution musicale polonaise d'après-guerre, du néoclassicisme de sa *Sinfonietta* à l'exploration de nouvelles structures dans ses *Fresques symphoniques* en passant par une brève idylle avec le sérialisme post-webernien. A la génération suivante, Krzysztof Penderecki, Henryk Górecki et Wojciech Kilar éveillent beaucoup d'intérêt, tant en Pologne que dans le monde entier. Ils possèdent chacun un style musical très personnel, tout en partageant certains traits caractéristiques de l'école polonaise contemporaine : simplicité et importance accordée aux textures sonores au détriment des structures. Cette simplicité même aboutit à l'extraordinaire impact de la « sonorité polonaise » sur un vaste public dans les années soixante. A l'époque, elle semble un antidote rafraîchissant, peut-être même nécessaire, aux structures complexes de la musique européenne occidentale, résolument novatrice depuis la guerre. A la fin des années soixante-dix, la musique de ces trois compositeurs se modifie de façon spectaculaire, reflétant l'évolution générale de la musique polonaise. Toutefois, leur adhésion à un univers dominé par la nostalgie de la tonalité et du romantisme ne diffère pas tellement de la texture musicale des années soixante, car ils appliquent à la mélodie et à l'harmonie les mêmes procédés qu'ils utilisaient antérieurement pour la texture et le timbre. L'effet produit n'en est pas moins unidimensionnel. C'est le cas du *Concerto pour violon*, du *Te Deum* et de la *Symphonie nº 2* de Penderecki, de *Bogurodzica* (« Mère de Dieu ») et de *Grey Mist* de Kilar et du *Beatus Vir* de Górecki.

Malgré la dévastation de la Seconde Guerre mondiale et les pressions économiques qui assaillent la Pologne depuis lors, les pouvoirs publics ont toujours accordé une priorité à la reconstruction d'une vie musicale dynamique et saine, et le résultat est remarquable. La Pologne compte sept conservatoires et trois universités de musicologie, ainsi que l'Institut de musicologie intégré à l'Académie des sciences de Varsovie. Deux opéras et sept salles de concert ont été construits ou reconstruits après la guerre et le pays dispose de sept orchestres symphoniques professionnels et de huit opéras. Outre l'Automne de Varsovie, il y a plusieurs concours importants à Wrocław, Katowice, Bydgoszcz, Duszniki et Słupsk. Il est surtout encourageant de constater que la musique contemporaine fait partie intégrante des courants dominants de l'activité musicale en Pologne. A Varsovie et à Cracovie, le compositeur contemporain fait aujourd'hui partie de la vie quotidienne ; c'est un personnage familier dans les établissements scolaires comme dans les salles de concert. Il a un contact direct avec le public que peuvent lui envier de nombreux compositeurs occidentaux.

Jim Samson.

BIBLIOGRAPHIE : Jean-Paul Couchoud, *La Musique polonaise et Witold Lutosławski*, Stock (Paris, 1981). Henryk Opienski, *La Musique polonaise*, Gebethner et Wolff (Paris, 1929).

Polonaise (all. : *Polonäse* ; ital. : *polacca*). Danse polonaise de rythme ternaire modéré. Elle a un caractère processionnel et majestueux et son origine semble remonter aux cérémonies de cour du XVIe siècle. Les premières polonaises ressemblent peu à la danse du XIXe siècle, qui se caractérise par un rythme ternaire, des phrases débutant sur le premier temps de la mesure et la répétition de brefs motifs rythmiques. Chose étrange, les exemples les plus anciens dans lesquels on peut relever certains de ces éléments figurent dans des œuvres de J. S. Bach : polonaises de la *Suite française nº 6* et de la *Suite pour orchestre nº 2*. La polonaise classique a fait son apparition vers 1800 et a été adoptée par Beethoven (op.89), Mozart (« Rondeau en polonaise » de sa *Sonate pour piano K 284*), Schubert (*Polonaises* pour piano à quatre mains op.61 et 75), Weber, Liszt, Moussorgski (*Boris Godounov*) et Tchaïkovski (*Eugène Onéguine* ; le finale de sa *Symphonie nº 3* est marqué « Tempo di polacca »). Toutefois, Chopin est le principal compositeur dont le nom reste lié à la polonaise ; ses treize polonaises lui ont permis d'exprimer ses sentiments intensément patriotiques.

Polovtsiennes. Voir *Danses polovtsiennes.*

Polska. Danse à trois temps, sans doute d'origine polonaise, proche de la *mazurka. Elle est devenue l'une des danses traditionnelles les plus populaires de Suède, mais se danse également dans d'autres pays.

Polymétrique. Terme employé dans la préparation des éditions de musique ancienne à propos d'un morceau dont les barres de mesure ne se présentent pas à intervalles réguliers, mais sont placées en fonction des besoins musicaux et textuels du phrasé, ce qui donne des mesures de longueur irrégulière.

Polyphonie (du grec *polyphonia*, « de nombreux sons » ; all. : *Mehrstimmigkeit, Vielstimmigkeit*). Structure musicale en deux parties ou plus (généralement trois) relativement indépendantes. En général, ce terme s'applique à la musique vocale, mais on le trouve également employé dans le domaine symphonique : l'expression « polyphonie orchestrale », par exemple, est souvent utilisée à propos du style instrumental des XIXe et XXe siècles, notamment de la musique de Mahler ou d'Ives. Le terme polyphonie correspond à un éventail fondamental de possibilités musicales, car toutes les sources sonores peuvent être utilisées isolément dans la monophonie ou avec une ou plusieurs autres dans la polyphonie. Les usages polyphoniques sont donc nombreux et variés dans l'histoire de l'art et de la musique traditionnelle occidentale ainsi qu'en ethnomusicologie. Dans le domaine de la musique classique occidentale, le terme polyphonie revêt surtout deux sens qui correspondent à ses applications les plus importantes, l'un général, l'autre particulier.

La polyphonie, dans le sens de musique vocale à plusieurs parties, par opposition à la monophonie, s'est développée entre le Xe et le XIIIe siècle. La première manifestation en a été l'**organum*. La source de cette psalmodie parallèle de la mélodie liturgique peut remonter à l'étendue naturelle de la voix humaine. La tessiture des voix de garçons et des voix d'hommes sont séparées d'un intervalle qui varie entre une quinte et une octave, selon la mue (les voix de femmes, et en fait les femmes en général, participaient peu au monde religieux médiéval). La disposition des voix à la quinte, l'octave et la douzième supérieure de la partie la plus grave ont constitué un fondement naturel remarquable pour la polyphonie la plus ancienne (l'octave, la quinte et la quarte sont les harmoniques les plus graves. Voir *Série harmonique*).

Au XIVe siècle, cette polyphonie rudimentaire a connu un développement rapide dans le principe de la succession d'intervalles et de rythmes mélangés pour des parties chantées simultanément. L'indépendance polyphonique avait pris des proportions considérables en comparaison des styles antérieurs et postérieurs. Elle impliquait, par exemple, la combinaison verticale de différentes constructions *isoméliques et *isorythmiques : en effet, dans cette phase débutante de la polyphonie vocale, les trois ou quatre parties chantaient souvent ensemble des textes différents, à la fois en latin et en langue vernaculaire.

La combinaison de lignes musicales indépendantes est devenue un élément constant de la tradition occidentale et constitue un moyen de comparaison des différentes phases du langage musical – depuis la polyphonie médiévale, avec son organisation fondamentalement linéaire, en passant par le contrepoint de la Renaissance et de l'ère baroque, avec l'importance accordée à l'organisation verticale qui en résulte et sa relation avec l'évolution de la tonalité majeure-mineure pour produire les structures harmoniques de la musique classique et de la musique romantique, jusqu'à la nouvelle polyphonie du XXe siècle, où la multiplicité de fibres indépendantes est redevenue l'idéal partagé par de nombreux compositeurs. Dans le sens simple de « à plusieurs voix », on trouve donc la polyphonie dans toute l'histoire de la musique occidentale postérieure à l'*organum*.

L'emploi du terme « polyphonie » s'est généralisé dans les écrits théoriques et pratiques du début du XVIe siècle. Il est venu remplacer des termes comme *dia-*, *tri-* et *tetraphonia* (qui spécifiaient le nombre de parties) ou *organica* (déchant). La diffusion d'un sens commun pour le terme « polyphonie » coïncide avec l'époque à laquelle sa pratique a atteint une réelle maîtrise. Le grand théoricien classique Heinrich Koch (1749-1816) a établi les deux distinctions modernes : monophonie/polyphonie et polyphonie/homophonie. La première est une distinction pratique entre des compositions à une seule voix et à plusieurs voix, la seconde étant la caractéristique dominante de la musique savante occidentale. La seconde distinction est stylistique. Elle se rapporte aux différentes approches de la continuité musicale offertes au compositeur de la période postérieure à la Renaissance, l'une reposant sur le contrepoint et sur l'égalité structurelle des voix, l'autre sur un cadre structurel de mélodie soutenue par une basse, des parties internes fournissant l'expression harmonique, rythmique et structurelle. Quoique toute musique homophonique révélant une différenciation harmonique soit, logiquement, polyphonique ou « à plusieurs voix », l'interaction sur le plan stylistique de la polyphonie contrapuntique et de l'homophonie harmonique a joué un rôle essentiel dans l'évolution du langage musical, vocal comme instrumental, depuis le début du XVIIe siècle.

Un sens particulier du terme « polyphonie » est réservé à la musique sacrée du XVIe siècle, l'âge d'or de la polyphonie. On trouve les jalons de son évolution dans la musique de Dunstable et de l'école franco-flamande du XVe siècle. Leur principal souci était de développer des techniques permettant d'utiliser une même idée mélodique dans toutes les parties au moyen de l'imitation. Le concept de *Durchimitation*, ou « imitation continue », de Hugo Riemann traduit bien le principe de la distribution du matériel principal de la polyphonie – ce qui était antérieurement le *cantus firmus* – à toutes les voix. Le développement d'un sens harmonique plus euphonique – surtout dans le traitement de la quarte en tant que dissonance nécessitant une préparation contrapuntique et une résolution – allait de pair avec une maîtrise croissante de la complexité de la polyphonie. Dès le XVIe siècle, un style imitatif européen cohérent et logique voyait le jour. Son existence était devenue indispensable pour de nombreuses raisons historiques, notamment la dissémination incessante de la musique depuis la découverte de l'impression musicale, à partir de 1500 environ, et le contrôle artistique croissant de l'Église catholique pour réagir contre la Réforme.

A la Renaissance, le sommet de la polyphonie se situe au milieu et à la fin du XVIe siècle. Lassus, Victoria et, en Angleterre, Byrd n'étaient et ne sont encore que de grands compositeurs parmi de nombreux géants. Cette activité a atteint son point culminant dans la musique de Palestrina, dont la polyphonie a été étudiée par la plupart des théoriciens et des compositeurs des trois derniers siècles, quoique la réaction temporaire contre la polyphonie vocale au XVIIe siècle ait été aussi intense que productive. Les œuvres de Palestrina, son « novum genus musicum » (préface au *Second Livre de messes*, 1567) présentent deux éléments remarquables : l'expression claire du texte, qu'il s'agisse d'œuvres à trois, quatre ou cinq parties, au moyen d'une articulation formelle de la musique liée aux phrases du texte et par l'alignement de la cadence des idées mélodiques, surtout dans leurs proportions rythmiques, sur les paroles ; et aussi l'indépendance et la clarté de chaque ligne au sein de la structure de la déclamation, avec une élégance de combinaison dans le traitement des dissonances et un flux structurel qui marquent un sommet de l'art occidental.

Jonathan Dunsby.

Polyrythmie. Emploi simultané de rythmes différents dans des parties séparées d'une même structure musicale. C'est un élément caractéristique de certaines musiques du XIVe siècle et également de certaines œuvres du XXe siècle comme, par exemple, celles de Hindemith et de Stravinski.

Polytonalité. Emploi simultané de deux ou plusieurs tonalités. Si deux tonalités sont superposées, on parle de *bitonalité ; les combinaisons plus complexes sont rares. On trouve de nombreux exemples de polytonalité dans la musique de Milhaud.

Pommer. En vieil allemand, nom désignant les grandes chalemies dérivées de la *bombarde en passant par une forme ancienne, *Pumhart*.

Pomp and Circumstance. Titre donné par Elgar (tiré de l'acte III d'*Othello* de Shakespeare) à un ensemble de cinq marches pour orchestre symphonique op.39 : la première en ré majeur et la deuxième en la mineur ont été créées à Liverpool en 1901 ; la troisième en ut mineur à Londres en 1904 ; la quatrième en sol majeur à Londres en 1907 et la cinquième en ut majeur à Londres en 1930. La partie centrale de la marche n° 1, légèrement modifiée et avec des paroles de A. C. Benson qui commencent par « Land of Hope and Glory », est devenue le finale de la *Coronation Ode* d'Elgar.

Ponce, Manuel (Maria) (Fresnillo, Mexique, 8 décembre 1886 ; Mexico, 24 avril 1948). Compositeur mexicain. Il fait ses études à Mexico, Bologne et Berlin et retourne au Mexique en 1909 pour enseigner au Conservatoire national. La musique traditionnelle mexicaine, qu'il a été le premier compositeur à étudier, a exercé une influence déterminante sur ses œuvres, de même que les rythmes de la musique cubaine, qu'il a étudiés durant son séjour à La Havane (1915-17). Toutefois, la plupart de ses œuvres importantes sont postérieures à son séjour à Paris (1925-33) durant lequel il a pris des cours avec Paul Dukas. Ponce a écrit des pièces pour guitare et pour piano ainsi que des concertos pour guitare (*Concierto del Sur*, 1941) et pour violon (1943).

Paul Griffiths.

Ponchielli, Amilcare (Paderno Fasolaro, près de Crémone, 1er août 1834 ; Milan, 17 janvier 1886). Compositeur italien. Il fait ses études au Conservatoire de Milan et remporte un succès en province avec son premier opéra *I Promessi Sposi* (1856) qui, sous une forme .évisée, lui vaut la commande de plusieurs ballets pour la Scala de Milan. Son opéra *La Gioconda* (1876), sur un livret de Boito, a connu un énorme succès en raison de la vitalité de son style et montre que Ponchielli connaissait la manière sentimentale de Meyerbeer et des premières œuvres de Verdi.

Denis Arnold.

Pont. Passage qui sert de liaison ; dans la *forme sonate, élément de transition qui relie les premier et second thèmes de l'allegro.

Ponticello (ital.). Littéralement « petit pont », c'est-à-dire le chevalet d'un instrument à cordes. *Sul ponticello,* « sur le chevalet », jouer en tenant l'archet le plus près possible du chevalet, ce qui diminue considérablement l'intensité des harmoniques inférieurs au profit des harmoniques supérieurs, afin de produire un son mince et éthéré.

Pop. Voir *Musique « pop »*.

Popper, David (Prague, 16 juin 1843 ; Baden, près de Vienne, 7 août 1913). Violoncelliste et compositeur autrichien. Il passe une grande partie de sa vie en tournées en Europe et acquiert une solide renommée pour sa superbe sonorité et sa technique transcendante. Il est ensuite nommé professeur au Conservatoire de Bruxelles et ses études (publiées en 1901-05) sont encore utilisées de nos jours par les violoncellistes.

Denis Arnold.

Pordon dantza (basque ; all. : *Lanzentanz, Stabtanz*). Danse d'hommes munis de lances, exécutée autrefois le jour de la Saint-Jean-de-Toulouse pour commémorer une victoire militaire. Elle était accompagnée à la guitare ou à la *bandurria*, souvent avec la voix.

Porgy and Bess. Opéra en trois actes de Gershwin sur un livret de Du Bose Heyward et Ira Gershwin d'après le drame *Porgy* de Du Bose et Dorothy Heyward. Représentations : Boston (Colonial Theatre, 30 septembre 1935) ; Londres (Stoll Theatre, 9 octobre 1952) ; Paris (Théâtre de l'Empire, 16 février 1953). C'est le premier opéra américain qui ait remporté un succès international durable. L'action se déroule en Caroline du Sud et raconte l'histoire de Porgy (bar.), infirme, et de Crown (basse), débardeur, qui se disputent l'amour de Bess (sop.). Le joueur Sportin' Life la convainc d'aller vivre à New York. Porgy tue Crown et suit Bess à New York.

BIBLIOGRAPHIE : *Porgy and Bess,* L'Avant-Scène-Opéra no 103 (Paris, 1987).

Porpora, Nicola (Antonio) (Naples, 17 août 1686 ; Naples, 3 mars 1768). Compositeur et professeur de chant italien. Il fait ses études au Conservatorio dei Poveri di Gesù Cristo et se fait rapidement connaître comme compositeur – son opéra *Agrippina* est représenté en 1708 et Haendel a entendu plusieurs de ses ouvrages. Pendant le reste de sa vie, il a été en partie professeur et *maestro* dans divers conservatoires de Naples et de Venise, et en partie au service du prince de Hessen-Darmstadt à Vienne et à la cour de l'Électeur à Dresde. Il a également travaillé à Londres comme compositeur résident de l'Opera of the Nobility entre 1733 et 1737, rivalisant pendant une courte période avec Haendel.

Porpora était l'un des professeurs de chant les plus recherchés de son époque (les célèbres castrats Farinelli et Caffarelli ainsi que Haydn ont été ses élèves) et son intérêt pour les voix transparaît dans ses opéras, où la virtuosité est un élément plus important que la définition des personnages. Sa musique religieuse pour les jeunes filles des deux conservatoires vénitiens où il a travaillé comporte aussi des feux d'artifice vocaux, bien que certaines pièces pour chœur et cordes soient écrites dans un style plus simple.

Denis Arnold.

Porta, Costanzo (Crémone, vers 1529 ; Padoue, 19 mai 1601). Compositeur italien prolifique. Moine franciscain, il entre en 1549 dans la communauté monastique de Santa Maria Gloriosa dei Frari à Venise, où il étudie avec Willaert et se lie d'amitié avec un autre de ses élèves, Merulo. Il dirige la musique à la cathédrale d'Osimo entre 1552 et 1565, puis sert, comme *maestro di cappella*, à la Cappella Antoniana, à Padoue, à Ravenne et à la Santa Casa, à Loreto. Il retourne en 1595 à la Cappella Antoniana, où il reste pendant les six dernières années de sa vie.

Porta possédait un talent contrapuntique extraordinaire. Il a surtout écrit de la musique sacrée ; certains de ses derniers motets sont composés dans le grand style polychoral vénitien, mais d'autres suivent les instructions du *concile de Trente et sont écrits dans un style plus simple permettant aux paroles d'être clairement entendues. Viadana était l'un de ses nombreux élèves.

Denis Arnold.

Port a beul. Voir *Puirt a beul.*

Portamento (ital.). « Port », « porté ». 1. Lorsqu'il s'applique à la voix, au trombone ou à un instrument à archet, le *portamento* est le passage sans heurts d'une note à une autre (sur un intervalle de plus d'une seconde) en passant par toutes les hauteurs de son intermédaires. Dans les instruments à cordes, le style *portamento* a été très en vogue, à des fins expressives, au XIXe siècle et au début du XXe siècle, surtout chez des violonistes comme Fritz Kreisler ; mais il est passé de mode. Voir également *Glissade*, 1 ; *Voix*, 8.

2. Parfois employé comme synonyme d'appoggiature.

Portando, portato (ital.). « Portant », « porté ». Style de jeu qui se situe entre le *legato* et le *staccato*. Le terme *portamento* est parfois employé à tort pour décrire cette technique. Voir également *Louré.*

Port de voix. Un **portamento* vocal.

Porté, portée. Même sens que **portamento.*

Portée. En notation musicale, la portée désigne l'ensemble de plusieurs lignes horizontales (généralement cinq) sur lesquelles et entre lesquelles sont placées les notes de musique. Une *clé, placée au début de la portée, indique la hauteur de son d'une ligne (et par extension de toutes les autres lignes) et définit ainsi la hauteur de chaque note écrite sur la portée. On ajoute normalement des *lignes supplémentaires pour les notes qui sortent du cadre de la portée. Depuis la fin du Moyen Age, on a adopté une porté de cinq lignes pour la majeure partie de la musique. Les portées peuvent être regroupées par des crochets ou accolades sur la gauche (comme dans la musique pour piano) pour former un « système ».

Voir également *Notation*, 2.

Porter, Cole (Albert) (Peru, Indiana, 9 juin 1891 ; Santa Monica, Californie, 15 octobre 1964). Auteur de chansons américain. Petit-fils de millionnaire et fils d'un riche fermier, il est déshérité pour avoir embrassé une carrière musicale. Il fait ses études à Yale et son droit à la Harvard Law School, mais passe rapidement au Department of Music, où il écrit ses premiers « Broadway shows ». Entre 1910 et 1919, il fait inclure certaines de ses chansons dans diverses revues. Pendant la guerre, il s'engage dans la Légion étrangère et écrit suffisamment de chansons à succès pour vivre en dehors des ressources familiales. Il épouse une femme assez riche, vit quelque temps à Paris et remporte tellement de succès avec sa musique qu'il décide de s'y consacrer plus sérieusement. Il écrit alors *Fifty Million Frenchmen* (1929), *Wake Up and Dream* (1929), *The New Yorkers* (1930), *Gay Divorce* (1932), *Nymph Errant* (1933), *Anything Goes* (1935), *Red Hot and Blue* (1936) et *Leave It to Me* (1938). En 1937, à la suite d'un grave accident de cheval, il doit subir une série d'opérations qui aboutissent finalement à l'amputation d'une jambe en 1958. Malgré d'incessantes souffrances, il a écrit *Du Barry Was a Lady* (1939), *Panama Hattie* (1940), *Let's Face It* (1941), *Something for the Boys* (1943), *Mexican Hayride* (1944) et ses plus belles œuvres *Kiss Me Kate* (1948), *Can-Can* (1953) et *Silk Stockings* (1955). Il a toujours écrit les textes, originaux et spirituels, ainsi que la musique de ses chansons.

Peter Gammond.

Porter la voix. Utiliser le **portamento* vocal.

Porteur d'eau, Le. Voir *Deux Journées, Les.*

Portsmouth Point. Ouverture de concert de Walton, composée en 1925. Elle lui a été inspirée par une eau-forte de Rowlandson (1756-1827).

Portugal [Portogallo], **Marcos Antônio** (da Fonseca) (Lisbonne, 24 mars 1762 ; Rio de Janeiro, 7 février 1830). L'un des premiers compositeurs d'opéras portugais importants. Il est étudiant au Seminário Patriarcal de Lisbonne et reste dans cette ville comme chef d'orchestre et compositeur lyrique jusqu'en 1792. Il part alors étudier en Italie, mais consacre plus de temps à composer des opéras qu'à prendre des leçons ; *Le Confusioni nato della somiglianza* (1793) est celui de ses ouvrages composés en Italie qui remporte le plus de succès. En 1800, il retourne à Lisbonne, où il est nommé maître de la chapelle royale et directeur de l'opéra au Théâtre San Carlos. La cour s'enfuit à Rio de Janeiro devant l'avance des troupes françaises en 1807, mais Portugal ne la suit qu'en 1811, date à laquelle il ouvre le Theatro São João. Il ne retournera jamais en Europe, bien que la cour regagne Lisbonne en 1821. Portugal a écrit plus de cinquante opéras, portugais et italiens, et plus d'une centaine d'œuvres de musique sacrée. Le finale de sa cantate *La Speranza* (1809) a été l'hymne national portugais jusqu'en 1834.

Wendy Thompson.

Posaune (all.). « Trombone ».

Pose de la voix. Voir *Messa di voce.*

Position (ital. : *posizione*). 1. Dans le jeu des instruments à cordes, la main gauche bouge continuellement pour amener les doigts en différents endroits permettant de former les différentes notes. Chacun de ces endroits porte le nom de « position » (« première position », « deuxième position », etc.).

2. Répartition des notes d'un accord selon les besoins des voix individuelles. On peut dire des accords qu'ils sont en position « ouverte » ou « fermée », selon leur disposition. Un accord d'ut majeur écrit ainsi :

est un accord en position « fermée », alors que le suivant :

est un accord en position « ouverte ». Si les voix supérieures sont proches, on parle de position fermée ou d'harmonie fermée ; dans le cas contraire, on parle de position ouverte ou d'harmonie ouverte.

Position fermée. Un passage de musique est dit « en position fermée » lorsque les notes des accords sont toutes assez rapprochées les unes des autres et ne s'étendent pas au-delà d'un intervalle d'une douzième. Divers groupes vocaux en ont fait une caractéristique de leur style, par exemple les King's Singers ; cette technique apparaît également dans les *Barber-shop ballads. On parle de « position large » lorsque les notes des accords sont assez largement espacées. Voir également *Position*, 2.

Post-Horn Galop. Œuvre pour cor de postillon et piano, composée en 1844 par Koening, instrumentiste pratiquant le cornet à pistons.

Postlude. La réciproque du *prélude, c'est-à-dire une composition qui succède à un morceau. Dans la musique d'orgue, le postlude est le morceau d'orgue improvisé de conclusion.

Les lieder de Schumann se terminent souvent par une longue section de musique pour piano seul, souvent appelée postlude et « commentant » les émotions contenues dans les paroles. Ces postludes introduisent parfois du matériel nouveau comme dans de nombreuses pièces de *Dichterliebe* (« Les Amours du poète »), notamment « Ich will meine seele tauchen » ou « Die alten, bösen Lieder ».

Poston, Elizabeth (près de Walkern, Hertforshire, 24 octobre 1905 ; Stevenage, 18 mars 1987). Compositeur anglais. Elle fait ses études à la Royal Academy of Music et travaille au service musical de la BBC de 1940 à 1945. Elle a composé des mélodies et de la musique pour la radio ; elle a également préparé diverses anthologies de mélodies et de *carols*.

Paul Griffiths.

Pot-pourri. A l'origine, ce terme désignait un pot contenant un mélange de pétales de roses, d'épices, etc. Dans le domaine musical, il en est venu à désigner une pièce écrite autour de plusieurs airs favoris, souvent extraits d'un opéra. Ce terme existe depuis le début du XVIIIe siècle et a été introduit en Angleterre par J. B. Cramer.

Potter, (Philip) **Cipriani** (Hambly) (Londres, 3 octobre 1792 ; Londres, 26 septembre 1871). Pianiste, pédagogue et compositeur anglais. Il est le premier d'une longue lignée de compositeurs anglais qui ont ouvert la voie à la renaissance de la musique anglaise concrétisée dans l'œuvre de Parry, Stanford et Elgar et dans la création d'établissements d'enseignement musical permanents. Il a débuté sa carrière comme pianiste et en composant des pièces légères de concert. Après avoir étudié avec Attwood, Woelfl et Crotch, son intérêt pour Beethoven (que ne partageaient pas la plupart de ses contemporains) l'a conduit à Vienne, où il étudie pendant quelque temps avec Beethoven lui-même (1818-19). En 1822, il devient premier professeur de piano à la Royal Academy of Music de Londres, où son élève le plus éminent est William Sterndale Bennett ; il fait également des apparitions régulières comme pianiste et chef d'orchestre aux Philharmonic Concerts, jouant sa propre musique ainsi que celles de Mozart et de Beethoven. Ses œuvres les plus intéressantes sont ses symphonies, surtout celle en sol mineur (1819, rév. 1826). Ses concertos pour piano, même le meilleur d'entre eux, en mi bémol (1833), et ses œuvres pour piano seul dépendent trop de la prolixité des *passages, mais sa musique de chambre – notamment la *Sonate pour cor ou basson et piano* – présente un certain intérêt. Ses éditions de Mozart, où le texte n'est augmenté que de doigtés instructifs, étaient très en avance sur leur temps.

Robin Langley.

Poule, La. Surnom de la *Symphonie nº 83 en sol mineur* de Haydn, composée en 1785. Le titre a été ajouté au XIXe siècle pour décrire le second sujet « gloussant » du premier mouvement.

Poulenc, Francis (Jean Marcel) (Paris, 7 janvier 1899 ; Paris, 30 janvier 1963). Compositeur français, élève de Ricardo Viñes pour le piano, mais autodidacte en matière de composition, du moins à l'époque où sa *Rhapsodie nègre* pour voix et ensemble de chambre (1917), spirituelle et exotique, lui a valu d'entrer dans le cercle de Satie. Il appartient au *groupe des Six, qui comprenait également Milhaud et Honegger, ainsi baptisé en 1920 par le critique musical Henri Collet. Plusieurs œuvres de cette époque montrent qu'il suivait de près les traces de Stravinski : les sonates pour deux clarinettes (1918) et pour trio de cuivres (1922) en particulier. Même alors, il semble surtout attiré par l'esthétique désinvolte et anticonformiste et continue à se délecter du choc humoristique occasionné par tout ce qui est banal ou inattendu.

Dans plusieurs œuvres de jeunesse comme les *Trois Mouvements perpétuels* (1918) pour piano ou le ballet *Les Biches* (1923), il utilise des matériels monotones ou le style des chansons populaires pour créer l'insolite et il intègre rapidement de telles incongruités au sein d'une musique très fluide, pleine de charme mélodique et d'une grâce très française. C'est le cas, par exemple, de ses concertos pour clavier – pour clavecin (*Concert champêtre,* 1927-28), deux pianos (1932), orgue (1938) et piano (1949) – ainsi que de ses dernières sonates pour flûte et piano

(1957), hautbois et piano (1962) et clarinette et piano (1962).

Le talent mélodique de Poulenc s'alliant à ses affinités littéraires a donné naissance à de nombreuses mélodies, qui comprennent notamment des cycles sur des poèmes d'Apollinaire (*Le Bestiaire*, 1919 ; *Quatre Poèmes*, 1931 ; *Banalités*, 1940 ; *Calligrammes*, 1948), de Cocteau (*Cocardes*, 1919) et d'Eluard (*Tel Jour, telle nuit*, 1936-37 ; *La Fraîcheur et le feu*, 1950 ; *Le Travail du peintre*, 1956). Sa sympathie pour les poètes surréalistes ressort aussi dans son curieux traitement lyrique de la pièce d'Apollinaire *Les Mamelles de Tirésias* (1944), alors que son opéra à une seule voix, *La Voix humaine* (1958, texte de Cocteau), révèle une sensibilité délicate autour d'une scène de la vie contemporaine (une femme parle au téléphone à l'amant qui est en train de la quitter).

Entre-temps, Poulenc compose l'opéra *Dialogues des Carmélites* (1953-55, d'après Bernanos), l'une des œuvres dans lesquelles s'exprime le mieux sa foi religieuse après son retour à l'Église catholique en 1936. On ressent également la profondeur et la quiétude de sa spiritualité dans les *Liturgies à la Vierge noire* pour chœur de femmes et orgue (1936), la *Messe* sans accompagnement (1937), les quatre *Motets pour un temps de pénitence* (1938-39) et dans d'autres œuvres chorales, alors que le *Stabat Mater* (1950) et le *Gloria* (1959), tous deux écrits pour soprano, chœur et orchestre, sont plus grandioses dans leur ferveur.

Paul Griffiths.

BIBLIOGRAPHIE : Pierre Bernac, *Poulenc et ses mélodies*, Buchet-Chastel (Paris, 1978). Henri Hell, *Francis Poulenc, musicien français*, Fayard (Paris, 1978). Jean Roy, *Poulenc*, Seghers (Paris, 1964).

Pound, Ezra. Voir *Musique et littérature.*

Poussé. Dans le jeu des instruments à cordes, coup d'archet dirigé de bas en haut ; inverse du « tiré », coup d'archet dirigé de haut en bas.

Pousseur, Henri (León Marie Thérèse) (Malmédy, près de Liège, 23 juin 1929). Compositeur belge. Il fait ses études avec Pierre Froidebise et André Souris aux Conservatoires de Liège et de Bruxelles (1947-53) et s'associe rapidement à Pierre Boulez, Stockhausen et Berio. Dans ses premières œuvres, comme le *Quintette à la mémoire de Webern* (1955), il adopte un style sériel complexe, modifié par l'addition d'éléments aléatoires dans *Mobile* pour deux pianos (1956-58). Sa « fantaisie lyrique variable » sur un texte de Michel Butor, *Votre Faust* (1960-67, créée en 1969), ouvre la voie à un style dans lequel les matériels harmoniques les plus variés peuvent être réunis de façon cohérente ; il développe ce style dans les œuvres suivantes, en faisant parfois le symbole des organisations sociales égalitaires. *Couleurs croisées* pour orchestre (1967) offre, par exemple, une progression de la discorde à la concorde basée sur les droits de l'homme américains : « We shall overcome ». Pousseur est l'un des cofondateurs du studio de musique électronique APELAC à Bruxelles (1958) ; il a enseigné dans diverses institutions en Europe et aux États-Unis. Depuis 1975, il est directeur du Conservatoire de Liège. Il est l'auteur de plusieurs livres, *Fragments théoriques* (2 vol., Bruxelles, 1970, 1972) et *Musique, Sémantique, Société* (Tournai, 1972).

Paul Griffiths.

Power, Leonel [Lionel] (vers 1370-85 ; Canterbury, 5 juin 1445). Compositeur et théoricien anglais. D'abord au service de Thomas, duc de Clarence, jusqu'en 1421, il passe le restant de ses jours à la cathédrale de Canterbury. Une cinquantaine d'œuvres liturgiques de lui (ou qui lui sont attribuées) ont survécu ainsi qu'un traité sur le déchant. A en juger par la quantité de musique de Power qui apparaît dans l'*Old Hall Manuscript*, il semble probable qu'il ait participé à sa compilation. Power a été l'un des premiers à développer la messe cyclique dans laquelle les différentes parties de l'ordinaire sont reliées les unes aux autres thématiquement et structurellement ; sa *Missa « Alma redemptoris mater »* est le premier exemple du genre que l'on connaisse. La musique de Power, comme celle de Dunstable, était en avance sur son temps par l'utilisation d'accords aux sonorités pleines ; elle a été très populaire et a exercé une forte influence sur le reste de l'Europe pendant la première moitié du XVe siècle.

John Milsom.

Pp, ppp. Abréviations de *pianissimo* (ital.), « très doux ».

Prächtig, prachtvoll (all.) « Grand », « pompeux ».

Practical Cats. 1. Œuvre pour récitant et orchestre de Rawsthorne sur six poèmes de l'*Old Possum's Book of Practical Cats* (1939) de T. S. Eliot. Composée en 1954.

2. Comédie musicale intitulée *Cats* d'Andrew Lloyd Webber sur un livret de Tim Rice d'après Eliot. Créée à Londres en 1982.

Praeambulum (lat.). « Prélude ».

Praefatio (lat.). Voir *Préface.*

Praetorius. Nom de nombreux musiciens allemands des XVIe et XVIIe siècles. La famille Praetorius, qui a vécu et travaillé essentiellement à Hambourg, a donné le jour à trois compositeurs dont on rencontre encore souvent les noms. **Jacob Praetorius** (1) (Magdebourg, vers 1530 ; Hambourg, 1586), compositeur et organiste, a travaillé pendant la majeure partie de sa vie à St Jacobi et St Gertrud, à Hambourg. Une seule de ses œuvres a survécu, mais il était un pédagogue important et a eu notamment pour élève son fils **Hieronymus Praetorius** (Hambourg, 10 août 1560 ; Hambourg, 27 janvier 1629). Hieronymus était un excellent compositeur qui s'est illustré dans les grandes œuvres polychorales de la tradition vénitienne. Entre 1580 et 1582, il a été organiste municipal de la ville d'Erfurt, prenant la succession de son père en 1586. Son fils, **Jacob Praetorius** (2) (Hambourg, 8 février 1586 ; Hambourg, 21-22 octobre 1651), était également organiste. Après avoir étudié à Amsterdam avec Sweelinck, il a travaillé à Hambourg à l'église St Petri. Il était très connu pour sa musique d'orgue, surtout pour ses chorals et certains « préludes » comprenant des préludes en accords suivis de fugues monothématiques ; ce sont les précurseurs directs des préludes et fugues de Bach.

Denis Arnold.

Praetorius, Michel (Creuzburg an der Werra, près d'Eisenach, vers 1571 ; Wolfenbüttel, 15 février 1621). Compositeur et musicographe allemand, sans lien de parenté avec la famille précédente. Fils d'un professeur et pasteur luthérien, il passe si jeune l'examen d'entrée à l'Université de Francfort-sur-l'Oder qu'il doit attendre un an avant d'être admis à étudier la philosophie et la théologie. Il se tourne assez tôt vers la musique et entre au service du duc Heinrich Julius de Brunswick-Wolfenbüttel en 1595. Il y reste jusqu'à la mort du duc en 1613, séjournant surtout à Wolfenbüttel mais voyageant aussi dans les environs avec son maître. Il passe la fin de sa vie à voyager en Allemagne et, à Dresde, il fait la connaissance de Schütz, qui lui enseigne les derniers styles et les dernières modes italiennes.

Praetorius est un compositeur prolifique ; il a surtout beaucoup écrit dans le domaine de la musique sacrée. La majorité de ses pièces sont des hymnes luthériens dans des styles allant de la manière polychorale vénitienne à des harmonisations très simples. Sa musique de danse était également très populaire, mais seule la partition de *Terpsichore* (1612) a survécu : elle contient plus de trois cents airs de maîtres de danse parisiens. La plupart des œuvres de Praetorius sont intéressantes et de qualité, mais on le connaît surtout de nos jours par son traité *Syntagma musicum* (1614-19), qui explique au Kapellmeister allemand comment jouer des œuvres dans divers styles contemporains ; cet ouvrage comprend également une section où sont décrits (avec illustrations) les instruments en usage à l'époque, ce qui en fait constitue l'une des mines d'informations les plus riches des interprètes actuels et un outil indispensable au musicologue contemporain.

Denis Arnold.

Prague. Surnom de la *Symphonie n° 38 en ré majeur K 504* de Mozart, composée en 1786. Elle a été créée lors d'une visite de Mozart à Prague en 1787.

Pralltriller (all.). « Tremblement lié ».
1. Dans la terminologie moderne allemande, le *mordant inversé.

2. Avant 1800, trille rapide de quatre notes, débutant sur la note aiguë d'une seconde descendante. Il était généralement indiqué par le même signe que celui que l'on utilise maintenant pour le mordant inversé (𝆗). Dans les passages rapides, les deux ornements produisent des sons extrêmement comparables, car on ne dispose pas du temps nécessaire pour faire

sonner la première note du *Pralltriller* et il faut l'omettre ou la lier à la note principale précédente, comme dans l'exemple suivant :

Prayer Book. Voir *Common Prayer, Book of.*

Präzis (all.). « Précis » (en ce qui concerne le rythme).

Pré aux clercs, Le. Opéra-comique en trois actes d'Hérold sur un livret de Planard d'arpès *La Chronique du règne de Charles IX* (1829) de Mérimée. Création à Paris, à l'Opéra-Comique, le 15 novembre 1832.

Precentor (angl.). Terme (datant du IVe siècle) signifiant « premier chanteur » ; il s'applique à la personne chargée du chant dans une cathédrale, un monastère ou une église anglicane. Dans les églises anglaises, la dignité de *precentor* varie.

Dans une cathédrale, le *precentor* se tient en face du doyen (*dean*), d'où le nom des deux côtés du chœur : *decani* (« of the dean ») et *cantoris* (« du chanteur », c'est-à-dire le *precentor*).

Dans les églises presbytériennes d'Écosse, où il n'y avait pas d'orgue avant la fin du XIXe siècle, le *precentor* était un personnage très important (voir *Hymnes*, 10). Il était muni d'un diapason à bouche et chantait et dirigeait les psaumes métriques. On l'appelait parfois l'« Uptaker of the psalms ».

Dans les premières régions d'Amérique colonisées, le *precentor* occupait également une place importante dans la vie de la communauté religieuse. En 1902, le professeur Edward Dickinson, dans son ouvrage *Music in the History of the Western Church*, faisait allusion aux églises dont les fidèles étaient « dirigés par un *precentor*... qui assumait, de sa voix ou avec un cornet, la charge du chant » (voir *Hymnes*, 11).

Preces (lat.). « Prières ». Dans les Églises latine et anglicane, courte série de suppliques présentées les jours ordinaires. Elles prennent la forme de *versets et de *répons. Dans l'Église anglicane, les versets conduisant au *Venite* dans le service du matin et ceux qui conduisent aux psaumes dans la prière du soir sont parfois appelés *preces* ; mais, à proprement parler, dans la liturgie anglicane les *verces* sont les prières dites pendant les deux services qui se trouvent placés entre le Credo et les collectes. Tallis a mis en musique deux ensembles de *Preces and Responses.*

Préface (lat. : *prefatio*). Déclaration solennelle de louange qui ouvre la partie centrale de la messe catholique et du service de la communion anglican. Elle est précédée du *Sursum corda* et suivie du Sanctus. Il y a une forme commune pour la préface, dans laquelle viennent s'insérer des paroles appropriées à certaines fêtes particulières. Ces préfaces du « propre » sont nombreuses dans l'Église catholique, mais, dans la liturgie anglicane, il n'y en a que pour Noël, Pâques, l'Ascension, la Pentecôte et la Trinité. Le plain-chant traditionnel est utilisé dans les deux Églises.

Preghiera (ital.). « Prière ». Air ou chœur dans lequel le ou les chanteurs adressent une prière à Dieu ou aux puissances surnaturelles. La scène de la « preghiera » est devenue un élément de l'opéra du XIXe siècle, généralement chantée avec des effets poignants par l'héroïne (comme l'« Ave Maria » de Desdemona dans le dernier acte d'*Otello* de Verdi).

Prélude (all. : *Vorspiel* ; angl. : *prelude* ; ital. : *preludio*). Morceau de musique joué en introduction à une autre œuvre ou avant une pièce, une cérémonie, etc. (la plupart des drames musicaux de Wagner sont précédés de *Vorspiele*, et non d'ouvertures). Le genre s'est développé à partir des courtes fioritures improvisées qu'exécutent les interprètes pour vérifier l'accord ou tester le toucher de leur instrument ou, dans l'usage liturgique, pour introduire la musique du service. On trouve des préludes indépendants dans des tablatures d'orgue du milieu du XVe siècle, dans des sources françaises du XVIe siècle, comme les livres de luth de Le Roy et dans des sources de la fin du XVIe siècle, comme le *Fitzwilliam Virginal Book*. Aux XVIIe et XVIIIe siècles, le prélude se trouvait couramment au début d'une *suite ou avant une *fugue (voir également *Toccata*). Dans les sources allemandes et anglaises, certains préludes servent de premier mouvement à des suites, notamment les *Pièces de clavecin* (1696) de Fischer, les *Suites anglaises* de Bach et les suites pour clavier de Haendel. L'appariement du prélude et de la fugue a été pratiqué très régulièrement par Scheidemann et Buxtehude, mais surtout par J. S. Bach (dans le *Clavier bien tempéré*). Une forme de prélude unique en son genre s'est développée dans les œuvres des clavecinistes français – le prélude « non mesuré », noté sous la forme d'une série de rondes sans barres de mesure qui étaient réalisées par l'instrumentiste.

Le prélude a perdu de son importance à l'ère classique, mais il a connu une nouvelle vie au XIXe siècle : les préludes et fugues de Bach ont inspiré des œuvres analogues à Mendelssohn, Liszt, Brahms et Franck, et le concept de prélude en tant que morceau indépendant a été repris par Chopin dans ses vingt-quatre *Préludes op.28*. Par la suite, le prélude a été assimilé aux pièces de « caractère », explorant souvent un état d'âme particulier. Rachmaninov, Satie, Martinů, Alkan et Busoni ont écrit des recueils de préludes pour piano, chacun composant un recueil de vingt-quatre préludes dans toutes les tonalités majeures et mineures. Les vingt-quatre *Préludes* de Debussy (en deux volumes) portent tous un titre évocateur comme *La Fille aux cheveux de lin*, *La Cathédrale engloutie* ou *Voiles*. Les préludes pour orchestre comprennent le prélude de Satie sur la musique de scène qu'il a écrite pour *Le Fils des étoiles* (que Ravel a ensuite réorchestré), *Prélude à l'après-midi d'un faune* de Debussy, *Prelude on Three Welsh Hymn Tunes* pour ensemble de cuivres de Vaughan Williams et *Prelude et Fugue « Spitfire »* de Walton, inspiré par l'avion de combat britannique utilisé dans la Bataille d'Angleterre.

Wendy Thompson.

Prélude à l'après-midi d'un faune. Pièce symphonique de Claude Debussy d'après un poème de Mallarmé, composée entre 1892 et 1894. Debussy avait l'intention de composer un triptyque regroupant *Prélude, Interlude* et *Paraphrase finale*. Seul le premier volet a vu le jour. Diaghilev en a tiré un ballet créé à Paris en 1912 dans une chorégraphie de Nijinski.

Prélude-choral (ou Prélude de choral) (all. : *Choralvorspiel*). 1. Dans un sens général, * « choral pour orgue ».

2. Courte adaptation pour orgue d'une strophe d'un choral qui sert d'introduction à l'interprétation d'un choral par l'assemblée des fidèles. La mélodie, qui peut être embellie, est présentée sur un accompagnement polyphonique. Le prélude-choral s'est développé à la fin du XVIIe siècle, surtout chez les compositeurs du nord de l'Allemagne – comme Böhm, Buxtehude et Johann Christoph Bach (1) – et a atteint son apogée dans l'*Orgelbüchlein* (BWV 599-644) de J. S. Bach, qui réunit quarante-trois préludes-chorals, écrits pour la plupart entre 1710 et 1720. Plusieurs élèves de Bach ont poursuivi cette tradition, mais le terme est tombé en désuétude à partir de 1750. Il a été repris au XIXe siècle par Brahms et Reger.

Préluder. Signifie souvent « accorder » ou improviser quelques accords d'introduction.

Préludes. 1. Deux livres de douze pièces pour piano de Claude Debussy. Livre I composé en 1910 : (1) *Danseuses de Delphes*, inspiré par une colonne du Louvre sur laquelle sont sculptées trois bacchantes ; (2) *Voiles* ; (3) *Le Vent dans la plaine* ; (4) *Les sons et les parfums tournent dans l'air du soir* ; (5) *Les Collines d'Anacapri* ; (6) *Des pas sur la neige* ; (7) *Ce qu'a vu le vent d'Ouest* ; (8) *La Fille aux cheveux de lin*, d'après un poème de Leconte de Lisle ; (9) *La Sérénade interrompue*, de caractère espagnol ; (10) *La Cathédrale engloutie*, d'après la légende de la cathédrale d'Ys avec ses tintements de cloches et le chant sous la mer ; (11) *La Danse de Puck* ; (12) *Minstrels*, qui reflète les styles noirs ou de music-hall.

Livre II, composé entre 1912 et 1913 : (1) *Brouillards* ; (2) *Feuilles mortes* ; (3) *La Puerta del Vino*, nom de la célèbre porte de l'Alhambra ; (4) *Les fées sont d'exquises danseuses* ; (5) *Bruyères* ; (6) *Général Lavine-excentric*, marionnette en bois présentée dans des spectacles de music-hall parisiens ; (7) *La Terrasse des audiences du clair de lune*; (8) *Ondine*, la jeune héroïne de l'histoire de La Motte-Fouqué au début du XIXe siècle; (9) *Hommage à S. Pickwick Esq, P.P.M.P.C.*, dans lequel est cité l'hymne national britannique; (10) *Canope*, ancienne urne cinéraire égyptienne; (11) *Les Tierces alternées*; (12) *Feux d'artifice*, dans lequel est citée la Marseillaise.

Préludes, Les. Poème symphonique de Liszt dont le titre est tiré des *Nouvelles Méditations poétiques* de Lamartine. Cette œuvre avait été conçue à l'origine comme une ouverture pour *Les Quatre Éléments* sur un texte de J. Autran pour voix d'hommes et piano (1844-45), orchestrée par Conradi en 1848. Dans leur version définitive, *Les Préludes* ont été composés en 1848 et révisés en 1854; la préface de Liszt à la partition révisée indique que la vie est traitée comme une série de préludes à une vie future inconnue.

Premier coup d'archet. Voir *Coup d'archet.*

Premier sujet. Premier thème ou thème principal du premier groupe d'un mouvement de forme sonate.

Près de la touche. Dans la technique des instruments à cordes, tenue d'archet à proximité de la touche qui donne une sonorité beaucoup plus douce et voilée. Également employé à propos de la harpe (pincement des cordes près de la touche).

Presser. Maison d'édition musicale américaine fondée à Philadelphie en 1883 par Theodore Presser (1848-1925), qui avait déjà créé la même année *The Etude*, qui allait devenir l'une des revues musicales américaines les plus prospères. La Presser Company a racheté les fonds de plusieurs autres maisons d'édition et possède maintenant un vaste catalogue, plusieurs succursales et une grande bibliothèque de prêt. Elle publie les œuvres de nombreux compositeurs américains, notamment Milton Babbitt, Elliott Carter, Henry Cowell, Charles Ives et Walter Piston. Parmi les activités philanthropiques de son fondateur, il faut mentionner l'ouverture, en 1906, d'une maison de retraite pour les professeurs de musique et, en 1916, d'une fondation destinée à venir en aide aux musiciens nécessiteux.

J. M. Thomson.

Presto (ital.). « Vite »; *prestamente*, « rapidement », *prestissimo*, « très vite ».

Previn, André (George) (Berlin, 6 avril 1929). Compositeur et chef d'orchestre américain. Il fait ses études au Conservatoire de Berlin, au Conservatoire de Paris et avec Castelnuovo-Tedesco à Los Angeles. A dix-sept ans, il commence à faire des arrangements de musiques de films et se fait connaître comme pianiste de jazz dans les styles novateurs de l'époque. Il continuera à composer des partitions pour le cinéma, bien que, depuis le milieu des années soixante, il se consacre surtout à ses activités de chef d'orchestre, notamment avec le London Symphony Orchestra (1968-75), le Pittsburgh Symphony Orchestra (1976-84) et le Royal Philharmonic Orchestra (depuis 1984). Il a également composé quelques œuvres sérieuses – une symphonie (1962), d'autres œuvres pour orchestre et de la musique de chambre –, écrites pour la plupart à l'intention d'amis musiciens et qui reflètent son enthousiasme pour la musique populaire américaine et pour la fin du romantisme. Il a travaillé en collaboration avec Tom Stoppard à *Every Good Boy Deserves Favour* (1977), fusion peu courante de drame parlé et de musique symphonique.

Paul Griffiths.

Prey, Claude (Fleury-sur-Andelle, Eure, 30 mai 1925). Compositeur français, élève de Messiaen et de Milhaud au Conservatoire de Paris. L'essentiel de son œuvre est destiné à la scène et cherche à apporter une réponse à une certaine inadaptation de l'opéra traditionnel aux besoins de notre époque. Son premier ouvrage, l'opéra de chambre *Le Cœur révélateur*, sur un texte de Philippe Soupault (1962), a remporté le prix Italia en 1963. Depuis, il a écrit une vingtaine d'œuvres dont se détachent *Les Liaisons dangereuses* d'après Choderlos de Laclos (1973).

Alain Pâris.

Prez, Josquin des. Voir *Josquin des Prés*.

Pribaoutki. Textes traditionnels russes mis en musique par Stravinski pour voix d'homme, flûte, hautbois, cor anglais, clarinette, basson, violon, alto, violoncelle et contrebasse. Création à Londres en 1918.

Prick-song (angl.). « To prick » est un verbe qui signifie « marquer » en vieil anglais et s'applique à la musique écrite ou notée par opposition à la musique improvisée. A l'époque de Shakespeare, les armoiries de la Parish Clerk's Company à Londres comportaient, en signe des fonctions et des compétences musicales de ses membres, trois livres de « prick-song ».

Prigioniero, Il (« Le Prisonnier »). Opéra en un prologue et un acte de Dallapiccola sur un livret du compositeur d'après *La Torture par l'espérance* (1883) de Villiers de l'Isle-Adam et *La Légende d'Ulenspiegel et de Lamme Goedzak* de Charles de Coster. Créé à Turin, à la radio italienne, le 1er décembre 1949 et sur scène, au Mai musical florentin, le 20 mai 1950. Première en France, à la radio, le 6 avril 1959 ; sur scène, à Strasbourg, le 4 février 1961.

Prima donna. « Première dame ». A l'origine, cette expression désignait la principale chanteuse d'un opéra, mais elle s'est généralisée pour désigner une chanteuse de premier plan, également appelée *diva*. Ainsi, pour le premier sens, on utilise maintenant l'expression *prima donna assoluta*. Il en est de même, dans le ballet, de la *prima ballerina assoluta*.

Prima prattica, seconda prattica (ital.). Expressions employées au début du XVIIe siècle pour désigner deux « pratiques » musicales différentes. Le style de composition de Monteverdi, dans sa musique vocale profane, où des progressions mélodiques, des harmonies et des intervalles irréguliers servent à exprimer le sens du texte, a fait l'objet de violentes attaques de Giovanni Artusi dans un essai intitulé *L'Artusi ovvero Delle imperfettioni della moderna musica* (1600), qui cite des passages de deux madrigaux de Monteverdi, « Anima mia perdona » et « Cruda Amarilli » (extraits respectivement du quatrième et du cinquième livre de madrigaux ; 1603, 1605). La réponse de Monteverdi, sous forme de « déclaration » imprimée dans le premier recueil de ses *Scherzi musicali* (1607), défendait le style moderne ou *seconda prattica* et le déclarait aussi valable que la *prima prattica* illustrée dans les œuvres de Josquin des Prés, Gombert, Willaert, etc. ; dans la *prima prattica*, la perfection de l'écriture des parties était plus importante que l'expression des mots, alors que dans la *seconda prattica* les mots sont « les maîtres de l'harmonie et non à son service ». Cipriano de Rore aurait été le premier maître de la *seconda prattica*, suivi de Gesualdo, Cavalieri, Marenzio, de Wert, Peri, Caccini et Luzzaschi. La déclaration cite également *La République* de Platon en défense de la *seconda prattica*.

Primary tones. Terme américain désignant les « sons naturels » ou « sons ouverts » (ceux que l'on peut obtenir sans utiliser les pistons) des instruments de la famille des cuivres. Voir *Pistons*.

Prima volta (ital.). « Première fois » ou « mesure de première fois » ; voir *Double barre*.

Prime. Troisième heure de l'office dans l'Église catholique.

Primgeiger (all.). Premier violon d'un orchestre.

Prince de bois, Le (*A fából faragott királyfi*). Ballet en un acte de Bartók sur un scénario de Béla Balázs, composé entre 1914 et 1916. Créé à Budapest le 12 mai 1917. Bartók en a tiré une suite pour orchestre op.13 (?1921-24).

Prince Igor, Le. Opéra en quatre actes et un prologue de Borodine sur un livret du compositeur d'après un scénario de Vladimir Stasov. Borodine y a travaillé en 1869-70 et entre 1874 et 1887, mais l'a laissé inachevé ; il a été terminé par Rimski-Korsakov et Glazounov, qui l'ont orchestré en grande partie. L'ouvrage a été créé à Saint-Pétersbourg le 4 novembre 1890. On y trouve les fameuses *Danses polovtsiennes*, fréquemment jouées en concert.

Prince of the Pagodas, The (« Le Prince des pagodes »). Ballet en trois actes op. 57 de Britten ; chorégraphie de John Cranko. L'œuvre a été inspirée à Britten par un voyage qu'il avait fait en Extrême-Orient et a été créée à Covent Garden en 1957. Le « Pas de six » a été publié séparément (op. 57a) et Michael Lankaster a arrangé une suite pour orchestre à partir de la partition du ballet qui a été jouée pour la première fois en 1979.

Printemps. Suite symphonique pour orchestre et chœur de femmes de Debussy, composée en 1887. La partition originale a été perdue et l'œuvre a été réorchestrée en 1912 par Henri Busser sous la surveillance de Debussy, à partir de la version pour piano. Il ne faut pas confondre cette œuvre avec *Rondes de printemps*; voir *Images*.

Printemps, Le. 1. Surnom de la *Sonate pour violon et piano n° 5 en fa majeur op.24* (1801) de Beethoven.

2. Surnom de la *Symphonie n° 1 en si bémol majeur op.38* de Schumann, composée en 1841.

3. Surnom du premier (R. 269, mi majeur) des quatre concertos pour violon et cordes de Vivaldi qui constituent *Les Quatre Saisons*.

4. Voir *Frühlingslied*.

Prise de Troie, La. Voir *Troyens, Les*.

Procédé combinatoire. Symétrie qui peut se présenter dans la musique dodécaphonique sérielle. Par exemple, on peut dire d'une série dodécaphonique qu'elle « combine des hexacordes inversés » lorsque le premier hexacorde de l'une de ses formes a le même contenu que le second hexacorde d'une forme inversée; C'est le cas des séries des *Variations pour orchestre* de Schoenberg : les hexacordes de la forme première, si bémol-mi-fa dièse-mi bémol-fa-la et ré-do dièse-sol-sol dièse-si-do ont un contenu identique à ceux de la forme inversée sol-do dièse-si-ré-do-la bémol et mi bémol-mi-si bémol-la-fa dièse-fa. La propriété combinatoire suggère ici différentes façons d'apparenter des formes sérielles au sein d'une œuvre et Schoenberg y a également fait appel dans d'autres œuvres sérielles.

Une série peut aussi comporter des combinaisons d'hexacordes avec des formes rétrogrades ou des formes rétrogrades inversées. Une « série entièrement combinatoire » est celle dans laquelle les trois relations de combinaisons d'hexacordes sont présentes. On peut également appliquer ce procédé combinatoire aux tricordes et aux tétracordes (groupes de trois à quatre notes). Dans son œuvre, Milton Babbitt a exploité systématiquement l'utilisation créatrice du procédé combinatoire.

Paul Griffiths.

Proceedings of the Royal Musical Association. Voir *Royal Musical Association*.

Processional (angl., lat. : *processionale*). Genre de livre de chants; voir *Plain-chant*, 4.

Prodigue. Voir *Fils prodigue, Le*.

Profondo (ital.). Voir *Basso profondo*.

Programme. Voir *Musique à programme*.

Progression. Dans la théorie de l'harmonie, mouvement d'une note à une autre ou d'un accord à un autre. On rencontre souvent ce terme dans l'expression « progression cadentielle », qui désigne des mouvements types pour aller vers une cadence.

Prokofiev, Serge (Sergeï Sergueïevitch) (Sontsovka, Ukraine, 27 avril 1891 ; Moscou, 5 mars 1953). Compositeur russe. Véritable enfant terrible, il réagit violemment à l'atmosphère obsédante de la fin du romantisme russe dès ses premières œuvres, où s'affirme toute sa force de caractère. De 1918 à 1932, il vit en Occident, mais il retourne en Union soviétique au début des années trente et il y restera jusqu'à la fin de sa vie, produisant quelques-unes de ses œuvres les plus connues.

1. *La jeunesse.* Dans son enfance, il étudie la composition avec Glière, puis entre au Conservatoire de Saint-Pétersbourg, où ses principaux professeurs sont Liadov (harmonie, contrepoint et composition) et Rimski-Korsakov (orchestration). Chose assez naturelle pour un jeune homme possédant un tel souffle iconoclaste, Prokofiev trouve que les leçons sont restrictives et préfère se joindre au mouvement d'avant-garde axé sur les Soirées de musique contemporaine. Il compose un certain nombre de pièces expérimentales pour piano seul qui alarment les conservateurs et les plongent dans l'incompréhension, mais que les modernistes trouvent fraîches et novatrices : *Suggestion diabolique* (1908), *Sarcasmes* (1912-14) et *Visions fugitives* (1915-17). Son *Concerto pour piano n° 1* (1911-12) lui permet d'avoir un impact sur le public plus vaste de Saint-

Pétersbourg ; cette partition révèle son extraordinaire talent pianistique et montre en même temps que, même dans ses premières œuvres, Prokofiev possède un sens aigu de la couleur orchestrale et de la structure ainsi qu'un don lyrique prononcé ; il y a également cette touche de diablerie qui semble présente en filigrane dans tant d'œuvres de Prokofiev. Ce dernier trait ressort encore mieux dans le *Concerto pour piano n° 2* (1912-13, révisé en 1923), qui scandalise alors le public comme la critique par son harmonie dissonante, son écriture pianistique percutante et aiguë, son activité fébrile et son énorme cadence de dix minutes dans le premier mouvement. A peu près à la même époque, il compose sa *Symphonie n° 1* (la *Symphonie « Classique »*, 1916-17) et s'intéresse au ballet sous l'influence de Diaghilev, dont il fait la connaissance à Londres en 1914. Diaghilev lui commande *Ala i Lolli* (« Ala et Lolli », 1914-15, dont Prokofiev tire la *Suite scythe* qui provoque le plus grand scandale de sa carrière en 1916 à Saint-Pétersbourg). Diaghilev refuse ce ballet mais présente à Paris et à Londres (1921) *Chout* (ou *Le Bouffon*, 1915, révisé en 1920).

Les œuvres de cette période mettent en lumière les caractéristiques de Prokofiev que l'on a appelées « grotesques » – rythmes caracolants, basses grondantes, lignes mélodiques déformées et astringence orchestrale. Prokofiev préfère décrire ces facettes comme « ressemblant au scherzo » avec les implications de burlesque et de rire qu'illustre admirablement son opéra *L'Amour des trois oranges*, basé sur la pièce du dramaturge italien du XVIIIe siècle Carlo Gozzi.

2. *Les années en Occident.* Bien que *L'Amour des trois oranges* reflète nettement l'atmosphère satirique qui prévaut en URSS dans les années vingt, la partition a en fait été écrite à l'étranger car, lorsque éclate la révolution d'Octobre 1917, Prokofiev choisit d'émigrer, vivant tout d'abord aux États-Unis, puis à Paris. Le directeur de théâtre Vsevolod Meyerhold lui avait fait connaître la pièce de Gozzi, *Amore delle tre melarance*, et Prokofiev en avait lu une adaptation lors de sa traversée d'URSS aux États-Unis en 1918. D'emblée, il avait été captivé par le sujet : les éléments surnaturels, la comédie clownesque et la simple absurdité de l'histoire convenaient à merveille au caractère farceur de Prokofiev à cette époque et lui ont inspiré l'une de ses partitions les plus étincelantes. Il avait déjà composé deux opéras substantiels en Russie, *Maddalena* (1911-13, joué pour la première fois à la radio à la BBC en 1979) et *Le Joueur* (1915-16, révisé en 1927-28, créé en 1929), mais ni l'un ni l'autre n'avaient été représentés et c'est *L'Amour des trois oranges* (créé à Chicago en 1921) qui a révélé le sens théâtral profond de Prokofiev.

Le théâtre a exercé une fascination constante sur Prokofiev tout au long de sa vie. Pendant qu'il attendait que *L'Amour des trois oranges* soit représenté, il a abordé un projet très différent, *L'Ange de feu* (1919-23, 1926-27), un opéra sur la possession démoniaque et l'hystérie religieuse en Allemagne au XVIe siècle, qui n'a été représenté qu'en 1954. Démarche caractéristique de Prokofiev, la partition de *L'Ange de feu* étant restée sur son bureau sans être jouée, il s'en est inspiré pour écrire sa *Symphonie n° 3* (1928) ; de même, la *Symphonie n° 4* (1929-30) est tirée du ballet *Le Fils prodigue* (1928-29, créé à Paris en 1929). Pendant son séjour en Occident, il a aussi terminé le *Concerto pour piano n° 3* (1917-21), utilisant des thèmes recueillis depuis plusieurs années, et complété son ensemble de cinq concertos avec le *Concerto n° 4* pour la main gauche (1931), commandé par le pianiste Paul Wittgenstein (qui ne l'a jamais joué, affirmant qu'il n'en comprenait pas la moindre note), et le *Concerto n° 5* en cinq mouvements, plus faible (1931-32). Ces trois derniers concertos sont imprégnés de la vivacité familière de ses œuvres de jeunesse, mais les structures sont plus douces, les harmonies moins acerbes, le lyrisme plus détendu.

3. *Les dernières années.* A la fin des années vingt, Prokofiev retourne en Union soviétique et s'y installe définitivement au début des années trente. Il remporte d'emblée un certain succès avec la musique spirituelle du film *Lieutenant Kijé* (1933), histoire étrange qui permet à Prokofiev d'exploiter ses dons pour les mélodies faciles à mémoriser, les rythmes forts et les tournures de phrase moqueuses en employant un langage harmonique extrêmement personnel, à la fois savoureux et mordant. Le film n'a jamais été

terminé, mais Prokofiev a tiré de la partition une suite de cinq numéros qui est devenue, à juste titre, l'une de ses œuvres les plus jouées. De même, plusieurs autres œuvres des années trente et quarante ont acquis une place de choix au répertoire : les ballets *Roméo et Juliette* (1935-36, créé en 1938) et *Cendrillon* (1940-44, créé en 1945), le conte pour enfants *Pierre et le loup* (1936), la cantate d'après la musique qu'il avait composée pour le film d'Eisenstein *Alexandre Nevski* (1939) et son opéra-comique *La Duègne* (ou *Les Fiançailles au couvent*, 1940-41, créé en 1946). Il a aussi composé plusieurs partitions patriotiques et, au début de la Seconde Guerre mondiale, a entrepris d'écrire un opéra épique d'après le roman de Tolstoï *Guerre et paix* (1941-43, révisé en 1946-52). Les années de guerre ont également donné naissance à la *Sonate pour piano n° 7* (1939-42), riche en couleurs, ainsi qu'à la *Sonate n° 8* (1939-44) ; elles lui ont également inspiré l'héroïsme de la *Symphonie n° 5* (1944) et le pessimisme profond de la *Symphonie n° 6* (1945-47).

L'absence de jubilation de la *Symphonie n° 6* a certainement contribué au sentiment d'insatisfaction des autorités envers la musique de Prokofiev, formulé catégoriquement durant les purges de Jdanov en 1948 (voir **Formalisme*). Mais, contrairement à Chostakovitch, Prokofiev ne possédait plus alors la force nécessaire pour résister aux attaques de Jdanov : il avait subi une défaite après avoir dirigé la création de la *Symphonie n° 5* en 1945 et ne s'en était jamais remis. Ses dernières partitions se reposent surtout sur le métier acquis. Bien que des œuvres comme le ballet *La Légende de la fleur de pierre* (1948-53, créé en 1954), la *Symphonie n° 7* (1951-52), la suite chorale *Feu de camp en hiver* (1949-50) et le poème *La Rencontre de la Volga avec le Don* (1951) révèlent toujours les dons naturels de sa musique antérieure, elles trahissent peut-être une fatigue créatrice, un manque de l'inspiration et de la conviction qui faisaient la force de ses plus belles œuvres.

Par une ironie du sort, Prokofiev n'a pas pu apprécier le climat artistique qui a suivi la mort de Staline, car les deux hommes sont morts exactement le même jour. Néanmoins, en tant que compositeur, il se situe au tout premier plan de la culture russe du XXe siècle. Dans sa jeunesse, il avait intentionnellement choqué son public par une musique flamboyante et une virtuosité provocatrice, mais entre trente et quarante ans son style a mûri ; il a alors confirmé ses dons mélodiques naturels, son élan rythmique, son charme irrésistible et son humour alerte, toujours traduits avec une franchise piquante qui a donné à l'essentiel de sa musique une popularité durable.

Geoffrey Norris.

BIBLIOGRAPHIE : Michel Hofmann, *Prokofiev*, Seghers (Paris, 1964). Suzanne Moisson-Franckauser, *Serge Prokofiev et les courants esthétiques de son temps (1891-1953)*, Slatkine (Genève, 1974). Claude Samuel, *Prokofiev*, Seuil, coll. Solfèges (Paris, 1960, rééd. 1980).

Prologue symphonique. Voir *Ouverture*.

Promenade Concerts. Voir *Concert*, 2.

Prométhée. 1. Poème symphonique de Liszt. Composé (et orchestré par Raff) à l'origine pour servir de prélude à un ensemble de chœurs tirés du *Prométhée délivré* de Herder. Il a été révisé et réorchestré par Liszt en 1855.

2. Tragédie lyrique de Fauré sur un livret de Jean Lorrain et Ferdinand Hérold d'après Eschyle, créée aux Arènes de Béziers le 27 août 1900. L'orchestration originale pour trois orchestres d'harmonie (avec harpes et cordes) est due à Charles Eustace. Roger-Ducasse en a réalisé une orchestration pour orchestre symphonique.

Prométhée, le poème du feu. Poème symphonique pour orchestre avec piano, chœur optionnel et « clavier de lumière » (projetant des couleurs sur un écran) op.60 de Scriabine. Composé entre 1908 et 1910.

Prometheus, Die Geschöpfe des. Voir *Créatures de Prométhée, Les*.

Prophète, Le. Opéra en cinq actes de Meyerbeer sur un livret de Scribe, créé à l'Opéra de Paris le 16 avril 1849. On y a inclus par la suite le célèbre ballet des *Patineurs*.

Propre de la messe. Parties de la messe dont les textes changent en fonction du calendrier liturgique ; voir *Messe*, 1 ; *Plain-chant*, 2.

Proprium missae (lat.). Le *propre de la messe.

Prosa (lat.). « Prose ». Nom médiéval de la *séquence.

Proses lyriques. Quatre mélodies pour voix et piano de Debussy sur ses propres textes, composées en 1892-93 : *De rêve, De grève, De fleurs* et *De soir*.

Prosule (lat. : *prosula*). Insertion de mots nouveaux dans un texte préexistant en un point où il y a un *mélisme. Voir *Trope*, 2.

Protus. Voir *Mode*, 2.

Proust, Marcel. Voir *Musique et littérature*.

Prozession (« Procession »). Œuvre pour alto, tam-tam, électronium, piano et deux instrumentistes actionnant des micros, des filtres et des potentiomètres de Stockhausen, composée en 1967. La partition ne contient pas de musique nouvelle, mais simplement des instructions concernant l'exécution et l'adaptation d'« événements » de quelques œuvres antérieures du compositeur – *Klavierstücke I-XI, Gesang der Jünglinge, Kontakte, Momente, Mikrophonie I, Telemusik* et *Solo*.

Prüssische Quartette. « Quatuors prussiens ». Voir *Quatuors « Roi de Prusse »*.

Ps. Abréviation de (1) *Posaunen* (all.), « trombones » ; (2) Psaume.

Psalmodie. Pratique de chant qui s'applique non seulement aux psaumes mais à d'autres formes de chant sacré. On entend par « psalmodie responsoriale » le chant alterné de l'assemblée des fidèles et du chœur et par « psalmodie antiphonale » l'exécution par deux groupes à peu près égaux, comme les deux moitiés d'un chœur. Les psaumes et les cantiques sont souvent chantés en psalmodie antiphonale alors que la psalmodie responsoriale s'applique aux grands répons de matines et aux répons plus restreints des heures du jour, du graduel et de l'Alleluia de la messe. Voir également *Alternatim* ; *Antienne* ; *Psalmodie directe* ; *Responsorium*.

Psalmodie directe. Chant d'un psaume sans aucune adjonction de texte ou autre altération, par opposition à la psalmodie antiphonale et à la psalmodie responsoriale (voir *Antienne* ; *Répons*). Dans la messe catholique, le *trait est chanté en psalmodie directe.

Psalmus hungaricus. Œuvre de Kodály pour ténor, chœur, chœur d'enfants (ad lib.), orchestre et orgue sur un texte du poète hongrois du XVIe siècle, Mihály Kecskeméti Vég, paraphrasant le psaume 55. Composé en 1923 pour le cinquantième anniversaire de l'union de Buda et de Pest.

Psaltérion ou canon (du grec ; all. : *Psalterium* ; angl. : *psaltery* ; ital. : *salterio* ; esp. : *canon*). Instrument à cordes qui a connu une multitude de formes au Moyen Age et au début de la Renaissance.

1. *Véritables psaltérions.* Les cordes sont tendues sur une table de résonance plane ; on en joue à deux mains. L'instrument se tient en général plus ou moins à plat contre le corps de l'instrumentiste. Les formes varient beaucoup : la caisse est carrée ou inclinée en pente sur un ou deux côtés. Du XIIIe siècle au XVe siècle, la forme la plus belle et l'une des plus courantes est celle qui s'est vu attribuer en Italie le nom de *strumento di porco*, en raison de sa ressemblance avec le groin de porc, due aux différentes longueurs des cordes correspondant aux rapports harmoniques (comparer à la *Harpe*, 1). L'étendue moyenne est d'environ deux octaves et demie. On jouait généralement de cet instrument avec deux becs de plume et le son devait donc être assez doux ; toutefois, il semble qu'à partir du XIVe siècle les cordes aient été formées de doubles ou de triples chœurs en cuivre ou en argent.

2. *Harpe-psaltérion.* Terme utilisé par les historiens modernes pour désigner une forme plus ancienne que la précédente, représentée sur les tableaux des XIe-XIIIe siècles. A première vue, elle peut faire penser à un genre de harpe : le grand triangle rectangle est tenu verticalement, en biais, par rapport au corps, le sommet tourné vers le bas ; toutefois, une rosace et le rôle du bras gauche de l'instrumentiste révèlent la présence d'une tabl

d'harmonie derrière les cordes. Celles-ci (au nombre de vingt et une sur certains tableaux) sont jouées avec une main tandis que l'autre semble saisir l'instrument par le haut. Malgré son nom latin de *psalterium*, il semble que cette « harpe-psaltérion » ait porté le nom de « rote » ou « rotta » en Europe et, dans ce cas, la rote dont le moine de Chaucer jouait comme d'une harpe était peut-être cet instrument. Toutefois, la « rotta » ou « chrotta » mentionnée jusqu'au VIe siècle semble avoir été une forme de *lyre (ou, en anglo-saxon, « harp »), ce nom étant peut-être alors la racine de *crwth.

La *Spitzharfe* allemande ou arpanette est un instrument domestique beaucoup plus tardif, de la période 1650-1750, mesurant jusqu'à 90 cm de long et placé debout sur une table. Il possède des cordes (métalliques) des deux côtés de la caisse de résonance, accordées à la base et jouées avec les ongles ou des onglets (voir *Plectre*, 1).

3. *Psaltérions horizontaux*. Il est naturellement possible que certains des instruments carrés ou trapézoïdaux mentionnés ci-dessus (1) aient été utilisés à plat sur le genou mais représentés sur les tableaux dans la position verticale pour satisfaire aux conventions visuelles. De même, il est très rare de voir jouer d'un instrument à l'horizontale avant le XVe siècle et, dans ce cas, l'instrumentiste n'emploie pas des plectres mais des baguettes – pour le premier *dulcimer à marteaux qui, en Italie et en Espagne, porte encore le nom ancien de *salterio*, on se sert parfois de plectres ou d'onglets. Ces derniers sont également utilisés sur le *qânûn* du Moyen-Orient, autre psaltérion horizontal et instrument fondamental de la musique classique de l'Égypte à l'Irak. Muni d'une multitude de cordes en boyau, il produit un son plein et résonant, joué beaucoup en « octaves brisées » par le principal instrumentiste d'un ensemble qui comporte violon, luth, pot-tambour, tambour de basque et flûte *nay*. Il y a généralement de petits leviers sur un côté pour élever les cordes d'un demi-ton ou d'un quart de ton selon les besoins du « mode » (*maqâm*) de la musique. Le *qânûn* daterait du Xe siècle ; le nom (dérivé du grec *kanôn*) apparaît de temps à autre en français moyenâgeux sous la forme « canon », désignant en l'occurrence un psaltérion d'un genre non défini.

4. *Gousli*. Il existe encore d'autres instruments à cordes pincées du type du psaltérion comme le *gousli*, instrument populaire russe tenu contre le corps, le côté long étant dirigé vers le bas.

Anthony Baines.

Psaume (du grec *psalmos*). Terme désignant un chant sacré hébreu analogue à ceux que l'on trouve dans le *Livre des psaumes* de l'Ancien Testament. Les psaumes bibliques qui, comme l'a déclaré saint Athanase (mort en 313), « comprennent toute la vie de l'homme », ont toujours été une source d'inspiration constante pour les compositeurs et ont fourni, au fil des siècles, la base d'une grande partie des plus belles œuvres de musique religieuse. A des fins liturgiques, les psaumes sont numérotés selon deux systèmes différents, un pour la Vulgate (la principale Bible latine) et l'autre, suivant l'hébreu, pour toutes les versions protestantes en langue vernaculaire. Les psaumes 9 et 10 des versions protestantes sont regroupés dans la Vulgate pour former le psaume 9, alors que le psaume 147 est divisé pour donner les psaumes latins 146 et 147 ; en conséquence, tous les psaumes compris entre 10 et 146 dans la numérotation protestante correspondent au numéro précédent dans la Vulgate.

Le mot *psalmos*, tout d'abord appliqué aux versets hébreux anciens par les Septante (soixante-dix sages qui ont traduit l'Ancien Testament en grec au IIe siècle avant Jésus-Christ), désigne littéralement l'action de frapper ou de pincer les cordes d'un instrument de musique. Il fournit ainsi une indication, renforcée par de nombreuses références bibliques et talmudiques, selon laquelle les psaumes impliquaient, au moins pendant la période du second Temple (à partir de 514 av. J.-C. environ), un accompagnement d'instruments à cordes pincées, spécifiquement le *kinnôr* (sans doute une petite lyre ou cithare) et le *nebel* (sans doute une harpe ou un psaltérion).

En plus des psaumes journaliers du propre, chantés par les Lévites durant le sacrifice, les rites du Temple comprenaient, certains jours de fêtes, deux catégories spéciales de psaumes : le Hallel (psaumes 112-117), caractérisé par le refrain « Béni soit le Seigneur », et les quinze « psaumes de la montée au

Temple » (psaumes 119-133) ; on aurait chanté un psaume sur chacune des quinze marches menant à la cour intérieure du Temple. Les dates des psaumes bibliques prêtent à controverse. Certains ont peut-être vu le jour dès le règne de David, près de mille ans avant Jésus-Christ, alors que d'autres, comme le psaume 136 « Près des eaux de Babylone », appartiennent clairement à la période qui a suivi l'exil (après 530 avant Jésus-Christ, environ). Toutefois, il est presque certain que la majorité des psaumes datent de la période du second Temple sous leur forme actuelle et sont l'œuvre des prêtres et des musiciens du Temple.

La forme poétique des psaumes se caractérise par leur structure parallèle : chaque vers est séparé en deux moitiés par une césure centrale forte ou faible, la seconde moitié de vers complétant la première de diverses façons (par exemple, en énonçant la même idée de manière différente, en opposant une idée contrastante, en complétant une assertion ou en construisant une articulation vers un point fort). Depuis les temps les plus reculés, une telle structure à dû se prêter aux modes responsoriaux et antiphonaux d'exécution musicale (voir *Alternatim*) et son influence se ressent nettement dans les méthodes de psalmodie ultérieures que l'on trouve à la synagogue et dans le culte des premiers chrétiens, notamment l'emploi de refrains chantés par les fidèles en réponse au solo d'un *cantor*.

A la suite de la destruction du Temple en l'an 70 après Jésus-Christ, la psalmodie élaborée faisant intervenir chanteurs et instrumentistes a disparu. On dispose de peu d'informations sur les rites juifs et chrétiens au temps des apôtres, en dehors du fait que la récitation biblique jouait un rôle primordial, réalisée en cantilation non accompagnée (à moitié parlée, à moitié chantée). Lorsque, au IVe siècle, l'Église chrétienne a été entièrement reconnue, des pratiques religieuses se sont formées dans lesquelles les psaumes jouaient un rôle majeur, la psalmodie ayant été introduite à Byzance par saint Jean Chrysostome (mort en 407) et à Milan par saint Ambroise (mort en 397). Au fur et à mesure que le chant grégorien se développait, on a vu se former une série de schémas musicaux simples pour le chant des psaumes, qui ont donné naissance aux huit « tons psalmodiques » apparentés à chacun des *modes religieux originaux, ainsi qu'un ton supplémentaire appelé *tonus peregrinus* (voir *Tonus*, 3). A partir du VIe siècle, la psalmodie a commencé à jouer un rôle important dans l'office divin, particulièrement aux services de matines, laudes et vêpres. La règle monastique exigeait que la totalité du psautier soit dite ou chantée chaque semaine, et la mémorisation du livre de psaumes entier faisait partie de la discipline imposée aux moines.

Depuis lors, les psaumes ont continué à occuper une place centrale dans le culte chrétien. En latin, ils ont fourni les textes de nombreux motets à partir de l'époque de Josquin des Prés et, en langue vernaculaire, ils constituent la base des *anthems* protestants, des psaumes métriques et des versions chantées. Parmi les nombreuses partitions destinées au concert écrites sur des textes de psaumes, trois œuvres importantes du XXe siècle se détachent : le *Psalmus hungaricus* de Kodály (sur une paraphrase hongroise du psaume 54), la *Symphonie des psaumes* de Stravinski (sur des versets des psaumes 38, 39 et 150 de la Vulgate) et le *De profundis* de Schoenberg (sur le psaume hébreu 130).

Basil Smallman.

Psaumes métriques. Voir *Hymnes*, 4, 5, 10 et 11.

Psaumes de la pénitence. Psaumes 6, 31, 37, 50, 101, 129 et 142 (selon la numérotation de la Vulgate). Dans l'Église catholique, ces sept psaumes sont donnés après laudes les vendredis de carême alors que dans le *Book of *Common Prayer* ils sont donnés le mercredi des Cendres. Les psaumes de la pénitence ont été mis plusieurs fois en musique, surtout le psaume 50, « Miserere », et le psaume 129, « De profundis », mais le plus célèbre est l'œuvre de Lassus, qui a mis les sept psaumes en musique dans les *Psalmi Davidis pœnitentiales* de 1560.

Pskovitaine, La. Opéra en quatre actes de Rimski-Korsakov sur un livret du compositeur d'après la pièce de L. A. Mey (1860). Il a été créé à Saint-Pétersbourg en 1873 et Rimski-Korsakov l'a révisé à deux reprises, en 1876-77 et en 1891-92. Cet ouvrage est également connu sous le titre *Ivan le Terrible* qu'il portait dans la production de Diaghilev à Paris, en 1909.

Psyché. 1. Poème symphonique avec chœur en six parties de César Franck (1886-88) d'après les *Métamorphoses* d'Apulée : *Le Sommeil de Psyché, Psyché enlevée par les Zéphyrs, Les Jardins d'Éros, Psyché et Éros, Souffrances et plaintes de Psyché, Le Pardon de Psyché.*

2. Mélodie pour chant, flûte, harpe, violon, alto et violoncelle de Manuel de Falla sur un poème de Georges-Jean Aubry (1924).

Puccini, Giacomo (Antonio Domenico Michele Secondo Maria) (Lucques, Toscane, 22 décembre 1858 ; Bruxelles, 29 novembre 1924). Compositeur italien. Le membre le plus éminent de la « giovane scuola » de la fin du XIXe siècle et du début du XXe siècle et le dernier compositeur italien dont les opéras fassent partie du répertoire international de base.

Descendant d'une longue lignée de musiciens fixés à Lucques depuis le début du XVIIIe siècle, il est le fils de Michele Puccini, personnalité respectée de la communauté – organiste et chef de chœur de la cathédrale San Martino, directeur de l'Istituto Pacini, l'école de musique de la ville, et compositeur prolifique sans grande importance qui mourut en 1864, laissant une famille nombreuse dans une situation financière précaire. Sa veuve, Albina, veut absolument que Giacomo perpétue la tradition musicale de la famille. Après des leçons de chant et d'orgue prodiguées par un oncle, il entre donc à l'Istituto Pacini, dont il reçoit le diplôme en 1880 avec une messe connue aujourd'hui sous le nom de *Messa di Gloria*. Une bourse de la reine Marguerite, s'ajoutant à une subvention généreuse d'un riche cousin, lui permet d'entrer au Conservatoire de Milan, où il travaille avec Ponchielli et Bazzini et a comme condisciple Mascagni. Lorsqu'il quitte le Conservatoire, il a déjà écrit deux préludes symphoniques, plusieurs œuvres liturgiques et un *Capriccio sinfonico*, son morceau de fin d'études qui fait l'objet de critiques élogieuses. Mais, après avoir assisté à une représentation de *Aïda* de Verdi à Florence, en 1876, il avait déjà décidé que l'opéra serait son véritable métier. En 1883, il présente *Le Villi* à un concours d'opéras en un acte organisé par l'éditeur Sonzogno. Sa partition est rejetée parce qu'elle est illisible ; néanmoins, plusieurs amis influents croient suffisamment en sa valeur pour en monter une représentation au Teatro dal Verme à Milan. Elle attire l'attention de Giulio Ricordi, l'éditeur, qui est convaincu d'avoir découvert le véritable successeur de Verdi. Sa maison d'édition offre à Puccini une avance annuelle pour qu'il puisse composer confortablement et, après l'échec relatif de son ouvrage suivant *Edgar* (1889), Ricordi voit justifier sa confiance dans le jeune homme par le triomphe de *Manon Lescaut* à Turin, en 1893. Dès lors, la fortune de Puccini est assurée. Il s'installe à Torre del Lago, où il fait construire sa propre villa (de nos jours la villa Puccini) ; il peut y travailler sans être dérangé entre ses voyages en Italie et à l'étranger à l'occasion des premières ou des reprises prestigieuses de ses opéras. A la fin de sa vie, il s'installera tout près de Viareggio.

Puccini travaille lentement ; il se montre très difficile sur la matière des sujets et sur les livrets ; il se lance continuellement dans de nouveaux projets pour les abandonner ensuite. Ricordi trouve pour lui l'équipe idéale composée de Luigi Illica et Giuseppe Giacosa. Ensemble, ils donneront naissance à *La Bohème* (1896), d'après les histoires d'artistes parisiens dans la misère de Murger, *Tosca* (1900), d'après le drame de Sardou, et *Madame Butterfly* (1904), inspirée d'une pièce de Belasco ; malgré le mauvais accueil réservé à la première représentation de *Madame Butterfly*, tous ces ouvrages seront de grands succès dans le monde entier. En 1904, Puccini épouse la jeune veuve Elvira Gemignani avec laquelle il vivait depuis 1886 et qui lui avait déjà donné un fils. C'est une union malheureuse. Puccini est un mari infidèle ; Elvira devient jalouse et aigrie et conduit finalement au suicide une de leurs anciennes servantes, dont l'innocence sera démontrée à l'autopsie. Les poursuites légales et le scandale qui en résultent, malgré la réconciliation finale, retardent la composition de *La Fanciulla del West* (1910), autre sujet de Belasco, dont la première a lieu à New York. Les années de la Première Guerre mondiale sont fructueuses pour Puccini, bien qu'on lui reproche son manque de patriotisme, comme en témoigne *La Rondine* (1917), commande viennoise créée à Monte-Carlo. A cette époque, il travaille aussi à un ensemble de trois opéras en un acte intitulé

Il Trittico (« Le Triptyque ») : *Il Tabarro* (« La Houppelande »), d'après une histoire de grand guignol de Didier Gold, *Suor Angelica* (« Sœur Angélique ») et *Gianni Schicchi*, tous deux des créations du librettiste Giovanni Forzano. En raison de la guerre, seul New York possède les ressources nécessaires pour la première, qui a lieu en l'absence du compositeur, en décembre 1918. Son dernier opéra, *Turandot*, d'après une *fiaba* de Carlo Gozzi, reste inachevé : Puccini n'a pas eu le temps de composer le duo final. Il est mort dans une clinique de Bruxelles où il suivait un traitement pour un cancer de la gorge.

Puccini appartient à la génération des *veristi* (voir *Vérisme*) ; ce n'est pas le fruit du hasard s'il a trouvé son véritable chemin après que *Cavalleria rusticana* de Mascagni eut établi la nouvelle tradition. Mais lui seul possédait la faculté de se renouveler ; il est aussi le seul, à l'exception de Catalani, à avoir bénéficié de l'expérience wagnérienne, en organisant ses actes par l'intermédiaire d'un emploi très personnel des motifs, sans pour autant dédaigner la mélodie finie et indépendante. L'intérêt qu'il portait à la musique moderne de son époque, surtout à celle de Debussy, a certainement enrichi le style de sa maturité. On peut juger de ses limites par l'incapacité à terminer *Turandot*, dont le dénouement nécessitait une sublimité qui le dépassait. Les opéras de Puccini symbolisent l'*Italietta* de son époque, s'intéressant purement aux émotions personnelles et à la peinture de scènes, sans faire la moindre référence à des sujets d'ordre plus général (toutes les résonances politiques de *Tosca* de Sardou sont minimisées dans l'opéra). Toutefois, sa maîtrise suprême de l'art lyrique, son talent mélodique et sa sincérité émotionnelle se conjuguent pour conserver à ses opéras autant de fraîcheur qu'au moment où ils ont été écrits. La tristesse intense qui imprègne une si grande part de sa musique reflète son propre tempérament. Car derrière le compositeur à succès dont le penchant pour les sports violents et pour les femmes est manifeste se cache un homme seul et sensible.

Julian Budden.

BIBLIOGRAPHIE : Dominique Amy, *Puccini*, Seghers (Paris, 1970). Mosco Carner, *Puccini*, Lattès (Paris, 1983). André Gauthier, *Puccini*, Seuil (Paris, 1961, rééd. 1981).

Pucelle d'Orléans, La. Opéra en quatre actes de Tchaïkovski sur un livret du compositeur d'après la tragédie de Schiller (1801), traduite par Joukovski. Création à Saint-Pétersbourg le 25 février 1881.

Pugnani, (Giulio) **Gaetano** (Gerolamo) (Turin, 27 novembre 1731 ; Turin, 15 juillet 1798). Violoniste et compositeur italien. De 1741 à 1767, il est violoniste dans l'orchestre de la cour de Turin avant de se rendre à Rome (1749-50) puis à Paris (1754). En 1767, il va passer deux ans à Londres comme chef d'orchestre au King's Theatre, puis retourne à Turin, où il occupe plusieurs postes importants. Il fait d'autres tournées de concerts entre 1780 et 1800. Pugnani est l'auteur de belles pièces de musique de chambre, bien que le célèbre *Prélude et Allegro* en mi mineur pour violon qui lui a été attribué soit en réalité l'œuvre de Kreisler, qui prétendait en avoir réalisé l'édition. Viotti était l'un des élèves de Pugnani.

Denis Arnold.

Puirt a beul (gaélique). Dans la musique populaire des Highlands d'Écosse, type d'accompagnement vocal de danse, se substituant à un accompagnement instrumental lorsque ce dernier fait défaut. Le mot *port* (pluriel *puirt*) signifie littéralement « un air pour un instrument ». Le *puirt a beul* comprend souvent des séquences de syllabes improvisées n'ayant aucun sens et peut comporter des schémas rythmiques complexes. Il peut accompagner différents types de danses des Highlands ou être chanté seul.

Pulcinella. Ballet chanté en un acte pour soprano, ténor, basse et orchestre de chambre de Stravinski sur un argument de Massine, qui en a réalisé la chorégraphie pour la première représentation à Paris en 1920. La partition est une adaptation d'œuvres qui sont en majorité de Pergolèse. Stravinski en a tiré une suite pour orchestre de chambre (vers 1922, révisée en 1947). Sa *Suite italienne* (1932) est également un arrangement de *Pulcinella* : il a travaillé en collaboration avec Piatigorsky à une version en cinq mouvements pour violoncelle et piano, et avec Dushkin à une version en six mouvements pour violon et piano.

Pult, Pulte (all.). « Pupitre », « pupitres » (c'est-à-dire pupitre d'orchestre que partagent généralement deux musiciens dans la famille des instruments à cordes). *Pultweise*, « dans l'ordre des pupitres d'instrumentistes » (directive souvent donnée à propos du jeu *divisi* ou lorsque les sourdines doivent être mises ou retirées progressivement).

Punch and Judy. Opéra en un acte de Birtwistle sur un livret de Stephen Pruslin. Créé à Aldeburgh en 1968.

Punctum (lat.). Dans certaines formes de notation mensuraliste ancienne, le « point » était utilisé pour regrouper les valeurs rythmiques d'un groupe de notes ; voir *Notation*, 4.

Punk rock. Voir *Musique légère et de variétés*, 5.

Punta, punto (ital.). « Point » ; *a punta d'arco*, « à la pointe de l'archet ».

Purcell. Famille de musiciens anglais qui a engendré deux musiciens de marque – un génie, Henry, et un homme de tâche, Daniel. Les liens de parenté sont un sujet de controverse, mais il ne fait aucun doute que **Henry Purcell** (1659 ; Londres, 21 novembre 1695) faisait partie d'une famille de quatre fils dont il était le second. Dès sa petite enfance, il se montre exceptionnellement doué et compose des mélodies à l'âge de huit ans. Il a eu la chance d'être admis comme choriste à la chapelle royale à l'époque où Charles II, de retour d'exil en France, se montrait favorable à une musique d'église élaborée ; Blow et Humfrey étaient ses condisciples. Purcell quitte le chœur lorsque sa voix mue, en 1673. Il est nommé assistant sans salaire responsable des orgues et des instruments à vent royaux (poste plein de promesses). Au cours des quelques années qui suivent, il accorde les orgues et copie de la musique pour l'abbaye de Westminster avant d'être nommé compositeur « ordinaire » pour les violons de la chapelle, en 1677. Deux ans plus tard, il succède à John Blow comme organiste de l'abbaye de Westminster.

Les premières œuvres matures de Purcell datent de ces années-là. En 1680, il écrit un ensemble de fantaisies pour viole qui révèlent une maîtrise totale de l'ancien art polyphonique anglais, sans doute appris en étudiant la musique de maîtres tels que Byrd et Tallis. Néanmoins, ces fantaisies ne se limitent pas à de simples exercices académiques : ils font preuve d'une imagination riche, mettant en contraste polyphonie et homophonie, des passages diatoniques simples et des passages chromatiques, de telle sorte que les procédés contrapuntiques d'imitation, de diminution et d'augmentation ne servent qu'à soutenir l'expression d'émotions intimes et fluctuantes. On trouve la même profondeur de sentiments et d'imagination dans les *anthems* de la même période, des œuvres comme « Hear my Prayer, O Lord » et « Remember not, Lord, our Offences » étant également dérivées de la polyphonie élisabéthaine, avec ses harmonies résonnantes et ses tournures de phrase qui nous semblent étranges. On trouve également la trace de l'influence des derniers madrigaux – on pense que Purcell a copié de la musique de Monteverdi. Ses chansons de théâtre et ses odes officielles à Charles II semblent trop directes en comparaison, mais révèlent également la portée et la facilité de son talent.

Vers 1681, Purcell se marie et, en 1682, il est nommé organiste de la chapelle royale. L'année suivante, il publie un recueil de sonates en trio ; selon la préface, elles sont écrites à la manière de « maîtres italiens célèbres » – celle de Cazzati et G. B. Vitali plutôt que celle de Corelli. Le format en plusieurs mouvements est italien, de même que la structure en trio avec continuo, qui contraste avec la richesse des voix égales des fantaisies. Toutefois, le style n'est pas entièrement italianisé : les seconds mouvements (parfois marqués « canzona ») montrent particulièrement le talent de Purcell pour le contrepoint à l'ancienne mode.

Au cours des années suivantes, Purcell se consacre au *verse anthem* (*anthem* avec ou sans accompagnement instrumental dans lequel alternent les soli et les chœurs), les *anthems* de la chapelle royale utilisant un ensemble de cordes pour jouer des ouvertures et des ritournelles. Les sections solistes de ces *anthems* contiennent une écriture *arioso*, avec des ornements virtuoses pour rehausser certains mots ou phrases (ceux qu'il compose pour la basse John Gostling sont particulièrement spectaculaires). L'écriture chorale a tendance à être plus sonore et homophonique que contrapuntique, reflétant les goûts français du monarque ; elle convient néanmoins admirablement aux besoins de la chapelle royale.

Purcell a aussi composé de nombreuses chansons, notamment pour des publications de Playford. Elles varient des simples airs strophiques et des formes rondo directes aux cantates dramatiques que l'on connaissait en Angleterre par l'intermédiaire des œuvres de Rossi et de Carissimi qui étaient alors diffusées. Il fait aussi appel à la *ground bass* (basse obstinée et variations sur une basse obstinée), réussit merveilleusement à échapper à la monotonie et augmente la tension en faisant se chevaucher les fins de phrase de la mélodie et de la basse. Un grand nombre de ses chansons mettent en musique des vers frivoles, mais dans les pièces religieuses, comme « Now that the sun hath veiled his light » de Fuller, la musique a le même sérieux que la poésie qu'elle illustre.

Purcell a composé des *anthems* pour le couronnement de Jacques II en 1685, mais, à la fin de la décennie, il se consacre davantage à la musique destinée au théâtre. En 1688, il écrit sept airs et un duo pour *A Fool's Preferment* de D'Urfey et, l'année suivante, un petit opéra, *Dido and Aeneas*, représenté à la School for Young Ladies de Josias Priest à Chelsea. L'Angleterre n'avait pas de tradition lyrique, le masque de Blow, *Venus and Adonis*, étant le seul exemple récent, ainsi, malgré les circonstances dans lesquelles il a été représenté, *Dido* constitue une contribution unique à l'histoire de l'opéra. Il a peut-être emprunté certains éléments de style français à Lully, dont *Cadmus* avait été représenté à Londres en 1686, mais il y a aussi des éléments italiens – notamment dans la complainte finale, « When I am laid in earth ». L'ampleur limitée des numéros peut, comme l'a suggéré Jack Westrup, donner une impression d'essoufflement, mais l'ouvrage n'en reste pas moins un chef-d'œuvre et sa dernière scène l'une des plus réussies du répertoire lyrique.

Par la suite, Purcell se consacre exclusivement au théâtre et passe la majeure partie des cinq dernières années de sa vie à écrire des musiques de scène et des « semi-opéras ». Entre 1690 et 1695, il participe à au moins trente-sept pièces de théâtre, sa musique allant des simples numéros isolés aux longues suites de danses. Il écrit également quatre ouvrages d'envergure : *Dioclesian* (1690), *King Arthur* (« Le Roi Arthur », 1691), *The Fairy Queen* (d'après *Le Songe d'une nuit d'été,* 1692) et *The Indian Queen* (1695) ; on peut y ajouter la musique de scène pour la pièce de Shakespeare, *The Tempest* (vers 1695), bien que la partition ne soit peut-être pas de Purcell mais de John Weldon. Ces ouvrages comprennent toute sorte de pièces – des ouvertures à la française, des danses et des airs, certaines pièces formant de longues scènes dans lesquelles Purcell fait preuve d'un sens aigu des personnages et des situations. La scène du froid dans *King Arthur*, avec la musique qui décrit les claquements des dents, est une évocation magistrale d'atmosphère ; le duo du flirt de Corydon et Mopsa dans *The Fairy Queen* est délicieusement humoristique, la musique n'arrêtant jamais le déroulement de l'action ; d'autre part, des airs aussi populaires que « Fairest Isle » de *King Arthur* auraient pu constituer la base d'un répertoire lyrique « populaire » en langue vernaculaire.

Les attitudes plus austères du règne de Guillaume III (1689-1702) expliquent peut-être l'absence relative de musique religieuse dans la production des dernières années de Purcell. Le *Te Deum* et le *Jubilate* en ré sont davantage des œuvres brillantes que des pièces de cérémonie profondes, avec leur emploi des trompettes et des cordes ; ils ont été composés pour les fêtes de la Sainte-Cécile de 1694 et ont été joués à l'occasion de cette fête pendant de nombreuses années. D'autre part, Purcell a écrit neuf odes pour diverses occasions entre 1690 et 1700, notamment deux œuvres superbes : « Hail, bright Cecilia » (pour la Sainte-Cécile, 1692), dans laquelle Purcell prend plaisir à souligner les références musicales du texte de Brady, et « Come, ye sons of art » (1694, pour l'anniversaire de la reine Marie), avec son duo de contre-ténors « Sound the trumpet » sur l'un de ces airs directs et faciles à retenir caractéristiques de Purcell.

Purcell a écrit la musique des funérailles de la reine Marie en 1694. L'année suivante, il meurt à son tour et, lors de ses funérailles à l'abbaye de Westminster, le 26 novembre, la musique est chantée par les chœurs de l'abbaye et de la chapelle royale. Plusieurs volumes de sa musique ont été publiés après sa mort, notamment, en 1697, un autre recueil de sonates en trio (composé vers 1680) et quelques recueils de chansons.

Purcell a été reconnu comme un génie de son vivant, mais sa musique a ensuite été négligée et n'a pas été reprise avant la fin du XIXe siècle, la préparation d'une édition complète de ses œuvres (achevée en 1965) n'ayant débuté qu'en 1878. Néanmoins, seule une fraction de sa musique est largement connue et il y a de nombreux trésors à découvrir parmi les chansons, les odes et la musique religieuse qui sont rarement jouées. Comme celles de Mozart et Schubert, la mort prématurée de Purcell a été une grande perte, car certains signes laissent à penser qu'il n'avait pas encore atteint sa maturité de compositeur.

Son jeune frère, **Daniel Purcell** (mort à Londres, enterré le 26 novembre 1717), a débuté lui aussi comme choriste à la chapelle royale. Entre 1688 et 1695, il est organiste à Magdalen College, à Oxford, puis il succède ensuite à son frère en devenant l'un des principaux compositeurs des théâtres londoniens : pendant les douze années suivantes, il compose la musique d'une quarantaine de pièces de théâtre. Il a écrit un masque sur un texte de Congreve, *The Judgement of Paris* (Londres, 1700), et quelques odes ; mais leurs chœurs révèlent clairement qu'il ne possédait pas l'habileté contrapuntique de son frère, même si les soli sont assez bien écrits. Il a aussi composé quelques belles sonates pour violon et pour flûte.

Denis Arnold.

BIBLIOGRAPHIE : Suzanne Demarquez, *Purcell*, La Colombe (Paris, 1951). Henri Dupré, *Purcell*, Félix Alcan (Paris, 1927). J. A. Westrup, *Purcell*, J. B. Janin (Paris, 1947).

Purcell School. École britannique spécialisée destinée aux élèves qui font preuve de dons particuliers pour la musique, la première école de ce genre en Grande Bretagne. Elle a été fondée en 1962 par Irene Forster et Rosemary Rapaport sous le nom de Central Tutorial School for Young Musicians ; elle a reçu son titre actuel en 1973. L'école était à l'origine installée au Conway Hall, mais, le nombre des élèves augmentant, elle a ensuite emménagé à Morley College (1963), puis à Health House, à Hampstead (1968) et finalement à Oakhurst, à Harrow (1975). Richard Taylor en est le directeur depuis 1970.

Purcell Society. Société britannique, fondée en 1876, dont le principal objectif est de préparer et de publier une édition moderne des œuvres du compositeur. Le dernier volume de la première édition a paru en 1959 et la série complète est en train d'être rééditée selon les techniques modernes et les normes scientifiques.

Puritains, Les (titre complet : *I Puritani di Scozia*, « Les Puritains d'Écosse »). Opéra en trois actes de Bellini sur un livret de C. Pepoli, d'après la pièce *Têtes rondes et Cavaliers* de F. Ancelot et X. B. Saintine inspirée d'*Old Mortality* (1816) de Walter Scott. Créé à Paris, au Théâtre-Italien, le 24 janvier 1835.

BIBLIOGRAPHIE : *Les Puritains*, L'Avant-Scène-Opéra n° 96 (Paris, 1987).

Puritani di Scozia, I. Voir *Puritains, Les.*

Putnam's Camp. Second mouvement de *Three Places in New England*, triptyque pour orchestre de Charles Ives. Composé en 1912, il est parfois joué isolément.

Puy. Nom donné au Moyen Age à des sociétés ou guildes musicales et littéraires françaises qui se sont multipliées dans le nord de la France jusqu'au début du XVIIe siècle. Elles sont issues de la tradition des *troubadours et tenaient chaque année des concours de chansons ou de poésie dédiées à l'origine à la Vierge Marie (le concours d'Évreux, fondé vers 1570, avait lieu en l'honneur de sainte Cécile). Les participants se tenaient sur un dais surélevé (lat. : *podium*) et l'on pense que le nom « puy » est dérivé de ce mot, plutôt que des formations géographiques du Massif central qui ont donné leur nom à des villes comme Le Puy. Le vainqueur du concours était couronné « Prince du Puy ». Le concours de chant dans *Die Meistersinger* de Wagner reflète sans doute l'existence d'une tradition analogue chez les **Meistersinger* allemands.

Q

Qin. Longue cithare chinoise. Voir *Chine, 4e.*

Quadrat (all.). Le signe bécarre (♮).

Quadrille. Danse destinée généralement à quatre couples qui est sans doute dérivée des parades équestres et a fait son apparition au ballet. Le quadrille a fait son entrée dans la salle de bal sous le règne de Napoléon Ier en France, et en Angleterre vers 1815. Il se compose d'un groupe de cinq contredanses de rythmes et de tempos différents, utilisant à l'origine des airs traditionnels. Sa popularité a suscité la composition de quadrilles sur des arrangements de chansons populaires et d'airs lyriques. La famille Strauss a apporté une contribution importante au répertoire du quadrille, mais il est rapidement passé de mode en raison de la difficulté de ses pas ; il a alors été remplacé par le quadrille des lanciers.

Peter Gammond.

Quadruple concerto. Concerto pour quatre instruments solistes et orchestre, comme le concerto pour quatre violons et cordes de Vivaldi (arrangé par Bach pour quatre clavecins et cordes).

Quadruple croche (all. : *Vierundsechzigstelnote* ; angl. : *hemidemisemiquaver* ; amér. : *sixtyfourth note* ; ital. : *semibiscroma* ; esp. : *semifusa*) (𝅘𝅥𝅲). Valeur de note égale au huitième d'une croche et dont le silence correspondant est le 1/16 de soupir.

Quanto (ital.). « Autant ».

Quantz, Johann Joachim (Oberscheden, près de Göttingen, 30 janvier 1697 ; Potsdam, 12 juillet 1773). Flûtiste, compositeur et théoricien allemand. Formé comme musicien municipal, il était capable de jouer de tous les instruments à vent courants. A partir de 1718, date à laquelle il entre à la chapelle polonaise d'Auguste II, il se spécialise dans la flûte traversière et, en 1727, après une période de trois ans pendant laquelle il voyage et étudie en France, en Angleterre et en Italie, il devient flûtiste à la chapelle de Dresde. En 1728, il est nommé professeur de flûte auprès du kronprinz de Prusse, Frédéric, et un an après le couronnement de Frédéric (1740) il entre dans l'orchestre royal à Berlin et à Potsdam. Jusqu'à la fin de sa vie, il jouira d'une position privilégiée comme musicien le plus influent et le mieux payé de la cour, tenu en grande estime par le roi.

Les fonctions de Quantz à la cour consistaient à enseigner, à diriger les concerts réguliers de musique de chambre du roi à Sans-Souci et à composer de la musique pour flûte pour son élève royal (plus de deux cents sonates, trois cents concertos et quelques duos). Son style musical est typique de l'« école de Berlin » – élégant et gracieux, mais sans profondeur. Le célèbre traité de Quantz, *Versuch einer Anweisung die Flöte traversiere zu spielen* (« Sur le jeu de la flûte », Berlin, 1752), demeure l'une des principales sources d'informations du XVIIIe siècle sur la pratique instrumentale contemporaine (pas uniquement limité à la flûte), avec des détails relatifs à la dynamique, à l'ornementation, aux différents styles nationaux, etc.

Wendy Thompson.

Quart. Voir *Quint.*

Quarte. Voir *Intervalle.*

Quarte augmentée. Voir *Triton.*

Quarter-note (amér.). Noire (♩)

Quartettsatz (« Mouvement de quatuor »). Titre donné à un mouvement de quatuor à cordes en ut mineur D 703, de Schubert, composé en 1820. Ce devait être le premier mouvement d'un quatuor complet, mais, en dehors de ce *Quartettsatz,* seul un fragment du second mouvement a été achevé.

Quartolet. Terme désignant un groupe de quatre notes qu'il faut jouer dans le temps de trois ; elles sont indiquées par le chiffre « 4 » placé au-dessus ou audessous des quatre notes, par exemple :

Quart de ton. Intervalle d'un quart de ton, c'est-à-dire la moitié d'un demi-ton. Voir *Micro-intervalle.*

Quatorze stations. Œuvre pour un percussionniste et six instruments (violon, alto, violoncelle, clavecin, trombone et guitare électrique) de Marius Constant (1970) inspirée du chemin de croix.

Quatre Chants sérieux. Voir *Ernste Gesänge, Vier* (Brahms).

Quatre derniers Lieder. Voir *Vier letzte Lieder* (Richard Strauss).

Quatre Saisons, Les (*Le Quattro Stagioni*). Quatre concertos pour violon de Vivaldi, les quatre premiers d'un cycle de douze concertos pour violon, *Il Cimento dell' armonia e dell' Invenzione,* publié en deux volumes à Amsterdam vers 1725 : « Le Printemps », en mi majeur ; « L'Eté », en sol mineur ; « L'Automne », en fa majeur et « L'Hiver », en fa mineur.

Quatre Tempéraments, Les. 1. Sous-titre (*De Fire Temperamenter*) de la *Symphonie n° 2 en ut mineur op.16* de Nielsen (1901-02). Inspirée au compositeur par un tableau qui porte le même titre, chacun de ses mouvements décrit l'un des « tempéraments médiévaux » du caractère humain : colérique, flegmatique, mélancolique et sanguin.

2. Sous-titre du *Thème et variations* pour piano et orchestre à cordes de Hindemith (1940). Chacune des quatre variations correspond à un tempérament : mélancolique, sanguin, flegmatique et colérique.

Quatuor (all. : *Quartett* ; angl. : *quarter* ; ital. : *quartetto*). Tout ensemble, vocal ou instrumental, de quatre exécutants, ou tout morceau de musique composé pour un tel ensemble. Le quatuor vocal le plus courant se compose d'une voix de soprano, d'alto, de ténor et de basse (SATB).

Le quatuor instrumental le plus important est le quatuor à cordes composé de deux violons, un alto et un violoncelle pour lequel une abondante littérature a été écrite (voir *Musique de chambre,* 4-6). Le quatuor avec piano (quatuor avec flûte, quatuor avec hautbois) est généralement la combinaison d'un trio à cordes (violon, alto et violoncelle) et de l'instrument nommé.

BIBLIOGRAPHIE : Stéphane Goldet, *Quatuors du XXe siècle,* Papiers/IRCAM (Paris, 1986). Jacques Lonchampt, *Les Quatuors à cordes de Beethoven,* Société française de diffusion musicale et artistique (Paris, 1956), nouvelle édition, Fayard (Paris, 1987). Sylvette Milliot, *Le Quatuor,* PUF, coll. Que-sais-je ? (Paris, 1986).

Quatuor avec piano. Ensemble de quatre instrumentistes, regroupant habituellement piano, violon, alto et violoncelle ou œuvre écrite à leur intention.

Quatuor pour la fin du temps. Quatuor pour clarinette, piano, violon et violoncelle de Messiaen, composé en 1940. Il a été écrit pendant que Messiaen était prisonnier de guerre dans un camp en Silésie, où il a été créé en 1941.

Quatuors « Rassoumovsky ». Quatuors à cordes n°s 1, 2 et 3 (en fa majeur, en mi mineur et en ut majeur) op. 59 de Beethoven, composés en 1805-06. Ils doivent leur nom à leur dédicace au comte Andréï Rassoumovsky, ambassadeur de Russie à Vienne, qui était un quartettiste passionné.

Quatuors « Roi de Prusse ». Nom donné aux trois derniers quatuors à cordes de Mozart : n° 21 en ré majeur K 575 (1789), n° 22 en si bémol majeur K 589 (1790) et n° 23 en fa majeur K 590 (1790). Ils portent ce titre car ils résultent d'une commande du roi Frédéric-Guillaume II de Prusse, lui-même violoncelliste (d'où les parties importantes de violoncelle). Il avait demandé six quatuors, mais Mozart n'en a écrit que trois.

Quatuors « russes ». Nom donné à six quatuors à cordes op.33 de Haydn, composés en 1781 et dédiés au grand-duc Paul de Russie. On les connaît aussi sous le titre de *Gli Scherzi* (en raison du caractère de leurs menuets) ou de *Jungfernquartette.*

Quatuors Tost. Nom donné aux douze quatuors à cordes op.54 n°s 1 à 3, op.55 n°s 1 à 3 et op.64 n°s 1 à 6 de Haydn, tous composés entre 1788 et 1790, et dédiés au violoniste viennois Johann Tost.

Quaver (angl.). *Croche.

Queen Mary's Funeral Music. Musique funèbre composée par Purcell pour les funérailles de la reine Marie, femme de Guillaume III, qui eurent lieu à l'abbaye de Westminster en mars 1695. La musique se compose de deux phrases du service funèbre qu'il avait mis en musique une douzaine d'années plus tôt, de l'*anthem* « Thou know'st, Lord, the Secrets of our Hearts » composé spécialement, de deux *canzoni* pour trompettes et trombones à coulisse et d'une marche écrite à l'origine pour une scène de la pièce de Shadwell, *The Libertine* (?1692), dont Purcell avait composé la musique de scène. Certaines pages de la musique écrite pour les obsèques la reine Mary ont été jouées à l'abbaye de Westminster pour les propres funérailles de Purcell en novembre 1695.

Quejas o la Maja y el Ruisenor. Quatrième pièce des *Goyescas* pour piano de Granados, intégrée par la suite sous forme de chanson à la scène 2 de son opéra *Goyescas.* Elle est souvent jouée seule en concert avec orchestre.

Querelle des Bouffons. Voir *Bouffons, Querelle des.*

Querflöte (all.). « Flûte traversière ».

Quickstep. Danse moderne de salon très populaire, sans doute parce qu'il s'agit de la plus simple. Descendante directe du *charleston, bien qu'elle n'ait plus beaucoup de points communs avec lui, sa lignée est passée par le *fox-trot, un peu plus difficile ; ainsi, en 1924, elle s'appelait « quick » ou « quick-time fox-trot » ; ce nom a été abrégé pour devenir « quickstep » vers 1927. Elle se danse sur une musique à quatre temps (quarante-huit à cinquante mesures à la minute), chaque pas lent occupant deux temps et chaque pas rapide un temps.

Peter Gammond.

Quilisma. Type de neume ornemental ; voir *Notation*, 2.

Quilles, Les. Surnom du *Trio pour piano, clarinette et alto K 498 en mi bémol majeur* de Mozart. Il aurait été composé pendant une partie de quilles.

Quilt canzona (angl.). Terme dérivé d'une traduction erronée du mot allemand *Flickkanzone* (« patch canzone » et non « quilt »). Le terme allemand a été appliqué par le théoricien Hugo Riemann à un type rare de **canzone* dans lequel des sections courtes et très contrastées se suivent en succession rapide, comme dans un « patchwork ». On en trouve des exemples dans la musique de Johann Schein.

Quilter, Roger (Brighton, 1er novembre 1877 ; Londres, 21 septembre 1953). Compositeur anglais membre du groupe de musiciens britanniques qui ont fait leurs études à la Musikhochschule de Francfort sous la direction d'Iwan Knorr. Ses *Songs of the Sea,* quatre mélodies sur ses propres textes, ont été créées à Londres en 1900 et, en l'espace de quelques années, des chanteurs de premier plan tels que

Gervase Elwes ont inclus dans leurs récitals des mélodies comme « Now Sleeps the Crimson Petal » (1904), « To Julia » (1906) et plusieurs œuvres sur des textes de Shakespeare. On retrouve également le charme mélodique raffiné et sensible de ces poésies lyriques dans *A Children's Overture* (1919). Quilter a écrit la musique de scène de la pièce pour enfants *Where the Rainbow Ends* (1911), qui connut beaucoup de succès en son temps. Sa seule tentative dans le domaine lyrique, *Julia* (1936), a abouti à un échec. De constitution fragile, Quilter souffrait de dépression. Il était très généreux et a été l'un des membres fondateurs du Musicians' Benevolent Fund. Pianiste de talent, il a parfois accompagné ses propres mélodies.

Michael Kennedy.

Quint, quart, terz. 1. Anciens préfixes, essentiellement allemands, qui, du XVIe siècle au XIXe siècle, servaient à désigner des instruments construits ou accordés une quinte, une quarte (juste) ou une tierce (majeure ou mineure) plus haut ou plus bas qu'à l'accoutumée (aux XVIe et XVIIe siècles, généralement plus bas, mais par la suite plus haut). Dans un premier temps, ces préfixes étaient surtout attachés aux instruments à vent, comme le *Quintposaune*, trombone un quinte plus bas que le trombone normal (et occasionnellement *Secund*, un ton plus bas). Plus tard, on trouve le *Quart-geige*, le violon piccolo, accordé à la quarte supérieure du violon normal, et la *Terz-flöte*, la flûte en mi, une tierce au-dessus de la flûte ordinaire.

2. « Quint » ou « quinta » désignent aussi très couramment une cinquième partie dans la musique polyphonique. Dans les orchestres à cordes français du XVIIe siècle, il s'agissait de l'une des trois parties médianes (voir *Alto*, 4).

3. « Quinton » est le nom d'un type tardif de dessus de viole (voir *Viole*, 5).

Quinte. 1. Voir *Intervalle*.

2. Jeu d'orgue qui produit l'harmonique 3, 6 ou 9 du son fondamental (1'1/3, 2'2/3, etc.).

Quinte augmentée (accord de). Voir *Accord parfait*.

Quintern (all.). Terme des XVIe et XVIIe siècles désignant la guitare et les instruments qui lui sont apparentés.

Quintes, Les. Surnom du *Quatuor à cordes en ré mineur op.76 n° 2* de Haydn, composé en 1797 et qui provient des sauts mélodiques en quinte des premières mesures.

Quintette, quintuor (all. : *Quintett*, angl. : *quintet* ; ital. : *quintetto*). Tout ensemble, vocal ou instrumental, de cinq exécutants ou musique composée pour un tel ensemble. Le quintette vocal courant se compose de deux sopranos, d'un alto, d'un ténor et d'une basse (SSATB) ou d'un soprano, d'un alto, de deux ténors et d'une basse (SATTB). Le quintette instrumental courant est le quintette à cordes qui peut se composer de deux violons, de deux altos et d'un violoncelle (il existe un répertoire énorme d'œuvres de Boccherini, Mozart, Beethoven, Mendelssohn, Brahms, etc. pour cette combinaison instrumentale) ou de deux violons, un alto et deux violoncelles, combinaison beaucoup moins courante, pour laquelle Schubert a écrit son merveilleux *Quintette en ut*. Un quintette avec piano (ou clarinette, etc.) se compose normalement de l'instrument nommé et d'un quatuor à cordes (voir *Quatuor*), mais d'autres combinaisons (comme le quintette *« La Truite »* pour piano, violon alto, violoncelle et contrebasse de Schubert) sont possibles.

Quintette avec piano. Ensemble de cinq instrumentistes regroupant habituellement piano, deux violons, alto et violoncelle, ou œuvre écrite à leur intention. Néanmoins, le plus célèbre quintette avec piano, *La Truite*, de Schubert, est écrit pour piano, violon, alto, violoncelle et contrebasse.

Quintette à vent (all. : *Blasquintette* ; angl. : *wind quintet* ; ital. : *quintetto a fiato*). Ensemble de musique de chambre se composant des quatre instruments de la famille des bois, flûte, hautbois, clarinette, basson, et d'un instrument de la famille des cuivres, le cor. Son répertoire commence véritablement au début du XIXe siècle avec des œuvres de Danzi et de Reicha, se poursuit par de nombreuses œuvres plus tardives du XIXe siècle et aboutit à l'époque actuelle avec, notamment, la *Zeitmasse* de Stockhausen (1956, dans laquelle un cor anglais remplace le cor, ce qui est peu courant) ; voir également *Instruments à vents*, 6. Le niveau du répertoire est nettement inférieur à celui du quatuor à cordes et aux quintettes pour piano et vents de Mozart et de Beethoven qui, comme la majorité des grands compositeurs, n'ont pas écrit de quintette à vent. Cependant, le quintette à vent est très apprécié des instrumentistes à vent amateurs, et de nombreux quintettes professionnels formés des meilleurs instrumentistes d'orchestre donnent des récitals qui captivent leur auditoire par l'éclat et la finesse de leur jeu.

Anthony Baines.

Quintolet. Terme désignant cinq notes qui doivent être jouées pendant le temps de quatre ou de trois ; elles sont indiquées par le chiffre « 5 » placé au-dessus ou au-dessous des cinq notes, comme dans l'exemple suivant.

Quintuple croche (𝅘𝅥𝅲). Note dont la valeur représente 1/128 de la ronde.

Quodlibet. Morceau de musique dans lequel le compositeur cite des airs et/ou des textes célèbres, soit simultanément, soit à la suite les uns des autres, pour produire en général un effet humoristique. Par exemple, le texte d'une chanson homophonique du XVe siècle est formé de citations empruntées aux premières paroles de dix-neuf chansons célèbres ; toutefois la musique ne semble pas comporter de citations.

R

Rabaud, Henri (Paris, 10 novembre 1873 ; Paris, 11 septembre 1949). Compositeur français, élève de Massenet et de Gédalge au Conservatoire de Paris, prix de Rome en 1894, il mène une double carrière de chef d'orchestre et de compositeur avant de prendre la direction du Conservatoire de Paris (1920-41). Son œuvre est essentiellement consacrée à la scène avec plusieurs ouvrages lyriques à l'écriture élégante et pleine de couleurs dont seul *Mârouf*, d'après *Les Mille et Une Nuits* (1914), a continué à être représenté assez régulièrement. Il a également connu un succès durable avec son poème symphonique d'après Lenau, *La Procession nocturne* (1910).

Alain Pâris.

Rachmaninov, Sergueï (Vassiliévitch) (Semionovo, 1er avril 1873 ; Beverley Hills, Californie, 28 mars 1943). Compositeur, pianiste et chef d'orchestre russe. Né dans une famille aisée, la séparation de ses parents et l'éclatement de leur foyer l'obligent à s'en remettre aux bourses et aux bonnes volontés pour parvenir à faire ses études musicales, tout d'abord au Conservatoire de Saint-Pétersbourg, puis au Conservatoire de Moscou, où il travaille avec Nikolaï Zverev et Alexandre Siloti (piano), Tanéiev (contrepoint) et Arenski (harmonie et composition). A cette époque, bien que ses efforts soient essentiellement consacrés à la préparation de ses examens de piano (qu'il passe avec les honneurs en 1891), il s'intéresse de plus en plus à la composition, écrivant plusieurs pièces pour piano, un petit scherzo pour orchestre (1887) dans le style de Mendelssohn et son *Concerto pour piano nº 1* (1890-91, révisé en 1917). Pour les épreuves de son diplôme de composition (1892), il compose également un opéra en un acte, *Aleko*, dont Tchaïkovski fait chaleureusement l'éloge et dans lequel on ressent nettement son influence.

Néanmoins, Rachmaninov se forge très tôt un style musical personnel, marqué par un don inné de la mélodie qui semble planer au-dessus de sa musique, un goût pour les harmonies succulentes et les structures riches, comme l'illustrent des œuvres telles que le célèbre *Prélude en ut dièse mineur* (1892), la *Fantaisie-Tableau op.5* pour deux pianos (1893) et ses poèmes symphoniques *Prince Rostislav* (1891) et *La Falaise* (1893). Il commence aussi à affirmer son sens de l'écriture vocale dans deux recueils de mélodies, op.4 (1890-93) et op.8 (1893). En 1895, il aborde la composition de sa première partition symphonique majeure, la *Symphonie nº 1 en ré mineur*, œuvre passionnée, véritable défi qui a poussé César Cui à la comparer à « une symphonie à programme sur les sept fléaux d'Égypte » lors de sa création en 1897. Ce médiocre accueil de la critique (dû sans doute davantage à une mauvaise exécution qu'à la musique elle-même) plonge Rachmaninov dans un état de dépression dont il n'émergera qu'environ trois ans plus tard : il ne peut plus composer et seul un poste de chef d'orchestre à Moscou lui permettra de conserver une activité musicale. Il suit un traitement médical sous la surveillance de Nicolaï Dahl, médecin spécialisé dans les traitements hypnotiques, et reprend confiance progressivement au point d'arriver à composer son *Concerto pour piano nº 2* (1900-01), dont le succès assure sa renommée internationale de compositeur : avec le *Concerto pour piano* de Grieg et le *Concerto nº 1* de Tchaïkovski, il figure sans conteste parmi les concertos les plus fréquemment joués du répertoire.

Les succès professionnels de Rachmaninov sont confortés par la sécurité affective que lui apporte son mariage en 1902. Pendant une quinzaine d'années, il compose avec facilité, assurance, et une maîtrise toujours croissante de son art, produisant un grand nombre de ses chefs-d'œuvre : deux recueils de préludes pour piano, op.23 (1901, 1903) et op.32 (1910), deux sonates pour piano (1907 ; 1913, révisée en 1931), deux recueils d'*Études-Tableaux*, op.33 (1911) et op.39 (1916-17), la *Symphonie nº 2* (1906-07), le *Concerto pour piano nº 3* (1909) et le poème symphonique *L'Ile des morts* (1909). Deux incursions dans le domaine lyrique, *Le Chevalier avare* (1906) et *Francesca da Rimini* (1906), ne donnent pas des résultats très heureux en raison de la qualité des livrets, mais contiennent tous deux de belles pages musicales et, comme dans les mélodies qu'il compose à la même époque (op. 14, 21, 26, 34 et 38), on y décèle une sensibilité à la poésie russe qui place Rachmaninov au premier plan de l'écriture vocale russe du XIXᵉ siècle et du début du XXᵉ.

En même temps, Rachmaninov consolide sa carrière de pianiste, voyageant beaucoup en Russie et à l'étranger : il fait ses débuts aux États-Unis en 1909 (où il crée le *Concerto nº 3*), expérience qui lui sera très utile dans la suite de sa carrière. En effet, lorsque éclate la révolution d'octobre 1917, il quitte la Russie et émigre aux États-Unis. Pour subvenir à ses propres besoins et à ceux de sa famille (il a alors deux filles), il doit multiplier concerts et récitals. Presque chaque saison, entre son arrivée aux États-Unis (1918) et 1942-43, il doit honorer un calendrier d'engagements épuisant qui l'empêche pratiquement de travailler à de nouvelles œuvres. Il ne s'accorde que rarement les périodes de repos nécessaires ; toutefois, lorsqu'il parvient à détendre le rythme de ses concerts, il se retire dans une maison de campagne en France ou à Dresde ou, à partir du début des années trente, dans sa propre villa en Suisse sur les rives du lac de Lucerne, et retrouve la tranquillité d'esprit nécessaire pour écrire une musique d'une vitalité, d'une originalité et d'un élan rythmique extraordinaires. La nostalgie qui domine les œuvres composées en Russie est toujours omniprésente mais elle ne s'exprime plus dans le style somptueux de la *Symphonie nº 2* ou des *Concertos nº 2* et *nº 3* ; Rachmaninov écrit de façon plus concise, plus austère, un style caractéristique de ses dernières œuvres. Le *Concerto pour piano nº 4* (1926, révisé en 1941), les *Trois Chants populaires russes* (1926), les *Variations sur un thème de Corelli* pour piano (1931), la *Rhapsodie sur un thème de Paganini* (1934), la *Symphonie nº 3* (1935-36, révisée en 1938), les *Danses symphoniques* (1940) – toutes ces œuvres sont écrites pendant cet été indien créatif. Elles révèlent toutes un nouveau mordant vivifiant et poignant des harmonies, une nouvelle urgence de la poussée rythmique et (dans les œuvres symphoniques) une sobriété d'écriture qui contraste fortement avec sa musique antérieure.

Les *Danses symphoniques* constituent en fait sa dernière œuvre majeure. Sa santé s'altérant à la fin de sa vie, il décide que la saison 1942-43 sera sa dernière saison de concerts. Une fatigue anormale l'alarme encore davantage et, en février 1943, après avoir donné un concert à Knoxville, il doit être reconduit chez lui à Beverley Hills. Il mourra d'un cancer moins de six semaines plus tard, laissant un héritage musical dont le succès ne faiblit pas et qui revêt une importance essentielle dans le répertoire de la fin du romantisme. En outre, au cours des vingt dernières années de sa vie, il a enregistré de nombreux disques qui ont préservé son talent de pianiste, son jeu clairement articulé, sa sonorité perlée, sa verve infaillible, son *legato* raffiné et sa sublime intensité d'expression.

Geoffrey Norris.

BIBLIOGRAPHIE : Catherine Poivre d'Arvor, *Serge Rachmaninov, la passion au bout des doigts*, Ed. du Rocher (Monaco, 1986).

Racket. Voir *Ranquette.*

Raddopiare (ital.). « Doubler » ; *raddoppiato*, « doublé » ; *raddoppiamento* ; « doublant ».

Radeau de la Méduse, Le (*Das Floss der « Medusa »*). « Oratorio populaire et militaire » (cantate) pour récitant, soprano, baryton, chœurs d'enfants, chœur et orchestre de Henze sur un texte d'Ernst Schnabel. L'argument repose sur l'histoire que dépeint le célèbre tableau de Géricault : lorsque la frégate française la *Méduse* s'est échouée (1816), les officiers se sont échappés dans les barques, abandonnant l'équipage à son destin sur un radeau improvisé. Cette œuvre, qui traduit une conscience de la solidarité de classe (c'est un requiem pour Che Guevara) et l'engagement de Henze dans le socialisme international, a suscité une émeute au cours de laquelle se sont affrontés étudiants et policiers lors de la première avortée à Hambourg en 1968. La première représentation a eu lieu à Vienne en 1971.

Radetzky. Voir *Marche de Radetzky.*

Radio-France. Société nationale de radiodiffusion fondée en 1975 après l'éclatement de l'ORTF en sociétés distinctes de radiodiffusion, télévision, production audiovisuelle et télédiffusion. Voir *Radio et télévision*, 5.

Radio et télévision

1. Introduction
2. La musique et les ondes radioélectriques
3. La naissance de la radiodiffusion
4. L'arrivée de la télévision
5. De la Seconde Guerre mondiale à nos jours
6. La musique à la télévision

1. *Introduction.* La radio et la télévision ont permis à des auditeurs ou à des téléspectateurs de profiter d'exécutions musicales, isolément ou en petits groupes. Cette disponibilité universelle de la musique a de lourdes conséquences sociales et n'est pas sans répercussions sur les exécutants et les compositeurs. Mais, en préalable à l'étude de ces questions, il faut décrire sommairement le fonctionnement de la radiodiffusion et les progrès technologiques auxquels on peut encore s'attendre.

Un grand nombre de concepts nécessaires à l'analyse scientifique de la radiodiffusion sont expliqués dans les articles *Acoustique* et *Enregistrement et reproduction audiovisuelle.* Le lecteur pourra s'y référer pour toute vérification. Ainsi, il y a une analogie étroite entre les principes fondamentaux de l'enregistrement et de la reproduction musicale d'une part, de la diffusion et de la réception de la musique de l'autre. Dans le premier cas, les ondes sonores émises par les instruments de musique ou par les chanteurs se propagent dans l'air et engendrent des vibrations sympathiques dans le diaphragme d'un ou de plusieurs microphones. Ces vibrations créent à leur tour des courants électriques que l'on peut mixer ou amplifier, selon les besoins, et enregistrer ou stocker dans un appareil approprié. Puis, au moment voulu, on peut rediffuser l'enregistrement pour créer une suite analogue de courants qui transmet des vibrations imitatives aux diaphragmes d'un ou de plusieurs haut-parleurs et restitue des ondes sonores à peu près identiques à celles de l'exécution originale.

Dans le deuxième cas, le schéma est presque identique, mais les bénéfices du décalage dans le temps de l'enregistrement sont remplacés par l'« action à distance ». Les courants électriques issus du microphone sont impressionnés ou « modulés » sur une onde radio qui parcourt (à la vitesse de la lumière) de grandes distances. Le récepteur de l'auditeur répond à l'onde radio et extrait les courants contenant l'information musicale pour alimenter les haut-parleurs comme précédemment.

2. *La musique et les ondes radioélectriques.* La communication à grande distance remonte à 1837, avec l'apparition du télégraphe électrique. Le principe de base consistait à installer, entre deux points A et B, un fil télégraphique parcouru par un courant électrique que fournissait une batterie d'alimentation. Au point A, un transmetteur pouvait allumer ou éteindre le courant selon un alphabet codé déterminé à l'avance, comme celui qu'imagina Samuel Morse, et épeler des messages. Au point B, le détecteur ou récepteur pouvait être conçu soit pour émettre des bruits de déclic ou des bourdonnements au moment où le courant s'interrompait, soit pour denteler ou imprimer des marques sur du papier. Une quarantaine d'années plus tard (1876), les points et les traits étaient remplacés par un microphone installé à l'extrémité émettrice et un récepteur téléphonique à l'autre l'extrémité. La parole envoyée dans le microphone créait alors un courant alternatif le long du fil et des vibrations dans le diaphragme de l'écouteur récepteur.

Comme on désirait communiquer sur des distances de plus en plus longues, la recherche d'un système de télégraphie et de téléphonie « sans fil » s'intensifia. On attribue à James Clerk Maxwell (1831-79) la découverte de la théorie mathématique sur laquelle repose la communication radiophonique, mais de nombreux chercheurs ont contribué, par leurs travaux individuels, à transformer cette théorie en réalité. Michel Faraday (1791-1867) avait déjà démontré que le champ magnétique entourant tout fil porteur de courant électrique pouvait induire du courant dans une seconde bobine de fil placée à proximité. La communication entre les deux circuits était donc possible sans liaison par fil. La théorie de Maxwell suggérait que l'énergie électrique se transmettait comme une onde électromagnétique dotée des mêmes propriétés que les ondes lumineuses et capable de se déplacer à la même vitesse, approximativement 300 000 kilomètres à la seconde. Heinrich Hertz (1857-94) fit l'expérience avec des étincelles électriques et découvrit que les ondes électromagnétiques, ou « sans fil », pouvaient se transmettre plus efficacement si leur fréquence était élevée. Dès 1899, Guglielmo Marconi (1874-1937) avait réussi à transmettre et à recevoir des messages de part et d'autre de la Manche. Il avait également découvert les avantages de l'installation d'antennes spéciales, placées sensiblement au-dessus du sol. Pendant ce temps, Sir Oliver Lodge (1851-1940) parvenait à faire résonner ou à « accorder » sélectivement un récepteur afin qu'il réponde à un signal donné parmi les multiples signaux provenant de stations différentes.

Au début, toutes ces expériences faisaient appel à des impulsions codées, l'équivalent du télégraphe à fil, mais, dès 1914, la technique consistant à utiliser des microphones pour moduler les signaux de la parole sur des ondes porteuses à haute fréquence s'était développée. Les premières ondes porteuses avaient des fréquences de l'ordre de 100 000 cycles par seconde (ou 100 000 hertz), mais on conservait encore la longueur d'onde comme système de référence pour identifier les stations. Comme pour les ondes sonores (voir *Acoustique*, 9), le rapport entre la fréquence, la longueur d'onde et la vitesse de propagation des ondes radioélectriques est le suivant : fréquence (en hertz) x longueur d'onde (en mètres) = vitesse (en mètres par seconde).

Au fur et à mesure de l'évolution de la radiodiffusion, des fréquences plus hautes (et donc des longueurs d'onde plus courtes) ont commencé à être utilisées. Le tableau suivant correspond aux gammes d'ondes courantes.

Gammes d'ondes de radiodiffusion

ONDES	FRÉQUENCE	LONGUEUR D'ONDE (en mètres)
Longues	150-285 kHz	2 000-1 053
Moyennes	525-1 605 kHz	571-187
Courtes	6-26 MHz	50-11
Bande II VHF (Very High Frequency)	87,5-100 MHz	3,4-3

Les gammes d'ondes présentent des caractéristiques de rayonnement très différentes. En commençant par les fréquences les plus basses, sur les grandes ondes, les signaux s'éparpillent de façon égale dans toutes les directions et circulent uniformément sur les contours de la surface terrestre. Ils conviennent donc bien à la couverture générale d'une zone de réception donnée. Avec des ondes moyennes, il est possible de construire des antennes émettrices qui poussent les radiations dans des directions sélectionnées, afin de couvrir plus efficacement les zones choisies. Toutefois, comme l'onde de sol, une onde ionosphérique (ou réfléchie) commence à prendre de l'importance lorsqu'elle est réfléchie par les gaz ionisés des couches supérieures de l'atmosphère. Il y a alors un risque d'interférence ou de « fading » pour les auditeurs situés en un endroit où ils peuvent recevoir à la fois l'onde de sol et l'onde ionosphérique (retardée) d'un émetteur donné. En outre, comme la hauteur effective des couches ionisées augmente à la tombée de la nuit, la réception sur les ondes moyennes est perturbée par l'interférence que créent les ondes ionosphériques des stations étrangères éloignées.

Sur les ondes courtes, l'onde de sol est rapidement absorbée en se propageant au-dehors, mais si les antennes sont munies d'un système directionnel très précis, il est possible de prévoir les incidences de l'onde ionosphérique. Les ondes courtes sont donc surtout utilisées pour la radiodiffusion et les communications à longue distance, et par les radioamateurs. La bande de fréquence VHF (Very High Frequency = très haute fréquence) est encore plus directionnelle, selon le système d'antenne utilisé ; elle est si vite absorbée le long du sol que la réception ne peut être garantie que dans un rayon d'environ 80 à 130 km. Même dans ce cas, l'antenne réceptrice doit avoir une ligne de mire sans restriction jusqu'à l'antenne émettrice (c'est la raison pour laquelle on l'installe toujours au sommet d'une colline) et les auditeurs vivant dans des vallées profondes ou à proximité de gros obstacles comme des gazomètres risquent de connaître une réception perturbée. Néanmoins, la VHF offre l'avantage d'être libre de toute interférence étrangère.

On utilise deux méthodes différentes pour imprimer ou « moduler » les signaux sonores sur les ondes porteuses radioélectriques. En modulation d'amplitude (AM, *amplitude modulation*), la force de l'onde porteuse varie en fonction des signaux sonores. En modulation de fréquence (FM, *frequency modulation*) – utilisée exclusivement sur la bande de fréquence VHF –, on fait osciller la fréquence de l'onde porteuse d'une valeur à peu près égale à sa valeur nominale au rythme des fluctuations du signal sonore. Cette méthode est utile car elle est relativement insensible aux interférences électriques qui atteignent l'antenne réceptrice, comme les fluctuations d'amplitude. Elle permet également de diffuser une gamme plus large de fréquences sonores, jusqu'à 15 000 Hz. D'où un contraste assez net avec les diffusions AM sur les grandes ondes ou sur les ondes moyennes, où les stations sont entassées, espacées seulement de 9 kHz, la gamme de fréquences des signaux parlés et musicaux étant limitée à 4,5 kHz afin de minimiser les interférences.

Sur le plan de la qualité sonore, la modulation de fréquence (VHF/FM) présente également l'avantage de pouvoir diffuser des programmes stéréophoniques. Les signaux séparés des voix droite et gauche (voir description dans *Oreille et audition*, 7) sont codés ou partagés entre la principale modulation de l'onde porteuse et une onde porteuse secondaire supersonique (38 kHz). Les auditeurs munis d'un appareil mono entendent un signal monophonique (somme des deux) alors qu'avec un récepteur stéréo ils entendent les signaux décodés, les canaux originaux gauche et droit étant envoyés respectivement dans les haut-parleurs gauche et droit.

Les expériences de transmission en quadriphonie, dont le but consiste à donner à l'auditeur l'impression de se trouver dans une salle de concert, n'ont pas été très concluantes. Des diffusions réalisées avec des micros intégrés dans les oreilles d'une tête fictive (stéréo « künstkopf ») procurent une sensation accrue de directionnalité lorsqu'on les écoute au casque et produisent un effet particulièrement intéressant pour le théâtre réalisé en studio.

3. *La naissance de la radiodiffusion.* Dès 1914, la télégraphie sans fil (le morse) et la téléphonie constituaient donc des moyens de communication pratiques et elles ont fait l'objet d'intenses recherches à des fins militaires pendant les années de guerre. Elles continuèrent à se développer pendant l'après-guerre, car l'intérêt éveillé chez les anciens soldats était loin d'avoir disparu. En outre, on trouvait facilement et à bon marché de nombreuses fournitures d'anciens matériels de guerre et des récepteurs à cristal fabriqués par des passionnés. En France, l'État possédait le monopole des transmissions télégraphiques depuis 1793, confirmé par la loi de 1923 qui donnait aux PTT la tutelle des émissions radiophoniques. Entre 1928 et 1936, le nombre de postes de radio passait de six cent mille à plus de quatre millions. La redevance était instaurée en 1933 et les fondements d'une radio nationale française jetés en 1937 (trois postes nationaux et dix-huit postes régionaux). Certaines concessions privées furent accordées jusqu'en 1939 (notamment Radio-Paris, qui émettait depuis 1922 et dont les activités se poursuivront pendant l'Occupation), mais la France n'a jamais connu une situation comparable à celle d'autres pays qui durent adapter leur législation aux nouvelles technologies. En Angleterre, au début des années vingt, les principaux fabricants de radios émettaient des programmes quotidiens, l'exemple le plus célèbre remontant au 15 juin 1920 lorsque Dame Nellie Melba participa à une émission sur l'émetteur Marconi de Writtle, près de Chelmsford. La program-

mation se faisait naturellement au hasard et les excès résultant d'une rivalité farouche avec les États-Unis amenèrent les autorités de la General Post Office de Grande-Bretagne à fonder la British Broadcasting Company (BBC) en 1922. Ce monopole réglementé, qui absorbait tous les opérateurs des stations antérieures, commença à émettre ses propres programmes depuis la station londonienne de Marconi 2LO en novembre 1922. Les autorisations pour posséder un récepteur radio apparurent alors et se multiplièrent, passant de cinquante mille fin 1922 à deux millions en 1926 et à quatre millions et demi en 1931.

L'apparence et la qualité des récepteurs ont beaucoup changé au cours de cette période. Les premiers postes de radio nécessitaient une antenne tendue tout autour de la pièce et se composaient d'affreuses boîtes et de batteries sans couvercle. Ils prirent ensuite l'aspect de meubles avant de revêtir la forme d'objets respectables en eux-mêmes. Le passage des batteries au secteur ne s'est pas réalisé sans une résistance farouche ni sans quelques accidents fatals, mais il a fini par faire de la radio de série un objet présent dans la plupart des foyers, notamment grâce à sa miniaturisation.

En Grande-Bretagne, la British Broadcasting Company est devenue la British Broadcasting Corporation en 1927, organisme non commercial « chargé de veiller à l'intérêt national » et indépendant du gouvernement et des affaires commerciales. Ses fonds provenaient uniquement du grand public, véritable propriétaire de la BBC, et le montant des redevances atteignait d'emblée plus d'un million de livres par an. La radiodiffusion était prise au sérieux et devait donc être confiée à un organisme responsable capable de gérer des budgets considérables et d'assurer une programmation de qualité sur les quelques longueurs d'ondes appropriées.

4. *L'arrivée de la télévision.* Les origines théoriques de la télévision remontent au XIXe siècle. Dès 1873, Willoughby Smith constate que la résistance électrique du sélénium se modifie lorsqu'il est exposé à la lumière. L'utilisation de cette propriété pour moduler les courants électriques suscite énormément d'intérêt et la recherche dans le domaine de la « vision par l'électricité » s'intensifie rapidement avec les découvertes importantes réalisées en Grande-Bretagne, en Russie, en Allemagne et aux États-Unis.

En 1884, l'Allemand Nipkow découvre le moyen de diviser une scène visuelle en de nombreuses sections qu'il fait émettre l'une après l'autre en succession rapide. L'élément essentiel est constitué par un grand disque percé d'une série de trous s'enroulant en spirale à partir de la périphérie. Lorsque l'on fait tourner le disque à une certaine vitesse, la lumière correspondant aux portions de l'objet à émettre est balayée par les trous et tombe sur une cellule de sélénium disposée derrière le disque. Le courant électrique modulé se déplace par l'intermédiaire d'un fil jusqu'au récepteur, un disque rotatif identique grâce auquel le spectateur regarde les images reproduites sur un écran en verre de plomb. Cette technique fondamentale de balayage mécanique connaît certaines variantes faisant appel, par exemple, à des miroirs inclinés ou à un système électromagnétique, en attendant la découverte du tube cathodique, qui éclipse tous les procédés concurrents. Précurseur de l'écran de télévision actuel, il se compose d'un tube en verre dans lequel on fait le vide, couvert à une extrémité d'un revêtement fluorescent. Lorsqu'elle est reliée à une source de courant électrique, l'électrode négative (cathode) peut bombarder l'« écran » fluorescent d'un flux d'électrons en s'assurant que le point d'impact soit incandescent de façon visible. En disposant des électroaimants sur la trajectoire du flux électronique, il est possible de faire converger la radiation et de l'empêcher de tomber sur n'importe quel point de l'écran.

Malgré les espoirs placés dans le tube cathodique dès 1911, les premières démonstrations pratiques de télévision, présentées par l'ingénieur écossais John Logie Baird (1888-1946) aux clients ébahis du magasin Selfridges, à Oxford Street, à Londres, faisaient appel à un système de balayage mécanique. Baird avait construit un disque Nipkow en carton muni de trente-deux trous portant des verres de phare de bicyclette. Deux autres disques, l'un muni de fentes en étoile, l'autre percé d'une seule fente en spirale, balayaient ensemble une image de trente lignes verticales de très faible définition avec un taux de répétition de seulement cinq trames par seconde. L'image vacillait assez nettement et ne mesurait que 50 x 38 mm.

En 1928, Baird effectuait le premier essai de télévision en couleur et, dès l'année suivante, il émettait régulièrement (avec la BBC) des programmes quotidiens d'une demi-heure. En France, les premières émissions régulières débutent en 1932 (réseau Paris-Télévision) à l'initiative de René Bathélemy (1889-1954). Pendant quelques années, les normes varient selon les techniques et les pays : 180 lignes en France (émetteur de la tour Eiffel, 1935), 240 ou 405 lignes en Angleterre (respectivement systèmes Baird ou Marconi, conjointement exploités, à partir de 1936, par la BBC à la station d'Alexandra Palace à Londres), 445 lignes à Paris en 1938, 441 lignes pendant l'occupation allemande et 819 lignes en 1948, 625 lignes en 1963 avec la création de la deuxième chaîne (qui constitue aujourd'hui la norme standard).

5. *De la Seconde Guerre mondiale à nos jours.* Les années de guerre 1939-45 donnèrent à la radio une nouvelle mission avec la diffusion des nouvelles et la propagande dans le monde entier. Elle restait naturellement une source d'informations et de divertissements pour soutenir le moral des civils et des militaires. Les grandes radios nationales, notamment la BBC, étaient bien équipées pour remplir ces nouvelles fonctions, avec leur service de diffusion outre-mer. La BBC remporta surtout un énorme succès avec une campagne « V pour Victoire » (*V for Victory*) : émissions spéciales transmises vers l'Allemagne et les pays occupés. L'idée en revenait à Victor de Lavelaye, un journaliste belge qui travaillait dans les studios londoniens de la BBC avec des exilés de guerre en provenance de tous les pays d'Europe pour réaliser des émissions destinées à leurs pays d'origine. Il avait fait le rapprochement entre le schéma rythmique des quatre premières notes de la *Cinquième Symphonie* de Beethoven – œuvre qui est déjà indissociable de la lutte de l'homme contre l'adversité – et celui de la lettre « V » dans l'alphabet morse, *di-di-di-da*. Ainsi, dans une émission de radio adressée à ses compatriotes belges, qui écoutaient la BBC clandestinement par crainte de représailles de l'occupant, il introduisit le signal « V pour Victoire » et suggéra qu'il devienne le symbole du ralliement : « Que les patriotes multiplient ce symbole autour d'eux... Faisons comprendre à l'occupant, en montrant ce signe, toujours le même, répété indéfiniment, qu'il est entouré, encerclé par une foule énorme de citoyens qui attendent avec impatience son premier signe de faiblesse et guettent son premier échec. » Toutes les émissions de la BBC diffusées dans les pays européens occupés, puis dans les zones de guerre en Extrême-Orient, débutaient par le motif « V ». Il aurait été difficile de concevoir un meilleur remontant pour le moral des opprimés.

En France, la Radio-Télévision française (RTF), qui avait succédé en 1950 à la Radiodiffusion télévision (RDT), devenait un établissement public à caractère industriel et commercial en 1959. Cinq ans plus tard disparaissaient les derniers émetteurs à vocation régionale au profit d'un système centralisé rassemblé dans l'Office de radiodiffusion télévision française (ORTF), qui bénéficiait d'une autonomie partielle (1964). Les quatre chaînes qui avaient été définies au lendemain de la guerre (France I, II, III et IV, cette dernière consacrée à la musique et n'émettant qu'en modulation de fréquence) étaient regroupées en trois (France-Inter – grandes ondes et ondes moyennes –, France-Culture – ondes moyennes – et France-Musique – modulation de fréquence) qui bénéficiaient progressivement d'une diffusion complémentaire en FM et de la stéréophonie. Parallèlement, depuis le milieu des années cinquante, l'apparition des stations périphériques (RTL, Europe 1, Radio Monte-Carlo) avait suscité une certaine émulation dans le domaine de la radio de grande diffusion. En 1975, l'ORTF était scindé en sept sociétés de diffusion et de production : Radio-France, TF1, Antenne 2, FR3, la Société française de production (SFP, production télévisuelle), Télédiffusion de France (TDF) et l'Institut national de l'audiovisuel (l'INA, chargé de la conservation des archives audiovisuelles). Chacune de ces sociétés disposait d'un budget provenant pour partie de fonds publics et du produit de la redevance, pour partie de recettes publicitaires (télévision). Devant la multiplication des radios privées et l'encombrement de la bande FM, le monopole des programmes devait disparaître en 1982. La Haute Autorité de la communication audiovisuelle avait le pouvoir d'accorder des autorisations d'émettre à des radios locales privées. Radio-France s'orientait alors dans la voie de la décentralisation en multipliant ses stations locales. La réforme de 1986 était marquée par la privatisation de TF1 réalisée l'année suivante et la disparition de la Haute Autorité, remplacée par la Commission nationale de la communication et des libertés (CNCL), qui procédait à une nouvelle répartition des fréquences autorisées.

La radio a joué d'emblée un rôle de complément dans la vie musicale : conscients de la mission qui leur était impartie, les responsables musicaux de la RTF, de l'ORTF puis de Radio-France ont toujours cherché à promouvoir des répertoires difficiles à défendre en concert public et à pratiquer une politique de commandes en faveur de la musique contemporaine. L'Orchestre national a été la première formation permanente créée dans le cadre de la radio pour répondre aux besoins musicaux de l'antenne (1934), suivi de l'Orchestre philharmonique (1937), de l'Orchestre lyrique (1941) et de l'Orchestre de chambre (1952). Les trois derniers fusionnent en 1976 pour constituer le Nouvel Orchestre philharmonique de Radio-France. En province, les stations de Lyon, Toulouse, Bordeaux, Marseille, Alger, Lille, Strasbourg et Nice possédaient des orchestres qui ont disparu au fil des années, lorsque le disque s'est substitué progressivement à la musique vivante. Les trois derniers ont cessé leurs activités en 1975. Radio-France dispose également d'un chœur (le seul chœur professionnel français en dehors des théâtres lyriques) et d'une maîtrise d'enfants. Le service de musique de chambre produit un répertoire enregistré en studio ou lors de concerts publics. Les deux programmes musicaux (France-Musique et France-Culture) disposent également d'une certaine marge de production spécifique orientée vers des répertoires peu servis par le disque ou vers de jeunes artistes. En tant qu'organisme de retransmission, Radio-France s'associe aux principaux événements de la vie musicale française qui trouvent ainsi un écho sur les ondes. A la tête des services musicaux se sont succédé Henry Barraud (1944-66), Michel Philippot (1966-75), Pierre Vozlinski (1975-81), André Jouve (1981-82), Alain Durel (1982-87) et André Jouve à nouveau (depuis 1987).

L'apparition de radios privées sur la bande FM (début des années 1980) semble correspondre à un besoin de diversification des programmes très accentué. La bande des fréquences utilisées s'en trouve sensiblement élargie (jusqu'à 107 MHz). La musique « classique » reste assez marginalisée dans ce mouvement mais on a vu naître quelques stations qui diffusent de la musique sans interruption, avec une simple annonce, sans le moindre commentaire, démarche qui semble répondre indiscutablement à un besoin chez les auditeurs de la fin du XXe siècle.

La baisse sensible des prix des postes de radio et de télévision est à l'origine de la diffusion considérable de ces appareils depuis les années soixante : plus de vingt millions de récepteurs TV et près de cinquante millions de récepteurs radio étaient en activité en France en 1983. Dans le domaine de la radio, les progrès les plus sensibles ont été l'apparition des postes à transistors et la miniaturisation, la généralisation des postes à modulation de fréquence et la définition de normes de réception très sophistiquées, intégrées dans des récepteurs compacts (« chaînes ») utilisables aussi bien pour la radio que pour la lecture des disques ou des bandes magnétiques. La télévision a connu une évolution analogue avec la multiplication des programmes (2e chaîne, devenue Antenne 2, 1963 ; 3e chaîne, devenue FR3, 1972), les liaisons par satellite (Telstar, 1962), l'apparition de la couleur (1967) et la stéréophonie. L'État abandonne progressivement son monopole avec la création des chaînes privées (Canal Plus, 1984 ; La 5, 1985 et TV 6, devenue M6, 1986) et la privatisation de TF 1 (1987). La norme d'émission s'est stabilisée à 625 lignes UHF, l'ancienne bande de 819 lignes VHF de TF 1 étant utilisée aujourd'hui par Canal Plus en 625 lignes. Les satellites européens Sky-Channell (G.-B.), Sat-1 (R.F.A.) puis Eutelsat et TDF permettent une réception des programmes bien au-delà des frontières qui commence à être relayée par les réseaux câblés (première installation à Cergy-Pontoise en 1985).

Dans le domaine de la télévision, les États-Unis ont donné le rythme des innovations techniques. Grâce aux « adaptateurs de normes » qui permettaient de tenir compte des différents systèmes de lignes, il s'est créé un échange de programmes fructueux entre les États-Unis et les pays de l'Union européenne de radiodiffusion (UER). Ainsi la programmation s'est internationalisée et l'on a pu amortir des productions très onéreuses en vendant ou en échangeant des programmes sur bande vidéo. La transmission directe vers d'autres pays s'est trouvée, dans un premier temps, limitée à des destinations reliées au pays émetteur par des relais hertziens ou par câbles distributeurs. Toutefois, le nombre croissant des satellites de télécommunication en orbite autour de la Terre, à une distance d'environ 35 200 km et à une vitesse qui les maintient au-dessus du même point de la surface terrestre, commence à être très largement utilisé dans le domaine de la radio et de la télévision. Les nouvelles et les programmes clés des variétés ou de la musique classique peuvent ainsi être diffusés simultanément dans plusieurs pays, avec seulement une fraction de seconde de retard lorsque les signaux rebondissent du satellite vers les pays les plus lontains. Actuellement les signaux retransmis par satellite doivent être reçus sur une grande antenne parabolique qui les centralise et les relaie vers les téléspectateurs. A l'avenir, on envisage de permettre aux utilisateurs individuels de se brancher directement sur les satellites et de créer de nombreuses stations canalisées le long de types de câbles entièrement nouveaux. Le choix des programmes sera alors presque infini et le monde semblera plus petit que jamais.

6. *La musique à la télévision*. Les studios et les techniques de diffusion sonore ont connu une évolution aussi profonde que les moyens d'enregistrement (voir *Enregistrement et reproduction audio-visuelle*, 8). L'approche est légèrement différente et on utilise davantage les relais « en direct » depuis les salles de concert, théâtres lyriques, etc. pour tenir compte des réactions « à chaud » des auditeurs. A la radio, l'auditeur se sent étroitement associé à la présentation d'un événement musical et il tolère les petits incidents et les toussotements, comme s'il se trouvait au sein du public – alors qu'ils sont rédhibitoires pour l'acheteur d'un disque. Les ingénieurs du son placent donc leurs micros pour saisir une représentation adéquate de l'acoustique d'une salle donnée et de nombreux programmes sont réellement transmis en direct : les paroles du speaker : « Et maintenant nous nous rendons au Théâtre des Champs-Élysées » font naître une certaine excitation qui ne sera pas déçue si les balances sont précises et la reproduction sonore fidèle.

Toutefois, la musique transmise à la télévision présente des problèmes nouveaux. Le seul équilibre sonore viable est celui qui présente la musique dans une perspective réelle, comme si elle provenait d'un endroit particulièrement bien placé de l'auditorium. En termes visuels, cela reviendrait à maintenir sur l'écran de télévision une image fixe au grand angle de l'orchestre. Mais une telle solution manque d'intérêt car la taille du petit écran ne permet pas au téléspectateur de se concentrer sur différents pupitres de l'orchestre comme il le ferait au concert. On a donc adopté une technique de compromis qui consiste à entretenir l'intérêt visuel en opérant de brusques changements de séquences d'une caméra à une autre. Les instruments ou les pupitres apparaissent individuellement en gros plan au moment où ils jouent une partie musicale importante, alternant avec des prises de vues à distance ou des images du chef d'orchestre, etc.

Néanmoins, cette approche comporte des anomalies, sinon des risques. Les impressions ressenties par l'œil et l'oreille sont beaucoup trop souvent contradictoires. La distance apparente des instruments change constamment ainsi que l'angle sous lequel on les voit, alors que leur perspective sonore doit rester fixe. D'autre part, il est impossible de modifier la balance sonore de l'orchestre pour qu'elle corresponde à chaque changement de prise de vues. A la télévision, les ingénieurs du son se sentent donc obligés de préserver un degré de « présence » sur les instruments supérieur à ce qui pourrait sembler idéal sur un disque. Les gros plans d'une flûte, d'un triangle ou de tout autre instrument doivent donc s'accompagner d'une audition suffisamment claire du son de cet instrument. La prééminence indiscutable de l'œil sur l'oreille suffit généralement à faire accepter cette technique par la plupart des téléspectateurs.

La retransmission télévisée d'exécutions enregistrées en studio, et non dans une salle de concert, pose de nouveaux problèmes. Les studios de télévision sont généralement assez grands pour recevoir les nombreux appareils d'éclairage et laisser de l'espace aux caméras en mouvement. Toutefois, leur acoustique est très sourde car les surfaces murales sont recouvertes de matériaux absorbants utiles pour les pièces de théâtre et pour les autres types de programmes dans lesquels la réverbération du studio serait indésirable. Cette acoustique sourde peut être accentuée par la nécessité de placer les micros hors du champ de la caméra. Faire de la musique dans un milieu aussi assourdi est très fatigant, surtout pour les chanteurs, et l'on fait parfois appel à une technique appelée ambiophonie. Elle consiste à renvoyer dans le studio une copie plus réverbérante des sons captés par les micros et donne l'impression de bénéficier d'un environnement plus brillant.

L'opéra en studio de télévision présente des difficultés particulières ; l'une des solutions consiste à placer l'orchestre dans un studio séparé, ce qui n'apparaît jamais à l'écran mais peut donner de bons résultats acoustiques. Le son de l'orchestre est relayé par haut-parleurs jusqu'aux chanteurs, que l'on peut filmer facilement car ils évoluent dans les décors du studio avec autant de souplesse que des comédiens. Le chef d'orchestre voit également les chanteurs sur un écran de contrôle et les entend au casque ou dans un petit haut-parleur s'il le préfère.

A la télévision, après plusieurs décennies de disques et de radiodiffusion stéréophoniques, le son monophonique du seul et unique petit haut-parleur dont sont munis la plupart des postes de télévision est souvent très décevant. Pour y remédier partiellement, les stations qui transmettent à la fois des programmes de radio et de télévision annoncent parfois une diffusion « simultanée » à la télévision et à la radio en stéréo. On conseille alors à l'auditeur-téléspectateur d'installer ses deux haut-parleurs stéréo de part et d'autre de son poste de télévision et de couper le son de ce dernier. Le résultat sonore est sans doute bien meilleur, mais il y a naturellement très peu de coordination entre cette propagation sonore réaliste et les confins étroits de l'image qui l'accompagne.

Les installations futures feront peut-être appel à des écrans beaucoup plus grands et à des techniques encore inconnues pour créer un mariage plus heureux entre le son et l'image. En attendant, il semble probable que de nombreux pays vont suivre l'exemple du Japon et commencer à transmettre le son stéréo en tant que partie intégrante du signal télé, introduisant en même temps des récepteurs de télévision stéréo spéciaux. Les équivalents TV du tourne-disque et du magnétophone ont déjà fait leur apparition et les disques et bandes vidéo avec son stéréo intégré remplaceront certainement un jour leurs homologues monophoniques.

John Borwick, rév. Alain Pâris.

Raff, (Joseph) **Joachim** (Lachen, près de Zurich, 27 mai 1822 ; Francfort-sur-le-Main, 24 ou 25 juin 1882). Compositeur allemand. De famille pauvre, il commence par travailler dans l'enseignement avant de se consacrer à la musique, vers 1845. Il travaille pour des libraires et éditeurs de musique à Cologne, Stuttgart, Hambourg, reçoit l'aide et les encouragements de von Bülow, Mendelssohn et Liszt et, en 1850, devient l'assistant personnel de Liszt à Weimar. Six ans plus tard, il s'installe à Wiesbaden pour enseigner le piano et composer ; en 1877, il est nommé directeur de la Hochschule de Francfort, où son enseignement de la composition influence plusieurs jeunes compositeurs, notamment l'Américain Edward MacDowell. Il y restera jusqu'à sa mort. Compositeur extrêmement prolifique (plus de deux cents numéros d'opus et de nombreuses œuvres inédites), il s'est concentré sur la musique pour piano comme un grand nombre de ses contemporains. Néanmoins, ses contacts avec Liszt et son entourage l'ont orienté vers la musique symphonique à programme : il a composé onze symphonies, qui portent souvent des titres fantaisistes, ainsi que beaucoup de musique de scène et de musique de chambre. Bien que sa musique pour piano ait joui d'une grande popularité à son époque, certains critiques ont sévèrement condamné son essai de synthèse des idées traditionnelles et progressistes et son succès a été de courte durée. On ne joue pratiquement plus sa musique aujourd'hui, quoique la *Cavatina*, composée à l'origine en 1859 pour violon et piano, reste assez connue.

Judith Nagley.

Râga. Nom générique désignant un système de types mélodiques indiens. Voir *Inde*, 5 et 6.

Ragtime. Dérivé du *jazz qui s'est épanoui à la fin du XIXe siècle, à l'époque où le jazz émergeait de trois siècles de gestation obscure. Il suit le modèle de la marche typique de l'époque avec une introduction et plusieurs parties contrastées, sa principale caractéristique étant une mélodie syncopée dont le déplacement des accents reste dans les limites de la notation existante sur un accompagnement régulier, généralement à 2/4. L'émergence de ce genre de jazz plutôt formel reflète non seulement les réticences d'un monde du divertissement dominé par les Américains de race blanche, mais également le besoin commercial de publier cette musique sous une forme qui pouvait être jouée par les amateurs. Il est probable que ses créateurs le jouaient dans un style beaucoup plus libre que ne le suggère la partition écrite. On pense surtout au ragtime comme à de la musique pour piano, mais il a aussi existé sous forme orchestrale pour la danse, le ragtime étant la musique de la grande vogue du *cake-walk*, et il est étroitement apparenté à une forme de jazz qui est devenue le *dixieland. Le principal compositeur de ragtime reste Scott Joplin (1868-1917), qui a écrit des rags d'un charme et d'une ingéniosité remarquables. Son ambition l'a même poussé à écrire un opéra en ragtime, *Treemonisha*, qui n'a connu qu'une seule représentation à titre d'essai de son vivant. Les successeurs de Joplin, dans ce que l'on considère maintenant comme la période classique du ragtime, ont été James Scott (1886-1938) et Joseph Lamb (1887-1960), mais plusieurs autres musiciens ont ajouté des chefs-d'œuvre isolés au solide répertoire de Joplin et ont en général fait évoluer le genre en lui apportant une relative complexité.

Parallèlement au ragtime pour piano s'est développée la chanson de ragtime qui est devenue la première veine vraiment distinctive de chant populaire américain. Le ragtime a connu un regain d'intérêt au début des années 1900, lorsque Tin Pan Alley a pris pleinement conscience de l'importance de cette nouvelle musique et que des chansons comme « Alexander's Ragtime Band » d'Irving Berlin sont devenues des « best-sellers ». Par la suite, le ragtime est redevenu à la mode à diverses reprises, mais en général sans la grâce et le charme d'origine, souvent joué de façon stridente et comique. Il a fallu attendre les années soixante-dix pour redécouvrir le ragtime des débuts : les œuvres complètes de Joplin ont été publiées par la New York Public Library et son opéra, *Treemonisha*, a été représenté. Le ragtime authentique a été repris dans le respect de son style original et a été utilisé avec succès comme musique de fond dans des films ou comme musique de ballet. Il est peu probable qu'il retombe dans l'oubli et il restera une musique d'un charme et d'un dynamisme considérables.

Peter Gammond.

Raimbaut de Vaqueiras (Vaqueiras, Provence, milieu du XIIe siècle). Troubadour français. Il a passé une grande partie de sa vie à la cour de Boniface II à Montferrat, dans le nord de l'Italie, et a accompagné son protecteur, en 1194, à la guerre de Sicile et, en 1202, à une croisade en Terre sainte. Trente-cinq de ses poèmes ont survécu, dont sept avec musique ; l'un d'entre eux, le célèbre « Kalenda maya », est le plus ancien exemple d'*estampie.

Wendy Thompson.

Rainier, Priaulx (Howick, Natal, 3 février 1903 ; Besse-en-Chandesse, France, 10 octobre 1986). Compositeur anglais d'origine sud-africaine. Elle s'installe en Angleterre en 1920 et fait ses études à la Royal Academy of Music de Londres avec McEwen. Tout en étant instrumentiste à cordes, elle compose et reçoit les encouragements d'Arnold Bax, mais ce n'est qu'après une période d'études avec Nadia Boulanger à Paris (1937) qu'elle atteint la maturité en tant que compositeur : son *Quatuor à cordes n° 1* (1939) est sa première œuvre représentative. Sa production assez limitée, surtout concentrée dans les domaines de la musique de chambre et de la musique vocale, est caractérisée par des motifs vigoureux dans un style extrêmement chromatique et par son penchant pour les combinaisons instrumentales peu courantes comme dans son *Concertante for Two Winds* pour hautbois, clarinette et orchestre. Elle enseignait également l'harmonie et le contrepoint à la Royal Academy of Music.

Paul Griffiths.

Raison, André (mort à Paris en 1719). Organiste et compositeur français. Il a travaillé à l'abbaye royale de Sainte-

Geneviève pendant la seconde moitié du XVIIe siècle et a été le professeur de Clérambault. Dans ses deux recueils de messes pour orgue (publiés à Paris en 1688 et 1714), il donne des instructions intéressantes sur leur exécution et leur interprétation, recommandant de choisir le tempo en fonction du style du morceau (style de sarabande, de gigue ou d'une autre danse).

Denis Arnold.

Rake's Progress, The (« Le Libertin »). Opéra en trois actes et un épilogue de Stravinski sur livret de W. H. Auden et Chester Kallmann, d'après des gravures de Hogart (1735). Représentations : Venise (Fenice, 11 septembre 1951) ; Bruxelles (Monnaie, 26 mars 1952, version française) ; Strasbourg (13 décembre 1952) ; New York (Metropolitan Opera, 14 février 1953) ; Paris (Opéra-Comique, 18 juin 1953) ; Édimbourg (25 août 1953). Tom Rakewell (tén.) quitte Anne Trulove (sop.) pour se rendre à Londres, lorsque Nick Shadow (bar.) apporte une bonne nouvelle : Tom vient d'hériter d'un oncle inconnu. Son désir s'émoussant, Tom se laisse facilement convaincre par Shadow, désormais à son service, d'épouser Baba la Turque, une femme à barbe (mezzo), et de mettre sa confiance dans une machine qui transforme les pierres en pain. Il fait faillite et tous ses biens sont vendus. Le délai d'un an et un jour stipulé par Shadow pour leur association arrive à son terme, Shadow révèle sa véritable identité ; il est le diable et veut l'âme de Tom. Toutefois, Nick accepte de jouer aux cartes l'âme de Tom et ce dernier gagne. Nick disparaît dans une tombe proche, mais fait sombrer Tom dans la folie. A la scène finale, Tom se trouve à Bedlam, entouré de fous, et se prend pour Adonis ; Anne vient le voir une dernière fois. Dans l'épilogue, les personnages viennent chanter la morale :

« Pour les bras paresseux,
Et les cœurs et les esprits,
Le diable sait trouver
De l'ouvrage. »

Rallentando (ital.). Voir *Rallentare.*

Rallentare (ital.). « Ralentir » ; *rallentando,* « en ralentissant ». Au XVIIIe siècle, le terme *lentando* indiquait qu'il fallait ralentir progressivement.

Rambert (Ramberg), (Dame) **Marie** (Myriam) (Varsovie, 20 février 1888 ; Londres, 12 juin 1982). Danseuse et pédagogue britannique d'origine polonaise. En 1913, elle entre aux Ballets russes de Diaghilev comme conseillère rythmique de Nijinski pour *Le Sacre du printemps* et danse dans le corps de ballet. En 1918, elle s'installe à Londres ; elle ouvre sa première école de ballet en 1920 et, en 1926, forme sa première compagnie (qui prend le nom de Ballet Rambert en 1935). Elle est considérée, avec Ninette de Valois, comme l'inspiratrice du ballet en Grande-Bretagne. Elle a découvert et formé de nombreux chorégraphes de talent comme Frederick Ashton et Antony Tudor, puis Norman Morrice et Christopher Bruce.

Noël Goodwin.

Rameau, Jean-Philippe (baptisé à Dijon le 25 septembre 1683 ; Paris, 12 septembre 1764). Compositeur et théoricien français. Fils d'organiste, Rameau séjourne en Italie à l'âge de dix-huit ans pour étudier la musique. A son retour en France, il est organiste à Avignon, à Clermont, puis (à partir de 1706) à Paris. En 1709, il succède à son père à Notre-Dame de Dijon pour une courte période, et, à partir de 1715, il est organiste à la cathédrale de Clermont, où il restera huit ans. Pendant cette période, Rameau compose son premier recueil de pièces pour clavecin (Paris, 1706) et, en 1722, il publie son premier ouvrage théorique, le *Traité de l'harmonie.*

A la fin de 1722, Rameau retourne à Paris, où il restera jusqu'à la fin de sa vie. En 1726, il publie un autre ouvrage théorique, le *Nouveau Système de musique* ; dès 1723, il se met à écrire régulièrement de la musique pour des opéras-comiques qui sont représentés dans les Théâtres des Foires parisiens en collaboration avec le dramaturge Piron. Rameau continue à jouer de l'orgue dans diverses églises parisiennes et donne également des leçons particulières de composition ; il ouvrira une école de composition en 1737. A la même époque, il est présenté au fermier général Le Riche de La Pouplinière, mécène qui entretient un orchestre privé. En 1739, La Pouplinière achète un hôtel rue de Richelieu, où Rameau et sa femme (il s'était marié en 1726) occuperont un appartement à partir de 1744.

Chez La Pouplinière, Rameau rencontre l'élite de la société musicale et littéraire parisienne, dont certains auteurs dramatiques qui seront plus tard ses librettistes. Il y rencontre aussi le jeune Jean-Jacques Rousseau et s'en fait un ennemi : Rousseau lui soumet la partition des *Muses galantes*, mais le vieil homme la rejette avec brusquerie en faisant des remarques désobligeantes. En 1753, la famille Rameau quitte la rue Richelieu pour emménager dans son propre appartement, rue des Bons-Enfants.

De nos jours, on connaît surtout Rameau comme compositeur d'opéra, mais il ne vient à cette forme musicale qu'assez tard. Il compose son premier opéra, *Hippolyte et Aricie*, en 1733, à l'âge de cinquante ans. Au cours des trente dernières années de sa vie, il compose une trentaine d'œuvres lyriques, dans tous les genres de l'époque – tragédies lyriques, opéras-ballets, ballets, divertissements, pastorales, opéras-comiques, etc. Les plus célèbres sont les trois premières tragédies lyriques : *Hippolyte et Aricie*, *Castor et Pollux* (1737) et *Dardanus* (1739, profondément révisée). Elles reprennent la tradition de l'opéra français établie par Lully. Rameau va même jusqu'à rendre hommage à Lully dans *Hippolyte et Aricie*, en modelant le chœur funèbre de la fin de l'acte IV sur celui de l'*Alceste* de Lully et en citant une phrase de cette œuvre (« Hippolyte n'est plus »). Mais les tragédies lyriques de Rameau annoncent aussi les opéras de Gluck (la première scène près de la tombe de Castor, dans la première version de *Castor et Pollux*, a servi de modèle au tableau initial d'*Orphée et Eurydice* de Gluck.)

Dans les œuvres lyriques de Rameau, chaque acte contient un divertissement substantiel, qui permet d'inclure des danses nombreuses et variées. Le divertissement joue un rôle particulièrement important dans les opéras-ballets. Les plus beaux sont *Les Indes galantes* (1735) et *Les Fêtes d'Hébé* (1739) – deux œuvres qu'il a composées relativement tôt. *Les Indes galantes* comportent un prologue et quatre entrées, toutes dans un cadre exotique différent, alors que les trois entrées des *Fêtes d'Hébé* sont conçues dans une veine plus pastorale. Rameau compose ensuite la comédie lyrique *Platée* et la comédie-ballet *La Princesse de Navarre* pour le mariage du dauphin, en 1745 ; plusieurs autres pièces ont vu le jour à l'occasion d'événements royaux.

Les œuvres scéniques de Rameau ne firent pas l'unanimité de son vivant. Il subit aussi bien les attaques des partisans de la musique progressiste (notamment la musique italienne), conduits par Rousseau, que celles des défenseurs de Lully, qui trouvaient sa musique d'un modernisme extravagant, presque incompréhensible. Dans les années 1730 et 1740, une polémique féroce opposa « lullistes » et « ramistes ». Dans son roman satirique *Les Bijoux indiscrets* (1748), Diderot souligne les différences de style entre Lully et Rameau : « Uremifasolasiututut [Rameau]...est excellent lorsqu'il est bon ; mais il dort de temps en temps : et à qui cela n'arrive-t-il pas ?... Le vieux Utmiutsol [Lully] est simple, naturel, uni, trop uni quelquefois, et c'est sa faute. Le jeune Uremifasolasiututut est singulier, brillant, composé, savant, trop savant, quelquefois... La nature conduisait Utmiutsol dans les voies de la mélodie ; l'étude et l'expérience ont découvert à Uremifasolasiututut les sources de l'harmonie. »

Au cours des années 1740, Rameau reçut une pension de la cour et le titre de compositeur du cabinet du roi, mais Mme de Pompadour n'aimait ni l'homme ni sa musique et, en 1749, elle usa de son influence pour l'empêcher de présenter plus de deux opéras par an. Au début des années 1750, Rameau fut entraîné, malgré lui, dans la Querelle des *bouffons qui vit, ironie de l'histoire, ses anciens détracteurs (les « lullistes ») promouvoir sa musique : ils la considéraient alors comme représentative de la meilleure tradition française, par opposition à l'opéra bouffe italien, défendu par Rousseau et ses partisans. En fait, Rameau admirait la musique italienne et avouait que s'il avait été plus jeune, il se serait volontiers inspiré du style de Pergolèse. A la suite de cette querelle, les encyclopédistes pro-Italiens, notamment son ancien défenseur Diderot, se sont rangés résolument dans le camp des ennemis de Rameau (voir *France*, 5).

Malgré le succès de ses opéras, Rameau considérait ses écrits théoriques comme l'œuvre la plus importante de sa vie. Il y traite de la musique comme d'une science, mais la rattache à l'esthétique de la composition qui, selon lui, doit toujours tendre à satisfaire l'oreille, être expressive et porteuse d'émotion. Il insiste particulièrement sur l'importance de l'accord à l'état fondamental (ou accord parfait), avec lequel ses renversements (accord de sixte et accord de quarte et sixte, respectivement premier et deuxième renversement) entretiennent une relation harmonique. Il forge le concept d'une basse continue imaginaire qui n'est pas composée des notes les plus graves, mais des fondamentales des accords employés – une sorte de basse fondamentale. Pour Rameau, la source de toute consonance musicale est l'accord parfait majeur ou mineur, alors que l'accord de septième est source de dissonance. Ses ouvrages sur l'harmonie ont exercé une grande influence sur les théoriciens de son époque et sur leurs successeurs, notamment Tartini, Marpurg, Helmholtz, Riemann et Hindemith.

Outre ses opéras et ses livres, Rameau a laissé de nombreuses pièces pour clavier, éditées en quatre recueils (Paris, 1706, 1724, vers 1728 et 1741). Ce sont, pour la plupart, des pièces de genre aux titres descriptifs dans la tradition française ainsi que des danses. Il a également publié un volume de musique de chambre instrumentale, les *Pièces de clavecin en concert* (Paris, 1741).

Rameau n'était pas beaucoup aimé : on l'a souvent taxé d'avarice et d'insensibilité envers sa famille, ce qu'il doit en partie au portrait malicieux qu'en fait Diderot dans *Le Neveu de Rameau* (Paris, 1761 ; le neveu auquel est attribuée cette description était Jean-François Rameau, le fils indigne du frère de Rameau, Claude). Par son caractère extrêmement taciturne et sa tendance à une franchise brutale à la limite de la grossièreté, Rameau a fini par s'aliéner même ses amis. L'un de ses contemporains disait de lui : « Son cœur et son âme sont entièrement dans son clavecin ; dès qu'il le ferme, il n'y a plus personne. »

Wendy Thompson.

BIBLIOGRAPHIE : d'Alembert, *Éléments de musique et pratique suivant les principes de M. Rameau*, Jean-Marie Bruyset (Paris, 1779), rééd. Les Introuvables (Plan-de-la-Tour, 1984). James R. Anthony, *La Musique en France à l'époque baroque (de Beaujoyeulx à Rameau)*, Flammarion (Paris, 1982). Philippe Beaussant, *Rameau de A à Z*, Fayard (Paris, 1983). Paul Berthier, *Réflexions sur la vie et l'art de J.-Ph. Rameau*, Picard (Paris, 1957). Jacques Gardien, *Jean-Philippe Rameau*, La Colombe (Paris, 1949). Cuthbert Girdlestone, *Jean-Philippe Rameau, sa vie, son œuvre*, Desclée de Brouwer (Paris, 1962, rééd. 1983). Catherine Kintzler, *Jean-Philippe Rameau*, Le Sycomore (Paris, 1983). Jérôme de La Gorce (éd.), *Colloque international organisé par la Société Rameau (Dijon, 1983)*, Champion-Slatkine (Paris-Genève, 1986). Jean Malignon, *Rameau*, Seuil (Paris, 1960, rééd. 1980) / *Petit Dictionnaire Rameau*, Aubier (Paris, 1983). D. Paquette, *Jean-Philippe Rameau, musicien bourguignon*, Champion-Slatkine (Paris, 1985). Jean-Philippe Rameau, *Musique raisonnée*, Stock (Paris, 1980) / *Traité de l'harmonie* (Paris, 1722), rééd. Méridiens Klincksieck (Paris, 1986).

Ramifications. Œuvre de Ligeti pour orchestre à cordes ou pour douze instruments à cordes solistes, composée en 1968-69.

Ramsey, Robert (Cambridge, première moitié du XVIIe siècle). Compositeur anglais connu pour sa musique religieuse, ses mélodies pour *consort* et basse continue et ses madrigaux. Diplômé à Cambridge en 1616, il travaille à Trinity College, entre 1628 et 1644, d'abord comme organiste, puis comme « Master of the Children ». Comme celui de ses contemporains Deering et Philips, le style de Ramsey est expressif et italianisant et, quoique la majorité de ses œuvres soient écrites dans la langue polyphonique de la *prima prattica*, sa mélodie « What tears, dear Prince » (sans doute composée à la mort du prince Henri en 1612) est l'un des plus anciens exemples de mélodie monodique anglaise.

John Milsom.

Randall, William (Londres, 1728 ; Londres, ? janvier 1776). Éditeur et marchand de musique anglais qui a publié, avec son associé John Abell, la première grande partition complète du *Messie* de Haendel (1767). A la mort de son cousin, le jeune John Walsh, en 1766, il hérite du fonds de Walsh qu'il réédite ensuite et fait paraître ses propres recueils de mélodies et de danses ainsi qu'une réimpression de *Plaine and Easie Introduction* (1771) de Morley. A sa mort, sa veuve reprendra son affaire avant de la vendre en 1783.

Rands, Bernard (Sheffield, 2 mars 1935). Compositeur anglais. Il travaille la composition avec Reginald Smith Brindle à Bangor (1953-58) et avec Roman Vlad, Dallapiccola et Berio en Italie (1958-62).

Depuis 1969, il enseigne à l'Université d'York. Après le succès précoce d'*Actions for Six* (1962-63), il a composé de nombreuses partitions destinées à diverses combinaisons. On y relève l'influence de Berio et de son approche de la musique en tant que langage souple constitué de gestes et de suggestions.

Paul Griffiths.

Ranquette (ou cervelas ; all. : *Racket* ; ital. : *cortale*). Instrument à anche double qui a fait son apparition en Allemagne en 1576 et que l'on fabrique à nouveau depuis quelques années. Il se compose d'un cylindre court et épais en bois ou en ivoire de 12 à 35 cm de long. Le long de ce cylindre sont percés environ neuf canaux parallèles cylindriques, reliés alternativement au sommet et au bas de l'instrument pour former une perce étroite (environ 6 mm), ce qui donne une longueur totale de 90 cm ou davantage. Onze trous sont percés à la surface de la colonne que l'instrumentiste couvre des deux mains, y compris les pouces (le onzième trou étant couvert par l'articulation médiane de l'un des doigts). Au sommet, un tube court en cuivre reçoit la pirouette (voir *Chalemie*) et l'anche. Les ranquettes étaient fabriqués en différentes tailles (voir *Instruments de la Renaissance*, Fig. 1), ayant chacun une étendue d'une douzième et produisant un son bourdonnant et doux. Il semble que le ranquette ait surtout été utilisé individuellement au milieu d'autres instruments. En ce qui concerne le nom de l'instrument, l'Allemagne préfère dans l'ensemble les dérivations du mot *ranket*, « de long en large », plutôt que du mot *Rackete*, « fusée » – bien qu'un inventaire de la cour de Stuttgart de 1589 cite des « Zündfleschen, so Rageten » (« ballons d'allumage », c'est-à-dire « fusées ») dans une liste d'instruments à vent marginaux.

A la fin du XVIIe siècle, lorsque la pratique du ranquette s'est éteinte, il a aiguisé la curiosité de plusieurs facteurs, comme Denner, qui en a construit un modèle muni d'un crochet enroulé pouvant recevoir l'anche du basson et d'un pavillon court en haut venant remplacer le trou de sortie original qui se trouve dans la coulisse du cylindre lui-même.

Anthony Baines.

Rant (angl.). Danse probablement originaire des Lowlands écossaises ou du nord de l'Angleterre. Très répandue au XVIIe siècle, John Playford en a fait figurer plusieurs dans ses différents recueils (*The Dancing Master*, *Courtly Mastquing-Ayres*, etc.).

Ranz des vaches (all. : *Kuhreigen*, *Kuhreihen*). Mélodies montagnardes suisses chantées ou jouées au cor des Alpes pour rassembler les vaches, notamment pour la traite. Chaque région possède son propre ranz des vaches et on en dénombre plus d'une cinquantaine sur des paroles et des musiques différentes. L'improvisation y joue un grand rôle et les variantes d'exécution sont innombrables. Le ranz des vaches le plus connu est celui de la région de Gruyère qui porte le nom de ses premières paroles « Les Armaillis des Colombettes » (les armaillis sont les hommes qui passent l'été dans les hautes montagnes à s'occuper des vaches que leur envoient les paysans des vallées avoisinantes). On suppose qu'à l'origine l'air était destiné au cor des Alpes et que les paroles ont été ajoutées par la suite : les sauts dans la mélodie et les intervalles utilisés viennent soutenir cette hypothèse. En général, la mélodie sous ses diverses formes ressemble au thème de la flûte du berger dans *Tristan et Isolde* ; quelques courts motifs se répètent souvent, ce qui crée un léger effet hypnotique.

Les ranz des vaches auraient le pouvoir d'éveiller un violent sentiment de nostalgie chez les paysans suisses et il existe de nombreuses histoires à ce sujet : dans son *Dictionnaire de la musique* (1767), Rousseau, qui faisait certainement allusion aux nombreuses armées européennes employant des mercenaires suisses, écrivait qu'il était « interdit sous peine de mort d'en jouer dans la troupe, car ceux qui l'entendent fondent en larmes, désertent ou meurent, tant la nostalgie de revoir leur pays s'éveille en eux. »

On trouve des ranz des vaches dans diverses œuvres : dans les ouvertures de *Guillaume Tell* de Rossini et de Grétry, dans la « Scène aux champs » de la *Symphonie fantastique* de Berlioz et au début de l'acte III de *Tristan et Isolde* de Wagner.

Percy Scholes.

Rape of Lucretia, The. Voir *Viol de Lucrèce, Le*.

Rappel des oiseaux, Le. Pièce pour clavecin de Rameau extraite de la *Suite en mi mineur* (1724), souvent jouée isolément.

Rappresentazione di anima e di corpo, La (« La Représentation de l'âme et du corps »). Oratorio scénique de Cavalieri sur un texte de Manni, créé à Rome en 1600. Il s'agit de la plus ancienne pièce mise en musique qui nous soit parvenue et on la considère comme le premier opéra.

Rapsodia (ital.). « Rhapsodie », « rapsodie ».

Rapsodie espagnole. 1. Œuvre symphonique de Ravel, composée en 1907-08. Elle comporte quatre parties : *Prélude à la nuit*, *Malagueña*, *Habanera* et *Feria*. La *Habanera* était à l'origine une pièce pour deux pianos, la première des *Sites auriculaires* (1895-97).

2. Œuvre pour piano de Liszt, composée vers 1863. Busoni en a réalisé une version pour piano et orchestre.

Rasch, rascher (all.). « Vite », « plus vite » ; *sehr rasch*, « très vite ».

Rasgueado (esp.). Dans le jeu de la guitare, technique consistant à jouailler des cordes, vers le haut avec le bout des doigts et vers le bas avec le dos des ongles.

Rasiermesserquartett (« Quatuor du rasoir »). Surnom du *Quatuor à cordes en fa mineur op.55 nº 2* de Haydn, composé à la fin des années 1780. En se rasant, Haydn se serait écrié : « Je donnerais mon meilleur quatuor pour un nouveau rasoir » et aurait été pris au mot par un visiteur, l'éditeur de musique londonien Bland.

Rassoumovsky. Voir *Quatuors Rassoumovsky*.

Rastell, John. Voir *Édition musicale*, 4.

Rathgeber, Johann Valentin (Oberelsbach, près de Meiningen, 3 avril 1682 ; Couvent de Banz, près de Cobourg, 2 juin 1750). Compositeur et moine bénédictin allemand. Il a passé la majeure partie de sa vie au monastère de Banz, tout d'abord comme musicien de chambre, puis, après son ordination en 1711, comme chef de chœur. Il a écrit des chants populaires qui ont été publiés en trois volumes de *Tafel-Confect* (1733, 1737, 1746) et comprennent des quodlibets, des imitations de chants traditionnels et des pièces comparables à des *glees* pour solo, duo et chœur. Sa musique religieuse comprend des messes sur des airs simples qui pouvaient être chantés dans les églises paroissiales – style qui allait devenir extrêmement populaire.

Denis Arnold.

Ratsche (all.). « Crécelle ».

Rattenere, rattenendo, rattenuto (ital.). « Retenir », « en retenant », « retenu ».

Rauschend (all). « En se précipitant ».

Ravel, (Joseph) Maurice (Ciboure, Pyrénées-Atlantiques, 7 mars 1875 ; Paris, 28 décembre 1937). Compositeur français d'ascendance basque et suisse. Il est élevé à Paris et fait ses études au Conservatoire (1889-1904), notamment avec Fauré. Son échec au prix de Rome, auquel il concourt quatre fois entre 1901 et 1905, est l'objet d'un véritable scandale ; entre-temps, il se lie à un groupe de brandons de discorde, surnommés les « apaches », auquel appartiennent le compositeur Florent Schmitt, le pianiste Ricardo Viñes et les poètes Tristan Klingsor et Léon-Paul Fargue. On doit à Viñes la création d'un grand nombre d'œuvres de jeunesse pour piano de Ravel, notamment la *Pavane pour une infante défunte* (1899), *Jeux d'eau* (1901) et *Miroirs* (1904-05) ; en outre, Ravel a lui-même mis en musique des vers de Klingsor dans le cycle de mélodies *Shéhérazade* (1903).

Pour plusieurs de ces partitions, on a accusé Ravel d'imiter Debussy, bien que les cascades scintillantes des *Jeux d'eau*, par exemple, soient plutôt dérivées de Liszt et précèdent en fait les pièces pour piano « impressionnistes » de Debussy. Le style vocal et l'harmonie par tons entiers de *Shéhérazade* s'approchent davantage de Debussy, et pourtant ce rêve oriental possède une fermeté propre à Ravel. Le ballet *Daphnis et Chloé* (1909-12), qui profite des froides évocations debussystes de la Grèce antique, est également caractéristique de Ravel par la douceur de son développement ; Ravel l'a qualifié à juste titre de « symphonie chorégraphique ». Toutefois, ses dons naturels ne le prédestinaient pas particulièrement à la musique symphonique. Ses idées musicales sont bien définies et indépendantes, sa musique évolue davantage par contraste et répétition variée que de façon continue. On en trouve un exemple classique dans le *Boléro* (1928), où une seule mélodie est constamment répétée dans un *crescendo* de couleurs, mais la nature profondément objective du génie de Ravel s'impose d'elle-même dans la majeure partie de son œuvre. (Stravinski parlait de lui comme d'un « horloger suisse »). Elle ressort surtout dans les formes nettes et précises et dans les harmonies souvent strictes de sa période néoclassique qui commence avec la suite pour piano *Le Tombeau de Couperin* (1917) et se poursuit avec les sonates pour violon et violoncelle (1920-22) et pour violon et piano (1923-27).

La précision de l'orchestration de Ravel révèle également un artiste pour lequel l'imagination doit être confirmée par le calcul. Orchestrateur parmi les plus inventifs, il a réalisé une orchestration des *Tableaux d'une exposition* (1922) de Moussorgski qui semble transcender l'original ; en outre, Ravel a donné à plusieurs de ses propres œuvres pour piano une parure orchestrale nouvelle et parfaitement adaptée, notamment la *Pavane pour une infante défunte* (orchestrée en 1910), la suite *Ma Mère l'Oye* (1908-11), les *Valses nobles et sentimentales* (1911-12), l'*Alborada del gracioso* (orchestrée en 1918) et *Le Tombeau de Couperin* (orchestré en 1919). Les œuvres qu'il n'a pas orchestrées, comme les trois « poèmes » de *Gaspard de la nuit* (1908), sont celles que les fioritures lisztiennes rendent immuablement pianistiques. Tout en orchestrant la musique d'autres compositeurs (Debussy et Schumann ainsi que Moussorgski), Ravel se plaisait à employer des types musicaux préformés dans ses propres œuvres. Les conventions de la musique « espagnole », par exemple, sont réinterprétées avec un élan joyeux dans sa *Rhapsodie espagnole* (1907-08), dans son opéra-comique en un acte, *L'Heure espagnole* (1911), dans l'*Alborada del gracioso* (1918) et dans son cycle de mélodies *Don Quichotte à Dulcinée* (1932-33), alors que la valse et la musique tzigane se profilent respectivement derrière le « poème chorégraphique » *La Valse* (1919-20) et la rhapsodie de concert *Tzigane* pour violon et piano ou orchestre (1924).

En raison de sa santé fragile, Ravel écrit relativement peu après son opéra *L'Enfant et les sortilèges* (1925, texte de Colette) dans lequel il a su saisir, avec une précision inquiétante, le monde mystérieux, chargé de malveillance, d'une chambre, tel que peut le percevoir un enfant. Les deux seules œuvres d'envergure écrites au cours des dernières années de sa vie sont deux concertos pour piano, le sombre *Concerto pour la main gauche* et le *Concerto en sol majeur*, triomphant et teinté de jazz (tous deux écrits en 1931).

Paul Griffiths.

BIBLIOGRAPHIE : René Chalupt, *Ravel au miroir de ses lettres*, Robert Laffont (Paris, 1956). Vladimir Jankélévitch, *Ravel*, Seuil, coll. Solfèges (Paris, 1956, rééd. 1982). Hélène Jourdan-Morhange, *Ravel et nous*, Éd. du Milieu du monde (Genève, 1945). Hélène Jourdan-Morhange et Vlado Perlemuter, *Ravel d'après Ravel*, Éd. du Cervin (Lausanne, 1953). Armand Machabey, *Maurice Ravel*, Richard-Masse (Paris, 1946). Marcel Marnat, *Ravel*, Fayard (Paris, 1986). Maurice Ravel, *Lettres à Roland-Manuel et à sa famille*, Ed. Calligrammes (Paris, 1986). Roland-Manuel, *Maurice Ravel*, Nouvelle Revue critique (Paris, 1938), rééd. Gallimard (Paris, 1948). H. H. Stuckenschmidt, *Maurice Ravel. Variations sur l'homme et l'œuvre*, Lattès (Paris, 1981).

Ravenscroft, John (vers 1582 ; vers 1635). Compositeur, théoricien et musicologue anglais. Choriste à la cathédrale St Paul, il obtient le titre de « Bachelor of Music » à Cambridge en 1605. Ses œuvres publiées comprennent une révision substantielle du psautier de 1592 de Thomas East (*The Whole Booke of Psalmes*, 1621) et trois volumes de chants, de canons et de *catches* intitulés *Pammelia*, *Deuteromelia* et *Melismata* qui illustrent le côté léger du goût qui régnait à l'époque de Jacques Ier. Ses quatre fantaisies pour cinq violes comportent des indications précises de dynamique.

John Milsom.

Rawsthorne, Alan (Haslingden, Lancashire, 2 mai 1905 ; Cambridge, 24 juillet 1971). Compositeur anglais. Il fait ses études au Royal Manchester College of Music (1926-30) et travaille le piano avec Egon Petri (1930-31). Il est, pendant quelque temps, directeur de la musique à l'école de danse et de mime de Dartington Hall (1932-35), puis se consacre à la composition, écrivant de nombreuses musiques de films. Sa musique sérieuse se compose en majeure partie de partitions instrumentales abstraites : deux symphonies, deux concertos pour piano et violon, trois quatuors à cordes et diverses autres œuvres de musique de chambre. Dans ces partitions, il révèle un don certain pour un contrepoint « athlétique » dans des formes claires reposant sur une harmonie tonale enrichie ; le style est cosmopolite, plus proche de Hindemith que de n'importe quel compositeur anglais contemporain. Parmi les quelques œuvres qui ont un caractère plus pittoresque, on peut citer *The Creel* (1940), suite de portraits de poissons pour piano à quatre mains, et la brillante ouverture *Street Corner* (1944).

Paul Griffiths.

Ré. Le deuxième degré de la gamme dans le système de la *solmisation.

Réalisme socialiste. Doctrine artistique officielle en Union soviétique. Ce terme est apparu en 1932 à l'époque où les autorités soviétiques recensaient les divers éléments créateurs qui avaient eu le droit de s'épanouir dans les années vingt afin de créer une structure artistique centralisée et unifiée, guidée par les diktats du socialisme et gouvernée par le parti communiste. Avec la fondation d'unions artistiques dominées par le parti (voir *Russie et Union soviétique*, 5), les compositeurs, les écrivains, les auteurs dramatiques et les cinéastes ont vu disparaître tous les espoirs de recherche et d'expérience qu'ils avaient pu nourrir dans les années suivant immédiatement la révolution de 1917. Ils se sont trouvés orientés vers un objectif unique, le réalisme socialiste, qui, selon les statuts du l'Unions des auteurs (1934) « exige de l'artiste un portrait fidèle, concret sur le plan historique, de la réalité dans son développement révolutionnaire ». Reprise par l'Union des compositeurs, la même expression devait traduire « l'exigence d'une lutte sans compromis contre les tendances modernistes dirigées contre le peuple qui se manifestent dans le déclin et la décadence morale de l'art bourgeois contemporain ». Les statuts soutiennent que « l'attention du compositeur soviétique doit se porter avant tout sur les principes progressistes de la réalité, vers les éléments héroïques, brillants et beaux qui distinguent le monde spirituel de l'humanité soviétique et qui doivent s'incarner dans des images musicales pleines de beauté et d'une force affirmant la vie ».

Soumis dès le début à une définition aussi vague, le réalisme socialiste a été la source de confusions et de désaccords : par exemple, l'opéra *Lady Macbeth du district de Mtsensk* de Chostakovitch, loué comme un modèle de réalisme socialiste après sa création en 1934, a été sévèrement condamné deux ans plus tard. En outre, les problèmes de l'adhésion aux principes du réalisme socialiste ont été exacerbés durant l'ère stalinienne, les compositeurs devant alors dépeindre la « réalité » de l'esprit du parti, le patriotisme et l'optimisme, plutôt que la réalité des camps de prisonniers, des disparitions inexpliquées et des assassinats politiques.

Malgré la volte-face à propos de *Lady Macbeth* de Chostakovitch, cet opéra s'est révélé comme le véhicule le mieux approprié au réalisme socialiste : on y trouve les éléments de drame et de spectacle qui peuvent être utilisés dans cette démarche ainsi que de puissants moyens de transmission du message socialiste. Les louanges officielles que reçut, en 1936, *Sur le Don calme*, ouvrage mélodieux, insignifiant, mais profondément patriotique de Dzerginski, montre à l'évidence quel type d'opéra préféraient les institutions musicales soviétiques. *Sur le Don calme* a servi de modèle à de nombreux autres opéras, parmi lesquels on peut citer *Colas Breugnon* (1938) de Kabalevski, *Dans la tempête* (1939) de Khrennikov, *Octobre* (1964) de Muradeli et *Le Destin d'un homme* (1961) de Dzerginski. *Guerre et Paix* (1946) de Prokofiev, qui s'inscrit également dans la tradition du réalisme socialiste, démontre que, même à l'époque de Staline, le concept n'excluait pas nécessairement une musique d'une grande valeur artistique.

Le ballet et les grandes formes vocales, comme les cantates et les oratorios, peuvent aussi embrasser les principes du réalisme socialiste, mais il est plus difficile de les appliquer à des formes abstraites comme les symphonies, les quatuors et les sonates. Néanmoins, les compositeurs ont abordé le problème de façons très diverses depuis 1932 – en combinant voix et instruments dans des symphonies chorales au patriotisme fervent, en dédiant leurs œuvres à Lénine ou à des institutions nationales comme l'armée rouge, en s'inspirant de la musique traditionnelle des républiques soviétiques ou, simplement, en écrivant dans un langage accessible, mélodieux, agréable à l'oreille et vivifiant que les autorités considéraient comme l'expression musicale la plus exacte de l'idéal soviétique.

Les principes du réalisme socialiste ont été réaffirmés à plusieurs reprises, surtout pendant les purges culturelles de 1948, époque à laquelle il a balayé le *formalisme de façon irrévocable. Toutefois, après la mort de Staline (1953), le concept a été élargi et a admis la notion d'indépendance créatrice du compositeur, sous réserve que cette indépendance ne rejette pas les grands idéaux du communisme. Le fait que Chostakovitch ait pu écrire des œuvres aussi introspectives que la *Symphonie nº 14*, les derniers quatuors à cordes et les cycles de mélodies sombres et profonds indique que, de nos jours, le réalisme socialiste tolère mieux l'expression personnelle que par le passé. Il demeure néanmoins un concept subjectif et ambigu ; et la remarque d'un ancien secrétaire de l'Union des auteurs, l'écrivain Alexandre Fadeiev, reste d'actualité : « Si quelqu'un me demandait ce qu'est le socialisme soviétique, je devrais lui répondre que seul le diable le sait. »

Geoffrey Norris.

Rebec. Violon du Moyen Age et de la Renaissance.

1. Le nom apparaît pour la première fois à la fin du XIIIᵉ siècle sous la forme « rubebe » et il figure dans le « Miller's Tale » de Chaucer, où il est fait usage d'un petit « *rubible* ». Ce terme indique une parenté initiale avec les divers instruments arabes appelés *rabâb* (voir *Archet*, 2) ; au Maroc, cet instrument est, de nos jours, un petit violon court à deux cordes en forme de bateau que l'on tient sur le genou comme une viole. On le trouve mentionné dans le manuscrit espagnol des *Cantigas de Santa Maria* (voir *Instruments du Moyen Age*), alors que le traité contemporain de Jérôme de Moravie (voir *Vièle*) décrit le « rubebe » sans dire à quoi il ressemblait, mais en citant les deux cordes également accordées à la quinte. Plus tard, on fait état de trois cordes, et la forme altérée du nom « rebec » apparaît ; néanmoins, il faut attendre le XVᵉ siècle pour pouvoir définir sa forme ; auparavant, on suppose qu'il s'agissait d'un petit violon taillé au dos arrondi, du genre de ceux qu'on peut voir sur les tableaux et les sculptures du XIVᵉ siècle, tenu dans la position « européenne », contre la poitrine.

2. Le rebec des XVᵉ et XVIᵉ siècles est fin et piriforme avec un manche intégré, un chevillier courbe et (habituellement) une touche particulière et caractéristique qui s'étend sur la table à un niveau surélevé. Le chevillier est recourbé vers l'arrière et est muni de chevilles latérales, comme le violon. Les trois cordes sont accordées en quintes. Il ne possède aucun élément qui ressemble à l'âme du violon et la sonorité (des modèles reconstruits) est assez sourde en comparaison de celle du violon. On trouve maintenant des reproductions de ce rebec pour jouer de la musique ancienne.

Ce rebec est peut-être l'instrument à archet le plus ancien qui ait été fabriqué en différentes tailles pour former un ensemble à plusieurs parties : au début du XVᵉ siècle en Italie, le poème « Il Saporetto » (de Prudenzani) mentionne que des « ribecche, rubechette et rubecone » jouent certains chants à plusieurs parties (deux titres sont cités mais on n'a retrouvé la trace d'aucun d'entre eux). De tels instruments de tailles différentes sont ensuite décrits et illustrés par des auteurs du début du XVIᵉ siècle en Allemagne (Agricola, Gerle) sous le nom de *kleine Geigen* : soprano, alto, ténor et basse, avec des accords qui donnent, pour la corde la plus grave, sol², do² et fa¹ respectivement, bien qu'en fait des instruments aussi petits aient dû être accordés beaucoup plus haut. La basse de la famille pouvait avoir une quatrième corde pour descendre plus bas, corde que l'on trouve sur certaines reconstitutions modernes. Aucun rebec réel n'a survécu, à part un ou deux exemplaires postérieurs, datant sans doute du XVIIᵉ siècle, époque à laquelle l'instrument avait été pratiquement supplanté par le violon ; quelques exmplaires ont survécu en divers endroits comme instruments populaires jusqu'au XXᵉ siècle en Tchécoslovaquie et dans le sud de la Pologne. Même à la fin du XVIᵉ siècle, le nom « ribecchino », que l'on rencontrait encore souvent en Italie, était devenu synonyme de violon.

Anthony Baines.

Rebel. Famille de musiciens français. **Jean Rebel** (mort à Paris, avant février 1692) était chanteur à la chapelle royale à partir de 1661. Deux de ses enfants sont devenus d'éminents musiciens : **Anne-Renée Rebel** (Paris, 1663 ; Versailles, 5 mai 1722), chanteuse qui a épousé de Lalande ; et **Jean-Baptiste Féry Rebel** (Paris, avril 1666 ; Paris, 2 janvier 1747), qui a étudié avec son père et est entré comme violoniste dans l'orchestre de l'Académie royale de musique, dont il est ensuite devenu premier violon. A partir de 1705, il a également joué dans l'ensemble royal des Vingt-Quatre Violons du roi. Il a joué un rôle essentiel dans la formation de la grande école française de violon du XVIIIe siècle. Il a écrit plusieurs œuvres scéniques, notamment le ballet *Les Eléments* (créé en 1737) et une tragédie lyrique, *Ulysse* (1703), ainsi que plusieurs volumes de sonates et d'autres pièces pour violon, de la musique sacrée (parfois en collaboration avec son beau-frère de Lalande) et quelques chansons.

Son fils, **François Rebel** (Paris, 19 juin 1701 ; Paris, 7 novembre 1775), lui a succédé aux Vingt-Quatre Violons avant de se tourner vers une carrière scénique. En collaboration avec son grand ami François Francœur, il a écrit, en l'espace d'une vingtaine d'années, une douzaine d'œuvres dramatiques populaires, notamment *Pyrame et Thisbé* (créé en 1726), *Scanderberg* (créé en 1735) et *Le Ballet de la paix* (créé en 1738). En 1757, Rebel et Francœur sont devenus codirecteurs de l'Opéra de Paris, mais, dès le début, cette aventure a été vouée à l'échec : après l'incendie de l'Opéra en avril 1763, ils ont été contraints de démissionner. Néanmoins, en 1772, Rebel a été nommé administrateur général de l'Opéra.

Wendy Thompson.

Rebop. Voir *Jazz*, 3.

Recercar. Voir *Ricercar*.

Rechants, Cinq. Cinq pièces pour trois sopranos, trois altos, trois ténors et trois basses de Messiaen, composées en 1949. Messiaen en a écrit lui-même les textes, comme *Harawi* et *Turangalia-Symphonie*, d'après la légende de Tristan et Yseult.

Récit. Abréviation de *récitatif.

Récital. Concert donné par un soliste ou un petit groupe de solistes. Ce terme s'est répandu à la suite d'une publicité parue à Londres en 1840 qui annonçait : « M. Liszt donnera des récitals de pianoforte des morceaux suivants... ». Le terme « récital » est en principe réservé à des exécutions en soliste (ou en soliste avec accompagnement) ; mais il peut s'appliquer à diverses sortes de concerts de musique de chambre ou à d'autres petits concerts, publics ou privés.

Voir également *Concert*.

Recitando, recitante (ital.). « Récitant » ; *recitato*, « récité ».

Récitant (all. : *Testo* ; angl. : *narrator* ; ital. : *testo*). Personnage qui raconte l'histoire dans une œuvre dramatique ; dans les œuvres musicales, le récitant intervient généralement sur un récitatif. La coutume provient de la tragédie grecque antique. Le *testo* dans *Il Combattimento di Tancredi e Clorinda* (« Le Combat de Tancrède et Clorinde », 1624) de Monteverdi a de loin le rôle le plus important, décrivant l'action qui est mimée par les protagonistes sur un accompagnement instrumental approprié. Dans les passions, l'évangéliste se voit confier le rôle du récitant. Au XXe siècle, de nombreuses œuvres font appel à un récitant, notamment l'opéra-oratorio de Stravinski, *Œdipe roi* (dans lequel le récitant doit porter une tenue de soirée moderne pour se différencier des autres protagonistes), *Le Roi David* et *Jeanne au bûcher* de Honegger et *The Rape of Lucretia* (« Le Viol de Lucrèce ») de Britten (dans lequel l'action est racontée et commentée par un ténor et une soprano, respectivement le chœur d'hommes et le chœur de femmes).

Récitatif (de l'ital. *recitativo*). Forme de chant déclamatoire en rythme libre, utilisé particulièrement dans les opéras et les oratorios. Le récitatif peut servir de dialogue ou de narration (pour faire avancer l'intrigue), alors que l'*aria est souvent statique ou réfléchi. Dans l'opéra des XVIIe et XVIIIe siècles, surtout dans l'**opera seria*, la distinction entre le récitatif et l'aria est claire, mais à partir de Mozart, qui faisait un usage beaucoup plus expressif et inventif du récitatif (comme dans *Don Giovanni*), la convention a commencé à disparaître.

Le *recitativo accompagnato* ou *stromento* (ital., « récitatif accompagné » ou « instrumental »), dans lequel la voix est accompagnée par des instruments différents de ceux du *continuo*, est apparu vers 1663 ; dans le *recitativo secco* (ital., « récitatif sans accompagnement »), les notes et la métrique du chant suivent l'accentuation du texte, l'accompagnement n'étant fourni que par les instruments *continuo*.

Dans certains genres lyriques, le dialogue est davantage parlé que chanté, par exemple dans le *singspiel allemand, le **ballad opera* anglais, l'*opéra-comique français et la **zarzuela* espagnole. Inversement, dans un grand nombre d'opéras de la fin de l'ère romantique, notamment dans ceux de Wagner, l'aria disparaît complètement, la totalité du drame étant portée sur un récitatif « symphonique ».

Recorder (angl.). *Flûte à bec.

Recording and reproduction (angl.). Voir *Enregistrement et reproduction audiovisuelle.*

Recto tono (lat.). Chant sur une note, tel que le pratique le clergé dans certaines parties des liturgies romaine, anglicane et autres. Voir également *Intonation*.

Rédemption. Poème-symphonie (oratorio) pour mezzo, chœur et orchestre de César Franck sur un texte d'Édouard Blau (1871-72), dont seul l'interlude symphonique s'est maintenu au répertoire.

Redford, John (mort à Londres, 1547). Compositeur et organiste anglais, chantre de la cathédrale St Paul entre 1530 et 1550. Presque toutes les œuvres qui ont survécu s'adressent à l'orgue ; la plupart d'entre elles sont écrites à deux ou trois parties, parfois quatre, et utilisent le plain-chant liturgique comme *cantus firmus.*

Denis Arnold.

Redoute. Voir *Ridotto*, 2.

Redowa. Danse tchèque à trois temps assez rapide. Elle a connu une certaine vogue à Paris vers 1840 et ressemble à la *mazurka. Voir également *Rejdovak*.

Réduction pour piano. Arrangement pour piano d'une partition destinée à un effectif instrumental ou vocal différent. On parle souvent de réduction à propos des œuvres pour orchestre ou de « réduction piano-chant » pour les opéras et autres partitions vocales.

Reduzieren (all.), **to reduce** (angl.). « Réduire », « arranger ».

Reed (angl.). *Anche.

Reel (angl.). Ancienne danse écossaise identique aux danses irlandaises et scandinaves et au **strathspey*, qui est dansée à un tempo plus lent. Les couples dansent face à face sur une musique à 2/2, 2/4 ou 6/8 divisée en sections claires de huit mesures. Le « Highland fling » en est une version plus animée et des versions simplifiées ont fait leur apparition dans les salles de bal anglaises au début du XIXe siècle.

Peter Gammond.

Réexposition. Dernière section d'un mouvement de forme sonate qui résout les développements tonaux et thématiques de l'exposition et du développement.

Réformation. Mouvement religieux qui s'est traduit par la rupture entre l'Église d'Angleterre et la papauté. Elle est le fruit d'une nouvelle indépendance de pensée caractéristique du début du XVIe siècle, particulièrement au sein de la classe montante, la bourgeoisie, et l'incitation à la réforme s'est finalement cristallisée par le refus du Pape, en 1534, d'entériner le divorce d'Henri VIII et de Catherine d'Aragon. Après la rupture d'avec Rome qui a suivi, deux événements ont profondément affecté l'avenir de la musique religieuse anglaise : la dissolution des monastères, qui a privé de leurs moyens d'existence de nombreux musiciens d'église, et l'adoption de l'English Prayer Book (voir *Common Prayer, Book of*), qui a obligé les compositeurs à fournir une musique adaptée à des formes de culte public entièrement nouvelles en langue vernaculaire. A la suite d'une période troublée (surtout par le retour temporaire au catholicisme sous le règne de Marie Ire, 1553-58), une liturgie musicale adaptée à la nouvelle confession s'est rapidement constituée, comprenant des psaumes métriques anglais (des publications de Sternhold et Hopkins) pour les fidèles et un large éventail de services et d'*anthems* polyphoniques destinés aux chœurs des cathédrales et des collégiales. Les premières œuvres composées pour la nouvelle Église par des compositeurs comme Tye, Sheppard, Tallis et William Mundy étaient généralement écrites dans un style simple note-contre-note ; toutefois, elles ont été suivies, après 1565, d'œuvres beaucoup plus élaborées, avec une innovation notable, la forme en versets, employée dans les *anthems* comme dans les services. Sous les règnes d'Élisabeth et de Jacques Ier, Morley, Tomkins, Weekles et Gibbons ont apporté des contributions majeures au répertoire anglican. Byrd, le plus grand compositeur anglais de l'époque, est toujours resté fidèle à la religion catholique (il a sans doute échappé aux persécutions grâce à la protection particulière d'Élisabeth Ire), mais il a néanmoins produit des œuvres superbes pour les rites protestant et catholique.

Basil Smallman.

Réformation. *Symphonie no 5 en ré majeur op. 107* de Mendelssohn, composée en 1832. Elle a été écrite pour le tricentenaire de la confession d'Augsbourg de 1530 mais n'a été créée à Berlin qu'en 1832. Le premier et le dernier mouvement citent l'« Amen de Dresde » et le choral luthérien *Ein' feste Burg*.

Réforme. Mouvement religieux fondé au début du XVIe siècle par Luther en Allemagne et par Zwingli et Calvin en Suisse, qui a conduit à la scission de l'Église d'Occident entre catholicisme et protestantisme et au développement de diverses formes de protestantisme. Les réformateurs contestaient non seulement plusieurs éléments doctrinaux de l'ancienne foi en cherchant à se départir des rites traditionnels de l'Église, mais ils souhaitaient en outre intensifier l'éducation religieuse du peuple. Pour y parvenir, ils ont multiplié les éditions de la Bible en langue vernaculaire (considérée comme le seul et unique fondement de la vraie foi) et créé de nouvelles formes de culte.

Ces changements ont eu des conséquences profondes sur la musique religieuse. Dans les pays (ou dans les régions de certains pays séparées au point de vue religieux) de confession calviniste, la polyphonie a été entièrement proscrite à l'église, car on considérait qu'elle était corrompue par ses liens traditionnels avec la liturgie catholique ; la seule musique autorisée était le chant de textes bibliques par l'assemblée des fidèles, sans accompagnement ; il s'agissait en général de psaumes et de cantiques en versions métriques. Le premier psautier calviniste (*Aucuns pseaumes et cantiques mis en chant*, Strasbourg, 1539) contenait dix-neuf psaumes métriques et trois cantiques dans de nouvelles traductions en français, dont treize de Clément Marot et les autres de Calvin ; la musique se limitait à des mélodies à une seule voix, notamment de Mathias Greiter. A la mort de Marot, en 1544, sa traduction des psaumes a été achevée par Théodore de Bèze et le *Psautier de Genève*, avec musique, a été publié en 1562. A la même époque paraissaient de nombreuses versions polyphoniques des psaumes (souvent sur des mélodies populaires, connues de toute l'assemblée) dues à des compositeurs tels que Bourgeois, Janequin, Claude Le Jeune et, surtout, Claude Goudimel. Mais comme la polyphonie était interdite dans le culte calviniste, ces œuvres n'étaient destinées qu'à un usage familial.

En Allemagne, l'influence de Luther a préservé une approche plus libérale de la liturgie et de sa musique. Moine de l'ordre de Saint-Augustin et de nature traditionaliste, Luther cherchait à sauvegarder autant que possible le cérémonial de l'Église ancienne (y compris le plain-chant et la polyphonie), n'interdisant que les éléments qui étaient en conflit direct avec ses réformes doctrinales. Il considérait la musique comme un « superbe don de Dieu », qui devait être chaleureusement encouragé, à l'église comme dans les foyers, car elle pouvait « chasser le diable et rendre les gens joyeux ». Il ne s'est donc pas contenté de satisfaire largement aux besoins de l'assemblée avec des hymnes en langue vernaculaire (les « chorals ») et une messe en allemand (la *Deutsche Messe und Ordnung Gottesdienst*, Wittenberg, 1526), mais il a aussi cherché à maintenir un répertoire choral élaboré, sur des textes en latin et en allemand, destiné aux chœurs d'école et d'église. Johann Walter a joué un rôle important dans le développement de la musique luthérienne en réalisant le premier recueil de chorals polyphoniques, le plus célèbre ; ce *Geistliche Gesangbüchlein* (Wittenberg, 1524) a connu cinq éditions jusqu'en 1551 et contenait non seulement des arrangements d'hymnes en allemand, mais aussi un large éventail de motets latins. Le compositeur et imprimeur Georg Rhau a apporté une contribution encore plus globale au jeune répertoire luthérien ; entre 1538 et 1545, il a publié seize volumes de pièces liturgiques latines et allemandes, notamment des messes, des passions, des Magnificat, des motets et des répons, œuvres de compositeurs catholiques ou protestants, toutes choisies pour leur conformité avec le culte luthérien.

Voir également *Réformation*.

BIBLIOGRAPHIE : Édith Weber, *La Musique protestante en langue française*, Champion (Paris, 1970) / *La Musique protestante en langue allemande*, Champion (Paris, 1980) / *Le Concile de Trente et la musique. De la Réforme à la Contre-Réforme*, Champion (Paris, 1982).

Régale. 1. Orgue à anches qui serait le premier instrument à avoir associé des anches vibrantes à un clavier – à moins que certains orgues de l'Antiquité n'aient déjà connu ce principe, comme on l'affirme parfois. La régale date du milieu du XVe siècle et a été construite jusqu'à la fin du XVIIe siècle comme un instrument continuo transportable d'une pièce à une autre, ou dans différentes parties d'une église.

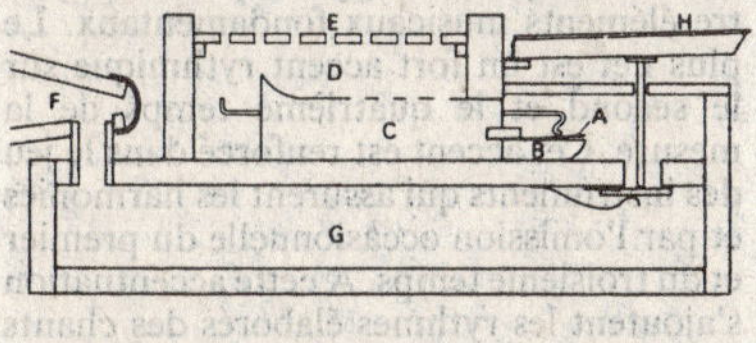

Fig. 1. Coupe de régale.

Il existe encore une trentaine de régales originales. Les anches sont des languettes en cuivre (Fig. 1, A), mesurant entre 6 mm et 6 cm de long, chacune d'elles étant insérée horizontalement en haut d'une « rigole » en cuivre de taille correspondante (B), comme les anches d'orgue ; l'accord s'effectue également à l'aide d'une rasette. La régale produit la note de la languette vibrante elle-même, bien que trois languettes taillées à la même longueur puissent être accordées avec des rasettes sur trois demi-tons successifs. Chaque rigole aboutit à un petit résonateur en cuivre ou en étain au sommet duquel sont pratiqués des trous d'air (C). Cela stabilise et adoucit le son sans affecter sa hauteur. Un long espace (D) parallèle au clavier est recouvert d'une grille (E) ou d'un panneau coulissant grâce auquel on peut contrôler le volume sonore. Plus loin de l'instrumentiste se trouve une paire de soufflets horizontaux (F) actionnés par un assistant qui s'installe à l'extrémité opposée de l'instrument (posé sur une table ou sur des pieds). Les soufflets envoient de l'air dans un sommier au-dessous des anches (G). Les touches (H) enfoncent des soupapes placées au sommet du sommier près de la façade sous le clavier. L'étendue va de mi^1 à do^5 ou approximativement. Le son est nasillard et peut produire un effet extraordinaire, comme dans l'*Orfeo* de Monteverdi, où il entre de façon soudaine pour accompagner le premier récitatif de Charon à l'acte III.

On a aussi fabriqué des régales pliantes ressemblant à de gros livres : la première « bible régale » aurait été fabriquée à Nuremberg à la fin du XVIe siècle. L'expression « régale double » est assez obscure : elle désigne peut-être une régale capable de sonner plus bas que l'instrument ordinaire.

2. La « régale » est également un jeu d'orgue à anches battantes et résonateur court.

Anthony Baynes.

Regards sur l'Enfant-Jésus, Vingt. Vingt pièces pour piano de Messiaen, composées en 1944 : 1. *Regard du Père*, 2. *Regard de l'étoile* ; 3. *L'Échange* ; 4. *Regard de la Vierge* ; 5. *Regard du Fils sur le Fils* ; 6. *Par Lui tout a été fait* ; 7. *Regard de la Croix* ; 8. *Regard des Hauteurs* ; 9. *Regard du Temps* ; 10. *Regard de l'Esprit de Joie* ; 11. *Première Communion de la Vierge* ; 12. *La Parole toute-puissante* ; 13. *Noël* ; 14. *Regard des Anges* ; 15. *Le Baiser de l'Enfant Jésus* ; 16. *Regard des prophètes, des bergers et des Mages* ; 17. *Regard du silence* ; 18. *Regard de l'onction terrible* ; 19. *Je dors, mais mon cœur veille* ; 20. *Regard de l'Église d'amour*.

Reger, (Johann Baptist Joseph) **Max**(imilien) (Brand, Bavière, 19 mars

1873 ; Leipzig, 11 mai 1916). Compositeur allemand. Son père, Joseph Reger, musicien amateur, apprend à son fils à jouer de l'orgue et encourage vivement ses dons musicaux dès son plus jeune âge. A Weiden, où il passe son enfance, son premier véritable professeur l'initie aux œuvres de Bach et de Beethoven, qui allaient exercer une influence déterminante sur son œuvre ; à quinze ans, Reger a déjà composé plusieurs œuvres instrumentales. En 1890, on le juge suffisamment doué pour aller étudier avec Hugo Riemann à Sonderhausen et à Wiesbaden, où il continue à composer des œuvres de musique de chambre, des lieder et des pièces pour piano. Il enseigne ensuite au Conservatoire de Wiesbaden et fait son service militaire ; il commence alors à manifester un penchant pour l'alcoolisme.

En 1898, la maladie l'oblige à rentrer chez lui à Weiden, où son intérêt pour l'orgue s'éveille à nouveau ; il compose pour cet instrument plusieurs œuvres élaborées et d'une certaine envergure (des fantaisies chorales et la *Fantaisie et fugue sur B-A-C-H op.46*) qui reposent sur les traditions de Bach et de Mendelssohn en les prolongeant ; la musique pour orgue de Reger sera farouchement défendue par l'organiste Karl Straube, ami de toujours, qui sera ensuite nommé organiste à Saint-Thomas de Leipzig. Reger connaît une période de grande productivité à Munich à partir de 1901, enseignant, donnant des récitals de piano et composant ; les œuvres de cette période comprennent le *Quintette avec piano op.64, les Variations et fugue sur un thème de Bach op.81* pour piano et la *Sinfonietta op.90.* Toutefois, ses idées audacieuses ne reçoivent pas un accueil très favorable face aux partisans de Liszt et de Wagner de la « nouvelle école allemande » et, en 1907, il s'installe à Leipzig, où il est nommé professeur de composition au Conservatoire et directeur de la musique à l'Université.

Plusieurs tournées de concerts en Europe consolident sensiblement sa réputation. Il reçoit plusieurs distinctions et, en 1911, est nommé directeur musical de l'orchestre de la cour à Meiningen, où il dirige surtout des œuvres symphoniques allemandes (Beethoven, Brahms, Bruckner) et complète sa propre production symphonique ; c'est à Meiningen qu'il compose les *Variations et fugue sur un thème de Mozart op.132,* l'une de ses œuvres les plus connues. Ses fonctions étaient lourdes ; il tombe malade en 1913 et, lorsque la guerre éclate, il accepte un poste plus reposant à Iéna, en 1915. Sa mort soudaine et prématurée est sans doute la conséquence d'une crise cardiaque.

La musique de Reger a été beaucoup critiquée et, en dehors de ses œuvres pour orgue, elle est assez peu appréciée au-delà des frontières allemandes. Néanmoins, l'image stéréotypée de buveur et de contrapuntiste boursouflé qu'on a donnée de lui commence à s'effacer. Son œuvre vaste et variée, écrite au cours d'une vie relativement courte, montre une certaine sincérité et une approche solide : il a tenté une synthèse des disciplines contrapuntiques (tirées de sa connaissance de Bach) et d'un renouveau des traditions classiques et romantiques de Brahms, synthèse renforcée par ses propres idées harmoniques et mélodiques souvent audacieuses. Avec l'aide de quelques amis fidèles, il est parvenu à faire largement connaître ses œuvres face à l'opposition progressiste wagnérienne, très active en Allemagne au début du siècle.

Judith Nagley.

Reggae. Chant et danse populaires jamaïcains souvent associés à la secte religieuse des Rastafaris (voir *Inde,* 3). Les textes des chants reggae, en créole jamaïcain, traitent souvent de questions sociales comme la pauvreté et le chômage. Le style caractéristique du reggae repose sur quatre éléments musicaux fondamentaux. Le plus net est un fort accent rythmique sur le second et le quatrième temps de la mesure. Cet accent est renforcé dans le jeu des instruments qui assurent les harmonies et par l'omission occasionnelle du premier et du troisième temps. A cette accentuation s'ajoutent les rythmes élaborés des chants reggae, qui découlent de l'asservissement des mélodies aux accents complexes de la langue créole. Le troisième élément est structurel, la présence dominante d'un air court et répété à la basse, appelé « riff ». Enfin, la composition de l'ensemble reggae joue également un rôle déterminant (au moins de cinq interprètes : un chanteur, trois guitaristes et un percussionniste). Les ensembles plus importants comprennent également des groupes vocaux et d'autres instruments, notamment congas, claviers, saxophones et trompettes.

Le développement du reggae jamaïcain à l'échelle internationale est dû, dans une large mesure, à Bob Marley. Né dans le quartier de Trenchtown à Kingston, Marley a eu un aperçu du reggae beaucoup plus large que ses contemporains de la Jamaïque et, en utilisant des moyens d'enregistrement modernes, il a réussi à élargir la base stylistique de la forme sans en détruire l'intégrité. Parmi ses enregistrements les plus célèbres, on peut citer *Duppy Conqueror et No woman, no cry.* Bunny Wailer et Peter Tosh ont collaboré à plusieurs reprises avec Marley. La Third World Band est un successeur potentiel de Bob Marley et des Wailers.

L'histoire du reggae remonte aux années cinquante, la proximité des États-Unis facilitant l'importation d'enregistrements de « rhythm and blues » en Jamaïque. La musique des Noirs américains des villes exerçait un attrait considérable dans un pays en pleine urbanisation. En outre, les musiciens de la campagne entendaient le rhythm and blues dans le milieu urbain de Kingston avec une oreille formée à la musique traditionnelle de l'île. Ce mélange a donné naissance à la première musique populaire à grande échelle de la Jamaïque, le « ska », au début des années soixante. Dans le ska, les riffs et l'instrumentation rauque du rhythm and blues se sont mêlés aux rythmes du « mento » (voir *Antilles*), chant et danse nationaux qui, comme le *calypso de la Trinité, est axé sur le commentaire social. Le banjo, qui ne joue pas le premier temps de la mesure dans le mento, s'est affirmé comme un élément essentiel des chants ska dont les mélodies, simplifiées à l'extrême, sont devenues le véhicule de chansons où les commentaires sociaux du mento se sont transformés en protestations. Le « rock steady », qui a succédé au ska vers 1965, en était une version ralentie. Ce ralentissement permettait des lignes vocales plus élaborées, que les instrumentistes tenant la basse soutenaient avec des riffs forts. Lorsque le reggae s'est finalement développé à Kingston vers 1969, il s'agissait essentiellement d'un mélange d'éléments de rhythm and blues avec les rythmes du mento, la poésie lyrique du ska, la vitesse et les riffs du rock steady. Londres est bientôt devenue la deuxième ville du reggae avec l'arrivée d'enregistrements et de musiciens de la Jamaïque. Des firmes discographiques ont vu le jour, des clubs de reggae se sont ouverts et de nouveaux ensembles s'y sont formés. La reprise du ska à Londres à la fin des années soixante-dix a exercé une forte influence sur la musique populaire britannique et, de nos jours, le reggae représente un aspect important de la vie musicale britannique.

Pearle Christian, Michael Burnett.

Regina coeli laetare (lat.). Voir *Antiennes de la bienheureuse Vierge Marie.*

Regis, Johannes (vers 1430 ; vers 1485). Compositeur flamand dont la carrière s'est déroulée à Cambrai, Anvers et Soignies. Contrairement à ses contemporains Ockeghem et Busnois, il a surtout écrit des motets, notamment pour chœur à cinq voix.

John Milsom.

Regnart, Jacob (? Douai, vers 1540 ; Prague, 16 octobre 1599). Compositeur néerlandais. Ses quatre frères étaient musiciens comme lui et il a passé la majeure partie de sa vie au service des empereurs Maximilien II et Rudolf II. A partir de 1582, il est vice-maître, puis maître de chapelle à la cour de l'archiduc Ferdinand à Innsbruck. A la mort de ce dernier, il retourne à Prague et entre au service de Philippe de Monte comme vice-maître de chapelle. Il est l'auteur de charmantes chansons dans le style de la *villanella* italienne et ses trois livres des *Teutsche Lieder,* publiés entre 1576 et 1579, ont connu plusieurs réimpressions ; en outre, d'autres compositeurs s'en sont servis dans des arrangements.

Denis Arnold.

Reich, Steve [Stephen] (Michael) (New York, 3 octobre 1936). Compositeur américain. Il étudie la philosophie à Cornell University (1953-57) et la composition à la Juilliard School de New York (1958-61) et à Mills College, à Oakland (Californie), avec Berio et Milhaud (1962-63). Toutefois, les étapes les plus importantes de sa formation sont son séjour au Tape Music Center de San Francisco (1964-65), et les recherches qu'il a effectuées sur les musiques d'Afrique occidentale et de Bali. A partir de ces sources, il s'est forgé un style fondé sur des « procédés » de transformation rythmique perpétuelle dans un domaine harmonique stable. Depuis 1970, il travaille uniquement avec son propre ensemble, Steve Reich and Musicians, dans des œuvres comme *Drumming* pour percussions accordées, voix et piccolo (1971).

Paul Griffiths.

Reicha [Rejcha], **Antoine** [Antonin, Anton] (Prague, 26 février 1770 ; Paris, 28 mai 1836). Compositeur et théoricien tchèque. Il commence par apprendre la musique avec son oncle, le violoncelliste et compositeur Josef Reicha (1752-95), avec lequel on le confond souvent. En 1785, il se rend à Bonn, où il est flûtiste dans l'orchestre de la cour et se lie d'amitié avec Beethoven, puis avec Haydn. Après un bref séjour à Paris, Reicha s'installe à Vienne, où il renoue avec Beethoven et Haydn. En 1808, Reicha retourne à Paris et s'y fixe définitivement. Tout en continuant à composer, il écrit plusieurs traités qui le font connaître comme un éminent théoricien, bien que controversé. Il est nommé professeur de contrepoint et de fugue au Conservatoire de Paris en 1818 et, si ses élèves apprécient la précision de son enseignement et son ouverture d'esprit, il est souvent en désaccord avec ses condisciples Cherubini et Fétis. Au nombre de ses élèves figurent Liszt, Berlioz et, pendant une période courte mais marquante, César Franck. Naturalisé français en 1829, Reicha a reçu la Légion d'honneur en 1831. Son souci de l'expérience contrapuntique en a fait un véritable original. Ses opéras reposent sur un usage intéressant des motifs réminiscents, et plusieurs de ses œuvres symphoniques et de musique de chambre comportent des liens thématiques entre leurs différents mouvements. Parmi ses œuvres pour clavier, les trente-six fugues (1803) dédiées à Haydn, très connues de son vivant, se distinguent par une recherche tonale et rythmique (l'une des premières expériences rompant avec la régularité des mesures). L'écriture caractéristique pour instruments à vent de Reicha non seulement s'impose dans ses nombreuses œuvres symphoniques, mais a assuré la popularité de ses quintettes à vent. Reicha liait la plupart des aspects de la composition musicale à un examen théorique scrupuleux, et ses *Cours de composition musicale* (publiés en 1816-18) suivis du *Traité de haute composition musicale* (1824-26) ont joué à cet égard un rôle très important : ils fixent un certain nombre d'attitudes à l'égard de la composition et définissent des termes et des procédés techniques dans l'écriture de la fugue et de la sonate. S'ils ont suscité la critique de ses contemporains, ses écrits ont connu une diffusion suffisamment importante parmi les compositeurs du XIXe siècle pour assurer à Reicha une place durable en tant que théoricien.

Jan Smaczny.

Reichardt, Johann Friedrich (Königsberg, Prusse, aujourd'hui Kaliningrad, URSS, 25 novembre 1752 ; Giebichenstein, près de Halle, 27 janvier 1814). Compositeur et musicographe allemand. Fils de musicien et enfant prodige, il possède une belle voix, joue du violon, des instruments à clavier et du luth. En 1771, il entreprend sa première tournée, qui le conduit à Berlin, Leipzig, Dresde et Prague et lui permet de rencontrer des musiciens tels que Franz Benda, J. A. Hiller, C. P. E. Bach et J. A. P. Schultz. Il est l'ami de Goethe, qui fait des remarques sur son attachement aux « sans-culottes ». Musicographe intéressant, il compose également de magnifiques lieder (environ 1 500), mettant en musique pratiquement tous les poèmes de Goethe qui peuvent être traités musicalement. Il fait preuve en cela d'une fine compréhension et d'un grand respect de leur atmosphère et de leur structure musicale.

Denis Arnold.

Reiche, Johann Gottfried (Weissenfels, 5 février 1667 ; Leipzig, 6 octobre 1734). Compositeur et trompettiste allemand. En 1700, il est engagé à Leipzig parmi les « Stadtpfeifer ». Il devient l'un des principaux interprètes des parties de trompette de Bach. Vingt-quatre de ses sonates pour instruments à vent ont été publiées sous le titre *Neue Quatricinia* (Leipzig, 1696).

Wendy Thompson.

Reicken [Reinken], **Johann Adam** (? Wilshausen, Alsace, 27 avril 1623 ; Hambourg, 24 novembre 1722). Organiste allemand. Il fait ses études à Hambourg avec Heinrich Scheidemann et lui succède à Sainte-Catherine en 1663. Son jeu est si célèbre que Bach fait à pied le chemin depuis Lunebourg pour l'écouter. Il est l'auteur de quelques pièces de virtuosité pour orgue ainsi que d'un ensemble de sonates où les rythmes de danse de la *sonata da camera* sont utilisés dans une séquence de mouvements à la manière de la *sonata da chiesa*.

Denis Arnold.

Reigen [reihen] (all.). « Ronde » (danse) ou simplement « danse ». *Elfenreigen*, « danse des elfes » ; *Gnomenreigen*, « danse des gnomes ».

Reimann, Aribert (Berlin, 4 mars 1936). Compositeur allemand, élève de Blacher et Pepping à la Musikhochschule de Berlin (1955-59). Il remporte le prix de Rome allemand en 1963 et le prix Robert-Schumann en 1965. Dès ses débuts, il adopte la technique sérielle, qu'il abandonne en 1967 pour une écriture plus lyrique, marquée par la musique indienne, où il donne une certaine importance aux éléments variables (intervalles, accords, sons...). Entre 1974 et 1983, il enseigne à la Musikhochschule de Hambourg puis à la Hochschule der Künste de Berlin. Il doit une grande part de sa notoriété à son opéra *Lear*, d'après Shakespeare (1978), qui a été représenté dans le monde entier. Il est également l'auteur d'un *Requiem* (1981). Reimann apparaît souvent comme accompagnateur des plus grands chanteurs, notamment Dietrich Fischer-Dieskau, pour qui il a composé de nombreux lieder. Parmi ses dernières œuvres figure un nouvel opéra, *Troades*, d'après Euripide (1985).

Alain Pâris.

Reine, La. Surnom de la *Symphonie nº 85 en si bémol majeur* de Haydn, sans doute composée en 1785. C'est la quatrième des symphonies parisiennes de Haydn et la reine de France, Marie-Antoinette, l'appréciait particulièrement.

Reinecke, Carl (Heinrich Carsten) (Altona, 23 juin 1824 ; Leipzig, 10 mars 1910). Compositeur allemand. Il commence une carrière de pianiste et, en 1860, devient professeur de piano et de composition au Conservatoire de Leipzig et chef d'orchestre des célèbres concerts du Gewandhaus, après avoir attiré l'attention de Mendelssohn. Reinecke est l'un des plus célèbres représentants de l'école allemande conservatrice ; au nombre de ses élèves figurent Grieg, Svendsen, Sullivan et Weingartner. Il est l'auteur de charmantes pièces pour piano et de plusieurs concertos et s'est affirmé comme un éminent musicographe s'intéressant surtout aux grands classiques.

Denis Arnold.

Reinhardt, Django (Liberchies, 23 janvier 1910 ; Fontainebleau, 16 mai 1953). Musicien de jazz belge. Fils d'un violoniste gitan, il passe les premières années de sa vie dans une caravane. Il apprend à jouer du violon, du banjo et de la guitare. A dix-huit ans, il perd l'usage de deux doigts de la main gauche dans un incendie de roulotte et se forge une technique de guitare très personnelle. Il devient vite un virtuose de son instrument et travaille avec divers groupes de jazz au début des années trente, ce qui influence son style profondément gitan. En 1934, il forme le célèbre Quintette du Hot Club de France avec le violoniste de jazz Stéphane Grappelli. Leurs nombreux enregistrements ont une couleur unique, un mélange de rythmes de guitare entraînants et d'improvisations très personnelles de ces deux grands interprètes. Grappelli part pour l'Angleterre en 1939 et Reinhardt le remplace dans son Quintette par le clarinettiste Hubert Rostaing. Il apporte le même dynamisme et la même imagination à divers enregistrements réalisés avec des musiciens de jazz américains tels que Dicky Wells et Bill Coleman à la fin de sa vie. En 1946, il se rend aux États-Unis pour jouer avec Duke Ellington et se produit dans divers clubs de New York en 1947. Son style convient parfaitement à la guitare traditionnelle et s'adapte mal aux instruments amplifiés. Il continuera à faire de la musique jusqu'à sa mort.

Peter Gammond.

Reizenstein, Franz (Theodor) (Nuremberg, 7 juin 1911 ; Londres, 15 octobre 1968). Compositeur anglais d'origine allemande. Il est l'élève de Hindemith à Berlin (1930-34) et de Vaughan Williams au Royal College of Music de Londres (1934-36). Il s'installe en Angleterre et commence une carrière de pianiste, notamment dans le domaine de la musique de chambre. Son œuvre, relativement limitée, se compose de deux sonates pour violon et piano (1945, 1968), d'une sonate pour alto et piano (1967) et d'une pour violoncelle et piano (1947), d'autres pièces de musique de chambre, de musique symphonique et de musique vocale finement écrites dans un style qui s'écarte de celui de Hindemith à la fin de sa vie. On retrouve le même talent dans les pastiches comiques qu'il écrit pour les concerts Hoffnung, comme *Let's Fake an Opera* (1958).

Paul Griffiths.

Rejdovák. Danse tchèque de rythme ternaire, variante de la *redowa. Elle est suivie d'une rejdovačka, danse binaire identique à la *polka.

Rejoice in the Lord Alway. Voir *« Bell » Anthem.*

Réjouissance. Bach et Haendel ont tous deux employé ce mot comme titre d'un mouvement animé (par exemple dans la *Suite pour orchestre nº 4* de Bach).

Relâche. Ballet instantanéiste en deux parties de Satie sur un argument de Francis Picabia, créé par les Ballets suédois au Théâtre des Champs-Élysées le 4 décembre 1924. Entre les deux parties, Satie avait écrit un entracte intitulé *Cinéma* pour accompagner un film de René Clair.

Relatif majeur, relatif mineur. Voir *Armature de la clé.*

Remettre. Dans la musique d'orgue française, « remettez » indique qu'un registre qui a été temporairement ôté doit être remis.

Renaissance

1. Introduction
2. L'esprit de l'époque
3. Théorie grecque et musique moderne
4. Conclusion

1. *Introduction.* Dans le domaine de la musique, la Renaissance correspond aux XVᵉ et XVIᵉ siècles. Toutefois, ce terme traduit généralement un changement d'attitudes culturelles et sociales qui commence à se manifester en Italie vers 1300 et s'étend au reste de l'Europe au cours des trois siècles suivants avec plus ou moins d'intensité. Certains intellectuels ont pris immédiatement conscience de ces changements d'attitude, surtout dans le domaine des arts visuels (dans le *Decameron*, vers 1350, Boccace dit que Giotto a fait revivre un art depuis longtemps oublié) mais c'est seulement avec le recul qu'apparaît clairement l'importance de l'évolution sociale et artistique qui s'est opérée durant cette période.

« Renaissance » fait référence à un regain d'intérêt porté au monde chrétien de la Grèce et de la Rome antiques. Les siècles intermédiaires, ou « Moyen Age », ont servi à établir l'autorité de l'Église chrétienne. Les professeurs et écrivains s'intéressent alors surtout à la théologie et la plupart des institutions établies de longue date dépendent de l'Église – ordres religieux, confréries, diocèses et paroisses, la papauté et le Saint Empire romain germanique. Toutefois, la redécouverte de la littérature et de la philosophie grecques stimule la pensée : plus que l'organisation, c'est l'individu qui importe ; l'expérience scientifique inspire davantage confiance que les affirmations *ex cathedra* ; des faits vérifiables dans le monde présent sont plus respectés que des spéculations sur le monde à venir. Le comportement de l'homme et la façon dont on peut le manipuler intéressent particulièrement tous ceux qui détiennent le pouvoir (comme le révèle *Il Principio* de Machiavel, 1513), alors que le concept de dame et de gentilhomme devient une simple question de naissance, ce que confirme la vogue des livres « courtois » (comme *Il Cortegiano* de Castiglione écrit en 1508 – édité en 1528). L'amour des Grecs pour les arts et l'importance qu'ils leur accordaient imprègnent avant tout les écrivains et influencent les membres de la haute et de la moyenne société qui ont assez de loisirs pour imiter les Anciens.

L'admiration pour les Grecs se retrouve sans aucun doute dans des sculptures comme le *David* de Donatello (qui se tenait à l'origine dans la cour du palais Médicis à Florence). En peinture, un nouveau réalisme reflète l'intérêt porté à la condition humaine et remplace l'art essentiellement symbolique du Moyen Age. Il est plus difficile d'expliquer comment la Renaissance affecte la musique car on connaît mal la musique de la Grèce antique et on ne peut donc tenter aucune imitation directe. Néanmoins, le mot « renaissance » peut s'appliquer à la musique pour deux raisons. D'abord, parce que l'« esprit de l'époque » agit de façon indéniable. Ensuite, parce que les écrits des Grecs sur la musique (à ne pas confondre avec la musique grecque elle-même) font l'objet d'études détaillées et que l'on cherche par différents moyens à appliquer la théorie grecque à la musique moderne.

2. *L'esprit de l'époque.* La manifestation musicale la plus évidente de l'esprit de la Renaissance est la popularité de la musique. Les souverains qui ne s'intéressaient pas à la musique auparavant créent leur propre *cappella* – une « chapelle » comprenant entre un ou deux musiciens et un nombre considérable de chanteurs et d'instrumentistes (à Ferrare, la famille d'Este dispose d'une *cappella* d'au moins dix chanteurs en 1450 et, en 1500, ils sont une vingtaine). Certains de ses membres enseignent la musique aux enfants et aux femmes de la maison et, parmi les nobles qui savent chanter et jouer d'un instrument (parfois même composer), figurent plusieurs membres de la famille royale d'Angleterre, notamment Henri VIII et Élisabeth Ire, et, en Italie, Gugliemo Gonzaga et Gesualdo, prince de Venosa. L'éducation musicale des femmes aboutit à la formation d'ensembles dotés de voix féminines qui s'imposent par leur qualité dans la seconde moitié du XVIe siècle ; le Concerto delle Donne à Ferrare – groupe de trois chanteuses virtuoses auquel appartenait Tarquinia Molza, la maîtresse du Tasse – était particulièrement célèbre.

Cet élargissement de l'auditoire fait de l'édition musicale une activité rentable et, à partir du début du XVIe siècle, les éditeurs Petrucci, Gardano, Attaingnant, etc., publient des madrigaux et des chansons dont le tirage évolue parfois entre cinq cents et deux mille exemplaires (les volumes les plus populaires font souvent l'objet de rééditions). La noblesse collectionne aussi des instruments de musique recherchés pour leur qualité mais également pour leur beauté. La diversité des instruments fabriqués à la fin du XVe siècle et au début du XVIe siècle est certainement plus grande qu'elle ne l'a jamais été auparavant : flûtes à bec, flûtes traversières, cromornes, cornets à bouquin, chalumeaux, bassons, trombones, violes et violons sont tous fabriqués dans des tailles différentes, et la facture d'orgues et de clavecins prospère.

La musique religieuse est également florissante, comme on peut en juger à la taille des chœurs romains : sous Sixte IV (1471-84), la *cappella papale* comprend vingt chanteurs pour lesquels le pape fait construire une chapelle (la chapelle Sixtine) ; à Saint-Pierre, la pratique de la musique se développe au cours de la papauté de Jules II par l'établissement d'une chapelle-école (la Cappella Giulia) ; la basilique Saint-Jean-de-Latran se dote d'une *cappella* en 1535, Sainte-Marie Majeure à la même époque. Saint-Marc de Venise suit l'exemple romain en 1527 et fait appel à Willaert pour organiser la *cappella*. Nous possédons une documentation moins fournie sur la musique des cathédrales des villes moins importantes mais, d'après le nombre de *maestri di cappella* qui publient des messes et des motets, il est clair que les églises d'une certaine dimension avaient des chœurs capables de chanter la polyphonie.

Si l'on y ajoute l'image d'une activité musicale intense, il faut reconnaître qu'il y a dans ce domaine très peu de connotations avec la renaissance de la musique grecque. Néanmoins, à partir de 1540, la deuxième approche de la Renaissance va prendre toute sa valeur.

3. *La théorie grecque et la musique moderne.* Le théoricien Tinctoris commence à discuter des écrits de Platon sur la musique dès les années 1470. En 1500, les œuvres de Platon et *La Poétique* d'Aristote sont disponibles dans la traduction latine de Ficino et, en 1518, le théoricien milanais Franchinus Gaffurius (1451-1522) a étudié les idées de Ptolémée sur l'acoustique. Vers 1580, le théoricien le plus influent du XVIe siècle, Gioseffo Zarlino (1517-90), a consulté la totalité des écrits grecs. Les lecteurs de ce genre de littérature sont généralement frappés par le fait que, pour les Grecs, la musique avait le pouvoir d'émouvoir profondément l'esprit de l'homme et d'affecter son comportement. Les écrivains du XVIe siècle citent constamment la façon dont David soigne Saül par sa musique, l'effet excitant (et calmant) de la musique sur les instincts martiaux d'Alexandre le Grand, la puissance magique d'Orphée – et se demandent pourquoi la musique moderne ne pourrait pas faire la même chose.

Les tentatives de réponses à cette question sont nombreuses et variées. Les écrivains ne s'accordent pas sur une solution générale mais, en cherchant à résoudre ce problème, ils aboutissent à des expériences intéressantes.

Dans les années 1540 et 1550, on assiste à de nombreuses tentatives pour recréer quelque chose qui ressemble au son de la musique grecque. Le théoricien Heinrich Glarean (1488-1563) cherche à modifier le système des modes médiévaux selon le système de la gamme grecque (voir *Mode*, 2). Nicola Vicentino (1511-vers 1576) va plus loin car il ne se limite pas à un classement des gammes grecques par rapport aux modes ; il examine les différents schémas de division du *tétracorde (groupe de notes couvrant une quarte juste) en types diatoniques, chromatiques et enharmoniques ; malgré leurs origines monophoniques, Vicentino propose de les appliquer à la polyphonie. Pour y parvenir, il construit un instrument à clavier qu'il appelle *arcicembalo*, muni de touches supplémentaires pour obtenir les micro-intervalles restants. L'expérience acoustique échoue, mais de nombreux compositeurs s'intéressent aux progressions nouvelles et étranges des accords, et une foule de madrigaux utilisant des harmonies chromatiques voient le jour dans les années 1550 (voir *Madrigal*, 3).

Les discussions sur la relation entre les mots et la musique sont plus fructueuses que ces explorations acoustiques. On admet généralement que les Grecs associaient la parole à la musique pour créer une force plus puissante qu'avec l'une ou l'autre prise isolément. A partir de 1530, on voit se dessiner une interprétation visant à adapter la musique aux mots sur le plan métrique et sur celui du sentiment. Dans son *Institutioni harmoniche* (1558), Zarlino exprime ce point de vue : « Dans la mesure du possible, [le compositeur] doit s'efforcer d'accompagner chaque mot de telle sorte que, s'il dénote la dureté, la rudesse, la cruauté, l'amertume et d'autres choses de cette sorte, l'harmonie soit identique, c'est-à-dire dure et rude sans être agressive. De la même façon, une harmonie sombre et triste correspond à un texte traduisant la plainte, le chagrin, la désolation, les soupirs ou les larmes. »

De nombreux compositeurs de madrigaux adoptent cette attitude qui a un effet significatif. En appliquant la musique à des mots ou à des phrases isolés, on peut juxtaposer étroitement les contrastes émotionnels et la musique commence à refléter les fluctuations des sentiments humains, au lieu d'accentuer l'unité thématique. Les strophes – dans lesquelles différentes paroles sont chantées sur une musique qui se répète à chaque vers ou « strophe » – sont abandonnées au profit d'une musique sérieuse et reléguées aux genres légers, comme la *canzonetta* ou la *villanella*. A la fin du XVIe siècle, on considère qu'aucune règle purement musicale afférente à l'harmonie ou à la mélodie ne doit entraver l'expression des mots. La formule de *seconda prattica* (voir *Prima prattica, seconda prattica*) de Monteverdi, où « les mots [sont] les maîtres de l'harmonie », est l'essence de la pensée de la fin de la Renaissance dans ce domaine.

Néanmoins, certains théoriciens des années 1570 et 1580 estiment que ce moyen d'expression des mots n'est ni authentiquement grec, ni capable de recréer leurs merveilleux effets. Ils considèrent que les mots doivent rester totalement audibles et formulés – ce qui n'est possible que dans une polyphonie entièrement homophonique. Ce point de vue avait fait l'objet d'une violente controverse dès 1520 (Castiglione recommandait de « chanter sur le luth... car cela donne tant de vie et d'efficacité aux paroles »), et les structures musicales tendaient à devenir plus simples et plus homophoniques ; c'est particulièrement le cas de la musique sacrée postérieure au *concile de Trente, qui avait désapprouvé l'obscurité verbale en 1562. Mais à partir de 1570, plusieurs expériences sont tentées pour faire ressortir facilement les paroles avec des luths, des clavecins ou d'autres instruments à cordes pincées qui fournissent aux voix un accompagnement léger. On voit également se développer un type de mélodie qui suit les rythmes et les inflexions naturels de la parole – autrement dit le récitatif : c'est la dernière tentative pour recréer une forme artistique de la Grèce antique ; elle aboutira aux débuts de l'*opéra.

4. *Conclusion*. L'opéra a peu de points communs avec le drame grec, que ce soit sur le plan de l'attitude ou sur le plan technique. La Renaissance fait jaillir de nouvelles idées sans ressusciter les anciennes. Il ne s'agit pas non plus d'un phénomène universel, mais d'un mouvement essentiellement italien entrepris par les classes désœuvrées des cours du Nord. Il touche la partie de l'Allemagne qui est restée fidèle à la religion catholique – no-

tamment la Bavière, où la cour possède une *Hofkapelle* organisée selon le schéma italien dont Lassus, compositeur au fait de la pensée de la Renaissance, est le Kapellmeister. Mais la pensée humaniste affecte peu les grands genres vocaux allemands (quoique Hofhaimer et Senfl se soient exercés aux mètres et aux vers classiques) et la monophonie médiévale se maintient dans les guildes des **Meistersinger*. La musique allemande passe donc directement du gothique (médiéval) au baroque.

La France attend le XVIe siècle pour s'engager dans la même voie que l'Italie. Le premier éditeur de musique important hors de Venise est français, Attaingnant ; à partir de 1528, il publie un répertoire de chansons destinées à un public bourgeois, et de la musique religieuse. On trouve une concrétisation individuelle des idées de la Renaissance chez Baïf, qui tente de faire revivre l'accentuation métrique grecque dans la *musique mesurée à l'antique. Il n'atteint pas davantage son but que les interprétations italiennes de la théorie grecque. Néanmoins, les discussions qui se déroulent dans son Académie de poésie et de musique contribuent à éveiller l'intérêt de la cour de Charles IX pour la musique.

L'Angleterre s'accorde encore plus tard avec les idées de la Renaissance. La chapelle royale compte quelques musiciens italiens, certains monarques jouent des instruments, et les livres de courtoisie anglais se font l'écho des préceptes de Castiglione, mais Henri VIII rompt avec Rome et, dans les années 1520-1530, l'Angleterre est virtuellement coupée des idées humanistes italiennes. Au début du XVIe siècle, la plus belle musique anglaise est instrumentale et s'adresse notamment aux *consorts de violes et aux instruments à clavier. Le madrigal ou la chanson restent peu connus jusqu'au dernier quart du XVIe siècle, lorsque la Renaissance s'épanouit d'une façon étonnante ; la mode de la musique italianisée submerge alors la vie musicale anglaise et les compositeurs anglais écrivent des madrigaux et de la musique religieuse qui mêlent la musique aux paroles selon les idées de Zarlino (voir *Madrigal*, 4). L'édition musicale se développe parallèlement à cette vogue, et un auditoire bourgeois se crée ; mais la mode n'est que passagère et elle disparaît vers 1625.

On pourrait comparer la Renaissance à la découverte de l'Amérique, qui est l'œuvre de navigateurs dont la destination initiale était l'Inde. La musique grecque n'a jamais revécu, mais les chemins qui devaient conduire à sa renaissance ont abouti à des résultats intéressants dans deux domaines : les musiciens de l'époque ont élargi leur auditoire, offrant la musique à des amateurs qui la jouent ou l'écoutent ; et ils ont mis la musique au service de la psychologie humaine, en substituant l'expression des sentiments à la compétence organisée. Après la Renaissance, la musique ne sera plus jamais la même.

Denis Arnold.

BIBLIOGRAPHIE : Michel Brenet, *Musiques et Musiciens de la vieille France*, Alcan (Paris, 1911), rééd. Les Introuvables (Plan-de-la-Tour, 1978). Nanie Bridgman, *La Vie musicale au quattrocento*, Gallimard (Paris, 1964). Henri Collet, *Le Mysticisme musical espagnol au XVIe siècle*, Alcan (Paris, 1913), rééd. Les Introuvables (Plan-de-la-Tour, 1979). Georges Dottin, *La Chanson française de la Renaissance*, PUF, coll. Que-sais-je ? (Paris, 1984). Bernard Gagnepain, *La Musique française du Moyen Age et de la Renaissance*, PUF, coll. Que-sais-je ? (Paris, 1961, 4e éd. 1983).

Renard. Histoire burlesque chantée et jouée (ballet), pour quatre voix d'hommes et orchestre de chambre de Stravinski sur un texte du compositeur, d'après des contes populaires russes traduits en français par Ramuz (1916-17). Créée à Paris en 1922.

Renversement. 1. On parle de premier renversement d'un accord parfait lorsque la tierce, et non la fondamentale, est la note la plus grave ; on dit d'un accord qu'il est un deuxième renversement lorsque la quinte est la note la plus grave. Pour les accords de plus de trois notes, d'autres renversements sont possibles. Le premier renversement s'appelle aussi accord de sixte (intervalle entre la note la plus grave et la note la plus aiguë), le deuxième renversement accord de quarte et sixte (nom des intervalles que forment respectivement les deux notes supérieures avec la note la plus grave) et la position fondamentale accord de quinte (rarement employé). (Voix Ex. 1)

2. Renversement des intervalles, voir *Intervalle*.

3. Renversement d'une mélodie ou

Ex. 1

d'une série (*musique sérielle) : on peut considérer que les intervalles d'origine ont subi un changement de direction, une tierce majeure ascendante devenant une tierce majeure descendante, une seconde mineure ascendante devenant une seconde mineure descendante, etc. Ainsi, le renversement de la mélodie fa-sol-mi-fa sera fa-mi bémol-sol bémol-fa. Dans l'écriture sérielle, chaque note de la série pouvant être placée à n'importe quelle octave, le renversement n'est pas aussi évident au point de vue musical que celui d'une mélodie.

Rè pastore, Il (« Le Roi pasteur »). *Dramma per musica* en deux actes de Mozart sur un livret de Métastase. Créé à Salzbourg en 1775. Le livret a également été utilisé par Gluck et plusieurs autres compositeurs.

Répertoire international des sources musicales (RISM). Inventaire exhaustif des sources musicales mondiales antérieures à 1800. Destiné à l'origine à remplacer l'ouvrage monumental de Robert Eitner, *Quellen-Lexicon* (1898-1904), il a été entrepris en 1952 par une commission internationale réunissant les plus éminents musicologues du monde entier, sous les auspices de l'International Musical Society et de l'International Association of Music Libraries. Il comporte deux sections principales : la série A, un index alphabétique des compositeurs avec une liste complète de leurs œuvres imprimées (vol. 1) et manuscrites (vol. 2), et la série B, qui contient un certain nombre de catalogues traitant chacun d'un domaine spécifique de la musique, comme les « Recueils imprimés des XVIe et XVIIe siècles », les « Recueils imprimés du XVIIIe siècle », les « Manuscrits de tropes et de séquences », les sources connues de musique pour luth et pour guitare, une liste complète des ouvrages et traités théoriques, etc. Lorsqu'il sera terminé, cet ouvrage constituera un outil de recherche inestimable pour les musiciens et les musicologues. Une autre série intitulée *Répertoire international de littérature musicale* (RILM) a été fondée en 1966 : il s'agit d'une bibliographie internationale des écrits sur la musique.

Repetitore (ital.), **Repetitor** (all.). « Répétiteur », chef de chant dans un théâtre lyrique, celui qui prépare et fait répéter individuellement les chanteurs.

Replica (ital.). « Reprise ».

Réplique. Dans une partie d'orchestre ou une partie vocale, court passage d'une autre partie imprimée en petites notes pour avertir l'instrumentiste de l'approche de son entrée après une longue pause.

Répons. 1. Partie chantée par le chœur ou les fidèles dans le chant responsorial (voir *Responsorium*). Les répons alternant avec le ou les versets sont généralement marqués R ou ℟. Les répons anglicans traditionnels utilisaient le plain-chant original de l'Église catholique, adapté à des paroles anglaises de Merbecke dans le *Booke of Common Praier Noted* en 1550. A l'époque élisabéthaine, divers compositeurs ont fait des adaptations chorales des répons, en prenant souvent les adaptations de plain-chant de Merbecke comme *cantus firmus* à la partie de ténor. Les plus célèbres sont celles de Byrd et deux adaptations de *Preces and Responses* de Tallis. Ce sont généralement des répons de fête, les répons fériaux conservant le chant à la partie supérieure (soprano) et étant harmonisés d'une façon relativement simple.

Réponse. Terme généralement employé dans l'écriture fuguée qui correspond à la seconde (et à la quatrième) exposition du sujet ou du thème, généralement à la quarte ou à la quinte. Voir *Fugue.*

Reprise. Réexécution d'une section de musique soit directement, après un signe de reprise, soit après une section contrastée ou un court refrain à la fin d'un mouvement.

Reprise, Signe de. Le signe (:‖) qui apparaît à la fin d'une section ou d'un morceau de musique indique un retour au début ou au signe inversé (‖:) lorsque celui-ci se présente au début d'une section. Voir également *Da capo.*

Requiem, Messe de (all. : *Totenmesse* ; angl. : *Requiem Mass* ; ital. : *Messa per i defunti* ; lat. : *Missa pro defunctis*). Messe des morts qui débute par l'Introït « Requiem aeternam dona eis Domine » (« Donne leur le repos éternel, ô Seigneur »). Le texte de cette messe est le même que celui de la *messe normale, mais le Credo et les parties les plus joyeuses (comme l'Alléluia, remplacé par le Trait) sont supprimées et on y ajoute le « Dies irae », longue séquence du XIIIe siècle attribuée à Thomas de Celano. Contrairement aux messes du temps ordinaire, le propre de la messe de Requiem ne change jamais et il a été mis en musique par les compositeurs (notamment l'Introït qui donne son nom à cette messe). Certaines modifications de texte interviennent dans certaines prières – par exemple, dans l'Agnus Dei, les paroles « Dona eis requiem » (« Donne leur le repos ») remplacent « Miserere nobis » (« Prends pitié de nous »).

La beauté de la messe de Requiem traditionnelle en plain-chant contraste singulièrement avec certaines messes de Requiem très dramatiques, pour ne pas dire lyriques, du XIXe siècle. Quelques parties isolées ont été mises en musique à l'époque polyphonique, avant le XVe siècle, mais la première mention d'une messe plus ou moins complète (il est extrêmement rare de trouver la totalité de l'office) apparaît dans le testament de Dufay, où il demande que sa propre messe soit donnée le lendemain de ses funérailles. Malheureusement, cette messe est aujourd'hui perdue et la plus ancienne que nous connaissions est celle d'Ockeghem, qui date de la fin du XVe siècle. Sur le plan stylistique, les messes de Requiem différaient peu des messes normales. L'approche plus aventureuse des compositeurs du XVIIe siècle se traduit dans leurs « Dies irae », sur une musique dramatique, alors qu'au XVIe siècle le plain-chant d'origine était presque toujours conservé. En outre, au XVIIe siècle, les messes de Requiem sont devenues de plus en plus populaires ; on en connaît plusieurs centaines alors que moins de cinquante sont antérieures à 1600.

Parmi les messes de Requiem antérieures au XIXe siècle qui reprennent les textes liturgiques originaux, les plus connues sont sans doute celles de Palestrina (imprimée en 1591), Victoria (la deuxième, 1605), Jean Gilles (pour les services funèbres de Rameau et de Louis XV), Jommelli (1756), Gossec (1760) et Mozart (1791, achevée après sa mort par Süssmayr avec quelques additions d'Eybler). Au XIXe siècle, deux messes se distinguent par leur écriture extrêmement dramatique : celle de Berlioz (*Grande Messe des morts*, 1837) et celle de Verdi (1874), qui modifie l'ordre des textes liturgiques. On peut également citer les requiems de Cherubini (deux messes : 1816, à la mémoire de Louis XVI, et 1836), Bruckner (une œuvre de jeunesse, 1849), Saint-Saëns (1878), Fauré (1887-88), Dvořák (1890) et Duruflé (1947). Le *Requiem allemand* de Brahms (1868) repose sur des textes de la Bible luthérienne. D'autres messes de Requiem ne sont pas destinées à l'usage liturgique, notamment le *War Requiem* de Britten (écrit pour la consécration de la nouvelle cathédrale de Coventry en 1961, qui ajoute à la liturgie habituelle des textes de Wilfred Owen déplorant la violence de la guerre) et le *Celtic Requiem* de Tavener (œuvre scénique dans laquelle des jeux d'enfants sont liés à l'idée de la mort ; 1972).

Sur le plan liturgique, la messe de Requiem était exécutée aux funérailles, aux services commémoratifs et le jour des Morts (2 novembre), à la mémoire des fidèles défunts. Mais depuis la réforme liturgique qui a suivi le concile Vatican II, ces messes, considérées comme trop démonstratives par les autorités ecclésiastiques, ne trouvent plus leur place à l'église à l'occasion des offices.

Requiem allemand, Un (*Ein deutsches Requiem*). Œuvre chorale pour soprano, baryton, chœur et orchestre op.45 de Brahms. Le titre s'explique par le fait que Brahms n'a pas mis en musique le texte de la liturgie catholique, mais des extraits de la traduction allemande de la Bible par Luther. Il comporte sept mouvements et a été composé entre 1857 et 1868.

Requiem de Verdi. Œuvre composée en 1874 à la mémoire du romancier et poète italien Alessandro Manzoni.

Reservata. Voir *Musica reservata*.

Résonance. Voir *Acoustique*, 7.

Resonanzsaiten (all.). « Cordes sympathiques ».

Résonateur. Toute chambre acoustique, comme la caisse creuse d'un instrument à cordes, qui sert à renforcer les sons par résonance.

Respighi, Ottorino (Bologne, 9 juillet 1879 ; Rome, 18 avril 1936). Compositeur italien. En 1891, il entre au Liceo Musicale de Bologne pour apprendre le violon ; il y étudie la composition à partir de 1898 avec Luigi Torchi, puis avec Giuseppe Martucci. En 1900 et 1902, il se rend en Russie où il travaille avec Rimski-Korsakov et, en 1908-09, il suit les cours de composition de Max Bruch à Berlin. Violoniste et altiste, il fait partie pendant cinq ans (1903-08) du quintette de Mugellini à Bologne. Il est nommé professeur de composition à l'Académie Sainte-Cécile à Rome en 1913 et il en devient directeur en 1924 ; mais il démissionne de ce dernier poste en 1926 afin de pouvoir se consacrer à la composition et à l'enseignement, accompagner sa femme, la chanteuse et compositeur Elsa Olivieri-Sangiacomo (née à Rome le 24 mars 1894), et diriger ses propres œuvres.

Les premières partitions de Respighi sont des mélodies avec piano ou orchestre et plusieurs opéras, notamment l'opéra de marionnettes *La Bella dormente nel bosco*, qui remporte un vif succès. Toutefois, il est surtout connu pour sa musique symphonique, notamment les partitions descriptives *Fontane di Roma* (« Fontaines de Rome », 1914-16), *Pini di Roma* (« Pins de Rome », 1923-24) et *Feste romane* (« Fêtes romaines », 1928), où il s'impose par une orchestration pittoresque et brillante. Au milieu de sa vie, il s'est beaucoup intéressé à la musique ancienne. Son poème symphonique *Vetrate di chiesa* (« Vitraux d'église », 1925) utilise des fragments de chant grégorien et plusieurs autres œuvres se réfèrent, au moins par leur titre, à la musique du passé (comme le *Concerto gregoriano* pour violon et orchestre, 1921). Les partitions de cette époque qui ont connu le succès le plus durable sont ses arrangements de pièces de compositeurs baroques et classiques, comme la suite *Gli Uccelli* (« Les Oiseaux », 1927), d'après, notamment, des pièces de Rameau et de Pasquini, et les trois suites de *Danses et airs antiques pour luth* ; le ballet *La Boutique fantasque*, qu'il a réalisé pour Diaghilev en 1919 d'après des pièces de Rossini, a conservé le même succès. A la fin de sa vie, il est retourné vers l'opéra mais n'a jamais remporté que des succès éphémères dans le domaine de la musique dramatique.

Judith Nagley.

Respiration. 1. Moment de silence entre deux phrases musicales, généralement indiqué par une virgule placée au-dessus de la portée. Il n'y a aucune perte de temps, la respiration s'opérant en raccourcissant légèrement la dernière note de la phrase.

2. Souffle (voir *Voix*, 2).

3. Pause destinée à permettre aux chanteurs ou aux instrumentistes à vent de reprendre leur souffle, généralement indiquée par un signe (V) au-dessus de la portée (voir également *Luftpause*).

Responsorial. Pour « psalmodie responsoriale », voir *Psalmodie*.

Responsorium, responsum, respons. Type de chant liturgique composé de l'alternance de *répons et de *versets que l'on rencontre dans les responsoria de la messe catholique (aujourd'hui le Graduel et l'Alléluia, mais à l'origine également l'Offertoire) ; la doxologie vient s'y ajouter dans les grands responsoria (lat. : *responsoria prolixa*) et dans les *responsoria brevia*, donnés respectivement à Matines et aux Heures du jour.

A l'origine, les chants de responsorium étaient chantés par un chantre, les fidèles entamant le responsorium et répondant à chaque verset par une formule de répons (« Alleluia » ou « Amen »). Toutefois, dans le répertoire grégorien, les récitations de versets sont devenues de plus en plus élaborées (pour un exemple de verset d'Offertoire extrêmement mélismatique, voir *Plain-chant*, 6) ; les répons, chantés autrefois par les fidèles, ont été confiés à des chœurs expérimentés, entraînant une écriture musicale plus complexe. Pour compenser l'allongement inévitable de la durée d'exécution, on a progressivement réduit les versets, n'en conservant qu'un seul dans certains cas ; et là ou les répétitions du répons ont été abrégées. Toutefois, en plus des responsoria de l'office, la doxologie est venue se glisser dans le verset final.

Les adaptations polyphoniques des responsoria ont conservé le principe de l'alternance ; jusqu'au XVIe siècle, seul l'énoncé initial du répons et du verset étaient polyphoniques mais, à la fin du XVIe siècle, un certain bouleversement s'est produit entre les sections polyphoniques et de plain-chant ; finalement, seules les reprises du répons étaient mises en musique. Cette dernière tradition s'est surtout développée en Angleterre, notamment dans les responsoria de Pâques pour les Matines mis en musique par Sheppard, *Dum transisset Sabbatum*.

Rester. S'attarder sur une note avant de la quitter ou (dans la technique des instruments à cordes) jouer un passage dans la même *position.

« Résurrection ». *Symphonie n° 2 en ut mineur* de Mahler, composée entre 1888 et 1894. Le finale met en musique le choral « Résurrection » (*Aufersteh'n*) de Klopstock (1724-1803) pour soprano, alto, chœur et orchestre.

Retablo del Maese Pedre, El. Voir *Tréteaux de Maître Pierre, Les.*

Retard (all. : *Vorhalt* ; angl. : *suspension* ; ital. : *ritardo*). Son discordant au sein d'un accord donné, provenant de la tenue d'une note de l'accord précédent qui se résout en descendant d'un degré vers une note qui fait effectivement partie de cet accord donné.

Lorsque deux ou plusieurs notes sont tenues de cette façon, on parle de retard double, triple... ou plus généralement de retard simultané.

Retardando (ital.). Même sens que **ritardando.*

Retenant, retenu. Terme employé dans le sens d'un ralentissement immédiat, comme **ritenuto*, et non dans un sens progressif comme **rallentando.*

Retirada (ital.). Dernier mouvement des ballets et suites du XVIIe siècle.

Retraite, Sonnerie de la. Voir *Musique militaire*, 4.

Retraite du soir (angl. : *Tattoo*). Musique des clairons et des tambours rappelant les soldats à la caserne, le soir.

Rétrograde [également *cancrizan* (lat.), *Krebsgang* (all.), « à l'écrevisse »]. Exposition d'une mélodie (ou d'une série) en ordre inverse (c'est-à-dire la forme obtenue en lisant l'original de droite à gauche). Dans la musique sérielle, toute note de la série peut être placée à n'importe quelle octave ; la forme rétrograde d'une mélodie sérielle n'a donc pas besoin de donner lieu à un renversement du contour mélodique. Pour « canon rétrograde », voir *Canon*.

Reubke, Julius (Hausniendorf, près de Quedlimburg, 23 mars 1834 ; Pillnitz, 3 juin 1858). Organiste et compositeur allemand. Fils de facteur d'orgues, il fait ses études avec Liszt. Les quelques œuvres qu'il a composées, toutes publiées après sa mort prématurée, comprennent une sonate pour orgue sur le *Psaume 94*, qui est l'une des grandes œuvres romantiques écrites pour cet instrument.

Paul Griffiths.

Réunion des théâtres lyriques municipaux de France (RTLMF). Organisme fondé en 1964 à Toulouse qui joue un rôle de coordination entre les principaux théâtres lyriques municipaux de France (Avignon, Bordeaux, Lille, Lyon, Marseille, Metz, Montpellier, Nancy, Nantes, Nice, Opéra du Rhin [Strasbourg-Colmar-Mulhouse], Rouen, Toulouse, Tours). La RTLMF joue un rôle important dans les négociations avec le ministère de la Culture et favorise les rapprochements entre certains théâtres lyriques membres pour susciter des coproductions. Les théâtres membres doivent répondre à un certain nombre de critères de professionnalisme et de permanence de l'activité lyrique tout au long de la saison.

Réunion des théâtres lyriques nationaux (RTLN). Entité fondée en 1939, regroupant sous une même administration et une même direction l'Opéra et l'Opéra-Comique de Paris. Depuis 1978, l'établissement public de l'Opéra de Paris regroupe sous une même direction les deux salles (Palais Garnier et salle Favart et les deux écoles (École d'art lyrique et École de danse). Voir *Opéra de Paris, Opéra-Comique.*

Réunis. 1. Terme que l'on rencontre dans l'écriture pour cordes après des passages « divisés ».

2. Dans la musique d'orgue, « couplés ».

3. Dans la musique française du XVIIIe siècle, l'expression « les goûts réunis » servait à désigner un genre de musique idéal vers lequel les compositeurs devaient orienter leurs efforts – l'union des meilleurs éléments de la musique française et de la musique italienne, par opposition au style spécifiquement français adopté par les successeurs de Lully. François Couperin et J.-M. Leclair étaient des compositeurs de musique dans « les goûts réunis ».

Reusner, Esaias (Löwenberg, Silésie [aujourd'hui Lwówek Ślaski, Pologne], 29 avril 1936; Berlin, 1er mai 1679). Compositeur et luthiste allemand. Il étudie avec son père et, en 1651, entre au service de la princesse Radziwill. De 1655 à 1672, il est luthiste du duc de Silésie et devient finalement musicien de chambre à la cour de l'Électeur à Berlin. Il a écrit des pièces pour luth dans le style français : elles comprennent quinze suites publiées à Breslau en 1668 sous le titre *Delitiae testudinis* et rééditées à Leipzig sous le titre *Erfreuliche Lauten-Lust* (1697), ainsi que treize autres suites publiées à Berlin en 1676, *Neue Lauten-Früchte* ; il a aussi publié un recueil de chants sacrés (Berlin, 1676 ou 1678).

Wendy Thompson.

Reutter, Georg (von) (l'Ancien) (Vienne, 1656 ; Vienne, 29 août 1738). Organiste et compositeur autrichien. Il succède à son professeur, Kerl, comme organiste de la cathédrale Saint-Étienne à Vienne en 1686. Entre 1696 et 1703, il est théorbiste de la chapelle de la cour impériale et, à partir de 1700, est à la fois organiste de chambre et organiste de la cour. En 1715, il est nommé maître de chapelle à Saint-Étienne. On ne le connaît aujourd'hui que pour ses toccatas pour orgue.

Son fils, (Johann Adam Joseph Karl) **Georg** (von) **Reutter** (le Jeune) (Vienne, 1708 ; Vienne, 11 mars 1772), fait ses études avec son père et avec Caldara. En 1731, il devient compositeur de la cour de Vienne et, en 1738, succède à son père comme maître de chapelle de Saint-Étienne. Haydn enfant a été choriste sous la direction de Reutter, qui l'aurait assez mal traité. En 1740, Reutter a été anobli par l'impératrice Marie-Thérèse et, six ans plus tard, est devenu second (1747), puis premier (1751) maître de chapelle de la cour. Il est l'auteur de plusieurs opéras et oratorios et de beaucoup de musique religieuse (environ quatre-vingt-une messes, près de cent trente motets, etc.).

Wendy Thompson.

Rêve de valse (*Ein Walzertraum*). Opérette en trois actes d'Oscar Straus créée à Vienne le 2 mars 1907.

Réveil. Sonnerie militaire qui annonce aux soldats l'heure du lever.

Réveil des oiseaux, Le. Œuvre pour piano et orchestre de Messiaen composée en 1953, construite sur des chants d'oiseaux de la région d'Ile-de-France. Elle suit la forme du concerto en quatre mouvements : *Minuit, Quatre heures du matin, réveil des oiseaux, Chants de la matinée, Midi.*

Rêves d'amour (*Liebesträume*). Trois nocturnes pour piano de Liszt (vers 1850), transcriptions de ses lieder *Hohe Liebe, Gestorben war ich* et *O Lieb, so lang du* *lieben kannst*, le troisième (en la bémol majeur) étant le plus connu.

Rêves d'hiver, Les. Surnom de la *Symphonie n° 1 en sol mineur op.13* de Tchaïkovski, composée en 1866-68 et remaniée en 1874. Elle doit son nom à des souvenirs de voyage en hiver entre Saint-Pétersbourg et Moscou.

Review of New Musical Publications, The. Premier périodique musical paru en Angleterre. Fondé en 1784 par T. Williams, il n'a pas vécu plus d'un an.

Revue. Spectacle varié composé de chansons et de sketches de nature souvent satirique : il s'agit plus ou moins d'un spectacle de variétés de caractère intellectuel. Une revue est parfois l'œuvre d'un seul compositeur ou d'un auteur, mais le plus souvent c'est le fruit d'une contribution collective. La revue est d'origine française, une « revue » de fin d'année soulignant les événements importants avec des caricatures de personnalités de premier plan ; sa popularité s'est étendue vers 1840. Un genre de divertissement analogue a pris forme un peu plus tard en Angleterre. La revue moderne a suivi deux voies : la revue intime, avec un nombre de protagonistes assez limité, généralement satirique, largement pratiquée dans les universités, et la revue à grand spectacle, mettant davantage l'accent sur la danse et les chansons, qui s'est affirmée en Angleterre au début des années 1900 avec les revues de l'Empire, aux États-Unis avec des séries comme les Ziegfeld Follies, puis en France avec les revues des Folies-Bergère et du Casino de Paris qui ont remporté énormément de succès.

Peter Gammond.

Reyer, Ernest [Louis-Étienne Rey] (Marseille, 1er décembre 1823 ; Le Lavandou, 15 janvier 1909). Compositeur français autodidacte. Il reçoit les conseils de Berlioz et débute avec une symphonie orientale *Le Sélam* (1850), sur un texte de Théophile Gautier. Puis il se consacre essentiellement à l'art lyrique, d'abord avec des opéras-comiques (*Maître Wolfram*, 1854 ; *La Statue*, d'après *Les Mille et Une Nuits*, 1861) avant de s'imposer à l'Opéra avec *Sigurd* (1884, paraphrase de la démarche wagnérienne qui lui demanda douze ans de travail) et *Salammbô* (d'après Flaubert, 1890). Bibliothécaire à l'Opéra à partir de 1866, il a fait également une importante carrière de critique musical, notamment au *Journal des débats*, où il avait succédé à Berlioz.

Alain Pâris.

BIBLIOGRAPHIE : Henri de Curzon, *Ernest Reyer* (Paris, 1924). Adolphe Jullien, *Reyer* (Paris, 1909).

Reznicek, Emil (Nikolaus) von (Vienne, 4 mai 1860 ; Berlin, 2 août 1945). Compositeur autrichien. Il va faire son droit à Graz, mais la musique est son premier amour et il s'installe bientôt à Leipzig pour travailler avec Reinecke et Jadassohn. Ensuite, il occupe divers postes de chef d'orchestre dans des théâtres et des opéras en Autriche et en Allemagne. Il est l'auteur d'un opéra, *Donna Diana* (1894), dont l'ouverture s'est maintenue au répertoire des concerts de musique symphonique légère ; il a également composé quatre autres opéras, quatre symphonies et des œuvres chorales. Il a peu écrit après la Première Guerre mondiale.

Paul Griffiths.

Rf, rfz. Abréviations de **rinforzando*.

Rhapsodie (ou rapsodie ; all. : *Rhapsodie*, angl. : *rhapsody* ; ital. : *rapsodia*). Dans la Grèce antique, récitation de parties d'un poème épique. En musique, morceau en un seul mouvement, souvent basé sur des mélodies populaires, nationales ou traditionnelles. Le terme a été employé pour la première fois au XIXe siècle par Tomašek comme titre d'un ensemble de six pièces pour piano publié vers 1803 ; par la suite, il a été appliqué à certaines pièces de caractère sans forme spécifique. Les rhapsodies peuvent être passionnées, nostalgiques ou de caractère improvisé. L'intérêt suscité au XIXe siècle par le violon hongrois et tzigane est à l'origine des dix-neuf rhapsodies hongroises de Liszt, des rhapsodies slaves de Dvořák, et d'œuvres analogues de Dohnányi, Bartók, etc.

Brahms a composé trois rhapsodies pour piano (op.79, op.119) ainsi que la *Rhapsodie pour alto, chœur d'hommes et orchestre op.53.* L'élément improvisatoire de la rhapsodie a inspiré deux œuvres à Debussy (une pour saxophone alto, l'autre pour clarinette), la *Rapsodie espagnole* de Ravel, les deux *Rhapsodies roumaines* d'Enesco, la *Rhapsodie flamande* de Roussel, la *Rhapsody in Blue* pour piano et orchestre de Gershwin et la *Rhapsodie sur un thème de Paganini* de Rachmaninov (variations sur le *Caprice pour violon n° 24 en la mineur* de Paganini). L'influence du chant traditionnel imprègne de nombreux exemples britanniques, notamment la *Norfolk Rhapsody* de Vaughan Williams, *A Shropshire Lad* de Butterworth et *Brigg Fair* (sous-titré « An English Rhapsody ») de Delius.

Wendy Thompson.

BIBLIOGRAPHIE : Vladimir Jankélévitch, *La Rhapsodie, verve et improvisation musicale*, Flammarion (Paris, 1955).

Rhapsodies hongroises. Vingt pièces pour piano de Liszt, dont les quinze premières ont été composées entre 1846 et 1853 et les cinq dernières trente ans plus tard. Seules les rhapsodies nos 1 à 19 ont été publiées. Douze ont été orchestrées, certaines par Franz Döppler, et la quatorzième a servi de base à la *Fantaisie hongroise* pour piano et orchestre. La numérotation des versions pour orchestre ne correspond pas à la numérotation originale pour piano.

Rhapsodies slaves. Trois œuvres pour orchestre op.45 de Dvořák composées en 1878. La première est en ré majeur, la deuxième en sol mineur et la troisième en la bémol majeur. Elles évoquent constamment le langage de la musique traditionnelle, mais les mélodies sont originales.

Rhapsodie sur un thème de Paganini. Rhapsodie pour piano et orchestre op.43 de Rachmaninov, composée en 1934 et construite sous forme de vingt-quatre variations sur le *Caprice n° 24 en la mineur* pour violon de Paganini dans lesquelles vient se glisser le thème du *Dies irae* grégorien.

Rhapsody in Blue. Rhapsodie pour piano et orchestre de Gershwin, composée en 1924. Elle figure parmi les premières œuvres dans lesquelles se mélangent le jazz et les procédés symphoniques et a été orchestrée par Ferdé Grofé.

Rhau, Georg (Eisfeld an der Werre, près de Cobourg, 1488 ; Wittenberg, 6 août 1548). L'un des imprimeurs de musique allemands et des musiciens protestants les plus importants de son époque. Il fait ses études à l'Université de Wittenberg, dont il obtient le diplôme en 1514 ; en 1518, il se rend à Leipzig, où il est assesseur de la faculté des arts et l'un des prédécesseurs de Bach au poste de *Kantor* de l'église et de l'école Saint-Thomas. Il quitte Leipzig en 1520, après avoir rejoint le mouvement réformiste de Luther et, en 1523, il retourne à Wittenberg, où il s'établit comme imprimeur et éditeur. A ce titre, il fournit la première littérature musicale de base de l'Église luthérienne, publiant non seulement des recueils d'arrangements d'hymnes et d'autres musiques pour l'éducation religieuse des jeunes, mais également des messes et des passions.

Denis Arnold.

Rheinberger, Josef (Gabriel) (Vaduz, Liechtenstein, 17 mars 1839 ; Munich, 25 novembre 1901). Organiste et compositeur allemand. Il fait ses études au Conservatoire de Munich (1850-54) où, à partir de 1859, il est un remarquable professeur d'orgue et de composition. Il a beaucoup composé dans tous les genres, mais on se souvient surtout de lui pour ses vingt sonates pour orgue, solidement construites dans le style de Brahms.

Paul Griffiths.

Rheingold, Das (« L'Or du Rhin »). Voir *Ring des Nibelungen, Der.*

« Rhénane », Symphonie. *Symphonie n° 3 en mi bémol majeur op.97* de Schumann, composée en 1850 (la quatrième qu'il ait composée). Elle comporte cinq mouvements et le quatrième lui a été inspiré par la cérémonie d'installation d'un cardinal à Cologne sur les bords du Rhin.

Rhombe. Voir *Planchette ronflante.*

Rhosymedre. Hymne de J. D. Edwards (1808-85) sur la mélodie duquel Vaughan Williams a écrit le second de ses *Trois Préludes sur des airs d'hymnes gallois* (1920) pour orgue.

Rhumba. Voir *Rumba.*

Rhys, Philip ap. Voir *Ap Rhys, Philip.*

Rhythm and blues. Voir *Blues.*

Ribible, rubible. Voir *Rebec.*

Ricciotti, Carlo (vers 1681 ; La Haye, 13 juillet 1756). Musicien italien. Son nom serait resté inconnu si six concertos attribués à Pergolèse dans l'édition intégrale de ses œuvres n'avaient été « restitués » plus récemment à Ricciotti. Toutefois, la contribution de Ricciotti semble s'être limitée à la réalisation de l'édition de ces *Concerti armonici*, publiés par lui vers 1730 à La Haye et qui ont ensuite connu trois autres éditions en Angleterre ; leur compositeur demeure inconnu.

Denis Arnold.

Ricercar [*ricercare, ecercar*, etc.] (ital., de *ricercare*, « chercher »). Forme instrumentale courante aux XVIe et XVIIe siècles. Les premiers *ricercari* étaient de caractère improvisé, souvent écrits pour des instruments solistes comme le luth ou la basse de viole. Ils se composaient d'une mélodie extrêmement embellie, sans accompagnement, assez proche du *prélude du début du XVIe siècle ; ils n'avaient pas de forme distinctive et étaient apparemment conçus comme un exercice digital. Les auteurs de ces pièces étaient généralement eux-mêmes des instrumentistes ou des professeurs, notamment les premiers auteurs de traités se limitant à des instruments précis, comme Ganassi et Bassano. Ce genre de *ricercar* présente un intérêt musical assez réduit et peut être comparé, sur le plan artistique, à la monotonie des études de Czerny.

Un peu plus tard, toujours au XVIe siècle, un autre genre a connu une période florissante : il s'agissait de duos destinés aux instrumentistes débutant dans la musique à plusieurs parties. Les instruments sont rarement spécifiés mais l'emploi fréquent de thèmes basés sur des syllabes de *solmisation faciles à mémoriser suggère qu'il s'agissait d'exercices de déchiffrage à vue, peut-être également destinés aux chanteurs. Certains sont plus attrayants que les *ricercari soli*, surtout ceux de Lassus.

Le genre de *ricercar* le plus connu et le plus durable a été l'équivalent instrumental du *motet vocal. Les plus anciens, datant du milieu du XVIe siècle, sont évidemment conçus dans la même tradition que la musique religieuse polyphonique, avec des lignes mélodiques fluides organisées en imitation. Les principales différences entre le motet et le *ricercar* tiennent à la plus grande étendue de la gamme mélodique des pièces instrumentales ; elles n'ont pas besoin d'accorder des pauses fréquentes à chaque « voix » et, comme elles ne sont pas astreintes aux impératifs du texte mis en musique, elles peuvent employer des thèmes moins nombreux et même, dans certains cas, se limiter au monothématisme. Dans un premier temps, les *ricercari* étaient surtout écrits à quatre parties, mais Andrea Gabrieli a composé un *ricercar* pour huit instruments et de nombreuses transcriptions pour clavier ont ajouté des ornements tout en conservant la structure polyphonique de base. Ce genre de *ricercar* a connu son apogée à la fin du XVIe siècle et, à partir du début du XVIIe siècle, le genre a dû céder la place à la *canzona francese*, plus mélodieuse. Certains *ricercari* publiés à cette époque montrent l'influence de la *canzona* dans leurs rythmes animés et on a parfois du mal à établir une distinction entre les deux genres.

A partir de 1610 environ, les pièces instrumentales apparentées aux motets sont plus souvent appelées « sonata » (comme la *Sonata pian'e forte* de Giovanni Gabrieli) et le terme *ricercar* est plutôt lié à des œuvres qui font preuve d'une certaine forme d'érudition contrapuntique. Dans ce sens, le mot a persisté jusqu'à la fin de l'ère baroque, les exemples les plus remarquables se trouvant dans l'*Offrande musicale* de J. S. Bach (1747) : selon la tradition de l'époque, les deux *ricercari* sont placés au milieu d'un ensemble de canons ; ils sont écrits en style fugué dans des valeurs de notes démodées et conçus pour prouver l'habileté du compositeur. A ce stade, il devient difficile de les distinguer des fugues.

Denis Arnold.

Richafort, Jean (vers 1480 ; ? Bruges, vers 1547). L'un des principaux compositeurs franco-flamands de la génération qui a suivi celle de Josquin des Prés. Sa carrière s'est essentiellement déroulée aux Pays-Bas (bien qu'il ait été chanteur à la chapelle royale française en Italie) et il a peut-être été au service de Marie de Hongrie, régente des Pays-Bas entre 1530 et 1540 environ. Il a été maître de chapelle à Saint-Gilles de Bruges entre 1542 et 1547. Outre des chansons et de la musique religieuse, son œuvre comprend une belle messe de Requiem qui cite de la musique de Josquin des Prés et a peut-être été écrite à la mort de ce maître, en 1521.

John Milsom.

Richard Cœur-de-lion. Opéra-comique en trois actes de Grétry sur un livret de Sedaine d'après La Curne de Sainte-Palaye. Créé à Paris en 1784.

Richettato (ital.). Même sens que *spiccato*.

Richter, Franz Xaver (? Holešov, 1er décembre 1709 ; Strasbourg, 12 septembre 1789). Compositeur allemand d'origine tchèque. Les origines de Richter sont incertaines, mais, en 1740, il était maître de chapelle assistant à Allgäu. Il a tiré sa formation musicale du *Gradus ad Parnassum* de Fux, qu'il a peut-être étudié avec l'auteur à Vienne. En 1747, il était compositeur et chanteur (basse) auprès de l'Électeur palatin Carl Theodor, à Mannheim. Il s'est fait connaître comme compositeur vers 1740 avec la publication de six symphonies et était également un professeur très apprécié, comptant parmi ses élèves quelques-uns des plus grands représentants de l'école de Mannheim, notamment Carl Stamitz. De cette période date le grand traité de composition de Richter (*Harmonische Belehrungen*, publié en 1804), dérivé dans une certaine mesure de celui de Fux. Toutefois, ses goûts musicaux ne correspondaient pas à ceux de ses contemporains de Mannheim et, en 1768, il est devenu maître de chapelle de la cathédrale de Strasbourg. Ses œuvres révèlent un style essentiellement conservateur, ayant plus volontiers recours au contrepoint que ne le voulait la coutume à Mannheim entre 1750 et 1770 ; mais l'écriture à plusieurs parties de ses quatuors à cordes annonce les techniques classiques ultérieures. En dehors de la musique de chambre et de la musique symphonique, Richter s'est consacré de plus en plus à la musique religieuse au fil des années, composant au moins deux oratorios, quelque trente-neuf messes et plusieurs cantates et motets.

Jan Smaczny.

Richtig (all.). « Bien », « précis ».

Ricochet. Coup d'archet sur un instrument à cordes qui consiste à lancer la moitié supérieure de l'archet sur la corde pour qu'elle rebondisse plusieurs fois sous son propre poids et produise ainsi une série de notes *staccato* rapides. Paganini a souvent utilisé cet effet. Voir également *Volante*.

Ricordi. Maison d'édition italienne, principale firme de la péninsule en la matière depuis le XIXe siècle. Elle doit essentiellement sa suprématie à l'initiative, l'esprit d'entreprise et la personnalité des membres de la famille Ricordi. Liée de façon indissociable aux œuvres et aux carrières de Verdi et de Puccini, la firme a été fondée par Giovanni Ricordi (1785-1853), violoniste et copiste dynamique et imaginatif qui étudia les techniques d'imprimerie à Leipzig avec Breitkopf & Härtel avant de faire paraître ses premières publications à Milan en 1808. Une association étroite avec la Scala, dont il était le copiste officiel, lui permit, en 1825, d'en acheter les archives musicales et il publia bientôt plus de deux cents titres par an. Dès 1853, son catalogue comprenait plus de 25 000 œuvres, notamment des opéras de Rossini, de Bellini et de Donizetti et, à partir de 1837, de Verdi – grand coup porté à ses rivaux.

A partir de 1840, Ricordi publia presque tous les opéras de Verdi, mais ses bonnes relations avec le compositeur furent mises en péril par son fils Tito (1811-88), dont les attitudes trop autoritaires incitèrent Verdi à prendre quelque distance. Tito introduisit de nouvelles techniques d'impression, acheta plusieurs catalogues à d'autres éditeurs et ouvrit des succursales en Italie et à l'étranger. Son fils Giulio (1840-1912), qui lui succéda, était lui-même compositeur et apporta un nouvel éclat à la maison d'édition en découvrant Puccini, avec lequel il entretint des relations artistiques fructueuses. En outre, il élargit considérablement les parties lyriques et instrumentales du catalogue. Le fils de Giulio, Tito (1865-1933), s'entendait moins bien avec Puccini, dont il considérait *La Rondine* comme du « mauvais Lehár ». Il quitta la firme en 1919.

Après la Seconde Guerre mondiale, la famille Ricordi abandonna ses intérêts dans l'affaire. Le catalogue s'élargit à des compositeurs italiens plus anciens (Vivaldi, Scarlatti), aux éditions des classiques puis à des compositeurs contemporains comme Respighi, Pizzetti, Malipiero et Petrassi. Plus près de nous, on trouve dans le fonds Ricordi les principales œuvres de Bussotti, Castiglioni, Nono, Sciarrino ou Sinopoli. Des éditions critiques de Rossini et de Verdi sont également en cours. Néanmoins, Ricordi a conservé sa prééminence essentiellement grâce aux fondements établis au XIXᵉ siècle que représentent les opéras de Verdi et de Puccini.

J. M. Thomson.

Rideau. Dans les partitions d'opéras ou de ballets, on trouve la mention du lever ou du tomber de rideau. Le ballet de Satie *Parade* débute par un « Prélude du rideau rouge ».

Riders to the sea (« La Chevauchée de la mer »). Opéra en un acte de Vaughan Williams qui met presque textuellement en musique la pièce de Synge (1904). Composé entre 1925 et 1932 et créé à Londres en 1937.

Ridotto (ital.). 1. « Réduit », « arrangé ».

2. Divertissement (« redoute ») très populaire au XVIIIᵉ siècle qui se compose d'un mélange de musique et de danse. Dans *Concert Room and Orchestra Anecdotes* (1825), Busby rappelle qu'à Londres « l'année 1722 s'est distinguée par l'introduction d'un nouveau genre de divertissement appelé *ridotto* et composé de chants suivis d'un bal, au cours duquel la compagnie se joignait aux exécutants en passant de la façade d'une maison sur un pont reliant la fosse à la scène ». D'autres types de *ridotti* se sont déroulés dans les *pleasure gardens* londoniens.

A Vienne, une grand *Redoutensaal* (en fait deux, une grande et une petite) ont été construites au palais de la Hofburg. Ces pièces ont également servi de salles de concert et Haydn, Mozart, Beethoven et leurs contemporains ont écrit de la musique de danse (*Redoutentänze*) pour les *ridotti* qui s'y sont déroulés.

Ridout, Alan (John) (West Wickham, Kent, 9 décembre 1934). Compositeur anglais. Il fait ses études au Royal College of Music de Londres avec Gordon Jacob et Herbert Howells et en privé avec Peter Racine Fricker et Michael Tippett. Il est l'auteur de cinq symphonies et de plusieurs œuvres concertantes, mais son nom est surtout lié à la musique religieuse et aux opéras pour enfants, produits dans le cadre de son activité pédagogique à l'école de chœur de la cathédrale de Canterbury (1964-72), puis à King's School, à Canterbury.

Paul Griffiths.

Riduzione (ital.). « Réduction », « arrangement ».

Riegger, Wallingford (Albany, Géorgie, 29 avril 1885 ; New York, 2 avril 1961). Compositeur américain. Il fait ses études à Cornell University (1904-05), à l'Institute of Musical Art à New York (1905-07) et en Allemagne. Ensuite, pendant une vingtaine d'années, il occupe divers postes de chef d'orchestre, violoncelliste et professeur, composant dans les styles conventionnels de la fin du romantisme et de l'impressionnisme. A la fin des années vingt, il se fixe à New York et la majeure partie de ses œuvres importantes sont postérieures à cette installation. Des pièces comme *Study in Sonority* pour dix violons (1926-27) et *Dichotomy* pour orchestre de chambre (1931-32), toutes deux écrites dans un contrepoint vigoureux, presque atonal, lui donnent une place dans le cercle d'avant-garde de Varèse, Cowell et Ruggles. Dans des œuvres ultérieures, comme les trois quatuors à cordes, la *Symphonie nº 3* (1946-47) et *Musique pour chœur de cuivres* (1948-49), il cultive ce style contrapuntique dissonant, parfois sur la base de son propre sérialisme dodécaphonique.

Paul Griffiths.

Riemann, (Karl Wilhelm Julius) **Hugo** (Gross-Mehlra, près d'Erfurt, 18 juillet 1849 ; Leipzig, 10 juillet 1919). Musicologue allemand. Il reçoit une formation de pianiste et enseigne l'histoire de la musique à l'Université de Leipzig. Il est l'auteur d'un nombre étonnant de livres et d'articles, notamment du *Musik-Lexikon* (Leipzig, 1882) qui a été (et est encore dans sa dernière révision) l'un des meilleurs dictionnaires de musique ; son *Handbuch der Musikgeschichte* (Leipzig, 1904-13) est l'une des histoires de la musique les plus captivantes.

Denis Arnold.

Rienzi (*Cola Rienzi, der Letze der Tribunen* ; « Cola Rienzi, le dernier des tribuns »). Opéra en cinq actes de Wagner sur un livret du compositeur, d'après un roman d'E. Bulwer Lytton (1835) et une pièce de Mary Russell Mitford (1828). Créé à Dresde le 20 octobre 1842. première en France au Théâtre-Lyrique le 6 avril 1869 (version française de Nuitter et Guilliaume).

Ries, Ferdinand (baptisé à Bonn le 28 novembre 1784 ; Francfort-sur-le-Main, 13 janvier 1838). Fils de Franz Anton Ries (1755-1846), violoniste allemand, ami et professeur de Beethoven, Ferdinand fait ses études avec son père et avec Beethoven à Vienne, puis effectue de nombreuses tournées comme pianiste en Europe et en Scandinavie. Il s'installe en 1813 à Londres, où il réside pendant onze ans, puis à Godesberg (1824-27) et finalement à Francfort, où il dirige les Festivals de Basse-Rhénanie de 1825 à 1827. Il est également chef de l'Orchestre municipal d'Aix-la-Chapelle. Ries a connu beaucoup de succès en tant que compositeur. Il a écrit huit symphonies, huit concertos pour piano, cinq opéras, deux oratorios, vingt sonates pour violon et piano ainsi que plusieurs œuvres pour piano et de la musique de chambre. Avec Franz Gerhard Wegeler (1765-1848), il a écrit l'ouvrage *Biographische Notizen über L. v. Beethoven* (Coblence, 1838).

Rigaudon (ou rigodon). Danse à deux temps des XVIIe et XVIIIe siècles, ressemblant à la *bourrée. Comme d'autres danses françaises d'origine traditionnelle, telle la *gavotte, le rigaudon était à l'origine assez fruste et animé avant d'être adopté à la cour, où il s'est transformé en une danse plus élégante, tout en restant vif. On le retrouve dans les œuvres scéniques françaises, surtout dans les opéras-ballets de Campra et de Rameau, comme d'autres danses de cour. Au milieu du XVIIIe siècle, il était devenu l'une des danses optionnelles dans la *suite instrumentale.

Le rigaudon s'est répandu également en Angleterre et en Allemagne : l'un des premiers exemples anglais se trouve dans une suite pour clavecin de Purcell. Après le milieu du XVIIIe siècle, il tombe en désuétude, mais réapparaît occasionnellement dans des œuvres pour piano de la fin du XIXe siècle et du XXe siècle, notamment dans la *Suite Holberg* de Grieg, dans *Le Tombeau de Couperin* de Ravel et dans les *Dix Pièces op.12* de Prokofiev.

Rigoletto. Opéra en trois actes de Verdi sur un livret de Piave d'après la pièce de Victor Hugo *Le roi s'amuse* (1832). Représentations : Venise (La Fenice, 11 mars 1851) ; Londres (Covent Garden, 14 mai 1853) ; New York (Academy of Music, 19 février 1855) ; Paris (Théâtre-Italien, 19 janvier 1857). Également représenté sous le titre *La Maledizione*, *Viscardello*, *Clara di Perth* et *Lionello* pour des raisons de censure. Le duc de Mantoue (tén.), très libertin, a fait la cour, déguisé en étudiant, à Gilda (sop.), la fille du bouffon bossu Rigoletto (bar.). Elle ignore néanmoins son ascendance. Lorsque Rigoletto, qui a involontairement participé à l'enlèvement de Gilda, apprend qu'elle a été séduite par le duc, il projette de faire tuer celui-ci par l'assassin professionnel Sparafucile (basse). La sœur de Sparafucile, Maddalena (mezzo), persuade Sparafucile de laisser la vie sauve au duc et Gilda, qui a entendu leur conversation, sacrifie sa propre vie pour sauver le duc.

Rihm, Wolfgang (Karlsruhe, 13 mars 1952). Compositeur allemand. Élève de Fortner, puis de Stockhausen et de Klaus Huber à Darmstadt et à Fribourg (1973-74), il travaille également la musicologie avec Hans Heinrich Eggebrecht (1973-76). Entre 1973 et 1978, il est professeur de théorie et de « Tonsatz » à la Musikhochschule de Karlsruhe puis, de 1978 à 1980, professeur à Darmstadt. Il s'est rapidement imposé au sein de la jeune génération des compositeurs allemands par une esthétique résolument opposée à l'avant-gardisme et à l'intellectualisme des années 1960. Sa musique, avant tout expressive, s'inscrit dans le courant néoromantique qui cherche à recréer un lien entre le compositeur et son public. Très prolifique, il a déjà composé plusieurs opéras de chambre (*Faust und Yorick*, 1976 ; *Jakob Lenz*, 1977-78) et plusieurs pièces de théâtre musical (*Die Hamletmaschine*, 1983-86 ; *Œdipus*, 1985-88), trois symphonies, sept quatuors à cordes et *Hölderlin-Fragmente* pour voix et piano (ou orchestre, 1977), l'une de ses œuvres les plus jouées. Il affectionne particulièrement les cycles d'œuvres : *Abgesangsszene* (cinq partitions pour orchestre avec ou sans voix solistes, 1979-81), *Tutuguri*, sept œuvres tirées d'un ballet d'après Antonin Artaud (1981-82), *Chiffre* (sept pièces de musique de chambre et symphoniques, 1982-85).

Alain Pâris.

Rilasciando, rilasciante (ital.). « En relâchant », « en renonçant », c'est-à-dire en allant de plus en plus lentement ; équivalent de **rallentando*.

Riley, Terry (Mitchell) (Colfax, Californie, 24 juin 1935). Compositeur américain. Il étudie la composition avec Robert Erickson au San Francisco State College (1955-57) et à l'Université de Californie à Berkeley (1960-61). Depuis 1963, il s'est produit sur le plan international comme improvisateur au saxophone soprano ou sur des instruments à clavier électroniques ; il a séjourné en Inde au début des années soixante-dix et a été beaucoup influencé par les musiciens indiens de sa génération et par la notion de musique partant d'une idée modale. Son œuvre est caractérisée par la répétition obsessionnelle. Parmi les quelques pièces notées qu'il a écrites, *In C* (« En ut », 1964) propose simplement un choix de chiffre dont n'importe quel nombre d'exécutants peut s'inspirer librement.

Paul Griffiths.

Rimettendo, rimettendosi (ital.). « En remettant », « en replaçant » ; terme indiquant qu'il faut reprendre le tempo original.

Rimmer, John (Francis) (Auckland, 5 février 1939). Compositeur néo-zélandais. Il étudie la composition et l'analyse avec John Weinzweig, la musique électronique avec Gustav Ciamaga, l'ethnomusicologie avec M. Kolinski à l'Université de Toronto (1967-68) et le cor avec Eugene Rittich. Depuis 1974, il est maître de conférences à l'Université d'Auckland, où il dirige le studio de musique électronique et est directeur musical de l'ensemble de la musique nouvelle, The Karlheinz Co. Il a également travaillé sur ordinateur au Massachusetts Institute of Technology et au studio de musique électronique de l'Université de l'East-Anglia. Compositeur prolifique et accompli sur le plan technique, il a écrit dans la plupart des genres, excellant surtout dans la description de paysages comme dans *White Island* (1974), bande de musique électronique, et dans *Where Sea Meets Sky* (1975), inspiré par une traversée aérienne de la Tasmanie, dont il existe une version pour orchestre et une version électronique. Il a aussi écrit une *scena* dramatique pour orchestre, *At the Appointed Time* (1973), un *Concerto pour alto* (1980), *Sir Gawayne and the Green Knight* (1981), pièce de théâtre musical, et *Tides* (1981) pour cor seul.

J. M. Thomson.

Rimski-Korsakov, Nikolaï (Andreïevitch) (Tikhvine, Novgorod, 18 mars 1844 ; Lioubensk, Saint-Pétersbourg, 21 juin 1908). Compositeur russe. Comme d'autres nationalistes russes (Glinka, Balakirev, Moussorgski), il est issu d'une famille aisée et est élevé à la campagne, où il s'imprègne de chant traditionnel.

Après ses études, il sert comme officier de marine et compose une partie de la *Symphonie nº 1* (1861-65, rév. 1884) pendant qu'il est en fonction. Les qualités de cette œuvre et du poème symphonique *Sadko* (d'après une légende marine, 1867) lui valent d'être nommé professeur de composition au Conservatoire de Saint-Pétersbourg. Il ne se sent pas prêt à affronter un tel poste, mais, à force de travail, il acquiert les principes et la technique de son art et devient en fait le meilleur théoricien du *groupe des Cinq.

Nationaliste fervent, il se consacre à l'étude de la musique traditionnelle de son pays. Il est animé par une forte impulsion dramatique, une grande force rythmique et un sens aigu de la couleur orchestrale. Cette dernière caractéristique l'apparente à Berlioz et, à cet égard, on peut le considérer comme son successeur (de même qu'on peut le considérer comme le prédécesseur de Stravinski et d'autres compositeurs modernes) ; aujourd'hui, son traité sur l'instrumentation est un classique, au même titre que celui de Berlioz.

Rimski-Korsakov a composé librement et abondamment : plusieurs opéras, *La Pskovitaine* (version originale 1872 ; troisième et dernière version 1892), *Snegourotchka* (« Flocon de neige », 1881), *Sadko* (1896, qui a fait également l'objet d'un poème symphonique – voir plus haut), *Tsar Saltan* (1900, d'où est tiré le fameux *Vol du bourdon*), *La Légende de la ville invisible de Kitèje et de la vierge Févronia* (1907) et *Le Coq d'or* (1908). Pour l'orchestre, il a composé trois symphonies, le *Capriccio espagnol* (1887), la suite symphonique *Schéhérazade* (1888) et l'ouverture de *La Grande Pâque russe* (1888). Il a également écrit de la musique chorale et des mélodies (particulièrement importantes).

Après l'éclatement du groupe des Cinq, il est devenu le centre d'un autre cercle auquel appartenaient Belaïev et Glazounov et qui a repris les mêmes objectifs.

Voir également *Opéra*, 14 ; *Russie et Union soviétique*, 4.

Percy Scholes, rév.

BIBLIOGRAPHIE : Michel Hofmann, *Rimski-Korsakov, sa vie, son œuvre*, Flammarion (Paris, 1958). Vladimir Jankélévitch, *La Rhapsodie, verve et improvisation musicale*, Flammarion (Paris, 1955). Igor Markevitch, *Rimski-Korsakov* (Paris, 1935). Nicolas Rimski-Korsakov, *Journal de ma vie musicale*, Gallimard (Paris, 1914, rééd. 1938), rééd. *Ma Vie musicale*, Stock (Paris, 1981). Victor Seroff, *Le Groupe des Cinq*, Plon (Paris, 1949).

Rinaldo. Opéra en trois actes de Haendel sur un livret de Rossi fondé sur un scénario d'Aaron Hill d'après *La Gerusalemme liberata* (« La Jérusalem délivrée ») du Tasse. Créé à Londres en 1711, c'est le premier opéra que Haendel ait écrit pour l'Angleterre. Première représentation en France au Théâtre musical de Paris le 11 juin 1985.

BIBLIOGRAPHIE : *Rinaldo*, L'Avant-Scène-Opéra n° 72 (Paris, 1985).

Rinforzando, rinforzato (ital., souvent abrégé *rf*, *rfz*). « Renforçant », « renforcé ». Accent appliqué à des notes individuelles ou à des accords ; *rinforzo*, *rinforzamento*, « renforcement ».

Ring des Nibelungen, Der (« L'Anneau du Nibelung »). Spectacle scénique solennel en trois journées et un prologue (*Ein Bühnenfestspiel für drei Tage und einen Vorabend*), souvent appelé « Tétralogie » de Wagner ; livret du compositeur d'après la Saga du Nibelung. Création à Bayreuth, Festspielhaus, les 13, 14, 16 et 17 août 1876. Première représentation intégrale du cycle en France, Lyon (5, 7, 8 et 10 avril 1904). Chacun des quatre ouvrages a été créé séparément :

Das Rheingold (« L'Or du Rhin »). Prologue en un acte de la tétralogie *Der Ring des Nibelungen*. Représentations : Munich (22 septembre 1869) ; Londres (Her Majesty's Theatre, 5 mai 1882) ; New York (Metropolitan, 4 janvier 1889) ; Bruxelles (Monnaie, 31 octobre 1898, version française de Ernst) ; Nice (Opéra, 19 mars 1902) ; Paris (Opéra, 17 novembre 1909).

Die Walküre (« La Walkyrie »). Drame musical en trois actes. Représentations : Munich (Hofoper, 26 juin 1870) ; New York (Academy of Music, 2 avril 1877) ; Londres (Her Majesty's Theatre, 6 mai 1882) ; Bruxelles (Monnaie, 9 mars 1887, version française de Wilder) ; Paris (Opéra, 12 mai 1893).

Siegfried. Drame musical en trois actes. Représentations : Bayreuth (Festspielhaus, 16 août 1876) ; Londres (Her Majesty's Theatre, 8 mai 1882) ; New York (Metropolitan, 9 novembre 1887) ; Bruxelles (Monnaie, 12 janvier 1891, version française de Wilder) ; Rouen (17 février 1900) ; Paris (Opéra, 3 janvier 1902).

Götterdämmerung (« Le Crépuscule des dieux »). Drame musical en trois actes. Représentations : Bayreuth (Festspielhaus, 17 août 1876) ; Londres (Her Majesty's Theatre, 9 mai 1882) ; New York (Metropolitan, 25 janvier 1888, incomplet, sans les Nornes ni les scènes de Waltraute) ; Bruxelles (Monnaie, 24 février 1901, version française de Wilder) ; Paris (Théâtre du Château d'Eau, 17 mai 1902).

Le *Ring* est une allégorie et traite de la lutte pour le pouvoir entre les Nains, les Géants et les Dieux.

Dans *L'Or du Rhin*, le nain Nibelung Alberich (bar.-basse) renonce à l'amour afin de voler l'or du Rhin pour en faire un anneau qui fera de lui le maître du monde. Wotan (bar.-basse), souverain des dieux, a ordonné aux géants Fasolt et Fafner (basses) de construire le Walhalla pour les dieux. En paiement, il leur a promis Freia (sop.), la déesse de la jeunesse. Loge (tén.), le dieu du feu, persuade Wotan de l'accompagner au Nibelheim où, par ruse, il s'emparera de l'anneau et de l'or du Rhin détenus par Alberich. Alberich maudit l'anneau et ses possesseurs. Les géants voient l'anneau au doigt de Wotan et lui demandent de le leur donner ainsi qu'un casque enchanté, le

Tarnhelm. Wotan commence par refuser et les géants se disposent à emmener Freia. Fricka (mezzo), épouse de Wotan, supplie celui-ci de donner l'anneau aux géants. Erda (cont.), déesse de la terre, avertit Wotan des périls qu'il court en gardant l'anneau. Il l'ajoute donc à l'or, sur quoi les deux géants se disputent ; Fafner tue Fasolt et emporte l'or, le Tarnhelm et l'anneau. Les dieux entrent au Walhalla sous le regard cynique de Loge et le rideau tombe.

[Afin de défendre le Walhalla, Wotan demande à Erda neuf filles guerrières, les Walkyries, dont la mission est d'amener au Walhalla les héros morts sur les champs de bataille, où ils ressuscitent et participent à la défense du château. Mais afin de rendre l'anneau aux Filles du Rhin et de délivrer les dieux de la malédiction, Wotan doit susciter un héros libre. Il descend sur la terre et engendre Siegmund et Sieglinde, espérant que le premier tuera un jour Fafner et rendra l'anneau aux Filles du Rhin. Mais les deux enfants sont séparés : Sieglinde épouse Hunding (basse) et Siegmund est condamné à une vie errante et difficile.]

Dans *La Walkyrie*, Siegmund (tén.) est contraint de chercher refuge dans la cabane de Hunding. Sieglinde (sop.) et lui se sentent mystérieusement attirés l'un vers l'autre. Sieglinde lui montre l'épée Nothung que Wotan avait enfoncée dans le tronc d'un arbre d'où elle ne sera extraite que par un héros. Il arrache l'épée et fuit avec Sieglinde. Fricka, la gardienne des lois, ordonne à Wotan de prendre le parti de Hunding dans le combat qui va opposer celui-ci à Siegmund. Mais Brünnhilde (sop.), la Walkyrie préférée de Wotan, lui désobéit et assure la protection de Siegmund. Wotan intervient et Siegmund est tué, tandis que l'épée Nothung est mise en pièces par la lance de Wotan. Brünnhilde en recueille les fragments et les confie à Sieglinde qui va bientôt donner naissance au fils de Siegmund – le héros Siegfried. Brünnhilde est condamnée à s'endormir sur un rocher entouré de flammes qu'un héros devra un jour traverser pour venir la réveiller. Le rideau tombe sur le feu enchanté.

[Sieglinde est morte en donnant naissance à Siegfried. L'enfant a été élevé par le nain Mime, frère d'Alberich. La caverne de Mime se trouve à proximité de celle où Fafner, qui grâce au Tarnhelm s'est transformé en dragon, garde le trésor. Mime espère refondre les fragments de l'épée pour que Siegfried puisse tuer Fafner : il veut ainsi obtenir lui-même l'anneau.]

Dans *Siegfried*, Wotan, déguisé en voyageur errant, rend visite à Mime (tén.) et prédit que l'épée ne pourra être reforgée que par un héros sans peur. Mime reconnaît ce héros en Siegfried (tén.) et décide de le tuer une fois qu'il y sera parvenu. Siegfried réussit à reforger l'épée Nothung et, avec Mime, il se lance à la recherche de Fafner. Il tue Fafner (basse) et se brûle un doigt dans le sang du dragon. En le suçant, il découvre qu'il comprend désormais le langage des oiseaux ; un oiseau (sop.) l'avertit de la trahison de Mime, puis lui parle de Brünnhilde endormie. Siegfried tue Mime et, emportant l'anneau et le Tarnhelm, il suit l'oiseau vers le rocher de la Walkyrie. Le Voyageur tente de lui barrer la route, mais Siegfried brise sa lance avec Nothung et, traversant les flammes, il réveille Brünnhilde et la demande en mariage.

Dans *Le Crépuscule des dieux*, les trois Nornes (cont., mezzo, sop.) prédisent la fin des dieux. Siegfried donne l'anneau à Brünnhilde et la quitte, en quête d'aventures. Il arrive au palais des Gibichungen, où vit le fils d'Alberich, Hagen (basse), avec son demi-frère Gunther (bar.) et sa demi-sœur Gutrune (sop.). Hagen projette la mort de Siegfried en lui donnant un philtre qui lui fera oublier Brünnhilde ; il arrange son mariage avec Gutrune et se propose de faire épouser Brünnhilde à Gunther ; ainsi, Hagen aura l'anneau. Waltraute (mezzo) vient trouver sa sœur Brünnhilde et l'adjure de rendre l'anneau aux Filles du Rhin. Brünnhilde refuse. Siegfried revêt le Tarnhelm et traverse le feu sous l'aspect de Gunther pour aller enlever Brünnhilde pour le compte de celui-ci. Il lui reprend l'anneau. Hagen réunit les Gibichungen pour la double cérémonie nuptiale. Gunther mène Brünnhilde par la main, mais lorsqu'elle voit l'anneau au doigt de Siegfried, elle l'accuse de trahison ; avec Gunther et Hagen, elle jure la mort de Siegfried.

Siegfried se repose sur les bords du Rhin. Les filles du Rhin le supplient de leur rendre l'anneau. Hagen, Gunther et les chasseurs surviennent et demandent à Siegfried de leur raconter ses aventures. Hagen lui donne un nouveau philtre qui lui rend la mémoire et il parle de son amour pour Brünnhilde. Hagen le tue d'un coup de lance dans le dos et son corps est ramené au palais des Gibichungen ; au cours d'une dispute pour la possession de l'anneau, Gunther est tué par Hagen, mais lorsqu'il s'approche de Siegfried pour lui reprendre l'anneau, la main de Siegfried s'élève dans les airs. Brünnhilde ordonne la préparation d'un bûcher funéraire. Elle enlève l'anneau à Siegfried et le met à son propre doigt, puis, sur son cheval Grane, elle plonge dans les flammes. Le palais s'écroule, le Rhin déborde et tandis que Hagen tente de récupérer l'anneau, il est emporté sous les flots par les Filles du Rhin. Le Walhalla est enveloppé par les flammes, le royaume des dieux est détruit et, sous l'effet de la rédemption par l'amour, une nouvelle ère commence.

BIBLIOGRAPHIE : Jean-Claude Berton, *Richard Wagner et la* Tétralogie, PUF, coll. Que-sais-je ? (Paris, 1986). Elisabeth Bouillon, *Le Ring à Bayreuth*, Fayard (Paris, 1980). Bernard Shaw, *Le Parfait Wagnérien*, Aubier Montaigne (Paris, 1933), rééd. Les Introuvables (Plan-de-la-Tour, 1975). *L'Or du Rhin*, L'Avant-Scène-Opéra nos 6-7 (Paris, 1976). *La Walkyrie*, L'Avant-Scène-Opéra no 8 (Paris, 1977). *Siegfried*, L'Avant-Scène-Opéra no 12 (Paris, 1977). *Le Crépuscule des dieux*, L'Avant-Scène-Opéra nos 13-14 (Paris, 1978).

Rio grande, The. Œuvre pour piano, chœur et orchestre de Constant Lambert sur un poème de Sacheverell Sitwell, composée en 1927.

Ripetizione (ital.). « Répétition ».

Ripiano. Orthographe erronée de **ripieno*.

Ripieno (ital.). « Fourré », « farci ». 1. Terme employé dans la musique baroque pour désigner les sections *tutti* (ou *concerto grosso*) par opposition au groupe soliste (ou *concertino*). Dans la musique vocale, le groupe de cordes *concertino* accompagnait généralement les airs, tandis que le *ripieno* entrait pour les chœurs ; ce terme s'applique moins à la musique vocale elle-même, mais Bach l'a employé notamment pour le chœur de garçons dans le premier numéro de la *Passion selon saint Matthieu*. *Senza ripieno*, tous les exécutants cessent de jouer, à l'exception des premiers pupitres ; *ripienista*, instrumentiste d'orchestre du rang (ni chef d'attaque ni soliste). Le terme a souvent été déformé en *ripiano* ou *repiano* dans la musique d'harmonie ou la musique militaire pour désigner les instrumentistes du rang.

2. Jeu d'orgue.

Riprendere (ital.). « Reprendre », par exemple reprendre le tempo d'origine, etc.

RISM. International Inventory of Musical Sources. Voir *Répertoire international des sources musicales.*

Rispetto (ital.). Forme de poésie italienne composée de huit vers de onze syllabes par strophe, mise en musique par les compositeurs de *frottole* et de madrigaux. Au XXe siècle, Wolf-Ferrari et Malipiero ont écrit des œuvres qui portent ce titre.

Risposta (ital.). « Réponse » dans les *fugues.

Ristringendo (ital.). « Accélérer à nouveau, davantage ».

Risvegliato (ital.). « Éveillé », c'est-à-dire animé.

Ritardando, ritardato, ritenendo, ritenente (ital., souvent abrégé *rit.*). « En retenant », « retenu », de plus en plus lent ; même sens que **rallentando*.

Rite ambrosien, celtique, gallican, mozarabe, romain, etc. Voir *Liturgie.*

Ritenuto (ital.). « Retenu », plus lent. A proprement parler, ce terme indique un ralentissement immédiat et non progressif comme **ritardando* et **rallentando*.

Rite romain. Voir *Liturgie, 2b*.

Ritmo di tre battute (ital.). Voir *Battuta.*

Ritornello (ital. ; all. : *Ritornell*, angl. : *ritornel*). « Ritournelle ». La forme italienne de ce mot est l'originale et la plus courante. Il signifie « petit retour ».

1. Dans la **caccia* et le *madrigal du XIVe siècle, le *ritornello* était le couplet de conclusion à la fin d'un poème. Il était habituellement traité en musique comme une section séparée, souvent avec un changement de mètre. Ce n'était pas un refrain.

2. Dans les opéras et les cantates du XVIIe siècle, le terme s'est appliqué à la courte conclusion instrumentale ajoutée à un air ou à une autre forme chantée. Le *ritornello* se trouvait parfois au début de l'air, en forme d'introduction. A l'exception des *sinfonie*, ces *ritornelli* étaient les seules parties instrumentales des premiers opéras. Par la suite, résultat d'un processus logique, le terme *ritornello* est devenu un synonyme de *da capo.

3. L'expression « forme *ritornello* » sert à désigner le premier et souvent le dernier mouvement du concerto baroque, particulièrement du *concerto grosso*, dans lequel les mouvements alternent entre des sections solo et tutti, les tutti étant toujours basés sur le même matériel. Ces sections étaient ainsi des équivalents des *ritornelli*.

Voir également *Forme*, 7.

Ritorno di Ulisse in patria, Il (« Le Retour d'Ulysse dans sa patrie »). Opéra en cinq actes et un prologue de Monteverdi sur un livret de Giacomo Badoaro. Représentations : Venise (Teatro San Cassiano, février 1641) ; Paris (Petite-Scène, 16 mai 1925, version révisée par Vincent d'Indy) ; Londres (St Pancras Town Hall, 16 mars 1965) ; Washington (18 janvier 1974). L'ouvrage relate des événements de *L'Odyssée* d'Homère avec des commentaires émanant des dieux et de figures allégoriques (la Fragilité humaine, le Temps, le Destin et l'Amour : ces dernières apparaissent dans un prologue et sont parfois supprimées). Pénélope se lamente auprès de sa nourrice Ericlea de l'absence prolongée d'Ulysse. Jupiter et Neptune discutent de la façon dont les dieux doivent punir les péchés des hommes. Ulysse débarque à Ithaque et Minerve le pousse à regagner son palais, dont les prétendants de sa femme Pénélope ont pris possession. Eumete, le porcher d'Ulysse, raillé par le grotesque Iro, accueille Ulysse déguisé et le réconforte en lui annonçant le retour prochain de son maître. Télémaque, le fils d'Ulysse, revient à son tour. Une joyeuse réunion s'ensuit et Eumete dit à Pénélope qu'Ulysse paraîtra bientôt. L'un des prétendants, Antinoo, raille Ulysse, déguisé en mendiant ; mais ce dernier remporte une épreuve imposée par Pénélope à ses prétendants en réussissant à bander son propre arc, qu'il retourne contre eux. Ericlea réussit à convaincre Pénélope qu'il s'agit bien d'Ulysse. C'est le duo final des retrouvailles. La distribution des voix varie selon les différentes éditions.

Hans Werner Henze a réalisé de cet opéra une version modernisée (l'instrumentation originale ne nous est pas parvenue), créée au Festival de Salzbourg en 1985.

Ritournelle. 1. Danse à trois temps du XVIIe siècle que l'on trouve dans les ballets de Lully.

2. Voir *Ritornello*.

Ritter, Christian (vers 1650 ; après 1725). Organiste et compositeur allemand. Élève de Christoph Bernhard à Dresde, il devient en 1672 musicien de la chambre, puis organiste de la cour à Halle. Il se partage ensuite entre Dresde et la cour de Suède, à Stockholm, où Mattheson le mentionne en 1725 comme maître de chapelle. Ses œuvres comprennent des motets, une *Sonatina* pour orgue et deux *Suites* pour clavier, dans un style assez démodé.

Wendy Thompson.

Ritual Dances from « The Midsummer Marriage ». Suite symphonique (avec chœur ad libitum) de Tippett, qui regroupe quatre danses de son opéra *The Midsummer Marriage*. Les trois premières sont extraites de l'acte II et la quatrième de l'acte III : *The Earth in Autumn* (« The Hound Chases the Hare », « La meute poursuit le lièvre »), *The Waters in Winter* (« The Otter Pursues the Fish », « La loutre poursuit le poisson »), *The Air in Spring* (« The Hawk Swoops on the Bird », « Le faucon s'abat sur l'oiseau ») et *Fire in Summer* (célébration de l'amour charnel). Créées sous cette forme en 1953.

Riverso, al (ital.). « Inversé ». Terme employé à la fois pour le renversement et pour le mouvement rétrograde.

Rivier, Jean (Villemomble, 21 juillet 1896 ; Aubagne, Var, 6 novembre 1987). Compositeur français, élève de Jean Gallon, Maurice Emmanuel et Georges Caussade au Conservatoire de Paris. Il s'impose rapidement par son sens de la construction et de la concision qui le situent dans la mouvance de Roussel et de Schmitt. On lui doit huit symphonies qui s'échelonnent entre 1932 et 1978, deux quatuors, plus d'une dizaine de concertos pour toute sorte d'instruments, une comédie musicale, *Vénitienne* (1936), et quelques pages marquantes de musique religieuse (*Psaume 46*, 1937 ; *Requiem*, 1953 ; *Christus Rex*, 1966). Professeur de composition au Conservatoire de Paris entre 1947 et 1966, il a formé toute une génération de compositeurs français.

Alain Pâris.

Robbins, Jerome (New York, 11 octobre 1918). Chorégraphe américain qui s'est imposé dès son premier ballet, *Fancy Free* (Bernstein, 1944). Il a été directeur artistique adjoint du New York City Ballet entre 1949 et 1959 et maître de ballet, avec Balanchine, à partir de 1969. Il s'inspire de sources éclectiques dans de nombreux ballets comme *Dances at a Gathering* (Chopin, 1969), *Goldberg Variations* (Bach, 1971) et *Requiem Canticles* (Stravinski, 1972) ; ses productions musicales comprennent *The King and I* (1951), *West Side Story* (1957) et *Fiddler on the Roof* (1964).

Noël Goodwin.

Roberday, François (Paris, mars 1624 ; Auffargis, près de Versailles, octobre 1680). Compositeur et organiste français, fils d'un orfèvre également facteur d'orgues à ses heures. En 1659, il est valet de chambre d'Anne d'Autriche, puis de la reine Marie-Thérèse d'Espagne. En 1660, il publie à Paris un recueil de fugues pour orgue dans lequel figure la liste des compositeurs auxquels il a emprunté les sujets de ses fugues ; on y trouve les noms de musiciens étrangers comme Froberger et Cavalli ainsi que des compositeurs français contemporains. Roberday a peut-être enseigné la composition à Lully.

Denis Arnold.

Robert le Diable. Opéra en cinq actes de Meyerbeer sur un livret d'A. E. Scribe et G. Delavigne. Créé à l'Opéra de Paris le 21 novembre 1831.

BIBLIOGRAPHIE : *Robert le Diable*, L'Avant-Scène-Opéra n° 76 (Paris, 1985).

Robin et Marion. Voir *Jeu de Robin et de Marion, Le*.

Robinson, Thomas (célèbre au début du XVIIe siècle). Luthiste et compositeur anglais. On sait peu de chose de sa vie, mais, d'après les dédicaces de ses œuvres, il semblerait qu'il ait travaillé à Elseneur au Danemark, puis qu'il soit entré au service de Thomas Cecil, comte d'Exeter. Il a écrit deux méthodes instrumentales qui comportent des œuvres de sa propre composition : *Schoole of Musicke* (Londres, 1603), méthode de luth, pandore, orpharion et basse de viole, et *New Citharen Lessons* (Londres, 1609) pour le cistre.

Wendy Thompson.

Robusto (ital.). « Robuste » (*tenor robusto,* « voix de ténor puissante ») ; *robustamente,* « vigoureusement ».

Rock and roll [rock 'n' roll, rock]. Amalgame commercial des différents styles américains de country music blanche et de « rhythm and blues » noir. Il est à l'origine de la musique « pop » des années soixante et soixante-dix, qu'il a façonnée. L'élément primordial est la pulsation rythmique, lourdement accentuée et frénétique ; la musique est généralement très énergique et riche en thèmes. Les jeans serrés et les attitudes des chanteurs ont accentué la connotation sexuelle de la musique. Les pionniers du rock and roll étaient Amos Milburn, Matt Lucas, Curtis Ousley, Charlie Feathers et Roy Brown, mais ce sont des vedettes plus commerciales qui en ont tiré toute la gloire et qui sont devenues les premiers dieux de la scène pop moderne : Eddie Cochrane, Gene Vincent, Chuck Berry, Little Richard et Jerry Lee Lewis. Bill Haley et ses Comets ont été les premiers à s'imposer sur le plan international avec « One o'clock, two o'clock, three o'clock rock » ; cette chanson a assuré le succès du film *Blackboard Jungle* et sa mélodie s'inspire de Count Basie. La plus grande vedette du rock and roll a été Elvis Presley, qui s'est révélé en 1954 avant de faire une très belle carrière cinématographique. En Grande-Bretagne, le pionnier du genre a été Tommy Steele, qui est également devenu une grande vedette de la scène et de l'écran. Au fur et à mesure de l'évolution de la musique « pop », le rock and roll s'est trouvé absorbé dans différents genres et le mot « rock » a servi à désigner les formes nobles de musique « pop », supposant notamment une base de jazz respectable ; mais on l'emploie maintenant sans grande discrimination.

Peter Gammond.

BIBLIOGRAPHIE : Alain Dister, *Chroniques de rock & roll*, Vegapress (Paris, 1987). Charlie Gillett, *Histoire du rock'n roll*, Albin Michel (Paris, 1986). Hélène Lee, *Rockers d'Afrique*, Albin Michel (Paris, 1988). Leduc/Ogouz, *Le rock de A à Z*, Albin Michel (Paris, 1984). Michel Rose, *Pionniers du rock'n roll*, Albin Michel (Paris, 1981).

Rock of Ages, Cleft for me. Hymne sur des paroles du révérend Augustus Montague Toplady (1740-78), pasteur de Braodhembury dans le Devon, publié pour la première fois dans *Gospel Magazine* (1776, réalisé par Toplady). La musique est de Richard Redhead et provient des *Church Hymn Tunes, Ancient and Modern* (1853).

Rock steady. Voir *Reggae*.

Rococo. Voir *Baroque*, 4.

Rodelinda. Opéra en trois actes de Haendel sur un livret de Haym adapté de celui d'Antonio Salvi, d'après *Pertharite* de Corneille. Créé à Londres le 13 février 1725. Première représentation en France à Rochefort-sur-Mer le 28 février 1985.

Rodeo. Ballet en un acte de Copland sur un argument d'Agnes De Mille, qui en a aussi réalisé la chorégraphie. Créé en 1942. Sous-titré « The Courting at Burnt Ranch », il se déroule dans l'Ouest désertique et comprend des chansons traditionnelles. Copland a réalisé une suite pour orchestre autour de quatre épisodes dansés (1942) ainsi qu'un arrangement pour piano (1962).

Rodgers, Richard (Charles) (Hammels Station, Long Island, 28 juin 1902 ; New York, 30 décembre 1979). Compositeur américain. Il hérite du talent musical de sa mère, pianiste, et publie sa première chanson à l'âge de quatorze ans. Quatre ans plus tard, alors qu'il fait ses études à l'Université de Columbia, il rencontre son premier collaborateur important, Lorenz Hart, avec lequel il prépare divers spectacles de collège. Convaincus de parvenir à conquérir le théâtre professionnel, ils se battent sans succès pendant cinq ans. Sur le point d'abandonner, ils se voient confier la commande d'une revue, *Garrick Gaieties*, pour la Theater Guild ; elle reste dix-huit mois à l'affiche au lieu de la seule soirée prévue ; en même temps, ils parviennent à faire représenter leur spectacle *Dearest Enemy*. Rodgers et Hart continuent à collaborer (jusqu'à la mort de Hart en 1943) pour des spectacles tels que *The Girl Friend* (1926), *Lido Lady* (1926), *A Connecticut Yankee* (1927), *Present Arms* (1928), *Heads Up !* (1929), *Evergreen* (1930), *America's Sweetheart* (1931), *On your Toes* (1936), *Babes in Arms* (1937), *The Boys from Syracuse* (1938), *Pal Joey* (1940) et *By Jupiter* (1942). Hart est l'un des auteurs de couplets de revue les plus brillants, les plus doués et les plus spirituels de l'époque, même si certains traits de son caractère en font un partenaire peu sûr. Ce sont les chansons de Rodgers et de Hart qui ont tendance à survivre, les spectacles étant marqués, d'une façon générale, par l'esthétique de leur époque. A la mort de Hart, le style et l'impact de l'écriture de Rodgers changent et il doit se trouver un nouvel associé. Il travaille avec Oscar Hammerstein II, qu'il avait connu au collège et qui avait déjà remporté de vifs succès comme auteur d'opérettes avec *Rose Marie*, *The Desert Song* et *Showboat*. Les comédies musicales de Rodgers et Hammerstein sont des spectacles majeurs qui résistent à l'épreuve du temps, la musique étant soigneusement adaptée à l'histoire. La Theater Guild leur commande *Oklahoma !* (1943), qui reste quatre ans à l'affiche à New York. Viennent ensuite *Carousel* (1945), *South Pacific* (1949), *The King and I* (1951), *The Sound of Music* (1959), etc. A la mort de Hammerstein, en 1960, Rodgers se retrouve sans partenaire. Il continue à écrire, se servant souvent de ses propres livrets, mais ne réalise plus de productions aussi mémorables qu'avec Hammerstein. Rodgers fait partie de la même race de compositeurs que Kern, Gershwin et Cole Porter, mais la qualité de ses dernières œuvres des années quarante et cinquante montre qu'il connaissait mieux qu'eux la tradition européenne et était donc capable d'écrire des comédies musicales susceptibles de toucher un plus large public et de résister à l'épreuve du temps.

Peter Gammond.

Rodrigo, Joaquín (Sagunto, Valence, 22 novembre 1902). Compositeur espagnol. Aveugle très jeune, il étudie la composition avec Francisco Antich à Valence (1920-23) et avec Paul Dukas à l'École normale de musique de Paris (1927-32), où il fait la connaissance de Manuel de Falla. En 1944, il est nommé conseiller musical de la Radio espagnole et, en 1946, professeur d'histoire de la musique à l'Université de Madrid. Son *Concerto de Aranjuez* (1939) devient rapidement le concerto pour guitare le plus populaire du répertoire, évoquant l'Espagne ancienne d'une manière nostalgique et colorée. Rodrigo est aussi l'auteur de la *Fantaisie pour un gentilhomme* pour guitare et orchestre (1954), de concertos pour piano, violon, violoncelle, flûte, harpe, guitares (une à quatre), etc.

Paul Griffiths.

Rodrigues Coelho, Manuel. Voir *Coelho, Manuel Rodrigues.*

Roger, Estienne (Caen, 1665 ou 1666 ; Amsterdam, 7 juillet 1722). Imprimeur et éditeur de musique français installé à Amsterdam. Il quitte la Normandie pour Amsterdam en 1685 à la suite des persécutions protestantes et, en 1697, commence à publier de la musique et d'autres livres. Il atteint finalement un total de plus de cinq cents titres. Il apprécie particulièrement les œuvres des compositeurs italiens et publie notamment des premières éditions de Vivaldi, Corelli, Albinoni, Caldara, Marcello, Alessandro Scarlatti. Sous sa direction et celle de son successeur, Michel-Charles Le Cène, sa maison d'édition devient le principal éditeur et distributeur de musique de la première moitié du XVIIIe siècle.

N'étant pas soumis aux restrictions du droit d'auteur, Roger a copié beaucoup de musique d'autres éditeurs (notamment *Ballard à Paris) et a distribué ses « nouvelles » éditions par l'intermédiaire d'agents dans de nombreuses villes européennes. Il a été l'un des premiers éditeurs à numéroter ses plaques et a également sorti des catalogues de ses publications, ce qui a facilité l'étude de ses éditions. Après sa mort, l'affaire a été reprise pendant une courte période par sa fille aînée, Jeanne, avant d'être vendue en 1723 à son beau-fils, Le Cène. Ce dernier a utilisé beaucoup de plaques de Roger, en les adaptant pour y faire figurer son propre nom, et il a publié des œuvres de Geminiani, Haendel, Locatelli, Quantz, Tartini, Telemann, etc. – il était parvenu à plus de cent titres en 1743, l'année de sa mort. La réputation des deux hommes repose sur la qualité scrupuleuse de leurs éditions et leur splendide gravure sur plaque de cuivre.

J. M. Thomson.

Roger-Ducasse, Jean Jules Aimable (Bordeaux, 18 avril 1873 ; Le Taillan-Médoc, Gironde, 19 juillet 1954). Compositeur français, élève de Gédalge et Fauré au Conservatoire de Paris, second grand prix de Rome en 1902. Il succède à Paul Dukas comme professeur de composition au Conservatoire (1935-45). Son écriture penche vers un chromatisme et des harmonies d'une richesse parfois excessive. Il a laissé plusieurs œuvres symphoniques (*Sarabande*, avec chœur, 1910 ; *Nocturne de printemps*, 1920), de la musique pour piano, deux quatuors et une comédie lyrique, *Cantegril* (1931).

Alain Pâris.

BIBLIOGRAPHIE : L. Ceillier, *Roger-Ducasse* (Paris, 1920). *Catalogue de l'œuvre de Roger-Ducasse* (Bordeaux, 1955).

Rogers, Benjamin (Windsor, mai 1614 ; Oxford, juin 1698). Organiste et compositeur anglais. Fils d'un chantre de la chapelle St George à Windsor, il y est tout d'abord enfant de chœur, puis chantre. Entre 1639 et 1641, il est organiste de la cathédrale Christ Church à Dublin et, sous le Commonwealth, enseigne la musique à Windsor et dans les environs. A la Restauration, il devient organiste à Eton College et, en 1662, reprend son premier poste de chantre à la chapelle reconstituée de St George. En 1664, il est nommé organiste de Magdalen College à Oxford, où il reçoit le grade de « Doctor of Music » cinq ans plus tard. *Hymnus eucharisticus* de Rogers est traditionnellement chanté à l'aube du 1er mai du haut de Magdalen Tower. Quatre de ses services et quelques *anthems* ont été publiés dans des recueils du XVIIIe siècle, notamment dans *Cathedral Music* de Boyce (Londres, 1760-73) ; d'autres nous sont parvenus sous forme manuscrite. Il a aussi écrit des *glees* et quelques pièces instrumentales qui ont été publiés dans *Courtly Masquing Ayres* de Playford (1662).

Wendy Thompson.

Rognoni Taeggio, Francesco. Voir *Taeggio, Francesco Rognoni.*

Roi Arthur, Le. Voir *King Arthur.*

Roi Arthus, Le. Opéra en trois actes de Chausson sur un livret du compositeur d'après le cycle de la Table ronde. Créé à Bruxelles le 30 novembre 1903. A Paris, seul le troisième acte a été représenté à l'Opéra le 30 mars 1916.

Roi des aulnes, Le. Voir *Erlkönig.*

Roi David, Le. Psaume dramatique en cinq parties (vingt-huit numéros) pour récitant, soprano, mezzo-soprano, ténor, chœur et petit orchestre de Honegger sur un texte de René Morax. Créé à Mézières en 1921. Honegger a révisé et réinstrumenté sa partition pour grand orchestre en trois parties (vingt-sept numéros) en 1923 ; il en a également tiré une suite d'orchestre de quatre numéros.

Roi Etienne, Le (*König Stephan*). Ouverture et musique de scène op.117 de Beethoven, composées en 1811. Écrites pour le prologue d'A. von Kotzebue à la soirée inaugurale du Théâtre allemand de Budapest (1812). Voir également *Ruines d'Athènes, Les.*

Roi des étoiles, Le (*Zveslodiki*). Cantate pour chœur et orchestre de Stravinski sur un poème de C. D. Balmont (1911).

Roi de Lahore, Le. Opéra en cinq actes de Massenet sur un livret de Gallet. Créé à l'Opéra de Paris le 27 avril 1877.

Roi Lear, Le. Ouverture op.4 de Berlioz composée en 1831 d'après la pièce de Shakespeare.

Roi malgré lui, Le. Opéra-comique en trois actes de Chabrier sur un livret d'E. de Najac et P. Burani (révisé par J. Richepin) d'après A. et M. Lancelot. Créé à Paris, à l'Opéra-Comique, le 18 mai 1887.

Roi pasteur, Le. Voir *Re pastore, Il.*

Roi Roger, Le (*Król Roger*). Opéra en trois actes de Szymanowski, sur un livret de Jaroslaw Iwaszkiewicz et du compositeur. Créé à Varsovie le 19 juin 1926.

Roi d'Ys, Le. Opéra en trois actes de Lalo sur un livret de Blau. Créé à l'Opéra-Comique le 7 mai 1888.

BIBLIOGRAPHIE : *Le Roi d'Ys,* L'Avant-Scène-Opéra nº 65 (Paris, 1984).

Roman, Johann Helmich (Stockholm, 26 octobre 1694 ; Haraldsmåla, près de Kalmar, 20 novembre 1758). Compositeur suédois. A cette époque, la Suède avait perdu son rôle de grande puissance à la mort de Charles XII et se tournait vers les arts de la paix. Roman fait preuve très tôt d'un tel talent de violoniste et de hautboïste que la cour prend la décision, sans précédent, de payer ses études à l'étranger. Il passe cinq ans en Angleterre (1716-21), où il étudie sans doute avec Pepusch ; il devient un fervent admirateur de Haendel et rentre chez lui pour devenir, en 1727, maître de chapelle de la cour. Il transforme l'orchestre en un ensemble de premier ordre et, avec un jeune instrumentiste et compositeur, Per Brant (1713-67), inaugure des concerts publics à Stockholm, qui devient un forum important de musique nouvelle. En 1735, il entreprend un deuxième voyage à l'étranger qui le mène à nouveau en Angleterre, où il rencontre Haendel, Bononcini, Geminiani, etc., ainsi qu'en France et en Italie. Il semble néanmoins que sa santé fragile et sa surdité croissante l'aient obligé à prendre une part moins active à la vie musicale de Stockholm après son retour en Suède en 1737.

La première œuvre de Roman est une cantate, *Festa musicale* (1725), mais il a surtout écrit de la musique instrumentale durant sa jeunesse. Les douze concertos pour flûte datent du début des années 1730 et il semble probable que la majeure partie de ses *sinfonie* (plus de vingt) aient été composées au cours de la vingtaine d'années qui ont suivi son second voyage à l'étranger. Toutefois, son intérêt pour la musique instrumentale a décliné entre 1740 et 1750 et il s'est tourné vers la musique vocale, mettant de plus en plus souvent en musique des textes en langue vernaculaire. Parmi les plus importants, on peut citer les *Andliga Sånger* (« Chants sacrés ») auxquels il a travaillé jusqu'à la fin de sa vie.

La musique de Roman est une synthèse de divers éléments stylistiques. Il a facilement assimilé les influences italiennes et anglaises et son enthousiasme pour Haendel a laissé une empreinte indélébile sur son style. Dans ses premières œuvres, il ne reste pas insensible à l'ouverture à la manière de Lully, mais, dans celles de la maturité, le style napolitain prédomine. S'il n'a jamais montré un langage personnel très prononcé, son œuvre comporte de nombreuses caractéristiques distinctives : les deux *sinfonie*, nº 16 en ré et nº 20 en mi mineur, grâce auxquelles il est connu hors de Scandinavie, révèlent un style mélodique vif, frais et séduisant. Il possède un sens aigu des proportions, et son esprit inventif, dans des œuvres comme les *sinfonie* et la *Drottningholmsmusik*, ne tombe jamais au-dessous d'un certain niveau de distinction.

Robert Layton.

Romance. 1. En Espagne, les *romances* sont de longues ballades épiques qui remontent au moins au XIVe siècle, époque à laquelle elles étaient chantées en général par des musiciens professionnels pour divertir l'aristocratie. Le sujet était normalement légendaire ou historique. La musique des *romances* a survécu dans les recueils de vihuela de Narváez, Milán, Daza et Mudarra. A l'ère baroque, *romance* est pratiquement synonyme de **villancico* (chanson avec refrain, chantée sur un accompagnement de guitare) et, au XVIIIe siècle, les *romances* sont devenues des cantates miniatures. Par la suite, les *romances* ont survécu dans la musique traditionnelle.

2. En France, le mot a acquis une connotation musicale au XVIIIe siècle. La définition donnée par Jean-Jacques Rousseau dans son *Dictionnaire de musique* (1767) précise qu'il s'agit d'un poème strophique simple et sans prétention : un poème d'amour court, souvent tragique, à la mélodie simple et sans affectation, avec un support instrumental discret. Très répandue en France à la fin du XVIIIe siècle et au début du XIXe siècle, la romance a évincé l'*air, avant de céder la place au terme *mélodie, qui avait néanmoins un sens un peu différent. Les principaux représentants de la romance française étaient des compositeurs de deuxième plan, comme Boieldieu, Auguste Panseron (1795-1859) et Hippolyte Monpou (1804-41). Sa candeur naturelle, indissociable sur le plan stylistique de la musique traditionnelle d'Europe occidentale, ne pouvait rester en marge de l'évolution qui allait modifier profondément le caractère de la chanson ; et le terme « romance », dont le contenu était assez imprécis dans un premier temps, s'est trouvé progressivement fragmenté en catégories subsidiaires permettant de parvenir à une meilleure définition du genre.

Le terme s'est bientôt étendu à l'étranger. En Allemagne, par exemple, Reichardt a publié, entre 1790 et 1800, des chants de Goethe sous le titre *Lieder, Oden, Balladen und Romanzen*. Schumann, empruntant peut-être le terme à Heine (qui a classé certains de ses poèmes, notamment *Die Grenadiere*, parmi les « Romanzen »), l'a employé librement, notamment dans quatre recueils de *Romanzen und Balladen* (op.45, 49 – qui contient les fameux *Die Beiden Grenadiere* [« Les Deux Grenadiers »] – , 53 et 64) de Heine. On le trouve aussi chez Brahms, par exemple dans les *Lieder und Romanzen op.14*, les *Romanzen und Lieder op.84* et son cycle de *Romanzen*, *Magelone* (« La Belle Maguelone ») op.33. (Il n'est pas toujours facile d'établir une distinction entre « Romanze », « Ballade », « Lied » et « Gesang ».) La romance s'est aussi répandue en Russie (où le terme a tout d'abord été appliqué à des chansons sur des paroles françaises) et en Italie (*Sei Romanze*, 1838, et *Album di sei romanze*, 1845, de Verdi).

La romance de salon exigeait peu d'effort intellectuel, émotionnel ou technique de la part de l'interprète. Assez banale et sentimentale, elle se libérait parfois des contraintes de la poésie pour devenir une romance sans paroles, qui se rapprochait sur le plan musical du nocturne de John Field et de Chopin. C'est cette atmosphère de nocturne qui imprègne la *Romanze* pour piano en fa dièse majeur (op.28) de Schumann et le mouvement lent de sa *Symphonie nº 4 en ré mineur* qui porte le même titre. Le terme « romance » a été appliqué pour la première fois à un mouvement instrumental dans la *Symphonie en mi bémol op.4 nº 2* (1761 ou 1762) de Gossec.

Leslie Orrey.

Romance sans paroles. Pièces pour piano de Mendelssohn. Voir *Lieder ohne Worte*.

Roman de Fauvel. Poème médiéval de Gervais du Bus qui nous est parvenu sous différentes formes. L'un des manuscrits comporte de nombreux éléments musicaux monophoniques et polyphoniques : cent soixante-sept numéros qui constituent l'un des recueils les plus vastes et les plus importants de la musique française du début du XIVe siècle.

Romanesca (ital.). Type de basse obstinée avec variations, utilisant un schéma de basse spécifique, originaire de Rome.

La *romanesca* a été en usage à partir du milieu du XVIe siècle jusqu'au milieu du XVIIe siècle, dans la musique instrumentale comme dans la musique vocale.

G. M. Tucker.

Romantisme

1. L'esprit du romantisme
2. Caractéristiques nationales
3. L'orchestre et l'opéra

A l'origine, le mot « romantique » vient de l'anglais *romance*, « roman », terme qui désignait la langue courante parlée en France autrefois et s'appliquait aux poèmes ou aux récits typiques de sa littérature, que caractérise une imagination aventureuse. Le terme « romantique » apparaît pour la première fois à la fin du XVIIe siècle et symbolise une attitude aussi extravagante que rêveuse, en marge des normes usuelles. Mais le romantisme ne s'affirme qu'au XIXe siècle comme mouvement indépendant, touchant les arts, la philosophie, la politique et même les sciences. Le romantisme se développe dans plusieurs pays, à diverses époques, sous des formes différentes et ne constitue jamais un mouvement cohérent. Toutefois, on considère généralement qu'il couvre la période qui s'étend de la fin du XVIIIe siècle au début du XXe siècle.

1. *L'esprit du romantisme.* Une aussi longue période, liée à des changements politiques, sociaux et économiques rapides, englobe naturellement plusieurs phases et comporte un certain nombre d'aspects contradictoires. Cependant, toutes les manifestations du romantisme font ressortir la domination apparente de l'émotion sur la raison, du sentiment et de l'impulsion sur la forme et l'ordre. Cette tendance est souvent plus apparente que réelle puisque les disciplines de la musique romantique n'exigent pas plus de sécurité que celles du classicisme pour traduire des idées d'une façon précise. Mais la nouveauté, la sensation, l'innovation, l'expérience technique, les échanges d'idées entre différentes disciplines, artistiques ou autres, bénéficient d'un crédit nouveau.

En Allemagne, le mouvement romantique est avant tout musical. Divers poètes concèdent la suprématie artistique à la musique mais leur contribution, comme celle de la peinture, est bien accueillie dans une Allemagne tournée vers une synthèse des arts – idée dont Weber est l'initiateur et qui parviendra à son plein épanouissement avec Wagner. En Italie, le mouvement romantique a des résonances politiques plus fortes : poètes et compositeurs s'associent au Risorgimento, mouvement en faveur de l'indépendance et de l'unité politique qui voit en Verdi son héros. En France, les peintures de divers salons ou la bataille d'*Hernani* (1830) constituent des étapes du mouvement romantique aussi importantes que Berlioz, l'incompris. La Grande-Bretagne, alors chef de file de l'Europe sur le plan musical, contribue largement au romantisme dans le domaine littéraire – Ossian, puis Walter Scott et Byron bouleversent l'Europe musicale.

On trouve chez Rousseau, que les romantiques adoptent avec un enthousiasme particulier, la justification de la prééminence de l'émotion sur l'intellect. Il défend également le charme de la campagne et admire les vertus des gens simples, vierges des dégradations de l'âge moderne. Le passage du rationnel (principe suprême de l'âge de la Raison) à l'irrationnel, orienté à la fois vers le mysticisme et vers le spiritisme, s'opère également. La nostalgie des choses lointaines, caractéristique essentiellement romantique, inclut des rêves de terres lointaines (avec le nouveau goût de l'exotisme) et de passé éloigné (fascination du romantisme lointain de la chevalerie). Le désir de se libérer des contraintes cache une recherche passionnée d'identité nationale et d'indépendance, la recherche d'une identité individuelle et l'admiration du personnage dominateur méprisant les conventions : le héros.

En observant ces signes chez Beethoven, l'écrivain et compositeur E. T. A. Hoffmann affirme son romantisme ; mais, de façon cruciale, la musique de Beethoven éveille chez Hoffmann la peur, la souffrance et la recherche de l'infini. La *Symphonie pastorale* est typiquement romantique par son « Éveil d'impressions agréables en arrivant à la campagne », son ruisseau, sa tempête alarmante, ses paysans à la Rousseau. La *Symphonie n° 5*, qui affirme la supériorité de l'homme sur son destin, est plus intrinsèquement romantique ; de même, la *Symphonie héroïque* avec sa grande marche funèbre pour la mort du héros, son scherzo vigoureux et triomphant et les variations du finale sur le thème que Beethoven associe à Prométhée, qui a rendu les hommes indépendants des dieux en portant le feu du ciel. Beethoven charme les admirateurs de Rousseau en démontrant que la musique peut traduire une force morale.

Toutefois, pour les jeunes romantiques, Beethoven n'est pas universellement reconnu comme le plus caractéristique d'entre eux et la symphonie n'est pas le moyen d'expression favori du romantisme. L'opéra prend une importance inconnue jusqu'alors ; il s'adresse à un autre public et traite de nouveaux thèmes. En général, les sujets classiques sont abandonnés au profit de scènes éloignées dans le temps ou dans l'espace ; en même temps, les dangers et les horreurs de la Révolution créent un genre, l'opéra-sauvetage, dont *Fidelio* de Beethoven est le plus bel exemple. La nature joue parfois un rôle déterminant dans l'intrigue (une avalanche dans *Eliza* de Cherubini) ; le surnaturel intervient dans le *Freischütz* de Weber ; le contact s'établit entre les mondes humain et surnaturel dans *Hans Heiling* de Marschner ; et, dans différents pays européens, les compositeurs commencent à créer une tradition nationale consciente, avec des sujets folkloriques, historiques ou légendaires, auxquels ils donnent couleur locale et individualité.

2. *Caractéristiques nationales*. Les Russes affirment que Glinka était le père de leur opéra national, car il a su assimiler les idées nationales et les techniques de la musique populaire dans deux œuvres majeures : un opéra historico-héroïque, *Une vie pour le Tsar* (1836), et un opéra fantastico-féérique, *Russlan et Ludmilla* (1842). Ses homologues sont, en Hongrie, Ferenc Erkel avec *Hunyadi László* (1844) et *Bank ban* (1861), en Pologne, Stanisław Moniuszko avec *Halka* (1848) et, en Tchécoslovaquie, Smetana avec *La Fiancée vendue* (1866). Dans tous ces pays d'Europe orientale, les idées nationalistes se manifestent de manière plus frappante dans le domaine de l'opéra, où la couleur locale peut se greffer sur les techniques de l'opéra italien, puis sur celles de l'opéra révolutionnaire français et du grand opéra, et enfin sur celles de l'opéra romantique allemand. Glinka est aussi un novateur utile à son pays en inventant, dans *Kamarinskaïa*, une technique de « répétition variée » qui attire davantage les compositeurs russes (notamment Tchaïkovski) que la forme sonate. Les compositeurs qui chercheront vraiment à définir une langue mélodique nationale en faisant appel aux inflexions de leur langue parlée sont Dargomyjski et Moussorgski en Russie, et Janáček en Tchécoslovaquie.

A l'exception de l'Italie, où la suprématie de la voix se maintient, l'orchestre joue un rôle plus important à l'opéra, fournissant au drame des éléments plus descriptifs et spectaculaires : le développement du *leitmotiv offre à la fois une illustration graphique et une nouvelle cohérence dramatique à une époque où s'affaiblit le vieil opéra formel à numéros. La musique symphonique accorde davantage d'attention au drame. La forme sonate et le schéma formel de la symphonie ont tendance à céder la place à des méthodes de construction plus dramatiques, plus imagées ou plus narratives (autre reflet de la tendance romantique à rechercher de nouvelles relations entre les arts). Si un grand symphoniste comme Schubert se contente de travailler selon les lignes traditionnelles, Schumann donne beaucoup plus de force à l'élément pittoresque (comme dans la *Symphonie rhénane*) et, caractéristique suprême du romantisme, on assiste à la naissance de symphonies à programme (*Symphonie fantastique* de Berlioz) ou à de nouvelles formes dictées par des éléments narratifs ou pittoresques (poèmes symphoniques de Liszt). Quant au développement de l'orchestre, il est lié au nouveau profil du chef d'orchestre, à l'origine compositeur comme Weber, Berlioz, Liszt et Wagner.

La virtuosité devient un élément musical plus solide. Le concept de l'artiste héros maîtrisant des difficultés extraordinaires ou ayant accès, par sa sensibilité particulière, à des émotions sublimes, contribue au succès de Paganini dont l'aura sinistre, soigneusement cultivée, ajoute des frissons à sa virtuosité. Ses *Caprices* pour violon et l'idée qu'ils recèlent influencent profondément Liszt dont la profonde virtuosité allie de nouvelles techniques de composition à des dons incomparables de pianiste.

3. *L'orchestre et l'opéra.* La démesure et l'exagération constituent certainement l'une des tendances dominantes du romantisme, mais sa façon d'intensifier les émotions permet d'accéder au raffinement et à la concentration. L'orchestration romantique cultive, sous la plume de Wagner, un mélange riche, onctueux et sensuel, alors que, chez Berlioz et Mahler, on découvre un penchant pour de nouvelles combinaisons sonores et des textures de musique de chambre au sein du grand orchestre. L'instant de sensibilité exquise – créé par une atmosphère, une image ou une sensation nerveuse, même par un procédé d'écriture – est à l'origine des miniatures romantiques et des courtes pièces pour piano de Schumann et de Chopin. Schubert, le premier grand maître du lied allemand, trouve une nouvelle façon de fusionner la poésie et la musique, en confiant souvent au piano l'illustration en toile de fond du récit vocal. On lui doit les premiers grands cycles de lieder, *Die Schöne Müllerin* (« La Belle Meunière ») et *Winterreise* (« Le Voyage d'hiver »). Ses plus illustres successeurs, Schumann et Hugo Wolf, affinent encore davantage le contact expressif entre la poésie et la musique ; il est significatif de noter qu'aucun des trois ne sera à l'aise dans le domaine de l'opéra, pas même Schubert, malgré ses tentatives répétées.

L'opéra conserve néanmoins sa place prédominante tout au long du siècle, associant plusieurs disciplines artistiques dans un contexte dramatique. Le grand opéra français se tient un peu à l'écart de la tradition romantique, quoique ses ressources imposantes attirent non seulement ses compositeurs traditionnels (Spontini, Halévy, Meyerbeer), mais intéressent également Verdi, Tchaïkovski et Wagner. La tradition de l'opéra romantique français correspond en réalité davantage à la ligne quelque peu sentimentale que cultivent Massenet et Gounod ; la France sousestime volontairement son plus grand compositeur romantique, Berlioz, dont les formes et les idées nouvelles déconcertent. Grâce aux longues mélodies expressives de Bellini, l'opéra romantique italien gagne l'admiration du public, même en Allemagne, au même titre que les tragédies romantiques, davantage prisées par Donizetti que les comédies de la même époque.

A partir du milieu du XIXe siècle, Verdi et Wagner dominent l'opéra en Europe. Ils sont parvenus à assimiler les différents styles des premières phases du romantisme et à les mener au zénith, ce qui les range déjà parmi les derniers romantiques. Wagner, en particulier, entraîne l'harmonie chromatique vers les limites de la tonalité (principalement sous l'influence de Liszt) ; les formes apparemment plus classiques que cultive Brahms lui gagnent des partisans qui font de lui le rival de Wagner. Cependant, Schoenberg considérait Brahms comme un novateur malgré l'empreinte de Wagner, qui a marqué d'une façon ou d'une autre la plupart des compositeurs importants de la fin du romantisme. La réaction contre Wagner ou les problèmes que pose sa succession contribuent à faire émerger plus rapidement des idées qui s'écartent du romantisme. Le mouvement romantique s'essouffle au moment où éclate la Première Guerre mondiale, mais il a laissé un héritage important aux compositeurs des générations suivantes : en ce sens, il est encore parmi nous.

John Warrack.

BIBLIOGRAPHIE : Marcel Beaufils, *Le Lied romantique allemand*, Gallimard (Paris, 1957, rééd. 1982). Henri Blaze de Bury, *Musiciens contemporains*, Michel Lévy (Paris, 1856), rééd. Les Introuvables (Plan-de-la-Tour, 1982). Jean Chantavoine et Jean Gaudefroy-Demombynes, *Le Romantisme dans la musique européenne*, Albin Michel (Paris, 1955). René Dumesnil, *La Musique romantique française*, Aubier (Paris, 1945). Alfred Einstein, *La Musique romantique*, Gallimard (Paris, 1959). Léon Guichard, *Musique et Lettres au temps du romantisme*, PUF (Paris, 1955), rééd. Les Introuvables (Plan-de-la-Tour, 1984) / *La Musique et les Lettres en France au temps du wagnérisme*, PUF (Paris, 1963). Julien Tiersot, *La Musique aux temps romantiques*, Alcan (Paris, 1930), rééd. Les Introuvables (Plan-de-la-Tour, 1983).

Romanze (all.). Voir *Romance*, 2.

Romberg, Sigmund (Nagykanizsa, 29 juillet 1887 ; New York, 9 novembre

1951). Compositeur américain d'origine hongroise. Il fait des études d'ingénieur à l'université et, en 1909, émigre aux États-Unis, où il cherche en vain un poste d'ingénieur. Excellent musicien, il devient alors pianiste de bar et travaille ainsi pendant cinq ans avant d'arriver à convaincre la Shubert Organization de le laisser écrire de la musique pour l'un de ses spectacles de Winter Garden, *The Whirl of the World* (1913). Sa contribution est bien accueillie et il est invité à participer à plusieurs revues Shubert, notamment la série *Passing Show*. Il écrit environ quatre-vingts spectacles, mais trouve sa véritable voie dans l'opérette romantique, qui correspond mieux à ses origines hongroises et à l'école viennoise. Il compose d'abord *Maytime*, en 1917, et *The Rose of Stamboul* (avec Leo Fall) en 1922 ; mais il ne rencontre véritablement le succès qu'avec *The Student Prince* (1924), *The Desert Song* (1926) et *The New Moon* (1928), pièces qui sont également très bien accueillies à Londres et dans d'autres villes. En même temps, il continue à écrire des spectacles de style spécifiquement américain, comme *Up in Central Park* (1945, porté à l'écran en 1948) et *The Girl in Pink Tights* (1954), ainsi que de la musique de film. La personnalité de Romberg ressort surtout dans les airs romantiques de ses opérettes – « Deep in my Heart » et « Serenade » (de *Student Prince*), « One alone » (de *Desert Song*) et « Lover Come Back to Me » (*New Moon*). Il a souvent travaillé en collaboration avec d'autres compositeurs comme Gershwin, Rodgers, Fall, Schwartz et Straus.

Peter Gammond.

Roméo et Juliette. Plusieurs compositeurs se sont inspirés de la tragédie de Shakespeare pour écrire des œuvres très diverses, notamment :

1. Symphonie romantique pour alto, ténor, basse, chœur et orchestre op.17 de Berlioz sur un texte d'E. Deschamps, composée en 1839.

2. Opéra en cinq actes de Gounod sur un livret de Jules Barbier et Michel Carré. Créé à Paris en 1867.

3. Ouverture-fantaisie de Tchaïkovski, composée en 1869 et révisée en 1870 et en 1880.

4. Ballet en un prologue, trois actes et un épilogue de Prokofiev sur un livret de Lavrovski, Prokofiev et Radlov. Créé à Brno en 1938 dans une chorégraphie de Psota. Prokofiev en a tiré trois suites symphoniques : n° 1, op.64b, en sept mouvements (1936) ; n° 2, op.64c, en sept mouvements (1937) et n° 3, op.101, en six mouvements (1946), ainsi qu'une série de dix pièces pour piano op.75 (1937).

BIBLIOGRAPHIE : *Roméo et Juliette*, L'Avant-Scène-Opéra n° 41 (Paris, 1982). *Roméo et Juliette*, L'Avant-Scène-Danse n° 13 (Paris, 1984).

Ronald, (Sir) **Landon** (Londres, 7 juin 1873 ; Londres, 14 août 1938). Chef d'orchestre, pianiste et compositeur anglais. De son vrai nom Russell, il est le fils de Henry Russell, compositeur de ballades. Il fait ses études au Royal College of Music de Londres et, en 1891, devient accompagnateur et répétiteur à Covent Garden. En 1892, il dirige la troupe d'opéra italien d'Augustus Harris et les opéras donnés à Drury Lane. En 1894, il se rend aux États-Unis comme accompagnateur de Nellie Melba. Il fait ses débuts à Covent Garden en 1896 en dirigeant *Faust*, mais, entre 1898 et 1902, il ne réussit à trouver des engagements que dans le domaine de la comédie musicale et aux concerts d'été de Blackpool. A partir de 1904, il est invité à diriger l'Orchestre symphonique de Londres ; il est chef permanent du New Symphony Orchestra entre 1909 et 1914 et du Scottish Orchestra entre 1916 et 1920. De 1910 à 1938, il est directeur de la Guildhall School of Music et est anobli en 1922. Il dirigeait avec finesse la musique d'Elgar, dont il était l'ami et qui lui avait dédié *Falstaff*. Il est devenu conseiller musical de la Gramophone Company (HMV) et a dirigé l'enregistrement de plusieurs concertos avec son ami, le violoniste Fritz Kreisler. Les compositions de Ronald sont oubliées, à l'exception de la chanson « Down in the Forest ».

Michael Kennedy.

Roncalli, Conte **Ludovico** (célèbre à la fin du XVIIe siècle). Guitariste et compositeur italien. Contemporain du guitariste bolognais G. B. Granata, Roncalli emprunte à celui-ci le titre *Capricci armonici* pour sa propre publication de musique pour guitare (Bergame, 1692), recueil de neuf suites en tablature pour guitare à cinq chœurs.

Wendy Thompson.

Ronde. 1. Note (𝅝) dont la valeur représente la moitié de la semi-brève et le double de la blanche.

2. Danse paysanne dans laquelle les danseurs forment un cercle d'hommes et de femmes alternativement. La musique de ces danses, comme les « Cheshire Rounds », a survécu dans des éditions de l'*English Dancing Master* de John Playford et dans d'autres recueils des XVIIe et XVIIIe siècles. L'une des premières est la « Sellinger Round » sur laquelle Byrd a construit un ensemble de variations pour clavier.

3. (angl., *round*). Court *canon circulaire à l'unisson ou à l'octave, généralement écrit à trois voix (ou davantage) sans accompagnement. Sous sa forme la plus simple, la ronde se compose d'une courte mélodie divisée en sections d'égale longueur qui servent de point d'entrée à chacune des voix. Lorsqu'un chanteur arrive à la fin de la mélodie, il recommence de telle sorte que la ronde se perpétue d'elle-même et peut se répéter aussi longtemps qu'on le désire. « Three Blind Mice », qui date du XVIe siècle, en est un exemple connu.

Le mot anglais « round » est dérivé du latin *rota* (« roue »), titre qui apparaît sur « Summer is icumen in », du XIIIe siècle, qui allie néanmoins des éléments de la ronde, de l'*ostinato* et du canon fini. En Angleterre, la *round* a connu son heure de gloire à la fin du XVIe siècle et au XVIIe siècle ; elle constituait une forme de pratique musicale amateur particulièrement populaire lors de réunions entre amis. Plusieurs recueils de *rounds* ont été publiés ; Thomas Ravenscroft a fait paraître le premier, *Pammelia* (1609), puis la même année, *Deuteromelia* (avec « Three Blind Mice ») et *Melismata* (1611), qui comprend aussi des madrigaux. Par la suite, John Playford en a également publié plusieurs recueils, notamment *A Musicall Banquet* (3e vol., 1651) et *Catch as Catch Can* (1652).

A diverses époques à partir de la Restauration, le terme **catch* a été employé comme synonyme de *round*, bien que les *catches* chantés à la fin du XVIIe siècle et au XVIIIe siècle se soient généralement distingués par des jeux de mots humoristiques ou grivois. Au XIXe siècle, le chant des *rounds* a diminué en tant que récréation sociale, mais il a survécu à l'école, dans les classes de chant, où la *round* est encore souvent utilisée pour enseigner et développer la connaissance de lignes contrapuntiques indépendantes.

Judith Nagley.

Rondeau. L'une des trois formes poétiques courantes utilisées pour les chansons des XIVe et XVe siècles (voir également *Ballade* ; *Virelai*). Toutefois, contrairement aux deux autres, le rondeau était déjà bien implanté au XIIIe siècle.

Le rondeau d'Adam de la Halle cité ci-dessous adopte la disposition typique du poème à une stance de quatre couplets. Le premier couplet, ou refrain (indiqué ici en italique), est répété à la fin. En outre, la première ligne du refrain est toujours utilisée comme seconde ligne du deuxième couplet.

Tant con je vivrai
N'aimerai autrui que vous

Ja n'en partirai
Tant qu'on je vivrai

Ains vous servirai
Loyaument mis m'i sui tous

Tant con je vivrai
N'aimerai autrui que vous

La musique d'un rondeau se divise en deux parties (a et b), correspondant chacune à l'un des vers du refrain. Les autres vers sont attribués aux deux sections selon leur rime, ce qui donne la forme musicale caractéristique du rondeau : AB aA ab AB (les lettres capitales indiquent la position du refrain).

Il s'agit de la forme du rondeau telle que l'employait généralement le principal compositeur de chansons du XIVe siècle, Guillaume de Machaut. Si Machaut a fait du rondeau le principal moyen d'expression de la chanson, il a fallu attendre le XVe siècle pour que cette nouvelle forme devienne vraiment populaire, prenant un ascendant complet sur la ballade et le virelai dans les chansons d'amour courtois. Ces derniers rondeaux sont généralement plus longs, avec des refrains de quatre (rondeau quatrain) ou cinq vers (rondeau cinquain). Dans les deux cas, ils sont mis en musique selon la même

PARTIE	FONCTION	TONALITÉ
A	Premier thème	Tonique
B	Second thème	Dominante ou relatif majeur
A	Premier thème	Tonique
C	Développement/Couplet	Tonalité (ou tonalités) relative
A	Premier thème	Tonique
B	Second thème	Tonique
A	Coda	Tonique

méthode qu'auparavant et la forme musicale qui en résulte est la même :

	Musique
Ma belle dame souverainne *Faites cesser la grief dolour)*	A
Que j'endure pour vostre amour *Nuit et jour, dont j'ai tres grand painne*	B
Ou autrement, soies certainne, Je finneray dedens brief jour.	*a*
Ma belle dame souverainne *Faites cesser ma grief dolour*	A
Il n'i a jour de la sepmainne Que je ne soye en trant tristour	a
Se me veullies par vo doulcour Secourir, de volonte plaine	b
Ma belle dame souverainne *Faites cesser ma grief dolour*	A
Que j'endure pour vostre amour *Nuit et jour, dont j'ay tres grant painne*	B

Peter Davies.

Rondeña (esp.). Genre de **fandango* du sud de l'Espagne ; son nom provient de Ronda, en Andalousie.

Rondo, forme. Voir *Forme rondo.*

Rondo-sonate. Comme son nom l'indique, le rondo-sonate est une structure hybride reprenant les éléments de la *forme sonate et du *rondo. Si A représente le refrain, on obtient généralement le schéma ABACABA. B ne désigne pas un couplet, comme dans le rondo, mais un deuxième thème ; C désigne le développement ou, en cas d'apparition d'éléments thématiques nouveaux, un couplet ; et le A final correspond à la coda basée sur le thème du rondo, généralement le thème principal.

Le rondo-sonate se différencie donc de la forme sonate par un retour du premier thème à la tonique entre l'exposition du second thème et le développement. Haydn, Mozart et Beethoven ont souvent utilisé le rondo-sonate comme finale d'œuvres en plusieurs mouvements. Comme pour la forme sonate, son plan n'est pas rigide et le schéma ci-dessus ne donne que les caractéristiques générales.

Voir également *Forme*, 6.

G. M. Tucker.

Rontani, Raffaello (mort à Rome, 1622). Compositeur italien, sans doute né à Florence. Il est au service des Médicis à partir de 1610, puis s'installe à Rome, où il est maître de chapelle à San Giovanni dei Fiorentini tout en étant au service de la famille Sforza. Il a surtout composé des ariettes mélodieuses, très populaires à leur époque.

Denis Arnold.

Root, root position (angl.). * Fondamentale.

Ropartz, Guy [Joseph, Guy, Marie] (Guingamp, Côtes-du-Nord, 15 juin 1864 ; Lanloup, Côtes-du-Nord, 22 novembre 1955). Compositeur français qui fait simultanément des études juridiques et musicales. Au Conservatoire de Paris, il travaille avec Théodore Dubois et Massenet avant d'aller étudier avec César Franck, dont il devient l'un des plus fervents disciples. Entre 1894 et 1919, il est directeur du Conservatoire de Nancy puis, entre 1919 et 1929, de celui de Strasbourg. Dans ces deux villes, il dirige la saison des concerts symphoniques et joue un rôle essentiel pour faire connaître la jeune musique française. Son œuvre est marquée par l'influence de Franck et par celle de la Bretagne, dont il reconstitue l'ambiance générale plutôt qu'il ne cherche à en citer les caractéristiques musicales spécifiques au travers de chants traditionnels : cinq symphonies (nº 1 sur un choral breton, 1908), des poèmes symphoniques (*La Chasse du prince Arthur*, 1912 ; *Soir sur les chaumes*, 1913), de nombreuses pages de musique de chambre (trois sonates pour violon et piano, deux sonates pour violoncelle et piano, deux trios, cinq quatuors, *Prélude, marine et chanson* pour flûte, violon, alto, violoncelle et harpe, 1928, l'une de ses œuvres qui a le mieux résisté à l'épreuve du temps), de la musique religieuse (psaumes, *Requiem*, 1938) et plusieurs ouvrages lyriques, notamment *Le Pays*, créé à l'Opéra-Comique en 1913. Après la mort de Magnard et la destruction d'une partie de ses œuvres dans l'incendie de sa maison, il a reconstitué l'orchestration de deux actes de son opéra *Guercœur*.

Alain Pâris.

BIBLIOGRAPHIE : E. Djemil, *J. Guy Ropartz ou la Recherche d'une vocation* (Le Mans, 1967). Paul-Gilbert Langevin, *Musiciens de France, la génération des grands symphonistes*, La Revue Musicale n°s 324-325-326, Richard Masse (Paris, 1979).

Rore, Cipriano de (vers 1516 ; Parme, septembre 1565). Compositeur flamand, sans doute élève de Willaert à Venise entre 1540 et 1550. En 1547, il est maître de chapelle du duc Ercole II à Ferrare, mais, à la mort de ce dernier en 1599, Rore s'était absenté de Ferrare pour aller voir ses parents et le successeur d'Ercole ne lui conserve pas ses fonctions. Rore entre donc au service de la régente des Pays-Bas, Marguerite de Parme, et, en 1561, retourne en Italie travailler pour son mari à Parme. En 1563, il quitte Parme pour Venise afin de prendre la succession de Willaert comme maître de chapelle de Saint-Marc ; mais il trouve le fardeau de l'administration trop lourd pour lui et retourne à Parme où il meurt.

Rore a composé beaucoup de musique religieuse, mais ce sont ses madrigaux qui s'imposent d'emblée pour leur qualité et leur influence sur d'autres compositeurs. Ses premiers madrigaux mettent souvent en musique des textes de Pétrarque dans un style sérieux ; mais, après son départ de Ferrare, il se tourne vers les poètes contemporains, s'efforçant de faire ressortir le sens des vers et utilisant des contrastes rythmiques et structurels pour s'adapter à leur accentuation. Il s'intéresse aux possibilités du chromatisme et aux intervalles mélodiques peu courants pour traduire des émotions extrêmes, ce qui lui a valu d'être reconnu par Monteverdi comme l'un des pères de la *seconda prattica* (voir *Prima prattica, seconda prattica*).

Denis Arnold.

Rorem, Ned (Richmond, Indiana, 23 octobre 1923). Compositeur américain. Il fait ses études à l'American Conservatory de Chicago (1938-40), à la Northwestern University (1940-42), au Curtis Institute de Philadelphie (1943) et à la Juilliard School de New York (1946, 1948) puis travaille en privé avec Virgil Thomson et Aaron Copland. Entre 1951 et 1957, il vit à Paris grâce à l'aide de la vicomtesse Marie-Laure de Noailles ; il retourne ensuite à New York. Avant tout compositeur de mélodies, il a subi l'influence de ses professeurs et des musiciens français qu'il a rencontrés à Paris (Poulenc, Honegger, etc.). Il a aussi composé plusieurs opéras, trois symphonies et d'autres œuvres pour orchestre ainsi que diverses pièces de musique de chambre. Il est également l'auteur de plusieurs livres : *The Paris Diary* (New York, 1966), *The New York Diary* (New York, 1967), *Music from Inside Out* (New York, 1967), *Music and People* (New York, 1968) et *Critical Affairs : a Composer's Journal* (New York, 1970).

Paul Griffiths.

Rosalia. Genre de séquence (voir *Séquence*, 1).

Rosamunde. Ouverture et musique de scène op.26 (D 797) de Schubert pour le drame romantique de Helmina von Chezy, *Rosamunde, princesse de Chypre*. Création au Theater an der Wien le 20 décembre 1823.

Rosart, Jacques-François. Voir *Édition musicale*, 6.

Rose. Ouïe pratiquée afin de faciliter la résonance sur le luth, la guitare, la mandoline, etc. Le nom est inspiré de la forme de la fleur.

Roseingrave, Thomas (Winchester, 1688 ; Dunleary, 23 juin 1766). Compositeur anglais. Fils d'un organiste probablement d'origine irlandaise, il étudie la musique avec son père, et se rend avec lui à Dublin à l'âge de dix ans. En 1709, il va étudier la musique en Italie et rencontre à Venise Domenico Scarlatti, qui l'impressionne profondément. Il suit Scarlatti à Rome et à Naples et, de retour en Angleterre en 1714, il commence à assurer la promotion de la musique de Scarlatti, publiant une édition de ses sonates pour clavier en 1739. Néanmoins, sa propre musique pour clavecin trahit assez peu l'influence de Scarlatti.

En 1725, Roseingrave obtient le poste d'organiste de St George, à Hanover Square. Il est alors au sommet de sa carrière d'organiste, de professeur et d'improvisateur, bien que Hawkins, qui ne mâchait pas ses mots, ait trouvé ses compositions « déplaisantes, manifestant une grande érudition, mais dépourvues d'éloquence et de variété ». Quoi qu'il en soit, Roseingrave tombe bientôt désespérément amoureux d'une jeune élève dont le père s'oppose au mariage. Roseingrave néglige ensuite son enseignement et son poste d'organiste et mène une existence misérable ; il semble capable de converser raisonnablement de n'importe quel sujet, sauf de ses espérances déçues, dont la seule mention le conduit à un état de profonde dépression. Il se retire finalement à Dublin, où son opéra *Phaedra and Hippolitus* est produit en 1753 ; il sort occasionnellement de sa solitude pour donner des concerts de clavecin. Il mourra à l'âge de soixante-dix-huit ans et sera enterré à la cathédrale St Patrick.

Wendy Thompson.

Rosenkavalier, Der. Voir *Chevalier à la rose, Le.*

Rosenmüller, Johann (Oelsnitz, près de Zwickau, vers 1619 ; Wolfenbüttel, septembre 1684). Compositeur allemand. Il étudie la théologie à l'Université de Leipzig, dont il passe l'examen d'entrée en 1640, puis devient assistant du *Kantor* de Saint-Thomas ; en 1651, il est organiste de la Nicolaikirche. Quatre ans plus tard, il est contraint de quitter Leipzig en raison de ses pratiques homosexuelles et vit à Venise entre 1658 et 1682. Pendant les deux dernières années de sa vie, il est maître de chapelle à Wolfenbüttel.

Malgré sa vie instable, Rosenmüller a composé énormément de musique, notamment des suites et des sonates (*Studentmusik*, 1654 ; *Sonate da camera*, 1670 ; *Sonate*, 1682) et beaucoup de musique religieuse, dont deux recueils de concertos sacrés ont été publiés (*Kern-Sprüche*, Leipzig, 1648 ; *Andere Kern-Sprüche*, Leipzig, 1652-53).

Wendy Thompson.

Rosenthal, Manuel (Paris, 18 juin 1904). Compositeur et chef d'orchestre français. Après avoir fait ses études au Conservatoire de Paris, il est l'un des rares élèves de Ravel, avec lequel il travaille la composition. Dès la fondation de l'Orchestre national, en 1934, il est engagé comme chef d'orchestre à la Radio. Chef permanent de cette formation entre 1944 et 1947, il occupe les mêmes fonctions à la tête de l'Orchestre symphonique de Seattle (1948-51) aux États-Unis. Puis il est professeur de direction d'orchestre au Conservatoire de Paris (1962-74) et directeur musical de l'Orchestre symphonique de Liège (1964-67). Son œuvre touche à tous les genres, mais il s'est surtout fait connaître par son ballet *Gaîté parisienne*, sur des thèmes d'Offenbach (1938), qui a fait le tour du monde.

Alain Pâris.

Roses du Sud (*Rosen aus dem Süden*). Valse op.388 de Johann Strauss II, tirée de son opérette en trois actes *Das Spitzentuch der Königin* (« Le Mouchoir de dentelle de la reine »), composée en 1880.

Rosetti, Francesco Antonio. Voir *Rössler, Franz Anton.*

Roslavetz, Nikolaï (Andreïevitch) (Duchatino, district de Chernigov, Ukraine, 5 janvier 1881 ; Moscou, 23 août 1944). Compositeur russe. Il fait ses études au Conservatoire de Moscou (1902-12) et se forge rapidement une réputation de compositeur d'avant-garde, élaborant, indépendamment de Schoenberg, des théories de sérialisme dodécaphonique qu'il concrétise dans des œuvres comme le *Quatuor à cordes nº 3* (1920) ou le *Concerto pour violon* (1925). Bien que son nom ait été retiré de la plupart des dictionnaires de musique soviétiques, il apparaît dans le répertoire récent *Kto pisal o muzyke* (« Musicographes », vol. 3, Moscou, 1979), où il est mentionné pour avoir écrit des articles sur l'Opus 7 de Webern et sur le *Pierrot lunaire* de Schoenberg dans la revue musicale contemporaine *K Novym beregam* (« Vers de nouveaux rivages », 1923).

Geoffrey Norris.

Rosseter, Philip (vers 1568 ; Londres, 5 mai 1623). Compositeur anglais. En 1601, il publie un livre d'« ayres » avec accompagnement de luth, partie de lui, partie de Thomas Campion. Ses « ayres » sont de délicieuses petites pièces mettant en musique des vers anacréontiques, sur un accompagnement simple, car il n'aime pas les styles compliqués. En 1603, il est nommé luthiste de Jacques Ier, poste qu'il conservera jusqu'à la fin de sa vie. Son livre de *Lessons for broken consort*, qui nous est malheureusement parvenu incomplet, a été publié en 1609. A peu près à cette époque, il se joint à une troupe de jeunes acteurs, appelés les « Children of Whitefriars » (après avoir joué à la cour pendant l'hiver 1609-10, ils sont autorisés à prendre le nom de Children of the Queen's Revels) ; en 1615, il fait partie d'un consortium destiné à construire, pour cette troupe, un nouveau théâtre à Blackfriars. Toutefois, après diverses protestations, ce théâtre sera fermé par le roi en 1617.

Denis Arnold.

Rossi, Luigi (Torremaggiore, près de Foggia, 1597-98 ; Rome, 19-20 février 1653). Compositeur italien, élève du célèbre compositeur de madrigaux Giovanni de Macque. Il entre au service de la famille Borghèse, à Rome, entre 1620 et 1630. En 1633, il est nommé organiste à San Luigi dei Francesci, poste qu'il conservera jusqu'à la fin de sa vie. Il se fait vite connaître avec ses cantates et devient l'un des favoris du cardinal Antonio Barberini, au service duquel il entre en 1641 ; Barberini était un éminent protecteur de l'art lyrique et Rossi écrit à son intention *Il Palazzo incantato* (créé en 1642) ainsi que quelques oratorios. A la mort du pape Urbain VIII, en 1644, les Barberini perdent leur position privilégiée à Rome et s'installent à Paris, où ils introduisent l'opéra. Sur l'invitation du cardinal Mazarin, Rossi est engagé, avec un groupe de chanteurs italiens, à produire son deuxième opéra à Paris. *Orfeo* (créé en 1647) remporte un net succès, mais la somptuosité de sa production suscite beaucoup de critiques et un deuxième voyage, l'année suivante, ne débouche pas sur la production d'un ouvrage analogue. Il retourne à Rome, où il meurt étonnamment riche, ses biens comprenant notamment des tableaux de Léonard de Vinci et de Raphaël. Sa pierre tombale se trouve à Santa Maria dans la via Lata.

L'influence de Rossi sur la musique européenne en général a été considérable et environ trois cents de ses cantates ont survécu. Selon ses propres termes, il a introduit des airs mélodieux pour « dissiper l'ennui des récitatifs » (quoiqu'en vérité ses récitatifs soient écrits avec autant d'habileté que n'importe quelle autre partie de ses cantates) et son style mélodieux a dépassé les confins de l'Italie – l'opéra français a surtout bénéficié de son exemple. Sa musique est parvenue jusqu'en Angleterre, car les royalistes étaient en exil à Paris lorsque Rossi y séjournait au sommet de sa gloire ; il a composé une cantate sur la mort de Charles Ier.

Denis Arnold.

Rossi, Michelangelo (del Violino) (Gênes, 1601-02 ; Rome, 1656). Compositeur italien. Il passe sa jeunesse à Gênes et s'installe à Rome en 1624, où, à l'exception de quelques voyages dans des centres musicaux importants, il demeure jusqu'à la fin de sa vie. Il étudie avec Frescobaldi, et son opéra *Erminia sul Giordano* est représenté au Palais Barberini en 1633, dans des décors du Bernin. Il comporte quelques arias et ensembles splendides.

Rossi était surtout connu de son vivant comme violoniste, mais ses œuvres les plus importantes sont destinées au clavier. Vers 1640, il a publié un volume de musique pour clavier, notamment des toccatas dans le style de celles de Frescobaldi.

Rossi, Salomone (Mantoue, 1570 ; ? Mantoue, après 1628). Violoniste et compositeur italien. Violoniste à la cour des Gonzague, au moins entre 1587 et 1628, il a peut-être créé l'*Orfeo* de Monteverdi. Il jouissait d'une excellente réputation qui lui a valu d'être dispensé du port de l'étoile jaune, alors obligatoire pour les membres du ghetto juif de Mantoue. Rossi a composé de nombreux madrigaux intéressants, dont le premier madrigal avec *continuo* qui ait été publié, mais il doit surtout sa renommée à ses psaumes et hymnes polyphoniques en hébreu, *Ha-Schirim Asher Li'Schlomo* (« Chants de Salomon », davantage une référence à son prénom qu'à la source des textes), traités dans le style italien de son temps, une des rares tentatives de musique non traditionnelle en hébreu.

Denis Arnold.

Rossignol, Le. Opéra (conte de fées musical) en trois actes de Stravinski sur un livret du compositeur et de Stepan Mitousov d'après un conte de Hans Andersen. Créé à l'Opéra de Paris le 26 mai 1914 par les Ballets russes. *Le Chant du rossignol*, poème symphonique que Stravinski a tiré de son opéra, a été créé à Genève en 1919 et monté en ballet à Paris en 1920. Stravinski et Dushkin en ont aussi tiré une version pour violon et piano, *Chant du rossignol et Marche chinoise* (1932).

Rossini, Gioachino (Antonio) (Pesaro, 29 février 1792 ; Passy, 13 novembre 1868). Compositeur italien, le plus influent de sa génération, il ne s'est pas contenté de hisser l'opéra bouffe à des sommets inégalés, mais il a également jeté les bases de l'opéra romantique italien du milieu du XIXe siècle.

1. *La jeunesse.* Le père de Rossini est trompettiste et corniste, sa mère chanteuse. Toujours en tournée dans les théâtres de Romagne, ils laissent Gioachino aux soins de ses grands-parents. En 1802, la famille s'installe à Lugo, puis à Bologne, où l'enfant reçoit des leçons particulières. Il fait rapidement des progrès au piano, au cor et surtout comme chanteur (à douze ans, il fait sa première apparition en public, en tenant un rôle d'enfant dans *Camilla* de Paer). En 1804, il est admis à l'Accademia filarmonica de Bologne, plus jeune encore que Mozart. La même année, il compose les six *Sonate a quattro*, œuvres peu originales mais écrites avec adresse, qui sont aujourd'hui au répertoire de tous les orchestres à cordes. En 1806, Rossini entre au Liceo de Bologne et dans la célèbre classe de contrepoint du padre Mattei ; il y remporte un prix deux ans plus tard avec une cantate sur *Il Pianto d'armonia sulla morte d'Orfeo.* Vers 1807, il compose son premier opéra, *Demetrio e Polibio* pour la famille Mombelli ; il ne sera créé qu'en 1812. Il commence sa carrière professionnelle avec une farce en un acte, *La Cambiale di matrimonio* (« Le Contrat de mariage »), que lui commande le Teatro San Moise de Venise ; il remporte un tel succès qu'il écrit plusieurs autres farces au cours des années suivantes, notamment *Il Signor Bruschino* et *La Scala di seta* (« L'Échelle de soie »), que l'on connaît surtout aujourd'hui pour leurs ouvertures. Avec l'oratorio *Ciro in Babilonia* (Ferrare, 1812), il aborde un genre plus sérieux, mais son talent excelle alors surtout dans la comédie. *La Pietra del paragone* (« La Pierre de touche », Milan, 1812) lui permet d'être exempté de service militaire.

En 1813, il remporte à Venise un double triomphe avec un ouvrage héroïque, *Tancrède*, et une comédie, *L'Italienne à Alger*, qui le font connaître bien au-delà des frontières italiennes. Son style y est complètement formé et sa forte personnalité musicale s'impose sur tous les plans. Les échecs sont rares et presque toujours temporaires (par exemple, *Le Turc en Italie*, Milan, 1814). En 1815, il signe un contrat à long terme avec Barbaja, imprésario des théâtres napolitains San Carlo et Fondo, dont il prend la direction musicale avec l'obligation de présenter chaque année un nouvel opéra dans chacun d'eux.

2. *La maturité.* Rossini se trouve alors dans la même situation que Haydn à Esztherháza, avec un public attentif qu'il peut soumettre à ses expériences ; à cette époque, son contrat le laisse libre d'accepter d'autres commandes. Les opéras les plus importants de cette période sont *Élisabeth reine d'Angleterre* (Naples, 1815), le premier opéra dans lequel il abandonne le *recitativo secco*, remplaçant le clavecin par les cordes de l'orchestre ; *Le Barbier de Séville* (Rome, 1816) qui, malgré le désastre de la première, devient un triomphe universel ; *Otello* (Rome, 1816), où il fait œuvre de pionnier en terminant son ouvrage avec un meurtre sur scène ; *La Cenerentola* (« Cendrillon », Rome, 1817), *La Gazza ladra* (« La Pie voleuse », Milan, 1817), *Armida* (Naples, 1817), *Moïse en Égypte* (Naples, 1818), *La Donna del lago* (« La Dame du lac », Naples, 1819) et *Maometto II* (Naples, 1820). Rossini a épousé la prima donna Isabella Colbran, avec laquelle il fait des tournées triomphales à Vienne (1822), Paris et Londres (1824). *Sémiramis* (Venise, 1823) est le dernier opéra qu'il compose pour l'Italie. L'année suivante, il est nommé directeur musical du Théâtre-Italien à Paris, où il écrit la cantate *Le Voyage à Reims* pour le couronnement de Charles X, puis quatre œuvres pour l'Opéra de Paris : *Le Siège de Corinthe* (1826) et *Moïse et Pharaon* (versions françaises révisées de *Maometto II* et de *Moïse en Égypte*, respective-

ment), une comédie, *Le Comte Ory* (1828), et un grand opéra, *Guillaume Tell* (1829), sa dernière œuvre destinée à la scène. Rossini est désormais parvenu à l'apogée de sa gloire et de son rayonnement. Il quitte Paris pour Bologne, où il s'est fait construire une maison dans l'intention d'y retourner l'année suivante pour un nouvel opéra sur le thème de *Faust*. Mais, entre-temps, la monarchie des Bourbons est renversée, l'Opéra change de mains et les engagements antérieurs ne sont pas respectés ; Rossini intente un procès pour que la rente accordée par Charles X continue à lui être versée. La procédure traîne pendant six ans avant de se terminer en sa faveur. Au cours de cette période, il publie un ensemble de pièces de salon intitulées *Soirées musicales* (1835). Auparavant, en 1831, il compose un *Stabat Mater* pour rendre service à Varela, un conseiller d'État espagnol, à condition qu'il ne soit jamais publié. Quelques années plus tard, lorsque les héritiers de Varela cherchent à vendre l'œuvre, Rossini révèle qu'il n'en a composé lui-même qu'une moitié et il s'empresse de la compléter ; l'œuvre remporte un grand succès lors de sa création au Théâtre-Italien en 1842, puis au Liceo Musicale de Bologne, dont Rossini est alors directeur honoraire. Il avait déjà quitté sa première femme, qui meurt en 1845, le laissant libre d'épouser Olimpe Pélissier, ancienne maîtresse du peintre Horace Vernet, qui l'avait souvent soigné lorsqu'il était malade, ce qui devient de plus en plus fréquent.

En 1848, les patriotes italiens, qui n'avaient pas oublié les textes proautrichiens que Rossini avait mis en musique pour le congrès de Vérone (1822) à la demande de Metternich, organisent une manifestation contre lui. Il quitte Bologne pour Florence, où son inertie et son état dépressif s'aggravent. Finalement, il retourne à Paris, où il s'installe définitivement en 1855. Sa santé et ses facultés créatrices y connaissent un « été indien » qui durera treize ans. Tous les musiciens de passage à Paris – Verdi, Wagner, Boito ou même Balfe – lui doivent une visite à sa villa de Passy ou à son appartement de la rue de la Chaussée-d'Antin. Tous apprécient son esprit et sa bonne cuisine. L'œuvre la plus importante de ces années est la *Petite Messe solennelle* (1863) ; mais il laisse également un recueil de pièces pour piano avec ou sans voix qu'il appelle *Péchés de vieillesse*. Humoristiques pour la plupart, toujours dignes d'un virtuose et curieusement modernes par leurs sonorités, elles ne seront publiées que dans les années cinquante.

Rossini aimait se décrire comme « le dernier des classiques ». A l'époque romantique, ses œuvres sérieuses – avec leur formalisme, leurs rares harmonies expressives et leur virtuosité vocale – tombent vite en disgrâce alors que ses opéras-comiques conservent encore toute leur fraîcheur. Bien qu'il n'ait jamais entièrement pénétré le monde du romantisme italien, il en est l'architecte. C'est lui qui a défini le plan des *cantabile*, des cabalettes, des duos tripartites et des finales en plusieurs mouvements, qui ont servi à Bellini, à Donizetti et au jeune Verdi. L'auditeur moderne qui ne se limite pas aux opéras de Wagner peut trouver une manne substantielle chez Rossini : vitalité mélodique, sens infaillible des proportions et, dans le cas de *Moïse* ou de *Guillaume Tell*, certains moments de grandeur spontanée comparables aux dernières messes de Haydn. Sa maîtrise de la forme vient de sa maîtrise du rythme – qualité qui donne toute sa force à sa personnalité musicale et lui permet notamment d'imprimer sa marque au fameux « crescendo », qui n'était pourtant pas spécialement nouveau. Mais la réelle portée de ses comédies dépend dans une large mesure d'une parfaite maîtrise du style.

Julian Budden.

BIBLIOGRAPHIE : Jean-Louis Caussou, *Rossini*, Seghers (Paris, 1967), rééd. Slatkine (Genève-Paris, 1982). Rodolfo Celetti, *Histoire du bel canto*, Fayard (Paris, 1987). Lord Derwent, *Rossini*, Gallimard (Paris, 1937). Olivier Merlin, *Quand le bel canto régnait sur le boulevard*, Fayard (Paris, 1978). Stendhal, *Vie de Rossini*, Michel Lévy (Paris, 1823), rééd. Les Introuvables (Plan-de-la-Tour, 1977), rééd. Parution (Paris, 1987). Frédéric Vitoux, *Gioacchino Rossini*, Mazarine (Paris, 1982), éd. augm. Seuil (Paris, 1986).

Rössler, Franz Anton (Francesco Antonio Rosetti) (Baptisé à Leitmeritz, aujourd'hui Litoměřice, le 26 octobre 1746 ; Ludwigslust, 30 juin 1792). Compositeur de Bohême. Après avoir étudié la théologie, il entre en 1773 au service du prince Öttingen-Wallenstein et devient rapidement maître de chapelle. Il séjourne à Paris vers 1782 jusqu'à ce qu'éclate la

Révolution, puis il est maître de chapelle de la cour chez le duc de Mecklenburg-Schwerin à Ludwigslust. L'abondante musique instrumentale de Rössler, qui révèle l'influence de Haydn et de Stamitz, comprend près de trente symphonies, de nombreux concertos pour flûte, hautbois, cor, violon, piano, etc. et plusieurs œuvres de musique de chambre pour instruments à vent et pour cordes. Il a également composé une cantate, *Das Winterfest des Hirten* (1789), et deux oratorios, *Der Sterbende Jesus* (1786) et *Jesus in Gethsemane* (1790), qui, une fois révisé, est devenu *Der Tod Jesu*.

Wendy Thompson.

Rota (lat.). Voir *Ronde*, 1.

Rote. Voir *Psaltérion*, 2.

Rototom. Tambour accordable inventé aux États-Unis dans les années soixante par le percussionniste et compositeur Michael Colgrass. Il ne possède pas de fût et est accordé suivant le principe mécanique des timbales rotatives (voir *Timbales*, 3). Le cercle, muni d'une peau en plastique (Fig. 1, A) repose sur un cadre métallique en forme d'étoile (B) qui tourne librement sur une tige centrale verticale. Le cercle (C) est relié par des tiges de tension à un cadre inférieur (D), qui comporte un pas de vis que traverse la tige centrale. Cette tige est carrée à la base pour être bien maintenue dans un support (ou pied) situé au-dessous. Lorsqu'on fait tourner le rototom avec une main, les deux cercles tournent ensemble mais D monte ou descend sur le pas de vis pour changer la tension exercée sur la peau. Avec des baguettes à tête douce, le rototom peut produire des notes parfaitement claires d'une étendue d'une octave (sur le petit modèle de 15 cm, la note la plus grave de cette étendue est à peu près ré³). Le rototom a tout d'abord été utilisé pour la musique d'ambiance à la télévision ; il s'est ensuite étendu à la musique rock et à d'autres domaines. Il existe maintenant des rototoms accordés à la pédale qui permettent de continuer à jouer simultanément des deux mains.

Anthony Baines.

Rotulus (lat.). Nom médiéval désignant un manuscrit qui se présente sous la forme d'un rouleau de parchemin (du lat. *rota*, « ronde »).

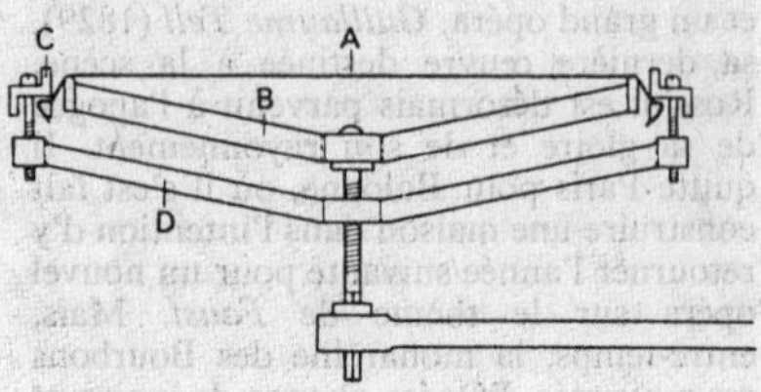

Fig. 1.

Rouart-Lerolle. Maison d'édition musicale française fondée à Paris en 1905 par Alexandre Rouart (1869-1921), qui s'associe, trois ans plus tard, avec Jacques Lerolle. Le fonds comporte essentiellement la musique des disciples de Franck et de Vincent d'Indy (Duparc, Chausson, Ropartz, Séverac, Canteloube, Koechlin, Roussel, Pierné, Satie, Honegger, Poulenc...). Il a été racheté par les éditions *Salabert en 1942.

Rouet d'Omphale, Le. Poème symphonique op.31 de Saint-Saëns (1872), premier des quatre poèmes symphoniques de ce musicien.

Rouet d'or, Le. Poème symphonique op.109 de Dvořák d'après une ballade de Karl Jaromir Erben, composé en 1896.

Rouget de Lisle, Claude-Joseph (Lons-le-Saunier, 10 mai 1760 ; Choisy-le-Roi, 26 juin 1836). Compositeur français, il est envoyé à Strasbourg comme officier en 1791. A la déclaration de guerre, en avril 1792, il y écrit un chant patriotique, le *Chant de guerre pour l'armée du Rhin*, qui est adopté par un bataillon de volontaires de Marseille et rebaptisé *Marseillaise*. Les autres œuvres de Rouget de Lisle, qui comprennent des chants patriotiques et des cantates, sont totalement inconnues. Il est l'auteur de plusieurs livrets d'opéra.

BIBLIOGRAPHIE : Philippe Pares, *Qui est l'auteur de* La Marseillaise *?*, Minerva (Paris, 1974). Julien Tiersot, *Rouget de l'Isle* (Paris, 1892) / *Histoire de* La Marseillaise (Paris, 1915).

Roulade. *Mélisme vocal. En Allemagne, ce terme est employé de façon péjorative pour désigner des *colorature* vocales sans importance musicale, insérées simplement par le chanteur pour se mettre en valeur. Il désignait à l'origine un ornement composé de notes de passages rapides reliant deux notes mélodiques.

Roulement de timbales, Le (*« Paukenwirbel » Symphonie*). Surnom de la *Symphonie n° 103 en mi bémol majeur* de Haydn, composée en 1795. Elle doit son nom au roulement de timbales initial.

Roumanie. Le monde musical associe généralement davantage la Roumanie à des pianistes tels que Dinu Lipatti et Clara Haskil ou à des chefs d'orchestre comme Georges Georgescu et Constantin Silvestri qu'à des figures marquantes dans le domaine de la composition musicale. Même la notoriété de Georges Enesco, personnalité dominante de la musique roumaine, repose autant sur son enseignement, sa carrière de chef d'orchestre et de violoniste que sur ses propres œuvres. Jusqu'à une date assez récente, les pays occidentaux ne le connaissaient qu'au travers de ses œuvres les moins caractéristiques, les deux *Rhapsodies roumaines* (1901), alors que ses œuvres majeures, notamment l'*Octuor à cordes*, la romantique *Symphonie n° 3* et son puissant opéra *Œdipe*, étaient pratiquement inconnues. Enesco est parvenu à lui seul à hisser la Roumanie dans l'orbite de la musique européenne. Il a été marqué par de nombreuses influences stylistiques, de Wagner et Reger à Fauré et Debussy. Mais quel que soit le modèle, on reconnaît sa voix ; il a forgé sa véritable personnalité à partir d'une synthèse unique de ce qu'il a appris en Europe occidentale et des caractéristiques locales empruntées aux musiques traditionnelles et religieuses roumaines.

1. *Musique traditionnelle.* La musique traditionnelle roumaine est aussi ancienne et variée que l'histoire dramatique de ce pays. Elle s'étend sur près de deux mille ans. Avec la défaite du roi dace Decebalus (101-106 ap. J.-C.) par l'empereur Trajan, le pays devient une colonie romaine. Mais les vagues d'invasions successives, menées notamment par les Goths, les Tartares et les Huns, n'effacent pas son héritage et son caractère latins. Malgré l'influence des envahisseurs et les voisins (turcs et grecs), la langue roumaine reste jusqu'à ce jour une langue romane, ce qui marque évidemment le style de la musique traditionnelle. Des incantations, des complaintes, des danses rituelles et des chansons se sont transmises de génération en génération en conservant une remarquable continuité dans leurs caractéristiques mélodiques et rythmiques. Même les instruments traditionnels – *bucium, caval, naiu, fluier* et *cobza* – sont encore utilisés de nos jours. Au XIXe siècle, les compositeurs roumains puisaient de façon assez artificielle dans ce riche répertoire, mais, au début du XXe siècle, Bartók l'a exploité et a publié plus de mille airs populaires traditionnels qu'il a largement utilisés à des fins créatrices dans sa propre musique. Enesco est parvenu également à intégrer ce répertoire à la substance même de sa pensée musicale. A une date plus récente, des compositeurs tels que Mihail Jora (1891-1971), Ion Dimitrescu (1913), Marţian Negrea (1893) et Sabin Drăgoi (1884-1968) ont puisé abondamment dans cet héritage traditionnel.

Jusqu'à la chute de Constantinople, la péninsule des Balkans, dont faisait partie l'ancienne Dacie, était un important rempart du christianisme face aux violentes attaques païennes qui se sont poursuivies sans interruption du VIe au XIIe siècle. Comme en Russie, en Serbie et en Bulgarie, les premiers rites chrétiens étaient profondément marqués par les traditions orientales de l'Empire byzantin avec son mélange de cultures romaine, grecque et perse. A partir du IVe siècle, le répertoire de musique liturgique de l'Église orthodoxe roumaine s'étend et se développe ; un éminent spécialiste de la musique byzantine roumaine, Ion Petrescu, en a fait une étude approfondie et, plus récemment, les musicologues roumains ont mis en lumière tout ce que devait Enesco à ce répertoire (il l'a évoqué lui-même à plusieurs reprises), alors que la modalité, les inflexions microtonales et les glissandos du chant d'église ont davantage influencé des compositeurs plus jeunes, comme Paul Constantinescu (1909-63), notamment dans son *Patimile şi Invierea Domnului* (« La Passion et la résurrection de Notre-Seigneur »).

Si les régions de Moldavie et de Valachie restent fidèles aux vieilles traditions paysannes, la Transylvanie entre en contact direct avec l'évolution harmonique occidentale, car au XVIe siècle les musiciens roumains voyagent de plus en plus, surtout vers les cours italiennes et françaises. A cette époque, des psaumes d'origine roumaine figurent dans certains recueils italiens et allemands ou dans d'autres sources, notamment un antiphonaire de 1529 et une *Odae cum harmoniis* de 1562, trouvée à la Schola Coronensis, à Braşov. Au XVIe siècle, on commence aussi à voir apparaître des noms de compositeurs avec les œuvres de Nicolaus Olahus (1493-1568) et Ioan Căianu (1627-98), qui montrent des affinités de style avec la musique d'église de l'Europe occidentale du début de la Renaissance. Les *Psaltines romañescă* de Filotei sin Agăi Jipei (1713) précisent la notion de musique indigène utilisant la langue vernaculaire et inspirent une tradition dans la musique d'église qui se poursuit aux XIXe et XXe siècles chez des compositeurs comme Anton Pann et Dimitru Suceveanu (1816-98), puis Gavriil Muzicescu (1847-1903) et D. G. Kiriac (1866-1928).

2. *Nationalisme et prolongement.* Au début du XIXe siècle, la Roumanie répond à la vague nationaliste croissante qui s'étend en Europe orientale. Les ensembles étrangers sont progressivement remplacés par des instrumentistes roumains, et un cadre institutionnel s'affirme pour l'enseignement et l'exécution de la musique occidentale. En 1833, la Société philharmonique entre en activité à Bucarest et, trois ans plus tard, une école philharmonique (qui deviendra ensuite un Conservatoire d'État) est fondée à Iaşi, capitale de la Moldavie. Au début du siècle, les opéras de Mozart et de Rossini sont souvent joués, mais le répertoire s'étend progressivement aux opéras-comiques roumains ou aux vaudevilles d'Alexandru Flechtenmacher (1823-98), dont les arguments reflètent souvent des sentiments nationalistes émouvants, et aux grands opéras d'Ion Andrei Wachmann (1807-63). L'un d'entre eux, *Mihai Bravul în ajunul bătăliei dela Călugăreni*, qui célèbre la brève union des royaumes sous une même couronne en 1600, connaît un succès considérable. Ces activités atteignent leur apogée en 1877 avec la fondation de l'Opéra roumain à Bucarest, qui soulève un nouvel enthousiasme chez les compositeurs lyriques. Mauriciu Cohen-Lînaru (1849-1928), élève de Bizet et de César Franck, écrit un superbe opéra en trois actes, *Meşterul Manole*, qui, avec ses cinq sonates pour piano et ses cycles de lieder, le place parmi les plus grands compositeurs roumains de la fin de l'ère romantique. Son seul rival, Ciprian Porumbescu (1853-83), meurt trop jeune pour laisser s'épanouir son talent de compositeur. Parmi les autres compositeurs importants à la même époque, il faut citer un élève de Chopin, Carol Miculi (1821-97), qui a écrit notamment une *Missa romena* pour chœur et orgue, et Édouard Caudella (1841-1924), le professeur de Georges Enesco.

Enesco lui-même sert d'inspirateur et de modèle stylistique à ses contemporains et à ses successeurs. Autre influence importante, celle d'Alfonso Castaldi (1874-1942), d'origine italienne, qui enseigne au Conservatoire de Bucarest. Ses élèves les plus connus sont Alfred Alessandrescu (1890-1959), Mihai Andricu (1894-1971), auteur de dix symphonies et de huit sinfoniettas, Ion Nonna Ottescu (1888-1940), surtout connu pour son poème pour violon et orchestre, *Les Enchantements d'Armide*, Robert Cremer (1889-1928), auteur de l'opéra *Diane de Poitiers*, et Dimitrie Cuclin (1885-1975), qui a écrit dix-huit symphonies aux dimensions presque brucknériennes. La politique culturelle officielle encourage la synthèse folklorique réalisée et léguée par Enesco dans les années qui suivent l'établissement du système politique socialiste, après la Seconde Guerre mondiale. Comme dans les autres pays de l'Est, la vie musicale roumaine subit une restructuration massive durant les années d'après-guerre, avec la formation d'une Union des compositeurs en 1949 (qui reprend le cadre de l'ancienne Société des compositeurs fondée en 1920), d'orchestres philharmoniques d'État, de théâtres lyriques et d'écoles de musique. D'une manière générale, la jeune génération de compositeurs reste attachée aux éléments de la musique traditionnelle. En même temps, à l'image de la Pologne, un grand nombre d'entre eux répondent aux tendances plus novatrices du langage musical de l'après-guerre. Parmi ces jeunes compositeurs, les plus connus sont Pascal Bentoiu (1927), dont l'opéra *Hamlet* est représenté en Roumanie et à l'étranger, Anatol Vieru (1926), surtout connu pour son opéra *La Baleine*, Tiberiu Olah (1928), dont le poème symphonique *La Colonne infinie* (1962) est une interprétation sonore de la célèbre sculpture de Brâncuşi, et Cornel Ţăranu (1934), auteur des *Incantations* et d'une *Sinfonia brevis* irrésistible et évocatrice. Marcel Mihalovici (1898-1985), qui résidait à Paris depuis les années vingt et avait acquis la nationalité française, a largement contribué au prestige de la musique roumaine à l'étranger avec une œuvre riche et originale (opéras, ballets et symphonies).

Miron Grindea/Jim Samson.

Round, Catch, and Canon Club. Club du musique londonien fondé en 1843 dans le but d'encourager la composition et l'exécution de *rounds,* de *catches* et de canons. Lorsqu'il a été dissous en 1911, il comptait environ soixante-dix membres.

Round O. Forme anglicisée aux XVIIe et XVIIIe siècles du mot français « rondeau », employée par Matthew Locke, Purcell, Jeremiah Clarke et quelques autres. Un « Round O » de Purcell, composé comme musique de scène pour la pièce *Abdelazer, or the Moor's Revenge,* a été utilisé par Britten comme thème de *Young Person's Guide to the Orchestra* (« Variations et fugue sur un thème de Purcell »).

Rousseau, Jean-Jacques (Genève, 28 juin 1712 ; Ermenonville, 2 juillet 1778). Philosophe, auteur dramatique et compositeur suisse. Fils d'un horloger et professeur de danse genevois, abandonné par son père, il s'oriente vers une carrière musicale et entreprend sa propre formation musicale à Neuchâtel et Lausanne. En 1743, il soumet à l'Académie des sciences un nouveau système de notation musicale, mais s'entend dire qu'il n'est « ni nouveau ni utile » (son idée sera néanmoins reprise plus tard dans le Système *Gamlin-Paris-Chevé). Après un voyage à Venise en 1743, il compose et fait représenter un opéra-ballet, *Les Muses galantes* (1744) et, en 1752, son opéra le plus populaire, le petit intermède *Le Devin du village,* est présenté à la cour de Louis XV, à Fontainebleau, et au grand public, à Paris. La combinaison d'une intrigue pastorale avec des récitatifs à l'italienne, des airs simples et des danses s'avère si réussie que, douze ans plus tard, Burney le traduit pour la scène anglaise. Cet ouvrage sera représenté régulièrement à l'Opéra de Paris pendant soixante-quinze ans. Sa seule autre œuvre scénique, le mélodrame expérimental *Pygmalion* (en un acte, une scène et avec un seul personnage), est donné à Lyon en 1770 (une partie de la musique instrumentale est d'un certain Horace Coignet).

Dans la Querelle des bouffons, Rousseau se range aux côtés des Italiens et attaque avec une telle virulence la musique de son pays d'adoption dans sa *Lettre sur la musique française* (1753) que son effigie est pendue par les musiciens de l'Opéra. Rousseau se joint à Diderot et d'Alembert et écrit des articles sur la musique et l'économie politique pour la célèbre *Encyclopédie* (voir *France,* 4). Rameau publie trois pamphlets sur les erreurs de cette publication. Le propre *Dictionnaire de musique* de Rousseau (Paris, 1767), bien qu'il contienne des erreurs et des préjugés, est une source d'informations précieuse sur les musiques française et italienne du XVIIIe siècle.

Les idées de Rousseau sur la justice sociale ont servi de base à un nouvel humanisme et, en ce sens, ont beaucoup influencé l'art de Beethoven et le *romantisme en général. Il a pulvérisé la notion de droits des rois et des aristocrates, ouvrant ainsi la voie à la Révolution, qui a éclaté une dizaine d'années après sa mort. En outre, l'ancien régime (politique) correspondait aux anciennes règles formelles dans le domaine artistique. Le « retour à la nature » est l'énoncé abrégé d'une théorie qui a été exprimée dans maints ouvrages.

Percy Scholes, rév.

BIBLIOGRAPHIE : Samuel Baud-Bovy, *Rousseau musicien,* A La Baconnière (Neuchâtel, 1963). D. Paquette, *Jean-Jacques Rousseau, compositeur et théoricien de la musique,* Slatkine (Genève, 1986). Jean-Jacques Rousseau, *Les Écrits sur la musique,* Stock (Paris, 1979). Julien Tiersot, *Jean-Jacques Rousseau* (Paris, 1912).

Roussel, Albert (Charles Paul Marie) (Tourcoing, 5 avril 1869 ; Royan, 23 août 1937). Compositeur français. De famille aisée, il perd son père et sa mère dès sa petite enfance et est élevé par son grand-père paternel, alors maire de Tourcoing. Celui-ci l'envoie à l'école à Paris, où il se passionne pour les mathématiques, mais reçoit néanmoins une formation musicale. Il entre dans la marine comme élève officier en 1887, mais, après avoir été sous-lieutenant pendant une courte période, il démissionne en 1894 pour se consacrer à la musique. Pendant environ quatre ans, il étudie à Paris avec Gigout, un organiste éminent, et, en 1898, entre à la schola cantorum pour travailler sous la direction de Vincent d'Indy ; il y reste dix ans et obtient finalement le diplôme en 1908, presque à l'âge de quarante ans. Il se marie la même année et fait une croisière en Inde pour sa lune de miel. Il sera profondément marqué par la musique de ce pays, qui lui inspire d'emblée ses *Évocations* (1912), la première œuvre qui reçoive un accueil favorable majeur de la critique et du public. Le ballet qui suit, *Le Festin de l'araignée* (1913), connaît encore un plus grand succès. Roussel enseigne le contrepoint à la schola cantorum depuis 1902, mais démissionne en 1914, car il n'apprécie pas les doctrines rigides de Vincent d'Indy. Il était néanmoins un excellent professeur, comptant parmi ses élèves Satie, Varèse, Roland-Manuel, Le Flem (à la schola) et plus tard Martinů, Riisager et Jean Martinon (en privé). Lorsque éclate la Première Guerre mondiale, il tente de réintégrer la marine, mais n'y parvient pas pour des raisons de santé. Il s'engage finalement dans l'artillerie, où il est officier de transports jusqu'au printemps 1918 ; son état de santé se détériorant, il est alors définitivement réformé.

Roussel passera le restant de ses jours à la campagne. En 1921, il achète une maison à Vasterival, en Normandie et, à l'exception de quelques voyages à Paris et à l'étranger, il y vit en permanence, composant régulièrement presque tous les jours. Pendant cette période d'après-guerre, il écrit plusieurs œuvres symphoniques majeures comme la *Symphonie n° 2* (1919-21), la *Suite en fa* (1926), des mélodies et de la musique de chambre. Son soixantième anniversaire est marqué par un festival Roussel à Paris et, en 1930, sa *Symphonie n° 3* est créée en sa présence à Boston, sous la direction de Koussevitzky. Son œuvre la plus connue, le ballet *Bacchus et Ariane*, est donnée l'année suivante à l'Opéra de Paris et il continuera à composer régulièrement jusqu'à sa mort, notamment la *Symphonie n° 4* (1934). La musique de Roussel est agréable, raffinée, pleine de sensibilité. Son langage est essentiellement diatonique, bien qu'il se soit intéressé à la polytonalité, et le chromatisme enrichit son style harmonique. Ses rythmes alertes s'inspirent légèrement de Stravinski, mais en général sa musique est très personnelle et jouit d'une clarté agréable et d'un certain humour.

Denis Arnold.

BIBLIOGRAPHIE : Robert Bernard, *Albert Roussel*, La Colombe (Paris, 1948). Arthur Hoérée, *Albert Roussel* (Paris, 1938). Nicole Labelle, *Albert Roussel, lettres et écrits*, Flammarion (Paris, 1987). Dom Angelico Surchamp, *Roussel*, Seghers (Paris, 1967). Louis Vuillemin, *Albert Roussel et son Œuvre* (Paris, 1924). *Albert Roussel, 1869-1937*, Actes Sud (Arles, 1987). *Albert Roussel, 1869-1937, cinquantenaire*, La Revue Musicale n°s 400-401, Richard Masse (Paris, 1987).

Rovescio, Al (ital.). « A l'envers ». Ce terme peut signifier soit *mouvement rétrograde, soit *renversement.

Rowley, Alec (Londres, 13 mars 1892 ; Londres, 11 janvier 1958). Compositeur anglais. Il est l'élève de Frederick Corder à la Royal Academy of Music de Londres et enseigne à Trinity College à partir de 1920. Il a composé de nombreuses pièces pour piano, écrites spécialement pour les enfants.

Paul Griffiths.

Roxelane, La. Surnom de la *Symphonie n° 63 en ut majeur* de Haydn, probablement composée en 1779. Le deuxième mouvement utilise du matériel de la musique de scène écrite pour la pièce *Soliman II*, version allemande de la comédie *Les Trois Sultanes* de Favart, dans laquelle l'héroïne porte le nom de Roxolane (ou Roxelane).

Royal Academy of Music (I). Association fondée à Londres en 1718-19 pour promouvoir les représentations d'opéras italiens. Organisée par des membres de la noblesse après les premiers succès de Haendel à Londres dans le domaine de l'opéra italien, notamment *Rinaldo* (1711), ses saisons au King's Theatre, à Haymarket, entre 1720 et 1728, étaient entièrement financées par des souscriptions privées. Haendel en était le directeur musical, J. J. Heidegger l'administrateur. Tout en créant plusieurs opéras de Haendel, la compagnie a aussi monté des opéras de Bononcini et d'Ariosti, présentant au public londonien quelques-uns des meilleurs chanteurs européens. En un espace de temps relativement court, la Royal Academy a beaucoup enrichi la vie musicale londonienne. Ses dernières saisons ont été dominées par des querelles avec les compagnies rivales et par des accrochages notoires entre ses propres membres, compositeurs et chanteurs.

Royal Academy of Music (II). Collège de musique britannique, l'un des plus anciens établissements supérieurs de formation musicale en Europe. La Royal Academy of Music a été fondée en 1822 par John Fane, Lord Burghersh (qui est devenu ensuite le onzième comte de Westmorland), a commencé ses activités publiques en 1823 sous les auspices de Georges IV et a reçu sa charte royale en 1830. En 1853, un conseil de professeurs était nommé pour conseiller le comité directeur, et l'une de ses premières recommandations fut de supprimer l'obligation de pensionnat pour les étudiants. L'Academy a quitté ses premiers locaux de Tenterden Street, à Hanover Square, en 1912, pour s'installer à Marylebone Road, où les bâtiments ont été agrandis ces dernières années. La vaste bibliothèque comprend la collection de partitions et de matériel d'orchestre de Sir Henry Wood, offerte à l'Academy en 1938. Les cours de l'Academy préparent les étudiants aux carrières d'interprète et de professeur et le diplôme de licence (LRAM) peut être présenté en concours externe ; les étudiants peuvent aussi suivre les cours préparant au diplôme de musique (Bachelor of Music) de l'Université de Londres. David Lumsden a succédé à Anthony Lewis comme directeur en 1982.

Royal Ballet. Nom accordé par charte royale en 1956 à l'ancien *Sadler's Wells Ballet, au Sadler's Wells Theatre Ballet et à la Sadler's Wells Ballet School. En 1931, l'Academy of Choregraphic Art, formée par Ninette de Valois en 1926, s'était installée au Sadler's Wells Theatre, récemment construit et dirigé par Lilian Baylis, pour devenir le Vic-Wells Ballet sous la direction de Constant Lambert, avec Ashton et Ninette de Valois comme principaux chorégraphes. Cette compagnie est devenue la troupe permanente de Covent Garden en 1946, où elle a fait ses débuts avec la célèbre production de *La Belle au bois dormant*. Une deuxième troupe (à l'origine le Sadler's Wells Opera Ballet) a été formée en 1946. Norman Morrice en est le directeur artistique depuis 1977.

Royal College of Music. Collège de musique britannique, fondé par charte royale sous la présidence du prince de Galles (futur Édouard VII) en 1883 pour succéder à la *National Training School of Music. En 1894, le Royal College of Music a quitté ses locaux de Kensington Gore pour s'installer à Prince Consort Road, où les bâtiments ont été agrandis par de nouveaux locaux construits en 1964 et en 1973. Dans les archives du College, on trouve une riche collection d'instruments de musique anciens et un département de portraits musicaux. Les cours sont ouverts aux étudiants qui s'orientent vers des carrières d'interprète, de compositeur ou de professeur. L'Associate Diploma (ARCM) peut être présenté en concours externe. Sir David Willcocks, directeur du RCM depuis 1974, a été remplacé par Michael Gough Matthews en 1984.

Royal College of Organists. Collège de musique britannique, fondé en 1864 par Richard Davidge Limpus dans le but de promouvoir la pratique de l'orgue et la formation de chœurs ainsi que de faire progresser l'éducation musicale. En 1904, le College s'est installé dans ses locaux actuels à Kensington Gore (qui abritaient auparavant la *National Training School for Music et le *Royal College of Music), faisant face au côté ouest du Royal Albert Hall. Le College a été doté d'une charte royale en 1893. Il propose des examens pour les diplômes de membre correspondant (Associateship), de membre associé (Fellowship) et de formation de chœur. Tous ceux qui s'intéressent au travail et à la profession d'organiste ainsi qu'à la musique d'orgue peuvent en faire partie. Christopher Robinson en a été élu président en 1982.

Royal Hunt of the Sun, The. Opéra en deux actes de Hamilton sur un livret du compositeur d'après une pièce de Peter Shaffer. Créé à Londres en 1977.

Royal Manchester College of Music. Voir *Royal Northern College of Music*.

Royal Military School of Music. Collège de musique britannique, formé en

1957 par le Field-Marshall HRH duc de Cambridge. Deux enseignements différents sont dispensés à Kneller Hall : l'un destiné aux jeunes musiciens prometteurs de l'armée, de contenu essentiellement instrumental, et un Student Bandmaster's Course qui s'adresse aux musiciens militaires plus expérimentés qui ont été recommandés pour devenir chefs de fanfare de l'une des musiques militaires de l'armée. L'école donne une formation musicale globale. La formation est confiée à la responsabilité du directeur de la musique, assisté de professeurs-moniteurs militaires et civils.

Royal Musical Association. Société fondée à Londres en 1874 sous le titre de Musical Association « for the investigation and discussion of subjects connected with the art and science of music » (Association musicale pour la recherche et la discussion de sujets liés à l'art et à la science de la musique). Au nombre de ses membres fondateurs figurent William Chappell, George Grove, George Macfarren, Frederick Gore Ouseley (président, 1874-89) et John Stainer. Elle tient des réunions régulières au cours desquelles des communications sont lues et discutées ; elles sont ensuite publiées dans les *Proceedings* (comptes-rendus) annuels. L'association a été présidée successivement par Stainer (1889-1901), Parry (1901-08, 1915-18), Edward Dent (1928-35), E. H. Fellowes (1942-47), Frank Howes (1947-58), Jack Westrup (1958-63), Anthony Lewis (1963-69), Gerald Abraham (1969-74), Alex Hyatt King (1974-78) et Denis Arnold (depuis 1978). Elle compte environ huit cents membres.

Outre les *Proceedings*, l'Association publie les séries *Musica Britannica* (depuis 1951), importante édition de musique britannique de tous les temps, et la *RMA Research Chronicle* (depuis 1961) ainsi que des fac-similés occasionnels et commémoratifs. Elle attribue également chaque année la Dent Medal pour une contribution remarquable à la musicologie internationale.

Royal Northern College of Music. Collège de musique britannique, formé par la réunion du Royal Manchester College of Music et de la Northern School of Music. Le College a ouvert ses portes en 1973. Les cours proposés s'adressent à de futurs exécutants, au niveau scolaire et postscolaire, et sont planifiés dans le cadre des six écoles du College, comprenant études classiques, composition et exécution, clavier, cordes, voix, instruments à vent et percussion. Le directeur est John Manduell.

Royal Opera House, Covent Garden. Théâtre londonien situé dans Bow Street. A l'origine, le site appartenait à une église ; c'était le jardin d'un couvent. Le premier théâtre a été construit en 1732 et a surtout servi à des pièces de théâtre, bien que trois opéras de Haendel y aient été créés. Un premier théâtre a été détruit dans un incendie en 1808 et un deuxième théâtre a ouvert ses portes en 1809, présentant également des pièces de théâtre et des opéras ; il est devenu le Royal Italian Opera en 1847, et a conservé ce titre jusqu'en 1892. Ce bâtiment a également été détruit dans un incendie, en 1856, et le troisième, le théâtre actuel, a été inauguré en 1858. Pendant la Seconde Guerre mondiale, il a servi de salle de danse, mais il a rouvert ses portes en 1946 avec ses propres troupes d'opéra et de ballet qui ont été rebaptisées *Royal Ballet (1957) et Royal Opera (1969). Entre 1924 et 1939, les principaux chefs d'orchestre à Covent Garden ont été Bruno Walter et Sir Thomas Beecham. Après la Seconde Guerre mondiale, on a vu se succéder au poste de directeur musical Karl Rankl (1946-51), Rafael Kubelik (1955-58), Sir Georg Solti (1961-71), Sir Colin Davis (1971-86) et Bernard Haitink (depuis 1986). De 1944 à 1970, l'administrateur général a été Sir David Webster, auquel a succédé Sir John Tooley.

Royal Philharmonic Orchestra. Orchestre symphonique britannique, fondé en 1946 par Sir Thomas Beecham, qui en est resté le chef d'orchestre permanent jusqu'à sa mort, en 1961. Rudolf Kempe a été nommé chef d'orchestre assistant en 1960, chef d'orchestre permanent en 1961 et directeur artistique en 1964 (il a même reçu le titre de chef d'orchestre à vie à partir de 1970 mais il est mort cinq ans plus tard). Antal Dorati a été chef permanent de 1975 à 1978, Walter Weller de 1980 à 1985, André Previn chef permanent à partir de 1985, la direction musicale de l'orchestre étant en outre confiée à Vladimir Ashkenazy à partir de 1987.

Royal Philharmonic Society. Voir *Concert*, 2.

Royal School of Church Music. Collège musical britannique, fondé par Sydney Nicholson en 1927 sous le nom de School of English Church Music. Son but consistait à créer un centre de travail orienté vers la musique religieuse et à faire visiter différentes régions du pays à des musiciens d'église afin qu'ils dispensent leur aide et leurs conseils. Initialement, l'école était dirigée par un conseil provisoire, avec un comité consultatif comprenant des membres de la Church Music Society. Le premier collège de formation, celui de Buller's Wood (Chislehurst), a été dédié à saint Nicolas, le saint patron des enfants de chœur. Pendant la guerre, le conseil du comté de Kent a réquisitionné Chislehurst et, en 1946, le collège de Saint-Nicolas a repris ses activités à Canterbury. En 1954, le siège permanent de l'école et du collège a été fixé à Addington Palace, à Croydon. La School of English Church Music a été rebaptisée Royal School of Church Music en 1945 sur l'ordre de Georges VI. A cette époque, les activités de l'école comprenaient des visites régulières effectuées par le directeur et par des membres désignés du comité afin de donner des conseils aux chœurs d'église en Grande-Bretagne et à l'étranger, l'organisation de cours pour choristes « en résidence » et de festivals de chœurs, la publication de musique religieuse et l'organisation (avec le *Royal College of Organists) des examens de l'Archbishop of Canterbury's Diploma in Church Music (ADCM). Lionel Dakers en est directeur depuis 1973.

Royal Scottish Academy of Music and Drama. Collège écossais, situé à Glasgow, fondé en 1890 sous le nom de Glasgow Atheneum School of Music. Un projet visant à conjuguer une faculté de musique à l'Université de Glasgow et une Scottish National Academy of Music avait vu le jour en 1928 et un même directeur avait été nommé pour diriger les deux établissements ; en 1953, les postes ont été dissociés et le directeur s'occupe désormais uniquement de l'Academy. En 1944, Georges VI lui a accordé une charte royale ; l'Academy a reçu son titre actuel en 1968, le College of Dramatic Art ayant été créé en 1950 et faisant partie intégrante de l'institution. L'accent est porté sur la profession d'enseignant, bien que les étudiants puissent passer, outre le diplôme de professeur, un diplôme d'exécutant. Philip Ledger a succédé à David Lumsden à la direction de l'Academy en 1982.

R.T.L.M.F. Voir *Réunion des théâtres lyriques municipaux de France.*

R.T.L.N. Voir *Réunion des théâtres lyriques nationaux.*

Rubato, Tempo rubato (ital.). Littéralement « volé », « temps volé ». Élément d'une exécution qui fait abstraction du temps strict pendant un court moment, ce qui est « volé » à une note ou à une autre lui étant restitué par la suite. Le *rubato* réalisé avec un sens artistique authentique et une sensibilité musicale instinctive donne un effet de liberté et de spontanéité. Dans le cas contraire, le *rubato* peut défigurer la forme et la structure d'ensemble d'un morceau. Dans la musique de Chopin, la question du *rubato* est litigieuse, car son emploi souvent implicite peut donner lieu à des abus. Les comptes-rendus sur la façon dont jouait Chopin suggèrent qu'il conservait un rythme strict à la main gauche, accordant plus de souplesse à la main droite sur un accompagnement régulier (on retrouve les mêmes témoignages à propos de Mozart).

Rubbra, (Charles) Edmund (Northampton, 23 mai 1901 ; Gerrards Cross, 14 février 1986). Compositeur anglais formé à l'Université de Reading (1920-21) et au Royal College of Music (1921-25), où il étudie la composition avec Holst et R. O. Morris. Il travaille ensuite comme pianiste et maître de conférences à l'Université d'Oxford (1947-68). Influencé par les compositeurs anglais des XVIe et XVIIe siècles, il écrit de longs thèmes lyriques dans une polyphonie inlassable, évitant toute ornementation. Sa contribution majeure est un cycle de onze symphonies, commencé en 1938, mais son œuvre comprend aussi des concertos, de la musique de chambre et des pièces chorales sacrées. Il est l'auteur de plusieurs ouvrages : *Holst : a Monograph* (Monaco, 1947) et *Counterpoint : a Survey* (Londres, 1960).

Paul Griffiths.

Rubinstein, Anton (Grigoriévitch) (Vychvatinetz, Podolie, 28 novembre 1829 ; Péterhof, près de Saint-Pétersbourg, 20 novembre 1894). Compositeur et pianiste russe. Enfant prodige dans le domaine pianistique, il voyage dans toute l'Europe avant d'être nommé, à l'âge de dix-neuf ans, pianiste de la grande-duchesse Helena Pavlovna. Sous sa protection, il fonde la Société de musique russe de Saint-Pétersbourg en 1859, puis, en 1862, le Conservatoire de Saint-Pétersbourg, dont il assure la direction jusqu'en 1867, et entre 1887 et 1891. Comme son frère Nikolaï, Anton est un professeur stimulant et souvent exigeant ; il est vénéré par Tchaïkovski, l'un de ses élèves au Conservatoire. Il entretient des relations moins aisées avec les compositeurs de l'école de Saint-Pétersbourg – les Cinq – qui méprisent ses origines judéo-allemandes et s'opposent, par tempérament, à l'académisme de l'enseignement prodigué au Conservatoire : en 1889, Balakirev refuse d'assister aux célébrations du jubilé de Rubinstein et écrit une lettre dans laquelle il accuse ce dernier d'exercer une influence nocive sur la musique russe. Les membres du groupe des Cinq l'accablent de surnoms : Tupinstein (dérivé d'un mot russe signifiant « bêta ») et Dubinstein (« tête de bois »). Rubinstein contre-attaque en les accusant d'amateurisme, ce qui rend Moussorgski si furieux qu'il reproche à la musique de Rubinstein d'être « quantitative au lieu de qualitative » ; il en arrive même à qualifier la *Symphonie « Océan »* de Rubinstein (*Symphonie n° 2*, 1851, rév. 1863 et 1880) de « petite mare ».

Ces querelles artistiques ont tendance à masquer la valeur de Rubinstein en tant que compositeur. Il est vrai qu'il bâcle volontiers des riens peu exigeants comme la *Mélodie en fa* (1852), mais certaines de ses œuvres d'envergure méritent qu'on s'y attarde, notamment la *Symphonie n° 5* (1880), l'opéra souvent teinté de nationalisme *Koupets Kalachnikov* (« Le Marchand Kalachnikov », 1880) et surtout *Le Démon* (1875) – le premier opéra russe représenté en russe sur une scène londonienne (1888). Cette dernière œuvre, influencée par le grand opéra français, révèle le talent lyrique de Rubinstein (particulièrement dans l'air de l'acte II « Dans l'océan de l'air »), même si, dans l'ensemble, ses personnages semblent découpés dans des décors en carton pâte (voir également *Opéra*, 14). Rubinstein a écrit vingt opéras (dont plusieurs opéras sacrés – en réalité des oratorios en costumes) ; il a également composé beaucoup de musique pour piano et de musique de chambre, des mélodies, des œuvres symphoniques, notamment cinq concertos pour piano. Cependant, on se souvient surtout de lui pour le travail qu'il a effectué dans le domaine de l'enseignement de la musique ; au cours des années qu'il a passées au Conservatoire de Saint-Pétersbourg, il a beaucoup œuvré pour relever le niveau de l'exécution musicale en Russie.

Geoffrey Norris.

Rubinstein, Nikolaï (Grigorievitch) (Moscou, 14 juin 1835 ; Paris, 23 mars 1881). Pianiste et compositeur russe. Comme pour son frère Anton, ses remarquables qualités de pianiste sont reconnues assez tôt. Il devient un personnage clé dans la vie musicale de Moscou, où il fonde la branche moscovite de la Société de musique russe, en 1860 : six ans plus tard, les classes de musique de la SMR fleurissent au Conservatoire de Moscou, dont Rubinstein sera le directeur jusqu'à sa mort. Ami intime de Tchaïkovski, il reproche à son *Concerto pour piano n° 1* d'être « sans valeur et injouable ». Il en dirige néanmoins la première exécution à Moscou (et deviendra plus tard un interprète éminent de la partie soliste) ; il crée également plusieurs autres œuvres importantes de Tchaïkovski, notamment *Eugène Onéguine* (1879). Il se fait par ailleurs le champion de la musique du groupe des Cinq, donnant notamment la première de la fantaisie *Islamey* de Balakirev. Il avait une personnalité plus extravertie que celle de son frère : Tchaïkovski raconte l'avoir rencontré un jour à Wiesbaden, en 1870, « en train de perdre son dernier rouble à la roulette », et il était tout à fait dans son caractère de consommer une douzaine d'huîtres sur son lit de mort à Paris. Tchaïkovski a écrit son *Trio avec piano* à la mémoire de Rubinstein, le dédiant « à la mémoire d'un grand artiste ».

Geoffrey Norris.

Rückert Lieder. Titre couramment donné aux *Sieben Lieder aus Letzter Zeit* pour voix et orchestre de Mahler, composés entre 1899 et 1903. L'ensemble regroupe en fait cinq lieder sur des poèmes de Rückert et deux lieder du Wunderhorn.

Ruddigore. Opéra-comique en deux actes de Gilbert et Sullivan. Représentations : Londres (Savoy Theatre, 22 janvier 1887) ; New York (21 février 1887). Cette satire du surnaturel est axée sur la malédiction qui pèse sur la famille Murgatroyd, dont les héritiers sont condamnés à commettre un crime par jour ou à mourir dans l'angoisse. La malédiction est rompue lorsqu'on découvre que refuser de commettre ce crime quotidien équivaudrait à un suicide, c'est-à-dire à un acte criminel. L'opérette comprend un rôle de mezzo, celui de Mad Margaret, dont la partie musicale tourne en dérision la tradition lyrique italienne des scènes de folie.

Rue. Voir *Musique de la rue*.

Rueda (esp.). Danse espagnole ; sorte de ronde à cinq temps populaire en Castille.

Ruffo, Vincenzo (Vérone, vers 1510 ; Sacile, près de Venise, 9 février 1587). L'un des compositeurs italiens les plus prolifiques et les plus importants avant Palestrina. Le début de sa carrière se déroule essentiellement à la cathédrale de Vérone et c'est à cette période qu'il écrit la majeure partie de ses innombrables madrigaux. En 1563, il devient maître de chapelle à la cathédrale de Milan, poste qu'il quitte dix ans plus tard, occupant ensuite des fonctions moins prenantes à Pistoia, Vérone et Sacile. La musique religieuse de Ruffo reflète l'esprit de la Contre-Réforme dans l'attention portée à l'intelligibilité des textes et à l'absence d'influences profanes.

John Milsom.

Rugby. Mouvement symphonique n° 2 d'Arthur Honegger (1928), créé sous la direction d'Ernest Ansermet à Paris. Sans être une œuvre à programme, *Rugby* évoque l'ambiance, « les attaques et ripostes du jeu, le rythme et la couleur d'un match au stade de Colombes » (Arthur Honegger).

Ruggiero (ital.). Basse harmonique caractéristique, populaire en Italie à la fin du XVIe siècle et au XVIIe siècle et servant essentiellement de base à des variations instrumentales (Ex. 1).

Ex. 1

Elle servait peut-être à l'origine de schéma harmonique sur lequel on pouvait improviser une mélodie pour chanter de la poésie. Cette hypothèse confirmerait la théorie selon laquelle le mot *ruggiero* proviendrait du premier mot d'une strophe du poème épique d'Arioste, *Orlando furioso*, « Ruggier, qual sempre fui ». Le *ruggiero* est finalement devenu une sorte de basse obstinée avec variations, pour les chansons et les danses. Frescobaldi est l'un des nombreux compositeurs à avoir écrit des variations pour clavier sur cette basse ; un peu plus tard au XVIIe siècle, le *ruggiero* a fait aussi son apparition dans la musique vocale soliste et dans la musique vocale d'ensemble.

Ruggles, Carl [Charles] (Sprague) (East Marion, Massachusetts, 11 mars 1876 ; Bennington, Vermont, 24 octobre 1971). Compositeur américain. Entre dix et vingt ans, il joue dans des orchestres de théâtre et prend des leçons en privé avec John Knowles Paine. En 1907, il va enseigner et diriger à Winona, dans le Minnesota, et, vers 1912, il se consacre sérieusement à la composition. A partir de 1917, il partage son temps entre New York, où il est notamment très lié avec Varèse, et le Vermont. Il travaille lentement à un petit nombre de compositions, toutes atonales et contenant souvent une intensité visionnaire dans un court espace de temps. Ses deux œuvres symphoniques majeures, *Men and Mountains* (1924) et *Sun-Treader* (1931-32), comportent des thèmes virils équilibrés par une polyphonie coulante ; le rayonnement d'*Angels* pour ensemble de cuivres (1921) est également caractéristique de son œuvre. Ruggles n'a composé aucune nouvelle pièce après 1947, consacrant toute son énergie créatrice à la peinture.

Paul Griffiths.

Ruhe (all.). « Paix » ; *ruhig,* « paisible » ; *ruhelos,* « agité ».

Ruhepunkt, Ruhezeichen (all.). « Point d'orgue » (sur une note) ; « point d'arrêt » (sur un silence) : le signe 𝄐.

Rührung (all.). « Sentiment », « émotion ».

Ruinen von Athen, Die. Voir *Ruines d'Athènes, Les.*

Ruines d'Athènes, Les (*Die Ruinen von Athen*). Ouverture et musique de scène op.113 de Beethoven, composées en 1811. Beethoven a écrit cette musique pour l'épilogue de la pièce d'August von Kotzebue représentée à la première soirée du Théâtre allemand à Budapest (1812). Voir également *Roi Etienne.* Strauss et Hofmannsthal ont réalisé un arrangement (1922-24) des *Ruines d'Athènes* dans lequel ils ont inclus des extraits de *Die Geschöpfe des Prometheus* (« Les Créatures de Prométhée »).

Rule, Britannia ! Chant écrit par Arne pour son masque *Alfred* (1740, paroles de James Thomson et David Mallet), publié en 1740, quelques mois après sa première exécution, dans un appendice à la musique d'Arne pour le masque de Congreve *The Judgement of Paris,* présenté à Cliveden au cours de la même soirée qu'*Alfred.* Six ans plus tard, Haendel a repris les premiers accords de ce thème dans son *Occasional Oratorio.* Beethoven a écrit des variations pour piano sur le *Rule, Britannia !* (1803, WoO 79) et l'a cité dans la *Bataille de Vittoria* (1813). Il apparaît également dans l'*anthem* d'Attwood *O Lord, grant the King a long life.* Wagner et Alexander MacKenzie ont écrit des ouvertures basées sur ce chant et il passe pour être l'air « énigmatique » des *Enigma Variations* d'Elgar.

Rumba [rhumba]. Danse latino-américaine à fort caractère africain ; c'est une danse à 2/4, avec des rythmes syncopés et brisés, jouée avec de forts effets percussifs. Elle provient principalement de Cuba et on parle surtout de la rumba cubaine, ou El Son. Les Cubains ont domestiqué la danse africaine originale pour en faire une danse de bal appelée le *danzon.* Lorsque la musique latino-américaine a commencé à envahir l'Amérique du Nord, la rumba moderne est devenue une danse à la mode à New York vers 1931 : l'œuvre la plus populaire et la plus typique sur laquelle on la dansait était « The Peanut Vendor ». C'est une danse compliquée, exécutée plus ou moins sur place, et seuls les professionnels, parmi lesquels elle est encore très populaire, s'attaquent à ses pas compliqués.

Peter Gammond.

Running set. Danse populaire anglaise encore pratiquée dans les monts Apalaches d'Amérique du Nord. Elle est rapide, à deux ou quatre temps, avec un refrain constant et immuable : néanmoins, les figures peuvent varier de multiples façons. Elle se danse sur n'importe quel air approprié, généralement joué au violon.

Russie et Union soviétique

1. Introduction
2. Avant Glinka
3. L'essor de la musique russe
4. Les années de consolidation
5. L'ère soviétique

1. *Introduction.* Au début du XVIIIe siècle, des pays comme l'Italie, la France, l'Allemagne, l'Autriche, l'Espagne ou l'Angleterre avaient connu des siècles d'éducation musicale plus ou moins continue. Dans ce vaste contexte européen, la musique russe, telle que la présentait le diplomate Friedrich Christian Weber, en 1720, paraissait relativement peu développée :

« La musique leur est enseignée... à coups de trique, car sans cette discipline ils n'apprennent rien... Si un général choisit l'un de ses hommes pour qu'il apprenne la musique, bien qu'il n'en ait aucune notion ou ne dispose d'aucun talent, il se retrouve aux mains d'un professeur qui lui octroie un certain temps pour exécuter sa tâche... Si l'élève n'a pas appris sa leçon dans le temps qui lui est imparti, on sort la trique jusqu'à ce qu'il maîtrise l'air à apprendre. »

Ainsi, à l'époque où Bach compose ses *Concertos brandebourgeois*, Couperin ses *Pièces de clavecin* et Haendel son *Giulio Cesare*, le potentiel musical des Russes s'éveille à coups de trique. Le pays ne possède aucun compositeur de niveau international et la pratique instrumentale en est visiblement à ses balbutiements.

Plusieurs raisons expliquent ce phénomène, particulièrement l'attitude de l'Église russe orthodoxe face à la musique. La Russie adopte le christianisme byzantin à la fin du Xe siècle et, au fil des années, elle développe un style original de chant religieux, tout d'abord monophonique, puis polyphonique à partir du milieu du XVIe siècle et à plusieurs chœurs dès la fin du XVIIe siècle, influencé (indirectement au travers de la Pologne) par le style des Gabrieli à Venise plusieurs dizaines d'années auparavant. Pendant la seconde moitié du XVIIe siècle, la Russie cultive également le genre vocal à trois parties appelé **kant*, qui est florissant pendant environ un siècle. Cependant, toute cette musique est dépourvue d'accompagnement : l'Église russe interdit (et continue à interdire encore aujourd'hui) l'emploi du moindre instrument. Il y a néanmoins des instruments populaires (bien que la musique traditionnelle russe soit essentiellement vocale) et les musiciens ambulants ou *skomorockhi* jouent de la musique instrumentale ; toutefois, l'Église parvient à interdire aux *skomorockhi* de jouer dans les centres culturels les plus importants et leur influence se réduit sérieusement jusqu'à devenir presque négligeable.

L'Église proscrivant les instruments, la Russie n'a pas la possibilité de développer une musique instrumentale indépendante à partir de son répertoire liturgique vocal. Les compositeurs étrangers ne trouvent donc pas la stimulation nécessaire pour travailler en Russie – même lorsqu'un Russe s'intéresse suffisamment à eux pour les inviter – et les échanges culturels pratiqués alors en Europe de l'Ouest n'existent pas en Russie. Pendant des siècles, ce pays restera isolé sur le plan musical.

2. *Avant Glinka.* Les choses commencent à changer sous le règne de Pierre le Grand (1682-1725), ce monarque clairvoyant qui, par ses voyages à l'étranger et sa politique éclairée, cherche à « percer une fenêtre sur l'Europe ». En 1711, il invite des musiciens allemands à venir former ses fanfares militaires. La cour entretient également un chœur qui, en 1763, devient le célèbre chœur de la chapelle impériale. En outre, on joue de la musique instrumentale à la cour – des fanfares pour les célébrations officielles, de la musique d'ambiance pour les banquets et de la musique de danse pour les ambitieuses « assemblées » sociales du tsar, institution qu'il copie sur la France afin de tenter d'imposer (sans y parvenir tout à fait) un cérémonial à la société russe indisciplinée.

Si, à l'époque de Pierre Ier, la musique n'est qu'un produit purement utilitaire, le règne de l'impératrice Anna (1730-40) accroît le prestige des arts. Elle envoie un émissaire, Johann Hübner, en Italie, afin de persuader les musiciens de venir affronter les frimas du Nord ; et l'un d'entre eux, le violoniste vénitien Luigi Madonis (vers 1690-vers 1770), compose certaines des premières œuvres de musique instrumentale qui aient vu le jour en Russie : ses douze prétendues « symphonies » (ce sont en fait des sonates pour violon avec basse comprenant chacune une introduction lente et une suite de mouvements de danse) sont publiées à Saint-Pétersbourg en 1738, à peu près en même temps que les douze sonates pour violon de Giovanni Verocai (vers 1700-1745), autre Vénitien au service de la cour de Russie. Avec l'ouverture des théâtres de Moscou et de Saint-Pétersbourg, Anna encourage aussi les compositeurs d'opéras à venir en Russie : l'opéra *Calandro* (1726) de Giovanni Ristori (1692-1753), créé par une troupe dirigée par le père de Ristori, Tomaso, est le premier opéra-comique italien donné en Russie (1731) ; en 1736, on assiste à la première représentation d'un *opera seria*, *La Forza dell'amore e dell'odio* (1734) de Francesco Araja, qu'Anna nomme maître de chapelle en 1735. Il restera à Saint-Pétersbourg jusqu'en 1759, développant le goût de la cour pour l'opéra italien et composant (en 1755) le premier opéra en langue russe, *Céphale et Procris*, sur un livret d'Alexandre Soumarokov (1718-77). La nomination d'Araja annonce l'arrivée d'une multitude de musiciens étrangers (surtout italiens) qui marquent la vie russe pendant près d'un siècle. Galuppi (qui séjourne en Russie de 1765 à 1768) est directeur du chœur de la chapelle de la cour et exerce ainsi une forte influence sur la musique sacrée russe : il prodigue son enseignement aux deux principaux compositeurs de musique religieuse du XVIIIe siècle, Maxime Berezovski (1745-77) et Dmitri Bortnianski. Sarti, qui travaille en Russie entre 1784 et 1802, compte parmi ses élèves le compositeur d'opéras Stepan Davidov (1777-1825) et deux autres compositeurs de musique religieuse, Stepan Degtiarov (1766-1813) – auteur du premier oratorio russe *Minine et Pojarski ou la Libération de Moscou* (1811) – et Artemy Vedel (1767-1806).

A partir de 1730, la Russie découvre tour à tour sa première musique instrumentale, sa première expérience de l'opéra étranger et son premier opéra dans la langue nationale. L'édition musicale progresse également avec un hymne de louanges composé à l'occasion du couronnement d'Anna en 1730, avant de devenir véritablement florissante à la fin du siècle lorsque des firmes comme Gerstenberg et Dittmar commencent à graver et à éditer sérieusement de la musique (1 260 plaques en 1808, pour une firme fondée en 1795). En même temps, l'instruction musicale s'organise sur un schéma plus formel que les méthodes vigoureuses des années 1720. Le programme de l'Académie des arts, créée en 1757 par l'impératrice Élisabeth (qui règne de 1741 à 1762), comporte de la musique : le violoniste Ivan Chandochkine (1747-1804) y enseigne et Evstigneï Fomine, le compositeur d'opéras russes le plus important de la fin du XVIIIe siècle, y fait ses études (mais lorsqu'il obtient son diplôme en 1782, il ne reçoit que cinquante roubles au lieu de la médaille d'or ou d'argent accordée aux étudiants d'autres disciplines artistiques, mieux considérés). La carrière de Fomine est particulièrement intéressante car, alors que les musiciens italiens affluent vers la Russie, quelques jeunes Russes sont envoyés en Italie pour y parfaire leur éducation : c'est le cas de Fomine (il étudie à Bologne), de Berezovski et de Bortnianski.

Sous le règne d'Élisabeth, l'opéra italien conserve sa popularité (notamment lorsque Locatelli séjourne en Russie, entre 1757 et 1762), mais, à l'avènement de Catherine II (1762-96), les goûts de la cour s'orientent vers l'opéra-comique français qui, avec son dialogue parlé caractéristique, influence peut-être le jeune opéra russe – généralement composé d'intrigues domestiques simples avec des numéros musicaux intercalés, souvent basés sur des airs traditionnels (voir *Opéra*, 14). En fait, c'est sous le règne de Catherine qu'apparaissent les premiers recueils de chants traditionnels russes : les quatre volumes du *Sobraniye russkikh prostykh pesen s notami* (« Recueil de chants russes simples mis en musique ») de Vassili Trutovski (vers 1740-1810) voient le jour entre 1776 et 1795 et le *Sobraniye narodnykh russkikh pesen s ikh golosami* (« Recueil de chants traditionnels russes avec parties vocales ») de Johann Pratsch (ou Ivan Prach, nom sous lequel il est connu en Russie, vers 1750-vers 1818) est publié en 1790, suivi d'éditions augmentées en 1806 et en 1815. Ces mélodies, coulées dans le moule harmonique de la musique occidentale qui déforme la nature modale de leur ligne mélodique, ont été utilisées par de nombreux compositeurs (russes et étrangers) pour servir de base à des cycles de variations instrumentales et même, plus important encore, aux premières symphonies de l'histoire de la musique russe que l'on connaisse : trois « sinfonies nationales à grand orchestre », composées par « Mr le baron de Wanczura » – le compositeur et pianiste bohémien Arnošt Vančura (vers 1750- ?1801), attaché aux théâtres impériaux à Saint-Pétersbourg et qui jouait en outre dans une formation de musique de chambre. Deux de ces symphonies – l'Ukrainienne et la Russe – paraissent dans des réductions pour clavier dans le *Journal de musique dédié aux dames* (1785-86) de Vančura, recueil (typique de cette époque) contenant des pièces et arrangements pour clavier, des airs d'opéras, des variations et quelques pièces de moindre intérêt. Les parties d'orchestre des trois symphonies (dont la Polonaise) sont éditées en 1798.

La musique d'orchestre n'a alors plus rien à voir avec celle des années stériles du début du siècle. Catherine II elle-même n'est pas musicienne, mais elle fait appel à un grand nombre de musiciens, à l'instigation des membres les plus influents de l'aristocratie. Vers 1790, la famille Cheremetev possède un orchestre de quarante-trois instrumentistes alors que la famille Vorontsov dispose d'un orchestre de trente-huit musiciens et de seize « apprentis musiciens » qui jouent la musique de Pleyel, Stamitz, Dalayrac, Haydn, etc. Catherine II, elle-même librettiste de talent, jette les bases des transformations que va connaître le théâtre lyrique : son règne voit la construction du Théâtre Petrovski (qui, après avoir brûlé deux fois, deviendra le Bolchoï) à Moscou en 1780 ; à Saint-Pétersbourg, elle fait également construire un Hermitage (1764-67) et le Théâtre de l'Hermitage (1783-87), attenant au Palais d'hiver, qui deviennent des centres importants d'activité culturelle. Ainsi, en un peu moins de cinquante ans, la Russie devient un modèle d'enthousiasme artistique et musical. Il incombera à la génération suivante d'élever la musique russe à un niveau international.

3. *L'essor de la musique russe.* La musique russe commence par affirmer son individualité dans le domaine lyrique. Quelle que soit la fascination éprouvée à l'écoute des innombrables polonaises instrumentales de Josef Kozlowski (1757-1831), qui ne manque jamais l'occasion d'en composer une pour les cérémonies officielles importantes (ou non), ou des gracieux quatuors à cordes d'Alabiev, leurs œuvres semblent bien pâles comparées aux activités éclatantes de l'opéra. Une fois encore, c'est un compositeur vénitien qui montre à la Russie la voie à suivre : Catterino Cavos (1776-1840) arrive sans doute en Russie vers 1798 et s'y établit rapidement une solide situation de chef d'orchestre lyrique et de compositeur. Il commence par adapter le singspiel de Kauer *Das Donauweibchem* (traduit en russe sous le titre de *Lesta ou la Russalka du Dniepr*, 1804) en y ajoutant plusieurs numéros, puis compose des opéras dans une veine délibérément russe, notamment l'opéra en quatre actes *Ilia Bogatyr* (« Le Preux Ilya », 1807) et l'opéra en deux actes *Ivan Soussanine* (composé en 1815, créé en 1822). Comme son ballet *La Garde nationale, ou Amour de la patrie* (1812), *Ivan Soussanine* s'inscrit dans le style patriotique qu'engendre la victoire de 1812 sur Napoléon et fait appel au même argument que l'opéra de Glinka *Une vie pour le tsar* (dont Cavos dirigera la création en 1836) ; néanmoins, dans l'ouvrage de Cavos, Soussanine ne donne pas sa « vie pour le tsar », mais est sauvé des Polonais par l'armée russe. Cavos contribue encore à l'édification de l'opéra russe par l'intermédiaire de son fils, Alberto (1801-63), architecte chargé de reconstruire le Bolchoï à Moscou après le second incendie de 1853, puis le Théâtre Mariinski (aujourd'hui Kirov) en 1860 et le Théâtre Mikhailovski (aujourd'hui Maly) à Saint-Pétersbourg en 1859.

Au XIXe siècle, la Russie continue à explorer activement le domaine de l'opéra et à innover avec des idées nouvelles qui se concrétisent dans la musique de Glinka, Verstovski, Dargomijski, Moussorgski, Rimski-Korsakov et bien d'autres compositeurs (voir *Opéra*, 14). Les concerts prospèrent également. En 1802, un groupe d'amateurs aisés fonde la Société philharmonique de Saint-Pétersbourg ; parmi ces fondateurs figure le père des deux frères Wielhorski, Michal (1788-1856) et Mateusz (1794-1866), qui feront jouer beaucoup de musique occidentale en Russie. A partir de 1826, leur maison de Saint-Pétersbourg devient un véritable centre culturel musical, encourageant des compositeurs comme Liszt, Schumann et Berlioz à venir en Russie ; en 1850, ils créent une Société de concerts pour coordonner leurs activités. La Russie commence aussi à donner naissance à des instrumentistes capables de la représenter brillamment à l'étranger : le violoniste Alexis Lvov (compositeur de l'hymne national russe) séjourne en 1840 à Leipzig, où Schumann fait son éloge et où il joue le *Concerto pour violon en mi mineur* de Mendelssohn au Gewandhaus sous la direction du compositeur.

Si l'opéra russe semble être le domaine de la musique qui évolue le plus rapidement à cette époque, les compositeurs commencent à explorer d'autres secteurs. Outre les œuvres instrumentales d'Alabiev, plusieurs symphonies et œuvres de musique de chambre de Michal Wielhorski (lui-même musicien accompli) voient le jour et des compositeurs comme Iosif Genishta (1795-1853), Alexandre Gurilyov (1803-58) et Ivan Laskovski (1799-1855) commencent à élargir le répertoire de la musique russe pour piano, en partie sous l'influence de Chopin et de John Field. Laskovski, en particulier, compose un certain nombre d'œuvres – notamment un *Nocturne en si bémol* et une *Ballade en fa dièse mineur* – qui annoncent les pièces pour piano de Tchaïkovski et de Balakirev. Cette musique, actuellement réservée aux anthologies historiques, mérite d'être exhumée, non seulement comme témoignage, mais également pour sa valeur artistique, son attrait et la vaste exploration des sonorités pianistiques auxquelles elle se prête. En outre, la première moitié du XIXe siècle voit l'épanouissement du chant russe – les *romans* – particulièrement dans les œuvres d'Alexandre Varlamov (1800-48), d'Andreï Esaulov (vers 1800-vers 1850) et de Nicolaï Alexeievitch Titov (1800-1875). Issu d'une famille de musiciens, Titov compose une soixantaine de mélodies qui lui valent le surnom de « père de la mélodie russe » ; ses œuvres, comme les mélodies d'autres compositeurs, sont publiées dans les albums musicaux qui prolifèrent à partir de 1820.

A côté de cette activité créatrice et de l'exécution d'une musique occidentale assez nouvelle surgissent les premiers écrits russes sérieux sur la musique. On distingue surtout deux noms : Alexandre Oulibichev (1794-1858), qui fait ses études musicales en Allemagne (son père était ambassadeur de Russie à Dresde) et écrit les premières études russes sur Mozart (Moscou, 1843) et Beethoven (Leipzig et Paris, 1857) tout en se faisant le champion de Balakirev ; et le prince Vladimir Odoïevski (1804-1869), sous-directeur pendant quelque temps de la Bibliothèque impériale, surtout connu pour ses histoires et ses études philosophiques éditées sous le titre *Nuits russes* (1844) ; comme critique musical, il exerce une action profonde en faveur des œuvres de Haydn, de Mozart, de Weber, de Berlioz et de Wagner. C'est Odoïevski qui pousse Glinka à écrire *Un vie pour le tsar*, qu'il qualifie de « nouvel élément artistique » ouvrant « l'ère de la musique russe ».

4. *Les années de consolidation.* Au milieu du XIXe siècle, l'ère de la musique russe est réellement ouverte : la seconde moitié du siècle voit naître les œuvres que nous connaissons le mieux aujourd'hui – celles de Tchaïkovski, Balakirev, Borodine, Moussorgski, Rimski-Korsakov, etc. La vie musicale russe s'organise alors de façon plus systématique ; la musique commence à jouer un rôle important et, en conséquence, les compositeurs peuvent vivre, plus ou moins bien, des revenus de leurs œuvres (ou du mécénat de gros industriels et d'imprésarios). La musique n'est plus un domaine réservé à l'aristocrate amateur, quoique les compositeurs du *groupe des Cinq constituent des exemples intéressants de musiciens éminents qui ont su concilier leur activité musicale et des métiers totalement différents.

Les deux facteurs qui œuvrent le plus en faveur d'un professionnalisme de la musique russe sont sans aucun doute la fondation de la Société de musique russe en 1859 et la création du Conservatoire de Saint-Pétersbourg en 1862 ; tous deux sont créés à l'instigation d'Anton Rubinstein, dont le frère Nikolaï dirige le Conservatoire de Moscou, ville alors assez provinciale lorsque cette institution est inaugurée en 1866. En fait, les conservatoires sont issus de la Société de musique russe, dont l'un des objectifs consiste à donner des cours de musique non seulement à Saint-Pétersbourg et à Moscou (où ils débouchent finalement sur la fondation de conservatoires), mais également dans des villes reculées de l'empire. La Société de musique russe a également pour but de donner des concerts. Cette dualité d'objectifs caractérise aussi l'École libre de musique que créent Balakirev et le chef de chœur Gavriil Lomakine (1812-85) à Saint-Pétersbourg en 1862 et qui offre une instruction musicale et des concerts publics aux programmes très variés.

Il serait simpliste et erroné de considérer ces deux institutions de Saint-Pétersbourg – le Conservatoire et l'École libre de musique – comme deux factions violemment opposées, l'une académique et réactionnaire, l'autre progressiste. Il est vrai qu'elles s'opposent souvent avec vigueur. Les compositeurs nationalistes rassemblés autour de Balakirev et du critique Vladimir Stassov – le « prophète » du groupe des Cinq (voir *Groupe des Cinq*) – ont reçu une instruction musicale qui se limite à ce qu'ils ont pu glaner lors de discussions et de critiques mutuelles de leurs propres œuvres. En outre, ils sont voués à un idéal qui consiste à produire une musique spécifiquement « russe ». Au Conservatoire, les premiers membres du corps enseignant viennent dans l'ensemble de l'étranger ; les méthodes d'enseignement sont empruntées aux conservatoires allemands ; et il ne fait aucun doute que Balakirev et son cercle nourrissent un certain ressentiment à l'égard des origines allemandes d'Anton Rubinstein et également envers ses succès. Ils échangent des propos féroces dans la presse et la correspondance entre les membres de la *kuchka* (« Les Cinq ») est criblée de commentaires amers sur Rubinstein. Néanmoins, au point de vue musical, il existe des liens entre les deux institutions. Bien que généralement tourné vers les modèles allemands, Rubinstein compose une symphonie (nº 5) à caractère nationaliste assez pittoresque et un opéra folklorique, *Le Marchand Kalachnikov* (après avoir dénigré l'opéra nationaliste lors de l'échec de deux tentatives antérieures). Réciproquement, Rimski-Korsakov travaille selon des modèles symphoniques allemands lorsqu'il compose ses *Symphonies nº 1* et *nº 3*.

D'autre part, il serait inexact d'affirmer qu'il n'y a pas eu de lien créatif entre l'école de Moscou (Nikolaï Rubinstein, Tchaïkovski, Taneiev, Arenski) et celle de Saint-Pétersbourg (Balakirev, Rimski-Korsakov, Borodine). En fait, pour ne choisir que deux exemples, Nikolaï Rubinstein défend la musique de Balakirev, dont il crée *Islamey*, et c'est Stassov, doyen du groupe de Saint-Pétersbourg, qui donne à Tchaïkovski l'idée (et un synopsis) de sa fantaisie symphonique *La Tempête*. On peut d'ailleurs considérer à juste titre que la musique de Tchaïkovski est aussi « russe » que celle de tout autre compositeur. Au lieu de rechercher des groupes bien définis dans la musique russe du XIXe siècle, il serait plus intéressant de s'attarder à l'évolution des styles individuels de composition. Alors que, pour les œuvres antérieures, on avait beaucoup de peine à reconnaître une ouverture d'Alabiev, une mélodie de Titov ou une pièce pour piano de Genishta, nous pouvons identifier avec certitude une œuvre de Tchaïkovski, de Rimski-Korsakov, de Borodine, de Moussorgski ou de tout autre compositeur russe de premier plan. Ce n'est pas uniquement parce que leur musique nous est plus familière, mais aussi parce que la musique russe s'est largement débarrassée des influences étrangères généralisées qui lui ont d'abord permis de prendre son envol ; les compositeurs possèdent alors la confiance, le savoir, l'étincelle essentielle d'individualité indispensable à l'affirmation de leur propre personnalité musicale. Les luttes entre factions se déroulent peut-être surtout sous la plume polémique des critiques. Cui plaide assidûment la cause de ses collègues de Saint-Pétersbourg, les critiques moscovites (notamment Laroche) soutiennent Tchaïkovski et attaquent le groupe de Saint-Pétersbourg. Ménageant la chèvre et le chou, Alexandre Serov contrarie tout le monde.

Le développement et le renforcement de l'instruction musicale (dans le domaine de l'exécution comme dans celui de la composition), ainsi que l'expansion de l'édition musicale, avec des firmes comme Jürgenson, Belaiev, Gutheil, Bessel, les Éditions russes de musique (Koussevitzky) permettent à la musique russe de poursuivre son essor ; les conservatoires forment de nombreux compositeurs qui resteront au répertoire : Rachmaninov, Scriabine (sans parler de personnalités moins en vue du XIXe siècle comme Liadov et Liapounov), Prokofiev, Miaskovski et Chostakovitch. Mais avec ces trois derniers noms, nous arrivons au seuil d'une nouvelle ère de musique russe qui s'ouvre avec la révolution d'octobre 1917.

5. *L'ère soviétique.* Des mouvements révolutionnaires agitent la Russie depuis plusieurs années et ont déjà affecté la vie musicale, dans une certaine mesure, lorsque Rimski-Korsakov démissionne du Conservatoire de Saint-Pétersbourg en communion avec les étudiants qui soutenaient la révolte de 1905. En 1917, la révolution d'octobre dépose la dynastie des Romanov qui régnait depuis trois cents ans et le communisme s'impose.

Cette révolution a plusieurs conséquences immédiates pour la vie musicale du pays. Tout d'abord, un certain nombre de compositeurs émigrent : Rachmaninov part en 1917, Prokofiev en 1918 (mais il reviendra plus tard) ; Stravinski, déjà à l'étranger à cette époque, décide de rester en Occident et, au cours des années suivantes, des personnalités telles que Liapounov, Glazounov et les Tcherepnine quittent le pays. D'importants changements s'opèrent également au sein même de la Russie. Différentes institutions privées ou sous protection impériale – maisons d'édition, conservatoires, opéras – sont nationalisées et, comme le régime communiste accorde une place importante à l'opéra, de nouveaux « opéras studios » se créent. Constantin Stanislavski (1863-1938) fonde un studio au Bolchoï en 1918 ; Vladimir Nemirovitch-Danchenko (1858-1943) en ouvre un autre au Théâtre des Arts de Moscou en 1919 et, en 1941, ces deux institutions fusionnent pour former le Théâtre Musical

Stanislavski/Nemirovitch-Danchenko, où sont créés de nombreux opéras importants, notamment la version révisée de *Lady Macbeth du district de Mtsensk* (sous le titre de *Katerina Ismaïlova*) de Chostakovitch, en 1962. Le domaine symphonique connaît également des innovations : en 1922, l'Orchestre symphonique collectif Persimfans (sigle du « Premier ensemble symphonique du Soviet moscovite ») se forme à Moscou et joue jusqu'en 1932 sans chef d'orchestre.

Le nouveau climat politique entraîne une réforme analogue des perspectives artistiques russes, mais Lénine se rend compte qu'il ne peut modifier radicalement la façon de penser des compositeurs. Dans un discours soulignant sa nouvelle politique économique, le 17 octobre 1921, il déclare :

> « ...un problème culturel ne peut se résoudre aussi rapidement que des problèmes politiques ou militaires... Lors d'une crise aiguë, il est possible de remporter une victoire politique en quelques semaines. En temps de guerre, on peut remporter la victoire en quelques mois, mais il est impossible de remporter une victoire culturelle dans un délai aussi court. Dans ce domaine, nous devons envisager une période plus longue, planifier notre travail et faire preuve d'obstination, de persévérance et de systématisme. »

En d'autres termes, on donne aux compositeurs le temps de voler de leurs propres ailes et on les pousse à explorer des modes d'expression compatibles avec l'attitude révolutionnaire prédominante. On ne peut s'attendre à ce que les compositeurs de l'ancienne génération changent radicalement de manière. Il est inconcevable que Glazounov puisse arracher ses racines romantiques et écrire un « Hymne à Lénine » ou qu'un décadent du XIXe siècle comme Liapounov puisse composer une symphonie à programme sur les problèmes de l'industrie métallurgique. Toutefois, ce sont deux domaines que la nouvelle génération de compositeurs russes – Kabalevski, Chaporine, Chebaline, Miaskovski, Chostakovitch et d'autres personnalités de moindre envergure – commence à explorer.

Deux principaux courants de pensée s'appliquent à rechercher le meilleur moyen d'expression musicale de la révolution. D'une part, le groupe socialiste intransigeant connu sous le nom d'Association russe des musiciens prolétaires (ARMP), fondée en 1923, soutient que la musique soviétique, pour s'adresser aux masses populaires, doit s'exprimer dans un langage direct avec une harmonie traditionnelle, une mélodie lyrique, une structure claire et un rythme entraînant. Dans l'atmosphère engendrée par cet organisme se réalise l'une des expériences les plus extraordinaires des années qui suivent immédiatement la révolution : des opéras très connus sont rebaptisés (et reçoivent de nouveaux livrets). Ainsi *La Tosca* (dont l'action est transposée à Paris en 1871) devient *La Bataille pour la Commune*, *Les Huguenots* deviennent *Les Décembristes* (après le mouvement révolutionnaire du début du XIXe siècle) et *Une vie pour le tsar* de Glinka est remaniée sous le titre *Le Marteau et la Faucille*. Toutefois, ces ingérances grossières dans le répertoire classique ne trouvent heureusement pas beaucoup d'oreilles sympathisantes et le commissaire à l'éducation et aux arts, Anatoli Lunacharski, affirme en plaisantant que *La Tosca* s'est transformée en *toská*, mot qui signifie « ennui » en russe.

D'autre part, l'Association de musique contemporaine (AMC), plus progressiste et libérale, est également fondée en 1923. Sous les auspices de l'AMC, l'Union soviétique entend, discute et commente dans la presse musicale de nouvelles œuvres de Schoenberg, Berg, Webern et Stravinski. Le principal porte-parole de l'AMC, le compositeur et critique Boris Assafiev (1884-1949), convaincu de la valeur positive des objectifs de l'AMC, écrit en 1927 :

> « La connaissance des meilleurs exemples de musique contemporaine occidentale favorisera le développement de la musique soviétique, la libérera de l'amateurisme et du mercantilisme révolutionnaire et aboutira à l'invention de nouvelles formes et de nouveaux moyens d'expression musicale artistique ; en montrant aux masses l'art musical de l'Occident, nous fournirons des critères pour évaluer les œuvres de créativité musicale soviétique. »

Assafiev veut que les compositeurs soviétiques élargissent leurs horizons artistiques pour se libérer du conservatisme ennuyeux qui a tant assujetti la jeune musique soviétique. Suivant le même courant de pensée, des compositeurs comme Nikolaï Roslavets explorent le sérialisme dodécaphonique ; Chostakovitch travaille sur des structures très complexes et des dissonances extrêmes dans son opéra *Le Nez* (1930) et fait appel à la polytonalité et à la polyrythmie dans sa *Symphonie nº 2* « dédiée à Octobre » (1927). En outre, en faisant de cette symphonie un tableau musical de la révolution, Chostakovitch répond à une autre idée prédominante à cette époque : la musique symphonique doit refléter certains aspects de la vie contemporaine – elle doit avoir une signification. Cette notion fait également surgir des œuvres comme la *Symphonie agricole* (1923) d'Alexandre Kastalski (1856-1926) et le fragment symphonique *Zavod* (« Fonderie d'acier », 1926) d'Alexandre Mossolov.

Au cours des années vingt, la musique soviétique connaît une relative liberté : les compositeurs brûlent d'enthousiasme à l'idée de créer quelque chose de véritablement nouveau qui rompe avec l'ancienne tradition impériale. Par contre, les années trente sont des années de restriction. Au début de cette période, malgré leur totale inutilité, l'AMC et l'ARMP subsistent, mais les discussions entre les deux groupes sont tellement âpres que leur travail devient inefficace. En 1932, les deux branches se réunissent, car, le 23 avril, le parti communiste adopte une résolution qui place toute activité musicale sous le contrôle de l'Union des compositeurs, affiliée au parti ; au cours des dix années suivantes, des unions identiques se créent dans les autres républiques de l'Union soviétique. Le concept de réalisme socialiste est formulé, ce qui constitue une étape essentielle. Le lecteur se reportera à l'article sur le réalisme socialiste qui en approfondit le sens et les implications. Contentons-nous ici de le résumer selon les termes d'Isaiah Berlin : « Il ne doit plus exister la moindre controverse ni le moindre doute dans l'esprit des hommes. Il s'ensuit une orthodoxie soigneusement contrôlée par l'État, au plus bas niveau. »

Le réalisme socialiste reste à ce jour le principe directeur des compositeurs soviétiques et, malgré l'imprécision de sa définition, deux incidents célèbres ont permis de mesurer l'énergie de sa « valeur réelle » : en 1936, l'éditorial de *La Pravda* « Sumbur vmesto muzyki » (« Chaos au lieu de musique ») montre catégoriquement que *Lady Macbeth du district de Mtsensk* de Chostakovitch, salué à l'origine comme une « œuvre de génie » (Samuel Samossoud) et comme « le résultat de la réussite générale de l'édification du socialisme » (Alexandre Ostretsov), n'entre plus dans la tradition du réalisme socialiste : cela donne au moins aux compositeurs socialistes une idée du genre de musique qu'ils ne doivent pas écrire. Puis, en 1948, peu de temps après le trentième anniversaire de la révolution, le conseiller artistique de Staline, Andreï Jdanov, reproche aux compositeurs soviétiques de s'écarter de la voie du réalisme socialiste et de se tourner vers le formalisme (voir l'article consacré au formalisme et les biographies de Muradeli, Khrennikov et Chostakovitch).

Après la mort de Staline, en 1953, le climat artistique se détend. En novembre 1953, *La Pravda* défend le droit des compositeurs « à l'indépendance, au courage et à l'expérimentation », droit que de nombreux jeunes compositeurs exercent parfois audacieusement : l'amateur de concerts de ces dernières années a pu entendre, parmi les œuvres courantes du répertoire, des pièces comme le *Concerto-buffo* (1965) de Sergueï Slonimski (1932), faisant appel au dodécaphonisme et comportant une section aléatoire ; il a aussi goûté à l'atonalisme dans les dernières œuvres de Rodion Chtchédrine (1932) et au pointillisme d'Andreï Volkonski (1933), ainsi qu'à d'autres musiques d'avant-garde. Les œuvres sont jouées et éditées. En effet, l'édition musicale russe s'est développée dans le cadre des Éditions d'État, même si une politique éditoriale très prudente ne met à la disposition des musiciens occidentaux qu'une quantité d'exemplaires extrêmement limitée. Néanmoins, en plus des éditions séparées et des partitions de poche, cette maison d'édition a publié de bonnes éditions intégrales (pas toujours complètes) de la musique de Rimski-Korsakov, Moussorgski, Tchaïkovski, etc. ; une édition des œuvres complètes de Chostakovitch, l'une des meilleures publications de musique soviétique de ces dernières années, est en cours de réalisation. L'édition de livres sur la musique fonctionne également à une vaste échelle ; la publication des lettres de compositeurs tels que Tchaïkovski, Moussorgski, Rimski-Korsakov, Rachmaninov et Medtner (généralement bon marché et de bonne qualité) est particulièrement précieuse pour celui qui étudie la musique russe, à condition de savoir que l'État embrouille parfois volontairement les faits afin de prévenir une compréhension pleine et entière du sujet : l'édition « complète » des lettres de Tchaïkovski, par exemple, remplace toutes les références à son homosexualité (que l'Union soviétique se refuse à reconnaître) par ce moyen idéal de cacher ce qui est indésirable : « [...] ».

L'observateur occidental a du mal à comprendre l'ingérence de l'État en matière artistique – particulièrement dans le domaine de la composition ; la notion d'une doctrine du réalisme socialiste prescrite par voie officielle est contraire à notre mode de pensée. Malgré les échanges culturels, le pays demeure isolé sur le plan musical (moins cependant qu'au début du XVIIIe siècle) et l'Union soviétique exporte relativement peu de musique vers l'Occident : nous connaissons bien la musique de Chostakovitch, Khatchaturian, Prokofiev et peut-être Kabalevski ; mais il nous reste à découvrir une quantité énorme de musique de la république russe – sans parler de celles des écoles de Géorgie, Arménie, Ukraine, Azerbaïdjan et d'autres républiques de l'Union soviétique – largement inexplorée par les musiciens occidentaux. En revanche, dans le domaine de l'interprétation, l'Union soviétique a profondément marqué la vie musicale internationale. Les conservatoires créés par les frères Rubinstein à Moscou et à Saint-Pétersbourg (aujourd'hui Léningrad) continuent à prospérer et ont produit des artistes de l'envergure de Guilels, Richter, Ashkenazy, Alexeiev, Kogan, Oïstrakh, Rostropovitch, Obraztsova ou Nesterenko. Dans ce domaine, la situation s'est renversée. Pierre le Grand a peut-être fait venir des musiciens allemands, mais nous en récoltons maintenant les bénéfices.

Geoffrey Norris.

BIBLIOGRAPHIE : Jacques Di Vanni, *1953-1983, Trente Ans de musique soviétique*, Actes Sud (Arles, 1987). Mikhaïl Glinka, *Glinka et la musique russe*, Ed. Radouga (Moscou, 1986). Michel Hofmann, *La Musique en Russie des origines à nos jours*, JMF (Paris, 1956) / *Histoire de la musique russe*, Buchet-Chastel (Paris, 1968). R. Aloys Mooser, *Annales de la musique et des musiciens en Russie au XVIIIe siècle* (Genève, 1948-51). A. Pougin, *Essai historique sur la musique en Russie* (Paris, 1903). Pierre Souvtchinski, *La Musique russe* (Paris, 1953).

Russlan et Ludmilla. Opéra en cinq actes de Glinka sur un livret de V. F. Chirkov et V. A. Bakhtourine d'après un poème de Pouchkine (1820). Créé à Saint-Pétersbourg le 9 décembre 1842. Première française au Théâtre des Champs-Élysées le 24 mai 1930.

Russo, russa (ital.). « Russe » ; *alla russa*, « dans le style russe ».

Russo, William (Chicago, 25 juin 1928). Compositeur américain. Il fait des études d'anglais à Roosevelt University, à Chicago (1951-55), et suit en privé les cours de composition de John J. Becker (1953-55) et de Karel Jirák (1955-57). Depuis 1947, il fait partie de différents orchestres (dont le London Jazz Orchestra, 1962-65) comme tromboniste, chef d'orchestre et compositeur. Il a composé de nombreuses œuvres pour orchestre de jazz, des cantates rock, plusieurs opéras et deux symphonies. Il est également l'auteur de différents livres : *Composing for the Jazz Orchestra* (Chicago, 1961) et *Jazz : Composition and Orchestration* (Chicago, 1968).

Paul Griffiths.

Rute [Ruthe] (all.). Badine (sorte de petit balai en ramilles) ou canne fine, qui remplaçait autrefois (et parfois encore de nos jours) la baguette de tambour pour jouer de la grosse caisse. Voir *Tambour, 4d*.

Ruy Blas. Ouverture op.95 de Mendelssohn, composée en 1839. Elle a été écrite pour une représentation en allemand de la pièce de Victor Hugo (1838).

RV. Voir *Ryom*.

Ryba [Poisson, Peace, Ryballandini, Rybaville], **Jakub Jan** (Přeštice, près de Klatovy, 26 octobre 1765 ; Rožmitál pod Třemšinem, 8 avril 1815). Compositeur, professeur, chef de chœur et écrivain tchèque. Ryba étudie la musique avec son père puis travaille l'orgue, le violoncelle et la théorie à Prague. Il écourte ses études pour aider son père, souffrant, dans ses fonctions d'enseignant et, en 1788, devient professeur assistant et chef de chœur à Rožmitál. Ouvert aux idées libérales, Ryba tente d'élargir les programmes scolaires et de susciter une attitude plus éclairée chez les habitants de la ville. La résistance qu'il rencontre et l'atmosphère étouffante d'une petite ville de province sont frustrantes et le conduisent au suicide. Son ouvrage le plus important est un traité sur *Les Principes premiers et généraux de tout l'art de la musique* (publié en 1917), dans lequel il tente de déterminer un système de termes musicaux tchèques. Sa vaste production, dont une grande partie a été écrite sous des pseudonymes fantaisistes, comprend des symphonies, des concertos, de la musique de chambre et de la musique vocale, mais les œuvres qui nous sont parvenues sont essentiellement des œuvres de musique sacrée. Son style progresse peu par rapport à celui de ses contemporains tchèques Kozeluch et Vanhal et reste imprégné de l'influence de Haydn et de Mozart, mais il compte parmi les premiers compositeurs à avoir écrit des mélodies sur des textes tchèques et non allemands. Dans sa *Messe de Noël tchèque*, compilation de textes de style traditionnel coïncidant avec les mouvements de l'ordinaire de la messe catholique, Ryba fait un usage efficace du chant traditionnel tchèque (pastorales de Noël), sans toutefois pouvoir éviter les clichés. L'énergie et la simplicité de cette œuvre en font néanmoins l'une des partitions tchèques de cette période les plus souvent jouées.

Jan Smaczny.

Ryom. Abréviation désignant le catalogue thématique des œuvres de Vivaldi établi par Peter Ryom (Leipzig, 1974, supplément Poitiers, 1979). On se réfère de plus en plus aux œuvres de Vivaldi par leur numéro Ryom (souvent abrégé RV pour Ryom *Verzeichnis*, « catalogue Ryom »).

Rythme

1. Introduction
2. Les composantes du rythme
3. Histoire
4. Le rythme aujourd'hui

1. *Introduction.* En matière musicale, le rythme concerne tout ce qui a trait au temps et au mouvement, notamment l'organisation des événements musicaux dans le temps, quelle que soit la flexibilité du mètre et du tempo, l'irrégularité de l'accentuation ou la liberté des valeurs. On s'est souvent demandé si l'élément le plus fondamental de la musique était le rythme ou la hauteur du son. Il est plus facile de parler de rythme sans mentionner la musique ou de « temps » sans faire la moindre allusion artistique que de parler de hauteur de son dans un contexte extra-musical. En fait, les connotations du rythme sont extrêmement complexes. Lorsque quelqu'un se réfère au caractère fortement rythmique d'une marche ou d'un morceau de musique « pop », il a présent à l'esprit la récurrence d'une accentuation marquée et régulière, la distinction entre des accents relativement forts et relativement faibles, et l'omniprésence d'une pulsation constante ou tempo. C'est la tendance générale de la musique cadencée, avec un caractère rythmique aussi prévisible que possible et rarement varié.

2. *Les composantes du rythme.* Le caractère rythmique de la musique des périodes baroque, classique et romantique est souvent très différent de celui de la musique ancienne et de la musique récente. Évidemment, l'accentuation régulière et la structure des phrases ne sont pas nées soudainement sous la plume de Bach et de Haendel pour disparaître avec Schoenberg et Stravinski, mais on ne peut pas toujours utiliser les caractéristiques rythmiques dominantes de la musique entre Bach et Schoenberg pour décrire les qualités de la musique d'autres périodes ou d'autres cultures. L'Ex. 1 reproduit une courte pièce pour piano de Schumann, extraite du *Carnaval* (1835), qui possède cette régularité et cette égalité qui caractérisent le rythme musical entre Bach et Schoenberg. Il s'agit d'un composé de divers éléments indépendants : (*a*) un mètre, indiqué par le chiffrage de la mesure, qui reste inchangé d'un bout à l'autre et qui implique que l'accent le plus fort tombera normalement sur le premier temps de la mesure ; (*b*) une pulsation ou tempo qui se rapporte au chiffrage de la mesure – le tempo peut être indiqué par un signe métronomique, une expression conventionnelle ou, comme ici, par les deux ; (*c*) les durées utilisées pour les diverses notes (noires, croches, etc.) qui s'unissent pour produire un « profil » rythmique ; (*d*) les phrases qui résultent de l'arrangement du matériel musical en groupes de temps et de mesures – les mesures ayant tendance, comme ici, à être groupées par multiples de deux et de quatre. Ces éléments de régularité et

Ex. 1

Ex. 2

d'égalité – parfois dits « isométriques » – sont naturellement modifiés de temps à autre par l'emploi de la syncope, des accents croisés ou de ces valeurs « irrationnelles » qui l'emportent temporairement sur les unités indiquées dans le chiffrage de la mesure, ainsi que par des variations de tempo – *rubato, accelerando* ou *ritardando*. Toutefois, ces modifications ne produisent précisément leur effet que parce que la musique comporte à la base égalité et régularité.

L'Ex. 2 reproduit huit mesures d'une pièce pour piano de Stockhausen, composée au début des années cinquante. L'œuvre complète comporte seize mesures, mais elle se subdivise moins facilement que celle de Schumann en unités d'égale longueur. La musique conserve une pulsation régulière de croches, mais le chiffrage de la mesure change souvent et, bien que le premier temps de la mesure soit souvent marqué d'une dynamique relativement forte, le profil rythmique de la musique réduit nettement la signification structurelle de tels accents à des éléments récurrents. Aucun tempo n'est indiqué, mais une note placée avant le début des quatre pièces stipule que la vitesse est déterminée en jouant la plus courte valeur le plus vite possible. Bien qu'aucun écart de cette pulsation de base ne soit mentionné – aucun *accelerando* ou *ritardando* –, le fait d'éviter les schémas rythmiques répétés empêche l'émergence de toute structure de phrase comparable à celles de Schumann.

La nature extrêmement fragmentée du morceau de Stockhausen lui donne un style rythmique très spécifique, mais son irrégularité et sa diversité le relient en principe à une grande part de la musique ancienne dans laquelle le besoin d'accents réguliers à toutes les parties, la structure de phrase et le rythme harmonique basés sur une norme à quatre mesures et des chiffrages de mesures constants étaient encore inexistants. Ce qui relie les deux exemples, et également beaucoup de musique plus ancienne, c'est la présence d'une pulsation constante ; et si la façon dont cette pulsation s'est créée progressivement fait encore l'objet de controverses – et de recherches –, il est clair qu'elle n'aurait pu se développer d'une manière si concluante sans une évolution parallèle de la notation musicale. La musique qui, à l'origine, était notée sans prévoir de durées précises ni de pulsation constante (par exemple, les premiers hymnes chrétiens et les chansons de troubadours) n'était pourtant pas nécessairement exécutée sans une telle pulsation et il faut souligner que, lorsque des compositeurs modernes emploient une notation dans laquelle les rythmes et les durées sont laissés à l'appréciation de l'interprète, ils ressentent souvent le besoin d'écrire en toutes lettres qu'ils souhaitent que l'interprète évite une pulsation consistante.

3. *Histoire*. C'est en s'émancipant de la parole et de l'exécution soliste que la musique a élaboré ses qualités les plus caractéristiques et les plus complexes. Dans l'Antiquité, comme par exemple chez le philosophe Aristoxène (vers 350 av. J.-C.), on pouvait discuter en des termes identiques du rythme musical et du rythme de la parole, la seule différence entre la musique et la poésie étant que la musique employait des hauteurs de son et des intervalles spécifiques. Plus de mille ans allaient s'écouler avant de voir s'élaborer une forme de notation musicale précisant des valeurs de temps. Mais lorsque la musique est passée de la monophonie à la polyphonie et qu'il est devenu possible de créer des œuvres d'une certaine dimension faisant intervenir de nombreux interprètes, on a vu naître une notation visant à un haut degré de précision en ce qui concerne la durée et la hauteur du son ; cette notation servait à coordonner et à synchroniser la réalisation des intentions du compositeur telles qu'il les exprimait sur le papier. Toutefois, les neumes ne pouvaient certainement pas offrir une telle précision, et bien qu'au XIIe siècle on ait utilisé un système de six modes rythmiques dont les schémas fondamentaux de durées « longues » et « brèves » trouvent leurs racines dans les « pieds » de la poétique grecque, c'est un théoricien du XIIIe siècle qui a très clairement codifié le changement fondamental en créant une forme de notation authentiquement mensuraliste. Franco de Cologne, dans *Ars cantus mensurabilis* (vers 1260), a établi le principe essentiel selon lequel la durée d'une note doit être indiquée par sa forme réelle, et les quatre valeurs qu'il a définies – maxime(▀▀|), longue(▀|), brève (■) et semi-brève (♦) – constituent la base de tous les développements ultérieurs fondamentaux de la notation rythmique et donc

de l'organisation rythmique. Autre théoricien important, Philippe de Vitry a été le premier à établir une distinction entre mètres double et triple dans son traité *Ars nova* (vers 1323). Toutefois, si la musique du XIVe siècle se rapproche encore davantage des pratiques rythmiques modernes, il a fallu attendre le XVIIe siècle pour voir enfin disparaître la plupart des complications et confusions issues de la théorie et des procédés rythmiques anciens.

Il est particulièrement important de ne pas confondre les fonctions anciennes et modernes. On peut, par exemple, trouver des chiffrages de mesure dans des œuvres composées entre le XIIIe et le XVIe siècle, mais leur exécution n'implique pas le genre d'accents métriques réguliers et récurrents qui sont courants dans la musique plus récente. C'est l'introduction des barres de mesures, initialement dans la musique pour luth et pour clavier du XVIe siècle, puis d'une façon générale au XVIIe siècle, qui a été finalement l'étape la plus importante, car elles ont donné naissance aux schémas métriques modernes.

De tels développements confirment bien le fait que la musique et la poésie ont évolué différemment. L'« exécution » verbale, en scène ou dans la vie quotidienne, est restée une activité essentiellement monophonique et non polyphonique. En outre, même dans le cas de la parole collective, comme lorsque des fidèles récitent le Credo ou le Notre Père, on recherche un haut degré d'unisson rythmique – ou « homorythme ». On arrive à une grande régularité rythmique dans le cas d'un texte récité collectivement semaine après semaine, année après année, à l'église, mais on n'a jamais ressenti le besoin de noter ce matériel sur le plan rythmique et métrique – en précisant des durées pour chaque syllabe du texte – pour la simple raison que personne n'a cherché à ajouter au premier texte un autre texte en contrepoint. Par contre, la musique polyphonique qui a vu le jour à la fin du Moyen Age n'aurait eu aucun sens si l'on avait traité avec trop de souplesse la façon dont les différentes voix s'adaptaient les unes aux autres. Les relations entre les hauteurs de son ne pouvaient fonctionner que si elles étaient notées rythmiquement en se référant à la même unité de valeur.

Au début du XVIIe siècle, la musique devient plus concertée, les styles instrumentaux prennent forme et l'influence de la danse augmente : autant d'éléments qui donnent davantage d'importance à la barre de mesure ; les principes techniques d'unité et de cohérence commencent à gouverner les éléments rythmiques. On relève un besoin accru de régularité appliqué tout autant à l'accentuation et à la récurrence des unités métriques (mesures et groupes de mesures) qu'à la répétition des schémas et des phrases rythmiques en liaison avec l'organisation mélodique et harmonique de la composition. L'apogée de ce processus se traduit par l'émergence du chef d'orchestre, dont le rôle ne se limite pas à indiquer un *tactus* non accentué à un petit chœur, comme aux XVe et XVIe siècles, mais s'étend au contrôle de l'accentuation, du phrasé et de la pulsation.

Au XVIIIe siècle, dans leurs discussions sur le rythme, les théoriciens se sont attachés plus directement à ces nouveaux éléments de construction formelle : par exemple, Joseph Riepel, dans un traité publié en 1754, a divisé les lignes mélodiques en segments selon les principes d'organisation des hauteurs – étape importante dans l'élaboration de techniques analytiques tentant de fusionner les interprétations hiérarchiques de la fonction tonale de la hauteur et du rythme. Au XIXe siècle, les caractéristiques rythmiques classiques ont commencé à se briser, surtout dans la forme révolutionnaire du drame musical conçu par Wagner. Les deux principaux théoriciens de l'époque, Moritz Hauptmann (1792-1868) et Hugo Riemann (1849-1919), ont eu tous deux une approche sélective plutôt que globale, et aucun des deux ne s'est intéressé en premier lieu aux développements musicaux les plus récents. Hauptmann était en fait surtout un théoricien : il n'a cité aucun exemple musical dans son étude importante sur le mètre, publiée en 1864. L'argument de Riemann, selon lequel les structures musicales ont une longueur idéale basée sur des multiples de quatre, est étayé par la musique classique, qui constituait sa source principale ; mais en excluant les aspects harmoniques et tonaux, il a imposé à son analyse une limite que de nombreux théoriciens du XXe siècle ont cherché à dépasser.

Naturellement, le rôle du rythme et du mètre dans la musique classique et romantique va bien au-delà de la simple préservation mécanique d'une pulsation inflexible, car il y a toujours un accent sur le début de chaque mesure, ou toutes les deux, quatre ou huit mesures. Au XXe siècle, un certain genre de musique concertée a permis de définir un équilibre en tempérant la coordination des parties en des points fixes par l'absence volontaire de synchronisation exacte de ces points. Dans plusieurs œuvres de Boulez et de Lutosławski, par exemple, le chef d'orchestre cesse de battre la mesure et de façonner des phrases pour devenir le contrôleur de procédés structurels et formels à grande échelle. En fait, on peut penser que le XXe siècle revit toute l'histoire du rythme musical dans la mesure où l'on peut trouver des notations qui évitent de préciser les durées (et rejettent donc la nécessité d'une pulsation constante), mais, à l'inverse, certains compositeurs – Messiaen, Babbitt, Maxwell Davies, etc. – emploient des modes rythmiques ou séries qui étendent le contrôle de schémas de durées prédéterminés à des structures entières.

4. *Le rythme aujourd'hui.* Alors que les compositeurs modernes ont exploré divers degrés de liberté ou de rigueur rythmique, les théoriciens du XXe siècle ont bien progressé vers l'intégration de l'analyse rythmique à celle de la hauteur du son musical. Ils ont en particulier exploré la possibilité d'une vision globale de la structure tonale dans laquelle les facteurs de rythme et de durée ont une participation plus importante que dans les analyses tonales et harmoniques de Heinrich Schenker (voir *Analyse,* 3).

De nombreux analystes, même ceux qui sont favorables aux théories de Schenker sur l'organisation tonale, pensent qu'il n'a pas suffisamment exploré l'idée selon laquelle le rythme, comme la hauteur du son, fonctionne sur des niveaux distincts mais avec une action réciproque dans la musique tonale. David Epstein, par exemple, tout en remarquant que « notre perception de la musique semble fortement influencée, sinon dominée, par la hauteur du son et la structure de cette hauteur... et moins orientée vers les structures purement rythmiques », cherche à progresser autour de l'idée selon laquelle « dans le domaine musical, le temps est essentiel » et la durée est « l'élément le plus fondamental et indispensable de la musique ». Comme Riemann, G. Cooper et L. B. Meyer (*The Rhythmic Structure of Music,* 1960) et bien d'autres, Epstein tente de faire une analyse fondée sur la perception et l'indication de différents accents (*Beyond Orpheus,* 1979). Mais, comme ses prédécesseurs, Epstein se heurte à un problème : ces éléments ne sont pas et ne peuvent pas être notés avec la précision de la hauteur et de la durée : « Si la forme est facile à comprendre, l'accentuation est une autre affaire. » Il en est ainsi parce que l'accentuation est une entité délicatement variable, essentielle à la vie d'une exécution, comme la qualité du son et le nombre infini de nuances d'interprétation et d'expression qu'un exécutant emploie, mais elle ne constitue pas un aspect de la musique qui peut être facilement soumis à un examen attentif et à un classement par catégories.

En ce qui concerne la musique tonale, l'analyse la plus pénétrante de la structure rythmique et métrique est celle qui établit un parallèle étroit avec une interprétation de la structure hiérarchique des hauteurs. Maury Yeston (*The Stratification of Musical Rhythm,* 1976) et Carl Schachter (« Rythme et analyse linéaire », *The Music Forum,* nos 4 et 5, 1976 et 1980) ont fait œuvre de pionnier dans l'art complexe et délicat de l'établissement d'un rapport entre les dimensions fondamentales de la hauteur du son et de la durée, le registre et l'accentuation. En outre, ce faisant, ils confirment ce qu'affirmait Epstein : aux niveaux profonds du rythme structurel, Schenker était « en accord avec la réalité rythmique ». Toutefois, l'œuvre de tels théoriciens commence à peine à explorer les possibilités des analyses rythmiques exhaustives de compositions tonales complètes. Une analyse des fondements de la composition basée sur la hauteur et le rythme porte peut-être des fruits plus immédiats chez les compositeurs, de Dunstable à Milton Babbitt, qui ont employé des modes rythmiques, des séries ou des proportions mathématiques (voir *Violon,* 3) comme élément essentiel de leur technique d'écriture.

Néanmoins, pour la plupart des auditeurs, le rythme apparaît comme une succession immédiate de durées variées et d'accents occasionnels, approchés et quittés selon des modes qui participent aux procédés de formation de la texture musicale entière et qui peuvent même, dans certaines œuvres très « rythmiques », paraître dominer cette texture. Comme l'affirme Schoenberg dans *Fundamentals of Musical Composition*, « le rythme est particulièrement important dans le moulage de la phrase », qu'il considérait comme la plus petite unité structurelle d'une composition. « Il contribue à l'intérêt et à la variété ; il crée le caractère et est souvent un facteur déterminant dans l'établissement de l'unité d'une phrase. » Dans sa *Théorie de l'harmonie*, Schoenberg exprime avec causticité le but et le problème du rythme musical. « Si l'on se demande pourquoi on commence par mesurer la musique en temps, on ne peut que répondre : parce qu'autrement on ne pourrait pas lui donner vie. On mesure le temps pour rendre la musique conforme à nous-mêmes, pour lui donner des limites. On ne peut transmettre ou dépeindre que ce qui a des limites. Toutefois, l'imagination créatrice peut anticiper ce qui n'a pas de limites ou, tout au moins, ce qui n'a pas de limites apparentes. Ainsi, dans le domaine artistique, on représente toujours quelque chose qui n'est pas délimité par quelque chose qui l'est. » Il est vrai que les limites de la musique « isométrique », qui sont indissociables des relations avec la tonalité, d'une grande richesse mais très spécifiques, ne débouchent que sur un seul genre de rythme musical. Dans la mesure où elle va au-delà, la musique semble redécouvrir quelque chose de plus fondamental, tout en jetant peut-être les bases d'une nouvelle forme de richesse rythmique.

Voir également *Mètre*.

Arnold Whittall.

BIBLIOGRAPHIE : Ernest Ansermet, *Les Fondements de la musique dans la conscience humaine*, A la Baconnière (Neuchâtel), 1961) /*Les Structures du rythme*, A la Baconnière (Neuchâtel, 1971). Jules Combarieu, *Théorie du rythme dans la composition moderne d'après la doctrine antique* (Paris, 1897). René Dumesnil, *Le Rythme musical, essai historique et critique*, Paris, 1921-49, rééd. Slatkine (Genève, 1982). Émile Jaques-Dalcroze, *Le Rythme, la Musique et l'Éducation* (Paris, 1921, rééd. Foetisch, Lausanne, 1965). E. Willems, *Le Rythme musical*, PUF (Paris, 1954).

Rythme lombard (angl. : *Scotch snap, Scotch catch*). Figure rythmique dans laquelle une note pointée est précédée (et non suivie) d'une note plus courte (comme ♪♩. au lieu de ♩. ♪). C'est une caractéristique de la **strathspey* écossaise (danse nationale écossaise) que l'on trouve dans certains airs populaires comme dans les mélodies pseudo-écossaises qui connurent une grande vogue dans les *pleasure gardens* londoniens au XVIIIᵉ siècle. Cependant aucun chant populaire écossais antérieur au XVIIIᵉ siècle ne semble présenter cette caractéristique.

Le rythme lombard apparaît dans les chansons françaises de la fin du XVIᵉ siècle comme l'un des éléments de la *musique mesurée et a certainement servi à l'exécution des notes inégales au XVIIᵉ siècle. Très répandu dans la musique italienne du début du XVIIᵉ siècle, il porte le nom de *stile lombardo* ; Sammartini et J. C. Bach, qui ont tous deux étudié à Milan, capitale de la Lombardie, l'emploient également. Cette inversion rythmique, qu'ont également utilisée certains compositeurs anglais du XVIIᵉ siècle (notamment Purcell), s'adapte particulièrement à l'accentuation de la langue anglaise.

Ryûteki. La « flûte dragon » utilisée dans la musique *togaku* japonaise. Voir *Japon, 3c*.

S

S. 1. Abréviation de *segno* (voir *Al segno*), **subito* ou **sinistra*.

2. Abréviation de *soprano (SATB = soprano, alto, ténor, basse) ou **superius*.

3. Abréviation de Schmieder dans son catalogue des œuvres de Bach ; voir *BWV*.

SABAM. Société belge des auteurs, compositeurs et éditeurs.

Sable musical. On peut observer le phénomène des sons émis par des masses de sable (décrit dans des circonstances diverses comme un « grondement », un « chant » ou un « gémissement comparable à celui du trombone ») notamment dans les déserts d'Arabie, dans plus de soixante-dix endroits (enregistrés) sur la côte atlantique de l'Amérique du Nord, à Studland Bay dans le Dorset et sur la côte occidentale de l'île d'Eigg. Les savants se sont souvent penchés sur ce phénomène qui provient du frottement de millions de grains de quartz, propres et incohérents, sans aspérité ni rugosité. Bien que les vibrations résultant de la friction de deux grains soient inaudibles, celles émises par des millions de grains à peu près de taille identique doivent donner une note perceptible. En mettant un peu de ce sable dans une cuvette et en le remuant, on entend la même note, mais si on l'humidifie ou si l'on y ajoute de la farine, on « étouffe » immédiatement le son. Telle est l'explication traditionnelle de ce phénomène, encore apparemment considérée comme correcte.

Percy Scholes.

Sacchini, Antonio (Maria Gaspare Gioacchino) (Florence, 14 juin 1730 ; Paris, 6 octobre 1786). Compositeur italien. Après avoir suivi les cours du Conservatorio Santa Maria di Moreto à Naples, il commence à écrire des opéras pour divers théâtres de Venise, Rome, Florence et Naples. En 1769, il est élu directeur du Conservatorio dell'Ospedaletto à Venise et, en 1770, il voyage dans toute l'Allemagne, exigeant de fortes rémunérations pour ses œuvres. A partir de 1772, Sacchini passe une dizaine d'années à Londres, où Burney et quelques autres chantent ses louanges ; mais ses goûts de luxe l'entraînent dans de sérieux problèmes financiers. Il s'installe ensuite à Paris, où il est l'un des favoris de Marie-Antoinette. Il y compose des opéras dans le style de Gluck – ce qui ne manque pas d'ironie puisque les compositeurs italiens s'élèvent justement contre Gluck avec la faction de Piccinni – et devient un rival sérieux de Piccinni lui-même. Sa tragédie lyrique *Œdipe à Colone* remporte un immense succès lors de sa deuxième représentation à l'Opéra, en 1787, et conserve sa place au répertoire jusque dans les années 1840 ; mais il était mort l'année précédente sans pouvoir apprécier le succès d'un ouvrage qui, sans des intrigues politiques, aurait dû être le premier opéra à être représenté à Fontainebleau en 1786. Sacchini a composé plus d'une quarantaine d'opéras, mais on les entend rarement de nos jours.

Denis Arnold.

SACEM (Société des auteurs, compositeurs et éditeurs de musique). Société chargée de gérer les droits d'auteurs des œuvres musicales (à l'exclusion des œuvres dramatiques qui figurent au répertoire de la SACD) pour le compte des auteurs, compositeurs et éditeurs membres. Fondée en 1851 par Ernest Bourget, elle représente la France dans tous les pays qui font l'objet d'un accord de réciprocité sur la perception du droit d'auteur. En 1985, elle comptait plus de 55 000 membres et près de 135 000 œuvres déposées pour plus de cinq millions de titres gérés (en incluant les œuvres déposées auprès de sociétés étrangères, gérées pour leur exploitation en France par la SACEM). La gestion des droits comprend la perception de leur montant auprès des organisateurs et leur répartition entre les différents ayants droit, après déduction des frais de fonctionnement et de certaines sommes destinées à l'action de prévoyance et de solidarité de la SACEM. La SACEM gère également un certain nombre de bourses et attribue des prix pour encourager diverses formes d'activité musicale. Elle participe notamment à la réalisation de certains enregistrements de musique française ou à l'édition de livres sur la musique.

Voir également *Droit d'auteur*.

Alain Pâris.

Sachs, Curt (Berlin, 29 juin 1881 ; New York, 5 février 1959). Musicologue américain d'origine allemande. Membre d'une vieille famille juive, il se tourne vers la musicologie après avoir fait des études d'histoire de l'art à l'Université de Berlin. A partir de 1919, il est directeur de la Collection nationale d'instruments à Berlin et professeur dans diverses institutions jusqu'en 1933, date à laquelle il émigre en France, puis aux États-Unis ; il devient professeur à New York puis à l'Université de Columbia. Sachs est l'un des plus grands érudits et l'un des professeurs les plus éminents de son époque ; ses écrits sur les instruments et sur l'ethnomusicologie sont des ouvrages de référence.

Denis Arnold.

Sachs, Hans (Nuremberg, 5 novembre 1494 ; Nuremberg, 19 janvier 1576). Poète allemand, le plus célèbre *Meistersinger*, particulièrement commémoré dans *Die Meistersinger von Nüremberg* (« Les Maîtres chanteurs de Nuremberg ») de Wagner. Il va à l'école latine de sa ville natale jusqu'en 1509 et devient cordonnier. Pendant quelques années, il erre en Allemagne, mais s'installe finalement à Nuremberg en 1516 et devient un membre influent et honoré de la guilde des *Meistersinger* ; en maintes occasions, il est « marqueur » ou juge des concours. Il écrit un grand nombre de poèmes et de lieder ainsi que des drames en vers d'après des modèles latins et des drames moralisateurs pour éduquer le peuple. Fervent partisan de Luther, qu'il appelle « le rossignol de Wittenberg », il participe activement à la Réforme à Nuremberg et, grâce à l'influence de la guilde, dans d'autres régions d'Allemagne.

Denis Arnold.

Sacrati, Francesco (Parme, 1605 ; ? Modène, 20 mai 1650). Compositeur italien, l'un des premiers compositeurs d'opéras destinés aux théâtres lyriques publics à Venise entre 1640 et 1650. Seuls quelques airs isolés et des madrigaux nous sont parvenus, mais ses contemporains le tenaient en grande estime et *La Finta pazza*, ouvrage amené à Paris par Torelli en 1645, est l'un des premiers opéras italiens à avoir été représentés en France.

Denis Arnold.

Sacre du printemps, Le. (Tableaux de la Russie païenne) Ballet en deux parties de Stravinski sur un argument de Nicolas Noerich. La création à Paris, au Théâtre des Champs-Élysées le 29 mai 1913, par les Ballets russes de Diaghilev, dans une chorégraphie de Nijinski, a suscité une émeute célèbre. Stravinski en a fait une réduction pour piano à quatre mains.

BIBLIOGRAPHIE : *Le Sacre du printemps*, L'Avant-Scène-Danse nº 3 (Paris, 1980).

Sacred and Profane. Huit mélodies à cinq voix sans accompagnement op.91 de Britten sur des poèmes lyriques médiévaux – *St Godric's Hymn, I mon waxe wod, Lenten is come, The long night, Yif ic of luve can, Carol, Ye that pasen by* et *A death*. Créées à Snape en 1975.

Sadko. Opéra-légende en sept tableaux de Rimski-Korsakov sur un livret de Bielski et du compositeur d'après une légende populaire. Créé à Moscou le 7 janvier 1898. Première en France, à Monte-Carlo, le 19 février 1921.

Sadler's Wells. Théâtre situé au nord de Londres (Rosbery Avenue). En 1683, un certain Mr Sadler a découvert un puits dans son jardin aux vertus soi-disant médicinales ; il a donc agrandi sa propriété pour recevoir des clients auxquels il fournissait aussi des divertissements. En 1765, un théâtre a été construit sur le site, permettant de présenter divers spectacles avant qu'il tombe à l'abandon. En 1925, un appel public a réuni 70 000 livres en cinq ans pour restaurer le théâtre dans le but d'y présenter des opéras et des pièces dramatiques. Avec une capacité de 1 650 places, il a ouvert ses portes en 1931 sous la direction de Lilian Baylis. Opéras et ballets ont alterné avec des productions de Shakespeare entre Sadler's Wells et Old Vic, mais entre 1934 et 1935, l'opéra s'est tenu à Sadler's Wells. Pendant la guerre, la troupe a surtout fait des tournées, mais elle a été reformée sous la direction de Joan Cross. Pour son retour dans son théâtre londonien en juin 1945, elle a créé un nouvel opéra de Benjamin Britten, *Peter Grimes*.

En 1948, Norman Tucker en a pris la direction. Parmi les directeurs musicaux qui se sont succédé après la guerre, on peut citer James Robertson (1946-54), Alexander Gibson (1957-59), Sir Colin Davis (1961-65), Sir Charles Mackerras (1970-78), Sir Charles Groves (1978-79) et Mark Elder (depuis 1979). Stephen Arden en a assuré la direction entre 1966 et 1972 et eut l'idée de transférer le théâtre de Rosbery Avenue au London Coliseum ; en 1974, sous la direction de comte de Harewood, la compagnie a abandonné le nom de Sadler's Wells Opera pour adopter celui d'English National Opera. Une troupe distincte, l'English National Opera North, basée à Leeds, a été fondée en novembre 1978 sous la direction musicale de David Lloyd-Jones ; elle s'appelle maintenant Opera North.

Pour le Sadler's Wells Ballet, voir *Royal Ballet*.

Sainete (esp.). Type d'opéra-comique espagnol en un acte de la fin du XVIIIe siècle. Il s'agit de l'équivalent espagnol de l'*opera buffa*, mais il s'est parfois davantage rapproché de la farce. Les principaux compositeurs qui ont abordé ce genre sont Antonio Soler et Blas de Laserna.

St Anne. Air d'hymne, probablement composé par William Croft. Il lui a toujours été attribué, bien qu'à l'origine il ait été publié dans un recueil anonyme (1708). On le chante généralement sur les paroles « O God, our help in ages past ». La Fugue en mi bémol pour orgue de J. S. Bach, dernier morceau du livre *Klavierübung*, est parfois surnommée « Fugue Sainte-Anne » parce qu'elle commence sur les mêmes notes que l'air de l'hymne.

Saint François d'Assise prêchant aux oiseaux. Première légende pour piano de Liszt (1865).

Saint François de Paule marchant sur les flots. Seconde légende pour piano de Liszt (1865).

Saint Paul (*Paulus*). Oratorio pour soprano, alto, ténor et basse, chœur et orchestre op.36 de Mendelssohn sur un texte de Julius Schubring d'après les *Actes des Apôtres*. Composé entre 1834 et 1836.

St Paul's Cathedral Psalter (« Psautier de la cathédrale Saint-Paul »). Voir *Chant anglican*, 5.

St Paul's Suite. Suite pour orchestre à cordes op.29 de Holst, composée en 1912-13. Elle a été écrite pour l'orchestre à cordes de l'École de filles de St Paul, à Hammersmith, où Holst à été directeur de la musique à partir de 1905. Elle comporte quatre mouvements, Gigue, Ostinato, Intermezzo et Finale : le Dargason (air folklorique anglais sur lequel l'air *Greensleeves* est utilisé en contrepoint).

Saint-Saëns, (Charles) **Camille** (Paris, 9 octobre 1835 ; Alger, 16 décembre 1921). Compositeur français. Son père meurt peu de temps après sa naissance et il est élevé par une mère musicienne et une grand-tante très cultivée et extrêmement intelligente qui découvre rapidement ses talents musicaux et sa vive intelligence dans d'autres domaines. Il commence à donner des récitals de piano dès 1846 et entre au Conservatoire de Paris à l'âge de treize ans ; il y étudie la composition avec Halévy, ainsi que le piano et l'orgue. Il échoue au prix de Rome en 1852, mais l'année suivante, sa première symphonie est exécutée en public et suscite l'admiration de Gounod. Sa réputation de pianiste et de compositeur se développe rapidement et, en décembre 1857, il est nommé organiste à la Madeleine.

Entre 1860 et 1870, il s'affirme totalement en tant que compositeur. Ses concertos sont joués par les plus grands virtuoses, comme Sarasate et Anton Rubinstein et, en Allemagne, il est considéré comme l'un des musiciens français les plus novateurs. On lui doit essentiellement l'introduction en France du poème symphonique et ses propres œuvres, *Le Rouet d'Omphale* et *La Danse macabre*, remportent un immense succès. Il contribue également au développement d'une vie de concert plus prospère à Paris en participant à la fondation de la Société nationale de musique, en 1871 ; il se fait le champion des concertos pour piano de Mozart à une époque où ils sont encore largement sous-estimés et encourage divers jeunes compositeurs. Cette activité résulte en partie de son manque de succès dans le domaine lyrique, bien que la popularité de *Samson et Dalila* (créé à Weimar en 1877) soit immédiate.

Un mariage malheureux et la mort tragique de ses deux jeunes fils assombrissent le milieu de sa vie, mais, à partir de quarante-cinq ans environ, la carrière de Saint-Saëns est marquée par le contraste entre la réussite de sa vie publique et l'impossibilité de concrétiser réellement son action de compositeur. Il est élu membre de l'Institut, connaît une grande notoriété en Angleterre, où il écrit des œuvres pour les Festivals de Birmingham, et est reçu par la reine Victoria. Il finit même par remporter des succès modérés avec des opéras qui sont produits à Monte-Carlo plutôt qu'à Paris (où son rival Massenet exerce sa domination) ; il pénètre dans le XXe siècle comme un « grand et vieil homme ». Toutefois la jeune génération, sous l'influence de Wagner, Franck et Debussy, se détourne de lui. Son échec vient sans doute du fait qu'il a vécu à une époque qui encourageait le grand geste romantique, alors qu'il aimait surtout la clarté et l'esprit. Ce n'est pas une coïncidence si l'œuvre qui a rencontré le plus vaste succès est le *Carnaval des animaux* (1886), plein d'humour et qui refuse de se prendre trop au sérieux, et non les grands opéras et oratorios sur lesquels il a passé tellement de temps. L'œuvre de Saint-Saëns semble néanmoins connaître un regain de faveur : on apprécie le classicisme de ses formes et son sens des équilibres, notamment dans le domaine de la musique symphonique (trois symphonies, dont *la Symphonie n° 3 en ut mineur* avec orgue, cinq concertos pour piano, *Concerto pour violon n° 3 en si mineur op.61*, *Concerto pour violoncelle n° 1 er la mineur op.33*, *Havanaise op.83* et *Introduction et Rondo capriccioso op.28* pour violon et orchestre).

Denis Arnold.

BIBLIOGRAPHIE : Jean Chantavoine, *Camille Saint-Saëns* (Paris, 1947). Camille Saint-Saëns, *Correspondance inédite, 1835-1921*, La Revue Musicale n^os^358-359-360, Richard Masse (Paris, 1983). Georges Servières, *Saint-Saëns* (Paris, 1923, rééd. 1930).

Saisons, Les. 1. (*Die Jahreszeiten*) Oratorio pour soprano, ténor, basse, chœur et orchestre de Haydn sur un texte du baron Gottfried van Swieten d'après un poème anglais de James Thomson (1700-48), traduit en allemand par B. H. Brockes. Composé entre 1799 et 1801.

2. Cycle de douze pièces pour piano op.37b de Tchaïkovski (1875-76).

3. Ballet en un acte op.67 de Glazounov, composé en 1899.

Saite, Saiten (all.). « Corde », « cordes ». *Saiteninstrumente*, « instruments à cordes ».

Salabert. Maison d'édition musicale française fondée à Paris en 1886 par Édouard Salabert. A l'origine, le catalogue comportait surtout de la musique de variétés et des marches militaires. Paralysé en 1901, Édouard est remplacé par son fils Francis (1884-1946), qui installe la maison familiale au 22, rue Chauchat (adresse actuelle). Il développe le fonds, éditant notamment des opérettes (*Phi-Phi, Monsieur Beaucaire, Ciboulette*...) et de la musique de film qui lui donnent une nouvelle assise et lui permettent d'accueillir la musique des jeunes compositeurs de l'époque : Ibert, Milhaud, Pierné, Enesco... Il rachète différents fonds (plus d'une cinquantaine), notamment ceux de Mathot (avec les œuvres de Florent Schmitt), de Christiné, *Rouart-Lerolle, Sénart (Honegger, Rivier...) et Deiss, en 1946 (Milhaud et la collection d'enseignement d'Alfred Cortot).

Après la guerre, le fonds comptait notamment 350 opérettes, 800 partitions symphoniques et chorégraphiques et

80 000 chansons. Salabert ouvre une deuxième maison à New York en 1946 et meurt quelques mois plus tard dans un accident d'avion. Sa veuve Mica reprend la direction (1946-81) et oriente les activités des éditions Salabert vers la musique contemporaine (Xenakis, Takemitsu, Marius Constant, Guézec, Foss, Malec, Mefano, de Pablo et la nouvelle école roumaine). Nelly Boufathal a pris sa succession en 1981.

Alain Pâris.

Salieri, Antonio (Legnago, près de Vérone, 18 août 1750 ; Vienne, 7 mai 1825). Compositeur italien. Fils d'un riche marchand, il est orphelin à l'âge de quinze ans et devient le protégé d'un noble vénitien, Mocenigo, qui l'emmène à Venise et le présente au principal compositeur lyrique de Vienne, Gassmann. Ce dernier fait venir Salieri à Vienne en 1766 ; il y est nommé compositeur de la cour en 1774, à la mort de son professeur, puis maître de chapelle. A partir de 1780, il est le compositeur d'opéras favori de Vienne et c'est en partie son succès qui empêche Mozart d'obtenir des commandes. Il met en musique des textes allemands et italiens, mais remporte un « succès de scandale » avec *Les Danaïdes*, ouvrage représenté à Paris en 1784 et dans lequel il y a non seulement une scène de meurtre mais encore un portrait vivant des tourments de l'enfer. A la fin de sa vie, Salieri abandonne la composition d'opéras pour se consacrer à la musique religieuse et diriger les concerts de la célèbre Tonkünstler-Sozietät. Malgré la rivalité qui a certainement opposé Salieri et Mozart, Salieri a assisté à une représentation de *La Flûte enchantée* ; il n'a pas caché son admiration et il n'y a aucune raison de penser qu'il ait empoisonné Mozart, comme le dit la légende reprise dans l'opéra de Rimski-Korsakov, *Mozart et Salieri*.

Denis Arnold.

Salles de concert. Aux premiers temps des concerts, ils se déroulaient dans n'importe quelle pièce ou n'importe quelle salle, selon la disponibilité. Lorsqu'ils étaient donnés sous la protection d'un souverain, d'un membre de la noblesse ou d'un homme riche, l'éventail des lieux était considérable, allant de la grande salle d'audience, du théâtre ou de la chapelle privée au salon intime. Les auditoires moins favorisés devaient se contenter d'une grande pièce, attenante par exemple à une brasserie. Il est amusant de noter que, lorsque John Banister a commencé à organiser ses concerts à Whitefriars à Londres (1672), selon Roger North, « il a fabriqué une cloison élevée pour les musiciens dont la modestie exigeait un rideau » – sans doute pour qu'ils ne soient pas confondus avec les simples amuseurs de la taverne.

La première salle délibérément conçue comme une salle de concert public semble avoir été construite dans les York Buildings par des musiciens londoniens vers 1678. Elle pouvait recevoir un auditoire d'environ deux cents personnes. Cette salle est restée à la mode jusqu'au début du XVIIIe siècle, mais Londres en possédait alors plusieurs autres, notamment celle de l'école de danse de John Hickford, la plus grande salle existant alors pour les concerts (c'est là que Mozart s'est produit en 1765). Dans le même ordre d'idées, il y avait aussi la Great Room dans Dean Street où C. F. Abel et J. C. Bach donnaient leurs concerts et le superbe Pantheon dans Oxford Street, ouvert en 1772 pour les concerts, les bals, les bals masqués, etc.

De même, à Paris, la salle des Suisses des Tuileries a accueilli le Concert spirituel fondé par Philidor en 1725, avec un auditoire atteignant parfois 1 870 personnes. Le Concert des amateurs, fondé en 1769, s'installe dans l'hôtel de Soubise. Plus tard, les concerts se dérouleront à la salle Louvois, où l'administration du Théâtre-Italien fera revivre pendant quelque temps le Concert spirituel, puis à l'Odéon et à la salle Le Peletier, qui étaient en fait des théâtres lyriques. Mais la plaque tournante de la vie symphonique parisienne deviendra, à partir de la fondation de la Société des concerts en 1828, la salle de l'ancien Conservatoire (à l'époque 1 078 places).

Au fil des années, on a cherché à construire des salles de plus en plus grandes – les Hanover Square Rooms, ouvertes en février 1775, pouvaient recevoir près de 900 personnes (Johann Peter Salomon y a présenté ses douze concerts consacrés à Haydn en 1791). Ces salles et d'autres locaux analogues ont pratiquement disparu. Toutefois, à Oxford, la Holywell Music Room, ouverte en 1748, est encore utilisée aux mêmes fins qu'à l'origine. Restaurée en 1959-60, elle peut accueillir un peu plus de 200 personnes sur des sièges en gradins disposés en fer à cheval, avec une petite scène surélevée située à l'extrémité ouverte du fer à cheval. La scène est disposée dans une abside semi-circulaire et est partiellement fermée par une balustrade de telle sorte que la pièce ressemble à une chapelle.

On constate une évolution analogue dans les autres pays européens, bien que la présence de principautés autonomes ait favorisé, au début, un penchant marqué pour les grands salons des palais, notamment la Grosser Redoutensaal de la Hofburg à Vienne, où ont été créées de nombreuses œuvres de Haydn, de Mozart et de Beethoven et où la Philharmonie de Vienne a donné son premier concert en 1842 – plus de trente ans avant de posséder son propre édifice, la Grosser Musikvereinsaal (1879). Et là où la royauté faisait défaut, les autorités municipales apportaient leur secours, comme à Leipzig, en 1781, avec la construction du nouveau Gewandhaus.

Au XIXe siècle, avec le développement des orchestres et la popularité croissante des concerts ouverts au grand public, la construction de salles de concert s'est intensifiée. Les orchestres qui voulaient posséder leur propre salle se sont mis en quête des fonds nécessaires à sa construction, comme à Vienne. Dans d'autres cas, les autorités municipales se sont attachées à construire de grands bâtiments pour recevoir un orchestre et son public – comme le Free Trade Hall (1845) qui accueille jusqu'à ce jour le Hallé Orchestra de Manchester, l'ancienne salle du Gürzenich à Cologne (transformée en 1857 d'après une ancienne salle construite en 1441, mais détruite dans les bombardements puis rénovée en 1955) ou la salle du Concertgebouw à Amsterdam (1888). On a parfois utilisé un bâtiment en fonction de sa taille et non parce qu'il était particulièrement adapté à la musique – comme, par exemple, le Crystal Palace, érigé pour la grande exposition qui s'est tenue à Londres en 1851, ou le Cirque d'hiver à Paris, qui accueillit les premiers concerts de Jules Pasdeloup (à partir de 1861) ; plus près de nous, le Trocadéro ou le Palais omnisports de Bercy. Certaines salles ont été spécialement conçues pour la musique, comme le Royal Albert Hall (5 600 places, 1871) – quoique, en l'occurrence, le décorateur ait fait une erreur monumentale sur le plan acoustique ! – ou le Victoria Hall de Genève (2 000 places, 1874). Mais on s'est parfois contenté d'adapter une salle qui ne remplissait plus son rôle initial – comme l'a fait la Philharmonie de Berlin en 1882 lorsqu'elle a transformé une patinoire pour s'y installer (salle qui a été détruite dans les bombardements de la Seconde Guerre mondiale).

La forme générale de la plupart des salles du XIXe siècle, à l'exception désastreuse de l'Albert Hall – elliptique -, était oblongue avec une scène surélevée à laquelle faisaient face les rangées d'auditeurs. Elles avaient souvent un balcon faisant un tour semi-circulaire de la salle en partant de chaque côté de la scène. L'arrière de la scène était orné d'un orgue parfois flanqué de quelques rangées de sièges disposés en gradins escarpés, destinés à accueillir un chœur lors de l'exécution d'un oratorio ou d'une cantate. La décoration des salles du XIXe siècle était généralement assez chargée : colonnes et stucs, statues et volutes, mais elles étaient adaptées sur le plan acoustique à l'opulence de la musique de l'époque.

De même que les théâtres (auxquels les salles de concert du XIXe siècle ressemblent beaucoup) ont changé de forme pour s'adapter au style plus souple des représentations du XXe siècle, les salles de concert modernes ont adopté une disposition inhabituelle. Ainsi la nouvelle Philharmonie de Berlin, construite en 1957 pour remplacer l'ancienne salle détruite pendant la Seconde Guerre mondiale, a été conçue délibérément pour abolir la séparation entre le public et les exécutants. L'orchestre est virtuellement entouré par l'auditoire, ce qui accroît le sentiment d'intimité et de contact personnel. En effet, la seconde moitié du XXe siècle est dominée par une forte tendance à faire passer au second plan le cérémonial des concerts : dans certaines régions des États-Unis, les conditions climatiques estivales ont permis la construction de salles entièrement en plein air (comme le célèbre Hollywood Bowl de 1922, où l'orchestre est protégé par une coquille acoustique qui projette le son vers l'auditoire installé dans un vaste amphithéâtre) ou partiellement à ciel ouvert (comme le Blossom Music Center de Cleveland [1968], qui se compose d'un pavillon ouvert sur les côtés pour l'orchestre et peut accueillir 5 000 personnes assises, plus 13 500 personnes qui s'installent à l'extérieur sur les pelouses).

Avec un public qui apprécie la musique de toutes les époques et des interprètes qui cherchent à donner une exécution aussi authentique que possible, les exigences acoustiques des salles de concert modernes sont plus grandes qu'elles ne l'ont jamais été. Les lignes élégantes et précises de la musique classique exigent que le son arrive directement à l'oreille au lieu d'être réfléchi par diverses surfaces. La salle étroite et relativement petite du XVIIIe siècle est donc préférable à la salle plus large et plus vaste du XIXe siècle ; mais la grande salle, plus élaborée, avec une assez longue réverbération et où le son est réfléchi par une multitude d'ornements, offre une chaleur qui convient parfaitement à la musique romantique. Les partitions de musique contemporaine ont souvent des exigences spécifiques, qui peuvent même se traduire par une disposition inhabituelle des instrumentistes. Ainsi, en essayant de concevoir une salle adaptée à tous les genres de musique, l'architecte moderne se trouve confronté à un problème pratiquement insoluble. Néanmoins, au cours de ces dernières années, il a pu bénéficier des progrès de l'électronique et plusieurs salles importantes (notamment le Royal Festival Hall de Londres) ont été équipées d'une série de micros reliés à des résonateurs et à des haut-parleurs qui, en retardant à chaque instant l'impact du son qu'ils transmettent, servent à prolonger la réverbération et améliorent ainsi une acoustique « sèche ». Lorsqu'il est poussé à ses limites extrêmes, ce type de « résonance assistée » signifie que, désormais, on peut concevoir une salle avec une gamme complète de possibilités acoustiques qui, en actionnant un commutateur, peuvent fournir instantanément les conditions idéales à n'importe quel type d'exécution.

Voir également *Acoustique et architecture.*

Michael Hurd, rév. Alain Pâris.

Sallinen, Aulis (Salmi, 9 avril 1935). Compositeur finlandais considéré, d'une façon générale, comme le plus grand compositeur finlandais de sa génération. Après avoir fait ses études à Helsinki à l'Académie Sibelius (1955-60), avec Aare Merikanto et Joonas Kokkonen, Sallinen entre à la Radio finlandaise (1960-70) et enseigne l'harmonie et le contrepoint à l'Académie (1963-76). Ces dernières années, il s'est entièrement consacré à la composition. Ses premières œuvres sont essentiellement de la musique de chambre et de la musique instrumentale, mais il a beaucoup attiré l'attention au début des années soixante avec *Mauermusik* pour orchestre (1962), réponse à l'inhumanité du mur de Berlin. Bien qu'il se soit intéressé dans un premier temps à la technique sérielle, le style de la maturité est avant tout tonal et, dans les années soixante-dix, il s'est tourné de plus en plus vers les formes traditionnelles : la symphonie et l'opéra. Sa *Symphonie n° 1* (1971) expérimente avec succès une structure en un mouvement ; son langage est accessible et son caractère personnel. La *Symphonie n° 2* (1972) est aussi construite en un seul mouvement. La *Symphonie n° 3* (1975) est une œuvre sombre, puissante et évocatrice en trois mouvements ; on y trouve certains traits des dernières œuvres de Sibelius et du monde sonore de Benjamin Britten ; elle porte néanmoins profondément sa marque personnelle. Son opéra, *Le Cavalier* (1973-74), sur un livret de Paavo Haavikko, est une œuvre clé de la renaissance de l'opéra finlandais dans les années soixante-dix et a montré que Sallinen possédait à la fois le sens dramatique et le sens de l'atmosphère. Il a écrit quatre symphonies, un *Concerto pour violoncelle*, quatre quatuors à cordes, un autre opéra, *La Ligne rouge* (1978), et beaucoup de musique vocale et instrumentale.

Robert Layton.

Salmo (ital.). « Psaume ».

Salomé. Opéra en un acte de Richard Strauss sur un livret tiré du poème d'Oscar Wilde (1893) traduit en allemand par Hedwig Lachmann. Représentations : Dresde (Théâtre de la cour, 9 décembre 1905) ; New York (Metropolitan Opera, 22 janvier 1907) ; Paris (Petit-Théâtre, mars 1907 ; Châtelet, 8 mars 1907, sous la direction de Strauss) ; Londres (Covent Garden, 8 décembre 1910). Au cours d'un banquet, Jokanaan (Jean-Baptiste) (bar.) proclame – de la citerne où il est enfermé – la venue du Messie. Salomé (sop.) veut le voir et le fait sortir ; il repousse ses avances et la supplie de ne pas suivre les traces de sa mère Hérodiade (mezzo). Il regagne sa citerne. Hérode (tén.) demande à Salomé de danser. Elle accepte à la condition qu'il exauce l'un de ses souhaits. Après la *Danse des sept voiles*, elle demande la tête de Jokanaan qu'Hérode est obligé de lui apporter. Elle la caresse et l'embrasse jusqu'à ce que Hérode, révolté, ordonne à ses gardes de la tuer en l'écrasant de leurs boucliers.

BIBLIOGRAPHIE : *Salomé*, L'Avant-Scène-Opéra n°s 47-48, (Paris, 1983).

Saltando, saltato (ital.). « Sautant », « sauté ». Terme employé à propos de la tenue d'archet des instruments à cordes ; même sens que *sautillé.

Saltarello (ital. moderne : *salterello*). Danse animée d'origine espagnole et italienne. Elle se caractérise par un rythme ternaire et des mouvements sautants qui font partie des pas de la danse. Au XVIe siècle, elle servait souvent de *Nachtanz*, succédant à une danse plus lente, une *pavane ou un **passamezzo*, la musique étant souvent identique à celle de la *gaillarde. Mendelssohn a donné au finale de sa *Symphonie « Italienne »* le titre de « saltarello ».

Saltimbanques, Les. Opérette de Louis Ganne (1899).

Salve regina (lat.). Voir *Antiennes de la bienheureuse Vierge Marie.*

Salzedo, Leonard (Lopès) (Londres, 24 septembre 1921). Compositeur anglais d'origine portugaise. Depuis la fin de ses études avec Howells au Royal College of Music de Londres (1940-44), il mène une brillante carrière de compositeur, chef d'orchestre et violoniste. Il a surtout composé pour le ballet : il a été directeur du Ballet Rambert (1966-72), chef d'orchestre permanent au Scottish Theatre Ballet (1972-74) et a composé des partitions pour *The Witch Boy* et d'autres ballets. Il est également l'auteur d'un cycle de quatuors à cordes et de divers essais sur la fusion du jazz et de la musique classique.

Samba. Danse brésilienne qui se présente sous deux formes distinctes : la samba champêtre, aux influences africaines et à la structure rythmique complexe, et la samba des villes, appelée « samba-carioca », forme popularisée issue du *maxixe et qui a pris son essor dans les salles de danse de Rio de Janeiro. Son pas est simple et elle se combine facilement à d'autres danses, comme dans la samba-tango et la samba-rumba. Il existe aussi une forme de chant distincte. La samba a été reprise par les compositeurs brésiliens contemporains et la forme moderne de la danse, plus proche du maxixe que de la samba champêtre, a un rythme simple et emphatique à 2/4 ; Edmundo Ros l'a rendue très populaire en Grande-Bretagne dans les années quarante.

Peter Gammond.

Sammartini. Famille de musiciens italiens comprenant deux compositeurs et des instrumentistes éminents ; on a souvent confondu leurs œuvres. **Giuseppe** (Francesco Gaspare Melchiorre Baldassare) **Sammartini** (Milan, 6 janvier 1695 ; Londres, novembre 1750) était un virtuose du hautboïste. Il a joué dans l'Orchestre de l'Opéra à Milan entre 1720 et 1730 ; Quantz l'y a entendu et a fait son éloge. Il s'est rendu à Londres vers 1728, est devenu hautboïste au King's Theatre et a pris une part active à la vie musicale de la capitale anglaise. Il est ensuite entré au service du prince de Galles. Burney rapporte qu'il obtenait de son instrument une sonorité superbe, proche de la voix humaine (montrant qu'au XVIIIe siècle le jeu des instruments à vent n'était pas toujours rude et faux). Il a composé quelques concertos grossos intéressants, sur le modèle de ceux de Haendel mais dans un langage plus à la mode. Cependant, il a été éclipsé en tant que compositeur par son frère, **Giovanni Battista Sammartini** (? Milan, vers 1700 ; Milan, 15 janvier 1775), qui a travaillé presque toute sa vie dans diverses églises milanaises. Il a été l'une des personnalités les plus influentes aux premiers temps de l'évolution de la symphonie, d'abord dans le style un peu baroque de Vivaldi, avant de développer une manière qui est l'apothéose de la grâce et de l'élégance du style galant. Il a peut-être enseigné et il a visiblement influencé Gluck et Mozart, ce dernier ayant beaucoup appris de lui pendant son séjour à Milan en 1770. Le prince Esterházy possédait des copies de deux de ses symphonies et, bien que Haydn l'ait traité de « gribouilleur », il existe une nette ressemblance de style entre les deux compositeurs.

Denis Arnold.

Sammlung (all.). « Collection », « anthologie » ; *Sammelwerke*, édition des « œuvres complètes » d'un compositeur.

Samson. Oratorio de Haendel ; le texte est une adaptation réalisée par Hamilton de *Samson Agonistes* de Milton et d'autres poèmes. Créé à Londres en 1743.

Samson et Dalila. Opéra en trois actes de Saint-Saëns sur un livret de Lemaire d'après l'Ancien Testament (Livre des Juges, 14-16). Représentations : Weimar, 2 décembre 1877 (en allemand) ; Rouen (3 mars 1890) ; Paris (Théâtre Eden, 31 octobre 1890 ; Opéra, 23 novembre 1892) ; New York (25 mars 1892, en concert) ; La Nouvelle-Orléans (4 janvier 1893) ; Londres (Covent Garden, 25 septembre 1893, en concert ; 26 avril 1909, en scène). Samson (tén.), héros des Hébreux, mène une révolte contre les Philistins. Dalila (mezzo), tentatrice philistine, est exhortée par le grand prêtre de Dagon (bar.) à séduire Samson et à découvrir le secret de sa force. Samson lui révèle que sa force tient à sa chevelure ; Dalila la lui coupe, lui retirant ainsi toute puissance. Il est fait prisonnier par les Philistins. Amené au temple de Dagon où ses ravisseurs se moquent de lui, il prie Dieu de lui rendre sa force et fait s'effondrer le temple sous lequel il meurt enseveli avec les Philistins.

BIBLIOGRAPHIE : Henri Collet, *Samson et Dalila de Saint-Saëns*, Mellottée (Paris). *Samson et Dalila*, L'Avant-Scène-Opéra nº 15 (Paris, 1978).

Sämtlich (all.). « Complet ». Terme employé essentiellement à propos d'une édition intégrale des œuvres d'un compositeur, ou pour l'ensemble des registres d'un orgue.

Sanctus (lat., « saint »). Partie de l'ordinaire de la messe catholique, chantée entre la Préface et le Pater. Elle se divise généralement en cinq sections : « Sanctus... Pleni... Hosanna... Benedictus... Hosanna ». Voir également *Plain-chant*, 2. Le Sanctus a été conservé dans la liturgie anglicane, où il figure dans le service de la Communion (voir *Common Prayer, Book of*).

Sandrin, Pierre (mort en Italie ?, après 1561). Compositeur français. Il occupe divers postes ecclésiastiques en France et, de 1540 à 1550, entre au service de la cour royale ; il passe ensuite quelques années à Rome, où il est chargé de la musique du cardinal Ippolito d'Este ; on y entend parler de lui pour la dernière fois en 1561. Sandrin est l'un des compositeurs de chansons les plus connus du XVIe siècle. Sa chanson la plus célèbre, « Doulce memoire », est une œuvre extrêmement attrayante, dans la veine d'une pavane mélancolique. Très souvent arrangée pour le luth et d'autres instruments, elle a servi de base à des messes de Rore et de Lassus.

Denis Arnold.

Sanft, sanftmütig (all.). « Doux », « doucement ».

Sanglot. Terme désignant au XVIIIe siècle une *appoggiature descendante, généralement chantée sur des paroles plaintives.

Sanguine Fan, The. Ballet op.81 d'Elgar sur un argument d'Ina Lowther d'après une sanguine dessinée par Charles Conder, représentant Pan et Écho avec, en arrière-plan, des personnages du XVIIIe siècle. Composé en 1917 et créé la même année à Chelsea lors d'une matinée destinée à réunir des fonds pour les œuvres de guerre.

San-hsien (ou sanxian). Luth chinois à trois cordes. Voir *Chine*, 4*e*.

Santa María, Tomás de (Madrid, 1510-20 ; Ribadavia, 1570). Compositeur et théoricien espagnol. Frère dominicain, il est organiste au monastère de San Pablo, à Valladolid. Son œuvre la plus importante est le *Libro llamado Arte de tañer fantasía* (Valladolid, 1565), qui traite de différents aspects de la théorie et de la pratique musicale ainsi que de la composition et comprend plusieurs courtes pièces pour clavier.

Wendy Thompson.

Santini, Fortunato (Rome, 5 janvier 1778 ; Rome, 14 septembre 1861). Prêtre italien qui a passé la majeure partie de sa vie à collectionner et à copier de la musique de l'époque baroque et classique. Il est devenu un personnage majeur lorsque Mendelssohn et d'autres compositeurs ont fait renaître la « musique ancienne ».

Denis Arnold.

Sanxian (ou san-hsien). Luth chinois à trois cordes. Voir *Chine*, 4*e*.

Sanz, Gaspar (Calanda, Aragon, vers 1640 ; ? Madrid, vers 1710). Guitariste et compositeur espagnol. Il travaille la théologie et la philosophie à l'Université de Salamanque avant d'aller poursuivre des études musicales en Italie. Il y apprend la guitare et devient rapidement un bon instrumentiste. De retour en Espagne, il écrit la célèbre *Instrucción de música sobre la guitarra española* (Saragosse, 1674). Ce traité réaliste comprend des airs de chansons et des danses espagnols transcrits pour la guitare.

Wendy Thompson.

Sanza. Instrument de musique africain comportant des lamelles métalliques montées côte à côte sur un support en bois et que l'on pince avec les deux pouces. Cet instrument très populaire porte d'autres noms : kongoma, koné, ambira, deza, likembre (voir *Afrique*, 4).

Le support peut être un morceau de bois dur de 18 cm de long, mais il se compose le plus souvent d'une boîte rectangulaire formant caisse de résonance. Le nombre des languettes, en fer forgé (mais parfois en bois ou en écorce de palmier), varie de trois à seize, parfois davantage ; elles mesurent environ 1 mm d'épaisseur et leur extrémité libre est amincie. Elles sont fixées sur la caisse au moyen de tiges en fer qui servent également de chevalet et permettent d'accorder les languettes en les poussant plus ou moins. On tient l'instrument à deux mains, les languettes dirigées vers l'instrumentiste ; les languettes les plus longues sont généralement placées au milieu, ce qui convient au mouvement naturel des pouces qui pincent les languettes l'une après l'autre. L'accord est essentiellement pentatonique et les instrumentistes improvisent des motifs rapides, réitérés avec beaucoup d'agilité. La sonorité rappelle un peu celle de la boîte à musique (qui possède également des languettes métalliques, mais plus petites et actionnées par un mécanisme).

La sanza semble être un produit entièrement original de la technologie du fer africaine. Son âge est inconnu, mais son existence a été mentionnée pour la première fois par des voyageurs européens en 1586. Elle est répandue du Nigeria au Mozambique en passant par le Congo.

Anthony Baines.

Sapho. 1. Opéra en trois actes de Gounod sur un livret d'Augier créé à l'Opéra de Paris le 16 avril 1851. Gounod l'a remanié à deux reprises en 1858 (deux actes) et 1884 (quatre actes).

2. Opéra en cinq actes de Massenet sur un livret de Cain et Bernède d'après Alphonse Daudet. Créé à l'Opéra-Comique le 27 novembre 1897.

Sapphische Ode (« Ode saphique »). Quatrième des cinq lieder op. 94 (1884) pour voix et piano de Brahms. Il met en musique un poème de Hans Schmidt.

Sarabande (esp. : *zarabanda*). Danse des XVIIe et XVIIIe siècles. Originaire d'Amérique latine, elle a fait son apparition en Espagne au début du XVIe siècle. Le caractère digne et majestueux de la plupart des sarabandes qui nous sont parvenues semble en opposition avec la description de Juan de Mariana (1536-1624), dans son *Tratado contra los juegos publicos* (1609), qui écrit que la sarabande est « si lascive dans ses paroles, si impudique dans ses mouvements qu'elle suffit à enflammer même les personnes les plus honnêtes ». En 1583, Philippe II la fait interdire en Espagne, mais elle réussit néanmoins à s'y maintenir. Il semble qu'elle était alors une danse rapide et animée, sur un rythme alternant entre 3/4 et 6/8.

La sarabande a été introduite en France et en Angleterre au début du XVIIe siècle et c'est à cette époque, surtout en France, que la version gracieuse et majestueuse de la danse s'est imposée, sur un rythme ternaire lent. La version plus vive a néanmoins subsisté, comme en témoigne un passage de *Musick's Monument* (1676) de Thomas Mace : « Les sarabandes sont du rythme ternaire le plus court, mais sont plus légères que les courantes... »

La sarabande est devenue un mouvement fondamental de la *suite. Purcell la place souvent en dernier, mais Bach et Haendel l'incluent avant la gigue. On en trouve un exemple superbe dans la *Suite anglaise nº 2 en la mineur* de Bach, dont Bach a réalisé une seconde version ornementée.

La sarabande a été reprise au XXᵉ siècle, notamment par Debussy (dans la suite *Pour le piano*), Satie (*Trois Sarabandes*) et Vaughan Williams (dans le « masque pour danser » *Job*).

Sarasate, Pablo de [Martín Melitón Sarasate y Navascués] (Pampelune, 10 mars 1844 ; Biarritz, 20 septembre 1908). Violoniste et compositeur espagnol. Il donne son premier concert à l'âge de sept ans et fait ses études à Madrid avec Rodriguez avant d'entrer au Conservatoire de Paris le 1ᵉʳ janvier 1856, où il est l'élève d'Alard. Il entame ensuite une très belle carrière de violoniste, voyageant beaucoup en Europe, en Amérique du Nord et en Amérique du Sud. Il possède deux violons de Stradivarius et fonde son propre quatuor à Paris entre 1860 et 1870. Sarasate est réputé pour la pureté classique de son style, la beauté de ses sonorités et sa facilité d'exécution. Son répertoire comprend les œuvres majeures des écoles allemande, française et belge. Il est l'inspirateur de nombreuses pièces célèbres qui lui ont été dédiées, notamment la *Symphonie espagnole* et le *Concerto en fa* de Lalo, le *Concerto pour violon nº 2* et la *Fantaisie écossaise* de Bruch, le *Concerto nº 2* de Wieniawski et le *Rondo capriccioso* et les *Concertos nᵒˢ 1* et *3* de Saint-Saëns. Ses propres œuvres, inspirées par la musique traditionnelle de son pays natal, comprennent des fantaisies, des romances et des transcriptions, dont *Zigeunerweisen* (« Airs bohémiens »), *Jota aragonesa* et quatre livres de danses espagnoles qui comptent parmi les solos pour violon les plus populaires.

Wendy Thompson.

Sardane (esp.). Danse nationale de Catalogne qui a pris sa forme actuelle au milieu du XIXᵉ siècle. Elle se danse en cercle sur une musique qui évoque la *farandole provençale (voir *Cobla* ; *Chalemie*, 3). Elle peut alterner entre 2/4 et 6/8.

Sarrussophone. En 1856, dix ans après que Sax eut fait breveter les *saxophones, un autre facteur d'instruments à vent parisien, Gautrot (puis Couesnon), a lancé la production d'une famille correspondante d'instruments à anche double, également en cuivre, avec le même mécanisme de clés, les mêmes doigtés, la même notation et les mêmes transpositions. Il lui a généreusement donné le nom du chef de la musique du 13ᵉ Régiment d'infanterie, Sarrus, qui lui en avait suggéré l'idée. Le soprano ressemble à un hautbois en cuivre ; les autres instruments, de l'alto à la contrebasse, ont le tube replié (entre une et cinq fois). Le sarrussophone a connu une certaine popularité dans les fanfares, en France, en Italie et en Espagne, remplaçant souvent le hautbois et le basson en plein air. En Italie, on entend encore les instruments les plus graves de la famille, le baryton en mi bémol et la basse en si bémol, dans les grandes fanfares municipales. Leur son n'est pas aussi plein que celui du saxophone, car, avec une anche double, la perce conique est déjà plus étroite dès le début du tube et se rétrécit d'un bout à l'autre de l'instrument.

Certaines œuvres symphoniques comportent une partie de sarrussophone contrebasse (*Threni* de Stravinski en est un exemple tardif). En France et en Espagne, cet instrument a souvent été utilisé pour les parties de contrebasson à partir de l'époque de Saint-Saëns. On le fabrique également aux États-Unis (pour les fanfares) et, en littérature, il est immortalisé dans *A Mingled Chime*, récit de Sir Thomas Beecham relatant sa production d'*Apollo and the Seaman* de Holbrooke en 1908.

Il ne faut pas confondre le sarrussophone contrebasse avec un autre instrument grave à anche double, la contrebasse à anche, autrefois fabriquée pour les fanfares par Mahillon (Bruxelles) : sur cet instrument, toutes les clés (sauf une) sont normalement fermées lorsque l'instrument est au repos, une seule clé étant ouverte pour chaque note. Elles sont disposées de telle sorte que la gamme monte vers le haut à partir de la clé du petit doigt de la main gauche jusqu'à celui de la main droite, créant à cet égard un parallèle avec le piano.

Anthony Baines.

Sarti, Giuseppe (baptisé à Faenza le 1ᵉʳ décembre 1729 ; Berlin, 28 juillet 1802). Compositeur d'opéras italien. Jeune homme, il est nommé organiste à la cathédrale de Faenza et devient célèbre après la création de son opéra *Il Re pastore* à Venise, en 1753. La même année, il se rend au Danemark avec une troupe lyrique itinérante et est invité à rester à Copenhague comme maître de chapelle de la cour ; il y devient plus tard directeur de l'Opéra-Italien et y reste jusqu'à sa fermeture, en 1763. Il rentre à Venise où il passe trois ans avant de retourner à Copenhague, en 1768 ; il compose des opéras (danois et italiens) pour le théâtre de la cour jusqu'en 1775, époque à laquelle des intrigues de cour l'amènent à démissionner. A son retour à Venise, il est immédiatement nommé directeur du Conservatorio dell'Ospedaletto. En 1779, il devient maître de chapelle de la cathédrale de Milan, mais une invitation le mène à Saint-Pétersbourg en 1784 ; il y dirige l'Opéra-Italien et remporte beaucoup de succès, malgré les vicissitudes causées (à nouveau) par des intrigues de cour – à un moment, il est exilé en Ukraine, mais il y fonde une école de musique qui connaît un tel succès que la Grande Catherine le rappelle à Saint-Pétersbourg pour prendre la direction du Conservatoire qui suit le modèle italien. Il meurt à Berlin lors d'une visite à sa fille.

Le succès de Sarti, en tant que compositeur d'opéras, est dû davantage à son talent mélodique et à son charme qu'à son sens dramatique. Toutefois, il est bon de noter que *Fra due litiganti* (1782) – dont Mozart a cité un air à l'acte II, scène 5 de *Don Giovanni* – a maintenu la prospérité de l'opéra italien à Vienne à une époque où les opéras de Mozart connaissaient assez peu de succès.

Denis Arnold.

Sarum Use (angl.). Liturgie, rite et manière d'exécuter le plain-chant dans l'évêché de Salisbury (la cathédrale et la ville de l'ancienne Salisbury ont été détruites et la nouvelle ville construite sur un autre site ; la cathédrale actuelle a été achevée en 1266) du Moyen Age à la Réforme. A la fin du Moyen Age, le « Sarum Use » s'est généralisé progressivement dans d'autres diocèses, comme York, Lincoln, Hereford et Bangor, qui jusqu'alors respectaient leur propre liturgie locale. La préface du premier Book of *Common Prayer de 1549 semble ignorer ce détail, qui condamne la « diversité des paroles et des chants dans les églises du royaume, certaines suivant la liturgie de Salisbury, certaines celle de Hereford ou de Bangor ou d'York ou de Lincoln ». Les livres du « Sarum Use » ont fourni aux réformateurs l'essentiel du matériel du Prayer Book, tout en condamnant le « nombre et la dureté » de ses règles ; les versions en plain-chant du « Sarum Use » continuent à être utilisées dans des œuvres comme les antiennes, les hymnes, les *Lamentations de Jérémie* et le *Magnificat*.

« Satchmo ». Voir *Armstrong, Louis*.

Satie, Érik (Alfred Leslie) (Honfleur, 17 mai 1866 ; Paris, 1er juillet 1925). Compositeur français. D'origine française et écossaise, Satie vit à Honfleur, entre quatre et douze ans, avec ses grands-parents et un oncle excentrique ; il y prend ses premières leçons de piano. Il s'installe ensuite à Paris pour rejoindre son père et fait ses études au Conservatoire (1879-86) sans grand succès. Parmi ses premières compositions figurent trois cycles de courtes pièces pour piano, les *Sarabandes* (1887), les *Gymnopédies* (1888) et les *Gnossiennes* (1890), évoquant l'ancien monde par une simplicité pure, une répétition monotone et des harmonies modales extrêmement originales ; elles exerceront une influence sur son ami Debussy. Il adopte la même méthode pour servir la secte rosicrucienne, dont les mystères sont célébrés avec austérité dans le « ballet chrétien » *Uspud* (1892) et les *Danses gothiques* pour piano (1893). La *Messe des pauvres* pour orgue et piano (1895) est plus orthodoxe par le sujet sinon par le style.

Durant cette période, Satie gagne sa vie en jouant du piano dans des cabarets de Montmartre, notamment au Chat-Noir ; il enrichit le répertoire du cabaret avec des chansons et de petites valses. En 1898, il s'installe à Arcueil-Cachan, où il vivra jusqu'à la fin de sa vie dans une pauvreté délibérément voulue. Il commence à composer des œuvres aux titres étranges comme les *Trois pièces en forme de poire* pour piano à quatre mains (1903), recueils de six pièces encore enfantines dans leur simplicité et sans aucune prétention. Il étudie avec Roussel et d'Indy à la Schola cantorum (1905-08), mais son style s'en ressent peu. En 1911, Debussy et Ravel jouent les pièces pour piano de Satie et le font mieux connaître. Il se met alors à composer davantage et continue à produire des recueils de courtes pièces instrumentales aux titres absurdes : les *Embryons desséchés* pour piano (1913) et les *Choses vues à droite et à gauche (sans lunettes)* pour violon et piano (1914) sont typiques. Il arrive souvent, comme dans *Sports et divertissements* pour piano (1914), que l'interprète se trouve confronté à des instructions tout aussi absurdes ou bien ironiquement humoristiques.

L'art modeste et moqueur de Satie en fait une idole pour la nouvelle génération de compositeurs français à l'époque de la Première Guerre mondiale. En 1915, il est découvert par Cocteau, qui chante ses louanges dans son manifeste *Le Coq et l'Arlequin* (1918) et fait en sorte que son influence s'étende au groupe des Six. Cocteau et Satie travaillent ensemble au ballet *Parade* (1917), partition anticonformiste dans sa forme discontinue, son matériel répétitif et l'inclusion à l'orchestre d'une machine à écrire, d'un revolver et d'autres instruments insolites. Satie compose ensuite la cantate *Socrate* (1919) qui dépasse presque les limites de l'humilité créatrice ; l'année suivante, Satie fournit à une exposition d'art de la « musique d'ameublement » destinée à être ignorée. Sa dernière œuvre majeure est une partition délibérément inconséquente pour le ballet dadaïste *Relâche* (1924).

Paul Griffiths.

BIBLIOGRAPHIE : Jean-Joël Barbier, *Au piano avec Érik Satie*, Libr. Séguier, Éd. Garamont-Archimbaud (Paris, 1987). Roland Belicha, *Chronologie satiste*, La Revue Musicale nº 312, Richard Masse (Paris, 1978). Vincent Lajoinie, *Érik Satie*, L'Age d'homme (Lausanne, 1985). Rollo Myers, *Érik Satie*, Gallimard (Paris, 1959). *Érik Satie, son temps et ses amis*, La Revue Musicale (Paris, juin 1952). Anne Rey, *Satie*, Seuil, coll. Solfèges (Paris, 1974, rééd. 1981). Pierre-Daniel Templier, *Érik Satie*, Rieder (Paris, 1932), rééd. Les Introuvables (Plan-de-la-Tour, 1975). Ornella Volta, *L'ymagier d'Érik Satie*, Van de Velde (Luynes, 1979).

Satz (all.). Terme doté de plusieurs sens. Dans la majorité des cas, il signifie « mouvement » (premier mouvement, mouvement lent, etc.). Il peut aussi signifier « thème » ou « sujet », « composition » ou « morceau », « texture » et « style ». *Haupsatz* signifie « premier sujet » et *Seitensatz* ou *Nebensatz* « second sujet ». Un *Schlusssatz* est un finale ou une coda.

Saudades (port.). Milhaud a écrit un recueil de danses assez courtes qui ressemblent au tango, intitulé *Saudades do Brazil* et Peter Warlock un recueil de mélodies qui porte le même titre. Il « exprime le sens obsédant de la tristesse et du regret du temps passé ».

Sauguet, Henri [Poupard, Jean-Pierre] (Bordeaux, 8 mai 1901). Compositeur français. Il fait ses études avec Canteloube, puis, après son installation à Paris en 1922, avec Charles Koechlin. Néanmoins, c'est Satie qui exerce sur lui une influence déterminante : membre de l'École d'Arcueil, groupe de disciples de Satie, il accepte l'esthétique sans prétention de son maître. Sous le nom d'Henri Sauguet, il gagne sa vie en composant pour le cinéma, le théâtre et la radio. Au nombre de ses œuvres plus sérieuses figurent des ballets, notamment *La Chatte* (1927), *Les Forains* (1945), *La Dame aux Camélias*, d'après Alexandre Dumas fils (1959), des opéras (*Les Caprices de Marianne*, d'après Alfred de Musset, 1954) et diverses partitions symphoniques ; sa musique est marquée d'un charme simple.

Paul Griffiths.

BIBLIOGRAPHIE : Pierre Ancelin, *Henri Sauguet, l'homme et l'œuvre*, La Revue Musicale nºs361-362-363, Richard Masse (Paris, 1983). France-Yvonne Bril, *Sauguet*, Seghers (Paris, 1967).

Sautillé (all. : *Springbegen* ; ital. : *saltando, saltato*). Coup d'archet court joué avec le milieu de l'archet pour qu'il rebondisse légèrement sur la corde, produisant un effet brillant capable d'une grande variété de dynamiques. Un mouvement distinct du poignet est nécessaire pour produire chaque note, contrairement au « jeté » ou au « ricochet », coups d'archet dans lesquels l'archet rebondit de son propre gré. Le sautillé est parfois indiqué par des points placés au-dessus ou au-dessous des notes, ou par des coups d'archet cunéiformes, mais son emploi est souvent laissé à la discrétion de l'instrumentiste.

Savoy Operas. Nom générique appliqué aux opérettes de Gilbert et Sullivan : à partir de *Iolanthe* (1882), elles ont toutes été créées au Savoy Theatre de Londres, construit spécialement à cet effet. On surnommait les interprètes de ce répertoire les « Savoyards ».

Sax, Adolphe [Antoine Joseph] (Dinant, près de Bruxelles, 4 novembre 1814 ; Paris, 1894). Facteur d'instruments à vent belge qui a inventé le *saxophone et le *saxhorn. Il est le fils du plus grand facteur d'instruments à vent de Bruxelles, Charles Sax. Tout en travaillant avec son père, il apprend à jouer de la clarinette au Conservatoire de Bruxelles et fabrique des modèles qui apportent des perfectionnements sensibles à la clarinette ainsi que certaines clarinettes basses qui définissent la forme moderne de cet instrument. A Bruxelles, il construit aussi les premiers saxophones. Il s'installe à Paris en 1842 ; en 1845, il fait breveter le saxhorn (qui est immédiatement importé en Angleterre par Henry Distin, fondateur de la firme qui allait devenir Boosey & Co.) et, l'année suivante, le saxophone. L'adoption rapide du saxhorn par les musiques militaires françaises suscite un antagonisme intense parmi les facteurs parisiens qui se liguent contre lui dans une série de procès qui causent pratiquement sa ruine. Il continue néanmoins à améliorer ses instruments et à en inventer d'autres (comme les timbales sans fût, 1859). Sax est l'une des personnalités majeures du monde instrumental et Berlioz comptait parmi ses partisans les plus convaincus. Sa firme a continué à fonctionner encore quelque temps après sa mort et de nombreux saxophones fabriqués jusque dans les années trente portent encore son nom, bien qu'ils soient le produit d'autres facteurs.

Pour les origines possibles des tubens wagnériens dans le *Ring*, voir *Tuba*, 5.

Anthony Baines.

Saxhorn. Plus de la moitié des cuivres qui composent la *fanfare en France comme en Grande-Bretagne descendent des saxhorns brevetés à Paris en 1845 par Adolphe Sax, qui avait déjà inventé le *saxophone et l'avait fait breveter un an plus tard. A cette époque, dans presque tous les pays, les facteurs produisaient de nouveaux instruments à pistons pour les fanfares, mais Sax fut le premier à concevoir sérieusement une famille dont la technique était unifiée et qui produisait un effet musical homogène du plus aigu au plus grave ; selon leur tessiture, les saxhorns étaient accordés en si bémol ou en mi bémol (parfois en fa). Il semble avoir commencé par construire les instruments les plus aigus de la famille, en forme de trompette, puis avoir adopté la forme du tuba pour tous, mais avec des perces moins larges que sur les modèles ultérieurs et actuels, et avec un son moins ample.

La famille des saxhorns – qui a immédiatement été importée en Angleterre par la firme de Distin (absorbée par la suite par Boosey) – se décompose ainsi :

– saxhorn sopranino en mi bémol ;
– saxhorn soprano en si bémol (ce dernier a disparu, les instrumentistes préférant le cornet à pistons ordinaire) ;
– saxhorn alto en mi bémol ;
– saxhorn baryton en si bémol ;
– saxhorn basse en si bémol ou euphonium ;
– saxhorn contrebasse en mi bémol.

A ces instruments est venu s'ajouter, en 1851, le saxhorn contrebasse en si bémol. Les deux trouvailles ultérieures ont été le saxhorn suraigu en si bémol, qui possède la tessiture de l'actuelle trompette piccolo et a été utilisé pendant quelque temps par certaines fanfares, et le bourdon en mi bémol, qui est pratiquement resté à l'état expérimental. Mais plusieurs modèles de Sax et de ses successeurs ont été conservés à titre de curiosités en Europe et aux États-Unis.

Sax a également produit une famille analogue, très légèrement différente, destinée aux fanfares montées ; il s'agit du saxo-tromba, depuis lors oublié.

Aux États-Unis, après les premières importations de saxhorns, les facteurs ont commencé à faire preuve de la plus grande indépendance, surtout en fabriquant des modèles dont le pavillon était dirigé vers l'arrière, au-dessus de l'épaule. Ces derniers ont joui d'une grande popularité à l'époque de la guerre civile. Les fanfares ont ensuite repris les modèles normaux aussi longtemps qu'ils ont subsisté dans ce pays, bien que le saxhorn baryton et le tuba, indispensables à toutes les musiques militaires, aient souvent un pavillon recourbé dirigé vers l'avant.

A l'orchestre, on ne connaît guère d'autres saxhorns que les tubas. Berlioz, qui avait confié un beau solo au saxhorn alto en mi bémol dans *Les Troyens* (« Chasse royale et orage »), l'a ensuite transféré au cor. Néanmoins, Wagner n'a jamais caché que les instruments de Sax (sans doute des saxhorns) lui avaient, au moins en partie, donné l'idée du quatuor de tubens qui n'apparaissent pratiquement que dans le *Ring* (voir *Tuba*, 5).

Anthony Baines.

Saxhorn alto (all. : *Althorn* ; amér. : *alto horn* ; angl. : *tenor horn* ; ital. : *genis*). Instrument à pistons de la famille des cuivres ; il est muni de trois pistons et son pavillon est pointé vers le haut. Il est accordé en mi bémol, une quinte au-dessous cornet à pistons. Voir *Fanfare* ; *Saxhorn*.

Saxophone

1. Étendue et mécanisme
2. La famille du saxophone
3. Histoire

Brevetés par Adolphe *Sax à Paris en 1846, les instruments de cette famille comportent un large tube conique en cuivre (plaqué ou verni), une anche simple et une embouchure qui ressemblent beaucoup à ceux de la clarinette (voir *Anche*, 2c). Ils ont tout d'abord été adoptés dans les musiques militaires où ils conservent une place essentielle dans la plupart des pays. Leur impact sur la musique symphonique est resté relativement limité, mais ils connaissent un immense succès dans le domaine du jazz. Il est curieux de lire, dans *Modern Orchestration* (éd. de 1902) de Kling, que « la qualité sonore particulière du saxophone ne convient pas à la musique de danse » ; mais le jazz a changé la musique de danse. Le saxophone joue un rôle important dans la musique de jazz en raison du volume sonore qu'il est capable de fournir sans effort, avec un tube relativement large à l'embouchure qui s'élargit à peu près trois fois plus que sur les autres instruments à anche coniques ; la masse d'air vibrant à l'intérieur d'un saxophone est donc très importante.

1. *Étendue et mécanisme.* Avec son tube conique, le saxophone octavie : la gamme fondamentale se répète à chaque octave avec les mêmes doigtés à partir de ré^4 (à la hauteur réelle) en deuxième harmonique, donnant à l'instrument son très beau registre à la sonorité pure. Pour cela, une clé d'octave à double effet et à spatule unique enfoncée par l'extrémité du pouce permet d'ouvrir deux clés d'octave, et une tige de correspondance à partir de la clé de l'annulaire commande le trou le plus haut placé, qui agit à partir et au-delà du la^4 (comme sur de nombreux hautbois). Il n'est pas facile d'obtenir des harmoniques plus aigus de telle sorte que les notes aiguës de l'étendue courante (jusqu'à fa^5) sont produites avec quatre clés situées en haut de l'instrument, trois d'entre elles étant actionnées avec les articulations inférieures de l'index et du majeur de la main gauche (ces notes sont en fait des seconds harmoniques de fondamentales non utilisées). Des solistes ont réussi à ajouter une autre octave en utilisant des doigtés spéciaux et des méthodes ont été publiées qui décrivent en détail ces doigtés. Néanmoins, l'étendue standard reste de deux octaves et demie, de si bémol^2 à fa^5 (notes écrites) ; la hauteur réelle de ces notes dépend du membre de la famille dont on joue, tous les saxophones étant des instruments transpositeurs (voir 2). Le mécanisme des clés paraît complexe mais le doigté est simple et ressemble à celui de la flûte.

2. *La famille du saxophone.* Elle comporte sept membres, accordés tour à tour en mi bémol et en si bémol (la gamme d'ut écrite sonne en mi bémol ou en si bémol respectivement ; voir Ex. 1). Les deux saxophones aigus sont le sopranino en mi bémol et le soprano en si bémol, tous deux généralement en forme de cône parfait. Il existe aussi un sopranino en fa, très rare, pour lequel Ravel a écrit une partie dans le *Boléro*. Le soprano (dont il existe aussi un modèle « recourbé » ayant la forme de l'alto) apparaît relativement peu dans le jazz, mais joue un rôle important en tant que voix supérieure dans le quatuor de saxophone (voir 3*c*) ; il est également assez populaire pour la musique improvisée (musiciens des rues, etc.), de même que le sopranino dans une moindre mesure.

Les trois principaux instruments de la famille ont tous la forme typique du saxophone, avec le pavillon dirigé vers le haut et un bocal incurvé qui reçoit le bec ; ce sont l'alto en mi bémol, le ténor en si bémol et le baryton en mi bémol (beaucoup plus grand, avec une boucle en haut du corps principal dans laquelle est inséré le bocal). Depuis quelques années, le baryton est régulièrement allongé avec un pavillon plus long et une clé supplémentaire pour atteindre le la grave qui est très

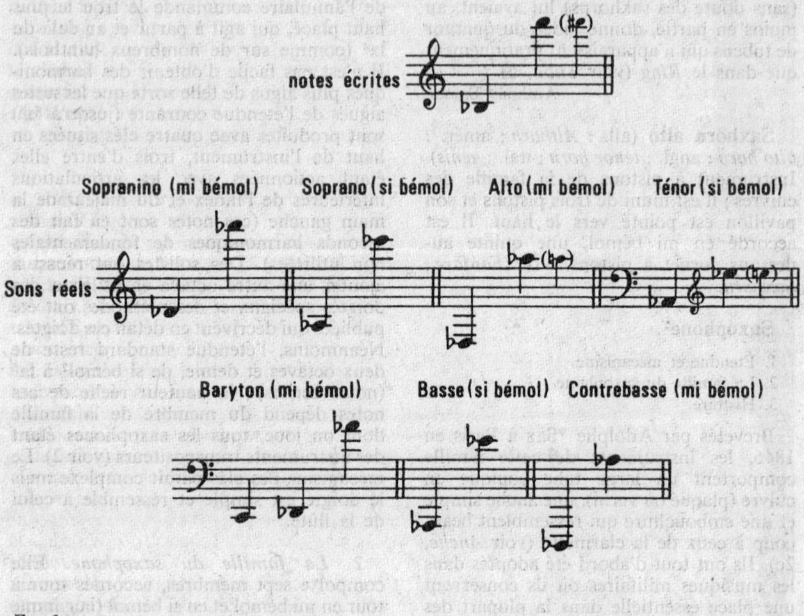

Ex. 1

utile (do réel, la note la plus grave du violoncelle). Certains saxophones ténor, alto et soprano comportent une clé supplémentaire pour produire un fa dièse aigu (qui sonne mi[4] sur le saxophone ténor). Il existait également un saxophone ténor en ut, pratique pour jouer sans avoir besoin de transposer.

Les saxophones les plus graves sont la basse en si bémol (comme le baryton mais mesurant plus de 1,20 m de long) et l'immense contrebasse en mi bémol (fabriqué uniquement sur commande). Le saxophone basse a fait une apparition dans la musique de jazz pendant quelque temps, notamment entre les mains d'Adrian Rollini, mais on le trouve surtout dans les grandes musiques militaires européennes.

La longueur des anches diffère, car la fréquence de vibration d'une barre (ce qu'est l'anche) varie en proportion inverse du carré de la longueur. S'il fallait fabriquer à la hâte et sans modèle une anche de saxophone soprano, on pourrait recouper une anche d'alto dans la proportion de 2/3 (approximativement 0,82, c'est-à-dire à environ 30 mm pour la partie recoupée), ces deux instruments étant espacés d'une quinte. Il faudrait réduire la largeur pour correspondre à l'embouchure plus étroite et amincir en proportion l'extrémité de l'anche.

3. *Histoire.* (*a*) *L'invention*. Adolphe Sax a inventé une clarinette basse viable qui a fait l'objet de son premier brevet, en 1838. Comme tant de grands inventeurs dans le domaine de la facture instrumentale, il n'a laissé aucun compte-rendu personnel sur son travail, mais il semble qu'en cherchant à perfectionner les possibilités du registre grave des bois, il ait essayé, à titre d'expérience, le bec de sa clarinette basse sur l'*ophicléide, instrument que fabriquait régulièrement l'atelier Sax, et qu'ainsi, en substituant des clés « ouvertes » aux clés « fermées » de l'ophicléide, il ait donné naissance aux premiers saxophones. En juin 1842, quelques mois avant que Sax quitte Bruxelles pour s'installer à Paris, Berlioz parlait, dans le *Journal des débats*, d' « un instrument de la famille des cuivres... dont la forme ressemble assez à celle de l'ophicléide, mais muni d'un bec identique à celui de la clarinette basse », ajoutant

« on ne peut lui comparer aucun cuivre ». En fait, sur les premiers saxophones graves, les largeurs de tube sont à peu près identiques à celles de l'ophicléide, si on les mesure en des points où la même note réelle sort des deux instruments.

Saxophone ténor.

Jusqu'à une date avancée du XXe siècle, les saxophones, surtout utilisés dans les musiques militaires, notamment dans les célèbres fanfares américaines de Dodworth à Sousa (mais rarement dans les fanfares britanniques avant 1890), ont conservé des caractéristiques anciennes : clés d'octave séparées, note la plus grave si bécarre, etc. En outre, il ne faut pas oublier, notamment à propos du solo de saxophone alto de *L'Arlésienne* de Bizet, qu'avec l'ancien tube plus étroit et surtout l'ancienne forme d'embouchure (plus spacieuse à l'intérieur qu'aujourd'hui), le son était moins résonnant, plus fermé et velouté qu'avec l'embouchure actuelle, plus serrée, mise au point pour obtenir une sonorité pénétrante dans les grands orchestres de jazz.

(*b*) *Utilisation à l'orchestre.* Dans la majeure partie des cas et jusqu'à une date récente, le saxophone est apparu individuellement à l'orchestre en commençant par le saxophone alto : avant Bizet, on trouve notamment un *obbligato* virtuose dans *Hamlet* (1868) d'Ambroise Thomas qui convient parfaitement à l'instrument, bien qu'il comporte cinq dièses. Également dans le domaine lyrique, il intervient dans *Hérodiade* et dans *Werther* de Massenet. L'alto joue à nouveau un rôle important dans les œuvres des années vingt et trente, comme l'orchestration de Ravel des *Tableaux d'une exposition* de Moussorgski, le *Concerto à la mémoire d'un ange* de Berg, *Belshazzar's Feast* de Walton, la suite *Háry János* de Kodály ou *Job* de Vaughan Williams (le saxophone servant dans ce dernier cas au Consolateur hypocrite). Vient ensuite le saxophone ténor dans la *Symphonie n° 4* de Vaughan Williams, *Lieutenant Kijé* et *Roméo et Juliette* de Prokofiev (surtout la deuxième suite). Naturellement, il est plus pratique de n'avoir à utiliser qu'un seul saxophone ; dans un orchestre, il y a souvent au sein du pupitre des clarinettes un instrumentiste susceptible de jouer du saxophone ou on peut engager régulièrement un saxophoniste au cachet ; mais avoir à engager trois instrumentistes ou davantage pour une seule œuvre est une autre affaire. Il y a toutefois de nombreuses œuvres qui exigent plusieurs saxophones, à commencer par le *Boléro* de Ravel (sopranino, soprano et ténor). C'est aussi le cas de la musique récente. Parmi les compositeurs qui font appel à plusieurs saxophones dans des œuvres symphoniques, on peut citer Vincent d'Indy (qui, dit-on, aimait que les saxophones soutiennent les voix dans ses œuvres chorales) et Stockhausen (qui a écrit pour l'alto, le ténor et le baryton dans *Carré*, 1960). On peut aussi signaler une curiosité : dans *Jeanne d'Arc au bûcher*, créée en 1936, Honegger a remplacé les trois cors de l'orchestre par trois saxophones alto.

(*c*) *Solo et quatuor.* Depuis Lefèbre, qui jouait dans l'ensemble de Sousa, et l'Américaine Elise Hall, qui a commandé des œuvres à d'Indy et à Debussy, le saxophone a connu d'éminents solistes : Marcel Mule, fondateur du Quatuor de saxophones de Paris (qui a débuté en 1928 sous le nom de Quatuor de la Garde républicaine), Sigurd Rascher, un Allemand qui s'est fixé aux États-Unis, et Cecil Leeson, un Américain. La plus grande partie des œuvres sérieuses écrites pour le saxophone avant 1950 étaient destinées à l'un des ces trois musiciens.

Parmi les ensembles plus anciens, le Sextuor de saxophones de Tom Brown a connu une grande notoriété aux États-Unis au moment de la Première Guerre mondiale – qui a également été une période de gloire pour le saxophone soliste dans le domaine des variétés. Récemment, le London Saxophone Quartet dirigé par Paul Harvey a été comparé à celui de Mule. Le quatuor normal comprend le soprano, l'alto, le ténor et le baryton, ce qui donne une étendue allant du do grave jusqu'au ré^5 dans l'aigu. Ils se fondent si facilement qu'on admet un répertoire presque entièrement composé d'arrangements.

La littérature soliste pour saxophone alto comporte la *Rhapsodie* de Debussy (publiée en 1919, orchestration achevée par Roger-Ducasse), une partition écrite sans enthousiasme qui ne met pas l'instrument en valeur comme le *Concerto* de Glazounov ou le *Concertino da camera* d'Ibert (1934, dédié à Rascher). Certaines œuvres écrites pour le Quatuor de Mule sont d'un niveau aussi élevé, comme le *Scherzo humoresque* (1935) de Jean Françaix.

(*d*) *Jazz et musique de danse.* On pense que le saxophone s'était déjà fait entendre dans la célèbre Basin Street, à La Nouvelle-Orléans, vers 1915. Tous les *leaders* d'ensembles de jazz ne lui avaient pas réservé un accueil très favorable, le considérant comme un intrus à la mode qui leur était imposé par les sociétés discographiques. Néanmoins, son usage de plus en plus répandu au cours des années vingt a abouti au pupitre de base constitué de trois instrumentistes – premier alto, second alto et ténor, tous doublés à la clarinette – jouant essentiellement des accords de sixte ou de quarte et sixte ; ce pupitre se retrouve encore dans les orchestrations de musique de danse commerciale (généralement avec des parties *ad libitum* pour le second ténor et le baryton). Pour les solos de jazz, le favori était, au début, le saxophone ténor ; c'est avec cet instrument que Coleman Hawkins s'est fait acclamer comme le plus grand saxophoniste de jazz ; son seul rival a été Lester Young à partir du début des années quarante. Au saxophone alto, Johnny Hodges, qui jouait dans l'orchestre de Duke Ellington, était un bon soliste, son partenaire Harry Carney excellant sur le saxophone baryton. L'alto s'est fait connaître comme instrument soliste avec le style « bop » de Charlie Parker (mort en 1955), avec les doubles croches et tout ce qui s'ensuivait (jouées sans le *vibrato* traditionnel). Pendant un certain temps, la musique rock a rendu sa primauté au saxophone ténor, mais, dans ce domaine, même avec l'aide d'un micro de contact glissé entre l'anche et l'embouchure et relié par fil à un système d'amplificateur et de haut-parleur, on ne peut pas dire que le saxophone ait regagné la place qu'il avait acquise dans le jazz.

Anthony Baines.

BIBLIOGRAPHIE : François et Yves Billard, *Histoires du saxophone*, Ed. Joseph Clims (Paris, 1986). Jean-Marie Londeix, *125 ans de musique pour saxophone*, Alphonse Leduc (Paris, 1971). Marcel Perrin, *Le Saxophone*, Perrin (Paris), rééd. Les Introuvables (Plan-de-la-Tour, 1977).

Sbalzato (ital., souvent abrégé *sbalz.*). « Heurté », « précipité », avec une certaine impétuosité.

Scala, Teatro alla. La Scala de Milan est probablement l'une des plus illustres scènes lyriques du monde. Le théâtre a été fondé en 1778 pour remplacer le théâtre ducal qui avait brûlé deux ans plus tôt. Il doit son nom à la femme du duc, Regina della Scala. L'édifice restera intact jusqu'au bombardement d'août 1943 mais sera reconstruit à l'identique et inauguré à nouveau en 1946. En 1955, Paolo Grassi a fondé la Piccola Scala, réservée aux opéras de chambre. La Scala a été marquée pendant un demi-siècle par la personnalité d'Arturo Toscanini, chef permanent dès 1898, puis directeur artistique entre 1921 et 1929. Depuis la dernière guerre, se sont succédé au poste de surintendant Antonio Ghiringhelli (1948-

72), Paolo Grassi (19722-77) et Carlo-Maria Badini (depuis 1977). Dans la liste des directeurs artistiques, on relève les noms de Tullio Serafin, Francesco Siciliani, Victor de Sabata, Massimo Bogianckino, Claudio Abbado et Cesare Mazzonis (depuis 1983). La direction musicale a été assurée entre 1966 et 1986 par Claudio Abbado, auquel a succédé Riccardo Muti.

Alain Pâris.

Scala enigmatica (ital.). Voir *Gamme*, 7.

Scale (angl.). « Gamme ».

Scandinavie

1. Introduction
2. La musique à la fin de la Renaissance
3. La Suède au XVIIe siècle
4. L'ère de Johan Roman
5. Le lied et la montée du nationalisme
6. La Suède après Berwald
7. Le Danemark après Nielsen
8. La Finlande avant Sibelius
9. Après Sibelius

1. *Introduction*. En Occident, la civilisation a pris corps autour du bassin méditerranéen au climat agréable et a mis un certain temps à s'étendre aux latitudes plus hostiles du Nord. La musique s'était épanouie à Rome et à Vienne bien avant de l'être à Stockholm et à Helsinki et la plupart des mélomanes n'ont pas le sentiment qu'il ait existé le moindre compositeur scandinave avant le milieu du XIXe siècle, époque à laquelle une poussée de nationalisme a créé un climat favorable à l'émergence d'un talent comme celui de Grieg. Toutefois, ces derniers temps, on a pu constater un regain d'intérêt pour Johan Roman et une prise de conscience du fait que Buxtehude appartient autant à la tradition scandinave qu'à celle du nord de l'Allemagne. D'autre part, si l'on considère l'étendue de la puissance scandinave au Xe siècle, il serait surprenant que la musique de ces peuples n'ait pas exercé une quelconque influence, même modeste, sur les régions d'Europe du Nord avec lesquelles les Scandinaves sont entrés en contact. Ils ont certainement joué un rôle dans le développement de la polyphonie. La pratique du *gymel* (chant à deux voix qui repose en partie sur les tierces parallèles), qui a prédominé en Angleterre à la fin du XIIe siècle et au XIIIe siècle, est peut-être d'origine scandinave. L'hymne à deux parties *Nobilis, humilis* conserve des traces de chant scaldique. Quant à Giraldus Cambrensis, il attribue le chant à plusieurs voix pratiqué dans le nord de la Grande-Bretagne à l'influence des envahisseurs vikings. On trouve quelques survivances intéressantes du chant des ballades (*kvaedir*) dans les îles Féroé et en Islande, où la pratique de l'*organum* subsiste encore.

2. *La musique à la fin de la Renaissance*. Les pays scandinaves sont pourtant restés relativement en marge du phénomène de la Renaissance, si on les compare aux autres pays d'Europe ; et bien que les célèbres maîtres flamands et italiens se soient fait entendre dans les cours nordiques, aucun grand compositeur indigène ne s'est distingué. La cour de Suède aimait la musique : le roi Éric XIV a entrepris une œuvre polyphonique à huit parties et son père, Gustave Vasa, jouait du luth. Johan III, qui a succédé à Éric XIV en 1568, a encouragé l'exécution des œuvres de Lassus, Hassler, Giovanni Gabrieli et Isaac à la chapelle royale. La cour du Danemark a entretenu un important effectif musical de chanteurs et d'instrumentistes et a atteint son apogée sous le règne de Christian IV (1588-1648), l'un des plus grands princes de la fin de la Renaissance. Musicien amateur accompli, il a attiré à la cour des personnalités telles que Dowland et Schütz et étendu sa protection à bien d'autres, notamment à Michael Praetorius et à Vecchi. En outre, le roi a envoyé un certain nombre de ses jeunes musiciens les plus prometteurs étudier en Italie, notamment Møgens Pedersøn (vers 1585-1623), qui avait alors environ quatorze ans, et Hans Nielsen (vers 1585-?1626). Pedersøn est ensuite retourné en Italie travailler avec Giovanni Gabrieli (1605-09), puis a été envoyé en Angleterre (1611-14). Les deux compositeurs ont écrit des madrigaux dans le style italien et sur des textes italiens, Nielsen allant même jusqu'à les publier sous un nom italien, Giovanni Fonteijo. Pedersøn a également publié des madrigaux à Venise, montrant une bonne maîtrise des techniques mises au point par Marenzio. Son œuvre la plus importante a été le *Pratum spirituale* (1620) qui comprend une messe brève en latin, forme plus concise davantage appréciée dans l'Église luthérienne (Kyrie,

Gloria, Credo abrégé et Sanctus), ainsi que des motets et des psaumes en danois. Toutefois, on ne discerne aucune caractéristique danoise distinctive dans la musique finement travaillée de Pedersøn, et les chorals de Jacob Årn (mort vers 1653) ne diffèrent pas sensiblement de la tradition protestante du nord de l'Allemagne, même si leur langage comporte une légère inflexion scandinave. Les énormes moyens musicaux dont disposait la cour du Danemark, qui avaient attiré Schütz à Copenhague, ont été dispersés à la mort de Christian IV.

3. *La Suède au XVIIe siècle.* Contrairement au roi Christian IV, les Vasa ont fait peu d'efforts pour encourager des talents locaux et se sont contentés de faire venir des musiciens étrangers. La famille Düben, originaire de Leipzig, a joué un rôle important, ses membres dominant la vie musicale suédoise pendant tout le XVIIe siècle. Andreas Düben (vers 1590-1662) a fait ses études à Amsterdam avec Sweelinck avant de s'installer à Stockholm, où il est devenu organiste de l'église allemande et ensuite (1640) *Hofkappelmästare*, poste qui est resté dans sa famille jusqu'à une date avancée du XVIIIe siècle. La reine Christina a manifesté un vif intérêt pour la musique avant et après son abdication, entretenant trois ensembles de styles différents, dont un ensemble français. Elle avait invité Vincenzo Abrici (1631-96) à sa cour et protégeait et admirait des compositeurs comme Carissimi, Alessandro Scarlatti et Corelli, qui lui a dédié ses *Sonates en trio op. 1.* Abrici a composé un Notre Père en suédois, la première œuvre polyphonique connue dans cette langue. Le membre le plus important de la dynastie Düben est le fils d'Andrea, Gustaf (vers 1628-90), dont la production comprend d'éloquentes œuvres latines ainsi que plusieurs chants monodiques sur des textes sacrés et profanes, où il fait preuve d'une imagination considérable dans son approche de la langue suédoise. Néanmoins, le premier véritable compositeur de renom appartient à la fin de l'ère baroque.

4. *L'ère de Johan Roman.* Johan Helmich Roman (1694-1758) s'impose à l'époque où la Suède quitte son rôle de grande puissance, après la mort de Charles XII, pour se tourner vers des arts pacifiques. Le talent de Roman comme violoniste et hautboïste se révèle si tôt que la cour prend la décision sans précédent de lui offrir des études à l'étranger. Il passe cinq ans en Angleterre (1716-21), où il est sans doute l'élève de Pepusch et devient probablement un fervent admirateur de Haendel. Puis il rentre dans son pays où il est nommé, en 1727, *Kapellmästare* à la cour. Il transforme l'orchestre en un ensemble de premier ordre et, avec le jeune instrumentiste et compositeur Per Brant (1713-67), il commence à donner des concerts publics à Stockholm, créant un forum important pour la musique nouvelle. Élève de Roman, Johan Agrell (1701-65), s'installe à Munich et Johan Daniel Berlin (né à Memel, 1714) à Trondheim ; mais, malgré toute sa compétence, il ne possédait pas un profil musical aussi distinctif que Roman ; en outre, il sera éclipsé par son fils, Johan Henrik (1714-1808), qui lui succède à la cathédrale de Trondheim où il avait été l'un des membres fondateurs de la Société de musique. Mais la première société orchestrale qui ait été fondée est l'*Harmonien* de Bergen en 1765.

En Suède, les personnalités les plus importantes sont aussi des Allemands. Johann Gottlieb Naumann (1741-1801), natif de Dresde, a passé une grande partie de sa vie à Copenhague et à Stockholm et a composé le premier opéra suédois sur un thème national, *Gustaf Vasa* (1786), sur un livret du poète Kellgren d'après une esquisse en prose du roi Gustave III lui-même. Les arts en général, et la musique en particulier, se sont épanouis sous le règne de Gustave III (1772-92), qui a non seulement fondé l'Opéra royal mais encore l'Académie royale de musique suédoise. Néanmoins, malgré l'essor de l'opéra, les talents continuent à venir de l'étranger : *Gustaf Vasa* est suivi d'un singspiel nationaliste intitulé *Gustaf Adolf och Ebba Brahe* de Georg Joseph Vogler. Toutefois, le talent symphonique le plus intéressant qui ait émergé après Roman est Joseph Martin Kraus (1756-92), contemporain exact de Mozart. Originaire de Miltenberg dans le sud de l'Allemagne, Kraus s'est installé en Suède vers l'âge de vingt ans ; il est finalement devenu *Hovkapellmästare* de Gustave III. Sa *Symphonie en ut mineur* a le parfum caractéristique de l'époque du *Sturm und Drang* et sa plus belle musique possède une intensité sombre qui rappelle Gluck et C. P. E. Bach. Sa *Cantate funèbre pour Gustave III de Suède*, écrite au cours des derniers mois de sa vie, révèle un esprit puissant et original et c'est presque un miracle que sa musique lui ait valu l'admiration de Haydn. Parmi ses élèves figure Johan Wikmanson (1752-1800) dont les quatuors montrent l'étendue de l'influence de Haydn dans toute l'Europe. Il faut aussi mentionner un phénomène typique du règne de Gustave III, Carl Michael Bellman (1740-95), dont les mélodies mêlent de façon unique des paroles d'une grande distinction poétique et des mélodies issues de l'opéra-comique ou d'autres sources analogues.

5. *Le lied et la montée du nationalisme.* Le début du XIXe siècle est marqué par l'intérêt croissant porté au lied, florissant au Danemark comme en Suède. La plus grande personnalité de l'époque (certainement sous-estimée dans les autres pays) est Christoph Ernst Friedrich Weyse (1774-1842), qui s'est installé à Copenhague en 1789. Ses lieder ont même été comparés à ceux de Schubert et, comme son successeur Peter Heise (1830-79), il ne manque ni de spontanéité ni de génie inventif. En Suède, la musique d'Adolf Lindblad (1801-76) se caractérise par la richesse du fond mélodique et la pureté de son style, mais malgré des poètes et des compositeurs aussi talentueux qu'Erik Gustaf Geijer (1783-1847) et C. L. J. Almqvist (1793-1866), la Suède n'a produit aucun grand maître du *romans* (l'équivalent du lied allemand ou de la mélodie française) à la mesure de ses chanteurs, qu'il s'agisse de Jenny Lind ou de Christine Nilsson. En Norvège, Ludvig Mathias Lindemann (1812-87) a attiré l'attention de ses compatriotes sur les richesses de leur musique traditionnelle en publiant son *Aeldre og nyere Fjeldmelodier* (1853 67) qui a beaucoup contribué à l'évolution de la mélodie norvégienne pendant la dernière partie du siècle. Les fondations ont été jetées par Halfdan Kjerulf (1815-68) et Rikard Nordraak (1842-66) qui ont joué un rôle important dans la formation de Grieg. Pendant tout le XIXe siècle, la poussée de la conscience nationale est allée de pair avec les mouvements libéraux ; il était donc normal, lorsque la Norvège est passée sous la domination suédoise en 1809, en compensation de la perte de la Finlande, que le sentiment national norvégien se développe et que ses artistes recherchent leurs propres racines culturelles.

Gade au Danemark et Berwald en Suède sont restés relativement indifférents à la musique traditionnelle qui a eu une emprise plus forte en Norvège, en partie grâce à la force et à la richesse de cette musique elle-même. Après la génération de Grieg et de Svendsen, presque tous les compositeurs ont été touchés par son inspiration : Johan Halvorsen (1864-1935), Arne Eggen (1881-1955) et Ludvig Irgens Jensen (1894-1969) en sont trois exemples. Jensen en fait un usage très original dans sa *Partita sinfonica* (1937). Harald Saeverud (né en 1897) est peut-être le plus audacieux et certainement le plus original : ses symphonies de guerre et la musique de scène qu'il a écrite pour *Peer Gynt* après la fin des hostilités l'ont fait connaître à l'étranger. Son style mélodique est simple, plein d'aphorismes, les rythmes sont robustes et les harmonies diatoniques, mais souvent austères. Réagissant contre l'héritage traditionnel, Fartein Valen (1887-1952) a élaboré dans les années vingt un style dodécaphonique très personnel. Si l'on considère l'aspect isolé de cette démarche, le résultat est d'autant plus remarquable et les structures qu'il utilise dans des œuvres comme *Le Cimetière marin* (1933) et le *Concerto pour violon* (1940) ont une qualité presque lumineuse ; elles rappellent un peu Delius et Berg et font preuve d'une poésie très personnelle. Des compositeurs plus jeunes ont continué à s'inspirer de la musique traditionnelle, notamment Eivind Groven (1901) et Geirr Tveitt (1908-81), tous deux originaires de Telemark ; toutefois, les années d'après-guerre ont été marquées par une évolution comparable à celle des pays scandinaves voisins. Chaque école moderne ou presque a ses adeptes, mais la personnalité la plus largement reconnue est celle d'Arne Nordheim (1931), compositeur éclectique et imaginatif.

6. *La Suède après Berwald.* La plupart des compositeurs de la seconde moitié du XIXe siècle étaient des hommes sans grande personnalité reflétant soit les idéaux de Leipzig, comme c'est le cas de Ludvig Norman (1831-85), soit ceux de Wagner, comme c'est le cas d'Andreas Hallén (1846-1925). La plus forte person-

nalité qui ait émergé dans le sillage de Berwald est sans aucun doute Wilhelm Stenhammar (1871-1927). Pianiste impressionnant (et par la suite chef d'orchestre), Stenhammar était fortement attiré par Brahms, dont il a été un grand interprète, et, parmi ses contemporains, par Nielsen et Sibelius. D'une tournure d'esprit calme et aristocratique, sa plus belle musique rappelle la douceur de Fauré et le sens de la nostalgie d'Elgar, bien que son langage n'évoque aucun de ces deux compositeurs. Son travail soigné, son sens de la fantaisie et de la poésie transparaissent dans des œuvres comme la *Sérénade pour orchestre op.31* et la *Symphonie nº 2 op.34* ; il possède le même amour de la nature que ses grands contemporains nordiques et la même conscience de la précarité de l'expérience qui distingue les derniers romantiques comme Mahler, Elgar ou Delius. La brièveté et la pâleur de l'été sont au cœur de la sensibilité suédoise et peu de compositeurs ont su en exprimer avec plus d'éloquence la douce mélancolie. Néanmoins, Stenhammar possède une maîtrise du processus de la sonate et une force d'impulsion qui ne laissent aucun doute sur l'influence de Sibelius. Son art n'est pas aussi nationaliste ou inspiré du folklore que celui de Hugo Alfvén (1872-1960) ou de Wilhelm Peterson-Berger (1867-1942) et, paradoxalement, semble s'accorder beaucoup plus avec l'esprit suédois. On connaît davantage Alfvén par sa rhapsodie *Midsommarvaka* –morceau de répertoire brillant qui est, en un sens, l'équivalent des *Rhapsodies norvégiennes* de Svendsen – que par ses symphonies. Ture Rangström (1884-1947) et Kurt Atterberg (1887-1974) sont tous deux des symphonistes, mais Rangström est plus à l'aise dans les miniatures. Ses plus beaux lieder ont une simplicité touchante et un attrait direct qui lui ont valu une place dans le répertoire international.

La génération suivante a réagi contre l'opulence orchestrale luxuriante et l'inspiration folklorique d'Alfvén et d'Atterberg et s'est tournée vers l'Europe pour y trouver une force stimulante. Entre les deux guerres, le compositeur le plus influent a été Hilding Rosenberg (1892-1985). Outre l'influence de Sibelius et de Nielsen, il a subi, dans les années vingt, celles de Honegger, Milhaud, Hindemith ainsi que celle de Schoenberg telle qu'il se révélait dans sa *Symphonie de chambre nº 1*. Compositeur extrêmement prolifique, il a écrit un grand opéra-oratorio, *Joseph et ses frères*, neuf symphonies, dont deux symphonies chorales, et douze quatuors. Rosenberg a non seulement ouvert les portes au monde extérieur, mais il l'a fait sans rien perdre de son identité. Malgré ses sympathies cosmopolites, il est resté vraiment suédois et son œuvre s'en est trouvé enrichie.

L'éclectisme de Rosenberg se reflète non seulement dans la personnalité de Lars-Erik Larsson (1908) mais dans celle de ses élèves, Karl-Birger Blomdahl (1916-68), Sven-Erik Bäck (1919) et Ingvar Lidholm (1921). Dag Wirén (1905), dont la belle *Sérénade* est connue dans le monde entier, est peut-être celui qui est le moins tourné vers l'extérieur ; ses racines restent chez Sibelius et Nielsen, mais il se dégage de son œuvre une coloration personnelle et une fraîcheur toute nordique. Blomdahl, Bäck et Lidholm ont été les figures dominantes des années cinquante, Blomdahl assimilant les diverses influences de Hindemith, Bartók, Schoenberg, Webern et de l'école postsérielle. Sa musique fait preuve d'une imagination sombre et puissante, comme dans sa *Symphonie nº 3* (*Facettes*) ; mais son opéra *Aniara* (1959) n'a pas tenu la scène, malgré l'accueil qu'il a reçu. Allan Pettersson (1911-80) s'inscrit dans une tradition plus conservatrice ; ses seize symphonies valent plus par leur atmosphère que par leur substance réelle. Au nombre des compositeurs plus jeunes figurent Lars-Johan Werle (1926), dont les opéras *Drömmen om Thérèse* (« Le Rêve de Thérèse », d'après Maupassant) et *Tintomara*, révèlent un sens aigu du théâtre, et Sven-David Sandström (1942), qui a écrit de la belle musique vocale. La Suède possède la tradition lyrique et vocale la plus solide de tous les pays scandinaves ; elle a produit des voix telles que Björling, Nilsson et Söderström ainsi que des chœurs superbes.

7. *Le Danemark après Nielsen*. Copenhague a été un centre musical florissant au XIXᵉ siècle et a produit bien d'autres compositeurs que Niels Gade. C. F. E. Horneman (1841-1906) et Peter Lange-Müller (1850-1926) possédaient facilité mélodique et charme, le premier exerçant, avec Svendsen, une certaine influence sur Carl Nielsen. Toutefois, comme Sibelius

en Finlande, Nielsen avait une telle envergure que les jeunes compositeurs danois ne pouvaient échapper à son magnétisme. Ce fut certainement le cas de Knud Jeppesen (1890-1974) et de Finn Høffding (1899). *Intonazione boreale* de Jeppesen s'inscrit dans le prolongement de *Commotio* de Nielsen. D'autres, comme Knudaage Riisager (1897-1974) et Jørgen Jersild (1913), se sont tournés vers des modèles français ; Uuno Klami (1900-61) en Finlande et Gösta Nystroem (1890-1966) en Suède ont suivi la même voie. Le Danemark a eu également son « outsider » en la personne de Rued Langgaard (1893-1952), qui a composé seize symphonies et une œuvre iconoclaste, *Musique des sphères* (1918), qui mêle les moyens d'expression traditionnels à des sons de cluster et une partie de piano jouée directement sur les cordes.

C'est dans la musique de Herman D. Koppel (1904), Vagn Holmboe (1909) et Niels Viggo Bentzon (1919) que l'influence de Nielsen semble assimilée au même titre que celle de personnalités néoclassiques comme Hindemith et Stravinski. Holmboe s'affirme sur le plan stylistique. Son univers sentimental est aussi discipliné que les moyens d'expression qu'il choisit. Ses quinze symphonies révèlent un inexorable mouvement en avant et une cohérence organique qui le situent dans la tradition de Sibelius ; pourtant, on ne trouve aucune trace du grand musicien finlandais dans son monde sonore. Il a écrit une vingtaine de concertos et quinze quatuors à cordes dont les meilleurs possèdent une clarté et une qualité distinctive impressionnantes ; son orchestration est tout aussi translucide. Ni les cinq symphonies de Herman D. Koppel ni les quinze symphonies de Niels Viggo Bentzon n'affirment une concentration aussi intense. Bentzon, qui est apparenté au compositeur J. P. E. Hartmann (1805-1900), ne possède pas un style aussi consistant, mais néanmoins ses *Symphonies nos 3, 4* et *7* (comme les symphonies nos 7 à 10 de Holmboe) révèlent une imagination remarquable et possèdent une réelle puissance d'anticipation. Holmboe et Bentzon ont tous deux été fascinés pendant les années d'après-guerre par la métamorphose thématique et font preuve de ressources remarquables. Holmboe et son jeune contemporain Bernhard Lewkovitch (1927) ont également enrichi le répertoire de la musique vocale.

Parmi les compositeurs plus jeunes, il faut mentionner deux élèves de Holmboe, Per Nørgaard (1932) et Ib Nørholm (1931). Nørgaard est éclectique et accompli et ses premières œuvres, notamment une *Sonate pour piano* et *Constellations*, ne laissent aucun doute sur sa finesse technique ; ses œuvres suivantes, notamment le ballet *Le Jeune Homme à marier* et quelques symphonies, montrent l'étendue de ses préoccupations.

8. *La Finlande avant Sibelius*. Pendant plus de deux siècles (1582-1809), la Finlande était un grand-duché de la Suède et, dans l'ensemble, sa vie musicale est restée profondément marquée par la tutelle suédoise. A la fin de la Renaissance, le principal centre culturel était Åbo (Turku), où Didrik Peter de Nyland a compilé le célèbre recueil de chansons *Piae cantiones* (1582), dont une version finlandaise a paru à Stockholm en 1616. Åbo, siège de l'Université finlandaise jusqu'en 1827, a connu une vie musicale florissante. Cependant, des compositeurs comme Bernhard Crusell (1775-1838), surtout connu pour ses concertos pour clarinette, et Erik Tulindberg (1761-1814), qui a composé plusieurs quatuors à cordes, étaient de culture essentiellement suédoise. Lorsque, en 1809, la Finlande est devenue un grand-duché de l'empire tsariste, les éléments étaient réunis pour un développement rapide de la conscience nationale qui a vite acquis de la force en littérature – avec la publication des poésies folkloriques d'Elias Lönnrot, *Kantele* (1831) et *Kalevala* (1835) – et beaucoup plus tard en musique. Toutefois, le « père de la musique finlandaise » est un compositeur d'origine allemande, Fredrick Pacius (1809-91), élève de Spohr, qui a passé quelques années au sein de l'Orchestre de l'Opéra de Stockholm avant de s'installer à Helsinki en 1834. Avec Martin Wegelius (1846-1906), il a mis en mouvement une vie musicale plus active à Helsinki, mais il a fallu néanmoins attendre 1882 pour que Robert Kajanus (1856-1933) donne à l'Orchestre d'Helsinki un statut permanent et l'Opéra national finlandais n'a été fondé qu'au début de ce siècle. On peut mesurer l'étendue de l'action de Sibelius en la confrontant à ce contexte provincial et à l'œuvre relativement pâle et entièrement conventionnelle de ses prédécesseurs Filip

von Schantz (1835-65), Axel Gabriel Ingelius (1822-68) et Pacius lui-même.

9. *Après Sibelius.* Sibelius avait une personnalité si forte que seule la nature la plus robuste pouvait survivre dans son ombre. Beaucoup de compositeurs qui ont écrit dans son sillage se sont laissé imprégner dans une certaine mesure par son langage : Leevi Madetoja (1887-1947) et Erkki Melartin (1875-1937) n'ont pas échappé à sa force d'attraction quasi magnétique. En effet, son rayonnement a largement dépassé les frontières de la Finlande : un seul de ses jeunes contemporains, Yrjö Kilpinen (1892-1959), s'est taillé une place particulière dans la musique finlandaise et dans l'histoire de la mélodie ; peu de compositeurs ont su distiller avec autant d'adresse une atmosphère puissante avec une telle économie de moyens. Aare Merikanto (1893-1959) est une autre figure indépendante : son opéra *Juha* révèle une personnalité vive et impressionnante qui présente des analogies curieuses avec celle de Janáček, alors que l'un de ses concertos pour violon suggère presque Szymanowski. *Juha* rappelle que, bien que Sibelius ait choisi de rester à l'écart de l'univers lyrique, il y a une tradition bien vivante d'opéra finlandais : *Pohjalaisia* (1924) de Madetoja est une œuvre vigoureuse qui a porté ses fruits dans la résurgence de l'intérêt en faveur de l'opéra au cours des années soixante-dix.

Chez les compositeurs d'âge moyen et au sein de la jeune génération, on rencontre un éventail de centres d'intérêt et de styles aussi large que dans n'importe quel grand pays occidental. Joonas Kokkonen (1921) figure parmi les compositeurs les plus estimés. Ses partitions alertes et intelligentes, avec leur art raffiné et leurs structures bien calculées, allient le néoclassicisme cosmopolite à une vigueur typiquement nordique. Il a hérité un peu du sens de la forme de Sibelius et a écrit quatre symphonies puissantes et un opéra, *Les Dernières Tentations.* L'existence même de personnalités musicales aussi diverses qu'Erik Bergman (1911), Einar Englund (1916), Einojuhani Rautavaara (1928), qui a attiré l'attention dans les années cinquante avec son *Requiem de notre temps* pour instruments à vent, Aulis Sallinen (1935), Paavo Heininen (1938), Bengt Johansson (1914) et d'autres encore est le reflet d'une vitalité qui dépasse largement les dimensions de ce pays.

Robert Layton.

BIBLIOGRAPHIE : P. Viardot, *La Musique en Scandinavie,* Fischbacher (Paris, 1908). Eugène d'Harcourt, *La Musique actuelle dans les États scandinaves,* Fischbacher (Paris, 1909).

Scaramouche. Suite pour deux pianos de Milhaud, composée en 1937. Elle est tirée de la musique de scène qu'il avait écrite pour *Le Médecin volant* de Molière, représenté en 1937 au Théâtre Scaramouche, à Paris.

Scarbo. Troisième pièce de la suite pour piano de *Gaspard de la nuit* (1908) de Ravel.

Scarlatti. Famille de musiciens italiens. (Pietro) **Alessandro** (Gasparo) **Scarlatti** (Palerme, 2 mai 1660 ; Naples, 22 octobre 1725) naît dans une famille pauvre et est envoyé à Rome à l'âge de douze ans pour être élevé par des parents. On ne sait pratiquement rien de ses études. Son premier opéra, *Gli Equivoci nel sembiante,* est donné à Rome en 1679. C'est un succès et il est représenté dans toute l'Italie. Bien que Scarlatti réside à Rome (ses protecteurs étant la reine Christine de Suède et deux puissants cardinaux, Pietro Ottoboni et Benedette Pamphili), il séjourne aussi en Autriche et en Allemagne au début des années 1680.

Scarlatti quitte Rome pour Naples en 1684. Sa nomination au poste de *maestro di cappella* du vice-roi et celle de son frère Francesco (1666-vers 1741) comme premier violon de la chapelle sont controversées et font l'objet de beaucoup de commérages malveillants. Néanmoins, les Scarlatti conservent leurs postes et Alessandro passe dix-huit ans à Naples, composant de nombreux opéras (dont certains sont représentés à Naples et dans d'autres pays d'Europe), des sérénades, des oratorios et beaucoup de cantates. Vers 1700, il commence à se sentir surchargé de travail et sous-payé et, en 1702, il quitte Naples pour Florence où un engagement espéré à la cour des Médicis ne se concrétise pas. Il retourne alors à Rome chez son ancien protecteur, le cardinal Ottoboni. Il est également directeur musical assistant à Sainte-Marie-Majeure et, à partir de 1707, *maestro di cappella.* Comme peu d'opéras sont représentés dans cette ville dominée par le Vatican, il se consacre à la composition de cantates, de sérénades et d'oratorios. Toutefois, deux de ses opéras sont produits à Venise, notamment celui que l'on peut considérer comme sa plus belle œuvre, *Il Mitridate Eupatore* (1707).

Scarlatti est à nouveau assailli par des soucis financiers et, à la fin de l'année 1708, il reprend son ancien poste à Naples. Il y reste pendant dix ans, composant une douzaine d'opéras (notamment *Il Tigrane*, 1715, *Il Cambise*, 1719, et la comédie *Il Trionfo d'amore*, 1718) et ses premières pièces instrumentales. Entre 1718 et 1721, il séjourne à nouveau à Rome, où trois nouveaux opéras (*Telemaco*, 1718, *Marco Attilio Regolo*, 1719, et *La Griselda*, 1721) ne remportent pas le succès de ses œuvres antérieures. Il passe la fin de ses jours à Naples.

A la fin de sa vie, Alessandro Scarlatti était tenu en grande estime mais était considéré comme un musicien un peu démodé, même par des admirateurs aussi dévoués que Hasse et Quantz. Sa musique a été négligée après sa mort et il a fallu attendre le XXe siècle pour que soit reconnue son importance dans le domaine de l'opéra. Il nous est parvenu environ soixante-dix opéras de lui (un grand nombre sont perdus), dont certains incomplets. Dans ces ouvrages, il a défini l'ouverture en forme de *sinfonia* à l'italienne en trois mouvements et l'air à *da capo* ; il a aussi élargi l'orchestre, ajoutant des trompettes, des hautbois, des flûtes et des cors au groupe de base que constituaient les cordes. Il a aussi écrit plus de six cents cantates de chambre, essentiellement pour voix soliste et continuo. Alessandro Scarlatti compte parmi les derniers compositeurs importants à avoir contribué au genre baroque.

Alessandro s'était marié à l'âge de dix-huit ans, mais seuls cinq de ses dix enfants ont survécu. Il a sans doute enseigné la musique à son sixième enfant, (Giuseppe) **Domenico Scarlatti** (Naples, 26 octobre 1685 ; Madrid, 23 juillet 1757). A l'âge de quinze ans, Domenico est nommé organiste et compositeur de la chapelle royale de Naples, sous la direction de son père ; il accompagne Alessandro à Florence en 1702, mais au lieu de le suivre à Rome, il retourne à Naples. En 1705, Alessandro l'envoie à Venise, prétendant que ni Naples ni Rome ne peuvent suffire à son « jeune aigle dont les ailes ont poussé ». Toutefois, quatre ans plus tard, Domenico se rebelle contre l'autorité de son père et entre au service de la reine polonaise en exil à Rome, Maria Casimira. En 1713, il est nommé *meastro di cappella* de la Basilica Giulia, puis de la chapelle de l'ambassadeur du Portugal au Vatican. A Rome, il fait la connaissance du jeune compositeur anglais Thomas Roseingrave, qui assurera activement la promotion de la musique de Scarlatti en Angleterre. Il aurait également participé à un concours de clavier avec Haendel. Toutefois, bien qu'il approche alors de la trentaine, il continue à souffrir de l'attitude autoritaire de son père, ce qui influence peut-être sa décision de quitter Rome pour le Portugal, en 1719. Jusqu'à cette date, ses œuvres – environ quatorze opéras, de nombreuses cantates et de la musique sacrée – se limitent à de pâles imitations de celles de son père.

A Lisbonne, Scarlatti devient *maestro* du Seminario Patriarcal et enseigne également le clavecin à l'infante Maria Barbara, fille de Jean V. En 1728, elle épouse le prince héritier d'Espagne, Fernando, et Domenico Scarlatti la suit à Madrid. Il passe le reste de sa vie en Espagne, à l'exception d'un voyage en Italie en 1728, date à laquelle il se marie. Scarlatti est fait chevalier de l'ordre de Santiago en 1738, mais ses années en Espagne sont dans l'ensemble peu mouvementées.

L'installation de Scarlatti au Portugal a coïncidé avec l'affirmation de sa véritable personnalité musicale, ce qui transparaît nettement dans les œuvres pour clavecin sur lesquelles repose sa réputation. Plus de cinq cents de ces « sonates » de forme binaire en un mouvement pour clavecin ou piano ont survécu – Scarlatti a lui-même appelé « Essercizi » le premier recueil publié (Londres, 1738). Il les a écrites pour son élève royale Maria Barbara et en a peut-être conçu certaines par paires, reliées entre elles par la tonalité et non par le matériel thématique. Un grand nombre de ces sonates comportent des traces d'influence espagnole et portugaise, sans doute dérivées de la technique de la guitare ; elles ont, à leur tour, marqué les œuvres de son contemporain espagnol Antonio Soler ainsi que la musique de plusieurs compositeurs anglais du XVIIIe siècle. Bien que certains érudits aient tenté d'imposer une chronologie aux sonates (celle de Kirkpatrick est la plus connue et les œuvres de Scarlatti se voient généralement attribuer des numéros « K »), l'ordre dans lequel elles ont été composées n'est pas parfaitement clair.

Giuseppe Scarlatti (Naples, vers 1718 ou 1723 ; Vienne, 17 août 1777) est un neveu de Domenico Scarlatti (il est sans doute le fils du frère de Domenico, Tommaso). A partir de 1739, il vit à Rome, Florence et Lucques où plusieurs de ses opéras sont représentés. En 1747, il quitte Rome pour Vienne mais n'y trouve pas d'emploi convenable et retourne en Italie. Son opéra *Adriano in Siria* est donné au carnaval de Venise en 1752 et, trois ans plus tard, il retourne à Naples. Il passe la fin de sa vie à Vienne, où il s'installe en 1757 et se lie d'amitié avec Gluck. Il y compose plusieurs intermezzos comiques et des opéras-comiques dans un style assez démodé.

Wendy Thompson.

BIBLIOGRAPHIE : Ralph Kirkpatrick, *Domenico Scarlatti*, Lattès (Paris, 1982).

Scat singing (angl.). En jazz, utilisation de syllabes dépourvues de sens et autres effets vocaux ; pratique introduite notamment par Louis Armstrong. Le groupe britannique des Swingle Singers utilisait cette technique dans ses exécutions vocales d'airs instrumentaux.

Scemando (ital.). « En diminuant » (le volume sonore), comme *diminuendo*.

Scena (ital.). « Scène ». Dans un opéra, épisode étendu se composant d'une suite relativement construite de sections apparentées (par exemple, introduction, récitatif, arioso, un ou plusieurs airs), souvent destinées à un seul chanteur et essentiellement dramatique. Aux XVIIIe et XIXe siècles, ce titre a été donné à des épisodes dramatiques pour un soliste spécialement composés pour le concert, et non dans le style d'une cantate. La *scena* mettait généralement en musique soit un extrait d'un livret d'opéra, soit un autre texte dramatique (comme *Ah, perfido !* de Beethoven).

Scénario. Plan détaillé ou résumé d'une pièce de théâtre ou d'un opéra qui indique les personnages, le nombre de scènes, les endroits où surviennent les principaux sommets dramatiques et musicaux, etc.

Scènes alsaciennes. Suite pour orchestre n° 7 de Massenet composée en 1881 d'après un conte d'Alphonse Daudet.

Scènes d'enfants (*Kinderscenen*). Treize pièces pour piano op. 15 de Schumann, composées en 1838. La septième pièce est la fameuse *Rêverie* (*Traumerei*).

Scènes de Faust. Opéra-oratorio pour soli, chœur et orchestre de Schumann d'après le *Faust* de Goethe (1844-53).

Scènes de la forêt (*Waldszenen*). Pièces pour piano op. 82 de Schumann, composées en 1848-49. La septième pièce est le fameux *Oiseau prophète*.

Scenes from Comus. Œuvre pour soprano, ténor et orchestre de Hugh Wood sur un texte tiré du masque de Milton *Comus* (1634). Wood en a reçu commande pour les Concerts Promenade de 1965.

Scènes pittoresques. Suite pour orchestre n° 3 de Massenet créées en 1873.

Schaeffer, Pierre (Nancy, 14 août 1910). Ingénieur, compositeur et écrivain français, inventeur de la *musique concrète qu'il découvre dans le cadre des « concerts de bruits » organisés à la RTF à la fin des années quarante. Avec Pierre Henry, il fonde le Groupe de recherches de musique concrète de la RTF en 1951 qui devient, en 1958, le Groupe de recherches musicales de la RTF (GRM). Boulez, Barraqué, Philippot et bien d'autres compositeurs ont travaillé avec lui. Entre 1968 et 1980, il est professeur de musique expérimentale et appliquée à l'audiovisuel au Conservatoire de Paris. Parmi ses œuvres, on retiendra surtout la *Symphonie pour un homme seul* (1949, nouvelle version 1966) et *Orphée* (1951, remanié plusieurs fois) en collaboration avec Pierre Henry. Il a écrit de nombreux ouvrages théoriques, notamment *A la recherche d'une musique concrète* (Paris, 1952), *Traité des objets musicaux* (Paris, Seuil, 1966), *La Musique concrète* (Paris, PUF, 1967), *Machines à communiquer* (Paris, Seuil, 1970-1972-1984), *Psychanalyse et Musique* (Paris, Les Belles-Lettres,

1982) et un roman, *Prélude, choral et fugue* (Paris, Flammarion, 1983).

Alain Pâris.

BIBLIOGRAPHIE : Sophie Brunet, *Pierre Schaeffer*, Richard Masse (Paris, 1969). Michel Chion et Guy Reibel, *Les Musiques électroacoustiques*, Edisud (Aix-en-Provence, 1976). M. Pierret, *Entretiens avec Pierre Schaeffer*, Belfond (Paris, 1970).

Schafe können sicher weiden. Récitatif et air de J. S. Bach, avec un *obbligato* pour deux flûtes à bec, extraits de sa *Cantate BWV 208 « Was mir behagt, ist nur die muntre Jagd ! »* (« Cantate de la chasse »), composée au début des années 1740. Plusieurs arrangements en ont été réalisés, notamment celui de Walton, septième numéro de son ballet *The Wise Virgins* (nº 5 de la suite pour orchestre) et celui de Barbirolli pour cor anglais et cordes.

Schafer, R(aymond) **Murray** (Sarnia, Ontario, 18 juillet 1933). Compositeur canadien. Il étudie la composition avec John Weinzweig au Conservatoire royal de Toronto (1945-55), puis se rend en Europe où il exerce le métier de journaliste. En 1961, il rentre au Canada et, en 1965, est nommé *resident in music* à l'Université Simon Fraser (British Columbia). Sa production, extrêment variée, comprend de grandes œuvres dramatiques, des pièces pour orchestre et de la musique chorale ; elle révèle un intérêt profond pour les langues et la mythologie des peuples antiques. Il joue aussi un rôle influent dans la campagne contre la pollution sonore et soumet des idées nouvelles en matière d'éducation musicale. Il a écrit plusieurs livres, notamment *The Composer in the Classroom* (Toronto, 1965 ; Londres, 1972), *Ear Cleaning* (Toronto, 1967 ; Londres, 1972), *The New Soundscape* (Toronto, 1969 ; Londres, 1972), *When Words Sing* (Toronto, 1970 ; Londres 1972) et *The Book of Noise* (Vancouver, 1970).

Paul Griffiths.

BIBLIOGRAPHIE : Murray Schafer, *Le Paysage sonore*, Lattès (Paris, 1986).

Schalkhaft (all.). « Malin », « espiègle ».

Scharf (all.). « Tranchant » ; *scharf betont*, « nettement accentué ».

Schauerig, schauerlich (all.). « Macabre », « lugubre ».

Schauspieldirektor, Der (« Le Directeur de théâtre » ou « L'Imprésario »). Opéra en un acte de Mozart sur un livret de G. Stephanie. Créé à Vienne le 7 février 1786. Première représentation en France au Théâtre des Bouffes-Parisiens, à Paris, le 20 mai 1856, sous la direction d'Offenbach.

Scheidemann, Heinrich (Wöhrden, près de Hambourg, vers 1596 ; Hambourg, 1663). Organiste et compositeur allemand. Fils d'un organiste qui l'envoie étudier trois ans avec Sweelinck à Amsterdam. Vers 1625, il reprend le poste de son père à la Catharinenkirche à Hambourg et ses conseils sont très recherchés en matière de facture d'orgues.

Scheidemann est un compositeur important de musique d'orgue. Ses plus belles œuvres sont des arrangements de chorals, dans lesquels l'air est traité de diverses façons – simplement comme un *cantus firmus*, comme sujet d'harmonisation et d'ornementation ou, occasionnellement, comme base d'un longue fantaisie. Son écriture idiomatique pour l'orgue baroque a eu une influence importante sur des compositeurs plus jeunes, comme son élève Reincken.

Denis Arnold.

Scheidt, Samuel (baptisé à Halle le 3 novembre 1587 ; Halle, 24 mars 1654). Compositeur allemand qui a travaillé à Halle pendant toute sa vie, occupant diverses fonctions musicales – organiste de la cour, principal Kapellmeister et *Director musices*. Assez tôt (probablement à l'âge de seize ans), il est nommé organiste de la Moritzkirche et, en 1607 ou 1608, il se rend à Amsterdam pour étudier avec Sweelinck, grâce auquel il acquiert cette compétence technique qui jouera un rôle déterminant dans son évolution ultérieure. En 1618, il collabore avec Schütz et Michael Praetorius à l'introduction de la musique religieuse dans le nouveau style *concertato* à la cathédrale de Madgebourg ; l'année suivante, il joue de l'orgue « devant les princes et la noblesse des splendides cours de Bayreuth » (préface de *Concertus sacri*). Dans la dernière partie de sa carrière, la vie à Halle est sérieusement perturbée par la guerre de Trente Ans et Scheidt n'arrive qu'à grand peine à maintenir le niveau élevé de pratique musicale qu'il avait instauré.

L'œuvre qui a assuré la renommée de Scheidt est la *Tabulatura nova* en trois volumes (Hambourg, 1624), recueil de pièces pour clavier (essentiellement pour orgue) ; le titre fait référence à la disposition de la musique en partition ouverte, par opposition à la tablature d'orgue plus répandue. Les deux premiers volumes contiennent une grande sélection de pièces, notamment des canons, des danses, des fantaisies, des fugues et, en particulier, des variations sur des chorals et des thèmes profanes, dans lesquelles la mélodie principale est accompagnée par des schémas contrapuntiques complexes d'une remarquable variété. Le style est souvent virtuose et doit beaucoup à l'exemple de Sweelinck, de Frescobaldi et des virginalistes anglais ; l'écriture pour orgue est étonnamment idiomatique pour l'époque. Le troisième volume contient des pièces d'orgue basées sur le plain-chant qui peuvent se substituer au chœur à la messe et aux vêpres dans le « haut » culte luthérien caractéristique de Halle, de Leipzig et d'autres grandes villes allemandes. Une seule autre œuvre majeure pour orgue de Scheidt a survécu, un recueil de cent « psaumes et chants sacrés » (en fait des chorals) arrangés pour orgue seul que l'on appelle le *Görlitzer Tabulaturbuch* (« Livre de tablature de Görlitz ») parce qu'il est dédié aux fonctionnaires de cette ville. Les chorals sont mis en musique de façon directe, avec néanmoins une certaine élaboration contrapuntique dans les parties inférieures. Certains, les plus simples, étaient peut-être destinés à accompagner les fidèles, mais la majorité d'entre eux étaient sans doute destinés à une exécution *alternatim* entre des hymnes chantés sans accompagnement par le chœur ou par les fidèles. Il est intéressant de noter qu'à l'exception de treize d'entre eux, tous les chorals correspondent à ceux que l'on trouve dans le *Cantional* de Schein (Leipzig, 1627) et sont pratiquement placés dans le même ordre.

Dans le domaine de la musique vocale sacrée, Scheidt a apporté une contribution substantielle (mais moins audacieuse que celle de ses célèbres contemporains Schütz et Schein) au répertoire italien qui s'est développé dans l'Allemagne luthérienne au début de l'ère baroque. Sa production comprend trois importants recueils, représentatifs des principaux styles religieux de l'époque : les *Cantiones sacrae* (Hambourg, 1620), motets sans continuo à double chœur, les *Concertus sacri* (Hambourg, 1622), grandes œuvres *concertato* pour voix solistes, chœur *a cappella* et instruments, et les *Geistliche Concerte* en quatre volumes (Halle, 1631-40), petites œuvres *concertato* se composant essentiellement de chorals à deux, trois, quatre, cinq et six voix avec continuo. La préface de Scheidt au deuxième volume des *Geistliche Concerte* sous-entend que plusieurs de ces œuvres ont été composées à l'origine pour des effectifs vocaux et instrumentaux beaucoup plus importants, mais que leur publication sous cette forme a été empêchée par les impératifs de la guerre. Les *Geistliche Concerte* sont néanmoins les œuvres vocales sacrées les plus caractéristiques et les plus modernes de Scheidt. Plusieurs concertos postérieurs (comme « Christ, der du bist der helle Tag ») font appel à un système de variations impliquant des contrastes d'écriture, de disposition vocale, de structure et de rythme entre les versets successifs des chorals qui rappelle non seulement les techniques de variations de l'orgue de la *Tablatura nova* mais annonce de façon intéressante la structure de la cantate chorale à venir.

Basil Smallman.

Schein, Johann Hermann (Grünhaim, près d'Annaberg, 20 janvier 1586 ; Leipzig, 19 novembre 1630). Compositeur allemand. Il a joué un rôle marquant, avec ses contemporains Schütz et Scheidt, en introduisant en Allemagne les nouveaux styles italiens de la *seconda prattica* (voir *Prima prattica, seconda prattica*) de Monteverdi – en particulier le traitement libre de la dissonance et des sauts mélodiques et l'emploi expressif des voix solistes et des instruments avec un support de continuo.

Malgré une santé fragile et plusieurs drames personnels (la mort prématurée de sa première femme et la mort en bas âge de sept des neuf enfants issus de ses deux mariages), la vie de Schein a été riche sur le plan de la composition. Après avoir fait sa scolarité à Schulpforta, il fait son droit à l'Université de Leipzig, puis reçoit un enseignement privé de la musique à

Weissenfels, où il fait la connaissance de Schütz et probablement de Scheidt, nouant des liens d'amitié durables avec les deux compositeurs. En 1615, il est nommé Kapellmeister à la cour ducale de Weimar, mais renonce à ce poste quinze mois plus tard lors de son élection au poste de *Kantor* à Saint-Thomas de Leipzig. Il conservera ce poste prestigieux (tenu ensuite par Kuhnau et par Bach) jusqu'à sa mort, à l'âge de quarante-quatre ans.

Bien que la musique instrumentale ne représente qu'une part modeste de la production de Schein, on attache une importance particulière au *Banchetto musicale* (Leipzig, 1617), recueil de vingt groupes de danses organisées en suites unifiées (sans doute, pour la première fois dans l'histoire de la musique), avec des idées thématiques communes qui fournissent une relation entre les divers mouvements.

Les œuvres vocales sacrées de Schein révèlent une variété considérable de styles. Dans *Opella nova* (« Une nouvelle petite œuvre », deux volumes, Leipzig, 1618, 1626), le style *concertato* à quelques voix se déploie dans soixante-deux pièces destinées à divers effectifs vocaux et instrumentaux, composées « dans le style italien alors coutumier ». Le premier volume contient beaucoup de petits chorals à deux, trois et quatre voix et continuo, s'inspirant peut-être dans une certaine mesure des *Cento Concerti ecclesiastici* de 1602. Mais, dans le second volume, les pièces ont une structure plus large et s'attachent davantage aux textes bibliques. Les plus remarquables sont le Notre Père, les Béatitudes et l'Annonciation. Un autre ouvrage mérite d'être signalé : *Israelsbrünnlein* (« La Fontaine d'Israël », Leipzig, 1623), recueil de vingt-six madrigaux sacrés basés sur des textes de l'Ancien et du Nouveau Testament. Dans « Die mit Tränen säen » du Psaume 126, particulièrement impressionnant, il peint des émotions extrêmes avec un effet musical étonnant – les larmes par des motifs chromatiques ascendants et une harmonie dissonante, et la « joie » par des gammes diatoniques descendantes animées.

L'écriture du madrigal et le style *concertato* apparaissent également dans deux œuvres profanes importantes de Schein, *Diletto pastorale* (Leipzig, 1624) et *Musica boscareccia* (trois volumes, Leipzig, 1621, 1626, 1628). Comme toute la musique vocale de Schein, ces œuvres sont basées sur ses propres textes allemands – en l'occurrence des vers assez artificiels dans le style pastoral italien. Dans la préface de *Musica boscareccia*, il fournit une indication intéressante sur la souplesse des méthodes d'exécution de cette période, suggérant une gamme de possibilités étonnamment large, de l'ensemble vocal complet à la voix soliste avec continuo.

Parmi les dernières œuvres de Schein, la plus importante est son *Cantional* (Leipzig, 1627), livre de grands chorals luthériens. Plusieurs mélodies sont traditionnelles, datant du début de la Réforme, et Schein conserve leur forme originale au rythme libre tout en leur donnant des harmonisations diatoniques modernes. Schein a également composé d'autres mélodies de chorals, et un nombre assez important de versets d'hymnes ; la plupart d'entre eux ont ensuite conservé leur place dans le culte luthérien.

Basil Smallman.

Schelle, Johann (Geising, Thuringe, septembre 1648 ; Leipzig, 10 mars 1701). Compositeur allemand. Enfant, il chante à la chapelle de la cour de Dresde. Il devient tout d'abord *Kantor* dans la petite ville d'Eilenburg, puis, en 1677, à la Thomasschule de Leipzig. Il compose quelques pièces *concertato* intéressantes sur des airs d'hymnes qui sont des précurseurs des cantates de Bach.

Schelmisch (all.). « Coquin », « malin », « espiègle ».

Schelomo. Rhapsodie hébraïque pour violoncelle et orchestre d'Ernest Bloch composée en 1916 d'après l'*Ecclésiaste*.

Schenker, Heinrich. Voir *Analyse*, 3*a*.

Scherz (all.). « Plaisanterie » ; *scherzend*, « avec humour ».

Scherzando, scherzante, scherzevole, scherzevolmente (ital.). « En plaisantant », « pour rire ».

Scherzetto, scherzino (ital.). Un court *scherzo.

Scherzi musicali (« Plaisanteries musicales »). Deux recueils de chants dans le style du madrigal de Monteverdi, influencés par le style français. Le premier recueil, quinze chants à trois voix, a été publié à Venise en 1607 ; le second, dix chants à une ou deux voix avec continuo, a été publié à Venise en 1632.

Scherzo (ital.). « Plaisanterie », « jeu ». Mouvement ou pièce rapide et légère, souvent à trois temps. Comme le *menuet, qu'il a remplacé à la fin du XVIIIe siècle comme troisième mouvement de la sonate, de la symphonie ou du quatuor à cordes, il est généralement de forme ternaire avec une section médiane fortement contrastée ou *trio. Le terme a été tout d'abord appliqué, au XVIIe siècle, à de la musique vocale comme les *Scherzi musicali* (1607) de Monteverdi. Toutefois, à partir de la fin de l'ère baroque, il a surtout été employé pour la musique instrumentale.

Haydn a été le premier compositeur à utiliser un mouvement marqué « Scherzo » à la place d'un menuet dans ses quatuors à cordes (c'est la raison pour laquelle on appelle « Gli Scherzi » ceux de l'op.33) ; mais le scherzo ne devient une alternative du menuet qu'avec Beethoven : toutes ses symphonies sauf la première et la huitième ont un scherzo à la place du menuet. Le scherzo beethovenien comporte souvent des effets rythmiques, comme les contre-rythmes, qui donnent au mouvement un humour brutal, presque sauvage. Schumann, Schubert et Brahms ont suivi l'exemple de Beethoven dans leurs symphonies, alors que les scherzos de Mendelssohn (dans l'*Octuor*, la musique de scène du *Songe d'une nuit d'été* ou les quatuors à cordes) et de Berlioz (« Scherzo de la reine Mab » dans *Roméo et Juliette*) sont délicats avec une orchestration et une sonorité presque éthérées. Plusieurs compositeurs de la fin du XIXe siècle, comme Dvořák et Tchaïkovski, ont utilisé dans leurs scherzos des formes de danses nationales comme le furiant, alors que certains scherzos de Mahler s'inspirent de danses autrichiennes et que d'autres font appel à des éléments grotesques.

Les quatre scherzos pour piano de Chopin sont tous de rythme ternaire rapide. Parmi les scherzos symphoniques indépendants, on peut citer le poème symphonique *La Danse macabre* de Saint-Saëns, *L'Apprenti sorcier* de Dukas et le *Scherzo fantastique* de Stravinski.

Wendy Thompson.

Scherzoso, scherzosamente (ital.). « Enjoué », « en jouant ».

Schickalslied. Voir *Chant du destin.*

Schirmer. Maison d'édition musicale américaine connue sous le nom G. Schirmer, Inc., à ne pas confondre avec la firme de E. C. *Schirmer. Gustav Schirmer (1829-93) avait émigré d'Allemagne à New York en 1837 ; en 1854, il devenait directeur (puis propriétaire en 1866) de la Kerksieg & Bruesing Company, qu'il rebaptisait G. Schirmer. La famille Schirmer a conservé l'affaire, qui a continué à s'épanouir, créant une importante usine de gravure et d'imprimerie en 1891 et un réseau national de sociétés filiales, dont l'une des plus importantes est l'Associated Music Publishers. G. Schirmer, Inc. est aujourd'hui l'une des plus grandes maisons d'édition américaines. La Schirmer Library of Musical Classics, dont les couvertures jaunes et la typographie claire sont connues dans le monde entier, est dans doute la partie la plus connue d'un catalogue qui comprend aussi des livrets d'opéras, un vaste choix d'œuvres vocales et instrumentales et la musique de bon nombre des plus grands compositeurs américains (notamment Harris, Barber, William Schuman, Menotti et Bernstein). Depuis 1915, Schirmer publie le *Musical Quarterly*, l'une des revues musicologiques américaines les plus importantes ; elle publie également le *Baker's Biographical Dictionary of Musicians.* Crowell-Collier-Macmillan en sont aujourd'hui propriétaires.

J. M. Thomson.

Schirmer, E. C. Maison d'édition musicale américaine, à ne pas confondre avec G. *Schirmer. Ernest Charles Schirmer (1865-1958) a fondé cette firme à Boston en 1921. Elle a commencé par publier le répertoire choral des *glee clubs* universitaires, mais ses activités se sont vite étendues aux livres sur la musique et au répertoire classique et romantique courant. Parmi les compositeurs qui figurent à son catalogue, on trouve les noms de Copland, Piston, Rorem et Randall Thompson.

J. M. Thomson.

Schlag (all.). 1. « Coup » ; *Schlaginstrumente*, « instruments à percussion ». 2. « Battement, battue » (temps, dans le sens de « trois battements par mesure », etc.) ; voir *Temps*, 1.

Schlägel (all.). « Baguette de tambour ».

Schleifer (all.). Voir *Coulé*, 2.

Schleppend (all.). « Traînant » (généralement employé au négatif – *nicht schleppend*).

Schlick, Arnolt (? Heidelberg, avant 1460 ; ? Heidelberg, après 1521). Compositeur allemand, l'un des premiers virtuoses de l'orgue. Aveugle pendant presque toute sa vie, peut-être dès sa naissance, il est organiste à la chapelle de la cour de Heidelberg. Il joue à l'occasion du couronnement de Maximilien Ier, en 1486, et lors de diverses réunions du Reichstag. Il fait aussi des tournées aux Pays-Bas et en Allemagne en tant que conseiller en matière d'orgues et organiste. Son ouvrage *Spiegel der Orgelmacher und Organisten* (Speyer, 1511) contient beaucoup d'informations utiles sur la facture d'orgue, ainsi qu'un exposé qui indique que le diapason de l'orgue était peut-être plus bas que de nos jours (la^3 = 377).

Denis Arnold.

Schlick, Johann Conrad (près de Münster, vers 1748 ; Gotha, 1825). Compositeur et violoncelliste allemand. Il travaille à la cour de Münster, puis, à partir de 1777 et jusqu'à sa mort, à Gotha. Virtuose du violoncelle, il fait plusieurs tournées en Europe, souvent avec sa femme, la violoniste Regina Strinasacchi (1764-1839). Il est l'auteur d'un concerto pour violoncelle, d'un double concerto pour violon et violoncelle et d'autres œuvres de musique instrumentale.

Schlummerlied (all.). « Berceuse ».

Schluss (all.). 1. « Fin », « conclusion » ; *Schlusssatz*, « dernier mouvement », « finale » ; *Schlusszeichen*, signal pour terminer un morceau, c'est-à-dire la double barre. 2. « Cadence ».

Schlüssel (all.). « Clef ».

Schmachtend (all.). « Languissant ».

Schmeichelnd (all.). « Caressant ».

Schmelzend (all.). « En fondant », « en mourant ».

Schmelzer, Johann Heinrich (Scheibbs, Autriche, vers 1623 ; Prague, 1680). Violoniste et compositeur autrichien. Érudit, il séjourne à la cour de Vienne et devient ensuite premier violon de l'Orchestre de la chapelle de la cour. En 1665, il est nommé compositeur officiel de musique de danse, ses fonctions comprenant la composition de ballets destinés à des divertissements lyriques (il compose des danses pour *Il Pomo d'oro* de Cesti). En 1679, il est promu au poste de Kapellmeister de la cour, suivant celle-ci à Prague, où elle s'installe pour éviter l'épidémie de peste ; il mourra néanmoins de la peste quelques mois plus tard, laissant une fortune considérable et trois fils (de ses deux femmes) qui deviendront aussi musiciens.

Les suites de danses de Schmelzer annoncent le début du style viennois mélodieux et ses sonates, composées en sections à la manière italienne de la **quilt canzona*, sont extrêmement intéressantes. Certaines de ses œuvres religieuses, écrites dans un style grandiose, font appel aux *cori spezzati*.

Denis Arnold.

Schmerz (all.). « Douleur » ; *schmerzlich*, « douloureux », *doloroso*.

Schmettern (all.). « Cuivrer les sons » dans le jeu du cor ; les sons bouchés sont produits en mettant la main dans le pavillon et en soufflant fort. Les compositeurs britanniques indiquent cet effet par le signe + allié à *ff*.

Schmidt, Franz (Pressbourg, aujourd'hui Bratislava, 22 décembre 1874 ; Perchtoldsdorf, près de Vienne, 11 février 1939). Compositeur et violoncelliste autrichien. Il commence par prendre des leçons de piano à Pressbourg, puis étudie en privé avec Leschetizky à Vienne et, à partir de 1890, avec Bruckner, Fuchs et Hellmesberger au Conservatoire de Vienne. Il joue du violoncelle dans l'Orchestre de l'Opéra de la cour (1896-1911) et enseigne cet instrument à la Gesellschaft der Musikfreunde (1901-08). Il est professeur de piano (à partir de 1914) et de composition (à partir de 1922) à la Staatsakademie de Vienne, dont il prend la direction en 1925 ;

il est également directeur de la Musikhochschule (1927-31). Malgré le temps qu'il consacre à l'enseignement et à l'administration, il parvient néanmoins à composer et produit deux opéras, un oratorio, quelques pièces de musique de chambre et des œuvres pour piano et pour orgue, ainsi que la musique symphonique qui le fait connaître du public. En dehors de ses quatre symphonies, ses œuvres les plus connues sont les *Variations sur un thème de Beethoven* pour piano et orchestre (1923) et le *Concerto pour piano* (1934), partitions écrites pour la main gauche à l'intention du pianiste manchot Paul Wittgenstein. Avec sa technique magistrale de la variation et son style romantique riche, sa musique symphonique n'est pas sans rappeler Brahms et Reger, mais ses racines sont néanmoins profondément ancrées dans les traditions classiques. Schmidt s'est vu attribuer le prix Beethoven par l'Académie prussienne de Berlin, ce qui indique combien ses contemporains l'estimaient.

Judith Nagley.

Schmidt, Johann Christoph. Voir *Smith, John Christopher.*

Schmitt, Florent (Blâmont, Meurthe-et-Moselle, 28 septembre 1870 ; Neuilly-sur-Seine, 17 août 1958). Compositeur français, élève de Massenet, Fauré, Lavignac et Gédalge au Conservatoire de Paris entre 1889 et 1900, année où il remporte le premier grand prix de Rome. Ses œuvres majeures datent des dix premières années du siècle : le *Psaume XLVII* pour soprano, chœur, orgue et orchestre (1904), le massif *Quintette avec piano* (1902-08) et le ballet *La Tragédie de Salomé* (1907) dont les rythmes saccadés laissent pressentir, dans une certaine mesure, *Le Sacre du printemps.* Compositeur prolifique, surtout dans le domaine symphonique, il était également pianiste et critique musical.

Paul Griffiths.

BIBLIOGRAPHIE : Yves Hucher, *Florent Schmitt*, Plon (Paris, 1953) / *L'Œuvre de Florent Schmitt*, Durand (Paris, 1960). Madeleine Merceron, *Florent Schmitt*, Ventadour (Paris, 1959).

Schnebel, Dieter (Lahr/Schwarzwald, 14 mars 1930). Compositeur allemand. Il fait ses études à la Musikhochschule de Fribourg-en-Brisgau avant de suivre les cours d'été de Darmstadt. Entre 1952 et 1956, il se consacre à la théologie, à la philosophie et à la musicologie à Tübingen. Tout en menant son apostolat (à partir de 1957) et en enseignant la théologie à Francfort (1968-70), il découvre la musique de Webern, de Scriabine et de Stravinski et compose ses premières œuvres, d'inspiration sérielle ou véritables recherches d'un nouvel univers sonore : *dt 31. 6.* pour douze groupes vocaux (1956-58), *Abfälle : réactions* pour un instrumentiste et public, *Visible music I* pour un chef d'orchestre et un instrumentiste (1960-62). Il s'intéresse à la spatialisation des dispositifs sonores et revient, dans la série des *Bearbeitungen* (composées entre 1970 et 1980), à des références classiques et romantiques : *Beethoven-Sonate* (1970), *Webern-Variationen* (1972), *Bach-Contrapuncti* (1972-76), *Schubert-Phantasie* (1977-78), *Wagner-Idyll* (1980).

Alain Pâris.

Schnell, schneller (all.). « Vite », « plus vite » ; *Schnelligkeit,* « vitesse ». En allemand, *Schneller* signifie également le « pincé ».

Schnittke, Alfred Garrievitch (Engels, district de Saratov, 24 novembre 1934). Compositeur soviétique. Il reçoit les débuts de sa formation musicale à Vienne (1946-48) avant de revenir à Moscou où il est notamment l'élève de J. K. Goloubev et de N. P. Rakov au Conservatoire. A partir de 1961, il enseigne l'orchestration et la composition dans le même établissement où il est nommé professeur en 1972. Depuis 1980, il est professeur invité à la Musikhochschule de Vienne. Ses premières œuvres s'inscrivent dans le sillage de Prokofiev mais il découvre rapidement l'écriture sérielle, qu'il applique aux formes rigoureuses de la musique de chambre avant de laisser son langage s'épanouir dans un lyrisme plus personnel, sous l'influence de Lutosławski. Il a écrit un *Requiem* tiré d'une musique de scène qu'il avait composée pour le *Don Carlos* de Schiller (1974-75), trois symphonies (la deuxième, « Saint-Florian », avec chœur, sur le texte de la messe latine, est sous-titrée *Missa invisibilia,* 1980), quatre concertos pour violon, deux quatuors à cordes (1966 et 1981) et plusieurs sonates pour violon ou violoncelle et piano.

Alain Pâris.

Schnyder zu Wartensee, Xaver (Lucerne, 18 avril 1786 ; Francfort/Main, 27 août 1868). Compositeur suisse. Il apprend à jouer de plusieurs instruments, mais étudie surtout le piano et la composition et devient un professeur très apprécié. Il crée, en 1847, la Fondation Schnyder zu Wartensee, destinée à aider la publication d'écrits scientifiques et artistiques. Il a composé plusieurs œuvres dramatiques, de la musique vocale, quatre symphonies, un concerto pour deux pianos et de la musique pour piano.

Wendy Thompson.

Schobert, Johann (vers 1735 ; Paris, 28 août 1767). Compositeur probablement allemand. En 1761, il se fixe à Paris et entre au service du prince de Conti où il acquiert une grande notoriété de claveciniste. Malgré sa mort prématurée (pour avoir mangé des champignons vénéneux), Schobert était déjà très apprécié et respecté ; par l'originalité de ses compositions, il a exercé une influence considérable sur la vie musicale de son temps. Mozart et Beethoven admiraient sa musique, qui comprend plusieurs recueils de sonates pour clavier avec accompagnement de violon, cinq concertos pour clavier et d'autres œuvres instrumentales.

Schoeck, Othmar (Brunnen, Suisse, 1er septembre 1886 ; Zurich, 10 mars 1957). Compositeur suisse. Il entre au Conservatoire de Zurich (1905-07), puis travaille avec Reger au Conservatoire de Leipzig (1907-08). Il est ensuite accompagnateur et chef de chœur à Zurich (1909-17) et dirige les concerts symphoniques de Saint-Gall entre 1917 et 1944. Il a composé plus de quatre cents lieder sur des poèmes de Goethe, Eichendorff, Lenau, Mörike, etc. dans le style de Hugo Wolf, ainsi que plusieurs opéras (*Penthesilea*, d'après Kleist, 1924-25 ; *Massimila Doni*, d'après Balzac, 1934), des concertos et quelques pièces de musique de chambre. Schoeck n'a jamais enseigné, mais il a beaucoup influencé la génération suivante de compositeurs suisses allemands.

Paul Griffiths.

Schoenberg (Schönberg), **Arnold** (Franz Walter) (Vienne, 13 septembre 1874 ; Los Angeles, 13 juillet 1951). Compositeur austro-hongrois. L'une des figures les plus importantes et les plus influentes du monde musical au XXe siècle. Révolutionnaire malgré lui, Schoenberg et son travail de pionnier dans le domaine de l'*atonalité et du *sérialisme doivent être compris dans le contexte d'un engagement permanent envers la tradition austro-allemande, particulièrement la musique de Mozart, de Beethoven et de Brahms. Cet engagement n'est pas le résultat de son éducation, car Schoenberg n'avait reçu aucune formation traditionnelle dans le domaine de la théorie et de la composition ; ce n'est que vers l'âge de vingt ans qu'il a bénéficié de l'enseignement de son ami et futur beau-frère, Alexandre von Zemlinsky. Son attachement à la tradition relève plutôt de l'allégeance naturelle d'un homme qui a grandi en jouant du violon et du violoncelle dans des quatuors à cordes et qui a toujours cherché à égaler la pensée musicale qu'il découvrait dans la musique de chambre du passé.

1. *La jeunesse*. Schoenberg commence à composer dès son enfance, mais c'est seulement vers l'âge de vingt-cinq ans qu'il considère que ses œuvres méritent d'être publiées. Même le *Quatuor à cordes en ré majeur* (1897), œuvre séduisante et détendue qui fait penser à Dvořák et à Smetana, ne sera édité qu'après sa mort, car il n'admet ni la faiblesse, ni la médiocrité. Il possède un sens très élevé de ses propres responsabilités : les dons et l'intuition de l'artiste portent en eux l'obligation d'une sincérité et d'une discipline absolues ; il est de son devoir de révéler son « moi » intérieur et de créer quelque chose qui ne trahisse pas les œuvres de ses prédécesseurs. Pour lui, ses premières partitions sont minées par une approche trop irrégulière de l'harmonie, approche courante à la fin du XIXe siècle ; dans deux des premières œuvres qu'il publie, *Verklärte Nacht* (« Nuit transfigurée ») op.4 pour sextuor à cordes (1899) et *Pelléas et Mélisande* op.5 pour orchestre (1902-03), il mêle les innovations harmoniques de Wagner et de Richard Strauss à des formes travaillées en profondeur. Les deux partitions sont des poèmes symphoniques qui reposent sur des arguments musicaux conséquents. Dans le cas de *Pelléas*, qui reprend l'histoire de l'opéra, presque contemporain, de Debussy, la musique adopte la forme d'une symphonie en un mouvement, riche en relations thémati-

ques et en développements contrapuntiques, provenant autant de Brahms que de Reger et de Strauss.

A partir de cette époque, le style de Schoenberg se développe rapidement. Son *Quatuor à cordes nº 1 op.7* (1904-05) et la *Symphonie de chambre nº 1 op.9* (1906) réalisent la fusion de quatre mouvements symphoniques en un ensemble continu et tentent de laisser s'exprimer une harmonie plus chromatique au moyen d'un travail prodigieux sur les motifs et sur la polyphonie ; la musique lutte contre la désintégration et l'incohérence dont elle est menacée du fait de son matériau dissonant.

2. *Les œuvres atonales.* Ce procédé d'écriture ne peut pas durer indéfiniment et, en 1908, Schoenberg s'engage sur la voie de l'atonalité, renonçant à adapter des harmonies atonales à des formes tonales. Il y a sans doute été poussé par ses deux nouveaux élèves, jeunes et pleins de talent, Alban Berg et Anton Webern ; mais il importe toutefois de noter qu'il fonde rarement son enseignement sur ses nouvelles idées en matière de composition. Pour lui, l'enseignement est autant une vocation que la composition, même si c'est parfois une nécessité financière, et, comme la composition, il comporte parfois de lourdes responsabilités : apporter à l'élève une solide connaissance de son héritage musical et l'aider à découvrir sa véritable personnalité.

C'est cette recherche intérieure, appliquée à lui-même, qui mène Schoenberg à l'atonalité ; en outre, il sent que l'histoire de la musique le pousse dans cette direction. Ses premières œuvres atonales, particulièrement les *Cinq Pièces pour orchestre op.16* (1909) et le monodrame *Erwartung* op.17 (1909), semblent être des produits de l'inconscient. Ils font appel à une variété inouie d'harmonies, de rythmes et de couleurs et atteignent un niveau d'émotion intense qui justifie le terme « expressionniste » (voir *Expressionnisme*). *Erwartung*, par exemple, est un opéra en un acte à un personnage (soprano) qui explore les sensations les plus profondes de la terreur, du regret et de l'espoir ressenties par une femme allant dans une sombre forêt à la recherche de l'amant qui l'a abandonnée. Quant au *Pierrot lunaire* op.21 (1912), avec l'importance du récit théâtral et le petit ensemble instrumental qui en font l'une des œuvres les plus accessibles de Schoenberg, il habite un monde nocturne, morbide et ironique, dont le caractère étrange est accentué par l'utilisation du **Sprechgesang*, sorte d'émission vocale qui se situe entre la parole et le chant. La dimension introspective de ces œuvres n'aurait jamais atteint un tel degré sans l'atonalité, mais on aurait tort de supposer que l'atonalité implique nécessairement une expression torturée. Dans de nombreux lieder et pièces pour piano atonales de Schoenberg, les éléments de tonalité deviennent exceptionnels ; son œuvre la plus ambitieuse de cette époque est un oratorio, *Die Jakobsleiter* (« L'Échelle de Jacob », 1917), qui traite du thème de la constance morale, comme d'un chemin inévitablement semé d'embûches pour parvenir à la perfection de l'âme. Schoenberg en a interrompu la composition lorsqu'il a été mobilisé dans l'armée autrichienne pendant la Première Guerre mondiale ; et, comme de nombreux autres projets, il ne l'a jamais mené à terme.

Au cours des années suivantes, Schoenberg élabore une technique de composition sérielle afin de prévenir l'anarchie menaçante de l'atonalité. Depuis 1908, l'absence de tout cadre harmonique cohérent l'empêche d'écrire une musique entièrement développée ; ses œuvres atonales sont courtes, notamment les *Six Petites Pièces pour piano* de 1911, ou reposent sur un texte qui leur assure une certaine continuité. Avec le sérialisme, il peut retourner aux formes thématiques de l'ancienne manière, comme dans la *Suite pour piano op.25* (1921-23), qui se réfère aux suites pour clavier de la musique baroque, ou dans le *Quintette à vent op.26* (1923-24), qui comporte les quatre mouvements habituels de la musique de chambre classique. Les possibilités de cette nouvelle technique s'étendent dans une succession de partitions abstraites majeures : les *Variations pour orchestre op.31* (1926-28), les *Quatuors à cordes nºs 3* et *4* (op.30, 1927 ; op.37, 1936), les *Concertos pour violon op.36* (1935-36) et *pour piano op.42* (1942). Dans ces œuvres, Schoenberg parvient, avec davantage de souplesse, à retrouver dans une écriture sérielle certains procédés de modulation et de développement qui ont servi de base aux formes classiques de la musique tonale. Bien qu'il évolue au sein de la tradition classique sans se limiter à ses aspects extérieurs, comme Stravinski ou Poulenc, Schoenberg s'approche ici du néoclassicisme ; la rigueur de ses œuvres sérielles contraste singulièrement avec l'inspiration et la technique extravagantes de la musique atonale.

3. *Le sérialisme et le retour à la tonalité.* On comprend aisément pourquoi Schoenberg éprouvait certaines difficultés à laisser jouer – sans réserve – des œuvres comme les *Cinq Pièces pour orchestre op.16.* Il n'est pas impossible qu'il ait ressenti le besoin de rétablir le contact avec un public qui avait violemment rejeté ses œuvres atonales. Il revient donc aux vieux moules classiques et cherche à trouver des modes d'expression plus légers. Parmi ses premières partitions sérielles figurent deux pièces dans le style du *divertimento,* la *Sérénade op.24* (1920-23, pas entièrement sérielle) et la *Suite op.29* pour sept instruments (clarinette, clarinette en mi bémol, clarinette basse, violon, alto, violoncelle et piano, 1924-26) ainsi que l'opéra-comique *Von heute auf morgen* (« Du jour au lendemain », 1928-29). Il se tourne à nouveau vers un sujet religieux dans son opéra *Moses und Aron* (« Moïse et Aaron », 1930-32) : comment communiquer une vision de Dieu ? Moïse, le prophète, n'en a pas le moyen, alors qu'Aaron peut transmettre le message, mais seulement grâce au compromis et au subterfuge, notamment lorsqu'il adopte une attitude complaisante face à la construction du veau d'or. C'est le problème personnel de Schoenberg qui est posé dans cet ouvrage – comment exprimer sa vision avec une intégrité parfaite ? Il restera d'ailleurs inachevé.

En 1933, à l'arrivée des nazis au pouvoir, Schoenberg quitte le poste d'enseignant qu'il occupait depuis 1926 à la Preussische Akad. der Künste de Berlin et revient au judaïsme (il s'était converti au protestantisme à l'âge de dix-huit ans). Ce retour à la foi de sa naissance s'était déjà manifesté dans *Moïse et Aaron* et dans d'autres œuvres. Il émigre aux États-Unis, où il accepte un poste de professeur à l'Université de Californie, à Los Angeles ; il y passera la fin de sa vie. Au cours de ces années américaines, il revient de façon intermittente à la composition tonale, comme dans *Thèmes et variations* pour orchestre d'harmonie en sol mineur op.43 (1943). Il réussit également à rapprocher sérialisme et tonalité dans l'*Ode à Napoléon* op.41 pour voix parlée, quatuor à cordes et piano (1942), qui transpose envers Hitler la rancune de Byron à l'égard de Napoléon. *A Survivor from Warsaw* op.46 (« Un survivant de Varsovie », 1947) pour récitant, chœur d'hommes et orchestre constitue une autre réponse passionnée aux événements de l'époque. Toutefois, la pensée de Schoenberg devient de plus en plus introvertie. Le *Trio à cordes op.45* (1946) et la *Fantaisie* pour violon et piano op.47 (1949) marquent un retour à la nervosité farouche de la période atonale et son dernier projet consiste à mettre en musique l'ensemble des *Psaumes modernes* sur la recherche de Dieu. Il n'en écrira qu'un seul (le *Psaume 130* op.50b, 1950), qui restera inachevé s'arrêtant fort à propos sur ces mots : « Et je prie encore. »

Paul Griffiths.

BIBLIOGRAPHIE : René Leibowitz, *Schoenberg et son école,* Janin (Paris, 1947) / *Schoenberg,* Seuil, coll. Solfèges (Paris, 1969, rééd. 1984). Arnold Schoenberg, *Le Style et l'idée,* Buchet-Chastel (Paris, 1977) / *Traité d'harmonie,* Lattès (Paris, 1983) / *Correspondance, 1910-1951,* Lattès (Paris, 1983)/ *Fondements de la composition musicale,* Lattès (Paris, 1987). H. H. Stuckenschmidt, *A. Schoenberg,* Éd. du Rocher (Monaco, 1956). Arnold Whittall, *La Musique de chambre de Schoenberg,* Actes Sud (Arles, 1987).

Schola cantorum (lat., « école de chanteurs »). 1. École romaine destinée aux chanteurs d'église qui aurait été organisée par Grégoire le Grand (590-604). Le chœur de l'école fournissait la musique des cérémonies et des services de la papauté ; l'école formait également de jeunes garçons au chant et à d'autres disciplines musicales. Certains chanteurs allaient de Rome instruire des chanteurs dans d'autres pays et certaines écoles ont été modelées sur l'école romaine, notamment à York. Toutefois, la Schola cantorum romaine a progressivement décliné et, en 1370, lorsque la papauté s'est installée temporairement en Avignon, elle a été supprimée par le pape Urbain V.

De nos jours, l'expression « schola cantorum » est souvent employée pour désigner l'ensemble choral d'une maîtrise, mais, dans son sens le plus large, elle fait référence à des lieux d'étude aussi bien qu'à la formation chorale. La plus célèbre aujourd'hui est sans doute l'école des moines de Solesmes qui s'attache particulièrement à l'étude du plain-chant ; voir *Antiphonaire* ; *Graduel*, 1 ; *Plain-chant*, 4.

2. École de musique fondée à Paris en 1896 par Vincent d'Indy, Charles Bordes (chef de chœur à l'église Saint-Gervais) et l'organiste Alexandre Guilmant. Dès 1900, elle s'installe dans le couvent des Bénédictins anglais de la rue Saint-Jacques, au cœur du quartier Latin. A l'origine, elle était conçue pour jouer de la musique sacrée, puis elle est devenue une école destinée à perpétuer la tradition de la musique d'église. Le principal objectif des fondateurs était « un retour à la tradition grégorienne d'exécution du plain-chant ». Le programme accordait une grande place à la musicologie et aux œuvres anciennes, encourageant l'étude des œuvres de Monteverdi, Bach, Rameau et Gluck, le chant grégorien et la polyphonie de la Renaissance. On cherchait à donner aux étudiants de solides bases techniques qui primaient sur l'originalité ; les seuls diplômés de la Schola qui aient pu soutenir la comparaison avec les meilleurs élèves du Conservatoire sont Albert Roussel, Déodat de Séverac, Albéric Magnard et Pierre de Bréville. Parmi les directeurs musicaux, on relève les noms de Daniel-Lesur (1957-62) et de Jacques Chailley (1962-81). Depuis 1980, la Schola cantorum possède le statut d'établissement libre d'enseignement supérieur.

Scholes, Percy A(lfred) (Headingley, Leeds, 24 juillet 1877 ; Vevey, Suisse, 31 juillet 1958). Musicologue anglais, auteur de la première édition de cette encyclopédie. En raison de son mauvais état de santé, il reçoit une instruction privée ; il devient organiste et instituteur, mène en même temps des activités de journaliste et de conférencier et prend de l'importance dans le mouvement « Music Appreciation ». En 1908, il fonde *The Music Student* (qui deviendra *The Music Teacher*). Il travaille pour l'*Evening Standard* londonien, puis est nommé principal critique musical de *The Observer* (1920-27, où il prend la succession d'Ernest Newman) et de *Radio Times* (1923-29).

Un contrat intéressant lui proposant d'écrire des notices pour des rouleaux de pianos mécaniques lui permet de se retirer en Suisse et d'entreprendre seul la rédaction de *The Oxford Companion to Music* qui paraît en 1938 et qui l'a vraiment fait connaître. Toutefois, son ouvrage majeur est sa thèse de doctorat, publiée sous le titre *The Puritans and Music* (Londres, 1934), dans laquelle il démontre que les dissidents du XVIIe siècle (aux traditions desquels Scholes appartient en tant que méthodiste) n'avaient rien contre la musique comme on l'a si souvent cru. Il vit en Angleterre pendant la guerre, à la fin de la guerre à Oxford, où il participe à la nomination du premier professeur de musique à plein temps, J. A. Westrup, en 1947. Pendant ces années d'après-guerre, il rédige d'excellentes études sur les historiens de la musique Burney (Londres, 1948) et Hawkins (Londres, 1953). Scholes retourne finalement en Suisse où il mourra.

Denis Arnold.

Schöller, Guido di (baptisé à Hargentauratum le 29 février 1400 ; ?). Compositeur, théoricien et éditeur français d'ascendance haardtienne. Il manifeste très jeune un intérêt étonnant pour la musique et étudie avec les plus éminents maîtres de l'époque, notamment Johannes Gensfleich et Johann Fust. Ses premières œuvres révèlent une attirance pour les grandes formes épiques, notamment la *Chanson de Rolande*, véritable paraphrase de l'original dont Gounod se serait à son tour inspiré pour son *Ave Maria*. Quelques années plus tard (1384), il livre son œuvre majeure, le *Roman de la rose en Talange*, madrigal d'inspiration gothique. Parallèlement à sa carrière de compositeur, il voyage beaucoup et étudie les différentes écoles de composition dont il retrace l'évolution dans son *Kolettlexikon* (1403-08). Peu après, il participe à l'une des œuvres collectives les plus hardies de son temps, la *Quidcantata*, où ses harmonies frémissantes effraient par leur côté novateur. Ses recherches dans le domaine de l'édition, aux côtés de Gutenberg, l'amènent à la découverte fondamentale de la pochette : sans aucune relation avec l'instrument des maîtres de danse du XVIIe siècle, la pochette concrétise des siècles de recherche dans la diffusion de la chose imprimée à bon marché ; la musique est enfin débarrassée de ces livres en tablatures peu maniables au profit de petits volumes épais à la reliure souple qui jouent un rôle essentiel dans la propagation de la culture contemporaine. Lors de ses voyages en France, il fréquente une pléiade de jeunes poètes qui feront école au siècle suivant. Toujours passionné par la nouveauté, il s'intéresse à la facture instrumentale et serait à l'origine de l'invention de la flûte douce traversière et du fiddle à coulisse utilisés avec bonheur quelques siècles plus tard par le dernier fils du cantor, P. D. Q. Bach. Mais son instrument de prédilection reste néanmoins le cornet à bouquins pour lequel il compose une multitude de pièces, corne d'abondance de son génie inventif.

Percy Watson.

Schöne Müllerin, Die. Voir *Belle meunière, La.*

Schopenhauer, Arthur. Voir *Esthétique musicale.*

Schöpfung, Die. Voir *Création, La.*

Schott. Maison d'édition musicale allemande. Bernhard Schott (1748-1809), clarinettiste qui avait une connaissance approfondie de la gravure musicale sur cuivre et sur étain, fonde cette firme à Mayence en 1780. Outre la publication des œuvres des compositeurs liés à la cour de Mayence, il édite des partitions et des arrangements pour piano d'opéras populaires, notamment les premières partitions pour piano de *Die Entführung auf dem Serail* (1785) et de *Don Giovanni* (1791) de Mozart. Ses fils, Johann Andreas (1781-1840) et Johann Joseph (1782-1855), développent le catalogue et absorbent diverses autres firmes. La firme qui porte alors le nom de B. Schott's Söhne prospère pendant tout le XIXe siècle. Elle se lie avec de grands compositeurs comme Beethoven (à partir de 1824, publiant sa *Missa solemnis*, la *Symphonie n° 9* et quelques-uns des derniers quatuors à cordes) et Wagner (à partir de 1859, publiant *Der Ring des Nibelungen, Die Meistersinger* et *Parsifal*).

L'intérêt que Schott porte actuellement à la musique contemporaine a commencé avec *Feu d'artifice* de Stravinski, publié en 1910. La maison Schott publie maintenant les œuvres de nombreux compositeurs allemands de renom comme Hindemith, Orff, Weill, Fortner, Henze, Reimann, ou étrangers comme Penderecki, Dutilleux, Ligeti. Elle a fait paraître des ouvrages musicologiques importants, notamment la douzième édition du *Musik Lexikon* de Riemann et le catalogue thématique des œuvres de Haydn préparé par Anthony van Hoboken ; au nombre de ses revues musicales figurent *Melos/Neue Zeitschrift für Musik und Bildung* et *Das Orchester.* Contrairement à de nombreuses autres maisons d'édition allemandes, Schott a survécu pratiquement intacte à la Seconde Guerre mondiale. Ses archives, qui contiennent des lettres d'une valeur inestimable de Beethoven et d'autres grands compositeurs, sont conservées aujourd'hui à la Stadtbibliothek de Mayence.

La maison Schott de Londres, qui avait acquis son indépendance en 1914, est repassée sous le contrôle de la maison mère en 1980. Depuis la Seconde Guerre mondiale, Schott-Londres a publié les œuvres de plusieurs grands compositeurs britanniques comme Tippett, Humphrey Searle, Peter Racine Fricker, Alexander Goehr et Peter Maxwell Davies. Elle a joué un rôle primordial dans la renaissance de la flûte à bec, avec sa propre fabrique de flûtes à bec, la publication de centaines de volumes de musique pour flûte à bec et la fondation de la revue *Recorder and Music Magazine* en 1963.

J. M. Thomson.

Schottische (all.). « Écossaise ». Ronde analogue à la *polka, mais plus lente. Elle est parfois associée à l'*écossaise mais, malgré la similitude de nom, ne ressemble pas à cette danse hormis le fait que toutes deux sont à deux temps. La Schottische a été appelée « German polka » lorsqu'elle a fait son apparition en Angleterre au milieu du XIXe siècle.

Schottische Fantaisie (« Fantaisie écossaise »). Fantaisie pour violon et orchestre sur des airs populaires écossais de Bruch, composée en 1879-80. Chacun des quatre mouvements met en vedette un air écossais : *Auld Rob Morris, The Dusty Miller, I'm a down for lack of Johnnie* et *Scots wha hae wi'Wallace bled* (Allegro guerriero).

Schrammel. Famille de musiciens qui ont exercé leurs activités à Vienne pendant la seconde moitié du XIXe siècle. Ils ont participé à la création du répertoire et du style de musique populaire dans les *Heurigen* (où les Viennois se réunissaient pour boire les vins nouveaux) et dans d'autres lieux de divertissement viennois. Le véritable fondateur de la tradition familiale est **Kaspar Schrammel** (mort en 1870), mais ce sont ses fils, **Johann** (Neulerchenfeld, près de Vienne, 22 mai 1850 ; Vienne, 17 juin 1893) et **Joseph** (Ottakring, près de Vienne, 3 mars 1852 ; Vienne, 24 novembre 1895) qui ont popularisé la musique. Ils jouaient tous deux du violon et ont formé un quatuor avec deux amis, Georg Dänzer à la clarinette et Anton Strohmeyer à la guitare : cette disposition instrumentale est devenue celle du quatuor Schrammel traditionnel. Par la suite, l'accordéon-piano a fait partie intégrante de la musique, remplaçant généralement la clarinette. Les frères Schrammel sont aussi à l'origine d'un style de chant à moitié chanté et à moitié parlé et ont écrit une grande partie de leur musique, comme *Wien bleibt Wien* qui est devenu un classique du genre. Leur musique a beaucoup influencé celle de Lanner et de la famille Strauss. La renommée des Schrammel a dépassé les limites de l'Autriche et ils ont joué à l'Exposition universelle de 1890, aux États-Unis. La tradition qu'ils ont créée a été reprise par d'autres et subsiste encore de nos jours. La redécouverte de leurs partitions, dans les années soixante, a suscité un regain d'intérêt pour leur musique et leur style original.

Peter Gammond.

Schrittmässig, schrittweise (all.). « Par degrés conjoints », dans un tempo de marche (équivalent d'*andante*).

Schubert, Franz (Peter) (Vienne, 31 janvier 1797 ; Vienne, 19 novembre 1828). Compositeur autrichien. Seul grand compositeur né à Vienne, il est aussi le seul à n'avoir pas connu de son vivant une renommée internationale, ce qui s'explique en partie par sa mort prématurée mais surtout par sa nature timide ; ayant peur de la rampe, il se désintéresse de tout ce qui pourrait affermir sa réputation en matière artistique. Il n'a ni le talent ni l'inclination voulue pour faire une carrière de virtuose et déteste la routine qu'imposerait un emploi permanent. En outre, la démocratisation du goût, le développement de l'édition commerciale et le climat politique intolérant de l'époque ne facilitent pas la vie du compositeur indépendant dont Schubert est peut-être le premier exemple parfait. Il dépendra toute sa vie des rétributions qu'il recevra de ses protecteurs et dédicataires, de la publication de ses lieder et œuvres pour clavier (qui ne commencera qu'à l'âge de vingt-quatre ans) et occasionnellement de ses cours ou de ses concerts. Sur le plan financier, il ne connaîtra jamais la sécurité, à l'exception d'une brève période d'un ou deux ans ; mais l'idée selon laquelle il aurait mené une vie de bohème, pauvre et insouciante n'est qu'un mythe populaire.

1. *La jeunesse.* Schubert est le quatrième fils d'un instituteur morave et d'une domestique silésienne qui se sont rencontrés et mariés à Lichtenthal, faubourg de Vienne. Son père et ses frères lui apprennent à jouer du piano et du violon, puis de l'alto. Michael Holzer, organiste de l'église paroissiale de Lichtenthal, lui donne quelques leçons de contrepoint. Mais c'est à l'âge de onze ans que commence sérieusement son instruction musicale lorsqu'il obtient une place de boursier à la chapelle de la cour comme petit chanteur de l'empereur au collège impérial (le Konvikt, ou séminaire religieux). Ses dons s'y révèlent bientôt sous la surveillance de l'organiste de la cour, Wenzel Ruzicka, et du maître de chapelle, Anton Salieri. Il hérite de celui-ci des habitudes de notation conservatrices, le respect de la musique de Gluck, une certaine froideur envers celles de Mozart et de Beethoven, qu'il perdra par la suite. En 1812, il compose déjà une impressionnante série de quatuors à cordes. Auparavant, en 1811, il a fait sa première tentative lyrique, mais il abandonne le livret de Kotzebue, *Die Spiegelritter*, après le premier acte. Les premiers lieder sont encore antérieurs, se référant avec ambition aux cantates que Zumsteeg a écrites sur des textes de Schiller.

Schubert quitte le Konvikt en 1813, déclinant l'offre d'une dotation qui lui permettrait de poursuivre ses études. Il passe un an à l'école normale de Vienne, puis rentre chez lui où il enseigne dans l'école de son père. Vient alors une période de créativité intense à peine croyable. En l'espace de trois ans, Schubert compose cinq symphonies, quatre messes, trois quatuors à cordes, trois sonates pour piano, six opéras et plus de trois cents lieder. Ce torrent musical, qui n'a fait l'objet d'aucune exécution ni d'aucune rémunération, jette les bases de sa grandeur future. Les premières symphonies, par exemple, notamment la *Symphonie nº 2 en si bémol majeur* et la *Symphonie nº 3 en ré majeur*, annoncent la forme du premier mouvement et le dynamisme rythmique de la grande *Symphonie en ut majeur*, bien que le langage reste toujours celui du XVIIIe siècle. Les digressions lyriques des quatuors laissent pressentir la maturité de Schubert. Mais ces années sont avant tout dominées par l'explosion de la mélodie inspirée d'un texte qui jette les fondements du lied romantique. En octobre 1814, la découverte du *Faust* de Goethe aboutit au premier chef-d'œuvre inattaquable, *Gretchen am Spinnrade* (« Marguerite au rouet »), bientôt suivi de nombreux autres : *Nähe des Geliebten* (« Proximité du bien-aimé »), *Heidenröslein* (« Petite rose des bruyères ») et *Erlkönig* (« Le Roi des aulnes ») ; la sensibilité poétique éveillée par Goethe pousse le jeune Schubert à explorer l'œuvre de Hölty, Claudius, Uz, Jacobi, etc. On ne saurait affirmer que Schubert a créé le lied, mais il en a fait assurément une nouvelle forme artistique et en a révélé tout le potentiel.

En 1816, cette première phase de son évolution créatrice semble se stabiliser ; sa musique révèle une maîtrise que l'on ne peut encore pleinement qualifier de « schubertienne ». Des œuvres comme les trois *Sonatines pour violon et piano* (D 384, 385 et 408), la *Symphonie nº 5 en si bémol majeur* et les mouvements de concerto pour piano et cordes (*Adagio et Rondo D 487*) ou pour violon et cordes (*Rondo en la D 438*) ont une grâce et une lucidité toutes mozartiennes. L'identité de forme et d'expression est complète. Cela s'applique également aux lieder *Ins stille Land*, *Litanei* et *Orpheus*. A cette époque prend fin la première liaison de Schubert, avec Therese Grob. Le compositeur l'aime profondément, mais cette aventure n'a pas d'avenir et ils se séparent.

2. *La voie de l'indépendance*. A l'automne 1816, Schubert ressent le besoin impérieux d'échapper au travail fastidieux de l'école. Après une tentative infructueuse pour obtenir un poste d'enseignant à Laibach (Ljubljana), il se réfugie chez Franz von Schober, jeune homme aux tendances hédonistes pourvu de relations artistiques. Au cours des six années suivantes, la réputation de Schubert s'affermit progressivement à Vienne et dans d'autres villes de province comme Linz, Steyr et Graz. Au début de 1817, il est présenté à J. M. Vogl, premier baryton du théâtre de la cour, qui s'enthousiasme pour ses lieder et accroît sa réputation. En 1818, ses œuvres pour orchestre commencent à être exécutées en public. L'horizon s'élargit et de nouvelles occasions se présentent. Schubert passe le second semestre 1818 à Zseliz, en Hongrie, où il enseigne la musique aux enfants du comte Johann Karl Esterházy dans une ambiance champêtre, semi-féodale, loin de toute salle de classe. En 1819, il accompagne Michael Vogl à Steyr (où ce dernier est né et passe ses vacances tous les ans) ; cette première vision des montagnes de la Haute-Autriche est un stimulant puissant pour Schubert. Sa musique reflète l'effet libérateur de ces expériences. Les lieder de 1817 vont de la perfection lyrique d'*An die Musik* (« A la musique ») et de *Die Forelle* (« La Truite ») à la puissance dramatique de *Memnon*, *Ganymede* et *Gruppe aus dem Tartarus* (« Groupe surgi du Tartare »). La vision philosophique et les descriptions pittoresques de ces lieder doivent beaucoup à l'un des amis de Schubert, Johann Mayrhofer, poète qui considérait la vie comme une sorte d'antichambre de la Terre promise et qui a exercé une grande influence sur lui. En 1817, l'intérêt que Schubert porte à Beethoven ressort surtout dans une série de sonates pour piano (plusieurs d'entre elles sont inachevées) dont les plus connues sont les *Sonates en la mineur* (D 537), *en mi bémol* (D 568) et *en si majeur* (D 575) et dans le *Duo pour violon et piano en la majeur op. 162*. La *Symphonie nº 6 en ut majeur* rend hommage à Beethoven et à Rossini, dont les opéras ont impressionné Schubert par leur vitalité et leur musicalité lors de leurs premières représentations à Vienne. Rossini exercera une influence accessoire mais non négligeable sur le style de Schubert dans sa période de maturité. Le *Quintette avec piano en la majeur* (*« La Truite »*), terminé à l'automne 1819, est la première œuvre instrumentale véritablement schubertienne d'esprit et de langage. Elle s'inspire nettement de la beauté du paysage styrien, avec sa gaieté et ses rythmes dansants, tout en recélant une sorte de tranquillité

enchantée : la pulsation ralentit constamment et débouche sur une sorte de danse méditative. Cette œuvre constitue la première affirmation du mysticisme naturel de Schubert.

3. *La maturité*. A son retour de Zseliz, Schubert reçoit la commande d'un singspiel comique en un acte du théâtre Kärntnertor. *Die Zwillingsbrüder* (« Les Frères jumeaux »), présentés en juin 1820, reçoivent un modeste succès d'estime. Deux mois plus tard, la musique de scène pour *Die Zauberharfe* (« La Harpe enchantée ») est présentée huit fois de suite au théâtre rival, An der Wien. Les défenseurs de l'opéra allemand commencent à former une sorte de groupe de pression autour de Schubert pour contrecarrer l'influence des Italiens, trop conquérants ; Schubert et Schober se mettent à travailler à l'élaboration d'un opéra entièrement chanté, *Alfonso und Estrella*. Mais avant qu'ils n'aient terminé, l'imprésario italien Antonio Barbaja prend la direction des théâtres de la cour et Schober se retire de la scène. *Alfonso* est abandonné et tous les efforts déployés pour le monter ailleurs s'avéreront infructueux. Néanmoins, en 1823, Schubert reçoit la commande de *Fierabras*, une histoire d'amour et de guerre à l'époque des croisades, le librettiste étant Josef Kupelwieser, le directeur du théâtre. Cette fois, ce sont des intrigues au sein du théâtre qui, obligeant Kupelwieser à démissionner, entraînent l'effondrement du projet. A titre de compensation, il propose à Schubert de composer les interludes musicaux de *Rosamunde*, grand drame romantique d'Helmina von Chezy. *Rosamunde* est présentée en décembre 1823 ; la musique, charmante, reçoit un accueil chaleureux, mais la sottise de l'intrigue coule la pièce qui est abandonnée après la deuxième représentation.

De 1820 à 1823, Schubert cherche donc en vain la réussite dans le domaine lyrique. Toutefois, il compose également une série d'œuvres vocales et instrumentales d'un éclat et d'une originalité frappants. La mise en musique de poèmes de Goethe, de Friedrich von Schlegel, de Matthäus von Collin et de Rückert révèle une nouvelle puissance dramatique et poétique. Parmi les chœurs qu'il écrit alors, on trouve le *Psaume XXIII* et le *Chant des esprits au-dessus des eaux* de Goethe pour ténors, basses et orchestre. La *Messe en la bémol*, achevée en 1822, est la plus caractéristique de ses huit messes. Il faut toutefois noter que son œuvre la plus originale est restée inachevée. Le *Quartettsatz* de décembre 1820 représente une évolution remarquable par rapport aux quatuors de son adolescence, mais tout s'arrête au milieu de l'esquisse du mouvement lent. L'oratorio dramatique *Lazarus* (février 1820), œuvre d'avant-garde où l'alternance d'airs et de récitatifs fait place à un flot continu d'*arioso* sur un accompagnement orchestral, est une œuvre d'un éclat provocant. Le cas de la *Symphonie « Inachevée »* est encore plus énigmatique ; les deux mouvements que nous possédons constituent l'affirmation la plus dramatique et la plus personnelle de *lacrimae rerum* dans la littérature symphonique. On possède des esquisses du scherzo et certains musicologues croient que la symphonie était en fait achevée. Toutefois, il est clair que Schubert a désavoué cette œuvre car, après avoir remis les deux premiers mouvements à Josef Hüttenbrenner en septembre 1823, il ne s'en est plus jamais préoccupé, pour autant que l'on sache.

4. *Les dernières années*. La *Symphonie « Inachevée »* est probablement née de certaines crises affectives qu'a connues le compositeur, mais elle est également liée à sa maladie. A la fin de 1822, ou au début de l'année suivante, apparaissent les premiers symptômes d'une maladie vénérienne, certainement la syphilis. Son état s'aggrave rapidement pendant le premier semestre 1823, puis s'améliore progressivement. En 1824, il reprend une vie plus ou moins normale, mais les rechutes et les maux de tête dont il souffre jusqu'à la fin de ses jours proviennent sûrement de cette affection chronique. L'hiver 1822-23 marque une crise dans les affaires de Schubert alors que sa réputation atteint des sommets. Le succès extraordinaire d'*Erlkönig* (« Le Roi des aulnes »), donné en concert public en mars 1821, débouche sur la publication de ses lieder, lui donnant ainsi une certaine indépendance financière. Mais ses échecs dans le domaine de l'opéra et ses ennuis de santé marquent bientôt la fin d'un succès de courte durée. Les dernières années de sa vie, peu fertiles en événements, se déroulent dans l'ambiance semi-mondaine de la Vienne de Metter-

nich. Ses aspirations changent alors aussi de direction. Abandonnant tout espoir de réussir à la scène, il décide de se concentrer sur les formes prestigieuses – quoique passées de mode – de la sonate, du quatuor à cordes et de la symphonie. Les cinq dernières années de sa vie voient naître la grande *Symphonie en ut majeur*, les trois grands quatuors à cordes, les deux trios avec piano, les deux cycles de lieder sur des textes de Heine et de Rellstab, ses plus belles œuvres pour clavier (pour piano seul et pour deux pianos) et ses deux grandes messes.

Des événements de moindre importance servent de points de repère à ces chefs-d'œuvre. La rencontre avec Schuppanzigh, au début de l'année 1824, incite Schubert à entreprendre la série des trois quatuors. A son retour de Zselig, en 1824, une sorte d'amitié amoureuse s'établit entre Schubert et la jeune comtesse Karoline Esterházy, donnant naissance à ses plus belles œuvres pour piano à quatre mains, notamment la *Fantaisie en fa mineur* (janvier-avril 1828) qui lui est dédiée. Les longues vacances de l'été 1825, qu'il passe à nouveau à la montagne avec Vogl, constituent un interlude serein sur lequel on est assez bien documenté. Un point reste néanmoins obscur : l'identité de la symphonie que Schubert esquisse à Gmunden et Gastein, que l'on croyait perdue et que les musicologues s'accordent maintenant à reconnaître comme la *Grande Symphonie en ut*. Cette symphonie est la plus importante des œuvres de Schubert destinées à de vastes auditoires ; elle peut se rapprocher des symphonies de Beethoven par ses dimensions et sa conception, mais son lyrisme en fait la première expression dans la littérature symphonique de la doctrine romantique unissant l'homme et la nature. Elle restera ignorée de tous jusqu'en 1839, époque à laquelle Mendelssohn la sortira de l'oubli ; mais elle ne trouvera sa véritable place dans le répertoire symphonique qu'au XXe siècle.

Au cours de la même période, Schubert parvient également à des sommets dans le domaine du lied. La grandeur de cycles comme *Die schöne Müllerin* (« La Belle Meunière », 1823), et *Winterreise* (« Voyage d'hiver », 1827) doit quelque chose au poète et publiciste de Dresde Wilhelm Müller dont les textes, s'inscrivant dans la tradition du chant traditionnel, correspondent exactement aux besoins de Schubert. Leurs rythmes affirmés et leur langage évocateur incarnent l'amour romantique morbide qui demeure omniprésent dans les meilleures œuvres de Schubert, bien qu'avec lui la vie ne cesse jamais d'être revalorisée. Les deux séries de lieder sur des textes de Heine et de Rellstab ne constituent pas des cycles à proprement parler, mais développent encore le côté dramatique et impressionniste du lied.

Les œuvres que Schubert compose au cours de la dernière année de sa vie, notamment la *Fantaisie en fa mineur*, les trois ultimes sonates pour piano et l'inégalable *Quintette à cordes en ut*, sont destinées à des auditoires restreints ; elles illustrent parfaitement cette vision personnelle d'un musicien que Liszt qualifiait de « plus poète que jamais ». Selon le diagnostic de ses médecins, Schubert serait mort d'un « typhus abdominalis », qui semble correspondre à la fièvre typhoïde. Mais sa mort a peut-être été précipitée, ou même causée par la maladie qu'il savait incurable. Si c'est le cas, la clairvoyance de ses dernières œuvres, leur pouvoir visionnaire et leur force traduisent le destin d'un homme qui se savait condamné.

La spontanéité et la clarté de la musique de Schubert attirent autant l'expert que le profane. Il possède plusieurs styles (on a même dit qu'il trouvait un style différent pour chacun des poètes mis en musique) et sa musique sonne souvent comme celle d'autres compositeurs. Pourtant, l'adjectif « schubertien » s'impose. L'auteur de la *Symphonie « inachevée »* donne un élan au développement des formes monothématiques, comme dans la *Wanderer Fantasie*. Mais, en général, il n'innove pas ; il adapte les formes et le langage classiques à ses propres buts. Sa sensibilité poétique lui permet de donner une nouvelle dimension émotive à des formules courantes, comme l'alternance majeur/mineur, l'enharmonie ou l'enchaînement tonique-neuvième mineure sans fondamentale avec quinte altérée à la basse qui introduit de nouvelles tensions harmoniques entre la tonique et les degrés éloignés. Grâce à ce procédé, le lied devient une forme artistique indépendante et permet à Schubert d'adapter la symphonie, le quatuor et la sonate à la sensibilité de la nouvelle poésie.

John Reed.

BIBLIOGRAPHIE : Maurice J. E. Brown, *Schubert*, Éd. du Rocher (Monaco, 1986). André Cœuroy, *Les Lieder de Schubert* , (Paris, 1948). Alfred Einstein, *Schubert*, Gallimard (Paris, 1958, rééd. 1979). Annette Kolb, *Schubert*, Albin Michel (Paris, 1952). Paul Landormy, *Schubert*, Gallimard (Paris, 1928). Paul-Gilbert Langevin, *Franz Schubert et la symphonie*, La Revue Musicale nos 355-356-357, Richard Masse (Paris, 1982). Brigitte Massin, *Franz Schubert*, Fayard (Paris, 1977). Robert Pitrou, *Franz Schubert, sa vie intime*, Émile-Paul (Paris, 1949). Frieder Reininghaus, *Schubert*, Lattès (Paris, 1982). Marcel Schneider, *Schubert*, Seuil, coll. Solfèges (Paris, 1957, rééd. 1981).

Schuhplattler (all.). « Danse à claquettes ». Joyeuse danse bavaroise dans laquelle les danseurs se frappent les genoux et les talons avec les mains.

Schuller, Gunther (New York, 22 novembre 1925). Compositeur américain de formation essentiellement autodidacte. Il est corniste au Metropolitan Opera entre 1944 et 1959 et enseigne dans différentes institutions. En 1966, il est nommé président du New England Conservatory à Boston. Plusieurs influences s'exercent sur sa musique, notamment celle de Schoenberg, de Babbitt et de l'avant-garde européenne ; il recherche souvent ce qu'il appelle un « troisième courant » qui se situe entre le jazz et la musique classique. *Seven Studies on Themes of Paul Klee* (« Sept Études sur des thèmes de Paul Klee », 1959), l'une de ses nombreuses partitions d'orchestre, montre son sens aigu de l'invention en matière instrumentale. Il est l'auteur de plusieurs ouvrages, notamment *Horn Technique* (New York, 1962) et *Early Jazz : its Roots and Musical Development* (New York, 1968).

Paul Griffiths.

Schulmeister, Der. Voir *Maître d'école, Le.*

Schultz, Johannes (baptisé à Lüneburg le 26 juin 1582 ; Dannenberg, février 1653). Compositeur allemand. De 1605 jusqu'à sa mort, il est organiste à Dannenberg. Il a composé un ensemble de *40... neuwe Paduanen, Intraden und Galliard* pour ensemble instrumental à quatre parties (Hambourg, 1617), plusieurs motets et le *Musicalischer Lustgärte* (Lüneburg, 1622), mélange de musique instrumentale et vocale.

Wendy Thompson.

Schulz, Johann Abraham Peter (Lüneburg, 31 mars 1747 ; Schwedt an der Oder, 10 juin 1800). Compositeur allemand. Il s'intéresse très tôt à la musique ; à l'âge de dix-huit ans, il part pour Berlin suivre les cours de Kirnberger et fait la connaissance de C. P. E. Bach. En 1768, il entre au service de la princesse polonaise Sapieha Woiwodin von Smolensk, avec laquelle il parcourt l'Europe ; à Danzig (aujourd'hui Gdańsk), il rencontre Reichardt et se lie d'amitié d'avec lui. Il retourne à Berlin en 1773 et fait représenter des opéras dans les théâtres locaux ; à partir de 1780, il est également compositeur de la cour à Rheinsberg. De 1790 à 1795, il est directeur du Théâtre royal de la cour et responsable de la *Hofkapelle* à Copenhague, puis retourne travailler à nouveau à Berlin et à Rheinsberg.

Schulz est surtout connu pour ses mélodies ; avec Reichardt et Zelter, il fait partie de ce qu'on a appelé la seconde école berlinoise, adaptant une musique traditionnelle simple aux vers de poètes tels que Goethe et Klopstock. Ce genre de mélodies porte parfois le nom de *volkstümlisches Lied.*

Schuman, William (Howard) (New York, 4 août 1910). Compositeur américain. Il fait ses études à l'Université de Columbia et suit en privé les cours de Roy Harris (de 1936 à 1938), dont il est le premier disciple. Son cycle de dix symphonies révèle une imagination audacieuse et puissante ; il développe des thèmes typiquement américains dans des formes diatoniques robustes. Il a été président de la Juilliard School de 1945 à 1962.

Paul Griffiths.

Schumann, Clara (Josephine) (Leipzig, 13 septembre 1819 ; Francfort-sur-le-Main, 20 mai 1896). Pianiste et compositeur allemand ; épouse de Robert Schumann. Fille d'un bon professeur de piano, Friedrich Wieck, abandonné par sa femme Marianna, également bonne pianiste, lorsque Clara n'avait que cinq ans. Son père lui enseigne le piano ; dès son plus jeune âge, elle donne des récitals au Gewandhaus de Leipzig et entreprend des tournées vers 1830 ; elle reçoit une bonne instruction générale, et son goût pour Beethoven et les classiques est bien formé. A vingt ans, elle est déjà célèbre, et la cour de Vienne lui attribue le titre de *Kaiserlich-*

Königliche Kammervirtuosin. Schumann est alors amoureux d'elle, mais son père ne le considère pas comme un bon parti ; elle ne l'épousera qu'à la veille de ses vingt et un ans, sans le consentement paternel. Elle continue à jouer en public tout en se consacrant totalement aux intérêts de Robert (pour la suite de sa vie, voir la biographie de celui-ci), dont elle aura huit enfants.

Lorsque Schumann devient fou, puis après sa mort, Clara se consacre à d'énormes tournées de concerts pour gagner sa vie ; elle est l'une des premières artistes à voyager aussi régulièrement, et la récente création du réseau de chemin de fer l'aide considérablement. Bien que Brahms, son ami fidèle, ait essayé de l'en dissuader, elle aime visiblement ce genre de vie, particulièrement les voyages en Angleterre, où elle a énormément de succès. La maladie, apparemment une sorte d'arthrite, la force à réduire ses activités pianistiques. Elle séjourne à plusieurs reprises à Berlin, à Baden-Baden et, à partir de 1878, à Francfort, où elle devient l'un des professeurs les plus estimés du Conservatoire. Elle publie les œuvres complètes de Robert, compose elle-même de charmantes pièces pour piano ainsi que des lieder (presque tous écrits avant la mort de son mari) et reçoit la médaille d'or des Arts de l'empereur Guillaume en 1889.

Denis Arnold.

BIBLIOGRAPHIE : Catherine Lépront, *Clara Schumann*, Robert Laffont (Paris, 1988). Robert Pitrou, *Clara Schumann*, Albin Michel (Paris, 1961). Monique Wohlwend-Sanchis, *Clara Schumann-Wieck*, La Pensée universelle (Paris, 1987).

Schumann, Robert (Alexander) (Zwickau, Saxe, 8 juin 1810 ; Endemich, près de Bonn, 29 juillet 1856). Compositeur allemand. Cinquième et dernier enfant d'un libraire qui écrivait également des romans et traduisit les œuvres de Byron, Robert va tout d'abord dans une école privée, puis au lycée de Zwickau. A la mort de son père en 1826, sa sœur se suicide, et sa mère le gâte énormément, l'initiant au luxe du champagne et des cigares alors qu'il n'est encore qu'écolier. En 1828, il entre à la faculté de droit de Leipzig et continue à préférer l'amusement au travail. Il prend ses premières leçons de piano avec Wieck et fait la connaissance de sa fille Clara, alors âgée de neuf ans, qui deviendra sa femme. L'année suivante, il est transféré à l'Université de Heidelberg, fait un voyage traditionnel à cette époque en Italie, et son professeur de droit lui annonce finalement qu'il n'a aucun talent pour cette discipline.

Sur les conseils de Wieck, chez lequel il habite alors, il commence à étudier le piano sérieusement ; Wieck ne lui cache pas qu'il a plus de chances de devenir professeur que de faire une carrière de virtuose. En tout cas, ses ambitions en la matière se voient réduites à néant car il s'abîme la main avec un appareil destiné à renforcer les doigts. Heureusement, à cette époque, il a déjà prouvé son talent de compositeur en écrivant surtout pour le piano et en trouvant immédiatement un langage imaginatif. Il utilise des codes pour inventer des thèmes (par exemple : ABEGG = la, si bémol, mi, sol, sol, le nom d'un ami, lui fournit le motif du thème d'un ensemble de variations op.1) qu'il développe sans excès en images délicates, souvent accompagnées d'allusions littéraires. Son écriture pour piano est extrêmement personnelle ; elle fait fréquemment appel à la pédale de prolongation et au registre médian de l'instrument pour produire un son capiteux et plutôt brillant. Les œuvres des années 1830 sont presque toutes des chefs-d'œuvre, particulièrement *Carnaval*, suite de pièces exprimant divers traits de son caractère, notamment le contraste entre son côté intraverti et son côté extraverti ; la *Fantaisie en ut majeur*, conçue comme une sonate, mais dans un style très libre et qui associe une superbe mélodie lyrique à de délicieuses textures pianistiques, et les *Études symphoniques* (1834, publiées en 1837), ensemble de variations libres couronnées d'un final grandiose.

Après diverses liaisons sans conséquence, Schumann tombe sérieusement amoureux de Clara. Il entre aussi dans le journalisme musical en éditant la *Neue Zeitschrift für Musik*. Il ne semble néanmoins pas encore sur le point de faire une carrière musicale sérieuse, ce qui explique sans doute le refus de Wieck de lui donner sa fille en mariage en 1837 (la carrière de Clara, âgée seulement de dix-huit ans, semble alors beaucoup plus prometteuse). En outre, Robert ne jouit pas d'une santé particulièrement robuste : il a eu une dépression nerveuse en 1834 après la mort de l'un de ses frères et de sa belle-sœur. Toutefois, Schumann entrevoit l'espoir de travailler à Vienne en 1839 et il trouve certains manuscrits de Schubert, dont la *Symphonie en ut majeur* ; à cette même époque, ses propres œuvres se vendent bien ; pour surmonter le veto de Wieck, il va devant les tribunaux et épouse Clara en 1840, la veille du jour où elle fêtera son vingt et unième anniversaire.

Cet amour passionné – on trouve rarement des liens aussi étroits entre la musique composée et les événements extérieurs – aboutit à ce que l'on a coutume d'appeler l'« année mélodique » de Schumann. En 1840, il compose de nombreux lieder, dont les deux grands cycles *Dichterliebe* (*Les Amours du poète)* et *Frauenliebe und -leben* (*L'Amour et la vie d'une femme*). Les vers sont très subjectifs et s'accordent tellement aux sentiments de Schumann et de Clara que les lieder semblent extrêmement personnels. Sur le plan technique, le transfert de son nouveau langage pianistique aux accompagnements augmente encore sa puissance expressive, particulièrement dans les introductions et les conclusions, où le piano commente et élargit les sentiments exprimés par les vers.

L'année 1840 voit aussi la naissance de sa première symphonie (il a fait une tentative avortée dans les années 1830) ; le succès de cette symphonie, jouée l'année suivante sous la direction de Mendelssohn au Gewandhaus de Leipzig, l'incite à en commencer une autre (la *Symphonie en ré mineur* qui deviendra la *Symphonie nº 4*) et à écrire l'*Ouverture, Scherzo et Finale*, tryptique qui s'apparente à une symphonie. Clara remporte aussi de nombreux succès et crée la *Fantaisie en la mineur* pour piano et orchestre. Quelques années plus tard, Schumann la remaniera pour l'intégrer à son *Concerto op.54* (premier mouvement). Clara met au monde une fille en septembre 1841 et poursuit sa carrière presque sans s'interrompre ; en 1842, lors d'une tournée dans le nord de l'Allemagne, elle reçoit un accueil plus chaleureux que les œuvres de son mari.

Au cours de cette même année, Schumann compose essentiellement de la musique de chambre, trois quatuors à cordes, le quatuor et le quintette avec piano. Toutefois, les efforts qu'il déploie pour maintenir sa carrière musicale à un niveau professionnel, puis la naissance d'une seconde fille qui réduit les activités musicales de Clara, affectant sa santé et, à partir de 1843, les dépressions nerveuses font partie intégrante de sa vie. Il semble probable qu'il y ait une part d'hérédité dans son instabilité mentale. Par ailleurs l'absence de formation et d'environnement musical dès son plus jeune âge rend Robert inapte à composer les cantates de festival, les opéras, les pièces de salon..., source de revenus considérables pour les compositeurs de cette époque, qui viennent si naturellement à Mendelssohn et à Spohr. Il n'est pas instrumentiste et, quoique excellent critique et écrivain, il ne peut faire vivre sa famille de ces seuls revenus. La peine qu'il ressent à être éclipsé par Clara accroît ses difficultés, et, lorsqu'elle part en tournée, il a du mal à se concentrer sur la composition.

Il obtient divers postes officiels qu'il occupe avec un succès mitigé. En 1842, il est nommé professeur de composition au nouveau Conservatoire de Leipzig. Vers la même époque, il commence à diriger des chœurs. En 1845, la famille Schumann s'installe à Dresde, où Robert achève son concerto pour piano, y ajoutant deux mouvements, et écrit la *Symphonie en ut majeur* (nº 2 dans la numérotation moderne). Une courte tournée avec Clara l'amène à Vienne, où sa musique ne soulève pas l'enthousiasme ; il abandonne donc l'idée de s'y installer et demeure à Dresde où, en 1847, il prend la direction du Liedertafel, un chœur d'hommes. L'année suivante, il crée une union chorale, échappant à la révolution dans laquelle Wagner sera profondément engagé en restant dans le pays. Il compose alors l'opéra *Genoveva*, qui connaît peu de succès lors de sa création à Leipzig en 1850, année au cours de laquelle il s'installe à Düsseldorf comme chef d'orchestre de la société chorale locale et des concerts symphoniques en souscription. Pendant quelque temps, tout va bien ; il est heureux et écrit facilement : il compose la *Symphonie « Rhénane »*, typiquement inspirée par les circonstances extérieures. Toutefois, la presse locale critique violemment son inaptitude à diriger un orchestre, qui provient moins d'un problème de technique que de son incapacité à communiquer avec les musiciens ; et, en 1852, il a une nouvelle rechute. En 1853, il dirige au Festival du Bas-Rhin, et les musiciens le trouvent bien moins bon que Hiller, son prédécesseur, qui revient pour la saison. Après un concert déshonorant à Düsseldorf en octobre, il abandonne la direction d'orchestre. Il se fait de nouveaux amis, Joachim et Brahms, et accompagne Clara en Hollande, où ils remportent tous deux beaucoup de succès. Il compose quelques ouvertures conventionnelles, de la musique d'accompagnement et des cantates, mais, en février 1854, il commence à montrer les signes d'une sérieuse atteinte mentale : il tente de se suicider en se jetant dans le Rhin et n'est sauvé que grâce à l'intervention d'un pêcheur. On le conduit alors dans une maison de santé près de Bonn où il passe le restant de ses jours, recevant la visite de Clara qui doit désormais s'occuper seule de leurs huit enfants. Elle fera publier une édition complète des œuvres de son mari.

Denis Arnold.

BIBLIOGRAPHIE : Philippe André, *Schumann, les chants de l'ombre*, Lattès (Paris, 1982). Marcel Beaufils, *La Musique de piano de Schumann*, Larousse (Paris, 1951). André Boucourechliev, *Schumann*, Seuil, coll. Solfèges (Paris, 1956, rééd. 1983). Marcel Brion, *Schumann et l'âme romantique*, Albin Michel (Paris, 1954, rééd. 1986). J. Chissell, *La Musique pour piano de Schumann*, Actes Sud (Arles, 1987). Alfred Colling, *La Vie de Robert Schumann*, Gallimard (Paris, 1931). André Cœuroy, *Schumann*, La Colombe (Paris, 1950). Alfred Einstein, *Schumann*, Gallimard (Paris, 1958). Dietrich Fischer-Dieskau, *Robert Schumann, le verbe et la musique*, Seuil (Paris, 1984). Robert Pitrou, *La Vie intérieure de Schumann*, Henri Laurens (Paris, 1925). Eugénie Schumann, *Robert Schumann*, Gallimard (Paris, 1937). Robert Schumann, *Lettres choisies (1827-1840)*, Fischbacher (Paris, 1909) / *Sur les musiciens*, Stock (Paris, 1979). Robert et Clara Schumann, *Journal intime*, Buchet-Chastel (Paris, 1967). Rémy Stricker, *Schumann, le musicien et la folie*, Gallimard (Paris, 1984). *Genoveva*, L'Avant-Scène-Opéra nº 71 (Paris, 1985).

Schurmann, (Edward) Gerard (Kertosono, Indonésie, 19 janvier 1928). Compositeur britannique d'origine néerlandaise. Il passe la majeure partie de sa vie à Londres, où il travaille avec Alan Rawsthorne et occupe le poste d'attaché culturel néerlandais. Il compose beaucoup de musique pour le théâtre et le cinéma, mais ses œuvres sérieuses sont assez rares, et sa rhétorique introspective intensifie son style conservateur. Ses œuvres les plus importantes sont des concertos pour violon et piano, d'autres pièces pour orchestre, *Chuench'i* pour soprano et orchestre (1966) et des pièces pour piano.

Paul Griffiths.

Schusterfleck (all.). Sorte de séquence (voir *Séquence*, 1).

Schütz, Heinrich (Köstritz, aujourd'hui Bad Köstritz, près de Gera, octobre 1585 ; Dresde, 6 novembre 1672). Compositeur allemand. Chef de file de la musique allemande du XVIIe siècle, Schütz a composé dans presque tous les genres, à l'exception de la musique purement instrumentale. La musique profane qui nous est parvenue n'est pas dépourvue d'importance, mais sa réputation de premier compositeur allemand d'envergure internationale se fonde surtout sur sa musique religieuse vocale. Avec Michael Praetorius et ses contemporains Johann Schein et Samuel Scheidt, il a joué un rôle prédominant en introduisant dans son pays natal les nouveaux styles italiens de l'époque, fournissant une bonne partie de l'impulsion initiale de la musique baroque en Allemagne.

A l'âge de six ans, Schütz se fixe à Weissenfels où ses parents ont hérité d'importants domaines. Sept ans plus tard, il attire l'attention du landgrave Moritz von Hessen-Kassel qui apprécie sa voix de soprano, l'accueille à la chapelle de la cour et prend en charge son instruction au *Gymnasium* de Kassel. Selon le désir de ses parents, Schütz entreprend des études de droit à l'Université de Marbourg, mais une nouvelle intervention du landgrave lui permet d'aller à Venise en 1609 pour travailler avec Giovanni Gabrieli. A son retour, en 1613, il reprend (sans doute plus par devoir que par goût) ses études de droit, cette fois à Leipzig. Toutefois, un peu plus tard, lors d'une visite à Dresde avec son protecteur, ses dons artistiques attirent l'attention du prince Électeur de Saxe, Johann Georg I, qui, après de longues querelles avec le landgrave, finit par le prendre à son service, le nommant maître de chapelle principal de la cour de Dresde, poste qu'il occupera jusqu'à la fin de sa carrière. En 1619, il épouse Magdalena Wildeck qui meurt six ans plus tard, lui laissant deux filles. Quelques années plus tard, Schütz retourne à Venise où il apprend, peut-être de Monteverdi lui-même, les nouvelles techniques de composition qui s'y sont développées depuis sa dernière visite. Il ramène à Dresde plusieurs musiciens italiens avec l'aide desquels il espère insuffler un air nouveau à la chapelle royale ; toutefois, comme c'est le cas de nombreux musiciens allemands de l'époque, ses projets sont tributaires des vicissitudes causées par la guerre de Trente Ans. Entre 1633 et 1642, en partie pour échapper aux problèmes qu'il rencontre à Dresde, Schütz effectue trois voyages à Copenhague et accepte le poste de directeur de la musique sur l'offre du roi Christian II du Danemark. Il passe les dernières années de sa vie dans une demi-retraite à Weissenfels, mais retourne finalement à Dresde pour être enterré auprès de sa femme.

L'essentiel de la production de Schütz est contenu dans treize recueils imprimés qu'il a, pour la plupart, publiés de son vivant. Le premier comprend dix-neuf madrigaux italiens, composés en quelque sorte pour sanctionner la fin de ses études avec Gabrieli. Visiblement satisfait de sa maîtrise technique fraîchement acquise, le jeune compositeur utilise des effets harmoniques audacieux ainsi que la figuration vocale dramatique pour exprimer les qualités émotives et pittoresques de ses textes, rappelant les techniques de Monteverdi dans ses quatrième et cinquième livres de madrigaux.

Les recueils suivants sont consacrés à la musique sacrée et contiennent des exemples de toutes les principales formes de musique religieuse auxquelles Schütz s'attache : le *concerto* sous toutes ses formes, le motet et le madrigal sacré avec *continuo*, la monodie, le dialogue et l'histoire biblique (pièce dramatique annonçant l'oratorio). La plupart des textes sont tirés de la traduction luthérienne de la Bible ; Schütz n'utilise le latin que dans deux des principaux recueils : les *Cantiones sacrae* (Freiberg, 1625) et le premier recueil des *Symphoniae sacrae* (Venise, 1629). Le choix de ses textes et sa façon de les traiter musicalement lui sont dictés par une approche nettement didactique ; il fait connaître la doctrine au moyen des Saintes Écritures d'une façon précise, très protestante. Cependant, suivant la tendance de l'époque, il fait rarement appel aux chorals.

L'influence de Gabrieli se fait sentir dès la première publication de musique religieuse, les *Psaumes de David* de 1619, recueil de vingt-six textes allemands traités dans la grande tradition vénitienne à huit parties vocales et instrumentales. Dans la préface de cette œuvre, Schütz indique la nature des diverses possibilités d'exécution et leur souplesse d'utilisation : parties vocales solistes (*cori favoriti*), dont la contribution est obligatoire ; chœurs de chanteurs moins expérimentés ou ensembles d'instruments (*cappella*) que l'on peut utiliser « dans l'intérêt de la sonorité et de la magnificence » ou omettre ; et *continuo*, confié à un seul musicien ou à un musicien de chaque groupe. Mais il faut attendre un recueil ultérieur pour que Schütz développe autant ses effectifs : le troisième recueil des *Symphoniae sacrae* (Dresde, 1650) où des effets vocaux et instrumentaux éclatants rehaussent des histoires bibliques aussi connues que la parabole des talents de l'Évangile selon saint Matthieu et le récit de la conversion de saint Paul sur la route de Damas.

Les *Cantiones sacrae* forment un ensemble très riche de motets latins. Les œuvres ferventes et imaginatives de Schütz, apparemment destinées au culte privé, sont principalement écrites à quatre voix soutenues par un *continuo* qui n'est indispensable que dans certaines conclusions. La préface explique le mélange assez étrange des styles, allant de la polyphonie ancienne aux styles monodiques et *concertato* les plus récents ; elle révèle que plusieurs pièces ont été composées à une date antérieure. Outre ces madrigaux sacrés, la *Geistliche Chormusik* (Dresde, 1648) comporte vingt-neuf motets allemands qui montrent la maîtrise de Schütz dans l'art du contrepoint tel que la musique allemande l'a assimilé par l'intermédiaire des élèves de Lassus. Le caractère très allemand, surtout luthérien, de ces œuvres résulte d'une relation intime entre le style musical et les rythmes, les cadences et les inflexions de la langue allemande. Dans sa préface, Schütz encourage les jeunes compositeurs allemands à ne pas négliger l'étude du contrepoint purement vocal en faveur des styles italiens faciles, fondés sur le *continuo* et cultivés à cette époque.

Le *Musikalische Exequien*, composé en 1636 pour les funérailles du prince Heinrich Posthumus von Reuss, présente un intérêt particulier par la structure de ses textes. Bien que Schütz évite normalement de compiler des textes de différentes sources bibliques ou autres, les circonstances particulières liées à la composition de cette œuvre funèbre l'incitent à produire un texte compliqué et très émouvant. Trois éléments apparaissent : un amalgame de textes tirés des Saintes Écritures et de versets de chorals inscrits sur le cercueil du prince, aboutissant ainsi à une courte messe d'enterrement allemande pour voix solistes et chœur ; le texte retenu pour l'oraison funèbre, écrit pour double chœur, est une juxtaposition très impressionante du *Nunc dimittis*, chanté par un premier chœur marqué « près de l'orgue », et de passages de la *Révélation* et de la *Sagesse de Salomon* chantés par un deuxième chœur dont Schütz demande l'éloignement.

Les deux recueils de *Kleine geistliche Konzerte* (1636-1639) réunissent des monodies et des œuvres concertantes de petites dimensions ; il en est de même des deux premiers volumes des *Symphoniae sacrae* (1629-1647). Par les moyens d'exécution modestes qu'ils requièrent, les concertos spirituels peuvent refléter les économies que l'on imposait à Dresde en temps de guerre. Cependant, Schütz se montre lui-même capable de profiter des restrictions imposées, par exemple, dans la frappante monodie pour soprano « Eile, lich, Gotte, zu erreten » qui figure au début du premier recueil. Comme l'indique leur titre, les *Symphoniae sacrae* font appel à des ressources instrumentales plus riches et à une plus grande diversité d'écriture. Dans le second livre, Schütz rend particulièrement hommage à Monteverdi, non seulement en se référant à lui dans sa préface, mais encore en utilisant à plusieurs reprises le *stile concertato* et en construisant l'une des parties de son œuvre sur deux madrigaux de Monteverdi.

Un seul des petits oratorios de Schütz a été publié intégralement de son vivant, *L'Histoire de la résurrection* (Dresde, 1623) ; il repose sur un texte du temps pascal compilé d'après les quatre Évangiles. La partie de l'évangéliste est écrite en plain-chant simulé, comme on le faisait généralement en Allemagne à cette époque pour les récits de Pâques, soutenu par un accompagnement de quatre violes ; ces parties instrumentales se voient confier des accords tenus, mais le compositeur précise expressément dans sa préface qu'ils doivent être enrichis de passages improvisés (ornements et fioritures). Les principaux personnages sont représentés chacun par deux voix solistes et *continuo*, bien que Schütz dise clairement que l'une des voix peut être omise ou remplacée par un instrument. *L'Histoire de Noël* (Dresde, 1664) a été publiée partiellement alors que *Les Sept Paroles de Jésus-Christ en croix* (1645) et les trois *Passions* (1664-66) sont restées manuscrites jusqu'au XXe siècle.

Dans *Les Sept Paroles de Jésus-Christ en croix*, œuvre compacte et merveilleusement construite, le rôle du Christ est confié à un ténor toujours accompagné par deux parties instrumentales *obbligato* non précisées (probablement des violes) et *continuo*, alors que la partie de l'évangéliste est tenue par différentes voix solistes qui chantent en polyphonie. Avec ses personnages très subjectifs, cette œuvre annonce de façon évidente l'oratorio qui verra le jour au cours des siècles suivants. *L'Histoire de Noël*, probablement composée vingt ans plus tard, mérite l'attention en raison de son style résolument populaire qui en fait une exception parmi les dernières œuvres de Schütz. Les scènes de Noël sont représentées par une série de tableaux musicaux vivants, traduits sur le plan instrumental et reliés les uns aux autres par des récitatifs d'un style narratif fluide. Par contre, les *Passions* sont nettement austères, évitant tout accompagnement instrumental, même celui de l'orgue, et réalisant des effets d'une beauté étonnante par les moyens les plus simples. Ces œuvres de la dernière partie de la vie de Schütz et quelques autres comme les *Zwölf geistliche Gesänge* (Dresde, 1657) et le *Magnificat* allemand (1671), la dernière œuvre qu'il ait achevée, montrent clairement les changements opérés dans le langage musical du compositeur tout au long de sa carrière. Les expériences et les effets audacieux de sa première manière sont ici remplacés par une modération nouvelle, un calme philosophique et un penchant pour l'objectivité et le détachement révélant des modes de pensée comparables à ceux de Bach et de Beethoven dans leur ultime phase créatrice.

Basil Smallman.

BIBLIOGRAPHIE : Martin Gregor-Dellin, *Heinrich Schütz*, Fayard (Paris, 1986). André Pirro, *Schütz*, Alcan (Paris, 1924), rééd. Les Introuvables (Plan-de-la-Tour, 1975). Roger Tellard, *Schütz*, Seghers (Paris, 1968).

Schwach, schwächer (all.). « Faible », « faiblement » ; *debole, debolmente* (ital.).

Schwanendreher, Der (« Le Joueur de vièle »). Concerto pour alto et petit orchestre de Hindemith, composé en 1935 d'après des chants traditionnels allemands. Selon les propres termes du compositeur, le soliste « arrive en joyeuse compagnie et joue une musique qu'il a rapportée de loin : des chants graves et gais et, pour finir, une danse ».

Schwanengesang. Voir *Chant du cygne, Le.*

Schwankend (all.). « Oscillant ».

Schwebungen (all.). « Battements » au sens acoustique du terme ; voir *Acoustique*, 8.

Schweigen (all.). « Silence » ou « être silencieux » ; *schweigt* a le même sens que **tacet* ; *Schweigezeichen*, pause.

Schweigsame Frau, Die. Voir *Femme silencieuse, La.*

Schwellen (all.). « Enfler », par exemple augmenter le volume sonore (*crescendo*) ; *Schweller*, « pédale d'expression » d'un orgue ; *Schwellwerk*, « récit » (orgue) ; *Schwellkasten*, « boîte expressive » (orgue).

Schwer (all.). 1. « Lourd » (style) ; *schwermütig, schwermutsvoll, malinconico* (ital.), mélancolique. 2. « Difficile ».

Schwindend (all.). « En diminuant » (son), *diminuendo* (ital.).

Schwung (all.). *Swing* (angl.) ; élan, entrain ; *schwungvoll*, « plein d'entrain », « vigoureux ».

Scintillante (ital.). « Brillant », « scintillant ».

Sciolto, scioltamente (ital.). « Libre », « dégagé ».

Scivolando (ital.). « En glissant », *glissando.*

Scoop (angl.). « Port de voix » : glissades qu'affectionnent particulièrement les chanteurs pour passer d'une note à une autre. Voir *Portamento.*

Scordato (ital.) « Désaccordé ». Voir *Scordatura.*

Scordatura (ital.). (all. : *Umstimmung, Verstimmung* ; fr. : discordé, discordable, discordant). De *scordare*, « désaccorder ». L'altération de l'accord normal des cordes d'un instrument à cordes à archet ou à cordes pincées pour certains morceaux ou certains passages. On l'utilise essentiellement (*a*) pour faciliter le jeu de certains passages, surtout ceux nécessitant des doubles ou triples cordes, (*b*) pour modifier la couleur sonore de l'instrument, en la rendant plus brillante avec un accord plus élevé ou parfois en permettant un emploi accru des cordes à vides, et (*c*) pour étendre la tessiture de l'instrument, généralement vers le grave.

La *scordatura* a été souvent utilisée dans la musique pour luth de la fin de la Renaissance et du début du baroque ainsi que dans la musique pour violon des premiers temps de cet instrument. Biagio Marini a été l'un des premiers à appliquer la *scordatura* à la musique pour violon : dans sa *Sonata per il violino d'inventione op.8* (1626-1629), il a demandé que la corde de mi soit abaissée d'une tierce, puis soit ramenée à l'accord d'origine au milieu de l'œuvre.

La *scordatura* requise est indiquée par un « accord » préliminaire comme dans l'Ex. 1 extrait de la *Suite nº 5 pour violoncelle seul* de Bach. Il indique que la corde du haut doit être accordée sur sol et non sur la ; comme l'instrumentiste adopte le même doigté que si la corde du haut était accordée sur la, les notes sont écrites à la hauteur à laquelle elles sonneraient sur cette corde, de façon à ne pas troubler l'instrumentiste en lui présentant des notes qu'il associerait à des doigtés différents. L'Ex. 1a reproduit les premières mesures telles qu'elles sont imprimées, et l'Ex. 1b transpose les notes qui doivent être jouées sur la corde la plus haute pour indiquer les sons réels (ces notes sont marquées d'un astérisque ; le fa sur la ligne supérieure de la deuxième mesure est joué sur la corde de ré et n'est donc pas concerné par la *scordatura*). Dans cet exemple, les intentions du

Ex. 1

compositeur sont assez claires, mais on peut rencontrer des exemples plus complexes qui semblent se prêter à diverses interprétations possibles, notamment dans les œuvres de Biber.

Scorrendo, scorrevole (ital.). 1. Glissement d'une note à une autre, *glissando*. 2. Dans un style coulant, fluide.

Scotch snap, Scotch catch (angl.). Voir *Rythme lombard*.

Scott, Cyril (Meir) (Oxton, Cheshire, 27 septembre 1879 ; Eastbourne, 31 décembre 1970). Compositeur, pianiste et écrivain anglais. A l'âge de douze ans, il étudie, à la Musikhochschule de Francfort où il est l'élève de Humperdinck pendant dix-huit mois. En 1895, il y retourne pour suivre les cours d'Ivan Knorr, appartenant au groupe de Francfort. Il revient à Liverpool en 1898 pour y enseigner. Richter dirige son *Heroic Suite* à Manchester et à Liverpool en 1900, et sa *Symphonie n° 1* est exécutée à Darmstadt ; Henry Wood dirige la *Symphonie n° 2* au cours d'un concert promenade donné à Londres en 1903. La richesse harmonique et les lignes sinueuses de sa musique le font surnommer le « Debussy anglais », impression que confirment les 160 courtes pièces pour piano qu'il compose pour honorer un contrat avec un éditeur : *Lotus Land* est probablement la plus célèbre. En 1915, Sir Thomas Beecham dirige son *Concerto pour piano*.

Scott compose également un opéra en un acte *The Alchemist* (1917), représenté à Essen en 1925, ainsi que plusieurs œuvres chorales pour le Festival de Norwich (1936) et le Festival de Leeds (1937). Sa musique connaît ensuite moins de succès. Il envisage d'abandonner la composition mais il écrit encore un opéra, *Maurean O'Mara*, et un *Concerto pour hautbois* en 1946 ainsi qu'un oratorio en 1947. Il semble que son œuvre ne suscite plus le moindre intérêt. Si un réveil devait se produire, ce serait sans doute en faveur de sa musique de chambre.

Scott a également réalisé une importante production littéraire. Il a traduit l'œuvre de son ami et poète Stefan George et, s'intéressant à la philosophie indienne, s'est mis à étudier l'occultisme. Il a écrit des ouvrages sur ce sujet ainsi que sur des sujets médicaux comme la naturopathie, l'ostéopathie et l'homéopathie. Il a publié plusieurs volumes de poésie et écrit son autobiographie, *My Years of Indiscretion* (1924).

Michael Kennedy.

Scottish Opera (« Opéra écossais »). Compagnie lyrique basée à Glasgow mais dont les saisons sont données à Aberdeen, à Édimbourg et dans d'autres villes d'Écosse ; elle se rend en outre régulièrement dans les provinces anglaises. Fondé en 1962 par Alexander Gibson et administré par Peter Hemmings à partir de 1963, le Scottish Opera a commencé à se forger une bonne réputation avec de très belles productions ; les chanteurs sont essentiellement britanniques, mais plusieurs artistes internationaux ont travaillé avec la compagnie. En 1975, le Scottish Opera s'est installé au Theatre Royal de Glasgow, rénové, dont il a fait son quartier général permanent, marquant de son sceau le développement lyrique le plus raffiné et le plus important qu'ait connu la Grande-Bretagne depuis la fondation de *Glyndebourne. En 1976, Peter Ebert a succédé à Hemmings. En dehors du Scottish National Orchestra, les orchestres qui jouent régulièrement pour le Scottish Opera sont le BBC Scottish Symphony Orchestra, le Scottish Chamber Ensemble et le Scottish Philharmonia. Avec le Festival d'Édimbourg et le Scottish National Orchestra dont l'activité ne cesse de se développer, le Scottish Opera est un exemple remarquable de l'épanouissement de la vie musicale écossaise depuis 1945, particulièrement sous l'égide de Sir Alexander Gibson.

Scriabine, Alexandre (Nikolaïevitch) (Moscou, 6 janvier 1872 ; Moscou, 27 avril 1915). Compositeur russe. Il hérite de l'instinct musical de sa mère qui était une bonne pianiste.

Très jeune, il fait preuve d'un remarquable don pour la musique, étant capable, dès l'âge de six ans, de jouer au piano presque tout ce qu'il a entendu une seule fois. Il reçoit une formation d'élève officier, mais fait ensuite ses études musicales au Conservatoire de Moscou où il est l'élève de Taneïev et d'Arenski. Puis le principal éditeur de musique russe, Belaïev, s'occupe de lui, organise des tournées de récitals et publie ses œuvres. Il enseigne au Conservatoire de Moscou, mais les exigences des tournées (en Europe et en Amérique) et de la composition le contraignent à abandonner cette activité ; il vit à Bruxelles pendant quelque temps. Il doit beaucoup au chef d'orchestre Serge Koussevitzky qui dirige un grand nombre de ses œuvres. En 1914, il donne des récitals de piano à Londres. Il souffre alors d'une tumeur à la lèvre et meurt l'année suivante.

Sa théorie mystique étrange, unissant l'esthétique à la religion et à la cosmogonie, est proche de la théosophie et certaines des œuvres consacrées à son propos musical peuvent être considérées comme une sorte de musique à programme philosophique. Parmi les œuvres qui entrent dans cette catégorie, on peut citer les grandes œuvres pour orchestre, notamment *Le Divin Poème* et *Prométhée ou le Poème du feu* (1913) ; la partition de ce dernier comporte une ligne pour un clavier de lumière, projetant un jeu de couleurs sur un écran.

L'écriture pianistique de Scriabine est très habile ; il s'impose comme un élève, un admirateur et un imitateur de Chopin (tout en faisant preuve d'une grande originalité). Son langage harmonique s'est progressivement modifié jusqu'à parvenir à l'utilisation intensive d'un accord qui lui est propre, un accord de quarte superposée (voir *Accord mystique*). Son langage mélodique est également devenu très personnel, particulièrement dans l'emploi caractéristique de nombreux sauts vers l'aigu et ses rythmes se sont beaucoup compliqués ; ses œuvres se concentrent autour de l'expression puissante des atmosphères les plus passionnées et leurs points culminants sont souvent écrasants.

Il n'a pas utilisé sa langue maternelle ni tenté d'exprimer une pensée ou un sentiment national ; mais dans le tempérament qui transparaît dans sa musique il reste essentiellement russe.

Voir également *Couleur et musique*, 4.

Percy Scholes, rév.

BIBLIOGRAPHIE : Manfred Kelkel, *Alexandre Scriabine, sa vie, l'ésotérisme et le langage musical dans son œuvre*, Champion (Paris, 1978, rééd. 1984). Boris de Schloezer, *Alexandre Scriabine*, Libr. des Cinq Continents (Paris, 1975).

Scribe, Augustin **Eugène** (Paris, 24 décembre 1791 ; Paris, 20 février 1861). Auteur dramatique français qui s'est imposé comme l'un des principaux librettistes de son temps. Membre de l'Académie française en 1836, il a collaboré avec Boieldieu (*La Dame blanche*, 1825), Rossini (*Le Comte Ory*, 1828), Meyerbeer (*Robert le Diable*, 1831 ; *Les Huguenots*, 1836 ; *Le Prophète*, 1849), Bellini (*Les Puritains*, 1831), Donizetti (*La Favorite*, 1840), Verdi (*Les Vêpres siciliennes*, 1855), Auber, Gounod, Offenbach, Cherubini... Son œuvre intégrale a été publiée en soixante-quinze volumes, dont six sont consacrés à des livrets d'opéras et vingt à des livrets d'opéras-comiques.

Alain Pâris.

BIBLIOGRAPHIE : Eugène Scribe, *Sept Opéras*, Michel Lévy (Paris, 1857), rééd. Les Introuvables (Plan-de-la-Tour, 1984).

Sculthorpe, Peter (Joshua) (Launceston, Tasmanie, 29 avril 1929). Compositeur australien. Il fait ses études à l'Université de Melbourne (1947-50) et avec Edmund Rubbra et Egon Wellesz à Oxford (1958-60). En 1963, il entre dans le corps enseignant de l'Université de Sydney. Il est l'auteur de nombreuses œuvres symphoniques et de musique de chambre, dont la plupart sont fortement influencées par la musique balinaise et est-asiatique.

Paul Griffiths.

Sdegno (ital.). « Dédain » ; *sdegnante*, « avec dédain » ; *sdegnoso*, « dédaigneux », *sdegnosamente*, « dédaigneusement ».

Sdrucciolando (ital.) « Glissant », *glissando*.

Sea Drift. Œuvre pour baryton, chœur et orchestre de Delius, composée en 1903-04. Elle met en musique un extrait de *Out of the Cradle Endlessly Rocking* de Whitman.

Sea Fever. Mélodie pour voix et piano de John Ireland, composée en 1913 sur le poème de John Masefield qui commence ainsi : « I must down to the seas again », mais la mélodie d'Ireland débute par « I must go down... ».

Sea Interludes, Four. Quatre pièces symphoniques op.33a de Britten créées à Cheltenham en 1945. Britten a regroupé en une suite les quatre pages symphoniques les plus descriptives de son opéra *Peter Grimes* (1945) : « Dawn » (acte I), « Sunday Morning » (acte II), « Moonlight » (acte III) et « Storm » (acte I). La passacaille de l'acte II, op.33b, est souvent jouée avec les interludes.

Sea Pictures. Cycle de mélodies op.37 pour voix d'alto et orchestre d'Elgar, composé en 1897-99 sur cinq poèmes de R. Noel, C. A. Elgar, E. B. Browning, R. Garnett et A. Lindsay Gordon.

Searle, Humphrey (Oxford, 26 août 1915 ; Londres, 12 mai 1982). Compositeur et musicographe anglais. Il fait ses études à l'Université d'Oxford (1933-37), puis avec John Ireland, R. O. Morris et Gordon Jacob au Royal College of Music de Londres (1937) et avec Webern à Vienne (1937-38). Sa musique est classiquement sérielle, mais plus proche de celle de Schoenberg que de celle de Webern et souvent imprégnée d'une rhétorique romantique qui résulte de l'intérêt qu'il porte à Liszt. Il est l'auteur de trois opéras (notamment *Hamlet*, 1964-68), de cinq symphonies et de diverses pièce chorales. Il a aussi composé de la musique pour des films et pour des pièces de théâtre, tout en étant producteur à la BBC (1938-40, 1946-48) et en enseignant au Royal College of Music (à partir de 1965). Il a également écrit les livres *Twentieth-Century Counterpoint* (Londres, 1954), *Ballet Music : an Introduction* (Londres, 1958) et *The Music of Liszt* (New York, 1966).

Paul Griffiths.

Sea Symphony, A. Symphonie nº 1 pour soprano, baryton, chœur et orchestre de Vaughan Williams sur un texte emprunté à des poèmes de Walt Whitman. Composée en 1903-09, puis révisée pour la dernière fois en 1923.

Šebor, Karel [Schebor, Carl] (Brandýs, 13 août 1843 ; Prague, 17 mai 1903). Compositeur et chef d'orchestre tchèque. Il révèle dès son enfance un talent prometteur et est envoyé au Conservatoire de Prague à l'âge de onze ans ; il y étudie le violon et la composition avec J. B. Kittl. Entre 1861 et 1863, il enseigne la musique en Pologne, puis dirige, pendant une courte période, au Théâtre d'Erfurt. En 1865, il remporte un succès considérable avec son premier opéra *Templáři na Moravě* (« Les Templiers en Moravie »), le premier opéra sur un texte tchèque original qui ait été donné au Théâtre provisoire après *Drateník* de Škroup. Šebor est immédiatement nommé chef d'orchestre assistant du théâtre. Ses deux opéras suivants, *Drahomíra* (1867) et *Husitská nevěsta* (« La Fiancée hussite », 1868), sont bien accueillis et, en 1868, il compose également une cantate pour les célébrations de la pose de la première pierre du Théâtre national, qui a lieu la même année. L'échec de son opéra « fantastico-romantique » *Blanka* (1870) marque le début de son déclin, tant sur le plan professionnel que sur le plan moral. Il est nommé pour quelque temps au Théâtre de Lvov, puis accepte un poste de chef d'orchestre militaire en 1873 ; il le conserve pendant vingt ans avant de retourner à Prague en 1894.

Son œuvre comprend de la musique de

chambre, des ouvertures, des mélodies, de la musique chorale, de la musique pour le théâtre et deux symphonies, mais ce sont ses cinq opéras (dont le dernier, *Zmařená svatba*, est donné à Prague en 1879) qui constituent l'essentiel de sa production. Les trois premiers font appel à des éléments du grand opéra italien et français rehaussés par son talent et son lyrisme. Ses deux derniers opéras ne sont pas à la mesure de ses premiers succès. Il a été pratiquement oublié après sa mort, mais on s'intéresse maintenant au rôle qu'il a joué dans l'évolution de l'opéra national en Tchécoslovaquie.

Jan Smaczny.

Sec, sèche. Terme employé par les compositeurs français, particulièrement par Debussy, pour indiquer qu'une note (ou un accord) doit être frappée, puis immédiatement relâchée.

Secco (ital.). « Sec », c'est-à-dire *staccato*. Voir également *Récitatif*.

Sechzehntel, Sechzehntelnote (all.). « Double croche » (♬).

Seconde. Voir *Intervalle*.

Seconda prattica (ital.). Voir *Prima prattica, seconda prattica*.

Seconda volta (ital.). « Seconde fois (mesure de seconde fois) » ; voir *Double barre*.

Second renversement. Voir *Renversement, Premier*.

Second sujet. Premier thème ou thème principal du second groupe d'un mouvement de forme sonate.

Seel (all.). « Ame » ; également employé pour désigner l'âme d'un instrument à cordes et à archet.

Segno (ital.). « Signe » ; voir *Dal segno* ; *Al segno*.

Segovia, Andrès (Linares, Andalousie, 21 février 1893 ; Madrid, 2 juin 1987). Guitariste espagnol. Il doit surmonter l'opposition de ses parents pour suivre une carrière musicale et, en tant qu'instrumentiste, il est pratiquement autodidacte. Ses premiers récitals en Espagne et en Amérique latine sont couronnés de succès et il poursuit ses tournées à Paris (1924) et aux États-Unis (1928) cherchant à faire reconnaître la guitare comme un instrument sérieux de récital. Ses tournées dans le monde entier contribuent, dans une large mesure, à libérer son instrument des limites du répertoire hispanique populaire et nationaliste auquel il avait été relégué au XIXe siècle ; et il crée un public considérable pour la musique de guitare en général. Son désir d'étendre et d'améliorer la qualité du répertoire le conduit à faire des transcriptions pour guitare de musique ancienne composée à l'origine pour le luth ou la vihuela. Il réalise en outre des arrangements de nombreuses œuvres instrumentales des plus grands compositeurs (Bach, Haendel, Mozart, Brahms) ; sa virtuosité technique et expressive incontestée incite les compositeurs de son temps (Falla, Ponce, Turina, Villa-Lobos, Rodrigo, Roussel, Jolivet, F. Martin) à écrire pour lui des œuvres originales importantes. A la fin de sa vie, son enseignement exerce une influence profonde sur de jeunes instrumentistes (comme John Williams) qui, tout en développant leur propre style, poursuivent son œuvre à la gloire de leur instrument. A plus de quatre-vingt-dix ans, Segovia donnait encore occasionnellement des récitals et régulièrement des « master classes », notamment en Espagne et aux États-Unis.

Judith Nagley.

BIBLIOGRAPHIE : V. Borri, *La Guitare de Segovia*, Payot (Paris, 1978). Bernard Gavoty et Roger Hauert, *Andrès Segovia*, Kister (Genève-Monaco, 1955).

Segue (ital.) « Suis », instruction destinée à l'interprète pour qu'il enchaîne le mouvement suivant sans interruption ; *segue la coda*, « ici vient la coda » ; *seguente, seguendo*, « suivant ». Ce terme peut aussi signifier qu'il faut continuer de la même manière, par exemple avec un schéma d'accompagnement répété (pour éviter de tout écrire).

Seguidilla (esp.). « Séguédille ». Danse du sud de l'Espagne qui est peut-être d'origine mauresque. De rythme ternaire rapide, elle fait alterner des *coplas* (passages chantés par les danseurs) avec des passages joués à la guitare et aux castagnettes. Les *coplas* comportent généralement quatre lignes, de sept et cinq syllabes alternativement qui sont assonantes plutôt que rimées.

La *seguidilla* se danse encore de nos jours, surtout en Andalousie, quoique chaque province ait sa propre variété. Albéniz a utilisé cette forme de danse dans sa musique pour piano et l'on en trouve un exemple fameux à l'acte I de *Carmen* de Bizet ; mais il n'est pas authentique ce qui lui a valu de nombreuses critiques.

Sehnsucht (all.). « Désir ardent », « nostalgie » ; *sehnsüchtig, sehnsuchtsvoll,* « langoureux ».

Seiber, Mátyás (György) (Budapest, 4 mai 1905 ; Le Cap, 24 septembre 1960). Compositeur britannique d'origine hongroise. Il est l'élève de Kodály à l'Académie de musique de Budapest et, après la Première Guerre mondiale, s'installe en Allemagne comme musicien d'orchestre, chef d'orchestre et professeur de composition et de jazz à la Hochschule de Francfort. Les œuvres de cette période comprennent la *Sonata da camera* pour violon et violoncelle (1925) inspirée de Bartók et le *Quatuor à cordes nº 2* (1934-35) dans lequel il adopte la technique sérielle de Schoenberg (voir également *Sérialisme*). Après son installation en Angleterre, en 1935, son utilisation de la technique sérielle devient plus personnelle, permettant la réintroduction d'accords parfaits dans un style fluide et d'une grande imagination rythmique. Les plus belles œuvres de cette période sont le *Quatuor nº 3* ou *Quartetto lirico* (1948-51) et des cantates sur des textes de Joyce (*Ulysses,* 1946-47), de Goethe (*Faust,* 1949) et de Virgile (*Cantata secularis,* 1949-51).

En Angleterre, Seiber gagne sa vie en écrivant de la musique fonctionnelle et en enseignant la composition, en privé et au Morley College. En tant que pédagogue et fondateur du Committee (puis Society) for the Promotion of New Music, il a exercé une influence importante sur les jeunes compositeurs anglais.

Paul Griffiths.

Seises (esp.). Nom des enfants de chœur des grandes cathédrales du monde hispanisant entre le XVIᵉ siècle et le XIXᵉ siècle. Ils portaient ce nom parce qu'ils étaient généralement six (en esp., *seis*). Les jours de fête et lors des processions, les garçons dansaient également sur l'accompagnement de divers instruments, dont les castagnettes.

Seite (all.). Page d'un livre ou l'une des peaux d'un tambour ; *Seitenthema,* le deuxième thème, notamment d'un mouvement de forme sonate.

Seixas, (José António) **Carlos de** (Coïmbre, 11 juin 1704 ; Lisbonne, 24 août 1742). Compositeur, claveciniste et organiste portugais. En 1718, il est organiste de la cathédrale de Coïmbre et, à partir de 1720, de la chapelle royale à Lisbonne. Comme son confrère Domenico Scarlatti, Seixas a écrit des sonates pour clavecin extrêmement originales, mais il a conservé la forme à plusieurs mouvements, bien que certaines soient conçues en un seul mouvement. Il a aussi composé des pièces pour orgue, de la musique symphonique et de la musique sacrée.

Wendy Thompson.

Sellinger's Round, Variations on an Elizabethan Theme. Œuvre collective pour orchestre à cordes d'Oldham, Tippett, Lennox Berkeley, Britten, Searle et Walton composée pour célébrer le couronnement d'Élisabeth II en 1953. Elle se compose de six variations sur le thème élisabéthain *Sellinger's Round.* Tippett a étendu sa contribution à son *Divertimento on Sellinger's Round* (1953-54), l'air apparaissant dans les cinq mouvements.

Semel. Voir *Gymel.*

Semele. Masque ou drame musical en trois actes de Haendel ; le texte est une version du drame de William Congreve (1710), lui-même basé sur des sources classiques. Représentations : Londres (Covent Garden, 10 février 1744) ; Evanston, Illinois (Northwestern University, janvier 1959). Jupiter (tén.) aime la mortelle Semele (sop.), qui l'aime aussi et à laquelle il apparaît sous un déguisement. La femme de Jupiter, Junon (mezzo), réussit à contrecarrer par la ruse les projets de Jupiter et Semele est brûlée mortellement lorsque le dieu lui apparaît dans toute sa gloire.

Semibiscroma (ital.). Quadruple croche (𝅘𝅥𝅲).

Semibreve (angl.). *Ronde (𝅝).

Semicroma (ital.). Double croche (𝅘𝅥𝅯).

Semidemisemiquaver [*Hemidemisemiquaver*] (angl.). Quadruple croche (𝅘𝅥𝅲).

Semifusa (lat.). Semi-fuse. Valeur de note ancienne (𝅘𝅥𝅯 avant 1450, 𝅘𝅥𝅮 entre 1450 et 1630 environ) dont est dérivée la *double croche moderne. Voir également *Notation*, 6.

Semihemidemisemiquaver (angl.). Quintuple croche (𝅘𝅥𝅳).

Semiminima (lat.). Semi-minime ; valeur de note ancienne (𝅘𝅥𝅮 avant 1450, 𝅘𝅥 ou 𝅘𝅥𝅮 entre 1450 et 1630 environ) dont est dérivée la *noire moderne. Voir également *Notation*, 6.

Semiquaver (angl.). *Double croche (𝅘𝅥𝅯).

Semiramide (« Sémiramis »). Opéra en deux actes de Rossini ; sur un livret de Rossi d'après *Sémiramis* (1748) de Voltaire. Créé à Venise le 3 février 1823. Première représentation en France au Théâtre-Italien à Paris, le 8 décembre 1825, repris au Festival d'Aix-en-Provence en 1980. Il a fait l'objet d'environ quarante autres opéras, dont ceux de Porpora, Vivaldi, Hasse, Gluck, Galuppi, Paisiello, Salieri, Cimarosa, Meyerbeer, Respighi.

Semitone (angl.). *Demi-ton.

Semplice, semplicità (ital.). « Simple », « simplicité » ; *semplicemente*, « simplement ».

Sempre (ital.). « Toujours » ; *sempre legato* indique que tout le passage ou toute l'œuvre doivent être joués *legato*.

Senaillé, Jean-Baptiste (Paris, vers 1688 ; Paris, 15 octobre 1730). Compositeur français. Fils de l'un des Vingt-Quatre Violons du roi, il étudie le violon avec un élève de Corelli. En 1717, il se rend en Italie, où il se pourrait qu'il ait fait la connaissance de Tomaso Vitali ; il en revient en 1720 avec une virtuosité inconnue à Paris à cette époque et devient l'un des plus célèbres compositeurs de sonates. Il est regrettable qu'un mouvement de son quatrième livre de sonates pour violon (Paris, 1721) soit devenu célèbre sous la forme d'arrangements humoristiques pour basson et euphonium, car son œuvre est intéressante.

Denis Arnold.

Senfl, Ludwig (? Bâle, vers 1486 ; Munich, 1542-43). Compositeur suisse. A partir de 1496, il est chanteur et copiste à la cour de Maximilien Ier à Vienne et, pendant de nombreuses années, il parcourt l'Europe avec son protecteur ; en 1497, Heinrich Isaac est nommé compositeur de la cour et Senfl est probablement son élève. L'empereur l'installe à Vérone en 1510 et il reste sans doute en Italie avec Isaac pendant quelques années. En 1517, il succède à Isaac comme compositeur de la cour à Vienne, mais, l'année suivante, il perd un orteil dans un accident de chasse et met un an à se remettre. Maximilien meurt en 1519 et l'établissement musical est bientôt disloqué ; Senfl devra attendre quatre ans avant de trouver un autre poste ; il entre à la chapelle de la cour de Bavière et, ayant retrouvé une certaine sécurité, il prend soin de ne pas la perdre ; il restera au service du duc Wilhelm jusqu'à la fin de sa vie.

Artiste prolifique et talentueux, Senfl a composé toute sorte de musique. De nos jours, il est surtout connu pour ses lieder polyphoniques qui vont des airs populaires arrangés à la manière du quodlibet aux œuvres élaborées à quatre parties dans le style néerlandais. Quoique catholique, il a entretenu une correspondance avec Luther et écrit pour lui deux motets ; certains de ses chants sacrés ont paru dans des publications de Georg Rhau. Sa musique sacrée est presque entièrement écrite sur des textes latins et révèle l'influence d'Isaac et de Josquin des Prés.

Senleches, Jacob de (célèbre à la fin du XIVe siècle). Compositeur français qui a exercé ses activités en France et en Italie. Les chansons qui nous sont parvenues illustrent l'extrême complexité rythmique de la génération qui a suivi celle de Machaut.

John Milsom.

Ex. 1

Sennet (angl.). Instruction scénique dans les pièces élisabéthaines indiquant un type de fanfare avant l'entrée en scène des acteurs ou avant leur sortie et exécuté avec des cornets à bouquin ou des trompettes. Voir également *Trompette,* 6b ; *Tucket.*

Sensibile (ital.). « Sensible ».

Sensible. Voir *Note sensible.*

Sentito (ital.). « Senti », avec expression.

Senza (ital.). « Sans » ; *senza sordini,* « sans sourdines ».

Septet (angl.), **Septett** (all.), **septetto** (ital.). *Septuor, septette.

Septième. Voir *Intervalle.*

Septième, Accord de. Accord se composant d'un accord parfait sans doublure de la fondamentale et d'une septième. Voir *Septième de dominante* ; *Septième diminuée.*

Septième diminuée. 1. Voir *Intervalle.* 2. L'accord de septième diminué apparaît généralement sur le septième degré de la gamme. Il couvre l'intervalle d'une septième diminuée et se compose d'une succession de tierces mineures (en ut majeur, l'accord couvre si, ré, fa, la bémol). La septième diminuée se résout généralement sur l'accord de tonique (voir Ex. 1a), mais comme les intervalles de l'accord sont identiques, n'importe laquelle de ses notes peut être traitée comme le son fondamental et la modulation vers d'autres tonalités est facile à réaliser (voir Ex. 1b ; la modulation peut être majeure ou mineure). On considère souvent l'accord de septième diminuée comme un accord de neuvième de dominante auquel il manque le son fondamental (voir *Septième de dominante*). Voir également *Harmonie, 3a, c.*

Septième de dominante. Accord parfait de dominante avec adjonction de la septième de la fondamentale (ainsi en ut majeur : sol, si, ré, fa). La septième de dominante se résout généralement sur l'accord de tonique ou sur l'accord de sus-dominante, la septième descendant d'un demi-ton (voir Ex. 2a) ; elle peut être utilisée en position fondamentale ou dans l'une de ses trois inversions (voir Ex. 2b). D'autres adjonctions peuvent intervenir pour transformer cet accord en neuvième, onzième ou même treizième de dominante. Voir également *Harmonie, 3a, c.*

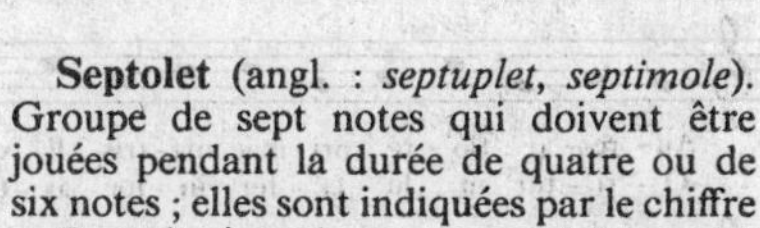

Ex. 2

Septolet (angl. : *septuplet, septimole*). Groupe de sept notes qui doivent être jouées pendant la durée de quatre ou de six notes ; elles sont indiquées par le chiffre « 7 » placé au-dessus ou au-dessous des sept notes comme dans l'exemple suivant :

Sept Paroles du Christ en croix. Dernières paroles du Christ sur la croix, tirées des quatre Évangiles. Elles ont parfois servi de base aux textes des musiques de la *Passion, notamment dans *Die sieben Worte* (vers 1645) de Schütz. L'œuvre instrumentale de Haydn qui porte ce titre a été commandée pour la cathédale de Cadix pour le vendredi saint ; elle a été publiée à Vienne sous le titre *7 sonate, con un' introduzione, ed al fine un terremoto* (« Sept Sonates avec une introduction et à la fin un tremblement de terre »). Elle a paru dans trois versions : l'opus 47 pour orchestre, l'opus 48 pour quatuor à cordes et l'opus 49 pour piano. La version chorale de l'œuvre, sous la forme d'une cantate, a peut-être été arrangée par le frère de Haydn, Michael.

Gounod a également composé *Les Sept Paroles du Christ sur la croix* (1855).

Sept Péchés capitaux, Les (*Die sieben Todsünden der Kleinbürger*). Ballet en un prologue, sept scènes et un épilogue de Kurt Weill sur un livret de Brecht. Il comprend des chansons pour soprano, quatuor d'hommes et orchestre et a été créé à Paris en 1933 dans une chorégraphie de Balanchine.

Sept Psaumes pénitentiels. Voir *Psaumes pénitentiels.*

Septuor, septette (all. : *Septett* ; angl. : *septet* ; ital. : *settimino, septetto*). Tout ensemble de sept chanteurs ou, plus couramment, de sept instrumentistes ou tout morceau de musique composé pour un tel ensemble. L'exemple le plus célèbre est le *Septuor op.20* pour violon, alto, violoncelle, contrebasse, clarinette, basson et cor de Beethoven ; Spohr, Hummel et Saint-Saëns ont aussi écrit des septuors et l'*Introduction et Allegro* pour harpe, flûte, clarinette et quatuor à cordes de Ravel peut être classé dans cette catégorie.

Séquence. Type d'hymne latin, généralement en couplets, dans lequel la musique répète le schéma AA BB CC DD, etc. Du IXe siècle au XVIe siècle, on chantait les séquences à la messe après l'Alléluia, mais après la censure opérée par le *concile de Trente (1542-63), leur emploi a rapidement décliné.

Les origines du genre sont incertaines. On ne sait pas avec certitude si les mélodies les plus anciennes étaient chantées à l'origine sans paroles ou sur des textes, ou si elles faisaient partie des Alléluias de fête de l'époque ou encore si elles ont été liées à l'Alléluia à une date ultérieure.

Jusqu'au XIe siècle, la séquence type comporte entre six et onze groupes de deux lignes, chaque groupe étant de longueur différente. Les mélodies diffèrent nettement de celles du chant grégorien, avec de fortes cadences souvent approchées à partir de la note située juste au-dessous de la note finale ; chaque ligne a tendance à avoir sa propre tessiture. Plusieurs lignes peuvent faire une cadence

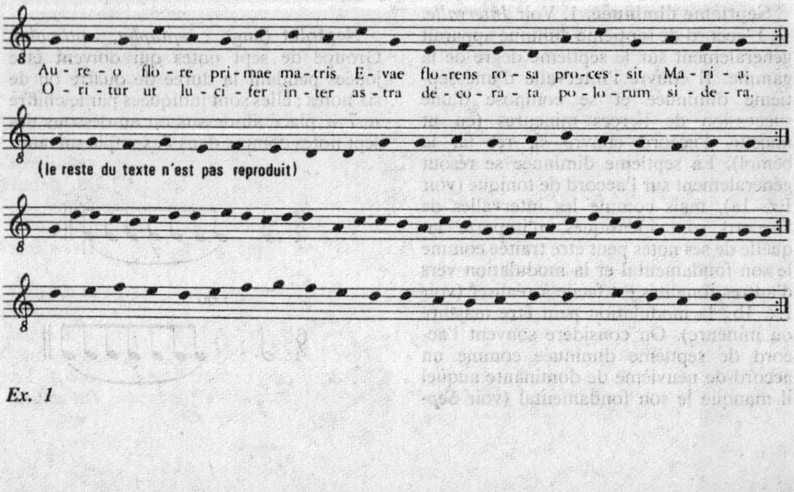

Ex. 1

à la quinte supérieure et même s'efforcer d'atteindre l'octave supérieure. Dans la séquence, il y a une clarté et un sens précis de la direction, alors que le chant grégorien a tendance à s'appuyer sur des figures ornementales. L'Ex. 1, qui représente les quatre premières lignes d'une séquence populaire pour la bienheureuse Vierge Marie, illustre ces caractéristiques.

Néanmoins, quelques séquences ne présentent pas ces éléments ; elles ne possèdent pas notamment la structure en vers typique et ressemblent plutôt à de longs *jubili* d'Alléluia (voir *Jubilus*), leur lien avec l'Alléluia étant attesté dès la fin du VIIIe siècle. A l'origine, elles étaient en fait des *jubili* qui se chantaient lorsque l'Alléluia était répété de la façon suivante : Alléluia avec *jubilus* « normal » – verset – Alléluia avec *jubilus* développé. Elles ressemblent alors à plusieurs Alléluias du chant romain ancien, qui ont survécu exactement sous cette forme. Par la suite, des textes ont été ajoutés, selon le principe d'une syllabe par note.

Il est possible, mais non prouvé, que les longues séquences avec des versets par paires soient aussi de « seconds Alléluias ». Leur caractère non grégorien contredit cette hypothèse, mais elle est par contre étayée par le fait qu'aussi loin que remontent nos sources (fin du IXe siècle), elles étaient chantées après l'Alléluia. Le répertoire de l'Alléluia ambrosien de Milan comporte des « seconds » et des « troisièmes » Alléluias extrêmement longs, avec une structure répétée, et qui sont peut-être identiques à la séquence ; mais, malheureusement, les manuscrits de chant ambrosien antérieurs au XIIe siècle n'ont pas survécu.

On a constaté des similitudes entre la séquence, le lai et l'estampie profanes. Toutefois, les sources que nous possédons sur ces deux derniers genres sont trop tardives pour pouvoir établir avec certitude une réelle relation. Dans les manuscrits anciens, de nombreuses mélodies de séquence portent des titres, dont certains sont profanes, et l'on pense que certains d'entre eux sont les dernières traces de l'origine profane des mélodies. Malheureusement, on ne peut en apporter aucune preuve certaine.

Dans le premier exemple de longues séquences procédant par groupes de deux vers (voir plus haut), elles étaient déjà adaptées à des textes. Notker, moine de Saint-Gall, rapporte qu'un moine de Jumièges, fuyant les dévastations infligées par les Normands, aurait apporté à Saint-Gall un antiphonaire dans lequel quelques vers étaient adaptés aux séquences. Notker a eu ainsi l'idée de composer ses propres textes et son « hymnaire » a été achevé vers 880. Les plus anciennes copies de séquences qui nous soient parvenues sont postérieures de quelques années.

On connaît environ cent cinquante mélodies et près de quatre cents textes datant de cette période (jusqu'à la fin du Xe siècle) et provenant de l'ensemble de l'Europe. Les recueils anciens les plus importants sont ceux des pays germaniques (IXe et Xe siècle, centrés sur les textes de Notker), d'Aquitaine (Xe siècle) et de Winchester (fin du Xe siècle). Comme les séquences ne faisaient pas partie du répertoire grégorien courant à la fin du XVIIIe siècle, différentes églises avaient des recueils différents. Par exemple, seulement trente-cinq mélodies sont communes à la France et à l'Allemagne dans les premiers siècles (ce qui peut signifier qu'elles étaient en circulation avant le partage de l'empire de Charlemagne au traité de Verdun en 843). Mais les deux régions n'ont presque aucun texte en commun. Le style des textes varie beaucoup : ceux de Notker sont écrits dans un latin élaboré ; ils ont un solide contenu théologique et ne se caractérisent pas par la douceur ; le style des textes français est souvent moins élevé, plein d'exclamations louangeuses et de références (peut-être allégoriques) à des instruments de musique ; les textes de Winchester sont remplis de mots mystérieux et savants.

Au cours des XIe et XIIe siècles, le style des textes a changé progressivement et la musique a dû évoluer en conséquence. Les textes en vers aux accents réguliers, avec des paires de vers de même longueur, sont très à la mode et les rimes régulières particulièrement répandues. Le début d'une séquence pour saint Thomas de Canterbury (mort en 1170) montre quelle révolution s'est opérée au XIIe siècle (Ex. 2).

Les textes dans le nouveau style ont fait leur première apparition dans le nord de la France et beaucoup d'exemples anciens sont attribués à Adam, moine de Saint-Victor à Paris (célèbre en 1160-70). La production totale est immense. On estime

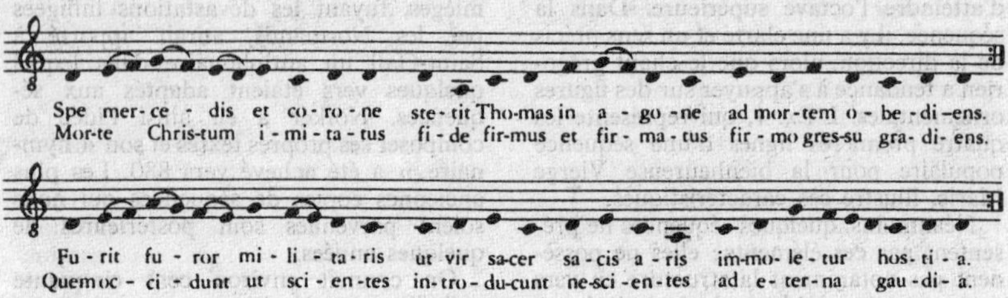

Ex. 1

à plus de cinq mille le nombre de séquences composées jusqu'à la fin du Moyen Age, dont un grand nombre n'a jamais été édité aux temps modernes.

David Hiley.

Sérénade (all. : *Serenade* ; *Ständchen* ; angl. : *serenade* ; ital. : *serenata*). Mot dérivé de *sereno* (ital., « calme »), bien que les sérénades aient généralement été jouées ou chantées le soir, ce qui a conduit certains auteurs à imaginer que le mot était dérivé de *sera* (ital., « soir »). A l'origine, les sérénades étaient chantées pour un amoureux à la fenêtre de sa belle ou en guise de compliment à un personnage important ; elles étaient généralement accompagnées à la guitare ou sur un autre instrument à cordes pincées. Au XVIIIe siècle, la sérénade est un morceau de musique instrumentale pouvant comporter jusqu'à dix mouvements, écrit pour un petit ensemble instrumental, avec en général une prédominance d'instruments à vent. On trouve des réminiscences des origines de la sérénade et de ses rapports avec un instrument à cordes pincées dans les sérénades de certains opéras, comme « Deh, vieni alla finestra » (*Don Giovanni*, acte II).

Boccherini, Michael Haydn et Dittersdorf ont écrit des sérénades instrumentales. Les treize sérénades de Mozart (également intitulées *Finalmusiken*, *notturni* ou cassations) ont généralement été commandées pour des occasions spécifiques, comme la sérénade qu'il a écrite en 1776 pour un mariage de la famille Haffner (la *Sérénade « Haffner » K 250*). La plupart de ces sérénades commencent et/ou se terminent par une marche, avec un grand morceau de forme sonate, deux mouvements lents alternant avec des menuets, un mouvement plus rapide (rondo) et un finale très vif. Elles sont écrites pour des combinaisons instrumentales très variées : cordes et vents (comme dans la *Sérénade « Haffner »*), vents seuls (K 361, K 365, K 388), quatuor à cordes (*Eine kleine Nachtmusik*, « Petite Musique de nuit ») et même orchestre double ou quadruple (*Serenata notturna K 239* et *Notturno n° 8*). Les seules sérénades de Beethoven sont des pièces de musique de chambre pour trio à cordes (op.8) et pour flûte, violon et alto (op.25).

Au XIXe siècle, plusieurs compositeurs ont écrit des sérénades symphoniques : Brahms, Dvořák, Tchaïkovski, Elgar (*Serenade for Strings*), Strauss, Glazounov, etc. Vaughan Williams a écrit sa *Serenade to Music* pour seize voix solistes et orchestre. Parmi les autres exemples du XXe siècle on peut citer l'opus 24 de Schoenberg pour basse et sept instruments et la *Sérénade pour ténor, cor et cordes* de Britten.

Par son caractère, la sérénade occupe une place particulière dans le domaine de la mélodie et du lied : Schubert, Brahms, R. Strauss, H. Wolf ont écrit des *Ständchen*, et, en France, Gounod, Fauré (*Sérénade de Toscane*), Duparc (*Sérénade florentine*), Delibes, Massenet... ont illustré ce genre. Dans la musique instrumentale, on trouve aussi de nombreuses sérénades : Debussy (*Serenade of the Doll* dans *Children's Corner* et *Sérénade interrompue* pour piano), Ravel (*Sérénade grotesque* pour piano), Roussel (*Sérénade op.30* pour flûte, violon, alto, violoncelle et harpe).

Sérénade italienne (*Italienische Serenade*). Œuvre pour quatuor à cordes de

Hugo Wolf, composée en 1887. Reger en a réalisé une version pour orchestre et une réduction pour piano à quatre mains.

Sérénade mélancolique. Pièce pour violon et orchestre op.26 de Tchaïkovski composée en 1875.

Serenade to Music. Œuvre pour seize voix solistes (quatre sopranos, quatre altos, quatre ténors et quatre basses) et orchestre de Vaughan Williams qui met en musique un extrait de *The Merchant of Venice* (« Le Marchand de Venise ») de Shakespeare. Composée pour les cinquante ans de direction d'orchestre de Sir Henry Wood, elle a été créée à Londres en 1938. Vaughan Williams en a aussi réalisé des arrangements pour quatre solistes et orchestre, pour chœur et orchestre et pour orchestre seul.

Serenade for Tenor, Horn and Strings (*Sérénade pour ténor, cor et cordes*). Cycle de mélodies op.31 de Britten. Un prologue et un épilogue pour cor seul encadrent six poèmes (sur le thème du soir) de Cotton, Tennyson, Blake, un auteur anonyme (*The Lyke-Wake Dirge*), Jonson et Keats. Elle a été écrite pour Peter Pears et Dennis Brain qui l'ont créée à Londres en 1943.

Serenata (ital.). 1. Voir *Sérénade*.

2. Œuvre d'envergure ressemblant à une cantate et destinée à être exécutée à la cour ou chez des aristocrates en une occasion particulière. La *serenata* type avait un sujet pastoral, allégorique ou mythologique, qui faisait intervenir au moins deux personnages. De dimension intermédiaire entre la cantate et l'opéra, elle se divisait souvent en sections, chacune composée de récitatifs et d'airs, et était donnée dans une mise en scène élaborée, en costumes, mais sans action dramatique. *Acis and Galatea* de Haendel est un exemple célèbre de *serenata*. Alessandro Scarlatti en a écrit vingt-cinq pour ses divers protecteurs et la forme a été largement utilisée par les compositeurs italiens des XVIIe et XVIIIe siècles ainsi qu'à la cour impériale de Vienne (notamment par Fux et Caldara).

Serenata notturna (« Sérénade nocturne »). Titre de la *Sérénade nº 6 en ré majeur K 239* de Mozart, composée en 1776. Elle est écrite pour deux petits groupes de cordes.

Serenatella (ital.). Diminutif de **serenata*.

Sereno, serenità (ital.). « Serein », « sérénité ».

Sérialisme. Technique de composition dans laquelle les douze notes de la gamme chromatique sont disposées dans un ordre fixe, la « série », qui peut être utilisée pour former des mélodies ou des harmonies et qui reste en général identique pour la totalité d'une œuvre. La série est ainsi une sorte de thème caché : elle n'a pas besoin d'être présentée comme un thème (bien qu'évidemment elle puisse l'être), mais elle constitue un réservoir d'idées et une référence de base. Elle peut être manipulée de diverses façon dans une composition : les notes individuelles de la série peuvent être présentées à n'importe quelle octave ; la série entière peut être uniformément transposée d'un intervalle donné ; elle peut être inversée, renversée ou les deux simultanément.

Ces moyens donnent au compositeur un éventail complet des différentes formes que peut revêtir la série, toutes liées par la même séquence d'intervalles, et il peut utiliser ces formes à volonté. Les thèmes ne doivent pas nécessairement contenir douze notes, ni la série être utilisée sous forme de mélodie ; elle peut être employée pour construire à la fois un thème et son accompagnement ; mais le compositeur peut aussi combiner plusieurs formes de la série dans une suite d'accords ou une séquence polyphonique. Les possibilités sont très vastes, mais le principe sériel peut constituer une garantie de cohérence harmonique, car le schéma fondamental des intervalles reste le même. Cette cohérence n'est pas nécessairement contrecarrée par le fait que, dans la majorité des cas, le fonctionnement du sérialisme dans un morceau de musique n'est pas perceptible à l'oreille, ni destiné à l'être.

A l'origine, la technique sérielle était destinée à apporter un certain ordre à l'univers de l'*atonalité que Schoenberg a été le premier à entrevoir en 1908. On peut discerner des mouvements expérimentaux orientés vers cette nouvelle technique dans les *Altenberglieder* (1912) de Berg et dans *Die Jakobsleiter* (« L'Échelle de Jacob », 1917) de Schoenberg, ainsi que dans la technique de « trope » élaborée par Hauer à la même époque (voir *Trope*, 4). Les premières pièces entièrement sérielles ne datent que de 1923 et figurent dans trois œuvres de Schoenberg : les *Cinq Pièces pour piano*, la *Sérénade* et la *Suite pour piano*. Schoenberg a ensuite employé les méthodes sérielles dans la plupart de ses œuvres majeures et elles ont également été adoptées par un grand nombre de ses élèves, notamment Berg et Webern.

Ex. 1

L'application du sérialisme dans les dernières œuvres de Webern est plus claire et plus rigoureuse que dans les œuvres de Schoenberg ; un exemple extrait de l'un de ses morceaux peut facilement illustrer le fonctionnement des principes sériels. Sa *Cantate n° 2* (1941-43) est construite sur la série reproduite à l'Ex. 1 sous sa forme originale, puis en miroir, en récurrence et en miroir récurrent.

L'Ex. 2 se situe au début du premier mouvement, un récitatif pour basse solo, et montre les diverses utilisations que l'on peut faire de la série dans des unités mélodiques et harmoniques. L'accord initial des vents regroupe les six premières notes de la série dans sa forme miroir dont l'exposition est achevée par la flûte. La dernière note de cette série-miroir, fa dièse, jouée par la flûte à la troisième mesure, sert également de point de départ à la forme récurrente que reprennent le violon solo et la clarinette ; elle s'achève à l'entrée de la voix sur do, note qui sert également de point de départ à la forme originale.

Les œuvres de ce genre peuvent servir d'argument aux détracteurs de la musique sérielle qui lui reprochent d'être quelque peu mathématique ou mécanique, mais, en l'occurrence, l'effet recherché est une homogénéité très naturelle entre le caractère harmonique et la forme mélodique. En fait, les règles de base du sérialisme sont, à bien des égards, moins restrictives que celles de l'harmonie diatonique ou de la composition fuguée : elles n'imposent aucune sorte d'uniformité stylistique.

La méthode sérielle s'est développée rapidement après la Seconde Guerre mondiale. Avant la guerre, la technique n'avait été adoptée que par quelques compositeurs hors du cercle de Schoenberg, notamment Ernst Krenek et Frank Martin. Après la guerre, plusieurs compositeurs ont cherché non seulement à créer des styles sériels indépendants, mais également à étendre les méthodes sérielles à d'autres aspects – le rythme, la dynamique, l'instrumentation, etc. Aux États-Unis, Milton Babbit a élaboré des procédés pour créer une musique d'une complexité structurelle sans précédent, extrapolant à partir de la technique de Schoenberg jusqu'à ce qu'il en arrive assez vite à considérer le sérialisme comme un système quasiment mathématique.

En Europe, les progrès ont été plus empiriques et diversifiés. Messiaen et Boulez ont élaboré des méthodes par lesquelles le rythme pouvait être soumis au contrôle sériel ; par exemple, le compositeur pouvait choisir un certain nombre de valeurs différentes (entre une et douze triples croches) et les disposer en une « série de durées » qui pouvait ensuite être utilisée dans la composition des rythmes. *Structures I* pour deux pianos (1951-52) de Boulez est l'œuvre classique de « sérialisme total », incluant la manipulation sérielle des hauteurs et des durées, des dynamiques et des nuances de toucher.

L'apothéose du sérialisme dans de telles œuvres a été assez brève et, depuis le début des années cinquante, les compositeurs ont souvent cherché ailleurs leurs moyens d'expression. Toutefois, l'idée sérielle conserve une importance extrême dans une bonne partie de la musique de Boulez,

Sehr lebhaft (♪ = c. 168)
rit.
a tempo
Bass
Fl.
Wind
Orch.
Str.
con sord.
Vn.
Cel.
Harp
ruhig
Schweigt — auch die Welt,
Cl.
pizz.
uns Far – ben ist sie
im – mer,

Ex. 2

de Stockhausen, de Babbitt et d'autres compositeurs.

Paul Griffiths.

Série. Idée musicale de base qui consiste généralement à mettre en ordre les douze notes de la gamme chromatique et qui est utilisée comme point de départ de la composition dans la musique sérielle. Voir également *Sérialisme*.

Série harmonique

1. La série harmonique mathématique
2. La série et la gamme
3. Intervalles d'harmoniques en cents

Cette série, qui est le fondement de tant d'aspects essentiels de la musique (voir *Acoustique*, 5 ; *Oreille et audition*, 4), est présentée ici de façon succincte comme référence, notamment en ce qui concerne les instruments à cordes ou à vent dont la technique de jeu implique des harmoniques.

1. *La série harmonique mathématique*. La série 1, 1/2, 1/3, 1/4, etc. correspond musicalement aux divisions de la longueur d'une corde ou (pour les instruments à vent) d'une colonne d'air. Les fréquences correspondantes suivent la série réciproque 1, 2, 3, 4, etc. (deux fois la longueur d'onde correspondant à la moitié de la fréquence). Pour expliquer le fonctionnement musical de la série, on prend par convention la note do (le do au-dessous de la portée en clé de fa) comme fondamentale de la série : voir Ex. 1, dans lequel la série monte jusqu'au 24e harmonique, ce qui correspond à certaines musiques pour cuivres du XVIIIe siècle.

♭ = quart de ton (en dessous du bémol) ‡ = quart de ton (en dessous du dièse)

Ex. 1

Sur les instruments à cordes, comme le violon, où les harmoniques naturels s'obtiennent en touchant la corde en des points précis, on a coutume d'appeler « premier harmonique » la première des notes ainsi produites, c'est-à-dire l'octave au-dessus de la corde à vide. Cette pratique est exceptionnelle : le schéma standard donne à la fondamentale le numéro 1 et à l'harmonique d'octave le numéro 2 (comme sur l'Ex. 1), ce qui présente l'avantage d'aligner les numéros sur le rapport des intervalles (par exemple, les « do », 1, 2, 4, 8, etc. tous séparés d'une octave, rapport 1 : 2). Tous les intervalles de la série peuvent se traduire par le rapport des deux notes impliquées, par exemple de sol à mi, 3 : 5 (la sixte majeure naturelle ; de même de ré à si, 9 : 15 = 3 : 5). Lorsqu'une note (ou les deux) ne figure pas dans cette série basée sur do, on peut la (ou les) trouver dans une série basée sur une autre fondamentale (par exemple fa à la, tierce majeure, sera identifiée comme les sons 4 et 5 d'une série harmonique basée sur fa ; en fait, la note la se trouve dans la série de do, mais au-dessus de l'étendue indiquée – à un intervalle de vingt-septième, la quinte au-dessus du ré aigu : 18 : 27 = 2 : 3).

2. *La série et la gamme*. Les intervalles successifs de la série deviennent de plus en plus petits au fur et à mesure que l'on monte ; ainsi, dans l'Ex. 1, en partant de l'octave initiale, le rapport se réduit de 1 : 2 jusqu'à 23 : 24, ce dernier rapport valant à peu près les trois quarts d'un demi-ton. Cela veut dire que la série ne peut correspondre à une gamme musicale dans laquelle les intervalles se répètent à chaque octave. On trouve un fragment de gamme apparent dans la séquence formée par les sons 8, 9, 10 de la série (do, ré, mi) ; toutefois, même dans ce cas, 8 : 9 correspond à un intervalle supérieur à 9 : 10. Les deux tons entiers ne sont pas égaux. Leur différence s'exprime ainsi : 9 : 8 x 9 : 10 = 81 : 80, ce qu'en théorie musicale on appelle le « comma didymique », un peu plus d'un cinquième de demi-ton. Dans la pratique musicale, cette différence est aplanie par le tempérament moyen avec tierces majeures justes ou le tempérament égal, selon le cas (voir *Tempérament*).

Mais lorsque l'harmonique est un nombre premier supérieur à 7 ou un multiple d'un tel nombre, la note ne peut être écrite correctement en notation ordinaire. Ainsi, l'intervalle de 6 à 7 doit être un intervalle plus petit que la tierce mineure 5 : 6, et l'intervalle de 7 à 8 un intervalle encore plus petit, mais plus grand que le ton entier 8 : 9 qui suit. De même, le septième harmonique existe par nature et survient dans la musique destinée à un nombre étonnant d'instruments – le plus souvent dans une musique non écrite (comme la musique traditionnelle ou la musique primitive).

Dans la musique destinée aux instruments dont les notes dépendent entièrement des séries harmoniques, on entend souvent le septième harmonique, comme sur les cuivres anciens où il sert de si bémol (étant approximativement un tiers de demi-ton plus bas). Certains compositeurs le réclament parfois expressément à sa hauteur naturelle ; on en trouve un très bel exemple pour voix dans *Stimmung* de Stockhausen, où trois voix de femmes doivent chanter, d'un bout à l'autre du morceau, des notes dont la hauteur est exactement celle des harmoniques 5, 7 et 9 de la série de si bémol (des harmoniques à nombre impair comme les harmoniques d'un « tuyau bouché »).

Les deux nombres premiers suivants, 11 et 13, sont à peu près à mi-chemin entre les notes les plus proches de la gamme majeure (fa et fa dièse ; sol dièse et la). Dans l'Ex. 1, les signes supplémentaires, inventés (semble-t-il) par des musiciens égyptiens pour noter leurs intervalles de trois quarts de ton dans la notation occidentale, sont utilisés pour représenter ces deux harmoniques lorsqu'ils surviennent dans la série de do. On constate toutefois qu'entre 8 et 16 la série offre le même nombre de notes qu'une gamme d'une octave (avec un si bémol supplémentaire, le son 14, à l'octave de 7) ; en outre, cela permet aux instruments étroitement liés aux séries harmoniques de jouer des airs très proches des mélodies diatoniques. Ainsi, la *guimbarde reste tout aussi agréable à l'oreille bien qu'elle ne soit pas « accordée » sur la gamme « officielle ». La même chose s'applique aux parties de trompette et de cor de J. S. Bach et de ses contemporains : il fallait soit accepter l'harmonique 11 pour le fa de la gamme, soit se passer de thèmes à la trompette.

3. *Intervalles d'harmoniques en cents.* Les différences entre les intervalles des séries harmoniques et ceux de la gamme tempérée ressortent très clairement en termes de *cents*, des centièmes de demi-ton tempéré, comme le montrent les trois (ou quatre) nombres les plus rapprochés du tableau précédent. On prend à nouveau pour référence le do au-dessous de la portée en clé de fa et en commençant chaque octave à partir de zéro *cents*. Ces valeurs, élaborées de façon théorique, ne reflètent pas exactement dans tous les cas ce qui se produit réellement. On en trouve un exemple avec les harmoniques (sons partiels) d'une corde tendue qui peuvent, au fur et à mesure qu'ils montent, devenir de plus en plus hauts par rapport à ceux indiqués dans la théorie, parce que la corde n'est pas un vibrateur parfaitement souple.

Anthony Baines.

TABLEAU

(Les cents sont indiqués entre parenthèses ; T.E. = tempérament égal)

T.E		Harmoniques				
do	(0)	1 (0)	2	4	8	16
do dièse	(100)					17(105)
ré	(200)				9(204)	18
mi bémol	(300)					19(298)
mi	(400)			5(386)	10	20
fa	(500)					21(471)
					11(551)	22
fa dièse	(600)					23(628)
sol	(700)		3(702)	6	12	24
sol dièse	(800)					
					13(840)	
la	(900)					
si bémol	(1000)		7(969)		14	
si	(1100)				15(1088)	
do	(1200)					

Serio, seria (ital.). « Sérieux » ; *serioso, seriosa, seriosamente,* « sérieusement ». Voir également *Opera seria.*

Sermisy, Claudin de (vers 1490 ; Paris, 13 octobre 1562). Compositeur français. Il passe la majeure partie de sa vie au service de la cour de France et, entre 1532 et 1554, il est virtuellement responsable de la musique – bien que, théoriquement, il ne soit que « sous-maître ». Il est possible qu'il ait assisté à la rencontre de François Ier et d'Henri VIII au Camp du Drap d'or en 1520. Il est l'auteur d'une somme importante de musique religieuse (notamment d'une *Passion selon saint Matthieu* polyphonique, l'une des deux seules passions du XVIe siècle à avoir survécu en France), mais se distingue surtout par ses chansons, courtes, mélodieuses, homophoniques, sentimentales et faciles à chanter. Elles ont compté parmi les chansons les plus populaires de leur époque.

Denis Arnold.

Sérov, Alexandre (Nikolaïevitch) (Saint-Pétersbourg, 23 janvier 1820 ; Saint-Pétersbourg, 1er février 1871). Compositeur et critique musical russe. Dans ce second rôle, il a fait souvent œuvre de pionnier, malgré ses goûts limités et ses idées fanatiques, et est parvenu à s'attirer l'inimitié de la plupart de ses contemporains russes, cultivant (selon les termes de Gerald Abraham) « l'art de se faire des ennemis ». Toutefois, lorsqu'il écrit sur la musique de compositeurs qui ne font pas partie de son entourage immédiat, il fait souvent preuve de discernement, comme en témoignent ses commentaires enthousiastes sur Liszt et Wagner. A l'instar de nombreux compositeurs russes de l'époque, Sérov a suivi une carrière dans la fonction publique, ne considérant la musique que comme un passe-temps avant que le succès extraordinaire de ses deux premiers opéras, *Judith* (1863) et *Rognéda* (1865), lui permette de se consacrer entièrement à la composition et à l'écriture. Il a également commencé un ouvrage en cinq actes, *La Puissance du mal,* achevé après sa mort par sa veuve et par le compositeur Nikolaï Soloviev (1846-1916) et représenté en 1871. Malgré la popularité de ces opéras à leur époque (et leur influence considérable sur Tchaïkovski, Moussorgski, Rimski-Korsakov et Borodine), ils n'ont pas surmonté l'épreuve du temps. Ils n'ont jamais été entièrement montés en Occident, mais l'acte IV de *Judith* a été donné à Paris au cours de la saison lyrique de Diaghilev de 1909.

Geoffrey Norris.

Serpent. 1. Instrument à vent composé d'un tuyau en bois qui ondule comme un serpent ; il est percé de six trous et muni d'une embouchure à bassin aux proportions à peu près identiques à celles du trombone, généralement en ivoire. La Fig. 1 en montre la forme parfaitement évocatrice, le bocal en cuivre étant inséré dans l'extrémité étroite pour amener l'embouchure aux lèvres de l'instrumentiste. Le corps de l'instrument (pour lequel certains recommandent le noyer) est construit en coupant le bois en deux, en l'évidant et en le recollant ; il est ensuite recouvert de toile, puis de cuir noir. Les deux morceaux peuvent être taillés dans une seule planche ou constitués de morceaux plus petits. La perce est conique et large et le son très particulier, pratiquement unique, entre celui du tuba et celui du basson. L'étendue va du do grave du violoncelle au registre de ténor. Comme pour le *cornet à bouquin, une bonne intonation et l'égalité des notes dépendent essentiellement d'un bon contrôle de l'oreille et des lèvres.

Le serpent a fait son apparition en France, peu avant 1600 ; il aurait été inventé par un chanoine d'Auxerre. Il servait alors à soutenir le plain-chant (fonction que l'orgue n'a pas remplie pendant longtemps) : la chapelle royale de France a eu son joueur de serpent au moins jusqu'en 1730 et, au début du XXe siècle, le serpent (ou l'ophicléide) remplissait encore les mêmes fonctions dans certaines églises paroissiales françaises. Des récits du XIXe siècle racontent comment certains instrumentistes improvisaient une basse au chant ou inséraient des cadences entre les lignes. Les pays voisins ont connu le serpent à partir de 1660 : en Italie, par exemple, on en jouait avec les trombones à San Petronio, à Bologne, jusqu'en 1700 ; en Angleterre, il servait parfois à jouer de la musique profane en plein air et Haendel l'utilise dans sa *Musique pour les feux d'artifice royaux* afin de renforcer la partie de basse.

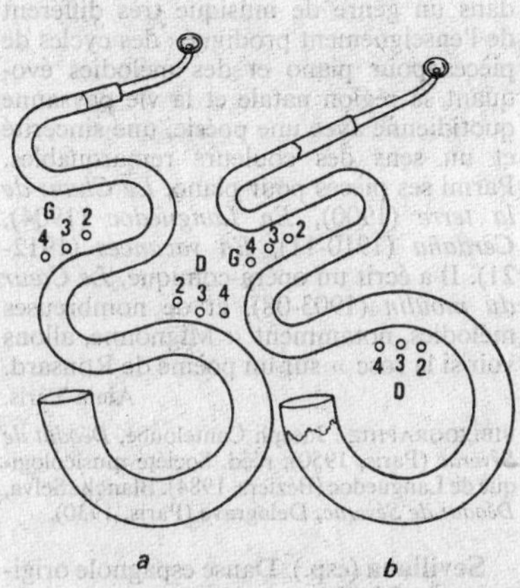

Fig. 1. Serpent, vu de dos (en position de jeu) ; les six trous sont donc placés de l'autre côté aux endroits indiqués par les petits ronds. Les doigts de chaque main sont numérotés 2 (index), 3, 4. (a) Forme ancienne, les deux mains au-dessus du tube, doigté : G, 2 3 4 ; D, 2 3 4. (b) Forme ultérieure, main droite au-dessous du tube, doigté : G, 2 3 4 ; D, 4 3 2.

L'histoire du serpent s'est enrichie lorsqu'il a fait son apparition dans la musique militaire pour renforcer la basse à l'octave inférieure. Les chefs de fanfare de la fin du XVIIIe siècle, dont beaucoup d'Allemands, ont ainsi accordé une place au serpent dans les fanfares britanniques, où il est resté pendant environ soixante-dix ans. On lui a ajouté trois clés en cuivre, parfois davantage, et, au lieu de tenir l'instrument à l'ancienne manière en plaçant les deux mains au-dessus du tube (paumes vers le bas) – ce qui donne le même doigté que sur les autres instruments à vent (Fig. 1a) –, le nouvel instrument était conçu pour jouer avec la main droite paume vers le haut (ce qui donne un meilleur support et permet de tenir le serpent plus incliné), inversant ainsi l'ordre du doigté pour cette main (Fig. 1b). La note produite lorsque tous les trous sont ouverts est si bémol ; la clé la plus proche de l'embouchure est ouverte pour si bécarre. La technique pouvait être brillante ; Mr André, membre de la Household Band de George IV, aurait joué au serpent l'un des concertos pour contrebasse de Dragonetti.

Dans *Under the Greenwood Tree,* Hardy fait une référence au serpent dans une fanfare villageoise. En fait, il existait encore un joueur de serpent villageois en Tchécoslovaquie en 1950, c'est-à-dire juste avant que l'instrument ne soit à nouveau adopté dans d'autres pays pour des exécutions historiques de la *Musique pour les feux d'artifice royaux* ou de morceaux de musique militaire de la fin du XVIIIe siècle.

2. *Bass-horn* (cor grave). En Europe à partir de 1790, la forme du serpent s'est progressivement modifiée, prenant diverses formes qui le rapprochent du basson, pavillon pointé vers le haut. Ces modèles s'appelaient encore « serpent » ou « basson russe », « bass-horn » ou « serpent Forveille ». Il s'agissait avant tout d'instruments de fanfare, mais ils étaient souvent utilisés à l'orchestre. Dans les partitions du XIXe siècle (comme *Rienzi* de Wagner), le mot « serpent » peut donc correspondre à l'un de ces nouveaux modèles « droits ». Toutefois, en Angleterre, « bass-horn » désignait une version entièrement métallique inventée avant 1800 par un joueur de serpent français exilé, L. A. Frichot : deux tubes coniques en cuivre sortent d'une base courte qui les relie, formant un grand V d'environ 1 m de long. Le pavillon est très évasé et l'embouchure s'insère dans un bocal en forme de col de cygne. Avec une sonorité plus résonnante que celle du serpent, cet instrument a fait partie des fanfares britanniques jusqu'à ce qu'il soit remplacé par l'ophicléide. Sur certaines partitions de musique militaire anglaises, il apparaît sous son nom italien, « corno basso ».

Anthony Baines.

Serrando, serrato (ital.). « Serrant, serré », c'est-à-dire plus rapide. Le terme français a été beaucoup utilisé par Debussy.

Serse. Voir *Xerxès.*

Servante maîtresse, La. Voir *Serva padrona, La.*

Serva padrona, La (« La Servante maîtresse »). Intermezzo en deux parties de l'opéra *Il Prigioner superbo* de Pergolèse sur un livret de G. A. Federico. Créé à Naples le 28 août 1733. Première en France à la Comédie-Italienne, à Paris, le 4 octobre 1746. Voir également *Opéra*, 7.

Sessions, Roger (Huntington) (Brooklyn, New York, 28 décembre 1896 ; Princeton, New Jersey, 16 mars 1985). Compositeur américain. Il fait ses études à Harvard University (1910-15) et avec Horatio Parker à Yale (1915-17). Il prend ensuite des cours privés avec Ernest Bloch dont il devient l'assistant au Cleveland Institute of Music (1921-25). Après avoir passé quelques années en Europe (1925-33), il enseigne dans diverses institutions américaines, notamment à Princeton University (1935-45, 1953-65). Artisan suprême de la musique, il a su faire la preuve, tout au long d'une carrière créatrice variée, de son talent de créer des discours purement musicaux élargissant le détail à une conception à grande échelle. Ses premières œuvres, bien qu'influencées par le néoclassicisme de Stravinski, sont sobres et dépourvues d'ironie ; à partir de 1953, il fait appel au *sérialisme de Schoenberg avec la même adresse et le même sérieux. Il est l'auteur de deux opéras, *The Trial of Lucullus* (1947) et *Montezuma* (1941-63), de huit symphonies et de diverses pièces de musique de chambre. Il a aussi écrit les livres *The Musical Experience of Composer, Performer, and Listener* (Princeton, New Jersey, 1950), *Harmonic Practice* (New York, 1951) et *Questions about Music* (Cambridge, Mass., 1970).

Paul Griffiths.

Sestetto (ital.). « Sextuor ».

Seufzend (all.). « En soupirant ».

Seven Sonnets of Michelangelo. Cycle de mélodies pour ténor et piano op.22 de Britten sur des sonnets de Michel-Ange (n°s 16, 31, 30, 55, 38, 32 et 24). L'œuvre a été créée à Londres en 1942.

Séverac, Déodat de (Saint-Félix de Caraman, Haute-Garonne, 20 juillet 1872 ; Céret, Pyrénées-Orientales, 24 mars 1921). Compositeur français. Fils d'un peintre, il commence des études juridiques avant de venir à Paris, où il entre à la Schola cantorum en 1897 : il y est l'élève de d'Indy, Bordes, Magnard et Guilmant. Mais sa véritable personnalité s'affirme dans un genre de musique très différent de l'enseignement prodigué : des cycles de pièces pour piano et des mélodies évoquant sa région natale et la vie paysanne quotidienne avec une poésie, une sincérité et un sens des couleurs remarquables. Parmi ses pièces pour piano, *Le Chant de la terre* (1900), *En Languedoc* (1904), *Cerdaña* (1910-11), *En vacances* (1912-21). Il a écrit un opéra-comique, *Le Cœur du moulin* (1903-08), et de nombreuses mélodies, notamment « Mignonne, allons voir si la rose » sur un poème de Ronsard.

Alain Pâris.

BIBLIOGRAPHIE : Joseph Canteloube, *Déodat de Séverac* (Paris, 1950), rééd. Société musicologique de Languedoc (Béziers, 1984). Blanche Selva, *Déodat de Séverac*, Delagrave (Paris, 1930).

Sevillana (esp.). Danse espagnole originaire de Séville.

Sexte. Petite heure de l'Office dans la liturgie catholique qui se récite après tierce.

Sextet (angl.), **Sextett** (all.). « Sextuor ».

Sextolet. Terme désignant six notes qui doivent être jouées pendant le temps de quatre, soit en deux groupes de trois, soit en trois groupes de deux. Il peut être noté sous la forme :

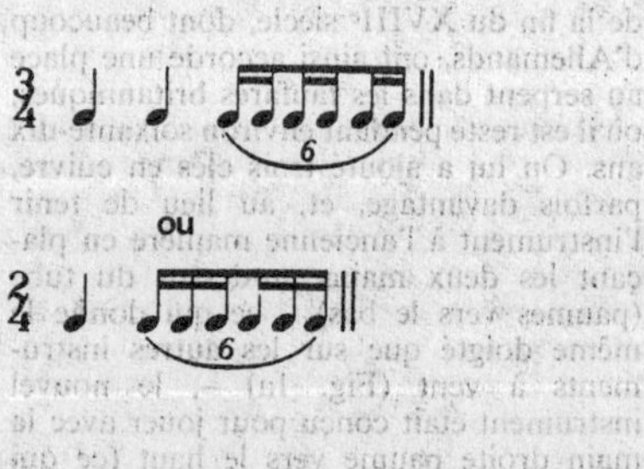

Sextuor, Sextette (all. : *Sextett* ; angl. : *sextet* ; ital. : *sestetto*). Tout groupe de six exécutants, chanteurs ou instrumentistes, ou composition écrite pour un tel groupe. Un sextuor à cordes comprend généralement deux violons, deux altos et deux violoncelles (comme l'opus 18 et l'opus 36 de Brahms ou l'opus 48 de Dvořák), mais d'autres combinaisons peuvent survenir. Le *Sextuor à vent op.71* de Beethoven est écrit pour deux clarinettes, deux cors et deux bassons. D'autres types de sextuors peuvent mélanger instruments à cordes et à vent, comme deux cors et un quatuor à cordes, combinaison que l'on trouve dans de nombreux divertimentos de Haydn et de Mozart et dans l'opus 81b de Beethoven ; on peut aussi associer le piano à des instruments à cordes (comme dans l'opus 110 de Mendelssohn) ou à des instruments à vent (comme le *Sextuor avec piano* de Poulenc).

Sextuplet (angl.). « Sextolet ».

Seyffarth [Seiffart, Seyfart], **Johann Gabriel** (Reisdorf, près de Weimar, 1711 ; Berlin, 6 avril 1796). Compositeur et violoniste allemand. Il travaille le piano à Weimar avec J. G. Walther, puis se rend à Zerbst, où il étudie la violon et la composition. Il devient musicien de chambre à la cour du prince Heinrich de Prusse vers 1741. Les œuvres qui nous sont parvenues comprennent des symphonies, des cantates, des concertos, quelques pièces pour clavier et des mélodies.

Sf. Abréviation de **sforzando* ou *sforzato* ; *sff.*, abréviation de *sforzatissimo.*

Sfogato (ital.). De style léger et facile. Lorsqu'il est employé comme indication d'expression, ce terme est généralement qualifié par un adjectif comme *sfogato dolce*. Une voix de *soprano sfogato* est une voix de soprano léger.

Sforzando, sforzato (ital., souvent abrégé *sf.* ou *sfz.*). « En forçant », « forcé ». Accent fort. Au XIXᵉ siècle, ce terme servait généralement à marquer un accent au sein de la dynamique prédominante, pas nécessairement fort ; il est maintenant assimilé, d'une façon plus générale, à une accentuation soudaine d'intensité sonore.

Sfp. Abréviation d'un *sforzato* suivi immédiatement d'un *piano* (note fortement accentuée suivie d'une note ou d'un passage doux).

Sfz. Abréviation de **sforzando.*

Sgambati, Giovanni (Rome, 28 mai 1841 ; Rome, 14 décembre 1914). Compositeur italien. Fils d'un juriste italien et d'une Anglaise, son talent de pianiste se révèle très jeune et, entre 1860 et 1870, il se forge une réputation pour son interprétation des classiques allemands. Il étudie avec Liszt lorsque ce dernier séjourne à Rome et commence à diriger, présentant au public romain la *Symphonie « Héroïque »* . En 1869, il se rend à Munich et entend la musique de Wagner avec lequel il se lie ensuite d'amitié. Il devient ainsi l'un des premiers défenseurs de la musique allemande en Italie à une époque où elle n'est pas encore à la mode. Il passe le reste de sa vie à faire des tournées de concerts et à enseigner. Il est l'auteur de quelques charmantes mélodies et de pièces pour piano, son arrangement habile de la « Danse des ombres heureuses » de Gluck ayant connu un grand succès à son époque.

Denis Arnold.

Shake (angl.). Ancien terme anglais pour *trille.

Shakuhachi. Flûte verticale japonaise en bambou. Voir *Japon*, 3*c*.

Shamisen. Luth japonais traditionnel le plus fréquemment utilisé. Voir *Japon*, 3*b* ; *Luth*, 4*a*.

Shanty [*chanty*, *sea chanty*] (angl.). Terme probablement dérivé du verbe français « chanter ». Il désigne les chants de travail des matelots anglais (par opposition aux chants qu'ils chantaient simplement pour se détendre et s'amuser et qui étaient sans doute les mêmes que ceux des hommes à terre) ; ces chants, comme les chants de travail des Noirs aux États-Unis, étaient chantés pour soutenir et encourager un travail ardu, comme pousser le cabestan, hisser le treuil, etc. – chaque tâche ayant un type spécial de chant et de répertoire. A l'époque des bateaux à voile, un spécialiste du *shanty* était souvent employé pour mener le chant (il était dispensé des travaux pénibles). De nombreux *shanties* font maintenant partie du chant traditionnel et sont devenus très célèbres (comme « Whisky Johnnie », « Blow the man down », « Rio Grande »). La tradition du *shanty* a pris fin avec l'avènement du bateau à vapeur.

Peter Gammond.

Shapero, Harold (Samuel) (Lynn, Massachusetts, 29 avril 1920). Compositeur américain. Il étudie la composition avec Walter Piston et Ernst Krenek à Harvard University (1937-41), puis avec Nadia Boulanger à Cambridge, dans le Massachusetts. En 1952, il est nommé professeur à l'Université de Brandeis. Il est l'auteur d'une symphonie (1947), de plusieurs sonates et d'autres œuvres de musique de chambre écrites dans un style néoclassique influencé par Stravinski et Copland.

Paul Griffiths.

Sharp (angl.). *Dièse.

Sharp, Cecil (James) (Londres, 22 novembre 1859 ; Londres, 28 juin 1924). Ethnomusicologue anglais. Après avoir effectué des études à Cambridge, il va s'installer en Australie où il séjourne quelques années. De retour en Angleterre, il dirige le Hampstead Conservatory of Music et occupe ce poste pendant neuf ans. Il se consacre ensuite à recueillir, publier et faire exécuter des danses et des chants traditionnels de son pays natal. On lui doit, plus qu'à tout autre, la sauvegarde d'un héritage national. Vers la fin de sa vie, il bénéficiera d'une petite pension du gouvernement. A Londres, on a construit à sa mémoire la Cecil Sharp House qui abrite l'English Folk Dance and Song Society.

Percy Scholes.

Shaw, (George) **Bernard** (Dublin, 26 juillet 1856 ; Ayot St Lawrence, Hertfordshire, 2 novembre 1950). Auteur dramatique et critique musical irlandais. Issu d'une famille de musiciens (son père était tromboniste et sa mère chanteuse), il reconnaîtra que Mozart, surtout *Don Giovanni*, a influencé très tôt et de manière significative sa pensée musicale. A Londres, il écrit tout d'abord des critiques musicales pour *The Hornet* (à partir de 1876) et entre en 1888 au journal *The Star*, dont il devient le critique musical sous le pseudonyme de « Corno di Bassetto », en 1889. Il passe en 1890 au *World* , où il écrit des critiques hebdomadaires jusqu'en 1894. Grâce à ses connaissances musicales et à son amour de la musique, auxquels s'ajoute son talent littéraire, il a fait paraître à Londres, entre 1890 et 1900, des centaines de comptes rendus musicaux hauts en couleur et bien documentés. Ses écrits peuvent être honteusement subjectifs et exprimés avec une vigueur parfois insolente, et ses tournures de phrases restent mémorables pour leur perspicacité et leur humour incisif. Il était en outre un ardent défenseur de la musique de Wagner ; son étude du *Ring*, *The Perfect Wagnerite* (Londres, 1898, 4e éd. 1923, réimprimée en 1972), est une interprétation extrêmement personnelle du drame musical de Wagner exprimée au travers de la vision socialiste de Shaw projetée sur la société capitaliste dans laquelle il vivait. Il a aussi défendu Richard Strauss et entretenu une amitié étroite avec Elgar ; il était toujours prêt à aider les jeunes compositeurs contemporains lorsqu'il leur trouvait du talent. Ses pièces ont inspiré la musique de plusieurs compositeurs, notamment Oscar Straus (*The Chocolate Soldier*, 1908, d'après *Arms and the Man*), Walton (la musique du film *Major Barbara*, 1941) sans oublier Frederick Loewe dont la comédie musicale *My Fair Lady* (1956) est fondée sur *Pygmalion*.

Judith Nagley.

Shaw, Geoffrey (Turton) (Londres, 14 novembre 1879 ; Londres, 14 avril 1943). Compositeur et pédagogue anglais. Il étudie avec Stanford et Charles Wood à Cambridge et est inspecteur de la musique pour le conseil de l'éducation tout en composant de la musique d'église et des œuvres pour les enfants. Son frère Martin Shaw (1875-1958) était compositeur et musicien d'église.

Paul Griffiths.

Shawm (angl.). « Hautbois » ou, avant 1500, « chalemie ».

Shéhérazade. 1. Suite symphonique op.35 de Rimski-Korsakov, composée en 1888 d'après les *Mille et Une Nuits*.

2. Ouverture pour orchestre de Ravel, composée en 1898.

3. Trois mélodies pour mezzo-soprano et orchestre de Ravel sur des poèmes de Tristan Klingsor (pseudonyme de Léon Leclère), composées en 1903 : *Asie*, *La Flûte enchantée* et *L'Indifférent*.

Sheng. Orgue à bouche chinois. Voir *Chine, 4h*.

Shepherd, John. Voir *Sheppard, John*.

Shepherds on the Delectable Mountains, The. Épisode pastoral en un acte de Vaughan Williams sur un livret du compositeur d'après *The Pilgrim's Progress* (1674-79, 1684) de Bunyan. Créé à Londres en 1922. Vaughan Williams a ensuite utilisé cette œuvre (à l'exception de la partie finale) comme deuxième scène de l'acte IV de sa morale *The Pilgrim's Progress.*

Sheppard [Shepherd], **John** (vers 1515 ; 1559 ou 1560). Compositeur anglais. On connaît peu sa vie, sinon qu'il a été *informator choristarum* à Magdalen College, à Oxford, entre 1543 et 1548, puis est devenu Gentleman de la chapelle royale, position qu'il semble avoir conservée jusqu'à sa mort.

Sheppard est l'un des premiers compositeurs de musique religieuse de son temps et il nous est parvenu davantage de musique de lui que de tout autre compositeur anglais contemporain. A l'exception de quelques chants à plusieurs parties et de *carols,* sa production est exclusivement liturgique et reflète les bouleversements religieux de son époque, contenant à la fois des œuvres sur des textes latins pour le rite catholique (que l'on célébrait sous les règnes d'Henri VIII et de Marie) et de la musique religieuse anglaise écrite pendant les années de formation du culte protestant, sous Edouard VI et Élisabeth. Bien que plusieurs œuvres appartiennent à la tradition de la polyphonie fleurie pratiquée par les compositeurs de l'*Eton Choirbook* et par Taverner, une grande partie de la musique latine de Sheppard est écrite dans un style déclamatoire et largement imitatif, mais un style dans lequel l'illustration de texte est virtuellement absente et les structures peu variées. Ses nombreuses œuvres pour vêpres et matines – hymnes, répons et antiennes – sont particulièrement caractéristiques ; il les a peut-être écrites en collaboration avec Tallis pour les intégrer à un cycle global correspondant à la totalité de l'année liturgique. Ces œuvres sont construites sur des *cantus firmi* de plain-chant, avec des notes de valeur égale, autour desquels les voix restantes tissent une trame polyphonique abstraite, plafonnant souvent sur des notes particulières pour produire un effet qui a été qualifié à juste titre de « perpendiculaire ». Par contre, les œuvres de Sheppard sur des textes anglais ont une envergure modeste, conformément aux directives des réformateurs de l'Église qui voulaient que la musique en appelle davantage à l'esprit qu'aux sens.

Shield, William (Swalwell, Durham, 5 mars 1748 ; Londres, 25 janvier 1829). Violoniste et compositeur anglais. Il perd son père, professeur de chant, à l'âge de neuf ans, mais continue à étudier la musique avec Charles Avison à Newcastle et décide finalement de devenir musicien. Pendant quelque temps, il est premier violon dans un orchestre de Scarborough puis il s'installe à Londres où, vers 1773, il est nommé second violon au King's Theatre et, peu après, alto solo. Il est compositeur à Covent Garden de 1778 à 1791 et de 1792 à 1797 et est nommé « Master of the King's Music » en 1817. Shield a composé plus de quarante opéras légers, des pantomimes, des *ballad operas,* six quatuors à cordes (Londres, vers 1782), six trios à cordes (Londres, 1796) et des pièces instrumentales. Toutefois, il était surtout connu pour ses mélodies, seule partie de ses œuvres scéniques qui ait survécu. « Auld Lang Syne » de *Rosina* (1782) est la plus célèbre, quoiqu'elle ne soit pas représentative de sa meilleure musique.

Wendy Thompson.

Shimmy (angl.). Nom générique désignant un type de danse noire américaine d'origine africaine et impliquant d'abondants mouvements du corps d'un érotisme souvent provocant ; le shimmy s'est concrétisé dans des danses allant du *black bottom au *rock and roll. Comme pour de nombreux termes de jazz, l'origine du nom reste obscure ; on l'a attribué au pianiste Tony Jackson, vers 1900, mais il a sans doute des antécédents populaires plus anciens. Diverses chansons popularisant ce nom (comme « I wish I could shimmy like my sister Kate ») sont à l'origine d'une vogue de « shimmy » en Amérique du Nord ; le « shimmy » a été mis en vedette dans le spectacle *Sometime,* dansé par Mae West, et dans *The Ziegfeld Follies* de 1922, dansé par Gilda Grey.

Peter Gammond.

Shirley, James (baptisé à Londres le 7 septembre 1596 ; enterré à Londres le 29 octobre 1666). Auteur dramatique anglais. Il a écrit de nombreuses pièces de théâtre et les textes de plusieurs masques, notamment *The Triumph of Peace* (1634, musique de William Lawes et Simon Ives), *The Triumph of Beautie* (1646, musique en partie de Lawes) et, le plus important, *Cupid and Death* (1653, musique de Matthew Locke et Christopher Gibbons). Voir également *Masque*.

Shivaree (amér.). Déformation américaine de *charivari.

Shô. Orgue à bouche japonais. Voir *Japon*, 3c.

Shofar. Cor traditionnel de la synagogue juive, sonné lors de certaines fêtes. Il est fabriqué rituellement, la corne redressée, l'extrémité la plus large recourbée vers le haut et la totalité de l'instrument en partie aplatie. Il sonne deux notes, généralement à un intervalle de quinte.

Dans l'Ancien Testament, le terme hébreu « shofar » est, dans la plupart des cas, traduit en latin par « tuba » et, en anglais, par « trumpet », comme dans le psaume 150. Le psaume 98 mentionne également le « hazozerah », l'ancienne petite trompette métallique ; cet instrument et le shofar sont correctement traduits en latin : « Psallite Domino... in tubis ductilibus, et voce tubae corneae ».

Anthony Baines.

Shylock. Musique de scène op.57 de Fauré pour une adaptation française du *Marchand de Venise* de Shakespeare due à Edmond Haraucourt, créée à l'Odéon le 17 décembre 1889. La suite pour orchestre, avec ténor, qu'en a tirée Fauré regroupe : *Chanson*, *Entracte*, *Madrigal*, *Épithalame*, *Nocturne* et *Finale*.

Si. Septième degré de la gamme majeure dans le système de la solmisation.

Sibelius, Jean [Johann] (Julius Christian) (Hämeenlinna, 8 décembre 1865 ; Järvenpä, 20 septembre 1957). Compositeur finlandais. Sans conteste, le plus grand compositeur finlandais et le plus puissant symphoniste auquel la Scandinavie ait jamais donné naissance. Né à Hämeenlinna, ville de garnison russe de Finlande méridionale, dans une famille parlant le suédois, il va toutefois en classe dans la première école primaire qui enseigne alors le finlandais, ce qui lui fait découvrir le monde de la mythologie finlandaise par l'intermédiaire du *Kalevala*. Extrêmement doué pour le violon et la composition, il part pour Helsinki en 1885 et adopte le prénom de Jean, sous lequel on le connaît généralement. Il commence des études de droit qu'il abandonne rapidement pour se consacrer à la musique et devient l'élève de Martin Wegelius (1846-1906). Après des études approfondies à Berlin et à Vienne (1889-91), il retourne en Finlande, où il compose la symphonie *Kellervo* (1892) basée, comme une grande partie de sa musique, sur le *Kalevala*. Cette œuvre en cinq mouvements pour solistes, chœur d'hommes et orchestre remporte un succès éclatant ; elle lui vaut la notoriété et en fait le premier compositeur finlandais de l'époque. Il compose ensuite plusieurs partitions symphoniques (*En Saga*, *Karelia* et les *Quatre Légendes* dont *Le Cygne de Tuonela* destiné, à l'origine, à servir de prélude à son opéra, *La Construction du navire*) avant d'écrire sa première symphonie, purement instrumentale.

Au tout début du XXe siècle, il s'identifie étroitement à la cause de l'autodétermination nationale finlandaise. Des œuvres comme *Finlandia* (1899, rév. 1900) et *La Valse triste* le font connaître dans le monde entier, même si elles éclipsent momentanément ses réalisations dans d'autres domaines. Si ses premières œuvres révèlent l'influence des classiques viennois et celles de Grieg et de Tchaïkovski, son profil de nationaliste néoromantique se précise après la *Symphonie n° 2* (1902) et le *Concerto pour violon* (1903, rév. 1905). Tout en conservant un caractère national assez marqué, sa musique prend une orientation plus classique dans la *Symphonie n° 3* (1904-07) et dans *La Fille de Pohjola* (1906). Elle contraste alors nettement avec celle de contemporains tels que Richard Strauss, Scriabine, Mahler ou Ravel. Son style devient encore plus sévère dans les années qui suivent, avec la *Symphonie n° 4* (1909-11) et le poème symphonique *Le Barde*, phénomène qui s'explique, dans une large mesure, par la menace de cancer de la gorge qui pèse alors sur lui (1908).

Durant cette période, sa musique commence à être diffusée en Allemagne, grâce à son éditeur, Breitkopf & Härtel, en Angleterre et aux États-Unis ; il voyage énormément et dirige ses propres œuvres.

Avec la Première Guerre mondiale, il perd les revenus que lui procurait Breitkopf et qu'il tirait de ses concerts en dehors de la Scandinavie. A l'exception de la *Symphonie n° 5* (1915-19), il se concentre sur des œuvres de moindres dimensions. Après la guerre, il retrouve une scène musicale entièrement transformée. Ses *Symphonies n° 6* et *n° 7* vont à contre-courant du climat musical de l'époque. Évidemment, pour Sibelius, la *Symphonie n° 6* « offre de l'eau de source pure » à un moment où d'autres font des cocktails de teintes variées. Après la musique de scène pour *La Tempête* et le poème symphonique *Tapiola* (1926), il passe les trente dernières années de sa vie retiré à Järvenpäa publiant peu d'œuvres intéressantes. Il semble pourtant qu'il ait été sur le point d'achever une *Symphonie n° 8* en 1929. Au cours des années trente et quarante, sa musique connaît une grande popularité aux États-Unis et en Angleterre où Koussevitzki, Beecham et Barbirolli s'en font les champions, tout comme des auteurs aussi renommés que Newman et Cecil Gray.

Sibelius trouve ses premières sources d'inspiration dans les mythes nationaux finlandais consacrés par le *Kalevala*. Cet ouvrage sert de base à un grand nombre de ses poèmes symphoniques (*La Fille de Pohjola*, *Luonnotar* et *Tapiola*). Autre source d'inspiration essentielle, le paysage nordique dont il transpose la puissance dans la plupart de ses œuvres symphoniques. Peu de compositeurs se sont aussi étroitement identifiés à la nature que Sibelius. Les sept symphonies se situent au cœur de sa production et embrassent la totalité de sa carrière créative. Il est impossible (tout au moins à partir de la *Symphonie n° 2*) de prédire le caractère de l'une d'entre elles en se référant à la précédente, car l'approche de la forme musicale n'est jamais la même. Sibelius possède un sens extrêmement développé de la forme et de la croissance organique. C'est également un maître de l'orchestre qui a créé un monde sonore entièrement original dans le maniement des couleurs et des dispositifs instrumentaux. Sa production comprend aussi plus d'une centaine de lieder, principalement sur des textes suédois de poètes lyriques tels que Runeberg et Rydberg, dont les meilleurs dégagent une atmosphère aussi originale que sa musique symphonique. Il a beaucoup écrit pour le théâtre et sa musique de scène pour *Pelléas et Mélisande*, *Le Festin de Balthazar* ou *La Tempête* montre sa maîtrise des formes de moindre envergure, à peine moins développées que la musique symphonique. Il a composé plus d'une centaine d'œuvres pour piano qui sont moins caractéristiques et manquent souvent d'intérêt. Après l'engouement des années 1881 à 1890, Sibelius s'est peu tourné vers la musique de chambre, à l'exception du *Quatuor à cordes en ré mineur* (« *Voces intimae* », 1909).

Robert Layton.

BIBLIOGRAPHIE : Marc Vignal, *Sibelius*, Seghers (Paris, 1965).

Siciliana [siciliano] (ital.). « Sicilienne ». 1. « Sicilien » ; *alla siciliana*, « dans le style sicilien » ou « dans le style de la sicilienne » (voir 2).

2. Danse et air des XVIIe et XVIIIe siècles, sans doute d'origine sicilienne. Elle était généralement de forme ternaire (ABA), à 6/8 ou à 12/8, dans un tempo assez lent. Elle est souvent de tonalité mineure ; ses autres caractéristiques sont un accompagnement coulant, une douce mélodie lyrique, souvent avec un rythme pointé, et l'utilisation de la sixte napolitaine pour les cadences.

Au XVIIIe siècle, la sicilienne a souvent servi de mouvement lent aux suites et aux sonates (notamment dans la musique de Corelli et de Bach) ; selon Quantz, la mélodie ne doit pas être embellie, afin de préserver le rythme. Dans la musique vocale (opéras et cantates), elle était souvent utilisée dans les scènes pastorales.

Sieben Todsünden der Kleinbürger, Die. Voir *Sept Péchés capitaux, Les.*

Sieg (all.). « Victoire » ; *Siegesmarsch*, marche commémorant une victoire. Le titre original de *La Bataille de Vittoria* de Beethoven est *Wellingtons Sieg.*

Siège de Corinthe, Le. Opéra en trois actes de Rossini sur un livret français de Balocchi et A. Soumet. Créé à l'Opéra de Paris le 9 octobre 1826. Cet ouvrage est la révision d'un opéra antérieur, *Il Maometto II*, sur un livret italien de C. della Valle, créé à Naples en 1820.

BIBLIOGRAPHIE : *Le Siège de Corinthe*, L'Avant-Scène-Opéra n° 81, (Paris, 1985).

Siege of Rhodes, The. Opéra dont la musique a été écrite par Matthew Locke, Henry Lawes, Henry Cooke, Charles Coleman et George Hudson sur un livret de W. Davenant. Créé à Londres en 1656. La musique est aujourd'hui perdue, mais il s'agirait du premier opéra anglais.

Siegfried. Voir *Ring des Nibelungen, Der.*

Siegfried Idyll. Œuvre pour orchestre de Wagner, composée en 1870 et offerte en cadeau d'anniversaire à sa femme Cosima. Elle a été créée le jour de son trente-troisième anniversaire, le matin de Noël 1870, par une quinzaine de musiciens sous la direction de Wagner devant la chambre de Cosima dans leur villa au bord du lac Tribschen ; elle n'était pas destinée à être jouée en public, mais des difficultés financières ont amené Wagner à la faire publier (1878) et il a élargi l'orchestration originale. Le matériel mélodique de cette œuvre repose sur des thèmes d'un quatuor à cordes inachevé, composé en 1864 lorsque Wagner avait rencontré Cosima, sur des motifs de l'opéra *Siegfried* auquel il travaillait lorsque leur fils Siegfried est né et sur une berceuse qu'il avait notée (ou composée) en 1869.

Siegfrieds Tod (« Mort de Siegfried »). Projet d'opéra de Wagner dont il a écrit le livret en 1848. Il en a tiré l'idée d'un cycle de quatre opéras sur la légende de Siegfried et l'anneau du Nibelung. Après plusieurs révisions, *Siegfried Tod* est devenue *Götterdämmerung* (« Le Crépuscule des dieux »).

Siegmeister, Elie (New York, 15 janvier 1909). Compositeur et musicographe américain. Il étudie la composition à Columbia University avec Seth Bingham (1924-27), puis en privé avec Wallingford Riegger (1926) et à Paris avec Nadia Boulanger (1927-32). Il cumule ensuite à New York les activités de compositeur, chef d'orchestre, pianiste et professeur et, en 1949, est nommé enseignant à Hofstra University, près de New York. Sa vaste production, qui couvre presque tous les genres, est souvent marquée par l'emploi de matériel américain, jazz ou chant traditionnel. Il est également l'auteur de plusieurs livres : *Harmony and Melody* (Belmont, Californie, 1965-66) et *The New Music Lover's Handbook* (New York, 1972).

Paul Griffiths.

Sifflet. 1. Au XIIIe siècle, Jean de Grocheo avait déjà noté que, si les chevaux réagissaient aux trompettes et aux tambours, les meutes de chiens appréciaient les cors et les sifflets (*fistulae*) ; de nos jours, les Africains utilisent parfois les deux à la chasse. En Europe, une grande variété de sifflets a servi et sert encore d'appeaux aux oiseleurs, pour leurrer les oiseaux sauvages en imitant leur chant, mais cette coutume est moins vivace aujourd'hui où la capture de certains oiseaux fait l'objet d'une désapprobation sans cesse croissante. La Fig. 1 reproduit un choix de sifflets ; certains sont des instruments de signalisation, plusieurs sont également des appeaux et sont fabriqués depuis longtemps en Grande-Bretagne par la firme Acme. Ils sont pour la plupart apparentés aux flûtes car ils font appel au principe du son labial ; toutefois, pour obtenir un son rauque ou grinçant, on peut appliquer le principe de l'anche.

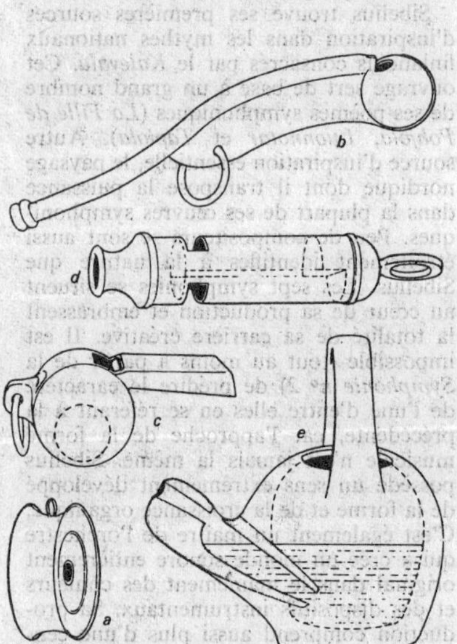

Fig. 1

La Fig. 1a représente un sifflet composé de deux petits disques métalliques séparés par un espace ; ils sont tous deux percés d'un trou et généralement bombés vers l'intérieur. Si on place ce sifflet devant les dents en soufflant ou en aspirant, la hauteur de son change avec la vitesse de l'air. Fowlers l'a utilisé pour les alouettes et linottes. Il fonctionne aussi à la vapeur (bouilloires sifflantes). Comme leurre ou comme jouet, il se compose souvent d'une belle pierre, avec un trou percé dans chacune de ses faces.

Parmi les sifflets sphériques, on peut citer le « Boatswain's Pipe » (sifflet du maître d'équipage) (Fig. 1b), décrit au XVIIIe siècle comme servant également pour les alouettes ; et (Fig. 1c) le sifflet d'arbitre qui contient une boulette de liège pour faire trembler le sifflement. Le sifflet d'éclaireur ou de police est un sifflet tubulaire divisé (Fig. 1d), contenant une plaque métallique en son centre pour constituer deux tubes semi-circulaires fermés aux extrémités ; l'un des tubes est plus court que l'autre pour produire simultanément deux notes séparées d'un ton l'une de l'autre, ce qui donne un trille puissant et percutant.

Il existe deux principaux types de sifflets en argile ; ils se vendent souvent en Europe comme jouets et comme cadeaux. Ils possèdent tous une petite composante de la flûte à conduit en argile, en forme de queue d'oiseau ou de bec de petite cruche. L'oiseau a un trou dans la poitrine pour produire une seconde note (et est peut-être apparenté à l'*ocarina). Quant à la cruche, elle est partiellement remplie d'eau, suffisamment pour couvrir l'extrémité interne du bec (Fig. 1e). Lorsqu'on souffle, l'eau descend dans le bec, ce qui allonge la longueur de sa petite colonne d'air et abaisse la note. L'air sort de l'eau en faisant des bulles, réduisant la pression de telle sorte que l'eau reprend sa position initiale et que la note remonte, et ainsi de suite, avec l'effet total de gazouillis entretenu. C'est le rossignol de la *Symphonie des jouets*, qui accompagne le coucou et la caille. Ici, le sifflet imite la caille mâle, mais dans toute l'Europe et au Moyen-Orient on prend les cailles au piège en imitant le chant étouffé de la femelle à l'aide d'un petit tuyau en bambou ou en os alimenté en air par un sac en peau ressemblant à un porte-monnaie que l'on tape légèrement et rapidement avec les doigts, ce qui permet de faire des répétitions plus rapides qu'avec la langue.

Pour le sifflet en fer-blanc, voir *Flageolet*, 1.

2. La technique du sifflement avec la bouche a parfois atteint une véritable virtuosité. A la fin du XIXe siècle, l'Américaine Alice Shaw, siffleuse célèbre, était surnommée « La Belle Siffleuse ». Comme l'a écrit l'un de ses compatriotes dans le *Musical Courier* de New York, en 1931 : « Son répertoire ne comportait ni jazz, ni chansons de charme et ses exécutions étaient tout aussi sensationnelles dans les salons des rois, des tsars, des empereurs et des maharadjahs que devant l'élite intellectuelle des capitales du monde. » (Soit dit en passant, ces exécutions ont figuré parmi les premières enregistrées par Edison sous forme de disque pour son Phonographe, en 1887 et au cours des années suivantes.)

Toutefois, siffler peut s'avérer dangereux. Dans une grande partie du monde, de l'Islande à l'Afrique du Sud, on considère que cela éfare l'esprit ou attire les mauvais esprits. On dit que la bouche d'un siffleur arabe reste impure pendant quarante jours. Cela porte malheur de siffler dans un théâtre, et siffler sur un navire marchand britannique est, ou était en tout cas jusqu'à la Seconde Guerre mondiale, strictement interdit, parce que cela porte malheur, superstition qui s'est sans doute établie au temps où l'on craignait de faire ainsi lever un coup de vent.

Anthony Baines, Percy Scholes.

Sighting (angl.). Terme du XVe siècle désignant une technique employée pour faciliter le chant de lignes de musique parallèles sur le plain-chant écrit. Voir *Faburden*.

Signature. Signe placé au début d'une œuvre ou d'un mouvement, et parfois en son sein, pour indiquer la tonalité ou un changement de tonalité (*armature de la clé), ou l'unité métrique ou un changement d'unité (*chiffrage des mesures).

Sigurd. Opéra en quatre actes de Reyer sur un livret de Blau et Du Locle d'après la légende des Nibelungen, créé à la Monnaie de Bruxelles le 7 janvier 1884. Première en France à l'Opéra de Lyon le 15 janvier 1885.

Si j'étais roi. Opéra-comique en trois actes d'Adolphe Adam sur un livret de

Dennery et Brésil créé au Théâtre-Lyrique le 4 septembre 1852.

Silbermann. Famille de facteurs d'orgues allemands dont certains membres se sont établis en Alsace. **André** (Kleinbobritzsch, Saxe, 16 mai 1678 ; Strasbourg, 16 mars 1734) se fixe à Strasbourg en 1701 puis travaille chez François Thierry à Paris (1704-06). Il a construit une trentaine d'orgues en Alsace et aux alentours, notamment celles du couvent de Sainte-Marguerite (1703), de Saint-Pierre-le-Vieux, protestant (1709), de Saint-Guillaume (1728) et de la cathédrale de Strasbourg (1713-16), celles de Marmoutier (1709-10), des Dominicains de Colmar (1726), de la cathédrale de Bâle (1711) et de l'abbaye d'Ebersmunster (1730-32). Son frère **Gottfried** (Kleinbobritzsch, 14 janvier 1683 ; Dresde, 4 août 1753) a travaillé avec lui à Strasbourg avant de retourner en Allemagne où il a construit de nombreux instruments en Saxe, notamment à Freiberg et à Dresde (Hofkirche). Le fils d'André, **Jean-André** (Strasbourg, 24 juin 1712 ; Strasbourg, 11 février 1783), a pris la succession de son père. Il a également travaillé avec son oncle et sa facture se ressent de l'influence de l'école saxonne. Il a construit notamment les orgues de Saint-Thomas (1741), du Temple-Neuf (1749), de Saint-Pierre-le-Jeune, catholique (1762) et protestant (1780), à Strasbourg, d'Unterlinden (1737-38) et de Saint-Martin (1754-55) de Colmar. Il a publié de nombreux écrits sur la facture, décrivant notamment un nombre considérable d'instruments. Les autres membres de la famille ont joué un rôle moins important : ses frères, **Jean-Daniel I** (1717-66) qui travailla en Saxe avec son oncle, et **Jean-Henri** (1727-99). Deux des fils de Jean-André reprirent l'atelier familial, **Jean-Daniel II** (1745-70) et **Jean-Josias** (1765-86). A la mort de ce dernier, l'atelier fut repris par Conrad Sauer puis par Martin Wetzel.

Alain Pâris.

Silence. Dans la notation musicale, signe indiquant l'absence momentanée de son. Toute valeur de note standard possède un silence correspondant qui, comme la note elle-même, peut être allongé par l'addition d'un ou de plusieurs *points. L'Ex. 1 montre les formes de silence usuelles.

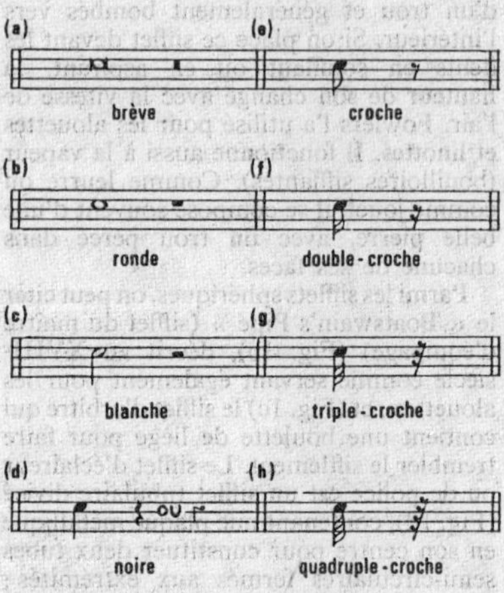

Ex. 1

Un silence d'une mesure entière est traditionnellement indiqué par une pause (silence de ronde, Ex. 1b). Dans les parties instrumentales individuelles, un silence de deux mesures peut ocasionnellement être indiqué par un silence de brève surmonté du chiffre « 2 » (Ex. 2a), mais en général les longues périodes de silence sont représentées par une ligne horizontale surmontée d'un chiffre indiquant le nombre de mesures de silence (Ex. 2b).

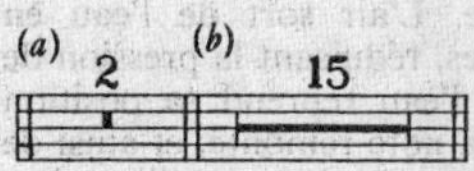

Ex. 2

Voir également *Notation*, Fig. 8 ; *Pause générale* ; *Pause* ; *Tacet*.

Silenzio (ital.). « Silence ».

Sillet. Sur un instrument à cordes, arête légèrement saillante sur laquelle passent les cordes lorsqu'elles quittent les chevilles. Leur longueur de vibration va du *chevalet au sillet.

Simile, simili (ital.). « Similaire ». Instruction qui indique à l'exécutant de continuer à jouer un effet ou selon une technique particulière (par exemple, maintenir un certain type de coup d'archet). Voir également *Segue.*

Simon Boccanegra. Opéra en trois actes et un prologue de Verdi sur un livret de F. M. Piave et G. Montanelli d'après la pièce de Gutiérrez *Simón Boccanegra* (1843). Créé à Venise le 12 mars 1857. Arrigo Boito a révisé le livret et Verdi la partition, composant une nouvelle scène de la chambre du Conseil (acte I, scène 2) ; la nouvelle version a été créée à Milan en 1881. Première en France au Théâtre-Italien, à Paris, le 27 novembre 1883.

BIBLIOGRAPHIE : *Simon Boccanegra,* L'Avant-Scène-Opéra nº 19 (Paris, 1979).

Simonelli, Matteo (Rome, vers 1618 ; Rome, 20 septembre 1696). Compositeur italien qui a passé toute sa vie à Rome, d'abord comme enfant de chœur à la Cappella Giulia, puis maître de chapelle à San Giovanni de Fiorentini et, entre 1662 et 1687, contreténor à la chapelle Sixtine. Le style démodé *a cappella* de sa musique vocale (trois messes et environ trente-six motets) lui valent le titre de « Palestrina du XVIIe siècle ».

Wendy Thompson.

Simple Symphony. Œuvre pour orchestre à cordes (ou quatuor) op.4 de Britten fondée sur des airs qu'il avait écrits à l'âge de douze ans (1925). Les quatre mouvements s'intitulent « Boisterous Bourrée », « Playful Pizzicato », « Sentimental Saraband » et « Frolicsome Finale ». Créée à Norwich en 1934.

Simpson, Christopher (vers 1605 ; ? Londres, 1669). Compositeur et théoricien anglais. Virtuose de la basse de viole il entre au service d'une famille du Lincolnshire après la guerre civile (au cours de laquelle il s'est battu aux côtés des royalistes). Professeur de viole très recherché, il est surtout connu de nos jours pour ses traités sur le jeu de cet instrument et sur l'art de l'ornementation, dont le plus important est *The Division-violist* (Londres, 1659). Il a aussi composé de la musique de chambre pour son instrument.

Denis Arnold.

Simpson, Robert (Wilfred Levick) (Leamington Spa, 2 mars 1921). Compositeur anglais. Il fait ses études à l'Université de Durham et, en 1951, entre dans l'équipe musicale de la BBC. Influencé par le concept de « tonalité évolutive » de Nielsen, il a conservé le respect des formes solidement construites de l'harmonie diatonique, ses œuvres comprenant sept symphonies et huit quatuors à cordes. Il est aussi l'auteur de *Carl Nielsen, Symphonist* (Londres, 1952), *The Essence of Bruckner* (Londres, 1966) et d'études plus courtes sur les symphonies de Sibelius et de Beethoven.

Paul Griffiths.

Simpson, Thomas (baptisé à Milton-next-Sittingbourne [aujourd'hui Milton Regis], dans le Kent, le 1er avril 1582 ; ? après 1630). Compositeur et joueur de viole anglais. Comme Dowland, Brade et d'autres instrumentistes de l'époque, il passe la majeure partie de sa vie à circuler en Europe. En 1608, il est au service de la cour de Heidelberg (où il épouse une Allemande) et, en 1616, de la cour de Holstein-Schaumburg ; entre 1622 et 1625, il est à la cour du Danemark et, par la suite, retourne sans doute en Angleterre. Il est l'auteur d'œuvres de musique de danse simples et attrayantes qui ont influencé Peuerl, Schein et d'autres compositeurs de musique instrumentale allemands.

Denis Arnold.

Simultanéité. Groupe de notes jouées en même temps. Certains musicographes écrivant sur la musique atonale ont préféré ce terme au mot « accord », plus courant, cherchant ainsi à éviter les implications harmoniques de ce dernier.

Sin (ital.). Abréviation de **sino,* « jusqu'à ».

Sincopa (ital.). « Syncope ».

Sincopas. Voir *Cinque pas.*

Sinding, Christian (Kongsberg, 11 janvier 1856 ; Oslo, 3 décembre 1941). Compositeur norvégien. Premier compositeur norvégien de la génération suivant celle de Grieg et de Svendsen. Après avoir étudié le violon à Leipzig (1874-78), il reporte ses efforts sur la composition et attire l'attention avec un *Quatuor avec piano* (1882). Il remporte ses premiers succès en 1889 avec un *Concerto pour piano* et, en 1890, avec sa *Symphonie nº 1*. Son *Quintette avec piano* (1882-84), écrit au cours de ses études de composition à Munich, confirme sa notoriété dans son pays et à l'étranger, et jouit de la faveur de Busoni et du Quatuor Brodsky. A partir de 1889, le gouvernement norvégien lui accorde une pension annuelle. En 1921 et 1922, il est professeur de composition à l'Eastman School of Music, nouvellement fondée aux États-Unis. Son langage musical est franchement romantique et puise ses racines dans la musique de Wagner, de Liszt et de Richard Strauss. Bien que sa musique porte l'empreinte de la Norvège, il s'intéresse à peine à la musique traditionnelle de son pays. Sa production est vaste et comprend 132 numéros d'opus : quatre symphonies, la dernière écrite à près de quatre-vingts ans et créée le jour de son quatre-vingtième anniversaire, en 1936, trois concertos pour violon, un quatuor à cordes, trois trios avec piano, beaucoup de petites pièces pour piano, notamment son œuvre la plus célèbre, *Les Murmures du printemps*, et plus de deux cent cinquante mélodies. C'est peut-être dans le domaine de la mélodie qu'il a apporté sa contribution la plus distinctive à la musique norvégienne, car il y maîtrise l'atmosphère de façon plus subtile que dans ses œuvres d'envergure. Sinding est resté indifférent à l'évolution du climat musical de son époque et son langage musical s'est peu modifié au cours de sa vie.

Robert Layton.

Sinfonia. 1. Nom donné aux ouvertures des premiers opéras italiens au XVIIᵉ siècle. L'usage de ce terme s'est perpétué en Italie jusqu'à nos jours pour désigner l'ouverture d'opéra d'une façon générale. Voir *Symphonie*, 1.

2. Œuvre pour huit voix et orchestre de Berio, composée en 1968 à l'intention des Swingle Singers. Elle résulte d'une impressionnante série de collages et citations de compositeurs et écrivains de toutes les époques (Bach, Beethoven, Brahms, Ravel, Mahler, Schoenberg, Joyce, Beckett, Levi-Strauss...).

Sinfonia Antartica. Titre donné par Vaughan Williams à sa *Symphonie nº 7* pour soprano, chœur de femmes et orchestre, composée en 1949-52. Elle est basée sur la musique qu'il a écrite pour le film *Scott of the Antarctic* (1948) et contient une partie de machine à vent.

Sinfonia concertante (ital.). Voir *Symphonie concertante*.

Sinfonia da requiem. Œuvre symphonique op.20 de Britten, composée en 1940 à la mémoire de ses parents. Commandée par le gouvernement japonais pour célébrer le 2 600ᵉ anniversaire de la dynastie Mikado (1940), elle a été catégoriquement rejetée parce que les titres des trois mouvements (« Lacrymosa », « Dies irae », « Requiem aeternam ») font référence à la liturgie catholique. Cette symphonie a été créée à New York en 1941.

Sinfonia espansiva. Sous-titre de la *Symphonie nº 3 op.27* de Nielsen, composée en 1910-11. La partition comprend des parties de soprano et de baryton.

Sinfonia semplice. Sous-titre de la *Symphonie nº 6* (opus posthume) de Nielsen, composée en 1924-25.

Sinfonietta (« symphoniette »). Petite symphonie, en termes de longueur ou de dimensions de l'effectif orchestral. La *Sinfonietta* de Janáček fait appel à un grand orchestre, mais, dans l'ensemble, les mouvements sont plus courts que ceux d'une symphonie et elle pourrait être analysée comme une suite symphonique. Parmi les compositeurs qui ont écrit des sinfoniettas, celles de Roussel, de Poulenc et de Britten figurent souvent au répertoire des orchestres. Ces dernières années, le terme « sinfonietta » a été employé pour désigner un ensemble de musique de chambre, comme le London Sinfonietta.

Sinfonische Dichtung (all.). « Poème symphonique ».

Singbar (all.). « Chantable » ou « dans un style chantant ».

Singend (all.). « Chantant », « dans un style chantant », même sens que *cantabile*.

Singhiozzando (ital.). « En sanglotant ».

Singing Mice (« Souris chantantes »). Ces « exécutants » ont suscité un vif intérêt en 1937 lors d'une série de concours radiophoniques organisés aux États-Unis, suivis d'un concours international, également radiophonique, auquel ont participé d'éminentes « souris chanteuses » venues des États-Unis, du Canada et de Grande-Bretagne. Un scientifique qui avait examiné l'une des ces *prime donne* en a donné la description suivante : « Sa voix couvrait deux octaves, les notes ressemblant en partie aux sons aigus de l'alouette, en partie aux sons longs et flûtés du rossignol et en partie aux trilles profonds et fluides du canari. »

Un examen post-mortem de ces chanteuses a révélé que, contrairement aux oiseaux et aux humains, ce n'est pas la joie ou le chagrin qui les faisait chanter mais une inflammation des organes respiratoires, leur chant n'étant en fait qu'une simple respiration sifflante dont l'aspect artistique est accidentel.

Percy Scholes.

Singspiel (all.). Bien que ce terme ait été usité avant 1700, il n'a été considéré dans son acception la plus courante – opéra dans lequel les numéros musicaux sont entremêlés de dialogues parlés – qu'au début du XVIIIe siècle. A partir de 1750 environ, sous l'influence de l'*opéra-comique français et du **ballad opera* anglais, le sens du mot singspiel s'est limité à un opéra-comique avec des dialogues parlés (mais il faut noter que, lorsque les *opere buffe* de Mozart ont été donnés en Allemagne, ils ont été qualifiés de *Singspiele*). Les opéras de Benda et de Hiller sont conformes au modèle courant (œuvres comiques avec dialogues parlés), le genre atteignant son apogée dans des ouvrages tels que *L'Enlèvement au sérail* (1782) et *La Flûte enchantée* de Mozart, puis dans *Fidelio* de Beethoven ; mais ce dernier, avec son intrigue essentiellement héroïque et sérieuse, doit être considéré en fait comme l'une des premières manifestations de l'opéra romantique allemand. Voir également *Opéra*, 7, 8.

Sinistro, sinistra (ital., parfois abrégé *S.*). « Gauche » ; *sinistra mano*, « main gauche ».

Sink-a-pace (angl., du fr. « Cinque pas »). Nom de la forme originale (à cinq pas) de la *gaillarde.

Sino, sin (ital.). « Jusqu'à » ; *sin' al segno*, « continuer jusqu'au signe ». Voir *Al segno*.

Sirènes. Troisième partie des *Nocturnes* pour orchestre de Debussy (1897-99). La partition réclame un chœur de femmes – ce qui explique pourquoi on joue souvent les deux premiers nocturnes sans celui-ci.

Sir John in Love. Opéra en quatre actes de Vaughan Williams sur un livret du compositeur d'après *The Merry Wives of Windsor* (« Les Joyeuses Commères de Windsor », 1600-01) de Shakespeare avec des adjonctions d'autres textes élisabéthains. La partition cite plusieurs chants traditionnels, notamment *Greensleeves*. Créé à Londres en 1929. Voir également *In Windsor Forest*.

Sir Roger de Coverley. *Country dance* anglaise sur un air d'origine incertaine, une variante de *The Maltman*, air écossais qui porte parfois le titre de *Roger the Cavalier*. Cette œuvre a été imprimée par Playford en 1685. Plusieurs compositeurs du XXe siècle, notamment Bridge et Grainger, en ont réalisé des arrangements.

Sirventes, sirventois. Type de chant des troubadours et des trouvères, dont le sujet traite de morale, d'événements politiques, etc. Au XIIIe siècle, le trouvère Thibaut de Navarre a écrit un sirventois intitulé « Dex est ausi comme li pellicans ».

Sistre et sonnailles. 1. En Égypte, dès l'Ancien Empire, le sistre (angl. : *sistrum*) était un instrument de culte ; il a ensuite pris part à d'autres rites et, à Rome, il était associé au culte d'Isis. Il se composait le plus souvent (Fig. 1a) d'un cadre en bronze en forme de boucle, muni d'une poignée et traversé de deux ou trois tiges fines aux extrémités recourbées pour ne pas sortir du cadre. Cet instrument produisait un tintement doux lorsqu'on le secouait et les Anciens l'ont classé parmi les instruments de musique (le mot « sistrum » est grec). Sur certains modèles postérieurs, les tiges sont munies d'anneaux ou de disques métalliques qui augmentent le tintement. De nos jours, un tel sistre muni de disques figure parmi les instruments à percussion.

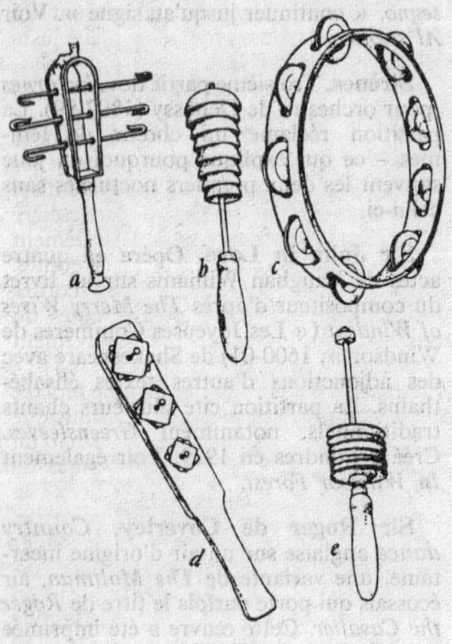

Fig. 1

2. Le nom « sistrum » (ou sistre) a également été donné à d'autres instruments : à la Renaissance, au triangle, au xylophone et même au cistre (en raison d'un confusion entre les deux mots). Il existe un autre sistre d'orchestre, qui porte aussi le nom d' « arbre chinois » : il s'agit d'un jeu de cloches en forme de coupes (Fig. 1b) accordées sur une gamme donnée et montées les unes au-dessus des autres sur une tige métallique, la plus large se trouvant au sommet pour que les bords puissent se chevaucher. L'instrumentiste passe une petite batte métallique sur le bord ; un jeu séparé peut fournir les accidents (dièses et bémols). On connaît cet instrument depuis au moins un siècle : certains pensent que le *sistro* du *Barbier de Séville* de Rossini était un instrument de ce genre. Il en existe aussi une version à clavier, appelée « célestette ».

3. Parmi les sonnailles courantes, on peut citer le tambour de basque brésilien – instrument qui ressemble au tambour de basque, mais sans peau ; c'est un très vieil instrument de danse traditionnel de la Sicile aux Açores et, de nos jours, il est également utilisé par des chanteurs rock et dans des ensembles de percussion. De nombreux modèles populaires sont fabriqués avec des disques (ou des capsules de bouteille métalliques) cloués de façon lâche les uns aux autres ; ils forment une rangée sur un support en bois ou sur des fils métalliques fixés dans des fentes pratiquées dans le support (Fig.1d). Le support est parfois denté pour que le raclement de la baguette puisse mettre en mouvement les grelots (par exemple, à Naples dans la procession Piedigrotta). Il existe un autre modèle plus gros, le « lagerphone », sur lequel les capsules de bouteille sont clouées par deux sur un manche à balai ; il a sa place dans la *bush music* australienne : le manche à balai est encoché ou bien frotté avec une baguette dentée (comparer à la *Basse de Flandres*).

Voir également *Grelots*.

4. Dans les opérettes (notamment dans *Die Fledermaus* de Johann Strauss), on a souvent cherché à imiter le tintement des éperons d'un cavalier lorsqu'il entre en scène en marchant. On se sert de dispositifs analogues à celui représenté sur la Fig. 1e, qui figurent souvent dans la panoplie des percussionnistes de théâtre : les disques en acier fixés lâchement sur la tige se heurtent les uns aux autres lorsque l'on agite vigoureusement l'instrument de haut en bas. Les disques sont retenus par une rondelle de feutre à chaque extrémité de la tige.

Anthony Baines.

Sitâr. Luth indien, l'un des principaux instruments de la musique classique indienne. De taille imposante, le haut de l'instrument s'élève bien au-dessus de la tête de l'instrumentiste qui en joue assis en tailleur sur un tapis.

La caisse, hémisphérique, se compose d'une citrouille évidée et séchée pouvant atteindre 40 cm de large ; plusieurs parties sont découpées pour recevoir le bloc de bois auquel le manche est fixé et la table d'harmonie en forme de figue, légèrement convexe et dépourvue d'ouïes. Le manche, assez large (7,5 cm), est creux. Une petite courge y est souvent fixée sous les principales chevilles d'accord. Environ vingt et une touchettes en laiton sont attachées au manche, formant une arche au-dessus de ce dernier pour laisser de la place aux cordes sympathiques (voir *Instruments à cordes*, 6).

Les cordes, métalliques, forment trois

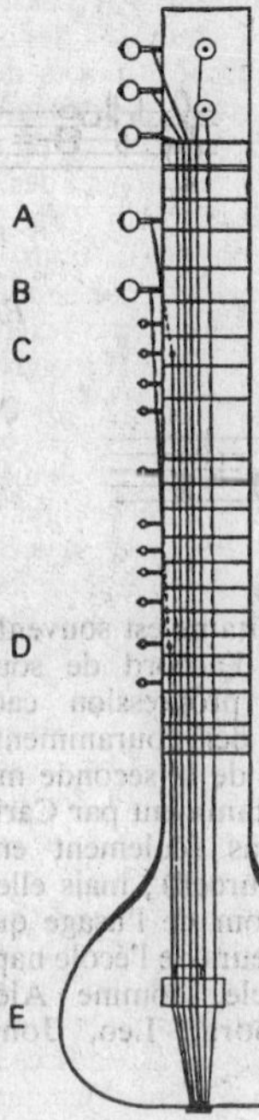

Coupe d'un sitâr.

groupes. Quatre cordes principales sont accordées (en prenant do comme tonique) sur fa², do², sol¹ et do¹. Trois cordes fines sont situées sur le côté des graves (à la droite de l'instrumentiste) et accordées sur sol², do³, do⁴ ; les chevilles des deux dernières se trouvent sur le côté du manche (Fig. 1, A, B) et possèdent des sillets droits vers le bas (indiqués par des points noirs sur C et D) ; ce sont les cordes *chikari* qui servent aux variations rythmiques en bourdon. Il y a enfin onze cordes sympathiques, dont les chevilles sont également situées sur le côté du manche et qui sont accordées sur la gamme du *rāga* dans lequel doit jouer l'instrumentiste. Le chevalet du *sitâr* (comme celui de la *vinâ*, dont ce chevalet est dérivé) est unique en son genre, constitué d'une large plaque en os ou en cordes (E) dont la surface supérieure est soigneusement inclinée dans la direction des touchettes, ce qui a pour effet d'enrichir le son de partiels supérieurs et de lui donner une couleur nasale. Les cordes sympathiques ont un chevalet plus petit et plus bas, placé juste au-dessus.

Les cordes sont pincées à l'aide d'un onglet de fil d'acier porté sur l'index de la main droite (voir *Plectre*, 1). Le majeur et l'index de la main gauche pressent les cordes contre la touche et l'instrumentiste utilise souvent une technique particulière qui consiste à tirer les cordes latéralement pour élever la hauteur de son d'une quinte. C'est la raison pour laquelle les cordes sont regroupées d'un même côté du manche, ce qui permet ce mouvement latéral sur une touchette.

Lors d'une exécution, la tonique répétée ou « bourdon », essentielle à la musique indienne, est très souvent fournie par un autre type de luth, le *tânpûrâ*, muni de quatre cordes (sans frettes) accordées à la tonique et à la dominante et jouées à vide, toujours dans le même ordre. Pour affiner l'accord, une perle en os est enfilée sur chaque corde, au-delà du chevalet ; si l'on déplace cette perle vers le bas, elle appuie sur la table pour tendre la corde.

Le partenaire indispensable du *sitâr* est le **tablâ*, instrument constitué d'un petit tambour et d'une petite timbale. Il n'entre pas dans le cadre de cet article de résumer la forme et la subtilité de leur exécution conjointe et improvisée.

Le *sitâr* s'est développé au cours de l'ère musulmane à partir de l'un des « longs luths » persans (comparer à *Luth*, 4*a*), assimilant progressivement des caractéristiques de la *vinâ* selon les impératifs de la musique indienne. Le *sarod* est un autre luth indien de type afghan ; sa caisse est très profonde et sa table en peau. Il existe encore d'autres instruments des XIXᵉ et XXᵉ siècles basés sur le *sitâr*.

Voir également *Inde*, 3*a*.

Anthony Baines.

Six, Les. Voir *Groupe des Six*.

Six Épigraphes antiques. Œuvre pour deux pianos de Debussy composée en 1914 (qui reprend certaines pages des *Chansons de Bilitis*). Les six morceaux s'intitulent *Pour invoquer Pan*, *Pour un tombeau sans nom*, *Pour que la nuit soit propice*, *Pour la danseuse aux crotales*, *Pour l'Égyptienne* et *Pour remercier la pluie du matin*. Ernest Ansermet en a réalisé une version pour orchestre.

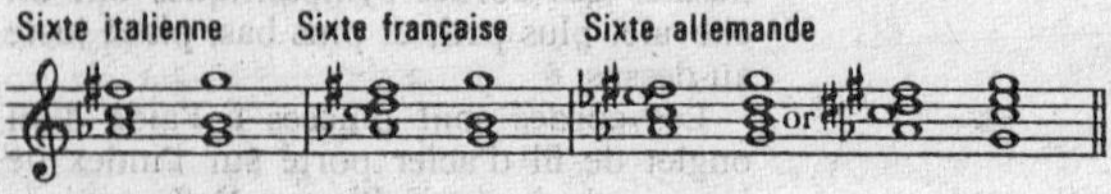

Ex. 1

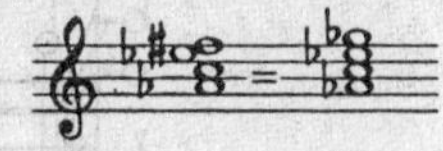

Ex. 2

Sixte. Voir *Intervalle.*

Sixte ajoutée, Accord de (sixte et quinte). Accord parfait sur le quatrième degré renforcé d'une note supplémentaire, la sixte (en do majeur, fa-la-do-ré). Cet accord est généralement considéré comme le premier renversement de l'accord de septième mineure sur le deuxième degré. En termes harmoniques rigoureux, il doit se résoudre à la tonique ou à la dominante mais de nombreux compositeurs l'ont utilisé simplement comme un effet. Dans la musique de jazz, on le rencontre fréquemment comme accord final.

Sixte allemande. Voir *Sixte augmentée.*

Sixte augmentée, Accord de. Accord *altéré sur le sixième degré (sus-dominante) bémolisé. L'Ex. 1 regroupe les trois formes courantes de sixtes augmentées avec leur résolution. Les sixtes italiennes et françaises se résolvent généralement sur l'accord parfait de dominante, mais la sixte allemande peut se résoudre à la dominante ou sur le second renversement de l'accord parfait. Par le jeu de l'enharmonie, la sixte allemande peut aussi devenir une septième de dominante de la sus-tonique bémolisée (en ut majeur, ré bémol majeur ou mineur) (Ex. 2). Voir également *Harmonie, 3c.*

Sixteenth-note (amér.). Double croche (𝅘𝅥𝅯).

Sixte française. Voir *Sixte augmentée.*

Sixte italienne. Voir *Sixte augmentée.*

Sixte napolitaine. Nom donné à un accord chromatique – le premier renversement (ou accord de sixte) de l'accord du deuxième degré bémolisé. L'exemple suivant correspond à la tonalité d'ut majeur :

La sixte napolitaine est souvent utilisée pour remplacer l'accord de sous-dominante dans la progression cadentielle IV-V-I. Elle était déjà couramment utilisée dans la musique de la seconde moitié du XVIIe siècle (notamment par Carissimi et Corelli, mais pas seulement en Italie, également par Purcell) ; mais elle semble avoir tiré son nom de l'usage qu'en ont fait les compositeurs de l'école napolitaine du XVIIIe siècle, comme Alessandro Scarlatti, Porpora, Leo, Jomelli et Pergolèse.

Sixty-fourth-note (amér.). Quadruple croche (𝅘𝅥𝅱).

Ska. Voir *Reggae.*

Skalkottas, Nikos (Chalkis, Eubée, 21 mars 1904 ; Athènes, 20 septembre 1949). Compositeur grec. Il étudie le violon au Conservatoire d'Athènes (1914-20), puis à la Musikhochschule de Berlin avec Willy Hess (1921-23). A Berlin, il prend des cours de composition avec Weill (1924-25), Jarnach (1925-27) et Schoenberg (1927-31). En 1933, il retourne à Athènes où il joue du violon dans divers orchestres et compose énormément. Sa musique a été très peu jouée de son vivant et c'est seulement dans les années soixante qu'on a commencé à reconnaître son importance. Il a mis au point ses propres techniques sérielles dans des œuvres souvent longues et très élaborées : le *Concerto pour piano nº 3* (1938-39), qui dure une heure, est assez typique. Parmi les autres œuvres de ce genre, on peut citer quatre quatuors à cordes, quatre suites pour piano, deux suites symphoniques et la symphonie en un seul mouvement *Le Retour d'Ulysse* (1942-43). La production de musique sérielle de Skalkottas est sans doute plus importante que celle de tout autre compositeur, mais il a également écrit beaucoup de musique tonale, notamment les *Trente-Six Danses grecques* pour orchestre (1931-36) ainsi que de grandes pièces abstraites.

Paul Griffiths.

Skolie (grec, all. ; angl. : *skolion*). Chanson à boire. Schubert a appliqué ce titre à deux de ses lieder, « Lasst im Morgenstrahl des Mai'n » (1815) et « Mädchen entsiegelten » (1816).

Škroup, František (Jan) (Osice, Bohême, 3 juin 1801 ; Rotterdam, 7 février 1862). Compositeur et chef d'orchestre tchèque. Issu d'une famille de musiciens, Škroup reçoit avec ses frères, Ignác (1807-89) et Jan Nepomuk (1811-92), une solide formation musicale de son père, le compositeur Josef Škroup (1766-1830). L'œuvre de František surpasse celle de ses frères quoique Jan Nepomuk remporte quelques succès avec son opéra *Une Suédoise à Prague* (1844). Après avoir fait son droit à Prague, Škroup s'intéresse à l'opéra en tchèque, intérêt qui date probablement de son séjour à Hradec Králové (1814-19), centre montant du nationalisme. En 1823, il organise une représentation de *Die Schweizerfamilie* dans une traduction tchèque, la première production de ce genre à Prague au XIXe siècle. Elle est suivie, en 1826, d'un singspiel, *Drátenik* (« Le Raccomodeur de porcelaine ») sur un livret de Chmelenský, le premier opéra tchèque. Il semble prêt à consolider le succès de *Drátenik* lorsqu'il est nommé Kapellmeister assistant du Ständetheater de Prague en 1827, puis premier Kapellmeister en 1837, poste qu'il occupera jusqu'en 1857. Toutefois, ses opéras *Oldřich et Božena* (1828) et *Libušin sňatek* (« Le Mariage de Libuse », 1835) éveillent peu d'intérêt dans le public et, à la fin de sa vie, Škroup revient aux livrets allemands. La musique qu'il compose pour la pièce de J. K. Tyl, *Fidlovačka* (1834), est l'un de ses derniers succès, essentiellement grâce à la chanson « Kde domov můj ? » qui devient la partie tchèque de l'hymne national tchécoslovaque en 1918. En 1857, Škroup quitte Prague pour Rotterdam, où il est nommé chef d'orchestre à l'Opéra et où il meurt. Il a également contribué à la renaissance musicale nationale en compilant six volumes de « Chants patriotiques » écrits par des compositeurs tchèques, mais la naïveté et le manque d'originalité de son langage musical ont limité l'impact de ses réalisations sur la musique tchèque.

Jan Smaczny.

Skye Boat Song. Chanson populaire écossaise du XIXe siècle qui, contrairement à la croyance populaire, n'a aucune relation avec la fuite de Bonnie Prince Charlie à l'île de Skye. En réalité, l'air reprend partiellement un **shanty* (chant de travail de matelots) qu'avait entendu en 1879 Annie MacLeod (future Lady Wilson) qui l'a elle-même complété. Les paroles sont de Sir Harold Boulton et datent de 1884. Par la suite, Robert Louis Stevenson a écrit d'autres paroles sur cet air que l'on prend à tort pour un air traditionnel authentique. Les deux textes comportent la phrase « Over the sea to Skye ».

Slade, Julian (Penkivil) (Londres, 28 mai 1930). Il fait ses études à Eton et à Cambridge et compose deux comédies musicales pendant ses études universitaires. Il se joint au Bristol Old Vic et compose de la musique de scène pour diverses productions, notamment la partition complète de *The Duenna* (1953) de Sheridan. Il remporte un énorme succès avec la comédie musicale *Salad Days* composée pour Bristol en 1953 ; elle passe au Vaudeville Theatre de Londres où elle connaît 2 283 représentations. Parmi ses comédies musicales ultérieures, on trouve *Free as Air* (1957), *Follow that Girl* (1960), *Vanity Fair* (1962) et *Trelawney* (1972).

Peter Gammond.

Slancio (ital.). « Élan » ; *con slancio*, « avec élan ».

Slargando, slargandosi (ital.). « En ralentissant », *rallentando*.

Slendro. Système d'accord de la musique du gamelan. Voir *Indonésie*, *2a*, *3a* et 4.

Slentando (ital.). « En ralentissant », *rallentando*.

Smalley, Denis (Nelson, Nouvelle-Zélande, 16 mai 1946). Compositeur néo-zélandais. Il fait ses études à l'Université de Canterbury et à Victoria University à Wellington. En 1971, il suit la classe de composition de Messiaen à Paris, puis entre à l'Université d'York (1971-75). Entre 1972 et 1975, il est critique musical du *Guardian*. En 1975, son *Gradual* (1974) pour bande magnétique et clarinettiste jouant de la clarinette basse amplifiée et du trombaphone (trombone avec embouchure sax) remporte le prix international de composition de musique électronique sponsorisé par « Fylkingen », l'Organisation des compositeurs suédois. En 1977, *Darkness After Time's Colours* (1976) remporte le second prix au concours de musique électroacoustique de Bourges. En 1975 et 1976, il est professeur de composition à l'Université d'Est-Anglie ; il y devient maître de conférences et directeur du studio d'électronique et d'enregistrement. Il est membre du groupe consultatif de l'Arts Council of Great Britain (1978-82) et président de la section britannique de la SIMC. Parmi ses œuvres majeures, on peut aussi citer *Pentes* (1974, pièce de musique électronique), *Pneum* (1976, révisée en 1982) pour cinq chanteurs amplifiés et percussionnistes avec cinq tambours parlants, cinq diapasons à fourches, deux gongs chinois et tam-tam, *Chanson de Geste* (1978) pour voix amplifiée et clavicorde, *The Pulses of Time* (1979), *Word Within* (1981) et *Vortex* (1982). L'usage adroit qu'il fait de l'électroacoustique reflète une vive intelligence, une approche originale des sons et une façon de les utiliser très convaincante sur le plan dramatique.

J. M. Thomson.

Smalley, Roger (Swinton, Manchester, 26 juillet 1943). Compositeur anglais, élève de Peter Racine Fricker et de John White au Royal College of Music de Londres (1961-65), d'Alexander Goehr à Morley College (1962) et de Stockhausen à Cologne (1965-66). Ses premières œuvres, notamment la *Missa brevis* à seize voix (1966-67), font appel au matériel de la Renaissance anglaise et à des méthodes sérielles avancées dans un style assez proche de celui de Maxwell Davies. Par la suite, dans des œuvres comme *Pulses* pour cuivres, percussion et électronique (1969), l'influence de Stockhausen devient prédominante. A l'instar de Stockhausen, Smalley a fondé un ensemble de musique électronique, Intermodulation, en 1969 ; il s'est également produit occasionnellement comme pianiste. En 1976, il a pris un poste à l'Université de Perth, en Australie.

Paul Griffiths.

Smetana, Bedřich (Friedrich) (Litomyšl, Bohême, 2 mars 1824 ; Prague, 12 mai 1884). Compositeur tchèque. Considéré dans son pays comme le principal compositeur tchèque du XIXe siècle, Smetana a exercé une influence déterminante sur le plan de la formation musicale dans son pays et a élaboré, pratiquement seul, un style d'opéra national.

1. *La jeunesse*. Né dans une famille assez aisée – son père était brasseur –, Smetana fait montre d'un talent musical prodigieux et l'enseignement prodigué à Litomyšl devient vite insuffisant. Il va à l'école à Německý et à Prague mais, comme il néglige ses études pour profiter de la vie culturelle de la capitale, il est envoyé à Plzeň en 1840. A Prague, il compose et fait des arrangements pour quatuors à cordes, tout en continuant à écrire pour le piano. Il considère les *Trois Impromptus* (1841) comme le point de départ de sa carrière de compositeur. En 1843, il étudie la composition avec Joseph Proksch (1794-1864) à Prague et gagne sa vie en donnant des leçons de piano. Bon pianiste, il doit néanmoins interrompre une tournée de concerts en 1847, faute de public. Il reçoit un accueil plus encourageant de Liszt qui accepte la dédicace de son opus 1 (*Six Morceaux caractéristiques*, 1848) qui sera publié par Kistner en 1851. L'école de musique qu'il ouvre en 1848 n'est pas une réussite financière, mais l'enseignement permet à Smetana de faire vivre une femme et, en 1849, il épouse Kateřina Kolářová. Afin d'arrondir ses revenus, il joue devant le roi déposé, Ferdinand ; mais, au cours des années suivantes, la mort de ses filles vient s'ajouter aux difficultés financières : il compose son *Trio avec piano en sol mineur* (1855) à la mémoire de sa fille aînée. La révolte de Prague de 1848 nourrit l'espoir d'un réveil national et il écrit la *Symphonie triomphale* (1854). Mais, aucune réforme ne s'annonçant, il accepte un poste à Göteborg et part pour la Suède en octobre 1856.

Les premiers mois de son séjour en Suède lui laissent une impression très favorable et il envisage de s'y installer définitivement ; mais la mauvaise santé de sa femme et son isolement artistique le ramènent à Prague à l'automne 1859. Kateřina meurt pendant le voyage et Smetana retourne à Göteborg. En 1860, il amène sa seconde femme, Bettina Ferdinandová, en Suède. Il avait déjà décidé de revenir définitivement à Prague lorsqu'il apprend l'ouverture du Théâtre provisoire destiné au répertoire tchèque (lyrique et dramatique), en février 1861. En dehors de la musique pour piano, les œuvres que Smetana compose en Suède – principalement les poèmes symphoniques *Richard III* (1858), *Le Camp de Wallenstein* (1859) et *Hakon Jarl* (1861) – confirment l'intérêt qu'il porte à la musique de Liszt et suscitent de nombreuses critiques.

2. *La maturité.* Les années à Prague sont consacrées à la composition d'opéras patriotiques dont le premier, *Braniboři v Čechách* (« Les Brandebourgeois en Bohême », 1862-63), remporte un succès triomphal lors de sa première représentation, en 1866. La même année, la création de la première version de *Prodaná nevěsta* (« La Fiancée vendue ») passe inaperçue ; la version définitive sera mieux accueillie. En dehors de la direction de l'association chorale Hlahol, Smetana n'obtient aucun poste important avant l'automne 1866 où, malgré une forte opposition conservatrice, il réalise l'un de ses vœux les plus chers en devenant premier chef d'orchestre de l'Opéra tchèque (Théâtre provisoire). Il s'efforce alors d'élargir le répertoire étranger et d'encourager les œuvres tchèques ; ses propres opéras, *Dalibor* (1868) et *Dvě vdovy* (« Les Deux Veuves », 1874), constituent les apports nationaux les plus substantiels au répertoire de ce théâtre. A l'époque où Smetana occupe ce poste, la controverse bat son plein mais, malgré les vicissitudes, il achève *Libuše* en 1872 et élabore le plan du cycle de poèmes symphoniques *Má Vlast* (« Ma Patrie », 1874-79). En 1874, avant qu'il ne termine le premier, les symptômes de la syphilis commencent à se manifester, le plus inquiétant étant une surdité croissante. Il s'absente du théâtre pendant de longues périodes puis finit par démissionner, ce qui entraîne de graves difficultés financières. La dépression dont souffre alors le compositeur trouve son expression dans le *Quatuor à cordes en mi mineur* « *De ma vie* » (1876). La même année, il termine la comédie *Hubička* (« Le Baiser ») et, bien qu'il travaille avec de plus en plus de difficultés, il compose *Tajemství* (« Le Secret », 1878) et achève *Má Vlast.* La représentation de l'opéra historique *Libuše*, pour l'ouverture du Théâtre national en 1881, est un triomphe personnel. Mais les dirigeants du théâtre semblent fuir Smetana, alors complètement sourd. La représentation de son dernier opéra, *Certova stěna* (« Le Mur du diable », 1882), est assez mal préparée et, en comparaison, semble plutôt insipide. Malgré son handicap de plus en plus pesant, Smetana termine son second quatuor à cordes (en ré mineur, 1883) et une introduction et polonaise pour une suite d'orchestre intitulée *Le Carnaval de Prague* ; il fait aussi des esquisses pour un nouvel opéra, *Viola*, d'après Shakespeare. Il terminera ses jours dans la détresse à l'asile d'aliénés de Prague, où il meurt en 1884.

3. *Le style de Smetana.* Le style de Smetana tire ses racines d'origines très diverses : Schumann a peut-être influencé ses premières œuvres pour piano ; Mendelssohn et surtout Liszt ont marqué ses œuvres symphoniques ; il leur doit l'utilisation de la transformation thématique dans le trio avec piano, puis dans les opéras. A son retour de Suède, Smetana s'est presque entièrement consacré à l'élaboration d'un style d'opéra national qui a servi de modèle et de stimulant à une génération de compositeurs tchèques. En 1848, Smetana ne cache pas ses sentiments et, quoique germanophone, il cherche à améliorer sa maîtrise de la langue tchèque dans les années 1860. Il construit son style national sans trop s'inspirer des modèles traditionnels, ce qui est surprenant, et fait rarement appel aux chansons folkloriques. Par contre, il utilise plus fréquemment les rythmes des danses traditionnelles, notamment la polka qui donne un accent bohémien à son langage musical. Dans ses opéras, l'influence italienne et celle du début du romantisme allemand se font sentir, notamment dans *Les Brandebourgeois en Bohême* ; celle de Wagner est perceptible dans *Libuše*, celle de Meyerbeer dans *Le Mur du diable.* L'empreinte personnelle de Smetana est toujours appa-

rente et son sens dramatique profond dépasse très largement les efforts de ses prédécesseurs tchèques. Le cycle de poèmes symphoniques *Ma Patrie,* qui célèbre l'histoire, la mythologie et les paysages de Bohême, constitue un point de référence musicale essentiel pour la nation tchèque. Mais, dans sa musique de chambre, de nombreuses œuvres illustrent des propos plus personnels reflétant une vision moins optimiste du destin. A l'extérieur de la Tchécoslovaquie, ses œuvres chorales sont négligées : elles constituent une contribution modeste mais irremplaçable à une forme qui a joué un rôle essentiel dans le réveil musical de son pays. Si Smetana n'a jamais acquis la réputation internationale de son jeune contemporain Dvořák, la Tchécoslovaquie accorde à son œuvre une place fondamentale.

Jan Smaczny.

BIBLIOGRAPHIE : William Ritter, *Smetana,* Alcan (Paris, 1907), rééd. Les Introuvables (Plan-de-la-Tour, 1978). Julien Tiersot, *Smetana,* H. Laurens (Paris, 1926).

Smith, John Christopher [Schmidt, Johann Christoph] (Kitzingen, 17 mars 1683 ; Londres, janvier 1763). Éditeur de musique allemand. Après avoir fait la connaissance de Haendel à Halle, il le suit à Londres en 1716 et s'y installe comme éditeur de musique. Il publie surtout des œuvres de Haendel. Jusqu'à la mort de ce dernier, il lui sert de copiste et de secrétaire. Son fils, **John Christopher Smith** (2) (Ansbach, 1712 ; Bath, 3 décembre 1795), compositeur, a été l'élève de Haendel, de Roseingrave et de Pepusch, débutant en 1733 comme compositeur d'opéras avec *Ulysses.* Organiste de la Foundling Hospital Chapel à partir de 1754, il y dirige chaque année *Le Messie* de Haendel et, en 1762, entre au service de la cour comme maître de musique de la princesse de Galles. Parmi les œuvres du jeune Smith, il faut citer des opéras italiens et anglais (notamment deux opéras d'après Shakespeare : *The Fairies,* 1755, et *The Tempest,* 1756), des oratorios (notamment *Paradise Lost,* d'après Milton, 1760) et d'autres œuvres vocales et instrumentales. Haendel a légué ses manuscrits à John Christopher Smith (1) et son fils les a offerts au roi Georges III ; ils appartiennent maintenant à la Royal Music Library, au British Museum.

Wendy Thompson.

Smith, John Stafford (baptisé à Gloucester le 30 mars 1750 ; Londres, 21 septembre 1836). Organiste et compositeur anglais. Il fait ses études avec William Boyce et devient choriste à la chapelle royale d'Angleterre, emploi qu'il conserve jusqu'en 1817. Il y est nommé « Gentleman » en 1784, organiste en 1802 et « Master of the Children » en 1805. Il est connu pour sa musique vocale et pour l'un de ses *catches, Anacreon in Heaven,* dont le thème a été réutilisé dans l'hymne national des États-Unis, « The Star-spangled Banner ». Il a également mené une carrière d'écrivain et d'éditeur et Sir John Hawkins le cite dans la préface de sa *General History of the Science and Practice of Music* (1776-89) pour le remercier de ses différentes contributions. Dans sa collection de manuscrits, on trouve des sources aussi précieuses que le *Old Hall Manuscript* et le *Mulliner Book.*

Smith Brindle, Reginald (Bamber Bridge, Lancaster, 5 janvier 1917). Compositeur et musicologue anglais. Il a fait ses études à University College of North Wales, à Bangor (1946-49), avec Pizzetti à l'Accademia di Santa Cecilia à Rome (1949-52) et, en privé, avec Dallapiccola, à Florence (1949, 1952-53). Il est resté en contact avec l'Italie (il a travaillé à la Radio italienne de 1956 à 1961) et a été influencé par Berio, Maderna, Donatoni et d'autres compositeurs. En 1967, il a été nommé maître de conférences à l'Université de Bangor et, entre 1970 et 1980, a été professeur de musique à l'Université du Surrey. Il est l'auteur des livres *Serial Composition* (Londres, 1966), *Contemporary Percussion* (Londres, 1970) et *The New Music* (Londres, 1975).

Paul Griffiths.

Smorendo (ital.). En jouant progressivement plus doucement et plus lentement.

Smorzando (ital., parfois abrégé *smorz.*). « En laissant s'éteindre le son ».

Smyth, (Dame) **Ethel** (Mary) (Marylebone, 22 avril 1858 ; Woking, 9 mai 1944). Compositeur, chef d'orchestre et suffragette anglaise. L'une des femmes les plus courageuses et les plus anticonformistes de son temps. Issue d'une famille de militaires, elle se montre rapidement une remarquable tacticienne pour dérouter ses opposants. En 1877, elle entre au Conservatoire de Leipzig, où elle est l'élève de Reinecke puis de Herzogenberg. En Allemagne, elle reçoit les encouragements de Brahms, Grieg, Dvořák, Joachim et Clara Schumann. Elle écrit un compte-rendu intéressant de la période où Mahler était chef d'orchestre à l'Opéra de Leipzig, entre 1880 et 1890. Sa *Messe en ré*, exécutée à Londres en 1893, surprend le monde chauvin de cette époque par sa puissance et son envergure, mais l'Angleterre ne lui offre aucun débouché pour la production de ses opéras. Son premier opéra, *Fantasio*, est représenté à Weimar (1898), *Der Wald* à Berlin (1902, et à Covent Garden la même année) et *The Wreckers* à Leipzig (1906, sous la direction de Nikisch). Elle est elle-même l'auteur du livret allemand de *Fantasio* et du livret français de *The Wreckers*.

The Wreckers, conte qui se déroule en Cornouailles au XVIIIe siècle, est dirigé par Beecham à Covent Garden en 1909. A peu près à la même époque, Ethel Smyth entre à l'Union féminine sociale et politique de Madame Pankhurst, où elle milite pour le vote des femmes, et elle écrit la *March of the Women* en 1911. En 1916, elle dirige son opéra-comique *The Boatswain's Mate*. Elle est anoblie en 1922. Ses dernières œuvres scéniques sont deux opéras en un acte, *Fête galante* (Birmingham, 1923) et *Entente cordiale* (Londres, 1925). Parmi les autres œuvres d'après-guerre, on peut citer le *Concerto pour violon, cor et orchestre* (1927) et la symphonie chorale *The Prison* (1930).

Au cours des quinze dernières années de sa vie, Ethel Smyth écrit relativement peu de musique mais ajoute quatre volumes à son autobiographie en deux volumes, *Impressions that Remained*, publiée en 1919. On considère généralement que sa musique est trop éclectique pour durer. Elle est marquée par un contraste très déconcertant entre originalité et convention, entre expérience et conservatisme, mais certaines parties de la *Messe* ont une puissance et une intensité irrésistibles et *The Wreckers* a apporté un style et un objectif entièrement nouveaux à l'opéra anglais à une époque à laquelle il se portait assez mal.

Michael Kennedy.

Snap. Voir *Scotch snap*.

Snegourotchka (« La Fille de neige »). Opéra en quatre actes et un prologue de Rimski-Korsakov sur un livret du compositeur d'après une pièce d'Ostrovsky (1873). Créé à Saint-Pétersbourg le 10 février 1882. Rimski-Korsakov a révisé l'ouvrage vers 1895. Première en France à l'Opéra-Comique le 22 mai 1908.

Snello, snella, snellamente (ital.). « Agile », « avec agilité ».

Soap opera (« Opéra savon »). Terme totalement indépendant de l'opéra qui s'applique à un feuilleton radiodiffusé principalement centré sur les engagements émotionnels de ses personnages. Quelques-uns des premiers feuilletons de ce genre ont été sponsorisés par des fabricants de savon américains pour assurer la promotion de leurs produits.

Soave (ital.). « Suave », « doux » ; *con soavità, soavemente*, « avec douceur ».

Sociable Songs. Titre donné par Warlock à trois pièces mettant en musique des poèmes anonymes : *The Toper's Song* (1924) pour voix et piano, *One More River* (1925) et *The Lady's Birthday* (1925), toutes deux pour baryton, chœur d'hommes à quatre voix et piano.

Società italiana di musicologia. Société italienne, fondée en 1964 pour encourager la musicologie et la culture musicale générale en Italie. Elle a organisé plusieurs conférences, publie la revue *Rivista italiana di musicologia* (depuis 1966) et est à l'origine de la série *Monumenti musicali italiani* (publiée à partir en 1975) qui a débuté avec les œuvres complètes pour clavier de Frescobaldi.

Société belge de musicologie (*Belgische Vereniging voor Musikwetenschap*). Organisme formé en 1946 pour promouvoir la musicologie en Belgique. Au nombre de ses membres fondateurs figurent Charles van den Borren et Suzanne Clercx-Lejeune. En 1946, elle a commencé à publier la *Revue belge de musicologie*.

Société des concerts du Conservatoire. Voir *Concert*, 4.

Société française de musicologie. Organisme fondé à Paris en 1917 par Lionel de La Laurencie pour encourager la musicologie française. Elle publie la *Revue de musicologie* qui portait le nom, jusqu'en 1922, de *Bulletin de la société française de musicologie.* Depuis 1925, elle publie également des éditions de musique ancienne française, des études, des documents et des catalogues.

Société internationale de musicologie. Voir *International Musicological Society.*

Société internationale pour la musique contemporaine (SIMC). Voir *International Society for Contemporary Music.*

Société des jeunes artistes du Conservatoire. Voir *Concert,* 4.

Société nationale de musique. Société de concerts fondée à Paris en 1871 par Saint-Saëns et Romain Bussine, juste après la guerre, afin d'encourager et de promouvoir la musique française contemporaine. Voir *France,* 8.

Sociétés de musique. Elles ont toujours joué un rôle essentiel dans le développement culturel et social de la musique au sein des communautés européennes. En Angleterre, un grand nombre de ces sociétés ont été fondées aux XVIIe et XVIIIe siècles sous forme de rassemblements de chanteurs et d'instrumentistes amateurs se réunissant régulièrement pour exécuter des madrigaux, des *glees,* des *catches,* et faire de la musique de chambre. L'une de ces premières sociétés est mentionnée dans la dédicace du premier livre de madrigaux édité en Angleterre – *Musica transalpina,* publié à Londres en 1588 par Nicholas Yonge ; il indique qu'un groupe de marchands et de gentilshommes avait coutume de se réunir chez lui dans la paroisse de St Michael, à Cornhill, « for the exercise of musicke daily » (« pour s'exercer tous les jours à faire de la musique »). D'autres clubs se réunissaient une fois par semaine, comme ceux d'Oxford, décrits par le chroniqueur Anthony Wood comme des « Musick Meetings » ; le compositeur Edmund Chilmead organisait également ce genre de réunions à Londres. Samuel Pepys et l'éditeur de musique Henry Playford ont décrit en détail les réunions musicales tenues à Londres.

Au fil des années, des musiciens professionnels se sont glissés parmi les amateurs et ils ont commencé à organiser des sociétés de musique sur des bases plus élaborées et plus ambitieuses, avec notamment des concerts publics. Certaines sociétés qui ont survécu jusqu'à la fin du XVIIIe siècle et au XIXe siècle sont devenues de véritables organisations de concerts, avec leurs orchestres et leurs chœurs, donnant des saisons complètes de concerts et de récitals. Toutefois, il y a toujours eu une place pour les sociétés de musique amateurs et il en existe encore un grand nombre sous forme de sociétés symphoniques et chorales ou d'organisations qui fonctionnent grâce à des fonds privés.

Voir également *Anacreontic Society* ; *Catch* ; *City Glee Club* ; *Concentores Sodales* ; *Concert* ; *Glee* ; *Huddersfield Choral Society* ; *Madrigal* ; *Noblemen and Gentlemen's Catch Club* ; *Round, Catch, and Canon Club.*

Society for Ethnomusicology (SEM, « Société d'ethnomusicologie »). Fondée en 1955, la SEM se consacre à l'étude des musiques du monde hors de la tradition artistique occidentale et attache une importance particulière à l'étude de la musique dans son contexte culturel. La SEM tient des réunions annuelles depuis 1956 et ses quatre chapitres régionaux aux États-Unis se réunissent régulièrement. Elle regroupe environ 2 100 membres dans le monde entier ; ils reçoivent trois fois par an le journal *Ethnomusicology* et la *SEM Newsletter.* La SEM publie aussi une série de monographies et offre des prix pour les meilleurs articles des étudiants de troisième cycle.

Nym Cooke.

Society for the Promotion of New Music (SPNM, « Société pour la promotion de la musique nouvelle »). Organisme britannique fondé en 1942 (actif depuis 1943) pour promouvoir et faire exécuter la musique de jeunes compositeurs. Vaughan Williams en a été le premier président.

Society for the Publication of American Musique (SPAM, « Société pour la promotion de la musique américaine »). Organisme américain fondé en 1919 dans le but de publier de la musique de chambre américaine nouvelle. Il a survécu jusqu'en 1969, publiant environ 85 œuvres de compositeurs américains ; il a ensuite été repris par la maison d'édition de Theodore Presser.

Society of Women Musicians (« Société des femmes musiciennes »). Organisme britannique formé en 1911 à l'époque où la domination des hommes sur la vie musicale commençait à être ébranlée. Ses objectifs consistaient à promouvoir la musique des femmes compositeurs (Ethel Smyth en a été vice-présidente) et à protéger les intérêts des femmes musiciennes. Elle a été dissoute en 1972, après avoir largement œuvré pour l'égalité des sexes, notamment sur le plan de l'engagement des femmes dans les orchestres britanniques.

Socrate. Drame symphonique pour une ou plusieurs voix, avec piano ou orchestre de chambre de Satie sur des textes de Platon traduits par V. Cousin. Composé en 1918, ses trois parties s'intitulent : *Portrait de Socrate, Les Bords d'Ilussus* et *Mort de Socrate*.

Sofort (all.). « Immédiatement ».

Soft pedal (angl.). « Pédale sourde ». Voir *Piano*, 12c.

Soggetto (ital.). « Sujet » ou « thème ». Dans la théorie du XVIIIe siècle, sujet fugué d'une nature traditionnelle, semblable aux sujets des anciens **ricercare*.

Soggetto cavato (ital.). « Sujet extrait » ; voir *Cantus firmus*.

Sogleich (all.). « Immédiatement ».

Soir (et la tempête), Le. Surnom de la *Symphonie n° 8 en sol majeur* de Haydn composée en 1761. « La Tempête » correspond au dernier mouvement. Les symphonies n[os]6 et 7 de Haydn sont surnommées *Le Matin* et *Le Midi*.

Soirées musicales. Recueil de mélodies et de duos de Rossini, publié en 1835. Britten en a orchestré cinq sous le même titre (op.9, 1936) et le reste a été orchestré par Respighi dans son ballet *La Boutique fantasque*.

Soirées de l'orchestre, Les. Recueil de critiques et d'essais de Berlioz publié à Paris en 1852.

Sol. Note, cinquième degré de la gamme d'ut majeur.

Solage (célèbre à la fin du XIVe siècle). Compositeur français. Jeune contemporain de Machaut, il a travaillé pour Jean duc de Berry. Parmi les quelques chansons qui nous sont parvenues figure la chanson satirique « Fumeux fume par fumee » qui explore des harmonies chromatiques originales comme un exercice d'absurdité intellectuelle.

John Milsom.

Soldats, Les (*Die Sodaten*). Opéra en quatre actes et quinze tableaux de Bernd Aloys Zimmermann sur un livret du compositeur d'après le drame de Lenz (1776). Création à Cologne le 15 février 1965, première en France à l'Opéra de Lyon le 18 février 1983.

Soleá (esp.). Chant traditionnel andalou. Il se compose de trois vers de huit syllabes chacun, avec assonance (accord de voyelles et non rime) sur les dernières syllabes du premier et du troisième vers. Il a souvent un caractère plaintif.

Soleil des eaux, Le. Cantate pour soprano, chœur et orchestre de Boulez sur deux poèmes de René Char, composée en 1948. La première version était une pièce destinée à la radio que Boulez a remaniée sous forme de cantate pour soprano, ténor, basse et orchestre de chambre en 1950, puis en 1958 et enfin, pour soprano, chœur et orchestre en 1965. Les deux parties portent comme titre *La Complainte du lézard amoureux* et *La Sorgue*.

Soler, Antonio (baptisé à Olot, prov. de Gérone, le 3 décembre 1729 ; Saint-Laurent de l'Escurial, 20 décembre 1783).

Compositeur espagnol. Dès son enfance, il fait preuve d'un talent musical prometteur et est admis à l'Escolanía de l'abbaye de Montserrat. Vers l'âge de trente ans, il est nommé maître de chapelle à Lérida. En 1752, il entre dans les ordres, au monastère de l'Escurial et, un an plus tard, reçoit l'ordination. Il passe le restant de ses jours dans ce monastère, où il est maître de chapelle, organiste et pédagogue : au nombre de ses élèves figurent les enfants du roi.

Une grande partie de la musique de Soler a été détruite en 1808, lors du pillage de l'Escurial par les troupes françaises. L'influence de Domenico Scarlatti, avec lequel il a étudié, transparaît dans les sonates pour clavier (environ cent vingt) qui ont survécu, avec de la musique pour orgue, six concertos pour deux orgues, six quintettes pour cordes et orgue, des œuvres dramatiques, de la musique vocale sacrée et un traité célèbre, *Llave de la modulación y antigüedades de la música* (Madrid, 1762).

Wendy Thompson.

Solesmes, Moines de. Les moines de l'abbaye bénédictine de Solesmes, près du Mans, se sont rendus célèbres pour le travail qu'ils ont effectué sur le plain-chant. Leurs objectifs et, plus tard, leurs révisions des livres liturgiques et leur musique ont été adoptés par l'Église catholique au début du XXe siècle (voir *Motu proprio*) ; en outre, on adopte généralement de nos jours leur interprétation de la notation en neumes du plain-chant (voir *Notation*, 2).

Les moines qui ont plus particulièrement contribué à ce renouveau du chant grégorien sont Dom Prosper Guéranger (1805-75), le chanoine Augustin Gontier (1802-81), Dom Paul Jausions (1834-70), Dom Joseph Pothier (1835-1923), Dom André Mocquereau (1849-1930) et Dom Joseph Gajard (1885-1972). Dom Mocquereau a, entre autres choses, fondé la *Paléographie musicale*, série de publications contenant des fac-similés de manuscrits originaux en notation neumatique. Entre 1911 et 1964, l'abbaye a également publié un bimensuel, la *Revue grégorienne*.

BIBLIOGRAPHIE : D. P. Combe, *Histoire de la restauration du chant grégorien d'après des documents inédits* (Solesmes, 1969). Francis Pinguet, *Les Écoles de la musique divine, les maîtrises des cathédrales, Cambridge, Solesmes,* La Revue Musicale nos 319-320-321, Richard Masse (Paris, 1979).

Solfège. 1. Type d'exercice vocal chanté soit sur une voyelle (dans ce cas, il s'agit à proprement parler d'une *vocalise), soit sur les syllabes de *solmisation (le terme est dérivé de « sol-fa »). L'exercice a un double objectif : le travail fondamental de la voix et la pratique du déchiffrage, car l'élève apprend à reconnaître les intervalles et les notes.

2. Ce terme s'applique aussi à l'enseignement des rudiments de la musique : déchiffrage, formation de l'oreille, étude de la notation, etc. Les premiers grands cours de solfège ont figuré au programme des Conservatoires de Paris et de Bruxelles ; ils ont été ensuite adoptés par certaines institutions américaines.

BIBLIOGRAPHIE : Jean-Paul Holstein, *Le Solfège*, PUF, coll. Que-sais-je ? (Paris, 1987). M. Soulage, *Le Solfège*, PUF, coll. Que sais-je ? (Paris, 1962, rééd. 1969).

Solfeggietto (ital.). « Petite étude ». Terme employé par certains compositeurs (notamment C. P. E. Bach) comme titre d'une courte pièce pour clavier.

Solito (ital.). « Habituel » ; *al solito*, « comme d'habitude ».

Sollecitando (ital.). « En poussant en avant », « en pressant ».

Solmisation. Emploi de syllabes correspondant à des hauteurs de son dans l'enseignement oral de la mélodie. Le nom provient des notes de la gamme : ut, ré, MI, fa, SOL, la. Cette série a été inventée par Guido d'Arezzo (vers 991-vers 1033) et est décrite dans son *Epistola de ignotu cantu* (« Lettre sur un chant inconnu ») à son ami Michael (qui était également moine) vers 1030. Elle se compose de la première syllabe de chacun des six premiers vers d'un hymne à saint Jean (Ex. 1). Le texte est antérieur à Guido, mais pas la mélodie, dont il est peut-être l'auteur.

A partir de 1100, les six syllabes ont été utilisées non seulement pour les six notes do-ré-mi-fa-sol-la, mais également pour fa-sol-la-si bémol-do-ré et pour sol-la-si-do-ré-mi, qui ont les mêmes intervalles (ton – ton – demi-ton – ton – ton).

Ces trois séries de six notes sont des hexacordes. L'hexacorde sur ut n'a pas de si et s'appelait l'hexacorde « naturel » (*naturale*) ; l'hexacorde sur sol a un si bécarre et s'appelait hexacorde « dur » (*durum* – en raison de la façon dont on écrivait le si bécarre, ♮, avec quatre coins) et l'hexacorde sur fa avait un si bémol et s'appelait hexacorde « mou » (*molle* – de forme arrondie, ♭). La série complète des notes généralement donnée par les théoriciens du Moyen Age et les hexacordes qui pouvaient leur correspondre sont indiqués sur l'Ex. 2 (remarquer le système employé à cette époque pour indiquer la hauteur de la note ; le système utilisé dans cette encyclopédie est disposé sur la gauche du tableau).

Ex. 1

Ces syllabes ont été souvent dépeintes sur la *main guidonienne, aide visuelle à l'apprentissage de la solmisation.

Ce système avait pour but de faciliter la mémorisation de mélodies peu familières. L'élève avait en tête les six syllabes et connaissait les relations unissant leurs hauteurs – il connaissait surtout le demi-ton mi-fa au milieu de l'hexacorde. Il n'associait probablement pas facilement les syllabes à des lettres de l'alphabet ; le chef de chœur traduisait la mélodie à apprendre en syllabes de solmisation que l'élève pouvait alors chanter et mémoriser.

Les mélodies qui dépassaient l'étendue d'un hexacorde présentaient des problèmes. Pour la deuxième phrase du Kyrie reproduite à l'Ex. 3, il fallait opérer un changement (ou « muance ») pour passer à l'hexacorde inférieur, soit immédiatement, soit en cinq ou six notes.

La disponibilité du si bémol et du si bécarre dans les hexacordes mou et dur respectivement indique peut-être que les copistes ne ressentaient pas le besoin d'écrire ces accidents avec autant d'exactitude que les musiciens ultérieurs. A la fin du Moyen Age, les hexacordes sur d'autres degrés ont commencé à apparaître : sur ré, avec fa dièse ; sur la, avec do dièse ; sur si bémol, avec mi bémol ; et sur mi bémol, avec la bémol. Dans ces cas également, les interprètes pouvaient mémoriser facilement grâce aux accidents de solmisation qui n'étaient pas toujours copiés sur la partition. L'Ex. 4 reproduit le début d'une ballade anonyme du début du XVe siècle, « Se vrai secours ». La partie de contreténor pouvait être solmisée dans l'hexacorde sur fa ou en sol mutant sur mi.

Il existe de nombreux exemples de séries de syllabes de solmisation (qui ne sont pas nécessairement au nombre de six) dans les cultures musicales extra-européennes, depuis le Moyen-Orient jusqu'en Extrême-Orient ; elles étaient également connues dans la Grèce antique. Les six syllabes de Guido d'Arezzo n'étaient pas les seules à son époque, mais aucun autre système n'a connu un emploi aussi généralisé. Les tentatives réalisées à la Renaissance pour étendre la série à une octave ou pour simplifier la muance et réduire le nombre d'hexacordes n'ont pas été très con-cluantes ; à partir du XVIe siècle, la plupart des théoriciens attachent peu d'intérêt au système. Le fait que de tels systèmes puissent encore faciliter l'enseignement de la musique est amplement démontré par le succès du système de la Tonic sol-fa.

David Hiley.

Solo (ital.). « Seul » ; *violino solo*, « violon solo » ; pluriel, *soli*.

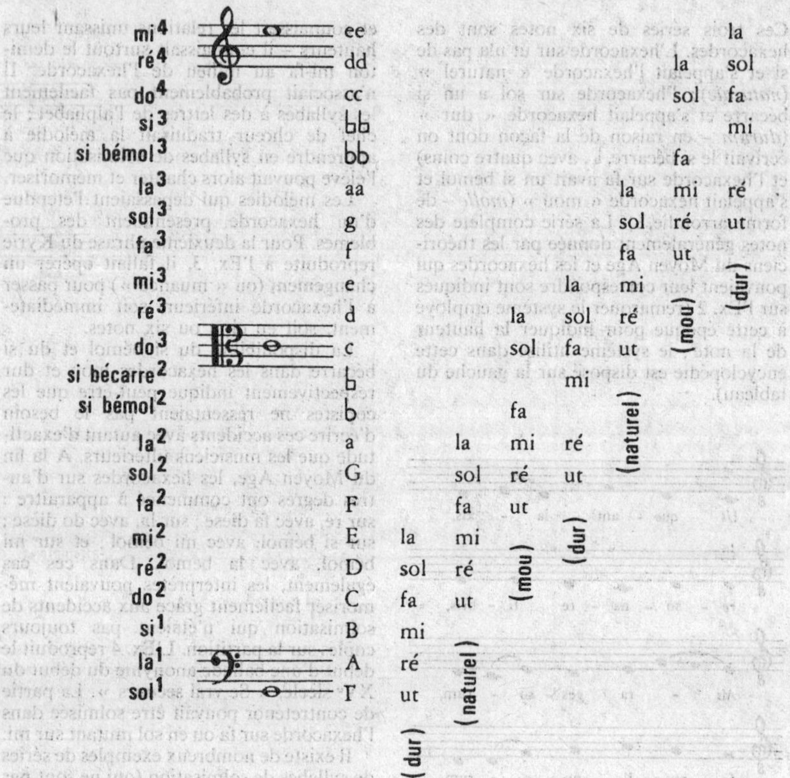

Ex. 2

Solomon. Oratorio de Haendel sur un texte biblique d'auteur inconnu. Créé à Londres en 1749.

Sombrero de tres picos, El. Voir *Tricorne, Le.*

Somervell, (Sir) Arthur (Windermere, 5 juin 1863 ; Londres, 2 mai 1937). Compositeur et pédagogue anglais. Il étudie la composition à Cambridge avec Stanford. Il travaille ensuite à Berlin, entre 1883 et 1885, puis au Royal College of Music de Londres où il passe deux ans. Il étudie alors en privé avec Parry et entre dans le corps enseignant du RCM en 1894. Bien qu'il doive sa célébrité à une cantate écrite pour le Festival de Leeds, *The Forsaken Merman* (1895), on se souviendra surtout de lui pour ses cycles de mélodies. *Maud* (1898) est l'une des plus belles œuvres sur des vers de Tennyson et il compte parmi les premiers compositeurs à avoir mis en musique les poèmes de Housman *Shropshire Lad* (1904). Tovey avait une haute opinion de son *Concerto pour violon* (1932) et des *« Normandy » Symphonic Variations* pour piano et orchestre (1912). Lorsque Somervell a été anobli en 1929, c'était moins pour son œuvre que pour le travail accompli entre 1901 et 1928 comme inspecteur de la musique au ministère de l'Éducation. Plus que tout autre, il a fait reconnaître la musique comme une matière scolaire. Il a composé plusieurs opérettes pour enfants.

Michael Kennedy.

Somis, Giovanni Battista (Turin, 25 décembre 1686 ; Turin, 14 août 1763). Violoniste et compositeur italien. Princi-

Ex. 3

Ex. 4

pal mentor de l'école de violon piémontaise, il a formé de nombreux instrumentistes : Guignon, Leclair et Guillemain (probablement les plus grands violonistes français du XVIIIe siècle) ainsi que Pugnani et Giardini. Après avoir travaillé à Rome avec Corelli, il retourne à Turin, où il est nommé maître de musique de la cour.

Ses œuvres, toutes instrumentales, comprennent des sonates (exclusivement *da camera*, mais sans titres de danses) pour violon et basse continue, des sonates pour violoncelle et basse continue, des sonates en trio et le recueil *Ideali Trattenimenti* pour deux violons ou flûtes, sans basse continue, combinaison que reprendra son disciple Jean-Marie Leclair.

Wendy Thompson.

Sommesso (it.). « Soumis », « doux ».

Sonare (it.). « Sonner », « jouer », « souffler » ; *sonante, sonevole,* « résonant », « sonore ».

Sonata a tre (ital.). « Sonate en trio » ; voir *Sonate*, 2-5.

Sonata da camera, Sonata da chiesa (ital.). « Sonate de chambre », « sonate d'église » ; voir *Sonate*, 3.

Sonata pian e forte (alla quarta bassa). Œuvre pour huit instruments de Giovanni Gabrieli. Composée pour Saint-Marc de Venise, elle exploite, comme l'indique son titre, le contraste des nuances et le dialogue entre les cuivres. Éditée dans les *Sacrae Symphoniae* de Gabrieli (1597).

Sonate

1. Introduction
2. La sonate avant Corelli
3. Corelli et ses contemporains
4. L'influence de Corelli

1. *Introduction.* Le sens du mot sonate a considérablement évolué depuis son apparition vers 1600, mais de nombreux compositeurs l'ont utilisé pour désigner leurs essais de musique intrumentale les plus sérieux à un ou deux instruments. En italien, *sonata* signifie « joué », par opposition à *cantata*, chanté. Dans un premier temps, des compositeurs comme Giovanni Gabrieli l'utilisèrent pour indiquer aux exécutants un passage exclusivement instrumental et non vocal : à l'époque, les madrigaux et chansons étaient exécutés indifféremment par un groupe vocal, par un ensemble vocal et instrumental ou par un ensemble purement instrumental.

2. *La sonate avant Corelli.* Il faudra environ quatre-vingts ans pour que la sonate acquière une forme spécifique. A l'origine, Gabrieli et ses contemporains désignaient par ce mot des œuvres trop solennelles pour être appelées **canzone*, et pas assez élaborées au point de vue contrapuntique pour mériter le titre de **ricercari.* Ces pièces étaient souvent destinées à l'un des grands moments de la messe, comme l'élévation, et étaient écrites pour un ensemble instrumental assez fourni, avec cornets à bouquin et trombones. Bien qu'il soit impossible de les chanter (certaines font constamment appel au do et au si bémol graves), elles sonnent comme des motets écrits pour **cori spezzati* ; le mouvement est relativement lent et les points culminants sont amenés par une écriture plus ou moins contrapuntique. La fameuse *Sonata pian e forte* (1597) de Gabrieli correspond à cet exemple.

La nouvelle musique qui voit le jour lorsque apparaît la basse continue, vers 1600, s'attache plus volontiers à la mélodie accompagnée qu'à la polyphonie, où chaque partie se voyait confier à tour de rôle le matériel thématique. Principalement destiné à la musique vocale, ce nouveau style prend pourtant assez vite des formes instrumentales et le violon s'affirme, par son pouvoir expressif et sa capacité à soutenir la mélodie, comme un parfait substitut de la voix humaine. Ainsi, au cours de la première moitié du XVIIe siècle, on assiste à la naissance d'une école de composition qui produit des œuvres pour un ou deux violons, avec accompagnement de basse continue (au minimum un instrument à clavier auquel s'ajoutent souvent un violoncelle, une basse de viole ou un basson, parfois plusieurs d'entre eux). Les œuvres éditées destinées à de telles combinaisons supposent généralement un mélange de genres : les *Sonate, sinfonie e correnti a 2, 3 & 4, lib. secondo* (Venise, 1639) de Marco Uccellini constituent un exemple typique. On trouve d'autres sonates dans des livres de musique religieuse, ce qui prouve qu'elles étaient encore destinées à la messe ou aux vêpres. Il existe parfois un lien liturgique précis, comme dans la *Sonata sopra Sancta Maria* de Monteverdi éditée avec les *Vêpres* en 1610 : une voix chante en plain-chant séparé une prière à la Vierge pendant que les instruments jouent leur sonate. Cette œuvre comporte de nombreux éléments de la *canzona*, notamment la division en plusieurs sections aux matériels thématiques différents et la répétition finale de l'introduction. Les variations sur une basse obstinée connaissent également un certain succès (*Sonata sopra l'aria della *romanesca* de Salomone Rossi). Au milieu du siècle, les sonates comportent donc généralement plusieurs sections, ressemblant à un enchaînement de brefs mouvements dans des tempos différents (Legrenzi et Buonamente maîtrisent parfaitement une technique reprenant des thèmes identiques dans chaque section, ce qui donne à l'œuvre une certaine unité). Les recueils de sonates comportent aussi des danses, regroupées en suites rudimentaires tout en laissant une certaine indépendance aux différents mouvements.

3. *Corelli et ses contemporains.* Au cours des trente dernières années du XVIIe siècle, la sonate connaît la phase la plus importante de son évolution, notamment grâce à un groupe de compositeurs italiens de la région de Bologne et de Modène. La plupart d'entre eux appartiennent à l'orchestre de la basilique San Petronio de Bologne, où une excellente école de trompette inspire toute une nouvelle littérature à des compositeurs comme Co-

lonna, Cazzatti et Jacchini. A la même époque, la cour d'Este, à Bologne, encourage des instrumentistes à cordes comme Giovanni Maria Bononcini (1642-78) et Tomaso Vitali (1663-1745) à composer des danses souvent regroupées sous le titre de *sonata da camera* (sonate de chambre).

Corelli réalise la synthèse de ces différentes évolutions et fait connaître le genre : entre 1681 et 1700, il publie soixante sonates pour violon, regroupées en cinq recueils. Quatre d'entre eux ne comportent que des sonates en trio et le dernier est consacré à des sonates pour un instrument soliste. Dans ses œuvres de musique d'église (*sonate da chiesa*), Corelli respecte une alternance de mouvements lents et rapides, le principal mouvement rapide étant souvent contrapuntique. Ses *sonate da camera* sont des suites de danses sans ordre déterminé. Toutefois, cette division fonctionnelle est trop rigique pour définir un style, car on retrouve des rythmes de danse dans de nombreux mouvements de ses *sonate da chiesa* (sonates d'église) ; ses gigues, notamment, sont particulièrement « contagieuses ». Quant aux mouvements lents, surtout ceux des sonates destinées à un seul instrument, la mélodie y est librement embellie pour mettre en valeur l'habileté de l'instrumentiste. L'écriture pour violon de Corelli est toujours agréable et impressionnante. En outre, la facilité avec laquelle il passe d'un ton à un autre lui permet de donner de nouvelles dimensions à ses mouvements. Sa musique séduit par son sens de l'équilibre émotionnel. La longueur des phrases et les changements harmoniques contribuent à la régularité de son déroulement ; ses modulations paraissent naturelles, car elles procèdent de répétitions séquentielles (il évite les morceaux de bravoure et les changements de tonalité définitifs) ; dans les sonates en trio, les imitations entre les violons surviennent généralement au moment attendu et à des intervalles très proches (quinte ou quarte). Corelli se montre rarement excessif et sa musique comporte peu de surprises, mais ses sonates possèdent une noblesse, un calme et une élégance qui l'ont fait apprécier de ses contemporains et des générations suivantes.

4. *L'influence de Corelli*. La popularité de Corelli s'est rapidement répandue dans toute l'Europe, sa musique étant souvent imitée ou adaptée aux coutumes locales. Certaines imitations semblent très proches de l'original : en Italie, la musique de Caldera, de Tomaso Vitali et d'Albinoni s'écarte assez peu de celle de Corelli ; de même, en Angleterre, celle de Haendel (quoique chez lui l'équilibre émotionnel soit bouleversé par une harmonie et un sens mélodique imprévisibles) et celle de l' « émigré » Geminiani. En France, malgré l'opposition traditionnelle que rencontre la musique italienne, Corelli est suffisamment apprécié pour que Couperin compose *Le Parnasse, ou l'Apothéose de Corelli, grande sonate en trio* (Paris, 1724). La texture de l'écriture en trio et certaines harmonies évoquent le style de Corelli, mais il s'agit en réalité d'une œuvre typiquement française par la nature des ornements et une tendance très nette à l'irrégularité du mouvement harmonique. En Allemagne, où les instruments à vent jouissent d'une grande popularité, le langage spécifiquement violonistique de Corelli donne naissance à une sorte de style mélodique généralisé ; Telemann compose néanmoins un ensemble de *Sonates corellisantes* (1735). Purcell reste assez insensible à la musique de Corelli ; ses œuvres ne sont peut-être qu'« une simple imitation du plus célèbre maître italien, mais on y retrouve toujours une parcelle de l'esprit anglais » ; Roger North désigne ainsi le contrepoint complexe des mouvements rapides ; mais la musique de Purcell se réfère également à celle des prédécesseurs de Corelli, Cazzati et G. B. Vitali.

Vers 1720, l'influence de Corelli commence à reculer devant l'essor du style **galant*. Avec l'ouverture d'opéra napolitaine, un nouvel enchaînement des mouvements voit le jour : rapide-lent-rapide, un menuet précédant généralement le dernier mouvement. Une écriture plus spectaculaire, reposant sur des schémas rythmiques moins affirmés et sur des harmonies plus statiques, donne naissance à ce que l'on pourrait appeler la sonate « de concert », par opposition à la sonate d'église.

5. *La sonate préclassique*. Avant 1730, la sonate était surtout l'apanage du violon et des instruments à vent, accompagnés d'un continuo. Dans certaines sonates, J. S. Bach accorde au clavier un rôle prépondérant en confiant à la main droite une ligne mélodique aussi importante que

celle de la flûte : c'est le principe de la sonate en trio, encore assez rare à l'époque. Parmi les premières sonates qui rompent avec la tradition de l'instrument mélodique accompagné, celles de Domenico Scarlatti, écrites pour clavecin seul, sont plutôt des *essercizi* ou des études que des sonates. Elles se composent d'un seul mouvement et Scarlatti y montre son originalité de diverses façons. Son matériel thématique n'est pas mélodique comme celui des violonistes mais il se compose de motifs assez courts directement issus de la technique des instruments à clavier. Il aimait passer brutalement d'une tonalité à une autre pour soutenir l'intérêt, de telles ruptures ajoutant souvent une touche dramatique à ses œuvres. Isolé en Espagne, Scarlatti aura peu d'influence sur le développement ultérieur de la sonate (malgré quelques « scarlattistes » anglais dont le plus important reste John Roseingrave) ; toutefois, l'emploi qu'il fait de la tonalité et de l'ornementation au clavier laisse présager la sonate de l'époque classique.

6. *La sonate pour clavier classique*. Les sonates pour clavecin italiennes du milieu du XVIIIe siècle semblent assez insipides à côté de celles de Scarlatti. Le style de Galuppi, d'Alberti ou de Rutini ne s'attarde pas sur l'invention thématique ni sur les développements : leurs sonates comportent généralement deux ou trois mouvements, parfois cinq, certains sur des rythmes de danse (les finales sont souvent des menuets). Si les compositeurs italiens cherchent surtout à charmer, ceux du nord de l'Allemagne, particulièrement C. P. E. Bach, trouvent dans la sonate un support musical à l'expression des sentiments (*Empfindsamkeit*). Le clavecin devient leur instrument de prédilection ; il permet des ruptures d'atmosphère très soudaines que traduisent de rapides changements de tonalité, d'étranges altérations mélodiques et l'exploitation de toutes les ressources de la dynamique. C. P. E. Bach modifie également l'énoncé successif des thèmes : ainsi, le motif principal d'un rondo ne réapparaît jamais sous les mêmes traits. Dans les mouvements développés, où le sujet est réexposé à la fin (voir *Forme sonate*), il met un point d'honneur à modifier l'original lors de la réexposition (en 1760, C. P. E. Bach publie un recueil de sonates intitulé *Sechs Sonaten... mit veränderten Reprisen*). Il développe également le matériel thématique au sein d'un mouvement sans se limiter à une section de développement isolée, procédé très apprécié par Joseph Haydn.

A la fin du XVIIIe siècle, les sonates commencent à rivaliser avec la musique pour orchestre dans le domaine expressif. Il est intéressant de noter que de nombreuses ouvertures d'opéras (ou « symphonies ») sont alors arrangées pour clavier et que Mozart transforme en concertos plusieurs sonates de J. C. Bach. Ainsi, les techniques formelles des mouvements de la symphonie et du concerto s'adaptent à la sonate. Les thèmes comportent davantage de motifs, la mélodie est moins ornementée ; les sonorités s'alourdissent (beaucoup de sonates comportent des passages à l'octave imitant les doublures d'orchestre) et les procédés d'écriture d'Alberti se font plus rares (voir *Basse d'Alberti*). Les compositeurs parisiens, notamment Schobert, utilisent volontiers ces nouvelles techniques, mais on les retrouve également dans certaines sonates de Mozart composées pendant la tournée de 1777-78 : la *Sonate en ut majeur K 309*, écrite dans le style de Mannheim (contrastes rythmiques caractéristiques de la musique composée pour l'orchestre de Mannheim) et la *Sonate en la mineur K 310*, écrite à Paris (octaves brisées du premier mouvement qui découlent directement de l'écriture en trémolo des cordes). Ces sonates, jouées dans les salons de la noblesse, comportent pour la plupart un long mouvement de forme sonate qui n'est pas toujours conforme au schéma que décriront les théoriciens quelques années plus tard. Quant au nombre de mouvements, il n'est pas définitivement arrêté comme il l'était alors, dans une large mesure, pour la symphonie. A cette époque, les compositeurs avaient l'habitude de jouer leurs propres œuvres au clavier ; ils ne se sentaient donc pas obligés de suivre à la lettre le texte écrit et cette pratique a donné naissance à des œuvres comme la *Fantaisie K 475* et la *Sonate en ut mineur K 457* de Mozart : la fantaisie, assez développée et de caractère improvisé, n'est pas obligatoirement jouée avec la sonate, mais elle a visiblement été conçue pour lui donner de plus vastes dimensions et en élargir le champ expressif, ce que l'on retrouve dans les sonates op.27 de Beethoven.

A la même époque, la sonate « symphonique » s'impose avec des compositeurs comme Clementi ou Beethoven. En 1790, Clementi a déjà écrit plus de soixante-dix sonates ; les premières, datant des années 1770, se situent dans la mouvance des sonates italiennes inspirées d'Alberti. Les sonates composées à Vienne et à Londres entre 1780 et 1790 marquent une évolution, avec leurs trois mouvements et une écriture pianistique qui semble annoncer le style beethovenien des années suivantes. Parmi les sonates de Clementi postérieures à 1790, on trouve l'arrangement d'un concerto pour piano ainsi qu'une sonate visiblement conçue comme une symphonie.

Les premières sonates pour piano de Beethoven remontent aux environs de 1790 : il en composera trente-deux, auxquelles il faut ajouter quatre sonates de jeunesse. En 1802, Beethoven a déjà composé vingt-cinq sonates pour piano. Mais sa surdité, l'abandon progressif de ses activités pianistiques et l'intérêt croissant qu'il porte à la musique symphonique réduiront sa production de sonates. Les sonates composées au cours de ses premières années à Vienne sont des œuvres d'envergure dans lesquelles il déploie une superbe technique pianistique. Elles comportent généralement quatre mouvements, dont un scherzo. Le premier mouvement, en forme sonate, recèle déjà une grande partie du matériel thématique qui sera développé tout au long de l'œuvre. La *Sonate en ut op.2 nº 3* sonne souvent comme un concerto et son premier mouvement est doté d'une cadence entièrement écrite. Mais lorsque Beethoven compose de manière symphonique, comme dans les sonates op.10, son écriture pianistique (contrairement à celle de Mozart) n'a rien de commun avec la réduction d'une partition d'orchestre.

A partir de 1800, Beethoven se tourne davantage vers l'orchestre et ses sonates commencent à se démarquer du moule symphonique. L'opus 27 réunit deux sonates sous-titrées « quasi una fantasia » dont l'ordre des mouvements est inattendu. La *Sonate op.27 nº 2 « Clair de lune »* commence par un mouvement qui semble improvisé, véritablement conçu pour le piano ; le deuxième mouvement est un menuet capricieux ou un scherzo et les thèmes du finale, de forme sonate, procèdent des schémas de l'écriture pianistique. Beethoven s'écartera à nouveau de l'ordre symphonique conventionnel dans les sonates ultérieures comme la *Sonate op.53 « Waldstein »* dont le mouvement lent n'est qu'une transition entre un gigantesque premier mouvement et un rondo largement développé. Les sonates que Beethoven compose entre 1816 et 1822 sont encore plus étonnantes : elles sont toutes différentes les unes des autres, tant par l'ordre des mouvements que par leurs proportions. La *Sonate op.101* débute librement « quasi una fantasia » ; une marche violente tient lieu de scherzo, suivie d'une courte transition, de style méditatif et confus, qui débouche sur la fugue finale. La *Sonate op.106 « Hammerklavier »* est l'une des plus longues sonates de l'histoire de la musique (environ 50 minutes) et l'une des plus denses au point de vue de l'expression. Elle s'achève sur une fugue colossale. La dernière sonate, op.111, ne comporte que deux mouvements, une page titanesque de forme sonate et un ensemble de variations sublimes que Gerald Abraham compare à l'*Heiliger Dankgesang* du *Quatuor op.132*. Il est difficile d'exprimer avec des mots l'effet produit par ces sonates. Elles ont la force d'une symphonie tout en restant plus intimes et souvent plus profondes. Dans ses dernières sonates, Beethoven n'a jamais cherché à mettre en valeur les ressources pianistiques de l'interprète, mais ces œuvres réclament néanmoins une très grande virtuosité. Chacune d'entre elles est unique, tant par sa forme que par son contenu. Beethoven a donné à la sonate ses lettres de noblesse que sauront respecter ses successeurs.

7. *Les contemporains de Beethoven.* Le virtuose itinérant, nouvelle figure du monde musical, apparaît à l'époque beethovenienne. Il construit ses récitals autour d'une sonate qui lui sert de pièce de résistance et les complète avec des improvisations, des variations sur des airs d'opéras à la mode ou de petites pièces de caractère. On retrouve rarement l'écriture symphonique beethovenienne dans les sonates pour piano de ses contemporains. Néanmoins, Dussek a composé des sonates d'une intensité comparable, notamment l'*Élégie harmonique sur la mort du prince Louis-Ferdinand de Prusse* (1806-07), en deux mouvements, et l'*Invocation en fa mineur* (1812) qui évolue dans des atmosphères très variées tout en explorant

les nouvelles possibilités de l'instrument. Autre pianiste célèbre, Hummel a été l'élève de Mozart. Ses sonates trahissent le peu d'intérêt qu'il portait au développement thématique ; dans ses premières œuvres, il prend le contrepied de la tradition italienne qui reposait sur des mélodies décoratives et élégantes confiées à la main droite dans les registres supérieurs du piano, alors que l'accompagnement était réduit à de simples accords. Parmi ses élèves, Vořišek possède une puissance comparable à celle de Beethoven, développant des motifs courts et cadencés dans sa *Sonate en si bémol mineur op.20*. Les meilleures sonates qui s'inscrivent dans la lignée Mozart-Hummel sont celles de Schubert : plus d'une vingtaine de sonates pour piano et d'une dizaine de sonates pour différents ensembles sont parvenues jusqu'à nous, certaines inachevées. On leur reproche généralement leurs magnifiques mélodies peu propices au développement ou une absence totale de développements ; mais la beauté de ces mélodies fait la force des sonates de Schubert qui parvient toujours à réaliser la juxtaposition harmonique de tonalités éloignées, réussissant ainsi à soutenir l'intérêt, même dans les magnifiques mais très longues *Sonates posthumes en la* et en *si bémol majeur*. Schubert a également composé une grande sonate pour piano à quatre mains (1824), une sonate pour arpeggione (guitare-violoncelle) et piano (1824) et trois sonatines pour violon et piano (1836) qui rendent au violon la place prédominante qu'il avait perdue au milieu du XVIIIe siècle, évolution logique si l'on tient compte de l'intérêt que Schubert portait à la mélodie. En outre, deux de ses œuvres majeures portent le nom de « fantaisie », la célèbre *Wanderer Fantasie* (1822), exemple majeur de forme cyclique en quatre mouvements, et la *Fantaisie en fa mineur* pour piano à quatre mains (1828). L'idée générale de sonate commence à perdre de son importance.

8. *Les romantiques*. Le romantisme relègue la sonate au second plan car les compositeurs cherchent à donner à leur musique une intensité continue qui ne peut s'exprimer que dans de courtes formes lyriques. Schubert laissera inachevées plusieurs sonates, symptôme supplémentaire d'une tendance qui s'affirme particulièrement à partir de 1830, lorsque les compositeurs commencent à composer des pièces pour piano intitulées « scherzo » ou « ballade » et se tournent vers la musique de danse, en l'agrémentant souvent d'une touche nationaliste. Ces pièces sont parfois regroupées pour former un ensemble plus important, comme le *Carnaval* de Schumann ; mais l'influence de la sonate continue à se faire sentir chez les compositeurs qui ont tenté de réaliser des formes plus développées tout en maintenant une unité, surtout lorsqu'ils utilisaient le moule en trois ou en quatre mouvements distincts, dont un au moins relevait de la forme sonate. Autre trait caractéristique de cette nouvelle tendance, l'utilisation fréquente du terme « sonatine » : la forme sonate subsiste, mais le contenu musical s'avère plus léger. Bon nombre de sonatines sont des pièces destinées à l'enseignement, surtout celles de grands pédagogues comme Czerny, Riemann et Gurlitt. Les jeunes compositeurs cherchent souvent à maîtriser les techniques de la forme sonate dans le cadre de la sonate elle-même, et des musiciens comme Wagner ou Richard Strauss (qui s'écarteront de telles formes traditionnelles) s'y sont essayés également. Les douze sonates pour cordes de Rossini appartiennent à la tradition du XVIIIe siècle, alors que les œuvres de virtuosité pour violon et guitare de Paganini regardent encore plus nettement vers le passé. En France, malgré l'influence de Beethoven sur les compositeurs de la Révolution, notamment Méhul, un charme vieillot plane sur les œuvres de Boieldieu et de Steibelt (un Allemand fixé à Paris).

La sonate sérieuse, essentiellement germanique, semble hantée par le fantôme de Beethoven. Les sonates pour piano de Schumann illustrent les difficultés que rencontrent les grands romantiques : elles comportent, selon l'expression d'un critique, des « sections de pseudo-développement » d'une longueur démesurée , excès auquel n'échappe pas le jeune Brahms. Ses premières sonates pour piano sont, en fait, des succédanés de symphonies. Leur écriture massive en accords semble appeler une orchestration, mais elles n'en restent pas moins très agréables à jouer. Les meilleurs mouvements de ces œuvres suivent rarement la forme sonate ; il s'agit davantage de mouvements lents faisant parfois appel à des thèmes très lyriques (Brahms puisait volontiers dans le répertoire mélodique). Les meilleures sonates pour piano qui ont vu le jour au milieu du XIXe siècle sont celles qui s'éloignent de la forme traditionnelle pour englober des pièces de genre comme le fait Chopin dans les sonates de la maturité : dans la *Sonate n° 2 en si bémol mineur* (1839), il remplace le mouvement lent par la célèbre *Marche funèbre* et le finale évoque l'un des *Vingt-Quatre Préludes*, peut-être plus par la façon d'exploiter la sonorité du piano que par le matériel thématique utilisé. Liszt évite les « pseudo-développements » dans ses sonates qu'il conçoit comme de la musique à programme (*Après une lecture de Dante, Fantasia quasi sonata*, version définitive, 1849), ou dans lesquelles il utilise les méthodes de transformation thématique révélées par Schubert dans la *Wanderer Fantasie* (*Sonate en si mineur*, 1852-53). Une telle approche peut paraître encore plus artificielle que le développement traditionnel de la forme sonate, mais la malléabilité même des proportions évite le développement thématique pur et la *Sonate en si mineur* reste l'une des sonates pour piano les plus passionnantes, non seulement par sa virtuosité qui séduit presque tous les pianistes, mais aussi pour l'auditeur.

Les véritables joyaux de la fin du XIXe siècle sont les sonates pour plusieurs instruments, peut-être en raison des contrastes de couleurs accrus qui atténuent la nécessité apparente de trop développer les thèmes. Les sonates pour violon et piano de Schumann offrent des effets de sonorité intéressants autour d'un matériel thématique commun à plusieurs mouvements. Les trois sonates pour violon et piano de Brahms relèvent de la même approche mais sont encore plus belles, comme ses sonates pour clarinette (ou alto) et piano et ses sonates pour violoncelle et piano. La plus intéressante est peut-être la *Sonate pour violon et piano en la majeur* (1886) de César Franck, dont le traitement harmonique et la réminiscence thématique libre s'inscrivent dans la lignée de Liszt ; mais le finale, qui fait appel au canon, révèle une rigueur d'écriture à laquelle seul un organiste pouvait parvenir à cette époque.

9. *Les postromantiques.* La révolution wagnérienne porte un coup fatal à la sonate. Après *Tristan*, les compositeurs modernes pensent avoir exploré toutes les ressources du chromatisme, sonnant ainsi le glas de la forme sonate qui reposait essentiellement sur l'existence de relations tonales. Après le *Ring*, Wagner, avec ses théories de la *Gesamstkunstwerk*, remplace Beethoven dans l'esprit d'un bon nombre de compositeurs, plus progressistes que révolutionnaires. Les cinq dernières sonates (n° 6 à 10) de Scriabine sont les seules sonates d'inspiration wagnérienne ; elles traduisent son désir de créer l'expérience sensuelle ultime ou « mystère » ; mais dans ses premières sonates, Scriabine s'affirme comme l'un de ces excellents pianistes compositeurs russes, au même titre que Balakirev et Rachmaninov, tous deux auteurs de sonates. La sonate de Berg (créée à Vienne en 1911) est l'unique exemple de sonate de type lisztien faisant appel à la transformation des thèmes.

La plupart des sonates du XIXe siècle sont l'œuvre de compositeurs qui souhaitaient s'écarter de la tradition romantique ou enrichir le répertoire de certains virtuoses. En France, la première tendance s'est rapidement manifestée dans les œuvres de Saint-Saëns (qui se dégage de l'influence germanique en se tournant vers Bach ou Rameau), puis dans la musique de Fauré (qui revient au plain-chant et à Palestrina) : ses sonates pour violon et piano révèlent un sens profond de la sonorité (surtout dans l'écriture pianistique), des structures claires et classiques. Debussy évoque sciemment l'esprit du XVIIIe siècle avec son ultime série de sonates ; il avait prévu d'en composer six – comme les cycles des compositeurs baroques – mais n'en a terminé que trois (1915-17). La *Sonatine pour piano* (1903-05) de Ravel relève encore davantage de cette tradition (deux de ses trois mouvements sont un menuet et une toccata). Le courant néoclassique de l'entre-deux-guerres oriente les compositeurs vers une esthétique traditionnelle : Poulenc et Hindemith composent des sonates qui suivent exactement les formes de la fin du XVIIIe siècle, leurs sonates pour piano à quatre mains étant les plus réussies. En URSS, il faut retenir les sonates pour piano de Prokofiev et les cinq sonates de Chostakovitch (dont une sonate pour violon et piano destinée à David Oïstrakh et Sviatoslav Richter) qui mélangent avec habileté un matériel mélodique sériel au schéma traditionnel de la sonate.

10. *Conclusion*. Cet article ne s'arrête qu'aux étapes les plus importantes de l'histoire de l'une des formes essentielles de la musique occidentale. Au sens classique du terme, le genre de la sonate a disparu. Les sonates de Tippett, Henze, Maxwell Davies ou Boulez n'ont que de très lointains rapports avec le passé, sauf peut-être le terme générique, réservé à un récit ample et expressif. Si les compositeurs écrivent encore beaucoup de musique en ut majeur, comme le disait Schoenberg, c'est rarement en adoptant le moule de la forme sonate. Mais le principe de l'œuvre « à jouer » reste toujours actuel comme le montre la musique électronique, qui n'a pas besoin de schémas vocaux. Si le terme « sonate » est appelé à survivre, ce sera probablement dans ce sens : sonate, pièce « à jouer », par opposition à cantate, pièce « à chanter ».

Denis Arnold.

BIBLIOGRAPHIE : Eugène Borrel, *La Sonate* (Paris, 1951). Christopher Hogwood, *La Sonate en trio*, Actes Sud (Arles, 1987). Lionel de La Laurencie, *L'École française de violon de Lully à Viotti* (Paris, 1922-24), rééd. Minkoff (Genève, 1971). Sylvette Milliot, *La Sonate*, PUF, coll. Que sais-je ? (Paris, 1978). Blanche Selva, *La Sonate* (Paris, 1913).

Sonate « Appassionata ». Surnom donné par l'éditeur Cranz à la *Sonate pour piano nº 23 en fa mineur op.57* de Beethoven, composée en 1804-05.

Sonate après une lecture de Dante. Œuvre pour piano de Liszt ; septième pièce du deuxième livre des *Années de pèlerinage* dont le titre complet est *Après une lecture de Dante, fantasia quasi sonata*. Liszt l'a créée en 1839. Lambert en a réalisé une version pour piano et orchestre pour le ballet *Dante Sonata* (1940).

Sonate « A Thérèse ». Surnom de la *Sonate pour piano nº 24 en fa dièse majeur op.78* de Beethoven, composée en 1809 et dédiée à la comtesse Therese von Brunswisck.

Sonate en trio. Forme la plus importante de la musique de chambre baroque, généralement écrite pour deux violons (ou autres instruments mélodiques) et violoncelle ou basse de viole, avec continuo au clavier. Voir *Sonate*, 3.

Sonate « Funèbre ». *Sonate pour piano nº 2 en si bémol mineur* de Chopin (1840) qui doit son surnom à sa marche funèbre (troisième mouvement).

Sonate « Pastorale ». Nom donné par l'éditeur à la *Sonate pour piano nº 15 en ré majeur op.28* de Beethoven, composée en 1801, sans doute en raison du rythme champêtre du finale.

Sonate « Pathétique ». *Sonate pour piano nº 8 en ut mineur op.13* de Beethoven, probablement composée en 1797-98. Beethoven l'appelait sa « Grande Sonate pathétique ».

Sonatine (ital. : *sonatina*, diminutif de *sonata*). Petite *sonate au propos modeste, généralement destinée au piano. A la fin de l'ère classique, plusieurs compositeurs comme Clementi et Kuhlau ont écrit des sonatines pour clavier dans un but didactique ; elles servent encore de nos jours à l'enseignement du piano. Bien que les sonatines suivent généralement le principe de la forme sonate, leur développement est réduit et elles comptent moins de mouvements (*Sonatines op.36* de Clementi). Au XXᵉ siècle, ce terme s'applique de façon plus vague à des œuvres instrumentales légères (mais pas nécessairement faciles) du type sonate, souvent peu sérieuses (sonatines pour piano de Busoni, Ravel ou Prokofiev).

Sondheim, Stephen (Joshua) (New York, 22 mars 1930). Compositeur américain. Après avoir obtenu un diplôme de musique au Williams College, il commence à écrire les paroles et la musique de certaines productions réalisées par les étudiants. Il remporte le prix Hutchinson qui lui permet de travailler pendant deux ans avec Milton Babbitt. Il écrit plusieurs scénarios pour la radio et la télévision et se fait connaître à Broadway en écrivant les lyrics de *West Side Story* (1957) de Leonard Bernstein, puis ceux de *Gypsy* (1959) de Jule Styne et de *Do I Hear a Waltz* (1965) de Richard Rodgers. En 1962, il remporte un succès considérable avec la chanson *A Funny Thing Happened on the Way to the Forum*, suivie de *Anyone can Whistle* (1964), *Company* (1970), *Follies* (1971), *A Little Night Music* (1973), *Pacific Overtures* (1976) et *Sweeney Todd* (1979). Le spectacle *Side by Side by Sondheim* produit en 1975 donnait un excellent aperçu de son œuvre.

Peter Gammond.

Songe d'une nuit d'été, Le. 1. Ouverture op.16 et musique de scène op.61 de Mendelssohn pour la pièce de Shakespeare. L'ouverture a été composée en 1826 et l'ensemble de la musique de scène (pour deux sopranos, chœur de femmes et orchestre) en 1842, pour des représentations données à Potsdam l'année suivante. On y trouve la célèbre *Marche nuptiale.*

2. (*A Midsummer Night's Dream*). Opéra en trois actes de Britten sur un livret du compositeur et de Peter Pears d'après la comédie de Shakespeare (vers 1593-94). Représentations : Aldeburgh (11 juin 1960) ; San Francisco (10 octobre 1961). L'intrigue suit de près celle de la pièce de Shakespeare, les personnages étant divisés musicalement en trois groupes : le roi des Fairies, Oberon (contre-tén.), Tytania (soprano *coloratura*) et Puck (rôle parlé, acrobate) ; Lysander (tén.) et Demetrius, les amoureux de Hermia ; Hermia (mezzo), amoureuse de Lysander, et Helena (sop.), amoureuse de Demetrius ; et les artisans Bottom (baryton-basse), Quince (basse), Flute (tén.), Snug, (basse), Snout (tén.) et Starveling, (bar.). Les sons aigus des voix des fées (souvent associées par Britten à l'exceptionnel ou à l'étrange) sont renforcés par le chœur des *Fairies* (fées) dirigé par Cobweb, Peaseblossom, Mustardseed et Moth (*trebles*). A l'acte III, la petite pièce de *Pyramus and Thisbe* parodie divers procédés de l'opéra romantique.

Song of the High Hills. Œuvre pour soprano, ténor, chœur (sans paroles) et orchestre de Delius, composée en 1911.

Song for the Lord Mayor's Table, A. Cycle de mélodies pour soprano et piano de Walton. Les six mélodies mettent en musique des textes réunis par Christopher Hassall à partir de poèmes de Blake, Thomas Jordan, Charles Morris, Wordsworth et de deux poètes anonymes du XVIIIe siècle. Composées pour le City of London Festival de 1962 et également jouées dans une version pour soprano et orchestre au Festival de 1970.

Songs for Dov. Cycle de mélodies pour ténor et petit orchestre (dont six percussionnistes) de Tippett sur ses propres textes. Elles reprennent des airs du personnage de Dov dans l'opéra de Tippett *The Knot Garden*. Composées en 1969-70.

Songs of Farewell. 1. Six motets profanes sans accompagnement de Parry sur des textes de Vaughan, J. Davies, Campion, Lockhart, Donne et de la Bible. Composés en 1916-18.

2. Cinq mélodies pour chœur et orchestre de Delius sur des poèmes de Whitman. Composées en 1930 et créées en 1932. Eric Fenby a participé à la notation de l'une d'entre elles.

Songs for a Mad King, Eight. Pièce de théâtre musical de Peter Maxwell Davies sur un texte de Randolph Stow et du roi George III. Elle comporte huit mouvements et la partition s'adresse à un acteur chanteur et à un ensemble d'instruments (dont un sifflet de train, un didjeridu et des chaînes). Créée à Londres en 1969.

Songs of the Sea. Cinq mélodies op.91 pour baryton, chœur d'hommes et orchestre de Stanford sur des poèmes d' Henry Newbolt (1862-1938). Créées à Leeds en 1904.

Songs of Travel. Cycle de mélodies pour voix et piano de Vaughan Williams sur des poèmes de Robert Louis Stevenson. Elles ont toutes été composées en 1904 sauf la septième, écrite en 1901. Certaines se chantent séparément : *The Vagabond*, *The Roadside Fire*, *Whither must I wander ?* et *Bright is the Ring of Words.*

Sonnambula, La (« La Somnambule »). Opéra en deux actes de Bellini sur un livret de Romani. Créé à Milan le 6 mars 1831. Première à Paris au Théâtre-Lyrique le 14 juin 1867.

Sonnets de Pétrarque (*Sonetti di Petrarcha*). Trois mélodies pour voix et piano de Liszt (1838-39) plus connues dans leur version pour piano seul (?1839-46), qu'il a révisées en les intégrant au deuxième livre des *Années de pèlerinage* (n°s 4 à 6).

Sonoro, sonora (ital.). « Sonore » ; *sonorità*, « sonorité » ; *sonoramente*, « de façon sonore ».

Sons bouchés. Voir *Cor, Trompette.*

Sons naturels ou **sons ouverts** (all. : *Naturtöne*; angl. : *natural notes, open notes*; ital. : *suoni naturali*). Sur les instruments à pistons de la famille des cuivres, notes de la série harmonique obtenues sans l'aide des pistons. Voir également *Ouvert, Pistons.*

Sopra (ital.). « Au-dessus » ; *sopra una corda*, dans le jeu des instruments à cordes, « sur une corde » (pour ce qui concerne le piano, voir *Una corda*) ; *come sopra*, « comme ci-dessus » ; *mano sinistra* (*ms*) *sopra*, au piano, « avec la main gauche au-dessus de la main droite » (croisement de mains).

Sopran (all.). « Soprano ».

Sopranino (ital.). Dans les familles instrumentales, nom donné à l'instrument le plus aigu, au-dessus du soprano : flûte à bec sopranino, saxophone sopranino...

Soprano (de l'ital. *sopra*, « au-dessus »). 1. Voix de femme (ou voix artificielle d'homme) la plus aiguë, dont l'étendue va de si² à do⁵ (souvent fa⁵ pour les voix les plus aiguës). Il existe plusieurs types de sopranos : le « soprano colorature », voix légère et aiguë d'une grande agilité (comme la Reine de la Nuit dans *La Flûte enchantée* de Mozart), le « soprano lyrique », plus répandu, plus chaleureux et dont la tessiture est un peu plus grave, le « soprano dramatique », voix généralement plus lourde sur l'ensemble de la tessiture (comme Tosca) et le « soprano spinto » ou « soprano lirico spinto », voix essentiellement lyrique possédant des qualités plus dramatiques et un certain mordant aux points culminants (comme Desdémone dans *Otello* de Verdi).

2. Ce terme désigne également certains instruments à la tessiture élevée (saxophone soprano, cornet soprano). Voir également *Sopranino.*

Sor, Fernando (baptisé à Barcelone le 14 février 1778 ; Paris, 10 juillet 1839). Compositeur espagnol. Il fait ses études à l'Escolanía de Montserrat entre 1790 et 1795 ; en 1797, son opéra *Telemaco* est représenté à Barcelone. Il reste dans son pays natal pendant la guerre d'Espagne où il collabore avec l'occupant français, ce qui l'amène à s'exiler en 1813. Il se fixe d'abord à Paris, où Méhul et Cherubini admirent son talent, puis à Londres, où il remporte beaucoup de succès. Il passe ensuite trois ans en Russie, où il compose son chef-d'œuvre, le ballet *Hercules y Onfalia* (1826), à l'occasion du couronnement du tsar Nicolas Ier. Sor est surtout connu de nos jours pour ses pièces pour guitare, qui constituent la base du répertoire de cet instrument, et pour un important traité, *Gran Método de Guitarra* (Bonn, 1830).

Wendy Thompson.

Sorda, sordo, sordamente (ital.). « Sourd », « étouffé ».

Sordino (ital.). « Sourdine » ; *sordini alzati* (*levati*), « ôter les sourdines ». Appliqué au piano, le terme *sordini* s'emploie dans le sens d'étouffoirs ; voir aussi *Senza.*

Sordun. Instrument à vent à anche double, assez peu répandu, de la fin de la Renaissance. Voir *Courtaud.*

Soriano, Francesco (Soriano, près de Viterbo, 1548 ou 1549 ; Rome, 1621). Compositeur italien, élève de Palestrina. Il est d'abord enfant de chœur à Saint-Jean-de-Latran, puis devient *maestro di cappella* de plusieurs grandes églises romaines avant d'être nommé à Saint-Pierre de Rome. Il a composé des madrigaux, des motets et des messes et a terminé avec Anerio l'*Edito medicaea* (voir *Plain-chant*, 4), révision de livres de chants religieux entreprise par Palestrina et Zoilo. Il a également transcrit pour double chœur la *Missa Papae Marcello* à huit voix de Palestrina, probablement pour lui donner davantage d'ampleur dans la nouvelle nef de Saint-Pierre.

Denis Arnold.

Sortie. Postlude ou morceau d'orgue improvisé joué à la fin de la messe ou de l'office.

Sospirando, sospirante, sospirevole (ital.). « En soupirant », dans un style plaintif.

Sostenendo, sostenente (ital.). « En soutenant » ; *sostenuto*, « soutenu » ;

andante sostenuto, andante soutenu, c'est-à-dire plutôt lent ; *pedale sostenuto*, pédale de prolongation.

Sostenuto pedal (angl.). « Pédale de prolongation ».

Sotto voce (ital.). « A voix basse », « dans des sonorités atténuées », c'est-à-dire à peine audible. Le terme s'applique à la musique vocale comme à la musique instrumentale.

Soubrette. Rôle féminin secondaire dans l'opéra-comique ; il s'agit souvent d'une servante vive et aguichante comme Despina dans *Così fan tutte* ou Adèle dans *Die Fledermaus*.

Soul (angl.). Terme qui recouvre plus ou moins toute la musique populaire des Noirs d'Amérique du Nord. Il tire son origine du **blues* et comprend surtout le *rhythm and blues* et le *rock. Ce terme implique un caractère plus profond et plus spirituel que la musique blanche américaine de *Tin Pan Alley. On considère de même (à tort ou à raison) le jazz des Noirs comme plus profond que celui des Blancs.

Source, La. Ballet de Léo Delibes composé en 1866. En fait, seuls les deuxième et troisième tableaux sont de Delibes, les autres sont de Nuitter, de Minkus et de Saint-Léon.

Sourdine (all. : *Dampfer* ; angl. : *mute* ; ital. : *sordino*). Dispositif qui modifie acoustiquement le son habituel d'un instrument en lui donnant une couleur différente, moins résonante, plus voilée, distante ou mystérieuse. La sourdine concerne surtout deux groupes d'instruments : ceux de la famille du violon et les cuivres.

1. *La sourdine du violon.* Elle a la forme d'un petit peigne à trois dents en bois (ébène), en cuir ou en métal qui est pincé sur le chevalet pour amortir et intercepter les vibrations de la caisse. L'alto, le violoncelle et la contrebasse possèdent des sourdines identiques (particulièrement efficaces sur l'alto). La sourdine du violon a vu le jour au XVIIe siècle ; Purcell l'utilise à l'acte II de *The Fairy Queen* (« La Reine des Fées »), pour accompagner le duo de La Nuit et du Sommeil. L'indication « con sordino » (souvent abrégée « con sord. ») signifie qu'il faut mettre la sourdine ; elle est annulée par « senza sordino » (« sans sourdine ») ou son équivalent dans d'autres langues. De nos jours, deux types de sourdine « attachée » (attachée au chevalet) sont utilisés dans les œuvres symphoniques modernes où il peut être nécessaire de mettre et d'enlever la sourdine en l'espace d'une mesure.

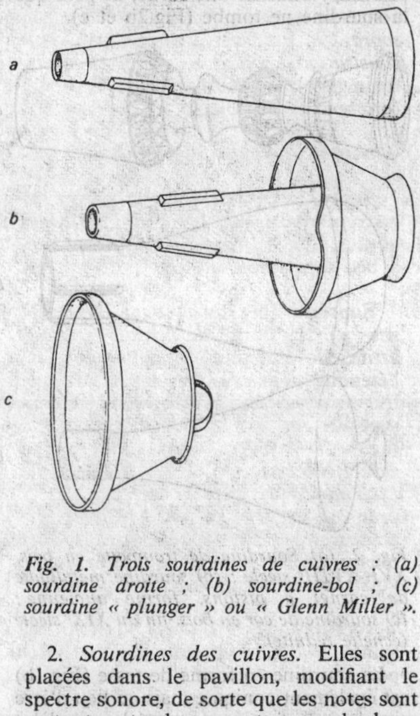

Fig. 1. Trois sourdines de cuivres : (a) sourdine droite ; (b) sourdine-bol ; (c) sourdine « plunger » ou « Glenn Miller ».

2. *Sourdines des cuivres.* Elles sont placées dans le pavillon, modifiant le spectre sonore, de sorte que les notes sont surtout entendues au travers de leurs harmoniques. Une forme ancienne de sourdine de trompette (Fig. 2a) était sans doute déjà utilisée avant même que soit connue la sourdine du violon. D'autres sont apparues au cours du XIXe siècle et plusieurs types de sourdine ont été introduits par le jazz. Parmi les principales sourdines utilisées de nos jours figurent la sourdine droite, conique, en carton, en fibre ou en matière synthétique, fermée à l'extrémité la plus large (Fig. 1a) ; des morceaux de liège placés sur sa face externe laissent un passage étroit entre la

sourdine et le pavillon. Elle produit un son grêle et sifflant, souvent requis à l'orchestre au cor, à la trompette ou au trombone ; dans les parties d'orchestre, la mention « con sordino » ou « avec sourdine » se réfère généralement à ce type de sourdine. Avant ce type de sourdine, celle qu'ont connue Richard Strauss et les musiciens de sa génération suivait le même principe ; mais elle était généralement en bois ou en aluminium et comportait souvent un bouton à l'extrémité pour pouvoir y attacher une corde, de peur que la sourdine ne tombe (Fig.2b et c).

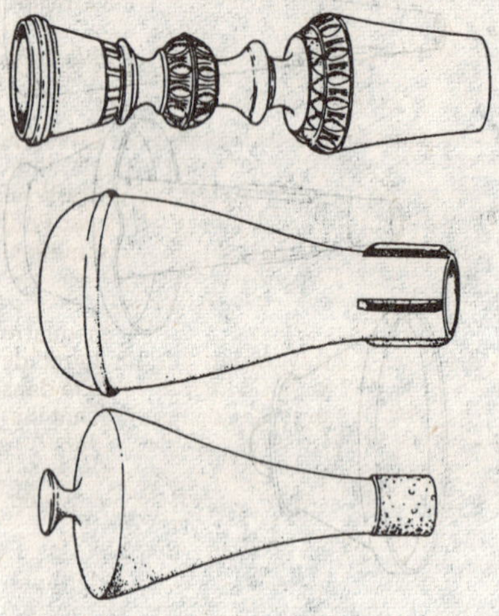

Fig. 2. (a) Sourdine de trompette en bois, XVIe-XVIIIe siècle ; (b) sourdine métallique de cornet à pistons, forme ancienne ; (c) sourdine de cor en bois, fin du XIXe siècle (échelle réduite).

La sourdine en forme de tasse (Fig.1b) est également conique, mais au lieu d'être simplement fermée comme les modèles précédents, son extrémité est munie d'une sorte de tasse réfléchissante dont la largeur correspond à celle du bord du pavillon ; elle peut se régler au moyen d'un pas de vis pour fermer plus ou moins le pavillon, donnant différentes nuances de son. La sourdine wa-wa est munie de liège sur tout son pourtour de façon à s'adapter parfaitement au pavillon. A l'intérieur se trouve un tube aboutissant à une petite coupe à l'extrémité ouverte ; dans ce cas, l'air traverse la sourdine et, en agitant la main sur la coupe, on obtient les effets de « wa-wa ». La sourdine à double cône s'adapte de la même façon dans le pavillon, l'un des cônes sortant de l'autre, avec l'extrémité ouverte. Il existe aussi une sourdine constituée d'une simple coupe munie d'une poignée qui permet de la maintenir contre le pavillon et de la déplacer de diverses façons tout en jouant, par exemple en l'ôtant et en la remettant comme sur les trombones de « Tuxedo Junction » de Glenn Miller (Fig.1c). Les orchestrations de jazz réclament souvent la sourdine à calotte : une imitation de chapeau melon tenue dans la main gauche de l'instrumentiste ou fixée au pupitre à proximité de la trompette ou du trombone qui produit une sorte de son creux.

Les sourdines de tubas posent toujours un problème car, en raison de la largeur du pavillon, il est difficile d'obtenir un résultat satisfaisant sur le plan acoustique. Elles sont souvent fabriquées de façon empirique par les instrumentistes eux-mêmes, mais, depuis peu, on en fabrique aussi aux États-Unis.

Contrairement à d'autres, les sourdines précédentes n'ont aucun effet transpositeur, c'est-à-dire qu'elles ne modifient pas la hauteur de son de l'instrument. Il existe une sourdine qui transpose pour le cor : elle produit le même effet que lorsqu'on met la main dans le pavillon et élève la hauteur du son, ce que l'instrumentiste doit compenser à l'aide des pistons (voir *Cor*, 3). De même, l'ancienne sourdine de trompette (mentionnée plus haut), en bois, élève le son d'un ton entier. Lorsqu'elle est utilisée à l'orchestre (dans les œuvres baroques, parfois dans les cantates funèbres), l'instrumentiste compense ce changement en insérant un corps de rechange, mais Monteverdi, dans la Toccata qui ouvre *Orfeo*, dit aux autres instruments de transposer un ton plus haut si les sourdines des trompettes sont utilisées.

3. *Les autres instruments.* Au XVIIIe siècle, le hautbois était parfois utilisé avec une sourdine piriforme en bois ou en papier froissé enfoncée dans le pavillon (comme dans la *Passion selon saint Luc* autrefois attribuée à Bach). Berlioz a pensé à faire jouer la clarinette à l'intérieur d'un sac en feutre (*Lélio*, 1831). Quelques-uns des premiers pianos avaient une sourdine ou « céleste » : une lanière en cuir pivotant pour tomber sur les cordes.

4. Pédale « douce » du piano. Voir *Piano*, 12.

5. *Autres procédés. Sordino* désignait autrefois également le petit violon du maître à danser (voir *Pochette*), alors que *sordone* est à la fois un ancien registre d'orgue et un instrument à vent (voir *Courtaud*).

Anthony Baines.

Sousa, John Philip (Washington, 6 novembre 1854 ; Reading, Pennsylvanie, 6 mars 1932). Compositeur et chef de fanfare américain. Il fait des études musicales, devient un bon violoniste et, dans sa jeunesse, joue essentiellement dans des orchestres de théâtre. Nommé directeur de l'US Marine Band en 1880, il quitte ce poste en 1892 pour former sa propre fanfare. Pendant une quarantaine d'années, Sousa et son ensemble remportent beaucoup de succès, faisant des tournées aux États-Unis, en Europe et même une fois le tour du monde. En tant que chef d'orchestre, Sousa cherchait à divertir son public tout en l'éduquant. Dans ses programmes, il mélangeait des airs populaires favoris à des extraits d'œuvres classiques, faisant souvent jouer des solos virtuoses à des membres de son ensemble. Par ses concerts et ses nombreux enregistrements, l'ensemble de Sousa a fait connaître une musique d'ensemble raffinée à un public étonnamment vaste. Les marches de Sousa (plus de 130) révèlent ses points forts en tant que compositeur : imagination mélodique, vigueur rythmique, sens des surprises harmoniques et parfaite connaissance des possibilités sonores d'un ensemble à vent. Soulignant les changements de thème, de couleur, de structure, de dynamique et même de tonalité, les marches de Sousa sont en effet des miniatures pour grand ensemble, leur durée réduite permettant des contrastes aigus et osés.

Richard Crawford.

Sousaphone. Voir *Tuba*, 3.

Sous-dominante. Quatrième degré de la gamme majeure ou mineure. Le préfixe, « sous », se réfère à la position de la sous-dominante, cinq degrés *sous* la tonique, alors que la dominante est cinq degrés au-dessus de la tonique.

Souster, Tim(othy Andrew James) (Bletchley, 29 janvier 1943). Compositeur anglais. Il fait ses études à Oxford University (1961-65), à Darmstadt avec Stockhausen et Berio (1963) et à Londres avec Richard Rodney Bennett (1965). Étroitement lié à Stockhausen, autant comme exécutant que comme assistant, il a été l'un des fondateurs des ensembles de musique électronique vivante Intermodulation (1969-76) et odB (1976). Ses œuvres montrent l'influence de Stockhausen, de l'avant-garde américaine et du rock.

Paul Griffiths.

SPAM. Voir *Society for the Publication of American Music.*

Spanisches Liederbuch (« Livre de lieder espagnols »). Recueil de quarante-quatre lieder pour voix et piano de Wolf sur des poèmes espagnols traduits par Paul von Heyse (1830-1914) et Emmanuel Giebel (1815-84).

Spartacus (*Spartak*). Ballet en quatre actes de Khatchaturian sur un livret de N. Volkov. Créé à Léningrad en 1956 dans une chorégraphie de Jacobson. Khatchaturian a révisé sa partition en 1968.

Spartito (ital.). « Partition » (également appelée *partitura*).

Spass, spasshaft (all.). « Plaisanterie », « facétieux » (comme *Ein musikalischer Spass*, « Une plaisanterie musicale », de Mozart).

Spassapensieri (ital.). « Guimbarde ».

Später (all.). « Plus tard ».

Spectre de la rose, Le. Ballet en un acte sur la musique de l'*Invitation à la valse* (1819) de Weber créé à Monte Carlo en 1911 par les Ballets russes de Diaghilev dans une chorégraphie de Fokine avec Nijinski et Karsavina.

Speer, Daniel (Breslau, 2 juillet 1636 ; Göppingen, 5 octobre 1707). Écrivain et compositeur allemand. Il fait ses études à Breslau, puis mène une vie de bohème, faisant divers voyages en Europe. A partir de 1673, il est organiste et professeur de musique à Göppingen. En raison de ses activités politiques, il est emprisonné, puis temporairement exilé en 1689. Speer a écrit un traité important, le *Grund-richtiger... Unterricht der musicalischen Kunst* (Ulm, 1687), qui comprend des chapitres consacrés à la direction de la musique d'église, la technique instrumentale, surtout celle des instruments à clavier, et la composition. Il a composé de la musique sacrée et quelques recueils de quodlibets.

Wendy Thompson.

Spem in alium numquam habui. Motet de Tallis en quarante parties pour huit chœurs à cinq voix, datant du milieu du XVIe siècle.

Sperdendosi (ital.). « En mourant ».

Speth, Johann (Speinshart, Haut Palatinat, 9 novembre 1664 ; Augsbourg, vers 1720). Organiste et compositeur allemand. Organiste à la cathédrale d'Augsbourg, il publie en 1693 un recueil de pièces pour clavier, l'*Ars magna consoni et dissoni*.

Wendy Thompson.

Spezzato (ital.). Voir *Cori spezzati*.

Sphères. Voir *Musique des sphères*.

Spianato, spianata (ital.). « Nivelé », « aplani ». Chopin a employé ce terme dans l'Andante qui précède sa *Polonaise en mi bémol op.22* pour indiquer un style de jeu régulier.

Spiccato (ital., de *spiccare*, « détacher »). Dans le jeu des instruments à cordes et à archet, terme parfois employé comme synonyme de *sautillé, désignant donc un coup d'archet rapide et détaché produit par le poignet, généralement en milieu d'archet où il rebondit naturellement. Avant 1750, ce terme signifiait généralement **staccato*.

Spiegando (ital). « En déployant », c'est-à-dire de plus en plus fort.

Spiel, spielen (all.). « Jeu », « jouer », « exécuter » ; *spielend*, « en jouant », « enjoué » ; *volle Speil*, « grand jeu » ; *Spieler*, « instrumentiste » ; *Spielfigur*, figure ou motif court et enjoué (ce terme est surtout employé dans la musique pour clavier, notamment par Bull, Sweelinck ou Scheidemann).

Spieloper (all.). Type d'opéra-comique allemand du XIXe siècle, ressemblant au *singspiel (il comprend des dialogues parlés). On peut citer comme exemple *Zar und Zimmermann* de Lortzing.

Spinacino, Francesco (célèbre au début du XVIe siècle). Luthiste et compositeur italien de Fossombrone. Ses deux recueils de *ricercari* en style improvisé et d'arrangements très élaborés de chansons ont été publiés en 1507 par son compatriote Petrucci ; ils constituent les premiers exemples de livres de luth imprimés en tablature.

Denis Arnold.

Spinet (angl.). *« Épinette ».

Spinnen des Tons (all.). **Filar la voce*.

Spinnerlied (all.). « Chant de fileur » ; *Spinnlied*, « chanson de toile ».

Spirante (ital.). « En expirant », « en mourant ».

Spirito (ital.). « Esprit », « vigueur » ; *spiritoso*, « spirituel » ; *spiritosamente*, « d'une manière spirituelle » ; *con spirito*, « avec esprit ».

Spirit of England, The. Mélodies pour soprano ou ténor, chœur et orchestre op.80 d'Elgar sur trois poèmes de Binyon : *The Fourth of August*, *To Women* et *For the Fallen*. L'intégrale de cette œuvre a été donnée pour la première fois à Londres en 1917.

Spiritual (amér.). Chant religieux pratiqué surtout par les Noirs des États du sud des États-Unis. Le « spiritual » serait, à l'origine, une adaptation par les colons blancs des États-Unis d'hymnes wesleyens et d'autres hymnes méthodistes. Les esclaves noirs auraient à leur tour adapté ces « spirituals » pendant la première moitié du XIXe siècle, lorsque les missionnaires promettaient de belles récompenses célestes en compensation des conditions de vie intolérables sur terre. Les thèmes de la mort, de la délivrance et de l'évasion qui hantent les « spirituals » ont une double signification : l'attente d'une vie meilleure après la mort et une identification avec les Israélites qui, dans leur passage en Égypte, symbolisent la fuite des races noires face à la domination des Blancs. David et Goliath, l'effondrement des murailles de Jéricho, la suppression d'obstacles apparemment invincibles dans la Bible sont des thèmes favoris des « spirituals » qui résument les aspirations des chanteurs. Le « spiritual » des Noirs s'est imposé comme une forme importante de chant religieux vers 1860 avec des publications comme *Slave Songs of the United States* (New York, 1867) et grâce aux tournées des célèbres Jubilee Singers de Fisk University, qui ont apporté pour la première fois les chants des Noirs du Sud au nord des États-Unis et en Europe. Mais l'interprétation trop sage des chorales bien structurées a sans doute mal reproduit la ferveur et le rythme du chant tel qu'on pouvait l'entendre dans les plantations ou dans les églises des Noirs. Le « spiritual » est l'un des éléments de la musique noire qui est entré dans la composition du *jazz. Les premiers « spirituals » sont de nos jours presque entièrement remplacés par un style de chant issu à son tour du monde du jazz (surtout au point de vue des conventions musicales) – le « gospel song », mélange de « blues » et de chant populaire de portée religieuse.

Peter Gammond.

Spitta, Julius August Philipp (Wechold, près de Brême, 7 décembre 1841 ; Berlin, 13 avril 1894). Musicologue allemand. Après des études de théologie et de philosophie classique à l'Université de Göttingen, son amitié avec Brahms l'incite à suivre son penchant naturel et à étudier la musique. Il écrit la première biographie de J. S. Bach (Leipzig, 1873-80) et est nommé professeur d'histoire de la musique à l'Université de Berlin, où il aura beaucoup d'élèves éminents ; mais il mourra prématurément d'une attaque cardiaque.

Denis Arnold.

Spitze (all.). « Pointe » ; *an der Spitze*, « à la pointe » (de l'archet) dans le jeu des instruments à cordes et à archet.

Spleen. Poème de Verlaine mis en musique pour voix et piano par Debussy, sous le nº 6 de ses *Ariettes oubliées* (1885-88) et par Fauré sous le nº 3 de son opus 51 (1888).

SPNM. Voir *Society for the Promotion of New Music*.

Spohr, Louis (Brunswick, 5 avril 1784 ; Kassel, 22 octobre 1859). Compositeur et violoniste allemand. Fils aîné d'un médecin et flûtiste amateur, Spohr débute sa carrière comme violoniste ; il fait des tournées dans toute l'Europe et remporte un immense succès. Il est particulièrement populaire en Angleterre où, en 1820, il dirige un concert de la London Philharmonic Society et fait sensation en dirigeant avec un bâton ; il n'est néanmoins pas le premier à avoir employé cette méthode (voir *Direction d'orchestre*). Pendant une courte période, il dirige l'orchestre du Theater an der Wien à Vienne, en 1813, et il est nommé au même poste au Théâtre de la cour de Kassel en 1822, où il reste jusqu'à la fin de sa vie. Malgré des querelles occasionnelles avec son employeur, l'Électeur, il restera toujours à Kassel pour sauvegarder la sécurité de son emploi : Spohr est l'un des derniers grands compositeurs à avoir été musicien de cour.

En tant que violoniste, Spohr était réputé pour l'agilité et la force de sa main gauche et pour la délicatesse de sa sonorité, mais le jeu brillant de Paganini a éclipsé son style vers 1830. Il a écrit ses premières œuvres essentiellement à son usage personnel ; il s'agit de concertos pour violon et d'œuvres de musique de chambre dans lesquelles le violon est accompagné à la harpe (sa première femme était une excellente harpiste). Il s'est ensuite tourné vers la composition d'opéras et d'oratorios et a notamment écrit l'opéra *Jessonda* (1823). Il avait souvent des idées très originales, notamment dans le *Concerto pour violon nº 8* (1816) écrit sous la forme d'une grande *scena* lyrique ou dans ses doubles quatuors à cordes (qui s'opposent entre eux). Toutefois, sa musique ne révèle pas une grande personnalité, bien que son *Nonet en fa* pour violon, alto, violoncelle, contrebasse, flûte, hautbois, clarinette, basson et cor, écrit dans un style presque schubertien, ne manque pas d'attrait. Son autobiographie est riche d'informations relatives à la vie musicale en Allemagne et en Angleterre au début du XIXᵉ siècle.

Denis Arnold.

Spontini, Gaspare (Luigi Pacifico) (Majolati, près d'Ancone, 14 novembre

1774 ; Majolati, 24 janvier 1851). Compositeur italien. Né dans une famille paysanne, ses parents le destinent tout d'abord à la vie religieuse, mais se laissent convaincre de lui faire faire des études musicales au Conservatoire de Naples ; au bout de trois ans, il s'enfuit pour échapper à une punition pour mauvaise conduite. En 1796, il remporte un certain succès à Rome avec un opéra-comique ; il en compose ensuite plusieurs autres pour Palerme, où la cour de Naples s'est réfugiée pour fuir l'invasion française. En 1803, Spontini part pour Paris où ses opéras deviennent vite populaires au Théâtre-Italien ; mais l'opéra-comique ne lui apporte pas grand succès. Il apprend beaucoup des opéras de Gluck et *La Vestale* (créée à l'Opéra en 1807, mais composée deux ans plus tôt) allie si bien ce goût spécifiquement français du drame classique aux attitudes émotionnelles romantiques qu'il devient l'un des plus grands succès de l'époque. L'impératrice Joséphine l'adopte immédiatement et, après un deuxième opéra du même style, *Fernand Cortez* (1809), il devient une figure majeure de la vie musicale française, dirigeant l'opéra italien officiel et composant diverses pièces de circonstance pour les événements politiques importants. En 1814, il attire l'attention du roi Frédéric-Guillaume III de Prusse qui le persuade finalement de devenir principal Kapellmeister à Berlin, où il lui offre un énorme salaire. A cette époque, il a des difficultés à composer et écrit relativement peu ; mais il se forge une belle réputation de chef d'orchestre. Bien que sa dernière œuvre achevée, *Agnes von Hohenstaufen* (première version, 1827, versions révisées 1829 et 1837), tente de se mettre au goût du jour, sa carrière est virtuellement finie au moment de la mort de son protecteur, en 1840, et il est mis à la retraite. Il s'installe tout d'abord à Paris, puis dans son village natal. Le nombre impressionnant de ses décorations (notamment la Légion d'honneur) correspond mal à la réputation dont il jouit de nos jours, car ses opéras sont presque complètement tombés dans l'oubli. Toutefois, l'estime de ses contemporains n'était pas uniquement officielle ; son sens dramatique et ses dons pour l'orchestration ont suscité l'admiration – et l'imitation – de nombreux compositeurs, dont Wagner et Berlioz ne comptent pas parmi les moindres.

Denis Arnold.

Sports et divertissements. Pièces pour piano de Satie composées en 1914.

Sprechchor (all.). « Chœur parlé », c'est-à-dire le **Sprechgesang* appliqué à un chœur plutôt qu'à une voix soliste.

Sprechend (all.). « Parlant ».

Sprechgesang (all.). Genre de production vocale se situant à mi-chemin entre la parole et le chant, employé notamment dans *Pierrot lunaire* de Schoenberg et dans de nombreuses autres œuvres.

Sprechstimme (all.). « Voix parlante ». Terme parfois employé dans son sens littéral pour désigner un rôle parlé (comme une récitation continue avec accompagnement musical), mais plus souvent comme synonyme de **Sprechgesang*.

Paul Griffiths.

Springar. Danse populaire norvégienne à deux partenaires de la région de Telemark.

Springbogen (all.). Type de coup d'archet. Voir *Sautillé*.

Springdans. « Danse sautante » (par opposition à *gangar* ou « danse marchante »). Danse norvégienne à trois temps. Grieg en a écrit plusieurs.

Springend (all.). « Bondissant » ; *mit springendem Bogen*, « avec un archet bondissant ».

Springer (angl.). Voir *Accent*, 2.

Spring Symphony, A. Œuvre chorale pour soprano, alto et ténor, chœur d'enfants et orchestre op.44 de Britten sur des poèmes de Herrick, Auden, Bernefield, Peele, Blake, Beaumont et Fletcher, Nashe, Vaughan, Spenser, Clare, Milton et deux poèmes anonymes. Créée à Amsterdam en 1949.

Square dance (amér.). Danse traditionnelle américaine, très populaire dans les campagnes, exécutée par quatre couples en formation carrée. Elle est dérivée du *quadrille français et les différents mouvements de cette danse portent des noms français comme « chassez ». La musique, basée sur des chansons populaires, est animée et rythmée, généralement à deux temps et en phrases régulières. Elle se joue avec n'importe quelle formation d'instruments à vent, piano, violon, guitare ou banjo, contrebasse et accordéon.

Squillante (ital.). « Retentissant », « éclatant ». Lorsque ce terme est appliqué aux cymbales, il indique qu'elles doivent être suspendues et frappées avec des baguettes de tambour au lieu d'être frappées l'une contre l'autre.

Staatskapelle (all.). Orchestre d'État. Voir *Chapelle*.

Staatskapelle de Dresde (*Dresdner Staatskapelle*). Probablement le plus ancien orchestre du monde dont le fonctionnement n'a jamais été interrompu : sa fondation remonte à 1548 sous la forme des Hofkantorei (chanteurs de la cour). Les instruments apparaissent dans l'effectif de la chapelle à la fin du XVIe siècle et, dès le XVIIIe siècle, on considère la Staatskapelle comme un ensemble exclusivement instrumental. L'orchestre actuel assure à la fois les services de l'Opéra de Dresde et les concerts symphoniques. Parmi les maîtres de chapelle, on relève les noms de Praetorius, Schütz (1617-55), Zelenka, Lotti, Paer (1802-06), Weber (1817-24). Wagner a été l'assistant de Reissiger entre 1843 et 1849. Parmi les directeurs musicaux (depuis 1874), Fritz Reiner (1914-21), Fritz Busch (1922-33), Karl Böhm (1934-42), Rudolf Kempe (1950-53), Kurt Sanderling (1964-67), Herbert Blomstedt (1975-85) et Hans Vonk (depuis 1985).

Alain Pâris.

Stabat mater dolorosa (lat.). Poème de la liturgie catholique qui apparaît sous forme de séquence le jour de la fête de Notre-Dame-des-Sept-Douleurs, le 15 septembre, sous forme d'hymne le Vendredi saint. Son auteur est inconnu, mais on l'attribue souvent à Jacopone da Todi (mort en 1306), moine franciscain italien. Il serait l'auteur du *Stabat mater dolorosa* décrivant la Mère au pied de la Croix et également d'un *Stabat mater speciosa* (qui a disparu des offices) la décrivant auprès du berceau.

Outre le plain-chant traditionnel, le *Stabat mater* a été mis en musique par de nombreux compositeurs, notamment par Josquin des Prés, Palestrina, Lassus, Pergolèse, Haydn, Schubert, Rossini, Liszt, Dvořák, Verdi, Poulenc et Stanford. Ces œuvres sont souvent données en concert.

Stabreim (all.). Style de versification ancien fondé sur l'allitération et couramment adopté en poésie en Allemagne et dans différents pays du nord de l'Europe. Wagner l'a utilisé dans les livrets de *Tristan et Isolde* et du *Ring* afin de rehausser l'expression du texte par de fortes allitérations comme dans les vers « Winterstürme wichen dem Wonnemond, in mildem Lichte leuchtet der Lenz » (« L'âpre hiver a fui le printemps vainqueur, d'un doux éclat rayonne l'avril », *La Walkyrie*, acte I, scène 3).

Staccato (ital.). Terme signifiant « détaché » ou « séparé » ; le contraire de *legato*. Il est indiqué de diverses façons en notation musicale (Ex. 1).

Ex. 1.

Le degré de séparation requis dans chaque cas varie selon le type d'instrument, la technique d'archet, l'articulation, le toucher ou l'attaque utilisés et selon le style général et l'époque de la musique. Toutefois, en général, un point *staccato* (Ex. 1a) implique une réduction d'au moins la moitié de la valeur de la note (par exemple, une noire devient une croche suivie d'un demi-soupir) ; les autres signes de *staccato* comme le trait vertical (Ex. 1b), la petite pointe ou tête de flèche (Ex. 1c) et le tiret horizontal (Ex. 1d) peuvent correspondre à des degrés de séparation plus importants. Les points de *staccato* au sein d'une liaison impliquent un effet *mezzo-staccato* (Ex. 1e) ; la combinaison d'un point et d'un tiret horizontal, indiquant une combinaison de pression et de légère séparation (Ex. 1f), équivaut aussi à peu près à un effet *mezzo-staccato*.

Jusqu'à une date relativement récente, les compositeurs employaient ces signes sans grande logique ; toutefois, la notation moderne préfère en général employer le point pour un *staccato* normal et le tiret horizontal pour un *staccato* plus prononcé.

Voir également *Martelé* ; *Portando* ; *Sautillé* ; *Spiccato*.

Staden, Johann (baptisé à Nuremberg, 2 juillet 1581 ; Nuremberg, novembre 1634). Organiste et compositeur allemand. Il a passé quelques années à la cour de Bayreuth, suivant le margrave à Culmbach en 1605 et, à partir de 1611, a été organiste dans diverses églises de sa ville natale ; son dernier poste, le plus prestigieux, étant à Saint-Sebald. Sa réputation d'organiste et de compositeur était très étendue et il a créé l'école de composition de Nuremberg. Johann Kindermann a été l'un de ses élèves.

Staden a composé quelques beaux lieder dans un style populaire sur des textes allemands, sacrés et profanes. Les plus anciens sont généralement à quatre parties, mais en 1630 il a publié un recueil contenant quelques exemples allemands du lied continuo. Il a aussi composé de la musique religieuse, dont quelques œuvres dans le nouveau style *concertato*, et beaucoup de musique de danse. Il a eu six enfants dont trois sont devenus des musiciens célèbres : Johann (1606-27), Sigmund Theophil (1607-55) et Adam (1614-59).

Denis Arnold.

Stadtpfeifer. Voir *Wait*.

Staff (angl., plur. : *staves*). « Portée ».

Stainer, (Sir) John (Londres, 6 juin 1840 ; Vérone, 31 mars 1901). Compositeur et musicologue anglais. Après avoir appartenu à la maîtrise de la cathédrale St Paul de Londres, il fait ses études à Oxford et à St Edmund Hall. Il devient alors organiste à St Paul dont le niveau musical des offices remonte considérablement sous son impulsion. Il exerce une influence importante dans le domaine pédagogique par ses écrits et ses activités d'« Inspector of Schools ». En 1888, il doit quitter ces postes pour raison de santé (cécité croissante), mais il est anobli et, l'année suivante, est nommé professeur de musique à Oxford. Stainer a écrit beaucoup de musique religieuse (notamment des airs d'hymnes) et un oratorio, *The Crucifixion* (1887), qui a remporté un succès considérable. Si son style, essentiellement inspiré de Mendelssohn et de Spohr, ne connaît plus la faveur du public, ses éditions musicologiques sur les manuscrits de musique ancienne, conservés à la Bodleian Library à Oxford, restent très précieuses.

Denis Arnold.

Stainer & Bell. Maison d'édition musicale anglaise. Le groupe de jeunes compositeurs qui a fondé Stainer & Bell en 1907, maison spécialisée dans l'édition de musique anglaise, a inventé le nom pour son euphonie (sans aucune référence à un Mr Stainer ni à un Mr Bell). Ils ont commencé par publier les dernières œuvres de Stanford, puis ont bientôt assuré la promotion des compositeurs britanniques qui attiraient alors l'attention – *Hymne of Jesus* de Holst, *A Sea Symphony* et la *London Symphony* de Vaughan Williams ainsi que des œuvres de Granville Bantock et Rutland Boughton. Le Carnegie Trust les a nommés éditeurs de la Carnegie Collection of British Music en 1917 et plusieurs remarquables séries historiques ont ensuite été publiées sous la direction de l'éminent musicologue E. H. Fellowes (English Madrigal School, 1913-24 ; Complete Works of William Byrd, 1937-50 ; English School of Lutenist Song Writers, 1920-31). Entre 1953 et 1971, Thurston Dart, brillant musicien et musicologue, en a été le conseiller musical et a supervisé les éditions révisées de ces séries. La firme a commencé la série Musica Britannica pour la Royal Musical Association en 1951 (année du Festival of Britain) et la série d'Early English Church Music pour la British Academy en 1963. Stainer & Bell a acheté la firme Galliard (avec *Augener) en 1973 et a ajouté au catalogue des œuvres de Joseph *Williams et de Joseph Weekes.

J. M. Thomson.

Stamitz, Carl (Philipp) (Mannheim, baptisé le 8 mai 1745 ; Iéna, 9 novembre 1801). Compositeur, violoniste, altiste, gambiste et virtuose, originaire de Bohême. Il est élevé à la cour de Mannheim et reçoit les premiers rudiments de sa formation musicale de son père, Johann. Malgré la mort prématurée de ce dernier, son influence se perpétue dans l'enseignement de ses successeurs Cannabich, Holzbauer et F. X. Richter. En 1762, Carl entre comme violoniste à l'Orchestre de la cour, où il reste jusqu'à son départ pour Paris, en 1770. A partir de 1771, il est compositeur et chef d'orchestre de la cour du duc Louis de Noailles, poste qui ne l'empêche pas de se produire régulièrement au Concert spirituel et de faire des voyages à Vienne, Francfort-sur-le-Main, Augsbourg et Strasbourg. Puis il opte pour une carrière assez périlleuse de virtuose itinérant. Ses tournées l'amènent à Londres et à La Haye ; entre 1780 et 1790, il voyage beaucoup en Allemagne où il finit par obtenir un poste permanent à Kassel en 1789 ; il y est chargé pendant un an d'une série de concerts. Après avoir passé quelques années à Grietz, il s'installe à Iéna avec sa famille en 1795 ; il y occupe les fonctions de Kapellmeister et de professeur de musique. Ni les postes permanents, ni les commandes qui n'ont cessé d'affluer, ni la vente de ses œuvres n'ont suffi à protéger Stamitz des dettes et ses biens ont été vendus aux enchères après sa mort.

La formation reçue à Mannheim a permis à Carl Stamitz de poursuivre l'œuvre de son père. On trouve de nombreuses caractéristiques du style symphonique de Mannheim dans ses symphonies et il excellait surtout dans le contraste tonal et instrumental des seconds thèmes. Comme son contemporain italien Toeschi, il préférait l'ancienne symphonie en trois mouvements à celle en quatre mouvements de plus en plus à la mode. Son intérêt pour l'introduction lente aux motifs apparentés à ceux du premier mouvement qui suit est moins conservateur et il fait intervenir des éléments à programme dans plusieurs symphonies. Avec d'autres contemporains de Mannheim, Carl Stamitz a largement cultivé le genre de la symphonie concertante : il en a composé plus d'une trentaine, essentiellement pour deux instruments à cordes. Il a enrichi le répertoire de l'un de ses instruments de prédilection, la viole d'amour, de nombreuses œuvres solistes. Si sa contribution à la symphonie reste moins fondamentale que celle de son père, la popularité de sa musique à son époque – on admirait beaucoup son lyrisme – ressort nettement de l'abondance des œuvres publiées de son vivant, tant dans le domaine de la musique de chambre que dans le domaine symphonique.

Jan Smaczny.

Stamitz, Johann (Wenzel Anton) [Jan Waczlaz Antonin] (Německý Brod, aujourd'hui Havlíčkův Brod, baptisé le 19 juin 1717 ; Mannheim, ? 27 mars 1757, enterré le 30 mars 1757). Compositeur et violoniste tchèque, membre le plus éminent d'une famille de musiciens de Bohême, père des compositeurs Carl Philipp et Anton Stamitz (1750-89/1809). Son père Antonín Ignác, organiste et chef de chœur, lui enseigne la musique. De 1728 à 1734, il poursuit ses études au collège jésuite de Jihlava, puis passe un an à l'Université de Prague. Ensuite, pendant quelques années, il mène sans doute une carrière de violoniste itinérant avant de s'installer à la cour de l'Électeur palatin à Mannheim, en 1741 ou en 1742. Les progrès de Stamitz vont de pair avec ceux de l'orchestre de l'Électeur Carl Theodor. D'abord premier violon (1743), il est promu Konzertmeister (1745 ou 1746) et sa prééminence dans la vie musicale de la cour est reconnue lorsqu'il est nommé directeur de la musique instrumentale en 1750 ; d'ailleurs, depuis 1745, il était le musicien le mieux payé de l'orchestre. Entre 1754 et 1755, Stamitz passe un an à Paris où il joue ses œuvres et fait connaître sa musique. Ces activités sont à l'origine des relations entre Mannheim et Paris, relations qui seront très utiles à des compositeurs de la génération suivante, notamment ses propres fils. Le succès qu'il y remporte aboutit à la publication à Paris de ses six trios pour orchestre op.1 (1755) et plus tard de ses symphonies.

En tant que Konzertmeister et directeur de la musique instrumentale à Mannheim, Stamitz est le principal responsable de cette qualité d'exécution observée par la suite par de nombreux commentateurs. Son influence sur ses élèves et ses subordonnés jette les bases d'une technique d'orchestre dont les qualités sonores et la cohésion sont enviées dans toute l'Europe. Johann Stamitz est l'auteur de musique symphonique, de musique de chambre et de quelques œuvres de musique religieuse, notamment une *Messe en ré*, beaucoup jouée à son époque. On s'intéresse surtout à ses symphonies, mais il a aussi écrit plusieurs concertos pour violon (probablement destinés à son usage personnel) et quelques concertos pour instruments à vent, notamment le premier concerto pour clarinette de l'histoire. Les symphonies sur lesquelles repose actuellement la réputation de Johann Stamitz s'écartent de la *sinfonia* italienne en trois mouvements et lui préfèrent la forme en quatre mouvements. Elles révèlent une forte personnalité musicale, rappelant occasionnellement ses originies tchèques (*Sinfonia pastorale* en ré op.4 n° 2). Les éléments les plus spectaculaires de son style – les *crescendos* (sans doute influencés par Jommelli), les effets dynamiques audacieux et la légèreté des figures ornementales qui plaisaient tellement au public de son époque – font souvent oublier les éléments plus fondamentaux de son apport au style symphonique : sa façon d'allonger les phrases, d'accentuer le contraste du matériel mélodique au sein des mouvements, l'intérêt porté au développement thématique et les nouvelles dimensions qu'il donne aux finales ; ces innovations justifient la définition qu'a donnée de lui Burney : « Un autre Shakespeare... [qui] sans abandonner la nature a poussé l'art plus loin que quiconque avant lui ».

Jan Smaczny.

Ständchen (all.). « Sérénade ».

Stanford, (Sir) **Charles Villiers** (Dublin, 30 septembre 1852 ; Londres, 29 mars 1924). Compositeur britannique. Fils d'un juriste protestant irlandais, également chanteur et violoncelliste amateur, il étudie la musique avec divers musiciens de Dublin avant d'entrer au Queen's College de Cambridge, en 1870. Il y dirige la Cambridge University Music Society, puis, en 1873, est nommé organiste à Trinity College (poste qu'il conservera jusqu'en 1892). Il fait également des études à Leipzig et à Berlin, puis commence à connaître quelque succès en tant que compositeur ; il obtient un prix à Londres avec une symphonie, et son premier opéra, *The Veiled Prophet of Khorassan*, est représenté à Hanovre en 1881. Avec Parry, il est nommé professeur de composition au Royal College of Music de Londres dès la fondation de cet établissement (1883) ; il conservera ce poste jusqu'à la fin de sa vie et prodiguera son enseignement à la plupart des compositeurs anglais pendant les quarante années suivantes. En 1885, il est nommé à la tête du Chœur Bach à Londres et, deux ans plus tard, professeur de musique à l'Université de Cambridge. Il compose ensuite plusieurs opéras – notamment *Shamus O'Brien* (1896) qui remporte un succès considérable – et sa musique pour l'Église anglicane devient vite très populaire. Il est anobli en 1902 et dirige les Festivals de Leeds entre 1901 et 1910. Sa musique religieuse et ses chansons, comme « A Song of the Sea », « Songs of the Fleet » ainsi que la musique écrite sur le texte de Tennyson *The Revenge* ont suffi à assurer sa réputation. Il est enterré à côté de Purcell à l'abbaye de Westminster.

Denis Arnold.

Stanley, John (Londres, 17 janvier 1712 ; Londres, 19 mai 1786). Organiste et compositeur anglais. Aveugle dès l'âge de deux ans, il n'en entreprend pas moins une carrière musicale. Il est l'élève de Maurice Greene avec lequel, selon Burney, « il étudie avec beaucoup de diligence et un succès étonnant ». Dès l'âge de neuf ans, il fait apparemment fonction d'organiste à l'église londonienne All Hallows, dans Bread Street, et, en 1723, il y succède officiellement à William Babell en tant qu'organiste titulaire. Un journal de l'époque le décrit comme quelqu'un qui « est devenu le sujet d'étonnement de la ville pour son jeu ingénieux du clavecin et de l'orgue ». Trois ans plus tard, Stanley est nommé organiste de St Andrew's de Holborn et, en 1734, de Temple Church. A dix-sept ans, il reçoit le grade de « Bachelor of Music » à l'Université l'Oxford (il est le plus jeune musicien à avoir jamais reçu ce grade) et il se marie en 1738. A la mort de Haendel, Stanley et J. C. Smith (II) dirigent les oratorios annuels à Covent Garden et à Drury Lane. Sept ans avant sa mort, Stanley succède à Boyce comme « Master of the King's Band of Musicians » de George III.

Selon Burney, Stanley était un « instrumentiste adroit, agréable et précis, un compositeur spontané et agréable et un pédagogue intelligent ». Il a composé la musique de plusieurs œuvres dramatiques, notamment la pastorale *Arcadia, or The Shepherd's Wedding* (1761) pour le mariage de George III et de la reine Charlotte, l'opéra *Teraminta* et trois oratorios. Il a publié trois recueils de *voluntaries* pour orgue (Londres, 1748, 1752, 1754) qui sont encore souvent joués et d'autres œuvres de musique instrumentale.

Wendy Thompson.

Stark (all.). « Fort » ; *stärker,* « plus fort » ; *stark anblasen, stark blasend,* « en soufflant fort » (instruments à vent).

Starlight Express, The. Musique de scène op.78 d'Elgar pour une pièce de Violet Pearn d'après *A Prisoner in Fairyland* d'Algernon Blackwood, représentée à Londres en 1915. Elle contient des mélodies pour soprano et basse et la partition fait appel aux cloches de vache et à la machine à vent. Elgar a réutilisé dans cette œuvre certains thèmes de ses suites *The Wand of Youth* (1907-08).

Star-spangled Banner, The. Hymne national des États-Unis, adopté officiellement en 1931. Francis Scott Key (1779-1843) a écrit le poème en 1814, publié dans le *Baltimore Patriot* le 20 septembre de la même année.

Les premières paroles « O say, can you see by the dawn's early light / What so proudly we hailed at the twilight's last gleaming » ont de toute évidence été écrites pour être chantées sur l'air de la chanson de John Stafford Smith « To Anacreon in Heaven », composée pour l'Anacreontic Society of London et très populaire en Amérique à cette époque. La Music Supervisors' Conference of America s'est fortement opposée à l'adoption de ce chant comme hymne national sous prétexte que « le texte n'était que le reflet d'un seul événement de la guerre et ne pouvait pas pleinement représenter l'esprit d'une nation aspirant à la "paix et à la bonne volonté" ».

Stassov, Vladimir (Vassiliévitch) (Saint-Pétersbourg, 14 janvier 1824 ; Saint-Pétersbourg, 23 octobre 1906). Critique et musicographe russe qui s'est intéressé à de multiples domaines de la musique. Il était également un nationaliste fervent et les compositeurs nationalistes russes du XIXe siècle le considéraient comme un personnage marquant : il a forgé pour eux l'expression « puissant petit groupe » (voir *Groupe des Cinq*) et a été étroitement impliqué dans la composition de nombreuses œuvres russes importantes. Il a notamment entretenu une correspondance durable avec Moussorgski au sujet de son grand opéra historique *La Khovanchtchina,* Moussorgski exposant ses idées parfois excentriques à Stassov qui lui prodiguait ses encouragements et une critique pertinente ; il a aidé Balakirev lorsqu'il écrivait la musique de scène du *Roi Lear,* en sélectionnant des airs anglais adéquats qui étaient ensuite incorporés dans la partition, et il a donné à Tchaïkovski l'idée (et un plan détaillé) de sa fantaisie pour orchestre *La Tempête.* En outre, Stassov a beaucoup écrit sur la musique et certains de ses écrits les plus substantiels ont été traduits en anglais et publiés dans le recueil *Vladimir Stassov : Selected Essays on Music* (Londres, 1968), préfacé par Gerald Abraham.

Geoffrey Norris.

Steele, (Hubert) **John** (Wellington, 13 avril 1929). Musicologue néo-zélandais. Il fait ses études à University College à Victoria et à l'Université d'Otago (1953) et obtient du gouvernement néo-zélandais la première bourse d'études en musicologie pour aller étudier à Cambridge sous la direction de Thurston Dart. Il est nommé maître de conférences à l'Université de Sydney en 1959 ; il y encourage l'exécution de musique ancienne et réalise une édition de *Beatus Vir* de Monteverdi qui est désormais largement diffusée. S'intéressant à la musique anglaise ancienne pour clavier, aux motets et madrigaux de Peter Philips et de Marenzio et à la musique religieuse italienne de l'ère baroque, il prépare des éditions de John Bull et de Peter Philips pour *Musica britannica,* ainsi que d'Alessandro Scarlatti et de Marenzio pour d'autres publications. Il a une chaire au département de musique de l'Université d'Otago qui est un centre de recherche musicologique en Nouvelle-Zélande.

J. M. Thomson.

Steffani, Agostino (Castelfranco, Vénétie, 25 juillet 1654 ; Francfort-sur-le-Main, 12 février 1728). Compositeur italien issu d'une famille pauvre, il fait ses premières études à Padoue et, à l'âge de treize ans, sa voix le fait remarquer du prince Électeur de Bavière qui l'emmène à Munich. Il y reçoit une solide formation musicale et devient l'élève de Kerll, Kapellmeister à la cour. En 1672, il va se perfectionner à Rome avec Ercole Bernabei, qui emmène Steffani avec lui lorsqu'il est nommé Kapellmeister à la cour de Munich, en 1674. Steffani devient organiste de la cour en 1675 et il est ordonné prêtre en 1680 ; mais il se consacre surtout à la composition d'opéras dans un style qui révèle l'influence de Legrenzi et d'autres compositeurs vénitiens. En 1688, ses espoirs de succéder à Bernabei sont déçus (c'est le fils de Bernabei qui est nommé) et il quitte Munich pour Hanovre, où il devient chef d'orchestre de l'Opéra de la cour.

Tout en continuant à composer des opéras et d'autres œuvres, Steffani consacre la fin de sa vie à la diplomatie, voyageant dans toute l'Europe. Lors d'un séjour à Rome (1708-09), il fait la connaissance de Haendel qui sera influencé par ses duos *da camera* sur des textes italiens. Son œuvre est également connue en Angleterre et, en 1727, il est nommé président honoraire de l'Academy of Vocal Music (future Academy of Ancient Music). Steffani était l'un des compositeurs d'opéras les plus célèbres en Allemagne, ses ouvrages recelant une véritable puissance émotionnelle dans les récitatifs comme dans les airs ; toutefois, ses meilleures œuvres sont les duos. Certaines pièces de musique de chambre, notamment un *Stabat mater* pour six voix, orchestre à cordes et continuo, sont également intéressantes.

Denis Arnold.

Steg (all.). « Chevalet » (d'un violon, etc.) ; *am Steg*, la même chose que *sul ponticello* (ital.), c'est-à-dire archet sur le chevalet (ou près du chevalet).

Steibelt, Daniel (Berlin, 22 octobre 1765 ; Saint-Pétersbourg, 20 septembre 1823). Compositeur allemand. Fils d'un facteur de pianos et de clavecins, il a fait une belle carrière de pianiste à Paris et à Londres – bien qu'il ait dû quitter ces deux villes à plusieurs reprises en raison de tractations d'affaires véreuses. Il épousa une Anglaise et, en 1808, s'installa à Saint-Pétersbourg où Alexandre Ier l'avait invité à diriger l'Opéra français ; à partir de 1810, il y prit la succession de Boieldieu comme maître de chapelle. Il fit la connaissance de John Field, avec lequel il se lia d'amitié. Steibelt est l'auteur de plusieurs opéras, dont la plupart sont aujourd'hui perdus, et de beaucoup de musique pour piano assez fastidieuse. Ses innovations comprennent l'emploi d'un double orchestre dans son *Grand Concerto militaire pour piano* (vers 1816) et celui d'un chœur dans son *Concerto pour piano n° 8* (1820).

Denis Arnold.

Steinmetz, Johann Erhard (célèbre au milieu du XVIIIe siècle). Compositeur allemand. On sait peu de chose de ce personnage obscur : il semble avoir été hautboïste dans l'ensemble de chasse de Dresde. Les symphonies (aujourd'hui perdues) qui lui sont attribuées dans le catalogue Breitkopf de 1762 sont probablement des œuvres de Johann Stamitz.

Stendhal. Voir *Musique et littérature.*

Stentare (ital.). « S'efforcer de », c'est-à-dire jouer d'une manière laborieuse ; *stentamento*, « laborieusement », « lentement », *stentato*, « retenu », chaque note étant accentuée.

Štěpán [Steffan, Steffani, Stephan, Staphani], **Josef Antonín** (Kopidlno, Bohême, baptisé le 14 mars 1726 ; Vienne, 12 avril 1797). Compositeur, claveciniste et pianiste tchèque. Il commence par apprendre la musique avec son père, organiste et instituteur à Kopidlno, et poursuit ses études avec Hammel et Wagenseil à Vienne. Il s'y installe en 1741, fuyant l'invasion de l'armée prussienne, et se forge une belle réputation de claveciniste et de pianiste, tout en enseignant la pratique de ces instruments à certains membres de la famille royale. L'œuvre de Štěpán comprend quelques œuvres de musique religieuse et environ quatre recueils de lieder, dont les *Sammlung deutscher Lieder*, vol. 1 (1778) qui constituent la première publication viennoise de ce genre. Toutefois, ses œuvres pour piano et ses concertos pour clavecin représentent sa contribution la plus significative à la musique de l'époque. Les premières sonates, composées vers 1755, montrent son avance sur les modèles courants de style italien. Par leur figuration et l'emploi d'une dynamique davantage conçue pour le piano que pour le clavecin, ses sonates et ses capriccios ultérieurs (1770-1800) se distinguent des œuvres de ses contemporains et ont joué un rôle important dans le développement de la sonate classique pour instrument soliste. Dans ces œuvres, il introduit notamment à plusieurs reprises des tonalités mineures, pratique qu'il adopte également dans certains concertos. Son emploi occasionnel d'éléments à programme et l'intégration thématique des différents mouvements montrent un intérêt certain pour l'expérimentation dans le domaine des formes.

Jan Smaczny.

Sterbend (all.). « En mourant ».

Sterndale Bennett, (Sir) **William** (Sheffield, 13 avril 1816 ; Londres, 1er février 1875). Compositeur anglais qui, pendant une courte période, entre 1830 et 1840, a joui d'une grande réputation dans l'Allemagne de Mendelssohn et de Schumann. Fils de l'organiste de l'église paroissiale de Sheffield, il est orphelin à l'âge de trois ans et est élevé à Cambridge, où il est choriste. En 1826, Il est admis comme « prodige » à la Royal Academy of Music : il y étudie le violon, le piano et la composition (sous la direction de Crotch). Son talent de pianiste devient bientôt célèbre et un concerto pour piano écrit en 1832, alors qu'il est encore l'élève de Cipriani Potter, lui vaut d'être invité en Allemagne par Mendelssohn. Au cours des six années suivantes, il compose trois autres concertos, plusieurs symphonies, des lieder et des pièces pour piano ; Schumann exprime une admiration intense pour son œuvre. Toutefois, à partir de 1840, il a du mal à terminer ses partitions et se consacre à la direction d'orchestre, au piano et à l'enseignement. Il devient professeur de musique à l'Université de Cambridge en 1856, instituant des examens (au lieu des traditionnels « exercices ») pour les diplômes de musique, et est nommé directeur de la RAM en 1866. Il est anobli en 1871. A la fin de sa vie, il retrouve l'inspiration pour composer et écrit une cantate, *The May Queen* (1858), *The Woman of Samaria* (1867) et une nouvelle symphonie (1864). Il a aussi réalisé des éditions des œuvres de Bach et de Haendel.

Michael Kennedy.

Steso (ital.). « Étendu », « déployé », c'est-à-dire « lent ».

Stesso, stessa (ital.). « Même » ; *lo stesso tempo, l'istesso tempo,* « le même tempo », signifiant généralement que, malgré un changement de la valeur nominale du temps (dans l'Ex. 1, elle est passée de la noire à la noire pointée), sa durée doit rester la même (souvent exprimée sous la forme ♩ = ♩.).

Stevens, Bernard (George) (Londres, 2 mars 1916). Compositeur anglais. Il fait ses études avec Edward Dent et Cyril Rootham à Cambridge (1935-37) et avec R. O. Morris et Gordon Jacob au Royal College of Music de Londres (1937-40). Après la guerre, ses sympathies socialistes l'amènent à entrer à la Worker's Musical Association (1946). Ses compositions s'inscrivent dans la tradition européenne représentée par des compositeurs comme Hindemith et comprennent des œuvres symphoniques, de la musique chorale et des mélodies.

Paul Griffiths.

Stevens, Halsey (Scott, New York, 3 décembre 1908). Compositeur et musicologue américain. Il étudie la composition avec William H. Berwald à l'Université de Syracuse (1926-31, 1935-37) et avec Ernest Bloch à l'Université de Californie à Berkeley (1944). En 1946, il est nommé à l'Université de Caroline du Sud, où il enseigne la composition. Sa vaste production, comprenant beaucoup de sonates et de sonatines instrumentales, révèle l'influence de Bartók, sur lequel Stevens est l'auteur d'une étude qui fait autorité : *The Life and Music of Béla Bartók* (New York, 1953, 2e éd. 1964).

Paul Griffiths.

Stevens, Richard John Samuel (Londres, 27 mars 1757 ; Londres, 23 septembre 1837). Compositeur anglais. Dans son enfance, il chante à la cathédrale St Paul, à Londres ; puis il est organiste dans diverses églises londoniennes avant d'être nommé « Gresham Professor of Music » en 1801 et maître de musique à Christ's Hospital en 1808. On le connaît surtout par ses mélodies (voir *Glee*).

Stevenson, Ronald (Blackburn, 6 mars 1928). Compositeur et musicographe écossais. Il fait ses études au Royal Manchester College of Music (1945-48) et avec Guido Guerrini à l'Accademia di Santa Cecilia

Ex. 1. Grieg : Sonate pour piano op.7, *deuxième mouvement.*

à Rome (1955). Toutefois, l'intérêt qu'il porte à Busoni influence davantage sa pensée musicale et il s'inspire non seulement de la préférence de Busoni pour les formes élaborées (*Passacaglia on DSCH* pour piano, 1960-62), mais également de l'emploi d'éléments folkloriques étrangers. Stevenson mène également une carrière importante de pianiste et de musicographe ; il est l'auteur du livre *Western Music : an Introduction* (Londres, 1971).

Paul Griffiths.

Stierhorn. Voir *Cor,* 9*d*.

Stile antico (ital.). « Ancien style », l'une des expressions utilisées pour désigner la musique religieuse du XVIIe siècle écrite dans le style de Palestrina, avec une polyphonie fluide et coulante, ou écrite *a cappella,* plutôt que dans le *stile moderno,* pour quelques voix avec accompagnement de continuo. A une certaine époque, les compositeurs ont écrit différents genres de musique religieuse dans le *stile antico,* même s'ils utilisaient le *stile moderno* dans d'autres œuvres : la musique de la messe, par exemple, était souvent chantée sans accompagnement et moins expressive que les motets. Voir également *Palestrina,* 2.

Stile concitato (ital.). « Style agité ». Terme employé par Monteverdi pour expliquer son interprétation des trois catégories de musique de Platon – « colère, modération et humilité ou supplication » – dans la préface des *Madrigali guerrieri ed amorosi* (1638). Dans ce contexte, il avait recours à des rythmes militaires « pour éveiller l'instinct guerrier » et, dans le *Combattimento di Tancredi e Clorinda* (« Le Combat de Tancrède et Clorinde », 1624), Monteverdi a développé cette idée en faisant correspondre une ronde à un temps spondaïque (choisi par les philosophes grecs pour les danses calmes), puis en la divisant en seize parties égales (doubles croches) pour obtenir l'équivalent d'un temps pyrrhique (utilisé pour les danses animées et les danses guerrières). De nos jours, ce terme signifie parfois simplement « vigoureux » ou « très animé » ; en raison de son imprécision, il vaut mieux l'éviter.

Stile moderno (ital.). « Style moderne » ; voir *Stile antico.*

Stile rappresentativo (ital.). « Style représentatif », « style dramatique ». Terme employé pour la première fois par Caccini dans la dédicace (à Giovanno de' Bardi) de son opéra *Euridice* (1600). Il se réfère au nouveau style d'écriture vocale dramatique élaboré par la **camerata* florentine pour retrouver une puissance émotionnelle identique à celle de la musique de la Grèce antique ; Caccini a décrit ce style plus en détail dans son recueil de chants monodiques *Le Nuove Musiche* (1601-02). Une partie de la musique écrite dans ce style a survécu dans l'opéra de Peri *Dafne* (1594, représenté en 1598), et Cavalieri l'a adopté dans sa *Rappresentazione di anima e di corpo* (1600). Le rythme et le phrasé de la musique écrite dans le *stile rappresentativo* sont libres, avec des pauses fréquentes et l'emploi d'intervalles inhabituels pour entretenir l'effet émotionnel. Dans l'avant-propos de sa version d'*Euridice* (à laquelle Caccini a contribué en écrivant des airs et des chœurs), Peri a noté : « ... ayant à l'esprit ces inflexions et ces actions qui nous servent dans nos peines, dans nos joies et dans des états analogues, j'ai fait avancer la basse de la même façon, plus ou moins selon les passions ». Voir également *Monodie.*

Still (all.). « Tranquille », « calme ».

Still, William Grant (Woodville, Mississippi, 11 mai 1895 ; Los Angeles, 3 décembre 1978). Compositeur noir américain. Still fait ses études au Wilberforce College et au Conservatoire d'Oberlin, puis travaille la composition avec Varèse et George W. Chadwick. Dans les années vingt, il s'installe à New York et joue dans des orchestres de danse et de théâtre ; il travaille pour la maison d'édition de W. C. Handy et la Black Swan Phonograph Company ; il fait des arrangements et compose pour la radio. A la même époque, il commence à écrire des compositions d'envergure. La première partition qui attire l'attention sur lui (et est encore son œuvre la plus connue) est l'*Afro-American Symphony*, créée par le Rochester Philharmonic sous la direction d'Howard Hanson en 1931. Ensuite, pendant une quarantaine d'années, il compose régulièrement et remporte tant de prix, de distinctions honorifiques et de diplômes honoraires qu'il se voit attribuer le sobriquet de « Dean of Negro Composers » (« Doyen des compositeurs noirs »).

La musique de Still tend vers un style tonal, traditionnel ; elle est souvent attrayante, bien construite, lyrique et d'accès facile. Outre des opéras, des symphonies, de la musique sacrée et de nombreuses œuvres instrumentales, Still a composé des chansons populaires, des arrangements de *spirituals,* de la musique de film et de spectacles télévisés et fait de la direction d'orchestre. L'œuvre de Still dans le domaine de la grande musique a ouvert une nouvelle voie à d'autres compositeurs noirs, mais sa contribution à la vie musicale américaine s'apprécie mieux si l'on considère l'ampleur et la diversité des styles et des domaines musicaux qu'il a abordés.

Mark Tucker.

Stilt, The (« L'échasse »). Nom donné dans le Psautier de Hart (1615) à un air célèbre en mètres communs que l'on appelle maintenant *York.* Il progresse par larges degrés, ce qui a certainement donné l'idée de la marche à grandes enjambées d'un homme monté sur des échasses. Dans son *History of Music* (1776), Hawkins notait que cet air était « si connu que la moitié des nourrices anglaises avaient coutume de le chanter comme berceuse ; en outre, les carillons de nombreuses églises le jouent entre six et huit fois par jour depuis des temps immémoriaux ». Vaughan Williams l'a introduit comme air de l'horloge d'une église villageoise dans son opéra *Hugh the Drover* (créé en 1924).

Stimme (all.). « Voix », y compris dans le sens de partie vocale ou instrumentale ; ce terme veut également dire registre d'orgue et âme (sur un instrument à cordes) ; le pluriel est *Stimmen.* Le verbe *stimmen* signifie « accorder ».

Stimmgabel (all.). « Diapason à branches ».

Stimmhorn (all.). « Accordoir conique » (pour accorder les tuyaux d'orgue).

Stimmstock (all.). L'âme d'un instrument à cordes.

Stimmung (all.). 1. « Climat », « caractère » ; *Stimmungsbild,* morceau de musique exprimant une ambiance particulière ; *Stimmungsmusik,* « musique d'ambiance ».
2. « Accord ».

Stimmung (« Accord »). Œuvre pour deux sopranos, mezzo-soprano, ténor, baryton et basse de Stockhausen, composée en 1968. Les six chanteurs, munis d'un micro, vocalisent sans paroles ni accompagnement pendant 75 minutes.

Sting. Terme anglais du XVIIe siècle désignant le vibrato normal dans le jeu du luth, c'est-à-dire celui que produit le mouvement d'un seul doigt.

Stinguendo (ital.). « En s'éteignant », en disparaissant progressivement.

Stirando, stirato, stiracchiando, stiracchiato (ital.). « En étirant », « étiré », c'est-à-dire en « allongeant » la musique au moyen d'un *ritardando.*

Stochastique (Musique) (du grec *stokhos*, « but »). A l'origine, terme mathématique, un processus stochastique étant un processus dont le but peut être décrit, mais dont les détails sont imprévisibles. En musique, il se rapporte à la composition qui fait appel aux lois de la probabilité. Par opposition à la *musique aléatoire, la musique stochastique est entièrement composée : le hasard entre uniquement dans le processus de composition, le compositeur confiant à quelques calculs de probabilités la distribution des hauteurs. Les techniques stochastiques, qui dépendent souvent de l'emploi d'un ordinateur pour calculer les distributions, peuvent être utiles pour créer des masses sonores dont les détails sont moins importants que l'effet d'ensemble. C'est Xenakis qui a introduit ce terme dans le vocabulaire musical ; une grande partie de sa musique est d'essence stochastique.

Paul Griffiths.

Stockend (all.). « S'arrêtant », c'est-à-dire « en ralentissant ».

Stockhausen, Karlheinz (Burg Mödrath, près de Cologne, 22 août 1928). Compositeur allemand. Il fait ses études à la Musikhochschule de Cologne (1947-51) avec Hans Otto Schmidt-Neuhaus (piano), Hermann Schroeder (harmonie et contrepoint) et Frank Martin (composition). En 1951, il suit les cours d'été de Darmstadt, où il est impressionné par les essais de Karel Goeyvaerts relatifs à l'application des méthodes sérielles au rythme et également par le *Mode de valeurs et d'intensités* (1949) de Messiaen qui utilise des gammes de valeurs rythmiques et de niveaux dynamiques. Tirant ses propres conclusions de ces exemples, il écrit *Kreuzspiel* pour hautbois, clarinette basse, piano et percussion (1951) et *Formel* pour orchestre (1951). En 1952, il étudie avec Messiaen et travaille au studio de musique concrète de Pierre Schaeffer. Il retourne ensuite à Cologne, où il achève *Kontra-Punkte* pour dix instruments (1952-53), la première œuvre dont il admette la maturité.

En peu de temps, Stockhausen s'affirme, avec Pierre Boulez, comme l'un des chefs de file de la tendance cherchant à créer un nouveau langage musical selon des lignes strictement sérielles (voir *Sérialisme*). Chaque œuvre nouvelle apporte une idée et des possibilités musicales nouvelles. Dans les deux études électroniques *Studien* (1953-54), composées au studio de Cologne récemment fondé, il essaie de synthétiser des timbres à partir de sons purs ; dans *Zeitmasse* pour cinq bois (1955-56), il intègre des tempos stricts à des tempos variables ; dans *Gruppen* pour trois orchestres (1955-57), il ajoute l'espace acoustique au répertoire des moyens mis à la disposition du compositeur et dans *Gesang der Jünglinge* sur bande magnétique (1955-56), il réalise l'union complète de la musique et du langage.

Dans la partition électronique suivante, *Kontakte* à quatre pistes (1958-60), Stockhausen décide d'aborder des sons complexes qui ne se prêtaient pas aux méthodes sérielles et aux schémas complexes des œuvres antérieures ; il introduit donc des techniques plus empiriques ; sa principale préoccupation devient le son entendu et non sa représentation symbolique. Stockhausen a toujours su juger avec précision l'efficacité acoustique, mais la composition et la relation des timbres deviennent de plus en plus importantes. C'est le cas dans *Momente* pour soprano, chœur et instruments (1961-72) et dans plusieurs œuvres où Stockhausen applique la transformation électronique à l'exécution musicale : *Mixtur* pour orchestre modulé (1964), *Mikrophonie I* pour tam-tam et microphones (1964) et *Mikrophonie II* pour chœur modulé, orgue Hammond et bande magnétique (1965). Il écrit ensuite deux œuvres pour bande magnétique, *Telemusik* (1966) et *Hymnen* (1966-67), dans lesquelles il intègre des enregistrements de musique en provenance du monde entier. Il procède de même dans plusieurs autres œuvres, notamment *Prozession* (1967) et *Kurzwellen* (1968), destinées à son propre ensemble de musiciens, qui utilisent des instruments normaux et des instruments électroniques. Son expérience avec ce groupe le conduit à accorder beaucoup de liberté à l'interprète, surtout dans *Aus den sieben Tagen* (1968), ensemble de poèmes en prose destinés à stimuler l'imagination du musicien.

Avec *Mantra* pour deux pianos et électronique (1970), Stockhausen aborde une nouvelle phase, basant chaque œuvre sur une ou plusieurs mélodies obsédantes. Parfois, comme dans *Mantra* ou *Inori* pour danseur et orchestre (1973-74), le résultat est un développement massif et ininterrompu ; dans d'autres œuvres, comme *Musik im Bauch* pour six percussionnistes (1975), il met l'accent sur la représentation rituelle d'une fable musicale. *Trans* pour orchestre (1971) allie force musicale et efficacité dramatique, les cordes seules étant visibles, placées derrière un voile et baignées de lumière violette, tandis que les autres pupitres sont installés derrière. Stockhausen réalise des combinaisons analogues de musique et de théâtre dans *Licht* (commencé en 1977), cycle de scènes destinées à être jouées les sept soirs de la semaine. Dans toutes les phases de son évolution, Stockhausen a exercé une influence considérable. Depuis 1957, il enseigne souvent à Darmstadt et donne des conférences dans le monde entier. En outre, il dirige et joue souvent sa propre musique.

Paul Griffiths.

BIBLIOGRAPHIE : Jonathan Cott, *Conversations avec Stockhausen*, Lattès (Paris, 1979).

Stolle (all.). Première strophe, qui est répétée, de la **Barform*.

Stoltzer, Thomas (Schweidnitz, Silésie, vers 1480-85 ; Moravie, 1526). Compositeur allemand. Prêtre du chapitre de la cathédrale de Breslau en 1519, il devient, trois ans plus tard, *magister capellae* de la cour de Hongrie à Ofen (aujourd'hui Budapest). Comme certains compositeurs anglais, il est déchiré entre l'Église protestante et l'Église catholique, écrivant quatre splendides motets psalmodiques dans des traductions de Luther ainsi que de la musique religieuse latine plus conventionnelle, dans un style proche de celui d'Isaac.

Denis Arnold.

Stölzel, Gottfried Heinrich (Grünstädtel, Erzgebirge, 13 janvier 1690 ; Gotha, 27 novembre 1749). Compositeur allemand. Fils d'un organiste qui lui enseigne le chant et les instruments à clavier avant de l'envoyer en 1707 à l'Université de Leipzig pour étudier la théologie. Il se tourne bientôt vers la carrière musicale et il a à peine plus de vingt ans lorsqu'il devient professeur de musique de plusieurs familles nobles de Breslau. En 1713, il fait une grande tournée en Italie (où il rencontre Vivaldi) et va à Prague en 1715. Il passe trois ans à Prague, où il enseigne, puis devient Kapellmeister de la cour à Gotha en 1720 ; il conservera ce poste jusqu'à la fin de sa vie.

Stölzel est l'un des compositeurs les plus connus de son époque, mais on a perdu une grande partie de sa musique, notamment ses œuvres destinées à la scène. Toutefois, son splendide concerto pour « 4 chori » (deux chœurs de trompettes et de tambours, un chœur de vents et un chœur de cordes) révèle son talent considérable ; Bach en a transcrit un mouvement pour clavier à l'intention de Wilhelm Friedemann. Stölzel s'est aussi intéressé aux accords expérimentaux qui ont produit *Le Clavier bien tempéré*, écrivant une *Enharmonische Sonata*, et ses ouvrages théoriques comprennent un traité intéressant sur le récitatif. Certains musicologues lui attribuent le célèbre lied « Bist du bei mir » plutôt qu'à J. S. Bach.

Denis Arnold.

Stone, Robert (Alphington, Devon, 1516 ; Londres, 2 juillet 1613). Compositeur anglais. D'abord associé à la cathédrale d'Exeter, il entre ensuite au service de la chapelle royale vers 1543 ; il y restera jusqu'à sa mort. Son *Notre Père* est encore très populaire.

John Milsom.

Storace, Stephen (John Seymour) (Londres, 4 avril 1762 ; Londres, 19 mars 1796). Compositeur anglais. Fils d'un contrebassiste napolitain travaillant à Dublin, il est envoyé en Italie pour y recevoir sa première formation musicale (à partir de 1776). Six ans plus tard, il publie l'un des premiers recueils de canzonettes avec un accompagnement de piano indépendant de la partie vocale (Londres, 1782). Sa sœur Nancy, l'une des meilleures sopranos de son époque, vit à Vienne à la fin de l'été 1783. Mozart écrit pour elle la partie de Susanna des *Noces de Figaro* ; tous deux ont beaucoup bénéficié de l'amitié de Mozart, même après le retour de Storace en Angleterre en février 1787. En exploitant la masse de manuscrits réunis au cours de ses voyages, il publie pendant les deux années suivantes le recueil *Storace's Collection of Harpsichord Music* qui comprend des œuvres pour instrument soliste, de la musique de chambre, des concertos, notamment la première impression anglaise du *Quatuor en mi bémol avec piano* et du *Trio K 564* de Mozart. Trois trios de Storace figurent dans ce recueil ; ils sont tous intéressants, notamment celui en ré, magistral dans son indépendance d'écriture pour les trois instruments toute mozartienne.

Storace avait un penchant naturel pour l'opéra. En 1785, il reçoit de Vienne la commande de *Gli Sposi malcontenti*, sans doute grâce aux relations de sa sœur avec l'empereur. L'année suivante, il produit l'une des œuvres qui remporteront le plus de succès, *Gli Equivoci*, sur un livret de Da Ponte ; il y fait preuve d'une maîtrise impressionnante des procédés lyriques italiens de la fin de l'ère classique. De retour en Angleterre, il se plonge dans un tourbillon incessant d'activités théâtrales dont les résultats les plus remarquables sont les opéras *The Haunted Tower* (1789), *No Song, No Supper* (1790) et *The Pirates* (1792). Cependant, en raison du laxisme des traditions lyriques anglaises (la plupart des opéras étaient alors un « patchwork » d'œuvres de plusieurs compositeurs) et à cause de la destruction des partitions et du matériel (manuscrits) dans les deux incendies qui ont ravagé Covent Garden (1808) et Drury Lane (1809), le talent de Storace n'a certainement pas pu être apprécié à sa juste mesure.

Robin Langley.

Stornello (ital.). Type de chanson traditionnelle toscane, improvisée par un chanteur (*stornellatore*) ou une chanteuse (*stornellatrice*). Le poème comporte seulement trois lignes de texte.

Strad, The. Revue musicale mensuelle anglaise traitant de tous les aspects du monde des instruments à cordes et à archet, de leurs facteurs et instrumentistes. Fondée en 1890 par Eugene Polonaski, elle a été associée pendant de longues années à la famille Lavender ; elle est publiée par Novello & Co.

Stradella, Alessandro (? Nepi, près de Viterbo, 1638/39 ; Gênes, 25 février 1682). Compositeur italien. Fils d'un chevalier de l'ordre de San Stefano de Pise, Stradella est un *gentiluomo*. On ne sait rien de ses débuts, sinon qu'il semble avoir fait ses études à Bologne. Il entre dans le cercle des favoris de la reine Christine de Suède, catholique convertie qui vivait en grande pompe à Rome, et, vers 1664, devient son *servitore di camera*. Il compose des motets et des cantates pour divers membres de la noblesse, mais, de plus en plus impliqué dans des scandales touchant aux femmes et à l'argent, il doit quitter Rome en 1677. Il se rend à Venise, où il enseigne la musique à la maîtresse d'Alvise Contarini ; quelques mois plus tard, il s'enfuit avec elle à Turin, poursuivi par Contarini puis par deux tueurs à gages. Stradella réussit à avoir la vie sauve et, en 1678, il quitte Turin (seul) pour vivre à Gênes, où il restera jusqu'à la fin de sa vie.

Stradella est un compositeur extrêmement versatile. Au nombre de ses opéras figure *Il Trespolo tutore* (représenté à Gênes vers 1677), *opera buffa* dont l'intrigue est la même que celle de *Don Pasquale* de Donizetti et dont la musique reste dans le style lyrique conventionnel. Toutefois, on trouve sa plus belle musique dans les oratorios dramatiques, particulièrement *San Giovanni Battista* (créé à Rome en 1675), dont les personnages et les situations sont campés d'une manière frappante – il s'est peut-être parfois inspiré de son expérience personnelle. La principale caractéristique de sa musique instrumentale est l'utilisation qu'il fait des contrastes solo/tutti dans le concerto grosso.

Stradella est mort poignardé par un soldat pour une affaire de femme. Dans l'opéra de Flotow, *Alessandro Stradella* (1844), il a la vie sauve lorsque les tueurs à gages se repentent en entendant le nouveau motet qu'il avait composé à la gloire de la Sainte Vierge Marie.

Denis Arnold.

Stradivari, Antonio [Stradivarius] (Crémone, ? 1644 ; Crémone, 18 décembre 1737). Ce facteur de violons, l'un des plus grands, a commencé à travailler, jusque vers 1665, avec Nicolò Amati (1596-1684). Il est souvent cité comme l'un des nombreux et éminents élèves d'Amati parmi lesquels ont figuré Andrea Guarneri, grand-oncle de Giuseppe [Joseph] Guarneri « del Gesù », le plus proche rival de Stradivari. On estime qu'au cours de sa longue vie Stradivari a produit plus de 1 100 instruments dont environ 400 seraient encore de nos jours entre les mains d'instrumentistes et de collectionneurs – beaucoup de violons, peut-être

16 altos et 50 violoncelles et quelques instruments divers, notamment des basses de viole et une guitare. (Tous ces instruments ne représentent bien sûr qu'une fraction infime des innombrables instruments qui portent l'appellation non authentique de « Stradivarius ».)

Les modèles de Stradivari ont évolué selon des phases que le connaisseur sait reconnaître ; ils ont atteint leur forme classique vers 1700. Un grand nombre de ces instruments sont connus par les noms de leurs anciens propriétaires ; ainsi, pour les violons, le « Hellier » (1679), le « Betts » (1704) et le « Sarasate » (1724). Le « Messie » (1716) – qui n'a presque jamais servi et est conservé à l'Ashmolean Musem d'Oxford – a reçu son sobriquet du violoniste français Delphin Alard (1815-88) qui a vu en cet instrument « ce que l'on attend toujours mais qui n'apparaît jamais ».

On a souvent cherché à savoir pourquoi ces instruments étaient exceptionnels. Les analyses ondulatoires réalisées sur des Stradivarius et sur d'autres beaux violons italiens ont fait ressortir des caractéristiques optimales en ce qui concerne le son et la réponse. L'âge n'est pas un facteur déterminant : Stradivari jouissait déjà d'une renommée internationale de son vivant. Et la sélection de ses matériaux n'est pas exceptionnelle. Le génie de l'artisan, qui a toujours fait son autocritique, explique mieux sa prééminence. On a toutefois avancé que la chance avait joué en sa faveur dans la mesure où il avait moins arqué la caisse du violon qu'on n'avait coutume de le faire à son époque : lorsque les instruments ont ensuite été modifiés (nouveau manche, etc. : voir *Violon*, 6c), les « Strads » ont particulièrement bien répondu à ces modifications. Les grands solistes de tous les temps ont pour la plupart choisi un Stradivarius ou bien un Guarnerius. Les prix de tels instruments ont récemment atteint cinq millions de francs.

On ne connaît aucun portrait authentifié de Stradivari (on l'a décrit comme un homme grand et maigre). Parmi ses enfants, deux fils, Francesco et Omobone, ont poursuivi ensemble les activités de leur père jusqu'à leur mort, pendant environ six ans. On peut voir un grand nombre de ses outils, des dessins, des lettres, etc. au Museo Stradivariano à Crémone.

Anthony Baines.

Straff, straffer (all.). « Strict », « plus strict » ou « serré », « plus serré » ; *straffen*, « serrer », « tendre » (la peau d'un tambour, etc.).

Strambotto (ital.). Type de poème souvent mis en musique vers 1500 par les compositeurs de *frottole* et de madrigaux. Chaque strophe comporte en général huit vers de onze syllabes, avec un schéma de rimes abababcc.

Straniera, La (« L'Étrangère »). Opéra en deux actes de Bellini sur un livret de Romani. Créé à Milan en 1829.

Strascicando, strascicato (ital.). « En traînant », « traîné ». Synonyme de **strascinando*.

Strascinando, strascinato (ital.). « En traînant », « traîné ». Indication demandant de jouer un passage avec des notes très liées.

Strathspey. Danse nationale écossaise, version ralentie du **reel*, dont le nom provient de la *strath* (vallée) de la rivière Spey. Le *strathspey* se caractérise par une mesure à 4/4 et une abondance de rythmes pointés, souvent selon le modèle inversé du **Scotch snap*. Le *strathspey* est essentiellement une musique pour violon, mais se joue également au chalumeau. Plusieurs recueils de *strathspeys* et de *reels* ont été publiés en Écosse au XVIIIe siècle.

Straus, Oscar (Vienne, 6 mars 1870 ; Bad Ischl, 11 janvier 1954). Compositeur autrichien. Il étudie la musique à Vienne et à Berlin où il travaille notamment avec Max Bruch. Au début de sa carrière, il écrit de la musique symphonique et instrumentale mais, à partir de 1895, il devient directeur musical de divers théâtres en Allemagne ; il se tourne alors vers le cabaret et écrit des opérettes dans le style d'Offenbach. Son héritage viennois s'affirme progressivement et il entre dans la tradition de Strauss et de Lehár avec des œuvres dans lesquelles la valse occupe une place prépondérante ; il remporte son premier succès dans ce style avec *Ein Walzertraum* (« Rêve de valse », 1907). L'année suivante, il compose *Der tapfere Soldat* (« Le Soldat en chocolat ») basé sur *Arms and the Man* de Bernard Shaw ; l'un des numéros, la valse « Mon héros », devient vite l'une de ses pages les plus connues. Il écrit régulièrement des opérettes jusque dans les années trente et remporte d'énormes succès avec *Der letzte Walzer* (« La Dernière Valse », 1920) et *Drei Walzer* (« Trois Valses », 1935). En 1950, il se lance dans la musique de film et écrit un succès populaire, « La Ronde de l'amour » pour le film *La Ronde*.

Peter Gammond.

Strauss. Famille de compositeurs et de chefs d'orchestre viennois qui, au XIXe siècle, a donné ses lettres de noblesse à la musique de bal, particulièrement à la valse. Le fondateur de la dynastie, **Johann Strauss** (Vienne, 14 mars 1804 ; Vienne, 25 septembre 1849), était le fils d'un aubergiste viennois qui se serait suicidé en se jetant dans le Danube après la naissance de son fils. Sa mère se remaria et son beau-père encouragea au maximum les talents musicaux manifestes de l'enfant ; mais, voyant en la musique une profession hasardeuse, il lui fit apprendre le métier de relieur. Johann suivit finalement son penchant naturel et entra, à l'âge de quinze ans, comme altiste dans le célèbre orchestre de Michael Palmer. Peu après, un membre éminent de cet orchestre, le violoniste Josef Lanner, le quitta pour former son propre trio auquel Strauss vint se joindre en 1819. Grâce à la musique remarquable qu'écriront pour lui Lanner et Strauss, ce trio deviendra vite un excellent orchestre. En 1825, les deux musiciens se brouillent et, l'année suivante, Strauss forme son propre orchestre qui acquiert une telle popularité qu'il parvient rapidement à un effectif d'une centaine de musiciens. Il se produit au Sperl, la salle de bal la plus célèbre de Vienne et, en 1833, commence à effectuer des tournées à l'étranger avec son orchestre. Sa musique, pleine de grâce et de vitalité rythmique, manque parfois un peu d'originalité. Les œuvres qui ont le mieux résisté à l'épreuve du temps sont la valse *Lorelei-Rhein-Klange* et l'opportune *Marche de Radetzky*. Sa femme Anna lui donnera six enfants dont l'aîné, Johann, fera preuve des mêmes talents musicaux.

Strauss père s'opposait violemment à ce que son fils suive ses traces mais, en 1844, **Johann** (Vienne, 25 octobre 1825 ; Vienne, 3 juin 1899) fonde son propre orchestre, secrètement encouragé par sa mère. Rapidement, cette formation rivalisera avec succès avec l'orchestre de son père. Tous deux finissent par se réconcilier et, à la mort de Johann père, les deux orchestres fusionnent sous la direction de Johann fils qui se fera connaître dans le monde entier par de nombreuses tournées. La musique du jeune Johann est beaucoup plus originale que celle de son père ; ses valses, comme *Le Beau Danube bleu* et les *Histoires de la forêt viennoise*, sont des chefs-d'œuvre incontestables qui figurent toujours au répertoire des plus grands orchestres, notamment l'Orchestre philharmonique de Vienne, comme elles l'étaient dans les bals de l'époque. Valses, polkas et marches coulent sous sa plume à profusion. A la suite du succès remporté à Vienne par les opérettes d'Offenbach, Strauss, encouragé par sa femme, aborde le théâtre, d'abord sans succès. Puis, avec de bons livrets, il composera deux opérettes parfaites, *Die Fledermaus* (« La Chauve-souris », 1874) et *Der Zigeunerbaron* (« Le Baron tzigane », 1885) ainsi que de nombreuses autres œuvres de moindre importance. Son frère **Josef** (Vienne, 22 août 1827 ; Vienne, 21 juillet 1870), aussi doué en matière musicale, choisit la carrière d'ingénieur. Néanmoins, lorsque Johann sera trop occupé à composer ou lorsqu'il tombera malade, Josef se laissera convaincre et reprendra l'orchestre familial, poursuivant désormais une carrière musicale. Sa personnalité, plus calme que celle de son frère, se reflète dans ses valses et polkas, très belles et bien écrites, mais qui ne possèdent peut-être pas la puissance de celles de Johann. Les deux frères composeront ensemble la célèbre *Pizzicato Polka*. Un troisième frère, **Eduard** (Vienne, 15 mars 1835 ; Vienne, 28 décembre 1916), doté d'une excellente formation musicale, jouera dans l'orchestre et s'imposera comme chef d'orchestre et compositeur. Ses œuvres révèlent un solide métier, mais sont moins inspirées que celles de ses frères. A la mort de Johann, il reprendra l'orchestre familial. Plusieurs descendants des frères Strauss ont perpétué la tradition familiale au XXe siècle.

Peter Gammond.

BIBLIOGRAPHIE : Hans Fantel, *Les Strauss, rois de la valse*, Buchet-Chastel (Paris, 1973).

Strauss, Richard (Georg) (Munich, 11 juin 1864 ; Garmisch-Partenkirchen, Bavière, 8 septembre 1949). Compositeur allemand. Fils d'un excellent corniste de l'Orchestre de la cour de Munich ; sa mère, issue d'une riche famille de brasseurs, dispose d'une certaine fortune lui permettant de publier plusieurs de ses œuvres de jeunesse : elles sont jouées grâce aux relations de son père et, à dix-huit ans, Richard Strauss est déjà un compositeur d'une certaine renommée. Ses premières œuvres adoptent les formes classiques, sans doute à cause des vues conservatrices de son père (antiwagnérien farouche) ; elles révèlent surtout l'influence de Brahms, Schumann et Mendelssohn. La réputation qu'il en tire lui permet d'être invité par Hans von Bülow à Meiningen comme chef d'orchestre assistant à l'Orchestre de la cour (1885). Jusqu'en 1924, Strauss se consacre essentiellement à la direction d'orchestre, d'abord à l'Opéra de Munich (1886-89), puis à l'Opéra de Weimar, avant de retourner à Munich comme chef associé, en 1894, et de prendre la direction de l'Orchestre philharmonique de Berlin (1893-95). En 1898, il est nommé premier chef d'orchestre à l'Opéra royal de Berlin, dont il deviendra directeur général de la musique dix ans plus tard.

Dans le domaine de la composition, le style de Strauss évolue de façon radicale au moment où il s'installe à Meiningen : il entre alors en contact avec des musiciens beaucoup plus modernes que ceux qu'il pouvait rencontrer chez lui. Sur les traces de Liszt et de Wagner, il compose plusieurs poèmes symphoniques, *Macbeth* (1886-88), puis deux ouvrages plus courts, *Don Juan* (1888-89) et *Till Eulenspiegels Lustige Streiche* (1894-95). Suivent des partitions de plus vastes dimensions, *Also sprach Zarathustra* (« Ainsi parlait Zarathoustra », 1895-96), *Tod und Verklärung* (« Mort et Transfiguration », 1888-89), *Don Quichotte* (1896-97), *Ein Heldenleben* (« Une vie de héros », 1897-98) et enfin la *Symphonia domestica* (1902-03). Bien que ces œuvres soient construites sur des concepts littéraires ou philosophiques et reproduisent, dans certains cas, des images musicales réalistes (description des moutons dans *Don Quichotte*), certaines d'entre elles adhèrent parfaitement aux formes classiques : *Macbeth* et *Don Juan* sont avant tout des mouvements de sonate, *Till Eulenspiegel* un rondo et *Don Quichotte* une série de variations. C'est l'une des raisons de la popularité de ces œuvres qui repose également sur l'extraordinaire maîtrise de Strauss dans le domaine orchestral ; mais les arguments restent souvent naïfs. Certaines de ces partitions, les plus intéressantes, recèlent un humour et un détachement légèrement ironique par lequel Strauss se démarque du sérieux de ses prédécesseurs romantiques.

L'étape suivante, dans la production de Strauss, est constituée de deux opéras en un acte, *Salomé* (1905) et *Elektra* (1909). Auparavant, Strauss avait composé deux ouvrages très développés, dans le style wagnérien, qui ont remporté assez peu de succès. Dans *Salomé* et dans *Elektra*, ouvrages plus concis, les sujets s'écartent des légendes traditionnelles pour se concentrer, d'une façon presque excessive, sur la psychologie. Ce sont des œuvres remarquables sur le plan musical, tant par la recherche orchestrale que par la finesse du matériel sonore, la complexité du contrepoint chromatique ou la réduction des développements thématiques qui créent une tension émotionnelle très forte. Les deux ouvrages s'imposent dès leur création. *Salomé* se heurte dans différentes villes à quelques problèmes de censure, qui ne font que consolider la notoriété de Strauss. Le bénéfice matériel qu'il en tire (particulièrement grâce à *Salomé*) lui permet de se faire construire une belle villa à Garmisch, en Bavière, où il passera le restant de ses jours.

Au cours des années qui suivent, Strauss continue à s'intéresser principalement à l'opéra, mais il se sent incapable d'exploiter la même veine. L'auteur d'*Elektra*, Hugo von Hofmannsthal, accepte de lui écrire un livret de comédie dont l'action se déroule au XVIIIe siècle et qui deviendra *Le Chevalier à la rose* (1911). Composé à la manière du drame musical wagnérien, avec un effectif orchestral aussi important, cet ouvrage se démarque nettement de la tension qui dominait la musique de Strauss jusqu'alors ; avec des arias et une certaine tendance au pastiche, Strauss adapte le comique du sujet avec charme et humanité. La complexité de la texture contrapuntique et du chromatisme est très limitée. Le livret de Hofmannsthal met l'accent sur le symbolisme, mais c'est surtout la maîtrise du compositeur qui fait de cet opéra l'un des plus grands chefs-d'œuvre du répertoire. *Ariane à Naxos* (première version, 1912) tente d'exploiter le même filon, commençant comme un postlude à la version du *Bourgeois gentilhomme* de Molière réalisée par Hofmannsthal. Conçu pour petit orchestre, cet ouvrage se tourne encore davantage vers le pastiche. Mais le résultat correspond mal au but recherché et Strauss ajoute, quelques années plus tard, un prologue qui se substitue au drame parlé, rendant l'œuvre viable à l'opéra. L'ensemble manque d'une unité naturelle, mais le prologue comme l'*opera seria* comportent d'excellentes pages : la disparité entre le premier (qui se démarque un peu du pastiche) et le second (avec son style « orchestre de chambre » choisi délibérément) est moins grande qu'on ne pourrait l'imaginer, car la richesse du contrepoint de Strauss donne une plénitude sonore aux ensembles les plus restreints, l'éloignant ainsi du néoclassicisme des années vingt.

Die Elektrische Hinrichtung, *caricature (1909) de Richard Strauss par F. Jüttner.*

Un an après la création d'*Ariane à Naxos*, Strauss compose un ballet pour Diaghilev, *La Légende de Joseph*, qui rencontre peu de succès, puis la grandiose *Alpensinfonie* (« Symphonie alpestre », 1911-15) dont l'effectif orchestral atteint de telles dimensions que, malgré d'indéniables qualités, elle est rarement exécutée. Une nouvelle collaboration avec Hofmannsthal donne naissance à *La Femme sans ombre* (1919), opéra sur un thème extrêmement symbolique, qui s'inspire partiellement de *La Flûte enchantée* et de concepts philosophiques assez complexes. Comme les précédentes, cette œuvre ne rencontre qu'un succès relatif et, bien que Strauss se soit longuement penché sur le sujet, il a reconnu par la suite que son génie s'adaptait mieux aux personnages bien humains de ses premiers opéras qu'à la mythologie. La collaboration avec Hofmannsthal va s'interrompre durant quelques années. Pendant la Première Guerre mondiale, le gouvernement britannique confisque à Strauss une importante somme d'argent placée en titres anglais. Afin de redresser sa situation financière, il dirige beaucoup, acceptant parfois des engagements qui lui vaudront d'abondantes critiques. En 1920, il participe en compagnie d'Hofmannsthal à la fondation du Festival de Salzbourg et, jusqu'en 1924, Strauss assure la direction musicale de l'Opéra de Vienne qui a remplacé l'ancien Opéra de la cour. A cette époque, il commence à se démarquer de l'évolution de la musique contemporaine : son opéra suivant, *Intermezzo* (1924), est une anecdote autobiographique très réaliste dans laquelle il tente de s'écarter du style qu'il s'était forgé avec Hofmannsthal. Il se tourne néanmoins vers son ancien librettiste pour *Arabella* (1933), œuvre beaucoup moins symbolique que les précédentes. Hofmannsthal meurt en 1929 avant d'avoir terminé *Arabella* et les autres opéras de Strauss ne connaîtront jamais les mêmes succès.

La Femme silencieuse (1935), que Stefan Zweig avait adaptée d'une pièce de Ben Jonson, est l'opéra le plus intéressant qui ait vu le jour pendant la période nazie. Strauss est accusé de collaboration avec le régime, mais il est évident qu'il était simplement apolitique et il a essayé d'aider ses amis juifs. Pendant vingt-cinq ans, Strauss ne connaît aucun triomphe comparable à ceux de ses premières œuvres. Au cours des années quarante, il compose plusieurs partitions où prédomine une atmosphère nostalgique : *Capriccio* (1942), opéra en un acte conçu dans le style d'une conversation sur le vieux thème de l'opposition des mots et de la musique, les *Métamorphoses* (1945) pour vingt-trois instruments à cordes sur des thèmes de la *Symphonie « Héroïque »* de Beethoven, écrites après la destruction de l'Opéra de Dresde, où Strauss avait connu ses plus brillants succès, le délicieux *Concerto pour hautbois* (1945-48) et les *Quatre Derniers Lieder* avec orchestre (1948). Ces dernières partitions montrent à l'évidence que son génie ne s'était pas affaibli. A la fin de la Seconde Guerre mondiale, il connaît de nouvelles difficultés financières, mais sa situation s'améliorera grâce à un festival de ses œuvres organisé à Londres par Sir Thomas Beecham en 1947.

La réputation posthume de Strauss a connu les fluctuations habituelles. Méprisé par une génération qui n'a pas compris pourquoi il s'était écarté du chemin tracé par Stravinski et était resté en marge de l'évolution musicale des années vingt et trente, il a connu le rejet de certains milieux qui ne lui ont pas pardonné ses relations avec les nazis. L'un des traits marquants de sa personnalité était l'indifférence ; il semblait davantage intéressé par l'argent que par sa dignité d'artiste (mais il faut noter qu'il a refusé une somme très importante pour les droits cinématographiques du *Chevalier à la rose* car il exigeait une version intégrale). Toutefois, un quart de siècle après sa mort, il était déjà considéré comme l'un des grands maîtres de son temps. Dans sa musique, l'expression philosophique manque de puissance et elle semble plus ampoulée qu'exaltée. Mais peu de gens ont pu surpasser son réalisme, étonnante aptitude à traduire la complexité de la sensibilité humaine dans la vie quotidienne.

Denis Arnold.

BIBLIOGRAPHIE : Antoine Goléa, *Richard Strauss*, Flammarion (Paris, 1965). Dominique Jameux, *Richard Strauss*, Seuil, coll. Solfèges (Paris, 1971) / *Richard Strauss*, Pluriel (Paris, 1986). Claude Rostand, *Richard Strauss* (Paris, 1949), rééd. Seghers (Paris, 1964). Richard Strauss, *Anecdotes et Souvenirs*, Éd. du Cervin (Lausanne, 1951). André Tubeuf, *Richard Strauss*, Albin Michel (Paris, 1980).

Stravaganza, La. Cycle de douze concertos pour violon op.4 de Vivaldi publiés en deux volumes à Amsterdam vers 1712-13.

Stravinski, Igor (Feodorovitch) (Oranienbaum, aujourd'hui Lomonosov, 17 juin 1882 ; New York, 6 avril 1971). Compositeur russe. La nouvelle force rythmique que libère Stravinski dans *Le Sacre du printemps* constitue l'une des grandes révolutions musicales des années précédant la Première Guerre mondiale ; mais il ne s'agit que de l'innovation la plus frappante d'un compositeur qui n'a jamais cessé de s'attaquer à de nouveaux problèmes. Il a souvent marqué de son sceau inimitable des styles ou des matériaux empruntés à la musique du passé. Peu de compositeurs, de Machaut à Stockhausen, ont échappé à son regard critique et inventif et, parmi ses successeurs, rares sont ceux qui n'ont pas subi son influence.

Fils d'une basse célèbre de l'Opéra impérial, il étudie dès son enfance le piano et la composition. De 1903 à 1906, il travaille en privé la composition avec Rimski-Korsakov. Ses premières œuvres se ressentent de son influence, mais elles révèlent aussi un jeune compositeur marqué par Scriabine, Tchaïkovski, Debussy et Dukas. Cette période de formation éclectique s'achève en 1910, lorsque Stravinski se rend à Paris avec la compagnie de ballets de Serge Diaghilev ; celui-ci lui commande une série de partitions et tout d'abord *L'Oiseau de feu* (1909-10). Puisant encore son inspiration dans l'opulente fantaisie du *Coq d'or* de Rimski-Korsakov, *L'Oiseau de feu* annonce déjà les sonorités brillantes et stylisées ainsi que la rythmique dynamique et quasi mécanique de *Petrouchka* (1910-11) ; pourtant, personne ne s'attend alors à ce que Stravinski produise dans un si bref délai une œuvre aussi saisissante que *Le Sacre du printemps* (1911-13).

Dérouté par les rythmes violents de la musique de Stravinski et par la chorégraphie de Nijinski, le public de la première manifesta violemment son indignation. Avec une écriture syncopée et des changements de mesure incessants, Stravinski s'écarte de la pulsation régulière qui a dominé la quasi-totalité de la musique occidentale depuis la Renaissance. Le rythme s'impose par sa rigueur implacable et l'élan qu'il donne à l'œuvre ; il constitue l'élément moteur de la musique et fait de cette partition un écho parfait des scènes de rituel païen de l'ancienne Russie.

Séparé de sa terre natale par la Première Guerre mondiale, Stravinski se tourne inlassablement, au cours des années qui suivent, vers le folklore d'une Russie à venir. Il compose ainsi plusieurs cycles de petites mélodies, les ballets *Renard* (1915-16) et *Les Noces* (1914-23) dont il ne terminera l'orchestration définitive qu'après plusieurs années : finalement, cet ouvrage à la rythmique complexe s'est vu doté de la coloration monochrome d'un chœur, d'un ensemble de percussions et de quatre pianos. La dernière de ces partitions d'essence folklorique, l'*Histoire du soldat* (1918), constitue un avant-goût du théâtre musical ; elle fait intervenir un récitant, deux comédiens, un danseur et sept instrumentistes.

Comme plusieurs autres œuvres plus courtes de la même époque, l'*Histoire du soldat* permet à Stravinski de jeter un regard ironique sur différentes conventions musicales : il y inclut un ragtime et un choral. Dans le ballet *Pulcinella* (1919-20), il construit la totalité de sa musique sur des pièces alors attribuées à Pergolèse, complétant les originaux par des fruits de son imagination rythmique, harmonique et orchestrale. Les *Symphonies pour instruments à vent* (1920) marquent un ultime retour au style russe et à l'abstraction, avant que Stravinski ne se tourne vers une nouvelle étude du passé musical.

Le *néoclassicisme de Stravinski emprunte ses formes, ses idées et son style à la totalité de la musique occidentale, sans se limiter à la seule période classique. Ainsi, *Oedipus-Rex* (1926-27), que l'on joue en opéra comme en oratorio, tire sa forme générale et ses chœurs massifs de Haendel alors que ses arias sont aussi passionnées que ceux de Verdi. Dans un autre domaine, *Dumbarton Oaks* (1937-38) constitue une version moderne des *Concertos brandebourgeois*. On trouve d'autres réminiscences de Bach dans le *Concerto pour piano et instruments à vent* (1923-24), tandis que le *Capriccio pour piano et orchestre* (1928-29), enjoué à la manière de Weber, prend la forme d'un concerto grosso. Stravinski passe toute cette période de sa vie en France. Ne pouvant plus sortir d'argent de Russie depuis la révolution de 1917, il doit gagner sa vie comme pianiste et comme chef d'orchestre : il compose pour lui-même ses deux œuvres concertantes pour piano et se met à diriger sa propre musique, particulièrement les créations et les enregistrements.

Comme autrefois, les ballets constituent une partie importante de sa production. *Apollon musagète* (1927-28), agréable partition pour cordes, est l'une des dernières productions de la troupe de Diaghilev avant la mort de son fondateur. Parmi les autres ballets de Strasvinski figurent *Le Baiser de la fée* (1928) d'après Tchaïkovski, *Perséphone*, une œuvre d'un classicisme austère (1933-34), le spirituel *Jeu de cartes* (1936) et *Circus Polka*, destinée à jeune éléphant (1942). Dans tous ces ballets, Stravinski s'impose comme créateur de gestes musicaux susceptibles d'engendrer des gestes physiques et ce don ne se limite pas à sa musique spécifiquement chorégraphique : la vitalité et l'entrain de partitions comme le *Concerto en ré pour violon* (1931) ont donné lieu à de nombreuses chorégraphies sur les œuvres de Stravinski destinées au concert, toutes couronnées de succès.

Le *Concerto pour violon* a été composé par réaction aux grandes œuvres du XIXe siècle (Beethoven, Brahms, Tchaïkovski) dans la même tonalité de ré majeur ; il illustre la tendance antiromantique de la musique néoclassique de Stravinski. Dans ses *Chroniques de ma vie* (1935), il écrit : « Je considère la musique, par son essence, comme impuissante à *exprimer* quoi que ce soit [...]. Le phénomène de la musique nous est donné à la seule fin d'instituer un ordre des choses. » Tout ce qu'a composé Stravinski dément cette affirmation, car sa musique est expressive au plus haut degré ; mais on trouve dans ce texte un élément essentiel permettant de comprendre ses œuvres néoclassiques.

Progressivement, son attention se tourne vers le domaine sacré. Sa première œuvre religieuse importante est la *Symphonie de psaumes* pour chœur et orchestre (1930), suivie de l'optimiste *Symphonie en ut* (1938-40) « composée à la gloire de Dieu ». Tout en écrivant cette œuvre, Stravinski quitte Paris pour Los Angeles, où il résidera jusqu'à la fin de sa vie. La proximité de Hollywood lui apporte des commandes de musiques de films, mais les projets s'effondrent et il utilise le matériau de ces partitions destinées au cinéma dans les *Quatre Impressions norvégiennes* (1942) et dans *Ode* (1943). L'œuvre majeure de ses premières années aux États-Unis est une autre symphonie, aux structures solides et dynamiques, la *Symphonie en trois mouvements* (1942-45).

Stravinski continue à composer des œuvres d'inspiration religieuse avec la cantate *Babel* (1944) et la *Messe* pour chœur et double quintette à vent (1944-48) destinée à être jouée à l'église. Il effectue ensuite un ultime et triomphal retour au néoclassicisme avec son opéra *The Rake's Progress* (« Le Libertin », 1948-51), qui puise ses sources dans *Don Giovanni.* Puis il se lance dans l'exploration progressive du sérialisme. Il s'y était préparé en utilisant les techniques du Moyen Age et de la Renaissance dans la *Messe* et dans la *Cantate* sur des textes anglais des XVe et XVIe siècles (1951-52), cantate dans laquelle il pratiquait une écriture contrapuntique rigoureuse, comme dans le *Septuor* (1952-53). Dès lors, des *Three Shakespeare Songs* (1953) à la cantate *Threni* (1957-58), il adoptera totalement le dodécaphonisme.

L'orientation de Stravinski vers le sérialisme a surpris ceux qui voyaient en lui le rival de Schoenberg ; la mort de celui-ci en 1951 a peut-être favorisé cette mutation, Stravinski se trouvant alors libéré d'une position dans laquelle il s'était trouvé enfermé à son insu. Également stimulé par les œuvres de ses jeunes contemporains qui extrapolaient la démarche de Webern, Stravinski montre, par l'écriture dépouillée et la complexité rythmique des *Mouvements pour piano et orchestre* (1958-59), qu'il a retenu quelque chose du *Kontra-Punkte* de Stockhausen. Une telle ouverture aux idées nouvelles est aussi étonnante pour un homme de cet âge que l'individualisme dont il fait preuve dans ses œuvres sérielles. Comme dans sa musique néoclassique, il adopte totalement les moyens qui lui sont offerts.

Les dernières œuvres de Stravinski sont, pour la plupart, de courtes épitaphes, *In memoriam Dylan Thomas* (1954) et *Elegy for J. F. K.* (1964), ou des cantates sacrées comme le *Canticum sacrum* (1955) conçu spécifiquement, tant par le sujet que par la forme et par le style, pour la basilique San Marco de Venise. Il décrit lui même les *Requiem Canticles* (1965-66), sa dernière œuvre majeure, comme « un requiem de poche » en neuf mouvements brefs et rigoureux.

Paul Griffiths.

BIBLIOGRAPHIE : André Boucourechliev, *Igor Stravinski*, Fayard (Paris, 1982). Michel Philippot, *Stravinski*, Seghers (Paris, 1965). C. F. Ramuz, *Souvenirs sur Igor Stravinski*, Gallimard (Paris, 1929), rééd. Éd. de l'Aire (Québec, 1978). Robert Siohan, *Stravinski*, Seuil, coll. Solfèges (Paris, 1959, rééd. 1982). Igor Stravinski, *Chroniques de ma vie*, Denoël (Paris, 1971) / *Études et témoignages*, Lattès (Paris, 1982). Igor Stravinski et Robert Craft, *Souvenirs et commentaires*, Gallimard (Paris, 1953, rééd. 1964). Théodore Stravinski, *Le Message d'Igor Stravinski*, L'Aire (Lausanne, 1980). Eric Walter White, *Stravinski*, Flammarion (Paris, 1984).

Streich (all.). « Coup », dans le sens de coup d'archet ; *Streichinstrumente*, « instruments à archet » ; *Streichquartett*, « quatuor à cordes ».

Strepito, strepitoso, strepitosamente (ital.). « Bruit », « bruyant », « bruyamment ».

Stretto (ital., « serré »). « Strette ». Procédé fugué dans lequel les entrées du sujet se suivent de près, chaque sujet chevauchant le suivant. Voir *Fugue*.

Stringendo (ital.). « En pressant », « en animant », « en précipitant ».

String quartet (angl.). « Quatuor à cordes ».

String quintette (angl.). « Quintette à cordes ».

String trio (angl.). « Trio à cordes ».

Strisciando, strisciato (ital.). « En traînant », « traîné », c'est-à-dire coulant, lié ou *glissando*.

Strophique. Ce mot provient de la terminologie de la littérature grecque antique, une ode grecque se composant d'une « strophe », d'une « antistrophe » et d'une « épode », les deux premières ayant la même longueur et le même mètre. En musique, ce terme sert à désigner toute structure basée sur un modèle répété, AAAA, etc. C'est très souvent le cas des chansons dans lesquelles chaque strophe du poème correspond à la même musique.

Voir également *Forme*, 2.

G. M. Tucker.

Strumento (ital.). « Instrument » ; *strumentato*, « instrumenté » (par exemple, *recitativo strumentato*, « récitatif accompagné ») ; *strumenti a corde*, « instruments à cordes » ; *strumenti d'acciaio*, voir *Glockenspiel*, 2 ; *strumenti d'arco*, « instruments à archet » ; *strumenti di* *legno*, « les bois » (instruments de la famille des bois) ; *strumenti d'ottone*, « les cuivres » ; *strumenti a percossa*, « instruments à percussion » ; *strumenti da tasto*, « instruments à clavier » ; *strumenti a fiato*, « instruments à vent ».

Stuart, Leslie [Barrett, Thomas Augustine] (Southport, 15 mars 1864 ; Richmond, Surrey, 27 mars 1928). Compositeur anglais. Il commence sa carrière musicale comme organiste de la cathédrale catholique de Salford. Il occupe ce poste pendant sept ans, puis se rend à Londres en 1895 pour tenter de faire carrière dans la musique pour le théâtre. Il remporte un succès rapide avec *Florodora* en 1899, suivi de *The Silver Slipper* (1901), *The School Girl* (1903), *The Belle of Mayfair* (1906), *Havana* (1908), *Peggy* (1911) et *The Slim Princess* (1910). Il trouve un autre débouché rentable dans la composition de chansons pour le music-hall, notamment celles qu'il écrit pour le chanteur et danseur Eugene Stratton, comme « Little Dolly Daydream », « Lily of Laguna » et « My little Octoroon ». Il compose également beaucoup d'autres chansons pour différentes vedettes de music-hall. Il gaspille sa fortune en jouant et en buvant et finira ses jours dans la pauvreté et l'oubli.

Peter Gammond.

Stück (all.). « Pièce », « morceau » ; *Klavierstück*, « pièce pour clavier », généralement « pièce pour piano ».

Study (angl.). *« Étude ».

Stürmend, stürmisch (all.). « Orageux », « passionné ».

Sturm und Drang (all.). Littéralement « tempête et passion ». Nom donné à un mouvement littéraire allemand de la seconde moitié du XVIIIe siècle. Il s'agissait, dans une certaine mesure, d'une réaction contre l'extrême sensibilité de l'**Empfindsamkeit*, le mouvement qui cherchait à dépeindre des émotions violentes avec le plus grand dramatisme. En littérature, les principaux représentants du *Sturm und Drang* ont été Schiller (dans sa pièce *Die Räuber*, vers 1780) et Goethe, mais l'expression a été forgée par Christoph Kaffmann qui a convaincu l'auteur dramatique Maximilien Kinger de changer le titre de sa pièce *Der Wirrwarr* en *Sturm und Drang* (1776).

Le style du *Sturm und Drang* ressort très clairement dans la représentation musicale de sujets dramatiques ou tragiques, comme le révélera une comparaison entre les scènes aux portes de l'Enfer de *Castor et Pollux* (1737) de Rameau et d'*Orfeo* (1762) de Gluck. Gluck avait déjà tenté d'insuffler une vie nouvelle aux scènes d'horreur surnaturelles de son ballet *Don Juan* (1761), ce qui a influencé Mozart (la scène de la tempête et le vol dans *Idomeneo* et, surtout, la fin de *Don Giovanni*).

Cependant, le *Sturm und Drang* a eu aussi une influence sur la musique instrumentale. On parle généralement des années de « Sturm und Drang » de Haydn à propos de la période située approximativement entre 1766 et 1772, parce que ses symphonies et ses quatuors semblent chercher à dépeindre un trouble intérieur ; d'autres symphonistes autrichiens et des compositeurs travaillant à Mannheim et à Stuttgart ont été sensibles à ce style, surtout l'abbé Vogler ; ses élèves, Weber et Meyerbeer, ont également été influencés.

Wendy Thompson.

Style brisé. Style caractéristique de la musique pour luth du XVIIe siècle, dans laquelle les notes d'un accord n'étaient pas pincées simultanément mais arpégées. Ce style a exercé une influence considérable sur les compositeurs de musique pour clavier de la fin du XVIIe siècle et du début du XVIIIe siècle, surtout sur certains compositeurs français comme les Couperin, d'Anglebert et Chambonnières, mais également sur J. S. Bach.

Style galant (all.). Voir *Galant*.

Style luthé. Terme employé par François Couperin pour le *style brisé.

Su (ital.). 1. « Sur », « près de » ; dans le jeu du violon, *sul G* signifie « sur sol » (corde). 2. « En haut » ; *arcata in su*, « poussé » (coup d'archet).

Subito (ital.). « Soudainement », « immédiatement » ; *attacca subito*, « commencez immédiatement », placé à la fin d'un mouvement pour montrer que le suivant doit suivre sans interruption.

Suchoň, Eugen (Pezinok, Slovaquie, 25 septembre 1908). Compositeur slovaque. Il étudie la composition à l'école de musique de Bratislava, puis avec Novák au Conservatoire de Prague (1931-33). Il a occupé divers postes académiques et officiels et a notamment été à la tête de l'Union des compositeurs slovaques. Après avoir étudié avec Kafenda, il a largement utilisé le chant traditionnel slovaque dans ses œuvres dont le sommet est l'opéra nationaliste *Krútňava* (« Le Tourbillon », 1949). Depuis, son écriture allie les techniques sérielles à la modalité. L'influence de Suchoň sur ses compatriotes contemporains a été considérable et il est considéré comme une figure majeure de la musique slovaque.

Jan Smaczny.

Suède. Voir *Scandinavie*, 1, 2, 3, 4, 5 et 6.

Suisse. Les pays montagneux, où les conditions ne sont pas propices à l'abondance des richesses naturelles, ne sont généralement pas de grands centres musicaux. La Suisse ne fait pas exception à cette règle mais son histoire musicale n'est pas dépourvue d'intérêt.

Au Moyen Age, la Suisse jouissait d'une certaine réputation grâce à plusieurs grands monastères, surtout dans le nord du pays, notamment à Saint-Gall, Einsiedeln et Engelberg. Certains conservent encore des manuscrits de plain-chant qui montrent que le chant « grégorien » standard ne s'était pas généralisé dans toute la région, des formes ambrosiennes persistant dans les régions italianophones jusqu'à une époque assez récente. A la fin du Moyen Age, diverses villes possédaient des écoles de chant et, à la fin du XVe siècle, un groupe d'organistes et de compositeurs semble s'être constitué.

La *Réforme a profondément affecté l'évolution de la musique en Suisse, car les deux principales figures de ce mouvement religieux, Ulrich Zwingli (1484-1531) et Jean Calvin (1509-64), désapprouvaient toute musique religieuse élaborée (Calvin ne faisait néanmoins aucune objection à la pratique d'une musique religieuse chantée à la maison). Les orgues ont été détruits ou retirés des églises (l'orgue de la cathédrale de Berne a été vendu à l'église plus tolérante de Sion) et, au début, seul était autorisé le chant de psaumes monophoniques. Au milieu du XVIe siècle, le chant à quatre voix a été à nouveau admis, mais les orgues n'ont commencé à reparaître qu'au XVIIe siècle. Les organistes de la Renaissance avaient créé une tradition suffisamment forte pour qu'il y ait de petits orgues dans de nombreuses maisons particulières et plusieurs livres de tablature de cette époque ont survécu. Néanmoins, dépourvue de la protection de la cour ou de l'Église, la musique a périclité jusqu'en 1800. Dans certaines villes universitaires, on trouvait des *collegia musica* et plusieurs sociétés de concerts ont progressivement vu le jour ; mais les compositeurs suisses, de Senfl au XVIe siècle à Albicastro au XVIIIe siècle, avaient tendance à s'installer dans des centres musicaux plus importants et aucune grande personnalité musicale étrangère ne s'est alors fixée en Suisse.

Les idées de deux pédagogues d'origine suisse, Jean-Jacques Rousseau et Johann Heinrich Pestalozzi (1746-1827), ont contribué au développement du chant choral et plusieurs chœurs d'hommes se sont formés au début du XIXe siècle. Les autres formes d'activité musicale ont mis plus longtemps à pénétrer la vie des Suisses. Des troupes itinérantes amenaient l'opéra sporadiquement et des théâtres ont été construits à Genève (1738), à Zurich (1833), à Bâle (1834), puis à Berne (1903). Lorsque Wagner s'est installé à Zurich, entre 1850 et 1860, il y a trouvé une vie musicale de caractère très provincial qu'il a améliorée.

La richesse de la Suisse au XXe siècle, basée sur la banque et l'industrie légère, a permis au pays d'atteindre le niveau de ses voisins. Les plus grandes villes possèdent des orchestres, des théâtres et des stations de radio. Les deux orchestres les plus célèbres sont l'Orchestre de la Suisse romande, fondé en 1918 par Ernst Ansermet et l'Orchestre de chambre de Bâle, plus spécialisé, sous la direction de Paul Sacher. Un certain nombre de compositeurs suisses ont atteint la célébrité : Bloch, Schoeck, Martin, Honegger, Conrad Beck (1901) et Robert Suter (1919), mais la Suisse n'a jamais eu d'école de compositeurs nationaliste.

Denis Arnold.

BIBLIOGRAPHIE : G. Becker, *La Musique suisse depuis les temps les plus reculés jusqu'à la fin du XVIIIe siècle* (Genève, 1874, rééd. 1923). *Henri Gagnebin, organiste-compositeur* (Anières,

1986). *Dictionnaire des musiciens suisses,* Atlantis (Zurich, 1964).

Suite

1. Origines
2. Développement de la suite classique
3. Le XVIIIe siècle
4. Évolution ultérieure

Genre instrumental composé d'une succession de mouvements assez courts. A l'ère baroque, lorsque la suite était la principale forme instrumentale, chaque mouvement prenait le caractère plus ou moins stylisé d'une danse particulière ; les danses étaient normalement écrites dans la même tonalité et étaient parfois liées thématiquement les unes aux autres. A certaines époques et dans différents pays, des pièces se conformant au principe de la suite ont reçu diverses dénominations : « ordre » (France), *sonata da camera* (Italie ; voir *Sonate*, 3), **partita* ou *Partie* (Italie, Allemagne) et *Ouvertüre* ou *overture* (Allemagne, Angleterre).

1. *Origines.* Bien que le terme « suite » n'apparaisse qu'au milieu du XVIe siècle, les origines de la forme remontent à l'appariement de danses à partir de la fin du XIVe siècle et au XVe siècle. En général, une danse de rythme binaire, relativement lente, comme la *pavane (Angleterre, France) ou le **passamezzo* (Italie) était suivie d'une danse plus rapide de rythme ternaire comme la *gaillarde ou le **saltarello*, qui pouvait utiliser le même matériel thématique ou, tout au moins, débuter par le même motif mélodique ou rythmique. Les premières pièces de ce genre ont été écrites pour le luth ou le clavier.

Plusieurs livres de musique pour luth du début du XVIe siècle ont continué à inclure des danses groupées par trois, comme pavane-*saltarello-piva* (arrangées par J. A. Dalza dans un livre pour luth de 1508 imprimé par Petrucci) ou *passamezzo-gafliarda-padovana* (arrangées par Andrea Rotta, 1546). En Allemagne, en particulier, les danses pouvaient être groupées par quatre ou cinq (comme dans le *Banchetto musicale* de Johann Schein, 1617) et quelques modèles types d'arrangement (comme *Paduana-Intrada-Dantz-Galliarda*) ont commencé à voir le jour, notamment dans le recueil de Paul Peuerl de 1611.

Les compositeurs et les compilateurs de musique pour clavier ont aussi commencé à grouper des danses de cette façon. *Parthenia* (1612-13), le premier recueil de musique pour clavier imprimé en Angleterre, comprend plusieurs pavanes et gaillardes groupées de Byrd, Bull et Gibbons, certaines étant précédées d'un « Preludio » pour former un ensemble de trois mouvements ; on trouve des exemples analogues dans le *Fitzwilliam Virginal Book* (important manuscrit de musique pour clavier compilé vers 1609-19) et dans d'autres recueils contemporains.

2. *Développement de la suite classique.* Les danses de cour françaises comme l'*allemande et la *courante, devenant finalement plus populaires que la pavane et la gaillarde, ont été assimilées dans la suite. On a coutume d'attribuer à J. J. Froberger l'établissement de l'ordre des mouvements de la suite classique : deux paires de danses lentes et rapides provenant de quatre pays différents, l'allemande (Allemagne) et la courante (Italie) suivies de la *sarabande (Espagne) et de la *gigue (Angleterre). Toutefois, cet ordre n'a véritablement été adopté qu'après la mort de Froberger : dans ses propres suites, la sarabande était la dernière pièce, la gigue se plaçant plus tôt.

On pouvait substituer ou ajouter d'autres danses (comme le menuet, la gavotte, la bourrée) à l'une de ces quatre danses. Par la suite, un prélude, de rythme différent de celui des danses, s'est généralisé ; il était souvent ornementé de façon élaborée et écrit dans un style improvisé ; ces mouvements initiaux ont reçu des titres très divers comme « fantaisie », « préambule » ou « ouverture ».

Au nombre des successeurs de Froberger en Allemagne, on peut citer Johann Rosenmüller, J. E. Kindermann et Georg Muffat qui ont tous composé des suites pour clavier sous divers titres (généralement « sonate »), se conformant au schéma établi. Toutefois, au fur et à mesure qu'on avançait dans le XVIIe siècle, le nombre et l'ordre des danses de la suite variaient de plus en plus, particulièrement chez les compositeurs français. Ils alliaient souvent des mouvements de danse traditionnels à des pièces aux titres fantaisistes afin de former des suites de dimensions plus imposantes et ils ont introduit d'autres danses comme le *rigaudon, la *loure et la *musette. Certains « ordres » de François Couperin, par exemple, comprennent jusqu'à vingt mouvements, normalement tous dans la même tonalité : son troisième « ordre », en ut, du premier livre de *Pièces pour clavecin* (1713), comprend les pièces suivantes : *La Ténébreuse* (allemande), *Première Courante, Seconde Courante, La Lugubre* (sarabande), *Gavotte, Menuet, Les Pèlerines, Les Laurentines, L'Espagnolète, Les Regrets, Les Matelotes provençales, La Favorite* (chaconne) et *La Lutine.* D'autres compositeurs français comme Chambonnières, Jean-Henri d'Anglebert et Nicolas Lebègue ont fait preuve d'un esprit d'invention extraordinaire dans leurs suites ; elles sont souvent écrites dans un style très personnel aux ornements élaborés, typique de la musique française pour clavecin de l'ère baroque.

En dehors de l'Allemagne et de la France, la suite a évolué assez lentement au XVIIe siècle. En Italie, le compositeur de musique pour clavier le plus important était Frescobaldi ; il n'a pas écrit de suites à proprement parler, mais certaines danses pour clavecin parues dans ses dernières publications (comme *Toccate*, 1637), groupées par deux ou par trois, suggèrent pour la première fois l'idée de la suite. En Angleterre, *Melothesia* (1673) de Matthew Locke, anthologie de musique pour clavier de divers compositeurs dont Locke lui-même, contient un certain nombre de suites assez simples sur le modèle « allemande-courante-sarabande », repris par Blow et Purcell dont les suites courtes, simples, en trois et quatre mouvements, publiées entre 1680 et 1700. Elles étaient souvent intitulées « Lessons ».

3. *Le XVIIIe siècle.* Comme de nombreux genres de l'ère baroque, la suite a atteint son apogée avec Haendel et Bach ; au travers de leurs suites pour clavier et pour orchestre, on peut compléter le tableau de l'évolution de la suite jusqu'à la fin de la phase la plus importante de son histoire. Presque toutes les suites, jusques et y compris celles de Haendel et de Bach, ont une unité de tonalité : les changements de tonalité entre les mouvements sont limités au type majeur-mineur (tonique ou relatif). La plupart des danses revêtent une forme *binaire simple, c'est-à-dire qu'elles se divisent en deux sections à peu près égales, la première allant vers la tonalité de la dominante (ou, dans le cas d'une tonalité mineure, vers le relatif majeur), la seconde revenant à la tonalité originale, chaque moitié faisant l'objet d'une reprise. Les figures mélodiques ou rythmiques introduites aux premières mesures de chaque mouvement sont généralement développées et répétées au cours du mouvement et peuvent même servir de lien entre deux ou plusieurs mouvements de la même suite.

La forme des suites pour clavier de Haendel (huit suites publiées simultanément en 1720) est essentiellement conventionnelle (allemande-courante-sarabande-gigue), bien que certaines comprennent une chaconne, une fugue « abstraite » ou des variations sur un air donné. Pour certaines de ces pièces, Haendel a réutilisé le matériel d'œuvres antérieures et plusieurs mouvements sont liés entre eux thématiquement. La *Water Music* pour orchestre (en réalité trois suites distinctes en fa, ré et sol) et la *Music for the Royal Fireworks* sont plus connues que les suites pour clavier ; comme ces dernières, leur valeur tient davantage à l'invention et à la vitalité dont elles font preuve qu'à leur originalité formelle.

La contribution de Bach est particulièrement vaste – six suites pour violoncelle seul, quatre suites pour orchestre, six suites « françaises » et six suites « anglaises » pour clavier, six partitas pour clavier et plusieurs partitas et sonates individuelles pour divers instruments (qui sont véritablement des suites mais n'en portent pas le nom). Toutes ses suites pour clavier suivent le modèle courant « allemande-courante-sarabande-gigue » ; certaines comportent un prélude parfois relativement long ainsi qu'un ou plusieurs mouvements de danse complémentaires (bourrée, menuet, gavotte, etc.). Bien qu'elles présentent peu d'innovations formelles ou techniques importantes, les suites de Bach représentent une synthèse brillante et magistrale de toute l'histoire et de l'évolution de la suite baroque.

4. *Évolution ultérieure.* A la fin du Baroque, la suite connaît une évolution plus prononcée : emploi systématique de tonalités différentes au début de chaque section et, occasionnellement, de matériel thématique contrastant, importance croissante du développement suivi d'une re-

prise ou d'une réexposition, toutes ces caractéristiques annoncent les principaux éléments de la *sonate qui, dans la seconde moitié du XVIIIe siècle, remplacera la suite comme genre instrumental prédominant. Les concepts de la forme sonate vont dominer la musique pendant toute la fin du XVIIIe siècle et une grande partie du XIXe siècle à tel point que la sonate, la symphonie, le concerto et les genres apparentés évinceront pratiquement la suite du répertoire. Quelques traces de la structure de la suite subsistent toutefois dans les œuvres de musique de chambre pour orchestre comme la *sérénade, la *cassation et le *divertimento (formes utilisées par Haydn, Mozart, Beethoven et Brahms) et même dans certains cycles de mélodies et dans la musique pour piano (celle de Schumann, par exemple). Toutefois, personne ne tentera de réaffirmer la place de la suite par rapport aux formes symphoniques avant la fin du XIXe siècle (suites pour orchestre de Raff et de Lachner entre 1860 et 1880 et *Suite Holberg* de Grieg, 1884) ; en outre, certaines de ces tentatives ne traduisent que le désir romantique d'évoquer une ère révolue.

En général, la suite instrumentale de la fin du XIXe siècle et du début du XXe siècle est très différente de son ancêtre baroque. Vers 1880, les mouvements de danse traditionnels ont été supplantés par une succession libre de danses nationales ou traditionnelles, parfois avec un arrière-plan de musique à programme (comme dans les suites pour orchestre de Dvořák), ou par des numéros extraits d'un ballet, d'un opéra ou d'une autre œuvre dramatique et arrangés sous forme de suite pour être joués en concert (comme *L'Arlésienne* de Bizet, *Peer Gynt* de Grieg ou les grands ballets de Tchaïkovski). Au début du XXe siècle, la suite à programme et la suite tirée d'une autre œuvre (respectivement comme *Les Planètes* de Holst ou la suite du *Chevalier à la rose* de Richard Strauss) cohabitent avec une volonté nouvelle et délibérée de recréer la suite baroque. Cette démarche est liée au néoclassicisme qui se développe à cette époque (*Pour le piano* de Debussy, *Le Tombeau de Couperin* de Ravel, *Pulcinella* de Stravinski). Plus tard, le titre « suite » n'a été employé qu'occasionnellement (*Suite pour piano* de Schoenberg, *Suite lyrique* de Berg, *Suite en fa* de Roussel), sans doute parce que le besoin d'unification musicale auquel la suite répondait traditionnellement a trouvé une réponse plus convaincante dans les techniques de composition plus abstraites de la musique contemporaine.

Judith Nagley.

Suite algérienne. Œuvre pour orchestre de Saint-Saëns composée en 1879.

Suite bergamasque. Œuvre pour piano de Debussy composée en 1890 et révisée en 1905. Ses quatre mouvements s'intitulent *Prélude, Menuet, Clair de lune* et *Passepied.* Le premier, le deuxième et le quatrième mouvement ont été orchestrés par G. Cloez, le troisième par André Caplet.

Suite de danses (*Táncszvit*). Œuvre symphonique de Bartók, composée en 1923 pour célébrer le 50e anniversaire de la réunion de Buda et de Pest. Bartók en a également réalisé un arrangement pour piano (1925).

Suite en fa. Œuvre pour orchestre op.33 de Roussel composée en 1926 (*Prélude, Sarabande* et *Gigue*).

Suite lyrique. 1. Suite symphonique de Grieg qui regroupe des orchestrations de quatre de ses six *Pièces Lyriques op.54* (Livre 5) : *Berger, Marche des paysans norvégiens, Nocturne* et *Cortège des nains.*

2. Œuvre pour quatuor à cordes en six mouvement de Berg, composée en 1925-26. Les deuxième, troisième et quatrième mouvements ont été arrangés pour orchestre à cordes en 1928 ; les six mouvements existent aussi dans une version avec voix sur une traduction réalisée par Stefan George du *De profondis clamavi* de Baudelaire. En 1977, on a découvert la partition annotée du compositeur ; elle révèle que cette œuvre avait été inspirée à Berg par sa liaison avec Hanna Fuchs-Robettin, dont les initiales combinées aux siennes donnent, dans la notation allemande, la série de notes sur laquelle se base la musique : H-F-A-B (si-fa-la-si bémol). Dans cette suite, Berg fait aussi des citations de *Tristan et Isolde,* de la *Symphonie lyrique* de Zemlinski et de *Wozzeck.*

Suite pastorale. Œuvre pour orchestre de Chabrier, orchestration de quatre des dix *Pièces pittoresques* pour piano composées en 1881 : *Idylle, Danse villageoise, Sous-bois* et *Scherzo-Valse*. Créée en 1888.

Suite provençale. Œuvre pour orchestre op.152b de Milhaud d'après une musique de scène qu'il avait composée pour *Le Trompeur de Séville* d'André Obey (1936). On y retrouve des thèmes provençaux du XVIIIe siècle, notamment de Campra.

Suites allemandes. Titre parfois employé pour désigner les six partitas pour clavecin de J. S. Bach. Il ne repose sur aucune justification historique.

Suites anglaises. Six suites pour clavier de J. S. Bach, composées à Weimar vers 1715. L'explication de ce titre semble provenir d'un manuscrit appartenant au plus jeune fils de Bach, Johann Christian, qui porte l'inscription « fait pour les Anglais ».

Suite scythe. Œuvre pour orchestre op.20 de Prokofiev tirée du ballet *Ala et Lolly*, commande de Diaghilev finalement refusée. La création de la suite, le 29 janvier 1916 à Saint-Pétersbourg, provoqua un scandale.

Suites françaises. Six suites pour clavecin de J. S. Bach (qui ne portaient probablement pas ce titre à l'origine) dont les cinq premières sont les versions originales de cinq pièces du *Klavierbüchlein* pour Anna Magdalena Bach, composées en 1722-25.

Suivez. 1. Instruction indiquant que le mouvement ou la section suivante doit suivre immédiatement ; synonyme d'**attacca*.

2. Instruction indiquant que la ou les parties d'accompagnement doivent suivre la partie soliste en ce qui concerne le rythme ou le tempo : synonyme de **colla parte, colla voce*.

Sujet. Thème ou fragment mélodique important sur le plan structurel. 1. Dans l'écriture de la *fugue, le sujet est le « thème annoncé en premier lieu par n'importe quelle partie ou voix sans harmonie sur lequel toute la composition est basée » (Ebenezer Prout : *Fugue*, 1891). Le sujet fugué a été dérivé du point d'imitation et de la technique imitative du **cantus firmus* (Renaissance). Il constitue un élément identifiable des structures contrapuntiques à partir de l'ère baroque.

2. Dans un sens plus général, « sujet » est parfois utilisé pour désigner les sections de formes musicales dansées, le *leitmotiv des drames musicaux de Wagner ou les thèmes contrastés des structures de la musique atonale.

Jonathan Dunsby.

Suk, Josef (Křečovice u Neveklova, 4 janvier 1874 ; Benešov, 29 mai 1935). Compositeur et violoniste tchèque. Il fait ses études au Conservatoire de Prague (1885-92) avec Antonín Bennewitz pour le violon et Dvořák (dont il épouse la fille Otilie) pour la composition. Dvořák exerce une forte influence sur ses premières œuvres, au nombre desquelles figurent la *Sérénade en mi bémol pour cordes* (1892) et le *Quatuor à cordes en si bémol* (1896). Par la suite, notamment dans la symphonie *Asrael* (1905-06), il se rapproche de Strauss, mais il compose de moins en moins et produit peu d'œuvres après la Première Guerre mondiale. Il est également violoniste, fait partie du *Quatuor bohémien* (1891-1933) et enseigne la composition au Conservatoire de Prague (1922-35).

Paul Griffiths.

Sul, sull', sulla, sui, segli (ital.). 1. « Sur le », « sur la » ; *sul G, sul IV* (dans le jeu du violon), « sur (la corde de) sol », « sur la quatrième corde » ; dans le jeu des instruments à cordes, *sulla tastiera, sul tasto*, « (archet) sur la touche ».

2. « près de » ; dans le jeu des instruments à cordes, *sul ponticello*, « (archet) près du chevalet ».

Sullivan, (Sir) **Arthur** (Seymour) (Lambeth, 13 mai 1842 ; Londres, 22 novembre 1900). Compositeur et chef d'orchestre anglais. En collaboration avec le librettiste W. S. Gilbert (1836-1911), il a apporté à la musique anglaise un style original d'opérette, mélange de parodie, de burlesque et de satire, qui a connu une énorme popularité en Grande-Bretagne et aux États-Unis. Le mélange intime des paroles et de la musique dans ces « Savoy operas » (ainsi appelés parce que plusieurs d'entre eux ont été créés au Savoy Theatre à Londres) est tel que l'expression

« Gilbert et Sullivan » suffit à décrire le genre.

Fils d'un chef de fanfare irlandais, Sullivan entre à la chapelle royale comme choriste en 1854 et Novello publie l'un de ses chants sacrés en 1855. Il étudie à la Royal Academy of Music sous la direction de Sterndale Bennett, en 1856, puis au Conservatoire de Leipzig entre 1858 et 1861. Il remporte son premier succès en tant que compositeur en 1861, avec une musique de scène, *The Tempest*, jouée à Leipzig. Il compose ensuite une symphonie et un *Concerto pour violoncelle* en 1866, l'oratorio *The Prodigal Son* pour le Festival de Worcester de 1869 et l'*Overture di ballo* pour le Festival de Birmingham de 1870. Il est organiste de St Michael's, à Chester Square (Londres, 1861-67) et de St Peter's, à Cranley Gardens (1867-72). Il compose un ballet pour Covent Garden en 1864. En 1867, il accompagne son ami George Grove à Vienne, où ils découvrent la musique de *Rosamunde* de Schubert, jusqu'alors inconnue.

Le premier succès de Sullivan dans le domaine de l'opéra-comique est un ouvrage en un acte, *Cox and Box* (1867). Pendant les représentations, il fait la connaissance de Gilbert et le premier ouvrage qu'ils écrivent ensemble est *Thespis* (1871, aujourd'hui perdu). *Trial by Jury* (1875) remporte plus de succès et incite l'imprésario Richard d'Oyly Carte à former une troupe spécialement pour représenter les œuvres de Gilbert et Sullivan. *The Sorcerer* (1877) annonce déjà le grand succès de *HMS Pinafore* (1878) et de *The Pirates of Penzance* (1879). Pendant les représentations de *Patience* (1881), la troupe emménage au nouveau Savoy Theatre. On y produit *Iolanthe* (1882), *Princess Ida* (1884), *The Mikado* (1885), *Ruddigore* (1887), *The Yeomen of the Guard* (1888) et *The Gondoliers* (1889). En 1886, la cantate *The Golden Legend* est exécutée au Festival de Leeds dont Sullivan est le premier chef d'orchestre entre 1880 et 1898. Il dirige aussi pour de nombreux autres organismes et est directeur de la National Training School (précurseur du Royal College of Music) entre 1876 et 1881. Il est anobli en 1883. En 1891, son opéra romantique *Ivanhoe* connaît cent cinquante représentations. En 1890, une querelle avec Gilbert met fin à cette période de succès ininterrompus, malgré une issue heureuse ; mais certains fervents continuent toujours à apprécier ses ouvrages ultérieurs comme *Utopia Limited* (1893) ou *The Grand Duke* (1896).

Parmi les autres œuvres de Sullivan, les seules que l'on entende encore souvent sont l'*Overture di ballo*, l'hymne *Onward, Christian Soldiers* (1871) et la mélodie *The Lost Chord* (1877). Le succès des opéras du Savoy repose essentiellement sur son éclectisme fertile. Il pouvait s'inspirer d'éléments empruntés à toutes sortes de styles et ses parodies brillantes de Haendel, Bellini, Purcell, Donizetti, Verdi ou Mendelssohn, s'ajoutant à un don naturel pour la mélodie et pour la base rythmique qu'il savait tirer des textes, ont donné naissance à une musique qui est à la fois spirituelle et accomplie. Son orchestration sonne toujours juste ; elle est souvent inspirée et des morceaux comme « When the Night Wind Howls » de *Ruddigore* et « The Sun whose Rays » (*The Mikado*) sont de petits chefs-d'œuvre.

Michael Kennedy.

Sumer is icumen in. Ce morceau, l'une des plus anciennes œuvres profanes qui aient survécu, est un canon perpétuel à l'unisson, une ronde ou « rota » (du latin *rota*), écrit vers 1250, sans doute à Reading, et donc connu sous le nom de « Reading Rota ». On l'appelle aussi le « Summer Canon » (en raison de son texte qui célèbre l'arrivée de l'été). Il a été attribué, sans doute à tort, au moine John of Fornsete. Il a deux textes différents, l'un en anglais (*Sumer is icumen in*) et l'autre un texte latin sacré (*Perspice christicola*), soutenu par un *pes* ou basse obstinée de cinq notes, avec des paroles apparentées au texte anglais (*Sing cuccu nu*). Sur le manuscrit, une note en latin décrit la méthode d'excécution appropriée : quatre voix de ténor avec deux basses qui chantent le *pes*.

Summend (all.). « En fredonnant ».

Summer Night on the River. Œuvre symphonique de Delius, seconde de ses deux pièces pour petit orchestre, composée en 1911. Il ne faut pas la confondre avec les *Two Songs to be Sung of a Summer Night on the Water* de Delius, œuvre sans texte pour chœur, composée en 1917. La première des deux pièces s'intitule **On Hearing the First Cuckoo in Spring*.

Suonare (ital.). Voir *Sonare.*

Suono (ital.). « Son », « note ».

Suor Angelica (« Sœur Angelica »). Opéra en un acte de Puccini sur un livret de Forzano. Deuxième volet de *Il Trittico* de Puccini. Représentations : New York (Metropolitan Opera, 14 décembre 1918) ; Rome (Teatro Costanzi, 11 janvier 1919) ; Londres (Covent Garden, 18 juin 1920) ; Paris (Opéra-Comique, 24 février 1967). Sœur Angélique (sop.) a pris le voile pour expier un amour dont elle a eu un enfant. Sa tante (contralto) lui fait savoir que l'enfant est mort. En priant pour son pardon, elle se suicide mais ce second péché est pardonné comme en témoigne une vision de la Vierge et de l'enfant.

Superius (lat.). Dans la musique vocale ancienne, nom donné à la partie vocale la plus élevée dans un ensemble et aux parties séparées correspondant à cette musique. On peut aussi employer les termes « cantus » et « discantus ».

Suppé, Franz (von) (Spalato, Dalmatie, aujourd'hui Split, Yougoslavie, 18 avril 1819 ; Vienne, 21 mai 1895). Compositeur autrichien. Fils d'un fonctionnaire en Dalmatie, il part faire son droit à l'Université de Padoue ; mais il passe en fait l'essentiel de son temps à aller voir des opéras à Milan. Son père meurt en 1835 et la famille retourne à Vienne, où il étudie avec Sechter (le professeur de Bruckner) et devient chef d'orchestre dans divers théâtres. Il est l'un des premiers compositeurs viennois à avoir écrit des opérettes à la manière d'Offenbach et remporte une série de succès importants, notamment avec *Die schöne Galatea* (« La Belle Galatée », 1865) et *Boccaccio* (1879). Ses ouvertures *Dichter und Bauer* (« Poète et Paysan ») et *Die Leichte Kavallerie* (« La Cavalerie légère ») ont été longtemps populaires et ont fait l'objet d'arrangements pour d'innombrables combinaisons instrumentales, notamment pour deux flûtes.

Denis Arnold.

Supplicando, supplichevole (ital.). « Suppliant ».

Supprimez. Dans la musique d'orgue française, instruction indiquant qu'il faut cesser d'utiliser les registres en question.

Surprise, La. Surnom de la *Symphonie n° 94 en sol majeur* de Haydn, composée en 1791. Ce surnom lui vient d'un coup de timbales *forte* qui survient soudainement dans le mouvement lent. En Allemagne, on l'appelle la symphonie « mit dem Paukenschlag » (« avec le coup de timbales »).

Sursum corda (lat., « Élevez vos cœurs »). Paroles adressées par le célébrant aux fidèles juste avant la Préface. On les trouve dans toutes les liturgies chrétiennes de toutes les époques.

Susato, Tylman (? vers 1500 ; Anvers, 1561-64). Compositeur et éditeur de musique, sans doute flamand. Entre autres talents, il était calligraphe professionnel et trompettiste de la cathédrale d'Anvers. Entre 1543 et 1561, il a concentré ses activités sur l'édition musicale à Anvers, formant diverses associations et créant la première presse importante aux Pays-Bas. Éditeur ingénieux et plein de ressources, il a été l'un des premiers éditeurs de Lassus (publiant ses chansons en 1555) et a aussi incité des compositeurs flamands locaux à lui confier des chansons sur des textes flamands. Au cours de sa carrière, il a publié vingt-cinq livres de chansons, trois livres de messes, dix-neuf livres de motets et onze volumes intitulés *Musyck boexken* qui contiennent des chansons flamandes, des danses basées sur des airs populaires arrangés par lui-même et des *Souterliedekens* (psaumes métriques en flamand). En dehors de ses airs de danse, qui sont assez connus, ses propres compositions comprennent de la musique vocale sacrée et deux livres de « cantus-firmus chansons », écrites pour aider les jeunes chanteurs à acquérir de l'expérience. La musique qu'il a publiée a été particulièrement appréciée au moment de la renaissance de la musique ancienne dans les années 1960, notamment la chanson de Janequin *La Bataille de Marignan* (imprimée en 1545), très chère à David Munrow.

J. M. Thomson.

Sus-dominante. Sixième degré de la gamme majeure ou mineure.

Süss (all.). « Doux », « suave ».

Süssmayr, Franz Xaver (Schwanenstadt, 1766 ; Vienne, 17 septembre 1803). Compositeur autrichien. Il fait ses études au monastère de Kremsmünster jusqu'en 1788, date à laquelle il s'installe à Vienne et devient l'élève de Salieri et de Mozart. Il est l'assistant de Mozart en 1791 et est peut-être l'auteur de certains récitatifs *secco* de *La Clemenza di Tito*. Il compose lui-même avec succès plusieurs opéras et des singspiels pour des théâtres de Prague et de Vienne, ainsi que de la musique religieuse. A la mort de Mozart, Constanze Mozart lui demande de terminer le *Requiem*. On ne sait pas exactement quelle part du *Requiem* est de sa main et quelle part a été réalisée selon les esquisses détaillées de Mozart ; on ne sait pas non plus ce qui est vrai dans la lettre qu'il a adressée à ce sujet à la maison d'édition Breitkopf & Härtel : il affirme avoir complété et orchestré les parties initiales, puis avoir composé le Sanctus, le Benedictus et l'Agnus Dei. Toutefois, on a peu de raisons de mettre sa parole en doute d'autant plus qu'il connaissait les intentions de Mozart ; en tout cas, il est peu probable que l'on puisse aujourd'hui reconstituer une version meilleure que la sienne.

Denis Arnold.

Sus-tonique. Second degré de la gamme majeure ou mineure (degré situé immédiatement au-dessus de la tonique).

Susurrando, susurrante (ital.). « En chuchotant », « en murmurant ».

Svegliando, svegliato (ital.). « En s'éveillant », « éveillé », c'est-à-dire vif, alerte.

Svelto (ital.). « Rapide », « agile ».

Svendsen, Johan (Severin) (Christiania, aujourd'hui Oslo, 30 septembre 1840 ; Copenhague, 14 juin 1911). Compositeur et chef d'orchestre norvégien, né trois ans avant Grieg auquel il a survécu quatre ans. Svendsen a été le principal compositeur symphonique norvégien de son époque. Sa production a été éclipsée par celle de Grieg qui a composé pendant toute sa carrière alors que la renommée de chef d'orchestre de Svendsen l'a tenu à l'écart de la composition pendant les vingt-cinq dernières années de sa vie. Le talent musical de Svendsen est apparu très tôt. Il a commencé à apprendre la musique avec son père qui faisait partie d'une formation de musique militaire. Il est rapidement devenu aussi habile à la flûte, à la clarinette ou au violon et est entré à l'Orchestre du Théâtre de Christiania. Après ses études à Christiania, il est parti pour Leipzig, mais a dû rapidement renoncer à ses ambitions dans le domaine du violon car il avait des problèmes de main gauche ; il s'est alors concentré sur la composition. Le *Quatuor à cordes op.1*, l'*Octuor pour cordes op.3* et la *Symphonie nº 1 op.4* datent de cette période (1863-67). Il a présenté cette dernière à Christiania au retour d'un long voyage en Écosse, en Islande et aux îles Féroé en 1867. Après la première exécution de la symphonie, qui a beaucoup impressionné Grieg, il s'est rendu à Paris (1868-70), où il a travaillé comme musicien d'orchestre. Il y a commencé le *Concerto pour violon op.6*, achevé à son retour à Leipzig (1870-72), où il a également composé le *Concerto pour violoncelle op.7* (1870) et d'autres partitions. Son œuvre la plus connue, *Carnaval à Paris* (1872), a été écrite lors d'un séjour à Bayreuth où il a fait la connaissance de Wagner. Entre 1870 et 1880, Svendsen est retourné en Norvège pour diriger l'Orchestre de Christiania et enseigner au Conservatoire. De cette période datent la célèbre *Fest-Polonaise* et le *Norsk Kunstnerkarneval* ainsi que la *Symphonie nº 2* (1876) et les *Rhapsodies norvégiennes nº 1 à 3*. La quatrième a été composée en Italie (1877-78). Deux autres années passées à Paris (1878-80) lui ont permis d'écrire deux cycles de *Lieder*, op.23 et 34, mais, en dehors de la célèbre *Romance pour violon et orchestre op.26* (1881), il s'est ensuite exclusivement consacré à la direction d'orchestre. A partir de 1883, il a dirigé l'Orchestre royal de Copenhague, et ce jusqu'en 1908, où son état de santé l'a contraint à se retirer.

Alors que l'intérêt que Grieg portait à la musique traditionnelle norvégienne l'a conduit à cultiver la miniature, Svendsen a excellé dans les formes plus amples. Il est parvenu à allier l'héritage classique viennois à sa profonde connaissance de la tradition folklorique norvégienne dans ses symphonies comme dans ses *Rhapsodies norvégiennes* dont l'orchestration est merveilleusement construite. Son esprit inventif mêle vivacité et exubérance à une veine de fantaisie poétique digne de Grieg lui-même. Avec les quatre symphonies de Berwald, ses deux symphonies sont les plus belles qui aient été écrites en Scandinavie avant Sibelius.

Robert Layton.

Sweelinck [Swelinck, Zwelinck, etc.], **Jan Pieterszoon** (Deventer, ? mai 1562 ; Amsterdam, 16 octobre 1621). Compositeur et organiste hollandais. Il commence par apprendre la musique avec son père, Pieter Swybbertszoon (Jan Sweelinck a adopté le nom de jeune fille de sa mère) et poursuit sans doute ses études à Haarlem. En 1580, il est nommé au poste important d'organiste de l'Oudekerk à Amsterdam, qu'il conservera jusqu'à la fin de sa vie. Ce poste, occupé auparavant par son père et ensuite par son fils, restera ainsi dans la famille pendant près d'un siècle, presque sans interruption. Sweelinck n'a jamais quitté les Pays-Bas ; et il s'est même rarement absenté d'Amsterdam – pour se rendre dans d'autres villes hollandaises afin d'inspecter de nouveaux orgues ou donner des conseils sur la restauration d'orgues anciens. Ses fonctions officielles à l'Oudekerke consistaient essentiellement à fournir de la musique pour les services religieux, mais il était très connu pour ses improvisations de grande virtuosité au début et à la fin des services qui attiraient certainement beaucoup de fidèles.

La musique de Sweelinck qui a survécu – plus de deux cent cinquante œuvres vocales et environ soixante-dix œuvres pour clavier – représente un sommet de la composition de la fin de la Renaissance dans le nord de l'Europe. Il a écrit quatre livres de psaumes polyphoniques qui embrassent la totalité du psautier genevois et utilisent les textes des psaumes métriques de Clément Marot et de Théodore de Bèze ; cette œuvre l'a occupé pendant toute sa vie active. Bien que fermement enracinée dans les traditions des psaumes protestants antérieurs, elle les surpasse en invention et en expression spirituelle. Ses motets latins, des chansons françaises (les premières œuvres qu'il ait publiées) et ses madrigaux italiens sont écrits dans un style moins sévère et plus franchement populaire que les psaumes.

Les œuvres pour clavier – des fantaisies contrapuntiques et des variations élaborées – résument la technique et l'esprit de la musique pour clavier de la fin du XVIe siècle ; en outre, avec l'indépendance prononcée de leurs lignes contrapuntiques, elles exploitent pleinement le potentiel tonal de l'orgue de l'époque. Les variations, en particulier, montrent que Sweelinck connaissait la musique de ses contemporains anglais (surtout John Bull, qui était peut-être un ami proche, et Peter Philips), alors que les fantaisies rappellent des prédécesseurs italiens et espagnols (Andrea Gabrieli, Cabezón). Les œuvres pour clavier n'ont jamais été publiées ; mais elles ont été diffusées sous forme de copies manuscrites et ont été largement connues au moins jusqu'au milieu du XVIIe siècle.

Sweelinck était un pédagogue célèbre aux Pays-Bas et en Allemagne. Des organistes compositeurs en herbe lui étaient envoyés de toutes parts et il a exercé une influence profonde sur une longue lignée d'élèves (notamment Samuel Scheidt et Heinrich Scheidemann) qui ont finalement formé l'école d'Allemagne du Nord, culminant à la fin du XVIIe siècle avec J. S. Bach.

Judith Nagley.

Swing. Genre de jazz généralement joué par les grands ensembles qui basent leur style sur la langue du jazz par opposition aux styles plus commerciaux de la musique de danse. Le terme s'applique aussi à des groupes plus petits qui pratiquent un style de jazz léger et balancé. L'essence du swing est le jeu des diverses sections de l'ensemble, avec l'emploi fréquent de *riffs* (phrases répétées) et une solide base rythmique ; le tout engendre une animation progressive qui reste contrôlée. Le mouvement orienté vers le jazz arrangé a débuté dans les années vingt et les premiers orchestres de swing importants ont été les groupes noirs dirigés par Duke Ellington, Fletcher Henderson et les Cotton Pickers de McKinney. Ellington, Henderson et Don Redman (de McKinney) étaient tous des arrangeurs brillants et ont donné à leurs orchestres une grande part de la liberté dont disposaient les petits groupes de jazz. Ils ont été suivis par les orchestres de Bennie Moten (repris ensuite par son pianiste, Count Basie), Jimmie Lunceford et Chick Webb. Les musiciens blancs ont progressivement adopté le même style et, dès 1935, l'orchestre de Benny Goodman connaissait un succès international, Goodman étant surnommé « le roi du swing ». Par la suite, parmi les grandes figures du swing, on peut citer Jimmy et Tommy Dorsey, Woody Herman, Artie Shaw, Glenn Miller, Charlie Barnet, Harry James, Les Brown et Gene Krupa.

Peter Gammond.

Syllabaire pour Phèdre. Opéra de chambre de Maurice Ohana (1966-67).

Sylphides, Les. Ballet en un acte, intitulé à l'origine *Chopiniana*, sur une musique de Chopin. Créé à Saint-Pétersbourg en 1907 dans une chorégraphie de Fokine, avec la Pavlova. La première version de la partition comprenait cinq pièces pour piano, orchestrées par Glazounov ; les représentations ultérieures se sont enrichies de pièces supplémentaires, orchestrées par Keller, et, pour la production de Diaghilev à Paris en 1909, par Tchérepnine, Liadov et Stravinski. C'est l'un des ballets les plus populaires du répertoire. Certaines versions anglaises ont utilisé des arrangements réalisés par Roy Douglas, Malcolm Sargent, Gordon Jacob...

Sylvia ou la Nymphe de Diane. Ballet de Delibes sur un argument de Jules Barbier et du baron de Reinach, d'après l'*Aminta* du Tasse. Créé à l'Opéra de Paris le 14 juin 1876.

Symbole de saint Athanase. Voir *Credo*.

Symbole des apôtres. Voir *Credo*.

Symphonia domestica. Œuvre symphonique op.53 de Richard Strauss, composée en 1902-03. Elle dépeint une journée de la vie de la famille Strauss, avec des thèmes symbolisant le compositeur, sa femme Pauline et leur fils ; il s'agit également d'une œuvre symphonique en un seul mouvement dont la portée musicale ne dépend pas d'un programme.

Symphonie

1. Les origines et les débuts de la symphonie (avant 1730)
2. La symphonie au XVIIIe siècle (1730-1800)
3. Beethoven
4. La symphonie après Beethoven
5. La symphonie à partir de 1920
6. Conclusion

1. *Les origines et les débuts de la symphonie (avant 1730).* Le mot « symphonie » apparaît à la fin du XVIe siècle. Il désigne simplement la « musique pour ensemble » – du grec *syn* (« ensemble ») et *phone* (son). Ainsi, les *Sacrae Symphoniae* (« Symphonies sacrées », 1597) de Giovanni Gabrieli ne sont que de simples motets, canzonas ou autres œuvres pour ensembles de voix et/ou d'instruments. En ce sens, les mots « symphonie » et « concerto » sont alors interchangeables. Les implications structurelles ou stylistiques que la symphonie va acquérir au XVIIIe siècle n'existent pas encore.

Vers 1620, le terme « symphonie » (ou *sinfonia*) désigne aussi bien une pièce instrumentale placée au début ou au milieu d'une œuvre vocale qu'un motet, un madrigal ou une cantate, un peu à la façon d'un **ritornello* ; mais la *sinfonia* ne se répète pas systématiquement comme un refrain tout au long du morceau. Lors de l'ouverture des théâtres lyriques à Venise, entre 1630 et 1640 (voir *Opéra*, 4), les opéras écrits dans le nouveau style de l'époque comportent souvent une *sinfonia avanti l'opera* ou *ouverture, et certains opéras incluent une *sinfonia* comme interlude purement instrumental : la « sinfonia infernale » dans *Le Nozze di Teti e di Peleo* de Cavalli (1639) en constitue un exemple. Certaines de ces *sinfonie*, notamment celle de *L'Incoronazione di Poppea* de Monteverdi (1642), se divisent en deux parties enchaînées, ce qui a peut-être engendré l'ouverture à la française élaborée par Lully au XVIIe siècle. Vers la fin du siècle, les opéras italiens s'enrichissent également de caractéristiques structurelles spécifiques ; Alessandro Scarlatti utilise des schémas en trois mouvements (rapide-lent-rapide) pour certaines ouvertures de ses opéras.

Cette tendance s'affermit à partir des années 1720 grâce aux compositeurs d'opéras de l'école napolitaine qui travaillent dans toute l'Europe (voir *Opéra*, 6). Des compositeurs comme Leonardo Vinci et Leonardo Leo écrivent des *sinfonie avanti l'opera* qui comportent généralement une séquence rapide-lent-rapide en trois mouvements, le mouvement central étant court et ornementé, le troisième rédigé dans le langage plus léger de la danse. Le premier mouvement se compose généralement de thèmes assez brefs aux formes rythmiques solides étayées par des harmonies relativement simples qui soulignent la tonalité prédominante. L'impulsion tient moins au développement thématique qu'à de surprenantes transitions non thématiques. L'intérêt est stimulé par des idées thématiques très contrastées et par les effets orchestraux qu'affectionnent les compositeurs, faisant largement appel au *tremolando* des cordes, aux notes tenues des instruments à vent, au *crescendo* implicite, etc. Ce style d'écriture peut paraître rudimentaire comparé à la manière plus raffinée du concerto, mais il correspond aux besoins de l'époque pour commencer une soirée à l'opéra. C'est aussi le germe de ce qui va devenir la symphonie telle que nous la connaissons aujourd'hui.

2. *La symphonie au XVIIIe siècle (1730-1800).* La popularité croissante des concerts réguliers, surtout à Paris (voir *Concert*, 4) réclame des œuvres d'envergure pour mettre en valeur les orchestres d'une certaine dimension et d'un niveau élevé que réunissent les imprésarios. L'orchestre de la cour de l'Électeur de Mannheim (que Burney appelait « une armée de généraux », voir *Concert*, 5) fait la fierté de ce prince. A cette époque, le concerto jouit d'une grande popularité, mais la nouvelle vogue de la musique pour orchestre profite surtout à la symphonie qui devient le principal genre orchestral, surtout en Europe centrale. Les bibliothèques des grands monastères d'Autriche et du sud de l'Allemagne montrent que les symphonies y étaient fréquemment jouées ; quant aux œuvres de gentilhommes de moindre importance, elles révèlent l'influence de l'école de Mannheim. Un énorme répertoire se crée pour répondre aux besoins des cours : au moins sept mille symphonies seront composées en un demi-siècle, à partir de 1740. C'est un répertoire cosmopolite d'œuvres de musiciens italiens, bohémiens, autrichiens, allemands, français, anglais et les partitions des compositeurs les plus importants acquièrent rapidement une grande notoriété (les compositeurs d'Europe centrale sont particulièrement appréciés à Paris).

Une classification correcte de ce vaste répertoire n'a jamais pu être établie jusqu'à ce jour, d'autant que ce sont surtout les parties d'orchestre qui nous sont parvenues et non les partitions. On peut toutefois faire quelques remarques d'ensemble et risquer certaines généralisations moins sûres quant à leur style pour parvenir à une vague classification. Dans les premières années de la période symphonique, les symphonies comportent essentiellement trois mouvements, selon la manière italienne. Un menuet s'y ajoute parfois vers 1740 ainsi que des introductions lentes aux premiers mouvements (et, chose surprenante, ce procédé est plus rare chez les compositeurs français – rompus aux traditions de l'ouverture à la française – que chez les Autrichiens, comme Hoffmann). Les principes de base de la forme sonate s'appliquent aux premiers mouvements – avec toutefois de nombreuses variantes et différentes façons d'en évaluer les possibilités.

L'écriture symphonique de cette époque a connu trois courants dominants. Le premier, qui est aussi le plus pauvre, vient d'Italie, représenté par Sammartini, dont le style « galant », avec ses mouvements lents élégants, son orchestration légère et ses finales bouffes, jouit d'une très grande popularité au milieu du siècle. Ce style, qui est arrivé à Londres par l'intermédiaire de J. C. Bach, a influencé certaines des premières symphonies de Mozart, composées pour ses tournées en Italie. C. P. E. Bach a écrit des symphonies plus substantielles pour Berlin. Souvent orchestrées plus lourdement, elles sont riches en développements thématiques et l'utilisation de la tonalité est un élément important de leur structure. Mais la tendance la plus connue et la plus répandue est celle de l'école de Mannheim, dirigée par Johann Stamitz, qui a influencé un nombre considérable de compositeurs : F. X. Richter, Falk, Karl Stamitz, Eichner, Benda, etc. La symphonie dans le style de l'école de Mannheim fait appel à toutes les astuces possibles pour mettre en valeur les capacités de l'orchestre : changements soudains de dynamique et d'expression, utilisation imaginative des instruments à vent, introduction de la clarinette et surtout le célèbre *crescendo* (parfois appelé le « rouleau compresseur » de Mannheim). A Paris, le Concert spirituel ajoute à ces effets le sonore *tutti* initial, ou « premier coup d'archet ». Toutes ces caractéristiques offrent aux compositeurs la possibilité d'élargir les dimensions des mouvements tout en soutenant l'intérêt dans des transitions non thématiques dérivées du style de l'ouverture italienne. Ainsi, le premier mouvement se développe tandis que le finale prend de l'ampleur et de la puissance. La mélodie du mouvement lent reste décorative avec un accompagnement relativement simple, mais il s'allonge également et devient plus ambitieux sur le plan émotionnel.

Ce nouveau type de musique élaboré à Mannheim aboutit à la constitution d'un répertoire riche et attrayant, surtout lorsqu'il traduit une certaine fusion avec l'école viennoise qui en découle dans une très large mesure, même si elle est plus naturellement attirée par l'influence italienne, et renforce l'expression des sentiments au détriment de la force rythmique et de la sonorité orchestrale. Des compositeurs comme Gassmann et Vanhal ont écrit une musique très mélodique et le premier avait tendance à réexposer ses thèmes à la sous-dominante ou (dans une tonalité mineure) à la sus-dominante, éliminant ainsi tout effet de surprise lorsqu'il fallait modifier la transition pour l'adapter à la nouvelle relation tonale. Si de nombreuses symphonies du XVIIIe siècle ne sont faites que de notes qui tourbillonnent sans grand intérêt, il n'en demeure pas moins que celles des plus grands compositeurs (Richter, Dittersdorf, Vanhal, d'Ordonez) méritent aujourd'hui d'être reprises. L'oubli dans lequel elles sont tombées vient peut-être de ce qu'elles sont très proches des symphonies des deux grands maîtres du XVIIIe siècle, sans en avoir la subtilité.

Ces deux maîtres, Haydn et Mozart, ont moins transformé les structures de la symphonie que sa portée émotionnelle. Ils ont tous deux débuté dans la tradition italienne, mais Haydn a vite fait preuve d'un sérieux digne de C. P. E. Bach : l'intérêt qu'il porte au développement thématique et ses expériences dans le domaine de la forme prouvent sa connaissance des anciennes traditions baroques de la *sonata da chiesa* et des idées plus récentes. Ses thèmes sont plus rythmiques, moins galants. Ces deux compositeurs semblent prendre un tournant décisif au début des années 1770, lorsque, pendant la période du *Sturm und Drang*, la musique connaît un surcroît d'intensité et de profondeur. A cette époque, les symphonies de Mozart développent une puissance dramatique dans cesse croissante (*Symphonie n° 25 en sol mineur K 183*, 1773) et une plus grande dextérité contrapuntique (*Symphonie n° 29 en la majeur K 201*, 1774). Haydn compose plusieurs symphonies dans des tonalités mineures, toutes très sérieuses ; mais ce sont l'envergure, le refus d'accepter les clichés rococos et l'écriture contrapuntique indissociable de la texture qui font passer les œuvres de cette période de la musique de divertissement à quelque chose de plus ambitieux.

Les résultats les plus marquants de cette nouvelle réflexion sur la nature de la symphonie apparaissent à partir de 1780, lorsque Mozart s'installe à Vienne après son séjour à Paris, où il vient de composer une symphonie dans le style traditionnel du Concert spirituel (*Symphonie n° 31 K 297*, 1778). Considérant comme acquises les possibilités techniques des instrumentistes, il commence à explorer la palette sonore de l'orchestre telle que l'a définie l'école de Mannheim. Son expérience dans le domaine de la musique de chambre, qu'il doit à Haydn, se reporte sur la symphonie, particulièrement dans les trois dernières d'entre elles ; la *Symphonie n° 40 en sol mineur K 550* (1788) fait appel à un orchestre élargi mais reste aussi poignante que son *Quintette à cordes K 516* écrit dans la même tonalité. De même, le final fugué de la *Symphonie n° 41 en ut majeur K 551 « Jupiter »* (1788) prolonge l'approche du *Quatuor en sol majeur K 387*. Dans la *Symphonie n° 38 en ré majeur K 504 « Prague »* (1786), on retrouve en filigrane le penchant naturel de Mozart pour l'opéra : avec ses trois mouvements, elle constitue la dernière ouverture dans le style italien transformée en symphonie (elle était destinée en réalité à *Don Giovanni*).

Haydn, qui jouissait d'une grande notoriété dans les années 1780, compose pour Paris et exploite les moindres ressources de la technique orchestrale de Mannheim. Mais il fait preuve d'une plus grande subtilité et tire parti de la forme sonate avec davantage d'imagination. Le premier mouvement s'allonge et comprend souvent une introduction lente et développée ; le second mouvement prend fréquemment la forme de variations ou d'autres procédés apparentés ; le menuet n'est plus une danse mais un mouvement travaillé et complexe qui évoque la forme sonate en miniature ; le finale est souvent grandiose, spirituel et atteint des sommets. Les danses à 3/8 de la symphonie italienne sont complètement évincées. Les symphonies londoniennes de Haydn, composées après la mort de Mozart, exploitent encore davantage ces caractéristiques. A une exception près, ces douze symphonies comportent des introductions lentes dont certaines se prolongent sans se limiter à une simple préparation du mouvement qui suit. Les mouvements lents n'ont rien de galant ; ils reposent souvent sur de simples mélodies ressemblant à des hymnes dont la solennité est presque religieuse. Les dimensions des finales et l'esprit dont fait preuve Haydn dans ces ultimes mouvements révèlent un esprit inventif rarement égalé ; ils ne se contentent pas d'être « efficaces » et brillants, mais leur construction mêle étroitement des éléments du rondo et de la forme sonate : ce sont des pages auxquelles il est difficile de résister. L'influence de Haydn se ressent au sein de toute une génération de symphonistes dans les dix dernières années du XVIIIe siècle, surtout chez Rosetti et Reicha.

3. *Beethoven*. Après Haydn, Beethoven a transformé la symphonie et légué un héritage essentiel à tous les autres compositeurs. Si la *Première Symphonie* de Beethoven (1800) est très proche de la façon grandiose avec laquelle Haydn évoluait dans la tonalité d'ut majeur (à rapprocher de la *Symphonie n° 97*), la *Seconde* (1801-02) est extrêmement originale ; elle constitue un genre de symphonie agréable et divertissant et elle remplace l'élégance gracieuse par un lyrisme plus direct : elle conduira en droite ligne au style symphonique de Schubert. Ces deux symphonies ne conservent plus la moindre trace du style « galant », le menuet faisant place à un scherzo vigoureux.

La grande transformation se produit dans la *Symphonie n° 3 « Héroïque »* (1803). Ses connotations politiques apparaissent non seulement dans le titre (avec la première dédicace à Napoléon), mais aussi avec une utilisation accrue des instruments à vent dans le style des ensembles à vent révolutionnaires parisiens. La marche funèbre qui constitue le mouvement lent et l'emploi dans le finale d'un thème tiré de son ballet *Prométhée* sont autant d'éléments qui ont permis à certains analystes de voir dans cette symphonie un véritable combat de titan. La *Symphonie « Héroïque »* est très longue (50 minutes) : presque deux fois plus longue que les plus grandes symphonies du XVIIIe siècle. Avec l'*Héroïque*, la symphonie s'élève au niveau des grandes formes religieuses – messe, cantate, motet – de l'ère baroque : elle constitue une profession de foi d'une rare intensité. Contrairement à la musique vocale, elle n'est pas liée à un texte : elle peut donc traiter d'expériences personnelles, de plaisir sensuel ou d'états d'âme qu'évoquent certains lieux ou certaines pages littéraires sans être obligée d'adhérer totalement au stéréotype. La symphonie est à cet égard d'inspiration et de réalisation plus humaine que religieuse (bien que la religion n'en soit pas exclue). Dans ses symphonies ultérieures, Beethoven raffine et développe ce nouveau concept. Les *Symphonies n° 5* (1807-08) et *n° 7* (1811-12) ont un objectif plus simple, mais sont construites à la même échelle ; la première est nettement héroïque, l'autre incarne l'expression suprême de la joie ; les mélanges subtils de la *Symphonie n° 3*, mis à part ses éléments de tragédie, restent inégalés. La *Symphonie n° 6 « Pastorale »* (1808), plus originale, exprime des sentiments éveillés par l'environnement, notamment par la campagne. Les titres de ses cinq mouvements font penser à la musique à programme du XVIIIe siècle. Toutefois, l'évocation de la tempête, déjà impressionniste, est très nouvelle, sans contenu thématique important ni véritable « forme » : son effet repose entièrement sur des imitations de la nature. La symphonie post-*Héroïque* voit surgir deux innovations d'une grande portée. Les mouvements sont parfois enchaînés les uns aux autres, soit par des transitions entièrement développées (comme entre les trois derniers mouvements de la *Pastorale*), soit par l'usage de thèmes récurrents (comme dans les deux derniers mouvements de la *Symphonie n° 5*). Les scherzos sont souvent élargis au schéma scherzo-trio-scherzo-coda, ce qui permet des effets trompeurs (dans la *Symphonie n° 7*, par exemple, la coda laisse présager une nouvelle reprise du trio avant d'être brutalement évincée). Les quatre mouvements de la symphonie ont dès lors acquis un poids considérable.

A l'apogée de cette transformation du genre, la *Symphonie n° 9* de Beethoven (1822-24) représente un mélange de symphonie et de cantate révolutionnaire française. Les trois premiers mouvements poussent le développement des formes traditionnelles à la limite du point de rupture. L'immense premier mouvement, en forme sonate, est parsemé d'un développement thématique serré et la réexposition provoque un effet dramatique lorsque le mode majeur se substitue au relatif mineur de l'exposition ; le scherzo est fugué, autour de thèmes à peine ébauchés ; le trio pastoral est conçu en rythme binaire et la coda se situe dans le prolongement de la *Symphonie nº 7* ; le long mouvement lent est un ensemble de variations bâti sur un double thème qui fait un large usage de l'ornementation mélodique en filigrane caractéristique des ultimes quatuors. Le dernier mouvement, avec chœur, s'écarte de tous les schémas symphoniques connus (Beethoven avait déjà procédé de la même façon dans la *Symphonie « Héroïque »*). La description la moins imprécise consisterait à le considérer comme un ensemble de variations. C'est en fait une cantate sur le thème de la liberté (elle comporte de nombreuses ressemblances avec la *Cantate pour l'avènement de Léopold II*, 1790) utilisant à l'extrême les possibilités des solistes et du chœur.

4. *La symphonie après Beethoven.* La composition d'une symphonie représente désormais une entreprise majeure. Si les symphonies composées entre 1750 et 1800 peuvent se compter par milliers, seules quelques douzaines de symphonies voient le jour entre 1825 et 1875. A trente-huit ans, Brahms, qui était parvenu à une maturité certaine et qui jouissait d'une grande notoriété, déclarait (prématurément) : « Je ne composerai jamais de symphonie ! Vous n'avez aucune idée de ce que ressent un homme comme moi lorsqu'il entend un géant comme [Beethoven] marcher derrière lui. » Réaction extrême, mais moins exceptionnelle qu'on ne pourrait le penser, aux symphonies de Beethoven que seuls les compositeurs les plus insensibles pouvaient ignorer.

On trouve encore des traces de la symphonie viennoise du XVIIIᵉ siècle dans les premières œuvres de Schubert qui a composé ses six premières symphonies avant 1820 pour des orchestres d'amateurs ou de musiciens peu expérimentés. Leur côté divertissant les place dans le prolongement de Haydn et de Mozart, quoique, dans la *Symphonie nº 6* (1817-18), il se mette au goût du jour en montrant une parfaite connaissance du style des ouvertures de Rossini (qui préférait un matériel thématique chantant à des motifs trop riches). Trois de ces six symphonies reviennent au menuet dans le troisième mouvement, alors que les mouvements lents suivent la manière de l' « andante » hédonique de la fin du XVIIIᵉ siècle. Les deux dernières symphonies de Schubert, les *Symphonies nº 8 « Inachevée »* (1822) et *nº 9 « La Grande »* (?1825-28), écrites par un musicien qui connaissait parfaitement la *Symphonie nº 7* de Beethoven, sont plus ambitieuses. Elles utilisent un plus grand orchestre et font preuve d'une imagination profonde. Schubert se concentre moins sur le développement thématique pur, la liaison entre les thèmes du XVIIIᵉ siècle se transformant en « effet orchestral » ; les thèmes eux-mêmes possèdent des couleurs orchestrales fraîches (le développement du premier mouvement de l'*Inachevée* avec ses cordes *tremolando* et les affirmations majestueuses des trombones dans l'un des thèmes du premier mouvement de la *Grande Symphonie en ut majeur* en sont de bons exemples). Le résultat obtenu est « anti-héroïque » et l'on peut regretter que ces symphonies n'aient pas été connues à l'époque de leur composition (elles n'ont été créées qu'en 1839 pour la *Grande Symphonie en ut* et en 1865 pour l'*Inachevée*). Elles auraient certainement aidé d'autres compositeurs à vaincre leurs inhibitions en leur inspirant une nouvelle sorte de symphonie à la fois agréable et ambitieuse.

Il est certain que Beethoven a servi d'exemple à tous ceux qui ont voulu faire de véritables proclamations. On en distingue deux catégories : ceux qui lui ont emprunté ses techniques et ceux qui se sont inspirés de sa démarche d'esprit. Parmi les premiers, on peut ranger les conservateurs allemands Mendelssohn et Schumann. Mendelssohn a écrit quelques symphonies de jeunesse dans le style du XVIIIᵉ siècle (un peu comme les compositeurs de sonates continuaient à écrire des sonatines), mais ses symphonies de la fin des années 1820 et des années 1830 suivent l'exemple de Beethoven, sans en avoir toutefois la puissance. La *Symphonie nº 5 « Réformation »* (1832) est une pièce d'essence religieuse, dont le finale fait appel au choral « Ein' feste Burg » ; le finale de la *Symphonie nº 2 « Lobgesang »* (1840) est également un choral. Les *Symphonies nº 3 (« Écossaise »* , 1842) et *nº 4 (« Italienne »*, 1833) s'inspirent visiblement de la palette sonore de la *Symphonie « Pastorale »* de Beethoven. Toutes ces œuvres semblent un peu en contradiction avec l'évolution de la symphonie, car les techniques élaborées par Haydn et Beethoven pour s'écarter de la musique de divertissement y sont utilisées dans le seul but de charmer. Le caractère laborieux des symphonies romantiques indique que le matériel thématique, qui serait mieux adapté à une courte pièce « caractéristique », reste moulé dans la forme sonate – et les coutures sont apparentes. Même les premiers mouvements, plutôt courts, de Mendelssohn semblent longs. Schumann – dont les sonates avaient la même tendance – est parvenu à un meilleur résultat avec ses symphonies. Sa principale préoccupation est d'enchaîner les mouvements les uns aux autres (comme Beethoven dans sa *Symphonie n° 5*). Il y réussit fort bien dans sa *Symphonie n° 4* (1841, rév. 1851) dont l'introduction et l'exposition du premier mouvement contiennent la quasi-totalité du matériel thématique. Comme le souligne Gerald Abraham, la *Symphonie n° 3 « Rhénane »* (1850) ressemble davantage à une suite qu'à une symphonie avec un scherzo qui évoque un « Matin sur le Rhin » et un mouvement lent inspiré par une cérémonie à la cathédrale de Cologne.

Mais les véritables chefs-d'œuvre des années 1830 et 1840 sont dus aux émules spirituels de Beethoven. Berlioz est le premier d'entre eux, chronologiquement. Paris est l'une des villes où les symphonies de Beethoven connurent de bonnes exécutions dès les années 1820 et Berlioz a composé sa *Symphonie fantastique* en 1830, en s'inspirant visiblement de leur grandeur. Ce n'est pas une œuvre fondamentalement organisée, mais plutôt compilée d'après des ouvertures et opéras incomplets. Seul le programme de Berlioz parvient à leur donner une unité acceptable (après les rêveries d'opium de Thomas de Quincey et les intrigues amoureuses du compositeur à cette époque). Le plan en cinq mouvements prend pour modèle celui de la *Symphonie « Pastorale »* de Beethoven ; les liaisons entre les mouvements avec une « idée fixe » viennent de la *Symphonie n° 5* et la lente introduction au premier mouvement de la *Symphonie n° 7*. Néanmoins, le résultat n'a rien de beethovenien ; il se rapproche davantage de l'opéra ou de la cantate que de la symphonie traditionnelle. Berlioz compose ensuite *Harold en Italie* (1834), une sorte de symphonie concertante avec une partie soliste d'alto, dans laquelle il reprend les mêmes liaisons que précédemment. *Roméo et Juliette*, symphonie chorale en sept mouvements, peut être analysée comme une œuvre orchestrale classique encastrée au milieu des parties chorales ; mais, une fois encore, il ne s'agit pas d'une symphonie traditionnelle ; elle s'apparente davantage à des scènes d'opéra.

A son époque, la musique de Berlioz n'était pas assez connue pour exercer une véritable influence sur d'autres compositeurs : mais l'idée de programme offrait une alternative stimulante à la symphonie abstraite. Spohr a été l'un des premiers à la reprendre avec sa *Symphonie n° 4 « Die Weihe der Töne »* (1832) qui évoque la création et l'évolution du monde. Il a composé plusieurs autres symphonies, notamment la *Symphonie n° 6 « Historique »* (1840), véritable assemblage de pastiches de Bach, Haydn, etc. ; la *Symphonie n° 7* (*Les Éléments terrestres et divins de la vie humaine*, 1841) fait appel à un double orchestre, une grande formation pour l'évocation terrestre et un ensemble de onze instruments solistes pour l'aspect divin ; la *Symphonie n° 9 « Les Saisons »* (1850) recèle des images plus conventionnelles exprimées dans deux mouvements contrastés. Dans les années 1840, le concept du programme est si solidement établi que même un compositeur comme Berwald, auteur de symphonies instrumentales de type classique, leur attribue des titres comme *Symphonie « Sérieuse »* (1842), *Symphonie « Capricieuse »* (1842) ou *Symphonie « Singulière »* (1845). Parmi les figures majeures du romantisme, Liszt est parvenu aux meilleurs résultats dans le domaine de la symphonie à programme. Sa *Faust-Symphonie* (1854-57) se compose de trois mouvements qui dépeignent les principaux protagonistes de Goethe (Faust, Marguerite et Méphistophélès) en déformant les thèmes de Faust pour peindre Méphistophélès selon une technique traditionnelle : toutefois, Liszt emploie un traitement différent et sa technique de la « métamorphose thématique » aura une influence considérable sur les compositeurs à venir. Il pensait peut-être à Beethoven lorsqu'il ajouta à cette symphonie, trois ans après l'avoir terminée, un finale choral qui reprend le même matériel pour exprimer l'idée de Goethe de l' « éternel féminin ».

A cette époque, les idées de Wagner, exilé en Suisse où il écrit des pamphlets, commencent à faire leur chemin dans les esprits progressistes. Il soutient que la symphonie est devenue un genre impossible à traiter après la *Neuvième* de Beethoven et que la grande musique du futur se situe dans le domaine du drame musical. Les musiciens qui ne se sentaient pas attirés par l'opéra choisissent alors le *poème symphonique qui sera adopté dans les années 1850 et 1860 par des compositeurs qui auraient pu auparavant devenir des adeptes de la symphonie. En 1860, le manifeste du jeune Brahms, sous l'influence de Clara Schumann, concentre les points de vue et aboutit à la création d'une école conservatrice, optant délibérément pour les formes traditionnelles.

La symphonie connaît donc un regain d'intérêt vers 1870. Parmi les nouveaux symphonistes, Brahms est certainement le meilleur, même s'il n'est pas le plus fécond. A première vue, ses quatre symphonies semblent être des œuvres traditionnelles en quatre mouvements ; elles se distinguent de celles de Beethoven surtout par leurs troisièmes mouvements mélodieux qui remplacent les scherzos vigoureux de Beethoven. Comme chez ce dernier, les finales sont plus difficiles à ranger par catégories : celui de la *Symphonie nº 1* (1855-76) comporte une longue introduction suivie d'un mouvement en forme sonate complet qui incorpore le matériel de l'introduction (dès sa création, on l'a comparée à la *Neuvième Symphonie* de Beethoven, mais sa technique s'apparente davantage à celle des derniers mouvements en forme sonate de Haydn) ; le finale de la *Symphonie nº 4* (1884-85) est une passacaille (avec peut-être certaines nuances de l'*Héroïque*). Tous les derniers mouvements sont puissants et les mouvements lents sont profonds (plutôt *adagio* qu'*andante*). Les caractéristiques et la tendance de Brahms à penser en termes de développement thématique prolongent la ligne de Beethoven, mais il n'en est pas moins vrai que les romantiques ont laissé leur empreinte sur le style de Brahms. La plupart des thèmes des différents mouvements de la *Symphonie nº 2* (1877) se rattachent d'une manière ou d'une autre à la première mesure de la symphonie ; dans la *Symphonie nº 3* (1883), les premières mesures reviennent dans les dernières pages et donnent une lueur nostalgique typiquement romantique. Même dans les mouvements de forme sonate, les thèmes de Brahms sont plus lyriques qu'embryonnaires, tendance qui aboutit parfois à des liaisons plus travaillées que naturelles. Les troisièmes mouvements sont plus proches d'un *intermezzo* de Schumann que du style de Beethoven. Néanmoins, les symphonies de Brahms comptent parmi les dernières à avoir été conçues dans ce style déclamatoire, pas sur un plan politique ou idéaliste, mais dans le sens de la puissance de la pensée musicale, de la faculté de l'homme à exprimer et à ordonner des sensations intenses.

L'autre symphoniste important qui émerge vers 1870 est Bruckner. On a souvent qualifié ses symphonies de wagnériennes, mais cette influence reste superficielle et se limite aux effets orchestraux et à certaines ressemblances thématiques. Son modèle le plus proche est la *Neuvième Symphonie* de Beethoven car les entrées en matière de Bruckner font généralement appel au même genre de thèmes et de sonorités orchestrales. Le développement thématique et les liaisons entre les différentes sections ne sont pas ses préoccupations essentielles ; il s'arrête souvent de façon abrupte pour repartir aussi soudainement. Son orchestration doit quelque chose aux techniques de registration de l'orgue, ainsi qu'à la musique de l'Église catholique autrichienne, avec ses cuivres qui soutiennent le chœur.

Les symphonies les plus intéressantes de l'époque sont en fait le produit de compositeurs extérieurs au cercle viennois auquel ils sont pour la plupart rattachés. Les symphonies de Dvořák reposent sur des procédures classiques, quoique le matériel mélodique soit plus harmonieux et plus facile à développer, réalité que cache dans une certaine mesure son orchestration très séduisante ; le scherzo s'inspire parfois d'une danse folklorique tchèque. Sa plus grande symphonie, la *Symphonie nº 7 en ré mineur* (1884-85), prend nettement pour modèle la *Troisième Symphonie* de Brahms ; dans la dernière, la *Symphonie « Du Nouveau Monde »* (1893), l'unité se réalise grâce à une sorte d' « idée fixe ». Compositeur nationaliste, Dvořák a prouvé que l'on pouvait donner une forme symphonique au matériel folklorique. Le résultat obtenu rappelle Schubert avec un mélange de mélodie agréable et d'effets dramatiques occasionnels qui se substituent à l'argument thématique suivi.

Tchaïkovski semble moins influencé par les idéaux conservateurs viennois : ses trois dernières symphonies (n°s 4, 5, 6) sont guidées par des idées de programme et expriment chacune de façon très personnelle l'inexorable puissance du destin. On a souvent dit que Tchaïkovski n'était pas un véritable symphoniste (il admettait lui-même que « les coutures étaient apparentes ») mais le développement thématique n'est pas le seul critère de réussite et si on les juge d'après leur contenu musical et expressif, les *Symphonies n° 4* (1877-78) et *n° 6* (1893), qui juxtaposent des thèmes puissants projetés dans une couleur orchestrale vive, traduisent des états d'âme variés d'une façon logique et convaincante. Dans ce domaine, elles sont plus réussies que les symphonies de Borodine, pourtant très attrayantes, où les thèmes sont transformés et associés d'une manière très proche de celle de Liszt. Ce sont d'ailleurs certainement les méthodes de Liszt qu'ont suivies les compositeurs français des années 1880 : Saint-Saëns, dont la *Symphonie n° 3 avec orgue* (1886) est dédiée à la mémoire de Liszt ; la *Symphonie sur un chant montagnard français* (1886) de Vincent d'Indy est plus proche du concerto avec sa partie *obbligato* de piano ; et surtout César Franck dont la *Symphonie en ré mineur* (1886-88) est la plus belle symphonie à « transformation thématique ». En 1855, Bizet compose également une symphonie digne d'intérêt ; c'est une œuvre de jeunesse qui semble écrite pour le seul plaisir, à la manière du XVIIIe siècle ; elle est conçue à l'échelle de Haydn mais révèle une délicatesse de toucher propre à Bizet, dépourvue du moindre archaïsme. Grand symphoniste méconnu, Albéric Magnard compose entre 1889 et 1913 quatre symphonies qui se démarquent de l'emprise franckiste pour retrouver une force dramatique beethovenienne. A l'inverse, les cinq symphonies (notamment la *Troisième Symphonie en mi majeur* avec soli et chœur, 1905) de Guy Ropartz respectent les grands principes d'écriture cyclique sans tomber dans les excès de lyrisme trop fréquents à cette époque.

Hors de nos frontières, un certain nombre de symphonies continuent à voir le jour avant la Première Guerre mondiale. Vers 1900, Mahler s'impose comme le plus grand compositeur dans ce domaine (pour une description détaillée de ses symphonies et de ses principes esthétiques, se reporter à l'article sur Mahler). Il compose plus de mélodies qu'il ne développe de thèmes et sa *Symphonie n° 1* (achevée en 1888, révisée en 1893-96) s'inspire d'un roman de J. P. Richter (l'auteur préféré de Schumann), *Titan*, et constitue une série de scènes et d'impressions. Sa *Symphonie n° 2* (1888-94, rév. 1903) est également une symphonie à programme, reposant sur les mélodies du *Wunderhorn*. Le finale, avec soli et chœur, est conçu d'après une ode « morale » de Klopstock. Dans ses symphonies n°s 5 à 9 (à l'exception de la huitième), Mahler revient à une écriture purement orchestrale, mais elles révèlent néanmoins un côté fortement subjectif et une certaine idée de programme sous-jacente lorsque aucun programme n'est véritablement exprimé. La huitième symphonie, la *Symphonie des mille* (1906), illustre l'idée selon laquelle la symphonie doit « être comme le monde – elle doit tout embrasser ». Elle se compose de deux cantates, l'une sur le « Veni Creator spiritus », l'autre inspirée de la dernière scène du *Faust* de Goethe. On peut analyser de telles œuvres en se référant à la symphonie classique, les groupes de thèmes prenant la place des premiers et seconds sujets et les sections au sein d'un mouvement correspondant au découpage en scherzo, mouvement lent et finale – mais cette approche n'est pas très utile. De telles œuvres sont de grandes déclarations de foi qui, contrairement à celles de Beethoven dont elles découlent finalement, sont difficiles à argumenter en termes musicaux.

Les symphonies à programme continueront à jouir d'une certaine popularité chez des compositeurs formés dans la tradition de la fin du XIXe siècle. Le *Poème de l'extase* (1905-08) et *Prométhée* (1908-10) de Scriabine appartiennent à cette catégorie tout comme la *Symphonia domestica* (1902-03) et l'*Alpensinfonie* (1911-15) de Richard Strauss ; par contre, la *Sea Symphony* (1903-09, rév. 1923) de Vaughan Williams appartient à la catégorie des symphonies-cantates, remplaçant Goethe et Klopstock par Whitman.

Toutefois, certains compositeurs de cette époque pensaient que la symphonie sans programme n'avait pas encore épuisé toutes ses possibilités. Les symphonies d'Elgar sont rhapsodiques et destinées à un effectif orchestral de grande ampleur ; la *Symphonie n° 1* (1907-08) utilise les relations lisztiennes entre les mouvements. Après une *Première Symphonie* (1899) qui suit l'attitude générale de Tchaïkovski, Sibelius se tourne vers un style dont le principe fondamental est le développement de petits thèmes embryonnaires : ils sont tendus sur le plan émotionnel et avancent progressivement vers l'état idéal d'un mouvement unique continuellement remis en cause (comme dans la *Symphonie n° 7*, 1924).

5. *La symphonie à partir de 1920.* A l'issue de la Première Guerre mondiale, les circonstances économiques ont rendu injouables les symphonies mahlériennes. Il est intéressant de noter que les symphonies de Mahler n'ont connu leur véritable succès que grâce au concours des compagnies discographiques qui ont rendu possible leur exécution dans les années soixante et soixante-dix. En outre, l'atmosphère de l'époque n'était pas favorable aux grandes déclarations. Les compositeurs néoclassiques se sont tournés tout naturellement vers des idéaux antérieurs. La démarche de Stravinski dans ses *Symphonies pour instruments à vent* (1920) est plus proche du Baroque que de Mozart ; et même si la *Symphonie en ut* (1939-40) et la *Symphonie en trois mouvements* (1942-45) ne suivent pas le style symphonique de la forme sonate, elles donnent une impression ironique spécifique tout comme la *Symphonie « Classique »* de Prokofiev.

Avec Roussel, la symphonie française se dégage rapidement de l'influence franckiste, encore perceptible dans la *Symphonie n° 1* (*Poème de la forêt*, 1904-06), pour tendre au renouveau des formes classiques dans les *Symphonies n° 3 en sol mineur op.42* (1929-30) et *n° 4 en la majeur op.53* (1934). On retrouve une démarche analogue sous la plume d'Arthur Honegger dont les cinq symphonies ouvrent l'éventail du traitement orchestral : la *Deuxième* (1941) fait appel aux cordes seules, renforcées d'une trompette pour le choral final, la *Quatrième, « Deliciae basiliensis »* (1946), sur des thèmes populaires bâlois, s'inscrit dans la filiation de Mozart et de Haydn par le choix d'un effectif orchestral limité, la *Troisième, « Liturgique »* (1945), et la *Cinquième, « Di Tre Re »* (1950), semblent porteuses d'un message moral ou philosophique. Il faudrait rapprocher de ces symphonies françaises les six symphonies de Bohuslav Martinů, souvent soustendues par le contexte dans lequel elles ont vu le jour. A l'inverse, les douze symphonies de Milhaud offrent un panorama de tous les propos auxquels peut convenir la symphonie.

La symphonie romantique poursuit sa route dans des régions où la remise en cause du pouvoir expressif de la musique arrive plus tard et surtout dans des pays où le nationalisme est encore puissant. En Angleterre, Vaughan Williams utilise une harmonie tonale légèrement modalisée, ce qui lui permet de conserver des formes presque classiques ; Walton en fait autant et sa *Symphonie n° 1* est un excellent exemple de l'adaptation du style de Sibelius. Bax, cependant, continue à écrire des symphonies « d'atmosphère » qui sonnent souvent comme si elles possédaient un contenu à programme d'une nature assez imprécise. Aux États-Unis, la tradition de la musique à programme se perpétue, par exemple dans les symphonies de Roy Harris qui (mis à part ses symphonies abstraites) fonde sa *Symphonie n° 4* (1941) sur des chants populaires et sa *Symphonie n° 6* (1944) sur le discours de Lincoln à Gettysburg, espérant éveiller une conscience musicale américaine. Mais l'arrivée aux États-Unis de compositeurs européens « émigrés » et la tendance croissante des Américains à venir travailler à Paris avec Nadia Boulanger favorisent un retour aux idéaux classiques et, dans de nombreux cas, aux méthodes classiques.

La Russie reste l'un des rares pays où le rythme de production des symphonies n'a pas diminué ; il est aussi le plus nationaliste ; depuis la révolution d'Octobre 1917, l'écriture symphonique a pris un sens particulier dans le développement musical général de l'Union soviétique. Comme l'a écrit le critique et compositeur soviétique Boris Assafiev, « le symphonisme soviétique est notre fierté car, dans notre grand pays, seule la musique symphonique ne s'est pas perdue... ne n'est pas gaspillée... en expériences excentriques ». L'expression « symphonisme soviétique » est importante car elle implique que la symphonie se voyait alors chargée d'exprimer l'idéal soviétique. Le subjectivisme violent de Scriabine devait être abandonné (quoique, dans les années vingt, Scriabine ait été considéré comme « l'expression suprême du romantisme musical de la révolution ») et la musique symphonique devait refléter certains aspects de la vie soviétique. Évidemment des symphonies abstraites ont vu le jour pendant les années vingt – les premières symphonies de Miaskovski, la *Symphonie n° 1* de Chostakovitch (1924-25), la *Symphonie n° 2* de Prokofiev (1924-25) – mais, en même temps, la musique à programme était vivement encouragée. Les symphonies devaient avoir un sens, traduire quelque chose ; elles devaient être actuelles, avoir un message à transmettre à la société soviétique contemporaine. Ces idées ont donné naissance à des œuvres telles que la *Symphonie « Agricole »* (1923) d'Alexandre Kastalski (1856-1926), à la *Symphonie « A Lénine »* (1924) de Kirillov, à l'*Hymne au travail* (1927) d'Ippolitov-Ivanov, et au fragment orchestral constructiviste très connu à une certaine époque, *Fonderie d'acier* (1926), d'Alexandre Mossolov (1900-73). Ces notions d'écriture symphonique ont également suscité chez Chostakovitch la *Symphonie n° 3* (*Octobre*) de 1927 et la *Symphonie n° 4* (*1er mai*) de 1929 ; toutes deux se terminent par des chorals sur des vers de poètes soviétiques.

Avec l'assaut du réalisme socialiste au début des années trente, la symphonie a été soumise à un examen plus rigoureux, particulièrement lors du débat de trois jours qui se tint à l'Union des compositeurs en 1935 où les compositeurs cherchaient à élaborer un projet de symphonisme réellement soviétique. Par la suite, il faut considérer l'histoire de la symphonie soviétique sans perdre de vue cette nouvelle orientation. Des symphonies « lyriques », faciles d'accès (où les sentiments patriotiques sont généralement renforcés par des parties vocales), des symphonies dédiées à Lénine, des symphonies utilisant la musique nationale des républiques soviétiques, toutes faisaient partie de la recherche fondamentale du symphonisme soviétique. On leur applique souvent l'appellation « symphonie » avec une liberté extrême, bien au-delà de son sens conventionnel. Néanmoins, les œuvres les plus belles et les plus durables – la *Symphonie n° 5* (1937) de Chostakovitch, fortement discutée, et la *Symphonie n° 6* (1935-36) de Miaskovski – montrent que le concept de réalisme socialiste n'est pas obligatoirement borné, mais peut englober des thèmes moins spécifiques et plus généraux : l'humanité, l'espoir, l'héroïsme, etc.

Le thème de l'héroïsme imprègne naturellement la majeure partie des œuvres symphoniques des années de guerre, comme la *Symphonie n° 7* (*Leningrad*, 1941) de Chostakovitch, la *Symphonie n° 5* (1945) de Prokofiev et les symphonies de guerres (nos 22 et 23, 1941) de Miaskovski (la *Symphonie n° 22* est imprégnée de musique folklorique caucasienne que Miaskovski avait entendue lors de son évacuation vers le Sud). Mais certaines œuvres pessimistes à l'impact indéniable, composées en pleine guerre (notamment la *Symphonie n° 8* de Chostakovitch, 1943) ou à la fin de la guerre (*Symphonie n° 9* de Chostakovitch, 1945 ; *Symphonie n° 6* de Prokoviev, 1945-47), ont fait l'objet de critiques sévères au moment des purges de Jdanov en 1948, tout comme certaines tentatives de commémoration telles que la *Symphonie n° 3* (1947) de Khatchaturian, écrite à l'occasion du trentième anniversaire de la révolution. La nature de la symphonie soviétique devait être à nouveau repensée. Après la mort de Staline (1953), et après la création de la *Symphonie n° 10* de Chostakovitch à l'automne de cette même année, il y eut un autre débat de l'Union des compositeurs (1954) où la *Symphonie n° 10* fit l'objet de discussions volubiles : certains attaquaient son pessimisme, d'autres reconnaissaient que le compositeur devrait désormais se laisser guider par ses propres instincts artistiques. Par la suite, des compositeurs comme Kara Karaiev (1919), Moïse Weinberg (1919), Edouard Mirzoian (1921), Andreï Eshpaï (1925), Boris Tchaïkovski (1925), Alexeï Nikolaiev (1931), Rodion Chtchedrine (1932), Sergueï Slonimski (1932) et Boris Titchenko (1939) ont soutenu, exploré et élargi la tradition symphonique. En outre, un grand nombre de leurs œuvres ont été portées aux nues en Union soviétique, mais il incombait à Chostakovitch de faire connaître la symphonie soviétique au public international. Après la symphonie abstraite (la *Dixième*), il revient à la musique à programme avec la *Symphonie n° 11 « 1925 »* (1957), la *Symphonie n° 12 « 1917 »* (1961) et la *Symphonie n° 13 « Babi Yar »* (1962), avant d'appliquer le terme « symphonie » à son œuvre la moins conventionnelle, la *Symphonie n° 14* (1969), cycle de mélodies très sombres qui traite avec acharnement de la mort, un sujet qui le préoccupait beaucoup à la fin de sa vie. Ce sont sans doute les symphonies de Chostakovitch qui révèlent avec la plus grande force que, bien que conçue dans une certaine tradition nationale, la symphonie soviétique peut transcender les frontières de son pays et exercer un impact profond sur un public très vaste si elle est l'œuvre d'un compositeur vraiment humain, doué de sentiments profonds et d'une vaste expérience.

6. *Conclusion.* Dutilleux, Tippett, Maxwell Davies, Henze, Lutosławski, Penderecki et bien d'autres continuent à composer des œuvres appelées « symphonies », mais il est difficile de trouver un point commun entre elles. Le sens du terme a peut-être recouvré l'imprécision qui l'entourait au XVIe siècle. Il diffère en cela du concerto qui incarne un principe distinctif encore plus estimé des compositeurs. Il n'est donc pas certain que ce genre ait encore un véritable avenir. Son grand passé ne fait aucun doute et il est sûr qu'en offrant aux compositeurs la possibilité de s'exprimer à une grande échelle, la symphonie a certainement changé le cours de la musique occidentale.

Denis Arnold.

BIBLIOGRAPHIE : Eugène Borrel, *La Symphonie*, Larousse (Paris, 1954). Jean Chantavoine, *Les Symphonies de Beethoven*, Mellottée (Paris). Rémi Jacobs, *La Symphonie*, PUF, coll. Que sais-je ? (Paris, 1976). Paul-Gilbert Langevin, *Franz Schubert et la symphonie*, La Revue Musicale n°s 355-356-357, Richard Masse (Paris, 1982). J. Maillard et J. Nahoum, *Les Symphonies d'Arthur Honegger*, Alphonse Leduc (Paris, 1974). Danièle Pistone, *La Symphonie dans l'Europe du XIXe siècle, histoire et langage*, Champion (Paris, 1977). Ursula von Rauchhaupt, *Le Monde de la symphonie*, Van de Velde (Luynes, 1972). Felix Weingartner, *La Symphonie après Beethoven*, Durand-Fischbacher (Paris, 1900).

Symphonie de chambre (*Kammersymphonie*). Titre de deux œuvres pour petit orchestre de Schoenberg. La première (op.9), composée en 1906, a été adaptée pour grand orchestre en 1922 et en 1935 ; la seconde (op.38), commencée en 1906, n'a été achevée qu'en 1939. Webern a réalisé un arrangement simplifié de la première. D'autres compositeurs, comme Schreker, ont également utilisé ce titre ; mais certains lui ont préféré le terme « concerto de chambre ».

Symphonie sur un chant montagnard français. Œuvre pour piano et orchestre op.25 de Vincent d'Indy, composée en 1886. Elle est sous-titrée « Symphonie cévenole » car le thème principal provient de la région des Cévennes.

Symphonie « Chorale ». Nom populaire donné à la *Symphonie n° 9* pour solistes, chœur et orchestre de Beethoven (1823-24), dont le dernier mouvement met en musique l'*Ode à la joie* de Schiller. Parmi les autres symphonies faisant appel aux voix, on peut citer la *Dante-Symphonie* (1856) et la *Faust-Symphonie* (1854) de Liszt, la *Symphonie n° 2 « Lobgesang »* de Mendelssohn, les *Symphonies n° 2 « Résurrection »* (1894-96), *n° 3* (1896-1901), *n° 4* (1900-01, une partie de soprano dans le finale) et *n° 8, Symphonie « Des mille »* (1907-10), de Mahler, la première *Symphonie chorale* pour soprano, chœur et orchestre (1923-24) de Holst sur des poèmes de Keats, *A Sea Symphony* de Vaughan Williams ; la *Spring Symphony* de Britten et les *Symphonies n°s 2, 3, 13* et *14* de Chostakovitch.

Symphonie « Classique ». *Symphonie n° 1 en ré majeur op.25* de Prokofiev, composée en 1916-17. Elle est écrite dans le style de Haydn.

Symphonie concertante (ital. : *sinfonia concertante*). Forme instrumentale hybride réunissant des éléments de la symphonie et du concerto, qui s'épanouit à la fin du XVIIIe siècle. Il s'agit essentiellement d'un concerto pour plusieurs solistes (habituellement de deux à sept) écrit en général dans un style divertissant, où le rôle de l'orchestre se limite à accompagner les parties solistes. La symphonie concertante était surtout en vogue à Paris : près de la moitié des exemples classiques connus ont été écrits par des compositeurs français ou pour être joués au Concert spirituel. Les combinaisons de solistes vont des deux violons habituels à des dispositifs plus rares comme le *Concerto pour piano, mandoline, trompette et contrebasse* de Léopold Kozeluch.

Cette forme apparaît pour la première fois dans les années 1760 et c'est à des compositeurs comme Devienne, Gossec et Pleyel à Paris, Cannabich, Holzbauer, Danzi, Anton et Carl Stamitz à Mannheim que l'on doit les premières symphonies concertantes ; mais ce ne sont pas les plus connues. Les Italiens Boccherini et Brunetti en ont écrit cinq chacun alors qu'à Londres J. C. Bach en a composé une quinzaine, pour ses propres concerts et pour Paris (la plupart comportent au moins trois solistes). Les compositeurs autrichiens et bohémiens – Wagenseil, Vanhal et Dittersdorf – ont également cultivé cette forme, mais les exemples les plus durables sont évidemment dus à des compositeurs de plus grande envergure, Haydn et Mozart. Une seule partition de Haydn, sa *Symphonie concertante* pour violon, violoncelle, hautbois et basson (op.84), composée pour les Concerts Salomon à Londres, porte effectivement le titre, mais ses six *Divertimenti concertanti* (op.31) relèvent du même genre. Mozart a écrit quatre symphonies concertantes pour Paris : une pour quatre instruments à vent (K 297b) qui a disparu avant d'être reconstituée au XXe siècle ; une pour violon et alto, K 364 ; une pour deux pianos, K 365 ; et une pour flûte et harpe, K 299 ; ces deux dernières partitions portent néanmoins le titre de concerto. Il a également composé un *Concertone* en ut pour deux violons, K 190. En Allemagne, le concerto à deux claviers était surtout pratiqué par les fils Bach et par C. H. Graun.

Au XIXe siècle, l'importance accordée au soliste, érigé en « star », entraîne le déclin de la symphonie concertante, détrônée par une forme dans laquelle la partie soliste est destinée à des virtuoses, mais elle survit néanmoins dans des œuvres comme le *Triple Concerto* pour piano, violon et violoncelle de Beethoven, les premiers concertos pour deux pianos de Mendelssohn, le *Konzertstück* pour quatre cors de Schumann et le *Double concerto* pour violon et violoncelle de Brahms. Au XXe siècle, cette forme connaît un regain d'intérêt chez des compositeurs comme Martinů (la plupart de ses œuvres ont pour fondement le principe concertant, notamment une *Sinfonia concertante* destinée à la même combinaison instrumentale que l'œuvre de Haydn qui lui a servi de modèle, un *Concerto pour deux orchestres à cordes, piano et timbales,* ainsi que des concertos pour deux violons, pour trio avec piano ou pour quatuor à cordes et orchestre), Frank Martin (*Petite Symphonie concertante* pour piano, clavecin, harpe et cordes) et Poulenc (*Concerto pour deux pianos, Concerto pour orgue, timbales et cordes*). Reprenant une démarche que l'on trouvait déjà dans les concertos pour piano de Brahms et la *Symphonie espagnole* pour violon de Lalo, certains compositeurs du XIXe siècle, comme Szymanowski (*Symphonie concertante* pour piano et orchestre), Prokofiev (*Symphonie concertante* pour violoncelle et orchestre) ou Walton (*Sinfonia concertante* pour piano et orchestre) vont même jusqu'à employer ce terme lorsqu'un seul soliste est impliqué afin de souligner l'osmose qui doit se réaliser entre le soliste et l'orchestre.

Wendy Thompson, rév. Alain Pâris.

Symphonie concertante pour violoncelle et orchestre. *Symphonie op.68* de Britten composée pour Mstislav Rostropovitch qui en est le dédicataire et qui l'a créée à Moscou en 1964.

Symphonie « Écossaise ». *Symphonie nº 3 en la mineur op.56* de Mendelssohn, composée entre 1830 et 1842. Elle lui a été inspirée par une visite à Holyrood (Édimbourg) et il l'a dédiée à la reine Victoria.

Symphonie espagnole. Œuvre pour violon et orchestre op.21 de Lalo composée en 1873 et dédiée à Pablo de Sarasate. Par sa forme, elle s'apparente davantage à la symphonie concertante qu'au concerto.

Symphonie fantastique (*Épisode de la vie d'un artiste*). Symphonie op.14 de Berlioz, composée en 1830. L'une des œuvres romantiques les plus remarquables, elle annonce les symphonies à programme et les poèmes symphoniques de Liszt, Mahler, R. Strauss, Tchaïkovski... Elle comporte cinq mouvements : *Rêveries, passions* ; *Un bal* ; *Scène aux champs* ; *Marche au supplice* ; *Songe d'une nuit du Sabbat*. L'œuvre tire son inspiration de la passion alors non partagée que vouait Berlioz à l'actrice irlandaise Harriet

Smithson (qu'il épousa par la suite). Cet amour est symbolisé par une mélodie (« idée fixe ») qui revient sous différents aspects, comme un leitmotiv wagnérien. Voir aussi *Lélio*.

Symphonie « Funèbre ». *Symphonie nº 44 en mi mineur* de Haydn, composée vers 1771. Elle doit son surnom à son troisième mouvement que Haydn aurait souhaité voir exécuter lors de ses obsèques (ce qui ne fut pas le cas).

Symphonie funèbre et triomphale. Œuvre pour chœur et orchestre d'harmonie op.15 de Berlioz composée pour le dixième anniversaire de la révolution de 1830. Elle a été créée le 28 juillet 1840 lors de l'inhumation des « Trois Glorieuses » et de l'inauguration de la colonne de Juillet, place de la Bastille à Paris.

Symphonie « Gothique ». 1. *Symphonie nº 9 pour orgue en ut mineur op.70* de Widor (1895).
2. *Première symphonie* de Havergal Brian, composée entre 1919 et 1927. Elle comporte quatre mouvements, le dernier étant un *Te Deum* pour soprano, alto, ténor, basse, quadruple chœur, chœur d'enfants, fanfares et grand orchestre. Elle a été créée à Londres en 1961 ; sa première exécution avec les effectifs complets a eu lieu à Hanley en 1978.

Symphonie « Héroïque ». *Symphonie nº 3* de Beethoven (1803-04) publiée sous le titre *Sinfonia eroica, composta per festiggiare il Sovvenire di un grand Uomo* (« Symphonie héroïque composée pour célébrer la mémoire d'un grand homme »). Beethoven avait l'intention de la surnommer *Bonaparte*, en l'honneur du héros révolutionnaire, mais il a perdu ses illusions lorsqu'il a appris que Napoléon s'était proclamé lui-même empereur en mai 1804. Le finale de la *Symphonie « Héroïque »* est un ensemble de variations basées sur un thème extrait du ballet de Beethoven, *Die Geschöpfe des Prometheus* (« Les Créatures de Prométhée », 1800-01).

Symphonie « Impériale ». *Symphonie nº 53 en ré majeur* de Haydn, composée en 1777-80.

Symphonie « Inachevée ». *Symphonie nº 8 en si mineur D 759* de Schubert, composée en 1822. Il existe de nombreuses symphonies inachevées, notamment de Tchaïkovski, Mahler, Elgar et Chostakovitch, mais, en général, ce titre s'applique uniquement à celle de Schubert. Sa *Symphonie nº 7 en mi majeur* est également inachevée. Personne ne sait pourquoi Schubert n'a écrit que deux mouvements et les esquisses d'un scherzo de l'« Inachevée » ; beaucoup de réponses plus fantaisistes les unes que les autres ont été avancées, mais il semble que Schubert ait oublié la symphonie ou bien l'ait abandonnée car il ne trouvait pas une inspiration satisfaisante pour les troisième et quatrième mouvements.

Symphonie « Italienne ». *Symphonie nº 4 en la majeur op.90* de Mendelssohn. Commencée en Italie, elle a été achevée en 1833 ; dans l'ordre chronologique, c'est la troisième symphonie de Mendelssohn, mais elle n'a été publiée qu'en 1847. Son titre lui a été donné par Mendelssohn lui-même.

Symphonie des jouets (*Kindersymphonie*). Nom donné originalement à la petite symphonie, autrefois attribuée à Haydn, écrite pour premiers et seconds violons, contrebasse, instruments à clavier et une série d'instruments-jouets comprenant un coucou, une caille, un rossignol (oiseau chanteur), une trompette, un tambour, une crécelle et un triangle. Cette œuvre est aujourd'hui attribuée à Léopold Mozart (1719-87) ou parfois au frère de Haydn, Michael. Elle est encore souvent jouée par les orchestres scolaires. Une composition analogue, mais plus élaborée, a été écrite par Andreas Romberg (1767-1821) et d'autres compositeurs ont suivi l'exemple. Mendelssohn en a écrit deux, mais elles sont aujourd'hui perdues.

Symphonie « Liturgique ». *Symphonie nº 3* d'Arthur Honegger composée en 1945-46. Ses trois mouvements portent des titres de versets de la messe de Requiem : *Dies irae*, *De profundis clamavi*, *Dona nobis pacem*.

Symphonie « Militaire ». *Symphonie nº 100 en sol majeur* de Haydn. Elle tire son surnom de la percussion importante (« musique turque ») qui intervient dans le deuxième mouvement et dans le finale. Créée en 1794 à Londres.

Symphonie « Des mille ». *Symphonie n° 8 en mi bémol majeur* (1906) de Mahler. Elle doit ce surnom trompeur au nombre considérable d'exécutants que requiert son exécution. Plus de mille personnes ont pris part à sa création (à Munich en 1910) mais il n'est pas nécessaire de faire appel à autant d'instrumentistes et de choristes ; Mahler n'approuvait pas le surnom de cette symphonie.

Symphonie « Pastorale ». 1. *Symphonie n° 6 en fa majeur op.68* de Beethoven, composée en 1808. C'est une symphonie à programme dans laquelle sont imités le chant des oiseaux et un orage ; ses cinq mouvements portent des titres évocateurs comme « Éveil d'impressions douces en arrivant à la campagne », « Scène au bord du ruisseau » et « Chant des bergers : sentiments joyeux et reconnaissants après l'orage ».

2. *Symphonie n° 3* de Vaughan Williams, achevée en 1921. Elle comporte un solo sans paroles pour soprano (ou clarinette) dans le dernier mouvement.

3. Court mouvement orchestral dans *Le Messie* de Haendel évoquant les bergers à l'annonce de la naissance du Christ.

Symphonie « Pathétique ». *Symphonie n° 6 en si mineur op.74* (1893) de Tchaïkovski. Le titre avait été proposé le lendemain de la première exécution par le frère du compositeur, Modeste, et Tchaïkovski a permis qu'on l'utilise (le mot russe « pateticheski » veut davantage dire « passionné » ou « émotionnel » que « pathétique »).

Symphonie « Polonaise ». *Symphonie n° 3 en ré majeur op.29* de Tchaïkovski, composée en 1875. Elle doit ce surnom au rythme de polonaise sur lequel est construit le finale.

Symphonie de psaumes. Œuvre pour chœur et orchestre de Stravinski sur le texte latin des psaumes 38, 39 et 150. Elle comporte trois mouvements et a été créée à Bruxelles en 1930.

Symphonie « Romantique ». *Symphonie n° 4 en mi bémol majeur* de Bruckner, composée en 1874, révisée en 1878-80 et en 1886.

Symphonie « Tragique ». *Symphonie n° 4 en ut mineur D 417* de Schubert, composée en 1816. Le titre est de Schubert lui-même.

Symphonie en trois mouvements. Œuvre pour orchestre de Stravinski, composée en 1942-45 et créée en 1946. Le premier mouvement comprend les esquisses d'un concerto pour piano inachevé, le second reprend une musique de film incomplète et le troisième est un commentaires des bandes d'actualités de la guerre.

Symphonies « Londoniennes ». Douze symphonies n°s 93 à 104 de Haydn composées au cours de ses deux voyages à Londres entre 1791 et 1795.

Symphonies « Parisiennes ». Six symphonies n°s 82 à 87 de Haydn. Elles ont été composées en 1785-86 pour le comte d'Ogny, qui en avait passé commande pour la société de concerts maçonnique Le Concert de la Loge olympique et ont été créées à Paris en 1787. Les symphonies n°s 90 à 92 de Haydn ont également été écrites pour Paris.

Syncope. Déplacement de l'accentuation normale d'un temps fort sur un temps faible. La note est attaquée sur le temps faible et se prolonge, généralement par une liaison, sur le temps fort. Dans la musique mesurée, les temps se présentent naturellement par groupes de deux ou trois, avec un accent sur le premier d'entre eux. On peut parler de syncope à propos de toute variante apportée à ce schéma de base qui a pour effet d'en modifier le rythme.

L'Ex. 1 montre quelques méthodes couramment utilisées pour créer la syncope. Dans l'Ex. 1a, les notes sur des temps normalement faibles sont prolongées sur des temps normalement forts, ce qui déplace l'effet de l'accent ; dans l'Ex. 1b, les silences décalent les notes des temps forts vers les temps faibles (contre-temps) ; dans l'Ex. 1c, les notes sont placées entre les temps et sont prolongées par une liaison sur chaque temps suivant et, dans l'Ex. 1d, les accents sont marqués sur les temps faibles. On peut utiliser conjointement deux de ces méthodes ou davantage.

En général, la syncope n'intervient que dans une seule partie ou une seule voix

(a) Beethoven: Symphonie n°6, 3e mouvement

(b) Haydn: Quatuor op. 74 n°3, finale

(c) Mozart: Symphonie n°38, finale

(d) Brahms: Variations et fugue sur un thème de Haendel, variation 1.

Ex. 1

Beethoven: Quatuor op. 135, 2e mouvement

Ex. 2

à la fois (ou dans un petit groupe de parties) pendant que les autres parties conservent l'accentuation normale. Toutefois, certains compositeurs, notamment Beethoven, Brahms et Schumann, ont généralisé l'usage de la syncope à toutes les parties dans des passages assez longs pour créer un effet d'agitation, ce qui peut aboutir, dans les cas extrêmes, à une désorientation rythmique ressentie par l'auditeur (Ex. 2).

La syncope, sous diverses formes, est un procédé courant à toutes les époques de la musique occidentale, du XIIIe siècle aux temps modernes. Elle est également caractéristique de certaines musiques extra-européennes, particulièrement la musique africaine et la musique noire américaine et elle occupe une place importante dans le jazz, le ragtime et d'autres cultures musicales populaires.

Voir aussi *Contretemps*; *Rythme*, 1.

Percy Scholes, rév. Judith Nagley.

Synthétiseur. On peut employer le terme « synthétiseur » pour désigner tout groupement de dispositifs électroniques destiné à réaliser une synthèse sonore. On a toutefois coutume de le réserver à des systèmes complets de construction intégrale, conçus en vue d'une utilisation précise par un fabricant. Les premiers studios de musique électronique des années cinquante étaient constitués de l'assemblage d'appareils individuels, dont la destination première concernait, dans bien des cas, des applications très différentes. Chacun de ces appareils devait être réglé à la main, ce qui conférait une responsabilité considérable aux compétences pratiques du compositeur. La production de matériel sonore complexe exigeait généralement plusieurs phases de préparation, pour créer des couches d'enregistrements à partir de composantes simples. La recherche de méthodes de travail plus efficaces a abouti à l'introduction de dispositifs améliorés pour le contrôle des diverses fonctions.

En 1956, la RCA Victor Company a présenté au public un synthétiseur spécialement conçu. Il se composait d'une banque de générateurs sonores, capable de produire huit octaves de hauteurs de son tempérées, et d'un réseau de dispositifs de traitement destiné à former et à modifier la nature du matériel sonore ainsi produit. Le synthétiseur était commandé par une rangée de capteurs à brosse et un système de décodage associé, répondant à un ensemble de trous percés à l'avance dans un rouleau de papier mobile. Le compositeur pouvait donc programmer ses besoins à l'avance. Une deuxième version améliorée du synthétiseur RCA a été installée au Columbia-Princeton Electronic Music Center de New York en 1959 ; ce synthétiseur a non seulement stimulé les compositeurs mais aussi les constructeurs de matériel électronique qui ont vite apprécié le potentiel commercial des équipements de musique électronique.

Les synthétiseurs RCA étaient de très grosses machines basées sur la technologie à tube. L'accès à des machines plus compactes susceptibles d'êtres exploitées commercialement est devenu possible grâce au transistor qui a ouvert la porte d'un nouveau monde de microtechnologie vers la fin des années cinquante. Deux Américains, Robert Moog et Donald Buchla, ont formé des sociétés séparées pour la fabrication de synthétiseurs en 1966 et d'autres ont bientôt suivi leur exemple, notamment la firme américaine Tonus, qui a produit la gamme de synthétiseurs ARP, et EMS London, qui a été fondée par Peter Zinovieff. Ces systèmes, couramment connus comme des synthétiseurs à régulateur de tension, sont de conception modulaire et généralement portatifs, ce qui permet de les utiliser aussi bien en studio pour la production d'œuvres sur bande magnétique que pour donner des concerts. On peut faire fonctionner chaque composant directement à la main comme leurs prédécesseurs ou indirectement par l'intermédiaire de toute une gamme d'aides à l'exécution comme les claviers ou les *joysticks*. Ces derniers génèrent des tensions de commande qui peuvent être acheminées vers un ou plusieurs dispositifs, ce qui permet de modifier plusieurs caractéristiques simultanément. En outre, les dispositifs peuvent être reliés pour permettre leur interaction, dans le cas de générateurs sonores fournissant une certaine diversité de timbres. La plupart des synthétiseurs sont conçus pour offrir une vaste gamme d'appareils produisant du son qui convienne aux applications les plus diverses et les plus nombreuses. Certains ont été fabriqués spécialement pour générer une famille particulière de sons, par exemple le synthétiseur de cordes, actionné par un clavier, qui produit des imitations réalistes de la famille du violon (voir *Instruments de musique électroniques*).

Le fonctionnement de ces synthétiseurs a été encore amélioré par l'addition de *sequencers* qui engendrent des courbes de tension que l'on peut utiliser pour commander des appareils aux mêmes fins que celles décrites pour les synthétiseurs RCA. Selon les modèles, on utilise différentes méthodes pour définir ces courbes. Sur certaines versions, les points de tension sont réglés par l'intermédiaire de boutons ou de curseurs. D'autres, appelés *memory sequencers*, enregistrent les tensions engendrées par un dispositif de commande au sein du synthétiseur, par exemple un clavier. Les *sequencers* simples produisent des courbes de tension simples d'une durée relativement courte. Les modèles plus élaborés permettent d'engendrer simultanément différentes courbes de tension d'une longueur importante, ce qui permet de contrôler plusieurs fonctions.

Une courbe peut contrôler la hauteur d'un son, pendant qu'une autre contrôle son amplitude.

Les progrès continus de la microtechnologie au cours des années soixante-dix ont abouti à une méthode de commande plus élaborée sous la forme du micro-ordinateur. Les capacités de cet appareil en ce qui concerne le calcul et la logique permettent d'utiliser des programmes d'instructions plus puissants au lieu des valeurs de tension point par point. D'autres progrès réalisés vers la fin des années soixante-dix ont permis de construire des synthétiseurs qui emploient des techniques digitales non seulement pour la préparation des informations de commande mais également pour la synthèse des sons eux-mêmes.

Voir également *Ordinateur*.

Peter Manning.

BIBLIOGRAPHIE : Helmut Tünker, *Pianos électroniques et Synthétiseurs*, Ed. Techniques et Scientifiques françaises (Paris).

Syrinx. Œuvre pour flûte seule de Debussy, composée en 1913 pour Louis Fleury.

Système. En notation musicale, deux ou plusieurs portées groupées à gauche par des accolades ou des crochets indiquant que la musique ainsi réunie doit être jouée ou chantée en même temps.

Système Galin-Paris-Chevé. Méthode d'enseignement du déchiffrage à vue conçue par Pierre Galin (1786-1821), Aimé Paris (1798-1866) et Emile Chevé (1804-64). Ils utilisaient une notation chiffrée proposée par J.-J. Rousseau en 1742 : 1 représentait la tonique, 5 la dominante, etc. ; mais en pratique ils chantaient sur les syllabes traditionnelles du solfège (do, ré, mi, fa, sol, la, si). Leur contribution la plus importante a été l'invention d'une série de noms des notes rythmiques qui a été adoptée par John Curwen dans sa propre méthode de déchiffrage à vue.

Szymanowski, Karol (Maciej) (Tymoszówka, Ukraine, 6 octobre 1882 ; Lausanne, 28 mars 1937). Compositeur polonais. Dans son enfance, il étudie le piano, puis prend des cours de composition avec Noskowski (1901-05). En 1901, avec plusieurs autres jeunes musiciens polonais, il fonde le groupe « Jeune Pologne » afin de faire connaître la musique polonaise au monde entier. L'influence de Brahms, de Strauss et de Reger se ressent particulièrement dans des œuvres ambitieuses comme la *Symphonie nº 2* (1909-10) et la *Sonate pour piano nº 2* (1910-11), toutes deux composées pendant une période au cours de laquelle il fait de longs séjours à Berlin et à Vienne.

En 1915, un changement s'opère, marqué par les *Métopes* pour piano, les *Mythes* pour violon et piano et les *Six Chants d'une princesse de conte de fées op.31.* Toutes ces œuvres suggèrent l'influence de Debussy et de Ravel, mais plus particulièrement celle de Scriabine à la fin de sa vie : la tonalité est obscurcie par un chromatisme extrême et l'écriture pianistique extrêmement ornée. Le sujet exotique est également caractéristique : il est classique dans la musique instrumentale, oriental dans les lieder ainsi que dans la *Symphonie nº 3 « Le Chant de la nuit »* pour ténor, chœur et orchestre (1914-16). On retrouve la manière orchestrale voluptueuse de cette œuvre dans l'opéra *Le Roi Roger* (1924), qui raconte l'histoire des *Bacchantes* d'Euripide à la cour byzantine de Sicile au XIIe siècle.

La plupart de ces œuvres « impressionnistes » ont été écrites dans la maison de famille de Szymanowski en Ukraine. De retour en Pologne en 1920, il découvre que le pays nouvellement indépendant a besoin d'une musique plus simple et spécifiquement nationaliste ; il commence donc à s'inspirer de sources populaires dans des œuvres comme le ballet *Harnasie* (1923-31), le *Stabat mater* pour solistes, chœur et orchestre (1925-26) et diverses œuvres de moindre envergure. Il s'inspire alors de la façon dont Stravinski a utilisé le matériel folklorique russe, puis de Bartók dans les grandes œuvres abstraites des dernières années de sa vie : le *Quatuor à cordes nº 2* (1927), la *Symphonie concertante* pour piano et orchestre (1932) et le *Concerto pour violon nº 2* (1932-33).

Paul Griffiths.

BIBLIOGRAPHIE : Christopher Palmer, *Szymanowski, un compositeur à la croisée des chemins*, Actes Sud (Arles, 1987).

T

T. Abréviation de *ténor (SATB : soprano, alto, ténor, basse).

Tabarro, Il (« La Houppelande »). Opéra en un acte de Puccini ; livret d'Adami d'après la pièce de Didier Gold *La Houppelande* (1910). Première partie d'*Il Trittico* de Puccini. Représentations : New York (Metropolitan Opéra, 14 décembre 1918) ; Rome (Teatro Costanzi, 11 janvier 1919) ; Londres (Covent Garden, 18 juin 1920) ; Paris (Opéra-Comique, 24 février 1967). Sur une péniche de la Seine, le marinier Michele (bar.) soupçonne sa femme Giorgetta (sop.) d'infidélité ; mais il tente de la reconquérir en lui rappelant qu'elle avait coutume de s'abriter sous sa houppelande. Elle a rendez-vous avec son amant Luigi (tén.), qui confond la lueur de la pipe de Michele avec le signe convenu de Giorgetta. Michele le tue et couvre le corps de sa houppelande. Lorsque apparaît Giorgetta, il l'invite à venir s'abriter sous la houppelande comme jadis. Il découvre le corps de Luigi et la fait tomber sur son amant mort.

Tablâ. Type de tambour du nord de l'Inde. Voir *Inde*, 3.

Tablature (all. : *Tabulatur* ; angl. : *tablature* ; ital. : *intavolatura*). Notation musicale basée sur des chiffres, des lettres et des symboles graphiques utilisés sous forme de tableaux au lieu ou en plus de la notation conventionnelle en portée. La plupart des tablatures sont utilisées pour la musique en accords ou à plusieurs parties et sont basées sur la technique de jeu d'un type d'instrument particulier, un jeu de symboles représentant la hauteur du son (quelle frette stopper, quelle touche enfoncer ou quel trou couvrir) et un autre indiquant le rythme.

Le terme de tablature s'employait également pour des arrangements pour clavier ou luth de musique vocale (all. : *Intabulierung* ; angl. : *intabulation* ; ital. : *intavolatura*). Entre le XIVe et le XVIe siècle, il s'agissait en principe de pièces écrites en tablature (notation instrumentale en lettres ou en chiffres) ; mais lorsqu'il s'agit des pièces pour clavier de la fin du XVIe et du XVIIe siècle, ce terme implique généralement que la musique était imprimée en notation de « partition pour clavier », c'est-à-dire sur deux portées (*d'intavolatura*) plutôt qu'avec une portée séparée par partie (*partitura*, « partition »).

1. *Luth, vihuela, guitare, etc.* Les systèmes à grille pour les instruments à frettes ont fait leur apparition à la fin du XVe siècle, utilisant l'intersection de la frette et de la corde pour préciser les notes à jouer. L'un des premiers systèmes de ce genre, destiné au luth à cinq doubles cordes, apparaît dans *Musica getutscht* de Virdung (Bâle, 1511), où il est attribué au musicien aveugle Conrad Paumann. En ordre ascendant, il utilise des chiffres (1 à 5) pour représenter les doubles cordes et des lettres pour les frettes, avec a b c d e pour la première frette de chaque double corde, f g h i k pour la deuxième, etc. ; les lettres doubles correspondent aux frettes supérieures. (Voir Pl. 1). Ce système a ensuite été adapté de diverses façons au luth à six doubles cordes.

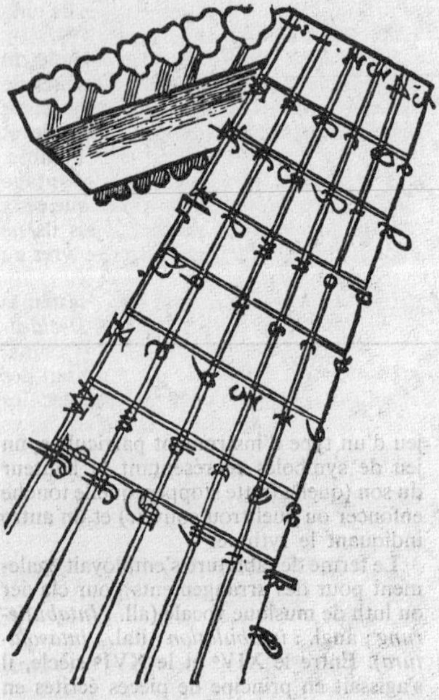

Pl. 1. Système de grille pour luth à cinq chœurs, d'après Musica getutscht *(1511) de Virdung.*

Des tablatures de luth plus simples, fondées sur une représentation visuelle de la touche, sont apparues en Italie et en France. Le système italien représentait chaque double corde sous la forme d'une ligne horizontale, la ligne la plus haute représentant la corde la plus grave. Des chiffres (1 à 9) représentaient les frettes et 0 servait à indiquer les cordes à vide. Des crochets au-dessus des nombres précisaient la durée des notes ; ils étaient répétés pour chaque note dans les premiers ouvrages publiés par Petrucci, mais, par la suite, la durée n'était précisée que sur la première note de chaque groupe et elle restait valable jusqu'à ce qu'un autre signe vienne la modifier. Le système français utilisait une grille de cinq ou six lignes, la ligne du haut (ou l'espace la surplombant) représentant la corde la plus aiguë et des lettres indiquant les frettes (a pour une corde à vide, b pour la première frette, etc.). Les signes représentant la durée des notes suivaient le même modèle que le système italien. Les bourdons (doubles cordes graves supplémentaires) étaient indiqués par des lettres ou des chiffres – au-dessous de la grille dans le système français, au-dessus dans le système italien.

Dans l'ensemble, les sources anglaises ont suivi le système français, certaines tablatures ultérieures comportant la notation d'une septième corde accordée une quarte plus bas dans l'espace situé sous la grille de six lignes. Le système italien a été occasionnellement utilisé en Allemagne, en Pologne et, pour la vihuela, en Espagne. Le livre de vihuela *El Maestro* (Valence, 1536) de Luis Milán utilisait des chiffres, comme dans le système italien, avec la grille française (ligne la plus haute pour la corde la plus aiguë).

La tablature de luth française a été modifiée au XVIIe siècle lorsque le « nouveau ton » (la^1-ré^2-fa^2-la^3-ré^3-fa^3) a été introduit par Denis Gaultier (vers 1650). Des variantes réduites des systèmes français et italien ont été utilisées pour le cistre à quatre ou cinq cordes et pour la guitare. Un nouvel arrangement, introduit dans *Guitara española* (Barcelone, 1586) de J. C. Amat, indiquait par des chiffres les positions les plus courantes de la main gauche pour les accords. Un système de sténographie (*alphabeto*) pour le *rasgueado* (« tapotage ») est apparu dans la *Nuova Inventione d'intavolatura* (Florence, 1606) de G. Montesardo, les accords les plus courants étant indiqués par des lettres situées au-dessus ou au-dessous d'une ligne horizontale selon la façon dont il fallait gratter l'accord (vers le haut ou vers le bas). Un peu plus tard, des guitaristes du XVIIe siècle ont amélioré et modifié le système et certains, comme Foscarini et Corbetta, l'ont inséré dans la tablature conventionnelle.

D'autres instruments à cordes pincées (comme le chitarrone, la mandoline, l'orpharion, le théorbe) ont utilisé des versions réduites ou développées de la tablature de luth française ou italienne. Les instruments à archet, comme la lyre, la viole, le *lirone* et le baryton, ont souvent fait appel à la tablature de luth française modifiée à l'ère baroque ; certaines œuvres pour viole et certaines des premières œuvres pour violon utilisaient un système de luth italien ou allemand. D'autres systèmes numériques ont ensuite été adoptés pour l'accordéon, la cithare d'amateur, la balalaïka, la guitare et la cithare, et la tablature de ukulélé (parfois adaptée à la guitare) utilise des points pour marquer les positions des doigts de la main gauche sur une grille composée de lignes verticales et horizontales qui s'entrecroisent, représentant respectivement les cordes et les frettes.

2. *Tablature d'instruments à clavier.* Au début du XIVe siècle, on trouve un mélange de tablature et de notation en portée pour de la musique pour clavier, notamment dans le Robertsbridge Codex (voir Pl. 4), la partie supérieure étant notée sur une portée de cinq lignes et les parties inférieures étant alignées au-dessous en notation par lettres, les silences étant indiqués par la lettre « s » (pour le mot latin *sine*, « sans ») ; les dièses sont notés d'une ligne tremblée qui suit la lettre. Ce système a été adopté sous une forme développée dans des sources allemandes des XVe et XVIe siècles, notamment dans *Fundamentum organisandi* (1452) de Conrad Paumann. La partie supérieure était notée sur une portée de six, sept ou huit lignes et les parties inférieures étaient indiquées par des rangées de lettres – selon la hauteur du son en minuscules (a, b, etc.), doublées (aa) ou surmontées de tirets (ā), et en capitales (A) (octaves médiane, haute et basse, respectivement). Les signes rythmiques étaient placés au-dessus de chaque lettre et les silences étaient indiqués par leurs équivalents en notation en portée.

A la fin du XVIe siècle, la notation par lettres s'est généralisée à toutes les parties et les signes du rythme, qui jusqu'alors avaient tendance à varier d'une source à une autre, ont été standardisés (⸢ = ♩ ¦ = 𝅝 , ⌈ = 𝅗𝅥 , etc. ; pour les noms de ces notes et leurs équivalents modernes, voir *Notation*, Fig. 8). Cette « nouvelle » tablature d'instruments à clavier allemande a été introduite dans des ouvrages publiés par Nikolaus Ammerbach et ses contemporains et a continuée à être utilisée, pour économiser de l'espace, par J. S. Bach dans l'*Orgel-Büchlein*. La *Tablatura nova* (1624) de Scheidt était nouvelle en Allemagne en ce qu'elle adoptait le système de *partitura* italien, chaque partie utilisant une portée de cinq lignes. Des systèmes de partition ouverte ont été utilisés en Italie à partir du début du XVIe siècle, alors que les sources de musique pour clavier françaises et italiennes avaient tendance à utiliser des partitions courtes avec des portées de cinq à huit lignes.

La musique pour clavier espagnole du XVIe siècle a donné lieu à des formes de tablature différentes, chaque partie étant représentée par une ligne horizontale et chaque note par un chiffre ou un nombre. Ces systèmes présentaient l'avantage d'être moins onéreux à imprimer que ceux qui employaient des portées, mais ils ne s'adaptaient pas facilement aux œuvres au rythme complexe.

Les deux premiers de ces systèmes numériques se trouvent dans la *Declaración de instrumentos musicales* (Ossuna, 1555) de Juan Bermudo. L'un utilisait des nombres (1 à 42) pour représenter les touches, en commençant par les notes diatoniques d'une octave courte (do, fa, ré, sol, mi, la), puis procédant chromatiquement. L'autre utilisait des nombres (1 à 23) pour les touches blanches, les dièses étant indiqués par des croix au-dessus des nombres. Dans ce second système, l'unique ligne horizontale ne représentait pas une partie individuelle, mais séparait la main gauche de la main droite. Dans le premier système, le rythme était simplement représenté par la position du nombre au sein de la mesure ; dans le second, des crochets figuraient au-dessus des chiffres ; ils restaient valables jusqu'à ce qu'un autre signe vienne les modifier.

Un système de tablature introduit pour la musique d'instruments à clavier (de harpe ou de vihuela) espagnole par Venegas de Henestrosa dans son *Libro de cifra nueva* (Alcalá, 1557) et utilisé dans les *Obras de musica* (Madrid, 1578) de Cabezón a connu plus de succès. Chaque partie se voyait attribuer une seule ligne horizontale sur laquelle les chiffres 1 à 7 représentaient les notes fa² à mi³ (l'armature de la clé était donnée au début de l'œuvre pour indiquer si 4 représentait si bémol ou si bécarre) ; les dièses (et si bécarre, lorsqu'il le fallait) étaient notés par une croix et les bémols par un signe « b » arrondi. Un ou deux tirets en travers du nombre indiquaient les octaves inférieures, des points ou des virgules les octaves supérieures. Des variantes dérivées de ce système ont survécu pour la musique de psaltérion et de dulcimer en Espagne jusqu'au milieu du XVIIIe siècle.

3. *Instruments à vent.* Depuis le XVIe siècle, certaines méthodes instrumentales

ont continué à utiliser occasionnellement des diagrammes indiquant le doigté des notes pour des instruments à vent comme la flûte à bec, le flageolet, le hautbois et la clarinette. Dans la notation par points, utilisée aux XVIIe et XVIIIe siècles pour la musique de flageolet anglaise, des tirets sur une portée de six lignes indiquaient les trous, les durées étant représentées comme dans la tablature de luth.

Frank Dobbins.

Table (d'harmonie). Surface supérieure de la caisse de résonance d'un instrument à cordes sur laquelle sont tendues les cordes. Cette expression s'applique également au piano.

Tableaux d'une exposition. Suite pour piano de Moussorgski, composée en 1874. Il s'agit de la représentation musicale de dix tableaux présentés lors d'une exposition à la mémoire de l'artiste russe Victor Hartmann (qui mourut en 1873), avec une « promenade » qui sert de liaison entre les différents numéros. Les pièces s'intitulent *Gnomus, Il Vecchio Castello, Tuileries, Bydlo, Ballet des poussins dans leur coque, Samuel Goldenberg et Schmuyle, Le Marché de Limoges, Catacombes, La Cabane sur pattes de poule* et *La Grande Porte de Kiev.* Il en existe plusieurs versions pour orchestre, notamment celles de Ravel (la plus fréquemment jouée), Henry Wood, Stokowski et Elgar Howarth (cuivres et percussion).

Tacet (lat. : « on se tait »). Terme employé à l'impératif pour ordonner à l'instrumentiste de rester silencieux ; *tacet al fine,* l'instrumentiste reste silencieux, c'est-à-dire qu'il n'a rien à jouer, jusqu'à la fin du morceau ou du mouvement.

Tactus (lat.). Terme des XVe et XVIe siècles pour « temps ».

Taeggio, Francesco Rognoni (mort vers 1626). Compositeur et théoricien italien. Au service de la cour de Pologne dans sa jeunesse, il s'installe ensuite à Milan, où il est directeur de la musique instrumentale auprès du gouverneur de la ville et *maestro di cappella* à San Ambrogio. Son important traité sur l'ornementation, la *Selva di varii passaggi* (Milan, 1620), contient des informations intéressantes sur la tenue d'archet des instruments à cordes. Il est aussi l'auteur de musique religieuse et de musique instrumentale.

Denis Arnold.

Tagelied (all.). « Chant du jour ». Voir *Alba.*

Taglioni, Filippo (Milan, 5 novembre 1777 ; Côme, 11 février 1871). Chorégraphe italien, père de Marie Taglioni, dont il fit l'incarnation de la danseuse romantique ; il créa pour elle la première version de *La Sylphide* (Schneitzhoeffer, 1832) à la suite de son apparition dans le ballet qu'il écrivit pour l'opéra de Meyerbeer *Robert le Diable* (Paris, 1831), véritable début du style du ballet romantique.

Noël Goodwin.

Taille. 1. Terme employé en France du XVIe siècle au XVIIIe siècle pour désigner la partie instrumentale que les autres langues appellent « ténor » ; on parlait ainsi de la « taille de violons » pour l'alto, de la taille de « hautbois » pour la chalemie ténor ou, à partir de 1660, pour le hautbois ténor, etc.

2. Le terme a été repris, avec d'autres termes français, par des musiciens allemands de l'ère baroque et désigne une partie de hautbois ténor dans cinq cantates de Bach ; de nos jours, ces parties sont généralement tenues par le cor anglais (voir *Hautbois,* 8).

Tailleferre, Germaine (Parc-Saint-Maur, 19 avril 1892 ; Paris, 6 novembre 1983). Compositeur français qui a fait ses études au Conservatoire de Paris et avec Ravel. Elle fait partie du groupe des Six, mais ne persiste pas longtemps dans les idées iconoclastes du groupe et compose une musique gracieuse qui s'inscrit parfaitement dans la tradition française. Elle est l'auteur d'opéras, de nombreuses musiques de films et de concertos qui font appel à des combinaisons instrumentales peu courantes, notamment un *Concerto pour baryton, piano et orchestre.* Elle a également mené une importante carrière de pianiste et de pédagogue.

Paul Griffiths.

BIBLIOGRAPHIE : Germaine Tailleferre, *Mémoires à l'emporte-pièce* (Paris, 1974).

Taïra, Yoshihisa (Tokyo, 1938). Compositeur japonais. Il fait ses études musicales à l'Université des arts de Tokyo puis au Conservatoire de Paris où il travaille avec Jolivet, Dutilleux et Messiaen. Après une période postsérielle, il opte pour une écriture plus souple, dominée par les sons de la nature. Parmi ses œuvres, la série *Hiérophonie* pour différentes combinaisons instrumentales (1969-75), *Médiations* pour orchestre (1975-77), *Delta* pour ensemble instrumental (1982).

Alain Pâris.

Takahashi, Yuji (Tokyo, 21 septembre 1938). Compositeur et pianiste japonais. Il a fait ses études avec Minao Shibata et Roh Ogura à l'École de musique de Toho (1954-58) et en privé avec Xenakis. Interprète brillant des partitions modernes pour piano les plus difficiles, il a composé quelques œuvres sous l'influence des méthodes *stochastiques de Xenakis.

Paul Griffiths.

Takemitsu, Toru (Tokyo, 8 octobre 1930). Compositeur japonais. Il travaille la composition avec Yasuji Kiyose (1948-50), mais est essentiellement autodidacte. Influencé par plusieurs compositeurs européens du XXe siècle (Schoenberg, Messiaen, Webern, Boulez), il met au point un style d'une poésie sonore fragile qui suggère une sensibilité toute japonaise. Ses œuvres, pour la plupart instrumentales ou électroniques, comprennent le *Requiem* pour orchestre à cordes (1957), *November Steps* pour deux instruments japonais (biwa et shakuhachi) et orchestre (1967), *Textures* pour orchestre (1967), *Quatrain* pour violon, clarinette, piano et orchestre (1973), *Autumn* pour biwa, shakuhachi et orchestre (1973), *A flock descends unto pentagonal garden* pour orchestre (1977), *Dream/Window* pour orchestre (1985) et *Nostalghia* pour violon et cordes, à la mémoire d'Andrei Tarkowski, créé par Yehudi Menuhin (1987) ; mais dans la plupart des cas il n'emploie que des instruments occidentaux.

Paul Griffiths, rév. Alain Pâris.

Takt (all.). Ce mot a essentiellement trois significations. 1. « Mesure » ou « tempo » ; *Taktzeichen*, « chiffrage des mesures » ; *3/4 Takt*, « mesure à 3/4 » ; *im Takt*, « en mesure », c'est-à-dire *a tempo* ; *Taktfest*, « qui observe bien la mesure ».

2. « Temps » ; *ein Takt wie vorher zwei*, « un temps qui dure ce que deux temps duraient antérieurement ».

3. « Mesure » ; *Taktnote*, la ronde ; *Taktpause*, silence d'une mesure ; *Taktstrich*, « barre de mesure » ; *dreitaktig*, « à trois temps ».

Tâla. Terme générique désignant le système rythmique indien. Voir *Inde*, 7.

Talbot, James (Londres, 1665 ; Cambridge, 1708). Professeur royal d'hébreu à l'Université de Cambridge. Il occupe une place importante dans l'histoire des instruments de musique pour avoir noté les détails (et notamment les dimensions) de tous les genres d'instruments employés à Londres par les musiciens de son époque. Ces indications figurent dans son manuscrit conservé à la Christ Church Library, à Oxford, Music MS 1187 (écrit vers 1695). Talbot fournit pour de nombreux instruments les premiers détails connus depuis Mersenne (1636) ; ils sont continuellement cités depuis leur publication dans le *Galpin Society Journal*, 1948-68 *passim*.

Anthony Baines.

Tallis, Thomas (vers 1505 ; Greenwich, 23 novembre 1585). Compositeur anglais dont le premier emploi aurait été un poste d'organiste à Douvres en 1532. En 1537, on le trouve à Londres, mais, l'année suivante, il se rend à Waltham Abbey dans l'Essex. A la dissolution de l'abbaye, en 1540, Tallis devient chantre à la cathédrale de Canterbury jusqu'en 1543, date à laquelle il est nommé « Gentleman » de la chapelle royale. Il restera au service royal jusqu'à la fin de sa vie, recevant de la reine Marie en 1557 un bail de vingt et un ans sur la seigneurie de Minster (Isle of Thanet), qu'il partage avec le « Master of the Children ». En 1575, avec Byrd, il reçoit le monopole de l'impression musicale et, la même année, ils publient un volume de motets latins intitulé *Cantiones sacrae*. Toutefois, l'entreprise n'est pas une réussite financière et, en 1577, Élisabeth leur accorde un autre bail d'une valeur de trente livres pour remplacer le revenu qu'ils en attendaient. Tallis s'était marié vers 1552, mais il semble qu'il n'ait pas eu d'enfant. Il est enterré en l'église paroissiale de St Alphege, à Greenwich.

Tallis a été élevé dans la tradition catholique et ses premières œuvres comportent plusieurs pages liturgiques latines d'envergure, visiblement destinées à de grandes fêtes religieuses. L'une de ses œuvres les plus longues, la messe *Puer natus est nobis*, a peut-être été écrite à l'occasion du mariage de Marie et de Philippe d'Espagne en 1554. Lorsque Élisabeth est montée sur le trône, il a continué à mettre en musique des textes latins, mais dans un style plus retenu montrant l'influence des procédés syllabiques requis par l'Église anglicane. Pour cette dernière, Tallis a composé de superbes *anthems* anglais, non seulement pour Élisabeth, mais déjà auparavant sous le règne d'Édouard VI. Ses chefs-d'œuvre sont les *Lamentations de Jérémie* – œuvres riches et profondes qui peuvent supporter la comparaison avec la plus belle musique jamais écrite pour la semaine sainte. Seule une petite part de la musique pour orgue de Tallis a survécu, mais le *Mulliner Book* contient quelques-unes de ses œuvres pour clavier ainsi que des arrangements de chants à plusieurs parties.

Denis Arnold.

Tallis's Canon (« Canon de Tallis »). Huitième des neuf airs composés pour *The Whole Psalter translated into English Metre* (« Le psautier complet traduit en mètre anglais », 1567) de l'archevêque Parker. Le canon se déroule entre les voix de ténor et de soprano, la partie principale étant à l'origine confiée au ténor, alors que, de nos jours, elle est souvent confiée au soprano. A l'origine, le canon était attaché au Psaume 67, mais depuis le début du XVIIIe siècle, il est associé à l'hymne du soir de l'évêque Ken pour les garçons de Winchester College, « Glory to Thee, my God, this night » (1692). La plupart des airs du psautier sont couramment employés comme musique d'hymnes et le troisième air de Tallis a été rendu célèbre par Vaughan Williams dans sa *Fantasia on a Theme by Thomas Tallis*.

Talon (angl. : *heel*). Extrémité de l'archet d'un instrument à cordes par laquelle on le tient et où se trouve une vis qui permet de régler la tension de la mèche ; l'autre extrémité s'appelle la pointe. L'expression « au talon » est une indication de tenue d'archet.

Tambours

1. Introduction
2. Caisse claire
3. Caisse roulante
4. Grosse caisse
5. Évolution historique

1. *Introduction*. La famille des tambours (all. : *Trommel* ; angl. : *drum* ; ital. : *tamburo*) est la plus importante au sein des instruments à percussion. Cet article traite particulièrement de la caisse claire, de la caisse roulante et de la grosse caisse ; pour les *bongos* (avec congas, timbalès créoles), les *rototoms*, le *tabor* (tambourin) *et flûte*, le *tambour à friction*, le *tambour de basque*, les *timbales* et les *tom-toms*, se reporter aux articles respectifs consacrés à ces instruments.

Une membrane souple ou « peau » tendue sur l'extrémité circulaire ouverte d'un « fût » ou simplement sur un cercle mince est généralement considérée comme un tambour, la membrane étant frappée à la main ou à l'aide d'une baguette ou d'une mailloche. (Certains instruments dépourvus de membranes sont également appelés tambours, comme le *tambour de bois ou le tambour d'acier ; naturellement, on peut « jouer du tambour » sur n'importe quoi, comme les piverts sur les troncs d'arbre.)

Sur tous les continents, à l'exception de l'Australie, il est rare que les indigènes n'aient pas de tambour, la peau d'un animal constituant généralement la peau de l'instrument. La peau des tambours occidentaux est en peau de veau, mais ce matériau a été largement remplacé depuis les années cinquante par du polyéthylène. Cette matière fournit des peaux d'une texture plus uniforme (contrairement au veau, dont l'épaisseur augmente sur l'échine dorsale) et est également moins sensible aux variations atmosphériques ; mais les peaux en plastique s'usent aussi avec le temps.

Pour tendre la peau, on peut se contenter de la coller ou de la clouer sur l'instrument, comme dans le cas du tambour de basque, ou de l'enrouler sur un cercle en bois ou en métal appelé le « cercle intérieur » ou « cercle d'enroulage », comme sur la plupart de nos tambours. La peau encore humide, coupée environ 15 cm plus large que le fût du tambour, est placée sur une surface plane, le cercle étant posé dessus ; elle est ensuite repliée tout autour à l'aide d'un outil dont la forme rappelle celle d'un manche de cuiller. On la laisse alors sécher. Toutefois, les peaux en plastique sont généralement livrées déjà tendues sur un cercle et leur taille varie de 15 cm de diamètre pour la plus petite à 90 cm pour la grosse caisse la plus grande. Le cercle, muni de peau ou de plastique, est placé sur le fût et un second cercle, le « cadre », est fixé dessus ; la tension est appliquée à ce cercle par des cordes ou des vis métalliques.

La plupart des tambours peuvent être accordés dans une certaine mesure en réglant la tension et en élevant ou en abaissant le son ; sur les *timbales, cette opération est si précise qu'elles jouent exactement les notes telles qu'elles sont écrites sur la partition (« hauteur de son déterminée »). Par contre, la caisse claire et la grosse caisse doivent sonner tout à fait indépendamment de l'harmonie d'ensemble ; sur ces instruments, on recherche, en effet, une hauteur de son aussi imprécise que possible. Cette absence de hauteur de son déterminée est facilitée par la présence d'une seconde peau désaccordée par rapport à la première ; en outre, sur la caisse claire, le timbre produit un effet de « son blanc » (comme un murmure). De nombreux tambours comme la grosse caisse, les tom-toms et le tambour de basque existent ou ont existé avec une ou deux peaux ; ceux qui sont munis d'une seule peau sont plus facilement « accordables » et possèdent une hauteur de son moins indéterminée.

Le fût d'un tambour n'est pas une nécessité fondamentale : par exemple, les *rototoms accordables, inventés récemment, n'ont pas de fût et produisent néanmoins un son de tambour résonant. Toutefois, l'air contenu dans un fut profond résonne aux fréquences les plus basses de la membrane et donne un son plus profond – bien qu'on ne sache pas exactement pourquoi un fût en forme de cuvette ou de ruche correspond dans bien des cas à une possibilité d'accord précis (timbales). D'autre part, il existe des instruments intéressants composés d'un fût long et étroit dont une extrémité est recouverte d'une très petite peau. L'air peut alors déterminer la hauteur du son, décidant de la note, comme le fait la colonne d'air des instruments à vent ; on compte parmi ces instruments le tambour de Nouvelle-Guinée et, parmi les instruments modernes, les *boobams inventés récemment aux États-Unis.

Dans de nombreuses parties du monde, notamment en Afrique, la hauteur du son et la sonorité des tambours sont soigneusement réglées. Les tambours classiques de la musique indienne sont accordés pour sonner à la fondamentale ; le « cercle de tambours » birman de vingt-trois tambours à main en forme d'œuf donne une gamme de quatre octaves pentatoniques presque aussi distincte que celle du *marimba. Avec l'extraordinaire complexité rythmique des musiques de tambour africaines et indiennes, l'art du tambour a parfois atteint des sommets incontestés dans la musique extra-européenne. Il est vrai qu'en Occident il est issu principalement des traditions militaires et est resté à l'écart du principal courant de culture musicale. Néanmoins, l'ère moderne a ouvert des horizons beaucoup plus larges, notamment avec des compositeurs comme Stravinski et avec les batteurs de théâtre et les musiciens de jazz ; ils ont tous contribué à hisser la percussion d'orchestre au premier plan de la musique (voir *Percussion*).

2. *Caisse claire* (all. : *Kleine* ou *Militärtrommel* ; amér. : *snare drum* ; angl. : *side drum* ; ital. : *tamburo piccolo* ou *militare*). Ce tambour très répandu est battu avec deux baguettes au centre de la peau supérieure ou « peau de batterie » ; le timbre s'applique contre la peau inférieure, ou « peau de timbre », légèrement plus mince, et vibre contre elle lorsque l'on bat le tambour. Le diamètre est d'environ 35 cm mais la profondeur du fût métallique peut varier de 7,5 cm à 38 cm sur le tambour militaire profond. Le timbre se compose de brins de cordes en boyau, nylon, soie, métal ou ressorts métalliques et peut être relâché au moyen d'un levier déclencheur qui se trouve sur le côté de la caisse claire, ce qui permet alors d'obtenir un effet de tom-tom ou de « tambour voilé » (on parvenait au même effet au XVIIIe siècle en enveloppant le tambour dans un tissu). Le haut des pontets de tension comporte des rainures pour les faire tourner avec une pièce de monnaie. Il existe un double système de tension dans lequel les pontets sont divisés et ancrés au fût en son milieu ; la peau de timbre peut alors être un peu moins tendue que la peau de batterie. La caisse

claire repose sur un pied de hauteur et d'inclinaison réglables.

(*a*) *Tambours de marche.* Ils conservent souvent l'ancien système de tension avec environ 9 mètres de corde de chanvre disposée en zigzag d'un cadre à l'autre, en passant par des attaches en cuir que l'on tire vers le bas pour tendre la corde. Le tambour est suspendu au cou de l'instrumentiste par un collier en cuir ou « baudrier » et repose sur la cuisse. Le cercle supérieur est muni de boutons en cuivre pour poser l'instrument la tête en bas sur le sol. La « corde de rappel » est fixée autour du cercle inférieur et forme une boucle plus bas ; elle servait autrefois à porter l'instrument sur le dos lorsque l'on n'en jouait pas.

(*b*) *Les baguettes.* Elles sont en bois dur, généralement en noyer d'Amérique, qui est très solide. La main gauche est tenue paume vers le haut, la baguette reposant dans la palmure de la main entre le pouce et l'index et passant entre le majeur et l'annulaire ; le battement provient en réalité de la rotation des poignets : il consiste essentiellement en une alternance des mains D-G-D-G (roulement alterné ou frisé) ou D-D-G-G-D-D-G-G (« Papa-Maman ») ; mais on rencontre souvent le roulement G-D-G-G-D-G-D-D (moulin). Les anciens ornements traditionnels, simples, doubles et triples, existent depuis le XVIIe siècle, peut-être même depuis plus longtemps : le « fla » (en angl. : *flam*) d-G, le « ra » (angl. : *drag*) gg-D et le « ruff », tous exécutés en battement simple (alternance des mains), à l'exception des petites notes du « ra » qui sont jouées d'une seule main. Le roulement se compose d'une succession de doubles coups de chaque main ; on l'apprend tout d'abord lentement et il devient finalement une sorte de rebond contrôlé. Dans le jazz et le rock, on tient les baguettes comme des baguettes de timbales (entre le pouce et l'index, le pouce sur le dessus) et le roulement s'effectue par une alternance de coups simples. Le jazz a amené une multitude d'effets nouveaux, comme le *rim-shot* explosif (la baguette frappe simultanément le centre de la peau et le bord de la caisse) et l'utilisation de balais métalliques, ou plus récemment de brosses formées de languettes métalliques, pour obtenir un son plus fort.

(*c*) *Histoire.* L'histoire de la caisse claire commence avec le tabor (voir *Tabor et flûte*). Au début du XIVe siècle, le tabor, ou peut-être un petit tambour similaire d'origine byzantine, se jouait avec deux baguettes ; il est mentionné en Allemagne et en Suisse comme un instrument guerrier utilisé avec le fifre (voir *Flûte*, 4*a* et 9). La taille du tambour a alors progressivement augmenté. Au XVIe siècle, il pouvait être énorme, jusqu'à 60 cm de large et près de 75 cm de profondeur. Les peaux étaient des peaux de mouton ou des peaux d'âne et, dès 1500, certains utilisaient déjà des cadres au lieu de l'ancien système de tension consistant à tirer vers le bas le cercle intérieur (ce qui nécessite de trouer les peaux pour faire passer les cordes, comme c'est encore souvent le cas en Asie) ; le timbre pouvait être appliqué sur la peau frappée. Le mot « dromme » est alors venu de Hollande, où l'on voit l'instrument représenté sur le tableau de Rembrandt *Le Veilleur de nuit.* Vers 1588, en France, Arbeau donne certains de ses rythmes de marche.

A l'époque des campagnes de Marlborough (1704-12), la taille de la caisse claire a diminué et, au cours du XVIIIe siècle, elle était à peine plus grosse que les tambours de marche actuels. Vers 1800, il existait également des tambours à caisse plus plate, avec un fût en cuivre (et non en bois) et, pendant tout le XIXe siècle, en Europe, on a fait la différence avec le modèle plus ancien et plus profond : chacun portait un nom différent et leur fonction était bien caractérisée lorsque les deux instruments étaient utilisés ensemble. Le plus profond était la caisse roulante, en allemand *Wirbeltrommel*, ou, sur les partitions, généralement *tamburo rullante* ; le timbre a été abandonné progressivement et, en Allemagne, il a pris le nom de *Rührtrommel* (celui qui donne le temps). Le tambour plat était la caisse claire (en Allemagne *Kleine* ou *Militärtrommel*), dont la peau était plus tendue pour les rythmes vifs et les roulements courts – les longs roulements étant réservés à la caisse roulante. Le contraste apparaît clairement dans *Ein Heldenleben* de Richard Strauss, après le chiffre 49 de la partition (Ex. 1). Aujourd'hui la *Rührtrommel* est fabriquée en Allemagne avec un fût dont la profondeur peut atteindre 50 cm (voir aussi § 3).

Par la suite, les compositeurs qui

voulaient créer un contraste de sonorité entre deux différentes caisses claires se sont en général contentés de spécifier « petite » et « grande », ou « haute » et « profonde ». En France, le modèle le plus plat porte également le nom de « tarole ».

En tant qu'instrument populaire, la caisse claire occupe une place essentielle dans la majeure partie de l'Europe occidentale, où elle est jouée avec dextérité dans les danses et les fêtes ; elle est parfois le seul instrument, comme dans certaines tarentelles du sud de l'Italie, les danses du sabre du Piémont ou en Belgique.

3. *Caisse roulante*. Tambour à deux peaux comme la caisse claire mais dont le fût est plus profond (près de 75 cm), il ne comporte pas de timbre et se joue avec des baguettes aux extrémités en feutre dur. Certains compositeurs ont écrit pour cet instrument pour qu'il soit joué avec des baguettes dures (en bois) et il sert également pour les parties de *Rührtrommel* dans le répertoire allemand.

4. *Grosse caisse* (all. : *Grosse Trommel* ; angl. : *bass drum* ; ital. : *gran cassa, tamburo grande*). Tambour à deux peaux, sans timbre. En position de jeu, les peaux sont à la verticale. Il existe aujourd'hui en deux tailles différentes : la grosse caisse d'orchestre et de fanfare, et la petite grosse caisse de la batterie populaire.

(*a*) *La grosse caisse d'orchestre*. Le diamètre de son fût mesure de 80 cm à 1 m pour une profondeur d'environ 30 cm. En Europe, son diamètre est traditionnellement plus petit, mais le fût est plus profond. Il est souvent en contre-plaqué, en aluminium ou en fibre de verre et la grosse caisse est placée sur un pied pliable – ou pivote dans un cadre métallique en position horizontale pour effectuer certains roulements, comme l'exige Berlioz, par exemple. La mailloche unique est en feutre dur et son extrémité mesure environ 7,5 cm de large. Le batteur frappe loin du centre de la caisse d'un coup oblique et étouffe le son avec la main pour obtenir la durée de la note écrite. Le roulement s'effectue sur la même peau lorsque l'on utilise deux mailloches ou lorsque l'on joue selon l'ancienne manière, avec une cymbale attachée à la grosse caisse (voir *Cymbale*, 2) ; on peut aussi utiliser une mailloche à deux têtes en faisant les roulements d'une seule main par rotation du poignet.

Pendant la marche, la grosse caisse est portée sur un « tablier » en cuir, en peau de mouton ou de léopard. Les deux peaux sont frappées, celle de droite donnant le pas, l'autre faisant du remplissage et ajoutant quelques effets spectaculaires. Dans les musiques militaires britanniques, sur un signal du tambour major, la grosse caisse donne le *double-tap* (deux coups rapprochés) à l'approche de la double barre suivante pour faire savoir à l'orchestre qu'il faut cesser de jouer ou passer à l'air suivant.

(*b*) *La petite grosse caisse*. Elle est apparue avec le jazz et fait maintenant partie intégrante de la batterie ; elle mesure environ 55 cm de diamètre et 14 cm de profondeur. Elle fait face à l'instrumentiste et est maintenue fermement en place par un éperon métallique de chaque côté ; elle est frappée au moyen d'une pédale à pied. Cette grosse caisse contient généralement un tampon-étouffoir pour assourdir le son afin que le coup principal soit entendu bien distinctement. Parfois, pendant les enregistrements, on retire la peau pour installer une couverture à l'intérieur du fût, ce qui assourdit encore davantage le son.

(*c*) *Le gong-drum*. Le *gong-drum* est une grosse caisse à une seule peau ; il date de 1850 environ et on le trouve encore dans quelques orchestres ; certains percussionnistes assurent qu'il présente des avantages appréciables en matière de contrôle sonore ; par contre, la peau unique risque de produire une hauteur de son déterminée indésirable. On fabrique aujourd'hui des *gong-drums* de petite taille pour l'enseignement musical dans les écoles.

(*d*) *Histoire*. L'histoire de la grosse caisse remonte à la musique turque du XVIIIe siècle ; c'est par ce biais que l'instrument est entré dans l'orchestre occidental ; elle n'était pas très grosse, ressemblant au « davul » de Turquie et des gitans dans les Balkans. Elle était frappée sur les deux peaux (si le batteur était à cheval, elle était suspendue au moyen d'une courroie sur le flanc gauche du cheval) : à droite avec une baguette dure à crochet ; à gauche avec une baguette fine remontant jusqu'au poignet posé sur le bord de la caisse. Les versions européennes ont pris de l'ampleur et, en Angleterre, surtout dans la longueur. On en jouait généralement avec une mailloche dont le noyau était recouvert de cuir pour la main droite et avec une autre mailloche ou un fouet court pour la main gauche. Sur les parties écrites, les notes avec la queue vers le bas (ou écrites à l'octave inférieure : voir *Turquie*) correspondent à la mailloche, alors que celles qui ont la queue vers le haut (ou les notes à l'octave supérieure) correspondent au fouet. On a abandonné l'usage du fouet pendant les guerres napoléoniennes, mais on l'a repris tout d'abord dans les orchestres de musique légère et de danse pour imiter le bruit du train à vapeur, puis dans l'orchestre symphonique, notamment dans le troisième mouvement de la *Symphonie nº 2* de Mahler.

Dans le domaine de la musique traditionnelle portugaise, la grosse caisse, sans aucun doute d'origine militaire, participe à toutes les fêtes, où elle porte le nom de *Ze-Pereira* (« le poirier Joseph ») ; elle se joue avec deux baguettes. A Belfast, il y a aussi celle des vendeurs d'oranges : elle est très grosse et on la frappe frénétiquement dans la rue avec deux cannes pendant des heures sans discontinuer.

5. *Évolution historique* (voir également *Organologie* ; *Afrique, Inde*). Le fait de jouer du tambour pour accompagner la danse remonte au paléolithique ; en Australie et en Afrique, dans certaines tribus, les femmes assises jouaient du tambour sur une peau ou sur leur tablier de cuir posé en travers des cuisses ou sur un réceptacle quelconque ; la tension était virtuellement nulle, le bruit sourd provenant essentiellement du déplacement soudain de l'air. Le premier vrai tambour, avec une peau fixée par des nerfs à un pot ou à un tronc creux, semble être apparu à l'ère néolithique, durant laquelle se sont développées des méthodes de laçage de la peau sur le fût avec une tension réglable. En Europe centrale, les fouilles ont fait ressortir de petits pots néolithiques avec un cercle de bosses pointues moulées sous le bord ; certains pensent qu'il s'agit des tambours à main arabes du type « darabukka » (Fig. 1*a*) ; mais on retrouve de telles bosses sur d'autres objets comme motifs décoratifs et ces « tambours » n'étaient peut-être en fin de compte que des pots.

La Fig. 1 ne recense qu'un petit nombre de tambours. Les plus anciens, à une seule peau, sont essentiellement frappés avec les mains, bien qu'en Afrique on joue indifféremment à mains nues ou avec des baguettes. Les tambours ont généralement un fond ouvert ou percé d'un trou (*b*, Nouvelle-Guinée ; *c*, Kenya). Par la suite, une seconde peau s'est ajoutée (à la fin du néolithique ou plus tard), peut-être pour assurer une bonne attache des cordes ou des courroies de tension de la peau principale (*d*, la partie inférieure est la seconde peau qui remonte le long du fût) ; la peau inférieure était assez rarement frappée ; il en est de même, bien sûr, de nos tambours à double peau comme la caisse claire et des tambours d'Afrique occidentale (*e*, tenus sous le bras) ou japonais en forme de sablier. On note toutefois des exceptions importantes : le tambour classique indien, « pakhâvaj », apparenté aux « tablas », plus connues, se joue sur les deux peaux, de même que le plus ancien survivant des tambours à deux peaux, en forme de baril, qui provient de l'ancienne Égypte ; il s'agit apparemment d'un instrument militaire originaire du Sud et amené par les Nubiens qui étaient enrôlés dans l'armée (*f*).

En Occident, le principal tambour de l'Antiquité était un tambour sur cadre : le tympanon grec, le tympanum romain et le tambour de basque de l'Ancien Testament (*g*, Moyen-Orient ; voir *Tambour de basque*). On place également dans la catégorie des tambours sur cadre le tambour « esquimau » (*h*), qui aurait représenté, avec les outils du feu et les porte-bonheur, l'un des objets les plus importants que pouvait posséder une famille et dont on jouait à toutes les fêtes. La peau (souvent en estomac de morse) est fixée par des nerfs sur un cercle en bois assez mince muni d'un manche et parfois de lanières entrecroisées par-dessous ; il est frappé de diverses façons, sur le bord et au-dessous. En Asie centrale et orientale, on rencontre des petits tambours sur cadres avec une poignée et deux membranes en peau ou en papier et, de chaque côté, une cordelette munie d'une perle en son extrémité pour faire sonner le tambour en la faisant tournoyer (*i*).

Les compositeurs modernes se sont intéressés à un grand nombre de tambours, résumés sommairement dans cet article.

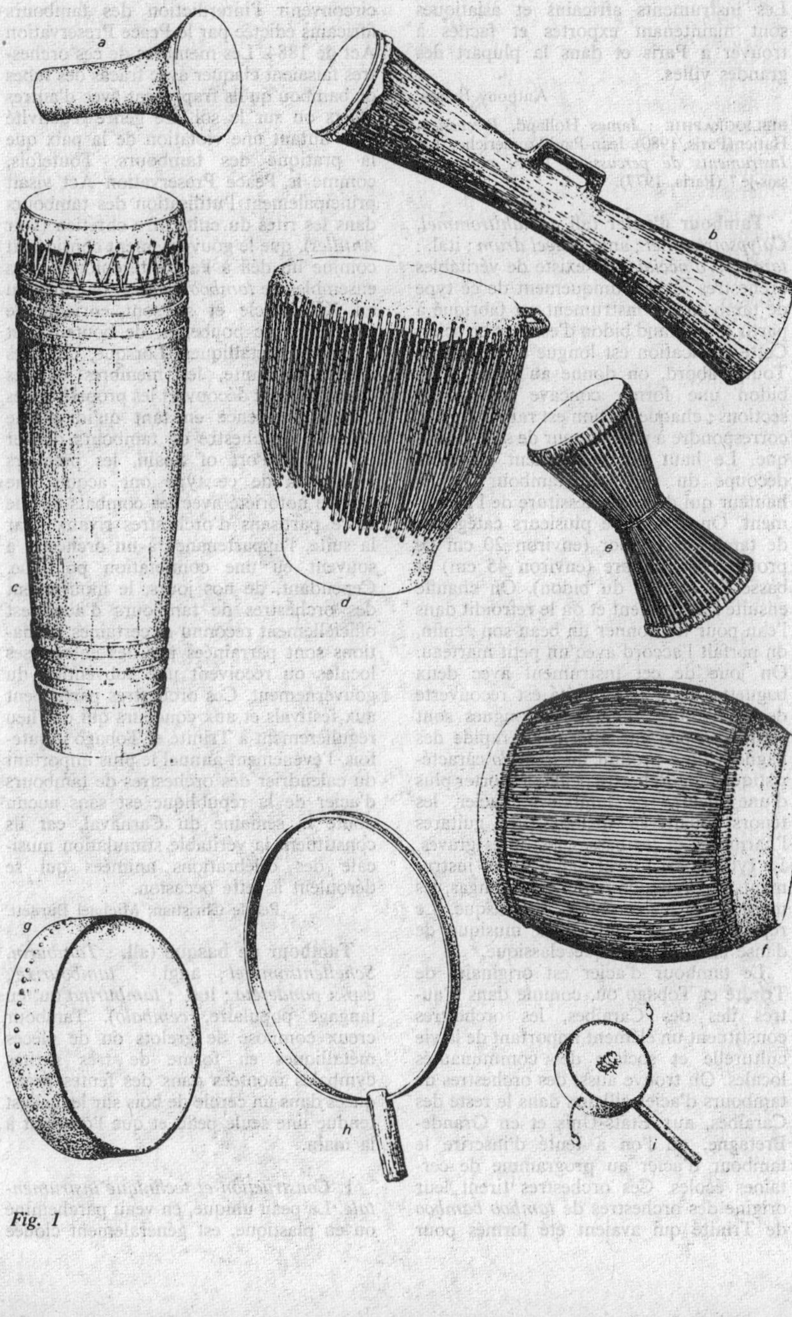

Fig. 1

Les instruments africains et asiatiques sont maintenant exportés et faciles à trouver à Paris et dans la plupart des grandes villes.

Anthony Baines.

BIBLIOGRAPHIE : James Holland, *Percussion*, Hatier (Paris, 1980). Jean-Paul Vanderichet, *Les Instruments de percussion*, PUF, coll. Que sais-je ? (Paris, 1977).

Tambour d'acier (all. : *Stahltrommel*, *Calypsotrommel* ; angl. : *steel drum* ; ital. : *tamburo d'acciaio*). Il existe de véritables orchestres formés uniquement de ce type de tambours. L'instrument est fabriqué à partir d'un grand bidon d'essence en acier. Cette fabrication est longue et complexe. Tout d'abord, on donne au sommet du bidon une forme concave divisée en sections ; chaque section est rainurée pour correspondre à une hauteur de son spécifique. Le haut de l'instrument est alors découpé du reste du tambour à une hauteur qui définit la tessiture de l'instrument. On dénombre plusieurs catégories de tambours : ténor (environ 20 cm de profondeur), guitare (environ 45 cm) et basse (la totalité du bidon). On chauffe ensuite l'instrument et on le refroidit dans l'eau pour lui donner un beau son ; enfin, on parfait l'accord avec un petit marteau. On joue de cet instrument avec deux baguettes dont l'extrémité est recouverte de caoutchouc. Les notes longues sont soutenues par une alternance rapide des baguettes qui produit un *tremolo* caractéristique. Un orchestre peut comporter plus d'une dizaine de tambours d'acier, les ténors jouant la mélodie, les guitares l'harmonie et les basses les notes graves. Le rythme est fourni par d'autres instruments à percussion comme les congas, les maracas et les tambours de basque. Le répertoire comprend de la musique de danse et de la musique classique.

Le tambour d'acier est originaire de Trinité et Tobago où, comme dans d'autres îles des Caraïbes, les orchestres constituent un élément important de la vie culturelle et sociale des communautés locales. On trouve aussi des orchestres de tambours d'acier ailleurs dans le reste des Caraïbes, aux États-Unis et en Grande-Bretagne, où l'on a tenté d'inscrire le tambour d'acier au programme de certaines écoles. Ces orchestres tirent leur origine des orchestres de *tamboo bamboo* de Trinité qui avaient été formés pour circonvenir l'interdiction des tambours africains édictée par le Peace Preservation Act de 1884. Les membres de ces orchestres faisaient claquer avec fracas des tubes de bambou qu'ils frappaient avec d'autres objets ou sur le sol. Ce genre d'activité était autant une violation de la paix que la pratique des tambours. Toutefois, comme le Peace Preservation Act visait principalement l'utilisation des tambours dans les rites du culte afro-chrétien (voir *Antilles*), que le gouvernement considérait comme un défi à l'autorité coloniale, les ensembles de *tamboo bamboo* ont survécu au XXe siècle et se sont enrichis de couvercles de poubelles, de bouteilles et de pièces métalliques. Lorsque, dans les années quarante, les membres de ces ensembles ont découvert les propriétés des bidons à essence en tant qu'idiophone accordé, l'orchestre de tambours d'acier est né. A Port of Spain, les premiers orchestres de ce type ont acquis une grande notoriété avec les combats de rue entre partisans d'orchestres rivaux ; par la suite, l'appartenance à un orchestre a souvent eu une connotation politique. Cependant, de nos jours, le mouvement des orchestres de tambours d'acier est officiellement reconnu et certaines formations sont parrainées par des entreprises locales ou reçoivent une subvention du gouvernement. Ces orchestres participent aux festivals et aux concours qui ont lieu régulièrement à Trinité et Tobago ; toutefois, l'événement annuel le plus important du calendrier des orchestres de tambours d'acier de la république est sans aucun doute la semaine du Carnaval, car ils constituent la véritable stimulation musicale des célébrations animées qui se déroulent à cette occasion.

Pearle Christian, Michael Burnett.

Tambour de basque (all. : *Tamburin*, *Schellentrommel* ; angl. : *tambourine* ; esp. : *pandereta* ; ital. : *tamburino* ou, en langage populaire, *cembalo*). Tambour creux composé de grelots ou de pièces métalliques en forme de très petites cymbales montées dans des fentes pratiquées dans un cercle de bois sur lequel est tendue une seule peau et que l'on tient à la main.

1. *Construction et technique instrumentale.* La peau unique, en veau parcheminé ou en plastique, est généralement clouée

ou collée sur le cercle ; le mode de tension par vis, qui existe sur certains modèles, alourdit l'instrument et peut devenir gênant dans certains cas. (Si la peau clouée est trop lâche, on peut la resserrer en l'humidifiant et en la laissant sécher.) A l'orchestre, le diamètre moyen du tambour de basque est de 25 cm, mais il existe en différentes tailles.

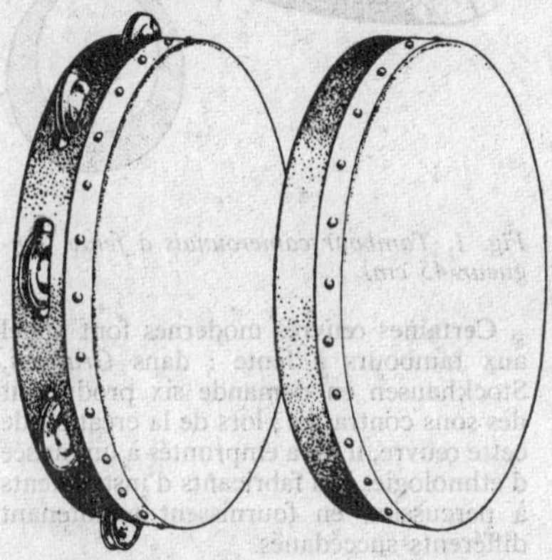

Fig. 1. Tambour de basque avec grelots (a) et sans grelots (b).

La façon naturelle ou traditionnelle de jouer du tambour de basque, comme dans la musique populaire italienne ou espagnole, consiste à le tenir en l'air d'une main en le frappant de l'autre tout en le secouant. A l'orchestre, cette façon de jouer, requise pour la « couleur locale », est parfois indiquée par une seule note suivie ou précédée d'un trille ou d'un signe de *tremolo.* Lorsqu'on frappe l'instrument avec la main (ou sur le genou pour produire un son fort et abrupt), ses trois composantes participent au son – bois, membranes et grelots. Pour des rythmes doux et délicats joués avec les doigts, on peut tenir le tambour de basque à l'horizontale ; les grelots colorent alors doucement le son. Un roulement riche en bruit de grelots s'obtient soit en secouant l'instrument, soit en frottant le pouce humide au bord de la membrane, la friction créant la vibration qui fait produire aux grelots un son sifflant. Avec cette dernière méthode, le pouce doit s'arrêter rapidement ; un tel roulement ne peut donc durer plus de huit secondes, même dans le *pianissimo,* où le pouce se déplace à une vitesse plus lente. Parmi les nombreux effets inhabituels, on trouve sans doute le plus célèbre chez Stravinski, lorsque Petrouchka expire au son du tambour de basque lâché sur le sol (ou sur un coussin).

2. *Histoire.* En *organologie, le tambour de basque entre dans la catégorie des tambours sur cadre. Le seul tambour couramment utilisé en Occident dans l'Antiquité (lat. : *tympanum*) était de ce type, généralement dépourvu de grelots ; de nombreux historiens pensent qu'il avait généralement une peau de chaque côté (et contenait peut-être des objets résonants) ; aucun *tympanum* complet n'ayant survécu, cette question est très difficile à déterminer à partir des représentations que l'on possède. Ce tambour était essentiellement joué par des femmes à l'occasion de fêtes – ainsi, dans l'Ancien Testament (le *toph* hébreu), il est joué par Marie, la sœur d'Aaron (Exode 15:20) et par la fille de Jephté (Juges 11:34). Au Moyen-Orient, dans les campagnes, les femmes jouent du tambour de basque dans toute sorte de processions ; mais les hommes en jouent également, surtout en musique d'ensemble (voir *Psaltérion,* 3). L'instrument est généralement construit par des fabricants de tamis, mais il existe aussi des modèles carrés, toujours à deux peaux : au Portugal, les paysannes en fabriquent avec quatre petites lattes de bois tendre de 5 cm de large, réunies par des fils métalliques ; elles cousent les peaux dessus sans oublier de mettre des haricots à l'intérieur. Elles jouent des rythmes agiles avec les doigts de deux mains.

Les grelots apparaissent dans l'art islamique au Moyen Age et en Europe au XIIIe siècle ; la peau est souvent traversée par un timbre. L'instrument servait à jouer des danses populaires – en Angleterre, il a conservé cet usage jusqu'au XXe siècle dans certaines parties du Sussex. Pour les classes plus élevées de la société, il existe de très beaux tambours de basque français du XVIIIe siècle, fabriqués pour des femmes ; certains sont assez grands, pouvant atteindre 45 cm de diamètre avec des scènes peintes sur la peau. Les tambours de basque fabriqués pour la musique militaire turque à partir de 1790 environ sont des instruments plus lourds sur lesquels la tension de la peau est assurée par des vis en fer. Le catalogue de 1839 d'une firme londonienne (D'Almaine & Co.) comporte une liste de tambours de basque dont le diamètre se situe entre 30 cm et 40 cm.

3. *Bodhran* (prononcer « boran »). Tambour sur cadre irlandais, d'environ 60 cm de diamètre, à peau unique, traversé à l'intérieur par des baguettes ou des cordes pour pouvoir les empoigner d'une main. L'autre main tient la baguette et frappe la peau alternativement avec la pomme qui se trouve à chaque extrémité, ce qui produit un son grave utilisé dans le cérémonial coutumier de la « chasse au roitelet », mais également de nos jours dans la musique traditionnelle.

Anthony Baines.

Tambour de bois. Instrument fabriqué pour la première fois aux États-Unis pour la percussion moderne d'après un ancien tambour de bois mexicain, le *teponaztli* aztèque ; c'est une longue boîte en bois munie d'une épaisse languette vibrante taillée dans le couvercle et frappée avec une mailloche dont l'extrémité est recouverte de caoutchouc. On utilise des jeux de tambours de bois de différentes hauteurs de son dans certains groupes de percussion scolaires. Voir également *Tambour à fente*.

Tambour à fente (tambour de bois ; all. : *Holztrommel* ; angl. : *slit drum*). Instrument à percussion en bois originaire de nombreuses régions tropicales. Il ne possède ni peau, ni membrane. Sa taille varie énormément, du tronc d'arbre trois fois plus haut qu'un homme au petit bloc portatif, évidé par une fente longitudinale. Les deux côtés de la fente sont généralement d'épaisseur différente ; ainsi, lorsqu'on le frappe (avec des mailloches assez lourdes), le côté le plus fin produit un son plus grave que le côté le plus épais (la fréquence fondamentale d'une plaque vibrante s'élève avec l'épaisseur). Il existe de nombreux instruments fabriqués selon le modèle reproduit sur la Fig. 1, la fente étant pratiquée de façon à préserver deux surfaces sonnantes au milieu. Le tambour à fente peut servir aux rituels ou à la transmission de messages selon un code basé sur les sonorités de la parole ; c'est une sorte de « tambour parlant ».

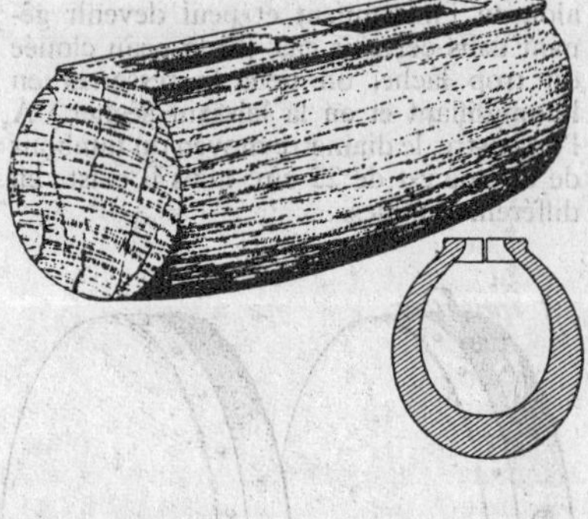

Fig. 1. Tambour camerounais à fente (longueur 45 cm).

Certaines œuvres modernes font appel aux tambours à fente : dans *Gruppen*, Stockhausen en demande six produisant des sons contrastés ; lors de la création de cette œuvre, il les a empruntés à un musée d'ethnologie. Les fabricants d'instruments à percussion en fournissent maintenant différents succédanés.

Anthony Baines.

Tambour à friction, ou tambour à corde (all. : *Brummtopf* ; angl. *friction drum* ; ital : *ruggio di leone*). Petit tambour muni d'une peau au centre de laquelle passe une corde ou une baguette qui met la peau en vibration. On trouve des tambours à friction en Afrique et en Asie et par extension en Europe, où leur son varie d'un profond rugissement rythmé, que l'on entend dans les musiques traditionnelles de fête, à l'imitation du bruit des poulets vendus à la foire.

L'instrument fonctionne de plusieurs façons :

1. *A l'aide d'une baguette*. Un mince roseau est fixé dans un trou pratiqué (par exemple, avec une pointe chauffée au rouge) dans une membrane en peau. L'instrumentiste se mouille la main et frotte la baguette de haut en bas. C'est le modèle courant aux Pays-Bas (*rommelpot*) et en Italie, ainsi qu'en Espagne et au Portugal, où il porte le nom de *zambomba* ; on l'entend surtout à Noël (et il est mentionné dans de nombreux noëls).

2. *A l'aide d'une corde*. A la place de la baguette, une corde en crin de cheval

recouverte de résine est fixée à l'intérieur de la peau par un nœud et tirée à la main (ou avec les deux mains si quelqu'un tient l'instrument). On trouve surtout ce modèle en Europe centrale et orientale (sous le nom de *bukai*, mot inspiré du beuglement du taureau). Le tambour à corde muni d'une corde en boyau recouverte de colophane et sur laquelle l'instrumentiste fait glisser un morceau de cuir doux est souvent utilisé par Varèse (*Ionisation*, *Hyperprisme* et *Amériques*). On le trouve aussi dans la musique de danse latino-américaine sous le nom de *cuica*.

3. *Le modèle pour enfant*. (*a*) Pour reproduire le bruit des poulets, une petite membrane en papier est placée sur un cylindre en carton ; la corde est recouverte de résine (ou de cire d'abeille) et tirée à la main ou avec un petit morceau de papier de verre. (*b*) Pour reproduire les bruits de criquets, etc., le cylindre et la membrane sont identiques, mais la corde (ou le boyau) s'enroule autour d'une baguette de bois qui comporte une rainure résinée à une extrémité ; on fait tournoyer le tambour et la friction entre la corde et la baguette fait vibrer la peau (Pl. 1). August Conradi a utilisé cet instrument, sous son nom allemand *Waldteufel*, dans *A Trip round Europe*, dans les années 1850. En Extrême-Orient, la membrane en papier ne mesure que 2,5 cm.

Anthony Baines.

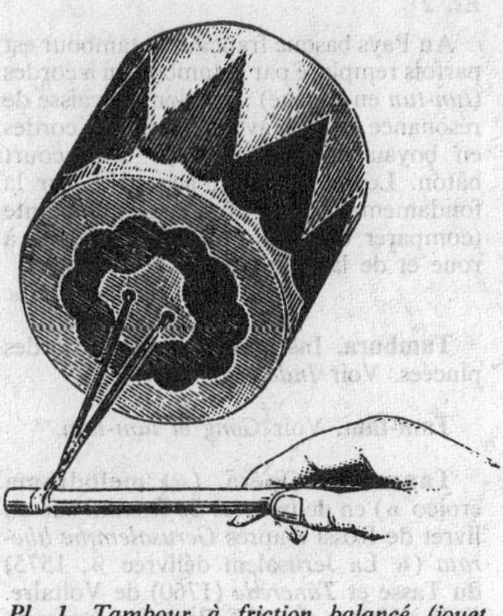

Pl. 1. Tambour à friction balancé (jouet d'origine allemande).

Tambourin. Ancienne danse provençale animée, à deux temps, accompagnée au galoubet et au tambourin. Au XVIIIe siècle, les compositeurs français ont souvent écrit des tambourins imitant des coups de tambour réguliers en faisant vibrer les notes graves, généralement sur la tonique et la dominante. Rameau aimait particulièrement cette danse, qu'il a utilisée dans ses opéras et ses ballets : on en trouve un exemple célèbre dans *Les Fêtes d'Hébé* qui apparaît également dans son deuxième livre de pièces pour clavecin.

Tambourin et flûte. Ces deux instruments joués ensemble par une seule personne relèvent d'une coutume qui appartient essentiellement à l'Europe occidentale. Ils président aux danses populaires du sud de l'Espagne et des régions avoisinantes du Portugal, du Pays basque, des îles Baléares, de la Provence et (jusqu'en 1900 environ) du sud de l'Angleterre pour les danses Morris, dans lesquelles ils sont maintenant réhabilités. En Amérique, on les rencontre dans la campagne de Mexico, où ils ont été amenés par les Espagnols.

1. *La flûte*. Il s'agit d'un *flageolet à trois trous, tenu de la main gauche pendant que la droite tape sur le tambourin. Il est très facile de jouer une gamme d'une seule main sur un flageolet ordinaire en utilisant seulement les trois trous inférieurs (en bloquant le reste) et en commençant par le second harmonique quintoyé (ré à sol) ; il suffit ensuite de répéter la séquence, en soufflant plus fort, pour le troisième harmonique qui se trouve une quinte plus haut (la à ré). Le flageolet de l'ensemble tambourin et flûte donne la gamme de la même manière, mais le plus haut des trois trous est placé à l'arrière de l'instrument pour le pouce. L'extrémité du tuyau est tenue entre l'annulaire et le petit doigt. Certains airs peuvent nécessiter une ou deux notes de plus que l'octave ; on peut les obtenir comme quatrième harmonique ; l'Ex. 1 reproduit la gamme d'une flûte en ré de 30 cm de long, sonnant deux octaves plus haut que les notes indiquées.

La flûte Morris anglaise dispose de la même tessiture ; elle mesure 30 cm de long avec une perce cylindrique d'environ 8,5 mm et se compose de deux corps. Les instruments modernes sont virtuellement

Ex. 1

des flageolets en ré, mais avec les trois trous que l'on vient de décrire au lieu des six trous habituels. Dans certains villages de l'Oxfordshire, il était important que les danses Morris soient jouées par l'ensemble tambourin et flûte, même si les « country dances » étaient jouées au violon ou au concertina. Les airs les plus connus étaient « Shepherd's Hey », « Constant Billy », « Three Meet » et « Highland Mary ». La flûte provençale, le galoubet, ressemble à l'instrument anglais et elle intervient surtout dans les farandoles d'automne dansées dans les vignes ; Bizet cite un des airs (au piccolo) dans sa musique de scène de *L'Arlésienne*. En Catalogne, les ensembles de *sardana* sont menés par une toute petite flûte qui va de pair avec un très petit tambour.

2. *Le tambourin*. Il ressemble traditionnellement à la caisse claire, avec deux peaux et un timbre en boyau. Ils sont pour la plupart assez petits (23 cm de diamètre en Angleterre, mais le tambourin provençal a un fût de 75 cm de profondeur et le timbre est posé en travers de la peau supérieure ; l'instrumentiste frappe le centre de ce timbre, lui donnant une forte vibration qui entretient le son entre deux coups de baguette, un peu à la façon d'un bourdon. Sur les tableaux du Moyen Age, en Angleterre et dans les Flandres, on voit l'instrumentiste taper sur le timbre de cette manière. (De nos jours, pour les danses populaires, on peut utiliser d'autres genres de tambour, notamment un petit *tom-tom.)

Bien qu'on puisse penser à priori qu'il soit plus difficile de jouer du flageolet que du tambourin, il est intéressant de noter que c'est ce dernier qui occupe la main droite et que, depuis le Moyen Age (où l'on entendait jouer des deux instruments dans tous les rangs de la société) jusqu'à nos jours, le nom de l'instrumentiste provient de celui du tambour – tambourinaire –, les airs de Rameau et d'autres compositeurs de la même époque sont des tambourins. C'est comme si le battement du tambour, donnant le tempo aux danseurs, était ressenti comme le principal composant de la musique. De même, les premières mentions de ces instruments à la fin du XIIIe siècle dans le traité d'Égide de Zamora (Espagne) insistent sur le fait qu'un *tympanum* (« tambour ») donne de la musique plus douce lorsqu'il se joint à une *fistula* (« flûte »).

3. *Histoire*. Aux siècles précédents, le tambourin et la flûte se jouaient dans toute l'Europe occidentale. A la Renaissance, la flûte pouvait être assez grande : un spécimen bien conservé, trouvé dans l'épave du *Mary Rose* à Spithead (1545), mesure 45 cm. L'*Orchésographie* d'Arbeau (vers 1588) fait état d'un tel instrument avec des battements de tambourin simples pour les diverses danses et comprend notamment (en pavane) l'air « Belle qui tiens la vie » (Ex. 2) noté ici à quatre parties.

Ex. 2

Au Pays basque français, le tambour est parfois remplacé par le tambourin à cordes (*tun-tun* en basque) : une longue caisse de résonance en bois avec cinq ou six cordes en boyau frappées à l'aide d'un court bâton. Les cordes sont accordées sur la fondamentale de la flûte et sa dominante (comparer aux bourdons de la *vielle à roue et de la *cornemuse).

Anthony Baines.

Tambura. Instrument indien à cordes pincées. Voir *Inde*, 3*a*.

Tam-tam. Voir *Gong et tam-tam*.

Tancredi. Opéra (« melodrama eroico ») en deux actes de Rossini sur un livret de Rossi d'après *Gerusalemme liberata* (« La Jérusalem délivrée », 1575) du Tasse et *Tancrède* (1760) de Voltaire. Créé à Venise en 1813. Première française au Théâtre-Italien, à Paris, en 1822.

Taneïev, Sergueï (Ivanovitch) (Vladimir, 25 novembre 1856 ; Dioudkovo, près de Moscou, 19 juin 1915). Compositeur russe. Au Conservatoire de Moscou, il étudie le piano avec Nikolaï Rubinstein et la composition avec Tchaïkovski, avec lequel il se lie d'une amitié longue et fructueuse : Taneïev tient la partie soliste à la création de toutes les œuvres pour piano et orchestre de Tchaïkovski. Lorsque Tchaïkovski démissionne du Conservatoire, Taneïev y est nommé professeur d'harmonie et d'orchestration (1878) ; à la mort de Rubinstein, il reprend la classe de piano (1881), puis enseigne la composition (1883) et est finalement nommé directeur (1885). Taneïev est l'auteur de quatre symphonies, davantage marquées par une construction rigoureuse et convaincante que par le charme mélodique, bien que le finale de la *Symphonie nº 2* (1877-78) possède de la spontanéité et une certaine chaleur lyrique. Il a également composé six quatuors à cordes, un quintette avec piano (1906), un trio avec piano (1907), diverses œuvres de musique de chambre, de la musique chorale, de nombreuses mélodies et quelques pièces pour piano. Toutefois, son œuvre la plus ambitieuse est la remarquable « trilogie » (en fait un opéra en trois actes) *L'Orestie*, composée entre 1887 et 1894 et oréée en 1895. Taneïev était un théoricien très réputé – il a écrit des ouvrages importants sur le contrepoint réversible (1909) et sur le canon (publié à titre posthume en 1929) – et on a parfois tendance à le considérer comme un érudit éternellement préoccupé de problèmes de contrepoint. Toutefois *L'Orestie* fait immédiatement disparaître cette impression. Comme l'a remarqué Rimski-Korsakov dans son autobiographie, l'obsession de Taneïev pour les fugues, les canons et autres procédés contrapuntiques « aurait dû aboutir à une œuvre sèche et académique, manquant du moindre soupçon d'inspiration, mais dans le cas de *L'Orestie*, le contraire s'est produit... l'opéra est impressionnant par sa richesse expressive et sa beauté ». En outre, la partition est très originale, non seulement dans le choix (inhabituel dans l'opéra russe du XIXe siècle) d'un sujet non russe (la tragédie d'Eschyle), mais également dans la façon dont il est traité sur le plan musical. On trouve évidemment quelques réminiscences (bien compréhensibles) de Tchaïkovski, mais la majeure partie de sa musique possède une couleur personnelle et fait preuve d'un authentique talent dramatique.

Geoffrey Norris.

Tanglewood. Voir *Berkshire Music Festival.*

Tango. Danse latino-américaine de rythme binaire qui ressemble à la *habanera. L'accompagnement comporte une figure rythmique répétée caractéristique (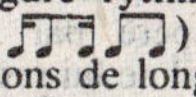) et se compose de deux sections de longueur égale, la seconde étant généralement à la dominante ou au relatif mineur. Elle se danse par couples. On trouve un tango stylisé dans *L'Histoire du soldat* de Stravinski et plusieurs compositeurs anglais s'en sont inspirés, notamment Walton (« Tango-Pasodoble » dans *Façade*). Cette danse a été très populaire en Argentine au début du XXe siècle.

Tannhäuser (en vérité, *Tannhäuser und der Sängerkrieg auf dem Wartburg* ; « Tannhäuser et le tournoi des chanteurs à la Wartburg »). Opéra en trois actes de Wagner sur un livret du compositeur. Représentations : Dresde (19 octobre 1845) ; New York (Stadt Theatre, 4 avril 1859) ; Londres (Covent Garden, 6 mai 1876). Version révisée pour l'Opéra de Paris, dite « version de Paris » (avec le ballet imposé par le règlement de l'Opéra) : Paris (Opéra, 13 mars 1861) ; New York (Metropolitan Opera, 30 janvier 1889) ; Londres (Covent Garden, 15 juillet 1895). Au Venusberg, Tannhäuser (tén.) chante les louanges des plaisirs que lui offre Vénus (mezzo). Mais il désire retourner dans le monde et, lorsqu'il prononce le nom de la Vierge, le Venusberg disparaît. Il se retrouve dans la vallée de la Wartburg où chante un jeune berger (sop.). Passe un groupe de pèlerins en route pour Rome, puis un cor annonce l'arrivée du Landgrave Hermann (basse), de Wolfram (bar.), ami de Tannhäuser, et d'autres chevaliers. Ils accueillent Tannhäuser après son absence d'un an et il décide de les suivre lorsqu'il apprend combien Elisabeth, la nièce du Landgrave, a été attristée par son absence.

Elisabeth (sop.) se réjouit du retour de Tannhäuser. Il refuse de lui révéler où il était. Les chevaliers et leurs hôtes arrivent pour le concours de chant. Le Landgrave annonce que le thème en sera l'amour. Wolfram chante l'amour pur et impersonnel. Tannhäuser lui succède et chante les louanges enflammées de Vénus. Les chevaliers le menacent, mais Elisabeth intervient. Tannhäuser promet de se racheter ; on lui ordonne d'aller chercher le pardon du pape et il rejoint les pèlerins.

Plusieurs mois plus tard, Elisabeth prie dans la vallée de la Wartburg pour le pardon de Tannhäuser. Elle rentre tristement vers sa demeure et Wolfram invoque pour elle la protection de l'étoile du soir. Tannhäuser survient, désespéré par le refus du pape de l'absoudre ; il ne lui reste qu'une seule ressource : retourner vers Vénus. Un cortège funèbre approche : Elisabeth est morte de chagrin. Tannhäuser s'abat sur le cercueil et meurt. Les pèlerins arrivent de Rome avec le bâton de Tannhäuser qui a bourgeonné ; c'est le signe que Dieu lui a pardonné.

BIBLIOGRAPHIE : *Tannhäuser*, L'Avant-Scène-Opéra n°s 63-64 (Paris, 1985).

Tansman, Alexandre (Łódź, 12 juin 1897 ; Paris, 15 novembre 1986). Compositeur français d'origine polonaise. Il étudie la composition avec Adalbert Gawroński et Piotr Rytel à l'Université de Varsovie (1915-19), puis s'installe définitivement à Paris. Il y est profondément marqué par le néoclassicisme de Stravinski, qu'il mêle dans sa musique à des éléments polonais et juifs. Il a composé huit symphonies, d'autres œuvres de musique symphonique, des ballets, des opéras et des œuvres chorales. Bon pianiste et chef d'orchestre, il a fait de nombreuses tournées en Autriche, aux États-Unis et au Japon et est l'auteur du livre *Igor Stravinski* (Paris, 1947 ; New York, 1949).

Paul Griffiths.

Tanto (ital.). « Tant » ; *allegro, ma non tanto*, « *allegro*, mais pas trop ».

Tanz, Tänze (all.). « Danse », « danses ».

Tapiola. Poème symphonique op.112 de Sibelius, composé en 1926. Tapio était le dieu des forêts en Finlande.

Tapissier, Johannes (mort avant août 1410). Poète et compositeur français. A partir de 1391 environ jusqu'à sa mort, il a été au service des ducs de Bourgogne, Philippe le Hardi et Jean sans Peur. Il semble avoir eu également une école de musique à Paris. Martin le Franc l'a mentionné, avec J. Carmen et J. Cesaris, dans *Le Champion des dames* (vers 1440) comme celui qui a « esbahi tout Paris » dans les années qui ont précédé Binchois et Dufay. Seules trois de ses œuvres nous sont parvenues, un Credo, un Sanctus et un motet.

John Milsom.

Ţăranu, Cornel (Cluj, 20 juin 1934). Compositeur roumain, il fait ses études au Conservatoire Gheorghe Dima de Cluj (1951-57) puis à Paris avec Nadia Boulanger et Olivier Messiaen (1966-67) et à Darmstadt avec Ligeti et Maderna (1968-72). Il enseigne au Conservatoire de Cluj depuis 1957 et dirige l'Ensemble Ars nova de cette même ville depuis 1968. Son œuvre, marquée par la personnalité d'Enesco, est dominée par le lyrisme naturel de la musique roumaine qu'il sait concilier avec une écriture dodécaphonique : quatre symphonies, *Guirlandes* pour orchestre de chambre (1979), *Rime di Michelangelo* pour baryton-basse et ensemble instrumental (1977). Musicologue accompli, il a effectué d'importantes recherches sur l'œuvre d'Enesco, complétant notamment ses deux symphonies inachevées (n°s 4 et 5) à partir des esquisses.

Alain Pâris.

Taras Boulba. Rhapsodie pour orchestre de Janáček d'après l'histoire de Gogol. Composée entre 1915 et 1918, elle comporte trois mouvements : (1) « Mort d'Andreï » (*Smrt Andrijova*) ; (2) « Mort d'Ostap » (*Smrt Ostapova*) ; (3) « Prophétie et mort de Taras Boulba » (*Proroctví a smrt Tarase Bulby*).

Tardo, tarda (ital.). « Lent » ; *tardamente*, « lentement » ; *tardando, tardante*, « en ralentissant » (progressivement).

Tarentelle (ital. : *tarantella*). Danse dont le nom provient de la ville de Tarente au sud de l'Italie. Selon la croyance populaire, la piqûre de la tarentule (araignée que l'on trouvait dans la campagne environnante et dont le nom provient également de la ville) engendrait une maladie qui s'avérait fatale si la victime n'exécutait pas une danse animée ou qui provoquait le « tarentisme » (manie de danser). On sait depuis longtemps que la piqûre de la tarentule est innoffensive et que toute maladie contractée à la suite d'une telle piqûre était probablement d'origine hystérique. En 1662, Pepys écrit avoir rencontré un homme qui « est un grand voyageur, et, à propos de la tarentule, il dit que pendant toute la saison des moissons... des violoneux parcourent les champs dans l'attente d'être engagés par ceux qui sont piqués ». Du XVIIe au XXe siècle, il semble y avoir eu d'importantes manifestations de « tarentisme » au cours desquelles des villes entières se sont soudain adonnées à des accès de danse sauvage et les musiciens en ont bien profité.

Toutefois, au XIXe siècle, les musiciens ont tiré le meilleur profit des tarentelles au travers des œuvres qui ont été écrites sur ce modèle. Chopin, Liszt, Heller, Auber, Weber, Thalberg, Balakirev, Cui et Dargomijski ont écrit des tarentelles, toutes rapides à 6/8, souvent en *perpetuum mobile* (écrites d'un bout à l'autre en notes avec la même valeur). Le **saltarello* est un type de morceau analogue et le finale de la *Symphonie « Italienne »* de Mendelssohn, bien qu'il soit intitulé « saltarello », est en fait une combinaison de cette danse et d'une mélodie de tarentelle.

Tárogató. Instrument à vent qui ressemble à un *saxophone soprano ; mais il est en bois et pourvu d'un mécanisme de clés basé sur celui de la clarinette. Il a été inventé à Budapest vers 1890 par le facteur Schunda (qui avait vu le saxophone soprano), pour restaurer un ancien chalumeau d'origine turque appelé *tárogató* et encore utilisé à l'époque par certains veilleurs de nuit. (Dans le même esprit de nationalisme, Schunda a construit le gros cymbalum : voir *Dulcimer*, 1). Le *tárogató* se fabrique encore de nos jours, surtout en Roumanie, où il est particulièrement apprécié dans la musique traditionnelle. Voir également *Cor des Alpes* pour son utilisation dans *Tristan et Isolde*.

Anthony Baines.

Tárrega, Francisco (Villareal, Castellón, 21 novembre 1852 ; Barcelone, 15 décembre 1909). Guitariste et compositeur espagnol, surnommé « le Sarasate de la guitare ». Dans son enfance, il étudie la guitare classique, alors négligée, ainsi que le piano et la composition au Conservatoire de Madrid. Il se consacre ensuite à la guitare, donnant de nombreux récitals en Espagne et ailleurs, et s'emploie activement à faire de la guitare un instrument populaire. En 1880, il fait des débuts triomphants à Paris et à Londres. Tárrega a enrichi le répertoire de la guitare d'un grand nombre de compositions personnelles, ainsi que de plus d'une centaine de transcriptions d'œuvres destinées originellement à d'autres instruments.

Wendy Thompson.

Tartini, Giuseppe (Pirano, Istrie, 8 avril 1692 ; Padoue, 26 février 1770). Compositeur, théoricien et violoniste italien. Fils de petit fonctionnaire, il est destiné à la carrière ecclésiastique, mais défie ses parents pour suivre une carrière musicale. En 1708, il se rend à Padoue, s'inscrit à l'Université comme étudiant en droit et en 1710 contracte un mariage secret. Comme, officiellement, il est toujours voué à la vie ecclésiastique, son mariage encourt la colère de l'évêque de Padoue et Tartini se voit contraint de se réfugier au couvent de Saint-François à Assise. Pendant quelques années, il y étudie la musique, sans doute avec Černohorský. En 1714, il a l'occasion de tenir une partie de violon dans l'Orchestre de l'Opéra à Ancone et, l'année suivante, les persécutions dont il faisait l'objet cessent. Néanmoins, il décide de quitter à nouveau sa femme et s'impose quatre années d'exil afin d'améliorer sa technique du violon.

En 1721, Tartini devient premier violon à la basilique Saint-Antoine à Padoue, où il restera jusqu'en 1765. Au cours de la vingtaine d'années qui suivent cette nomination, il s'absente souvent pour se rendre à l'étranger, notamment à Prague vers 1725. Après 1740, il apparaît moins fréquemment en public. Il fonde sa propre école de violon à Padoue et compte au nombre de ses élèves d'éminents violonistes et compositeurs comme J. G. Graun, Nardini et J. G. Naumann. Il poursuit également l'étude de la théorie musicale et acoustique et échange pendant quarante ans une correspondance à ce sujet avec le padre Martini. Il meurt à soixante-dix-sept ans d'une gangrène résultant d'un abcès au pied (comme Lully).

Les œuvres publiées de Tartini comprennent plus de soixante sonates pour violon (d'authenticité douteuse pour certaines d'entre elles), environ vingt-quatre sonates en trio, vingt-quatre concertos grossos et *L'Arte del arco* (trente-huit variations sur une gavotte de Corelli). Une grande quantité de musique manuscrite a survécu, dont environ cent trente-cinq sonates pour violon, autant de concertos et une quarantaine de sonates en trio. Ses sonates suivent un modèle en trois mouvements lent-rapide-rapide, alors que les concertos s'inscrivent dans le moule de ceux de Vivaldi, rapide-lent-rapide. La sonate la plus célèbre est celle que l'on a surnommée *Le Trille du diable* en sol mineur (vers 1745) : il l'aurait écrite à la suite d'un rêve dans lequel le diable s'était emparé du violon de Tartini et avait joué un morceau qui comportait un trille « diaboliquement » difficile dans le dernier mouvement.

Wendy Thompson.

Taste, Tasten (all.), **tasto, tasti, tastiera** (ital.). 1. « Touche », « touches », « clavier » d'un instrument à clavier ; d'où l'expression *tasto solo* qui, dans la musique ancienne avec basse chiffrée, signifie « jouer la touche (la note) seule », c'est-à-dire ne pas ajouter d'accord sur la basse. En d'autres termes, la basse devient momentanément une partie mélodique au lieu de servir de base à l'harmonie.

2. *Tasto* (ital.) désigne également la touche d'un instrument à cordes. Ainsi *sul tasto, sulla tastiera,* « sur la touche », signifie qu'il faut jouer en plaçant l'archet au-dessus de la touche. Pour la *tastiera per luce* (le clavier de lumière) de Scriabine, voir *Couleur et musique.*

Tastiera (ital.). Synonyme de **tasto*.

Tasto (ital.). Voir *Taste.*

Tate, Phyllis (Margaret Duncan) (Gerrards Cross, 6 avril 1911). Compositeur anglais. Elle fait ses études à la Royal Academy of Music, mais elle met assez longtemps à se forger une réputation de compositeur. Depuis les années cinquante, elle s'est imposée avec des œuvres pour ensemble de chambre, chœur et enfants, toutes écrites dans un style tonal bien défini qui n'est pas dépourvu d'humour. Elle est l'auteur d'un *Concerto pour saxophone* (1944), de l'opéra *The Lodger* (1960) et de l'opéra *Dark Pilgrimage* (1963), écrit pour la télévision.

Paul Griffiths.

Tattoo. Terme désignant les festivals de musique militaire britanniques comme le Tattoo d'Édimbourg. Voir également *Retraite du soir.*

Tauber, Richard [Seiffert, Ernst] (Linz, 16 mai 1892 ; Londres, 8 janvier 1948). Ténor autrichien, naturalisé anglais. Il fait ses études musicales à Francfort et aborde la direction d'orchestre à l'âge de dix-huit ans. Il étudie ensuite le chant et fait sa première apparition en public à Dresde en 1912 dans *La Flûte enchantée.* Il connaît un succès immédiat et devient le principal ténor de Dresde jusqu'en 1920. Il se produit à Berlin en 1915 et chante souvent à Munich, à Vienne et à Salzbourg. Son physique agréable et sa voix sympathique le font passer de l'opéra à l'opérette ; son nom est alors étroitement associé à celui de Franz Lehar, dont il ravive le succès sur le déclin en apparaissant dans des spectacles comme *Frasquita* (1922), *Paganini* (1925), *Fredericka* (1928) et *Le Pays du sourire* (1929) ; dans cette dernière œuvre, l'air de Sou-Chong « Dein ist mein ganzes Herz » (« Je t'ai donné mon cœur ») reste indissociable de Tauber. Il a fait sa première apparition à Londres dans ce spectacle en 1931 et s'est fait naturaliser anglais en 1940 ; il a mené ensuite une carrière importante de chef d'orchestre dans les théâtres londoniens, où il a produit l'une de ses propres opérettes, *Old Chelsea*, en 1943.

Peter Gammond.

Tavener, John (Kenneth) (Londres, 28 janvier 1944). Compositeur anglais. Il étudie la composition à la Royal Academy of Music avec Lennox Berkeley (1962-68) et, en privé, avec David Lumsdaine (1965-67). En 1960, il est nommé organiste de St John's à Kensington et, en 1969, il commence à enseigner à Trinity College à Londres. Sa musique utilise des matériaux et des procédés simples dérivés de Stravinski, de Messiaen et de Stockhausen. Il a composé une cantate dramatique, *The Whale* (1968), et un opéra, *Thérèse*

(1979), mais sa musique est essentiellement religieuse ; il est notamment l'auteur d'*Ultimos ritos* pour solistes, chœurs et orchestre (1969-74). Son vaste *Akhmatova Requiem* (1979-80), qui met en musique le cycle de poèmes d'Anna Akhmatova (en russe), comprend des chants de l'Église orthodoxe russe à laquelle il s'est converti en 1978.

Paul Griffiths.

Taverner. Opéra en deux actes de Peter Maxwell Davies sur un livret du compositeur tiré de lettres et de documents du XVIe siècle relatifs à la vie du compositeur John Taverner. Composé entre 1962 et 1968, partiellement révisé en 1970 et créé à Covent Garden en 1972.

Taverner, John (Lincolnshire, vers 1490 ; Boston, Lincolnshire, 18 octobre 1545). Compositeur anglais. Sa jeunesse nous est mal connue, mais il a sans doute passé quelque temps à Londres vers 1514, date à laquelle un membre de la « Guild of Parish Clerks » porte son nom (assez répandu). En 1524, on le trouve à Tattershall College, dans le Lincolnshire, collégiale disposant de ressources suffisantes pour chanter l'office sur une musique entièrement élaborée. L'année suivante, il est nommé « Informator choristorum » au Cardinal College de Wolsey (aujourd'hui Christ Church College) à Oxford, où la musique chorale à grande échelle est largement encouragée. En 1527-28, il est apparemment accusé d'activités (luthériennes) hérétiques, évitant les poursuites parce qu'il « n'est qu'un musicien ». Deux ans plus tard, il démissionne, sans doute inquiet de l'avenir du collège après la chute politique de Wolsey. Les informations que l'on possède sur les quelques années qui suivent manquent de précision, mais il semble être retourné dans le Lincolnshire et avoir été chantre à St Botolph, à Boston. Entre 1538 et 1540, il y est chargé de purger le rituel religieux. Il devient un conseiller municipal respecté et, au moment de sa mort, il était considéré comme le futur maire de Boston.

L'image que donne John Foxe, entre 1560 et 1670, d'un compositeur qui a ressenti le besoin de « se repentir d'avoir écrit des chansonnettes papistes à l'époque de son aveuglement » est certainement très loin de la vérité. Ses « chansonnettes papistes » sont en fait une contribution importante à la musique sacrée anglaise. Il a écrit plusieurs très belles messes dont certaines, comme les messes *Corona spinea* et *Gloria tibi Trinitas*, font preuve d'envergure, révèlent une grande habileté contrapuntique et sonnent de façon splendide. Ses messes de moindre envergure, notamment la messe à quatre voix *The Western Wynde*, fondée sur une mélodie profane, annoncent le style de musique religieuse plus simple qui se généralisera par la suite. Ses plus belles œuvres sont les trois antiennes à la Vierge Marie – vastes édifices polyphoniques dignes de la chapelle de la Vierge d'Oxford, pour laquelle elles ont sans doute été écrites.

Denis Arnold.

Taylor, Silas (Harley, Shropshire, 16 juillet 1624 ; Harwich, 4 novembre 1678). Compositeur anglais qui s'est battu aux côtés de Cromwell pendant la guerre civile. Il a écrit de la musique vocale pour *Catch that Catch Can* de Hilton et deux suites de danses pour les *Court-Ayres* de Playford, ainsi que de la musique sacrée et un essai sur la *Collection of Rules in Musicke*.

Wendy Thompson.

Tchaïkovski, Piotr (Ilitch) (Kamsko-Votkinsk, province de Viatka [aujourd'hui République autonome d'Oudmourtie], 7 mai 1840 ; Saint-Pétersbourg, 6 novembre 1893). Compositeur russe. Il a un jour écrit qu'il avait passé toute sa vie « à regretter le passé et à espérer en l'avenir, n'étant jamais satisfait du présent ». Ce sentiment de malaise et d'insatisfaction imprègne une grande partie de son œuvre, particulièrement à la fin de sa vie, où les désastres de sa vie privée trouvent leur expression dans une musique dramatique, tragique et d'une angoisse émotionnelle extraordinaire. Dans ces œuvres puissantes et extrêmement personnelles, écrites dans un langage au lyrisme intense et aux riches couleurs orchestrales, Tchaïkovski s'est livré totalement, léguant au répertoire toute une gamme de symphonies, de concertos et d'opéras dont la popularité reste immuable.

1. *La jeunesse.* Dans son enfance, il prend des leçons de piano mais, en 1850, il entre à l'école de droit de Saint-Pétersbourg, où il reste jusqu'en 1859. Il

exerce pendant quelque temps les fonctions de secrétaire au ministère de la Justice, puis commence à étudier sérieusement la musique avec le théoricien Nicolas Zaremba (1821-79), dont il suit les cours à la Société musicale russe, récemment fondée. Lorsque ces cours deviennent le Conservatoire de Saint-Pétersbourg en 1862, Tchaïkovski continue à étudier avec Zaremba et travaille aussi la composition (1863-65) avec Anton Rubinstein, compositeur qu'il tient en grande estime. En 1866, à l'invitation du frère de Rubinstein, Nikolaï, Tchaïkovski s'installe à Moscou pour enseigner l'harmonie au Conservatoire : il conserve ce poste jusqu'en 1878 et produit plusieurs ouvrages théoriques, notamment le *Manuel pour l'étude pratique de l'harmonie*, écrit en 1871 et publié l'année suivante. Encore étudiant, Tchaïkovski fait preuve de facilités pour la composition : il écrit des œuvres comme l'ouverture *La Tempête* (1864), partition exubérante et pourtant chaleureusement lyrique, destinée à la pièce d'Ostrovski *Groza* (« La Tempête ») ; au cours des premières années passées à Moscou, il renforce sa réputation avec sa *Symphonie n° 1 « Rêves d'hiver »* (composée et révisée en 1866, qui trouve sa forme définitive dans une troisième version de 1874) et le *Quatuor à cordes n° 1* (1871). Il remporte moins de succès avec son premier opéra *Le Voïvode* (1869) et détruit finalement la partition, dont il reprend une partie de la musique dans un autre opéra, *Opritchnik* (1874).

En 1868, Tchaïkovski rencontre les compositeurs du groupe nationaliste formé autour de Stassov et de Balakirev à Saint-Pétersbourg (voir *Groupe des Cinq*). Balakirev dirige la première exécution à Saint-Pétersbourg du poème symphonique de Tchaïkovski *Fatum* (« Destin », 1868) lors d'un concert de la Société musicale russe en 1869 et, la même année, l'aide à formuler ses idées pour l'une de ses œuvres les plus populaires, l'ouverture-fantaisie *Roméo et Juliette* (1869, rév. 1870 et 1880). Il faut peut-être tenir compte des relations qu'entretient alors Tchaïkovski avec les compositeurs du groupe des Cinq pour expliquer le nationalisme manifeste d'œuvres comme la *Symphonie n° 2 « Petite Russienne »* ou *« Ukrainienne »* (1872, rév. 1880), l'opéra *Vakoula le forgeron* (1876, révisé en 1887 sous le titre *Tchérévitchki*) et sa musique de scène pour *Snégourotchka* d'Ostrovski (1873), même si l'intérêt que porte Tchaïkovski à la musique traditionnelle russe remonte à son enfance. Comme il le mentionne dans son autobiographie, il a été élevé dans un endroit retiré et, précise-t-il, « dès ma plus tendre enfance, j'ai été immergé dans la musique traditionnelle russe et dans la beauté indescriptible de ses éléments caractéristiques ».

2. *Les années de maturité.* A partir de 1872, Tchaïkovski commence à apparaître dans la presse comme critique musical du journal *Russkiye vedomosti* ; en 1876, il est envoyé à Bayreuth pour assister aux représentations du *Ring*. Toutefois, il indique que la nourriture est la principale préoccupation des protecteurs de Bayreuth (« on parlait beaucoup plus de bifteks, de côtelettes et de pommes de terre sautées que de la musique de Wagner ») et il résume ainsi son opinion sur Wagner, entr'aperçu de loin : « Un vieil homme petit et vif, au nez fin et aquilin, aux lèvres dédaigneuses – trait caractéristique de l'initiateur de ce festival cosmopolite. » Tchaïkovski n'est pas touché par le style de Wagner, bien au contraire, et dans les œuvres de cette période, il élabore ce langage ouvert, chargé d'émotion, qui deviendra si familier dans la musique de sa maturité : le *Concerto pour piano n° 1* (1874-75) – sévèrement critiqué par Nikolaï Rubinstein –, la fantaisie symphonique *Francesca da Rimini* (1876) et son premier ballet, *Le Lac des cygnes* (1877), révèlent un style extrêmement personnel, instinctif et brillant, mais déjà teinté de ce sombre fatalisme qui dominera ses dernières années. En outre, plusieurs œuvres commencent à laisser entrevoir son penchant pour la musique du XVIIIe siècle, notamment celle de Mozart que Tchaïkovski trouvait captivante, agréable et chaleureuse. Il était déjà revenu aux formes classiques dans le petit menuet de *Vakoula le forgeron* ; il affirme maintenant son goût pour les lignes claires et dépouillées de la musique classique dans ses *Variations sur un thème rococo* pour violoncelle et orchestre (1876) que l'on retrouve dans des œuvres postérieures comme *La Dame de pique* (1890), dont l'action se déroule à l'époque de Catherine II et qui comprend un pastiche du XVIIIe siècle ainsi que de la musique de compositeurs russes de la même époque.

A la fin des années 1870, la vie privée de Tchaïkovski et sa carrière créatrice atteignent un seuil important. Tchaïkovski aspire depuis longtemps à une vie familiale stable ; il est aussi rongé par un sentiment de culpabilité à propos de son homosexualité ; il l'a exprimée à mots couverts dans ses lettres et ses écrits et il cherche à libérer sa famille de toute honte ou gêne engendrées par les rumeurs qui courent sur ses penchants. Par chance, au printemps 1877, il reçoit une lettre d'une jeune admiratrice, Antonina Milioukova. A cette époque, il s'enthousiasme pour son opéra *Eugène Onéguine* et, en pensant à la fameuse « scène de la lettre », il donne suite aux déclarations d'amour d'Antonina. Ils se marient en juillet 1877, mais, après quelques jours de vie conjugale, il trouve sa femme « absolument répugnante » et mène une vie tourmentée. Il découvre vite que le mariage exige un engagement auquel il est incapable de se soumettre et sera assailli de problèmes de séparation et de divorce pendant de nombreuses années.

3. *La fin de sa vie.* On serait tenté de penser que le mariage désastreux de Tchaïkovski lui a inspiré *Eugène Onéguine* et la *Symphonie nº 4* (1877-78, la première des trois symphonies sur le thème du *fatum*) ; mais l'idée d'écrire l'opéra, ou tout au moins la scène de la lettre, lui est venue bien avant d'avoir entendu parler d'Antonina et il avait écrit une grande partie de la *Symphonie nº 4* avant son mariage. Cependant, les conséquences de cette aventure imprudente ont renforcé chez lui l'idée selon laquelle la vie était dirigée par une force implacable et incontournable – thème que l'on retrouve dans plusieurs partitions de la fin de sa vie : la *Symphonie nº 5* (1888), *Manfred* (1885) et l'opéra *La Dame de pique*. D'autres œuvres, comme le *Concerto pour violon* (1878), les quatre suites pour orchestre (nº 1, 1879 ; nº 2, 1883 ; nº 3, 1884 ; nº 4, « Mozartiana », 1887) et l'*Ouverture solennelle 1812* (1880), sont écrites dans une veine plus heureuse ; toutefois, un certain nombre d'ouvrages – les opéras *La Pucelle d'Orléans* (1881), *Mazeppa* (1884) et *L'Ensorceleuse* (1887) – n'ont pas connu de succès. Tchaïkovski considérait *L'Ensorceleuse* comme une « perle » pendant qu'il y travaillait, mais il a changé d'avis après la première représentation et l'a qualifiée de « fiasco » ; dans *Mazeppa*, il a déclaré ne pas être très « attiré par les personnages ». En fait, aucun de ces deux ouvrages ne fait preuve de la perception psychologique aiguë que l'on trouve dans *Eugène Onéguine* ou dans *La Dame de pique*. Il remporte néanmoins un succès plus durable avec ses deux autres ballets, *La Belle au bois dormant* (1890) et *Casse-Noisette* (1892).

A l'époque de son mariage, Tchaïkovski entame ses curieuses relations épistolaires avec Nadejda von Meck, qui lui a écrit une lettre admirative en 1876. Bien qu'ils ne se soient jamais rencontrés (ou peut-être justement pour cette raison), Tchaïkovski expose ses sentiments les plus intimes à Mme von Meck dans des centaines de lettres, qui ont apporté beaucoup de lumière sur sa démarche créative et son état d'esprit. Mme von Meck ne s'est pas contentée de lui fournir la possibilité de s'exprimer ; elle lui a aussi apporté une certaine sécurité financière en lui donnant régulièrement de l'argent ; ces dons ont pris fin en 1890 lorsqu'elle lui a annoncé qu'elle était en faillite, ce qui était faux, selon toute apparence ; la rupture brutale de leur amitié éloignée a alors plongé Tchaïkovski dans une dépression de plus en plus profonde ; c'est peut-être la raison pour laquelle ses dernières années sont teintées de mélancolie, ce que l'on ressent dans des œuvres oppressantes, comme la *Symphonie nº 6 « Pathétique »* (1893). Jusqu'à une date assez récente, on a cru que, quelques jours après la première exécution de la *Symphonie « Pathétique »*, le 28 octobre 1893, Tchaïkovski avait bu un verre d'eau non bouillie et contracté le choléra, dont il serait mort. Toutefois, cette hypothèse est peu vraisemblable. Rimski-Korsakov remarque, dans son autobiographie, qu'il était étrange que les membres du cortège funèbre aient eu l'autorisation de s'assembler dans l'appartement de Tchaïkovski après sa mort : en cas de choléra, le règlement imposait un isolement immédiat en raison du risque de contagion. La musicologue soviétique Alexandra Orlova a suggéré que Tchaïkovski se serait empoisonné (peut-être à l'arsenic) sur ordre d'une cour d'honneur, réunie pour évaluer les conséquences des relations qu'aurait entretenues Tchaïkovski avec un prince de la famille impériale. Cette hypothèse est plausible et il est presque inquiétant de penser que l'état psychologique qui lui avait causé tant de remords pendant sa maturité aurait finalement abouti à la mort.

Geoffrey Norris.

BIBLIOGRAPHIE : Nina Berberova, *Tchaïkovski*, Actes Sud (Arles, 1987). Catherine Drinker-Bowen, *L'Ami bien-aimé, histoire de Tchaïkovski et de Nadedja von Meck*, Gallimard (Paris, 1940). Guy Erismann, *Tchaïkovski, l'homme et ses œuvres* (Paris, 1964). Michel Hofmann, *Tchaïkovski*, Éd. du Chêne (Paris, 1947) / *Tchaïkovski*, Seuil (Paris, 1959, rééd. 1982). Herbert Weinstock, *La Vie pathétique de Tchaïkovski*, J. B. Janin (Paris, 1947).

Tchécoslovaquie. Voir *Bohême et Tchécoslovaquie.*

Tchérepnine, Alexandre (Nikolaïevitch) (Saint-Pétersbourg, 21 janvier 1899 ; Paris, 29 septembre 1977). Compositeur, chef d'orchestre et pianiste russe ; fils de Nikolaï Tchérepnine, fixé à Paris avec son père. Il a composé quatre symphonies, des concertos, des sonates et diverses autres œuvres. Dans certaines de ses dernières partitions, il a fait usage d'une gamme de neuf notes, se composant de trois progressions d'un demi-ton, d'un ton et d'un demi-ton. En tant que pianiste, il a fait de nombreuses tournées. En 1949, il avait été nommé professeur de théorie à la DePaul University de Chicago.

Percy Scholes, rév.

Tchérepnine, Nikolaï (Nikolaïevitch) (Saint-Pétersbourg, 15 mai 1873 ; Paris, 26 juin 1945). Chef d'orchestre et compositeur russe. Éminent chef d'orchestre à Saint-Pétersbourg et à Paris, il dirige pour les Ballets russes de Diaghilev, avec lesquels il fait de nombreuses tournées (1909-14). En 1918, il prend la direction du Conservatoire de Tiflis (aujourd'hui Tbilisi) et vit à Paris à partir de 1921. Il compose des ballets, des opéras, des symphonies, des poèmes symphoniques et d'autres œuvres et, en 1923, dirige à Monte-Carlo la version qu'il a lui-même complétée de l'opéra de Moussorgski *La Foire de Sorotchintzi.*

Percy Scholes, rév.

Tecla (esp.). Nom donné aux XVIe et XVIIe siècles à une « touche » ou à un « clavier » ; *musica para tecla*, « musique pour (instruments) à clavier ».

Tedesca (ital.). « Allemande » ; *alla tedesca*, « dans le style allemand ». Cette expression peut signifier « dans le style de la danse allemande la plus caractéristique » de la période, par exemple l'allemande au XVIIe siècle, ou, à partir de 1800, le *Ländler* (ou d'autres danses analogues de rythme ternaire). Beethoven a employé ce terme dans le premier mouvement de sa *Sonate pour piano op. 79* et dans le quatrième mouvement de son *Quatuor à cordes op. 130* (marqué « Allemande Allegro »).

Te Deum laudamus (lat.). Long hymne qui constitue l'expression suprême de la joie dans la plupart des Églises chrétiennes. Dans le bréviaire catholique, il porte le nom de « cantique de saint Ambroise et de saint Augustin », d'après la légende selon laquelle, au baptême de saint Augustin par saint Ambroise, il aurait été chanté en antiphonie par les deux saints. En réalité, il tire peut-être son origine de la liturgie anglicane ou mozarabe (voir *Liturgie*, 2*a*), mais sa paternité a été attribuée à la fois à saint Hilaire, évêque de Poitiers au IVe siècle, et à saint Hilaire d'Arles au Ve siècle ; dans un cas comme dans l'autre, il semble que des parties d'un hymne plus ancien y aient été incorporées. On l'attribue également à Nicétas de Remesiana (aujourd'hui Bëla-Palanka, au sud de Nich), évêque dace du début du Ve siècle. Cependant, le contenu et la structure du *Te Deum* montrent clairement que ce texte ne possède aucune unité d'ensemble ; il regroupe très probablement les contributions de plusieurs auteurs de différentes régions et de différentes époques.

Dans la liturgie catholique, le *Te Deum* se situe au moment du flot de louanges du service des matines les dimanches et jours de fête ; dans l'Église anglicane, la version anglaise fait partie du service de la Morning Prayer (office du matin), sauf lorsqu'il est remplacé par le *Benedicite.*

Le plain-chant traditionnel de l'hymne latin est absolument magnifique. Dans les cathédrales et dans les grandes églises anglicanes, on adopte une musique de « service » élaborée (voir *Service*) et, dans les petites églises, des séries de chants anglicans ou, souvent de nos jours, des musiques de « service » simples. Le *Te Deum* le plus populaire en Angleterre est celui de William Jackson d'Exeter (1730-

1803), dans le service « Jackson en fa » qui a été chanté pendant un siècle à la tribune du chœur de tous les villages ; le musicien avisé peut le trouver banal, mais il y avait quelque chose dans sa simplicité et dans les effets obtenus qui touchait les chœurs de toute la population pratiquante de la nation.

Cet hymne a inspiré d'innombrables compositeurs, à toutes les époques et, à partir de XVIIe siècle, ils l'ont souvent agrémenté de solos, de chœurs et d'un accompagnement d'orchestre. La musique la plus ancienne que l'on connaisse sur cet hymne se trouve dans *Musica enchiriadis* du IXe siècle, mais il existe quelques *Te Deum* composés par des compositeurs importants avant le XVIe siècle, français (Binchois, Cl. Le Jeune, Du Caurroy) ou anglais (Taverner, Sheppard, Redford et Blitheman). De beaux *Te Deum* ont été composés par Lully (1664), Purcell (pour la Sainte-Cécile, 1694), M. A. Charpentier (1702-03, célèbre comme indicatif de l'Eurovision), Haendel (pour la paix d'Utrecht, 1713, et pour la victoire de Dettingen, 1743), Graun (écrit à la suite de la bataille de Prague, 1757), Berlioz (pour l'Exposition universelle de Paris de 1855, composé pour des effectifs énormes comprenant trois chœurs et un vaste effectif instrumental), Bruckner (1885), Gounod (1888), Dvořák (1896), Verdi (1898), Stanford (sur le texte latin, 1898), Parry (original latin, 1900, adaptation anglaise, 1913 ; également un autre pour le couronnement de Georges V en 1911), Kodály (pour le 250e anniversaire de la fin de l'occupation turque de Buda, 1936), Britten (1934) et Walton (pour le couronnement d'Élisabeth II, 1953).

Dans les pays chrétiens, un *Te Deum* solennel est commandé dans toutes les occasions de réjouissance, si bien qu'au fil de l'histoire les nations qui s'étaient affrontées ont utilisé le même hymne pour remercier Dieu de leurs victoires les unes sur les autres.

Percy Scholes.

Teil [*Theil*] (all.). « Partie », « portion », « section » ; *teilen* [*theilen*], « diviser ».

Telemann, Georg Philipp (Magdebourg, 14 mars 1681 ; Hambourg, 25 juin 1767). Compositeur et organiste allemand. Issu d'une famille de pasteurs protestants, il enseigne l'art de la composition alors qu'il est encore à l'école, étudiant les partitions de Lully, de Campra et d'autres compositeurs. Il écrit son premier opéra à l'âge de douze ans et, quelques années plus tard, compose des mélodies pour les drames scolaires du recteur de Hildeshiem, J. C. Losius (Telemann a peut-être composé la musique de *Singende Geographie* de Losius). Il fait ensuite son droit à l'Université de Leipzig, mais revient bientôt à la musique, écrivant des cantates pour Saint-Thomas et formant, en 1702, un *collegium musicum* (société estudiantine donnant des concerts publics). Dès 1704, année de sa nomination au poste d'organiste et de directeur de la Neukirche à Leipzig, il a déjà plusieurs opéras à son actif, des ouvrages composés pour l'Opéra de Leipzig, dont il était devenu directeur musical en 1702. En 1705, il quitte Leipzig pour devenir Kapellmeister à la cour de Sorau [aujourd'hui Zary, Pologne], où il se familiarise davantage avec le style français ; il est également impressionné par la vitalité de la musique populaire de la région. En 1707, il est *Konzertmeister* à Eisenach, puis Kapellmeister ; en 1712, il va à Francfort-sur-le-Main comme directeur musical de la ville et Kapellmeister de la Barfüsserkirche. A Francfort, il organise d'autres séries de concerts, notamment des exécutions de sa musique instrumentale et, en 1716, de son premier oratorio, la *Brockes Passion* (du nom de B. S. Brockes, qui en a écrit le texte). En 1721, Telemann pose sa candidature au poste de *Kantor* à Saint-Thomas de Leipzig ; il l'emporte sur Bach qui s'était également présenté, mais préfère aller à Hambourg, où le salaire était plus élevé ; il y restera directeur musical et cantor jusqu'à la fin de sa vie. Telemann s'est marié deux fois et a eu onze enfants.

Les fonctions de Telemann à Hambourg comportaient la composition de cantates pour les cinq principales églises de la ville (il en a écrit plusieurs cycles), d'une passion annuelle et d'œuvres occasionnelles pour les manifestations et principaux événements de la ville. Il a aussi réorganisé le *Collegium musicum* de Hambourg fondé en 1660. A partir de 1722, il a ajouté à ces fonctions celles de directeur musical de l'Opéra de Hambourg, mais, au retour d'un voyage à Paris en 1737, l'Opéra a fermé ses portes. Au cours des dernières années de sa vie, il a composé une série de grands oratorios, notamment *Der Tod Jesu* (1755), *Donnerode* (1756-60), deux parties du *Messias* de Klopstock (1759), *Das befreite Israel* (1759), *Die Auferstehung und Himmelfahrt Jesu* (1760) et *Der Tag des Gerichts* (1762). Il a également écrit des ouvrages théoriques.

De son vivant, Telemann était considéré comme le plus grand compositeur allemand, sa réputation dépassant de loin celle de Bach. Sa musique était vraiment cosmopolite (en 1729, il avouait avoir subi l'influence des styles polonais, français et italien) et il a été le représentant suprême du style « galant », écrivant de la musique destinée à répondre non seulement aux besoins des musiciens professionnels et de ses divers protecteurs, mais également à ceux des musiciens amateurs de plus en plus nombreux dans la bourgeoisie. Il avait pris conscience de l'évolution de la fonction sociale de la musique et s'est efforcé de créer des sociétés de musique dans toutes les grandes villes où il a travaillé.

Néanmoins, comme pour de nombreux autres compositeurs dont la démarche consistait essentiellement à répondre à la demande de leurs contemporains, la réputation posthume de Telemann a rapidement décliné et, au début du XIXe siècle, sa musique était pratiquement tombée dans l'oubli. Lors du regain d'intérêt porté à la musique ancienne pendant la seconde moitié du XIXe siècle, une partie de sa vaste production a été réexaminée, mais la comparaison avec la musique de Bach ne lui a pas été favorable et il a fallu attendre la seconde moitié du XXe siècle pour que soit reconnue l'originalité de son talent. Telemann est sans doute le compositeur le plus prolifique de l'histoire de la musique (Haendel a dit qu'il était capable d'écrire un motet à huit parties aussi facilement que tout autre pouvait écrire une lettre) et il n'est pas étonnant qu'il ait été accusé d'une « facilité fatale penchant naturellement vers le superficiel ». Contrairement à Bach, il a travaillé à tous les genres majeurs, y compris l'opéra.

Moins d'une dizaine de ses nombreux opéras ont survécu dans leur intégralité. Ils présentent néanmoins une grande variété de styles, des ouvrages comiques comme *Der geduldige Socrates* (1721) et satiriques comme *Der neumodische Liebhaber Damon* (1724) aux ouvrages plus sérieux comme *Flavius Bertaridus* (1729) ; le plus connu de tous est sans doute l'intermezzo *Pimpinone* (1725). Ses autres œuvres vocales comprennent des cantates profanes, comme *Die Tageszeiten* (1759), des sérénades, les *Kapitänsmusiken* (oratorios sacrés et sérénades profanes exécutés à Hambourg entre 1728 et 1763), des oratorios, des passions (celle selon saint Jean est sans doute la plus connue), des cantates sacrées (notamment six cycles annuels complets comme *Der harmonische Gottes-Dienst*, 1725-26), des odes et des lieder, des chorales, des canons sacrés et d'innombrables messes, psaumes et motets.

Le catalogue de ses œuvres instrumentales est presque aussi imposant. Ses œuvres pour orchestre comprennent environ mille suites (il ne nous en est parvenu que cent vingt-cinq environ) et cent vingt concertos et, parmi ses œuvres de musique de chambre, figurent des sonates (essentiellement pour flûte ou violon), des duos, des sonates en trio, des quatuors, des quintettes et une somme considérable de musique pour clavier. Une partie de ces œuvres a été publiée dans trois recueils de musique de divertissement intitulés *Musique de table* (Hambourg, 1733) et dans un volume intitulé *Essercizii musici* (contenant des sonates en trio, des sonates pour instrument soliste et deux suites pour clavier ; 1739-40).

Wendy Thompson.

Téléphone, Le. Opéra bouffe en un acte de Menotti sur un livret du compositeur. Création à New York le 18 février 1947 ; première à Paris le 2 juin 1948.

Tel jour, telle nuit. Cycle de mélodies de Poulenc sur des poèmes de Paul Éluard, composé en 1937. Les neufs mélodies s'intitulent : *Bonne journée, Une ruine coquille vide, Le Front comme un drapeau perdu, Une roulotte couverte en tuiles, A toutes brides, Une herbe pauvre, Je n'ai envie que de t'aimer, Figure de force brûlante et farouche* et *Nous avons fait la nuit.*

Tema (ital.). « Thème », « sujet ». *Tema con variazioni,* « thème et variations ». Voir *Variation.*

Tempérament

1. Le problème fondamental
2. Tempérament moyen aux huit tierces égales
3. Modifications du tempérament moyen aux huit tierces égales
4. Tempérament égal
5. Intonation expressive

Terme employé pour l'ajustement des intervalles dans les divers systèmes d'accord des instruments à clavier qui ne permettent pas un réglage de cet accord en cours d'exécution. On utilise maintenant le tempérament égal (voir § 4) par lequel l'octave est composée de douze demi-tons égaux. On admet qu'un intervalle est toujours le même, quelle que soit la note par laquelle on commence, et que toutes les notes du clavier, blanches ou noires, peuvent chacune agir de la même façon comme fondamentale. Il n'en a pas toujours été ainsi. Avant le tempérament égal (connu en théorie depuis 1600 environ, mais dont l'application ne s'est généralisée que deux siècles plus tard), la gamme était construite sur une base d'intervalles naturels (« purs », « non tempérés »), les intervalles principaux étant (mis à part l'octave, 2:1, qui est toujours observée) la quinte juste (rapport 3:2) et la tierce majeure (5:4), chacun constituant un intervalle au son pur, naturel (sans « battement » ; voir *Acoustique*, 8). Toutefois, les combinaisons des intervalles avec l'octave ou entre eux conduisent à certaines incompatibilités : par exemple, les demi-tons ne sont pas égaux et les accords parfaits de trois sons ne sont pas réalisables dans toutes les tonalités.

1. *Le problème fondamental.* Dans ce qui suit, il faut avoir à l'esprit qu'en ajoutant des intervalles les uns aux autres, les rapports sont multipliés et, inversement, en les soustrayant ils sont divisés ; en outre, l'octave est toujours supposée naturelle, de telle sorte que le passage à l'octave supérieure équivaut à « x 2 » et le passage à l'octave inférieure à « x 1/2 », etc.

Ex. 1

Une première phase du problème peut s'illustrer par l'intervalle do-mi. Dans l'Ex. 1*a*, on obtient le mi aigu par la succession de quatre quintes naturelles 3:2, ce qui donne $(3/2)^4$; de cet intervalle on peut déduire deux octaves (en divisant par quatre), avec le résultat 81:64. Mais la note obtenue ne correspond pas exactement au mi situé (Ex. 1*b*) une tierce majeure naturelle au-dessus du do (5:4). La différence (81/64 x 4/5 ou 81/80) est le rapport connu dans toute l'histoire de la théorie de la musique sous le nom de « comma syntonique », d'une valeur approximative de 21,5 *cents (un peu plus d'un cinquième de demi-ton) ; une bonne oreille le perçoit facilement. Cependant, l'harmonie demande idéalement un mi dans les deux cas (à la fois comme une vraie quinte de la et comme une vraie tierce de do). Il en va de même des autres notes : le la, par exemple, doit constituer une quinte naturelle dans les accords de ré (majeur ou mineur) mais une tierce naturelle dans l'accord de fa majeur. Comme le clavier ne peut fournir les deux, on est confronté à un choix. A partir de 1500 environ, on a commencé par considérer le problème, au moins en théorie, en donnant la priorité, non pas au tempérament pythagoricien, basé sur la quinte naturelle (comme pour l'accord du violon), mais à la tierce majeure naturelle. Ainsi est né le tempérament moyen aux huit tierces égales.

2. *Tempérament moyen aux huit tierces égales.* Décider que la tierce naturelle est essentielle à l'harmonie implique de retirer un comma aux quatre quintes parfaites (Ex. 1*a*) pour que le mi corresponde à celui de la tierce majeure naturelle do-mi (Ex. 1*b*). Chaque quinte, par exemple do-sol, diminue ainsi d'un quart de comma (par exemple, 3:2 est divisé par la racine quatrième de 81:80, soit $\sqrt[4]{5}$) pour atteindre approximativement 697 cents, ce qui est un peu bas par rapport à la quinte naturelle (702 cents), mais l'oreille le tolère assez bien.

D'autre part, on peut aussi ajouter deux de ces quintes justes au carré de $\sqrt[4]{5}$ (c'est-à-dire $\sqrt{5}$) ou retirer une octave pour obtenir le ton entier do-ré, $\sqrt{5:2}$, qui, étant la racine carrée de 5:4, coupe exactement en deux la tierce majeure pour donner le tempérament moyen (en cents 193, alors que la tierce majeure est 386), ce qui élimine la distinction naturelle (voir *Série harmonique*) entre do-ré (9:8) et ré-mi, plus petit (10:9), et donne ainsi son nom au système ; les gammes de do et de ré commencent alors toutes deux avec le même intervalle d'un ton entier.

Ex. 2

Au-delà de ce qui précède apparaît une seconde phase du problème, lorsqu'une note a deux fonctions enharmoniques, ce qui, à la Renaissance, correspond aux touches noires du clavier. Prenons par exemple la note comprise entre sol et la (Ex. 2) : en (*a*) elle sert de sol dièse, la tierce majeure de mi, donc deux tierces majeures au-dessus du do – $(5/4)^2$ ou 25:16 ; mais en (*b*) cette note est un la bémol, la tierce majeure au-dessous du do supérieur – 2 divisé par 5:4, ce qui donne 8:5. La différence, 128:125, est égale à 41 cents, presque un quart de ton. Si elle est accordée sur sol dièse, l'accord de fa mineur (avec la bémol) est hors de question (à moins d'être abondamment déguisé par des trilles ou un autre moyen analogue). En résumé, trois tierces majeures naturelles ne forment pas une octave. Le tempérament moyen aux huit tierces égales impliquait donc des choix enharmoniques pour les notes des touches noires, surtout pour do dièse, mi bémol, fa dièse, sol dièse (pour l'accord important de mi) et bien sûr si bémol.

Un expédient relativement rare pour résoudre certaines enharmonies a consisté à dédoubler les touches noires en agissant sur des cordes séparées pour le dièse et le bémol, ce qui surchargeait considérablement le clavier. Mais les principaux développements ont été les suivants.

3. *Modifications du tempérament moyen aux huit tierces égales.* Bien que de nombreux musiciens et facteurs d'orgues préfèrent le système précédent, on a commencé à admettre, avant la fin du XVIe siècle, que l'oreille tolérerait, ou même réagirait peut-être favorablement à de petits écarts de la tierce majeure stricte analogues à ceux qu'il fallait pratiquer pour rapprocher chaque dièse et bémol enharmoniques, élargissant ainsi le domaine de la tonalité et de la modulation. La méthode la plus simple consistait à réduire la quinte juste non pas d'un quart de comma, mais d'un sixième de comma, c'est-à-dire de la racine sixième de 81/80, ce qui donnait (en théorie) une quinte d'environ 698 cents. Cela porte la tierce majeure à 394 cents, mais réduit la discordance enharmonique à 19 cents – moins de la moitié de ce qu'elle était. On a à nouveau un tempérament inégal, de la moitié de 394 cents.

Au XVIIe siècle et surtout au XVIIIe siècle, d'autres méthodes importantes ont cherché à modifier les systèmes de tempérament inégal « réguliers » qui précèdent par des systèmes « irréguliers », dans lesquels certaines quintes sont moins réduites que d'autres afin de modifier aussi peu que possible les tierces les plus importantes. J. S. Bach était sans doute parfaitement familiarisé avec ce genre d'accords (davantage qu'avec le tempérament égal), permettant une modulation libre d'une tonalité à l'autre, comme dans les Préludes et Fugues du *Clavier bien tempéré* (*Das wohltemperierte Klavier*). On associe souvent à ces développements le nom de l'organiste allemand Andreas Werckmeister (1645-1706) ; mais il les a moins découverts que défendus et présentés. En fait, l'un des premiers rapports sur le tempérament inégal (Pietro Aron : *Toscanello in musica*, Venise, 1523) pourrait bien être qualifié d'« irrégulier » car, après avoir tout d'abord accordé la tierce do-mi naturelle et les quintes do-sol, sol-ré « un peu bas », le la est accordé de telle sorte que ré-la et la-mi sonnent égales (donc des quintes plus courtes que do-sol).

4. *Tempérament égal.* Cette solution radicale aux problèmes précédents a été proposée par Mersenne (1636). Elle commence, en évitant les intervalles naturels (à l'exception de l'octave), par diviser l'octave logarithmiquement en douze parties. Chaque demi-ton correspond au rapport 1 sur racine douzième de deux (ou 1:1,05946 ; égal à 100 cents, l'octave complète représentant 1 200 cents). Le tableau ci-dessous montre à quelle valeur en cents correspondent certains des intervalles évoqués ci-dessus, ainsi que les valeurs correspondantes dans le tempérament inégal « régulier ». (Avec les cents,

on calcule les intervalles par simples additions ou soustractions et non par un rapport.) Les différences enharmoniques disparaissent. Les doubles dièses et les doubles bémols peuvent intervenir, chacun se trouvant exactement à un ton entier de la note citée. La quinte est accordée imperceptiblement un peu en dessous de la quinte juste (un peu moins d'un battement par seconde) et, bien que la tierce majeure (400 cents) se trouve 14 cents (ou un septième de demi-ton) plus haut que la tierce naturelle, l'oreille s'y est si bien accoutumée que lorsque l'on entend, dans des exécutions sur instruments anciens faisant appel à cet accord, la tierce naturelle du tempérament inégal, elle est souvent considérée comme trop basse. Les derniers à avoir adopté le tempérament égal sont (paraît-il) les facteurs d'orgues britanniques, qui ont résisté jusqu'à l'Exposition de 1851. Le principe et l'accord de la plupart des autres instruments, notamment les instruments à vent (voir *Flûte*, 2), sont régis depuis longtemps par le tempérament égal, et la position des *frettes sur les guitares et autres instruments à frettes fixes depuis plus longtemps encore.

	Tempérament inégal (1/4 comma)	Tempérament inégal (1/6 comma)	Tempérament égal
mi	386	394	400
sol	697	698	700
sol dièse	772	787	800
la bémol	813	806	
la	890	895	900

5. *Intonation expressive*. Il faut peut-être souligner que le tempérament n'a rien à voir avec la souplesse de l'intonation mélodique, qui est souvent naturelle ; sur les instruments autres que les instruments à clavier et dans le domaine du chant, elle est souvent enseignée, comme les notes sensibles et leur complément, le demi-ton bémolisé au-dessus de la tonique. Dans chaque cas s'applique le contraire de l'accord du tempérament inégal, car le dièse est plus haut que le bémol et (comme le dit Berlioz dans son traité sur l'instrumentation, dans l'article « Concertina ») marque « la pratique des musiciens » par opposition à « la doctrine des acousticiens » (ceux de son époque, évidemment).

Anthony Baynes.

BIBLIOGRAPHIE : Pierre-Yves Asselin, *Musique et Tempérament*, Costallat (Paris, 1986). Serge Cordier, *Piano bien tempéré et justesse orchestrale*, Buchet-Chastel (Paris, 1982). J. Lattard, *Gammes et tempéraments musicaux*, Masson (Paris, 1988). M. Mersenne, *Harmonie universelle* (Paris, 1636-37), rééd. CNRS (Paris, 1963).

Tempestoso, tempestosamente (ital.). « Tempétueux », « tempétueusement ».

Tempête, La. 1. Surnom de la *Sonate pour piano nº 17 en ré mineur op.31 nº 2* de Beethoven (1801-02).

2. Fantaisie symphonique op.18 de Tchaïkovski d'après Shakespeare (1873).

3. (*Der Sturm*). Opéra de Frank Martin sur le texte de Shakespeare traduit en allemand par A. M. von Schlegel (1952-55), créé à l'Opéra de Vienne en 1956.

Temple-block ou **bloc chinois** (angl. : *temple-blocks*, *Korean* ou *Chinese temple-blocks* ; ital. : *blocci di legno*). Instrument à percussion en bois creux, taillé dans du camphrier et en forme de crâne, la fente pratiquée en son centre ayant la forme d'une bouche de poisson. Les sculptures traditionnelles et la laque rouge et or qui le recouvre imitent le prototype chinois *mu-yü*. Deux à cinq temple-blocks de tailles différentes, sonnant de l'aigu au grave (sans être accordés sur des notes spécifiques), sont fixés par des pattes de serrage sur des pieds spéciaux et frappés avec une baguette douce ou dure selon le son désiré. Dans les années vingt, ils sont venus enrichir les percussions de music-hall et ont été adoptés par les premiers batteurs de jazz. A l'orchestre, le pupitre des percussions en dispose pour les parties que Walton (trois blocks dans *Façade*), Britten et d'autres compositeurs ont écrites pour eux.

Le terme « temple » vient de l'usage qu'on en faisait autrefois en Orient dans les cérémonies confucianistes.

Le *mokubio* est un wood-block japonais connu des percussionnistes depuis les années soixante ; il peut être cylindrique.

Anthony Baines.

Tempo (ital.). Vitesse d'exécution d'un morceau de musique. Le tempo est traditionnellement indiqué de deux façons : par les indications métronomiques (par exemple, ♩ = 70, prescrivant un tempo de 70 noires à la minute) et, moins précisément, par des termes conventionnels, généralement (mais pas systématiquement) en italien (comme *adagio*, lent ; *accelerando*, en accélérant ; *allegro*, rapide). La musique antérieure à 1600 (et la musique extra-européenne) contient rarement des indications de tempo, ce dernier découlant de la notation et du style de la musique ou même de son titre, s'il en est. Certaines musiques contemporaines, notamment la musique aléatoire, exigent une mesure plus précise du tempo au point de vue scientifique que ne le permettent les méthodes traditionnelles.

Théoriquement, tout morceau de musique qui comporte une indication de tempo possède un tempo « correct ». Toutefois, en pratique, l'utilité de ces indications varie. Tout d'abord, dans la musique du XIXe siècle, on ne peut pas toujours se fier aux indications métronomiques car beaucoup de compositeurs (comme Brahms) désapprouvaient la rigueur qu'elles imposent, certains (comme Beethoven) ne notaient pas les mêmes tempos sur différentes copies de la même œuvre et certaines indications métronomiques sont si rapides qu'elles laissent supposer soit que le métronome du compositeur était défectueux, soit qu'il n'avait pas vraiment testé sa musique avec le métronome.

En outre, les expressions traditionnelles comme *allegro*, *andante*, etc. sont des termes imprécis sujets à diverses implications de la part du compositeur et à diverses déductions de la part de l'interprète. Dans la musique ancienne (notamment dans la musique baroque), ils peuvent indiquer une « atmosphère » ou une « manière » d'exécution plutôt qu'une vitesse (littéralement, *allegro* signifie « joyeux ») ; ils peuvent aussi être employés dans un sens purement relatif dans un contexte régi par d'autres désignations de tempo au sein du même morceau ; la signification que leur donnent les musiciens peut également avoir changé au fil des années. En outre, il n'apparaît pas toujours clairement dans une édition musicale si les indications métronomiques ou les instructions verbales sont le fait du compositeur ou de l'éditeur.

Plusieurs facteurs externes peuvent aussi faire varier le tempo : la taille et la réverbération d'une salle (les salles spacieuses ou les salles particulièrement réverbérantes peuvent réclamer un tempo plus lent pour que la musique soit clairement audible) ; les différences de sonorité des instruments, particulièrement des instruments à clavier ; la taille d'un orchestre et, avant tout, l'interprétation de l'exécutant. Ce dernier facteur explique, plus que tout autre, les grandes variations de tempo enregistrées entre des exécutions différentes d'une même œuvre, toutes aussi respectables les unes que les autres. Par exemple, un interprète peut préférer un tempo plus lent afin d'accentuer le détail de la musique ou d'exprimer ses qualités expressives, alors qu'un autre peut considérer qu'un tempo plus rapide convient mieux à son atmosphère ou à son style. L'un et l'autre peuvent négliger les indications métronomiques ou les instructions de tempo du compositeur s'ils les jugent moins efficaces que d'autres ; par exemple, lorsqu'il dirigeait la Marche funèbre de la *Symphonie « Héroïque »* de Beethoven, Toscanini prenait un tempo environ 50% plus rapide que l'indication métronomique de Beethoven, et Beecham à peu près 33%.

L'importance que revêt le tempo pour les compositeurs se reflète dans leurs lettres et leurs écrits. Berlioz, notamment, raconte dans ses *Mémoires* que Mendelssohn soutenait que le métronome n'était pas nécessaire, car un bon musicien pouvait juger par lui-même du tempo convenant à une œuvre ; cependant, le lendemain, en jouant un morceau de Berlioz au piano, il lui demandait quel tempo il fallait prendre. Wagner déplorait, dans son essai sur la direction d'orchestre, les tempos très inexacts que prenaient certains chefs d'orchestre dans l'ouverture de son *Tannhäuser*. Brahms conseillait à Clara Schumann, lorsqu'elle a publié les dernières œuvres de son mari, de ne pas ajouter d'indications métronomiques car elle voudrait peut-être les modifier par la suite et les interprètes n'en tiendraient certainement pas compte. Cette attitude était probablement plus courante au XIXe siècle et au début du XXe siècle qu'elle ne l'est aujourd'hui, où la recherche croissante de l'authenticité a amené les interprètes à respecter davantage les indications de tempo des compositeurs.

Voir également *Interprétation musicale*, 6.

Percy Scholes, rév. Judith Nagley.

Tempo : A Quarterly Review of Modern Music [à l'origine *Tempo : The*

Boosey & Hawkes News Letter]. Revue musicale anglaise fondée en 1939.

Tempo alla breve (ital.). Voir *Breve.*

Tempo comodo [*commodo*] (ital.). A une vitesse convenable ou confortable.

Tempo di ballo (ital.). Dans le tempo ou le style d'une danse ; nom également donné à un mouvement de ce type.

Tempo giusto (ital.). 1. En observant bien la mesure. Instruction s'adressant à l'interprète pour qu'il respecte bien le tempo après s'en être écarté.

2. A la bonne vitesse.

Tempo maggiore (ital.). Équivalent d'*alla breve* ; voir *Breve.*

Tempo minore (ital.). Équivalent de *Tempo ordinario,* 2.

Tempo ordinario (ital.). 1. A une vitesse moyenne, ni rapide, ni lente.

2. Mesure à quatre temps (4/4) (par opposition à la mesure à deux temps comme dans *tempo alla breve*).

Tempo primo (ital. ; all. : *Tempo wie vorher*). Instruction demandant à l'interprète de reprendre le mouvement initial après un changement de tempo ; lorsqu'il y a eu plusieurs changements de tempo, « tempo primo » se réfère au premier tempo mentionné.

Tempo rubato (ital.). Voir *Rubato.*

Tempo wie vorher (all.). Voir *Tempo primo.*

Temps (all. : *Zahlzeit, Schlag* ; angl. : *beat* ; ital. : *battuta*). Unité de base dans la musique mesurée ; c'est notamment cette unité que choisit le chef d'orchestre pour ses battues. Les temps sont généralement classés en fonction de leur situation dans la mesure : temps faibles (le second et le quatrième temps d'une mesure à quatre temps, le second et le troisième d'une mesure à trois temps, ou le second d'une mesure à deux temps) et temps forts (le premier et, dans une moindre mesure, le troisième temps d'une mesure à quatre temps, et le premier temps d'une mesure à deux ou à trois temps). Pour d'autres termes désignant différentes sortes de temps, voir *Anacrouse, Levée, Temps fort.*

Temps fort (all. : *Niederschlag* ; angl. : *downbeat*). Le premier temps, « fort », de la mesure ; voir *Temps,* 1.

Ten. Abréviation de **tenuto* (ital.), « tenu ».

Tenebrae (lat., « ténèbres »). Dans la liturgie catholique, nom donné aux services de matines et de laudes chantés durant l'après-midi ou la soirée précédant le jeudi, le vendredi et le samedi de la semaine sainte. Toutes les lumières sont éteintes une à une pendant le chant des psaumes, le dernier cierge s'éteignant après le Benedictus ; le Psaume 51 (Psaume 50 dans la Vulgate), le « Miserere », est chanté dans l'obscurité complète. Cela symbolise l'obscurité qui s'est abattue sur la terre au moment de la crucifixion.

Tenebroso (ital.). « Sombre », « ténébreux ».

Tenendo (ital.). « En tenant », « en soutenant » ; *tenendo il canto,* « en soutenant la mélodie ».

Ténor (du latin *tenere,* « tenir »). 1. Ce terme a revêtu plusieurs significations dans le domaine du plain-chant, les plus courantes étant un ton psalmodique (voir *Plain-chant,* 6), la finale ou fondamentale d'un mode et un genre de ton de récitation.

2. Entre le milieu du XIIIe siècle et le XVIe siècle, « ténor » a désigné la partie vocale fondamentale d'une composition polyphonique, généralement sous la forme d'un **cantus firmus* préexistant ; les autres parties étaient composées « contre » cette partie (d'où le terme *contreténor) et ont commencé par être nommées en fonction de l'ordre dans lequel elles étaient composées après le ténor (**duplum,* **triplum,* etc.). « Ténor » n'impliquait pas de tessiture particulière avant le XVe siècle, où les chanteurs célèbres de parties de ténor étaient parfois appelés « ténoriste » ou « tenorista ».

3. La voix de ténor est la voix d'homme la plus aiguë, son étendue allant à peu près de do^2 à si^3 ou, pour les voix les plus larges, jusqu'au do^4 ou au ré bémol^4. Selon la qualité de la voix, on distingue trois

catégories de ténors : léger, lyrique et dramatique (« spinto »). Le *Heldentenor* (all., littéralement « ténor héros ») est un ténor lourd possédant une grande partie des qualités du baryton. Voir également *Contreténor*.

4. Qualificatif donné à certains instruments dont l'étendue correspond à la voix de ténor, comme le saxophone ténor, le tuba ténor.

5. Au XVIIIe siècle, nom donné occasionnellement à l'alto.

Tenorlied (all.). La forme fondamentale de chant profane allemand entre le XVe siècle et le milieu du XVIe siècle. Le mot « Tenor » ne se réfère pas à la partie vocale de ténor mais à l'air emprunté ou *cantus firmus* qui était la seule partie à être soulignée par un texte complet. Ce « Tenor » fut tout d'abord chanté par la voix supérieure d'un ensemble à trois voix et accompagné par des instruments ; mais, par la suite, lorsque l'écriture à quatre parties s'est généralisée, il est descendu à la voix de ténor et a souvent été agrémenté d'un accompagnement vocal. Toutefois, aucune règle fixe ne s'appliquait à la position de l'air emprunté.

Tenso. Chez les troubadours et les trouvères, genre de poésie dialoguée sur la politique, la morale ou un autre sujet social important.

Tenuto (ital., parfois abrégé *ten.*). « Tenu », c'est-à-dire que les notes doivent être soutenues jusqu'à la fin de leur valeur ou, parfois à l'opéra, soutenues au-delà de leur valeur pour produire un effet dramatique.

Terana. Danse sensuelle de style oriental introduite par Delibes dans son opéra *Lakmé*. C'est une danse à 6/8 qui passe parfois à 3/4.

Ternaire, Forme. Structure à trois parties qui peut être représentée par les lettres ABA, la section finale étant une reprise de la première. Chaque section est généralement, mais pas toujours, indépendante : elle s'achève dans sa propre tonalité et la section médiane offre souvent un fort contraste avec les deux autres, à la fois en ce qui concerne la tonalité et le thème.

Les morceaux de forme ternaire peuvent être assez longs car les sections, indépendantes, ont souvent une forme individuelle qui leur est propre. Par exemple, chacune des trois sections peut être de structure *binaire. Cela s'applique particulièrement au *menuet et au trio. La structure ternaire provient alors de la reprise du menuet après le trio, quoique chaque section puisse être de forme binaire ou ternaire. Il existe de nombreux exemples de cette forme, mais, en dehors du menuet et du trio, l'exemple le plus net est sans doute celui de l'air **da capo*, forme vocale stéréotypée, très répandue à la fin du XVIIe et au XVIIIe siècle. Après une section médiane contrastée, la première section de l'aria est répétée, souvent agrémentée d'embellissements élaborés. La forme ternaire a également servi de structure de base à de nombreuses œuvres pour piano du XIXe siècle, particulièrement les plus courtes. On en trouve de nombreux exemples dans les mazurkas et les nocturnes de Chopin.

Voir également *Forme*, 4.

Terpsichore. La muse de la Danse.

Terretêktorh. Œuvre pour orchestre éparpillé dans le public de Xenakis composée en 1965-66, créée à Royan en 1966 sous la direction de Hermann Scherchen.

Ter Sanctus (lat., « trois fois saint »). Équivalent de *Trisagion, mais parfois appliqué au Sanctus (« Saint, Saint, Saint ») comme dans la messe catholique ou le service de communion anglican.

Terz (all.). « Tierce ».

Terzet, terzetto (ital.). « Trio » ; *terzettina*, « triolet ».

Terzi, Giovanni Antonio (celèbre à la fin du XVIe siècle et au début du XVIIe siècle). Luthiste et compositeur italien. Il a publié à Venise deux recueils de musique de luth (1593, 1599) contenant des transcriptions de madrigaux et de motets, avec quelques danses attrayantes et d'autres œuvres purement instrumentales, dont quelques-unes de Terzi lui-même. Certaines sont écrites pour plusieurs luths.

Denis Arnold.

Terzina (ital.). « Triolet ».

Tessarini, Carlo (Rimini, vers 1690 ; après le 15 décembre 1766). Violoniste et compositeur italien, violoniste à l'orchestre de Saint-Marc à Venise jusqu'en 1733 environ ; il s'est alors installé à Urbino. Il a fait plusieurs tournées de concerts aux Pays-Bas, où il s'est fixé en 1761. Il a composé des sonates et des concertos intéressants, essentiellement pour cordes.

Denis Arnold.

Tessiture. Étendue ordinaire des notes qu'une voix ou un instrument peut couvrir sans difficulté. On parle aussi de la « tessiture moyenne » d'une œuvre, qui correspond à l'étendue des notes qui reviennent le plus souvent dans cette œuvre.

Testa (ital.). « Tête » ; *voce di testa* ; « voix de tête ». Voir *Voix*.

Testo (ital.). 1. « Texte ». 2. « Récitant », par exemple dans *Il Combattimento di Tancredi e Clorinda* (1624).

Tetley, Glen (Cleveland, 3 février 1926). Chorégraphe américain. Il a travaillé avec le Netherlands Dance Theater jusqu'en 1962. En 1974, il a succédé à John Cranko à la direction du Ballet de Stuttgart ; depuis 1976, il mène une carrière de chorégraphe invité. Il a reçu une formation classique et moderne, et ses premières chorégraphies étaient résolument modernes, comme *Pierrot lunaire* (Schoenberg, 1962) ; mais ses réalisations ultérieures font un mélange très personnel des styles classique et moderne, notamment *The Tempest* (Nordheim, 1979) et *Dances of Albion* (Britten, 1980).

Noël Goodwin.

Tétracorde. Succession de quatre notes contenues dans l'étendue d'une quarte juste. Dans la théorie grecque antique, on réunissait des tétracordes descendants ton - ton - demi-ton (comme la-sol-fa-mi) pour former une série de *modes de huit notes qui servait de base à la composition mélodique, comme la *gamme moderne. Les théoriciens du Moyen Age ont aussi adopté plusieurs tétracordes ascendants, avec différents arrangements de tons et de demi-tons au sein de la quarte parfaite, qui servaient également de base mélodique (voir également *Hexacorde*). On peut aussi considérer que la gamme diatonique moderne est divisible en deux tétracordes (comme do-ré-mi-fa, sol-la-si-do).

Tétracorde phrygien. Tétracorde (gamme de quatre notes) composé des quatre premières notes du mode phrygien (l'équivalent d'une gamme commençant sur le mi sur les touches blanches du piano ; voir *Mode*, 2). Les intervalles du tétracorde phrygien sont demi-ton - ton - ton (c'est-à-dire mi-fa-sol-la), par opposition à ton - ton - demi-ton de notre gamme majeure.

Tetrardus. Voir *Mode*, 2.

Thaïlande. Voir *Asie du Sud-Est*.

Thaïs. Opéra en trois actes de Massenet sur un livret de Gallet d'après Anatole France. Composé en 1890 et créé à l'Opéra de Paris le 16 mars 1894.

Theater (all.). « Théâtre », mais souvent employé pour désigner plus spécifiquement la « scène ».

Thème. 1. Terme très couramment employé pour désigner les principaux passages mélodiques de la musique tonale et de la musique atonale qui conservent une continuité mélodique. « Thème » se réfère habituellement à des phrases complètes, par opposition aux termes « idée » ou « motif », et s'applique aux passages mélodiques les plus importants. Ainsi le premier et le second thème (ou « sujets ») d'un mouvement de forme sonate peuvent exposer la majeure partie du matériel mélodique du morceau et porter le poids structurel le plus important. Cette vue des formes tonales en général s'appelle souvent « thématisme », surtout lorsqu'elle tente de montrer que des thèmes apparemment hétérogènes ont une source commune dans un mouvement ou dans une œuvre.

Depuis trois siècles, la nature thématique de la musique est si évidente qu'il est possible et utile de faire des catalogues thématiques où est noté le premier thème d'un morceau. Les plus anciens que nous possédions sont les catalogues thématiques que Haydn et Mozart ont réalisés de leurs propres œuvres. Au XIXe siècle, surtout dans les poèmes symphoniques de Liszt, un thème d'une œuvre longue pouvait représenter le personnage central d'un programme littéraire, et la variation ou « métamorphose » de ce thème comportait le changement d'action. La *Symphonie fantastique* (1828) de Berlioz, avec son thème principal récurrent ou « idée fixe », en est un des premiers exemples.

Voir également *Variations*.

Jonathan Dunsby.

2. (angl. : *thème song, theme tune, theme music*). Chanson ou air récurrent qui fait partie d'une série filmée ou télévisée et contribue beaucoup à son succès. La première chanson de ce genre semble avoir été « Sonny Boy » du film *The Singing Fool* (1928, musique de Lew Brown, Ray Henderson et B. G. de Sylva). Dans le domaine cinématographique, on peut citer des exemples célèbres de tels thèmes : « Harry Lime » dans *Le Troisième Homme* (Anton Karas) et la « Chanson de Lara » dans le *Docteur Jivago* (Maurice Jarre). Dans la série des James Bond, chaque film a son propre indicatif musical, comme « Diamonds are forever » ou « You only live twice », et l'air de Henry Mancini dans *La Panthère rose* a déjà atteint l'immortalité.

Certains films ont utilisé des extraits de partitions du répertoire classique ou romantique, notamment *Mort à Venise*, qui reprend l'Adagietto de la *Symphonie nº 5* de Mahler (ainsi que d'autres passages de Mahler), *Elvira Madigan*, qui prend pour thème le mouvement lent du *Concerto pour piano en ut majeur K 467* de Mozart, et *Sunday, Bloody Sunday* qui emprunte le trio de l'acte I de *Così fan tutte* de Mozart.

Thème et variations. Voir *Variations*.

Theodora. Oratorio de Haendel sur un texte de Thomas Morell d'après *The Martyrdom of Theodora and Didymus* de R. Boyle. Créé à Londres en 1750.

Theodorakis, Mikis (Chios, 29 juillet 1925). Compositeur grec. Il fait ses études musicales au Conservatoire d'Athènes et s'intéresse à la musique traditionnelle de son pays. Il compose plusieurs musiques de scène pour des tragédies antiques et acquiert une notoriété internationale avec la musique du film *Zorba le Grec*. Son engagement politique dans les rangs du parti communiste (il siège au parlement grec en 1964) débouche sur son arrestation après le coup d'État de 1967. C'est à cette époque qu'il compose la musique du film Z. En 1970, il se fixe à Paris avant de retourner dans son pays, où il occupe des responsabilités importantes dans la vie musicale. Il a composé plusieurs suites pour orchestre, des ballets et un oratorio.

Alain Pâris.

BIBLIOGRAPHIE : Gérard Pierrat, *Theodorakis*, Albin Michel (Paris, 1977).

Théorbe. Voir *Luth*, 3.

Théorie musicale. La théorie musicale comprend l'étude de la structure de la musique, de sa nature et de sa *notation. Elle concerne donc les rudiments de la musique – essentiellement la terminologie de base de la hauteur des sons et de la mesure – ainsi que des sujets tels que l'*harmonie, le *contrepoint, la *forme, l'*analyse et l'*acoustique.

Les théoriciens du passé ont non seulement fourni des preuves précieuses de la pensée musicale de leur temps, mais nous ont aussi aidé à recréer, dans une mesure surprenante, les sons musicaux de leur époque. Ces théoriciens ont aussi tenté d'établir une relation entre la musique, d'une part, et l'*esthétique et la philosophie, d'autre part ; dans ce domaine, les études purement théoriques empiètent sur les domaines plus vastes de l'*histoire et de la *critique. Parmi les nombreux personnages illustres qui ont apporté une contribution aux divers aspects de la théorie musicale, on peut citer Pythagore (Vᵉ siècle av. J.-C.), qui a rattaché une théorie mathématique de la consonance à une harmonie cosmique supposée (voir *Grèce antique*, 6*b*), Gioseffo Zarlino (1517-90), qui a résumé les idées théoriques de la Renaissance (voir *Renaissance*, 3), Hermann von Helmholtz (1821-94), scientifique qui a pris pour fondement de la recherche moderne la base physiologique de la théorie musicale (voir *Acoustique*, 6), et Heinrich Schenker (1868-1935), qui a élaboré un système d'analyse musicale (voir *Analyse*, 3*a*). Au nombre des autres théoriciens importants figurent Guido d'Arezzo (vers 995-1050 ; voir *Main guidonienne* ; *Hexacorde* ; *Notation*, 2), Philippe de *Vitry, Johannes *Tinctoris, Heinrich Glarean (voir *Mode*, 2*c*), Thomas *Morley, Jean-Philippe *Rameau, Arnold *Schoenberg et Paul *Hindemith.

Une certaine connaissance de la théorie est indispensable à la plupart des musiciens, bien qu'il soit parfaitement possible de jouer ou de chanter entièrement d'oreille ou en apprenant par cœur sans avoir la moindre connaissance technique de la musique. La théorie et la pratique doivent progresser de pair, de l'apprentissage par le débutant des clés, des noms des notes et de leurs valeurs aux problèmes très spécifiques de la musicologie, en passant par l'étude de l'analyse, de la composition, de l'orchestration et de l'authenticité de l'exécution.

Percy Welton.

Théorie des passions (all. : *Affektenlehre*). Expression forgée au début du XXe siècle par des musicologues allemands (Kretzschmar, Schering) pour décrire une théorie esthétique de la fin de la période baroque liée à l'expression musicale. Comme les orateurs de l'Antiquité grecque et latine, qui croyaient que l'utilisation de certains modes de rhétorique influait sur les réactions émotives de leurs auditeurs, les musiciens théoriciens de la fin du XVIIe siècle et du début du XVIIIe siècle pensaient que l'aspect émotionnel d'un texte devait se refléter dans la musique qui l'accompagnait afin de susciter une réaction correspondante chez l'auditeur. Cette théorie découle naturellement du rationalisme, du désir d'imposer un ordre et un système donnés à la réponse émotionnelle humaine.

Ce concept complexe a fait l'objet en son temps de nombreux traités théoriques qui divergent généralement sur des points de détail. Dès 1601, Caccini faisait allusion à « l'éveil des passions de l'esprit », mais les écrits des représentants les plus significatifs de cette théorie – Heinichen, Mattheson, Marpug et Quantz – datent de la première moitié du XVIIIe siècle. Ils préconisent une unité des sentiments, exigeant que toute pièce ou mouvement, vocal ou instrumental, ne contienne qu'un seul sentiment – joie, tristesse, amour, haine, colère, etc. Ils énumèrent et décrivent différentes sortes de sentiments en donnant des exemples sur la façon de les mettre en musique.

Cette doctrine est essentiellement le fruit de son époque et a certainement influencé les compositeurs. Mattheson (*Der vollkommene Cappelmeister*, 1739) souligne ainsi son importance : « Tout ce qui se passe sans sentiments louables n'est rien, ne fait rien et ne signifie rien. » Toutefois, cette théorie eut une existence éphémère car le XIXe siècle, avec ses idées radicalement différentes sur l'impulsion créatrice et la réponse émotionnelle spontanée, ne laissait aucune place à une doctrine aussi formelle et rationaliste.

Judith Nagley.

Theresienmesse. *Messe n° 12 en si bémol majeur* de Haydn, composée en 1799. Elle fait référence à la femme de l'empereur François II d'Autriche.

Thesis. Voir *Arsis et Thesis*.

Thibaut IV (Troyes, 30 mai 1201 ; Pampelune, 7 juillet 1253). Comte de Champagne et de Brie, couronné roi de Navarre le 7 ou le 8 mai 1234. Malgré sa descendance royale et son engagement dans les affaires de l'État, les guerres et les croisades, Thibaut IV fut l'un des meilleurs trouvères de son époque ; il nous a laissé plus de chansons et de poésies que tout autre trouvère. Sa production variée, mentionnée par Dante, a servi de modèle à beaucoup de jeunes poètes musiciens ; elle comprend des chansons courtoises, des « jeux-partis » (débats ou dialogues en vers), des pièces religieuses et des chants de croisade ; la plupart de ses œuvres sont mises en musique de façon syllabique et sont souvent coulées dans le moule de la *barform (AAB).

John Milsom.

Third stream music (angl.). Terme introduit par Gunther Schuller dans les années cinquante pour désigner la musique qui fait des emprunts à la fois au jazz et aux traditions « classiques ». On en trouve des exemples dans l'*Ebony Concerto* (1946) de Stravinski, dans *La Création du monde* (1923) de Milhaud et dans des œuvres de Schuller lui même.

Paul Griffiths.

Thirty-second note (amér.). Triple croche.

This Day. Voir *Hodie*.

This Have I Done for my True Love. Œuvre pour chœur sans accompagnement op.34 n° 1 de Holst. Elle met en musique un *carol* traditionnel et a été composée en 1916.

Thomas, Charles Louis Ambroise (Metz, 5 août 1811 ; Paris, 12 février 1896). Compositeur français. Issu d'une famille de musiciens, il fait ses études au Conservatoire de Paris et remporte le premier grand prix de Rome en 1832. A son retour de Rome, il se tourne vers la scène et compose des opéras-comiques. Ambroise Thomas remporte son premier vrai succès avec *Le Caïd* (1849), mais son talent se limite à un style lyrique relativement léger, toutes ses tentatives visant à traiter des sujets plus sérieux manquant d'envergure et d'imagination. Ses principaux succès sont *Mignon* (Opéra-Comique, 1866), dont le sujet est emprunté à *Wilhelm Meisters Lehrjahre* de Goethe et qui connaît plus de mille représentations en moins de trente ans, et *Hamlet* (d'après Shakespeare, Opéra, 1868), qui restera au répertoire pendant soixante-dix ans. Ses trois dernières œuvres scéniques – les opéras *Gille et Gillotin*, *Françoise de Rimini* et le ballet fantastique *La Tempête* – reçoivent un accueil peu chaleureux, car Ambroise Thomas n'a pas su s'adapter aux changements de goût après la guerre de 1870.

Ambroise Thomas a été comblé d'honneurs et de titres : en 1851, il était élu à l'Académie des beaux-arts au fauteuil de Spontini ; en 1894, il était le premier musicien élevé à la dignité de grand-croix de la Légion d'honneur et, après avoir enseigné au Conservatoire à partir de 1852, il en a été finalement nommé directeur. De 1871 à 1896, il occupe cette fonction avec un conservatisme rigide contre lequel se rebellent des élèves indépendants et aventureux comme le jeune Debussy ; en outre, il s'oppose implacablement à la jeune génération de compositeurs comme Bizet, Franck et Fauré.

Wendy Thompson.

BIBLIOGRAPHIE : Henri de Curzon, *Ambroise Thomas* (Paris, 1921).

Thomson, Virgil (Kansas City, 25 novembre 1896). Compositeur américain. Il fait ses études à Harvard University, puis à Paris avec Nadia Boulanger (1921-22) et à New York avec Rosario Scalero (1923-24). Entre 1925 et 1932, il vit essentiellement à Paris, où il fréquente le *groupe des Six ; il travaille également avec Gertrude Stein, qui deviendra la librettiste de ses opéras *Four Saints in Three Acts* (1934) et *The Mother of Us All* (1947). En 1940, il s'installe définitivement à New York et devient critique musical du *Herald Tribune*, poste qu'il conserve jusqu'en 1954. Son style, influencé par Satie, est frais et sans prétention, évitant tout ce qui est complexe ou rhétorique. Des mélodies, de la musique pour piano et des œuvres symphoniques forment l'essentiel de sa vaste production. Il est également l'auteur de plusieurs livres : *The State of Music* (New York, 1939), *The Musical Scene* (New York, 1945), *The Art of Judging Music* (New York, 1948), *Music, Right and Left* (New York, 1951), *Virgil Thomson* (New York, 1966) et *American Music since 1910* (New York, 1971).

Paul Griffiths.

BIBLIOGRAPHIE : Kathleen Hoover et John Cage, *Virgil Thomson, sa vie, sa musique*, Buchet-Chastel (Paris, 1962).

Three Blind Mice. L'une des rondes pour enfants les plus connues au monde. Elle apparaît dans le *Deuteromelia* (1609) de Ravenscroft, mais en mineur, sous une forme plus courte et avec des paroles différentes.

Three Choirs Festival. Voir *Festival*, 2.

Three Places in New England. Œuvre symphonique de Charles Ives également connue sous l'appellation *First Orchestral Set* ou *A New England Symphony*. Elle comporte trois mouvements : *The Saint-Gaudens in Boston Common* (1911-12), *Putnam's Camp, Redding, Connecticut* (1912) et *The Housatonic at Stockbridge* (1908-?14).

Thrène (du grec *threnos*, « lamentation »). Chant de lamentation sur un mort ou en l'honneur d'un mort. Le *Thrène pour les victimes d'Hiroshima* de Penderecki en est un exemple dans la musique du XXe siècle.

Threni : id est Lamentationes Jeremiae Prophetae (« Lamentations du prophète Jérémie »). Œuvre chorale pour soprano, alto, deux ténors, deux basses, chœur et orchestre de Stravinski, créée à Venise en 1958.

Thule the Period of Cosmographie. Madrigal à six voix de Weekles, publié en 1600. Il représente l'un des exemples les plus remarquables d'une mise en musique de paroles qui n'ont rien de musical.

Tief (all.). « Bas », « grave » ; *tiefgespannt*, « lâché » (se dit de la peau d'un tambour) afin de donner un son plus grave.

Tiento (esp.), **tento** (port.). « Toucher ». Équivalent ibérique du **ricercare* italien. Le terme a tout d'abord fait son apparition dans la musique pour vihuela afin de désigner une étude libre spécialement conçue pour cet instrument ; il s'est ensuite appliqué à la musique d'orgue, où il désigne une pièce contrapuntique. La plupart des organistes espagnols du XVIIe siècle, notamment Cabanilles et Correa de Arauxo, ont écrit des *tientos.*

Tierce. 1. Quatrième petite heure de l'office dans la liturgie de l'Église catholique.

2. Voir *Intervalle.*

3. Jeu d'orgue. Voir *Orgue.*

Tierce picarde. Tierce majeure dans un accord final de tonique qui devrait normalement être mineur : elle transforme ainsi l'accord mineur attendu en accord majeur (par exemple, dans la tonalité d'ut mineur, l'accord terminal attendu do-mi bémol-sol devient do-mi bécarre-sol). L'origine du nom est inconnue. Il semble avoir été introduit par Rousseau dans son *Dictionnaire de musique* (1767), mais sa dérivation n'est pas plausible : « "Tierce picarde" parce que cette façon de terminer a survécu le plus longtemps dans la musique religieuse et donc en Picardie, où il y a de la musique dans un grand nombre de cathédrales et d'autres églises. »

L'emploi de la tierce picarde était très répandu au XVIe siècle et pendant toute l'ère baroque.

Till Eulenspiegel. Poème symphonique op.28 de Richard Strauss, dont le titre complet est *Till Eulenspiegel lustige Streiche, nach alter Schelmenweise – in Rondeauform.* Composé en 1894-95. Strauss a ensuite renoncé à l'idée d'un opéra sur le sujet des aventures de Till, qui sont racontées dans une source du XVe siècle et font partie du folklore allemand. La partition de Strauss a servi de base à plusieurs ballets, notamment à un ballet de Nijinski (1916). D'autres compositeurs ont écrit des œuvres sur ce sujet : Alpaerts, Blockx, Jeremiáš, Rezniček et Maximilian Shteynberg.

Timbales

1. Timbales à accord manuel
2. Timbales à pédale
3. Timbales rotatives
4. Technique de jeu des timbales
5. Histoire
6. Répertoire soliste

Les timbales (all. : *Pauken* ; angl. : *timpani, kettledrums* ; ital. : *timpani*) sont de gros instruments en forme de chaudrons accordables sur différentes notes. Sur le plan historique, ce ne sont pas les plus anciens tambours d'Occident, mais les timbales ont été les premiers instruments de cette famille à apparaître régulièrement à l'orchestre et elles constituent les tambours classiques de notre musique symphonique. Les timbales sont généralement en cuivre. Deux, trois timbales ou davantage, de taille différente, sont utilisées par un même instrumentiste ; chacune peut s'accorder sur une étendue d'une quinte en modifiant la tension de la peau (en veau ou, de nos jours, en plastique, qui peut donner des notes très claires).

1. *Timbales à accord manuel.* Les timbales traditionnelles, accordées au moyen de six ou huit vis munies de poignées en forme de T qui abaissent le cercle supérieur de la timbale (voir *Tambour*), ont été longtemps utilisées par les percussionnistes des orchestres professionnels (jusque dans les années cinquante) et de nombreuses sociétés d'amateurs s'en servent encore. A l'orchestre, elles ont été presque entièrement remplacées par les timbales à pédale ou par les timbales rotatives (voir § 2 et 3), plus onéreuses, plus lourdes à transporter, mais qui permettent à l'instrumentiste de modifier l'accord instantanément.

Jusqu'au milieu du XIXe siècle, la majeure partie de la musique s'adresse à deux timbales, normalement accordées à la tonique et à la dominante du mouvement ou du morceau. Les notes centrales de leur étendue respective sont distantes d'une quarte, ré^{2} et la^{1}. On a ainsi une étendue de si bémol^{1} à fa^{2} pour la plus petite et de fa^1 à do^2 pour la plus grosse, ce qui permet de jouer dans huit tonalités, de fa à si bémol, en ayant la tonique sur la petite timbale (l'ancien choix) ; ce sont également les tonalités de la *trompette classique, à laquelle les timbales étaient intimement liées. Dans la musique de cette époque, les changements d'accord s'effectuent surtout entre les mouvements ou, s'ils se produisent au sein d'un mouvement, il est prévu un silence suffisamment long pour modifier l'accord avec les poignées. Le diamètre moyen d'un jeu de deux timbales est 63 cm et 71 cm.

Les compositeurs romantiques, comme Brahms dans certaines de ses partitions majeures et Tchaïkovski dans presque toutes ses œuvres, font de plus en plus souvent appel à trois timbales. Avec la troisième timbale, de taille intermédiaire, la taille des deux autres est davantage contrastée pour ajouter un ton entier à chaque extrémité de l'étendue totale, la note la plus grave de chaque timbale étant généralement de nos jours do^2, sol^1 et mi bémol^1 ; les diamètres courants sont 61 cm, 66 cm et 75 cm. (Selon les lois physiques, la hauteur de son produite par des membranes tendues circulaires de même épaisseur varie en proportion inverse du rayon et en fonction de la racine carrée de la tension. Donc, deux timbales de 63 cm et 71 cm de diamètre, accordées à une quarte d'écart, avec un rapport de fréquence 4:3, présenteraient des tensions dans une proportion de 1:0,7, la plus grosse timbale ayant une tension environ 30% plus faible. Cependant, un certain mystère semble planer : une œuvre récente de Herbert Tobischek énonce des pressions de fût contre peau, déterminées expérimentalement, auxquelles les deux timbales ont la même tension d'environ 450 kg [pour la et ré]. Selon certains, il se pourrait que l'effet des masses d'air contenues dans les fûts explique la différence apparente par rapport à la théorie.)

2. *Timbales à pédale.* Leur principe de base est illustré sous forme de coupe sur la Fig. 1. La pédale permet de tendre la peau (A) par le bas tout en maintenant l'effort principal sur le fût dans la région supérieure (B-C) comme sur une timbale à accord manuel (schéma du haut). Le fût est supporté par quatre montants métalliques (D) ancrés dans un support lourd (E). Les barres de tension (F) mènent à un cadre en forme de disque ou d'étoile (G), que la pédale (H) fait monter ou descendre. Le modèle classique est celui créé à Dresde par Pittrich, à partir de 1872. Par la suite, on a vu apparaître sur le marché les modèles américains, plus légers, certains avec des fûts en fibre de verre, les barres de tension passant à l'intérieur du fût et émergeant près du haut de l'instrument pour engager le cercle supérieur de la timbale.

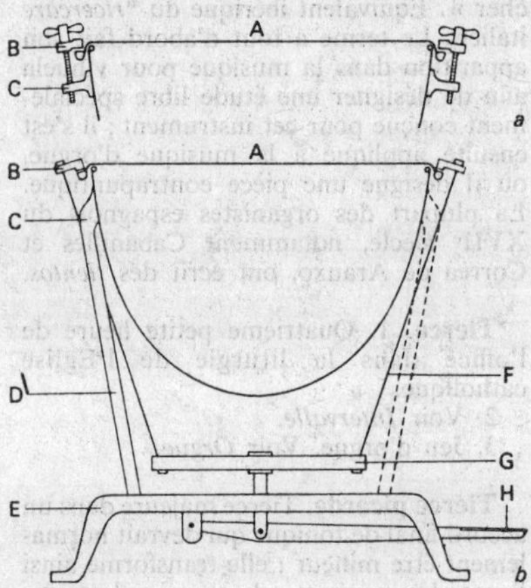

Fig. 1. (a) Coupe de la partie supérieure d'une timbale à accord manuel. (b) Coupe d'une timbale à pédale montrant le mécanisme fondamental.

Les mécanismes à pédale sont très sophistiqués, avec un mouvement de balancement qui peut s'arrêter dans n'importe quelle position et un indicateur de hauteur réglable placé en haut, près du bord. Sur une seule timbale à pédale, on peut jouer différentes notes rapidement l'une après l'autre, mais jamais au point de pouvoir se passer de plusieurs timbales.

Il existe également des timbales à une seule poignée, une grosse poignée remplaçant la pédale et permettant d'accorder rapidement la timbale d'une seule main sur une autre note, ce qui laisse l'autre main libre de frapper la peau. Ces timbales ont fait leur apparition en Allemagne vers 1850 et c'est pour ces instruments que Wagner a écrit les parties de timbales du *Ring.* A l'acte I, scène 3 du *Crépuscule des dieux*, le second timbalier joue sept notes différentes sur deux timbales en l'espace de vingt-huit mesures, dont le rythme sinistre de Hunding, absolument seul.

3. *Timbales rotatives.* Elles sont montées sur une colonne centrale qui s'élève à partir d'un support et qui est filetée sur une partie de sa longueur. Les barres de tension aboutissent à un cadre qui engage le pas de vis tandis qu'un autre cadre, supportant le fût, tourne librement sur la colonne. Lorsque l'instrumentiste fait tourner la timbale d'une main dans un sens ou dans l'autre, les deux cadres tournent ensemble mais le cadre de tension monte ou descend sur le pas de vis. Le mécanisme est généralement caché à l'intérieur du fût, mais peut également se trouver à l'extérieur. Dans certains cas, le mécanisme est inversé et le fût remonte contre la peau pour accroître la tension. Naturellement, ces timbales ne permettent pas de libérer les deux mains au moment de l'accord comme la pédale, et la rotation risque d'éloigner le point de frappe préféré de l'instrumentiste. Toutefois, un timbalier n'a que deux pieds et s'il doit rapidement modifier la note d'une troisième timbale, une timbale rotative ou l'une des anciennes timbales à accord manuel peut constituer une solution précieuse.

4. *Technique de jeu des timbales.* Les deux baguettes sont en jonc ou en bois, l'extrémité étant en feutre ou composée de disques de feutre plus ou moins doux selon la musique. Chaque baguette se tient entre le pouce et l'index, le poignet étant maintenu assez bas. L'instrumentiste frappe la peau assez près du bord et, si besoin est, il étouffe le son avec les doigts. Dans la mesure du possible, les deux mains sont utilisées alternativement et se croisent souvent d'une timbale à l'autre. L'Ex. 1 est une fanfare de timbales de *The Fairy Queen* (symphonie, acte IV) de Purcell, l'un des premiers passages solo écrits pour timbales ; en l'occurrence, l'alternance des mains est naturelle en commençant par la main gauche – comme on peut le vérifier en reconstituant les gestes, la petite timbale en ré étant placée sur la droite (en Europe, c'est souvent le contraire). L'Ex. 2 présente un simple groupe de notes qui requiert toutefois des croisements de baguettes (indiqués par les signes de liaison) exécutés avec un balancement rythmique et un effet visuel qui rappellent les timbales de cavalerie, suspendues par une courroie de part et d'autre du cheval. Totalement différent, l'Ex. 3 est extrait de *Till Eulenspiegel* de Richard Strauss, l'un des premiers grands compositeurs à avoir écrit pour les timbales à pédale : la partie est simplement intitulée *Pauken*, sans indication d'accord initial. Sur la partition, au bout de quelques pages, les timbales donnent cinq notes du thème principal (dont le début est indiqué par de petites notes, Ex. 3) : les deux premières notes sur la timbale du milieu et les deux dernières sur la grosse timbale, se terminant par un roulement.

Le roulement de timbales s'obtient aussi par une succession rapide de coups de baguettes alternés. Pour les effets spéciaux, de nombreux compositeurs réclament des baguettes dures ou des baguettes de caisse claire, qui donnent un son plus cassant. Avec les timbales à pédale, le public a découvert le *glissando* à la pédale, vers le haut ou vers le bas, dans les œuvres de Bartók.

5. *Histoire : (a) Nacaires* (de l'arabe *naqara*). Petites timbales anciennes, frappées avec des baguettes épaisses, sans doute rapportées du Moyen-Orient par les croisés. On en joue encore en Orient dans divers ensembles instrumentaux : elles sont formées de petits fûts, souvent en bois ou en faïence, parfois en cuivre, la plus grosse mesurant environ 23 cm de diamètre, l'autre un peu plus petite. Les instrumentistes peuvent différencier leurs sons par « tum » et « tak » (de même

Ex. 1

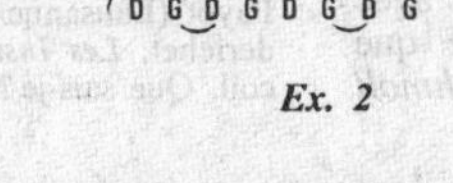

Ex. 2

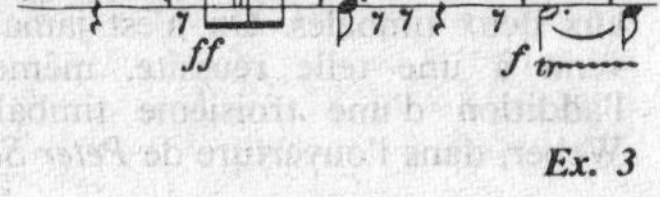

Ex. 3

qu'on peut produire des sons contrastants sur d'autres tambours, frappés à la main de différentes manières). En Europe, les tableaux du Moyen Age qui reproduisent des nacaires montrent une différence de taille peu visible entre les deux fûts, mais une remarque de Gerson (à Paris), peu après 1400, souligne avec insistance les sons du genre « tum-tak ».

(*b*) *Grandes timbales*. Elles étaient fabriquées au Moyen-Orient dès le XIIe siècle, où elles constituaient des instruments royaux. Elles se sont diffusées en Inde et en Afrique, en Ouganda, où elles ont un son superbe, étant taillées dans du bois et se jouant en jeux soigneusement accordés. Les grandes timbales ont atteint l'Europe au XVe siècle dans les fanfares à cheval, pour accompagner les trompettes. Trompettes et timbales sont apparues ensemble à l'orchestre au XVIIe siècle, les secondes étant frappées avec des baguettes lourdes ou souvent avec des baguettes munies d'extrémités en bois en forme de disque d'environ 3 cm de diamètre qui donnent un son très cassant. En France, Kastner les illustre encore dans sa *Méthode de timbales* de 1845, bien qu'à cette date Berlioz ait déjà insisté sur le choix de baguettes douces (il les appelait « baguettes en éponge ») pour l'orchestre. Les timbales du XVIIIe siècle avaient généralement un diamètre plus petit que les timbales ultérieures (souvent environ 50 cm), les deux timbales différant de 2,5 cm à 4 cm seulement ; cela peut laisser supposer une différence de tension considérable qui aurait conféré à la petite timbale un son nettement plus brillant (ce qui est logique dans une certaine mesure, puisque sa fonction consistait à donner la tonique). De nos jours, en Europe, les timbales de cavalerie ont encore souvent ces dimensions assez réduites.

La rupture d'avec la tradition trompette-timbales, tonique-dominante est due à Beethoven : les timbales se voient confier des thèmes principaux comme au début du *Concerto pour violon* et dans le Scherzo de la *Neuvième Symphonie*, exploitant dans ce dernier cas toute la gamme d'accords de l'octave de fa – l'un des nombreux accords nouveaux qu'il apporte aux deux timbales. On n'est jamais parvenu à une telle réussite, même avec l'addition d'une troisième timbale que Weber, dans l'ouverture de *Peter Schmoll* (1804), a été l'un des premiers à tester (il l'utilisait simplement pour conserver l'ancienne pratique lorsque la musique passe dans la tonalité de la dominante). On avait, en fait, déjà connu un usage aventureux des timbales avant cette époque, mais dans des œuvres pratiquement ignorées aujourd'hui ; Christoph Graupner, dans une *Sinfonia* de 1747, donne à six timbales une mélodie entre fa[1] et ré[2] – une façon d'écrire qui ressemble à celle de Holst dans *The Planets*, mais qui est largement dépassée par Berlioz et ses seize timbales (dix instrumentistes) dans la *Grande Messe des Morts* (1837).

(*c*) *Timbales à pédale*. La première expérience de timbale à mécanisme accordable d'un seul mouvement est attribué, il va sans dire, à Léonard de Vinci. Il y a eu peu d'évolution jusqu'au moment où l'on a connu un déferlement d'inventions dans tous les pays, de la timbale rotative de Stumpff, un Allemand qui vivait à Amsterdam (1821), à la timbale à pédale de Dresde déjà mentionnée. Il semble que, dans les années 1960, on ait encore utilisé à l'Opéra de Munich certaines timbales à pédale construites selon des spécifications anciennes remontant aux années 1840.

6. *Répertoire soliste*. On ne s'attend pas à découvrir un répertoire soliste important pour les timbales. On peut le faire remonter aux fanfares improvisées des timbaliers de l'ère baroque. Kastner (1845) raconte comment un timbalier berlinois avait récemment joué un concerto sur six timbales, passant de l'une à l'autre sur une sorte de tribune, lançant les baguettes en l'air et faisant les mouvements les plus extraordinaires, sans que l'exécution en souffre le moins du monde, le tout étant accompagné par huit trompettes et un grand orchestre. Il y a en outre des concertos pour timbales de P. Peranzorina, timbalier né en 1814, et de Julius Tausch. On peut également mentionner une sonate pour deux timbaliers de Tchérepnine.

Anthony Baines.

BIBLIOGRAPHIE : François Dupin, *Le Parcours du timbalier*, Alphonse Leduc (Paris, 1978) / *Les Baguettes du timbalier*, Alphonse Leduc (Paris, 1978). James Holland, *Percussion*, Hatier (Paris, 1980). Friedrich Jacob, *La Percussion*, Payot (Lausanne/Paris, 1979). Jean-Paul Vanderichet, *Les Instruments de percussion*, PUF, coll. Que sais-je ? (Paris, 1977).

Tinctoris, Johannes (Braine-l'Alleud, près de Nivelles, vers 1434 ; ? 1511). Théoricien et compositeur franco-flamand. Le début de sa carrière se déroule à Orléans, à Chartres et peut-être à Cambrai, où il aurait chanté sous la direction de Dufay. Dès 1472, il est au service de Ferdinand Ier à Naples, où il est répétiteur de la fille du roi, Béatrice. En 1487, il est envoyé à l'étranger pour recruter des chanteurs pour la chapelle napolitaine ; on ne sait pas s'il est retourné à Naples pour y passer les dernières années de sa vie. Seules quelques œuvres de Tinctoris ont survécu, notamment cinq messes. D'autre part, ses écrits théoriques sont nombreux ; ils comprennent un dictionnaire de termes musicaux (*Terminorum musicae diffinitorium*, vers 1473) – le premier qui ait jamais été imprimé (Trévise, 1495) – et au moins onze autres traités sur la notation, la technique du contrepoint et certaines questions philosophiques. Populaires et influents du vivant de Tinctoris, ces livres nous fournissent aujourd'hui des informations précieuses sur l'art de la composition et les méthodes d'éducation musicale à la fin du XVe siècle.

John Milsom.

Tin Pan Alley. Nom donné à l'origine à un quartier de New York (28e Rue, entre la 5e Avenue et Broadway), où étaient établis de nombreux auteurs de chansons, arrangeurs et éditeurs de musique. Tin Pan Alley est devenu synonyme de l'industrie de la musique populaire américaine à partir de la fin des années 1880 jusqu'au milieu du XXe siècle. A la grande époque de Tin Pan Alley, des compositeurs comme Charles K. Harris, Paul Dresser, Harry von Tilzer, Irving Berlin, Jerome Kern, George Gershwin, Cole Porter et Richard Rodgers ont dominé la scène avec un type de chanson populaire connu pour sa spontanéité mélodique, sa forme bien construite, sa fraîcheur lyrique et sa facilité d'accès.

Mark Tucker.

Tinto (ital.). « Couleur » ; *con tinto*, « coloré ».

Tiomkin, Dimitri (Saint-Pétersbourg, 10 mai 1894 ; Londres, 12 novembre 1979). Compositeur américain d'origine russe. En 1912, sa famille s'installe à Saint-Pétersbourg, où il fait ses études au Conservatoire, joue du piano pour des films muets et commence à composer. Il s'installe à Berlin après la révolution, étudie avec Busoni, joue avec la Philharmonie de Berlin et publie de la musique de danse. Il se rend ensuite à Paris, faisant partie d'un spectacle à deux pianos qui avait déjà fait une tournée aux États-Unis en 1925. Il apparaît à Carnegie Hall comme duettiste et comme soliste et compose le *Mars Ballet* pour sa femme, la danseuse Albertina Rasch. On lui demande d'écrire de la musique de film ; il accepte à contrecœur, mais trouve bientôt cette activité passionnante et devient l'un des compositeurs et chefs d'orchestre les plus recherchés de Hollywood. Il écrit régulièrement des musiques de films dont certaines sont primées. Parmi les plus célèbres, on peut citer *Duel in the Sun* (1946), *High Noon* (1952), *Return to Paradise* (1953), *The High and the Mighty* (1954), *Friendly Persuasion* (1956), *Alamo* (1960) et *The Guns of Navarone* (« Les Canons de Navarone », 1961).

Peter Gammond.

Tiple (esp.). 1. Sorte de petite guitare ; voir *Guitare*, 5*a*.

2. Le plus petit des deux hautbois de l'ensemble de la *sardana* en Catalogne ; voir *Chalemie*, 3.

Tipperary. Ce chant, qui commence par « It's a long way to Tipperary », a été écrit en 1912 et est devenu un grand succès des troupes britanniques pendant la Grande Guerre, repris ensuite par les populations civiles. Il a été composé conjointement par un infirme du nom de Harry J. Williams (de Plough Inn, à Temple Balsall dans le Warwickshire) et par un chanteur de music-hall nommé Jack Judge, d'Oldbury. En 1928, Judge (qui est mort en 1938) a écrit une suite intitulée « It's a long way non longer ». La première ligne de *Tipperary* est inscrite sur la pierre tombale de Williams.

Tippett, (Sir) **Michael** (Kemp) (Londres, 2 janvier 1905). Compositeur anglais. Il étudie la composition avec Charles Wood et C. H. Kitson au Royal College of Music de Londres (1923-28), puis enseigne dans une école. Sentant toutefois que sa technique de composition manque de maturité, il poursuit ses études avec R. O. Morris (1930-32) et attend encore plusieurs années pour écrire une musique qui le satisfasse : le *Concerto pour double orchestre à cordes* (1938-39), partition qui présente un attrait mélodique intense, est la première œuvre qu'il publie sans la moindre retouche. Comme dans les trois premiers quatuors à cordes (1934-46), il y développe un style très personnel qu'on ne peut comparer à aucun autre dans la musique anglaise de l'époque ; il se caractérise par l'importance accordée aux relations entre les lignes polyphoniques, par des structures lumineuses et une harmonie tonale enrichie qui rappelle parfois Hindemith ou Fauré. Les rythmes dansants qui marquent son style témoignent de son intérêt pour les madrigalistes anglais et pour Purcell, dont il fait jouer la musique en travaillant avec des musiciens amateurs au Morley College de Londres.

En 1940, Tippett devient directeur de la musique au Morley College et, l'année suivante, y joue son oratorio *A Child of our Time* (1939-41), la première œuvre publique dans laquelle il s'adresse à des sujets d'intérêt général profonds. Cet oratorio est une réaction à une atrocité nazie particulière, mais le message qu'il porte, en faisant référence à une passion de Bach dans laquelle les negro spirituals remplacent les chorals, n'est pas simple. Tippett exige non seulement que soient condamnées la haine et l'oppression, mais également que soient reconnues l'obscurité et la lumière qui se mêlent dans chaque individu, division qui constitue un préalable à la réconciliation de chaque homme avec lui-même et avec le monde. C'est, a-t-il écrit, « la seule vérité que je dirai jamais » et, en termes différents, c'est le thème des quatre opéras qui succèdent à cet oratorio : *The Midsummer Marriage* (1955), *King Priam* (1962), *The Knot Garden* (1970) et *The Ice Break* (1977).

Pour toutes ces œuvres, Tippett a écrit ses propres textes, mêlant curieusement le langage de tous les jours à des idées philosophiques et à toute une gamme d'images qui vont de la Bible à la technologie moderne, guidé en cela par sa lecture de Jung. Il a aussi développé pour chaque opéra un style distinctif. *The Midsummer Marriage*, dans lequel deux jeunes gens passent par la connaissance d'eux-mêmes avant de pouvoir se rejoindre dans l'union, est un grand souffle de mélodie lyrique, d'harmonie riche et de couleurs brillantes, son exubérance et sa vitalité débordant dans d'autres œuvres de la période, le cycle de mélodies *The Heart's Assurance* (1950-51), la *Fantaisie concertante sur un thème de Corelli* (pour cordes, 1953) et le *Concerto pour piano* (1953-55).

Toutefois, dans la *Symphonie n° 2* (1956-57), Tippett commence à s'aventurer vers des développements musicaux plus compacts et moins profondément encastrés dans l'harmonie diatonique. Dans *King Priam*, il aborde un style, influencé par les œuvres les plus récentes de Stravinski et de Messiaen, dans lequel la juxtaposition abrupte est de règle, les idées étant fortement démarquées les unes par rapport aux autres par des contrastes d'harmonie, de tempo, de caractère et de couleur instrumentale. La vigueur du style de Tippett demeure, mais elle est maintenant contenue et enfermée dans des images plus absolues et l'écriture vocale est beaucoup plus déclamatoire que dans les œuvres antérieures – ce qui convient à un opéra de héros, même si ces héros sont ceux du doute et du choix et non plus ceux de la guerre.

Vient ensuite un nouveau groupe d'œuvres qui explorent les possibilités stylistiques ouvertes par le nouvel opéra : la *Sonate pour piano n° 2* (1962), le *Concerto pour orchestre* (1962-63) et la cantate *The Vision of St Augustine* (1963-65). En fait, la concision de *King Priam* se poursuit, même s'il s'est opéré un retour à l'ancienne luxuriance de Tippett comme dans *The Knot Garden* et dans la *Symphonie n° 4* (1976-77). Les œuvres de cette période tournent autour d'idées courtes et riches et, même si ces dernières peuvent se fondre dans quelque chose qui ressemble à un développement continu – notamment dans les œuvres où Tippett prend consciemment Beethoven pour modèle, comme la *Symphonie n° 3* (1970-72) et la *Sonate pour piano n° 3* (1972-73) –, il en ressort l'impression d'une imagination inquiète revenant indéfiniment aux mêmes préoccupations.

Cette impression est renforcée par le choix des sujets de ses dernières œuvres ; il insiste à nouveau sur la nécessité d'une compréhension globale de différents types de personnages dans *The Knot Garden*, de différents groupes sociaux ou raciaux et de différents groupes d'âge dans *The Ice*

Break. En outre, dans ces deux œuvres, il se reporte à *A Child of Our Time,* comme dans la *Symphonie n° 3* et dans les *Songs for Dov* (1969-70), qui forment un pendant à *The Knot Garden,* trouvant une promesse de rédemption et de réconfort dans le *blues* et le jazz des Noirs américains. Depuis son départ de Morley College, en 1951, Tippett a eu largement l'occasion de faire connaître ses idées dans des émissions radiodiffusées, lors de conférences ou dans des livres ; mais c'est indéniablement dans sa musique que ses revendications de prophète moderne sont inscrites avec le plus de force.

Paul Griffiths.

Tirade (ital. : *tirata*). Ornement baroque se composant d'une succession rapide de plus de trois notes de passage qui se suivent généralement, mais pas toujours, pour relier deux notes principales de la mélodie séparées par un large intervalle. La tirade est parfois indiquée par un signe (⌒), mais le plus souvent écrite ou improvisée.

Tirana (esp.). Chanson dansée andalouse, généralement à 6/8 avec des rythmes syncopés. Elle a été populaire en Espagne au XVIIIe siècle et la *Tirana del tripili,* attribuée à Blas de Laserna (vers 1751-1816), est devenue célèbre au XIXe siècle parce que Mercadante l'a utilisée dans son opéra *I due Figaro.*

Tirare (ital.). « Tirer » ; *tirando,* « tirant » ; *tirato,* « tiré ». Ce terme est employé dans le jeu des instruments à cordes et à archet (coup d'archet vers le bas). Voir également *Poussé.*

Tirata. Voir *Tirade.*

Titelouze, Jehan (Saint-Omer, vers 1563 ; Rouen, 24 octobre 1633). Organiste et compositeur français. En 1585, il s'installe à Rouen, où il est organiste à Saint-Jean jusqu'en 1588 ; il devient alors organiste de la cathédrale de Rouen. Il est très recherché pour restaurer les orgues et pour ses conseils dans ce domaine. Rares sont les œuvres de Titelouze qui nous soient parvenues – essentiellement des hymnes et des Magnificat polyphoniques pour orgue, destinés à être exécutés pendant la messe. Ces œuvres font appel à des techniques contrapuntiques démodées basées sur le plain-chant, mais certaines sont marquées de dissonances très fortes sur le plan émotionnel et comportent un certain chromatisme. Titelouze était aussi un théoricien et un homme de lettres réputé, et les préfaces de ses publications sur l'orgue sont intéressantes en raison de la lumière qu'elles jettent sur les styles d'exécution de l'époque.

Denis Arnold.

Toccata (ital.). Participe passé du verbe *toccare,* « toucher ». Une toccata est un morceau écrit dans un style libre et idiomatique, généralement pour clavier et souvent en plusieurs sections, incorporant des éléments de virtuosité destinés à mettre en valeur le « toucher » de l'instrumentiste. Le terme est apparu au début du XVIe siècle, mais les premiers recueils importants datent des dix dernières années du siècle ; ils comprennent des publications d'Andrea Gabrieli et de Claudio Merulo. La fanfare qui précède l'*Orfeo* de Monteverdi (1607) est intitulée « toccata ». Le premier grand maître de la toccata pour clavier est Frescobaldi, dont le premier livre a paru en 1615. Il a été suivi par d'autres Italiens, comme Rossi, Pasquini, Zipoli et Alessandro Scarlatti, et par des Allemands, dont son élève Froberger, qui a écrit vingt-quatre toccatas. En Autriche, la toccata baroque a atteint son apogée dans les œuvres de Georg Muffat et de Pachelbel ; aux Pays-Bas, la forme a été cultivée par Sweelinck, qui a modelé ses toccatas sur celles de Gabrieli, alors que, dans le nord de l'Allemagne, des compositeurs comme Buxtehude ont développé un style de toccata rhapsodique de grande envergure. Les longues toccatas de Buxtehude, où alternent les sections libres et fuguées, sont presque impossibles à distinguer de ses préludes et fugues pour orgue. Bach a écrit six toccatas pour clavecin (BWV 912-15 et 910-11) et plusieurs pour orgue, probablement modelées sur celles de Buxtehude. Certaines sont reliées à une fugue, à la manière d'un prélude. Haendel n'a pas écrit de toccata.

La forme a été relativement peu utilisée au début du XIXe siècle, mais elle a été reprise en France par des compositeurs de musique d'orgue comme Vierne et Widor, qui terminaient souvent leurs grandes symphonies pour orgue par une toccata (la Toccata de la *Symphonie pour orgue nº 5* de Widor est souvent choisie pour les mariages). Debussy (*Pour le piano*) et Ravel (*Le Tombeau de Couperin*) ont tous deux repris la forme de la toccata comme finales, de même que John McCabe dans son *Concertante* pour clavecin et ensemble de chambre. D'autres compositeurs du XXᵉ siècle, comme Honegger, Martinů et Prokofiev, ont écrit des toccatas dans le style d'un *perpetuum mobile*, suivant l'exemple de Schumann (*Toccata en ut* op.7).

Toccatina, toccatino (ital.). *Toccata miniature. Au XIXᵉ siècle, Rheinberger et Henselt ont écrit des *toccatine* ; Widor a inclus une *toccatina* dans l'une de ses symphonies pour orgue.

Toch, Ernst (Vienne, 7 décembre 1887 ; Santa Monica, 1ᵉʳ octobre 1964). Compositeur autrichien. Il étudie la médecine à l'Université de Vienne, la philosophie à l'Université de Heidelberg et le piano avec Willy Rehberg à la Hochschule de Francfort (1910-13). Il est autodidacte en matière de composition. Il enseigne la composition à la Musikhochschule de Mannheim (1913-29) et en privé à Berlin (1929-32) avant d'émigrer aux États-Unis en 1934. Il y enseigne à la New School for Social Research à New York (1934-36) et à l'Université de Californie, à Los Angeles (1940-48) et exerce une influence importante en disséminant les normes et les principes de la tradition austro-allemande. Il est l'auteur de six symphonies, de treize quatuors à cordes et de diverses pièces vocales. Il a aussi écrit le livre *The Shaping Forces in Music* (New York, 1948).

Paul Griffiths.

Tod Jesu, Der (« La Mort de Jésus »). Cantate sur la Passion de Graun ; texte de Ramler d'après la princesse Amalia. Composée en 1755. Jusqu'au milieu du XXᵉ siècle, elle était exécutée chaque année à Berlin.

Todt (all.). « Mort » ; *Todtenmesse*, « Messe des morts », c'est-à-dire *Requiem ; *Todtenmarsch*, « marche funèbre ».

Tod und das Mädchen, Der. Voir *Jeune fille et la mort, La.*

Tod und Verklärung (« Mort et transfiguration »). Poème symphonique op.24 de Richard Strauss. Il dépeint les visions d'un homme sur son lit de mort et a été composé en 1888-89.

Togaku. Littéralement « musique Tang » ; musique japonaise importée de Chine. Voir *Japon*, 5.

Togli (ital.). « Enlevez », « ôtez ». Instruction utilisée dans la musique d'orgue pour la fermeture des jeux.

Tolstoï, Alexis. Voir *Musique et littérature.*

Tomácek, Václav (Jan Křtitel) [Tomaschek, Wenzel Johann] (Skuteč, 17 avril 1774 ; Prague, 3 avril 1850). Compositeur et pédagogue tchèque. Il apprend la musique dans sa jeunesse, mais est presque entièrement autodidacte en matière de composition. Après avoir tâté de plusieurs disciplines à l'Université de Prague, il commence son droit en 1797, ayant déjà acquis une certaine réputation comme professeur de musique. En 1806, il prend un poste de professeur de musique et compositeur auprès de la famille du comte Georges Buquoy, où il reste environ seize ans. Au début des années 1820, il est suffisamment connu pour travailler à son compte comme professeur et comme compositeur et, en 1824, il ouvre sa propre école de musique qui attire un grand nombre de compositeurs et d'interprètes de la jeune génération, comme Voříšek, Kittl, Měchura et le critique Hanslick. Tomáček s'élève à une position prééminente dans les milieux artistiques de Prague et devient une personnalité assez importante pour que des visiteurs comme Clementi, Wagner, Clara Schumann et Paganini viennent lui présenter leurs respects. Ses mémoires donnent une idée fascinante de la vie musicale de Prague et de nombreux contemporains illustres. Son attitude et un grand nombre de ses œuvres montrent qu'il était un mozartien convaincu, mais en aucun cas un pâle imitateur. En dehors de nombreuses rhapsodies et de sept sonates pour piano, il a marqué son dédain pour les modèles de virtuosité en composant environ quarante-deux églogues sans difficultés techniques. Ces pièces légères et simples ont servi de modèle à divers compositeurs, notamment à Vořišek et à Schubert. Si l'on excepte un petit recueil de musique religieuse et quelques œuvres scéniques moins réussies, Tomáček a surtout composé des lieder, notamment sur des poèmes de Goethe (*Erlkönig*), Schiller, Gellert et sur quelques textes tchèques.

Jan Smaczny.

Tomasi, Henri (Marseille, 17 août 1901 ; Paris, 13 janvier 1971). Compositeur français. Il effectue ses études aux Conservatoires de Marseille et de Paris, notamment avec Vidal et d'Indy, et obtient le grand prix de Rome en 1927. Il mène une importante carrière de chef d'orchestre lyrique à la Radio (1930-36), à Marseille (1940-44) et à Monte-Carlo (1946-50), qui l'incite à écrire essentiellement pour la scène dans un style direct et généreux : *L'Atlantide* d'après Pierre Benoit (1951), *Miguel Mañara* (1956), *Le Silence de la mer* d'après Vercors (1959), *L'Elixir du R. P. Gaucher* d'après Daudet (1962). Il a également composé d'importantes pièces symphoniques : *Symphonie du tiers monde* (1967), *Chant pour le Viêt-nam* (1968) ou les *Fanfares liturgiques* tirées de *Miguel Mañara*.

Alain Pâris.

Tombeau. Nom donné à des compositions écrites à la mémoire d'une personne, comme le *Tombeau fait à Paris sur la mort de M. Blancheroche* (M. Blancheroche était un luthiste parisien qui est mort à la suite d'une chute dans un escalier). Au XXe siècle, on en trouve un exemple célèbre avec *Le Tombeau de Couperin* de Ravel.

Tombeau de Couperin, Le. Suite pour piano de Ravel, composée entre 1914 et 1917. Elle comporte six mouvements, dédiés chacun à la mémoire d'amis morts pendant la Première Guerre mondiale : (1) *Prélude* ; (2) *Fugue* ; (3) *Forlane* ; (4) *Rigaudon* ; (5) *Menuet* ; (6) *Toccata*. Ravel a orchestré les numéros 1, 3, 5 et 4 (dans cet ordre) en 1919. La partition, sans le numéro 1, a été utilisée pour un ballet créé à Paris en 1920 dans une chorégraphie de Berlin.

Tomkins, Thomas (St Davids, Pembrokeshire, 1572 ; enterré à Martin Hussingtree, Worcestershire, 9 juin 1656). Compositeur et organiste anglais. Troisième fils d'un maître de chœur et organiste de l'église de St Davids (pays de Galles), il fait partie d'une famille de musiciens réputés comprenant plusieurs musiciens d'église. Il est sans doute enfant de chœur à St Davids et sera à un certain moment de sa carrière l'élève de Byrd. En 1596, il est nommé organiste de la cathédrale de Worcester et, en 1607, reçoit le grade de « Bachelor of Music » à Magdalen College, à Oxford. Nommé Gentleman de la chapelle royale à Londres en 1620, il succède à Edmund Hooper comme organiste en 1621 ; il y travaille aux côtés d'Orlando Gibbons. Il conserve en même temps son poste à Worcester. A la mort de Gibbons, en 1625, Tomkins devient l'un des principaux compositeurs royaux et écrit une grande partie de la musique pour le couronnement de Charles Ier. Le roi lui accorde une rente annuelle de 40 livres comme « composer of our music in ordinary », mais la lui supprime rapidement lorsqu'il découvre que le poste a déjà été promis à Alfonso Ferrabosco (II). Pendant la guerre civile, le grand orgue de Worcester est pratiquement détruit et, en 1646, les orgues sont interdits. La maison de Tomkins est endommagée dans les combats et, couvert de dettes pendant les dernières années de sa vie, il s'installera chez son fils, à Martin Hussingtree, en 1654.

Tomkins est l'un des meilleurs compositeurs de l'école anglaise. Sa musique a été en grande partie composée pour être jouée à l'église ; alors que certains de ses *verse anthems* sont assez hardis pour l'époque, donnant à l'orgue une écriture idomatique pour clavier qui contraste avec le solide contrepoint basé sur la voix de ses contemporains, ce sont ses *full anthems*, comme les superbes lamentations « When David heard » et « The David mourned », qui montrent sa puissance émotionnelle. Son livre de madrigaux (*Songs of 3. 4. 5. & 6 parts*, Londres, 1622) est l'un des meilleurs ouvrages de ce genre de la main d'un compositeur anglais ; le ton est avant tout sérieux, même s'il contient quelques signes évidents de gaieté (par exemple, les refrains « fa-la » sur des rythmes complexes et des harmonies rêveuses). Ses œuvres pour clavier sont également attirantes, des pavanes mélancoliques (dont une écrite à la mort de son protecteur royal, en 1649) aux pièces complexes faisant appel à une *ground bass* ou au plain-chant.

Tom-tom. Tambour tout d'abord adopté par les batteurs de jazz des années vingt, pour devenir ensuite l'un des tambours les plus importants de la musique rock (voir *Batterie,* 1) et du pupitre de percussion moderne.

1. Aux débuts du jazz, le tom-tom était un tambour chinois à deux peaux : assez plat, avec un fût légèrement convexe sur lequel étaient peints des dragons et des fleurs, les peaux étant fixées par de larges clous en cuivre, comme c'est la coutume en Chine. Cet instrument porte maintenant le nom de tom-tom chinois, mais on ne l'utilise plus beaucoup.

2. Le tom-tom moderne possède un fût cylindrique plus profond (laminé ou acrylique) dont les deux peaux sont tendues par un système à vis. Le diamètre se situe entre 25 cm et 45 cm, la profondeur également. Il peut être muni d'un étouffoir interne en feutre pour atténuer le bruit sourd. Un jeu de tom-toms peut comprendre entre un et trois tom-toms de tailles différentes, parfois même davantage ; ils sont munis d'un dispositif permettant de les monter sur une grosse caisse ou sur un support métallique séparé. Certains gros tom-toms comportent trois pieds pour les poser par terre.

Parmi les compositeurs modernes qui ont fait appel aux tom-toms, on peut citer Stravinski, qui en utilise trois dans *Agon* et suggère leur utilisation dans *L'Histoire du soldat* à la place des caisses claires originales sans timbre. Il existe également des tom-toms à une peau qui peuvent être accordés sur des notes spécifiques (comme les *timbales) en tournant les vis d'accord avec une pièce de monnaie. Pour l'enseignement, il existe des versions de ces instruments que l'on appelle « timptoms ».

Anthony Baines.

Ton. 1. (Fr.). Terme revêtant plusieurs significations : (*a*) « hauteur de son », comme dans l'expression « donner le ton » ; (*b*) tonalité, mode, comme dans les expressions « ton d'ut », « ton majeur », « ton d'église » ; (*c*) dans le sens de ton grégorien (voir *Tonus,* 3) ; (*d*) corps d'un instrument à vent comme le « ton de trompette » ou le « ton de rechange » ; (*e*) intervalle d'un ton entier par opposition au demi-ton ; (*f*) sonorité, note, etc. comme « ton aigre », « ton bouché » (du cor), « ton doux ».

2. (all.). *Ton* a également plusieurs significations : (*a*) « hauteur de son » ; *den Ton angeben,* « donner le ton » ; (*b*) « tonalité », « mode » ; *Tongeschlecht,* « mode » (majeur ou mineur, etc.) ; (*c*) « note » ; *den Ton halten,* « tenir la note » ; *Tonabstand,* « intervalle » ; *Tonfarbe,* « couleur sonore », « timbre » ; *Tonfolge,* « mélodie » ; *Tonfülle,* « volume sonore » ; *Tonhöhe,* « hauteur de son » ; *Tonlage,* « hauteur de son », « étendue », « registre », etc. ; *Tonleiter,* « gamme » ; *Tonreihe,* « série » (de sons) ; *Tonmass,* « temps » (comme la longueur d'un temps, etc.) ; *Tonschlüssel,* « fondamentale » ; *Tonsetzer,* « compositeur » ; (*d*) « son », « musique » ; *Tonkunst,* « musique », « art des sons » (etc.) ; *Tonkünstler,* « musicien » ; *Tonlehre,* « acoustique » ; *Tonbühne,* « orchestre » ; *Tonbild,* « image sonore » ; *Tonmalerei,* « musique à programme » ; *Tondichtung,* « poème symphonique ».

Tonadilla (esp.). Diminutif de *tonada,* « chant ». Ce mot désigne un opéra-comique espagnol court, comprenant de un à quatre personnages et essentiellement composé de solos vocaux et de quelques chœurs. Comme l'*opera buffa* italien, ses origines remontent à de courts interludes exécutés entre les actes d'une pièce ou d'un opéra ; mais la *tonadilla* est ensuite devenue une œuvre indépendante. La *tonadilla* a été florissante entre le milieu du XVIIIe siècle et le début du XIXe siècle : parmi les grands compositeurs de *tonadillas* figurent Luis Misón, Antonio Guerrero, Esteve y Grimau et Blas de Laserna. Granados a composé quelques *tonadillas* pour voix et piano.

Voir également *Zarzuela.*

Tonaire (lat. : *tonarium, tonarius, tonale*). Genre de livre de plain-chant. Voir *Plain-chant,* 4.

Tonalité. Organisation des hauteurs de son permettant une articulation de la musique dans le temps. Tous les systèmes de tonalité ont en commun l'idée selon laquelle la musique progresse en s'écartant ou en s'approchant des hauteurs fondamentales qui déterminent l'importance relative de toutes les notes utilisables au sein d'une œuvre. Ainsi, dans les tonalités majeures-mineures de la période 1600-1900, le centre tonal est fixé pour un passage, un mouvement ou un morceau donné ; la note qui se trouve à la quinte supérieure occupe la deuxième place dans l'ordre d'importance, la quinte inférieure la suivante, etc. (en ut majeur, ces notes seraient la tonique do, la dominante sol, la sous-dominante fa, etc.).

Dans la musique occidentale antérieure au XVIIe siècle, la tonalité de la mélodie est encore sujette à controverse. Les théoriciens du Moyen Age ont décrit différents systèmes modaux pour expliquer les pratiques de composition (voir *Mode*). Vers 1600, un langage harmonique plus unifié a fait son apparition dans la musique européenne, qui a servi à aplanir les différences entre les modes et à insister sur le concept de la *transposition. Deux modes (ionien sur do et éolien sur la) sont devenus les plus courants ; ils étaient utilisés à n'importe quelle hauteur, procédé historique qu'il faut rapprocher de l'accord au tempérament égal (voir *Gamme*, 3 ; *Tempérament*, 4).

La tonalité majeure-mineure a été décrite d'après ces éléments. Au XVIIIe siècle, Rameau a codifié le principe du renversement ; dans n'importe quelle tonalité, on pouvait définir une tonalité en se référant à des progressions de fondamentales avec les accords parfaits correspondants, que la note fondamentale sonne réellement à la basse ou non (voir *Fondamentale*). Au XIXe siècle, Hugo Riemann a avancé que les fondamentales tonique, dominante et sous-dominante étaient de première importance dans l'expression de la tonalité. Ces deux théories de la base harmonique de la tonalité, appelées respectivement « fondamentale » et « fonctionnelle », suggèrent que la musique exprime diverses tonalités, passant de l'une à l'autre au moyen de la *modulation. Au début du XXe siècle, Schoenberg et Schenker ont tous deux avancé l'idée selon laquelle un morceau de musique exprime seulement une tonalité, les tons moins importants qui articulent sa structure n'étant que des « régions » ou des « prolongations » de la tonalité (voir *Analyse*, 3). Cette phase finale de la théorie tonale plaide en faveur d'une base naturelle pour la tonalité majeure-mineure dans les harmoniques des *séries harmoniques. Riemann a même suggéré qu'une série de partiels imaginaires permettait d'expliquer la tonalité mineure (puisque la tonalité majeure de la série d'harmoniques devient mineure si elle est inversée « sous » la fondamentale) et Schenker croyait que toute la tonalité était un déroulement dans le temps et une élaboration de l'« accord de la nature » – les notes de l'accord parfait majeur.

L'accroissement de la richesse chromatique de la musique du XIXe siècle a sonné le glas du système majeur-mineur dans *Tristan et Isolde* (1865) de Wagner. Dans les années 1880 à 1900, Debussy expérimentait déjà de nouvelles relations tonales, utilisant la gamme anhémitonique (gamme par tons entiers) pour produire des divisions symétriques de l'octave. Le développement le plus radical de ces tendances a été le style dodécaphonique de Schoenberg (à ne pas confondre avec le « sérialisme »). Bien que les historiens considèrent que ce style a marqué la dissolution finale de la tonalité dans les années vingt, Schoenberg considérait que toute musique devait exprimer la tonalité sous une forme ou sous une autre, et il refusait le terme « atonal ». Certains, comme George Perle (1915), ont étudié le concept d'une tonalité dodécaphonique. D'autres développements de la tonalité, utilisant de nouveaux genres de mode (Messiaen), la bitonalité et la polytonalité (Milhaud, Ives) et un système d'axe basé sur les tonalités reliées entre elles par le triton (Bartók), révèlent la variété des concepts modernes de tonalité. Selon Schoenberg, la musique qui entretient un sens éloigné de fonctions tonales traditionnelles dans un contexte chromatique utilise une tonalité « étendue ». Cette pratique a fait son chemin dans certaines musiques de jazz moderne et dans la musique populaire, mais la plupart d'entre elles restent néanmoins farouchement fidèles au langage tonal conçu par les compositeurs du XVIIe siècle.

Jonathan Dunsby.

BIBLIOGRAPHIE : Célestin Deliège, *Les Fondements de la musique tonale*, Lattès (Paris, 1984). Armand Machabey, *Genèse de la tonalité*, Richard Masse (Paris, 1955). Robert Siohan, *Horizons sonores*, Flammarion (Paris, 1956).

Tonalités voisines. Dans la théorie harmonique, tonalités considérées par rapport à leur relation avec la tonique. Par exemple, en do majeur, les tonalités les plus voisines sont la dominante (sol), la médiante (mi), la sous-dominante (fa), la sus-tonique (ré) et le relatif mineur (la).

La différence d'armature entre les quatre premières tonalités et do majeur est seulement d'un dièse ou d'un bémol, et la dernière tonalité a la même armature que do majeur. Voir également *Cycle des quintes* ; *Modulation*.

Tonart (all.). « Tonalité », « ton » (d'ut majeur, par exemple).

Tondichtung (all.). « Poème symphonique ».

Tondo (ital.). « Rond ».

Tonic Sol-fa. Méthode pédagogique anglaise de déchiffrage et de solfège inventée par John Curwen qui repose sur le principe de la *solmisation ; les notes y sont désignées par des syllabes très proches du nom qu'elles portent dans les pays latins et non par des lettres comme c'est l'usage en Angleterre (ou en Allemagne). Après différents essais, le système a été adopté dans l'ensemble des écoles élémentaires de Grande-Bretagne en 1870. En raison de l'importance de la vie chorale amateur dans ce pays, une approche aussi simplifiée du solfège était indispensable. Elle a été modernisée à plusieurs reprises.

Tonique. Premier degré de la gamme majeure ou mineure.

Tonkünstlersozietät. Voir *Concert*, 5.

Tonlos (all.). « Sans ton », « sans bruit », « non accentué ».

Tono. 1. (esp.). En général, tout type de chant espagnol, sacré ou profane ; plus spécifiquement, au XVIIe siècle, chant court, à l'origine à une voix, puis à deux ou trois voix, utilisé pour introduire une pièce de théâtre ou toute autre représentation scénique.

2. (ital.). « Ton » en général ; spécifiquement « ton entier ».

3. (ital.). « Tonalité » ou « mode » ; spécifiquement mode liturgique ou la formule de récitation lui appartenant. Voir *Tonus*.

Tonreihe (all.). « Série » (de sons).

Tons psalmodiques. Formules de récitation de plain-chant pour les psaumes. Voir *Tonus*, 3.

Tonus (lat., du grec *tonos*, « ton »). Terme employé dans trois sens au Moyen Age.

1. L'intervalle de seconde majeure.
2. *Mode.
3. Formule de récitation du plain-chant. Il existait de nombreux tons de récitation du plain-chant au Moyen Age, essentiellement pour chanter les psaumes et les cantiques et pour entonner les prières et les leçons. Pour les psaumes, il y en avait plus d'une douzaine, un pour chacun des huit modes et plusieurs autres, le ton irrégulier le plus connu étant le *tonus peregrinus*, ainsi appelé parce que la principale note de récitation changeait à partir de la moitié jusqu'à la fin. Pour les prières, les tons sont en général extrêmement simples, mais ceux de certaines leçons importantes, comme la lecture de la généalogie du Christ à Noël, sont plus ornés. Généralement, la majeure partie d'une intonation tourne autour d'une seule note, la teneur, répétée indéfiniment selon les besoins du texte. Les premières notes conduisent généralement à la teneur en passant par des degrés ascendants ; à la fin de chaque ligne, une cadence s'en écarte. Ce sont généralement des cadences secondaires, en seconde moitié de verset (*mediatio* ; parfois en d'autres points [*flexa*] dans les versets longs). La même procédure se répète pour chaque verset du psaume ou d'un autre texte.

Pour les illustrations, voir *Plain-chant*, Ex. 2.

David Hiley.

Torch song (angl.). Terme employé occasionnellement à la fin des années vingt et dans les années trente pour désigner une ballade inspirée du *blues* et qui évoquait un amour perdu, non partagé ou malheureux. Généralement écrite dans la langue du jazz, il s'agissait de l'équivalent « Tin Pan Alley » du *blues* ; le *Torch song* était habituellement chanté par une femme dans un cabaret ou dans une revue ; Libby Holman (1906-71) était considérée comme la principale chanteuse de « torch songs » de son époque avec des chansons comme « Moanin' low » et « Body and soul ». On ne sait pas exactement quand le terme « torch song » a été employé pour la première fois, mais il s'agit sans doute d'une abréviation argotique de « carrying the torch », avec une idée de souffrance. Plusieurs chansons portant ce titre ont été publiées, notamment : *The Torch Song* de Harry Warren dans *The Laugh Parade* (1931), *Torch Song* d'Irving Berlin dans *Face the Music* (1932) et *The Torch Singer* de Henry Sullivan dans *Thumbs Up* (1934).

Tordion [tourdion]. Danse du XVIe siècle qu'Arbeau décrit dans son *Orchésographie* (1588) comme identique à la *gaillarde, mais plus légère et plus rapide. Elle se danse sur les pas de base du cinque pas ; elle est de rythme ternaire et était habituellement exécutée après une *basse danse.

Torelli, Giuseppe (Vérone, 22 avril 1658 ; Bologne, 8 février 1709). Violoniste et compositeur italien. Membre de l'école de Bologne, il joue dans l'orchestre de l'Accademia filarmonica de Bologne à partir de 1684 et devient, deux ans plus tard, l'un des instrumentistes à cordes de l'église de San Petronio. Il y reste jusqu'à ce que l'orchestre soit temporairement dissous en 1696, date à laquelle il devient premier violon de l'orchestre du margrave de Brandebourg, à Ansbach. Il séjourne à Vienne en 1699, mais retourne à Bologne en 1701 à la reprise d'activité de l'orchestre de San Petronio, au sein duquel il reste jusqu'à sa mort.

Torelli est l'une des personnalités majeures du début de l'histoire du concerto (voir *Concerto*, 4). Contemporain de Corelli, il incarne néanmoins une attitude plus novatrice à l'égard du concerto grosso. Parmi ses œuvres de jeunesse figurent plusieurs morceaux inédits pour trompettes et cordes et c'est sans doute l'expérience acquise en écrivant des mélodies brillantes et simples pour les trompettes qui lui a donné un penchant pour les thèmes rythmiques et incisifs. A la place du contrepoint riche de Corelli, l'emphase est placée sur la ligne supérieure et une tendance naissante pour le concerto solo (concrétisé dans son opus 8) apparaît dans certains mouvements, où des passages rapides sont marqués « solo » afin d'« éviter la confusion ». Il est l'un des premiers à avoir utilisé le principe du *ritornello* ; les concertos grossos et les concertos solos de son opus 8 (Bologne, 1709) suivent l'ordre rapide-lent-rapide en trois mouvements de l'ouverture d'opéra à l'italienne, par opposition à l'ordre plus courant lent-rapide-lent-rapide de la *sonata da chiesa*. La musique de Torelli a exercé une grande influence et a été largement diffusée de son vivant ; huit volumes de sonates et de concertos ont été publiés à Bologne entre 1686 et 1709, sans compter une somme considérable de musique manuscrite qui nous est parvenue.

Denis Arnold.

Tornare, tornando (ital.). « Retourner », « retournant ».

Tosca. Opéra en trois actes de Puccini sur un livret de Giacosa et Illica d'après la pièce de Sardou *La Tosca* (1887). Représentations : Rome (Teatro Costanzi, 14 janvier 1900) ; Londres (Covent Garden, 12 juillet 1900) ; New York (Metropolitan Opera, 4 février 1901) ; Paris (Opéra-Comique, 13 octobre 1903). Cavaradossi (tén.), peintre républicain, vient en aide à Angelotti (basse), consul de l'ancienne République de Rome, qui s'est échappé de prison. Tosca (sop.), cantatrice et maîtresse de Cavaradossi, est jalouse et croit qu'il a une aventure avec la belle marquise Attavanti. Le chef de la police, le cruel baron Scarpia (bar.), se sert de la jalousie de Tosca et de son amour pour Cavaradossi, qu'il a fait arrêter et torturer. Les cris de son amant brisent la résistance de Tosca et elle révèle l'endroit où se cache Angelotti. Scarpia lui dit qu'elle ne peut sauver la vie de son amant qu'à la condition de se donner à lui ; en échange, il organisera une exécution feinte pour Cavaradossi. Tosca accepte, mais, voyant un couteau sur la table de Scarpia, elle s'en saisit et le tue. Elle court rejoindre Cavaradossi pour lui annoncer que l'exécution sera feinte et qu'il doit jouer le jeu. Les soldats font feu et Cavaradossi tombe mort ; Scarpia a trompé Tosca. Son assassinat est découvert et elle se jette dans le vide.

BIBLIOGRAPHIE : *Tosca*, L'Avant-Scène-Opéra n° 11 (Paris, 1977).

Toselli, Enrico (Florence, 13 mars 1883 ; Florence, 15 janvier 1926). Compositeur d'opéras et d'opérettes italien. Élève de Sgambati et de Martucci, il entame une belle carrière de pianiste jusqu'à ce qu'en 1907 son mariage avec l'archiduchesse Louise d'Autriche-Toscane ne l'amène à négliger sa technique du clavier. Il est encore connu par sa chanson populaire *Serenata* (1900).

Denis Arnold.

Tost. Voir *Quatuors Tost.*

Tosti, (Sir) (Francesco) **Paolo** (Ortona sul Mare, 9 avril 1846 ; Rome, 2 décembre 1916). Compositeur et professeur de chant italien. Il fait ses études à Naples, où il enseigne jusqu'en 1869. Il écrit une profusion de ballades et de chansons légères et s'installe à Rome, où il devient professeur de chant de la reine Marguerite d'Italie. Il fait plusieurs voyages à Londres à partir de 1875 et finit par s'y installer en 1880, devenant professeur de chant de la famille royale, qui l'anoblit en 1908. Il est l'auteur de nombreuses chansons sur des textes italiens, français et anglais qui ont connu une grande vogue en Angleterre à l'ère victorienne – notamment « Goodbye » (*Addio*), « Ideale », « La Serenata » et « Mattinata ».

Peter Gammond.

Tosto (ital.). « Rapide » ; *più tosto,* « plus rapide » (à ne pas confondre avec *piuttosto,* « plutôt que » ou « quelque peu ») ; *più che tosto,* « dès que ».

Totentanz (« Danse macabre »). Œuvre pour piano et orchestre de Liszt, composée en 1849 et révisée en 1853 et 1859. Elle comprend des variations sur le *Dies irae.* Busoni en a fait un arrangement.

Touche. Longue planchette de bois dur (généralement de l'ébène) collée sur le manche des instruments à cordes. Les cordes sont tendues sur la touche.

Toucher (au piano, etc.). Voir *Piano,* 14 ; *Orgue,* 4.

Tour d'écrou, Le (*The Turn of the Screw*). Opéra en deux actes et un prologue de Britten sur un livret de Myfanwy Piper d'après le conte de Henry James (1898). Représentations : Venise (Fenice, 14 septembre 1954 par l'English Opera Group) ; Londres (Sadler's Wells, 6 octobre 1954) ; New York (College of Music, Kaufmann Concert Hall, 19 mars 1958 ; Marseille (version française, 15 janvier 1965). La Gourvernante (sop.), chargée de s'occuper de deux enfants dans une maison de campagne tenue par la vieille Mrs Grose (sop.), se rend compte que les enfants sont visités par les fantômes maléfiques de deux anciens serviteurs, Miss Jessel (sop.) et Peter Quint (tén.), et qu'en outre les enfants apprécient cette situation. Elle réussit à convaincre Mrs Grose d'emmener la petite fille ailleurs, mais, alors qu'elle exorcise le petit garçon, il meurt dans ses bras. L'« écrou » du titre est représenté par un thème qui « tourne » à travers quinze variations le long des interludes placés entre les huit scènes de chaque acte.

Tournemire, Charles (Bordeaux, 22 janvier 1870 ; Arcachon, 4 novembre 1939). Organiste et compositeur français, élève de Franck et de Widor, organiste de Sainte-Clotilde à Paris de 1898 à 1939, professeur au Conservatoire de Paris à partir de 1919. Il a composé essentiellement pour son instrument, dont il a enrichi le répertoire d'œuvres adaptées aux différents offices, notamment le cycle l'*Orgue mystique*, recueil de deux cent cinquante-cinq pièces pour l'ensemble des dimanches du cycle liturgique. On lui doit également huit symphonies, dont une avec soli, chœur et orgue (n° 6), plusieurs symphonies pour orgue (*Symphonie-Choral*, *Symphonie sacrée*) et quatre opéras.

Alain Pâris.

BIBLIOGRAPHIE : Norbert Dufourcq, *La Musique d'orgue française* (Paris, 1941, rééd. 1949). Joël-Marie Fauquet, *Catalogue de l'œuvre de Charles Tournemire,* Minkoff (Genève, 1979). Félix Raugel, *Les Organistes* (Paris, 1923, rééd. 1962).

Tout un monde lointain. Concerto pour violoncelle et orchestre de Dutilleux dédié à Mstislav Rostropovitch (1968-70). Chaque mouvement porte en exergue un vers des *Fleurs du mal* de Baudelaire.

Tovey, (Sir) **Donald** (Francis) (Eton, 17 juillet 1875 ; Édimbourg, 10 juillet 1940). Pianiste et musicographe anglais. Il apprend à jouer du piano en privé, puis va étudier les classiques à Oxford. A partir de 1898, il mène pendant quelques années une carrière de pianiste et de compositeur. En 1914, il est nommé professeur de musique à l'Université d'Édimbourg, poste qu'il conserve jusqu'à la fin de ses jours. C'est là qu'il écrit ses célèbres programmes pour les Concerts Reid (qu'il dirige également), mais ce n'est qu'à la fin de sa vie qu'ils seront réunis et publiés dans l'ouvrage en sept volumes intitulé *Essays in Musical Analysis* (Londres, 1935-44, réduit et réédité en deux volumes en 1981). Ces écrits, de même qu'un livre sur Beethoven (Londres, 1944) et quelques essais, ne sont pas prisés des musicologues actuels, car leur analyse descriptive générale a été supplantée par l'analyse thématique plus approfondie de Schenker et de ses disciples. Néanmoins, ce sont des modèles du genre et ils peuvent être utiles au lecteur néophyte, notamment pour l'aperçu qu'ils donnent des effets de la tonalité sur les structures musicales.

Denis Arnold.

Toye (angl.). Nom donné sous les règnes d'Élisabeth et de Jacques Ier à une composition courte et légère pour clavier ou luth, comme *The Duchess of Brunswick's Toye* de John Bull, qui figure dans le Fitzwilliam Virginal Book.

Tpt. Abréviation de trompette.

Tr. Abréviaton de trompette ou de trille.

Trabaci, Giovanni Maria (Monte Pelusio [aujourd'hui Irsina], près de Potenza, vers 1575 ; Naples, 31 décembre 1647). Compositeur et organiste italien qui sera au service de la chapelle royale à Naples pendant la majeure partie de sa vie, succédant à Giovanni de Macque comme *maestro di cappella* en 1614. Il a composé beaucoup de musique pour clavier, notamment deux morceaux destinés au clavecin chromatique, remarquables pour leurs harmonies étranges ; certaines de ses toccatas requièrent une grande virtuosité technique et rappellent le style de Frescobaldi. Il a également écrit plus de cent cinquante œuvres de musique sacrée.

Denis Arnold.

Traduzione (ital.). 1. « Traduction » (d'un livret, etc.). 2. « Arrangement ». 3. « Transposition ».

Traetta, Tommaso (Bitonto, près de Bari, 30 mars 1727 ; Venise, 6 avril 1779). Compositeur italien. Il fait ses études à Naples avec Porpora et Durante, puis y fait représenter des opéras à partir de 1751. En 1758, il est engagé par le duc de Parme, et l'intendant de son théâtre français l'initie à la musique de Rameau et à la conception de la tragédie lyrique. Traetta écrit alors plusieurs œuvres sur des thèmes classiques, notamment *Armida* (1761), *Ifigenia in Tauride* (1763) – toutes deux pour Vienne –, *Sofonisba* (1762) et *Antigone* (1772). *Ifigenia* et *Antigone* incarnent les idéaux de Gluck dans un style italien. En 1765, Traetta est directeur de la musique au Conservatorio dell'Ospedaletto à Venise et, en 1768, il se rend en Russie, où il succède à Galuppi comme compositeur de la Grande Catherine ; son état de santé le contraint à quitter la Russie en 1775 et, après une saison à Londres, il retourne à Venise. Traetta est l'un des compositeurs d'opéras les plus remarquables du XVIIIe siècle ; l'étude de ses partitions révèle un sens dramatique aigu dans sa musique ; ses opéras « réformateurs » mériteraient vraiment d'être repris.

Denis Arnold.

Tragédie lyrique. Terme forgé par le librettiste Philippe Quinault (1635-88) et par Lully – et employé par eux pour la première fois à propos de *Cadmus et Hermione* (1673) – pour un genre d'opéra faisant appel à des sujets tragiques, mythologiques ou épiques, et accordant beaucoup d'importance à la clarté de la déclamation et au naturel de l'action. La tragédie lyrique a néanmoins été fortement critiquée, même à l'époque de son triomphe, pour le traitement exagéré de ses sujets, reflétant la « gloire » essentielle au divertissement de la cour de Louis XIV. Elle est devenue une convention guindée, annonçant un grand nombre des éléments rigides de l'**opera seria* et s'exposant à la parodie vigoureuse du librettiste Charles-Simon Favart (1710-92). Le terme est tombé en désuétude au début du XIXe siècle ; il a été utilisé dans un sens beaucoup plus général par les successeurs de Lully, de Rameau à Gluck, puis par Grétry, Gossec et d'autres compositeurs. Voir également *Opéra*, 5.

BIBLIOGRAPHIE : C. Girldestone, *La Tragédie en musique considérée comme genre littéraire (1673-1750)*, Droz (Genève, 1972).

Tragédie de Salomé, La. Ballet op.50 de Florent Schmitt d'après un poème de Robert d'Humières (1907). Création au Théâtre des Arts, à Paris, par les ballets de Loïe Fuller dans une version pour orchestre réduit en 1907. La version pour grand orchestre a été créée aux Concerts Colonne en 1911 sous la direction de Gabriel Pierné.

Tragische-ouvertüre. Voir *Ouverture tragique.*

Trait. Chant latin de la messe, généralement chanté avant l'évangile pendant le carême et en d'autres jours de pénitence. Un petit groupe de chants religieux pour la procession jusqu'aux fonts baptismaux au service de la vigile de Pâques comportent aussi des mélodies de trait. Les textes des traits comprennent plusieurs versets de psaumes.

On a cru pendant longtemps que les traits comptaient parmi les mélodies grégoriennes les plus anciennes parce qu'ils étaient chantés par un soliste de bout en bout, sans antienne ou répons, type de chant psalmodique remontant au XIVe siècle, et qu'ils reposent sur des formules mélodiques ornementales arrangées selon un plan proche de la récitation psalmodique simple, peut-être le résultat de l'ancienne tradition orale. Toutefois, des recherches récentes penchent pour le contraire. L'argumentation est liée au problème du chant romain ancien (voir *Plain-chant,* 3), c'est-à-dire le chant romain utilisé à Rome puis modifié lorsqu'il a été adopté dans l'empire de Charlemagne pour déboucher sur ce que l'on appelle aujourd'hui le chant grégorien. Contrairement au déroulement habituel des événements, il semble que plusieurs traits, peut-être la majorité d'entre eux, aient été composés dans des pays francs puis adoptés à Rome. Ainsi, il se pourrait qu'ils ne soient pas antérieurs au VIIIe siècle. En outre, les manuscrits les plus anciens (de la fin du VIIIe siècle) semblent avoir saisi le trait au milieu de son développement alors que de nouveaux traits étaient encore composés avant qu'ils aient tous trouvé une place fixe dans la liturgie. Les sources les plus anciennes contiennent seulement vingt et un traits, mais de nouveaux ont été composés pendant tout le Moyen Age ; le *Graduale romanum* moderne du Vatican en contient soixante-dix.

Tous les traits sont écrits soit dans le 2e soit dans le 8e mode (voir *Mode,* 2).

David Hiley.

Tranquillo (ital.). « Tranquille » ; *tranquillamente,* « tranquillement » ; *tranquillità, tranquillezza,* « tranquillité ».

Transcription

1. Historique
2. Curiosités et parodies
3. Justifications actuelles des transcriptions

La transcription (ou arrangement) est une adaptation à un instrument d'une œuvre destinée à l'origine à un autre instrument – refonte d'une mélodie en pièce pour piano ou d'une ouverture symphonique en pièce pour orgue, etc. Cette procédure était très fréquente avant l'apparition de l'enregistrement, qui a beaucoup facilité la diffusion des œuvres originales.

Une transcription sérieuse ne se limite pas au simple transfert d'un moyen d'expression à un autre, car certains passages qui font de l'effet sur un instrument risquent de paraître grotesques ou, du moins, de ne pas avoir la portée voulue sur un autre instrument. L'adaptateur ne doit pas se limiter à reproduire avec le plus de fidélité possible un passage donné dans un nouveau contexte, mais chercher à reconstituer ce que le compositeur aurait écrit s'il avait choisi ce nouveau mode d'expression.

1. *Historique.* Jusqu'à la fin du XVIe siècle, la musique vocale était le seul domaine qui faisait l'objet de transcriptions : les motets et autres œuvres de musique sacrée, les madrigaux et les chansons étaient souvent exécutés sur des instruments à cordes ou à vent, avec ou sans voix. La phrase « convenant (ou adaptée) aux violes ou aux voix » apparaît sur la page de titre des partitions publiées à partir du milieu du XVIe siècle. Les transcriptions résultant de cette pratique différaient peu de l'original, toute ornementation ajoutée ayant un caractère d'improvisation. De même, les transcriptions de telles pièces pour luth ou pour clavier n'étaient que des mises en tablature avec adjonction de quelques ornements pour agrémenter les notes soutenues.

Au début de l'ère baroque, les transcriptions se portent également sur les pièces instrumentales. Bach est l'un des plus grands adaptateurs de l'histoire de la musique. Il a transcrit au clavecin seize concertos pour violon de Vivaldi et trois à l'orgue. La liberté dont il fait preuve dans ces arrangements serait difficilement tolérée aujourd'hui. Même Albert Schweitzer, dont la biographie révèle une dévotion profonde, était choqué par la transcription pour clavecin du *Concerto pour deux violons en ut mineur* de Vivaldi : « Comment Bach a-t-il pu oser transposer les deux parties de violon *cantabile* du mouvement lent au clavecin dont la sonorité est si abrupte... ? » Il faut croire que Bach ne recherchait pas dans ses œuvres une sonorité précise, mais plutôt un éventail sonore offrant diverses possibilités d'exécution.

Bach lui-même a été la cible privilégiée des adaptateurs et transcripteurs. Ses grandes œuvres pour orgue ont été largement orchestrées à une époque où les récitals d'orgue étaient tombés en désuétude (*Fantaisie et fugue en ut mineur* par Elgar, *Toccata et fugue en ré mineur* par Stokowski, *Passacaille et fugue en ut mineur* par Respighi). La « Chaconne » de la *Partita pour violon seul en ré mineur BWV 1 004* a été transcrite pour piano par Busoni, qui en fait virtuellement une autre œuvre, tout aussi magnifique. La transcription de Brahms est destinée à la main gauche seule, pour mieux reproduire certaines difficultés de la version originale ; quant à Schumann, il est allé jusqu'à écrire un accompagnement pianistique complet de la partie de violon pour la rendre plus accessible aux instrumentistes dépourvus de la virtuosité nécessaire. Il y a tout lieu de croire que Bach ne s'en serait pas plaint : en réécrivant pour orgue le Prélude de la *Partita pour violon seul en mi mineur*, il a, lui aussi, virtuellement créé une nouvelle œuvre et ceux qui connaissent les deux versions ne sacrifieraient volontiers aucune des deux.

Les grands pianistes du XIXe siècle ont réalisé de nombreuses transcriptions pour rendre plus accessibles des œuvres difficiles à diffuser dans leur version originale : les concerts symphoniques de qualité étaient rares dans de nombreuses villes et les opéras les plus ambitieux étaient hors de portée de la plupart des théâtres lyriques de province. Ainsi Liszt a-t-il transcrit pour piano les neuf symphonies de Beethoven, mais en tentant d'y inclure l'essentiel du matériel mélodique ; en dehors de lui, rares étaient les pianistes qui pouvaient jouer de telles transcriptions. Mais il a aussi réalisé certaines transcriptions dans le seul but de mettre à la portée du piano des œuvres conçues pour un autre instrument. Ses transcriptions des lieder de Schubert trahissent trop ses propres conceptions pianistiques pour être satisfaisantes ; mais ses transcriptions des *Caprices* de Paganini, comme celles de Schumann, sont très réussies et offrent au virtuose un bon matériel.

Dans un domaine différent, les transcriptions pour piano à quatre mains réalisées à la fin du XIXe siècle et qui couvrent la quasi-totalité du répertoire symphonique et de musique de chambre sont également très précieuses. Elles ont permis aux pianistes de se familiariser avec des œuvres qu'ils ne pouvaient entendre qu'assez rarement ou même jamais. Ce système d'approche est excellent, comme le précédent, surtout pour les quatuors à cordes, où les lignes instrumentales individuelles peuvent être reproduites dans leur intégrité. Une pratique analogue existait pour l'opéra. Bernard Shaw a fort bien noté que ce n'est pas à Bayreuth que le grand public a découvert les drames wagnériens, mais dans les salons ou à la maison, grâce aux transcriptions pour piano (et non aux réductions piano-chant).

*Premières mesures de l'*Alléluia *du* Messie *de Haendel transcrites pour deux flûtes (G. Walker éd., Londres).*

2. *Curiosités et parodies.* Toutes sortes de transcriptions ou arrangements ont vu le jour, destinées aux combinaisons instrumentales les plus diverses, et certains résultats ne manquent pas de pittoresque. La *Marche funèbre* de *Saul* de Haendel a été publiée, au début du XIXe siècle, sous forme de *glee* à quatre voix et le trio de la *Marche funèbre* de Chopin a été transformé, un siècle plus tard, en chanson comique dont le diplomate chinois Li

Hung Chang était le sujet. Au début du XIXe siècle, on a également vu paraître une série de quadrilles sur des thèmes du *Messie* de Haendel. Quant à l'*Alléluia,* il a connu diverses fortunes :

*Premières mesures de l'*Alléluia *du* Messie *de Haendel transcrites pour concertina par W.H. Birch (1826-88).*

Tin Pan Alley n'a jamais reculé devant les « emprunts » aux chefs-d'œuvre majeurs du répertoire. A la grande époque de la folie du jazz, dans les années vingt et trente, aucune des œuvres les plus populaires de Chopin, Schubert ou Beethoven n'était épargnées par les compositeurs ou adaptateurs de jazz, pas même l'*Hymne à la joie* de Schiller dans la *Symphonie n° 9* de Beethoven – qui a connu depuis une « seconde jeunesse » comme hymne officiel de la CEE. La partie vocale un peu trop sentimentale qu'a ajoutée Gounod au premier prélude du *Clavier bien tempéré* de J. S. Bach (réduit au simple rôle d'accompagnement) est un exemple répréhensible d'un type moins fréquent. L'horrible adjonction de percussions martelantes à la *Symphonie n° 40* de Mozart n'est qu'une manifestation actuelle de la même maladie. De tels excès sont regrettables, car ils dégradent la musique originale.

3. *Justifications actuelles des transcriptions.* Depuis l'invention des moyens de reproduction sonore (disque, bande magnétique, radio, etc.), les transcriptions et arrangements ne trouvent plus les mêmes justifications et rares sont les motifs sérieux qui leur donnent une raison d'être. Le compositeur ne se trouve plus dans la situation de Mozart, obligé de publier à la hâte des transcriptions pour ensemble à vent des airs de *L'Enlèvement au sérail* afin de tirer profit de la nouvelle popularité de cet ouvrage et d'en assurer la promotion. Tout se fera à l'aide de la radio et du disque. En outre, notre époque est moins rigide dans le domaine des dispositifs instrumentaux : il ne serait donc plus nécessaire, comme le fit Bizet, de refondre pour orchestre symphonique la musique de scène de *L'Arlésienne,* composée – délicieusement – à l'origine pour un petit orchestre de théâtre, avec une importante partie de saxophone. Les compagnies de ballet se tournent maintenant moins souvent vers de tristes transcriptions orchestrales des œuvres pour piano de Chopin ou de Schumann – qu'il est pratiquement impossible de réaliser correctement. Mais il ne faut pas pour autant avoir honte d'écouter les transcriptions réussies, lorsqu'elles font preuve d'imagination et ne s'écartent pas trop de l'original. Les *Tableaux d'une exposition* de Moussorgski ressemblent peu à de la musique pour piano dans leur version originale alors que les orchestrations de Ravel et de Henry Wood (sous le pseudonyme de Klenovsky), comme l'arrangement d'Elgar Howarth pour cuivres et percussion, semblent tous correspondre aux intentions de Moussorgski. L'orchestration délicate des *Gymnopédies n°s 1 et 3* de Satie réalisée par Debussy ne fait pas violence à l'original, mais, dans la musique française, la ligne qui sépare la perfection de la vulgarité est très mince. L'orchestration par Henri Rabaud de la suite pour piano à quatre mains de Fauré, *Dolly,* épaissit l'œuvre. Parfois, une transcription acquiert une vie propre, comme les arrangements de Gesualdo réalisés par Stravinski qui peuvent être acceptés comme tels car ils sont plus typiques de Stravinski que de Gesualdo.

L'auteur du présent article continuera donc à apprécier la belle orchestration de Ravel pour les *Tableaux d'une exposition,* les transcriptions virtuoses de Rachmaninov pour le Scherzo du *Songe d'une nuit d'été* de Mendelssohn et se laissera aller à l'illusion d'être un grand pianiste jouant la *Chaconne en ré mineur* de Bach arrangée par Busoni.

Percy Scholes/Denis Arnold.

Transfiguration de Notre-Seigneur Jésus-Christ, La. Œuvre pour cent voix, piano, violoncelle, flûte, clarinette, vibraphone, marimba, xylorimba et orchestre de Messiaen sur des textes de la Bible, du Missel et de saint Thomas d'Aquin. Elle comporte quatorze sections et a été composée entre 1965 et 1969.

Transpositeur. Voir *Instruments transpositeurs.*

Transposition. Exécution ou notation de la musique dans une tessiture différente de l'original, en élevant ou en abaissant l'ensemble des notes du même intervalle.

Pour certains instruments, la musique est généralement notée en transposition (voir *Instruments transpositeurs*). De nombreux compositeurs du XXe siècle, notamment Schoenberg, ont préféré écrire des partitions entièrement « en ut », toutes les parties étant notées comme elles sonnent. Les instruments à clavier transpositeurs, sur lesquels le clavier peut être déplacé par rapport aux cordes, datent de 1537 au moins, mais sont tombés en désuétude au XIXe siècle.

Dans l'exécution des œuvres vocales médiévales, la transposition de la musique notée était sans doute courante, mais dès le début du XVIe siècle l'utilisation des clés adaptées à chacune des parties vocales – c'est-à-dire la notation non transpositrice – se standardisait. La musique vocale est encore imprimée dans diverses transpositions pour s'adapter aux différentes tessitures vocales : mais dans certains cycles de lieder romantiques, où les relations tonales entre les numéros doivent être préservées (comme dans *Frauenliebe und -leben* [« L'Amour et la Vie d'une femme »] de Schumann), c'est contestable. La faculté de transposer à vue d'une tonalité dans une autre est essentielle pour les organistes d'église et elle était considérée comme une nécessité par les grands professeurs de piano du XIXe siècle et du début du XXe siècle. Au début de ses *51 Exercices pour piano*, Brahms a noté : « Ces exercices et des exercices similaires doivent également être pratiqués dans d'autres tonalités. »

Le concept de la transposition est au cœur des théories de la composition *dodécaphonique et de la structure de la musique *atonale. Messiaen a codifié des « *modes de transposition limitée », où certaines transpositions produisent les mêmes segments de gamme qui apparaissent dans d'autres transpositions : un mode ne peut être transposé qu'à un nombre limité d'intervalles, ce qui restreint le vocabulaire spécifique et cohérent des hauteurs disponibles dans n'importe quel mode. Dans ses dernières œuvres, Webern a souvent utilisé des structures dodécaphoniques qui ne permettent, elles aussi, qu'un certain nombre limité de transpositions.

Jonathan Dunsby.

Traps (angl.). « Batterie de jazz ». Nom donné à la batterie des orchestres de jazz et de danse. Lorsque l'orchestre a cessé d'être un ensemble de marche employant parfois plusieurs batteurs, la batterie a été confiée à un seul instrumentiste : elle comportait la grosse caisse, actionnée par une pédale (invention attribuée au batteur noir Dee Dee Chandler vers 1895), la caisse claire, les cymbales charleston (introduites par Vic Berton mais dont la forme définitive est due à Kaiser Marshall vers 1926), les woodblocks, les cloches de vache, etc. (voir *Batterie*, 1). Ces instruments ont reçu l'appellation populaire de *traps*, sans doute une adaptation de l'abréviation du mot anglais « trappings », aujourd'hui tombé en désuétude.

Peter Gammond.

Traquenard. Danse allemande de la fin du XVIIe siècle, que l'on trouve dans les suites pour orchestre de Georg Muffat, Johann Fischer et J. P. Krieger. L'origine du nom est inconnue.

Trascinando (ital.). « Traînant », *rallentando.*

Trascrizione (ital.). « Transcription », « copie ».

Trattenuto (ital.). (1) « En ralentissant ». (2) « Soutenu ».

Trauer (all.). « Deuil » ; *trauerig*, « triste », « affligé » ; *Trauermarsch*, « marche funèbre » ; *Trauermusik*, « musique funèbre » ; *trauervoll*, « triste ».

Trauermusik (« Musique funèbre »). Œuvre pour alto (ou violon ou violoncelle) et orchestre de Hindemith, composée en 1936 en l'espace de quelques heures, après l'annonce de la mort du roi Georges V, pour qu'elle soit jouée en concert le lendemain. Elle comporte quatre mouvements, le dernier utilisant le choral *Vor deinen Thron ich hiermit* (« Psaume *Jubilate Deo* »).

Traum (all.). « Rêve » ; *Traumbild,* tableau de rêve ; *träumend,* « en rêvant » ; *Träumerei,* « rêverie » ; *träumerisch,* « comme dans un rêve » ; *Liebesträume,* « rêves d'amour ».

Träumerei (« Rêverie »). Pièce pour piano de Schumann, nº 7 de ses *Kinderscenen* (« Scènes d'enfants ») op.15 (1838).

Travers, John (vers 1703 ; Londres, juin 1758). Compositeur et organiste anglais. Choriste à la chapelle St Georges à Windsor, il fait ses études avec Maurice Greene et Pepusch, qui lui lègue une partie de sa précieuse bibliothèque. Il mène une carrière d'organiste et, en 1737, est nommé en cette spécialité à la chapelle royale.

Travers a écrit beaucoup de musique sacrée, notamment un recueil intitulé *The Whole Book of Psalms* (une à cinq voix et clavecin, Londres, vers 1750) et un *Service en fa,* un *Te Deum* et plusieurs *anthems* parus dans le volume de *Cathedral Music* de Samuel Arnold (Londres, 1790). Ses dix-huit *Canzonets* ont été très populaires.

Wendy Thompson.

Traversa, traverso (ital.). « Traversière » ; *Traversflöte* (all.), « flûte traversière ».

Traviata, La. Opéra en trois actes de Verdi sur un livret de Piave d'après la pièce (1852) et le roman (1848) d'Alexandre Dumas fils *La Dame aux camélias,* basé sur des expériences personnelles. Représentations : Venise (Fenice, 6 mars 1853) ; Londres (Her Majesty's Theatre, 24 mai 1856) ; New York (Academy of Music, 3 décembre 1856) ; Paris (Théâtre-Italien, 6 décembre 1856). Alfredo Germont (tén.) tombe amoureux de la belle courtisane Violetta Valery (sop.), surnommée la Dame aux camélias. Elle sait qu'elle est en train de mourir de la tuberculose. Découvrant un homme qu'elle peut vraiment aimer pour la première fois de sa vie, elle quitte sa vie de demi-mondaine et va vivre avec lui à la campagne. Elle y reçoit la visite du père d'Alfredo, Giorgio Germont (bar.), qui lui demande de quitter Alfredo : le futur mariage de sa fille est menacé par le scandale de leur liaison. Elle accepte le sacrifice et retourne auprès de son ancien protecteur, le baron Douphol (bar.). Alfredo insulte publiquement Violetta au cours d'une soirée donnée par Flora Bervoix (mezzo) ; il est provoqué en duel par le baron et désavoué par son père. Il apprend finalement la vérité à propos du sacrifice de Violetta et retourne auprès d'elle alors qu'elle se meurt.

BIBLIOGRAPHIE : *La Traviata,* L'Avant-Scène-Opéra nº 51 (Paris, 1983).

Tre corde (ital.). Dans la musique pour piano, expression indiquant qu'il faut enfoncer la pédale forte. Voir *Piano,* 12.

Tregian, Francis (1574 ; Londres, 1619). Musicien anglais amateur. Fils d'un catholique qui avait été emprisonné et exilé pour sa foi, Francis Tregian fait ses études à Douai, puis devient camérier du cardinal Allen, au Collège anglais de Rome. Il retourne en Angleterre en 1605 pour réclamer les biens de son père en Cornouailles, mais, quatre ans plus tard, il est lui-même accusé d'être récusant et incarcéré à Fleet Prison, où il restera jusqu'à sa mort.

C'est durant cette période d'emprisonnement que Tregian a copié trois grosses anthologies de musique, comprenant des œuvres vocales et instrumentales des principaux compositeurs italiens de l'époque ainsi que des pièces pour clavier de compositeurs anglais, surtout de sympathisants à la cause catholique. Le plus célèbre de ces volumes est le *Fitzwilliam Virginal Book.*

Denis Arnold.

Tregian's Anthology (« Anthologie de Tregian »). On emploie ce terme pour désigner deux des trois recueils manuscrits de musique pour clavier compilés par Francis Tregian pendant ses dix années d'incarcération à la Fleet Prison de Londres, comme récusant catholique. Le troisième manuscrit est le *Fitzwilliam Virginal Book.* Les deux manuscrits comprenant l'Anthologie de Tregian sont aujourd'hui le « MS Egerton 3665 » à la British Library (contenant plus de mille villanelles, madrigaux, danses et motets) et le « Sambrooke MS » à la New York

Public Library, qui est la suite du premier et contient des motets, une pavane et des madrigaux (cinq à huit voix). Ces trois manuscrits (au total plus de deux mille pièces) comptent parmi les recueils de musique anglaise et italienne les plus importants du début du XVIIe siècle. Plusieurs morceaux de Tregian lui-même y figurent : Egerton 3665 comprend un *Balla d'amore* instrumental à cinq parties et deux madrigaux polyphoniques italiens. Le recueil privilégie les compositeurs catholiques, comme Byrd, mais près d'un cinquième du total est consacré aux œuvres du protestant Giles Farnaby.

Treibend (all.). « En pressant », « en animant ».

Tremain, (Albert) **Ronald** (Feilding, Nouvelle-Zélande, 9 octobre 1923). Compositeur néo-zélandais. Il fait ses études à l'University College de Canterbury et au Royal College of Music de Londres. Il suit les cours d'été de Petrassi à Rome et un cours de direction d'orchestre à Sienne ; en 1957, il est nommé maître de conférences à l'Université d'Auckland, poste qu'il conserve jusqu'en 1967, date à laquelle il devient professeur invité de théorie et de composition à la State University of New York, à Buffalo. Il est maître de conférences au Goldsmith's College de Londres (1969-70), puis professeur et directeur des études de la section musicale de Brock University, dans l'Ontario, au Canada. Il a remporté divers prix et récompenses pour sa musique, qui se caractérise par une sensibilité au texte et un sens lyrique certain, comme dans ses *Three Mystical Songs* pour mezzo et orchestre à cordes (1951, sur des textes de Vaughan, Traherne et Herrick) et ses *Four Medieval Lyrics* (1964) pour mezzo et trio à cordes, qui emploient une tonalité chromatique étendue. Il a également mis en musique des textes de poètes néo-zélandais, notamment « Boy, Girl, Flower, Bicycle » de M. K. Joseph et « Three Poems » d'A. R. D. Fairburn. Son *Allegro for Strings* et ses *Five Epigrams for Strings* font preuve d'une écriture accomplie aux structures transparentes. Ses dernières œuvres révèlent un éclectisme créateur.

J. M. Thomson.

Tremando, tremante, tremolando (ital.). « En tremblant », « en vibrant », qui doit être joué avec **tremolo*.

Tremblement. Aux XVIIe et XVIIIe siècles, autre nom du *trille ; « tremblement mineur », autre nom du **vibrato*.

Tremolando (ital.). Voir *Tremolo*, 1.

Tremolo (ital.). Une confusion terminologique entoure les termes *tremolo* et **vibrato*. La solution la plus simple consiste à employer *tremolo* pour le changement d'intensité sur une note ou la répétition d'une note et *vibrato* pour un tremblement de hauteur ; toutefois, certains écrits relatifs à la voix inversent cette distinction. *Tremolo* dans le premier sens désigne un certain nombre d'effets apparentés.

1. Sur les instruments à cordes et sur d'autres instruments, répétition rapide d'une seule note ou, par extension, alternance de deux notes. Le rythme peut être régulier (comme dans l'Ex. 1) ou non mesuré (dans ce cas on l'appelle parfois *tremolando*). La répétition mesurée a été utilisée pour créer une tension et une animation dans la musique depuis le début de l'ère baroque ; elle a généralement été remplacée par la répétition non mesurée à la fin du XIXe siècle. Le piano peut simuler ces effets par une alternance de notes distantes d'une octave.

(*a*)

(*b*)

Ex. 1

2. Plus spécifiquement, ornement utilisé par les instrumentistes à cordes des XVIIe et XVIIIe siècles. La note est légèrement répétée au sein d'un même coup d'archet, les séparations étant à peine perceptibles. Le signe employé est une ligne tremblée au-dessus d'une note longue ou au-dessus d'une série de notes répétées.

3. Ornement vocal du XVIIe siècle consistant en une réitération rapide d'une note (mais sans les séparations exagérées parfois perpétrées de nos jours). Une chose a prêté à confusion : le terme italien de

l'époque était *trillo*, alors que *tremolo* désignait un type de trille (voir *Ornements et ornementation*, 2 dont l'Ex. 2 présente un exemple de *tremolo* vocal).

Simon McVeigh.

Tremulo. Même sens que **tremolo*.

Trenchmore. Type de *country dance* anglaise de rythme ternaire rapide, avec des rythmes pointés, des XVIe et XVIIe siècles. Cette danse est devenue très populaire à la période de la Restauration.

Trenodia (ital.). « Thrène ».

Trepak. Danse cosaque rapide à deux temps. On en trouve un exemple dans la suite *Casse-Noisette* de Tchaïkovski.

Trescone (ital.). Danse populaire italienne animée à deux temps, originaire de la région de Florence. Les danseurs désignent les partenaires qu'ils ont choisies en laissant tomber un mouchoir devant elles.

Trg., Trge. Abréviation de *triangle.

Triade. Voir *Accord parfait*.

Trial by Jury. Opérette en un acte de Sullivan sur un livret de W. S. Gilbert. Elle est qualifiée de « cantate dramatique » et est la seule de leurs œuvres qui soit chantée d'un bout à l'autre sans dialogue parlé. Elle a été créée à Londres en 1875.

Triangle. Instrument à percussion composé d'une tige d'acier, d'environ 1 cm d'épaisseur, assez longue pour être recourbée et former un triangle de 10 cm à 25 cm de côté et ouvert en un coin. Il est suspendu par une corde en boyau, tenue à la main ou par une pince attachée au pupitre. La baguette est une tige en acier, plus fine que celle du triangle, qui peut mesurer jusqu'à 15 cm de long. Pour les coups isolés, le triangle est frappé sur l'extérieur en choisissant l'endroit où le son convient le mieux au contexte musical. Le trille est réalisé à l'intérieur en frappant d'un côté à l'autre : pour un *crescendo*, on commence près du coin supérieur en descendant progressivement, car on peut donner plus de force vers le bas avec la baguette. Des effets spéciaux sont parfois exigés, comme l'emploi d'une baguette en bois ou d'une baguette douce, le son produit ressemblant davantage à celui d'une cloche (en faisant ressortir les harmoniques inférieurs de la vibration).

La forme du triangle suggère qu'à l'origine l'instrument a été conçu pour des trilles ou des rythmes rapides (un carré ou plutôt un losange, suspendu par un coin, avec un angle de 90° rendrait le passage de la baguette d'un côté à l'autre beaucoup plus difficile). Dans la musique populaire, le triangle est surtout utilisé dans les régions du sud de l'Europe, où l'on joue des castagnettes, et dans des rythmes aussi rapides. En raison de la facilité de fabrication, son usage très répandu hors du contexte orchestral en a fait un instrument d'appel dont le son porte loin ; il est souvent très grand, suspendu à l'extérieur des fermes – aux États-Unis comme en Europe. Il peut également servir d'avertisseur d'incendie, le grand modèle et l'épaisseur de la tige produisant un trille retentissant.

Sur de nombreux modèles anciens (on trouve déjà le triangle au XIVe siècle), il y a cinq ou six anneaux métalliques sur le côté inférieur, apparemment destinés à tinter dans les rythmes rapides ; en Bohême, certains orchestres villageois possédaient encore, paraît-il, des triangles munis de ce genre d'anneaux au début du XXe siècle. A la Renaissance, l'instrument a aussi pris une forme trapézoïdale, muni d'un anneau d'accrochage en son sommet ; en raison de son apparence, on l'appelait « étrier » ; il n'avait aucun coin ouvert et sa sonorité devait ressembler davantage à celle d'une petite cloche.

Le triangle a fait son entrée à l'orchestre à l'opéra. Un opéra représenté à Hambourg en 1710 faisait intervenir un triangle dans une scène « folklorique ». Grétry et Gluck (*Iphigénie en Tauride*, 1779) ont fait appel à sa couleur exotique et on l'a ajouté à la musique militaire *turque. A l'acte I des *Troyens*, Berlioz demande un jeu entier de triangles pour accompagner un groupe de *sistres antiques secoués sur scène ; certaines œuvres modernes exigent quatre triangles différents, de sonorité et de hauteur nettement différenciées.

Anthony Baines.

Tricinium (lat.). Composition pour trois voix ou instruments. Ce terme a surtout été utilisé en Allemagne au XVIe siècle.

Tricorne, Le (*El Sombrero de tres picos*). Ballet en deux scènes, musique de Manuel de Falla et scénario de Martinez Sierra d'après *El Sombrero de tres picos* de P. A. de Alarcón (1874). Créé à Londres en 1919 par les Ballets russes de Diaghilev dans une chorégraphie de Massine. Il s'agit d'une version développée et révisée de la pantomime *El Corrigedor y la molinera* de Sierra et Falla, représentée à Madrid en 1917. Falla a tiré deux suites pour orchestre de la partition de son ballet (1919). L'intrigue est la même que celle du *Corregidor* de Wolf.

Trihoris. Genre de *branle dansé en Bretagne aux XVe et XVIe siècles. Arbeau l'a décrit dans son *Orchésographie* (1588) et fournit le seul exemple musical qui ait survécu.

Trille (all. : *Triller* ; angl. : *trill, shake* ; ital. : *trillo*). Ornement se composant de l'alternance rapide de la note principale et de la note supérieure, normalement liées. Le trille intervient généralement à l'occasion des cadences, mais pas systématiquement. Il est plus naturel pour les instruments et très caractéristique des premières œuvres pour clavier ; mais un bon trille est néanmoins considéré comme faisant partie d'une technique vocale virtuose.

Le signe qui indique le trille et la méthode d'exécution ont varié au cours des siècles. Parmi les signes utilisés figurent *tr*, ∼ et +, tous placés au-dessus de la note. Le premier de ces signes est couramment employé depuis la fin du XVIIIe siècle. Un signe bémol, bécarre ou dièse peut être placé au dessus de *tr* pour indiquer une inflexion chromatique de la note supérieure ; une ligne tremblée peut définir l'étendue du trille (voir Ex. 1).

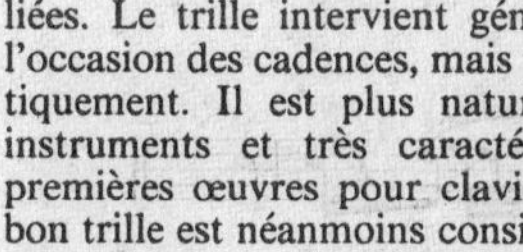

Ex. 1

La méthode d'exécution varie sur plusieurs points. En premier lieu, certaines interprétations sont notées dans un rythme soigneusement mesuré. Mais il semble que l'exécution ait été plus souple à l'époque où le trille était à la mode – par exemple, la possibilité d'accélérer graduellement et imperceptiblement les battements.

En outre, l'attaque (ou appui) et la terminaison du trille ont été traitées de diverses façons au cours des âges. Le trille moderne débute simplement sur la note principale et s'achève sans terminaison, sauf indication contraire (voir Ex. 2 ; noter que l'Ex. 2*d* se rapproche d'un doublé ; voir *Doublé*, Ex. 2*c*).

Toutefois, le trille de la fin de l'ère baroque débute par la note supérieure. On peut l'allonger pour en faire une *appoggiature (parfois notée ∼) et des attaques plus complexes sont réalisables (voir Ex. 3 ; *b* et *c* peuvent être indiqués par des petites notes).

On notera que l'attaque sur la note supérieure donne à ce trille une couleur harmonique très différente de celle du trille moderne. Il y a deux types de terminaisons typiques : la note unique d'anticipation (séparée du trille ; voir Ex. 4*a*) et le doublé (incorporé dans le rythme du trille ; voir Ex. 4*b*). Le signe ∼ indique aussi une terminaison sur un doublé.

Il faut utiliser l'une de ces fins, même si elle n'est pas notée (et, inversement, si la terminaison est notée, il faut lui ajouter un trille). Toutefois, dans les passages rapides, un demi-trille peut suffire (Ex. 5 ; il peut y avoir davantage de battements).

Bien que les compositeurs de l'ère baroque utilisent parfois le signe étendu (∼∼) pour indiquer un trille d'une certaine longueur, le signe court (∼) n'implique généralement pas seulement un demi-trille.

Dans la musique de la période classique (avant Beethoven), on fait généralement débuter le trille sur la note supérieure. De plus en plus, la terminaison (généralement un doublé) est notée intégralement ou en petites notes. La conception actuelle du trille, débutant sur la note principale, date de 1830 environ.

Simon McVeigh.

Trille du diable. Surnom de la *Sonate pour violon en sol mineur* de Tartini. Composée vers 1714, elle a d'abord été publiée dans *L'Art du violon* de J. B. Cartier (Paris, 1798) et doit son surnom au long trille qui figure dans le

(*a*)

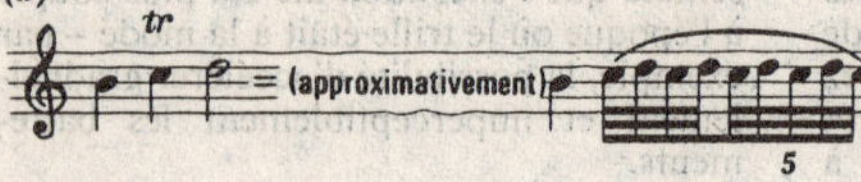

(*b*)

(*c*)

(*d*)

Ex. 2

(*a*)

(*b*)

(*c*)

Ex. 3

(*a*)

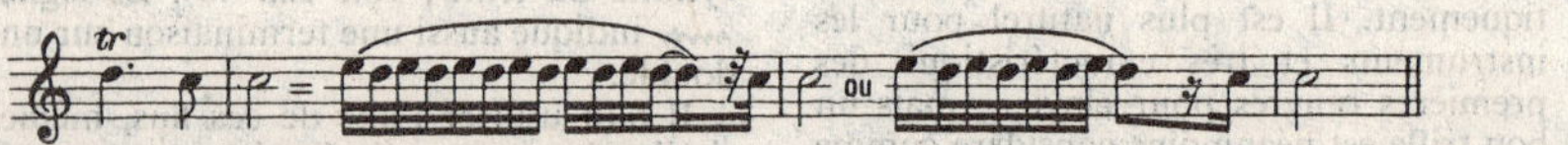

(*b*)

Ex. 4

Ex. 5

quatrième et dernier mouvement. La légende veut que Tartini ait rêvé qu'il pactisait avec le diable, auquel il aurait donné son violon. Le diable aurait exécuté un merveilleux solo qu'à son réveil Tartini aurait essayé de rejouer lui-même ; n'y étant pas parvenu, il aurait composé le « Trille du diable ». Cette légende est le sujet du ballet de Pugni *Le Violon du diable* (1849).

Trilogie (all. : *Trilogie* ; angl. : *trilogy* ; ital. : *trilogia*). Dans le domaine musical, ensemble de trois compositions sur un thème commun. Wagner décrit le cycle d'opéras du *Ring* comme une trilogie (*La Walkyrie*, *Siegfried* et *Le Crépuscule des dieux*), car ils traitent de la conception, de la naissance, de la maturité et de la mort du héros, Siegfried. En France, on a pris l'habitude de parler de la *Tétralogie*,

L'Or du Rhin servant de grand prélude à la trilogie afin d'expliquer pourquoi l'or du Rhin a été volé en premier lieu et la malédiction qui s'en est ensuivie. Le chef d'orchestre et compositeur Félix Weingartner a écrit une trilogie lyrique basée sur les pièces d'Euripide, *Oreste*, et Carl Orff la trilogie *Trionfi* (« Triomphes ») qui regroupe *Carmina Burana*, *Catulli Carmina* et *Trionfo di Afrodite*.
Voir également *Trittico*.

Trinity College of Music, Londres. Collège de musique britannique fondé par H. G. Bonavia Hunt en 1872. Il portait alors le nom de School for the Study and Practice of Music for the Church (« école pour l'étude et la pratique de la musique d'église »), mais à partir de 1876 ses activités se sont ouvertes à tous les domaines de la musique. L'établissement a été incorporé à Trinity College en 1875 et rebaptisé Trinity College of Music en 1904. En 1880, il s'est installé dans les bâtiments actuels de Mandeville Place (Wigmore Street). Les fondateurs et les générations successives de musiciens et d'administrateurs ont joué un rôle novateur dans de nombreux domaines d'éducation et, en 1874, le collège a institué un système d'examens (Local Centre Examinations in Music and Speech) qui s'applique aujourd'hui à un millier d'écoles et de centres locaux. La chaire qui porte le nom du roi Édouard VII a été fondée en 1902 après une pétition adressée à l'Université de Londres demandant instamment la création d'une chaire de musique ; le collège est reconnu comme école d'enseignement de l'Université. Les cours s'adressent aux interprètes et aux professeurs et le collège a poursuivi son œuvre de pionnier en inaugurant un système d'Expositions Junior en 1906, qui a ensuite été adopté par d'autres collèges de musique, et en établissant un département de musique des XVIe et XVIIe siècles en 1936. Meredith Davies en est le directeur depuis 1979.

Trinklied (all.). « Chanson à boire ».

Trio (all. : *Terzett* ; angl. ; *trio* ; ital. : *terzetto*). 1. Tout groupe de trois interprètes, chanteurs ou instrumentistes, ou toute musique écrite pour cette combinaison. Un trio vocal peut avoir un accompagnement ou non : parmi les exemples de trios sans accompagnement, on peut citer les canzonettes de Morley et de ses contemporains ; d'autre part, de nombreux madrigaux du XVIe siècle écrits pour la cour de Ferrare comprennent des sections en trio inspirées par les voix des trois célèbres « dames de Ferrare » (trois sopranos virtuoses). Au nombre des trios lyriques très connus figure le trio pour trois sopranos du dernier acte du *Chevalier à la rose* de R. Strauss et l'on trouve plusieurs trios pour différentes combinaisons vocales dans *Cosi fan tutte* de Mozart. Le trio à cordes normal s'adresse à deux violons et un violoncelle (Haydn en a écrit vingt), mais il existe aussi toute une littérature pour violon, alto et violoncelle. La forme de trio la plus importante est le trio avec piano (piano, violon et violoncelle), pour lequel Mozart, Beethoven, Schubert, Schumann, Mendelssohn, Brahms, Dvořák et Ravel ont écrit de belles œuvres. Un autre type de trio assez courant est le trio avec cor, dont l'opus 40 de Brahms est peut-être le plus connu. Un trio instrumental comprend généralement trois mouvements. La musique française comporte de nombreuses œuvres pour flûte, alto et harpe (depuis la *Sonate* de Debussy qui a servi de modèle).

2. Partie centrale d'un *menuet ou d'un *scherzo (dans une sonate, une symphonie ou une œuvre similaire). Au XVIIe siècle, on avait l'habitude, surtout en France, de composer deux danses destinées à être jouées en alternance : elles étaient souvent écrites pour fournir un contraste ; on rencontrait ainsi un menuet pour cordes à quatre ou cinq parties suivi d'un menuet pour vents à trois parties (d'où le nom « trio » pour cette seconde danse). Cette pratique a abouti au profil courant du XVIIIe siècle : menuet - menuet « en trio » - menuet (reprise du premier), comme dans le *Concerto brandebourgeois nº 1* de Bach. Dans les sonates et les symphonies des XVIIIe et XIXe siècles, le trio, qui faisait partie du troisième mouvement (à l'origine un menuet, ensuite un scherzo), a conservé la structure en contraste plus légère dans des œuvres symphoniques où les bois jouent souvent un rôle important. Dans les œuvres symphoniques de la fin du XIXe siècle (comme les symphonies de Dvořák, Bruckner et Mahler), les sections en trio sont souvent écrites dans des styles de

danses. Une section en trio est normalement suivie d'une reprise de la première partie du mouvement, généralement modifiée d'une façon ou d'une autre ou suivie d'une coda. Dans certaines œuvres, comme la *Symphonie n° 7* de Beethoven, la section en trio est brièvement reprise.

La section centrale d'une marche est également appelée trio, sur le même principe de contraste : elle est généralement plus mélodieuse. La section en trio de la Marche n° 1 en ré *Pomp and Circumstances* d'Elgar contient le fameux air qui a été adapté pour être chanté sur les paroles « Land of Hope and Glory ».

3. Dans la musique d'orgue, morceau (ou section de morceau) destiné à être joué sur les claviers et les pédales, chacun dans un registre différent pour obtenir un contraste.

Wendy Thompson.

Trio avec piano. Ensemble réunissant un piano et deux autres instruments, généralement un violon et un violoncelle, ou une œuvre écrite à leur intention.

Triolet. Trois notes qui doivent être jouées dans le temps de deux ; elles sont indiquées par le chiffre « 3 » placé au-dessus ou au-dessous des trois notes :

Trionfi (« Triomphes »). Trilogie théâtrale de Carl Orff, comprenant *Carmina Burana, Catulli Carmina* et *Trionfo di Afrodite*. Créée à Salzbourg en 1953.

Trionfo di Afrodite (« Triomphe d'Aphrodite »). Concerto scénique (*concerto scenico*) pour solistes, chœur et orchestre de Carl Orff sur des textes latins et grecs de Catulle, Sappho et Euripide. Créé à Milan en 1953. Il constitue la troisième partie de la trilogie *Trionfi* de Carl Orff.

Triple concerto. Concerto pour trois instruments solistes et orchestre ou autre ensemble instrumental. Bach a écrit deux triples concertos pour trois clavecins et cordes, mais le plus connu de nos jours est sans doute le *Triple Concerto en ut majeur op.56* pour piano, violon, violoncelle et orchestre de Beethoven.

Triple croche (all. : *Zweiunddreissigstelnote* ; amér. : *thirty-second note* ; angl. : *demisemiquaver* ; ital. : *biscroma* ; esp. : *fusa*). 𝅘𝅥𝅰. Valeur égale au quart d'une croche. Le silence correspondant à la triple croche est le huitième de soupir.

Triplum (lat.). 1. En trois parties ; terme employé dans la polyphonie médiévale pour désigner une composition à trois voix, comme « organum triplum ».

2. Dans la polyphonie des XIIIe et XIVe siècles, la troisième partie vocale dans l'*organum* ou dans un motet, c'est-à-dire la voix se trouvant juste au-dessus du **duplum* et du ténor. Par la suite, la voix équivalente s'est aussi appelée « cantus » ou « superius ». On rencontre également le terme « triplex ». Voir aussi *Partie*, 1.

Triptyque. Voir *Trittico*.

Trisagion ou **Trishagion** (du grec *tris*, « trois fois », *hagios*, « saint »). Chant religieux que l'on trouve dans toutes les liturgies orientales anciennes, dans la liturgie gallicane et dans la liturgie catholique, où il fait partie de l'*Improperia le Vendredi saint. Il est chanté de façon antiphonale par phrases, le grec « Hagios o Theos » recevant pour réponse le latin « Sanctus Deus... » sur la même mélodie.

Tristan und Isolde (« Tristan et Isolde »). Opéra en trois actes de Wagner sur un livret du compositeur d'après *Tristan* (vers 1210) de Gottfried von Strassburg. Représentations : Munich (Théâtre de la Cour, 10 juin 1865) ; Londres (Drury Lane, 20 juin 1882) ; New York (Metropolitan Opera, 1er décembre 1882) ; Paris (Nouveau Théâtre, 28 octobre 1899). Tristan (tén.) est chargé d'aller chercher Isolde (sop.), qui doit épouser le roi Mark. Sur le navire qui les ramène en Cornouailles, il refuse de la voir et laisse son écuyer Kurwenal (bar.) lui répondre à sa place. Elle raconte à Brangäne comment Tristan a été blessé en l'enlevant à son fiancé et comment elle l'a soigné (elle refuse d'avouer son amour). Elle ordonne à Brangäne de préparer du poison pour elle et Tristan, mais Brangäne le remplace par un philtre d'amour. Ils le boivent et prennent conscience de leur passion.

Isolde profite de l'absence de son mari, le roi Mark, qui est à la chasse avec Melot (tén.), pour retrouver Tristan. Dans un grand duo d'amour, ils chantent leur passion qui ne peut s'épanouir que la nuit. Melot les fait surprendre, mais le roi est trop affligé pour exprimer la moindre colère contre Tristan. Isolde déclare à Tristan qu'elle le suivra n'importe où, mais Melot l'attaque et Tristan se laisse blesser.

Au château de Tristan, en Bretagne, Kurwenal tente de réconforter son maître, agonisant, qui ne pense qu'à Isolde. Le son plaintif du pipeau du berger indique qu'Isolde, que Kurwenal a envoyé chercher, n'est pas en vue. Lorsque l'air joyeux du berger annonce le navire d'Isolde, Tristan arrache ses pansements et meurt dans ses bras. Un second navire amène Mark et Melot, et Kurwenal meurt en tuant Melot sans savoir qu'ils viennent pardonner à Tristan. Dans son chant ultime, Isolde annonce que désormais son amour ne se réalisera que dans la mort.

BIBLIOGRAPHIE : *Tristan et Isolde*, L'Avant-Scène-Opéra nos 34-35 (Paris, 1981).

Triste (ital.). « Triste » ; *tristezza*, « tristesse ».

Tristesse. Surnom de l'*Étude pour piano op.10 nº 3* en mi majeur de Chopin.

Triton (lat. : *tritonus*). Intervalle de trois tons entiers, c'est-à-dire la quarte augmentée (do-fa dièse) ou la quinte diminuée (do-sol bémol). Au début du Moyen Age, le triton n'exigeait aucune précaution particulière : on le trouve dans certaines mélodies de plain-chant et les modes lydien et hypolydien couvrent une quarte augmentée avec leurs quatre premières notes (fa-si). Le triton semble avoir tout d'abord été considéré comme un intervalle « dangereux » lorsque Guido d'Arezzo a élaboré son système d'hexacordes et avec l'introduction du si bémol comme note diatonique (voir *Solmisation*) ; c'est à peu près à la même époque qu'il s'est vu attribuer le surnom de « diabolus in musica » (« le diable en musique »). Toutefois, comme l'indique la petite rime « mi contra fa/Diabolus est in musica » (c'est le son de *mi* « contre » *fa*, non juxtaposé, qui est interdit), le triton n'était considéré comme dangereux que dans un sens vertical ; mélodiquement, il a continué à être employé assez librement (voir *Musica ficta*).

Dans la pensée harmonique traditionnelle, le triton fait partie de la septième diminuée comme de la septième de dominante ; il joue donc un rôle important, tout d'abord pour affaiblir la tonalité d'un passage et faciliter ainsi la modulation, et en second lieu pour affirmer la tonalité, particulièrement dans les cadences (voir *Harmonie*, 3). Le triton a continué à être associé au mal, surtout dans les opéras du XIXe siècle (Scarpia dans *Tosca*). On le trouve aussi dans la gamme anhémitonique (voir *Gamme*, 5).

Trittico (ital.). « Triptyque », série de peintures sur trois panneaux comme on en trouve couramment sur les autels, les deux panneaux latéraux se refermant sur le panneau central. Puccini a donné le nom de *Il Trittico* à son ensemble de trois opéras en un acte (*Il Tabarro, Suor Angelica, Gianni Schicchi*) qui ne partagent pas le même sujet mais étaient destinés à être joués ensemble : l'emploi qu'il fait de ce terme le distingue ainsi de la *trilogie.

Tritus. Voir *Mode*, 2.

Triumphes of Oriana, The. Recueil de madrigaux anglais que l'on suppose généralement écrits à la louange de la reine Élisabeth Ire. Thomas Morley s'est inspiré d'une anthologie italienne intitulée *Il Trionfo di Dori* composée à l'occasion du mariage d'un noble vénitien et a passé des commandes à la majeure partie des compositeurs anglais les plus connus. Il pensait publier l'ouvrage en 1601, mais, à la suite de retards, il n'a paru que deux ans plus tard, lorsque la reine était déjà morte. Ironie du sort, chaque madrigal s'achève par le refrain « Long live fair Oriana ».

Triumphlied (« Chant triomphal »). Œuvre pour baryton, chœur et orchestre op.55 de Brahms, composée en 1870-71 pour célébrer la défaite de la France par la Prusse. Elle met en musique un texte de la Révélation 19.

Triumph of Neptune, The. Pantomime en dix scènes sur une musique de Berners et un livret de Sacheverell Sitwell. Créée à Londres en 1926 dans une chorégraphie de Balanchine. Une partie de la musique a été orchestrée par Walton ; Berners en a tiré une suite pour orchestre (1926-27) et une autre, plus longue, a été réalisée par Roy Douglas.

Trochaïque. Voir *Mètre*.

Trochée. En poésie, pied formé de deux syllabes, une longue et une brève (_ ◡). Pour son équivalent dans les modes rythmiques, voir *Notation*, 3.

Troïlus and Cressida. Opéra en trois actes de Walton sur un livret de Christopher Hassall d'après Chaucer et d'autres sources (mais pas Shakespeare). Créé à Covent Garden en 1954, sous une forme révisée en 1963 et dans une version remaniée en 1976.

Trois. Comme * « à deux », l'expression « à trois » possède deux sens opposés : soit « à trois parties », soit une indication tendant à réunir en une seule partie trois parties instrumentales qui jouaient précédemment séparément.

Troisième renversement. 1. Accord de trois sons : la quinte de la fondamentale est à la basse, ce qui forme un accord de quarte et sixte.

2. Accord de quatre sons (comme les septièmes diminuées ou les septièmes de dominante) ou davantage : la quatrième note de l'accord (septième de la fondamentale) est à la basse, ce qui forme un accord de seconde :

position fondamentale *troisième renversement*

Trois Petites Liturgies de la Présense divine. Œuvre pour chœur féminin à dix-huit voix, piano, ondes Martenot et orchestre de Messiaen (1943-44).

Tromboncino, Bartolomeo (Vérone ou ses environs, vers 1470 ; ? Venise, après 1535). Compositeur italien. Fils d'un instrumentiste à vent vénitien, il a passé une grande partie de sa vie au service de la cour de Mantoue. Il aurait assassiné sa femme dans un accès de jalousie en 1499 et a quitté Mantoue deux ans plus tard « d'une façon déplorable », selon Francesco de Gonzague ; « ...il aurait intérêt à rester sur le territoire de Saint-Marc ». Au début du XVIe siècle, Tromboncino a été au service de Lucrèce Borgia à Ferrare, mais, en 1521, il a demandé à être rapatrié en tant que citoyen vénitien.

Tromboncino a écrit plus de cent cinquante *frottole* qui l'ont rendu célèbre de son vivant ; elles font preuve d'un goût littéraire plus prononcé qu'il n'était courant à cette époque et on peut les considérer comme les précurseurs immédiats du madrigal. Il a aussi composé des *laude* et a mis en musique les Lamentations de Jérémie.

Denis Arnold.

Trombone

1. Description
2. Positions de la coulisse
3. Le pupitre de trombones
4. Trombone basse
5. Trombone contrebasse
6. Trombones à pistons
7. Histoire
8. Répertoire

1. *Description*. Le trombone (autrefois, en français saqueboute et en anglais *sackbut* avant que les deux langues n'adoptent l'italien *trombone* à la fin du XVIIIe siècle ; all. : *Posaune*) est un instrument de la famille des cuivres qui se distingue immédiatement par sa coulisse pointée vers l'avant ; elle mesure 60 cm de long en position fermée et le double lorsqu'elle est entièrement déployée. La coulisse (all. : *Zug* ; angl. : *slide* ; ital. : *tiro*) joue le même rôle que les pistons des autres instruments de la famille des cuivres, mais sur le plan historique elle existait à peu près quatre siècles plus tôt, ce qui fait du trombone le plus ancien instrument de la famille à posséder une étendue chromatique complète.

Un trombone se divise en deux parties : la coulisse et le pavillon. Rassemblés, ces deux éléments sont tenus par la main gauche, laissant la main droite parfaitement libre de déplacer la coulisse, tandis que la partie du pavillon qui passe par-dessus l'épaule gauche fournit un contrepoids permettant d'actionner rapidement la coulisse avec un minimum d'effort. La coulisse comprend deux tubes fixes parallèles (la « coulisse interne ») sur lesquels se déplacent les deux tubes mobiles (la « coulisse externe ») reliés en bas par un coude en forme de U. Ces tubes, de forme cylindrique, obligent le trombone à avoir une perce cylindrique (voir *Cuivres*) sur une grande partie de sa longueur, bien qu'ils comportent deux dimensions : la perce de la coulisse externe est plus large de 1,5 mm.

2. *Positions de la coulisse.* Le trombone actuel est en si bémol ; il produit la série harmonique du si bémol de « 9' » lorsque la coulisse est entièrement rentrée (« première position »). A partir de cette position, la coulisse se place dans différentes positions chromatiques jusqu'à ce qu'elle soit complètement sortie (septième position) ; l'instrument donne alors la série du mi grave, une quinte diminuée au-dessous. La distance le long de la coulisse entre la première et la deuxième position dépasse à peine 8,25 cm, passant à près de 11,5 cm de la sixième à la septième position. Ces distances sont considérables : de fa à mi en clé de fa, à peu près deux fois et demie la distance correspondante pour le violoncelle ; elles représentent 18 cm ou plus pour un ton entier. Toutefois, ces grands changements de position sont bien adaptés aux mouvements physiques qui s'exécutent essentiellement au niveau des coudes (la barrette de la coulisse étant tenue légèrement entre le pouce et un ou deux autres doigts).

Naturellement, les positions doivent être trouvées « au juger » ; et, avec un écart de 1,25 cm équivalant à un septième de demi-ton, le tromboniste possède au plus haut degré la possibilité d'ajuster l'intonation aux circonstances, par exemple pour s'insérer dans des accords de cuivres parfaitement naturels. Naturellement, une bonne lubrification de la coulisse est essentielle : il existe des préparations spéciales sous forme de vaporisateur ; ou, méthode plus simple et plus ancienne, l'application d'une crème de beauté sur les surfaces porteuses aux extrémités inférieures de la coulisse interne – en la diluant dans l'eau chaude condensée par le souffle (qui, autrement, est expulsée par la « clé d'eau » montée sur le coude en U).

L'étendue normale va jusqu'au do (do^{4}) au-dessus du do médian, avec des notes plus aiguës, jusqu'au fa, exigées de temps à autre (comme dans le jazz moderne). Le tableau suivant se contente d'illustrer l'étendue centrale jusqu'au fa^{3}. Les harmoniques sont numérotés à gauche. Les positions de base sont indiquées à gauche de la ligne en échelons, celles indiquées à droite étant des solutions alternatives ; les plus courantes sont encerclées.

La coulisse permet de faire des *glissandi* à volonté, pour lesquels les positions alternatives sont souvent nécessaires (et sont parfois spécifiées par le compositeur pour s'assurer de l'obtention du meilleur de résultat, comme Stravinski dans *L'Oiseau de feu*, « Danse infernale »).

3. *Le pupitre de trombones.* Selon une tradition ancienne, les trombonistes d'un

Harmonique	1er	2^{e}	3^{e}	4^{e}	5^{e}	6^{e}	7^{e}
6	fa^{3}	mi^{3}	mi^{b3}	(ré^{3})	ré^{b3}	do^{3}	si^{2}
5	ré^{3}	do^{*3}	do^{3}	si^{2}	(si^{b2})	la^{2}	sol^{*2}
4	si^{b2}	la^{2}	la^{b2}	sol^{2}	sol^{b2}	(fa^{2})	(mi^{2})
3	fa^{2}	mi^{2}	mi^{b2}	ré^{2}	ré^{b2}	do^{2}	si^{1}
2	si^{b1}	la^{1}	la^{b1}	sol^{1}	sol^{b1}	fa^{1}	mi^{1}
1 (pédales)	si^{b-1}	la^{-1}	la^{b-1}	sol^{-1}	sol^{b-1}	(fa^{-1}	mi^{-1})

orchestre et de la plupart des ensembles à vent forment une équipe de trois musiciens qui, avant le XIXe siècle, jouaient sur des trombones de trois tailles différentes, alto, ténor et basse ; ces termes correspondaient aux parties chorales qu'ils avaient à suivre (le soprano était joué au *cornet à bouquin aussi longtemps qu'on a joué de cet instrument). Le trombone moderne correspond au trombone ténor ; dans les parties pour fanfares, il est encore souvent appelé ainsi (voir *Fanfare*).

De nos jours, les trois parties sont généralement jouées sur des instruments de la tessiture du ténor. Néanmoins, l'ancien alto est encore fabriqué en Allemagne. Il est construit en mi bémol, une quarte plus haut que le ténor, et certains instrumentistes le trouvent utile dans des œuvres classiques, où la partie supérieure était destinée au trombone alto (elle est alors écrite en clé d'ut troisième ligne, atteignant parfois le fa^4) pour obtenir un effet plus équilibré dans les parties aiguës, surtout avec les petits orchestres ou lorsque la partie soutient les altos d'un chœur. Récemment, quelques compositeurs ont écrit des parties spécifiquement pour cet instrument, comme Berg (*Trois Pièces pour orchestre*) et Britten (*The Burning Fiery Furnace*).

4. *Trombone basse.* Certains trombones comportent un barillet incorporé dans le pavillon derrière la tête de l'instrumentiste. Il s'agit d'une invention d'un facteur de Leipzig, Sattler, en 1839, dont l'objectif essentiel consiste à permettre de jouer les notes graves des parties de trombone basse (ré et do graves) sur le trombone ténor. En effet, sur ce dernier, ces notes se trouvent dans un trou (ou disjonction) situé au-dessus des fondamentales ou « pédales » (indiquées en bas du tableau) ; elles ne peuvent être obtenues, jusqu'à un certain point, qu'en utilisant une embouchure spéciale. Le barillet de Sattler ajoute 90 cm de tube afin d'abaisser l'ensemble des notes d'une quarte, jusqu'au fa de « 12' ». Le ré et le do graves ne tombent alors plus dans la disjonction. Cet allongement du tube peut également réduire sensiblement les déplacements de la coulisse dans le registre grave. Pour cette raison, beaucoup de trombonistes qui jouent normalement la première ou la seconde partie ont adopté ce système qui porte le nom de « trombone complet » (système « si bémol/fa »).

Pour servir de trombone basse, cet instrument a une perce plus large et produit un son plus plein dans ses registres les plus graves. Ils ont surtout été améliorés par des firmes américaines qui ont été les premières à s'attaquer au problème des notes graves : lorsque le barillet entre en action, l'instrument s'allonge de 4/3 et la coulisse se déplace en conséquence, si bien que la longueur de la coulisse est 3,8 cm trop courte dans la véritable sixième position pour le do grave (ce qui affaiblit la note en obligeant l'instrumentiste à l'abaisser avec les lèvres) ; elle est également trop courte de 20 cm pour le si bécarre. Si l'on allongeait la coulisse, elle deviendrait trop lourde ; un second piston du pouce est donc placé à côté du premier et, pour ces notes, pressé avec lui ; la partie manquante du tube est comblée au moyen d'un petit barillet placé dans le pavillon ; l'ensemble des deux abaisse l'instrument jusqu'à une note située un peu au-dessus du si bémol, parfois même jusqu'au si bémol. Le nom technique de cet instrument est trombone basse en si bémol/fa/mi (ou si bémol/fa/mi bémol).

Le trombone basse est resté en usage en Allemagne jusqu'au début du XXe siècle. En France, il avait disparu depuis longtemps mais en Grande-Bretagne, jusque dans les années cinquante, les parties de trombone basse étaient toujours jouées sur le trombone basse en sol, accordé une tierce mineure au-dessous du trombone ordinaire. Il existe encore dans les fanfares : de taille imposante, avec une longue coulisse munie d'une poignée pour atteindre les positions les plus basses qui seraient autrement hors de portée de la main. Voir *Fanfare*, Pl. 1 et 2.

5. *Trombone contrebasse.* Il est surtout nécessaire pour jouer le *Ring*, dans lequel Wagner le fait descendre jusqu'au mi grave de la contrebasse. Il se situe une octave au-dessous du trombone en si bémol, avec une double coulisse (et quatre branches coulissantes au lieu de deux). Cela réduit de moitié la longueur des déplacements de la coulisse qui, autrement, seraient irréalisables. La partie peut aussi se jouer sur le trombone basse en si bémol/fa/mi, en utilisant les notes de pédale pour le fa et le mi graves, ou sur un instrument allemand spécial, le trombone basse en fa inventé en 1963, sur lequel deux pistons

du pouce sont employés d'une manière très différente.

6. *Trombones à pistons.* Largement utilisés autrefois dans les fanfares et dans les orchestres de théâtre des pays latins, ils le restent encore dans une certaine mesure, aussi bien le trombone ténor en si bémol (parfois en ut) que le trombone basse en fa, ainsi qu'occasionnellement le trombone contrebasse en si bémol. Ils sont munis de trois pistons (parfois quatre), sans coulisse, mais conservent le format d'ensemble caractéristique du trombone. Leur technique est très agile, et leur sonorité assez typique ressemble à celle du trombone, mais d'une façon assez indéfinissable. Verdi fait partie des compositeurs qui ont écrit en pensant aux trombones à pistons : certains de ses opéras contiennent des passages qui étaient très difficiles, voire impossibles à jouer sur le trombone à coulisse avant que le barillet ne soit utilisé hors d'Allemagne, notamment le long trille sur le si bémol grave au début d'*Otello*, sous le tonnerre et les éclairs. On peut maintenant y arriver en faisant le trille avec le piston du pouce et en maintenant la coulisse fixe.

7. *Histoire.* (*a*) *Renaissance et baroque.* Le trombone a vu le jour vers 1460, très probablement en Italie, avec son parent, la trompette à coulisse de la Renaissance (voir *Trompette*, 7) ; les musiciens de cour en jouaient conjointement avec des chalemies. Avec cette trompette à coulisse, la main gauche affermit l'embouchure contre les lèvres ; la main droite pousse la totalité de l'instrument au-dehors, le long d'un tube téléscopique. Avec le premier trombone, la partie mobile devient une coulisse à deux branches, réduisant de moitié les extensions requises, mais exigeant que le reste de l'instrument demeure parfaitement fixe : la main gauche tient une barrette qui relie le pavillon à la branche de l'embouchure et la main droite déplace la coulisse. Le pavillon est ramené vers l'arrière au-dessus de l'épaule pour équilibrer l'instrument ; le pavillon et la coulisse sont allongés pour donner à l'instrument une hauteur de son plus grave, celle du trombone ordinaire (en allemand *gemeine*), le futur trombone « ténor ». La perce, qui mesure en moyenne 10 mm, est à peu près la même que celle de la trompette contemporaine et conserve cette dimension jusqu'à un point situé après le coude, dans le pavillon, bien qu'après ce point le pavillon commence à s'évaser plus tôt. La manière de jouer *forte* distinguait les deux instruments – Mersenne (1636) souligne qu'il ne fallait pas souffler dans le « saqueboute » aussi fort que dans la trompette (à cette époque, le pupitre des cuivres n'existait pas). Toutefois, les embouchures se ressemblaient beaucoup, ayant une largeur que le trombone (mais pas la trompette) a conservée jusqu'à ce jour.

Au début du XVIe siècle, le trombone était devenu l'instrument à vent grave le plus considéré. Il produisait un véritable son de trombone, tel que nous le concevons, moins ample qu'aujourd'hui (au niveau d'intensité de la Renaissance), et on l'entendait dans toutes sortes d'ensembles instrumentaux et vocaux. L'un des premiers morceaux à avoir été joués par un chœur de trombones est le madrigal à cinq parties de Corteccia « Vientene almo riposo », à Florence en 1539 (voir *Cromorne*), une voix d'homme chantant la partie supérieure. On parvient à l'apogée en la matière dans les œuvres d'Andrea et de Giovanni Gabrieli à Venise ; une *canzone* du second requiert douze trombones, deux cornets à bouquin et un violon. Les douze trombones provenaient certainement des célèbres facteurs de trompettes de Nuremberg qui fournissaient aussi bien l'Italie que l'Allemagne. Il existe encore plus de cinquante de leurs trombones, datant de la période 1550-1650, pour la plupart des instruments ténors et un nombre assez important de trombones basses, mais assez peu d'altos. Les basses sont construits soit une quarte, soit une quinte au-dessous du ténor (voir *Quint*) et les altos une quarte ou une quinte au-dessus, c'est-à-dire en ré ou en mi, car la hauteur de son nominale (première position) du trombone ténor dans ces pays était « la » ; mais les normes d'accord étaient si élevées que ce « la » correspond probablement à un son plus élevé que le si bémol moderne (le si bémol du trombone actuel est sans doute apparu pour la première fois en Autriche au XVIIIe siècle). Le trombone pouvait également s'adapter à des hauteurs plus graves, par exemple une quarte plus bas, en insérant un ton de rechange entre la coulisse et le pavillon. (Depuis quelques années, en Allemagne, Meinl et Lauber fabriquent de belles répliques de ces trombones, mais elles valent très cher ; mais il peut être intéressant, même de nos jours, d'avoir un ton de rechange permettant, dans une certaine mesure, de jouer du trombone ténor comme d'un trombone basse, pratique qui est mentionnée à plusieurs reprises dans les sources anciennes.)

Pour la combinaison cornet à bouquin/trombone à l'ère baroque, voir *Cornet à bouquin*, 3. En dehors de cela, on entend assez peu parler du trombone. En France, il disparaît lorsque Lully prend la direction de la musique royale ; tout ce dont l'un des plus grands musiciens français (le flûtiste de La Barre) se souvenait en 1740 était « le cacbouc » (saqueboute), « une sorte de cornemuse [voir *Cornemuse*], mais en beaucoup plus grand ». En Angleterre, les superbes parties de trombone de Haendel dans *Saul* et *Israël en Égypte* étaient des exceptions (sans doute jouées par des Allemands de la King's Band). Mais en Autriche, l'instrument a conservé son ancienne place pendant tout le XVIIIe siècle : dans la musique composée pour la chapelle impériale, Fux, Caldara et un certain nombre d'autres compositeurs ont écrit des passages *obbligato* de trombone, souvent pour l'alto ; dans la même tradition, on peut citer les parties de trombone de Mozart, notamment le solo du « Tuba mirum » du *Requiem* et les passages solennels, où il les fait intervenir à l'opéra (l'apparition du Commandeur dans *Don Giovanni*, par exemple). Les instruments du XVIIIe siècle ont conservé les anciennes dimensions étroites, mais l'évasement du pavillon plus prononcé se rapproche du pavillon moderne.

(*b*) *Du XVIIIe siècle à nos jours.* La seconde phase de l'histoire du trombone, qui aboutit directement aux temps modernes, a débuté à l'époque de la Révolution sur de toutes nouvelles bases ; le trombone était alors considéré comme la voix grave solide dans la musique militaire. Les fanfares de cavalerie ont adopté le vieux trombone basse pour donner une basse diatonique aux trompettes naturelles ; les fanfares d'infanterie comportaient une partie de basse marquée « trombone ou serpent » et employaient l'instrument dont elles disposaient.

Au début du XIXe siècle, l'Allemagne a découvert deux moyens de faciliter ces parties, que l'on joue à cheval ou à pied. L'une consistait à adapter à l'ancien trombone basse (en fa) une double coulisse pour réduire les mouvements de coulisse (comme on l'a fait ultérieurement sur les trombones contrebasses ; voir § 5) ; l'autre, qui se rapprochait de la méthode moderne, consistait à utiliser le trombone ténor. En France, on a adopté la seconde solution. Cependant, les Allemands ont construit un trombone ténor à large perce qu'ils ont appelé « trombone basse ». Le trombone alto est ensuite tombé en désuétude, le pupitre de trombones se composant essentiellement de trois ténors : en France, on utilisait un trombone ténor à usages multiples, en conservant la perce assez étroite mais en élargissant le pavillon pour faciliter le registre grave. Ce modèle a été adopté en Grande-Bretagne, où il est resté l'instrument normal jusque dans les années trente (mais avec le trombone en sol pour la basse ; voir § 4). Dans les œuvres françaises, comme dans celles d'Elgar, on peut parfois regretter l'ancienne sonorité brillante et vive des trois trombones, vraiment nasale dans les *ff*. Elgar et Holst jouaient eux-mêmes de cet instrument : leurs trombones argentés à perce étroite sont conservés côte à côte au Royal College of Music de Londres. A la même époque, les facteurs allemands mettaient au point des perces plus larges, le deuxième et le troisième instrumentiste du pupitre disposant du piston du pouce (voir § 4). Les deux types d'instruments (français et allemand) ont été exportés aux États-Unis, le trombone français se voyant ensuite attribuer des dimensions plus importantes dans les orchestres de jazz des années trente. Aucun résumé de l'histoire du trombone ne peut minimiser ce que l'instrument doit au jazz, qui l'a mis en vedette comme il l'avait rarement été depuis le XVIIe siècle. Les trombones américains ont eu un tel succès qu'ils sont rapidement devenus les trombones standards en Grande-Bretagne et finalement en Italie, en France et également en Russie ; on les trouve aussi bien dans les orchestres que dans les fanfares, le modèle plus large étant muni du piston du pouce pour la partie basse.

8. ***Répertoire.*** Parmi les concertos anciens, on peut citer ceux d'Albrechtsberger (pour trombone alto), Wagenseil, Reicha

et de l'instrumentiste F. A. Belcke (1832). Le *Concertino op.4* de Ferdinand David a été longtemps l'une des œuvres préférées des instrumentistes, favori avec le *Concerto* de Rimski-Korsakov (à l'origine pour trombone et orchestre d'harmonie militaire). Plus près de nous, le répertoire comporte des œuvres de plusieurs compositeurs qui ont écrit pour pratiquement tous les instruments de l'orchestre : Saint-Saëns (*Cavatine*), Hindemith (*Sonate*), Tchérepnine (*Andante*), Gordon Jacob (*Concerto*), Milhaud (*Concerto d'hiver*), Frank Martin (*Ballade*), ainsi que Bernstein, *Elegy for Mippy II* et Bloch, *Symphony for Trombone and Orchestra*.

L'école moderne est particulièrement intéressante et prometteuse : le trombone peut réaliser les effets sonores nouveaux les plus variés, comme dans *Sequenza V* de Berio et surtout dans les œuvres écrites à partir de 1962 par Vinko Globokar, un remarquable tromboniste qui a su mêler l'instrument à la voix (en parlant dans l'instrument) et à l'électronique, comme dans *Discours II* (avec bande magnétique).

Anthony Baines.

BIBLIOGRAPHIE : Jean Douay, *A propos du... trombone*, Billaudot (Paris, 1983). Georges Gourdet, *Les Instruments à vent*, PUF, coll. Que sais-je ? (Paris, 1967, 3e éd. 1985). Charles Koechlin, *Les Instruments à vent*, PUF, coll. Que sais-je ? (Paris, 1948). M. Mersenne, *Harmonie universelle* (Paris, 1636-37), rééd. CNRS (Paris, 1963).

Trompette

1. Introduction
2. Trompettes en si bémol et en ut
3. Petites trompettes
4. Trompettes naturelles
5. Trompette basse
6. Histoire
7. Trompettes à coulisse
8. Trompettes à clefs
9. Répertoire

1. *Introduction*. La trompette (all. : *Trompete* ; angl. : *trumpet* ; ital. : *tromba*) était à l'origine l'instrument de commandement dans les batailles ; elle servait à proclamer l'autorité et la destinée de l'homme. La grande musique pour trompette de l'ère baroque revient constamment sur ces thèmes, exprimés dans le contexte restreint des possibilités de l'ancienne trompette naturelle, avant l'existence des *pistons. Les pistons ont ensuite donné à la trompette chromatique la possibilité de jouer les mêmes mélodies que les autres instruments ; les souvenirs de cette époque se sont progressivement estompés, principalement grâce au jazz. Grâce aux pistons, la trompette s'est libérée de ses anciennes attaches et elle est devenue l'instrument populaire que l'on connaît de nos jours.

Pour une description générale de la trompette par rapport aux autres instruments de la famille des cuivres et pour l'embouchure, voir *Cuivres*. Depuis une centaine d'années, la trompette la plus répandue (sauf en France) est la trompette en si bémol, que l'on peut voir dans tous les magasins de musique. En France, la trompette en ut est restée pendant fort longtemps l'instrument prédominant et elle subsiste encore aux côtés de la trompette en si bémol, qui s'impose progressivement. Il existe en outre d'autres trompettes modernes, construites dans des tonalités plus aiguës, à partir d'ut ; la plus aiguë est apparue en premier lieu pour jouer le répertoire baroque sur la trompette à pistons. Au-dessus de cet instrument, la trompette naturelle a elle-même connu et connaît encore un regain d'intérêt considérable pour jouer les œuvres anciennes de façon aussi authentique que possible. Le mot « trompette » désigne donc différentes formes d'instrument ; de nos jours, un trompettiste d'orchestre en possède au moins deux, souvent davantage, afin de faire face à toute éventualité.

A quelques exceptions près, les trompettes revêtent la forme d'un long tube recourbé. La Fig. 1*a* représente une trompette naturelle, avec ses trois « branches » parallèles : (1) l'embouchure, (2) la branche inférieure et (3) le pavillon, reliés par deux coudes. Un ton de rechange (C) est inséré dans la branche d'embouchure. La Fig. 1*b* représente une trompette moderne, les trois pistons étant montés sur la branche inférieure. La courbe externe comporte aussi une coulisse d'accord (à droite) ; la courbe la plus proche de l'instrumentiste est fabriquée d'une seule pièce avec le pavillon. La branche d'embouchure moderne est généralement fuselée jusqu'à la cavité de l'embouchure, mesurant jusqu'à 20 cm de longueur sur la trompette en si bémol. La coulisse d'accord du troisième piston (annulaire de la main droite) est généralement munie

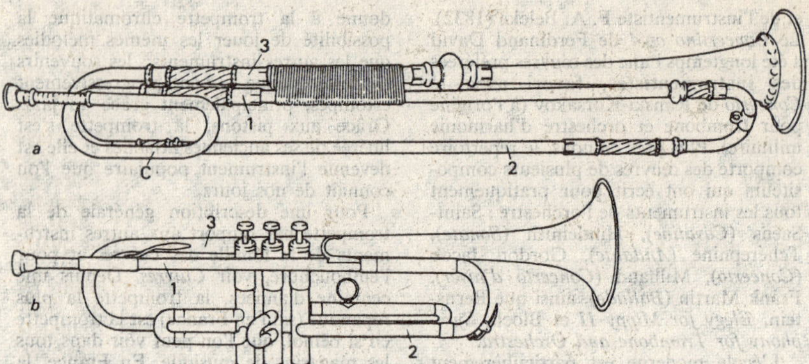

Fig. 1

d'un anneau, la valve rotatoire de changement, qui permet à la main gauche d'allonger la coulisse tout en jouant. Ce système permet de soulager les lèvres pour corriger certaines notes un peu hautes, comme le ré grave, lorsqu'elles se présentent dans des passages découverts. On trouve parfois, mais plus rarement, un dispositif analogue pour le premier piston, sous la forme d'un levier du pouce.

2. *Trompettes en si bémol et en ut.* Déroulée, la trompette en si bémol normale mesure environ un mètre de long. Elle sonne un ton au-dessous des notes écrites. C'est l'instrument utilisé dans le jazz, les musiques militaires (où elle remplace désormais de plus en plus souvent le cornet à pistons) et à l'orchestre (où elle alterne, selon les pays et les répertoires, avec la trompette en ut, selon la tradition française). La trompette en ut est un peu plus petite ; le cylindre principal est généralement un peu plus court et le pavillon semble dépasser davantage. Sa tonalité plus aiguë (un ton plus haut que la trompette en si bémol) lui donne un son plus brillant dans les registres supérieurs et rend le jeu moins fatigant dans les œuvres longues.

3. *Petites trompettes.* Elles ont fait leur apparition en 1885 (l'année du bicentenaire de la naissance de Bach) pour permettre de jouer les parties aiguës et très difficiles que Bach a écrites dans des œuvres majeures – alors rarement exécutées – comme dans la *Messe en si mineur* et le *Concerto brandebourgeois n° 2* (où le solo de trompette atteint le sol^5 au-dessus de la portée).

(*a*) *Trompettes de ré à sol.* Il y a cinquante ans, presque tous les trompettistes possédaient une trompette en ré pour jouer la musique de Bach ainsi que les œuvres de Haendel ; ils possédaient parfois aussi une trompette en fa pour le *Concerto brandebourgeois n° 2.* Depuis lors, la trompette en ré a été remplacée par la trompette en mi bémol. Elle peut comporter des coulisses plus longues pour l'abaisser jusqu'en ré ; mais l'instrumentiste peut aussi bien jouer les parties en ré de la musique baroque sur la trompette en mi bémol normale, en transposant un demi-ton plus bas (en si majeur) ; si cette démarche peut paraître exagérément compliquée, en fait, elle est relativement simple.

(*b*) *Trompette piccolo.* Elle a de nos jours largement supplanté celles qui précèdent. Elle est en si bémol aigu, à l'octave supérieure de la trompette en si bémol ; son tube mesure 60 cm de long (à peu près comme celui du hautbois), mais on peut la construire dans le format de la trompette traditionnelle ; sauf pour les spécialistes les plus avisés, l'effet musical produit est très satisfaisant. Elle comporte un quatrième piston pour descendre jusqu'au ré^3 (au-dessous duquel on peut obtenir le la² comme fondamentale du second piston). De nombreux instrumentistes emploient aussi la trompette piccolo pour jouer les parties aiguës des œuvres classiques et préromantiques, comme le *Concerto en mi bémol* de Haydn, et pour les parties que Stravinski (dans plusieurs œuvres à partir de *Petrouchka*), Britten (*Peter Grimes*) et d'autres compositeurs ont écrites pour la trompette en ré. L'instrumentiste doit alors constamment transposer à vue, mais, pour le trompettiste d'orchestre expérimenté, la transposition fait partie de la vie courante.

(*c*) *Justification de l'emploi des petites trompettes.* Le registre élevé n'est pas la seule raison pour laquelle les trompettistes utilisent ces petites trompettes : les lèvres peuvent vibrer aujourd'hui aussi vite qu'à l'époque de Bach et les instrumentistes de jazz qui jouent sur la trompette en si bémol atteignent souvent des notes aussi élevées que celles écrites par Bach. Malgré tout, la trompette en si bémol ou en ut, à laquelle la largeur du pavillon procure une sonorité souple et riche, n'a pas été conçue pour les notes très aiguës ; en outre, dans une salle de concert, il faut assurer une extrême précision. Ces impératifs existaient déjà au XVIIIᵉ siècle, mais les instrumentistes consacraient alors toute leur vie à une seule technique, n'ayant pas à jouer par ailleurs des musiques comme celles de Richard Strauss ou de Tchaïkovski. L'Ex. 1 montre comment les petites trompettes font face aux circonstances : toutes les notes sont données à la hauteur réelle, la fondamentale de chaque instrument étant indiquée en rondes ; les numéros font référence aux séries harmoniques. (*a*) Trompette baroque en ré : les notes disponibles, harmoniques d'un tube de 2,10 m de long, offrent une gamme du huitième au seizième harmonique (écrite par Bach un ton plus bas). (*b*) Trompette en si bémol : la série est montée d'une sixte ; la gamme est couverte par cinq harmoniques (en compensant les notes manquantes avec les pistons), mais amène l'instrument au-dessus de sa tessiture normale. (*c*) Trompette en ré (c'est-à-dire moderne, à pistons) : la série se situe alors une octave plus haut qu'en (*a*) – la longueur de tube est réduite de moitié –, ce qui donne ré⁴ comme fondamentale grave de la gamme, le quatrième harmonique au lieu du huitième ; la gamme s'effectue sur quatre harmoniques bien séparés les uns des autres, ce qui réduit sensiblement les risques de notes manquées et rend l'exécution relativement sûre. (*d*) Trompette piccolo : seulement trois harmoniques, encore mieux séparés – en outre, sans risque d'interférence du septième harmonique, indésirable.

Incidemment, si (*a*) était abaissée d'une tierce, on obtiendrait les sons de la trompette naturelle avec un ton de rechange en si bémol, comme dans la sonnerie de coulisse de Beethoven dans l'ouverture *Léonore III* (harmoniques inférieurs uniquement, dans le style militaire, du quatrième au huitième). Ainsi, on a affaire à trois trompettes en si bémol, dont le tube est chaque fois deux fois plus court que celui de la précédente, les notes écrites sonnant un ton plus bas dans les trois cas.

4. *Trompettes naturelles* (différentes de la trompette baroque). (*a*) *Trompette de cavalerie.* En Europe, elle est construite en mi bémol (une quinte au-dessous de la trompette en si bémol et du clairon), généralement dans une double boucle, à l'exception des trompettes d'apparat (comme celles de la British Household Cavalry) et des « trompettes de fanfare » (voir *Fanfare*), qui conservent l'ancien format à une seule boucle (plus pratique pour porter une bannière). Les sonneries militaires se situent entre le troisième et

Ex. 1

le huitième harmonique ; les fanfares peuvent monter jusqu'au dixième (sonnant sol[4]) ou plus haut.

(*b*) *Trompette militaire américaine.* Les fantassins l'appellent souvent « bugle » ; voir *Clairon*, 1.

(*c*) *Trompettes naturelles basses.* De factures diverses, elles accompagnent l'une des trompettes précédentes dans la musique d'ensemble et remontent à l'époque des guerres napoléoniennes ; de nos jours, cet instrument porte le nom de « trompette basse de cavalerie » (ou, en Angleterre, « bass-fanfare »). Elle est généralement accordée en mi bémol grave, une octave en dessous de la trompette de cavalerie (elle a ainsi un tube de 4 m de long, comme le tuba en mi bémol) ; elle comporte trois boucles, un large pavillon, et ressemble à un très grand clairon en cuivre.

(*d*) *Trompette de héraut.* De forme droite « médiévale », elle est encore fabriquée par certaines firmes, notamment pour les cortèges historiques.

(*e*) *Clarino.* Depuis 1960, on joue souvent la musique baroque sur cette petite trompette naturelle en ré de forme circulaire. Elle a été inventée en Allemagne d'après une trompette circulaire en argent représentée sur le portrait du trompettiste de Leipzig Gottfried Reiche, réalisé en 1727 (voir *Cornet à bouquin*). La version moderne possède deux petits trous (parfois davantage), normalement couverts par les doigts. Lorsqu'il est découvert, le trou principal fait produire à la trompette la série harmonique de sol, une quarte au-dessus de sa série normale de ré ; le pavillon, au-delà du trou, continue à diffuser le son. Le but recherché est de produire les notes sol et si (Ex. 1*a*), qui sont les onzième et treizième harmoniques problématiques sur la trompette en ré, par le huitième et le dixième harmonique de la série de sol qui ne posent pas de problèmes. De nos jours, on trouve souvent ce trou sur les répliques de trompettes baroques d'un format d'époque conventionnel.

5. *Trompette basse* (d'orchestre). Vers 1820, on a fabriqué en Allemagne des trompettes naturelles basses à pistons. Quelques grandes musiques militaires les utilisent encore, notamment en Italie. Wagner devait connaître ces instruments lorsqu'il a écrit une partie de trompette basse dans le *Ring*, où elle joue un rôle important et bouleversant. On ne sait pas encore exactement quelle tessiture il attendait, mais il a écrit pour cet instrument, comme pour les trompettes, dans diverses transpositions (voir *Instruments transpositeurs*). La trompette basse en ut sonne à l'octave inférieure de la trompette en ut. De nos jours, on la fabrique généralement en ut (2,40 m) et on la confie souvent au tromboniste en raison de l'embouchure assez large qui est requise. Stravinski a écrit pour cet instrument, notamment dans *Le Sacre du printemps*.

6. *Histoire.* (*a*) *l'Antiquité et le Moyen Age.* Les plus anciennes trompettes qui existent encore sont les deux instruments découverts dans le tombeau du pharaon Tout Ankh Amon et qui sont exposés au musée du Caire : courtes et droites, environ 45 cm de long, ces trompettes ressemblent exactement aux représentations artistiques égyptiennes, où on les voit entre les mains de soldats. Elles ne produisaient probablement qu'une seule note, peut-être deux. Les Israélites ont adopté le même instrument ; voir *Shofar*. L'instrument historique suivant est la *tuba* romaine (puis byzantine), de 1,20 m à 1,50 m de long ; on n'a aucune idée des notes qu'elle pouvait jouer (voir également *Grèce antique*, 4, 6*b*). Vient ensuite la trompette en cuivre du Moyen Age, construite, au moins partiellement, d'après les trompettes islamiques qu'avaient découvertes les Occidentaux pendant les croisades : elle est droite, mais mesure environ 1,50 m de long, et est ornée de « pommeaux » en cuivre. Ces instruments sont généralement représentés par paire sur d'innombrables tableaux (scènes de guerre, tournois, triomphes et banquets), mais on ne sait rien de leur sonorité. En France, le mot qui désigne le plus souvent cet instrument est « buysine » et en Angleterre « trompe » (un terme anglo-saxon plus ancien, *beme*, désignait peut-être un instrument en bois plus primitif).

(*b*) *Du Moyen Age au XVIII*e *siècle.* A la fin du XIVe siècle, les facteurs de trompettes ont commencé à recourber le tube pour former les trois branches qui, depuis lors, sont devenues caractéristiques de l'instrument ; toutefois, elles étaient souvent placées l'une au-dessus de l'autre – en forme de S. A partir de cette période, on peut se faire une idée de la sonorité des instruments militaires par les allusions que l'on rencontre dans la musique vocale à plusieurs parties. Le Gloria de Dufay *Et in terra ad modum tubae* (« à la manière des trompettes ») semble évoquer des sonneries de cavalerie ressemblant à celles que l'on a entendues jusqu'au XIXe siècle ou même au XXe siècle : reposant essentiellement sur les harmoniques graves et se terminant par une fanfare sur le huitième. Dans quelques manuels d'instruction manuscrits de la fin du XVIe siècle, de telles sonneries peuvent être écrites avec des fanfares courtes (ital. : *toccata*, d'où l'anglais *tucket*) ou avec des fanfares plus longues (ital. : *sonata*, d'où l'anglais *sennet*). Parmi ces œuvres, celle du trompettiste italien Cesare Bendinelli est très instructive ; en 1614, il en a laissé le manuscrit ainsi que sa meilleure trompette (un modèle de Schnitzer de Nuremberg) à l'Accademia filarmonica de Vérone, où ils sont tous deux conservés. L'Ex. 2 reproduit le début de la première toccata (le trait oblique dénote une sorte de liaison). Il décrit ensuite brièvement le registre du clarino, qui servait de partie décorative au-dessus du reste lorsqu'un ensemble de trompettes jouait à l'occasion de cérémonies. Monteverdi nous en donne un exemple écrit complet dans la toccata qui sert d'introduction à *Orfeo* : les parties inférieures font un genre de bourdon ; au-dessus, il y a une petite fanfare typique (marquée *alto e basso*) ; au-dessus de cette fanfare (*quinta*), le fragment d'une fanfare ducale plus importante et, encore au-dessus, un clarino libre (voir également *Sourdine*).

Bendinelli: Toccata

Une centaine d'instruments ont survécu depuis 1578, construits en majorité à Nuremberg jusqu'à la fin du XVIIIe siècle par les facteurs des familles Ehe, Haas, etc. On possède également de belles trompettes anglaises datant de la période qui a suivi la Restauration, surtout celles de William Bull de Londres. Sur le plan musical, le grand développement, à partir du XVIIe siècle, a consisté à séparer le registre du clarino pour le combiner avec des voix et d'autres instruments, comme dans l'« In dulci jubilo » de Praetorius et jusqu'à son apogée dans la musique de Bach et de Haendel. Les aspects techniques sont expliqués en détail dans le livre de J. E. Altenburg (1795). Il semble que ces parties aiguës étaient normalement jouées très doucement ; il était relativement aisé d'obtenir le onzième et le treizième harmonique et de produire quelques notes de passage rapides hors de la série harmonique, comme la note sensible au-dessous de la gamme, rencontrée de temps à autre dans la musique de Bach.

Dans la musique allemande, certains termes comme « tromba di caccia » (que l'on rencontre dans le *Concerto pour violon en fa* de Telemann) et « tromba selvatica » (dans la *Tafelmusik* du même compositeur, 1735) posent des problèmes ; dans chaque cas, il faut monter jusqu'au dix-huitième harmonique. Bach a également écrit cette note pour ses trompettes ordinaires. On n'a pas encore résolu cette question : ces termes se réfèrent-ils non pas à une trompette mais au cor (« tromba » étant alors l'équivalent du français « trompe », de l'espagnol « trompa », signifiant « cor ») ? De nos jours, ces parties sont généralement confiées aux cors.

(*c*) *Évolution ultérieure*. C'est à la fin du XVIIIe siècle qu'ont été écrites certaines des pages les plus difficiles dans l'aigu, atteignant le vingt-quatrième harmonique dans un *Concerto en ré pour clarino* de Michael Haydn. Mais, à cette époque, la musique d'orchestre ne faisait plus appel à l'ancien langage du clarino et les trompettes étaient utilisées de façon plus restreinte et formelle, comme on le remarque dans l'écriture des compositeurs classiques. En outre, afin de jouer dans un plus grand choix de tonalités, l'instrument a été raccourci pour obtenir la tonalité de fa (rare auparavant), avec des tons de rechange pour toutes les tonalités importantes, jusqu'à si bémol ou même la. On sait également qu'à cette époque certains instrumentistes plaçaient la main dans le pavillon ou en travers de ce dernier pour abaisser les notes jusqu'à un demi-ton, selon la technique du cor : des trompettes « courbes » ont été fabriquées spécialement en France pour faciliter cette technique, surtout pour les ensembles ; mais il est presque certain que Mendelssohn, par exemple, connaissait ce procédé lorsqu'il a écrit la note sensible tenue qu'il confie aux trompettes au début de l'ouverture de *Ruy Blas*.

Les pistons ont ensuite fait leur apparition sur la trompette à partir de 1820 environ et, presque dès le début, on a construit la trompette dans la nouvelle tonalité de si bémol aigu (notre trompette en si bémol actuelle). En l'espace de cinquante ans, cet instrument est devenu l'instrument courant de l'orchestre en Allemagne et en France, bien que la plupart des compositeurs – Wagner, Verdi et Richard Strauss notamment – aient continué à écrire leurs parties de trompette en fa, mi bémol, ré, etc., dans la tradition classique. En Angleterre et aux États-Unis, le perfectionnement de la trompette à pistons a été retardé en raison de l'utilisation à l'orchestre du cornet à pistons, et ce n'est que vers la fin du XIXe siècle que les grands instrumentistes ont commencé à l'adopter.

7. *Trompettes à coulisse.* Pour ces instruments, il faut d'abord se reporter au XVe siècle. Aucun instrument de l'époque n'a survécu, mais il apparaît clairement sur les tableaux qu'il existait alors des trompettes spéciales que l'on pouvait pousser en avant et en arrière le long d'une branche d'embouchure télescopique pour produire une gamme diatonique au-dessous du huitième harmonique (voir *Trombone*, 7*a*). Ces trompettes étaient (selon les registres de la cour de Bourgogne) réservées aux « ménestrels », par opposition aux trompettes de « guerre », et étaient utilisées avec la *chalemie et parfois, apparemment, avec les voix dans la musique religieuse, comme dans les messes d'Arnold de Lantins et d'Estienne de Grossim. On en a récemment réalisé des copies d'après les tableaux existants.

Les tableaux du XVIe siècle continuent à montrer de telles trompettes, particulièrement en Allemagne et en Europe centrale, où on les associait aux voix et à d'autres instruments et où elles ont subsisté jusqu'au XVIIIe siècle : *Zugtrompete* ou, dans certaines cantates de Bach, « tromba da tirarsi » (le mot allemand *Zug* et le mot italien *tiro* désignent tous deux la coulisse du trombone). Le seul exemplaire qui ait survécu, daté de 1651, est conservé à Berlin. A l'époque de Bach, ces trompettes étaient surtout utilisées par le trompettiste de la ville pour jouer des chorals du haut de la tour ; mais la musique de Bach nous montre que les instrumentistes de Leipzig étaient beaucoup plus expérimentés.

Une trompette à coulisse très différente a fait son apparition en Angleterre, après la Restauration, probablement d'origine française : la « flat trumpet », c'est-à-dire une trompette pouvant jouer dans les tonalités mineures. Purcell a écrit pour cet instrument dans sa musique pour les funérailles de la reine Marie. La coulisse comprend le coude qui se tire vers le visage de l'instrumentiste. Ce système est tombé en désuétude mais n'a pas été oublié, car, à la fin du XVIIIe siècle, lorsque le onzième et le treizième harmonique de la trompette ordinaire produisaient des résultats qui incitaient les critiques à perdre patience, il a été repris sur la trompette à coulisse anglaise qui a été beaucoup utilisée dans les orchestres comme dans les fanfares pendant la première moitié du XIXe siècle et presque jusqu'à sa disparition pour les passages *obbligato* de la musique de Haendel. On trouve maintenant de telles trompettes dans les salles des ventes : elles ont été construites en fa avec des tons de rechange pour les tonalités graves, mais la coulisse, bien que destinée à l'origine à corriger ces harmoniques, a permis le jeu diatonique dans le registre grave et les solistes populaires les ont utilisées.

8. *Trompettes à clefs.* Invention autrichienne des années 1790. Haydn et Hummel ont écrit leurs concertos pour trompette pour cet instrument : le soliste qui les a tous deux créés était Anton Weidinger. Grâce à quatre ou cinq clefs recouvertes de cuir et ouvertes avec les doigts, l'instrument devenait chromatique au-dessus du do médian. Weidinger en jouait merveilleusement et en tirait une sonorité douce comparable à celle de la clarinette. Néanmoins, elle n'a jamais franchi les frontières de l'Autriche et de l'Italie. Dans les partitions lyriques françaises de l'époque, « trompettes à clef » désigne généralement les trompettes à pistons.

9. *Répertoire.* La trompette possède le plus ancien répertoire soliste de tous les

instruments à vent (à l'exception de l'orgue). Il s'adresse bien sûr à la trompette naturelle et débute par les sonates avec *basso continuo* de la grande méthode de Fantini (1638). Il se poursuit avec des sonates avec trompette solo écrites pour la cathédrale de Bologne par Cazzati, Corelli (une sonate), Torelli (un grand nombre de sonates et un *Concerto con tromba*) et D. Gabrielli (compositeur également connu pour avoir écrit pour le *violoncelle). Ensuite, parmi les compositeurs les plus célèbres, on trouve Purcell (une sonate), Vivaldi (*Concerto pour deux trompettes*), Telemann (six concertos), Reutter le jeune (deux concertos), Molter (cinq), Mudge (un), Leopold Mozart (un, 1762), Hertel (quatre), Albrechtsberger (*Concertino* ; voir *Guimbarde*) et Michael Haydn (un concerto et une partie d'une sérénade). Viennent ensuite les concertos pour trompette à clefs de Joseph Haydn et de Hummel, mais presque rien pour la trompette à pistons. Parmi les œuvres plus récentes, on peut citer la *Sonate pour trompette et piano* (1939) de Hindemith, la *Sonate* avec cor et trombone de Poulenc et plusieurs œuvres pour trompette, piano et cordes, de Saint-Saëns (*Septuor op.65*, 1881) à Jolivet (*Concertino*, 1948) et à Chostakovitch (*Concerto op.35*, 1934). Le répertoire concertant comporte aussi des œuvres de Tomasi (*Concerto*, 1948), Hindemith (*Concerto pour trompette, basson et cordes*, 1949), Aroutounian (*Concerto*, 1950), Jolivet (*Concerto nº 2*, 1954).

Anthony Baynes.

BIBLIOGRAPHIE : Georges Gourdet, *Les Instruments à vent*, PUF, coll. Que sais-je ? (Paris, 1967, 3ᵉ éd. 1985). Charles Koechlin, *Les Instruments à vent*, PUF, coll. Que sais-je ? (Paris, 1948). M. Mersenne, *Harmonie universelle* (Paris, 1636-37), rééd. CNRS (Paris, 1963). Edward Tarr, *La Trompette*, Payot/Van de Velde (Lausanne/Paris, 1977). Ludovic Vaillant, *Traité pédagogique de trompette et de cornet*, Alphonse Leduc (Paris, 1969).

Trompette Bach. Petite trompette à pistons en ré fabriquée au XXᵉ siècle pour l'exécution des œuvres de J. S. Bach et des compositeurs du XVIIIᵉ siècle qui utilisaient volontiers les registres aigus de l'instrument. Voir *Trompette*, 3.

Trompette à clefs. Voir *Bugle à clés* ; *Trompette*, 8.

Trompette marine (all. : *Trumscheit* ; angl. : *tromba marina*). Instrument à cordes et à archet très ancien ; on ne connaît sa première forme que par les tableaux et descriptions des XVᵉ et XVIᵉ siècles ; plusieurs exemplaires de la forme ultérieure ont survécu dans des collections, datant essentiellement du XVIIIᵉ siècle.

1. *Forme ancienne.* Elle se compose d'une caisse de résonance étroite et effilée mesurant entre 90 cm et 1,20 m de long, de section triangulaire et ouverte à l'extrémité la plus large. Sur cette caisse est tendue une corde unique en boyau, accordée par une cheville située à l'extrémité étroite. On tenait généralement l'instrument par le haut, de la main gauche, l'extrémité étroite reposant contre la poitrine de l'instrumentiste ; le pouce (ou l'index) de la même main touchait la corde en des points où elle produisait les harmoniques naturels de la note sur laquelle elle était accordée. L'autre main tenait l'archet et frottait la corde entre le sillet et la main gauche pour jouer des airs sur ces harmoniques. Un élément important, que l'on retrouve également sur le modèle ultérieur (voir § 2) est le « chevalet bourdonnant » muni d'un pied central et d'extensions latérales que la vibration latérale de la corde faisait tambouriner sur la caisse de résonance (ou sur une plaque en ébène, en ivoire ou en métal fixée au-dessus de la caisse de résonance). Le son discordant ainsi imparti (comparer au bourdon de « trompette » de la *vielle à roue), allié aux limites des mélodies sur les harmoniques naturels, rappelle la trompette, ce qui explique sans aucun doute la première partie de son nom (la seconde demeure inexpliquée malgré de nombreuses suppositions).

La trompette marine était surtout connue au XVᵉ siècle, de l'Italie à l'Angleterre, mais le nom allemand « Trumscheit » est le seul qui soit véritablement attesté pour cette période. Glareanus (1547) en fait la meilleure description ; il dit qu'on en jouait dans les rues (un peu plus tard, elle est portée sur l'inventaire des instruments de carnaval d'une cour allemande). Une seconde corde, plus courte, était parfois ajoutée, apparemment pour donner l'octave (ou la dominante) de la corde principale, comme un bourdon ; dans d'autres cas, il y avait trois cordes plus courtes formant un bourdon sur la fondamentale (avec l'octave et la dominante intermédiaire ; comparer à la *Cornemuse*, 2).

2. *La forme ultérieure.* Au début du XVIIe siècle, l'instrument s'est agrandi et l'on en jouait en posant l'extrémité la plus large sur le sol. Plus tard, Lully a fait un rapprochement entre « marine » et marins et a écrit, en 1660, une partie pour cet instrument dans un « Divertissement pour les matelots » pour *Xerxès* de Cavalli (voir également *Cromorne*, 2). A cette époque, l'instrument était parfois muni de cordes métalliques sympathiques (voir *Instruments à cordes*, 6) ; c'était le cas lorsque Pepys a entendu des solos de trompette marine joués à Londres. Un grand nombre des modèles qui sont parvenus jusqu'à nous ont été trouvés dans des monastères et des couvents en Allemagne, où l'instrument s'appelait également *Nonnengeige* (« violon de religieuse »). Nous ne possédons malheureusement aucun détail relatif à son utilisation dans ces institutions.

Anthony Baines.

Trope

1. Phrases supplémentaires de texte et de musique
2. Texte des mélismes
3. Addition de mélismes
4. Le trope au XXe siècle

Le terme « trope » (lat. : *tropus*, du grec *tropos*, « moyen », « manière », « façon ») revêt plusieurs sens. A partir de l'époque de Martianus Capella (vers 400) et de Boèce (mort en 524), ce terme était employé par les théoriciens du Moyen Age pour désigner une espèce d'octave (voir *Mode*, 3). Toutefois, le sens le plus important de « trope » est celui d'addition textuelle et/ou musicale au plain-chant. Il existait essentiellement trois types de tropes qui ont probablement vu le jour au cours du troisième quart du IXe siècle. La majeure partie des tropes ont cessé d'être utilisés après le XIIe siècle ; ceux qui ont survécu le plus longtemps sont les tropes du Kyrie (si ce sont bien des tropes ; voir §2), que l'on chantait encore au XVIe siècle dans certaines églises.

La production de tropes a été spectaculaire, particulièrement entre le Xe siècle et le XIIe siècle ; leur étude permet de sentir de façon remarquable la « pulsation » de leur époque. Chaque église créait son propre répertoire et la transmission de tropes d'un endroit à un autre est une indication précieuse sur les contacts culturels du Moyen Age.

1. *Phrases supplémentaires de texte et de musique.* Elles existent pour trois chants du propre de la messe (l'Introït, l'Offertoire et la Communion) ainsi que pour le Kyrie, le Gloria, le Sanctus et l'Agnus Dei de l'ordinaire. On connaît également quelques exemples de tropes pour les Leçons. Les plus fréquents étaient les tropes d'Introït. La technique appliquée aux chants du propre consistait à ajouter, en forme d'introduction au chant principal, une phrase expliquant le message ou la signification du texte principal. En outre, le chant principal était souvent éclaté en plusieurs phrases qui recevaient chacune une introduction. L'Ex. 1 reproduit le début d'un trope d'Introït de Noël. Voici la traduction du texte complet (texte principal en capitales) :

> « Dieu le père a envoyé son Fils dans le monde aujourd'hui, ce pour quoi nous nous rejouissons en chantant avec le prophète : UN ENFANT NOUS EST NÉ, UN ENFANT NOUS EST DONNÉ, qui s'assiéra sur le trône de David et régnera pour toujours, ET IL RÉGNERA PARMI NOUS. Voici venir Dieu et l'homme de la maison de David pour s'asseoir sur le trône, ET IL PORTERA LE NOM – lui que le prophète a annoncé – D'ANGE DU PUISSANT CONSEIL. »

On notera que la musique du trope utilise des tournures de phrase du chant original, mais peu de tropes font des références aussi explicites que celui-ci.

Des textes de l'ordinaire de la messe, qui n'avaient pas de liens particuliers avec une fête, pouvaient être transformés en « propre » de la messe au moyen de tropes, mais ce sont en général des expressions assez neutres d'invocation ou de louange. Les tropes du Gloria, qui comportaient souvent plus de douze lignes disséminées dans le chant original, sont les tropes les plus longs. Comme la plupart des autres tropes, ils sont tombés en désuétude au XIIe siècle, mais un trope du Gloria, *Spiritus et alme* pour la Sainte Vierge Marie (sans doute composé en Normandie, à la fin du XIe siècle), est resté populaire pendant tout le Moyen Age et a même été mis en polyphonie.

Ex. 1. Trope (en minuscules) chanté par un soliste. Partie principale (en majuscules) chantée par le chœur. ⌐¬ *= trope melismatique ; voir § 3.*

2. *Texte des mélismes.* Il suivait le principe d'une syllabe par note. Le texte ajouté s'appelait souvent *prosa* ou *prosula* et venait se placer sur les notes du mélisme, notamment à l'Alléluia, aux versets de l'Offertoire, aux répons des offices, ainsi qu'à l'« Hosanna » de certains Sanctus. La technique habituelle consistait à « paraphraser » le texte du chant principal, en se référant, si possible, au thème de la fête du jour.

On pense qu'un grand nombre de Kyrie mélismatiques ont reçu de cette façon des textes tropiques latins ; par la suite, au Moyen Age, lorsque les tropes ont disparu, ces Kyrie ont généralement été copiés sans les textes latins ; ils apparaissent aussi sans ces textes dans les livres de chants modernes du Vatican, retrouvant ainsi leur forme originale supposée. Toutefois, comme les manuscrits les plus anciens (Xe siècle) possèdent déjà les textes latins, il n'est pas impossible que ces Kyrie aient été conçus ainsi dès l'origine, en tant que compositions de fête à part entière. Alors que les tropes du Kyrie du premier type sont assez vite passés de mode, les Kyrie possédant des textes latins ont continué à être utilisés dans certaines églises jusqu'au XVIe siècle.

3. *Addition de mélismes.* Quelques manuscrits anciens comportent des extensions mélismatiques de certaines phrases de l'Introït (voir la phrase finale de l'Ex. 1). Dans deux manuscrits de Saint-Gall, en Suisse, certains mélismes ont des textes ajoutés. Un petit nombre d'autres manuscrits témoignent d'un usage assez limité des mélismes responsoriaux – ils possèdent de vieux mélismes redéployés plusieurs fois dans différents répons, quelques mélismes nouvellement composés et des mélismes empruntés aux versets de l'Offertoire à insérer dans les répons. Les textes de certains de ces mélismes suivent le modèle exposé au § 2.

Tout ce qui précède constitue des additions au principal *corpus* grégorien établi à la fin du VIIIe siècle. Certains musicologues modernes ont également employé le mot « trope » pour désigner d'autres adjonctions qui ne portaient pas ce nom au Moyen Age : des séquences, en s'appuyant sur le fait que le texte de certaines des premières séquences commence par *Alleluia jubili* (voir *Séquence*) ; les chants du « Benedicamus » (voir *Conductus*) et l'*organum*, parfois considéré de nos jours comme une sorte de « trope vertical » de plain-chant.

David Hiley.

4. *Le trope au XXe siècle.* Dans les années vingt, le compositeur et théoricien australien Josef Matthias Hauer (1883-1959) a introduit une signification tout à fait différente du mot « trope ». Il a conçu un système de composition dodécaphonique basé, non pas sur la série, comme chez Schoenberg, mais sur une division des douze notes de la gamme chromatique en deux groupes de six, par exemple (do, do dièse, mi, fa dièse, si bémol, si) + (ré, mi bémol, fa, sol, la bémol, la). Au sein de chaque groupe, l'ordre peut varier librement, mais en principe les deux groupes restent séparés : Hauer a appelé « trope »

une telle disposition et, bien que l'on entende rarement sa musique, le terme a survécu pour décrire d'autres œuvres qui emploient ce système, notamment l'*Ode à Napoléon* de Schoenberg.

Paul Griffiths.

Troppo (ital.). « Trop ». Souvent employé avec une négation, comme une sorte d'avertissement : *allegro ma non troppo*, « vite, mais pas trop ».

Troubadours. Poètes musiciens des XIIe et XIIIe siècles, du sud de la France, souvent d'origine noble. La poésie troubadour, écrite en provençal (la « langue d'oc »), repose essentiellement sur le thème de l'amour courtois, reflétant l'importance croissante des femmes dans la société à une période de stabilité politique et de prospérité. Une grande partie de cette poésie était mise en musique et chantée par les troubadours eux-mêmes, avec parfois un accompagnement instrumental assuré par des ménestrels professionnels appelés « jongleurs ». Les mélodies de ces chansons se transmettaient surtout oralement, étant davantage confiées à la mémoire qu'au papier. Celles qui ont survécu jusqu'à nos jours sont écrites dans une notation imprécise qui n'indique ni le rythme ni la nature de l'accompagnement.

Au XIIe siècle, l'art des troubadours s'est répandu dans toute l'Europe, des mouvements analogues s'affirmant en particulier dans le nord de la France (les *trouvères) et en Allemagne (les **Minnesinger*), mais également en Italie et en Espagne. Parmi les troubadours les plus importants figurent Guillaume IX, duc d'Aquitaine (1071-1127) et Bernart de Ventadorn (vers 1130-90). La culture provençale, dont les troubadours faisaient partie, a été détruite par la croisade des Albigeois au début du XIIIe siècle, mais les chansons de Jaufré Rudel et Guiraut Riquier, deux des derniers troubadours, ont été écrites vers la fin de ce siècle. Voir également *Ménestrels* ; *Chant*, 2.

John Milsom.

BIBLIOGRAPHIE : Pierre Aubry, *Trouvères et Troubadours*, Félix Alcan (Paris, 1909). A. Berry, *Florilège des troubadours* (Paris, 1930). Jean Beck, *La Musique des troubadours*, Stock (Paris, 1979). Jacques Chailley, *Histoire musicale du Moyen Age*, PUF (Paris, 1950, rééd. 1969). R. Nelli et R. Lavaud, *Les Troubadours*, Desclée de Brouwer (Paris, 1960, 1966).

Trouvère, Le (*Il Trovatore*). Opéra en quatre actes de Verdi sur un livret de Salvatore Cammarano d'après le drame espagnol d'Antonio Garcia Gutiérrez, *El Trovador*. Représentations : Rome (Teatro Apollo, 19 janvier 1853) ; Paris (Théâtre-Italien, 23 décembre 1854) ; New York (Academy of Music, 2 mai 1855) ; Londres (Covent Garden, 10 mai 1855) ; Paris (Opéra, en français, 12 janvier 1857). L'action, très confuse, se situe en Espagne au XVe siècle, pendant la guerre civile qui suivit la rébellion du comte d'Urgel contre le roi d'Aragon. L'armée du roi est commandée par le comte di Luna.

Acte I, scène 1. Ferrando (basse), capitaine de la garde du comte di Luna, raconte aux soldats comment le jeune frère du comte fut enlevé par une gitane dont la mère avait été brûlée comme sorcière par le père du comte. On a alors supposé que l'enfant enlevé avait été brûlé à son tour par la gitane.

Scène 2. A la nuit tombée, dans le jardin du palais, Leonora (sop.), dame de compagnie de la reine d'Aragon, confie à sa suivante Iñez (sop.) son amour pour le trouvère Manrico (tén.), chef de l'armée rebelle, qui lui donne la sérénade chaque nuit. Di Luna (bar.), lui-même amoureux de Leonora, arrive dans le jardin. Entendant la voix de Manrico, Leonora sort du palais, mais prend di Luna pour son amant. Manrico survient alors et les deux hommes se battent en duel.

Acte II, scène 1. Quelques mois plus tard, dans le camp des gitans, Manrico, qui a été blessé par di Luna, est soigné par Azucena (mezzo), qu'il croit être sa mère. Mais elle lui raconte la mort de sa véritable mère sur le bûcher et comment, dans sa folie, elle a brûlé un autre enfant (en réalité, son propre fils, Manrico n'étant que le frère de di Luna, ce que tout le monde ignore en dehors d'elle). Un messager vient annoncer que Leonora, croyant son amant mort, est sur le point d'entrer au couvent. Manrico se précipite pour l'en empêcher.

Scène 2. Di Luna et sa suite se rassemblent devant le couvent de Jérusalem pour enlever Leonora. Leurs plans sont déjoués par Manrico, qui emmène Leonora au château de Castellor.

Acte III, scène 1. Un camp militaire. Le comte di Luna et ses hommes font le siège de Castellor. Ils trouvent Azucena qui rôdait aux alentours. Ferrando la reconnaît ; elle révèle être la mère de Manrico. Di Luna la condamne au bûcher.

Scène 2. Au château, l'heure est aux préparatifs du mariage de Leonora et de Manrico. Ruiz (tén.), un membre de la suite de Manrico, apprend à son maître qu'Azucena va mourir : Manrico se précipite pour la sauver.

Acte IV, scène 1. Manrico a été capturé alors qu'il essayait de sauver Azucena. Leonora vient au palais dans l'espoir de le voir et prie pour que son amour apaise ses souffrances. Les moines entonnent un *Miserere* et Manrico chante en attendant la mort. Leonora implore le comte d'épargner la vie de Manrico. Il accepte à condition qu'elle se donne à lui. Elle y consent et, pendant que di Luna va donner l'ordre de relâcher Manrico, elle absorbe un poison caché dans le chaton d'une bague.

Scène 2. Manrico tente de réconforter Azucena en évoquant leur vie dans les montagnes. Leonora vient lui annoncer qu'il est libre. Lorsqu'il apprend le prix de sa liberté, il la maudit. Mais le poison agit déjà et di Luna arrive pour voir Leonora mourir dans les bras de son amant. Il ordonne l'exécution de Manrico et, à la mort de celui-ci, Azucena lui annonce triomphalement qu'il vient de tuer son propre frère. Le rideau tombe alors qu'elle s'écrie : « Tu es vengée, ô ma mère ! ».

BIBLIOGRAPHIE : *Le Trouvère*, L'Avant-Scène-Opéra nº 60 (Paris, 1985).

Trouvères. Poètes musiciens du nord de la France (fin du XIIe siècle et XIIIe siècle) dont l'activité était surtout concentrée dans la région d'Arras. Comme les *troubadours, qui leur sont légèrement antérieurs, les trouvères étaient pour la plupart des aristocrates aux goûts sophistiqués qui avaient reçu une bonne éducation. Leur poésie, en « langue d'oil » (vieux français du nord de la France), était écrite en majeure partie selon les conventions de l'amour courtois, prenant parfois la forme de complaintes amoureuses exprimées en dialogues. Les mélodies des trouvères sont souvent notées avec davantage de précision que celles des troubadours ; environ deux mille d'entre elles nous sont parvenues, mais aucune ne fournit la moindre indication sur la façon dont elles étaient accompagnées. Parmi les principaux compositeurs de ce mouvement figurent le châtelain de Couci (mort en 1203), Thibaut IV, roi de Navarre (1201-53), Adam de la Halle (vers 1250-88) et Jehan Erart (vers 1200-59). Il existe des liens importants entre l'art des trouvères et les chansons de Guillaume de Machaut, le principal compositeur français du XIVe siècle.

Voir également *Ménestrel* ; *Chant*, 2.

John Milsom.

BIBLIOGRAPHIE : Pierre Aubry, *Trouvères et Troubadours*, Félix Alcan (Paris, 1909). Jacques Chailley, *Histoire musicale du Moyen Age*, PUF (Paris, 1950, rééd. 1969).

Trovatore, Il. Voir *Trouvère, Le.*

Troyens, Les. Opéra en cinq actes de Berlioz sur un livret du compositeur d'après *L'Enéide* de Virgile (vers 27-19 av. J.-C.). Composé en 1856-58. Afin d'en obtenir la représentation, Berlioz fut obligé, en 1863, de diviser l'œuvre en deux parties : *La Prise de Troie* (actes I et II remodelés en trois actes), créée à Karlsruhe, le 6 décembre 1890, et *Les Troyens à Carthage* (actes III, IV et V remodelés en cinq actes avec un nouveau prologue), créés au Théâtre-Lyrique à Paris, le 4 novembre 1863. L'œuvre complète fut donnée pour la première fois à Karlsruhe, les 6 et 7 décembre 1890, puis à Glasgow, 18-19 mars 1935, à l'Opera House de Boston, le 27 mars 1955 (version très raccourcie), à l'Opera House de San Francisco, 1966 (raccourci), au Métropolitan de New York (1973) et au Festival Berlioz de Lyon (1987).

Le synopsis qui suit reprend la version originale, tandis que les divisions en actes de la seconde version sont indiquées entre parenthèses.

Acte I (La Prise de Troie, acte I). Les Grecs ont abandonné leur camp, laissant derrière eux le célèbre cheval de bois. Les pressentiments de Cassandre (sop. ou mezzo), fille de Priam (basse), ne rencontrent qu'incrédulité, même de la part de son amant Choroebus (bar.). (*La Prise de Troie,* acte II) Les célébrations de la paix sont interrompues par Énée (tén.), qui vient annoncer que le prêtre Laocoon, qui s'était méfié du cheval, a été dévoré par des serpents : le cheval est alors amené dans la ville pour apaiser la déesse Athéna.

Acte II (La Prise de Troie, acte III). L'ombre d'Hector (basse) ordonne à Énée de fuir Troie et de fonder une nouvelle cité en Italie. Le prêtre Panthée (basse) raconte que les Grecs, cachés dans le cheval, ont mis le feu à la ville de Troie. Dans le temple de Vesta, Cassandre annonce aux femmes la mort de Choroebus et la fuite d'Énée. Lorsque les Grecs pénètrent dans le temple, les femmes se poignardent.

Acte III (Les Troyens à Carthage, acte I). Célébration de fêtes à Carthage. La reine Didon (sop. ou mezzo) annonce son intention de rester veuve en hommage à son époux : sa sœur Anna (contr.) tente de la faire changer d'avis. Le poète Iopas (tén.) vient annoncer l'arrivée de vaisseaux étrangers. Le fils d'Énée, Ascanio (sop.), demande l'hospitalité à Didon. Lorsque son ministre Narbal (basse) apporte la nouvelle d'une invasion, Énée, jusqu'alors déguisé, se présente et offre son aide. (*Les Troyens à Carthage,* acte II). Au cours d'un interlude symphonique (« La Chasse royale et L'Orage »), Didon et Énée se réfugient dans une grotte et se déclarent leur amour.

Acte IV (Les Troyens à Carthage, acte III). Énée est fêté dans les jardins de Didon. Toutefois, les inquiétudes de Narbal au sujet du conflit d'Énée entre l'amour et le devoir se révèlent justifiées. Mercure ordonne à Énée de poursuivre son voyage vers l'Italie.

Acte V (Les Troyens à Carthage, acte IV). Les ombres des héros troyens ajoutent leurs exhortations à celles de Mercure. Énée, désormais sourd aux prières de Didon, lève l'ancre. (*Les Troyens à Carthage,* acte V). En apprenant cette nouvelle, Didon, désespérée, décide de mourir et, prédisant la future gloire de Rome, se jette sur l'épée d'Énée.

Truite, La. 1. (*Die Forelle*) Lied de Schubert (D 550) sur un poème de Schubart. Il existe cinq versions de la même œuvre légèrement différentes les unes des autres ; la dernière version (1821) comporte cinq mesures d'introduction au piano. Schubert a repris le thème de ce lied dans son *Quintette avec piano en la majeur* (D 667), surnommé quintette « La Truite ».

2. Surnom du *Quintette avec piano en la majeur D 667* de Schubert, composé en 1819. Il comporte cinq mouvements, dont le quatrième, un andantino, est un ensemble de variations sur le thème de son lied *Die Forelle* (« La Truite »).

Trumscheit (all.). Voir *Trompette marine.*

T.s. Abréviation de **tasto solo.*

Tuba

1. Description
2. Tubas à pistons
3. Histoire
4. Répertoire
5. Tuben wagnérien
6. Tuba ténor

Le plus gros instrument à pistons de la famille des cuivres. Dans les fanfares, l'harmonie et la musique militaire, il est appelé « basse d'harmonie » (pour la *tuba* dans le sens latin original, voir *Trompette,* 6*a* ; *Grèce antique,* 4, 6*b*). A l'orchestre, l'instrumentiste est assis à côté des trois trombones, constituant le quatrième membre d'un même pupitre, dont il augmente l'étendue jusqu'au ré grave du piano.

1. *Description.* L'instrument varie sensiblement selon les pays. En France et en Grande-Bretagne, les pistons sont des pistons droits ordinaires. Pour les actionner, la main droite se place sous la courbe située en haut du tube et le pavillon est donc dirigé vers la droite de l'instrumentiste. Aux États-Unis, une autre solution, souvent adoptée, consiste à monter les pistons à l'oblique ou à angle droit du tube principal, ou encore à utiliser des pistons rotatifs comme sur les instruments allemands ; la main droite passe alors au-dessus de l'instrument et le pavillon est nécessairement orienté à gauche. (Autrefois, une musique militaire britannique utilisait parfois l'une de ces basses d'harmonie à pistons obliques pour profiter du bel effet visuel d'un pavillon de tuba orienté vers l'extérieur à chaque extrémité de la première rangée en ordre de marche.)

La tessiture varie également selon les différents types de tuba. Pour les fanfares, l'instrument est toujours fabriqué en deux tailles : mi bémol (approximativement 4 m si on déroulait le tube) et si bémol grave (5,50 m), également appelé tuba (ou saxhorn) contrebasse en si bémol. Ils jouent la partie de basse à l'octave lorsque c'est nécessaire. Les basses d'harmonies ordinaires en forme de tuba sont très différentes en apparence du *sousaphone inventé aux États-Unis (voir également § 3), avec leur pavillon de 60 cm de large dirigé vers l'avant au-dessus de la tête de l'instrumentiste, mais ces deux instruments sont fabriqués dans ces deux mêmes tonalités.

Pour l'orchestre, on peut choisir l'un ou l'autre des instruments précédents ou, alternativement, des instruments accordés un ton plus haut, en fa ou en ut grave, qui sont des tonalités plus centrales dans la musique symphonique en général. Le choix dépend dans une large mesure du pays. En France, les tubas sont normalement en ut, en Grande-Bretagne en mi bémol, mais, depuis les années cinquante, ils sont généralement munis d'un pavillon dont la largeur égale celle du saxhorn contrebasse en si bémol pour produire un son plus plein ; on parle alors couramment de « contrebasse en mi bémol ». Aux États-Unis et en Italie, on préfère des instruments plus graves (contrebasse en si bémol ou en ut), très sonores. En Allemagne, le tuba conserve généralement sa tonalité d'origine, fa (voir § 3), les tubas graves étant surtout réservés à des fonctions spéciales comme la partie de tuba contrebasse du *Ring*, où il se voit confier des passages solo les plus graves et les plus mémorables de tout le répertoire du tuba ; il en est de même au début de *Siegfried*, où il représente le dragon. En France, jusqu'à une date récente, le tuba d'orchestre était toujours très différent, en ut, un ton au-dessus de l'*euphonium. Il atteint les notes les plus graves à l'aide de six pistons (trois par main) et peut bien sûr atteindre facilement des notes bien plus élevées que les très gros tubas. Aucun tuba n'aime vraiment être amené au-dessus de son huitième harmonique ; Wagner le savait fort bien ; le mi³ de l'ouverture des *Maîtres chanteurs* se situe juste dans cette limite pour le tuba en fa. Toutefois, lorsque des notes aiguës sont écrites pour le tuba français (l'exemple le plus souvent cité est celui de « Bydlo » dans l'orchestration de Ravel des *Tableaux d'une exposition* de Moussorgski), les instrumentistes des autres pays doivent parfois avoir recours à un instrument plus petit que le leur pour pouvoir jouer la partie.

2. *Tubas à pistons.* Les tubas d'orchestre possèdent toujours au moins quatre pistons, le quatrième abaissant l'instrument d'une quarte juste afin de combler le vide au-dessus des fondamentales (voir *Pistons*, 3) et de donner à l'instrument une étendue continue de notes graves au-dessous de la portée, descendant jusqu'au ré grave ou plus bas si besoin est. Les facteurs français et britanniques confient ce piston à la main gauche (index), les Américains et les Allemands au petit doigt de la main droite. Toutefois, les problèmes des notes trop hautes inhérents au système à pistons lorsque ceux-ci sont utilisés simultanément prennent une grande importance dans de nombreuses combinaisons faisant intervenir le quatrième piston. L'instrumentiste doit régler les corps de rechange pour améliorer les choses autant que possible, mais certaines notes doivent néanmoins être abaissées avec les lèvres, et cela suffisamment pour compenser une attaque forte et résolue dans le *ff* tout en continuant à jouer parfaitement juste.

Pour atténuer ces problèmes (sans pour autant les supprimer complètement), on a inventé des tubas à cinq et six pistons, le premier provenant du nouveau tuba basse en fa (1839) du célèbre chef de fanfare berlinois Wieprecht (le mot tuba au sens moderne faisant ici sa première apparition).

3. *Histoire.* Les premiers tubas contrebasses à pistons ont été fabriqués en Allemagne et en Autriche à la fin des années 1820, essentiellement sous la dénomination de « bombardon ». En général, ils revêtent la même forme que l'*ophicléide, alors âgé d'une dizaine d'années, et sont construits en fa afin d'atteindre les notes graves de cet instrument à l'aide de trois pistons. Avec leurs dimensions assez étroites, ils produisent un son chaud et agréable, sans toutefois posséder la réserve de puissance des instruments ultérieurs (voir également *Cimbasso*).

Adolphe Sax connaissait le tuba de Wieprecht (voir § 2) lorsqu'il a mis au point son *saxhorn contrebasse en mi bémol (1845), dont est finalement dérivé le tuba britannique. Le premier tuba contrebasse en si bémol a fait son apparition en Autriche à peu près à la même époque ; quatre ans plus tard, également en Autriche, l'hélicon, tuba contrebasse à enroulement circulaire, voyait le jour. On le trouve dans de nombreuses musiques militaires en Europe et il a été utilisé par plusieurs régiments britanniques jusqu'à la Première Guerre mondiale. Il se place au-dessus de la tête pour reposer sur l'épaule gauche, le pavillon pointant plus ou moins vers l'avant au niveau de la tête. A partir de cet instrument, Conn, aux États-Unis, a inventé le « sousaphone » (1898), ainsi baptisé en l'honneur du grand chef de fanfare Philip Sousa (1854-1932). Au début, l'immense pavillon s'élevait tout droit vers le haut comme un énorme vase. Les fanfares américaines n'y sont pas toutes attachées, car un grand nombre d'entre elles utilisent les instruments contrebasse de la forme ordinaire du tuba ou ceux dont le pavillon est recourbé et dirigé vers l'avant. Cette dernière caractéristique est apparue aux premiers temps de l'enregistrement, lorsqu'il fallait jouer devant un pavillon et qu'on faisait appel à un tuba, de préférence ce type de « tuba contrebasse d'enregistrement », pour renforcer les contrebasses : on l'entend souvent dans les enregistrements anciens, jouant la partie de basse au-dessous d'un chanteur ou d'un violoniste de grand renom.

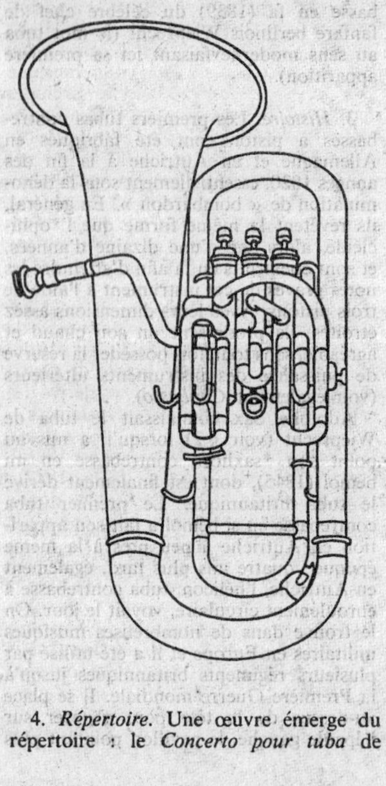

4. *Répertoire*. Une œuvre émerge du répertoire : le *Concerto pour tuba* de Vaughan Williams, écrit pour le tuba en fa à une époque (1955) où certains grands instrumentistes londoniens, notamment Philip Catelinet (qui a créé l'œuvre), utilisaient encore cet instrument, suivant l'ancienne tradition britannique. Le répertoire du tuba comprend également une *Sonate pour tuba et piano* de Hindemith, une *Suite pour tuba et piano* de Gordon Jacob ainsi que des œuvres ultérieures d'Edward Gregson (né en 1945) et de quelques autres compositeurs.

5. *Tuben wagnérien* (en all., souvent *Ring-Tuba*). Il a été fabriqué pour le *Ring*, où quatre de ces instruments viennent s'ajouter aux cors : deux *Tenortuben* en si bémol (tessiture de l'euphonium) et deux *Basstuben* en fa (tessiture du tuba en fa ou du cor en fa). Pour la notation, voir *Instruments transpositeurs*.

Peu de temps après avoir commencé à travailler à *L'Or du Rhin* en 1853, Wagner a découvert les instruments récemment fabriqués à Paris par Sax qui lui ont suggéré cette magistrale addition à sa palette orchestrale ; ils produisent un effet qui retient l'attention de l'auditeur dès leur première entrée (le début de la scène 2 de *L'Or du Rhin*), où ils annoncent solennellement le thème du « Valhalla » lui-même.

Les quatre instruments ont la forme ovale courante des instruments de fanfare allemands ; leur perce est assez large et ils sont munis de pistons rotatifs. La branche d'embouchure s'effile jusqu'à une dimension étroite pour recevoir une embouchure de cor, car les instruments doivent être confiés à quatre des huit cornistes, qui passent du cor au tuben selon les instructions figurant sur les parties. Après Wagner, Bruckner a utilisé ces instruments de manière identique dans ses trois dernières symphonies et Richard Strauss dans *Elektra*.

6. *Tuba ténor*. Lorsqu'une partition comporte une partie destinée à cet instrument – comme dans *Don Quixote* et *Ein Heldenleben* de Richard Strauss, *Le Sacre du printemps* de Stravinski ou *The Planets* de Holst –, elle est généralement tenue par l'euphonium, bien qu'il semble possible que Richard Strauss ait pensé, tout au moins au début, au tuben ténor wagnérien.

Anthony Baines.

BIBLIOGRAPHIE : Georges Gourdet, *Les Instruments à vent*, PUF, coll. Que sais-je ? (Paris, 1967, 3e éd. 1985). Charles Koechlin, *Les Instruments à vent*, PUF, coll. Que sais-je ? (Paris, 1948).

Tucket (angl.). « Fanfare ». Terme que l'on rencontre essentiellement dans les instructions scéniques anglaises à la fin du XVIe siècle et au XVIIe siècle et, particulièrement, dans les œuvres de Shakespeare et de ses contemporains. Le mot semble être un anglicisation de *toccata et désigne une fanfare de trompettes et de tambours. Voir également *Sennet* ; *Trompette, 6b.*

Tudor, Anthony (Londres, 4 avril 1908). Danseur et chorégraphe britannique. Il figure parmi ceux qui ont jeté les bases du ballet britannique dans les années trente, avec le Ballet Rambert, créant *Lilac Garden* (Chausson, 1936) et le premier ballet sur une musique de Mahler, *Dark Elegies* (1937). Il s'est installé à New York en 1940 et est devenu le chorégraphe permanent de l'American Ballet Theatre, dès sa formation. Les œuvres de cette période comprennent *Pillar of Fire* (Schoenberg, 1942) et *Undertow* (William Schuman, 1945). Viennent ensuite *Shadowplay* (Koechlin, 1967) pour le Royal Ballet de Londres et *The Leaves are Fading* (Dvořák, 1975). Tudor a été nommé directeur adjoint de l'American Ballet Theatre en 1974.

Noël Goodwin.

Tůma, František (Ignác Antonín) (Kostelec nad Orlicí, Bohême, 2 octobre 1704 ; Vienne, 30 janvier 1774). Compositeur tchèque. Il commence par étudier la musique avec son père, puis part pour Prague. Au début des années 1720, il s'installe à Vienne, où il poursuit avec succès une carrière de musicien d'église, puis devient Kapellmeister du comte Franz Ferdinand Kinsky et, en 1741, de l'impératrice douairière. A sa mort, en 1750, Tůma reste à Vienne, où l'on fait appel à ses services aussi bien comme instrumentiste que comme compositeur. Il est admiré pour ses nombreuses messes *a cappella*, dans lesquelles il suit le modèle de Fux, et pour sa musique religieuse avec accompagnement. Ses sonates instrumentales et ses symphonies révèlent un talent contrapuntique remarquable. D'approche résolument conservatrice, elles montrent néanmoins que Tůma était préparé à employer le *Stil galant*, moins rigoureux.

Jan Smaczny.

Tunder, Franz (Bannesdorf, près de Burg, île de Fehmarn, 1614 ; Lübeck, 5 novembre 1667). Compositeur allemand. Il commence sa carrière comme organiste de la cour du Schleswig et, en 1621, est nommé organiste de la Marienkirche à Lübeck. Il est surtout connu de nos jours pour avoir fondé les célèbres *Abendmusiken* (concerts comprenant un mélange de musique vocale sacrée et de musique pour orgue), dont Buxtehude a ensuite repris la direction.

Seules dix-sept œuvres vocales de Tunder ont survécu : elles comprennent des motets à voix soliste, certains dans le style italien, d'autres (comme *Ein kleines Kinderlein*) basés sur des chants allemands, et des exemples de cantates chorales figurant parmi les premières de ce genre et que développera abondamment Bach (comme *Wachet auf, An Wasserflüssen Babylons, Ein' feste Burg*). Sa musique pour orgue comprend quatre préludes importants en trois parties (toccata-fugue-prélude), forme du prélude jusqu'alors inusitée en Allemagne du Nord, et sept fantaisies de choral de style antiphonal. Son importance tient à sa contribution aux divers types de musique religieuse luthérienne, démarche que reprendra Bach par la suite.

Wendy Thompson.

Turandot. Opéra en trois actes de Puccini, achevé par Alfano ; livret d'Adami et Simoni d'après le drame de Gozzi (1762), lui-même probablement dérivé des *Mille et Une Nuits.* Représentations : Milan (Scala, 25 avril 1926) ; New York (Metropolitan Opera, 16 novembre 1926) ; Londres (Covent Garden, 7 juin 1927) ; Paris (Opéra, 2 avril 1928). On donne encore occasionnellement un opéra de Busoni qui porte le même titre (1917). La cruelle princesse Turandot (sop.) épousera l'homme qui saura répondre aux trois énigmes qu'elle lui proposera ; ceux qui échoueront seront décapités. Un prince inconnu, Calaf (tén.), y parvient, mais accepte de libérer Turandot de son vœu si elle découvre son nom avant l'aube. Turandot torture la jeune esclave Liù (sop.), fidèle compagne de Calaf, pour découvrir le nom du prince ; mais, plutôt que de le révéler, Liù se poignarde. Découvrant ce qu'est le véritable amour, Turandot accepte la main de Calaf.

BIBLIOGRAPHIE : *Turandot*, L'Avant-Scène-Opéra nº 33 (Paris, 1981).

Turangalîla-Symphonie. Symphonie pour grand orchestre de Messiaen composée entre 1946 et 1948. Son titre vient du sanskrit *Turanga* (« le passage du temps, mouvement, rythme ») et *lîla* (« jeu, dans le sens de l'action divine sur le cosmos, également le jeu de la création, de la destruction, de la vie et de la mort, et également de l'amour »). C'est la plus importante des trois œuvres qu'a inspirées à Messiaen la légende de Tristan et Yseut (les autres sont les *Cinq Rechants* et *Harawi*). Elle comporte dix mouvements : *Introduction, Chant d'amour I, Turangalîla I, Chant d'amour II, Joie du sang des étoiles, Jardin du sommeil d'amour, Turangalîla II, Développement de l'amour, Turangalîla III, Final.* Cette œuvre a servi de base à un ballet présenté à Paris en 1968, dans une chorégraphie de Roland Petit, et à un ballet exécuté à San Francisco en 1971, dans une chorégraphie de Vesak ; trois mouvements ont été utilisés pour un ballet créé à Hambourg en 1960 dans une chorégraphie de Van Dyk.

Turba (lat. : « foule »). Dans une *passion, nom donné à la foule.

Turc en Italie, Le. Voir *Turco in Italia, Il.*

Turca, alla (ital.). « Dans le style turc ». Voir *Turqueries.*

Turco in Italia, Il (« Le Turc en Italie »). Opéra en deux actes de Rossini sur un livret de Romani. Créé à Milan en 1814.

Turina, Joaquin (Séville, 9 décembre 1882 ; Madrid, 14 janvier 1949). Compositeur espagnol. Il fait ses études à Séville et à Madrid, puis à Paris où il est l'élève de Vincent d'Indy à la schola cantorum. A partir de 1931, il est professeur au Conservatoire de Madrid. Ses œuvres sont imprégnées de la couleur et de l'atmosphère de son Andalousie natale. Sa ville natale lui a inspiré plusieurs partitions, notamment la *Sinfonia sevillana* pour orchestre (1920) et *Sevilla* pour piano (1909). Debussy a chanté les louanges de la *Procesión del Rocio* (1913). Turina a compilé une *Enciclopedia abreviada de música* en deux volumes (Madrid, 1917) et écrit un traité de composition (Madrid, 1946).

Wendy Thompson.

Turini, Francesco (Prague, vers 1589 ; Brescia, 1656). Organiste et compositeur italien, fils d'un musicien au service de l'empereur Rodophe II à Prague, qui l'envoie assez jeune étudier la musique à Venise et à Rome. Il deviendra finalement organiste de la cathédrale de Brescia, où il restera jusqu'à sa mort. Turini a composé de beaux madrigaux, des motets à voix soliste et quelques sonates pour deux violons et continuo, qui figurent parmi les premiers exemples de la sonate en trio (publiés dans son premier livre de *Madrigali*, Venise, 1621).

Denis Arnold.

Turmmusik (all.). Littéralement « musique de tour », c'est-à-dire la musique jouée du haut des tours des églises, des hôtels de ville, etc. par les musiciens de la ville (*Stadtpfeifer*) en Allemagne, principalement au XVIIe siècle. Voir *Wait.*

Turn (angl.). « *Gruppetto* ».

Turn of the Screw, The. Voir *Tour d'écrou, Le.*

Turque, Musique (all. : *Janitscharmusik* ; angl. : *turkish music* ; ital. : *musica alla turca*). Terme appliqué à des instruments à percussion supplémentaires – essentiellement la grosse caisse, les cymbales et le triangle – qui apparaissent de temps à autre dans la musique de la période classique, comme dans *L'Enlèvement au sérail* de Mozart, la *Symphonie « Militaire »* de Haydn et la *Symphonie nº 9* de Beethoven (dans le passage *alla marcia* du finale). C'est grâce aux musiques turques que ces instruments ont acquis leur place à l'orchestre comme dans les musiques militaires.

Vers 1720 environ, lorsque les Turcs ont été repoussés hors de Hongrie, les puissances occidentales victorieuses ont pu se procurer un jeu authentique de musique janissaire turque dont la magnificence et les sonorités féroces avaient laissé une forte impression. Les Janissaires, soldats d'élite de l'infanterie turque, étaient recrutés dès l'enfance depuis le XIVe siècle parmi les sujets chrétiens, certains étant formés pour garnir en hommes ces musiques militaires. Les Janissaires ont disparu depuis 1826, mais, à Istamboul, on continue à faire revivre leur tradition en costume du XVIIe siècle, autant que possible sur des sources originales. On peut voir des grosses caisses jouées avec une baguette (voir *Tambour*, 4), des paires de petites timbales tenues sur le bras gauche (voir *Timbales*, 5), des cymbales et des *surnas* (voir *Chalemie*, 4) pour les mélodies, doublées par des trompettes à pistons occidentales (car on ne dispose d'aucune source originale indiquant le rôle des trompettes naturelles originales). Les chanteurs se tiennent au premier plan, chacun d'entre eux est muni d'un « chapeau chinois » – une perche surmontée d'un croissant de lune en cuivre suspendu par des prèles –, qu'il monte et descend en mesure. Le directeur possède sa propre perche et un sifflet qui fait démarrer l'ensemble.

Ex. 1

Au XVIIIe siècle, l'Occident a rejeté les petites timbales et les instruments à vent et a ajouté pittoresquement le triangle, joué dans les ensembles par un jeune garçon. Gluck y fait appel dans les turqueries de la tempête scythe dans *Iphigénie en Tauride*. On a ensuite ajouté un tambour de basque, joué en ensemble par un Noir, de manière spectaculaire. La mention « tamburo ord » qui figurait sur les manuscrits de l'époque désigne probablement le tambour de basque. A la grosse caisse (« tamburo grosso »), les do graves sont frappés avec la lourde mailloche (main droite) et les do aigus avec un morceau de bambou (ou une badine) de l'autre côté de la caisse. Une fanfare de marche peut comprendre le chapeau chinois, alors muni de petites cloches, prédécesseur de la lyre, glockenspiel en forme de pyramide (voir *Glockenspiel*, 4).

Anthony Baynes.

Turquie. Voir *Moyen-Orient*.

Tusch (all.). Une « fanfare » jouée sur des instruments de la famille des cuivres.

Tutta, tutto (ital.). « Toute », « tout » ; *tutte le corde*, « toutes les cordes », c'est-à-dire (dans la musique pour piano), retirer la pédale *una corda*.

Tutti (ital., pluriel de *tutto*). « Tous ». Dans les partitions d'orchestre et les matériels d'orchestre, le terme *tutti* sert à indiquer que tous les exécutants doivent jouer à nouveau, après un passage où seuls un certain nombre d'entre eux intervenaient. Dans les concertos grossos du XVIIIe siècle, *tutti* était l'équivalent de **ripieno* (l'ensemble des instrumentistes) par opposition à *concertante* (le groupe soliste). Un « passage *tutti* » s'adresse à tout l'effectif orchestral.

Tuyau à anche. 1. Dans la tradition littéraire, tout tuyau rustique composé d'un ou de plusieurs roseaux, comme les *flûtes de Pan (les « mirlitons » de la suite *Casse-Noisette* de Tchaïkovski).

2. Dans les études relatives aux instruments traditionnels et primitifs, ce mot en est venu à désigner exclusivement les tuyaux qui produisent du son grâce à une anche (*anche vibrante), que le tuyau soit en roseau ou en bambou, en tige de maïs ou en paille, ou encore en bois, en os, en plume, en fer-blanc, etc. En Europe et en Asie, les bergers ou les enfants fabriquent eux-mêmes de tels instruments, qui produisent un son fort et bourdonnant. En Crète et dans d'autres régions touristiques, on les fabrique en quantité pendant l'hiver pour les vendre dans les boutiques de cadeaux en été.

Voir également *Aulos*.

Anthony Baines.

Tye, Christopher (vers 1505 ; ? Doddington, île d'Ely, ? 1572). Compositeur anglais. Enfant de chœur, puis chantre à King's College, à Cambridge, il y obtient le titre de « Bachelor of Music » en 1536. Il est nommé chef de chœur à la cathédrale d'Ely en 1543, avec un traitement annuel de dix livres, et y reste probablement jusqu'à ce qu'on lui offre de vivre à Doddington, en 1561. En 1545, il reçoit le titre de « Doctor of Music », à Cambridge. Apparemment, il fait également partie de la chapelle royale, à temps partiel ou à titre d'invité.

Tye a composé de la musique superbe pour le rite latin – la Messe *Euge bone* révèle particulièrement sa maîtrise des nouvelles techniques imitatives européennes – et il est regrettable qu'on le connaisse surtout de nos jours pour la musique moins importante, quoique intéressante, qu'il a écrite pour l'Église anglicane. L'histoire, peut-être apocryphe, mais néanmoins amusante, qu'a racontée Anthony Wood mérite d'être répétée, car elle constitue ce que tout musicie.. aimerait dire à un public qui n'apprécie pas sa musique : « Le Dr Tye était un homme irritable et fantasque, surtout à la fin de sa vie ; parfois, lorsqu'il jouait de l'orgue dans la chapelle de la reine Élisabeth, où l'on faisait beaucoup de musique mais peu pour le plaisir de l'oreille, elle envoyait le suisse lui dire qu'il jouait faux ; ce à quoi il rétorquait que c'étaient ses oreilles à elle qui entendaient faux. »

Denis Arnold.

Tympanon (all. : *Hackbrett* ; ital. : *salterio* ; hongrois : *cimbalom*). Caisse de résonance trapézoïdale placée sur une table (ou soutenue par une courroie), le côté le plus long se trouvant vers l'instru-

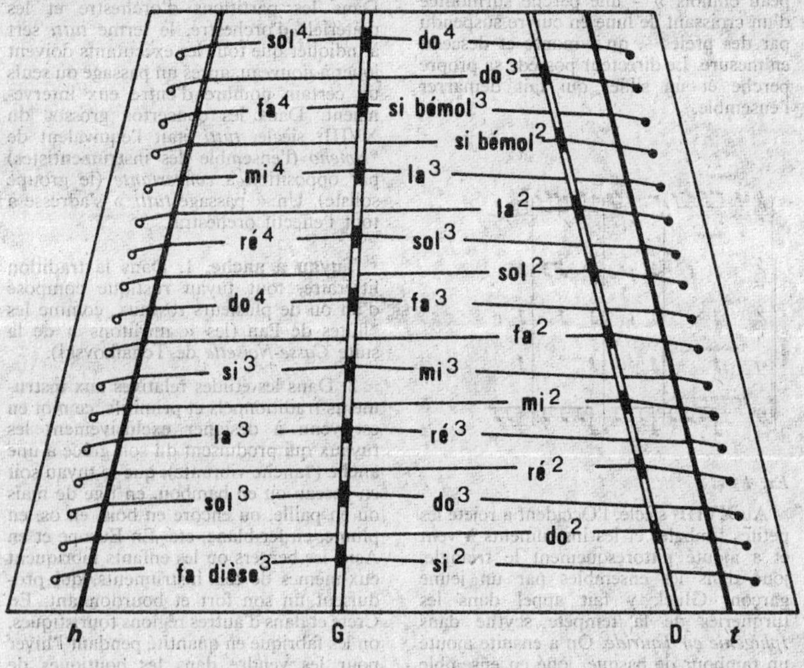

Fig. 1. Les cordes (ici représentées en cordes simples pour simplifier) reposent sur l'un des deux chevalets G ou D aux points indiqués en noir et traversent l'autre sans le toucher.

mentiste. La caisse, en pin, en cèdre ou en contreplaqué, est épaisse (environ 1,25 cm, comme celle du piano). Les cordes métalliques, accordées sur la droite, traversent la caisse à raison de trois ou quatre cordes par note : comme sur le piano, la corde doit être fine pour fournir un son agréable avec les harmoniques corrects, mais, à elle seule, elle donnerait une amplitude insuffisante. On peut utiliser des cordes fines de piano, par exemple de calibre 6 à 8 (voir *Instruments à cordes*, 1), d'un demi-millimètre environ. On les frappe avec des battes en bois, en canne ou en métal qui sont tenues en plaçant le pouce sur le dessus.

Les tympanons sont construits astucieusement pour que les notes soient aussi accessibles que possible. Les cordes s'élèvent à environ 4 cm de la caisse de résonance au moyen de deux longs chevalets surmontés d'un fil métallique épais. Ces chevalets sont marqués G et D sur la Fig. 1. Le chevalet D est nettement sur la droite et l'autre aux deux tiers de la longueur de la corde vers la gauche. Les chœurs de cordes reposent en alternance sur D et sur G. Ceux qui reposent sur D (groupe D) s'inclinent vers la gauche pour passer par les ouvertures pratiquées dans le chevalet G sans le toucher, et atteindre le rail de fixation (h) à l'extrême gauche. De ceux qui reposent sur le chevalet G (groupe G), les sections les plus longues s'inclinent vers la droite pour passer dans les ouvertures du chevalet D jusqu'au rail (t), alors que les plus courtes descendent jusqu'au rail (h) pour donner des notes une quinte plus haut que les sections longues en raison de la division de ces cordes dans la proportion 2:3 (quinte juste). Il en résulte trois zones de frappe : à l'endroit où le groupe de cordes D monte le plus haut et là où chaque division du groupe G monte le plus haut. La Fig. 1 illustre le plan des cordes d'un simple tympanon diatonique à dix-sept chœurs pour les airs traditionnels en sol et en ré majeur (ou en réaccordant les cordes diésées, en fa et en ut) ; l'étendue est d'une octave et demie avec quatre notes en double.

Le son possède un tintement caractéristique, parce que les notes ne sont pas étouffées en majeure partie (sauf lorsqu'on les étouffe avec l'arête de la main) ; en outre, avec les cordes frappées, les harmoniques élevés ont tendance à continuer à sonner après la disparition des fondamentales, et le fait d'employer plusieurs cordes par note engendre des battements en raison du départ fractionnel de l'unisson exact. Sur les notes longues, le son peut être soutenu par un *tremolando* avec les deux battes et avec un *crescendo* ou un *diminuendo* – ce que le pianiste ne peut faire qu'avec des octaves.

Les Suisses réussissent un tour de force en jouant en duo, le second instrumentiste s'installant en face du premier. On joue parfois du tympanon avec les doigts comme du *psaltérion ; en Angleterre, au début de ce siècle, lorsque l'on jouait du tympanon dans les pubs, on se faisait souvent pousser les ongles pour pincer les cordes.

En hongrois, « cimbalom » désigne le grand tympanon de concert qui tient sur ses propres pieds et est muni d'une sourdine à pédale ; on en joue avec des battes recouvertes de laine pour obtenir un son moelleux : son étendue va de ré^1 à mi^5. Ce genre de modèle a été breveté aux États-Unis par Ezra Durand (Boston, 1858). L'instrument hongrois est fabriqué à Budapest depuis 1874 environ par la firme Schunda. L'Ex. 1 est tiré des études publiées par Schunda pour assurer la promotion de son instrument. On l'entend surtout aujourd'hui dans les orchestres des

Ex. 1

restaurants tziganes ; mais le « cymbalom » apparaît également dans des œuvres du répertoire symphonique, notamment *Renard* de Stravinski (1917), la *Suite de danses d'après Couperin* de Richard Strauss, la suite *Háry János* de Kodàly, la *Rhapsodie n° 1 pour violon* de Bartók (avec quelques cordes pincées), ...jusqu'à *Éclats* de Boulez.

2. *Histoire.* La plus ancienne reproduction de tympanon que l'on connaisse figure sur des tableaux italiens des années 1430, où apparaissent également les premiers clavicordes et clavecins. Le tympanon avait alors une forme rectangulaire et un tableau montre le chevalet divisant les cordes tel que le décrit à la même époque Arnaut de Zwolle avec un dessin de la version à clavier. L'instrument est alors appelé « dulce melos » (soulignant la douceur de ton de l'instrument) et un peu plus tard « *dulcimer » lorsqu'il a revêtu sa forme trapézoïdale. Cet instrument existait peut-être déjà en Iran ; certains croient qu'il aurait été apporté en Occident par les gitans. Le « santour » (« santûr ») persan est un instrument classique important. Le chevalet situé à main gauche divise ici les cordes dans la proportion 1:2 (les sections de cordes de gauche sonnant ainsi une octave au-dessus de celles de droite) et les derniers modèles sont pourvus d'une sourdine à pédale. D'Iran, l'instrument est également allé au Cachemire et finalement en Chine.

En Europe, malgré le développement rapide des instruments à clavier, les tympanons ont continué à servir d'instruments domestiques ; fabriqués avec beaucoup d'élégance pendant tout le XVIIe siècle et au début du XVIIIe siècle, ceux de Battaglia (Milan) étaient des pièces de collection estimées. Le modèle allemand créé par Hebenstreit à Leipzig, appelé « pantaleon », apparaît également vers 1700. Il semblerait même que Silbermann, le grand facteur d'instruments à clavier, en ait fabriqué (voir *Piano*, 3-4).

Anthony Baines.

Tzigane. Rhapsodie pour violon et piano de Ravel, qu'il a ensuite orchestrée (1924).

U

Über (all.). « Au-dessus de », « sur », etc. ; *überblasen*, « quintoyer » ; *Übergang*, « transition » ; *übergreifen*, « croiser » (les mains dans le jeu du piano) ; *Überleitung*, « transition ».

Übung (all.). « Exercice ».

U.c. Abréviation de **una corda*.

Uccelli, Gli. Voir *Oiseaux, Les* .

Uguale (ital.). « Égal » ; *ugualmente*, « également » ; *ugualità, uguaglianza*, « égalité ».

Uilleann pipe. Cornemuse irlandaise. Voir *Cornemuse*, 11.

Ukulélé. L'un des plus petits instruments de la famille des guitares, avec quatre cordes simples et douze frettes, que l'on tapote pour accompagner le chant. On peut employer les cordes de la et de mi du violon ou des cordes spéciales. L'accord est le même que celui des quatre premières cordes de la guitare, à l'exception de la quatrième corde, qui est accordée à l'octave supérieure. En outre, la hauteur de l'ensemble de l'accord est plus aiguë, souvent d'une quarte (la^3, mi^3, do^3, sol^3). Les cordes sont frappées vers le bas avec les ongles et vers le haut avec le bout des doigts d'une façon caractéristique. Les schémas d'accords, souvent placés au-dessus de la ligne vocale sur les partitions, indiquent par des points noirs où placer les doigts (la ligne supérieure du schéma représentant le sillet.

L'ukulélé (en hawaiien, *flea*) a apparemment vu le jour lorsque, entre 1870 et 1880, des navigateurs ont fait connaître aux Hawaiiens de petites guitares de type portugais. Pour le banjolélé, voir *Banjo*, 4.

Anthony Baynes.

Ultimos ritos (« Derniers rites »). Œuvre pour soprano, alto, ténor, basse, cinq récitants, chœur, grand ensemble de cuivres et orchestre de Taverner sur un texte de saint Jean de la Croix. Composé en 1969-1972.

Umfang (all.). « Étendue », « ambitus » (d'une voix, d'un instrument, etc.).

Umkehrung (all.). « Inversion » ; *Kanon in der Umkehrung*, « canon renversé ». Voir *Canon*.

Umlauf, Ignaz (Vienne, 1746 ; Meidling, près de Vienne, 8 juin 1796). Compositeur autrichien. Il débute sa carrière en 1772 comme altiste dans l'Orchestre de la cour de Vienne. En 1778, il reçoit la commande d'un singspiel, *Die Bergknappen*, pour l'inauguration du Deutsches National-Singspiel du Burgtheater de Vienne. Cinq ans plus tard, il remplace Salieri comme directeur de l'opéra italien ; il devient ensuite maître de chapelle de la cour. L'esprit des singspiels d'Umlauf est typiquement viennois, réalisant la fusion d'éléments italiens et allemands.

Son fils, **Michael Umlauf** (Vienne, 9 août 1781 ; Baden, 20 juin 1842), chef d'orchestre et compositeur, fait ses études avec son père avant d'entrer comme violoniste à l'Orchestre de la cour de Vienne. Il sera ensuite l'un des directeurs des théâtres de la cour de Vienne. Il dirige avec Beethoven la création de *Fidelio* en 1814 et de la *Symphonie n° 9* en 1824 – en fait, la surdité de Beethoven rendait difficile sa contribution dans l'établissement des tempos. Umlauf a composé trois singspiels, plusieurs ballets, de la musique pour piano et quelques œuvres de musique sacrée.

Wendy Thompson.

Umstimmen (all.). « Changer l'accord » (des cordes d'un violon, par exemple).

Una corda (ital.). Dans la musique pour piano, locution indiquant qu'il faut enfoncer la pédale de gauche, dite sourdine ou pédale douce. Voir *Piano*, 12.

Unanswered Question, The (« La Question sans réponse »). Œuvre pour petit orchestre d'Ives, composée en 1906. Il s'agit de la première des *Two Contemplations*, l'autre s'intitulant *Central Park in the Dark* (1906).

Undine. Voir *Ondine*.

Ungebunden (all.). 1. « Libre », « sans contrainte ». 2. Pour les instruments à clavier et les instruments à cordes, « sans frettes ».

Ungezwungen (all.). « Désinvolte », « naturel ».

Ungrader Takt (all.). « Temps (triple) inégal ».

Unisson (all. : *Prime* ; angl. : *unison* ; ital. : *prima*). 1. Exécution simultanée de la même ligne musicale par divers instruments ou voix ou par la totalité du chœur ou de l'orchestre. Cette exécution peut s'effectuer exactement à la même hauteur de son ou à une octave différente. Cette instruction est parfois représentée par l'expression *all' unisono* (ital.).

2. « Intervalle » formé par deux notes identiques. Voir *Intervalle*.

Uniti (ital.). « Unis », « ensemble ». Terme généralement employé pour annuler une indication telle que **divisi*.

Universal Edition. Maison d'édition musicale autrichienne. Elle est surtout connue pour l'intérêt qu'elle porte particulièrement à la musique contemporaine et a pris la défense de générations successives de compositeurs d'avant-garde ; elle a en outre adopté une typographie musicale et un graphisme distinctifs. Fondée à Vienne en 1901, cette maison d'édition a réuni en une seule entreprise plusieurs autres maisons d'édition et a rapidement acquis un catalogue substantiel, comprenant notamment les œuvres majeures de Richard Strauss. Son orientation vers la musique moderne s'est concrétisée sous la direction (1907-32) d'Emil Hertzka, qui a édité les œuvres de Schoenberg et de ses disciples. Le catalogue d'Universal Edition est un véritable index de la musique du XXe siècle : aucun compositeur important, ou presque, n'y manque, et on y trouve également de nombreux compositeurs expérimentaux qui sont tombés dans l'oubli. Bartók, Weill et Janáček y côtoient Zemlinsky et Martinů. La génération de Messiaen, Stockhausen et Boulez, qui s'est exprimée particulièrement par l'intermédiaire des cours annuels de Darmstadt, a bénéficié d'un important soutien de la part d'Universal. Universal n'a pas négligé l'érudition musicale : elle a publié des séries d'anthologies historiques majeures, des éditions intégrales de Monteverdi et de Gabrieli et, plus récemment, un journal d'avant-garde, *Die Reihe* (1955-62, dont il existe une édition anglaise). Elle publie aussi des ouvrages pédagogiques.

Alfred Kalmus (1889-1972), membre de la maison mère de Vienne à partir de 1909, a fondé la succursale londonienne en 1937 et, durant la Seconde Guerre mondiale, il a travaillé en association avec *Boosey & Hawkes, formant l'Anglo-Soviet Press pour promouvoir la musique des compositeurs soviétiques. Lorsque la succursale londonienne d'Universal Edition est devenue indépendante, en 1949, elle a beaucoup soutenu des compositeurs d'avant-garde comme Berio, Boulez et Stockhausen ; elle publie maintenant les œuvres de nombreux compositeurs anglais (David Bedford, Richard Rodney Bennett, Harrison Birtwistle, Hugh Wood).

J. M. Thomson.

Unmerklich (all.). « Imperceptible ».

Unruhe (all.). « Inquiétude » ; *unruhigh*, « inquiet », « agité ».

Urtext (all.). « Texte original ». On emploie ce terme pour désigner une édition moderne de musique qui restitue les intentions originales du compositeur avec le minimum d'interférences éditoriales.

Ut. Première note de la gamme selon le système de *solmisation. Depuis le XVIIe siècle, *ut* est remplacé par *do*, plus facile à chanter (dans l'usage français et italien). Les Français ont conservé *ut*, et les Italiens utilisent *do*, pour se référer selon le principe du *do* fixe à la note do, quelle que soit la gamme dans laquelle cette note se présente. Voir également *Hexacorde.*

Ut première, Clé d' (angl. : *soprano clef*). Clé qui place le do médian sur la ligne inférieure de la portée; elle est pratiquement inusitée de nos jours.

Ut queant laxis. Voir *Solmisation.*

Utrecht Te Deum and Jubilate. Compositions liturgiques de Haendel, célébrant la paix d'Utrecht. Elles ont été exécutées pour la première fois à la cathédrale St Paul de Londres, en 1713.

Utrenja. Œuvre pour cinq voix solistes, double chœur, chœur d'enfants et orchestre de Penderecki. La première partie, *La Mise au tombeau*, a été créée à la cathédrale d'Altenberg en 1970; la seconde, *La Résurrection*, a été exécutée pour la première fois à la cathédrale de Münster en 1971. Le mot *Utrenja* désigne les matines russes orthodoxes.

V

V. Abréviation de violon (également abrégé V°) et de *voci* (ital.), « voix ».

Va (ital.). 1. « Continue », « continuez » ; *va diminuendo*, « continuez à diminuer ». 2. Abréviation de *viola*, « alto » (également abrégé *vla*).

Vaccai, Nicola (Tolentino, 15 mars 1790 ; Pesaro, 5 ou 6 août 1848). Compositeur italien. Il fait ses études avec Paisiello à Naples, puis commence à écrire des opéras et devient professeur de chant à partir de 1815. Ses derniers opéras ont davantage de succès que les premiers ; deux d'entre eux (*Zadig ed Astartea* et *Giulietta e Romeo*) sont représentés en 1825. En 1830, il se rend à Paris, où il enseigne à nouveau le chant et, la même année, il s'installe à Londres pour trois ans, avant de retourner en Italie. Il est nommé professeur de composition au Conservatoire de Milan en 1838. Vaccai est l'auteur de dix-sept opéras ; il a aussi composé de la musique religieuse, des cantates, des mélodies et quatre ballets, mais il est surtout connu pour sa méthode de chant, *Metodo pratico di canto italiani per camera* (Londres, 1832). Ses exercices de chant font encore partie du répertoire courant.

Wendy Thompson.

Vacillando (ital.). « Vacillant », par exemple le vibrato des instruments à cordes.

Vaet, Jacobus (Courtrai, vers 1529 ; Vienne, 8 janvier 1567). Compositeur flamand. Il passe quelques années au service de Charles V avant de devenir Kapellmeister de la chapelle impériale à Vienne. La musique qui nous est parvenue est essentiellement de la musique sacrée et il était surtout connu pour ses motets. Le style des premières œuvres s'apparente à celui de Gombert, mais révèle ensuite l'influence de Lassus, notamment par l'emploi des techniques polychorales.

Denis Arnold.

Vaisseau fantôme, Le (*Der Fliegende Holländer*). Opéra en trois actes (à l'origine en un acte) de Wagner sur un livret du compositeur d'après la légende racontée au chapitre 7 de *Aus den Memoiren des Herren von Schnabelewopski* de Heine (1831). Représentations : Dresde (Théâtre de la cour, 2 janvier 1843) ; Londres (Drury Lane, 23 juillet 1870, en italien : premier opéra de Wagner représenté à Londres) ; Bruxelles (Théâtre royal de la Monnaie, 6 avril 1872, pour la première fois dans la traduction française de Charles Nuitter) ; Philadelphie (Academy of Music, 8 novembre 1876, en italien) ; Lille (Opéra, 28 janvier 1893) ; Paris (Opéra-Comique, 17 mai 1897). Le Hollandais (bar.) a été condamné pour ses propos blasphématoires à naviguer sans répit sur son vaisseau jusqu'à ce qu'il soit sauvé par une femme fidèle. Il est autorisé à tenter sa chance une fois tous les sept ans. Au cours d'une de ces périodes, la tempête l'oblige à se réfugier dans un port norvégien. Il jette l'ancre près du navire de Daland (basse), qui, impressionné par sa richesse, lui offre de l'héberger. La fille de Daland, Senta (sop.), chante pour ses amies la ballade du Hollandais errant. Son amoureux, Erik (tén.), plaide sa propre cause, mais en vain. Lorsque arrive le Hollandais, elle le reconnaît et lui jure fidélité. Le Hollandais voit Senta repousser une nouvelle fois Erik et en conclut qu'elle pourrait lui aussi le quitter. Il se prépare à reprendre la mer, mais Senta se jette vers lui du haut d'une falaise. Sa fidélité lui apporte la rédemption et ils montent tous deux vers les cieux.

BIBLIOGRAPHIE : *Le Vaisseau fantôme*, L'Avant-Scène-Opéra n° 30 (Paris, 1980).

Valderrábano, Enríquez de (célèbre au milieu du XVIe siècle). Compositeur et vihueliste espagnol. En 1547, il est au service du duc de Mirande et publie la même année une anthologie de musique pour vihuela en sept volumes, la *Silva de sirenas*. Outre des arrangements d'œuvres de nombreux compositeurs célèbres, il a composé des fantaisies et des variations de style savant (notamment cent vingt variations sur *Guárdame las vacas*). Son anthologie est l'une des premières sources imprimées qui donne des indications de tempo à l'instrumentiste.

Denis Arnold.

Valente, Antonio (célèbre à la fin du XVIe siècle). Organiste et compositeur italien. Malgré sa cécité, il occupe le poste d'organiste à l'église San Angelo a Nilo, à Naples, de 1565 à 1580. Il a publié deux volumes de musique à Naples, l'*Intavolatura de cimbalo* (1576), comprenant une fantaisie, des *ricercari*, des danses et des variations et les *Versi spirituali sopra tutti le note* (1580).

Wendy Thompson.

Valentini, Giuseppe (Florence, vers 1680 ; ? Florence, après 1746). Compositeur et violoniste italien. Élève de Corelli, il devient rapidement un violoniste célèbre. Vers 1708, il entre au service du prince Francesco Maria Ruspoli à Rome, où il a peut-être également travaillé pour le prince de Caserta. Il serait retourné à Florence en 1735. Il était surtout connu de son vivant pour ses concertos grossos (op.7, Bologne, 1710) qui étaient populaires en Angleterre et dans presque toute l'Europe. Mais il est également l'auteur de quelques sonates dans le style de Corelli, ainsi que d'opéras, d'oratorios et de cantates.

Denis Arnold.

Valeur (ital. : *valore*). Terme employé notamment par Debussy : « La main gauche un peu en valeur sur la main droite ». Ce terme signifie également durée (valeur d'une note).

Vallée d'Obermann. Œuvre pour piano de Liszt, la sixième pièce du Livre I des *Années de pèlerinage*.

Valois, (Dame) Ninette de [Stannus, Edris] (Baltiboys, Irlande, 6 juin 1898). Danseuse et chorégraphe anglaise. Son association avec Lilian Baylis aux Théâtres Old Vic et Sadler's Wells de Londres a abouti à la formation, en 1931, de la troupe qui est devenue le Royal Ballet en 1956 et dont elle a été officiellement nommée fondatrice. Membre des Ballets russes de Diaghilev dans les années vingt, elle a appliqué les principes artistiques de ce dernier à un répertoire de ballet britannique et a elle-même réalisé avec succès la chorégraphie de plusieurs œuvres, notamment *Job* (Vaughan Williams, 1931), *The Rake's Progress* (Gordon, 1935) et *Checkmate* (Bliss, 1937).

Noël Goodwin.

Valse (all. : *Walzer* ; angl. : *waltz*). Danse à 3/4 dont les origines restent obscures malgré de nombreuses recherches. Le rythme à 3/4 est rare dans les danses anciennes, presque totalement absent dans certaines musiques traditionnelles et d'usage peu courant dans la musique classique jusqu'à la fin du XVIIIe siècle, tout au moins avec l'emphase particulière qui lui est donnée dans la valse. Les danses anciennes à 3/4 comme l'*allemande et le *menuet ont peu de rapport avec la valse, car les trois temps reçoivent une accentuation égale. Il est à peu près certain que la forme dansée de la valse, avec son accent lourd sur la barre de mesure, provient du *Ländler, danse fondamentale de la musique traditionnelle de l'Autriche, du sud de l'Allemagne et des régions alpines. Sa découverte par la haute société a eu un effet comparable à l'apparition des rythmes de jazz à la fin du XIXe siècle. Le mot « valse » a créé une certaine confusion sur les origines musicales de cette danse, car la plupart des langues européennes possédaient un mot d'une nature analogue désignant un mouvement rotatif ou tournant, le mouvement de base de la valse : la *volta française est arrivée en Angleterre sous l'appellation de « lavokta » et, en Allemagne, elle est devenue « volter », dont « walzer » est probablement dérivé.

Les danses traditionnelles allemandes anciennes, comme la Drehtanz et le Ländler, étaient des danses animées faites de pas relativement souples qui permettaient au danseur de lancer en l'air sa partenaire ; mais toutes possédaient la caractéristique de danses « tournantes ». Toutes ces danses ont peu à peu pénétré les milieux urbains, à commencer par les salles de bal ; les pas se sont adoucis et des mouvements sans heurts sont venus remplacer l'agitation de la danse traditionnelle. Toutefois, la bonne société considérait encore cette danse comme lascive et immorale ; le Dr Burney tremblait à l'idée de ce qu'une mère anglaise aurait pensé si sa fille était soumise au traitement familier auquel il avait assisté à l'étranger.

La valse n'est pas issue du menuet, comme certains historiens l'ont suggéré ; elle l'a simplement remplacé ; le menuet est resté majestueux et conventionnel jusqu'à ce que la valse envahisse la musique européenne, vers 1770 ou 1780. L'une de ses premières apparitions dans la musique de piano se trouve dans une sonatine de Haydn, où le menuet normal est remplacé par un « mouvement de Walze », et sa première utilisation à l'opéra est généralement attribuée à *Una cosa rara* de Martín y Soler, en 1786. Elle a causé une certaine sensation et a été bientôt adoptée avec enthousiasme par les compositeurs de musique de danse, particulièrement à Vienne. Michael Pamer (1782-1827) a fait œuvre de pionnier dans ce domaine ; il a écrit beaucoup de valses et de Ländler, abondamment suivi par Joseph Lanner et Johann Strauss père, qui ont tous deux débuté dans son orchestre. Le principal représentant de la valse est sans aucun doute Johann Strauss fils, qui a pris la relève de son père en écrivant de longues œuvres richement mélodiques qui connaissent, depuis lors, la faveur des salles de concert comme des salles de bal. La valse viennoise se caractérise par une légère anticipation du deuxième temps de la mesure, procédé connu sous le nom d'*Atempause,* qui donne un rythme agréable et distinctif à l'exécution. Dans les autres pays, la valse a adopté un style légèrement différent : en France, Émile Waldteufel a ramené l'accent sur le premier temps, tandis que la valse « anglaise » ou « de Boston » est revenue à une accentuation plus égale sur les trois temps, notamment dans les œuvres d'un compositeur du XXe siècle comme Eric Coates.

Les compositeurs classiques ont exploité la valse de façons diverses. Schubert, qui avait passé de nombreuses soirées à écouter Pamer et Lanner, a écrit beaucoup de valses pour le piano, explorant ses possibilités formelles, tandis que Weber a cristallisé la forme orchestrale dans son *Aufforderung zum Tanz* (« L'Invitation à la valse »). Certains mouvements symphoniques sont conçus en tempo de valse, notamment le deuxième mouvement de la *Symphonie fantastique* (« Un bal ») de Berlioz et celui de la *Sérénade pour cordes* de Tchaïkovski. La valse a connu le raffinement le plus merveilleux sous la plume de Ravel (*La Valse*) et a atteint les sommets de la somptuosité romantique dans *Der Rosenkavalier* (« Le Chevalier à la rose ») de Richard Strauss.

Peter Gammond.

Valse, La. Œuvre symphonique (« poème chorégraphique ») de Ravel, composée en 1919-20. La partition a été utilisée pour un ballet en un acte créé à Paris en 1928, dans une chorégraphie de Nijinska. Depuis lors, d'autres chorégraphies ont été réalisées par Balanchine (1951) et Ashton (1958). Ravel a arrangé cette œuvre pour deux pianos (1921) et L. Garban pour piano à quatre mains.

Valse de l'Empereur (*Kaiser-Walzer*). Valse op.437 de Johann Strauss fils, composée en 1888 en l'honneur de l'empereur François-Joseph. Schoenberg en a réalisé un arrangement pour orchestre de chambre (1925).

Valse « Minute ». Surnom de la *Valse en ré bémol op.64 nº 1* pour piano (1846-47) de Chopin. On l'a ainsi nommée en supposant qu'elle pouvait être jouée en une minute – ce qui n'est vrai que si elle est jouée trop vite.

Valses nobles et sentimentales. Œuvre pour piano de Ravel, composée en 1911. Ravel l'a orchestrée en 1912 et la partition a été utilisée pour le ballet *Adélaïde, ou le Langage des fleurs,* sur son propre livret ; créé à Paris en 1912 dans une chorégraphie de Clustine. Depuis lors d'autres chorégraphies ont été réalisées par Lifar (1938), Ashton (1947), MacMillan (1966) et Hynd (1975).

Valse triste. Valse op.44 de Sibelius, composée en 1903 et faisant partie de la musique de scène écrite pour la pièce d'A. Järnefelt, *Kuolema* (« Mort »). Écrite à l'origine pour cordes, Sibelius en a révisé l'orchestration en 1904. Il a également effectué une transcription pour piano.

Vamping (angl.). Improvisation d'un accompagnement qui se compose d'une série d'accords simples, généralement la tonique, la dominante et la sous-dominante. Il existe une méthode de *vamping* (« Vamping Tutor ») qui donne les éléments de base sur ce type d'accompagnement.

Vampyr, Der (« Le Vampire »). Opéra en deux actes de Marschner sur un livret de W. A. Wohlbrück. Créé à Leipzig en 1828.

Van den Gheyn, Matthias (Tirlemont, Brabant, 7 avril 1721 ; Louvain, 22 juin 1785). Organiste et compositeur flamand. En 1741, il est nommé organiste et, en 1745, « carillonneur » (il était issu d'une famille de fondeurs de cloches) à Saint-Pierre de Louvain. Il est l'auteur de *Six Divertissements pour clavecin*, publiés à Londres, d'une méthode intitulée *Fondements de la basse continue*, publiée à Louvain, et d'un *Traité d'harmonie et de composition* (inédit).

Vanhal, Jan Křtitel [Johann Baptist Vanhall, Wanhal, Van Hal] (Nové Nechanice, Bohême, 12 mai 1739 ; Vienne, 20 août 1813). Compositeur et pédagogue tchèque. D'origine modeste, Vanhal apprend les rudiments de la musique auprès de l'organiste d'un village voisin, puis apprend à jouer de l'orgue dans son propre village. Ses premières compositions et ses dons pour le violon attirent l'attention de ses supérieurs ; en 1761, la comtesse Schaffgotsch l'emmène à Vienne. Il y est l'élève de Dittersdorf et commence à se forger une réputation comme compositeur et pédagogue, Pleyel figurant au nombre de ses élèves. En 1769, il séjourne en Italie et ne rentre en Autriche qu'en 1771. Il refuse un poste de Kapellmeister à Dresde en raison d'une maladie mentale et, après d'autres voyages et une période de convalescence, il s'installe de façon permanente à Vienne, vers 1780, comme musicien indépendant, vivant de la composition et de l'enseignement. Vanhal connaissait bien les personnalités musicales majeures de son temps à Vienne ; selon le ténor irlandais Michael Kelly, il a tenu la partie de violoncelle dans un quatuor avec Mozart, Haydn et son maître Dittersdorf. Sa musique jouissait d'une grande popularité et a été largement diffusée sous forme manuscrite et imprimée. Dans ses nombreuses symphonies, écrites pour la plupart entre 1767 et 1785, Vanhal fait appel, de façon anticipée, aux styles de la sonate, contribuant, de manière significative et essentiellement en dehors de l'influence de Haydn, au développement de la symphonie classique. Après 1785, il se tourne vers des genres plus légers, s'adressant surtout au musicien amateur ; il écrit alors des sonates pour clavier, des sonatines et des capriccios, des œuvres à programme, et vers la fin de sa vie, quelques pièces pédagogiques contrapuntiques. En dehors des quatuors, des quintettes, des trios et des duos qui ont été publiés, soixante messes nous sont parvenues en manuscrit. Si son style mélodique ne possède pas la variété de celui de ses collègues plus illustres, il convient parfaitement à ses besoins et se singularise, de temps à autre, par l'emploi de caractéristiques traditionnelles tchèques.

Jan Smaczny.

Van Weerbeke, Gaspar (Audenarde, Flandre, vers 1440 ; après 1517). Compositeur flamand. Il a occupé divers postes au service de la chapelle ducale à Milan, de la chapelle papale à Rome et de la chapelle de Philippe le Beau en Bourgogne. Il a composé plusieurs cycles de motets destinés à remplacer les mouvements de l'ordinaire de la messe (Kyrie, Gloria, etc.), pratique spécifique au rite ambrosien conservé à la cathédrale de Milan.

John Milsom.

Varèse, Edgard (Victor Achille Charles) (Paris, 22 décembre 1883 ; New York, 6 novembre 1965). Compositeur américain d'origine française. Il passe la majeure partie de son enfance dans la famille de sa mère, en Bourgogne, où l'architecture massive des églises romanes le marque profondément. Son père le destine à des études d'ingénieur, mais il est résolu à devenir compositeur et, en 1903, il quitte sa famille (qui vit alors à Turin) pour faire ses études à Paris. Il est l'élève de Vincent d'Indy, Albert Roussel et Charles Bordes à la schola cantorum ; il suit aussi les cours de Widor au Conservatoire. Entre 1908 et 1915, il partage son temps entre Paris et Berlin, faisant la connaissance de Busoni et de Strauss, et découvre la musique de Schoenberg. Il émigre ensuite aux États-Unis.

A l'exception d'une seule mélodie, *Un grand sommeil noir* (1906), toute la musique que Varèse a composée avant d'émigrer a été perdue. Son œuvre débute en fait avec *Amériques* (1918-22), écrite pour un orchestre énorme et célébrant non seulement sa nouvelle patrie, mais également de nouveaux mondes de l'imagination. Quoique influencée par Debussy, Stravinski et Schoenberg, cette œuvre est très originale par sa forme en perpétuelle évolution, sa complexité rythmique et ses déferlements sonores massifs ; elle est aussi marquée par la passion de Varèse pour la vitesse et les bruits de la vie dans les villes modernes. Sous tous ces aspects, *Amériques* contient les germes des œuvres plus peaufinées qui suivront : *Hyperprism* pour petit orchestre à vent et percussion (1922-23), *Intégrales* pour la même formation (1924-25), *Octandre* pour sept instruments à vent et contrebasse (1923-24), *Arcana* pour orchestre (1925-27) et *Ionisation* pour treize percussionnistes (1930-33). Ces titres à connotation scientifique impliquent une approche mathématique de la forme et de la sonorité, mais Varèse se compare également, de façon peut-être romantique, aux savants appréhendant l'inconnu. Son sens du primitif et du magique s'impose à l'évidence dans *Ecuatorial* (1933-34), qui met en musique une imprécation maya pour voix de basse et petit orchestre.

Dès son arrivée à New York, Varèse insiste pour obtenir de nouveaux moyens électroniques, nécessaires selon lui à la musique du futur. Il inclut deux instruments électroniques de Theremin dans *Ecuatorial*, mais, ne disposant pas des ressources dont il a besoin, il n'achève qu'une courte pièce pour flûte, *Density 21,5* (1936) au cours des quinze années suivantes. Le magnétophone lui permet de continuer avec *Déserts* (1949-54), qui mélange des sections d'orchestre avec des sections électroniques, puis avec le *Poème électronique* (1957-58). Toutefois, sa dernière œuvre, *Nocturnal* (1960-61, inachevée), est écrite pour voix et instruments, sans matériel électronique.

Paul Griffiths.

BIBLIOGRAPHIE : Marc Bredel, *Varèse*, Mazarine (Paris, 1984). Georges Charbonnier, *Entretiens avec Edgard Varèse, suivis d'une étude de son œuvre par Harry Halbreich*, Belfond (Paris, 1970). Hilda Jolivet, *Varèse*, Hachette (Paris, 1973). Fernand Ouellette, *Edgard Varèse*, Seghers (Paris, 1966). Edgard Varèse, *Écrits*, Christian Bourgois (Paris, 1983). Odile Vivier, *Varèse*, Seuil, coll. Solfèges (Paris, 1973, rééd. 1983). *Varèse, vingt ans après...*, La Revue Musicale nos 383-385 (Paris, 1986).

Variations. De nombreuses formes musicales sont basées sur le principe de la variation, mais, au sens strict, les variations peuvent être décrites comme une structure strophique, $AA^1A^2A^3$, etc., où la première section A présente un « thème » ou « air », qui est ensuite répété de nombreuses fois avec diverses modifications. Ces changements, qui ne dissimulent pas l'identité du thème, peuvent être harmoniques, mélodiques, rythmiques et relatifs au timbre. Cette forme revêt parfois l'appellation « Air et variations » ou « Thème et variations ». Le premier mouvement de la *Sonate pour piano op.26* de Beethoven en donne une illustration (Ex. 1).

Voir également *Forme*, 3.

G. M. Tucker.

Variations. Huit œuvres de Cage dans lesquelles l'aléatoire est poussé au-delà de tout ce qui était imaginable jusqu'alors. La partition des *Variations I* (1958), par exemple, se compose de feuilles de plastique transparent sur lesquelles sont inscrits des lignes et des points que le ou les instrumentistes superposent de n'importe quelle façon et jouent sur n'importe quel instrument ou groupe d'instruments. Les *Variations II* (1961), *III* (1963) et *IV* (1963) s'adressent également à un nombre indéterminé d'instrumentistes qui peuvent employer n'importe quels moyens. Les *Variations V* (1965) sont destinées à une représentation audiovisuelle, la partition

Ex. 1

ne se composant que d'une description des exécutions antérieures. Les *Variations VI* (1966) ont recours à différents systèmes sonores. Les *Variations VII* (1966) sont écrites « for various means » (« pour divers moyens ») et les *Variations VIII* (1978) pour « no music or recordings » (« ni musique ni enregistrements »).

Variations Abegg. Œuvre pour piano op.1 de Schumann, composée en 1829-30. Le thème est la transcription musicale du nom de la dédicataire, Meta Abegg, une amie de Schumann, la désignation allemande des notes par des lettres de l'alphabet fournissant la correspondance suivante : la, si bémol, mi, sol, sol.

Variations Diabelli (*Veränderungen über einen Walzer von Anton Diabelli*). Trente-trois variations sur une valse de Diabelli pour piano op.120 de Beethoven, composées entre 1819 et 1823. L'éditeur Diabelli avait commandé une variation sur un thème de sa composition à cinquante compositeurs, notamment Schubert, Czerny et Liszt, alors âgé de onze ans. Beethoven en a écrit trente-trois qui constituent l'une de ses plus importantes œuvres pour piano.

Variations « Eroica ». Variations pour piano en mi bémol majeur op.35 de Beethoven, composées en 1802. Le thème est tiré de son ballet *Die Geschöpfe des Prometheus* (« Les Créatures de Prométhée », 1800-01) et a également été utilisé dans sa *Symphonie « Héroïque »* ; il l'a réutilisé dans la septième de ses *Douze Contredanses* pour orchestre (1802).

Variations and Fugue on a Theme of Purcell (« Variations et fugue sur un thème de Purcell »). Voir *Young Person's Guide to the Orchestra, The.*

Variations « Goldberg ». Trente variations pour clavecin sur un thème original de J. S. Bach, publiées dans les quatre parties du *Klavierübung* (1741-42). Bach en a donné une copie à Johann Gottlieb Goldberg, claveciniste du comte Keyserlingk, mais il est peu probable que ce dernier les ait commandées.

Variations Kakadu. Variations pour piano, violon et violoncelle op.121a de Beethoven, sans doute composées en 1803 et révisées en 1816. Le thème est celui de la chanson de Wenzel Müller « Ich bin der Schneider Kakadu » de la pièce *Die Schwestern von Prag* (« Les Sœurs de Prague », 1794). *Kakadu* en allemand signifie « cacatoès ».

Variations on « America ». Œuvre pour orgue de Charles Ives, sans doute composée en 1891. Elle a été orchestrée par William Schuman en 1964 et pour « concert band » par Schuman et W. Rhoads.

Variations strophiques. Forme vocale que l'on trouve, par exemple, dans les *monodies du début du XVIIe siècle. Un texte strophique est mis en musique de façon que chaque strophe conserve la même basse, tandis que la mélodie ou la partie soliste varie à chaque répétition de la basse. La basse n'est pas toujours répétée de façon absolument identique, mais le profil général est maintenu pour que la même succession d'harmonies revienne à chaque strophe. On en trouve un exemple célèbre dans « Possente spirito » de l'acte III d'*Orfeo* de Monteverdi.
Voir également *Forme*, 2.

G. M. Tucker.

Variations sur un thème de Frank Bridge (« Variations on a Theme of Frank Bridge »). Opus 10 pour orchestre à cordes de Britten, utilisant un thème d'*Idyll* n° 2 pour quatuor à cordes de Bridge. Créé au Festival de Salzbourg en 1937.

Variations sur un thème de Haydn. Œuvre symphonique op.56a de Brahms, composée en 1873. On parle souvent des « Variations de saint Antoine » car le thème est intitulé « Choral de saint Antoine » ; Brahms a tiré ce thème d'une suite en si bémol majeur pour musique militaire (*Feld-Partita*) de Haydn, qui l'avait lui-même tiré d'une autre source, comme les recherches l'ont démontré. Brahms a arrangé l'œuvre pour deux pianos (opus 56b).

Variations sur un thème de Hindemith. Œuvre symphonique de Walton, composée en 1962-63 pour le concert du 150e anniversaire de la Royal Philharmonic Society. Le thème est emprunté au deuxième mouvement du *Concerto pour* *violoncelle* de Hindemith et l'œuvre cite un passage de *Mathis der Maler* (« Mathis le peintre »).

Variato, variata (ital.). « Varié ».

Variazione, variazioni (ital.). « Variation », « variations ».

Varney, Louis (La Nouvelle-Orléans, 30 mai 1844 ; Cauterets, 20 août 1908). Compositeur français, élève de son père, un chef d'orchestre lyrique. Sa première œuvre, l'opérette *Les Mousquetaires au couvent* (Paris, 1880), assurera sa célébrité. Il a composé une quarantaine d'autres opérettes sans parvenir à la même réussite.

Alain Pâris.

Varsovie, Concerto de. Voir *Addinsell, Richard.*

Varsovienne. Version française de la *mazurka polonaise, dont le nom est inspiré de celui de la capitale polonaise. Cette danse a connu une certaine popularité dans les salles de bal entre 1850 et 1880 ; elle est plus lente que la mazurka et revêt certaines caractéristiques de la *valse.

Vasquez, Juan (Badajoz, sud-ouest de l'Espagne, vers 1500 ; ? Séville, vers 1560). Compositeur espagnol. Il a été d'abord chanteur à la cathédrale de Palencia et, pendant cinq ans, a été responsable de la musique à la cathédrale de Badajoz, avant de s'installer à Séville en 1551. En 1560, il a publié une anthologie de ses œuvres vocales profanes, la *Recopilación de sonetos y villancicos*, qui l'a rendu célèbre en son temps. Son *Agenda defunctorum* (Séville, 1556) est un vaste recueil de musique pour les morts, comprenant notamment une messe de Requiem polyphonique.

Denis Arnold.

Vater unser (all., « Notre Père »). Traduction allemande, par Luther, du *Pater noster* (le « Notre Père »). Il est chanté comme un hymne sur un air dont Luther est peut-être également l'auteur.

Vaudeville. 1. Deux types de chansons françaises du XVIe siècle portent des noms qui ont peut-être été altérés pour former « vaudeville » : le « val » (ou « vau ») « de vire », chanson populaire de circonstance traitant de l'amour, de la boisson, de questions satiriques ou d'actualité, originaires de la vallée de la Vire en Normandie ; et la « voix de ville », chanson courtoise qui s'est peut-être développée en réponse au vau de vire populaire. Aux XVIIe et XVIIIe siècles, les vaudevilles faisaient généralement la satire des questions politiques et de cour. Voir *Opéra*, 7.

2. Aux États-Unis, le nom « vaudeville » est synonyme de « variétés », terme affectionné par l'un de ses pionniers, Tony Pastor, qui a ouvert son théâtre de variétés à Tammany Hall, à New York, en 1881. La nature du divertissement américain était comparable à celle du *music-hall anglais, qui s'est développé beaucoup plus tôt.

Vaughan Williams, Ralph (Down Ampney Glos, 12 octobre 1872 ; Londres, 26 août 1958). Compositeur anglais, personnage central du renouveau de la vie musicale anglaise qui a débuté dans les dernières années du XIXe siècle, coïncidant avec la célébrité croissante d'Elgar.

1. *La jeunesse*. Descendant des Darwin et des Wedgwood, il reçoit la formation conventionnelle de la haute bourgeoisie dans laquelle la musique joue un rôle particulièrement important. Il prend des leçons de piano et de violon à l'école préparatoire et joue dans l'orchestre de l'école à Charterhouse. Il commence à composer à l'âge de six ans et poursuivra cette activité toute sa vie durant. En 1890, il passe directement, de façon peu conventionnelle, de Charterhouse au Royal College of Music de Londres, où il entre dans la classe de composition de Parry. En 1892, il entre à Trinity College, à Cambridge, pour faire des études d'histoire et obtenir le grade de « Bachelor of Music » ; en même temps, il continue à suivre des cours hebdomadaires au RCM et étudie la composition à Cambridge avec Charles Wood. En 1895, il entre à nouveau au RCM comme élève de Stanford. Durant cette courte période, il se lie d'une amitié mutuellement enrichissante avec Gustav Holst. En 1897, après son mariage avec Adeline Fisher, il va travailler à Berlin avec Max Bruch, dont il reçoit les encouragements.

Au début du XXe siècle, il compose surtout de la musique de chambre (qu'il refusera de laisser jouer par la suite) et des mélodies, notamment *Linden Lea* (1901). Il prépare pour la publication les *Welcome Odes* pour la Purcell Society, écrit des articles pour des périodiques et participe à la deuxième édition (1904) du *Dictionary of Music and Musicians* de Grove. En 1904, ses *Songs of Travel*, sur des textes de R. L. Stevenson, sont chantés à Londres. Étape importante de sa carrière, en 1902, Lucy Broadwood l'initie au recueil systématique de chants traditionnels ; cette activité reçoit une nouvelle impulsion en décembre 1903 lorsqu'il entend « Bushes and Briars » chanté par un vieux berger dans l'Essex. Au cours des neuf années suivantes, il recueille des airs dans le Norfolk, le Hereford, le Surrey et le Sussex et en publie un grand nombre dans divers arrangements. En 1904, il accepte de réaliser l'édition musicale d'un nouvel hymnaire, *The English Hymnal* (1906).

2. *La maturité.* Au début du XXe siècle, il n'a encore qu'une seule œuvre marquante à son actif, un court choral sur un texte de Whitman, *Toward the Unknown Region* (1905). Quoique cette œuvre remporte un vif succès au Festival de Leeds de 1907, Vaughan Williams n'est pas satisfait de ses compositions en général et, au début de l'année 1908, il passe trois mois à Paris pour travailler de façon intensive avec Ravel. Cela libère son énergie créatrice. Il écrit bientôt le *Quatuor à cordes no 1 en sol mineur* (1908), le cycle de mélodies sur des poèmes de Housman *On Wenlock Edge* pour ténor, piano et quatuor à cordes (que crée Gervase Elwes en 1909) et la musique de scène de la pièce d'Aristophane *The Wasps* (« Les Guêpes ») présentée à Cambridge en 1909. La même année, il termine une symphonie chorale à laquelle il travaille depuis 1903 : *A Sea Symphony* (également sur un texte de Whitman) reçoit un accueil enthousiaste au Festival de Leeds en 1910 et place Vaughan Williams au premier rang des compositeurs anglais. La *Fantasia on a Theme by Thomas Tallis* pour cordes (« Fantaisie sur un thème de Thomas Tallis », Gloucester, 1910) deviendra finalement l'une de ses œuvres les plus connues. Elle sera suivie des *Five Mystical Songs* (Worcester, 1911) et de *A London Symphony*, créée à Londres en mars 1914. Entre 1910 et 1914, il travaille également à un *ballad-opera* dont l'action se déroule à l'époque napoléonienne, *Hugh the Drover*. Il l'achève en août 1914, mais le laisse de côté, car, bien qu'âgé de quarante-deux ans, il rejoint l'armée et passe les quatre années suivantes en France.

En 1919, il devient professeur au RCM et, en 1921, est nommé à la tête du Bach Choir. Son expérience en tant que chef de chœur remonte à 1905, où il avait commencé à diriger au Leith Hill Festival à Dorking, près de sa maison de famille. Ses exécutions de Bach, à la fois très personnelles et d'un charme incontestable sur le plan artistique, constitueront la principale attraction du Festival jusqu'en 1958. A partir de 1922, Vaughan Williams écrit des œuvres d'envergure dans plusieurs domaines différents : *A Pastoral Symphony* (Londres, 1922), la *Messe en sol mineur* (Birmingham, 1922), *Hugh the Drover* (Londres, 1924), *Flos Campi*, suite pour alto solo, petit chœur et orchestre (Londres, 1925), l'oratorio *Sancta Civitas* (Oxford, 1926) et un *Concerto pour violon* (Londres, 1925). Son opéra sur Falstaff, *Sir John in Love*, est représenté à Londres en 1929 ; le ballet *Job* (fondé sur des illustrations de Blake) est tout d'abord créé sous forme d'œuvre symphonique à Norwich, en 1930, puis porté à la scène à Londres en 1931 ; le *Concerto pour piano* est joué par Harriet Cohen à Londres en 1933 et, en 1935, la première exécution de la violente *Symphonie no 4* est donnée par Adrian Boult lors d'un concert de la BBC à Londres. Quelques semaines plus tard, Vaughan Williams reçoit l'ordre du Mérite britannique.

3. *Les dernières années.* Au cours des vingt-deux dernières années de sa vie, Vaughan Williams ne ralentit pas ses activités, ni comme chef d'orchestre ou membre de nombreux comités musicaux, ni comme compositeur. Il compose cinq autres symphonies (no 5, Londres, 1943 ; no 6, Londres, 1948 ; no 7, « Antartic », Manchester, 1953 ; no 8, Manchester, 1956 ; no 9, Londres, 1958) ; il écrit sa première musique de film en 1940, le *Quatuor à cordes no 2* en 1942-44, termine un opéra, *The Pilgrim's Progress*, auquel il travaille depuis de nombreuses années (Covent Garden, 1951) et produit plu-

sieurs œuvres chorales, notamment *Hodie* (Worcester, 1954) et beaucoup de partitions de moindre envergure.

Vaughan Williams s'est inspiré de sources multiples – notamment le chant traditionnel et l'école anglaise du XVIe siècle – et l'on discerne souvent dans ses compositions l'influence de Ravel. Son œuvre est irradiée par un don mélodique très lyrique, mais derrière la modalité on discerne une harmonie rude, notamment dans *Job* et dans la *Symphonie no 4*, qui le place véritablement au XXe siècle. Son nationalisme se traduit par l'idée qu'un compositeur doit toucher ses compatriotes avant d'espérer atteindre un auditoire universel. Ses symphonies, ses œuvres chorales et ses mélodies constituent le noyau central de son œuvre, mais les opéras, particulièrement *Riders to the Sea* (Londres, 1936), contiennent une musique dont la beauté triomphe des problèmes techniques qu'ils posent. La noblesse, l'intégrité et le talent visionnaire de l'homme sont les qualités essentielles que reflète sa musique.

Michael Kennedy.

Vautor, Thomas (célèbre au début du XVIIe siècle). Compositeur anglais. Au service de George Villiers, duc de Buckingham, dans le Leicestershire, il dédie son livre de madrigaux au fils du duc, George Villiers le jeune. Il reçoit le titre de « Bachelor of Music » d'Oxford en 1616. Ses madrigaux, « Apt for Vyols and Voyces » (« pour violes et voix »), ne manquent pas d'intérêt et sont agréables à chanter ; ils font preuve d'un sens très sûr de la comédie et de son talent à décrire certains aspects plus tristes de la vie.

Denis Arnold.

Vc. Abréviation de violoncelle.

Vecchi, Orazio (Tiberio) (Modène, 5 décembre 1550 ; Modène, 19 février 1605). Compositeur italien. Troisième d'une famille de six enfants, il est ordonné prêtre assez jeune et se consacre à la musique. Il est *maestro di cappella* à la cathédrale de Salò (lac de Garde) entre 1581 et 1584, puis à la cathédrale de Modène. Toutefois, il semble avoir du mal à se fixer et, deux ans plus tard, s'installe d'abord à Reggio Emilia, puis, la même année, à Correggio. Il y reste jusqu'en 1598, époque à laquelle il retourne à Modène, où il reprend son ancien poste à la cathédrale et devient maître de chapelle et professeur de musique à la cour de Cesare d'Este.

Vecchi a composé de très belles œuvres de musique religieuse, mais sa renommée repose essentiellement sur ses madrigaux légers et ses *canzonette*, écrits dans un style attrayant et très faciles à chanter. Son œuvre la plus célèbre est la comédie-madrigal *L'Amfiparnasso* (1597), *commedia dell'arte* mise en musique, avec des études de caractères amusantes utilisant des dialectes italiens.

Denis Arnold.

Veilleur. Voir *Wait.*

Vejvanovský, Pavel (Josef) (Hukvaldy ou Hlučín, vers 1633 ; enterré à Kroměříž le 24 septembre 1693). Compositeur et trompettiste morave. Sa situation familiale, ses date et lieu de naissance sont incertains, mais au moment de sa mort, en 1693, Vejvanovský était l'un des musiciens tchèques les plus respectés et sans aucun doute l'un des mieux payés de son époque. Il a peut-être fait des études à Vienne et, entre 1656 et 1660, il a suivi les cours de l'école de jésuites d'Opava, dans le nord de la Moravie. Un an plus tard, il est entré au service de Castelle, administrateur de la cour du prince-évêque d'Olomouc à Kroměříž. En 1664, il a été nommé premier trompettiste et directeur de l'Orchestre de la cour, poste qu'il a conservé jusqu'à sa mort. En même temps, il a exercé les fonctions de « regens chori » de l'église Saint-Maurice, où plusieurs de ses œuvres (comprenant sans doute ses douze messes) ont été exécutées. Outre sa musique religieuse avec accompagnement, Vejvanovský a composé des sonates en plusieurs mouvements à la manière de Schmelzer et des sérénades, écrites essentiellement pour cordes, continuo et ensemble de cuivres. Son style s'apparente beaucoup à celui de son jeune contemporain Heinrich Biber avec lequel il a travaillé à Kroměříž, ce qui laisse supposer qu'ils se sont mutuellement influencés. Le style mélodique de Vejvanovský est limité, mais distinctif ; il a fait un usage imaginatif du chant traditionnel morave, mais c'est la façon dont il utilise la sonorité qui suscite l'attention, en particulier le traitement des divers types de trompettes dont il jouait lui-même.

Jan Smaczny.

Velato, velata (ital.). « Voilé », « voilée ».

Veloce, velocemente (ital.). « Vif », « vite », « rapide », « rapidement ».

Venezianisches Gondellied. « Chant de gondoliers vénitien ». Titre donné par Mendelssohn lui-même à trois de ses *Lieder ohne Worte* (« Romances sans paroles ») pour piano ; nº 6 (op.19) en sol mineur (Livre 1, 1830), nº 12 (op.30) en fa mineur (Livre 2, 1835) et nº 29 (op.62) en la mineur (Livre 5, 1844).

Veni Creator Spiritus (lat.). Hymne des fêtes de la Pentecôte, datant du IXe ou du Xe siècle, dont il existe des traductions dans presque toutes les langues (de Luther, Dryden, etc.). Bach a composé plusieurs chorals d'après le « Veni Creator Spiritus » en plain-chant ainsi qu'un beau prélude de choral pour orgue.

On chante aussi le « Veni Creator Spiritus » lors de l'élection d'un pape, de la consécration d'un évêque, de l'élévation ou de la translation d'un saint, du couronnement d'un monarque et dans bien d'autres occasions.

Veni Sancte Spiritus (lat.). Séquence de la liturgie catholique récitée aux messes du dimanche de la Pentecôte et des six jours suivants. Au Moyen Age, elle portait le nom de « Séquence d'or ». Les paroles datent du XIIIe siècle. Elle fait partie des quatre séquences qui ont subsisté après la réforme liturgique du *concile de Trente (1542-63).

Dunstable a écrit un motet isorythmique à quatre voix dans lequel le texte est chanté à la voix supérieure, mais la mélodie qu'il a empruntée comme *cantus firmus* est tirée de l'hymne « Veni Creator Spiritus ».

Venite (lat., « Viens »). Psaume 95 (Psaume 94 dans la Vulgate), appelé *Invitatorium* ou Psaume invitatoire, ou, dans le livre de prières d'Henri VIII, « A Song stirring to the Praise of God » (« Chant incitant à louer Dieu »). Dans la liturgie catholique, le « Venite » est le premier chant des matines et, dans la Common Prayer de l'Église anglicane, il est chanté comme prélude aux psaumes du matin ; lorsqu'il y a un bon chœur, il est même psalmodié en marge du reste du service (à l'exception de certains « Venite », mis en musique notamment par des compositeurs élisabéthains). Certains musiciens, comme Mendelssohn, ont écrit une musique élaborée sur ce psaume, qui n'est pas destinée à l'usage liturgique.

Ventadorn, Bernart de. Voir *Bernart de Ventadorn.*

Ventil (all.), **ventile** (ital.). « Piston ».

Ventriloque, Le. Opéra de Marcel Landowski (1954-55) sur un livret de P. Arnold et du compositeur, créé au Théâtre Sarah-Bernhardt à Paris en 1956.

Vents. Voir *Instruments à vent.*

Venus and Adonis. Opéra en un prologue et trois actes de John Blow sur un livret d'un auteur inconnu. Décrit par le compositeur comme un masque pour le roi, il a été créé à Londres vers 1684.

Vêpres. Heures de l'office de la liturgie catholique dites autrefois le soir ; aujourd'hui, elles sont récitées dans l'après-midi. Les vêpres ont toujours attiré les compositeurs et ils sont nombreux à avoir écrit pour elles des musiques élaborées (voir *Office*).

Vêpres de 1610. Voir *Vespro della Beata Vergine.*

Vêpres d'un confesseur. Voir *Vesperae solennes de confessore.*

Vêpres siciliennes, Les. Opéra en cinq actes de Verdi sur un livret en français d'E. Scribe et C. Duveyrier d'après le livret du *Duc d'Albe* (1839) de Donizetti. Créé à l'Opéra de Paris en 1855.

BIBLIOGRAPHIE : *Les Vêpres siciliennes,* L'Avant-Scène-Opéra nº 75 (Paris, 1985).

Veracini, Francesco Maria (Florence, 1er février 1690 ; Florence, 31 octobre 1768). Violoniste et compositeur italien. Issu d'une famille de musiciens, il étudie la musique avec son oncle, Antonio Veracini (1659-1733), violoniste éminent, et, en 1711, effectue sa première tournée de concerts. Il joue à Saint-Marc de Venise et se rend à Florence pour l'exécution de son premier oratorio (tous ses oratorios sont aujourd'hui perdus). En 1714, il va à Londres, puis, en 1717, est nommé premier violon invité à la chapelle de la cour de Saxe, à Dresde, son salaire élevé suscitant la jalousie des musiciens permanents tels que Pisendel ou Zelenka. Selon les écrits de Mattheson, Veracini aurait tenté de se suicider en 1722, mais il a continué à exercer au moins jusqu'en 1750. En 1733, il retourne à Londres, où il joue pour l'Opera of the Nobility, troupe rivale de la Royal Academy de Haendel ; ses propres opéras sont montés en 1735, 1737 et 1738. Il continue à beaucoup voyager en Europe jusqu'en 1755, date à laquelle il est nommé *maestro di cappella* de San Pancrazio, à Florence. Il mourra immensément riche, selon sa nécrologie dans la *Gazzetta toscana*, « plus riche peut-être que tout autre instrumentiste avant lui ».

On peut juger du tempérament de Veracini d'après une boutade qu'il racontait lui-même : « Il n'y a qu'un Dieu et qu'un Veracini ». Il semble, en fait, qu'il ait été un instrumentiste extraordinaire. Sa musique montre qu'il s'intéressait à diverses sortes d'effets spéciaux, comme le *spiccato* et le *tremolo* d'archet ; dans certaines œuvres, il a marqué les poussés et les tirés avec beaucoup de soin. Ses sonates sont malheureusement négligées de nos jours pour des raisons inexplicables. Il a commencé par suivre le style de Corelli (rendant plus tard hommage à ce maître en réécrivant les sonates de l'op.5 pour les adapter à la technique du violon de l'époque) ; mais il avait une nature presque romantique qui ressort particulièrement dans ses sonates op.2 (Londres, Florence, 1744), dont les mouvements portent des titres tels que *cotilla*, *scozzese* et *aria schiavonna* ; on y trouve en outre une écriture fuguée impressionnante et des fioritures harmoniques intéressantes.

Denis Arnold.

Vera Costanza, La (« La Véritable Constance »). *Dramma giocoso* en trois actes de Joseph Haydn sur un livret de Puttini, créé à Eszterháza en 1779. La partition ayant brûlé dans l'incendie du château, Haydn en a écrit une nouvelle version créée en 1785.

Veränderungen (all.). Terme parfois employé pour « variations » à la place de *Variationen*, comme dans les *Variations sur une valse de Diabelli op.120* de Beethoven, qui furent publiées sous le titre *Veränderungen über einen Walzer von Anton Diabelli*.

Verbunkos. Danse des soldats hongrois, dont on se servait vers 1780 pour attirer de nouvelles recrues dans l'armée (le terme est une déformation de l'allemand *Werbing*, « engagement »). Elle était dansée sur la musique des orchestres tziganes par des hussards en uniforme. Elle a perdu sa raison d'être lorsque le gouvernement autrichien a imposé la conscription en 1849 ; mais elle a survécu en tant que danse de cérémonie. Le *verbunkos* se composait de deux sections ou davantage, identiques à celles de la *csárdás, certaines dans le style d'une introduction lente (*lassu*), d'autres rapides et sauvages (*friss*). De nombreux recueils de *verbunkos* ont été publiés au XIXe siècle.

Cette forme de danse a été utilisée par des compositeurs hongrois comme Liszt (*Rhapsodie hongroise n° 2*), Bartók (rhapsodies pour piano et orchestre et pour violon et orchestre) et Kodály (Intermezzo de *Háry János*).

Verdelot, Philippe (Verdelot, Orange ?, 1470-80 ; avant 1552). Compositeur français qui a passé la majeure partie de sa vie en Italie. Il était à Venise au tout début du XVIe siècle, mais le premier élément de sa vie à propos duquel il n'y ait aucune incertitude est sa présence à Florence en 1522 où, pendant quelques années, il a été *maestro di cappella* au baptistère et à la cathédrale. En 1523, il a séjourné à Rome. Verdelot a écrit beaucoup de musique religieuse, mais il est célèbre pour ses madrigaux composés avant les premières publications de madrigaux vers 1530. Voir *Madrigal*, 3.

Denis Arnold.

Verdi, Giuseppe (Fortunino Francesco) (Le Roncole, près de Parme, 10 octobre 1813 ; Milan, 27 janvier 1901). Compositeur italien, l'un des plus grands compositeurs d'opéras de tous les temps.

1. *Les antécédents et la jeunesse*. Verdi est le fils de paysans illettrés qui tenaient une *osteria* (débit de vins et d'épices) dans un petit village gouverné par l'État de

Parme, alors sous domination française (mais bientôt autrichienne). On ne sait pas exactement à quel moment son talent musical a été découvert, mais il apprend à jouer de l'orgue avec l'organiste du village, auquel il succède à l'âge de dix ans. Il part pour la ville la plus proche, Busseto, où il va à l'école, tout en conservant son poste d'organiste à Roncole afin de subvenir à ses besoins. A Bussetto, Verdi est pris en charge par un commerçant, Antonio Barezzi, qui, en 1832, lui obtient une bourse d'une institution de charité locale afin qu'il puisse poursuivre ses études à Milan. Il n'est pas admis au Conservatoire, car il n'a pas reçu de formation musicale traditionnelle (mais aussi parce qu'il est étranger et trop âgé) ; il doit donc suivre des cours particuliers, pour lesquels Barezzi lui donne l'argent nécessaire. Son professeur, Vincenzo Lavigna, lui inculque de solides bases de composition, mais il s'instruit surtout en passant tout son temps au théâtre, où il entend les œuvres de Mercadante, Donizetti et Luigi Ricci. Verdi dirige également une représentation de *La Création* de Haydn.

En 1834, les postes d'organiste de la cathédrale et de directeur de la Société philharmonique de Busseto sont vacants ; sa renommée étant loin d'être assurée, on s'attendrait à ce qu'il s'empresse de les obtenir ; mais il espérait rester plus longtemps à Milan. Finalement, bien qu'il ait été nommé à la Société philharmonique, le prévôt de la cathédrale lui préfère un autre musicien, ce qui suscite une terrible querelle : Verdi nourrira de l'amertume envers les habitants de Busseto jusqu'à la fin de ses jours. Il y retourne néanmoins en 1836, épouse la fille de Barezzi et compose un opéra, *Rocester,* destiné au théâtre ducal de Parme, qui le refuse. Verdi utilise une partie du matériel dans *Oberto conte di San Bonifacio* et persuade un imprésario milanais, Merelli, d'accepter cet ouvrage. Il est finalement créé à la Scala en 1839. A cette date, Verdi a déjà deux enfants : une fille, née en 1837, qui meurt l'année suivante, et un fils, né en 1838, qui meurt lui aussi pendant les répétitions d'*Oberto*. Le succès qu'il obtient, modeste mais encourageant, vaut à Verdi un contrat avec Merelli pour la composition d'autres ouvrages. Alors qu'il compose le premier, un opéra bouffe, *Un giorno di regno* (« Un jour de règne », 1840), il perd sa femme et l'on admet généralement que l'échec de cet opéra est dû à ses problèmes personnels. Il semble pourtant plus probable que Verdi n'ait pas compris le genre de l'opéra bouffe, quoique, comme il le dira lui-même par la suite, cette œuvre ne soit ni meilleure ni moins bonne que bien d'autres ouvrages de l'époque. Néanmoins, le drame de sa vie privée ajouté à cet échec public suscite chez Verdi une profonde dépression. Merelli réussit à le ramener à la composition en lui présentant un livret aux possibilités multiples : *Nabucco,* drame biblique sur le thème de l'exil des Juifs à Babylone. Sa musique s'inspire beaucoup des modèles en vogue à l'époque, notamment de Bellini, mais elle est moins hardie sur le plan formel que les grands opéras des années 1830. Son véritable rayonnement vient de la vitalité de ses personnages (particulièrement Nabucco et sa fille Abigaille) et de ses chœurs ; l'influence du *Mosé* de Rossini, opéra-oratorio sur un thème biblique, se ressent. L'un de ses chœurs, « Va pensiero », la prière des Juifs en exil, prend un sens politique (la lutte contre les Autrichiens est particulièrement violente à cette époque) et vaut à cet ouvrage un succès incroyable ; il est représenté huit fois au printemps et cinquante-sept fois à l'automne 1842. Verdi devient alors le compositeur le plus connu de son temps et à la période de grande pauvreté dont la générosité de Barezzi l'avait sauvé succède la prospérité et même la richesse.

2. *Les années de galère.* C'est ainsi que Verdi désignait la période qui suit. Ayant connu une réelle pauvreté dans sa jeunesse, il est décidé à faire fortune tant que dure la chance ; il espère peut-être, comme Rossini, cesser de composer assez tôt et mener une existence paisible (il achète d'ailleurs une ferme et une maison à S. Agata, près de son village natal, en 1848). Pour y parvenir, il est prêt à écrire deux opéras par an en fournissant un travail considérable, parfois au détriment de sa santé. Entre 1840 et 1850, les conditions rendent cette tâche beaucoup plus difficile qu'elle ne l'était pour Rossini vingt ans plus tôt, car les formes musicales et le traitement de l'art dramatique sont moins stéréotypés et Verdi attache beaucoup d'importance à ses livrets. Après le succès de *Nabucco,* les opéras sur des

sujets politiques sont de plus en plus demandés et Verdi y répond avec *I Lombardi* (« Les Lombards », 1843), *Attila* (1846), célèbre pour cette phrase : « Vous pouvez avoir l'univers si vous me laissez l'Italie », et *La Battaglia di Legnano* (1849), véritable proclamation nationaliste en faveur de l'Italie après la révolution avortée de l'année précédente. Ces ouvrages se distinguent par leurs thèmes faciles à mémoriser et très rythmés, et par leur orchestration puissante (parfois même vulgaire). Mais dans d'autres œuvres, dont le contenu politique continue à attirer les foules, Verdi en fait un usage plus positif, s'intéressant de plus en plus aux personnages. *Ernani* (1844), *I Due Foscari* (1844), *Giovanna d'Arco* (« Jeanne d'Arc », 1845) et surtout *Macbeth* (1847) sont tous l'objet d'études de caractères, avec des personnages souvent confrontés à des situations inhabituelles, parfois touchés par des forces surnaturelles (manifestation d'une tendance romantique dans l'opéra italien), s'éloignant du genre héroïque conventionnel. Pour leur donner une certaine puissance dramatique, Verdi abandonne les moyens traditionnels, réduisant le rôle de l'aria et augmentant celui de l'ensemble ; il utilise des motifs conducteurs (non pas à la manière symphonique du leitmotiv de Wagner, mais avec beaucoup d'effet) et épure son orchestration. Même lorsqu'il insère des arias presque conventionnelles, il les transforme, comme dans la célèbre scène de somnambulisme dans *Macbeth*, qui illustre à merveille la grande *scena* de la soprano, mais se termine mystérieusement comme un postlude orchestral prolongé, excluant toute possibilité d'applaudissements. En outre, Verdi, qui est devenu le compositeur le plus recherché de son temps, se comporte de façon tyrannique en matière de production : il choisit les chanteurs et leur apprend de nouvelles façons de chanter pour obtenir un effet plus intense du point de vue dramatique et moins *bel canto*.

Ces tendances s'accentuent lorsque Verdi passe à la scène internationale. Très tôt, Paris réclame ses opéras, qui sont tout d'abord donnés au Théâtre-Italien ; à la suite d'une invitation à Londres, il compose *I Masnadieri* (« Les Brigands », Her Majesty's Theatre, juin 1847) ; on lui propose d'y diriger les saisons suivantes, offre tentante car il n'aurait plus à écrire qu'un seul opéra par an, moyennant une rétribution très élevée ; mais il finit par refuser. L'Opéra de Paris lui commande un opéra et il séjourne à Paris, où il arrange *I Lombardi* pour les mettre au goût de cette institution ; il en résulte *Jérusalem*. A Paris, il rencontre une soprano, Giuseppina Strepponi, qui avait chanté dans *Nabucco* en 1842 ; il tombe amoureux d'elle et leur liaison durera douze ans avant qu'il ne l'épouse. Compagne remarquable, elle a beaucoup apporté à Verdi. Il fait de longs séjours à l'étranger à cette époque difficile sous domination autrichienne ; et, après *La Battaglia di Legnano*, ses opéras sont nettement moins engagés politiquement. *Luisa Miller* (1849) marque la transition vers un style encore plus souple, éloigné du grand genre héroïque. L'année suivante, Verdi connaît, avec *Stiffelio*, l'un des rares échecs complets de sa carrière, mais il prépare trois œuvres d'une nouvelle portée dramatique.

La première, *Rigoletto* (1851), d'après la pièce de Victor Hugo *Le roi s'amuse*, comporte un enlèvement et choque le public. Il n'y a pas de héros, Rigoletto et le duc étant les prototypes mêmes de l'antihéros, peu d'intrigue amoureuse ou de couleur locale. L'extraordinaire habileté de Verdi à donner vie à ses personnages et à les projeter dans l'action résulte de l'immense souplesse des formes ; il n'y a en fait que deux arias (le « caro nome » de Gilda étant l'une des rares maladresses au point de vue dramatique) ; les ensembles se succèdent, surtout les duos, le grand sommet étant le célèbre quatuor (l'un des plus beaux exemples d'un genre développé par Donizetti) avec une analyse psychologique que seul Mozart égale. Verdi utilise l'orchestre avec une imagination très poussée en ce qui concerne le matériel thématique, comme dans la scène initiale, et la création d'atmosphère (le duo entre Rigoletto et l'assassin Sparafucile en est un exemple remarquable avec son violoncelle en sourdine et son solo de contrebasse). *Rigoletto* remporte un vif succès. Vient ensuite *Il Trovatore* (« Le Trouvère », 1853), œuvre plus conventionnelle par son atmosphère et sa structure musicale, mais qui recèle encore une excellente étude psychologique, notamment dans le personnage de la gitane Azucena, autre conception de l'antihéros. La troisième œuvre, *La Traviata*, est représentée à Venise dans les deux mois qui suivent la création du *Trouvère*, ce qui explique peut-être son échec initial (on l'attribue généralement à tort au fait qu'elle a été jouée en costumes modernes) ; en fait, Verdi n'avait pas pu consacrer beaucoup de temps aux répétitions et son style inhabituel en exigeait encore plus que jamais. Œuvre intime dont l'intrigue est tirée d'une situation vécue revue par la pièce de Dumas, *La Dame aux camélias*, elle n'a pas de prédécesseur direct. Par contre, elle a largement fait école. La plupart de ses personnages entrent néanmoins dans un cadre beaucoup plus héroïque (sinon bourgeois). De forme un peu moins originale que *Rigoletto*, son orchestration est extraordinairement délicate ; les cordes divisées du prélude rappellent *Lohengrin* de Wagner, opéra que Verdi ne pouvait pas connaître à cette époque ; la facilité avec laquelle il éclaire chaque détail émotionnel sans perturber pour autant le cours de la musique est remarquable.

3. *Après « La Traviata ».* Ces trois opéras sont les derniers pour lesquels Verdi a travaillé au rythme qui a fait sa fortune. Au cours des vingt années suivantes, il n'accepte que les offres qui le tentent suffisamment (et, élément significatif, elles viendront surtout de l'étranger) ou les projets qui l'intéressent particulièrement. Il signe alors un contrat de deux ans avec l'Opéra de Paris pour composer *Les Vêpres siciliennes* sur un livret de Scribe ; le thème, religieux selon la tradition française de Meyerbeer, se prête au grand spectacle et au ballet. Bien que la production soit couronnée de succès en 1855, Verdi n'est pas satisfait de ce nouveau contexte et il écrit son œuvre suivante, *Simon Boccanegra*, pour Venise, selon ses anciens modèles d'opéras historiques. Personne n'est content, ni Verdi ni le public, mais la version remaniée reçoit un accueil plus chaleureux. Une commande de Naples lui offre un livret bien meilleur, *Un ballo in maschera* (« Un bal masqué »), même si la censure l'oblige à transférer l'action de la Suède du XVIIIe siècle à Boston au temps des colonies ; la musique est pleine d'invention, mieux orchestrée après ses expériences parisiennes et utilise à bon escient les formes traditionnelles. Sa première représentation en 1859 coïncide avec une manifestation patriotique où retentit le cri VIVA VERDI – Viva Vittorio Emanuele Re d'Italia (« Longue vie à Victor Emmanuel, roi d'Italie »). Le roi de Savoie était presque sûr de monter sur le trône de la première Italie unifiée et Cavour oblige Verdi à devenir député de Busseto au premier parlement national italien, à Turin ; il conserve ce poste jusqu'en 1865, malgré le peu d'intérêt qu'il porte à la politique. Sans doute pour éviter des situations embarrassantes dans sa nouvelle vie d'homme public, Verdi épouse finalement Giuseppina à Collonges-sous-Salève, loin de Busseto (sa présence à S. Agata a toujours compliqué les relations de Verdi avec sa famille et ses voisins). Ces événements constituent une diversion dans sa carrière et suscitent une accalmie dans la composition. Mais, ayant sans doute besoin d'argent pour aménager sa maison et ses fermes, Verdi accepte une commande très rentable de Saint-Pétersbourg pour composer un opéra pour 1861. Un premier voyage en Russie cette année-là est infructueux, car l'un de ses chanteurs tombe malade et Verdi retourne à Londres, où est donné son *Inno delle nazioni* (« Hymne aux nations ») à l'occasion d'une grande exposition. L'année suivante, un second séjour en Russie est couronné par le succès de *La Forza del destino* (« La Force du destin ») malgré la pauvreté du livret qui lui a néanmoins inspiré une superbe musique de forme traditionnelle. *La Forza del destino* est représentée presque aussitôt après à Madrid, sous sa direction, et suivie d'une reprise des *Vêpres siciliennes* à l'Opéra de Paris, qu'il quitte à la suite d'une dispute survenue au cours des répétitions.

Il se retire ensuite presque complètement dans sa propriété, s'occupe de ses fermes, révise des opéras pour quelques nouvelles productions et c'est une nouvelle commande de l'Opéra de Paris pour l'Exposition de 1867 qui le remet à l'ouvrage. Il compose *Don Carlos* sur un autre livret historico-religieux, avec la rutilance scénique habituelle de l'Opéra (comme dans la scène de l'autodafé) ; mais il réalise cette fois-ci une œuvre parfaitement unifiée et des études de caractères particulièrement réussies, notamment celle du roi Philippe II, l'un des plus nobles héros de Verdi. Il s'agit peut-être du plus bel opéra français (et il vaut mieux l'entendre en français qu'en italien), mais il reçoit alors un accueil indifférent ; la technique de Verdi consistant à placer une grande partie du matériel thématique à l'orchestre le fait accuser de wagnérisme, quoiqu'il ait utilisé cette technique de diverses façons depuis *Rigoletto,* sinon auparavant ; et si sa musique doit quelque chose à quelqu'un, ce serait plutôt à Meyerbeer. La version italienne de l'œuvre est mieux reçue à la Scala en 1868. Puis il cesse à nouveau d'écrire. Une tentative de messe en coopération avec tous les grands compositeurs italiens en hommage à Rossini (mort en 1868) avorte, mais Verdi en conserve le « Libera me », qu'il utilisera dans son propre *Requiem.* Une nouvelle commande très bien rémunérée le tire de son silence ; elle émane du Caire (via Paris) et concerne une œuvre qui sera donnée *post facto* pour l'ouverture du canal de Suez – qui a eu lieu en 1869 ; les décors seront construits en France et Verdi conservera les droits sur sa musique dans le monde entier, sauf en Égypte. Après quelques retards, dus à la guerre de 1870, *Aïda* est finalement représenté au Caire la veille de Noël 1871 et à la Scala en février 1872. Prenant pour modèle le grand opéra français, le livret est beaucoup plus ramassé et consistant que celui de ses modèles et, même si la grande marche et le ballet de l'acte II suivent la meilleure tradition parisienne, la conception des personnages, avec un conflit d'émotions qui fait qu'aucun héros (ou héroïne) ne se distingue vraiment, est typique de Verdi. Merveilleusement orchestré, avec un élargissement et une modification sensible des formes classiques de l'aria et de l'ensemble toujours reconnaissables, cet opéra a connu d'emblée le triomphe qu'il a toujours su conserver depuis. Au cours des trois années suivantes, Verdi ne compose qu'un quatuor à cordes, léger mais intéressant, écrit en 1873 à Naples, alors que les représentations d'*Aïda* étaient suspendues en raison de la maladie d'une *prima donna.*

Cette fois, le silence est rompu par la mort de l'écrivain et patriote Manzoni qui occupait dans le milieu littéraire une place analogue à celle de Verdi dans le milieu musical. Verdi l'aimait et le vénérait et il propose à la ville de Milan une grande messe de *Requiem* qui sera célébrée en l'église San Marco pour l'anniversaire de la mort de Manzoni. Composée dans l'année, elle est donc créée le 22 mai 1874, puis jouée plusieurs fois à la Scala et lors d'une tournée en Europe. Les critiques, notamment celles d'un disciple de Wagner, Hans von Bülow, qui n'y voit qu'un simple opéra, tombent d'elles-mêmes devant la puissance absolue de cette musique qui lui assure gloire et popularité ; de toute façon, ces critiques sont hors de propos, car même si le *Requiem* est composé dans la langue naturelle de Verdi (les liens avec *Aïda* sont évidents), c'est une œuvre sincèrement ressentie qui relève d'une solide tradition à laquelle appartient aussi la musique religieuse de Rossini. Toutefois, certaines interpolations du texte (la répétition des paroles du « Dies irae » dans des contextes non liturgiques) montrent qu'il ne s'agit pas d'une profession de foi classique, mais d'une prière pour la délivrance adressée par un agnostique qui avait beaucoup souffert à une époque mouvementée de sa vie (on sait maintenant que Verdi était revenu à la foi catholique dans ses dernières années).

4. *Les dernières années.* Lorsqu'il termine son *Requiem*, Verdi n'a que soixante ans et est encore en parfaite santé. Toutefois, il ne semble pas souhaiter continuer à composer et se consacre à la modernisation de sa maison et de ses fermes. Il accepte de superviser des représentations en différents endroits et tombe visiblement amoureux de l'une de ses principales interprètes, la soprano Teresa Stoltz (sans aller toutefois jusqu'à avoir une liaison avec elle). Il se querelle avec son éditeur, Ricordi, l'accusant d'inefficacité, et reçoit une grosse somme d'arriérés de droits d'auteur. Il devient aussi grand-père, par sa fille adoptive. Toutefois, il pense ne plus avoir besoin de composer (« cette note est réglée ») et seuls quelques complots ourdis par Ricordi et par Giuseppina, qui a trouvé un remplaçant à son librettiste favori (mort en 1861) en la personne d'Arrigo Boito, parviennent à le détourner de cette décision. Ils abordent le sujet shakespearien d'*Otello* dès 1874, mais rien n'en sort dans l'immédiat et leur premier ouvrage en collaboration est une révision complète de *Simon Boccanegra* qui aboutit à une version beaucoup plus satisfaisante, un peu perturbée par le mélange de l'ancien et du nouveau style ; mais la production milanaise de 1881 est une réussite. Depuis lors, elle tient toujours la scène. Verdi

reprend également *Don Carlos* en Italie, en 1883, supprimant le ballet et quelques autres fragments écrits à l'origine pour satisfaire les exigences du goût parisien ; mais l'original reste, sous bien des angles, la meilleure version. Il reprend alors la composition d'*Otello* et Boito s'avère être son meilleur librettiste ; le nouveau chef-d'œuvre est représenté à la Scala, en 1887. C'est le plus bel opéra romantique italien : le livret est dense et la musique, sans ignorer totalement les formes traditionnelles, les rend extrêmement utiles à la projection du drame. Verdi utilise l'orchestre pour assurer la continuité sans pour autant réduire l'importance de la voix et, cette fois, il n'est pas accusé de wagnérisme. Premier opéra composé par Verdi depuis seize ans, il reçoit dès le début un accueil enthousiaste.

Ce succès l'incite à nouveau à composer, mais il lui faudra du temps avant d'aborder *Falstaff*. Il a plus de soixante-quinze ans lorsqu'il s'attelle à cette tâche, mais il travaille régulièrement deux heures par jour ; le premier acte vient facilement et les suivants sont retardés par les propres expériences de Boito dans le domaine lyrique. Achevé en 1893, il est créé à la Scala et prend la forme d'un véritable événement social et musical. Le remarquable livret de Boito, plutôt meilleur que *Les Joyeuses Commères de Windsor* de Shakespeare, inspire au musicien de nouvelles formes : il suit les mots de façon détaillée, dans un style plus discursif que lyrique ; avec son orchestration magistrale, *Falstaff* est une grande comédie, à la fois drôle et pleine de compassion, mais la fugue finale montre un détachement lié au grand âge de Verdi : « Le monde entier n'est qu'une plaisanterie. »

Cet opéra aurait pu marquer la fin de sa carrière : néanmoins, Verdi a toujours l'esprit agile et il compose de la musique de ballet pour satisfaire aux exigences de l'Opéra de Paris pour la production d'*Otello*. Mais, à cette époque, il s'occupe surtout de la maison de retraite pour vieux musiciens sans ressources (Casa di Riposo) qu'il crée à Milan. L'âge se fait sentir ; il est frappé d'une petite attaque et la mort de Giuseppina l'ébranle sérieusement. Pour surmonter sa tristesse, il compose deux grandes pièces de musique religieuse, un *Te Deum* et un *Stabat mater*, d'un style plus sobre et moins dramatique que le *Requiem*, mais imprégnés d'une émotion profondément humaine. En 1898, il compose les « Laudi alla Vergine Maria » pour chœur de femmes (sur un texte de Dante) qui seront créées à Paris en 1898 avec d'autres pièces auxquelles s'ajoutera par la suite un *Ave Maria* écrit en 1889 comme simple exercice intellectuel (voir *Gamme*, 7). C'est alors vraiment la fin de sa carrière de compositeur. Frappé d'une nouvelle attaque, il meurt au Grand Hôtel de Milan, où il passait les fêtes de Noël, en 1900, et est enterré aux côtés de Giuseppina à la Casa di Riposo. Son influence sur les compositeurs italiens ultérieurs est plus générale que spécifique, prouvant encore davantage que le style wagnérien n'était pas le seul à donner matière à imitation. Sous-estimée pendant de nombreuses années par les musicographes non italiens, la musique de Verdi a fait ses preuves : elle enchante le public par son côté direct et la façon dont elle exprime la psychologie humaine. Sa maison de S. Agata dégage encore la force de sa personnalité ; elle est restée telle quelle, transformée en musée, révélant les origines paysannes de Verdi et sa simplicité complexe, alors que la Casa di Riposo continue à bénéficier de sa générosité.

Denis Arnold.

BIBLIOGRAPHIE : Jacques Bourgeois, *Verdi*, Julliard (Paris, 1978). Carlo Gatti, *Verdi*, Gallimard (Paris, 1961), rééd. Les Introuvables (Plan-de-la-Tour, 1977). Jean-François Labie, *Le Cas Verdi*, Laffont-Diapason (Paris, 1987). Pierre-Petit, *Verdi*, Seuil (Paris, 1958, rééd. 1986). Giuseppe Verdi, *Autobiographie à travers sa correspondance éditée par Aldo Oberdorfer*, Lattès (Paris, 1984). W. Weaver, *Verdi*, Van de Velde (Luynes, 1978).

Verdoppeln (all.). « Doubler » ; *verdoppelt*, « doublé » ; *Verdoppelung*, « doublement », « redoublement ».

Vergebliches Ständchen. Lied pour voix et piano op.84 nº 4 (1882) de Brahms sur un texte traditionnel.

Vergrösserung (all.). « Augmentation ».

Verhallend (all.). « En mourant », *perdendosi*.

Vérisme (ital. : *verismo*). Terme qui s'applique à un genre d'opéra italien traitant de la « vie réelle » (et en général de la vie dans les bas-fonds). Mascagni (*Cavalleria rusticana*) et Leoncavallo (*Pagliacci*) sont des exemples incontestés de *veristi* (« véristes »), mais certaines œuvres de Giordano, de Puccini, de Verdi et d'autres compositeurs sont écrites dans l'esprit du vérisme. Voir *Opéra*, 11.

Verklärte Nacht (*Nuit transfigurée*). Œuvre op.4 pour deux violons, deux altos et deux violoncelles de Schoenberg, composée en 1899. Elle repose sur un poème de Richard Dehmel (de *Weib und Welt*). Schoenberg en a réalisé un arrangement pour orchestre à cordes en 1917 et une seconde version en 1943.

Verkleinerung, Verkürzung (all.). « Diminution ».

Verlierend, verlöschend (all.). « Plus faiblement », *più debolmente*.

Vermeulen, Matthijs (Helmond, 8 février 1888 ; Laren, 26 juillet 1967). Compositeur et auteur hollandais. Presque entièrement autodidacte, il est l'auteur de sept symphonies, de diverses œuvres de musique symphonique comme *The Flying Dutchman*, de musique de chambre et de lieder. A partir de 1907, il a été critique musical (il a préparé l'édition de *De groene Amsterdammer* entre 1947 et 1956).

Wendy Thompson.

Véronique. Opéra-comique en trois actes d'André Messager sur un livret d'Albert Van Loo et Roger Duval créée au Théâtre des Bouffes-Parisiens le 10 novembre 1898.

Verovio, Simone. Voir *Édition musicale*, 5.

Verschwinden (all.). « En disparaissant », « en se perdant ».

Verse anthem (angl.). *Anthem* avec vers pour voix solistes accompagnées par des parties instrumentales indépendantes, alternant avec celles réservées au chœur doublé par d'autres instruments. Voir *Anthem*, 1.

Verset. 1. Dans le plain-chant, verset d'un psaume chanté par un soliste en alternance avec le chœur ou les fidèles. Les versets sont généralement marqués V ou ℣. Voir *Psalmodie*. On retrouve la pratique de l'alternance dans la musique polyphonique, dans le *verse anthem*.

2. Dans la liturgie catholique, petit paragraphe divisant le texte sacré d'un hymne, d'un psaume ou d'un texte religieux qui, au lieu d'être chanté par le chœur, est répété silencieusement par ce dernier pendant que l'organiste joue. Le répertoire de musique pour orgue correspondant aux versets est très vaste mais, le plus souvent, l'organiste se contente de jouer la musique qui aurait été chantée ou bien il improvise.

On suit parfois une pratique analogue pour certaines parties de l'ordinaire et, moins souvent, du propre de la messe, l'orgue jouant en alternance avec le chœur, qui chante généralement en plain-chant. De même, à vêpres, les antiennes peuvent être répétées après le psaume.

Cinq parties de la messe ont été mises en musique de cette façon dans le Codex de Faenza (vers 1400) et, en 1531, Pierre Attaingnant a publié deux livres de versets pour orgue ; le genre a atteint son apogée en Italie et en France au XVIIe siècle, avec Frescobaldi (*Fiori musicali*) et François Couperin (*Pièces d'orgue consistantes en deux messes*). La popularité des « messes en noëls » (voir *Noël*, 2) aux XVIIIe et XIXe siècles a assuré la survivance de la messe d'orgue en France, l'organiste basant ses versets sur des noëls populaires. Dans son **motu proprio* de 1903, le pape Pie X a rappelé au clergé « de ne pas omettre les textes prescrits lorsqu'il est impossible de remplacer les versets par l'orgue et qu'ils sont simplement récités par le chœur ».

3. Verset ou versiculet désigne une courte phrase, souvent empruntée aux psaumes, qui est récitée ou chantée de manière antiphonale dans le culte chrétien. Il est suivi d'un répons des fidèles ou du chœur. L'exemple type que l'on trouve dans la liturgie catholique est le « Dominus vobiscum » (« Le Seigneur soit avec vous »), auquel on répond : « Et cum spiritu tuo » (« Et avec votre esprit »). Voir également *Preces*.

Versetzung (all.). « Transposition » ; *Versetzungszeichen*, « accident », « altération ».

Verstärken (all.). « Renforcer » ; *verstärkt*, « renforcé » ou **rinforzando*.

Verstovski, Alexeï (Nikolaiévitch) (État de Seliverstovo, gouvernement de Tambov, 1er mars 1799 ; Moscou, 17 novembre 1862). Compositeur russe. Comme tous les musiciens russes de sa génération, il est avant tout un dilettante et commence par faire des études d'ingénieur avant d'aborder sérieusement la musique (il est l'élève de Steibelt et de Field). Il est nommé inspecteur musical (1824), puis directeur (1842) des théâtres impériaux de Moscou et se consacrera à la scène, comme administrateur et comme compositeur, jusqu'à la fin de sa vie. Il est surtout connu pour son opéra *Le Tombeau d'Askold* (1835), qui réalise un compromis fragile entre le nationalisme russe et le romantisme allemand, imitant à l'évidence *Le Freischütz* de Weber (qui avait été représenté en Russie en 1824). L'ouvrage remporte un immense succès à l'époque, mais, vers la fin du XIXe siècle, on peut juger du déclin de la réputation de Verstovski par la réponse d'un chef d'orchestre (Rachmaninov) auquel on avait demandé en 1897 de diriger *Le Tombeau d'Askold* et un ouvrage ultérieur, *Gromoboy* (1858) : « Veuillez donc me dire quel intérêt artistique et commercial [il y aurait] à jouer ces damnés opéras ? » En 1828, Verstovski a écrit *Pane Tverdovski* et, à la suite du succès du *Tombeau d'Askold*, il a composé *Toska po rodine* (« Le Mal du pays », 1839) et *Churova Dolina, ili Son nayavu* (« Le Songe d'un jour ou la Vallée du diable », 1841). Il est aussi l'auteur d'une trentaine de vaudevilles, qui continuent à être publiés en Union soviétique ; ils révèlent une facilité mélodique certaine ainsi qu'un sens dramatique aigu, notamment dans *Chornaya shal'* (« Le Châle noir », sur un texte de Pouchkine).

Geoffrey Norris.

Verteilt [*vertheilt*] (all.). « Divisé ».

Verweilend (all.). « En ralentissant », *rallentando.*

Verzierungen (all.). « Ornements ».

Vesalii Icones (« Images de Vesalius »). Pièce de théâtre musical pour danseur, violoncelle et ensemble (comprenant notamment un piano désaccordé, une affûteuse et des casseroles) de Peter Maxwell Davies. Créée à Londres en 1969.

Vesperae solennes de confessore (« Vêpres d'un confesseur »). Œuvre pour soprano, alto, ténor, basse, chœur, orgue et orchestre K 339 de Mozart, composée en 1780.

Vespéral. Dans l'Église catholique, livre contenant la liturgie et la musique des *vêpres ainsi que de certains autres offices. Il s'agit d'un extrait de l'*antiphonaire.

Vespro della Beata Vergine (« Vêpres de la Sainte Vierge »). Recueil de motets de Monteverdi, composés en 1610 pour être exécutés à Mantoue. Ils comprennent : *Domine ad adiuvandum* (six voix, trois trombones, deux cornets à bouquin et six cordes), *Dixit Dominus* (six voix et six instruments), *Nigra sum* (voix seule), *Laudate pueri* (huit voix et orgue), *Pulchra es, amica mea* (deux voix), *Laetatus sum* (six voix), *Duo seraphim clamabant* (trois voix), *Nisi Dominus* (dix voix), *Audi coelum* (voix solo et chœur à six voix), *Lauda Jerusalem* (sept voix), *Sonata sopra « Sancta Maria »* (voix solo, deux cornets à bouquin, trois trombones, deux violons et violoncelle), *Ave maris stella* (deux voix, chœur à huit voix et cinq instruments), *Magnificat* (sept voix, deux flûtes, deux flûtes à bec, trois cornets à bouquin, deux trombones, deux violons et violoncelle) et *Magnificat* (six voix et orgue). La *Sonata sopra « Sancta Maria »* est parfois exécutée séparément. Il existe de nombreuses éditions modernes des *Vêpres* de Monteverdi, notamment celles de Harnoncourt, de Redlich et de Norrington.

Vestale, La. Opéra en trois actes de Spontini sur un livret d'E. de Jouy, créé à l'Opéra de Paris, le 16 décembre 1807.

Vestris. Famille de musiciens et de danseurs français. **Gaetano Vestris** (Florence, 18 avril 1729 ; Paris, 27 septembre 1808), danseur et chorégraphe, a été l'élève du grand danseur français Louis Dupré et a fait ses débuts à Paris en 1748 ; en l'espace de trois ans, il succède à son professeur comme premier danseur à l'Opéra, poste qu'il conservera pendant plus de trente ans. Il travaille également au service de la cour de France et fait de nombreuses tournées à l'étranger ; pendant la Révolution, il doit s'enfuir à Londres avec sa famille. Vestris a joué un rôle majeur dans les réformes du ballet du milieu du XVIIIe siècle (voir *Ballet*, 1).

Son fils illégitime, **Auguste Vestris** (Paris, 27 mars 1760 ; Paris, 5 décembre 1842), a fait ses débuts à l'Opéra en 1772. Lorsqu'il se retire en 1816, il enseigne à l'école de danse de l'Opéra. Maria Taglioni a été l'une de ses élèves.

Wendy Thompson.

Veuve joyeuse, La (*Die lustige Witwe*). Opérette en trois actes de Lehár sur un texte de Viktor Léon et Leo Stein, d'après la comédie de Meilhac *L'Attaché d'ambassade*. Représentations : Vienne (Theater an der Wien, 30 décembre 1905) ; Londres (Daly's Theatre, 8 juin 1907) ; New York (New Amsterdam Theatre, 21 octobre 1907) ; Paris (Théâtre Apollo, 28 avril 1909, version française de De Flers et Caillavet). L'intrigue, gaie et complexe, retrace les efforts déployés par le baron Mirko Zeta (basse ; Popoff dans la version française) pour obtenir la fortune de la veuve joyeuse Hanna Glawari (sop. ; Missia Palmieri, vers. fr.) au profit de son pays appauvri, le Pontevedro (la Marsovie, vers. fr.), en lui faisant épouser son jeune compatriote Danilo (tén. ou bar.).

BIBLIOGRAPHIE : *La Veuve joyeuse*, L'Avant-Scène-Opéra n° 45 (Paris, 1982).

Vèze. Instrument apparenté à la cornemuse. Voir *Cornemuse*, 7.

Viadana, Lodovico (Viadana, près de Mantoue, vers 1560 ; Gualtieri, près de Mantoue, 2 mai 1627). Compositeur et moine italien qui a été *maestro di cappella* dans un certain nombre d'églises italiennes d'importance secondaire, notamment la cathédrale de Mantoue (de 1593 à 1597 au moins), le couvent S. Luca à Crémone (1602), la cathédrale de Concordia (1608-09) et celle de Fano (1610-12). Compositeur prolifique, il a touché à tous les genres, des *canzonette* et des madrigaux aux grands psaumes à plusieurs chœurs. Il est surtout connu pour ses *Cento Concerti ecclesiastici* (Venise, 1602). Il s'agit de la première publication de musique religieuse qui fasse appel à une véritable basse continue, que Viadana utilise pour éviter certains problèmes de composition dus aux effectifs réduits des petites églises. Alors qu'auparavant les œuvres *a cappella* étaient souvent exécutées en omettant certaines voix non pourvues, Viadana supprime le vide musical qui en résultait en écrivant une mélodie qui pouvait être chantée par une seule voix ou répartie entre plusieurs parties, ajoutant en même temps un accompagnement ininterrompu à l'orgue. Ce procédé pratique s'est immédiatement répandu et a servi de base à la majeure partie de la musique sacrée pendant les cent cinquante années qui ont suivi.

Denis Arnold.

Via sordini (ital.). « Retirer les sourdines ».

Vibraphone [vibraharpe]. Instrument à percussion composé de lames métalliques accolées, dont la forme générale s'apparente à celle du xylophone. Les lames, en alliage d'aluminium d'environ 12 mm d'épaisseur, sont suspendues sur des cordes tendues par des ressorts. Les deux rangées, pour les notes naturelles et pour les dièses, sont placées au même niveau, ce qui permet d'utiliser deux baguettes (douces) par main pour jouer des accords de quatre notes, très caractéristiques de cet instrument (comme sur le *marimba).

Le vibraphone comporte au sommet de chaque résonateur tubulaire une palette ronde en métal ou en plastique. Ces palettes sont reliées entre elles par une longue tige qui passe le long du sommet de chaque rangée de tubes et actionnées ensemble par un moteur électrique. L'ouverture et la fermeture des tubes entraînent l'alternance de sons résonants et non résonants, le *vibrato* dont l'instrument tire son nom. Le moteur peut tourner à vitesse fixe ou variable, donnant de trois à huit pulsations par seconde. L'étouffoir est très important : il se compose d'une longue barre recouverte de feutre pour chaque rangée de lames et est actionné par une pédale. Son utilisation requiert beaucoup d'habileté, notamment lorsqu'il faut étouffer à moitié les passages rapides pour que les notes restent distinctes sans perdre leur son caractéristique. On peut aussi avoir besoin d'étouffer les sons avec les mains, notamment lorsque certaines notes doivent respecter des durées plus courtes que d'autres dans un accord joué avec les étouffoirs levés. L'étendue courante va de fa² à fa⁵ (voir *Xylophone* pour un tableau comparatif).

Sur les premiers modèles de Leedy Drum Co. aux États-Unis (1916), on obtenait le *vibrato* en faisant monter et descendre les résonateurs. Des ventilateurs ont ensuite été placés en haut de chaque résonateur vers 1921. L'instrument doit sa célébrité aux solistes de variétés et, plus tard, au jazz avancé de Lionel Hampton. A l'orcheste, Berg fait appel au vibraphone dans *Lulu* (1934) et Milhaud a écrit un *Concerto pour vibraphone et marimba* (1947). Deux œuvres britanniques datant de 1950 environ – la *Spring Symphony* de Britten et la *Sinfonia antartica* de Vaughan Williams – établissent une correspondance entre les accords de vibraphone et le froid glacial ou le gel (comme dans les célèbres dessins animés de Walt Disney). Mais cet instrument est surtout devenu un membre essentiel des percussions d'orchestre pour la couleur « abstraite ».

Plus récemment, l'« electravibe » a vu le jour aux États-Unis : les résonateurs et les ventilateurs sont remplacés par un capteur phonographique placé sous chaque lame, afin de convertir la vibration acoustique en vibration électrique pour l'amplification ; le contrôle du *vibrato* s'effectue au moyen d'un générateur d'impulsions et de dispositifs optionnels de *fuzz* et de *wah-wah* comme ceux utilisés sur les guitares électriques.

Anthony Baines.

Vibration. Voir *Acoustique*, 4.

Vibrato (ital., du lat. *vibrare*, « vibrer »). Légère ondulation de la hauteur de son employée pour enrichir et intensifier le son de la voix et de nombreux instruments, particulièrement celui des instruments à cordes. De nos jours, le *vibrato* sur des notes d'une certaine longueur est considéré comme implicite et le compositeur doit indiquer *senza vibrato* s'il désire un son plat.

Mais cette conception est récente. Ainsi, les violonistes, de l'ère baroque jusqu'à Kreisler, considéraient généralement le *vibrato* comme un ornement destiné à des moments particulièrement expressifs. De l'aveu général, en 1751, Geminiani conseillait de l'utiliser « aussi souvent que possible », mais il faut modérer l'emploi et l'ampleur du *vibrato* dans la musique plus ancienne, notamment celle des XVIIe et XVIIIe siècles.

Les termes *vibrato* et **tremolo* sont souvent interchangeables, surtout dans les écrits sur la voix. (Voir également *Voix*, 6).

Vicar choral (angl.). Terme propre à l'Église anglicane désignant un chantre de cathédrale. La position varie selon les cathédrales et le terme « lay clerk » ou « lay vicar » est parfois employé. Le mot « vicar » indique que les fonctions sont réellement celles des chanoines, exercées par délégation. A une certaine époque, un *vicar choral* ou un chanoine mineur (ce dernier étant dans les ordres) était attaché à chaque chanoine. Cette fonction a vu le jour à l'époque de la Réforme ; auparavant, ces divers « clercs » et « vicaires » avaient reçu les ordres majeurs.

Vicentino, Nicola (Vicenza, 1511 ; Milan, vers 1576). Théoricien et compositeur italien qui a exercé une influence considérable sur la musique de la fin du XVIe siècle. Élève de Willaert à Venise, il commence à étudier la musique de la Grèce antique vers 1534 et finit par élaborer une théorie selon laquelle le système de gammes des Grecs pouvait être utilisé dans la musique moderne. Cette théorie, qu'il met au point alors qu'il est professeur de musique de la famille du duc Ercole II d'Este à Ferrare, implique l'emploi de quarts de ton et, vers 1561, il se fait construire un clavecin ou *arcicembalo* comportant des touches additionnelles destinées à ces notes supplémentaires ; il développe aussi un système de notation élargi utilisant des points. Sa théorie, traitée dans son livre *L'Antica Musica ridotta alla moderna prattica* (Rome, 1555), s'est avérée défectueuse et l'emploi des quarts de ton peu pratique, mais elle a néanmoins contribué à l'utilisation relativement libre de notes telles que ré dièse, la bémol, sol bémol et ré bémol, qui étaient assez rares auparavant ; en outre, ses idées ont beaucoup influencé le style chromatique des madrigaux de Gesualdo et de Monteverdi.

Denis Arnold.

Victimae paschali laudes (lat., « Louanges à la victime de Pâques »). *Séquence de la liturgie catholique destinée au jour de Pâques. Elle date du XIe siècle et fait partie des quatre séquences qui ont été autorisées à subsister lorsque la plupart des séquences et des tropes ont été abolis par le *concile de Trente.

Victoria, Tomás Luis de (Ávila, 1548 ; Madrid, 20 août 1611). Compositeur espagnol. Il est tout d'abord enfant de chœur à la cathédrale d'Ávila, puis, lorsque sa voix mue, il entre au Collegium germanicum à Rome (1565) ; il prend peut-être alors des leçons avec Palestrina, qui est *maestro di cappella* du Seminario romano. En 1569, Victoria est nommé maître de chapelle et organiste de S. Maria di Monserrato, à Rome ; à partir de 1571, il enseigne aussi au Collegium germanicum, dont il est nommé maître de chapelle en 1575. Durant ces sept années, il publie cinq volumes de musique sacrée (hymnes, Magnificat, messes, un office pour la semaine sainte et des motets). Il dédie son deuxième livre de messes (1583) à Philippe II d'Espagne en indiquant dans la préface qu'il désire maintenant rentrer chez lui. Philippe le rappelle et le nomme chapelain de sa sœur, l'impératrice douairière Marie, aux Descalzas Reales du couvent de S. Clara, à Madrid. Victoria demeurera à son service jusqu'à la mort de l'impératrice, en 1603, puis il restera organiste au couvent jusqu'à sa propre mort, huit ans plus tard. Entre 1582 et 1585, il est retourné à Rome, où il a publié un autre livre de messes.

Victoria est le plus grand compositeur espagnol de la Renaissance et également l'un des compositeurs européens les plus importants de l'époque, même si sa production est dans l'ensemble beaucoup plus restreinte que celle de Palestrina ou de Lassus, par exemple. Il est l'un des rares compositeurs espagnols dont la totalité des œuvres aient été imprimées de son vivant. En 1600, un superbe recueil de ses messes, Magnificat, motets et psaumes a été publié dans une édition limitée à trois cents exemplaires en parties séparées. Il contient trois de ses messes les plus populaires, la *Missa « Pro Victoria »* (une messe de guerre basée sur la chanson « La Guerre » de Janequin), la *Missa « Ave regina coelorum »* et la *Missa « Alma Redemptoris Mater »* (d'après ses propres antiennes). Cependant, de nos jours, la réputation de Victoria repose essentiellement sur quelques motets, notamment *Jesu dulci memoria*, *Vexilla regis*, *O magnum mysterium*, *O vos omnes* et *O quam gloriosum*, ainsi que sur l'*Officium defunctorum* écrit à la mort de sa protectrice. Bien qu'il n'ait pas composé de musique profane, on relève, dans certaines de ses œuvres, un traitement musical du texte à la façon du madrigal – comme *Vere languores nostros* avec des secondes mineures sur le mot « dolores », et *Cum beatus Ignatius*, dont les images vivantes dépeignent les bêtes sauvages déchiquetant les martyrs.

Wendy Thompson.

BIBLIOGRAPHIE : Henri Collet, *Victoria*, Félix Alcan (Paris, 1914).

Victory, Gerard (Dublin, 24 décembre 1921). Compositeur irlandais. Il fait ses études à University College et à Trinity College, à Dublin. En 1953, il devient producteur pour Radio Telefis Eireann, dont il est nommé directeur musical en 1967. Ses premières œuvres s'inspirent de la musique traditionnelle irlandaise, mais, en 1961, il se tourne vers les méthodes sérielles. Il est l'auteur de plusieurs opéras (sur des livrets en erse et en anglais), de diverses œuvres de musique symphonique et de musique de chambre et de la musique de scène, pour la radio et pour le cinéma.

Paul Griffiths.

Vidal, Paul Antonin (Toulouse, 16 juin 1863 ; Paris, 9 avril 1931). Compositeur, chef d'orchestre et pédagogue français. Il fait ses études aux Conservatoires de Toulouse et de Paris, où il est l'élève de Massenet. Étudiant brillant, il remporte le prix de Rome en 1883, devant Debussy, avec sa cantate *Le Gladiateur*. Debussy remportera le prix l'année suivante et, à Rome, tous deux deviendront de grands amis. En 1906, Vidal est nommé chef d'orchestre à l'Opéra de Paris ; il dirige les créations des œuvres de plusieurs grands compositeurs français. Pendant la Première Guerre mondiale, il est directeur musical de l'Opéra-Comique et, durant de nombreuses années, enseigne la composition au Conservatoire de Paris. Il a composé des opéras et des ballets (notamment *La Maladette*, 1893), de la musique symphonique, de la musique de scène et de la musique de chambre, des mélodies et des cantates. Il est aussi l'auteur d'œuvres pour clavier et d'ouvrages théoriques.

Wendy Thompson.

Vie antérieure, La. Mélodie de Duparc sur un poème de Baudelaire (première version 1876, remaniée en 1884).

Vie d'artiste (*Künstlerleben*). Valse op.316 de Johann Strauss fils.

Vie brève, La (*La Vida breve*). Opéra en deux actes de Manuel de Falla sur un livret de Carlos Fernandez Shaw (1905). Créé en français à Nice en 1913 ; l'année suivante en espagnol au Théâtre de la Zarzuela à Madrid.

Vie de héros, Une. Voir *Ein Heldenleben.*

Viel (all.). « Beaucoup », « plein » ; *vielstimmig*, « à plusieurs voix », c'est-à-dire polyphonique.

Vièle (all. et angl. : *Fithele*, *Fiedel*, *Vidill* ; ital. : *viola* ; latin médiéval : *viella*). Violon ancien des XIIIe et XIVe siècles, principal instrument des musiciens de la société lettrée, des abbés aux chevaliers et aux trouvères. Il s'agit du premier instrument à cordes européen auquel il soit fait clairement allusion dans une œuvre musicale écrite (dans le titre d'un motet à trois parties de la fin du XIIIe siècle, *In saeculum viellatoris*, c'est-à-dire, littéralement, motet « pour [ou par] les joueurs de vièle »).

La caisse de l'instrument, ovale ou aux côtés légèrement incurvés, est fabriquée soit d'une seule pièce, soit avec un dos séparé, comme le violon. La table est plate. La position du chevalet varie énormément, apparaissant parfois très bas (comme on peut le voir également sur des reproductions anciennes de violons). Pour la technique instrumentale, le traité écrit à Paris par le moine dominicain Jérôme de Moravie à la fin du XIIIe siècle donne des détails sur l'accord de la vièle et quelques rudiments sur l'instrument. Il donne un accord sur ré^{2}, sol^{1}, sol^{2}, ré^{3}, ré^{3} (en prenant comme point de départ le côté de la corde de sol sur le violon) ; toutefois, il est presque certain que ces notes correspondent au schéma des intervalles et non à la hauteur de son exacte. La première corde de ré^{2} s'appelle *bordunus* (voir *Bourdon*) ; elle fournissait un genre de basse sur une seule note ; une mention marginale de l'époque précise qu'elle était située hors de la touche (comme le montrent clairement les reproductions) et pouvait être jouée soit avec l'archet, soit avec le pouce (voir *Crwth* ; *Lira da braccio*), mais sans créer de discordance avec les autres cordes. Il y avait deux paires de cordes : un jeu d'une octave, sol^{1} et sol^{2}, et un jeu à l'unisson sur ré^{3}, de telle sorte qu'on disposait fondamentalement de trois cordes, comme sur les premiers violons, mais certaines d'entre elles allaient par paire. Pour obtenir une étendue plus large (seule la première position de la main gauche était utilisée), la cinquième corde, ré^{3}, était accordée jusqu'à sol^{3} et le bourdon placé au-dessus de la touche. Cette vièle est souvent représentée munie seulement de trois ou quatre cordes. Plus tard, à la fin du XIVe siècle, la vièle a connu diverses évolutions aboutissant à la fabrication de différents instruments à trois ou quatre cordes de formes si variées (souvent décoratives) qu'il est difficile aujourd'hui pour un facteur d'instruments spécialiste du début de la Renaissance de choisir un modèle parmi ceux que l'on voit sur les tableaux (malheureusement, aucun exemplaire n'a survécu). D'autres questions se posent également ; par exemple, le chevalet est parfois situé sous l'extrémité large du cordier et parfois celui-ci semble lui-même remonter pour servir de chevalet.

Anthony Baines.

Vielle à roue

1. La vielle à roue française
2. Autres vielles à roue européennes
3. Les origines
4. Vielle organisée
5. Répertoire
6. Geigenwerk

La vielle à roue ou chifonie (all. : *Leier*, *Radleier* ; angl. : *hurdy-gurdy* ; ital. : *ghironda*) est un instrument à cordes sur lequel l'archet est remplacé par une roue enduite de colophane (Fig. 1 A). L'instrumentiste la tient sur les genoux ou, s'il en joue debout, suspendue par une courroie. La main droite fait tourner la roue au moyen d'une manivelle (Fig. 1 B). La main gauche repose sur une boîte-clavier (Fig. 1 C) montée au sommet de la caisse de l'instrument, les doigts pliés pour faire monter, en les poussant par-dessous, les touches coulissantes qui dépassent du bord inférieur de la boîte. Chaque touche porte une lame droite en bois qui appuie sur la corde de la mélodie pour produire une note de la gamme ; lorsque cette corde est doublée, il doit y avoir deux lames par touche. En relâchant la touche, elle se détache de la corde par simple gravité, aidée par le rebond qui se produit lorsqu'elle quitte cette corde. La vielle à roue comporte également entre une et quatre autres cordes, qui ne sont pas reliées à des touches et qui produisent un bourdon.

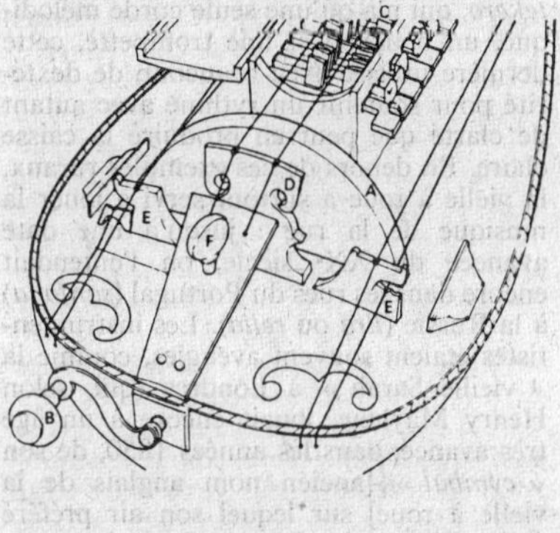

Fig. 1. Vielle à roue, vue d'ensemble de la partie droite de l'instrument.

Instrument populaire autrefois répandu dans toute l'Europe, la vielle à roue subsiste maintenant surtout en France, notamment dans les provinces du Centre, où elle accompagne les danses populaires. D'autres pays l'ont à nouveau adoptée, utilisant en général des modèles français.

1. *La vielle à roue française.* La forme de la caisse ressemble à celle du luth (comme sur la Fig. 1) ou de la guitare. Elle est dépourvue de manche, le chevillier étant directement fixé à la caisse. La roue est en poirier et mesure environ 15 cm de diamètre ; elle est montée sur un axe en fer. Le bord, large de 12,5 mm, dont la surface est légèrement voûtée, est largement enduit de colophane ; elle est surmontée d'un couvercle en sapin qui la protège de la pluie. Les touches fournissent une étendue chromatique allant jusqu'à deux octaves.

Les six cordes sont disposées de la façon indiquée sur la Fig. 2, qui montre où elles passent sur la roue, comme on peut le voir de la manivelle. Juste au-delà de la roue, à cette extrémité, elles reposent sur des chevalets : un long chevalet au milieu (Fig. 1 D) pour les cordes de la mélodie et un chevalet inférieur de chaque côté pour les bourdons (E).

Ex. 1

L'Ex. 1 reproduit l'accord traditionnel (voir également Fig. 2) pour jouer dans la tonalité d'ut (Ex. 1*a*) et celui pour jouer en sol (Ex. 1*b*). Les deux cordes de la mélodie (chanterelles, c) sont accordées sur sol³. Il y a ensuite les bourdons (B et b), la « mouche » (m) et la « trompette » (t), qui joue un rôle particulier décrit plus loin. On peut utiliser des cordes de ré de violon en boyau, mais pour les deux bourdons il faut choisir les cordes les plus graves du violoncelle.

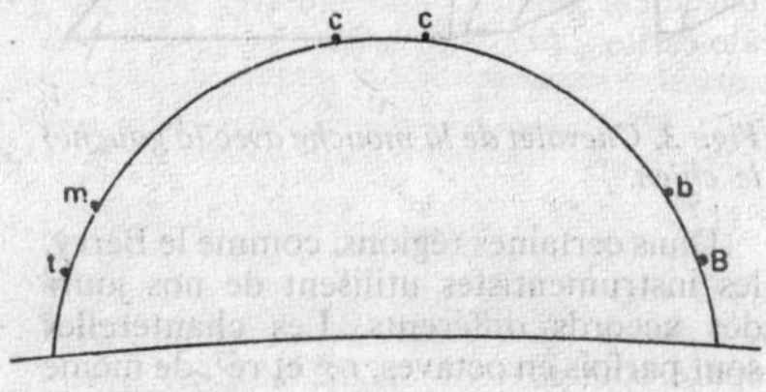

Fig. 2

On n'utilise que trois bourdons à la fois. Lorsque l'on joue en ut, comme c'est généralement le cas en France, on réduit au silence le grand bourdon (B) en le faisant coulisser le long de son chevalet à l'écart de la roue. Pour jouer en sol, on fait taire l'autre bourdon (b) et on remonte l'accord de la trompette à ré³.

L'articulation de la musique – bien que la main gauche puisse faire des articulations variées avec les touches, y compris un *staccato* percussif – s'opère avant tout en interrompant la rotation de la roue, sans l'arrêter réellement, mais en la faisant tourner par à-coups mesurés, ce qui fait également fonctionner la trompette d'une façon spéciale. La corde repose sur un petit chevalet libre appelé le « chien », d'environ 12,5 mm de haut, en forme de chaussure pointue ; la pointe du chien (Fig. 3) repose librement dans une fente pratiquée dans le pied du chevalet de la mouche, qui s'arque au-dessus de lui. Lorsque la rotation de la roue s'accélère brusquement, la trompette vibre vigoureusement de haut en bas et fait osciller le chien sur sa « semelle », qui frappe avec le talon sur une plaque en ivoire insérée dans la caisse à cet endroit. Il en résulte un fort bourdonnement, qui cesse lorsque la roue reprend sa vitesse normale ; ces brefs bourdonnements de la trompette marquent les rythmes. La pression exercée sur le chien est soigneusement réglée par une fine boucle en boyau allant de la corde à une cheville placée verticalement dans le cordier des chanterelles (Fig. 1 F).

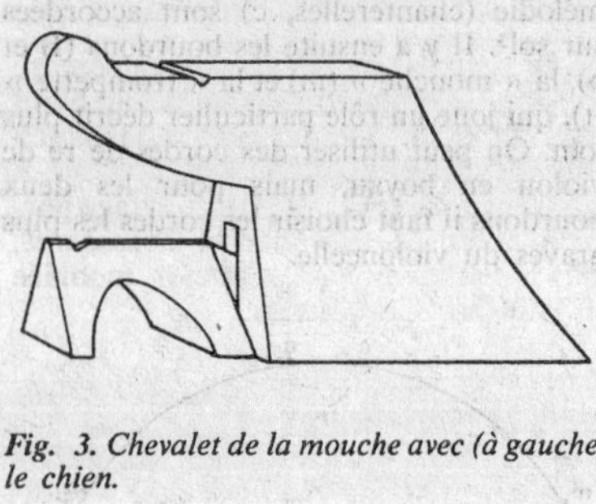

Fig. 3. Chevalet de la mouche avec (à gauche) le chien.

Dans certaines régions, comme le Berry, les instrumentistes utilisent de nos jours des accords différents. Les chanterelles sont parfois en octaves, ré^4 et ré^3, de même que les bourdons, ré^2 et ré^1. L'Ex. 1 reproduit l'accord classique, encore largement utilisé et qui était la règle au XVIIIe siècle lorsque le jeu de la vielle à roue en société connaissait une grande vogue. Un grand nombre de beaux instruments de cette époque ont été restaurés et sont encore utilisés, et de nombreuses méthodes comportant des airs et des duos pour vielle à roue constituent le répertoire classique de base. Certains d'entre eux conviennent également à la musette de la cornemuse (voir *Cornemuse*, 9) ; comme l'ont prouvé les instrumentistes de notre époque, cette dernière se marie très bien avec la vielle à roue. En France, on joue encore souvent ensemble de la vielle à roue et de la cornemuse pour accompagner les danses traditionnelles (voir *Cornemuse*, 3). En outre, la fabrication de la vielle à roue n'a jamais cessé à Paris, à Mirecourt ou dans les autres centres de facture instrumentale importants depuis ces temps anciens.

2. *Autres vielles à roue européennes.* Leur caisse a en général la forme d'une guitare ou d'un violon profond (sans manche séparé). Certaines ont seulement des touches diatoniques. Mozart a écrit une partie pour l'instrument paysan autrichien (*Leier*) dans ses *Danses allemandes K 602* et cet instrument est toujours joué dans le sud-ouest de la Hongrie : c'est le *tekero*, qui n'a qu'une seule corde mélodique, un bourdon et une trompette, cette dernière utilisée avec beaucoup de dextérité pour soutenir un rythme avec autant de clarté que peut en produire la caisse claire. En dehors de ces exemples ruraux, la vielle à roue a surtout servi à jouer la musique de la rue : jusqu'à une date avancée du XXe siècle, on l'entendait encore dans les rues du Portugal (*sanfona*) à la Russie (*lira* ou *relia*). Les instrumentistes étaient souvent aveugles, comme la « vieille Sarah » à Londres (qui, selon Henry Mayhew, jouait encore à un âge très avancé, dans les années 1850, de son « *cymbal* » [ancien nom anglais de la vielle à roue] sur lequel son air préféré était « Haste to the wedding »).

3. *Les origines.* Le premier instrument actionné par une roue, l'« organistrum », a fait son apparition au XIIe siècle : le clavier étant monté sur un manche séparé, c'était un instrument assez grand qui était joué par deux musiciens, le plus jeune tournant la manivelle pendant que l'autre actionnait les touches d'un genre rotatif. Il a naturellement été utilisé par le clergé dans les écoles de chœur, pour la première fois sans doute en Allemagne ; on ne sait pas s'il comportait un bourdon. Cet instrument s'est démodé et, à la fin du XIIIe siècle, est apparu un petit instrument profane, nommé « symphonie », mot qui est devenu ciphonie et chifonie en français, « synfan » en anglais. De forme oblongue et de taille plus réduite, il se composait d'une caisse enfermant complètement la roue, qui ne mesurait que 5 à 7 cm de diamètre. On en a réalisé des reproductions, comprenant un bourdon, dont le son est doux et agréable. Au XIVe siècle, après l'époque de la peste noire, le statut social de l'instrument a

baissé et les formes plus proches de la vielle à roue plus tardive que l'on voit sur les tableaux du XVe siècle sont des instruments populaires ou des instruments de mendiants : dès la fin du XIVe siècle, on pouvait lire sous la plume du poète Deschamps : « Aveugles chifonie aura ».

4. *Vielle organisée* (angl. : *organ hurdy-gurdy*). Ce modèle date du XVIIIe siècle ; il comporte à l'intérieur de la caisse un petit orgue à tuyaux sonnant simultanément avec les cordes, les touches commandant les tuyaux et la manivelle actionnant le soufflet. Mais la *lira organizzata*, pour laquelle Haydn a écrit des nocturnes et un concerto destiné au roi de Naples, était probablement du type *Geigenwerk* (voir § 6), avec plusieurs roues et un clavier classique.

5. *Répertoire*. Le répertoire de la vielle à roue comprend six suites pour deux musettes ou vielles de Boismortier, six « sonatilles galantes » et six « duos galantes » d'Esprit Philippe Chédeville (1696-1762), six concertos pour vielles de Naudot et six sonates pour musette, vielle, etc. dans *Il Pastor fido* de Vivaldi. Certains recueils de musique traditionnelle française conviennent aussi à la vielle, notamment les *Chants et Danses folkloriques du Limousin et du Massif central* de H. Cochinol (? Paris, 1974).

6. *Geigenwerk*. Nom allemand d'un instrument à clavier (qui comporte un clavier complet pour les deux mains) dont les cordes en boyau ou en métal sont mises en vibration par des roues à friction tournant au moyen d'une pédale ou d'une manivelle située à l'extrémité. Le magnifique instrument de 1625 qui se trouve dans la collection de Bruxelles comporte quatre roues de 18 cm de diamètre, les bords sont recouverts de parchemin et la roue des cordes graves tourne moins vite que celle de l'extrémité des aigus. Il semble que Léonard de Vinci ait été le premier à penser à cet instrument, mais les documents les plus anciens mentionnant un *Geigenwerk* de bonne facture en Allemagne datent de 1575 environ ; l'instrument a été vendu à l'Électeur de Saxe. De nombreux types d'instruments lui ont succédé dans tous les pays et sous différents noms jusqu'au début du XXe siècle.

Les violons mécaniques fonctionnent selon le même principe que le *Geigenwerk*, avec quatre petites roues enduites de colophane qui sont amenées contre la corde requise.

Anthony Baines.

BIBLIOGRAPHIE : Eugène de Briqueville, *Notice sur la vielle*, La Flûte de Pan (Paris). Florence Gétreau, *Instrumentistes et luthiers parisiens, XVIIe-XIXe siècles*, ADAC (Paris, 1988). Roland Hollinger, *Les Musiques à bourdons : vielles à roue et cornemuses*, La Flûte de Pan (Paris).

Vie parisienne, La. Opéra bouffe en quatre actes d'Offenbach sur un livret de Meilhac et Halévy dont il existe également une version en cinq actes. Création au Théâtre des Bouffes-Parisiens, à Paris, le 31 octobre 1866.

Vie pour le tsar, Une. Opéra en quatre actes et un épilogue de Glinka sur un livret de G. F. Rosen, Koukolnik et Glazounov d'après une idée de Joukovski. Créé à Saint-Pétersbourg en 1836. L'ouvrage portait d'abord le titre d'*Ivan Soussanine*, qu'il a retrouvé dans la version modifiée en 1926 par Gorodietzki.

Vier (all.) « Quatre » ; *vierfach*, « quadruple » ; *viergesang*, (mélodie, etc.) « à quatre parties » ; *vierhändig*, « à quatre mains » ; *vierhändiges Tonstück*, « morceau arrangé pour être joué à quatre mains ».

Vier ernste Gesänge. Voir *Ernste Gesänger, Vier.*

Vier letzte Lieder (« Quatre Derniers Lieder »). Lieder pour soprano ou ténor et orchestre de Richard Strauss sur des poèmes de Hesse et d'Eichendorff. Composés en 1948, ce sont les dernières œuvres de Strauss ; un cinquième lied est resté inachevé ; le titre du cycle a été donné par l'éditeur. Ils ont été composés dans l'ordre suivant : 1. *Im Abendrot*, 2. *Frühling*, 3. *Beim Schlafengehen*, 4. *September* ; Strauss préférait l'ordre : 3, 4, 2, 1. Ces lieder ont été exécutés pour la première fois à Londres, en 1950, par Kirsten Flagstad et le Philharmonia Orchestra, sous la direction de Furtwängler.

Vierne, Louis (Poitiers, 8 octobre 1870 ; Paris, 2 juin 1937). Organiste et compositeur français. Presque aveugle dès l'âge de sept ans, il étudie l'orgue avec Franck au Conservatoire de Paris. Il poursuit ses études avec Widor, auquel il succède comme organiste à Saint-Sulpice et comme professeur d'orgue au Conservatoire. Il enseigne également à la schola cantorum. En 1900, il est nommé organiste de Notre-Dame, où il mourra dans l'exercice de ses fonctions. Son don d'improvisation est légendaire. Au nombre de ses élèves on peut citer Joseph Bonnet, Marcel Dupré, Maurice Duruflé, Albert Schweitzer et Nadia Boulanger : par leur intermédiaire, Vierne a exercé une influence considérable sur l'orgue français au XXe siècle.

Les œuvres de Vierne sont assez traditionnelles : elles comprennent six symphonies pour orgue (publiées entre 1898 et 1930), *Quatre Suites de pièces de fantaisie* pour orgue (1926-27), deux messes pour orgue, des pièces pour piano, un quatuor à cordes, une symphonie, deux œuvres pour violon et orchestre et le poème symphonique *Les Djinns* (1912). Son frère **René** (1876-1918) était également organiste et compositeur.

Wendy Thompson.

BIBLIOGRAPHIE : H. Doyen, *Mes Leçons d'orgue avec Louis Vierne*, Éd. de Musique sacrée (Paris, 1966). Bernard Gavoty, *Louis Vierne*, Albin Michel (Paris, 1943).

Viertel, Viertel-note (all.). « Quart », « noire » (♩).

Viertelton (all.). « Quart de ton ».

Vierundsechzigstel-note (all.). Quadruple croche (𝅘𝅥𝅲).

Vietnam. Voir *Asie du Sud-Est.*

Vieuxtemps, Henri (Verviers, 17 février 1820 ; Mustapha, près d'Alger, 6 juin 1881). Violoniste et compositeur belge. Il fait ses débuts en public à l'âge de six ans dans le *Concerto pour violon n° 5* de Rode. Un an plus tard, il devient l'élève de Charles de Bériot, qui le présente au public parisien puis l'encourage à entreprendre une tournée en Allemagne, qui remporte un grand succès. Vieuxtemps va aussi aux États-Unis et, entre 1846 et 1851, il enseigne à Saint-Pétersbourg. En 1871, il est nommé professeur au Conservatoire de Bruxelles et directeur des Concerts populaires de cette même ville. Vieuxtemps est l'auteur de six concertos pour violon, de concertinos, de fantaisies et de caprices pour violon et orchestre, et d'une œuvre très populaire, *Rêverie op.22*. Il était l'un des plus grands violonistes du XIXe siècle ; sa sonorité puissante, sa technique sans défaut et son extraordinaire maîtrise de l'archet ont rarement été surpassés. Eugène Ysaÿe a été l'un de ses élèves.

Wendy Thompson.

Vihuela. Instrument à cordes espagnol de la Renaissance. Son nom est l'équivalent espagnol de « viola » (alto), mais alors que, dans la plupart des pays, ce terme désigne un instrument à archet, la « vihuela » est avant tout un instrument à cordes pincées. La forme de la vihuela de la Renaissance ressemble à celle de la guitare, avec six rangs de cordes doubles qui sont accordées à la manière du luth, c'est-à-dire avec la tierce majeure entre le troisième et le quatrième jeu de cordes et non entre le deuxième et le troisième comme sur la guitare. Pendant tout le XVIe siècle, en Espagne, la vihuela a été l'instrument de la cour au même titre que le luth en Italie ou dans d'autres pays ; elle a suscité un vaste répertoire musical noté en tablature. Parmi les premiers recueils de musique pour vihuela, on peut citer ceux de Luis de Milán (1535) et de Fuenllana (1554). On en trouve une description technique chez Bermudo (1555). De nos jours, les guitaristes jouent ce répertoire à partir de la tablature, en accordant la troisième corde un demi-ton plus bas.

On peut situer l'apparition de la vihuela par des tableaux et grâce au seul exemplaire subsistant qui est conservé à Paris, au musée Jacquemart-André. Elle est souvent reproduite en photographie : c'est un grand modèle de vihuela (comme pour le luth, la taille de la vihuela était variable), dont la caisse mesure environ 10 cm de plus que la guitare espagnole actuelle, avec des éclisses moins profondes et cinq petites roses disposées en quinconce au lieu d'une grande rosace.

La vihuela était souvent appelée « vihuela de mano » (« jouée à la main ») pour la distinguer de l'instrument qui en est dérivé, la « vihuela de arco » (« jouée avec un archet »), c'est-à-dire la *viole.

Anthony Baines.

Village Romeo and Juliet, A (« Un Roméo et Juliette de village »). Opéra en trois actes et un prologue de Delius sur un livret allemand (*Romeo und Julia auf dem Dorfe*) de C. F. Keary d'après la nouvelle de Gottfried Keller. Créé à Berlin en 1907. L'« intermezzo » qui précède la scène finale (ajouté à la demande de Beecham pour « meubler » un changement de décor dans la production de Covent Garden de 1910) s'intitule *The Walk to the Paradise Garden*. Fenby a tiré une suite d'orchestre (1948) de la partition de l'opéra.

Villa-Lobos, Heitor (Rio de Janeiro, 5 mars 1887 ; Rio de Janeiro, 17 novembre 1959). Compositeur brésilien. On connaît peu de détails de sa jeunesse, mais il semble qu'après la mort de son père, en 1899, il ait voyagé au Brésil et se soit familiarisé avec la musique traditionnelle de son pays. Il a été « découvert » en 1919 par Arthur Rubinstein, qui a joué sa musique dans le monde entier ; en 1923, le gouvernement brésilien l'a envoyé en Europe. Après un long séjour à Paris, il est retourné au Brésil en 1930. Il a occupé divers postes officiels dans le domaine de l'éducation musicale et a fondé, en 1945, l'Académie de musique brésilienne.

Villa-Lobos a composé énormément de musique de style et d'intérêt divers. Parmi ses plus belles œuvres, on peut citer les douze symphonies et les dix-sept quatuors à cordes, ainsi que les *Chôros* (1920-29) et les *Bachianas brasileiras* (1930-44). Dans ces dernières, il a réussi à opérer une synthèse évocatrice du maniérisme de Bach et de la musique traditionnelle brésilienne ; elles sont écrites pour diverses combinaisons, allant du duo de bois (n° 6) au grand orchestre (n°s 2, 3, 7 et 8) en passant par un ensemble de soprano et de violoncelles (n° 5) ; les seize *Chôros* sont également très variés ; leur titre provient du nom des groupes de musiciens traditionnels brésiliens du début du siècle.

Paul Griffiths.

BIBLIOGRAPHIE : Marcel Beaufils, *Villa-Lobos, musicien et poète du Brésil*, Est-Iheal (Paris, 1967, rééd. 1988). Vasco Mariz, *Villa-Lobos*, Seghers (Paris, 1967). Anna-Stella Schic, *Heitor Villa-Lobos : souvenirs de l'Indien blanc*, Actes Sud (Arles, 1987).

Villancico (esp.). Au XVe siècle, genre poétique et musical espagnol traitant de sujets pastoraux ou amoureux, souvent mis en musique comme chanson à danser. La forme poétique était étroitement liée à celles de la *ballata* italienne et du *virelai français : plusieurs strophes (*coplas*) reliées par un refrain (*estribillo*), chaque *copla* étant divisée en deux sections, *mudanza* et *vuelta*. La plupart des *Cantigas de Santa Maria* d'Alphonse X le Sage (XIIIe siècle), basées sur des sujets religieux, sont néanmoins de *villancicos*. On trouve beaucoup de *villancicos* à trois et quatre parties dans les œuvres des grands chansonniers espagnols des XVe et XVIe siècles, comme le *Cancionero musical de Palacio* (vers 1490-vers 1520) ; certains sont écrits dans un style simple, composés d'accords, d'autres sont contrapuntiques. Il s'agit le plus souvent de chansons d'amour, mais certains ont un thème religieux, destinés à Noël ou à d'autres fêtes. Parmi les premiers compositeurs de *villancicos*, le plus important est Juan del Encina, qui les écrivait pour les petits dialogues et pastorales dont il divertissait ses employeurs.

Après 1500, le *villancico* a évolué dans deux directions différentes : comme chant solo avec accompagnement de vihuela, chez des compositeurs tels que Luis de Milán, Miguel de Fuenllana et Alonso Mudarra, et comme chanson à plusieurs voix, sans accompagnement, genre cultivé notamment par Morales. Dès le milieu du XVIe siècle, le *villancico* avait absorbé divers éléments du madrigal italien, mais, à la fin du siècle, le *villancico* sacré a commencé à prédominer.

Le *villancico* du XVIIe siècle est devenu une œuvre d'envergure ressemblant à la cantate : l'*estribillo* a pris alors la forme d'un mouvement choral élaboré avec accompagnement instrumental, alors que les *coplas* se sont transformées en courts chants solo accompagnés à l'orgue. Parmi les grands compositeurs qui ont écrit ce type de *villancico* figurent José de Nebra, Cabanilles et Sebastián Durón, qui a été critiqué par le théoricien Benito Feijóo pour avoir introduit des instruments comme les violons ainsi que des airs lyriques dans la musique sacrée. En fait, au début du XVIIIe siècle, le *villancico* sacré était devenu tellement profane qu'il a perdu toute attache religieuse et la forme s'est éteinte.

Le *villancico* de l'ère baroque a été cultivé en Amérique latine, surtout à

Mexico. Les œuvres ainsi conçues ressemblaient à la cantate, avec des airs et des chœurs ; elles ont rapidement incorporé des chansons traditionnelles et développé d'autres formes stylisées comme l'*aguinaldo* et l'*adoración*.

Villanella (ital. ; fr. : villanelle). Également connue sous la dénomination *villanesca alla napolitana, canzon napolitana* et sous bien d'autres appellations, la *villanella* est apparue vers 1535 sous la forme d'un chant à trois voix sur des textes populaires et dialectaux napolitains. Sur le plan musical, elle se caractérisait par l'emploi antiacadémique de quintes parallèles, tournant volontairement en ridicule l'harmonie élégante du madrigal. Les principaux compositeurs de cette forme de *villanella* sont G. T. di Maio et G. D. da Nola. Vers 1545, le genre a atteint l'Italie du Nord, où des compositeurs comme Willaert et Donato ont illustré le dialecte vénitien d'une musique plus respectable en supprimant les quintes parallèles et le contenu satirique, tout en conservant des rythmes animés et une étroite relation avec la danse. Lassus est le plus grand compositeur de cette veine ; il a écrit des *villanelle* parfois grivoises, mais toujours spirituelles. A partir de 1570 environ, sous la plume de compositeurs comme Ferretti, Marenzio et de Wert, la *villanella* est devenue encore plus respectable, abandonnant à la fois l'usage du dialecte et la vulgarité et devenant presque un madrigal à échelle réduite avec sa structure distinctive (AABCC).

Sous cette forme, la *villanella* s'est rendue populaire en Allemagne et en Angleterre. Morley a été l'un de ses meilleurs défenseurs et l'a décrite dans *Plaine and Easie Introduction to Practicall Musicke* (1597) comme « une contrefaçon du madrigal, où l'art s'exprime peu, puisqu'elle est constituée d'accords, tous répétés à l'exception de celui du milieu ».

La *villanella* a cédé la place à l'aria au début du XVIIe siècle, quoique, plus récemment, le terme ait encore été employé de façon plus générale pour évoquer une époque révolue, comme dans la célèbre *Villanelle* de Fauré.

Denis Arnold.

Villotta (ital.). Forme de musique vocale populaire, proche de la **villanella* ; florissante entre 1520 et 1540. La *villotta* utilisait souvent des chansons traditionnelles arrangées à trois ou quatre voix et mettait en musique une poésie assez rudimentaire dans les dialectes de Naples, Venise, Bergame ou Mantoue. Elle semble avoir été liée à des danses et comportait souvent un refrain ce qui en fait le prédécesseur immédiat du **balletto*.

Denis Arnold.

Vinâ. Instrument à cordes de la musique classique indienne. De nos jours, deux types principaux coexistent : la vinâ du Nord et celle du Sud. La vinâ du Nord, la plus ancienne, se compose d'un large tube de bambou ou manche mesurant environ 90 cm de long auquel sont fixées, à proximité de chaque extrémité, deux grosses calebasses ou des courges séchées, d'environ 40 cm de diamètre et ouvertes sur le dessous. La calebasse située en haut du manche repose au-dessus de l'épaule gauche de l'instrumentiste, l'autre sur son genou droit. Le long du manche sont fixées vingt-deux touchettes en métal, la première mesurant plus de 2,5 cm de long. Ces touchettes et le large chevalet incurvé ressemblent à ceux du *sitâr, qui les a empruntés à la vinâ. La disposition des cordes en acier et en cuivre est identique, mais leur ordre est inversé. Les quatre principales cordes ont un accord type : fa^{3}, do^{3}, sol^{2}, do^{2} (en prenant do pour tonique), la première, qui est la principale corde mélodique, se trouvant à la droite de l'instrumentiste. Elles sont mises en vibration par le pouce et l'index de la main droite, munis de plectres en acier. Le *meend* (qui consiste à tirer la corde latéralement sur une touchette pour élever la note) s'effectue vers la gauche, comme sur le sitâr. Des trois cordes à vide *chikari*, doucement frappées dans l'accompagnement, la plus aiguë est placée à gauche et frappée avec le petit doigt de la main gauche ; les deux autres, de l'autre côté, sont frappées vers le haut avec l'ongle du petit doigt de la main droite : elles sont accordées sur do^{3} et do^{4}, mais la corde aiguë varie (mi^{3}, la^{2}), selon le *râga*. L'instrument peut aussi être pourvu de neuf cordes sympathiques (voir *Instruments à cordes*, 6) passant sous les touchettes et accordées par des chevilles situées sur un côté de l'instrument.

Dans l'organologie occidentale, la vinâ est classée parmi les cithares, n'ayant ni manche séparé, ni caisse intégrée et étant de toute évidence dérivée (elle a fait son apparition au cours des premiers siècles avant Jésus-Christ) de l'instrument populaire à une seule corde qui existe toujours sous le nom de *toila* (voir *Organologie*).

La vinâ du Sud ressemble davantage au *sitâr*, avec sa large caisse de résonance hémisphérique en bois, ses trois cordes *chikari* situées d'un même côté et ses différents accords.

Voir également *Inde*, 3*a*.

Anthony Baines.

Vinci, Leonardo (Strongoli, Calabre, vers 1690 ; Naples, 27-28 mai 1730). Compositeur d'opéras italien. Il fait ses études à Naples, au Conservatorio dei Poveri di Gesù Cristo, devient *maestro di cappella* d'un membre de la noblesse napolitaine et, en 1725, *pro-vicemaestro* de la chapelle royale. A partir de 1722 environ, il reçoit régulièrement commande de trois opéras par an, parfois davantage. Certains sont des comédies séduisantes en dialecte napolitain, d'autres des *opere serie*, mettant souvent en musique des livrets de Métastase. Vinci est l'un des premiers compositeurs à avoir ajouté des éléments sérieux à l'opéra-comique, ses airs plus longs et le traitement plus subtil de l'orchestre ouvrant une voie qui devait conduire à Mozart ; ses lignes mélodiques ornementales sur des accompagnements harmoniques simples donnent à ses arias un parfum « galant ». Parmi ses adeptes, on peut citer Pergolèse et Hasse. De nos jours, son opéra le plus connu est sans doute *Didone abbandonata* (créé à Rome en 1726), son premier *opera seria* sur un livret de Métastase.

Denis Arnold.

Viñes, Ricardo (Lérida, 5 février 1875 ; Barcelone, 29 avril 1943). Pianiste espagnol. Il fait ses études à Barcelone avant de s'installer à Paris en 1887. Il se lie d'amitié avec ses compatriotes Granados et Albéniz, mais également avec les compositeurs français les plus éminents de l'époque, notamment Ravel et Debussy. Il se lie également avec des peintres, des écrivains et des intellectuels comme Colette, Cocteau, Max Jacob et Picasso. Viñes a créé beaucoup d'œuvres de musique française pour piano, notamment *Pour le piano, Estampes, l'Isle joyeuse* et *Images* de Debussy, *Pavane pour une infante défunte, Jeux d'eau, Miroirs* et *Gaspard de la nuit* de Ravel. Falla lui a dédié les *Nuits dans les jardins d'Espagne.* Il s'est aussi spécialisé dans la musique russe et a donné la première française des *Tableaux d'une exposition* de Moussorgski.

Wendy Thompson. rév. Amain Pâris.

Vingt-Quatre Violons du roi. Nom donné à un ensemble d'élite de vingt-quatre instruments à cordes de la famille du violon au service de la cour de France aux XVIIe et XVIIIe siècles. Il a été officiellement reconnu par Louis XIII en 1626 et était souvent surnommé la Grande Bande. Renforcés par douze instruments à vent, les Vingt-Quatre Violons pouvaient prétendre être le premier orchestre permanent en Europe. Selon la coutume française, il y avait cinq parties de cordes : « dessus » (six premiers violons) ; « haut-contre », « taille » et « quinte » (les trois parties médianes ; quatre violons pour chacune) et « basse » (six violons basses). En 1656, Lully a fondé un ensemble encore plus élitiste comprenant seize instrumentistes à cordes, la Petite Bande.

Vingt Regards sur l'Enfant-Jésus. Voir *Regards sur l'Enfant-Jésus.*

Vin herbé, Le. Oratorio profane de Frank Martin sur un texte de Joseph Bédier (*Tristan et Yseut*) pour douze voix solistes, deux violons, deux altos, deux violoncelles, contrebasse et piano (1938-41). Créé à Zurich en 1942.

Viola (angl., ital.). * « Alto ».

Viola d'amore. Voir *Viole d'amour.*

Viola da braccio, viola da gamba (ital., « viole de bras », « viole de gambe »). Termes qui ont fait leur apparition en Italie au XVIe siècle pour établir une distinction entre la famille du violon (*da braccio*) et celle des violes (*da gamba*). Si les musiciens savaient que le violon basse (plus tard le violoncelle) ne se jouait pas sur le bras et que certains instrumentistes tenaient la plus petite viole vers le haut, comme un violon, une certaine confusion régnait cependant dans les esprits non avertis, que cette distinction permettait de dissiper. Dans chaque groupe, les instruments étaient définis comme *soprano, tenore, basso* et parfois *sottobasso* (« sous » ou contrebasse). Lorsque le nom « violino » a été accepté pour le « soprano di viole da braccio », le nom de la famille s'est identifié à l'alto (*viola*). Après le XVIIe siècle, lorsque l'ensemble de violes a commencé à disparaître, l'expression « viola da gamba » a désigné spécifiquement la basse de viole.

Anthony Baines.

Viola pomposa. Nom du début du XVIIIe siècle rencontré en Allemagne et désignant apparemment deux genres d'instruments à cinq cordes. L'un (le plus gros) ressemblait à un grand alto avec des éclisses profondes (au moins 6 cm de hauteur sur un modèle de Hoffmann, Leipzig 1720) et, à l'aide de cordes filées, il était accordé comme le violoncelle, plus une corde de mi[3]. On a cru, à tort, que cet instrument avait été inventé par Bach (comparer au violoncelle piccolo décrit dans l'article *Violoncelle, 6b*). L'autre instrument (plus petit) ressemblait à un petit alto, accordé comme l'alto, plus une corde de mi[4] (donc à l'octave supérieure du premier instrument) ; également appelé *violino pomposo*, on trouve une partie écrite à son intention dans deux œuvres de Telemann et dans une œuvre de J. C. Graun ; dans chaque cas, il est assorti d'une flûte. Aucun modèle de ce dernier type ne semble avoir survécu.

Anthony Baines.

Viol de Lucrèce, Le (*The Rape of Lucretia*). Opéra en deux actes de Britten sur un livret de Ronald Duncan, d'après la pièce d'André Obey, *Le Viol de Lucrèce* (1931), elle-même inspirée du poème de Shakespeare *The Rape of Lucrece* (1594) et de l'histoire de Tite-Live *Ab urbe condita libri*, I, 57-59 (vers 26 av. J.-C.-17 ap. J.-C.). Représentations : Glyndebourne (12 juillet 1946) ; Chicago (1er juin 1947) ; Mulhouse (4 avril 1948). Un chœur d'hommes et un chœur de femmes commentent l'action et tirent finalement une morale de cet ouvrage, qui raconte l'histoire de Tarquin le Superbe (bar.). Celui-ci quitte le camp à cheval, où l'on vient d'apprendre l'infidélité des femmes romaines, pour aller s'attaquer à la vertu de la seule qui ait résisté, Lucrèce (mezzo), femme de Collatinus (basse), alors absent. Tarquin demande l'hospitalité, puis entre dans la chambre de Lucrèce et la viole. Incapable de porter le fardeau de sa honte, lorsque son mari rentre, le lendemain, elle se tue en sa présence.

Viole

1. Description
2. Cordes et accord
3. Histoire
4. « Division viol » et « lyra viol »
5. Autres musiques pour viole

La viole (all. : *Gamba*, pluriel *Gamben* ; angl. : *viol* ; ital. : *viola da gamba*) est un instrument à archet de la Renaissance et de l'ère baroque muni de six cordes et des sept frettes en boyau entourant le manche. Elle possède un vaste répertoire solo très varié, mais tire surtout sa fierté de la musique composée en Angleterre pour la famille des violes (dessus ou soprano, ténor et basse) entre le règne d'Élisabeth Ire et la Restauration et qui constitue sans doute le corpus le plus important de musique de chambre purement instrumentale antérieure au XVIIIe siècle. Rares sont les instruments qui conviennent aussi parfaitement à la pratique de la musique à la maison, car, avec les frettes, il doit être facile de jouer juste ; et si l'on est capable de jouer d'une viole, il devient aussi simple de jouer des autres, toutes étant tenues vers le bas, la plus petite sur les jambes (« da gamba ») et la basse de viole entre les genoux ; elles font toutes appel aux mêmes doigtés et à la même tenue d'archet – contrairement, par exemple, au violon et au violoncelle, pour lesquels les doigtés sont totalement différents.

1. *Description.* Les violes diffèrent sensiblement des instruments de la famille du violon, chacun ayant été conçu à des fins musicales spécifiques. Parmi les éléments qui les différencient, on remarque d'emblée le manche plus large de la viole qui peut recevoir les six cordes et la longueur proportionnellement plus grande du manche, qui donne beaucoup de place pour la fixation de la septième frette (un tiers de la distance du sillet au chevalet). On remarque aussi les « épaules » tombantes de la caisse à partir du manche ; le dos de la viole est plat, incurvé vers l'intérieur à proximité du manche, et les éclisses sont profondes, deux fois plus profondes sur le dessus de viole que sur le violon. La construction de la caisse est généralement assez légère ; la table et le dos ne débordent pas sur les éclisses comme sur

le violon ; la viole ne possède pas de coins saillants à la courbe de l'échancrure, de telle sorte que sa ligne est plus simple. Néanmoins, le filet d'ornement ou les incrustations peuvent être très ornés ; des dessins en treillis entrelacés décorent souvent les éclisses et le dos de l'instrument, et un dessin floral la table. Le renforcement interne de la caisse est généralement allégé, les cordes étant assez fines et peu tendues. Pour toutes ces raisons, le son de la viole est moins puissant et plus nasal que celui des instruments de la famille du violon. L'une des caractéristiques des violes est de mêler harmonieusement leurs sonorités lorsqu'elles jouent en ensemble.

Parmi les autres détails qui caractérisent la viole, on peut citer le cordier accroché à un montant en bois à la base de la caisse ; les ouïes adoptent généralement la forme d'un C et la tête du long chevillier est souvent ornée, sculptée d'une tête de femme ou d'animal, au lieu de la volute ; ou bien la volute peut prendre la forme magnifique d'une coquille ouverte, sculptée directement d'un côté à l'autre.

2. *Cordes et accord*. L'accord des cordes est extrêmement différent de celui des violons. Cet accord (Ex. 1) reprend celui du luth de la Renaissance. Quoique les petites violes aient rarement besoin de jouer sur les cordes graves, ces dernières peuvent apporter une résonance sympathique. Autrefois, les cordes étaient habituellement en boyau, les trois plus graves étant filées, mais de nos jours elles sont en perlon ou bien à cœur d'acier. L'archet est légèrement incurvé vers l'extérieur et on le tient paume vers le haut, incliné, la baguette proche du chevalet. Le majeur est placé entre la baguette et la mèche en mettant l'annulaire sous la mèche afin de produire de subtiles différences de tension de la mèche lorsque le poignet fléchit à chaque coup d'archet. Le coup d'archet le plus vigoureux est le poussé, contrairement au violon où c'est le tiré.

La taille des violes originales varie considérablement. Aujourd'hui, le dessus de viole possède une caisse d'environ 40 cm de long (Arnold Dolmetsch, qui a fait revivre le *viol consort* en Angleterre, jouait de cet instrument). La caisse de la basse de viole est deux fois plus longue que celle du dessus de viole, environ 75 cm. Le ténor (ou « taille de viole ») varie davantage (autrefois, cet instrument était parfois accordé un ton plus haut que sur l'Ex. 1), mais sa caisse mesure en moyenne 50 cm.

La plupart des violes anciennes dont on joue de nos jours ont réussi à survivre parce qu'elles ont été converties, à une époque ou à une autre, en altos ou en violoncelles. Comme on a continué à les utiliser, elles ont échappé aux ravages des vers. Elles ont maintenant retrouvé leur forme originale ; en outre, il y a une forte demande d'instruments neufs et ils sont tous fabriqués à la main.

3. *Histoire*. (*a*) *Origines*. En Espagne, à la cour d'Aragon, à la fin du XVe siècle, des musiciens auraient cherché à utiliser un archet sur la *vihuela, instrument qui ressemble à la guitare, à cordes généralement pincées, mais accordé comme le luth. Avec un chevalet plat comme en possédait cet instrument (on le voit sur certains tableaux de l'époque), l'effet produit reste un mystère. Mais l'idée a fait son chemin et est arrivée dans les cours de l'Italie du Nord, où la véritable viole a certainement fait son apparition pendant les toutes dernières années du XVe siècle. L'un des premiers noms qui lui a été attribué est « viola grande », ou, à la manière espagnole, « viola da arco » (expression inspirée de « vihuela de arco »). En 1502, des musiciens de la cour d'Este, à Ferrare, jouaient ensemble de six instruments de ce type. De l'Italie, ces instruments ont atteint l'Allemagne et la France, puis, sous les auspices d'Henri VIII, l'Angleterre, les instrumentistes venant d'Italie ; l'un des inventaires d'Henri VIII comprend

Ex. 1

« XIX Vialles great and small with III cases of wood covered with black leather » (« dix-neuf violes, grandes et petites, avec trois boîtes de bois couvertes de cuir noir »).

(*b*) *Violes italiennes anciennes.* Presque toutes les violes très anciennes qui ont survécu sont italiennes, datant des environs de 1560 ou juste après. Leurs formes varient : certaines ressemblent à des guitares à caisse profonde, très allongées et se rétrécissant aux abords du manche ; d'autres ont l'apparence de violes, même si elles n'ont pas tout à fait la forme classique : les plus beaux modèles sont vénitiens ; ils ont été fabriqués par les familles Linarol et Ciciliano. Ces dernières années, on a fait beaucoup de recherches pour reconstituer les tendances technologiques anciennes et leurs transformations : alors que la courbure de la table était jusque-là réalisée en cintrant une planche, elle s'obtient de plus en plus à partir d'une planche entièrement taillée ; pour le revêtement intérieur latéral, les bandes de bois viennent remplacer la toile ou le parchemin ; enfin, on passe progressivement du soutien de la table par des barres transversales, comme sur la guitare, au principe de la barre et de l'âme à la fin du siècle ou un peu plus tard. D'autres questions subsistent à propos des accords anciens. Deux des premières descriptions, l'une de Ganassi à Venise (1543) et l'autre de Gerle à Nuremberg (1532), indiquent que les instrumentistes pouvaient utiliser cinq cordes, et non six (selon les accords actuels, moins la première corde), ou adopter un accord à la quarte inférieure en négligeant la corde du bas. Ganassi fait aussi référence au diapason. Les facteurs ont construit les instruments sans tailles standards qui permettent d'uniformiser l'accord ; si le dessus de viole et la taille de viole (le ténor) étaient de format assez important, ce qui requérait un accord plus grave, il pouvait être nécessaire (dit-il) d'adapter la basse de viole sur leur accord en abaissant le chevalet pour allonger la longueur des cordes ou de choisir des cordes plus épaisses (méthodes dont on n'avait encore jamais entendu parler) ; ou, si les dessus de viole étaient trop petits, il fallait inverser le processus.

(*c*) *Les ensembles de violes.* En Europe, les ensembles de violes puisaient leur musique dans des parties de musique vocale ou de musique de danse. Ganassi, se référant à la musique vocale, souligne comment les instrumentistes devaient traduire le sens du texte par la force des coups d'archet renforcée par des mouvements appropriés de la tête et des expressions du regard ; de nos jours, certains bons instrumentistes en font de même, sans doute inconsciemment.

L'Angleterre a fait exception à cette pratique avec des compositions élaborées écrites spécifiquement pour les violes, tout d'abord dans des œuvres du type de l'**In nomine* construites sur le *cantus firmus* de ce nom. Vinrent s'y ajouter des fantaisies et des pavanes à trois, quatre, cinq, six et sept parties composées notamment par Tye, Byrd, Tomkins, Coprario, Gibbons, Jenkins, William Laws et Locke. Ces œuvres n'ont pas été imprimées, la demande relative à cette musique sensible et élaborée ayant été certainement trop limitée pour justifier des éditions imprimées.

Un *chest of viols* (nom donné à une famille complète de violes) comprenait deux dessus de viole (soprano), deux tailles de viole (ténors) et deux basses de viole, instruments que fabriquaient de grands facteurs londoniens comme John Rose, jusqu'en 1600, Henry Jaye, qui a travaillé au moins jusqu'en 1660, et Henry Smith. L'une des violes de Rose, une « consort-bass » qui a survécu, possède le profil festonné (dentelé) qui est devenu la prédilection de certains facteurs allemands. La tradition londonienne de la facture de violes a pris fin avec Barak Norman (mort en 1740), qui a également construit des violons et des violoncelles ; ses violes magnifiques (comme celles fabriquées en Europe à la même époque) font preuve d'une perfection de style que l'on retrouve davantage sur les violes modernes que sur les modèles plus libres et plus robustes de Rose et de Jaye.

4. *« Division viol » et « lyra viol »*. La basse de viole avait déjà acquis une certaine importance au XVIe siècle pour jouer la partie de basse dans divers ensembles d'autres instruments et de voix, ou avec la voix et le luth seuls, pour lesquels la musique était publiée. On en trouve un exemple dans le *Booke of Ayres... to be song to the Lute, Orpharion, and Base Violl* (1601), la partie de viole étant imprimée à l'envers en haut de chaque page pour permettre à l'instrumen-

tiste se tenant de l'autre côté de la table de la lire.

Un autre domaine de la basse de viole est l'art de jouer des *divisions* – variations improvisées (ou apprises dans un livre) sur une basse donnée et auxquelles on avait déjà accordé beaucoup d'attention dans des œuvres antérieures sur la viole, comme le *Tratado de glosas* (Rome, 1553) d'Ortiz. Au lieu de la grande basse de viole du « chest », on préférait un instrument plus petit pour jouer ces improvisations, appelé au XVIIe siècle en Angleterre « division viol », ainsi nommé dans le titre d'un ouvrage important de Christopher Simpson qui traite de ce sujet, *The Division Violist* (1659). L'instrumentiste peut commencer par jouer des passages rapides de notes et des figures élaborées, puis jouer un déchant sur les cordes aiguës et finalement concilier les deux presque simultanément, avec de grands sauts, tout en conservant une unité artistique à l'ensemble de l'exécution.

Pour jouer en solo, on utilisait aussi les tablatures, en faisant appel à des accords spéciaux qui, bien que différents de l'accord courant, étaient faciles à lire à partir de la tablature (voir *Tablature*, 1). On avait alors également recours à une basse de viole de petites dimensions. En Italie et en Allemagne, à partir de 1580, l'expression « viola bastarda » désignait cet instrument, la musique se résumant essentiellement à des *divisions* (ornements sur une basse obstinée) sur les différentes parties successives d'une œuvre connue. D'autre part, les Anglais, dès les premières années du XVIIe siècle (comme dans les *Ayres* de 1605 de Hume et dans les *Lessons* de 1609 de Ferrabosco), parlaient de jouer de la viole à la façon de la lyre (« of playing the viol "lyra way" ») et, dès le milieu du XVIIe siècle, le terme « lyra viol » a parfois désigné un instrument dont la taille se situait entre la basse et le ténor – même si, comme il était joué seul, l'instrument pouvait avoir n'importe quelle taille et adopter des accords définis par rapport à n'importe quelle hauteur de

Ex. 2. Extrait du Narcissus Marsh's Lyra Viol Book *(vers 1660).*

son en son réel. Les tablatures anglaises diffèrent énormément des tablatures européennes ; elles comportent beaucoup d'accords (Ex. 2), la pratique occasionnelle de la corde pincée et jusqu'à vingt-deux accords différents, essentiellement pour amener les cordes à vide sur les notes principales de la tonalité de la musique, afin qu'elles vibrent en sympathie lorsqu'elles ne sont pas touchées par l'archet. Deux exemples de ces accords sont reproduits dans l'Ex. 3 : (*a*) « L'accord de Bandora » et (*b*) le « Harp way sharp », ce dernier étant celui qui convient à l'Ex. 2.

Musicke's Recreation (1661) de Playford nous apprend qu'à l'origine (vers 1600) la « lyra viol » était une viole munie de cordes métalliques sympathiques (voir *Instruments à cordes*, 6) ; une viole munie de douze cordes de ce type a survécu : celle de Francis Baker, datant de 1697 ; elle est conservée à Bruxelles (voir également *Viola d'amore*).

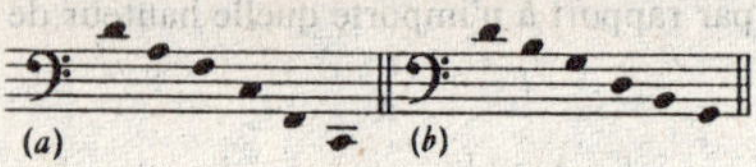

Ex. 3

5. *Autres musiques pour viole.* Au XVIIe siècle, les compositeurs anglais de musique pour viole ont également écrit des fantaisies et des suites pour violon avec basse de viole, avec continuo à l'orgue ou au virginal. Les Allemands, notamment Buxtehude, ont composé des sonates. La basse de viole a été également beaucoup employée comme instrument de continuo soliste, notamment en France par Lully. Marin Marais (1656-1728), élève de Lully, est devenu l'un des plus grands solistes de la viole. Il a composé d'innombrables « pièces de viole » pour une, deux ou trois basses de viole avec continuo ; l'une de ses pièces solistes exprime de façon amusante les appréhensions et les douleurs intenses que l'on ressent lors d'une opération de la goutte, avec un commentaire écrit sous la musique : de courts extraits sont reproduits dans l'Ex. 4. Pour ce répertoire, on ajoutait souvent en France une septième corde, accordée sur le la grave. Louis et François Couperin ont aussi écrit des pièces de viole et il existe trois sonates pour basse de viole (viola da gamba) de Bach.

A cette époque, le divertissement en vogue auprès des dames de la cour de France consistait à jouer de la viole de gambe, particulièrement du nouveau « pardessus de viole » à six cordes (dont

Ex. 4

la caisse mesure environ 30 cm de long), accordé à la quarte supérieure et dépourvu de la corde du bas : cet instrument a surtout été fabriqué par le facteur parisien Guerson. Un autre instrument français, le « quinton » à cinq cordes, était un genre d'hybride du violon.

La basse de viole a ensuite continué à jouir d'une certaine popularité. Le célèbre instrumentiste et compositeur Abel a donné son dernier concert à Londres peu avant de mourir et a été enterré avec sa viole. A partir de cette date, on peut vraiment dire que la viole est restée enterrée jusqu'à ce qu'un regain d'intérêt la fasse revivre à la fin du XIXe siècle.

Francis Baines/Anthony Baines.

BIBLIOGRAPHIE : Florence Gétreau, *Instrumentistes et Luthiers parisiens, XVIIe-XIXe siècles*, ADAC (Paris, 1988). Pierre Jaquier et Jean-Louis Charbonnier, *L'Art de jouer la basse de viole*, Heugel (Paris, 1987). Jean Rousseau, *Traité de la viole* (Paris, 1987).

Viole d'amour (ital. : *viola d'amore*). Instrument du XVIIIe siècle construit par les meilleurs luthiers, essentiellement en Allemagne, pour des musiciens désireux de jouer des solos ou quelque chose qui sorte de l'ordinaire. S'il n'a plus une grande importance musicale, cet instrument est aujourd'hui prisé des collectionneurs. La viole d'amour a à peu près la même taille que l'alto ; elle a souvent une silhouette et des ouïes ondulées et se joue sur le bras, sans frettes. Elle est munie de six ou sept cordes généralement accordées sur un accord parfait comme ré majeur (ou ré mineur, comme dans le *Concerto pour viole d'amour* de Vivaldi) pour faciliter le jeu des accords dans la tonalité du morceau. Sous ces cordes sont tendues un nombre égal de cordes sympathiques (voir *Instruments à cordes*, 6) qui passent sous la touche et sont accordées selon les désirs de l'instrumentiste.

Le compositeur Attilio Ariosti a publié un volume de pièces pour viole d'amour à Londres, en 1728. Certains pensent néanmoins qu'elles s'adressent probablement à un instrument légèrement plus ancien du même nom, apparemment un genre de violon à cinq cordes – quatre en métal et une en boyau – également accordées sur un accord parfait. Aucun instrument correspondant à cette description n'a survécu, mais un exemplaire postérieur le rappelle : la viole « cistre » (ou « sultana ») du luthier de Dublin Thomas Perry, datant de 1760 environ, munie de six cordes métalliques également accordées sur un accord parfait (comparer à la « lyra-viol » du siècle précédent – voir *Viole*, 4*b* – et également à la guitare anglaise ; voir *Cistre*, 6). Cet instrument a été éclipsé par la véritable viole d'amour qui, selon Leopold Mozart, produisait un son particulièrement charmant dans le calme de la soirée. Berlioz a loué l'effet produit à l'acte III des *Huguenots*, où Meyerbeer a écrit une partie de viole d'amour, alors jouée par Chrétien Urham (voir *Alto*, 4*b*). La partition de *Madame Butterfly* comporte une partie de viole d'amour en coulisse à la fin de l'acte II ; elle joue la longue mélodie à l'unisson des voix cachées.

Anthony Baines.

Viole de gambe. Voir *Viola da braccio, viola da gamba.*

Violettes impériales. Opérette de Vincent Scotto créée à Paris en 1948.

Violon

1. Description
2. Mécanisme
3. Forme
4. Luthiers
5. Jeu du violon
6. Histoire
7. Répertoire
8. Quelques variantes du violon

1. *Description*. Le violon (all. : *Violine, Geige* ; angl. : *violin*, en anglais le nom familier « fiddle » est souvent employé par les violonistes et les connaisseurs lorsqu'ils parlent de l'instrument ; ital. : *violino*) s'est imposé depuis quatre siècles dans presque tous les domaines, de la musique soliste et de la musique de chambre à la musique de danse traditionnelle. En dehors de ses remarquables qualités d'instrument soliste, il possède la rare faculté de pouvoir être associé à un grand nombre de ses semblables pour produire des sons tout aussi captivants, phénomène sans lequel l'orchestre n'aurait jamais vu le jour. Toutefois, bien qu'il s'agisse d'un instrument très familier, le violon reste, dans une certaine mesure, une énigme sur le plan acoustique. Personne ne comprend vraiment son fonctionnement exact ; il conservera peut-être éter-

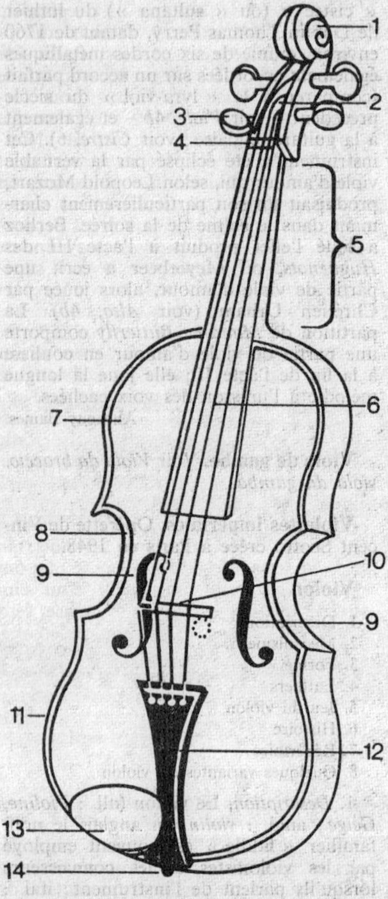

1. Volute. 2. Chevillier. 3. Chevilles. 4. Sillet. 5. Manche. 6. Touche. 7. Table. 8. Échancrure. 9. Ouïes. 10. Chevalet. 11. Filets. 12. Cordier. 13. Mentonnière. 14. Bouton.

nellement son mystère, merveille de l'art du sculpteur sur bois.

Son essence est une caisse de résonance bombée, de 35 cm de long, qui convertit la vibration de la corde engendrée par l'archet en un son de violon par l'intermédiaire d'un chevalet. La caisse est donc de construction légère, mais suffisamment solide pour supporter la tension des quatre cordes (aujourd'hui environ 8 kg). Comme sur la plupart des autres instruments à cordes, le devant de l'instrument, ou « table », se compose de deux morceaux d'épicéa assemblés ; pour le violon, ces morceaux proviennent d'une seule pièce de bois épaisse, taillée dans l'arbre de façon que le grain corresponde exactement des deux côtés. Une fois le galbe obtenu (au canif et au rabot), l'épaisseur de la table est d'environ 3 mm en son milieu ; elle diminue vers les éclisses. Le fond de l'instrument (ou table de dessous) est taillé dans de l'érable ; il se compose de deux morceaux assemblés de la même façon ou parfois d'un seul morceau (ce qui peut être beau mais n'augmente pas nécessairement la valeur de l'instrument). La table et le fond sont réunis par des éclisses minces, en érable, incurvées à la chaleur, et formées autour d'un moule en bois (plusieurs moules de ce genre destinés au montage des violons, des altos et des violoncelles ont été conservés ; ils proviennent des ateliers des grands luthiers italiens, notamment de celui de Stradivari ; voir § 4). La solidité de l'ensemble est assurée par des tasseaux situés en haut et en bas à l'intérieur de l'instrument (voir *Instruments à cordes*, 2), par quatre « coins » (petits morceaux de sapin situés aux quatre coins) et par des bandes étroites ou contre-éclisses sur lesquelles sont collés la table et le fond de l'instrument et qui renforcent les éclisses.

Le manche et la volute (en forme de volute ionienne) sont taillés dans de l'érable, le manche étant mortaisé (ou autrefois cloué) au tasseau supérieur. Le petit demi-cercle à la base du manche, visible de l'arrière, est le « talon ». De nos jours, la touche, le cordier et les chevilles sont généralement en ébène. Le cordier est réuni au bouton situé à la base de l'instrument par une corde d'attache en boyau noir. Le chevalet, en érable, est placé entre les crans des ouïes et présente une face inclinée, légèrement incurvée du côté de la touche, mais perpendiculaire du côté du cordier. Les instructions relatives au jeu du violon font souvent référence à la touche et au chevalet (« sur la touche » etc. ; voir § 5*c*) ; il est donc utile de connaître leur nom dans d'autres langues ; touche, all. : *Griffbrett*, angl. : *fingerboard*, ital. : *tastiera* ou *tasto* ; chevalet, all. : *Steg*, angl. : *bridge*, ital. : *ponticello*.

Le filet d'ornement autour des bords du violon est généralement en poirier teint en noir avec du peuplier blanc au milieu (sur les instruments de moindre valeur, il est passé à l'encre). On affirme parfois que l'amélioration de la sonorité avec l'âge est due en partie à la colle qui se désintègre en se desséchant, donnant plus de souplesse à la table vers les bords. Cependant, l'effet du vernis sur le son est en général surestimé. Le vernis à l'huile gagne en s'intégrant au bois, mais il sèche très lentement, alors que le vernis à l'essence sèche immédiatement ; mais il a le défaut de faire ressortir la moindre rayure.

2. *Mécanisme.* Le mécanisme de l'instrument concerne avant tout le chevalet qui, contrairement à celui du luth ou de la guitare, s'élève assez haut au-dessus de la table d'harmonie, car il doit permettre à l'*archet d'évoluer librement à l'endroit où le corps est le plus étroit lorsqu'il joue sur les cordes extérieures. Dans les premiers temps de l'évolution du violon, pas au tout début, mais probablement à partir du milieu du XVIe siècle, les luthiers ont repris un principe que l'on rencontre sur des formes plus frustes (mais on ignore si elles sont plus anciennes), sur des instruments dont le haut est plat comme les violons rustiques populaires d'Europe de l'Est ou le **crwth* : il s'agit d'un chevalet qui repose sur la table d'harmonie de manière asymétrique. Sur le violon, l'application de ce principe se concrétise par la présence de deux pièces essentielles, l'âme et la barre. L'âme est une petite tige cylindrique de pin placée à l'intérieur de l'instrument, calée entre la table et le fond, juste sur le côté du cordier, au pied du chevalet (où passe la corde de mi) ; sa position exacte et sa rigidité jouent un rôle essentiel. En ce point, la table, partiellement privée de vibrations par l'âme, forme alors une sorte de pivot sur lequel oscille le chevalet, l'autre pied du chevalet se chargeant de transmettre l'essentiel de la vibration. Il exerce aussi un effet d'étouffoir qui supprime tout écho lorsque l'archet frotte les cordes – mais en même temps réduit le son lorsque les cordes sont pincées pour produire le bruit sec du *pizzicato*.

La barre d'harmonie, également en pin, est collée dans le sens de la longueur sous l'autre pied du chevalet (du côté de la corde de sol). Elle permet une répartition optimale de la vibration des cordes frottées par l'archet et augmente aussi la résistance à la pression des cordes.

3. *Forme.* La silhouette de la caisse de résonance du violon provient de la combinaison d'une douzaine d'arcs (de chaque côté) de rayons différents, qui se rencontrent imperceptiblement pour former ces courbes coulantes. Il est rare que deux violons soient rigoureusement identiques ; cependant, sur un instrument dont la forme s'est fixée à la Renaissance, on peut s'attendre à trouver certains signes d'un plan initial se référant à des proportions numériques. La largeur moyenne de la caisse de résonance – inférieure, supérieure et médiane – suit à peu près la proportion de 15, 12, 8, la largeur inférieure descendant juste au-dessous de 3:5 par rapport à la longueur de la caisse (c'est-à-dire approximativement 3:5 de la longueur totale de l'instrument à l'origine). Quant aux arcs de courbure, si l'on prend comme illustration la partie inférieure de la caisse, l'arc plat qui se trouve à la base sera centré peut-être à mi-chemin de la ligne centrale ou peut-être plus haut, à la division du nombre d'or ($1/2 \sqrt{5} \pm 1$). Les arcs arrondis qui partent de chaque côté de cet arc plat ont vraisemblablement un rayon d'un cinquième de la longueur de la caisse, leur centre se trouvant à une distance déterminée. Les « yeux » des ouïes sont placés géométriquement (tout au moins sur les Stradivarius). D'autres instruments, comme les guitares, résultent d'éléments formels qui découlent de fondements géométriques similaires, changeant par la suite au fur et à mesure que le temps et le génie progressaient.

4. *Luthiers.* La liste ci-après regroupe certains des plus grands luthiers italiens, à l'époque la plus riche de la facture du violon, classés selon l'année (ou l'année approximative) de leur mort. Certains, comme les Ruggeri ou Montagnana, sont surtout connus pour leurs violoncelles et leurs contrebasses. Les villes d'Italie où ils travaillaient offraient des conditions idéales car elles possédaient un climat favorable au séchage du bois et se trouvaient à proximité des pentes sud des Alpes d'où venait l'épicéa, lent à pousser et d'une importance capitale dans leur art ; elles étaient aussi particulièrement bien situées pour le commerce qu'ils entretenaient avec l'Orient, d'où venaient les résines nécessaires à la fabrication du vernis. Crémone vient en première place :

DATE DE MORT		LIEU DE TRAVAIL
1684	Nicolò Amati	Crémone
vers 1695	Francesco Ruggeri	Crémone
1698	Andrea Guarneri	Crémone
vers 1705	Giovanni-Battista Rogeri	Brescia
1710	Giovanni-Battista Grancino (1)	Milan
1720	Pietro Giovanni Guarneri	Crémone
vers 1720	Carlo Giuseppe Testore	Milan
vers 1730	Giacinto Ruggeri	Crémone
1735	Giovanni-Battista Grancino (2)	Milan
vers 1735	Alessandro Gagliano	Naples
1737	Antonio Stradivari (Stradivarius)	Crémone
vers 1739	Giuseppe Giovanni Guarneri (fils d'Andrea)	Crémone
1742	Matteo Goffriller	Venise
1744	Giuseppe Guarneri (Guarnerius « del Gesù »)	Crémone
1747	Carlo Bergonzi	Crémone
1748	Lorenzo Guadagnini	Piacenza
1750	Domenico Montagnana	Venise
vers 1758	Santo Serafin	Venise
1762	Pietro Guarneri	Venise
vers 1775	Carlo Ferdinando Landolfi	Milan
vers 1780	Gennaro Gagliano	Naples
vers 1780	Nicolò Gagliano	Naples
1786	Giovanni-Battista Guadagnini	essentiellement Turin
vers 1800	Lorenzo Storioni	Crémone
vers 1818	Giovanni-Battista Ceruti	Crémone

trois générations de la famille Amati y ont travaillé : Andrea (né au début du XVIe siècle) qui, de l'avis général, aurait créé la forme de base du violon ; les frères Antonio et Girolamo (fils d'Andrea) et le fils de ce dernier, Nicolò ; Andrea Guarneri, grand-oncle du célèbre Giuseppe Guarneri « del Gesù », a été formé à l'atelier de Nicolò Amati ; parmi les luthiers de Crémone figurent aussi Ruggeri, Rogeri, Stradivari et Serafin. Le manque de place nous empêche de faire figurer dans ce tableau les luthiers d'autres pays comme le Tyrolien Jacob Stainer (1621-83), les Français Nicolas Lupot (1758-1824) et J. B. Vuillaume (1798-1875) et l'Anglais Benjamin Banck (1727-95), pour ne nommer que ces quatre-là, ainsi que ceux qui ont poursuivi les activités de la grande école italienne pendant la première moitié du XIXe siècle, comme Pressenda et Rocca (tous deux à Turin).

Les instruments de ces luthiers, notamment ceux de Stradivari et de Giuseppe Guarnerius del Gesù, ont été abondamment copiés, les violons fabriqués d'après ces modèles étant présentés comme « copie de » ou « d'après » et vendus avec une étiquette à l'intérieur portant le nom du maître sans le titre justificatif nécessaire. Tout violon ancien présumé original doit posséder un certificat établi par un expert reconnu. Mais de tels instruments sont devenus très rares sur le marché car les plus beaux (il existe environ cinq cents Stradivarius) continuent souvent, comme d'autres grandes œuvres d'art, à circuler entre les mains de collectionneurs et atteignent des prix faramineux ; un « Strad » célèbre vendu 250 francs en 1794 atteignait 120 000 francs en 1954 et pourrait se négocier quarante à cinquante fois plus cher aujourd'hui.

L'engouement pour les violons italiens du XVIIIe siècle tient certainement au fait qu'ils se sont très bien adaptés (voir § 6) aux grandes salles. Les instruments antérieurs ont tendance à produire un son plus doux, ce qui explique pourquoi, au début du XIXe siècle, les modèles à voûtes hautes de Nicolò Amati sont parvenus au sommet de l'échelle des prix. Pour faire face à l'immense demande de violons, il existe depuis longtemps une facture artisanale d'instruments moins onéreux – des travailleurs à domicile spécialisés chacun dans une composante particulière de l'instrument – à Mirecourt dans les Vosges, à Mittenwald en Bavière ou à Markneukirchen en Saxe ; en outre, depuis 1860 environ, des dizaines de milliers de violons de moindre qualité sont montés chaque année en usine, le dos et le devant étant pressés à la machine ; mais le grain n'est plus le même que lorsqu'ils étaient taillés à la main.

Toutefois, la facture de violons, à son plus haut niveau, est loin d'être sur le déclin : la liste ci-dessus pourrait être complétée avec des noms de luthiers du XIXe siècle et du XXe siècle qui jouissent aujourd'hui d'une cote très estimable. Les luthiers modernes passent trois ans dans une école de facture de violons à apprendre à réaliser des copies exactes et valables des instruments des maîtres anciens. On fabrique aussi de petits violons pour les enfants, jusqu'à un quart de la taille normale (la longueur de la caisse pouvant mesurer 30 cm) et même des violons encore plus petits pour la méthode d'enseignement japonaise Suzuki, qui initie les enfants à l'étude du violon dès l'âge de deux ans sur des instruments mesurant environ un seizième de la taille normale, avec des archets appropriés.

5. *Jeu du violon.* (*a*) *Cordes.* Les quatre cordes sont accordées en quintes : mi^4 (première corde), la^3, ré^3 et sol^2 (quatrième corde). A l'époque de Stradivari et jusqu'à la fin du XIXe siècle, elles étaient en boyau, mais la corde de sol était filée, c'est-à-dire munie d'un trait métallique. De nos jours, la corde de mi est généralement en acier, les cordes de la et de ré en boyau entouré d'aluminium et la corde de sol en boyau entouré d'un fil d'argent. Toutefois, on utilise aussi des cordes à cœur d'acier ou de nylon couvert d'un ruban d'acier. Les cordes en acier, plus tendues que celles en boyau, ne peuvent être correctement accordées par les seules chevilles et requièrent un système de fixation par vis sur le cordier (voir également *Sourdine*). Les opinions varient à propos des mérites relatifs de l'acier et du boyau. Le boyau est parfois idéal pour la musique ancienne, notamment avec les anciens types d'archet, alors que pour la musique plus récente, qui réclame une grande vélocité de la main gauche, le boyau risque de devenir rugueux sous les doigts et, avec l'archet moderne, il porte moins bien le son.

Le violon se place sur la clavicule ou sur l'épaule, où il est maintenu par le menton contre la mentonnière (dispositif qui a beaucoup surpris le public français lorsque Spohr l'a introduit pour la première fois en 1819 – elle était alors très petite). L'instrument est soutenu en dessous par un coussin ou par un grand cadre en bois qui l'empêche de pencher vers le sol et évite au violoniste de le soutenir de la main gauche.

(*b*) *Doigté.* Le doigté est essentiellement diatonique, par exemple, sur la corde de sol, l'index pour la et le petit doigt pour ré, la même note que la corde à vide immédiatement supérieure. Pour les demitons, le doigt approprié monte ou descend sur la touche. Pour les notes plus aiguës que si^4 (petit doigt sur la corde de mi en première position), il faut déplacer toute la main vers une position plus élevée, comme la troisième position (index sur la), etc. Ces mouvements et les démanchés justifient une prise solide de l'instrument par le menton qui laisse à la main gauche toute liberté de mouvement. Comme les distances entre les doigts diminuent au fur et à mesure que la corde est raccourcie, les problèmes de justesse sont considérables ; contrairement à la plupart des autres instruments de musique, le violon n'offre aucun guide pour placer les doigts. Les positions hautes concernent également les cordes graves : certains passages tombent mieux sous les doigts en position haute et on peut avoir à tenir compte de la sonorité spécifique des différentes cordes ; d'où l'instruction « sul G » ou « sulla 4^a », signifiant que tout le passage doit être joué sur cette corde, sans passer à la suivante comme on pourrait le faire normalement. En outre, le vibrato est plus facile si la main est libre – un mouvement de la main gauche ou de l'avant-bras faisant rouler le doigt sans qu'il change de place, mais causant une fluctuation de justesse qui peut atteindre un huitième de ton dans un sens comme dans l'autre. L'exécution des doubles cordes est possible sur des intervalles allant jusqu'à une dixième, ou davantage si la note grave est une corde à vide. Dans les accords de trois ou quatre notes, l'archet ne peut soutenir correctement plus de deux notes. On trouve de tels exemples dans l'écriture polyphonique des sonates et partitas pour violon seul de Bach (Ex. 1).

Ex. 1. Bach ; Partita nº 2, Chaconne, *mesures 88-89.*

Les accords de trois ou quatre notes peuvent aussi être exécutés *arpeggiando*, les doigts de la main gauche gardant leur position tandis que l'archet joue successivement les différentes notes en accords brisés, détachés ou liés.

(*c*) *Tenue d'archet.* L'immense variété des sonorités et des effets provient de la combinaison de plusieurs éléments : la vitesse de l'archet et son interruption par la pression de l'index de la main droite sur la baguette, ainsi que la position de l'archet par rapport au chevalet.

L'instrumentiste tire l'archet en travers des cordes, la baguette s'éloignant légèrement du chevalet (autrement dit, un peu plus loin du chevalet que la mèche). Pour indiquer la direction de l'archet, le signe ⊓ correspond au « tiré » (vers la droite de l'instrumentiste) et le signe V au « poussé ». L'expression « dans le même archet » signifie que les notes doivent être jouées dans le même coup d'archet alors que le terme « séparé » signifie que l'instrumentiste doit changer de coup d'archet à chaque note. « A la corde » signifie que l'archet ne quitte pas la corde entre les notes. Les principaux coups d'archet sont les suivants :

Legato (ital.) : notes liées, jouées régulièrement à la corde (avec le coup d'archet le plus difficile à réaliser parfaitement, lorsqu'une note doit être prolongée pendant un changement de coup d'archet).

Détaché : non *legato* « à la corde ».

Martelé (ital. : *martellato*) : *staccato* (coups d'archet séparés ou points sous une liaison, dans un même coup d'archet) réalisé par pression et relâchement rapide de l'index sur la baguette au début de chaque coup d'archet, dans la moitié supérieure de l'archet.

Sautillé (ital. : *saltato, saltellato*) : *staccato* très rapide que l'on obtient en jouant sur la corde au milieu de l'archet, à l'endroit où le ressort de la baguette fait rebondir l'archet sans l'intervention de la main droite.

Spiccato (ital.) : *staccato* rebondissant, près du talon ; l'archet quitte la corde entre les notes.

Portato (ital. ; utilisé particulièrement lorsqu'il y a des lignes sous une liaison au-dessus des notes) : articulation légère par pression et relâchement de l'index sans interrompre le mouvement de l'archet ; également employé pour des notes répétées dans un même coup d'archet et, occasionnellement, dans des gammes (Ex. 2).

(*a*)

(*b*)

Ex. 2

Toute la musique pour violon jusqu'à la période classique peut être jouée avec ces positions d'archet et sur une étendue de plus de quatre octaves. Par la suite, des virtuoses comme Paganini ont inventé un certain nombre d'autres procédés :

Jeté : succession de notes dans un même coup d'archet en utilisant son rebond naturel (donc loin du talon).

Ricochet : on lâche l'archet sur la corde et on le laisse rebondir rapidement ou lentement – souvent utilisé dans les figures *arpeggiando* ou dans les arpèges ascendants ou descendants.

Pizzicato de la main gauche dans les passages descendants : on pince la corde avec le doigt juste au-dessus de celui qui presse la corde (parfois marqué +).

Combinaison de *pizzicati* et de *glissandi* : le doigt de la main gauche monte ou descend en glissant d'une note à une autre avant que le son ne meure (marqué *pizz.* sous une liaison ; effet que Bartók a beaucoup utilisé).

Tremolo (*tremolando*) : mouvements très rapides d'aller et retour de l'archet à la pointe, réalisés de différentes manières.

Sul ponticello (ital.) : jouer près du chevalet pour obtenir un son plus mince, un peu strident, ou *sul tasto* (ital. : « sur la touche ») pour obtenir un son assourdi.

(*d*) *Harmoniques.* On rencontre rarement des harmoniques dans la musique pour violon antérieure au XIXe siècle, mais, à partir de cette époque, ils apparaissent alors fréquemment dans le répertoire soliste, puis également dans la musique symphonique. Pour les harmoniques naturels, le doigt, au lieu d'enfoncer la corde, l'effleure légèrement en un point nodal (voir *Acoustique*, 5) et toute la longueur de la corde vibre à l'une de ses fréquences harmoniques. Seules un nombre limité de notes aiguës sont concernées, avec une qualité sonore qu'exprime bien le terme allemand de *flageolet.* Si le doigt touche la corde exactement en son milieu, on obtient l'octave aiguë de la note effleurée (second harmonique de la *série harmonique). D'autres points se situent au tiers, au quart, etc. par rapport à chaque extrémité de la corde. A partir de l'extrémité du sillet, on peut tous les obtenir en première position : le petit doigt pour le douzième harmonique au-dessus de la note de la corde à vide, l'annulaire pour la double octave et le majeur pour l'harmonique suivant qui se situe encore une tierce majeure plus haut. Alternativement, si l'on joue dans des positions élevées, les mêmes harmoniques peuvent être obtenus à des distances correspondantes en partant du chevalet (la totalité de la corde vibrant comme auparavant). Pour noter les harmoniques d'octave et de double octave, il suffit d'écrire la note (le son de l'harmonique) en la surmontant d'un petit cercle (Ex. 3*a*). Pour d'autres harmoniques, le losange (Ex. 3*b*) indique où il faut poser le doigt sur la corde en termes de doigté ordinaire et la petite note entre parenthèses qui se trouve au-dessus peut être ajoutée pour indiquer le son réel (la corde étant en l'occurrence celle de la).

Ex. 3

Les « harmoniques artificiels » permettent de jouer n'importe quelle note comme un harmonique. L'index enfonce normalement la corde et un autre doigt (généralement l'auriculaire) la touche pour produire un harmonique de la corde raccourcie. Dans l'Ex. 3*c*, la note grave est la note produite sur la corde raccourcie, en l'occurrence ré^4 sur la corde de la, et le losange au-dessus indique où la toucher ; il s'agit dans cet exemple de l'endroit où le petit doigt jouerait normalement sol^4, une quarte plus haut. L'harmonique qui en résulte est la double octave (ré^6) de la note normalement appuyée, ré^4. De la même façon, on peut obtenir d'autres harmoniques, en inscrivant le losange une note plus haut ou une note plus bas, afin que le doigt touche la corde de façon à la diviser différemment.

6. *Histoire* : Après la première allusion à l'emploi d'un archet (en arabe médiéval ; voir *Archet*), le type de violon le plus courant en Europe au Xe siècle était originaire de l'empire byzantin, appelé *lira*. Il se tenait contre l'épaule comme le violon, mais ressemble surtout aux violons populaires que l'on trouve aujourd'hui dans les Balkans (*gadulka* bulgare) ou dans la mer Egée (encore appelé *lira*) et qui sont tenus verticalement sur les genoux ; ils sont assez petits, taillés d'une pièce dans un bloc de bois, en forme de demi-poire et leur manche est court et épais. On a retrouvé des vestiges de deux instruments du Moyen Age dans des fouilles effectuées à Novgorod en URSS – il n'y avait pas d'archet, mais ce sont certainement des violons. L'un d'entre eux daterait de 1190 environ et ne mesure que 40 cm de long (Fig. 1). Ils ont des trous de cheville pour trois cordes, le nombre courant sur ces violons, et on en jouait sans doute un peu comme en Grèce aujourd'hui : en pressant la première corde sur le côté avec le bout des doigts ou les ongles, mais sans l'enfoncer sur la touche. C'est également la méthode traditionnelle en Asie et elle n'empêche absolument pas de jouer avec vie et vigueur. La corde du milieu, sur laquelle frotte l'archet, donne la fondamentale comme un bourdon. La troisième corde est utilisée de diverses façons, par exemple pour abaisser l'étendue mélodique d'une note ou deux tout en continuant à actionner l'archet sur la corde du milieu. Au début du

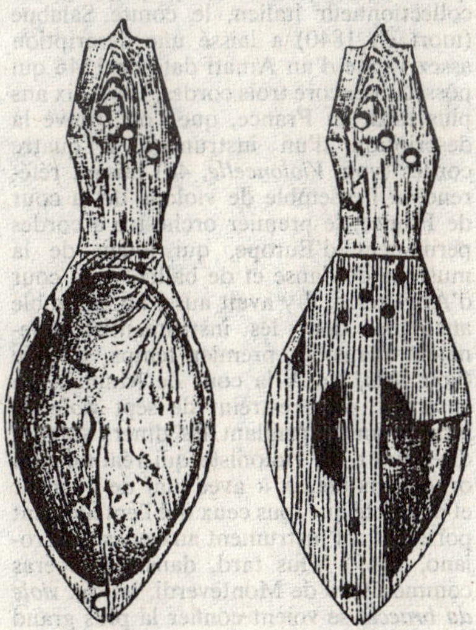

Fig. 1. Violon ancien à trois cordes du XIIe siècle (Novgorod, URSS).

XIIIe siècle, Guillaume d'Auvergne mentionne en latin que l'archet est manié de différentes façons lorsque l'on entend plusieurs sons simultanément.

Au Moyen Age, ce premier violon s'appelait « fidil » (comparer à l'allemand moderne *Geige*). Puis, au XIIIe siècle, apparaît le terme « rubebe », qui devient finalement *rebec, autre petit violon à peu près piriforme.

Il y avait aussi, surtout aux XIIe et XIIIe siècles, un autre type de violon, la « viole médiévale », qui comportait trois cordes et dont la caisse était en forme de huit ; elle était toujours tenue verticalement sur les cuisses, et c'était généralement un ecclésiastique qui en jouait.

(*a*) *Les premiers violons.* L'une des premières peintures représentant le violon – avant qu'il ne prenne la forme classique d'un Amati ou d'un Gasparo da Salò – est une fresque qui se trouve à Ferrare, datée de 1505-08, à peu près l'époque de la naissance d'Amati. Les coins ne font pas encore saillie, le chevalet est placé bien au-dessous des ouïes (donc il n'y a pas encore d'âme) et l'instrument est probablement muni de trois cordes (ce qui est usuel à cette époque) ; grand collectionneur italien, le comte Salabue (mort en 1840) a laissé une description assez vague d'un Amati daté de 1546 qui possédait encore trois cordes. C'est dix ans plus tard, en France, que l'on trouve la description d'un instrument à quatre cordes (voir *Violoncelle*, 4*a*) faisant référence à l'ensemble de violons de la cour de France, le premier orchestre à cordes permanent d'Europe, qui jouait de la musique de danse et de ballet. A la cour d'Angleterre, il y avait aussi un ensemble analogue, dont les instrumentistes venaient, dans un premier temps, d'Italie (voir *Alto*, 4). A la cour de Munich, un ensemble plus restreint de sept *viole da braccio* jouait pendant les dîners sous la direction d'un violoniste qui réalisait des ornements fleuris « avec tant de douceur et de clarté que tous ceux qui l'entendaient portaient cet instrument aux nues » (Trojano, 1569). Plus tard, dans des opéras comme *Orfeo* de Monteverdi, les dix *viole da braccio* se voient confier la plus grand partie instrumentale de l'œuvre.

Un manuscrit de Nuremberg des environs de 1600 donne une idée assez faible de la popularité qu'avait rapidement acquise le violon en tant qu'instrument de la vie quotidienne ; il s'agit d'un recueil d'airs célèbres en tablature à quatre lignes, avec des chiffres pour les doigts de la main gauche. Entre-temps, la musique de danse était pratiquement devenue l'apanage du violon. Les « country dances » des Tudors, quelle qu'ait été leur origine, sont, à l'époque du recueil de Playford *The English Dancing Master*, au milieu du XVIIe siècle, purement de la musique pour violon, difficile à jouer sur tout autre instrument. Ces airs ont fait le tour du pays, et des airs analogues (parfois les mêmes) se sont répandus aux Pays-Bas et en Scandinavie jusqu'à ce que chaque communauté du nord de l'Europe ait son « violoneux » ; celui-ci jouait aux fêtes, aux mariages, laissant finalement un répertoire de musique traditionnelle inspirée du violon aussi important que le répertoire de concert (voir *Écosse*, 2).

(*b*) *Les compositeurs violonistes de l'ère baroque.* Ils viennent presque tous d'Italie. Parmi les premiers, certains étaient de véritables acrobates, comme Farina et Biagio Marini, qui ont tous deux joué en Allemagne et diverti leur public avec des successions de doubles cordes (dans des œuvres publiées à partir de 1617), leur façon de frapper les cordes avec la baguette de l'archet (« col legno », technique reprise par Berlioz dans le « Songe d'une nuit de Sabba » à la fin de la *Symphonie fantastique*) et leurs imitations d'oiseaux et d'animaux (qui sont restées toujours et partout un bis favori des violoneux populaires – un amusement simple, peut-être, mais impossible à réaliser avec un autre instrument).

Dans un domaine plus sérieux, la grande école italienne a vu le jour après le milieu du XVIIe siècle, Corelli en constituant la personnalité la plus renommée. Comme ses compatriotes, il jouait avec un archet, parfois qualifié d'archet de « sonate », qui s'adaptait particulièrement à l'expression *cantabile*, comme l'archet français de la même époque, sensiblement plus court et tenu différemment (pouce sous la mèche), et convenait à la musique de danse. Les Anglais jouaient également à la manière française jusqu'à ce que, comme nous l'indique Roger North, l'Italien Matteis leur enseigne « à tenir l'archet uniquement par le bois, sans toucher la mèche, ce qui n'était pas une mince réforme ». Néanmoins, certains violoneux populaires ont échappé à cette évolution ; en Irlande, on rencontre encore des instrumentistes qui jouent du violon bas contre la poitrine à l'ancienne manière, en conservant la vieille tenue d'archet.

Certaines versions ornementées des mouvements lents des *Sonates op.5* de Corelli, publiées par Estienne Roger à Amsterdam à la fin de la vie de Corelli, ont apporté une aide substantielle à l'étude du violon : elles ne sont pas de Corelli lui-même, mais ont été réalisées « telles qu'il les jouait ». On remarque surtout les passages très rapides de nombreuses notes liées, décorant la mélodie pure de l'original. Parmi les élèves de Corelli, il faut mentionner Geminiani et Locatelli. Geminiani s'était installé à Londres où il a écrit *The Art of Playing on the Violon* (1751, cinq ans avant le *Versuch* de Leopold Mozart, qui contient encore davantage d'informations) ; quant à Locatelli, il s'était fixé à Amsterdam et est réputé pour les feux d'artifice techniques de sa musique, publiée sous le titre *L'Arte del violino* (1733). A Padoue, Tartini a laissé une autre contribution remarquable à cette période dans son *Arte dell'Arco* (1758).

(*c*) *Évolution à partir de l'ère classique.* Grâce à la renaissance de l'exécution dans le style baroque, chacun sait qu'à partir de la fin du XVIIIe siècle le violon et d'autres instruments de la même famille ont commencé à subir certaines modifications et à être joués avec un archet du type de celui que nous connaissons aujourd'hui (voir *Archet*, 2) ; ces modifications ont rendu possibles des attaques et des coups d'archet plus vigoureux pour lesquels l'élasticité de la baguette ne joue pas le même rôle qu'antérieurement (notamment le « martelé » ; voir § 5). Pour obtenir une meilleure résistance de la corde à la pression de l'archet, on a augmenté d'au moins 5 mm la hauteur du chevalet et de 8° l'angle des cordes sur le chevalet. Avec la forme originale du manche, dans le plan horizontal de la caisse de résonance, la touche était inclinée vers le haut par un coin inséré. Pour éviter d'augmenter l'épaisseur de ce coin, avec le chevalet plus élevé (ce qui aurait donné à l'ensemble touche + manche une épaisseur gênante, entravant le doigté surtout sur les cordes graves), la nouvelle forme de manche s'incline vers l'arrière, sans avoir besoin de coin pour la touche, et amène le niveau du sillet juste au-dessous de celui de la table ; cette forme de manche n'était pas entièrement nouvelle, puisqu'on la rencontre sur les basses de viole plus anciennes. En outre, le manche est un peu plus long. Ensuite, pour compenser cette différence, d'autant plus que le diapason avait commencé à monter, l'ancienne barre d'harmonie a été remplacée par une barre d'harmonie plus longue et plus épaisse. Presque tous les anciens violons ont subi ces changements, qui ont apparemment débuté en France, probablement dès 1770. La reconstruction moderne sur des lignes d'origine a commencé en Allemagne vers 1930 et, de temps à autre, un violon non modifié sort de l'ombre – toutefois sa valeur sur le plan pratique dépend naturellement de la qualité de l'instrument. Aujourd'hui, certaines personnes pensent que si l'on redonnait aux cordes du violon leur légèreté originale et si l'on en jouait avec un archet léger, de l'ancien type, l'apprentissage du violon deviendrait un plaisir dès le début, car les sons discordants seraient rarissimes. Cet instrument donne son meilleur son plus naturellement et, à ce propos, on peut se rappeler que les violonistes du XVIIIe siècle jouaient normalement sans *vibrato*, le gardant en réserve pour une nuance spéciale, et que certains grands solistes du XIXe siècle, comme Joachim, en faisaient à peu près autant.

Contemporain des débuts de ces développements (sans y avoir été particulièrement associé), Viotti est « le père de la technique du violon moderne ». Il a établi des principes d'enseignement qui répondaient à une demande de plus en plus difficile à satisfaire sans perdre le meilleur de l'ancienne tradition italienne. Il occupe une place d'une importance exceptionnelle dans la filiation des grands solistes jusqu'à l'époque actuelle. Disciple de Pugnani, lui-même formé par Corelli, Viotti a été le professeur de Rode, à partir duquel la lignée se perpétue jusqu'à Joachim (pour lequel Brahms a écrit son *Concerto pour violon*), Auer (fondateur de la grande école russe), Heifetz et Menuhin, qui ont tour à tour dévoilé de nouveaux aspects du style, de la technique et du répertoire. L'enregistrement par Joachim d'une danse hongroise de Brahms, peut-être le plus ancien enregistrement des grands instrumentistes du passé, frappe l'auditeur non seulement par son emploi limité du *vi-*

brato, mais par l'importance considérable du *portamento* (*glissando*), assez courant jusqu'à ce que (paraît-il) des solistes le prennent en dégoût en entendant leurs propres exécutions enregistrées. Toutefois, il s'agit aussi en partie d'une question de mode. En se basant sur des enregistrements et sur leur mémoire, les spécialistes du violon affirment qu'il y a eu au moins cinq étapes stylistiques nettement identifiables chez les grands solistes du XXe siècle.

On retrouve généralement les prouesses techniques des grands instrumentistes d'une époque dans un concerto contemporain. Le *Concerto pour violon* de Beethoven abonde de passages que l'on trouve dans des pièces solistes de Viotti, Rode et de leur contemporain Kreutzer – notamment les deux premières mesures de la partie soliste. En fait, le concerto a été créé par Franz Clement, qui avait commencé sa carrière comme enfant prodige et a donné des conseils à Beethoven sur cette partie. Après avoir joué ce qui allait devenir l'une des plus grandes œuvres musicales de tous les temps, avec des cadences improvisées, Clement devait divertir son public en exécutant le violon tête en bas, reflet des possibilités démoniaques de cet instrument.

7. *Répertoire.* (*a*) *Baroque.* La littérature italienne de l'époque baroque comporte quatre séries de sonates en trio, dont une avec violoncelle, de Corelli, quelques sonates et la célèbre *Chaconne* de T. A. Vitali (dont l'authenticité est douteuse), de nombreux concertos pour violon seul de Vivaldi, notamment l'opus 8, *Il Cimento dell'armonia*, où figurent *Les Quatre Saisons*, ainsi que des concertos pour deux, trois et quatre violons et des sonates pour un ou deux violons. Geminiani et F. M. Veracini ont composé d'autres sonates ainsi que Locatelli et Tartini (deux livres, dont la fameuse *Sonate « Le *Trille du diable »*).

En provenance d'autres pays, on peut citer notamment la *Sonate en sol mineur* et les recueils de sonates à deux violons de Purcell (comprenant la *Sonate n° 9 en fa*, surnommée la « Golden Sonata ») ; deux concertos pour violon seul, respectivement en la mineur et en mi majeur, le *Double Concerto pour violons en ré mineur*, les *Six sonates et partitas* pour violon seul, deux sonates avec continuo et six sonates avec clavier de Bach ; quelques recueils de sonates pour un ou deux violons (ou d'autres instruments) de Haendel, des sonates et des sonatines de Telemann et des sonates de Leclair.

(*b*) *Ère classique.* Haydn a écrit des concertos pour violon en sol et en ut et une sonate en sol ; Mozart six concertos, le *Rondo K 373*, la *Sinfonia concertante* en mi bémol (avec alto) et trente-quatre sonates pour violon et piano ; Beethoven le *Concerto pour violon op.61*, les deux *Romances op.40* et *op.50*, le *Triple Concerto* et dix sonates pour violon et piano, notamment l'opus 23 en la mineur, l'opus 24 en fa majeur (la *Sonate « Le Printemps »*), les trois sonates de l'opus 30, l'opus 47 en la majeur (la *Sonate « A Kreutzer »*) et l'opus 96 en sol. Les vingt-quatre *Caprices* de Paganini sont célèbres pour leur déploiement de virtuosité violonistique. Schubert a composé quatre sonates et sonatines pour violon et piano et le *Rondo brillante*, Mendelssohn le *Concerto pour violon en mi mineur* et quatre sonates, et C. de Bériot une dizaine de concertos pour violon.

(*c*) *Romantisme et XXe siècle.* La liste suivante cite quelques-unes des œuvres les plus connues de cette période en suivant l'ordre des dates de naissance des compositeurs. Vieuxtemps, concertos, etc. ; Franck, *Sonate pour violon et piano en la majeur* ; Lalo, *Concerto russe* et *Symphonie espagnole* ; Brahms, *Concerto pour violon op.77*, *Double Concerto pour violon et violoncelle*, trois sonates op.78, op.100 et op.108 ; Saint-Saëns, concertos et sonates ; H. Wieniawski, *Concerto pour violon en ré mineur*, fantaisies, etc. ; Bruch, trois concertos, dont le célèbre *Concerto n° 1 en sol mineur* ; Tchaïkovski, *Concerto pour violon en ré* ; Dvořák, *Concerto pour violon en la mineur*, *Sonate en fa* ; Grieg, trois sonates ; Fauré, deux sonates op.13 et op.108 ; Janáček, sonates ; Chausson, *Poème* ; Lekeu, *Sonate pour violon et piano* ; Elgar, *Concerto pour violon en si mineur*, *Sonate en mi mineur* ; Ysaÿe, six sonates pour violon seul ; Debussy, *Sonate pour violon et piano en sol mineur* ; Delius, sonates ; Glazounov, deux concertos ; Sibelius, *Concerto pour violon en ré mineur* ; Vaughan Williams, *The Lark Ascending* ; Ravel, deux sonates pour violon et piano, *Tzigane*, *Sonate pour violon et violoncelle* ; Schoenberg, *Fantaisie op.47* ; Kreisler, de nombreuses œuvres ; Ireland, deux sonates ; Bartók,

Sonate pour violon seul, deux concertos, plusieurs duos, deux sonates pour violon et piano ; Enesco, trois sonates ; Stravinski, *Concerto pour violon en ré* ; Szymanowski, deux concertos, sonates ; Webern, *Quatre Pièces op.7* ; Berg, *Concerto « A la mémoire d'un ange »* ; Prokofiev, deux concertos, deux sonates ; Hindemith, *Concerto pour violon*, sonates ; Walton, *Concerto pour violon* ; Chostakovitch, deux concertos ; Khatchaturian, *Concerto pour violon* ; Messiaen, *Thème et variations, Fantaisie* ; Dutilleux, *Concerto pour violon* ; Penderecki, *Concerto pour violon.*

8. *Quelques variantes du violon :* (*a*) *Pochette.* Violon des maîtres de danse ; voir *Pochette.*

(*b*) *Violon piccolo* (ital. : *violino piccolo*). Mentionné occasionnellement dans les œuvres baroques allemandes. Une cantate de Johann Michael Bach, cousin de J. S. Bach, fait référence à un « quart violino, non di grosso grande » (« pas de grande taille ») accordé, comme l'indique la transposition de la partie, une quarte au-dessus du violon. Bach lui-même a écrit une partie de violon piccolo dans le *Concerto brandebourgeois nº 1*, accordé en l'occurrence une tierce mineure au-dessus du violon normal. De nos jours, on utilise souvent un instrument mesurant les trois quarts de la taille du violon.

(*c*) *La hardingfele ou hardangerfele* (norvégien : « violon du Hardanger »). Violon populaire du XVIIe siècle, généralement décoré de nombreuses incrustations et comportant quatre cordes sympathiques en métal, parfois davantage (voir *Instruments à cordes*, 6). Elles peuvent être accordées sur l'accord parfait de tonique de la musique que l'on exécute, essentiellement des airs de danse, joués avec beaucoup de doubles cordes et de notes en bourdon. Grieg connaissait bien cet instrument.

(*d*) *Modèles expérimentaux.* A partir du début du XIXe siècle et d'abord surtout à Paris, on a construit des violons expérimentaux de forme très différente de la normale, mais qui produisaient, paraît-il, une bonne sonorité de violon. Parmi ces instruments, un modèle plus ou moins triangulaire inventé par l'acousticien français Savart (1791-1841) n'est pas totalement oublié dans la mesure où il connaît une renaissance limitée dans la facture réalisée par les écoliers.

(*e*) *Le violon de Stroh.* Instrument muni d'un diaphragme métallique et d'un pavillon, inventé par Augustus Stroh (1828-1914), acousticien et ingénieur électricien originaire de Francfort, naturalisé britannique et collègue de Sir Charles Wheatstone (voir *Concertina*). Breveté à Londres en 1899, c'est un violon dans lequel le corps est remplacé par une caisse de résonance en bois circulaire peu profonde dont le haut est constitué d'un diaphragme en aluminium ondulé. Le mouvement du chevalet est communiqué à ce diaphragme par un levier-bascule. Du fond de la caisse de résonance sort un pavillon métallique qui dirige le son vers l'avant ; souvent un pavillon plus petit est dirigé vers l'arrière pour que l'instrumentiste entende mieux les notes. En 1902, la revue *Strad* indique que le son de cet instrument est « aussi fort que celui de quatre violons. La corde de sol est un rêve. Elle possède la richesse profonde de la corde de la d'un bon violoncelle ».

Cet instrument a été utilisé pour des enregistrements par des violonistes aussi célèbres que Jan Kubelik, ainsi que dans les orchestres de danse et par les musiciens de la rue. De nos jours, certains violoneux le préfèrent pour jouer des danses populaires. Stroh a aussi inventé des violons à une corde, munis d'un diaphragme et d'un pavillon, qui ont ensuite été copiés par de nombreux inventeurs. (Il ne faut pas confondre le violon de Stroh avec le *Strohfiedel*, ancien nom allemand du *xylophone, dont les barres reposent sur des bottes de paille.)

(*f*) *Violon muet.* Il était fabriqué aux siècles précédents pour étudier le violon sans déranger les autres personnes vivant sous le même toit : il se présentait généralement comme un violon, mais ne possédait ni dos, ni éclisses, à l'exception d'une petite portion pour soutenir le manche.

(*g*) *Violons orientaux et extra-européens.* Les Turcs d'Asie centrale utilisent essentiellement des violons simples, évidés, à deux cordes, mais les instruments caractéristiques, des pays arabes à l'Extrême-Orient – et qui en Chine et en Corée constituent les instruments traditionnels de base et les plus populaires (voir *Chine*, 4*e* ; *Corée*, 6) –, sont des variantes du « violon à pique ». Ils ont un résonateur en bambou, en courge ou en bois, recouvert de peau, transpercé d'une longue baguette (comme sur le banjo) et utilisé sans touche, la pique reposant sur le sol. Le *rabâb* bédouin est un instrument monocorde qui accompagne sur deux ou trois notes les récitations épiques des conteurs populaires. Il s'est répandu jusqu'en Afrique centrale et également en Europe, où la *gusla* (ou *gousle*) yougoslave, à corde unique, est également utilisée pour accompagner les poèmes épiques nationaux. Il existe de nombreuses variétés de cet instrument dans la musique indienne (voir *Inde*, 3*a*), quoique, de nos jours, on rencontre aussi bien le violon classique, souvent tenu verticalement comme les instruments traditionnels.

Anthony Baines.

BIBLIOGRAPHIE : Florence Gétreau, *Instrumentistes et Luthiers parisiens, XVIIe-XIXe siècles*, ADAC (Paris, 1988). Dominic Gil, *Le Grand Livre du violon*, Van de Velde (Luynes, 1984). Lucien Greilsamer, *Le Violon, l'Alto, le Violoncelle (hygiène, anatomie, physiologie)*, Delagrave (Paris, 1924), rééd. Les Introuvables (Plan-de-la-Tour, 1978). Dominique Hoppenot, *Le Violon intérieur*, Van de Velde (Luynes, 1981). Eduard Melkus, *Le Violon*, Payot/Van de Velde (Lausanne/Paris, 1972, rééd. 1983). Yehudi Menuhin et William Primrose, *Violon et Alto*, Hatier (Paris, 1978). Anne Penesco, *Les Instruments du quatuor*, La Flûte de Pan (Paris, 1986). Marc Pincherle, *Les Violonistes*, Henri Laurens (Paris, 1922), rééd. Les Introuvables (Plan-de-la-Tour, 1984) / *Le Violon*, PUF, coll. Que sais-je ? (Paris, 1966, 3e éd. 1983) / *Les Instruments du quatuor*, PUF, coll. Que sais-je ? (Paris, 1947, 3e éd. 1970).

Violoncelle

1. Description et dimensions
2. Méthode de construction
3. Cordes
4. Histoire
5. Répertoire
6. Violoncelles à cinq cordes

1. *Description et dimensions.* Dans la plupart des pays, sauf en France, où il conserve son nom intégral, le violoncelle est connu sous le nom de « *cello* », diminutif de « violoncello » (all. : *Violoncell*). Sur le plan historique, le violoncelle est la basse de la famille du violon et, il y a encore quelques générations, les spécialistes le considéraient comme une « basse » (par opposition à la contrebasse), de la même façon que l'alto était considéré comme un « ténor ». Toutefois, la vaste tessiture de l'instrument – dans les œuvres pour violoncelle seul, la note do, par exemple, peut être jouée à cinq octaves différentes – et sa grande puissance expressive font du violoncelle le grand instrument soliste de la famille du violon, après le violon lui-même.

La tessiture du violoncelle se situe une douzième au-dessous de celle du violon, ses cordes étant accordées sur la², ré², sol¹ et do¹. Vu de face, il semble très grand, comparé au violon dont il ne mesure en fait qu'un peu plus de deux fois la taille : longueur de la caisse de résonance, 75,5 cm contre 35,5 cm pour le violon (un rapport d'environ 2,12 à 1). Les largeurs respectives des deux instruments correspondent à ce rapport, bien qu'elles soient sujettes à de légères fluctuations, mais le manche du violoncelle paraît proportionnellement plus élancé, ne s'élargissant que de 6 mm à l'endroit du sillet pour porter les quatre cordes. Néanmoins, le chevalet, deux fois et demie plus haut, conserve aux cordes un angle proche de celui qu'elles forment au même endroit sur le violon, et maintient l'archet à distance de la partie la plus étroite de la caisse de résonance (plus importante sur le violoncelle) lorsque l'on joue sur les cordes extérieures. En regardant l'instrument de profil, on remarque la grande différence de proportion entre la profondeur de la caisse du violoncelle et celle du violon, près de quatre fois plus, ce qui abaisse la fréquence de résonance de l'air interne de près d'une douzième par rapport au violon, en fait près du sol¹ (si les ouïes sont du côté large, cette note peut monter au-dessus du la¹).

On peut se demander comment, à l'origine, le violoncelle a atteint cette taille. Il est évident qu'un violon basse doit avoir des cordes d'une longueur suffisante pour produire un son correct jusque dans l'étendue la plus grave ; ces cordes seront donc trop longues pour appliquer le doigté du violon, les quatre doigts produisant les notes en séquence diatonique. Le violoncelle choisit nécessairement la séquence chromatique et la longueur des cordes est déterminée par l'extension maximale de la main sur une séquence chromatique de quatre notes en première position. Sur la corde de ré, l'index joue mi et le petit doigt sol (le la s'obtient sur la corde suivante) sans que l'index ait à quitter sa place sur le mi. Cette extension d'une tierce mineure atteint environ 10 cm, ce qui permet également à l'instrumentiste de parvenir à la tierce majeure dans des gammes comme celle de la majeur (mi-sol dièse, etc.). Cette extension est toujours réalisée au violoncelle par « rétroextension » de l'index, pour avoir un ton entier entre ce doigt et le suivant, au lieu d'un demi-ton. Mais un intervalle plus grand ne peut être atteint dans les positions inférieures de la main et l'élève apprend donc généralement la gamme de mi bémol majeur selon la manière indiquée dans l'Ex. 1, impliquant des changements de position (déplacement du pouce) après la rétroextension destinée à obtenir le ton initial. Le débutant apprend vite à identifier la multitude de schémas de doigtés sur une même corde et en travers des cordes, constamment utilisés même pour jouer les airs ou les passages les plus simples ; le violoncelliste expérimenté qui déchiffre à vue les reconnaît instantanément, bien qu'ils deviennent très compliqués dans des œuvres plus difficiles ou dans la musique soliste.

Ex. 1

Le violoncelle a acquis ses dimensions courantes et classiques à la fin du XVIIe siècle (avant cette époque, l'instrument était légèrement plus grand : voir § 4) ; il peut être intéressant de noter que, par le fruit du hasard ou non, la taille du violoncelle s'apparente à celle du violon par l'intermédiaire du nombre d'or [exprimé algébriquement par la formule $a/b = b/(a+b)$ ou numériquement par $1/2\ (\sqrt{5} \pm 1)$] si l'on considère que cette proportion correspond à une différence de tessiture d'une octave (au-dessous du violon) ; on parvient alors, pour le violoncelle (une douzième plus bas), presque exactement au rapport 2,12 indiqué ci-dessus.

2. *Méthode de construction.* C'est à peu près la même que pour le violon, mais le bois plus tendre du poirier ou du peuplier remplace souvent l'érable pour le fond et les éclisses. Le devant et le fond sont taillés sur des épaisseurs de 2 à 3 mm plus importantes au centre que sur le violon, tandis que la taille de la barre d'harmonie est multipliée par deux (et peut parfois être ajustée de façon experte afin de se sortir d'un mauvais « loup » ; voir *Acoustique*, 7).

Pour les débutants, on fabrique des « trois-quarts » (dont la caisse mesure 69 cm au maximum) et des « demis » (jusqu'à 56 cm), mais les plus petits sont parfois difficiles à trouver.

La pique en métal (ou en ébène sur armature d'acier) qui soutient le violoncelle au-dessus du sol n'a été ajoutée qu'au XXe siècle, même si certains instrumentistes l'utilisaient déjà à la fin du XIXe siècle. Auparavant, une méthode anglaise de la fin du XVIIIe siècle la mentionne simplement comme une aide aux débutants, nécessitant de percer un trou dans le bouton de cordier (auquel est fixée la pique). Normalement, l'instrument était supporté par les mollets et serré entre les genoux. Les violoncellistes des formations spécialisées dans la musique baroque sont revenus à cette méthode, qu'ils trouvent parfaitement satisfaisante. A l'opposé, une nouvelle tendance s'affirme actuellement parmi les solistes, qui utilisent une pique de plus en plus longue ou, suivant l'exemple de Mstislav Rostropovitch, une pique en forme de coude qui rapproche ainsi le violoncelle de l'horizontale et permet à l'archet de tomber plus directement sur les cordes, comme sur un violon.

3. *Cordes.* A l'origine, les cordes étaient toutes en boyau. La corde de do filée est apparue au XVIIIe siècle. Aujourd'hui, la plupart des violoncellistes utilisent des cordes en boyau recouvert d'argent ou d'aluminium pour les cordes les plus graves ; la corde de la est parfois en acier à noyau en corde (particulièrement utile au soliste car elle ne casse pas). Les cordes en nylon recouvert d'acier sont de plus en plus répandues et les cordes entièrement en acier auraient tendance à se généraliser.

Les cordes sont plus épaisses que celles du violon et soutiennent une tension environ deux fois supérieure. Elles requièrent un archet plus solide, plus court d'environ 2,5 cm et plus lourd d'environ 25 %, l'épaisseur de la mèche augmentant dans les mêmes proportions. Le violoncelle étant tenu vers le bas, ses cordes sont inclinées à l'envers de celles du violon (la corde aiguë à gauche et non à droite). Mais les principes de la technique d'archet restent à peu près identiques (par contre, sur la *viole, ils sont inversés). Le sens dans lequel l'instrument est tenu permet toutefois d'utiliser des « positions du pouce » de la main gauche : le pouce, placé en travers de la touche, appuie sur une ou deux cordes et joue le rôle du sillet ; il forme la fondamentale de diverses positions, ce qui permet d'aller assez haut sur les cordes. Lorsque des doigtés sont marqués sur une partition, le signe ♀ correspond au pouce. Il n'est généralement pas utilisé de cette façon sur la moitié inférieure de la corde, sauf pour certaines doubles cordes, autrement trop difficiles à réaliser, et pour produire des harmoniques artificiels avec le pouce et l'annulaire.

On rencontre couramment trois clefs dans la musique pour violoncelle – fa, ut 4e et sol. Dans la musique soliste ancienne, lorsqu'un passage écrit en clé de sol vient à la suite d'un passage en clé de fa, la clé de sol est notée à l'octave supérieure des sons réels – pratique qui a vu le jour, suppose-t-on, pour donner à l'œil une meilleure idée d'ascension.

4. *Histoire. (a) La basse de violon.* La basse de violon semble avoir été tout d'abord, en Italie dans les années 1530, un instrument très petit accordé une quinte au-dessous de la viole (comme les flûtes à bec basses, également à la quinte inférieure des flûtes à bec ténors). A l'origine, il était muni de trois cordes comme le reste de la famille – la plus grave portant le nom de corde de fa ; mais, selon les ouvrages de l'époque, le violon était en pratique accordé aussi haut que possible, les autres instruments suivant et amenant sans doute la corde la plus grave de la basse de violon bien au-dessus de fa. La basse de violon reçut presque immédiatement une quatrième corde, une quinte plus bas – celle de si bémol grave – et, dès 1550, sa taille augmentait pour s'adapter à l'accord réel correspondant à ce si bémol (les quatre cordes étant toutes accordées un ton plus bas que sur le violoncelle actuel). Le corps de l'instrument mesurait jusqu'à 80 cm de long ; il a continué à être fabriqué et accordé ainsi jusqu'à la fin du XVIIe siècle en France (« basse de violon »), en Angleterre (« bass violin ») et généralement en Italie (où il recevait diverses appellations comme « basso di viole da braccio » ou même parfois « violone »).

Les limites de l'extension de la main gauche, même avec les manches originellement plus courts, ont certainement constitué un obstacle aux progrès techniques, surtout dans les tonalités diésées ; mais, d'autre part, ces gros instruments pouvaient évidemment assurer une basse solide à l'orchestre sans le renfort d'une contrebasse (ce qui a toujours été le cas en France). La note la plus grave, si bémol, se présente de temps à autre dans les œuvres de l'époque de Lully et au moins dans une sonate italienne de la fin du XVIIe siècle. L'archet était tenu de deux façons (soit dans la position actuelle, soit, parfois, paume vers le haut). La plus ancienne description des instruments de la famille du violon, due à Philibert Jambe-de-Fer (1556), mentionne en particulier, pour la basse de violon, un anneau métallique fixé à l'arrière de l'instrument destiné à recevoir un crochet et une courroie permettant d'en jouer debout confortablement. L'ensemble à cordes jouait des danses royales à l'occasion desquelles il ne convenait pas que les musiciens restent assis alors que la cour était debout. Même au XVIIIe siècle, l'instrument possédait souvent un trou pour l'anneau, permettant de jouer dans les processions.

Aujourd'hui, les instrumentistes parlent parfois de « violoncelle en si bémol » à propos de ce gros instrument accordé un ton plus bas. Seuls quelques exemplaires, dont au moins deux Stradivarius, ont survécu dans leur taille originale ; mais on a ramené la plupart d'entre eux aux dimensions du violoncelle en refaçonnant les extrémités inférieure et supérieure de la caisse sans toucher à la partie centrale, qui peut paraître un peu longue par rapport au reste pour un observateur averti.

(*b*) *Violoncelle.* On ne sait pas dans quelle mesure les grands facteurs du passé ont également donné à la basse de violon la taille plus réduite qui en facilite le jeu – et qui, selon Roger North (vers 1728) qui avait entendu les deux, en améliore également la sonorité : il raconte que des gentlemen violonistes avaient l'habitude de se réunir et « engageaient souvent des basses de violon (instruments qui étaient des basses très dures et criardes, n'ayant rien de la douceur de l'instrument d'aujourd'hui) ».

L'emploi de boyau enveloppé dans du métal pour la corde la plus grave, qui permettait d'obtenir un son satisfaisant tout en réduisant la longueur de cette corde, a sans doute contribué au succès de l'instrument de dimensions réduites qui semble avoir commencé à se développer sérieusement à la fin du XVIIe siècle, notamment grâce à Andrea Guarneri (1626-98) et à Francesco Ruggeri (1620-vers 1695), tous deux élèves de Nicolo Amati (1596-1684) à Crémone. Stradivari, dont il reste aujourd'hui soixante-trois violoncelles, a continué à fabriquer l'ancien modèle jusqu'en 1701, se tournant (après une interruption de six ans) vers l'instrument réduit à partir de 1707. Parmi les grands facteurs de violoncelles figurent ceux de Venise, comme Montagnana et Gofriller – ce dernier étant surtout connu aujourd'hui pour avoir fabriqué l'instrument de Casals –, et, par la suite, à nouveau ceux de Crémone comme Storioni et G. B. Ceruti, jusqu'au début du XIXe siècle. Naturellement, les instruments plus anciens ont tous été adaptés avec un manche incliné vers l'arrière comme les autres membres de la famille du violon.

Le nom « violoncello » a fait son apparition en Italie dans les années 1660 (on trouve le mot « violoncillo » dans un dictionnaire espagnol de 1611, mais il ne se réfère pas spécifiquement au violoncelle), souvent utilisé comme synonyme de « violone » (qui, en Allemagne, désignait généralement la contrebasse). L'utilisation de ce diminutif se référait peut-être à ses dimensions plus réduites, quoique aucune mention n'en soit faite à l'époque. Les deux noms apparaissent dans la littérature soliste ancienne, provenant en majeure partie de Bologne à une époque où le répertoire soliste du violon commençait aussi à s'élargir. Parmi les premiers compositeurs pour violoncelle figurent Degl'Antonii (*Ricercare* sans accompagnement pour violoncelle et clavecin, 1687) et Domenico Gabrielli (*Ricercari* pour violoncelle seul, 1689). Ce dernier donne l'accord sol², ré², sol¹ et do¹, écrivant jusqu'à l'octave sol². Cet accord, avec la première corde un ton plus bas qu'aujourd'hui, est encore spécifié dans plusieurs autres œuvres italiennes de l'époque (comparer à la *Suite n° 5* de Bach, où toutes les notes sur la première corde sont écrites un ton plus haut qu'elles ne sonnent, donnant sur le papier une impression très étrange), mais certaines œuvres s'adressent encore à l'ancien accord, descendant jusqu'au si bémol[1].

(*c*) *Évolution ultérieure.* On peut dire que la véritable virtuosité a commencé au XVIIIe siècle avec l'utilisation des positions du pouce. Le violoncelliste Francesco Alborea (« Franciscello », 1691-1739), qui a joué en Italie et en Autriche, est souvent cité comme l'un des premiers à les avoir fait connaître. Deux sonates lui sont attribuées (leur étendue montant jusqu'à ré⁴) ; elles comportent de nombreuses doubles cordes et accords arpégés en travers des cordes, qui allaient devenir si fréquents dans la musique soliste pour violoncelle. Deux autres personnages remarquables, des Parisiens, les frères Duport, se signalent un peu plus tard dans le XVIIIe siècle. L'aîné, Jean-Pierre, a écrit des sonates qui atteignent le la⁵. Il a été l'interprète des derniers quatuors de Mozart (K 575, K 589 et K 590) connus sous le nom de *Quatuors « avec violoncelle »* en raison du rôle prédominant confié à cet instrument. Jean-Pierre Duport a également créé les premières *Sonates op.5* de Beethoven à Berlin, avec le compositeur au piano. Son jeune frère, Jean-Louis, est connu pour son *Essai sur le doigté* (1806), qui jette les bases du futur doigté du violoncelle et demeure un ouvrage de base.

Boccherini était violoncelliste et a composé quelques-unes des plus belles œuvres du répertoire classique. La partition la plus célèbre de ce répertoire, le *Concerto en ré majeur* de Haydn, a peut-être été écrite en partie par un ami du compositeur, le violoncelliste Anton Kraft : selon une version, Kraft aurait réalisé l'esquisse de l'œuvre et l'aurait donnée à Haydn, qui l'aurait ensuite complétée (puis, au XIXe siècle, Gevaert l'a retouchée et y a ajouté l'orchestration). La partie soliste semble étaler toutes les difficultés techniques que Kraft pouvait surmonter – et il aimait ce genre de démonstration sans aucun doute ; elle n'a pu être écrite que par un violoncelliste. Un siècle plus tard, le *Concerto pour violoncelle* (1895) de Dvořák comporte de nombreux passages analogues qui lui ont été certainement suggérés par son collègue de récital aux États-Unis, le violoncelliste Hanus Wihan.

D'autres célébrités ont suivi les frères Duport : Romberg (1767-1841), le grand aîné de l'école allemande ; le Belge Servais (1807-66) et l'Italien Piatti (1822-1901), célèbre par sa méthode et pour avoir fait œuvre de pionnier en reprenant le répertoire baroque avec une édition des sonates de Marcello. Comme un grand nombre des violonistes de l'époque, on dit qu'il n'employait le *vibrato* que lorsqu'il le désirait, et non de façon permanente, comme on le fait presque toujours depuis. Cinquante ans plus tard arrivait Pablo Casals (1876-1973), dont l'un des apports essentiels et les plus déterminants fut d'harmoniser davantage la technique de la main gauche et ses changements de position avec ceux du violon, contrairement à la pratique antérieure. Un peu plus tard, on relève les noms de deux bonnes violoncellistes, May Mukle en Angleterre et Guilhermina Suggia au Portugal (sujet d'un célèbre portrait d'Augustus John). Puis trois grands instrumentistes presque contemporains, nés entre 1902 et 1906 : Emanuel Feuermann (1902-42, Autriche), Gregor Piatigorsky (1903-76, Russie), qui se sont fixés tous deux aux États-Unis, et Pierre Fournier (1906-86, France). La figure qui domine ensuite l'histoire du violoncelle est celle de Mstislav Rostropovitch (1927), qui a certainement exercé l'influence la plus déterminante après Casals.

5. *Répertoire. (a) Baroque.* Dans son livre sur le violoncelle, Elizabeth Cowling dresse la liste de cinquante-six compositeurs italiens ayant écrit des sonates pour violoncelle et continuo, notamment Gaetano Boni (célèbre dans la première moitié du XVIIIe siècle), Pergolèse, Platti et Benedetto Marcello (pour violoncelle et basse de viole) ; Vivaldi a écrit six sonates, dont certaines sont de très belles œuvres, et vingt-sept concertos, et Bach, les six suites pour violoncelle seul (voir également § 6*b*), ressuscitées par Casals.

(*b*) *Classique.* Le répertoire classique comporte des concertos de Boccherini, Carl Stamitz et Wagenseil ; un second concerto (en ut majeur) de Haydn a été découvert en 1961 et s'ajoute au célèbre *Concerto en ré majeur* (voir § 4*c*). On trouve en outre cinq sonates pour violoncelle et piano de Beethoven : deux dans l'opus 5, l'opus 69 et deux dans l'opus 102. (Pour Schubert, voir *Arpeggione.*)

(*c*) *Romantique.* Les principaux concertos de cette période sont celui de Schumann (op.129) ; les deux concertos de Saint-Saëns (op.33 et op.119) ; celui de Lalo ; celui de Dvořák (op.104) et les *Variations sur un thème rococo* op.33 de Tchaïkovski. Dans le domaine de la sonate figurent les deux sonates de Mendelssohn (op.45 et op.58) ; une de Chopin (op.65) ; deux de Brahms (op.38 et op.49) ; une de Grieg (op.36) et une de Rachmaninov (op.19).

(*d*) *Le XXe siècle.* Le répertoire du XXe siècle est très important. Il comporte notamment les *Trois Pièces op.11* de Webern ; la *Sonate pour violoncelle et piano* de Debussy (1915) ; *Schelomo* de Bloch ; les deux sonates (op.109 et op.117) de Fauré ; le *Concerto pour violoncelle op.85* d'Elgar ; une sonate pour violoncelle seul d'Ibert et la *Sonate pour violoncelle et piano* d'Ireland. Viennent ensuite des œuvres de Prokofiev, Chostakovitch et Martinů, la *Sonate pour violoncelle et piano*, la *Symphonie concertante pour violoncelle et orchestre* (toutes deux écrites pour Rostropovitch) et les deux suites pour violoncelle seul de Britten ainsi que les deux concertos de Jolivet, ceux de Ligeti, Lutosławski et celui de Dutilleux, *Tout un monde lointain*. Les sonates de Kodály, Hindemith et *Nomos alpha* de Xenakis sont également destinées au violoncelle seul.

6. *Les violoncelles à cinq cordes. (a) La basse de violon à cinq cordes.* Mentionnée par Michael Praetorius comme une « Gross Quint-Bass viol de Braccio », elle est accordée comme le violoncelle et comporte, en outre, une cinquième corde accordée sur le fa grave ; elle était sans doute utile en l'absence de contrebasse, même avec les anciennes cordes entièrement en boyau. On en voit un modèle sur le tableau de Dirk Hals, *Le Violoncelliste*, posé sur le sol, l'archet tenu paume vers le haut, comme c'était souvent le cas à cette époque. Un instrument correspondant à cette représentation, fabriqué à Gand en 1717, avec une caisse de 81 cm de long, se trouve dans la collection de Bruxelles.

(*b*) *Violoncello piccolo.* Sur le manuscrit de la *Suite n° 6 pour violoncelle seul* de Bach (qui n'est pas autographe) figure la mention « avec cinq cordes » : les quatre cordes du violoncelle plus une corde accordée sur mi^{3} au-dessus ; on ne trouve aucune mention du terme « piccolo ». (Selon la légende, ces suites ont été écrites pour l'instrumentiste C. B. Linigke, mais cela n'est absolument pas certain.) Dans neuf cantates, Bach écrit pour le *violoncello piccolo*, instrument *obbligato* qui possède toute l'étendue du violoncelle. Un inventaire ultérieur de la cour de Cöthen mentionne deux *violoncelli piccoli*, dont un à cinq cordes fabriqué par Hoffmann, le principal facteur d'instruments à cordes de Leipzig à l'époque de Bach. La taille du « piccolo » n'est indiquée nulle part, mais Hoffmann a également fabriqué trois petits violoncelles à cinq cordes dont la caisse mesure en moyenne 61 cm (comme un demi-violoncelle). Ces instruments sont peut-être des *violoncelli piccoli*, sans être nécessairement l'instrument destiné à la *Suite n° 6*.

Pour les instruments accordés en sens inverse, à partir de fa ou sol, et pour les tentatives réalisées au XIXe et au XXe siècle pour remodeler la famille du violon, comprenant souvent un instrument accordé comme le violoncelle d'une taille nettement plus grande, voir *Viole*, 6.

Anthony Baines, rév. Alain Pâris.

BIBLIOGRAPHIE : Lucien Greilsamer, *Le Violon, l'Alto, le Violoncelle (hygiène, anatomie, physiologie)*, Delagrave (Paris, 1924), rééd. Les Introuvables (Plan-de-la-Tour, 1978). Ami Flammer et Gilles Tordjman, *Le Violon*, Lattès/Salabert (Paris, 1988). Anne Penesco, *Les Instruments du quatuor*, La Flûte de Pan (Paris, 1986). Marc Pincherle, *Les Instruments du quatuor*, PUF, coll. Que sais-je ? (Paris, 1947, 3e éd. 1970). Sylvette Milliot, *Le Violoncelle en France au XVIIIe siècle*, Slatkine (Genève, 1985).

Violone. 1. Terme employé essentiellement de nos jours pour désigner la contrebasse de viole : il est muni de six cordes, accordées à partir de sol^{-1} vers le haut, une quinte plus bas que la basse de viole. Quelques beaux instruments originaux ont survécu, le plus ancien date de 1585 ; c'est un modèle de Linarol de Padoue : la caisse mesure 1 m de long. De son temps, on l'aurait appelé « sottobasso di viola da gamba ». La « Great Dooble Bass », dans l'une des fantaisies pour violes d'Orlando Gibbons, était peut-être un instrument de ce type.

2. Aux XVIe et XVIIe siècles, « violone » était employé dans un sens plus large, parfois le pluriel de violon (dans le sens collectif, instruments de la famille du violon), puis souvent en Italie pour désigner le premier violoncelle. Dans les partitions baroques allemandes, y compris celles de J. S. Bach, il désigne la contrebasse (de l'orchestre à cordes).

Anthony Baines.

Violon de fer (ou violon à aiguilles) (all. : *Nagelgeige* ; angl. : *nail violin*, *nail harmonica* ; ital. : *violino armonico* ; esp. : *violín de clavos*). Sur le pourtour d'une table de résonance semi-circulaire sont disposées des pointes métalliques de tailles différentes, accordées chromatiquement afin de produire les différentes notes. Cette planche est tenue dans la main gauche et les pointes sont mises en vibration par un archet que l'on tient dans la main droite.

Cet instrument a été inventé au XVIIIe siècle et a connu pendant quelque temps un certain succès ; mais il n'a jamais eu la faveur des musiciens professionnels. Il était très répandu en Europe et Peter Van Hagen (auparavant à Rotterdam) en a joué en public à New York en 1786.

Violon solo, Premier. Voir *Konzertmeister.*

Virdung, Sebastian (Amberg, 19-20 janvier vers 1465 ; après 1511). Théoricien et compositeur allemand. Fils d'aubergiste, il fait ses études à l'Université de Heidelberg et prend des leçons de musique avec le Kapellmeister de la cour de l'Électeur palatin. Jusqu'en 1505 environ, il est chantre (alto) à la chapelle de Heidelberg, dont il devient Kapellmeister peu après 1495. En 1507, il est nommé maître des enfants de la cathédrale de Constance, mais il est congédié l'année suivante et s'installe à Bâle. Il y publie son célèbre traité *Musica getutscht* en 1511. Il s'agit du premier traité imprimé sur les instruments de musique, la première partie traitant de la classification des différentes familles d'instruments et la seconde de leur notation en tablature (pour clavier, cordes et vent). *Musica getutscht* fournit des informations précieuses (malgré certains défauts de gravure) sur les instruments et l'usage qu'on en faisait à la fin du XVe siècle et au début du XVIe siècle.

Wendy Thompson.

Virelai. L'une des trois formes poétiques couramment utilisées dans les chansons des XIVe et XVe siècles (voir également *Ballade* ; *Rondeau*). Il a reçu son expression définitive dans les œuvres de Guillaume de Machaut, dont « Plus dure qu'un diamant » est un exemple typique :

	MUSIQUE
Plus dure qu'un diamant *Ne que pierre d'aÿmant* *Est vo durté,* *Dame, qui n'avez pitié* *De vostre amant* *Qu'ocïes en desirant* *Vostre amitié.*	A
Dame, vo pure biauté Qui toutes passe, à mon gré Et vo samblant	b
Simple et plein d'umilité De douceur fine paré, En sousriant.	b
Par un acqueil attraiant, M'ont au cuer en regardant Si fort navré Que ja mais joie n'avré, Jusques à tant Que vo grace qu'il atent M'arez donné.	a
Plus dure, etc.	A

La musique du virelai est construite en deux sections (a et b). La première section se voit attribuer le refrain (en italique) et le troisième groupe, qui a la même structure. La deuxième section musicale, entendue deux fois, correspond au deuxième groupe de vers. La forme musicale qui en résulte est AbbaA (les lettres capitales indiquent le refrain). En fait, les virelais de Machaut comportent trois strophes, la forme complète étant donc Abba, Abba, AbbaA.

Si certains virelais de la fin du XIVe siècle comportent trois strophes (comme « Tres gentil cuer » de Solage), la plupart se limitent apparemment à une ou deux. Il existe de nombreux exemples de « virelai réaliste », dans lesquels les expressions réservées de l'amour courtois, sujet courant des textes de chansons quelle que soit leur forme, sont remplacées par des images plus vivantes et plus dramatiques, comme les appels pressants pour être sauvé du feu de l'amour dans « Rescoes rescoes » (anonyme). Un grand nombre de ces pièces concernent les sentiments d'un amoureux à l'approche du printemps (par exemple, les virelais anonymes « Contre le temps » ou « Je voy le bon tens venir ») et plusieurs contiennent des imitations de chants d'oiseaux, comme dans « Par maintes foys » de Vaillant ou « En ce gracieux temps » (Ex. 1) de Senleches.

Ex. 1. Jacob Senleches, virelai En ce gracieux temps, *mesures 41-45.*

Le virelai a été presque complètement négligé par les compositeurs du début du XVe siècle, mais il a ensuite connu un regain d'intérêt, particulièrement dans les œuvres d'Antoine Busnois, sous la forme simple de la *bergerette.

Peter Davies.

Virginal(s) (angl.). Instrument ancien, à clavier et à cordes pincées. Voir *Clavecin.*

Virtuose. Personne qui maîtrise les aspects techniques d'une discipline artistique, particulièrement la musique. Avant le XVIIIe siècle, le terme « virtuose » s'appliquait à des musiciens dans un sens très général, aussi bien aux compositeurs et aux théoriciens qu'aux exécutants. Aux XVIe et XVIIe siècles, les compositeurs italiens employaient ce terme lorsqu'ils se recommandaient entre eux (ou eux-mêmes) pour des nominations à des fonctions de cour ou ecclésiastiques. Les meilleurs instrumentistes et chanteurs étaient appelés à jouer et à chanter dans toutes les cours d'Europe et, quoiqu'il nous soit parvenu relativement peu de comptes-rendus de telles manifestations, la musique qu'ils ont exécutée atteste de leur haute compétence en tant que virtuoses. Les cours de la Renaissance italienne rivalisaient constamment les unes avec les autres sur les mérites de leurs instrumentistes permanents et particulièrement de leurs chanteurs (comme le brillant « Concerto delle Donne » de Ferrare, dont la virtuosité a incité les compositeurs de la cour à écrire des morceaux mettant spécifiquement en valeur leurs talents ; voir *Renaissance*, 2). En outre, la montée de l'opéra et de l'oratorio au début du XVIIe siècle a conduit à attacher de plus en plus d'importance à la virtuosité des chanteurs solistes. Parmi les instrumentistes qui jouissaient d'une renommée de virtuoses à la fin du XVIIe siècle figurent les violonistes Carlo Farina et Heinrich Biber et les compositeurs de musique pour clavier Buxtehude et Froberger en Allemagne, Frescobaldi en Italie et Bull en Angleterre.

Avec l'importance grandissante des solistes lyriques et des concertistes au XVIIIe siècle, la virtuosité individuelle des exécutants a pris encore davantage d'importance. L'opéra italien s'est avéré un excellent vecteur pour les chanteurs virtuoses. Les saisons d'opéra italien de Haendel à Londres attiraient les meilleurs chanteurs d'Europe ; ils se faisaient apprécier du public par un brillant déploiement d'effets techniques dans des airs écrits spécialement à cet effet ; on peut citer notamment Farinelli (1705-82) et Senesino (mort vers 1759), et les sopranos rivales Francesca Cuzzoni (vers 1698-1770) et Faustina Bordoni (1700-81).

Avec le développement des concerts publics, les instrumentistes virtuoses ont commencé à être très recherchés ; des violonistes comme Giuseppe Tartini et Francesco Veracini ont écrit beaucoup de musique solo très brillante, essentiellement pour mettre en valeur leurs propres talents d'exécutants ; Domenico Scarlatti, connu dans toute l'Europe pour la façon dont il jouait du clavecin, en a fait autant. Mozart, que son père a emmené dès l'âge de six ans dans toutes les cours d'Europe pour exhiber sa virtuosité musicale, est l'exemple le plus éminent des innombrables enfants prodiges dont les compétences ont été reconnues et exploitées dès leur plus jeune âge ; mais leur carrière professionnelle a été souvent moins brillante par la suite.

Au début du XIXe siècle, les instrumentistes solistes étaient davantage appréciés pour leur pure maîtrise technique que pour leurs qualités musicales : quiconque était capable de jouer la musique la plus difficile avec aisance et rapidité était appelé virtuose, qu'il ait ou non des dons d'interprétation. Cette attitude a vite fait jaillir une réaction d'hostilité envers la virtuosité pure parmi les musiciens romantiques sérieux et les critiques, comme Liszt et Schumann.

Néanmoins, le XIXe siècle, peut-être plus que tout autre, a été la grande époque de la virtuosité. Liszt lui-même envoûtait son public avec sa brillante technique pianistique ; Chopin, autre enfant prodige, a fasciné ses auditeurs pendant toute sa vie ; Paganini éblouissait et charmait les amateurs de concerts avec les feux d'artifice qu'il tirait de son violon. Un peu plus tard, les exécutants (et leurs agents de concert) ont pu amasser des richesses considérables avec des tournées de concerts et des prestations en tant qu'artistes invités, surtout lorsque les États-Unis sont entrés dans le circuit normal des récitals et que les hommes d'affaires se sont mis à exploiter l'amour du public pour les personnalités artistiques. Parmi les innombrables virtuoses du XIXe siècle qui ont connu les plus grands succès figurent les violonistes Joseph Joachim (1831-1907), Henry Vieuxtemps (1820-81), Pablo de Sarasate (1844-1908), Henryk Wieniawski (1835-80) et Eugène Ysaÿe (1858-1931) ; les pianistes Anton Rubinstein (1829-94), Theodor Leschetizky (1830-1915), Ignaz Moscheles (1794-1870) et Isaac Albéniz (1860-1909) et les chanteurs et chanteuses Jenny Lind (1820-87), Adelina Patti (1843-1919), Nellie Melba (1861-1931), Jean de Reszke (1850-1925) et Mattia Battistini (1856-1928).

Au début du XXe siècle, le phénomène du virtuose s'est perpétué avec des interprètes comme Fritz Kreisler (1875-1962), Jacques Thibaud (1880-1953), Jascha Heifetz (1899-1988), Pablo Casals (1876-1973), Ignacy Jan Paderewski (1860-1941), Serge Rachmaninov (1873-1943), Josef Lhévinne (1874-1944), Alfred Cortot (1877-1962), Ernst von Dohnányi (1877-1960), Arthur Rubinstein (1887-1982), Vladimir Horowitz (1904), Amelita Galli-Gurci (?1882-1963), Enrico Caruso

(1873-1921) et Feodor Chaliapine (1873-1938), suscitant le même genre d'adulation de la part du public que leurs prédécesseurs. Toutefois, depuis quelque temps, sans doute pour avoir été trop employé, le terme « virtuose » a acquis un sens un peu péjoratif. Il désigne souvent des instrumentistes qui s'adonnent à la vulgarisation et accordent une importance excessive à l'aspect exhibitionniste de leur prestation pour atteindre un public plus vaste, ou se limitent à des œuvres qui manquent d'imagination et dont l'exécution ne requiert guère qu'un certain brio technique. Néanmoins, malgré cette dévaluation du terme, les plus grands interprètes de notre temps qui allient la maîtrise technique à de véritables dons d'interprétation n'en sont pas moins « virtuoses » que leurs prédécesseurs.

Judith Nagley.

Visage nuptial, Le. « Grand poème d'amour et de passion » pour soprano, contralto, deux ondes Martenot, piano et percussion de Boulez sur un poème de René Char (1946-47, rév. 1951-52). Cinq parties : *Conduite*, *Gravité* (*L'Emmuré*), *Le Visage nuptial*, *Evadné*, *Post-Scriptum*.

Visigoth, Rite. Voir *Liturgie*, 2*a*.

Vision of Aeroplanes. Motet de Vaughan Williams pour chœur mixte et orgue sur un texte du Livre I d'Ézéchiel. Composé en 1956.

Vision de l'Amen. Suite pour deux pianos de Messiaen, composée en 1943. Les sept mouvements portent tous un titre : 1. « Amen de la Création » ; 2. « Amen des Étoiles, de la Planète à l'anneau » ; 3. « Amen de l'Agonie de Jésus » ; 4. « Amen du Désir » ; 5. « Amen des Anges, des Saints, du Chant des oiseaux » ; 6. « Amen du Jugement » ; 7. « Amen de la Consommation ».

Visionnaire, La. Huitième sonate à deux dessus et basse continue de François Couperin (1692-93 environ).

Vision of St Augustine, The. Œuvre pour baryton, chœur et orchestre de Tippett sur des textes extraits des *Confessions* de saint Augustin et de la Bible. Composée entre 1963 et 1965.

Visions fugitives. Vingt pièces pour piano op.22 de Prokofiev, composées entre 1915 et 1917.

Vitali. Famille italienne qui a produit au moins trois générations de musiciens aux XVIIe et XVIIIe siècles. Les compositeurs les plus importants sont Giovanni Battista et son fils, Tomaso Antonio.

Giovanni Battista Vitali (Bologne, 18 février 1632 ; Bologne, 12 octobre 1692) était chanteur et instrumentiste à cordes à la célèbre église de San Petronio, à Bologne, en 1658 ; peu après, il devient membre de l'Accademia filarmonica. En 1674, il est nommé *vice-maestro di cappella* à la cour du duc Francesco II d'Este, à Modène, où il reste jusqu'à sa mort. Ses œuvres instrumentales sont séduisantes et occupent une place importante dans l'histoire de la sonate en trio, surtout de la *sonata da camera*, qui mettait l'accent sur les danses et sur l'écriture idiomatique pour violon. Ses oratorios mériteraient également d'être repris.

Tomaso Antonio Vitali (Bologne, 7 mars 1663 ; Modène, 9 mai 1745) a fait partie de l'orchestre de la cour de Modène dès l'âge de douze ans avant d'en devenir le premier violon. Il a passé toute sa vie au service de la cour. Violoniste plus virtuose que son père, ses œuvres, dans le style de Corelli, sont toutes instrumentales. On doute aujourd'hui qu'il soit véritablement l'auteur de la célèbre *Chaconne* pour violon et continuo.

Denis Arnold.

Vitali, Filippo (Florence, vers 1590 ; ? Florence, après le 1er avril 1653). Compositeur italien. Il semble être resté à Florence, en dehors de quelques voyages, jusqu'aux environs de 1631, date à laquelle il est nommé chantre de la chapelle pontificale (1633-1642). Il a ensuite exercé les fonctions de *maestro di cappella* à San Lorenzo, à Florence.

Vitali a écrit le premier opéra représenté à Rome, *Aretisa* (créé en 1620), qui porte la marque (comme il l'a lui-même reconnu) des compositeurs d'opéras florentins. Ses œuvres les plus importantes, malgré leur style profondément démodé, sont sans doute le cycle de trente-quatre *Hymni* (Rome, 1636) sur des textes latins révisés, commandés par le pape Urbain VIII. Par contre, sa musique vocale profane, qui comprend cinq volumes de

Musiche, trois d'*Arie* et un volume intitulé *Concerto*, est écrite dans le nouveau style mélodique baroque.

Wendy Thompson.

Vitry, Philippe de (Paris, 31 octobre 1291 ; Paris, 9 juin 1361). Compositeur français, l'un des plus grands intellectuels et théoriciens de la musique de son temps. Il fait ses études à la Sorbonne, puis entre à la cour de France comme diplomate et conseiller politique avant d'être nommé évêque de Meaux en 1351. Vitry est mentionné par de nombreux grands écrivains de l'époque ; Pétrarque rend hommage à ses compétences en tant que poète et philosophe et la plupart des théoriciens de la musique du XIVe siècle reconnaissent volontiers tout ce qu'ils doivent à ses écrits. Sa grande réalisation, le traité *Ars nova* (vers 1323), apporte des concepts nouveaux et importants à la méthode de notation du rythme, permettant davantage de précision et d'élaboration. Son système figure parmi les étapes décisives du début du développement de la notation mensuraliste, qui a continué à être utilisée jusque vers 1600 (voir *Notation*, 5). Rares sont les œuvres de Vitry qui nous soient parvenues ; bien que quatorze motets lui soient attribués, tous sauf quatre sont d'une authenticité douteuse. La plupart sont des œuvres pionnières dans le développement de l'*isorythmie, l'un des procédés techniques caractéristiques en usage en France durant la période de l'*Ars nova.

John Milsom.

Vivace (ital.). « Vivace », « vif » ; *vivacetto*, « plutôt vif » ; *vivacissimo*, « très vif ».

Vivaldi, Antonio (Lucio) (Venise, 4 mars 1678 ; Vienne, 28 juillet 1741). Violoniste et compositeur italien.

1. *Sa vie*. Antonio est l'aîné des six enfants d'un violoniste de l'orchestre de San Marco de Venise ; mais on sait peu de chose de sa jeunesse. Il reçoit la tonsure en 1693 et la prêtrise en 1703. On le surnomme le « prêtre roux » en raison de la couleur de ses cheveux. En 1703 également, il est autorisé à ne pas dire la messe à cause d'une maladie qu'il décrit comme une « strettezza di petto », sans doute une forme d'asthme, qui persistera, semble-t-il, toute sa vie. La même année, il est nommé professeur au Conservatorio della Pietà, orphelinat vénitien réservé aux jeunes filles, qui insiste sur l'éducation musicale et possède un chœur et un orchestre excellents. Ses fonctions consistent avant tout à enseigner le violon, mais il doit aussi composer beaucoup de musique pour la Pietà, notamment quelques oratorios, qui sont généralement donnés pendant le carême. Il est bien sûr très apprécié des dirigeants de l'orphelinat, qui lui donnent diverses sommes d'argent en plus de son salaire régulier ; ils lui accordent aussi une autorisation d'absence en 1713, probablement pour composer et faire représenter son premier opéra, *Ottone in Villa*, à Vicence.

Vivaldi, caricature (1723) par Pier Leone Ghezzi.

A cette époque, la renommée de Vivaldi commence à se répandre considérablement, surtout à la suite de la publication par Estienne Roger de son opus 3, *L'Estro armonico* (Amsterdam, 1711). Ces douze concertos pour un, deux et quatre violons suscitent beaucoup d'admiration, surtout en Allemagne, où Bach copie et arrange certains d'entre eux pour deux et quatre clavecins. Vivaldi semble consacrer une grande part de son énergie à la composition d'opéras et à parcourir l'Italie pour les faire représenter. En 1718, il entre au service du gouverneur de Mantoue ; il passe plusieurs années à Rome, mais retourne souvent à Venise pour produire des opéras (et servir d'imprésario) au Teatro San Angelo. Il travaille étroitement avec l'extraordinaire chanteuse Anna Giró (qui a peut-être été sa maîtresse), écrivant des rôles à son intention. Naturellement, cette activité ambulante ne plaît pas aux dirigeants de la Pietà, mais ils finissent par s'y habituer et, en 1723, signent un contrat à Vivaldi pour qu'il leur écrive deux concertos par mois et en assure les répétitions quand il est à Venise. Finalement, en 1735, Vivaldi est nommé *maestro de' concerti* au Conservatoire et, cette fois, son contrat stipule, avec quelque naïveté, qu'il n'aura plus « l'idée de s'en aller comme il l'a fait dans le passé ». Ce contrat constitue sans doute une dernière tentative pour conserver la présence de Vivaldi à plein temps ; mais, trois ans plus tard, ses habitudes n'ayant absolument pas changé, le contrat n'est pas renouvelé ; il continuera néanmoins à écrire de la musique pour la Pietà.

A la fin de sa vie, Vivaldi effectue un voyage à Amsterdam, événement majeur où il est considéré comme une personnalité importante dans les célébrations du centenaire de la fondation du Théâtre Schouwburg. Il retourne à Venise en 1739 et compose de la musique pour un grand festival qui a lieu en mars 1740 en l'honneur de la visite du fils du roi de Pologne. La raison de sa présence à Vienne l'année suivante est inconnue, mais il y est enterré au cimetière des pauvres le 28 juillet 1741. Comme l'a écrit l'un de ses contemporains, « Vivaldi a gagné d'un seul coup plus de 50 000 ducats, mais son extravagance immodérée l'a fait mourir pauvre à Vienne. »

2. *Sa musique.* Vivaldi a joué un rôle d'une importance considérable dans l'évolution de la technique du violon et dans l'histoire du concerto. Il a été le prototype du virtuose moderne, capable d'ensorceler un auditoire par son talent d'instrumentiste. Pour citer un obsertateur : « Vivaldi a joué admirablement un accompagnement solo [d'une aria] et, à la fin, il a improvisé une fantaisie [cadence], ce qui m'a entièrement confondu, car on n'avait jamais entendu un tel jeu auparavant et il ne pourra jamais être égalé ; il plaçait ses doigts si près du chevalet qu'il ne restait pratiquement pas de place pour l'archet ; il jouait ainsi sur les quatre cordes, en faisant des imitations et à une vitesse incroyable. » Ces remarques sont confirmées, dans une certaine mesure, par les œuvres de Vivaldi qui contiennent des passages dans des tessitures élevées ou en doubles cordes et une grande variété de technique d'archet. Il était fasciné par l'étendue des possibilités sonores du violon – comme on peut le constater dans le mouvement lent de son *Concerto en si mineur* pour quatre violons de *L'Estro armonico*, où l'effet vient uniquement des différentes méthodes employées pour arpéger et de la façon d'utiliser l'archet pour y parvenir.

Cet intérêt pour la sonorité et la technique se reflète dans tous ses concertos. Ceux qui font appel à un groupe de solistes sont dérivés du concerto grosso, mais ils sont presque toujours traités comme des œuvres solos, chaque instrumentiste se voyant attribuer tour à tour un passage solo important ; d'autre part, les concertos solos exploitent à fond le contraste entre le virtuose et l'orchestre. Si Vivaldi est parti de la vieille *sonata da chiesa* en quatre mouvements, il a introduit le plan en trois mouvements du concerto classique, réduisant le premier mouvement lent de Corelli au rôle d'introduction lente, dans les rares occasions où il y fait encore appel. Le véritable « premier mouvement » est presque toujours en forme de ritournelle et Vivaldi est connu pour l'impulsion rythmique de ses thèmes initiaux et pour l'imagination avec laquelle il réutilise ces mêmes thèmes à un moment ultérieur du mouvement. Les seconds mouvements sont généralement lents et, au lieu de la transition brève et inexpressive de la plupart de ses prédécesseurs, Vivaldi leur apporte l'art du compositeur lyrique, en écrivant de véritables arias passionnées qui mettent en valeur le doux *cantabile* du violon, l'orchestre se limitant à une introduction, un postlude et un soutien harmonique. Les finales sont généralement des mouvements légers, assez rapides, avec parfois un soupçon de rythme de danse qui laisse présager les derniers mouvements de la symphonie classique.

Les concertos de Vivaldi constituent la base de sa renommée – surtout *Les Quatre*

Saisons, dont la popularité est immense – mais il était aussi un compositeur d'opéras d'une certaine importance. Il faudrait bien sûr les représenter pour juger des mérites dramatiques des vingt et un opéras qui nous sont parvenus, mais certains airs isolés révèlent souvent les vertus de sa musique instrumentale, avec des rythmes affirmés, des structures de phrases intéressantes et une écriture virtuose. Une grande partie de la musique qu'il a écrite pour les jeunes filles de la Pietà s'adresse à des voix solistes, notamment une étonnante série de motets pour soprano ou alto dans laquelle il s'adonne complètement au penchant du XVIIIe siècle pour les feux d'artifice vocaux (les élèves du Conservatoire devenaient parfois des chanteuses lyriques). Certaines de ces œuvres utilisent l'orchestre à bon escient, confiant des matériels thématiques importants au violon plutôt qu'aux parties chorales. Cette musique mérite d'être exhumée.

Dallapiccola parlait de Vivaldi comme d'un compositeur qui aurait écrit six cents fois le même concerto (en fait, Vivaldi en a écrit environ cinq cents) et il est vrai que sa musique est parfois superficielle. Toutefois, une grande partie de son œuvre est imprévisible, tant sur le plan du phrasé que sur celui des sonorités, passionnément romantique dans les mouvements lents et vigoureuse dans les meilleurs mouvements *ritornello*. Bach a transcrit et copié plusieurs de ses œuvres et s'est largement inspiré de son style de concerto : ses œuvres instrumentales solistes et les *Concertos brandebourgeois* comportent de nombreux signes de l'influence de Vivaldi. En fait, rares sont les compositeurs de musique instrumentale du début du XVIIIe siècle qu'il n'a pas marqués.

Denis Arnold.

BIBLIOGRAPHIE : Marie-Thérèse Bouquet-Boyer, *Vivaldi et le concerto*, PUF, coll. Que sais-je ? (Paris, 1985). Nanie Bridgman, *La Musique à Venise*, PUF, coll. Que sais je ? (Paris, 1985). Roland de Candé, *Vivaldi*, Seuil, coll. Solfèges (Paris, 1967, rééd. 1981). Marcel Marnat, *Vivaldi*, Seghers (Paris, 1965). Marc Pincherle, *Vivaldi*, Plon (Paris, 1958), rééd. Les Introuvables (Plan-de-la-Tour, 1982). Peter Ryom, *Répertoire des œuvres d'Antonio Vivaldi*, Engstrøm & Sødring Musikforlag (Copenhague, 1987).

Viviane. Poème symphonique op.5 de Chausson d'après la légende de la Table ronde, composé en 1882 et réorchestré en 1887.

Viviani, Giovanni Buonaventura (Florence, 15 juillet 1638 ; ? Pistoia, après décembre 1692). Compositeur italien. Il est directeur de la musique à la cour impériale d'Innsbruck entre 1672 et 1676 et, l'année suivante, retourne en Italie comme directeur musical et claveciniste de théâtre à Venise et à Rome ; il se charge de la reprise de *Scipione affricano* de Cavalli et de l'exécution de ses propres opéras. A partir de 1678, il passe aussi quelque temps à Naples, où il fait représenter des opéras. En 1692, il est nommé maître de chapelle à la cathédrale de Pistoia. Outre des opéras, Viviani a composé des oratorios et des cantates et deux de ses sonates (op.4, 1678) appartiennent au mince répertoire des œuvres pour trompette et continuo.

Denis Arnold.

Vivo, vivido (ital.). « Vif », « vive ».

Vl. Abréviation de « violon ».

Vlad, Roman (Cernăuţi, Roumanie, aujourd'hui Czernovitz, Ukraine, 29 décembre 1919). Compositeur et musicographe italien, d'originie roumaine. Il fait ses études au Conservatoire de Cernăuţi, puis suit des cours de perfectionnement avec Casella à l'Accademia di Santa Cecilia, à Rome (1938-41). Depuis lors, il exerce en Italie des activités de compositeur, pianiste, critique, professeur et assure la promotion de la musique nouvelle. Dans ses œuvres, il fait un emploi assez conservateur des techniques sérielles. Il a écrit des opéras, des ballets, des cantates et des pièces symphoniques. Il est l'auteur du livre *Stravinski* (Turin, 1958 et Londres, 1960, 3e éd. 1978).

Paul Griffiths.

Vocalise (all. : *Vokalise* ; ital. : *vocalizzo*). Mélodie chantée sans texte, par exemple sur une voyelle. Ce terme embrasse les exercices de technique vocale (voir *Solfège*) et est aussi employé de façon peu flatteuse dans le sens de démonstration technique pure.

Les passages vocalisés constituaient un élément important de la composition au Moyen Age, comme les mélismes sans texte du plain-chant.

Plus tard, les compositeurs ont utilisé des passages vocalisés pour produire un effet spécial, notamment Debussy dans *Sirènes* (troisième de ses *Nocturnes* pour orchestre), Holst dans le mouvement « Neptune » des *Planètes*, Ravel (*Vocalises en forme d'habanera*), Rachmaninov (*Vocalise*), Medtner (*Sonata-Vocalise* et *Suite-Vocalise*) et Janáček (dans la scène du mariage du renard à l'acte II de son opéra *La Petite Renarde rusée*).

Voce, voci (ital.). « Voix » ; *colla voce*, « avec la voix » : l'accompagnateur doit adopter et suivre le tempo du soliste.

Voce di petto, Voce di testo (ital.). « Voix de poitrine », « voix de tête ». Voir *Voix*, 4.

Voces aequales (lat.), **voci eguali** (ital.). Voir *Voix égales*.

Voces intimae. Sous-titre du *Quatuor à cordes en ré mineur op.56* de Sibelius, composé en 1909.

Vodorinski, Anton. Voir *Ketèlbey, Albert.*

Vogel, Vladimir (Rudolfovitch) (Moscou, 29 février 1896 ; Zurich, 19 juin 1984). Compositeur suisse d'origine allemande et russe. Il fait ses études à Berlin avec Heinz Tiessen et Ferruccio Busoni, puis enseigne au Conservatoire Klindworth-Scharwenka (1929-33). Il s'installe en Suisse et, en 1954, prend la nationalité suisse. Sa contribution la plus importante à la musique est l'emploi de voix parlées, solistes et chorales ; il s'inspire également du * sérialisme de Schoenberg et du classicisme de Busoni.

Paul Griffiths.

Vogelweide, Walther von der. Voir *Walther von der Vogelweide.*

Vogler, Georg Joseph [Abbé Vogler] (Pleichach, près de Wurzbourg, 15 juin 1749 ; Darmstadt, 6 mai 1814). Théoricien, organiste et compositeur allemand. Il fait des études de théologie et de droit à l'Université de Wurzbourg, puis à Bamberg. En 1772, il est nommé chapelain de la cour de l'Électeur palatin Charles-Théodore, à Mannheim ; ce dernier l'autorise à aller étudier la musique à Bologne, avec le padre Martini, et à Padoue. Il retourne à Mannheim en 1775 et devient conseiller ecclésiastique du prince et second maître de chapelle. En 1778, il décide de ne pas suivre la cour à Munich et reste à Mannheim, où il a fondé la Tonschule, terrain d'essai de ses théories musicales peu orthodoxes. Il passe quelque temps à Paris, puis, en 1784, se fixe finalement à Munich comme premier maître de chapelle de la cour. Deux ans plus tard, il est nommé au même poste à la cour de Suède, à Stockholm, où il reste environ treize ans. Pendant cette période, il entreprend un voyage de recherches pour étudier la musique traditionnelle au Portugal, en Afrique du Nord et en Grèce.

En quittant la Suède en 1799, Vogler se tourne vers la facture d'orgues et invente un orgue portatif, l'« orchestrion ». Il se réinstalle temporairement à Mannheim en 1805, mais, deux ans plus tard, Louis Ier de Hesse-Darmstadt le nomme conseiller privé pour les affaires ecclésiastiques et maître de chapelle de la cour. Au nombre de ses compositions figurent plusieurs œuvres dramatiques, de la musique instrumentale et beaucoup de musique religieuse. Mais l'importance de Vogler réside surtout dans les domaines de l'enseignement et de l'écriture, auxquels il se consacre essentiellement à la fin de sa vie. Weber et Meyerbeer furent ses élèves.

Wendy Thompson.

Voix

1. Introduction
2. Respiration
3. Le mécanisme du larynx
4. Registres
5. Résonance
6. Voyelles
7. Vibrato
8. Diction
9. Raffinements de la production vocale

1. *Introduction.* La voix à l'état pur est l'instrument de musique le plus ancien. La toute première forme de chant n'était sans doute pas très raffinée, mais l'homme a sûrement découvert que cet instrument naturel qu'il possédait en lui exerçait un effet considérable sur ses auditeurs. Il n'est pas nécessaire qu'un chanteur développe sa technique vocale pour que sa voix soit émouvante ; en fait, la qualité de l'expression émotionnelle est le facteur le plus

important, comme on peut le vérifier en écoutant les chanteurs de musique populaire et folklorique. Toutefois, pour chanter le vaste répertoire de la grande musique occidentale, la voix doit être formée d'une façon particulière de façon à pouvoir chanter sur une large étendue, à différents niveaux dynamiques sans amplification artificielle, dans la musique lente comme dans la musique fleurie. En matière artistique, on ne peut dire que le chant soit un phénomène naturel, quoique certains chanteurs aient par nature une meilleure voix et une compréhension plus intuitive de la technique vocale que d'autres. Il ne faut pas oublier que, quel que soit le stade de développement d'une technique, elle doit avoir l'air naturelle et permettre la communication directe des émotions qui sont dépeintes.

Depuis les temps les plus reculés, l'homme a toujours mené de pair une approche empirique de l'éducation vocale et la recherche scientifique. Le premier exemple de recherche approfondie est celui de Galen (130-200 av. J.-C.) ; après lui, la recherche a fait très peu de progrès jusqu'au XVIe siècle. A la fin du XVIe siècle, avec l'évolution de la musique vocale et l'émergence de l'opéra, on a commencé à s'intéresser très sérieusement à la science vocale. Les chanteurs qui éprouvent une certaine aversion pour l'intrusion de la science dans leur profession devraient se rappeler que l'un des plus grands professeurs de chant, Manuel Garcia (1805-1906), a mis en pratique beaucoup de recherches scientifiques dans le travail de la voix. Toutefois, il convient de mentionner que si la plupart des théories de physiologie vocale étaient incomplètes et, dans bien des cas, inexactes avant le XXe siècle, le grand chant est néanmoins parvenu à s'épanouir, même avec une technique basée sur un concept scientifique erroné. Il est évident que les méthodes d'enseignement traditionnelles étaient efficaces et continuent à l'être.

Il est donc utile, en traitant de la façon de « construire un instrument vocal » capable d'interpréter le vaste répertoire postérieur à 1600, d'examiner à la fois la science de la production vocale et les méthodes traditionnelles. On verra que, loin de s'opposer, les deux se complètent.

2. *Respiration.* Tout instrument de musique se compose d'une alimentation qui fournit la puissance, d'un producteur sonore et de résonateurs. Dans le cas de la voix humaine, l'alimentation est fournie par le souffle. Toute personne en bonne santé sait comment il faut respirer pour parler. Toutefois, pour chanter, il faut soutenir le son vocal pendant des périodes relativement longues. Il n'est donc pas étonnant que, pour de nombreux chanteurs, la respiration soit l'aspect le plus important de la technique. Beaucoup de chanteurs citent les anciens maîtres du passé, en prétendant que le secret du chant repose sur la « respiration » et une multitude de professeurs ont élaboré des systèmes de respiration et de contrôle de celle-ci. En fait, respirer efficacement pour chanter est une fonction très naturelle. Les difficultés viennent de la coordination de la respiration avec l'acte de vocaliser, de manière à obtenir à la fois liberté et contrôle.

Le chanteur utilise son corps comme instrument de musique et il faut accorder une certaine attention au comportement physique. Comme pour la respiration, il est facile de lui accorder trop d'importance. Une soirée à l'Opéra suffit à comprendre que si la production vocale est assurée, on peut chanter dans n'importe quelle position ou presque.

On doit tenir la tête droite, sans raideur, en imaginant qu'elle est suspendue au plafond par une corde. La poitrine doit être maintenue à une hauteur raisonnable, les épaules détendues et les bras pendants. L'arrière du cou doit être allongé et le bassin libre de basculer de telle sorte que la partie frontale soit ramenée vers l'intérieur et vers le haut et la partie arrière vers le bas. Le chanteur doit sentir le poids sur les éminences métatarsiennes de ses pieds. Il doit se sentir « prêt à l'action », imaginant, par exemple, qu'il va tirer l'épée, sans toutefois marquer trop d'agressivité. Une certaine traction peut être ressentie dans l'abdomen, mais les muscles ne doivent pas être consciemment tendus. Si l'abdomen est tendu, surtout dans la région de l'épigastre (la partie de l'abdomen qui se trouve juste au-dessus de l'estomac), le diaphragme ne pourra pas descendre suffisamment. Le chanteur doit respirer en silence et profondément, en ressentant une expansion sur les côtes inférieures. Le diaphragme descend et s'aplatit légèrement, ce qui permet au thorax de s'élargir (voir Fig. 1). Au moment de l'expiration (requise pour vocaliser), le sternum ne doit pas être détendu. Les muscles abdominaux se contractent et les muscles intercostaux et le diaphragme leur opposent une certaine résistance. Si le chanteur prend une bonne respiration et expire sur un son « f », il sentira le mouvement progressif vers le haut et vers l'intérieur, contrebalancé par des pressions internes.

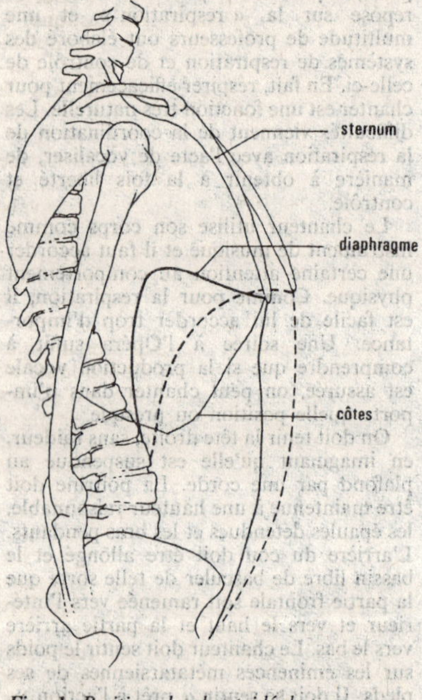

Fig. 1. Position de chant idéale.

Naturellement, toute activité physique qui améliore la santé et la bonne forme du chanteur profite à sa respiration et donc à la qualité de son chant, mais il n'est pas nécessaire pour respirer de devenir une mécanique. Il peut être utile de pratiquer la respiration comme une réaction à quelque stimulation imaginée, comme une surprise agréable, l'horreur, etc., qui donne davantage de spontanéité au processus.

3. *Le mécanisme du larynx*. Le son vocal est produit dans le larynx. La principale fonction de cet organe compliqué est celle d'une valve qui retient le souffle et empêche des corps étrangers d'entrer dans les poumons. Il est situé en haut de la trachée ou de la trachée-artère, tube constitué d'anneaux de cartilage.

Le larynx se compose d'une structure cartilagineuse assemblée par un système complexe de muscles et de ligaments (voir Fig. 2, 3 et 4). Il y a deux gros cartilages : le cartilage cricoïde, qui épouse un peu la forme d'une chevalière, et, au-dessus, le cartilage thyroïde en forme de « bouclier » long. La pomme d'Adam constitue le devant de ce cartilage. L'arrière du cartilage thyroïde s'étend vers le haut et vers le bas en saillies comparables à des cornes. Les cordes supérieures (ou *cornua* supérieures) rencontrent l'arrière d'un os appelé hyoïde, tandis que les *cornua* inférieures sont attachées à la partie latérale du cartilage cricoïde, formant une articulation pivot.

Sur l'arête supérieure du cartilage cricoïde se trouvent deux petits cartilages aryténoïdes. Chaque aryténoïde se rétrécit vers le haut et, à son sommet, sont attachés les cartilages corniculés. A la base de chaque aryténoïde se trouve le processus vocal (un processus est une protubérance ou une saillie). La corde vocale est attachée à ce processus.

Le larynx est relié au sommet à l'os hyoïde, qui est situé dans la partie supérieure du cou. L'épiglotte est une lame cartilagineuse en forme de triangle reliée au cartilage thyroïde.

Les cordes vocales elles-mêmes se composent d'une paire de replis musculo-membraneux du larynx qui convergent vers le centre au niveau des aryténoïdes. Durant la respiration, les replis se déplient et deviennent parallèles aux côtés du larynx. Au-dessus des vraies cordes vocales se trouvent les fausses cordes, qui n'exercent aucune influence sur la production sonore.

Sous les cordes vocales se trouve un ligament que l'on appelle *conus elasticus* ; il est relié à l'arête supérieure du cartilage cricoïde par sa base et se mêle en son sommet aux arêtes de la glotte.

Les cordes vocales sont formées par les muscles thyro-aryténoïdes. Elles s'étendent de l'encoche de la thyroïde aux aryténoïdes. Cette paire de muscles est vraiment très complexe. Ils forment deux replis de chaque côté. Les replis supérieurs

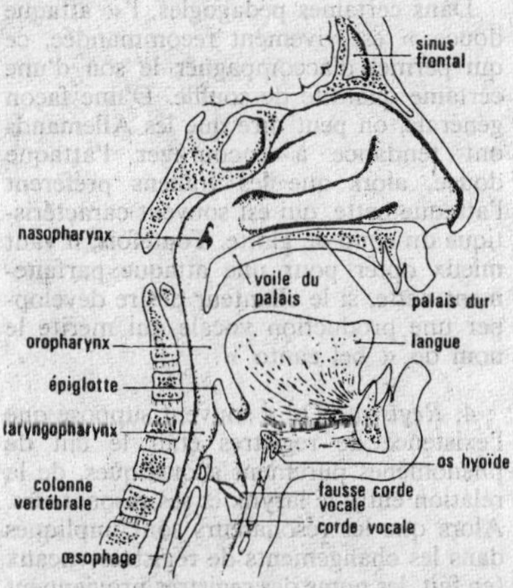

Fig. 2. La bouche et la cavité vocale.

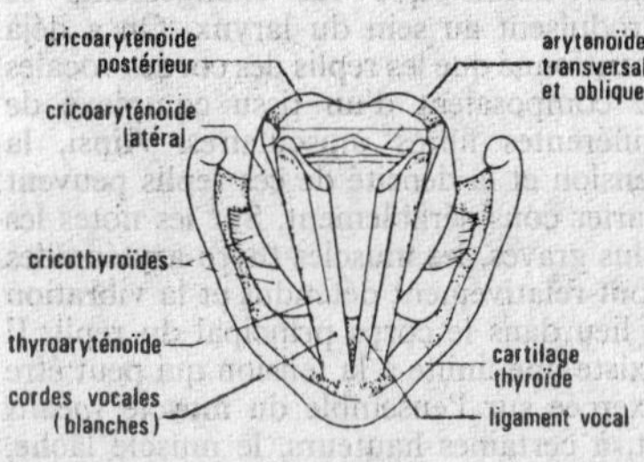

Fig. 3. Les muscles du larynx.

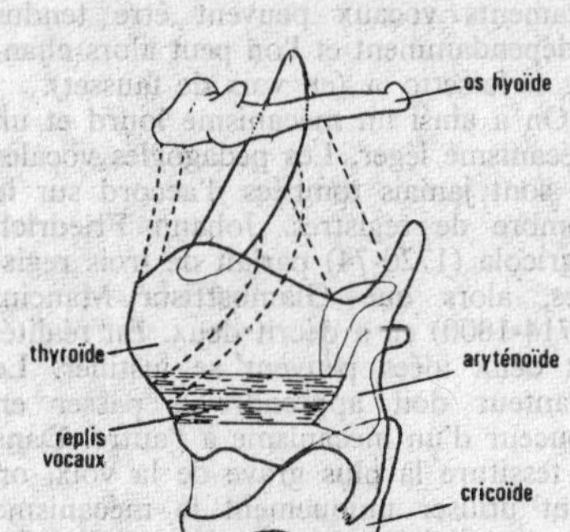

Fig. 4. Les cartilages du larynx.

sont les bandes ventriculaires ou fausses cordes vocales. Les thyro-aryténoïdes internes forment le corps des deux cordes vocales et s'appellent aussi *vocales.* Les bords des replis sont les ligaments vocaux. Ainsi les thyro-aryténoïdes forment une structure très complexe de diverses fibres musculaires.

Avant d'analyser la production réelle du son, il faut encore mentionner le réseau musculaire externe qui est nécessaire au bon fonctionnement de la voix. Le larynx est suspendu dans ce qu'on pourrait appeler un « échafaudage élastique » de muscles qui est encore plus complexe que la structure interne du larynx. Certains muscles tirent le larynx vers le bas et en arrière. Le cartilage cricoïde est maintenu fixe contre la colonne vertébrale. Les muscles qui relient l'os hyoïde à la mâchoire doivent être détendus lorsque le larynx est tiré vers l'avant et vers le haut. Un autre jeu de muscles assure les liaisons entre le larynx, les omoplates et le sternum, participant ainsi à l'équilibre des muscles qui tirent le larynx vers le haut, c'est-à-dire vers la langue, le palais et le crâne. Les muscles qui exercent une traction descendante ne peuvent fonctionner si la poitrine n'est pas maintenue haute et large (comme indiqué au § 2). La structure musculaire externe ne peut être contrôlée que dans une certaine mesure, quant à la structure musculaire interne, elle ne peut être contrôlée qu'indirectement. Le professeur doit avoir pour objectif de trouver des images qui correspondent aux fonctions correctes et de maintenir un équilibre entre toutes les forces musculaires.

Pour produire un son, les replis des cordes vocales doivent se rapprocher (adduction) et l'air doit pouvoir circuler. Le chanteur commence par imaginer la hauteur de son à laquelle il va chanter. Le muscle crico-thyroïde se contracte et augmente la distance entre la thyroïde et le cartilage cricoïde, étirant ainsi les replis des cordes vocales pour corriger la longueur. Une augmentation de la longueur fait vibrer les replis plus rapidement. Les replis des cordes vocales se rapprochent par l'action des aryténoïdes transversaux, aidés par les muscles inter-aryténoïdes obliques. Les crico-aryténoïdes jouent un rôle de coordination avec les inter-aryténoïdes en réalisant parfaitement l'adduction des replis des cordes vocales.

Lorsque la phonation doit avoir lieu, les replis sont amenés en position presque parallèle. En raison de l'effet Bernoulli, une baisse de pression le long des arêtes des replis des cordes vocales les fait adhérer les unes aux autres par succion. Ensuite, la différence de pression de l'air sur la glotte les fait s'écarter. Ainsi, l'air circule dans les cordes vocales en une série rapide de bouffées. L'effet Bernoulli s'explique par le fait que l'air en mouvement exerce moins de pression que l'air stationnaire. Ainsi, si l'on tient deux feuilles de papier parallèles devant ses lèvres, distantes d'un centimètre environ, et si l'on souffle au milieu, la réduction de pression entre les feuilles les amène à se toucher. Pendant la phonation, la tension et la densité des replis des cordes vocales changent en fonction de la pression de la respiration afin de produire la qualité sonore imaginée par le chanteur.

L'attaque d'un son vocalique est le résultat de cette préparation musculaire et de l'action du souffle. Il convient de noter que l'attaque vocale lancée par succion est différente de celle dans laquelle l'air pénètre de force sur les replis des cordes vocales qui sont complètement fermées. Dans ce cas, le son débute par une légère toux ou « occlusive glottale » (représentée par ? dans l'alphabet phonétique international). Cette attaque est habituellement désignée par le terme « coup de glotte » et doit être évitée, car la plupart des laryngologues admettent qu'elle est potentiellement nuisible, surtout sur les notes aiguës, où la tension accrue amène les cordes vocales à s'entrechoquer.

Il est souvent conseillé, au moment d'attaquer une note aiguë, de laisser s'échapper un peu de souffle afin de détendre le mécanisme valvulaire. L'idéal serait de chercher à rendre simultanés la fermeture des replis et le courant de souffle, produisant ainsi une attaque nette, ni sur le souffle, ni violente. Il est souvent utile au chanteur d'imaginer que le son ne débute pas dans la gorge et de se concentrer plutôt sur le foyer du son devant la figure tout en détendant la gorge (voir § 5). Naturellement, il s'agit d'une pure fiction ; mais, comme les muscles du larynx ne sont pas sous un contrôle conscient, le chanteur doit trouver les sensations qui sont produites par le mécanisme correct.

Dans certaines pédagogies, l'« attaque douce » est vivement recommandée, ce qui permet d'accompagner le son d'une certaine quantité de souffle. D'une façon générale, on peut dire que les Allemands ont tendance à encourager l'attaque douce, alors que les Italiens préfèrent l'attaque nette, qui est souvent caractéristique du coup de glotte. Toutefois, il vaut mieux opter pour une attaque parfaitement nette, si le chanteur désire développer une production vocale qui mérite le nom de « bel canto ».

4. *Registres.* On a souvent supposé que l'existence de registres était le fait de phénomènes purement acoustiques, de la relation entre le larynx et ses résonateurs. Alors que les résonateurs sont impliqués dans les changements de registres vocaux (en fait, les noms des registres proviennent de concepts de résonance), il est généralement admis que les changements se produisent au sein du larynx. On a déjà mentionné que les replis des cordes vocales se composaient d'un tissu complexe de différentes fibres musculaires. Ainsi, la tension et la densité de ces replis peuvent varier considérablement. Sur les notes les plus graves, les muscles thyro-aryténoïdes sont relativement détendus et la vibration a lieu dans le corps principal du repli. Il existe une limite à la tension qui peut être exercée sur l'ensemble du muscle *vocalis* et, à certaines hauteurs, le muscle lâche, causant une « cassure » dans la voix. Le muscle *vocalis* étant ainsi détendu, les ligaments vocaux peuvent être tendus indépendamment et l'on peut alors chanter « falsetto » (en voix de fausset).

On a ainsi un mécanisme lourd et un mécanisme léger. Les pédagogies vocales ne sont jamais tombées d'accord sur le nombre de registres. Johann Friedrich Agricola (1720-74) parlait de trois registres, alors que Giambattista Mancini (1714-1800) en a décrit deux. En réalité, les deux idées peuvent se justifier. Le chanteur doit apprendre à passer en douceur d'un mécanisme à l'autre. Dans la tessiture la plus grave de la voix, on peut utiliser uniquement le mécanisme lourd et l'alléger progressivement au fur et à mesure que l'on monte dans l'aigu, en jouant sur les deux dans la partie médiane de la voix. En haut de la tessiture, on utilise uniquement le mécanisme léger. Ainsi, chez la femme, on a la voix de poitrine, la voix de tête et un « passage » entre les deux registres (médium), et, chez l'homme, la voix de poitrine, la voix de tête et la voix de fausset. La voix de tête de l'homme correspond au médium de la femme et sa voix de fausset à la voix de tête de la femme. Normalement, l'homme n'utilise pas la voix de fausset, sauf pour des effets spéciaux ou s'il chante alto. On peut faire une comparaison intéressante en pensant aux différentes qualités comme à des couleurs : si l'on pense que la qualité lourde est bleu foncé et que la légère est jaune, on peut imaginer la voix intermédiaire dans différentes nuances de vert. En poursuivant cette analogie, il est clair que le chanteur peut utiliser différentes nuances selon les impératifs de la musique. Il ne faut pas pousser trop haut la voix de poitrine, ce qui reviendrait à forcer, car, bien qu'une voix s'alourdisse ou devienne plus dramatique lorsque le chanteur (la chanteuse) mûrit, il (ou elle) ne doit pas négliger le mécanisme léger s'il veut conserver des notes aiguës d'un bout à l'autre de sa carrière.

Une soprano commence souvent par chanter dans le mécanisme léger ou *falsetto* sur toute l'étendue de sa voix. Le médium doit alors développer une qualité plus lourde. De même, une contralto doit souvent trouver comment utiliser son registre de tête.

D'une façon générale, dans le répertoire baroque et dans le début du répertoire classique, il faut rechercher la légèreté. Avec la musique de Wagner, de Verdi et des compositeurs véristes ultérieurs, les chanteurs commencent progressivement à utiliser une voix plus lourde. Les premiers chanteurs utilisaient certainement la voix de poitrine, mais préféraient, dans la tessiture aiguë, un son léger et brillant. Il est déplorable que, de nos jours, de nombreux chanteurs cherchent à alourdir leur voix au point de déformer la musique qu'ils chantent.

5. *Résonance.* Comme tout autre instrument de musique, la voix possède des résonateurs et un générateur de son. Il est essentiel d'apprendre à produire différents timbres vocaux, selon l'atmosphère et le contenu émotionnel d'une mélodie ou d'un air. Les chanteurs passent beaucoup de temps à apprendre à régler les résonateurs afin d'y parvenir. Il ne faut pas oublier que les réglages des résonateurs affectent pour la plupart le larynx lui-même. Comme une grande partie de l'activité musculaire du larynx est subconsciente, et donc comprise de façon incomplète, l'importance relative de la résonance et les réglages réels dans le larynx lui-même sont assez difficiles à préciser. En fait, même les professeurs les plus sensibilisés à une approche scientifique utilisent le genre d'images auxquelles on fait appel depuis des siècles. Un grand nombre de ces images concernent les sensations de résonance dans diverses parties du visage, de la poitrine et de la tête.

Il est certain que le résonateur le plus important est le pharynx. Presque tous les chanteurs reconnaissent que la gorge doit rester « ouverte ». Les principes pédagogiques, consistant par exemple à maintenir une balle d'air dans le pharynx ou à s'imaginer que le son se déplace vers l'arrière et non vers l'avant, sont courants (Caruso aurait expérimenté cette dernière sensation). Une autre idée couramment répandue consiste à produire une sensation de bâillement. Le pharynx agrandi renforce les harmoniques inférieurs et donne à la voix une qualité moelleuse et riche. La hauteur de son du pharynx a été estimée à diverses valeurs situées entre 350 Hz et 750 Hz. Ainsi, le chanteur règle le résonateur selon la hauteur à laquelle il chante et selon le timbre qu'il recherche. La langue joue aussi un rôle important dans l'obtention d'une gorge « ouverte ». Il faut la maintenir en bas et en avant dans la bouche, ce qui laisse le pharynx libre et agrandit la bouche, qui, conjointement avec le pharynx, augmente la résonance. Il est souhaitable que le larynx reste assez bas (il monte un peu sur les notes aiguës et suit la langue dans la production de certaines voyelles). Si l'on respire profondément et silencieusement, le larynx tombe naturellement et la langue se détend. Outre la gorge profonde et ouverte, la plupart des professeurs demandent que le voile du palais soit tendu haut. Lorsque cette extension vers le haut est correctement coordonnée avec un allongement vers le bas, les harmoniques supérieurs sont renforcés. La voix comporte un harmonique supérieur important qui se situe vers 2 800 Hz dans les voix d'homme et légèrement plus haut dans les voix de femme. C'est la fréquence qui donne à la voix son « timbre » spécifique, son brillant. Une fois qu'il l'a découverte, le chanteur doit conserver cette résonance en chantant, qu'il chante fort ou doucement. Pour cette fréquence, on pense que le résonateur se trouve dans le « col du larynx », entre l'épiglotte et les replis aryépiglottiques. Les chanteurs sentent souvent ce « timbre » ou « foyer » dans les régions frontales du visage et dans les cavités nasales. Si le chanteur ouvre ces cavités (« comme s'il sentait une rose » est une expression souvent employée), il peut intensifier ce timbre. Dans la terminologie des chanteurs, cela revêt diverses appellations : « résonance frontale », « chant dans le masque » ou « impostazione della voce » (« placement de la voix »).

Il est donc surprenant pour des chanteurs de découvrir que les cavités nasales ou les sinus n'ajoutent rien d'important au son vocal qu'entend le public. Il en est de même de la « résonance de poitrine », quoiqu'il y ait une certaine résonance dans la trachée sur les notes graves. Toutefois, on ne saurait nier l'utilité des sensations ressenties par le chanteur. Il faut essayer d'obtenir un juste équilibre entre le « brillant du son vers l'avant » et la « richesse du son d'une gorge ouverte ». Un travail soigneux de l'attaque, coordonné à un flux de souffle libre, aide à y parvenir.

6. *Voyelles.* S'il y a de légères différences au sein du larynx entre les diverses voyelles chantées, l'étude des voyelles appartient néanmoins à celle de la résonance. Tout son produit dans le larynx se compose d'une fondamentale et d'une série d'harmoniques. La force relative des harmoniques donne à une voix son timbre particulier. Toutefois, il faut aussi tenir compte de l'existence de « formants », c'est-à-dire des éléments de formation des différents sons des voyelles. On a déjà vu l'existence du formant haut de 2 800-3 000 Hz. Il nous faut maintenant considérer les deux principaux formants bas qui caractérisent chaque son vocalique. Les fréquences approximatives des voyelles sont les suivantes :

[u :] : 400 Hz, 800 Hz
[o :] : 500 Hz, 850 Hz
[ɑ] : 825 Hz, 1 200 Hz
[æ] : 750 Hz, 1 900 Hz
[ĕ] : 550 Hz, 1 900 Hz
[ei] : 550 Hz, 2 100 Hz
[i :] : 375 Hz, 2 400 Hz.

Comme la voyelle [i :] contient un formant proche du formant élevé, on a coutume de rattacher les autres voyelles à [i :].

L'existence des formants explique la difficulté de prononcer certaines voyelles comme [i :] ou [u :] sur des notes aiguës. Mais ces deux voyelles contiennent un formant bas qui ne sonne pas sur les notes aiguës. Si le chanteur rend parfaitement clair le reste de sa diction, l'auditeur modifie la voyelle dans sa propre tête.

On comprend aisément qu'une modification des résonateurs entraîne un changement de son vocalique. On peut apprendre à mélanger les caractéristiques de différentes voyelles comme on mélange les qualités des différents registres. Ainsi, pour assombrir une phrase entière on peut la travailler sur [u :] et, lorsqu'on chante les véritables paroles, garder quelque chose de la qualité sonore du [u :]. Beaucoup de professeurs relient les concepts de registre à la résonance. Par exemple, la voyelle de formant bas [u :] correspond à la voix de poitrine, [ɑ] au médium et un [ɑ] ou « hü » léger à la voix de tête. Bien que ce système ne soit pas très scientifique, il est utile et permet de résoudre des transitions de registre difficiles grâce à différentes voyelles et par des réglages de résonance. En faisant un usage combiné des registres et de la résonance, le chanteur possède certainement un instrument capable d'une plus grande variété de couleurs que tout autre instrument.

7. *Vibrato.* Un *vibrato* est une pulsation dans la note, accompagnée de fluctuations d'intensité et de timbre. La fluctuation de la hauteur de son est très large – environ un demi-ton, passant à un ton entier dans les moments particulièrement forts. Si le *vibrato* n'est pas excessif, l'intonation ne s'en ressent pas, car l'auditeur entend un son moyen entre les deux limites externes. Dans des tests réalisés par des chanteurs avec et sans *vibrato*, on a montré qu'il n'y avait aucune relation entre *vibrato* et intonation. En même temps, l'intensité varie légèrement et certains harmoniques aigus se déplacent. Dans une voix bien placée, la fréquence du *vibrato* est environ de sept oscillations par seconde (ce chiffre varie légèrement selon la musique). En règle générale, les chanteurs d'opéra ont un taux de *vibrato* plus rapide que les chanteurs de concert. En outre, ce taux augmente dans la musique plus dramati-

que et en fonction du contenu émotionnel. Naturellement, tout cela est perçu par l'auditeur comme des variations de couleur. Le *vibrato* donne à la voix sa qualité émouvante. En fait, il est directement lié à l'état émotionnel du chanteur. Chaque minuscule muscle du larynx est équilibré par un autre. En maintenant l'équilibre pendant la vocalisation, il y a une fluctuation dans l'énergie des muscles eux-mêmes. La vitesse de cette fluctuation dépend de la vitesse des impulsions nerveuses. S'il y a trop de stimulation émotionnelle incontrôlée, la fréquence des impulsions nerveuses est plus rapide. Si le *vibrato* est trop rapide, l'auditeur entend un « battement » et, s'il est trop lent, un chevrotement.

Certaines pédagogies vocales sont favorables à un *vibrato* lent, plutôt ample. Ce que l'on pourrait appeler le « son allemand » – la production vocale très riche, mais souvent trop chargée, particulièrement répandue chez les chanteurs wagnériens – possède un taux de *vibrato* très lent descendant souvent jusqu'à cinq oscillations par seconde. Un tel son peut convenir à la musique romantique allemande, mais ne sied pas vraiment à la musique italienne, qui requiert un son très concentré. En s'efforçant de produire un son plus puissant, de nombreux chanteurs lyriques surchargent leur voix. C'est le type de production vocale qui a suscité la réaction de certains spécialistes de la « musique ancienne ». Ils prétendent que la musique des XVIIe et XVIIIe siècles devrait être chantée avec un son totalement plat. Un son plat ne peut être produit que par un manque d'activité des muscles impliqués, ainsi que par un manque d'énergie dans l'alimentation en air. Une telle voix manque de souplesse et de tout impact émotionnel. En dehors de ces considérations techniques, de nombreuses musiques justifient l'existence du *vibrato* comme un élément nécessaire d'un bon chant : Michael Praetorius et Mozart en sont deux exemples éminents.

8. *Diction*. La voix ne produit pas simplement un son musical. Elle doit aussi prononcer des mots où, pour être intelligibles, les consonnes doivent être coordonnées avec les sons vocaliques.

Les consonnes peuvent être classées de différentes manières. Lorsque la résonance se poursuit dans les consonnes, par exemple, elles sont dites « sonores » ; lorsque le son est interrompu, elles sont dites « sourdes ». Ainsi, les consonnes sonores – en français – sont : g, d, b, ž, z, v. Les consonnes sourdes incluent : k, t, p, š, s, f.

Une autre classification oppose les consonnes occlusives aux consonnes continues. Les occlusives (k, t, p, g, d, l) sont produites par une occlusion momentanément complète du canal buccal, puis une ouverture brusque laissant échapper la colonne d'air (d'où le nom d'explosives et de plosives qui leur est souvent donné). Il y a des occlusions labiales, des occlusions apicales et des occlusions dorsales.

Selon une autre classification, souvent utilisée pour le chant, les consonnes sont décrites selon la façon dont elles sont produites :

– bilabiales (les lèvres) : p, b, w, ẅ (comme dans *oui* et *puis*), m ;

– dentales ou apicales (si la pointe de la langue touche les dents supérieures) : d, t, l, n ;

– labio-dentales (lèvres et dents) : f, v ;

– sifflantes : s, z (*son* ou *zone*) ;

– chuintantes : š, ž (*chaud* ou *jonc*) ;

– dorsales palatales, dorsales vélaires ou dorsales uvulaires (articulées avec le dos de la langue, soit contre la partie antérieure du palais, soit contre le point le plus élevé de la voûte, soit contre le palais mou) : t, d, g, k.

Les consonnes nasales (m, n, gn) sont produites comme les occlusives ; elles s'en distinguent seulement en ce que, le voile du palais restant baissé, l'air s'échappe par le nez.

Le chanteur doit déterminer exactement l'endroit où les différentes consonnes sont formées, afin d'être capable de les produire avec un maximum de vitesse et de précision. Toute discussion sur le chant soulève la question de savoir quelle part de concentration il faut accorder à la musique et quelle part aux paroles – à l'évidence, il faut se concentrer sur les deux ! Dans une mélodie ou un air bien composé, le rythme et l'articulation fournis par les mots ajoutent toujours au rythme purement musical. Il faut, par exemple, un certain temps pour prononcer clairement les doubles consonnes (tr, pl, etc.). Si le son vocalique ne perd pas de résonance, il résulte une certaine souplesse rythmique du temps pris pour prononcer ces consonnes. Il est important que les consonnes ne soient pas accompagnées d'une fuite de souffle qui forme une autre voyelle – par exemple, « la » peut devenir « laqueuh ». En outre, il est souvent utile de pratiquer l'attaque d'un son vocalique avant d'ajouter la consonne qui le précède. Il convient aussi d'entretenir soigneusement la résonance durant la prononciation de mots différents. Si l'on y parvient, on obtient une bonne « ligne ». Une bonne « ligne » risque d'être gâchée par les diphtongues. Après s'être exercé à chanter toutes les diphtongues de la même manière et avoir acquis un son résonant, il peut être nécessaire de modifier légèrement la sonorité pour que la prononciation paraisse plus naturelle. Le chanteur doit considérer l'acquisition d'une bonne diction comme un élément de la plus haute importance. Le pouvoir de suggestion du langage doit être exploité, en ce qui concerne à la fois l'effet d'onomatopée des consonnes (comme dans *Lüftchen* [all.], « souffle léger ») et la couleur émotionnelle des voyelles (comme dans *dunkel* [all.], « sombre » et *Tod* [all.], « mort »). Wagner voulait que sa musique soit chantée exactement telle qu'elle était écrite, dans un style *legato*, avec des consonnes clairement articulées et des sons vocaliques colorés de façon à exprimer l'émotion suggérée par le mot lui-même. Dans le « bel canto » italien, une bonne diction est tout aussi importante. Le rythme de la langue doit pouvoir apporter une certaine souplesse à la ligne vocale.

Tous les sons vocaliques, quoiqu'ils aient tous la même résonance, doivent être très distincts, comme l'a écrit Tosi en 1723 : « Qu'il [le chanteur] prenne soin que toutes les paroles soient prononcées de telle manière que, sans la moindre affectation, elles soient distinctement comprises et qu'aucune syllabe ne soit perdue... car [sinon]... il n'y aurait pas grande différence entre la voix humaine et le hautbois ».

9. *Raffinements de la production vocale.* Un chanteur ne saurait se contenter de produire les mêmes sons pour tous les types de musique. A partir des éléments fondamentaux de la production vocale, on peut bâtir des types de voix très différents. De nos jours, le chanteur doit être à même de chanter la musique de toutes les époques. Un compromis est souvent nécessaire, mais on peut utiliser sa voix différemment selon la musique que l'on chante. Le chanteur a intérêt à étudier quelques méthodes traditionnelles de formation de la voix, car une grande partie du répertoire entre dans la tradition qui s'est développée à partir du XVIIe siècle et est restée inchangée jusqu'au milieu du XIXe siècle.

Il faut tout d'abord considérer l'idée de « chant sur la respiration » ou style *portamento* (port de voix). Ici *portamento* n'est pas employé dans le sens étroit de glissement léger de la voix d'une note à une autre. Il implique plutôt l'idée de la voix qui est portée sur la respiration, de telle sorte que chaque note se fond doucement dans la suivante. Il s'agit d'une sensation physique : le son est émis sans que l'on ait l'impression qu'il est « poussé » hors du corps. La sensation physique est liée de façon inextricable au rythme de la musique ; le *portamento* est ressenti d'un bout à l'autre d'un morceau et s'insinue même dans les silences. Tout en étant une question de respiration, c'est aussi une question d'attaque. La sensation correcte ne peut être acquise si l'on utilise le « coup de glotte » ; l'attaque douce décrite au § 3 s'impose. Le développement des registres est un autre aspect important de la formation de la voix telle qu'elle est décrite dans des documents des XVIIIe et XIXe siècles. Une fois les différents registres entièrement développés, leur jonction reste délicate. Il est certain que, dans la musique baroque, la voix de poitrine était totalement exploitée, ce que l'on a d'ailleurs tendance à ignorer dans les exécutions actuelles. La *messa di voce* (ital., « pose de la voix ») est un procédé vocal qui formait l'attaque du chanteur, le contrôle de la respiration et les registres. Elle consiste simplement à laisser une note longue s'enfler de la nuance la plus douce jusqu'à la plus forte (de *piano* à *forte*) avant de s'éteindre. Pour travailler selon ce procédé, il faut commencer par une attaque parfaitement nette, très doucement. Il s'agit presque d'une voix de fausset, mais qui a assez de poids pour permettre au chanteur de passer en douceur au *crescendo*. Au fur et à mesure que le chanteur augmente le volume, la qualité s'alourdit et la résonance augmente. Le processus est inversé dans le *diminuendo*. On constatera que cet exercice fait travailler les muscles du larynx ainsi que leur coordination avec la respiration.

Le chanteur doit travailler les sons amplifiés sur toute sa tessiture, en variant les registres légers et lourds et les différentes résonances. Après avoir longuement travaillé la *messa di voce*, le chanteur façonne automatiquement ses phrases avec davantage d'imagination. Les notes longues ont des couleurs variables et un sens du flux musical. La coordination entre la respiration et la production sonore donne une certaine souplesse rythmique. On peut déclamer des mots ou chanter *marcato* sans perdre le sens de la ligne.

Il est également important que le chanteur travaille *coloratura*. Les passages fleuris ne se chantent pas comme les phrases *legato* accélérées (bien qu'un travail lent puisse être utile en donnant une image mentale de la forme d'un passage rapide de notes ou pour vérifier l'intonation). La clef du beau chant *coloratura* est le sens du mot « en colorant ». On ne le chante pas à pleine voix, mais légèrement, pour que la voix émerge de la ligne, soutenue par un rythme fort. Des ornements, comme le trille (qui est en réalité un *vibrato* exagéré), le tour de gosier et le mordant, doivent aussi être chantés avec légèreté, « extraits » du son principal sans perturber la ligne. Le contrôle de la *coloratura*, indispensable dans la musique de Haendel, de Mozart et d'autres compositeurs postérieurs, se ressent souvent dans le visage. La *coloratura* très rapide, courante chez Monteverdi et Caccini, est habituellement ressentie dans la gorge et ressemble à un tremblement rapide du larynx. Elle est donc plus sèche que chez Mozart et Haendel.

On peut considérer la voix comme un équilibre entre certains extrêmes. Le mécanisme physique réel dépend de l'équilibre délicat entre des forces musculaires qui s'opposent. On a aussi des extrêmes de registres légers et lourds, et de résonance brillante et sombre. Tout en acceptant les qualités intrinsèques de sa voix, le chanteur doit atteindre le juste équilibre pour la musique. En termes généraux, légèreté et brillant sont indispensables à la musique baroque et classique alors que les registres graves et aigus auront une qualité très différente (comme sur les premiers pianos). Dans la musique postérieure, plus dramatique, on insistera davantage sur une production sonore plus lourde d'un bout à l'autre de la tessiture.

Toutefois, dans la formation d'un jeune chanteur, l'accent doit être mis sur une production légère ou lyrique. Si la voix a le potentiel requis, elle développera une qualité plus dramatique en mûrissant.

David Mason.

BIBLIOGRAPHIE : Marie-France Castarède, *La Voix et ses sortilèges*, Les Belles Lettres (Paris, 1987). Danielle Cohen-Levinas, *La Voix au-delà du chant*, Michel de Maule (Paris, 1987). Madeleine Gagnard, *La Voix dans la musique contemporaine et extra-européenne*, Van de Velde (Paris, 1988). Y. Lebrun, *Anatomie et physiologie de l'appareil phonatoire*, Labor-Nathan (Bruxelles-Paris, 1968). Bertil Malmberg, *La Phonétique*, PUF, coll. Que sais-je ? (Paris, 1954, rééd. 1971). Roland Mancini, *L'Art du chant*, PUF, coll. Que sais-je ? (Paris, 1969). A. Moles et B. Vallancien, *Phonétique et phonation*, Masson (Paris, 1966). Alice Ridel, *Le Pouvoir de la voix*, Éd. BAMI (Paris, 1988). Alfred Tomatis, *L'Oreille et la voix*, Robert Laffont (Paris, 1987).

Voix, Échange de (croisement de voix). De l'allemand, *Stimmtausch*. Dans la musique polyphonique, alternance de phrases entre deux voix de tessiture égale, procédé que l'on rencontre fréquemment dans la musique des XIIe et XIIIe siècles.

Voix égales, à (angl : *equal voices* ; ital. : *voci eguali* ; lat. : *voces aequales* ; all. : *gleiche Stimmen*). Œuvre chorale pour voix identiques, comme deux ou trois sopranos. Les parties sont généralement disposées de telle sorte que la ligne supérieure soit répartie entre les participants. Occasionnellement, ce terme est employé à tort en opposition à « voix mixtes », dans le sens de « pour voix d'enfants seules », « pour voix de femmes seules », « pour voix d'hommes seules », au lieu d'un mélange de voix d'hommes et de femmes.

Voix humaine, La. Opéra (« tragédie lyrique ») en un acte de Poulenc sur un livret de Jean Cocteau. Monodrame pour soprano et orchestre, il a été créé à l'Opéra-Comique le 6 février 1959.

Voix mixtes. Terme employé dans la musique chorale qui correspond à une combinaison de voix d'hommes et de femmes. La combinaison chorale la plus courante regroupe des sopranos, des altos, des ténors et des basses (SATB) ; voir également *Voix égales, à*.

Volante (ital.). 1. « Volant », c'est-à-dire vif et léger.

2. Dans la techniques des instruments à cordes, sorte de coup d'archet dans lequel l'archet rebondit sur la corde pour produire un effet similaire à celui du *ricochet.

Vol du bourdon, Le. Interlude symphonique de l'opéra *Tsar Saltan* (1899-1900) de Rimski-Korsakov, dans lequel le prince se transforme en bourdon et pique ses indignes parents. Il en existe de nombreux arrangements pour toutes sortes d'instruments ou combinaisons instrumentales.

Volkmann, Friedrich Robert (Lommatzsch, Saxe, 6 avril 1815 ; Budapest, 29 octobre 1883). Compositeur allemand. Il fait ses études musicales à Freiberg, puis à Leipzig (1836-39). En 1839, il enseigne le chant à Prague et, deux ans plus tard, s'installe à Budapest. De 1875 jusqu'à sa mort, il sera professeur de composition à l'Académie de musique de Budapest. Sa musique est écrite dans le style allemand, avec quelques éléments occasionnels caractéristiques de la Hongrie ; elle comprend beaucoup de musique pour piano et de musique de chambre (notamment six quatuors à cordes), deux symphonies, des ouvertures, un *Concerto pour violon*, une musique de scène pour *Richard III* de Shakespeare et de la musique vocale.

Wendy Thompson.

Volkslied (all.). « Chanson traditionnelle », « chanson populaire ».

Volkston (all.). « Style traditionnel », « style populaire ».

Volkstümliches Lied (all.). « Chanson de style populaire ou traditionnel ». Un musicien amateur du milieu du XVIIIe siècle, Christian Gottfried Krause (1719-70), est à l'origine d'un mouvement visant à écrire des lieder dans un style traditionnel, avec des accompagnements simples et une ligne vocale dépourvue d'ornementation. Il a été suivi notamment par J. A. Hiller et J. A. P. Schulz, et leur musique a influencé les lieder de Schubert. Les mélodies de style traditionnel de Schubert, comme *Heidenröslein*, donnent une impression de simplicité sans artifice, mais, en fait, elles nécessitent une écriture extrêmement subtile et élaborée pour parvenir à cet effet.

Voll (all.). « Plein » ; *vollstimmig*, « à pleine voix », « pour tout l'orchestre », « pour tout le chœur » ; *volltönend, volltönig*, « sonore ».

Volles Werk (all.). « Plein jeu » (orgue).

Volta (ital.). 1. (de *voltare*, « tourner », « retourner ») [lavolta, levalto]. Danse rapide, populaire en France à partir de 1550 ; de rythme ternaire, elle ressemblait à la *gaillarde. Son nom provient de l'un des mouvements de la danse, dans lequel la dame est soulevée par son partenaire qui prend appui sur la cuisse tout en se retournant. Cette danse est devenue populaire en Angleterre et en Allemagne vers le début du XVIIe siècle, mais, en France, Louis XIII (1610-13) l'a interdite à la cour en raison de son manque d'élégance. Comme d'autres danses de cour, elle est devenue une forme instrumentale populaire et certaines pièces anglaises pour virginal et pour luth portent le titre de « Lavolta ». Voir également *Valse*.

2. Pour *prima volta* et *seconda volta*, voir *Double barre* ; voir également *Ouvert et clos*.

Volti (ital.). « Tournez » (la page) ; *volti subito* (souvent abrégé *v.s.*), « tournez rapidement » (on rencontre souvent cette expression au bas d'une page dans les partitions ou les parties de matériel d'orchestre).

Volubile, volubilmente (ital.). « Volubile », « avec volubilité ».

Voluntary (angl.). De nos jours, ce terme sert à désigner un morceau, écrit ou improvisé, joué par l'organiste après (et parfois avant) un service religieux. Il a eu une application musicale dès le milieu du XVIe siècle, désignant tout d'abord, semble-t-il, une composition instrumentale dans laquelle le compositeur n'ajoutait pas des parties à un thème de plain-chant, comme le voulait encore la coutume, mais s'accordait la liberté de façonner toutes ses parties selon son bon plaisir. On trouve un exemple de cette application du mot *voluntary* dans *Plaine and Easie Introduc-*

tion (1597) de Morley, où il dit qu'« écrire deux parties sur un plain-chant est plus difficile que d'en écrire trois en *voluntarie* ».

Dans le « Mulliner Book » (vers 1560), le terme est employé dans ce sens : ces *voluntaries* sont une sorte de fantaisie contrapuntique ou de *ricercare* sans le moindre *cantus firmus*.

Toutefois, l'idée de liberté, qui est implicite dans le terme, a permis de l'appliquer d'une autre façon. Ainsi, la même année ou un peu plus tard, on trouve le mot *voluntary* employé dans le sens d'« improvisation » ; ce sens s'est maintenu jusqu'au XIXe siècle, s'appliquant à toute exécution impromptue sur n'importe quel instrument. On trouve ainsi au XVIe siècle l'expression « a voluntary before the song ».

Samuel Butler applique la même idée métaphoriquement (vers 1667) dans l'un de ses « Characters », disant, à propos d'une personne brillante dans une conversation légère mais ennuyeuse dans une discussion sérieuse : « He is excellent at voluntary and prelude, but has no skill in composition. »

Dans *Ree's Cyclopaedia* (vers 1805), Burney définit le *voluntary* comme « un morceau joué impromptu par un musicien, selon sa fantaisie » et dit qu'un tel morceau est souvent utilisé avant que le musicien ne se mette lui-même à jouer une composition spécifique, pour essayer l'instrument et l'amener dans la tonalité de l'œuvre qu'il a l'intention d'exécuter. « Dans ces exécutions, dit-il, nous avons souvent entendu de grands instrumentistes réaliser des effets dans des accès d'enthousiasme et d'inspiration qui n'ont jamais paru sur le papier. » Il défend avec conviction les libertés prises, puis attire très naturellement l'attention sur une machine enregistrant automatiquement les *voluntaries* pour orgue (décrite dans les *Philosophical Transactions* de la Royal Society, n° 483, section 2).

On trouve encore l'emploi de ce mot dans *Vanity Fair* (1848) de Thackeray – « S'installant au piano, elle fit résonner un *voluntary* triomphant sur les touches. » Leigh Hunt (1850) parle de « moduler de doux *voluntaries* sur le pianoforte ».

En raison de l'habitude de jouer un *voluntary* avant une mélodie ou un morceau écrit, le mot a rapidement pris le sens (sans doute le moins courant) de « prélude ». On trouve ainsi une ordonnance de Charles Ier qui fixe les rythmes à utiliser par les batteurs de l'armée, dont l'un doit être comme un « Voluntary before the March ».

Dès que le mot *voluntary* a été introduit dans le langage musical, il a eu encore une autre application. De même que, par la suite, Schubert, Chopin et Schumann ont employé le mot « impromptu » pour des morceaux pour lesquels ils ne trouvaient pas d'autre nom, suggérant ainsi que le morceau était écrit dans un style plus ou moins improvisé, de même, à partir de Purcell (voir son *Voluntary on the 100th Psalm Tune*), les compositeurs anglais ont utilisé ce mot « voluntary » pour de la musique écrite et imprimée. Cette application concernait même la musique pour cordes, comme dans un recueil de *Select Preludes and Voluntarys for the Violin* publié à Londres par Walsh en 1705.

Les organistes ont toujours été de bons improvisateurs et les services religieux leur permettaient d'exercer leur compétence dans le domaine des *voluntaries*. Ainsi, le mot « voluntary » a pris une coloration religieuse et le sens auquel faisaient référence les premières lignes de cet article – jouer de l'orgue avant, pendant ou après un service, en improvisant ou non. Au XVIIIe siècle, on jouait couramment au moins trois *voluntaries* – au début et à la fin du service anglican (comme aujourd'hui) ainsi qu'après la première leçon (ou avant le sermon pendant que l'officiant passait du surplis à la robe de prêche). Le *Spectator* mentionne un autre moment du service où intervenait le *voluntary* : « Par un *voluntary* avant la première leçon, nous sommes préparés à accéder à ces vérités divines que nous recevrons bientôt. »

Au XVIIIe siècle, plusieurs types distincts de *voluntaries* étaient en usage dans l'Église d'Angleterre ; les principaux étaient sans doute le *Diapason Voluntary* et le *Cornet Voluntary*. Le cornet était une sorte de jeu composé et les *voluntaries* lui fournissaient (à la main droite) une ligne très fleurie sans le moindre accord avec (à la main gauche) un accompagnement qui devait être joué sur un autre clavier. (Souvent la partie de la main gauche se résumait aussi à une simple ligne de notes.) Si l'orgue possédait un « cornet d'écho » (un jeu doux) en plus de ce cornet fort, la partie de la main droite comportait une alternance des deux. De nos jours, les *Six Cornet Pieces... proper for young Organists* de Burney sembleraient sans doute déplacées – même lors des fêtes religieuses les plus gaies. Plus d'un demi-siècle avant qu'elles aient été écrites, Addison protestait déjà (dans le *Spectator* du 28 mars 1712) contre ce genre de morceau :

« Après que le prédicateur a traité son sujet, souvent avec beaucoup de piété et d'art, et que le clerc judicieux a, avec une extrême diligence, choisi deux portées adaptées au sermon et que j'ai trouvé en moi-même et dans le reste de l'assistance de bonnes pensées et de bonnes dispositions, elles disparaissent toutes instantanément sous l'effet d'une gigue joyeuse provenant de la tribune d'orgue. »

(Le clerc qui « a choisi deux portées » semble ici faire référence à son psaume.) De même, *Great Abuse of Musick* (1711) de Bedford se plaint des organistes qui congédient les fidèles « comme s'ils les faisaient sortir d'une taverne ou d'une brasserie ou plutôt d'une maison de jeu ».

De nos jours, les *voluntaries* se jouent sur un large éventail de musiques les plus diverses, une grande partie écrite à l'origine pour l'orgue et une partie constituant une sorte d'« arrangement ». Plusieurs anciens *voluntaries* anglais pour orgue, parmi les plus sobres, ont été réédités. Les *Sonates pour orgue* (1845) de Mendelssohn sont le fruit d'une commande qu'il avait reçue lorsqu'il était en Angleterre et dont l'objet se limitait à la composition de quelques *voluntaries* ; la décision de les appeler « sonates » au lieu de « voluntaries » est postérieure (dans l'ensemble, elles ont peu de rapport avec les *voluntaries*, ce qui a peut-être justifié le changement de titre).

Percy Scholes.

Vom Anfang (all.). « Depuis le début ».

Von ewiger Liebe (« Amour éternel »). Lied pour voix et piano de Brahms sur un poème de Hoffmann von Fallersleben. Il s'agit du premier lied de l'ensemble de quatre *Lieder op.43* (1868).

Von Heute auf Morgen (« Du jour au lendemain »). Opéra en un acte de Schoenberg sur un livret de Max Blonda (pseudonyme de Gertrud Schoenberg). Créé à Francfort en 1930.

Voraus (all.). « D'avance », « au préalable » ; *im voraus*, dans la musique d'orgue, indication suivant laquelle les jeux en question doivent être « préparés ».

Vorbehalten (all.). Voir *Aufführen*.

Vorbereiten (all.). « Préparer » ; ce terme est employé dans la musique d'orgue, souvent sous la forme *bereite vor*, en mentionnant un jeu particulier.

Vorhalt (all.). 1. Un retard (*vorbereiteter Vorhalt*).

2. Une appoggiature (*freier Vorhalt*).

Voříšek, Jan Václav [Worzischek, Johann Hugo] (Vamberk, Bohême, 11 mai 1791 ; Vienne, 19 novembre 1825). Compositeur et organiste tchèque. Il commence par travailler la musique avec son père, chef de chœur et organiste, mais ses dons remarquables d'instrumentiste en font un enfant prodige qui effectue, comme tel, une courte carrière en Bohême. Tout en faisant son droit à l'Université de Prague, il poursuit ses études musicales avec Tomášek, dont l'intérêt suprême pour la perfection contrapuntique aura un effet considérable sur la musique religieuse de Voříšek et sur ses œuvres pour piano. Mais, à Prague, entre 1810 et 1820, on pratique l'élégance mozartienne aux dépens de la nouveauté et Voříšek a peu d'occasions de s'adonner aux nouvelles tendances musicales. Ainsi, en 1814, il s'installe à Vienne pour étudier de plus près la musique de Beethoven. Il y mène une carrière active de compositeur, de pianiste et (à partir de 1818) de chef d'orchestre de la Gesellschaft der Musikfreunde. Organiste très estimé, il succède à son compatriote Růžička comme organiste de la cour en 1823. Sa mort prématurée a suscité de nombreux hommages de la part de la communauté musicale viennoise. Beethoven a dit du bien de ses *Rhapsodies op.1* et Schubert, avec lequel Voříšek était lié d'amitié, semble avoir été influencé par son écriture pianistique dans les *Impromptus op.7*. Le style de Voříšek ne reflète presque pas ses origines tchèques : sur le plan mélodique, il s'est intéressé au matériel thématique à motifs proche de Beethoven, sur le plan harmonique aux accords diminués, annonçant parfois Schumann et Mendelssohn. Les petites pièces pour piano de Voříšek (impromptus, rhapsodies, églogues) ont apporté une contribution significative aux débuts de la pièce pour piano romantique et son unique *Symphonie en ré op.24* (1821) révèle un talent dynamique (presque théâtral dans le mouvement lent) qui justifie les regrets de ses contemporains lors de sa disparition prématurée.

Jan Smaczny.

Vorschlag (all.). *Appoggiature ; *kurzer Vorschlag,* « courte appoggiature » ; *langer Vorschlag,* « appoggiature longue ».

Vorspiel (all.). « Prélude ». Wagner a appelé *Vorspielen* les introductions de ses opéras et a décrit *Das Rheingold* comme un *Vorspiel* à la trilogie du *Ring.*

Vortrag (all.). « Exécution » ou « récital » ; *Vortragsstück,* pièce de virtuosité, destinée à faire montre de sa technique ; *Vortragzeichen,* signes d'expression ; *vortragen, vorzutragen,* « exécuter », « faire ressortir », « souligner ».

Vorwärts (all.). « En avant » ; *Vorwärts gehend,* « accelerando ».

Vorzeichnung (all.). « Armature » ; *Taktvorzeichnung,* « chiffrage des mesures » ; *Tonartvorzeichnung,* « armature de la clef ».

Vox principalis, Vox organalis (lat.). Dans l'**organum,* « voix principale » (c'est-à-dire la partie préexistante utilisée comme base de la polyphonie) et seconde voix composée.

Voyage à Reims, Le (*Il Viaggio a Reims*). Opéra en un acte de Rossini sur un livret de Balocchi d'après *Corinne ou l'Italie* de Mme de Staël. Créé à Paris au Théâtre-Italien le 19 juin 1825 pour le couronnement de Charles X. Une partie du matériel musical a été réutilisée par Rossini dans *Le Comte Ory.*

Voyage de Siegfried sur le Rhin. Page symphonique composée de deux extraits du *Crépuscule des dieux* de Wagner, tirés du prologue et du premier acte (« Lever du jour sur le rocher » et « Voyage »).

Voyage d'hiver, Le. Voir *Winterreise.*

Voyages de Monsieur Brouček, Les (*Vyleti páně Broučkovy*). Opéra en deux parties de Janaček sur un livret du compositeur d'après Svatopluk Čech. Créé à Prague en 1920.

Vranický, Paul [Pavel] (Nová Říše, Moravie, 30 décembre 1756 ; Vienne, 26 septembre 1808). Compositeur et chef d'orchestre tchèque, frère d'Anton Vranický (1761-1820), compositeur, violoniste et fondateur de l'école de violon viennoise. Après des études de musique et de théologie dans sa Moravie natale, il quitte celle-ci pour Vienne à l'âge de vingt ans. Il est l'élève de Haydn pendant une courte période. Durant les années 1790, il dirige les orchestres des théâtres de la cour de Vienne, puis joue un rôle essentiel dans la vie musicale viennoise comme secrétaire de la Tonkünstler-Sozietät et directeur des Cavalier-Konzerte. Il entretient des relations amicales avec Haydn et Beethoven, qui approuvent la façon dont il dirige leurs œuvres. Il crée la *Symphonie nº 1* de Beethoven en 1800. Il connaît une grande popularité dans le domaine lyrique et instrumental : son singspiel *Oberon,* écrit pour les fêtes du couronnement de Léopold II en 1790, remporte un vif succès et restera au répertoire jusque dans les années 1820. Les qualités lyriques de ses symphonies et de ses quatuors à cordes suscitent l'admiration ; comme Haydn, son maître, Vranický a utilisé des mélodies traditionnelles dans ses symphonies.

Jan Smaczny.

V.s. Abréviation de **volti subito,* « tournez rapidement » (la page).

Vuoto, vuota (ital.). « Vide » ; *corda vuota,* « corde à vide ».

W

Wachet auf (« Éveillez-vous ! »). Cantate BWV 140 de J. S. Bach basée sur un choral luthérien et composée en 1731. C'est aussi le titre d'un prélude de choral pour orgue de Bach. « Wach' auf » est un chœur de l'acte III des *Maîtres chanteurs* de Wagner, chanté sur un texte de Hans Sachs.

Wachsend (all.). *Crescendo.*

Wachtel (all.). « Caille ». Beethoven a employé ce terme dans la partie de hautbois de la *Symphonie « Pastorale »*, lorsqu'il imite le cri de l'oiseau. Le même nom est donné à un instrument utilisé dans la *Symphonie des jouets* de Leopold Mozart (attribuée autrefois à Haydn), qui produit le même bruit (parfois appelé *Wachtelpfeife*, « courcaillet »). Voir *Sifflet*, 1.

Waelrant, Hubert (Anvers, vers 1517 ; Anvers, 19 novembre 1595). Compositeur, pédagogue, théoricien et éditeur de musique flamand. Sa maison d'édition, fondée avec Jean de Laet à Anvers en 1554, a publié d'importants recueils de musique de Lassus, ainsi que des chansons et des psaumes protestants en français.

John Milsom.

Wagenaar, Johan (Utrecht, 1er novembre 1862 ; La Haye, 17 juin 1941). Compositeur et pédagogue hollandais. Il fait ses études à Utrecht et à Berlin, puis devient professeur à l'École de musique d'Utrecht, dont il est nommé directeur en 1887. Entre 1919 et 1937, il est directeur du Conservatoire de La Haye. Son œuvre la plus connue est sans doute l'ouverture *Cyrano de Bergerac* (1905), mais il est aussi l'auteur d'opéras, de cantates et du poème symphonique *Saul en David* (1906). Son fils, **Bernard Wagenaar** (Arnhem, 18 juillet 1894 ; York, Maine, 19 mai 1971), a étudié la musique avec lui et à l'Université d'Utrecht avant de devenir chef d'orchestre et professeur de musique. En 1920, il a émigré aux États-Unis et pris la nationalité américaine en 1927. Entre 1925 et 1968, il a enseigné à l'Institute of Musical Art à New York. Il est l'auteur de quatre symphonies, de musique vocale et d'un opéra de chambre. Son *Song of Mourning* (1944) est le résultat d'une commande de la Fondation américaine des Pays-Bas pour commémorer les victimes de guerre hollandaises.

Wendy Thompson.

Wagenseil, Georg Christoph (Vienne, 29 janvier 1715 ; Vienne, 1er mars 1777). Compositeur autrichien. Issu d'une famille bourgeoise, il est l'élève de Fux, qui le recommande à la cour de Vienne. Il y est nommé compositeur de la cour en 1739, organiste de l'impératrice douairière Élisabeth Christine en 1741 et maître de musique de l'archiduchesse Marie-Thérèse et de sa fille en 1749. En 1745, il se rend à Venise pour y faire représenter son opéra *Ariodante* et, au cours des quinze années suivantes, il se forge une réputation de compositeur d'opéras. En 1765, il est mis à la retraite et, à la fin de sa vie, souffre gravement de sciatique et de goutte. Malgré l'enseignement qu'il continue à dispenser à des élèves éminents, il se trouve confronté à de sérieuses difficultés financières durant cette période ; mais, selon Burney, il exerçait encore en 1770. Compositeur de musique religieuse et de musique populaire pour clavier, sa renommée repose sur ses symphonies, qui, par leur utilisation des ressources de la forme sonate, ont sans doute influencé Haydn, et sur ses concertos que Mozart connaissait bien.

Denis Arnold.

Wagner, (Wilhelm) **Richard** (Leipzig, 22 mai 1813 ; Venise, 13 février 1883). Compositeur allemand. Dès son jeune âge, Wagner se sent attiré par la musique tout autant que par le théâtre. Ainsi s'explique le chemin qu'il sera appelé à parcourir : débutant comme obscur chef d'orchestre dans un théâtre de province et comme compositeur d'opéras romantiques allemands, il parviendra à fonder le théâtre de Bayreuth, lieu idéal pour représenter ses drames musicaux, qui reposent sur une nouvelle synthèse expressive des mots et de la musique. Très tôt, il découvre ses objectifs artistiques et il s'acharnera à les réaliser avec une détermination inébranlable.

1. *La jeunesse.* On n'a jamais su exactement si Wagner était le fils du greffier de police Friedrich Wagner, ou du peintre, poète et acteur Ludwig Geyer car, à l'époque de la mort de Friedrich, enlevé par le typhus en 1813, Johanna Wagner était déjà la maîtresse de Geyer. Au moment de son mariage avec Geyer, la famille s'installe à Dresde, où Wagner étudie à la Kreuzschule ; à cette époque, l'exemple de Weber éveille pour la première fois son amour de la musique. De retour à Leipzig, il aborde le théâtre et fait ses premiers essais d'auteur dramatique, étudiant également la musique en autodidacte. Cependant, d'après son propre témoignage, il doit sa vocation de compositeur dramatique à Wilhelmine Schröder-Devrient, la plus grande cantatrice de l'époque, qu'il découvre dans *Fidelio* ; l'année suivante, en 1830, il transcrit pour le piano la *Symphonie n° 9* de Beethoven, montrant ainsi son admiration pour ce compositeur ; plus tard, dans son livre *Eine Pilgerfahrt zu Beethoven* (« Un pèlerinage chez Beethoven », 1840), il affirme être convaincu qu'après cette symphonie dans laquelle « la musique réclame à grands cris la rédemption par la poésie », il n'y avait plus qu'une seule voie possible : le drame musical.

En juin 1830, Wagner entre à l'Université de Leipzig, où il étudie la musique avec Théodore Weinlig. Parmi les quelques œuvres de cette époque qui aient survécu figurent des sonates pour piano et une symphonie : celle-ci, fortement marquée par Beethoven et, dans une certaine mesure, par Mozart et Weber, comporte les prémices du véritable style wagnérien. A Prague, en 1832, il écrit le livret d'un opéra, *Die Hochzeit* (« Les Noces »), dont il compose partiellement la musique avant de commencer à travailler sur *Die Feen* (« Les Fées », 1833-34, créées en 1888). Il s'agit d'un opéra romantique (d'après Gozzi), dans la ligne de Weber, bien que se rapprochant du style de Marschner, particulièrement dans le traitement de l'interaction des mondes humains et spirituels et par certains traits de langage et d'orchestration. Nommé chef de chœur à Wurzbourg (1833-34), Wagner étend sa connaissance de l'opéra à Cherubini, Auber et Meyerbeer, qui devaient tous le marquer. Mais c'est l'influence de la musique italienne qu'il admirait aussi, particulièrement celle de Bellini, qui domine son opéra suivant, *Das Liebesverbot* (« La Défense d'aimer », 1836, d'après *Measure for Measure* de Shakespeare). Plus tard, il situera ces œuvres en marge de ses idéaux, mais elles renforcent néanmoins sa maîtrise de la mélodie vocale dont il a toujours inculqué l'importance à ses compatriotes.

Nommé chef d'orchestre à Magdebourg en 1834, Wagner y dirige des opéras de Bellini et de Rossini ainsi que le répertoire allemand (Weigl, Spohr, Weber, Marschner) et les opéras-comiques français, qui ont joué un rôle important dans l'évolution de l'opéra romantique allemand. Il épouse l'actrice Wilhelmine (Minna) Planer ; leur mariage orageux et original durera jusqu'à la mort de Minna en 1866, mais ils se sépareront beaucoup plus tôt. Sa vie privée lui apportant peu de satisfaction, il commence à composer *Rienzi.* A Riga, où il est chef d'orchestre de 1835 à 1839, il élargit le champ de ses activités aux concerts symphoniques et à la rédaction de nombreux articles dans lesquels il développe ses idées esthétiques ; il dirige aussi des opéras de Mozart et de Méhul. Toutefois, il est obligé de fuir Riga pour échapper à ses créanciers et prend le bateau pour Londres. Une tempête le pousse vers un fjord norvégien, où l'équipage stimule son imagination en chantant et en racontant les histoires du hollandais volant (*Der fliegende Höllander*, « Le Vaisseau fantôme »). De Londres, il se rend avec Minna à Paris, où il espère, avec *Rienzi* (1840), conquérir l'Opéra, qui est alors le théâtre lyrique le plus important d'Europe. Son espoir est déçu, bien que l'œuvre corresponde aux exigences de l'Opéra de Paris. On retrouve certainement dans *Rienzi* l'influence de Meyerbeer, mais surtout le style du grand opéra qu'avaient développé à Paris Spontini, Halévy, Auber et Rossini, musiciens auxquels Wagner vouait une profonde admiration. Il découvre, en outre, dans la direction d'orchestre de Spontini, un contrôle magistral qui l'inspirera par la suite.

A Paris, tout en surmontant bien des épreuves, Wagner complète *Rienzi* et écrit sa *Faust Ouverture*. Il commence également à connaître et à admirer Berlioz. Il découvre les légendes de Tannhäuser et de Lohengrin, et écrit le texte et la musique du *Vaisseau fantôme* (1841). Chronologiquement, c'est le premier des opéras de Wagner qui se maintienne régulièrement au répertoire ; il reste marqué par l'esthétique de Weber, bien que celle-ci soit absorbée dans une œuvre d'une individualité et d'une force nouvelles. Parmi les idées qui germent dans l'esprit de Wagner figure le thème romantique de la rédemption par l'amour qui l'absorbera tout au long de sa vie. Le traitement de l'histoire de la jeune fille se sacrifiant pour le Hollandais légendaire transcende les relations entre les mondes humain et surnaturel tels qu'on les trouvait déjà dans les opéras de Marschner.

En 1842, Wagner quitte Paris pour Dresde, où il connaît son premier triomphe avec *Rienzi*. *Le Vaisseau fantôme* remporte un succès plus modeste et Wagner présente l'œuvre à Berlin, où il découvre les réactions d'une critique hostile qui divisera plus tard l'Allemagne musicale entre wagnériens et antiwagnériens. Pendant ce temps, il commence la composition de *Tannhäuser*, qu'il termine au printemps 1845 ; l'accueil mitigé qu'il reçoit renforce son sentiment d'isolement, mais aussi sa détermination à poursuivre ses objectifs. *Tannhäuser* est en fait une œuvre de transition et comporte autant de références au grand opéra parisien qu'à l'opéra romantique allemand : dans une très large mesure, et malgré quelques banalités et des longueurs, cet ouvrage transcende les deux genres avec une nouvelle imagination, beaucoup plus forte, et une qualité d'invention musicale plus riche.

2. *Les années de la maturité*. Entre-temps, Wagner accepte un poste de chef d'orchestre à Dresde (1843) et commence à composer *Lohengrin* (1848). Les anciennes contraintes de l'opéra romantique subsistent dans cet ouvrage, qui comporte aussi certaines concessions aux exigences des chanteurs ; mais si l'acte I rappelle encore Spontini et Auber et si les manœuvres du couple sinistre Ortrud/ Telramund contre Lohengrin et Elsa sont tirées en droite ligne d'*Euryanthe* de Weber, le prélude du *Graal* et la totalité de l'acte II se situent entre *Tannhäuser* et les chefs-d'œuvres ultérieurs. Mais les événements politiques de 1848 interrompent provisoirement la recherche créatrice de Wagner.

Il épouse les idées révolutionnaires et, convaincu de la nécessité de certaines réformes sociales pour parvenir à ses idéaux artistiques, il se jette à corps perdu dans le mouvement insurrectionniste de Dresde (1849). Faisant l'objet d'un mandat d'arrêt, il s'enfuit en Suisse, où il esquisse divers plans d'opéras et de drames, notamment un *Jésus de Nazareth*, fondé sur les idées de Feuerbach (christianisme en tant qu'expression d'un mythe). Il commence à composer la *Mort de Siegfried* (*Siegfrieds Tod*). Cette période lui permet de faire le point et d'écrire de nombreux essais sur ses théories artistiques, dont *Das Kunstwerk der Zukunft* (« L'Œuvre d'art de l'avenir », 1849) et *Oper und Drama* (« Opéra et Drame », 1851). Il y expose ses idées sur la « Gesamkunstwerk » (œuvre d'art totale) dans laquelle la musique doit découler directement de la poésie pour donner naissance à un opéra mettant en œuvre toutes les ressources théâtrales ; en outre, cet opéra doit se dérouler dans des conditions idéales, une sorte de rituel social engageant à la fois les exécutants et l'auditoire. Par la suite, Wagner modifiera ou abandonnera certaines de ces thèses ; mais elles constituent le point de départ de ses œuvres de la maturité.

En 1850, Liszt dirige la création de *Lohengrin* à Weimar, ce qui encourage Wagner à poursuivre son travail sur la *Mort de Siegfried.* Il a alors plus clairement conscience de son désir de fonder un nouveau théâtre. Il élargit son concept original à *Der junge Siegfried* (« Le Jeune Siegfried »), puis à *Die Walküre* (« La Walkyrie ») et à *Das Rheingold* (« L'Or du Rhin »). Les œuvres qui formeront la tétralogie *Der Ring des Niebelungen* (« L'Anneau du Nibelung ») n'ont donc pas été composées dans l'ordre chronologique. Le texte est terminé à la fin de 1852 et, malgré des difficultés financières considérables, Wagner commence à travailler à *L'Or du Rhin* en 1854. A la même époque, il tombe amoureux de Mathilde Wesendonk, la femme d'un bienfaiteur suisse. Cette idylle donne naissance à *Tristan und Isolde* (« Tristan et Isolde ») et ranime son premier intérêt pour l'histoire de *Parsifal.* Après avoir terminé *Die Walküre* (« La Walkyrie ») et commencé *Siegfried* (la troisième partie de la *Tétralogie*), il s'interrompt pour se consacrer totalement à *Tristan* (août 1857). A la même époque, il compose également les *Wesendonk-Lieder* ; deux d'entre eux sont des études préliminaires pour *Tristan*, qu'il terminera en 1859.

Jusqu'à cette date les opéras de Wagner constituent, d'une façon ou d'une autre, des prolongements du vieil opéra romantique, chacun d'entre eux comportant une nouvelle étape créatrice. Dans *Der fliegende Holländer* (« Le Vaisseau fantôme »), il utilise pour la première fois une construction par scène plutôt que par numéro ; ce procédé constitue les prémices du leimotiv que Wagner développera plus tard, l'associaton d'une idée musicale à un élément dramatique. Le procédé consistant à développer le vieux motif de la réminiscence, qui n'allait guère au-delà d'un simple élément d'identification, ne trouve pas son application totale dans cette œuvre, mais seulement en partie dans *Tannhäuser*, avec ses inégalités de style, et dans *Lohengrin.* Cependant, dans ses œuvres ultérieures, Wagner évoluera considérablement en permettant aux structures musicales de guider le texte, l'obligeant ainsi à abandonner certaines des théories qu'il exposait dans *Oper und Drama.* Il est prouvé que, dans *Tristan*, le concept de base est essentiellement musical, bien que ce drame procède simultanément du texte et de la musique, comme toutes les œuvres de la maturité de Wagner.

La technique des motifs de *Tristan* est moins développée que celle de la *Tétralogie* (encore inachevée), mais elle fournit à Wagner une base cohérente pour sa musique, qui s'est maintenant dégagée du carcan des numéros ou des scènes ; en outre, Wagner utilise le vers de *Stabreim*, une technique dans laquelle l'allitération remplace la rime et que Wagner fait revivre d'après des modèles anciens. L'absence de périodicité lui permet d'élaborer une harmonie chromatique très libre, sans précédent dans l'histoire de la musique. Ces méthodes supposent à leur tour une orchestration d'une nouvelle intensité, d'une souplesse et d'une richesse encore inconnues. Elles s'adaptent parfaitement à une histoire dans laquelle l'amour voué à un sort tragique ne trouve son plein épanouissement qu'en se détournant de la lumière du jour pour aller vers l'obscurité et finalement vers la mort. Les idées de Wagner en ce domaine sont profondément imprégnées de ses lectures philosophiques, particulièrement de la philosophie du renoncement de Schopenhauer.

Sa liaison avec Mathilde Wesendonk oblige Wagner à quitter Zurich, d'abord pour Venise puis pour Paris, où la nouvelle version de *Tannhäuser* (1861) – enrichi d'une Bacchanale composée d'après l'expérience de *Tristan* – se heurte à de violentes réactions, mais conquiert de nouveaux admirateurs, notamment Baudelaire. Un projet d'exécution de *Tristan* le ramène à Munich ; mais ce projet est différé et Wagner reprend ses voyages, abordant la composition de *Die Meistersinger von Nürnberg* (« Les Maîtres chanteurs de Nuremberg »). Une offre de Louis II de Bavière intervient au moment où sa situation financière, toujours précaire, est particulièrement critique : il lui apporte une aide généreuse et la promesse d'un certain nombre d'exécutions. Malgré quelques différends entre les deux hommes, Wagner est sauvé et apporte à ce jeune roi, solitaire et idéaliste, la seule joie d'une vie bien triste.

Grâce au roi, *Tristan* est créé en 1865 sous la direction de Hans von Bülow ; depuis peu, Wagner est l'amant de sa femme, Cosima von Bülow, la fille de Liszt. L'opposition que rencontre Wagner à Munich fait échouer les projets d'un nouveau théâtre. Il quitte alors la Bavière et se fixe à Tribschen, sur les bords du lac de Lucerne, où il termine *Les Maîtres chanteurs* à l'automne 1867. La création a lieu à Munich en juin 1868 sous la direction de Hans von Bülow. Quatre mois plus tard, Cosima vient s'installer à Tribschen pour y vivre avec Wagner. Elle lui a déjà donné deux filles ; la naissance de leur fils Siegfried, en 1869, inspire à Wagner *Siegfried Idyll*, dans laquelle il reprend des thèmes de la *Tétralogie*. Le Journal de Cosima nous apprend qu'un cercle d'admirateurs fidèles fréquentait leur foyer, appréciant chez elle une dévotion inconditionnelle et, chez lui, une autorité tempérée d'une gentillesse, d'une tolérance et d'un humour beaucoup plus développés que ce que l'on a généralement écrit.

Contrairement à *Tristan*, *Les Maîtres chanteurs* peuvent se présenter comme une défense de la bourgeoisie. L'ouvrage est profondément marqué par *Tristan* ; mais on y trouve aussi une idée essentielle chez Wagner : si le pouvoir de l'amour est grand, celui d'y renoncer l'est plus encore. Le chromatisme y est latent, mais néanmoins essentiel à un style dans lequel le diatonisme correspond aux bourgeois de Nuremberg et à leur vie bien ordonnée. Wagner le « reconstitue » ici par opposition au chromatisme. Ce diatonisme traduit également une vision nostalgique et éloignée de l'Allemagne médiévale, tout comme la réussite précaire de Sachs, dont le renoncement à Eva permet de respecter l'ordre établi. Comme toutes les œuvres de la maturité de Wagner, *Les Maîtres chanteurs* touchent à beaucoup de sujets : Walther, le jeune artiste débutant mais talentueux auquel s'identifie Wagner, est confronté aux maîtres chanteurs bien campés sur leurs positions et représentés sous leur jour le plus pédant en la personne de Beckmesser. Wagner va jusqu'à l'identifier (à l'origine, il cite même son nom) au critique Hanslick, l'un de ses plus farouches opposants. En insistant sur les vertus des maîtres chanteurs, Wagner s'affirme comme défenseur de la tradition, qu'il ne faut pas renverser mais restaurer. Dans cette œuvre, l'une des plus ouvertes et des plus réconfortantes de Wagner, la mélodie et même des numéros parfaitement identifiables marquent le retour à son propre style sur le fond d'une trame continue où les leitmotivs jouent un rôle important : ils revêtent ici un caractère exceptionnellement fluide et mélodique.

3. *Bayreuth et la Tétralogie.* Wagner se consacre maintenant à la fondation du théâtre lyrique idéal, projet qu'il a si longtemps éludé ; après de nombreuses difficultés, le nouveau Festspielhaus de Bayreuth peut enfin ouvrir ses portes, grâce à Louis II de Bavière, à de nombreux souscripteurs et au courage de tous : l'intégrale de la *Tétralogie* est créée en 1876 ; elle réunit à présent *L'Or du Rhin*, *La Walkyrie*, *Siegfried* et *Le Crépuscule des dieux*. Le Festival accueille l'élite de toute l'Europe. Wagner est désormais l'artiste le plus célèbre de son temps, bien qu'il suscite encore des sentiments violents, comme le montrent l'hostilité permanente de Hanslick, l'incompréhension de certains de ses rivaux (Brahms et Tchaïkovski) et la rupture brutale qui vient de se produire avec Nietzsche, son admirateur d'antan. Wagner règne sur le domaine artistique qu'il a créé et s'installe à Bayreuth dans la maison que Louis II lui a fait construire, Wahnfried (littéralement, « la paix issue de la tourmente »).

Dans la *Tétralogie*, Wagner crée la dernière grande épopée, un cycle qu'il avait conscience de devoir réaliser par l'intermédiaire de la musique. Pourtant, l'essentiel de ses idées provenait de l'épopée grecque qu'il avait appris à aimer lorsqu'il était étudiant ; l'influence de Feuerbach le poussait vers la mythologie, mais son instinct personnel l'orientait vers l'épopée allemande ancienne. En composant un opéra en quatre parties, il révèle non seulement l'étendue du drame, mais aussi ses besoins en matière de composition ; sa technique du leitmotiv, subtile et complexe, requiert un canevas aussi large que possible pour pouvoir s'exprimer librement. Elle se développe d'elle-même, car les méthodes d'identification relativement simples qui marquent *L'Or du Rhin* évoluent, dans *Le Crépuscule des dieux*, vers un système dense de musique pleine d'allusions réalisant ainsi un langage conceptuel. Le principe du leitmotiv était alors très mal compris, même des fervents admirateurs de Wagner : il va au-delà d'une interprétation au premier degré des thèmes ainsi présentés. Ainsi, le motif de la lance ne représente pas réellement une lance (en dépit de sa nature perçante et énergique) mais les lois gravées sur elle par lesquelles gouverne Wotan, l'infraction à ces lois menant à la chute des dieux. La *Tétralogie* est essentiellement un mythe du pouvoir, de l'amour et de la renonciation, exprimé dans un conflit dramatique, où luttent jusqu'au bout des dieux, des géants, des humains, des nains et d'autres êtres. Le texte utilise largement le *Stabreim*, moins pour des raisons d'harmonie musicale que pour invoquer une diction archaïque et plus encore pour la liberté symphonique qu'elle fournit au sein de la structure d'un vers.

Malgré le succès du Festival, l'avenir de Bayreuth n'est pas assuré. Le roi a quelque peu perdu confiance en Wagner en découvrant sa liaison avec Cosima et l'éventualité de leur mariage en 1870. Mais le Festival, auquel il assiste, contribue à le réconcilier avec Wagner. Il lui apporte d'autres subsides au moment où Wagner se concentre sur ce qui, en dehors de certains projets symphoniques, sera sa dernière œuvre, *Parsifal*. Agé et fatigué, il se rend fréquemment en Italie pour raisons de santé (il souffre d'érysipèle et d'angine de poitrine) et élabore la mise en scène de *Parsifal* en s'inspirant des jardins de Ravello et de la cathédrale de Sienne. Il termine la partition à Palerme au début de l'année 1882 ; la création a lieu à Bayreuth en juillet et en août sous la direction de Hermann Levi ; le Festival restera propriétaire des droits de cette œuvre pendant de nombreuses années. *Parsifal*, comme la *Tétralogie*, s'apparente au mythe, mais ses sources sont beaucoup plus proches et beaucoup plus complexes. Plusieurs versions de la légende du Graal, particulièrement dans le poème médiéval allemand de Wolfram von Eschenbach, fournissent à l'intrigue un cadre dans lequel sont religieusement conservées les idées les plus subtiles et les plus marquantes de Wagner : la foi, les relations humaines et surtout la psychologie féminine, puisque Kundry (son personnage le plus remarquable) est à la fois la tentatrice et l'artisan de la rédemption de Parsifal, qui à son tour lui apportera la rédemption. La relation entre le texte et la musique est plus détaillée et plus approfondie que dans les œuvres précédentes. Mais l'utilisation du motif est plus libre que dans la *Tétralogie* et le *Stabreim* est abandonné au profit d'un emploi limité des rimes. En raison de la nature statique de l'ouvrage, on a souvent sous-estimé la portée et la densité de l'action psychologique de *Parsifal*, où l'on découvre une nouvelle approche des thèmes de la rédemption et de la renonciation qui ont si longtemps préoccupé Wagner. Il a intitulé l'œuvre *Parsifal Bühnenweihfestspiel*, « festival scénique sacré » : mais la synthèse difficile de tant d'expériences différentes se heurte toujours à la même résistance et à la même incompréhension que les autres œuvres de Wagner.

En septembre 1882, Wagner se rend à Venise avec sa famille. Il a désormais l'intention de n'écrire que des symphonies en un mouvement faisant appel à la technique du leitmotiv qu'il a élaborée. Le 13 février 1883, il succombe à une crise cardiaque. Son corps est ramené à Bayreuth et enterré dans le jardin de Wahnfried. Cosima lui survit et deviendra la figure dominante du Festival de Bayreuth jusqu'à sa mort, peu de temps avant celle de son fils Siegfried, en 1930.

John Warrack.

BIBLIOGRAPHIE : Theodor W. Adorno, *Essai sur Wagner*, Gallimard (Paris, 1966). Jean-Claude Berton, *Richard Wagner et la Tétralogie*, PUF, coll. Que sais-je ? (Paris, 1986). Jacques Bourgeois, *Wagner*, Plon (Paris, 1958) / *Richard Wagner*, Le Bon Plaisir (Paris, 1959), rééd. Les Introuvables (Plan-de-la-Tour, 1976). André Cœuroy, *Wagner et l'esprit romantique*, Gallimard (Paris, 1965). E. Eugène, *Les Idées politiques de Richard Wagner*, La Pensée universelle (Paris, 1978). Martin Gregor-Dellin, *Wagner au jour le jour*, Gallimard (Paris, 1976) / *Richard Wagner*, Fayard (Paris, 1981). Albert Lavignac, *Le Voyage artistique à Bayreuth*, Delagrave (Paris, 1894), rééd. Minkoff (Genève, 1974), Stock (Paris, 1980). Thomas Mann, *Wagner et notre temps*, Hachette-Pluriel (Paris, 1977). Jean Mistler, *A Bayreuth avec Richard Wagner*, Hachette (Paris, 1960). Jean-Jacques Nattiez, *Tétralogies, Wagner, Boulez, Chéreau*, Christian Bourgois (Paris, 1983). F. W. Nietzsche, *Le Cas Wagner. Nietzsche contre Wagner*, Gallimard (Paris, 1980). Joséphine Péladan, *Le Théâtre complet de Wagner*, Slatkine (Genève/Paris, 1981). Guy de Pourtalès, *Wagner, histoire d'un artiste*, Gallimard (Paris, 1932, rééd. 1980). Marcel Schneider, *Wagner*, Seuil, coll. Solfèges (Paris, 1960, rééd. 1980). Bernard Shaw, *Le Parfait Wagnérien*, Aubier Montaigne (Paris, 1933), rééd. Les Introuvables (Plan-de-la-Tour, 1975). Geoffrey Skelton, *Richard et Cosima Wagner, radioscopie d'un couple*, Buchet-Chastel (Paris, 1986). Richard Wagner, *Œuvres complètes en prose*, Delagrave (Paris, 1907-24), rééd. Les Introuvables (Plan-de-la-Tour, 1976) / *L'Œuvre d'art de l'avenir*, Delagrave (Paris, 1928), rééd. Les Introuvables (Plan-de-la-Tour, 1982) / *Opéra et drame*,

Delagrave (Paris, 1928), rééd. Les Introuvables (Plan-de-la-Tour, 1982) /*Lettres à Minna Wagner*, Gallimard (Paris, 1943) /*Ma Vie*, Buchet-Chastel (Paris, 1978) / *A Mathilde Wezendonk, journal et lettres, 1853-1871*, Parution (Paris, 1986). Wagner/Liszt, *Correspondance*, Gallimard (Paris, 1943, rééd. 1976). Cosima Wagner, *Journal*, Gallimard (Paris, 1977-79). Jean Matter, *Wagner l'enchanteur*, A la Baconnière (Neuchâtel, 1968). *Wagner*, Fayard (Paris, 1981). Philippe Godefroid, *Le Jeu de l'écorché, dramaturgie wagnérienne*, Papiers (1985).

Wagner-Régeny, Rudolf (Száz-Régen, 28 août 1903 ; Berlin-Est, 18 septembre 1969). Compositeur, chef d'orchestre et pianiste allemand d'origine roumaine. Il fait ses études au Conservatoire de Leipzig, puis à la Hochschule für Musik de Berlin. Entre 1923 et 1925, il est chef de chœur à la Volksoper de Berlin et, en 1930, adopte la nationalité allemande. En 1935, Karl Böhm dirige la première représentation de son opéra *Der Günstling* à Dresde. Il remporte un succès immédiat dans les milieux nazis, mais ses œuvres suivantes plaisent moins au parti (*Die Bürger von Calais* [« Les Bourgeois de Calais »] et *Johanna Balk* sont marqués par l'influence de Weill et de Brecht). Après la guerre, Wagner-Régeny devient directeur de la Hochschule de Rostock, poste qu'il occupe jusqu'en 1950, puis professeur de composition à l'Académie des arts de Berlin-Est jusqu'à sa retraite en 1968. Ses dernières œuvres font appel aux techniques dodécaphoniques.

Wendy Thompson.

Wagon. Cithare japonaise à six cordes. Voir *Japon*, 3*b*.

Wait [*wayte*] (angl.). A l'origine, veilleur de nuit ; par la suite, ménestrel municipal. Aux XIIIe et XIVe siècles, des veilleurs de nuit au service d'une ville ou d'une maison de la noblesse gardaient les portes et patrouillaient dans les rues pendant la nuit, sonnant les heures et surveillant les incendies ou autres dangers (comme le Veilleur de nuit dans *Les Maîtres chanteurs de Nuremberg* de Wagner). L'instrument qu'ils utilisaient pour indiquer qu'ils étaient en service était un type de chalumeau également appelé *wait* ou *wait-type* (voir *Chalemie*, 2).

Aux XVe et XVIe siècles, on a également appelé *waits* les ménestrels municipaux, sans doute par le jeu d'une association avec l'instrument dont ils jouaient ; mais ils n'avaient pas de fonctions de veilleurs de nuit. Il s'agissait souvent de bons musiciens capables de jouer de divers instruments à la sonorité puissante (chalemie, trompette à coulisse, saqueboute, etc.) ; par la suite, ils se sont mis à chanter et à utiliser des instruments plus doux (flûte à bec, cornet à bouquin, viole). Ils jouissaient de la considération des autorités municipales et portaient de beaux uniformes, souvent ornés de chaînes et d'écussons. Ils avaient coutume de se rendre chez le maire pour les cérémonies officielles et jouaient parfois la nuit dans la rue. A partir du XVIe siècle, les *waits* municipaux se rendaient généralement dans les auberges et les tavernes à l'arrivée de tout hôte éminent susceptible de les récompenser pour leur accueil musical, et ils jouaient durant les repas ; dans certaines villes, ils donnaient des concerts publics dans la rue le dimanche, à Noël et à l'occasion d'autres fêtes (mais les concerts du dimanche ont pratiquement disparu en Grande-Bretagne sous le régime puritain de l'époque de Cromwell).

Parmi les nombreuses villes britanniques qui conservent des traces de l'emploi de *waits* figurent Londres, Aberdeen, Bath, Cambridge, Chester, Édimbourg, Exeter, Newcastle, Norwich, Nottingham, Oxford et York. Les *waits* de Londres ont été créés par Henri III en 1253 et, comme ceux de Chester et de quelques autres villes, ils ont ensuite été associés à un genre de thème musical distinctif que l'on a fini par appeler « London Waits ». Les *waits* de Norwich semblent avoir été particulièrement renommés et existaient déjà en 1288. Leur histoire est pratiquement ininterrompue et bien documentée jusqu'à la fin du XVIIIe siècle : au XVIe siècle, ils participaient aux Mystères de Norwich et Sir Francis Drake pria cinq ou six d'entre eux de l'accompagner lors d'un voyage à Lisbonne.

L'appartenance aux *waits* était souvent une tradition familiale. Le père d'Orlando Gibbons, William, a été *wait* municipal à Oxford, puis à Cambridge, et son frère Ferdinand est également devenu *wait* de Cambridge. Bien des membres de la famille Bach ont aussi été musiciens municipaux en Thuringe (Allemagne), où le terme équivalent était *Stadtpfeifer*, mais la tradition y a survécu plus longtemps et les fonctions étaient plus étendues. Ils interprétaient des danses, des chorals et des pièces de « signal » (une somme considérable de *Turmmusik* ou « musique de tour » a été composée pour le *Stadtpfeifer* aux fins d'être jouée du haut des tours des églises et des mairies) ; ils enseignaient également le jeu de leurs instruments. Plusieurs musiciens célèbres ont reçu pour première formation celle de musiciens municipaux (comme Telemann et J. J. Quantz).

En Grande-Bretagne, la tradition des *waits* municipaux s'est prolongée jusqu'à la fin du XVIIIe siècle ou même au début du XIXe siècle, bien après que la plupart des autres traditions de ménestrels se furent éteintes. Toutefois, le terme « wait » a survécu au XIXe siècle pour désigner les musiciens de rue qui donnaient la sérénade au public à la fin de l'année avec des chansons et de la musique de Noël.

Voir également *Ménestrel* ; *Musique de la rue*, 3.

Percy Scholes, rév. Judith Nagley.

« Waldstein ». Surnom de la *Sonate pour piano n° 21 en ut majeur op.53* de Beethoven, composée en 1803-04. Beethoven l'a dédiée à son protecteur, le comte Ferdinand von Waldstein (1762-1823).

Waldszenen (« Scènes de la forêt »). Neuf pièces pour piano op.82 de Schumann, composées en 1848-49.

Waldteufel, (Charles) **Émile** (Strasbourg, 9 décembre 1837 ; Paris, 12 février 1915). Compositeur français. Issu d'une famille de musiciens, il fait ses études au Conservatoire de Paris et commence par se consacrer à la composition. En 1865, il devient pianiste de la cour de France. Ses valses, polkas et galops, composés pour les bals de la cour, ont été extrêmement populaires en France comme à l'étranger. On peut citer notamment *Manolo, Estudiantina* et *España*.

Wendy Thompson.

Walker, Ernest (Bombay, 15 juillet 1870 ; Oxford, 21 février 1949). Musicographe, pédagogue et compositeur anglais. Il a passé la majeure partie de sa vie à Oxford, où il a exercé une influence considérable sur toute une génération de musiciens. Au nombre de ses compositions figurent des mélodies intéressantes et de la musique de chambre qui porte la marque de l'influence de Brahms ; mais son œuvre majeure est *A History of Music in England* (Oxford, 1907, 3e éd., rév. et augmentée par Jack Westrup, 1952), étude excellente qu'aucun autre ouvrage n'est encore venu remplacer.

Denis Arnold.

Walk to the Paradise Garden, The. Intermezzo pour orchestre de Delius, précédant la dernière scène de son opéra *A Village Romeo and Juliet*. Le « Paradise Garden » était l'auberge du village. Cet intermezzo ne figurait pas dans la partition d'origine, mais il a été ajouté en 1910 à la demande du chef d'orchestre Sir Thomas Beecham pour couvrir un changement de décor dans la production de Covent Garden. De nos jours, on le joue souvent en concert.

Walküre, Die (*La Walkyrie*). Voir *Ring des Nibelungen, Der*.

Walkyrie, La (*Die Walküre*). Voir *Ring des Nibelungen, Der*.

Waller, « Fats » (Thomas Wright) (Waverley, New York, 21 mai 1904 ; à bord de l'express Santa Fe Chief en direction de Kansas City, 15 décembre 1943). Musicien et compositeur de jazz noir américain. Fils du révérend Edward Martin Waller, dans l'église baptiste duquel il apprend à jouer de l'orgue, à Harlem, son premier emploi est un poste d'organiste au Lincoln Theater, à New York. Il est ensuite pianiste de cinéma (muet) à Washington. Il s'y fait connaître comme amuseur et pianiste de jazz au tempérament exubérant ; il commence à composer des chansons dans les années vingt et écrit la musique des revues *Keep Shufflin'* (1928) et *Hot Chocolates* (1929). Pendant la crise économique, il est pianiste à la radio ; il retourne ensuite à la scène dans les années trente et se forge une solide réputation en composant des chansons comme « Ain't misbehavin » et « Honeysuckle rose ». Il atteint le sommet de la renommée au milieu des années trente grâce à la multitude d'enregistrements qu'il réalise avec son groupe Rhythm ; il est connu pour l'humour teinté d'ironie avec lequel il interprète les chansons sentimentales et pour son talent de pianiste de jazz. Il apparaît dans divers films, notamment *Stormy Weather* (1943) et effectue un voyage en Europe pour se produire dans divers théâtres et faire des enregistrements. Après une vie trop trépidante, où il avait notamment abusé de la boisson, il meurt à l'âge de trente-neuf ans.

Peter Gammond.

Wally, La. Opéra en quatre actes de Catalani sur un livret d'Illica d'après le roman et la pièce de théâtre de Wilhelmine von Hillern, *Die Geyer-Wally*. Créé à la Scala de Milan le 20 janvier 1892. L'air de Wally « Ebben ? Ne andrò lontana » a été immortalisé dans le film de Jean-Jacques Beineix, *Diva* (1980).

Walmisley. Famille de musiciens anglais. **Thomas Walmisley** (Londres, 22 mai 1783 ; Londres, 23 juillet 1866) est organiste, pédagogue et compositeur. Il commence ses études musicales à l'âge de quatorze ans avec Attwood et devient un professeur célèbre et un compositeur de *glees*. Entre 1814 et 1854, il est organiste à St Martin in the Fields. Son fils, **Thomas** [Attwood] **Walmisley** (Londres, 21 janvier 1814 ; Hastings, 17 janvier 1856), est un enfant très précoce sur le plan musical. Il travaille lui aussi avec Attwood et, à seize ans, devient organiste de Croydon Church. Il va à Cambridge, où il est nommé organiste de Trinity College et de St John's College. En 1835, il écrit une ode pour l'installation du marquis de Camden comme chancelier de l'Université et, l'année suivante, devient professeur de musique. Il obtient le grade de « Doctor of music » en 1848. Il est l'un des meilleurs organistes anglais de son temps et a écrit plusieurs *anthems* et services extrêmement habiles, ainsi que des mélodies et des duos pour hautbois et piano.

Wendy Thompson.

Walsh. Famille de facteurs d'instruments et d'éditeurs de musique anglais. On leur doit la plus grosse entreprise du début du XVIIIe siècle, établie en grande partie sur la gravure sur plaque d'étain ; ils ont joué un rôle particulièrement influent grâce à leurs méthodes d'édition en série. L'aîné, **John Walsh** (? 1665 ou 1666-1736), s'installe à Londres vers 1690 et, un ou deux ans plus tard, est nommé facteur d'instruments de musique attitré de Guillaume III à « The Golden Harp and Hoboy », enseigne de son prédécesseur, John Shaw. Il commence à publier de la musique en 1695 en utilisant des plaques et des matrices en étain et sort une vaste gamme de publications (mélodies isolées, anthologies, musique instrumentale et livres pédagogiques). La plupart des ouvrages publiés avant 1730 portent aussi le nom de Hare, l'associé de Walsh dans la City.

Un grand nombre d'éditions de Walsh ont fait l'objet de contrefaçons, dues notamment à d'autres maisons d'édition comme Estienne *Roger d'Amsterdam. Il a souvent acheté le stock d'autres éditeurs, triant les feuillets pour constituer ses propres éditions et a publié beaucoup d'œuvres de Haendel sans avertir le compositeur ni obtenir son accord. Il a publié le premier opéra de Haendel représenté en Angleterre, *Rinaldo* (1711), mais ses relations avec le compositeur étaient plutôt orageuses, ce qui a conduit Paul Henry Lang, le biographe de Haendel, à qualifier Walsh d'« homme d'affaires coriace, impitoyable et plagiaire ». Haendel ne s'est réconcilié avec la maison que lorsque le jeune **John Walsh** (1709-66) a repris la firme entre 1730 et 1740 ; en 1739, il a reçu le monopole de la musique de Haendel pour quatorze ans. A leur mort, père et fils ont laissé des fortunes considérables. C'est finalement le jeune cousin de Walsh, William *Randall, qui a hérité de la firme.

Voir également *Édition musicale*, 5.

J. M. Thomson.

Walter, Johann (Kahla, près de Iéna, 1496 ; Torgau, près de Leipzig, 25 mars 1570). Compositeur allemand. Tout en faisant ses études à l'Université de Leipzig, il chante comme basse à la chapelle du prince Électeur de Saxe. A l'exception de six années pendant lesquelles il est directeur musical de la chapelle de Dresde, il vit à Torgau à partir de 1526. Il travaille en collaboration avec Luther pour produire le premier hymnaire de la Réforme (Wittenberg, 1524) et conseille celui-ci sur la forme que doit prendre la nouvelle liturgie allemande.

Denis Arnold.

Walther, Johann Gottfried (Erfurt, 18 septembre 1684 ; Weimar, 23 mars 1748). Compositeur, organiste, théoricien et lexicographe allemand. Cousin et ami de Bach, il étudie la musique avec Johann Bernhard Bach, l'oncle de Johann Sebastian, à Erfurt. En 1703, il fait un voyage parcourant l'Allemagne, rencontre des musiciens et acquiert une certaine expérience d'organiste ; en 1707, il est nommé organiste à Saints-Pierre-et-Paul à Weimar, où il reste jusqu'à sa mort. Excellent compositeur de musique d'orgue, surtout de préludes de choral, il est sans doute mieux connu de nos jours pour son dictionnaire de musique, le *Musicalisches Lexicon* (Leipzig, 1732).

Denis Arnold.

Walther, Johann Jacob (Witterda, près d'Erfurt, vers 1650 ; Mayence, 2 novembre 1717). Violoniste et compositeur allemand. Il part faire ses études en Italie vers 1670, acquiert l'expérience et la virtuosité de l'école de violon de ce pays, puis entre au service de la cour de Dresde. Il est envoyé à Mayence en 1681. La musique qui nous est parvenue s'adresse au violon et, bien qu'il ait écrit quelques pièces assez anodines imitant le chant des oiseaux, il a joué un rôle important dans l'évolution de la technique du violon en Allemagne.

Denis Arnold.

Walther von der Vogelweide (vers 1170 ; vers 1230). *Minnesinger* allemand. Il passe sa jeunesse au service de nobles protecteurs à Vienne jusqu'en 1198, puis, pendant une vingtaine d'années, voyage dans toute l'Europe. Il est à la cour de l'empereur Otto IV en 1212 et, vers 1220, se voit accorder un fief près de Wurzbourg par l'empereur Frédéric II, pour avoir soutenu la famille Hohenstaufen dans ses diverses manœuvres politiques.

La poésie de Vogelweide a été assez bien préservée, mais sa musique n'a été couchée sur le papier que longtemps après sa mort et il est probable qu'elle ne subsiste pas sous sa forme originale. Ses premiers lieder traitent essentiellement de l'amour courtois, d'une manière attrayante, mais à la fin du XIIe siècle il se met à écrire des *Sprüche* – chansons traitant de questions politiques et d'actualité – et passe maître dans ce genre. Wagner en a fait l'un des personnages de *Tannhäuser*.

Denis Arnold.

Walton, (Sir) **William** (Turner) (Oldham, Lancashire, 29 mars 1902 ; Ischia, Baie de Naples, 8 mars 1983). Compositeur anglais. Il débute comme choriste à Christ Church, à Oxford, et l'admiration que suscitent déjà ses dons de créateur naissants lui permet d'y être admis comme étudiant en 1918. Toutefois, il quitte Oxford en 1920 sans avoir passé aucun diplôme et il est adopté officieusement par la famille Sitwell. Les premiers fruits de cette association sont la musique écrite par Walton pour des poèmes récités par Edith Sitwell, *Façade* (1921-22), et sa partition pour sextuor instrumental qui lui vaut bientôt une réputation de bel esprit et d'iconoclaste. Influencée par les Six, par Stravinski et, curieusement, par Schoenberg, cette œuvre associe, d'une manière extrêmement raffinée, un certain zeste rythmique, des allusions à la musique populaire et une harmonie resplendissante.

L'œuvre majeure de Walton qui suit, l'ouverture *Portsmouth Point* (1925), est la première d'une série de *capriccio* symphoniques pleins de vie, tandis que le *Concerto pour alto*, profond et sérieux (1928-29), réalise une synthèse caractéristique entre cette vivacité, influencée par Prokofiev et par le jazz de l'époque, et le romantisme d'Elgar. Cette œuvre est suivie d'une autre partition surprenante, l'oratorio *Belshazzar's Feast* (« Le Festin de Balthazar », 1930-31), véritable parade d'opulence et d'apparat païens, écrit de manière flamboyante pour grand orchestre avec des ensembles de cuivres séparés. Mais lorsque Walton se tourne vers des déclarations plus personnelles, comme sa *Symphonie n° 1* (1932-35), il se trouve confronté à des difficultés : il mettra longtemps à terminer cette œuvre et, malgré l'habileté avec laquelle il manie une technique marquée par Sibelius, ses problèmes face à cette œuvre apparaissent en filigrane.

Ensuite, pendant une vingtaine d'années, Walton écrit des œuvres de moindre envergure ou des pièces de circonstance, bien que ses marches du couronnement, *Crown Imperial* (1937) et *Orb and Sceptre* (1953), aient survécu longtemps aux occasions pour lesquelles elles ont été écrites ; en outre, sa contribution à la trilogie shakespearienne de Lawrence Olivier, *Henry V* (1942-43), *Hamlet* (1947) et *Richard III* (1955), figure encore parmi les plus belles partitions jamais écrites pour le cinéma. C'est également l'époque de ses œuvres de musique de chambre importantes, le *Quatuor à cordes* (1945-47) et la *Sonate pour violon et piano* (1949), qui éclipsent toutes deux ses œuvres symphoniques majeures de la période : le *Concerto pour violon* (1938-39), plus brillant que le *Concerto pour alto*, et le ballet *The Quest* (1943).

Walton écrit ensuite pour le théâtre son opéra en trois actes *Troilus and Cressida* (1950-54), adaptation de Chaucer dans laquelle il fait la démonstration de l'aisance avec laquelle il parvient à recréer une atmosphère somptueuse ou un drame sombre, quoique l'ouvrage ait été critiqué pour sa lenteur et son manque de définition des personnages, ainsi que pour sa rhétorique de grand opéra. Walton ne reviendra pas au théâtre avant une dizaine d'années et il ne le fera qu'avec une comédie en un acte, *The Bear* (« L'Ours », d'après Tchekov, 1965-67). Après *Troilus*, il se contente d'une série d'œuvres symphoniques merveilleusement conçues – le *Concerto pour violoncelle* (1956), la *Partita* (1957), la *Symphonie nº 2* (1959-60), les *Variations sur un thème de Hindemith* (1962-63) et les *Improvisations sur un impromptu de Benjamin Britten* (1969) – et, chose plus surprenante, de diverses œuvres chorales de moindre envergure, dont *The Twelve* (1965), sur un texte d'Auden, est l'une des plus remarquables.

En raison de la production relativement réduite de Walton après la Seconde Guerre mondiale et de son insistance sur le professionnalisme et sur l'accomplissement, on l'a souvent taxé de désinvolture ; en fait, les trois concertos manifestent une baisse régulière de l'intensité émotionnelle et de l'audace structurelle, mais une aisance plus prononcée. Peut-être la sérénité de Walton lui était-elle aussi précieuse que son inquiétude ?

Paul Griffiths.

Walze (all.). 1. Pédale d'orgue *crescendo*.

2. Terme employé au XVIIIᵉ siècle pour désigner des figures musicales conventionnelles comme la basse d'Alberti.

Wanderer Fantasie. Surnom de la *Fantaisie pour piano en ut majeur* D 760 de Schubert, composée en 1822. L'Adagio est un ensemble de variations sur un thème de son lied *Der Wanderer* D 489 (1816). Liszt en a réalisé une version pour piano et orchestre (vers 1851).

Wand of Youth, The. Deux suites pour orchestre d'Elgar, op.1a et 1b, arrangées et orchestrées respectivement en 1907 et en 1908 à partir de pages qu'Elgar avait écrites à l'âge de douze ans pour une pièce familiale. Il en a réutilisé certains thèmes dans sa musique pour *The Starlight Express.*

Wankend (all.). « Chancelant », « fléchissant ».

Ward, John (baptisé à Canterbury le 8 septembre 1571 ; avant le 31 août 1638). Compositeur anglais qui a peut-être été enfant de chœur à la cathédrale de Canterbury avant d'entrer au service de Sir Henry Fanshawe, représentant du Trésor public au début du XVIIᵉ siècle. Ward lui-même a été décrit comme un « Gentleman », mais il était également un compositeur remarquable, surtout de madrigaux. Son *First Set of English Madrigals* (Londres, 1613) compte parmi les plus beaux recueils de musique élégiaque de l'époque. Il a aussi composé des fantaisies et des *In nomine* pour violes, ainsi que des services et des *anthems.*

Denis Arnold.

Warlock, Peter [Heseltine, Philip Arnold] (Londres, 30 octobre 1894 ; Londres, 17 décembre 1930). Compositeur, critique et auteur anglais. Il a adopté le pseudonyme de Peter Warlock en 1916, mais ne l'a utilisé pour ses compositions qu'à partir de 1918. Il n'a pas reçu d'éducation musicale formelle, mais l'intérêt qu'il portait à la musique s'imposait déjà dès les années d'école préparatoire et s'est encore renforcé à Eton. Un de ses oncles l'a présenté à Delius en 1910. La dévotion permanente de Warlock à la musique de Delius s'est concrétisée dans une amitié chaleureuse et dans un livre sur ce compositeur, publié en 1923. Il a également réalisé des arrangements pour piano de certaines partitions de Delius. Pendant un an, Warlock a fait des études en Allemagne, puis ses humanités à Oxford jusqu'au début de la Première Guerre mondiale. En 1916, les encouragements et l'influence de Bernard van Dieren l'ont aidé à se forger un style plus personnel et plus mûr que celui des mélodies écrites à l'âge de dix-sept ans. En 1920, il fondait le magazine *The Sackbut* dont il devenait coéditeur.

Warlock a surtout composé de la musique vocale et chorale. Ses mélodies illustrent dans bien des cas des poètes élisabéthains avec lesquels il avait une affinité naturelle ; ses plus beaux chants à plusieurs parties font preuve d'une habileté et d'une sensibilité qui les placent parmi les plus belles œuvres anglaises de ce genre. Les deux attitudes contrastées de sa musique – une jovialité extravertie et turbulente et un lyrisme raffiné et méditatif, exprimés, d'une part, dans des mélodies comme « Captain Stratton's Fancy » (1920) et, de l'autre, par « The Frostbound Wood » (1929 ; reflètent la dualité de sa personnalité. On l'a trouvé mort, asphyxié par le gaz à Chelsea et l'enquête a conclu au crime sans désigner de coupable. Son œuvre la plus connue est le charmant recueil de danses *Capriol Suite* (1926), mais on peut aussi mentionner une *Sérénade* pour cordes (1921-22) composée en hommage à Delius pour son soixantième anniversaire.

Michael Kennedy.

Wärme (all.). « Chaleur ».

War-pipe. Voir *Cornemuse*, 2.

War Requiem (« Requiem de guerre »). Œuvre chorale pour soprano, ténor, baryton, chœur d'enfants, chœur mixte, orgue et orchestre op.66 de Britten. Neuf poèmes de Wilfred Owen (1893-1918), accompagnés uniquement par un orchestre de chambre, se glissent entre les différentes parties de la messe de Requiem de Britten. L'œuvre a été créée pour l'inauguration de la nouvelle cathédrale de Coventry en 1962.

Wasps, The. Musique de scène pour ténor, baryton, chœur d'hommes et orchestre de Vaughan Williams, composée pour la production de la pièce d'Aristophane (*Les Guêpes*) par l'Université de Cambridge en 1909. Le compositeur a tiré de la partition une suite pour orchestre en cinq mouvements avec une ouverture (1909).

Wassail (angl.). Fête pendant laquelle on boit. Ce mot est surtout lié aux fêtes de Noël et se présente dans de nombreux noëls anglais. Il provient du salut en vieux norrois *ves heill*, « soyez en bonne santé ».

Wassmuth, Johann Georg Franz (mort à Wurzbourg, 1766). Compositeur allemand. En 1729, il est nommé violoniste à la chapelle de l'archevêque de Wurzbourg et, l'année suivante, devient organiste et chef de chœur de la cour. En 1731, il est nommé compositeur de la cour et finalement, en 1737, Kapellmeister. Wassmuth est l'auteur de seize sérénades, de huit parodies, de messes, de concertos, de suites et de symphonies.

Wendy Thompson.

Water Music. 1. Suites instrumentales de Haendel composées de pièces écrites pour une procession royale sur la Tamise. L'histoire très connue selon laquelle Haendel aurait écrit la musique en 1715 pour une fête aquatique royale afin de regagner la faveur du roi George Ier (dont il avait quitté le service pour s'installer en Angleterre lorsque le roi était Électeur de Hanovre) est dénuée de fondement. Toutefois, Haendel a bien écrit de la musique destinée à une fête royale sur la Tamise en 1717. Il est impossible de dater les suites, car aucune partition autographe complète n'a survécu. Les vingt pièces sont écrites pour trompettes, cors, hautbois, bassons, flûtes, flûtes à bec et cordes. Six d'entre elles ont été réunies sous forme de suite orchestrée par Hamilton Harty (1922).

2. Œuvre de Cage, composée en 1952 pour un pianiste. L'intérêt visuel fait partie de son exécution : le pianiste doit verser de l'eau contenue dans des pots, jouer aux cartes, souffler dans des sifflets sous l'eau, utiliser une radio, etc. et la partition est étalée comme une affiche.

Weaver, John (Shrewsbury, 21 juillet 1673 ; Shrewsbury, 24 septembre 1760). Danseur et chorégraphe anglais, fils d'un professeur de danse. Son nom est associé pendant de nombreuses années à Drury Lane et au Lincoln's Inn Theatre. Il est connu pour avoir fait évoluer le ballet d'action, œuvre dramatique sans dialogue dans laquelle l'histoire est mimée. Deux œuvres de ce genre ont été représentées à Drury Lane, *The Tavern Bilkers* (1702) et *The Love of Mars and Venus* (1717). Elles ont été suivies de pièces similaires jusqu'à ce que Weaver se retire à Shrewsbury en 1736. Il est aussi l'auteur d'ouvrages théoriques, notamment *Anatomical and Mechanical Lectures upon Dancing* (Londres, 1721) et la traduction de la *Chorégraphie* de Feuillet sous le titre *Orchesography* (Londres, 1706).

Wendy Thompson.

Webbe, Samuel (I) (? Londres, 1740 ; Londres, 25 mai 1816). Organiste et compositeur anglais. Il débute comme copiste de musique et commence à composer de la musique vocale entre vingt et trente ans. En 1766, le Catch Club lui attribue une médaille pour son canon « O that I had wings » et, en 1794, il devient secrétaire du Club. Il est également organiste de la chapelle de l'ambassade de Sardaigne à Londres et peut-être de l'ambassade du Portugal. Il a publié deux recueils de musique sacrée (1792), mais est surtout connu de nos jours pour ses nombreux *catches*, canons et *glees*. « Glorious Apollo », écrit en 1787 à la fondation du Glee Club, était chanté à chaque réunion de ses membres.

Son fils, **Samuel Webbe** (II) (Londres, vers 1770 ; Londres, 25 novembre 1843), a étudié avec son père et est devenu un organiste et un pianiste de talent. Il est lui aussi un compositeur éminent de *glees*, de chansons et de motets.

Wendy Thompson.

Weber, Bernhard Anselm (Mannheim, 18 avril 1764 ; Berlin, 23 mars 1821). Pianiste et compositeur allemand. Il étudie la musique avec l'abbé Vogler et Holzbauer. En 1787, il devient directeur musical d'une troupe lyrique installée à Hanovre. Trois ans plus tard, il se rend à Stockholm. En 1792, il est nommé chef d'orchestre du Théâtre national de Berlin, au répertoire duquel il introduit les opéras de Gluck et produit quelques ouvrages de son cru. Il est aussi l'auteur de mélodies.

Wendy Thompson.

Weber, Bernhard Christian (Wolferschwenda, 1er décembre 1712, Tennstedt, près d'Erfurt, 5 février 1758). Organiste et compositeur allemand. En 1732, il s'installe à Tennstedt comme organiste municipal. Sa seule distinction en tant que compositeur est, semble-t-il, d'avoir écrit un recueil de vingt-quatre préludes et fugues intitulé *Das wohltemperierte Klavier*, se faisant ainsi l'émule de J. S. Bach.

Wendy Thompson.

Weber, Carl Maria (Friedrich Ernst) **von** (Eutin, près de Lübeck, 18-19 novembre 1786 ; Londres, 5 juin 1826). Compositeur et critique allemand, fils d'un musicien qui était Kapellmeister de la chapelle du prince évêque de Lübeck. Weber passe son enfance à voyager aux côtés de son père, qui dirige un théâtre itinérant. Il se familiarise donc dès son plus jeune âge avec le répertoire du singspiel et de l'opéra ; mais il reçoit une formation musicale très informelle jusqu'à ce que, vers l'âge de onze ans, il prenne des leçons avec Michael Haydn à Salzbourg (où la famille Weber se tient provisoirement pendant les guerres napoléoniennes). Son premier opéra, *Das Waldmädchen*, est représenté en 1800 et, un an plus tard, il compose un ravissant singspiel, *Peter Schmoll*, créé à Augsbourg, où son frère est directeur d'un théâtre. En 1803, il passe quelque temps à Vienne, où il poursuit ses études avec l'abbé Vogler ; sur la recommandation de ce dernier, il est nommé, l'année suivante, directeur musical du théâtre lyrique de Breslau, où son extrême jeunesse et sa volonté de réorganiser le répertoire lui valent quelques ennuis. Il y reste jusqu'en 1806, date à laquelle, pendant qu'il se remet d'un accident (une projection accidentelle d'acide de gravure), il voit toutes ses réformes rejetées et démissionne.

Ensuite, il voyage pendant quelques années en Allemagne, passe un certain temps à la cour de Würtemberg à Stuttgart, d'où il est finalement expulsé à la suite d'intrigues et de dettes, et se rend à Mannheim et à Darmstadt. En 1811, il écrit *Abu Hassan*, singspiel spirituel en un acte tout à fait dans le style de la musique « orientale » de Mozart, qui est donné à Munich et remporte un certain succès. A peu près à cette époque, il fait la connaissance du clarinettiste Heinrich Bärmann, avec lequel il part en tournée (écrivant quelques œuvres excellentes pour son instrument) ; ils se rendent dans des centres aussi importants que Prague, Leipzig et Berlin. Il ressent alors le besoin d'une vie sédentaire et accepte la direction du théâtre de Prague, où il saisit l'occasion de mettre en pratique ses conceptions anti-italiennes du répertoire, se concentrant essentiellement sur les œuvres françaises et allemandes. La rareté et l'impopularité relative de ce répertoire l'obligent à donner continuellement de nouvelles productions et il finit par démissionner, espérant sans doute trouver du travail à Berlin, où il est alors assez connu.

Quelque temps plus tard, il reçoit une offre d'emploi de Dresde, où il accepte le poste de directeur du répertoire allemand au théâtre (Morlacchi est chargé du répertoire italien) en 1817. Le partage de la direction de l'opéra entraîne des difficultés, mais Weber épouse une jeune fille dont il a fait la connaissance à Prague et conservera son poste jusqu'à la fin de sa vie. Il commence à souffrir de tuberculose, maladie contractée vers 1812, mais fait à nouveau preuve d'une immense énergie dans la promotion des ouvrages allemands, notamment des opéras majeurs de Mozart. Tout d'abord, Weber compose essentiellement de la musique instrumentale, mais la commande d'un ouvrage destiné à l'ouverture du nouveau Schauspielhaus de Berlin le ramène à l'opéra avec *Le Freischütz,* singspiel romantique sur une légende folklorique. Cet ouvrage doit autant sa popularité aux remarquables chœurs, basés sur des mélodies traditionnelles, qu'à la célèbre « Scène de la vallée du loup », dont la musique est un mélodrame. Les effets scéniques deviennent réalisables avec les nouvelles méthodes d'éclairage que Weber a fait adopter dans son propre théâtre. Pendant son séjour à Berlin à l'occasion de la création en 1821, il compose une autre œuvre à succès, le *Konzertstück* pour piano et orchestre, l'un des rares concertos appartenant au domaine de la musique à programme et qui revêt une forme extrêmement nouvelle.

Le Freischütz remporte un succès immédiat dans toute l'Europe, quoique son histoire fantastique donne parfois lieu à des adaptations et à des arrangements peu scrupuleux dans d'autres théâtres (surtout à Paris et à Londres). Malgré la renommée que lui vaut cet ouvrage, Weber est agacé par les critiques qui ne le croient pas capable d'écrire autre chose que des singspiel et il est heureux d'accepter de Vienne la commande d'un opéra de grande envergure, bien qu'il doive alors interrompre la composition d'une comédie déjà à moitié écrite, *Die drei Pintos* (il ne la terminera jamais, mais Mahler l'achèvera et la réorchestrera en 1888). La modernisation et l'agrandissement du Théâtre du Kärntnertor lui permettent d'écrire une œuvre ambitieuse, *Euryanthe,* qui n'a pas de prédécesseurs immédiats ; elle est difficile à classer et peut être considérée comme l'un des premiers grands opéras allemands. Comme pour certains modèles français, son originalité tient au renversement de la division entre récitatif et aria et à une revalorisation de l'importance de l'orchestre, qui utilise les *leitmotivs et annonce sur bien des points les procédés wagnériens. Cette nouveauté formelle déroute les critiques et l'ouvrage ne jouira jamais de la popularité du *Freischütz.*

Après la première représentation en octobre 1823, Weber retourne à Dresde en mauvaise santé ; une cure à Marienbad lui apporte peu de soulagement. Il est bientôt invité à diriger *Le Freischütz* en Angleterre ; jusqu'alors, il n'avait été représenté à Londres que dans des versions profondément modifiées. Weber reçoit également la commande d'un nouvel opéra pour Covent Garden. Bien qu'on lui conseille alors d'aller se reposer en Italie, il sent qu'il doit accepter et se met à travailler à *Obéron,* ouvrage qui repose moins sur Shakespeare que sur la légende allemande popularisée par le poète Wieland. Il se montre très mécontent du livret, les Anglais préférant les merveilles scéniques à la musique élaborée, mais il part pour Londres en janvier 1826 ; en chemin, il s'arrête à Paris, où il rencontre de nombreux musiciens, notamment Cherubini et Rossini, qui lui rendent hommage. Gravement malade à son arrivée à Londres, il fait néanmoins face à ses engagements, comprenant plusieurs « concerts oratorios » ainsi que des récitals de salon. Son succès est considérable mais, après quelques représentations lyriques, il meurt chez Sir George Smart, dans Great Portland Street. Il est enterré à Londres, puis ses cendres seront rapatriées à Dresde où, en 1844, Wagner fera son oraison funèbre.

Wagner doit incontestablement beaucoup à Weber, car ses premiers opéras s'inspirent largement de lui. Néanmoins, il serait injuste de considérer Weber seulement comme un homme influent et non comme un artiste à part entière. Il est regrettable que le goût du surnaturel, si fort dans *Le Freischütz,* ait disparu et que les livrets d'*Euryanthe* et d'*Obéron* soient si faibles. La musique de Weber est impressionnante et originale ; certaines œuvres instrumentales, de même que *Abu Hassan*, méritent d'être jouées davantage. Sa place en tant que compositeur majeur, qui a toujours été reconnue dans son pays natal, est évidente pour ceux qui ont entendu ses principales œuvres correctement exécutées.

Denis Arnold.

BIBLIOGRAPHIE : William Saunders, *Weber*, Janin (Paris, 1947). John Warrack, *Carl Maria von Weber*, Fayard (Paris, 1987). Carl Maria von Weber, *La Vie d'un musicien et autres écrits*, éd. par Gérard Condé, Lattès (Paris, 1986). *Le Freischütz*, L'Avant-Scène-Opéra n°s 105-106 (Paris, 1988).

Webern, Anton (Friedrich Wilhelm von) (Vienne, 3 décembre 1883 ; Mittersill, 15 septembre 1945). Compositeur autrichien. Il prend des leçons de piano avec sa mère, puis étudie le piano et la théorie avec Edwin Komauer à l'école de Klagenfurt. En 1902, il entre à l'Université de Vienne pour étudier la musicologie sous la direction de Guido Adler ; il obtient un doctorat en 1906 pour son édition de la seconde partie de *Choralis Constantinus* d'Isaac. Toutefois, les études qu'il entreprend en privé avec Schoenberg en 1904, en même temps que Berg, sont beaucoup plus décisives. Les deux élèves profitent énormément de l'instruction exigeante de Schoenberg : Webern passe rapidement de la médiocrité de ses premières pièces à l'assurance de son *Quatuor* en un mouvement (1905) et de ses *Cinq Lieder de Dehmel* (1906-08). Le *Quatuor*, quoique influencé par la *Verklärte Nacht* de Schoenberg, se singularise déjà par le développement d'un motif très réduit et par son approche spirituelle ; en outre, la maîtrise du contrepoint chromatique ressort nettement dans les lieder et dans la *Passacaille* pour orchestre (1908). Comme Schoenberg, Webern fait ses premiers essais dans le domaine de l'atonalité avec des lieder (quatorze lieder sur des poèmes de Stefan George, 1907-09).

En 1908, Webern, qui a terminé ses études, dirige des opérettes et de la musique légère dans des théâtres de stations estivales. Il n'aime pas ce métier, mais il lui offre la possibilité de perfectionner sa technique de direction d'orchestre : plus tard, il dirigera des concerts symphoniques destinés aux ouvriers (1922-34) et sera chef d'orchestre et conseiller musical de la Radio autrichienne (1927-34) ; il fait également plusieurs apparitions à Londres, dirigeant la musique de Schoenberg et de Berg ainsi que ses propres œuvres. Pendant ce temps, il continue à composer. Aux lieder sur des poèmes de Stefan George succèdent des pièces instrumentales, toutes atonales et de plus en plus concises. Après les *Six Pièces* pour grand orchestre (1909), quelque peu mahleriennes, il compose un groupe de *Cinq Pièces* pour un effectif plus réduit (1911-13), dont la plus courte dure quatorze secondes. Néanmoins, ce sont des œuvres parfaitement finies, construites à partir de petits noyaux et délicatement colorées. Toutefois, leur brièveté ne permet aucune continuation sur la même voie. Au cours des dix années suivantes, Webern se concentre sur les lieder, généralement accompagnés par un ensemble instrumental. Les plus beaux sont peut-être les *Six Lieder* pour voix, deux clarinettes, violon et violoncelle sur des poèmes de G. Trakl (1917-21).

Lorsque Webern adopte le *sérialisme en 1924, son style change peu, mais dans sa *Symphonie* pour petit orchestre (1928) il prend conscience des ressources qu'offre cette technique pour créer de la musique dans des formes strictement symétriques : le premier mouvement est un canon double en forme sonate, le second des variations palindromes. Par la suite, toutes ses œuvres instrumentales – le *Quatuor pour violon, clarinette, saxophone ténor et piano* (1930), le *Concerto pour neuf instruments* (1931-34), les *Variations pour piano* (1936), le *Quatuor à cordes* (1937-38) et les *Variations pour orchestre* (1940) – sont solidement structurées. La série elle-même est souvent symétrique, surtout dans le *Concerto*, où une seule idée de trois notes apparaît perpétuellement sous des éclairages différents. Ce goût de l'unité qui pénètre toute son œuvre reflète l'objectif de Webern qui tente d'égaler la perfection du monde naturel ; les fleurs et les cristaux minéraux des Alpes sont pour lui une source de joie particulière. Il a des affinités avec la poétesse Hildegard Jone et, après la *Symphonie*, toutes ses œuvres vocales seront écrites exclusivement sur ses textes : deux recueils de lieder avec piano (1933-34), *Das Augenlicht* pour chœur et orchestre (1935) et les deux cantates (1938-39 et 1941-43). Une troisième cantate germe dans son esprit lorsqu'il est tué accidentellement par le coup de feu d'un soldat américain pendant l'occupation de l'Autriche, après la guerre.

D'un naturel réservé, Webern a passé les dernières années de sa vie dans une relative obscurité, faisant vivre sa famille en acceptant des tâches serviles pour son éditeur après avoir été contraint par les nazis de renoncer à toutes ses fonctions. Néanmoins, quelques années après sa mort, de jeunes compositeurs ont découvert en lui « le seuil » (Boulez) de la musique nouvelle.

Paul Griffiths.

BIBLIOGRAPHIE : Anton Webern, *Journal à une amie*, Lattès (Paris, 1975) / *Chemin vers une musique nouvelle*, Lattès (Paris, 1980).

Weckerlin, Jean-Baptiste (Théodore) (Guebwiller, Haut-Rhin, 9 novembre 1821 ; Trottberg, près de Guebwiller, 20 mai 1910). Bibliographe français. Il fut bibliothécaire du Conservatoire de Paris pendant de nombreuses années ; érudit éminent, il a publié plusieurs recueils de chants traditionnels.

Weckmann, Matthias (Niederdorla, Thuringe, vers 1619 ; Hambourg, 24 février 1674). Compositeur allemand, choriste à la chapelle de Dresde sous la direction de Schütz, il est ensuite l'élève de Praetorius et de Scheidemann à Hambourg. Vers 1642, il va rejoindre Schütz au Danemark, où il est organiste jusqu'en 1647. Huit ans plus tard, il est nommé organiste à Saint-Jacobi à Hambourg, où il fonde un *collegium musicum*.

Environ treize œuvres vocales sacrées de Weckmann ont survécu ; elles s'inscrivent pour la plupart dans la tradition *concertato* du choral protestant de Schütz et de ses successeurs. Ses œuvres instrumentales comprennent huit ensembles de variations chorales pour orgue, des pièces pour clavier et quelques sonates à quatre ou cinq parties pour cornets à bouquin, violon(s), trombone et basson, qui ressemblent fort aux canzonas instrumentales de Giovanni Gabrieli.

Wendy Thompson.

We Come to the River (*Wir erreichen den Fluss*). Opéra en deux parties de Henze sur un texte d'Edward Bond. Représentations : Londres (Covent Garden, 12 juillet 1976) ; Berlin (Staatsoper, 18 septembre 1976). Un général victorieux (bar.) apprend qu'il va bientôt devenir aveugle – révélation qui éveille sa compassion pour les victimes de guerre. Lorsqu'il renonce publiquement à la violence, il est enfermé dans une maison de fous. Il ne pousse pas les opprimés à la révolte et refuse de soutenir l'Empereur (mezzo), confronté à la guerre civile. Deux mercenaires à la solde de l'Empereur blessent le général et le rendent aveugle. Les pensionnaires de l'asile étouffent le général sous des draps qu'ils prennent pour l'eau de la rivière, et les fantômes des victimes de guerre chantent leur espoir en un avenir meilleur.

Weelkes, Thomas (? baptisé à Elsted, Sussex, le 25 octobre 1576 ; enterré le 1er décembre 1623). Compositeur anglais. En 1598, il est organiste à Winchester College, recevant un traitement misérable de 13 shillings et 4 pence par trimestre, nourri et logé. En 1602, il reçoit le grade de « Bachelor of Music » de New College à Oxford et, l'année suivante, épouse Elizabeth Sandham, une riche héritière de Chichester. Il s'était probablement déjà installé à Chichester deux ans plus tôt, servant comme organiste et instructeur des choristes à la cathédrale : quoique sa vie y ait parfois été orageuse (le chapitre désapprouvant son penchant pour la boisson et le congédiant temporairement en 1617), il y a vécu le restant de ses jours. Il est mort à Londres chez un ami et son testament, qui partage ses biens entre ses trois enfants, laisse à penser que, malgré son beau mariage, il était assez pauvre.

Weelkes est l'un des meilleurs compositeurs de madrigaux qui aient travaillé en Angleterre ; il savait trouver un équivalent musical vivant aux textes qu'il mettait en musique. Il a parfois utilisé un langage chromatique et dissonant pour obtenir des effets émotionnels, mais il a aussi écrit de la musique légère agréable, notamment des ballets. Sa musique religieuse est plus traditionnelle, quoiqu'il ait expérimenté de nouvelles méthodes pour accroître la sonorité dans son Service *In medio chori*. Il a également écrit de beaux *anthems*, surtout ceux qui font appel à des solistes accompagnés à l'orgue.

Denis Arnold.

Weerbeke, Gaspar van. Voir *Gaspar van Weerbeke*.

Weg (all.). « Loin », « au loin », « parti ».

Wegelius, Martin (Helsinki, 10 novembre 1846 ; Helsinki, 22 mars 1906). Compositeur finlandais. Il fait ses études à Helsinki, en Allemagne et à Vienne, puis retourne à Helsinki, où il est pianiste, critique et chef d'orchestre de l'Opéra finlandais. Compositeur de musique symphonique, de musique de chambre et de musique chorale, il a surtout joué un rôle important dans le domaine pédagogique : en 1882, il a fondé l'Institut de musique (actuellement l'Académie Sibelius). Ses élèves les plus célèbres sont Palmgren et Sibelius.

Wendy Thompson.

Wehmut [*Wehmuth*] (all.). « Mélancolie », « douleur » ; *wehmütig, wehmütsvoll,* « mélancolique ».

Weich (all.). « Doux », « tendre », « léger ».

Weihnachtslied (all.). « Chant de Noël », *noël.

Weill, Kurt (Julian) (Dessau, 2 mars 1900 ; New York, 3 avril 1950). Compositeur allemand. Il fait ses études à la Musikhochschule de Berlin avec Humperdinck (1918-19), puis en privé avec Busoni (1921-24). L'influence de Busoni transparaît dans les aspects néo-classiques entièrement calculés d'œuvres de jeunesse comme le *Quatuor à cordes* (1923), mais il en ressort surtout l'*expressionnisme amer et la quasi-atonalité que Weill développe en s'inspirant de Schoenberg. On retrouve ces caractéristiques dans son premier opéra, *Der Protagonist* (en un acte, 1926, livret de Georg Kaiser), et dans le *Concerto pour violon et instruments à vent* (1924).

La musique de Weill prend une nouvelle orientation lorsqu'il devient le collaborateur de Brecht en 1927. Il élabore alors un style cabaret, en faisant appel à des clichés populaires et à une tonalité acide pour faire ressortir la corruption du capitalisme que Brecht expose dans des œuvres comme *Aufstieg und Fall der Stadt Mahagonny* (« Grandeur et Décadence de la ville de Mahagonny », 1930), *Die Dreigroschenoper* (« L'Opéra de quat'sous », 1928) et *Die sieben Todsünden* (« Les Sept Péchés capitaux », 1933). En 1933, peu après la prise du pouvoir par Hitler, il est obligé de quitter Berlin et, en 1935, il s'installe de façon permanente aux États-Unis. Il s'intéresse alors presque exclusivement au théâtre musical de Broadway, pour lequel il compose *Johnny Johnson* (1936), *Knickerbocker Holiday* (1938), *Lost in the Stars* (1949), etc. Des numéros comme « Mack the Knife » (de *Die Dreigroschenoper*) et « September Song » (de *Knickerbocker Holiday*) font partie du répertoire courant de la chanson populaire.

Paul Griffiths.

Weinberger, Jaromír (Prague, 8 janvier 1896 ; St Petersburg, Floride, 8 août 1967). Compositeur américain d'origine tchèque. Il fait ses études à Prague et à Leipzig et, après avoir visité les États-Unis, il entre au Théâtre national slovaque à Bratislava. Il y compose l'opéra pour lequel il est surtout connu de nos jours, *Švanda Dudák* (« Švanda, le joueur de cornemuse »), basé sur les langages populaires tchèques et qui remporte un grand succès en 1927. A partir de 1932, Weinberger vit à Prague et en Autriche. Son dernier opéra, *Valdštejn* (« Wallenstein », d'après Schiller), est représenté à Vienne en 1937, juste avant que la menace nazie ne force son compositeur à quitter l'Europe pour les États-Unis, où il se suicidera à l'âge de soixante et onze ans.

Wendy Thompson.

Weinberger, Josef. Maison d'édition musicale autrichienne. **Josef Weinberger** (1855-1928) fonde la firme à Vienne en 1885. Elle commence par se spécialiser dans les œuvres des compositeurs lyriques d'Europe centrale (Smetana, Goldmark) et assure la promotion de la musique de Wolf-Ferrari. Elle achète les droits d'un grand nombre d'opérettes (Johann Strauss, Suppé, Lehár, etc.) et publie aussi la musique instrumentale de compositeurs autrichiens. La succursale londonienne de cette firme publie la musique de Malcolm Williamson.

Weinend (all.). « Pleurant », « plaintif ».

Weingartner, (Paul) **Felix** (Zara, Dalmatie, 2 juin 1863 ; Winterthur, 7 mai 1942). Compositeur et chef d'orchestre autrichien. Il étudie la composition à Graz et la philosophie à Leipzig. Il bénéficie de la protection de Liszt, et son premier opéra, *Sakuntala,* est créé à Weimar en 1884. Weingartner commence alors sa carrière de chef d'orchestre. Il est Kapellmeister de l'Opéra de Berlin (1891-98), puis chef d'orchestre des concerts symphoniques royaux. En 1908, il prend la succession de Mahler comme chef d'orchestre à l'Opéra de la cour de Vienne et dirige aussi la Philharmonie de Vienne. Par la suite, sa carrière le mène à l'Opéra de Hambourg, à Darmstadt, à la Volksoper de Vienne et, finalement, en 1927, à Bâle, où il dirige des concerts et est nommé directeur du Conservatoire. Weingartner s'est marié cinq fois, ce qui ne l'a pas empêché de trouver le temps d'écrire neuf opéras (tous sur ses propres livrets), sept symphonies et des œuvres de musique de chambre.

Wendy Thompson.

Weinlied (all.). « Chanson à boire ».

Weiss, Silvius Leopold (Breslau, 12 octobre 1686 ; Dresde, 16 octobre 1750). Luthiste et compositeur allemand. Élève de son père, également luthiste, il entre vers 1706 au service du comte palatin Karl Philipp. Entre 1708 et 1714, il vit en Italie. De retour en Allemagne, il passe le reste de sa vie au service de l'Électeur palatin à Dresde.

Weiss est l'un des derniers grands virtuoses du luth à une époque où cet instrument se démodait rapidement. Il est l'auteur de nombreuses belles suites pour luth, dont une édition moderne a été publiée.

Wendy Thompson.

Weissenburg, Heinrich. Voir *Albicastro, Henrico.*

Weldon, John (Chichester, 19 janvier 1676 ; Londres, 7 mai 1736). Compositeur anglais. Choriste à Eton, puis élève de Purcell, il est nommé organiste du New College à Oxford en 1694, « Gentleman » de la chapelle royale d'Angleterre en 1701 et finalement organiste de la chapelle royale, succédant à Blow. A partir de 1714, il est organiste de St Bride, dans Fleet Street, et de St Martin-in-the-Fields. De 1715 jusqu'à sa mort, il est second compositeur de la chapelle royale, sous la direction de Croft. En 1700, il remporte le premier prix à un concours dont l'épreuve consiste à mettre en musique le masque de Congreve *The Judgement of Pâris* (devant John Eccles, Daniel Purcell et Gottfried Finger). Il écrit ensuite de la musique de scène pour une représentation de *The Tempest* ; la partition n'a jamais été retrouvée et certains musicologues supposent que la musique de l'œuvre du même nom que l'on attribue aujourd'hui à Purcell est peut-être de Weldon. Il semble avoir relativement peu composé à la fin de sa vie.

La musique lyrique et les autres œuvres profanes de Weldon sont aujourd'hui oubliées, mais on utilise encore sa musique religieuse, notamment l'*anthem* « Hear my crying ».

Percy Scholes, rév. Wendy Thompson.

Wellesz, Egon (Joseph) (Vienne, 21 octobre 1885 ; Oxford, 9 novembre 1974). Compositeur et musicologue autrichien. Il fait ses études à l'Université de Vienne (1895-1908), où, sous la direction de Guido Adler, il fait des recherches portant sur les opéras de Cavalli et prend des cours particuliers de composition avec Schoenberg (1905-06). Il reste l'un des membres du cercle de Schoenberg, publie le premier livre sur ce compositeur (1925, réédité en 1971) et adopte lui-même les méthodes sérielles. Cependant, l'influence de Strauss est également importante, surtout dans les œuvres scéniques qu'il compose dans les années vingt, notamment l'opéra *Alkestis* (1924), sur un livret de Hofmannsthal. Il enseigne en outre à l'Université de Vienne (1913-38), son intérêt musicologique se portant alors sur le chant byzantin.

En 1939, il quitte Vienne pour Oxford, où il est nommé lecteur de musique byzantine. Il passe le restant de ses jours à Oxford et écrit un opéra en anglais, *Incognita* (1951), pour le club lyrique de l'Université. En Angleterre, il a aussi composé neuf symphonies et un *Concerto pour violon* (1961) qui marquent un retour à la tonalité par le biais de Mahler et de Bruckner. Wellesz est aussi l'auteur de neuf quatuors à cordes et d'un *Octuor* (1948-49) faisant appel à la même combinaison instrumentale que celui de Schubert. Outre son étude sur Schoenberg, il a écrit plusieurs autres livres : *Eastern Elements in Western Chant* (Boston, 1947) et *A History of Byzantine Music and Hymnography* (Londres, 1963).

Paul Griffiths.

Welsh College of Music and Drama. Collège de musique gallois, fondé en 1949 sous l'appellation Cardiff College of Music and Drama (installé au château de Cardiff) ; il a adopté son titre actuel en 1970 et, en 1975, s'est installé dans des locaux construits à cet effet à Cathays Park, sur les terres du château. Des cours à plein temps et à temps partiel sont proposés aux exécutants et aux futurs professeurs. Raymond Edwards dirige cet établissement depuis 1959.

Welsh National Opera. Compagnie lyrique installée à Cardiff et fondée en 1946. Elle possède un chœur et un orchestre professionels, fait beaucoup de tournées, donnant des saisons à Birmingham, Manchester, Liverpool, Leeds, etc. Au poste de directeur musical se sont succédé Charles Groves (1961-63), Bryan Balkwill (1963-67), James Lockhart (1968-73) et Richard Armstrong (depuis 1973).

Voir également *Pays de Galles*, 4.

Wenig (all.). « Peu » ; *ein wenig*, « un peu » ; *weniger*, « moins ».

Werner, Gregor Joseph (Ybbs an der Donau, 28 janvier 1693 ; Eisenstadt, 3 mars 1766). Compositeur autrichien. En 1728, il devient Kapellmeister du prince Esterházy à Eisenstadt, où il restera jusqu'à sa mort. A partir de 1761, son assistant est Joseph Haydn, qui arrange pour quatuor à cordes six introductions et fugues de Werner. Werner a aussi composé de la musique sacrée, quelques suites pour deux violons et continuo publiées sous le titre *Neuer und sehr curioser musicalischer Instrumental-Calender* (Augsbourg, 1748) et un ensemble de six sonates (Augsbourg, 1735).

Werner, Johann Gottlob (Grossenhain, 1777 ; Chemnitz, 19 juillet 1822). Organiste et compositeur allemand. Il est organiste dans diverses villes provinciales allemandes jusqu'en 1819, date à laquelle il est finalement nommé organiste de la cathédrale et directeur musical à Merseboug ; il mourra trois ans plus tard. Ses compositions, essentiellement destinées à des fins pédagogiques, comprennent plusieurs méthodes d'orgue, dont l'*Orgelschule*, qui a été largement utilisée. Il a également écrit des préludes choraux et d'autres pièces pour orgue.

Wert, Giaches de (1535 ; Mantoue, 6 mai 1596). Compositeur flamand. Arrivé très jeune en Italie, il entre au service de plusieurs cours mineures avant d'être nommé *maestro di cappella* à la chapelle ducale de Santa Barbara à Mantoue, en 1565. Il reste au service de la famille de Gonzague jusqu'à la fin de sa vie, mais rend de fréquentes visites à la cour d'Este, à Ferrare, où il tombe amoureux de la célèbre chanteuse Tarquina Molza. Mais, il était déjà marié, quoique séparé de sa femme, qui l'avait trompé avec un musicien rival à la cour de Gonzague, et cette liaison n'a pas eu de suite.

Wert est avant tout un compositeur de madrigaux. Il est un précurseur important du style chromatique et dissonant de la *seconda prattica* (voir *Prima prattica, seconda prattica*) de Monteverdi, se concentrant sur la création de mélodies expressives ; en même temps, il se sert de l'homophonie comme d'un moyen pour parvenir à la déclamation précise des mots. Il a publié seize volumes de madrigaux entre 1558 et 1608 et était, de toute évidence, extrêmement connu, non seulement de ceux qu'il a directement influencés, mais aussi de compositeurs d'un genre très différent, comme Palestrina, qui parlait de lui comme d'un « virtuoso raro ».

Denis Arnold.

Werther. Opéra en quatre actes de Massenet sur un livret de Blau, Millet et Hartmann, d'après le roman de Goethe *Die Leiden des jungen Werthers* (« Les Souffrances du jeune Werther », 1774). Représentations : Vienne (Staatsoper, 16 février 1892, dans une version allemande de Kalbeck) ; Genève (27 décembre 1892) ; Paris (Opéra-Comique, 16 janvier 1893) ; Chicago (29 mars 1894) ; Londres (Covent Garden, 11 juin 1894). Werther (tén.) aime Charlotte (mezzo), qui lui rend son amour bien qu'elle soit fiancée à Albert (bar.). Werther la quitte et, à son retour, la trouve mariée. Elle le supplie de s'en aller, puis apprenant qu'il a demandé ses pistolets à Albert, elle part à sa recherche et le trouve mourant, une balle dans la tête.

BIBLIOGRAPHIE : *Werther*, L'Avant-Scène-Opéra n° 61 (Paris, 1985).

Wesendonk Lieder (*Fünf Gedichte für eine Frauenstimme*). Cinq lieder pour voix et piano de Wagner sur des poèmes de sa maîtresse Mathilde Wesendonk, composés en 1857-58 : (1) *Der Engel* (« L'Ange »), (2) *Stehe still* (« Ne bouge pas »), (3) *Im Treibhaus* (« Dans la serre »), (4) *Schmerzen* (« Douleurs ») et (5) *Träume* (« Rêves ») ; les n°s 3 et 5 sont des études pour *Tristan et Isolde* et comportent des thèmes de cet opéra. Les *Lieder* ont été orchestrés par Mottl sous le contrôle de Wagner ; ils ont fait l'objet d'arrangements pour violon et piano (1872) dus à H. Léonard et pour voix aiguë et orchestre de chambre (1979) dus à Henze.

Wesley, Charles (Bristol, 11 décembre 1757 ; Londres, 23 mai 1834). Claveciniste et compositeur anglais ; neveu de John Wesley (1703-91, fondateur du méthodisme), fils aîné de Charles Wesley (1707-88, auteur d'hymnes). Dans sa jeunesse, il laisse entrevoir un avenir musical très prometteur ; il devient l'élève de William Boyce à partir de 1774, lorsque sa famille s'installe à Londres. Avec son jeune frère, Samuel, il participe a une remarquable série de concerts (1779-85) dans leur maison de Marylebone (on trouve des détails de leurs programmes à la British Library). Les œuvres de cette période, quatorze concertos pour orgue (1775-81) et six quatuors à cordes (1776), s'inscrivent dans la veine mixte du classicisme et de la musique de Haendel. Toutefois, alors qu'il a appris son métier et s'est fixé des principes de travail bien précis, son imagination se tarit, son talent se fane et, avec sa nomination au poste de claveciniste officiel de George III (qui ne voulait écouter que la musique de Haendel) en 1794, toute évolution créatrice est annihilée par un retour croissant vers le passé.

Robin Langley.

Wesley, Samuel (Bristol, 24 février 1766 ; Londres, 11 octobre 1837). Organiste, violoniste, pédagogue, le compositeur anglais le plus important de sa génération. Presque aussi précoce que son frère aîné, Charles Wesley, il achève un oratorio, *Ruth*, à l'âge de huit ans. Il reçoit une éducation musicale de seconde main par l'intermédiaire des professeurs de son frère, avec lequel il collabore même à certaines compositions. Ses premières œuvres font preuve d'une imagination (sinon du sens de la construction) déjà en avance sur celle de son frère, si l'on compare leurs quatuors à cordes de la même époque. A partir de 1784, les contacts de Samuel avec, en particulier, la chapelle de l'ambassade du Portugal, élargissent sa connaissance de la musique européenne, religieuse et profane, et atténuent de manière bénéfique les effets de la vénération traditionnelle et de plus en plus étouffante des Anglais pour Haendel. Une grand-messe dédiée au pape Pie VI date de cette année et, dans les deux années qui suivent, Samuel produit son premier chef-d'œuvre, l'*Ave maris stella* (1786) pour deux voix élevées et cordes. De cette époque datent aussi les concertos pour violon, écrits à sa propre intention pour qu'il les joue dans les concerts de son frère à Marylebone, et un recueil substantiel de symphonies et d'ouvertures, dont celle en ré (1784) pour deux cors et cordes égale celles de Bach.

L'indépendance intellectuelle et morale de Samuel Wesley (largement révélée dans une vaste correspondance) a été un obstacle au déroulement de sa carrière et sa candidature à plusieurs postes très lucratifs a été repoussée. Bien qu'étant le meilleur organiste de l'époque, il n'occupe que des fonctions mineures dans l'Église d'Angleterre et ses apparitions sporadiques comme directeur des Lenten Oratorio Concerts sont complétées par l'enseignement et les conférences. Il continue à composer de façon prolifique et aborde toutes les formes ; une grande partie de sa musique est inégale et, pour des raisons financières, dictée par la mode ; mais d'un bout à l'autre de sa longue carrière, il a produit un certain nombre d'œuvres d'envergure européenne, notamment le *Confitebor tibi Domine* (1791), la *Symphonie en si bémol* (1802) – à une époque de grandes symphonies, elle supporte la comparaison avec celles d'Arriaga et de Voříšek –, les douze *Voluntaries* (1805-17, contenant certaines des pages de musique pour orgue les plus importantes de la période qui se situe entre Bach et Mendelssohn) et la *Concert Overture en mi* (1834). A la tête du mouvement tendant à faire revivre la musique de Bach en Angleterre, il est responsable de la première publication dans ce pays du *Clavier bien tempéré* (1810-13) ; il a également réalisé de la façon la plus désintéressée l'édition de l'œuvre de deux de ses contemporains morts prématurément, G. F. Pinto et William Russell. En tant que compositeur, Samuel Wesley possédait un style personnel alliant l'ingénuité contrapuntique, l'audace harmonique et la fraîcheur mélodique.

Robin Langley.

Wesley, Samuel Sebastian (Londres, 14 août 1810 ; Gloucester, 19 avril 1876). Compositeur et organiste anglais ; fils de Samuel Wesley. Il occupe une place essentielle dans le renouveau et le développement de la musique religieuse anglaise comme exécutant, compositeur et pamphlétaire. Il reçoit sa formation musicale à la chapelle royale d'Angleterre à partir de 1820, son père lui ayant déjà donné ses premières leçons de composition. Il fait son apprentissage d'organiste et de chef d'orchestre à Londres et, en 1832, est nommé organiste de la cathédrale de Hereford, où il se consacre presque exclusivement à faire revivre la tradition anglicane qui s'était détériorée depuis l'époque de Haendel. A ses plus belles compositions, il a apporté une force harmonique, une bonne illustration mélodique à des textes choisis plus librement et avec davantage d'imagination qu'auparavant, ainsi qu'un sens dramatique où ne transparaît jamais la fadeur de la majorité de ses contemporains. Il a déployé un zèle farouche pour réformer le laxisme de l'administration et la médiocrité qui était alors tolérée dans le domaine instrumental. Il a également mené une campagne active pour que la musique soit reconnue au sein de la hiérarchie de l'Église. Wesley a quitté Hereford pour la cathédrale d'Exeter (1835), l'église paroissiale de Leeds (1842), Winchester (1849) et finalement Gloucester (1865), où il a révisé la majeure partie de ses œuvres importantes. Ses *anthems* constituent l'essentiel de sa production : ils sont souvent extrêmement longs, accompagnés de parties d'orgue élaborées (habilement orchestrées pour les fêtes). *Blessed Be the God and Father*, *The Wilderness*, *Wash Me Throughly* and *Ascribe Unto the Lord* sont les plus remarquables. La brillante maîtrise de l'orgue de Wesley se reflète particulièrement dans l'*Andante en fa majeur*, deuxième volet d'un ensemble de trois pièces pour petit orgue (Set II, 1842-43).

Robin Langley.

Wessel, Horst. Auteur des paroles de l'hymne officiel du parti national socialiste (nazi) d'Hitler. L'air était une chanson de music-hall populaire sur le front allemand en 1914. Horst Wessel est devenu un martyr de la cause nazie lorsqu'il a été tué par la cellule communiste de Berlin, où il vivait, commandant une colonne d'assaut des forces armées nazies. Trois personnes ont été assassinées par les nazis pour venger sa mort.

Western Wynde. Air profane anglais du XVIe siècle. Il a servi de *cantus firmus* dans des messes de Taverner, Tye et John Sheppard (voir *Western Wynde Mass*). L'emploi d'airs profanes dans la musique sacrée a finalement été interdit par l'Église catholique.

« Western Wynde » Mass. Titre donné aux messes de Taverner, Tye et Sheppard qui utilisent l'air profane *Western Wynde* comme *cantus firmus*. Tous ont écrit des variations contrapuntiques sur cet air, à quatre voix, et les ont sans doute composées à la fin des années 1530 ou au début des années 1540.

Westminster Chimes. Voir *Crotch, William*.

Westrup, (Sir) Jack (Allan) (Londres, 26 juillet 1904 ; Headley, près de Guilford, 21 avril 1975). Musicologue anglais. Il fait ses humanités à l'Université d'Oxford (1923-26), où il fonde l'University Opera Club dont la première production est sa propre réalisation d'*Orfeo* de Monteverdi en 1925. Après une période consacrée à l'enseignement, il devient critique musical à Londres, puis chargé de cours à King's College, à Newcastle upon Tyne (1941), professeur d'histoire de la musique à l'Université de Birmingham (1944) et professeur à Oxford (1947-71). Westrup a dirigé de nombreuses productions de l'University Opera Club, dont un grand nombre d'œuvres pratiquement inconnues (notamment *Les Troyens* de Berlioz). Son œuvre musicologique comprend un livre sur Purcell (Londres, 1937, 4e édition 1980) et de nombreux essais dont les sujets vont de la chanson médiévale aux *Enigma Variations* d'Elgar ; ses écrits sont plein de bon sens et il a une façon espiègle de ramener toute prétention à sa juste valeur.

Denis Arnold.

West side Story. Comédie musicale de Leonard Bernstein créée à Washington le 19 août 1957 et portée à l'écran en 1961.

Wetterharfe (all.). Voir *Harpe éolienne.*

Whale, The (« La Baleine »). Cantate dramatique pour récitant, mezzo-soprano, baryton, choeur et orchestre de Tavener sur son propre texte compilé d'aprè la *Collins' Encyclopaedia* et la Vulgate. Composée en 1965-66.

White, Robert (1530-35 ; Londres, novembre 1574). Compositeur anglais. Son nom, assez répandu, donne lieu à de nombreuses confusions, mais il semble probable qu'il soit le fils d'un facteur d'orgue et ait lui-même été organiste à St Andrew's, à Holborn, entre 1550 et 1560. Il a reçu le grade de « Bachelor of Music » de Cambridge en 1560 et a été nommé maître des choristes à la cathédrale d'Ely en 1562. Il a épousé la fille de Christopher Tye en 1565. Ensuite, pendant quelques années, il semble avoir été maître des choristes à la cathédrale de Chester, avant d'occuper le même poste à l'abbaye de Westminster en 1570. Il est mort de la peste en laissant à sa veuve une fortune confortable.

White est un bon compositeur, surtout dans le domaine de la musique religieuse latine ; ses psaumes et ses *Lamentations de Jérémie* sont particulièrement remarquables. Il est aussi l'auteur de musique instrumentale, notamment de fantaisies et d'*In nomine* pour violes.

Denis Arnold.

Whitehead, Gillian (Whangarei, Nouvelle-Zélande, 23 avril 1941). Compositeur néozélandaise. Elle fait des études musicales universitaires à Auckland, Wellington et Sydney et, après avoir suivi la classe de composition de Peter Maxwell Davies à l'Université d'Adélaïde, en 1966, elle continue à travailler avec lui à Londres, où plusieurs de ses œuvres sont exécutées par les Pierrot Players, rebaptisés par la suite The Fires of London. En 1971, son *Quatuor à cordes* remporte le prix NZBC/APRA de la Chamber Music Federation. De 1978 à 1980, elle est compositeur résidente pour les arts nordiques à l'Université de Newcastle, où elle commence à travailler avec le poète Fleur Adcock ; parmi les œuvres issues de cette coopération figurent *Inner Harbour* (1979) pour chœur et orchestre de chambre et *Hotspur* (1980) pour soprano et ensemble instrumental et un opéra, *Eleanor of Aquitaine.*

Gillian Whitehead est attirée par les sujet maoris qui traitent de la mythologie et du rituel des saisons, comme dans *Pakuru* (1967), *Whaktau-ki* (1970) et *Te Tangi a Apakura* (1975) pour orchestre à cordes. Son opéra de chambre, *Tristan and Iseult* (1975), fait appel à l'estampie italienne du XIVe siècle « Lamento di Tristano », avec sa variante rythmique et mélodique, la *rotta*, s'alliant aux styles du plain-chant et de la ballade. Cet opéra a été l'un des événements du Festival d'Auckland en 1978. La musique extrêmement concentrée de Gillian Whitehead peut être comparée à de la sculpture ou à de l'architecture musicale, car elle met l'accent sur une base mathématique de laquelle émerge une sensibilité musicale très raffinée.

J. M. Thomson.

Whitlock, Percy (William) (Chatham, 1er juin 1903 ; Bournemouth, 1er mai 1946). Compositeur anglais. Il fait ses études au Royal College of Music et à la Guildhall School, puis occupe divers postes d'organiste dans des églises et auprès des municipalités dans le Sud de l'Angleterre. En outre, il fait souvent des émissions de radio et a composé de la musique religieuse et de la musique d'orgue.

Paul Griffiths.

Whole-note (amér.). « Ronde ».

Whythorne, Thomas (Ilminster, 1528 ; Londres, juillet 1596). Compositeur anglais. Fils d'un gentilhomme du Somerset, il fait ses études à Magdalen College School d'Oxford. Il passe la majeure partie de sa vie au service de membres de la noblesse anglaise, enseignant la musique et s'occupant, dans un cas bien précis, des affaires de son protecteur. Au début des années 1550, il se rend en Italie en passant par les Pays-Bas et l'Allemagne. Son poste le plus important est celui de maître de musique de la chapelle de l'archevêque de Canterbury, à Lambeth Palace, entre 1571 et 1575.

Whythorne est le premier compositeur anglais à avoir publié sa musique profane – *Songes for Three, Fower and Five Voyces* (Londres, 1571) – qui laisse pressentir davantage l'écriture vocale de Byrd que le style italien de Morley et de son école. Il a aussi publié quelques duos intéressants en 1590, mais sa renommée vient surtout de sa fascinante autobiographie, qui décrit les incertitudes de la vie d'un musicien au XVIe siècle.

Widmann, Erasmus (baptisé à Schwäbisch Hall, près de Stuttgart, le 15 septembre 1572 ; Rothenburg ob der Tauber, 31 octobre 1634). Compositeur allemand. Après avoir fait des études universitaires à l'Université de Tübingen, il devient organiste en Styrie et à Graz, puis retourne à Schwäbisch Hall en raison de ses sympathies luthériennes. Il est ensuite nommé organiste à la cour de Weikersheim et, en 1613, devient *Kantor* et organiste à Rothenburg ob der Tauber. Il y meurt de la peste avec sa femme et sa fille. Widmann a écrit de la musique sacrée sur des textes latins et allemands, mais il est surtout connu pour ses œuvres profanes – des ballets et des lieder dans lesquels transperce l'influence italienne. Il a aussi publié un volume de musique de danse pour ensemble instrumental, *Gantz neue Cantzon, Intraden, Balletten und Courranten* (Nuremberg, 1618).

Denis Arnold.

Widor, Charles-Marie (-Jean-Albert) (Lyon, 21 février 1844 ; Paris, 12 mars 1937). Compositeur et organiste français. Il commence ses études avec son père, qui était organiste, et les poursuit sérieusement à Bruxelles sous la direction de Lemmens (orgue) et de Fétis (composition). En 1870, il est nommé organiste de Saint-Sulpice, à Paris, poste qu'il conservera jusqu'en 1934. En 1890, il succède à Franck comme professeur d'orgue au Conservatoire de Paris, où il enseigne également le contrepoint et la fugue (1896-1904) puis la composition (à partir de 1905). Élu à l'Académie des Beaux-Arts en 1910, il en devient secrétaire perpétuel en 1914. Entre 1920 et 1934, il est directeur du Conservatoire américain de Fontainebleau.

Widor est l'auteur de trois opéras (notamment *Les Pêcheurs de la Saint-Jean*, 1905), de plusieurs ballets (*La Korrigane*, 1880 ; *Jeanne d'Arc*, 1890) et de nombreuses autres œuvres, mais il est surtout connu pour sa musique d'orgue qui a profondément modifié l'approche de l'instrument, davantage tournée vers le style du concert que vers un usage exclusivement liturgique. Il faut surtout retenir ses dix symphonies pour orgue, composées entre 1876 et 1900, qui allient le contrepoint de Bach aux grandes envolées romantiques. La toccata de sa *Symphonie n° 5* est devenue l'un des morceaux d'orgue les plus populaires.

Paul Griffiths, rév. Alain Pâris.

BIBLIOGRAPHIE : Norbert Dufourcq, *La Musique d'orgue de J. Titelouze à J. Alain* (Paris, 1941, rééd. 1949). Charles-Marie Widor, *La Technique de l'orchestre moderne*, supplément au traité de Berlioz (Paris, 1904).

Wieder (all.). « De nouveau » ; *Wiederholung*, « répétition », « reprise ».

Wiegenlied (all.). « Berceuse ».

Wienerisch (all.). « Viennois ».

Wigthorp, William (célèbre à la fin du XVIe siècle et au début du XVIIe siècle). Compositeur anglais. Il est enfant de chœur à la cathédrale de Winchester, avant d'étudier la musique à New College, à Oxford, où il reçoit le grade de « Bachelor of Music » en 1605. Très peu d'œuvres de ce compositeur nous sont parvenues, à l'exception de quatre *consort songs* contenus dans un manuscrit conservé à la British Library et de deux *anthems* figurant dans le Batten Organ Book.

Wendy Thompson.

Wikmanson, Johan (Stockholm, 28 décembre 1753 ; Stockholm, 16 janvier 1800). Musicien et compositeur suédois. Il étudie la musique dans son enfance, puis est envoyé à Copenhague afin de poursuivre des études de mathématiques ainsi que dans le domaine de la facture instrumentale. Toutefois, cette vie ne lui convient pas et il retourne à Stockholm en 1772. Il est employé dans les services de la loterie royale, occupe un poste d'organiste et étudie la composition avec l'abbé Vogler. En 1796, il entre à l'Académie royale de musique de Stockholm, où il enseigne la théorie et le chant. Bon organiste et pianiste, Wikmanson joue également des instruments à cordes. Trois de ses quatuors à cordes, composés vers

1785, ont été publiés à titre posthume et dédiés à Haydn.

Wendy Thompson.

Wilbye, John (baptisé à Diss, Norfolk, 7 mars 1574 ; Colchester, automne 1638). Compositeur anglais. Fils de tanneur, il entre au service de Sir Thomas Kytson avant 1598 au manoir de Hengrave Hall, près de Bury St Edmunds, où il reste jusqu'à la mort de Lady Kyston en 1628. Il entre alors au service de la fille de Lady Kyston, Lady Rivers, à Colchester, où il restera jusqu'à la fin de sa vie. Il hérite d'une quantité substantielle de meubles de son premier employeur et son testament montre qu'à la fin de sa vie il était très à l'aise : il a laissé sa « best vyall » au prince de Galles, le futur Charles II.

La réputation de compositeur de Wilbye repose sur une soixantaine de madrigaux publiés en deux volumes (Londres, 1598, 1609). Cette production assez mince contient plusieurs chefs-d'œuvre, dans lesquels le don de trouver la bonne musique pour exprimer l'atmosphère du texte n'a d'égale que la faculté d'écrire des mélodies extrêmement faciles à chanter. Sa préférence se porte sur une atmosphère sombre, parfois teintée d'ironie lorsqu'il considère la cruauté du bien-aimé dans les poèmes anacréontiques populaires de l'époque. Ses plus belles œuvres ne manquent pas d'envergure ; elles font appel à de grandes sonorités et à la juxtaposition des accords majeurs et mineurs. Parmi ses œuvres les plus célèbres, il faut citer « Sweet honey-sucking bees » et « Yet sweet, take heed » du recueil de 1609.

Denis Arnold.

Wilder, Philippe van (mort à Londres, 24 février 1553). Compositeur flamand, résidant à Londres à partir de 1520 environ jusqu'à sa mort. Il a servi comme luthiste et gardien d'instruments auprès de Henri VIII. Sa musique, essentiellement des chansons, semble avoir été mieux connue en Angleterre que celle de contemporains plus célèbres, tels que Gombert et Willaert.

John Milsom.

Wilhelmj, August (Usingen, 21 septembre 1845 ; Londres, 22 janvier 1908). Violoniste et compositeur allemand. De parents musiciens, il fait ses débuts à l'âge de huit ans (1854) et est présenté à Liszt qui, à son tour, l'adresse au grand violoniste Ferdinand David, en le recommandant comme « le futur Paganini ». Il étudie au Conservatoire de Leipzig et à Francfort, avant de se lancer dans une carrière de virtuose. Entre 1878 et 1882, il fait une vaste tournée de concerts en Amérique, en Australie et en Asie. A son retour, il tente, sans succès, d'ouvrir une école de violon. En 1894, il s'installe à Londres et est nommé professeur de violon à la Guildhall School of Music. Wilhelmj était réputé pour la sûreté de sa technique, sa sonorité puissante et l'intelligence de son interprétation. Parmi ses œuvres, on n'a retenu que son arrangement de l'air de la *Suite en ré majeur* de Bach sous le titre d'« *Air sur la corde de sol ».

Wendy Thompson.

Willaert, Adrian (? Bruges, vers 1490 ; Venise, 17 décembre 1562). Compositeur flamand. Il fait ses études de droit à Paris, mais les abandonne pour suivre l'enseignement musical de J. Mouton. Vers 1515, il se rend en Italie, où il passe quelques années à la cour d'Este, à Ferrare, puis entre au service du cardinal Hippolyte II d'Este, archevêque de Milan. En 1527, il est nommé *maestro di cappella* à San Marco de Venise, poste qu'il conservera jusqu'à sa mort. Willaert a eu pour élèves d'importants compositeurs de la génération suivante, notamment Andrea Gabrieli, Cipriano de Rore et Costanzo Porta, ainsi que le théoricien Gioseffo Zarlino. Il a fait de Venise un centre musical de premier ordre.

Willaert était surtout célèbre pour sa musique religieuse dont le style s'apparente à celui de Josquin des Prés tout en restant extrêmement personnel ; sa sonorité convient parfaitement aux cérémonies grandioses et solennelles. Les psaumes qu'il a écrits pour les vêpres (Venise, 1550) sont importants car ils adoptent pour la première fois l'écriture à double chœur (**cori spezzati*) qui allait devenir l'une des caractéristiques de la musique sacrée vénitienne. La diversité de ses dons de compositeur se retrouve aussi dans ses madrigaux ; il a été l'un des premiers à composer un long poème en sections pour former un cycle de madrigaux ; un peu trop sérieux pour égaler Lassus dans la composition de chansons comiques, il a aussi composé des villanelles mélodieuses et vives. Monteverdi considérait sa musique comme le couronnement de la *Prima prattica* (voir *Prima prattica, seconda prattica*).

Denis Arnold.

Willan, (James) **Healey** (Balham, 12 octobre 1880 ; Toronto, 16 février 1968). Compositeur canadien. Il fait ses études à Londres avec William S. Hoyte et Evelyn Howard-Jones, puis émigre à Toronto en 1913. Il y occupe divers postes : organiste et directeur de la musique à l'église Sainte-Madeleine (1921-68), professeur de théorie au Conservatoire (1913-36), maître de conférences à l'Université (1914, 1936-50). Bien qu'il ait composé dans tous les genres, il est surtout connu comme l'une des personnalités dominantes de la musique religieuse canadienne de son temps ; il est l'auteur de onze *Missa brevis*.

Paul Griffiths.

Will Forster's Virginal Book (Londres, British Library, R.M.24.D.3). L'un des quatre grands recueils de musique pour virginal du temps d'Élisabeth Ire et de Jacques Ier (les autres sont le *Fitzwilliam Virginal Book*, *My Ladye Nevelles Book* et le *Benjamin Cosyn's Virginal Book*). Il contient soixante-dix-huit pièces de musique pour clavier de Byrd, Morley, Bull, John Ward, etc. et quelques pièces anonymes. Il a été compilé par William Forster et la table des matières est datée du 31 janvier 1624. A une certaine époque, cet ouvrage a appartenu à l'historien de la musique Sir John Hawkins.

Williams, Alberto (Buenos Aires, 23 novembre 1862, Buenos Aires, 17 juin 1952). Compositeur et pianiste argentin. Il fait ses études à Buenos Aires et, en 1882, obtient une bourse pour aller travailler au Conservatoire de Paris, où il étudie la composition avec Franck et le piano avec Bériot. De retour en Argentine en 1889, il mène une carrière de concertiste et s'intéresse à la musique de son pays natal, incorporant des airs traditionnels à ses propres œuvres. Au cours de sa longue existence, il a joué un rôle majeur dans la vie musicale argentine ; il a fondé le Conservatorio Williams en 1893 et plusieurs sociétés de concerts à Buenos Aires. Il est l'auteur de neuf symphonies.

Wendy Thompson

Williams, Grace (Mary) (Barry, Glamorgan, 19 février 1906 ; Barry, 10 février 1977). Compositeur galloise. Elle a été l'élève de Vaughan Williams au Royal College of Music et d'Egon Wellesz à Vienne. Son nationalisme romantique peut se comparer à celui de Vaughan Williams ou de Sibelius ; elle a été également marquée par Britten. Elle est l'auteur d'un opéra-comique, *The Parlour* (1961), de deux symphonies (1943 et 1956) et d'une grande quantité de musique chorale et vocale, parfois écrite sur des textes en gallois ; toutefois, sa sensibilité à l'atmosphère et à la couleur ressort surtout dans ses petites pièces pour orchestre, comme les *Sea Sketches* pour cordes (1944) et *Penillion* (1955).

Paul Griffiths.

Williams, Joseph. Maison d'édition et d'impression musicale anglaise. La firme a été fondée en 1808 par **Lucy Williams,** imprimeur de musique, à laquelle son fils, **Joseph William,** est venu s'associer en 1843. Leur réussite reposait surtout sur les droits pour la Grande-Bretagne de l'opérette de Robert Planquette, *Les Cloches de Corneville* (1877). Elle a aussi publié des œuvres d'Elgar, de Vaughan Williams et d'autres compositeurs anglais, ainsi que beaucoup de musique pédagogique. La firme est restée dans la famille Williams jusqu'en 1961, date à laquelle elle a été reprise par *Augener. Ils font maintenant partie de *Stainer & Bell.

J. M. Thomson.

Williamson, Malcolm (Benjamin Graham Christopher) (Sydney, 21 novembre 1931). Compositeur australien. Il fait ses études au Conservatoire de Sydney (1944-52) ; il est ensuite l'élève d'Elisabeth Lutyens et d'Erwin Stein (1950-55), à Londres, où il se fixe. Il compose énormément et se produit aussi comme pianiste et comme organiste, jouant en général ses propres œuvres. En 1975, il est nommé Master of the Queen's Music. Son œuvre comprend des opéras, notamment *Our Man in Havana* (1963) et *The Violins of St Jacques* (1966), trois concertos pour piano et de nombreuses autres œuvres pour orchestre, des œuvres de musique de chambre, de la musique religieuse et des « cassations » qui impliquent la participation du public. Il se situe librement dans la gamme des styles du XXe siècle, mais son goût de l'harmonie douce et riche le rapproche souvent de Richard Strauss, de Messiaen ou de Poulenc.

Paul Griffiths.

Willis, Henry (Londres, 27 avril 1821 ; Londres, 11 février 1901). Facteur d'orgues anglais, connu pendant les trois dernières années de sa vie et depuis lors sous le nom de « Father Willis ». L'un des plus grands facteurs d'orgues du XIXe siècle, il installe son atelier à Gray's Inn Road, à Londres, en 1848, et, au cours de sa longue carrière, construira plus de deux mille orgues, notamment celles de la cathédrale St Paul (Londres), de la cathédrale de Canterbury et de celle de Truro, ainsi que les orgues de l'Exposition universelle de 1851 (reconstruites à Alexandra Palace et endommagées dans l'incendie de 1980).

Wendy Thompson.

Wilson, John (Faversham, Kent, 5 avril 1595 ; Londres, 22 février 1674). Compositeur anglais d'airs et de musique pour luth. Au début du XVIIe siècle, il écrit de la musique pour les théâtres londoniens, peut-être même pour la troupe de Shakespeare ; en 1622, il fait partie des **waits* de la ville de Londres. Favori de Charles Ier, il se joint à la King's Musick en 1635 et suit la maison royale à Oxford, lorsqu'éclate la guerre civile. En 1644, il obtient le grade de « Doctor of Music » d'Oxford, trouve un mécène en la personne de Sir William Wlater à Sarsden (Oxfordshire) et, en 1656, devient professeur de musique à Oxford. Profondément marqué par la mort du roi, il compose quelques complaintes sur ce thème. Après la Restauration, il retourne à Londres, où il est fait Gentleman de la chapelle royale, mais semble y composer peu de musique. Il donne un volume de ses airs et de sa musique pour luth à la Bodleian Library d'Oxford, en 1656. Sa musique révèle son goût des recherches harmoniques, notamment dans un ensemble de fantaisies pour luth conçu pour montrer les possibilités de toutes les tonalités majeures et mineures. Il semble que Wilson ait été un homme jovial et un professeur de grande valeur.

Denis Arnold.

Wilson, Sandy [Alexander] (Galbraith) (Sale, Cheshire, 19 mai 1924). Compositeur anglais. Il fait ses études à Harrow and Oriel College, à Oxford, où il se fait un nom en écrivant pour des revues universitaires dans lesquelles il se produit. Dans les années quarante, il apporte sa contribution à diverses revues londoniennes et devient célèbre grâce au succès du pastiche des années vingt, *The Boy Friend*, l'un des spectacles qui tiendra le plus longtemps l'affiche à Londres après sa présentation initiale au Player's Theatre, en 1953, suivie de deux productions à Braodway en 1954 et 1958 et d'une version cinématographique en 1972. Les productions suivantes, qui remportent moins de succès, comprennent *Valmouth* (1958, sans doute sa meilleure œuvre), *Divorce me, Darling* (1964) et d'autres contributions à des revues. Sandy Wilson a également mené une carrière d'auteur et de romancier.

Peter Gammond.

Wilson, Thomas (Brendan) (Trinidad, Colorado, 10 octobre 1927). Compositeur écossais. Il fait ses études au Royal College of Music et à l'Université de Glasgow, où il est nommé maître de conférence (1957) et professeur adjoint (1972). Au nombre de ses œuvres figurent deux opéras, diverses pièces pour orchestre, des œuvres de musique de chambre et de la musique chorale, dans lesquelles apparaît un mélange de divers éléments modernistes dans un discours vigoureux.

Paul Griffiths.

Winter, Peter von (baptisé à Mannheim, 28 août 1754 ; Munich, 17 octobre 1825). Compositeur allemand. A l'âge de dix ans, il entre comme violoniste à l'orchestre de la cour de Mannheim. Il est l'élève de l'abbé Vogler pendant quelque temps et, lorsque la cour s'installe à Munich en 1778, Winter prend la direction de l'orchestre. En 1780-81, il séjourne à Vienne, où il étudie avec Salieri et fait la connaissance de Mozart. A partir de 1798, il est Kapellmeister à la cour de Munich et, pendant une dizaine d'années, ses œuvres scéniques (plus de quarante ballets et opéras, dont le singspiel *Das Labyrinth*, 1798, suite de *La Flûte enchantée* de Mozart) sont représentées à Munich, Vienne, Londres, etc. Winter consacre la fin de sa vie à l'enseignement et à la composition de musique sacrée. Il a aussi écrit des cantates et des symphonies.

Wendy Thompson.

Winterreise (« Le Voyage d'hiver »). Cycle de lieder pour voix d'homme et piano de Schubert D 911, composé en 1827. Ces lieder mettent en musique vingt-quatre poèmes de Wilhelm Müller (publiés en 1823-24) : Livre 1, *Gute Nacht* (« Bonne nuit »), *Die Wetterfahne* (« La Girouette »), *Gefrorne Tränen* (« Larmes glacées »), *Erstarrung* (« L'Image glacée »), *Der Lindenbaum* (« Le Tilleul »), *Wasserflut* (« Dégel »), *Auf dem Flusse* (« Sur le fleuve glacé »), *Rückblick* (« Regard en arrière »), *Irrlicht* (« Feu follet »), *Rast* (« Repos »), *Frühlingstraum* (« Rêve de printemps »), *Einsamkeit* (« Solitude ») ; Livre 2, *Die Post* (« La Poste »), *Der greise Kopf* (« Les Cheveux blancs »), *Im Dorfe* (« Au village »), *Der stürmische Morgen* (« L'aube orageuse »), *Täuschung* (« Illusion »), *Der Wegweiser* (« Poteau indicateur »), *Das Wirthaus* (« L'Auberge »), *Mut* (« Courage »), *Die Nebensonnen* (« Les Parhélies »), *Der Leiermann* (« Le Ménétrier »).

Winter Words. Cycle de mélodies op.32 pour voix élevée (soprano ou ténor) et piano de Britten, sur huit poèmes de Thomas Hardy. Le titre est emprunté au dernier volume de poésie publié par Hardy en 1928. Ce cycle a été créé au Festival de Leeds en 1953.

Wirbel (all.). 1. « Roulement de tambour ».
2. « Cheville » d'un violon.

Wirén, Dag (Ivar) (Striberg, Närke, 15 octobre 1905). Compositeur suédois. Il fait ses études au Conservatoire royal de Stockholm (1926-31) et à Paris (1932-34), où il subit l'influence de Honegger. Il rentre en Suède et travaille quelque temps comme bibliothécaire et critique musical. Dans sa *Symphonie nº 3* (1943-44), il élabore une « technique de la métamorphose » qui permet d'engendrer des œuvres entières à partir de petites unités, comparable aux procédés de contemporains comme Holmboe. Wirén est l'auteur de cinq symphonies, cinq quatuors à cordes et de diverses autres œuvres instrumentales d'envergure, mais son œuvre la plus connue reste la *Sérénade pour cordes* (1937).

Paul Griffiths.

Wise, Michael (Wiltshire, vers 1648 ; Salisbury, 24 août 1687). Compositeur anglais. A la Restauration, il fait partie des « Children » de la chapelle royale et, à partir de 1666, est contre-ténor à la chapelle St George à Windsor. Il est nommé organiste et chef de chœur à la cathédrale de Salisbury en 1668 et Gentleman de la chapelle royale en 1676. En 1687, l'année de sa mort, il est nommé maître des enfants à la cathédrale St Paul. Il sera tué au cours d'une bagarre violente avec le veilleur de nuit de Salisbury, survenue à la suite d'une querelle domestique. Son œuvre comprend de beaux *anthems* (comme « Awake up my glory » et « How are the mighty faller ») et des services.

Wendy Thompson.

Wishart, Peter (Charles Arthur) (Crowborough, 25 juin 1921). Compositeur anglais. Il fait ses études à l'Université de Birmingham et à Paris, avec Nadia Boulanger, dont il hérite le goût du néoclassicisme stravinskien qui constitue le fondement de sa musique. Dans ses œuvres récentes, il infléchit cette approche par une démarche plus simple et plus directe. Il est l'auteur de quatre opéras, de deux symphonies (1953 et 1973), de diverses autres œuvres symphoniques, de musique chorale, de musique de chambre et de mélodies. Il a enseigné dans diverses institutions et, en 1977, a été nommé professeur de musique à l'Université de Reading. Il a également écrit les ouvrages *Harmony* (Londres, 1956) et *Key to Music* (Londres, 1971).

Paul Griffiths.

Wöchentliche Nachrichten. Magazine musical hebdomadaire allemand destiné aux amateurs fondé par J. A. Hiller à Leipzig en 1766 dont la publication a cessé en 1770.

Wohlgefällig (all.). « Agréable », « plaisant ».

Wohltemperierte Klavier, Das (« Le Clavier bien tempéré »). Nom donné par J. S. Bach à son recueil de quarante-huit préludes et fugues pour clavier, dans toutes les tonalités majeures et mineures. Il a écrit le premier livre à Cöthen en 1722 et le second à Leipzig vers 1744. L'ensemble n'a pas été publié avant 1800-01.

Wolf, Hugo (Filipp Jakob) (Windischgraz, Styrie, actuellement Slovenj Gradec, en Yougoslavie, 13 mars 1860 ; Vienne, 22 février 1903). Compositeur autrichien. Son père, marchand de peaux et instrumentiste de talent, lui enseigne le piano et le violon. Après une période scolaire peu satisfaisante, il entre au Conservatoire de Vienne, en 1875, pour étudier le piano, l'harmonie et la composition ; c'est là que la musique de Wagner commence à l'obséder. En 1877, il est renvoyé pour des raisons de discipline et, après un court séjour chez lui, il tente de gagner sa vie à Vienne en enseignant. Il sera toujours sujet à des accès de dépression profonde et de mélancolie qui l'empêchent de composer pendant de longues périodes avant de voir revenir subitement une vague enivrante d'inspiration. Ses effort seront encouragés par plusieurs musiciens consacrés (le compositeur Adalbert von Goldschmidt et le chef d'orchestre Felix Mott) et il sera aidé par diverses familles aisées qui subviendront à ses besoins matériels pendant une grande partie de sa vie.

En 1881, il est nommé second chef d'orchestre à Salzbourg sous la direction de Karl Muck, mais sa personnalité instable s'adapte mal à cette situation qu'il quitte au bout de quelques mois. Entre 1884 et 1887, il rédige des critiques pour le *Wiener Salonblatt* : ses écrits sont souvent provocants, et ses idées prowagnériennes et anti-brahmsiennes entravent son avancement dans la société viennoise. La fin des années 1880 est une période particulièrement féconde dans le domaine du lied, mais, dès 1897, sa santé mentale se détériore profondément (l'issue inévitable d'un état syphilitique antérieur) et il entre en sanatorium. On le renvoie, guéri, en 1898, mais l'année suivante il doit entrer à l'asile, où il passe les dernières années de sa vie.

Au cours d'une carrière relativement courte, Wolf a apporté une contribution personnelle très significative au répertoire du lied, dans lequel il est considéré comme le successeur naturel de Schubert. Il a mis en musique des poèmes de Mörike, Eichendorff et Goethe, écrivant surtout dans un élan fièvreux à la fin des années 1880 ; il a laissé la poésie déclencher la détente de ses tensions mentales et a créé un mode d'expression musicale extrêmement personnalisé qui confie souvent à la voix la déclamation dramatique alors que le piano se voit confier des idées harmoniques frappantes et originales. Dans le *Spanisches Liederbuch* (1889-90) et les deux volumes de l'*Italienisches Liederbuch* (1890-91, 1896), traductions en allemand réalisées par Heyse et Geibel de poèmes espagnols et italiens, il répond à la précision de l'expression par des formules musicales colorées et habiles.

Wolf a écrit quelque trois cents lieder (plus d'un tiers n'a pas été publié de son vivant), mais il s'est aussi attaqué avec obstination à la composition instrumentale : un quatuor à cordes en ré mineur (commencé en 1878), le poème symphonique *Penthésilée* (1883-85) et la *Sérénade italienne* pour quatuor à cordes (1887 ; arrangée pour orchestre en 1892) ont remporté quelque succès. Le désir d'explorer des formes plus vastes et son obsession wagnérienne sont à l'origine d'un dur et long labeur dans le domaine lyrique. On a reproché au seul opéra qu'il ait achevé, *Der Corregidor* (« Le Corrégidor », 1895), sur un thème espagnol, son manque de continuité dramatique. Son hypersensibilité et son égocentrisme semblaient s'adapter plus naturellement aux textes de lieder, courts et concentrés, propices à une expression musicale plus personnelle.

Judith Nagley.

BIBLIOGRAPHIE : Mosco Carner, *Les Lieder de Hugo Wolf*, Actes Sud (Arles, 1987). Claude Rostand, *Hugo Wolf*, Seghers (Paris, 1967) rééd. Slatkine (Paris, 1982).

Wolff, Christian (Nice, 8 mars 1934). Compositeur américain, d'origine française. Il adopte la nationalité américaine en 1947 et fait des études classiques à Harvard University (1951-63). Malgré l'influence qu'exercera sur lui John Cage, avec lequel il collabore pendant quelque temps, Wolff est un compositeur autodidacte. Il s'est particulièrement attaché à pousser les exécutants à apporter une contribution créative à sa musique, leur permettant de faire des choix, d'improviser et de réagir les uns en fonction des autres. Depuis 1968, il s'efforce aussi, au travers de sa musique, d'éveiller la sympathie pour des idées politiques révolutionnaires. Il a enseigné les classiques à Harvard (1962-71) et à Dartmouth College (à partir de 1971).

Paul Griffiths.

Wolf-Ferrari Ermanno (Venise, 12 janvier 1876 ; Venise 21 janvier 1948). Compositeur italien de père allemand et de mère italienne. Il reçoit une éducation musicale assez succincte jusqu'en 1892, date à laquelle il se rend à Munich pour travailler avec Rheinberger. Il rentre ensuite à Venise, se lie d'amitié avec Perosi, et compose beaucoup de musique religieuse avant de remporter son premier succès lyrique avec *Le Donne curiose*, créé à Munich en 1903. Il est alors nommé directeur du Liceo Musicale Benedetto Marcello à Venise, compose deux autres opéras pour Munich ; le second – *Il Segreto di Susanna* (« Le Secret de Suzanne », 1909), conversation spirituelle – s'est toujours maintenu au répertoire. Il démissionne de son poste à Venise la même année, et compose un opéra sérieux, *I Gioielli della Madona* (« Les Joyaux de la Madone », 1911), dans le style vériste de Mascagni, qui est également très bien accueilli. Pendant la Première Guerre mondiale, il cesse de composer à la suite d'une crise morale ; mais, en 1925, il recommence à écrire plusieurs autres opéras-comiques. A partir de 1939 et pendant quelques années, il est professeur de composition au Mozarteum de Salzbourg. Ses opéras ont rarement connu le succès qu'ils semblent mériter, mais Wolf-Ferrari a été l'un des premiers compositeurs italiens anti-romantiques, opérant un retour à Goldoni et dont l'inspiration vient en droite ligne de la *commedia dell' arte* ; dans ce domaine, il a été le précurseur de Malipiero et de la jeune école italienne.

Denis Arnold.

Wölfl, Joseph (Salzbourg, 24 décembre 1773 ; Londres, 21 mai 1812). Pianiste et compositeur autrichien. Choriste à la cathédrale de Salzbourg, il est l'élève de Leopold Mozart et de Michael Haydn. Enfant doué, il fait ses débuts comme violoniste à l'âge de sept ans. Ses premières œuvres datent également des années 1780. En 1790, il rencontre Mozart à Vienne et, par son intermédiaire, obtient un poste de compositeur à Varsovie. Il retourne à Vienne en 1795 et mène des activités de pianiste et de compositeur, se posant en rival de Beethoven. Ensuite, il voyage un peu et donne des concerts ; au tout début du XIXe siècle, il commence par s'installer à Paris, puis à Londres, où ses œuvres rencontrent un immense succès. De nombreux mélomanes londoniens regretteront sa mort prématurée, à l'âge de trente-huit ans. Ses sonates pour piano sont restées au répertoire jusqu'au milieu du XIXe siècle.

Wendy Thompson.

Wolkenstein, Oswald von (Schöneck in Pustertal, Sud Tyrol, vers 1377 ; Merano, 2 août 1445). Poète et compositeur autrichien. D'origine noble, il passe la majeure partie de sa vie à voyager au service de divers aristocrates, puis comme diplomate au service de l'empereur Sigismond. Trois voyages l'entraînent au Moyen-Orient et en Afrique, ainsi qu'en Italie et dans d'autres pays d'Europe. En 1417, il épouse Margaret von Schwangau, mais sa poésie continue à se référer à un amour antérieur, Anna Haussmann. Elle appartenait à une famille avec laquelle Oswald était en litige au sujet de la répartition de ses terres et ce litige a abouti à plusieurs sentences d'emprisonnement, également mentionnées dans ses vers. *Minnesinger* réputé, ses œuvres comprennent non seulement des chansons d'amour et des chants sacrés monodiques, mais également des lieder polyphoniques plus élaborés.

Denis Arnold.

Wolpe, Stefan (Berlin, 25 août 1902 ; New York, 4 avril 1972). Compositeur américain d'origine allemande. Il fait ses études à la Musikhochschule de Berlin (1919-24), mais est davantage influencé par les leçons informelles qu'il prend à la même époque avec Ferruccio Busoni et Hermann Scherchen. Ses relations avec Klee et d'autres peintres à la Bauhaus (1923) a également joué un rôle important. Ses œuvres des années vingt contiennent souvent une satire politique violente, mais l'arrivée de Hitler au pouvoir le contraint à changer d'attitude. Wolpe quitte Vienne, où il a été l'élève de Webern (1933-34) et s'installe en Palestine. Il y écrit de la musique spécifiquement juive, utilisant des textes hébreux et certaines caractéristiques sémites. En 1938, il émigre aux États-Unis, où, pendant une trentaine d'années, il est un professeur influent et consacre l'essentiel de son activité créatrice à des pièces abstraites pour diverses combinaisons instrumentales. Portant souvent des titres austères comme *Piece for Two*

Instrumental Units, ces œuvres ont des formes nouvelles qui évoluent avec une sûreté infaillible, mues par la variation constante de motifs atonaux finement définis.

Paul Griffiths.

WoO. Abréviation de *Werk ohne Opuszahl* (all.), « œuvre sans numéro d'opus ». Ce terme est très fréquemment employé dans la classification de la musique de Beethoven, car un certain nombre de ses œuvres n'ont pas été publiées de son vivant. Voir *Opus*.

Wood, Anthony (Oxford, 17 décembre 1632 ; Oxford, 29 novembre 1695). Musicien amateur anglais. Fils de propriétaire foncier, il fait ses études à Merton College, à Oxford, et en sort diplômé en 1652. Musicien amateur de talent, il pratique la viole et le violon et, sous la République, joue régulièrement dans des groupes de musique de chambre qui accueillent occasionnellement des professionnels ayant quitté provisoirement Londres. Wood semble avoir abandonné la musique au profit d'études d'antiquaire après la Restauration. Ses notes manuscrites, qui ne sont peut-être pas entièrement dignes de foi, sur la vie des musiciens contemporains se trouvent aujourd'hui à la Bodleian Library, à Oxford.

Wendy Thompson.

Wood, Charles (Armagh, 15 juin 1866 ; Cambridge, 12 juillet 1926). Compositeur et pédagogue anglais. Il fait ses études avec Stanford au Royal College of Music de Londres (1883-87), et entre dans le corps enseignant de cette institution en 1888. La même année, il commence à enseigner à Cambridge, où il est nommé maître de conférences (1897), puis professeur de musique (1924). Au nombre de ses compositions figurent trois quatuors à cordes et beaucoup de musique liturgique, dont une partie est couramment utilisée dans les offices.

Paul Griffiths.

Wood, Haydn (Slaithwaite, Yorkshire, 25 mars 1882 ; Londres, 11 mars 1959). Compositeur et violoniste anglais. Enfant prodige, il obtient une bourse pour le Royal College of Music de Londres, où il étudie la composition avec Stanford. Il poursuit ses études à Bruxelles, puis fait le tour du monde. Il est surtout connu pour ses nombreuses ballades (environ deux cents), notamment *Love's Garden of Roses* (1914) et *Roses of Picardy* (1916). Il est aussi l'auteur de concertos pour piano et violon qui sont pratiquement tombés dans l'oubli.

Wendy Thompson.

Wood (Sir) Henry J(oseph) (Londres, 3 mars 1869 ; Hitchin, 19 août 1944). Chef d'orchestre anglais. Après avoir été organiste et fait deux ans d'études à la Royal Academy of Music de Londres, il aborde la direction d'orchestre avec diverses troupes lyriques. Il dirige notamment *Eugène Onéguine* en 1892, ce qui lui vaut d'être engagé à diriger des concerts-promenades en 1895. Il commence par choisir des programmes délibérément populaires et acquiert rapidement la réputation de présenter au public les nouveautés les plus importantes (notamment des œuvres de Schoenberg et de Chostakovitch) ; il est en grande partie responsable de la popularité en Angleterre de la musique de Richard Strauss et de la musique russe dans les premières années du XXe siècle. Homme très énergique, il dirige plusieurs sociétés chorales et symphoniques de province, notamment celles de Hull, Liverpool et Nottingham, ainsi que des concerts symphoniques durant la saison londonienne. On peut le considérer comme le fondateur de la technique d'orchestre moderne en Angleterre : un grand nombre de ses instrumentistes reçoivent une formation à la Royal Academy of Music ; il parvient à se débarrasser du système des remplaçants pendant les répétitions, prépare les coups d'archet et le phrasé de toutes ses parties et impose, dans l'ensemble, un meilleur niveau de discipline. Apprécié du grand public, il a été quelque peu dénigré par la critique qui lui reprochait son manque de style (il aimait jouer Bach avec d'immenses orchestres) et d'être superficiel. Néanmoins, ses interprétations étaient souvent passionnantes et pleines de vie et la vie musicale de son pays serait certainement moins dynamique sans les changements radicaux qu'il y a apportés.

Denis Arnold.

Wood, Hugh (Bradshaw) (Parbold, Lancashire, 27 juin 1932). Compositeur anglais. Il fait ses études à Oxford et prend des cours particuliers avec Lloyd Webber (1954-56), Iain Hamilton (1956-58), Anthony Milner (1957-60) et Mátyás Seiber (1958-60). Dans sa musique, il utilise les méthodes sérielles dodécaphoniques pour créer des formes de développement continu, à la fois dans la ligne de Beethoven et de Schoenberg, bien que son lyrisme abondant et ses rythmes dansants et alertes restent spécifiquement anglais. Parmi ses principales œuvres figurent trois quatuors à cordes (1962, 1969-70 et 1978), des concertos pour violoncelle (1965-69) et pour violon (1970-72), *Scenes from Comus* pour soprano, ténor et orchestre (1962-65) et plusieurs cycles de mélodies. Il enseigne aussi dans diverses institutions, notamment aux universités de Glasgow (1966), de Liverpool (1971-73) et de Cambridge (à partir de 1977). Il est également musicographe et producteur d'émissions musicales à la radio.

Paul Griffiths.

Wood-block, wood-drum. Le wood-block est un instrument à percussion composé d'un bloc de bois dur rectangulaire d'environ 20 cm de long, en partie évidé pour former une fente profonde de chaque côté, les fentes étant orientées dans des directions opposées. Le bloc (Fig. 1*a*) est frappé avec une baguette de tambour ou une autre baguette et produit un son aigu, creux et abrupt. L'instrument a fait son apparition avec le jazz et, depuis lors, de nombreux compositeurs ont fait appel

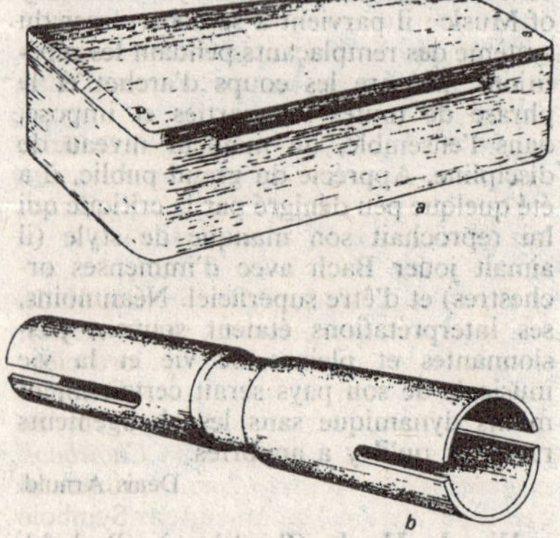

Fig. 1

à lui, notamment Walton dans *Le Festin de Balthazar*, où le dieu de bois suit le dieu de fer (enclume) et le dieu de pierre (fouet). Il est également fabriqué dans d'autres tailles pour produire des sons contrastés, aigus et graves ; c'est ainsi que Stockhausen et Berio l'ont utilisé.

Il existe aussi des wood-blocks cylindriques (Fig. 1*b*) qui possèdent une fente à chaque extrémité, l'une des deux étant plus évidée que l'autre pour pouvoir produire des sons contrastés. Ce modèle est beaucoup utilisé dans les groupes scolaires de percussion.

Le wood-drum (tambour à plaque de bois) est récemment venu enrichir le pupitre des percussions ; il s'agit d'un *tom-tom sur lequel le bois remplace la peau. Il ne faut pas le confondre avec le tambour de bois ou tambour à fente.

Anthony Baines.

Woodcock, Robert (?1691 ; 10 avril 1728). Compositeur et flûtiste anglais. On sait peu de chose de sa vie, sinon qu'il appartenait à une bonne famille et occupait un poste gouvernemental auquel il a renoncé après 1723 pour se consacrer à la musique. Certaines sources affirment que Woodcock est « mort de la goutte, dans sa trente-septième annnée, le 10 avril 1728 et a été enterré à Chelsea », d'autres qu'il s'est suicidé. Il avait un réel talent pour la musique comme pour la peinture. Hawkins le décrit comme un instrumentiste célèbre qui « a composé douze concertos si ingénieux que des flûtes de tailles différentes, ayant les parties transposées, pouvaient jouer en concert avec les autres instruments » ; c'étaient les premiers concertos solo pour instruments à vent publiés en Angleterre (Londres, 1727-30). Sa musique était apparemment populaire à en juger par la présence fréquente de son nom dans les annonces de concerts entre 1720 et 1740.

Wendy Thompson.

Wordsworth, William (Brocklesby) (Londres, 17 décembre 1908). Compositeur anglais, descendant du frère du poète. Il fait ses études à Édimbourg avec Tovey (1934-36) dont les idées exerceront une influence permanente sur sa musique. Il est l'auteur de cinq symphonies, de six quatuors à cordes et de mélodies.

Paul Griffiths.

Worshipful Company of Musicians. Société musicale anglaise établie à Londres. Elle est issue du London Fellowship of Minstrels du XVe siècle et intervient aujourd'hui dans de nombreux aspects de la pratique musicale, essentiellement en accordant des prix, des bourses et des médailles comme le Collard Fellowship pour les compositeurs (établi en 1931), le prix de musique de chambre Cobbett, la médaille Stanley pour les chanteurs et diverses autres distinctions décernées aux écoles et aux collèges de musique. Elle possède de nouveaux statuts depuis 1950.

Wotquenne (-Plattel), **Alfred** (Camille) (Lobber, Hainaut, 25 janvier 1867 ; Antibes, 25 septembre 1939). Bibliographe belge, bibliothécaire au Conservatoire de Bruxelles de 1894 à 1918. Le catalogue de cette bibliothèque qu'il a établi est un ouvrage de référence. Sa contribution la plus connue est le catalogue thématique de la musique de C. P. E. Bach (Leipzig, 1905) dont les œuvres se voient attribuer des numéros « Wq » (par analogie avec les numéros de Köchel pour celles de Mozart).

Denis Arnold.

Wozzeck. Opéra en trois actes de Berg sur un livret du compositeur d'après la pièce de Georg Büchner. Représentations : Berlin (Staatsoper, 14 décembre 1925) ; Philadelphie (19 mars 1931) ; Londres (Covent Garden, 22 janvier 1952) ; Paris (Théâtre des Champs-Élysées, 2 mai 1952). Wozzeck (bar.), un simple soldat, est brimé par son capitaine (tén.) qui le méprise. Tandis qu'il ramasse du bois avec son ami Andres (tén.), Wozzeck est terrifié par des visions et des bruits étranges. La maîtresse de Wozzeck, Marie (sop.), dont elle a eu un enfant, se laisse courtiser par un tambour-major de passage. Wozzeck est examiné par un médecin (basse) à demi-fou qui s'en sert pour ses expériences. Le tambour-major (tén.) séduit Marie.

Wozzeck se méfie de Marie. Le capitaine se moque de lui en faisant des allusions à l'infidélité de Marie. Wozzeck la surprend en train de danser avec le tambour-major. Celui-ci se vante de ses succès et, lorsque Wozzeck refuse de boire avec lui, il le bat.

Marie, repentante, lit la Bible. Tandis qu'ils se promènent près de l'étang, Wozzeck, désespéré, la poignarde. Puis il s'en va boire dans une taverne où l'on aperçoit ses mains ensanglantées ; il doit fuir. Il descend dans l'étang pour chercher le couteau et se noie. Son enfant joue dans la rue. Les autres enfants lui disent que sa mère est morte, mais il ne comprend pas.

BIBLIOGRAPHIE : *Wozzeck*, L'Avant-Scène-Opéra n° 36 (Paris, 1981). Pierre-Jean Jouve et Michel Fano, *Wozzeck d'Alban Berg*, Plon (Paris, 1953), rééd. Christian Bourgois (Paris, 1985).

Wq. Préfixe abrégé des numéros dans le catalogue *Wotquenne des œuvres de C. P. E. Bach.

Wunderhorn, Des Knaben. Voir *Knaben Wunderhorn, Des.*

Wunsch (all.). « Désir », « souhait » ; *nach Wunsch*, « à souhait », « *ad libitum* ».

Wuorinen, Charles (New York, 9 juin 1938). Compositeur américain. Il fait ses études avec Otto Luening, Jack Beeson et Vladimir Ussachevsky à Columbia University où il commence à enseigner en 1964. Pianiste et chef d'orchestre, il accorde une attention particulière à la clarté d'expression de l'interprète ; ce souci marque non seulement sa vaste production de musique de concert, mais également ses quelques œuvres électroniques, notamment *Time's Encomium* (1969), qui comptent parmi les réalisations les plus impressionnantes dans ce domaine. La majeure partie de sa musique fait appel à des méthodes sérielles complexes dérivées des techniques d'écriture de Babbitt.

Paul Griffiths.

Wut [*Wuth*] (all.). « Rage » ; *wütend*, *wütig*, « furieux », « en fureur ».

Wylkinson, Robert (célèbre à la fin du XVe siècle et au début du XVIe siècle). Compositeur anglais. Il est d'abord clerc paroissial à Eton College, puis Master of the Chorister, entre 1496 et 1515. Sa musique a survécu dans l'*Eton Choirbook* et comprend un *Salve regina* monumental à neuf parties ainsi qu'un curieux Symbole des Apôtres en forme de canon à treize parties.

John Milsom.

X

Xabo (esp.). Voir *Jabo.*

Xácara (esp., port.). Voir *Jácara.*

Xaleo (esp.). Voir *Jaleo.*

Xenakis, Iannis (Brăila, Roumanie, 29 mai 1922). Compositeur français d'origine grecque. De parents grecs, il part s'installer en Grèce avec sa famille en 1932. Deux ans plus tard, il entreprend des études musicales sous la direction d'Aristote Kundurov et devient ingénieur à l'École polytechnique d'Athènes. En 1947, il se réfugie à Paris, où il prend des leçons avec Honegger, Milhaud et Messiaen et où il devient assistant de l'architecte Le Corbusier (1948-59). Il adopte la nationalité française en 1965 et, l'année suivante, fonde une Équipe de mathématique et automatique musicales à Paris. En 1967, il commence à enseigner également à l'Université d'Indiana.

Les œuvres de Xenakis sont des exemples d'un genre de pensée musicale nouveau et personnel, basé sur des modèles tirés de l'architecture, de la physique et des mathématiques. Le plus important est le calcul des probabilités, auquel Xenakis fait appel pour réaliser les effets de masse qu'il aime : des glissandos qui s'élèvent dans un orchestre à cordes, par exemple, ou des passages sonores nébuleux sur bande magnétique. Il a inventé le terme « musique *stochastique » pour la musique faisant appel aux probabilités et utilise parfois des ordinateurs pour faire les calculs complexes qu'exige son approche esthétique. Il a composé plusieurs œuvres pour orchestre, notamment *Metastasis* (1953-54) et *Terrêtektorh* (1965-66), diverses pièces pour instrument soliste, comme *Herma* pour piano (1960-64) et *Nomos alpha* pour violoncelle (1965), ainsi que de la musique sur bande magnétique, comme *Orient-Occident* (1960). Dans *Polytope*, il associe le son électronique aux faisceaux laser et à d'autres effets visuels.

Paul Griffiths.

BIBLIOGRAPHIE : Jacques Bourgeois, *Entretien avec Iannis Xenakis*, Boosey & Hawkes (Paris, 1969). D. Charles, *La Pensée de Xenakis*, Boosey & Hawkes (Paris, 1968). Maurice Fleuret, *Iannis Xenakis*, éd. Discothèque de France (Paris, 1972). Nouritza Matossian, *Iannis Xenakis*, Fayard (Paris, 1981). *Regards sur Iannis Xenakis*, Stock (Paris, 1981).

Xeremia. Voir *Cornemuse*, 3.

Xerxès (*Serse*). Opéra en trois actes de Haendel ; texte d'après un livret de Minato écrit pour Cavalli (1654) et révisé pour Bononcini (1694). Représentations : Londres (Haymarket, 15 avril 1738) ; Vienne (Schönbrunn, 30 mai 1925) ; Northampton, Massachusetts (Smith College, 12 mai 1928) ; Nanterre (24 novembre 1976). Le seul opéra-comique de Haendel, dans lequel Xerxès (tén.) – représentation purement imaginaire du roi de Perse – est impliqué dans diverses escapades amoureuses simultanées. C'est dans cet ouvrage que se trouve le célèbre « largo » de Haendel – en fait, un air *larghetto* « Ombra mai fu ».

Xiao. Flûte droite chinoise. Voir *Chine*, 4g.

Xun. Flûte globulaire ou sifflet en argile chinois. Voir *Chine*, 4*f*.

Xylophone

1. Construction et technique
2. Xylophones à caisse de résonance
3. Histoire ; le xylophone à quatre rangs

Instrument à percussion composé de lames en bois accordées. Les lames (ou « touches »), en palissandre, sont disposées en deux rangées ; des résonateurs métalliques (ou synthétiques) tubulaires sont suspendus verticalement sous les lames. On en joue avec des baguettes qui ont de petites têtes rondes ou ovales en bois, en caoutchouc ou en plastique. Le *marimba possède une tessiture plus grave. Afin de permettre des comparaisons, la Fig. 1 montre les étendues habituelles des instruments à percussion et à clavier, y compris celles de ceux qui possèdent des barres métalliques. Les parties de xylophone sont écrites à l'octave inférieure de la tessiture indiquée.

1. *Construction et technique*. Les lames, qui mesurent environ 4 cm de large et 2,5 cm d'épaisseur, reposent sur une corde qui les traverse en un point correspondant aux nœuds de vibration ; on les frappe généralement en leur centre, où se trouve un ventre de vibration fondamental (voir *Glockenspiel*, 5, qui fait également état des longueurs relatives des lames sur toute l'étendue). La rangée des dièses est légèrement surélevée par rapport à celle des notes naturelles, leurs extrémités les chevauchant un peu, ce qui rapproche les points de frappe. Néanmoins, sur certains modèles, les rangées sont au même niveau.

Chaque résonateur tubulaire est accordé sur la lame qui se trouve au-dessus de lui pour que l'air contenu à l'intérieur vibre par résonance comme un « tuyau bouché » (voir *Acoustique*, 5). A cette fin, chaque résonateur est fermé à son extrémité inférieure ou à proximité de celle-ci. Toutefois, extérieurement, les tubes peuvent mesurer n'importe quelle longueur si l'on souhaite produire un effet visuel précis, par exemple donner un style particulier à l'extrémité inférieure des tubes.

La technique de base consiste à frapper alternativement avec les deux baguettes (pour jouer une gamme, en déplaçant les mains ensemble le long des touches).

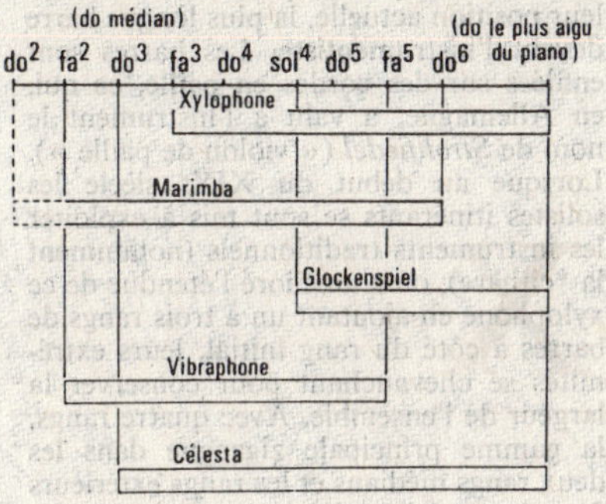

Fig. 1

Toutefois, pour rendre un passage plus fluide, on est souvent obligé de jouer deux notes consécutives avec la même baguette ou de croiser les baguettes (comme sur les *timbales). Pour un passage difficile, l'intrumentiste prépare généralement ses doigtés à l'avance et les mémorise au moins partiellement afin de ne pas avoir à regarder simultanément la partition, l'instrument et le chef d'orchestre.

2. *Xylophones à caisse de résonance*. Très connus dans les écoles de musique, ces instruments possèdent une boîte dont la partie supérieure est ouverte et sur laquelle reposent les lames ; le fond de la boîte est incliné pour que la profondeur soit plus importante vers le grave. Cette boîte sert ainsi de résonateur combiné pour l'ensemble de l'étendue. Ce procédé reprend l'ancienne méthode pratiquée pour les xylophones en Birmanie et en Indonésie, empruntée par Carl Orff pour sa musique éducative (*Schulwerk*). Maendler produit ces instruments depuis les années trente. Comme sur les métallophones scolaires (voir *Glockenspiel*, 3), les lames s'enlèvent rapidement et différentes tailles sont disponibles (alto, basse, etc.).

3. *Histoire ; le xylophone à quatre rangs*. Le modèle précédent est antérieur au IXe siècle. A Java, il portait le nom générique de « gambang » (voir *Indonésie*, 2-5). Toutefois, l'Occident a produit un type d'instrument très différent, populaire en Europe centrale à partir du

XVe siècle. Les barres sont disposées en une seule rangée, perpendiculairement à leur position actuelle, la plus longue barre devant l'instrumentiste. Les barres sont enfilées sur des cordes en paille, ce qui, en Allemagne, a valu à l'instrument le nom de *Strohfiedel* (« violon de paille »). Lorsque au début du XIXe siècle les solistes itinérants se sont mis à exploiter les instruments traditionnels (notamment la *cithare), on a amélioré l'étendue de ce xylophone en ajoutant un à trois rangs de barres à côté du rang initial, leurs extrémités se chevauchant pour conserver la largeur de l'ensemble. Avec quatre rangs, la gamme principale zigzague dans les deux rangs médians et les rangs extérieurs fournissent les altérations en double, ce qui les rend accessibles à l'une ou l'autre main. C'est sur un tel instrument que M. J. Gusikov (1806-37) a beaucoup impressionné son public, y compris Mendelssohn. Il est devenu le xylophone de concert courant en Europe, jusqu'à l'introduction du modèle actuel en provenance des États-Unis ; de nombreux orchestres russes l'utilisent encore. L'instrument ne possède pas de résonateurs et il peut se replier, la paille (ou par la suite des rails solides) restant à l'intérieur, et se transporter dans une boîte compacte. Les baguettes de bois ont de petites têtes en forme de cuiller qui rappellent la forme des baguettes de tympanon. La première partie importante de xylophone du répertoire symphonique, dans la *Danse macabre* de Saint-Saëns, s'adressait à cet instrument. La partition cite le poème d'Henri Cazalis :

« Le vent d'hiver souffle, et la nuit est sombre ;
Des gémissements sortent des tilleuls ;
Les squelettes blancs vont à travers l'ombre,
Courant et sautant sous leurs grands linceuls. »

Dans une note pour l'exécution de cette œuvre, l'éditeur précise : « Le xilophone (*sic*) est un instrument de bois et paille analogue à l'harmonica [c'est-à-dire au glockenspiel], on le trouve chez MM. A. Durand et Fils. »

Les xylophones qui adoptent la disposition standard des lames telle que nous la connaissons aujourd'hui étaient également connus en Europe en des temps plus anciens : un dessin du XVIIIe siècle représente un musicien de rue qui semble jouer d'un xylophone à caisse de résonance. Le dispositif présente, bien sûr, l'avantage de faciliter la tâche des musiciens qui savent jouer du piano.

Anthony Baines.

Y

Yale University. Fondée en 1701, l'Université de Yale a attendu plus de deux siècles avant de devenir un élément important dans la vie musicale américaine. La Yale School of Music (fondée en 1894) s'est surtout fait connaître à partir de 1904 grâce à son doyen, Horatio Parker, pour son département composition. Sa réputation s'est maintenue ces dernières années grâce à des compositeurs comme Hindemith, Gunther Schuller, Penderecki et Yehudi Wyner. Yale University s'enorgueillit d'avoir des programmes universitaires d'un niveau élevé en musique. Sa bibliothèque contient les manuscrits de Charles Ives et de nombreux livres collectionnés par Lowell Mason.

Mark Tucker.

Yankee Doodle. Chanson burlesque, sur un air joyeux, qui a été utilisée pour la première fois par les troupes britanniques, durant la guerre de l'Indépendance américaine, pour tourner en dérision les révolutionnaires coloniaux américains ; elle a été ensuite adoptée par les Américains, qui l'ont tournée à leur propre avantage. Une version de la musique a été imprimée pour la première fois vers 1778 dans le recueil d'Aird, *A Selection of Scottish, English, Irish and Foreign Airs*, publié à Glasgow (ce recueil contient plusieurs airs américains). D'autres versions ont paru peu après. La première publication américaine serait la *Federal Overture* de Benjamin Carr (1795), mais il existe deux versions manuscrites américaines, respectivement datées de 1775 et 1790. Pour autant qu'on la connaisse, l'histoire de cet air est imprimée dans le *Report on the Star-Spangled Banner, Hail Columbia !, America, and Yankee Doodle*, publié par la Library of Congress en 1909. Anton Rubinstein a écrit des variations sur ce thème, qu'il a dédiées au pianiste américain William Mason et qui furent jouées à son concert d'adieux à New York. Une version modifiée de l'air apparaît dans le dernier mouvement de la *Symphonie nº 9* de Dvořák (« Nouveau Monde »).

« Yardbird ». Voir *Parker, Charlie.*

Yardumian, Richard (Philadelphie, 5 avril 1917). Compositeur américain, qui n'a commencé des études musicales formelles qu'à l'âge de vingt-deux ans ; en tant que compositeur, il est autodidacte. Tout en exerçant les fonctions de professeur de piano et de directeur de la musique d'église en Pennsylvanie, il a composé plusieurs œuvres d'envergure dans un style romantique influencé par les modes de la musique arménienne. On peut citer notamment deux symphonies (1961 et 1964), des concertos pour violon (1949) et pour piano (1957), la messe *« Come, Creator Spirit »* pour chœur et orchestre (1966) et l'oratorio *The Story of Abraham* (1969-71).

Paul Griffiths.

Yehudi Menuhin School. École britannique spécialisée destinée à des élèves doués pour la musique sélectionnés dans le monde entier. Fondée par Sir Yehudi Menuhin en 1963, elle est située à Stoke d'Abernon, dans le Surrey. En 1973, cette école s'est vu accorder un statut spécial en tant que centre d'éducation pour les arts d'exécution et a reçu une subvention gouvernementale. Peter Norris en est directeur de la musique depuis 1980.

Yeomen of the Guard, The. Opérette en deux actes de Gilbert et Sullivan. Représentations : Londres (Savoy Theatre, 3 octobre 1888) ; New York (Casino Theatre, 17 octobre 1888) ; Vienne (Carl Theater, 2 février 1889). Cet ouvrage, dont l'action se déroule à la Tour de Londres au XVIe siècle, est le résultat le plus sérieux de la collaboration entre Gilbert et Sullivan. Le colonel Fairfax (tén.), condamné à mort injustement, épouse une actrice ambulante, Elsie Maynard (sop.), afin de mettre sa fortune à l'abri. Avec l'aide de la fille du « yeoman of the guard », Phoebe (mezzo), il s'échappe de sa geôle sous un déguisement, et, lorsque sa grâce lui est accordée, Elsie et lui sont vraiment devenus amoureux. Le seul élément pathétique de l'œuvre tient à la situation de Jack Point (bar.), qui aime Elsie sans retour et devra renoncer à l'épouser.

Yodel. Voir *Jodel.*

Yonge, Nicholas (? Lewes, Sussex ; Londres, octobre 1619). Éditeur de musique anglais. Il chante dans le chœur de la cathédrale St Paul entre 1594 et 1618. Il est surtout connu pour avoir compilé la célèbre anthologie de madrigaux italiens intitulée *Musica transalpina*, publiée en deux volumes (Londres, 1588, 1597). Le premier volume a lancé la mode des madrigaux en Angleterre ; il était le premier à fournir des traductions des poèmes originaux et a peut-être incité certains compositeurs à mettre en musique des vers anglais plutôt que des vers italiens.

Denis Arnold.

York. Air de psaume. Voir *Stilt, The.*

Yougoslavie. La Yougoslavie regroupe diverses régions du sud de l'Europe centrale et de la péninsule balkanique occidentale, réunies en un État en 1918, alors qu'elles relevaient auparavant d'influences culturelles diverses. Au Moyen Age, cette partie de l'Europe correspondait à la zone limite d'influence du christianisme occidental et du christianisme oriental : l'influence occidentale s'était étendue à la Slovénie, à la Croatie, au littoral dalmate et à certaines parties de la Bosnie, alors que la Serbie, le Monténégro et la Macédoine subissaient fortement l'influence byzantine. Avec la poussée turque dans les Balkans, au XVe siècle, et la présence de l'administration turque en Bosnie, en Serbie et en Macédoine pendant plusieurs siècles, la culture a cessé d'évoluer dans ces régions : la grande musique et les institutions musicales n'ont commencé à se développer qu'au XIXe siècle. Ailleurs, ce développement est resté ininterrompu depuis le Moyen Age. A cause de guerres fréquentes et de conflits d'intérêts administratifs et culturels dans lesquels la Hongrie, l'Autriche, Venise et la Turquie ont cherché chacune à imposer leur suprématie dans cette partie du monde, le pays n'a pas connu la stabilité politique indispensable à l'épanouissement culturel et artistique. Les périodes d'activité intense, reflétant la présence de protecteurs et de personnalités créatrices, ont en fait alterné avec des périodes de stagnation.

1. *Du Moyen Age au XVIIe siècle.* Au Moyen Age, les monastères et les églises de Dubrovnik, Split, Trogir, Osor et Zadar étaient les principaux centres d'activité musicale et les premières mentions d'orgues dans ces villes datent du XIIIe siècle. La Croatie et la ville de Zagreb reflètent une certaine influence hongroise, inévitable après l'union des deux royaumes en 1102, bien qu'un « rite de Zagreb » séparé se soit créé au XIVe siècle. L'influence allemande, y compris la présence des *Minnesinger*, était évidente en Slovénie. On possède quelques mentions de musique en Serbie et en Macédoine, au Moyen Age, avant les invasions turques. Les instruments de musique peints sur les fresques à cette période offrent une preuve indirecte de l'activité musicale, et les sources de musique liturgique, datant essentiellement de la fin du Moyen Age, montrent un certain esprit d'indépendance dans le cadre de la liturgie orthodoxe. Au XVe siècle, la Dalmatie et la Croatie intérieure se sont trouvées en contact avec les Turcs, qui avançaient progressivement, et la vie culturelle a connu une période de stagnation.

L'influence de l'humanisme italien est déjà sensible en Dalmatie au XVIe siècle, où la littérature, l'architecture et la peinture slaves deviennent florissants. Dubrovnik commence à devenir un centre musical et, vers la fin du siècle, attire plusieurs musiciens de la famille Courtoys. Giulio Schiavetto, compositeur de beaux motets à cinq et six parties, travaille au service de l'évêque de Šibenik. Diverses sources littéraires contiennent d'amples témoignages sur la pratique de la musique profane ; néanmoins, les compositeurs de talent recherchent la célébrité dans des centres européens plus importants : Franciscus Bossinensis travaille à Venise, Vincenz Jelič en Alsace et le Slovène Jacob Handl (Gallus) à Vienne, Prague et Olomouc. Les cathédrales de Split et de Hvar prennent de l'importance comme centres musicaux vers la fin du XVIe siècle, et au début du XVIIe siècle se développe une importante école de compositeurs locaux (Lukačić, ?1587-1648 ; Cecchino, vers 1580-1644 ; Romano, vers 1552-1636) dont la musique reflète toutes les caractéristiques importantes de la monodie du début de l'ère baroque et le style vénitien de l'époque. Le nouveau genre de l'opéra ne passe pas inaperçu et la traduction réalisée par P. Primović d'*Euridice* de Rinuccini (datant de 1617) est sans doute la première traduction qui ait été faite d'un livret lyrique italien.

2. *Les XVIIIe et XIXe siècles.* Les Gymnasiums jésuites de Ljubljana et de Zagreb sont les principaux centres d'activité dans les régions intérieures pendant tout le XVIIe siècle. A partir de 1660, des troupes lyriques itinérantes jouent de façon intermittente à Ljubljana, leurs représentations devenant de plus en plus régulières après 1740. L'absence de protecteurs aristocratiques importants incite la noblesse des villes et les riches roturiers à former des sociétés musicales qui étendent souvent leurs activités aux domaines de l'éducation et de l'édition. L'Academia philharmonicorum est fondée à Ljubljana en 1701 et son activité se poursuit en 1794 avec la Philharmonische Gesellschaft. Un modèle analogue voit le jour à Zagreb au XIXe siècle : la Musikverein, fondée en 1827, qui abandonnera par la suite son nom allemand et s'appelle aujourd'hui l'« Institut de musique croate » (Hrvatski Glazbeni Zavod).

A la chute des Républiques de Venise et de Dubrovnik, la Dalmatie devient une partie périphérique négligée de la monarchie austro-hongroise et toutes les activités artistiques de la Croatie sont centralisées à Zagreb. Le « Mouvement illyrien » pour l'émancipation nationale lutte, entre autres, contre la domination culturelle allemande et hongroise. Il encourage la formation de sociétés chorales et la production de musique vocale, utilisant toutes les richesses de la tradition populaire. Le premier opéra national croate, *Ljubav i zloba* (« Amour et Malice »), de Vatroslav Lisinski, est créé en 1846, mais il reste un fait isolé. Dans l'ensemble, la vie lyrique reste dominée par les visites de troupes italiennes jusqu'à la formation de l'Opéra national croate en 1870. Cet événement coïncide avec l'arrivée à Zagreb d'Ivan Zajc (1832-1914), originaire de Rijeka, qui s'était forgé à Vienne une solide réputation de compositeur d'opérettes. Sous la direction de Zajc, le répertoire de l'Opéra suit l'évolution des productions lyriques à l'étranger et s'enrichit de la plupart des œuvres majeures peu après leur création dans les grands théâtres lyriques européens. La classe de chant de l'École de musique de l'Institut de musique croate (future Académie de musique) et l'Opéra forment d'excellents chanteurs, dont certains (Milka Ternina, puis Zinka Milanov et Sena Jurinac) acquièrent une réputation internationale.

La proximité des grands centres musicaux d'Europe centrale donne un parfum particulier au nationalisme slovène. Ses partisans comptaient aussi sur la musique vocale pour faire progresser la cause nationale, mais les compositeurs ont davantage conscience de la nécessité d'un travail professionnel solide et suivent de près l'évolution de la musique allemande et de la musique tchèque. La présence de fortes communautés culturelles allemandes dans les principales villes slovènes est une source de division entre artistes et parmi le public. A une certaine époque, la Philharmonische Gesellschaft allemande et la Galsbena Matica slovène entretiennent des orchestres distincts à Ljubljana et une division analogue existe dans le domaine lyrique. (Mahler a été engagé comme chef d'orchestre au théâtre allemand durant la saison 1881-82.)

En Serbie, la vie musicale ne commence à se développer que pendant la seconde moitié du XIXe siècle, lorsqu'elle a acquis son indépendance vis-à-vis de la Turquie.

Une fois encore, l'accent se porte sur la musique vocale, surtout sur la musique chorale, et les sociétés chorales qui se créent à cette époque doivent presque toujours prendre en charge la musique liturgique dans les églises. La Société chorale de Belgrade (Beogradsko Pevačko Društvo) est formée en 1853 et entretient un niveau élevé de chant choral jusqu'à sa dissolution au début de l'occupation allemande pendant la Seconde Guerre mondiale. L'un de ses chefs d'orchestre, Stevan Mokranjac (1856-1914), établit dans ses compositions chorales le fondement d'un style national serbe et son influence se retrouve encore dans la musique serbe des années vingt. L'opéra commence lentement, car le public semble lui préférer une forme de singspiel serbe dont Davorin Jenko (1835-1914), d'origine slovène, est un représentant éminent. Le premier opéra serbe est *Na uranku* (« A l'aube », 1903) de Stanislav Binički. Une troupe lyrique permanente est créée en 1920 et devient rapidement célèbre, notamment pour l'exécution du répertoire russe du XIXe siècle.

3. *Le XXe siècle.* Après la formation de l'État yougoslave à la fin de la Première Guerre mondiale, la musique chorale connaît une baisse d'intérêt en faveur de la musique symphonique et de la musique de chambre, toutes deux très florissantes. Avant 1918, suivant le modèle viennois, la musique symphonique est exécutée principalement par les orchestres lyriques ; mais de nouveaux orchestres spécialement destinés au concert se créent : la Philharmonie de Zagreb en 1920 et les Orchestres philharmoniques de Belgrade et de Sarajevo en 1923. L'impact de l'avant-garde européenne se fait sentir durant les années vingt et trente, surtout parmi les musiciens slovènes (Marij Kogoj et Slavko Osterc), en partie parce que le romantisme slovène a connu plus d'ampleur que les mouvements analogues en Croatie et en Serbie et a imposé de moindres limites aux membres de la jeune génération. Parmi les Croates, Josip Slavenski (1896-1955), dont le style se rapproche de celui de Bartók, sait associer un sens de la tradition populaire yougoslave et une prise de conscience de l'esprit avant-gardiste de l'époque. En Serbie, il faudra du temps pour se débarrasser du maniérisme de l'école de Mokranjac et de Binički. Dans les années trente, les idées d'Alois Hába et l'École de Prague prennent une certaine importance pendant une courte période chez les compositeurs de Belgrade.

Après la Seconde Guerre mondiale, la musique est subventionnée par l'État à un niveau sans précédent : fondation de nouveaux théâtres lyriques, d'orchestres et d'écoles. Toutefois, la période d'intervention de l'État dans les questions de politique artistique a été de courte durée et n'a pas étouffé la liberté créatrice comme dans certains pays d'Europe de l'Est. Le fait que les idées d'avant-garde de l'après-guerre n'aient été largement acceptées qu'à la fin des années cinquante tient plus aux conditions historiques générales qu'à telle ou telle sorte d'intervention politique. La Biennale de musique contemporaine de Zagreb, fondée en 1961, est un centre d'attraction important pour les jeunes compositeurs, mais a également incité certains membres de la génération précédente à réexaminer en profondeur leur orientation stylistique et les a aidés à se libérer des aspects moins utiles de l'éclectisme floklorique et du néoclassicisme. La musique qu'écrivent de nos jours les compositeurs yougoslaves reflète toutes les tendances majeures de la musique européenne des trente dernières années. Avec leur riche passé musical, Zagreb et Ljubljana restent les centres musicaux du pays et les attraits de Belgrade comme capitale l'ont aidé à surmonter l'absence d'une tradition plus ancienne. Les villes côtières de Dubrovnik, Split et Zadar mettent à profit la réputation dont elles ont hérité pour entretenir des festivals estivaux de musique qui sont plus qu'une simple attraction touristique. La Radio-Télévision yougoslave est devenue un protecteur important ; elle entretient certains des meilleurs orchestres du pays. Il existe maintenant dix troupes lyriques permanentes (à Belgrade, Ljubljana, Split et Zagreb) et huit conservatoires.

La riche tradition folklorique du pays subsiste, d'une part, grâce à quelques excellents groupes de danse et de musique traditionnelles et, d'autre part, par son exploitation commerciale. La « nouvelle musique traditionnelle » est un phénomène caractéristique des régions où la tradition de la grande musique est plus récente, mélange d'éléments slaves, grecs et orientaux qui s'élève rarement au-dessus du niveau du « kitsch ». La musique pop jouit d'une immense popularité auprès de la jeune génération. En fait, la frontière entre musique classique et musique pop dans le goût de la jeunesse est marquée de façon beaucoup plus nette qu'à l'Ouest : l'éducation musicale dans les écoles secondaires est encore assez mal organisée et, en conséquence, la musique « sérieuse » est parfois suspectée d'élitisme. Cela n'est peut-être, toutefois, qu'une phase transitoire.

Comme le Portugal, la Suède ou la Bulgarie, la Yougoslavie n'a donné naissance à aucun compositeur de stature internationale. Peut-être sa musique voyage-t-elle mal, comme certains de ses vins ? Mais les œuvres des compositeurs yougoslaves ainsi que la vie symphonique des principales villes du pays apportent beaucoup de satisfactions.

Bojan Bujic.

Youll, Henry (célèbre au début du XVIIe siècle). Compositeur anglais, probablement originaire de Newark. Étant pauvre, il fait son apprentissage pour devenir professeur dans une école de chant et devient musicien attaché à la maison d'un gentilhomme anglais, Edward Bacon. Il est l'auteur de quelques charmantes chansonnettes et de ballets qui ont été publiés dans ses *Canzonets to Three Voyces* (Londres, 1608).

Denis Arnold.

Young, La Monte (Bern, Idaho, 14 octobre 1935). Compositeur américain. Il fait ses études à l'Université de Californie (1957-60), à Darmstadt avec Stockhausen (1959) et à la New School for Social Research de New York avec Richard Maxfield (1960-61). Ses premières œuvres, comme le *Trio à cordes* de 1958, exploitent des sonorités tenues très longtemps ; il continue à s'intéresser aux sons soutenus qui évoluent lentement. Cependant, en 1960-61, il produit un certain nombre d'œuvres qui sont plus théâtrales que musicales : dans *Composition 1960 N° 5*, par exemple, les interprètes doivent lâcher des papillons dans l'auditorium. Il opère un retour à sa principale source d'intérêt en 1962 avec la fondation de son propre ensemble, le Theatre of Eternal Music, qui joue de longues improvisations sur des harmonies pures et statiques.

Paul Griffiths.

Young, William (mort à Innsbruck, 23 avril 1662). Compositeur anglais. On ne sait rien de sa jeunesse, mais il quitte l'Angleterre durant la République pour chercher un poste à l'étranger. En 1652, il est au service de Ferdinand Karl, archiduc des Pays-Bas, qu'il accompagne lors d'un voyage en Italie. Vers 1655, alors que Young joue pour Christine de Suède, qui a abdiqué, il est considéré comme l'un des meilleurs joueurs de viole d'Europe. Il mourra à Innsbruck peu après un voyage en Angleterre.

Young a écrit des œuvres pour viole jouées « à la manière de la lyre » (voir *Viole,* 4) ; il aurait mis au point une viole à huit cordes destinée à jouer de cette façon lorsqu'il était à Innsbruck. Quelques-unes de ses compositions ont été publiées et ses *11 Sonates à 3, 4 e 5 con alcune allemand, correnti e balletti à 3* (Innsbruck, 1653) sont les premières pièces anglaises intitulées « sonates ».

Wendy Thompson.

Young Person's Guide to the Orchestra, The. Œuvre symphonique (avec récitant) op.34 de Britten. Il l'a écrite pour un film documentaire, *The Instruments of the Orchestra* (1946) ; un récitant (qui lit un texte d'Eric Crozier) décrit les usages et les caractéristiques des instruments et des pupitres de l'orchestre, qui sont illustrés par les variations de Britten sur un thème de la musique de scène de Purcell pour la pièce *Abdelazer* (1695). La première exécution de la version pour orchestre a été donnée à Liverpool en 1946. On désigne parfois cette œuvre (contrairement au souhait de Britten) par son sous-titre « Variations and Fugue on a Theme of Purcell ».

Ysaÿe, Eugène (Liège, 16 juillet 1858 ; Bruxelles, 12 mai 1931). Violoniste et compositeur belge. Il commence à apprendre le violon avec son père, puis au Conservatoire de Liège et, finalement, à Paris, avec Wieniawski (1873) et à Bruxelles, avec Vieuxtemps (1876-79). L'un des plus grands virtuoses de son temps, il fait de nombreuses tournées comme soliste, premier violon de quatuor et chef d'orchestre. Il fait sensation avec de nouvelles œuvres qui lui sont dédiées, notamment le *Poème* de Chausson, la *Sonate en la majeur* de Franck, celle de Lekeu et le *Quatuor* de Debussy. Il a lui-même composé six concertos pour violon, six sonates pour violon seul (1923) dédiées aux plus grands violonistes de l'époque (Szigeti, Thibaud, Enesco, Kreisler, Crickboom et Quiroga) et qui portent leur nom en sous-titre, un opéra (*Piére li Houyeû*, 1929-31) et de nombreuses petites pièces pour violon.

Paul Griffiths, rév. Alain Pâris.

Yun, Isang (Tongyong, Corée du Sud, 17 septembre 1917). Compositeur coréen naturalisé allemand. Emprisonné par les Japonais pour ses activités dans la résistance, il fait ses études à l'Université de Séoul en 1954, puis les poursuit au Conservatoire de Paris (1956-58), à Darmstadt et à la Hochschule der Künst de Berlin (1958-59), où il est notamment l'élève de Boris Blacher. Grâce à la Fondation Ford, il peut se fixer à Berlin mais sera enlevé par les services secrets de son pays et emprisonné en Corée entre 1967 et 1969. Il réside à nouveau à Berlin, où il est professeur de composition à la Hochschule der Künst depuis 1970. Sa musique associe une écriture dodécaphonique sérielle souvent tendue à la tradition coréenne, dont il est l'unique représentant de sa génération. Dans le domaine de la musique instrumentale, il faut retenir *Tuyaux sonores* pour orgue (1967) et des pièces solistes pour la plupart des instruments, un *Octuor* (1978), un *Quintette avec clarinette* (1987), des concertos pour violoncelle (1976), pour flûte (1977), pour hautbois et harpe (1977), pour violon (1980) et pour clarinette (1981), cinq symphonies et trois opéras (*Träume*, 1965-68 ; *Geisterliebe*, 1969-70 ; *Sim Tjong*, légende coréenne, 1971-72).

Alain Pâris.

Z

Zacconi, Lodovico (Pesaro, 11 juin 1555 ; Firenzuola di Focara, près de Pesaro, 23 mars 1627). Théoricien italien. En 1575, il est ordonné prêtre à Pesaro. Tout en poursuivant des études littéraires au couvent de San Stefano à Venise, il est l'élève d'Andrea Gabrieli. En 1585, il devient chanteur à la chapelle de l'archiduc d'Autriche Karl, à Graz. A partir de 1590, il est au service de la chapelle ducale de Bavière à Munich, sous la direction de Lassus et, en 1596, il retourne à Pesaro comme prieur dans son ordre.

L'ouvrage théorique le plus important de Zacconi est la *Prattica di musica*, publiée en deux parties (Venise, 1592, 1622). Bien que cette œuvre soit gâchée par de multiples erreurs et lacunes, elle couvre un vaste éventail de sujets. La première partie traite de la notation, des ornements, du tempo, de la prolation, des proportions et des modes ; la seconde partie traite du contrepoint improvisé.

Wendy Thompson.

Zachow, Friedrich Wilhelm (baptisé à Leipzig, le 14 novembre 1663 ; Halle, 7 août 1712). Organiste et compositeur allemand. Il apprend à jouer de l'orgue à Leipzig et, de 1684 jusqu'à sa mort, il est organiste et directeur de la musique à la Marienkirche de Halle, où Haendel est son élève. Environ trente-deux cantates d'église de Zachow nous sont parvenues. Il excelle dans les variations chorales et dans la cantate réformée, dont *Das ist das ewige Leben* est un bel exemple, qui annonce la structure et le contenu de nombreuses cantates de Bach.

Wendy Thompson.

Zadok the Priest. *Anthem* de Haendel, le premier des quatre *anthems* composés pour le couronnement de Georges II en 1727. Depuis lors, il est joué à chaque couronnement en Angleterre.

Zádor, Jenö (Eugene) (Bátaszék, 5 novembre 1894 ; Hollywood, 4 avril 1977). Compositeur américain d'origine hongroise. Il fait ses études au Conservatoire de Vienne et à Leipzig avec Reger ; en 1921, il est nommé professeur au Nouveau Conservatoire de Vienne, puis à l'Académie de musique de Budapest. Lorsque éclate la Seconde Guerre mondiale, il émigre aux États-Unis, où il compose avec succès des musiques de films pour Hollywood. Il est aussi l'auteur de pièces pour orchestre, notamment de concertos destinés à des instruments inhabituels comme l'accordéon (1971) et le cymbalum (1969).

Wendy Thompson.

Zahlzeit (all.). « Temps » (dans le sens de « trois temps par mesure », etc.). Voir *Temps*, 1.

Zaide. Opéra inachevé en deux actes de Mozart sur un livret de Schachtner d'après *Das Serail* de F. J. Sebastiani. L'œuvre ne comporte ni ouverture ni chœur final, mais elle a été représentée à Salzbourg en 1779-80. Son titre n'est pas de Mozart lui-même.

Zamba (esp.). Danse argentine d'origine péruvienne, à 6/8 ; elle est basée sur un thème de quatre mesures répétées avec introduction de guitare.

Zampa, ou la Fiancée de marbre. Opéra en trois actes d'Hérold sur un livret de Mélesville. Créé à Paris en 1831.

Zampogna. Voir *Cornemuse*, 4.

Zandonai, Riccardo (Sacco, Trento, 28 mai 1883 ; Pesaro, 12 juin 1944). Compositeur italien. Il est l'élève de Mascagni au Liceo Musicale de Pesaro, dont il sera directeur pendant les cinq dernières années de sa vie. Considéré comme un successeur potentiel de Puccini, il a le don de la mélodie lyrique et aime la couleur et le faste ; *Francesca da Rimini* (1914) est son opéra le plus réussi. Au nombre de ses autres œuvres figurent aussi plusieurs pièces symphoniques, de la musique chorale et des mélodies.

Paul Griffiths.

Zapateado (esp.). Danse des sabots espagnole à trois temps, dont le rythme fortement accentué est marqué en tapant les talons. Elle fait largement appel à la syncope.

Zapfenstreich (all.). « Retraite » militaire ou exécution d'une musique militaire plus élaborée.

Zarlino, Gioseffo (Chioggia, près de Venise, ? 31 janvier 1517 ; Venise, 4 février 1590). Le plus grand théoricien italien du XVIe siècle. Il entre dans l'ordre franciscain et, après avoir terminé son noviciat, s'installe à Venise, où il se tourne vers ce qu'il aime vraiment : la musique. Il travaille avec Willaert et devient maître de chapelle à San Marco, en 1565, poste qu'il conservera jusqu'à sa mort (malgré son élection à l'évêché de Chioggia en 1583, cédant aux prières du Doge et du Sénat qui insistaient pour qu'il reste). Compositeur de peu d'intérêt, il doit sa célébrité à une série de vastes traités dans lesquels il a tenté d'élucider les théories de la musique grecque et d'enseigner des sujets pratiques comme le contrepoint. Parmi ses idées les plus influentes figurent le concept de l'illustration de texte telle qu'elle est utilisée dans les derniers madrigaux, les différentes qualités émotionnelles des accords majeurs et mineurs et la division de la gamme en intervalles égaux, qui deviendra par la suite le tempérament égal. Voir *Tempérament*, 4.

Denis Arnold.

Zart (all.). « Tendre » ; *Zartheit*, « tendresse » ; *zärtlich*, « tendrement ».

Zar und Zimmermann (« Tsar et Charpentier »). Opéra-comique en trois actes de Lortzing sur son propre livret d'après une pièce (1818) d'A. H. J. Mélesville, J. T. Merle et E. Cantiran de Boirie. Créé à Leipzig en 1837. Joué pour la première fois en France à Strasbourg en 1846. Lortzing a donné à cet ouvrage un autre titre, *Die zwei Peter* ; il a été représenté pour la première fois à Londres en 1871 sous le titre *Peter the Shipwright*.

Zarzuela (esp.). Forme lyrique espagnole proche de l'opérette, avec des dialogues parlés. Son nom est dérivé de celui du palais de Zarzuela, près de Madrid, où se donnaient au XVIe siècle des festivités appelées *Fiestas de zarzuela*. Le premier compositeur connu dans ce genre est Juan Hidalgo (vers 1612-85), qui a écrit de la musique pour les *zarzuelas* de l'éminent dramaturge espagnol Pedro Calderón de la Barca. A ce stade, la forme et le caractère de la *zarzuela* étaient identiques à ceux du ballet de cour français. Au XVIIIe siècle, la popularité du genre a été remise en question d'une part par l'opéra italien, d'autre part par la *tonadilla*, plus légère et plus insignifiante et, malgré un bref regain d'intérêt, la *zarzuela* a dépéri jusqu'à la première moitié du XIXe siècle, où le désir de créer un opéra national espagnol a incité des compositeurs tels que Francisco Barbieri (1823-94), Tomás Bretón (1850-1923) et Amadeo Vives (1871-1932) à composer des *zarzuelas*. Certaines étaient écrites en trois parties, sur des sujets sérieux, la forme restant toujours souple ; le genre s'est élargi pour embrasser des éléments de l'opérette et du jazz.

Voir également *Opéra*, 13.

Zauberflöte, Die (« La Flûte enchantée »). Opéra en deux actes de Mozart sur un livret d'Emanuel Schikaneder, d'après « Lulu », l'un des contes de fées orientaux du recueil de Wieland, *Dschinnistan* (1786). Représentations : Vienne, Theater auf der Wieden (30 septembre 1791) ; Paris (Opéra, 20 août 1801, dans une adaptation très libre de Morel de Chédeville et Lachnith, sous le titre *Les Mystères d'Isis* ; Théâtre-Italien, en allemand, 21 mai 1829) ; Londres (Haymarket, 6 juin 1811) ; New York (Palmo's Opera House, 17 avril 1833). Le prince Tamino (tén.) est sauvé d'un serpent monstrueux par les trois Dames de la Reine de la nuit, mais il s'est évanoui ; au réveil, il croit que son sauveur est Papageno (bar.), l'oiseleur. Pour avoir menti, Papageno est puni par les Dames. Celles-ci montrent à Tamino un portrait de Pamina, fille de la Reine, et il en tombe immédiatement amoureux. La Reine de la nuit (sop.) apparaît et raconte à Tamino comment sa fille a été enlevée par Sarastro (basse). Pour la sauver, Tamino reçoit une flûte enchantée et Papageno des clochettes magiques (jouées au glockenspiel). Pamina (sop.) est gardée, dans le palais de Sarastro, par le Maure Monostatos (tén.), qui fuit quand paraît Papageno, qu'il prend pour le diable. Tamino apprend que Sarastro est un prêtre sage et que c'est la Reine qui est maléfique. Monostatos rattrape Papageno et Pamina au moment où ils tentent de s'enfuir, mais les clochettes font danser les poursuivants et les rendent inoffensifs. Tamino et Pamina se rencontrent enfin et tombent amoureux ; Sarastro les sépare et ordonne qu'on les prépare pour leur initiation.

Sarastro obtient le consentement des prêtres pour que Tamino puisse être initié dans leur confrérie. Tamino et Papageno sont soumis à l'épreuve du silence, chose que Papageno trouve insoutenable. Tamino refuse de fuir lorsque les Dames de la nuit viennent le conjurer de les suivre. Monostatos tente d'embrasser Pamina, qui reçoit de sa mère l'ordre de tuer Sarastro ; elle supplie sa mère de lui épargner un tel crime. Sarastro l'apaise en lui expliquant qu'en ce lieu saint il ne saurait y avoir de haine. Papageno se voit offrir un somptueux repas, tandis que Tamino résiste à la tentation d'adresser la parole à la pauvre Pamina, que son silence blesse et qui voudrait mourir. Sarastro rassure les amants. Papageno cherche une compagne ; une vieille femme (sop.) lui apporte à boire. Papageno accepte sans enthousiasme, et elle se transforme en une belle jeune fille, mais disparaît aussitôt. Trois jeunes génies empêchent Pamina de se suicider. Les amants traversent l'eau et le feu, protégés par la flûte. Déprimé, Papageno veut se pendre, mais les trois génies lui rappellent ses clochettes ; il s'en sert et la jeune fille, qui n'est autre que Papagena (sop.), reparaît. La Reine, ses suivantes et Monostatos tentent une dernière fois de détruire Sarastro et de reprendre Pamina, mais ils s'enfuient au son du tonnerre. Tamino et Pamina sont unis et tous chantent les louanges d'Isis et d'Osiris.

BIBLIOGRAPHIE : Jacques Chailley, *La Flûte enchantée, opéra maçonnique*, Robert Laffont (Paris, 1968), rééd. Les Introuvables (Plan-de-la-Tour, 1975). *La Flûte enchantée*, L'Avant-Scène-Opéra n°s 1 et 101 (Paris, 1976/87). Jean-Victor Hocquard, *La Flûte enchantée*, Aubier (Paris, 1979).

Zehn (all.). « Dix ».

Zeichen (all.). « Signe ».

Zeitmass (all.). « Tempo ».

Zeitmesser (all.). « Métronome ».

Zelenka, Jan Dismas (Lounovice, Bohême, 16 octobre 1679 ; Dresde, 22 décembre 1745). Compositeur tchèque. Il commence sa carrière comme contrebassiste à Prague et, en 1710, entre à la chapelle royale de Dresde. Il est l'élève de Lotti et de Fux en Italie, puis devient vice-Kapellmeister à Dresde en 1721. Il est l'auteur d'une vingtaine de messes et de fragments de messes, de répons, de deux *Magnificat*, de psaumes et de trois oratorios. Sa musique instrumentale, extrêmement originale, comprend six sonates de chambre, cinq capriccios pour orchestre et un concerto de chambre. Il a aussi écrit un opéra en latin. L'importance de Zelenka en tant que compositeur de premier plan n'a été reconnue qu'à une époque relativement récente (années 70).

Wendy Thompson.

Zeller, Carl (Johann Adam) (St Peter in der Au, 19 juin 1842 ; Baden, près de Vienne, 17 août 1898). Compositeur autrichien. Après avoir appartenu au chœur d'enfants de Vienne, il fait des études de droit et devient haut fonctionnaire au ministère autrichien de l'Éducation. Le professeur de Bruckner, Sechter, lui enseigne la musique et il devient un excellent pianiste. Son opéra léger, *Der Vogelhändler* (« L'Oiseleur », 1891), qui fait partie de la demi-douzaine d'opérettes qu'il a écrites dans la tradition de Suppé et d'Offenbach, est une œuvre agréable que l'on donne encore en Allemagne.

Denis Arnold.

Zelo, zeloso, zelosamente (ital.). « Zèle », « zélé », « avec zèle ».

Zelter, Carl Friedrich (Berlin, 11 décembre 1758 ; Berlin, 15 mai 1832).

Compositeur et pédagogue allemand. Fils d'un tailleur de pierre, il fait lui-même son apprentissage, devient finalement maître maçon et dirige une affaire florissante dans le bâtiment. Il est également bon violoniste et tient la partie de premier violon lors de la première exécution à Berlin du *Messie* de Haendel (1786). Pendant la seconde partie de sa vie, il s'occupe beaucoup de musique, dirige la Singakademie de Berlin à partir de 1800 (la Singakademie s'applique alors à faire revivre la musique de Bach) et exerce les fonctions dinspecteur dans les écoles en Prusse. En 1809, il crée la Liedertafel, première société encourageant l'exécution de musique chorale pour voix d'hommes. Il est l'ami de Goethe, dont il met les vers en musique dans des mélodies agréables et sensibles, d'inspiration populaire. Parmi ses nombreux élèves, on peut citer Mendelssohn, Meyerbeer et Loewe. Il a été nommé professeur de musique à l'Université de Berlin en 1809.

Denis Arnold.

Zémire et Azor. Opéra-comique en quatre actes de Grétry sur un livret de Marmontel d'après *La Belle et la Bête* de Mme Leprince de Beaumont. Créé à Fontainebleau en 1771. Tozzi, Spohr et Garcia ont aussi écrit des opéras sur ce sujet.

Zemlinsky, Alexander (von) (Vienne, 14 octobre 1871 ; Larchmont, New York, 15 mars 1942). Compositeur autrichien. Il étudie la composition avec J. N. Fuchs au Conservatoire de Vienne (1884-90) et entame une carrière de chef d'orchestre. Durant les années 1890, il prodigue son enseignement à Schoenberg, qui épouse sa sœur. Il admire l'évolution de Schoenberg, mais il se sent incapable de le suivre et adopte un style post-mahlérien souvent marqué par une mélancolie désenchantée. Il est l'auteur de cinq opéras, de quatre quatuors à cordes, des *Sechs Maeterlinck Lieder* avec orchestre (1910-13) et de la *Lyrische Symphonie* sur des poèmes de Tagore (1923), citée dans la *Suite lyrique* de Berg. Il a également été directeur de l'Opéra de Prague (1911-27) et assistant de Klemperer à la Krolloper de Berlin (1927-30).

Paul Griffiths.

Zheng. Cithare chinoise. Voir *Chine*, 4*e*.

Ziehen (all.). « Tirer ».

Ziemlich (all.). « Assez » ; *ziemlich schnell*, « assez vite ».

Zigeuner (all.). « Bohémien » ; *Zigeunerlied*, « chant tzigane ».

Zigeunerbaron, Der (« Le Baron tzigane »). Opérette en trois actes de Johann Strauss II sur un livret d'Ignaz Schnitzer d'après le livret de M. Jókai sur *Saffi*. Créé à Vienne en 1885. Première en France à Paris, aux Folies-Dramatiques, le 20 décembre 1895 (version française de A. Laffrique).

Zilcher, Hermann (Francfort, 18 août 1881 ; Wurzbourg, 1er janvier 1948). Compositeur, pianiste et chef d'orchestre allemand. Il fait ses études à la Hoch schule de Francfort, puis entame une carrière de pianiste. Professeur à l'Académie de musique de Munich de 1908 à 1920, il est directeur du Conservatoire de Wurzbourg entre 1920 et 1944. Ses propres œuvres s'inscrivent dans la tradition romantique allemande et comprennent des opéras, des symphonies, des concertos pour violon et des concertos pour piano.

Wendy Thompson.

Zimmermann, Bernd Alois (Blies-heim, près de Cologne, 20 mars 1918 ; Königsdort, près de Cologne, 10 août 1970). Compositeur allemand. Il étudie la philologie aux Universités de Bonn, de Cologne et de Berlin et la composition avec Heinrich Lemacher, Philipp Jarnach, Wolfgang Fortner et René Leibowitz durant les années quarante et au début des années cinquante. Ses premières œuvres importantes, notamment la *Symphonie* en un mouvement (1947) et *Canto di speranza* pour violoncelle et orchestre de chambre (1953, rév. 1957), se situent entre Schoenberg et Stravinski ; sa musique est profondément expressive et composée selon les méthodes sérielles, mais le mouvement est souple et possède les qualités du ballet, caractéristique dominante des partitions instrumentales de Zimmermann.

Après avoir achevé son opéra *Die Soldaten* (« Les soldats », 1958-60, rév. 1963-64), qui se situe dans le prolongement de *Wozzeck*, Zimmermann développe un style à base de citations musicales qui produisent souvent un effet gênant.

Parmi les œuvres de ce genre, on peut citer le trio avec piano *Présence* (1961), le prélude symphonique *Photoptosis* (1968) et le *Requiem für einen jungen Dichter* (« Requiem pour un jeune poète », 1967-69), collage littéraire sur une musique pour voix solistes, chœurs, orchestre, groupe de jazz et bande magnétique. Zimmermann s'est suicidé peu après avoir terminé son « action ecclésiastique » *Ich wandte mich und sah an alles Unrecht, das geschah unter der Sonne* (« Je me détournai et considérai toute l'oppression qui se fait sous le soleil ») pour voix et orchestre.

Paul Griffiths

BIBLIOGRAPHIE : *B. A. Zimmermann*, Contrechamps n° 5 (Lausanne, 1985).

Zingarelli, Niccolò Antonio (Naples, 4 avril 1752 ; Torre del Greco, près de Naples, 5 mai 1837). Compositeur italien. Il fait ses études au Conservatorio di Santa Maria de Loreto et entame une carrière d'organiste et de professeur de violon avant de se tourner vers la scène en 1781. En 1794, il est nommé *maestro di cappella* à Santa Casa di Loreto. Il y compose un ensemble de messes pour tous les jours de l'année liturgique intitulé *Annuale di Loreto* (environ cinq cent cinquante morceaux sacrés). Il est nommé *maestro* à Saint-Pierre de Rome, en 1804, mais, en 1813, il retourne à Naples pour prendre la tête du Conservatoire. Au nombre de ses élèves figurent Mercadante et Bellini. Il succède à Paisiello comme directeur de la cathédrale de Naples en 1816, mais continue à enseigner.

L'attitude de Zingarelli envers l'enseignement et la composition était très conservatrice. La quarantaine d'opéras dont il est l'auteur révèlent son approche démodée : ce sont, pour la plupart, de *opere serie*, comprenant souvent des rôles de castrats, pratiquement disparus à cette époque. Il est également resté fidèle à la convention du XVIIIe siècle selon laquelle les ouvrages devaient avoir une fin heureuse, même dans son opéra le plus célèbre, *Giulietta e Romeo*. Il a aussi écrit beaucoup d'œuvres sacrées, des cantates, des mélodies et des symphonies (presque toutes en un mouvement).

Wendy Thompson.

Zither (all., du lat. *cithara* ; fr. : cithare). Instrument à cordes originaire d'Autriche et de Bavière, mis au point au XIXe siècle en partant de formes simplifiées plus anciennes (voir 2), dont un grand nombre sont encore utilisées de nos jours, comme le tympanon des Appalaches (voir *Dulcimer*, 3).

1. *Construction*. La *zither* possède une caisse de résonance plate d'environ 60 cm de long, généralement en pin recouvert d'un placage en bois de rose. Elle est bombée sur le côté extérieur et munie de pieds circulaires garnis de pointes pour l'empêcher de bouger lorsqu'on la place sur une table. Le côté rectiligne comporte environ vingt-neuf frettes. L'instrument peut recevoir jusqu'à trente-quatre cordes, les plus aiguës en acier, les autres filées en métal ou en soie ; elles sont tendues entre les chevilles de fixation à droite et les chevilles d'accord sur la gauche.

Cinq cordes passent sur les frettes. Ce sont les cordes mélodiques ; la main gauche en modifie la longueur en les plaquant sur la touche et elles sont pincées par le pouce de la main droite muni d'un onglet d'acier (voir *Plectre*, 1). Les cordes 1, 2, 4 et 5 sont accordées sur les mêmes notes que l'alto : la^3, ré^3, sol^2, do^2. La troisième corde est accordée sur sol^3 et est essentiellement réservée au jeu de tierces avec des notes sur la corde de ré^3, sur lesquelles on appuie avec l'index et le majeur.

Les autres cordes forment deux groupes. Tout d'abord treize cordes d'accompagnement pour les accords, pincées par l'index et le majeur de la main droite. Elles sont accordées selon le cycle des quartes : la bémol^3, mi bémol^3, si bémol^3... do dièse^3, sol dièse^3, toutes au sein de cette même octave. Dans toutes les tonalités, on dispose donc d'un accord majeur ou mineur de trois notes avec toujours deux cordes adjacentes pincées par un seul doigt, pendant que l'autre gratte la troisième. Au-delà se trouvent les cordes graves, pour les basses, également accordées en cycles : mi bémol^1, si bémol^1, fa^1... do dièse^1, sol dièse^1 (un peu comme sur l'accordéon-piano). Elles réunissent la tonique, la dominante et la sous-dominante de chaque tonalité. D'autres cordes graves peuvent s'ajouter chromatiquement au-dessous. Dans ces deux jeux de cordes d'accompagnement, les cordes de fa, la et do dièse sont parfois teintées en rouge (une corde rouge toutes les quatres cordes).

Dans ses pays d'origine, la *zither* sert à jouer une musique typiquement locale, souvent avec un *vibrato* caractéristique sur les longues notes de la mélodie. Elle est aussi largement exportée pour une pratique musicale privée. Rarement employée à l'orchestre, car elle n'est pas aussi puissante que la harpe ou le piano, elle apparaît néanmoins en solo dans l'introduction des *Légendes de la forêt viennoise* (1868) de Johann Strauss : la partie de *zither* figure en « à défaut » (petites notes) dans les parties de cordes au cas, malheureux, où l'on ne disposerait pas de l'instrument (Ex. 1).

Ex. 1. Strauss, Histoires de la forêt viennoise.

2. *Zithers anciennes.* Jusqu'à la fin du XIXe siècle, on pouvait les entendre dans de nombreuses régions d'Europe, dans les Alpes et les Carpathes, et jusqu'en Scandinavie : il s'agissait surtout d'instruments utilisés à la campagne pour la danse et l'accompagnement de vieilles chansons. De nos jours, on les trouve surtout en Hongrie (*citera*), en Norvège (*langeleik*), en Belgique (*vlier* et d'autres noms) et en Alsace (*buche* ou épinette des Vosges, la plus petite cithare) ; la vieille *Scheitholt* des Alpes se fait rare aujourd'hui, elle est remplacée par la *zither* plus moderne décrite ci-dessus.

L'instrument se compose d'une caisse longue et étroite placée sur les genoux de l'instrumentiste ou sur une table, les frettes étant situées du côté de l'exécutant. Elles sont généralement diatoniques et surmontées d'une ou de deux cordes mélodiques en métal, accordées à l'unisson ; l'exécutant tient dans la main gauche un bâtonnet en bois dur ou une petite barre métallique qu'il déplace le long de la touche (comparer au *Dulcimer*, 3) ; il utilise parfois ses doigts. La main droite gratte ces cordes mélodiques à l'aide d'un plectre en faisant un mouvement de va-et-vient qui lui permet de gratter également les cordes d'accompagnement disposées au-delà et accordées pour produire à différentes octaves le son d'un « bourdon » sur la fondamentale et sur sa dominante (comparer à la *Cornemuse*). L'effet peut être puissant et rythmique (l'instrument semble ne se jouer que seul), les coups de plectre s'adaptant au rythme d'une danse : en Norvège, sur un air à 3/4, on frappe deux temps vers l'extérieur et le troisième en arrière (mais, dans le cas d'une valse, une fois vers l'extérieur et deux fois en arrière), tandis que les croches de la mélodie proviennent de petits coups frappés entre ces coups principaux.

On voit certains de ces instruments sur des tableaux remontant au XVe siècle. On suppose que, pour des raisons morphologiques, ils seraient issus du *monocorde des professeurs de musique monastique du Moyen Age.

Pour *zither* (« cithare ») au sens ethnomusicologique actuel, couvrant une gamme beaucoup plus vaste d'instruments, voir *Idiocorde* ; *Organologie*. A la fin du XIXe siècle, les facteurs de *zither* allemands ont également fabriqué des variantes à archet. La célèbre *auto-harpe dépend de la même facture instrumentale.

Anthony Baines.

Zitternd (all.). « En tremblant », **tremolando*.

Zoppa, alla (ital.). « Boiteux ». 1. Terme employé au XVIIe siècle pour désigner des mouvements de danse de rythme syncopé.

2. Terme désignant plus spécifiquement un rythme dans lequel la deuxième croche d'une mesure à 2/4 est accentuée, comme dans l'exemple suivant :

Zoroastre. Opéra en cinq actes de Rameau sur un livret de Cahusac, créé à l'Opéra de Paris le 5 décembre 1749.

Zortzico [zortziko] (esp.). Danse populaire basque rapide à 5/8, avec des rythmes pointés sur les temps faibles de chaque mesure.

Zuerst (all.). « D'abord », « en premier lieu », « le premier ».

Zug (all.). 1. « Coulisse » ; *Zugtrompete,* « trompette à coulisse ».
2. Un jeu, généralement un jeu d'orgue.

Zugeeignet (all.). « Dédié » ; *Zueignung,* « dédicace ».

Zumsteeg, Johann Rudolph (Sachsenflur, près de Stuttgart, 10 janvier 1760 ; Stuttgart, 27 janvier 1802). Compositeur allemand. Fils de soldat, il est élevé à l'école militaire de Stuttgart, où son talent musical se révèle assez tôt. Le premier d'une longue série de singspiels, *Das tartarische Gesetz,* est créé en 1780. Il occupe divers postes à la cour de Würtemberg à Stuttgart. Bien qu'on le connaisse surtout comme compositeur d'opéras, les meilleures œuvres de Zumsteeg sont ses mélodies et surtout ses ballades au réalisme éclatant, qui annoncent Loewe et Schubert ; ce dernier racontait à l'un de ses amis qu'il pouvait « se griser de ces mélodies pendant des jours et des jours ».

Zunge (all.). « Languette » ou « anche ».

Zurückgehend (all.). « En revenant » (au tempo original après un changement) ; *Zurückhaltend,* « réservé », « avec réserve », c'est-à-dire *rallentando.*

Zusammenschlag (all.). **Acciaccatura.*

Zwei, zwo (all.). « Deux » ; *zweimal,* « deux fois » ; *zweit, zwot,* « deuxième », « second » ; *zweithändig,* « à deux mains » ; *zweistimmig,* « à deux voix » ; *zweistimmiger Gesang,* « duo vocal ».

Zweiunddreissigstel-note (all.). « Triple croche » (𝅘𝅥𝅰).

Zwingli, Ulrich (Wildhaus, Toggenburg, 1er janvier 1484 ; Cappel, 11 octobre 1531). Théologien suisse. Après avoir rencontré Érasme et d'autres humanistes religieux, il devient l'une des personnalités les plus influentes de l'Église réformée. Il a joué un rôle important dans l'histoire de la musique car il a beaucoup œuvré en faveur de l'abolition de la musique dans les services religieux ; néanmoins, comme plus tard les puritains anglais, il aimait faire de la musique en privé et était lui-même un modeste compositeur. Il est mort sur le champ de bataille à Cappel, en se battant pour la cause protestante.
Denis Arnold.

Zwischenspiel (all.). « Interlude » ou « entracte ». Ce terme est surtout employé pour désigner les interludes instrumentaux entre les strophes d'une pièce vocale ou les parties solos entre les sections *tutti* d'un concerto. Il sert aussi à désigner les épisodes dans la fugue ou la forme rondo, et les interludes d'orgue entre les strophes d'un hymne chanté par l'assemblée des fidèles.

Zyklisch (all.). « Cyclique ». Voir *Forme cyclique.*

Zyklus (« Cycle »). Œuvre pour percussion de Stockhausen, composée en 1959. On peut la commencer à n'importe quelle page de la partition, qui est reliée par une spirale et dans laquelle des signes graphiques représentent instruments et dynamique.

DÉPÔT LÉGAL : NOVEMBRE 1988
Nº ÉDITEUR : S 809

ACHEVÉ D'IMPRIMER POUR
LES ÉDITIONS ROBERT LAFFONT
SUR LES PRESSES DE
HAZELL WATSON & VINEY LTD
AYLESBURY (GRANDE-BRETAGNE)
Printed in Great Britain